LEGISLAÇÃO BRASILEIRA

2022

Código Civil

e Legislação Complementar

72ª edição

Lei n. 10.406, de 10 de janeiro de 2002, acompanhada de Legislação Complementar, Súmulas e Índices.

saraiva jur

saraiva EDUCAÇÃO | saraiva jur

Av. Paulista, 901, Edifício CYK, 3º andar
Bela Vista – São Paulo – SP – CEP 01310-100

SAC sac.sets@saraivaeducacao.com.br

Diretoria executiva	Flávia Alves Bravin
Diretoria editorial	Ana Paula Santos Matos
Gerência editorial e de projetos	Fernando Penteado
Novos projetos	Aline Darcy Flôr de Souza Dalila Costa de Oliveira
Edição	Livia Céspedes (coord.) Eduarda do Prado Ribeiro Fabiana Dias da Rocha Fabio Ricardo de Abreu José Roberto Borba Ferreira Júnior Maria Cecília Coutinho Martins
Produção editorial	Daniele Debora de Souza (coord.) Cintia Aparecida dos Santos Paula Brito
Arte e digital	Mônica Landi (coord.) Camilla Felix Cianelli Chaves Claudirene de Moura Santos Silva Deborah Mattos Guilherme H. M. Salvador Tiago Dela Rosa
Projetos e serviços editoriais	Daniela Maria Chaves Carvalho Emily Larissa Ferreira da Silva Kelli Priscila Pinto Klariene Andrielly Giraldi
Diagramação	Fabricando Ideias
Revisão	Elaine Aparecida
Capa	Tiago Dela Rosa
Produção gráfica	Marli Rampim Sergio Luiz Pereira Lopes
Impressão e acabamento	

DADOS INTERNACIONAIS DE CATALOGAÇÃO NA PUBLICAÇÃO (CIP)
VAGNER RODOLFO DA SILVA – CRB-8/9410

C669 Código Civil e Legislação Complementar / Obra coletiva com a colaboração de Livia Céspedes e Fabiana Dias da Rocha. – 72. ed. – São Paulo : Saraiva-Jur, 2022.
1.044 p.

ISBN 978-65-5559-678-6 (Impresso)

1. Direito. 2. Direito civil. 3. Código Civil. I. Saraiva Educação. II. Título.

2021-4071 CDD 347
CDU 347

Índices para catálogo sistemático:

1. Direito civil 347
2. Direito civil 347

Data de fechamento da edição: 17-1-2022

Dúvidas? Acesse www.editorasaraiva.com.br/direito

CL 607517 CAE 784886

2022

Código Civil

e Legislação Complementar

72ª edição

Obra coletiva com a colaboração de
Livia Céspedes e Fabiana Dias da Rocha
(Editorial de Legislação do selo Saraiva Jur)

Indicador Geral

Apresentação dos Códigos Saraiva

Pioneira na exemplar técnica desenvolvida de atualização de Códigos e Legislação, como comprova o avançado número de suas edições e versões, a Saraiva Educação apresenta sua consagrada "Coleção de Códigos", aumentada e atualizada.

Mantivemos, nesta edição, os diferenciais reconhecidos como vantajosos por profissionais, professores e acadêmicos do direito, a saber:

- composição, diagramação e *layout*, que justificam a **portabilidade** e a facilidade da leitura;

- texto na íntegra da **Constituição Federal** (ambiente **Saraiva Conecta**);

- temas no alto da página indicando o **assunto tratado** naquele trecho do Código e da legislação complementar;

- **tarjas** laterais, que aceleram a pesquisa;

- texto de orelha (parte interna da capa) com **dicas** que facilitam a consulta rápida;

- destaques indicando as alterações legislativas de **2020** a **2022**;

- notas selecionadas de acordo com o **grau de importância (fundamentais e acessórias)**;

- **negrito** para ressaltar artigos, títulos, capítulos, seções, súmulas e índices.

Organizar o produto ideal sempre constitui um desafio. Muitos perseguem essa meta. Mas, conjugados os esforços de nossa equipe ao parecer valioso de tantos cultores do Direito, acreditamos que esta ferramenta de trabalho e estudo seja diagnosticada como positiva.

Sempre receptivos a sugestões, desejamos a todos bom uso.

Organizadores

Nota dos Organizadores

CÓDIGO DE PROCESSO CIVIL

Elaborado por uma comissão de renomados juristas, depois de muita discussão e debate, foi aprovado pelo Senado Federal no final de 2014 e finalmente instituído pela **Lei n. 13.105, de 16 de março de 2015**, um Código de Processo Civil, com entrada em vigor após decorrido um ano de sua publicação (*DOU* de 17-3-2015).

→ *VACATIO LEGIS*

No período de *vacatio legis* do CPC, alguns diplomas alterados por ele sofreram outras modificações, com períodos diferentes de vigência. Por se tratar de obra de legislação seca, que não deve alçar a esfera interpretativa e doutrinária, optamos, na atualização desta edição, pelo critério cronológico de entrada em vigor. Dessa forma, procedemos às atualizações do CPC, mantendo, porém, logo abaixo, em nota remissiva, a alteração posterior.

CONSTITUIÇÃO FEDERAL E EMENDAS CONSTITUCIONAIS

O texto completo da Constituição Federal e das emendas constitucionais poderá ser acessado através do ambiente Saraiva Conecta.

Acesso exclusivo mediante *link* ou *QR Code* (*vide* instruções neste volume).

DESTAQUES

▒▒▒ → dispositivos incluídos e/ou alterados em 2020 a 2022.

MINISTÉRIOS

Mantivemos a redação original nos textos legais, com a denominação dos Ministérios vigente à época da norma.

A Lei n. 13.844, de 18-6-2019, estabelece a organização básica dos órgãos da Presidência da República e dos Ministérios e dispõe em seu art. 19 sobre a denominação atual dos Ministérios.

NOTAS

As notas foram selecionadas de acordo com seu grau de importância, e estão separadas em fundamentais (grafadas com ••) e acessórias (grafadas com •).

PODER JUDICIÁRIO

- Os *Tribunais de Apelação*, a partir da promulgação da Constituição Federal de 1946, passaram a denominar-se *Tribunais de Justiça*.

- O *Tribunal Federal de Recursos* foi extinto pela Constituição Federal de 1988, nos termos do art. 27 do ADCT.

- Os *Tribunais de Alçada* foram extintos pela Emenda Constitucional n. 45, de 8 de dezembro de 2004, passando os seus membros a integrar os Tribunais de Justiça dos respectivos Estados.

SIGLAS

- OTN (OBRIGAÇÕES DO TESOURO NACIONAL)

A Lei n. 7.730, de 31 de janeiro de 1989, extinguiu a OTN Fiscal e a OTN de que trata o art. 6.º do Decreto-lei n. 2.284, de 10 de março de 1986.

A Lei n. 7.784, de 28 de junho de 1989, diz em seu art. 2.º que "todas as penalidades previstas na legislação em vigor em quantidades de Obrigações do Tesouro Nacional – OTN serão convertidas para Bônus do Tesouro Nacional – BTN, à razão de 1 para 6,92".

Com a Lei n. 8.177, de 1.º de março de 1991, ficaram extintos, a partir de 1.º de fevereiro de 1991, o BTN (Bônus do Tesouro Nacional), de que trata o art. 5.º da Lei n. 7.777, de 19 de junho de 1989, o BTN Fiscal, instituído pela Lei n. 7.799, de 10 de julho de 1989, e o MVR (Maior Valor de Referência). A mesma Lei n. 8.177/91 criou a TR (Taxa Referencial) e a TRD (Taxa Referencial Diária), que são divulgadas pelo Banco Central do Brasil. A Lei n. 8.660, de 28 de maio de 1993, estabeleceu novos critérios para a fixação da Taxa Referencial – TR e extinguiu a Taxa Referencial Diária – TRD.

A Lei n. 9.365, de 16 de dezembro de 1996, instituiu a Taxa de Juros de Longo Prazo – TJLP.

– URV (UNIDADE REAL DE VALOR)

Com a Lei n. 8.880, de 27 de maio de 1994, foi instituída a Unidade Real de Valor – URV, para integrar o Sistema Monetário Nacional, sendo extinta pela Lei n. 9.069, de 29 de junho de 1995.

– UFIR (UNIDADE FISCAL DE REFERÊNCIA)

A Lei n. 8.383, de 30 de dezembro de 1991, "instituiu a Unidade Fiscal de Referência (UFIR) como medida de valor e parâmetro de atualização monetária de tributos e de valores expressos em cruzeiros na legislação tributária federal, bem como os relativos a multas e penalidades de qualquer natureza".

O art. 43 da Lei n. 9.069, de 29 de junho de 1995, extinguiu, a partir de 1.º de setembro de 1994, a UFIR diária de que trata a Lei n. 8.383, de 30 de dezembro de 1991.

A Lei n. 8.981, de 20 de janeiro de 1995, que altera a legislação tributária, fixa em seu art. 1.º a expressão monetária da Unidade Fiscal de Referência – UFIR.

O art. 6.º da Lei n. 10.192, de 14 de fevereiro de 2001, disciplinou o reajuste semestral da UFIR durante o ano de 1996 e anualmente após 1.º de janeiro de 1997. O § 3.º do art. 29 da Lei n. 10.522, de 19 de julho de 2002, extinguiu a UFIR, estabelecendo a reconversão dos créditos para o Real, para fins de débitos de qualquer natureza com a Fazenda Nacional.

– BNH (BANCO NACIONAL DA HABITAÇÃO)

O art. 1.º do Decreto-lei n. 2.291, de 21 de novembro de 1986, diz em seu *caput*: "é extinto o Banco Nacional da Habitação – BNH, empresa pública de que trata a Lei n. 5.762, de 14 de dezembro de 1971, por incorporação à Caixa Econômica Federal – CEF". A CEF sucede ao BNH a partir de então. Regulamenta a Caixa Econômica Federal o Decreto n. 6.473, de 5 de junho de 2008.

Mantivemos, nos textos legislativos constantes deste Código, as referências feitas ao BNH.

– INCRA (INSTITUTO NACIONAL DE COLONIZAÇÃO E REFORMA AGRÁRIA)

Havia sido extinto pelo Decreto-lei n. 2.363, de 21 de outubro de 1987. Foi restabelecido, a partir de 31 de março de 1989, data de publicação do Decreto Legislativo n. 2, de 29 de março de 1989, pelo Decreto n. 97.886, de 28 de junho de 1989.

SÚMULAS

Constam deste volume apenas as Súmulas do STF e do STJ relacionadas à legislação civil.

Sendo assim, a inexistência de súmulas nesta obra não significa que elas tenham sido revogadas ou estejam prejudicadas.

Foram disponibilizadas todas as súmulas vinculantes do STF, tendo em vista seu interesse constitucional.

Em virtude de eventual proibição do uso de súmulas em provas, inserimos nesta edição um recuo na parte destinada a elas, para a utilização de grampeador sem prejuízo do conteúdo da obra.

TEXTOS PARCIAIS

Alguns diplomas deixam de constar integralmente. Nosso propósito foi o de criar espaço para normas mais utilizadas no dia a dia dos profissionais e acadêmicos. A obra mais ampla atenderá aqueles que, ao longo de tantos anos, vêm prestigiando nossos Códigos.

VALORES

São originais todos os valores citados na legislação constante deste Código.

Como muitos valores não comportavam transformação, em face das inúmeras modificações impostas à nossa moeda, entendemos que esta seria a melhor das medidas. Para conhecimento de nossos consulentes, este é o histórico de nossa moeda:

a) O Decreto-lei n. 4.791, de 5 de outubro de 1942, instituiu o CRUZEIRO como unidade monetária brasileira, denominada CENTAVO a sua centésima parte. O cruzeiro passava a corresponder a mil-réis.

b) A Lei n. 4.511, de 1.º de dezembro de 1964, manteve o CRUZEIRO, mas determinou a extinção do CENTAVO.

c) O Decreto-lei n. 1, de 13 de novembro de 1965, instituiu o CRUZEIRO NOVO, correspondendo o cruzeiro até então vigente a um milésimo do cruzeiro novo, restabelecido o centavo. Sua vigência foi fixada para a partir de 13 de fevereiro de 1967, conforme Resolução n. 47, de 8 de fevereiro de 1967, do Banco Central da República do Brasil.

d) A Resolução n. 144, de 31 de março de 1970, do Banco Central do Brasil, determinou que a unidade do sistema monetário brasileiro passasse a denominar-se CRUZEIRO.

e) A Lei n. 7.214, de 15 de agosto de 1984, extinguiu o CENTAVO.

f) O Decreto-lei n. 2.284, de 10 de março de 1986, criou o CRUZADO, em substituição ao CRUZEIRO, correspondendo o cruzeiro a um milésimo do cruzado.

g) A Lei n. 7.730, de 31 de janeiro de 1989, instituiu o CRUZADO NOVO em substituição ao CRUZADO e manteve o CENTAVO. O cruzado novo correspondeu a um mil cruzados.

h) Por determinação da Lei n. 8.024, de 12 de abril de 1990, a moeda nacional passou a denominar-se CRUZEIRO, sem outra modificação, mantido o centavo e correspondendo o cruzeiro a um cruzado novo.

i) A Lei n. 8.697, de 27 de agosto de 1993, alterou a moeda nacional, estabelecendo a denominação CRUZEIRO REAL para a unidade do sistema monetário brasileiro. A unidade equivalia a um mil cruzeiros e sua centésima parte denominava-se CENTAVO.

j) A Lei n. 8.880, de 27 de maio de 1994, dispondo sobre o Programa de Estabilização Econômica e o Sistema Monetário Nacional, instituiu a UNIDADE REAL DE VALOR - URV.

k) A unidade do Sistema Monetário Nacional, por determinação da Lei n. 9.069, de 29 de junho de 1995 (art. 1.º), passou a ser o REAL. As importâncias em dinheiro serão grafadas precedidas do símbolo R$ (art. 1.º, § 1.º). A centésima parte do REAL, denominada "centavo", será escrita sob a forma decimal, precedida da vírgula que segue a unidade (art. 1.º, § 2.º).

Organizadores

Abreviaturas

ADC(s) - Ação(ões) Declaratória(s) de Constitucionalidade
ADCT - Ato das Disposições Constitucionais Transitórias
ADI(s) - Ação(ões) Direta(s) de Inconstitucionalidade
ADPF - Arguição de Descumprimento de Preceito Fundamental
AGU - Advocacia-Geral da União
ANAC - Agência Nacional de Aviação Civil
BACEN - Banco Central do Brasil
BTN - Bônus do Tesouro Nacional
CADE - Conselho Administrativo de Defesa Econômica
CBA - Código Brasileiro de Aeronáutica (Lei n. 7.565, de 19-12-1986)
CC - Código Civil (Lei n. 10.406, de 10-1-2002)
c/c - combinado com
CCom - Código Comercial (Lei n. 556, de 25-6-1850)
CDC - Código de Proteção e Defesa do Consumidor (Lei n. 8.078, de 11-9-1990)
CE - Código Eleitoral (Lei n. 4.737, de 15-7-1965)
CETRAN - Conselhos Estaduais de Trânsito
CF - Constituição Federal
CGSIM - Comitê para Gestão da Rede Nacional para a Simplificação do Registro e da Legalização de Empresas e Negócios
CGSN - Comitê Gestor do Simples Nacional
CGU - Controladoria Geral da União
CJF - Conselho da Justiça Federal
CLT - Consolidação das Leis do Trabalho (Decreto-lei n. 5.452, de 1º-5-1943)
CNAP - Cadastro Nacional de Aprendizagem Profissional
CNDT - Certidão Negativa de Débitos Trabalhistas
CNDU - Conselho Nacional de Desenvolvimento Urbano
CNE - Conselho Nacional de Educação
CNEP - Cadastro Nacional de Empresas Punidas
CNI - Conselho Nacional de Imigração
CNJ - Conselho Nacional de Justiça
CNMP - Conselho Nacional do Ministério Público
CNPCP - Conselho Nacional de Política Criminal e Penitenciária
COAF - Conselho de Controle de Atividades Financeiras
COIJUV - Comitê Interministerial da Política da Juventude
CONAMA - Conselho Nacional do Meio Ambiente
CONANDA - Conselho Nacional dos Direitos da Criança e do Adolescente
CONASP - Conselho Nacional de Segurança Pública
CONTRADIFE - Conselho de Trânsito do Distrito Federal
CONTRAN - Conselho Nacional de Trânsito

CP – Código Penal (Decreto-lei n. 2.848, de 7-12-1940)
CPC – Código de Processo Civil (Lei n. 13.105, de 16-3-2015)
CPM – Código Penal Militar (Decreto-lei n. 1.001, de 21-10-1969)
CPP – Código de Processo Penal (Decreto-lei n. 3.689, de 3-10-1941)
CPPM – Código de Processo Penal Militar (Decreto-lei n. 1.002, de 21-10-1969)
CRPS – Conselho de Recursos da Previdência Social
CTB – Código de Trânsito Brasileiro (Lei n. 9.503, de 23-9-1997)
CTN – Código Tributário Nacional (Lei n. 5.172, de 25-10-1966)
CTPS – Carteira de Trabalho e Previdência Social
CVM – Comissão de Valores Mobiliários
DJE – Diário da Justiça Eletrônico
DJU – Diário da Justiça da União
DNRC – Departamento Nacional de Registro do Comércio
DOU – Diário Oficial da União
DPU – Defensoria Pública da União
DREI – Departamento de Registro Empresarial e Integração
EAOAB – Estatuto da Advocacia e da Ordem dos Advogados do Brasil (Lei n. 8.906, de 4-7-2018)
EC – Emenda Constitucional
ECA – Estatuto da Criança e do Adolescente (Lei n. 8.069, de 13-7-1990)
EIRELI – Empresa Individual de Responsabilidade Limitada
FCDF – Fundo Constitucional do Distrito Federal
FGTS – Fundo de Garantia do Tempo de Serviço
FONAJE – Fórum Nacional de Juizados Especiais
INSS – Instituto Nacional do Seguro Social
JARI – Juntas Administrativas de Recursos de Infrações
JEFs – Juizados Especiais Federais
LCP – Lei das Contravenções Penais (Decreto-lei n. 3.688, de 3-10-1941)
LDA – Lei de Direitos Autorais (Lei n. 9.610, de 19-2-1998)
LEF – Lei de Execução Fiscal (Lei n. 6.830, 22-9-1980)
LEP – Lei de Execução Penal (Lei n. 7.210, de 11-7-1984)
LINDB – Lei de Introdução às Normas do Direito Brasileiro (Decreto-lei n. 4.657, de 4-9-1942)
LOMN – Lei Orgânica da Magistratura Nacional (Lei Complementar n. 35, de 14-3-1979)
LPI – Lei de Propriedade Industrial (Lei n. 9.279, de 14-5-1996)
LRP – Lei de Registros Públicos (Lei n. 6.015, de 31-12-1973)
LSA – Lei de Sociedades Anônimas (Lei n. 6.404, de 15-12-1976)
MEC – Ministério da Educação
MTE – Ministério do Trabalho e Emprego
MVR – Maior Valor de Referência
OIT – Organização Internacional do Trabalho
OTN – Obrigações do Tesouro Nacional
PIA – Plano Individual de Atendimento

PNC – Plano Nacional de Cultura
PRONAC – Programa Nacional de Apoio à Cultura
PRONAICA – Programa Nacional de Atenção Integral à Criança e ao Adolescente
PRONASCI – Programa Nacional de Segurança Pública com Cidadania
RENACH – Registro Nacional de Carteiras de Habilitação
RENAVAM – Registro Nacional de Veículos Automotores
s. – seguinte(s)
SINAMOB – Sistema Nacional de Mobilização
SINAJUVE – Sistema Nacional de Juventude
SINASE – Sistema Nacional de Atendimento Socioeducativo
SNDC – Sistema Nacional de Defesa do Consumidor
SNIIC – Sistema Nacional de Informação e Indicadores Culturais
SNJ – Secretaria Nacional de Justiça
STF – Supremo Tribunal Federal
STJ – Superior Tribunal de Justiça
STM – Superior Tribunal Militar
SUDAM – Superintendência de Desenvolvimento da Amazônia
SUDECO – Superintendência de Desenvolvimento do Centro-Oeste
SUDENE – Superintendência de Desenvolvimento do Nordeste
SUFRAMA – Superintendência da Zona Franca de Manaus
SUS – Sistema Único de Saúde
SUSEP – Superintendência de Seguros Privados
TCU – Tribunal de Contas da União
TFR – Tribunal Federal de Recursos
TJLP – Taxa de Juros de Longo Prazo
TR – Taxa Referencial
TRD – Taxa Referencial Diária
TRF – Tribunal Regional Federal
TSE – Tribunal Superior Eleitoral
TST – Tribunal Superior do Trabalho
UFIR – Unidade Fiscal de Referência
URV – Unidade Real de Valor

Índice Cronológico da Legislação

CIRCULAR:

DECRETOS:

DECRETOS-LEIS:

LEIS:

LEIS COMPLEMENTARES:

MEDIDAS PROVISÓRIAS:

Código Civil

Índice Sistemático do Código Civil

(Lei n. 10.406, de 10-1-2002)

PARTE GERAL

Livro I

Das Pessoas

Título I

DAS PESSOAS NATURAIS

Título II

DAS PESSOAS JURÍDICAS

Título III

DO DOMICÍLIO

Livro II

Dos Bens

Título Único

DAS DIFERENTES CLASSES DE BENS

Livro III
Dos Fatos Jurídicos

Título I
DO NEGÓCIO JURÍDICO

Título II
DOS ATOS JURÍDICOS LÍCITOS

Título III
DOS ATOS ILÍCITOS

Título IV
DA PRESCRIÇÃO E DA DECADÊNCIA

Título V
DA PROVA

PARTE ESPECIAL

Livro I
Do Direito das Obrigações

Título I
DAS MODALIDADES DAS OBRIGAÇÕES

Título II

DA TRANSMISSÃO DAS OBRIGAÇÕES

Título III

DO ADIMPLEMENTO E EXTINÇÃO DAS OBRIGAÇÕES

Título IV

DO INADIMPLEMENTO DAS OBRIGAÇÕES

Título V
DOS CONTRATOS EM GERAL

Título VI
DAS VÁRIAS ESPÉCIES DE CONTRATO

Título VII
DOS ATOS UNILATERAIS

Título VIII
DOS TÍTULOS DE CRÉDITO

Título IX
DA RESPONSABILIDADE CIVIL

Título X
DAS PREFERÊNCIAS E PRIVILÉGIOS CREDITÓRIOS

Livro II
Do Direito de Empresa

Título I
DO EMPRESÁRIO

Título I-A
DA EMPRESA INDIVIDUAL DE RESPONSABILIDADE LIMITADA

Título II
DA SOCIEDADE

Subtítulo I
DA SOCIEDADE NÃO PERSONIFICADA

Subtítulo II
DA SOCIEDADE PERSONIFICADA

Título XI

DA LAJE

Livro IV
Do Direito de Família

Título I

DO DIREITO PESSOAL

Subtítulo I
DO CASAMENTO

Subtítulo II
DAS RELAÇÕES DE PARENTESCO

Livro V
Do Direito das Sucessões

Título I
DA SUCESSÃO EM GERAL

Título II
DA SUCESSÃO LEGÍTIMA

Título III
DA SUCESSÃO TESTAMENTÁRIA

LEI N. 10.406, DE 10 DE JANEIRO DE 2002 (*)

Institui o Código Civil.

O Presidente da República

Faço saber que o Congresso Nacional decreta e eu sanciono a seguinte Lei:

PARTE GERAL

Livro I
Das Pessoas

Título I
DAS PESSOAS NATURAIS

Capítulo I
DA PERSONALIDADE E DA CAPACIDADE

Art. 1.º Toda pessoa é capaz de direitos e deveres na ordem civil.

- *Vide* arts. 4.º e 5.º do CC.
- *Vide* art. 7.º, *caput*, do Decreto-lei n. 4.657, de 4-9-1942 (LINDB).

Art. 2.º A personalidade civil da pessoa começa do nascimento com vida; mas a lei põe a salvo, desde a concepção, os direitos do nascituro.

- *Vide* arts. 5.º, 115 a 120, 166, I, 542, 1.609, parágrafo único, 1.690, 1.779, *caput*, 1.798, 1.799, I, 1.800 e 1.952 do CC.
- Os arts. 124 a 128 do CP (Decreto-lei n. 2.848, de 7-12-1940) dispõem sobre o crime de aborto.
- *Vide* ECA (Lei n. 8.069, de 13-7-1990), arts. 7.º a 14 e 228 e 229.
- *Vide* arts. 5.º, 76, 105, 115 a 120, 166, I, 198, 471, 543, 1.634, 1.690, 1.728 e s. do CC.

Art. 3.º São absolutamente incapazes de exercer pessoalmente os atos da vida civil os menores de 16 (dezesseis) anos.

•• *Caput* com redação determinada pela Lei n. 13.146, de 6-7-2015.

- *Vide* arts. 227 e 229 da CF.
- *Vide* arts. 166, I, 228, I, 1.517, 1.552, 1.560, § 1.º, 1.634, V, e 1.690 do CC.
- *Vide* arts. 89 e s. da Lei n. 6.015, de 31-12-1973.
- *Vide* arts. 60 a 69 do ECA.
- *Vide* art. 6.º da Lei n. 13.146, de 6-7-2015 (Estatuto da Pessoa com Deficiência).

I a III – (*Revogados pela Lei n. 13.146, de 6-7-2015*).

Art. 4.º São incapazes, relativamente a certos atos ou à maneira de os exercer:

•• *Caput* com redação determinada pela Lei n. 13.146, de 6-7-2015.

- *Vide* art. 142 do ECA.

I – os maiores de dezesseis e menores de dezoito anos;

- *Vide* arts. 180, 666, 1.634, V, 1.747, I e 1.860, parágrafo único, do CC.
- *Vide* art. 793 da CLT.
- A Lei n. 4.375, de 17-8-1964, estabelece em seu art. 73 que, para efeito do serviço militar, cessará a incapacidade civil do menor, na data em que completar 17 anos.

II – os ébrios habituais e os viciados em tóxico;

•• Inciso II com redação determinada pela Lei n. 13.146, de 6-7-2015.

- *Vide* art. 1.767, III, do CC.
- Sobre incapacidade relativa dos toxicômanos, dispõem o Decreto-lei n. 891, de 25-11-1938, e a Lei n. 11.343, de 23-8-2006.
- O art. 1.185 do CPC dispõe sobre a interdição do pródigo, do surdo-mudo e dos viciados quando acometidos de perturbações mentais.
- A Lei n. 10.216, de 6-4-2001, dispõe sobre a proteção e os direitos das pessoas portadoras de transtornos mentais.

III – aqueles que, por causa transitória ou permanente, não puderem exprimir sua vontade;

•• Inciso III com redação determinada pela Lei n. 13.146, de 6-7-2015.

- *Vide* art. 6.º da Lei n. 13.146, de 6-7-2015 (Estatuto da Pessoa com Deficiência).
- *Vide* art. 1.767, I, do CC.

IV – os pródigos.

- *Vide* arts. 1.767, V, e 1.782 do CC.

Parágrafo único. A capacidade dos indígenas será regulada por legislação especial.

•• Parágrafo único com redação determinada pela Lei n. 13.146, de 6-7-2015.

(*) Publicada no *DOU*, de 11-1-2002.

• Sobre os índios, dispõem: Lei n. 6.001, de 19-12-1973, e Decretos n. 88.118, de 23-2-1983, 1.775, de 8-1-1996, 3.156, de 27-8-1999, e 7.747, de 5-6-2012, e arts. 231 e 232 da CF.

• *Vide* art. 50, § 2.º, da Lei n. 6.015, de 31-12-1973.

Art. 5.º A menoridade cessa aos dezoito anos completos, quando a pessoa fica habilitada à prática de todos os atos da vida civil.

• *Vide* art. 666 do CC.

• *Vide* art. 148, parágrafo único, *e*, do ECA.

• A capacidade civil dos índios é de 21 anos, de acordo com o art. 9.º, I, da Lei n. 6.001, de 19-12-1973.

Parágrafo único. Cessará, para os menores, a incapacidade:

I – pela concessão dos pais, ou de um deles na falta do outro, mediante instrumento público, independentemente de homologação judicial, ou por sentença do juiz, ouvido o tutor, se o menor tiver dezesseis anos completos;

• *Vide* art. 226, § 5.º, da CF.

• *Vide* arts. 1.635, II, e 1.763, I, do CC.

• Sobre o registro da emancipação, *vide* CC, art. 9.º, II, e Lei n. 6.015, de 31-12-1973 (LRP), arts. 89 e s.

• Sobre emancipação de menor sob tutela, dispõe o CPC, art. 725, I.

II – pelo casamento;

• *Vide* CF, art. 226.

III – pelo exercício de emprego público efetivo;

• Posse no cargo público: art. 5.º, V, da Lei n. 8.112, de 11-12-1990 (Regime Jurídico dos Servidores Públicos Civis da União, das Autarquias e das Fundações Públicas Federais).

IV – pela colação de grau em curso de ensino superior;

V – pelo estabelecimento civil ou comercial, ou pela existência de relação de emprego, desde que, em função deles, o menor com dezesseis anos completos tenha economia própria.

• *Vide* art. 7.º, XXXIII, da CF.

• *Vide* arts. 966 e 972 do CC.

Art. 6.º A existência da pessoa natural termina com a morte; presume-se esta, quanto aos ausentes, nos casos em que a lei autoriza a abertura de sucessão definitiva.

• *Vide* arts. 22 a 39 do CC.

• Efeitos da morte no direito penal – arts. 107, I, do CP e 62 do CPP.

• O Decreto-lei n. 5.782, de 30-8-1943, dispõe sobre morte presumida de servidor público.

• *Vide* Lei n. 6.015, de 31-12-1973, arts. 77 a 88.

• *Vide* Súmula 331 do STF.

• Os arts. 744 e s. do CPC dispõem sobre os bens dos ausentes.

• *Vide* art. 3.º da Lei n. 9.434, de 4-2-1997.

• A Lei n. 11.976, de 7-7-2009, dispõe sobre a Declaração de Óbito.

Art. 7.º Pode ser declarada a morte presumida, sem decretação de ausência:

•• Da ausência no CC: arts. 22 a 39.

• *Vide* art. 88 da Lei n. 6.015, de 31-12-1973.

I – se for extremamente provável a morte de quem estava em perigo de vida;

II – se alguém, desaparecido em campanha ou feito prisioneiro, não for encontrado até dois anos após o término da guerra.

• A Lei n. 9.140, de 4-12-1995, reconhece como mortas pessoas desaparecidas em razão de participação, ou acusação de participação, em atividades políticas, no período de 2-9-1961 a 5-10-1988.

Parágrafo único. A declaração da morte presumida, nesses casos, somente poderá ser requerida depois de esgotadas as buscas e averiguações, devendo a sentença fixar a data provável do falecimento.

Art. 8.º Se dois ou mais indivíduos falecerem na mesma ocasião, não se podendo averiguar se algum dos comorientes precedeu aos outros, presumir-se-ão simultaneamente mortos.

Art. 9.º Serão registrados em registro público:

• Registros Públicos: Lei n. 6.015, de 31-12-1973.

I – os nascimentos, casamentos e óbitos;

• Sobre registro de casamento, *vide* arts. 1.512, parágrafo único, 1.516, 1.545, 1.546 e 1.604 do CC.

• Registro Civil dos Índios: Lei n. 6.001, de 19-12-1973 (Estatuto do Índio), e art. 50, § 2.º, da Lei n. 6.015, de 31-12-1973.

• Sobre o registro de nascimento de menores abandonados, *vide* Lei n. 6.015, de 31-12-1973, art. 62.

• Sobre registro de nascimento inexistente, parto alheio como próprio, ocultação ou substituição de recém-nascido e sonegação do estado de filiação, dispõe o CP, arts. 241, 242 e 243.

• O Decreto-lei n. 6.707, de 18-7-1944, determina a aceitação da carteira profissional para prova do registro civil, nos institutos de previdência social, e dá outras providências.

• *Vide* arts. 29 a 32, 50 a 66, 70 e 77 a 88 da Lei n. 6.015, de 31-12-1973 (LRP).

• *Vide* LINDB (Decreto-lei n. 4.657, de 4-9-1942), art. 18.

• Sobre registro de casamento, *vide* arts. 1.512, parágrafo único, 1.516, 1.545 e 1.546 do CC.

• *Vide* Lei n. 12.662, de 5-6-2012 – Declaração de Nascido Vivo - DNV.

• O Provimento n. 46, de 16-6-2015, do CNJ, dispõe sobre a Central de Informações de Registro Civil das Pessoas Naturais - CRC.

II – a emancipação por outorga dos pais ou por sentença do juiz;

• *Vide* arts. 5.º, parágrafo único, I, e 1.773 do CC.

• *Vide* art. 226, § 5.º, da CF.

• *Vide* arts. 13, § 2.º, 29, IV, e 89 e s. da Lei n. 6.015, de 31-12-1973.

III – a interdição por incapacidade absoluta ou relativa;

• *Vide* arts. 13, § 2.º, 29, IV, e 89 e s. da Lei n. 6.015, de 31-12-1973.

IV – a sentença declaratória de ausência e de morte presumida.

• *Vide* arts. 13, § 2.º, 29, IV, e 89 e s. da Lei n. 6.015, de 31-12-1973.

Art. 10. Far-se-á averbação em registro público:

I – das sentenças que decretarem a nulidade ou anulação do casamento, o divórcio, a separação judicial e o restabelecimento da sociedade conjugal;

•• *Vide* Emenda Constitucional n. 66, de 13-6-2010, que instituiu o divórcio direto.

• *Vide* art. 226, § 6.º, da CF.

• Da dissolução da sociedade e do vínculo conjugal no CC: arts. 1.571 a 1.582.

• *Vide* art. 29, § 1.º, *a*, da Lei n. 6.015, de 31-12-1973 (LRP).

• *Vide* Lei n. 6.515, de 26-12-1977 (Lei do Divórcio).

II – dos atos judiciais ou extrajudiciais que declararem ou reconhecerem a filiação;

• Do reconhecimento dos filhos no CC: arts. 1.607 a 1.617.

• *Vide* arts. 26 e 27 da Lei n. 8.069, de 13-7-1990 (ECA).

• *Vide* Lei n. 8.560, de 29-12-1992, que regula a investigação de paternidade.

III – (*Revogado pela Lei n. 12.010, de 3-8-2009.*)

Capítulo II
DOS DIREITOS DA PERSONALIDADE

Art. 11. Com exceção dos casos previstos em lei, os direitos da personalidade são intransmissíveis e irrenunciáveis, não podendo o seu exercício sofrer limitação voluntária.

• *Vide* art. 5.º, X, da CF.

• *Vide* art. 52 do CC.

• *Vide* arts. 8.º a 28 da Lei n. 10.741, de 1.º-10-2003.

Art. 12. Pode-se exigir que cesse a ameaça, ou a lesão, a direito da personalidade, e reclamar perdas e danos, sem prejuízo de outras sanções previstas em lei.

•• *Vide* Súmula 642 do STJ.

• *Vide* art. 5.º, X e XXXV, da CF.

• *Vide* arts. 186, 402 a 405, 927 e 944 a 954 do CC.

• *Vide* arts. 189, 294, 368, 497 e 536 do CPC.

Parágrafo único. Em se tratando de morto, terá legitimação para requerer a medida prevista neste artigo o cônjuge sobrevivente, ou qualquer parente em linha reta, ou colateral até o quarto grau.

• *Vide* arts. 20, parágrafo único, 943, 1.591 e 1.592 do CC.

Art. 13. Salvo por exigência médica, é defeso o ato de disposição do próprio corpo, quando importar diminuição permanente da integridade física, ou contrariar os bons costumes.

Parágrafo único. O ato previsto neste artigo será admitido para fins de transplante, na forma estabelecida em lei especial.

• *Vide* arts. 9.º, § 3.º, da Lei n. 9.434, de 4-2-1997, e 15, § 1.º, do Decreto n. 2.268, de 30-6-1997.

Art. 14. É válida, com objetivo científico, ou altruístico, a disposição gratuita do próprio corpo, no todo ou em parte, para depois da morte.

•• *Vide* art. 199, § 4.º, da CF.

Parágrafo único. O ato de disposição pode ser livremente revogado a qualquer tempo.

• *Vide* arts. 3.º e s. da Lei n. 9.434, de 4-2-1997, e 14 do Decreto n. 2.268, de 30-6-1997.

Art. 15. Ninguém pode ser constrangido a submeter-se, com risco de vida, a tratamento médico ou a intervenção cirúrgica.

Art. 16. Toda pessoa tem direito ao nome, nele compreendidos o prenome e o sobrenome.

•• *Vide* arts. 1.565, § 1.º, 1.571, § 2.º, e 1.578 do CC.

•• O Decreto n. 8.727, de 28-4-2016, dispõe sobre o uso do nome social e o reconhecimento da identidade de gênero de pessoas travestis e transexuais no âmbito da administração pública federal direta, autárquica e fundacional.

• *Vide* arts. 59 e 60 da Lei n. 6.015, de 31-12-1973, c/c o art. 227, § 6.º, da CF.

• *Vide* art. 47, § 5.º, da Lei n. 12.010, de 3-8-2009.

Art. 17. O nome da pessoa não pode ser empregado por outrem em publicações ou representações que a exponham ao desprezo público, ainda quando não haja intenção difamatória.

Art. 18. Sem autorização, não se pode usar o nome alheio em propaganda comercial.

Art. 19. O pseudônimo adotado para atividades lícitas goza da proteção que se dá ao nome.

• *Vide* art. 58 da Lei n. 6.015, de 31-12-1973 (LRP).

• *Vide* arts. 12 e 24, II, da Lei n. 9.610, de 19-2-1998.

Art. 20. Salvo se autorizadas, ou se necessárias à administração da justiça ou à manutenção da ordem pública, a divulgação de escritos, a transmissão da palavra, ou a publicação, a exposição ou a utilização da imagem de uma pessoa poderão ser proibidas, a seu requerimento e sem prejuízo da indenização que couber, se lhe atingirem a honra, a boa fama ou a respeitabilidade, ou se se destinarem a fins comerciais.

•• O STF julgou procedente a ADI n. 4.815, de 10-6-2015 (*DOU* de 16-2-2016), dando a este artigo, "sem redução de texto", interpretação conforme à Constituição, "para, em consonância com os direitos fundamentais à liberdade de pensamento e de sua expressão, de criação artística, produção científica, declarar inexigível o consentimento de pessoa biografada relativamente a obras biográficas literárias ou audiovisuais, sendo por igual desnecessária autorização de pessoas retratadas como coadjuvantes (ou seus familiares, em caso de pessoas falecidas)".

• *Vide* art. 5.º, V, IX, X e XXVIII, *a*, da CF.

• *Vide* Lei n. 9.610, de 19-2-1998 (LDA).

• *Vide* arts. 143 e 247 da Lei n. 8.069, de 13-7-1990 (ECA).

• *Vide* Súmula 221 do STJ.

Parágrafo único. Em se tratando de morto ou de ausente, são partes legítimas para requerer essa proteção o cônjuge, os ascendentes ou os descendentes.

• *Vide* arts. 12, parágrafo único, 22 a 39 (ausência), 943 e 1.845 do CC.

Art. 21. A vida privada da pessoa natural é inviolável, e o juiz, a requerimento do interessado, adotará as providências necessárias para impedir ou fazer cessar ato contrário a esta norma.

•• O STF julgou procedente a ADI n. 4.815, de 10-6-2015 (*DOU* de 16-2-2016), dando a este artigo, "sem redução de texto", interpretação conforme à Constituição, "para, em consonância com os direitos fundamentais à liberdade de pensamento e de sua expressão, de criação artística, produção científica, declarar inexigível o consentimento de pessoa biografada relativamente a obras biográficas literárias ou audiovisuais, sendo por igual desnecessária autorização de pessoas retratadas como coadjuvantes (ou seus familiares, em caso de pessoas falecidas)".

- *Vide* art. 5.º, X, da CF.

Capítulo III
DA AUSÊNCIA

- *Vide* arts. 6.º, 7.º, 9.º, IV, 20, 198, II, 335, III, 428, II e III, 434, 1.159, 1.571, § 1.º, 1.728, I, e 1.759 do CC sobre ausentes.
- CPC, dispositivos sobre ausentes: arts. 49 (ações, foro competente), 242, § 1.º (citação), 744 e 745 (bens dos ausentes), 671, I (curador especial na partilha).
- Lei n. 6.015, de 31-12-1973 (LRP): arts. 94 (registro da sentença declaratória), 104 e parágrafo único (averbação), e 107, § 1.º (anotações).

Seção I
Da Curadoria dos Bens do Ausente

Art. 22. Desaparecendo uma pessoa do seu domicílio sem dela haver notícia, se não houver deixado representante ou procurador a quem caiba administrar-lhe os bens, o juiz, a requerimento de qualquer interessado ou do Ministério Público, declarará a ausência, e nomear-lhe-á curador.

•• Os arts. 744 e 745 do CPC dispõem sobre os bens dos ausentes.

- Registro da sentença declaratória de ausência – *vide* Lei n. 6.015, de 31-12-1973, art. 29, VI (LRP).
- Caracteriza-se a falência do devedor que se ausenta sem deixar representante habilitado e com recursos suficientes para pagar os credores, abandona estabelecimento ou tenta ocultar-se de seu domicílio, do local de sua sede ou de seu principal estabelecimento (art. 94, III, *f*, da Lei n. 11.101, de 9-2-2005 – Lei de Falências e Recuperação de Empresas).

Art. 23. Também se declarará a ausência, e se nomeará curador, quando o ausente deixar mandatário que não queira ou não possa exercer ou continuar o mandato, ou se os seus poderes forem insuficientes.

- *Vide* arts. 653 e 682 do CC.

Art. 24. O juiz, que nomear o curador, fixar-lhe-á os poderes e obrigações, conforme as circunstâncias, observando, no que for aplicável, o disposto a respeito dos tutores e curadores.

- *Vide* arts. 1.728 e s. do CC.

Art. 25. O cônjuge do ausente, sempre que não esteja separado judicialmente, ou de fato por mais de dois anos antes da declaração da ausência, será o seu legítimo curador.

- *Vide* Emenda Constitucional n. 66, de 13-7-2010.
- *Vide* arts. 1.570 e 1.775 do CC.

§ 1.º Em falta do cônjuge, a curadoria dos bens do ausente incumbe aos pais ou aos descendentes, nesta ordem, não havendo impedimento que os iniba de exercer o cargo.

§ 2.º Entre os descendentes, os mais próximos precedem os mais remotos.

§ 3.º Na falta das pessoas mencionadas, compete ao juiz a escolha do curador.

Seção II
Da Sucessão Provisória

- Os §§ 1.º a 3.º do art. 745 do CPC dispõem sobre sucessão provisória.

Art. 26. Decorrido um ano da arrecadação dos bens do ausente, ou, se ele deixou representante ou procurador, em se passando três anos, poderão os interessados requerer que se declare a ausência e se abra provisoriamente a sucessão.

•• *Vide* art. 28, § 1.º, do CC.

•• Os arts. 744 e 745 do CPC dispõem sobre os bens dos ausentes.

- *Vide* art. 5.º, XXXI, da CF, sobre sucessão de bens de estrangeiros situados no país.
- *Vide* art. 104, parágrafo único, da Lei n. 6.015, de 31-12-1973 (averbação da sentença de abertura da sucessão provisória).
- Sobre a morte presumida de militares, servidores públicos e militares de aeronáutica, dispõem os Decretos-leis n. 5.782, de 30-8-1943, e 6.239, de 3-2-1944.

Art. 27. Para o efeito previsto no artigo anterior, somente se consideram interessados:

I – o cônjuge não separado judicialmente;

- Separação consensual: art. 733, *caput*, do CPC.

II – os herdeiros presumidos, legítimos ou testamentários;

III – os que tiverem sobre os bens do ausente direito dependente de sua morte;

- *Vide* art. 1.951 do CC.

IV – os credores de obrigações vencidas e não pagas.

Art. 28. A sentença que determinar a abertura da sucessão provisória só produzirá efeito cento e oitenta dias depois de publicada pela imprensa; mas, logo que passe em julgado, proceder-se-á à abertura do testamento, se houver, e ao inventário e partilha dos bens, como se o ausente fosse falecido.

- *Vide* art. 104, parágrafo único, da Lei n. 6.015, de 31-12-1973.

§ 1.º Findo o prazo a que se refere o art. 26, e não havendo interessados na sucessão provisória, cumpre ao Ministério Público requerê-la ao juízo competente.

§ 2.º Não comparecendo herdeiro ou interessado para requerer o inventário até trinta dias depois de passar em julgado a sentença que mandar abrir a sucessão provisória, proceder-se-á à arrecadação dos bens do ausente pela forma estabelecida nos arts. 1.819 a 1.823.

Art. 29. Antes da partilha, o juiz, quando julgar conveniente, ordenará a conversão dos bens móveis, sujeitos a deterioração ou a extravio, em imóveis ou em títulos garantidos pela União.

Art. 30. Os herdeiros, para se imitirem na posse dos bens do ausente, darão garantias da restituição deles, mediante penhores ou hipotecas equivalentes aos quinhões respectivos.

§ 1.º Aquele que tiver direito à posse provisória, mas não puder prestar a garantia exigida neste artigo, será excluído, mantendo-se os bens que lhe deviam caber sob a administração do curador, ou de outro herdeiro designado pelo juiz, e que preste essa garantia.

§ 2.º Os ascendentes, os descendentes e o cônjuge, uma vez provada a sua qualidade de herdeiros, poderão, independentemente de garantia, entrar na posse dos bens do ausente.

Art. 31. Os imóveis do ausente só se poderão alienar, não sendo por desapropriação, ou hipotecar, quando o ordene o juiz, para lhes evitar a ruína.

Art. 32. Empossados nos bens, os sucessores provisórios ficarão representando ativa e passivamente o ausente, de modo que contra eles correrão as ações pendentes e as que de futuro àquele forem movidas.

Art. 33. O descendente, ascendente ou cônjuge que for sucessor provisório do ausente, fará seus todos os frutos e rendimentos dos bens que a este couberem; os outros sucessores, porém, deverão capitalizar metade desses frutos e rendimentos, segundo o disposto no art. 29, de acordo com o representante do Ministério Público, e prestar anualmente contas ao juiz competente.

Parágrafo único. Se o ausente aparecer, e ficar provado que a ausência foi voluntária e injustificada, perderá ele, em favor do sucessor, sua parte nos frutos e rendimentos.

Art. 34. O excluído, segundo o art. 30, da posse provisória poderá, justificando falta de meios, requerer lhe seja entregue metade dos rendimentos do quinhão que lhe tocaria.

Art. 35. Se durante a posse provisória se provar a época exata do falecimento do ausente, considerar-se-á, nessa data, aberta a sucessão em favor dos herdeiros, que o eram àquele tempo.

- *Vide* art. 1.784 do CC.

Art. 36. Se o ausente aparecer, ou se lhe provar a existência, depois de estabelecida a posse provisória, cessarão para logo as vantagens dos sucessores nela imitidos, ficando, todavia, obrigados a tomar as medidas assecuratórias precisas, até a entrega dos bens a seu dono.

Seção III
Da Sucessão Definitiva

Art. 37. Dez anos depois de passada em julgado a sentença que concede a abertura da sucessão provisória, poderão os interessados requerer a sucessão definitiva e o levantamento das cauções prestadas.

- *Vide* art. 6.º do CC.
- *Vide* Súmula 331 do STF.

Art. 38. Pode-se requerer a sucessão definitiva, também, provando-se que o ausente conta oitenta anos de idade, e que de cinco datam as últimas notícias dele.

- *Vide* art. 6.º do CC.

Art. 39. Regressando o ausente nos dez anos seguintes à abertura da sucessão definitiva, ou algum de seus descendentes ou ascendentes, aquele ou estes haverão só os bens existentes no estado em que se acharem, os sub-rogados em seu lugar, ou o preço que os herdeiros e demais interessados houverem recebido pelos bens alienados depois daquele tempo.

Parágrafo único. Se, nos dez anos a que se refere este artigo, o ausente não regressar, e nenhum interessado promover a sucessão definitiva, os bens arrecadados passarão ao domínio do Município ou do Distrito Federal, se localizados nas respectivas circunscrições, incorporando-se ao domínio da União, quando situados em território federal.

- *Vide* arts. 28, § 2.º, 1.822, *caput*, 1.814 a 1.818 (os que não podem suceder) e 1.829 a 1.844 (ordem da vocação hereditária) do CC.

Título II
DAS PESSOAS JURÍDICAS

Capítulo I
DISPOSIÇÕES GERAIS

Art. 40. As pessoas jurídicas são de direito público, interno ou externo, e de direito privado.

Art. 41. São pessoas jurídicas de direito público interno:

I – a União;

- Sobre bens imóveis da União, *vide* Decreto-lei n. 9.760, de 5-9-1946, e Lei n. 9.636, de 15-5-1998.

II – os Estados, o Distrito Federal e os Territórios;

III – os Municípios;

IV – as autarquias, inclusive as associações públicas;

•• Inciso IV com redação determinada pela Lei n. 11.107, de 6-4-2005.

- *Vide* art. 37, XIX, da CF.
- A Lei n. 4.717, de 29-6-1965, que regulou a ação popular, em seu art. 20, declara as entidades que considera autarquias.
- O art. 5.º, I, do Decreto-lei n. 200, de 25-2-1967, conceitua: "Autarquia – o serviço autônomo, criado por lei, com personalidade jurídica, patrimônio e receita próprios, para executar atividades típicas da administração pública, que requeiram, para seu melhor funcionamento, gestão administrativa e financeira descentralizada".

V – as demais entidades de caráter público criadas por lei.

- Sobre a representação judicial das pessoas jurídicas de direito público, dispõe o CPC, no art. 75, I e II.
- A Lei n. 8.448, de 21-7-1992, regulamenta os arts. 37, XI, e 39, § 1.º, da CF, sobre remuneração de servidor público.
- A Lei n. 9.962, de 22-2-2000, dispõe sobre o regime de emprego público do pessoal da Administração Federal direta, autárquica e fundacional.

Parágrafo único. Salvo disposição em contrário, as pessoas jurídicas de direito público, a que se tenha dado estrutura de direito privado, regem-se, no que couber, quanto ao seu funcionamento, pelas normas deste Código.

Art. 42. São pessoas jurídicas de direito público externo os Estados estrangeiros e todas as pessoas que forem regidas pelo direito internacional público.

- Sobre as relações internacionais entre Brasil e Estados estrangeiros, *vide* arts. 4.º, 102, I, 105, II, c, e 109 da CF.

Art. 43. As pessoas jurídicas de direito público interno são civilmente responsáveis por atos dos seus agentes que nessa qualidade causem danos a terceiros, ressalvado direito regressivo contra os causadores do dano, se houver, por parte destes, culpa ou dolo.

• *Vide* CF, art. 37, § 6.º.
• CPC: art. 125, II.
• A Lei n. 4.619, de 28-4-1965, trata da ação regressiva da União contra seus agentes.
• Responsabilidade civil, em caso de abuso de autoridade – *vide* art. 6.º, § 2.º, da Lei n. 4.898, de 9-12-1965.
• O Decreto n. 83.540, de 4-6-1979, regulamenta a aplicação da Convenção Internacional sobre responsabilidade civil em danos causados por poluição de óleo, estabelecendo a responsabilidade civil do proprietário do navio e a legitimidade do Ministério Público federal para a ação de ressarcimento.
• A Lei n. 8.112, de 11-12-1990, dispõe sobre responsabilidade dos funcionários públicos nos arts. 121 a 126.
• A Lei n. 10.309, de 22-11-2001, dispõe sobre a assunção da União de responsabilidade civil perante terceiros no caso de atentado terrorista ou atos de guerra contra aeronaves de empresas aéreas brasileiras.

Art. 44. São pessoas jurídicas de direito privado:

•• *Vide* arts. 2.031 a 2.034 e 2.037 do CC.

I – as associações;

• *Vide* art. 5.º, XVII a XXI, da CF.
• *Vide* arts. 53 a 61, 2.031, 2.033 e 2.034 do CC.

II – as sociedades;

• Sociedades no CC: arts. 981 e s., 2.031, 2.033, 2.034 e 2.037.

III – as fundações;

• *Vide* arts. 62 a 69, 2.031 e 2.032 do CC.
• *Vide* Lei n. 9.790, de 23-3-1999, regulamentada pelo Decreto n. 3.100, de 30-6-1999.

IV – as organizações religiosas;

•• Inciso IV acrescentado pela Lei n. 10.825, de 22-12-2003.

V – os partidos políticos;

•• Inciso V acrescentado pela Lei n. 10.825, de 22-12-2003.
• Partidos políticos: Lei n. 9.096, de 19-9-1995.

VI – (*Revogado pela Medida Provisória n. 1.085, de 27-12-2021.*)

•• O texto revogado dizia: "VI – as empresas individuais de responsabilidade limitada.
  •• Inciso VI acrescentado pela Lei n. 12.441, de 11-7-2011.
  •• A Lei n. 14.195, de 26-8-2021, propôs a revogação deste inciso VI, todavia teve seu texto vetado".

§ 1.º São livres a criação, a organização, a estruturação interna e o funcionamento das organizações religiosas, sendo vedado ao poder público negar-lhes reconhecimento ou registro dos atos constitutivos e necessários ao seu funcionamento.

•• § 1.º acrescentado pela Lei n. 10.825, de 22-12-2003.

§ 2.º As disposições concernentes às associações aplicam-se subsidiariamente às sociedades que são objeto do Livro II da Parte Especial deste Código.

•• Primitivo parágrafo único transformado em § 2.º pela Lei n. 10.825, de 22-12-2003.
• Livro II da Parte Especial deste Código – Direito de Empresa: arts. 966 e s.

§ 3.º Os partidos políticos serão organizados e funcionarão conforme o disposto em lei específica.

•• § 3.º acrescentado pela Lei n. 10.825, de 22-12-2003.
• Partidos políticos: Lei n. 9.096, de 19-9-1995.

Art. 45. Começa a existência legal das pessoas jurídicas de direito privado com a inscrição do ato constitutivo no respectivo registro, precedida, quando necessário, de autorização ou aprovação do Poder Executivo, averbando-se no registro todas as alterações por que passar o ato constitutivo.

• *Vide* arts. 985, 998, 1.000 (registro civil das pessoas jurídicas) e 1.150 a 1.154 (registro público das empresas mercantis) do CC.
• As sociedades de advogados adquirem a personalidade jurídica com o registro de seu estatuto no Conselho Seccional da Ordem dos Advogados do Brasil em cuja base territorial tiver sede (Lei n. 8.906, de 4-7-1994, art. 15, § 1.º).
• Registro civil das pessoas jurídicas: Lei n. 6.015, de 31-12-1973, arts. 114 a 126.
• Sobre registro público das empresas mercantis e atividades afins: *vide* Lei n. 8.934, de 18-11-1994.
• *Vide* Lei n. 9.279,de 14-5-1996.
• "Os atos e contratos constitutivos de pessoas jurídicas, sob pena de nulidade, só podem ser admitidos a registro, nos órgãos competentes, quando visados por advogados" (§ 2.º do art. 1.º da Lei n. 8.906, de 4-7-1994, EAOAB). *Vide* art. 9.º, § 2.º, da Lei Complementar n. 123, de 14-12-2006.
• *Vide* arts. 7.º a 11 da Lei n. 9.096, de 19-9-1995.

Parágrafo único. Decai em três anos o direito de anular a constituição das pessoas jurídicas de direito privado, por defeito do ato respectivo, contado o prazo da publicação de sua inscrição no registro.

Art. 46. O registro declarará:

• *Vide* arts. 985, 998, 1.000 (registro civil das pessoas jurídicas) e 1.150 a 1.154 (registro público das empresas mercantis) do CC.
• *Vide* Lei n. 6.015, de 31-12-1973 (LRP), arts. 120 e 121.
• *Vide* Lei n. 8.934, de 18-11-1994, regulamentada pelo Decreto n. 1.800, de 30-1-1996.

I – a denominação, os fins, a sede, o tempo de duração e o fundo social, quando houver;

II – o nome e a individualização dos fundadores ou instituidores, e dos diretores;

III – o modo por que se administra e representa, ativa e passivamente, judicial e extrajudicialmente;

IV – se o ato constitutivo é reformável no tocante à administração, e de que modo;

V – se os membros respondem, ou não, subsidiariamente, pelas obrigações sociais;

VI – as condições de extinção da pessoa jurídica e o destino do seu patrimônio, nesse caso.

Art. 47. Obrigam a pessoa jurídica os atos dos administradores, exercidos nos limites de seus poderes definidos no ato constitutivo.

• *Vide* arts. 43, 989, 990 e 997, VI, do CC.

Art. 48. Se a pessoa jurídica tiver administração coletiva, as decisões se tomarão pela maioria de votos dos presentes, salvo se o ato constitutivo dispuser de modo diverso.

• *Vide* art. 1.014 do CC.

Parágrafo único. Decai em três anos o direito de anular as decisões a que se refere este artigo, quando violarem a lei ou estatuto, ou forem eivadas de erro, dolo, simulação ou fraude.

• *Vide* arts. 138 a 150, 158 a 165, 167 e 171, II, do CC.

Art. 48-A. As pessoas jurídicas de direito privado, sem prejuízo do previsto em legislação especial e em seus atos constitutivos, poderão realizar suas assembleias gerais por meios eletrônicos, inclusive para os fins do disposto no art. 59, respeitados os direitos previstos de participação e de manifestação.

•• Artigo com redação determinada pela Medida Provisória n. 1.085, de 27-12-2021.

O texto anterior dizia: "Art. 48-A. As pessoas jurídicas de direito privado, sem prejuízo do previsto em legislação especial e em seus atos constitutivos, poderão realizar suas assembleias gerais por meios eletrônicos, inclusive para os fins do art. 59 deste Código, respeitados os direitos previstos de participação e de manifestação.

•• Artigo acrescentado pela Lei n. 14.195, de 26-8-2021".

Art. 49. Se a administração da pessoa jurídica vier a faltar, o juiz, a requerimento de qualquer interessado, nomear-lhe-á administrador provisório.

Art. 49-A. A pessoa jurídica não se confunde com os seus sócios, associados, instituidores ou administradores.

•• *Caput* acrescentado pela Lei n. 13.874, de 20-9-2019.

Parágrafo único. A autonomia patrimonial das pessoas jurídicas é um instrumento lícito de alocação e segregação de riscos, estabelecido pela lei com a finalidade de estimular empreendimentos, para a geração de empregos, tributo, renda e inovação em benefício de todos.

•• Parágrafo único acrescentado pela Lei n. 13.874, de 20-9-2019.

Art. 50. Em caso de abuso da personalidade jurídica, caracterizado pelo desvio de finalidade ou pela confusão patrimonial, pode o juiz, a requerimento da parte, ou do Ministério Público quando lhe couber intervir no processo, desconsiderá-la para que os efeitos de certas e determinadas relações de obrigações sejam estendidos aos bens particulares de administradores ou de sócios da pessoa jurídica beneficiados direta ou indiretamente pelo abuso.

•• *Caput* com redação determinada pela Lei n. 13.874, de 20-9-2019.

• *Vide* art. 28 da Lei n. 8.078, de 11-9-1990 (CDC).

• CPC: art. 795.

§ 1.º Para os fins do disposto neste artigo, desvio de finalidade é a utilização da pessoa jurídica com o propósito de lesar credores e para a prática de atos ilícitos de qualquer natureza.

•• § 1.º acrescentado pela Lei n. 13.874, de 20-9-2019.

§ 2.º Entende-se por confusão patrimonial a ausência de separação de fato entre os patrimônios, caracterizada por:

•• § 2.º, *caput*, acrescentado pela Lei n. 13.874, de 20-9-2019.

I – cumprimento repetitivo pela sociedade de obrigações do sócio ou do administrador ou vice-versa;

•• Inciso I acrescentado pela Lei n. 13.874, de 20-9-2019.

II – transferência de ativos ou de passivos sem efetivas contraprestações, exceto os de valor proporcionalmente insignificante; e

•• Inciso II acrescentado pela Lei n. 13.874, de 20-9-2019.

III – outros atos de descumprimento da autonomia patrimonial.

•• Inciso III acrescentado pela Lei n. 13.874, de 20-9-2019.

§ 3.º O disposto no *caput* e nos §§ 1.º e 2.º deste artigo também se aplica à extensão das obrigações de sócios ou de administradores à pessoa jurídica.

•• § 3.º acrescentado pela Lei n. 13.874, de 20-9-2019.

§ 4.º A mera existência de grupo econômico sem a presença dos requisitos de que trata o *caput* deste artigo não autoriza a desconsideração da personalidade da pessoa jurídica.

•• § 4.º acrescentado pela Lei n. 13.874, de 20-9-2019.

§ 5.º Não constitui desvio de finalidade a mera expansão ou a alteração da finalidade original da atividade econômica específica da pessoa jurídica.

•• § 5.º acrescentado pela Lei n. 13.874, de 20-9-2019.

Art. 51. Nos casos de dissolução da pessoa jurídica ou cassada a autorização para seu funcionamento, ela subsistirá para os fins de liquidação, até que esta se conclua.

• *Vide* arts. 1.033 e s. e 1.125 do CC.

§ 1.º Far-se-á, no registro onde a pessoa jurídica estiver inscrita, a averbação de sua dissolução.

§ 2.º As disposições para a liquidação das sociedades aplicam-se, no que couber, às demais pessoas jurídicas de direito privado.

§ 3.º Encerrada a liquidação, promover-se-á o cancelamento da inscrição da pessoa jurídica.

Art. 52. Aplica-se às pessoas jurídicas, no que couber, a proteção dos direitos da personalidade.

• *Vide* arts. 11 a 21 do CC.

• *Vide* Súmula 227 do STJ.

Capítulo II
DAS ASSOCIAÇÕES

•• *Vide* arts. 2.031 a 2.034 do CC.

• *Vide* art. 5.º, XVII a XXI, da CF.

• A Lei n. 13.267, de 6-4-2016, disciplina a criação e a organização das associações denominadas empresas juniores, com funcionamento perante instituições de ensino superior.

Art. 53. Constituem-se as associações pela união de pessoas que se organizem para fins não econômicos.

Parágrafo único. Não há, entre os associados, direitos e obrigações recíprocos.

• *Vide* Lei n. 9.790, de 23-3-1999, regulamentada pelo Decreto n. 3.100, de 30-6-1999.

Art. 54. Sob pena de nulidade, o estatuto das associações conterá:

I – a denominação, os fins e a sede da associação;

II – os requisitos para a admissão, demissão e exclusão dos associados;

III – os direitos e deveres dos associados;

IV – as fontes de recursos para sua manutenção;

V – o modo de constituição e de funcionamento dos órgãos deliberativos;

•• Inciso V com redação determinada pela Lei n. 11.127, de 28-6-2005.

VI – as condições para a alteração das disposições estatutárias e para a dissolução;

VII – a forma de gestão administrativa e de aprovação das respectivas contas.

•• Inciso VII acrescentado pela Lei n. 11.127, de 28-6-2005.

Art. 55. Os associados devem ter iguais direitos, mas o estatuto poderá instituir categorias com vantagens especiais.

Art. 56. A qualidade de associado é intransmissível, se o estatuto não dispuser o contrário.

Parágrafo único. Se o associado for titular de quota ou fração ideal do patrimônio da associação, a transferência daquela não importará, *de per si*, na atribuição da qualidade de associado ao adquirente ou ao herdeiro, salvo disposição diversa do estatuto.

Art. 57. A exclusão do associado só é admissível havendo justa causa, assim reconhecida em procedimento que assegure direito de defesa e de recurso, nos termos previstos no estatuto.

•• *Caput* com redação determinada pela Lei n. 11.127, de 28-6-2005.

Parágrafo único. (*Revogado pela Lei n. 11.127, de 28-6-2005.*)

Art. 58. Nenhum associado poderá ser impedido de exercer direito ou função que lhe tenha sido legitimamente conferido, a não ser nos casos e pela forma previstos na lei ou no estatuto.

Art. 59. Compete privativamente à assembleia geral:

•• *Caput* com redação determinada pela Lei n. 11.127, de 28-6-2005.

•• *Vide* art. 5.º da Lei n. 14.010, de 10-6-2020.

I – destituir os administradores;

•• Inciso I com redação determinada pela Lei n. 11.127, de 28-6-2005.

II – alterar o estatuto.

•• Inciso II com redação determinada pela Lei n. 11.127, de 28-6-2005.

Parágrafo único. Para as deliberações a que se referem os incisos I e II deste artigo é exigido deliberação da assembleia especialmente convocada para esse fim, cujo *quorum* será o estabelecido no estatuto, bem como os critérios de eleição dos administradores.

•• Parágrafo único com redação determinada pela Lei n. 11.127, de 28-6-2005.

Art. 60. A convocação dos órgãos deliberativos far-se-á na forma do estatuto, garantido a 1/5 (um quinto) dos associados o direito de promovê-la.

•• Artigo com redação determinada pela Lei n. 11.127, de 28-6-2005.

Art. 61. Dissolvida a associação, o remanescente do seu patrimônio líquido, depois de deduzidas, se for o caso, as quotas ou frações ideais referidas no parágrafo único do art. 56, será destinado à entidade de fins não econômicos designada no estatuto, ou, omisso este, por deliberação dos associados, à instituição municipal, estadual ou federal, de fins idênticos ou semelhantes.

• *Vide* art. 5.º, XIX, da CF.

§ 1.º Por cláusula do estatuto ou, no seu silêncio, por deliberação dos associados, podem estes, antes da destinação do remanescente referida neste artigo, receber em restituição, atualizado o respectivo valor, as contribuições que tiverem prestado ao patrimônio da associação.

§ 2.º Não existindo no Município, no Estado, no Distrito Federal ou no Território, em que a associação tiver sede, instituição nas condições indicadas neste artigo, o que remanescer do seu patrimônio se devolverá à Fazenda do Estado, do Distrito Federal ou da União.

Capítulo III
DAS FUNDAÇÕES

•• *Vide* arts. 2.031 a 2.034 do CC.

• O art. 37, XIX, da CF dispõe sobre a criação das fundações públicas.

Art. 62. Para criar uma fundação, o seu instituidor fará, por escritura pública ou testamento, dotação especial de bens livres, especificando o fim a que se destina, e declarando, se quiser, a maneira de administrá-la.

Parágrafo único. A fundação somente poderá constituir-se para fins de:

•• Parágrafo único, *caput*, com redação determinada pela Lei n. 13.151, de 28-7-2015.

I – assistência social;

•• Inciso I acrescentado pela Lei n. 13.151, de 28-7-2015.

II – cultura, defesa e conservação do patrimônio histórico e artístico;

•• Inciso II acrescentado pela Lei n. 13.151, de 28-7-2015.

III – educação;

•• Inciso III acrescentado pela Lei n. 13.151, de 28-7-2015.

IV – saúde;

•• Inciso IV acrescentado pela Lei n. 13.151, de 28-7-2015.

V – segurança alimentar e nutricional;

•• Inciso V acrescentado pela Lei n. 13.151, de 28-7-2015.

VI – defesa, preservação e conservação do meio ambiente e promoção do desenvolvimento sustentável;

•• Inciso VI acrescentado pela Lei n. 13.151, de 28-7-2015.

VII – pesquisa científica, desenvolvimento de tecnologias alternativas, modernização de sistemas de gestão, produção e divulgação de informações e conhecimentos técnicos e científicos;

•• Inciso VII acrescentado pela Lei n. 13.151, de 28-7-2015.

VIII – promoção da ética, da cidadania, da democracia e dos direitos humanos;

•• Inciso VIII acrescentado pela Lei n. 13.151, de 28-7-2015.

IX – atividades religiosas; e

•• Inciso IX acrescentado pela Lei n. 13.151, de 28-7-2015.

X – (*Vetado.*)

•• Inciso X acrescentado pela Lei n. 13.151, de 28-7-2015.

••*Vide* art. 2.032 do CC.

• *Vide* art. 11 da LINDB.

• *Vide* arts. 119 e parágrafo único e 120 da Lei n. 6.015, de 31-12-1973 (LRP).

Art. 63. Quando insuficientes para constituir a fundação, os bens a ela destinados serão, se de outro modo não dispuser o instituidor, incorporados em outra fundação que se proponha a fim igual ou semelhante.

Art. 64. Constituída a fundação por negócio jurídico entre vivos, o instituidor é obrigado a transferir-lhe a propriedade, ou outro direito real, sobre os bens dotados, e, se não o fizer, serão registrados, em nome dela, por mandado judicial.

Art. 65. Aqueles a quem o instituidor cometer a aplicação do patrimônio, em tendo ciência do encargo, formularão logo, de acordo com as suas bases (art. 62), o estatuto da fundação projetada, submetendo-o, em seguida, à aprovação da autoridade competente, com recurso ao juiz.

Parágrafo único. Se o estatuto não for elaborado no prazo assinado pelo instituidor, ou, não havendo prazo, em cento e oitenta dias, a incumbência caberá ao Ministério Público.

Art. 66. Velará pelas fundações o Ministério Público do Estado onde situadas.

- A Lei Complementar n. 109, de 29-5-2001, que dispõe sobre o Regime de Previdência Complementar, diz em seu art. 72: "Compete privativamente ao órgão regulador e fiscalizador das entidades fechadas zelar pelas sociedades civis e fundações, como definido no art. 31 desta Lei Complementar, não se aplicando a estas o disposto nos arts. 26 e 30 do CC e 1.200 a 1.204 do CPC e demais disposições em contrário".

§ 1.º Se funcionarem no Distrito Federal ou em Território, caberá o encargo ao Ministério Público do Distrito Federal e Territórios.

•• § 1.º com redação determinada pela Lei n. 13.151, de 28-7-2015.

•• O STF, na ADI n. 2.794-8 (*DOU* de 1.º-2-2007), declara a inconstitucionalidade deste parágrafo, sem prejuízo da atribuição ao Ministério Público Federal da veladura pelas fundações federais de direito público, que funcionem, ou não, no Distrito Federal ou nos eventuais territórios.

§ 2.º Se estenderem a atividade por mais de um Estado, caberá o encargo, em cada um deles, ao respectivo Ministério Público.

Art. 67. Para que se possa alterar o estatuto da fundação é mister que a reforma:

I – seja deliberada por dois terços dos competentes para gerir e representar a fundação;

II – não contrarie ou desvirtue o fim desta;

III – seja aprovada pelo órgão do Ministério Público no prazo máximo de 45 (quarenta e cinco) dias, findo o qual ou no caso de o Ministério Público a denegar, poderá o juiz supri-la, a requerimento do interessado.

•• Inciso III com redação determinada pela Lei n. 13.151, de 28-7-2015.

- Aprovação do estatuto das fundações: art. 764 do CPC.

Art. 68. Quando a alteração não houver sido aprovada por votação unânime, os administradores da fundação, ao submeterem o estatuto ao órgão do Ministério Público, requererão que se dê ciência à minoria vencida para impugná-la, se quiser, em dez dias.

•• O CC de 1916 estabelecia, em seu art. 29, o prazo de 1 (um) ano para a minoria vencida promover a nulidade da alteração do estatuto.

Art. 69. Tornando-se ilícita, impossível ou inútil a finalidade a que visa a fundação, ou vencido o prazo de sua existência, o órgão do Ministério Público, ou qualquer interessado, lhe promoverá a extinção, incorporando-se o seu patrimônio, salvo disposição em contrário no ato constitutivo, ou no estatuto, em outra fundação, designada pelo juiz, que se proponha a fim igual ou semelhante.

•• A Lei n. 12.715, de 17-9-2012, propôs o acréscimo do art. 69-A, todavia, sofreu veto presidencial.

- *Vide* nota ao art. 66, *caput*, deste Código.
- CPC: art. 765.

Título III
DO DOMICÍLIO

Art. 70. O domicílio da pessoa natural é o lugar onde ela estabelece a sua residência com ânimo definitivo.

- *Vide* arts. 7.º, 10 e 12 da LINDB.
- CPC: arts. 46 a 52.
- *Vide* arts. 1.566, II, 1.569, 1.567 e 1.784 do CC.
- *Vide* art. 101, I, do CDC.
- Sobre domicílio fiscal, arts. 127 e 159 da Lei n. 5.172, de 25-10-1966 (CTN).
- Domicílio de estrangeiro: para o efeito de aquisição da propriedade rural no território nacional, é necessário constar da escritura prova de residência no território nacional (art. 9.º da Lei n. 5.709, de 7-10-1971).
- Inviolabilidade de domicílio: CF, art. 5.º, XI.

Art. 71. Se, porém, a pessoa natural tiver diversas residências, onde, alternadamente, viva, considerar-se-á domicílio seu qualquer delas.

- CPC: art. 46, § 1.º.
- *Vide* Súmula 483 do STF.

Art. 72. É também domicílio da pessoa natural, quanto às relações concernentes à profissão, o lugar onde esta é exercida.

- A Lei n. 8.906, de 4-7-1994 (EAOAB), dispõe, em seu art. 10, § 1.º: "Considera-se domicílio profissional a sede principal da atividade de advocacia, prevalecendo, na dúvida, o domicílio da pessoa física do advogado".

Parágrafo único. Se a pessoa exercitar profissão em lugares diversos, cada um deles constituirá domicílio para as relações que lhe corresponderem.

Art. 73. Ter-se-á por domicílio da pessoa natural, que não tenha residência habitual, o lugar onde for encontrada.

- *Vide* art. 7.º, § 8.º, da LINDB.
- O art. 46, § 2.º, do CPC estabelece que, sendo incerto ou desconhecido o domicílio do réu, ele poderá ser demandado onde for encontrado ou no foro do domicílio do autor.

Art. 74. Muda-se o domicílio, transferindo a residência, com a intenção manifesta de o mudar.

Parágrafo único. A prova da intenção resultará do que declarar a pessoa às municipalidades dos lugares, que deixa, e para onde vai, ou, se tais declarações não fizer, da própria mudança, com as circunstâncias que a acompanharem.

- CPC: art. 43.
- *Vide* Súmula 58 do STJ.

Art. 75. Quanto às pessoas jurídicas, o domicílio é:

I – da União, o Distrito Federal;

II – dos Estados e Territórios, as respectivas capitais;

III – do Município, o lugar onde funcione a administração municipal;

IV – das demais pessoas jurídicas, o lugar onde funcionarem as respectivas diretorias e administrações, ou onde elegerem domicílio especial no seu estatuto ou atos constitutivos.

- *Vide* CF, art. 109, §§ 1.º a 4.º.
- Sobre domicílio fiscal, *vide* notas ao art. 70.

§ 1.º Tendo a pessoa jurídica diversos estabelecimentos em lugares diferentes, cada um deles será considerado domicílio para os atos nele praticados.

- *Vide* Súmula 363 do STF.
- O art. 53, III, *b*, do CPC estabelece que é competente o foro do lugar onde se acha a agência ou sucursal, quanto às obrigações que ela contraiu.

§ 2.º Se a administração, ou diretoria, tiver a sede no estrangeiro, haver-se-á por domicílio da pessoa jurídica, no tocante às obrigações contraídas por cada uma das suas agências, o lugar do estabelecimento, sito no Brasil, a que ela corresponder.

Art. 76. Têm domicílio necessário o incapaz, o servidor público, o militar, o marítimo e o preso.

Parágrafo único. O domicílio do incapaz é o do seu representante ou assistente; o do servidor público, o lugar em que exercer permanentemente suas funções; o do militar, onde servir, e, sendo da Marinha ou da Aeronáutica, a sede do comando a que se encontrar imediatamente subordinado; o do marítimo, onde o navio estiver matriculado; e o do preso, o lugar em que cumprir a sentença.

- *Vide* art. 7.º, § 7.º, última parte, da LINDB.
- O art. 50 do CPC estabelece que a ação em que o incapaz for réu se processará no foro do domicílio de seu representante ou assistente.
- Regime Jurídico dos Servidores Públicos Civis da União, das Autarquias e das Fundações Públicas Federais: Lei n. 8.112, de 11-12-1990.

Art. 77. O agente diplomático do Brasil, que, citado no estrangeiro, alegar extraterritorialidade sem designar onde tem, no país, o seu domicílio, poderá ser demandado no Distrito Federal ou no último ponto do território brasileiro onde o teve.

Art. 78. Nos contratos escritos, poderão os contratantes especificar domicílio onde se exercitem e cumpram os direitos e obrigações deles resultantes.

- *Vide* art. 327 do CC.
- *Vide* Súmula 335 do STF.

Livro II
Dos Bens

Título Único
DAS DIFERENTES CLASSES DE BENS

Capítulo I
DOS BENS CONSIDERADOS EM SI MESMOS

Seção I
Dos Bens Imóveis

Art. 79. São bens imóveis o solo e tudo quanto se lhe incorporar natural ou artificialmente.

- *Vide* arts. 92, 95 e 1.229 do CC.
- Sobre o regime jurídico das jazidas, consulte-se o Código de Mineração, aprovado pelo Decreto-lei n. 227, de 28-2-1967, art. 6.º, parágrafo único.
- O art. 6.º da Lei n. 7.990, de 28-12-1989, trata da compensação financeira pela exploração de recursos minerais. A Lei n. 8.001, de 13-3-1990, define os percentuais da distribuição da compensação financeira. Igualmente o Decreto n. 1, de 11-1-1991.
- A Lei n. 7.805, de 18-7-1989, cria o regime de permissão de lavra garimpeira e extingue o regime de matrícula. Regulamenta-a o Decreto n. 98.812, de 9-1-1990.
- CF, arts. 174, §§ 3.º e 4.º, e 176, §§ 1.º a 4.º.
- Código de Águas (Decreto n. 24.643, de 10-7-1934, art. 145).
- A Lei n. 9.433, de 8-1-1997, institui a Política Nacional de Recursos Hídricos.
- Sobre apartamentos em edifícios de dois ou mais pavimentos, *vide* Lei n. 4.591, de 16-12-1964, e arts. 1.331 a 1.358 do CC.
- *Vide* Súmula 329 do STF.

Art. 80. Consideram-se imóveis para os efeitos legais:

I – os direitos reais sobre imóveis e as ações que os asseguram;

- *Vide* art. 1.225 do CC.
- *Vide* Decreto n. 24.778, de 14-7-1934, que dispõe sobre a caução de hipoteca e penhor.
- *Vide* Súmula 329 do STF.

II – o direito à sucessão aberta.

- *Vide* art. 1.784 do CC.

Art. 81. Não perdem o caráter de imóveis:

I – as edificações que, separadas do solo, mas conservando a sua unidade, forem removidas para outro local;

II – os materiais provisoriamente separados de um prédio, para nele se reempregarem.

- *Vide* art. 84 do CC.

Seção II
Dos Bens Móveis

Art. 82. São móveis os bens suscetíveis de movimento próprio, ou de remoção por força alheia, sem alteração da substância ou da destinação econômico-social.

- Embora sujeitem-se à hipoteca (art. 1.473, § 1.º, do CC), os navios (art. 13 da Lei n. 7.652, de 3-2-1988) e as aeronaves (art. 138 da Lei n. 7.565, de 19-12-1986) são bens móveis.

Art. 83. Consideram-se móveis para os efeitos legais:

I – as energias que tenham valor econômico;

- CP, art. 155, § 3.º: "Equipara-se à coisa móvel a energia elétrica ou qualquer outra que tenha valor econômico".

II – os direitos reais sobre objetos móveis e as ações correspondentes;

- *Vide* art. 1.225 do CC.

III – os direitos pessoais de caráter patrimonial e respectivas ações.

- *Vide* art. 3.º da Lei n. 9.610, de 19-2-1998, que regula os direitos autorais.

Art. 84. Os materiais destinados a alguma construção, enquanto não forem empregados, conservam sua qualidade de móveis; readquirem essa qualidade os provenientes da demolição de algum prédio.

- *Vide* art. 81, II, do CC.

Seção III
Dos Bens Fungíveis e Consumíveis

Art. 85. São fungíveis os móveis que podem substituir-se por outros da mesma espécie, qualidade e quantidade.

- *Vide* arts. 247, *in fine*, 369, 579, 586 e 645 do CC.

Art. 86. São consumíveis os bens móveis cujo uso importa destruição imediata da própria substância, sendo também considerados tais os destinados à alienação.

- *Vide* art. 1.392, § 1.º, do CC.

Seção IV
Dos Bens Divisíveis

Art. 87. Bens divisíveis são os que se podem fracionar sem alteração na sua substância, diminuição considerável de valor, ou prejuízo do uso a que se destinam.

- *Vide* art. 258 do CC.

Art. 88. Os bens naturalmente divisíveis podem tornar-se indivisíveis por determinação da lei ou por vontade das partes.

- *Vide* arts. 263, 504, 844, 1.320, §§ 1.º e 2.º, e 1.386 do CC.
- "O imóvel rural não é divisível em áreas de dimensão inferior à constitutiva do módulo de propriedade rural" (art. 65, *caput*, da Lei n. 4.504, de 30-11-1964 – Estatuto da Terra, regulamentado pelo Decreto n. 62.504, de 8-4-1968).

Seção V
Dos Bens Singulares e Coletivos

Art. 89. São singulares os bens que, embora reunidos, se consideram *de per si*, independentemente dos demais.

Art. 90. Constitui universalidade de fato a pluralidade de bens singulares que, pertinentes à mesma pessoa, tenham destinação unitária.

Parágrafo único. Os bens que formam essa universalidade podem ser objeto de relações jurídicas próprias.

Art. 91. Constitui universalidade de direito o complexo de relações jurídicas, de uma pessoa, dotadas de valor econômico.

Capítulo II
DOS BENS RECIPROCAMENTE CONSIDERADOS

Art. 92. Principal é o bem que existe sobre si, abstrata ou concretamente; acessório, aquele cuja existência supõe a do principal.

- *Vide* arts. 94, 233, 287, 364 e 1.209 do CC.

Art. 93. São pertenças os bens que, não constituindo partes integrantes, se destinam, de modo duradouro, ao uso, ao serviço ou ao aformoseamento de outro.

Art. 94. Os negócios jurídicos que dizem respeito ao bem principal não abrangem as pertenças, salvo se o contrário resultar da lei, da manifestação de vontade, ou das circunstâncias do caso.

Art. 95. Apesar de ainda não separados do bem principal, os frutos e produtos podem ser objeto de negócio jurídico.

- *Vide* arts. 237, 1.214 a 1.216 e 1.232 do CC.

Art. 96. As benfeitorias podem ser voluptuárias, úteis ou necessárias.

§ 1.º São voluptuárias as de mero deleite ou recreio, que não aumentam o uso habitual do bem, ainda que o tornem mais agradável ou sejam de elevado valor.

§ 2.º São úteis as que aumentam ou facilitam o uso do bem.

§ 3.º São necessárias as que têm por fim conservar o bem ou evitar que se deteriore.

- *Vide* arts. 1.219 a 1.222 e 1.922, parágrafo único, do CC.
- O art. 24 do Decreto n. 59.566, de 14-11-1966, dispõe sobre as benfeitorias realizadas em imóvel rural objeto de arrendamento.
- Acerca das benfeitorias feitas na vigência de contrato de locação, *vide* art. 35 da Lei n. 8.245, de 18-10-1991.

Art. 97. Não se consideram benfeitorias os melhoramentos ou acréscimos sobrevindos ao bem sem a intervenção do proprietário, possuidor ou detentor.

Capítulo III
DOS BENS PÚBLICOS

Art. 98. São públicos os bens do domínio nacional pertencentes às pessoas jurídicas de direito público interno; todos os outros são particulares, seja qual for a pessoa a que pertencerem.

- Sobre o patrimônio público, dispõe o art. 1.º da Lei n. 4.717, de 29-6-1965, que regula a ação popular.
- CF, arts. 5.º, LXXIII, 20 e 26.
- *Vide* Decreto-lei n. 9.760, de 5-9-1946, que dispõe sobre imóveis da União.

Art. 99. São bens públicos:

I – os de uso comum do povo, tais como rios, mares, estradas, ruas e praças;

- O Decreto n. 24.643, de 10-7-1934, institui o Código de Águas. Pela Lei n. 7.661, de 16-5-1988, art. 10, as praias são bens públicos de uso comum do povo.

II – os de uso especial, tais como edifícios ou terrenos destinados a serviço ou estabelecimento da administração federal, estadual, territorial ou municipal, inclusive os de suas autarquias;

III – os dominicais, que constituem o patrimônio das pessoas jurídicas de direito público, como objeto de direito pessoal, ou real, de cada uma dessas entidades.

- *Vide* arts. 20 e 176 da CF.
- *Vide*, sobre terras devolutas, Decreto-lei n. 9.760, de 5-9-1946, e Lei n. 6.383, de 7-12-1976.
- Sobre o patrimônio histórico e artístico, dispõe o Decreto-lei n. 25, de 30-11-1937.
- Sobre a plataforma submarina, dispõe o Decreto n. 28.840, de 8-11-1950.
- Sobre mar territorial, *vide* Lei n. 8.617, de 4-1-1993.
- Sobre terrenos de marinha e marginais a rios navegáveis devem ser consultados: Decreto-lei n. 3.050, de 13-2-1941; Decreto-lei n. 3.205, de 22-4-1941; Decreto-lei n. 3.438, de 17-7-1941; Decreto-lei n. 4.120, de 21-2-1942; Decreto-lei n. 7.226, de 4-1-1945; Decreto-lei n. 7.937, de 5-9-1945; Decreto-lei n. 9.760, de 5-9-1946.
- Sobre dispensa de pagamento de laudêmio: Decretos-leis n. 1.850, de 15-1-1981, e 1.876, de 15-7-1981.
- Sobre jazidas de petróleo e gases raros, dispõe o Decreto-lei n. 3.236, de 7-5-1941.
- Sobre instrumentos e produtos de crime, dispõem o CP, art. 91, II; CPP, arts. 118 e 119; Decreto-lei n. 9.760, de 5-9-1946.
- *Vide* Lei n. 6.634, de 2-5-1979, que dispõe sobre a faixa de fronteira, regulamentada pelo Decreto n. 85.064, de 26-8-1980.
- *Vide* Súmula 496 do STJ.

Parágrafo único. Não dispondo a lei em contrário, consideram-se dominicais os bens pertencentes às pessoas jurídicas de direito público a que se tenha dado estrutura de direito privado.

Art. 100. Os bens públicos de uso comum do povo e os de uso especial são inalienáveis, enquanto conservarem a sua qualificação, na forma que a lei determinar.

- *Vide* art. 183, § 3.º, da CF.
- *Vide* art. 23 da Lei n. 9.636, de 15-5-1998.
- *Vide* Súmula 340 do STF.

Art. 101. Os bens públicos dominicais podem ser alienados, observadas as exigências da lei.

- *Vide* art. 23 da Lei n. 9.636, de 15-5-1998.

Art. 102. Os bens públicos não estão sujeitos a usucapião.

- *Vide* CF, art. 191, parágrafo único, e Decreto-lei n. 9.760, de 5-9-1946, art. 200.
- *Vide* arts. 1.238 e s. do CC.
- *Vide* Súmula 340 do STF.

Art. 103. O uso comum dos bens públicos pode ser gratuito ou retribuído, conforme for estabelecido legalmente pela entidade a cuja administração pertencerem.

- *Vide* art. 150 da CF.

Livro III
Dos Fatos Jurídicos

Título I
DO NEGÓCIO JURÍDICO

Capítulo I
DISPOSIÇÕES GERAIS

Art. 104. A validade do negócio jurídico requer:

• *Vide* arts. 3.º, 4.º, 5.º, 166, 167 e 2.035 do CC.

I – agente capaz;

II – objeto lícito, possível, determinado ou determinável;

III – forma prescrita ou não defesa em lei.

• *Vide* arts. 5.º, parágrafo único, I, 171, 184 e 1.640 do CC.

• *Vide* arts. 6.º, V, e 51 da Lei n. 8.078, de 11-9-1990 (CDC).

Art. 105. A incapacidade relativa de uma das partes não pode ser invocada pela outra em benefício próprio, nem aproveita aos cointeressados capazes, salvo se, neste caso, for indivisível o objeto do direito ou da obrigação comum.

• *Vide* arts. 88, 257 a 263 e 314 do CC.

Art. 106. A impossibilidade inicial do objeto não invalida o negócio jurídico se for relativa, ou se cessar antes de realizada a condição a que ele estiver subordinado.

Art. 107. A validade da declaração de vontade não dependerá de forma especial, senão quando a lei expressamente a exigir.

• *Vide* arts. 104, III, 108, 109 e 183 do CC.

Art. 108. Não dispondo a lei em contrário, a escritura pública é essencial à validade dos negócios jurídicos que visem à constituição, transferência, modificação ou renúncia de direitos reais sobre imóveis de valor superior a trinta vezes o maior salário mínimo vigente no País.

• *Vide* arts. 215, 1.227, 1.245, 1.653 e 1.711 do CC.

Art. 109. No negócio jurídico celebrado com a cláusula de não valer sem instrumento público, este é da substância do ato.

Art. 110. A manifestação de vontade subsiste ainda que o seu autor haja feito a reserva mental de não querer o que manifestou, salvo se dela o destinatário tinha conhecimento.

• *Vide* art. 422 do CC.

Art. 111. O silêncio importa anuência, quando as circunstâncias ou os usos o autorizarem, e não for necessária a declaração de vontade expressa.

• *Vide* arts. 147, 326, 432, 539, 659 e 1.807 do CC.

Art. 112. Nas declarações de vontade se atenderá mais à intenção nelas consubstanciada do que ao sentido literal da linguagem.

• *Vide* arts. 114, 133, 819 e 1.899 do CC.

• LDA (Lei n. 9.610, de 19-2-1998), art. 4.º.

• *Vide* art. 47 da Lei n. 8.078, de 11-9-1990 (CDC).

Art. 113. Os negócios jurídicos devem ser interpretados conforme a boa-fé e os usos do lugar de sua celebração.

• *Vide* arts. 164, 422, 423, 435, 1.201 e 1.202 do CC.

• *Vide* arts. 4.º, III, e 51, IV, do CDC.

§ 1.º A interpretação do negócio jurídico deve lhe atribuir o sentido que:

•• § 1.º acrescentado pela Lei n. 13.874, de 20-9-2019.

I – for confirmado pelo comportamento das partes posterior à celebração do negócio;

•• Inciso I acrescentado pela Lei n. 13.874, de 20-9-2019.

II – corresponder aos usos, costumes e práticas do mercado relativas ao tipo de negócio;

•• Inciso II acrescentado pela Lei n. 13.874, de 20-9-2019.

III – corresponder à boa-fé;

•• Inciso III acrescentado pela Lei n. 13.874, de 20-9-2019.

IV – for mais benéfico à parte que não redigiu o dispositivo, se identificável; e

•• Inciso IV acrescentado pela Lei n. 13.874, de 20-9-2019.

V – corresponder a qual seria a razoável negociação das partes sobre a questão discutida, inferida das demais disposições do negócio e da racionalidade econômica das partes, consideradas as informações disponíveis no momento de sua celebração.

•• Inciso V acrescentado pela Lei n. 13.874, de 20-9-2019.

§ 2° As partes poderão livremente pactuar regras de interpretação, de preenchimento de lacunas e de integração dos negócios jurídicos diversas daquelas previstas em lei.

•• § 2.º acrescentado pela Lei n. 13.874, de 20-9-2019.

Art. 114. Os negócios jurídicos benéficos e a renúncia interpretam-se estritamente.

• *Vide* arts. 112 e 819 do CC.

Capítulo II
DA REPRESENTAÇÃO

Art. 115. Os poderes de representação conferem-se por lei ou pelo interessado.

• *Vide* arts. 120, 2.ª parte, 653 a 692, 1.634, V, 1.690, 1.747, I, e 1.774 do CC.

Art. 116. A manifestação de vontade pelo representante, nos limites de seus poderes, produz efeitos em relação ao representado.

Art. 117. Salvo se o permitir a lei ou o representado, é anulável o negócio jurídico que o representante, no seu interesse ou por conta de outrem, celebrar consigo mesmo.

• Defeitos do negócio jurídico: *vide* arts. 138 e s. e 171 do CC.

Parágrafo único. Para esse efeito, tem-se como celebrado pelo representante o negócio realizado por aquele em quem os poderes houverem sido subestabelecidos.

Art. 118. O representante é obrigado a provar às pessoas, com quem tratar em nome do representado, a sua qualidade e a extensão de seus poderes, sob pena de, não o fazendo, responder pelos atos que a estes excederem.

• *Vide* arts. 673 e 679 do CC.

Art. 119. É anulável o negócio concluído pelo representante em conflito de interesses com o representado, se tal fato era ou devia ser do conhecimento de quem com aquele tratou.

• Defeitos do negócio jurídico: *vide* arts. 138 e s. e 171 do CC.

Parágrafo único. É de cento e oitenta dias, a contar da conclusão do negócio ou da cessação da incapacidade, o prazo de decadência para pleitear-se a anulação prevista neste artigo.

Art. 120. Os requisitos e os efeitos da representação legal são os estabelecidos nas normas respectivas; os da representação voluntária são os da Parte Especial deste Código.

• *Vide* arts. 653 a 692, 1.634, V, 1.690, 1.747, I, e 1.774 do CC.

Capítulo III
DA CONDIÇÃO, DO TERMO E DO ENCARGO

Art. 121. Considera-se condição a cláusula que, derivando exclusivamente da vontade das partes, subordina o efeito do negócio jurídico a evento futuro e incerto.

• *Vide* arts. 125, 127 e 128 do CC.

Art. 122. São lícitas, em geral, todas as condições não contrárias à lei, à ordem pública ou aos bons costumes; entre as condições defesas se incluem as que privarem de todo efeito o negócio jurídico, ou o sujeitarem ao puro arbítrio de uma das partes.

• *Vide* Lei n. 8.078, de 11-9-1990, art. 51, IX, X, XI e XIII (CDC).

Art. 123. Invalidam os negócios jurídicos que lhes são subordinados:

• *Vide* art. 137 do CC.

I – as condições física ou juridicamente impossíveis, quando suspensivas;

• *Vide* arts. 106 e 166 do CC.

II – as condições ilícitas, ou de fazer coisa ilícita;

• *Vide* art. 122 do CC.

III – as condições incompreensíveis ou contraditórias.

Art. 124. Têm-se por inexistentes as condições impossíveis, quando resolutivas, e as de não fazer coisa impossível.

Art. 125. Subordinando-se a eficácia do negócio jurídico à condição suspensiva, enquanto esta se não verificar, não se terá adquirido o direito, a que ele visa.

• *Vide* art. 332 do CC.

Art. 126. Se alguém dispuser de uma coisa sob condição suspensiva, e, pendente esta, fizer quanto àquela novas disposições, estas não terão valor, realizada a condição, se com ela forem incompatíveis.

Art. 127. Se for resolutiva a condição, enquanto esta se não realizar, vigorará o negócio jurídico, podendo exercer-se desde a conclusão deste o direito por ele estabelecido.

Art. 128. Sobrevindo a condição resolutiva, extingue-se, para todos os efeitos, o direito a que ela se opõe; mas, se aposta a um negócio de execução continuada ou periódica, a sua realização, salvo disposição em contrário, não tem eficácia quanto aos atos já praticados, desde que compatíveis com a natureza da condição pendente e conforme aos ditames de boa-fé.

• *Vide* art. 1.359 do CC.

Art. 129. Reputa-se verificada, quanto aos efeitos jurídicos, a condição cujo implemento for maliciosamente obstado pela parte a quem desfavorecer, considerando-se, ao contrário, não verificada a condição maliciosamente levada a efeito por aquele a quem aproveita o seu implemento.

Art. 130. Ao titular do direito eventual, nos casos de condição suspensiva ou resolutiva, é permitido praticar os atos destinados a conservá-lo.

• *Vide* art. 6.º, § 2.º, da LINDB.

Art. 131. O termo inicial suspende o exercício, mas não a aquisição do direito.

• *Vide* arts. 125, 135 e 1.924 do CC.

• *Vide* art. 6.º, § 2.º, da LINDB.

Art. 132. Salvo disposição legal ou convencional em contrário, computam-se os prazos, excluído o dia do começo, e incluído o do vencimento.

§ 1.º Se o dia do vencimento cair em feriado, considerar-se-á prorrogado o prazo até o seguinte dia útil.

§ 2.º Meado considera-se, em qualquer mês, o seu décimo quinto dia.

§ 3.º Os prazos de meses e anos expiram no dia de igual número do de início, ou no imediato, se faltar exata correspondência.

§ 4.º Os prazos fixados por hora contar-se-ão de minuto a minuto.

• Sobre contagem de prazos: arts. 216, 219 e 224 do CPC; art. 775 da CLT e art. 798 do CPP.

• O Decreto-lei n. 3.602, de 9-9-1941, regula a contagem dos prazos nos processos administrativos fiscais.

• Em matéria tributária dispõem os arts. 150, 168, 173 e 210 do CTN.

• A Lei n. 662, de 6-4-1949, dispõe sobre declaração de dias feriados.

• *Vide* Lei n. 810, de 6-9-1949, que define o ano civil.

• Em direito penal, o dia do começo inclui-se no cômputo do prazo. Contam-se os dias, os meses e os anos pelo calendário comum (art. 10 do CP).

• A Lei n. 7.089, de 23-3-1983, veda a cobrança de juros de mora sobre título cujo vencimento se dê em feriado, sábado ou domingo.

Art. 133. Nos testamentos, presume-se o prazo em favor do herdeiro, e, nos contratos, em proveito do devedor, salvo, quanto a esses, se do teor do instrumento, ou das circunstâncias, resultar que se estabeleceu a benefício do credor, ou de ambos os contratantes.

• Da sucessão testamentária no CC: *vide* arts. 1.857 e s.

Art. 134. Os negócios jurídicos entre vivos, sem prazo, são exequíveis desde logo, salvo se a execução tiver de ser feita em lugar diverso ou depender de tempo.

• *Vide* arts. 331 e 592 do CC.

Art. 135. Ao termo inicial e final aplicam-se, no que couber, as disposições relativas à condição suspensiva e resolutiva.

• *Vide* arts. 123, I, e 124 a 130 do CC.

Art. 136. O encargo não suspende a aquisição nem o exercício do direito, salvo quando expressamente imposto no negócio jurídico, pelo disponente, como condição suspensiva.

Art. 137. Considera-se não escrito o encargo ilícito ou impossível, salvo se constituir o motivo determinante da liberalidade, caso em que se invalida o negócio jurídico.

- *Vide* arts. 104, II, e 166, III, do CC.

Capítulo IV
DOS DEFEITOS DO NEGÓCIO JURÍDICO

Seção I
Do Erro ou Ignorância

Art. 138. São anuláveis os negócios jurídicos, quando as declarações de vontade emanarem de erro substancial que poderia ser percebido por pessoa de diligência normal, em face das circunstâncias do negócio.

- *Vide* arts. 171, II, 177, 178, II, 877 e 1.159 do CC.
- Sobre prova de erro dispõem os arts. 393, 446, II, e 966, VIII, do CPC.

Art. 139. O erro é substancial quando:

I – interessa à natureza do negócio, ao objeto principal da declaração, ou a alguma das qualidades a ele essenciais;

II – concerne à identidade ou à qualidade essencial da pessoa a quem se refira a declaração de vontade, desde que tenha influído nesta de modo relevante;

- *Vide* arts. 1.556, 1.557 e 1.903 do CC.

III – sendo de direito e não implicando recusa à aplicação da lei, for o motivo único ou principal do negócio jurídico.

Art. 140. O falso motivo só vicia a declaração de vontade quando expresso como razão determinante.

Art. 141. A transmissão errônea da vontade por meios interpostos é anulável nos mesmos casos em que o é a declaração direta.

Art. 142. O erro de indicação da pessoa ou da coisa, a que se referir a declaração de vontade, não viciará o negócio quando, por seu contexto e pelas circunstâncias, se puder identificar a coisa ou pessoa cogitada.

- *Vide* art. 1.903 do CC.

Art. 143. O erro de cálculo apenas autoriza a retificação da declaração de vontade.

Art. 144. O erro não prejudica a validade do negócio jurídico quando a pessoa, a quem a manifestação de vontade se dirige, se oferecer para executá-la na conformidade da vontade real do manifestante.

Seção II
Do Dolo

Art. 145. São os negócios jurídicos anuláveis por dolo, quando este for a sua causa.

- • *Vide* art. 180 do CC.
- *Vide* arts. 171, II, 177, 178, II, 849, 1.909 e 2.027 do CC.
- Dispõem os arts. 393 e 446, II, do CPC sobre prova de dolo.

Art. 146. O dolo acidental só obriga à satisfação das perdas e danos, e é acidental quando, a seu despeito, o negócio seria realizado, embora por outro modo.

Art. 147. Nos negócios jurídicos bilaterais, o silêncio intencional de uma das partes a respeito de fato ou qualidade que a outra parte haja ignorado, constitui omissão dolosa, provando-se que sem ela o negócio não se teria celebrado.

- *Vide* arts. 441 a 446, 766 e 773 do CC.

Art. 148. Pode também ser anulado o negócio jurídico por dolo de terceiro, se a parte a quem aproveite dele tivesse ou devesse ter conhecimento; em caso contrário, ainda que subsista o negócio jurídico, o terceiro responderá por todas as perdas e danos da parte a quem ludibriou.

Art. 149. O dolo do representante legal de uma das partes só obriga o representado a responder civilmente até a importância do proveito que teve; se, porém, o dolo for do representante convencional, o representado responderá solidariamente com ele por perdas e danos.

- Sobre representação, *vide* arts. 120, 653 a 692, 1.634, V, 1.690, 1.747, I, e 1.774 do CC.

Art. 150. Se ambas as partes procederem com dolo, nenhuma pode alegá-lo para anular o negócio, ou reclamar indenização.

Seção III
Da Coação

Art. 151. A coação, para viciar a declaração da vontade, há de ser tal que incuta ao paciente fundado temor de dano iminente e considerável à sua pessoa, à sua família, ou aos seus bens.

- *Vide* arts. 171, II, 177, 178, I, 1.558, 1.559 e 1.909 do CC.
- Sobre o crime de constrangimento ilegal dispõe o art. 146 do CP.
- Os arts. 393 e 446, II, do CPC dispõem sobre prova de coação.

Parágrafo único. Se disser respeito a pessoa não pertencente à família do paciente, o juiz, com base nas circunstâncias, decidirá se houve coação.

Art. 152. No apreciar a coação, ter-se-ão em conta o sexo, a idade, a condição, a saúde, o temperamento do paciente e todas as demais circunstâncias que possam influir na gravidade dela.

Art. 153. Não se considera coação a ameaça do exercício normal de um direito, nem o simples temor reverencial.

Art. 154. Vicia o negócio jurídico a coação exercida por terceiro, se dela tivesse ou devesse ter conhecimento a parte a que aproveite, e esta responderá solidariamente com aquele por perdas e danos.

- *Vide* arts. 275 a 285 do CC.

Art. 155. Subsistirá o negócio jurídico, se a coação decorrer de terceiro, sem que a parte a que aproveite dela tivesse ou devesse ter conhecimento; mas o autor da coação responderá por todas as perdas e danos que houver causado ao coacto.

- *Vide* arts. 402 a 405 do CC.

Seção IV
Do Estado de Perigo

Art. 156. Configura-se o estado de perigo quando alguém, premido da necessidade de salvar-se, ou a pessoa de sua família, de grave dano conhecido pela outra parte, assume obrigação excessivamente onerosa.

Parágrafo único. Tratando-se de pessoa não pertencente à família do declarante, o juiz decidirá segundo as circunstâncias.

- *Vide* arts. 171, II, e 178, II, do CC.

Seção V
Da Lesão

Art. 157. Ocorre a lesão quando uma pessoa, sob premente necessidade, ou por inexperiência, se obriga a prestação manifestamente desproporcional ao valor da prestação oposta.

- *Vide* arts. 171, II, e 178, II, do CC.
- *Vide* art. 39, V, e 51, IV, do CDC.

§ 1.º Aprecia-se a desproporção das prestações segundo os valores vigentes ao tempo em que foi celebrado o negócio jurídico.

§ 2.º Não se decretará a anulação do negócio, se for oferecido suplemento suficiente, ou se a parte favorecida concordar com a redução do proveito.

- *Vide* arts. 317 e 478 a 480 do CC.
- *Vide* arts. 6.º e 51 da Lei n. 8.078, de 11-9-1990 (CDC).

Seção VI
Da Fraude contra Credores

Art. 158. Os negócios de transmissão gratuita de bens ou remissão de dívida, se os praticar o devedor já insolvente, ou por eles reduzido à insolvência, ainda quando o ignore, poderão ser anulados pelos credores quirografários, como lesivos dos seus direitos.

- *Vide* arts. 171, II, 177 e 178, II, do CC.

§ 1.º Igual direito assiste aos credores cuja garantia se tornar insuficiente.

§ 2.º Só os credores que já o eram ao tempo daqueles atos podem pleitear a anulação deles.

- CPC: arts. 789, 792, 774, I, e 856, § 3.º.
- O art. 179 do CP dispõe sobre o crime de fraude à execução.
- Pela Lei n. 5.172, de 25-10-1966 (CTN), em seu art. 185: "Presume-se fraudulenta a alienação ou oneração de bens ou rendas, ou seu começo, por sujeito passivo em débito para com a Fazenda Pública, por crédito tributário regularmente inscrito como dívida ativa. Parágrafo único. O disposto neste artigo não se aplica nas hipóteses de terem sido reservados, pelo devedor, bens ou rendas suficientes ao total pagamento da dívida inscrita".
- Lei n. 6.015, de 31-12-1973, art. 216.
- *Vide* Súmula 195 do STJ.

Art. 159. Serão igualmente anuláveis os contratos onerosos do devedor insolvente, quando a insolvência for notória, ou houver motivo para ser conhecida do outro contratante.

- *Vide* Lei n. 6.015, de 31-12-1973, art. 216 (LRP).
- *Vide* Súmula 195 do STJ.

Art. 160. Se o adquirente dos bens do devedor insolvente ainda não tiver pago o preço e este for, aproximadamente, o corrente, desobrigar-se-á depositando-o em juízo, com a citação de todos os interessados.

- *Vide* art. 335 do CC.
- CPC: arts. 539 a 549 (ação de consignação em pagamento).

Parágrafo único. Se inferior, o adquirente, para conservar os bens, poderá depositar o preço que lhes corresponda ao valor real.

Art. 161. A ação, nos casos dos arts. 158 e 159, poderá ser intentada contra o devedor insolvente, a pessoa que com ele celebrou a estipulação considerada fraudulenta, ou terceiros adquirentes que hajam procedido de má-fé.

- *Vide* art. 178, II, do CC.

Art. 162. O credor quirografário, que receber do devedor insolvente o pagamento da dívida ainda não vencida, ficará obrigado a repor, em proveito do acervo sobre que se tenha de efetuar o concurso de credores, aquilo que recebeu.

Art. 163. Presumem-se fraudatórias dos direitos dos outros credores as garantias de dívidas que o devedor insolvente tiver dado a algum credor.

- *Vide* art. 1.419 do CC.

Art. 164. Presumem-se, porém, de boa-fé e valem os negócios ordinários indispensáveis à manutenção de estabelecimento mercantil, rural, ou industrial, ou à subsistência do devedor e de sua família.

- *Vide* arts. 113, 1.142 a 1.149 do CC.

Art. 165. Anulados os negócios fraudulentos, a vantagem resultante reverterá em proveito do acervo sobre que se tenha de efetuar o concurso de credores.

Parágrafo único. Se esses negócios tinham por único objeto atribuir direitos preferenciais, mediante hipoteca, penhor ou anticrese, sua invalidade importará somente na anulação da preferência ajustada.

- *Vide* arts. 184, primeira parte, e 1.419 do CC.

Capítulo V
DA INVALIDADE DO NEGÓCIO JURÍDICO

Art. 166. É nulo o negócio jurídico quando:

I – celebrado por pessoa absolutamente incapaz;

- *Vide* art. 104, I, do CC.

II – for ilícito, impossível ou indeterminável o seu objeto;

- *Vide* LINDB, art. 17.
- *Vide* arts. 123 e 124 do CC.

III – o motivo determinante, comum a ambas as partes, for ilícito;

- *Vide* art. 123 do CC.

IV – não revestir a forma prescrita em lei;

- *Vide* art. 104, III, do CC.

V – for preterida alguma solenidade que a lei considere essencial para a sua validade;

VI – tiver por objetivo fraudar lei imperativa;

VII – a lei taxativamente o declarar nulo, ou proibir-lhe a prática, sem cominar sanção.

- *Vide* Súmula 346 do STF.
- Numerosos são os casos de nulidade expressamente declarados no Código. Exemplificativamente, fazemos remissões aos arts. 548, 549, 762, 1.428, 1.548, 1.900 e 1.912.
- *Vide* Decreto n. 22.626, de 7-4-1933, art. 11, que dispõe sobre os juros dos contratos e dá outras providências.
- O art. 9.º da CLT estabelece que são nulos de pleno direito os atos praticados com o objetivo de desvirtuar, impedir ou fraudar a aplicação dos preceitos contidos na presente Consolidação.
- Pelo § 1.º do art. 15 do Decreto-lei n. 240, de 28-2-1967, "quaisquer contratos ou documentos que mencionem grandezas expressas em unidades não legais de medir serão considerados nulos se, no prazo de 120 (cento e vinte) dias da data da denúncia dessa irregularidade, não forem retificados, retroagindo a retificação à data do ato".
- Nulidade de ato relativo a transmissão de imóvel rural, com infração do art. 65 da Lei n. 4.504, de 30-11-1964 (Estatuto da Terra).
- Sobre a nulidade de atos lesivos ao patrimônio público, dispõe a Lei n. 4.717, de 29-6-1965, que regula a ação popular.
- Sobre venda de terreno, *vide* arts. 37 a 39 da Lei n. 6.766, de 19-12-1979.
- Sobre nulidade de disposições contratuais: *vide* Medida Provisória n. 2.172-32, de 23-8-2001.

Art. 167. É nulo o negócio jurídico simulado, mas subsistirá o que se dissimulou, se válido for na substância e na forma.

§ 1.º Haverá simulação nos negócios jurídicos quando:

I – aparentarem conferir ou transmitir direitos a pessoas diversas daquelas às quais realmente se conferem, ou transmitem;

II – contiverem declaração, confissão, condição ou cláusula não verdadeira;

- *Vide* art. 121 do CC.

III – os instrumentos particulares forem antedatados, ou pós-datados.

§ 2.º Ressalvam-se os direitos de terceiros de boa-fé em face dos contraentes do negócio jurídico simulado.

Art. 168. As nulidades dos artigos antecedentes podem ser alegadas por qualquer interessado, ou pelo Ministério Público, quando lhe couber intervir.

Parágrafo único. As nulidades devem ser pronunciadas pelo juiz, quando conhecer do negócio jurídico ou dos seus efeitos e as encontrar provadas, não lhe sendo permitido supri-las, ainda que a requerimento das partes.

- *Vide* Lei n. 6.015, de 31-12-1973, art. 214.

Art. 169. O negócio jurídico nulo não é suscetível de confirmação, nem convalesce pelo decurso do tempo.

- *Vide* art. 367 do CC.

Art. 170. Se, porém, o negócio jurídico nulo contiver os requisitos de outro, subsistirá este quando o fim a que visavam as partes permitir supor que o teriam querido, se houvessem previsto a nulidade.

Art. 171. Além dos casos expressamente declarados na lei, é anulável o negócio jurídico:

I – por incapacidade relativa do agente;

- *Vide* arts. 4.º, 105, 180 e 181 do CC.

II – por vício resultante de erro, dolo, coação, estado de perigo, lesão ou fraude contra credores.

- *Vide* arts. 138 a 165 do CC.
- *Vide* Súmula 195 do STJ.

Art. 172. O negócio anulável pode ser confirmado pelas partes, salvo direito de terceiro.

- Sobre a confirmação do ato anulável pela novação, *vide* art. 367 do CC.
- *Vide* Súmulas 346 do STF.

Art. 173. O ato de confirmação deve conter a substância do negócio celebrado e a vontade expressa de mantê-lo.

Art. 174. É escusada a confirmação expressa, quando o negócio já foi cumprido em parte pelo devedor, ciente do vício que o inquinava.

Art. 175. A confirmação expressa, ou a execução voluntária de negócio anulável, nos termos dos arts. 172 a 174, importa a extinção de todas as ações, ou exceções, de que contra ele dispusesse o devedor.

Art. 176. Quando a anulabilidade do ato resultar da falta de autorização de terceiro, será validado se este a der posteriormente.

- *Vide* art. 496 do CC.

Art. 177. A anulabilidade não tem efeito antes de julgada por sentença, nem se pronuncia de ofício; só os interessados a podem alegar, e aproveita exclusivamente aos que a alegarem, salvo o caso de solidariedade ou indivisibilidade.

- *Vide* arts. 87, 88 e 264 a 285 do CC.

Art. 178. É de quatro anos o prazo de decadência para pleitear-se a anulação do negócio jurídico, contado:

- *Vide* arts. 205 a 211 do CC.

I – no caso de coação, do dia em que ela cessar;

- *Vide* arts. 151 a 155 do CC.

II – no de erro, dolo, fraude contra credores, estado de perigo ou lesão, do dia em que se realizou o negócio jurídico;

- *Vide* arts. 138 a 144 (erro ou ignorância), 145 a 150 (dolo), 156 (estado de perigo), 157 (lesão) e 158 a 165 (fraude contra credores) do CC.

III – no de atos de incapazes, do dia em que cessar a incapacidade.

- *Vide* arts. 3.º e 5.º do CC.

Art. 179. Quando a lei dispuser que determinado ato é anulável, sem estabelecer prazo para pleitear-se a anulação, será este de dois anos, a contar da data da conclusão do ato.

Art. 180. O menor, entre dezesseis e dezoito anos, não pode, para eximir-se de uma obrigação, invocar a sua idade se dolosamente a ocultou quando inquirido pela outra parte, ou se, no ato de obrigar-se, declarou-se maior.

Art. 181. Ninguém pode reclamar o que, por uma obrigação anulada, pagou a um incapaz, se não provar que reverteu em proveito dele a importância paga.

- *Vide* art. 310 do CC.

Art. 182. Anulado o negócio jurídico, restituir-se-ão as partes ao estado em que antes dele se achavam, e, não sendo possível restituí-las, serão indenizadas com o equivalente.

Art. 183. A invalidade do instrumento não induz a do negócio jurídico sempre que este puder provar-se por outro meio.

Art. 184. Respeitada a intenção das partes, a invalidade parcial de um negócio jurídico não o prejudicará na parte válida, se esta for separável; a invalidade da obrigação principal implica a das obrigações acessórias, mas a destas não induz a da obrigação principal.

- *Vide* arts. 92 e 165 do CC.
- *Vide* art. 51, § 2.º, da Lei n. 8.078, de 11-9-1990 (CDC).

Título II
DOS ATOS JURÍDICOS LÍCITOS

Art. 185. Aos atos jurídicos lícitos, que não sejam negócios jurídicos, aplicam-se, no que couber, as disposições do Título anterior.

Título III
DOS ATOS ILÍCITOS

Art. 186. Aquele que, por ação ou omissão voluntária, negligência ou imprudência, violar direito e causar dano a outrem, ainda que exclusivamente moral, comete ato ilícito.

- *Vide* arts. 43, 476 e 477 do CC.
- CPC: arts. 81, 143, 161 e 302.
- Sobre a responsabilidade das empresas de aviação dispõe o Decreto n. 52.019, de 20-5-1963.
- Reparação de dano moral decorrente de calúnia, difamação ou injúria: art. 243 do CE (Lei n. 4.737, de 15-7-1965).
- *Vide* Súmulas 37, 43, 221, 227, 246 e 403 do STJ.

Art. 187. Também comete ato ilícito o titular de um direito que, ao exercê-lo, excede manifestamente os limites impostos pelo seu fim econômico ou social, pela boa-fé ou pelos bons costumes.

- *Vide* art. 1.277 do CC.

Art. 188. Não constituem atos ilícitos:

- *Vide* art. 930, parágrafo único, do CC.

I – os praticados em legítima defesa ou no exercício regular de um direito reconhecido;

II – a deterioração ou destruição da coisa alheia, ou a lesão a pessoa, a fim de remover perigo iminente.

- *Vide* art. 929 do CC.

Parágrafo único. No caso do inciso II, o ato será legítimo somente quando as circunstâncias o tornarem absolutamente necessário, não excedendo os limites do indispensável para a remoção do perigo.

- Os arts. 23, 24 e 25 do CP dispõem, respectivamente, sobre exclusão de ilicitude, estado de necessidade e legítima defesa.

Título IV
DA PRESCRIÇÃO E DA DECADÊNCIA

- •• *Vide* art. 2.028 do CC.
- *Vide* Súmula Vinculante 8 do STF.

Capítulo I
DA PRESCRIÇÃO

Seção I
Disposições Gerais

Art. 189. Violado o direito, nasce para o titular a pretensão, a qual se extingue, pela prescrição, nos prazos a que aludem os arts. 205 e 206.

Art. 190. A exceção prescreve no mesmo prazo em que a pretensão.

Art. 191. A renúncia da prescrição pode ser expressa ou tácita, e só valerá, sendo feita, sem prejuízo de terceiro, depois que a prescrição se consumar; tácita é a renúncia quando se presume de fatos do interessado, incompatíveis com a prescrição.

- *Vide* art. 882 do CC.

Art. 192. Os prazos de prescrição não podem ser alterados por acordo das partes.

Art. 193. A prescrição pode ser alegada em qualquer grau de jurisdição, pela parte a quem aproveita.

- CPC: art. 240, § 1.º (interrupção da prescrição).
- Na execução contra a Fazenda Pública só é alegável a prescrição superveniente ao trânsito em julgado da sentença (art. 535, VI, do CPC).
- Reconhecimento de prescrição na tutela cautelar influi no julgamento do pedido principal: arts. 302, IV, e 310 do CPC.
- *Vide* Súmula 150 do STF.

Art. 194. (*Revogado pela Lei n. 11.280, de 16-2-2006.*)

Art. 195. Os relativamente incapazes e as pessoas jurídicas têm ação contra os seus assistentes ou representantes legais, que derem causa à prescrição, ou não a alegarem oportunamente.

- *Vide* arts. 4.º, 43 e 208 do CC.

Art. 196. A prescrição iniciada contra uma pessoa continua a correr contra o seu sucessor.

Seção II
Das Causas que Impedem ou Suspendem a Prescrição

Art. 197. Não corre a prescrição:

I – entre os cônjuges, na constância da sociedade conjugal;

II – entre ascendentes e descendentes, durante o poder familiar;

- Do poder familiar no CC: *vide* arts. 1.630 a 1.638.

III – entre tutelados ou curatelados e seus tutores ou curadores, durante a tutela ou curatela.

- Da tutela e da curatela no CC: *vide* arts. 1.728 a 1.783.

Art. 198. Também não corre a prescrição:

I – contra os incapazes de que trata o art. 3.º;

- *Vide* art. 208 do CC.

II – contra os ausentes do País em serviço público da União, dos Estados ou dos Municípios;

III – contra os que se acharem servindo nas Forças Armadas, em tempo de guerra.

- •• Dispõe o art. 440 da CLT: "Contra os menores de 18 (dezoito) anos não corre nenhum prazo de prescrição".

- *Vide* art. 4.º do Decreto n. 20.910, de 6-1-1932.
- A Lei n. 19, de 10-2-1947, releva de prescrição as ações que deveriam ter sido propostas durante a guerra por brasileiros nela empenhados.
- Segundo os arts. 6.º e 82 da Lei de Falências e Recuperação de Empresas (Lei n. 11.101, de 9-2-2005), durante o processo de falência fica suspenso o curso de prescrição relativa a obrigações de responsabilidade do falido.

Art. 199. Não corre igualmente a prescrição:

I – pendendo condição suspensiva;

- *Vide* art. 125 do CC.

II – não estando vencido o prazo;

- *Vide* art. 131 do CC.

III – pendendo ação de evicção.

- *Vide* arts. 447 a 457 do CC.
- *Vide* Súmula 229 do STJ.

Art. 200. Quando a ação se originar de fato que deva ser apurado no juízo criminal, não correrá a prescrição antes da respectiva sentença definitiva.

- *Vide* art. 935 do CC.

Art. 201. Suspensa a prescrição em favor de um dos credores solidários, só aproveitam os outros se a obrigação for indivisível.

- *Vide* arts. 257 a 263, 267 a 274 e 314 do CC.

Seção III
Das Causas que Interrompem a Prescrição

Art. 202. A interrupção da prescrição, que somente poderá ocorrer uma vez, dar-se-á:

I – por despacho do juiz, mesmo incompetente, que ordenar a citação, se o interessado a promover no prazo e na forma da lei processual;

- Interrompe-se a prescrição relativa às obrigações de entidade previdenciária em liquidação extrajudicial: art. 49, V, da Lei Complementar n. 109, de 29-5-2001.
- Interrupção de prescrição de cobrança de prêmio de loteria: art. 17, parágrafo único, do Decreto-lei n. 204, de 27-2-1967.
- Sobre a interrupção da prescrição dispõe o art. 240, § 1.º, do CPC.
- Interrupção de prescrição da ação fiscal – art. 174, parágrafo único, da Lei n. 5.172, de 25-10-1966: "A prescrição se interrompe: I – pelo despacho do juiz que ordenar a citação em execução fiscal; II – pelo protesto judicial; III – por qualquer ato judicial que constitua em mora o devedor; IV – por qualquer ato inequívoco, ainda que extrajudicial, que importe em reconhecimento do débito pelo devedor".

II – por protesto, nas condições do inciso antecedente;

III – por protesto cambial;

- *Vide* Súmula 153 do STF.

IV – pela apresentação do título de crédito em juízo de inventário ou em concurso de credores;

V – por qualquer ato judicial que constitua em mora o devedor;

VI – por qualquer ato inequívoco, ainda que extrajudicial, que importe reconhecimento do direito pelo devedor.

- Relativamente à Fazenda Pública – *vide* Decreto n. 20.910, de 6-1-1932 (prescrição quinquenal), e Decreto-lei n. 4.597, de 19-8-1942 (prescrição das ações).
- *Vide* Súmula 154 do STF.

Parágrafo único. A prescrição interrompida recomeça a correr da data do ato que a interrompeu, ou do último ato do processo para a interromper.

- *Vide* Decreto-lei n. 4.597, de 19-8-1942, art. 3.º.

Art. 203. A prescrição pode ser interrompida por qualquer interessado.

- *Vide* art. 193 do CC.

Art. 204. A interrupção da prescrição por um credor não aproveita aos outros; semelhantemente, a interrupção operada contra o codevedor, ou seu herdeiro, não prejudica aos demais coobrigados.

§ 1.º A interrupção por um dos credores solidários aproveita aos outros; assim como a interrupção efetuada contra o devedor solidário envolve os demais e seus herdeiros.

- *Vide* arts. 264 a 285 do CC.

§ 2.º A interrupção operada contra um dos herdeiros do devedor solidário não prejudica os outros herdeiros ou devedores, senão quando se trate de obrigações e direitos indivisíveis.

- *Vide* arts. 87, 88 e 257 a 263 do CC.

§ 3.º A interrupção produzida contra o principal devedor prejudica o fiador.

- *Vide* art. 837 do CC.

Seção IV
Dos Prazos da Prescrição

Art. 205. A prescrição ocorre em dez anos, quando a lei não lhe haja fixado prazo menor.

- Prescrição na Previdência Social: arts. 103 e 104 da Lei n. 8.213, de 24-7-1991, regulamentada pelo Decreto n. 3.048, de 6-5-1999.
- Prescrição da ação de responsabilidade por dano nuclear: Lei n. 6.453, de 17-10-1977, art. 12.
- *Vide* Súmulas 39, 85, 119, 194 e 371 do STJ.
- *Vide* Súmulas 150, 153, 154, 443 e 494 do STF.
- Sobre prescrição em matéria de trabalho, dispõe a CLT, arts. 11, 119, 143, 440 e 916.

Art. 206. Prescreve:

§ 1.º Em um ano:

I – a pretensão dos hospedeiros ou fornecedores de víveres destinados a consumo no próprio estabelecimento, para o pagamento da hospedagem ou dos alimentos;

II – a pretensão do segurado contra o segurador, ou a deste contra aquele, contado o prazo:

- *Vide* Súmula 101 do STJ.
- *Vide* arts. 757 a 802 do CC – Contrato de Seguro.

a) para o segurado, no caso de seguro de responsabilidade civil, da data em que é citado para responder à ação de indenização proposta pelo terceiro prejudicado, ou da data que a este indeniza, com a anuência do segurador;

b) quanto aos demais seguros, da ciência do fato gerador da pretensão;

- *Vide* Súmulas 101 e 278 do STJ.

III – a pretensão dos tabeliães, auxiliares da justiça, serventuários judiciais, árbitros e peritos, pela percepção de emolumentos, custas e honorários;

IV – a pretensão contra os peritos, pela avaliação dos bens que entraram para a formação do capital de sociedade anônima, contado da publicação da ata da assembleia que aprovar o laudo;

V – a pretensão dos credores não pagos contra os sócios ou acionistas e os liquidantes, contado o prazo da publicação da ata de encerramento da liquidação da sociedade.

§ 2.º Em dois anos, a pretensão para haver prestações alimentares, a partir da data em que se vencerem.

•• *Vide* art. 23 da Lei de Alimentos (Lei n. 5.478, de 25-7-1968).

• *Vide* arts. 197, II, 198, I, 948, II, e 1.635, II e III, do CC.

§ 3.º Em três anos:

• *Vide* Lei n. 8.245, de 18-10-1991.

I – a pretensão relativa a aluguéis de prédios urbanos ou rústicos;

• Locação de imóveis urbanos: *vide* Lei n. 8.245, de 18-10-1991.

II – a pretensão para receber prestações vencidas de rendas temporárias ou vitalícias;

III – a pretensão para haver juros, dividendos ou quaisquer prestações acessórias, pagáveis, em períodos não maiores de um ano, com capitalização ou sem ela;

IV – a pretensão de ressarcimento de enriquecimento sem causa;

• *Vide* arts. 884 a 886 do CC.

V – a pretensão de reparação civil;

• *Vide* arts. 186, 187, 402 a 405 e 927 a 943 do CC.

VI – a pretensão de restituição dos lucros ou dividendos recebidos de má-fé, correndo o prazo da data em que foi deliberada a distribuição;

VII – a pretensão contra as pessoas em seguida indicadas por violação da lei ou do estatuto, contado o prazo:

a) para os fundadores, da publicação dos atos constitutivos da sociedade anônima;

b) para os administradores, ou fiscais, da apresentação, aos sócios, do balanço referente ao exercício em que a violação tenha sido praticada, ou da reunião ou assembleia geral que dela deva tomar conhecimento;

c) para os liquidantes, da primeira assembleia semestral posterior à violação;

VIII – a pretensão para haver o pagamento de título de crédito, a contar do vencimento, ressalvadas as disposições de lei especial;

• CPC: art. 784, I.

IX – a pretensão do beneficiário contra o segurador, e a do terceiro prejudicado, no caso de seguro de responsabilidade civil obrigatório.

§ 4.º Em quatro anos, a pretensão relativa à tutela, a contar da data da aprovação das contas.

• *Vide* arts. 1.728 e s. do CC.

§ 5.º Em cinco anos:

• *Vide* art. 5.º, XXIX, da CF.

• CTN, art. 168: prescreve em 5 anos o direito de pleitear restituição.

• *Vide* Lei n. 1.060, de 5-2-1950, art. 12.

• Lei n. 6.838, de 29-10-1980, art. 1.º: prescreve em 5 anos a punibilidade de profissional liberal por falta disciplinar.

• *Vide* Lei n. 8.078, de 11-9-1990, art. 27.

• *Vide* Lei n. 9.873, de 23-11-1999, que estabelece prazo de prescrição para o exercício de ação punitiva pela Administração Pública Federal.

I – a pretensão de cobrança de dívidas líquidas constantes de instrumento público ou particular;

II – a pretensão dos profissionais liberais em geral, procuradores judiciais, curadores e professores pelos seus honorários, contado o prazo da conclusão dos serviços, da cessação dos respectivos contratos ou mandato;

•• O EAOAB (Lei n. 8.906, de 4-7-1994), art. 25, dispõe sobre a prescrição da ação de cobrança de honorários de advogado.

III – a pretensão do vencedor para haver do vencido o que despendeu em juízo.

Art. 206-A. A prescrição intercorrente observará o mesmo prazo de prescrição da pretensão, observadas as causas de impedimento, de suspensão e de interrupção da prescrição previstas neste Código e observado o disposto no art. 921 da Lei n. 13.105, de 16 de março de 2015 – Código de Processo Civil.

•• Artigo com redação determinada pela Medida Provisória n. 1.085, de 27-12-2021.

O texto anterior dizia: "Art. 206-A. A prescrição intercorrente observará o mesmo prazo de prescrição da pretensão, observadas as causas de impedimento, de suspensão e de interrupção da prescrição previstas neste Código e observado o disposto no art. 921 da Lei n. 13.105, de 16 de março de 2015 (Código de Processo Civil).

•• Artigo acrescentado pela Lei n. 14.195, de 26-8-2021".

Capítulo II
DA DECADÊNCIA

•• *Vide* art. 3.º da Lei n. 14.010, de 10-6-2020.

Art. 207. Salvo disposição legal em contrário, não se aplicam à decadência as normas que impedem, suspendem ou interrompem a prescrição.

Art. 208. Aplica-se à decadência o disposto nos arts. 195 e 198, I.

Art. 209. É nula a renúncia à decadência fixada em lei.

Art. 210. Deve o juiz, de ofício, conhecer da decadência, quando estabelecida por lei.

• CPC: arts. 487, II, 310 e 302, IV.

Art. 211. Se a decadência for convencional, a parte a quem aproveita pode alegá-la em qualquer grau de jurisdição, mas o juiz não pode suprir a alegação.

Título V
DA PROVA

Art. 212. Salvo o negócio a que se impõe forma especial, o fato jurídico pode ser provado mediante:

• *Vide* art. 107 do CC.

• CPC: art. 369.

I – confissão;

• *Vide* arts. 213 e 214 do CC.

- CPC: arts. 389 e s.

II – documento;

- *Vide* arts. 215 a 226 do CC.
- CPC: arts. 405 e s.
- *Vide* Lei n. 7.115, de 29-8-1983 (prova documental).
- *Vide* Lei n. 7.116, de 29-8-1983 (validade nacional das Carteiras de Identidade).

III – testemunha;

- *Vide* arts. 227 a 230 do CC.
- CPC: arts. 442 e s.

IV – presunção;

- CPC: art. 375.

V – perícia.

- *Vide* art. 232 do CC.
- CPC: arts. 81, § 3.º, e 464 e s.

Art. 213. Não tem eficácia a confissão se provém de quem não é capaz de dispor do direito a que se referem os fatos confessados.

Parágrafo único. Se feita a confissão por um representante, somente é eficaz nos limites em que este pode vincular o representado.

Art. 214. A confissão é irrevogável, mas pode ser anulada se decorreu de erro de fato ou de coação.

Art. 215. A escritura pública, lavrada em notas de tabelião, é documento dotado de fé pública, fazendo prova plena.

§ 1.º Salvo quando exigidos por lei outros requisitos, a escritura pública deve conter:

I – data e local de sua realização;

II – reconhecimento da identidade e capacidade das partes e de quantos hajam comparecido ao ato, por si, como representantes, intervenientes ou testemunhas;

III – nome, nacionalidade, estado civil, profissão, domicílio e residência das partes e demais comparecentes, com a indicação, quando necessário, do regime de bens do casamento, nome do outro cônjuge e filiação;

IV – manifestação clara da vontade das partes e dos intervenientes;

V – referência ao cumprimento das exigências legais e fiscais inerentes à legitimidade do ato;

VI – declaração de ter sido lida na presença das partes e demais comparecentes, ou de que todos a leram;

VII – assinatura das partes e dos demais comparecentes, bem como a do tabelião ou seu substituto legal, encerrando o ato.

- *Vide* Lei n. 7.433, de 18-12-1985.

§ 2.º Se algum comparecente não puder ou não souber escrever, outra pessoa capaz assinará por ele, a seu rogo.

§ 3.º A escritura será redigida na língua nacional.

§ 4.º Se qualquer dos comparecentes não souber a língua nacional e o tabelião não entender o idioma em que se expressa, deverá comparecer tradutor público para servir de intérprete, ou, não o havendo na localidade, outra pessoa capaz que, a juízo do tabelião, tenha idoneidade e conhecimento bastantes.

§ 5.º Se algum dos comparecentes não for conhecido do tabelião, nem puder identificar-se por documento, deverão participar do ato pelo menos duas testemunhas que o conheçam e atestem sua identidade.

Art. 216. Farão a mesma prova que os originais as certidões textuais de qualquer peça judicial, do protocolo das audiências, ou de outro qualquer livro a cargo do escrivão, sendo extraídas por ele, ou sob a sua vigilância, e por ele subscritas, assim como os traslados de autos, quando por outro escrivão consertados.

•• Mantivemos "consertados" conforme publicação oficial. Entendemos que o correto seria "concertados".

- Os arts. 818 e 830 da CLT dispõem sobre "provas".
- CPC: art. 425, I e II.
- Sobre a microfilmagem de documentos públicos ou particulares e seu valor probatório dispõe a Lei n. 5.433, de 8-5-1968, regulamentada pelo Decreto n. 1.799, de 30-1-1996.

Art. 217. Terão a mesma força probante os traslados e as certidões, extraídos por tabelião ou oficial de registro, de instrumentos ou documentos lançados em suas notas.

- O art. 425, II, do CPC dispõe que fazem mesma prova que os originais os traslados e certidões extraídas por oficial público de instrumentos ou documentos lançados em suas notas.
- O art. 830 da CLT estabelece que o documento em cópia oferecido para prova poderá ser declarado autêntico pelo próprio advogado, sob sua responsabilidade social.

Art. 218. Os traslados e as certidões considerar-se-ão instrumentos públicos, se os originais se houverem produzido em juízo como prova de algum ato.

- CPC: arts. 162, 192 e 425, III.
- *Vide* Lei n. 6.015, de 31-12-1973, art. 148 (LRP).

Art. 219. As declarações constantes de documentos assinados presumem-se verdadeiras em relação aos signatários.

Parágrafo único. Não tendo relação direta, porém, com as disposições principais ou com a legitimidade das partes, as declarações enunciativas não eximem os interessados em sua veracidade do ônus de prová-las.

- *Vide* Lei n. 7.115, de 29-8-1983, que dispõe sobre prova documental.
- CPC: art. 408 e parágrafo único.

Art. 220. A anuência ou a autorização de outrem, necessária à validade de um ato, provar-se-á do mesmo modo que este, e constará, sempre que se possa, do próprio instrumento.

Art. 221. O instrumento particular, feito e assinado, ou somente assinado por quem esteja na livre disposição e administração de seus bens, prova as obrigações convencionais de qualquer valor; mas os seus efeitos, bem como os da cessão, não se operam, a respeito de terceiros, antes de registrado no registro público.

- *Vide* Lei n. 6.015, de 31-12-1973, arts. 127, 156 e 161.
- *Vide* art. 31 da Lei n. 6.766, de 19-12-1979, sobre trespasse de compromisso de terreno loteado.

Parágrafo único. A prova do instrumento particular pode suprir-se pelas outras de caráter legal.

- CPC: art. 408.

Art. 222. O telegrama, quando lhe for contestada a autenticidade, faz prova mediante conferência com o original assinado.

Art. 223. A cópia fotográfica de documento, conferida por tabelião de notas, valerá como prova de declaração da vontade, mas, impugnada sua autenticidade, deverá ser exibido o original.

Parágrafo único. A prova não supre a ausência do título de crédito, ou do original, nos casos em que a lei ou as circunstâncias condicionarem o exercício do direito à sua exibição.

- Sobre títulos de crédito, *vide* arts. 887 a 926 do CC.

Art. 224. Os documentos redigidos em língua estrangeira serão traduzidos para o português para ter efeitos legais no País.

- A Lei n. 14.195, de 26-8-2021, dispõe sobre a profissão de tradutor e intérprete público.
- *Vide* art. 148 da Lei n. 6.015, de 31-12-1973 (LRP).
- CPC: arts. 162, I, e 192.

Art. 225. As reproduções fotográficas, cinematográficas, os registros fonográficos e, em geral, quaisquer outras reproduções mecânicas ou eletrônicas de fatos ou de coisas fazem prova plena destes, se a parte, contra quem forem exibidos, não lhes impugnar a exatidão.

Art. 226. Os livros e fichas dos empresários e sociedades provam contra as pessoas a que pertencem, e, em seu favor, quando, escriturados sem vício extrínseco ou intrínseco, forem confirmados por outros subsídios.

Parágrafo único. A prova resultante dos livros e fichas não é bastante nos casos em que a lei exige escritura pública, ou escrito particular revestido de requisitos especiais, e pode ser ilidida pela comprovação da falsidade ou inexatidão dos lançamentos.

- *Vide* arts. 1.179 e s. do CC.

Art. 227. (*Revogado pela Lei n. 13.105, de 15-3-2015.*)

Parágrafo único. Qualquer que seja o valor do negócio jurídico, a prova testemunhal é admissível como subsidiária ou complementar da prova por escrito.

•• A Lei n. 13.105, de 16-3-2015, determinou a revogação do *caput* deste artigo, sem fazer menção em relação ao parágrafo único.

- Estatuto da Terra (Lei n. 4.504, de 30-11-1964), art. 92, § 8.º.

Art. 228. Não podem ser admitidos como testemunhas:

- O art. 206 do CPP estabelece que poderá se eximir da obrigação de depor o ascendente ou descendente, o afim em linha reta, o cônjuge, o irmão e o pai, a mãe ou o filho adotivo do acusado, salvo quando não for possível obter a verdade por outro meio.

I – os menores de dezesseis anos;

II e III – (*Revogados pela Lei n. 13.146, de 6-7-2015.*)

IV – o interessado no litígio, o amigo íntimo ou o inimigo capital das partes;

V – os cônjuges, os ascendentes, os descendentes e os colaterais, até o terceiro grau de alguma das partes, por consanguinidade, ou afinidade.

- CPC: arts. 447 e 457.
- *Vide* CLT, art. 829.
- *Vide* art. 42 da Lei n. 6.015, de 31-12-1973 (LRP).

§ 1.º Para a prova de fatos que só elas conheçam, pode o juiz admitir o depoimento das pessoas a que se refere este artigo.

•• Parágrafo único renumerado pela Lei n. 13.146, de 6-7-2015.

§ 2.º A pessoa com deficiência poderá testemunhar em igualdade de condições com as demais pessoas, sendo-lhe assegurados todos os recursos de tecnologia assistiva.

•• § 2.º acrescentado pela Lei n. 13.146, de 6-7-2015.

- *Vide* art. 80, parágrafo único, da Lei n. 13.146, de 6-7-2015 (Estatuto da Pessoa com Deficiência).

Arts. 229 e 230. (*Revogados pela Lei n. 13.105, de 15-3-2015.*)

Art. 231. Aquele que se nega a submeter-se a exame médico necessário não poderá aproveitar-se de sua recusa.

Art. 232. A recusa à perícia médica ordenada pelo juiz poderá suprir a prova que se pretendia obter com o exame.

- Da prova pericial no CPC: arts. 464 e s.

PARTE ESPECIAL

Livro I

Do Direito das Obrigações

Título I

DAS MODALIDADES DAS OBRIGAÇÕES

Capítulo I

DAS OBRIGAÇÕES DE DAR

Seção I

Das Obrigações de Dar Coisa Certa

Art. 233. A obrigação de dar coisa certa abrange os acessórios dela embora não mencionados, salvo se o contrário resultar do título ou das circunstâncias do caso.

- *Vide* arts. 92 a 95 do CC.

Art. 234. Se, no caso do artigo antecedente, a coisa se perder, sem culpa do devedor, antes da tradição, ou pendente a condição suspensiva, fica resolvida a obrigação para ambas as partes; se a perda resultar de culpa do devedor, responderá este pelo equivalente e mais perdas e danos.

- *Vide* arts. 125, 239, 248, 250, 256, 389, 402 a 407, 444, 458, 492, *caput*, 509, 611 e 1.267 do CC.

Art. 235. Deteriorada a coisa, não sendo o devedor culpado, poderá o credor resolver a obrigação, ou aceitar a coisa, abatido de seu preço o valor que perdeu.

- *Vide* art. 240 do CC.

Art. 236. Sendo culpado o devedor, poderá o credor exigir o equivalente, ou aceitar a coisa no estado em que se acha, com direito a reclamar, em um ou em outro caso, indenização das perdas e danos.

- *Vide* arts. 389 e 402 a 405 do CC.

Art. 237. Até a tradição pertence ao devedor a coisa, com os seus melhoramentos e acrescidos, pelos quais poderá exigir aumento no preço; se o credor não anuir, poderá o devedor resolver a obrigação.

- *Vide* art. 1.267, *caput* e parágrafo único, do CC.

Parágrafo único. Os frutos percebidos são do devedor, cabendo ao credor os pendentes.

- *Vide* arts. 1.214 a 1.216 do CC.

Art. 238. Se a obrigação for de restituir coisa certa, e esta, sem culpa do devedor, se perder antes da tradição, sofrerá o credor a perda, e a obrigação se resolverá, ressalvados os seus direitos até o dia da perda.

- *Vide* arts. 241, 502 e 1.267 do CC.

Art. 239. Se a coisa se perder por culpa do devedor, responderá este pelo equivalente, mais perdas e danos.

- *Vide* arts. 402 a 405 do CC.

Art. 240. Se a coisa restituível se deteriorar sem culpa do devedor, recebê-la-á o credor, tal qual se ache, sem direito a indenização; se por culpa do devedor, observar-se-á o disposto no art. 239.

- *Vide* arts. 402 a 405 do CC.

Art. 241. Se, no caso do art. 238, sobrevier melhoramento ou acréscimo à coisa, sem despesa ou trabalho do devedor, lucrará o credor, desobrigado de indenização.

Art. 242. Se para o melhoramento, ou aumento, empregou o devedor trabalho ou dispêndio, o caso se regulará pelas normas deste Código atinentes às benfeitorias realizadas pelo possuidor de boa-fé ou de má-fé.

- *Vide* arts. 96 e 1.219 a 1.222 do CC.

Parágrafo único. Quanto aos frutos percebidos, observar-se-á, do mesmo modo, o disposto neste Código, acerca do possuidor de boa-fé ou de má-fé.

- *Vide* arts. 95 e 1.214 a 1.217 do CC.

Seção II

Das Obrigações de Dar Coisa Incerta

Art. 243. A coisa incerta será indicada, ao menos, pelo gênero e pela quantidade.

- Os arts. 811 a 813 do CPC dispõem sobre a entrega de coisa incerta.

Art. 244. Nas coisas determinadas pelo gênero e pela quantidade, a escolha pertence ao devedor, se o contrário não resultar do título da obrigação; mas não poderá dar a coisa pior, nem será obrigado a prestar a melhor.

- *Vide* art. 1.929 do CC.

Art. 245. Cientificado da escolha o credor, vigorará o disposto na Seção antecedente.

- *Vide* arts. 233 a 242 do CC.

Art. 246. Antes da escolha, não poderá o devedor alegar perda ou deterioração da coisa, ainda que por força maior ou caso fortuito.

- *Vide* art. 393 e parágrafo único do CC.

Capítulo II

DAS OBRIGAÇÕES DE FAZER

Art. 247. Incorre na obrigação de indenizar perdas e danos o devedor que recusar a prestação a ele só imposta, ou só por ele exequível.

Art. 248. Se a prestação do fato tornar-se impossível sem culpa do devedor, resolver-se-á a obrigação; se por culpa dele, responderá por perdas e danos.

- *Vide* arts. 402 a 405 e 881 do CC.

Art. 249. Se o fato puder ser executado por terceiro, será livre ao credor mandá-lo executar à custa do devedor, havendo recusa ou mora deste, sem prejuízo da indenização cabível.

- *Vide* art. 389 do CC.
- Sobre a execução das obrigações de fazer: CPC, arts. 815 e s.

Parágrafo único. Em caso de urgência, pode o credor, independentemente de autorização judicial, executar ou mandar executar o fato, sendo depois ressarcido.

Capítulo III

DAS OBRIGAÇÕES DE NÃO FAZER

Art. 250. Extingue-se a obrigação de não fazer, desde que, sem culpa do devedor, se lhe torne impossível abster-se do ato, que se obrigou a não praticar.

• CPC: arts. 822 e 823.

Art. 251. Praticado pelo devedor o ato, a cuja abstenção se obrigara, o credor pode exigir dele que o desfaça, sob pena de se desfazer à sua custa, ressarcindo o culpado perdas e danos.

• *Vide* arts. 389, 390, 402 a 405 e 881 do CC.

Parágrafo único. Em caso de urgência, poderá o credor desfazer ou mandar desfazer, independentemente de autorização judicial, sem prejuízo do ressarcimento devido.

Capítulo IV
DAS OBRIGAÇÕES ALTERNATIVAS

Art. 252. Nas obrigações alternativas, a escolha cabe ao devedor, se outra coisa não se estipulou.

• *Vide* arts. 342, 1.933 e 1.934, parágrafo único, do CC.

• CPC: arts. 543 e 800.

§ 1.º Não pode o devedor obrigar o credor a receber parte em uma prestação e parte em outra.

• *Vide* art. 314 do CC.

§ 2.º Quando a obrigação for de prestações periódicas, a faculdade de opção poderá ser exercida em cada período.

§ 3.º No caso de pluralidade de optantes, não havendo acordo unânime entre eles, decidirá o juiz, findo o prazo por este assinado para a deliberação.

§ 4.º Se o título deferir a opção a terceiro, e este não quiser, ou não puder exercê-la, caberá ao juiz a escolha se não houver acordo entre as partes.

Art. 253. Se uma das duas prestações não puder ser objeto de obrigação ou se tornada inexequível, subsistirá o débito quanto à outra.

• *Vide* art. 104, II, do CC.

Art. 254. Se, por culpa do devedor, não se puder cumprir nenhuma das prestações, não competindo ao credor a escolha, ficará aquele obrigado a pagar o valor da que por último se impossibilitou, mais as perdas e danos que o caso determinar.

• *Vide* arts. 389 e 402 a 405 do CC.

Art. 255. Quando a escolha couber ao credor e uma das prestações tornar-se impossível por culpa do devedor, o credor terá direito de exigir a prestação subsistente ou o valor da outra, com perdas e danos; se, por culpa do devedor, ambas as prestações se tornarem inexequíveis, poderá o credor reclamar o valor de qualquer das duas, além da indenização por perdas e danos.

• *Vide* arts. 389 e 402 a 405 do CC.

Art. 256. Se todas as prestações se tornarem impossíveis sem culpa do devedor, extinguir-se-á a obrigação.

• *Vide* arts. 233 e 234 do CC.

Capítulo V
DAS OBRIGAÇÕES DIVISÍVEIS E INDIVISÍVEIS

Art. 257. Havendo mais de um devedor ou mais de um credor em obrigação divisível, esta presume-se dividida em tantas obrigações, iguais e distintas, quantos os credores ou devedores.

• *Vide* art. 265 do CC.

Art. 258. A obrigação é indivisível quando a prestação tem por objeto uma coisa ou um fato não suscetíveis de divisão, por sua natureza, por motivo de ordem econômica, ou dada a razão determinante do negócio jurídico.

Art. 259. Se, havendo dois ou mais devedores, a prestação não for divisível, cada um será obrigado pela dívida toda.

Parágrafo único. O devedor, que paga a dívida, sub-roga-se no direito do credor em relação aos outros coobrigados.

• *Vide* art. 346, III, do CC.

Art. 260. Se a pluralidade for dos credores, poderá cada um destes exigir a dívida inteira; mas o devedor ou devedores se desobrigarão, pagando:

I – a todos conjuntamente;

II – a um, dando este caução de ratificação dos outros credores.

Art. 261. Se um só dos credores receber a prestação por inteiro, a cada um dos outros assistirá o direito de exigir dele em dinheiro a parte que lhe caiba no total.

Art. 262. Se um dos credores remitir a dívida, a obrigação não ficará extinta para com os outros; mas estes só a poderão exigir, descontada a quota do credor remitente.

Parágrafo único. O mesmo critério se observará no caso de transação, novação, compensação ou confusão.

• *Vide* arts. 360 a 367 (novação), 368 a 380 (compensação), 381 a 384 (confusão) e 840 a 850 (transação) do CC.

Art. 263. Perde a qualidade de indivisível a obrigação que se resolver em perdas e danos.

• *Vide* art. 271 do CC.

§ 1.º Se, para efeito do disposto neste artigo, houver culpa de todos os devedores, responderão todos por partes iguais.

§ 2.º Se for de um só a culpa, ficarão exonerados os outros, respondendo só esse pelas perdas e danos.

• *Vide* arts. 402 a 405 do CC.

Capítulo VI
DAS OBRIGAÇÕES SOLIDÁRIAS

Seção I
Disposições Gerais

Art. 264. Há solidariedade, quando na mesma obrigação concorre mais de um credor, ou mais de um devedor, cada um com direito, ou obrigado, à dívida toda.

• *Vide* arts. 149, 154, 271, 383, 388, 518, 585, 680, 698, 756, 829, 914, § 1.º, 942 e parágrafo único, 1.012, 1.016, 1.052 a 1.056, § 2.º, 1.091, § 1.º, 1.146, 1.173, parágrafo único, 1.177, parágrafo único, 1.460, 1.644, 1.752, § 2.º, e 1.986 do CC.

• Sobre a solidariedade em matéria fiscal: arts. 124 e 125 da Lei n. 5.172, de 25-10-1966 (CTN).

• CPC: arts. 130, III, e 1.005, parágrafo único.

• *Vide* arts. 7.º, parágrafo único, 18, 19, 25, §§ 1.º e 2.º, 28, § 3.º, e 34 da Lei n. 8.078, de 11-9-1990 (CDC).

Art. 265. A solidariedade não se presume; resulta da lei ou da vontade das partes.

• *Vide* art. 257 do CC.
• *Vide* Súmula 26 do STJ.

Art. 266. A obrigação solidária pode ser pura e simples para um dos cocredores ou codevedores, e condicional, ou a prazo, ou pagável em lugar diferente, para o outro.

Seção II
Da Solidariedade Ativa

Art. 267. Cada um dos credores solidários tem direito a exigir do devedor o cumprimento da prestação por inteiro.

• *Vide* arts. 260 e 261 do CC.

Art. 268. Enquanto alguns dos credores solidários não demandarem o devedor comum, a qualquer daqueles poderá este pagar.

Art. 269. O pagamento feito a um dos credores solidários extingue a dívida até o montante do que foi pago.

Art. 270. Se um dos credores solidários falecer deixando herdeiros, cada um destes só terá direito a exigir e receber a quota do crédito que corresponder ao seu quinhão hereditário, salvo se a obrigação for indivisível.

Art. 271. Convertendo-se a prestação em perdas e danos, subsiste, para todos os efeitos, a solidariedade.

• *Vide* arts. 402 a 405 do CC.

Art. 272. O credor que tiver remitido a dívida ou recebido o pagamento responderá aos outros pela parte que lhes caiba.

• *Vide* art. 388 do CC.

Art. 273. A um dos credores solidários não pode o devedor opor as exceções pessoais oponíveis aos outros.

Art. 274. O julgamento contrário a um dos credores solidários não atinge os demais, mas o julgamento favorável aproveita-lhes, sem prejuízo de exceção pessoal que o devedor tenha direito de invocar em relação a qualquer deles.

•• Artigo com redação determinada pela Lei n. 13.105, de 16-3-2015.

Seção III
Da Solidariedade Passiva

• CPC: art. 1.005, parágrafo único (recurso na solidariedade passiva).

Art. 275. O credor tem direito a exigir e receber de um ou de alguns dos devedores, parcial ou totalmente, a dívida comum; se o pagamento tiver sido parcial, todos os demais devedores continuam obrigados solidariamente pelo resto.

• *Vide* art. 333, parágrafo único, do CC.
• CPC: arts. 130, III, e 1.005, parágrafo único, do CPC.
• *Vide* Súmula 26 do STJ.

Parágrafo único. Não importará renúncia da solidariedade a propositura de ação pelo credor contra um ou alguns dos devedores.

• *Vide* art. 114 (renúncia) do CC.

Art. 276. Se um dos devedores solidários falecer deixando herdeiros, nenhum destes será obrigado a pagar senão a quota que corresponder ao seu quinhão hereditário, salvo se a obrigação for indivisível; mas todos reunidos serão considerados como um devedor solidário em relação aos demais devedores.

• *Vide* arts. 257 a 263 e 314 (obrigações divisíveis e indivisíveis), 1.792 e 1.821 (herdeiros, limite de encargos) e 1.997 (herança, pagamento de dívidas) do CC.

Art. 277. O pagamento parcial feito por um dos devedores e a remissão por ele obtida não aproveitam aos outros devedores, senão até à concorrência da quantia paga ou relevada.

• *Vide* arts. 272 e 385 a 388 (remissão das dívidas) do CC.
• Efeitos da solidariedade em matéria fiscal – *vide* art. 125 da Lei n. 5.172, de 25-10-1966 (CTN).

Art. 278. Qualquer cláusula, condição ou obrigação adicional, estipulada entre um dos devedores solidários e o credor, não poderá agravar a posição dos outros sem consentimento destes.

• *Vide* arts. 107, 109, 121 a 137, 212, 215 a 221, 224, 227 a 229 do CC.

Art. 279. Impossibilitando-se a prestação por culpa de um dos devedores solidários, subsiste para todos o encargo de pagar o equivalente; mas pelas perdas e danos só responde o culpado.

• *Vide* arts. 402 a 405 (perdas e danos) do CC.

Art. 280. Todos os devedores respondem pelos juros da mora, ainda que a ação tenha sido proposta somente contra um; mas o culpado responde aos outros pela obrigação acrescida.

• *Vide* arts. 394 a 401 (mora) e 406 e 407 (juros legais) do CC.

Art. 281. O devedor demandado pode opor ao credor as exceções que lhe forem pessoais e as comuns a todos; não lhe aproveitando as exceções pessoais a outro codevedor.

• *Vide* arts. 171 a 177 do CC.

Art. 282. O credor pode renunciar à solidariedade em favor de um, de alguns ou de todos os devedores.

• *Vide* arts. 385 a 388 (remissão das dívidas) do CC.

Parágrafo único. Se o credor exonerar da solidariedade um ou mais devedores, subsistirá a dos demais.

Art. 283. O devedor que satisfez a dívida por inteiro tem direito a exigir de cada um dos codevedores a sua quota, dividindo-se igualmente por todos a do insolvente, se o houver, presumindo-se iguais, no débito, as partes de todos os codevedores.

• *Vide* art. 346, III, do CC.

Art. 284. No caso de rateio entre os codevedores, contribuirão também os exonerados da solidariedade pelo credor, pela parte que na obrigação incumbia ao insolvente.

Art. 285. Se a dívida solidária interessar exclusivamente a um dos devedores, responderá este por toda ela para com aquele que pagar.

Título II
DA TRANSMISSÃO DAS OBRIGAÇÕES

Capítulo I
DA CESSÃO DE CRÉDITO

• *Vide* art. 22, § 2.º, da Lei n. 10.931, de 2-8-2004.

Art. 286. O credor pode ceder o seu crédito, se a isso não se opuser a natureza da obrigação, a lei, ou a convenção com o devedor; a cláusula proibitiva da cessão não poderá ser oposta ao cessionário de boa-fé, se não constar do instrumento da obrigação.

- *Vide* arts. 347, 348, 358, 497, 498 e 1.749, III, do CC.
- Cessão de crédito hipotecário – *vide* art. 16 do Decreto-lei n. 70, de 21-11-1966.
- *Vide* arts. 3.º, 18, 28, 35 e 38 da Lei n. 9.514, de 20-11-1997.

Art. 287. Salvo disposição em contrário, na cessão de um crédito abrangem-se todos os seus acessórios.

- *Vide* arts. 92 e 364 do CC.

Art. 288. É ineficaz, em relação a terceiros, a transmissão de um crédito, se não celebrar-se mediante instrumento público, ou instrumento particular revestido das solenidades do § 1.º do art. 654.

- *Vide* art. 221 do CC.
- *Vide* arts. 127, I, e 129, n. 9.º, da Lei n. 6.015, de 31-12-1973 (Registros Públicos).

Art. 289. O cessionário de crédito hipotecário tem o direito de fazer averbar a cessão no registro do imóvel.

- *Vide* art. 246 (averbação no registro de imóveis) da Lei n. 6.015, de 31-12-1973 (Registros Públicos).

Art. 290. A cessão do crédito não tem eficácia em relação ao devedor, senão quando a este notificada; mas por notificado se tem o devedor que, em escrito público ou particular, se declarou ciente da cessão feita.

- *Vide* art. 377 do CC.

Art. 291. Ocorrendo várias cessões do mesmo crédito, prevalece a que se completar com a tradição do título do crédito cedido.

- *Vide* art. 347 do CC.

Art. 292. Fica desobrigado o devedor que, antes de ter conhecimento da cessão, paga ao credor primitivo, ou que, no caso de mais de uma cessão notificada, paga ao cessionário que lhe apresenta, com o título de cessão, o da obrigação cedida; quando o crédito constar de escritura pública, prevalecerá a prioridade da notificação.

Art. 293. Independentemente do conhecimento da cessão pelo devedor, pode o cessionário exercer os atos conservatórios do direito cedido.

Art. 294. O devedor pode opor ao cessionário as exceções que lhe competirem, bem como as que, no momento em que veio a ter conhecimento da cessão, tinha contra o cedente.

Art. 295. Na cessão por título oneroso, o cedente, ainda que não se responsabilize, fica responsável ao cessionário pela existência do crédito ao tempo em que lhe cedeu; a mesma responsabilidade lhe cabe nas cessões por título gratuito, se tiver procedido de má-fé.

Art. 296. Salvo estipulação em contrário, o cedente não responde pela solvência do devedor.

Art. 297. O cedente, responsável ao cessionário pela solvência do devedor, não responde por mais do que daquele recebeu, com os respectivos juros; mas tem de ressarcir-lhe as despesas da cessão e as que o cessionário houver feito com a cobrança.

Art. 298. O crédito, uma vez penhorado, não pode mais ser transferido pelo credor que tiver conhecimento da penhora; mas o devedor que o pagar, não tendo notificação dela, fica exonerado, subsistindo somente contra o credor os direitos de terceiro.

- *Vide* art. 312 do CC.
- *Vide* art. 240 da Lei n. 6.015, de 31-12-1973 (registro da penhora).

Capítulo II
DA ASSUNÇÃO DE DÍVIDA

Art. 299. É facultado a terceiro assumir a obrigação do devedor, com o consentimento expresso do credor, ficando exonerado o devedor primitivo, salvo se aquele, ao tempo da assunção, era insolvente e o credor o ignorava.

Parágrafo único. Qualquer das partes pode assinar prazo ao credor para que consinta na assunção da dívida, interpretando-se o seu silêncio como recusa.

- *Vide* art. 311 do CC.

Art. 300. Salvo assentimento expresso do devedor primitivo, consideram-se extintas, a partir da assunção da dívida, as garantias especiais por ele originariamente dadas ao credor.

Art. 301. Se a substituição do devedor vier a ser anulada, restaura-se o débito, com todas as suas garantias, salvo as garantias prestadas por terceiros, exceto se este conhecia o vício que inquinava a obrigação.

Art. 302. O novo devedor não pode opor ao credor as exceções pessoais que competiam ao devedor primitivo.

Art. 303. O adquirente de imóvel hipotecado pode tomar a seu cargo o pagamento do crédito garantido; se o credor, notificado, não impugnar em trinta dias a transferência do débito, entender-se-á dado o assentimento.

- *Vide* art. 1.479 do CC.

Título III
DO ADIMPLEMENTO E EXTINÇÃO DAS OBRIGAÇÕES

Capítulo I
DO PAGAMENTO

Seção I
De Quem Deve Pagar

Art. 304. Qualquer interessado na extinção da dívida pode pagá-la, usando, se o credor se opuser, dos meios conducentes à exoneração do devedor.

- *Vide* arts. 334, 346, III, e 394 do CC.

Parágrafo único. Igual direito cabe ao terceiro não interessado, se o fizer em nome e à conta do devedor, salvo oposição deste.

Art. 305. O terceiro não interessado, que paga a dívida em seu próprio nome, tem direito a reembolsar-se do que pagar; mas não se sub-roga nos direitos do credor.

• *Vide* arts. 346, III, 347, I, 871, 872 e 880 do CC.

Parágrafo único. Se pagar antes de vencida a dívida, só terá direito ao reembolso no vencimento.

Art. 306. O pagamento feito por terceiro, com desconhecimento ou oposição do devedor, não obriga a reembolsar aquele que pagou, se o devedor tinha meios para ilidir a ação.

Art. 307. Só terá eficácia o pagamento que importar transmissão da propriedade, quando feito por quem possa alienar o objeto em que ele consistiu.

Parágrafo único. Se se der em pagamento coisa fungível, não se poderá mais reclamar do credor que, de boa-fé, a recebeu e consumiu, ainda que o solvente não tivesse o direito de aliená-la.

• *Vide* art. 85 (conceito de coisas fungíveis) do CC.

Seção II
Daqueles a Quem se Deve Pagar

• CPC: arts. 904 e s.

Art. 308. O pagamento deve ser feito ao credor ou a quem de direito o represente, sob pena de só valer depois de por ele ratificado, ou tanto quanto reverter em seu proveito.

• *Vide* arts. 662, 673, 873 e 905, *caput*, do CC.

Art. 309. O pagamento feito de boa-fé ao credor putativo é válido, ainda provado depois que não era credor.

Art. 310. Não vale o pagamento cientemente feito ao credor incapaz de quitar, se o devedor não provar que em benefício dele efetivamente reverteu.

• *Vide* art. 181 do CC.

Art. 311. Considera-se autorizado a receber o pagamento o portador da quitação, salvo se as circunstâncias contrariarem a presunção daí resultante.

• *Vide* art. 320 do CC.

Art. 312. Se o devedor pagar ao credor, apesar de intimado da penhora feita sobre o crédito, ou da impugnação a ele oposta por terceiros, o pagamento não valerá contra estes, que poderão constranger o devedor a pagar de novo, ficando-lhe ressalvado o regresso contra o credor.

• *Vide* arts. 290, 298, 876 e 1.460, parágrafo único, do CC.

• CPC: arts. 855 e 856.

Seção III
Do Objeto do Pagamento e sua Prova

Art. 313. O credor não é obrigado a receber prestação diversa da que lhe é devida, ainda que mais valiosa.

• *Vide* art. 356 do CC.

• Sobre execução por entrega da coisa: arts. 806 e s. do CPC.

• *Vide* art. 35, I, da Lei n. 8.078, de 11-9-1990 (CDC).

Art. 314. Ainda que a obrigação tenha por objeto prestação divisível, não pode o credor ser obrigado a receber, nem o devedor a pagar, por partes, se assim não se ajustou.

• *Vide* arts. 87 e 88 (bens divisíveis) e 257 e 258 (obrigações divisíveis) do CC.

Art. 315. As dívidas em dinheiro deverão ser pagas no vencimento, em moeda corrente e pelo valor nominal, salvo o disposto nos artigos subsequentes.

• *Vide* art. 327, *caput*, do CC.

• *Vide* art. 9.º da LINDB.

• CTN: art. 162 (extinção do crédito tributário – pagamento).

• Sobre moeda corrente, *vide* Nota dos Organizadores.

Art. 316. É lícito convencionar o aumento progressivo de prestações sucessivas.

Art. 317. Quando, por motivos imprevisíveis, sobrevier desproporção manifesta entre o valor da prestação devida e o do momento de sua execução, poderá o juiz corrigi-lo, a pedido da parte, de modo que assegure, quanto possível, o valor real da prestação.

• *Vide* art. 478 do CC.

Art. 318. São nulas as convenções de pagamento em ouro ou em moeda estrangeira, bem como para compensar a diferença entre o valor desta e o da moeda nacional, excetuados os casos previstos na legislação especial.

• *Vide* Decreto-lei n. 857, de 11-9-1969.

Art. 319. O devedor que paga tem direito a quitação regular, e pode reter o pagamento, enquanto não lhe seja dada.

• *Vide* art. 396 do CC.

• Prova de quitação fiscal mediante certidão negativa – dispõe o art. 205 da Lei n. 5.172, de 25-10-1966 (CTN).

Art. 320. A quitação, que sempre poderá ser dada por instrumento particular, designará o valor e a espécie da dívida quitada, o nome do devedor, ou quem por este pagou, o tempo e o lugar do pagamento, com a assinatura do credor, ou do seu representante.

• *Vide* art. 377 do CC.

• Sobre quitação, em rescisão do contrato de trabalho, dispõe o art. 477 da CLT.

• Sobre cancelamento da hipoteca, *vide* art. 251 da Lei n. 6.015, de 31-12-1973.

• É obrigatório o recibo de aluguel; sua recusa importa em crime de ação pública (art. 44, I, da Lei n. 8.245, de 18-10-1991).

Parágrafo único. Ainda sem os requisitos estabelecidos neste artigo valerá a quitação, se de seus termos ou das circunstâncias resultar haver sido paga a dívida.

Art. 321. Nos débitos, cuja quitação consista na devolução do título, perdido este, poderá o devedor exigir, retendo o pagamento, declaração do credor que inutilize o título desaparecido.

Art. 322. Quando o pagamento for em quotas periódicas, a quitação da última estabelece, até prova em contrário, a presunção de estarem solvidas as anteriores.

Art. 323. Sendo a quitação do capital sem reserva dos juros, estes presumem-se pagos.

Art. 324. A entrega do título ao devedor firma a presunção do pagamento.

•• *Vide* art. 386 do CC.

Parágrafo único. Ficará sem efeito a quitação assim operada se o credor provar, em sessenta dias, a falta do pagamento.

Art. 325. Presumem-se a cargo do devedor as despesas com o pagamento e a quitação; se ocorrer aumento por fato do credor, suportará este a despesa acrescida.

Art. 326. Se o pagamento se houver de fazer por medida, ou peso, entender-se-á, no silêncio das partes, que aceitaram os do lugar da execução.

Seção IV
Do Lugar do Pagamento

Art. 327. Efetuar-se-á o pagamento no domicílio do devedor, salvo se as partes convencionarem diversamente, ou se o contrário resultar da lei, da natureza da obrigação ou das circunstâncias.

- *Vide* art. 78 do CC.
- Sobre o local do pagamento dos tributos: art. 159 da Lei n. 5.172, de 25-10-1966 (CTN).

Parágrafo único. Designados dois ou mais lugares, cabe ao credor escolher entre eles.

Art. 328. Se o pagamento consistir na tradição de um imóvel, ou em prestações relativas a imóvel, far-se-á no lugar onde situado o bem.

- *Vide* art. 341 do CC.

Art. 329. Ocorrendo motivo grave para que se não efetue o pagamento no lugar determinado, poderá o devedor fazê-lo em outro, sem prejuízo para o credor.

Art. 330. O pagamento reiteradamente feito em outro local faz presumir renúncia do credor relativamente ao previsto no contrato.

Seção V
Do Tempo do Pagamento

Art. 331. Salvo disposição legal em contrário, não tendo sido ajustada época para o pagamento, pode o credor exigi-lo imediatamente.

- *Vide* arts. 134, 333, 397, 592 e 939 do CC.
- Sobre o tempo de pagamento dos débitos fiscais: art. 160 da Lei n. 5.172, de 25-10-1966 (CTN).
- *Vide* art. 52, § 2.º, do CDC.

Art. 332. As obrigações condicionais cumprem-se na data do implemento da condição, cabendo ao credor a prova de que deste teve ciência o devedor.

- *Vide* arts. 121, 122, 125, 127 e 128 (condição) do CC.

Art. 333. Ao credor assistirá o direito de cobrar a dívida antes de vencido o prazo estipulado no contrato ou marcado neste Código:

- *Vide* arts. 476, 477, 590 e 1.425 do CC.

I – no caso de falência do devedor, ou de concurso de credores;

- Sobre falências trata a Lei n. 11.101, de 9-2-2005.

II – se os bens, hipotecados ou empenhados, forem penhorados em execução por outro credor;

- *Vide* art. 1.425, § 2.º, do CC.
- Consignação de dívida penhorada: art. 856, § 2.º, do CPC.

III – se cessarem, ou se se tornarem insuficientes, as garantias do débito, fidejussórias, ou reais, e o devedor, intimado, se negar a reforçá-las.

- *Vide* art. 826 do CC.
- A liquidação extrajudicial das entidades previdenciárias particulares antecipa o vencimento das obrigações: art. 49 da Lei Complementar n. 109, de 29-5-2001.

Parágrafo único. Nos casos deste artigo, se houver, no débito, solidariedade passiva, não se reputará vencido quanto aos outros devedores solventes.

- *Vide* arts. 275 a 285 do CC.
- CPC: arts. 908 e 909.
- *Vide* art. 52, § 2.º, da Lei n. 8.078, de 11-9-1990 (CDC).

Capítulo II
DO PAGAMENTO EM CONSIGNAÇÃO

- A ação de consignação vem regulada nos arts. 539 e s. do CPC.
- Caso especial de consignação é o previsto no art. 29 do Decreto-lei n. 3.365, de 21-6-1941, que dispõe sobre desapropriações.
- Consignação judicial de débitos tributários: art. 164 da Lei n. 5.172, de 25-10-1966 (CTN).

Art. 334. Considera-se pagamento, e extingue a obrigação, o depósito judicial ou em estabelecimento bancário da coisa devida, nos casos e forma legais.

Art. 335. A consignação tem lugar:

- *Vide* arts. 635 e 641 do CC.

I – se o credor não puder, ou, sem justa causa, recusar receber o pagamento, ou dar quitação na devida forma;

- *Vide* arts. 304, 319 e 320 do CC.

II – se o credor não for, nem mandar receber a coisa no lugar, tempo e condição devidos;

- *Vide* arts. 327 a 330 (lugar do pagamento), 331 a 333 (tempo do pagamento) e 341 (entrega de coisa devida) do CC.

III – se o credor for incapaz de receber, for desconhecido, declarado ausente, ou residir em lugar incerto ou de acesso perigoso ou difícil;

- *Vide* art. 22 do CC.

IV – se ocorrer dúvida sobre quem deva legitimamente receber o objeto do pagamento;

- *Vide* arts. 344 e 345 do CC.
- CPC: art. 898 (dúvida sobre quem deva legitimamente receber).

V – se pender litígio sobre o objeto do pagamento.

- *Vide* arts. 344 e 345 do CC.

Art. 336. Para que a consignação tenha força de pagamento, será mister concorram, em relação às pessoas, ao objeto, modo e tempo, todos os requisitos sem os quais não é válido o pagamento.

- *Vide* arts. 304 a 312, 315, 319 a 333 do CC.

Art. 337. O depósito requerer-se-á no lugar do pagamento, cessando, tanto que se efetue, para o depositante, os juros da dívida e os riscos, salvo se for julgado improcedente.

- *Vide* arts. 327 a 330 (lugar do pagamento) do CC.
- Consignação no lugar do pagamento: art. 540 do CPC.

Art. 338. Enquanto o credor não declarar que aceita o depósito, ou não o impugnar, poderá o devedor requerer o levantamento, pagando as respectivas despesas, e subsistindo a obrigação para todas as consequências de direito.

Art. 339. Julgado procedente o depósito, o devedor já não poderá levantá-lo, embora o credor consinta, senão de acordo com os outros devedores e fiadores.

Art. 340. O credor que, depois de contestar a lide ou aceitar o depósito, aquiescer no levantamento, perderá a preferência e a garantia que lhe competiam com respeito à coisa consignada, ficando para logo desobrigados os codevedores e fiadores que não tenham anuído.

Art. 341. Se a coisa devida for imóvel ou corpo certo que deva ser entregue no mesmo lugar onde está, poderá o devedor citar o credor para vir ou mandar recebê-la, sob pena de ser depositada.

- *Vide* arts. 328 e 335, II, do CC.

Art. 342. Se a escolha da coisa indeterminada competir ao credor, será ele citado para esse fim, sob cominação de perder o direito e de ser depositada a coisa que o devedor escolher; feita a escolha pelo devedor, proceder-se-á como no artigo antecedente.

- *Vide* arts. 244 (escolha pelo devedor), 252 (obrigação alternativa), 255 (escolha pelo credor) e 256 (prestação impossível da obrigação) do CC.
- Escolha do credor: art. 543 do CPC.

Art. 343. As despesas com o depósito, quando julgado procedente, correrão à conta do credor, e, no caso contrário, à conta do devedor.

Art. 344. O devedor de obrigação litigiosa exonerar-se-á mediante consignação, mas, se pagar a qualquer dos pretendidos credores, tendo conhecimento do litígio, assumirá o risco do pagamento.

- Consignação de crédito penhorado: art. 856, § 2.º, do CPC.

Art. 345. Se a dívida se vencer, pendendo litígio entre credores que se pretendem mutuamente excluir, poderá qualquer deles requerer a consignação.

Capítulo III
DO PAGAMENTO COM SUB-ROGAÇÃO

Art. 346. A sub-rogação opera-se, de pleno direito, em favor:

- *Vide* art. 259, parágrafo único, do CC.
- *Vide* art. 13, parágrafo único, da Lei n. 8.078, de 11-9-1990 (CDC).

I – do credor que paga a dívida do devedor comum;

- *Vide* arts. 304 e 1.478 do CC.

II – do adquirente do imóvel hipotecado, que paga a credor hipotecário, bem como do terceiro que efetiva o pagamento para não ser privado de direito sobre imóvel;

- *Vide* arts. 1.479 e 1.481, § 4.º, do CC.

III – do terceiro interessado, que paga a dívida pela qual era ou podia ser obrigado, no todo ou em parte.

- *Vide* arts. 259, parágrafo único, 283, 304, 305 e 831 do CC.
- *Vide* art. 728 do CCom.

Art. 347. A sub-rogação é convencional:

I – quando o credor recebe o pagamento de terceiro e expressamente lhe transfere todos os seus direitos;

- *Vide* arts. 305 e 348 do CC.

II – quando terceira pessoa empresta ao devedor a quantia precisa para solver a dívida, sob a condição expressa de ficar o mutuante sub-rogado nos direitos do credor satisfeito.

Art. 348. Na hipótese do inciso I do artigo antecedente, vigorará o disposto quanto à cessão do crédito.

- *Vide* arts. 286 a 298 do CC.
- *Vide* art. 129, n. 9.º, da Lei n. 6.015, de 31-12-1973 (Registros Públicos).

Art. 349. A sub-rogação transfere ao novo credor todos os direitos, ações, privilégios e garantias do primitivo, em relação à dívida, contra o devedor principal e os fiadores.

- *Vide* Súmulas 188 e 237 do STF.

Art. 350. Na sub-rogação legal o sub-rogado não poderá exercer os direitos e as ações do credor, senão até à soma que tiver desembolsado para desobrigar o devedor.

- *Vide* Súmulas 188 e 237 do STF.

Art. 351. O credor originário, só em parte reembolsado, terá preferência ao sub-rogado, na cobrança da dívida restante, se os bens do devedor não chegarem para saldar inteiramente o que a um e outro dever.

Capítulo IV
DA IMPUTAÇÃO DO PAGAMENTO

Art. 352. A pessoa obrigada, por dois ou mais débitos da mesma natureza, a um só credor, tem o direito de indicar a qual deles oferece pagamento, se todos forem líquidos e vencidos.

- *Vide* arts. 134, 331 a 333 e 355 do CC.
- Imputação em pagamento de débitos fiscais: art. 163 da Lei n. 5.172, de 25-10-1966 (CTN).

Art. 353. Não tendo o devedor declarado em qual das dívidas líquidas e vencidas quer imputar o pagamento, se aceitar a quitação de uma delas, não terá direito a reclamar contra a imputação feita pelo credor, salvo provando haver ele cometido violência ou dolo.

Art. 354. Havendo capital e juros, o pagamento imputar-se-á primeiro nos juros vencidos, e depois no capital, salvo estipulação em contrário, ou se o credor passar a quitação por conta do capital.

Art. 355. Se o devedor não fizer a indicação do art. 352, e a quitação for omissa quanto à imputação, esta se fará nas dívidas líquidas e vencidas em primeiro lugar. Se as dívidas forem todas líquidas e vencidas ao mesmo tempo, a imputação far-se-á na mais onerosa.

Capítulo V
DA DAÇÃO EM PAGAMENTO

Art. 356. O credor pode consentir em receber prestação diversa da que lhe é devida.

- *Vide* arts. 313 e 838, III, do CC.

Art. 357. Determinado o preço da coisa dada em pagamento, as relações entre as partes regular-se-ão pelas normas do contrato de compra e venda.

- *Vide* arts. 481 e s. do CC.

Art. 358. Se for título de crédito a coisa dada em pagamento, a transferência importará em cessão.

- *Vide* arts. 286 a 298 do CC.

Art. 359. Se o credor for evicto da coisa recebida em pagamento, restabelecer-se-á a obrigação primitiva, ficando sem efeito a quitação dada, ressalvados os direitos de terceiros.

- *Vide* arts. 447 a 457 e 838, III, do CC.

Capítulo VI
DA NOVAÇÃO

Art. 360. Dá-se a novação:

I – quando o devedor contrai com o credor nova dívida para extinguir e substituir a anterior;

II – quando novo devedor sucede ao antigo, ficando este quite com o credor;

III – quando, em virtude de obrigação nova, outro credor é substituído ao antigo, ficando o devedor quite com este.

Art. 361. Não havendo ânimo de novar, expresso ou tácito mas inequívoco, a segunda obrigação confirma simplesmente a primeira.

Art. 362. A novação por substituição do devedor pode ser efetuada independentemente de consentimento deste.

Art. 363. Se o novo devedor for insolvente, não tem o credor, que o aceitou, ação regressiva contra o primeiro, salvo se este obteve por má-fé a substituição.

- *Vide* art. 955 do CC.

Art. 364. A novação extingue os acessórios e garantias da dívida, sempre que não houver estipulação em contrário. Não aproveitará, contudo, ao credor ressalvar o penhor, a hipoteca ou a anticrese, se os bens dados em garantia pertencerem a terceiro que não foi parte na novação.

- *Vide* art. 287 do CC.

Art. 365. Operada a novação entre o credor e um dos devedores solidários, somente sobre os bens do que contrair a nova obrigação subsistem as preferências e garantias do crédito novado. Os outros devedores solidários ficam por esse fato exonerados.

- *Vide* arts. 275 a 285 (solidariedade passiva) do CC.

Art. 366. Importa exoneração do fiador a novação feita sem seu consenso com o devedor principal.

- *Vide* art. 837 do CC.

Art. 367. Salvo as obrigações simplesmente anuláveis, não podem ser objeto de novação obrigações nulas ou extintas.

- *Vide* arts. 166 a 184 (invalidade do negócio jurídico) do CC.

Capítulo VII
DA COMPENSAÇÃO

Art. 368. Se duas pessoas forem ao mesmo tempo credor e devedor uma da outra, as duas obrigações extinguem-se, até onde se compensarem.

- *Vide* arts. 1.707 e 1.919 do CC.

Art. 369. A compensação efetua-se entre dívidas líquidas, vencidas e de coisas fungíveis.

- *Vide* arts. 85 e 372 do CC.

Art. 370. Embora sejam do mesmo gênero as coisas fungíveis, objeto das duas prestações, não se compensarão, verificando-se que diferem na qualidade, quando especificada no contrato.

- *Vide* art. 85 do CC.

Art. 371. O devedor somente pode compensar com o credor o que este lhe dever; mas o fiador pode compensar sua dívida com a de seu credor ao afiançado.

- *Vide* arts. 376 e 837 do CC.

Art. 372. Os prazos de favor, embora consagrados pelo uso geral, não obstam a compensação.

Art. 373. A diferença de causa nas dívidas não impede a compensação, exceto:

I – se provier de esbulho, furto ou roubo;

- *Vide* art. 1.210 (esbulho) do CC.
- Furto (arts. 155 e 156) e roubo (art. 157 e §§ 1.º a 3.º) do CP.

II – se uma se originar de comodato, depósito ou alimentos;

- Sobre comodato, *vide* arts. 579 a 585 do CC.
- Sobre depósito, *vide* arts. 627 e s. do CC.
- Sobre alimentos, *vide* arts. 1.694 a 1.710 do CC.

III – se uma for de coisa não suscetível de penhora.

- Sobre penhora, *vide* arts. 312, 839 e 1.481, § 4.º, do CC.
- Sobre penhora: arts. 212, § 2.º, 646, 674, *caput*, 794, 797, 799, I, 824, 831 e s., 905, 908, 913 e 914, § 2.º, do CPC.

Art. 374. (*Revogado pela Lei n. 10.677, de 22-5-2003.*)

Art. 375. Não haverá compensação quando as partes, por mútuo acordo, a excluírem, ou no caso de renúncia prévia de uma delas.

Art. 376. Obrigando-se por terceiro uma pessoa, não pode compensar essa dívida com a que o credor dele lhe dever.

- *Vide* art. 371 do CC.

Art. 377. O devedor que, notificado, nada opõe à cessão que o credor faz a terceiros dos seus direitos, não pode opor ao cessionário a compensação, que antes da cessão teria podido opor ao cedente. Se, porém, a cessão lhe não tiver sido notificada, poderá opor ao cessionário compensação do crédito que antes tinha contra o cedente.

- *Vide* art. 290 do CC.

Art. 378. Quando as duas dívidas não são pagáveis no mesmo lugar, não se podem compensar sem dedução das despesas necessárias à operação.

- *Vide* art. 327 do CC.

Art. 379. Sendo a mesma pessoa obrigada por várias dívidas compensáveis, serão observadas, no compensá-las, as regras estabelecidas quanto à imputação do pagamento.

- *Vide* arts. 352 a 355 do CC.

Art. 380. Não se admite a compensação em prejuízo de direito de terceiro. O devedor que se torne credor do seu credor, depois de penhorado o crédito deste, não pode opor ao exequente a compensação, de que contra o próprio credor disporia.

Capítulo VIII
DA CONFUSÃO

Art. 381. Extingue-se a obrigação, desde que na mesma pessoa se confundam as qualidades de credor e devedor.

• *Vide* arts. 264 a 285 e 1.436, IV, do CC.
• *Vide* Súmula 381 do STJ.

Art. 382. A confusão pode verificar-se a respeito de toda a dívida, ou só de parte dela.

Art. 383. A confusão operada na pessoa do credor ou devedor solidário só extingue a obrigação até a concorrência da respectiva parte no crédito, ou na dívida, subsistindo quanto ao mais a solidariedade.

Art. 384. Cessando a confusão, para logo se restabelece, com todos os seus acessórios, a obrigação anterior.

Capítulo IX
DA REMISSÃO DAS DÍVIDAS

Art. 385. A remissão da dívida, aceita pelo devedor, extingue a obrigação, mas sem prejuízo de terceiro.

• *Vide* art. 158 do CC.

Art. 386. A devolução voluntária do título da obrigação, quando por escrito particular, prova desoneração do devedor e seus coobrigados, se o credor for capaz de alienar, e o devedor capaz de adquirir.

• *Vide* art. 324 do CC.
• Sobre remissão de crédito tributário: art. 172 da Lei n. 5.172, de 25-10-1966 (CTN).

Art. 387. A restituição voluntária do objeto empenhado prova a renúncia do credor à garantia real, não a extinção da dívida.

• *Vide* art. 1.436, III e § 1.º, do CC.

Art. 388. A remissão concedida a um dos codevedores extingue a dívida na parte a ele correspondente; de modo que, ainda reservando o credor a solidariedade contra os outros, já lhes não pode cobrar o débito sem dedução da parte remitida.

• *Vide* arts. 277 e 282, *caput*, do CC.

TÍTULO IV
DO INADIMPLEMENTO DAS OBRIGAÇÕES

Capítulo I
DISPOSIÇÕES GERAIS

Art. 389. Não cumprida a obrigação, responde o devedor por perdas e danos, mais juros e atualização monetária segundo índices oficiais regularmente estabelecidos, e honorários de advogado.

• *Vide* arts. 233, 234, 394, 395, 409 e 475 do CC.
• O inadimplemento de obrigação relativa a ajuste salarial foi erigido em crime equiparado à sonegação fiscal pelo art. 10 do Decreto-lei n. 15, de 29-7-1966.
• Honorários advocatícios, arts. 22 a 26 da Lei n. 8.906, de 4-7-1994 (EAOAB).

Art. 390. Nas obrigações negativas o devedor é havido por inadimplente desde o dia em que executou o ato de que se devia abster.

• *Vide* arts. 250 e 251 (obrigações de não fazer) do CC.

Art. 391. Pelo inadimplemento das obrigações respondem todos os bens do devedor.

Art. 392. Nos contratos benéficos, responde por simples culpa o contratante, a quem o contrato aproveite, e por dolo aquele a quem não favoreça. Nos contratos onerosos, responde cada uma das partes por culpa, salvo as exceções previstas em lei.

• *Vide* arts. 476, 477, 582, 588, 589 e 667 do CC.
• *Vide* Súmula 145 do STJ.

Art. 393. O devedor não responde pelos prejuízos resultantes de caso fortuito ou força maior, se expressamente não se houver por eles responsabilizado.

• *Vide* arts. 492, 582, 642, 650 e 667 do CC.

Parágrafo único. O caso fortuito ou de força maior verifica-se no fato necessário, cujos efeitos não era possível evitar ou impedir.

Capítulo II
DA MORA

• Sobre mora no CC, *vide* arts. 202, V, 249, *caput*, 280, 404, 407, 408, 409, 411, 492, § 2.º, 562, 582, 611, 613, 833 e 1.925.
• *Vide* Súmula 380 do STJ.

Art. 394. Considera-se em mora o devedor que não efetuar o pagamento e o credor que não quiser recebê-lo no tempo, lugar e forma que a lei ou a convenção estabelecer.

• *Vide* arts. 327 a 330 (lugar do pagamento), 331 a 333 (tempo do pagamento) e 396 (da mora) do CC.
• *Vide* Súmula 54 do STJ.

Art. 395. Responde o devedor pelos prejuízos a que sua mora der causa, mais juros, atualização dos valores monetários segundo índices oficiais regularmente estabelecidos, e honorários de advogado.

• *Vide* arts. 402 a 405 (perdas e danos) do CC.
• *Vide* art. 52 do CDC.
• Acréscimo de juros no caso de mora de débito fiscal: art. 161 da Lei n. 5.172, de 25-10-1966 (CTN).
• Honorários advocatícios: arts. 22 a 26 da Lei n. 8.906, de 4-7-1994 (EAOAB).

Parágrafo único. Se a prestação, devido à mora, se tornar inútil ao credor, este poderá enjeitá-la, e exigir a satisfação das perdas e danos.

Art. 396. Não havendo fato ou omissão imputável ao devedor, não incorre este em mora.

• *Vide* arts. 203 e 280 do CC.
• *Vide* Súmula 369 do STJ.

Art. 397. O inadimplemento da obrigação, positiva e líquida, no seu termo, constitui de pleno direito em mora o devedor.

• *Vide* art. 1.925 do CC.

Parágrafo único. Não havendo termo, a mora se constitui mediante interpelação judicial ou extrajudicial.

Art. 398. Nas obrigações provenientes de ato ilícito, considera-se o devedor em mora, desde que o praticou.

• *Vide* Súmula 54 do STJ.

Art. 399. O devedor em mora responde pela impossibilidade da prestação, embora essa impossibilidade resulte de caso fortuito ou de força maior, se estes ocorrerem durante o atraso; salvo se provar isenção de culpa, ou que o dano sobreviria ainda quando a obrigação fosse oportunamente desempenhada.

- *Vide* arts. 393, 552, 562 e 862 do CC.

Art. 400. A mora do credor subtrai o devedor isento de dolo à responsabilidade pela conservação da coisa, obriga o credor a ressarcir as despesas empregadas em conservá-la, e sujeita-o a recebê-la pela estimação mais favorável ao devedor, se o seu valor oscilar entre o dia estabelecido para o pagamento e o da sua efetivação.

- *Vide* arts. 492, § 2.º, e 611 do CC.

Art. 401. Purga-se a mora:

- *Vide* Súmula 369 do STJ.

I – por parte do devedor, oferecendo este a prestação mais a importância dos prejuízos decorrentes do dia da oferta;

- *Vide* Súmula 122 do STF.

II – por parte do credor, oferecendo-se este a receber o pagamento e sujeitando-se aos efeitos da mora até a mesma data.

- Purgação de mora em débito hipotecário – *vide* Decreto-lei n. 70, de 21-11-1966, arts. 32, 34 e 35.
- Em compromisso de compra e venda de imóveis, a mora pode ser purgada no prazo da interpelação prevista no Decreto-lei n. 745, de 7-8-1969, e para os terrenos loteados, *vide* arts. 32 e 33 da Lei n. 6.766, de 19-12-1979.
- *Vide* art. 62, parágrafo único, da Lei n. 8.245, de 18-10-1991 (Lei de Locação de Imóveis).
- *Vide* art. 63, *caput*, da Lei n. 4.591, de 16-12-1964 (condomínio em edificações e incorporações imobiliárias).
- *Vide* Decreto-lei n. 911, de 1.º-10-1969 (alienação fiduciária), art. 3.º e §§ 1.º a 8.º.
- *Vide* art. 26, §§ 6.º a 8.º, da Lei n. 9.514, de 20-11-1997.

Capítulo III
DAS PERDAS E DANOS

- Sobre perdas e danos: arts. 79, 129, 500, 807, 809, 816, 821, parágrafo único, 823 e 555, I, do CPC.
- Sobre perdas e danos: art. 17 da Lei n. 7.347, de 24-7-1985; art. 218 da Lei n. 8.069, de 13-7-1990; arts. 18 a 20, 35, 84 e 87 da Lei n. 8.078, de 11-9-1990; arts. 33 e 64, § 2.º, da Lei n. 8.245, de 18-10-1991; art. 2.º da Lei Complementar n. 76, de 6-7-1993; art. 4.º da Lei n. 8.955, de 15-12-1994; art. 52, V, da Lei n. 9.099, de 26-9-1995; arts. 204 e 209 da Lei n. 9.279, de 14-5-1996; art. 15, § 2.º, da Lei n. 9.492, de 10-9-1997; art. 14 da Lei n. 9.609, de 19-2-1998; arts. 32 e 107 da Lei n. 9.610, de 19-2-1998; art. 21 da Lei n. 9.611, de 19-2-1998; arts. 21 e 23 do Decreto n. 2.740, de 20-8-1998; art. 4.º do Decreto n. 3.255, de 19-11-1999; art. 25 da Lei n. 9.966, de 28-4-2000; art. 54 do Decreto n. 4.136, de 20-2-2002; arts. 47 e 95 e §§ 1.º e 2.º da Lei n. 12.529, de 30-11-2011; e art. 26 da Lei n. 12.815, de 5-6-2013.
- *Vide* Súmula 412 do STF.
- *Vide* Súmula 143 do STJ.

Art. 402. Salvo as exceções expressamente previstas em lei, as perdas e danos devidas ao credor abrangem, além do que ele efetivamente perdeu, o que razoavelmente deixou de lucrar.

- *Vide* art. 416 do CC.
- *Vide* Súmulas 412 e 562 do STF.

Art. 403. Ainda que a inexecução resulte de dolo do devedor, as perdas e danos só incluem os prejuízos efetivos e os lucros cessantes por efeito dela direto e imediato, sem prejuízo do disposto na lei processual.

Art. 404. As perdas e danos, nas obrigações de pagamento em dinheiro, serão pagas com atualização monetária segundo índices oficiais regularmente estabelecidos, abrangendo juros, custas e honorários de advogado, sem prejuízo da pena convencional.

- *Vide* arts. 396 e 407 do CC.
- Honorários advocatícios: arts. 22 a 26 da Lei n. 8.906, de 4-7-1994 (EAOAB).

Parágrafo único. Provado que os juros da mora não cobrem o prejuízo, e não havendo pena convencional, pode o juiz conceder ao credor indenização suplementar.

Art. 405. Contam-se os juros de mora desde a citação inicial.

- *Vide* art. 395 do CC.
- *Vide* Súmula 426 do STJ.

Capítulo IV
DOS JUROS LEGAIS

- CPC: art. 322, § 1.º.
- Sobre juros legais: arts. 42 e 52 da Lei n. 8.078, de 11-9-1990; arts. 38 e 40 da Lei n. 9.069, de 29-6-1995; arts. 7.º, 9.º e 13 da Lei n. 9.393, de 19-12-1996; arts. 43 e 61 da Lei n. 9.430, de 27-12-1996; art. 13 do Decreto n. 2.181, de 20-3-1997; art. 1.º-F da Lei n. 9.494, de 10-9-1997; art. 26 da Lei n. 9.514, de 20-11-1997; art. 30 do Decreto n. 2.705, de 3-8-1998; art. 24 da Lei n. 9.782, de 26-1-1999; art. 21 da Lei n. 9.961, de 28-1-2000; arts. 2.º e 7.º da Lei n. 9.964, de 10-4-2000; art. 5.º do Decreto n. 3.431, de 24-4-2000; arts. 3.º e 7.º do Decreto n. 3.803, de 24-4-2001; e art. 25 da Lei n. 12.529, de 30-11-2011.
- *Vide* Súmulas 8, 12, 14, 36, 54, 67, 70, 102, 131, 148, 188 e 204 do STJ.

Art. 406. Quando os juros moratórios não forem convencionados, ou o forem sem taxa estipulada, ou quando provierem de determinação da lei, serão fixados segundo a taxa que estiver em vigor para a mora do pagamento de impostos devidos à Fazenda Nacional.

- *Vide* art. 591 do CC.
- *Vide* Decreto n. 22.626, de 7-4-1933, que dispõe sobre os juros dos contratos (Lei de Usura).
- A Lei n. 1.521, de 26-12-1951, dispõe em seu art. 4.º sobre crime contra a economia popular.
- A Lei n. 4.414, de 24-9-1964, dispõe que a Fazenda Pública responde por juros moratórios na forma do direito civil.
- Taxa de juros moratórios em matéria tributária: art. 161, § 1.º, da Lei n. 5.172, de 25-10-1966 (CTN).
- Sobre correção monetária, *vide* Decreto-lei n. 3.365, de 21-6-1941, art. 26, § 2.º; Lei n. 4.380, de 21-8-1964, art. 5.º; Lei n. 4.591, de 16-12-1964, art. 63, § 9.º; Lei n. 6.899, de 8-4-1981;

Lei n. 6.969, de 10-12-1981, art. 6.º; e Lei n. 9.069, de 29-6-1995, arts. 19, 20 a 22, 24, 27, 28, 44 e 47.

- *Vide* Súmula 618 do STF.
- *Vide* Súmulas 8, 14, 36, 37, 43, 67, 148 e 179 do STJ.
- *Vide* Lei n. 7.089, de 23-3-1983, que proíbe cobrança de juros de mora quando o vencimento se dê em feriado, sábado ou domingo.

Art. 407. Ainda que se não alegue prejuízo, é obrigado o devedor aos juros da mora que se contarão assim às dívidas em dinheiro, como às prestações de outra natureza, uma vez que lhes esteja fixado o valor pecuniário por sentença judicial, arbitramento, ou acordo entre as partes.

- *Vide* arts. 404 e 677 do CC.
- O art. 124 da Lei de Falências e Recuperação de Empresas (Lei n. 11.101, de 9-2-2005) estabelece que contra a massa falida não são exigidos juros vencidos após a decretação da falência.
- *Vide* Lei n. 7.089, de 23-3-1983, que veda a cobrança de juros de mora sobre título cujo vencimento se dê em feriado, sábado ou domingo.
- Não correm juros contra a entidade previdenciária em liquidação: art. 49, IV, da Lei Complementar n. 109, de 29-5-2001.

Capítulo V
DA CLÁUSULA PENAL

- *Vide* art. 9.º do Decreto n. 22.626, de 7-4-1933 (validade da cláusula penal, limite).
- *Vide* art. 11, *f* (compromisso de compra e venda), do Decreto-lei n. 58, de 10-12-1937 (Loteamento e Venda de Terrenos). Sobre o mesmo assunto dispõe o art. 11, *f*, do Decreto n. 3.079, de 15-9-1938.
- *Vide* art. 2.º, § 1.º, do Decreto-lei n. 911, de 1.º-10-1969 (alienação fiduciária).
- *Vide* art. 26, V, da Lei n. 6.766, de 19-12-1979 (parcelamento do solo urbano).
- O art. 149, I, da Lei n. 7.565, de 19-12-1986, dispõe sobre a alienação fiduciária em garantia de aeronave.
- O art. 5.º do Decreto n. 1.110, de 13-4-1994, dispõe sobre contratos para aquisição de bens e serviços.
- O art. 15, § 4.º, da Lei n. 8.880, de 27-5-1994, dispõe sobre contratos, aquisição e produção de bens.

Art. 408. Incorre de pleno direito o devedor na cláusula penal, desde que, culposamente, deixe de cumprir a obrigação ou se constitua em mora.

- *Vide* art. 397 do CC.
- Durante a liquidação extrajudicial de entidade previdenciária particular, não há exigência de cláusulas que estabeleçam pena: art. 49, III, da Lei Complementar n. 109, de 29-5-2001.
- As cláusulas penais dos contratos unilaterais não serão atendidas se as obrigações neles estipuladas se vencerem em virtude da falência (art. 83, § 3.º, da Lei n. 11.101, de 9-2-2005).

Art. 409. A cláusula penal estipulada conjuntamente com a obrigação, ou em ato posterior, pode referir-se à inexecução completa da obrigação, à de alguma cláusula especial ou simplesmente à mora.

- *Vide* art. 397 do CC.

Art. 410. Quando se estipular a cláusula penal para o caso de total inadimplemento da obrigação, esta converter-se-á em alternativa a benefício do credor.

Art. 411. Quando se estipular a cláusula penal para o caso de mora, ou em segurança especial de outra cláusula determinada, terá o credor o arbítrio de exigir a satisfação da pena cominada, juntamente com o desempenho da obrigação principal.

- *Vide* art. 404 do CC.

Art. 412. O valor da cominação imposta na cláusula penal não pode exceder o da obrigação principal.

- *Vide* Decreto n. 22.626, de 7-4-1933, Lei de Usura, art. 9.º.
- *Vide* art. 12, § 3.º, da Lei n. 4.591, de 16-12-1964.
- *Vide* art. 52, § 1.º, da Lei n. 8.078, de 11-9-1990 (CDC).

Art. 413. A penalidade deve ser reduzida equitativamente pelo juiz se a obrigação principal tiver sido cumprida em parte, ou se o montante da penalidade for manifestamente excessivo, tendo-se em vista a natureza e a finalidade do negócio.

- *Vide* arts. 51, IV, e 53 da Lei n. 8.078, de 11-9-1990 (CDC).
- *Vide* art. 4.º da Lei n. 8.245, de 18-10-1991.

Art. 414. Sendo indivisível a obrigação, todos os devedores, caindo em falta um deles, incorrerão na pena; mas esta só se poderá demandar integralmente do culpado, respondendo cada um dos outros somente pela sua quota.

- *Vide* arts. 257 a 263 (obrigações divisíveis e indivisíveis) do CC.

Parágrafo único. Aos não culpados fica reservada a ação regressiva contra aquele que deu causa à aplicação da pena.

- *Vide* art. 70, III (denunciação da lide, ação regressiva), do CPC.

Art. 415. Quando a obrigação for divisível, só incorre na pena o devedor ou o herdeiro do devedor que a infringir, e proporcionalmente à sua parte na obrigação.

Art. 416. Para exigir a pena convencional, não é necessário que o credor alegue prejuízo.

Parágrafo único. Ainda que o prejuízo exceda ao previsto na cláusula penal, não pode o credor exigir indenização suplementar se assim não foi convencionado. Se o tiver sido, a pena vale como mínimo da indenização, competindo ao credor provar o prejuízo excedente.

Capítulo VI
DAS ARRAS OU SINAL

Art. 417. Se, por ocasião da conclusão do contrato, uma parte der à outra, a título de arras, dinheiro ou outro bem móvel, deverão as arras, em caso de execução, ser restituídas ou computadas na prestação devida, se do mesmo gênero da principal.

Art. 418. Se a parte que deu as arras não executar o contrato, poderá a outra tê-lo por desfeito, retendo-as; se a inexecução for de quem recebeu as arras, poderá quem as deu haver o contrato por desfeito, e exigir sua devolução mais o equivalente, com atualização monetária segundo índices oficiais regularmente estabelecidos, juros e honorários de advogado.

- *Vide* arts. 406 e 407 (juros legais) do CC.
- Honorários advocatícios: arts. 22 a 26 da Lei n. 8.906, de 4-7-1994 (EAOAB).

Art. 419. A parte inocente pode pedir indenização suplementar, se provar maior prejuízo, valendo as arras como taxa mínima. Pode, também, a parte inocente, exigir a execução do contrato, com as perdas e danos, valendo as arras como o mínimo da indenização.

- *Vide* arts. 402 a 405 (perdas e danos) do CC.

Art. 420. Se no contrato for estipulado o direito de arrependimento para qualquer das partes, as arras ou sinal terão função unicamente indenizatória. Neste caso, quem as deu perdê-las-á em benefício da outra parte; e quem as recebeu devolvê-las-á, mais o equivalente. Em ambos os casos não haverá direito a indenização suplementar.

- *Vide* art. 463 do CC.
- *Vide* Súmula 412 do STF.

Título V
DOS CONTRATOS EM GERAL

•• Da Proteção Contratual: *vide* arts. 46 a 54 da Lei n. 8.078, de 11-9-1990 (CDC).

Capítulo I
DISPOSIÇÕES GERAIS

Seção I
Preliminares

Art. 421. A liberdade contratual será exercida nos limites da função social do contrato.

•• *Caput* com redação determinada pela Lei n. 13.874, de 20-9-2019.

- *Vide* art. 113 do CC.
- *Vide* art. 51 do CDC.

Parágrafo único. Nas relações contratuais privadas, prevalecerão o princípio da intervenção mínima e a excepcionalidade da revisão contratual.

•• Parágrafo único acrescentado pela Lei n. 13.874, de 20-9-2019.

Art. 421-A. Os contratos civis e empresariais presumem-se paritários e simétricos até a presença de elementos concretos que justifiquem o afastamento dessa presunção, ressalvados os regimes jurídicos previstos em leis especiais, garantido também que:

•• *Caput* acrescentado pela Lei n. 13.874, de 20-9-2019.

I – as partes negociantes poderão estabelecer parâmetros objetivos para a interpretação das cláusulas negociais e de seus pressupostos de revisão ou de resolução;

•• Inciso I acrescentado pela Lei n. 13.874, de 20-9-2019.

II – a alocação de riscos definida pelas partes deve ser respeitada e observada; e

•• Inciso II acrescentado pela Lei n. 13.874, de 20-9-2019.

III – a revisão contratual somente ocorrerá de maneira excepcional e limitada.

•• Inciso III acrescentado pela Lei n. 13.874, de 20-9-2019.

Art. 422. Os contratantes são obrigados a guardar, assim na conclusão do contrato, como em sua execução, os princípios de probidade e boa-fé.

- *Vide* arts. 113, 187, 765 e 1.741 do CC.

Art. 423. Quando houver no contrato de adesão cláusulas ambíguas ou contraditórias, dever-se-á adotar a interpretação mais favorável ao aderente.

- *Vide* art. 54 e §§ 1.º a 4.º (contratos de adesão) da Lei n. 8.078, de 11-9-1990 (CDC).

Art. 424. Nos contratos de adesão, são nulas as cláusulas que estipulem a renúncia antecipada do aderente a direito resultante da natureza do negócio.

- *Vide* arts. 166 a 184 do CC.
- *Vide* arts. 25, 51, I e XVI, do CDC.

Art. 425. É lícito às partes estipular contratos atípicos, observadas as normas gerais fixadas neste Código.

- *Vide* arts. 104 e 2.035 do CC.

Art. 426. Não pode ser objeto de contrato a herança de pessoa viva.

- *Vide* arts. 166, II, 1.655 e 2.018 do CC.

Seção II
Da Formação dos Contratos

Art. 427. A proposta de contrato obriga o proponente, se o contrário não resultar dos termos dela, da natureza do negócio, ou das circunstâncias do caso.

- *Vide* art. 138 do CC.
- *Vide* art. 35 do CDC.

Art. 428. Deixa de ser obrigatória a proposta:

I – se, feita sem prazo a pessoa presente, não foi imediatamente aceita. Considera-se também presente a pessoa que contrata por telefone ou por meio de comunicação semelhante;

- *Vide* art. 49 do CDC.

II – se, feita sem prazo a pessoa ausente, tiver decorrido tempo suficiente para chegar a resposta ao conhecimento do proponente;

III – se, feita a pessoa ausente, não tiver sido expedida a resposta dentro do prazo dado;

IV – se, antes dela, ou simultaneamente, chegar ao conhecimento da outra parte a retratação do proponente.

Art. 429. A oferta ao público equivale a proposta quando encerra os requisitos essenciais ao contrato, salvo se o contrário resultar das circunstâncias ou dos usos.

- *Vide* art. 30 da Lei n. 8.078, de 11-9-1990.

Parágrafo único. Pode revogar-se a oferta pela mesma via de sua divulgação, desde que ressalvada esta faculdade na oferta realizada.

Art. 430. Se a aceitação, por circunstância imprevista, chegar tarde ao conhecimento do proponente, este comunicá-lo-á imediatamente ao aceitante, sob pena de responder por perdas e danos.

- *Vide* arts. 402 a 405 (perdas e danos) do CC.
- *Vide* art. 39, III, e parágrafo único, da Lei n. 8.078, de 11-9-1990 (CDC).

Art. 431. A aceitação fora do prazo, com adições, restrições, ou modificações, importará nova proposta.

Art. 432. Se o negócio for daqueles em que não seja costume a aceitação expressa, ou o proponente a tiver dispensado, reputar-se-á concluído o contrato, não chegando a tempo a recusa.

• *Vide* art. 659 do CC.
• *Vide* art. 39, III, parágrafo único, da Lei n. 8.078, de 11-9-1990 (CDC).

Art. 433. Considera-se inexistente a aceitação, se antes dela ou com ela chegar ao proponente a retratação do aceitante.

Art. 434. Os contratos entre ausentes tornam-se perfeitos desde que a aceitação é expedida, exceto:

I – no caso do artigo antecedente;

II – se o proponente se houver comprometido a esperar resposta;

III – se ela não chegar no prazo convencionado.

Art. 435. Reputar-se-á celebrado o contrato no lugar em que foi proposto.

Seção III
Da Estipulação em Favor de Terceiro

Art. 436. O que estipula em favor de terceiro pode exigir o cumprimento da obrigação.

• *Vide* art. 553 do CC.

Parágrafo único. Ao terceiro, em favor de quem se estipulou a obrigação, também é permitido exigi-la, ficando, todavia, sujeito às condições e normas do contrato, se a ele anuir, e o estipulante não o inovar nos termos do art. 438.

Art. 437. Se ao terceiro, em favor de quem se fez o contrato, se deixar o direito de reclamar-lhe a execução, não poderá o estipulante exonerar o devedor.

Art. 438. O estipulante pode reservar-se o direito de substituir o terceiro designado no contrato, independentemente da sua anuência e da do outro contratante.

• *Vide* arts. 791 e 792 do CC.

Parágrafo único. A substituição pode ser feita por ato entre vivos ou por disposição de última vontade.

Seção IV
Da Promessa de Fato de Terceiro

Art. 439. Aquele que tiver prometido fato de terceiro responderá por perdas e danos, quando este o não executar.

• *Vide* arts. 402 a 405 (perdas e danos) do CC.

Parágrafo único. Tal responsabilidade não existirá se o terceiro for o cônjuge do promitente, dependendo da sua anuência o ato a ser praticado, e desde que, pelo regime do casamento, a indenização, de algum modo, venha a recair sobre os seus bens.

Art. 440. Nenhuma obrigação haverá para quem se comprometer por outrem, se este, depois de se ter obrigado, faltar à prestação.

Seção V
Dos Vícios Redibitórios

Art. 441. A coisa recebida em virtude de contrato comutativo pode ser enjeitada por vícios ou defeitos ocultos, que a tornem imprópria ao uso a que é destinada, ou lhe diminuam o valor.

• *Vide* arts. 138, 445, *caput* e § 1.º, 484, *caput*, 500, *caput* e § 3.º, 503, 509 e 568 do CC.
• *Vide* arts. 18, § 1.º, 20, II, 26, 27, 35, III, 41, 51, II, da Lei n. 8.078, de 11-9-1990 (CDC).

Parágrafo único. É aplicável a disposição deste artigo às doações onerosas.

• *Vide* arts. 136 (encargo) e 538 a 564 (doação) do CC.

Art. 442. Em vez de rejeitar a coisa, redibindo o contrato (art. 441), pode o adquirente reclamar abatimento no preço.

• *Vide* arts. 615 e 616 (recebimento de obra com redução de preço) do CC.
• *Vide* art. 18 e §§ 1.º a 6.º da Lei n. 8.078, de 11-9-1990 (CDC).

Art. 443. Se o alienante conhecia o vício ou defeito da coisa, restituirá o que recebeu com perdas e danos; se o não conhecia, tão somente restituirá o valor recebido, mais as despesas do contrato.

• *Vide* arts. 402 a 405 (perdas e danos) do CC.

Art. 444. A responsabilidade do alienante subsiste ainda que a coisa pereça em poder do alienatário, se perecer por vício oculto, já existente ao tempo da tradição.

Art. 445. O adquirente decai do direito de obter a redibição ou abatimento no preço no prazo de trinta dias se a coisa for móvel, e de um ano se for imóvel, contado da entrega efetiva; se já estava na posse, o prazo conta-se da alienação, reduzido à metade.

• *Vide* arts. 441 e 442 do CC.

§ 1.º Quando o vício, por sua natureza, só puder ser conhecido mais tarde, o prazo contar-se-á do momento em que dele tiver ciência, até o prazo máximo de cento e oitenta dias, em se tratando de bens móveis; e de um ano, para os imóveis.

§ 2.º Tratando-se de venda de animais, os prazos de garantia por vícios ocultos serão os estabelecidos em lei especial, ou, na falta desta, pelos usos locais, aplicando-se o disposto no parágrafo antecedente se não houver regras disciplinando a matéria.

Art. 446. Não correrão os prazos do artigo antecedente na constância de cláusula de garantia; mas o adquirente deve denunciar o defeito ao alienante nos trinta dias seguintes ao seu descobrimento, sob pena de decadência.

Seção VI
Da Evicção

• Sobre evicção no CPC: art. 125, I.

Art. 447. Nos contratos onerosos, o alienante responde pela evicção. Subsiste esta garantia ainda que a aquisição se tenha realizado em hasta pública.

• *Vide* arts. 199, III, 359, 552, 845, 1.939, III, e 2.024 a 2.026 do CC.

Art. 448. Podem as partes, por cláusula expressa, reforçar, diminuir ou excluir a responsabilidade pela evicção.

Art. 449. Não obstante a cláusula que exclui a garantia contra a evicção, se esta se der, tem direito o evicto a receber o preço que pagou pela coisa evicta, se não soube do risco da evicção, ou, dele informado, não o assumiu.

Art. 450. Salvo estipulação em contrário, tem direito o evicto, além da restituição integral do preço ou das quantias que pagou:

I – à indenização dos frutos que tiver sido obrigado a restituir;

- *Vide* art. 95 do CC.

II – à indenização pelas despesas dos contratos e pelos prejuízos que diretamente resultarem da evicção;

III – às custas judiciais e aos honorários do advogado por ele constituído.

- Honorários advocatícios: arts. 22 a 26 da Lei n. 8.906, de 4-7-1994 (EAOAB).

Parágrafo único. O preço, seja a evicção total ou parcial, será o do valor da coisa, na época em que se evenceu, e proporcional ao desfalque sofrido, no caso de evicção parcial.

Art. 451. Subsiste para o alienante esta obrigação, ainda que a coisa alienada esteja deteriorada, exceto havendo dolo do adquirente.

- *Vide* arts. 145 a 150 (dolo) do CC.

Art. 452. Se o adquirente tiver auferido vantagens das deteriorações, e não tiver sido condenado a indenizá-las, o valor das vantagens será deduzido da quantia que lhe houver de dar o alienante.

Art. 453. As benfeitorias necessárias ou úteis, não abonadas ao que sofreu a evicção, serão pagas pelo alienante.

- *Vide* art. 96, §§ 2.º e 3.º (benfeitorias necessárias e úteis), do CC.

Art. 454. Se as benfeitorias abonadas ao que sofreu a evicção tiverem sido feitas pelo alienante, o valor delas será levado em conta na restituição devida.

Art. 455. Se parcial, mas considerável, for a evicção, poderá o evicto optar entre a rescisão do contrato e a restituição da parte do preço correspondente ao desfalque sofrido. Se não for considerável, caberá somente direito a indenização.

- *Vide* art. 442 do CC.

Art. 456. (*Revogado pela Lei n. 13.105, de 16-3-2015.*)

Art. 457. Não pode o adquirente demandar pela evicção, se sabia que a coisa era alheia ou litigiosa.

Seção VII
Dos Contratos Aleatórios

Art. 458. Se o contrato for aleatório, por dizer respeito a coisas ou fatos futuros, cujo risco de não virem a existir um dos contratantes assuma, terá o outro direito de receber integralmente o que lhe foi prometido, desde que de sua parte não tenha havido dolo ou culpa, ainda que nada do avençado venha a existir.

- *Vide* arts. 145 a 150 (dolo) do CC.

Art. 459. Se for aleatório, por serem objeto dele coisas futuras, tomando o adquirente a si o risco de virem a existir em qualquer quantidade, terá também direito o alienante a todo o preço, desde que de sua parte não tiver concorrido culpa, ainda que a coisa venha a existir em quantidade inferior à esperada.

Parágrafo único. Mas, se da coisa nada vier a existir, alienação não haverá, e o alienante restituirá o preço recebido.

Art. 460. Se for aleatório o contrato, por se referir a coisas existentes, mas expostas a risco, assumido pelo adquirente, terá igualmente direito o alienante a todo o preço, posto que a coisa já não existisse, em parte, ou de todo, no dia do contrato.

Art. 461. A alienação aleatória a que se refere o artigo antecedente poderá ser anulada como dolosa pelo prejudicado, se provar que o outro contratante não ignorava a consumação do risco, a que no contrato se considerava exposta a coisa.

Seção VIII
Do Contrato Preliminar

- *Vide* arts. 34, § 3.º, e 35, §§ 1.º e 4.º, da Lei n. 4.591, de 16-12-1964.

Art. 462. O contrato preliminar, exceto quanto à forma, deve conter todos os requisitos essenciais ao contrato a ser celebrado.

- *Vide* arts. 227, 421 a 426 do CC.

Art. 463. Concluído o contrato preliminar, com observância do disposto no artigo antecedente, e desde que dele não conste cláusula de arrependimento, qualquer das partes terá o direito de exigir a celebração do definitivo, assinando prazo à outra para que o efetive.

Parágrafo único. O contrato preliminar deverá ser levado ao registro competente.

- Registros Públicos: *vide* Lei n. 6.015, de 31-12-1973.

Art. 464. Esgotado o prazo, poderá o juiz, a pedido do interessado, suprir a vontade da parte inadimplente, conferindo caráter definitivo ao contrato preliminar, salvo se a isto se opuser a natureza da obrigação.

Art. 465. Se o estipulante não der execução ao contrato preliminar, poderá a outra parte considerá-lo desfeito, e pedir perdas e danos.

- *Vide* arts. 402 a 405 (perdas e danos) do CC.

Art. 466. Se a promessa de contrato for unilateral, o credor, sob pena de ficar a mesma sem efeito, deverá manifestar-se no prazo nela previsto, ou, inexistindo este, no que lhe for razoavelmente assinado pelo devedor.

Seção IX
Do Contrato com Pessoa a Declarar

Art. 467. No momento da conclusão do contrato, pode uma das partes reservar-se a faculdade de indicar a pessoa que deve adquirir os direitos e assumir as obrigações dele decorrentes.

- *Vide* art. 469 do CC.

Art. 468. Essa indicação deve ser comunicada à outra parte no prazo de cinco dias da conclusão do contrato, se outro não tiver sido estipulado.

Parágrafo único. A aceitação da pessoa nomeada não será eficaz se não se revestir da mesma forma que as partes usaram para o contrato.

- *Vide* arts. 104 e 470, I, do CC.

Art. 469. A pessoa, nomeada de conformidade com os artigos antecedentes, adquire os direitos e assume as obrigações decorrentes do contrato, a partir do momento em que este foi celebrado.

Art. 470. O contrato será eficaz somente entre os contratantes originários:

I – se não houver indicação de pessoa, ou se o nomeado se recusar a aceitá-la;

- *Vide* art. 468, parágrafo único, do CC.

II – se a pessoa nomeada era insolvente, e a outra pessoa o desconhecia no momento da indicação.

Art. 471. Se a pessoa a nomear era incapaz ou insolvente no momento da nomeação, o contrato produzirá seus efeitos entre os contratantes originários.

- *Vide* arts. 3.º, 4.º, 5.º, 105, 171, I (incapacidade), 283, 284 e 296 a 298 (insolvência) do CC.

Capítulo II
DA EXTINÇÃO DO CONTRATO

Seção I
Do Distrato

Art. 472. O distrato faz-se pela mesma forma exigida para o contrato.

- *Vide* art. 320, *caput*, do CC.
- Sobre cancelamento da hipoteca, *vide* art. 251 da Lei n. 6.015, de 31-12-1973 (LRP).
- CDC: *vide* arts. 35, 49, 51 e 53 da Lei n. 8.078, de 11-9-1990.
- SNDC: art. 22, XVII, do Decreto n. 2.181, de 20-3-1997.

Art. 473. A resilição unilateral, nos casos em que a lei expressa ou implicitamente o permita, opera mediante denúncia notificada à outra parte.

- *Vide* arts. 681, I, e 688 do CC.

Parágrafo único. Se, porém, dada a natureza do contrato, uma das partes houver feito investimentos consideráveis para a sua execução, a denúncia unilateral só produzirá efeito depois de transcorrido prazo compatível com a natureza e o vulto dos investimentos.

Seção II
Da Cláusula Resolutiva

Art. 474. A cláusula resolutiva expressa opera de pleno direito; a tácita depende de interpelação judicial.

- *Vide* arts. 128, 476 e 477 do CC.

Art. 475. A parte lesada pelo inadimplemento pode pedir a resolução do contrato, se não preferir exigir-lhe o cumprimento, cabendo, em qualquer dos casos, indenização por perdas e danos.

- *Vide* arts. 186, 927, *caput* (reparação de dano), e 402 a 405 (perdas e danos) do CC.

Seção III
Da Exceção de Contrato não Cumprido

Art. 476. Nos contratos bilaterais, nenhum dos contratantes, antes de cumprida a sua obrigação, pode exigir o implemento da do outro.

- *Vide* arts. 333, *caput*, 389, 491 e 495 do CC.

Art. 477. Se, depois de concluído o contrato, sobrevier a uma das partes contratantes diminuição em seu patrimônio capaz de comprometer ou tornar duvidosa a prestação pela qual se obrigou, pode a outra recusar-se à prestação que lhe incumbe, até que aquela satisfaça a que lhe compete ou dê garantia bastante de satisfazê-la.

- *Vide* arts. 333, *caput*, 389, 491 e 495 do CC.

Seção IV
Da Resolução por Onerosidade Excessiva

Art. 478. Nos contratos de execução continuada ou diferida, se a prestação de uma das partes se tornar excessivamente onerosa, com extrema vantagem para a outra, em virtude de acontecimentos extraordinários e imprevisíveis, poderá o devedor pedir a resolução do contrato. Os efeitos da sentença que a decretar retroagirão à data da citação.

- *Vide* art. 6.º, V, da Lei n. 8.078, de 11-9-1990 (CDC).

Art. 479. A resolução poderá ser evitada, oferecendo-se o réu a modificar equitativamente as condições do contrato.

- *Vide* arts. 6.º, V, 37 e 51 do CDC.

Art. 480. Se no contrato as obrigações couberem a apenas uma das partes, poderá ela pleitear que a sua prestação seja reduzida, ou alterado o modo de executá-la, a fim de evitar a onerosidade excessiva.

- *Vide* arts. 572, 621, parágrafo único, 625, II, 944, parágrafo único, 1.286 e 1.341, § 2.º, do CC.
- Relações de consumo: art. 10 da Lei n. 8.137, de 27-12-1990.
- Defesa da concorrência do Mercosul: art. 25 do Decreto n. 3.602, de 18-9-2000.
- Ordem econômica: art. 85 da Lei n. 12.529, de 30-11-2011 (Nova Lei Antitruste).

Título VI
DAS VÁRIAS ESPÉCIES DE CONTRATO

•• A Lei n. 11.795, de 8-10-2008, dispõe sobre o Contrato de Consórcio nos arts. 10 a 15.

Capítulo I
DA COMPRA E VENDA

Seção I
Disposições Gerais

Art. 481. Pelo contrato de compra e venda, um dos contratantes se obriga a transferir o domínio de certa coisa, e o outro, a pagar-lhe certo preço em dinheiro.

- Sobre o compromisso de compra e venda de imóveis, para pagamento em prestações, *vide* Decreto-lei n. 58, de 10-12-1937, Lei n. 4.380, de 21-8-1964, e Lei n. 6.766, de 19-12-1979.
- Sobre alienação de unidades autônomas: vide art. 32, § 2.º, da Lei n. 4.591, de 16-12-1964.
- *Vide* Lei n. 6.766, de 19-12-1979, que dispõe sobre o parcelamento do solo urbano.

- Sobre as vendas a crédito com reserva de domínio, *vide* Lei n. 6.015, de 31-12-1973, art. 129, n. 5.
- A Lei n. 1.521, de 26-12-1951, dispõe sobre crimes contra a economia popular.
- O Decreto-lei n. 3.109, de 12-3-1941, dispõe sobre o registro das alienações de estrada de ferro.
- Obrigatoriedade das medidas legais fixadas pelo Instituto Nacional de Pesos e Medidas: art. 15 do Decreto-lei n. 240, de 28-2-1967, que dispõe sobre o sistema nacional de metrologia, regulamentado pelo Decreto n. 62.292, de 22-2-1968.
- Venda ou promessa de venda de direitos, de terrenos loteados, mediante consórcio, fundo mútuo: Lei n. 5.768, de 20-12-1971.
- *Vide* Súmulas 413 e 489 do STF.
- *Vide* arts. 77, 78, 81, 242 a 244, 256 e 257 da Lei n. 8.069, de 13-7-1990 (ECA).

Art. 482. A compra e venda, quando pura, considerar-se-á obrigatória e perfeita, desde que as partes acordarem no objeto e no preço.

- *Vide* arts. 417 a 420 (arras ou sinal), 485 e 486 do CC.
- *Vide* Súmula 413 do STF.

Art. 483. A compra e venda pode ter por objeto coisa atual ou futura. Neste caso, ficará sem efeito o contrato se esta não vier a existir, salvo se a intenção das partes era de concluir contrato aleatório.

- *Vide* arts. 458 a 461 (contratos aleatórios) do CC.

Art. 484. Se a venda se realizar à vista de amostras, protótipos ou modelos, entender-se-á que o vendedor assegura ter a coisa as qualidades que a elas correspondem.

- *Vide* art. 441, *caput*, do CC.

Parágrafo único. Prevalece a amostra, o protótipo ou o modelo, se houver contradição ou diferença com a maneira pela qual se descreveu a coisa no contrato.

- *Vide* arts. 30 e s. da Lei n. 8.078, de 11-9-1990 (CDC).

Art. 485. A fixação do preço pode ser deixada ao arbítrio de terceiro, que os contratantes logo designarem ou prometerem designar. Se o terceiro não aceitar a incumbência, ficará sem efeito o contrato, salvo quando acordarem os contratantes designar outra pessoa.

Art. 486. Também se poderá deixar a fixação do preço à taxa de mercado ou de bolsa, em certo e determinado dia e lugar.

- *Vide* art. 318 do CC.

Art. 487. É lícito às partes fixar o preço em função de índices ou parâmetros, desde que suscetíveis de objetiva determinação.

Art. 488. Convencionada a venda sem fixação de preço ou de critérios para a sua determinação, se não houver tabelamento oficial, entende-se que as partes se sujeitaram ao preço corrente nas vendas habituais do vendedor.

Parágrafo único. Na falta de acordo, por ter havido diversidade de preço, prevalecerá o termo médio.

Art. 489. Nulo é o contrato de compra e venda, quando se deixa ao arbítrio exclusivo de uma das partes a fixação do preço.

- *Vide* art. 122 do CC.

Art. 490. Salvo cláusula em contrário, ficarão as despesas de escritura e registro a cargo do comprador, e a cargo do vendedor as da tradição.

- *Vide* art. 533, I, do CC.

Art. 491. Não sendo a venda a crédito, o vendedor não é obrigado a entregar a coisa antes de receber o preço.

- *Vide* arts. 476 e 477 do CC.

Art. 492. Até o momento da tradição, os riscos da coisa correm por conta do vendedor, e os do preço por conta do comprador.

- *Vide* arts. 234, 246, 458, 1.267 e 1.268 do CC.

§ 1.º Todavia, os casos fortuitos, ocorrentes no ato de contar, marcar ou assinalar coisas, que comumente se recebem, contando, pesando, medindo ou assinalando, e que já tiverem sido postas à disposição do comprador, correrão por conta deste.

- *Vide* art. 393, parágrafo único, do CC.

§ 2.º Correrão também por conta do comprador os riscos das referidas coisas, se estiver em mora de as receber, quando postas à sua disposição no tempo, lugar e pelo modo ajustados.

- *Vide* art. 400 do CC.

Art. 493. A tradição da coisa vendida, na falta de estipulação expressa, dar-se-á no lugar onde ela se encontrava, ao tempo da venda.

- *Vide* arts. 1.245, 1.267, 1.268, §§ 1.º e 2.º, e 327 a 330 do CC.

Art. 494. Se a coisa for expedida para lugar diverso, por ordem do comprador, por sua conta correrão os riscos, uma vez entregue a quem haja de transportá-la, salvo se das instruções dele se afastar o vendedor.

- *Vide* arts. 327 e 492 do CC.

Art. 495. Não obstante o prazo ajustado para o pagamento, se antes da tradição o comprador cair em insolvência, poderá o vendedor sobrestar na entrega da coisa, até que o comprador lhe dê caução de pagar no tempo ajustado.

- *Vide* arts. 476 e 477 do CC.

Art. 496. É anulável a venda de ascendente a descendente, salvo se os outros descendentes e o cônjuge do alienante expressamente houverem consentido.

- *Vide* arts. 533, II, e 544 do CC.
- *Vide* Súmula 494 do STF.

Parágrafo único. Em ambos os casos, dispensa-se o consentimento do cônjuge se o regime de bens for o da separação obrigatória.

- *Vide* art. 1.641 do CC.

Art. 497. Sob pena de nulidade, não podem ser comprados, ainda que em hasta pública:

I – pelos tutores, curadores, testamenteiros e administradores, os bens confiados à sua guarda ou administração;

- *Vide* art. 1.749, I, do CC.

II – pelos servidores públicos, em geral, os bens ou direitos da pessoa jurídica a que servirem, ou que estejam sob sua administração direta ou indireta;

III – pelos juízes, secretários de tribunais, arbitradores, peritos e outros serventuários ou auxiliares da justiça, os bens ou direitos sobre que se litigar em tribunal, juízo ou conselho, no lugar onde servirem, ou a que se estender a sua autoridade;

IV – pelos leiloeiros e seus prepostos, os bens de cuja venda estejam encarregados.

- Os leiloeiros são proibidos, sob pena de multa, de adquirir para si, ou para pessoa de sua família, coisa de cuja venda tenham sido incumbidos. Regulamento baixado pelo Decreto n. 21.981, de 19-10-1932, art. 36, *b*.
- A aquisição de propriedade rural no território nacional somente poderá ser feita por brasileiro ou por estrangeiro residente no País: Ato Complementar n. 45, de 30-1-1969, Lei n. 5.709, de 7-10-1971, e Decreto n. 74.965, de 26-11-1974, que regulamenta a aquisição de imóveis rurais por estrangeiros.
- O governador e os secretários dos Territórios Federais não podem adquirir bens imóveis no Território e bens de qualquer natureza pertencentes a pessoa jurídica de direito público, autarquia, empresa pública, sociedade de economia mista e empresa concessionária de serviço público: art. 24, VI, do Decreto-lei n. 411, de 8-1-1969.

Parágrafo único. As proibições deste artigo estendem-se à cessão de crédito.

- *Vide* arts. 286 a 298 do CC.

Art. 498. A proibição contida no inciso III do artigo antecedente, não compreende os casos de compra e venda ou cessão entre coerdeiros, ou em pagamento de dívida, ou para garantia de bens já pertencentes a pessoas designadas no referido inciso.

- *Vide* arts. 286 a 298 (cessão de crédito) e 1.749, III, do CC.

Art. 499. É lícita a compra e venda entre cônjuges, com relação a bens excluídos da comunhão.

- *Vide* arts. 1.659, 1.668 e 1.674 do CC.

Art. 500. Se, na venda de um imóvel, se estipular o preço por medida de extensão, ou se determinar a respectiva área, e esta não corresponder, em qualquer dos casos, às dimensões dadas, o comprador terá o direito de exigir o complemento da área, e, não sendo isso possível, o de reclamar a resolução do contrato ou abatimento proporcional ao preço.

- *Vide* arts. 18 e s. da Lei n. 8.078, de 11-9-1990 (CDC).

§ 1.º Presume-se que a referência às dimensões foi simplesmente enunciativa, quando a diferença encontrada não exceder de um vigésimo da área total enunciada, ressalvado ao comprador o direito de provar que, em tais circunstâncias, não teria realizado o negócio.

- *Vide* arts. 441, *caput*, e 445 do CC e 26 da Lei n. 8.078, de 11-9-1990 (CDC).

§ 2.º Se em vez de falta houver excesso, e o vendedor provar que tinha motivos para ignorar a medida exata da área vendida, caberá ao comprador, à sua escolha, completar o valor correspondente ao preço ou devolver o excesso.

§ 3.º Não haverá complemento de área, nem devolução de excesso, se o imóvel for vendido como coisa certa e discriminada, tendo sido apenas enunciativa a referência às suas dimensões, ainda que não conste, de modo expresso, ter sido a venda *ad corpus*.

Art. 501. Decai do direito de propor as ações previstas no artigo antecedente o vendedor ou o comprador que não o fizer no prazo de um ano, a contar do registro do título.

Parágrafo único. Se houver atraso na imissão de posse no imóvel, atribuível ao alienante, a partir dela fluirá o prazo de decadência.

Art. 502. O vendedor, salvo convenção em contrário, responde por todos os débitos que gravem a coisa até o momento da tradição.

- *Vide* arts. 422, 490, 492 e 533, I, do CC.

Art. 503. Nas coisas vendidas conjuntamente, o defeito oculto de uma não autoriza a rejeição de todas.

- *Vide* arts. 441 a 446 (vícios redibitórios) do CC.

Art. 504. Não pode um condômino em coisa indivisível vender a sua parte a estranhos, se outro consorte a quiser, tanto por tanto. O condômino, a quem não se der conhecimento da venda, poderá, depositando o preço, haver para si a parte vendida a estranhos, se o requerer no prazo de cento e oitenta dias, sob pena de decadência.

- *Vide* arts. 87, 88 e 1.314 e s. do CC.

Parágrafo único. Sendo muitos os condôminos, preferirá o que tiver benfeitorias de maior valor e, na falta de benfeitorias, o de quinhão maior. Se as partes forem iguais, haverão a parte vendida os comproprietários, que a quiserem, depositando previamente o preço.

- *Vide* arts. 96 e 97 (benfeitorias) e 1.322 (direito de preferência) do CC.
- *Vide* arts. 27 a 36 da Lei n. 8.245, de 18-10-1991.

Seção II
Das Cláusulas Especiais à Compra e Venda

Subseção I
Da retrovenda

Art. 505. O vendedor de coisa imóvel pode reservar-se o direito de recobrá-la no prazo máximo de decadência de três anos, restituindo o preço recebido e reembolsando as despesas do comprador, inclusive as que, durante o período de resgate, se efetuaram com a sua autorização escrita, ou para a realização de benfeitorias necessárias.

- *Vide* art. 445, *caput* e § 1.º, do CC.

Art. 506. Se o comprador se recusar a receber as quantias a que faz jus, o vendedor, para exercer o direito de resgate, as depositará judicialmente.

Parágrafo único. Verificada a insuficiência do depósito judicial, não será o vendedor restituído no domínio da coisa, até e enquanto não for integralmente pago o comprador.

- CPC: arts. 539 e s.

Art. 507. O direito de retrato, que é cessível e transmissível a herdeiros e legatários, poderá ser exercido contra o terceiro adquirente.

- *Vide* arts. 286 a 298 e 1.359 do CC.

Art. 508. Se a duas ou mais pessoas couber o direito de retrato sobre o mesmo imóvel, e só uma o exercer, poderá o comprador intimar as outras para nele acordarem, prevalecendo o pacto em favor de quem haja efetuado o depósito, contanto que seja integral.

Subseção II
Da venda a contento e da sujeita a prova

Art. 509. A venda feita a contento do comprador entende-se realizada sob condição suspensiva, ainda que a coisa lhe tenha sido entregue; e não se reputará perfeita, enquanto o adquirente não manifestar seu agrado.

- *Vide* arts. 125, 127, 128 e 234 do CC.

Art. 510. Também a venda sujeita a prova presume-se feita sob a condição suspensiva de que a coisa tenha as qualidades asseguradas pelo vendedor e seja idônea para o fim a que se destina.

Art. 511. Em ambos os casos, as obrigações do comprador, que recebeu, sob condição suspensiva, a coisa comprada, são as de mero comodatário, enquanto não manifeste aceitá-la.

- *Vide* arts. 579 a 585 do CC.

Art. 512. Não havendo prazo estipulado para a declaração do comprador, o vendedor terá direito de intimá-lo, judicial ou extrajudicialmente, para que o faça em prazo improrrogável.

Subseção III
Da preempção ou preferência

Art. 513. A preempção, ou preferência, impõe ao comprador a obrigação de oferecer ao vendedor a coisa que aquele vai vender, ou dar em pagamento, para que este use de seu direito de prelação na compra, tanto por tanto.

- *Vide* arts. 1.373, 1.440, 1.481, § 1.º, do CC.
- *Vide* arts. 27 a 34 da Lei n. 8.245, de 18-10-1991.

Parágrafo único. O prazo para exercer o direito de preferência não poderá exceder a cento e oitenta dias se a coisa for móvel, ou a dois anos, se imóvel.

Art. 514. O vendedor pode também exercer o seu direito de prelação, intimando o comprador, quando lhe constar que este vai vender a coisa.

Art. 515. Aquele que exerce a preferência está, sob pena de a perder, obrigado a pagar, em condições iguais, o preço encontrado, ou o ajustado.

Art. 516. Inexistindo prazo estipulado, o direito de preempção caducará, se a coisa for móvel, não se exercendo nos três dias, e, se for imóvel, não se exercendo nos sessenta dias subsequentes à data em que o comprador tiver notificado o vendedor.

Art. 517. Quando o direito de preempção for estipulado a favor de dois ou mais indivíduos em comum, só pode ser exercido em relação à coisa no seu todo. Se alguma das pessoas, a quem ele toque, perder ou não exercer o seu direito, poderão as demais utilizá-lo na forma sobredita.

Art. 518. Responderá por perdas e danos o comprador, se alienar a coisa sem ter dado ao vendedor ciência do preço e das vantagens que por ela lhe oferecem. Responderá solidariamente o adquirente, se tiver procedido de má-fé.

- *Vide* arts. 402 a 405 do CC.

Art. 519. Se a coisa expropriada para fins de necessidade ou utilidade pública, ou por interesse social, não tiver o destino para que se desapropriou, ou não for utilizada em obras ou serviços públicos, caberá ao expropriado direito de preferência, pelo preço atual da coisa.

- *Vide* art. 35 do Decreto-lei n. 3.365, de 21-6-1941 (desapropriação).

Art. 520. O direito de preferência não se pode ceder nem passa aos herdeiros.

Subseção IV
Da venda com reserva de domínio

Art. 521. Na venda de coisa móvel, pode o vendedor reservar para si a propriedade, até que o preço esteja integralmente pago.

- *Vide* art. 523 do CC.

Art. 522. A cláusula de reserva de domínio será estipulada por escrito e depende de registro no domicílio do comprador para valer contra terceiros.

- *Vide* art. 129, n. 5, da Lei n. 6.015, de 31-12-1973 (LRP).

Art. 523. Não pode ser objeto de venda com reserva de domínio a coisa insuscetível de caracterização perfeita, para estremá-la de outras congêneres. Na dúvida, decide-se a favor do terceiro adquirente de boa-fé.

Art. 524. A transferência de propriedade ao comprador dá-se no momento em que o preço esteja integralmente pago. Todavia, pelos riscos da coisa responde o comprador, a partir de quando lhe foi entregue.

- *Vide* arts. 319 e 491 do CC.

Art. 525. O vendedor somente poderá executar a cláusula de reserva de domínio após constituir o comprador em mora, mediante protesto do título ou interpelação judicial.

- *Vide* arts. 394 a 401 do CC.
- A Lei n. 9.492, de 10-9-1997, define competência, regulamenta os serviços concernentes ao protesto de títulos e outros documentos e dá outras providências.

Art. 526. Verificada a mora do comprador, poderá o vendedor mover contra ele a competente ação de cobrança das prestações vencidas e vincendas e o mais que lhe for devido; ou poderá recuperar a posse da coisa vendida.

Art. 527. Na segunda hipótese do artigo antecedente, é facultado ao vendedor reter as prestações pagas até o necessário para cobrir a depreciação da coisa, as despesas feitas e o mais que de direito lhe for devido. O excedente será devolvido ao comprador; e o que faltar lhe será cobrado, tudo na forma da lei processual.

Art. 528. Se o vendedor receber o pagamento à vista, ou, posteriormente, mediante financiamento de instituição do mercado de capitais, a esta caberá exercer os direitos e ações decorrentes do contrato, a benefício de qualquer outro. A operação financeira e a respectiva ciência do comprador constarão do registro do contrato.

Subseção V
Da venda sobre documentos

Art. 529. Na venda sobre documentos, a tradição da coisa é substituída pela entrega do seu título representativo e dos outros documentos exigidos pelo contrato ou, no silêncio deste, pelos usos.

Parágrafo único. Achando-se a documentação em ordem, não pode o comprador recusar o pagamento, a pretexto de defeito de qualidade ou do estado da coisa vendida, salvo se o defeito já houver sido comprovado.

Art. 530. Não havendo estipulação em contrário, o pagamento deve ser efetuado na data e no lugar da entrega dos documentos.

• *Vide* LINDB, art. 9.º.

Art. 531. Se entre os documentos entregues ao comprador figurar apólice de seguro que cubra os riscos do transporte, correm estes à conta do comprador, salvo se, ao ser concluído o contrato, tivesse o vendedor ciência da perda ou avaria da coisa.

• *Vide* art. 754, parágrafo único, do CC.

• Sobre seguro, *vide* arts. 757 a 788 do CC.

Art. 532. Estipulado o pagamento por intermédio de estabelecimento bancário, caberá a este efetuá-lo contra a entrega dos documentos, sem obrigação de verificar a coisa vendida, pela qual não responde.

Parágrafo único. Nesse caso, somente após a recusa do estabelecimento bancário a efetuar o pagamento, poderá o vendedor pretendê-lo, diretamente do comprador.

Capítulo II
DA TROCA OU PERMUTA

Art. 533. Aplicam-se à troca as disposições referentes à compra e venda, com as seguintes modificações:

I – salvo disposição em contrário, cada um dos contratantes pagará por metade as despesas com o instrumento da troca;

• *Vide* art. 490 do CC.

II – é anulável a troca de valores desiguais entre ascendentes e descendentes, sem consentimento dos outros descendentes e do cônjuge do alienante.

• *Vide* arts. 481 e s. (compra e venda) do CC.

Capítulo III
DO CONTRATO ESTIMATÓRIO

Art. 534. Pelo contrato estimatório, o consignante entrega bens móveis ao consignatário, que fica autorizado a vendê-los, pagando àquele o preço ajustado, salvo se preferir, no prazo estabelecido, restituir-lhe a coisa consignada.

Art. 535. O consignatário não se exonera da obrigação de pagar o preço, se a restituição da coisa, em sua integridade, se tornar impossível, ainda que por fato a ele não imputável.

Art. 536. A coisa consignada não pode ser objeto de penhora ou sequestro pelos credores do consignatário, enquanto não pago integralmente o preço.

Art. 537. O consignante não pode dispor da coisa antes de lhe ser restituída ou de lhe ser comunicada a restituição.

Capítulo IV
DA DOAÇÃO

Seção I
Disposições Gerais

Art. 538. Considera-se doação o contrato em que uma pessoa, por liberalidade, transfere do seu patrimônio bens ou vantagens para o de outra.

• *Vide* art. 9.º da Lei n. 9.434, de 4-2-1997.

• *Vide* Súmula 328 do STF.

• A Lei n. 8.666, de 21-6-1993, proíbe a doação de imóveis públicos a particulares.

Art. 539. O doador pode fixar prazo ao donatário, para declarar se aceita ou não a liberalidade. Desde que o donatário, ciente do prazo, não faça, dentro dele, a declaração, entender-se-á que aceitou, se a doação não for sujeita a encargo.

Art. 540. A doação feita em contemplação do merecimento do donatário não perde o caráter de liberalidade, como não o perde a doação remuneratória, ou a gravada, no excedente ao valor dos serviços remunerados ou ao encargo imposto.

• *Vide* arts. 136, 441, parágrafo único, e 564 do CC.

Art. 541. A doação far-se-á por escritura pública ou instrumento particular.

• *Vide* art. 218 (registro) da Lei n. 6.015, de 31-12-1973 (LRP).

Parágrafo único. A doação verbal será válida, se, versando sobre bens móveis e de pequeno valor, se lhe seguir incontinenti a tradição.

• *Vide* arts. 108 e 1.267 do CC.

Art. 542. A doação feita ao nascituro valerá, sendo aceita pelo seu representante legal.

• *Vide* arts. 2.º e 1.779, *caput*, do CC.

Art. 543. Se o donatário for absolutamente incapaz, dispensa-se a aceitação, desde que se trate de doação pura.

• *Vide* arts. 3.º, 4.º e 1.748, II, do CC.

Art. 544. A doação de ascendentes a descendentes, ou de um cônjuge a outro, importa adiantamento do que lhes cabe por herança.

• *Vide* arts. 847, 2.003, 2.005, parágrafo único, e 2.022 do CC.

Art. 545. A doação em forma de subvenção periódica ao beneficiado extingue-se morrendo o doador, salvo se este outra coisa dispuser, mas não poderá ultrapassar a vida do donatário.

Art. 546. A doação feita em contemplação de casamento futuro com certa e determinada pessoa, quer pelos nubentes entre si, quer por terceiro a um deles, a ambos, ou aos filhos que, de futuro, houverem um do outro, não pode ser impugnada por falta de aceitação, e só ficará sem efeito se o casamento não se realizar.

• *Vide* art. 1.639, *caput*, do CC.

Art. 547. O doador pode estipular que os bens doados voltem ao seu patrimônio, se sobreviver ao donatário.

• *Vide* art. 1.359 do CC.

Parágrafo único. Não prevalece cláusula de reversão em favor de terceiro.

Art. 548. É nula a doação de todos os bens sem reserva de parte, ou renda suficiente para a subsistência do doador.

- *Vide* art. 166 do CC.

Art. 549. Nula é também a doação quanto à parte que exceder à de que o doador, no momento da liberalidade, poderia dispor em testamento.

- *Vide* arts. 1.789 e 1.846 do CC.

Art. 550. A doação do cônjuge adúltero ao seu cúmplice pode ser anulada pelo outro cônjuge, ou por seus herdeiros necessários, até dois anos depois de dissolvida a sociedade conjugal.

- *Vide* arts. 1.845 a 1.850 (herdeiros necessários) do CC.
- *Vide* Súmula 382 do STF.

Art. 551. Salvo declaração em contrário, a doação em comum a mais de uma pessoa entende-se distribuída entre elas por igual.

Parágrafo único. Se os donatários, em tal caso, forem marido e mulher, subsistirá na totalidade a doação para o cônjuge sobrevivo.

Art. 552. O doador não é obrigado a pagar juros moratórios, nem é sujeito às consequências da evicção ou do vício redibitório. Nas doações para casamento com certa e determinada pessoa, o doador ficará sujeito à evicção, salvo convenção em contrário.

- *Vide* arts. 441 a 446 (vícios redibitórios) e 447 a 457 (evicção) do CC.

Art. 553. O donatário é obrigado a cumprir os encargos da doação, caso forem a benefício do doador, de terceiro, ou do interesse geral.

- *Vide* arts. 436 a 438 (estipulação em favor de terceiro) e 1.938 (aplicação) do CC.

Parágrafo único. Se desta última espécie for o encargo, o Ministério Público poderá exigir sua execução, depois da morte do doador, se este não tiver feito.

Art. 554. A doação a entidade futura caducará se, em dois anos, esta não estiver constituída regularmente.

- *Vide* art. 45 do CC.

Seção II
Da Revogação da Doação

Art. 555. A doação pode ser revogada por ingratidão do donatário, ou por inexecução do encargo.

- *Vide* arts. 557 e 559 do CC.

Art. 556. Não se pode renunciar antecipadamente o direito de revogar a liberalidade por ingratidão do donatário.

Art. 557. Podem ser revogadas por ingratidão as doações:

I – se o donatário atentou contra a vida do doador ou cometeu crime de homicídio doloso contra ele;

II – se cometeu contra ele ofensa física;

III – se o injuriou gravemente ou o caluniou;

IV – se, podendo ministrá-los, recusou ao doador os alimentos de que este necessitava.

Art. 558. Pode ocorrer também a revogação quando o ofendido, nos casos do artigo anterior, for o cônjuge, ascendente, descendente, ainda que adotivo, ou irmão do doador.

- *Vide* art. 1.596 do CC.

Art. 559. A revogação por qualquer desses motivos deverá ser pleiteada dentro de um ano, a contar de quando chegue ao conhecimento do doador o fato que a autorizar, e de ter sido o donatário o seu autor.

Art. 560. O direito de revogar a doação não se transmite aos herdeiros do doador, nem prejudica os do donatário. Mas aqueles podem prosseguir na ação iniciada pelo doador, continuando-a contra os herdeiros do donatário, se este falecer depois de ajuizada a lide.

Art. 561. No caso de homicídio doloso do doador, a ação caberá aos seus herdeiros, exceto se aquele houver perdoado.

Art. 562. A doação onerosa pode ser revogada por inexecução do encargo, se o donatário incorrer em mora. Não havendo prazo para o cumprimento, o doador poderá notificar judicialmente o donatário, assinando-lhe prazo razoável para que cumpra a obrigação assumida.

- *Vide* arts. 390 e 397 do CC.

Art. 563. A revogação por ingratidão não prejudica os direitos adquiridos por terceiros, nem obriga o donatário a restituir os frutos percebidos antes da citação válida; mas sujeita-o a pagar os posteriores, e, quando não possa restituir em espécie as coisas doadas, a indenizá-la pelo meio-termo do seu valor.

- *Vide* art. 1.360 do CC.

Art. 564. Não se revogam por ingratidão:

I – as doações puramente remuneratórias;

- *Vide* art. 540 do CC.

II – as oneradas com encargo já cumprido;

III – as que se fizerem em cumprimento de obrigação natural;

- *Vide* art. 882 do CC.

IV – as feitas para determinado casamento.

Capítulo V
DA LOCAÇÃO DE COISAS

•• *Vide* art. 2.036 do CC.

Art. 565. Na locação de coisas, uma das partes se obriga a ceder à outra, por tempo determinado ou não, o uso e gozo de coisa não fungível, mediante certa retribuição.

- *Vide* art. 85 do CC.
- Sobre locação de imóveis urbanos: Lei n. 8.245, de 18-10-1991.
- Locações que continuam reguladas pelo CC: *vide* art. 1.º, parágrafo único, da Lei n. 8.245, de 18-10-1991.
- Sobre locação de imóveis da União: Decreto-lei n. 9.760, de 5-9-1946.

Art. 566. O locador é obrigado:

I – a entregar ao locatário a coisa alugada, com suas pertenças, em estado de servir ao uso a que se destina, e a mantê-la nesse estado, pelo tempo do contrato, salvo cláusula expressa em contrário;

- *Vide* arts. 22 a 26 (deveres do locador e locatário) da Lei n. 8.245, de 18-10-1991.

II – a garantir-lhe, durante o tempo do contrato, o uso pacífico da coisa.

- *Vide* art. 568 do CC.

Art. 567. Se, durante a locação, se deteriorar a coisa alugada, sem culpa do locatário, a este caberá pedir redução proporcional do aluguel, ou resolver o contrato, caso já não sirva a coisa para o fim a que se destinava.

- *Vide* art. 26, parágrafo único, da Lei n. 8.245, de 18-10-1991.

Art. 568. O locador resguardará o locatário dos embaraços e turbações de terceiros, que tenham ou pretendam ter direitos sobre a coisa alugada, e responderá pelos seus vícios, ou defeitos, anteriores à locação.

- *Vide* arts. 441, *caput*, 447 e 566, II, do CC.
- *Vide* art. 22, IV (vícios ou defeitos anteriores à locação), da Lei n. 8.245, de 18-10-1991.

Art. 569. O locatário é obrigado:

I – a servir-se da coisa alugada para os usos convencionados ou presumidos, conforme a natureza dela e as circunstâncias, bem como tratá-la com o mesmo cuidado como se sua fosse;

- *Vide* art. 570 do CC.
- *Vide* art. 23, II, da Lei n. 8.245, de 18-10-1991.

II – a pagar pontualmente o aluguel nos prazos ajustados, e, em falta de ajuste, segundo o costume do lugar;

- *Vide* art. 23, I, da Lei n. 8.245, de 18-10-1991.

III – a levar ao conhecimento do locador as turbações de terceiros, que se pretendam fundadas em direito;

- *Vide* art. 23, IV, da Lei n. 8.245, de 18-10-1991.

IV – a restituir a coisa, finda a locação, no estado em que a recebeu, salvas as deteriorações naturais ao uso regular.

- *Vide* art. 23, III, da Lei n. 8.245, de 18-10-1991.

Art. 570. Se o locatário empregar a coisa em uso diverso do ajustado, ou do a que se destina, ou se ela se danificar por abuso do locatário, poderá o locador, além de rescindir o contrato, exigir perdas e danos.

- *Vide* arts. 402 a 405 do CC.
- *Vide* art. 9.º da Lei n. 8.245, de 18-10-1991.

Art. 571. Havendo prazo estipulado à duração do contrato, antes do vencimento não poderá o locador reaver a coisa alugada, senão ressarcindo ao locatário as perdas e danos resultantes, nem o locatário devolvê-la ao locador, senão pagando, proporcionalmente, a multa prevista no contrato.

- *Vide* art. 4.º (retomada de imóvel alugado) da Lei n. 8.245, de 18-10-1991.

Parágrafo único. O locatário gozará do direito de retenção, enquanto não for ressarcido.

- *Vide* art. 578 do CC.

Art. 572. Se a obrigação de pagar o aluguel pelo tempo que faltar constituir indenização excessiva, será facultado ao juiz fixá-la em bases razoáveis.

- *Vide* art. 5.º da LINDB.

Art. 573. A locação por tempo determinado cessa de pleno direito findo o prazo estipulado, independentemente de notificação ou aviso.

- *Vide* art. 3.º da Lei n. 8.245, de 18-10-1991.

Art. 574. Se, findo o prazo, o locatário continuar na posse da coisa alugada, sem oposição do locador, presumir-se-á prorrogada a locação pelo mesmo aluguel, mas sem prazo determinado.

- *Vide* art. 56 e parágrafo único (cessação do contrato por prazo determinado) da Lei n. 8.245, de 18-10-1991.

Art. 575. Se, notificado o locatário, não restituir a coisa, pagará, enquanto a tiver em seu poder, o aluguel que o locador arbitrar, e responderá pelo dano que ela venha a sofrer, embora proveniente de caso fortuito.

- CPC: arts. 703 e s.

Parágrafo único. Se o aluguel arbitrado for manifestamente excessivo, poderá o juiz reduzi-lo, mas tendo sempre em conta o seu caráter de penalidade.

Art. 576. Se a coisa for alienada durante a locação, o adquirente não ficará obrigado a respeitar o contrato, se nele não for consignada a cláusula da sua vigência no caso de alienação, e não constar de registro.

- *Vide* arts. 129, n. 1, e 167, I, n. 3, da Lei n. 6.015, de 31-12-1973 (LRP).
- *Vide* Súmula 442 do STF.
- *Vide* arts. 27 a 34 (direito de preferência) da Lei n. 8.245, de 18-10-1991.

§ 1.º O registro a que se refere este artigo será o de Títulos e Documentos do domicílio do locador, quando a coisa for móvel; e será o Registro de Imóveis da respectiva circunscrição, quando imóvel.

§ 2.º Em se tratando de imóvel, e ainda no caso em que o locador não esteja obrigado a respeitar o contrato, não poderá ele despedir o locatário, senão observado o prazo de noventa dias após a notificação.

- *Vide* art. 8.º da Lei n. 8.245, de 18-10-1991.

Art. 577. Morrendo o locador ou o locatário, transfere-se aos seus herdeiros a locação por tempo determinado.

- *Vide* arts. 10 e 11 (morte de locador e locatário) da Lei n. 8.245, de 18-10-1991.

Art. 578. Salvo disposição em contrário, o locatário goza do direito de retenção, no caso de benfeitorias necessárias, ou no de benfeitorias úteis, se estas houverem sido feitas com expresso consentimento do locador.

- *Vide* art. 96 do CC.
- *Vide* Súmula 158 do STF.
- *Vide* arts. 35 e 36 (benfeitorias) da Lei n. 8.245, de 18-10-1991.

Capítulo VI
DO EMPRÉSTIMO

Seção I
Do Comodato

Art. 579. O comodato é o empréstimo gratuito de coisas não fungíveis. Perfaz-se com a tradição do objeto.

- *Vide* art. 85 do CC.

Art. 580. Os tutores, curadores e em geral todos os administradores de bens alheios não poderão dar em comodato, sem autorização especial, os bens confiados à sua guarda.

• *Vide* arts. 1.749 e 1.774 do CC.

Art. 581. Se o comodato não tiver prazo convencional, presumir-se-lhe-á o necessário para o uso concedido; não podendo o comodante, salvo necessidade imprevista e urgente, reconhecida pelo juiz, suspender o uso e gozo da coisa emprestada, antes de findo o prazo convencional, ou o que se determine pelo uso outorgado.

Art. 582. O comodatário é obrigado a conservar, como se sua própria fora, a coisa emprestada, não podendo usá-la senão de acordo com o contrato ou a natureza dela, sob pena de responder por perdas e danos. O comodatário constituído em mora, além de por ela responder, pagará, até restituí-la, o aluguel da coisa que for arbitrado pelo comodante.

• *Vide* arts. 399 e 402 a 405 (perdas e danos) do CC.

Art. 583. Se, correndo risco o objeto do comodato juntamente com outros do comodatário, antepuser este a salvação dos seus abandonando o do comodante, responderá pelo dano ocorrido, ainda que se possa atribuir a caso fortuito, ou força maior.

• *Vide* arts. 238 a 240 e 393, parágrafo único, do CC.

Art. 584. O comodatário não poderá jamais recobrar do comodante as despesas feitas com o uso e gozo da coisa emprestada.

• *Vide* arts. 241 e 242 do CC.

Art. 585. Se duas ou mais pessoas forem simultaneamente comodatárias de uma coisa, ficarão solidariamente responsáveis para com o comodante.

• *Vide* arts. 275 e s. do CC.

Seção II
Do Mútuo

• *Vide* Decreto n. 22.626, de 7-4-1933, que dispõe sobre os juros dos contratos e dá outras providências.

• O Decreto-lei n. 1.113, de 22-2-1939, dispõe sobre taxas de juros nos empréstimos sob penhor.

• O Decreto-lei n. 3.200, de 19-4-1941, dispõe sobre mútuos para casamento (arts. 8.º a 11) e para pessoas casadas (art. 12).

• A Lei n. 1.046, de 2-1-1950, dispõe sobre mútuos com a garantia de consignação em folhas de pagamento. Em seu art. 7.º faz limitações aos juros.

• O Decreto-lei n. 857, de 11-9-1969, consolidou e alterou a legislação sobre moeda de pagamento de obrigações exequíveis no Brasil.

• A Lei n. 1.521, de 26-12-1951, dispõe sobre os crimes contra a economia popular.

• *Vide* Súmula 60 do STJ.

• *Vide* Medida Provisória n. 2.172-32, de 23-8-2001.

Art. 586. O mútuo é o empréstimo de coisas fungíveis. O mutuário é obrigado a restituir ao mutuante o que dele recebeu em coisa do mesmo gênero, qualidade e quantidade.

• *Vide* arts. 85 e 645 do CC.

Art. 587. Este empréstimo transfere o domínio da coisa emprestada ao mutuário, por cuja conta correm todos os riscos dela desde a tradição.

Art. 588. O mútuo feito a pessoa menor, sem prévia autorização daquele sob cuja guarda estiver, não pode ser reavido nem do mutuário, nem de seus fiadores.

•• *Vide* arts. 180 e 824, parágrafo único, do CC.

Art. 589. Cessa a disposição do artigo antecedente:

I – se a pessoa, de cuja autorização necessitava o mutuário para contrair o empréstimo, o ratificar posteriormente;

• *Vide* arts. 172 e 175 do CC.

II – se o menor, estando ausente essa pessoa, se viu obrigado a contrair o empréstimo para os seus alimentos habituais;

III – se o menor tiver bens ganhos com o seu trabalho. Mas, em tal caso, a execução do credor não lhes poderá ultrapassar as forças;

IV – se o empréstimo reverteu em benefício do menor;

V – se o menor obteve o empréstimo maliciosamente.

Art. 590. O mutuante pode exigir garantia da restituição, se antes do vencimento o mutuário sofrer notória mudança em sua situação econômica.

• *Vide* arts. 333, 472, 476 e 477 do CC.

Art. 591. Destinando-se o mútuo a fins econômicos, presumem-se devidos juros, os quais, sob pena de redução, não poderão exceder a taxa a que se refere o art. 406, permitida a capitalização anual.

• A Medida Provisória n. 2.170-36, de 23-8-2001, dispõe em seu art. 5.º que, nas operações realizadas pelas instituições integrantes do Sistema Financeiro Nacional, é admissível a capitalização de juros com periodicidade inferior a um ano.

• *Vide* notas à Seção II deste Capítulo.

• *Vide* art. 4.º do Decreto n. 22.626, de 7-4-1933.

• *Vide* Súmula 596 do STF.

• *Vide* Súmulas 539 e 541 do STJ.

Art. 592. Não se tendo convencionado expressamente, o prazo do mútuo será:

• *Vide* art. 331 do CC.

I – até a próxima colheita, se o mútuo for de produtos agrícolas, assim para o consumo, como para semeadura;

II – de trinta dias, pelo menos, se for de dinheiro;

III – do espaço de tempo que declarar o mutuante, se for de qualquer outra coisa fungível.

Capítulo VII
DA PRESTAÇÃO DE SERVIÇO

Art. 593. A prestação de serviço, que não estiver sujeita às leis trabalhistas ou a lei especial, reger-se-á pelas disposições deste Capítulo.

Art. 594. Toda a espécie de serviço ou trabalho lícito, material ou imaterial, pode ser contratada mediante retribuição.

Art. 595. No contrato de prestação de serviço, quando qualquer das partes não souber ler, nem escrever, o instrumento poderá ser assinado a rogo e subscrito por duas testemunhas.

- CPC: art. 784, I, II e III.
- O art. 456 da CLT (Decreto-lei n. 5.452, de 1.º-5-1943) dispõe sobre a prova do contrato individual de trabalho.

Art. 596. Não se tendo estipulado, nem chegado a acordo as partes, fixar-se-á por arbitramento a retribuição, segundo o costume do lugar, o tempo de serviço e sua qualidade.

- O art. 460 da CLT (Decreto-lei n. 5.452, de 1.º-5-1943) dispõe sobre a falta de estipulação de salário ou falta de prova sobre a importância ajustada.

Art. 597. A retribuição pagar-se-á depois de prestado o serviço, se, por convenção, ou costume, não houver de ser adiantada, ou paga em prestações.

- O art. 459 da CLT (Decreto-lei n. 5.452, de 1.º-5-1943) dispõe sobre o pagamento de salário.

Art. 598. A prestação de serviço não se poderá convencionar por mais de quatro anos, embora o contrato tenha por causa o pagamento de dívida de quem o presta, ou se destine à execução de certa e determinada obra. Neste caso, decorridos quatro anos, dar-se-á por findo o contrato, ainda que não concluída a obra.

- O art. 149 do CP (Decreto-lei n. 2.848, de 7-12-1940) dispõe sobre o crime de redução à condição análoga à de escravo.
- O art. 445 da CLT (Decreto-lei n. 5.452, de 1.º-5-1943) dispõe sobre o contrato de trabalho por prazo determinado.

Art. 599. Não havendo prazo estipulado, nem se podendo inferir da natureza do contrato, ou do costume do lugar, qualquer das partes, a seu arbítrio, mediante prévio aviso, pode resolver o contrato.

Parágrafo único. Dar-se-á o aviso:

I – com antecedência de oito dias, se o salário se houver fixado por tempo de um mês, ou mais;

II – com antecipação de quatro dias, se o salário se tiver ajustado por semana, ou quinzena;

III – de véspera, quando se tenha contratado por menos de sete dias.

Art. 600. Não se conta no prazo do contrato o tempo em que o prestador de serviço, por culpa sua, deixou de servir.

- O art. 453 da CLT (Decreto-lei n. 5.452, de 1.º-5-1943) dispõe sobre o tempo de serviço do empregado.

Art. 601. Não sendo o prestador de serviço contratado para certo e determinado trabalho, entender-se-á que se obrigou a todo e qualquer serviço compatível com as suas forças e condições.

- O art. 456 da CLT (Decreto-lei n. 5.452, de 1.º-5-1943) dispõe sobre a prova do contrato individual de trabalho.

Art. 602. O prestador de serviço contratado por tempo certo, ou por obra determinada, não se pode ausentar, ou despedir, sem justa causa, antes de preenchido o tempo, ou concluída a obra.

Parágrafo único. Se se despedir sem justa causa, terá direito à retribuição vencida, mas responderá por perdas e danos. O mesmo dar-se-á, se despedido por justa causa.

- Considera-se como de prazo determinado o contrato de trabalho cuja vigência dependa de termo prefixado ou da execução de serviços especificados ou, ainda, da realização de certo acontecimento suscetível de previsão aproximada: art. 443, § 1.º, da CLT.
- Os arts. 480 e s. da CLT dispõem sobre o desligamento do contrato de trabalho.
- A Lei Complementar n. 150, de 1.º-6-2015, dispõe sobre o contrato de trabalho doméstico.

Art. 603. Se o prestador de serviço for despedido sem justa causa, a outra parte será obrigada a pagar-lhe por inteiro a retribuição vencida, e por metade a que lhe tocaria de então ao termo legal do contrato.

- *Vide* arts. 477 e 478 da CLT.

Art. 604. Findo o contrato, o prestador de serviço tem direito a exigir da outra parte a declaração de que o contrato está findo. Igual direito lhe cabe, se for despedido sem justa causa, ou se tiver havido motivo justo para deixar o serviço.

Art. 605. Nem aquele a quem os serviços são prestados, poderá transferir a outrem o direito aos serviços ajustados, nem o prestador de serviços, sem aprazimento da outra parte, dar substituto que os preste.

Art. 606. Se o serviço for prestado por quem não possua título de habilitação, ou não satisfaça requisitos outros estabelecidos em lei, não poderá quem os prestou cobrar a retribuição normalmente correspondente ao trabalho executado. Mas se deste resultar benefício para a outra parte, o juiz atribuirá a quem o prestou uma compensação razoável, desde que tenha agido com boa-fé.

Parágrafo único. Não se aplica a segunda parte deste artigo, quando a proibição da prestação de serviço resultar de lei de ordem pública.

Art. 607. O contrato de prestação de serviço acaba com a morte de qualquer das partes. Termina, ainda, pelo escoamento do prazo, pela conclusão da obra, pela rescisão do contrato mediante aviso prévio, por inadimplemento de qualquer das partes ou pela impossibilidade da continuação do contrato, motivada por força maior.

Art. 608. Aquele que aliciar pessoas obrigadas em contrato escrito a prestar serviço a outrem pagará a este a importância que ao prestador de serviço, pelo ajuste desfeito, houvesse de caber durante dois anos.

- Aliciar trabalhadores, com o fim de levá-los de uma para outra localidade do território nacional, constitui o crime previsto no art. 207 do CP.

Art. 609. A alienação do prédio agrícola, onde a prestação dos serviços se opera, não importa a rescisão do contrato, salvo ao prestador opção entre continuá-lo com o adquirente da propriedade ou com o primitivo contratante.

- *Vide* art. 605 do CC.

Capítulo VIII
DA EMPREITADA

Art. 610. O empreiteiro de uma obra pode contribuir para ela só com seu trabalho ou com ele e os materiais.

§ 1.º A obrigação de fornecer os materiais não se presume; resulta da lei ou da vontade das partes.

§ 2.º O contrato para elaboração de um projeto não implica a obrigação de executá-lo, ou de fiscalizar-lhe a execução.

Art. 611. Quando o empreiteiro fornece os materiais, correm por sua conta os riscos até o momento da entrega da obra, a contento de quem a encomendou, se este não estiver em mora de receber. Mas se estiver, por sua conta correrão os riscos.

• *Vide* arts. 234, 394, 400, 615 e 617 do CC.

Art. 612. Se o empreiteiro só forneceu mão de obra, todos os riscos em que não tiver culpa correrão por conta do dono.

Art. 613. Sendo a empreitada unicamente de lavor (art. 610), se a coisa perecer antes de entregue, sem mora do dono nem culpa do empreiteiro, este perderá a retribuição, se não provar que a perda resultou de defeito dos materiais e que em tempo reclamara contra a sua quantidade ou qualidade.

Art. 614. Se a obra constar de partes distintas, ou for de natureza das que se determinam por medida, o empreiteiro terá direito a que também se verifique por medida, ou segundo as partes em que se dividir, podendo exigir o pagamento na proporção da obra executada.

§ 1.º Tudo o que se pagou presume-se verificado.

§ 2.º O que se mediu presume-se verificado se, em trinta dias, a contar da medição, não forem denunciados os vícios ou defeitos pelo dono da obra ou por quem estiver incumbido da sua fiscalização.

Art. 615. Concluída a obra de acordo com o ajuste, ou o costume do lugar, o dono é obrigado a recebê-la. Poderá, porém, rejeitá-la, se o empreiteiro se afastou das instruções recebidas e dos planos dados, ou das regras técnicas em trabalhos de tal natureza.

Art. 616. No caso da segunda parte do artigo antecedente, pode quem encomendou a obra, em vez de enjeitá-la, recebê-la com abatimento no preço.

• *Vide* art. 442 do CC.

Art. 617. O empreiteiro é obrigado a pagar os materiais que recebeu, se por imperícia ou negligência os inutilizar.

• *Vide* arts. 186 e 927 do CC.

Art. 618. Nos contratos de empreitada de edifícios ou outras construções consideráveis, o empreiteiro de materiais e execução responderá, durante o prazo irredutível de cinco anos, pela solidez e segurança do trabalho, assim em razão dos materiais, como do solo.

Parágrafo único. Decairá do direito assegurado neste artigo o dono da obra que não propuser a ação contra o empreiteiro, nos cento e oitenta dias seguintes ao aparecimento do vício ou defeito.

Art. 619. Salvo estipulação em contrário, o empreiteiro que se incumbir de executar uma obra, segundo plano aceito por quem a encomendou, não terá direito a exigir acréscimo no preço, ainda que sejam introduzidas modificações no projeto, a não ser que estas resultem de instruções escritas do dono da obra.

• *Vide* art. 478 do CC.

Parágrafo único. Ainda que não tenha havido autorização escrita, o dono da obra é obrigado a pagar ao empreiteiro os aumentos e acréscimos, segundo o que for arbitrado, se, sempre presente à obra, por continuadas visitas, não podia ignorar o que se estava passando, e nunca protestou.

Art. 620. Se ocorrer diminuição no preço do material ou da mão de obra superior a um décimo do preço global convencionado, poderá este ser revisto, a pedido do dono da obra, para que se lhe assegure a diferença apurada.

Art. 621. Sem anuência de seu autor, não pode o proprietário da obra introduzir modificações no projeto por ele aprovado, ainda que a execução seja confiada a terceiros, a não ser que, por motivos supervenientes ou razões de ordem técnica, fique comprovada a inconveniência ou a excessiva onerosidade de execução do projeto em sua forma originária.

Parágrafo único. A proibição deste artigo não abrange alterações de pouca monta, ressalvada sempre a unidade estética da obra projetada.

Art. 622. Se a execução da obra for confiada a terceiros, a responsabilidade do autor do projeto respectivo, desde que não assuma a direção ou fiscalização daquela, ficará limitada aos danos resultantes de defeitos previstos no art. 618 e seu parágrafo único.

Art. 623. Mesmo após iniciada a construção, pode o dono da obra suspendê-la, desde que pague ao empreiteiro as despesas e lucros relativos aos serviços já feitos, mais indenização razoável, calculada em função do que ele teria ganho, se concluída a obra.

Art. 624. Suspensa a execução da empreitada sem justa causa, responde o empreiteiro por perdas e danos.

• *Vide* arts. 402 a 405 do CC.

Art. 625. Poderá o empreiteiro suspender a obra:

I – por culpa do dono, ou por motivo de força maior;

II – quando, no decorrer dos serviços, se manifestarem dificuldades imprevisíveis de execução, resultantes de causas geológicas ou hídricas, ou outras semelhantes, de modo que torne a empreitada excessivamente onerosa, e o dono da obra se opuser ao reajuste do preço inerente ao projeto por ele elaborado, observados os preços;

III – se as modificações exigidas pelo dono da obra, por seu vulto e natureza, forem desproporcionais ao projeto aprovado, ainda que o dono se disponha a arcar com o acréscimo de preço.

Art. 626. Não se extingue o contrato de empreitada pela morte de qualquer das partes, salvo se ajustado em consideração às qualidades pessoais do empreiteiro.

Capítulo IX
DO DEPÓSITO

Seção I
Do Depósito Voluntário

Art. 627. Pelo contrato de depósito recebe o depositário um objeto móvel, para guardar, até que o depositante o reclame.

•• *Vide* Súmula Vinculante 25.

• *Vide* arts. 640, 645 e 652 do CC.

• O Decreto n. 6.514, de 22-7-2008, que dispõe sobre as infrações e sanções administrativas ao meio ambiente, de acordo com o Capítulo VI da Lei n. 9.605, de 12-2-1998, determina que os bens apreendidos deverão ficar sob a guarda do órgão ou entidade responsável pela fiscalização, podendo excepcionalmente ser confiados a fiel depositário, até julgamento do processo administrativo.

• *Vide* Súmula 304 do STJ.

Art. 628. O contrato de depósito é gratuito, exceto se houver convenção em contrário, se resultante de atividade negocial ou se o depositário o praticar por profissão.

• *Vide* art. 651 do CC.

Parágrafo único. Se o depósito for oneroso e a retribuição do depositário não constar de lei, nem resultar de ajuste, será determinada pelos usos do lugar, e, na falta destes, por arbitramento.

Art. 629. O depositário é obrigado a ter na guarda e conservação da coisa depositada o cuidado e diligência que costuma com o que lhe pertence, bem como a restituí-la, com todos os frutos e acrescidos, quando o exija o depositante.

• *Vide* Súmula 179 do STJ.

Art. 630. Se o depósito se entregou fechado, colado, selado, ou lacrado, nesse mesmo estado se manterá.

Art. 631. Salvo disposição em contrário, a restituição da coisa deve dar-se no lugar em que tiver de ser guardada. As despesas de restituição correm por conta do depositante.

Art. 632. Se a coisa houver sido depositada no interesse de terceiro, e o depositário tiver sido cientificado deste fato pelo depositante, não poderá ele exonerar-se restituindo a coisa a este, sem consentimento daquele.

Art. 633. Ainda que o contrato fixe prazo à restituição, o depositário entregará o depósito logo que se lhe exija, salvo se tiver o direito de retenção a que se refere o art. 644, se o objeto for judicialmente embargado, se sobre ele pender execução, notificada ao depositário, ou se houver motivo razoável de suspeitar que a coisa foi dolosamente obtida.

• *Vide* arts. 634 e 638 do CC.

Art. 634. No caso do artigo antecedente, última parte, o depositário, expondo o fundamento da suspeita, requererá que se recolha o objeto ao Depósito Público.

• *Vide* art. 638 do CC.

Art. 635. Ao depositário será facultado, outrossim, requerer depósito judicial da coisa, quando, por motivo plausível, não a possa guardar, e o depositante não queira recebê-la.

• *Vide* arts. 334 a 345 (pagamento por consignação) e 641 do CC.

• CPC: arts. 539 e s.

Art. 636. O depositário, que por força maior houver perdido a coisa depositada e recebido outra em seu lugar, é obrigado a entregar a segunda ao depositante, e ceder-lhe as ações que no caso tiver contra o terceiro responsável pela restituição da primeira.

• *Vide* arts. 286 a 298 (cessão de crédito) e 393, parágrafo único, do CC.

Art. 637. O herdeiro do depositário, que de boa-fé vendeu a coisa depositada, é obrigado a assistir o depositante na reivindicação, e a restituir ao comprador o preço recebido.

• *Vide* arts. 447, 879, *caput*, e 1.792 do CC.

Art. 638. Salvo os casos previstos nos arts. 633 e 634, não poderá o depositário furtar-se à restituição do depósito, alegando não pertencer a coisa ao depositante, ou opondo compensação, exceto se noutro depósito se fundar.

• *Vide* art. 373, II, do CC.

Art. 639. Sendo dois ou mais depositantes, e divisível a coisa, a cada um só entregará o depositário a respectiva parte, salvo se houver entre eles solidariedade.

• *Vide* arts. 87, 260 e 264 a 285 do CC.

Art. 640. Sob pena de responder por perdas e danos, não poderá o depositário, sem licença expressa do depositante, servir-se da coisa depositada, nem a dar em depósito a outrem.

• *Vide* arts. 402 a 405 (perdas e danos) do CC.

Parágrafo único. Se o depositário, devidamente autorizado, confiar a coisa em depósito a terceiro, será responsável se agiu com culpa na escolha deste.

Art. 641. Se o depositário se tornar incapaz, a pessoa que lhe assumir a administração dos bens diligenciará imediatamente restituir a coisa depositada e, não querendo ou não podendo o depositante recebê-la, recolhê-la-á ao Depósito Público ou promoverá nomeação de outro depositário.

• *Vide* arts. 334 e 335 do CC.

• CPC: arts. 539 e s. do CPC.

Art. 642. O depositário não responde pelos casos de força maior; mas, para que lhe valha a escusa, terá de prová-los.

• *Vide* art. 393 do CC.

Art. 643. O depositante é obrigado a pagar ao depositário as despesas feitas com a coisa, e os prejuízos que do depósito provierem.

Art. 644. O depositário poderá reter o depósito até que se lhe pague a retribuição devida, o líquido valor das despesas, ou dos prejuízos a que se refere o artigo anterior, provando imediatamente esses prejuízos ou essas despesas.

Parágrafo único. Se essas dívidas, despesas ou prejuízos não forem provados suficientemente, ou forem ilíquidos, o depositário poderá exigir caução idônea do depositante ou, na falta desta, a remoção da coisa para o Depósito Público, até que se liquidem.

Art. 645. O depósito de coisas fungíveis, em que o depositário se obrigue a restituir objetos do mesmo gênero, qualidade e quantidade, regular-se-á pelo disposto acerca do mútuo.

Art. 646. O depósito voluntário provar-se-á por escrito.

- *Vide* art. 648, parágrafo único, do CC.
- *Vide* art. 129, n. 2, da Lei n. 6.015, de 31-12-1973 (LRP).

Seção II
Do Depósito Necessário

Art. 647. É depósito necessário:

I – o que se faz em desempenho de obrigação legal;

- *Vide* art. 648 do CC.

II – o que se efetua por ocasião de alguma calamidade, como o incêndio, a inundação, o naufrágio ou o saque.

- *Vide* art. 648, parágrafo único, do CC.

Art. 648. O depósito a que se refere o inciso I do artigo antecedente, reger-se-á pela disposição da respectiva lei, e, no silêncio ou deficiência dela, pelas concernentes ao depósito voluntário.

Parágrafo único. As disposições deste artigo aplicam-se aos depósitos previstos no inciso II do artigo antecedente, podendo estes certificarem-se por qualquer meio de prova.

- *Vide* arts. 627 a 646 do CC.

Art. 649. Aos depósitos previstos no artigo antecedente é equiparado o das bagagens dos viajantes ou hóspedes nas hospedarias onde estiverem.

- *Vide* arts. 650, 651 e 1.467, I, do CC.

Parágrafo único. Os hospedeiros responderão como depositários, assim como pelos furtos e roubos que perpetrarem as pessoas empregadas ou admitidas nos seus estabelecimentos.

Art. 650. Cessa, nos casos do artigo antecedente, a responsabilidade dos hospedeiros, se provarem que os fatos prejudiciais aos viajantes ou hóspedes não podiam ter sido evitados.

- *Vide* art. 393 do CC.

Art. 651. O depósito necessário não se presume gratuito. Na hipótese do art. 649, a remuneração pelo depósito está incluída no preço da hospedagem.

- *Vide* art. 628 do CC.

Art. 652. Seja o depósito voluntário ou necessário, o depositário que não o restituir quando exigido será compelido a fazê-lo mediante prisão não excedente a um ano, e ressarcir os prejuízos.

- •• *Vide* art. 5.º, LXVII, da CF.
- •• O Decreto n. 592, de 6-7-1992 (Pacto Internacional sobre Direitos Civis e Políticos), dispõe em seu art. 11 que "ninguém poderá ser preso apenas por não poder cumprir com uma obrigação contratual".
- •• O Decreto n. 678, de 6-11-1992 (Pacto de São José da Costa Rica), dispõe em seu art. 7.º, item 7, que "ninguém deve ser detido por dívida, exceto no caso de inadimplemento de obrigação alimentar".
- O crime de apropriação indébita tem a pena aumentada, quando o agente recebeu a coisa em depósito necessário (art. 168, § 1.º, I, do CP).
- *Vide* Súmula 619 do STF.
- *Vide* Súmulas 304, 305 e 419 do STJ.

Capítulo X
DO MANDATO

Seção I
Disposições Gerais

Art. 653. Opera-se o mandato quando alguém recebe de outrem poderes para, em seu nome, praticar atos ou administrar interesses. A procuração é o instrumento do mandato.

- *Vide* arts. 656, 660, 662 e 663 do CC.
- Sobre mandato no CPC: arts. 104, 111, 112, 260, II, 287 e 744.
- Os sindicatos têm a prerrogativa de representar seus associados perante as autoridades administrativas e judiciárias (CLT, arts. 513 e 791).
- Iguais prerrogativas foram conferidas às associações de classe que congreguem funcionários ou empregados de empresas industriais da União, dos Estados, dos Municípios e de entidades autárquicas, nos termos da Lei n. 1.134, de 14-6-1950.
- A Lei n. 8.112, de 11-12-1990 (Regime Jurídico dos Servidores Públicos Civis da União, das Autarquias e das Fundações Federais), em seu art. 117, determina que os funcionários federais não podem atuar como procurador ou intermediário, junto a repartições públicas, salvo quando se tratar de benefícios previdenciários ou assistenciais de parentes até o segundo grau, e de cônjuge ou companheiro.
- Os deputados e senadores não poderão, desde a posse, patrocinar causa contra pessoa jurídica de direito público (CF, art. 54, II, c).
- Sobre mandato conferido aos advogados, *vide* Lei n. 8.906, de 4-7-1994, que dispõe sobre o EAOAB, arts. 5.º, 22, § 5.º, 25, V, 34, XIX, 40, III, 42, 63, *caput*, 65 e parágrafo único, 66 e parágrafo único, e 82.

Art. 654. Todas as pessoas capazes são aptas para dar procuração mediante instrumento particular, que valerá desde que tenha a assinatura do outorgante.

- *Vide* arts. 5.º, 657 e 666 do CC.

§ 1.º O instrumento particular deve conter a indicação do lugar onde foi passado, a qualificação do outorgante e do outorgado, a data e o objetivo da outorga com a designação e a extensão dos poderes conferidos.

§ 2.º O terceiro com quem o mandatário tratar poderá exigir que a procuração traga a firma reconhecida.

- CPC: art. 105.
- Exigência de reconhecimento da firma - *vide* art. 158 da Lei n. 6.015, de 31-12-1973.

Art. 655. Ainda quando se outorgue mandato por instrumento público, pode substabelecer-se mediante instrumento particular.

Art. 656. O mandato pode ser expresso ou tácito, verbal ou escrito.

- *Vide* art. 1.324 do CC, sobre mandato tácito ao condômino.
- *Vide* art. 513 da CLT.
- *Vide* Lei n. 1.134, de 14-6-1950 (representação perante autoridades administrativas).

Art. 657. A outorga do mandato está sujeita à forma exigida por lei para o ato a ser praticado. Não se admite mandato verbal quando o ato deva ser celebrado por escrito.

• *Vide* arts. 108, 109 e 654 do CC.

Art. 658. O mandato presume-se gratuito quando não houver sido estipulada retribuição, exceto se o seu objeto corresponder ao daqueles que o mandatário trata por ofício ou profissão lucrativa.

Parágrafo único. Se o mandato for oneroso, caberá ao mandatário a retribuição prevista em lei ou no contrato. Sendo estes omissos, será ela determinada pelos usos do lugar, ou, na falta destes, por arbitramento.

Art. 659. A aceitação do mandato pode ser tácita, e resulta do começo de execução.

Art. 660. O mandato pode ser especial a um ou mais negócios determinadamente, ou geral a todos os do mandante.

Art. 661. O mandato em termos gerais só confere poderes de administração.

§ 1.º Para alienar, hipotecar, transigir, ou praticar outros quaisquer atos que exorbitem da administração ordinária, depende a procuração de poderes especiais e expressos.

• CPC: art. 105.

§ 2.º O poder de transigir não importa o de firmar compromisso.

• *Vide* arts. 840 a 850 (transação) e 851 a 853 (compromisso) do CC.

• *Vide* Lei n. 9.307, de 23-9-1996, que dispõe sobre a arbitragem.

Art. 662. Os atos praticados por quem não tenha mandato, ou o tenha sem poderes suficientes, são ineficazes em relação àquele em cujo nome foram praticados, salvo se este os ratificar.

• *Vide* arts. 665, 673, 679 e 873 do CC.

• CPC: art. 104, § 2.º.

Parágrafo único. A ratificação há de ser expressa, ou resultar de ato inequívoco, e retroagirá à data do ato.

• CPC: art. 105.

Art. 663. Sempre que o mandatário estipular negócios expressamente em nome do mandante, será este o único responsável; ficará, porém, o mandatário pessoalmente obrigado, se agir no seu próprio nome, ainda que o negócio seja de conta do mandante.

Art. 664. O mandatário tem o direito de reter, do objeto da operação que lhe foi cometida, quanto baste para pagamento de tudo que lhe for devido em consequência do mandato.

Art. 665. O mandatário que exceder os poderes do mandato, ou proceder contra eles, será considerado mero gestor de negócios, enquanto o mandante lhe não ratificar os atos.

• *Vide* arts. 873 a 875 do CC.

Art. 666. O maior de dezesseis e menor de dezoito anos não emancipado pode ser mandatário, mas o mandante não tem ação contra ele senão de conformidade com as regras gerais, aplicáveis às obrigações contraídas por menores.

• *Vide* arts. 180, 181 e 654 do CC.

Seção II
Das Obrigações do Mandatário

Art. 667. O mandatário é obrigado a aplicar toda sua diligência habitual na execução do mandato, e a indenizar qualquer prejuízo causado por culpa sua ou daquele a quem substabelecer, sem autorização, poderes que devia exercer pessoalmente.

• *Vide* art. 26 da Lei n. 8.906, de 4-7-1994.

§ 1.º Se, não obstante proibição do mandante, o mandatário se fizer substituir na execução do mandato, responderá ao seu constituinte pelos prejuízos ocorridos sob a gerência do substituto, embora provenientes de caso fortuito, salvo provando que o caso teria sobrevindo, ainda que não tivesse havido substabelecimento.

• *Vide* art. 393 do CC.

§ 2.º Havendo poderes de substabelecer, só serão imputáveis ao mandatário os danos causados pelo substabelecido, se tiver agido com culpa na escolha deste ou nas instruções dadas a ele.

§ 3.º Se a proibição de substabelecer constar da procuração, os atos praticados pelo substabelecido não obrigam o mandante, salvo ratificação expressa, que retroagirá à data do ato.

§ 4.º Sendo omissa a procuração quanto ao substabelecimento, o procurador será responsável se o substabelecido proceder culposamente.

Art. 668. O mandatário é obrigado a dar contas de sua gerência ao mandante, transferindo-lhe as vantagens provenientes do mandato, por qualquer título que seja.

Art. 669. O mandatário não pode compensar os prejuízos a que deu causa com os proveitos que, por outro lado, tenha granjeado ao seu constituinte.

Art. 670. Pelas somas que devia entregar ao mandante ou recebeu para despesa, mas empregou em proveito seu, pagará o mandatário juros, desde o momento em que abusou.

• *Vide* art. 677 do CC.

Art. 671. Se o mandatário, tendo fundos ou crédito do mandante, comprar, em nome próprio, algo que devera comprar para o mandante, por ter sido expressamente designado no mandato, terá este ação para obrigá-lo à entrega da coisa comprada.

Art. 672. Sendo dois ou mais os mandatários nomeados no mesmo instrumento, qualquer deles poderá exercer os poderes outorgados, se não forem expressamente declarados conjuntos, nem especificamente designados para atos diferentes, ou subordinados a atos sucessivos. Se os mandatários forem declarados conjuntos, não terá eficácia o ato praticado sem interferência de todos, salvo havendo ratificação, que retroagirá à data do ato.

• *Vide* art. 265 do CC.

Art. 673. O terceiro que, depois de conhecer os poderes do mandatário, com ele celebrar negócio jurídico exorbitante do mandato, não tem ação contra o mandatário, salvo se este lhe prometeu ratificação do mandante ou se responsabilizou pessoalmente.

- *Vide* art. 662 do CC.

Art. 674. Embora ciente da morte, interdição ou mudança de estado do mandante, deve o mandatário concluir o negócio já começado, se houver perigo na demora.

- *Vide* arts. 682, II e III, e 689 do CC.

Seção III
Das Obrigações do Mandante

Art. 675. O mandante é obrigado a satisfazer todas as obrigações contraídas pelo mandatário, na conformidade do mandato conferido, e adiantar a importância das despesas necessárias à execução dele, quando o mandatário lho pedir.

- *Vide* arts. 665 e 673 do CC.

Art. 676. É obrigado o mandante a pagar ao mandatário a remuneração ajustada e as despesas da execução do mandato, ainda que o negócio não surta o esperado efeito, salvo tendo o mandatário culpa.

- *Vide* arts. 658, 678 e 680 do CC.

Art. 677. As somas adiantadas pelo mandatário, para a execução do mandato, vencem juros desde a data do desembolso.

- *Vide* art. 670 do CC.

Art. 678. É igualmente obrigado o mandante a ressarcir ao mandatário as perdas que este sofrer com a execução do mandato, sempre que não resultem de culpa sua ou de excesso de poderes.

Art. 679. Ainda que o mandatário contrarie as instruções do mandante, se não exceder os limites do mandato, ficará o mandante obrigado para com aqueles com quem o seu procurador contratou; mas terá contra este ação pelas perdas e danos resultantes da inobservância das instruções.

- *Vide* arts. 402 a 405, 665, 673 e 675 do CC.

Art. 680. Se o mandato for outorgado por duas ou mais pessoas, e para negócio comum, cada uma ficará solidariamente responsável ao mandatário por todos os compromissos e efeitos do mandato, salvo direito regressivo, pelas quantias que pagar, contra os outros mandantes.

- *Vide* arts. 283 a 285 do CC.

Art. 681. O mandatário tem sobre a coisa de que tenha a posse em virtude do mandato, direito de retenção, até se reembolsar do que no desempenho do encargo despendeu.

Seção IV
Da Extinção do Mandato

Art. 682. Cessa o mandato:

I – pela revogação ou pela renúncia;

- *Vide* arts. 684, 687 e 688 do CC.
- Sobre mandato: arts. 111 e 112, *caput* e § 1.º, do CPC.
- *Vide* art. 5.º, § 3.º (renúncia), da Lei n. 8.906, de 4-7-1994 (EAOAB).

II – pela morte ou interdição de uma das partes;

- *Vide* arts. 674, 690 e 691 do CC.
- Sobre mandato: arts. 313, I, e 1.004 do CPC.

III – pela mudança de estado que inabilite o mandante a conferir os poderes, ou o mandatário para os exercer;

IV – pelo término do prazo ou pela conclusão do negócio.

Art. 683. Quando o mandato contiver a cláusula de irrevogabilidade e o mandante o revogar, pagará perdas e danos.

- *Vide* arts. 402 a 405 do CC.

Art. 684. Quando a cláusula de irrevogabilidade for condição de um negócio bilateral, ou tiver sido estipulada no exclusivo interesse do mandatário, a revogação do mandato será ineficaz.

Art. 685. Conferido o mandato com a cláusula "em causa própria", a sua revogação não terá eficácia, nem se extinguirá pela morte de qualquer das partes, ficando o mandatário dispensado de prestar contas, e podendo transferir para si os bens móveis ou imóveis objeto do mandato, obedecidas as formalidades legais.

Art. 686. A revogação do mandato, notificada somente ao mandatário, não se pode opor aos terceiros que, ignorando-a, de boa-fé com ele trataram; mas ficam salvas ao constituinte as ações que no caso lhe possam caber contra o procurador.

- CPC: art. 111.

Parágrafo único. É irrevogável o mandato que contenha poderes de cumprimento ou confirmação de negócios encetados, aos quais se ache vinculado.

Art. 687. Tanto que for comunicada ao mandatário a nomeação de outro, para o mesmo negócio, considerar-se-á revogado o mandato anterior.

Art. 688. A renúncia do mandato será comunicada ao mandante, que, se for prejudicado pela sua inoportunidade, ou pela falta de tempo, a fim de prover à substituição do procurador, será indenizado pelo mandatário, salvo se este provar que não podia continuar no mandato sem prejuízo considerável, e que não lhe era dado substabelecer.

- *Vide* art. 682, I, do CC.
- CPC: art. 112, *caput* e § 1.º.

Art. 689. São válidos, a respeito dos contratantes de boa-fé, os atos com estes ajustados em nome do mandante pelo mandatário, enquanto este ignorar a morte daquele ou a extinção do mandato, por qualquer outra causa.

- *Vide* art. 686 do CC.

Art. 690. Se falecer o mandatário, pendente o negócio a ele cometido, os herdeiros, tendo ciência do mandato, avisarão o mandante, e providenciarão a bem dele, como as circunstâncias exigirem.

Art. 691. Os herdeiros, no caso do artigo antecedente, devem limitar-se às medidas conservatórias, ou continuar os negócios pendentes que se não possam demorar sem perigo, regulando-se os seus serviços dentro desse limite, pelas mesmas normas a que os do mandatário estão sujeitos.

Seção V
Do Mandato Judicial

Art. 692. O mandato judicial fica subordinado às normas que lhe dizem respeito, constantes da legislação processual, e, supletivamente, às estabelecidas neste Código.

- Sobre o mandato conferido aos advogados, *vide* Lei n. 8.906, de 4-7-1994, art. 5.º, que dispõe sobre o EAOAB.
- CPC: arts. 104, 105, 111, 112, *caput* e § 1.º, e 287.
- *Vide* Lei n. 1.060, de 5-2-1950, que dispõe sobre o benefício da justiça gratuita.
- No processo penal, a constituição de defensor independerá de instrumento de mandato, se o acusado o indicar por ocasião do interrogatório (art. 266 do CPP). Não é mister, também, o instrumento de mandato ao defensor nomeado pelo juiz nos termos do art. 263 e parágrafo único do CPP.
- Os sindicatos têm a prerrogativa de representar, em juízo, os seus associados (arts. 513 e 791 da CLT). Iguais prerrogativas foram conferidas às associações de funcionários ou empregados de empresas industriais da União, dos Estados, dos Municípios e de entidades autárquicas, nos termos da Lei n. 1.134, de 14-6-1950.

Capítulo XI
DA COMISSÃO

Art. 693. O contrato de comissão tem por objeto a aquisição ou a venda de bens pelo comissário, em seu próprio nome, à conta do comitente.

- *Vide* art. 709 do CC.

Art. 694. O comissário fica diretamente obrigado para com as pessoas com quem contratar, sem que estas tenham ação contra o comitente, nem este contra elas, salvo se o comissário ceder seus direitos a qualquer das partes.

Art. 695. O comissário é obrigado a agir de conformidade com as ordens e instruções do comitente, devendo, na falta destas, não podendo pedi-las a tempo, proceder segundo os usos em casos semelhantes.

Parágrafo único. Ter-se-ão por justificados os atos do comissário, se deles houver resultado vantagem para o comitente, e ainda no caso em que, não admitindo demora a realização do negócio, o comissário agiu de acordo com os usos.

Art. 696. No desempenho das suas incumbências o comissário é obrigado a agir com cuidado e diligência, não só para evitar qualquer prejuízo ao comitente, mas ainda para lhe proporcionar o lucro que razoavelmente se podia esperar do negócio.

Parágrafo único. Responderá o comissário, salvo motivo de força maior, por qualquer prejuízo que, por ação ou omissão, ocasionar ao comitente.

- *Vide* art. 393 do CC.

Art. 697. O comissário não responde pela insolvência das pessoas com quem tratar, exceto em caso de culpa e no do artigo seguinte.

- *Vide* art. 955 do CC.

Art. 698. Se do contrato de comissão constar a cláusula *del credere*, responderá o comissário solidariamente com as pessoas com que houver tratado em nome do comitente, caso em que, salvo estipulação em contrário, o comissário tem direito a remuneração mais elevada, para compensar o ônus assumido.

- *Vide* arts. 275 a 285 do CC.

Art. 699. Presume-se o comissário autorizado a conceder dilação do prazo para pagamento, na conformidade dos usos do lugar onde se realizar o negócio, se não houver instruções diversas do comitente.

Art. 700. Se houver instruções do comitente proibindo prorrogação de prazos para pagamento, ou se esta não for conforme os usos locais, poderá o comitente exigir que o comissário pague *incontinenti* ou responda pelas consequências da dilação concedida, procedendo-se de igual modo se o comissário não der ciência ao comitente dos prazos concedidos e de quem é seu beneficiário.

Art. 701. Não estipulada a remuneração devida ao comissário, será ela arbitrada segundo os usos correntes no lugar.

Art. 702. No caso de morte do comissário, ou, quando, por motivo de força maior, não puder concluir o negócio, será devida pelo comitente uma remuneração proporcional aos trabalhos realizados.

- *Vide* arts. 393, parágrafo único, e 884 a 886 do CC.

Art. 703. Ainda que tenha dado motivo à dispensa, terá o comissário direito a ser remunerado pelos serviços úteis prestados ao comitente, ressalvado a este o direito de exigir daquele os prejuízos sofridos.

Art. 704. Salvo disposição em contrário, pode o comitente, a qualquer tempo, alterar as instruções dadas ao comissário, entendendo-se por elas regidos também os negócios pendentes.

Art. 705. Se o comissário for despedido sem justa causa, terá direito a ser remunerado pelos trabalhos prestados, bem como a ser ressarcido pelas perdas e danos resultantes de sua dispensa.

- *Vide* arts. 402 a 405 do CC.

Art. 706. O comitente e o comissário são obrigados a pagar juros um ao outro; o primeiro pelo que o comissário houver adiantado para cumprimento de suas ordens; e o segundo pela mora na entrega dos fundos que pertencerem ao comitente.

- *Vide* arts. 394 a 401, 406 e 407 do CC.

Art. 707. O crédito do comissário, relativo a comissões e despesas feitas, goza de privilégio geral, no caso de falência ou insolvência do comitente.

- *Vide* art. 965 do CC.

Art. 708. Para reembolso das despesas feitas, bem como para recebimento das comissões devidas, tem o comissário direito de retenção sobre os bens e valores em seu poder em virtude da comissão.

- *Vide* art. 644 do CC.

Art. 709. São aplicáveis à comissão, no que couber, as regras sobre mandato.

- *Vide* arts. 653 a 692 do CC.

Capítulo XII
DA AGÊNCIA E DISTRIBUIÇÃO

- A Lei n. 4.886, de 9-12-1965, regula as atividades dos representantes comerciais autônomos.

- A Lei n. 6.729, de 28-11-1979, dispõe sobre a concessão comercial entre produtores e distribuidores de veículos automotores de via terrestre.

Art. 710. Pelo contrato de agência, uma pessoa assume, em caráter não eventual e sem vínculos de dependência, a obrigação de promover, à conta de outra, mediante retribuição, a realização de certos negócios, em zona determinada, caracterizando-se a distribuição quando o agente tiver à sua disposição a coisa a ser negociada.

- Requisitos do contrato de representação comercial: art. 27 da Lei n. 4.886, de 9-12-1965.
- Exclusividade de zona(s) para representação: art. 31 da Lei n. 4.886, de 9-12-1965.

Parágrafo único. O proponente pode conferir poderes ao agente para que este o represente na conclusão dos contratos.

Art. 711. Salvo ajuste, o proponente não pode constituir, ao mesmo tempo, mais de um agente, na mesma zona, com idêntica incumbência; nem pode o agente assumir o encargo de nela tratar de negócios do mesmo gênero, à conta de outros proponentes.

Art. 712. O agente, no desempenho que lhe foi cometido, deve agir com toda diligência, atendo-se às instruções recebidas do proponente.

- Dispõe o art. 29 da Lei n. 4.886, de 9-12-1965: "Salvo autorização expressa, não poderá o representante conceder abatimentos, descontos ou dilações, nem agir em desacordo com as instruções do representado".

Art. 713. Salvo estipulação diversa, todas as despesas com a agência ou distribuição correm a cargo do agente ou distribuidor.

Art. 714. Salvo ajuste, o agente ou distribuidor terá direito à remuneração correspondente aos negócios concluídos dentro de sua zona, ainda que sem a sua interferência.

Art. 715. O agente ou distribuidor tem direito à indenização se o proponente, sem justa causa, cessar o atendimento das propostas ou reduzi-lo tanto que se torna antieconômica a continuação do contrato.

Art. 716. A remuneração será devida ao agente também quando o negócio deixar de ser realizado por fato imputável ao proponente.

- Direito ao pagamento das comissões: art. 32 da Lei n. 4.886, de 9-12-1965.

Art. 717. Ainda que dispensado por justa causa, terá o agente direito a ser remunerado pelos serviços úteis prestados ao proponente, sem embargo de haver este perdas e danos pelos prejuízos sofridos.

- *Vide* arts. 402 a 405 do CC.

Art. 718. Se a dispensa se der sem culpa do agente, terá ele direito à remuneração até então devida, inclusive sobre os negócios pendentes, além das indenizações previstas em lei especial.

Art. 719. Se o agente não puder continuar o trabalho por motivo de força maior, terá direito à remuneração correspondente aos serviços realizados, cabendo esse direito aos herdeiros no caso de morte.

Art. 720. Se o contrato for por tempo indeterminado, qualquer das partes poderá resolvê-lo, mediante aviso prévio de noventa dias, desde que transcorrido prazo compatível com a natureza e o vulto do investimento exigido do agente.

- Rescisão do contrato pelo representado: art. 35 da Lei n. 4.886, de 9-12-1965.

Parágrafo único. No caso de divergência entre as partes, o juiz decidirá da razoabilidade do prazo e do valor devido.

Art. 721. Aplicam-se ao contrato de agência e distribuição, no que couber, as regras concernentes ao mandato e à comissão e as constantes de lei especial.

- *Vide* arts. 653 a 692 (mandato) e 693 a 709 (comissão) do CC.

Capítulo XIII
DA CORRETAGEM

- A Lei n. 6.530, de 12-5-1978, regulamentada pelo Decreto n. 81.871, de 29-6-1978, dispõe sobre a profissão de corretor de imóveis.

Art. 722. Pelo contrato de corretagem, uma pessoa, não ligada a outra em virtude de mandato, de prestação de serviços ou por qualquer relação de dependência, obriga-se a obter para a segunda um ou mais negócios, conforme as instruções recebidas.

- Sobre mandato, *vide* arts. 653 a 692 do CC.
- Sobre prestação de serviços, *vide* arts. 593 a 609 do CC.

Art. 723. O corretor é obrigado a executar a mediação com diligência e prudência, e a prestar ao cliente, espontaneamente, todas as informações sobre o andamento do negócio.

•• *Caput* com redação determinada pela Lei n. 12.236, de 19-5-2010.

Parágrafo único. Sob pena de responder por perdas e danos, o corretor prestará ao cliente todos os esclarecimentos acerca da segurança ou do risco do negócio, das alterações de valores e de outros fatores que possam influir nos resultados da incumbência.

•• Parágrafo único acrescentado pela Lei n. 12.236, de 19-5-2010.

Art. 724. A remuneração do corretor, se não estiver fixada em lei, nem ajustada entre as partes, será arbitrada segundo a natureza do negócio e os usos locais.

Art. 725. A remuneração é devida ao corretor uma vez que tenha conseguido o resultado previsto no contrato de mediação, ou ainda que este não se efetive em virtude de arrependimento das partes.

Art. 726. Iniciado e concluído o negócio diretamente entre as partes, nenhuma remuneração será devida ao corretor; mas se, por escrito, for ajustada a corretagem com exclusividade, terá o corretor direito à remuneração integral, ainda que realizado o negócio sem a sua mediação, salvo se comprovada sua inércia ou ociosidade.

Art. 727. Se, por não haver prazo determinado, o dono do negócio dispensar o corretor, e o negócio se realizar posteriormente, como fruto da sua mediação, a corretagem lhe será devida; igual solução se adotará se o negócio se realizar após a decorrência do prazo contratual, mas por efeito dos trabalhos do corretor.

Art. 728. Se o negócio se concluir com a intermediação de mais de um corretor, a remuneração será paga a todos em partes iguais, salvo ajuste em contrário.

Art. 729. Os preceitos sobre corretagem constantes deste Código não excluem a aplicação de outras normas da legislação especial.

Capítulo XIV
DO TRANSPORTE

- *Vide* Súmula 161 do STF.
- Os arts. 261 e 262 do CP tipificam como crime o atentado contra a segurança de transporte marítimo, fluvial, aéreo ou de qualquer outro meio.
- *Vide* art. 8.º, § 1.º, do Decreto-lei n. 4.657, de 4-9-1942 (LINDB).
- O Decreto-lei n. 116, de 25-1-1967, regulamentado pelo Decreto n. 64.387, de 22-4-1969, dispõe sobre as operações inerentes ao transporte de mercadorias por via d'água nos portos brasileiros, delimitando suas responsabilidades e tratando das faltas e avarias.
- A Lei n. 7.029, de 13-9-1982, dispõe sobre transporte dutoviário de álcool.
- A Lei n. 7.565, de 19-12-1986, institui o CBA.
- O Decreto n. 96.044, de 18-5-1988, aprova o regulamento para o transporte rodoviário de produtos perigosos.
- O Decreto n. 1.832, de 4-3-1996, aprova o regulamento dos transportes ferroviários.
- A Lei n. 9.432, de 8-1-1997, dispõe sobre a ordenação do transporte aquaviário, e dá outras providências.
- A Lei n. 9.611, de 19-2-1998, regulamentada pelo Decreto n. 3.411, de 12-4-2000, dispõe sobre o transporte multimodal de cargas.
- A Lei n. 10.209, de 23-3-2001, institui o vale-pedágio obrigatório sobre o transporte rodoviário de carga.
- A Lei n. 10.233, de 5-6-2001, dispõe sobre a reestruturação dos transportes aquaviário e terrestre, cria o Conselho Nacional de Integração de Políticas de Transporte, a Agência Nacional de Transportes Terrestres, a Agência Nacional de Transportes Aquaviários e o Departamento Nacional de Infraestrutura de Transportes.

Seção I
Disposições Gerais

Art. 730. Pelo contrato de transporte alguém se obriga, mediante retribuição, a transportar, de um lugar para outro, pessoas ou coisas.

- *Vide* art. 927, parágrafo único, do CC.

Art. 731. O transporte exercido em virtude de autorização, permissão ou concessão, rege-se pelas normas regulamentares e pelo que for estabelecido naqueles atos, sem prejuízo do disposto neste Código.

- *Vide* arts. 21, XII, d e e, 25, § 1.º, 30, V, 37, § 6.º, e 175 da CF.

Art. 732. Aos contratos de transporte, em geral, são aplicáveis, quando couber, desde que não contrariem as disposições deste Código, os preceitos constantes da legislação especial e de tratados e convenções internacionais.

Art. 733. Nos contratos de transporte cumulativo, cada transportador se obriga a cumprir o contrato relativamente ao respectivo percurso, respondendo pelos danos nele causados a pessoas e coisas.

§ 1.º O dano, resultante do atraso ou da interrupção da viagem, será determinado em razão da totalidade do percurso.

§ 2.º Se houver substituição de algum dos transportadores no decorrer do percurso, a responsabilidade solidária estender-se-á ao substituto.

- *Vide* arts. 275 a 285 do CC.

Seção II
Do Transporte de Pessoas

- A Lei n. 8.899, de 29-6-1994, regulamentada pelo Decreto n. 3.691, de 19-12-2000, concede passe livre às pessoas portadoras de deficiência no sistema de transporte coletivo interestadual.
- O Decreto n. 2.521, de 20-3-1998, dispõe sobre a exploração, mediante permissão e autorização, de serviços de transporte rodoviário interestadual e internacional de passageiros e dá outras providências.
- *Vide* arts. 83 a 85 (autorização para viajar) da Lei n. 8.069, de 13-7-1990 (ECA).

Art. 734. O transportador responde pelos danos causados às pessoas transportadas e suas bagagens, salvo motivo de força maior, sendo nula qualquer cláusula excludente da responsabilidade.

- *Vide* arts. 333 e 927, parágrafo único, do CC.
- *Vide* Súmula 161 do STF.

Parágrafo único. É lícito ao transportador exigir a declaração do valor da bagagem a fim de fixar o limite da indenização.

- *Vide* art. 944 do CC.

Art. 735. A responsabilidade contratual do transportador por acidente com o passageiro não é elidida por culpa de terceiro, contra o qual tem ação regressiva.

- *Vide* arts. 927, parágrafo único, 932, III, 933, 934 e 942, parágrafo único, do CC.
- *Vide* Súmula 187 do STF, que traz idêntica redação.

Art. 736. Não se subordina às normas do contrato de transporte o feito gratuitamente, por amizade ou cortesia.

- *Vide* Súmula 145 do STJ.

Parágrafo único. Não se considera gratuito o transporte quando, embora feito sem remuneração, o transportador auferir vantagens indiretas.

Art. 737. O transportador está sujeito aos horários e itinerários previstos, sob pena de responder por perdas e danos, salvo motivo de força maior.

- *Vide* arts. 393 e 402 a 405 do CC.

Art. 738. A pessoa transportada deve sujeitar-se às normas estabelecidas pelo transportador, constantes no bilhete ou afixadas à vista dos usuários, abstendo-se de quaisquer atos que causem incômodo ou prejuízo aos passageiros, danifiquem o veículo, ou dificultem ou impeçam a execução normal do serviço.

Parágrafo único. Se o prejuízo sofrido pela pessoa transportada for atribuível à transgressão de normas e instruções regulamentares, o juiz reduzirá equitativamente a indenização, na medida em que a vítima houver concorrido para a ocorrência do dano.

• *Vide* art. 945 do CC.

Art. 739. O transportador não pode recusar passageiros, salvo os casos previstos nos regulamentos, ou se as condições de higiene ou de saúde do interessado o justificarem.

Art. 740. O passageiro tem direito a rescindir o contrato de transporte antes de iniciada a viagem, sendo-lhe devida a restituição do valor da passagem, desde que feita a comunicação ao transportador em tempo de ser renegociada.

§ 1.º Ao passageiro é facultado desistir do transporte, mesmo depois de iniciada a viagem, sendo-lhe devida a restituição do valor correspondente ao trecho não utilizado, desde que provado que outra pessoa haja sido transportada em seu lugar.

§ 2.º Não terá direito ao reembolso do valor da passagem o usuário que deixar de embarcar, salvo se provado que outra pessoa foi transportada em seu lugar, caso em que lhe será restituído o valor do bilhete não utilizado.

§ 3.º Nas hipóteses previstas neste artigo, o transportador terá direito de reter até cinco por cento da importância a ser restituída ao passageiro, a título de multa compensatória.

Art. 741. Interrompendo-se a viagem por qualquer motivo alheio à vontade do transportador, ainda que em consequência de evento imprevisível, fica ele obrigado a concluir o transporte contratado em outro veículo da mesma categoria, ou, com a anuência do passageiro, por modalidade diferente, à sua custa, correndo também por sua conta as despesas de estada e alimentação do usuário, durante a espera de novo transporte.

Art. 742. O transportador, uma vez executado o transporte, tem direito de retenção sobre a bagagem de passageiro e outros objetos pessoais deste, para garantir-se do pagamento do valor da passagem que não tiver sido feito no início ou durante o percurso.

• *Vide* art. 644 do CC.

Seção III
Do Transporte de Coisas

• *Vide* notas à epígrafe do Capítulo.

Art. 743. A coisa, entregue ao transportador, deve estar caracterizada pela sua natureza, valor, peso e quantidade, e o mais que for necessário para que não se confunda com outras, devendo o destinatário ser indicado ao menos pelo nome e endereço.

• Dos fretamentos no CCom: arts. 566 e s.

Art. 744. Ao receber a coisa, o transportador emitirá conhecimento com a menção dos dados que a identifiquem, obedecido o disposto em lei especial.

Parágrafo único. O transportador poderá exigir que o remetente lhe entregue, devidamente assinada, a relação discriminada das coisas a serem transportadas, em duas vias, uma das quais, por ele devidamente autenticada, ficará fazendo parte integrante do conhecimento.

• *Vide* art. 575 do CCom.

Art. 745. Em caso de informação inexata ou falsa descrição no documento a que se refere o artigo antecedente, será o transportador indenizado pelo prejuízo que sofrer, devendo a ação respectiva ser ajuizada no prazo de cento e vinte dias, a contar daquele ato, sob pena de decadência.

Art. 746. Poderá o transportador recusar a coisa cuja embalagem seja inadequada, bem como a que possa pôr em risco a saúde das pessoas, ou danificar o veículo e outros bens.

• *Vide* art. 16, II, da Lei n. 9.611, de 19-2-1998.

Art. 747. O transportador deverá obrigatoriamente recusar a coisa cujo transporte ou comercialização não sejam permitidos, ou que venha desacompanhada dos documentos exigidos por lei ou regulamento.

• *Vide* art. 180 do CP (receptação).

Art. 748. Até a entrega da coisa, pode o remetente desistir do transporte e pedi-la de volta, ou ordenar seja entregue a outro destinatário, pagando, em ambos os casos, os acréscimos de despesa decorrentes da contraordem, mais as perdas e danos que houver.

• *Vide* art. 473 do CC.

Art. 749. O transportador conduzirá a coisa ao seu destino, tomando todas as cautelas necessárias para mantê-la em bom estado e entregá-la no prazo ajustado ou previsto.

Art. 750. A responsabilidade do transportador, limitada ao valor constante do conhecimento, começa no momento em que ele, ou seus prepostos, recebem a coisa; termina quando é entregue ao destinatário, ou depositada em juízo, se aquele não for encontrado.

• *Vide* art. 927, parágrafo único, do CC.

• Da responsabilidade no transporte multimodal: arts. 11 a 23 da Lei n. 9.611, de 19-2-1998.

Art. 751. A coisa, depositada ou guardada nos armazéns do transportador, em virtude de contrato de transporte, rege-se, no que couber, pelas disposições relativas a depósito.

• *Vide* arts. 627 a 652 do CC.

• Apropriação indébita: art. 168 do CP.

Art. 752. Desembarcadas as mercadorias, o transportador não é obrigado a dar aviso ao destinatário, se assim não foi convencionado, dependendo também de ajuste a entrega a domicílio, e devem constar do conhecimento de embarque as cláusulas de aviso ou de entrega a domicílio.

Art. 753. Se o transporte não puder ser feito ou sofrer longa interrupção, o transportador solicitará, incontinenti, instruções ao remetente, e zelará pela coisa, por cujo perecimento ou deterioração responderá, salvo força maior.

§ 1.º Perdurando o impedimento, sem motivo imputável ao transportador e sem manifestação do remetente, poderá aquele depositar a coisa em juízo, ou vendê-la, obedecidos os preceitos legais e regulamentares, ou os usos locais, depositando o valor.

• *Vide* arts. 334 a 345 do CC.

- CPC: arts. 539 e s.

§ 2.º Se o impedimento for responsabilidade do transportador, este poderá depositar a coisa, por sua conta e risco, mas só poderá vendê-la se perecível.

§ 3.º Em ambos os casos, o transportador deve informar o remetente da efetivação do depósito ou da venda.

§ 4.º Se o transportador mantiver a coisa depositada em seus próprios armazéns, continuará a responder pela sua guarda e conservação, sendo-lhe devida, porém, uma remuneração pela custódia, a qual poderá ser contratualmente ajustada ou se conformará aos usos adotados em cada sistema de transporte.

- *Vide* arts. 627 a 652 do CC.
- O Decreto n. 1.102, de 21-11-1903, institui regras para o estabelecimento de empresas de armazéns-gerais, determinando seus direitos e obrigações.

Art. 754. As mercadorias devem ser entregues ao destinatário, ou a quem apresentar o conhecimento endossado, devendo aquele que as receber conferi-las e apresentar as reclamações que tiver, sob pena de decadência dos direitos.

- *Vide* art. 744 do CC.
- *Vide* Súmula 109 do STJ.

Parágrafo único. No caso de perda parcial ou de avaria não perceptível à primeira vista, o destinatário conserva a sua ação contra o transportador, desde que denuncie o dano em dez dias a contar da entrega.

Art. 755. Havendo dúvida acerca de quem seja o destinatário, o transportador deve depositar a mercadoria em juízo, se não lhe for possível obter instruções do remetente; se a demora puder ocasionar a deterioração da coisa, o transportador deverá vendê-la, depositando o saldo em juízo.

- *Vide* arts. 334 a 345 do CC.
- CPC: arts. 539 e s.

Art. 756. No caso de transporte cumulativo, todos os transportadores respondem solidariamente pelo dano causado perante o remetente, ressalvada a apuração final da responsabilidade entre eles, de modo que o ressarcimento recaia, por inteiro, ou proporcionalmente, naquele ou naqueles em cujo percurso houver ocorrido o dano.

- *Vide* arts. 275 a 285 do CC.

Capítulo XV
DO SEGURO

- Decreto-lei n. 2.063, de 7-3-1940 – operações de seguros privados.
- Decreto-lei n. 3.908, de 8-12-1941 – sociedades mútuas de seguros.
- O Decreto-lei n. 7.377, de 13-3-1945, dispõe sobre o ativo das sociedades mútuas de seguro.
- A Lei n. 4.594, de 29-12-1964, regula a profissão de corretor de seguros.
- O Decreto n. 56.900, de 23-9-1965, dispõe sobre normas para funcionamento das companhias de seguro.
- Seguros de renda temporária em colonização: art. 53 do Decreto n. 59.428, de 27-10-1966.
- O Decreto-lei n. 73, de 21-11-1966, dispõe sobre o Sistema Nacional de Seguros Privados, regula as operações de seguros e resseguros, e dá outras providências.
- O Decreto n. 60.459, de 13-3-1967, regulamenta o Decreto-lei n. 73, de 21-11-1966.
- O Decreto n. 61.867, de 7-12-1967, regulamenta os seguros obrigatórios previstos no art. 20 do Decreto-lei n. 73, de 21-11-1966.
- A Lei n. 5.488, de 27-8-1968, institui a correção monetária, nos casos de liquidação de sinistros cobertos por contratos de seguros.
- A Lei n. 5.627, de 1.º-12-1970, dispõe sobre capitais mínimos para as sociedades seguradoras e dá outras providências.
- A Lei n. 5.764, de 16-12-1971, define a Política Nacional de Cooperativismo, institui o regime jurídico das sociedades cooperativas, e dá outras providências.
- O Decreto-lei n. 1.391, de 19-2-1975, dispõe sobre a concessão de estímulos às fusões e às incorporações das sociedades seguradoras.
- A Lei n. 6.317, de 22-12-1975, dispõe sobre a contratação de seguros sem as exigências e restrições previstas na Lei n. 4.594, de 29-12-1964.
- O Decreto n. 85.266, de 20-10-1980, dispõe sobre a atualização dos valores monetários dos seguros obrigatórios a que se refere o Decreto n. 61.867, de 7-12-1967.
- A Lei n. 8.374, de 30-12-1991, dispõe sobre o Seguro Obrigatório de Danos Pessoais causados por embarcações ou por sua carga.
- A Lei n. 9.477, de 24-7-1997, institui o Fundo de Assistência Programada Individual – FAPI e o Plano de Incentivo à Aposentadoria Programada Individual, que poderão ser administrados por instituições financeiras ou por sociedades seguradoras autorizadas a funcionar pela Superintendência de Seguros Privados – SUSEP.
- *Vide* Lei n. 9.656, de 3-6-1998, que dispõe sobre os planos e seguros privados de assistência à saúde.
- *Vide* arts. 206, §§ 1.º, II, *a* e *b*, e 3.º, IX (prescrição), e 1.346 do CC.
- *Vide* arts. 666 a 730 do CCom (seguro marítimo).
- O art. 171, § 2.º, V, do CP, dispõe sobre fraude para recebimento de indenização ou valor de seguro.
- *Vide* Súmulas 188 e 504 do STF.
- A Deliberação n. 84, de 11-3-2003, da SUSEP aprova o Parecer Normativo da Procuradoria-Geral da SUSEP, que trata dos reflexos desta lei nos contratos e planos de seguro.
- A Lei n. 6.194, de 19-12-1974, dispõe sobre Seguro Obrigatório de Danos Pessoais causados por veículos automotores de via terrestre, ou por carga, a pessoas transportadas ou não.

Seção I
Disposições Gerais

- *Vide* Súmula 632 do STJ.

Art. 757. Pelo contrato de seguro, o segurador se obriga, mediante o pagamento do prêmio, a garantir interesse legítimo do segurado, relativo a pessoa ou a coisa, contra riscos predeterminados.

- *Vide* Súmulas 31 e 426 do STJ.

Parágrafo único. Somente pode ser parte, no contrato de seguro, como segurador, entidade para tal fim legalmente autorizada.

Art. 758. O contrato de seguro prova-se com a exibição da apólice ou do bilhete do seguro, e, na falta deles, por documento comprobatório do pagamento do respectivo prêmio.

• *Vide* art. 227, parágrafo único, do CC.

Art. 759. A emissão da apólice deverá ser precedida de proposta escrita com a declaração dos elementos essenciais do interesse a ser garantido e do risco.

Art. 760. A apólice ou o bilhete de seguro serão nominativos, à ordem ou ao portador, e mencionarão os riscos assumidos, o início e o fim de sua validade, o limite da garantia e o prêmio devido, e, quando for o caso, o nome do segurado e o do beneficiário.

• *Vide* nota ao artigo anterior.

Parágrafo único. No seguro de pessoas, a apólice ou o bilhete não podem ser ao portador.

• *Vide* arts. 785, § 2.º, 791 e 792 do CC.

Art. 761. Quando o risco for assumido em cosseguro, a apólice indicará o segurador que administrará o contrato e representará os demais, para todos os seus efeitos.

Art. 762. Nulo será o contrato para garantia de risco proveniente de ato doloso do segurado, do beneficiário, ou de representante de um ou de outro.

• *Vide* arts. 677 e 678 do CCom.

Art. 763. Não terá direito a indenização o segurado que estiver em mora no pagamento do prêmio, se ocorrer o sinistro antes de sua purgação.

• *Vide* arts. 394 a 401 do CC.

• *Vide* Súmula 616 do STJ.

Art. 764. Salvo disposição especial, o fato de se não ter verificado o risco, em previsão do qual se faz o seguro, não exime o segurado de pagar o prêmio.

• *Vide* arts. 642 e 684 do CCom.

Art. 765. O segurado e o segurador são obrigados a guardar na conclusão e na execução do contrato, a mais estrita boa-fé e veracidade, tanto a respeito do objeto como das circunstâncias e declarações a ele concernentes.

Art. 766. Se o segurado, por si ou por seu representante, fizer declarações inexatas ou omitir circunstâncias que possam influir na aceitação da proposta ou na taxa do prêmio, perderá o direito à garantia, além de ficar obrigado ao prêmio vencido.

Parágrafo único. Se a inexatidão ou omissão nas declarações não resultar de má-fé do segurado, o segurador terá direito a resolver o contrato, ou a cobrar, mesmo após o sinistro, a diferença do prêmio.

• *Vide* arts. 677 e 678 do CCom.

Art. 767. No seguro à conta de outrem, o segurador pode opor ao segurado quaisquer defesas que tenha contra o estipulante, por descumprimento das normas de conclusão do contrato, ou de pagamento do prêmio.

Art. 768. O segurado perderá o direito à garantia se agravar intencionalmente o risco objeto do contrato.

• *Vide* arts. 677 e 678 do CCom.

•• *Vide* Súmula 620 do STJ.

Art. 769. O segurado é obrigado a comunicar ao segurador, logo que saiba, todo incidente suscetível de agravar consideravelmente o risco coberto, sob pena de perder o direito à garantia, se provar que silenciou de má-fé.

§ 1.º O segurador, desde que o faça nos quinze dias seguintes ao recebimento do aviso da agravação do risco sem culpa do segurado, poderá dar-lhe ciência, por escrito, de sua decisão de resolver o contrato.

§ 2.º A resolução só será eficaz trinta dias após a notificação, devendo ser restituída pelo segurador a diferença do prêmio.

Art. 770. Salvo disposição em contrário, a diminuição do risco no curso do contrato não acarreta a redução do prêmio estipulado; mas, se a redução do risco for considerável, o segurado poderá exigir a revisão do prêmio, ou a resolução do contrato.

Art. 771. Sob pena de perder o direito à indenização, o segurado participará o sinistro ao segurador, logo que o saiba, e tomará as providências imediatas para minorar-lhe as consequências.

• *Vide* Súmula 229 do STJ.

Parágrafo único. Correm à conta do segurador, até o limite fixado no contrato, as despesas de salvamento consequente ao sinistro.

Art. 772. A mora do segurador em pagar o sinistro obriga à atualização monetária da indenização devida segundo índices oficiais regularmente estabelecidos, sem prejuízo dos juros moratórios.

Art. 773. O segurador que, ao tempo do contrato, sabe estar passado o risco de que o segurado se pretende cobrir, e, não obstante, expede a apólice, pagará em dobro o prêmio estipulado.

Art. 774. A recondução tácita do contrato pelo mesmo prazo, mediante expressa cláusula contratual, não poderá operar mais de uma vez.

Art. 775. Os agentes autorizados do segurador presumem-se seus representantes para todos os atos relativos aos contratos que agenciarem.

Art. 776. O segurador é obrigado a pagar em dinheiro o prejuízo resultante do risco assumido, salvo se convencionada a reposição da coisa.

• *Vide* art. 206, § 1.º, II, do CC.

Art. 777. O disposto no presente Capítulo aplica-se, no que couber, aos seguros regidos por leis próprias.

• *Vide* legislação citada no início do Capítulo.

Seção II
Do Seguro de Dano

• *Vide* art. 3.º, II, da Lei n. 9.099, de 26-9-1995.

• *Vide* Súmulas 257 e 632 do STJ.

Art. 778. Nos seguros de dano, a garantia prometida não pode ultrapassar o valor do interesse segurado no momento da conclusão do contrato, sob pena do disposto no art. 766, e sem prejuízo da ação penal que no caso couber.

• *Vide* art. 677 do CCom.

Art. 779. O risco do seguro compreenderá todos os prejuízos resultantes ou consequentes, como sejam os estragos ocasionados para evitar o sinistro, minorar o dano, ou salvar a coisa.

Art. 780. A vigência da garantia, no seguro de coisas transportadas, começa no momento em que são pelo transportador recebidas, e cessa com a sua entrega ao destinatário.

Art. 781. A indenização não pode ultrapassar o valor do interesse segurado no momento do sinistro, e, em hipótese alguma, o limite máximo da garantia fixado na apólice, salvo em caso de mora do segurador.

Art. 782. O segurado que, na vigência do contrato, pretender obter novo seguro sobre o mesmo interesse, e contra o mesmo risco junto a outro segurador, deve previamente comunicar sua intenção por escrito ao primeiro, indicando a soma por que pretende segurar-se, a fim de se comprovar a obediência ao disposto no art. 778.

• *Vide* arts. 765, 778, 781 e 789 do CC.

Art. 783. Salvo disposição em contrário, o seguro de um interesse por menos do que valha acarreta a redução proporcional da indenização, no caso de sinistro parcial.

Art. 784. Não se inclui na garantia o sinistro provocado por vício intrínseco da coisa segurada, não declarado pelo segurado.

Parágrafo único. Entende-se por vício intrínseco o defeito próprio da coisa, que se não encontra normalmente em outras da mesma espécie.

Art. 785. Salvo disposição em contrário, admite-se a transferência do contrato a terceiro com a alienação ou cessão do interesse segurado.

• *Vide* art. 959, I, do CC.

§ 1.º Se o instrumento contratual é nominativo, a transferência só produz efeitos em relação ao segurador mediante aviso escrito assinado pelo cedente e pelo cessionário.

•• *Vide* Súmula 465 do STJ.

§ 2.º A apólice ou o bilhete à ordem só se transfere por endosso em preto, datado e assinado pelo endossante e pelo endossatário.

Art. 786. Paga a indenização, o segurador sub-roga-se, nos limites do valor respectivo, nos direitos e ações que competirem ao segurado contra o autor do dano.

• *Vide* arts. 346 a 351 do CC.

• *Vide* Súmulas 188 e 257 do STF.

§ 1.º Salvo dolo, a sub-rogação não tem lugar se o dano foi causado pelo cônjuge do segurado, seus descendentes ou ascendentes, consanguíneos ou afins.

§ 2.º É ineficaz qualquer ato do segurado que diminua ou extinga, em prejuízo do segurador, os direitos a que se refere este artigo.

Art. 787. No seguro de responsabilidade civil, o segurador garante o pagamento de perdas e danos devidos pelo segurado a terceiro.

• *Vide* arts. 402 a 405 do CC.

§ 1.º Tão logo saiba o segurado das consequências de ato seu, suscetível de lhe acarretar a responsabilidade incluída na garantia, comunicará o fato ao segurador.

§ 2.º É defeso ao segurado reconhecer sua responsabilidade ou confessar a ação, bem como transigir com o terceiro prejudicado, ou indenizá-lo diretamente, sem anuência expressa do segurador.

§ 3.º Intentada a ação contra o segurado, dará este ciência da lide ao segurador.

§ 4.º Subsistirá a responsabilidade do segurado perante o terceiro, se o segurador for insolvente.

• *Vide* art. 955 do CC.

Art. 788. Nos seguros de responsabilidade legalmente obrigatórios, a indenização por sinistro será paga pelo segurador diretamente ao terceiro prejudicado.

Parágrafo único. Demandado em ação direta pela vítima do dano, o segurador não poderá opor a exceção de contrato não cumprido pelo segurado, sem promover a citação deste para integrar o contraditório.

• *Vide* arts. 476 e 477 do CC.

Seção III
Do Seguro de Pessoa

• As sociedades seguradoras autorizadas a operar no ramo de vida poderão ser também autorizadas a operar planos de previdência privada, obedecidas as condições estipuladas pela Lei Complementar n. 109, de 29-5-2001, art. 36, parágrafo único.

• *Vide* Súmula 632 do STJ.

Art. 789. Nos seguros de pessoas, o capital segurado é livremente estipulado pelo proponente, que pode contratar mais de um seguro sobre o mesmo interesse, com o mesmo ou diversos seguradores.

Art. 790. No seguro sobre a vida de outros, o proponente é obrigado a declarar, sob pena de falsidade, o seu interesse pela preservação da vida do segurado.

• *Vide* Súmula 61 do STJ.

• *Vide* Súmula 105 do STF.

Parágrafo único. Até prova em contrário, presume-se o interesse, quando o segurado é cônjuge, ascendente ou descendente do proponente.

Art. 791. Se o segurado não renunciar à faculdade, ou se o seguro não tiver como causa declarada a garantia de alguma obrigação, é lícita a substituição do beneficiário, por ato entre vivos ou de última vontade.

Parágrafo único. O segurador, que não for cientificado oportunamente da substituição, desobrigar-se-á pagando o capital segurado ao antigo beneficiário.

• *Vide* art. 438 do CC.

Art. 792. Na falta de indicação da pessoa ou beneficiário, ou se por qualquer motivo não prevalecer a que for feita, o capital segurado será pago por metade ao cônjuge não separado judicialmente, e o restante aos herdeiros do segurado, obedecida a ordem da vocação hereditária.

• *Vide* arts. 1.798 a 1.803 do CC.

• O Decreto-lei n. 5.384, de 8-4-1943, dispunha sobre os beneficiários do seguro de vida, estabelecendo em seu art. 1.º: "Na falta de beneficiário nomeado, o seguro de vida será pago metade à mulher e metade aos herdeiros do segurado. Parágrafo único. Na falta das pessoas indicadas, serão beneficiários os que dentro de seis meses reclamarem o pagamento do seguro e provarem que a morte do segurado os privou de meios para proverem sua subsistência. Fora desses casos, será beneficiária a União".

Parágrafo único. Na falta das pessoas indicadas neste artigo, serão beneficiários os que provarem que a morte do segurado os privou dos meios necessários à subsistência.

• *Vide* art. 438 do CC.

Art. 793. É válida a instituição do companheiro como beneficiário, se ao tempo do contrato o segurado era separado judicialmente, ou já se encontrava separado de fato.

•• O STF, em 5-5-2011, declarou procedentes a ADI n. 4.277 (*DOU* de 1.º-12-2014) e a ADPF n. 132 (*DOU* de 3-11-2014), com eficácia *erga omnes* e efeito vinculante, conferindo interpretação conforme a CF ao art. 1.723 do CC, a fim de declarar a aplicabilidade de regime da união estável às uniões entre pessoas do mesmo sexo.

• Da união estável no CC: arts. 1.723 a 1.727.

Art. 794. No seguro de vida ou de acidentes pessoais para o caso de morte, o capital estipulado não está sujeito às dívidas do segurado, nem se considera herança para todos os efeitos de direito.

• *Vide* arts. 585, III, e 649, VI, do CPC.

Art. 795. É nula, no seguro de pessoa, qualquer transação para pagamento reduzido do capital segurado.

• *Vide* arts. 422, 840 a 850 do CC.

Art. 796. O prêmio, no seguro de vida, será conveniado por prazo limitado, ou por toda a vida do segurado.

Parágrafo único. Em qualquer hipótese, no seguro individual, o segurador não terá ação para cobrar o prêmio vencido, cuja falta de pagamento, nos prazos previstos, acarretará, conforme se estipular, a resolução do contrato, com a restituição da reserva já formada, ou a redução do capital garantido proporcionalmente ao prêmio pago.

Art. 797. No seguro de vida para o caso de morte, é lícito estipular-se um prazo de carência, durante o qual o segurador não responde pela ocorrência do sinistro.

Parágrafo único. No caso deste artigo o segurador é obrigado a devolver ao beneficiário o montante da reserva técnica já formada.

• *Vide* Súmula 610 do STJ.

Art. 798. O beneficiário não tem direito ao capital estipulado quando o segurado se suicida nos primeiros dois anos de vigência inicial do contrato, ou da sua recondução depois de suspenso, observado o disposto no parágrafo único do artigo antecedente.

• *Vide* Súmula 610 do STJ.

Parágrafo único. Ressalvada a hipótese prevista neste artigo, é nula a cláusula contratual que exclui o pagamento do capital por suicídio do segurado.

• *Vide* Súmulas 105 do STF e 61 do STJ.

Art. 799. O segurador não pode eximir-se ao pagamento do seguro, ainda que da apólice conste a restrição, se a morte ou a incapacidade do segurado provier da utilização de meio de transporte mais arriscado, da prestação de serviço militar, da prática de esporte, ou de atos de humanidade em auxílio de outrem.

Art. 800. Nos seguros de pessoas, o segurador não pode sub-rogar-se nos direitos e ações do segurado, ou do beneficiário, contra o causador do sinistro.

• *Vide* art. 786 do CC.

Art. 801. O seguro de pessoas pode ser estipulado por pessoa natural ou jurídica em proveito de grupo que a ela, de qualquer modo, se vincule.

• Sobre as sociedades de seguro mútuo, *vide* a legislação citada no início do Capítulo.

• *Vide* Súmula 101 do STJ.

§ 1.º O estipulante não representa o segurador perante o grupo segurado, e é o único responsável, para com o segurador, pelo cumprimento de todas as obrigações contratuais.

§ 2.º A modificação da apólice em vigor dependerá da anuência expressa de segurados que representem três quartos do grupo.

Art. 802. Não se compreende nas disposições desta Seção a garantia do reembolso de despesas hospitalares ou de tratamento médico, nem o custeio das despesas de luto e de funeral do segurado.

Capítulo XVI
DA CONSTITUIÇÃO DE RENDA

Art. 803. Pode uma pessoa, pelo contrato de constituição de renda, obrigar-se para com outra a uma prestação periódica, a título gratuito.

• *Vide* arts. 809 e 813 do CC.

Art. 804. O contrato pode ser também a título oneroso, entregando-se bens móveis ou imóveis à pessoa que se obriga a satisfazer as prestações a favor do credor ou de terceiros.

• *Vide* art. 809 do CC.

Art. 805. Sendo o contrato a título oneroso, pode o credor, ao contratar, exigir que o rendeiro lhe preste garantia real, ou fidejussória.

Art. 806. O contrato de constituição de renda será feito a prazo certo, ou por vida, podendo ultrapassar a vida do devedor mas não a do credor, seja ele o contratante, seja terceiro.

Art. 807. O contrato de constituição de renda requer escritura pública.

• *Vide* art. 109 do CC.

Art. 808. É nula a constituição de renda em favor de pessoa já falecida, ou que, nos 30 (trinta) dias seguintes, vier a falecer de moléstia que já sofria, quando foi celebrado o contrato.

Art. 809. Os bens dados em compensação da renda caem, desde a tradição, no domínio da pessoa que por aquela se obrigou.

• *Vide* art. 1.359 do CC.

Art. 810. Se o rendeiro, ou censuário, deixar de cumprir a obrigação estipulada, poderá o credor da renda acioná-lo, tanto para que lhe pague as prestações atrasadas como para que lhe dê garantias das futuras, sob pena de rescisão do contrato.

• *Vide* arts. 475 a 477 do CC.

Art. 811. O credor adquire o direito à renda dia a dia, se a prestação não houver de ser paga adiantada, no começo de cada um dos períodos prefixos.

Art. 812. Quando a renda for constituída em benefício de duas ou mais pessoas, sem determinação da parte de cada uma, entende-se que os seus direitos são iguais; e, salvo estipulação diversa, não adquirirão os sobrevivos direito à parte dos que morrerem.

Art. 813. A renda constituída por título gratuito pode, por ato do instituidor, ficar isenta de todas as execuções pendentes e futuras.

Parágrafo único. A isenção prevista neste artigo prevalece de pleno direito em favor dos montepios e pensões alimentícias.

• CPC: art. 833, I.

Capítulo XVII
DO JOGO E DA APOSTA

• Lei de Contravenções Penais – Decreto-lei n. 3.688, de 3-10-1941 – arts. 50 a 58.

• Decreto-lei n. 6.259, de 10-2-1944 - serviço de loterias.

• Decreto-lei n. 594, de 27-5-1969, e Lei n. 9.615, de 24-3-1998, arts. 6.º, 8.º, 9.º e 56 - sobre loteria esportiva.

• A Lei n. 6.717, de 12-11-1979, dispõe sobre a loteria federal.

Art. 814. As dívidas de jogo ou de aposta não obrigam a pagamento; mas não se pode recobrar a quantia, que voluntariamente se pagou, salvo se foi ganha por dolo, ou se o perdente é menor ou interdito.

• *Vide* arts. 166, II, e 816 do CC.

§ 1.º Estende-se esta disposição a qualquer contrato que encubra ou envolva reconhecimento, novação ou fiança de dívida de jogo; mas a nulidade resultante não pode ser oposta ao terceiro de boa-fé.

• *Vide* arts. 360 a 367 (novação) do CC.

§ 2.º O preceito contido neste artigo tem aplicação, ainda que se trate de jogo não proibido, só se excetuando os jogos e apostas legalmente permitidos.

§ 3.º Excetuam-se, igualmente, os prêmios oferecidos ou prometidos para o vencedor em competição de natureza esportiva, intelectual ou artística, desde que os interessados se submetam às prescrições legais e regulamentares.

Art. 815. Não se pode exigir reembolso do que se emprestou para jogo ou aposta, no ato de apostar ou jogar.

Art. 816. As disposições dos arts. 814 e 815 não se aplicam aos contratos sobre títulos de bolsa, mercadorias ou valores, em que se estipulem a liquidação exclusivamente pela diferença entre o preço ajustado e a cotação que eles tiverem no vencimento do ajuste.

Art. 817. O sorteio para dirimir questões ou dividir coisas comuns considera-se sistema de partilha ou processo de transação, conforme o caso.

• *Vide* arts. 840 a 850 e 2.013 a 2.022 do CC.

Capítulo XVIII
DA FIANÇA

Seção I
Disposições Gerais

Art. 818. Pelo contrato de fiança, uma pessoa garante satisfazer ao credor uma obrigação assumida pelo devedor, caso este não a cumpra.

• *Vide* arts. 814, § 1.º, 1.642, IV, e 1.647, III, do CC.

• São nulas as fianças dadas pelos leiloeiros (Decreto n. 21.981, de 19-10-1932, que regula a profissão de leiloeiro).

• O Decreto n. 91.271, de 29-5-1985, veda a concessão, por entidades estatais, de aval, fiança ou outras garantias.

• CCom, arts. 477, 481, 483, 527, 535, 548, IV, 580, 595, 604, 609, 612, 784 e 785.

• *Vide* art. 129, § 3.º, da Lei n. 6.015, de 31-12-1973 (LRP).

• *Vide* arts. 23, XI, 37, II e III, 40, V e X, 41 e 71, VI, da Lei n. 8.245, de 18-10-1991 (Lei de Locação).

Art. 819. A fiança dar-se-á por escrito, e não admite interpretação extensiva.

• *Vide* art. 114 do CC.

• *Vide* Súmula 214 do STJ.

Art. 819-A. (*Vetado.*)

•• Artigo acrescentado pela Lei n. 10.931, de 2-8-2004.

Art. 820. Pode-se estipular a fiança, ainda que sem consentimento do devedor ou contra a sua vontade.

Art. 821. As dívidas futuras podem ser objeto de fiança; mas o fiador, neste caso, não será demandado senão depois que se fizer certa e líquida a obrigação do principal devedor.

Art. 822. Não sendo limitada, a fiança compreenderá todos os acessórios da dívida principal, inclusive as despesas judiciais, desde a citação do fiador.

Art. 823. A fiança pode ser de valor inferior ao da obrigação principal e contraída em condições menos onerosas, e, quando exceder o valor da dívida, ou for mais onerosa que ela, não valerá senão até ao limite da obrigação afiançada.

• *Vide* art. 830 do CC.

Art. 824. As obrigações nulas não são suscetíveis de fiança, exceto se a nulidade resultar apenas de incapacidade pessoal do devedor.

• *Vide* art. 837 do CC.

Parágrafo único. A exceção estabelecida neste artigo não abrange o caso de mútuo feito a menor.

• *Vide* art. 588 do CC.

Art. 825. Quando alguém houver de oferecer fiador, o credor não pode ser obrigado a aceitá-lo se não for pessoa idônea, domiciliada no município onde tenha de prestar a fiança, e não possua bens suficientes para cumprir a obrigação.

Art. 826. Se o fiador se tornar insolvente ou incapaz, poderá o credor exigir que seja substituído.

- *Vide* art. 333, III, do CC.

Seção II
Dos Efeitos da Fiança

Art. 827. O fiador demandado pelo pagamento da dívida tem direito a exigir, até a contestação da lide, que sejam primeiro executados os bens do devedor.

- *Vide* art. 839 do CC.
- CPC: arts. 130 e 794, *caput*, e § 1.º.

Parágrafo único. O fiador que alegar o benefício de ordem, a que se refere este artigo, deve nomear bens do devedor, sitos no mesmo município, livres e desembargados, quantos bastem para solver o débito.

Art. 828. Não aproveita este benefício ao fiador:

- *Vide* art. 838 do CC.

I – se ele o renunciou expressamente;

II – se se obrigou como principal pagador, ou devedor solidário;

- *Vide* arts. 264 a 285 do CC.

III – se o devedor for insolvente, ou falido.

Art. 829. A fiança conjuntamente prestada a um só débito por mais de uma pessoa importa o compromisso de solidariedade entre elas, se declaradamente não se reservarem o benefício de divisão.

- CPC: art. 130.

Parágrafo único. Estipulado este benefício, cada fiador responde unicamente pela parte que, em proporção, lhe couber no pagamento.

Art. 830. Cada fiador pode fixar no contrato a parte da dívida que toma sob sua responsabilidade, caso em que não será por mais obrigado.

- CPC: art. 65.

Art. 831. O fiador que pagar integralmente a dívida fica sub-rogado nos direitos do credor; mas só poderá demandar a cada um dos outros fiadores pela respectiva quota.

- *Vide* art. 346, III, do CC.

Parágrafo único. A parte do fiador insolvente distribuir-se-á pelos outros.

- CPC: art. 794, § 2.º.

Art. 832. O devedor responde também perante o fiador por todas as perdas e danos que este pagar, e pelos que sofrer em razão da fiança.

- *Vide* arts. 402 a 405 do CC.

Art. 833. O fiador tem direito aos juros do desembolso pela taxa estipulada na obrigação principal, e, não havendo taxa convencionada, aos juros legais da mora.

- *Vide* arts. 406 e 407 do CC.

Art. 834. Quando o credor, sem justa causa, demorar a execução iniciada contra o devedor, poderá o fiador promover-lhe o andamento.

- CPC: art. 778.

Art. 835. O fiador poderá exonerar-se da fiança que tiver assinado sem limitação de tempo, sempre que lhe convier, ficando obrigado por todos os efeitos da fiança, durante sessenta dias após a notificação do credor.

- *Vide* art. 2.036 do CC.
- *Vide* art. 39 da Lei n. 8.245, de 18-10-1991.

Art. 836. A obrigação do fiador passa aos herdeiros; mas a responsabilidade da fiança se limita ao tempo decorrido até a morte do fiador, e não pode ultrapassar as forças da herança.

- *Vide* arts. 1.792, 1.821 e 1.997 do CC.

Seção III
Da Extinção da Fiança

Art. 837. O fiador pode opor ao credor as exceções que lhe forem pessoais, e as extintivas da obrigação que competem ao devedor principal, se não provierem simplesmente de incapacidade pessoal, salvo o caso do mútuo feito a pessoa menor.

- *Vide* arts. 204, 366, 371, 376, 588, 824 e 844, § 1.º, do CC.

Art. 838. O fiador, ainda que solidário, ficará desobrigado:

- *Vide* arts. 828 e 829 do CC.

I – se, sem consentimento seu, o credor conceder moratória ao devedor;

II – se, por fato do credor, for impossível a sub-rogação nos seus direitos e preferências;

- *Vide* arts. 346 a 351 (pagamento com sub-rogação) do CC.

III – se o credor, em pagamento da dívida, aceitar amigavelmente do devedor objeto diverso do que este era obrigado a lhe dar, ainda que depois venha a perdê-lo por evicção.

- *Vide* arts. 356 a 359 e 447 a 457 do CC.

Art. 839. Se for invocado o benefício da excussão e o devedor, retardando-se a execução, cair em insolvência, ficará exonerado o fiador que o invocou, se provar que os bens por ele indicados eram, ao tempo da penhora, suficientes para a solução da dívida afiançada.

Capítulo XIX
DA TRANSAÇÃO

Art. 840. É lícito aos interessados prevenirem ou terminarem o litígio mediante concessões mútuas.

- *Vide* art. 661, § 2.º, do CC.
- Transação em matéria tributária – *vide* art. 171 da Lei n. 5.172, de 25-10-1966 (CTN).
- CPC: arts. 90, 122, 487, III, *b*, 535, VI, 924 e 619, II.
- *Vide* Lei n. 9.469, de 10-7-1997 (transação nas causas de interesse da União, suas autarquias, fundações e empresas públicas federais).

Art. 841. Só quanto a direitos patrimoniais de caráter privado se permite a transação.

- *Vide* art. 846 do CC.
- CPC: art. 392.

Art. 842. A transação far-se-á por escritura pública, nas obrigações em que a lei o exige, ou por instrumento particular, nas em que ela o admite; se recair sobre direitos contestados em juízo, será feita por escritura pública, ou por termo nos autos, assinado pelos transigentes e homologado pelo juiz.

- *Vide* art. 108 do CC.
- CPC: art. 359.

Art. 843. A transação interpreta-se restritivamente, e por ela não se transmitem, apenas se declaram ou reconhecem direitos.

Art. 844. A transação não aproveita, nem prejudica senão aos que nela intervierem, ainda que diga respeito a coisa indivisível.

- *Vide* arts. 257 a 263 (obrigações divisíveis e indivisíveis) e 314 do CC.

§ 1.º Se for concluída entre o credor e o devedor, desobrigará o fiador.

§ 2.º Se entre um dos credores solidários e o devedor, extingue a obrigação deste para com os outros credores.

- *Vide* arts. 267 a 274 (solidariedade ativa) do CC.
- CPC: art. 1.005, parágrafo único.

§ 3.º Se entre um dos devedores solidários e seu credor, extingue a dívida em relação aos codevedores.

Art. 845. Dada a evicção da coisa renunciada por um dos transigentes, ou por ele transferida à outra parte, não revive a obrigação extinta pela transação; mas ao evicto cabe o direito de reclamar perdas e danos.

- *Vide* arts. 447 a 457 (evicção) do CC.
- *Vide* arts. 402 a 405 (perdas e danos) do CC.

Parágrafo único. Se um dos transigentes adquirir, depois da transação, novo direito sobre a coisa renunciada ou transferida, a transação feita não o inibirá de exercê-lo.

Art. 846. A transação concernente a obrigações resultantes de delito não extingue a ação penal pública.

Art. 847. É admissível, na transação, a pena convencional.

- *Vide* arts. 408 a 416 (cláusula penal) do CC.

Art. 848. Sendo nula qualquer das cláusulas da transação, nula será esta.

- *Vide* arts. 166 a 170 do CC.

Parágrafo único. Quando a transação versar sobre diversos direitos contestados, independentes entre si, o fato de não prevalecer em relação a um não prejudicará os demais.

Art. 849. A transação só se anula por dolo, coação, ou erro essencial quanto à pessoa ou coisa controversa.

- *Vide* arts. 138, 139, III, a 155 e 171 do CC.

Parágrafo único. A transação não se anula por erro de direito a respeito das questões que foram objeto de controvérsia entre as partes.

Art. 850. É nula a transação a respeito do litígio decidido por sentença passada em julgado, se dela não tinha ciência algum dos transatores, ou quando, por título ulteriormente descoberto, se verificar que nenhum deles tinha direito sobre o objeto da transação.

Capítulo XX
DO COMPROMISSO

- *Vide* Lei n. 9.307, de 23-9-1996, que dispõe sobre a arbitragem.
- CPC: arts. 42, 485, VII, 337, § 5.º, e 1.012, § 1.º, IV.

Art. 851. É admitido compromisso, judicial ou extrajudicial, para resolver litígios entre pessoas que podem contratar.

- *Vide* art. 661, § 2.º, do CC.
- *Vide* art. 9.º da Lei n. 9.307, de 23-9-1996.

Art. 852. É vedado compromisso para solução de questões de estado, de direito pessoal de família e de outras que não tenham caráter estritamente patrimonial.

- *Vide* art. 1.º da Lei n. 9.307, de 23-9-1996.

Art. 853. Admite-se nos contratos a cláusula compromissória, para resolver divergências mediante juízo arbitral, na forma estabelecida em lei especial.

- *Vide* arts. 4.º e s. da Lei n. 9.307, de 23-9-1996.

Título VII
DOS ATOS UNILATERAIS

Capítulo I
DA PROMESSA DE RECOMPENSA

Art. 854. Aquele que, por anúncios públicos, se comprometer a recompensar, ou gratificar, a quem preencha certa condição, ou desempenhe certo serviço, contrai obrigação de cumprir o prometido.

- *Vide* art. 427 do CC.
- A Lei n. 5.768, de 20-12-1971, altera a legislação sobre distribuição gratuita de prêmios, mediante sorteio, vale-brinde ou concurso.
- *Vide* Súmula 15 do STF.

Art. 855. Quem quer que, nos termos do artigo antecedente, fizer o serviço, ou satisfizer a condição, ainda que não pelo interesse da promessa, poderá exigir a recompensa estipulada.

- *Vide* art. 121 do CC.

Art. 856. Antes de prestado o serviço ou preenchida a condição, pode o promitente revogar a promessa, contanto que o faça com a mesma publicidade; se houver assinado prazo à execução da tarefa, entender-se-á que renuncia o arbítrio de retirar, durante ele, a oferta.

- *Vide* art. 859 do CC.

Parágrafo único. O candidato de boa-fé, que houver feito despesas, terá direito a reembolso.

- *Vide* art. 422 do CC.

Art. 857. Se o ato contemplado na promessa for praticado por mais de um indivíduo, terá direito à recompensa o que primeiro o executou.

- *Vide* art. 817 do CC.

Art. 858. Sendo simultânea a execução, a cada um tocará quinhão igual na recompensa; se esta não for divisível, conferir-se-á por sorteio, e o que obtiver a coisa dará ao outro o valor de seu quinhão.

Art. 859. Nos concursos que se abrirem com promessa pública de recompensa, é condição essencial, para valerem, a fixação de um prazo, observadas também as disposições dos parágrafos seguintes.

- *Vide* art. 856 do CC.

§ 1.º A decisão da pessoa nomeada, nos anúncios, como juiz, obriga os interessados.

§ 2.º Em falta de pessoa designada para julgar o mérito dos trabalhos que se apresentarem, entender-se-á que o promitente se reservou essa função.

§ 3.º Se os trabalhos tiverem mérito igual, proceder-se-á de acordo com os arts. 857 e 858.

Art. 860. As obras premiadas, nos concursos de que trata o artigo antecedente, só ficarão pertencendo ao promitente, se assim for estipulado na publicação da promessa.

Capítulo II
DA GESTÃO DE NEGÓCIOS

Art. 861. Aquele que, sem autorização do interessado, intervém na gestão de negócio alheio, dirigi-lo-á segundo o interesse e a vontade presumível de seu dono, ficando responsável a este e às pessoas com que tratar.

- *Vide* arts. 665, 866 e 869 do CC.
- CPC: arts. 121, parágrafo único, e 53, IV, *b*.

Art. 862. Se a gestão foi iniciada contra a vontade manifesta ou presumível do interessado, responderá o gestor até pelos casos fortuitos, não provando que teriam sobrevindo, ainda quando se houvesse abatido.

•• Mantivemos "abatido" conforme publicação oficial. Entendemos que o correto seria "abstido".

- *Vide* arts. 868 e 874 do CC.

Art. 863. No caso do artigo antecedente, se os prejuízos da gestão excederem o seu proveito, poderá o dono do negócio exigir que o gestor restitua as coisas ao estado anterior, ou o indenize da diferença.

- *Vide* arts. 870 e 874 do CC.

Art. 864. Tanto que se possa, comunicará o gestor ao dono do negócio a gestão que assumiu, aguardando-lhe a resposta, se da espera não resultar perigo.

Art. 865. Enquanto o dono não providenciar, velará o gestor pelo negócio, até o levar a cabo, esperando, se aquele falecer durante a gestão, as instruções dos herdeiros, sem se descuidar, entretanto, das medidas que o caso reclame.

- *Vide* art. 674 do CC.

Art. 866. O gestor envidará toda sua diligência habitual na administração do negócio, ressarcindo ao dono o prejuízo resultante de qualquer culpa na gestão.

- *Vide* arts. 667, 862 e 868 do CC.

Art. 867. Se o gestor se fizer substituir por outrem, responderá pelas faltas do substituto, ainda que seja pessoa idônea, sem prejuízo da ação que a ele, ou ao dono do negócio, contra ela possa caber.

- *Vide* arts. 275 a 285 e 667 do CC.

Parágrafo único. Havendo mais de um gestor, solidária será a sua responsabilidade.

- *Vide* art. 672 do CC.

Art. 868. O gestor responde pelo caso fortuito quando fizer operações arriscadas, ainda que o dono costumasse fazê-las, ou quando preterir interesse deste em proveito de interesses seus.

- *Vide* art. 393 do CC.

Parágrafo único. Querendo o dono aproveitar-se da gestão, será obrigado a indenizar o gestor das despesas necessárias, que tiver feito, e dos prejuízos, que por motivo da gestão, houver sofrido.

Art. 869. Se o negócio for utilmente administrado, cumprirá ao dono as obrigações contraídas em seu nome, reembolsando ao gestor as despesas necessárias ou úteis que houver feito, com os juros legais, desde o desembolso, respondendo ainda pelos prejuízos que este houver sofrido por causa da gestão.

- *Vide* arts. 305, *caput*, 406, 407, 861, 868, parágrafo único, 870 e 873 do CC.

§ 1.º A utilidade, ou necessidade, da despesa, apreciar-se-á não pelo resultado obtido, mas segundo as circunstâncias da ocasião em que se fizerem.

§ 2.º Vigora o disposto neste artigo, ainda quando o gestor, em erro quanto ao dono do negócio, der a outra pessoa as contas da gestão.

Art. 870. Aplica-se a disposição do artigo antecedente, quando a gestão se proponha a acudir a prejuízos iminentes, ou redunde em proveito do dono do negócio ou da coisa; mas a indenização ao gestor não excederá, em importância, as vantagens obtidas com a gestão.

Art. 871. Quando alguém, na ausência do indivíduo obrigado a alimentos, por ele os prestar a quem se devem, poder-lhes-á reaver do devedor a importância, ainda que este não ratifique o ato.

- *Vide* arts. 305, 872, 1.694 e s. do CC.
- *Vide* Lei n. 5.478, de 25-7-1968 (Lei de Alimentos).

Art. 872. Nas despesas do enterro, proporcionadas aos usos locais e à condição do falecido, feitas por terceiro, podem ser cobradas da pessoa que teria a obrigação de alimentar a que veio a falecer, ainda mesmo que esta não tenha deixado bens.

Parágrafo único. Cessa o disposto neste artigo e no antecedente, em se provando que o gestor fez essas despesas com o simples intento de bem-fazer.

Art. 873. A ratificação pura e simples do dono do negócio retroage ao dia do começo da gestão, e produz todos os efeitos do mandato.

- *Vide* arts. 172 (retroatividade da ratificação) e 653 a 692 (mandato) do CC.

Art. 874. Se o dono do negócio, ou da coisa, desaprovar a gestão, considerando-a contrária aos seus interesses, vigorará o disposto nos arts. 862 e 863, salvo o estabelecido nos arts. 869 e 870.

Art. 875. Se os negócios alheios forem conexos ao do gestor, de tal arte que se não possam gerir separadamente, haver-se-á o gestor por sócio daquele cujos interesses agenciar de envolta com os seus.

Parágrafo único. No caso deste artigo, aquele em cujo benefício interveio o gestor só é obrigado na razão das vantagens que lograr.

Capítulo III
DO PAGAMENTO INDEVIDO

Art. 876. Todo aquele que recebeu o que lhe não era devido fica obrigado a restituir; obrigação que incumbe àquele que recebe dívida condicional antes de cumprida a condição.

- *Vide* arts. 125 e 880 do CC.
- Sobre o pagamento indevido de débitos tributários: arts. 165 a 169 da Lei n. 5.172, de 25-10-1966.
- *Vide* Súmulas 71 e 546 do STF.

Art. 877. Àquele que voluntariamente pagou o indevido incumbe a prova de tê-lo feito por erro.

•• *Vide* Súmula 322 do STJ.

Art. 878. Aos frutos, acessões, benfeitorias e deteriorações sobrevindas à coisa dada em pagamento indevido, aplica-se o disposto neste Código sobre o possuidor de boa-fé ou de má-fé, conforme o caso.

- *Vide* arts. 1.214 e 1.216 a 1.220 do CC.

Art. 879. Se aquele que indevidamente recebeu um imóvel o tiver alienado em boa-fé, por título oneroso, responde somente pela quantia recebida; mas, se agiu de má-fé, além do valor do imóvel, responde por perdas e danos.

- *Vide* arts. 402 a 405 (perdas e danos) do CC.

Parágrafo único. Se o imóvel foi alienado por título gratuito, ou se, alienado por título oneroso, o terceiro adquirente agiu de má-fé, cabe ao que pagou por erro o direito de reivindicação.

Art. 880. Fica isento de restituir pagamento indevido aquele que, recebendo-o como parte de dívida verdadeira, inutilizou o título, deixou prescrever a pretensão ou abriu mão das garantias que asseguravam seu direito; mas aquele que pagou dispõe de ação regressiva contra o verdadeiro devedor e seu fiador.

- *Vide* art. 305 do CC.

Art. 881. Se o pagamento indevido tiver consistido no desempenho de obrigação de fazer ou para eximir-se da obrigação de não fazer, aquele que recebeu a prestação fica na obrigação de indenizar o que a cumpriu, na medida do lucro obtido.

Art. 882. Não se pode repetir o que se pagou para solver dívida prescrita, ou cumprir obrigação judicialmente inexigível.

- *Vide* arts. 564, III, e 814 do CC.

Art. 883. Não terá direito à repetição aquele que deu alguma coisa para obter fim ilícito, imoral, ou proibido por lei.

Parágrafo único. No caso deste artigo, o que se deu reverterá em favor de estabelecimento local de beneficência, a critério do juiz.

Capítulo IV
DO ENRIQUECIMENTO SEM CAUSA

Art. 884. Aquele que, sem justa causa, se enriquecer à custa de outrem, será obrigado a restituir o indevidamente auferido, feita a atualização dos valores monetários.

Parágrafo único. Se o enriquecimento tiver por objeto coisa determinada, quem a recebeu é obrigado a restituí-la, e, se a coisa não mais subsistir, a restituição se fará pelo valor do bem na época em que foi exigido.

•• *Vide* art. 206, § 3.º, IV, do CC.

Art. 885. A restituição é devida, não só quando não tenha havido causa que justifique o enriquecimento, mas também se esta deixou de existir.

Art. 886. Não caberá a restituição por enriquecimento, se a lei conferir ao lesado outros meios para se ressarcir do prejuízo sofrido.

TÍTULO VIII
DOS TÍTULOS DE CRÉDITO

- Decreto n. 2.044, de 31-12-1908 – letras de câmbio e notas promissórias.
- Decreto n. 57.595, de 7-1-1966 – lei uniforme em matéria de cheques.
- Decreto n. 57.663, de 24-1-1966 – lei uniforme sobre letras de câmbio e notas promissórias.
- Decreto-lei n. 167, de 14-2-1967 – títulos de crédito rural.
- Lei n. 5.474, de 18-7-1968 – Lei de Duplicatas.
- Decreto-lei n. 413, de 9-1-1969 – títulos de crédito industrial.
- Lei n. 6.313, de 16-12-1975 – títulos de crédito à exportação.
- Lei n. 7.357, de 2-9-1985 – Lei do Cheque.
- Decreto n. 578, de 24-6-1992 – títulos da dívida agrária.
- Lei n. 8.929, de 22-8-1994 – cédula de produto rural.
- Lei n. 10.931, de 2-8-2004 – patrimônio de afetação de incorporações imobiliárias, letra de crédito imobiliário, cédula de crédito imobiliário e cédula de crédito bancário.
- Lei n. 11.076, de 30-12-2004 – certificado de depósito agropecuário e *warrant* agropecuário.
- Penhor de título de crédito: *vide* arts. 1.458 a 1.460 do CC.
- Nota comercial: Lei n. 14.195, de 26-8-2021.

Capítulo I
DISPOSIÇÕES GERAIS

Art. 887. O título de crédito, documento necessário ao exercício do direito literal e autônomo nele contido, somente produz efeito quando preencha os requisitos da lei.

•• *Vide* arts. 206, § 3.º, VIII, e 889 do CC.

- CPC: art. 784, I.

Art. 888. A omissão de qualquer requisito legal, que tire ao escrito a sua validade como título de crédito, não implica a invalidade do negócio jurídico que lhe deu origem.

- *Vide* arts. 166 a 185 (invalidade do negócio jurídico) do CC.

Art. 889. Deve o título de crédito conter a data da emissão, a indicação precisa dos direitos que confere, e a assinatura do emitente.

- Requisitos essenciais para a emissão dos principais títulos: Letra de Câmbio (Decreto n. 2.044, de 31-12-1908, art. 1.º, e n. 57.663, de 24-1-1966, arts. 1.º e 2.º); Nota Promissória (Decreto n. 2.044, de 31-12-1908, art. 54, e n. 57.663, de 24-1-1966, art. 76); Duplicata (Lei n. 5.474, de 18-7-1968); Cheque (Lei n. 7.357, de 2-9-1985, art. 2.º).

§ 1.º É à vista o título de crédito que não contenha indicação de vencimento.

- *Vide* art. 331 do CC.

§ 2.º Considera-se lugar de emissão e de pagamento, quando não indicado no título, o domicílio do emitente.

- *Vide* art. 327 do CC.

§ 3.º O título poderá ser emitido a partir dos caracteres criados em computador ou meio técnico equivalente e que constem da escrituração do emitente, observados os requisitos mínimos previstos neste artigo.

Art. 890. Consideram-se não escritas no título a cláusula de juros, a proibitiva de endosso, a excludente de responsabilidade pelo pagamento ou por despesas, a que dispense a observância de termos e formalidade prescritas, e a que, além dos limites fixados em lei, exclua ou restrinja direitos e obrigações.

Art. 891. O título de crédito, incompleto ao tempo da emissão, deve ser preenchido de conformidade com os ajustes realizados.

Parágrafo único. O descumprimento dos ajustes previstos neste artigo pelos que deles participaram, não constitui motivo de oposição ao terceiro portador, salvo se este, ao adquirir o título, tiver agido de má-fé.

- Dispõe o art. 10 do Anexo I do Decreto n. 57.663, de 24-1-1966 (lei uniforme em matéria de letras de câmbio e notas promissórias): "Se uma letra incompleta no momento de ser passada tiver sido completada contrariamente aos acordos realizados, não pode a inobservância desses acordos ser motivo de oposição ao portador, salvo se este tiver adquirido a letra de má-fé ou, adquirindo-a, tenha cometido uma falta grave".

Art. 892. Aquele que, sem ter poderes, ou excedendo os que tem, lança a sua assinatura em título de crédito, como mandatário ou representante de outrem, fica pessoalmente obrigado, e, pagando o título, tem ele os mesmos direitos que teria o suposto mandante ou representado.

- *Vide* arts. 661, 662, 663 e 665 do CC.

Art. 893. A transferência do título de crédito implica a de todos os direitos que lhe são inerentes.

Art. 894. O portador de título representativo de mercadoria tem o direito de transferi-lo, de conformidade com as normas que regulam a sua circulação, ou de receber aquela independentemente de quaisquer formalidades, além da entrega do título devidamente quitado.

- *Vide* arts. 319 a 321 do CC.
- Sobre conhecimento de depósito e respectivo *warrant*: arts. 18 a 22 do Decreto n. 1.102, de 21-11-1903.

Art. 895. Enquanto o título de crédito estiver em circulação, só ele poderá ser dado em garantia, ou ser objeto de medidas judiciais, e não, separadamente, os direitos ou mercadorias que representa.

Art. 896. O título de crédito não pode ser reivindicado do portador que o adquiriu de boa-fé e na conformidade das normas que disciplinam a sua circulação.

Art. 897. O pagamento de título de crédito, que contenha obrigação de pagar soma determinada, pode ser garantido por aval.

Parágrafo único. É vedado o aval parcial.

- Garantia cambial por meio de aval: letra de câmbio e nota promissória (Decreto n. 57.663, de 24-1-1966, arts. 30 a 32); cheque (Lei n. 7.357, de 2-9-1985, arts. 29 a 31); duplicata (Lei n. 5.474, de 18-7-1968, art. 12).

Art. 898. O aval deve ser dado no verso ou no anverso do próprio título.

§ 1.º Para a validade do aval, dado no anverso do título, é suficiente a simples assinatura do avalista.

§ 2.º Considera-se não escrito o aval cancelado.

Art. 899. O avalista equipara-se àquele cujo nome indicar; na falta de indicação, ao emitente ou devedor final.

- *Vide* art. 349 do CC.
- *Vide* Súmula 26 do STJ.

§ 1.º Pagando o título, tem o avalista ação de regresso contra o seu avalizado e demais coobrigados anteriores.

§ 2.º Subsiste a responsabilidade do avalista, ainda que nula a obrigação daquele a quem se equipara, a menos que a nulidade decorra de vício de forma.

Art. 900. O aval posterior ao vencimento produz os mesmos efeitos do anteriormente dado.

Art. 901. Fica validamente desonerado o devedor que paga título de crédito ao legítimo portador, no vencimento, sem oposição, salvo se agiu de má-fé.

Parágrafo único. Pagando, pode o devedor exigir do credor, além da entrega do título, quitação regular.

- *Vide* art. 324 do CC.

Art. 902. Não é o credor obrigado a receber o pagamento antes do vencimento do título, e aquele que o paga, antes do vencimento, fica responsável pela validade do pagamento.

§ 1.º No vencimento, não pode o credor recusar pagamento, ainda que parcial.

§ 2.º No caso de pagamento parcial, em que se não opera a tradição do título, além da quitação em separado, outra deverá ser firmada no próprio título.

Art. 903. Salvo disposição diversa em lei especial, regem-se os títulos de crédito pelo disposto neste Código.

Capítulo II
DO TÍTULO AO PORTADOR

•• A Lei n. 8.021, de 12-4-1990, que dispõe sobre a identificação dos contribuintes para fins fiscais e dá outras providências, estabelece em seu art. 2.º, I e II: "A partir da data de publicação desta Lei fica vedada: I – a emissão de quotas ao portador ou nominativas-endossáveis, pelos fundos em condomínio; II – a emissão de títulos e a captação de depósitos ou aplicações ao portador ou nominativos-endossáveis".

- O bilhete de loteria é considerado, para todos os efeitos, título ao portador – art. 23 do Decreto-lei n. 6.259, de 10-2-1944.

Art. 904. A transferência de título ao portador se faz por simples tradição.

Art. 905. O possuidor de título ao portador tem direito à prestação nele indicada, mediante a sua simples apresentação ao devedor.

- *Vide* art. 311 do CC.

Parágrafo único. A prestação é devida ainda que o título tenha entrado em circulação contra a vontade do emitente.

Art. 906. O devedor só poderá opor ao portador exceção fundada em direito pessoal, ou em nulidade de sua obrigação.

• *Vide* art. 371 do CC.

• *Vide* art. 51 do Decreto n. 2.044, de 31-12-1908 (letras de câmbio).

Art. 907. É nulo o título ao portador emitido sem autorização de lei especial.

• O art. 292 do CP dispõe sobre a emissão de título ao portador sem permissão legal.

Art. 908. O possuidor de título dilacerado, porém identificável, tem direito a obter do emitente a substituição do anterior, mediante a restituição do primeiro e o pagamento das despesas.

Art. 909. O proprietário, que perder ou extraviar título, ou for injustamente desapossado dele, poderá obter novo título em juízo, bem como impedir sejam pagos a outrem capital e rendimentos.

• *Vide* arts. 321 e 1.268 do CC.

Parágrafo único. O pagamento, feito antes de ter ciência da ação referida neste artigo, exonera o devedor, salvo se se provar que ele tinha conhecimento do fato.

Capítulo III
DO TÍTULO À ORDEM

Art. 910. O endosso deve ser lançado pelo endossante no verso ou anverso do próprio título.

§ 1.º Pode o endossante designar o endossatário, e para validade do endosso, dado no verso do título, é suficiente a simples assinatura do endossante.

§ 2.º A transferência por endosso completa-se com a tradição do título.

• *Vide* art. 324 do CC.

§ 3.º Considera-se não escrito o endosso cancelado, total ou parcialmente.

Art. 911. Considera-se legítimo possuidor o portador do título à ordem com série regular e ininterrupta de endossos, ainda que o último seja em branco.

Parágrafo único. Aquele que paga o título está obrigado a verificar a regularidade da série de endossos, mas não a autenticidade das assinaturas.

Art. 912. Considera-se não escrita no endosso qualquer condição a que o subordine o endossante.

Parágrafo único. É nulo o endosso parcial.

Art. 913. O endossatário de endosso em branco pode mudá-lo para endosso em preto, completando-o com o seu nome ou de terceiro; pode endossar novamente o título, em branco ou em preto; ou pode transferi-lo sem novo endosso.

Art. 914. Ressalvada cláusula expressa em contrário, constante do endosso, não responde o endossante pelo cumprimento da prestação constante do título.

§ 1.º Assumindo responsabilidade pelo pagamento, o endossante se torna devedor solidário.

• *Vide* arts. 275 a 285 do CC.

§ 2.º Pagando o título, tem o endossante ação de regresso contra os coobrigados anteriores.

Art. 915. O devedor, além das exceções fundadas nas relações pessoais que tiver com o portador, só poderá opor a este as exceções relativas à forma do título e ao seu conteúdo literal, à falsidade da própria assinatura, a defeito de capacidade ou de representação no momento da subscrição, e à falta de requisito necessário ao exercício da ação.

Art. 916. As exceções, fundadas em relação do devedor com os portadores precedentes, somente poderão ser por ele opostas ao portador, se este, ao adquirir o título, tiver agido de má-fé.

Art. 917. A cláusula constitutiva de mandato, lançada no endosso, confere ao endossatário o exercício dos direitos inerentes ao título, salvo restrição expressamente estatuída.

§ 1.º O endossatário de endosso-mandato só pode endossar novamente o título na qualidade de procurador, com os mesmos poderes que recebeu.

§ 2.º Com a morte ou a superveniente incapacidade do endossante, não perde eficácia o endosso-mandato.

§ 3.º Pode o devedor opor ao endossatário de endosso-mandato somente as exceções que tiver contra o endossante.

Art. 918. A cláusula constitutiva de penhor, lançada no endosso, confere ao endossatário o exercício dos direitos inerentes ao título.

• *Vide* arts. 1.458 a 1.460 do CC.

§ 1.º O endossatário de endosso-penhor só pode endossar novamente o título na qualidade de procurador.

§ 2.º Não pode o devedor opor ao endossatário de endosso-penhor as exceções que tinha contra o endossante, salvo se aquele tiver agido de má-fé.

Art. 919. A aquisição de título à ordem, por meio diverso do endosso, tem efeito de cessão civil.

• *Vide* arts. 286 a 298 do CC.

Art. 920. O endosso posterior ao vencimento produz os mesmos efeitos do anterior.

• Dispõe o art. 20 do Anexo I do Decreto n. 57.663, de 24-1-1966 (lei uniforme em matéria de letras de câmbio e notas promissórias): "O endosso posterior ao vencimento tem os mesmos efeitos que o endosso anterior. Todavia, o endosso posterior ao protesto por falta de pagamento, ou feito depois de expirado o prazo fixado para se fazer o protesto, produz apenas os efeitos de uma cessão ordinária de créditos. Salvo prova em contrário, presume-se que um endosso sem data foi feito antes de expirado o prazo fixado para se fazer o protesto".

Capítulo IV
DO TÍTULO NOMINATIVO

Art. 921. É título nominativo o emitido em favor de pessoa cujo nome conste no registro do emitente.

Art. 922. Transfere-se o título nominativo mediante termo, em registro do emitente, assinado pelo proprietário e pelo adquirente.

Art. 923. O título nominativo também pode ser transferido por endosso que contenha o nome do endossatário.

§ 1.º A transferência mediante endosso só tem eficácia perante o emitente, uma vez feita a competente averbação em seu registro, podendo o emitente exigir do endossatário que comprove a autenticidade da assinatura do endossante.

§ 2.º O endossatário, legitimado por série regular e ininterrupta de endossos, tem o direito de obter a averbação no registro do emitente, comprovada a autenticidade das assinaturas de todos os endossantes.

§ 3.º Caso o título original contenha o nome do primitivo proprietário, tem direito o adquirente a obter do emitente novo título, em seu nome, devendo a emissão do novo título constar no registro do emitente.

Art. 924. Ressalvada proibição legal, pode o título nominativo ser transformado em à ordem ou ao portador, a pedido do proprietário e à sua custa.

- *Vide* arts. 904 a 920 do CC.

Art. 925. Fica desonerado de responsabilidade o emitente que de boa-fé fizer a transferência pelos modos indicados nos artigos antecedentes.

Art. 926. Qualquer negócio ou medida judicial, que tenha por objeto o título, só produz efeito perante o emitente ou terceiros, uma vez feita a competente averbação no registro do emitente.

Título IX
DA RESPONSABILIDADE CIVIL

Capítulo I
DA OBRIGAÇÃO DE INDENIZAR

Art. 927. Aquele que, por ato ilícito (arts. 186 e 187), causar dano a outrem, fica obrigado a repará-lo.

- *Vide* arts. 934 e 942 a 954 do CC.
- Reparação de dano moral decorrente de calúnia, difamação ou injúria: art. 243 da Lei n. 4.737, de 15-7-1965.
- *Vide* Súmulas 28, 161, 229, 491, 492 e 562 do STF.
- *Vide* Súmulas 37, 43, 221, 227, 246 e 479 do STJ.

Parágrafo único. Haverá obrigação de reparar o dano, independentemente de culpa, nos casos especificados em lei, ou quando a atividade normalmente desenvolvida pelo autor do dano implicar, por sua natureza, risco para os direitos de outrem.

- *Vide* arts. 5.º, V e X, e 37, § 6.º, da CF.

Art. 928. O incapaz responde pelos prejuízos que causar, se as pessoas por ele responsáveis não tiverem obrigação de fazê-lo ou não dispuserem de meios suficientes.

- *Vide* arts. 932 a 934 e 942, parágrafo único, do CC.

Parágrafo único. A indenização prevista neste artigo, que deverá ser equitativa, não terá lugar se privar do necessário o incapaz ou as pessoas que dele dependem.

- *Vide* art. 116 do ECA.

Art. 929. Se a pessoa lesada, ou o dono da coisa, no caso do inciso II do art. 188, não forem culpados do perigo, assistir-lhes-á direito à indenização do prejuízo que sofreram.

Art. 930. No caso do inciso II do art. 188, se o perigo ocorrer por culpa de terceiro, contra este terá o autor do dano ação regressiva para haver a importância que tiver ressarcido ao lesado.

Parágrafo único. A mesma ação competirá contra aquele em defesa de quem se causou o dano (art. 188, inciso I).

- CPC: art. 125, III.

Art. 931. Ressalvados outros casos previstos em lei especial, os empresários individuais e as empresas respondem independentemente de culpa pelos danos causados pelos produtos postos em circulação.

- *Vide* arts. 12, 18, 19 e 23 a 25 da Lei n. 8.078, de 11-9-1990 (CDC).

Art. 932. São também responsáveis pela reparação civil:

- *Vide* arts. 934 e 942, parágrafo único, do CC.

I – os pais, pelos filhos menores que estiverem sob sua autoridade e em sua companhia;

- ECA (Lei n. 8.069, de 13-7-1990), art. 116.

II – o tutor e o curador, pelos pupilos e curatelados, que se acharem nas mesmas condições;

III – o empregador ou comitente, por seus empregados, serviçais e prepostos, no exercício do trabalho que lhes competir, ou em razão dele;

- *Vide* art. 149 do CC.
- A Lei n. 7.195, de 12-6-1984, dispõe sobre a responsabilidade civil das agências de empregados domésticos.
- *Vide* Súmulas 341 do STF e 130 do STJ.

IV – os donos de hotéis, hospedarias, casas ou estabelecimentos onde se albergue por dinheiro, mesmo para fins de educação, pelos seus hóspedes, moradores e educandos;

- *Vide* arts. 649 e 650 do CC.

V – os que gratuitamente houverem participado nos produtos do crime, até a concorrente quantia.

- O art. 91 do CP trata sobre os efeitos genéricos e específicos da condenação.
- O art. 64 do CPP trata sobre a ação para ressarcimento de dano.
- *Vide* Súmula 492 do STF.

Art. 933. As pessoas indicadas nos incisos I a V do artigo antecedente, ainda que não haja culpa de sua parte, responderão pelos atos praticados pelos terceiros ali referidos.

Art. 934. Aquele que ressarcir o dano causado por outrem pode reaver o que houver pago daquele por quem pagou, salvo se o causador do dano for descendente seu, absoluta ou relativamente incapaz.

- CPC: art. 125, II.
- *Vide* Súmulas 187 e 188 do STF.

Art. 935. A responsabilidade civil é independente da criminal, não se podendo questionar mais sobre a existência do fato, ou sobre quem seja o seu autor, quando estas questões se acharem decididas no juízo criminal.

• Faz coisa julgada no cível a sentença penal que reconhecer ter sido o ato praticado em estado de necessidade, em legítima defesa, em estrito cumprimento de dever legal ou no exercício regular de direito: art. 65 do CPP.

• *Vide* Súmula 18 do STJ.

• CPC: arts. 313, V, *a*, e 315.

Art. 936. O dono, ou detentor, do animal ressarcirá o dano por este causado, se não provar culpa da vítima ou força maior.

• *Vide* art. 393 do CC.

Art. 937. O dono de edifício ou construção responde pelos danos que resultarem de sua ruína, se esta provier de falta de reparos, cuja necessidade fosse manifesta.

•• A Lei n. 13.425, de 30-3-2017 propôs acréscimo dos §§ 1.º e 2.º e incisos I e II, porém o texto foi vetado.

• *Vide* arts. 618 e 1.280 do CC.

Art. 938. Aquele que habitar prédio, ou parte dele, responde pelo dano proveniente das coisas que dele caírem ou forem lançadas em lugar indevido.

• *Vide* arts. 1.331 a 1.358 (condomínio edilício) do CC.

• *Vide* Lei n. 4.591, de 16-12-1964.

Art. 939. O credor que demandar o devedor antes de vencida a dívida, fora dos casos em que a lei o permita, ficará obrigado a esperar o tempo que faltava para o vencimento, a descontar os juros correspondentes, embora estipulados, e a pagar as custas em dobro.

Art. 940. Aquele que demandar por dívida já paga, no todo ou em parte, sem ressalvar as quantias recebidas ou pedir mais do que for devido, ficará obrigado a pagar ao devedor, no primeiro caso, o dobro do que houver cobrado e, no segundo, o equivalente do que dele exigir, salvo se houver prescrição.

• Os arts. 16 a 18 do CPC dispõem sobre a responsabilidade das partes por dano processual.

• *Vide* art. 42, parágrafo único, do CDC.

• *Vide* Súmula 159 do STF.

Art. 941. As penas previstas nos arts. 939 e 940 não se aplicarão quando o autor desistir da ação antes de contestada a lide, salvo ao réu o direito de haver indenização por algum prejuízo que prove ter sofrido.

• CPC: arts. 79 a 81 e 485, § 4.º.

Art. 942. Os bens do responsável pela ofensa ou violação do direito de outrem ficam sujeitos à reparação do dano causado; e, se a ofensa tiver mais de um autor, todos responderão solidariamente pela reparação.

• *Vide* arts. 186 e 927 do CC.

• *Vide* arts. 5.º, V e X, e 37, § 6.º (indenização), da CF.

• *Vide* Súmulas 221 e 246 do STJ.

Parágrafo único. São solidariamente responsáveis com os autores os coautores e as pessoas designadas no art. 932.

• *Vide* arts. 264 a 285 e 934 do CC.

Art. 943. O direito de exigir reparação e a obrigação de prestá-la transmitem-se com a herança.

•• *Vide* Súmula 642 do STJ.

• *Vide* arts. 1.792, 1.821 e 1.997 do CC.

• *Vide* Súmula 35 do STF.

Capítulo II
DA INDENIZAÇÃO

Art. 944. A indenização mede-se pela extensão do dano.

• *Vide* arts. 948 a 954 do CC.

• *Vide* Súmula 37 do STJ.

Parágrafo único. Se houver excessiva desproporção entre a gravidade da culpa e o dano, poderá o juiz reduzir, equitativamente, a indenização.

• *Vide* art. 5.º do Decreto-lei n. 4.657, de 4-9-1942 (LINDB).

• *Vide* Súmulas 491 e 562 do STF.

Art. 945. Se a vítima tiver concorrido culposamente para o evento danoso, a sua indenização será fixada tendo-se em conta a gravidade de sua culpa em confronto com a do autor do dano.

• *Vide* Súmula 28 do STF.

Art. 946. Se a obrigação for indeterminada, e não houver na lei ou no contrato disposição fixando a indenização devida pelo inadimplente, apurar-se-á o valor das perdas e danos na forma que a lei processual determinar.

Art. 947. Se o devedor não puder cumprir a prestação na espécie ajustada, substituir-se-á pelo seu valor, em moeda corrente.

• CPC: art. 809, § 2.º.

Art. 948. No caso de homicídio, a indenização consiste, sem excluir outras reparações:

I – no pagamento das despesas com o tratamento da vítima, seu funeral e o luto da família;

II – na prestação de alimentos às pessoas a quem o morto os devia, levando-se em conta a duração provável da vida da vítima.

•• *Vide* Súmula 642 do STJ.

• *Vide* arts. 1.694 a 1.710 do CC.

• Sobre os honorários de advogado que completam a indenização, *vide* arts. 22 a 26 da Lei n. 8.906, de 4-7-1994 (EAOAB).

• *Vide* Súmulas 490 e 491 do STF.

Art. 949. No caso de lesão ou outra ofensa à saúde, o ofensor indenizará o ofendido das despesas do tratamento e dos lucros cessantes até ao fim da convalescença, além de algum outro prejuízo que o ofendido prove haver sofrido.

• *Vide* arts. 402 e 403 do CC.

Art. 950. Se da ofensa resultar defeito pelo qual o ofendido não possa exercer o seu ofício ou profissão, ou se lhe diminua a capacidade de trabalho, a indenização, além das despesas do tratamento e lucros cessantes até ao fim da convalescença, incluirá pensão correspondente à importância do trabalho para que se inabilitou, ou da depreciação que ele sofreu.

• *Vide* Súmula 490 do STF.

Parágrafo único. O prejudicado, se preferir, poderá exigir que a indenização seja arbitrada e paga de uma só vez.

Art. 951. O disposto nos arts. 948, 949 e 950 aplica-se ainda no caso de indenização devida por aquele que, no exercício de atividade profissional, por negligência, imprudência ou imperícia, causar a morte do paciente, agravar-lhe o mal, causar-lhe lesão, ou inabilitá-lo para o trabalho.

- *Vide* arts. 14, § 4.º, e 17 da Lei n. 8.078, de 11-9-1990 (CDC).
- *Vide* Súmulas 341 do STF, 37 do STJ e Súmula Vinculante 22.

Art. 952. Havendo usurpação ou esbulho do alheio, além da restituição da coisa, a indenização consistirá em pagar o valor das suas deteriorações e o devido a título de lucros cessantes; faltando a coisa, dever-se-á reembolsar o seu equivalente ao prejudicado.

- *Vide* arts. 402, 403, 1.210 e 1.228 do CC.
- *Vide* arts. 921, I, 922 e 926 do CPC.
- *Vide* Súmula 562 do STF.
- *Vide* arts. 161 e 162 (usucapião) do CP.

Parágrafo único. Para se restituir o equivalente, quando não exista a própria coisa, estimar-se-á ela pelo seu preço ordinário e pelo de afeição, contanto que este não se avantaje àquele.

- *Vide* Súmula 562 do STF.

Art. 953. A indenização por injúria, difamação ou calúnia consistirá na reparação do dano que delas resulte ao ofendido.

- *Vide* arts. 138 (calúnia), 139 (difamação) e 140 (injúria) do CP.

Parágrafo único. Se o ofendido não puder provar prejuízo material, caberá ao juiz fixar, equitativamente, o valor da indenização, na conformidade das circunstâncias do caso.

- *Vide* arts. 49 a 52 (pena de multa) do CP.

Art. 954. A indenização por ofensa à liberdade pessoal consistirá no pagamento das perdas e danos que sobrevierem ao ofendido, e se este não puder provar prejuízo, tem aplicação o disposto no parágrafo único do artigo antecedente.

- *Vide* arts. 402 a 405 do CC.

Parágrafo único. Consideram-se ofensivos da liberdade pessoal:

- *Vide* Súmula Vinculante 11.

I – o cárcere privado;

- *Vide* art. 148 do CP.

II – a prisão por queixa ou denúncia falsa e de má-fé;

III – a prisão ilegal.

- *Vide* art. 5.º, LXV, da CF.

TÍTULO X
DAS PREFERÊNCIAS E PRIVILÉGIOS CREDITÓRIOS

Art. 955. Procede-se à declaração de insolvência toda vez que as dívidas excedam à importância dos bens do devedor.

- LEF: Lei n. 6.830, de 22-9-1980.

Art. 956. A discussão entre os credores pode versar quer sobre a preferência entre eles disputada, quer sobre a nulidade, simulação, fraude, ou falsidade das dívidas e contratos.

- *Vide* arts. 158 a 165 (fraude), 166, 167 (simulação) e 171 do CC.
- Consideram-se feitas em fraude da Fazenda Pública as alienações, ou seu começo, realizadas pelo contribuinte em débito: art. 185 da Lei n. 5.172, de 25-10-1966.

Art. 957. Não havendo título legal à preferência, terão os credores igual direito sobre os bens do devedor comum.

Art. 958. Os títulos legais de preferência são os privilégios e os direitos reais.

- *Vide* arts. 964 (privilégio especial) e 1.225 (direitos reais) do CC.
- Sobre privilégio fiscal: Lei n. 5.172, de 25-10-1966, arts. 186 e s.
- Sobre a preferência de créditos trabalhistas: art. 83, I, da Lei de Falências e Recuperação de Empresas (Lei n. 11.101, de 9-2-2005).
- Decretos-leis n. 167, de 14-2-1967 (crédito rural), e 413, de 9-1-1969 (crédito industrial).

Art. 959. Conservam seus respectivos direitos os credores, hipotecários ou privilegiados:

I – sobre o preço do seguro da coisa gravada com hipoteca ou privilégio, ou sobre a indenização devida, havendo responsável pela perda ou danificação da coisa;

- *Vide* arts. 785 e 1.425, IV, do CC.

II – sobre o valor da indenização, se a coisa obrigada a hipoteca ou privilégio for desapropriada.

- *Vide* art. 1.425, V, do CC.
- *Vide* art. 30 do Decreto-lei n. 3.365, de 21-6-1941, que dispõe sobre desapropriações.
- *Vide* art. 5.º da Lei n. 492, de 30-8-1937, sobre os direitos do credor pignoratício.
- Decreto-lei n. 167, de 14-2-1967, sobre títulos de crédito rural.

Art. 960. Nos casos a que se refere o artigo antecedente, o devedor do seguro, ou da indenização, exonera-se pagando sem oposição dos credores hipotecários ou privilegiados.

Art. 961. O crédito real prefere ao pessoal de qualquer espécie; o crédito pessoal privilegiado, ao simples; e o privilégio especial, ao geral.

- *Vide* arts. 963 e 1.509, § 1.º, do CC.

Art. 962. Quando concorrerem aos mesmos bens, e por título igual, dois ou mais credores da mesma classe especialmente privilegiados, haverá entre eles rateio proporcional ao valor dos respectivos créditos, se o produto não bastar para o pagamento integral de todos.

- *Vide* art. 908 do CPC.

Art. 963. O privilégio especial só compreende os bens sujeitos, por expressa disposição de lei, ao pagamento do crédito que ele favorece; e o geral, todos os bens não sujeitos a crédito real nem a privilégio especial.

Art. 964. Têm privilégio especial:

I – sobre a coisa arrecadada e liquidada, o credor de custas e despesas judiciais feitas com a arrecadação e liquidação;

II – sobre a coisa salvada, o credor por despesas de salvamento;

- *Vide* art. 13 da Lei n. 7.203, de 3-7-1984 (operação de salvamento, privilégio).

III – sobre a coisa beneficiada, o credor por benfeitorias necessárias ou úteis;

• *Vide* art. 96 do CC.

IV – sobre os prédios rústicos ou urbanos, fábricas, oficinas, ou quaisquer outras construções, o credor de materiais, dinheiro, ou serviços para a sua edificação, reconstrução, ou melhoramento;

V – sobre os frutos agrícolas, o credor por sementes, instrumentos e serviços à cultura, ou à colheita;

VI – sobre as alfaias e utensílios de uso doméstico, nos prédios rústicos ou urbanos, o credor de aluguéis, quanto às prestações do ano corrente e do anterior;

• CTN, art. 186.

VII – sobre os exemplares da obra existente na massa do editor, o autor dela, ou seus legítimos representantes, pelo crédito fundado contra aquele no contrato da edição;

• *Vide* Lei n. 9.610, de 19-2-1998.

VIII – sobre o produto da colheita, para a qual houver concorrido com o seu trabalho, e precipuamente a quaisquer outros créditos, ainda que reais, o trabalhador agrícola, quanto à dívida dos seus salários;

• *Vide* art. 1.422, *caput*, do CC.

IX – sobre os produtos do abate, o credor por animais.

•• Inciso IX acrescentado pela Lei n. 13.176, de 21-10-2015.

Art. 965. Goza de privilégio geral, na ordem seguinte, sobre os bens do devedor:

I – o crédito por despesa de seu funeral, feito segundo a condição do morto e o costume do lugar;

II – o crédito por custas judiciais, ou por despesas com a arrecadação e liquidação da massa;

III – o crédito por despesas com o luto do cônjuge sobrevivo e dos filhos do devedor falecido, se foram moderadas;

IV – o crédito por despesas com a doença de que faleceu o devedor, no semestre anterior à sua morte;

V – o crédito pelos gastos necessários à mantença do devedor falecido e sua família, no trimestre anterior ao falecimento;

VI – o crédito pelos impostos devidos à Fazenda Pública, no ano corrente e no anterior;

• *Vide* art. 186 do CTN.

VII – o crédito pelos salários dos empregados do serviço doméstico do devedor, nos seus derradeiros seis meses de vida;

• A Fazenda, na cobrança da sua dívida ativa, não está sujeita a concurso de credores, nem a habilitação em falência, recuperação judicial, inventário ou arrolamento (art. 187 da Lei n. 5.172, de 25-10-1966, e art. 29 da Lei n. 6.830, de 22-9-1980).

• Em matéria falimentar – arts. 83 e s. da Lei n. 11.101, de 9-2-2005 (Lei de Falências e Recuperação de Empresas).

• Privilégio, em caso de falência ou concordata, de crédito relativo às cédulas hipotecárias – *vide* § 2.º do art. 35 do Decreto-lei n. 70, de 21-11-1966.

• Privilégio da Fazenda federal nos processos de liquidação, falência ou concordata de empresas de transporte aéreo – dispõe o Decreto-lei n. 496, de 11-3-1969.

VIII – os demais créditos de privilégio geral.

Livro II
Do Direito de Empresa

Título I
DO EMPRESÁRIO

Capítulo I
DA CARACTERIZAÇÃO E DA INSCRIÇÃO

Art. 966. Considera-se empresário quem exerce profissionalmente atividade econômica organizada para a produção ou a circulação de bens ou de serviços.

- *Vide* arts. 972, 974, 975, 2.031 e 2.037 do CC.

Parágrafo único. Não se considera empresário quem exerce profissão intelectual, de natureza científica, literária ou artística, ainda com o concurso de auxiliares ou colaboradores, salvo se o exercício da profissão constituir elemento de empresa.

- *Vide* arts. 1.155 e 1.156 do CC.
- *Vide* Lei n. 9.610, de 19-2-1998 (direitos autorais).

Art. 967. É obrigatória a inscrição do empresário no Registro Público de Empresas Mercantis da respectiva sede, antes do início de sua atividade.

- *Vide* arts. 982, 985 e 1.150 a 1.154 do CC.
- *Vide* arts. 32, II, 36, 37 e 38 da Lei n. 8.934, de 18-11-1994 (Registro Público de Empresas Mercantis), regulamentada pelo Decreto n. 1.800, de 30-1-1996.

Art. 968. A inscrição do empresário far-se-á mediante requerimento que contenha:

- *Vide* arts. 971 e 984 do CC.

I – o seu nome, nacionalidade, domicílio, estado civil e, se casado, o regime de bens;

- *Vide* arts. 70 a 72, 75, IV, §§ 1.º e 2.º, 977 a 980, 1.639 e s. do CC.
- *Vide* art. 12 (nacionalidade) da CF.

II – a firma, com a respectiva assinatura autógrafa que poderá ser substituída pela assinatura autenticada com certificação digital ou meio equivalente que comprove a sua autenticidade, ressalvado o disposto no inciso I do § 1.º do art. 4.º da Lei Complementar n. 123, de 14 de dezembro de 2006;

•• Inciso II com redação determinada pela Lei Complementar n. 147, de 7-8-2014.

III – o capital;

IV – o objeto e a sede da empresa.

- *Vide* art. 1.142 do CC.

§ 1.º Com as indicações estabelecidas neste artigo, a inscrição será tomada por termo no livro próprio do Registro Público de Empresas Mercantis, e obedecerá a número de ordem contínuo para todos os empresários inscritos.

- *Vide* art. 971 do CC.

§ 2.º À margem da inscrição, e com as mesmas formalidades, serão averbadas quaisquer modificações nela ocorrentes.

- *Vide* art. 971 do CC.

§ 3.º Caso venha a admitir sócios, o empresário individual poderá solicitar ao Registro Público de Empresas Mercantis a transformação de seu registro de empresário para registro de sociedade empresária, observado, no que couber, o disposto nos arts. 1.113 a 1.115 deste Código.

•• § 3.º acrescentado pela Lei Complementar n. 128, de 19-12-2008.

§ 4.º O processo de abertura, registro, alteração e baixa do microempreendedor individual de que trata o art. 18-A da Lei Complementar n. 123, de 14 de dezembro de 2006, bem como qualquer exigência para o início de seu funcionamento deverão ter trâmite especial e simplificado, preferentemente eletrônico, opcional para o empreendedor, na forma a ser disciplinada pelo Comitê para Gestão da Rede Nacional para a Simplificação do Registro e da Legalização de Empresas e Negócios – CGSIM, de que trata o inciso III do art. 2.º da mesma Lei.

•• § 4.º acrescentado pela Lei n. 12.470, de 31-8-2011.

§ 5.º Para fins do disposto no § 4.º, poderão ser dispensados o uso da firma, com a respectiva assinatura autógrafa, o capital, requerimentos, demais assinaturas, informações relativas à nacionalidade, estado civil e regime de bens, bem como remessa de documentos, na forma estabelecida pelo CGSIM.

•• § 5.º acrescentado pela Lei n. 12.470, de 31-8-2011.

Art. 969. O empresário que instituir sucursal, filial ou agência, em lugar sujeito à jurisdição de outro Registro Público de Empresas Mercantis, neste deverá também inscrevê-la, com a prova da inscrição originária.

- *Vide* art. 24, III, da CF.
- *Vide* arts. 37 e 38 da Lei n. 8.934, de 18-11-1994 (Registro Público de Empresas Mercantis), regulamentada pelo Decreto n. 1.800, de 30-1-1996.

Parágrafo único. Em qualquer caso, a constituição do estabelecimento secundário deverá ser averbada no Registro Público de Empresas Mercantis da respectiva sede.

Art. 970. A lei assegurará tratamento favorecido, diferenciado e simplificado ao empresário rural e ao pequeno empresário, quanto à inscrição e aos efeitos daí decorrentes.

•• *Vide* art. 1.179, § 2.º, do CC.

- *Vide* art. 170, IX, da CF.

Art. 971. O empresário, cuja atividade rural constitua sua principal profissão, pode, observadas as formalidades de que tratam o art. 968 e seus parágrafos, requerer inscrição no Registro Público de Empresas Mercantis da respectiva sede, caso em que, depois de inscrito, ficará equiparado, para todos os efeitos, ao empresário sujeito a registro.

- *Vide* arts. 984 e 1.150 do CC.
- Registro Público de Empresas Mercantis: Lei n. 8.934, de 18-11-1994, regulamentada pelo Decreto n. 1.800, de 30-1-1996.
- Estatuto da Terra: Lei n. 4.504, de 30-11-1964.
- Direito Agrário: Lei n. 4.947, de 6-4-1966.
- Trabalho Rural: Lei n. 5.889, de 8-6-1973, regulamentada pelo Decreto n. 73.626, de 12-2-1974.

Parágrafo único. Aplica-se o disposto no *caput* deste artigo à associação que desenvolva atividade futebolística em caráter habitual e profissional, caso em que, com a inscrição, será considerada empresária, para todos os efeitos.

•• Parágrafo único acrescentado pela Lei n. 14.193, de 6-8-2021.

Capítulo II
DA CAPACIDADE

• *Vide* art. 7.º do Decreto-lei n. 4.657, de 4-9-1942 (LINDB).

Art. 972. Podem exercer a atividade de empresário os que estiverem em pleno gozo da capacidade civil e não forem legalmente impedidos.

• *Vide* art. 5.º do CC.

• Legalmente impedidos*:* art. 54, II, *a*, da CF*;* art. 482, *c*, da CLT; art. 181 da Lei n. 11.101, de 9-2-2005 (Lei de Falências e Recuperação de Empresas); arts. 147, § 1.º, e 159, § 2.º, da Lei n. 6.404, de 15-12-1976 (LSA); art. 36, I e II, da Lei Complementar n. 35, de 14-3-1979 (LOMN); art. 29 do Decreto n. 84.934, de 21-7-1980 (Turismo); art. 117, X, da Lei n. 8.112, de 11-12-1990; art. 36, I e II, da LOMAN - Lei Orgânica da Magistratura Nacional; e art. 44, III, da Lei n. 8.625, de 12-2-1993.

Art. 973. A pessoa legalmente impedida de exercer atividade própria de empresário, se a exercer, responderá pelas obrigações contraídas.

• LSA (Lei n. 6.404, de 15-12-1976): art. 158 (responsabilidade dos administradores).

Art. 974. Poderá o incapaz, por meio de representante ou devidamente assistido, continuar a empresa antes exercida por ele enquanto capaz, por seus pais ou pelo autor de herança.

• *Vide* arts. 3.º a 5.º do CC.

§ 1.º Nos casos deste artigo, precederá autorização judicial, após exame das circunstâncias e dos riscos da empresa, bem como da conveniência em continuá-la, podendo a autorização ser revogada pelo juiz, ouvidos os pais, tutores ou representantes legais do menor ou do interdito, sem prejuízo dos direitos adquiridos por terceiros.

§ 2.º Não ficam sujeitos ao resultado da empresa os bens que o incapaz já possuía, ao tempo da sucessão ou da interdição, desde que estranhos ao acervo daquela, devendo tais fatos constar do alvará que conceder a autorização.

§ 3.º O Registro Público de Empresas Mercantis a cargo das Juntas Comerciais deverá registrar contratos ou alterações contratuais de sociedade que envolva sócio incapaz, desde que atendidos, de forma conjunta, os seguintes pressupostos:

•• § 3.º, *caput*, acrescentado pela Lei n. 12.399, de 1.º-4-2011.

I – o sócio incapaz não pode exercer a administração da sociedade;

•• Inciso I acrescentado pela Lei n. 12.399, de 1.º-4-2011.

• *Vide* art. 3.º do CC.

II – o capital social deve ser totalmente integralizado;

•• Inciso II acrescentado pela Lei n. 12.399, de 1.º-4-2011.

III – o sócio relativamente incapaz deve ser assistido e o absolutamente incapaz deve ser representado por seus representantes legais.

•• Inciso III acrescentado pela Lei n. 12.399, de 1.º-4-2011.

Art. 975. Se o representante ou assistente do incapaz for pessoa que, por disposição de lei, não puder exercer atividade de empresário, nomeará, com a aprovação do juiz, um ou mais gerentes.

• *Vide* arts. 1.172 a 1.176 do CC.

§ 1.º Do mesmo modo será nomeado gerente em todos os casos em que o juiz entender ser conveniente.

§ 2.º A aprovação do juiz não exime o representante ou assistente do menor ou do interdito da responsabilidade pelos atos dos gerentes nomeados.

Art. 976. A prova da emancipação e da autorização do incapaz, nos casos do art. 974, e a de eventual revogação desta, serão inscritas ou averbadas no Registro Público de Empresas Mercantis.

• *Vide* arts. 5.º, parágrafo único, V, e 968, § 2.º, do CC.

• Registro Público de Empresas Mercantis: *vide* art. 32, II, *e*, da Lei n. 8.934, de 18-11-1994, regulamentada pelo Decreto n. 1.800, de 30-1-1996.

Parágrafo único. O uso da nova firma caberá, conforme o caso, ao gerente; ou ao representante do incapaz; ou a este, quando puder ser autorizado.

• *Vide* arts. 1.172 a 1.176 do CC.

Art. 977. Faculta-se aos cônjuges contratar sociedade, entre si ou com terceiros, desde que não tenham casado no regime da comunhão universal de bens, ou no da separação obrigatória.

• *Vide* arts. 1.641, 1.667 e 1.668 do CC.

Art. 978. O empresário casado pode, sem necessidade de outorga conjugal, qualquer que seja o regime de bens, alienar os imóveis que integrem o patrimônio da empresa ou gravá-los de ônus real.

• *Vide* art. 5.º, I, da CF.

• *Vide* arts. 1.642 e 1.647 do CC.

Art. 979. Além de no Registro Civil, serão arquivados e averbados, no Registro Público de Empresas Mercantis, os pactos e declarações antenupciais do empresário, o título de doação, herança, ou legado, de bens clausulados de incomunicabilidade ou inalienabilidade.

• *Vide* arts. 1.653 a 1.668, 1.674, 1.848 e 1.911 do CC.

• *Vide* arts. 167, I, n. 12, e II, n. 1, 244 e 245 da Lei n. 6.015, de 31-12-1973 (LRP).

• Registro Público de Empresas Mercantis: *vide* Lei n. 8.934, de 18-11-1994, regulamentada pelo Decreto n. 1.800, de 30-1-1996.

Art. 980. A sentença que decretar ou homologar a separação judicial do empresário e o ato de reconciliação não podem ser opostos a terceiros, antes de arquivados e averbados no Registro Público de Empresas Mercantis.

•• *Vide* Emenda Constitucional n. 66, de 13-7-2010, que instituiu o divórcio direto.

• *Vide* art. 1.571, III, do CC.

• *Vide* arts. 167, II, n. 5, 10 e 14, da Lei n. 6.015, de 31-12-1973 (LRP).

• Registro Público de Empresas Mercantis: *vide* Lei n. 8.934, de 18-11-1994, regulamentada pelo Decreto n. 1.800, de 30-1-1996.

Título I-A

(*Revogado pela Medida Provisória n. 1.085, de 27-12-2021.*)

•• O texto revogado dizia: "Título I-A – Da Empresa Individual de Responsabilidade Limitada

•• Título I-A acrescentado pela Lei n. 12.441, de 11-7-2011".

Art. 980-A. (*Revogado pela Medida Provisória n. 1.085, de 27-12-2021.*)

•• O texto revogado dizia: "Art. 980-A. A empresa individual de responsabilidade limitada será constituída por uma única pessoa titular da totalidade do capital social, devidamente integralizado, que não será inferior a 100 (cem) vezes o maior salário mínimo vigente no País.

•• *Caput* acrescentado pela Lei n. 12.441, de 11-7-2011.

§ 1.º O nome empresarial deverá ser formado pela inclusão da expressão "EIRELI" após a firma ou a denominação social da empresa individual de responsabilidade limitada.

•• § 1.º acrescentado pela Lei n. 12.441, de 11-7-2011.

§ 2.º A pessoa natural que constituir empresa individual de responsabilidade limitada somente poderá figurar em uma única empresa dessa modalidade.

•• § 2.º acrescentado pela Lei n. 12.441, de 11-7-2011.

§ 3.º A empresa individual de responsabilidade limitada também poderá resultar da concentração das quotas de outra modalidade societária num único sócio, independentemente das razões que motivaram tal concentração.

•• § 3.º acrescentado pela Lei n. 12.441, de 11-7-2011.

§ 4.º (*Vetado.*)

•• § 4.º acrescentado pela Lei n. 12.441, de 11-7-2011.

§ 5.º Poderá ser atribuída à empresa individual de responsabilidade limitada constituída para a prestação de serviços de qualquer natureza a remuneração decorrente da cessão de direitos patrimoniais de autor ou de imagem, nome, marca ou voz de que seja detentor o titular da pessoa jurídica, vinculados à atividade profissional.

•• § 5.º acrescentado pela Lei n. 12.441, de 11-7-2011.

§ 6.º Aplicam-se à empresa individual de responsabilidade limitada, no que couber, as regras previstas para as sociedades limitadas.

•• § 6.º acrescentado pela Lei n. 12.441, de 11-7-2011.

§ 7.º Somente o patrimônio social da empresa responderá pelas dívidas da empresa individual de responsabilidade limitada, hipótese em que não se confundirá, em qualquer situação, com o patrimônio do titular que a constitui, ressalvados os casos de fraude.

•• § 7.º acrescentado pela Lei n. 13.874, de 20-9-2019".

Título II
DA SOCIEDADE

• O CC de 1916 tratava desta matéria em seus arts. 1.363 a 1.409.

• Sobre sociedades de crédito imobiliário: *vide* Lei n. 4.380, de 21-8-1964.

• Das sociedades imobiliárias: art. 62 da Lei n. 4.728, de 14-7-1965.

• Sobre seguros: Decreto-lei n. 73, de 21-11-1966.

• Sobre sociedades cooperativas: *vide* art. 174, § 2.º, da CF e Lei n. 5.764, de 16-12-1971.

• Sobre registro civil das pessoas jurídicas: *vide* arts. 114 a 126 da Lei n. 6.015, de 31-12-1973 (LRP).

• CDC (Lei n. 8.078, de 11-9-1990): *vide* art. 28 e §§ 1.º a 5.º sobre desconsideração da personalidade jurídica.

• Sobre sociedade de advogados: Lei n. 8.906, de 4-7-1994, arts. 15 a 17.

• Sobre registro público de empresas mercantis e atividades afins: *vide* Lei n. 8.934, de 18-11-1994, regulamentada pelo Decreto n. 1.800, de 30-1-1996.

• Organizações da Sociedade Civil de Interesse Público: *vide* Lei n. 9.790, de 23-3-1999, regulamentada pelo Decreto n. 3.100, de 30-6-1999.

• Sociedade civil ou comercial de assistência médica, hospitalar e odontológica: art. 19 da Lei n. 9.961, de 28-1-2000.

• Sobre participação de estrangeiros ou de brasileiros naturalizados no capital social de empresas jornalísticas e de radiodifusão: *vide* Lei n. 10.610, de 20-12-2002.

• O Provimento n. 112, de 10-9-2006, da Ordem dos Advogados do Brasil, dispõe sobre as sociedades de advogados.

• Da Microempresa e da Empresa de Pequeno Porte: Lei Complementar n. 123, de 14-12-2006.

Capítulo Único
DISPOSIÇÕES GERAIS

Art. 981. Celebram contrato de sociedade as pessoas que reciprocamente se obrigam a contribuir, com bens ou serviços, para o exercício de atividade econômica e a partilha, entre si, dos resultados.

•• A Lei n. 14.195, de 26-8-2021, propôs alteração neste artigo, porém teve seu texto vetado.

• *Vide* Súmula 329 do STF.

Parágrafo único. A atividade pode restringir-se à realização de um ou mais negócios determinados.

Art. 982. Salvo as exceções expressas, considera-se empresária a sociedade que tem por objeto o exercício de atividade própria de empresário sujeito a registro (art. 967); e, simples, as demais.

•• A Lei n. 14.195, de 26-8-2021, propôs a revogação deste artigo, todavia teve seu texto vetado.

• Sobre registro público de empresas mercantis e atividades afins: *vide* Lei n. 8.934, de 18-11-1994, regulamentada pelo Decreto n. 1.800, de 30-1-1996.

Parágrafo único. Independentemente de seu objeto, considera-se empresária a sociedade por ações; e, simples, a cooperativa.

• *Vide* arts. 1.088 e 1.089 (sociedade anônima), e 1.093 a 1.096 (sociedade cooperativa) do CC.

• Lei de Sociedade por Ações: Lei n. 6.404, de 15-12-1976.

• Sobre sociedades cooperativas: *vide* Lei n. 5.764, de 16-12-1971.

Art. 983. A sociedade empresária deve constituir-se segundo um dos tipos regulados nos arts. 1.039 a 1.092; a sociedade simples pode constituir-se de conformidade com um desses tipos, e, não o fazendo, subordina-se às normas que lhe são próprias.

•• A Lei n. 14.195, de 26-8-2021, propôs alteração neste artigo, porém teve seu texto vetado.

• *Vide* arts. 966, 997 a 1.038 (sociedade simples) e 2.037 do CC.

Parágrafo único. Ressalvam-se as disposições concernentes à sociedade em conta de participação e à cooperativa, bem como as constantes de leis especiais que, para o exercício de certas atividades, imponham a constituição da sociedade segundo determinado tipo.

• *Vide* arts. 991 a 996 (sociedade em conta de participação) e 1.093 a 1.096 (sociedade cooperativa) do CC.

Art. 984. A sociedade que tenha por objeto o exercício de atividade própria de empresário rural e seja constituída, ou transformada, de acordo com um dos tipos de sociedade empresária, pode, com as formalidades do art. 968, requerer inscrição no Registro Público de Empresas Mercantis da sua sede, caso em que, depois de inscrita, ficará equiparada, para todos os efeitos, à sociedade empresária.

• *Vide* arts. 970, 971 e 1.113 a 1.115 do CC.

• Sobre registro público de empresas mercantis e atividades afins: *vide* Lei n. 8.934, de 18-11-1994, regulamentada pelo Decreto n. 1.800, de 30-1-1996.

Parágrafo único. Embora já constituída a sociedade segundo um daqueles tipos, o pedido de inscrição se subordinará, no que for aplicável, às normas que regem a transformação.

Art. 985. A sociedade adquire personalidade jurídica com a inscrição, no registro próprio e na forma da lei, dos seus atos constitutivos (arts. 45 e 1.150).

• LRP: *vide* Lei n. 6.015, de 31-12-1973.

• Sobre registro público de empresas mercantis e atividades afins: *vide* Lei n. 8.934, de 18-11-1994, regulamentada pelo Decreto n. 1.800, de 30-1-1996.

SUBTÍTULO I
DA SOCIEDADE NÃO PERSONIFICADA

•• A Lei n. 11.795, de 8-10-2008, que dispõe sobre o Sistema de Consórcio, estabelece em seus arts. 2.º e 3.º que o Grupo de Consórcio é uma sociedade não personificada constituída por consorciados com a finalidade de propiciar a seus integrantes, de forma isonômica, a aquisição de bens ou serviços, por meio de autofinanciamento.

Capítulo I
DA SOCIEDADE EM COMUM

Art. 986. Enquanto não inscritos os atos constitutivos, reger-se-á a sociedade, exceto por ações em organização, pelo disposto neste Capítulo, observadas, subsidiariamente e no que com ele forem compatíveis, as normas da sociedade simples.

•• A Lei n. 14.195, de 26-8-2021, propôs alteração neste artigo, porém teve seu texto vetado.

• *Vide* arts. 997 a 1.038 (sociedade simples) e 1.089 (sociedade por ações) do CC.

• CPC: art. 75, § 2.º (sociedade sem personalidade jurídica).

• A Lei n. 6.404, de 15-12-1976, dispõe sobre as sociedades por ações.

Art. 987. Os sócios, nas relações entre si ou com terceiros, somente por escrito podem provar a existência da sociedade, mas os terceiros podem prová-la de qualquer modo.

• Da prova no CC: *vide* art. 212, I a V.

• CPC: art. 75, § 2.º (sociedade sem personalidade jurídica).

Art. 988. Os bens e dívidas sociais constituem patrimônio especial, do qual os sócios são titulares em comum.

Art. 989. Os bens sociais respondem pelos atos de gestão praticados por qualquer dos sócios, salvo pacto expresso limitativo de poderes, que somente terá eficácia contra o terceiro que o conheça ou deva conhecer.

• *Vide* art. 47 do CC.

Art. 990. Todos os sócios respondem solidária e ilimitadamente pelas obrigações sociais, excluído do benefício de ordem, previsto no art. 1.024, aquele que contratou pela sociedade.

Capítulo II
DA SOCIEDADE EM CONTA DE PARTICIPAÇÃO

• O Decreto n. 916, de 24-10-1890, dispõe em seu art. 3.º, § 4.º, que "a sociedade em conta de participação não poderá ter firma que indicie existência de sociedade".

Art. 991. Na sociedade em conta de participação, a atividade constitutiva do objeto social é exercida unicamente pelo sócio ostensivo, em seu nome individual e sob sua própria e exclusiva responsabilidade, participando os demais dos resultados correspondentes.

• *Vide* art. 1.162 do CC.

Parágrafo único. Obriga-se perante terceiro tão somente o sócio ostensivo; e, exclusivamente perante este, o sócio participante, nos termos do contrato social.

Art. 992. A constituição da sociedade em conta de participação independe de qualquer formalidade e pode provar-se por todos os meios de direito.

• *Vide* art. 104 do CC.

• Da prova no CC: *vide* art. 212, I a V.

Art. 993. O contrato social produz efeito somente entre os sócios, e a eventual inscrição de seu instrumento em qualquer registro não confere personalidade jurídica à sociedade.

Parágrafo único. Sem prejuízo do direito de fiscalizar a gestão dos negócios sociais, o sócio participante não pode tomar parte nas relações do sócio ostensivo com terceiros, sob pena de responder solidariamente com este pelas obrigações em que intervier.

Art. 994. A contribuição do sócio participante constitui, com a do sócio ostensivo, patrimônio especial, objeto da conta de participação relativa aos negócios sociais.

§ 1.º A especialização patrimonial somente produz efeitos em relação aos sócios.

§ 2.º A falência do sócio ostensivo acarreta a dissolução da sociedade e a liquidação da respectiva conta, cujo saldo constituirá crédito quirografário.

§ 3.º Falindo o sócio participante, o contrato social fica sujeito às normas que regulam os efeitos da falência nos contratos bilaterais do falido.

- *Vide* art. 104 do CC.
- Lei de Falências e Recuperação de Empresas: Lei n. 11.101, de 9-2-2005, arts. 82 e 117.

Art. 995. Salvo estipulação em contrário, o sócio ostensivo não pode admitir novo sócio sem o consentimento expresso dos demais.

Art. 996. Aplica-se à sociedade em conta de participação, subsidiariamente e no que com ela for compatível, o disposto para a sociedade simples, e a sua liquidação rege-se pelas normas relativas à prestação de contas, na forma da lei processual.

•• A Lei n. 14.195, de 26-8-2021, propôs alteração neste artigo, porém teve seu texto vetado.

- Da sociedade simples: *vide* arts. 997 a 1.038 do CC.
- CPC: arts. 550 e s. (exigência de contas).

Parágrafo único. Havendo mais de um sócio ostensivo, as respectivas contas serão prestadas e julgadas no mesmo processo.

Subtítulo II
DA SOCIEDADE PERSONIFICADA

Capítulo I
DA SOCIEDADE SIMPLES

•• A Lei n. 14.195, de 26-8-2021, propôs alteração na denominação deste Capítulo, porém teve seu texto vetado.

Seção I
Do Contrato Social

Art. 997. A sociedade constitui-se mediante contrato escrito, particular ou público, que, além de cláusulas estipuladas pelas partes, mencionará:

•• A Lei n. 14.195, de 26-8-2021, propôs alteração neste artigo, porém teve seu texto vetado.

- *Vide* arts. 999, 1.041 e 1.054 do CC.
- Cláusulas contratuais obrigatórias: *vide* art. 120 da Lei n. 6.015, de 31-12-1973.

I – nome, nacionalidade, estado civil, profissão e residência dos sócios, se pessoas naturais, e a firma ou a denominação, nacionalidade e sede dos sócios, se jurídicas;

II – denominação, objeto, sede e prazo da sociedade;

III – capital da sociedade, expresso em moeda corrente, podendo compreender qualquer espécie de bens, suscetíveis de avaliação pecuniária;

IV – a quota de cada sócio no capital social, e o modo de realizá-la;

V – as prestações a que se obriga o sócio, cuja contribuição consista em serviços;

•• A Lei n. 14.195, de 26-8-2021, propôs alteração neste inciso, porém teve seu texto vetado.

- *Vide* art. 1.006 do CC.

VI – as pessoas naturais incumbidas da administração da sociedade, e seus poderes e atribuições;

VII – a participação de cada sócio nos lucros e nas perdas;

VIII – se os sócios respondem, ou não, subsidiariamente, pelas obrigações sociais.

Parágrafo único. É ineficaz em relação a terceiros qualquer pacto separado, contrário ao disposto no instrumento do contrato.

- *Vide* arts. 981 e 983 do CC.

Art. 998. Nos trinta dias subsequentes à sua constituição, a sociedade deverá requerer a inscrição do contrato social no Registro Civil das Pessoas Jurídicas do local de sua sede.

•• A Lei n. 14.195, de 26-8-2021, propôs a revogação deste artigo, todavia teve seu texto vetado.

- *Vide* arts. 45 e 75, IV, do CC.
- *Vide* arts. 114 a 126 da Lei n. 6.015, de 31-12-1973.

§ 1.º O pedido de inscrição será acompanhado do instrumento autenticado do contrato, e, se algum sócio nele houver sido representado por procurador, o da respectiva procuração, bem como, se for o caso, da prova de autorização da autoridade competente.

§ 2.º Com todas as indicações enumeradas no artigo antecedente, será a inscrição tomada por termo no livro de registro próprio, e obedecerá a número de ordem contínua para todas as sociedades inscritas.

- *Vide* art. 46 do CC.

Art. 999. As modificações do contrato social, que tenham por objeto matéria indicada no art. 997, dependem do consentimento de todos os sócios; as demais podem ser decididas por maioria absoluta de votos, se o contrato não determinar a necessidade de deliberação unânime.

- Exigências para modificações do contrato social no CC de 1916: arts. 18, parágrafo único, 1.394 e 1.399, VI.
- *Vide* arts. 45, 1.002, 1.003 e 2.033 do CC.

Parágrafo único. Qualquer modificação do contrato social será averbada, cumprindo-se as formalidades previstas no artigo antecedente.

•• A Lei n. 14.195, de 26-8-2021, propôs a revogação deste parágrafo único, todavia teve seu texto vetado.

Art. 1.000. A sociedade simples que instituir sucursal, filial ou agência na circunscrição de outro Registro Civil das Pessoas Jurídicas, neste deverá também inscrevê-la, com a prova da inscrição originária.

•• A Lei n. 14.195, de 26-8-2021, propôs a revogação deste artigo, todavia teve seu texto vetado.

Parágrafo único. Em qualquer caso, a constituição da sucursal, filial ou agência deverá ser averbada no Registro Civil da respectiva sede.

- *Vide* art. 997 do CC.

Seção II
Dos Direitos e Obrigações dos Sócios

•• *Vide* art. 28 da Lei n. 8.078, de 11-9-1990.

- Dos direitos e obrigações dos sócios no CC de 1916: art. 1.375.

Art. 1.001. As obrigações dos sócios começam imediatamente com o contrato, se este não fixar outra data, e terminam quando, liquidada a sociedade, se extinguirem as responsabilidades sociais.

- Ação regressiva do sócio contra a sociedade: art. 795, § 1.º, do CPC.

Art. 1.002. O sócio não pode ser substituído no exercício das suas funções, sem o consentimento dos demais sócios, expresso em modificação do contrato social.

- *Vide* art. 999 do CC.

Art. 1.003. A cessão total ou parcial de quota, sem a correspondente modificação do contrato social com o consentimento dos demais sócios, não terá eficácia quanto a estes e à sociedade.

Parágrafo único. Até dois anos depois de averbada a modificação do contrato, responde o cedente solidariamente com o cessionário, perante a sociedade e terceiros, pelas obrigações que tinha como sócio.

- *Vide* arts. 275, 999, 1.032 e 1.057 do CC.
- A Lei n. 11.101, de 9-2-2005 (Lei de Falências e Recuperação de Empresas), dispõe em seu art. 81, *caput* e § 1.º: "A decisão que decreta a falência da sociedade com sócios ilimitadamente responsáveis também acarreta a falência destes, que ficam sujeitos aos mesmos efeitos jurídicos produzidos em relação à sociedade falida e, por isso, deverão ser citados para apresentar contestação, se assim o desejarem. § 1.º O disposto no *caput* deste artigo aplica-se ao sócio que tenha se retirado voluntariamente ou que tenha sido excluído da sociedade, há menos de 2 (dois) anos, quanto às dívidas existentes na data do arquivamento da alteração do contrato, no caso de não terem sido solvidas até a data da decretação da falência".

Art. 1.004. Os sócios são obrigados, na forma e prazo previstos, às contribuições estabelecidas no contrato social, e aquele que deixar de fazê-lo, nos trinta dias seguintes ao da notificação pela sociedade, responderá perante esta pelo dano emergente da mora.

- *Vide* arts. 394 a 401, 997, IV, e 1.030 do CC.

Parágrafo único. Verificada a mora, poderá a maioria dos demais sócios preferir, à indenização, a exclusão do sócio remisso, ou reduzir-lhe a quota ao montante já realizado, aplicando-se, em ambos os casos, o disposto no § 1.º do art. 1.031.

- *Vide* arts. 394 a 401, 997, IV, e 1.030 do CC.

Art. 1.005. O sócio que, a título de quota social, transmitir domínio, posse ou uso, responde pela evicção; e pela solvência do devedor, aquele que transferir crédito.

- *Vide* arts. 297, 447 a 457, e 1.004 do CC.

Art. 1.006. O sócio, cuja contribuição consista em serviços, não pode, salvo convenção em contrário, empregar-se em atividade estranha à sociedade, sob pena de ser privado de seus lucros e dela excluído.

- *Vide* arts. 997, V, e 1.030 do CC.

Art. 1.007. Salvo estipulação em contrário, o sócio participa dos lucros e das perdas, na proporção das respectivas quotas, mas aquele, cuja contribuição consiste em serviços, somente participa dos lucros na proporção da média do valor das quotas.

•• A Lei n. 14.195, de 26-8-2021, propôs alteração neste artigo, porém teve seu texto vetado.

- *Vide* art. 997, V e VII, do CC.

Art. 1.008. É nula a estipulação contratual que exclua qualquer sócio de participar dos lucros e das perdas.

- *Vide* art. 997 do CC.

Art. 1.009. A distribuição de lucros ilícitos ou fictícios acarreta responsabilidade solidária dos administradores que a realizarem e dos sócios que os receberem, conhecendo ou devendo conhecer-lhes a ilegitimidade.

- *Vide* arts. 264 a 285 (das obrigações solidárias) do CC.

Seção III
Da Administração

Art. 1.010. Quando, por lei ou pelo contrato social, competir aos sócios decidir sobre os negócios da sociedade, as deliberações serão tomadas por maioria de votos, contados segundo o valor das quotas de cada um.

- *Vide* art. 1.072 do CC.

§ 1.º Para formação da maioria absoluta são necessários votos correspondentes a mais de metade do capital.

§ 2.º Prevalece a decisão sufragada por maior número de sócios no caso de empate, e, se este persistir, decidirá o juiz.

§ 3.º Responde por perdas e danos o sócio que, tendo em alguma operação interesse contrário ao da sociedade, participar da deliberação que a aprove graças a seu voto.

- *Vide* arts. 402 a 405 (perdas e danos) do CC.

Art. 1.011. O administrador da sociedade deverá ter, no exercício de suas funções, o cuidado e a diligência que todo homem ativo e probo costuma empregar na administração de seus próprios negócios.

- *Vide* arts. 653 a 691 (do mandato) do CC.
- O art. 153 da Lei n. 6.404, de 15-12-1976 (LSA), estabelece idêntica determinação (dever de diligência).

§ 1.º Não podem ser administradores, além das pessoas impedidas por lei especial, os condenados a pena que vede, ainda que temporariamente, o acesso a cargos públicos; ou por crime falimentar, de prevaricação, peita ou suborno, concussão, peculato; ou contra a economia popular, contra o sistema financeiro nacional, contra as normas de defesa da concorrência, contra as relações de consumo, a fé pública ou a propriedade, enquanto perdurarem os efeitos da condenação.

- *Vide* art. 1.066, § 1.º, do CC.
- O Regime Jurídico dos Servidores Públicos Civis da União, das Autarquias e das Fundações Públicas Federais (Lei n. 8.112, de 11-12-1990), em seu art. 117, X, dispõe: "Ao servidor é proibido: X – participar de gerência ou administração de sociedade privada, personificada ou não personificada, exercer o comércio, exceto na qualidade de acionista, cotista ou comanditário".
- Dos Crimes Falimentares: Lei de Falências e Recuperação de Empresas (Lei n. 11.101, de 9-2-2005), arts. 168 e s.
- CP (Decreto-lei n. 2.848, de 7-12-1940): arts. 155 a 183 (crimes contra o patrimônio), arts. 289 a 311 (crimes contra a fé pública), arts. 312 a 327 (crimes contra a administração

pública – concussão, corrupção, peculato, prevaricação) e art. 333 (peita ou suborno – corrupção ativa).

- Crimes contra a economia popular: arts. 1.º a 11 da Lei n. 1.521, de 26-12-1951.
- Crimes contra as relações de consumo: arts. 61 a 80 da Lei n. 8.078, de 11-9-1990 (CDC), e arts. 4.º a 23 da Lei n. 8.137, de 27-12-1990, com alteração introduzida pela Lei n. 12.529, de 30-3-2011.
- Crimes contra o Sistema Financeiro Nacional: arts. 2.º a 24 da Lei n. 7.492, de 16-6-1986.

§ 2.º Aplicam-se à atividade dos administradores, no que couber, as disposições concernentes ao mandato.

Art. 1.012. O administrador, nomeado por instrumento em separado, deve averbá-lo à margem da inscrição da sociedade, e, pelos atos que praticar, antes de requerer a averbação, responde pessoal e solidariamente com a sociedade.

- Da solidariedade passiva: *vide* arts. 275 a 285 do CC.

Art. 1.013. A administração da sociedade, nada dispondo o contrato social, compete separadamente a cada um dos sócios.

- *Vide* art. 1.060 do CC.

§ 1.º Se a administração competir separadamente a vários administradores, cada um pode impugnar operação pretendida por outro, cabendo a decisão aos sócios, por maioria de votos.

- *Vide* arts. 402 a 405 (das perdas e danos), 997, VI (do contrato social), e 1.010 (da administração) do CC.

§ 2.º Responde por perdas e danos perante a sociedade o administrador que realizar operações, sabendo ou devendo saber que estava agindo em desacordo com a maioria.

Art. 1.014. Nos atos de competência conjunta de vários administradores, torna-se necessário o concurso de todos, salvo nos casos urgentes, em que a omissão ou retardo das providências possa ocasionar dano irreparável ou grave.

- *Vide* arts. 402 a 405 (das perdas e danos), 997, VI (do contrato social), e 1.010 (da administração) do CC.

Art. 1.015. No silêncio do contrato, os administradores podem praticar todos os atos pertinentes à gestão da sociedade; não constituindo objeto social, a oneração ou a venda de bens imóveis depende do que a maioria dos sócios decidir.

Parágrafo único. (*Revogado pela Lei n. 14.195, de 26-8-2021.*)

Art. 1.016. Os administradores respondem solidariamente perante a sociedade e os terceiros prejudicados, por culpa no desempenho de suas funções.

- *Vide* arts. 275 a 285 (solidariedade passiva) e 1.070 (do conselho fiscal) do CC.

Art. 1.017. O administrador que, sem consentimento escrito dos sócios, aplicar créditos ou bens sociais em proveito próprio ou de terceiros, terá de restituí-los à sociedade, ou pagar o equivalente, com todos os lucros resultantes, e, se houver prejuízo, por ele também responderá.

- *Vide* arts. 402 a 405 (das perdas e danos) do CC.

Parágrafo único. Fica sujeito às sanções o administrador que, tendo em qualquer operação interesse contrário ao da sociedade, tome parte na correspondente deliberação.

Art. 1.018. Ao administrador é vedado fazer-se substituir no exercício de suas funções, sendo-lhe facultado, nos limites de seus poderes, constituir mandatários da sociedade, especificados no instrumento os atos e operações que poderão praticar.

- *Vide* arts. 653 a 691 (do mandato) e 1.012 (da administração) do CC.

Art. 1.019. São irrevogáveis os poderes do sócio investido na administração por cláusula expressa do contrato social, salvo justa causa, reconhecida judicialmente, a pedido de qualquer dos sócios.

Parágrafo único. São revogáveis, a qualquer tempo, os poderes conferidos a sócio por ato separado, ou a quem não seja sócio.

- *Vide* arts. 997, VI, e 999 do CC.

Art. 1.020. Os administradores são obrigados a prestar aos sócios contas justificadas de sua administração, e apresentar-lhes o inventário anualmente, bem como o balanço patrimonial e o de resultado econômico.

- *Vide* arts. 1.179 a 1.195 (da escrituração) do CC.
- A LSA (Lei n. 6.404, de 15-12-1976), enumerando os direitos essenciais dos acionistas, prescreve em seu art. 109, III: "Art. 109. Nem o estatuto social nem a assembleia geral poderão privar o acionista dos direitos de: III – fiscalizar, na forma prevista nesta Lei, a gestão dos negócios sociais;".
- Sobre balanço patrimonial dispõem os arts. 178 a 184 da LSA.
- Determina o art. 31 da Lei n. 4.595, de 31-12-1964 (Lei do Conselho Monetário Nacional): "As instituições financeiras levantarão balanços gerais a 30 de junho e 31 de dezembro de cada ano, obrigatoriamente, com observância das regras contábeis estabelecidas pelo Conselho Monetário Nacional".
- O art. 178 da Lei de Falências e Recuperação de Empresas (Lei n. 11.101, de 9-2-2005) dispõe que constitui crime "deixar de elaborar, escriturar ou autenticar, antes ou depois da sentença que decretar a falência, conceder a recuperação judicial ou homologar o plano de recuperação extrajudicial, os documentos de escrituração contábil obrigatórios".
- *Vide* Súmulas 260 e 439 do STF.

Art. 1.021. Salvo estipulação que determine época própria, o sócio pode, a qualquer tempo, examinar os livros e documentos, e o estado da caixa e da carteira da sociedade.

- CCom de 1850: art. 501 (escrituração).
- CPC: art. 417 (livros comerciais).
- CTN: art. 195 (exame dos livros comerciais).
- Escrituração e livros mercantis: Decreto-lei n. 486, de 3-3-1969.
- LSA: arts. 100 (livros sociais) e 177 (escrituração).

Seção IV
Das Relações com Terceiros

Art. 1.022. A sociedade adquire direitos, assume obrigações e procede judicialmente, por meio de administradores com poderes especiais, ou, não os havendo, por intermédio de qualquer administrador.

- CPC: art. 75 (representação).

Art. 1.023. Se os bens da sociedade não lhe cobrirem as dívidas, respondem os sócios pelo saldo, na proporção em que participem das perdas sociais, salvo cláusula de responsabilidade solidária.

- CPC: arts. 790, II, e 795 (responsabilidade patrimonial).
- *Vide* arts. 275 a 285 (responsabilidade solidária) do CC.

Art. 1.024. Os bens particulares dos sócios não podem ser executados por dívidas da sociedade, senão depois de executados os bens sociais.

•• *Vide* art. 990 do CC.

- CPC: art. 795 (sobre responsabilidade patrimonial).

Art. 1.025. O sócio, admitido em sociedade já constituída, não se exime das dívidas sociais anteriores à admissão.

- *Vide* art. 1.003, parágrafo único, do CC.

Art. 1.026. O credor particular de sócio pode, na insuficiência de outros bens do devedor, fazer recair a execução sobre o que a este couber nos lucros da sociedade, ou na parte que lhe tocar em liquidação.

Parágrafo único. Se a sociedade não estiver dissolvida, pode o credor requerer a liquidação da quota do devedor, cujo valor, apurado na forma do art. 1.031, será depositado em dinheiro, no juízo da execução, até noventa dias após aquela liquidação.

- *Vide* art. 1.030, parágrafo único, do CC.

Art. 1.027. Os herdeiros do cônjuge de sócio, ou o cônjuge do que se separou judicialmente, não podem exigir desde logo a parte que lhes couber na quota social, mas concorrer à divisão periódica dos lucros, até que se liquide a sociedade.

- *Vide* art. 1.028, III, do CC.

Seção V
Da Resolução da Sociedade em Relação a um Sócio

- *Vide* art. 5.º, XX, da CF.

Art. 1.028. No caso de morte de sócio, liquidar-se-á sua quota, salvo:

- *Vide* arts. 997, 999 e 1.032 do CC.

I – se o contrato dispuser diferentemente;

II – se os sócios remanescentes optarem pela dissolução da sociedade;

- A empresa em débito salarial com seus empregados não pode ser dissolvida: art. 1.º, III, do Decreto-lei n. 368, de 19-12-1968.

III – se, por acordo com os herdeiros, regular-se a substituição do sócio falecido.

Art. 1.029. Além dos casos previstos na lei ou no contrato, qualquer sócio pode retirar-se da sociedade; se de prazo indeterminado, mediante notificação aos demais sócios, com antecedência mínima de sessenta dias; se de prazo determinado, provando judicialmente justa causa.

- *Vide* art. 1.031 do CC.

Parágrafo único. Nos trinta dias subsequentes à notificação, podem os demais sócios optar pela dissolução da sociedade.

Art. 1.030. Ressalvado o disposto no art. 1.004 e seu parágrafo único, pode o sócio ser excluído judicialmente, mediante iniciativa da maioria dos demais sócios, por falta grave no cumprimento de suas obrigações, ou, ainda, por incapacidade superveniente.

- *Vide* arts. 1.031 e 1.034 do CC.

Parágrafo único. Será de pleno direito excluído da sociedade o sócio declarado falido, ou aquele cuja quota tenha sido liquidada nos termos do parágrafo único do art. 1.026.

- A Lei n. 11.101, de 9-2-2005, regula a recuperação judicial e extrajudicial e a falência do empresário e da sociedade empresária.

Art. 1.031. Nos casos em que a sociedade se resolver em relação a um sócio, o valor da sua quota, considerada pelo montante efetivamente realizado, liquidar-se-á, salvo disposição contratual em contrário, com base na situação patrimonial da sociedade, à data da resolução, verificada em balanço especialmente levantado.

- *Vide* arts. 1.026, parágrafo único, e 1.077 do CC.
- *Vide* Súmula 265 do STF.

§ 1.º O capital social sofrerá a correspondente redução, salvo se os demais sócios suprirem o valor da quota.

- *Vide* art. 1.004, parágrafo único, do CC.

§ 2.º A quota liquidada será paga em dinheiro, no prazo de noventa dias, a partir da liquidação, salvo acordo, ou estipulação contratual em contrário.

Art. 1.032. A retirada, exclusão ou morte do sócio, não o exime, ou a seus herdeiros, da responsabilidade pelas obrigações sociais anteriores, até dois anos após averbada a resolução da sociedade; nem nos dois primeiros casos, pelas posteriores e em igual prazo, enquanto não se requerer a averbação.

- *Vide* art. 1.003, parágrafo único, do CC.
- Lei de Falências e Recuperação de Empresas: art. 81 da Lei n. 11.101, de 9-2-2005.

Seção VI
Da Dissolução

- CC de 1916: arts. 1.399 a 1.409.
- *Vide* art. 5.º, XIX, da CF.
- Dissolução de sociedades na LSA (Lei n. 6.404, de 15-12-1976): arts. 206 e 207.
- A empresa em débito salarial com seus empregados não pode ser dissolvida: art. 1.º, III, do Decreto-lei n. 368, de 19-12-1968.
- *Vide* Súmula 435 do STJ.

Art. 1.033. Dissolve-se a sociedade quando ocorrer:

I – o vencimento do prazo de duração, salvo se, vencido este e sem oposição de sócio, não entrar a sociedade em liquidação, caso em que se prorrogará por tempo indeterminado;

II – o consenso unânime dos sócios;

III – a deliberação dos sócios, por maioria absoluta, na sociedade de prazo indeterminado;

IV – (*Revogado pela Lei n. 14.195, de 26-8-2021.*)

V – a extinção, na forma da lei, de autorização para funcionar.

- *Vide* arts. 51, 1.037, *caput*, 1.044 e 1.123 do CC.

Parágrafo único. (*Revogado pela Lei n. 14.195, de 26-8-2021.*)

Art. 1.034. A sociedade pode ser dissolvida judicialmente, a requerimento de qualquer dos sócios, quando:

I – anulada a sua constituição;

II – exaurido o fim social, ou verificada a sua inexequibilidade.

Art. 1.035. O contrato pode prever outras causas de dissolução, a serem verificadas judicialmente quando contestadas.

Art. 1.036. Ocorrida a dissolução, cumpre aos administradores providenciar imediatamente a investidura do liquidante, e restringir a gestão própria aos negócios inadiáveis, vedadas novas operações, pelas quais responderão solidária e ilimitadamente.

- *Vide* arts. 275 a 285 do CC.

Parágrafo único. Dissolvida de pleno direito a sociedade, pode o sócio requerer, desde logo, a liquidação judicial.

- *Vide* arts. 1.102 a 1.112 do CC.
- CPC: art. 1.218, VII (dissolução e liquidação das sociedades).

Art. 1.037. Ocorrendo a hipótese prevista no inciso V do art. 1.033, o Ministério Público, tão logo lhe comunique a autoridade competente, promoverá a liquidação judicial da sociedade, se os administradores não o tiverem feito nos trinta dias seguintes à perda da autorização, ou se o sócio não houver exercido a faculdade assegurada no parágrafo único do artigo antecedente.

Parágrafo único. Caso o Ministério Público não promova a liquidação judicial da sociedade nos quinze dias subsequentes ao recebimento da comunicação, a autoridade competente para conceder a autorização nomeará interventor com poderes para requerer a medida e administrar a sociedade até que seja nomeado o liquidante.

- *Vide* arts. 51, 1.111, 1.112 e 1.123 do CC.

Art. 1.038. Se não estiver designado no contrato social, o liquidante será eleito por deliberação dos sócios, podendo a escolha recair em pessoa estranha à sociedade.

- *Vide* arts. 1.103 a 1.105 do CC.

§ 1.º O liquidante pode ser destituído, a todo tempo:

I – se eleito pela forma prevista neste artigo, mediante deliberação dos sócios;

II – em qualquer caso, por via judicial, a requerimento de um ou mais sócios, ocorrendo justa causa.

§ 2.º A liquidação da sociedade se processa de conformidade com o disposto no Capítulo IX, deste Subtítulo.

- *Vide* arts. 1.102 a 1.112 do CC.

Capítulo II
DA SOCIEDADE EM NOME COLETIVO

- *Vide* art. 983 do CC.
- A Lei n. 9.615, de 24-3-1998, dispõe em seu art. 27, § 9.º: "É facultado às entidades desportivas profissionais constituírem-se regularmente em sociedade empresária, segundo um dos tipos regulados nos arts. 1.039 a 1.092 da Lei n. 10.406, de 10-1-2002 – CC".

Art. 1.039. Somente pessoas físicas podem tomar parte na sociedade em nome coletivo, respondendo todos os sócios, solidária e ilimitadamente, pelas obrigações sociais.

- *Vide* arts. 275 a 285 e 974 do CC.

Parágrafo único. Sem prejuízo da responsabilidade perante terceiros, podem os sócios, no ato constitutivo, ou por unânime convenção posterior, limitar entre si a responsabilidade de cada um.

Art. 1.040. A sociedade em nome coletivo se rege pelas normas deste Capítulo e, no que seja omisso, pelas do Capítulo antecedente.

Art. 1.041. O contrato deve mencionar, além das indicações referidas no art. 997, a firma social.

Art. 1.042. A administração da sociedade compete exclusivamente a sócios, sendo o uso da firma, nos limites do contrato, privativo dos que tenham os necessários poderes.

Art. 1.043. O credor particular de sócio não pode, antes de dissolver-se a sociedade, pretender a liquidação da quota do devedor.

Parágrafo único. Poderá fazê-lo quando:

I – a sociedade houver sido prorrogada tacitamente;

II – tendo ocorrido prorrogação contratual, for acolhida judicialmente oposição do credor, levantada no prazo de noventa dias, contado da publicação do ato dilatório.

Art. 1.044. A sociedade se dissolve de pleno direito por qualquer das causas enumeradas no art. 1.033 e, se empresária, também pela declaração da falência.

- *Vide* arts. 1.051, I, e 1.087 do CC.
- Lei de Falências e Recuperação de Empresas: Lei n. 11.101, de 9-2-2005.

Capítulo III
DA SOCIEDADE EM COMANDITA SIMPLES

- *Vide* art. 983 do CC.

Art. 1.045. Na sociedade em comandita simples tomam parte sócios de duas categorias: os comanditados, pessoas físicas, responsáveis solidária e ilimitadamente pelas obrigações sociais; e os comanditários, obrigados somente pelo valor de sua quota.

- *Vide* arts. 265, 966 e 974 do CC.
- CPC: art. 795.

Parágrafo único. O contrato deve discriminar os comanditados e os comanditários.

Art. 1.046. Aplicam-se à sociedade em comandita simples as normas da sociedade em nome coletivo, no que forem compatíveis com as deste Capítulo.

- *Vide* arts. 1.039 a 1.044 do CC.

Parágrafo único. Aos comanditados cabem os mesmos direitos e obrigações dos sócios da sociedade em nome coletivo.

Art. 1.047. Sem prejuízo da faculdade de participar das deliberações da sociedade e de lhe fiscalizar as operações, não pode o comanditário praticar qualquer ato de gestão, nem ter o nome na firma social, sob pena de ficar sujeito às responsabilidades de sócio comanditado.

Parágrafo único. Pode o comanditário ser constituído procurador da sociedade, para negócio determinado e com poderes especiais.

Art. 1.048. Somente após averbada a modificação do contrato, produz efeito, quanto a terceiros, a diminuição da quota do comanditário, em consequência de ter sido reduzido o capital social, sempre sem prejuízo dos credores preexistentes.

• *Vide* art. 1.045, parágrafo único, do CC.

Art. 1.049. O sócio comanditário não é obrigado à reposição de lucros recebidos de boa-fé e de acordo com o balanço.

Parágrafo único. Diminuído o capital social por perdas supervenientes, não pode o comanditário receber quaisquer lucros, antes de reintegrado aquele.

Art. 1.050. No caso de morte de sócio comanditário, a sociedade, salvo disposição do contrato, continuará com os seus sucessores, que designarão quem os represente.

• *Vide* arts. 997 e 999 do CC.

Art. 1.051. Dissolve-se de pleno direito a sociedade:

• *Vide* art. 1.033 do CC.

I – por qualquer das causas previstas no art. 1.044;

• Lei de Falências e Recuperação de Empresas: art. 6.º da Lei n. 11.101, de 9-2-2005.

II – quando por mais de cento e oitenta dias perdurar a falta de uma das categorias de sócio.

Parágrafo único. Na falta de sócio comanditado, os comanditários nomearão administrador provisório para praticar, durante o período referido no inciso II e sem assumir a condição de sócio, os atos de administração.

Capítulo IV
DA SOCIEDADE LIMITADA

•• A Lei Complementar n. 182, de 1.º-6-2021, institui o marco legal das ***startups*** e do empreendedorismo inovador.

• *Vide* art. 983 do CC.

• Sociedade por quotas de responsabilidade limitada: regulamentação anterior: Decreto n. 3.708, de 10-1-1919.

Seção I
Disposições Preliminares

Art. 1.052. Na sociedade limitada, a responsabilidade de cada sócio é restrita ao valor de suas quotas, mas todos respondem solidariamente pela integralização do capital social.

• *Vide* arts. 275 a 285, 1.056, § 2.º, e 1.158 do CC.

§ 1.º A sociedade limitada pode ser constituída por 1 (uma) ou mais pessoas.

•• § 1.º acrescentado pela Lei n. 13.874, de 20-9-2019.

§ 2.º Se for unipessoal, aplicar-se-ão ao documento de constituição do sócio único, no que couber, as disposições sobre o contrato social.

•• § 2.º acrescentado pela Lei n. 13.874, de 20-9-2019.

Art. 1.053. A sociedade limitada rege-se, nas omissões deste Capítulo, pelas normas da sociedade simples.

•• A Lei n. 14.195, de 26-8-2021, propôs alteração neste artigo, porém teve seu texto vetado.

• *Vide* arts. 997 a 1.038 (da sociedade simples) do CC.

Parágrafo único. O contrato social poderá prever a regência supletiva da sociedade limitada pelas normas da sociedade anônima.

• LSA: Lei n. 6.404, de 15-12-1976.

Art. 1.054. O contrato mencionará, no que couber, as indicações do art. 997, e, se for o caso, a firma social.

• *Vide* art. 1.064 do CC.

Seção II
Das Quotas

Art. 1.055. O capital social divide-se em quotas, iguais ou desiguais, cabendo uma ou diversas a cada sócio.

§ 1.º Pela exata estimação de bens conferidos ao capital social respondem solidariamente todos os sócios, até o prazo de cinco anos da data do registro da sociedade.

• *Vide* arts. 275 a 285 do CC.

§ 2.º É vedada contribuição que consista em prestação de serviços.

Art. 1.056. A quota é indivisível em relação à sociedade, salvo para efeito de transferência, caso em que se observará o disposto no artigo seguinte.

• *Vide* arts. 275 a 285 do CC.

§ 1.º No caso de condomínio de quota, os direitos a ela inerentes somente podem ser exercidos pelo condômino representante, ou pelo inventariante do espólio de sócio falecido.

§ 2.º Sem prejuízo do disposto no art. 1.052, os condôminos de quota indivisa respondem solidariamente pelas prestações necessárias à sua integralização.

Art. 1.057. Na omissão do contrato, o sócio pode ceder sua quota, total ou parcialmente, a quem seja sócio, independentemente de audiência dos outros, ou a estranho, se não houver oposição de titulares de mais de um quarto do capital social.

• *Vide* art. 1.081, § 2.º, do CC.

Parágrafo único. A cessão terá eficácia quanto à sociedade e terceiros, inclusive para os fins do parágrafo único do art. 1.003, a partir da averbação do respectivo instrumento, subscrito pelos sócios anuentes.

Art. 1.058. Não integralizada a quota de sócio remisso, os outros sócios podem, sem prejuízo do disposto no art. 1.004 e seu parágrafo único, tomá-la para si ou transferi-la a terceiros, excluindo o primitivo titular e devolvendo-lhe o que houver pago, deduzidos os juros da mora, as prestações estabelecidas no contrato mais as despesas.

Art. 1.059. Os sócios serão obrigados à reposição dos lucros e das quantias retiradas, a qualquer título, ainda que autorizados pelo contrato, quando tais lucros ou quantia se distribuírem com prejuízo do capital.

Seção III
Da Administração

Art. 1.060. A sociedade limitada é administrada por uma

ou mais pessoas designadas no contrato social ou em ato separado.

• *Vide* arts. 1.013 e 1.172 do CC.

Parágrafo único. A administração atribuída no contrato a todos os sócios não se estende de pleno direito aos que posteriormente adquiram essa qualidade.

Art. 1.061. A designação de administradores não sócios dependerá de aprovação da unanimidade dos sócios, enquanto o capital não estiver integralizado, e de 2/3 (dois terços), no mínimo, após a integralização.

•• Artigo com redação determinada pela Lei n. 12.375, de 30-12-2010.

Art. 1.062. O administrador designado em ato separado investir-se-á no cargo mediante termo de posse no livro de atas da administração.

§ 1.º Se o termo não for assinado nos trinta dias seguintes à designação, esta se tornará sem efeito.

§ 2.º Nos dez dias seguintes ao da investidura, deve o administrador requerer seja averbada sua nomeação no registro competente, mencionando o seu nome, nacionalidade, estado civil, residência, com exibição de documento de identidade, o ato e a data da nomeação e o prazo de gestão.

Art. 1.063. O exercício do cargo de administrador cessa pela destituição, em qualquer tempo, do titular, ou pelo término do prazo se, fixado no contrato ou em ato separado, não houver recondução.

•• *Vide* art. 1.076 do CC.

§ 1.º Tratando-se de sócio nomeado administrador no contrato, sua destituição somente se opera pela aprovação de titulares de quotas correspondentes a mais da metade do capital social, salvo disposição contratual diversa.

•• § 1.º com redação determinada pela Lei n. 13.792, de 3-1-2019.

§ 2.º A cessação do exercício do cargo de administrador deve ser averbada no registro competente, mediante requerimento apresentado nos dez dias seguintes ao da ocorrência.

§ 3.º A renúncia de administrador torna-se eficaz, em relação à sociedade, desde o momento em que esta toma conhecimento da comunicação escrita do renunciante; e, em relação a terceiros, após a averbação e publicação.

Art. 1.064. O uso da firma ou denominação social é privativo dos administradores que tenham os necessários poderes.

Art. 1.065. Ao término de cada exercício social, proceder-se-á à elaboração do inventário, do balanço patrimonial e do balanço de resultado econômico.

• *Vide* arts. 1.179 a 1.195 do CC.

Seção IV
Do Conselho Fiscal

• LSA: arts. 161 a 165 (do conselho fiscal) da Lei n. 6.404, de 15-12-1976.

• *Vide* art. 1.078 do CC.

Art. 1.066. Sem prejuízo dos poderes da assembleia dos sócios, pode o contrato instituir conselho fiscal composto de três ou mais membros e respectivos suplentes, sócios ou não, residentes no País, eleitos na assembleia anual prevista no art. 1.078.

§ 1.º Não podem fazer parte do conselho fiscal, além dos inelegíveis enumerados no § 1.º do art. 1.011, os membros dos demais órgãos da sociedade ou de outra por ela controlada, os empregados de quaisquer delas ou dos respectivos administradores, o cônjuge ou parente destes até o terceiro grau.

§ 2.º É assegurado aos sócios minoritários, que representarem pelo menos um quinto do capital social, o direito de eleger, separadamente, um dos membros do conselho fiscal e o respectivo suplente.

Art. 1.067. O membro ou suplente eleito, assinando termo de posse lavrado no livro de atas e pareceres do conselho fiscal, em que se mencione o seu nome, nacionalidade, estado civil, residência e a data da escolha, ficará investido nas suas funções, que exercerá, salvo cessação anterior, até a subsequente assembleia anual.

Parágrafo único. Se o termo não for assinado nos trinta dias seguintes ao da eleição, esta se tornará sem efeito.

Art. 1.068. A remuneração dos membros do conselho fiscal será fixada, anualmente, pela assembleia dos sócios que os eleger.

Art. 1.069. Além de outras atribuições determinadas na lei ou no contrato social, aos membros do conselho fiscal incumbem, individual ou conjuntamente, os deveres seguintes:

I – examinar, pelo menos trimestralmente, os livros e papéis da sociedade e o estado da caixa e da carteira, devendo os administradores ou liquidantes prestar-lhes as informações solicitadas;

II – lavrar no livro de atas e pareceres do conselho fiscal o resultado dos exames referidos no inciso I deste artigo;

III – exarar no mesmo livro e apresentar à assembleia anual dos sócios parecer sobre os negócios e as operações sociais do exercício em que servirem, tomando por base o balanço patrimonial e o de resultado econômico;

IV – denunciar os erros, fraudes ou crimes que descobrirem, sugerindo providências úteis à sociedade;

V – convocar a assembleia dos sócios se a diretoria retardar por mais de trinta dias a sua convocação anual, ou sempre que ocorram motivos graves e urgentes;

VI – praticar, durante o período da liquidação da sociedade, os atos a que se refere este artigo, tendo em vista as disposições especiais reguladoras da liquidação.

• *Vide* arts. 1.065, 1.073, II, 1.078, I, 1.102 a 1.112, 1.188 e 1.189 do CC.

• LSA: arts. 175 a 188 (exercício social e demonstrações financeiras) da Lei n. 6.404, de 15-12-1976.

Art. 1.070. As atribuições e poderes conferidos pela lei ao conselho fiscal não podem ser outorgados a outro órgão da sociedade, e a responsabilidade de seus membros obedece à regra que define a dos administradores (art. 1.016).

Parágrafo único. O conselho fiscal poderá escolher para assisti-lo no exame dos livros, dos balanços e das contas, contabilista legalmente habilitado, mediante remuneração aprovada pela assembleia dos sócios.

Seção V
Das Deliberações dos Sócios

• LSA: arts. 121 a 137 (assembleia geral) da Lei n. 6.404, de 15-12-1976.

Art. 1.071. Dependem da deliberação dos sócios, além de outras matérias indicadas na lei ou no contrato:

I – a aprovação das contas da administração;

II – a designação dos administradores, quando feita em ato separado;

• *Vide* art. 1.076, II, do CC.

III – a destituição dos administradores;

• *Vide* art. 1.076, II, do CC.

IV – o modo de sua remuneração, quando não estabelecido no contrato;

• *Vide* art. 1.076, II, do CC.

V – a modificação do contrato social;

• *Vide* art. 1.076, I, do CC.

VI – a incorporação, a fusão e a dissolução da sociedade, ou a cessação do estado de liquidação;

• *Vide* art. 1.076, I, do CC.

VII – a nomeação e destituição dos liquidantes e o julgamento das suas contas;

VIII – o pedido de concordata.

•• A Lei n. 11.101, de 9-2-2005, substitui a concordata pela recuperação judicial e extrajudicial do empresário e da sociedade empresária.

• *Vide* arts. 1.072, § 4.º, e 1.076, II, do CC.

Art. 1.072. As deliberações dos sócios, obedecido o disposto no art. 1.010, serão tomadas em reunião ou em assembleia, conforme previsto no contrato social, devendo ser convocadas pelos administradores nos casos previstos em lei ou no contrato.

• *Vide* art. 1.152, § 3.º, do CC.

§ 1.º A deliberação em assembleia será obrigatória se o número dos sócios for superior a dez.

• *Vide* art. 1.079 do CC.

§ 2.º Dispensam-se as formalidades de convocação previstas no § 3.º do art. 1.152, quando todos os sócios comparecerem ou se declararem, por escrito, cientes do local, data, hora e ordem do dia.

§ 3.º A reunião ou a assembleia tornam-se dispensáveis quando todos os sócios decidirem, por escrito, sobre a matéria que seria objeto delas.

§ 4.º No caso do inciso VIII do artigo antecedente, os administradores, se houver urgência e com autorização de titulares de mais da metade do capital social, podem requerer concordata preventiva.

§ 5.º As deliberações tomadas de conformidade com a lei e o contrato vinculam todos os sócios, ainda que ausentes ou dissidentes.

§ 6.º Aplica-se às reuniões dos sócios, nos casos omissos no contrato, o disposto na presente Seção sobre a assembleia.

Art. 1.073. A reunião ou a assembleia podem também ser convocadas:

I – por sócio, quando os administradores retardarem a convocação, por mais de sessenta dias, nos casos previstos em lei ou no contrato, ou por titulares de mais de um quinto do capital, quando não atendido, no prazo de oito dias, pedido de convocação fundamentado, com indicação das matérias a serem tratadas;

II – pelo conselho fiscal, se houver, nos casos a que se refere o inciso V do art. 1.069.

Art. 1.074. A assembleia dos sócios instala-se com a presença, em primeira convocação, de titulares de no mínimo três quartos do capital social, e, em segunda, com qualquer número.

§ 1.º O sócio pode ser representado na assembleia por outro sócio, ou por advogado, mediante outorga de mandato com especificação dos atos autorizados, devendo o instrumento ser levado a registro, juntamente com a ata.

§ 2.º Nenhum sócio, por si ou na condição de mandatário, pode votar matéria que lhe diga respeito diretamente.

Art. 1.075. A assembleia será presidida e secretariada por sócios escolhidos entre os presentes.

§ 1.º Dos trabalhos e deliberações será lavrada, no livro de atas da assembleia, ata assinada pelos membros da mesa e por sócios participantes da reunião, quantos bastem à validade das deliberações, mas sem prejuízo dos que queiram assiná-la.

§ 2.º Cópia da ata autenticada pelos administradores, ou pela mesa, será, nos vinte dias subsequentes à reunião, apresentada ao Registro Público de Empresas Mercantis para arquivamento e averbação.

• Registro Público de Empresas Mercantis: Lei n. 8.934, de 18-11-1994.

§ 3.º Ao sócio, que a solicitar, será entregue cópia autenticada da ata.

Art. 1.076. Ressalvado o disposto no art. 1.061, as deliberações dos sócios serão tomadas:

•• *Caput* com redação determinada pela Lei n. 13.792, de 3-1-2019.

I – pelos votos correspondentes, no mínimo, a três quartos do capital social, nos casos previstos nos incisos V e VI do art. 1.071;

II – pelos votos correspondentes a mais de metade do capital social, nos casos previstos nos incisos II, III, IV e VIII do art. 1.071;

III – pela maioria de votos dos presentes, nos demais casos previstos na lei ou no contrato, se este não exigir maioria mais elevada.

Art. 1.077. Quando houver modificação do contrato, fusão da sociedade, incorporação de outra, ou dela por outra, terá o sócio que dissentiu o direito de retirar-se da sociedade, nos trinta dias subsequentes à reunião, aplicando-se, no silêncio do contrato social antes vigente, o disposto no art. 1.031.

• *Vide* arts. 1.113 a 1.122 do CC.

Art. 1.078. A assembleia dos sócios deve realizar-se ao menos uma vez por ano, nos quatro meses seguintes ao término do exercício social, com o objetivo de:

•• Lei n. 14.030, de 28-7-2020, dispõe em seu art. 4.º: "Art. 4.º A sociedade limitada cujo exercício social tenha sido encerrado entre 31 de dezembro de 2019 e 31 de março de 2020 poderá, excepcionalmente, realizar a assembleia de sócios a que se refere o art. 1.078 da Lei n. 10.406, de 10 de janeiro de 2002 (Código Civil), no prazo de 7 (sete) meses, contado do término do seu exercício social. § 1.º Disposições contratuais que exijam a realização da assembleia de sócios em prazo inferior ao estabelecido no *caput* deste artigo serão consideradas sem efeito no exercício de 2020. § 2.º Os mandatos dos administradores e dos membros do conselho fiscal previstos para se encerrarem antes da realização da assembleia de sócios nos termos do *caput* deste artigo ficam prorrogados até a sua realização".

I – tomar as contas dos administradores e deliberar sobre o balanço patrimonial e o de resultado econômico;

II – designar administradores, quando for o caso;

III – tratar de qualquer outro assunto constante da ordem do dia.

• *Vide* art. 1.066 do CC.

§ 1.º Até trinta dias antes da data marcada para a assembleia, os documentos referidos no inciso I deste artigo devem ser postos, por escrito, e com a prova do respectivo recebimento, à disposição dos sócios que não exerçam a administração.

§ 2.º Instalada a assembleia, proceder-se-á à leitura dos documentos referidos no parágrafo antecedente, os quais serão submetidos, pelo presidente, a discussão e votação, nesta não podendo tomar parte os membros da administração e, se houver, os do conselho fiscal.

§ 3.º A aprovação, sem reserva, do balanço patrimonial e do de resultado econômico, salvo erro, dolo ou simulação, exonera de responsabilidade os membros da administração e, se houver, os do conselho fiscal.

• *Vide* arts. 138 a 150 e 167 do CC.

§ 4.º Extingue-se em dois anos o direito de anular a aprovação a que se refere o parágrafo antecedente.

Art. 1.079. Aplica-se às reuniões dos sócios, nos casos omissos no contrato, o estabelecido nesta Seção sobre a assembleia, obedecido o disposto no § 1.º do art. 1.072.

Art. 1.080. As deliberações infringentes do contrato ou da lei tornam ilimitada a responsabilidade dos que expressamente as aprovaram.

• *Vide* art. 50 do CC.

Art. 1.080-A. O sócio poderá participar e votar a distância em reunião ou em assembleia, nos termos do regulamento do órgão competente do Poder Executivo federal.

•• *Caput* acrescentado pela Lei n. 14.030, de 28-7-2020.

Parágrafo único. A reunião ou a assembleia poderá ser realizada de forma digital, respeitados os direitos legalmente previstos de participação e de manifestação dos sócios e os demais requisitos regulamentares.

•• Parágrafo único acrescentado pela Lei n. 14.030, de 28-7-2020.

Seção VI
Do Aumento e da Redução do Capital

• *Vide* arts. 1.053, parágrafo único, e 1.076, I, do CC.

Art. 1.081. Ressalvado o disposto em lei especial, integralizadas as quotas, pode ser o capital aumentado, com a correspondente modificação do contrato.

§ 1.º Até trinta dias após a deliberação, terão os sócios preferência para participar do aumento, na proporção das quotas de que sejam titulares.

• LSA: art. 171 (direito de preferência) da Lei n. 6.404, de 15-12-1976.

§ 2.º À cessão do direito de preferência, aplica-se o disposto no *caput* do art. 1.057.

§ 3.º Decorrido o prazo da preferência, e assumida pelos sócios, ou por terceiros, a totalidade do aumento, haverá reunião ou assembleia dos sócios, para que seja aprovada a modificação do contrato.

Art. 1.082. Pode a sociedade reduzir o capital, mediante a correspondente modificação do contrato:

• *Vide* art. 1.076, I, do CC.

I – depois de integralizado, se houver perdas irreparáveis;

• *Vide* art. 1.083 do CC.

II – se excessivo em relação ao objeto da sociedade.

• LSA: art. 173 da Lei n. 6.404, de 15-12-1976.

• *Vide* art. 1.076, I, do CC.

Art. 1.083. No caso do inciso I do artigo antecedente, a redução do capital será realizada com a diminuição proporcional do valor nominal das quotas, tornando-se efetiva a partir da averbação, no Registro Público de Empresas Mercantis, da ata da assembleia que a tenha aprovado.

• Registro Público de Empresas Mercantis: Lei n. 8.934, de 18-11-1994.

Art. 1.084. No caso do inciso II do art. 1.082, a redução do capital será feita restituindo-se parte do valor das quotas aos sócios, ou dispensando-se as prestações ainda devidas, com diminuição proporcional, em ambos os casos, do valor nominal das quotas.

§ 1.º No prazo de noventa dias, contado da data da publicação da ata da assembleia que aprovar a redução, o credor quirografário, por título líquido anterior a essa data, poderá opor-se ao deliberado.

§ 2.º A redução somente se tornará eficaz se, no prazo estabelecido no parágrafo antecedente, não for impugnada, ou se provado o pagamento da dívida ou o depósito judicial do respectivo valor.

§ 3.º Satisfeitas as condições estabelecidas no parágrafo antecedente, proceder-se-á à averbação, no Registro Público de Empresas Mercantis, da ata que tenha aprovado a redução.

• Registro Público de Empresas Mercantis: Lei n. 8.934, de 18-11-1994.

Seção VII
Da Resolução da Sociedade em Relação a Sócios Minoritários

Art. 1.085. Ressalvado o disposto no art. 1.030, quando a maioria dos sócios, representativa de mais da metade do capital social, entender que um ou mais sócios estão pondo em risco a continuidade da empresa, em virtude de atos de inegável gravidade, poderá excluí-los da sociedade, mediante alteração do contrato social, desde que prevista neste a exclusão por justa causa.

Parágrafo único. Ressalvado o caso em que haja apenas dois sócios na sociedade, a exclusão de um sócio somente poderá ser determinada em reunião ou assembleia especialmente convocada para esse fim, ciente o acusado em tempo hábil para permitir seu comparecimento e o exercício do direito de defesa.

•• Parágrafo único com redação determinada pela Lei n. 13.792, de 3-1-2019.

Art. 1.086. Efetuado o registro da alteração contratual, aplicar-se-á o disposto nos arts. 1.031 e 1.032.

Seção VIII
Da Dissolução

• Lei de Falências e Recuperação de Empresas: Lei n. 11.101, de 9-2-2005.

Art. 1.087. A sociedade dissolve-se, de pleno direito, por qualquer das causas previstas no art. 1.044.

• *Vide* art. 1.033 do CC.

Capítulo V
DA SOCIEDADE ANÔNIMA

•• A Lei Complementar n. 182, de 1º-6-2021, institui o marco legal das *startups* e do empreendedorismo inovador.

• LSA: Lei n. 6.404, de 15-12-1976.

• *Vide* art. 983 do CC.

Seção Única
Da Caracterização

Art. 1.088. Na sociedade anônima ou companhia, o capital divide-se em ações, obrigando-se cada sócio ou acionista somente pelo preço de emissão das ações que subscrever ou adquirir.

• LSA: arts. 1.º e 2.º, § 1.º, da Lei n. 6.404, de 15-12-1976.

• O Decreto n. 2.400, de 21-11-1997, promulga a Convenção Interamericana sobre Conflitos em Matéria de Sociedades Mercantis.

Art. 1.089. A sociedade anônima rege-se por lei especial, aplicando-se-lhe, nos casos omissos, as disposições deste Código.

• LSA: Lei n. 6.404, de 15-12-1976.

• *Vide* arts. 982, parágrafo único, 1.126, parágrafo único, 1.128, 1.132, 1.134 e 1.160 do CC.

Capítulo VI
DA SOCIEDADE EM COMANDITA POR AÇÕES

• *Vide* art. 983 do CC.

Art. 1.090. A sociedade em comandita por ações tem o capital dividido em ações, regendo-se pelas normas relativas à sociedade anônima, sem prejuízo das modificações constantes deste Capítulo, e opera sob firma ou denominação.

• LSA: arts. 280 a 284 da Lei n. 6.404, de 15-12-1976.

• *Vide* art. 1.161 do CC.

Art. 1.091. Somente o acionista tem qualidade para administrar a sociedade e, como diretor, responde subsidiária e ilimitadamente pelas obrigações da sociedade.

• LSA: art. 282 da Lei n. 6.404, de 15-12-1976.

§ 1.º Se houver mais de um diretor, serão solidariamente responsáveis, depois de esgotados os bens sociais.

• *Vide* arts. 275 a 285 do CC.

§ 2.º Os diretores serão nomeados no ato constitutivo da sociedade, sem limitação de tempo, e somente poderão ser destituídos por deliberação de acionistas que representem no mínimo dois terços do capital social.

§ 3.º O diretor destituído ou exonerado continua, durante dois anos, responsável pelas obrigações sociais contraídas sob sua administração.

Art. 1.092. A assembleia geral não pode, sem o consentimento dos diretores, mudar o objeto essencial da sociedade, prorrogar-lhe o prazo de duração, aumentar ou diminuir o capital social, criar debêntures, ou partes beneficiárias.

• LSA: art. 283 da Lei n. 6.404, de 15-12-1976.

• *Vide* art. 983 do CC.

Capítulo VII
DA SOCIEDADE COOPERATIVA

• CC de 1916: art. 20, § 1.º.

• *Vide* arts. 982, parágrafo único, e 983 do CC.

Art. 1.093. A sociedade cooperativa reger-se-á pelo disposto no presente Capítulo, ressalvada a legislação especial.

••*Vide* Lei n. 5.764, de 16-12-1971.

• Sobre cooperativas: arts. 174, § 2.º, e 187, VI, da CF.

• A Lei n. 9.867, de 10-11-1999, dispõe sobre a criação e o funcionamento das Cooperativas Sociais, visando a integração social dos cidadãos.

• A Lei Complementar n. 130, de 17-4-2009, dispõe sobre o Sistema Nacional de Crédito Cooperativo.

• A Lei n. 12.690, de 19-7-2012, dispõe sobre a organização e o funcionamento das Cooperativas de Trabalho; institui o Programa Nacional de Fomento às Cooperativas de Trabalho - PRONACOOP e dá outras providências.

Art. 1.094. São características da sociedade cooperativa:

• *Vide* art. 4.º da Lei n. 5.764, de 16-12-1971.

• *Vide* art. 1.096 do CC.

I – variabilidade, ou dispensa do capital social;

II – concurso de sócios em número mínimo necessário a compor a administração da sociedade, sem limitação de número máximo;

• *Vide* art. 6.º da Lei n. 5.764, de 16-12-1971.

III – limitação do valor da soma de quotas do capital social que cada sócio poderá tomar;

IV – intransferibilidade das quotas do capital a terceiros estranhos à sociedade, ainda que por herança;

V – *quorum*, para a assembleia geral funcionar e deliberar, fundado no número de sócios presentes à reunião, e não no capital social representado;

VI – direito de cada sócio a um só voto nas deliberações, tenha ou não capital a sociedade, e qualquer que seja o valor de sua participação;

VII – distribuição dos resultados, proporcionalmente ao valor das operações efetuadas pelo sócio com a sociedade, podendo ser atribuído juro fixo ao capital realizado;

VIII – indivisibilidade do fundo de reserva entre os sócios, ainda que em caso de dissolução da sociedade.

Art. 1.095. Na sociedade cooperativa, a responsabilidade dos sócios pode ser limitada ou ilimitada.

- *Vide* arts. 11 e 12 da Lei n. 5.764, de 16-12-1971.

§ 1.º É limitada a responsabilidade na cooperativa em que o sócio responde somente pelo valor de suas quotas e pelo prejuízo verificado nas operações sociais, guardada a proporção de sua participação nas mesmas operações.

§ 2.º É ilimitada a responsabilidade na cooperativa em que o sócio responde solidária e ilimitadamente pelas obrigações sociais.

Art. 1.096. No que a lei for omissa, aplicam-se as disposições referentes à sociedade simples, resguardadas as características estabelecidas no art. 1.094.

•• A Lei n. 14.195, de 26-8-2021, propôs alteração neste artigo, porém teve seu texto vetado.

- *Vide* arts. 997 a 1.038 do CC.

Capítulo VIII
DAS SOCIEDADES COLIGADAS

Art. 1.097. Consideram-se coligadas as sociedades que, em suas relações de capital, são controladas, filiadas, ou de simples participação, na forma dos artigos seguintes.

••Sociedades coligadas, controladoras e controladas: arts. 243 a 264 da Lei n. 6.404, de 15-12-1976 (LSA).

Art. 1.098. É controlada:

I – a sociedade de cujo capital outra sociedade possua a maioria dos votos nas deliberações dos quotistas ou da assembleia geral e o poder de eleger a maioria dos administradores;

II – a sociedade cujo controle, referido no inciso antecedente, esteja em poder de outra, mediante ações ou quotas possuídas por sociedades ou sociedades por esta já controladas.

- LSA: arts. 116 e 243, § 2.º, da Lei n. 6.404, de 15-12-1976.

Art. 1.099. Diz-se coligada ou filiada a sociedade de cujo capital outra sociedade participa com dez por cento ou mais, do capital da outra, sem controlá-la.

- LSA: art. 243, § 1.º, da Lei n. 6.404, de 15-12-1976.

Art. 1.100. É de simples participação a sociedade de cujo capital outra sociedade possua menos de dez por cento do capital com direito de voto.

Art. 1.101. Salvo disposição especial de lei, a sociedade não pode participar de outra, que seja sua sócia, por montante superior, segundo o balanço, ao das próprias reservas, excluída a reserva legal.

- LSA: art. 244 da Lei n. 6.404, de 15-12-1976.

Parágrafo único. Aprovado o balanço em que se verifique ter sido excedido esse limite, a sociedade não poderá exercer o direito de voto correspondente às ações ou quotas em excesso, as quais devem ser alienadas nos cento e oitenta dias seguintes àquela aprovação.

Capítulo IX
DA LIQUIDAÇÃO DA SOCIEDADE

- *Vide* arts. 44, 2.033 e 2.034 do CC.

Art. 1.102. Dissolvida a sociedade e nomeado o liquidante na forma do disposto neste Livro, procede-se à sua liquidação, de conformidade com os preceitos deste Capítulo, ressalvado o disposto no ato constitutivo ou no instrumento da dissolução.

- Liquidação de sociedades na LSA: arts. 207 a 218 da Lei n. 6.404, de 15-12-1976.

Parágrafo único. O liquidante, que não seja administrador da sociedade, investir-se-á nas funções, averbada a sua nomeação no registro próprio.

- Sociedade Simples: Registro Civil das Pessoas Jurídicas: arts. 114 a 126 da Lei n. 6.015, de 31-12-1973.
- Registro Público de Empresas Mercantis: *vide* Lei n. 8.934, de 18-11-1994.

Art. 1.103. Constituem deveres do liquidante:

I – averbar e publicar a ata, sentença ou instrumento de dissolução da sociedade;

II – arrecadar os bens, livros e documentos da sociedade, onde quer que estejam;

III – proceder, nos quinze dias seguintes ao da sua investidura e com a assistência, sempre que possível, dos administradores, à elaboração do inventário e do balanço geral do ativo e do passivo;

IV – ultimar os negócios da sociedade, realizar o ativo, pagar o passivo e partilhar o remanescente entre os sócios ou acionistas;

V – exigir dos quotistas, quando insuficiente o ativo à solução do passivo, a integralização de suas quotas e, se for o caso, as quantias necessárias, nos limites da responsabilidade de cada um e proporcionalmente à respectiva participação nas perdas, repartindo-se, entre os sócios solventes e na mesma proporção, o devido pelo insolvente;

VI – convocar assembleia dos quotistas, cada seis meses, para apresentar relatório e balanço do estado da liquidação, prestando conta dos atos praticados durante o semestre, ou sempre que necessário;

VII – confessar a falência da sociedade e pedir concordata, de acordo com as formalidades prescritas para o tipo de sociedade liquidanda;

- A Lei n. 11.101, de 9-2-2005, regula a recuperação judicial, a extrajudicial e a falência do empresário e da sociedade empresária.

VIII – finda a liquidação, apresentar aos sócios o relatório da liquidação e as suas contas finais;

IX – averbar a ata da reunião ou da assembleia, ou o instrumento firmado pelos sócios, que considerar encerrada a liquidação.

• LSA: art. 217 (responsabilidade na liquidação) da Lei n. 6.404, de 15-12-1976.

Parágrafo único. Em todos os atos, documentos ou publicações, o liquidante empregará a firma ou denominação social sempre seguida da cláusula "em liquidação" e de sua assinatura individual, com a declaração de sua qualidade.

Art. 1.104. As obrigações e a responsabilidade do liquidante regem-se pelos preceitos peculiares às dos administradores da sociedade liquidanda.

Art. 1.105. Compete ao liquidante representar a sociedade e praticar todos os atos necessários à sua liquidação, inclusive alienar bens móveis ou imóveis, transigir, receber e dar quitação.

Parágrafo único. Sem estar expressamente autorizado pelo contrato social, ou pelo voto da maioria dos sócios, não pode o liquidante gravar de ônus reais os móveis e imóveis, contrair empréstimos, salvo quando indispensáveis ao pagamento de obrigações inadiáveis, nem prosseguir, embora para facilitar a liquidação, na atividade social.

Art. 1.106. Respeitados os direitos dos credores preferenciais, pagará o liquidante as dívidas sociais proporcionalmente, sem distinção entre vencidas e vincendas, mas, em relação a estas, com desconto.

• *Vide* arts. 955 a 965 (das preferências e privilégios creditórios) do CC.

Parágrafo único. Se o ativo for superior ao passivo, pode o liquidante, sob sua responsabilidade pessoal, pagar integralmente as dívidas vencidas.

Art. 1.107. Os sócios podem resolver, por maioria de votos, antes de ultimada a liquidação, mas depois de pagos os credores, que o liquidante faça rateios por antecipação da partilha, à medida em que se apurem os haveres sociais.

Art. 1.108. Pago o passivo e partilhado o remanescente, convocará o liquidante assembleia dos sócios para a prestação final de contas.

Art. 1.109. Aprovadas as contas, encerra-se a liquidação, e a sociedade se extingue, ao ser averbada no registro próprio a ata da assembleia.

Parágrafo único. O dissidente tem o prazo de trinta dias, a contar da publicação da ata, devidamente averbada, para promover a ação que couber.

Art. 1.110. Encerrada a liquidação, o credor não satisfeito só terá direito a exigir dos sócios, individualmente, o pagamento do seu crédito, até o limite da soma por eles recebida em partilha, e a propor contra o liquidante ação de perdas e danos.

• *Vide* arts. 402 a 405 (perdas e danos) do CC.

Art. 1.111. No caso de liquidação judicial, será observado o disposto na lei processual.

• Lei de Falências e Recuperação de Empresas: arts. 139 a 160 da Lei n. 11.101, de 9-2-2005.

Art. 1.112. No curso de liquidação judicial, o juiz convocará, se necessário, reunião ou assembleia para deliberar sobre os interesses da liquidação, e as presidirá, resolvendo sumariamente as questões suscitadas.

Parágrafo único. As atas das assembleias serão, em cópia autêntica, apensadas ao processo judicial.

Capítulo X
DA TRANSFORMAÇÃO, DA INCORPORAÇÃO, DA FUSÃO E DA CISÃO DAS SOCIEDADES

•• *Vide* arts. 1.033, parágrafo único, e 2.033 do CC.

• LSA: arts. 220 a 234 da Lei n. 6.404, de 15-12-1976.

Art. 1.113. O ato de transformação independe de dissolução ou liquidação da sociedade, e obedecerá aos preceitos reguladores da constituição e inscrição próprios do tipo em que vai converter-se.

• LSA: art. 220 (transformação de sociedade – conceito e forma) da Lei n. 6.404, de 15-12-1976.

Art. 1.114. A transformação depende do consentimento de todos os sócios, salvo se prevista no ato constitutivo, caso em que o dissidente poderá retirar-se da sociedade, aplicando-se, no silêncio do estatuto ou do contrato social, o disposto no art. 1.031.

• LSA: art. 221 (aprovação da transformação de sociedade – deliberação) da Lei n. 6.404, de 15-12-1976.

Art. 1.115. A transformação não modificará nem prejudicará, em qualquer caso, os direitos dos credores.

• LSA: art. 222 (direitos dos credores) da Lei n. 6.404, de 15-12-1976.

Parágrafo único. A falência da sociedade transformada somente produzirá efeitos em relação aos sócios que, no tipo anterior, a eles estariam sujeitos, se o pedirem os titulares de créditos anteriores à transformação, e somente a estes beneficiará.

Art. 1.116. Na incorporação, uma ou várias sociedades são absorvidas por outra, que lhes sucede em todos os direitos e obrigações, devendo todas aprová-la, na forma estabelecida para os respectivos tipos.

•• *Vide* art. 2.033 do CC.

• LSA: art. 227 (incorporação - conceito) da Lei n. 6.404, de 15-12-1976.

Art. 1.117. A deliberação dos sócios da sociedade incorporada deverá aprovar as bases da operação e o projeto de reforma do ato constitutivo.

§ 1.º A sociedade que houver de ser incorporada tomará conhecimento desse ato, e, se o aprovar, autorizará os administradores a praticar o necessário à incorporação, inclusive a subscrição em bens pelo valor da diferença que se verificar entre o ativo e o passivo.

§ 2.º A deliberação dos sócios da sociedade incorporadora compreenderá a nomeação dos peritos para a avaliação do patrimônio líquido da sociedade, que tenha de ser incorporada.

• LSA: art. 227 (procedimentos) da Lei n. 6.404, de 15-12-1976.

• *Vide* art. 1.076, I, do CC.

Art. 1.118. Aprovados os atos da incorporação, a incorporadora declarará extinta a incorporada, e promoverá a respectiva averbação no registro próprio.

• LSA: art. 234 (averbação) da Lei n. 6.404, de 15-12-1976.

Art. 1.119. A fusão determina a extinção das sociedades que se unem, para formar sociedade nova, que a elas sucederá nos direitos e obrigações.

•• *Vide* art. 2.033 do CC.

• LSA: art. 228 (fusão – conceito) da Lei n. 6.404, de 15-12-1976.

Art. 1.120. A fusão será decidida, na forma estabelecida para os respectivos tipos, pelas sociedades que pretendam unir-se.

§ 1.º Em reunião ou assembleia dos sócios de cada sociedade, deliberada a fusão e aprovado o projeto do ato constitutivo da nova sociedade, bem como o plano de distribuição do capital social, serão nomeados os peritos para a avaliação do patrimônio da sociedade.

§ 2.º Apresentados os laudos, os administradores convocarão reunião ou assembleia dos sócios para tomar conhecimento deles, decidindo sobre a constituição definitiva da nova sociedade.

§ 3.º É vedado aos sócios votar o laudo de avaliação do patrimônio da sociedade de que façam parte.

• LSA: art. 228 (formalização da fusão) da Lei n. 6.404, de 15-12-1976.

Art. 1.121. Constituída a nova sociedade, aos administradores incumbe fazer inscrever, no registro próprio da sede, os atos relativos à fusão.

• LSA: art. 234 (averbação) da Lei n. 6.404, de 15-12-1976.

Art. 1.122. Até noventa dias após publicados os atos relativos à incorporação, fusão ou cisão, o credor anterior, por ela prejudicado, poderá promover judicialmente a anulação deles.

§ 1.º A consignação em pagamento prejudicará a anulação pleiteada.

• *Vide* arts. 890 a 900 do CPC.

§ 2.º Sendo ilíquida a dívida, a sociedade poderá garantir-lhe a execução, suspendendo-se o processo de anulação.

§ 3.º Ocorrendo, no prazo deste artigo, a falência da sociedade incorporadora, da sociedade nova ou da cindida, qualquer credor anterior terá direito a pedir a separação dos patrimônios, para o fim de serem os créditos pagos pelos bens das respectivas massas.

• LSA: art. 229 da Lei n. 6.404, de 15-12-1976.

• *Vide* art. 2.033 do CC.

Capítulo XI
DA SOCIEDADE DEPENDENTE DE AUTORIZAÇÃO

• CC de 1916: art. 18.

• Sociedades Estrangeiras: arts. 59 a 73 do Decreto-lei n. 2.627, de 26-9-1940.

• *Vide* art. 11, § 1.º, do Decreto-lei n. 4.657, de 4-9-1942 (LINDB).

• Instituições financeiras (monetárias, bancárias e creditícias): art. 10, §§ 1.º e 2.º, da Lei n. 4.595, de 31-12-1964.

• Lei de Mercado de Capitais (Bolsa de Valores): arts. 11 e 49 da Lei n. 4.728, de 14-7-1965.

• Operações de seguros: arts. 74 a 78 do Decreto-lei n. 73, de 21-11-1966.

• Lei de Cooperativas: arts. 17 a 20, 57, 63, VI, e 92, § 1.º, da Lei n. 5.764, de 16-12-1971.

• Lei de Mercado de Valores Mobiliários: arts. 16, 18, 21, § 5.º, e 23 da Lei n. 6.385, de 7-12-1976.

• LSA: arts. 30, § 2.º, 73, § 4.º, 136, § 2.º, 255 e 268 da Lei n. 6.404, de 15-12-1976.

• CBA: arts. 36, 99, 175, § 1.º, 180 a 183, 193, 204 a 207, 210, 212 a 214 e 217 da Lei n. 7.565, de 19-12-1986.

• CF: *vide* art. 176, § 1.º.

• *Vide* art. 35, VIII, da Lei n. 8.934, de 18-11-1994 (Registro Público de Empresas Mercantis).

• *Vide* arts. 45, *caput*, 1.132 e 1.133 do CC.

Seção I
Disposições Gerais

Art. 1.123. A sociedade que dependa de autorização do Poder Executivo para funcionar reger-se-á por este título, sem prejuízo do disposto em lei especial.

Parágrafo único. A competência para a autorização será sempre do Poder Executivo federal.

Art. 1.124. Na falta de prazo estipulado em lei ou em ato do poder público, será considerada caduca a autorização se a sociedade não entrar em funcionamento nos doze meses seguintes à respectiva publicação.

Art. 1.125. Ao Poder Executivo é facultado, a qualquer tempo, cassar a autorização concedida a sociedade nacional ou estrangeira que infringir disposição de ordem pública ou praticar atos contrários aos fins declarados no seu estatuto.

Seção II
Da Sociedade Nacional

Art. 1.126. É nacional a sociedade organizada de conformidade com a lei brasileira e que tenha no País a sede de sua administração.

• *Vide* art. 75, *caput*, do CC.

• Sociedade Nacional: art. 60 do Decreto-lei n. 2.627, de 26-9-1940.

• *Vide* arts. 170, IX, 176, § 1.º, 222 e 223 da CF.

Parágrafo único. Quando a lei exigir que todos ou alguns sócios sejam brasileiros, as ações da sociedade anônima revestirão, no silêncio da lei, a forma nominativa. Qualquer que seja o tipo da sociedade, na sua sede ficará arquivada cópia autêntica do documento comprobatório da nacionalidade dos sócios.

• *Vide* Lei n. 10.610, de 20-12-2002.

Art. 1.127. Não haverá mudança de nacionalidade de sociedade brasileira sem o consentimento unânime dos sócios ou acionistas.

Art. 1.128. O requerimento de autorização de sociedade nacional deve ser acompanhado de cópia do contrato, assinada por todos os sócios, ou, tratando-se de sociedade anônima, de cópia, autenticada pelos fundadores, dos documentos exigidos pela lei especial.

Parágrafo único. Se a sociedade tiver sido constituída por escritura pública, bastará juntar-se ao requerimento a respectiva certidão.

• *Vide* art. 1.131, *caput*, do CC.

Art. 1.129. Ao Poder Executivo é facultado exigir que se procedam a alterações ou aditamento no contrato ou no estatuto, devendo os sócios, ou, tratando-se de sociedade anônima, os fundadores, cumprir as formalidades legais para revisão dos atos constitutivos, e juntar ao processo prova regular.

• *Vide* art. 1.131, *caput*, do CC.

Art. 1.130. Ao Poder Executivo é facultado recusar a autorização, se a sociedade não atender às condições econômicas, financeiras ou jurídicas especificadas em lei.

• Recusa da autorização: art. 62 do Decreto-lei n. 2.627, de 26-9-1940.

Art. 1.131. Expedido o decreto de autorização, cumprirá à sociedade publicar os atos referidos nos arts. 1.128 e 1.129, em trinta dias, no órgão oficial da União, cujo exemplar representará prova para inscrição, no registro próprio, dos atos constitutivos da sociedade.

• *Vide* art. 1.136, § 3.º, do CC.

• Publicação do ato de autorização: art. 61, § 3.º, do Decreto-lei n. 2.627, de 26-9-1940.

Parágrafo único. A sociedade promoverá, também no órgão oficial da União e no prazo de trinta dias, a publicação do termo de inscrição.

Art. 1.132. As sociedades anônimas nacionais, que dependam de autorização do Poder Executivo para funcionar, não se constituirão sem obtê-la, quando seus fundadores pretenderem recorrer a subscrição pública para a formação do capital.

§ 1.º Os fundadores deverão juntar ao requerimento cópias autênticas do projeto do estatuto e do prospecto.

• *Vide* art. 1.135, parágrafo único, do CC.

• A redação do parágrafo único do art. 64, do Decreto-lei n. 2.627, de 26-9-1940, foi reproduzida neste parágrafo.

§ 2.º Obtida a autorização e constituída a sociedade, proceder-se-á à inscrição dos seus atos constitutivos.

• O art. 63 do Decreto-lei n. 2.627, de 26-9-1940, tem redação semelhante ao disposto neste artigo.

• Os arts. 82 a 87 da LSA (Lei n. 6.404, de 15-12-1976) tratam da constituição de companhia por subscrição pública.

Art. 1.133. Dependem de aprovação as modificações do contrato ou do estatuto de sociedade sujeita a autorização do Poder Executivo, salvo se decorrerem de aumento do capital social, em virtude de utilização de reservas ou reavaliação do ativo.

Seção III
Da Sociedade Estrangeira

Art. 1.134. A sociedade estrangeira, qualquer que seja o seu objeto, não pode, sem autorização do Poder Executivo, funcionar no País, ainda que por estabelecimentos subordinados, podendo, todavia, ressalvados os casos expressos em lei, ser acionista de sociedade anônima brasileira.

•• O Decreto n. 5.664, de 10-1-2006, delega competência ao Ministro de Estado do Desenvolvimento, Indústria e Comércio Exterior para autorizar o funcionamento no Brasil de sociedade estrangeira.

• *Vide* arts. 1.089 e 1.141, § 1.º, do CC.

• LINDB: arts. 11 e 17 do Decreto-lei n. 4.657, de 4-9-1942.

• Registro Público de Empresas Mercantis e Atividades Afins: art. 32, II, *c* (atos pertinentes ao registro), da Lei n. 8.934, de 18-11-1994.

§ 1.º Ao requerimento de autorização devem juntar-se:

I – prova de se achar a sociedade constituída conforme a lei de seu país;

II – inteiro teor do contrato ou do estatuto;

III – relação dos membros de todos os órgãos da administração da sociedade, com nome, nacionalidade, profissão, domicílio e, salvo quanto a ações ao portador, o valor da participação de cada um no capital da sociedade;

IV – cópia do ato que autorizou o funcionamento no Brasil e fixou o capital destinado às operações no território nacional;

V – prova de nomeação do representante no Brasil, com poderes expressos para aceitar as condições exigidas para a autorização;

•• A redação do parágrafo único do art. 64 do Decreto-lei n. 2.627, de 26-9-1940, foi reproduzida neste parágrafo.

VI – último balanço.

§ 2.º Os documentos serão autenticados, de conformidade com a lei nacional da sociedade requerente, legalizados no consulado brasileiro da respectiva sede e acompanhados de tradução em vernáculo.

Art. 1.135. É facultado ao Poder Executivo, para conceder a autorização, estabelecer condições convenientes à defesa dos interesses nacionais.

Parágrafo único. Aceitas as condições, expedirá o Poder Executivo decreto de autorização, do qual constará o montante de capital destinado às operações no País, cabendo à sociedade promover a publicação dos atos referidos no art. 1.131 e no § 1.º do art. 1.134.

•• A redação deste artigo reproduz o contido no art. 65 do Decreto-lei n. 2.627, de 26-9-1940.

Art. 1.136. A sociedade autorizada não pode iniciar sua atividade antes de inscrita no registro próprio do lugar em que se deva estabelecer.

§ 1.º O requerimento de inscrição será instruído com exemplar da publicação exigida no parágrafo único do artigo antecedente, acompanhado de documento do depósito em dinheiro, em estabelecimento bancário oficial, do capital ali mencionado.

• Decreto-lei n. 2.627, de 26-9-1940: art. 65, parágrafo único.

§ 2.º Arquivados esses documentos, a inscrição será feita por termo em livro especial para as sociedades estrangeiras, com número de ordem contínuo para todas as sociedades inscritas; no termo constarão:

I – nome, objeto, duração e sede da sociedade no estrangeiro;

II – lugar da sucursal, filial ou agência, no País;

III – data e número do decreto de autorização;

IV – capital destinado às operações no País;

V – individuação do seu representante permanente.

§ 3.º Inscrita a sociedade, promover-se-á a publicação determinada no parágrafo único do art. 1.131.

Art. 1.137. A sociedade estrangeira autorizada a funcionar ficará sujeita às leis e aos tribunais brasileiros, quanto aos atos ou operações praticados no Brasil.

Parágrafo único. A sociedade estrangeira funcionará no território nacional com o nome que tiver em seu país de origem, podendo acrescentar as palavras "do Brasil" ou "para o Brasil".

• Disposições semelhantes: arts. 66 e 68 do Decreto-lei n. 2.627, de 26-9-1940.

• LINDB: arts. 9.º e 12 do Decreto-lei n. 4.657, de 4-9-1942.

• CPC: arts. 21 e s. (competência internacional).

Art. 1.138. A sociedade estrangeira autorizada a funcionar é obrigada a ter, permanentemente, representante no Brasil, com poderes para resolver quaisquer questões e receber citação judicial pela sociedade.

Parágrafo único. O representante somente pode agir perante terceiros depois de arquivado e averbado o instrumento de sua nomeação.

• Disposição semelhante: art. 67 do Decreto-lei n. 2.627, de 26-9-1940.

Art. 1.139. Qualquer modificação no contrato ou no estatuto dependerá da aprovação do Poder Executivo, para produzir efeitos no território nacional.

•• O Decreto n. 9.787, de 8-5-2019, delega competência ao Ministro da Economia para decidir e praticar os atos de autorização de funcionamento no País de sociedade estrangeira.

• Disposição semelhante: art. 69 do Decreto-lei n. 2.627, de 26-9-1940.

Art. 1.140. A sociedade estrangeira deve, sob pena de lhe ser cassada a autorização, reproduzir no órgão oficial da União, e do Estado, se for o caso, as publicações que, segundo a sua lei nacional, seja obrigada a fazer relativamente ao balanço patrimonial e ao de resultado econômico, bem como aos atos de sua administração.

• Disposição semelhante: art. 70 do Decreto-lei n. 2.627, de 26-9-1940.

• *Vide* arts. 1.188 e 1.189 do CC.

Parágrafo único. Sob pena, também, de lhe ser cassada a autorização, a sociedade estrangeira deverá publicar o balanço patrimonial e o de resultado econômico das sucursais, filiais ou agências existentes no País.

Art. 1.141. Mediante autorização do Poder Executivo, a sociedade estrangeira admitida a funcionar no País pode nacionalizar-se, transferindo sua sede para o Brasil.

• Disposição semelhante: art. 71 do Decreto-lei n. 2.627, de 26-9-1940.

• LINDB: art. 11 do Decreto-lei n. 4.657, de 4-9-1942.

• *Vide* art. 75, IV, do CC.

§ 1.º Para o fim previsto neste artigo, deverá a sociedade, por seus representantes, oferecer, com o requerimento, os documentos exigidos no art. 1.134, e ainda a prova da realização do capital, pela forma declarada no contrato, ou no estatuto, e do ato em que foi deliberada a nacionalização.

§ 2.º O Poder Executivo poderá impor as condições que julgar convenientes à defesa dos interesses nacionais.

§ 3.º Aceitas as condições pelo representante, proceder-se-á, após a expedição do decreto de autorização, à inscrição da sociedade e publicação do respectivo termo.

Título III
DO ESTABELECIMENTO

•• A Lei n. 12.291, de 20-7-2010, torna obrigatória a manutenção de exemplar do CDC nos estabelecimentos comerciais e de prestação de serviços.

Capítulo Único
DISPOSIÇÕES GERAIS

Art. 1.142. Considera-se estabelecimento todo complexo de bens organizado, para exercício da empresa, por empresário, ou por sociedade empresária.

•• *Vide* Súmula 451 do STJ.

• *Vide* Súmula 645 do STF.

§ 1.º O estabelecimento não se confunde com o local onde se exerce a atividade empresarial, que poderá ser físico ou virtual.

•• § 1.º com redação determinada pela Medida Provisória n. 1.085, de 27-12-2021.

O texto anterior dizia: "§ 1.º O estabelecimento não se confunde com o local onde se exerce a atividade empresarial, que poderá ser físico ou virtual.

•• § 1.º acrescentado pela Lei n. 14.195, de 26-8-2021".

§ 2.º Quando o local onde se exerce a atividade empresarial for virtual, o endereço informado para fins de registro poderá ser, conforme o caso, o endereço do empresário individual ou de um dos sócios da sociedade empresária.

•• § 2.º com redação determinada pela Medida Provisória n. 1.085, de 27-12-2021.

O texto anterior dizia: "§ 2.º Quando o local onde se exerce a atividade empresarial for virtual, o endereço informado para fins de registro poderá ser, conforme o caso, o do empresário individual ou o de um dos sócios da sociedade empresária.

•• § 2.º acrescentado pela Lei n. 14.195, de 26-8-2021".

§ 3.º Quando o local onde se exerce a atividade empresarial for físico, a fixação do horário de funcionamento competirá ao Município, observada a regra geral prevista no inciso II do *caput* do art. 3.º da Lei n. 13.874, de 20 de setembro de 2019.

•• § 3.º com redação determinada pela Medida Provisória n. 1.085, de 27-12-2021.

O texto anterior dizia: "§ 3.º Quando o local onde se exerce a atividade empresarial for físico, a fixação do horário de funcionamento competirá ao Município, observada a regra geral do inciso II do *caput* do art. 3.º da Lei n. 13.874, de 20 de setembro de 2019.

•• § 3.º acrescentado pela Lei n. 14.195, de 26-8-2021".

Art. 1.143. Pode o estabelecimento ser objeto unitário de direitos e de negócios jurídicos, translativos ou constitutivos, que sejam compatíveis com a sua natureza.

Art. 1.144. O contrato que tenha por objeto a alienação, o usufruto ou arrendamento do estabelecimento, só produzirá efeitos quanto a terceiros depois de averbado à margem da inscrição do empresário, ou da sociedade empresária, no Registro Público de Empresas Mercantis, e de publicado na imprensa oficial.

- Registro Público de Empresas Mercantis e Atividades Afins: Lei n. 8.934, de 18-11-1994.

Art. 1.145. Se ao alienante não restarem bens suficientes para solver o seu passivo, a eficácia da alienação do estabelecimento depende do pagamento de todos os credores, ou do consentimento destes, de modo expresso ou tácito, em trinta dias a partir de sua notificação.

- Lei de Falências e Recuperação de Empresas: arts. 66, 94 e 129, VI, da Lei n. 11.101, de 9-2-2005.

Art. 1.146. O adquirente do estabelecimento responde pelo pagamento dos débitos anteriores à transferência, desde que regularmente contabilizados, continuando o devedor primitivo solidariamente obrigado pelo prazo de um ano, a partir, quanto aos créditos vencidos, da publicação, e, quanto aos outros, da data do vencimento.

- *Vide* arts. 275 a 285 do CC.
- O disposto neste artigo aplica-se "ao sócio que tenha se retirado voluntariamente ou que tenha sido excluído da sociedade, há menos de 2 (dois) anos, quanto às dívidas existentes na data do arquivamento da alteração do contrato, no caso de não terem sido solvidas até a data da decretação da falência" (art. 81, § 1.º, da Lei n. 11.101, de 9-2-2005).
- Dispõe a CLT (Decreto-lei n. 5.452, de 1.º-5-1943) em seu art. 448: "A mudança na propriedade ou na estrutura jurídica da empresa não afetará os contratos de trabalho dos respectivos empregados".
- Estabelece o CTN (Lei n. 5.172, de 25-10-1966) em seu art. 133: "A pessoa natural ou jurídica de direito privado que adquirir de outra, por qualquer título, fundo de comércio ou estabelecimento comercial, industrial ou profissional, e continuar a respectiva exploração, sob a mesma ou outra razão social ou sob firma ou nome individual, responde pelos tributos, relativos ao fundo ou estabelecimento adquirido, devidos até a data do ato: I – integralmente, se o alienante cessar a exploração do comércio, indústria ou atividade; II – subsidiariamente com o alienante, se este prosseguir na exploração ou iniciar dentro de 6 (seis) meses, a contar da data da alienação, nova atividade no mesmo ou em outro ramo de comércio, indústria ou profissão".

Art. 1.147. Não havendo autorização expressa, o alienante do estabelecimento não pode fazer concorrência ao adquirente, nos cinco anos subsequentes à transferência.

Parágrafo único. No caso de arrendamento ou usufruto do estabelecimento, a proibição prevista neste artigo persistirá durante o prazo do contrato.

Art. 1.148. Salvo disposição em contrário, a transferência importa a sub-rogação do adquirente nos contratos estipulados para exploração do estabelecimento, se não tiverem caráter pessoal, podendo os terceiros rescindir o contrato em noventa dias a contar da publicação da transferência, se ocorrer justa causa, ressalvada, neste caso, a responsabilidade do alienante.

- *Vide* arts. 346 e 1.152, § 1.º, do CC.
- *Vide* art. 13 da Lei n. 8.245, de 18-10-1991.

Art. 1.149. A cessão dos créditos referentes ao estabelecimento transferido produzirá efeito em relação aos respectivos devedores, desde o momento da publicação da transferência, mas o devedor ficará exonerado se de boa-fé pagar ao cedente.

- *Vide* art. 290 do CC.

Título IV
DOS INSTITUTOS COMPLEMENTARES

Capítulo I
DO REGISTRO

- *Vide* art. 985 do CC.

Art. 1.150. O empresário e a sociedade empresária vinculam-se ao Registro Público de Empresas Mercantis a cargo das Juntas Comerciais, e a sociedade simples ao Registro Civil das Pessoas Jurídicas, o qual deverá obedecer às normas fixadas para aquele registro, se a sociedade simples adotar um dos tipos de sociedade empresária.

•• A Lei n. 14.195, de 26-8-2021, propôs alteração neste artigo, porém teve seu texto vetado.

- *Vide* arts. 45, 966, 968, 985, 997 e 998 do CC.
- *Vide* art. 3.º, II, da Lei n. 8.934, de 18-11-1994 (sociedade empresária).
- *Vide* art. 114, II, da Lei n. 6.015, de 31-12-1973 (sociedade simples).
- Dispõe a Lei n. 8.906, de 4-7-1994 (EAOAB), em seu art. 15, § 1.º: "Os advogados podem reunir-se em sociedade civil de prestação de serviço de advocacia, na forma disciplinada nesta Lei, e no Regulamento Geral. § 1.º A sociedade de advogados adquire personalidade jurídica com o registro aprovado dos seus atos constitutivos no Conselho Seccional da OAB em cuja base territorial tiver sede".

Art. 1.151. O registro dos atos sujeitos à formalidade exigida no artigo antecedente será requerido pela pessoa obrigada em lei, e, no caso de omissão ou demora, pelo sócio ou qualquer interessado.

§ 1.º Os documentos necessários ao registro deverão ser apresentados no prazo de trinta dias, contado da lavratura dos atos respectivos.

- *Vide* art. 36 (prazo) da Lei n. 8.934, de 18-11-1994 (Registro Público de Empresas Mercantis e Atividades Afins).

§ 2.º Requerido além do prazo previsto neste artigo, o registro somente produzirá efeito a partir da data de sua concessão.

§ 3.º As pessoas obrigadas a requerer o registro responderão por perdas e danos, em caso de omissão ou demora.

- *Vide* arts. 402 a 405 do CC.
- *Vide* art. 5.º da Lei n. 10.610, de 20-12-2002.

Art. 1.152. Cabe ao órgão incumbido do registro verificar a regularidade das publicações determinadas em lei, de acordo com o disposto nos parágrafos deste artigo.

§ 1.º Salvo exceção expressa, as publicações ordenadas neste Livro serão feitas no órgão oficial da União ou do Estado, conforme o local da sede do empresário ou da sociedade, e em jornal de grande circulação.

§ 2.º As publicações das sociedades estrangeiras serão feitas nos órgãos oficiais da União e do Estado onde tiverem sucursais, filiais ou agências.

§ 3.º O anúncio de convocação da assembleia de sócios será publicado por três vezes, ao menos, devendo mediar, entre a data da primeira inserção e a da realização da assembleia, o prazo mínimo de oito dias, para a primeira convocação, e de cinco dias, para as posteriores.

• *Vide* art. 1.072, § 2.º, do CC.
• LSA: art. 124 da Lei n. 6.404, de 15-12-1976.

Art. 1.153. Cumpre à autoridade competente, antes de efetivar o registro, verificar a autenticidade e a legitimidade do signatário do requerimento, bem como fiscalizar a observância das prescrições legais concernentes ao ato ou aos documentos apresentados.

• *Vide* arts. 37, 40 e 63 da Lei n. 8.934, de 18-11-1994.
• LSA: art. 97 da Lei n. 6.404, de 15-12-1976.

Parágrafo único. Das irregularidades encontradas deve ser notificado o requerente, que, se for o caso, poderá saná-las, obedecendo às formalidades da lei.

Art. 1.154. O ato sujeito a registro, ressalvadas disposições especiais da lei, não pode, antes do cumprimento das respectivas formalidades, ser oposto a terceiro, salvo prova de que este o conhecia.

Parágrafo único. O terceiro não pode alegar ignorância, desde que cumpridas as referidas formalidades.

Capítulo II
DO NOME EMPRESARIAL

• *Vide* art. 5.º, XXIX (proteção constitucional), da CF.
• Sobre proteção do nome empresarial, *vide* arts. 33 e 34 da Lei n. 8.934, de 18-11-1994.
• O Decreto n. 1.800, de 30-1-1996, que regulamenta a citada Lei, dispõe sobre o nome empresarial em seus arts. 61 e 62.

Art. 1.155. Considera-se nome empresarial a firma ou a denominação adotada, de conformidade com este Capítulo, para o exercício de empresa.

•• A Lei n. 14.195, de 26-8-2021, propôs alteração neste artigo, porém teve seu texto vetado.
• *Vide* art. 72 da Lei Complementar n. 123, de 14-12-2006 (microempresa e empresa de pequeno porte).

Parágrafo único. Equipara-se ao nome empresarial, para os efeitos da proteção da lei, a denominação das sociedades simples, associações e fundações.

• *Vide* arts. 33 e 34 da Lei n. 8.934, de 18-11-1994.

Art. 1.156. O empresário opera sob firma constituída por seu nome, completo ou abreviado, aditando-lhe, se quiser, designação mais precisa da sua pessoa ou do gênero de atividade.

• Decreto n. 916, de 24-10-1890: art. 3.º.
• Lei de Registro Público de Empresas Mercantis e Atividades Afins: Lei n. 8.934, de 18-11-1994, regulamentada pelo Decreto n. 1.800, de 30-1-1996.

Art. 1.157. A sociedade em que houver sócios de responsabilidade ilimitada operará sob firma, na qual somente os nomes daqueles poderão figurar, bastando para formá-la aditar ao nome de um deles a expressão "e companhia" ou sua abreviatura.

Parágrafo único. Ficam solidária e ilimitadamente responsáveis pelas obrigações contraídas sob a firma social aqueles que, por seus nomes, figurarem na firma da sociedade de que trata este artigo.

• *Vide* arts. 275 a 285 do CC.

Art. 1.158. Pode a sociedade limitada adotar firma ou denominação, integradas pela palavra final "limitada" ou a sua abreviatura.

• Decreto n. 3.708, de 10-1-1919: art. 3.º.

§ 1.º A firma será composta com o nome de um ou mais sócios, desde que pessoas físicas, de modo indicativo da relação social.

§ 2.º A denominação deve designar o objeto da sociedade, sendo permitido nela figurar o nome de um ou mais sócios.

§ 3.º A omissão da palavra "limitada" determina a responsabilidade solidária e ilimitada dos administradores que assim empregarem a firma ou a denominação da sociedade.

• *Vide* arts. 1.052 a 1.087 do CC.

Art. 1.159. A sociedade cooperativa funciona sob denominação integrada pelo vocábulo "cooperativa".

• Sociedades cooperativas: art. 5.º da Lei n. 5.764, de 16-12-1971.

Art. 1.160. A sociedade anônima opera sob denominação integrada pelas expressões "sociedade anônima" ou "companhia", por extenso ou abreviadamente, facultada a designação do objeto social.

•• *Caput* com redação determinada pela Medida Provisória n. 1.085, de 27-12-2021.

O texto anterior dizia: "Art. 1.160. A sociedade anônima opera sob denominação, integrada pelas expressões sociedade anônima ou companhia, por extenso ou abreviadamente, facultada a designação do objeto social.

•• *Caput* com redação determinada pela Lei n. 14.195, de 26-8-2021".

• *Vide* arts. 1.088 e 1.089 do CC.
• LSA: art. 3.º da Lei n. 6.404, de 15-12-1976.

Parágrafo único. Pode constar da denominação o nome do fundador, acionista, ou pessoa que haja concorrido para o bom êxito da formação da empresa.

Art. 1.161. A sociedade em comandita por ações pode, em lugar de firma, adotar denominação aditada da expressão "comandita por ações", facultada a designação do objeto social.

•• Artigo com redação determinada pela Medida Provisória n. 1.085, de 27-12-2021.

O texto anterior dizia: "Art. 1.161. A sociedade em comandita por ações pode, em lugar de firma, adotar denominação, aditada da expressão comandita por ações, facultada a designação do objeto social.

•• Artigo com redação determinada pela Lei n. 14.195, de 26-8-2021".

• *Vide* arts. 1.090 a 1.092 do CC.
• LSA: art. 281 da Lei n. 6.404, de 15-12-1976.

Art. 1.162. A sociedade em conta de participação não pode ter firma ou denominação.

• *Vide* arts. 991 a 996 do CC.

Art. 1.163. O nome de empresário deve distinguir-se de qualquer outro já inscrito no mesmo registro.

• Decreto n. 916, de 24-10-1890: art. 6.º, § 1.º.
• LSA: art. 3.º, § 2.º, da Lei n. 6.404, de 15-12-1976.

- Lei de Registro Público de Empresas Mercantis e Atividades Afins: art. 35, V, da Lei n. 8.934, de 18-11-1994.
- *Vide* arts. 124, V, e 195, V, da Lei n. 9.279, de 14-5-1996.

Parágrafo único. Se o empresário tiver nome idêntico ao de outros já inscritos, deverá acrescentar designação que o distinga.

Art. 1.164. O nome empresarial não pode ser objeto de alienação.

- Decreto n. 916, de 24-10-1890: art. 7.º.
- *Vide* arts. 1.143 e 1.144 do CC.

Parágrafo único. O adquirente de estabelecimento, por ato entre vivos, pode, se o contrato o permitir, usar o nome do alienante, precedido do seu próprio, com a qualificação de sucessor.

Art. 1.165. O nome de sócio que vier a falecer, for excluído ou se retirar, não pode ser conservado na firma social.

- Decreto n. 916, de 24-10-1890: art. 7.º.
- *Vide* arts. 1.143 e 1.144 do CC.

Art. 1.166. A inscrição do empresário, ou dos atos constitutivos das pessoas jurídicas, ou as respectivas averbações, no registro próprio, asseguram o uso exclusivo do nome nos limites do respectivo Estado.

- *Vide* art. 1.154, parágrafo único, do CC.
- Lei de Registro Público de Empresas Mercantis e Atividades Afins: arts. 1.º, I, 33 e 34 da Lei n. 8.934, de 18-11-1994, regulamentada pelo Decreto n. 1.800, de 30-1-1996.

Parágrafo único. O uso previsto neste artigo estender-se-á a todo o território nacional, se registrado na forma da lei especial.

Art. 1.167. Cabe ao prejudicado, a qualquer tempo, ação para anular a inscrição do nome empresarial feita com violação da lei ou do contrato.

- Decreto n. 916, de 24-10-1890: art. 10.
- LSA: art. 3.º, § 2.º, da Lei n. 6.404, de 15-12-1976.
- Lei de Registro Público de Empresas Mercantis e Atividades Afins: arts. 44 a 51 da Lei n. 8.934, de 18-11-1994, regulamentada pelo Decreto n. 1.800, de 30-1-1996.

Art. 1.168. A inscrição do nome empresarial será cancelada, a requerimento de qualquer interessado, quando cessar o exercício da atividade para que foi adotado, ou quando ultimar-se a liquidação da sociedade que o inscreveu.

- Decreto n. 916, de 24-10-1890: art. 9.º.
- Lei de Registro Público de Empresas Mercantis e Atividades Afins: arts. 59 e 60, § 1.º, da Lei n. 8.934, de 18-11-1994, regulamentada pelo Decreto n. 1.800, de 30-1-1996.

Capítulo III
DOS PREPOSTOS

Seção I
Disposições Gerais

Art. 1.169. O preposto não pode, sem autorização escrita, fazer-se substituir no desempenho da preposição, sob pena de responder pessoalmente pelos atos do substituto e pelas obrigações por ele contraídas.

Art. 1.170. O preposto, salvo autorização expressa, não pode negociar por conta própria ou de terceiro, nem participar, embora indiretamente, de operação do mesmo gênero da que lhe foi cometida, sob pena de responder por perdas e danos e de serem retidos pelo preponente os lucros da operação.

- *Vide* arts. 402 a 405 (perdas e danos) do CC.

Art. 1.171. Considera-se perfeita a entrega de papéis, bens ou valores ao preposto, encarregado pelo preponente, se os recebeu sem protesto, salvo nos casos em que haja prazo para reclamação.

Seção II
Do Gerente

Art. 1.172. Considera-se gerente o preposto permanente no exercício da empresa, na sede desta, ou em sucursal, filial ou agência.

Art. 1.173. Quando a lei não exigir poderes especiais, considera-se o gerente autorizado a praticar todos os atos necessários ao exercício dos poderes que lhe foram outorgados.

Parágrafo único. Na falta de estipulação diversa, consideram-se solidários os poderes conferidos a dois ou mais gerentes.

Art. 1.174. As limitações contidas na outorga de poderes, para serem opostas a terceiros, dependem do arquivamento e averbação do instrumento no Registro Público de Empresas Mercantis, salvo se provado serem conhecidas da pessoa que tratou com o gerente.

Parágrafo único. Para o mesmo efeito e com idêntica ressalva, deve a modificação ou revogação do mandato ser arquivada e averbada no Registro Público de Empresas Mercantis.

- *Vide* arts. 660, 661 e 1.182 do CC.
- Lei de Registro Público de Empresas Mercantis e Atividades Afins: Lei n. 8.934, de 18-11-1994, regulamentada pelo Decreto n. 1.800, de 30-1-1996.

Art. 1.175. O preponente responde com o gerente pelos atos que este pratique em seu próprio nome, mas à conta daquele.

- *Vide* art. 34 do CDC.

Art. 1.176. O gerente pode estar em juízo em nome do preponente, pelas obrigações resultantes do exercício da sua função.

- CPC: art. 242, § 1.º.

Seção III
Do Contabilista e Outros Auxiliares

Art. 1.177. Os assentos lançados nos livros ou fichas do preponente, por qualquer dos prepostos encarregados de sua escrituração, produzem, salvo se houver procedido de má-fé, os mesmos efeitos como se o fossem por aquele.

- O Decreto-lei n. 806, de 4-9-1969, regulamentado pelo Decreto n. 66.408, de 3-4-1970, dispõe sobre a profissão de atuário.

Parágrafo único. No exercício de suas funções, os prepostos são pessoalmente responsáveis, perante os preponentes, pelos atos culposos; e, perante terceiros, solidariamente com o preponente, pelos atos dolosos.

- *Vide* arts. 275 a 285 do CC.

Art. 1.178. Os preponentes são responsáveis pelos atos de quaisquer prepostos, praticados nos seus estabelecimentos e relativos à atividade da empresa, ainda que não autorizados por escrito.

Parágrafo único. Quando tais atos forem praticados fora do estabelecimento, somente obrigarão o preponente nos limites dos poderes conferidos por escrito, cujo instrumento pode ser suprido pela certidão ou cópia autêntica do seu teor.

Capítulo IV
DA ESCRITURAÇÃO

•• A Instrução Normativa n. 82, de 19-2-2021, do DREI, Institui os procedimentos para autenticação dos livros contábeis ou não dos empresários individuais, das empresas individuais de responsabilidade limitada – Eireli, das sociedades, bem como dos livros dos agentes auxiliares do comércio.

Art. 1.179. O empresário e a sociedade empresária são obrigados a seguir um sistema de contabilidade, mecanizado ou não, com base na escrituração uniforme de seus livros, em correspondência com a documentação respectiva, e a levantar anualmente o balanço patrimonial e o de resultado econômico.

- Falsificação de documento público: art. 297, § 2.º, do CP (Decreto-lei n. 2.848, de 7-12-1940).
- Decreto-lei n. 486, de 3-3-1969: art. 1.º.
- LSA: arts. 175 a 188 da Lei n. 6.404, de 15-12-1976.

§ 1.º Salvo o disposto no art. 1.180, o número e a espécie de livros ficam a critério dos interessados.

§ 2.º É dispensado das exigências deste artigo o pequeno empresário a que se refere o art. 970.

- Da Microempresa e da Empresa de Pequeno Porte: Lei Complementar n. 123, de 14-12-2006.

Art. 1.180. Além dos demais livros exigidos por lei, é indispensável o Diário, que pode ser substituído por fichas no caso de escrituração mecanizada ou eletrônica.

- Decreto-lei n. 486, de 3-3-1969: art. 5.º.
- LSA: art. 100 da Lei n. 6.404, de 15-12-1976.
- Lei de Duplicatas: art. 19 da Lei n. 5.474, de 18-7-1968.

Parágrafo único. A adoção de fichas não dispensa o uso de livro apropriado para o lançamento do balanço patrimonial e do de resultado econômico.

Art. 1.181. Salvo disposição especial de lei, os livros obrigatórios e, se for o caso, as fichas, antes de postos em uso, devem ser autenticados no Registro Público de Empresas Mercantis.

- Lei de Registro Público das Empresas Mercantis: art. 30 da Lei n. 8.934, de 18-11-1994.

Parágrafo único. A autenticação não se fará sem que esteja inscrito o empresário, ou a sociedade empresária, que poderá fazer autenticar livros não obrigatórios.

Art. 1.182. Sem prejuízo do disposto no art. 1.174, a escrituração ficará sob a responsabilidade de contabilista legalmente habilitado, salvo se nenhum houver na localidade.

- Decreto-lei n. 486, de 3-3-1969: art. 3.º.

Art. 1.183. A escrituração será feita em idioma e moeda corrente nacionais e em forma contábil, por ordem cronológica de dia, mês e ano, sem intervalos em branco, nem entrelinhas, borrões, rasuras, emendas ou transportes para as margens.

- Decreto-lei n. 486, de 3-3-1969: arts. 2.º e 5.º.
- CPC: arts. 192, parágrafo único, e 418.
- *Vide* art. 226 do CC.

Parágrafo único. É permitido o uso de código de números ou de abreviaturas, que constem de livro próprio, regularmente autenticado.

Art. 1.184. No Diário serão lançadas, com individuação, clareza e caracterização do documento respectivo, dia a dia, por escrita direta ou reprodução, todas as operações relativas ao exercício da empresa.

§ 1.º Admite-se a escrituração resumida do Diário, com totais que não excedam o período de trinta dias, relativamente a contas cujas operações sejam numerosas ou realizadas fora da sede do estabelecimento, desde que utilizados livros auxiliares regularmente autenticados, para registro individualizado, e conservados os documentos que permitam a sua perfeita verificação.

§ 2.º Serão lançados no Diário o balanço patrimonial e o de resultado econômico, devendo ambos ser assinados por técnico em Ciências Contábeis legalmente habilitado e pelo empresário ou sociedade empresária.

- Decreto-lei n. 486, de 3-3-1969: art. 5.º.
- *Vide* arts. 1.180 e 1.182 do CC.

Art. 1.185. O empresário ou sociedade empresária que adotar o sistema de fichas de lançamentos poderá substituir o livro Diário pelo livro Balancetes Diários e Balanços, observadas as mesmas formalidades extrínsecas exigidas para aquele.

Art. 1.186. O livro Balancetes Diários e Balanços será escriturado de modo que registre:

I – a posição diária de cada uma das contas ou títulos contábeis, pelo respectivo saldo, em forma de balancetes diários;

II – o balanço patrimonial e o de resultado econômico, no encerramento do exercício.

Art. 1.187. Na coleta dos elementos para o inventário serão observados os critérios de avaliação a seguir determinados:

I – os bens destinados à exploração da atividade serão avaliados pelo custo de aquisição, devendo, na avaliação dos que se desgastam ou depreciam com o uso, pela ação do tempo ou outros fatores, atender-se à desvalorização respectiva, criando-se fundos de amortização para assegurar-lhes a substituição ou a conservação do valor;

II – os valores mobiliários, matéria-prima, bens destinados à alienação, ou que constituem produtos ou artigos da indústria ou comércio da empresa, podem ser estimados pelo custo de aquisição ou de fabricação, ou pelo preço corrente, sempre que este for inferior ao preço de custo, e quando o preço corrente ou venal estiver acima do valor do custo de aquisição, ou fabricação, e os bens forem avaliados pelo preço corrente, a diferença entre este e o preço de custo não será levada em conta para a distribuição de lucros, nem para as percentagens referentes a fundos de reserva;

III – o valor das ações e dos títulos de renda fixa pode ser determinado com base na respectiva cotação da Bolsa de Valores; os não cotados e as participações não acionárias serão considerados pelo seu valor de aquisição;

IV – os créditos serão considerados de conformidade com o presumível valor de realização, não se levando em conta os prescritos ou de difícil liquidação, salvo se houver, quanto aos últimos, previsão equivalente.

Parágrafo único. Entre os valores do ativo podem figurar, desde que se preceda, anualmente, à sua amortização:

•• Mantivemos "preceda" conforme publicação oficial. Entendemos que o correto seria "proceda".

I – as despesas de instalação da sociedade, até o limite correspondente a dez por cento do capital social;

II – os juros pagos aos acionistas da sociedade anônima, no período antecedente ao início das operações sociais, à taxa não superior a doze por cento ao ano, fixada no estatuto;

III – a quantia efetivamente paga a título de aviamento de estabelecimento adquirido pelo empresário ou sociedade.

• LSA: art. 183 da Lei n. 6.404, de 15-12-1976.

Art. 1.188. O balanço patrimonial deverá exprimir, com fidelidade e clareza, a situação real da empresa e, atendidas as peculiaridades desta, bem como as disposições das leis especiais, indicará, distintamente, o ativo e o passivo.

• LSA: arts. 178 a 188 e 247 a 253 da Lei n. 6.404, de 15-12-1976.
• *Vide* arts. 1.053, parágrafo único, e 1.097 a 1.101 do CC.
• Lei de Falências e Recuperação de Empresas: art. 51, II, da Lei n. 11.101, de 9-2-2005.

Parágrafo único. Lei especial disporá sobre as informações que acompanharão o balanço patrimonial, em caso de sociedades coligadas.

Art. 1.189. O balanço de resultado econômico, ou demonstração da conta de lucros e perdas, acompanhará o balanço patrimonial e dele constarão crédito e débito, na forma da lei especial.

•• LSA: art. 176 da Lei n. 6.404, de 15-12-1976.

Art. 1.190. Ressalvados os casos previstos em lei, nenhuma autoridade, juiz ou tribunal, sob qualquer pretexto, poderá fazer ou ordenar diligência para verificar se o empresário ou a sociedade empresária observam, ou não, em seus livros e fichas, as formalidades prescritas em lei.

• *Vide* art. 226 do CC.
• Lei de Falências e Recuperação de Empresas: art. 178 da Lei n. 11.101, de 9-2-2005.
• O art. 195 do CTN estabelece que para efeitos tributários não têm aplicação quaisquer disposições legais excludentes ou limitativas do direito de examinar mercadorias, livros, arquivos, documentos, papéis e efeitos comerciais ou fiscais, dos comerciantes industriais ou produtores, ou da obrigação destes exibi-los.

Art. 1.191. O juiz só poderá autorizar a exibição integral dos livros e papéis de escrituração quando necessária para resolver questões relativas a sucessão, comunhão ou sociedade, administração ou gestão à conta de outrem, ou em caso de falência.

§ 1.º O juiz ou tribunal que conhecer de medida cautelar ou de ação pode, a requerimento ou de ofício, ordenar que os livros de qualquer das partes, ou de ambas, sejam examinados na presença do empresário ou da sociedade empresária a que pertencerem, ou de pessoas por estes nomeadas, para deles se extrair o que interessar à questão.

§ 2.º Achando-se os livros em outra jurisdição, nela se fará o exame, perante o respectivo juiz.

• CPC: arts. 396 e s., 417, 418, 420 e 421.
• LSA: art. 105 da Lei n. 6.404, de 15-12-1976.
• Súmulas 260, 390 e 439 do STF.

Art. 1.192. Recusada a apresentação dos livros, nos casos do artigo antecedente, serão apreendidos judicialmente e, no do seu § 1.º, ter-se-á como verdadeiro o alegado pela parte contrária para se provar pelos livros.

Parágrafo único. A confissão resultante da recusa pode ser elidida por prova documental em contrário.

Art. 1.193. As restrições estabelecidas neste Capítulo ao exame da escrituração, em parte ou por inteiro, não se aplicam às autoridades fazendárias, no exercício da fiscalização do pagamento de impostos, nos termos estritos das respectivas leis especiais.

• CTN: arts. 195 e 198 da Lei n. 5.172, de 25-10-1966.

Art. 1.194. O empresário e a sociedade empresária são obrigados a conservar em boa guarda toda a escrituração, correspondência e mais papéis concernentes à sua atividade, enquanto não ocorrer prescrição ou decadência no tocante aos atos neles consignados.

• Decreto-lei n. 486, de 3-3-1969: art. 4.º.
• *Vide* arts. 205 a 211 (prescrição e decadência) do CC.

Art. 1.195. As disposições deste Capítulo aplicam-se às sucursais, filiais ou agências, no Brasil, do empresário ou sociedade com sede em país estrangeiro.

• Decreto-lei n. 2.627, de 26-9-1940 (sociedade estrangeira).
• *Vide* arts. 1.134 a 1.141 do CC.

Livro III
Do Direito das Coisas

Título I
DA POSSE

Capítulo I
DA POSSE E SUA CLASSIFICAÇÃO

Art. 1.196. Considera-se possuidor todo aquele que tem de fato o exercício, pleno ou não, de algum dos poderes inerentes à propriedade.

- *Vide* arts. 1.204, 1.208, 1.223, 1.226 e 1.784 do CC.
- Os arts. 554 e s. do CPC dispõem sobre ações possessórias.

Art. 1.197. A posse direta, de pessoa que tem a coisa em seu poder, temporariamente, em virtude de direito pessoal, ou real, não anula a indireta, de quem aquela foi havida, podendo o possuidor direto defender a sua posse contra o indireto.

- *Vide* arts. 1.210, § 1.º, e 1.267, parágrafo único, do CC.

Art. 1.198. Considera-se detentor aquele que, achando-se em relação de dependência para com outro, conserva a posse em nome deste e em cumprimento de ordens ou instruções suas.

- *Vide* art. 1.208 do CC.

Parágrafo único. Aquele que começou a comportar-se do modo como prescreve este artigo, em relação ao bem e à outra pessoa, presume-se detentor, até que prove o contrário.

- *Vide* art. 1.203 do CC.

Art. 1.199. Se duas ou mais pessoas possuírem coisa indivisa, poderá cada uma exercer sobre ela atos possessórios, contanto que não excluam os dos outros compossuidores.

Art. 1.200. É justa a posse que não for violenta, clandestina ou precária.

- *Vide* art. 1.208 do CC.

Art. 1.201. É de boa-fé a posse, se o possuidor ignora o vício, ou o obstáculo que impede a aquisição da coisa.

Parágrafo único. O possuidor com justo título tem por si a presunção de boa-fé, salvo prova em contrário, ou quando a lei expressamente não admite esta presunção.

- *Vide* arts. 307, parágrafo único, 1.214, *caput*, 1.217, 1.219, 1.242, 1.255, 1.258, *caput*, 1.259, 1.260 e 1.261 do CC, relativos ao possuidor de boa-fé.
- Sobre possuidor de má-fé, *vide* arts. 1.214, parágrafo único, 1.216, 1.218, 1.220, 1.254, 1.255, *caput*, 1.256, 1.258, parágrafo único, e 1.259 do CC.

Art. 1.202. A posse de boa-fé só perde este caráter no caso e desde o momento em que as circunstâncias façam presumir que o possuidor não ignora que possui indevidamente.

- *Vide* art. 113 do CC.

Art. 1.203. Salvo prova em contrário, entende-se manter a posse o mesmo caráter com que foi adquirida.

- *Vide* arts. 1.206 e 1.208 do CC.

Capítulo II
DA AQUISIÇÃO DA POSSE

Art. 1.204. Adquire-se a posse desde o momento em que se torna possível o exercício, em nome próprio, de qualquer dos poderes inerentes à propriedade.

- *Vide* art. 1.228 do CC.

Art. 1.205. A posse pode ser adquirida:

I – pela própria pessoa que a pretende ou por seu representante;

II – por terceiro sem mandato, dependendo de ratificação.

- *Vide* art. 873 do CC.

Art. 1.206. A posse transmite-se aos herdeiros ou legatários do possuidor com os mesmos caracteres.

- *Vide* arts. 1.203 e 1.784 do CC.

Art. 1.207. O sucessor universal continua de direito a posse do seu antecessor; e ao sucessor singular é facultado unir sua posse à do antecessor, para os efeitos legais.

- *Vide* arts. 1.243 e 1.784 do CC.

Art. 1.208. Não induzem posse os atos de mera permissão ou tolerância assim como não autorizam a sua aquisição os atos violentos, ou clandestinos, senão depois de cessar a violência ou a clandestinidade.

- *Vide* arts. 1.200 e 1.203 do CC.
- *Vide* Súmula 619 do STJ.

Art. 1.209. A posse do imóvel faz presumir, até prova contrária, a das coisas móveis que nele estiverem.

- *Vide* art. 92 do CC.

Capítulo III
DOS EFEITOS DA POSSE

Art. 1.210. O possuidor tem direito a ser mantido na posse em caso de turbação, restituído no de esbulho, e segurado de violência iminente, se tiver justo receio de ser molestado.

- Os arts. 554 e s. do CPC dispõem sobre ações possessórias.
- *Vide* Súmula 487 do STF.

§ 1.º O possuidor turbado, ou esbulhado, poderá manter-se ou restituir-se por sua própria força, contanto que o faça logo; os atos de defesa, ou de desforço, não podem ir além do indispensável à manutenção, ou restituição da posse.

- *Vide* art. 1.224 do CC.
- Os arts. 23, II, e 25 do CP dispõem sobre legítima defesa.

§ 2.º Não obsta à manutenção ou reintegração na posse a alegação de propriedade, ou de outro direito sobre a coisa.

- O art. 557 do CPC determina que na pendência de ação possessória é vedado, tanto ao autor quanto ao réu, propor ação de reconhecimento de domínio, exceto se a pretensão for deduzida em face de terceira pessoa.
- *Vide* Súmula 487 do STF.
- •• *Vide* Súmula 637 do STJ.

Art. 1.211. Quando mais de uma pessoa se disser possuidora, manter-se-á provisoriamente a que tiver a coisa, se não estiver manifesto que a obteve de alguma das outras por modo vicioso.

Art. 1.212. O possuidor pode intentar a ação de esbulho, ou a de indenização, contra o terceiro, que recebeu a coisa esbulhada sabendo que o era.

Art. 1.213. O disposto nos artigos antecedentes não se aplica às servidões não aparentes, salvo quando os respectivos títulos provierem do possuidor do prédio serviente, ou daqueles de quem este o houve.

- *Vide* arts. 1.378 a 1.389 (servidões prediais) do CC.
- *Vide* Súmula 415 do STF.

Art. 1.214. O possuidor de boa-fé tem direito, enquanto ela durar, aos frutos percebidos.

Parágrafo único. Os frutos pendentes ao tempo em que cessar a boa-fé devem ser restituídos, depois de deduzidas as despesas da produção e custeio; devem ser também restituídos os frutos colhidos com antecipação.

Art. 1.215. Os frutos naturais e industriais reputam-se colhidos e percebidos, logo que são separados; os civis reputam-se percebidos dia por dia.

Art. 1.216. O possuidor de má-fé responde por todos os frutos colhidos e percebidos, bem como pelos que, por culpa sua, deixou de perceber, desde o momento em que se constituiu de má-fé; tem direito às despesas da produção e custeio.

Art. 1.217. O possuidor de boa-fé não responde pela perda ou deterioração da coisa, a que não der causa.

- *Vide* art. 1.201 do CC.

Art. 1.218. O possuidor de má-fé responde pela perda, ou deterioração da coisa, ainda que acidentais, salvo se provar que de igual modo se teriam dado, estando ela na posse do reivindicante.

- *Vide* art. 1.202 do CC.

Art. 1.219. O possuidor de boa-fé tem direito à indenização das benfeitorias necessárias e úteis, bem como, quanto às voluptuárias, se não lhe forem pagas, a levantá-las, quando o puder sem detrimento da coisa, e poderá exercer o direito de retenção pelo valor das benfeitorias necessárias e úteis.

- *Vide* arts. 96 e 964, III, do CC.
- Em se tratando de arrendamento rural, o arrendatário, no término do contrato, terá direito à indenização das benfeitorias necessárias e úteis. Quanto às voluptuárias, somente será indenizado se sua construção for expressamente autorizada pelo arrendador. É conferido o direito de retenção até o recebimento da indenização – art. 95 da Lei n. 4.504, de 30-11-1964, e art. 25 do Decreto n. 59.566, de 14-11-1966.
- *Vide* Súmula 158 do STF.
- *Vide* Lei n. 8.078, de 11-9-1990 (CDC), art. 51, XVI.
- CPC: art. 810.
- *Vide* Lei n. 6.766, de 19-12-1979, art. 34 e parágrafo único.
- Acerca das benfeitorias feitas na vigência de contrato de locação, *vide* art. 35 da Lei n. 8.245, de 18-10-1991.
- *Vide* art. 27, § 4.º, da Lei n. 9.514, de 20-11-1997.

Art. 1.220. Ao possuidor de má-fé serão ressarcidas somente as benfeitorias necessárias; não lhe assiste o direito de retenção pela importância destas, nem o de levantar as voluptuárias.

- *Vide* art. 96 do CC.

Art. 1.221. As benfeitorias compensam-se com os danos, e só obrigam ao ressarcimento se ao tempo da evicção ainda existirem.

- *Vide* arts. 368 a 380 do CC.

Art. 1.222. O reivindicante, obrigado a indenizar as benfeitorias ao possuidor de má-fé, tem o direito de optar entre o seu valor atual e o seu custo; ao possuidor de boa-fé indenizará pelo valor atual.

- *Vide* arts. 242 e 878 do CC.

Capítulo IV
DA PERDA DA POSSE

Art. 1.223. Perde-se a posse quando cessa, embora contra a vontade do possuidor, o poder sobre o bem, ao qual se refere o art. 1.196.

- *Vide* art. 1.275 do CC.

Art. 1.224. Só se considera perdida a posse para quem não presenciou o esbulho, quando, tendo notícia dele, se abstém de retornar a coisa, ou, tentando recuperá-la, é violentamente repelido.

- •Mantivemos "retornar" conforme publicação oficial. Entendemos que o correto seria "retomar".
- *Vide* art. 1.210, § 1.º, do CC.

Título II
DOS DIREITOS REAIS

Capítulo Único
DISPOSIÇÕES GERAIS

Art. 1.225. São direitos reais:

- *Vide* arts. 80, I, e 108 do CC.
- Sobre direito real relativo à concessão de uso de superfície de espaço aéreo: Decreto-lei n. 271, de 28-2-1967, arts. 7.º e 8.º.
- Constituem direitos reais sobre os respectivos imóveis as garantias dos empréstimos destinados ao financiamento da construção ou venda de unidades imobiliárias: Decreto-lei n. 70, de 21-11-1966, art. 43, parágrafo único.

I – a propriedade;

- *Vide* arts. 1.228 a 1.368 do CC.

II – a superfície;

- *Vide* arts. 1.369 a 1.377 do CC.

III – as servidões;

- *Vide* arts. 1.378 a 1.389 do CC.

IV – o usufruto;

- *Vide* arts. 1.390 a 1.411 do CC.

V – o uso;

- *Vide* arts. 1.412 e 1.413 do CC.

VI – a habitação;

- *Vide* arts. 1.414 a 1.416 do CC.

VII – o direito do promitente comprador do imóvel;

- *Vide* arts. 1.417 e 1.418 do CC.

VIII – o penhor;

- *Vide* arts. 1.431 a 1.472 do CC.

IX – a hipoteca;

- *Vide* arts. 1.473 a 1.505 do CC.

X – a anticrese;

- *Vide* arts. 1.506 a 1.510 do CC.

XI – a concessão de uso especial para fins de moradia;

•• Inciso XI acrescentado pela Lei n. 11.481, de 31-5-2007.

XII – a concessão de direito real de uso; e

•• Inciso XII com redação determinada pela Lei n. 13.465, de 11-7-2017.

XIII – a laje.

•• Inciso XIII acrescentado pela Lei n. 13.465, de 11-7-2017.

Art. 1.226. Os direitos reais sobre coisas móveis, quando constituídos, ou transmitidos por atos entre vivos, só se adquirem com a tradição.

- *Vide* arts. 1.267 e 1.268 do CC.

Art. 1.227. Os direitos reais sobre imóveis constituídos, ou transmitidos por atos entre vivos, só se adquirem com o registro no Cartório de Registro de Imóveis dos referidos títulos (arts. 1.245 a 1.247), salvo os casos expressos neste Código.

- *Vide* arts. 108, 215, 1.245 a 1.247, 1.391, 1.417 e 1.509 do CC.
- Sobre registro imobiliário, *vide* arts. 167 e 168 da Lei n. 6.015, de 31-12-1973 (LRP).
- *Vide* Lei n. 8.935, de 18-11-1994.

Título III
DA PROPRIEDADE

- *Vide* CF, arts. 5.º, XXII a XXVI, e 68 do ADCT.

Capítulo I
DA PROPRIEDADE EM GERAL

Seção I
Disposições Preliminares

Art. 1.228. O proprietário tem a faculdade de usar, gozar e dispor da coisa, e o direito de reavê-la do poder de quem quer que injustamente a possua ou detenha.

- *Vide* art. 1.784 do CC.
- A Lei n. 4.504, de 30-11-1964, dispõe sobre o Estatuto da Terra e dá outras providências.
- Sobre desapropriações, *vide* arts. 1.228, §§ 3.º a 5.º, 1.275, I, e 2.030 do CC e o Decreto-lei n. 3.365, de 21-6-1941, que dispõe sobre desapropriação por utilidade pública.
- Sobre desapropriação por interesse social, *vide* Lei n. 4.132, de 10-9-1962.
- Sobre desapropriação para reforma agrária: Lei Complementar n. 76, de 6-7-1993, e Lei n. 8.629, de 25-2-1993.
- Sobre requisição de bens e serviços, *vide* Decreto n. 57.844, de 18-2-1966, que regulamentou os arts. 1.º e 4.º do Decreto-lei n. 2, de 14-1-1966.
- A Lei n. 6.634, de 2-5-1979, regulamentada pelo Decreto n. 85.064, de 26-8-1980, dispõe sobre a Faixa de Fronteira.
- Sobre a perda da propriedade, *vide* art. 91, II, do CP.
- O Decreto-lei n. 3.240, de 8-5-1941, sujeita a sequestro os bens de pessoas indiciadas por crimes de que resulta prejuízo para a Fazenda Pública, e outros.
- Numerosas restrições ao direito de propriedade são encontradas no Código de Mineração, Código de Águas, Código de Caça e Pesca etc.
- As propriedades vizinhas aos aeródromos estão sujeitas a restrições especiais, relativas a edificações, instalações ou culturas agrícolas, que possam embaraçar o pouso ou a decolagem de aeronaves - Lei n. 7.565, de 19-12-1986 (CBA).
- A Convenção n. 107, promulgada pelo Decreto n. 58.824, de 14-7-1966, trata da propriedade indígena.
- A aquisição de propriedade rural no território nacional somente poderá ser feita por brasileiro ou por estrangeiro residente no país - Ato Complementar n. 45, de 30-1-1969, Lei n. 5.709, de 7-10-1971, e Decreto n. 74.965, de 26-11-1974, sobre a aquisição de imóveis rurais por estrangeiros.
- Sobre loteamento, *vide* Lei n. 6.766, de 19-12-1979.
- A Lei n. 9.279, de 14-5-1996, regula direitos e obrigações relativos à propriedade industrial.
- Código Florestal, instituído pela Lei n. 12.651, de 25-5-2012, e alterado pela Lei n. 12.727, de 17-10-2012.
- *Vide* Lei n. 9.456, de 25-4-1997 (proteção de cultivares).
- *Vide* Lei n. 9.609, de 19-2-1998 (propriedade intelectual de programas de computador).
- *Vide* Lei n. 9.610, de 19-2-1998 (direitos autorais).

§ 1.º O direito de propriedade deve ser exercido em consonância com as suas finalidades econômicas e sociais e de modo que sejam preservados, de conformidade com o estabelecido em lei especial, a flora, a fauna, as belezas naturais, o equilíbrio ecológico e o patrimônio histórico e artístico, bem como evitada a poluição do ar e das águas.

- *Vide* arts. 5.º, XXIII, 182, § 2.º, 186 e 225 da CF.
- *Vide* arts. 1.º a 4.º da Lei n. 10.257, de 10-7-2001 (Estatuto da Cidade).

§ 2.º São defesos os atos que não trazem ao proprietário qualquer comodidade, ou utilidade, e sejam animados pela intenção de prejudicar outrem.

- *Vide* arts. 1.277, 1.299 a 1.313 do CC.

§ 3.º O proprietário pode ser privado da coisa, nos casos de desapropriação, por necessidade ou utilidade pública ou interesse social, bem como no de requisição, em caso de perigo público iminente.

- *Vide* art. 519 do CC.
- *Vide* arts. 5.º, XXIV, 22, II, e 182, §§ 3.º e 4.º, da CF.
- *Vide* Decreto-lei n. 3.365, de 21-6-1941.
- *Vide* Lei n. 4.132, de 10-9-1962.
- *Vide* Decreto-lei n. 1.075, de 22-1-1970.
- *Vide* art. 8.º da Lei n. 10.257, de 10-7-2001 (Estatuto da Cidade).

§ 4.º O proprietário também pode ser privado da coisa se o imóvel reivindicado consistir em extensa área, na posse ininterrupta e de boa-fé, por mais de cinco anos, de considerável número de pessoas, e estas nela houverem realizado, em conjunto ou separadamente, obras e serviços considerados pelo juiz de interesse social e econômico relevante.

- *Vide* arts. 1.238, 2.029 e 2.031 do CC.

§ 5.º No caso do parágrafo antecedente, o juiz fixará a justa indenização devida ao proprietário; pago o preço, valerá a sentença como título para o registro do imóvel em nome dos possuidores.

Art. 1.229. A propriedade do solo abrange a do espaço aéreo e subsolo correspondentes, em altura e profundidade úteis ao seu exercício, não podendo o proprietário opor-se a atividades que sejam realizadas, por terceiros, a uma altura ou profundidade tais, que não tenha ele interesse legítimo em impedi-las.

- *Vide* arts. 21, XXV, 22, XII, 176 e 177 da CF.
- A jazida é bem imóvel, distinto do solo onde se encontra, não abrangendo a propriedade deste o minério ou a substância mineral útil que a constitui – art. 85 do Decreto-lei n. 227, de 28-2-1967 (Código de Mineração).
- "As quedas-d'água e outras fontes de energia hidráulica são bens imóveis e tidas como coisas distintas e não integrantes das terras em que se encontrem. Assim, a propriedade superficial não abrange a água, o álveo do curso no trecho em que se acha a queda-d'água, nem a respectiva energia hidráulica, para o efeito de seu aproveitamento industrial" (art. 145 do Código de Águas, Decreto n. 24.643, de 10-7-1934).
- O Decreto-lei n. 3.236, de 7-5-1941, dispõe sobre a propriedade das jazidas de petróleo.
- Sobre o monopólio de petróleo, *vide* Lei n. 9.478, de 6-8-1997.
- Sobre águas subterrâneas e direito de abrir poços, *vide* Código de Águas, arts. 96 a 98, e CC, art. 1.310.
- Estatuto do Índio – Lei n. 6.001, de 19-12-1973, arts. 44 a 46. O Decreto n. 88.985, de 10-11-1983, regulamenta os arts. 44 e 45 dessa Lei.

Art. 1.230. A propriedade do solo não abrange as jazidas, minas e demais recursos minerais, os potenciais de energia hidráulica, os monumentos arqueológicos e outros bens referidos por leis especiais.

- *Vide* notas ao artigo anterior.

Parágrafo único. O proprietário do solo tem o direito de explorar os recursos minerais de emprego imediato na construção civil, desde que não submetidos a transformação industrial, obedecido o disposto em lei especial.

Art. 1.231. A propriedade presume-se plena e exclusiva, até prova em contrário.

- *Vide* Súmula 496 do STJ.

Art. 1.232. Os frutos e mais produtos da coisa pertencem, ainda quando separados, ao seu proprietário, salvo se, por preceito jurídico especial, couberem a outrem.

- *Vide* arts. 95, 1.214 a 1.216 e 1.255 a 1.257 do CC.

Seção II
Da Descoberta

Art. 1.233. Quem quer que ache coisa alheia perdida há de restituí-la ao dono ou legítimo possuidor.

- *Vide* art. 169, parágrafo único, II, do CP.

Parágrafo único. Não o conhecendo, o descobridor fará por encontrá-lo, e, se não o encontrar, entregará a coisa achada à autoridade competente.

Art. 1.234. Aquele que restituir a coisa achada, nos termos do artigo antecedente, terá direito a uma recompensa não inferior a cinco por cento do seu valor, e à indenização pelas despesas que houver feito com a conservação e transporte da coisa, se o dono não preferir abandoná-la.

Parágrafo único. Na determinação do montante da recompensa, considerar-se-á o esforço desenvolvido pelo descobridor para encontrar o dono, ou o legítimo possuidor, as possibilidades que teria este de encontrar a coisa e a situação econômica de ambos.

Art. 1.235. O descobridor responde pelos prejuízos causados ao proprietário ou possuidor legítimo, quando tiver procedido com dolo.

Art. 1.236. A autoridade competente dará conhecimento da descoberta através da imprensa e outros meios de informação, somente expedindo editais se o seu valor os comportar.

- CPC: art. 746, § 2.º.

Art. 1.237. Decorridos sessenta dias da divulgação da notícia pela imprensa, ou do edital, não se apresentando quem comprove a propriedade sobre a coisa, será esta vendida em hasta pública e, deduzidas do preço as despesas, mais a recompensa do descobridor, pertencerá o remanescente ao Município em cuja circunscrição se deparou o objeto perdido.

- CPC: art. 746 (das coisas vagas).

Parágrafo único. Sendo de diminuto valor, poderá o Município abandonar a coisa em favor de quem a achou.

Capítulo II
DA AQUISIÇÃO DA PROPRIEDADE IMÓVEL

- *Vide* Decreto-lei n. 9.760, de 5-9-1946, sobre bens imóveis da União.
- *Vide* Decreto-lei n. 58, de 10-12-1937, regulamentado pelo Decreto n. 3.079, de 15-9-1938 (loteamento e venda de terrenos), e Lei n. 6.766, de 19-12-1979, sobre parcelamento do solo urbano.
- O Decreto n. 58.824, de 14-7-1966, aprovado pelo Decreto Legislativo n. 20, de 30-4-1965, trata, nos arts. 11 a 14, das terras indígenas (Convenção sobre Populações Indígenas e Tribais).
- A Lei n. 6.001, de 19-12-1973 (Estatuto do Índio), trata, nos arts. 17 a 38, sobre terras indígenas.
- O Decreto n. 1.775, de 8-1-1996, dispõe sobre o processo administrativo de demarcação das terras indígenas.
- Sistema de financiamento imobiliário e alienação fiduciária de coisa imóvel – *vide* Lei n. 9.514, de 20-11-1997.

Seção I
Da Usucapião

•• *Vide* art. 10 da Lei n. 14.010, de 10-6-2020.

Art. 1.238. Aquele que, por quinze anos, sem interrupção, nem oposição, possuir como seu um imóvel, adquire-lhe a propriedade, independentemente de título e boa-fé; podendo requerer ao juiz que assim o declare por sentença, a qual servirá de título para o registro no Cartório de Registro de Imóveis.

- *Vide* arts. 183, §§ 1.º a 3.º, e 191 e parágrafo único da CF, sobre usucapião urbano, social urbano ou constitucional urbano.

• *Vide* art. 1.379 do CC.

• *Vide* Lei n. 6.969, de 10-12-1981, sobre usucapião.

• *Vide* Lei n. 6.015, de 31-12-1973, arts. 167, I, n. 28 (sentença declaratória de usucapião), e 226 (requisitos de matrícula).

• *Vide* Súmulas 237, 263 e 391 do STF.

• *Vide* Súmulas 11 e 119 do STJ.

• *Vide* art. 200 do Decreto-lei n. 9.760, de 5-9-1946 (bens imóveis não sujeitos a usucapião).

• *Vide* arts. 9.º a 14 da Lei n. 10.257, de 10-7-2001 (Estatuto da Cidade).

• O Decreto n. 9.310, de 15-3-2018, institui as normas e os procedimentos aplicáveis à Regularização Fundiária Urbana.

Parágrafo único. O prazo estabelecido neste artigo reduzir-se-á a dez anos se o possuidor houver estabelecido no imóvel a sua moradia habitual, ou nele realizado obras ou serviços de caráter produtivo.

•• *Vide* art. 2.029 do CC.

Art. 1.239. Aquele que, não sendo proprietário de imóvel rural ou urbano, possua como sua, por cinco anos ininterruptos, sem oposição, área de terra em zona rural não superior a cinquenta hectares, tornando-a produtiva por seu trabalho ou de sua família, tendo nela sua moradia, adquirir-lhe-á a propriedade.

• O Decreto n. 9.310, de 15-3-2018, institui as normas e os procedimentos aplicáveis à Regularização Fundiária Urbana.

Art. 1.240. Aquele que possuir, como sua, área urbana de até duzentos e cinquenta metros quadrados, por cinco anos ininterruptamente e sem oposição, utilizando-a para sua moradia ou de sua família, adquirir-lhe-á o domínio, desde que não seja proprietário de outro imóvel urbano ou rural.

• O Decreto n. 9.310, de 15-3-2018, institui as normas e os procedimentos aplicáveis à Regularização Fundiária Urbana.

§ 1.º O título de domínio e a concessão de uso serão conferidos ao homem ou à mulher, ou a ambos, independentemente do estado civil.

§ 2.º O direito previsto no parágrafo antecedente não será reconhecido ao mesmo possuidor mais de uma vez.

• *Vide* art. 183 da CF.

• *Vide* arts. 9.º a 14 da Lei n. 10.257, de 10-7-2001 (Estatuto da Cidade).

Art. 1.240-A. Aquele que exercer, por 2 (dois) anos ininterruptamente e sem oposição, posse direta, com exclusividade, sobre imóvel urbano de até 250m² (duzentos e cinquenta metros quadrados) cuja propriedade divida com ex-cônjuge ou ex-companheiro que abandonou o lar, utilizando-o para sua moradia ou de sua família, adquirir-lhe-á o domínio integral, desde que não seja proprietário de outro imóvel urbano ou rural.

•• *Caput* acrescentado pela Lei n. 12.424, de 16-6-2011.

• O Decreto n. 9.310, de 15-3-2018, institui as normas e os procedimentos aplicáveis à Regularização Fundiária Urbana.

§ 1.º O direito previsto no *caput* não será reconhecido ao mesmo possuidor mais de uma vez.

•• § 1.º acrescentado pela Lei n. 12.424, de 16-6-2011.

§ 2.º (*Vetado.*)

•• § 2.º acrescentado pela Lei n. 12.424, de 16-6-2011.

Art. 1.241. Poderá o possuidor requerer ao juiz seja declarada adquirida, mediante usucapião, a propriedade imóvel.

• O Decreto n. 9.310, de 15-3-2018, institui as normas e os procedimentos aplicáveis à Regularização Fundiária Urbana.

Parágrafo único. A declaração obtida na forma deste artigo constituirá título hábil para o registro no Cartório de Registro de Imóveis.

• CPC: art. 4.º.

• *Vide* arts. 167, I, n. 28, e 226 da Lei n. 6.015, de 31-12-1973 (LRP).

Art. 1.242. Adquire também a propriedade do imóvel aquele que, contínua e incontestadamente, com justo título e boa-fé, o possuir por dez anos.

• *Vide* art. 1.379 do CC.

• Sobre usucapião *pro labore*, ou usucapião especial de imóvel rural, *vide* arts. 98 da Lei n. 4.504, de 30-11-1964, sobre o Estatuto da Terra, 191, parágrafo único, da CF e Súmula 11 do STJ.

• O Decreto n. 9.310, de 15-3-2018, institui as normas e os procedimentos aplicáveis à Regularização Fundiária Urbana.

• Os bens imóveis da União, seja qual for a sua natureza, não são sujeitos a usucapião (art. 200 do Decreto-lei n. 9.760, de 5-9-1946).

Parágrafo único. Será de cinco anos o prazo previsto neste artigo se o imóvel houver sido adquirido, onerosamente, com base no registro constante do respectivo cartório, cancelada posteriormente, desde que os possuidores nele tiverem estabelecido a sua moradia, ou realizado investimentos de interesse social e econômico.

•• *Vide* art. 2.029 do CC..

Art. 1.243. O possuidor pode, para o fim de contar o tempo exigido pelos artigos antecedentes, acrescentar à sua posse a dos seus antecessores (art. 1.207), contanto que todas sejam contínuas, pacíficas e, nos casos do art. 1.242, com justo título e de boa-fé.

•• *Vide* art. 1.262 do CC.

• O Decreto n. 9.310, de 15-3-2018, institui as normas e os procedimentos aplicáveis à Regularização Fundiária Urbana.

Art. 1.244. Estende-se ao possuidor o disposto quanto ao devedor acerca das causas que obstam, suspendem ou interrompem a prescrição, as quais também se aplicam à usucapião.

• *Vide* arts. 197 a 206 do CC, sobre prescrição.

• O Decreto n. 9.310, de 15-3-2018, institui as normas e os procedimentos aplicáveis à Regularização Fundiária Urbana.

Seção II
Da Aquisição pelo Registro do Título

• *Vide* arts. 167 a 288 da Lei n. 6.015, de 31-12-1973, sobre registro de imóveis.

Art. 1.245. Transfere-se entre vivos a propriedade mediante o registro do título translativo no Registro de Imóveis.

• *Vide* arts. 1.227, 1.246, 1.247 e 1.275, parágrafo único, do CC.

§ 1.º Enquanto não se registrar o título translativo, o alienante continua a ser havido como dono do imóvel.

§ 2.º Enquanto não se promover, por meio de ação própria, a decretação de invalidade do registro, e o respectivo cancelamento, o adquirente continua a ser havido como dono do imóvel.

Art. 1.246. O registro é eficaz desde o momento em que se apresentar o título ao oficial do registro, e este o prenotar no protocolo.

- *Vide* arts. 182, 186 e 205 da Lei n. 6.015, de 31-12-1973 (LRP).

Art. 1.247. Se o teor do registro não exprimir a verdade, poderá o interessado reclamar que se retifique ou anule.

Parágrafo único. Cancelado o registro, poderá o proprietário reivindicar o imóvel, independentemente da boa-fé ou do título do terceiro adquirente.

- *Vide* arts. 212, 213 e 216 da Lei n. 6.015, de 31-12-1973 (LRP).

Seção III
Da Aquisição por Acessão

Art. 1.248. A acessão pode dar-se:

I – por formação de ilhas;

- *Vide* art. 1.249 do CC.

II – por aluvião;

- *Vide* art. 1.250 do CC.

III – por avulsão;

- *Vide* art. 1.251 do CC.

IV – por abandono de álveo;

- *Vide* art. 1.252 do CC.

V – por plantações ou construções.

- *Vide* arts. 1.253 a 1.259 do CC.
- Decreto n. 24.643, de 10-7-1934 (Código de Águas), arts. 16 a 27.

Subseção I
Das ilhas

Art. 1.249. As ilhas que se formarem em correntes comuns ou particulares pertencem aos proprietários ribeirinhos fronteiros, observadas as regras seguintes:

I – as que se formarem no meio do rio consideram-se acréscimos sobrevindos aos terrenos ribeirinhos fronteiros de ambas as margens, na proporção de suas testadas, até a linha que dividir o álveo em duas partes iguais;

II – as que se formarem entre a referida linha e uma das margens consideram-se acréscimos aos terrenos ribeirinhos fronteiros desse mesmo lado;

III – as que se formarem pelo desdobramento de um novo braço do rio continuam a pertencer aos proprietários dos terrenos à custa dos quais se constituíram.

- *Vide* arts. 20, IV, 26, II e III, da CF.
- Sobre ilhas, estatui o Decreto n. 24.643, de 10-7-1934 (Código de Águas), nos seguintes termos:

"Art. 23. As ilhas ou ilhotas, que se formarem no álveo de uma corrente, pertencem ao domínio público, no caso das águas públicas, e ao domínio particular, no caso das águas comuns ou particulares.

§ 1.º Se a corrente servir de divisa entre diversos proprietários e elas estiverem no meio da corrente, pertencem a todos estes proprietários, na proporção de suas testadas, até a linha que dividir o álveo em duas partes iguais.

§ 2.º As que estiverem situadas entre esta linha e uma das margens pertencem, apenas, ao proprietário ou proprietários desta margem.

Art. 24. As ilhas ou ilhotas, que se formarem pelo desdobramento de um novo braço de corrente, pertencem aos proprietários dos terrenos, à custa dos quais se formaram.

Parágrafo único. Se a corrente, porém, é navegável ou flutuável, elas poderão entrar para o domínio público, mediante prévia indenização.

Art. 25. As ilhas ou ilhotas, quando de domínio público, consideram-se coisas patrimoniais, salvo se estiverem destinadas ao uso comum".

Subseção II
Da aluvião

Art. 1.250. Os acréscimos formados, sucessiva e imperceptivelmente, por depósitos e aterros naturais ao longo das margens das correntes, ou pelo desvio das águas destas, pertencem aos donos dos terrenos marginais, sem indenização.

- Decreto n. 24.643, de 10-7-1934 (Código de Águas), arts. 16 a 18.

Parágrafo único. O terreno aluvial, que se formar em frente de prédios de proprietários diferentes, dividir-se-á entre eles, na proporção da testada de cada um sobre a antiga margem.

- O Código de Águas (Decreto n. 24.643, de 10-7-1934) dispõe:

"Art. 16. Constituem 'aluvião' os acréscimos que sucessiva e imperceptivelmente se formarem para a parte do mar e das correntes aquém do ponto a que chegar a preamar média, ou do ponto médio das enchentes ordinárias, bem como a parte do álveo que se descobrir pelo afastamento das águas.

§ 1.º Os acréscimos que por aluvião, ou artificialmente, se produzirem nas águas públicas ou dominicais, são públicos dominicais, se não estiverem destinados ao uso comum, ou se por algum título legítimo não forem do domínio particular.

§ 2.º A esses acréscimos, com referência aos terrenos reservados, se aplica o que está disposto no art. 11, § 2.º.

Art. 17. Os acréscimos por aluvião formados às margens das correntes comuns, ou das correntes públicas de uso comum a que se refere o art. 12, pertencem aos proprietários marginais, nessa segunda hipótese, mantida, porém, a servidão de trânsito constante do mesmo artigo, recuada a faixa respectiva, na proporção do terreno conquistado.

Parágrafo único. Se o álveo for limitado por uma estrada pública, esses acréscimos serão públicos dominicais, com ressalva idêntica à da última parte do artigo anterior.

Art. 18. Quando a aluvião se formar em frente a prédios pertencentes a proprietários diversos, far-se-á a divisão entre eles, em proporção à testada que cada um dos prédios apresentava sobre a antiga margem".

Subseção III
Da avulsão

Art. 1.251. Quando, por força natural violenta, uma porção de terra se destacar de um prédio e se juntar a outro, o dono deste adquirirá a propriedade do acréscimo, se indenizar o dono do primeiro ou, sem indenização, se, em um ano, ninguém houver reclamado.

Parágrafo único. Recusando-se ao pagamento de indenização, o dono do prédio a que se juntou a porção de terra deverá aquiescer a que se remova a parte acrescida.

- *Vide* arts. 19 e 20 do Código de Águas (Decreto n. 24.643, de 10-7-1934).
- Nos casos semelhantes, aplicam-se à avulsão os dispositivos que regem a aluvião (art. 22 do Código de Águas).

Subseção IV
Do álveo abandonado

Art. 1.252. O álveo abandonado de corrente pertence aos proprietários ribeirinhos das duas margens, sem que tenham indenização os donos dos terrenos por onde as águas abrirem novo curso, entendendo-se que os prédios marginais se estendem até o meio do álveo.

- "Álveo é a superfície que as águas cobrem sem transbordar para o solo natural e ordinariamente enxuto" (art. 9.º do Código de Águas). O álveo será público de uso comum, ou dominical, conforme a propriedade das respectivas águas; e será particular no caso das águas comuns ou das águas particulares. Na hipótese de uma corrente que sirva de divisa entre diversos proprietários, o direito de cada um deles se estende a todo o comprimento de sua testada até a linha que divide o álveo ao meio. Na hipótese de um lago ou lagoa nas mesmas condições, o direito de cada proprietário estender-se-á desde a margem até a linha ou ponto mais conveniente para divisão equitativa das águas, na extensão da testada de cada quinhoeiro, linha ou pontos locados, de preferência, segundo o próprio uso dos ribeirinhos (art. 10 e parágrafos do Código de Águas).
- Sobre álveo abandonado, dispõe o Código de Águas:

  "Art. 26. O álveo abandonado da corrente pública pertence aos proprietários ribeirinhos das duas margens, sem que tenham direito a indenização alguma os donos por onde as águas abrigarem novo curso.

  Parágrafo único. Retornando o rio ao seu antigo leito, o abandonado volta aos seus antigos donos, salvo a hipótese do artigo seguinte, a não ser que esses donos indenizem ao Estado.

  Art. 27. Se a mudança da corrente se fez por utilidade pública, o prédio ocupado pelo novo álveo deve ser indenizado, e o álveo abandonado passa a pertencer ao expropriante para que se compense da despesa feita".

Subseção V
Das construções e plantações

Art. 1.253. Toda construção ou plantação existente em um terreno presume-se feita pelo proprietário e à sua custa, até que se prove o contrário.

Art. 1.254. Aquele que semeia, planta ou edifica em terreno próprio com sementes, plantas ou materiais alheios, adquire a propriedade destes; mas fica obrigado a pagar-lhes o valor, além de responder por perdas e danos, se agiu de má-fé.

- *Vide* arts. 1.214 a 1.222 do CC.

Art. 1.255. Aquele que semeia, planta ou edifica em terreno alheio perde, em proveito do proprietário, as sementes, plantas e construções; se procedeu de boa-fé, terá direito a indenização.

Parágrafo único. Se a construção ou a plantação exceder consideravelmente o valor do terreno, aquele que, de boa-fé, plantou ou edificou, adquirirá a propriedade do solo, mediante pagamento da indenização fixada judicialmente, se não houver acordo.

Art. 1.256. Se de ambas as partes houve má-fé, adquirirá o proprietário as sementes, plantas e construções, devendo ressarcir o valor das acessões.

Parágrafo único. Presume-se má-fé no proprietário, quando o trabalho de construção, ou lavoura, se fez em sua presença e sem impugnação sua.

Art. 1.257. O disposto no artigo antecedente aplica-se ao caso de não pertencerem as sementes, plantas ou materiais a quem de boa-fé os empregou em solo alheio.

Parágrafo único. O proprietário das sementes, plantas ou materiais poderá cobrar do proprietário do solo a indenização devida, quando não puder havê-la do plantador ou construtor.

Art. 1.258. Se a construção, feita parcialmente em solo próprio, invade solo alheio em proporção não superior à vigésima parte deste, adquire o construtor de boa-fé a propriedade da parte do solo invadido, se o valor da construção exceder o dessa parte, e responde por indenização que represente, também, o valor da área perdida e a desvalorização da área remanescente.

Parágrafo único. Pagando em décuplo as perdas e danos previstos neste artigo, o construtor de má-fé adquire a propriedade da parte do solo que invadiu, se em proporção à vigésima parte deste e o valor da construção exceder consideravelmente o dessa parte e não se puder demolir a porção invasora sem grave prejuízo para a construção.

- *Vide* arts. 402 a 405 do CC.

Art. 1.259. Se o construtor estiver de boa-fé, e a invasão do solo alheio exceder a vigésima parte deste, adquire a propriedade da parte do solo invadido, e responde por perdas e danos que abranjam o valor que a invasão acrescer à construção, mais o da área perdida e o da desvalorização da área remanescente; se de má-fé, é obrigado a demolir o que nele construiu, pagando as perdas e danos apurados, que serão devidos em dobro.

- *Vide* arts. 402 a 405 do CC.

Capítulo III
DA AQUISIÇÃO DA PROPRIEDADE MÓVEL

Seção I
Da Usucapião

- •• *Vide* art. 10 da Lei n. 14.010, de 10-6-2020.
- *Vide* arts. 1.243 e 1.244 do CC.
- *Vide* Súmulas 237 e 263 do STF.

Art. 1.260. Aquele que possuir coisa móvel como sua, contínua e incontestadamente durante três anos, com justo título e boa-fé, adquirir-lhe-á a propriedade.

- *Vide* art. 1.208 do CC.
- *Vide* Súmula 340 do STF.

Art. 1.261. Se a posse da coisa móvel se prolongar por cinco anos, produzirá usucapião, independentemente de título ou boa-fé.

Art. 1.262. Aplica-se à usucapião das coisas móveis o disposto nos arts. 1.243 e 1.244.

Seção II
Da Ocupação

Art. 1.263. Quem se assenhorear de coisa sem dono para logo lhe adquire a propriedade, não sendo essa ocupação defesa por lei.

- *Vide* arts. 1.233 a 1.237 (descoberta) do CC.

Seção III
Do Achado do Tesouro

- A Lei n. 3.924, de 26-7-1961, dispõe sobre as descobertas fortuitas (arts. 17 a 19).

Art. 1.264. O depósito antigo de coisas preciosas, oculto e de cujo dono não haja memória, será dividido por igual entre o proprietário do prédio e o que achar o tesouro casualmente.

- *Vide* art. 1.392, § 3.º, do CC.
- *Vide* art. 169, parágrafo único, I, do CP.

Art. 1.265. O tesouro pertencerá por inteiro ao proprietário do prédio, se for achado por ele, ou em pesquisa que ordenou, ou por terceiro não autorizado.

Art. 1.266. Achando-se em terreno aforado, o tesouro será dividido por igual entre o descobridor e o enfiteuta, ou será deste por inteiro quando ele mesmo seja o descobridor.

•• *Vide* art. 2.038 do CC.

Seção IV
Da Tradição

- Dispositivos sobre tradição no CC: arts. 234, 237, *caput*, 238, 291, 328, 444, 490, 492, *caput*, 495, 541, parágrafo único, 579, 587, 809, 1.226 e 1.431, *caput*.

Art. 1.267. A propriedade das coisas não se transfere pelos negócios jurídicos antes da tradição.

Parágrafo único. Subentende-se a tradição quando o transmitente continua a possuir pelo constituto possessório; quando cede ao adquirente o direito à restituição da coisa, que se encontra em poder de terceiro; ou quando o adquirente já está na posse da coisa, por ocasião do negócio jurídico.

Art. 1.268. Feita por quem não seja proprietário, a tradição não aliena a propriedade, exceto se a coisa, oferecida ao público, em leilão ou estabelecimento comercial, for transferida em circunstâncias tais que, ao adquirente de boa-fé, como a qualquer pessoa, o alienante se afigurar dono.

§ 1.º Se o adquirente estiver de boa-fé e o alienante adquirir depois a propriedade, considera-se realizada a transferência desde o momento em que ocorreu a tradição.

- *Vide* art. 1.420, § 1.º, do CC.

§ 2.º Não transfere a propriedade a tradição, quando tiver por título um negócio jurídico nulo.

- *Vide* arts. 166 e 167 do CC.

Seção V
Da Especificação

Art. 1.269. Aquele que, trabalhando em matéria-prima em parte alheia, obtiver espécie nova, desta será proprietário, se não se puder restituir à forma anterior.

- *Vide* art. 1.274 do CC.

Art. 1.270. Se toda a matéria for alheia, e não se puder reduzir à forma precedente, será do especificador de boa-fé a espécie nova.

§ 1.º Sendo praticável a redução, ou quando impraticável, se a espécie nova se obteve de má-fé, pertencerá ao dono da matéria-prima.

§ 2.º Em qualquer caso, inclusive o da pintura em relação à tela, da escultura, escritura e outro qualquer trabalho gráfico em relação à matéria-prima, a espécie nova será do especificador, se o seu valor exceder consideravelmente o da matéria-prima.

Art. 1.271. Aos prejudicados, nas hipóteses dos arts. 1.269 e 1.270, se ressarcirá o dano que sofrerem, menos ao especificador de má-fé, no caso do § 1.º do artigo antecedente, quando irredutível a especificação.

Seção VI
Da Confusão, da Comissão e da Adjunção

•• Mantivemos "comissão" conforme publicação oficial. Entendemos que o correto seria "comistão".

Art. 1.272. As coisas pertencentes a diversos donos, confundidas, misturadas ou adjuntadas sem o consentimento deles, continuam a pertencer-lhes, sendo possível separá-las sem deterioração.

§ 1.º Não sendo possível a separação das coisas, ou exigindo dispêndio excessivo, subsiste indiviso o todo, cabendo a cada um dos donos quinhão proporcional ao valor da coisa com que entrou para a mistura ou agregado.

§ 2.º Se uma das coisas puder considerar-se principal, o dono sê-lo-á do todo, indenizando os outros.

- *Vide* art. 92 (principal) do CC.

Art. 1.273. Se a confusão, comissão ou adjunção se operou de má-fé, à outra parte caberá escolher entre adquirir a propriedade do todo, pagando o que não for seu, abatida a indenização que lhe for devida, ou renunciar ao que lhe pertencer, caso em que será indenizado.

•• Mantivemos "comissão" conforme publicação oficial. Entendemos que o correto seria "comistão".

Art. 1.274. Se da união de matérias de natureza diversa se formar espécie nova, à confusão, comissão ou adjunção aplicam-se as normas dos arts. 1.272 e 1.273.

•• Mantivemos "comissão" conforme publicação oficial. Entendemos que o correto seria "comistão".

- *Vide* art. 1.269 do CC.

Capítulo IV
DA PERDA DA PROPRIEDADE

Art. 1.275. Além das causas consideradas neste Código, perde-se a propriedade:

I – por alienação;

II – pela renúncia;

III – por abandono;

IV – por perecimento da coisa;

V – por desapropriação.

- *Vide* art. 519 (retrocessão) do CC.
- *Vide* arts. 5.º, XXIV, 22, II, e 182, §§ 3.º e 4.º, da CF.
- *Vide* Decreto-lei n. 3.365, de 21-6-1941.
- *Vide* Lei n. 4.132, de 10-9-1962.
- *Vide* Decreto-lei n. 1.075, de 22-1-1970.
- *Vide* art. 8.º da Lei n. 10.257, de 10-7-2001 (Estatuto da Cidade).

Parágrafo único. Nos casos dos incisos I e II, os efeitos da perda da propriedade imóvel serão subordinados ao registro do título transmissivo ou do ato renunciativo no Registro de Imóveis.

- *Vide* art. 167 da Lei n. 6.015, de 31-12-1973 (LRP).

Art. 1.276. O imóvel urbano que o proprietário abandonar, com a intenção de não mais o conservar em seu patrimônio, e que se não encontrar na posse de outrem, poderá ser arrecadado, como bem vago, e passar, três anos depois, à propriedade do Município ou à do Distrito Federal, se se achar nas respectivas circunscrições.

§ 1.º O imóvel situado na zona rural, abandonado nas mesmas circunstâncias, poderá ser arrecadado, como bem vago, e passar, três anos depois, à propriedade da União, onde quer que ele se localize.

- *Vide* arts. 26, 98, 1.819, 1.823 e 1.844 do CC.
- CPC: art. 746 (das coisas vagas).

§ 2.º Presumir-se-á de modo absoluto a intenção a que se refere este artigo, quando, cessados os atos de posse, deixar o proprietário de satisfazer os ônus fiscais.

Capítulo V
DOS DIREITOS DE VIZINHANÇA

- O art. 18 do Decreto-lei n. 25, de 30-11-1937, trata da construção na vizinhança de coisa tombada.

Seção I
Do Uso Anormal da Propriedade

Art. 1.277. O proprietário ou o possuidor de um prédio tem o direito de fazer cessar as interferências prejudiciais à segurança, ao sossego e à saúde dos que o habitam, provocadas pela utilização de propriedade vizinha.

Parágrafo único. Proíbem-se as interferências considerando-se a natureza da utilização, a localização do prédio, atendidas as normas que distribuem as edificações em zonas, e os limites ordinários de tolerância dos moradores da vizinhança.

- *Vide* art. 1.228, § 2.º, do CC.
- Sobre abertura de poços e poluição de água, *vide* arts. 96 a 99 do Código de Águas (Decreto n. 24.643, de 10-7-1934).
- Sobre limitações em prédios de apartamentos, *vide* art. 19 da Lei n. 4.591, de 16-12-1964.
- O art. 2.º, § 1.º, do Código Florestal, instituído pela Lei n. 12.651, de 25-5-2012, determina que, na utilização e exploração da vegetação, as ações ou omissões contrárias às suas disposições são consideradas uso irregular da propriedade.

Art. 1.278. O direito a que se refere o artigo antecedente não prevalece quando as interferências forem justificadas por interesse público, caso em que o proprietário ou o possuidor, causador delas, pagará ao vizinho indenização cabal.

Art. 1.279. Ainda que por decisão judicial devam ser toleradas as interferências, poderá o vizinho exigir a sua redução, ou eliminação, quando estas se tornarem possíveis.

Art. 1.280. O proprietário ou o possuidor tem direito a exigir do dono do prédio vizinho a demolição, ou a reparação deste, quando ameace ruína, bem como que lhe preste caução pelo dano iminente.

- *Vide* art. 937 do CC.

Art. 1.281. O proprietário ou o possuidor de um prédio, em que alguém tenha direito de fazer obras, pode, no caso de dano iminente, exigir do autor delas as necessárias garantias contra o prejuízo eventual.

- *Vide* arts. 1.311 e 1.313 do CC.
- Sobre pesquisa mineral, consultem-se os arts. 14 a 35 do Código de Mineração (Decreto-lei n. 227, de 28-2-1967).
- *Vide* arts. 9.º, IV, e 26 da Lei n. 8.245, de 18-10-1991 (Lei de Locação de Imóveis).

Seção II
Das Árvores Limítrofes

Art. 1.282. A árvore, cujo tronco estiver na linha divisória, presume-se pertencer em comum aos donos dos prédios confinantes.

- *Vide* art. 1.327 do CC.

Art. 1.283. As raízes e os ramos de árvore, que ultrapassarem a estrema do prédio, poderão ser cortados, até o plano vertical divisório, pelo proprietário do terreno invadido.

Art. 1.284. Os frutos caídos de árvore do terreno vizinho pertencem ao dono do solo onde caíram, se este for de propriedade particular.

Seção III
Da Passagem Forçada

Art. 1.285. O dono do prédio que não tiver acesso a via pública, nascente ou porto, pode, mediante pagamento de indenização cabal, constranger o vizinho a lhe dar passagem, cujo rumo será judicialmente fixado, se necessário.

- *Vide* art. 1.388, II, do CC.

§ 1.º Sofrerá o constrangimento o vizinho cujo imóvel mais natural e facilmente se prestar à passagem.

§ 2.º Se ocorrer alienação parcial do prédio, de modo que uma das partes perca o acesso a via pública, nascente ou porto, o proprietário da outra deve tolerar a passagem.

§ 3.º Aplica-se o disposto no parágrafo antecedente ainda quando, antes da alienação, existia passagem através de imóvel vizinho, não estando o proprietário deste constrangido, depois, a dar uma outra.

Seção IV
Da Passagem de Cabos e Tubulações

- A Lei n. 8.977, de 6-1-1995, regulamentada pelo Decreto n. 2.206, de 14-4-1997, dispõe sobre o serviço de TV a cabo.

Art. 1.286. Mediante recebimento de indenização que atenda, também, à desvalorização da área remanescente, o proprietário é obrigado a tolerar a passagem, através de seu imóvel, de cabos, tubulações e outros condutos subterrâneos de serviços de utilidade pública, em proveito de proprietários vizinhos, quando de outro modo for impossível ou excessivamente onerosa.

Parágrafo único. O proprietário prejudicado pode exigir que a instalação seja feita de modo menos gravoso ao prédio onerado, bem como, depois, seja removida, à sua custa, para outro local do imóvel.

Art. 1.287. Se as instalações oferecerem grave risco, será facultado ao proprietário do prédio onerado exigir a realização de obras de segurança.

Seção V
Das Águas

- *Vide* art. 22, IV, da CF.
- Consulte-se: Decreto n. 24.643, de 10-7-1934 (Código de Águas).
- Código de Águas Minerais: Decreto-lei n. 7.841, de 8-8-1945.
- Sobre o crime de usurpação de água, art. 161, § 1.º, I, do CP.
- O Decreto-lei n. 3.094, de 5-3-1941, dispõe sobre as fontes de águas minerais, terrais e gasosas.
- A Lei n. 9.605, de 12-2-1998, que dispõe sobre os crimes ambientais, trata, em seus arts. 29 a 69, sobre os crimes contra a fauna, a flora, a poluição e sobre outros crimes contra o meio ambiente.

Art. 1.288. O dono ou o possuidor do prédio inferior é obrigado a receber as águas que correm naturalmente do superior, não podendo realizar obras que embaracem o seu fluxo; porém a condição natural e anterior do prédio inferior não pode ser agravada por obras feitas pelo dono ou possuidor do prédio superior.

- O proprietário edificará de maneira que o beiral de seu telhado não despeje sobre o prédio vizinho, deixando entre este e o beiral, quando outro modo não o possa evitar, um intervalo de 10 (dez) centímetros, quando menos, de modo que as águas se escoem (art. 105 do Código de Águas).

Art. 1.289. Quando as águas, artificialmente levadas ao prédio superior, ou aí colhidas, correrem dele para o inferior, poderá o dono deste reclamar que se desviem, ou se lhe indenize o prejuízo que sofrer.

Parágrafo único. Da indenização será deduzido o valor do benefício obtido.

- O art. 92 do Código de Águas dispõe: "Mediante indenização, os donos dos prédios inferiores, de acordo com as normas da servidão legal de escoamento, são obrigados a receber as águas das nascentes artificiais.

  Parágrafo único. Nessa indenização, porém, será considerado o valor de qualquer benefício que os mesmos prédios possam auferir de tais águas".

Art. 1.290. O proprietário de nascente, ou do solo onde caem águas pluviais, satisfeitas as necessidades de seu consumo, não pode impedir, ou desviar o curso natural das águas remanescentes pelos prédios inferiores.

- Semelhantemente, dispõe o Código de Águas, em seu art. 90: "O dono do prédio onde houver alguma nascente, satisfeitas as necessidades de seu consumo, não pode impedir o curso natural das águas, pelos prédios inferiores".
- O proprietário de uma nascente não pode desviar-lhe o curso, quando da mesma se abasteça uma população (art. 94 do Código de Águas).
- O fluxo natural, para os prédios inferiores, de água pertencente ao dono do prédio superior, não constitui, por si só, servidão em favor deles (art. 70 do Código de Águas).

Art. 1.291. O possuidor do imóvel superior não poderá poluir as águas indispensáveis às primeiras necessidades da vida dos possuidores dos imóveis inferiores; as demais, que poluir, deverá recuperar, ressarcindo os danos que estes sofrerem, se não for possível a recuperação ou o desvio do curso artificial das águas.

Art. 1.292. O proprietário tem direito de construir barragens, açudes, ou outras obras para represamento de água em seu prédio; se as águas represadas invadirem prédio alheio, será o seu proprietário indenizado pelo dano sofrido, deduzido o valor do benefício obtido.

Art. 1.293. É permitido a quem quer que seja, mediante prévia indenização aos proprietários prejudicados, construir canais, através de prédios alheios, para receber as águas a que tenha direito, indispensáveis às primeiras necessidades da vida, e, desde que não cause prejuízo considerável à agricultura e à indústria, bem como para o escoamento de águas supérfluas ou acumuladas, ou a drenagem de terrenos.

§ 1.º Ao proprietário prejudicado, em tal caso, também assiste direito a ressarcimento pelos danos que de futuro lhe advenham da infiltração ou irrupção das águas, bem como da deterioração das obras destinadas a canalizá-las.

- Importantes disposições foram introduzidas pelos arts. 117 a 138 do Código de Águas, acerca da servidão legal de aqueduto.

§ 2.º O proprietário prejudicado poderá exigir que seja subterrânea a canalização que atravessa áreas edificadas, pátios, hortas, jardins ou quintais.

§ 3.º O aqueduto será construído de maneira que cause o menor prejuízo aos proprietários dos imóveis vizinhos, e a expensas do seu dono, a quem incumbem também as despesas de conservação.

Art. 1.294. Aplica-se ao direito de aqueduto o disposto nos arts. 1.286 e 1.287.

Art. 1.295. O aqueduto não impedirá que os proprietários cerquem os imóveis e construam sobre ele, sem prejuízo para a sua segurança e conservação; os proprietários dos imóveis poderão usar das águas do aqueduto para as primeiras necessidades da vida.

Art. 1.296. Havendo no aqueduto águas supérfluas, outros poderão canalizá-las, para os fins previstos no art. 1.293, mediante pagamento de indenização aos proprietários prejudicados e ao dono do aqueduto, de importância equivalente às despesas que então seriam necessárias para a condução das águas até o ponto de derivação.

Parágrafo único. Têm preferência os proprietários dos imóveis atravessados pelo aqueduto.

Seção VI
Dos Limites entre Prédios e do Direito de Tapagem

• *Vide* arts. 1.327 e s. do CC.

Art. 1.297. O proprietário tem direito a cercar, murar, valar ou tapar de qualquer modo o seu prédio, urbano ou rural, e pode constranger o seu confinante a proceder com ele à demarcação entre os dois prédios, a aviventar rumos apagados e a renovar marcos destruídos ou arruinados, repartindo-se proporcionalmente entre os interessados as respectivas despesas.

• *Vide* arts. 946 e s. do CPC.

• *Vide* art. 167, I, n. 23, da Lei n. 6.015, de 31-12-1973 (LRP).

§ 1.º Os intervalos, muros, cercas e os tapumes divisórios, tais como sebes vivas, cercas de arame ou de madeira, valas ou banquetas, presumem-se, até prova em contrário, pertencer a ambos os proprietários confinantes, sendo estes obrigados, de conformidade com os costumes da localidade, a concorrer, em partes iguais, para as despesas de sua construção e conservação.

• *Vide* arts. 1.328 e 1.330 do CC.

§ 2.º As sebes vivas, as árvores, ou plantas quaisquer, que servem de marco divisório, só podem ser cortadas, ou arrancadas, de comum acordo entre proprietários.

§ 3.º A construção de tapumes especiais para impedir a passagem de animais de pequeno porte, ou para outro fim, pode ser exigida de quem provocou a necessidade deles, pelo proprietário, que não está obrigado a concorrer para as despesas.

Art. 1.298. Sendo confusos, os limites, em falta de outro meio, se determinarão de conformidade com a posse justa; e, não se achando ela provada, o terreno contestado se dividirá por partes iguais entre os prédios, ou, não sendo possível a divisão cômoda, se adjudicará a um deles, mediante indenização ao outro.

Seção VII
Do Direito de Construir

••Estatuto da Cidade: *vide* Lei n. 10.257, de 10-7-2001.

Art. 1.299. O proprietário pode levantar em seu terreno as construções que lhe aprouver, salvo o direito dos vizinhos e os regulamentos administrativos.

• *Vide* arts. 1.277 a 1.298 do CC.

• A Lei n. 7.565, de 19-12-1986, CBA, dispõe sobre a zona de proteção de aeródromos.

Art. 1.300. O proprietário construirá de maneira que o seu prédio não despeje águas, diretamente, sobre o prédio vizinho.

• *Vide* arts. 1.288 a 1.296 do CC.

• *Vide* art. 105 do Código de Águas.

Art. 1.301. É defeso abrir janelas, ou fazer eirado, terraço ou varanda, a menos de metro e meio do terreno vizinho.

• *Vide* Súmulas 120 e 414 do STF.

§ 1.º As janelas cuja visão não incida sobre a linha divisória, bem como as perpendiculares, não poderão ser abertas a menos de setenta e cinco centímetros.

§ 2.º As disposições deste artigo não abrangem as aberturas para luz ou ventilação, não maiores de dez centímetros de largura sobre vinte de comprimento e construídas a mais de dois metros de altura de cada piso.

Art. 1.302. O proprietário pode, no lapso de ano e dia após a conclusão da obra, exigir que se desfaça janela, sacada, terraço ou goteira sobre o seu prédio; escoado o prazo, não poderá, por sua vez, edificar sem atender ao disposto no artigo antecedente, nem impedir, ou dificultar, o escoamento das águas da goteira, com prejuízo para o prédio vizinho.

Parágrafo único. Em se tratando de vãos, ou aberturas para luz, seja qual for a quantidade, altura e disposição, o vizinho poderá, a todo tempo, levantar a sua edificação, ou contramuro, ainda que lhes vede a claridade.

Art. 1.303. Na zona rural, não será permitido levantar edificações a menos de três metros do terreno vizinho.

Art. 1.304. Nas cidades, vilas e povoados cuja edificação estiver adstrita a alinhamento, o dono de um terreno pode nele edificar, madeirando na parede divisória do prédio contíguo, se ela suportar a nova construção; mas terá de embolsar ao vizinho metade do valor da parede e do chão correspondentes.

Art. 1.305. O confinante, que primeiro construir, pode assentar a parede divisória até meia espessura no terreno contíguo, sem perder por isso o direito a haver meio valor dela se o vizinho a travejar, caso em que o primeiro fixará a largura e a profundidade do alicerce.

• *Vide* art. 1.312 do CC.

Parágrafo único. Se a parede divisória pertencer a um dos vizinhos, e não tiver capacidade para ser travejada pelo outro, não poderá este fazer-lhe alicerce ao pé sem prestar caução àquele, pelo risco a que expõe a construção anterior.

Art. 1.306. O condômino da parede-meia pode utilizá-la até ao meio da espessura, não pondo em risco a segurança ou a separação dos dois prédios, e avisando previamente o outro condômino das obras que ali tenciona fazer; não pode sem consentimento do outro, fazer, na parede-meia, armários, ou obras semelhantes, correspondendo a outras, da mesma natureza, já feitas do lado oposto.

Art. 1.307. Qualquer dos confinantes pode altear a parede divisória, se necessário reconstruindo-a, para suportar o alteamento; arcará com todas as despesas, inclusive de conservação, ou com metade, se o vizinho adquirir meação também na parte aumentada.

Art. 1.308. Não é lícito encostar à parede divisória chaminés, fogões, fornos ou quaisquer aparelhos ou depósitos suscetíveis de produzir infiltrações ou interferências prejudiciais ao vizinho.

Parágrafo único. A disposição anterior não abrange as chaminés ordinárias e os fogões de cozinha.

Art. 1.309. São proibidas construções capazes de poluir, ou inutilizar, para uso ordinário, a água do poço, ou nascente alheia, a elas preexistentes.

Art. 1.310. Não é permitido fazer escavações ou quaisquer obras que tirem ao poço ou à nascente de outrem a água indispensável às suas necessidades normais.

• *Vide* arts. 1.288 a 1.296 do CC.

• *Vide* arts. 96 a 98 do Código de Águas.

Art. 1.311. Não é permitida a execução de qualquer obra ou serviço suscetível de provocar desmoronamento ou deslocação de terra, ou que comprometa a segurança do prédio vizinho, senão após haverem sido feitas as obras acautelatórias.

• *Vide* arts. 1.280 e 1.281 do CC.

Parágrafo único. O proprietário do prédio vizinho tem direito a ressarcimento pelos prejuízos que sofrer, não obstante haverem sido realizadas as obras acautelatórias.

Art. 1.312. Todo aquele que violar as proibições estabelecidas nesta Seção é obrigado a demolir as construções feitas, respondendo por perdas e danos.

• *Vide* arts. 1.280 e 1.281 do CC.

Art. 1.313. O proprietário ou ocupante do imóvel é obrigado a tolerar que o vizinho entre no prédio, mediante prévio aviso, para:

I – dele temporariamente usar, quando indispensável à reparação, construção, reconstrução ou limpeza de sua casa ou do muro divisório;

II – apoderar-se de coisas suas, inclusive animais que aí se encontrem casualmente.

§ 1.º O disposto neste artigo aplica-se aos casos de limpeza ou reparação de esgotos, goteiras, aparelhos higiênicos, poços e nascentes e ao aparo de cerca viva.

§ 2.º Na hipótese do inciso II, uma vez entregues as coisas buscadas pelo vizinho, poderá ser impedida a sua entrada no imóvel.

§ 3.º Se do exercício do direito assegurado neste artigo provier dano, terá o prejudicado direito a ressarcimento.

Capítulo VI
DO CONDOMÍNIO GERAL

• Sobre condomínio: Decreto n. 24.643, de 10-7-1934, art. 148, parágrafo único (quedas-d'água); Decreto-lei n. 3.365, de 21-6-1941, art. 16 (desapropriação); Lei n. 3.924, de 26-7-1961, art. 9.º, parágrafo único (jazida em área de condomínio); Lei n. 4.504, de 30-11-1964, art. 3.º (entidades privadas, direito à propriedade da terra); Lei n. 4.591, de 16-12-1964 (condomínio em edificações e incorporações imobiliárias); Lei n. 4.593, de 29-12-1964, arts. 20 e 22 (desapropriação, extinção do condomínio); Decreto n. 55.891, de 31-3-1965, arts. 24, 51 e 54 (disposições do regulamento do Estatuto da Terra); Lei n. 4.728, de 14-7-1965, art. 62 (sociedades imobiliárias); Decreto n. 56.792, de 26-8-1965, arts. 19, I, *b*, 21, IV, 26, IV, e 28, §§ 1.º e 2.º (disposições do regulamento do Estatuto da Terra); Lei n. 4.864, de 29-11-1965, arts. 1.º, I, e 6.º (estímulo à indústria da construção civil); Decreto-lei n. 271, de 28-2-1967, art. 3.º, § 2.º (loteamento urbano); Decreto n. 72.106, de 18-4-1973, art. 39 (divisão de condomínio); Lei n. 6.015, de 31-12-1973, arts. 167, I (registro de imóveis), e 178, III (registro da convenção de condomínio); Decreto-lei n. 1.381, de 23-12-1974, art. 9.º, § 3.º, *a* (empresas imobiliárias); Lei n. 6.530, de 12-5-1978, art. 20, V (corretor de imóveis); Lei n. 6.855, de 18-11-1980, art. 29, III (empréstimo); Decreto-lei n. 2.251, de 26-2-1985, art. 13, parágrafo único (ocupação de imóvel da União); Decreto n. 93.902, de 9-1-1987, art. 5.º, parágrafo único, *b* (locação pela administração federal); Provimento n. 66, de 20-12-1988, do Conselho Federal da OAB, art. 3.º (elaboração de memoriais no âmbito da Lei de Condomínio); Decreto n. 99.266, de 28-5-1990, arts. 35, *caput*, e 36 (bens imóveis residenciais da União); Lei n. 8.245, de 18-10-1991, arts. 22, X e parágrafo único (despesas de condomínio), 23, X, XII, § 1.º (obrigações do locatário), 25, *caput* (cobrança de despesa ordinária), e 34 (exercício do direito de preferência); Decreto n. 980, de 11-11-1993, art. 13, III (imóvel de propriedade da União); Lei n. 8.981, de 20-1-1995, art. 49 (tributação, incorporação de prédio em condomínio); Lei n. 12.651, de 25-5-2012, art. 16; e Lei n. 13.105, de 16-3-2015 (CPC), arts. 75, XI (representação em juízo), e 784, VIII (taxas e despesas).

Seção I
Do Condomínio Voluntário

Subseção I
Dos direitos e deveres dos condôminos

Art. 1.314. Cada condômino pode usar da coisa conforme sua destinação, sobre ela exercer todos os direitos compatíveis com a indivisão, reivindicá-la de terceiro, defender a sua posse e alhear a respectiva parte ideal, ou gravá-la.

• *Vide* art. 1.199 do CC.

Parágrafo único. Nenhum dos condôminos pode alterar a destinação da coisa comum, nem dar posse, uso ou gozo dela a estranhos, sem o consenso dos outros.

• *Vide* arts. 1.331 a 1.358 (condomínio edilício) do CC.

• A Lei n. 4.591, de 16-12-1964, dispõe sobre o condomínio e as incorporações imobiliárias.

• No caso de falência de condômino, *vide* art. 123, § 2.º, da Lei n. 11.101, de 9-2-2005 (Lei de Falências e Recuperação de Empresas).

• Condomínio em queda-d'água – *vide* art. 148, parágrafo único, do Código de Águas (Decreto n. 24.643, de 10-7-1934).

Art. 1.315. O condômino é obrigado, na proporção de sua parte, a concorrer para as despesas de conservação ou divisão da coisa, e a suportar os ônus a que estiver sujeita.

• Pelo art. 3.º da Lei n. 2.757, de 23-4-1956, os condôminos responderão, proporcionalmente, pelas obrigações previstas nas leis trabalhistas, relativas aos empregados, porteiros, zeladores, faxineiros e serventes de prédios de apartamentos.

Parágrafo único. Presumem-se iguais as partes ideais dos condôminos.

• *Vide* arts. 1.320 e 1.322 do CC.

Art. 1.316. Pode o condômino eximir-se do pagamento das despesas e dívidas, renunciando à parte ideal.

§ 1.º Se os demais condôminos assumem as despesas e as dívidas, a renúncia lhes aproveita, adquirindo a parte ideal de quem renunciou, na proporção dos pagamentos que fizerem.

§ 2.º Se não há condômino que faça os pagamentos, a coisa comum será dividida.

Art. 1.317. Quando a dívida houver sido contraída por todos os condôminos, sem se discriminar a parte de cada um na obrigação, nem se estipular solidariedade, entende-

-se que cada qual se obrigou proporcionalmente ao seu quinhão na coisa comum.

- *Vide* arts. 275 a 285 (solidariedade passiva) do CC.

Art. 1.318. As dívidas contraídas por um dos condôminos em proveito da comunhão, e durante ela, obrigam o contratante; mas terá este ação regressiva contra os demais.

- CPC: art. 125, II.

Art. 1.319. Cada condômino responde aos outros pelos frutos que percebeu da coisa e pelo dano que lhe causou.

- *Vide* art. 1.326 do CC.

Art. 1.320. A todo tempo será lícito ao condômino exigir a divisão da coisa comum, respondendo o quinhão de cada um pela sua parte nas despesas da divisão.

- *Vide* art. 1.322 do CC.

§ 1.º Podem os condôminos acordar que fique indivisa a coisa comum por prazo não maior de cinco anos, suscetível de prorrogação ulterior.

- A ação de divisão é regulada pelos arts. 569 e s. do CPC.
- *Vide* art. 65 da Lei n. 4.504, de 30-11-1964 (Estatuto da Terra).

§ 2.º Não poderá exceder de cinco anos a indivisão estabelecida pelo doador ou pelo testador.

§ 3.º A requerimento de qualquer interessado e se graves razões o aconselharem, pode o juiz determinar a divisão da coisa comum antes do prazo.

Art. 1.321. Aplicam-se à divisão do condomínio, no que couber, as regras de partilha de herança (arts. 2.013 a 2.022).

Art. 1.322. Quando a coisa for indivisível, e os consortes não quiserem adjudicá-la a um só, indenizando os outros, será vendida e repartido o apurado, preferindo-se, na venda, em condições iguais de oferta, o condômino ao estranho, e entre os condôminos aquele que tiver na coisa benfeitorias mais valiosas, e, não as havendo, o de quinhão maior.

- *Vide* arts. 96, 504 e 2.019 do CC.
- O art. 8.º da Lei n. 5.868, de 12-12-1972, dispõe sobre o desmembramento ou divisão de área.

Parágrafo único. Se nenhum dos condôminos tem benfeitorias na coisa comum e participam todos do condomínio em partes iguais, realizar-se-á licitação entre estranhos e, antes de adjudicada a coisa àquele que ofereceu maior lanço, proceder-se-á à licitação entre os condôminos, a fim de que a coisa seja adjudicada a quem afinal oferecer melhor lanço, preferindo, em condições iguais, o condômino ao estranho.

Subseção II
Da administração do condomínio

Art. 1.323. Deliberando a maioria sobre a administração da coisa comum, escolherá o administrador, que poderá ser estranho ao condomínio; resolvendo alugá-la, preferir-se-á, em condições iguais, o condômino ao que não o é.

- CPC: art. 725, IV.
- Relativamente à administração de condomínio em prédios, *vide* arts. 1.347 a 1.356 do CC e 9.º da Lei n. 4.591, de 16-12-1964. Sobre a representação dos empregadores pelo síndico, na Justiça do Trabalho, já dispunha a Lei n. 2.757, de 23-4-1956.

Art. 1.324. O condômino que administrar sem oposição dos outros presume-se representante comum.

- *Vide* art. 656 do CC.

Art. 1.325. A maioria será calculada pelo valor dos quinhões.

§ 1.º As deliberações serão obrigatórias, sendo tomadas por maioria absoluta.

§ 2.º Não sendo possível alcançar maioria absoluta, decidirá o juiz, a requerimento de qualquer condômino, ouvidos os outros.

§ 3.º Havendo dúvida quanto ao valor do quinhão, será este avaliado judicialmente.

Art. 1.326. Os frutos da coisa comum, não havendo em contrário estipulação ou disposição de última vontade, serão partilhados na proporção dos quinhões.

- *Vide* arts. 1.319 e 1.320, § 2.º, do CC.

Seção II
Do Condomínio Necessário

Art. 1.327. O condomínio por meação de paredes, cercas, muros e valas regula-se pelo disposto neste Código (arts. 1.297 e 1.298; 1.304 a 1.307).

- Arts. 1.297 e 1.298: direito de tapagem; arts. 1.304 a 1.307: direito de construir.
- *Vide* art. 1.282 do CC.
- *Vide* art. 5.º da Lei n. 4.591, de 16-12-1964, sobre condomínio em prédios.

Art. 1.328. O proprietário que tiver direito a estremar um imóvel com paredes, cercas, muros, valas ou valados, tê-lo-á igualmente a adquirir meação na parede, muro, valado ou cerca do vizinho, embolsando-lhe metade do que atualmente valer a obra e o terreno por ela ocupado (art. 1.297).

- *Vide* art. 1.297, § 1.º, do CC.

Art. 1.329. Não convindo os dois no preço da obra, será este arbitrado por peritos, a expensas de ambos os confinantes.

Art. 1.330. Qualquer que seja o valor da meação, enquanto aquele que pretender a divisão não o pagar ou depositar, nenhum uso poderá fazer na parede, muro, vala, cerca ou qualquer outra obra divisória.

Capítulo VII
DO CONDOMÍNIO EDILÍCIO

- *Vide* Lei n. 4.591, de 16-12-1964, que dispõe sobre o condomínio em edificações e incorporações imobiliárias.

Seção I
Disposições Gerais

Art. 1.331. Pode haver, em edificações, partes que são propriedade exclusiva, e partes que são propriedade comum dos condôminos.

§ 1.º As partes suscetíveis de utilização independente, tais como apartamentos, escritórios, salas, lojas e sobrelojas, com as respectivas frações ideais no solo e nas outras partes comuns, sujeitam-se a propriedade exclusiva, podendo ser alienadas e gravadas livremente por seus proprietários, exceto os abrigos para veículos, que não poderão ser alienados ou alugados a pessoas estranhas ao condomínio, salvo autorização expressa na convenção de condomínio.

•• § 1.º com redação determinada pela Lei n. 12.607, de 4-4-2012.

§ 2.º O solo, a estrutura do prédio, o telhado, a rede geral de distribuição de água, esgoto, gás e eletricidade, a calefação e refrigeração centrais, e as demais partes comuns, inclusive o acesso ao logradouro público, são utilizados em comum pelos condôminos, não podendo ser alienados separadamente, ou divididos.

• *Vide* art. 3.º da Lei n. 4.591, de 16-12-1964.

§ 3.º A cada unidade imobiliária caberá, como parte inseparável, uma fração ideal no solo e nas outras partes comuns, que será identificada em forma decimal ou ordinária no instrumento de instituição do condomínio.

•• § 3.º com redação determinada pela Lei n. 10.931, de 2-8-2004.

§ 4.º Nenhuma unidade imobiliária pode ser privada do acesso ao logradouro público.

§ 5.º O terraço de cobertura é parte comum, salvo disposição contrária da escritura de constituição do condomínio.

• *Vide* art. 1.344 do CC.

Art. 1.332. Institui-se o condomínio edilício por ato entre vivos ou testamento, registrado no Cartório de Registro de Imóveis, devendo constar daquele ato, além do disposto em lei especial:

I – a discriminação e individualização das unidades de propriedade exclusiva, estremadas uma das outras e das partes comuns;

II – a determinação da fração ideal atribuída a cada unidade, relativamente ao terreno e partes comuns;

III – o fim a que as unidades se destinam.

• *Vide* art. 7.º da Lei n. 4.591, de 16-12-1964.

• *Vide* art. 167, I, n. 17, da Lei n. 6.015, de 31-12-1973 (LRP).

Art. 1.333. A convenção que constitui o condomínio edilício deve ser subscrita pelos titulares de, no mínimo, dois terços das frações ideais e torna-se, desde logo, obrigatória para os titulares de direito sobre as unidades, ou para quantos sobre elas tenham posse ou detenção.

Parágrafo único. Para ser oponível contra terceiros, a convenção do condomínio deverá ser registrada no Cartório de Registro de Imóveis.

• *Vide* Súmula 260 do STJ.

Art. 1.334. Além das cláusulas referidas no art. 1.332 e das que os interessados houverem por bem estipular, a convenção determinará:

I – a quota proporcional e o modo de pagamento das contribuições dos condôminos para atender às despesas ordinárias e extraordinárias do condomínio;

II – sua forma de administração;

III – a competência das assembleias, forma de sua convocação e *quorum* exigido para as deliberações;

IV – as sanções a que estão sujeitos os condôminos, ou possuidores;

V – o regimento interno.

§ 1.º A convenção poderá ser feita por escritura pública ou por instrumento particular.

§ 2.º São equiparados aos proprietários, para os fins deste artigo, salvo disposição em contrário, os promitentes compradores e os cessionários de direitos relativos às unidades autônomas.

• *Vide* arts. 286 a 298, 1.417 e 1.418 do CC.

• *Vide* arts. 9.º a 11 (convenção de condomínio) da Lei n. 4.591, de 16-12-1964.

Art. 1.335. São direitos do condômino:

I – usar, fruir e livremente dispor das suas unidades;

II – usar das partes comuns, conforme a sua destinação, e contanto que não exclua a utilização dos demais compossuidores;

III – votar nas deliberações da assembleia e delas participar, estando quite.

• *Vide* art. 19 da Lei n. 4.591, de 16-12-1964.

Art. 1.336. São deveres do condômino:

I – contribuir para as despesas do condomínio, na proporção das suas frações ideais, salvo disposição em contrário na convenção;

•• Inciso I com redação determinada pela Lei n. 10.931, de 2-8-2004.

• *Vide* art. 12, § 3.º, da Lei n. 4.591, de 16-12-1964.

II – não realizar obras que comprometam a segurança da edificação;

• *Vide* art. 10, III, da Lei n. 4.591, de 16-12-1964.

III – não alterar a forma e a cor da fachada, das partes e esquadrias externas;

• *Vide* art. 10, I e II, da Lei n. 4.591, de 16-12-1964.

IV – dar às suas partes a mesma destinação que tem a edificação, e não as utilizar de maneira prejudicial ao sossego, salubridade e segurança dos possuidores, ou aos bons costumes.

• *Vide* art. 938 do CC.

• *Vide* art. 10, III, da Lei n. 4.591, de 16-12-1964.

§ 1.º O condômino que não pagar a sua contribuição ficará sujeito aos juros moratórios convencionados ou, não sendo previstos, os de um por cento ao mês e multa de até dois por cento sobre o débito.

•• A Lei n. 10.931, de 2-8-2004, propôs nova redação para este parágrafo, porém o texto sofreu veto presidencial.

• *Vide* art. 2.035 do CC.

• *Vide* art. 12, § 3.º, da Lei n. 4.591, de 16-12-1964.

§ 2.º O condômino, que não cumprir qualquer dos deveres estabelecidos nos incisos II a IV, pagará a multa prevista no ato constitutivo ou na convenção, não podendo ela ser superior a cinco vezes o valor de suas contribuições mensais, independentemente das perdas e danos que se apurarem; não havendo disposição expressa, caberá à assembleia geral, por dois terços no mínimo dos condôminos restantes, deliberar sobre a cobrança da multa.

• *Vide* art. 10, § 1.º, da Lei n. 4.591, de 16-12-1964.

Art. 1.337. O condômino, ou possuidor, que não cumpre reiteradamente com os seus deveres perante o condomínio poderá, por deliberação de três quartos dos condôminos restantes, ser constrangido a pagar multa correspondente até ao quíntuplo do valor atribuído à contribuição para as despesas condominiais, conforme a gravidade das faltas e a reiteração, independentemente das perdas e danos que se apurem.

- *Vide* arts. 402 a 405 do CC.

Parágrafo único. O condômino ou possuidor que, por seu reiterado comportamento antissocial, gerar incompatibilidade de convivência com os demais condôminos ou possuidores, poderá ser constrangido a pagar multa correspondente ao décuplo do valor atribuído à contribuição para as despesas condominiais, até ulterior deliberação da assembleia.

- *Vide* art. 21 da Lei n. 4.591, de 16-12-1964.

Art. 1.338. Resolvendo o condômino alugar área no abrigo para veículos, preferir-se-á, em condições iguais, qualquer dos condôminos a estranhos, e, entre todos, os possuidores.

- Da locação de coisas no CC: *vide* arts. 565 a 578.
- *Vide* art. 2.º, §§ 1.º e 2.º, da Lei n. 4.591, de 16-12-1964.
- *Vide* Súmula 449 do STJ.

Art. 1.339. Os direitos de cada condômino às partes comuns são inseparáveis de sua propriedade exclusiva; são também inseparáveis das frações ideais correspondentes as unidades imobiliárias, com as suas partes acessórias.

§ 1.º Nos casos deste artigo é proibido alienar ou gravar os bens em separado.

§ 2.º É permitido ao condômino alienar parte acessória de sua unidade imobiliária a outro condômino, só podendo fazê-lo a terceiro se essa faculdade constar do ato constitutivo do condomínio, e se a ela não se opuser a respectiva assembleia geral.

- *Vide* arts. 2.º, §§ 1.º a 3.º, e 4.º da Lei n. 4.591, de 16-12-1964.

Art. 1.340. As despesas relativas a partes comuns de uso exclusivo de um condômino, ou de alguns deles, incumbem a quem delas se serve.

Art. 1.341. A realização de obras no condomínio depende:

I – se voluptuárias, de voto de dois terços dos condôminos;

- *Vide* art. 96, § 1.º, do CC.

II – se úteis, de voto da maioria dos condôminos.

- *Vide* art. 96, § 2.º, do CC.

§ 1.º As obras ou reparações necessárias podem ser realizadas, independentemente de autorização, pelo síndico, ou, em caso de omissão ou impedimento deste, por qualquer condômino.

§ 2.º Se as obras ou reparos necessários forem urgentes e importarem em despesas excessivas, determinada sua realização, o síndico ou o condômino que tomou a iniciativa delas dará ciência à assembleia, que deverá ser convocada imediatamente.

§ 3.º Não sendo urgentes, as obras ou reparos necessários, que importarem em despesas excessivas, somente poderão ser efetuadas após autorização da assembleia, especialmente convocada pelo síndico, ou, em caso de omissão ou impedimento deste, por qualquer dos condôminos.

§ 4.º O condômino que realizar obras ou reparos necessários será reembolsado das despesas que efetuar, não tendo direito à restituição das que fizer com obras ou reparos de outra natureza, embora de interesse comum.

- *Vide* art. 12, § 4.º, da Lei n. 4.591, de 16-12-1964.

Art. 1.342. A realização de obras, em partes comuns, em acréscimo às já existentes, a fim de lhes facilitar ou aumentar a utilização, depende da aprovação de dois terços dos votos dos condôminos, não sendo permitidas construções, nas partes comuns, suscetíveis de prejudicar a utilização, por qualquer dos condôminos, das partes próprias, ou comuns.

Art. 1.343. A construção de outro pavimento, ou, no solo comum, de outro edifício, destinado a conter novas unidades imobiliárias, depende da aprovação da unanimidade dos condôminos.

Art. 1.344. Ao proprietário do terraço de cobertura incumbem as despesas da sua conservação, de modo que não haja danos às unidades imobiliárias inferiores.

Art. 1.345. O adquirente de unidade responde pelos débitos do alienante, em relação ao condomínio, inclusive multas e juros moratórios.

Art. 1.346. É obrigatório o seguro de toda a edificação contra o risco de incêndio ou destruição, total ou parcial.

- *Vide* arts. 757 a 788 do CC.
- *Vide* art. 13 da Lei n. 4.591, de 16-12-1964.

Seção II
Da Administração do Condomínio

Art. 1.347. A assembleia escolherá um síndico, que poderá não ser condômino, para administrar o condomínio, por prazo não superior a dois anos, o qual poderá renovar-se.

- *Vide* arts. 22 e 23 da Lei n. 4.591, de 16-12-1964.

Art. 1.348. Compete ao síndico:

- *Vide* arts. 22 e 23 da Lei n. 4.591, de 16-12-1964.
- *Vide* arts. 115 a 120 do CC.

I – convocar a assembleia dos condôminos;

- *Vide* arts. 24 a 27 da Lei n. 4.591, de 16-12-1964.

II – representar, ativa e passivamente, o condomínio, praticando, em juízo ou fora dele, os atos necessários à defesa dos interesses comuns;

- CPC: art. 75, XI.
- *Vide* art. 22, § 1.º, da Lei n. 4.591, de 16-12-1964.

III – dar imediato conhecimento à assembleia da existência de procedimento judicial ou administrativo, de interesse do condomínio;

IV – cumprir e fazer cumprir a convenção, o regimento interno e as determinações da assembleia;

V – diligenciar a conservação e a guarda das partes comuns e zelar pela prestação dos serviços que interessem aos possuidores;

VI – elaborar o orçamento da receita e da despesa relativa a cada ano;

VII – cobrar dos condôminos as suas contribuições, bem como impor e cobrar as multas devidas;

VIII – prestar contas à assembleia, anualmente e quando exigidas;

IX – realizar o seguro da edificação.

§ 1.º Poderá a assembleia investir outra pessoa, em lugar do síndico, em poderes de representação.

§ 2.º O síndico pode transferir a outrem, total ou parcialmente, os poderes de representação ou as funções administrativas, mediante aprovação da assembleia, salvo disposição em contrário da convenção.

Art. 1.349. A assembleia, especialmente convocada para o fim estabelecido no § 2.º do artigo antecedente, poderá, pelo voto da maioria absoluta de seus membros, destituir o síndico que praticar irregularidades, não prestar contas, ou não administrar convenientemente o condomínio.

•• *Vide* art. 12 da Lei n. 14.010, de 10-6-2020.

Art. 1.350. Convocará o síndico, anualmente, reunião da assembleia dos condôminos, na forma prevista na convenção, a fim de aprovar o orçamento das despesas, as contribuições dos condôminos e a prestação de contas, e eventualmente eleger-lhe o substituto e alterar o regimento interno.

•• *Vide* art. 12 da Lei n. 14.010, de 10-6-2020.

• *Vide* art. 24 da Lei n. 4.591, de 16-12-1964.

§ 1.º Se o síndico não convocar a assembleia, um quarto dos condôminos poderá fazê-lo.

§ 2.º Se a assembleia não se reunir, o juiz decidirá, a requerimento de qualquer condômino.

• *Vide* art. 27 da Lei n. 4.591, de 16-12-1964.

Art. 1.351. Depende da aprovação de 2/3 (dois terços) dos votos dos condôminos a alteração da convenção; a mudança da destinação do edifício, ou da unidade imobiliária, depende da aprovação pela unanimidade dos condôminos.

•• Artigo com redação determinada pela Lei n. 10.931, de 2-8-2004.

• *Vide* arts. 1.333 e 1.334 do CC.

Art. 1.352. Salvo quando exigido *quorum* especial, as deliberações da assembleia serão tomadas, em primeira convocação, por maioria de votos dos condôminos presentes que representem pelo menos metade das frações ideais.

Parágrafo único. Os votos serão proporcionais às frações ideais no solo e nas outras partes comuns pertencentes a cada condômino, salvo disposição diversa da convenção de constituição do condomínio.

Art. 1.353. Em segunda convocação, a assembleia poderá deliberar por maioria dos votos dos presentes, salvo quando exigido *quorum* especial.

Art. 1.354. A assembleia não poderá deliberar se todos os condôminos não forem convocados para a reunião.

Art. 1.355. Assembleias extraordinárias poderão ser convocadas pelo síndico ou por um quarto dos condôminos.

• *Vide* art. 25, *caput*, da Lei n. 4.591, de 16-12-1964.

Art. 1.356. Poderá haver no condomínio um conselho fiscal, composto de três membros, eleitos pela assembleia, por prazo não superior a dois anos, ao qual compete dar parecer sobre as contas do síndico.

• *Vide* art. 23 da Lei n. 4.591, de 16-12-1964.

Seção III
Da Extinção do Condomínio

Art. 1.357. Se a edificação for total ou consideravelmente destruída, ou ameace ruína, os condôminos deliberarão em assembleia sobre a reconstrução, ou venda, por votos que representem metade mais uma das frações ideais.

§ 1.º Deliberada a reconstrução, poderá o condômino eximir-se do pagamento das despesas respectivas, alienando os seus direitos a outros condôminos, mediante avaliação judicial.

§ 2.º Realizada a venda, em que se preferirá, em condições iguais de oferta, o condômino ao estranho, será repartido o apurado entre os condôminos, proporcionalmente ao valor das suas unidades imobiliárias.

• *Vide* art. 14 e parágrafos da Lei n. 4.591, de 16-12-1964.

Art. 1.358. Se ocorrer desapropriação, a indenização será repartida na proporção a que se refere o § 2.º do artigo antecedente.

• *Vide* art. 1.275, V, do CC.

Seção IV
Do Condomínio de Lotes

•• Seção IV acrescentada pela Lei n. 13.465, de 11-7-2017.

Art. 1.358-A. Pode haver, em terrenos, partes designadas de lotes que são propriedade exclusiva e partes que são propriedade comum dos condôminos.

•• *Caput* acrescentado pela Lei n. 13.465, de 11-7-2017.

§ 1.º A fração ideal de cada condômino poderá ser proporcional à área do solo de cada unidade autônoma, ao respectivo potencial construtivo ou a outros critérios indicados no ato de instituição.

•• § 1.º acrescentado pela Lei n. 13.465, de 11-7-2017.

§ 2.º Aplica-se, no que couber, ao condomínio de lotes:

•• § 2.º, *caput*, com redação determinada pela Medida Provisória n. 1.085, de 27-12-2021.

O texto anterior dizia: "§ 2.º Aplica-se, no que couber, ao condomínio de lotes o disposto sobre condomínio edilício neste Capítulo, respeitada a legislação urbanística.

•• § 2.º acrescentado pela Lei n. 13.465, de 11-7-2017".

I – o disposto sobre condomínio edilício neste Capítulo, respeitada a legislação urbanística; e

•• Inciso I acrescentado pela Medida Provisória n. 1.085, de 27-12-2021.

II – o regime jurídico das incorporações imobiliárias de que trata o Capítulo I do Título II da Lei n. 4.591, de 16 de dezembro de 1964, equiparando-se o empreendedor ao incorporador quanto aos aspectos civis e registrários.

•• Inciso II acrescentado pela Medida Provisória n. 1.085, de 27-12-2021.

§ 3.º Para fins de incorporação imobiliária, a implantação de toda a infraestrutura ficará a cargo do empreendedor.

•• § 3.º acrescentado pela Lei n. 13.465, de 11-7-2017.

CAPÍTULO VII-A
DO CONDOMÍNIO EM MULTIPROPRIEDADE

•• Capítulo VII-A acrescentado pela Lei n. 13.777, de 20-12-2018.

Seção I

Disposições Gerais

•• Seção I acrescentada pela Lei n. 13.777, de 20-12-2018.

Art. 1.358-B. A multipropriedade reger-se-á pelo disposto neste Capítulo e, de forma supletiva e subsidiária, pelas demais disposições deste Código e pelas disposições das Leis n. 4.591, de 16 de dezembro de 1964, e 8.078, de 11 de setembro de 1990 (Código de Defesa do Consumidor).

•• Artigo acrescentado pela Lei n. 13.777, de 20-12-2018.

Art. 1.358-C. Multipropriedade é o regime de condomínio em que cada um dos proprietários de um mesmo imóvel é titular de uma fração de tempo, à qual corresponde a faculdade de uso e gozo, com exclusividade, da totalidade do imóvel, a ser exercida pelos proprietários de forma alternada.

•• *Caput* acrescentado pela Lei n. 13.777, de 20-12-2018.

Parágrafo único. A multipropriedade não se extinguirá automaticamente se todas as frações de tempo forem do mesmo multiproprietário.

•• Parágrafo único acrescentado pela Lei n. 13.777, de 20-12-2018.

Art. 1.358-D. O imóvel objeto da multipropriedade:

•• *Caput* acrescentado pela Lei n. 13.777, de 20-12-2018.

I – é indivisível, não se sujeitando a ação de divisão ou de extinção de condomínio;

•• Inciso I acrescentado pela Lei n. 13.777, de 20-12-2018.

II – inclui as instalações, os equipamentos e o mobiliário destinados a seu uso e gozo.

•• Inciso II acrescentado pela Lei n. 13.777, de 20-12-2018.

Art. 1.358-E. Cada fração de tempo é indivisível.

•• *Caput* acrescentado pela Lei n. 13.777, de 20-12-2018.

§ 1.º O período correspondente a cada fração de tempo será de, no mínimo, 7 (sete) dias, seguidos ou intercalados, e poderá ser:

•• § 1.º, *caput*, acrescentado pela Lei n. 13.777, de 20-12-2018.

I – fixo e determinado, no mesmo período de cada ano;

•• Inciso I acrescentado pela Lei n. 13.777, de 20-12-2018.

II – flutuante, caso em que a determinação do período será realizada de forma periódica, mediante procedimento objetivo que respeite, em relação a todos os multiproprietários, o princípio da isonomia, devendo ser previamente divulgado; ou

•• Inciso II acrescentado pela Lei n. 13.777, de 20-12-2018.

III – misto, combinando os sistemas fixo e flutuante.

•• Inciso III acrescentado pela Lei n. 13.777, de 20-12-2018.

§ 2.º Todos os multiproprietários terão direito a uma mesma quantidade mínima de dias seguidos durante o ano, podendo haver a aquisição de frações maiores que a mínima, com o correspondente direito ao uso por períodos também maiores.

•• § 2.º acrescentado pela Lei n. 13.777, de 20-12-2018.

Seção II

Da Instituição da Multipropriedade

•• Seção II acrescentada pela Lei n. 13.777, de 20-12-2018.

Art. 1.358-F. Institui-se a multipropriedade por ato entre vivos ou testamento, registrado no competente cartório de registro de imóveis, devendo constar daquele ato a duração dos períodos correspondentes a cada fração de tempo.

•• Artigo acrescentado pela Lei n. 13.777, de 20-12-2018.

Art. 1.358-G. Além das cláusulas que os multiproprietários decidirem estipular, a convenção de condomínio em multipropriedade determinará:

•• *Caput* acrescentado pela Lei n. 13.777, de 20-12-2018.

I – os poderes e deveres dos multiproprietários, especialmente em matéria de instalações, equipamentos e mobiliário do imóvel, de manutenção ordinária e extraordinária, de conservação e limpeza e de pagamento da contribuição condominial;

•• Inciso I acrescentado pela Lei n. 13.777, de 20-12-2018.

II – o número máximo de pessoas que podem ocupar simultaneamente o imóvel no período correspondente a cada fração de tempo;

•• Inciso II acrescentado pela Lei n. 13.777, de 20-12-2018.

III – as regras de acesso do administrador condominial ao imóvel para cumprimento do dever de manutenção, conservação e limpeza;

•• Inciso IIII acrescentado pela Lei n. 13.777, de 20-12-2018.

IV – a criação de fundo de reserva para reposição e manutenção dos equipamentos, instalações e mobiliário;

•• Inciso IV acrescentado pela Lei n. 13.777, de 20-12-2018.

V – o regime aplicável em caso de perda ou destruição parcial ou total do imóvel, inclusive para efeitos de participação no risco ou no valor do seguro, da indenização ou da parte restante;

•• Inciso V acrescentado pela Lei n. 13.777, de 20-12-2018.

VI – as multas aplicáveis ao multiproprietário nas hipóteses de descumprimento de deveres.

•• Inciso VI acrescentado pela Lei n. 13.777, de 20-12-2018.

Art. 1.358-H. O instrumento de instituição da multipropriedade ou a convenção de condomínio em multipropriedade poderá estabelecer o limite máximo de frações de tempo no mesmo imóvel que poderão ser detidas pela mesma pessoa natural ou jurídica.

•• *Caput* acrescentado pela Lei n. 13.777, de 20-12-2018.

Parágrafo único. Em caso de instituição da multipropriedade para posterior venda das frações de tempo a terceiros, o atendimento a eventual limite de frações de tempo por titular estabelecido no instrumento de instituição será obrigatório somente após a venda das frações.

•• Parágrafo único acrescentado pela Lei n. 13.777, de 20-12-2018.

Seção III

Dos Direitos e das Obrigações do Multiproprietário

•• Seção III acrescentada pela Lei n. 13.777, de 20-12-2018.

Art. 1.358-I. São direitos do multiproprietário, além daqueles previstos no instrumento de instituição e na convenção de condomínio em multipropriedade:

•• *Caput* acrescentado pela Lei n. 13.777, de 20-12-2018.

I – usar e gozar, durante o período correspondente à sua fração de tempo, do imóvel e de suas instalações, equipamentos e mobiliário;

•• Inciso I acrescentado pela Lei n. 13.777, de 20-12-2018.

II – ceder a fração de tempo em locação ou comodato;

•• Inciso II acrescentado pela Lei n. 13.777, de 20-12-2018.

III – alienar a fração de tempo, por ato entre vivos ou por causa de morte, a título oneroso ou gratuito, ou onerá-la, devendo a alienação e a qualificação do sucessor, ou a oneração, ser informadas ao administrador;

•• Inciso III acrescentado pela Lei n. 13.777, de 20-12-2018.

IV – participar e votar, pessoalmente ou por intermédio de representante ou procurador, desde que esteja quite com as obrigações condominiais, em:

•• Inciso IV, *caput*, acrescentado pela Lei n. 13.777, de 20-12-2018.

a) assembleia geral do condomínio em multipropriedade, e o voto do multiproprietário corresponderá à quota de sua fração de tempo no imóvel;

•• Alínea *a* acrescentada pela Lei n. 13.777, de 20-12-2018.

b) assembleia geral do condomínio edilício, quando for o caso, e o voto do multiproprietário corresponderá à quota de sua fração de tempo em relação à quota de poder político atribuído à unidade autônoma na respectiva convenção de condomínio edilício.

•• Alínea *b* acrescentada pela Lei n. 13.777, de 20-12-2018.

Art. 1.358-J. São obrigações do multiproprietário, além daquelas previstas no instrumento de instituição e na convenção de condomínio em multipropriedade:

•• *Caput* acrescentado pela Lei n. 13.777, de 20-12-2018.

I – pagar a contribuição condominial do condomínio em multipropriedade e, quando for o caso, do condomínio edilício, ainda que renuncie ao uso e gozo, total ou parcial, do imóvel, das áreas comuns ou das respectivas instalações, equipamentos e mobiliário;

•• Inciso I acrescentado pela Lei n. 13.777, de 20-12-2018.

II – responder por danos causados ao imóvel, às instalações, aos equipamentos e ao mobiliário por si, por qualquer de seus acompanhantes, convidados ou prepostos ou por pessoas por ele autorizadas;

•• Inciso II acrescentado pela Lei n. 13.777, de 20-12-2018.

III – comunicar imediatamente ao administrador os defeitos, avarias e vícios no imóvel dos quais tiver ciência durante a utilização;

•• Inciso III acrescentado pela Lei n. 13.777, de 20-12-2018.

IV – não modificar, alterar ou substituir o mobiliário, os equipamentos e as instalações do imóvel;

•• Inciso IV acrescentado pela Lei n. 13.777, de 20-12-2018.

V – manter o imóvel em estado de conservação e limpeza condizente com os fins a que se destina e com a natureza da respectiva construção;

•• Inciso V acrescentado pela Lei n. 13.777, de 20-12-2018.

VI – usar o imóvel, bem como suas instalações, equipamentos e mobiliário, conforme seu destino e natureza;

•• Inciso VI acrescentado pela Lei n. 13.777, de 20-12-2018.

VII – usar o imóvel exclusivamente durante o período correspondente à sua fração de tempo;

•• Inciso VII acrescentado pela Lei n. 13.777, de 20-12-2018.

VIII – desocupar o imóvel, impreterivelmente, até o dia e hora fixados no instrumento de instituição ou na convenção de condomínio em multipropriedade, sob pena de multa diária, conforme convencionado no instrumento pertinente;

•• Inciso VIII acrescentado pela Lei n. 13.777, de 20-12-2018.

IX – permitir a realização de obras ou reparos urgentes.

•• Inciso IX acrescentado pela Lei n. 13.777, de 20-12-2018.

§ 1.º Conforme previsão que deverá constar da respectiva convenção de condomínio em multipropriedade, o multiproprietário estará sujeito a:

•• § 1.º, *caput*, acrescentado pela Lei n. 13.777, de 20-12-2018.

I – multa, no caso de descumprimento de qualquer de seus deveres;

•• Inciso I acrescentado pela Lei n. 13.777, de 20-12-2018.

II – multa progressiva e perda temporária do direito de utilização do imóvel no período correspondente à sua fração de tempo, no caso de descumprimento reiterado de deveres.

•• Inciso II acrescentado pela Lei n. 13.777, de 20-12-2018.

§ 2.º A responsabilidade pelas despesas referentes a reparos no imóvel, bem como suas instalações, equipamentos e mobiliário, será:

•• § 2.º, *caput*, acrescentado pela Lei n. 13.777, de 20-12-2018.

I – de todos os multiproprietários, quando decorrentes do uso normal e do desgaste natural do imóvel;

•• Inciso I acrescentado pela Lei n. 13.777, de 20-12-2018.

II – exclusivamente do multiproprietário responsável pelo uso anormal, sem prejuízo de multa, quando decorrentes de uso anormal do imóvel.

•• Inciso II acrescentado pela Lei n. 13.777, de 20-12-2018.

§ 3.º a 5.º (*Vetados.*)

•• A Lei n. 13.777, de 20-12-2018, propôs o acréscimo dos §§ 3.º a 5.º, todavia teve seu texto vetado.

Art. 1.358-K. Para os efeitos do disposto nesta Seção, são equiparados aos multiproprietários os promitentes compradores e os cessionários de direitos relativos a cada fração de tempo.

•• Artigo acrescentado pela Lei n. 13.777, de 20-12-2018.

Seção IV
Da Transferência da Multipropriedade

•• Seção IV acrescentada pela Lei n. 13.777, de 20-12-2018.

Art. 1.358-L. A transferência do direito de multipropriedade e a sua produção de efeitos perante terceiros dar-se-ão na forma da lei civil e não dependerão da anuência ou cientificação dos demais multiproprietários.

•• *Caput* acrescentado pela Lei n. 13.777, de 20-12-2018.

§ 1.º Não haverá direito de preferência na alienação de fração de tempo, salvo se estabelecido no instrumento de instituição ou na convenção do condomínio em multipropriedade em favor dos demais multiproprietários ou do instituidor do condomínio em multipropriedade.

•• § 1.º acrescentado pela Lei n. 13.777, de 20-12-2018.

§ 2.º O adquirente será solidariamente responsável com o alienante pelas obrigações de que trata o § 5.º do art. 1.358-J deste Código caso não obtenha a declaração de inexistência de débitos referente à fração de tempo no momento de sua aquisição.

•• § 2.º acrescentado pela Lei n. 13.777, de 20-12-2018.

Seção V
Da Administração da Multipropriedade

•• Seção V acrescentada pela Lei n. 13.777, de 20-12-2018.

Art. 1.358-M. A administração do imóvel e de suas instalações, equipamentos e mobiliário será de responsabilidade da pessoa indicada no instrumento de instituição ou na convenção de condomínio em multipropriedade, ou, na falta de indicação, de pessoa escolhida em assembleia geral dos condôminos.

•• *Caput* acrescentado pela Lei n. 13.777, de 20-12-2018.

§ 1.º O administrador exercerá, além daquelas previstas no instrumento de instituição e na convenção de condomínio em multipropriedade, as seguintes atribuições:

•• § 1.º, *caput*, acrescentado pela Lei n. 13.777, de 20-12-2018.

I – coordenação da utilização do imóvel pelos multiproprietários durante o período correspondente a suas respectivas frações de tempo;

•• Inciso I acrescentado pela Lei n. 13.777, de 20-12-2018.

II – determinação, no caso dos sistemas flutuante ou misto, dos períodos concretos de uso e gozo exclusivos de cada multiproprietário em cada ano;

•• Inciso II acrescentado pela Lei n. 13.777, de 20-12-2018.

III – manutenção, conservação e limpeza do imóvel;

•• Inciso III acrescentado pela Lei n. 13.777, de 20-12-2018.

IV – troca ou substituição de instalações, equipamentos ou mobiliário, inclusive:

•• Inciso IV, *caput*, acrescentado pela Lei n. 13.777, de 20-12-2018.

a) determinar a necessidade da troca ou substituição;

•• Alínea *a* acrescentada pela Lei n. 13.777, de 20-12-2018.

b) providenciar os orçamentos necessários para a troca ou substituição;

•• Alínea *b* acrescentada pela Lei n. 13.777, de 20-12-2018.

c) submeter os orçamentos à aprovação pela maioria simples dos condôminos em assembleia;

•• Alínea *c* acrescentada pela Lei n. 13.777, de 20-12-2018.

V – elaboração do orçamento anual, com previsão das receitas e despesas;

•• Inciso V acrescentado pela Lei n. 13.777, de 20-12-2018.

VI – cobrança das quotas de custeio de responsabilidade dos multiproprietários;

•• Inciso VI acrescentado pela Lei n. 13.777, de 20-12-2018.

VII – pagamento, por conta do condomínio edilício ou voluntário, com os fundos comuns arrecadados, de todas as despesas comuns.

•• Inciso VII acrescentado pela Lei n. 13.777, de 20-12-2018.

§ 2.º A convenção de condomínio em multipropriedade poderá regrar de forma diversa a atribuição prevista no inciso IV do § 1.º deste artigo.

•• § 2.º acrescentado pela Lei n. 13.777, de 20-12-2018.

Art. 1.358-N. O instrumento de instituição poderá prever fração de tempo destinada à realização, no imóvel e em suas instalações, em seus equipamentos e em seu mobiliário, de reparos indispensáveis ao exercício normal do direito de multipropriedade.

•• *Caput* acrescentado pela Lei n. 13.777, de 20-12-2018.

§ 1.º A fração de tempo de que trata o *caput* deste artigo poderá ser atribuída:

•• § 1.º, *caput*, acrescentado pela Lei n. 13.777, de 20-12-2018.

I – ao instituidor da multipropriedade; ou

•• Inciso I acrescentado pela Lei n. 13.777, de 20-12-2018.

II – aos multiproprietários, proporcionalmente às respectivas frações.

•• Inciso II acrescentado pela Lei n. 13.777, de 20-12-2018.

•• *Vide* art. 176, § 12, da Lei n. 6.015, de 31-12-1973.

§ 2.º Em caso de emergência, os reparos de que trata o *caput* deste artigo poderão ser feitos durante o período correspondente à fração de tempo de um dos multiproprietários.

•• § 2.º acrescentado pela Lei n. 13.777, de 20-12-2018.

Seção VI
Disposições Específicas Relativas às Unidades Autônomas de Condomínios Edilícios

•• Seção VI acrescentada pela Lei n. 13.777, de 20-12-2018.

Art. 1.358-O. O condomínio edilício poderá adotar o regime de multipropriedade em parte ou na totalidade de suas unidades autônomas, mediante:

•• *Caput* acrescentado pela Lei n. 13.777, de 20-12-2018.

I – previsão no instrumento de instituição; ou

•• Inciso I acrescentado pela Lei n. 13.777, de 20-12-2018.

II – deliberação da maioria absoluta dos condôminos.

•• Inciso II acrescentado pela Lei n. 13.777, de 20-12-2018.

Parágrafo único. No caso previsto no inciso I do *caput* deste artigo, a iniciativa e a responsabilidade para a instituição do regime da multipropriedade serão atribuídas às mesmas pessoas e observarão os mesmos requisitos indicados nas alíneas *a*, *b* e *c* e no § 1.º do art. 31 da Lei n. 4.591, de 16 de dezembro de 1964.

•• Parágrafo único acrescentado pela Lei n. 13.777, de 20-12-2018.

Art. 1.358-P. Na hipótese do art. 1.358-O, a convenção de condomínio edilício deve prever, além das matérias elencadas nos arts. 1.332, 1.334 e, se for o caso, 1.358-G deste Código:

•• *Caput* acrescentado pela Lei n. 13.777, de 20-12-2018.

I – a identificação das unidades sujeitas ao regime da multipropriedade, no caso de empreendimentos mistos;

•• Inciso I acrescentado pela Lei n. 13.777, de 20-12-2018.

II – a indicação da duração das frações de tempo de cada unidade autônoma sujeita ao regime da multipropriedade;

•• Inciso II acrescentado pela Lei n. 13.777, de 20-12-2018.

III – a forma de rateio, entre os multiproprietários de uma mesma unidade autônoma, das contribuições condominiais relativas à unidade, que, salvo se disciplinada de forma diversa no instrumento de instituição ou na convenção de condomínio em multipropriedade, será proporcional à fração de tempo de cada multiproprietário;

•• Inciso III acrescentado pela Lei n. 13.777, de 20-12-2018.

IV – a especificação das despesas ordinárias, cujo custeio será obrigatório, independentemente do uso e gozo do imóvel e das áreas comuns;

•• Inciso IV acrescentado pela Lei n. 13.777, de 20-12-2018.

V – os órgãos de administração da multipropriedade;

•• Inciso V acrescentado pela Lei n. 13.777, de 20-12-2018.

VI – a indicação, se for o caso, de que o empreendimento conta com sistema de administração de intercâmbio, na forma prevista no § 2.º do art. 23 da Lei n. 11.771, de 17 de setembro de 2008, seja do período de fruição da fração de tempo, seja do local de fruição, caso em que a responsabilidade e as obrigações da companhia de intercâmbio limitam-se ao contido na documentação de sua contratação;

•• Inciso VI acrescentado pela Lei n. 13.777, de 20-12-2018.

VII – a competência para a imposição de sanções e o respectivo procedimento, especialmente nos casos de mora no cumprimento das obrigações de custeio e nos casos de descumprimento da obrigação de desocupar o imóvel até o dia e hora previstos;

•• Inciso VII acrescentado pela Lei n. 13.777, de 20-12-2018.

VIII – o quórum exigido para a deliberação de adjudicação da fração de tempo na hipótese de inadimplemento do respectivo multiproprietário;

•• Inciso VIII acrescentado pela Lei n. 13.777, de 20-12-2018.

IX – o quórum exigido para a deliberação de alienação, pelo condomínio edilício, da fração de tempo adjudicada em virtude do inadimplemento do respectivo multiproprietário.

•• Inciso IX acrescentado pela Lei n. 13.777, de 20-12-2018.

Art. 1.358-Q. Na hipótese do art. 1.358-O deste Código, o regimento interno do condomínio edilício deve prever:

•• *Caput* acrescentado pela Lei n. 13.777, de 20-12-2018.

I – os direitos dos multiproprietários sobre as partes comuns do condomínio edilício;

•• Inciso I acrescentado pela Lei n. 13.777, de 20-12-2018.

II – os direitos e obrigações do administrador, inclusive quanto ao acesso ao imóvel para cumprimento do dever de manutenção, conservação e limpeza;

•• Inciso II acrescentado pela Lei n. 13.777, de 20-12-2018.

III – as condições e regras para uso das áreas comuns;

•• Inciso III acrescentado pela Lei n. 13.777, de 20-12-2018.

IV – os procedimentos a serem observados para uso e gozo dos imóveis e das instalações, equipamentos e mobiliário destinados ao regime da multipropriedade;

•• Inciso IV acrescentado pela Lei n. 13.777, de 20-12-2018.

V – o número máximo de pessoas que podem ocupar simultaneamente o imóvel no período correspondente a cada fração de tempo;

•• Inciso V acrescentado pela Lei n. 13.777, de 20-12-2018.

VI – as regras de convivência entre os multiproprietários e os ocupantes de unidades autônomas não sujeitas ao regime da multipropriedade, quando se tratar de empreendimentos mistos;

•• Inciso VI acrescentado pela Lei n. 13.777, de 20-12-2018.

VII – a forma de contribuição, destinação e gestão do fundo de reserva específico para cada imóvel, para reposição e manutenção dos equipamentos, instalações e mobiliário, sem prejuízo do fundo de reserva do condomínio edilício;

•• Inciso VII acrescentado pela Lei n. 13.777, de 20-12-2018.

VIII – a possibilidade de realização de assembleias não presenciais, inclusive por meio eletrônico;

•• Inciso VIII acrescentado pela Lei n. 13.777, de 20-12-2018.

IX – os mecanismos de participação e representação dos titulares;

•• Inciso IX acrescentado pela Lei n. 13.777, de 20-12-2018.

X – o funcionamento do sistema de reserva, os meios de confirmação e os requisitos a serem cumpridos pelo multiproprietário quando não exercer diretamente sua faculdade de uso;

•• Inciso X acrescentado pela Lei n. 13.777, de 20-12-2018.

XI – a descrição dos serviços adicionais, se existentes, e as regras para seu uso e custeio.

•• Inciso XI acrescentado pela Lei n. 13.777, de 20-12-2018.

Parágrafo único. O regimento interno poderá ser instituído por escritura pública ou por instrumento particular.

•• Parágrafo único acrescentado pela Lei n. 13.777, de 20-12-2018.

Art. 1.358-R. O condomínio edilício em que tenha sido instituído o regime de multipropriedade em parte ou na totalidade de suas unidades autônomas terá necessariamente um administrador profissional.

•• *Caput* acrescentado pela Lei n. 13.777, de 20-12-2018.

§ 1.º O prazo de duração do contrato de administração será livremente convencionado.

•• § 1.º acrescentado pela Lei n. 13.777, de 20-12-2018.

§ 2.º O administrador do condomínio referido no *caput* deste artigo será também o administrador de todos os condomínios em multipropriedade de suas unidades autônomas.

•• § 2.º acrescentado pela Lei n. 13.777, de 20-12-2018.

§ 3.º O administrador será mandatário legal de todos os multiproprietários, exclusivamente para a realização dos atos de gestão ordinária da multipropriedade, incluindo manutenção, conservação e limpeza do imóvel e de suas instalações, equipamentos e mobiliário.

•• § 3.º acrescentado pela Lei n. 13.777, de 20-12-2018.

§ 4.º O administrador poderá modificar o regimento interno quanto aos aspectos estritamente operacionais da gestão da multipropriedade no condomínio edilício.

•• § 4.º acrescentado pela Lei n. 13.777, de 20-12-2018.

§ 5.º O administrador pode ser ou não um prestador de serviços de hospedagem.

•• § 5.º acrescentado pela Lei n. 13.777, de 20-12-2018.

Art. 1.358-S. Na hipótese de inadimplemento, por parte do multiproprietário, da obrigação de custeio das despesas ordinárias ou extraordinárias, é cabível, na forma da lei processual civil, a adjudicação ao condomínio edilício da fração de tempo correspondente.

•• *Caput* acrescentado pela Lei n. 13.777, de 20-12-2018.

Parágrafo único. Na hipótese de o imóvel objeto da multipropriedade ser parte integrante de empreendimento em que haja sistema de locação das frações de tempo no qual os titulares possam ou sejam obrigados a locar suas frações de tempo exclusivamente por meio de uma administração única, repartindo entre si as receitas das locações independentemente da efetiva ocupação de cada unidade autônoma, poderá a convenção do condomínio edilício regrar que em caso de inadimplência:

•• Parágrafo único, *caput*, acrescentado pela Lei n. 13.777, de 20-12-2018.

I – o inadimplente fique proibido de utilizar o imóvel até a integral quitação da dívida;

•• Inciso I acrescentado pela Lei n. 13.777, de 20-12-2018.

II – a fração de tempo do inadimplente passe a integrar o *pool* da administradora;

•• Inciso II acrescentado pela Lei n. 13.777, de 20-12-2018.

III – a administradora do sistema de locação fique automaticamente munida de poderes e obrigada a, por conta e ordem do inadimplente, utilizar a integralidade dos valores líquidos a que o inadimplente tiver direito para amortizar suas dívidas condominiais, seja do condomínio edilício, seja do condomínio em multipropriedade, até sua integral quitação, devendo eventual saldo ser imediatamente repassado ao multiproprietário.

•• Inciso III acrescentado pela Lei n. 13.777, de 20-12-2018.

Art. 1.358-T. O multiproprietário somente poderá renunciar de forma translativa a seu direito de multipropriedade em favor do condomínio edilício.

•• *Caput* acrescentado pela Lei n. 13.777, de 20-12-2018.

Parágrafo único. A renúncia de que trata o *caput* deste artigo só é admitida se o multiproprietário estiver em dia com as contribuições condominiais, com os tributos imobiliários e, se houver, com o foro ou a taxa de ocupação.

•• Parágrafo único acrescentado pela Lei n. 13.777, de 20-12-2018.

Art. 1.358-U. As convenções dos condomínios edilícios, os memoriais de loteamentos e os instrumentos de venda dos lotes em loteamentos urbanos poderão limitar ou impedir a instituição da multipropriedade nos respectivos imóveis, vedação que somente poderá ser alterada no mínimo pela maioria absoluta dos condôminos.

•• Artigo acrescentado pela Lei n. 13.777, de 20-12-2018.

Capítulo VIII
DA PROPRIEDADE RESOLÚVEL

Art. 1.359. Resolvida a propriedade pelo implemento da condição ou pelo advento do termo, entendem-se também resolvidos os direitos reais concedidos na sua pendência, e o proprietário, em cujo favor se opera a resolução, pode reivindicar a coisa do poder de quem a possua ou detenha.

• *Vide* arts. 127, 128, 507, 513, 547 e 1.953 do CC.

• A Lei n. 7.565, de 19-12-1986 (CBA), dispõe, em seus arts. 148 a 152, sobre a transferência de domínio resolúvel de aeronave.

Art. 1.360. Se a propriedade se resolver por outra causa superveniente, o possuidor, que a tiver adquirido por título anterior à sua resolução, será considerado proprietário perfeito, restando à pessoa, em cujo benefício houve a resolução, ação contra aquele cuja propriedade se resolveu para haver a própria coisa ou o seu valor.

Capítulo IX
DA PROPRIEDADE FIDUCIÁRIA

• *Vide* Decreto-lei n. 911, de 1.º-10-1969 (alienação fiduciária em garantia), c/c o art. 2.043 do CC.

Art. 1.361. Considera-se fiduciária a propriedade resolúvel de coisa móvel infungível que o devedor, com escopo de garantia, transfere ao credor.

• Alienação fiduciária de coisa imóvel – *vide* arts. 22 a 33 da Lei n. 9.514, de 20-11-1997.

§ 1.º Constitui-se a propriedade fiduciária com o registro do contrato, celebrado por instrumento público ou particular, que lhe serve de título, no Registro de Títulos e Documentos do domicílio do devedor, ou, em se tratando de veículos, na repartição competente para o licenciamento, fazendo-se a anotação no certificado de registro.

• *Vide* arts. 129, n. 5.º, 130 e 131 (registro de títulos e documentos) da Lei n. 6.015, de 31-12-1973 (LRP).

§ 2.º Com a constituição da propriedade fiduciária, dá-se o desdobramento da posse, tornando-se o devedor possuidor direto da coisa.

• *Vide* art. 1.197 do CC.

§ 3.º A propriedade superveniente, adquirida pelo devedor, torna eficaz, desde o arquivamento, a transferência da propriedade fiduciária.

• *Vide* Súmulas 28 e 92 do STJ.

Art. 1.362. O contrato, que serve de título à propriedade fiduciária, conterá:

I – o total da dívida, ou sua estimativa;

II – o prazo, ou a época do pagamento;

III – a taxa de juros, se houver;

IV – a descrição da coisa objeto da transferência, com os elementos indispensáveis à sua identificação.

• *Vide* art. 1.361, § 1.º, do CC.

Art. 1.363. Antes de vencida a dívida, o devedor, a suas expensas e risco, pode usar a coisa segundo sua destinação, sendo obrigado, como depositário:

I – a empregar na guarda da coisa a diligência exigida por sua natureza;

II – a entregá-la ao credor, se a dívida não for paga no vencimento.

Art. 1.364. Vencida a dívida, e não paga, fica o credor obrigado a vender, judicial ou extrajudicialmente, a coisa a terceiros, a aplicar o preço no pagamento de seu crédito e das despesas de cobrança, e a entregar o saldo, se houver, ao devedor.

• *Vide* Súmulas 72 e 245 do STJ.

Art. 1.365. É nula a cláusula que autoriza o proprietário fiduciário a ficar com a coisa alienada em garantia, se a dívida não for paga no vencimento.

Parágrafo único. O devedor pode, com a anuência do credor, dar seu direito eventual à coisa em pagamento da dívida, após o vencimento desta.

• *Vide* art. 1.428 do CC.

Art. 1.366. Quando, vendida a coisa, o produto não bastar para o pagamento da dívida e das despesas de cobrança, continuará o devedor obrigado pelo restante.

Art. 1.367. A propriedade fiduciária em garantia de bens móveis ou imóveis sujeita-se às disposições do Capítulo I do Título X do Livro III da Parte Especial deste Código e, no que for específico, à legislação especial pertinente, não se equiparando, para quaisquer efeitos, à propriedade plena de que trata o art. 1.231.

•• Artigo com redação determinada pela Lei n. 13.043, de 13-11-2014.

Art. 1.368. O terceiro, interessado ou não, que pagar a dívida, se sub-rogará de pleno direito no crédito e na propriedade fiduciária.

• *Vide* arts. 346 a 351 (sub-rogação) do CC.

Art. 1.368-A. As demais espécies de propriedade fiduciária ou de titularidade fiduciária submetem-se à disciplina específica das respectivas leis especiais, somente se aplicando as disposições deste Código naquilo que não for incompatível com a legislação especial.

•• Artigo acrescentado pela Lei n. 10.931, de 2-8-2004.

Art. 1.368-B. A alienação fiduciária em garantia de bem móvel ou imóvel confere direito real de aquisição ao fiduciante, seu cessionário ou sucessor.

•• *Caput* acrescentado pela Lei n. 13.043, de 13-11-2014.

Parágrafo único. O credor fiduciário que se tornar proprietário pleno do bem, por efeito de realização da garantia, mediante consolidação da propriedade, adjudicação, dação ou outra forma pela qual lhe tenha sido transmitida a propriedade plena, passa a responder pelo pagamento dos tributos sobre a propriedade e a posse, taxas, despesas condominiais e quaisquer outros encargos, tributários ou não, incidentes sobre o bem objeto da garantia, a partir da data em que vier a ser imitido na posse direta do bem.

•• Parágrafo único acrescentado pela Lei n. 13.043, de 13-11-2014.

Capítulo X
DO FUNDO DE INVESTIMENTO

•• Capítulo X acrescentado pela Lei n. 13.874, de 20-9-2019.

Art. 1.368-C. O fundo de investimento é uma comunhão de recursos, constituído sob a forma de condomínio de natureza especial, destinado à aplicação em ativos financeiros, bens e direitos de qualquer natureza.

•• *Caput* acrescentado pela Lei n. 13.874, de 20-9-2019.

§ 1.° Não se aplicam ao fundo de investimento as disposições constantes dos arts. 1.314 ao 1.358-A deste Código.

•• § 1.º acrescentado pela Lei n. 13.874, de 20-9-2019.

§ 2.° Competirá à Comissão de Valores Mobiliários disciplinar o disposto no *caput* deste artigo.

•• § 2.º acrescentado pela Lei n. 13.874, de 20-9-2019.

§ 3.º O registro dos regulamentos dos fundos de investimentos na Comissão de Valores Mobiliários é condição suficiente para garantir a sua publicidade e a oponibilidade de efeitos em relação a terceiros.

•• § 3.º acrescentado pela Lei n. 13.874, de 20-9-2019.

Art. 1.368-D. O regulamento do fundo de investimento poderá, observado o disposto na regulamentação a que se refere o § 2.º do art. 1.368-C desta Lei, estabelecer:

•• *Caput* acrescentado pela Lei n. 13.874, de 20-9-2019.

I – a limitação da responsabilidade de cada investidor ao valor de suas cotas;

•• Inciso I acrescentado pela Lei n. 13.874, de 20-9-2019.

II – a limitação da responsabilidade, bem como parâmetros de sua aferição, dos prestadores de serviços do fundo de investimento, perante o condomínio e entre si, ao cumprimento dos deveres particulares de cada um, sem solidariedade; e

•• Inciso II acrescentado pela Lei n. 13.874, de 20-9-2019.

III – classes de cotas com direitos e obrigações distintos, com possibilidade de constituir patrimônio segregado para cada classe.

•• Inciso III acrescentado pela Lei n. 13.874, de 20-9-2019.

§ 1.° A adoção da responsabilidade limitada por fundo de investimento constituído sem a limitação de responsabilidade somente abrangerá fatos ocorridos após a respectiva mudança em seu regulamento.

•• § 1.º acrescentado pela Lei n. 13.874, de 20-9-2019.

§ 2º A avaliação de responsabilidade dos prestadores de serviço deverá levar sempre em consideração os riscos inerentes às aplicações nos mercados de atuação do fundo de investimento e a natureza de obrigação de meio de seus serviços.

•• § 2.º acrescentado pela Lei n. 13.874, de 20-9-2019.

§ 3.° O patrimônio segregado referido no inciso III do *caput* deste artigo só responderá por obrigações vinculadas à classe respectiva, nos termos do regulamento.

•• § 3.º acrescentado pela Lei n. 13.874, de 20-9-2019.

Art. 1.368-E. Os fundos de investimento respondem diretamente pelas obrigações legais e contratuais por eles assumidas, e os prestadores de serviço não respondem por essas obrigações, mas respondem pelos prejuízos que causarem quando procederem com dolo ou má-fé.

•• *Caput* acrescentado pela Lei n. 13.874, de 20-9-2019.

§ 1.° Se o fundo de investimento com limitação de responsabilidade não possuir patrimônio suficiente para responder por suas dívidas, aplicam-se as regras de insolvência previstas nos arts. 955 a 965 deste Código.

•• § 1.º acrescentado pela Lei n. 13.874, de 20-9-2019.

§ 2º A insolvência pode ser requerida judicialmente por credores, por deliberação própria dos cotistas do fundo de investimento, nos termos de seu regulamento, ou pela Comissão de Valores Mobiliários.

•• § 2.º acrescentado pela Lei n. 13.874, de 20-9-2019.

Art. 1.368-F. O fundo de investimento constituído por lei específica e regulamentado pela Comissão de Valores

Mobiliários deverá, no que couber, seguir as disposições deste Capítulo.

•• Artigo acrescentado pela Lei n. 13.874, de 20-9-2019.

Título IV
DA SUPERFÍCIE

• *Vide* arts. 21 a 24 da Lei n. 10.257, de 10-7-2001 (Estatuto da Cidade).

Art. 1.369. O proprietário pode conceder a outrem o direito de construir ou de plantar em seu terreno, por tempo determinado, mediante escritura pública devidamente registrada no Cartório de Registro de Imóveis.

• *Vide* art. 21, *caput*, da Lei n. 10.257, de 10-7-2001 (Estatuto da Cidade).

• *Vide* art. 167, I, n. 39, da Lei n. 6.015, de 31-12-1973 (LRP).

Parágrafo único. O direito de superfície não autoriza obra no subsolo, salvo se for inerente ao objeto da concessão.

• *Vide* art. 21, § 1.º, da Lei n. 10.257, de 10-7-2001 (Estatuto da Cidade).

Art. 1.370. A concessão da superfície será gratuita ou onerosa; se onerosa, estipularão as partes se o pagamento será feito de uma só vez, ou parceladamente.

• *Vide* art. 21, § 2.º, da Lei n. 10.257, de 10-7-2001 (Estatuto da Cidade).

Art. 1.371. O superficiário responderá pelos encargos e tributos que incidirem sobre o imóvel.

• *Vide* art. 21, § 3.º, da Lei n. 10.257, de 10-7-2001 (Estatuto da Cidade).

Art. 1.372. O direito de superfície pode transferir-se a terceiros e, por morte do superficiário, aos seus herdeiros.

Parágrafo único. Não poderá ser estipulado pelo concedente, a nenhum título, qualquer pagamento pela transferência.

• *Vide* art. 21, §§ 4.º e 5.º, da Lei n. 10.257, de 10-7-2001 (Estatuto da Cidade).

Art. 1.373. Em caso de alienação do imóvel ou do direito de superfície, o superficiário ou o proprietário tem direito de preferência, em igualdade de condições.

• *Vide* art. 22 da Lei n. 10.257, de 10-7-2001 (Estatuto da Cidade).

Art. 1.374. Antes do termo final, resolver-se-á a concessão se o superficiário der ao terreno destinação diversa daquela para que foi concedida.

• *Vide* art. 24, § 1.º, da Lei n. 10.257, de 10-7-2001 (Estatuto da Cidade).

Art. 1.375. Extinta a concessão, o proprietário passará a ter a propriedade plena sobre o terreno, construção ou plantação, independentemente de indenização, se as partes não houverem estipulado o contrário.

• *Vide* art. 24, *caput* e § 2.º, da Lei n. 10.257, de 10-7-2001 (Estatuto da Cidade).

Art. 1.376. No caso de extinção do direito de superfície em consequência de desapropriação, a indenização cabe ao proprietário e ao superficiário, no valor correspondente ao direito real de cada um.

• *Vide* art. 1.275, V, do CC.

Art. 1.377. O direito de superfície, constituído por pessoa jurídica de direito público interno, rege-se por este Código, no que não for diversamente disciplinado em lei especial.

Título V
DAS SERVIDÕES

• CPC: art. 47, § 1.º (foro competente).

• O Código de Águas (Decreto n. 24.643, de 10-7-1934) dispõe sobre várias servidões, nos arts. 12, 17, *caput*, 29, § 1.º, 35, § 1.º, 70, 77, 92, *caput*, 117, 126, 127, 130 e 138.

• Instituição de servidões, mediante indenização, para fins de pesquisas ou lavras: *vide* arts. 60 a 64 do Decreto-lei n. 227, de 28-2-1967 (Código de Mineração).

• *Vide* Decreto-lei n. 58, de 10-12-1937 (loteamento).

• *Vide* Decreto-lei n. 2.490, de 16-8-1940 (aforamento de terras de marinha), arts. 11, 12, § 2.º, e 16.

• *Vide* Decreto-lei n. 9.760, de 5-9-1946, art. 105, parágrafo único (bens imóveis da União).

• *Vide* Súmulas 120 e 415 do STF e 56 do STJ.

• *Vide* Lei n. 6.015, de 31-12-1973, arts. 256 e 257 (cancelamento).

• Sobre servidões prediais, dispositivos: Decreto-lei n. 1.865, de 26-2-1981, art. 7.º (propriedade com ocorrência mineral); Lei n. 7.029, de 13-9-1982, art. 3.º (transporte dutoviário); Lei n. 8.987, de 13-2-1995, arts. 18, XII, e 29, IX (concessão e permissão da prestação de serviço público); Lei n. 9.074, de 7-7-1995, art. 10 (outorga e prorrogação das concessões e permissões de serviços públicos); e Decreto n. 1.712, de 22-11-1995, art. 5.º (concessão, transporte de energia elétrica).

• *Vide* Lei n. 10.257, de 10-7-2001 (Estatuto da Cidade).

Capítulo I
DA CONSTITUIÇÃO DAS SERVIDÕES

Art. 1.378. A servidão proporciona utilidade para o prédio dominante, e grava o prédio serviente, que pertence a diverso dono, e constitui-se mediante declaração expressa dos proprietários, ou por testamento, e subsequente registro no Cartório de Registro de Imóveis.

• *Vide* art. 1.227 do CC.

• No Registro de Imóveis será feito o registro das servidões (Lei n. 6.015, de 31-12-1973, arts. 167, I, n. 6, e 168).

Art. 1.379. O exercício incontestado e contínuo de uma servidão aparente, por dez anos, nos termos do art. 1.242, autoriza o interessado a registrá-la em seu nome no Registro de Imóveis, valendo-lhe como título a sentença que julgar consumada a usucapião.

Parágrafo único. Se o possuidor não tiver título, o prazo da usucapião será de vinte anos.

• *Vide* art. 1.238 do CC.

• *Vide* Súmula 415 do STF.

Capítulo II
DO EXERCÍCIO DAS SERVIDÕES

Art. 1.380. O dono de uma servidão pode fazer todas as obras necessárias à sua conservação e uso, e, se a servidão pertencer a mais de um prédio, serão as despesas rateadas entre os respectivos donos.

Art. 1.381. As obras a que se refere o artigo antecedente devem ser feitas pelo dono do prédio dominante, se o contrário não dispuser expressamente o título.

Art. 1.382. Quando a obrigação incumbir ao dono do prédio serviente, este poderá exonerar-se, abandonando, total ou parcialmente, a propriedade ao dono do dominante.

Parágrafo único. Se o proprietário do prédio dominante se recusar a receber a propriedade do serviente, ou parte dela, caber-lhe-á custear as obras.

Art. 1.383. O dono do prédio serviente não poderá embaraçar de modo algum o exercício legítimo da servidão.

- *Vide* art. 1.210 do CC.

Art. 1.384. A servidão pode ser removida, de um local para outro, pelo dono do prédio serviente e à sua custa, se em nada diminuir as vantagens do prédio dominante, ou pelo dono deste e à sua custa, se houver considerável incremento da utilidade e não prejudicar o prédio serviente.

Art. 1.385. Restringir-se-á o exercício da servidão às necessidades do prédio dominante, evitando-se, quanto possível, agravar o encargo ao prédio serviente.

§ 1.º Constituída para certo fim, a servidão não se pode ampliar a outro.

§ 2.º Nas servidões de trânsito, a de maior inclui a de menor ônus, e a menor exclui a mais onerosa.

§ 3.º Se as necessidades da cultura, ou da indústria, do prédio dominante impuserem à servidão maior largueza, o dono do serviente é obrigado a sofrê-la; mas tem direito a ser indenizado pelo excesso.

Art. 1.386. As servidões prediais são indivisíveis, e subsistem, no caso de divisão dos imóveis, em benefício de cada uma das porções do prédio dominante, e continuam a gravar cada uma das do prédio serviente, salvo se, por natureza, ou destino, só se aplicarem a certa parte de um ou de outro.

Capítulo III
DA EXTINÇÃO DAS SERVIDÕES

Art. 1.387. Salvo nas desapropriações, a servidão, uma vez registrada, só se extingue, com respeito a terceiros, quando cancelada.

- *Vide* arts. 256 e 257 da Lei n. 6.015, de 31-12-1973 (LRP).

Parágrafo único. Se o prédio dominante estiver hipotecado, e a servidão se mencionar no título hipotecário, será também preciso, para a cancelar, o consentimento do credor.

- *Vide* arts. 1.473 a 1.505 do CC.
- O cancelamento da servidão, quando o prédio dominante estiver hipotecado, só poderá ser feito com aquiescência do credor, expressamente manifestada (arts. 256 e 257 da Lei n. 6.015, de 31-12-1973).

Art. 1.388. O dono do prédio serviente tem direito, pelos meios judiciais, ao cancelamento do registro, embora o dono do prédio dominante lho impugne:

I – quando o titular houver renunciado a sua servidão;

II – quando tiver cessado, para o prédio dominante, a utilidade ou a comodidade, que determinou a constituição da servidão;

III – quando o dono do prédio serviente resgatar a servidão.

Art. 1.389. Também se extingue a servidão, ficando ao dono do prédio serviente a faculdade de fazê-la cancelar, mediante a prova da extinção:

I – pela reunião dos dois prédios no domínio da mesma pessoa;

II – pela supressão das respectivas obras por efeito de contrato, ou de outro título expresso;

III – pelo não uso, durante dez anos contínuos.

TÍTULO VI
DO USUFRUTO

- Dispositivos sobre usufruto no CC: arts. 1.225, IV, 1.413, 1.689, I, 1.693, 1.816, parágrafo único, 1.921 e 1.946, *caput* e parágrafo único.
- Sobre usufruto: Decreto-lei n. 3.200, de 19-4-1941, art. 17 (organização e proteção da família); Lei n. 2.666, de 6-12-1955, art. 3.º, § 4.º (penhor de produtos agrícolas); Decreto n. 56.792, de 26-8-1965, art. 19, III, *j* (regulamentação do Estatuto da Terra); Lei n. 6.001, de 19-12-1973 (Estatuto do Índio), arts. 2.º, IX, 22, *caput*, 24, *caput* e § 1.º, 26, *caput*, 39, II, 40, II, e 41, II; Lei n. 6.015, de 31-12-1973, arts. 167, I, n. 7, e 220, V; Lei n. 6.404, de 15-12-1976, arts. 114, 169, § 2.º, e 171 (LSA); Lei n. 6.515, de 26-12-1977, art. 21, § 1.º (Lei do Divórcio); Decreto n. 85.064, de 26-8-1980, art. 34, § 1.º (faixa de fronteira); Lei n. 8.245, de 18-10-1991, art. 7.º, parágrafo único (Lei de Locação de Imóveis Urbanos); Lei n. 8.971, de 29-12-1994, art. 2.º, I e II (direitos dos companheiros a alimentos e à sucessão); Decreto n. 7.778, de 27-7-2012 (Estatuto Nacional do Índio – FUNAI), arts. 2.º, II, c, e 27, II; CF, art. 231, § 2.º; e Lei n. 13.105, de 16-3-2015 (CPC), arts. 725, VI, 799, I, 804, 825, III, 904, II, e 867 e s.

Capítulo I
DISPOSIÇÕES GERAIS

Art. 1.390. O usufruto pode recair em um ou mais bens, móveis ou imóveis, em um patrimônio inteiro, ou parte deste, abrangendo-lhe, no todo ou em parte, os frutos e utilidades.

- *Vide* CF, art. 231, § 2.º.
- *Vide* arts. 1.225, IV, 1.413, 1.416, 1.652, I, 1.689, I, 1.693, 1.816, parágrafo único, 1.921, 1.946 e 1.952 do CC.

Art. 1.391. O usufruto de imóveis, quando não resulte de usucapião, constituir-se-á mediante registro no Cartório de Registro de Imóveis.

- *Vide* arts. 1.227, 1.652, I, e 1.689, I, do CC.
- Registro de usufruto – *vide* art. 167, I, n. 7, da Lei n. 6.015, de 31-12-1973 (LRP).

Art. 1.392. Salvo disposição em contrário, o usufruto estende-se aos acessórios da coisa e seus acrescidos.

§ 1.º Se, entre os acessórios e os acrescidos, houver coisas consumíveis, terá o usufrutuário o dever de restituir, findo o usufruto, as que ainda houver e, das outras, o equivalente em gênero, qualidade e quantidade, ou, não sendo possível, o seu valor, estimado ao tempo da restituição.

• *Vide* art. 86 do CC.

§ 2.º Se há no prédio em que recai o usufruto florestas ou os recursos minerais a que se refere o art. 1.230, devem o dono e o usufrutuário prefixar-lhe a extensão do gozo e a maneira de exploração.

§ 3.º Se o usufruto recai sobre universalidade ou quota-parte de bens, o usufrutuário tem direito à parte do tesouro achado por outrem, e ao preço pago pelo vizinho do prédio usufruído, para obter meação em parede, cerca, muro, vala ou valado.

• *Vide* arts. 90 e 1.264 a 1.266 do CC.

Art. 1.393. Não se pode transferir o usufruto por alienação; mas o seu exercício pode ceder-se por título gratuito ou oneroso.

Capítulo II
DOS DIREITOS DO USUFRUTUÁRIO

Art. 1.394. O usufrutuário tem direito à posse, uso, administração e percepção dos frutos.

• *Vide* arts. 1.197, 1.392, 1.396, 1.398, 1.401 e 1.402 do CC.

Art. 1.395. Quando o usufruto recai em títulos de crédito, o usufrutuário tem direito a perceber os frutos e a cobrar as respectivas dívidas.

• *Vide* arts. 887 e s. do CC.

Parágrafo único. Cobradas as dívidas, o usufrutuário aplicará, de imediato, a importância em títulos da mesma natureza, ou em títulos da dívida pública federal, com cláusula de atualização monetária segundo índices oficiais regularmente estabelecidos.

Art. 1.396. Salvo direito adquirido por outrem, o usufrutuário faz seus os frutos naturais, pendentes ao começar o usufruto, sem encargo de pagar as despesas de produção.

• *Vide* art. 1.215 do CC.

Parágrafo único. Os frutos naturais, pendentes ao tempo em que cessa o usufruto, pertencem ao dono, também sem compensação das despesas.

Art. 1.397. As crias dos animais pertencem ao usufrutuário, deduzidas quantas bastem para inteirar as cabeças de gado existentes ao começar o usufruto.

Art. 1.398. Os frutos civis, vencidos na data inicial do usufruto, pertencem ao proprietário, e ao usufrutuário os vencidos na data em que cessa o usufruto.

• *Vide* art. 1.215 do CC.

Art. 1.399. O usufrutuário pode usufruir em pessoa, ou mediante arrendamento, o prédio, mas não mudar-lhe a destinação econômica, sem expressa autorização do proprietário.

• *Vide* art. 1.393 do CC.

Capítulo III
DOS DEVERES DO USUFRUTUÁRIO

Art. 1.400. O usufrutuário, antes de assumir o usufruto, inventariará, à sua custa, os bens que receber, determinando o estado em que se acham, e dará caução, fidejussória ou real, se lha exigir o dono, de velar-lhes pela conservação, e entregá-los findo o usufruto.

Parágrafo único. Não é obrigado à caução o doador que se reservar o usufruto da coisa doada.

Art. 1.401. O usufrutuário que não quiser ou não puder dar caução suficiente perderá o direito de administrar o usufruto; e, neste caso, os bens serão administrados pelo proprietário, que ficará obrigado, mediante caução, a entregar ao usufrutuário o rendimento deles, deduzidas as despesas de administração, entre as quais se incluirá a quantia fixada pelo juiz como remuneração do administrador.

Art. 1.402. O usufrutuário não é obrigado a pagar as deteriorações resultantes do exercício regular do usufruto.

• *Vide* art. 569, IV, do CC.

Art. 1.403. Incumbem ao usufrutuário:

I – as despesas ordinárias de conservação dos bens no estado em que os recebeu;

• *Vide* art. 23 da Lei n. 8.245, de 18-10-1991.

II – as prestações e os tributos devidos pela posse ou rendimento da coisa usufruída.

Art. 1.404. Incumbem ao dono as reparações extraordinárias e as que não forem de custo módico; mas o usufrutuário lhe pagará os juros do capital despendido com as que forem necessárias à conservação, ou aumentarem o rendimento da coisa usufruída.

• *Vide* art. 22 da Lei n. 8.245, de 18-10-1991.

§ 1.º Não se consideram módicas as despesas superiores a dois terços do líquido rendimento em um ano.

§ 2.º Se o dono não fizer as reparações a que está obrigado, e que são indispensáveis à conservação da coisa, o usufrutuário pode realizá-las, cobrando daquele a importância despendida.

Art. 1.405. Se o usufruto recair num patrimônio, ou parte deste, será o usufrutuário obrigado aos juros da dívida que onerar o patrimônio ou a parte dele.

• *Vide* art. 89 do CC.

Art. 1.406. O usufrutuário é obrigado a dar ciência ao dono de qualquer lesão produzida contra a posse da coisa, ou os direitos deste.

Art. 1.407. Se a coisa estiver segurada, incumbe ao usufrutuário pagar, durante o usufruto, as contribuições do seguro.

• *Vide* arts. 757 a 788 do CC.

§ 1.º Se o usufrutuário fizer o seguro, ao proprietário caberá o direito dele resultante contra o segurador.

§ 2.º Em qualquer hipótese, o direito do usufrutuário fica sub-rogado no valor da indenização do seguro.

Art. 1.408. Se um edifício sujeito a usufruto for destruído sem culpa do proprietário, não será este obrigado a reconstruí-lo, nem o usufruto se restabelecerá, se o proprietário reconstruir à sua custa o prédio; mas se a indenização do seguro for aplicada à reconstrução do prédio, restabelecer-se-á o usufruto.

• *Vide* art. 1.275, IV, do CC.

Art. 1.409. Também fica sub-rogada no ônus do usufruto, em lugar do prédio, a indenização paga, se ele for desapropriado, ou a importância do dano, ressarcido pelo terceiro responsável no caso de danificação ou perda.

Capítulo IV
DA EXTINÇÃO DO USUFRUTO

Art. 1.410. O usufruto extingue-se, cancelando-se o registro no Cartório de Registro de Imóveis:

• CPC: art. 723, VI.

I – pela renúncia ou morte do usufrutuário;

• *Vide* art. 1.921 do CC.

II – pelo termo de sua duração;

III – pela extinção da pessoa jurídica, em favor de quem o usufruto foi constituído, ou, se ela perdurar, pelo decurso de trinta anos da data em que se começou a exercer;

IV – pela cessação do motivo de que se origina;

V – pela destruição da coisa, guardadas as disposições dos arts. 1.407, 1.408, 2.ª parte, e 1.409;

• *Vide* art. 1.392, § 1.º, do CC.

VI – pela consolidação;

VII – por culpa do usufrutuário, quando aliena, deteriora, ou deixa arruinar os bens, não lhes acudindo com os reparos de conservação, ou quando, no usufruto de títulos de crédito, não dá às importâncias recebidas a aplicação prevista no parágrafo único do art. 1.395;

VIII – pelo não uso, ou não fruição, da coisa em que o usufruto recai (arts. 1.390 e 1.399).

Art. 1.411. Constituído o usufruto em favor de duas ou mais pessoas, extinguir-se-á a parte em relação a cada uma das que falecerem, salvo se, por estipulação expressa, o quinhão desses couber ao sobrevivente.

• *Vide* art. 1.946 do CC.

Título VII
DO USO

• *Vide* Lei n. 6.015, de 31-12-1973 (LRP), arts. 167, I, n. 7 (registro do uso sobre imóveis), e 220, II (escrituração).

Art. 1.412. O usuário usará da coisa e perceberá os seus frutos, quanto o exigirem as necessidades suas e de sua família.

§ 1.º Avaliar-se-ão as necessidades pessoais do usuário conforme a sua condição social e o lugar onde viver.

§ 2.º As necessidades da família do usuário compreendem as de seu cônjuge, dos filhos solteiros e das pessoas de seu serviço doméstico.

Art. 1.413. São aplicáveis ao uso, no que não for contrário à sua natureza, as disposições relativas ao usufruto.

• *Vide* arts. 1.390 a 1.411 (usufruto) do CC.

Título VIII
DA HABITAÇÃO

Art. 1.414. Quando o uso consistir no direito de habitar gratuitamente casa alheia, o titular deste direito não a pode alugar, nem emprestar, mas simplesmente ocupá-la com sua família.

• *Vide* art. 1.831 do CC.

• *Vide* art. 7.º, parágrafo único, da Lei n. 9.278, de 10-5-1996.

• *Vide* Lei n. 6.015, de 31-12-1973 (LRP), art. 167, I, n. 7.

Art. 1.415. Se o direito real de habitação for conferido a mais de uma pessoa, qualquer delas que sozinha habite a casa não terá de pagar aluguel à outra, ou às outras, mas não as pode inibir de exercerem, querendo, o direito, que também lhes compete, de habitá-la.

• *Vide* art. 1.831 do CC.

Art. 1.416. São aplicáveis à habitação, no que não for contrário à sua natureza, as disposições relativas ao usufruto.

• Usufruto no CC: arts. 1.390 a 1.411.

Título IX
DO DIREITO DO PROMITENTE COMPRADOR

• *Vide* Decreto-lei n. 58, de 10-12-1937.

• *Vide* Lei n. 6.766, de 19-12-1979.

Art. 1.417. Mediante promessa de compra e venda, em que se não pactuou arrependimento, celebrada por instrumento público ou particular, e registrada no Cartório de Registro de Imóveis, adquire o promitente comprador direito real à aquisição do imóvel.

• *Vide* arts. 417 a 420 do CC.

• *Vide* Súmulas 76 e 84 do STJ.

Art. 1.418. O promitente comprador, titular de direito real, pode exigir do promitente vendedor, ou de terceiros, a quem os direitos deste forem cedidos, a outorga da escritura definitiva de compra e venda, conforme o disposto no instrumento preliminar; e, se houver recusa, requerer ao juiz a adjudicação do imóvel.

• *Vide* Súmula 239 do STJ.

Título X
DO PENHOR, DA HIPOTECA E DA ANTICRESE

Capítulo I
DISPOSIÇÕES GERAIS

Art. 1.419. Nas dívidas garantidas por penhor, anticrese ou hipoteca, o bem dado em garantia fica sujeito, por vínculo real, ao cumprimento da obrigação.

• *Vide* art. 961 do CC.

Art. 1.420. Só aquele que pode alienar poderá empenhar, hipotecar ou dar em anticrese; só os bens que se podem alienar poderão ser dados em penhor, anticrese ou hipoteca.

• *Vide* arts. 1.314, 1.647, I, 1.691, *caput*, 1.717 e 1.848 do CC.

§ 1.º A propriedade superveniente torna eficaz, desde o registro, as garantias reais estabelecidas por quem não era dono.

• *Vide* arts. 1.268 e 1.912 do CC.

§ 2.º A coisa comum a dois ou mais proprietários não pode ser dada em garantia real, na sua totalidade, sem o consentimento de todos; mas cada um pode individualmente dar em garantia real a parte que tiver.

• *Vide* arts. 87 e 1.314 do CC.

Art. 1.421. O pagamento de uma ou mais prestações da dívida não importa exoneração correspondente da garantia, ainda que esta compreenda vários bens, salvo disposição expressa no título ou na quitação.

• Sobre liquidação ou amortização da dívida antes do vencimento, *vide* Decreto n. 22.626, de 7-4-1933, art. 7.º.

Art. 1.422. O credor hipotecário e o pignoratício têm o direito de excutir a coisa hipotecada ou empenhada, e preferir, no pagamento, a outros credores, observada, quanto à hipoteca, a prioridade no registro.

• *Vide* arts. 958, 959, 961 e 1.493, parágrafo único, do CC.

• *Vide* Lei n. 5.172, de 25-10-1966 (CTN), arts. 186 e s., sobre a preferência fiscal.

• *Vide* Decreto-lei n. 167, de 14-2-1967, sobre títulos de crédito rural.

• CPC: arts. 784, V, e 835, § 3.º.

Parágrafo único. Excetuam-se da regra estabelecida neste artigo as dívidas que, em virtude de outras leis, devam ser pagas precipuamente a quaisquer outros créditos.

• *Vide* art. 964 do CC.

Art. 1.423. O credor anticrético tem direito a reter em seu poder o bem, enquanto a dívida não for paga; extingue-se esse direito decorridos quinze anos da data de sua constituição.

• *Vide* arts. 1.507, *caput* e § 2.º, e 1.509, *caput* e § 1.º, do CC.

• *Vide* arts. 167, I, n. 11, e 168 da Lei n. 6.015, de 31-12-1973 (LRP).

Art. 1.424. Os contratos de penhor, anticrese ou hipoteca declararão, sob pena de não terem eficácia:

I – o valor do crédito, sua estimação, ou valor máximo;

II – o prazo fixado para pagamento;

III – a taxa dos juros, se houver;

IV – o bem dado em garantia com as suas especificações.

Art. 1.425. A dívida considera-se vencida:

I – se, deteriorando-se, ou depreciando-se o bem dado em segurança, desfalcar a garantia, e o devedor, intimado, não a reforçar ou substituir;

II – se o devedor cair em insolvência ou falir;

• *Vide* arts. 322 e 333, II, do CC.

III – se as prestações não forem pontualmente pagas, toda vez que deste modo se achar estipulado o pagamento. Neste caso, o recebimento posterior da prestação atrasada importa renúncia do credor ao seu direito de execução imediata;

IV – se perecer o bem dado em garantia, e não for substituído;

V – se se desapropriar o bem dado em garantia, hipótese na qual se depositará a parte do preço que for necessária para o pagamento integral do credor.

• *Vide* arts. 959, II, e 1.275, V, do CC.

• *Vide* Decreto-lei n. 3.365, de 21-6-1941, art. 31, acerca de desapropriações.

• Sobre vencimento antecipado da dívida: Lei n. 11.101, de 9-2-2005 (Lei de Falências e Recuperação de Empresas, art. 77).

§ 1.º Nos casos de perecimento da coisa dada em garantia, esta se sub-rogará na indenização do seguro, ou no ressarcimento do dano, em benefício do credor, a quem assistirá sobre ela preferência até seu completo reembolso.

§ 2.º Nos casos dos incisos IV e V, só se vencerá a hipoteca antes do prazo estipulado, se o perecimento, ou a desapropriação recair sobre o bem dado em garantia, e esta não abranger outras; subsistindo, no caso contrário, a dívida reduzida, com a respectiva garantia sobre os demais bens, não desapropriados ou destruídos.

Art. 1.426. Nas hipóteses do artigo anterior, de vencimento antecipado da dívida, não se compreendem os juros correspondentes ao tempo ainda não decorrido.

Art. 1.427. Salvo cláusula expressa, o terceiro que presta garantia real por dívida alheia não fica obrigado a substituí-la, ou reforçá-la, quando, sem culpa sua, se perca, deteriore, ou desvalorize.

Art. 1.428. É nula a cláusula que autoriza o credor pignoratício, anticrético ou hipotecário a ficar com o objeto da garantia, se a dívida não for paga no vencimento.

Parágrafo único. Após o vencimento, poderá o devedor dar a coisa em pagamento da dívida.

Art. 1.429. Os sucessores do devedor não podem remir parcialmente o penhor ou a hipoteca na proporção dos seus quinhões; qualquer deles, porém, pode fazê-lo no todo.

Parágrafo único. O herdeiro ou sucessor que fizer a remição fica sub-rogado nos direitos do credor pelas quotas que houver satisfeito.

Art. 1.430. Quando, excutido o penhor, ou executada a hipoteca, o produto não bastar para pagamento da dívida e despesas judiciais, continuará o devedor obrigado pessoalmente pelo restante.

• *Vide* art. 1.488, § 3.º, do CC.

Capítulo II
DO PENHOR

• *Vide* art. 8.º, § 2.º, do Decreto-lei n. 4.657, de 4-9-1942 (LINDB).

• A Lei n. 492, de 30-8-1937, regula o penhor rural e a cédula pignoratícia.

• Penhor agrícola – *vide* arts. 61 e s. do Decreto-lei n. 167, de 14-2-1967.

• O Decreto-lei n. 182, de 5-1-1938, revogou disposições contidas no Decreto n. 22.626, de 7-4-1933, e nas Leis n. 454, de 9-7-1937, e 492, de 30-8-1937 (sobre limitação dos juros nos contratos).

• O Decreto-lei n. 1.113, de 22-2-1939, dispõe sobre a taxa de juros nos empréstimos feitos pelas casas de penhores.

• O Decreto-lei n. 2.612, de 20-9-1940, dispõe sobre o registro do penhor rural.

• O Decreto-lei n. 4.360, de 5-6-1942, modifica prazos para o penhor agrícola e pecuário.

• A Lei n. 2.666, de 6-12-1955, dispõe sobre o penhor de produtos agrícolas.

• O Decreto-lei n. 167, de 14-2-1967, dispõe sobre títulos de crédito rural nos arts. 14, V, 15, 17, 19, 25, V, 26, 41, § 1.º, 44, parágrafo único, 55 a 58, 61 e parágrafo único, 66, 68 e 69.

• Sobre penhor no CC, *vide* arts. 30, *caput*, 165, parágrafo único, 333, II, 364 e 1.225, VIII.

• Sobre penhor no CP, *vide* arts. 171, § 2.º, III (defraudação do penhor), 177, § 1.º, V (abuso na fundação ou administração da sociedade por ações), e 293, IV (falsificação, fabricação ou alteração de cautela de penhor).

• *Vide* art. 4.º, *a*, da Lei n. 1.521, de 26-12-1951 (crime sobre economia popular).

• *Vide* Lei n. 4.717, de 29-6-1965 (ação popular), art. 4.º, II, *b*.

• *Vide* Lei n. 4.728, de 14-7-1965 (mercado de capitais), arts. 35, parágrafo único, e 38, § 2.º.

• Sobre penhor: Decreto n. 59.566, de 14-11-1966 (regulamento do Estatuto da Terra), arts. 52 (penhor agrícola), 53 (prazo), 55 (empréstimo), 56 (extensão), 58 e 59 (de animais), 60 (renovação de arrendamento), 61 (extensão do penhor à safra), 62 (industrial), 63 (agrícola) e 67, § 2.º (de frutos e produtos); Decreto-lei n. 70, de 21-11-1966, arts. 14 e 23 (cédula hipotecária); Decreto-lei n. 413, de 9-1-1969, arts. 14, V, 19, I, 20, 23, 30, 41, ns. 2, 3, 4 e 6, 44, 45 e parágrafo único, 46, 48, 57 (títulos de crédito industrial); Lei n. 6.015, de 31-12-1973 (LRP), arts. 127, II e IV (transcrição de penhor comum e do contrato de penhor de animais), 129, n. 7 (registro de títulos e documentos, penhor de automóveis), 135, n. 3 (anotação e protocolo), 144 e 145 (registro de contrato de penhor), 167, I, n. 4 (penhor de máquinas e aparelhos utilizados na indústria), 167, I, n. 15 (registro dos contratos de penhor rural), 178, I, IV e VI (registro auxiliar – Livro n. 3), e 219 (registro de penhor rural); Lei n. 6.404, de 15-12-1976 (LSA), arts. 39 e §§ (penhor de ações), 43, § 2.º (certificado de depósito), 72, *caput* (penhor de debêntures), 100, I, *f* (livro para registro do penhor pela companhia), 113, *caput* (penhor de ação, direito de voto), e 148, *caput* (garantia de gestão); Lei n. 6.533, de 24-5-1978, art. 31, e Decreto n. 82.385, de 5-10-1978, art. 61 (artista e técnico de espetáculo, penhor legal sobre equipamento); Lei n. 6.840, de 3-11-1980, art. 3.º (título de crédito comercial); Lei n. 7.565, de 19-12-1986 (CBA), arts. 74, II, c, e 153 a 155 e §§ 1.º e 2.º.

• Sobre penhor no CPC: arts. 784, V (contrato de penhor, título executivo extrajudicial), 804 (alienação de bem gravado por penhor) e 703 e s. (homologação do penhor legal).

• *Vide* Decreto-lei n. 413, de 9-1-1969, que dispõe sobre títulos de crédito industrial e dá outras providências.

• *Vide* Lei n. 8.929, de 22-8-1994, arts. 5.º, II, 7.º e §§ 1.º a 3.º, 12, 16 e 18, que institui a cédula de produto rural.

Seção I

Da Constituição do Penhor

Art. 1.431. Constitui-se o penhor pela transferência efetiva da posse que, em garantia do débito ao credor ou a quem o represente, faz o devedor, ou alguém por ele, de uma coisa móvel, suscetível de alienação.

• *Vide* art. 1.196 do CC.

• *Vide* art. 8.º, § 2.º, da LINDB.

Parágrafo único. No penhor rural, industrial, mercantil e de veículos, as coisas empenhadas continuam em poder do devedor, que as deve guardar e conservar.

Art. 1.432. O instrumento do penhor deverá ser levado a registro, por qualquer dos contratantes; o do penhor comum será registrado no Cartório de Títulos e Documentos.

• *Vide* arts. 221, 1.438, 1.452 e 1.462 do CC.

• *Vide* arts. 127, II e IV, 167, I, n. 4, e 219 da Lei n. 6.015, de 31-12-1973.

Seção II

Dos Direitos do Credor Pignoratício

Art. 1.433. O credor pignoratício tem direito:

I – à posse da coisa empenhada;

• *Vide* arts. 1.196 e s. do CC.

II – à retenção dela, até que o indenizem das despesas devidamente justificadas, que tiver feito, não sendo ocasionadas por culpa sua;

• *Vide* arts. 319, 964, III, e 1.219 do CC.

III – ao ressarcimento do prejuízo que houver sofrido por vício da coisa empenhada;

IV – a promover a execução judicial, ou a venda amigável, se lhe permitir expressamente o contrato, ou lhe autorizar o devedor mediante procuração;

V – a apropriar-se dos frutos da coisa empenhada que se encontra em seu poder;

• *Vide* art. 1.435, III, do CC.

VI – a promover a venda antecipada, mediante prévia autorização judicial, sempre que haja receio fundado de que a coisa empenhada se perca ou deteriore, devendo o preço ser depositado. O dono da coisa empenhada pode impedir a venda antecipada, substituindo-a, ou oferecendo outra garantia real idônea.

Art. 1.434. O credor não pode ser constrangido a devolver a coisa empenhada, ou uma parte dela, antes de ser integralmente pago, podendo o juiz, a requerimento do proprietário, determinar que seja vendida apenas uma das coisas, ou parte da coisa empenhada, suficiente para o pagamento do credor.

• *Vide* art. 964, III, do CC.

Seção III

Das Obrigações do Credor Pignoratício

Art. 1.435. O credor pignoratício é obrigado:

I – à custódia da coisa, como depositário, e a ressarcir ao dono a perda ou deterioração de que for culpado, podendo ser compensada na dívida, até a concorrente quantia, a importância da responsabilidade;

• *Vide* arts. 368 a 380 (compensação) e 627 a 652 (depósito) do CC.

II – à defesa da posse da coisa empenhada e a dar ciência, ao dono dela, das circunstâncias que tornarem necessário o exercício de ação possessória;

• *Vide* arts. 1.210 e s. do CC.

III – a imputar o valor dos frutos, de que se apropriar (art. 1.433, inciso V) nas despesas de guarda e conservação, nos juros e no capital da obrigação garantida, sucessivamente;

IV – a restituí-la, com os respectivos frutos e acessões, uma vez paga a dívida;

V – a entregar o que sobeje do preço, quando a dívida for paga, no caso do inciso IV do art. 1.433.

- *Vide* arts. 1.428, *caput*, e 1.436, V, do CC.
- CPC: arts. 784, V, e 907.

Seção IV
Da Extinção do Penhor

Art. 1.436. Extingue-se o penhor:

I – extinguindo-se a obrigação;

- *Vide* arts. 1.433 e 1.434 do CC.

II – perecendo a coisa;

III – renunciando o credor;

IV – confundindo-se na mesma pessoa as qualidades de credor e de dono da coisa;

- *Vide* art. 381 do CC.

V – dando-se a adjudicação judicial, a remissão ou a venda da coisa empenhada, feita pelo credor ou por ele autorizada.

•• Mantivemos "remissão" conforme publicação oficial. Entendemos que o correto seria "remição".

- *Vide* art. 1.435, V, do CC.

§ 1.º Presume-se a renúncia do credor quando consentir na venda particular do penhor sem reserva de preço, quando restituir a sua posse ao devedor, ou quando anuir à sua substituição por outra garantia.

- *Vide* art. 387 do CC.

§ 2.º Operando-se a confusão tão somente quanto à parte da dívida pignoratícia, subsistirá inteiro o penhor quanto ao resto.

- *Vide* arts. 381 a 384 (confusão) do CC.

Art. 1.437. Produz efeitos a extinção do penhor depois de averbado o cancelamento do registro, à vista da respectiva prova.

- Sobre cancelamento do registro, *vide* arts. 164 a 166 da Lei n. 6.015, de 31-12-1973 (LRP).

Seção V
Do Penhor Rural

- *Vide* art. 8.º, § 2.º, do Decreto-lei n. 4.657, de 4-9-1942 (LINDB).
- A Lei n. 492, de 30-8-1937, regula o penhor rural e a cédula pignoratícia.
- O Decreto-lei n. 2.612, de 20-9-1940, dispõe sobre o registro do penhor rural.
- *Vide* Lei n. 8.929, de 22-8-1994, que institui a cédula de produto rural.

Subseção I
Disposições gerais

Art. 1.438. Constitui-se o penhor rural mediante instrumento público ou particular, registrado no Cartório de Registro de Imóveis da circunscrição em que estiverem situadas as coisas empenhadas.

- Sobre o registro do penhor rural, consultem-se os arts. 14 e s. da Lei n. 492, de 30-8-1937, e o Decreto-lei n. 2.612, de 20-9-1940.
- Sobre o registro no Registro de Imóveis, *vide* Lei n. 6.015, de 31-12-1973, art. 167, I, ns. 4, 13, 14 e 15.
- O penhor de produtos agrícolas será registrado como o penhor rural – *vide* art. 1.º, § 2.º, da Lei n. 2.666, de 6-12-1955.
- *Vide* Lei n. 4.829, de 5-11-1965, que institucionaliza o crédito rural.

Parágrafo único. Prometendo pagar em dinheiro a dívida, que garante com penhor rural, o devedor poderá emitir, em favor do credor, cédula rural pignoratícia, na forma determinada em lei especial.

Art. 1.439. O penhor agrícola e o penhor pecuário não podem ser convencionados por prazos superiores aos das obrigações garantidas.

•• *Caput* com redação determinada pela Lei n. 12.873, de 24-10-2013.

•• O art. 61 do Decreto-lei n. 167, de 14-2-1967, alterado pela Lei n. 12.873, de 24-10-2013, estabelece: "Art. 61. O prazo do penhor rural, agrícola ou pecuário não excederá o prazo da obrigação garantida e, embora vencido o prazo, permanece a garantia, enquanto subsistirem os bens que a constituem. Parágrafo único. A prorrogação do penhor rural, inclusive decorrente de prorrogação da obrigação garantida prevista no *caput*, ocorre mediante a averbação à margem do registro respectivo, mediante requerimento do credor e do devedor".

§ 1.º Embora vencidos os prazos, permanece a garantia, enquanto subsistirem os bens que a constituem.

§ 2.º A prorrogação deve ser averbada à margem do registro respectivo, mediante requerimento do credor e do devedor.

Art. 1.440. Se o prédio estiver hipotecado, o penhor rural poderá constituir-se independentemente da anuência do credor hipotecário, mas não lhe prejudica o direito de preferência, nem restringe a extensão da hipoteca, ao ser executada.

Art. 1.441. Tem o credor direito a verificar o estado das coisas empenhadas, inspecionando-as onde se acharem, por si ou por pessoa que credenciar.

Subseção II
Do penhor agrícola

•• *Vide* nota ao art. 1.439 do CC.

- O Decreto-lei n. 4.360, de 5-6-1942, modifica prazos para o penhor agrícola e pecuário.
- A Lei n. 2.666, de 6-12-1955, dispõe sobre o penhor de produtos agrícolas.
- *Vide* Lei n. 8.929, de 22-8-1994, que institui a cédula de produto rural.

Art. 1.442. Podem ser objeto de penhor:

I – máquinas e instrumentos de agricultura;

II – colheitas pendentes, ou em via de formação;

- *Vide* art. 1.443 do CC.

III – frutos acondicionados ou armazenados;

IV – lenha cortada e carvão vegetal;

V – animais do serviço ordinário de estabelecimento agrícola.

- A Lei n. 492, de 30-8-1937 (regula o penhor rural e a cédula pignoratícia), trata do penhor agrícola nos arts. 6.º a 9.º.
- O Decreto-lei n. 167, de 14-2-1967, dispõe sobre títulos de crédito rural (*vide* nota ao art. 1.439 do CC).

- Sobre o penhor agrícola e sobre o penhor pecuário, *vide* Lei n. 4.829, de 5-11-1965, que institucionaliza o crédito rural.
- Penhor agrícola em caso de parceria – *vide* arts. 54 a 57 do Decreto n. 59.566, de 14-11-1966.

Art. 1.443. O penhor agrícola que recai sobre colheita pendente, ou em via de formação, abrange a imediatamente seguinte, no caso de frustrar-se ou ser insuficiente a que se deu em garantia.

Parágrafo único. Se o credor não financiar a nova safra, poderá o devedor constituir com outrem novo penhor, em quantia máxima equivalente à do primeiro; o segundo penhor terá preferência sobre o primeiro, abrangendo este apenas o excesso apurado na colheita seguinte.

Subseção III
Do penhor pecuário

•• *Vide* nota ao art. 1.439 do CC.

- O Decreto-lei n. 4.360, de 5-6-1942, modifica prazos para o penhor agrícola e pecuário.
- Sobre transcrição do contrato de penhor de animais no Registro de Títulos e Documentos: *vide* art. 127, IV, da Lei n. 6.015, de 31-12-1973 (LRP).

Art. 1.444. Podem ser objeto de penhor os animais que integram a atividade pastoril, agrícola ou de lacticínios.

Art. 1.445. O devedor não poderá alienar os animais empenhados sem prévio consentimento, por escrito, do credor.

- *Vide* art. 171, III, do CP.
- *Vide* arts. 12 e 35 da Lei n. 492, de 30-8-1937.

Parágrafo único. Quando o devedor pretende alienar o gado empenhado ou, por negligência, ameace prejudicar o credor, poderá este requerer se depositem os animais sob a guarda de terceiro, ou exigir que se lhe pague a dívida de imediato.

Art. 1.446. Os animais da mesma espécie, comprados para substituir os mortos, ficam sub-rogados no penhor.

Parágrafo único. Presume-se a substituição prevista neste artigo, mas não terá eficácia contra terceiros, se não constar de menção adicional ao respectivo contrato, a qual deverá ser averbada.

Seção VI
Do Penhor Industrial e Mercantil

- O Decreto-lei n. 413, de 9-1-1969, dispõe sobre títulos de crédito industrial.
- O Decreto n. 1.102, de 21-11-1903, trata do penhor de mercadorias depositadas em armazéns gerais.
- *Vide* Lei n. 6.015, de 31-12-1973, sobre o registro de penhor de máquinas e de aparelhos utilizados na indústria, instalados e em funcionamento, com os respectivos pertences ou sem eles (art. 167, I, n. 4).
- *Vide* art. 31 da Lei n. 6.533, de 24-5-1978 (penhor legal sobre equipamento).

Art. 1.447. Podem ser objeto de penhor máquinas, aparelhos, materiais, instrumentos, instalados e em funcionamento, com os acessórios ou sem eles; animais, utilizados na indústria; sal e bens destinados à exploração das salinas; produtos de suinocultura, animais destinados à industrialização de carnes e derivados; matérias-primas e produtos industrializados.

Parágrafo único. Regula-se pelas disposições relativas aos armazéns gerais o penhor das mercadorias neles depositadas.

Art. 1.448. Constitui-se o penhor industrial, ou o mercantil, mediante instrumento público ou particular, registrado no Cartório de Registro de Imóveis da circunscrição onde estiverem situadas as coisas empenhadas.

- *Vide* art. 167, I, n. 4, da Lei n. 6.015, de 31-12-1973 (LRP).

Parágrafo único. Prometendo pagar em dinheiro a dívida, que garante com penhor industrial ou mercantil, o devedor poderá emitir, em favor do credor, cédula do respectivo crédito, na forma e para os fins que a lei especial determinar.

Art. 1.449. O devedor não pode, sem o consentimento por escrito do credor, alterar as coisas empenhadas ou mudar-lhes a situação, nem delas dispor. O devedor que, anuindo o credor, alienar as coisas empenhadas, deverá repor outros bens da mesma natureza, que ficarão sub-rogados no penhor.

Art. 1.450. Tem o credor direito a verificar o estado das coisas empenhadas, inspecionando-as onde se acharem, por si ou por pessoa que credenciar.

Seção VII
Do Penhor de Direitos e Títulos de Crédito

- *Vide* arts. 887 a 926 do CC (títulos de crédito).
- CPC: art. 784.
- Sobre títulos de crédito: Decreto n. 2.044, de 31-12-1908 (letra de câmbio e nota promissória); Decreto n. 57.595, de 7-1-1966 (lei uniforme em matéria de cheques); Decreto n. 57.663, de 24-1-1966 (lei uniforme em matéria de letras de câmbio e notas promissórias); Decreto-lei n. 167, de 14-2-1967 (títulos de crédito rural); Lei n. 5.474, de 18-7-1968 (duplicatas); Decreto-lei n. 413, de 9-1-1969 (títulos de crédito industrial); Lei n. 6.313, de 16-12-1975 (títulos de crédito à exportação); Lei n. 6.840, de 3-11-1980 (títulos de crédito comercial); Lei n. 7.357, de 2-9-1985 (Lei do Cheque); Decreto n. 578, de 24-6-1992 (títulos da dívida agrária); Lei n. 8.929, de 22-8-1994 (cédula de produto rural); Lei n. 9.138, de 29-11-1995 (crédito rural); Lei n. 10.931, de 2-8-2004 (letra de crédito imobiliário, cédula de crédito imobiliário e cédula de crédito bancário).
- A Lei n. 4.728, de 14-7-1965, disciplina o mercado de capitais e estabelece medidas para o seu desenvolvimento; a Lei n. 6.385, de 7-12-1976, dispõe sobre o mercado de valores mobiliários e cria a CVM; a Lei n. 6.404, de 15-12-1976, dispõe sobre as sociedades por ações.

Art. 1.451. Podem ser objeto de penhor direitos, suscetíveis de cessão, sobre coisas móveis.

- *Vide* art. 83, II, do CC.

Art. 1.452. Constitui-se o penhor de direito mediante instrumento público ou particular, registrado no Registro de Títulos e Documentos.

- *Vide* arts. 127 e 129 da Lei n. 6.015, de 31-12-1973 (LRP).

Parágrafo único. O titular de direito empenhado deverá entregar ao credor pignoratício os documentos comprobatórios desse direito, salvo se tiver interesse legítimo em conservá-los.

Art. 1.453. O penhor de crédito não tem eficácia senão quando notificado ao devedor; por notificado tem-se o devedor que, em instrumento público ou particular, declarar-se ciente da existência do penhor.

Art. 1.454. O credor pignoratício deve praticar os atos necessários à conservação e defesa do direito empenhado e cobrar os juros e mais prestações acessórias compreendidas na garantia.

Art. 1.455. Deverá o credor pignoratício cobrar o crédito empenhado, assim que se torne exigível. Se este consistir numa prestação pecuniária, depositará a importância recebida, de acordo com o devedor pignoratício, ou onde o juiz determinar; se consistir na entrega da coisa, nesta se sub-rogará o penhor.

Parágrafo único. Estando vencido o crédito pignoratício, tem o credor direito a reter, da quantia recebida, o que lhe é devido, restituindo o restante ao devedor; ou a excutir a coisa a ele entregue.

- *Vide* arts. 1.433 e 1.434 do CC.

Art. 1.456. Se o mesmo crédito for objeto de vários penhores, só ao credor pignoratício, cujo direito prefira aos demais, o devedor deve pagar; responde por perdas e danos aos demais credores o credor preferente que, notificado por qualquer um deles, não promover oportunamente a cobrança.

- *Vide* arts. 402 a 405 do CC.

Art. 1.457. O titular do crédito empenhado só pode receber o pagamento com a anuência, por escrito, do credor pignoratício, caso em que o penhor se extinguirá.

- *Vide* arts. 1.436 e 1.437 do CC.
- Sobre cancelamento do registro, *vide* arts. 164 a 166 da Lei n. 6.015, de 31-12-1973 (LRP).

Art. 1.458. O penhor, que recai sobre título de crédito, constitui-se mediante instrumento público ou particular ou endosso pignoratício, com a tradição do título ao credor, regendo-se pelas Disposições Gerais deste Título e, no que couber, pela presente Seção.

- *Vide* arts. 127, III, e 129, n. 2.º, da Lei n. 6.015, de 31-12-1973 (LRP).

Art. 1.459. Ao credor, em penhor de título de crédito, compete o direito de:

I – conservar a posse do título e recuperá-la de quem quer que o detenha;

II – usar dos meios judiciais convenientes para assegurar os seus direitos, e os do credor do título empenhado;

III – fazer intimar ao devedor do título que não pague ao seu credor, enquanto durar o penhor;

IV – receber a importância consubstanciada no título e os respectivos juros, se exigíveis, restituindo o título ao devedor, quando este solver a obrigação.

- *Vide* arts. 319, 324 e 1.433 do CC.

Art. 1.460. O devedor do título empenhado que receber a intimação prevista no inciso III do artigo antecedente, ou se der por ciente do penhor, não poderá pagar ao seu credor. Se o fizer, responderá solidariamente por este, por perdas e danos, perante o credor pignoratício.

- *Vide* arts. 264 a 285 (obrigações solidárias) e 402 a 405 (perdas e danos) do CC.

Parágrafo único. Se o credor der quitação ao devedor do título empenhado, deverá saldar imediatamente a dívida, em cuja garantia se constituiu o penhor.

Seção VIII
Do Penhor de Veículos

Art. 1.461. Podem ser objeto de penhor os veículos empregados em qualquer espécie de transporte ou condução.

- Do contrato de transporte no CC: arts. 730 a 756.

Art. 1.462. Constitui-se o penhor, a que se refere o artigo antecedente, mediante instrumento público ou particular, registrado no Cartório de Títulos e Documentos do domicílio do devedor, e anotado no certificado de propriedade.

- *Vide* art. 129, n. 7.º, da Lei n. 6.015, de 31-12-1973 (LRP).

Parágrafo único. Prometendo pagar em dinheiro a dívida garantida com o penhor, poderá o devedor emitir cédula de crédito, na forma e para os fins que a lei especial determinar.

Art. 1.463. (*Revogado pela Lei n. 14.179, de 30-6-2021.*)

Art. 1.464. Tem o credor direito a verificar o estado do veículo empenhado, inspecionando-o onde se achar, por si ou por pessoa que credenciar.

Art. 1.465. A alienação, ou a mudança, do veículo empenhado sem prévia comunicação ao credor importa no vencimento antecipado do crédito pignoratício.

- Sobre vencimento antecipado da dívida, *vide* arts. 333, 1.425 e 1.426 do CC.

Art. 1.466. O penhor de veículos só se pode convencionar pelo prazo máximo de dois anos, prorrogável até o limite de igual tempo, averbada a prorrogação à margem do registro respectivo.

Seção IX
Do Penhor Legal

Art. 1.467. São credores pignoratícios, independentemente de convenção:

I – os hospedeiros, ou fornecedores de pousada ou alimento, sobre as bagagens, móveis, joias ou dinheiro que os seus consumidores ou fregueses tiverem consigo nas respectivas casas ou estabelecimentos, pelas despesas ou consumo que aí tiverem feito;

- *Vide* arts. 932, IV, 933 (responsabilidade civil) e 1.419 (vínculo real) do CC.

II – o dono do prédio rústico ou urbano, sobre os bens móveis que o rendeiro ou inquilino tiver guarnecendo o mesmo prédio, pelos aluguéis ou rendas.

- Da locação de coisas no CC: arts. 565 a 578.
- *Vide* Lei n. 8.245, de 18-10-1991 (locação de imóveis urbanos).

Art. 1.468. A conta das dívidas enumeradas no inciso I do artigo antecedente será extraída conforme a tabela impressa, prévia e ostensivamente exposta na casa, dos preços de hospedagem, da pensão ou dos gêneros fornecidos, sob pena de nulidade do penhor.

• *Vide* art. 6.º, III, da Lei n. 8.078, de 11-9-1990 (Código de Defesa do Consumidor).

Art. 1.469. Em cada um dos casos do art. 1.467, o credor poderá tomar em garantia um ou mais objetos até o valor da dívida.

Art. 1.470. Os credores, compreendidos no art. 1.467, podem fazer efetivo o penhor, antes de recorrerem à autoridade judiciária, sempre que haja perigo na demora, dando aos devedores comprovante dos bens de que se apossarem.

Art. 1.471. Tomado o penhor, requererá o credor, ato contínuo, a sua homologação judicial.

• O processo de homologação do penhor legal está regulado pelos arts. 703 e s. do CPC.

Art. 1.472. Pode o locatário impedir a constituição do penhor mediante caução idônea.

• *Vide* arts. 37 a 39 da Lei n. 8.245, de 18-10-1991 (locação de imóveis urbanos).

Capítulo III
DA HIPOTECA

• Sobre hipoteca no CC: arts. 30, *caput*, 165, parágrafo único, 364, 959, 1.225, IX, 1.419, 1.420, *caput*, 1.422, 1.424, 1.425, § 2.º, 1.429, *caput*, e 1.430.

• Sobre hipoteca no CCom: arts. 468, 470, 564, 565, 626, 632, 633, 634, n. 8, 658 e 662.

• Sobre hipoteca na legislação esparsa: Lei n. 492, de 30-8-1937 (penhor rural e cédula pignoratícia), art. 4.º, *caput*; Decreto-lei n. 25, de 30-11-1937 (proteção do patrimônio histórico e artístico nacional), art. 22, § 3.º; Decreto-lei n. 3.240, de 8-5-1941 (sequestro de bens de pessoas indiciadas por crimes em prejuízo da Fazenda Pública), arts. 4.º, § 2.º, n. 2, 6.º e 7.º; Lei n. 1.046, de 2-1-1950 (consignação em folha de pagamento), art. 11, *caput*; Lei n. 2.180, de 5-2-1954 (Tribunal Marítimo), art. 22, *g*; Lei n. 4.200, de 5-2-1963 (amparo à indústria de transporte aéreo), art. 16; Lei n. 4.320, de 17-3-1964 (normas gerais de direito financeiro), art. 39, § 2.º; Lei n. 4.504, de 30-11-1964 (Estatuto da Terra), art. 111, *caput*; Lei n. 4.717, de 29-6-1965 (ação popular), art. 4.º, II, *b*; Lei n. 4.829, de 5-11-1965 (crédito rural), arts. 25, VIII, e 28; Decreto n. 58.380, de 10-5-1966 (crédito rural), arts. 30, VIII, e 33; Decreto-lei n. 70, de 21-11-1966 (cédula hipotecária), arts. 10, § 1.º, 11, 13, *caput* e parágrafo único, 15, I, *c*, 16 e parágrafo único, 18, *caput*, 23, 24, 29, parágrafo único, 34, I, 36, *caput*, 39, *caput*, e 44; Decreto-lei n. 167, de 14-2-1967 (títulos de crédito rural), arts. 21, *caput*, 22, *caput*, 23, 24, 26, 68 e 69; Decreto-lei n. 413, de 9-1-1969 (títulos de crédito industrial), arts. 14, V, 19, III, 24, 25, *caput*, e 26; Lei n. 6.001, de 19-12-1973 (Estatuto do Índio), art. 7.º, § 1.º; Lei n. 6.015, de 31-12-1973 (LRP), arts. 167, II, n. 15, 178, I e II, 189, 238, 251, 266 a 276 e 279; Lei n. 7.565, de 19-12-1986 (CBA), arts. 106, parágrafo único, 118, §§ 1.º a 3.º, 138 a 147 e 152; Lei n. 7.652, de 3-2-1988 (registro de propriedade marítima), arts. 13, 14, II, e 23; Lei n. 8.009, de 29-3-1990 (impenhorabilidade do bem de família), art. 3.º, V; Lei n. 8.069, de 13-7-1990 (ECA), arts. 37 e parágrafo único, e 201, IV; Lei n. 8.397, de 6-1-1992 (medida cautelar fiscal), art. 2.º, V; Lei n. 8.666, de 21-6-1993 (Licitações e Contratos Administrativos), art. 17, § 5.º; Lei n. 8.929, de 22-8-1994 (cédula de produto rural), arts. 6.º e parágrafo único, 12, § 1.º, e 16, *caput*; e Lei n. 11.101, de 9-2-2005 (Lei de Falências e Recuperação de Empresas), art. 129, III.

• Sobre hipoteca no CPP: arts. 134, 135, §§ 4.º e 6.º, 136, 137, *caput*, 138, 141, 143, 330, *caput*, e 348.

• Sobre hipoteca no CPC: arts. 495, 784, V, 799, I, 804, 833, X, e 674, § 2.º, IV.

Seção I
Disposições Gerais

Art. 1.473. Podem ser objeto de hipoteca:

I – os imóveis e os acessórios dos imóveis conjuntamente com eles;

• *Vide* arts. 79 a 81 e 92 do CC.

II – o domínio direto;

•• *Vide* art. 2.038 do CC.

III – o domínio útil;

IV – as estradas de ferro;

• *Vide* arts. 1.502 a 1.505 do CC.

V – os recursos naturais a que se refere o art. 1.230, independentemente do solo onde se acham;

VI – os navios;

VII – as aeronaves;

VIII – o direito de uso especial para fins de moradia;

•• Inciso VIII acrescentado pela Lei n. 11.481, de 31-5-2007.

IX – o direito real de uso;

•• Inciso IX acrescentado pela Lei n. 11.481, de 31-5-2007.

X – a propriedade superficiária.

•• Inciso X acrescentado pela Lei n. 11.481, de 31-5-2007.

§ 1.º A hipoteca dos navios e das aeronaves reger-se-á pelo disposto em lei especial.

• Os arts. 138 a 152 da Lei n. 7.565, de 19-12-1986 - CBA, dispõem sobre a hipoteca e a alienação fiduciária de aeronaves.

§ 2.º Os direitos de garantia instituídos nas hipóteses dos incisos IX e X do *caput* deste artigo ficam limitados à duração da concessão ou direito de superfície, caso tenham sido transferidos por período determinado.

•• § 2.º acrescentado pela Lei n. 11.481, de 31-5-2007.

Art. 1.474. A hipoteca abrange todas as acessões, melhoramentos ou construções do imóvel. Subsistem os ônus reais constituídos e registrados, anteriormente à hipoteca, sobre o mesmo imóvel.

• *Vide* arts. 1.248 e 1.252 e s. do CC.

Art. 1.475. É nula a cláusula que proíbe ao proprietário alienar imóvel hipotecado.

Parágrafo único. Pode convencionar-se que vencerá o crédito hipotecário, se o imóvel for alienado.

• *Vide* art. 171, § 2.º, III, do CP.

Art. 1.476. O dono do imóvel hipotecado pode constituir outra hipoteca sobre ele, mediante novo título, em favor do mesmo ou de outro credor.

Art. 1.477. Salvo o caso de insolvência do devedor, o credor da segunda hipoteca, embora vencida, não poderá executar o imóvel antes de vencida a primeira.

Parágrafo único. Não se considera insolvente o devedor por faltar ao pagamento das obrigações garantidas por hipotecas posteriores à primeira.

Art. 1.478. Se o devedor da obrigação garantida pela primeira hipoteca não se oferecer, no vencimento, para pagá-la, o credor da segunda pode promover-lhe a extinção, consignando a importância e citando o primeiro credor para recebê-la e o devedor para pagá-la; se este não pagar, o segundo credor, efetuando o pagamento, se sub-rogará nos direitos da hipoteca anterior, sem prejuízo dos que lhe competirem contra o devedor comum.

- *Vide* art. 346, I, do CC.
- *Vide* arts. 270 a 273 da Lei n. 6.015, de 31-12-1973 (credor e devedor de hipoteca).

Parágrafo único. Se o primeiro credor estiver promovendo a execução da hipoteca, o credor da segunda depositará a importância do débito e as despesas judiciais.

Art. 1.479. O adquirente do imóvel hipotecado, desde que não se tenha obrigado pessoalmente a pagar as dívidas aos credores hipotecários, poderá exonerar-se da hipoteca, abandonando-lhes o imóvel.

Art. 1.480. O adquirente notificará o vendedor e os credores hipotecários, deferindo-lhes, conjuntamente, a posse do imóvel, ou o depositará em juízo.

Parágrafo único. Poderá o adquirente exercer a faculdade de abandonar o imóvel hipotecado, até as vinte e quatro horas subsequentes à citação, com que se inicia o procedimento executivo.

Art. 1.481. Dentro em trinta dias, contados do registro do título aquisitivo, tem o adquirente do imóvel hipotecado o direito de remi-lo, citando os credores hipotecários e propondo importância não inferior ao preço por que o adquiriu.

- *Vide* arts. 346, II, e 1.499, V, do CC.
- *Vide* arts. 266 e s. da Lei n. 6.015, de 31-12-1973.

§ 1.º Se o credor impugnar o preço da aquisição ou a importância oferecida, realizar-se-á licitação, efetuando-se a venda judicial a quem oferecer maior preço, assegurada preferência ao adquirente do imóvel.

§ 2.º Não impugnado pelo credor, o preço da aquisição ou o preço proposto pelo adquirente, haver-se-á por definitivamente fixado para a remissão do imóvel, que ficará livre de hipoteca, uma vez pago ou depositado o preço.

•• Mantivemos "remissão" conforme publicação oficial. Entendemos que o correto seria "remição".

§ 3.º Se o adquirente deixar de remir o imóvel, sujeitando-o a execução, ficará obrigado a ressarcir os credores hipotecários da desvalorização que, por sua culpa, o mesmo vier a sofrer, além das despesas judiciais da execução.

§ 4.º Disporá de ação regressiva contra o vendedor o adquirente que ficar privado do imóvel em consequência de licitação ou penhora, o que pagar a hipoteca, o que, por causa de adjudicação ou licitação, desembolsar com o pagamento da hipoteca importância excedente à da compra e o que suportar custas e despesas judiciais.

- *Vide* art. 346, II, do CC.

Art. 1.482 e 1.483. (*Revogados pela Lei n. 13.105, de 16-3-2015.*)

Art. 1.484. É lícito aos interessados fazer constar das escrituras o valor entre si ajustado dos imóveis hipotecados, o qual, devidamente atualizado, será a base para as arrematações, adjudicações e remições, dispensada a avaliação.

- *Vide* art. 273 da Lei n. 6.015, de 31-12-1973 (LRP).

Art. 1.485. Mediante simples averbação, requerida por ambas as partes, poderá prorrogar-se a hipoteca, até 30 (trinta) anos da data do contrato. Desde que perfaça esse prazo, só poderá subsistir o contrato de hipoteca, reconstituindo-se por novo título e novo registro; e, nesse caso, lhe será mantida a precedência, que então lhe competir.

•• Artigo com redação determinada pela Lei n. 10.931, de 2-8-2004.

- *Vide* art. 238 da Lei n. 6.015, de 31-12-1973 (LRP).

Art. 1.486. Podem o credor e o devedor, no ato constitutivo da hipoteca, autorizar a emissão da correspondente cédula hipotecária, na forma e para os fins previstos em lei especial.

Art. 1.487. A hipoteca pode ser constituída para garantia de dívida futura ou condicionada, desde que determinado o valor máximo do crédito a ser garantido.

§ 1.º Nos casos deste artigo, a execução da hipoteca dependerá de prévia e expressa concordância do devedor quanto à verificação da condição, ou ao montante da dívida.

§ 2.º Havendo divergência entre o credor e o devedor, caberá àquele fazer prova de seu crédito. Reconhecido este, o devedor responderá, inclusive, por perdas e danos, em razão da superveniente desvalorização do imóvel.

- *Vide* arts. 402 a 405 do CC.

Art. 1.488. Se o imóvel, dado em garantia hipotecária, vier a ser loteado, ou se nele se constituir condomínio edilício, poderá o ônus ser dividido, gravando cada lote ou unidade autônoma, se o requererem ao juiz o credor, o devedor ou os donos, obedecida a proporção entre o valor de cada um deles e o crédito.

- *Vide* arts. 1.331 a 1.358 (condomínio edilício) do CC.

§ 1.º O credor só poderá se opor ao pedido de desmembramento do ônus, provando que o mesmo importa em diminuição de sua garantia.

§ 2.º Salvo convenção em contrário, todas as despesas judiciais ou extrajudiciais necessárias ao desmembramento do ônus correm por conta de quem o requerer.

§ 3.º O desmembramento do ônus não exonera o devedor originário da responsabilidade a que se refere o art. 1.430, salvo anuência do credor.

Seção II
Da Hipoteca Legal

- Sobre hipoteca legal no CC: arts. 1.492, parágrafo único, 1.497 e 2.040.
- Sobre hipoteca legal no CPC: arts. 1.136, 1.188 e parágrafo único, e 1.205 a 1.210.
- Sobre hipoteca legal na LRP (Lei n. 6.015, de 31-12-1973), art. 274.

Art. 1.489. A lei confere hipoteca:

I – às pessoas de direito público interno (art. 41) sobre os imóveis pertencentes aos encarregados da cobrança, guarda ou administração dos respectivos fundos e rendas;

II – aos filhos, sobre os imóveis do pai ou da mãe que passar a outras núpcias, antes de fazer o inventário do casal anterior;

• *Vide* arts. 1.523, I, e 1.641, I, do CC.

III – ao ofendido, ou aos seus herdeiros, sobre os imóveis do delinquente, para satisfação do dano causado pelo delito e pagamento das despesas judiciais;

• *Vide* arts. 186 e 927 do CC.

IV – ao coerdeiro, para garantia do seu quinhão ou torna da partilha, sobre o imóvel adjudicado ao herdeiro reponente;

• *Vide* art. 2.019, *caput* e § 1.º, do CC.

V – ao credor sobre o imóvel arrematado, para garantia do pagamento do restante do preço da arrematação.

• *Vide* CPP, arts. 134 a 138.

Art. 1.490. O credor da hipoteca legal, ou quem o represente, poderá, provando a insuficiência dos imóveis especializados, exigir do devedor que seja reforçado com outros.

Art. 1.491. A hipoteca legal pode ser substituída por caução de títulos da dívida pública federal ou estadual, recebidos pelo valor de sua cotação mínima no ano corrente; ou por outra garantia, a critério do juiz, a requerimento do devedor.

Seção III
Do Registro da Hipoteca

Art. 1.492. As hipotecas serão registradas no cartório do lugar do imóvel, ou no de cada um deles, se o título se referir a mais de um.

• *Vide* art. 1.502 do CC.

• Sobre a averbação de cédulas hipotecárias, *vide* Decreto-lei n. 70, de 21-11-1966.

• *Vide* arts. 167, I, n. 2, e 169, II, da Lei n. 6.015, de 31-12-1973 (LRP).

Parágrafo único. Compete aos interessados, exibido o título, requerer o registro da hipoteca.

• *Vide* art. 1.497 do CC.

Art. 1.493. Os registros e averbações seguirão a ordem em que forem requeridas, verificando-se ela pela da sua numeração sucessiva no protocolo.

Parágrafo único. O número de ordem determina a prioridade, e esta a preferência entre as hipotecas.

• *Vide* art. 1.422, *caput*, do CC.

• *Vide* art. 186 da Lei n. 6.015, de 31-12-1973 (LRP).

Art. 1.494. (*Revogado pela Medida Provisória n. 1.085, de 27-12-2021.*)

•• O texto revogado dizia: "Art. 1.494. Não se registrarão no mesmo dia duas hipotecas, ou uma hipoteca e outro direito real, sobre o mesmo imóvel, em favor de pessoas diversas, salvo se as escrituras, do mesmo dia, indicarem a hora em que foram lavradas".

Art. 1.495. Quando se apresentar ao oficial do registro título de hipoteca que mencione a constituição de anterior, não registrada, sobrestará ele na inscrição da nova, depois de a prenotar, até trinta dias, aguardando que o interessado inscreva a precedente; esgotado o prazo, sem que se requeira a inscrição desta, a hipoteca ulterior será registrada e obterá preferência.

• *Vide* art. 189 da Lei n. 6.015, de 31-12-1973 (LRP).

Art. 1.496. Se tiver dúvida sobre a legalidade do registro requerido, o oficial fará, ainda assim, a prenotação do pedido. Se a dúvida, dentro em noventa dias, for julgada improcedente, o registro efetuar-se-á com o mesmo número que teria na data da prenotação; no caso contrário, cancelada esta, receberá o registro o número correspondente à data em que se tornar a requerer.

• *Vide* arts. 198 a 207 da Lei n. 6.015, de 31-12-1973 (LRP).

Art. 1.497. As hipotecas legais, de qualquer natureza, deverão ser registradas e especializadas.

§ 1.º O registro e a especialização das hipotecas legais incumbem a quem está obrigado a prestar a garantia, mas os interessados podem promover a inscrição delas, ou solicitar ao Ministério Público que o faça.

§ 2.º As pessoas, às quais incumbir o registro e a especialização das hipotecas legais, estão sujeitas a perdas e danos pela omissão.

• *Vide* arts. 402 a 405 do CC.

Art. 1.498. Vale o registro da hipoteca, enquanto a obrigação perdurar; mas a especialização, em completando vinte anos, deve ser renovada.

• Registro da hipoteca: arts. 167, I, n. 2, e 238 da Lei n. 6.015, de 31-12-1973 (LRP).

Seção IV
Da Extinção da Hipoteca

Art. 1.499. A hipoteca extingue-se:

I – pela extinção da obrigação principal;

II – pelo perecimento da coisa;

III – pela resolução da propriedade;

• *Vide* art. 1.359 do CC.

IV – pela renúncia do credor;

V – pela remição;

• *Vide* arts. 1.478, 1.481 e 1.484 do CC.

VI – pela arrematação ou adjudicação.

•• No caso de desapropriação, *vide* art. 31 do Decreto-lei n. 3.365, de 21-6-1941.

• *Vide* art. 251 da Lei n. 6.015, de 31-12-1973 (LRP).

Art. 1.500. Extingue-se ainda a hipoteca com a averbação, no Registro de Imóveis, do cancelamento do registro, à vista da respectiva prova.

• *Vide* arts. 251 e 259 da Lei n. 6.015, de 31-12-1973 (LRP).

Art. 1.501. Não extinguirá a hipoteca, devidamente registrada, a arrematação ou adjudicação, sem que tenham sido notificados judicialmente os respectivos credores hipotecários, que não forem de qualquer modo partes na execução.

• *Vide* arts. 593 e 619 do CPC.

• *Vide* arts. 29 e 31 do Decreto-lei n. 70, de 21-11-1966, que dispõe sobre a cobrança de hipoteca vencida, por intermédio de agente fiduciário.

• O art. 142 da Lei n. 11.101, de 9-2-2005 (Lei de Falências e Recuperação de Empresas), dispõe sobre a alienação do ativo.

Seção V
Da Hipoteca de Vias Férreas

• O Decreto-lei n. 3.109, de 12-3-1941, dispõe sobre o registro das alienações das estradas de ferro.

Art. 1.502. As hipotecas sobre as estradas de ferro serão registradas no Município da estação inicial da respectiva linha.

• *Vide* art. 1.492, *caput*, do CC.

• *Vide* art. 171 da Lei n. 6.015, de 31-12-1973 (LRP).

Art. 1.503. Os credores hipotecários não podem embaraçar a exploração da linha, nem contrariar as modificações, que a administração deliberar, no leito da estrada, em suas dependências, ou no seu material.

Art. 1.504. A hipoteca será circunscrita à linha ou às linhas especificadas na escritura e ao respectivo material de exploração, no estado em que ao tempo da execução estiverem; mas os credores hipotecários poderão opor-se à venda da estrada, à de suas linhas, de seus ramais ou de parte considerável do material de exploração; bem como à fusão com outra empresa, sempre que com isso a garantia do débito enfraquecer.

Art. 1.505. Na execução das hipotecas será intimado o representante da União ou do Estado, para, dentro em quinze dias, remir a estrada de ferro hipotecada, pagando o preço da arrematação ou da adjudicação.

Capítulo IV
DA ANTICRESE

• Sobre anticrese no CC: arts. 165, parágrafo único, 364, 1.225, X, 1.419, 1.420, *caput*, 1.423 e 1.424.

• Sobre anticrese no CPC: arts. 784, V, 799, I, 804 e 674, § 2.º, IV.

• Sobre anticrese: Decreto-lei n. 25, de 30-11-1937 (proteção do patrimônio histórico e artístico nacional), art. 22, § 2.º (direito de preferência); Lei n. 6.015, de 31-12-1973 (LRP), arts. 167, I, n. 11, 178, I, 220, IV, e 241; Decreto n. 85.064, de 26-8-1980 (faixa de fronteira), art. 34, § 1.º; e Lei n. 8.397, de 6-1-1992 (medida cautelar fiscal), art. 2.º, V.

Art. 1.506. Pode o devedor ou outrem por ele, com a entrega do imóvel ao credor, ceder-lhe o direito de perceber, em compensação da dívida, os frutos e rendimentos.

§ 1.º É permitido estipular que os frutos e rendimentos do imóvel sejam percebidos pelo credor à conta de juros, mas se o seu valor ultrapassar a taxa máxima permitida em lei para as operações financeiras, o remanescente será imputado ao capital.

§ 2.º Quando a anticrese recair sobre bem imóvel, este poderá ser hipotecado pelo devedor ao credor anticrético, ou a terceiros, assim como o imóvel hipotecado poderá ser dado em anticrese.

Art. 1.507. O credor anticrético pode administrar os bens dados em anticrese e fruir seus frutos e utilidades, mas deverá apresentar anualmente balanço, exato e fiel, de sua administração.

• *Vide* art. 1.423 do CC.

§ 1.º Se o devedor anticrético não concordar com o que se contém no balanço, por ser inexato, ou ruinosa a administração, poderá impugná-lo, e, se o quiser, requerer a transformação em arrendamento, fixando o juiz o valor mensal do aluguel, o qual poderá ser corrigido anualmente.

§ 2.º O credor anticrético pode, salvo pacto em sentido contrário, arrendar os bens dados em anticrese a terceiro, mantendo, até ser pago, direito de retenção do imóvel, embora o aluguel desse arrendamento não seja vinculativo para o devedor.

• *Vide* art. 1.423 do CC.

Art. 1.508. O credor anticrético responde pelas deteriorações que, por culpa sua, o imóvel vier a sofrer, e pelos frutos e rendimentos que, por sua negligência, deixar de perceber.

• *Vide* art. 569, IV, do CC.

Art. 1.509. O credor anticrético pode vindicar os seus direitos contra o adquirente dos bens, os credores quirografários e os hipotecários posteriores ao registro da anticrese.

• *Vide* arts. 1.423 e 1.507, *caput* e § 2.º, do CC.

§ 1.º Se executar os bens por falta de pagamento da dívida, ou permitir que outro credor o execute, sem opor o seu direito de retenção ao exequente, não terá preferência sobre o preço.

§ 2.º O credor anticrético não terá preferência sobre a indenização do seguro, quando o prédio seja destruído, nem, se forem desapropriados os bens, com relação à desapropriação.

Art. 1.510. O adquirente dos bens dados em anticrese poderá remi-los, antes do vencimento da dívida, pagando a sua totalidade à data do pedido de remição e imitir-se-á, se for o caso, na sua posse.

Título XI
DA LAJE

•• Título XI acrescentado pela Lei n. 13.465, de 11-7-2017.

Art. 1.510-A. O proprietário de uma construção-base poderá ceder a superfície superior ou inferior de sua construção a fim de que o titular da laje mantenha unidade distinta daquela originalmente construída sobre o solo.

•• *Caput* acrescentado pela Lei n. 13.465, de 11-7-2017.

§ 1.º O direito real de laje contempla o espaço aéreo ou o subsolo de terrenos públicos ou privados, tomados em projeção vertical, como unidade imobiliária autônoma, não contemplando as demais áreas edificadas ou não pertencentes ao proprietário da construção-base.

•• § 1.º acrescentado pela Lei n. 13.465, de 11-7-2017.

§ 2.º O titular do direito real de laje responderá pelos encargos e tributos que incidirem sobre a sua unidade.

•• § 2.º acrescentado pela Lei n. 13.465, de 11-7-2017.

§ 3.º Os titulares da laje, unidade imobiliária autônoma constituída em matrícula própria, poderão dela usar, gozar e dispor.

•• § 3.º acrescentado pela Lei n. 13.465, de 11-7-2017.

§ 4.º A instituição do direito real de laje não implica a atribuição de fração ideal de terreno ao titular da laje ou a participação proporcional em áreas já edificadas.

•• § 4.º acrescentado pela Lei n. 13.465, de 11-7-2017.

§ 5.º Os Municípios e o Distrito Federal poderão dispor sobre posturas edilícias e urbanísticas associadas ao direito real de laje.

•• § 5.º acrescentado pela Lei n. 13.465, de 11-7-2017.

§ 6.º O titular da laje poderá ceder a superfície de sua construção para a instituição de um sucessivo direito real de laje, desde que haja autorização expressa dos titulares da construção-base e das demais lajes, respeitadas as posturas edilícias e urbanísticas vigentes.

•• § 6.º acrescentado pela Lei n. 13.465, de 11-7-2017.

Art. 1.510-B. É expressamente vedado ao titular da laje prejudicar com obras novas ou com falta de reparação a segurança, a linha arquitetônica ou o arranjo estético do edifício, observadas as posturas previstas em legislação local.

•• Artigo acrescentado pela Lei n. 13.465, de 11-7-2017.

Art. 1.510-C. Sem prejuízo, no que couber, das normas aplicáveis aos condomínios edilícios, para fins do direito real de laje, as despesas necessárias à conservação e fruição das partes que sirvam a todo o edifício e ao pagamento de serviços de interesse comum serão partilhadas entre o proprietário da construção-base e o titular da laje, na proporção que venha a ser estipulada em contrato.

•• *Caput* acrescentado pela Lei n. 13.465, de 11-7-2017.

§ 1.º São partes que servem a todo o edifício:

•• § 1.º, *caput*, acrescentado pela Lei n. 13.465, de 11-7-2017.

I – os alicerces, colunas, pilares, paredes-mestras e todas as partes restantes que constituam a estrutura do prédio;

•• Inciso I acrescentado pela Lei n. 13.465, de 11-7-2017.

II – o telhado ou os terraços de cobertura, ainda que destinados ao uso exclusivo do titular da laje;

•• Inciso II acrescentado pela Lei n. 13.465, de 11-7-2017.

III – as instalações gerais de água, esgoto, eletricidade, aquecimento, ar condicionado, gás, comunicações e semelhantes que sirvam a todo o edifício; e

•• Inciso III acrescentado pela Lei n. 13.465, de 11-7-2017.

IV – em geral, as coisas que sejam afetadas ao uso de todo o edifício.

•• Inciso IV acrescentado pela Lei n. 13.465, de 11-7-2017.

§ 2.º É assegurado, em qualquer caso, o direito de qualquer interessado em promover reparações urgentes na construção na forma do parágrafo único do art. 249 deste Código.

•• § 2.º acrescentado pela Lei n. 13.465, de 11-7-2017.

Art. 1.510-D. Em caso de alienação de qualquer das unidades sobrepostas, terão direito de preferência, em igualdade de condições com terceiros, os titulares da construção-base e da laje, nessa ordem, que serão cientificados por escrito para que se manifestem no prazo de trinta dias, salvo se o contrato dispuser de modo diverso.

•• *Caput* acrescentado pela Lei n. 13.465, de 11-7-2017.

§ 1.º O titular da construção-base ou da laje a quem não se der conhecimento da alienação poderá, mediante depósito do respectivo preço, haver para si a parte alienada a terceiros, se o requerer no prazo decadencial de cento e oitenta dias, contado da data de alienação.

•• § 1.º acrescentado pela Lei n. 13.465, de 11-7-2017.

§ 2.º Se houver mais de uma laje, terá preferência, sucessivamente, o titular das lajes ascendentes e o titular das lajes descendentes, assegurada a prioridade para a laje mais próxima à unidade sobreposta a ser alienada.

•• § 2.º acrescentado pela Lei n. 13.465, de 11-7-2017.

Art. 1.510-E. A ruína da construção-base implica extinção do direito real de laje, salvo:

•• *Caput* acrescentado pela Lei n. 13.465, de 11-7-2017.

I – se este tiver sido instituído sobre o subsolo;

•• Inciso I acrescentado pela Lei n. 13.465, de 11-7-2017.

II – se a construção-base não for reconstruída no prazo de cinco anos.

•• Inciso II acrescentado pela Lei n. 13.465, de 11-7-2017.

Parágrafo único. O disposto neste artigo não afasta o direito a eventual reparação civil contra o culpado pela ruína.

•• Parágrafo único acrescentado pela Lei n. 13.465, de 11-7-2017.

Livro IV
Do Direito de Família

Título I
DO DIREITO PESSOAL

Subtítulo I
DO CASAMENTO

- Sobre casamento no CC: arts. 5.º, parágrafo único, II, 9.º, I, 215, § 1.º, III, 546, 564, IV, e 2.039.
- Sobre casamento na CLT: arts. 391, parágrafo único (restrições ao direito da mulher a emprego por motivo de casamento), e 473, II (falta ao serviço em virtude de casamento).
- Sobre casamento: *vide* Súmula 377 do STF.
- Sobre casamento no CPC: arts. 53, I (foro competente para anulação), 189, II (segredo de justiça), 388, parágrafo único (depoimento), e 731 (separação consensual, petição inicial).
- Sobre exame médico na habilitação de casamento entre colaterais de 3.º grau: Lei n. 5.891, de 12-6-1973.
- Sobre registro de casamento indígena: arts. 12 e 13 da Lei n. 6.001, de 19-12-1973 (Estatuto do Índio).
- Sobre casamento na CF: arts. 98, II (celebração pela Justiça de Paz), 226, §§ 1.º (gratuidade pela celebração do casamento civil), 2.º (efeito civil do casamento religioso), 3.º (conversão da união estável em casamento) e 6.º (dissolução do casamento pelo divórcio), 227, § 6.º (direitos e qualificações dos filhos), e 239, § 2.º (retirada do PIS/PASEP pelo motivo de casamento).
- Sobre impedimento ou obstrução de casamento: art. 14 da Lei n. 7.716, de 5-1-1989.
- Casamento na Lei n. 8.069, de 13-7-1990 (ECA): arts. 20 (direitos e qualificações dos filhos), 26 (reconhecimento dos filhos havidos fora do casamento) e 148, parágrafo único, *c* (consentimento para casamento, capacidade).
- Sobre investigação de paternidade dos filhos havidos fora do casamento: Lei n. 8.560, de 29-12-1992.
- Sobre casamento no CP: arts. 235 a 239 (crimes contra o casamento).
- Sobre casamento na Lei n. 6.015, de 31-12-1973 (LRP): arts. 29, § 1.º, *a* e *b*, II e § 1.º, 32, *caput*, 33, II e III, 44, 45, 49, *caput*, 57, § 2.º, 67 a 75, 76 e §§ 1.º a 5.º, 80, n. 4, 92, n. 2, 94, n. 2, 100 e §§ 1.º a 5.º, 102, n. 1, 103, 107 e §§ 1.º e 2.º.
- *Vide* art. 8.º da Lei n. 9.278, de 10-5-1996.

Capítulo I
DISPOSIÇÕES GERAIS

Art. 1.511. O casamento estabelece comunhão plena de vida, com base na igualdade de direitos e deveres dos cônjuges.

- *Vide* art. 226, § 5.º, da CF.
- Da eficácia do casamento: *vide* arts. 1.565 a 1.570 do CC.

Art. 1.512. O casamento é civil e gratuita a sua celebração.

- *Vide* art. 226, § 1.º, da CF.

Parágrafo único. A habilitação para o casamento, o registro e a primeira certidão serão isentos de selos, emolumentos e custas, para as pessoas cuja pobreza for declarada, sob as penas da lei.

Art. 1.513. É defeso a qualquer pessoa, de direito público ou privado, interferir na comunhão de vida instituída pela família.

- Sobre planejamento familiar como livre decisão do casal, *vide*: arts. 1.565, § 2.º, do CC, 226, § 7.º, da CF e Lei n. 9.263, de 12-1-1996.

Art. 1.514. O casamento se realiza no momento em que o homem e a mulher manifestam, perante o juiz, a sua vontade de estabelecer vínculo conjugal, e o juiz os declara casados.

- *Vide* arts. 1.535, 1.538 e 1.542 do CC.

Art. 1.515. O casamento religioso, que atender às exigências da lei para a validade do casamento civil, equipara-se a este, desde que registrado no registro próprio, produzindo efeitos a partir da data de sua celebração.

- *Vide* art. 226, § 2.º, da CF.
- *Vide* arts. 71 a 75 da Lei n. 6.015, de 31-12-1973.

Art. 1.516. O registro do casamento religioso submete-se aos mesmos requisitos exigidos para o casamento civil.

- *Vide* arts. 71 a 75 da LRP.

§ 1.º O registro civil do casamento religioso deverá ser promovido dentro de noventa dias de sua realização, mediante comunicação do celebrante ao ofício competente, ou por iniciativa de qualquer interessado, desde que haja sido homologada previamente a habilitação regulada neste Código. Após o referido prazo, o registro dependerá de nova habilitação.

- •• O art. 73, *caput*, da Lei n. 6.015, de 31-12-1973, estabelece o prazo de 30 (trinta) dias para o registro civil do casamento religioso.
- *Vide* arts. 1.525 a 1.532 do CC (habilitação para o casamento).
- *Vide* arts. 67 a 69 (habilitação para o casamento) e 71 a 75 (registro do casamento religioso para efeitos civis) da Lei n. 6.015, de 31-12-1973.

§ 2.º O casamento religioso, celebrado sem as formalidades exigidas neste Código, terá efeitos civis se, a requerimento do casal, for registrado, a qualquer tempo, no registro civil, mediante prévia habilitação perante a autoridade competente e observado o prazo do art. 1.532.

- *Vide* art. 74 da Lei n. 6.015, de 31-12-1973.

§ 3.º Será nulo o registro civil do casamento religioso se, antes dele, qualquer dos consorciados houver contraído com outrem casamento civil.

- *Vide* art. 1.521, VI, do CC.

Capítulo II
DA CAPACIDADE PARA O CASAMENTO

Art. 1.517. O homem e a mulher com dezesseis anos podem casar, exigindo-se autorização de ambos os pais, ou de seus representantes legais, enquanto não atingida a maioridade civil.

- •• *Vide* art. 1.520 do CC.
- *Vide* arts. 5.º, 1.519, 1.631, 1.634, III, 1.690 e 1.747, I, do CC.
- *Vide* arts. 5.º, I, e 226, § 5.º, da CF.

Parágrafo único. Se houver divergência entre os pais, aplica-se o disposto no parágrafo único do art. 1.631.

- *Vide* arts. 1.551 a 1.553, 1.555, 1.560, § 1.º, e 1.641 do CC.
- O Decreto n. 66.605, de 20-5-1970, promulga convenção adotada pelas Nações Unidas sobre consentimento para casamento.

Art. 1.518. Até a celebração do casamento podem os pais ou tutores revogar a autorização.

•• Artigo com redação determinada pela Lei n. 13.146, de 6-7-2015.

Art. 1.519. A denegação do consentimento, quando injusta, pode ser suprida pelo juiz.

- ECA (Lei n. 8.069, de 13-7-1990), art. 148, parágrafo único, c.
- CPC: arts. 719, 724 e 1.009.

Art. 1.520. Não será permitido, em qualquer caso, o casamento de quem não atingiu a idade núbil, observado o disposto no art. 1.517 deste Código.

•• Artigo com redação determinada pela Lei n. 13.811, de 12-3-2019.

Capítulo III
DOS IMPEDIMENTOS

Art. 1.521. Não podem casar:

- *Vide* arts. 1.520, 1.529 e 1.723, § 1.º, do CC.

I – os ascendentes com os descendentes, seja o parentesco natural ou civil;

- *Vide* art. 1.591 do CC.

II – os afins em linha reta;

- *Vide* art. 1.595 do CC.

III – o adotante com quem foi cônjuge do adotado e o adotado com quem o foi do adotante;

IV – os irmãos, unilaterais ou bilaterais, e demais colaterais, até o terceiro grau inclusive;

•• *Vide* arts. 1.º a 3.º do Decreto-lei n. 3.200, de 19-4-1941, que permite o casamento de colaterais de terceiro grau.

V – o adotado com o filho do adotante;

- ECA (Lei n. 8.069, de 13-7-1990), art. 41.

VI – as pessoas casadas;

- *Vide* art. 1.723, § 1.º, do CC.
- CP, arts. 235 a 237.
- Constitui crime contrair casamento, induzindo em erro essencial o outro contraente, ocultando-lhe o impedimento que não seja casamento anterior (art. 236 do CP).
- Também é crime contrair casamento conhecendo a existência de impedimento que lhe cause nulidade absoluta (CP, art. 237).

VII – o cônjuge sobrevivente com o condenado por homicídio ou tentativa de homicídio contra o seu consorte.

Art. 1.522. Os impedimentos podem ser opostos, até o momento da celebração do casamento, por qualquer pessoa capaz.

- *Vide* art. 1.529 do CC.
- *Vide* art. 67, § 5.º, da Lei n. 6.015, de 31-12-1973.

Parágrafo único. Se o juiz, ou o oficial de registro, tiver conhecimento da existência de algum impedimento, será obrigado a declará-lo.

Capítulo IV
DAS CAUSAS SUSPENSIVAS

Art. 1.523. Não devem casar:

I – o viúvo ou a viúva que tiver filho do cônjuge falecido, enquanto não fizer inventário dos bens do casal e der partilha aos herdeiros;

- *Vide* arts. 1.489, II, e 1.641, I, do CC.

II – a viúva, ou a mulher cujo casamento se desfez por ser nulo ou ter sido anulado, até dez meses depois do começo da viuvez, ou da dissolução da sociedade conjugal;

- *Vide* arts. 1.598 e 1.641, I, do CC.

III – o divorciado, enquanto não houver sido homologada ou decidida a partilha dos bens do casal;

- *Vide* arts. 1.581 e 1.641, I, do CC.

IV – o tutor ou o curador e os seus descendentes, ascendentes, irmãos, cunhados ou sobrinhos, com a pessoa tutelada ou curatelada, enquanto não cessar a tutela ou curatela, e não estiverem saldadas as respectivas contas.

- *Vide* arts. 1.641, I, 1.755 a 1.762 (prestação de contas), 1.763 a 1.766 (cessação da tutela) e 1.781 do CC.

Parágrafo único. É permitido aos nubentes solicitar ao juiz que não lhes sejam aplicadas as causas suspensivas previstas nos incisos I, III e IV deste artigo, provando-se a inexistência de prejuízo, respectivamente, para o herdeiro, para o ex-cônjuge e para a pessoa tutelada ou curatelada; no caso do inciso II, a nubente deverá provar nascimento de filho, ou inexistência de gravidez, na fluência do prazo.

Art. 1.524. As causas suspensivas da celebração do casamento podem ser arguidas pelos parentes em linha reta de um dos nubentes, sejam consanguíneos ou afins, e pelos colaterais em segundo grau, sejam também consanguíneos ou afins.

- *Vide* arts. 1.591 a 1.595 (relações de parentesco) do CC.

Capítulo V
DO PROCESSO DE HABILITAÇÃO PARA O CASAMENTO

•• A Resolução n. 175, de 14-5-2013, do Conselho Nacional de Justiça, determina que é vedada às autoridades competentes a recusa de habilitação, celebração de casamento civil ou de conversão de união estável em casamento entre pessoas de mesmo sexo.

- *Vide* arts. 67 a 69 da Lei n. 6.015, de 31-12-1973 (LRP).

Art. 1.525. O requerimento de habilitação para o casamento será firmado por ambos os nubentes, de próprio punho, ou, a seu pedido, por procurador, e deve ser instruído com os seguintes documentos:

I – certidão de nascimento ou documento equivalente;

- *Vide* arts. 1.517, 1.550, I, e 1.641, II, do CC.

II – autorização por escrito das pessoas sob cuja dependência legal estiverem, ou ato judicial que a supra;

- *Vide* arts. 1.517 a 1.519 e 1.550, II, do CC.

III – declaração de duas testemunhas maiores, parentes ou não, que atestem conhecê-los e afirmem não existir impedimento que os iniba de casar;

- *Vide* art. 228 do CC.
- Os arts. 342 e 343 do CP dispõem sobre os crimes de falso testemunho ou falsa perícia.

IV – declaração do estado civil, do domicílio e da residência atual dos contraentes e de seus pais, se forem conhecidos;

V – certidão de óbito do cônjuge falecido, de sentença declaratória de nulidade ou de anulação de casamento, transitada em julgado, ou do registro da sentença de divórcio.

- *Vide* art. 1.521, VI, do CC.
- *Vide* arts. 67 a 69 (processo de habilitação para o casamento) e 70 e s. da Lei n. 6.015, de 31-12-1973.
- Sobre o casamento dos militares de terra, mar e ar dispõe a Lei n. 6.880, de 9-12-1980, arts. 144 e s. (Estatuto dos Militares).
- CF, art. 226, §§ 1.º a 4.º.
- Os arts. 235 a 239 do CP dispõem sobre os crimes contra o casamento.
- A Lei n. 1.110, de 23-5-1950, regula o reconhecimento dos efeitos civis do casamento religioso. O art. 10 dessa Lei declarou revogada a Lei n. 379, de 16-1-1937, e derrogados os arts. 4.º e 5.º do Decreto-lei n. 3.200, de 19-4-1941, que também dispunham sobre o casamento religioso.
- O Decreto n. 66.605, de 20-5-1970, promulga convenção sobre consentimento, idade mínima e registro de casamento.

Art. 1.526. A habilitação será feita pessoalmente perante o oficial do Registro Civil, com a audiência do Ministério Público.

•• *Caput* com redação determinada pela Lei n. 12.133, de 17-12-2009.

Parágrafo único. Caso haja impugnação do oficial, do Ministério Público ou de terceiro, a habilitação será submetida ao juiz.

•• Parágrafo único acrescentado pela Lei n. 12.133, de 17-12-2009.

Art. 1.527. Estando em ordem a documentação, o oficial extrairá o edital, que se afixará durante quinze dias nas circunscrições do Registro Civil de ambos os nubentes, e, obrigatoriamente, se publicará na imprensa local, se houver.

- *Vide* arts. 44 e 67, § 4.º, da Lei n. 6.015, de 31-12-1973.

Parágrafo único. A autoridade competente, havendo urgência, poderá dispensar a publicação.

- *Vide* arts. 43, 44, 67 a 69, 70 e s. da Lei n. 6.015, de 31-12-1973.

Art. 1.528. É dever do oficial do registro esclarecer os nubentes a respeito dos fatos que podem ocasionar a invalidade do casamento, bem como sobre os diversos regimes de bens.

- *Vide* arts. 1.548 a 1.564 (invalidade do casamento) e 1.639 a 1.688 (regime de bens) do CC.
- *Vide* art. 28 da Lei n. 6.015, de 31-12-1973 (responsabilidade do oficial).

Art. 1.529. Tanto os impedimentos quanto as causas suspensivas serão opostos em declaração escrita e assinada, instruída com as provas do fato alegado, ou com a indicação do lugar onde possam ser obtidas.

- *Vide* arts. 1.521 e 1.522 (impedimentos) e 1.523 e 1.524 (causas suspensivas) do CC.

Art. 1.530. O oficial do registro dará aos nubentes ou a seus representantes nota da oposição, indicando os fundamentos, as provas e o nome de quem a ofereceu.

Parágrafo único. Podem os nubentes requerer prazo razoável para fazer prova contrária aos fatos alegados, e promover as ações civis e criminais contra o oponente de má-fé.

- *Vide* art. 67, § 5.º, da Lei n. 6.015, de 31-12-1973.

Art. 1.531. Cumpridas as formalidades dos arts. 1.526 e 1.527 e verificada a inexistência de fato obstativo, o oficial do registro extrairá o certificado de habilitação.

Art. 1.532. A eficácia da habilitação será de noventa dias, a contar da data em que foi extraído o certificado.

Capítulo VI
DA CELEBRAÇÃO DO CASAMENTO

•• A Resolução n. 175, de 14-5-2013, do Conselho Nacional de Justiça, determina que é vedada às autoridades competentes a recusa de habilitação, celebração de casamento civil ou de conversão de união estável em casamento entre pessoas de mesmo sexo.

Art. 1.533. Celebrar-se-á o casamento, no dia, hora e lugar previamente designados pela autoridade que houver de presidir o ato, mediante petição dos contraentes, que se mostrem habilitados com a certidão do art. 1.531.

- *Vide* arts. 5.º, LXXVI, *a*, e 226 e §§ 1.º a 6.º da CF.
- Sobre a celebração do casamento religioso, *vide* Lei n. 1.110, de 23-5-1950, arts. 8.º e 9.º; e Lei n. 6.015, de 31-12-1973, arts. 71, 73, 74 e 75.
- O art. 238 do CP dispõe sobre o crime de simulação de autoridade para celebração de casamento.

Art. 1.534. A solenidade realizar-se-á na sede do cartório, com toda publicidade, a portas abertas, presentes pelo menos duas testemunhas, parentes ou não dos contraentes, ou, querendo as partes e consentindo a autoridade celebrante, noutro edifício público ou particular.

- *Vide* art. 1.539, *caput*, do CC.

§ 1.º Quando o casamento for em edifício particular, ficará este de portas abertas durante o ato.

§ 2.º Serão quatro as testemunhas na hipótese do parágrafo anterior e se algum dos contraentes não souber ou não puder escrever.

- Os arts. 228 e 239 do CP dispõem, respectivamente, sobre os crimes de favorecimento da prostituição e simulação de casamento.

Art. 1.535. Presentes os contraentes, em pessoa ou por procurador especial, juntamente com as testemunhas e o oficial do registro, o presidente do ato, ouvida aos nubentes a afirmação de que pretendem casar por livre e espontânea vontade, declarará efetuado o casamento, nestes termos:

"De acordo com a vontade que ambos acabais de afirmar perante mim, de vos receberdes por marido e mulher, eu, em nome da lei, vos declaro casados".

• *Vide* arts. 1.538 e 1.542 do CC.

Art. 1.536. Do casamento, logo depois de celebrado, lavrar-se-á o assento no livro de registro. No assento, assinado pelo presidente do ato, pelos cônjuges, as testemunhas, e o oficial do registro, serão exarados:

I – os prenomes, sobrenomes, datas de nascimento, profissão, domicílio e residência atual dos cônjuges;

II – os prenomes, sobrenomes, datas de nascimento ou de morte, domicílio e residência atual dos pais;

III – o prenome e sobrenome do cônjuge precedente e a data da dissolução do casamento anterior;

IV – a data da publicação dos proclamas e da celebração do casamento;

V – a relação dos documentos apresentados ao oficial do registro;

VI – o prenome, sobrenome, profissão, domicílio e residência atual das testemunhas;

VII – o regime do casamento, com a declaração da data e do cartório em cujas notas foi lavrada a escritura antenupcial, quando o regime não for o da comunhão parcial, ou o obrigatoriamente estabelecido.

• Poderá constar, ainda, o nome que passa a ter um dos cônjuges em virtude de casamento – *vide* art. 1.565, § 1.º, do CC.

• *Vide* art. 70 da Lei n. 6.015, de 31-12-1973.

Art. 1.537. O instrumento da autorização para casar transcrever-se-á integralmente na escritura antenupcial.

• *Vide* arts. 220, 1.517 a 1.520, 1.634, III, e 1.653 do CC.

Art. 1.538. A celebração do casamento será imediatamente suspensa se algum dos contraentes:

I – recusar a solene afirmação da sua vontade;

II – declarar que esta não é livre e espontânea;

III – manifestar-se arrependido.

Parágrafo único. O nubente que, por algum dos fatos mencionados neste artigo, der causa à suspensão do ato, não será admitido a retratar-se no mesmo dia.

Art. 1.539. No caso de moléstia grave de um dos nubentes, o presidente do ato irá celebrá-lo onde se encontrar o impedido, sendo urgente, ainda que à noite, perante duas testemunhas que saibam ler e escrever.

• *Vide* art. 1.534, §§ 1.º e 2.º, do CC.

§ 1.º A falta ou impedimento da autoridade competente para presidir o casamento suprir-se-á por qualquer dos seus substitutos legais, e a do oficial do Registro Civil por outro *ad hoc*, nomeado pelo presidente do ato.

§ 2.º O termo avulso, lavrado pelo oficial *ad hoc*, será registrado no respectivo registro dentro em cinco dias, perante duas testemunhas, ficando arquivado.

Art. 1.540. Quando algum dos contraentes estiver em iminente risco de vida, não obtendo a presença da autoridade à qual incumba presidir o ato, nem a de seu substituto, poderá o casamento ser celebrado na presença de seis testemunhas, que com os nubentes não tenham parentesco em linha reta, ou, na colateral, até segundo grau.

• *Vide* art. 1.527, parágrafo único, do CC.

• *Vide* art. 76 da Lei n. 6.015, de 31-12-1973.

Art. 1.541. Realizado o casamento, devem as testemunhas comparecer perante a autoridade judicial mais próxima, dentro em dez dias, pedindo que lhes tome por termo a declaração de:

I – que foram convocadas por parte do enfermo;

II – que este parecia em perigo de vida, mas em seu juízo;

III – que, em sua presença, declararam os contraentes, livre e espontaneamente, receber-se por marido e mulher.

• *Vide* art. 76, *caput*, da Lei n. 6.015, de 31-12-1973.

§ 1.º Autuado o pedido e tomadas as declarações, o juiz procederá às diligências necessárias para verificar se os contraentes podiam ter-se habilitado, na forma ordinária, ouvidos os interessados que o requererem, dentro em quinze dias.

•• *Vide* art. 76, § 3.º, da Lei n. 6.015, de 31-12-1973.

§ 2.º Verificada a idoneidade dos cônjuges para o casamento, assim o decidirá a autoridade competente, com recurso voluntário às partes.

§ 3.º Se da decisão não se tiver recorrido, ou se ela passar em julgado, apesar dos recursos interpostos, o juiz mandará registrá-la no livro do Registro dos Casamentos.

§ 4.º O assento assim lavrado retrotrairá os efeitos do casamento, quanto ao estado dos cônjuges, à data da celebração.

§ 5.º Serão dispensadas as formalidades deste e do artigo antecedente, se o enfermo convalescer e puder ratificar o casamento na presença da autoridade competente e do oficial do registro.

Art. 1.542. O casamento pode celebrar-se mediante procuração, por instrumento público, com poderes especiais.

§ 1.º A revogação do mandato não necessita chegar ao conhecimento do mandatário; mas, celebrado o casamento sem que o mandatário ou o outro contraente tivessem ciência da revogação, responderá o mandante por perdas e danos.

• *Vide* arts. 402 a 405 e 1.550, V, do CC.

§ 2.º O nubente que não estiver em iminente risco de vida poderá fazer-se representar no casamento nuncupativo.

§ 3.º A eficácia do mandato não ultrapassará noventa dias.

§ 4.º Só por instrumento público se poderá revogar o mandato.

• *Vide* art. 7.º, § 1.º, da LINDB.

Capítulo VII
DAS PROVAS DO CASAMENTO

Art. 1.543. O casamento celebrado no Brasil prova-se pela certidão do registro.

Parágrafo único. Justificada a falta ou perda do registro civil, é admissível qualquer outra espécie de prova.

• O Decreto-lei n. 6.707, de 18-7-1944, determina a aceitação da carteira profissional para prova do registro civil, nos institutos de previdência social, e dá outras providências.

• *Vide* art. 7.º, § 1.º, da LINDB.

• *Vide* art. 3.º, § 1.º, da Lei n. 1.110, de 23-5-1950, que dispõe sobre o casamento religioso.

Art. 1.544. O casamento de brasileiro, celebrado no estrangeiro, perante as respectivas autoridades ou os cônsules brasileiros, deverá ser registrado em cento e oitenta dias, a contar da volta de um ou de ambos os cônjuges ao Brasil, no cartório do respectivo domicílio, ou, em sua falta, no 1.º Ofício da Capital do Estado em que passarem a residir.

•• *Vide* art. 32 da Lei n. 6.015, de 31-12-1973.

• *Vide* arts. 7.º, 13, 18 e 19 da LINDB.

Art. 1.545. O casamento de pessoas que, na posse do estado de casadas, não possam manifestar vontade, ou tenham falecido, não se pode contestar em prejuízo da prole comum, salvo mediante certidão do Registro Civil que prove que já era casada alguma delas, quando contraiu o casamento impugnado.

Art. 1.546. Quando a prova da celebração legal do casamento resultar de processo judicial, o registro da sentença no livro do Registro Civil produzirá, tanto no que toca aos cônjuges como no que respeita aos filhos, todos os efeitos civis desde a data do casamento.

Art. 1.547. Na dúvida entre as provas favoráveis e contrárias, julgar-se-á pelo casamento, se os cônjuges, cujo casamento se impugna, viverem ou tiverem vivido na posse do estado de casados.

Capítulo VIII
DA INVALIDADE DO CASAMENTO

Art. 1.548. É nulo o casamento contraído:

I – (*Revogado pela Lei n. 13.146, de 6-7-2015*);

• *Vide* arts. 3.º, II, e 166, I, do CC.

II – por infringência de impedimento.

• *Vide* arts. 1.521 e 1.522 do CC.

Art. 1.549. A decretação de nulidade de casamento, pelos motivos previstos no artigo antecedente, pode ser promovida mediante ação direta, por qualquer interessado, ou pelo Ministério Público.

• CPC: arts. 17 e 177.

Art. 1.550. É anulável o casamento:

• *Vide* arts. 1.551, 1.556 e 1.561, *caput*, do CC.

I – de quem não completou a idade mínima para casar;

•• *Vide* arts. 1.517 e 1.520 do CC.

II – do menor em idade núbil, quando não autorizado por seu representante legal;

• *Vide* art. 1.517 do CC.

III – por vício da vontade, nos termos dos arts. 1.556 a 1.558;

•• *Vide* art. 1.560, IV, do CC.

IV – do incapaz de consentir ou manifestar, de modo inequívoco, o consentimento;

•• *Vide* art. 1.560, I, do CC.

V – realizado pelo mandatário, sem que ele ou o outro contraente soubesse da revogação do mandato, e não sobrevindo coabitação entre os cônjuges;

• *Vide* arts. 1.542 e 1.560, § 2.º, do CC.

VI – por incompetência da autoridade celebrante.

•• *Vide* arts. 1.554 e 1.560, II, do CC.

§ 1.º Equipara-se à revogação a invalidade do mandato judicialmente decretada.

•• Parágrafo único renumerado pela Lei n. 13.146, de 6-7-2015.

§ 2.º A pessoa com deficiência mental ou intelectual em idade núbia poderá contrair matrimônio, expressando sua vontade diretamente ou por meio de seu responsável ou curador.

•• § 2.º acrescentado pela Lei n. 13.146, de 6-7-2015.

Art. 1.551. Não se anulará, por motivo de idade, o casamento de que resultou gravidez.

• *Vide* art. 1.520 do CC.

Art. 1.552. A anulação do casamento dos menores de dezesseis anos será requerida:

I – pelo próprio cônjuge menor;

II – por seus representantes legais;

III – por seus ascendentes.

• *Vide* art. 1.560, § 1.º, do CC.

Art. 1.553. O menor que não atingiu a idade núbil poderá, depois de completá-la, confirmar seu casamento, com a autorização de seus representantes legais, se necessária, ou com suprimento judicial.

Art. 1.554. Subsiste o casamento celebrado por aquele que, sem possuir a competência exigida na lei, exercer publicamente as funções de juiz de casamentos e, nessa qualidade, tiver registrado o ato no Registro Civil.

Art. 1.555. O casamento do menor em idade núbil, quando não autorizado por seu representante legal, só poderá ser anulado se a ação for proposta em cento e oitenta dias, por iniciativa do incapaz, ao deixar de sê-lo, de seus representantes legais ou de seus herdeiros necessários.

• *Vide* art. 1.845 do CC.

§ 1.º O prazo estabelecido neste artigo será contado do dia em que cessou a incapacidade, no primeiro caso; a partir do casamento, no segundo; e, no terceiro, da morte do incapaz.

§ 2.º Não se anulará o casamento quando à sua celebração houverem assistido os representantes legais do incapaz, ou tiverem, por qualquer modo, manifestado sua aprovação.

Art. 1.556. O casamento pode ser anulado por vício da vontade, se houve por parte de um dos nubentes, ao consentir, erro essencial quanto à pessoa do outro.

• *Vide* CP, art. 236.

Art. 1.557. Considera-se erro essencial sobre a pessoa do outro cônjuge:

•• *Vide* art. 1.560, III, do CC.

I – o que diz respeito à sua identidade, sua honra e boa fama, sendo esse erro tal que o seu conhecimento ulterior torne insuportável a vida em comum ao cônjuge enganado;

II – a ignorância de crime, anterior ao casamento, que, por sua natureza, torne insuportável a vida conjugal;

III – a ignorância, anterior ao casamento, de defeito físico irremediável que não caracterize deficiência ou de moléstia grave e transmissível, por contágio ou por herança, capaz de pôr em risco a saúde do outro cônjuge ou de sua descendência;

•• Inciso III com redação determinada pela Lei n. 13.146, de 6-7-2015.

IV – (*Revogado pela Lei n. 13.146, de 6-7-2015*).

Art. 1.558. É anulável o casamento em virtude de coação, quando o consentimento de um ou de ambos os cônjuges houver sido captado mediante fundado temor de mal considerável e iminente para a vida, a saúde e a honra, sua ou de seus familiares.

• *Vide* art. 1.560, IV, do CC.

Art. 1.559. Somente o cônjuge que incidiu em erro, ou sofreu coação, pode demandar a anulação do casamento; mas a coabitação, havendo ciência do vício, valida o ato, ressalvadas as hipóteses dos incisos III e IV do art. 1.557.

•• O inciso IV do art. 1.557 do CC foi revogado pela Lei n. 13.146, de 6-7-2015.

Art. 1.560. O prazo para ser intentada a ação de anulação do casamento, a contar da data da celebração, é de:

I – cento e oitenta dias, no caso do inciso IV do art. 1.550;

II – dois anos, se incompetente a autoridade celebrante;

III – três anos, nos casos dos incisos I a IV do art. 1.557;

IV – quatro anos, se houver coação.

• O Decreto-lei n. 4.529, de 30-7-1942, estabelecia que a ação do cônjuge coato para anular o casamento prescrevia em 2 (dois) anos contados da data de sua celebração, não se aplicando aos processos já ajuizados naquela data, de acordo com o Decreto-lei n. 5.383, de 8-4-1943, desde que a ação tivesse sido proposta antes de decorrido o dobro daquele prazo fixado.

§ 1.º Extingue-se, em cento e oitenta dias, o direito de anular o casamento dos menores de dezesseis anos, contado o prazo para o menor do dia em que perfez essa idade; e da data do casamento, para seus representantes legais ou ascendentes.

§ 2.º Na hipótese do inciso V do art. 1.550, o prazo para anulação do casamento é de cento e oitenta dias, a partir da data em que o mandante tiver conhecimento da celebração.

Art. 1.561. Embora anulável ou mesmo nulo, se contraído de boa-fé por ambos os cônjuges, o casamento, em relação a estes como aos filhos, produz todos os efeitos até o dia da sentença anulatória.

• *Vide* arts. 1.563 e 1.564 do CC.

§ 1.º Se um dos cônjuges estava de boa-fé ao celebrar o casamento, os seus efeitos civis só a ele e aos filhos aproveitarão.

§ 2.º Se ambos os cônjuges estavam de má-fé ao celebrar o casamento, os seus efeitos civis só aos filhos aproveitarão.

Art. 1.562. Antes de mover a ação de nulidade do casamento, a de anulação, a de separação judicial, a de divórcio direto ou a de dissolução de união estável, poderá requerer a parte, comprovando sua necessidade, a separação de corpos, que será concedida pelo juiz com a possível brevidade.

•• *Vide* Emenda Constitucional n. 66, de 13-7-2010, que instituiu o divórcio direto.

• Dispõe o art. 69, parágrafo único, da Lei n. 9.099, de 26-9-1995 (Lei dos Juizados Especiais): "Ao autor do fato que, após a lavratura do termo, for imediatamente encaminhado ao juizado ou assumir o compromisso de a ele comparecer, não se imporá prisão em flagrante, nem se exigirá fiança. Em caso de violência doméstica, o juiz poderá determinar, como medida de cautela, seu afastamento do lar, domicílio ou local de convivência com a vítima".

Art. 1.563. A sentença que decretar a nulidade do casamento retroagirá à data da sua celebração, sem prejudicar a aquisição de direitos, a título oneroso, por terceiros de boa-fé, nem a resultante de sentença transitada em julgado.

• *Vide* art. 227, § 6.º, da CF.

• CPC: art. 53, I (foro competente).

• Sobre averbação no registro civil, da sentença anulatória de casamento, *vide* art. 100 da Lei n. 6.015, de 31-12-1973.

• *Vide* art. 27 do ECA.

Art. 1.564. Quando o casamento for anulado por culpa de um dos cônjuges, este incorrerá:

I – na perda de todas as vantagens havidas do cônjuge inocente;

II – na obrigação de cumprir as promessas que lhe fez no contrato antenupcial.

• *Vide* arts. 1.653 a 1.657 do CC.

Capítulo IX
DA EFICÁCIA DO CASAMENTO

Art. 1.565. Pelo casamento, homem e mulher assumem mutuamente a condição de consortes, companheiros e responsáveis pelos encargos da família.

• *Vide* art. 226, § 5.º, da CF.

§ 1.º Qualquer dos nubentes, querendo, poderá acrescer ao seu o sobrenome do outro.

• *Vide* arts. 1.571, § 2.º, 1.578 do CC.

§ 2.º O planejamento familiar é de livre decisão do casal, competindo ao Estado propiciar recursos educacionais e financeiros para o exercício desse direito, vedado qualquer tipo de coerção por parte de instituições privadas ou públicas.

• *Vide* art. 1.513 do CC.

• *Vide* art. 226, § 7.º, da CF.

• *Vide* Lei n. 9.263, de 12-1-1996.

Art. 1.566. São deveres de ambos os cônjuges:

I – fidelidade recíproca;

• *Vide* art. 1.573, I, do CC.

II – vida em comum, no domicílio conjugal;

• *Vide* arts. 1.569 e 1.573, IV, do CC.

III – mútua assistência;

• Sobre abandono material: art. 244 do CP.

IV – sustento, guarda e educação dos filhos;

• *Vide* CF, arts. 226, § 5.º, 227 e 229.

• *Vide* arts. 1.583 a 1.590, 1.634, 1.635, V, e 1.638 do CC.

• Sobre sustento, guarda e educação dos filhos, *vide* CP, arts. 244, 245 e 246, e as disposições do ECA (Lei n. 8.069, de 13-7-1990).

V – respeito e consideração mútuos.

Art. 1.567. A direção da sociedade conjugal será exercida, em colaboração, pelo marido e pela mulher, sempre no interesse do casal e dos filhos.

Parágrafo único. Havendo divergência, qualquer dos cônjuges poderá recorrer ao juiz, que decidirá tendo em consideração aqueles interesses.

• *Vide* art. 1.631, parágrafo único, do CC.

Art. 1.568. Os cônjuges são obrigados a concorrer, na proporção de seus bens e dos rendimentos do trabalho, para o sustento da família e a educação dos filhos, qualquer que seja o regime patrimonial.

• *Vide* art. 226, § 5.º, da CF.

Art. 1.569. O domicílio do casal será escolhido por ambos os cônjuges, mas um e outro podem ausentar-se do domicílio conjugal para atender a encargos públicos, ao exercício de sua profissão, ou a interesses particulares relevantes.

Art. 1.570. Se qualquer dos cônjuges estiver em lugar remoto ou não sabido, encarcerado por mais de cento e oitenta dias, interditado judicialmente ou privado, episodicamente, de consciência, em virtude de enfermidade ou de acidente, o outro exercerá com exclusividade a direção da família, cabendo-lhe a administração dos bens.

• *Vide* arts. 25 e 1.651 do CC.

Capítulo X
DA DISSOLUÇÃO DA SOCIEDADE E DO VÍNCULO CONJUGAL

•• *Vide* Emenda Constitucional n. 66, de 13-7-2010, que instituiu o divórcio direto.

Art. 1.571. A sociedade conjugal termina:

I – pela morte de um dos cônjuges;

II – pela nulidade ou anulação do casamento;

• *Vide* arts. 1.548 a 1.564 do CC.

III – pela separação judicial;

•• *Vide* Emenda Constitucional n. 66, de 13-7-2010, que instituiu o divórcio direto.

IV – pelo divórcio.

•• *Vide* Emenda Constitucional n. 66, de 13-7-2010, que instituiu o divórcio direto.

• *Vide* arts. 1.579 a 1.582 do CC.

§ 1.º O casamento válido só se dissolve pela morte de um dos cônjuges ou pelo divórcio, aplicando-se a presunção estabelecida neste Código quanto ao ausente.

• *Vide* arts. 6.º e 22 a 39 do CC.

§ 2.º Dissolvido o casamento pelo divórcio direto ou por conversão, o cônjuge poderá manter o nome de casado; salvo, no segundo caso, dispondo em contrário a sentença de separação judicial.

Art. 1.572. Qualquer dos cônjuges poderá propor a ação de separação judicial, imputando ao outro qualquer ato que importe grave violação dos deveres do casamento e torne insuportável a vida em comum.

•• *Vide* Emenda Constitucional n. 66, de 13-7-2010, que instituiu o divórcio direto.

§ 1.º A separação judicial pode também ser pedida se um dos cônjuges provar ruptura da vida em comum há mais de um ano e a impossibilidade de sua reconstituição.

§ 2.º O cônjuge pode ainda pedir a separação judicial quando o outro estiver acometido de doença mental grave, manifestada após o casamento, que torne impossível a continuação da vida em comum, desde que, após uma duração de dois anos, a enfermidade tenha sido reconhecida de cura improvável.

§ 3.º No caso do parágrafo 2.º, reverterão ao cônjuge enfermo, que não houver pedido a separação judicial, os remanescentes dos bens que levou para o casamento, e se o regime dos bens adotado o permitir, a meação dos adquiridos na constância da sociedade conjugal.

Art. 1.573. Podem caracterizar a impossibilidade da comunhão de vida a ocorrência de algum dos seguintes motivos:

•• *Vide* Emenda Constitucional n. 66, de 13-7-2010, que instituiu o divórcio direto.

I – adultério;

• *Vide* art. 1.566, I, do CC.

II – tentativa de morte;

III – sevícia ou injúria grave;

IV – abandono voluntário do lar conjugal, durante um ano contínuo;

• *Vide* art. 1.566, II, do CC.

V – condenação por crime infamante;

VI – conduta desonrosa.

• *Vide* art. 1.566, V, do CC.

Parágrafo único. O juiz poderá considerar outros fatos que tornem evidente a impossibilidade da vida em comum.

Art. 1.574. Dar-se-á a separação judicial por mútuo consentimento dos cônjuges se forem casados por mais de um ano e o manifestarem perante o juiz, sendo por ele devidamente homologada a convenção.

•• *Vide* Emenda Constitucional n. 66, de 13-7-2010, que instituiu o divórcio direto.

•• O art. 733 do CPC estabelece: "O divórcio consensual, a separação consensual e a extinção consensual de união estável, não havendo nascituro ou filhos incapazes e observados os requisitos legais, poderão ser realizados por escritura pública, da qual constarão as disposições de que trata o art. 731, § 1.º A escritura não depende de homologação judicial e constitui título hábil para qualquer ato de registro, bem como para levantamento de importância depositada em instituições financeiras. § 2.º O tabelião somente lavrará a escritura se os interessados estiverem assistidos por advogado ou por defensor público, cuja qualificação e assinatura constarão do ato notarial".

Parágrafo único. O juiz pode recusar a homologação e não decretar a separação judicial se apurar que a convenção não preserva suficientemente os interesses dos filhos ou de um dos cônjuges.

Art. 1.575. A sentença de separação judicial importa a separação de corpos e a partilha de bens.

•• *Vide* Emenda Constitucional n. 66, de 13-7-2010, que instituiu o divórcio direto.

• *Vide* notas ao art. 1.562 do CC.

Parágrafo único. A partilha de bens poderá ser feita mediante proposta dos cônjuges e homologada pelo juiz ou por este decidida.

Art. 1.576. A separação judicial põe termo aos deveres de coabitação e fidelidade recíproca e ao regime de bens.

•• *Vide* Emenda Constitucional n. 66, de 13-7-2010, que instituiu o divórcio direto.

Parágrafo único. O procedimento judicial da separação caberá somente aos cônjuges, e, no caso de incapacidade, serão representados pelo curador, pelo ascendente ou pelo irmão.

Art. 1.577. Seja qual for a causa da separação judicial e o modo como esta se faça, é lícito aos cônjuges restabelecer, a todo tempo, a sociedade conjugal, por ato regular em juízo.

•• *Vide* Emenda Constitucional n. 66, de 13-7-2010, que instituiu o divórcio direto.

Parágrafo único. A reconciliação em nada prejudicará o direito de terceiros, adquirido antes e durante o estado de separado, seja qual for o regime de bens.

• *Vide* art. 101 da Lei n. 6.015, de 31-12-1973.

Art. 1.578. O cônjuge declarado culpado na ação de separação judicial perde o direito de usar o sobrenome do outro, desde que expressamente requerido pelo cônjuge inocente e se a alteração não acarretar:

•• *Vide* Emenda Constitucional n. 66, de 13-7-2010, que instituiu o divórcio direto.

I – evidente prejuízo para a sua identificação;

II – manifesta distinção entre o seu nome de família e o dos filhos havidos da união dissolvida;

III – dano grave reconhecido na decisão judicial.

§ 1.º O cônjuge inocente na ação de separação judicial poderá renunciar, a qualquer momento, ao direito de usar o sobrenome do outro.

§ 2.º Nos demais casos caberá a opção pela conservação do nome de casado.

Art. 1.579. O divórcio não modificará os direitos e deveres dos pais em relação aos filhos.

Parágrafo único. Novo casamento de qualquer dos pais, ou de ambos, não poderá importar restrições aos direitos e deveres previstos neste artigo.

• *Vide* arts. 1.634 e 1.636 do CC.

• *Vide* art. 27 da Lei n. 6.515, de 26-12-1977.

• *Vide* art. 229 da CF.

• *Vide* art. 22 da Lei n. 8.069, de 13-7-1990.

Art. 1.580. Decorrido um ano do trânsito em julgado da sentença que houver decretado a separação judicial, ou da decisão concessiva da medida cautelar de separação de corpos, qualquer das partes poderá requerer sua conversão em divórcio.

•• *Vide* Emenda Constitucional n. 66, de 13-7-2010, que instituiu o divórcio direto.

§ 1.º A conversão em divórcio da separação judicial dos cônjuges será decretada por sentença, da qual não constará referência à causa que a determinou.

§ 2.º O divórcio poderá ser requerido, por um ou por ambos os cônjuges, no caso de comprovada separação de fato por mais de dois anos.

Art. 1.581. O divórcio pode ser concedido sem que haja prévia partilha de bens.

•• *Vide* art. 31 da Lei n. 6.515, de 26-12-1977.

• *Vide* Súmula 197 do STJ.

Art. 1.582. O pedido de divórcio somente competirá aos cônjuges.

Parágrafo único. Se o cônjuge for incapaz para propor a ação ou defender-se, poderá fazê-lo o curador, o ascendente ou o irmão.

• *Vide* art. 24 da Lei n. 6.515, de 26-12-1977.

Capítulo XI
DA PROTEÇÃO DA PESSOA DOS FILHOS

•• *Vide* Lei n. 12.318, de 26-8-2010, que dispõe sobre alienação parental.

Art. 1.583. A guarda será unilateral ou compartilhada.

•• *Caput* com redação determinada pela Lei n. 11.698, de 13-6-2008.

• *Vide* art. 16 da Lei n. 6.515, de 26-12-1977.

§ 1.º Compreende-se por guarda unilateral a atribuída a um só dos genitores ou a alguém que o substitua (art. 1.584, § 5.º) e, por guarda compartilhada a responsabilização conjunta e o exercício de direitos e deveres do pai e da mãe que não vivam sob o mesmo teto, concernentes ao poder familiar dos filhos comuns.

•• § 1.º acrescentado pela Lei n. 11.698, de 13-6-2008.

§ 2.º Na guarda compartilhada, o tempo de convívio com os filhos deve ser dividido de forma equilibrada com a mãe e com o pai, sempre tendo em vista as condições fáticas e os interesses dos filhos.

•• § 2.º, *caput*, com redação determinada pela Lei n. 13.058, de 22-12-2014.

I a III – (*Revogados pela Lei n. 13.058, de 22-12-2014.*)

§ 3.º Na guarda compartilhada, a cidade considerada base de moradia dos filhos será aquela que melhor atender aos interesses dos filhos.

•• § 3.º com redação determinada pela Lei n. 13.058, de 22-12-2014.

§ 4.º (*Vetado.*)

•• § 4.º acrescentado pela Lei n. 11.698, de 13-6-2008.

§ 5.º A guarda unilateral obriga o pai ou a mãe que não a detenha a supervisionar os interesses dos filhos, e, para possibilitar tal supervisão, qualquer dos genitores sempre será parte legítima para solicitar informações e/ou prestação de contas, objetivas ou subjetivas, em assuntos ou situações que direta ou indiretamente afetem a saúde física e psicológica e a educação de seus filhos.

•• § 5.º acrescentado pela Lei n. 13.058, de 22-12-2014.

Art. 1.584. A guarda, unilateral ou compartilhada, poderá ser:

•• *Caput* com redação determinada pela Lei n. 11.698, de 13-6-2008.

I – requerida, por consenso, pelo pai e pela mãe, ou por qualquer deles, em ação autônoma de separação, de divórcio, de dissolução de união estável ou em medida cautelar;

•• Inciso I acrescentado pela Lei n. 11.698, de 13-6-2008.

II – decretada pelo juiz, em atenção a necessidades específicas do filho, ou em razão da distribuição de tempo necessário ao convívio deste com o pai e com a mãe.

•• Inciso II acrescentado pela Lei n. 11.698, de 13-6-2008.

§ 1.º Na audiência de conciliação, o juiz informará ao pai e à mãe o significado da guarda compartilhada, a sua importância, a similitude de deveres e direitos atribuídos aos genitores e as sanções pelo descumprimento de suas cláusulas.

•• § 1.º acrescentado pela Lei n. 11.698, de 13-6-2008.

•• A Lei n. 13.140, de 26-6-2015, dispõe sobre a mediação entre particulares como meio de solução de controvérsias e sobre a autocomposição de conflitos no âmbito da administração pública.

§ 2.º Quando não houver acordo entre a mãe e o pai quanto à guarda do filho, encontrando-se ambos os genitores aptos a exercer o poder familiar, será aplicada a guarda compartilhada, salvo se um dos genitores declarar ao magistrado que não deseja a guarda do menor.

•• § 2.º com redação determinada pela Lei n. 13.058, de 22-12-2014.

§ 3.º Para estabelecer as atribuições do pai e da mãe e os períodos de convivência sob guarda compartilhada, o juiz, de ofício ou a requerimento do Ministério Público, poderá basear-se em orientação técnico-profissional ou de equipe interdisciplinar, que deverá visar à divisão equilibrada do tempo com o pai e com a mãe.

•• § 3.º com redação determinada pela Lei n. 13.058, de 22-12-2014.

§ 4.º A alteração não autorizada ou o descumprimento imotivado de cláusula de guarda unilateral ou compartilhada poderá implicar a redução de prerrogativas atribuídas ao seu detentor.

•• § 4.º com redação determinada pela Lei n. 13.058, de 22-12-2014.

§ 5.º Se o juiz verificar que o filho não deve permanecer sob a guarda do pai ou da mãe, deferirá a guarda à pessoa que revele compatibilidade com a natureza da medida, considerados, de preferência, o grau de parentesco e as relações de afinidade e afetividade.

•• § 5.º com redação determinada pela Lei n. 13.058, de 22-12-2014.

§ 6.º Qualquer estabelecimento público ou privado é obrigado a prestar informações a qualquer dos genitores sobre os filhos destes, sob pena de multa de R$ 200,00 (duzentos reais) a R$ 500,00 (quinhentos reais) por dia pelo não atendimento da solicitação.

•• § 6.º acrescentado pela Lei n. 13.058, de 22-12-2014.

Art. 1.585. Em sede de medida cautelar de separação de corpos, em sede de medida cautelar de guarda ou em outra sede de fixação liminar de guarda, a decisão sobre guarda de filhos, mesmo que provisória, será proferida preferencialmente após a oitiva de ambas as partes perante o juiz, salvo se a proteção aos interesses dos filhos exigir a concessão de liminar sem a oitiva da outra parte, aplicando-se as disposições do art. 1.584.

•• Artigo com redação determinada pela Lei n. 13.058, de 22-12-2014.

• *Vide* art. 1.562 do CC.

• CPC: arts. 294 e 305.

Art. 1.586. Havendo motivos graves, poderá o juiz, em qualquer caso, a bem dos filhos, regular de maneira diferente da estabelecida nos artigos antecedentes a situação deles para com os pais.

Art. 1.587. No caso de invalidade do casamento, havendo filhos comuns, observar-se-á o disposto nos arts. 1.584 e 1.586.

• *Vide* arts. 1.548 a 1.564 do CC.

Art. 1.588. O pai ou a mãe que contrair novas núpcias não perde o direito de ter consigo os filhos, que só lhe poderão ser retirados por mandado judicial, provado que não são tratados convenientemente.

• *Vide* arts. 1.579, parágrafo único, e 1.636 do CC.

Art. 1.589. O pai ou a mãe, em cuja guarda não estejam os filhos, poderá visitá-los e tê-los em sua companhia, segundo o que acordar com o outro cônjuge, ou for fixado pelo juiz, bem como fiscalizar sua manutenção e educação.

• *Vide* art. 1.579 do CC.

• *Vide* art. 15 da Lei n. 6.515, de 26-12-1977.

Parágrafo único. O direito de visita estende-se a qualquer dos avós, a critério do juiz, observados os interesses da criança ou do adolescente.

•• Parágrafo único acrescentado pela Lei n. 12.398, de 28-3-2011.

Art. 1.590. As disposições relativas à guarda e prestação de alimentos aos filhos menores estendem-se aos maiores incapazes.

• *Vide* arts. 3.º, 4.º, 1.584 a 1.589 e 1.703 do CC.

• *Vide* art. 16 da Lei n. 6.515, de 26-12-1977.

Subtítulo II
DAS RELAÇÕES DE PARENTESCO

Capítulo I
DISPOSIÇÕES GERAIS

Art. 1.591. São parentes em linha reta as pessoas que estão umas para com as outras na relação de ascendentes e descendentes.

• *Vide* arts. 1.521, I, e 1.723, § 1.º, do CC.

Art. 1.592. São parentes em linha colateral ou transversal, até o quarto grau, as pessoas provenientes de um só tronco, sem descenderem uma da outra.

• *Vide* art. 1.839 do CC.

Art. 1.593. O parentesco é natural ou civil, conforme resulte de consanguinidade ou outra origem.

• Adoção no ECA (Lei n. 8.069, de 13-7-1990): arts. 39 a 52-D.

• *Vide* arts. 226, § 4.º, e 227, §§ 5.º e 6.º, da CF.

Art. 1.594. Contam-se, na linha reta, os graus de parentesco pelo número de gerações, e, na colateral, também pelo número delas, subindo de um dos parentes até ao ascendente comum, e descendo até encontrar o outro parente.

Art. 1.595. Cada cônjuge ou companheiro é aliado aos parentes do outro pelo vínculo da afinidade.

§ 1.º O parentesco por afinidade limita-se aos ascendentes, aos descendentes e aos irmãos do cônjuge ou companheiro.

§ 2.º Na linha reta, a afinidade não se extingue com a dissolução do casamento ou da união estável.

• *Vide* art. 1.521, II, do CC.

Capítulo II
DA FILIAÇÃO

Art. 1.596. Os filhos, havidos ou não da relação de casamento, ou por adoção, terão os mesmos direitos e qualificações, proibidas quaisquer designações discriminatórias relativas à filiação.

• *Vide* art. 227, § 6.º, da CF.

• *Vide* art. 20 da Lei n. 8.069, de 13-7-1990 (ECA).

• *Vide* arts. 5.º e 6.º da Lei n. 8.560, de 29-12-1992.

• *Vide* Lei n. 12.010, de 3-8-2009 (Lei Nacional da Adoção).

Art. 1.597. Presumem-se concebidos na constância do casamento os filhos:

I – nascidos cento e oitenta dias, pelo menos, depois de estabelecida a convivência conjugal;

II – nascidos nos trezentos dias subsequentes à dissolução da sociedade conjugal, por morte, separação judicial, nulidade e anulação do casamento;

• *Vide* Lei n. 6.515, de 26-12-1977 (Lei do Divórcio).

III – havidos por fecundação artificial homóloga, mesmo que falecido o marido;

IV – havidos, a qualquer tempo, quando se tratar de embriões excedentários, decorrentes de concepção artificial homóloga;

V – havidos por inseminação artificial heteróloga, desde que tenha prévia autorização do marido.

•• *Vide* art. 227, § 6.º, da CF.

• *Vide* art. 2.º do CC.

Art. 1.598. Salvo prova em contrário, se, antes de decorrido o prazo previsto no inciso II do art. 1.523, a mulher contrair novas núpcias e lhe nascer algum filho, este se presume do primeiro marido, se nascido dentro dos trezentos dias a contar da data do falecimento deste e, do segundo, se o nascimento ocorrer após esse período e já decorrido o prazo a que se refere o inciso I do art. 1.597.

•• *Vide* art. 227, § 6.º, da CF.

Art. 1.599. A prova da impotência do cônjuge para gerar, à época da concepção, ilide a presunção da paternidade.

Art. 1.600. Não basta o adultério da mulher, ainda que confessado, para ilidir a presunção legal da paternidade.

Art. 1.601. Cabe ao marido o direito de contestar a paternidade dos filhos nascidos de sua mulher, sendo tal ação imprescritível.

Parágrafo único. Contestada a filiação, os herdeiros do impugnante têm direito de prosseguir na ação.

Art. 1.602. Não basta a confissão materna para excluir a paternidade.

Art. 1.603. A filiação prova-se pela certidão do termo de nascimento registrada no Registro Civil.

• *Vide* arts. 50 a 66 da Lei n. 6.015, de 31-12-1973 (LRP).

• *Vide* Lei n. 12.662, de 5-6-2012, que trata da Declaração de Nascido Vivo.

Art. 1.604. Ninguém pode vindicar estado contrário ao que resulta do registro de nascimento, salvo provando-se erro ou falsidade do registro.

• *Vide* art. 227, § 6.º, da CF.

• *Vide* art. 114 da Lei n. 6.015, de 31-12-1973 (LRP).

• Identificação civil do imigrante: Lei n. 13.445, de 24-5-2017, arts. 19 a 22.

• Os arts. 241 a 243 do CP dispõem sobre os crimes contra a família.

Art. 1.605. Na falta, ou defeito, do termo de nascimento, poderá provar-se a filiação por qualquer modo admissível em direito:

I – quando houver começo de prova por escrito, proveniente dos pais, conjunta ou separadamente;

II – quando existirem veementes presunções resultantes de fatos já certos.

• *Vide* art. 227, § 6.º, da CF.

• *Vide* arts. 212 a 232 do CC.

Art. 1.606. A ação de prova de filiação compete ao filho, enquanto viver, passando aos herdeiros, se ele morrer menor ou incapaz.

• *Vide* art. 227, § 6.º, da CF.

• *Vide* ECA, art. 27.

• *Vide* Lei n. 8.560, de 29-12-1992.

Parágrafo único. Se iniciada a ação pelo filho, os herdeiros poderão continuá-la, salvo se julgado extinto o processo.

• *Vide* art. 227, § 6.º, da CF.

• CPC: arts. 485 e 487.

Capítulo III
DO RECONHECIMENTO DOS FILHOS

• A Lei n. 10.317, de 6-12-2001, altera a Lei n. 1.060, de 5-2-1950 (assistência judiciária aos necessitados), para conceder a gratuidade do exame de DNA nos casos que especifica.

Art. 1.607. O filho havido fora do casamento pode ser reconhecido pelos pais, conjunta ou separadamente.

- *Vide* art. 227, § 6.º, da CF.
- *Vide* art. 59 da Lei n. 6.015, de 31-12-1973 (LRP).
- Lei n. 8.069, de 13-7-1990, art. 26 (ECA).
- Lei n. 8.560, de 29-12-1992.
- *Vide* Súmula 301 do STJ.

Art. 1.608. Quando a maternidade constar do termo do nascimento do filho, a mãe só poderá contestá-la, provando a falsidade do termo, ou das declarações nele contidas.

Art. 1.609. O reconhecimento dos filhos havidos fora do casamento é irrevogável e será feito:

I – no registro do nascimento;

II – por escritura pública ou escrito particular, a ser arquivado em cartório;

III – por testamento, ainda que incidentalmente manifestado;

IV – por manifestação direta e expressa perante o juiz, ainda que o reconhecimento não haja sido o objeto único e principal do ato que o contém.

- *Vide* art. 227, § 6.º, da CF.
- Lei n. 8.069, de 13-7-1990, art. 26.
- Lei n. 8.560, de 29-12-1992, art. 1.º, I a IV.

Parágrafo único. O reconhecimento pode preceder o nascimento do filho ou ser posterior ao seu falecimento, se ele deixar descendentes.

- Lei n. 8.069, de 13-7-1990, art. 26, parágrafo único (ECA).

Art. 1.610. O reconhecimento não pode ser revogado, nem mesmo quando feito em testamento.

Art. 1.611. O filho havido fora do casamento, reconhecido por um dos cônjuges, não poderá residir no lar conjugal sem o consentimento do outro.

•• *Vide* art. 227, § 6.º, da CF.

- Se um dos cônjuges negar consentimento para que resida no lar conjugal o filho natural reconhecido do outro, caberá ao pai, ou à mãe, que o reconheceu prestar-lhe, fora do seu lar, inteira assistência, assim como alimentos correspondentes à condição social em que viva, iguais aos que prestar a filho legítimo, se o tiver – *vide* art. 15 do Decreto-lei n. 3.200, de 19-4-1941.

Art. 1.612. O filho reconhecido, enquanto menor, ficará sob a guarda do genitor que o reconheceu, e, se ambos o reconheceram e não houver acordo, sob a de quem melhor atender aos interesses do menor.

- *Vide* arts. 226, § 5.º, e 227, § 6.º, da CF.
- Diz o art. 16 do Decreto-lei n. 3.200, de 19-4-1941, alterado pela Lei n. 5.582, de 16-6-1970: "O filho natural enquanto menor ficará sob o poder do genitor que o reconheceu e, se ambos o reconheceram, sob o poder da mãe, salvo se de tal solução advier prejuízo ao menor".

Art. 1.613. São ineficazes a condição e o termo apostos ao ato de reconhecimento do filho.

- *Vide* arts. 121, 131 e 136 do CC.

Art. 1.614. O filho maior não pode ser reconhecido sem o seu consentimento, e o menor pode impugnar o reconhecimento, nos quatro anos que se seguirem à maioridade, ou à emancipação.

- Lei n. 8.560, de 29-12-1992, art. 4.º.

Art. 1.615. Qualquer pessoa, que justo interesse tenha, pode contestar a ação de investigação de paternidade, ou maternidade.

- *Vide* Súmula 149 do STF.

Art. 1.616. A sentença que julgar procedente a ação de investigação produzirá os mesmos efeitos do reconhecimento; mas poderá ordenar que o filho se crie e eduque fora da companhia dos pais ou daquele que lhe contestou essa qualidade.

- Lei n. 6.015, de 31-12-1973, arts. 29, § 1.º, *d*, e 109, § 4.º (LRP).

Art. 1.617. A filiação materna ou paterna pode resultar de casamento declarado nulo, ainda mesmo sem as condições do putativo.

- *Vide* art. 227, § 6.º, da CF.
- *Vide* art. 1.561 do CC.

Capítulo IV
DA ADOÇÃO

•• *Vide* art. 227, § 6.º, da CF.

•• *Vide* Lei Nacional da Adoção (Lei n. 12.010, de 3-8-2009).

- Outros dispositivos sobre adoção no CC: arts. 1.521, III e V, 1.593, 1.635, IV, e 1.763, II.
- Sobre adoção: Licença-maternidade em caso de adoção: Decreto-lei n. 5.452, de 1.º-5-1943 (CLT), art. 392-A. Salário-maternidade em caso de adoção: Lei n. 8.213, de 24-7-1991, art. 71-A. Por servidora pública, prazo, licença-remunerada: art. 210, parágrafo único, e por servidor público, licença-paternidade, art. 208, da Lei n. 8.112, de 11-12-1990 (Regime Jurídico dos Servidores Públicos Civis da União, das Autarquias e das Fundações Públicas Federais). Convenção sobre os direitos da criança: Decreto n. 99.710, de 21-11-1990 (arts. 20, n. 3, 21, e 40, n. 4). No ECA (Lei n. 8.069, de 13-7-1990): arts. 8.º, § 5.º, 13, parágrafo único, 20, 28, 31, 33, 39 a 52-D, 87, VII, 102, § 4.º, 148, III, 165, parágrafo único, 166, 167, 170, 197-A a 197-E, 199-A, 199-C, 240, III, 258-A, parágrafo único, e 258-B.
- Convenção Interamericana sobre Conflito de Leis em Matéria de Adoção de Menores: Decreto n. 2.429, de 17-12-1997.
- Convenção relativa à Proteção das Crianças e à Cooperação em Matéria de Adoção Internacional, concluída em Haia, em 29-5-1993: Decreto n. 3.087, de 21-6-1999.
- A Lei n. 10.447, de 9-5-2002, institui o Dia Nacional da Adoção, a ser comemorado, anualmente, no dia 25 de maio.

Art. 1.618. A adoção de crianças e adolescentes será deferida na forma prevista pela Lei n. 8.069, de 13 de julho de 1990 – Estatuto da Criança e do Adolescente.

•• *Caput* com redação determinada pela Lei n. 12.010, de 3-8-2009.

•• *Vide* arts. 39 a 52-D da Lei n. 8.069, de 13-7-1990.

Parágrafo único. (*Revogado pela Lei n. 12.010, de 3-8-2009.*)

Art. 1.619. A adoção de maiores de 18 (dezoito) anos dependerá da assistência efetiva do poder público e de sentença constitutiva, aplicando-se, no que couber, as regras gerais da Lei n. 8.069, de 13 de julho de 1990 - Estatuto da Criança e do Adolescente.

•• Artigo com redação determinada pela Lei n. 12.010, de 3-8-2009.

Arts. 1.620 a 1.629. (*Revogados pela Lei n. 12.010, de 3-8-2009.*)

Capítulo V
DO PODER FAMILIAR

• Dispositivos do CC sobre poder familiar: arts. 197, II, 1.728, II, 1.730, 1.733, § 2.º, 1.763, II, e 1.779, *caput*.

• Dispositivos do ECA (Lei n. 8.069, de 13-7-1990) sobre poder familiar: arts. 21, 23, *caput*, 24, 36, parágrafo único, 45, § 1.º, 49, 129, X, 136, 148, parágrafo único, *b*, *d*, 155 a 163, 166, *caput*, 169, *caput*, 201, III, e 249, *caput*.

• Dispositivos do CP (Decreto-lei n. 2.848, de 7-12-1940) sobre poder familiar: arts. 92, II, 225, § 1.º, II, e 249, § 1.º.

Seção I
Disposições Gerais

Art. 1.630. Os filhos estão sujeitos ao poder familiar, enquanto menores.

• *Vide* arts. 5.º, 1.612 e 1.635 do CC.

Art. 1.631. Durante o casamento e a união estável, compete o poder familiar aos pais; na falta ou impedimento de um deles, o outro o exercerá com exclusividade.

Parágrafo único. Divergindo os pais quanto ao exercício do poder familiar, é assegurado a qualquer deles recorrer ao juiz para solução do desacordo.

• *Vide* art. 1.517, parágrafo único, do CC.

• Lei n. 8.069, de 13-7-1990, art. 21 (ECA).

Art. 1.632. A separação judicial, o divórcio e a dissolução da união estável não alteram as relações entre pais e filhos senão quanto ao direito, que aos primeiros cabe, de terem em sua companhia os segundos.

• *Vide* Lei n. 6.515, de 26-12-1977, art. 27 (Lei do Divórcio).

Art. 1.633. O filho, não reconhecido pelo pai, fica sob poder familiar exclusivo da mãe; se a mãe não for conhecida ou capaz de exercê-lo, dar-se-á tutor ao menor.

• *Vide* arts. 226, § 5.º, e 227, § 6.º, da CF.

• *Vide* art. 1.612 do CC.

• *Vide* art. 16 do Decreto-lei n. 3.200, de 19-4-1941.

Seção II
Do Exercício do Poder Familiar

Art. 1.634. Compete a ambos os pais, qualquer que seja a sua situação conjugal, o pleno exercício do poder familiar, que consiste em, quanto aos filhos:

•• *Caput* com redação determinada pela Lei n. 13.058, de 22-12-2014.

I – dirigir-lhes a criação e a educação;

•• Inciso I com redação determinada pela Lei n. 13.058, de 22-12-2014.

• CF, art. 229.

• Lei n. 8.069, de 13-7-1990, art. 21 (ECA).

II – exercer a guarda unilateral ou compartilhada nos termos do art. 1.584;

•• Inciso II com redação determinada pela Lei n. 13.058, de 22-12-2014.

• *Vide* arts. 1.612, 1.631, *caput*, e 1.583 a 1.590 do CC.

• *Vide* Lei n. 8.069, de 13-7-1990, arts. 33 a 35 (ECA).

III – conceder-lhes ou negar-lhes consentimento para casarem;

•• Inciso III com redação determinada pela Lei n. 13.058, de 22-12-2014.

• *Vide* arts. 1.517, *caput*, 1.519, 1.550, II, e 1.641, III, do CC.

IV – conceder-lhes ou negar-lhes consentimento para viajarem ao exterior;

•• Inciso IV com redação determinada pela Lei n. 13.058, de 22-12-2014.

• *Vide* art. 1.729 do CC.

V – conceder-lhes ou negar-lhes consentimento para mudarem sua residência permanente para outro Município;

•• Inciso V com redação determinada pela Lei n. 13.058, de 22-12-2014.

• *Vide* arts. 3.º e 4.º do CC.

VI – nomear-lhes tutor por testamento ou documento autêntico, se o outro dos pais não lhe sobreviver, ou o sobrevivo não puder exercer o poder familiar;

•• Inciso VI com redação determinada pela Lei n. 13.058, de 22-12-2014.

• CPC, arts. 801, III, 806, 839 e 843.

VII – representá-los judicial e extrajudicialmente até os 16 (dezesseis) anos, nos atos da vida civil, e assisti-los, após essa idade, nos atos em que forem partes, suprindo-lhes o consentimento;

•• Inciso VII com redação determinada pela Lei n. 13.058, de 22-12-2014.

• O CP prevê os crimes de abandono material, de entrega de filho menor a pessoa inidônea, de abandono intelectual e moral nos arts. 244 a 247. Os crimes contra o poder familiar estão previstos nos arts. 248 e 249. *Vide*, também, o art. 136.

VIII – reclamá-los de quem ilegalmente os detenha;

•• Inciso VIII acrescentado pela Lei n. 13.058, de 22-12-2014.

IX – exigir que lhes prestem obediência, respeito e os serviços próprios de sua idade e condição.

•• Inciso IX acrescentado pela Lei n. 13.058, de 22-12-2014.

Seção III
Da Suspensão e Extinção do Poder Familiar

• *Vide* arts. 24, 148, parágrafo único, *b*, e 155 a 163, da Lei n. 8.069, de 13-7-1990 (ECA).

Art. 1.635. Extingue-se o poder familiar:

I – pela morte dos pais ou do filho;

II – pela emancipação, nos termos do art. 5.º, parágrafo único;

III – pela maioridade;

• *Vide* art. 5.º, *caput*, do CC.

IV – pela adoção;

V – por decisão judicial, na forma do artigo 1.638.

Art. 1.636. O pai ou a mãe que contrai novas núpcias, ou estabelece união estável, não perde, quanto aos filhos do relacionamento anterior, os direitos ao poder familiar, exercendo-os sem qualquer interferência do novo cônjuge ou companheiro.

Parágrafo único. Igual preceito ao estabelecido neste artigo aplica-se ao pai ou à mãe solteiros que casarem ou estabelecerem união estável.

- *Vide* art. 1.588 do CC.

Art. 1.637. Se o pai, ou a mãe, abusar de sua autoridade, faltando aos deveres a eles inerentes ou arruinando os bens dos filhos, cabe ao juiz, requerendo algum parente, ou o Ministério Público, adotar a medida que lhe pareça reclamada pela segurança do menor e seus haveres, até suspendendo o poder familiar, quando convenha.

•• *Vide* Lei n. 12.318, de 26-8-2010, que dispõe sobre alienação parental.

Parágrafo único. Suspende-se igualmente o exercício do poder familiar ao pai ou à mãe condenados por sentença irrecorrível, em virtude de crime cuja pena exceda a dois anos de prisão.

- *Vide* ECA (Lei n. 8.069, de 13-7-1990), arts. 24, 129, X, 130 e 155 a 163.
- CP, arts. 244 a 247: crimes contra a assistência familiar.

Art. 1.638. Perderá por ato judicial o poder familiar o pai ou a mãe que:

I – castigar imoderadamente o filho;

- CP, art. 136 e §§ 1.º a 3.º: crime de maus-tratos.

II – deixar o filho em abandono;

- CP, arts. 244 e 246: crimes de abandono material e abandono intelectual.

III – praticar atos contrários à moral e aos bons costumes;

- *Vide* ECA, arts. 155 a 163.
- CP, art. 92, II, dispõe sobre a incapacidade para exercício do pátrio poder.

IV – incidir, reiteradamente, nas faltas previstas no artigo antecedente.

V – entregar de forma irregular o filho a terceiros para fins de adoção.

•• Inciso V acrescentado pela Lei n. 13.509, de 22-11-2017.

Parágrafo único. Perderá também por ato judicial o poder familiar aquele que:

•• Parágrafo único acrescentado pela Lei n. 13.715, de 24-9-2018.

I – praticar contra outrem igualmente titular do mesmo poder familiar:

•• Inciso I, *caput*, acrescentado pela Lei n. 13.715, de 24-9-2018.

a) homicídio, feminicídio ou lesão corporal de natureza grave ou seguida de morte, quando se tratar de crime doloso envolvendo violência doméstica e familiar ou menosprezo ou discriminação à condição de mulher;

•• Alínea *a* acrescentada pela Lei n. 13.715, de 24-9-2018.

b) estupro ou outro crime contra a dignidade sexual sujeito à pena de reclusão;

•• Alínea *b* acrescentada pela Lei n. 13.715, de 24-9-2018.

II – praticar contra filho, filha ou outro descendente:

•• Inciso II, *caput*, acrescentado pela Lei n. 13.715, de 24-9-2018.

a) homicídio, feminicídio ou lesão corporal de natureza grave ou seguida de morte, quando se tratar de crime doloso envolvendo violência doméstica e familiar ou menosprezo ou discriminação à condição de mulher;

•• Alínea *a* acrescentada pela Lei n. 13.715, de 24-9-2018.

b) estupro, estupro de vulnerável ou outro crime contra a dignidade sexual sujeito à pena de reclusão.

•• Alínea *b* acrescentada pela Lei n. 13.715, de 24-9-2018.

TÍTULO II
DO DIREITO PATRIMONIAL

SUBTÍTULO I
DO REGIME DE BENS ENTRE OS CÔNJUGES

•• *Vide* art. 2.039 do CC.

Capítulo I
DISPOSIÇÕES GERAIS

Art. 1.639. É lícito aos nubentes, antes de celebrado o casamento, estipular, quanto aos seus bens, o que lhes aprouver.

- *Vide* art. 1.536, VII, do CC.

§ 1.º O regime de bens entre os cônjuges começa a vigorar desde a data do casamento.

- *Vide* art. 7.º, §§ 4.º e 5.º, da LINDB (Decreto-lei n. 4.657, de 4-9-1942).

§ 2.º É admissível alteração do regime de bens, mediante autorização judicial em pedido motivado de ambos os cônjuges, apurada a procedência das razões invocadas e ressalvados os direitos de terceiros.

Art. 1.640. Não havendo convenção, ou sendo ela nula ou ineficaz, vigorará, quanto aos bens entre os cônjuges, o regime da comunhão parcial.

Parágrafo único. Poderão os nubentes, no processo de habilitação, optar por qualquer dos regimes que este Código regula. Quanto à forma, reduzir-se-á a termo a opção pela comunhão parcial, fazendo-se o pacto antenupcial por escritura pública, nas demais escolhas.

- *Vide* arts. 1.653 a 1.657 (pacto antenupcial) e 1.658 a 1.666 (regime de comunhão parcial) do CC.
- *Vide* Súmula 377 do STF.

Art. 1.641. É obrigatório o regime da separação de bens no casamento:

- *Vide* Súmula 377 do STF.

I – das pessoas que o contraírem com inobservância das causas suspensivas da celebração do casamento;

- *Vide* arts. 1.523 e 1.524 do CC.

II – da pessoa maior de 70 (setenta) anos;

•• Inciso II com redação determinada pela Lei n. 12.344, de 9-12-2010.

III – de todos os que dependerem, para casar, de suprimento judicial.

- *Vide* arts. 977, 1.517, 1.519, 1.634, III, 1.747, I, e 1.774 do CC.

Art. 1.642. Qualquer que seja o regime de bens, tanto o marido quanto a mulher podem livremente:

I – praticar todos os atos de disposição e de administração necessários ao desempenho de sua profissão, com as limitações estabelecidas no inciso I do art. 1.647;

II – administrar os bens próprios;

III – desobrigar ou reivindicar os imóveis que tenham sido gravados ou alienados sem o seu consentimento ou sem suprimento judicial;

IV – demandar a rescisão dos contratos de fiança e doação, ou a invalidação do aval, realizados pelo outro cônjuge com infração do disposto nos incisos III e IV do art. 1.647;

V – reivindicar os bens comuns, móveis ou imóveis, doados ou transferidos pelo outro cônjuge ao concubino, desde que provado que os bens não foram adquiridos pelo esforço comum destes, se o casal estiver separado de fato por mais de cinco anos;

- *Vide* art. 550 do CC.

VI – praticar todos os atos que não lhes forem vedados expressamente.

Art. 1.643. Podem os cônjuges, independentemente de autorização um do outro:

I – comprar, ainda a crédito, as coisas necessárias à economia doméstica;

II – obter, por empréstimo, as quantias que a aquisição dessas coisas possa exigir.

Art. 1.644. As dívidas contraídas para os fins do artigo antecedente obrigam solidariamente ambos os cônjuges.

- *Vide* arts. 275 a 285 do CC.

Art. 1.645. As ações fundadas nos incisos III, IV e V do art. 1.642 competem ao cônjuge prejudicado e a seus herdeiros.

Art. 1.646. No caso dos incisos III e IV do art. 1.642, o terceiro, prejudicado com a sentença favorável ao autor, terá direito regressivo contra o cônjuge, que realizou o negócio jurídico, ou seus herdeiros.

- CPC: art. 125, II.

Art. 1.647. Ressalvado o disposto no art. 1.648, nenhum dos cônjuges pode, sem autorização do outro, exceto no regime da separação absoluta:

I – alienar ou gravar de ônus real os bens imóveis;

- *Vide* arts. 220, 1.642, 1.645 e 1.650 do CC.
- Decretos-leis n. 58, de 10-12-1937, art. 11, § 2.º, e n. 70, de 21-11-1966, art. 17, § 2.º; Leis n. 6.766, de 19-12-1979, art. 18, VII e § 3.º, e n. 11.101, de 9-2-2005, art. 142.

II – pleitear, como autor ou réu, acerca desses bens ou direitos;

- CPC: arts. 73 e 76.

III – prestar fiança ou aval;

- •• *Vide* Súmula 332 do STJ.
- *Vide* arts. 1.642, IV, e 1.645 do CC.

IV – fazer doação, não sendo remuneratória, de bens comuns, ou dos que possam integrar futura meação.

- *Vide* art. 226, § 5.º, da CF.
- *Vide* arts. 1.642, IV, e 1.645 do CC.
- O penhor agrícola e o pecuário independem de outorga uxória: art. 11, parágrafo único, da Lei n. 492, de 30-8-1937.
- Suprimento judicial do consentimento do cônjuge – art. 74 do CPC.
- Nos processos de desapropriação, a citação do marido dispensa a da mulher – *vide* Decreto-lei n. 3.365, de 21-6-1941, art. 16.
- A emissão e o endosso da cédula hipotecária dispensam a outorga uxória – *vide* § 2.º do art. 17 do Decreto-lei n. 70, de 21-11-1966.
- *Vide* Lei n. 8.245, de 18-10-1991, art. 3.º.

Parágrafo único. São válidas as doações nupciais feitas aos filhos quando casarem ou estabelecerem economia separada.

Art. 1.648. Cabe ao juiz, nos casos do artigo antecedente, suprir a outorga, quando um dos cônjuges a denegue sem motivo justo, ou lhe seja impossível concedê-la.

- CPC: art. 74.

Art. 1.649. A falta de autorização, não suprida pelo juiz, quando necessária (art. 1.647), tornará anulável o ato praticado, podendo o outro cônjuge pleitear-lhe a anulação, até dois anos depois de terminada a sociedade conjugal.

Parágrafo único. A aprovação torna válido o ato, desde que feita por instrumento público, ou particular, autenticado.

Art. 1.650. A decretação de invalidade dos atos praticados sem outorga, sem consentimento, ou sem suprimento do juiz, só poderá ser demandada pelo cônjuge a quem cabia concedê-la, ou por seus herdeiros.

- *Vide* art. 226, § 5.º, da CF.
- *Vide* arts. 1.645 e 1.646 do CC.

Art. 1.651. Quando um dos cônjuges não puder exercer a administração dos bens que lhe incumbe, segundo o regime de bens, caberá ao outro:

I – gerir os bens comuns e os do consorte;

II – alienar os bens móveis comuns;

III – alienar os imóveis comuns e os móveis ou imóveis do consorte, mediante autorização judicial.

- *Vide* art. 226, § 5.º, da CF.

Art. 1.652. O cônjuge, que estiver na posse dos bens particulares do outro, será para com este e seus herdeiros responsável:

I – como usufrutuário, se o rendimento for comum;

- *Vide* arts. 1.400 a 1.409 do CC.

II – como procurador, se tiver mandato expresso ou tácito para os administrar;

- *Vide* arts. 667 a 674 do CC.

III – como depositário, se não for usufrutuário, nem administrador.

- *Vide* arts. 627 a 652 do CC.

Capítulo II
DO PACTO ANTENUPCIAL

Art. 1.653. É nulo o pacto antenupcial se não for feito por escritura pública, e ineficaz se não lhe seguir o casamento.

- *Vide* arts. 1.536, VII, 1.537 e 1.564, II, do CC.
- Lei n. 6.015, de 31-12-1973, arts. 167, I, n. 12, II, n. 1, e 178, V.

Art. 1.654. A eficácia do pacto antenupcial, realizado por menor, fica condicionada à aprovação de seu representante legal, salvo as hipóteses de regime obrigatório de separação de bens.

Art. 1.655. É nula a convenção ou cláusula dela que contravenha disposição absoluta de lei.

Art. 1.656. No pacto antenupcial, que adotar o regime de participação final nos aquestos, poder-se-á convencionar a livre disposição dos bens imóveis, desde que particulares.

- Do regime de participação final nos aquestos: arts. 1.672 a 1.686 do CC.

Art. 1.657. As convenções antenupciais não terão efeito perante terceiros senão depois de registradas, em livro especial, pelo oficial do Registro de Imóveis do domicílio dos cônjuges.

- *Vide* arts. 167, I, n. 12, e II, n. 1, 244 e 245 da Lei n. 6.015, de 31-12-1973 (LRP).

Capítulo III
DO REGIME DE COMUNHÃO PARCIAL

Art. 1.658. No regime de comunhão parcial, comunicam-se os bens que sobrevierem ao casal, na constância do casamento, com as exceções dos artigos seguintes.

Art. 1.659. Excluem-se da comunhão:

I – os bens que cada cônjuge possuir ao casar, e os que lhe sobrevierem, na constância do casamento, por doação ou sucessão, e os sub-rogados em seu lugar;

II – os bens adquiridos com valores exclusivamente pertencentes a um dos cônjuges em sub-rogação dos bens particulares;

- *Vide* art. 1.660, I, do CC.

III – as obrigações anteriores ao casamento;

IV – as obrigações provenientes de atos ilícitos, salvo reversão em proveito do casal;

V – os bens de uso pessoal, os livros e instrumentos de profissão;

VI – os proventos do trabalho pessoal de cada cônjuge;

VII – as pensões, meios-soldos, montepios e outras rendas semelhantes.

Art. 1.660. Entram na comunhão:

I – os bens adquiridos na constância do casamento por título oneroso, ainda que só em nome de um dos cônjuges;

- *Vide* art. 1.659, II, do CC.

II – os bens adquiridos por fato eventual, com ou sem o concurso de trabalho ou despesa anterior;

III – os bens adquiridos por doação, herança ou legado, em favor de ambos os cônjuges;

IV – as benfeitorias em bens particulares de cada cônjuge;

- *Vide* arts. 96 e 97 do CC (benfeitorias).

V – os frutos dos bens comuns, ou dos particulares de cada cônjuge, percebidos na constância do casamento, ou pendentes ao tempo de cessar a comunhão.

Art. 1.661. São incomunicáveis os bens cuja aquisição tiver por título uma causa anterior ao casamento.

Art. 1.662. No regime da comunhão parcial, presumem-se adquiridos na constância do casamento os bens móveis, quando não se provar que o foram em data anterior.

Art. 1.663. A administração do patrimônio comum compete a qualquer dos cônjuges.

- *Vide* art. 226, § 5.º, da CF.

§ 1.º As dívidas contraídas no exercício da administração obrigam os bens comuns e particulares do cônjuge que os administra, e os do outro na razão do proveito que houver auferido.

§ 2.º A anuência de ambos os cônjuges é necessária para os atos, a título gratuito, que impliquem cessão do uso ou gozo dos bens comuns.

§ 3.º Em caso de malversação dos bens, o juiz poderá atribuir a administração a apenas um dos cônjuges.

Art. 1.664. Os bens da comunhão respondem pelas obrigações contraídas pelo marido ou pela mulher para atender aos encargos da família, às despesas de administração e às decorrentes de imposição legal.

- *Vide* art. 1.643, I e II, do CC.

Art. 1.665. A administração e a disposição dos bens constitutivos do patrimônio particular competem ao cônjuge proprietário, salvo convenção diversa em pacto antenupcial.

- *Vide* arts. 1.639, 1.642, II, e 1.647, I, do CC.

Art. 1.666. As dívidas, contraídas por qualquer dos cônjuges na administração de seus bens particulares e em benefício destes, não obrigam os bens comuns.

Capítulo IV
DO REGIME DE COMUNHÃO UNIVERSAL

Art. 1.667. O regime de comunhão universal importa a comunicação de todos os bens presentes e futuros dos cônjuges e suas dívidas passivas, com as exceções do artigo seguinte.

- *Vide* art. 1.640 do CC.

Art. 1.668. São excluídos da comunhão:

I – os bens doados ou herdados com a cláusula de incomunicabilidade e os sub-rogados em seu lugar;

II – os bens gravados de fideicomisso e o direito do herdeiro fideicomissário, antes de realizada a condição suspensiva;

- Fideicomisso no CC: arts. 1.951 a 1.960.

III – as dívidas anteriores ao casamento, salvo se provierem de despesas com seus aprestos, ou reverterem em proveito comum;

IV – as doações antenupciais feitas por um dos cônjuges ao outro com a cláusula de incomunicabilidade;

V – os bens referidos nos incisos V a VII do art. 1.659.

Art. 1.669. A incomunicabilidade dos bens enumerados no artigo antecedente não se estende aos frutos, quando se percebam ou vençam durante o casamento.

Art. 1.670. Aplica-se ao regime da comunhão universal o disposto no Capítulo antecedente, quanto à administração dos bens.

• *Vide* arts. 1.663 a 1.666 do CC.

Art. 1.671. Extinta a comunhão, e efetuada a divisão do ativo e do passivo, cessará a responsabilidade de cada um dos cônjuges para com os credores do outro.

• Da dissolução da sociedade e do vínculo conjugal: arts. 1.571 a 1.582 do CC.

Capítulo V
DO REGIME DE PARTICIPAÇÃO FINAL NOS AQUESTOS

Art. 1.672. No regime de participação final nos aquestos, cada cônjuge possui patrimônio próprio, consoante disposto no artigo seguinte, e lhe cabe, à época da dissolução da sociedade conjugal, direito à metade dos bens adquiridos pelo casal, a título oneroso, na constância do casamento.

Art. 1.673. Integram o patrimônio próprio os bens que cada cônjuge possuía ao casar e os por ele adquiridos, a qualquer título, na constância do casamento.

Parágrafo único. A administração desses bens é exclusiva de cada cônjuge, que os poderá livremente alienar, se forem móveis.

• *Vide* arts. 82 a 84 (bens móveis) do CC.

Art. 1.674. Sobrevindo a dissolução da sociedade conjugal, apurar-se-á o montante dos aquestos, excluindo-se da soma dos patrimônios próprios:

I – os bens anteriores ao casamento e os que em seu lugar se sub-rogaram;

II – os que sobrevieram a cada cônjuge por sucessão ou liberalidade;

III – as dívidas relativas a esses bens.

Parágrafo único. Salvo prova em contrário, presumem-se adquiridos durante o casamento os bens móveis.

• *Vide* art. 1.680 do CC.

Art. 1.675. Ao determinar-se o montante dos aquestos, computar-se-á o valor das doações feitas por um dos cônjuges, sem a necessária autorização do outro; nesse caso, o bem poderá ser reivindicado pelo cônjuge prejudicado ou por seus herdeiros, ou declarado no monte partilhável, por valor equivalente ao da época da dissolução.

• *Vide* art. 1.647, IV, do CC.

Art. 1.676. Incorpora-se ao monte o valor dos bens alienados em detrimento da meação, se não houver preferência do cônjuge lesado, ou de seus herdeiros, de os reivindicar.

Art. 1.677. Pelas dívidas posteriores ao casamento, contraídas por um dos cônjuges, somente este responderá, salvo prova de terem revertido, parcial ou totalmente, em benefício do outro.

Art. 1.678. Se um dos cônjuges solveu uma dívida do outro com bens do seu patrimônio, o valor do pagamento deve ser atualizado e imputado, na data da dissolução, à meação do outro cônjuge.

Art. 1.679. No caso de bens adquiridos pelo trabalho conjunto, terá cada um dos cônjuges uma quota igual no condomínio ou no crédito por aquele modo estabelecido.

Art. 1.680. As coisas móveis, em face de terceiros, presumem-se do domínio do cônjuge devedor, salvo se o bem for de uso pessoal do outro.

• *Vide* arts. 82 a 84 (bens móveis) e 1.674, parágrafo único, do CC.

Art. 1.681. Os bens imóveis são de propriedade do cônjuge cujo nome constar no registro.

Parágrafo único. Impugnada a titularidade, caberá ao cônjuge proprietário provar a aquisição regular dos bens.

Art. 1.682. O direito à meação não é renunciável, cessível ou penhorável na vigência do regime matrimonial.

Art. 1.683. Na dissolução do regime de bens por separação judicial ou por divórcio, verificar-se-á o montante dos aquestos à data em que cessou a convivência.

Art. 1.684. Se não for possível nem conveniente a divisão de todos os bens em natureza, calcular-se-á o valor de alguns ou de todos para reposição em dinheiro ao cônjuge não proprietário.

Parágrafo único. Não se podendo realizar a reposição em dinheiro, serão avaliados e, mediante autorização judicial, alienados tantos bens quantos bastarem.

Art. 1.685. Na dissolução da sociedade conjugal por morte, verificar-se-á a meação do cônjuge sobrevivente de conformidade com os artigos antecedentes, deferindo-se a herança aos herdeiros na forma estabelecida neste Código.

• *Vide* arts. 1.784 e s. do CC.

Art. 1.686. As dívidas de um dos cônjuges, quando superiores à sua meação, não obrigam ao outro, ou a seus herdeiros.

• *Vide* art. 1.792 do CC.

Capítulo VI
DO REGIME DE SEPARAÇÃO DE BENS

Art. 1.687. Estipulada a separação de bens, estes permanecerão sob a administração exclusiva de cada um dos cônjuges, que os poderá livremente alienar ou gravar de ônus real.

• *Vide* arts. 1.652 e 1.838 do CC.

Art. 1.688. Ambos os cônjuges são obrigados a contribuir para as despesas do casal na proporção dos rendimentos de seu trabalho e de seus bens, salvo estipulação em contrário no pacto antenupcial.

• *Vide* art. 226, § 5.º, da CF.

Subtítulo II
DO USUFRUTO E DA ADMINISTRAÇÃO DOS BENS DE FILHOS MENORES

Art. 1.689. O pai e a mãe, enquanto no exercício do poder familiar:

I – são usufrutuários dos bens dos filhos;

II – têm a administração dos bens dos filhos menores sob sua autoridade.

• *Vide* art. 1.637, *caput*, do CC.

Art. 1.690. Compete aos pais, e na falta de um deles ao outro, com exclusividade, representar os filhos menores de dezesseis anos, bem como assisti-los até completarem a maioridade ou serem emancipados.

Parágrafo único. Os pais devem decidir em comum as questões relativas aos filhos e a seus bens; havendo divergência, poderá qualquer deles recorrer ao juiz para a solução necessária.

•• *Vide* art. 1.517, parágrafo único, do CC.

• Lei n. 8.069, de 13-7-1990, art. 21 (ECA).

Art. 1.691. Não podem os pais alienar, ou gravar de ônus real os imóveis dos filhos, nem contrair, em nome deles, obrigações que ultrapassem os limites da simples administração, salvo por necessidade ou evidente interesse da prole, mediante prévia autorização do juiz.

• *Vide* art. 1.637, *caput*, do CC.

Parágrafo único. Podem pleitear a declaração de nulidade dos atos previstos neste artigo:

I – os filhos;

II – os herdeiros;

III – o representante legal.

Art. 1.692. Sempre que no exercício do poder familiar colidir o interesse dos pais com o do filho, a requerimento deste ou do Ministério Público o juiz lhe dará curador especial.

• Lei n. 8.069, de 13-7-1990, arts. 142, parágrafo único, e 148, parágrafo único, *f* (ECA).

Art. 1.693. Excluem-se do usufruto e da administração dos pais:

I – os bens adquiridos pelo filho havido fora do casamento, antes do reconhecimento;

• *Vide* arts. 5.º, I, e 227, § 6.º, da CF.

II – os valores auferidos pelo filho maior de dezesseis anos, no exercício de atividade profissional e os bens com tais recursos adquiridos;

• *Vide* art. 589, III, do CC.

III – os bens deixados ou doados ao filho, sob a condição de não serem usufruídos, ou administrados, pelos pais;

• *Vide* art. 1.848 do CC.

IV – os bens que aos filhos couberem na herança, quando os pais forem excluídos da sucessão.

• *Vide* art. 1.816, parágrafo único, do CC.

SUBTÍTULO III
DOS ALIMENTOS

• Dispositivos do CC sobre alimentos: arts. 373, II, 557, IV, 871, 948, II, 1.740, I, 1.920 e 1.928.

• Sobre alimentos, dispositivos: arts. 15 e 30 do Decreto-lei n. 3.200, de 19-4-1941; art. 20, §§ 1.º e 2.º, do Decreto-lei n. 5.844, de 23-9-1943; Lei n. 968, de 10-12-1949; art. 38 da Lei n. 3.470, de 28-11-1958; art. 18, III, *a*, da Lei n. 3.754, de 14-4-1960; Decreto n. 56.826, de 2-9-1965 – Convenção sobre Prestação de Alimentos no Estrangeiro; art. 3.º, II, *a*, do Decreto-lei n. 113, de 25-1-1967; Lei n. 5.478, de 25-7-1968 (Lei de Alimentos); art. 33 da Lei Complementar n. 11, de 25-5-1971; arts. 2.º e parágrafo único, 3.º e 4.º do Decreto-lei n. 1.301, de 31-12-1973; arts. 16, 19 a 23 e 28 da Lei n. 6.515, de 26-12-1977; art. 4.º, I, *b*, da Lei n. 7.086, de 22-12-1982; arts. 30, *caput*, e 32 da Lei n. 7.087, de 29-12-1982; art. 3.º, § 1.º, da Lei n. 7.713, de 22-12-1988; arts. 8.º, I, e 9.º da Lei n. 8.059, de 4-7-1990; arts. 148, parágrafo único, *g*, e 201, III, da Lei n. 8.069, de 13-7-1990 (ECA); art. 48 da Lei n. 8.112, de 11-12-1990 (Regime Jurídico dos Servidores Públicos Civis da União, das Autarquias e das Fundações Públicas Federais); arts. 17, § 2.º, 76, § 2.º, 114 e 115, IV, da Lei n. 8.213, de 24-7-1991; art. 10, II, da Lei n. 8.383, de 30-12-1991; art. 7.º da Lei n. 8.560, de 29-12-1992; art. 230 da Lei Complementar n. 75, de 20-5-1993; Lei n. 8.971, de 29-12-1994; arts. 4.º, II, e 8.º, II, *f*, da Lei n. 9.250, de 26-12-1995; arts. 11 a 14 da Lei n. 10.741, de 1.º-10-2003 (Estatuto do Idoso); Lei n. 11.804, de 5-11-2008 (alimentos gravídicos).

• Sobre alimentos tratam as Súmulas 226 do STF, 1, 277, 309, 336 e 358 do STJ.

• Alimentos no CPC: arts. 53, II (foro competente), 189, II (segredo de justiça), 215, II (processamento durante férias forenses), 292, III (valor da causa), 1.012, § 1.º, II (apelação só no efeito devolutivo), 833 e 834 (bens impenhoráveis), 528 e s. (cumprimento de sentença) e 911 e s. (execução de alimentos).

• Sobre alimentos na CF: arts. 5.º, LXVII, e 229.

• O art. 244 do CP dispõe sobre o crime de abandono material.

• Sobre o direito dos companheiros a alimentos e a sucessão trata a Lei n. 8.971, de 29-12-1994.

• *Vide* Decreto n. 9.176, de 19-10-2017, Convenção sobre a Cobrança Internacional de Alimentos para Crianças e outros membros da família.

Art. 1.694. Podem os parentes, os cônjuges ou companheiros pedir uns aos outros os alimentos de que necessitem para viver de modo compatível com a sua condição social, inclusive para atender às necessidades de sua educação.

• *Vide*, sobre ação de alimentos, Lei n. 5.478, de 25-7-1968 (Lei de Alimentos).

• *Vide* art. 1.º da Lei n. 8.971, de 29-12-1994.

• *Vide* arts. 11 a 14 da Lei n. 10.741, de 1.º-10-2003 (Estatuto do Idoso).

• *Vide* Súmula 358 do STJ.

§ 1.º Os alimentos devem ser fixados na proporção das necessidades do reclamante e dos recursos da pessoa obrigada.

§ 2.º Os alimentos serão apenas os indispensáveis à subsistência, quando a situação de necessidade resultar de culpa de quem os pleiteia.

Art. 1.695. São devidos os alimentos quando quem os pretende não tem bens suficientes, nem pode prover, pelo seu trabalho, à própria mantença, e aquele, de quem se reclamam, pode fornecê-los, sem desfalque do necessário ao seu sustento.

Art. 1.696. O direito à prestação de alimentos é recíproco entre pais e filhos, e extensivo a todos os ascendentes, recaindo a obrigação nos mais próximos em grau, uns em falta de outros.

• CF, art. 229.

• O art. 244 do CP dispõe sobre o crime de abandono material.

Art. 1.697. Na falta dos ascendentes cabe a obrigação aos descendentes, guardada a ordem de sucessão e, faltando estes, aos irmãos, assim germanos como unilaterais.

Art. 1.698. Se o parente, que deve alimentos em primeiro lugar, não estiver em condições de suportar totalmente o encargo, serão chamados a concorrer os de grau imediato; sendo várias as pessoas obrigadas a prestar alimentos, todas devem concorrer na proporção dos respectivos recursos, e, intentada ação contra uma delas, poderão as demais ser chamadas a integrar a lide.

• *Vide* art. 1.694, § 1.º, do CC.

• *Vide* arts. 12 e 14 do Estatuto do Idoso.

Art. 1.699. Se, fixados os alimentos, sobrevier mudança na situação financeira de quem os supre, ou na de quem os recebe, poderá o interessado reclamar ao juiz, conforme as circunstâncias, exoneração, redução ou majoração do encargo.

• Lei n. 5.478, de 25-7-1968, arts. 13 e 15 (Lei de Alimentos).

• CPC: art. 505, I.

Art. 1.700. A obrigação de prestar alimentos transmite-se aos herdeiros do devedor, na forma do art. 1.694.

• *Vide* art. 23 da Lei n. 6.515, de 26-12-1977 (Lei do Divórcio).

• *Vide* art. 1.997 do CC.

Art. 1.701. A pessoa obrigada a suprir alimentos poderá pensionar o alimentando, ou dar-lhe hospedagem e sustento, sem prejuízo do dever de prestar o necessário à sua educação, quando menor.

• *Vide* art. 1.920 do CC.

Parágrafo único. Compete ao juiz, se as circunstâncias o exigirem, fixar a forma do cumprimento da prestação.

• *Vide* art. 25 da Lei n. 5.478, de 25-7-1968.

Art. 1.702. Na separação judicial litigiosa, sendo um dos cônjuges inocente e desprovido de recursos, prestar-lhe-á o outro a pensão alimentícia que o juiz fixar, obedecidos os critérios estabelecidos no art. 1.694.

• *Vide* art. 19 da Lei n. 6.515, de 26-12-1977 (Lei do Divórcio).

Art. 1.703. Para a manutenção dos filhos, os cônjuges separados judicialmente contribuirão na proporção de seus recursos.

• *Vide* art. 20 da Lei n. 6.515, de 26-12-1977 (Lei do Divórcio).

Art. 1.704. Se um dos cônjuges separados judicialmente vier a necessitar de alimentos, será o outro obrigado a prestá-los mediante pensão a ser fixada pelo juiz, caso não tenha sido declarado culpado na ação de separação judicial.

• *Vide* art. 19 da Lei n. 6.515, de 26-12-1977 (Lei do Divórcio).

Parágrafo único. Se o cônjuge declarado culpado vier a necessitar de alimentos, e não tiver parentes em condições de prestá-los, nem aptidão para o trabalho, o outro cônjuge será obrigado a assegurá-los, fixando o juiz o valor indispensável à sobrevivência.

Art. 1.705. Para obter alimentos, o filho havido fora do casamento pode acionar o genitor, sendo facultado ao juiz determinar, a pedido de qualquer das partes, que a ação se processe em segredo de justiça.

• *Vide* art. 227, § 6.º, da CF.

• *Vide* art. 7.º da Lei n. 8.560, de 29-12-1992.

Art. 1.706. Os alimentos provisionais serão fixados pelo juiz, nos termos da lei processual.

• Dos alimentos provisionais no CPC: arts. 852 a 854.

Art. 1.707. Pode o credor não exercer, porém lhe é vedado renunciar o direito a alimentos, sendo o respectivo crédito insuscetível de cessão, compensação ou penhora.

• *Vide* art. 206, § 2.º, do CC.

• O art. 834 do CPC estabelece que podem ser penhorados, à falta de outros bens, os frutos e rendimentos dos bens inalienáveis.

• *Vide* Súmula 336 do STJ.

Art. 1.708. Com o casamento, a união estável ou o concubinato do credor, cessa o dever de prestar alimentos.

• *Vide* art. 29 da Lei n. 6.515, de 26-12-1977 (Lei do Divórcio).

Parágrafo único. Com relação ao credor cessa, também, o direito a alimentos, se tiver procedimento indigno em relação ao devedor.

Art. 1.709. O novo casamento do cônjuge devedor não extingue a obrigação constante da sentença de divórcio.

• *Vide* art. 30 da Lei n. 6.515, de 26-12-1977 (Lei do Divórcio).

Art. 1.710. As prestações alimentícias, de qualquer natureza, serão atualizadas segundo índice oficial regularmente estabelecido.

Subtítulo IV
DO BEM DE FAMÍLIA

•• *Vide* Lei n. 8.009, de 29-3-1990, que dispõe sobre a impenhorabilidade do bem de família.

• *Vide* arts. 19 a 23 do Decreto-lei n. 3.200, de 19-4-1941.

• *Vide* Súmula 205 do STJ.

Art. 1.711. Podem os cônjuges, ou a entidade familiar, mediante escritura pública ou testamento, destinar parte de seu patrimônio para instituir bem de família, desde que não ultrapasse um terço do patrimônio líquido existente ao tempo da instituição, mantidas as regras sobre a impenhorabilidade do imóvel residencial estabelecida em lei especial.

• *Vide* Lei n. 8.009, de 29-3-1990.

• *Vide* Súmula 205 do STJ.

Parágrafo único. O terceiro poderá igualmente instituir bem de família por testamento ou doação, dependendo a eficácia do ato da aceitação expressa de ambos os cônjuges beneficiados ou da entidade familiar beneficiada.

Art. 1.712. O bem de família consistirá em prédio residencial urbano ou rural, com suas pertenças e acessórios, destinando-se em ambos os casos a domicílio familiar, e poderá abranger valores mobiliários, cuja renda será aplicada na conservação do imóvel e no sustento da família.

• *Vide* arts. 92 e 93 do CC.

• *Vide* art. 4.º, § 2.º, da Lei n. 8.009, de 29-3-1990.

Art. 1.713. Os valores mobiliários, destinados aos fins previstos no artigo antecedente, não poderão exceder o valor do prédio instituído em bem de família, à época de sua instituição.

§ 1.º Deverão os valores mobiliários ser devidamente individualizados no instrumento de instituição do bem de família.

§ 2.º Se se tratar de títulos nominativos, a sua instituição como bem de família deverá constar dos respectivos livros de registro.

- Dos títulos nominativos no CC: arts. 921 a 926.

§ 3.º O instituidor poderá determinar que a administração dos valores mobiliários seja confiada a instituição financeira, bem como disciplinar a forma de pagamento da respectiva renda aos beneficiários, caso em que a responsabilidade dos administradores obedecerá às regras do contrato de depósito.

- *Vide* arts. 627 a 652 do CC (depósito).

Art. 1.714. O bem de família, quer instituído pelos cônjuges ou por terceiro, constitui-se pelo registro de seu título no Registro de Imóveis.

- *Vide* arts. 167, I, n. 1, e 260 a 265 da Lei n. 6.015, de 31-12-1973 (LRP).

Art. 1.715. O bem de família é isento de execução por dívidas posteriores à sua instituição, salvo as que provierem de tributos relativos ao prédio, ou de despesas de condomínio.

- *Vide* art. 1.711 do CC.
- CPC: art. 833, I.
- O art. 108, § 4.º, da Lei n. 11.101, de 9-2-2005 (Lei de Falências e Recuperação de Empresas), estabelece que não serão arrecadados os bens absolutamente impenhoráveis.

Parágrafo único. No caso de execução pelas dívidas referidas neste artigo, o saldo existente será aplicado em outro prédio, como bem de família, ou em títulos da dívida pública, para sustento familiar, salvo se motivos relevantes aconselharem outra solução, a critério do juiz.

Art. 1.716. A isenção de que trata o artigo antecedente durará enquanto viver um dos cônjuges, ou, na falta destes, até que os filhos completem a maioridade.

Art. 1.717. O prédio e os valores mobiliários, constituídos como bem da família, não podem ter destino diverso do previsto no art. 1.712 ou serem alienados sem o consentimento dos interessados e seus representantes legais, ouvido o Ministério Público.

- *Vide* art. 1.719 do CC.

Art. 1.718. Qualquer forma de liquidação da entidade administradora, a que se refere o § 3.º do art. 1.713, não atingirá os valores a ela confiados, ordenando o juiz a sua transferência para outra instituição semelhante, obedecendo-se, no caso de falência, ao disposto sobre pedido de restituição.

- Os arts. 85 a 93 da Lei n. 11.101, de 9-2-2005 (Lei de Falências e Recuperação de Empresas), dispõem sobre o pedido de restituição.

Art. 1.719. Comprovada a impossibilidade da manutenção do bem de família nas condições em que foi instituído, poderá o juiz, a requerimento dos interessados, extingui-lo ou autorizar a sub-rogação dos bens que o constituem em outros, ouvidos o instituidor e o Ministério Público.

Art. 1.720. Salvo disposição em contrário do ato de instituição, a administração do bem de família compete a ambos os cônjuges, resolvendo o juiz em caso de divergência.

- *Vide* art. 226, § 5.º, da CF.
- *Vide* art. 1.567 do CC.

Parágrafo único. Com o falecimento de ambos os cônjuges, a administração passará ao filho mais velho, se for maior, e, do contrário, a seu tutor.

Art. 1.721. A dissolução da sociedade conjugal não extingue o bem de família.

- Da dissolução da sociedade e do vínculo conjugal no CC: arts. 1.571 a 1.582.

Parágrafo único. Dissolvida a sociedade conjugal pela morte de um dos cônjuges, o sobrevivente poderá pedir a extinção do bem de família, se for o único bem do casal.

Art. 1.722. Extingue-se, igualmente, o bem de família com a morte de ambos os cônjuges e a maioridade dos filhos, desde que não sujeitos a curatela.

TÍTULO III
DA UNIÃO ESTÁVEL

- •• *Vide* Lei n. 8.971, de 29-12-1994.
- •• *Vide* Lei n. 9.278, de 10-5-1996.
- •• O Provimento n. 37, de 7-7-2014, do CNJ, dispõe sobre o registro de união estável, no Livro "E", por Oficial de Registro Civil das Pessoas Naturais.

Art. 1.723. É reconhecida como entidade familiar a união estável entre o homem e a mulher, configurada na convivência pública, contínua e duradoura e estabelecida com o objetivo de constituição de família.

- •• O STF, em 5-5-2011, declarou procedentes a ADI n. 4.277 (*DOU* de 1.º-12-2014) e a ADPF n. 132 (*DOU* de 3-11-2014), com eficácia *erga omnes* e efeito vinculante, conferindo interpretação conforme a CF ao art. 1.723 do CC, a fim de declarar a aplicabilidade de regime da união estável às uniões entre pessoas do mesmo sexo.
- *Vide* art. 226, § 3.º, da CF.
- *Vide* art. 793 do CC.
- *Vide* art. 1.º da Lei n. 9.278, de 10-5-1996.

§ 1.º A união estável não se constituirá se ocorrerem os impedimentos do art. 1.521; não se aplicando a incidência do inciso VI no caso de a pessoa casada se achar separada de fato ou judicialmente.

- •• *Vide* art. 1.727 do CC.

§ 2.º As causas suspensivas do art. 1.523 não impedirão a caracterização da união estável.

Art. 1.724. As relações pessoais entre os companheiros obedecerão aos deveres de lealdade, respeito e assistência, e de guarda, sustento e educação dos filhos.

- *Vide* arts. 1.566 (deveres dos cônjuges), 1.583 a 1.590 (proteção dos filhos) e 1.694 e s. (alimentos) do CC.
- *Vide* art. 2.º da Lei n. 9.278, de 10-5-1996 (direitos e deveres dos conviventes).

Art. 1.725. Na união estável, salvo contrato escrito entre os companheiros, aplica-se às relações patrimoniais, no que couber, o regime da comunhão parcial de bens.

- Regime de comunhão parcial de bens no CC: arts. 1.658 a 1.666.
- *Vide* também art. 1.641, I e II, do CC.
- *Vide* art. 5.º da Lei n. 9.278, de 10-5-1996.

Art. 1.726. A união estável poderá converter-se em casamento, mediante pedido dos companheiros ao juiz e assento no Registro Civil.

- A Resolução n. 175, de 14-5-2013, do CNJ, determina que é vedada às autoridades competentes a recusa de habilitação, celebração de casamento civil ou de conversão de união estável em casamento entre pessoas de mesmo sexo.
- *Vide* art. 226, § 3.º, da CF.
- *Vide* art. 1.591 do CC.
- *Vide* art. 8.º da Lei n. 9.278, de 10-5-1996.

Art. 1.727. As relações não eventuais entre o homem e a mulher, impedidos de casar, constituem concubinato.

•• *Vide* art. 1.723, § 1.º, do CC.

- *Vide* arts. 550, 1.521, 1.642, V, 1.645 e 1.801, III, do CC.

TÍTULO IV
DA TUTELA, DA CURATELA E DA TOMADA DE DECISÃO APOIADA

•• Título IV com denominação determinada pela Lei n. 13.146, de 6-7-2015.

Capítulo I
DA TUTELA

- Dispositivos do CC sobre tutela: arts. 197, III, 206, § 4.º, e 1.523, IV.
- Dispositivos do CPC sobre tutela: arts. 82, II (intervenção do Ministério Público), e 1.187 a 1.198 (nomeação, remoção do tutor e dispensa).
- Dispositivos do CPP sobre tutela: art. 692 (incapacidade temporária ou permanente para seu exercício).
- Dispositivos do CP sobre tutela: arts. 92, II (efeitos da condenação), 248 e 249 (crimes).
- Dispositivos do CTN sobre tutela: art. 134, II (responsabilidade solidária).
- Lei n. 6.001, de 19-12-1973 (Estatuto do Índio): arts. 7.º a 11 (da tutela) e art. 20, § 5.º (intervenção e assistência).
- Sobre tutela na Lei n. 8.069, de 13-7-1990 (ECA): arts. 28, *caput* (colocação em família substituta), 32 (desempenho do encargo), 33 e §§ 1.º a 3.º (guarda), 36 a 38 (tutela), 40 (adotando), 13, 56, 90, parágrafo único, 91, parágrafo único, 95, 131 a 140, 148, VII, 191, 194, 236, 262 (Conselho Tutelar), 129, IX (destituição), 148, parágrafo único (competência da Justiça da Infância e da Juventude), 164 e 169 (destituição) e 249 (apenação).
- Lei n. 8.935, de 18-11-1994, dispositivos sobre tutela: arts. 5.º, VI, e 12 (serviços notariais e de registro).

Seção I
Dos Tutores

Art. 1.728. Os filhos menores são postos em tutela:

I – com o falecimento dos pais, ou sendo estes julgados ausentes;

- *Vide* arts. 22 e 1.635, I, do CC.

II – em caso de os pais decaírem do poder familiar.

- *Vide* arts. 1.636 a 1.638 do CC.
- Sobre nomeação e remoção de tutor dispõem os arts. 759 e s. do CPC.
- *Vide* art. 6.º, VI, da Lei n. 13.146, de 6-7-2015 (Estatuto da Pessoa com Deficiência).

Art. 1.729. O direito de nomear tutor compete aos pais, em conjunto.

- *Vide* arts. 5.º, I, e 226, § 5.º, da CF.
- *Vide* art. 1.634, IV, do CC.

Parágrafo único. A nomeação deve constar de testamento ou de qualquer outro documento autêntico.

Art. 1.730. É nula a nomeação de tutor pelo pai ou pela mãe que, ao tempo de sua morte, não tinha o poder familiar.

- *Vide* arts. 5.º, I, e 226, § 5.º, da CF.

Art. 1.731. Em falta de tutor nomeado pelos pais incumbe a tutela aos parentes consanguíneos do menor, por esta ordem:

I – aos ascendentes, preferindo o de grau mais próximo ao mais remoto;

II – aos colaterais até o terceiro grau, preferindo os mais próximos aos mais remotos, e, no mesmo grau, os mais velhos aos mais moços; em qualquer dos casos, o juiz escolherá entre eles o mais apto a exercer a tutela em benefício do menor.

Art. 1.732. O juiz nomeará tutor idôneo e residente no domicílio do menor:

- CPC: art. 759.

I – na falta de tutor testamentário ou legítimo;

II – quando estes forem excluídos ou escusados da tutela;

- *Vide* arts. 1.735 a 1.739 do CC.

III – quando removidos por não idôneos o tutor legítimo e o testamentário.

- CPC: art. 761.

Art. 1.733. Aos irmãos órfãos dar-se-á um só tutor.

§ 1.º No caso de ser nomeado mais de um tutor por disposição testamentária sem indicação de precedência, entende-se que a tutela foi cometida ao primeiro, e que os outros lhe sucederão pela ordem de nomeação, se ocorrer morte, incapacidade, escusa ou qualquer outro impedimento.

§ 2.º Quem institui um menor herdeiro, ou legatário seu, poderá nomear-lhe curador especial para os bens deixados, ainda que o beneficiário se encontre sob o poder familiar, ou tutela.

Art. 1.734. As crianças e os adolescentes cujos pais forem desconhecidos, falecidos ou que tiverem sido suspensos ou destituídos do poder familiar terão tutores nomeados pelo Juiz ou serão incluídos em programa de colocação familiar, na forma prevista pela Lei n. 8.069, de 13 de julho de 1990 - Estatuto da Criança e do Adolescente.

•• Artigo com redação determinada pela Lei n. 12.010, de 3-8-2009.

• *Vide* Lei n. 8.069, de 13-7-1990, arts. 28 a 38 e 90 a 94.

Seção II
Dos Incapazes de Exercer a Tutela

Art. 1.735. Não podem ser tutores e serão exonerados da tutela, caso a exerçam:

I – aqueles que não tiverem a livre administração de seus bens;

II – aqueles que, no momento de lhes ser deferida a tutela, se acharem constituídos em obrigação para com o menor, ou tiverem que fazer valer direitos contra este, e aqueles cujos pais, filhos ou cônjuges tiverem demanda contra o menor;

III – os inimigos do menor, ou de seus pais, ou que tiverem sido por estes expressamente excluídos da tutela;

IV – os condenados por crime de furto, roubo, estelionato, falsidade, contra a família ou os costumes, tenham ou não cumprido pena;

V – as pessoas de mau procedimento, ou falhas em probidade, e as culpadas de abuso em tutorias anteriores;

VI – aqueles que exercerem função pública incompatível com a boa administração da tutela.

• *Vide* art. 1.751 do CC.

• Sobre nomeação e remoção de tutor dispõem os arts. 759 e s. do CPC.

Seção III
Da Escusa dos Tutores

Art. 1.736. Podem escusar-se da tutela:

I – mulheres casadas;

•• *Vide* art. 5.º, I, da CF.

II – maiores de sessenta anos;

III – aqueles que tiverem sob sua autoridade mais de três filhos;

IV – os impossibilitados por enfermidade;

V – aqueles que habitarem longe do lugar onde se haja de exercer a tutela;

VI – aqueles que já exercerem tutela ou curatela;

VII – militares em serviço.

Art. 1.737. Quem não for parente do menor não poderá ser obrigado a aceitar a tutela, se houver no lugar parente idôneo, consanguíneo ou afim, em condições de exercê-la.

Art. 1.738. A escusa apresentar-se-á nos dez dias subsequentes à designação, sob pena de entender-se renunciado o direito de alegá-la; se o motivo escusatório ocorrer depois de aceita a tutela, os dez dias contar-se-ão do em que ele sobrevier.

•• O art. 760 estabelece prazo de 5 (cinco) dias para a escusa.

Art. 1.739. Se o juiz não admitir a escusa, exercerá o nomeado a tutela, enquanto o recurso interposto não tiver provimento, e responderá desde logo pelas perdas e danos que o menor venha a sofrer.

• CPC: art. 760, § 2.º.

Seção IV
Do Exercício da Tutela

Art. 1.740. Incumbe ao tutor, quanto à pessoa do menor:

I – dirigir-lhe a educação, defendê-lo e prestar-lhe alimentos, conforme os seus haveres e condição;

II – reclamar do juiz que providencie, como houver por bem, quando o menor haja mister correção;

• *Vide* Lei n. 8.069, de 13-7-1990, arts. 13, 53, 55 e 58.

III – adimplir os demais deveres que normalmente cabem aos pais, ouvida a opinião do menor, se este já contar doze anos de idade.

Art. 1.741. Incumbe ao tutor, sob a inspeção do juiz, administrar os bens do tutelado, em proveito deste, cumprindo seus deveres com zelo e boa-fé.

• *Vide* Lei n. 8.069, de 13-7-1990, art. 249.

Art. 1.742. Para fiscalização dos atos do tutor, pode o juiz nomear um protutor.

Art. 1.743. Se os bens e interesses administrativos exigirem conhecimentos técnicos, forem complexos, ou realizados em lugares distantes do domicílio do tutor, poderá este, mediante aprovação judicial, delegar a outras pessoas físicas ou jurídicas o exercício parcial da tutela.

Art. 1.744. A responsabilidade do juiz será:

I – direta e pessoal, quando não tiver nomeado o tutor, ou não o houver feito oportunamente;

II – subsidiária, quando não tiver exigido garantia legal do tutor, nem o removido, tanto que se tornou suspeito.

Art. 1.745. Os bens do menor serão entregues ao tutor mediante termo especificado deles e seus valores, ainda que os pais o tenham dispensado.

Parágrafo único. Se o patrimônio do menor for de valor considerável, poderá o juiz condicionar o exercício da tutela à prestação de caução bastante, podendo dispensá-la se o tutor for de reconhecida idoneidade.

•• *Vide* art. 2.040 do CC.

Art. 1.746. Se o menor possuir bens, será sustentado e educado a expensas deles, arbitrando o juiz para tal fim as quantias que lhe pareçam necessárias, considerado o rendimento da fortuna do pupilo quando o pai ou a mãe não as houver fixado.

Art. 1.747. Compete mais ao tutor:

I – representar o menor, até os dezesseis anos, nos atos da vida civil, e assisti-lo, após essa idade, nos atos em que for parte;

•• *Vide* arts. 3.º, I, e 4.º, I, do CC.

II – receber as rendas e pensões do menor, e as quantias a ele devidas;

III – fazer-lhe as despesas de subsistência e educação, bem como as de administração, conservação e melhoramentos de seus bens;

IV – alienar os bens do menor destinados a venda;

V – promover-lhe, mediante preço conveniente, o arrendamento de bens de raiz.

Art. 1.748. Compete também ao tutor, com autorização do juiz:

I – pagar as dívidas do menor;

II – aceitar por ele heranças, legados ou doações, ainda que com encargos;

III – transigir;

IV – vender-lhe os bens móveis, cuja conservação não convier, e os imóveis nos casos em que for permitido;

V – propor em juízo as ações, ou nelas assistir o menor, e promover todas as diligências a bem deste, assim como defendê-lo nos pleitos contra ele movidos.

Parágrafo único. No caso de falta de autorização, a eficácia de ato do tutor depende da aprovação ulterior do juiz.

Art. 1.749. Ainda com a autorização judicial, não pode o tutor, sob pena de nulidade:

I – adquirir por si, ou por interposta pessoa, mediante contrato particular, bens móveis ou imóveis pertencentes ao menor;

- *Vide* arts. 82, 83 e 497, I, do CC.

II – dispor dos bens do menor a título gratuito;

III – constituir-se cessionário de crédito ou de direito, contra o menor.

- *Vide* art. 497, I, do CC.

Art. 1.750. Os imóveis pertencentes aos menores sob tutela somente podem ser vendidos quando houver manifesta vantagem, mediante prévia avaliação judicial e aprovação do juiz.

- *Vide* art. 1.748, IV, do CC.
- CPC: arts. 725, III, e 730.

Art. 1.751. Antes de assumir a tutela, o tutor declarará tudo o que o menor lhe deva, sob pena de não lhe poder cobrar, enquanto exerça a tutoria, salvo provando que não conhecia o débito quando a assumiu.

- *Vide* art. 1.735, II, do CC.

Art. 1.752. O tutor responde pelos prejuízos que, por culpa, ou dolo, causar ao tutelado; mas tem direito a ser pago pelo que realmente despender no exercício da tutela, salvo no caso do art. 1.734, e a perceber remuneração proporcional à importância dos bens administrados.

- *Vide* arts. 402 a 405 do CC.

§ 1.º Ao protutor será arbitrada uma gratificação módica pela fiscalização efetuada.

§ 2.º São solidariamente responsáveis pelos prejuízos as pessoas às quais competia fiscalizar a atividade do tutor, e as que concorreram para o dano.

Seção V
Dos Bens do Tutelado

Art. 1.753. Os tutores não podem conservar em seu poder dinheiro dos tutelados, além do necessário para as despesas ordinárias com o seu sustento, a sua educação e a administração de seus bens.

§ 1.º Se houver necessidade, os objetos de ouro e prata, pedras preciosas e móveis serão avaliados por pessoa idônea e, após autorização judicial, alienados, e o seu produto convertido em títulos, obrigações e letras de responsabilidade direta ou indireta da União ou dos Estados, atendendo-se preferentemente à rentabilidade, e recolhidos ao estabelecimento bancário oficial ou aplicado na aquisição de imóveis, conforme for determinado pelo juiz.

§ 2.º O mesmo destino previsto no parágrafo antecedente terá o dinheiro proveniente de qualquer outra procedência.

- CPC: arts. 725, II e III, 730 e 840, I.

§ 3.º Os tutores respondem pela demora na aplicação dos valores acima referidos, pagando os juros legais desde o dia em que deveriam dar esse destino, o que não os exime da obrigação, que o juiz fará efetiva, da referida aplicação.

- O crime de apropriação indébita tem a pena aumentada quando o agente recebeu a coisa na qualidade de tutor: CP, art. 168, § 1.º, II.

Art. 1.754. Os valores que existirem em estabelecimento bancário oficial, na forma do artigo antecedente, não se poderão retirar, senão mediante ordem do juiz, e somente:

I – para as despesas com o sustento e educação do tutelado, ou a administração de seus bens;

II – para se comprarem bens imóveis e títulos, obrigações ou letras, nas condições previstas no § 1.º do artigo antecedente;

III – para se empregarem em conformidade com o disposto por quem os houver doado, ou deixado;

IV – para se entregarem aos órfãos, quando emancipados, ou maiores, ou, mortos eles, aos seus herdeiros.

Seção VI
Da Prestação de Contas

Art. 1.755. Os tutores, embora o contrário tivessem disposto os pais dos tutelados, são obrigados a prestar contas da sua administração.

Art. 1.756. No fim de cada ano de administração, os tutores submeterão ao juiz o balanço respectivo, que, depois de aprovado, se anexará aos autos do inventário.

Art. 1.757. Os tutores prestarão contas de dois em dois anos, e também quando, por qualquer motivo, deixarem o exercício da tutela ou toda vez que o juiz achar conveniente.

Parágrafo único. As contas serão prestadas em juízo, e julgadas depois da audiência dos interessados, recolhendo o tutor imediatamente a estabelecimento bancário oficial os saldos, ou adquirindo bens imóveis, ou títulos, obrigações ou letras, na forma do § 1.º do art. 1.753.

- *Vide* art. 1.753 do CC.
- CPC: arts. 550 a 553 (ação de exigir contas).

Art. 1.758. Finda a tutela pela emancipação ou maioridade, a quitação do menor não produzirá efeito antes de aprovadas as contas pelo juiz, subsistindo inteira, até então, a responsabilidade do tutor.

Art. 1.759. Nos casos de morte, ausência, ou interdição do tutor, as contas serão prestadas por seus herdeiros ou representantes.

Art. 1.760. Serão levadas a crédito do tutor todas as despesas justificadas e reconhecidamente proveitosas ao menor.

- *Vide* art. 1.752 do CC.

Art. 1.761. As despesas com a prestação das contas serão pagas pelo tutelado.

Art. 1.762. O alcance do tutor, bem como o saldo contra o tutelado, são dívidas de valor e vencem juros desde o julgamento definitivo das contas.

- *Vide* art. 398 do CC.
- CP, art. 168, § 1.º, II.

Seção VII
Da Cessação da Tutela

Art. 1.763. Cessa a condição de tutelado:

I – com a maioridade ou a emancipação do menor;

II – ao cair o menor sob o poder familiar, no caso de reconhecimento ou adoção.

- *Vide* art. 227, § 6.º, da CF.

Art. 1.764. Cessam as funções do tutor:

I – ao expirar o termo, em que era obrigado a servir;

- *Vide* art. 1.765 do CC.

II – ao sobrevir escusa legítima;

- *Vide* art. 1.736 do CC.

III – ao ser removido.

- *Vide* arts. 1.735 e 1.766 do CC.
- CPC: arts. 761 e 762.
- Lei n. 8.069, de 13-7-1990, arts. 24, 38 e 164.

Art. 1.765. O tutor é obrigado a servir por espaço de dois anos.

Parágrafo único. Pode o tutor continuar no exercício da tutela, além do prazo previsto neste artigo, se o quiser e o juiz julgar conveniente ao menor.

- CPC, art. 1.198.

Art. 1.766. Será destituído o tutor, quando negligente, prevaricador ou incurso em incapacidade.

- *Vide* art. 164 da Lei n. 8.069, de 13-7-1990 (ECA).
- CPC: arts. 761 e 762.

Capítulo II
DA CURATELA

- Dispositivos sobre curatela no CC: arts. 22 a 25 (dos ausentes), 197, III, 932, II, e 1.800.
- Dispositivos do CP sobre curatela: arts. 92, II (efeitos da condenação), e 248 e 249 (crimes).
- Dispositivo do CPP sobre curatela: art. 692 (incapacidade temporária e permanente).
- Dispositivos do CPC sobre curatela: arts. 747 e s. (interdição) e 759 e s. (nomeação e remoção do curador).
- Lei n. 6.015, de 31-12-1973 (LRP): arts. 94, n. 6 (registro da sentença declaratória), e 104, *caput* (alterações dos limites da curatela, averbação).
- Lei n. 8.069, de 13-7-1990 (ECA): art. 44 (adoção, impedimento).

Seção I
Dos Interditos

Art. 1.767. Estão sujeitos a curatela:

I – aqueles que, por causa transitória ou permanente, não puderem exprimir sua vontade;

- •• Inciso I com redação determinada pela Lei n. 13.146, de 6-7-2015.
- *Vide* art. 9.º, III, do CC.

II – (*Revogado pela Lei n. 13.146, de 6-7-2015*);

III – os ébrios habituais e os viciados em tóxico;

- •• Inciso III com redação determinada pela Lei n. 13.146, de 6-7-2015.
- *Vide* arts. 4.º, II, e 9.º, III, do CC.
- Sobre toxicômanos: Decreto-lei n. 891, de 25-11-1938, e Lei n. 11.343, de 23-8-2006.

IV – (*Revogado pela Lei n. 13.146, de 6-7-2015*);

V – os pródigos.

- *Vide* arts. 4.º, IV, e 9.º, III, e 1.782 do CC.

Art. 1.768. (*Revogado pela Lei n. 13.105, de 16-3-2015.*)

- •• A Lei n. 13.146, de 6-7-2015, em vigor 180 dias após a publicação (*DOU* de 7-7-2015), alterou a redação deste artigo:

"Art. 1.768. O processo que define os termos da curatela deve ser promovido:

•• *Caput* com redação determinada pela Lei n. 13.146, de 6-7-2015.

I - pelos pais ou tutores;

II - pelo cônjuge, ou por qualquer parente;

III - pelo Ministério Público;

IV - pela própria pessoa.

•• Inciso IV acrescentado pela Lei n. 13.146, de 6-7-2015".

Art. 1.769. (*Revogado pela Lei n. 13.105, de 16-3-2015.*)

- •• A Lei n. 13.146, de 6-7-2015, em vigor 180 dias após a publicação (*DOU* de 7-7-2015), alterou a redação deste artigo:

"Art. 1.769. O Ministério Público somente promoverá o processo que define os termos da curatela:

•• *Caput* com redação determinada pela Lei n. 13.146, de 6-7-2015.

I - nos casos de deficiência mental ou intelectual;

•• Inciso I com redação determinada pela Lei n. 13.146, de 6-7-2015.

II - se não existir ou não promover a interdição alguma das pessoas designadas nos incisos I e II do artigo antecedente;

III - se, existindo, forem menores ou incapazes as pessoas mencionadas no inciso II.

•• Inciso III com redação determinada pela Lei n. 13.146, de 6-7-2015".

Art. 1.770. (*Revogado pela Lei n. 13.105, de 16-3-2015.*)

Art. 1.771. (*Revogado pela Lei n. 13.105, de 16-3-2015.*)

- •• A Lei n. 13.146, de 6-7-2015, em vigor 180 dias após a publicação (*DOU* de 7-7-2015), alterou a redação deste artigo:

"Art. 1.771. Antes de se pronunciar acerca dos termos da curatela, o juiz, que deverá ser assistido por equipe multidisciplinar, entrevistará pessoalmente o interditando.

•• Artigo com redação determinada pela Lei n. 13.146, de 6-7-2015".

Art. 1.772. (*Revogado pela Lei n. 13.105, de 16-3-2015.*)

•• A Lei n. 13.146, de 6-7-2015, em vigor 180 dias após a publicação (*DOU* de 7-7-2015), alterou a redação deste artigo:

"Art. 1.772. O juiz determinará, segundo as potencialidades da pessoa, os limites da curatela, circunscritos às restrições constantes do art. 1.782, e indicará curador.

•• *Caput* com redação determinada pela Lei n. 13.146, de 6-7-2015.

Parágrafo único. Para a escolha do curador, o juiz levará em conta a vontade e as preferências do interditando, a ausência de conflito de interesses e de influência indevida, a proporcionalidade e a adequação às circunstâncias da pessoa.

•• Parágrafo único acrescentado pela Lei n. 13.146, de 6-7-2015".

Art. 1.773. (*Revogado pela Lei n. 13.105, de 16-3-2015.*)

Art. 1.774. Aplicam-se à curatela as disposições concernentes à tutela, com as modificações dos artigos seguintes.

• *Vide* arts. 1.728 a 1.766 do CC.

Art. 1.775. O cônjuge ou companheiro, não separado judicialmente ou de fato, é, de direito, curador do outro, quando interdito.

• *Vide* arts. 1.570 e 1.783 do CC.

§ 1.º Na falta do cônjuge ou companheiro, é curador legítimo o pai ou a mãe; na falta destes, o descendente que se demonstrar mais apto.

§ 2.º Entre os descendentes, os mais próximos precedem aos mais remotos.

§ 3.º Na falta das pessoas mencionadas neste artigo, compete ao juiz a escolha do curador.

Art. 1.775-A. Na nomeação de curador para a pessoa com deficiência, o juiz poderá estabelecer curatela compartilhada a mais de uma pessoa.

•• Artigo acrescentado pela Lei n. 13.146, de 6-7-2015.

Art. 1.776. (*Revogado pela Lei n. 13.146, de 6-7-2015.*)

Art. 1.777. As pessoas referidas no inciso I do art. 1.767 receberão todo o apoio necessário para ter preservado o direito à convivência familiar e comunitária, sendo evitado o seu recolhimento em estabelecimento que os afaste desse convívio.

•• Artigo com redação determinada pela Lei n. 13.146, de 6-7-2015.

• Os arts. 26, 98 e 99 do CP dispõem sobre medidas de segurança aplicáveis aos inimputáveis.

Art. 1.778. A autoridade do curador estende-se à pessoa e aos bens dos filhos do curatelado, observado o art. 5.º.

Seção II
Da Curatela do Nascituro e do Enfermo ou Portador de Deficiência Física

Art. 1.779. Dar-se-á curador ao nascituro, se o pai falecer estando grávida a mulher, e não tendo o poder familiar.

• *Vide* art. 2.º do CC.

Parágrafo único. Se a mulher estiver interdita, seu curador será o do nascituro.

Art. 1.780. (*Revogado pela Lei n. 13.146, de 6-7-2015.*)

Seção III
Do Exercício da Curatela

Art. 1.781. As regras a respeito do exercício da tutela aplicam-se ao da curatela, com a restrição do art. 1.772 e as desta Seção.

• *Vide* arts. 1.728 a 1.766 do CC.

Art. 1.782. A interdição do pródigo só o privará de, sem curador, emprestar, transigir, dar quitação, alienar, hipotecar, demandar ou ser demandado, e praticar, em geral, os atos que não sejam de mera administração.

• *Vide* arts. 4.º, IV, e 1.767, V, do CC.

Art. 1.783. Quando o curador for o cônjuge e o regime de bens do casamento for de comunhão universal, não será obrigado à prestação de contas, salvo determinação judicial.

• *Vide* arts. 1.570, 1.651 e 1.667 a 1.671 do CC.

Capítulo III
DA TOMADA DE DECISÃO APOIADA

•• Capítulo III acrescentado pela Lei n. 13.146, de 6-7-2015.

Art. 1.783-A. A tomada de decisão apoiada é o processo pelo qual a pessoa com deficiência elege pelo menos 2 (duas) pessoas idôneas, com as quais mantenha vínculos e que gozem de sua confiança, para prestar-lhe apoio na tomada de decisão sobre atos da vida civil, fornecendo-lhes os elementos e informações necessários para que possa exercer sua capacidade.

•• *Caput* acrescentado pela Lei n. 13.146, de 6-7-2015.

§ 1.º Para formular pedido de tomada de decisão apoiada, a pessoa com deficiência e os apoiadores devem apresentar termo em que constem os limites do apoio a ser oferecido e os compromissos dos apoiadores, inclusive o prazo de vigência do acordo e o respeito à vontade, aos direitos e aos interesses da pessoa que devem apoiar.

•• § 1.º acrescentado pela Lei n. 13.146, de 6-7-2015.

§ 2.º O pedido de tomada de decisão apoiada será requerido pela pessoa a ser apoiada, com indicação expressa das pessoas aptas a prestarem o apoio previsto no *caput* deste artigo.

•• § 2.º acrescentado pela Lei n. 13.146, de 6-7-2015.

§ 3.º Antes de se pronunciar sobre o pedido de tomada de decisão apoiada, o juiz, assistido por equipe multidisciplinar, após oitiva do Ministério Público, ouvirá pessoalmente o requerente e as pessoas que lhe prestarão apoio.

•• § 3.º acrescentado pela Lei n. 13.146, de 6-7-2015.

§ 4.º A decisão tomada por pessoa apoiada terá validade e efeitos sobre terceiros, sem restrições, desde que esteja inserida nos limites do apoio acordado.

•• § 4.º acrescentado pela Lei n. 13.146, de 6-7-2015.

§ 5.º Terceiro com quem a pessoa apoiada mantenha relação negocial pode solicitar que os apoiadores contra-assinem o contrato ou acordo, especificando, por escrito, sua função em relação ao apoiado.

•• § 5.º acrescentado pela Lei n. 13.146, de 6-7-2015.

§ 6.º Em caso de negócio jurídico que possa trazer risco ou prejuízo relevante, havendo divergência de opiniões entre a pessoa apoiada e um dos apoiadores, deverá o juiz, ouvido o Ministério Público, decidir sobre a questão.

•• § 6.º acrescentado pela Lei n. 13.146, de 6-7-2015.

§ 7.º Se o apoiador agir com negligência, exercer pressão indevida ou não adimplir as obrigações assumidas, poderá a pessoa apoiada ou qualquer pessoa apresentar denúncia ao Ministério Público ou ao juiz.

•• § 7.º acrescentado pela Lei n. 13.146, de 6-7-2015.

§ 8.º Se procedente a denúncia, o juiz destituirá o apoiador e nomeará, ouvida a pessoa apoiada e se for de seu interesse, outra pessoa para prestação de apoio.

•• § 8.º acrescentado pela Lei n. 13.146, de 6-7-2015.

§ 9.º A pessoa apoiada pode, a qualquer tempo, solicitar o término de acordo firmado em processo de tomada de decisão apoiada.

•• § 9.º acrescentado pela Lei n. 13.146, de 6-7-2015.

§ 10. O apoiador pode solicitar ao juiz a exclusão de sua participação do processo de tomada de decisão apoiada, sendo seu desligamento condicionado à manifestação do juiz sobre a matéria.

•• § 10 acrescentado pela Lei n. 13.146, de 6-7-2015.

§ 11. Aplicam-se à tomada de decisão apoiada, no que couber, as disposições referentes à prestação de contas na curatela.

•• § 11 acrescentado pela Lei n. 13.146, de 6-7-2015.

Livro V
Do Direito das Sucessões

Título I
DA SUCESSÃO EM GERAL

Capítulo I
DISPOSIÇÕES GERAIS

Art. 1.784. Aberta a sucessão, a herança transmite-se, desde logo, aos herdeiros legítimos e testamentários.

- *Vide* arts. 426, 1.206, 1.207, 1.791, 1.829 a 1.844 e 1.923 do CC.
- *Vide* art. 10 da LINDB.
- *Vide* art. 5.º, XXX e XXXI, da CF.
- *Vide* Súmula 590 do STF.

Art. 1.785. A sucessão abre-se no lugar do último domicílio do falecido.

- *Vide* arts. 70 a 78 do CC.
- *Vide* art. 10 da LINDB.
- *Vide* art. 5.º, XXVII, XXX e XXXI, da CF.
- CPC: arts. 23, II, e 48.

Art. 1.786. A sucessão dá-se por lei ou por disposição de última vontade.

- *Vide* arts. 426 e 1.857 a 1.859 do CC.

Art. 1.787. Regula a sucessão e a legitimação para suceder a lei vigente ao tempo da abertura daquela.

- *Vide* art. 10, § 2.º, da LINDB.
- *Vide* arts. 70 a 78 do CC.
- CPC: art. 48.

Art. 1.788. Morrendo a pessoa sem testamento, transmite a herança aos herdeiros legítimos; o mesmo ocorrerá quanto aos bens que não forem compreendidos no testamento; e subsiste a sucessão legítima se o testamento caducar, ou for julgado nulo.

•• Esta norma sofre algumas restrições: o art. 18, § 2.º, do Decreto-lei n. 3.438, de 17-7-1941, que proíbe a sucessão de cônjuge estrangeiro, em aforamento de terrenos de marinha.

- *Vide* arts. 1.829, 1.906, 1.908, 1.943, 1.944, 1.955, 1.966 e 1.969 a 1.975 do CC.
- Decreto-lei n. 227, de 28-2-1967, art. 22, I.
- *Vide* Súmula 590 do STF.

Art. 1.789. Havendo herdeiros necessários, o testador só poderá dispor da metade da herança.

- *Vide* arts. 549, 1.846, 1.961, 1.973 a 1.975 e 2.018 do CC.

Art. 1.790. A companheira ou o companheiro participará da sucessão do outro, quanto aos bens adquiridos onerosamente na vigência da união estável, nas condições seguintes:

- *Vide* art. 1.829 do CC.

I – se concorrer com filhos comuns, terá direito a uma quota equivalente à que por lei for atribuída ao filho;

II – se concorrer com descendentes só do autor da herança, tocar-lhe-á a metade do que couber a cada um daqueles;

III – se concorrer com outros parentes sucessíveis, terá direito a um terço da herança;

IV – não havendo parentes sucessíveis, terá direito à totalidade da herança.

- *Vide* art. 1.844 do CC.
- *Vide* Lei n. 8.971, de 29-12-1994.
- *Vide* Lei n. 9.278, de 10-5-1996.

Capítulo II
DA HERANÇA E DE SUA ADMINISTRAÇÃO

Art. 1.791. A herança defere-se como um todo unitário, ainda que vários sejam os herdeiros.

Parágrafo único. Até a partilha, o direito dos coerdeiros, quanto à propriedade e posse da herança, será indivisível, e regular-se-á pelas normas relativas ao condomínio.

- *Vide* arts. 88, 91, 1.199, 1.314 e 2.013 a 2.022 do CC.

Art. 1.792. O herdeiro não responde por encargos superiores às forças da herança; incumbe-lhe, porém, a prova do excesso, salvo se houver inventário que a escuse, demonstrando o valor dos bens herdados.

- *Vide* arts. 836 e 1.997 do CC.
- CPC: art. 796.

Art. 1.793. O direito à sucessão aberta, bem como o quinhão de que disponha o coerdeiro, pode ser objeto de cessão por escritura pública.

§ 1.º Os direitos, conferidos ao herdeiro em consequência de substituição ou de direito de acrescer, presumem-se não abrangidos pela cessão feita anteriormente.

- *Vide* arts. 1.941 a 1.946 (direito de acrescer) e 1.947 a 1.960 (substituições) do CC.

§ 2.º É ineficaz a cessão, pelo coerdeiro, de seu direito hereditário sobre qualquer bem da herança considerado singularmente.

§ 3.º Ineficaz é a disposição, sem prévia autorização do juiz da sucessão, por qualquer herdeiro, de bem componente do acervo hereditário, pendente a indivisibilidade.

Art. 1.794. O coerdeiro não poderá ceder a sua quota hereditária a pessoa estranha à sucessão, se outro coerdeiro a quiser, tanto por tanto.

- *Vide* art. 504 do CC.

Art. 1.795. O coerdeiro, a quem não se der conhecimento da cessão, poderá, depositado o preço, haver para si a quota cedida a estranho, se o requerer até cento e oitenta dias após a transmissão.

- *Vide* art. 504, *caput*, 2.ª parte, do CC.

Parágrafo único. Sendo vários os coerdeiros a exercer a preferência, entre eles se distribuirá o quinhão cedido, na proporção das respectivas quotas hereditárias.

Art. 1.796. No prazo de trinta dias, a contar da abertura da sucessão, instaurar-se-á inventário do patrimônio hereditário, perante o juízo competente no lugar da sucessão, para fins de liquidação e, quando for o caso, de partilha da herança.

•• O art. 611 do CPC determina que o processo de inventário e partilha deve ser instaurado dentro de 2 (dois) meses, a contar da abertura da sucessão, ultimando-se nos 12 (doze) meses subsequentes, podendo o juiz prorrogar esses prazos, de ofício ou a requerimento das partes.

• *Vide* arts. 7.º e 10 da LINDB.

• *Vide* arts. 70 a 73 do CC.

• *Vide* Súmula 542 do STF.

Art. 1.797. Até o compromisso do inventariante, a administração da herança caberá, sucessivamente:

• CPC: arts. 613, 614 e 617.

I – ao cônjuge ou companheiro, se com o outro convivia ao tempo da abertura da sucessão;

II – ao herdeiro que estiver na posse e administração dos bens, e, se houver mais de um nessas condições, ao mais velho;

III – ao testamenteiro;

• *Vide* art. 1.977 do CC.

IV – a pessoa de confiança do juiz, na falta ou escusa das indicadas nos incisos antecedentes, ou quando tiverem de ser afastadas por motivo grave levado ao conhecimento do juiz.

Capítulo III
DA VOCAÇÃO HEREDITÁRIA

Art. 1.798. Legitimam-se a suceder as pessoas nascidas ou já concebidas no momento da abertura da sucessão.

Art. 1.799. Na sucessão testamentária podem ainda ser chamados a suceder:

• *Vide* arts. 1.857 e s. do CC.

I – os filhos, ainda não concebidos, de pessoas indicadas pelo testador, desde que vivas estas ao abrir-se a sucessão;

• *Vide* art. 2.º do CC.

II – as pessoas jurídicas;

• *Vide* arts. 40 a 69 do CC.

III – as pessoas jurídicas, cuja organização for determinada pelo testador sob a forma de fundação.

• *Vide* arts. 62 a 69 do CC.

Art. 1.800. No caso do inciso I do artigo antecedente, os bens da herança serão confiados, após a liquidação ou partilha, a curador nomeado pelo juiz.

§ 1.º Salvo disposição testamentária em contrário, a curatela caberá à pessoa cujo filho o testador esperava ter por herdeiro, e, sucessivamente, às pessoas indicadas no art. 1.775.

•• Entendemos que a remissão correta deveria ser feita ao art. 1.797 do CC.

§ 2.º Os poderes, deveres e responsabilidades do curador, assim nomeado, regem-se pelas disposições concernentes à curatela dos incapazes, no que couber.

• *Vide* arts. 1.740 e 1.781 do CC.

§ 3.º Nascendo com vida o herdeiro esperado, ser-lhe-á deferida a sucessão, com os frutos e rendimentos relativos à deixa, a partir da morte do testador.

§ 4.º Se, decorridos dois anos após a abertura da sucessão, não for concebido o herdeiro esperado, os bens reservados, salvo disposição em contrário do testador, caberão aos herdeiros legítimos.

• *Vide* art. 1.829 do CC.

Art. 1.801. Não podem ser nomeados herdeiros nem legatários:

I – a pessoa que, a rogo, escreveu o testamento, nem o seu cônjuge ou companheiro, ou os seus ascendentes e irmãos;

• *Vide* art. 1.868 do CC.

II – as testemunhas do testamento;

III – o concubino do testador casado, salvo se este, sem culpa sua, estiver separado de fato do cônjuge há mais de cinco anos;

• *Vide* Súmula 447 do STF.

IV – o tabelião, civil ou militar, ou o comandante ou escrivão, perante quem se fizer, assim como o que fizer ou aprovar o testamento.

• *Vide* arts. 1.864, I, e 1.868 do CC.

Art. 1.802. São nulas as disposições testamentárias em favor de pessoas não legitimadas a suceder, ainda quando simuladas sob a forma de contrato oneroso, ou feitas mediante interposta pessoa.

Parágrafo único. Presumem-se pessoas interpostas os ascendentes, os descendentes, os irmãos e o cônjuge ou companheiro do não legitimado a suceder.

Art. 1.803. É lícita a deixa ao filho do concubino, quando também o for do testador.

• *Vide* art. 227, § 6.º, da CF.

• *Vide* Súmula 447 do STF.

Capítulo IV
DA ACEITAÇÃO E RENÚNCIA DA HERANÇA

Art. 1.804. Aceita a herança, torna-se definitiva a sua transmissão ao herdeiro, desde a abertura da sucessão.

• *Vide* art. 1.784 do CC.

Parágrafo único. A transmissão tem-se por não verificada quando o herdeiro renunciar à herança.

Art. 1.805. A aceitação da herança, quando expressa, faz-se por declaração escrita; quando tácita, há de resultar tão somente de atos próprios da qualidade de herdeiro.

§ 1.º Não exprimem aceitação de herança os atos oficiosos, como o funeral do finado, os meramente conservatórios, ou os de administração e guarda provisória.

§ 2.º Não importa igualmente aceitação a cessão gratuita, pura e simples, da herança, aos demais coerdeiros.

• *Vide* art. 1.810 do CC.

Art. 1.806. A renúncia da herança deve constar expressamente de instrumento público ou termo judicial.

• *Vide* arts. 80, II, 108, 166, IV, e 215 do CC.

Art. 1.807. O interessado em que o herdeiro declare se aceita, ou não, a herança, poderá, vinte dias após aberta a sucessão, requerer ao juiz prazo razoável, não maior de trinta dias, para, nele, se pronunciar o herdeiro, sob pena de se haver a herança por aceita.

Art. 1.808. Não se pode aceitar ou renunciar a herança em parte, sob condição ou a termo.

- *Vide* arts. 121, 131, 133 e 135 do CC.

§ 1.º O herdeiro, a quem se testarem legados, pode aceitá-los, renunciando a herança; ou, aceitando-a, repudiá-los.

- *Vide* arts. 1.912 a 1.940 do CC.

§ 2.º O herdeiro, chamado, na mesma sucessão, a mais de um quinhão hereditário, sob títulos sucessórios diversos, pode livremente deliberar quanto aos quinhões que aceita e aos que renuncia.

Art. 1.809. Falecendo o herdeiro antes de declarar se aceita a herança, o poder de aceitar passa-lhe aos herdeiros, a menos que se trate de vocação adstrita a uma condição suspensiva, ainda não verificada.

- *Vide* arts. 125 e 1.933 do CC.

Parágrafo único. Os chamados à sucessão do herdeiro falecido antes da aceitação, desde que concordem em receber a segunda herança, poderão aceitar ou renunciar a primeira.

Art. 1.810. Na sucessão legítima, a parte do renunciante acresce à dos outros herdeiros da mesma classe e, sendo ele o único desta, devolve-se aos da subsequente.

- *Vide* arts. 1.829 a 1.856 do CC.

Art. 1.811. Ninguém pode suceder, representando herdeiro renunciante. Se, porém, ele for o único legítimo da sua classe, ou se todos os outros da mesma classe renunciarem a herança, poderão os filhos vir à sucessão, por direito próprio, e por cabeça.

- *Vide* arts. 1.835 e 1.856 do CC.

Art. 1.812. São irrevogáveis os atos de aceitação ou de renúncia da herança.

Art. 1.813. Quando o herdeiro prejudicar os seus credores, renunciando à herança, poderão eles, com autorização do juiz, aceitá-la em nome do renunciante.

§ 1.º A habilitação dos credores se fará no prazo de trinta dias seguintes ao conhecimento do fato.

§ 2.º Pagas as dívidas do renunciante, prevalece a renúncia quanto ao remanescente, que será devolvido aos demais herdeiros.

- *Vide* arts. 158 a 165 (fraude contra credores) do CC.
- O art. 129, V, da Lei n. 11.101, de 9-2-2005 (Lei de Falências e Recuperação de Empresas), dispõe: "São ineficazes em relação à massa falida, tenha ou não o contratante conhecimento do estado de crise econômico-financeira do devedor, seja ou não intenção deste fraudar credores: [...] V – a renúncia à herança ou a legado, até 2 (dois) anos antes da decretação da falência;".

Capítulo V
DOS EXCLUÍDOS DA SUCESSÃO

Art. 1.814. São excluídos da sucessão os herdeiros ou legatários:

I – que houverem sido autores, coautores ou partícipes de homicídio doloso, ou tentativa deste, contra a pessoa de cuja sucessão se tratar, seu cônjuge, companheiro, ascendente ou descendente;

II – que houverem acusado caluniosamente em juízo o autor da herança ou incorrerem em crime contra a sua honra, ou de seu cônjuge ou companheiro;

III – que, por violência ou meios fraudulentos, inibirem ou obstarem o autor da herança de dispor livremente de seus bens por ato de última vontade.

- *Vide* arts. 557, 935, 1.939, IV, e 1.961 a 1.965 do CC.

Art. 1.815. A exclusão do herdeiro ou legatário, em qualquer desses casos de indignidade, será declarada por sentença.

§ 1.º O direito de demandar a exclusão do herdeiro ou legatário extingue-se em quatro anos, contados da abertura da sucessão.

•• Primitivo parágrafo único renumerado pela Lei n. 13.532, de 7-12-2017.

§ 2.º Na hipótese do inciso I do art. 1.814, o Ministério Público tem legitimidade para demandar a exclusão do herdeiro ou legatário.

•• § 2.º acrescentado pela Lei n. 13.532, de 7-12-2017.

Art. 1.816. São pessoais os efeitos da exclusão; os descendentes do herdeiro excluído sucedem, como se ele morto fosse antes da abertura da sucessão.

Parágrafo único. O excluído da sucessão não terá direito ao usufruto ou à administração dos bens que a seus sucessores couberem na herança, nem à sucessão eventual desses bens.

- *Vide* arts. 1.689 e 1.693, IV, do CC.

Art. 1.817. São válidas as alienações onerosas de bens hereditários a terceiros de boa-fé, e os atos de administração legalmente praticados pelo herdeiro, antes da sentença de exclusão; mas aos herdeiros subsiste, quando prejudicados, o direito de demandar-lhe perdas e danos.

- *Vide* arts. 402 a 405 do CC.

Parágrafo único. O excluído da sucessão é obrigado a restituir os frutos e rendimentos que dos bens da herança houver percebido, mas tem direito a ser indenizado das despesas com a conservação deles.

- *Vide* art. 884 do CC.

Art. 1.818. Aquele que incorreu em atos que determinem a exclusão da herança será admitido a suceder, se o ofendido o tiver expressamente reabilitado em testamento, ou em outro ato autêntico.

Parágrafo único. Não havendo reabilitação expressa, o indigno, contemplado em testamento do ofendido, quando o testador, ao testar, já conhecia a causa da indignidade, pode suceder no limite da disposição testamentária.

Capítulo VI
DA HERANÇA JACENTE

- Sobre o processo de arrecadação e administração da herança jacente dispõem os arts. 738 a 743 do CPC.
- Sobre a representação judicial da herança jacente dispõe o art. 75, VI, do CPC.

• Foro competente: art. 48 do CPC.

Art. 1.819. Falecendo alguém sem deixar testamento nem herdeiro legítimo notoriamente conhecido, os bens da herança, depois de arrecadados, ficarão sob a guarda e administração de um curador, até a sua entrega ao sucessor devidamente habilitado ou à declaração de sua vacância.

• CPC: art. 75, VI.

Art. 1.820. Praticadas as diligências de arrecadação e ultimado o inventário, serão expedidos editais na forma da lei processual, e, decorrido um ano de sua primeira publicação, sem que haja herdeiro habilitado, ou penda habilitação, será a herança declarada vacante.

• CPC: art. 78, *caput* e § 1.º.

Art. 1.821. É assegurado aos credores o direito de pedir o pagamento das dívidas reconhecidas, nos limites das forças da herança.

• CPC: art. 741, § 4.º.

Art. 1.822. A declaração de vacância da herança não prejudicará os herdeiros que legalmente se habilitarem; mas, decorridos cinco anos da abertura da sucessão, os bens arrecadados passarão ao domínio do Município ou do Distrito Federal, se localizados nas respectivas circunscrições, incorporando-se ao domínio da União quando situados em território federal.

• *Vide* art. 1.844 do CC.

Parágrafo único. Não se habilitando até a declaração de vacância, os colaterais ficarão excluídos da sucessão.

Art. 1.823. Quando todos os chamados a suceder renunciarem à herança, será esta desde logo declarada vacante.

• *Vide* arts. 1.804, parágrafo único, e 1.806 do CC.

Capítulo VII
DA PETIÇÃO DE HERANÇA

Art. 1.824. O herdeiro pode, em ação de petição de herança, demandar o reconhecimento de seu direito sucessório, para obter a restituição da herança, ou de parte dela, contra quem, na qualidade de herdeiro, ou mesmo sem título, a possua.

• *Vide* Súmula 149 do STF.

• *Vide* art. 205 do CC.

Art. 1.825. A ação de petição de herança, ainda que exercida por um só dos herdeiros, poderá compreender todos os bens hereditários.

• *Vide* art. 1.791 do CC.

Art. 1.826. O possuidor da herança está obrigado à restituição dos bens do acervo, fixando-se-lhe a responsabilidade segundo a sua posse, observado o disposto nos arts. 1.214 a 1.222.

Parágrafo único. A partir da citação, a responsabilidade do possuidor se há de aferir pelas regras concernentes à posse de má-fé e à mora.

• *Vide* art. 395 do CC.

Art. 1.827. O herdeiro pode demandar os bens da herança, mesmo em poder de terceiros, sem prejuízo da responsabilidade do possuidor originário pelo valor dos bens alienados.

Parágrafo único. São eficazes as alienações feitas, a título oneroso, pelo herdeiro aparente a terceiro de boa-fé.

Art. 1.828. O herdeiro aparente, que de boa-fé houver pago um legado, não está obrigado a prestar o equivalente ao verdadeiro sucessor, ressalvado a este o direito de proceder contra quem o recebeu.

• *Vide* art. 1.934 do CC.

Título II
DA SUCESSÃO LEGÍTIMA

Capítulo I
DA ORDEM DA VOCAÇÃO HEREDITÁRIA

•• *Vide* art. 2.041 do CC.

Art. 1.829. A sucessão legítima defere-se na ordem seguinte:

•• *Vide* Súmula 642 do STJ.

• *Vide* art. 1.685 (dissolução da sociedade conjugal) do CC.

• *Vide* art. 1.790 (sucessão dos companheiros) do CC.

• *Vide* arts. 1.845 a 1.850 (herdeiros necessários) e 1.961 a 1.965 (deserdação) do CC.

I – aos descendentes, em concorrência com o cônjuge sobrevivente, salvo se casado este com o falecido no regime da comunhão universal, ou no da separação obrigatória de bens (art. 1.640, parágrafo único); ou se, no regime da comunhão parcial, o autor da herança não houver deixado bens particulares;

• *Vide* arts. 1.641 (separação obrigatória), 1.658 a 1.666 (comunhão parcial), 1.667 a 1.671 (comunhão universal) e 1.835 do CC.

• *Vide* CF, art. 227, § 6.º.

II – aos ascendentes, em concorrência com o cônjuge;

• *Vide* art. 1.836 do CC.

III – ao cônjuge sobrevivente;

•• *Vide* art. 2.º, III, da Lei n. 8.971, de 29-12-1994.

• *Vide* art. 1.838 do CC.

IV – aos colaterais.

• *Vide* arts. 1.592 e 1.839 a 1.843 do CC.

• A vocação para suceder em bens de estrangeiro existentes no Brasil será regulada pela lei brasileira e em benefício do cônjuge ou de filhos brasileiros, sempre que lhes não seja mais favorável a lei nacional do *de cujus*. LINDB (Decreto-lei n. 4.657, de 4-9-1942), art. 10, § 1.º; CF, art. 5.º, XXXI.

• *Vide* art. 17 do Decreto-lei n. 3.200, de 19-4-1941. O art. 18 do Decreto-lei n. 3.200, que dispunha sobre herança de filhos brasileiros de casal sob regime que excluísse a comunhão de bens, foi revogado pela Lei n. 2.514, de 27-6-1955.

Art. 1.830. Somente é reconhecido direito sucessório ao cônjuge sobrevivente se, ao tempo da morte do outro, não estavam separados judicialmente, nem separados de fato há mais de dois anos, salvo prova, neste caso, de que essa convivência se tornara impossível sem culpa do sobrevivente.

• *Vide* art. 226, § 6.º, da CF.

Art. 1.831. Ao cônjuge sobrevivente, qualquer que seja o regime de bens, será assegurado, sem prejuízo da participação que lhe caiba na herança, o direito real de habitação relativamente ao imóvel destinado à residência da família, desde que seja o único daquela natureza a inventariar.

•• *Vide* art. 7.º, parágrafo único, da Lei n. 9.278, de 10-5-1996.

• *Vide* Lei n. 8.971, de 29-12-1994.

• *Vide* arts. 1.414 a 1.416 (habitação) do CC.

Art. 1.832. Em concorrência com os descendentes (art. 1.829, I) caberá ao cônjuge quinhão igual ao dos que sucederem por cabeça, não podendo a sua quota ser inferior à quarta parte da herança, se for ascendente dos herdeiros com que concorrer.

Art. 1.833. Entre os descendentes, os em grau mais próximo excluem os mais remotos, salvo o direito de representação.

• *Vide* arts. 1.851 a 1.856 do CC.

Art. 1.834. Os descendentes da mesma classe têm os mesmos direitos à sucessão de seus ascendentes.

• *Vide* art. 41 do ECA.

Art. 1.835. Na linha descendente, os filhos sucedem por cabeça, e os outros descendentes, por cabeça ou por estirpe, conforme se achem ou não no mesmo grau.

• *Vide* arts. 1.810, 1.811 e 1.816, *caput*, do CC.

Art. 1.836. Na falta de descendentes, são chamados à sucessão os ascendentes, em concorrência com o cônjuge sobrevivente.

• *Vide* art. 1.829, II, do CC.

§ 1.º Na classe dos ascendentes, o grau mais próximo exclui o mais remoto, sem distinção de linhas.

• *Vide* art. 1.594 do CC.

§ 2.º Havendo igualdade em grau e diversidade em linha, os ascendentes da linha paterna herdam a metade, cabendo a outra aos da linha materna.

Art. 1.837. Concorrendo com ascendente em primeiro grau, ao cônjuge tocará um terço da herança; caber-lhe-á a metade desta se houver um só ascendente, ou se maior for aquele grau.

Art. 1.838. Em falta de descendentes e ascendentes, será deferida a sucessão por inteiro ao cônjuge sobrevivente.

•• *Vide* art. 2.º, III, da Lei n. 8.971, de 29-12-1994.

• *Vide* art. 1.830 do CC.

Art. 1.839. Se não houver cônjuge sobrevivente, nas condições estabelecidas no art. 1.830, serão chamados a suceder os colaterais até o quarto grau.

•• *Vide* Súmula 642 do STJ.

Art. 1.840. Na classe dos colaterais, os mais próximos excluem os mais remotos, salvo o direito de representação concedido aos filhos de irmãos.

• *Vide* arts. 1.810, 1.811, 1.816, *caput*, 1.843, 1.851 e 1.853 do CC.

Art. 1.841. Concorrendo à herança do falecido irmãos bilaterais com irmãos unilaterais, cada um destes herdará metade do que cada um daqueles herdar.

Art. 1.842. Não concorrendo à herança irmão bilateral, herdarão, em partes iguais, os unilaterais.

Art. 1.843. Na falta de irmãos, herdarão os filhos destes e, não os havendo, os tios.

§ 1.º Se concorrerem à herança somente filhos de irmãos falecidos, herdarão por cabeça.

• *Vide* art. 1.853 do CC.

§ 2.º Se concorrem filhos de irmãos bilaterais com filhos de irmãos unilaterais, cada um destes herdará a metade do que herdar cada um daqueles.

§ 3.º Se todos forem filhos de irmãos bilaterais, ou todos de irmãos unilaterais, herdarão por igual.

Art. 1.844. Não sobrevivendo cônjuge, ou companheiro, nem parente algum sucessível, ou tendo eles renunciado a herança, esta se devolve ao Município ou ao Distrito Federal, se localizada nas respectivas circunscrições, ou à União, quando situada em território federal.

• *Vide* art. 1.822, *caput*, do CC.

Capítulo II
DOS HERDEIROS NECESSÁRIOS

Art. 1.845. São herdeiros necessários os descendentes, os ascendentes e o cônjuge.

• *Vide* arts. 549, 1.961 a 1.965, 1.814, 1.829, 1.830, 1.847, 1.961 e 2.018 do CC.

Art. 1.846. Pertence aos herdeiros necessários, de pleno direito, a metade dos bens da herança, constituindo a legítima.

• *Vide* arts. 544, 549, 1.789, 1.814, 1.847, 1.857, § 1.º, e 1.961 do CC.

Art. 1.847. Calcula-se a legítima sobre o valor dos bens existentes na abertura da sucessão, abatidas as dívidas e as despesas do funeral, adicionando-se, em seguida, o valor dos bens sujeitos a colação.

• *Vide* arts. 544, 1.998 e 2.002 a 2.012 (colação) do CC.

Art. 1.848. Salvo se houver justa causa, declarada no testamento, não pode o testador estabelecer cláusula de inalienabilidade, impenhorabilidade, e de incomunicabilidade, sobre os bens da legítima.

•• *Vide* art. 2.042 do CC.

§ 1.º Não é permitido ao testador estabelecer a conversão dos bens da legítima em outros de espécie diversa.

§ 2.º Mediante autorização judicial e havendo justa causa, podem ser alienados os bens gravados, convertendo-se o produto em outros bens, que ficarão sub-rogados nos ônus dos primeiros.

• *Vide* arts. 1.668, I, e 1.911 do CC.

• *Vide* Lei n. 6.015, de 31-12-1973, arts. 167, II, n. 11, e 247 (LRP).

• CPC: art. 833.

• *Vide* Súmula 49 do STF.

Art. 1.849. O herdeiro necessário, a quem o testador deixar a sua parte disponível, ou algum legado, não perderá o direito à legítima.

• *Vide* art. 1.789 do CC.

Art. 1.850. Para excluir da sucessão os herdeiros colaterais, basta que o testador disponha de seu patrimônio sem os contemplar.

• *Vide* art. 1.908 do CC.

Capítulo III
DO DIREITO DE REPRESENTAÇÃO

Art. 1.851. Dá-se o direito de representação, quando a lei chama certos parentes do falecido a suceder em todos os direitos, em que ele sucederia, se vivo fosse.

• *Vide* arts. 1.810, 1.811, 1.816, *caput*, 1.854 e 1.855 do CC.

Art. 1.852. O direito de representação dá-se na linha reta descendente, mas nunca na ascendente.

• *Vide* art. 1.835 do CC.

Art. 1.853. Na linha transversal, somente se dá o direito de representação em favor dos filhos de irmãos do falecido, quando com irmãos deste concorrerem.

• *Vide* arts. 1.840 e 1.843, *caput*, do CC.

Art. 1.854. Os representantes só podem herdar, como tais, o que herdaria o representado, se vivo fosse.

Art. 1.855. O quinhão do representado partir-se-á por igual entre os representantes.

Art. 1.856. O renunciante à herança de uma pessoa poderá representá-la na sucessão de outra.

• *Vide* arts. 1.810 e 1.811 do CC.

Título III
DA SUCESSÃO TESTAMENTÁRIA

Capítulo I
DO TESTAMENTO EM GERAL

Art. 1.857. Toda pessoa capaz pode dispor, por testamento, da totalidade dos seus bens, ou de parte deles, para depois de sua morte.

• *Vide* art. 1.881 do CC.

§ 1.º A legítima dos herdeiros necessários não poderá ser incluída no testamento.

§ 2.º São válidas as disposições testamentárias de caráter não patrimonial, ainda que o testador somente a elas se tenha limitado.

• *Vide*, como exemplo, os arts. 14, 791, 792, 1.609, III, 1.634, IV, 1.729, parágrafo único, 1.796 e 1.881 do CC.

Art. 1.858. O testamento é ato personalíssimo, podendo ser mudado a qualquer tempo.

• *Vide* art. 1.969 do CC.

Art. 1.859. Extingue-se em cinco anos o direito de impugnar a validade do testamento, contado o prazo da data do seu registro.

• *Vide* art. 1.909, parágrafo único, do CC.

Capítulo II
DA CAPACIDADE DE TESTAR

Art. 1.860. Além dos incapazes, não podem testar os que, no ato de fazê-lo, não tiverem pleno discernimento.

• *Vide* arts. 3.º e 1.767 do CC.

Parágrafo único. Podem testar os maiores de dezesseis anos.

Art. 1.861. A incapacidade superveniente do testador não invalida o testamento, nem o testamento do incapaz se valida com a superveniência da capacidade.

Capítulo III
DAS FORMAS ORDINÁRIAS DO TESTAMENTO

Seção I
Disposições Gerais

Art. 1.862. São testamentos ordinários:

I – o público;

• *Vide* arts. 1.864 a 1.867 do CC.

II – o cerrado;

• *Vide* arts. 1.868 a 1.875 do CC.

III – o particular.

• *Vide* arts. 1.876 a 1.880 do CC.

Art. 1.863. É proibido o testamento conjuntivo, seja simultâneo, recíproco ou correspectivo.

• *Vide* art. 426 do CC.

Seção II
Do Testamento Público

Art. 1.864. São requisitos essenciais do testamento público:

• CPC: art. 736.

I – ser escrito por tabelião ou por seu substituto legal em seu livro de notas, de acordo com as declarações do testador, podendo este servir-se de minuta, notas ou apontamentos;

• *Vide* arts. 7.º, II, e 20, § 4.º, da Lei n. 8.935, de 18-11-1994, que regulamenta o art. 236 da CF, dispondo sobre serviços notariais e de registro.

II – lavrado o instrumento, ser lido em voz alta pelo tabelião ao testador e a duas testemunhas, a um só tempo; ou pelo testador, se o quiser, na presença destas e do oficial;

III – ser o instrumento, em seguida à leitura, assinado pelo testador, pelas testemunhas e pelo tabelião.

• *Vide* art. 1.865 do CC.

Parágrafo único. O testamento público pode ser escrito manualmente ou mecanicamente, bem como ser feito pela inserção da declaração de vontade em partes impressas de livro de notas, desde que rubricadas todas as páginas pelo testador, se mais de uma.

Art. 1.865. Se o testador não souber, ou não puder assinar, o tabelião ou seu substituto legal assim o declarará, assinando, neste caso, pelo testador, e, a seu rogo, uma das testemunhas instrumentárias.

Art. 1.866. O indivíduo inteiramente surdo, sabendo ler, lerá o seu testamento, e, se não o souber, designará quem o leia em seu lugar, presentes as testemunhas.

Art. 1.867. Ao cego só se permite o testamento público, que lhe será lido, em voz alta, duas vezes, uma pelo tabelião ou por seu substituto legal, e a outra por uma das testemunhas, designada pelo testador, fazendo-se de tudo circunstanciada menção no testamento.

Seção III
Do Testamento Cerrado

Art. 1.868. O testamento escrito pelo testador, ou por outra pessoa, a seu rogo, e por aquele assinado, será válido se aprovado pelo tabelião ou seu substituto legal, observadas as seguintes formalidades:

- *Vide* arts. 1.801, I, 1.870 e 1.871 do CC.
- CPC: arts. 735 a 737.
- *Vide* art. 7.º, II, da Lei n. 8.935, de 18-11-1994.

I – que o testador o entregue ao tabelião em presença de duas testemunhas;

II – que o testador declare que aquele é o seu testamento e quer que seja aprovado;

III – que o tabelião lavre, desde logo, o auto de aprovação, na presença de duas testemunhas, e o leia, em seguida, ao testador e testemunhas;

IV – que o auto de aprovação seja assinado pelo tabelião, pelas testemunhas e pelo testador.

Parágrafo único. O testamento cerrado pode ser escrito mecanicamente, desde que seu subscritor numere e autentique, com a sua assinatura, todas as páginas.

Art. 1.869. O tabelião deve começar o auto de aprovação imediatamente depois da última palavra do testador, declarando, sob sua fé, que o testador lhe entregou para ser aprovado na presença das testemunhas; passando a cerrar e coser o instrumento aprovado.

Parágrafo único. Se não houver espaço na última folha do testamento, para início da aprovação, o tabelião aporá nele o seu sinal público, mencionando a circunstância no auto.

Art. 1.870. Se o tabelião tiver escrito o testamento a rogo do testador, poderá, não obstante, aprová-lo.

Art. 1.871. O testamento pode ser escrito em língua nacional ou estrangeira, pelo próprio testador, ou por outrem, a seu rogo.

Art. 1.872. Não pode dispor de seus bens em testamento cerrado quem não saiba ou não possa ler.

Art. 1.873. Pode fazer testamento cerrado o surdo-mudo, contanto que o escreva todo, e o assine de sua mão, e que, ao entregá-lo ao oficial público, ante as duas testemunhas, escreva, na face externa do papel ou do envoltório, que aquele é o seu testamento, cuja aprovação lhe pede.

Art. 1.874. Depois de aprovado e cerrado, será o testamento entregue ao testador, e o tabelião lançará, no seu livro, nota do lugar, dia, mês e ano em que o testamento foi aprovado e entregue.

- *Vide* art. 1.972 do CC.

Art. 1.875. Falecido o testador, o testamento será apresentado ao juiz, que o abrirá e o fará registrar, ordenando seja cumprido, se não achar vício externo que o torne eivado de nulidade ou suspeito de falsidade.

- *Vide* arts. 1.125 a 1.127 do CPC.

Seção IV
Do Testamento Particular

Art. 1.876. O testamento particular pode ser escrito de próprio punho ou mediante processo mecânico.

- *Vide* art. 1.880 do CC.
- CPC: art. 737.

§ 1.º Se escrito de próprio punho, são requisitos essenciais à sua validade seja lido e assinado por quem o escreveu, na presença de pelo menos três testemunhas, que o devem subscrever.

- *Vide* art. 228 do CC.

§ 2.º Se elaborado por processo mecânico, não pode conter rasuras ou espaços em branco, devendo ser assinado pelo testador, depois de o ter lido na presença de pelo menos três testemunhas, que o subscreverão.

Art. 1.877. Morto o testador, publicar-se-á em juízo o testamento, com citação dos herdeiros legítimos.

- CPC: art. 737.
- O art. 297, § 2.º, do CP estabelece que para efeitos penais equiparam-se ao documento público o testamento particular.

Art. 1.878. Se as testemunhas forem contestes sobre o fato da disposição, ou, ao menos, sobre a sua leitura perante elas, e se reconhecerem as próprias assinaturas, assim como a do testador, o testamento será confirmado.

Parágrafo único. Se faltarem testemunhas, por morte ou ausência, e se pelo menos uma delas o reconhecer, o testamento poderá ser confirmado, se, a critério do juiz, houver prova suficiente de sua veracidade.

- Da publicação do testamento particular: art. 737 do CPC.

Art. 1.879. Em circunstâncias excepcionais declaradas na cédula, o testamento particular de próprio punho e assinado pelo testador, sem testemunhas, poderá ser confirmado, a critério do juiz.

Art. 1.880. O testamento particular pode ser escrito em língua estrangeira, contanto que as testemunhas a compreendam.

Capítulo IV
DOS CODICILOS

Art. 1.881. Toda pessoa capaz de testar poderá, mediante escrito particular seu, datado e assinado, fazer disposições especiais sobre o seu enterro, sobre esmolas de pouca monta a certas e determinadas pessoas, ou, indeterminadamente, aos pobres de certo lugar, assim como legar móveis, roupas ou joias, de pouco valor, de seu uso pessoal.

- *Vide* arts. 1.860 e 1.998 do CC.

Art. 1.882. Os atos a que se refere o artigo antecedente, salvo direito de terceiro, valerão como codicilos, deixe ou não testamento o autor.

Art. 1.883. Pelo modo estabelecido no art. 1.881, poder-se-ão nomear ou substituir testamenteiros.

- *Vide* art. 1.976 do CC.

Art. 1.884. Os atos previstos nos artigos antecedentes revogam-se por atos iguais, e consideram-se revogados, se, havendo testamento posterior, de qualquer natureza, este os não confirmar ou modificar.

Art. 1.885. Se estiver fechado o codicilo, abrir-se-á do mesmo modo que o testamento cerrado.

- *Vide* art. 1.875 do CC.
- CPC: arts. 735 a 737.

Capítulo V
DOS TESTAMENTOS ESPECIAIS

Seção I
Disposições Gerais

Art. 1.886. São testamentos especiais:

I – o marítimo;

II – o aeronáutico;

III – o militar.

Art. 1.887. Não se admitem outros testamentos especiais além dos contemplados neste Código.

Seção II
Do Testamento Marítimo e do Testamento Aeronáutico

Art. 1.888. Quem estiver em viagem, a bordo de navio nacional, de guerra ou mercante, pode testar perante o comandante, em presença de duas testemunhas, por forma que corresponda ao testamento público ou ao cerrado.

- *Vide* arts. 1.864 e 1.868 do CC.

Parágrafo único. O registro do testamento será feito no diário de bordo.

Art. 1.889. Quem estiver em viagem, a bordo de aeronave militar ou comercial, pode testar perante pessoa designada pelo comandante, observado o disposto no artigo antecedente.

Art. 1.890. O testamento marítimo ou aeronáutico ficará sob a guarda do comandante, que o entregará às autoridades administrativas do primeiro porto ou aeroporto nacional, contra recibo averbado no diário de bordo.

- *Vide* art. 1.801, I, do CC.

Art. 1.891. Caducará o testamento marítimo, ou aeronáutico, se o testador não morrer na viagem, nem nos noventa dias subsequentes ao seu desembarque em terra, onde possa fazer, na forma ordinária, outro testamento.

Art. 1.892. Não valerá o testamento marítimo, ainda que feito no curso de uma viagem, se, ao tempo em que se fez, o navio estava em porto onde o testador pudesse desembarcar e testar na forma ordinária.

Seção III
Do Testamento Militar

Art. 1.893. O testamento dos militares e demais pessoas a serviço das Forças Armadas em campanha, dentro do País ou fora dele, assim como em praça sitiada, ou que esteja de comunicações interrompidas, poderá fazer-se, não havendo tabelião ou seu substituto legal, ante duas, ou três testemunhas, se o testador não puder, ou não souber assinar, caso em que assinará por ele uma delas.

§ 1.º Se o testador pertencer a corpo ou seção de corpo destacado, o testamento será escrito pelo respectivo comandante, ainda que de graduação ou posto inferior.

§ 2.º Se o testador estiver em tratamento em hospital, o testamento será escrito pelo respectivo oficial de saúde, ou pelo diretor do estabelecimento.

§ 3.º Se o testador for o oficial mais graduado, o testamento será escrito por aquele que o substituir.

Art. 1.894. Se o testador souber escrever, poderá fazer o testamento de seu punho, contanto que o date e assine por extenso, e o apresente aberto ou cerrado, na presença de duas testemunhas ao auditor, ou ao oficial de patente, que lhe faça as vezes neste mister.

Parágrafo único. O auditor, ou o oficial a quem o testamento se apresente notará, em qualquer parte dele, lugar, dia, mês e ano, em que lhe for apresentado, nota esta que será assinada por ele e pelas testemunhas.

Art. 1.895. Caduca o testamento militar, desde que, depois dele, o testador esteja, noventa dias seguidos, em lugar onde possa testar na forma ordinária, salvo se esse testamento apresentar as solenidades prescritas no parágrafo único do artigo antecedente.

Art. 1.896. As pessoas designadas no art. 1.893, estando empenhadas em combate, ou feridas, podem testar oralmente, confiando a sua última vontade a duas testemunhas.

- *Vide* arts. 1.130 a 1.133 e 1.134, III, do CC.

Parágrafo único. Não terá efeito o testamento se o testador não morrer na guerra ou convalescer do ferimento.

Capítulo VI
DAS DISPOSIÇÕES TESTAMENTÁRIAS

Art. 1.897. A nomeação de herdeiro, ou legatário, pode fazer-se pura e simplesmente, sob condição, para certo fim ou modo, ou por certo motivo.

- *Vide* arts. 121, 128, 1.ª parte, 136 e 1.733, § 2.º, do CC.

Art. 1.898. A designação do tempo em que deva começar ou cessar o direito do herdeiro, salvo nas disposições fideicomissárias, ter-se-á por não escrita.

- *Vide* arts. 1.951 a 1.960 (substituição fideicomissária) do CC.

Art. 1.899. Quando a cláusula testamentária for suscetível de interpretações diferentes, prevalecerá a que melhor assegure a observância da vontade do testador.

- *Vide* art. 112 do CC.
- *Vide* Súmula 49 do STF.

Art. 1.900. É nula a disposição:

I – que institua herdeiro ou legatário sob a condição captatória de que este disponha, também por testamento, em benefício do testador, ou de terceiro;

II – que se refira a pessoa incerta, cuja identidade não se possa averiguar;

III – que favoreça a pessoa incerta, cometendo a determinação de sua identidade a terceiro;

- *Vide* art. 1.901, I, do CC.

IV – que deixe a arbítrio do herdeiro, ou de outrem, fixar o valor do legado;

V – que favoreça as pessoas a que se referem os arts. 1.801 e 1.802.

• *Vide* art. 1.859 do CC.

Art. 1.901. Valerá a disposição:

I – em favor de pessoa incerta que deva ser determinada por terceiro, dentre duas ou mais pessoas mencionadas pelo testador, ou pertencentes a uma família, ou a um corpo coletivo, ou a um estabelecimento por ele designado;

II – em remuneração de serviços prestados ao testador, por ocasião da moléstia de que faleceu, ainda que fique ao arbítrio do herdeiro ou de outrem determinar o valor do legado.

Art. 1.902. A disposição geral em favor dos pobres, dos estabelecimentos particulares de caridade, ou dos de assistência pública, entender-se-á relativa aos pobres do lugar do domicílio do testador ao tempo de sua morte, ou dos estabelecimentos aí sitos, salvo se manifestamente constar que tinha em mente beneficiar os de outra localidade.

Parágrafo único. Nos casos deste artigo, as instituições particulares preferirão sempre às públicas.

Art. 1.903. O erro na designação da pessoa do herdeiro, do legatário, ou da coisa legada anula a disposição, salvo se, pelo contexto do testamento, por outros documentos, ou por fatos inequívocos, se puder identificar a pessoa ou coisa a que o testador queria referir-se.

• *Vide* arts. 142, 1.899 e 1.909 do CC.

Art. 1.904. Se o testamento nomear dois ou mais herdeiros, sem discriminar a parte de cada um, partilhar-se-á por igual, entre todos, a porção disponível do testador.

• *Vide* art. 1.789 do CC.

Art. 1.905. Se o testador nomear certos herdeiros individualmente e outros coletivamente, a herança será dividida em tantas quotas quantos forem os indivíduos e os grupos designados.

Art. 1.906. Se forem determinadas as quotas de cada herdeiro, e não absorverem toda a herança, o remanescente pertencerá aos herdeiros legítimos, segundo a ordem da vocação hereditária.

• *Vide* art. 1.829 do CC.

Art. 1.907. Se forem determinados os quinhões de uns e não os de outros herdeiros, distribuir-se-á por igual a estes últimos o que restar, depois de completas as porções hereditárias dos primeiros.

Art. 1.908. Dispondo o testador que não caiba ao herdeiro instituído certo e determinado objeto, dentre os da herança, tocará ele aos herdeiros legítimos.

• *Vide* art. 1.788 do CC.

Art. 1.909. São anuláveis as disposições testamentárias inquinadas de erro, dolo ou coação.

• *Vide* arts. 138 a 155 do CC.

Parágrafo único. Extingue-se em quatro anos o direito de anular a disposição, contados de quando o interessado tiver conhecimento do vício.

• *Vide* arts. 177 e 178, I e II, do CC.

Art. 1.910. A ineficácia de uma disposição testamentária importa a das outras que, sem aquela, não teriam sido determinadas pelo testador.

• *Vide* art. 184 do CC.

Art. 1.911. A cláusula de inalienabilidade, imposta aos bens por ato de liberalidade, implica impenhorabilidade e incomunicabilidade.

Parágrafo único. No caso de desapropriação de bens clausulados, ou de sua alienação, por conveniência econômica do donatário ou do herdeiro, mediante autorização judicial, o produto da venda converter-se-á em outros bens, sobre os quais incidirão as restrições apostas aos primeiros.

• *Vide* art. 1.848 do CC.
• *Vide* Súmula 49 do STF.
• *Vide* Lei n. 6.015, de 31-12-1973, arts. 167, II, n. 11, e 247 (LRP).
• CPC: arts. 833 e 834.
• Lei n. 6.830, de 22-9-1980, art. 30 (LEF).
• *Vide* art. 31 do Decreto-lei n. 3.365, de 21-6-1941, que dispõe sobre desapropriações.
• O art. 169 da Lei n. 6.404, de 15-12-1976, dispõe sobre a inalienabilidade das ações.
• O art. 108, § 4.º, da Lei n. 11.101, de 9-2-2005 (Lei de Falências e Recuperação de Empresas), estabelece que não serão arrecadados os bens absolutamente impenhoráveis.

Capítulo VII
DOS LEGADOS

Seção I
Disposições Gerais

Art. 1.912. É ineficaz o legado de coisa certa que não pertença ao testador no momento da abertura da sucessão.

• *Vide* arts. 1.914 e 1.939, II, do CC.

Art. 1.913. Se o testador ordenar que o herdeiro ou legatário entregue coisa de sua propriedade a outrem, não o cumprindo ele, entender-se-á que renunciou à herança ou ao legado.

• *Vide* art. 1.935 do CC.

Art. 1.914. Se tão somente em parte a coisa legada pertencer ao testador, ou, no caso do artigo antecedente, ao herdeiro ou ao legatário, só quanto a essa parte valerá o legado.

Art. 1.915. Se o legado for de coisa que se determine pelo gênero, será o mesmo cumprido, ainda que tal coisa não exista entre os bens deixados pelo testador.

• *Vide* art. 85 do CC.

Art. 1.916. Se o testador legar coisa sua, singularizando-a, só terá eficácia o legado se, ao tempo do seu falecimento, ela se achava entre os bens da herança; se a coisa legada existir entre os bens do testador, mas em quantidade inferior à do legado, este será eficaz apenas quanto à existente.

• *Vide* art. 1.939 do CC.

Art. 1.917. O legado de coisa que deva encontrar-se em determinado lugar só terá eficácia se nele for achada, salvo se removida a título transitório.

Art. 1.918. O legado de crédito, ou de quitação de dívida, terá eficácia somente até a importância desta, ou daquele, ao tempo da morte do testador.

§ 1.º Cumpre-se o legado, entregando o herdeiro ao legatário o título respectivo.

§ 2.º Este legado não compreende as dívidas posteriores à data do testamento.

Art. 1.919. Não o declarando expressamente o testador, não se reputará compensação da sua dívida o legado que ele faça ao credor.

- *Vide* arts. 368 a 380 do CC.

Parágrafo único. Subsistirá integralmente o legado, se a dívida lhe foi posterior, e o testador a solveu antes de morrer.

Art. 1.920. O legado de alimentos abrange o sustento, a cura, o vestuário e a casa, enquanto o legatário viver, além da educação, se ele for menor.

- *Vide* art. 1.694, § 1.º, do CC.

Art. 1.921. O legado de usufruto, sem fixação de tempo, entende-se deixado ao legatário por toda a sua vida.

- *Vide* art. 1.410, I, do CC.

Art. 1.922. Se aquele que legar um imóvel lhe ajuntar depois novas aquisições, estas, ainda que contíguas, não se compreendem no legado, salvo expressa declaração em contrário do testador.

Parágrafo único. Não se aplica o disposto neste artigo às benfeitorias necessárias, úteis ou voluptuárias feitas no prédio legado.

- *Vide* art. 96 do CC.

Seção II
Dos Efeitos do Legado e do seu Pagamento

Art. 1.923. Desde a abertura da sucessão, pertence ao legatário a coisa certa, existente no acervo, salvo se o legado estiver sob condição suspensiva.

§ 1.º Não se defere de imediato a posse da coisa, nem nela pode o legatário entrar por autoridade própria.

§ 2.º O legado de coisa certa existente na herança transfere também ao legatário os frutos que produzir, desde a morte do testador, exceto se dependente de condição suspensiva, ou de termo inicial.

- *Vide* arts. 121, 125, 1.784 e 1.937 do CC.

Art. 1.924. O direito de pedir o legado não se exercerá, enquanto se litigue sobre a validade do testamento, e, nos legados condicionais, ou a prazo, enquanto esteja pendente a condição ou o prazo não se vença.

Art. 1.925. O legado em dinheiro só vence juros desde o dia em que se constituir em mora a pessoa obrigada a prestá-lo.

- *Vide* arts. 394 a 401 do CC.

Art. 1.926. Se o legado consistir em renda vitalícia ou pensão periódica, esta ou aquela correrá da morte do testador.

Art. 1.927. Se o legado for de quantidades certas, em prestações periódicas, datará da morte do testador o primeiro período, e o legatário terá direito a cada prestação, uma vez encetado cada um dos períodos sucessivos, ainda que venha a falecer antes do termo dele.

Art. 1.928. Sendo periódicas as prestações, só no termo de cada período se poderão exigir.

Parágrafo único. Se as prestações forem deixadas a título de alimentos, pagar-se-ão no começo de cada período, sempre que outra coisa não tenha disposto o testador.

Art. 1.929. Se o legado consiste em coisa determinada pelo gênero, ao herdeiro tocará escolhê-la, guardando o meio-termo entre as congêneres da melhor e pior qualidade.

- *Vide* arts. 244 e 915 do CC.

Art. 1.930. O estabelecido no artigo antecedente será observado, quando a escolha for deixada a arbítrio de terceiro; e, se este não a quiser ou não a puder exercer, ao juiz competirá fazê-la, guardado o disposto na última parte do artigo antecedente.

Art. 1.931. Se a opção foi deixada ao legatário, este poderá escolher, do gênero determinado, a melhor coisa que houver na herança; e, se nesta não existir coisa de tal gênero, dar-lhe-á de outra congênere o herdeiro, observada a disposição na última parte do art. 1.929.

Art. 1.932. No legado alternativo, presume-se deixada ao herdeiro a opção.

- *Vide* art. 255 do CC.

Art. 1.933. Se o herdeiro ou legatário a quem couber a opção falecer antes de exercê-la, passará este poder aos seus herdeiros.

- *Vide* art. 1.809 do CC.

Art. 1.934. No silêncio do testamento, o cumprimento dos legados incumbe aos herdeiros e, não os havendo, aos legatários, na proporção do que herdaram.

Parágrafo único. O encargo estabelecido neste artigo, não havendo disposição testamentária em contrário, caberá ao herdeiro ou legatário incumbido pelo testador da execução do legado; quando indicados mais de um, os onerados dividirão entre si o ônus, na proporção do que recebam da herança.

- CPC: art. 125, II.

Art. 1.935. Se algum legado consistir em coisa pertencente a herdeiro ou legatário (art. 1.913), só a ele incumbirá cumpri-lo, com regresso contra os coerdeiros, pela quota de cada um, salvo se o contrário expressamente dispôs o testador.

Art. 1.936. As despesas e os riscos da entrega do legado correm à conta do legatário, se não dispuser diversamente o testador.

Art. 1.937. A coisa legada entregar-se-á, com seus acessórios, no lugar e estado em que se achava ao falecer o testador, passando ao legatário com todos os encargos que a onerarem.

Art. 1.938. Nos legados com encargo, aplica-se ao legatário o disposto neste Código quanto às doações de igual natureza.

- *Vide* arts. 136 e 553 do CC.

Seção III
Da Caducidade dos Legados

Art. 1.939. Caducará o legado:

I – se, depois do testamento, o testador modificar a coisa legada, ao ponto de já não ter a forma nem lhe caber a denominação que possuía;

II – se o testador, por qualquer título, alienar no todo ou em parte a coisa legada; nesse caso, caducará até onde ela deixou de pertencer ao testador;

• *Vide* arts. 1.912 e 1.914 do CC.

III – se a coisa perecer ou for evicta, vivo ou morto o testador, sem culpa do herdeiro ou legatário incumbido do seu cumprimento;

• *Vide* arts. 447 a 457 do CC.

IV – se o legatário for excluído da sucessão, nos termos do art. 1.815;

V – se o legatário falecer antes do testador.

Art. 1.940. Se o legado for de duas ou mais coisas alternativamente, e algumas delas perecerem, subsistirá quanto às restantes; perecendo parte de uma, valerá, quanto ao seu remanescente, o legado.

• *Vide* art. 253 do CC.

Capítulo VIII
DO DIREITO DE ACRESCER ENTRE HERDEIROS E LEGATÁRIOS

Art. 1.941. Quando vários herdeiros, pela mesma disposição testamentária, forem conjuntamente chamados à herança em quinhões não determinados, e qualquer deles não puder ou não quiser aceitá-la, a sua parte acrescerá à dos coerdeiros, salvo o direito do substituto.

• *Vide* art. 1.947 do CC.

Art. 1.942. O direito de acrescer competirá aos colegatários, quando nomeados conjuntamente a respeito de uma só coisa, determinada e certa, ou quando o objeto do legado não puder ser dividido sem risco de desvalorização.

• *Vide* art. 1.929 do CC.

Art. 1.943. Se um dos coerdeiros ou colegatários, nas condições do artigo antecedente, morrer antes do testador; se renunciar a herança ou legado, ou destes for excluído, e, se a condição sob a qual foi instituído não se verificar, acrescerá o seu quinhão, salvo o direito do substituto, à parte dos coerdeiros ou colegatários conjuntos.

• *Vide* arts. 1.809 e 1.947 do CC.

Parágrafo único. Os coerdeiros ou colegatários, aos quais acresceu o quinhão daquele que não quis ou não pôde suceder, ficam sujeitos às obrigações ou encargos que o oneravam.

Art. 1.944. Quando não se efetua o direito de acrescer, transmite-se aos herdeiros legítimos a quota vaga do nomeado.

• *Vide* art. 1.788 do CC.

Parágrafo único. Não existindo o direito de acrescer entre os colegatários, a quota do que faltar acresce ao herdeiro ou ao legatário incumbido de satisfazer esse legado, ou a todos os herdeiros, na proporção dos seus quinhões, se o legado se deduziu da herança.

Art. 1.945. Não pode o beneficiário do acréscimo repudiá-lo separadamente da herança ou legado que lhe caiba, salvo se o acréscimo comportar encargos especiais impostos pelo testador; nesse caso, uma vez repudiado, reverte o acréscimo para a pessoa a favor de quem os encargos foram instituídos.

Art. 1.946. Legado um só usufruto conjuntamente a duas ou mais pessoas, a parte da que faltar acresce aos colegatários.

Parágrafo único. Se não houver conjunção entre os colegatários, ou se, apesar de conjuntos, só lhes foi legada certa parte do usufruto, consolidar-se-ão na propriedade as quotas dos que faltarem, à medida que eles forem faltando.

• *Vide* art. 1.411 do CC.

Capítulo IX
DAS SUBSTITUIÇÕES

Seção I
Da Substituição Vulgar e da Recíproca

Art. 1.947. O testador pode substituir outra pessoa ao herdeiro ou ao legatário nomeado, para o caso de um ou outro não querer ou não poder aceitar a herança ou o legado, presumindo-se que a substituição foi determinada para as duas alternativas, ainda que o testador só a uma se refira.

• *Vide* art. 1.799 do CC.

Art. 1.948. Também é lícito ao testador substituir muitas pessoas por uma só, ou vice-versa, e ainda substituir com reciprocidade ou sem ela.

Art. 1.949. O substituto fica sujeito à condição ou encargo imposto ao substituído, quando não for diversa a intenção manifestada pelo testador, ou não resultar outra coisa da natureza da condição ou do encargo.

• *Vide* arts. 121 e 136 do CC.

Art. 1.950. Se, entre muitos coerdeiros ou legatários de partes desiguais, for estabelecida substituição recíproca, a proporção dos quinhões fixada na primeira disposição entender-se-á mantida na segunda; se, com as outras anteriormente nomeadas, for incluída mais alguma pessoa na substituição, o quinhão vago pertencerá em partes iguais aos substitutos.

Seção II
Da Substituição Fideicomissária

Art. 1.951. Pode o testador instituir herdeiros ou legatários, estabelecendo que, por ocasião de sua morte, a herança ou o legado se transmita ao fiduciário, resolvendo-se o direito deste, por sua morte, a certo tempo ou sob certa condição, em favor de outrem, que se qualifica de fideicomissário.

• *Vide* arts. 1.668, II, e 1.898 do CC.

• *Vide* Lei n. 6.015, de 31-12-1973, art. 167, II, n. 11.

Art. 1.952. A substituição fideicomissária somente se permite em favor dos não concebidos ao tempo da morte do testador.

Parágrafo único. Se, ao tempo da morte do testador, já houver nascido o fideicomissário, adquirirá este a propriedade dos bens fideicometidos, convertendo-se em usufruto o direito do fiduciário.

• *Vide* arts. 1.390 a 1.411, 1.784 e 1.799, I, do CC.

Art. 1.953. O fiduciário tem a propriedade da herança ou legado, mas restrita e resolúvel.

• *Vide* art. 1.359 do CC.

Parágrafo único. O fiduciário é obrigado a proceder ao inventário dos bens gravados, e a prestar caução de restituí-los se o exigir o fideicomissário.

Art. 1.954. Salvo disposição em contrário do testador, se o fiduciário renunciar a herança ou o legado, defere-se ao fideicomissário o poder de aceitar.

Art. 1.955. O fideicomissário pode renunciar a herança ou o legado, e, neste caso, o fideicomisso caduca, deixando de ser resolúvel a propriedade do fiduciário, se não houver disposição contrária do testador.

Art. 1.956. Se o fideicomissário aceitar a herança ou o legado, terá direito à parte que, ao fiduciário, em qualquer tempo acrescer.

Art. 1.957. Ao sobrevir a sucessão, o fideicomissário responde pelos encargos da herança que ainda restarem.

Art. 1.958. Caduca o fideicomisso se o fideicomissário morrer antes do fiduciário, ou antes de realizar-se a condição resolutória do direito deste último; nesse caso, a propriedade consolida-se no fiduciário, nos termos do art. 1.955.

Art. 1.959. São nulos os fideicomissos além do segundo grau.

Art. 1.960. A nulidade da substituição ilegal não prejudica a instituição, que valerá sem o encargo resolutório.

Capítulo X
DA DESERDAÇÃO

Art. 1.961. Os herdeiros necessários podem ser privados de sua legítima, ou deserdados, em todos os casos em que podem ser excluídos da sucessão.

• *Vide* arts. 1.814 a 1.818, 1.962 e 1.963 do CC.

Art. 1.962. Além das causas mencionadas no art. 1.814, autorizam a deserdação dos descendentes por seus ascendentes:

I – ofensa física;

II – injúria grave;

III – relações ilícitas com a madrasta ou com o padrasto;

IV – desamparo do ascendente em alienação mental ou grave enfermidade.

• *Vide* art. 229 da CF.

Art. 1.963. Além das causas enumeradas no art. 1.814, autorizam a deserdação dos ascendentes pelos descendentes:

I – ofensa física;

II – injúria grave;

III – relações ilícitas com a mulher ou companheira do filho ou a do neto, ou com o marido ou companheiro da filha ou o da neta;

IV – desamparo do filho ou neto com deficiência mental ou grave enfermidade.

Art. 1.964. Somente com expressa declaração de causa pode a deserdação ser ordenada em testamento.

Art. 1.965. Ao herdeiro instituído, ou àquele a quem aproveite a deserdação, incumbe provar a veracidade da causa alegada pelo testador.

Parágrafo único. O direito de provar a causa da deserdação extingue-se no prazo de quatro anos, a contar da data da abertura do testamento.

• *Vide* art. 1.815, parágrafo único, do CC.

Capítulo XI
DA REDUÇÃO DAS DISPOSIÇÕES TESTAMENTÁRIAS

Art. 1.966. O remanescente pertencerá aos herdeiros legítimos, quando o testador só em parte dispuser da quota hereditária disponível.

• *Vide* arts. 1.788, 1.829, 1.845 a 1.850, 1.906 e 1.908 do CC.

Art. 1.967. As disposições que excederem a parte disponível reduzir-se-ão aos limites dela, de conformidade com o disposto nos parágrafos seguintes.

• *Vide* arts. 549 e 1.847 do CC.

§ 1.º Em se verificando excederem as disposições testamentárias a porção disponível, serão proporcionalmente reduzidas as quotas do herdeiro ou herdeiros instituídos, até onde baste, e, não bastando, também os legados, na proporção do seu valor.

§ 2.º Se o testador, prevenindo o caso, dispuser que se inteirem, de preferência, certos herdeiros e legatários, a redução far-se-á nos outros quinhões ou legados, observando-se a seu respeito a ordem estabelecida no parágrafo antecedente.

Art. 1.968. Quando consistir em prédio divisível o legado sujeito a redução, far-se-á esta dividindo-o proporcionalmente.

§ 1.º Se não for possível a divisão, e o excesso do legado montar a mais de um quarto do valor do prédio, o legatário deixará inteiro na herança o imóvel legado, ficando com o direito de pedir aos herdeiros o valor que couber na parte disponível; se o excesso não for de mais de um quarto, aos herdeiros fará tornar em dinheiro o legatário, que ficará com o prédio.

§ 2.º Se o legatário for ao mesmo tempo herdeiro necessário, poderá inteirar sua legítima no mesmo imóvel, de preferência aos outros, sempre que ela e a parte subsistente do legado lhe absorverem o valor.

Capítulo XII
DA REVOGAÇÃO DO TESTAMENTO

Art. 1.969. O testamento pode ser revogado pelo mesmo modo e forma como pode ser feito.

•• *Vide* art. 1.º, III, da Lei n. 8.560, de 29-12-1992.

• *Vide* art. 1.858 do CC.

Art. 1.970. A revogação do testamento pode ser total ou parcial.

Parágrafo único. Se parcial, ou se o testamento posterior não contiver cláusula revogatória expressa, o anterior subsiste em tudo que não for contrário ao posterior.

Art. 1.971. A revogação produzirá seus efeitos, ainda quando o testamento, que a encerra, vier a caducar por exclusão, incapacidade ou renúncia do herdeiro nele nomeado; não valerá, se o testamento revogatório for anulado por omissão ou infração de solenidades essenciais ou por vícios intrínsecos.

Art. 1.972. O testamento cerrado que o testador abrir ou dilacerar, ou for aberto ou dilacerado com seu consentimento, haver-se-á como revogado.

• *Vide* arts. 1.868 a 1.875 do CC.

Capítulo XIII
DO ROMPIMENTO DO TESTAMENTO

Art. 1.973. Sobrevindo descendente sucessível ao testador, que não o tinha ou não o conhecia quando testou, rompe-se o testamento em todas as suas disposições, se esse descendente sobreviver ao testador.

• *Vide* arts. 1.939 e 1.940 do CC.

Art. 1.974. Rompe-se também o testamento feito na ignorância de existirem outros herdeiros necessários.

Art. 1.975. Não se rompe o testamento, se o testador dispuser da sua metade, não contemplando os herdeiros necessários de cuja existência saiba, ou quando os exclua dessa parte.

• *Vide* arts. 1.789, 1.845 e 1.961 a 1.965 do CC.

Capítulo XIV
DO TESTAMENTEIRO

Art. 1.976. O testador pode nomear um ou mais testamenteiros, conjuntos ou separados, para lhe darem cumprimento às disposições de última vontade.

• *Vide* arts. 1.883 e 1.986 do CC.

Art. 1.977. O testador pode conceder ao testamenteiro a posse e a administração da herança, ou de parte dela, não havendo cônjuge ou herdeiros necessários.

• CPC: art. 617, V.

Parágrafo único. Qualquer herdeiro pode requerer partilha imediata, ou devolução da herança, habilitando o testamenteiro com os meios necessários para o cumprimento dos legados, ou dando caução de prestá-los.

Art. 1.978. Tendo o testamenteiro a posse e a administração dos bens, incumbe-lhe requerer inventário e cumprir o testamento.

• CPC: arts. 615 e 616, IV.

Art. 1.979. O testamenteiro nomeado, ou qualquer parte interessada, pode requerer, assim como o juiz pode ordenar, de ofício, ao detentor do testamento, que o leve a registro.

• *Vide* arts. 1.127 e 1.129 e parágrafo único do CC.

Art. 1.980. O testamenteiro é obrigado a cumprir as disposições testamentárias, no prazo marcado pelo testador, e a dar contas do que recebeu e despendeu, subsistindo sua responsabilidade enquanto durar a execução do testamento.

• *Vide* art. 1.983 do CC.

Art. 1.981. Compete ao testamenteiro, com ou sem o concurso do inventariante e dos herdeiros instituídos, defender a validade do testamento.

Art. 1.982. Além das atribuições exaradas nos artigos antecedentes, terá o testamenteiro as que lhe conferir o testador, nos limites da lei.

Art. 1.983. Não concedendo o testador prazo maior, cumprirá o testamenteiro o testamento e prestará contas em cento e oitenta dias, contados da aceitação da testamentaria.

Parágrafo único. Pode esse prazo ser prorrogado se houver motivo suficiente.

Art. 1.984. Na falta de testamenteiro nomeado pelo testador, a execução testamentária compete a um dos cônjuges, e, em falta destes, ao herdeiro nomeado pelo juiz.

• *Vide* art. 226, § 5.º, da CF.

Art. 1.985. O encargo da testamentaria não se transmite aos herdeiros do testamenteiro, nem é delegável; mas o testamenteiro pode fazer-se representar em juízo e fora dele, mediante mandatário com poderes especiais.

Art. 1.986. Havendo simultaneamente mais de um testamenteiro, que tenha aceitado o cargo, poderá cada qual exercê-lo, em falta dos outros; mas todos ficam solidariamente obrigados a dar conta dos bens que lhes forem confiados, salvo se cada um tiver, pelo testamento, funções distintas, e a elas se limitar.

• *Vide* arts. 264 a 285 do CC.

Art. 1.987. Salvo disposição testamentária em contrário, o testamenteiro, que não seja herdeiro ou legatário, terá direito a um prêmio, que, se o testador não o houver fixado, será de um a cinco por cento, arbitrado pelo juiz, sobre a herança líquida, conforme a importância dela e maior ou menor dificuldade na execução do testamento.

Parágrafo único. O prêmio arbitrado será pago à conta da parte disponível, quando houver herdeiro necessário.

Art. 1.988. O herdeiro ou o legatário nomeado testamenteiro poderá preferir o prêmio à herança ou ao legado.

Art. 1.989. Reverterá à herança o prêmio que o testamenteiro perder, por ser removido ou por não ter cumprido o testamento.

Art. 1.990. Se o testador tiver distribuído toda a herança em legados, exercerá o testamenteiro as funções de inventariante.

• CPC: art. 617, V.

Título IV
DO INVENTÁRIO E DA PARTILHA

•• O art. 610 do CPC estabelece: "Havendo testamento ou interessado incapaz, proceder-se-á ao inventário judicial. § 1.º Se todos forem capazes e concordes, o inventário e a partilha poderão ser feitos por escritura pública, a qual constituirá documento hábil para qualquer ato de registro, bem como para levantamento de importância depositada em instituições financeiras. § 2.º O tabelião somente lavrará a escritura pública se todas as partes interessadas estiverem assistidas por advogado ou por defensor público, cuja qualificação e assinatura constarão do ato notarial".

Capítulo I
DO INVENTÁRIO

Art. 1.991. Desde a assinatura do compromisso até a homologação da partilha, a administração da herança será exercida pelo inventariante.

- *Vide* arts. 1.796, 1.977, 1.978, 1.981 e 1.990 do CC.
- CPC: arts. 617 a 625.

Capítulo II
DOS SONEGADOS

Art. 1.992. O herdeiro que sonegar bens da herança, não os descrevendo no inventário quando estejam em seu poder, ou, com o seu conhecimento, no de outrem, ou que os omitir na colação, a que os deva levar, ou que deixar de restituí-los, perderá o direito que sobre eles lhe cabia.

Art. 1.993. Além da pena cominada no artigo antecedente, se o sonegador for o próprio inventariante, remover-se-á, em se provando a sonegação, ou negando ele a existência dos bens, quando indicados.

- CPC: arts. 621 e 622, VI.

Art. 1.994. A pena de sonegados só se pode requerer e impor em ação movida pelos herdeiros ou pelos credores da herança.

Parágrafo único. A sentença que se proferir na ação de sonegados, movida por qualquer dos herdeiros ou credores, aproveita aos demais interessados.

Art. 1.995. Se não se restituírem os bens sonegados, por já não os ter o sonegador em seu poder, pagará ele a importância dos valores que ocultou, mais as perdas e danos.

- *Vide* arts. 402 a 405 (perdas e danos) do CC.

Art. 1.996. Só se pode arguir de sonegação o inventariante depois de encerrada a descrição dos bens, com a declaração, por ele feita, de não existirem outros por inventariar e partir, assim como arguir o herdeiro, depois de declarar-se no inventário que não os possui.

- CPC: art. 621.

Capítulo III
DO PAGAMENTO DAS DÍVIDAS

- CPC: arts. 642 a 646.

Art. 1.997. A herança responde pelo pagamento das dívidas do falecido; mas, feita a partilha, só respondem os herdeiros, cada qual em proporção da parte que na herança lhe coube.

- *Vide* arts. 276, 836, 1.700 e 1.792 do CC.
- A cobrança judicial da dívida ativa da Fazenda Pública não é sujeita a concurso de credores ou habilitação em inventário (art. 29 da Lei n. 6.830, de 22-9-1980).
- São pagos preferencialmente a quaisquer créditos habilitados em inventário ou arrolamento ou a outros encargos do monte os créditos tributários vencidos ou vincendos, a cargo do *de cujus* ou de seu espólio, exigíveis no decurso do processo de inventário ou arrolamento (art. 189 da Lei n. 5.172, de 25-10-1966, CTN). Se o crédito for contestado, o juiz remeterá as partes ao processo competente, mandando reservar bens suficientes (artigo citado e § 1.º do art. 188).
- Transmissão de obrigação alimentar – *vide* art. 23 da Lei n. 6.515, de 26-12-1977, e art. 1.700 deste Código.
- O art. 659, § 2.º, do CPC dispõe: "Transitada em julgado a sentença de homologação de partilha ou de adjudicação, será lavrado o formal de partilha ou elaborada a carta de adjudicação e, em seguida, serão expedidos os alvarás referentes aos bens e às rendas por ele abrangidos, intimando-se o fisco para lançamento administrativo do imposto de transmissão e de outros tributos porventura incidentes, conforme dispuser a legislação tributária, nos termos do § 2.º do art. 662".

§ 1.º Quando, antes da partilha, for requerido no inventário o pagamento de dívidas constantes de documentos, revestidos de formalidades legais, constituindo prova bastante da obrigação, e houver impugnação, que não se funde na alegação de pagamento, acompanhada de prova valiosa, o juiz mandará reservar, em poder do inventariante, bens suficientes para solução do débito, sobre os quais venha a recair oportunamente a execução.

§ 2.º No caso previsto no parágrafo antecedente, o credor será obrigado a iniciar a ação de cobrança no prazo de trinta dias, sob pena de se tornar de nenhum efeito a providência indicada.

- CPC: arts. 642 a 646.

Art. 1.998. As despesas funerárias, haja ou não herdeiros legítimos, sairão do monte da herança; mas as de sufrágios por alma do falecido só obrigarão a herança quando ordenadas em testamento ou codicilo.

- *Vide* arts. 965, I, e 1.847 do CC.

Art. 1.999. Sempre que houver ação regressiva de uns contra outros herdeiros, a parte do coerdeiro insolvente dividir-se-á em proporção entre os demais.

- CPC: art. 125, II.

Art. 2.000. Os legatários e credores da herança podem exigir que do patrimônio do falecido se discrimine o do herdeiro, e, em concurso com os credores deste, ser-lhes-ão preferidos no pagamento.

Art. 2.001. Se o herdeiro for devedor ao espólio, sua dívida será partilhada igualmente entre todos, salvo se a maioria consentir que o débito seja imputado inteiramente no quinhão do devedor.

Capítulo IV
DA COLAÇÃO

- CPC: arts. 639 a 641.

Art. 2.002. Os descendentes que concorrerem à sucessão do ascendente comum são obrigados, para igualar as legítimas, a conferir o valor das doações que dele em vida receberam, sob pena de sonegação.

- *Vide* arts. 544, 549, 2.010 e 2.011 do CC.

Parágrafo único. Para cálculo da legítima, o valor dos bens conferidos será computado na parte indisponível, sem aumentar a disponível.

Art. 2.003. A colação tem por fim igualar, na proporção estabelecida neste Código, as legítimas dos descendentes e do cônjuge sobrevivente, obrigando também os donatários que, ao tempo do falecimento do doador, já não possuírem os bens doados.

- *Vide* art. 2.009 do CC.

Parágrafo único. Se, computados os valores das doações feitas em adiantamento de legítima, não houver no acervo bens suficientes para igualar as legítimas dos descendentes e do cônjuge, os bens assim doados serão conferidos em espécie, ou, quando deles já não disponha o donatário, pelo seu valor ao tempo da liberalidade.

Art. 2.004. O valor de colação dos bens doados será aquele, certo ou estimativo, que lhes atribuir o ato de liberalidade.

•• CPC: art. 639, parágrafo único.

§ 1.º Se do ato de doação não constar valor certo, nem houver estimação feita naquela época, os bens serão conferidos na partilha pelo que então se calcular valessem ao tempo da liberalidade.

§ 2.º Só o valor dos bens doados entrará em colação; não assim o das benfeitorias acrescidas, as quais pertencerão ao herdeiro donatário, correndo também à conta deste os rendimentos ou lucros, assim como os danos e perdas que eles sofrerem.

- *Vide* arts. 96 (benfeitorias) e 402 a 405 (perdas e danos) do CC.

Art. 2.005. São dispensadas da colação as doações que o doador determinar saiam da parte disponível, contanto que não a excedam, computado o seu valor ao tempo da doação.

Parágrafo único. Presume-se imputada na parte disponível a liberalidade feita a descendente que, ao tempo do ato, não seria chamado à sucessão na qualidade de herdeiro necessário.

Art. 2.006. A dispensa da colação pode ser outorgada pelo doador em testamento, ou no próprio título de liberalidade.

Art. 2.007. São sujeitas à redução as doações em que se apurar excesso quanto ao que o doador poderia dispor, no momento da liberalidade.

- *Vide* arts. 549 e 1.967 do CC.

§ 1.º O excesso será apurado com base no valor que os bens doados tinham, no momento da liberalidade.

§ 2.º A redução da liberalidade far-se-á pela restituição ao monte do excesso assim apurado; a restituição será em espécie, ou, se não mais existir o bem em poder do donatário, em dinheiro, segundo o seu valor ao tempo da abertura da sucessão, observadas, no que forem aplicáveis, as regras deste Código sobre a redução das disposições testamentárias.

§ 3.º Sujeita-se a redução, nos termos do parágrafo antecedente, a parte da doação feita a herdeiros necessários que exceder a legítima e mais a quota disponível.

§ 4.º Sendo várias as doações a herdeiros necessários, feitas em diferentes datas, serão elas reduzidas a partir da última, até a eliminação do excesso.

Art. 2.008. Aquele que renunciou a herança ou dela foi excluído, deve, não obstante, conferir as doações recebidas, para o fim de repor o que exceder o disponível.

- *Vide* arts. 1.804 a 1.813 do CC.
- CPC: art. 640.

Art. 2.009. Quando os netos, representando os seus pais, sucederem aos avós, serão obrigados a trazer à colação, ainda que não o hajam herdado, o que os pais teriam de conferir.

- *Vide* arts. 1.851 e 1.852 do CC.

Art. 2.010. Não virão à colação os gastos ordinários do ascendente com o descendente, enquanto menor, na sua educação, estudos, sustento, vestuário, tratamento nas enfermidades, enxoval, assim como as despesas de casamento, ou as feitas no interesse de sua defesa em processo-crime.

Art. 2.011. As doações remuneratórias de serviços feitos ao ascendente também não estão sujeitas a colação.

Art. 2.012. Sendo feita a doação por ambos os cônjuges, no inventário de cada um se conferirá por metade.

Capítulo V
DA PARTILHA

- Sobre o procedimento: arts. 647 a 658 do CPC.

Art. 2.013. O herdeiro pode sempre requerer a partilha, ainda que o testador o proíba, cabendo igual faculdade aos seus cessionários e credores.

Art. 2.014. Pode o testador indicar os bens e valores que devem compor os quinhões hereditários, deliberando ele próprio a partilha, que prevalecerá, salvo se o valor dos bens não corresponder às quotas estabelecidas.

Art. 2.015. Se os herdeiros forem capazes, poderão fazer partilha amigável, por escritura pública, termo nos autos do inventário, ou escrito particular, homologado pelo juiz.

•• O *caput* do art. 659 do CPC estabelece que a partilha amigável, celebrada entre partes capazes, nos termos da lei, será homologada de plano pelo juiz.

Art. 2.016. Será sempre judicial a partilha, se os herdeiros divergirem, assim como se algum deles for incapaz.

- *Vide* Súmula 265 do STF.

Art. 2.017. No partilhar os bens, observar-se-á, quanto ao seu valor, natureza e qualidade, a maior igualdade possível.

Art. 2.018. É válida a partilha feita por ascendente, por ato entre vivos ou de última vontade, contanto que não prejudique a legítima dos herdeiros necessários.

Art. 2.019. Os bens insuscetíveis de divisão cômoda, que não couberem na meação do cônjuge sobrevivente ou no quinhão de um só herdeiro, serão vendidos judicialmente, partilhando-se o valor apurado, a não ser que haja acordo para serem adjudicados a todos.

§ 1.º Não se fará a venda judicial se o cônjuge sobrevivente ou um ou mais herdeiros requererem lhes seja adjudicado o bem, repondo aos outros, em dinheiro, a diferença, após avaliação atualizada.

§ 2.º Se a adjudicação for requerida por mais de um herdeiro, observar-se-á o processo da licitação.

• *Vide* arts. 1.322 e 1.489, IV, do CC.

Art. 2.020. Os herdeiros em posse dos bens da herança, o cônjuge sobrevivente e o inventariante são obrigados a trazer ao acervo os frutos que perceberam, desde a abertura da sucessão; têm direito ao reembolso das despesas necessárias e úteis que fizeram, e respondem pelo dano a que, por dolo ou culpa, deram causa.

• CPC: art. 614.

Art. 2.021. Quando parte da herança consistir em bens remotos do lugar do inventário, litigiosos, ou de liquidação morosa ou difícil, poderá proceder-se, no prazo legal, à partilha dos outros, reservando-se aqueles para uma ou mais sobrepartilhas, sob a guarda e a administração do mesmo ou diverso inventariante, e consentimento da maioria dos herdeiros.

• CPC: art. 669.

Art. 2.022. Ficam sujeitos a sobrepartilha os bens sonegados e quaisquer outros bens da herança de que se tiver ciência após a partilha.

• CPC: art. 669.

Capítulo VI
DA GARANTIA DOS QUINHÕES HEREDITÁRIOS

Art. 2.023. Julgada a partilha, fica o direito de cada um dos herdeiros circunscrito aos bens do seu quinhão.

Art. 2.024. Os coerdeiros são reciprocamente obrigados a indenizar-se no caso de evicção dos bens aquinhoados.

• *Vide* arts. 447 a 457 (evicção) do CC.

Art. 2.025. Cessa a obrigação mútua estabelecida no artigo antecedente, havendo convenção em contrário, e bem assim dando-se a evicção por culpa do evicto, ou por fato posterior à partilha.

• *Vide* arts. 447 a 457 do CC.

Art. 2.026. O evicto será indenizado pelos coerdeiros na proporção de suas quotas hereditárias, mas, se algum deles se achar insolvente, responderão os demais na mesma proporção, pela parte desse, menos a quota que corresponderia ao indenizado.

• *Vide* arts. 447 a 457 do CC.

Capítulo VII
DA ANULAÇÃO DA PARTILHA

Art. 2.027. A partilha é anulável pelos vícios e defeitos que invalidam, em geral, os negócios jurídicos.

•• *Caput* com redação determinada pela Lei n. 13.105, de 16-3-2015.

• *Vide* arts. 171 e s. do CC.

• Vícios redibitórios: arts. 441 a 446 do CC.

• Negócio jurídico: arts. 104 a 184 do CC.

• CPC: arts. 657 e 966, § 4.º.

Parágrafo único. Extingue-se em um ano o direito de anular a partilha.

Livro Complementar
Das Disposições Finais e Transitórias

Art. 2.028. Serão os da lei anterior os prazos, quando reduzidos por este Código, e se, na data de sua entrada em vigor, já houver transcorrido mais da metade do tempo estabelecido na lei revogada.

• *Vide* Súmula 371 do STJ.

Art. 2.029. Até dois anos após a entrada em vigor deste Código, os prazos estabelecidos no parágrafo único do art. 1.238 e no parágrafo único do art. 1.242 serão acrescidos de dois anos, qualquer que seja o tempo transcorrido na vigência do anterior, Lei n. 3.071, de 1.º de janeiro de 1916.

Art. 2.030. O acréscimo de que trata o artigo antecedente, será feito nos casos a que se refere o § 4.º do art. 1.228.

Art. 2.031. As associações, sociedades e fundações, constituídas na forma das leis anteriores, bem como os empresários, deverão se adaptar às disposições deste Código até 11 de janeiro de 2007.

•• *Caput* com redação determinada pela Lei n. 11.127, de 28-6-2005.

• A Lei n. 12.879, de 5-11-2013, dispõe sobre a gratuidade dos atos de registro pelas associações de moradores.

Parágrafo único. O disposto neste artigo não se aplica às organizações religiosas nem aos partidos políticos.

•• Parágrafo único acrescentado pela Lei n. 10.825, de 22-12-2003.

Art. 2.032. As fundações, instituídas segundo a legislação anterior, inclusive as de fins diversos dos previstos no parágrafo único do art. 62, subordinam-se, quanto ao seu funcionamento, ao disposto neste Código.

Art. 2.033. Salvo o disposto em lei especial, as modificações dos atos constitutivos das pessoas jurídicas referidas no art. 44, bem como a sua transformação, incorporação, cisão ou fusão, regem-se desde logo por este Código.

• *Vide* arts. 1.033 a 1.038 e 1.102 a 1.112 do CC.

Art. 2.034. A dissolução e a liquidação das pessoas jurídicas referidas no artigo antecedente, quando iniciadas antes da vigência deste Código, obedecerão ao disposto nas leis anteriores.

Art. 2.035. A validade dos negócios e demais atos jurídicos, constituídos antes da entrada em vigor deste Código, obedece ao disposto nas leis anteriores, referidas no art. 2.045, mas os seus efeitos, produzidos após a vigência deste Código, aos preceitos dele se subordinam, salvo se houver sido prevista pelas partes determinada forma de execução.

• *Vide* arts. 5.º, XXXVI, da CF e 6.º da LINDB (Decreto-lei n. 4.657, de 4-9-1942).

Parágrafo único. Nenhuma convenção prevalecerá se contrariar preceitos de ordem pública, tais como os estabelecidos por este Código para assegurar a função social da propriedade e dos contratos.

Art. 2.036. A locação de prédio urbano, que esteja sujeita à lei especial, por esta continua a ser regida.

•• *Vide* Lei n. 8.245, de 18-10-1991.

• *Vide* art. 835 do CC.

Art. 2.037. Salvo disposição em contrário, aplicam-se aos empresários e sociedades empresárias as disposições de lei não revogadas por este Código, referentes a comerciantes, ou a sociedades comerciais, bem como a atividades mercantis.

• *Vide* arts. 966 a 1.195 do CC.

Art. 2.038. Fica proibida a constituição de enfiteuses e subenfiteuses, subordinando-se as existentes, até sua extinção, às disposições do Código Civil anterior, Lei n. 3.071, de 1.º de janeiro de 1916, e leis posteriores.

§ 1.º Nos aforamentos a que se refere este artigo é defeso:

I – cobrar laudêmio ou prestação análoga nas transmissões de bem aforado, sobre o valor das construções ou plantações;

II – constituir subenfiteuse.

§ 2.º A enfiteuse dos terrenos de marinha e acrescidos regula-se por lei especial.

• Sobre enfiteuse de terrenos de marinha e outros da União, *vide* Decreto-lei n. 9.760, de 5-9-1946.

Art. 2.039. O regime de bens nos casamentos celebrados na vigência do Código Civil anterior, Lei n. 3.071, de 1.º de janeiro de 1916, é o por ele estabelecido.

• *Vide* arts. 5.º, XXXVI, da CF e 6.º da LINDB (Decreto-lei n. 4.657, de 4-9-1942).

Art. 2.040. A hipoteca legal dos bens do tutor ou curador, inscrita em conformidade com o inciso IV do art. 827 do Código Civil anterior, Lei n. 3.071, de 1.º de janeiro de 1916, poderá ser cancelada, obedecido o disposto no parágrafo único do art. 1.745 deste Código.

• CPC: arts. 759 a 765.

• *Vide* art. 37 do ECA.

Art. 2.041. As disposições deste Código relativas à ordem da vocação hereditária (arts. 1.829 a 1.844) não se aplicam à sucessão aberta antes de sua vigência, prevalecendo o disposto na lei anterior (Lei n. 3.071, de 1.º-1-1916).

• *Vide* arts. 1.784, 1.787, 1.829 e 1.844 do CC.

Art. 2.042. Aplica-se o disposto no *caput* do art. 1.848, quando aberta a sucessão no prazo de um ano após a entrada em vigor deste Código, ainda que o testamento tenha sido feito na vigência do anterior, Lei n. 3.071, de 1.º de janeiro de 1916; se, no prazo, o testador não aditar o testamento para declarar a justa causa de cláusula aposta à legítima, não subsistirá a restrição.

Art. 2.043. Até que por outra forma se disciplinem, continuam em vigor as disposições de natureza processual, administrativa ou penal, constantes de leis cujos preceitos de natureza civil hajam sido incorporados a este Código.

Art. 2.044. Este Código entrará em vigor um ano após a sua publicação.

• *Vide* art. 8.º, § 1.º, da Lei Complementar n. 95, de 26-2-1998.

Art. 2.045. Revogam-se a Lei n. 3.071, de 1.º de janeiro de 1916 - Código Civil e a Parte Primeira do Código Comercial, Lei n. 556, de 25 de junho de 1850.

•• *Vide* art. 2.035 do CC.

Art. 2.046. Todas as remissões, em diplomas legislativos, aos Códigos referidos no artigo antecedente, consideram-se feitas às disposições correspondentes deste Código.

Brasília, 10 de janeiro de 2002; 181.º da Independência e 114.º da República.

FERNANDO HENRIQUE CARDOSO

Legislação Complementar

DECRETO N. 20.910, DE 6 DE JANEIRO DE 1932 (*)

Regula a prescrição quinquenal.

O Chefe do Governo Provisório da República dos Estados Unidos do Brasil, usando das atribuições contidas no art. 1.º do Decreto n. 19.398, de 11 de novembro de 1930, decreta:

Art. 1.º As dívidas passivas da União, dos Estados e dos Municípios, bem assim todo e qualquer direito ou ação contra a Fazenda federal, estadual ou municipal, seja qual for a sua natureza, prescrevem em 5 (cinco) anos, contados da data do ato ou fato do qual se originarem.

•• Prescreve em apenas 2 (dois) anos a ação anulatória da decisão administrativa que denega restituição de tributos, segundo o disposto no art. 169 da Lei n. 5.172, de 25-10-1966, cujo parágrafo único regula a interrupção dessa prescrição.

Art. 2.º Prescrevem igualmente no mesmo prazo todo o direito e as prestações correspondentes a pensões vencidas ou por vencerem, ao meio soldo e ao montepio civil e militar ou a quaisquer restituições ou diferenças.

Art. 3.º Quando o pagamento se dividir por dias, meses ou anos, a prescrição atingirá progressivamente as prestações, à medida que completarem os prazos estabelecidos pelo presente decreto.

• *Vide* Súmula 443 do STF.

• *Vide* Súmula 85 do STJ.

Art. 4.º Não corre a prescrição durante a demora que, no estudo, no reconhecimento ou no pagamento da dívida, considerada líquida, tiverem as repartições ou funcionários encarregados de estudar e apurá-la.

Parágrafo único. A suspensão da prescrição, neste caso, verificar-se-á pela entrada do requerimento do titular do direito ou do credor nos livros ou protocolos das repartições públicas, com designação do dia, mês e ano.

Art. 5.º (*Revogado pela Lei n. 2.211, de 31-5-1954.*)

Art. 6.º O direito à reclamação administrativa, que não tiver prazo fixado em disposição de lei para ser formulada, prescreve em 1 (um) ano a contar da data do ato ou fato do qual a mesma se originar.

Art. 7.º A citação inicial não interrompe a prescrição quando, por qualquer motivo, o processo tenha sido anulado.

Art. 8.º A prescrição somente poderá ser interrompida uma vez.

(*) Publicado no *DOU*, de 8-1-1932. *Vide* Decreto-lei n. 4.597, de 19-8-1942.

Art. 9.º A prescrição interrompida recomeça a correr, pela metade do prazo, da data do ato que a interrompeu ou do último ato ou termo do respectivo processo.

• *Vide* art. 3.º do Decreto-lei n. 4.597, de 19-8-1942.

Art. 10. O disposto nos artigos anteriores não altera as prescrições de menor prazo, constantes das leis e regulamentos, as quais ficam subordinadas às mesmas regras.

Art. 11. Revogam-se as disposições em contrário.

Rio de Janeiro, 6 de janeiro de 1932; 111.º da Independência e 44.º da República.

GETÚLIO VARGAS

DECRETO N. 22.626, DE 7 DE ABRIL DE 1933 (**)

Dispõe sobre os juros nos contratos e dá outras providências.

O Chefe do Governo Provisório da República dos Estados Unidos do Brasil:

Considerando que todas as legislações modernas adotam normas severas para regular, impedir e reprimir os excessos praticados pela usura;

Considerando que é de interesse superior da economia do país não tenha o capital remuneração exagerada impedindo o desenvolvimento das classes produtoras;

Decreta:

Art. 1.º É vedado, e será punido nos termos desta Lei, estipular em quaisquer contratos taxas de juros superiores ao dobro da taxa legal.

•• Sobre juros legais, *vide* arts. 406 e 407 do CC.

• *Vide* Súmula 596 do STF, Súmula Vinculante 7 e Súmula 102 do STJ.

• Sobre estipulações usurárias, *vide* Medida Provisória n. 2.172-32, de 23-8-2001.

§§ 1.º e 2.º (*Revogados pelo Decreto-lei n. 182, de 5-1-1938.*)

§ 3.º A taxa de juros deve ser estipulada em escritura pública ou escrito particular, e, não o sendo, entender-se-

(**) Publicado no *DOU*, de 8-4-1933. Revogado pelo Decreto s/n., de 25-4-1991, mas revigorado pelo Decreto s/n., de 29-11-1991.

A Lei n. 4.595, de 31-12-1964, dispõe sobre a política e as instituições monetárias e creditícias, e cria o Conselho Monetário Nacional.

São originais os valores constantes deste diploma legal, correntemente conhecido como *Lei da Usura*.

-á que as partes acordaram nos juros de 6% (seis por cento) ao ano, a contar da data da propositura da respectiva ação ou do protesto cambial.

Art. 2.º É vedado, a pretexto de comissão, receber taxas maiores do que as permitidas por esta Lei.

Art. 3.º As taxas de juros estabelecidas nesta Lei entrarão em vigor com a sua publicação e a partir desta data serão aplicáveis aos contratos existentes ou já ajuizados.

Art. 4.º É proibido contar juros dos juros; esta proibição não compreende a acumulação de juros vencidos aos saldos líquidos em conta corrente de ano a ano.

- *Vide* art. 591 do CC.
- *Vide* Súmula 596 do STF.
- *Vide* Súmulas 102, 539 e 541 do STJ.

Art. 5.º Admite-se que pela mora dos juros contratados estes sejam elevados de 1% (um por cento) e não mais.

Art. 6.º Tratando-se de operações a prazo superior a 6 (seis) meses, quando os juros ajustados forem pagos por antecipação, o cálculo deve ser feito de modo que a importância desses juros não exceda a que produziria a importância líquida da operação no prazo convencionado, às taxas máximas que esta Lei permite.

Art. 7.º O devedor poderá sempre liquidar ou amortizar a dívida quando hipotecária ou pignoratícia antes do vencimento, sem sofrer imposição de multa, gravame ou encargo de qualquer natureza por motivo dessa antecipação.

§ 1.º O credor poderá exigir que a amortização não seja inferior a 25% (vinte e cinco por cento) do valor inicial da dívida.

§ 2.º Em caso de amortização, os juros só serão devidos sobre o saldo devedor.

Art. 8.º As multas ou cláusulas penais, quando convencionadas, reputam-se estabelecidas para atender a despesas judiciais, e honorários de advogados, e não poderão ser exigidas quando não for intentada ação judicial para cobrança da respectiva obrigação.

Parágrafo único. Quando se tratar de empréstimo até cem mil cruzeiros e com garantia hipotecária, as multas ou cláusulas penais convencionadas reputam-se estabelecidas para atender, apenas, a honorários de advogado, sendo as despesas judiciais pagas de acordo com a conta feita nos autos da ação judicial para cobrança da respectiva obrigação.

•• Parágrafo único acrescentado pela Lei n. 3.942, de 21-8-1961.

Art. 9.º Não é válida cláusula penal superior à importância de 10% (dez por cento) do valor da dívida.

Art. 10. As dívidas a que se refere o art. 1.º, § 1.º, *in fine*, e 2.º, se existentes ao tempo da publicação desta Lei, quando efetivamente cobertas, poderão ser pagas em 10 (dez) prestações anuais iguais e continuadas, se assim entender o devedor.

Parágrafo único. A falta de pagamento de uma prestação, decorrido 1 (um) ano da publicação desta Lei, determina o vencimento da dívida e dá ao credor o direito da excussão.

Art. 11. O contrato celebrado com infração desta Lei é nulo de pleno direito, ficando assegurada ao devedor a repetição do que houver pago a mais.

Art. 12. Os corretores e intermediários, que aceitarem negócios contrários ao texto da presente Lei, incorrerão em multa de cinco contos de réis a vinte contos de réis, aplicada pelo Ministro da Fazenda e, em caso de reincidência, serão demitidos, sem prejuízo de outras penalidades aplicáveis.

Art. 13. É considerada delito de usura toda a simulação ou prática tendente a ocultar a verdadeira taxa do juro ou a fraudar os dispositivos desta Lei, para o fim de sujeitar o devedor a maiores prestações ou encargos, além dos estabelecidos no respectivo título ou instrumento.

Penas: Prisão de 6 (seis) meses a 1 (um) ano e multas de cinco contos de réis a cinquenta contos de réis.

•• O art. 2.º da Lei n. 7.209, de 11-7-1984, cancela, na Parte Especial do CP e nas leis especiais alcançadas pelo art. 12 do mesmo Código, quaisquer referências a valores de multas, substituindo a expressão *multa de* por *multa*.

No caso de reincidência, tais penas serão elevadas ao dobro.

Parágrafo único. Serão responsáveis como coautores o agente e o intermediário, e em se tratando de pessoa jurídica, os que tiverem qualidade para representá-la.

•• A Lei n. 1.521, de 26-12-1951, dispõe sobre os crimes contra a economia popular.

Art. 14. A tentativa deste crime é punível nos termos da lei penal vigente.

Art. 15. São consideradas circunstâncias agravantes o fato de, para conseguir aceitação de exigências contrárias a esta Lei, valer-se o credor da inexperiência ou das paixões do menor, ou da deficiência ou doença mental de alguém, ainda que não esteja interdito, ou de circunstâncias aflitivas em que se encontre o devedor.

Art. 16. Continuam em vigor os arts. 24, parágrafo único, n. 4, e 27 do Decreto n. 5.746, de 9 de dezembro de 1929, e art. 44, n. 1, do Decreto n. 2.044, de 17 de dezembro de 1908, e as disposições do Código Comercial no que não contravierem com esta Lei.

•• A Primeira Parte do CCom (Lei n. 556, de 25-6-1850), na qual constavam disposições referentes a juros, foi revogada pelo CC de 2002 (Lei n. 10.406, de 10-1-2002), que passou a tratar do assunto em seus arts. 406 e 407.

• A Lei n. 11.101, de 9-2-2005 (Lei de Falências e Recuperação de Empresas), dispõe:

"Art. 83. A classificação dos créditos na falência obedece à seguinte ordem:

....

VII – as multas contratuais e as penas pecuniárias por infração das leis penais ou administrativas, inclusive as multas tributárias;

...."

"Art. 124. Contra a massa falida não são exigíveis juros vencidos após a decretação da falência, previstos em lei ou em contrato, se o ativo apurado não bastar para o pagamento dos credores subordinados."

Art. 17. O Governo Federal baixará uma lei especial, dispondo sobre as casas de empréstimos, sobre penhores e congêneres.

Art. 18. O teor desta Lei será transmitido por telegrama a todos os interventores federais, para que a façam publicar *incontinenti*.

Art. 19. Revogam-se as disposições em contrário.

Rio de Janeiro, 7 de abril de 1933; 112.º da Independência e 45.º da República.

Getúlio Vargas

DECRETO N. 24.778, DE 14 DE JULHO DE 1934 (*)

Dispõe sobre a caução de hipoteca e penhor.

O Chefe do Governo Provisório da República dos Estados Unidos do Brasil, usando das atribuições que lhe confere o art. 1.º do Decreto n. 19.398, de 11 de novembro de 1930, e:

Considerando que se têm suscitado dúvidas quanto à validade do penhor, ou caução, de créditos hipotecários e pignoratícios, dúvidas que ainda perduram apesar de as ter resolvido, implicitamente, o Decreto n. 21.449, de 9 de junho de 1932, que inclui tais cauções entre as operações da Caixa de Mobilização Bancária;

Considerando que a exclusão desses penhores, contrariando, grandemente, as mais fortes exigências da economia contemporânea, não se funda em princípio jurídico essencial, visto como os *warrants*, debêntures e letras hipotecárias são, correntemente, objeto de caução, e a lei já conhece penhor, o agrícola, que recai sobre imóveis;

Decreta:

Art. 1.º Podem ser objeto de penhor os créditos garantidos por hipoteca ou penhor, os quais, para esse efeito, considerar-se-ão coisa móvel.

Art. 2.º O credor pignoratício poderá levar à praça os créditos dados em garantia, ou executá-los diretamente, para seu pagamento.

Art. 3.º Revogam-se as disposições em contrário.

Rio de Janeiro, 14 de julho de 1934; 113.º da Independência e 46.º da República.

Getúlio Vargas

(*) Este Decreto, que goza de força de lei, não poderia ser revogado expressamente, como foi, pelo Decreto s/n., de 25-4-1991. Daí sua manutenção nesta obra. Sobre penhor e hipoteca, *vide* arts. 1.419 a 1.505 do CC.

DECRETO-LEI N. 58, DE 10 DE DEZEMBRO DE 1937 (**)

Dispõe sobre o loteamento e a venda de terrenos para pagamento em prestações.

O Presidente da República dos Estados Unidos do Brasil, usando da atribuição que lhe confere o art. 180 da Constituição:

Considerando o crescente desenvolvimento da loteação de terrenos para venda mediante o pagamento do preço em prestações;

Considerando que as transações assim realizadas não transferem o domínio ao comprador, uma vez que o art. 1.088 do Código Civil permite a qualquer das partes arrepender-se antes de assinada a escritura da compra e venda;

•• A referência é feita a dispositivo do CC de 1916. Não há artigo correspondente no Código vigente. *Vide*, porém, sobre o assunto os arts. 462 a 466 (contrato preliminar).

Considerando que esse dispositivo deixa praticamente sem amparo numerosos compradores de lotes, que têm assim por exclusiva garantia a seriedade, a boa-fé e a solvabilidade das empresas vendedoras;

Considerando que, para segurança das transações realizadas mediante contrato de compromisso de compra e venda de lotes, cumpre acautelar o compromissário contra futuras alienações ou onerações dos lotes comprometidos;

Considerando ainda que a loteação e venda de terrenos urbanos e rurais se opera frequentemente sem que aos compradores seja possível a verificação dos títulos de propriedade dos vendedores;

Decreta:

Art. 1.º Os proprietários ou coproprietários de terras rurais ou terrenos urbanos, que pretendam vendê-los, divididos em lotes e por oferta pública, mediante pagamento do preço a prazo em prestações sucessivas e periódicas, são obrigados, antes de anunciar a venda, a depositar no Cartório do Registro de Imóveis da circunscrição respectiva:

I – um memorial por eles assinado ou por procuradores com poderes especiais, contendo:

(**) Publicado no *DOU*, de 13-12-1937 e retificado em 17-12-1937. Republicado em 8-4-1974, Suplemento. *Vide* Decreto n. 3.079, de 15-9-1938, que regulamenta este Decreto-lei. O parcelamento do solo urbano é regulado pela Lei n. 6.766, de 19-12-1979, que derrogou o presente Decreto-lei, naquilo em que com ela seja incompatível. *Vide* Lei n. 4.380, de 21-8-1964, sobre contratos imobiliários, Decreto-lei n. 271, de 28-2-1967, sobre loteamento urbano, Decreto n. 433, de 24-1-1992, sobre a aquisição de imóveis rurais, para fins de reforma agrária, por meio de compra e venda. Os loteamentos das áreas situadas fora da zona urbana só serão permitidos quando atendido o disposto no art. 61 da Lei n. 4.504, de 30-11-1964 (Estatuto da Terra), nos termos do art. 16 do Decreto-lei n. 57, de 18-11-1966. São originais os valores constantes deste diploma legal.

a) denominação, área, limites, situação e outros característicos do imóvel;

b) relação cronológica dos títulos de domínio, desde 30 (trinta) anos, com indicação da natureza e data de cada um, e do número e data das transcrições, ou cópia autêntica dos títulos e prova de que se acham devidamente transcritos;

•• O texto original diz 30 (trinta) anos, mas esse prazo foi reduzido, posteriormente, para 20 (vinte) anos, pela Lei n. 2.437, de 7-3-1955, que deu nova redação ao art. 550 do CC de 1916. *Vide* art. 1.238 do Código vigente, que reduziu ainda mais esse prazo.

c) plano de loteamento de que conste o programa de desenvolvimento urbano, ou de aproveitamento industrial ou agrícola; nesta última hipótese, informações sobre a qualidade das terras, águas, servidões ativas e passivas, estradas e caminhos, distância da sede do município e das estações de transportes de acesso mais fácil;

II – planta do imóvel, assinada também pelo engenheiro que haja efetuado a medição e o loteamento e com todos os requisitos técnicos e legais; indicadas a situação, as dimensões e a numeração dos lotes, as dimensões e a nomenclatura das vias de comunicação e espaços livres, as construções e benfeitorias, e as vias públicas de comunicação;

III – exemplar de caderneta ou do contrato-tipo de compromisso de venda dos lotes;

IV – certidão negativa de impostos e de ônus reais;

V – certidão dos documentos referidos na letra *b* do n. I.

§ 1.º Tratando-se de propriedade urbana, o plano e a planta de loteamento devem ser previamente aprovados pela Prefeitura Municipal, ouvidas, quanto ao que lhes disser respeito, as autoridades sanitárias, militares e, desde que se trate de área total ou parcialmente florestada, as autoridades florestais.

•• § 1.º com redação determinada pela Lei n. 4.778, de 22-9-1965.

• A Lei n. 9.605, de 12-2-1998, dispõe sobre as atividades lesivas ao meio ambiente.

§ 2.º As certidões positivas da existência de ônus reais, de impostos e de qualquer ação real ou pessoal, bem como qualquer protesto de título de dívida civil ou comercial não impedem o registro.

§ 3.º Se a propriedade estiver gravada de ônus real, o memorial será acompanhado de escritura pública em que o respectivo titular estipule as condições em que se obriga a liberar os lotes no ato do instrumento definitivo de compra e venda.

• *Vide* art. 16.

§ 4.º O plano de loteamento poderá ser modificado quanto aos lotes não comprometidos e o de arruamento desde que a modificação não prejudique os lotes comprometidos ou definitivamente adquiridos, se a Prefeitura Municipal aprovar a modificação. A planta e o memorial assim aprovados serão depositados no Cartório do Registro para nova inscrição observando o disposto no art. 2.º e parágrafos.

§ 5.º O memorial, o plano de loteamento e os documentos depositados serão franqueados, pelo oficial do registro, ao exame de qualquer interessado, independentemente do pagamento de emolumentos, ainda que a título de busca. O oficial, neste caso, receberá apenas as custas regimentais das certidões que fornecer.

§ 6.º Sob pena de incorrerem em crime de fraude, os vendedores, se quiserem invocar, como argumento de propaganda, a proximidade do terreno com algum acidente geográfico, cidade, fonte hidromineral ou termal ou qualquer outro motivo de atração ou valorização, serão obrigados a declarar no memorial descritivo e a mencionar nas divulgações, anúncios e prospectos de propaganda, a distância métrica a que se situa o imóvel do ponto invocado ou tomado como referência.

•• § 6.º com redação determinada pela Lei n. 5.532, de 14-11-1968.

Art. 2.º Recebidos o memorial e os documentos mencionados no art. 1.º, o oficial do registro dará recibo ao depositante, e, depois de autuá-los e verificar a sua conformidade com a lei, tornará público o depósito por edital afixado no lugar do costume e publicado três vezes, durante 10 (dez) dias, no jornal oficial do Estado e em jornal da sede da comarca, ou que nesta circule.

§ 1.º Decorridos 30 (trinta) dias da última publicação, e não havendo impugnação de terceiros, o oficial procederá ao registro se os documentos estiverem em ordem. Caso contrário, os autos serão desde logo conclusos ao juiz competente para conhecer da dúvida ou impugnação, publicada a sentença em cartório pelo oficial, que dela dará ciência aos interessados.

•• § 1.º com redação determinada pela Lei n. 6.014, de 27-12-1973.

§ 2.º Da sentença que negar ou conceder o registro caberá apelação.

•• § 2.º com redação determinada pela Lei n. 6.014, de 27-12-1973.

Art. 3.º A inscrição torna inalienáveis, por qualquer título, as vias de comunicação e os espaços livres constantes do memorial e da planta.

Art. 4.º Nos Cartórios do Registro Imobiliário haverá um livro auxiliar na forma da lei respectiva e de acordo com o modelo anexo.

Nele se registrarão, resumidamente:

a) por inscrição, o memorial de propriedade loteada;

b) por averbação, os contratos de compromisso de venda e de financiamento, suas transferências e rescisões.

Parágrafo único. No livro de transcrição e à margem do registro da propriedade loteada, averbar-se-á a inscrição assim que efetuada.

Art. 5.º A averbação atribui ao compromissário direito real oponível a terceiro, quanto à alienação ou oneração posterior, e far-se-á à vista do instrumento de compromisso de venda, em que o oficial lançará a nota indicativa do livro, página e data do assentamento.

Art. 6.º A inscrição não pode ser cancelada senão:

a) em cumprimento de sentença;

b) a requerimento do proprietário, enquanto nenhum lote for objeto de compromisso devidamente inscrito, ou mediante o consentimento de todos os compromissários ou seus cessionários, expresso em documento por eles assinado ou por procuradores com poderes especiais.

Art. 7.º Cancela-se a averbação:

a) a requerimento das partes contratantes do compromisso de venda;

b) pela resolução do contrato;

c) pela transcrição do contrato definitivo de compra e venda;

d) por mandado judicial.

Art. 8.º O registro instituído por esta Lei, tanto por inscrição quanto por averbação, não dispensa nem substitui o dos atos constitutivos ou translativos de direitos reais na forma e para os efeitos das leis e regulamentos dos registros públicos.

Art. 9.º O adquirente por ato *inter vivos*, ainda que em hasta pública, ou por sucessão legítima ou testamentária, da propriedade loteada e inscrita, sub-roga-se nos direitos e obrigações dos alienantes, autores da herança ou testadores, sendo nula qualquer disposição em contrário.

Art. 10. Nos anúncios e outras publicações de propaganda de venda de lotes a prestações, sempre se mencionará o número e data da inscrição do memorial e dos documentos no registro imobiliário.

Art. 11. Do compromisso de compra e venda a que se refere esta Lei, contratado por instrumento público ou particular, constarão sempre as seguintes especificações:

a) nome, nacionalidade, estado e domicílio dos contratantes;

b) denominação e situação da propriedade, número e data da inscrição;

c) descrição do lote ou dos lotes que forem objeto do compromisso, confrontações, áreas e outros característicos, bem como os números correspondentes na planta arquivada;

d) prazo, preço e forma de pagamento, e importância do sinal;

e) juros devidos sobre o débito em aberto e sobre as prestações vencidas e não pagas;

f) cláusula penal não superior a 10% (dez por cento) do débito e só exigível no caso de intervenção judicial;

g) declaração da existência ou inexistência de servidão ativa ou passiva e outros ônus reais ou quaisquer outras restrições ao direito de propriedade;

h) indicação do contratante a quem incumbe o pagamento das taxas e impostos.

§ 1.º O contrato, que será manuscrito, datilografado ou impresso, com espaços em branco preenchíveis em cada caso, lavrar-se-á em duas vias, assinadas pelas partes, e por duas testemunhas, devidamente reconhecidas as firmas por tabelião.

Ambas as vias serão entregues dentro em 10 (dez) dias ao oficial do registro, para averbá-las e restituí-las devidamente anotadas a cada uma das partes.

§ 2.º É indispensável a outorga uxória quando seja casado o vendedor.

§ 3.º As procurações dos contratantes que não tiverem sido arquivadas anteriormente sê-lo-ão no Cartório do Registro, junto aos respectivos autos.

Art. 12. Subentende-se no contrato a condição resolutiva da legitimidade e validade do título de domínio.

§ 1.º Em caso de resolução, além de se devolverem as prestações recebidas, com juros convencionados ou os da lei desde a data do pagamento, haverá, quando provada a má-fé, direito a indenização de perdas e danos.

§ 2.º O falecimento dos contratantes não resolve o contrato, que se transmitirá aos herdeiros.

Também não o resolve a sentença declaratória de falência; na dos proprietários, dar-lhe-ão cumprimento o síndico e o liquidatário; na dos compromissários, será ele arrecadado pelo síndico e vendido, em hasta pública, pelo liquidatário.

Art. 13. O contrato transfere-se por simples trespasse lançado no verso das duas vias, ou por instrumento separado, sempre com as formalidades dos parágrafos do art. 11.

§ 1.º No primeiro caso, presume-se a anuência do proprietário. A falta do consentimento não impede a transferência, mas torna os adquirentes e os alienantes solidários nos direitos e obrigações contratuais.

§ 2.º Averbando transferência para a qual não conste o assentimento do proprietário, o oficial dela lhe dará ciência por escrito.

Art. 14. Vencida e não paga a prestação, considera-se o contrato rescindido 30 (trinta) dias depois de constituído em mora o devedor.

§ 1.º Para este efeito será ele intimado, a requerimento do compromitente, pelo oficial do registro a satisfazer as prestações vencidas e as que se vencerem até a data do pagamento, juros convencionados e custas da intimação.

§ 2.º Purgada a mora, convalescerá o compromisso.

§ 3.º Com a certidão de não haver sido feito pagamento em cartório, os compromitentes requererão ao oficial do registro o cancelamento da averbação.

Art. 15. Os compromissários têm o direito de, antecipando ou ultimando o pagamento integral do preço, e estando quites com os impostos e taxas, exigir a outorga da escritura de compra e venda.

- *Vide* Súmula 166 do STF.

Art. 16. Recusando-se os compromitentes a outorgar a escritura definitiva no caso do art. 15, o compromissário poderá propor, para o cumprimento da obrigação, ação de adjudicação compulsória, que tomará o rito sumaríssimo.

•• *Caput* com redação determinada pela Lei n. 6.014, de 27-12-1973.

§ 1.º A ação não será acolhida se a parte, que a intentou, não cumprir a sua prestação nem a oferecer nos casos e formas legais.

•• § 1.º com redação determinada pela Lei n. 6.014, de 27-12-1973.

- *Vide* Súmula 413 do STF.

§ 2.º Julgada procedente a ação, a sentença, uma vez transitada em julgado, adjudicará o imóvel ao compromissário, valendo como título para a transcrição.

•• § 2.º com redação determinada pela Lei n. 6.014, de 27-12-1973.

§ 3.º Das sentenças proferidas nos casos deste artigo, caberá apelação.

•• § 3.º com redação determinada pela Lei n. 6.014, de 27-12-1973.

Art. 17. Pagas todas as prestações do preço, é lícito ao compromitente requerer a intimação judicial do compromissário para, no prazo de 30 (trinta) dias, que correrá em cartório, receber a escritura de compra e venda.

Parágrafo único. Não sendo assinada a escritura nesse prazo, depositar-se-á o lote comprometido por conta e risco do compromissário, respondendo este pelas despesas judiciais e custas do depósito.

Art. 18. Os proprietários ou coproprietários dos terrenos urbanos loteados a prestação, na forma desta Lei, que se dispuserem a fornecer aos compromissários, por empréstimo, recursos para a construção do prédio, nos lotes comprometidos, ou tomá-la por empreitada, por conta dos compromissários, depositarão no Cartório do Registro Imobiliário um memorial indicando as condições gerais do empréstimo ou da empreitada e da amortização da dívida em prestações.

§ 1.º O contrato, denominado de financiamento, será feito por instrumento público ou particular, com as especificações do art. 11, que lhe forem aplicáveis. Esse contrato será registrado, por averbação, no livro a que alude o art. 4.º, fazendo-se-lhe resumida referência na coluna apropriada.

§ 2.º Com o memorial também se depositará o contrato-tipo de financiamento, contendo as cláusulas gerais para todos os casos, com os claros a serem preenchidos em cada caso.

Art. 19. O contrato de compromisso não poderá ser transferido sem o de financiamento, nem este sem aquele. A rescisão do compromisso de venda acarretará a do contrato de financiamento, e vice-versa, na forma do art. 14.

Art. 20. O adquirente, por qualquer título, do lote fica solidariamente responsável, com o compromissário, pelas obrigações constantes e decorrentes do contrato de financiamento, se devidamente averbado.

Art. 21. Em caso de falência, os contratos de compromisso de venda e de financiamento serão vendidos conjuntamente em hasta pública, anunciada dentro de 15 (quinze) dias, depois da primeira assembleia de credores, sob pena de destituição do liquidatário. Essa pena será aplicada pelo juiz a requerimento dos interessados, que poderão pedir designação de dia e hora para a hasta pública.

• Os arts. 119, IX, e 142 da Lei n. 11.101, de 9-2-2005 (Lei de Falências e Recuperação de Empresas), dispõem, respectivamente, sobre os patrimônios de afetação, constituídos para cumprimento de destinação específica, e sobre as modalidades de alienação do ativo.

DISPOSIÇÕES GERAIS

Art. 22. Os contratos, sem cláusula de arrependimento, de compromisso de compra e venda e cessão de direitos de imóveis não loteados, cujo preço tenha sido pago no ato de sua constituição ou deva sê-lo em uma ou mais prestações, desde que inscritos a qualquer tempo, atribuem aos compromissários direito real oponível a terceiros, e lhes conferem o direito de adjudicação compulsória nos termos dos arts. 16 desta Lei, 640 e 641 do Código de Processo Civil.

•• Artigo com redação determinada pela Lei n. 6.014, de 27-12-1973.

•• O Decreto-lei n. 745, de 7-8-1969, estabelece que nos contratos a que se refere este artigo, ainda que deles conste cláusula resolutiva expressa, a constituição em mora do promissário comprador depende de prévia interpelação, judicial ou por intermédio de Cartório de Registro de Títulos e Documentos, com 15 dias de antecedência.

•• Citados dispositivos do CPC foram revogados pela Lei n. 11.232, de 22-12-2005.

•• Extensão de igual direito ao titular de promessa de cessão, art. 69 da Lei n. 4.380, de 21-8-1964.

• *Vide* Súmula 413 do STF.

• *Vide* Súmula 76 do STJ.

Art. 23. Nenhuma ação ou defesa se admitirá, fundada nos dispositivos desta Lei, sem apresentação de documento comprobatório do registro por ela instituído.

• *Vide* Súmulas 167 e 168 do STF.

Art. 24. Em todos os casos de procedimento judicial, o foro competente será o da situação do lote comprometido ou o a que se referir o contrato de financiamento, quando as partes não hajam contratado outro foro.

Art. 25. O oficial do registro perceberá:

a) pelo depósito e inscrição, a taxa fixa de cem mil-réis, além das custas que forem devidas pelos demais atos;

b) pela averbação, a de cinco mil-réis por via de compromisso de venda ou de financiamento;

c) pelo cancelamento de averbação, a de cinco mil-réis.

Art. 26. Todos os requerimentos e documentos atinentes ao registro se juntarão aos autos respectivos, independentemente de despacho judicial.

DISPOSIÇÕES TRANSITÓRIAS

Art. 1.º Os proprietários de terras e terrenos loteados em curso de venda deverão, dentro de 3 (três) meses, proceder ao depósito e registro nos termos desta Lei, indicando no memorial os lotes já comprometidos cujas prestações estejam em dia. Se até 30 (trinta) dias depois de esgotado esse prazo não houverem cumprido o disposto na lei, incorrerão os vendedores em multas de dez contos de réis a vinte contos de réis, aplicadas no dobro, quando decorridos mais de 3 (três) meses.

•• O prazo concedido na primeira parte deste artigo foi sucessivamente prorrogado, por 60 (sessenta) dias, pelo Decreto-lei n. 371, de 13-4-1938, até 30-9-1938, pelo Decreto-lei n. 508, de 21-6-1938, e até 31-12-1938, pelo Decreto n. 3.328, de 25-11-1938.

Parágrafo único. Efetuada a inscrição da propriedade loteada, os compromissários apresentarão as suas cadernetas ou contratos para serem averbados, ainda que não tenham todos os requisitos do art. 11, contanto que sejam anteriores a esta Lei.

• *Vide* art. 167, I, n. 19, da Lei n. 6.015, de 31-12-1973.

Art. 2.º As penhoras, arrestos e sequestros de imóveis, para os efeitos da apreciação da fraude de alienações posteriores, serão inscritos obrigatoriamente, dependendo da prova desse procedimento o curso da ação.

• *Vide* art. 167, I, n. 5, da Lei n. 6.015, de 31-12-1973.

Art. 3.º A mudança de numeração, a construção, a reconstrução, a demolição, a adjudicação, o desmembramento, a alteração do nome por casamento ou desquite serão obrigatoriamente averbados nas transcrições dos imóveis a que se referirem, mediante prova, a critério do oficial do registro de imóveis.

• *Vide* art. 167, II, n. 5, da Lei n. 6.015, de 31-12-1973.

• *Vide* arts. 17 e 18 da Lei n. 6.515, de 26-12-1977, sobre dissolução da sociedade conjugal e do casamento.

Art. 4.º Esta Lei entrará em vigor na data da sua publicação, revogadas as disposições em contrário.

Rio de Janeiro, 10 de dezembro de 1937; 116.º da Independência e 49.º da República.

GETÚLIO VARGAS

Modelo do Livro Auxiliar a que se refere o art. 4.º

LIVRO AUXILIAR N. 8

Número	*Registro*	*Averbações*

Largura total: 0,40 - Altura: 0,50.

DECRETO-LEI N. 3.200, DE 19 DE ABRIL DE 1941 (*)

Dispõe sobre a organização e proteção da família.

O Presidente da República, usando da atribuição que lhe confere o art. 180 da Constituição, decreta:

(*) Publicado no *DOU*, de 19-4-1941. São originais os valores constantes deste diploma legal.

A Lei n. 9.278, de 10-5-1996, reconhece como entidade familiar a convivência duradoura.

Capítulo I
DO CASAMENTO DE COLATERAIS DO TERCEIRO GRAU

Art. 1.º O casamento de colaterais, legítimos ou ilegítimos, do terceiro grau, é permitido nos termos do presente Decreto-lei.

•• *Vide* art. 1.521, IV, do CC.

Art. 2.º Os colaterais do terceiro grau, que pretendam casar-se, ou seus representantes legais, se forem menores, requererão ao juiz competente para a habilitação que nomeie dois médicos de reconhecida capacidade, isentos de suspeição, para examiná-los e atestar-lhes a sanidade, afirmando não haver inconveniente, sob o ponto de vista da saúde de qualquer deles e da prole, na realização do matrimônio.

§ 1.º Se os dois médicos divergirem quanto à conveniência do matrimônio, poderão os nubentes, conjuntamente, requerer ao juiz que nomeie terceiro, como desempatador.

§ 2.º Sempre que, a critério do juiz, não for possível a nomeação de dois médicos idôneos, poderá ele incumbir do exame um só médico, cujo parecer será conclusivo.

§ 3.º O exame médico será feito extrajudicialmente, sem qualquer formalidade, mediante simples apresentação do requerimento despachado pelo juiz.

§ 4.º Poderá o exame médico concluir não apenas pela declaração da possibilidade ou da irrestrita inconveniência do casamento, mas ainda pelo reconhecimento de sua viabilidade em época ulterior, uma vez feito, por um dos nubentes ou por ambos, o necessário tratamento de saúde. Nesta última hipótese, provando a realização do tratamento, poderão os interessados pedir ao juiz que determine novo exame médico, na forma do presente artigo.

§ 5.º (*Revogado pela Lei n. 5.891, de 12-6-1973.*)

§ 6.º O atestado, constante de um só ou mais instrumentos, será entregue aos interessados, não podendo qualquer deles divulgar o que se refira ao outro, sob as penas do art. 153 do Código Penal.

§ 7.º Quando o atestado dos dois médicos, havendo ou não desempatador, ou do único médico, no caso do § 2.º deste artigo, afirmar a inexistência de motivo que desaconselhe o matrimônio, poderão os interessados promover o processo de habilitação, apresentando, com o requerimento inicial, a prova de sanidade, devidamente autenticada. Se o atestado declarar a inconveniência do casamento, prevalecerá em toda a plenitude o impedimento matrimonial.

§ 8.º Sempre que na localidade não se encontrar médico, que possa ser nomeado, o juiz designará profissional de localidade próxima, a que irão os nubentes.

§ 9.º (*Revogado pela Lei n. 5.891, de 12-6-1973.*)

Art. 3.º Se algum dos nubentes, para frustrar os efeitos do exame médico desfavorável, pretender habilitar-se, ou habilitar-se para casamento, perante outro juiz, incorrerá na pena do art. 237 do Código Penal.

Capítulo II
DO CASAMENTO RELIGIOSO COM EFEITOS CIVIS

•• *Vide* Lei n. 1.110, de 23-5-1950, e arts. 1.515 e 1.516 do CC.

....

Capítulo III
DA GRATUIDADE DO CASAMENTO CIVIL

Art. 6.º No Distrito Federal e no Território do Acre, serão inteiramente gratuitos, e isentos de selos e quaisquer emolumentos ou custas, para as pessoas reconhecidamente pobres, mediante atestado passado pelo prefeito, ou pelo funcionário que este designar, a habilitação para casamento, assim como a sua celebração, registro e primeira certidão.

•• A Lei n. 4.070, de 15-6-1962, elevou o Território do Acre à categoria de Estado.

§ 1.º O oficial do registro civil, exibindo o atestado referido no artigo precedente e o recibo da certidão de casamento, firmado por um dos cônjuges, ou, se ambos não souberem escrever, por pessoa idônea, a rogo de qualquer deles, com duas testemunhas, poderá cobrar da municipalidade metade dos emolumentos ou custas que a ele e ao juiz couberem.

§ 2.º Nos Estados, será a gratuidade do casamento civil assegurada nos termos deste artigo, na conformidade do disposto no art. 41 do presente Decreto-lei.

Capítulo IV
DAS PENSÕES ALIMENTÍCIAS

Art. 7.º Sempre que o pagamento da pensão alimentícia fixada por sentença judicial ou por acordo homologado em juízo, não estiver suficientemente assegurado ou não se fizer com inteira regularidade, será ela descontada, a requerimento do interessado e por ordem do juiz, das vantagens pecuniárias do cargo ou função pública ou do emprego em serviço ou empresa particular, que exerça o devedor, e paga diretamente ao beneficiário.

Parágrafo único. Quando não seja aplicável o preceito do presente artigo, ou se verifique a insuficiência das vantagens referidas, poderá ser a pensão cobrada de alugueres de prédios ou de quaisquer outros rendimentos do devedor, que o juiz destinará a esse efeito, ressalvados os encargos fiscais e de conservação, e que serão recebidos pelo alimentando diretamente, ou por depositário para isto designado.

• Os arts. 1.694 a 1.710 do CC dispõem sobre alimentos e os arts. 528 a 553 e 911 a 913 do CPC dispõem sobre a execução de prestação alimentícia.

Capítulo V
DOS MÚTUOS PARA CASAMENTO

Art. 8.º Ficam autorizados os institutos e caixas de previdência, assim como as Caixas Econômicas Federais, a conceder, respectivamente, a seus associados, ou a trabalhadores de qualquer categoria de idade inferior a 30 (trinta) anos e residentes na localidade em que tenham sede, mútuos para casamento, nos termos do presente artigo.

§ 1.º Serão os mútuos efetuados dentro do limite fixado, para cada instituição, pelo Presidente da República.

§ 2.º Para obtenção do mútuo, apresentará o requerente declaração autenticada do propósito de casamento, feita pelo outro nubente, e submeter-se-ão ambos, sem qualquer dispêndio, a exame de sanidade pelo médico ou médicos que a instituição designar.

§ 3.º Será dada, pelo médico ou pelos médicos que hajam feito o exame, comunicação confidencial do resultado aos nubentes. Somente na hipótese de ser a conclusão favorável à realização do casamento, poderá ser concedido o mútuo, juntando-se o atestado ao processo respectivo. São os nubentes obrigados a sigilo, na conformidade do disposto no § 6.º do art. 2.º deste Decreto-lei, sob as mesmas penas aí indicadas.

§ 4.º O mútuo não excederá do montante, em um triênio, da retribuição que o nubente interessado ou os dois, caso ambos trabalhem, já tenham vencido por 2 (dois) anos contínuos e será aplicado em imóvel, adquirido pela instituição mutuante, em nome do mutuário, por indicação deste. A assinatura da escritura de compra far-se-á, posteriormente ao matrimônio, no mesmo dia se possível.

§ 5.º Será feita a transcrição do título de transferência da propriedade, em nome do mutuário, com a averbação de bem de família, e com as cláusulas de inalienabilidade e de impenhorabilidade a não ser pelo crédito da instituição mutuante.

§ 6.º O resgate do mútuo se fará no prazo máximo de 20 (vinte) anos, mediante amortizações mensais, com os juros de 5% (cinco por cento) ao ano, ressalvado o disposto nos dois parágrafos seguintes.

§ 7.º Por motivo do nascimento de cada filho do casal, mediante apresentação da certidão do respectivo registro e atestado de saúde passado por médico designado pela instituição credora, depois do trigésimo dia de vida, se fará no mútuo dedução da importância correspondente a 10% (dez por cento) da importância inicialmente devida, ou redução de 10% (dez por cento) da amortização mensal, como preferir o mutuário. Quando cada filho completar 10 (dez) anos de idade, o mutuário, provando que lhe presta a assistência devida, educando-o convenientemente, obterá nova redução de 10% (dez por cento) da importância do mútuo, ou, se preferir, de 10% (dez por cento) da amortização mensal a que se obrigou.

§ 8.º Por motivo comprovado de doença ou de perda involuntária de emprego, a administração da instituição mutuante poderá conceder moratória para o pagamento das quotas mensais de amortização ou reduzir temporariamente a importância destas.

§ 9.º A falta injustificada de pagamento pontual da amortização acarretará, de pleno direito, a rescisão da venda. A instituição mutuante terá direito a obter a adjudicação e a imissão na posse do imóvel, cumprindo-lhe devolver as prestações pagas, deduzidas as despesas e os juros vencidos.

§ 10. As quotas mensais de amortização serão pagas, mediante desconto das vantagens pecuniárias do empregado, diretamente pela pessoa natural ou jurídica que o tiver a seu serviço, desde que a instituição mutuante lhe comunique o mútuo realizado.

§ 11. O prédio adquirido na conformidade deste artigo, no Distrito Federal e no Território do Acre, gozará de isenção de imposto predial, enquanto não pago o mútuo respectivo. A isenção do imposto predial nos Estados será estabelecida na conformidade do disposto no art. 41 deste Decreto-lei.

§ 12. A instituição mutuante será pela União indenizada da importância da dívida que não possa receber do mutuário, excluídos os juros.

Art. 9.º Ficam autorizados os institutos e caixas de previdência e bem assim as Caixas Econômicas Federais a conceder, respectivamente, aos seus associados, ou, em geral, a trabalhadores de qualquer condição, que, pretendendo casar-se, não hajam obtido empréstimos nos termos do art. 8.º deste Decreto-lei, mútuos de importância correspondente a 1 (um) ano de suas vantagens pecuniárias, porém não excedentes de seis contos de réis, a juros de 6% (seis por cento) anuais, para aquisição de enxoval e instalação de casa, amortizáveis em prestações mensais no prazo de 5 (cinco) anos.

§ 1.º Aplicam-se ao mútuo de que trata o presente artigo as disposições dos §§ 1.º, 2.º, 3.º, 8.º, 10 e 12 do artigo precedente.

§ 2.º Só se iniciará o pagamento depois de decorridos 12 (doze) meses do matrimônio e caso até então não tenha o casal tido filho vivo ou não se tenha verificado a gravidez da mulher; ocorrendo uma destas hipóteses, será prorrogado por 24 (vinte e quatro) meses o início do pagamento, o qual só entrará a ser exigível se, decorrido o prazo, não tenha tido o casal segundo filho vivo ou não esteja novamente grávida a mulher; verificando-se um ou outro caso, será novamente adiado por 24 (vinte e quatro) meses o início do pagamento, e só será exigível se até então não tiver nascido terceiro filho vivo ou não estiver de novo grávida a mulher; e sendo afirmativa uma destas hipóteses, novo adiamento far-se-á por 24 (vinte e quatro) meses, iniciando-se, depois deles, o pagamento, caso não tenha o casal tido quarto filho vivo ou não esteja mais uma vez grávida a mulher. Verificando-se as hipóteses de nascimento ou de gravidez, conforme os termos do presente parágrafo, será a importância do mútuo sucessivamente deduzida de 20% (vinte por cento), de mais 20% (vinte por cento), e de mais 30% (trinta por cento) e enfim extinta, com o nascimento, com vida, do primeiro, do segundo, do terceiro e do quarto filho.

Art. 10. É proibida a acumulação de empréstimos para casamento, seja qual for a sua natureza, provenham de uma só ou mais instituições.

Art. 11. Em caso de morte do devedor, ficando sua família em condição precária, será concedida, a critério do Ministro a que esteja afeta a instituição credora, quitação do restante da dívida, correndo o ônus da indenização à conta dos cofres federais.

Capítulo VI
DOS MÚTUOS A PESSOAS CASADAS

Art. 12. Quando concorrem vários pretendentes aos mútuos dos institutos e caixas de previdência, serão preferidos os casados que tenham filho, e, dentre os casados, os de prole mais numerosa.

Capítulo VII
DOS FILHOS NATURAIS

•• *Vide* art. 227, § 6.º, da CF.

Art. 13. Os atos de reconhecimento de filhos naturais são isentos, no Distrito Federal e no Território do Acre, de quaisquer selos, emolumentos ou custas. É assegurada a concessão dos mesmos favores nos Estados, na forma do art. 41 deste Decreto-lei.

•• *Vide* arts. 1.607 a 1.617 do CC.

• *Vide* Lei n. 8.560, de 29-12-1992.

Art. 14. Nas certidões de registro civil, não se mencionará a circunstância de ser legítima, ou não, a filiação, salvo a requerimento do próprio interessado ou em virtude de determinação judicial.

•• *Vide* art. 227, § 6.º, da CF.

Art. 15. Se um dos cônjuges negar consentimento para que resida no lar conjugal o filho natural reconhecido do outro, caberá ao pai ou à mãe, que o reconheceu, prestar-lhe, fora do seu lar, inteira assistência, assim como alimentos correspondentes à condição social em que viva, iguais aos que prestar ao filho legítimo se o tiver.

• *Vide* art. 1.611 do CC.

Art. 16. O filho natural enquanto menor ficará sob o poder do genitor que o reconheceu e, se ambos o reconheceram, sob o poder da mãe, salvo se de tal solução advier prejuízo ao menor.

•• *Caput* com redação determinada pela Lei n. 5.582, de 16-6-1970.

§ 1.º Verificado que não deve o filho permanecer em poder da mãe ou do pai, deferirá o juiz a sua guarda a pessoa notoriamente idônea, de preferência da família de qualquer dos genitores.

•• § 1.º acrescentado pela Lei n. 5.582, de 16-6-1970.

§ 2.º Havendo motivos graves, devidamente comprovados, poderá o juiz, a qualquer tempo e caso, decidir de outro modo, no interesse do menor.

•• § 2.º acrescentado pela Lei n. 5.582, de 16-6-1970.

• *Vide* art. 1.612 do CC.

Capítulo VIII
DA SUCESSÃO EM CASO DE REGIME MATRIMONIAL EXCLUSIVO DA COMUNHÃO

Art. 17. À brasileira, casada com estrangeiro sob regime que exclua a comunhão universal, caberá, por morte do marido, o usufruto vitalício de quarta parte dos bens deste, se houver filhos brasileiros do casal ou do marido, e de metade, se não os houver.

•• Artigo com redação determinada pelo Decreto-lei n. 5.187, de 13-1-1943.

• *Vide* art. 10, § 1.º, da LINDB.

Art. 18. (*Revogado pelo art. 2.º da Lei n. 2.514, de 27-6-1955.*)

Capítulo IX
DO BEM DE FAMÍLIA

• *Vide* arts. 1.711 a 1.722 do CC e 261 e s. da Lei n. 6.015, de 31-12-1973.

• *Vide* Lei n. 8.009, de 29-3-1990, que dispõe sobre a impenhorabilidade do bem de família.

Art. 19. Não há limite de valor para o bem de família desde que o imóvel seja a residência dos interessados por mais de 2 (dois) anos.

•• Artigo com redação determinada pela Lei n. 6.742, de 17-12-1979.

Art. 20. Por morte do instituidor, ou de seu cônjuge, o prédio instituído em bem de família não entrará em inventário, nem será partilhado, enquanto continuar a residir nele o cônjuge sobrevivente ou filho de menor idade. Num e noutro caso, não sofrerá modificação a transcrição.

Art. 21. A cláusula de bem de família somente será eliminada, por mandado do juiz, e a requerimento do instituidor, ou, nos casos do art. 20, de qualquer interessado, se o prédio deixar de ser domicílio da família, ou por motivo relevante plenamente comprovado.

§ 1.º Sempre que possível, o juiz determinará que a cláusula recaia em outro prédio, em que a família estabeleça domicílio.

§ 2.º Eliminada a cláusula, caso se tenha verificado uma das hipóteses do art. 20, entrará o prédio logo em inventário para ser partilhado. Não se cobrará juro de mora sobre o Imposto de Transmissão relativamente ao período decorrido da abertura da sucessão ao cancelamento da cláusula.

Art. 22. Quando instituído em bem de família prédio de zona rural, poderão ficar incluídos na instituição a mobília e utensílios de uso doméstico, gado e instrumento de trabalho, mencionados discriminadamente na escritura respectiva.

Art. 23. São isentos de qualquer imposto federal, inclusive selos, todos os atos relativos à aquisição de imóvel, de valor não superior a cinquenta contos de réis, que se institua em bem de família. Eliminada a cláusula, será pago o imposto que tenha sido dispensado por ocasião da instituição.

§ 1.º Os prédios urbanos e rurais, de valor superior a trinta contos de réis, instituídos em bem de família, gozarão de redução de 50% (cinquenta por cento) dos impostos federais que neles recaiam ou em seus rendimentos.

§ 2.º A isenção e redução de que trata o presente artigo são extensivas aos impostos pertencentes ao Distrito Federal, cabendo aos Estados e aos Municípios regular a matéria, no que lhes diz respeito, de acordo com o disposto no art. 41 deste Decreto-lei.

Capítulo X
DO ENSINO SECUNDÁRIO, NORMAL E PROFISSIONAL

Art. 24. As taxas de matrícula, de exame e quaisquer outras relativas ao ensino, nos estabelecimentos de educação secundária, normal e profissional, oficiais ou fiscalizados, e bem assim quaisquer impostos federais que recaiam em atos da vida escolar discente, nesses estabelecimentos, serão cobrados com as seguintes reduções, para as famílias com mais de um filho: para o segundo filho, redução de 20% (vinte por cento); para o terceiro, de 40% (quarenta por cento); para o quarto e seguintes, de 60% (sessenta por cento).

Parágrafo único. Para gozar dessas reduções, demonstrará o interessado que dois ou mais filhos seus estão sujeitos ao pagamento das citadas taxas, no mesmo estabelecimento.

Art. 25. Nos internatos oficiais de ensino secundário, normal e profissional, serão reservados, em cada ano, havendo candidatos, 10% (dez por cento) dos lugares para matrícula de filhos de família com mais de dois filhos, e que preencham as condições pedagógicas exigidas.

Capítulo XI
DOS SERVIDORES DO ESTADO

Art. 26. (*Revogado pelo Decreto-lei n. 5.976, de 10-11-1943.*)

Art. 27. A mulher de funcionário público, que também seja funcionária, sendo o marido mandado servir, independentemente de solicitação, em outra localidade, será, sempre que possível, sem prejuízo, aí aproveitada em serviço.

Capítulo XII
DOS ABONOS FAMILIARES

Art. 28. A todo funcionário público, federal, estadual ou municipal, em comissão, em efetivo exercício, interino, em disponibilidade ou aposentado, ao extranumerário de qualquer modalidade, em qualquer esfera do serviço público, ou ao militar da ativa, da reserva ou reformado, mesmo, em qualquer dos casos, quando licenciado com o total de sua retribuição ou parte dela, sendo chefe de família numerosa e percebendo, por mês, menos de um conto de réis de vencimentos, remuneração, gratificação, provento ou salário, conceder-se-á, mensalmente, o abono familiar de vinte mil-réis por filho, se a retribuição mensal, que tenha, for de quinhentos mil-réis ou menos, ou de dez mil-réis por filho, se essa retribuição mensal for de mais de quinhentos mil-réis, observada a disposição da alínea *a* do art. 37 deste Decreto-lei.

§ 1.º Ao inativo não será concedido o abono familiar a que, nesta qualidade, tenha direito, se entrar a exercer outro cargo ou função, remunerada, a menos que desse exercício só provenha gratificação que a lei permita receber além do provento da inatividade.

§ 2.º Quando também a mãe exercer ou tiver exercido emprego público, as vantagens pecuniárias, que a ela caibam, serão adicionadas à retribuição do chefe de família, para os efeitos deste artigo.

§ 3.º Poderão a União, os Estados, o Distrito Federal e os Municípios, cada qual de acordo com as suas possibilidades financeiras, estabelecer, para os seus servidores, abonos familiares mais amplos ou mais elevados do que os fixados no presente artigo.

Art. 29. (*Revogado pela Lei Complementar n. 11, de 25-5-1971.*)

Capítulo XIII
DAS FAMÍLIAS EM SITUAÇÃO DE MISÉRIA

Art. 30. As instituições assistenciais, já organizadas ou que se organizarem para dar proteção às famílias em situação de miséria, seja qual for a extensão da prole, mediante a prestação de alimentos, internamento dos filhos menores para fins de educação e outras providências de natureza semelhante, serão, de modo especial, subvencionadas pela União, pelos Estados, pelo Distrito Federal e pelos Municípios.

Capítulo XIV
DA INSCRIÇÃO EM SOCIEDADES RECREATIVAS E DESPORTIVAS

Art. 31. Toda associação recreativa ou desportiva, que gozar de favor oficial, admitirá, gratuitamente, como seus associados, na proporção de um por vinte dos sócios inscritos por título oneroso, filhos de famílias numerosas e pobres, residentes na localidade.

§ 1.º A designação caberá ao prefeito e recairá em jovens, até 18 (dezoito) anos de idade, que preencham os requisitos dos estatutos da associação, preferindo-se, em equivalência de condições, os filhos das famílias de maior prole e de melhor educação.

§ 2.º Se não houver, na localidade, filhos de famílias numerosas, nas condições do parágrafo precedente, em número suficiente para preencher todas as vagas, serão indicados filhos de famílias não consideradas numerosas, preferindo-se sempre os das que tenham maior prole.

§ 3.º Em caso de exclusão de associado admitido na forma dos parágrafos anteriores, em observância dos estatutos da associação, designará o prefeito outro jovem que lhe preencha o lugar.

Capítulo XV
DISPOSIÇÕES FISCAIS

Art. 32. Os contribuintes do Imposto de Renda, solteiros ou viúvos sem filhos, maiores de 25 (vinte e cinco) anos, pagarão o adicional de 15% (quinze por cento), e os casados, também maiores de 25 (vinte e cinco) anos, sem filho, pagarão o adicional de 10% (dez por cento), sobre a importância, a que estiverem obrigados, do mesmo imposto.

Art. 33. Os contribuintes do Imposto de Renda, maiores de 45 (quarenta e cinco) anos, que tenham um só filho, pagarão o adicional de 5% (cinco por cento) sobre a importância do mesmo imposto, a que estiverem sujeitos.

Art. 34. Os impostos adicionais, a que se referem os arts. 32 e 33, serão mencionados nas declarações de rendimentos e pagos de uma só vez juntamente com o total ou a primeira quota do Imposto de Renda, mas escriturados destacadamente pelas repartições arrecadadoras.

Art. 35. Para efeito do pagamento dos impostos de que trata o presente Capítulo, ficam os contribuintes do Imposto de Renda obrigados a indicar, em suas declarações, a partir do exercício de 1941, a respectiva idade.

Art. 36. São extensivos aos impostos ora criados os dispositivos legais sobre o Imposto de Renda, que lhes forem aplicáveis.

Capítulo XVI
DISPOSIÇÕES GERAIS

Art. 37. Para os efeitos do presente Decreto-lei:

a) considerar-se-á família numerosa a que compreender oito ou mais filhos, brasileiros, até 18 (dezoito) anos de idade, ou incapazes de trabalhar, vivendo em companhia e a expensas dos pais ou de quem os tenha sob sua guarda, criando e educando-os à sua custa;

b) será equiparado ao pai quem tiver, permanentemente, sob sua guarda, criando-o e educando-o a suas expensas, menor de 18 (dezoito) anos;

c) não se computarão os filhos que hajam atingido a maioridade, e ainda os casados e os que exerçam qualquer atividade remunerada.

Art. 38. Sempre que este Decreto-lei se referir, de modo geral, a filhos, entender-se-á que só abrange os legítimos, os legitimados, os naturais reconhecidos e os adotivos.

Art. 39. Para obtenção dos favores concedidos por este Decreto-lei, por motivo de prole, será sempre exigida do interessado prova de que tem feito ministrar a seus filhos educação não só física e intelectual senão também moral, respeitada a orientação religiosa paterna, e adequada à sua condição, como permitam as circunstâncias. Esta prova será renovada anualmente.

Art. 40. A concessão dos favores estabelecidos por este Decreto-lei se fará a requerimento do interessado, com a prova documental do alegado. O requerimento e todos os documentos serão isentos de selos.

Art. 41. Os Estados e os Municípios deverão expedir os atos necessários à concessão dos mesmos favores de que tratam os arts. 6.º, 8.º, § 11, 13 e 23 deste Decreto-lei.

Art. 42. A execução do disposto nos arts. 28 e 29 deste Decreto-lei terá início depois que a sua matéria for regulamentada.

•• Artigo com redação determinada pelo Decreto-lei n. 3.747, de 23-10-1941.

Art. 43. Revogam-se as disposições em contrário.

Rio de Janeiro, 19 de abril de 1941; 120.º da Independência e 53.º da República.

GETÚLIO VARGAS

DECRETO-LEI N. 3.365, DE 21 DE JUNHO DE 1941 (*)

Dispõe sobre desapropriações por utilidade pública.

O Presidente da República, usando da atribuição que lhe confere o art. 180 da Constituição, decreta:

DISPOSIÇÕES PRELIMINARES

Art. 1.º A desapropriação por utilidade pública regular-se-á por esta Lei, em todo o território nacional.

Art. 2.º Mediante declaração de utilidade pública, todos os bens poderão ser desapropriados, pela União, pelos Estados, Municípios, Distrito Federal e Territórios.

• *Vide* art. 4.º, V, *a*, da Lei n. 10.257, de 10-7-2001.

§ 1.º A desapropriação do espaço aéreo ou do subsolo só se tornará necessária, quando de sua utilização resultar prejuízo patrimonial do proprietário do solo.

§ 2.º Os bens do domínio dos Estados, Municípios, Distrito Federal e Territórios poderão ser desapropriados pela União, e os dos Municípios pelos Estados, mas, em qualquer caso, ao ato deverá preceder autorização legislativa.

§ 3.º É vedada a desapropriação, pelos Estados, Distrito Federal, Territórios e Municípios, de ações, cotas e direitos representativos do capital de instituições e empresas cujo funcionamento dependa de autorização do Governo Federal e se subordine à sua fiscalização, salvo mediante prévia autorização, por decreto do Presidente da República.

•• § 3.º acrescentado pelo Decreto-lei n. 856, de 11-9-1969.

Art. 3.º Podem promover a desapropriação, mediante autorização expressa constante de lei ou contrato:

•• *Caput* com redação determinada pela Lei n. 14.273, de 23-12-2021.

I – os concessionários, inclusive aqueles contratados nos termos da Lei n. 11.079, de 30 de dezembro de 2004;

•• Inciso I acrescentado pela Lei n. 14.273, de 23-12-2021.

II – as entidades públicas;

•• Inciso II acrescentado pela Lei n. 14.273, de 23-12-2021.

(*) Publicado no *DOU*, de 18-7-1941. *Vide* arts. 5.º, XXIV, 22, II, 182, §§ 3.º e 4.º, 184 e 185 da CF.

A Lei n. 3.833, de 8-12-1960, cria regime especial de desapropriação, para execução das obras no Polígono das Secas.

A Lei n. 4.593, de 29-12-1964, dispõe sobre desapropriações para obras de combate às secas no Nordeste.

Vide Lei n. 4.132, de 10-9-1962, que define os casos de desapropriação por interesse social e dispõe sobre sua aplicação. Em seu art. 5.º dispõe: "No que esta Lei for omissa, aplicam-se as normas legais que regulam a desapropriação por utilidade pública, inclusive no tocante ao processo e à justa indenização devida ao proprietário".

Vide art. 44 da Lei n. 6.766, de 19-12-1979, sobre possibilidade de desapropriação pelo Município, Estado e Distrito Federal.

Vide Decreto-lei n. 1.075, de 22-1-1970.

Vide Súmulas 70, 113, 114, 131, 141 e 408 do STJ.

São originais os valores constantes deste diploma legal.

III – as entidades que exerçam funções delegadas do poder público; e

•• Inciso III acrescentado pela Lei n. 14.273, de 23-12-2021.

IV – as autorizatárias para a exploração de ferrovias como atividade econômica.

•• Inciso IV acrescentado pela Lei n. 14.273, de 23-12-2021.

Art. 4.º A desapropriação poderá abranger a área contígua necessária ao desenvolvimento da obra a que se destina, e as zonas que se valorizarem extraordinariamente, em consequência da realização do serviço. Em qualquer caso, a declaração de utilidade pública deverá compreendê-las, mencionando-se quais as indispensáveis à continuação da obra e as que se destinam à revenda.

•• A Lei n. 12.833, de 20-6-2013, propôs nova redação para este artigo, porém teve seu texto vetado.

Parágrafo único. Quando a desapropriação destinar-se à execução de planos de urbanização, de renovação urbana ou de parcelamento ou reparcelamento do solo, a receita decorrente da revenda ou da exploração imobiliária dos imóveis produzidos poderá compor a remuneração do agente executor.

•• Parágrafo único com redação determinada pela Lei n. 14.273, de 23-12-2021.

Art. 5.º Consideram-se casos de utilidade pública:

a) a segurança nacional;

b) a defesa do Estado;

c) o socorro público em caso de calamidade;

d) a salubridade pública;

e) a criação e melhoramento de centros de população, seu abastecimento regular de meios de subsistência;

f) o aproveitamento industrial das minas e das jazidas minerais, das águas e da energia hidráulica;

g) a assistência pública, as obras de higiene e decoração, casas de saúde, clínicas, estações de clima e fontes medicinais;

h) a exploração e a conservação dos serviços públicos;

i) a abertura, conservação e melhoramento de vias ou logradouros públicos; a execução de planos de urbanização; o parcelamento do solo, com ou sem edificação, para sua melhor utilização econômica, higiênica ou estética; a construção ou ampliação de distritos industriais;

•• Alínea *i* com redação determinada pela Lei n. 9.785, de 29-1-1999.

j) o funcionamento dos meios de transporte coletivo;

k) a preservação e conservação dos monumentos históricos e artísticos, isolados ou integrados em conjuntos urbanos ou rurais, bem como as medidas necessárias a manter-lhes e realçar-lhes os aspectos mais valiosos ou característicos e, ainda, a proteção de paisagens e locais particularmente dotados pela natureza;

l) a preservação e a conservação adequada de arquivos, documentos e outros bens móveis de valor histórico ou artístico;

m) a construção de edifícios públicos, monumentos comemorativos e cemitérios;

n) a criação de estádios, aeródromos ou campos de pouso para aeronaves;

o) a reedição ou divulgação de obra ou invento de natureza científica, artística ou literária;

p) os demais casos previstos por leis especiais.

§ 1.º A construção ou ampliação de distritos industriais, de que trata a alínea *i* do *caput* deste artigo, inclui o loteamento das áreas necessárias à instalação de indústrias e atividades correlatas, bem como a revenda ou locação dos respectivos lotes a empresas previamente qualificadas.

•• § 1.º acrescentado pela Lei n. 6.602, de 7-12-1978.

§ 2.º A efetivação da desapropriação para fins de criação ou ampliação de distritos industriais depende de aprovação, prévia e expressa, pelo Poder Público competente, do respectivo projeto de implantação.

•• § 2.º acrescentado pela Lei n. 6.602, de 7-12-1978.

§ 3.º Ao imóvel desapropriado para implantação de parcelamento popular, destinado às classes de menor renda, não se dará outra utilização nem haverá retrocessão.

•• § 3.º acrescentado pela Lei n. 9.785, de 29-1-1999.

§ 4.º Os bens desapropriados para fins de utilidade pública e os direitos decorrentes da respectiva imissão na posse poderão ser alienados a terceiros, locados, cedidos, arrendados, outorgados em regimes de concessão de direito real de uso, de concessão comum ou de parceria público-privada e ainda transferidos como integralização de fundos de investimento ou sociedades de propósito específico.

•• § 4.º acrescentado pela Lei n. 14.273, de 23-12-2021.

§ 5.º Aplica-se o disposto no § 4.º deste artigo nos casos de desapropriação para fins de execução de planos de urbanização, de renovação urbana ou de parcelamento ou reparcelamento do solo, desde que seja assegurada a destinação prevista no referido plano.

•• § 5.º acrescentado pela Lei n. 14.273, de 23-12-2021.

Art. 6.º A declaração de utilidade pública far-se-á por decreto do Presidente da República, governador, interventor ou prefeito.

Art. 7.º Declarada a utilidade pública, ficam as autoridades administrativas autorizadas a penetrar nos prédios compreendidos na declaração, podendo recorrer, em caso de oposição, ao auxílio de força policial.

Àquele que for molestado por excesso ou abuso de poder, cabe indenização por perdas e danos, sem prejuízo da ação penal.

• *Vide* Súmula 23 do STF.

Art. 8.º O Poder Legislativo poderá tomar a iniciativa da desapropriação, cumprindo, neste caso, ao Executivo, praticar os atos necessários à sua efetivação.

Art. 9.º Ao Poder Judiciário é vedado, no processo de desapropriação, decidir se se verificam ou não os casos de utilidade pública.

Art. 10. A desapropriação deverá efetivar-se mediante acordo ou intentar-se judicialmente dentro de 5 (cinco) anos, contados da data da expedição do respectivo decreto e findos os quais este caducará.

Neste caso, somente decorrido 1 (um) ano, poderá ser o mesmo bem objeto de nova declaração.

•• A Lei n. 13.867, de 26-8-2019, propôs nova redação para este artigo, todavia teve seu texto vetado.

• *Vide* Súmula 23 do STF.

Parágrafo único. Extingue-se em 5 (cinco) anos o direito de propor ação que vise a indenização por restrições decorrentes de atos do Poder Público.

•• Parágrafo único acrescentado pela Medida Provisória n. 2.183-56, de 24-8-2001.

Art. 10-A. O poder público deverá notificar o proprietário e apresentar-lhe oferta de indenização.

•• *Caput* acrescentado pela Lei n. 13.867, de 26-8-2019.

§ 1.º A notificação de que trata o *caput* deste artigo conterá:

•• § 1.º, *caput*, acrescentado pela Lei n. 13.867, de 26-8-2019.

I – cópia do ato de declaração de utilidade pública;

•• Inciso I acrescentado pela Lei n. 13.867, de 26-8-2019.

II – planta ou descrição dos bens e suas confrontações;

•• Inciso II acrescentado pela Lei n. 13.867, de 26-8-2019.

III – valor da oferta;

•• Inciso III acrescentado pela Lei n. 13.867, de 26-8-2019.

IV – informação de que o prazo para aceitar ou rejeitar a oferta é de 15 (quinze) dias e de que o silêncio será considerado rejeição;

•• Inciso IV acrescentado pela Lei n. 13.867, de 26-8-2019.

V – (*Vetado.*)

•• Inciso V acrescentado pela Lei n. 13.867, de 26-8-2019.

§ 2.º Aceita a oferta e realizado o pagamento, será lavrado acordo, o qual será título hábil para a transcrição no registro de imóveis.

•• § 2.º acrescentado pela Lei n. 13.867, de 26-8-2019.

§ 3.º Rejeitada a oferta, ou transcorrido o prazo sem manifestação, o poder público procederá na forma dos arts. 11 e seguintes deste Decreto-lei.

•• § 3.º acrescentado pela Lei n. 13.867, de 26-8-2019.

Art. 10-B. Feita a opção pela mediação ou pela via arbitral, o particular indicará um dos órgãos ou instituições especializados em mediação ou arbitragem previamente cadastrados pelo órgão responsável pela desapropriação.

•• *Caput* acrescentado pela Lei n. 13.867, de 26-8-2019.

§ 1.º A mediação seguirá as normas da Lei n. 13.140, de 26 de junho de 2015, e, subsidiariamente, os regulamentos do órgão ou instituição responsável.

•• § 1.º acrescentado pela Lei n. 13.867, de 26-8-2019.

§ 2.º Poderá ser eleita câmara de mediação criada pelo poder público, nos termos do art. 32 da Lei n. 13.140, de 26 de junho de 2015.

•• § 2.º acrescentado pela Lei n. 13.867, de 26-8-2019.

§ 3.º (*Vetado.*)

•• § 3.º acrescentado pela Lei n. 13.867, de 26-8-2019.

§ 4.º A arbitragem seguirá as normas da Lei n. 9.307, de 23 de setembro de 1996, e, subsidiariamente, os regulamentos do órgão ou instituição responsável.

•• § 4.º acrescentado pela Lei n. 13.867, de 26-8-2019.

§ 5.º (*Vetado.*)

•• § 5.º acrescentado pela Lei n. 13.867, de 26-8-2019.

DO PROCESSO JUDICIAL

Art. 11. A ação, quando a União for autora, será proposta no Distrito Federal ou no foro da Capital do Estado onde for domiciliado o réu, perante o juízo privativo, se houver; sendo outro o autor, no foro da situação dos bens.

Art. 12. Somente os juízes que tiverem garantia de vitaliciedade, inamovibilidade e irredutibilidade de vencimentos poderão conhecer dos processos de desapropriação.

Art. 13. A petição inicial, além dos requisitos previstos no Código de Processo Civil, conterá a oferta do preço e será instruída com um exemplar do contrato, ou do jornal oficial que houver publicado o decreto de desapropriação, ou cópia autenticada dos mesmos, e a planta ou descrição dos bens e suas confrontações.

• Os arts. 319 e s. do CPC dispõem sobre os requisitos da petição inicial.

Parágrafo único. Sendo o valor da causa igual ou inferior a dois contos de réis, dispensam-se os autos suplementares.

Art. 14. Ao despachar a inicial, o juiz designará um perito de sua livre escolha, sempre que possível, técnico, para proceder à avaliação dos bens.

Parágrafo único. O autor e o réu poderão indicar assistente técnico do perito.

Art. 15. Se o expropriante alegar urgência e depositar quantia arbitrada de conformidade com o art. 685 do Código de Processo Civil, o juiz mandará imiti-lo provisoriamente na posse dos bens.

•• A Lei n. 13.097, de 19-1-2015, propôs a revogação deste artigo, porém teve o texto vetado.

•• A referência é feita a dispositivos do CPC de 1939. A matéria era tratada nos arts. 826 a 838 do CPC de 1973. Sem correspondência no CPC de 2015.

• *Vide* Decreto-lei n. 1.075, de 22-1-1970, que regula a imissão de posse, *initio litis*, em imóveis residenciais urbanos.

• *Vide* Súmulas 23, 164 e 476 do STF.

• *Vide* Súmula 70 do STJ.

§ 1.º A imissão provisória poderá ser feita, independentemente da citação do réu, mediante o depósito:

a) do preço oferecido, se este for superior a vinte vezes o valor locativo, caso o imóvel esteja sujeito ao imposto predial;

b) da quantia correspondente a vinte vezes o valor locativo, estando o imóvel sujeito ao imposto predial e sendo menor o preço oferecido;

c) do valor cadastral do imóvel, para fins de lançamento do imposto territorial, urbano ou rural, caso o referido valor tenha sido atualizado no ano fiscal imediatamente anterior;

d) não tendo havido a atualização a que se refere o inciso *c*, o juiz fixará, independentemente de avaliação, a importância do depósito, tendo em vista a época em que houver sido fixado originariamente o valor cadastral e a valorização ou desvalorização posterior do imóvel.

•• § 1.º com redação determinada pela Lei n. 2.786, de 21-5-1956.

•• *Vide* Súmula 652 do STF.

§ 2.º A alegação de urgência, que não poderá ser renovada, obrigará o expropriante a requerer a imissão provisória dentro do prazo improrrogável de 120 (cento e vinte) dias.

•• § 2.º com redação determinada pela Lei n. 2.786, de 21-5-1956.

• *Vide* notas ao *caput* deste artigo.

§ 3.º Excedido o prazo fixado no parágrafo anterior não será concedida a imissão provisória.

•• § 3.º com redação determinada pela Lei n. 2.786, de 21-5-1956.

• *Vide* notas ao *caput* deste artigo.

§ 4.º A imissão provisória na posse será registrada no registro de imóveis competente.

•• § 4.º acrescentado pela Lei n. 11.977, de 7-7-2009.

Art. 15-A. No caso de imissão prévia na posse, na desapropriação por necessidade ou utilidade pública e interesse social, inclusive para fins de reforma agrária, havendo divergência entre o preço ofertado em juízo e o valor do bem, fixado na sentença, expressos em termos reais, incidirão juros compensatórios de até 6% (seis por cento) ao ano sobre o valor da diferença eventualmente apurada, a contar da imissão na posse, vedado o cálculo de juros compostos.

•• *Caput* acrescentado pela Medida Provisória n. 2.183-56, de 24-8- 2001.

•• O STF, na ADI n. 2.332, de 17-5-2018 (*DOU* de 28-5-2018), declarou a inconstitucionalidade do vocábulo "até" e deu interpretação conforme a CF ao *caput* deste artigo.

§ 1.º Os juros compensatórios destinam-se, apenas, a compensar a perda de renda comprovadamente sofrida pelo proprietário.

•• § 1.º acrescentado pela Medida Provisória n. 2.183-56, de 24-8-2001.

•• O STF, na ADI n. 2.332, de 17-5-2018 (*DOU* de 28-5-2018), reconheceu a constitucionalidade deste § 1.º.

§ 2.º Não serão devidos juros compensatórios quando o imóvel possuir graus de utilização da terra e de eficiência na exploração iguais a zero.

•• § 2.º acrescentado pela Medida Provisória n. 2.183-56, de 24-8-2001.

•• O STF, na ADI n. 2.332, de 17-5-2018 (*DOU* de 28-5-2018), reconheceu a constitucionalidade deste § 2.º.

§ 3.º O disposto no *caput* deste artigo aplica-se também às ações ordinárias de indenização por apossamento administrativo ou desapropriação indireta, bem assim às ações que visem a indenização por restrições decorrentes de atos do Poder Público, em especial aqueles destinados à proteção ambiental, incidindo os juros sobre o valor fixado na sentença.

•• § 3.º acrescentado pela Medida Provisória n. 2.183-56, de 24-8-2001.

•• O STF, na ADI n. 2.332, de 17-5-2018 (*DOU* de 28-5-2018), reconheceu a constitucionalidade deste § 3.º.

§ 4.º Nas ações referidas no § 3.º, não será o Poder Público onerado por juros compensatórios relativos a período anterior à aquisição da propriedade ou posse titulada pelo autor da ação.

•• § 4.º acrescentado pela Medida Provisória n. 2.183-56, de 24-8-2001.

•• O STF, na ADI n. 2.332, de 17-5-2018 (*DOU* de 28-5-2018), declarou a inconstitucionalidade deste § 4.º.

Art. 15-B. Nas ações a que se refere o art. 15-A, os juros moratórios destinam-se a recompor a perda decorrente do atraso no efetivo pagamento da indenização fixada na decisão final de mérito, e somente serão devidos à razão de até 6% (seis por cento) ao ano, a partir de 1.º de janeiro do exercício seguinte àquele em que o pagamento deveria ser feito, nos termos do art. 100 da Constituição.

•• Artigo acrescentado pela Medida Provisória n. 2.183-56, de 24-8-2001.

Art. 16. A citação far-se-á por mandado na pessoa do proprietário dos bens; a do marido dispensa a da mulher; a de um sócio, ou administrador, a dos demais, quando o bem pertencer a sociedade; a do administrador da coisa, no caso de condomínio, exceto o de edifício de apartamento constituindo cada um propriedade autônoma, a dos demais condôminos e a do inventariante, e, se não houver, a do cônjuge, herdeiro, ou legatário, detentor da herança, a dos demais interessados, quando o bem pertencer a espólio.

Parágrafo único. Quando não encontrar o citando, mas ciente de que se encontra no território da jurisdição do juiz, o oficial portador do mandado marcará desde logo hora certa para a citação, ao fim de 48 (quarenta e oito) horas, independentemente de nova diligência ou despacho.

Art. 17. Quando a ação não for proposta no foro do domicílio ou da residência do réu, a citação far-se-á por precatória, se o mesmo estiver em lugar certo, fora do território da jurisdição do juiz.

Art. 18. A citação far-se-á por edital se o citando não for conhecido, ou estiver em lugar ignorado, incerto ou inacessível, ou, ainda, no estrangeiro, o que dois oficiais do juízo certificarão.

Art. 19. Feita a citação, a causa seguirá com o rito ordinário.

Art. 20. A contestação só poderá versar sobre vício do processo judicial ou impugnação do preço; qualquer outra questão deverá ser decidida por ação direta.

Art. 21. A instância não se interrompe. No caso de falecimento do réu, ou perda de sua capacidade civil, o juiz, logo que disso tenha conhecimento, nomeará curador à lide, até que se habilite o interessado.

Parágrafo único. Os atos praticados da data do falecimento ou perda da capacidade à investidura do curador à lide poderão ser ratificados ou impugnados por ele, ou pelo representante do espólio ou do incapaz.

Art. 22. Havendo concordância sobre o preço, o juiz o homologará por sentença no despacho saneador.

Art. 23. Findo o prazo para a contestação e não havendo concordância expressa quanto ao preço, o perito apresentará o laudo em cartório até 5 (cinco) dias, pelo menos, antes da audiência de instrução e julgamento.

§ 1.º O perito poderá requisitar das autoridades públicas os esclarecimentos ou documentos que se tornarem necessários à elaboração do laudo, e deverá indicar nele, entre outras circunstâncias atendíveis para a fixação da indenização, as enumeradas no art. 27.

Ser-lhe-ão abonadas, como custas, as despesas com certidões e, a arbítrio do juiz, as de outros documentos que juntar ao laudo.

§ 2.º Antes de proferido o despacho saneador, poderá o perito solicitar prazo especial para apresentação do laudo.

Art. 24. Na audiência de instrução e julgamento proceder-se-á na conformidade do Código de Processo Civil. Encerrado o debate, o juiz proferirá sentença fixando o preço da indenização.

Parágrafo único. Se não se julgar habilitado a decidir, o juiz designará desde logo outra audiência que se realizará dentro de 10 (dez) dias, a fim de publicar a sentença.

Art. 25. O principal e os acessórios serão computados em parcelas autônomas.

Parágrafo único. O juiz poderá arbitrar quantia módica para desmonte e transporte de maquinismos instalados e em funcionamento.

Art. 26. No valor da indenização que será contemporâneo da avaliação não se incluirão direitos de terceiros contra o expropriado.

•• *Caput* com redação determinada pela Lei n. 2.786, de 21-5-1956.

• *Vide* Súmula 70 do STJ.

§ 1.º Serão atendidas as benfeitorias necessárias feitas após a desapropriação; as úteis, quando feitas com autorização do expropriante.

•• Anterior parágrafo único com redação determinada pela Lei n. 2.786, de 21-5-1956, passado a § 1.º pela Lei n. 4.686, de 21-6-1965.

• *Vide* Súmula 23 do STF.

§ 2.º Decorrido prazo superior a 1 (um) ano a partir da avaliação, o juiz ou o tribunal, antes da decisão final, determinará a correção monetária do valor apurado, conforme índice que será fixado, trimestralmente, pela Secretaria de Planejamento da Presidência da República.

•• § 2.º com redação determinada pela Lei n. 6.306, de 15-12-1975.

• *Vide* Súmula 475 do STF.

• *Vide* Súmulas 113 e 114 do STJ.

Art. 27. O juiz indicará na sentença os fatos que motivaram o seu convencimento e deverá atender, especialmente, à estimação dos bens para efeitos fiscais; ao preço de aquisição o interesse que deles aufere o proprietário; à sua situação, estado de conservação e segurança; ao valor venal dos da mesma espécie, nos últimos 5 (cinco) anos, à valorização ou depreciação de área remanescente, pertencente ao réu.

§ 1.º A sentença que fixar o valor da indenização quando este for superior ao preço oferecido condenará o desapropriante a pagar honorários do advogado, que serão fixados entre meio e cinco por cento do valor da diferença, observado o disposto no § 4.º do art. 20 do Código de Processo Civil, não podendo os honorários ultrapassar R$ 151.000,00 (cento e cinquenta e um mil reais).

•• § 1.º com redação determinada pela Medida Provisória n. 2.183-56, de 24-8-2001.

•• O STF, na ADI n. 2.332, de 17-5-2018 (*DOU* de 28-5-2018), reconheceu a "constitucionalidade da estipulação de parâmetros mínimo e máximo para a concessão de honorários advocatícios" previstos neste § 1.º e declarou a inconstitucionalidade da expressão "não podendo os honorários ultrapassar R$ 151.000,00 (cento e cinquenta e um mil reais)".

• *Vide* Súmula 141 do STJ.

§ 2.º A transmissão da propriedade decorrente de desapropriação amigável ou judicial, não ficará sujeita ao Imposto de Lucro Imobiliário.

•• § 2.º acrescentado pela Lei n. 2.786, de 21-5-1956.

• *Vide* art. 42 da Lei n. 6.766, de 19-12-1979.

§ 3.º O disposto no § 1.º deste artigo se aplica:

I – ao procedimento contraditório especial, de rito sumário, para o processo de desapropriação de imóvel rural, por interesse social, para fins de reforma agrária;

II – às ações de indenização por apossamento administrativo ou desapropriação indireta.

•• § 3.º acrescentado pela Medida Provisória n. 2.183-56, de 24-8-2001.

§ 4.º O valor a que se refere o § 1.º será atualizado, a partir de maio de 2000, no dia 1.º de janeiro de cada ano, com base na variação acumulada do Índice de Preços ao Consumidor Amplo - IPCA do respectivo período.

•• § 4.º acrescentado pela Medida Provisória n. 2.183-56, de 24-8-2001.

Art. 28. Da sentença que fixar o preço da indenização caberá apelação com efeito simplesmente devolutivo, quando interposta pelo expropriado, e com ambos os efeitos, quando o for pelo expropriante.

§ 1.º A sentença que condenar a Fazenda Pública em quantia superior ao dobro da oferecida fica sujeita ao duplo grau de jurisdição.

•• § 1.º com redação determinada pela Lei n. 6.071, de 3-7-1974.

§ 2.º Nas causas de valor igual ou inferior a dois contos de réis, observar-se-á o disposto no art. 839 do Código de Processo Civil.

•• A norma deste parágrafo tornou-se prejudicada com o advento do novo CPC.

Art. 29. Efetuando o pagamento ou a consignação, expedir-se-á, em favor do expropriante, mandado de imissão de posse valendo a sentença como título hábil para a transcrição no Registro de Imóveis.

Art. 30. As custas serão pagas pelo autor se o réu aceitar o preço oferecido; em caso contrário, pelo vencido, ou em proporção, na forma da lei.

DISPOSIÇÕES FINAIS

Art. 31. Ficam sub-rogados no preço quaisquer ônus ou direitos que recaiam sobre o bem expropriado.

Art. 32. O pagamento do preço será prévio e em dinheiro.

•• *Caput* com redação determinada pela Lei n. 2.786, de 21-5-1956.

• *Vide* Súmula 416 do STF.

§ 1.º As dívidas fiscais serão deduzidas dos valores depositados, quando inscritas e ajuizadas.

•• § 1.º acrescentado pela Lei n. 11.977, de 7-7-2009.

§ 2.º Incluem-se na disposição prevista no § 1.º as multas decorrentes de inadimplemento e de obrigações fiscais.

•• § 2.º acrescentado pela Lei n. 11.977, de 7-7-2009.

§ 3.º A discussão acerca dos valores inscritos ou executados será realizada em ação própria.

•• § 3.º acrescentado pela Lei n. 11.977, de 7-7-2009.

Art. 33. O depósito do preço fixado por sentença, à disposição do juiz da causa, é considerado pagamento prévio da indenização.

§ 1.º O depósito far-se-á no Banco do Brasil ou, onde este não tiver agência, em estabelecimento bancário acreditado, a critério do juiz.

•• Anterior parágrafo único, passado a § 1.º pela Lei n. 2.786, de 21-5-1956.

§ 2.º O desapropriado, ainda que discorde do preço oferecido, do arbitrado ou do fixado pela sentença, poderá levantar até 80% (oitenta por cento) do depósito feito para o fim previsto neste e no art. 15, observado o processo estabelecido no art. 34.

•• § 2.º acrescentado pela Lei n. 2.786, de 21-5-1956.

Art. 34. O levantamento do preço será deferido mediante prova de propriedade, de quitação de dívidas fiscais que recaiam sobre o bem expropriado, e publicação de editais, com o prazo de 10 (dez) dias, para conhecimento de terceiros.

Parágrafo único. Se o juiz verificar que há dúvida fundada sobre o domínio, o preço ficará em depósito, ressalvada aos interessados a ação própria para disputá-lo.

• *Vide* art. 5.º do Decreto-lei n. 1.075, de 22-1-1970.

Art. 34-A. Se houver concordância, reduzida a termo, do expropriado, a decisão concessiva da imissão provisória na posse implicará a aquisição da propriedade pelo expropriante com o consequente registro da propriedade na matrícula do imóvel.

•• *Caput* acrescentado pela Lei n. 13.465, de 11-7-2017.

§ 1.º A concordância escrita do expropriado não implica renúncia ao seu direito de questionar o preço ofertado em juízo.

•• § 1.º acrescentado pela Lei n. 13.465, de 11-7-2017.

§ 2.º Na hipótese deste artigo, o expropriado poderá levantar 100% (cem por cento) do depósito de que trata o art. 33 deste Decreto-lei.

•• § 2.º acrescentado pela Lei n. 13.465, de 11-7-2017.

§ 3.º Do valor a ser levantado pelo expropriado devem ser deduzidos os valores dispostos nos §§ 1.º e 2.º do art. 32 deste Decreto-lei, bem como, a critério do juiz, aqueles tidos como necessários para o custeio das despesas processuais.

•• § 3.º acrescentado pela Lei n. 13.465, de 11-7-2017.

Art. 35. Os bens expropriados, uma vez incorporados à Fazenda Pública, não podem ser objeto de reivindicação, ainda que fundada em nulidade do processo de desapropriação. Qualquer ação, julgada procedente, resolver-se-á em perdas e danos.

Art. 36. É permitida a ocupação temporária, que será indenizada, a final, por ação própria, de terrenos não edificados, vizinhos às obras e necessários à sua realização.

O expropriante prestará caução, quando exigida.

Art. 37. Aquele cujo bem for prejudicado extraordinariamente em sua destinação econômica pela desapropriação de áreas contíguas terá direito a reclamar perdas e danos do expropriante.

Art. 38. O réu responderá perante terceiros, e por ação própria, pela omissão ou sonegação de quaisquer informações que possam interessar à marcha do processo ou ao recebimento da indenização.

Art. 39. A ação de desapropriação pode ser proposta durante as férias forenses, e não se interrompe pela superveniência destas.

Art. 40. O expropriante poderá constituir servidões, mediante indenização na forma desta Lei.

Art. 41. As disposições desta Lei aplicam-se aos processos de desapropriação em curso, não se permitindo depois de sua vigência outros termos e atos além dos por ela admitidos, nem o seu processamento por forma diversa da que por ela é regulada.

Art. 42. No que esta Lei for omissa aplica-se o Código de Processo Civil.

Art. 43. Esta Lei entrará em vigor 10 (dez) dias depois de publicada, no Distrito Federal, e 30 (trinta) dias nos Estados e Território do Acre; revogadas as disposições em contrário.

• A Lei n. 4.070, de 15-6-1962, elevou o Território do Acre à categoria de Estado.

Rio de Janeiro, em 21 de junho de 1941; 120.º da Independência e 53.º da República.

GETÚLIO VARGAS

DECRETO-LEI N. 4.597, DE 19 DE AGOSTO DE 1942 (*)

Dispõe sobre a prescrição das ações contra a Fazenda Pública e dá outras providências.

O Presidente da República, usando da atribuição que lhe confere o art. 180 da Constituição, decreta:

Art. 1.º Salvo o caso do foro do contrato, compete, à justiça de cada Estado e à do Distrito Federal, processar e julgar as causas em que for interessado, como autor, réu assistente ou opoente, respectivamente, o mesmo Estado ou seus Municípios, e o Distrito Federal.

Parágrafo único. O disposto neste artigo não se aplica às causas já ajuizadas.

Art. 2.º O Decreto n. 20.910, de 6 de janeiro de 1932, que regula a prescrição quinquenal, abrange as dívidas passivas das autarquias, ou entidades e órgãos paraestatais, criados por lei e mantidos mediante impostos, taxas ou quaisquer contribuições exigidas em virtude de lei federal, estadual ou municipal, bem como a todo e qualquer direito e ação contra os mesmos.

Art. 3.º A prescrição das dívidas, direitos e ações a que se refere o Decreto n. 20.910, de 6 de janeiro de 1932, somente pode ser interrompida uma vez, e recomeça a correr, pela metade do prazo, da data do ato que a interrompeu, ou do último do processo para a interromper; consumar-se-á a prescrição no curso da lide sempre que a partir do último ato ou termo da mesma, inclusive da sentença nela proferida, embora passada em julgado, decorrer o prazo de dois anos e meio.

Art. 4.º As disposições do artigo anterior aplicam-se desde logo a todas as dívidas, direitos e ações a que se referem, ainda não extintos por qualquer causa, ajuizados ou não, devendo a prescrição ser alegada e decretada em qualquer tempo e instância, inclusive nas execuções de sentença.

Art. 5.º Este Decreto-lei entrará em vigor na data de sua publicação, revogadas as disposições em contrário.

Rio de Janeiro, 19 de agosto de 1942; 121.º da Independência e 54.º da República.

GETÚLIO VARGAS

DECRETO-LEI N. 4.657, DE 4 DE SETEMBRO DE 1942 (**)

Lei de Introdução às Normas do Direito Brasileiro.

•• Ementa com redação determinada pela Lei n. 12.376, de 30-12-2010.

O Presidente da República, usando da atribuição que lhe confere o art. 180 da Constituição, decreta:

Art. 1.º Salvo disposição contrária, a lei começa a vigorar em todo o País 45 (quarenta e cinco) dias depois de oficialmente publicada.

•• *Vide* art. 62, §§ 3.º, 4.º, 6.º e 7.º, da CF.

• Sobre vigência de leis tributárias, dos atos administrativos, decisões normativas de órgãos administrativos, convênios tributários, dispõe a Lei n. 5.172, de 25-10-1966 (CTN), arts. 101 a 104.

• Dispõe o art. 8.º da Lei Complementar n. 95, de 26-2-1998: "Art. 8.º A vigência da lei será indicada de forma expressa e de modo a contemplar prazo razoável para que dela se tenha amplo conhecimento, reservada a cláusula 'entra em vigor na data de sua publicação' para as leis de pequena repercussão. § 1.º A contagem do prazo para entrada em vigor das leis que estabeleçam período de vacância far-se-á com a inclusão da data da publicação e do último dia do prazo, entrando em vigor no dia subsequente à sua consumação integral. § 2.º As leis que estabeleçam período de vacância deverão utilizar a cláusula 'esta lei entra em vigor após decorridos (o número de) dias de sua publicação oficial'".

§ 1.º Nos Estados estrangeiros, a obrigatoriedade da lei brasileira, quando admitida, se inicia 3 (três) meses depois de oficialmente publicada.

§ 2.º (*Revogado pela Lei n. 12.036, de 1.º-10-2009.*)

§ 3.º Se, antes de entrar a lei em vigor, ocorrer nova publicação de seu texto, destinada a correção, o prazo deste artigo e dos parágrafos anteriores começará a correr da nova publicação.

§ 4.º As correções a texto de lei já em vigor consideram-se lei nova.

Art. 2.º Não se destinando à vigência temporária, a lei terá vigor até que outra a modifique ou revogue.

§ 1.º A lei posterior revoga a anterior quando expressamente o declare, quando seja com ela incompatível ou quando regule inteiramente a matéria de que tratava a lei anterior.

§ 2.º A lei nova, que estabeleça disposições gerais ou especiais a par das já existentes, não revoga nem modifica a lei anterior.

§ 3.º Salvo disposição em contrário, a lei revogada não se restaura por ter a lei revogadora perdido a vigência.

(*) Publicado no *DOU*, de 20-8-1942.

(**) Publicado no *DOU*, de 9-9-1942. Retificado em 8-10-1942 e em 17-6-1943. Entrou em vigor no dia 24-10-1942, por força do disposto no Decreto-lei n. 4.707, de 17-9-1942. A Lei Complementar n. 95, de 26-2-1998, dispõe sobre a elaboração, a redação, a alteração e a consolidação das leis conforme determina o parágrafo único do art. 59 da CF, e estabelece normas para a consolidação dos atos normativos que menciona. *Vide* Decreto n. 9.830, de 10-6-2019, que regulamenta o disposto nos arts. 20 a 30 da LINDB.

Art. 3.º Ninguém se escusa de cumprir a lei, alegando que não a conhece.

Art. 4.º Quando a lei for omissa, o juiz decidirá o caso de acordo com a analogia, os costumes e os princípios gerais de direito.

• Normas complementares das leis tributárias: arts. 100 e s. do CTN.

Art. 5.º Na aplicação da lei, o juiz atenderá aos fins sociais a que ela se dirige e às exigências do bem comum.

• *Vide* art. 5.º, LIV, da CF.

• Normas de interpretação das leis tributárias – arts. 107 a 112 do CTN.

• O art. 6.º da Lei n. 9.099, de 26-9-1995, dispõe: "O juiz adotará em cada caso a decisão que reputar mais justa e equânime, atendendo aos fins sociais da lei e às exigências do bem comum".

Art. 6.º A Lei em vigor terá efeito imediato e geral, respeitados o ato jurídico perfeito, o direito adquirido e a coisa julgada.

•• *Caput* com redação determinada pela Lei n. 3.238, de 1.º-8-1957.

•• *Vide* art. 5.º, XXXVI, da CF.

•• Sobre a capacidade para suceder, *vide* art. 1.577 do CC.

§ 1.º Reputa-se ato jurídico perfeito o já consumado segundo a lei vigente ao tempo em que se efetuou.

•• § 1.º acrescentado pela Lei n. 3.238, de 1.º-8-1957.

§ 2.º Consideram-se adquiridos assim os direitos que o seu titular, ou alguém por ele, possa exercer, como aqueles cujo começo do exercício tenha termo pré-fixo, ou condição preestabelecida inalterável, a arbítrio de outrem.

•• § 2.º acrescentado pela Lei n. 3.238, de 1.º-8-1957.

• *Vide* arts. 121, 126, 130, 131 e 135 do CC.

§ 3.º Chama-se coisa julgada ou caso julgado a decisão judicial de que já não caiba recurso.

•• § 3.º acrescentado pela Lei n. 3.238, de 1.º-8-1957.

• *Vide* art. 5.º, XXXVI, da CF.

• Aplicação da lei tributária – Lei n. 5.172, de 25-10-1966, arts. 105 e 106 (CTN).

• Denomina-se coisa julgada material a autoridade que torna imutável e indiscutível a decisão de mérito não mais sujeita a recurso.

Art. 7.º A lei do país em que for domiciliada a pessoa determina as regras sobre o começo e o fim da personalidade, o nome, a capacidade e os direitos de família.

•• *Vide* arts. 1.º a 8.º, 11 a 21, 70 a 78 e 1.511 a 1.783 do CC.

• *Vide* arts. 55 a 58 da Lei n. 6.015, de 31-12-1973 (LRP).

• A Lei n. 13.445, de 24-5-2017, dispõe sobre o nome de estrangeiro no art. 71.

§ 1.º Realizando-se o casamento no Brasil, será aplicada a lei brasileira quanto aos impedimentos dirimentes e às formalidades da celebração.

•• *Vide* arts. 1.521 e 1.533 a 1.542 do CC.

• *Vide* arts. 8.º e 9.º da Lei n. 1.110, de 23-5-1950.

§ 2.º O casamento de estrangeiros poderá celebrar-se perante autoridades diplomáticas ou consulares do país de ambos os nubentes.

•• § 2.º com redação determinada pela Lei n. 3.238, de 1.º-8-1957.

§ 3.º Tendo os nubentes domicílio diverso, regerá os casos de invalidade do matrimônio a lei do primeiro domicílio conjugal.

•• *Vide* arts. 1.548 a 1.564 do CC.

§ 4.º O regime de bens, legal ou convencional, obedece à lei do país em que tiverem os nubentes domicílios, e, se este for diverso, à do primeiro domicílio conjugal.

•• *Vide* arts. 1.639 a 1.688 do CC.

§ 5.º O estrangeiro casado, que se naturalizar brasileiro, pode, mediante expressa anuência de seu cônjuge, requerer ao juiz, no ato de entrega do decreto de naturalização, se apostile ao mesmo a adoção do regime de comunhão parcial de bens, respeitados os direitos de terceiros e dada esta adoção ao competente registro.

•• § 5.º com redação determinada pela Lei n. 6.515, de 26-12-1977.

•• *Vide* arts. 1.658 a 1.666 do CC.

§ 6.º O divórcio realizado no estrangeiro, se um ou ambos os cônjuges forem brasileiros, só será reconhecido no Brasil depois de 1 (um) ano da data da sentença, salvo se houver sido antecedida de separação judicial por igual prazo, caso em que a homologação produzirá efeito imediato, obedecidas as condições estabelecidas para a eficácia das sentenças estrangeiras no país. O Superior Tribunal de Justiça, na forma de seu regimento interno, poderá reexaminar, a requerimento do interessado, decisões já proferidas em pedidos de homologação de sentenças estrangeiras de divórcio de brasileiros, a fim de que passem a produzir todos os efeitos legais.

•• § 6.º com redação determinada pela Lei n. 12.036, de 1.º-10-2009.

•• *Vide* arts. 226, § 6.º, e 227, § 6.º, da CF.

•• *Vide* arts. 1.571 e s. do CC.

• *Vide* Lei n. 6.515, de 26-12-1977 (Lei do Divórcio).

• O art. 961 do NCPC dispõe sobre homologação de sentença estrangeira.

• O Provimento n. 51, de 22-9-2015, dispõe sobre a averbação de carta de sentença expedida após homologação de sentença estrangeira relativa a divórcio ou separação judicial.

§ 7.º Salvo o caso de abandono, o domicílio do chefe da família estende-se ao outro cônjuge e aos filhos não emancipados, e o do tutor ou curador aos incapazes sob sua guarda.

•• *Vide* art. 226, § 5.º, da CF.

•• *Vide* art. 76 do CC.

§ 8.º Quando a pessoa não tiver domicílio, considerar-se-á domiciliada no lugar de sua residência ou naquele em que se encontre.

•• *Vide* arts. 70 e s. do CC.

•• O § 3.º do art. 46 do CPC dispõe: "Quando o réu não tiver domicílio ou residência no Brasil, a ação será proposta no foro de domicílio do autor, e, se este também residir fora do Brasil, a ação será proposta em qualquer foro".

Art. 8.º Para qualificar os bens e regular as relações a eles concernentes, aplicar-se-á a lei do país em que estiverem situados.

§ 1.º Aplicar-se-á a lei do país em que for domiciliado o proprietário, quanto aos bens móveis que ele trouxer ou se destinarem a transporte para outros lugares.

§ 2.º O penhor regula-se pela lei do domicílio que tiver a pessoa, em cuja posse se encontre a coisa apenhada.

•• *Vide* arts. 1.431 e s. do CC.

Art. 9.º Para qualificar e reger as obrigações, aplicar-se-á a lei do país em que se constituírem.

§ 1.º Destinando-se a obrigação a ser executada no Brasil e dependendo de forma essencial, será esta observada, admitidas as peculiaridades da lei estrangeira quanto aos requisitos extrínsecos do ato.

• *Vide* Decreto-lei n. 857, de 11-9-1969.

§ 2.º A obrigação resultante do contrato reputa-se constituída no lugar em que residir o proponente.

•• *Vide* art. 435 do CC.

Art. 10. A sucessão por morte ou por ausência obedece à lei do país em que era domiciliado o defunto ou o desaparecido, qualquer que seja a natureza e a situação dos bens.

•• *Vide* arts. 26 a 39 e 1.784 a 1.990 do CC.

§ 1.º A sucessão de bens de estrangeiros, situados no País, será regulada pela lei brasileira em benefício do cônjuge ou dos filhos brasileiros, ou de quem os represente, sempre que não lhes seja mais favorável a lei pessoal do *de cujus*.

•• § 1.º com redação determinada pela Lei n. 9.047, de 18-5-1995.

•• *Vide* art. 5.º, XXXI, da CF.

• *Vide* art. 17 do Decreto-lei n. 3.200, de 19-4-1941.

• *Vide* arts. 1.851 a 1.856 do CC.

§ 2.º A lei do domicílio do herdeiro ou legatário regula a capacidade para suceder.

•• *Vide* arts. 1.787 e 1.798 a 1.803 do CC.

• O art. 23 do CPC dispõe: "Compete à autoridade judiciária brasileira, com exclusão de qualquer outra: I – conhecer de ações relativas a imóveis situados no Brasil; II – em matéria de sucessão hereditária, proceder à confirmação de testamento particular e ao inventário e à partilha de bens situados no Brasil, ainda que o autor da herança seja de nacionalidade estrangeira ou tenha domicílio fora do território nacional; III – em divórcio, separação judicial ou dissolução de união estável, proceder à partilha de bens situados no Brasil, ainda que o titular seja de nacionalidade estrangeira ou tenha domicílio fora do território nacional".

Art. 11. As organizações destinadas a fins de interesse coletivo, como as sociedades e as fundações, obedecem à lei do Estado em que se constituírem.

•• *Vide* arts. 62 a 69 e 981 a 1.141 do CC.

§ 1.º Não poderão, entretanto, ter no Brasil filiais, agências ou estabelecimentos antes de serem os atos constitutivos aprovados pelo Governo brasileiro, ficando sujeitas à lei brasileira.

•• Do registro das sociedades no CC: arts. 1.150 a 1.154.

•• Das sociedades estrangeiras no CC: arts. 1.134 a 1.141.

•• *Vide* Lei n. 8.934, de 18-11-1994, art. 32, II, *c*, que dispõe sobre atos alusivos ao registro público de empresas mercantis estrangeiras autorizadas a funcionar no Brasil.

• *Vide* art. 170, parágrafo único, da CF.

§ 2.º Os governos estrangeiros, bem como as organizações de qualquer natureza, que eles tenham constituído, dirijam ou hajam investido de funções públicas, não poderão adquirir no Brasil bens imóveis ou suscetíveis de desapropriação.

§ 3.º Os governos estrangeiros podem adquirir a propriedade dos prédios necessários à sede dos representantes diplomáticos ou dos agentes consulares.

• A Lei n. 4.331, de 1.º-6-1964, dispõe sobre a aquisição, por governos estrangeiros no Distrito Federal, de imóveis necessários à residência dos agentes diplomáticos das respectivas missões diplomáticas.

Art. 12. É competente a autoridade judiciária brasileira, quando for o réu domiciliado no Brasil ou aqui tiver de ser cumprida a obrigação.

• *Vide* nota ao art. 10, § 2.º, deste Decreto-lei.

§ 1.º Só à autoridade judiciária brasileira compete conhecer das ações relativas a imóveis situados no Brasil.

§ 2.º A autoridade judiciária brasileira cumprirá, concedido o *exequatur* e segundo a forma estabelecida pela lei brasileira, as diligências deprecadas por autoridade estrangeira competente, observando a lei desta, quanto ao objeto das diligências.

•• *Vide* arts. 105, I, *i*, e 109, X, da CF.

Art. 13. A prova dos fatos ocorridos em país estrangeiro rege-se pela lei que nele vigorar, quanto ao ônus e aos meios de produzir-se, não admitindo os tribunais brasileiros provas que a lei brasileira desconheça.

•• *Vide* arts. 109 e 212 a 232 do CC.

• O CPC dispõe sobre provas nos arts. 369 a 484, e o CPP nos arts. 155 a 250.

• *Vide* art. 32 da Lei n. 6.015, de 31-12-1973 (LRP).

Art. 14. Não conhecendo a lei estrangeira, poderá o juiz exigir de quem a invoca prova do texto e da vigência.

• O art. 376 do CPC dispõe: "A parte que alegar direito municipal, estadual, estrangeiro ou consuetudinário provar-lhe-á o teor e a vigência, se assim o juiz determinar".

Art. 15. Será executada no Brasil a sentença proferida no estrangeiro, que reúna os seguintes requisitos:

• Os arts. 787 do CPP e 961 e 965 do CPC dispõem sobre homologação de sentença estrangeira.

• *Vide* art. 35 da Lei n. 9.307, de 23-9-1996.

a) haver sido proferida por juiz competente;

b) terem sido as partes citadas ou haver-se legalmente verificado a revelia;

c) ter passado em julgado e estar revestida das formalidades necessárias para a execução no lugar em que foi proferida;

d) estar traduzida por intérprete autorizado;

e) ter sido homologada pelo Supremo Tribunal Federal.

•• Com o advento da Emenda Constitucional n. 45, de 8-12-2004, que alterou o art. 105, I, *i*, da CF, a competência para homologar sentenças estrangeiras passou a ser do STJ.

Parágrafo único. (*Revogado pela Lei n. 12.036, de 1.º-10-2009.*)

Art. 16. Quando, nos termos dos artigos precedentes, se houver de aplicar a lei estrangeira, ter-se-á em vista a disposição desta, sem considerar-se qualquer remissão por ela feita a outra lei.

Art. 17. As leis, atos e sentenças de outro país, bem como quaisquer declarações de vontade, não terão eficácia no Brasil, quando ofenderem a soberania nacional, a ordem pública e os bons costumes.

• O art. 781 do CPP determina que as sentenças estrangeiras não serão homologadas, nem as cartas rogatórias cumpridas, se contrárias à ordem pública e aos bons costumes.

Art. 18. Tratando-se de brasileiros, são competentes as autoridades consulares brasileiras para lhes celebrar o casamento e os mais atos de Registro Civil e de tabelionato, inclusive o registro de nascimento e de óbito dos filhos de brasileiro ou brasileira nascidos no país da sede do Consulado.

•• Artigo com redação determinada pela Lei n. 3.238, de 1.º-8-1957.

•• *Vide* art. 12, I, c, da CF.

•• *Vide* art. 32 da Lei n. 6.015, de 31-12-1973.

§ 1.º As autoridades consulares brasileiras também poderão celebrar a separação consensual e o divórcio consensual de brasileiros, não havendo filhos menores ou incapazes do casal e observados os requisitos legais quanto aos prazos, devendo constar da respectiva escritura pública as disposições relativas à descrição e à partilha dos bens comuns e à pensão alimentícia e, ainda, ao acordo quanto à retomada pelo cônjuge de seu nome de solteiro ou à manutenção do nome adotado quando se deu o casamento.

•• § 1.º acrescentado pela Lei n. 12.874, de 29-10-2013.

§ 2.º É indispensável a assistência de advogado, devidamente constituído, que se dará mediante a subscrição de petição, juntamente com ambas as partes, ou com apenas uma delas, caso a outra constitua advogado próprio, não se fazendo necessário que a assinatura do advogado conste da escritura pública.

•• § 2.º acrescentado pela Lei n. 12.874, de 29-10-2013.

Art. 19. Reputam-se válidos todos os atos indicados no artigo anterior e celebrados pelos cônsules brasileiros na vigência do Decreto-lei n. 4.657, de 4 de setembro de 1942, desde que satisfaçam todos os requisitos legais.

•• *Caput* acrescentado pela Lei n. 3.238, de 1.º-8-1957.

Parágrafo único. No caso em que a celebração desses atos tiver sido recusada pelas autoridades consulares, com fundamento no art. 18 do mesmo Decreto-lei, ao interessado é facultado renovar o pedido dentre em 90 (noventa) dias contados da data da publicação desta Lei.

•• Parágrafo único acrescentado pela Lei n. 3.238, de 1.º-8-1957.

Art. 20. Nas esferas administrativa, controladora e judicial, não se decidirá com base em valores jurídicos abstratos sem que sejam consideradas as consequências práticas da decisão.

•• *Caput* acrescentado pela Lei n. 13.655, de 25-4-2018.

•• Artigo regulamentado pelo Decreto n. 9.830, de 10-6-2019.

•• *Vide* art. 3.º do Decreto n. 9.830, de 10-6-2019.

Parágrafo único. A motivação demonstrará a necessidade e a adequação da medida imposta ou da invalidação de ato, contrato, ajuste, processo ou norma administrativa, inclusive em face das possíveis alternativas.

•• Parágrafo único acrescentado pela Lei n. 13.655, de 25-4-2018.

Art. 21. A decisão que, nas esferas administrativa, controladora ou judicial, decretar a invalidação de ato, contrato, ajuste, processo ou norma administrativa deverá indicar de modo expresso suas consequências jurídicas e administrativas.

•• *Caput* acrescentado pela Lei n. 13.655, de 25-4-2018.

•• Artigo regulamentado pelo Decreto n. 9.830, de 10-6-2019.

Parágrafo único. A decisão a que se refere o *caput* deste artigo deverá, quando for o caso, indicar as condições para que a regularização ocorra de modo proporcional e equânime e sem prejuízo aos interesses gerais, não se podendo impor aos sujeitos atingidos ônus ou perdas que, em função das peculiaridades do caso, sejam anormais ou excessivos.

•• Parágrafo único acrescentado pela Lei n. 13.655, de 25-4-2018.

Art. 22. Na interpretação de normas sobre gestão pública, serão considerados os obstáculos e as dificuldades reais do gestor e as exigências das políticas públicas a seu cargo, sem prejuízo dos direitos dos administrados.

•• *Caput* acrescentado pela Lei n. 13.655, de 25-4-2018.

•• Artigo regulamentado pelo Decreto n. 9.830, de 10-6-2019.

§ 1.º Em decisão sobre regularidade de conduta ou validade de ato, contrato, ajuste, processo ou norma administrativa, serão consideradas as circunstâncias práticas que houverem imposto, limitado ou condicionado a ação do agente.

•• § 1.º acrescentado pela Lei n. 13.655, de 25-4-2018.

§ 2.º Na aplicação de sanções, serão consideradas a natureza e a gravidade da infração cometida, os danos que dela provierem para a administração pública, as circunstâncias agravantes ou atenuantes e os antecedentes do agente.

•• § 2.º acrescentado pela Lei n. 13.655, de 25-4-2018.

§ 3.º As sanções aplicadas ao agente serão levadas em conta na dosimetria das demais sanções de mesma natureza e relativas ao mesmo fato.

•• § 3.º acrescentado pela Lei n. 13.655, de 25-4-2018.

Art. 23. A decisão administrativa, controladora ou judicial que estabelecer interpretação ou orientação nova sobre norma de conteúdo indeterminado, impondo novo dever ou novo condicionamento de direito, deverá prever regime de transição quando indispensável para que o novo dever ou condicionamento de direito seja cumprido de modo proporcional, equânime e eficiente e sem prejuízo aos interesses gerais.

•• *Caput* acrescentado pela Lei n. 13.655, de 25-4-2018.

•• Artigo regulamentado pelo Decreto n. 9.830, de 10-6-2019.

Parágrafo único. (*Vetado*.)

•• Parágrafo único acrescentado pela Lei n. 13.655, de 25-4-2018.

Art. 24. A revisão, nas esferas administrativa, controladora ou judicial, quanto à validade de ato, contrato, ajuste, processo ou norma administrativa cuja produção já se houver completado levará em conta as orientações gerais da época, sendo vedado que, com base em mudança posterior de orientação geral, se declarem inválidas situações plenamente constituídas.

•• *Caput* acrescentado pela Lei n. 13.655, de 25-4-2018.

•• Artigo regulamentado pelo Decreto n. 9.830, de 10-6-2019.

Parágrafo único. Consideram-se orientações gerais as interpretações e especificações contidas em atos públicos de caráter geral ou em jurisprudência judicial ou administrativa majoritária, e ainda as adotadas por prática administrativa reiterada e de amplo conhecimento público.

•• Parágrafo único acrescentado pela Lei n. 13.655, de 25-4-2018.

Art. 25. (*Vetado*.)

•• Artigo acrescentado pela Lei n. 13.655, de 25-4-2018.

Art. 26. Para eliminar irregularidade, incerteza jurídica ou situação contenciosa na aplicação do direito público, inclusive no caso de expedição de licença, a autoridade administrativa poderá, após oitiva do órgão jurídico e, quando for o caso, após realização de consulta pública, e presentes razões de relevante interesse geral, celebrar compromisso com os interessados, observada a legislação aplicável, o qual só produzirá efeitos a partir de sua publicação oficial.

•• *Caput* acrescentado pela Lei n. 13.655, de 25-4-2018.

•• Artigo regulamentado pelo Decreto n. 9.830, de 10-6-2019.

§ 1.º O compromisso referido no *caput* deste artigo:

•• § 1.º acrescentado pela Lei n. 13.655, de 25-4-2018.

I – buscará solução jurídica proporcional, equânime, eficiente e compatível com os interesses gerais;

•• Inciso I acrescentado pela Lei n. 13.655, de 25-4-2018.

II – (*Vetado*.);

•• Inciso II acrescentado pela Lei n. 13.655, de 25-4-2018.

III – não poderá conferir desoneração permanente de dever ou condicionamento de direito reconhecidos por orientação geral;

•• Inciso III acrescentado pela Lei n. 13.655, de 25-4-2018.

IV – deverá prever com clareza as obrigações das partes, o prazo para seu cumprimento e as sanções aplicáveis em caso de descumprimento.

•• Inciso IV acrescentado pela Lei n. 13.655, de 25-4-2018.

§ 2.º (*Vetado*.)

•• § 2.º acrescentado pela Lei n. 13.655, de 25-4-2018.

Art. 27. A decisão do processo, nas esferas administrativa, controladora ou judicial, poderá impor compensação por benefícios indevidos ou prejuízos anormais ou injustos resultantes do processo ou da conduta dos envolvidos.

•• *Caput* acrescentado pela Lei n. 13.655, de 25-4-2018.

•• Artigo regulamentado pelo Decreto n. 9.830, de 10-6-2019.

§ 1.º A decisão sobre a compensação será motivada, ouvidas previamente as partes sobre seu cabimento, sua forma e, se for o caso, seu valor.

•• § 1.º acrescentado pela Lei n. 13.655, de 25-4-2018.

§ 2.º Para prevenir ou regular a compensação, poderá ser celebrado compromisso processual entre os envolvidos.

•• § 2.º acrescentado pela Lei n. 13.655, de 25-4-2018.

Art. 28. O agente público responderá pessoalmente por suas decisões ou opiniões técnicas em caso de dolo ou erro grosseiro.

•• *Caput* acrescentado pela Lei n. 13.655, de 25-4-2018.

•• Artigo regulamentado pelo Decreto n. 9.830, de 10-6-2019.

•• *Vide* arts. 12 a 17 do Decreto n. 9.830, de 10-6-2019.

§ 1.º (*Vetado*.)

•• § 1.º acrescentado pela Lei n. 13.655, de 25-4-2018.

§ 2.º (*Vetado*.)

•• § 2.º acrescentado pela Lei n. 13.655, de 25-4-2018.

§ 3.º (*Vetado*.)

•• § 3.º acrescentado pela Lei n. 13.655, de 25-4-2018.

Art. 29. Em qualquer órgão ou Poder, a edição de atos normativos por autoridade administrativa, salvo os de mera organização interna, poderá ser precedida de consulta pública para manifestação de interessados, preferencialmente por meio eletrônico, a qual será considerada na decisão.

•• *Caput* acrescentado pela Lei n. 13.655, de 25-4-2018.

•• Artigo regulamentado pelo Decreto n. 9.830, de 10-6-2019.

§ 1.º A convocação conterá a minuta do ato normativo e fixará o prazo e demais condições da consulta pública, observadas as normas legais e regulamentares específicas, se houver.

•• § 1.º acrescentado pela Lei n. 13.655, de 25-4-2018.

§ 2.º (*Vetado*.)

•• § 2.º acrescentado pela Lei n. 13.655, de 25-4-2018.

Art. 30. As autoridades públicas devem atuar para aumentar a segurança jurídica na aplicação das normas, inclusive por meio de regulamentos, súmulas administrativas e respostas a consultas.

•• *Caput* acrescentado pela Lei n. 13.655, de 25-4-2018.

•• Artigo regulamentado pelo Decreto n. 9.830, de 10-6-2019.

•• *Vide* arts. 18 e 19 do Decreto n. 9.830, de 10-6-2019.

Parágrafo único. Os instrumentos previstos no *caput* deste artigo terão caráter vinculante em relação ao órgão ou entidade a que se destinam, até ulterior revisão.

•• Parágrafo único acrescentado pela Lei n. 13.655, de 25-4-2018.

Rio de Janeiro, 4 de setembro de 1942; 121.º da Independência e 54.º da República.

GETÚLIO VARGAS

DECRETO-LEI N. 9.760, DE 5 DE SETEMBRO DE 1946 (*)

Dispõe sobre os bens imóveis da União e dá outras providências.

O Presidente da República, usando da atribuição que lhe confere o art. 180 da Constituição, decreta:

TÍTULO I
DOS BENS IMÓVEIS DA UNIÃO

Capítulo I
DA DECLARAÇÃO DOS BENS

Seção I
Da Enunciação

Art. 1.º Incluem-se entre os bens imóveis da União:

a) os terrenos de marinha e seus acrescidos;

b) os terrenos marginais dos rios navegáveis, em Territórios Federais, se, por qualquer título legítimo, não pertencerem a particular;

c) os terrenos marginais de rios e as ilhas nestes situadas, na faixa da fronteira do território nacional e nas zonas onde se faça sentir a influência das marés;

d) as ilhas situadas nos mares territoriais ou não, se por qualquer título legítimo não pertencerem aos Estados, Municípios ou particulares;

e) a porção de terras devolutas que for indispensável para a defesa da fronteira, fortificações, construções militares e estradas de ferro federais;

f) as terras devolutas situadas nos Territórios Federais;

g) as estradas de ferro, instalações portuárias, telégrafos, telefones, fábricas, oficinas e fazendas nacionais;

h) os terrenos dos extintos aldeamentos de índios e das colônias militares que não tenham passado, legalmente, para o domínio dos Estados, Municípios ou particulares;

i) os arsenais com todo o material de marinha, exército e aviação, as fortalezas, fortificações e construções militares, bem como os terrenos adjacentes, reservados por ato imperial;

j) os que foram do domínio da Coroa;

k) os bens perdidos pelo criminoso condenado por sentença proferida em processo judiciário federal;

• O art. 91, II, do CP e a Lei n. 8.429, de 2-6-1992, dispõem sobre o perdimento de bens, nos casos de enriquecimento ilícito por influência ou abuso do cargo ou função.

l) os que tenham sido a algum título, ou em virtude de lei, incorporados ao seu patrimônio.

Seção II
Da Conceituação

Art. 2.º São terrenos de marinha, em uma profundidade de 33 (trinta e três) metros, medidos horizontalmente, para a parte da terra, da posição da linha do preamar médio de 1831:

• *Vide* Súmula 496 do STJ.

a) os situados no continente, na costa marítima e nas margens dos rios e lagoas, até onde se faça sentir a influência das marés;

b) os que contornam as ilhas situadas em zona onde se faça sentir a influência das marés.

Parágrafo único. Para os efeitos deste artigo a influência das marés é caracterizada pela oscilação periódica de 5 (cinco) centímetros pelo menos do nível das águas, que ocorra em qualquer época do ano.

Art. 3.º São terrenos acrescidos de marinha os que se tiverem formado, natural ou artificialmente, para o lado do mar ou dos rios e lagoas, em seguimento aos terrenos de marinha.

Art. 4.º São terrenos marginais os que banhados pelas correntes navegáveis, fora do alcance das marés, vão até a distância de 15 (quinze) metros medidos horizontalmente para a parte da terra, contados desde a linha média das enchentes ordinárias.

Art. 5.º São devolutas, na faixa da fronteira, nos Territórios Federais e no Distrito Federal, as terras que, não sendo próprias nem aplicadas a algum uso público federal, estadual ou municipal, não se incorporaram ao domínio privado:

a) por força da Lei n. 601, de 18 de setembro de 1850, Decreto n. 1.318, de 30 de janeiro de 1854, e outras leis e decretos gerais, federais e estaduais;

b) em virtude de alienação, concessão ou reconhecimento por parte da União ou dos Estados;

c) em virtude de lei ou concessão emanada de governo estrangeiro e ratificada ou reconhecida, expressa ou implicitamente, pelo Brasil, em tratado ou convenção de limites;

d) em virtude de sentença judicial com força de coisa julgada;

e) por se acharem em posse contínua e incontestada com justo título e boa-fé, por termo superior a 20 (vinte) anos;

•• *Vide* arts. 1.238, *caput*, e 1.242 do CC.

f) por se acharem em posse pacífica e ininterrupta, por 30 (trinta) anos, independentemente de justo título de boa-fé;

(*) Publicado no *DOU*, de 6-9-1946. *Vide* Decreto-lei n. 2.398, de 21-12-1987, sobre foros, laudêmios e taxas de ocupação relativas a imóveis de propriedade da União. Bens da União: art. 20 da CF. São originais os valores constantes deste diploma legal.

•• *Vide* arts. 1.238, *caput*, e 1.242 do CC.

g) por força de sentença declaratória nos termos do art. 148 da Constituição Federal, de 10 de novembro de 1937.

Parágrafo único. A posse a que a União condiciona a sua liberalidade não pode constituir latifúndio e depende do efetivo aproveitamento e morada do possuidor ou do seu preposto, integralmente satisfeitas por estes, no caso de posse de terras situadas na faixa da fronteira, as condições especiais impostas na lei.

Capítulo II
DA IDENTIFICAÇÃO DOS BENS

Seção I
Disposições Gerais

Arts. 6.º a 8.º (*Revogados pela Lei n. 11.481, de 31-5-2007.*)

Seção II
Da Demarcação dos Terrenos de Marinha

Art. 9.º É da competência do Serviço do Patrimônio da União (SPU) a determinação da posição das linhas do preamar médio do ano de 1831 e da média das enchentes ordinárias.

Art. 10. A determinação será feita à vista de documentos e plantas de autenticidade irrecusável, relativos àquele ano, ou quando não obtidos, à época que do mesmo se aproxime.

Art. 11. Antes de dar início aos trabalhos demarcatórios e com o objetivo de contribuir para sua efetivação, a Secretaria do Patrimônio da União do Ministério do Planejamento, Orçamento e Gestão realizará audiência pública, preferencialmente, na Câmara de Vereadores do Município ou dos Municípios onde estiver situado o trecho a ser demarcado.

•• *Caput* com redação determinada pela Lei n. 13.139, de 26-6-2015.

§ 1.º Na audiência pública, além de colher plantas, documentos e outros elementos relativos aos terrenos compreendidos no trecho a ser demarcado, a Secretaria do Patrimônio da União do Ministério do Planejamento, Orçamento e Gestão apresentará à população interessada informações e esclarecimentos sobre o procedimento demarcatório.

•• § 1.º acrescentado pela Lei n. 13.139, de 26-6-2015.

§ 2.º A Secretaria do Patrimônio da União do Ministério do Planejamento, Orçamento e Gestão fará o convite para a audiência pública, por meio de publicação em jornal de grande circulação nos Municípios abrangidos pelo trecho a ser demarcado e no *Diário Oficial da União*, com antecedência mínima de 30 (trinta) dias da data de sua realização.

•• § 2.º acrescentado pela Lei n. 13.139, de 26-6-2015.

§ 3.º A Secretaria do Patrimônio da União do Ministério do Planejamento, Orçamento e Gestão notificará o Município para que apresente os documentos e plantas que possuir relativos ao trecho a ser demarcado, com antecedência mínima de 30 (trinta) dias da data da realização da audiência pública a que se refere o *caput*.

•• § 3.º acrescentado pela Lei n. 13.139, de 26-6-2015.

§ 4.º Serão realizadas pelo menos 2 (duas) audiências públicas em cada Município situado no trecho a ser demarcado cuja população seja superior a 100.000 (cem mil) habitantes, de acordo com o último censo oficial.

•• § 4.º acrescentado pela Lei n. 13.139, de 26-6-2015.

Art. 12. Após a realização dos trabalhos técnicos que se fizerem necessários, o Superintendente do Patrimônio da União no Estado determinará a posição da linha demarcatória por despacho.

•• *Caput* com redação determinada pela Lei n. 13.139, de 26-6-2015.

Parágrafo único. (*Revogado pela Lei n. 13.139, de 26-6-2015.*)

Art. 12-A. A Secretaria do Patrimônio da União do Ministério do Planejamento, Orçamento e Gestão fará notificação pessoal dos interessados certos alcançados pelo traçado da linha demarcatória para, no prazo de 60 (sessenta) dias, oferecerem quaisquer impugnações.

•• *Caput* acrescentado pela Lei n. 13.139, de 26-6-2015.

§ 1.º Na área urbana, considera-se interessado certo o responsável pelo imóvel alcançado pelo traçado da linha demarcatória até a linha limite de terreno marginal ou de terreno de marinha que esteja cadastrado na Secretaria do Patrimônio da União ou inscrito no cadastro do Imposto Predial e Territorial Urbano (IPTU) ou outro cadastro que vier a substituí-lo.

•• § 1.º acrescentado pela Lei n. 13.139, de 26-6-2015.

§ 2.º Na área rural, considera-se interessado certo o responsável pelo imóvel alcançado pelo traçado da linha demarcatória até a linha limite de terreno marginal que esteja cadastrado na Secretaria do Patrimônio da União e, subsidiariamente, esteja inscrito no Cadastro Nacional de Imóveis Rurais (CNIR) ou outro que vier a substituí-lo.

•• § 2.º acrescentado pela Lei n. 13.139, de 26-6-2015.

§ 3.º O Município e o Instituto Nacional de Colonização e Reforma Agrária (Incra), no prazo de 30 (trinta) dias contado da solicitação da Secretaria do Patrimônio da União, deverão fornecer a relação dos inscritos nos cadastros previstos nos §§ 1.º e 2.º.

•• § 3.º acrescentado pela Lei n. 13.139, de 26-6-2015.

§ 4.º A relação dos imóveis constantes dos cadastros referidos nos §§ 1.º e 2.º deverá ser fornecida pelo Município e pelo Incra no prazo de 30 (trinta) dias contado da solicitação da Secretaria do Patrimônio da União.

•• § 4.º acrescentado pela Lei n. 13.139, de 26-6-2015.

§ 5.º A atribuição da qualidade de interessado certo independe da existência de título registrado no Cartório de Registro de Imóveis.

•• § 5.º acrescentado pela Lei n. 13.139, de 26-6-2015.

Art. 12-B. A Secretaria do Patrimônio da União do Ministério do Planejamento, Orçamento e Gestão fará notificação por edital, por meio de publicação em jornal de grande circulação no local do trecho demarcado e no *Diário Oficial da União*, dos interessados incertos alcançados pelo traçado da linha demarcatória para, no prazo de 60 (sessenta) dias, apresentarem quaisquer impugnações, que poderão ser dotadas de efeito suspensivo nos termos do parágrafo único do art. 61 da Lei n. 9.784, de 29 de janeiro de 1999.

•• Artigo acrescentado pela Lei n. 13.139, de 26-6-2015.

Art. 12-C. Fica a Secretaria do Patrimônio da União (SPU) autorizada a concluir até 31 de dezembro de 2025 a identificação dos terrenos marginais de rio federal navegável, dos terrenos de marinha e seus acrescidos, de que tratam os arts. 2.º, 3.º e 4.º deste Decreto-lei.

•• *Caput* acrescentado pela Lei n. 13.465, de 11-7-2017.

Parágrafo único. A conclusão de que trata este artigo refere-se ao disposto no *caput* do art. 12 deste Decreto-lei.

•• Parágrafo único acrescentado pela Lei n. 13.465, de 11-7-2017.

Art. 13. Tomando conhecimento das impugnações eventualmente apresentadas, o Superintendente do Patrimônio da União no Estado reexaminará o assunto e, se confirmar sua decisão, notificará os recorrentes que, no prazo improrrogável de 20 (vinte) dias contado da data de sua ciência, poderão interpor recurso, que poderá ser dotado de efeito suspensivo, dirigido ao Secretário do Patrimônio da União do Ministério do Planejamento, Orçamento e Gestão.

•• *Caput* com redação determinada pela Lei n. 13.139, de 26-6-2015.

Parágrafo único. O efeito suspensivo de que tratam o *caput* e o art. 12-B aplicar-se-á apenas à demarcação do trecho impugnado, salvo se o fundamento alegado na impugnação ou no recurso for aplicável a trechos contíguos, hipótese em que o efeito suspensivo, se deferido, será estendido a todos eles.

•• Parágrafo único com redação determinada pela Lei n. 13.139, de 26-6-2015.

Art. 14. Da decisão proferida pelo Secretário de Coordenação e Governança do Patrimônio da União da Secretaria Especial de Desestatização, Desinvestimento e Mercados do Ministério da Economia será dado conhecimento aos recorrentes que, no prazo de 20 (vinte) dias, contado da data de sua ciência, poderão interpor recurso, sem efeito suspensivo, dirigido ao superior hierárquico, em última instância.

•• Artigo com redação determinada pela Lei n. 13.874, de 20-9-2019.

Seção III

Da Demarcação de Terras Interiores

Art. 15. Serão promovidas pelo SPU as demarcações e aviventações de rumos desde que necessárias à exata individuação dos imóveis de domínio da União e sua perfeita discriminação da propriedade de terceiros.

Art. 16. Na eventualidade prevista no artigo anterior, o órgão local do SPU convidará, por edital, sem prejuízo sempre que possível, de convite por outro meio, os que se julgarem com direito aos imóveis confinantes a, dentro do prazo de 60 (sessenta) dias, oferecerem a exame os títulos, em que fundamentam seus direitos, e bem assim, quaisquer documentos elucidativos, como plantas, memoriais etc.

Parágrafo único. O edital será afixado na repartição arrecadadora da Fazenda Nacional, na localidade da situação do imóvel, e publicado no órgão oficial do Estado ou Território, ou na folha que lhe publicar o expediente, e no *Diário Oficial da União*, em se tratando de imóvel situado no Distrito Federal.

Art. 17. Examinados os documentos exibidos pelos interessados e quaisquer outros de que possa dispor, o SPU, se entender aconselhável, proporá ao confinante a realização da diligência de demarcação administrativa, mediante prévia assinatura de termo em que as partes interessadas se comprometam a aceitar a decisão que for proferida em última instância pelo CTU, desde que seja o caso.

§ 1.º Se não concordarem as partes na indicação de um só, os trabalhos demarcatórios serão efetuados por dois peritos, obrigatoriamente engenheiros ou agrimensores, designados um pelo SPU, outro pelo confinante.

§ 2.º Concluídas suas investigações preliminares os peritos apresentarão, conjuntamente ou não, laudo minucioso, concluindo pelo estabelecimento da linha divisória das propriedades demarcandas.

§ 3.º Em face do laudo ou laudos apresentados, se houver acordo entre a União, representada pelo procurador da Fazenda Pública, e o confinante, quanto ao estabelecimento da linha divisória, lavrar-se-á termo em livro próprio, do órgão local do SPU, efetuando o seu perito a cravação dos marcos, de acordo com o vencido.

§ 4.º O termo a que se refere o parágrafo anterior, isento de selos ou quaisquer emolumentos, terá força de escritura pública, e por meio de certidão de inteiro teor será devidamente averbado no Registro Geral da situação dos imóveis demarcandos.

§ 5.º Não chegando as partes ao acordo a que se refere o § 3.º deste artigo, o processo será submetido ao exame do CTU, cuja decisão terá força de sentença definitiva para a averbação aludida no parágrafo anterior.

§ 6.º As despesas com a diligência da demarcação serão rateadas entre o confinante e a União, indenizada esta da metade a cargo daquele.

Art. 18. Não sendo atendido pelo confinante o convite mencionado no art. 16, ou se ele se recusar a assinar o termo em que se comprometa a aceitar a demarcação administrativa, o SPU providenciará no sentido de se proceder à demarcação judicial, pelos meios ordinários.

Seção III-A

Da Demarcação de Terrenos para Regularização Fundiária de Interesse Social

•• Seção III-A acrescentada pela Lei n. 11.481, de 31-5-2007.

Art. 18-A. A União poderá lavrar auto de demarcação nos seus imóveis, nos casos de regularização fundiária de interesse social, com base no levantamento da situação da área a ser regularizada.

•• *Caput* acrescentado pela Lei n. 11.481, de 31-5-2007.

§ 1.º Considera-se regularização fundiária de interesse social aquela destinada a atender a famílias com renda familiar mensal não superior a 5 (cinco) salários mínimos.

•• § 1.º acrescentado pela Lei n. 11.481, de 31-5-2007.

§ 2.º O auto de demarcação assinado pelo Secretário do Patrimônio da União deve ser instruído com:

•• § 2.º, *caput*, acrescentado pela Lei n. 11.481, de 31-5-2007.

I – planta e memorial descritivo da área a ser regularizada, dos quais constem a sua descrição, com suas medidas perimetrais, área total, localização, confrontantes, coordenadas preferencialmente georreferenciadas dos vértices definidores de seus limites, bem como seu número de matrícula ou transcrição e o nome do pretenso proprietário, quando houver;

•• Inciso I acrescentado pela Lei n. 11.481, de 31-5-2007.

II – planta de sobreposição da área demarcada com a sua situação constante do registro de imóveis e, quando houver, transcrição ou matrícula respectiva;

•• Inciso II acrescentado pela Lei n. 11.481, de 31-5-2007.

III – certidão da matrícula ou transcrição relativa à área a ser regularizada, emitida pelo registro de imóveis competente e das circunscrições imobiliárias anteriormente competentes, quando houver;

•• Inciso III acrescentado pela Lei n. 11.481, de 31-5-2007.

IV – certidão da Secretaria do Patrimônio da União de que a área pertence ao patrimônio da União, indicando o Registro Imobiliário Patrimonial - RIP e o responsável pelo imóvel, quando for o caso;

•• Inciso IV acrescentado pela Lei n. 11.481, de 31-5-2007.

V – planta de demarcação da Linha Preamar Média - LPM, quando se tratar de terrenos de marinha ou acrescidos; e

•• Inciso V acrescentado pela Lei n. 11.481, de 31-5-2007.

VI – planta de demarcação da Linha Média das Enchentes Ordinárias - LMEO, quando se tratar de terrenos marginais de rios federais.

•• Inciso VI acrescentado pela Lei n. 11.481, de 31-5-2007.

§ 3.º As plantas e memoriais mencionados nos incisos I e II do § 2.º deste artigo devem ser assinados por profissional legalmente habilitado, com prova de anotação de responsabilidade técnica no competente Conselho Regional de Engenharia e Arquitetura - CREA.

•• § 3.º acrescentado pela Lei n. 11.481, de 31-5-2007.

§ 4.º Entende-se por responsável pelo imóvel o titular de direito outorgado pela União, devidamente identificado no RIP.

•• § 4.º acrescentado pela Lei n. 11.481, de 31-5-2007.

Art. 18-B. Prenotado e autuado o pedido de registro da demarcação no registro de imóveis, o oficial, no prazo de 30 (trinta) dias, procederá às buscas para identificação de matrículas ou transcrições correspondentes à área a ser regularizada e examinará os documentos apresentados, comunicando ao apresentante, de 1 (uma) única vez, a existência de eventuais exigências para a efetivação do registro.

•• Artigo acrescentado pela Lei n. 11.481, de 31-5-2007.

Art. 18-C. Inexistindo matrícula ou transcrição anterior e estando a documentação em ordem, ou atendidas as exigências feitas no art. 18-B desta Lei, o oficial do registro de imóveis deve abrir matrícula do imóvel em nome da União e registrar o auto de demarcação.

••Artigo acrescentado pela Lei n. 11.481, de 31-5-2007.

Art. 18-D. Havendo registro anterior, o oficial do registro de imóveis deve notificar pessoalmente o titular de domínio, no imóvel, no endereço que constar do registro imobiliário ou no endereço fornecido pela União, e, por meio de edital, os confrontantes, ocupantes e terceiros interessados.

•• *Caput* acrescentado pela Lei n. 11.481, de 31-5-2007.

§ 1.º Não sendo encontrado o titular de domínio, tal fato será certificado pelo oficial encarregado da diligência, que promoverá sua notificação mediante o edital referido no *caput* deste artigo.

•• § 1.º acrescentado pela Lei n. 11.481, de 31-5-2007.

§ 2.º O edital conterá resumo do pedido de registro da demarcação, com a descrição que permita a identificação da área demarcada, e deverá ser publicado por 2 (duas) vezes, dentro do prazo de 30 (trinta) dias, em um jornal de grande circulação local.

•• § 2.º acrescentado pela Lei n. 11.481, de 31-5-2007.

§ 3.º No prazo de 15 (quinze) dias, contado da última publicação, poderá ser apresentada impugnação do pedido de registro do auto de demarcação perante o registro de imóveis.

•• § 3.º acrescentado pela Lei n. 11.481, de 31-5-2007.

§ 4.º Presumir-se-á a anuência dos notificados que deixarem de apresentar impugnação no prazo previsto no § 3.º deste artigo.

•• § 4.º acrescentado pela Lei n. 11.481, de 31-5-2007.

§ 5.º A publicação dos editais de que trata este artigo será feita pela União, que encaminhará ao oficial do registro de imóveis os exemplares dos jornais que os tenham publicado.

•• § 5.º acrescentado pela Lei n. 11.481, de 31-5-2007.

Art. 18-E. Decorrido o prazo previsto no § 3.º do art. 18-D desta Lei sem impugnação, o oficial do registro de imóveis deve abrir matrícula do imóvel em nome da União e registrar o auto de demarcação, procedendo às averbações necessárias nas matrículas ou transcrições anteriores, quando for o caso.

•• *Caput* acrescentado pela Lei n. 11.481, de 31-5-2007.

Parágrafo único. Havendo registro de direito real sobre a área demarcada ou parte dela, o oficial deverá proceder ao cancelamento de seu registro em decorrência da abertura da nova matrícula em nome da União.

•• Parágrafo único acrescentado pela Lei n. 11.481, de 31-5-2007.

Art. 18-F. Havendo impugnação, o oficial do registro de imóveis dará ciência de seus termos à União.

•• *Caput* acrescentado pela Lei n. 11.481, de 31-5-2007.

§ 1.º Não havendo acordo entre impugnante e a União, a questão deve ser encaminhada ao juízo competente, dando-se continuidade ao procedimento de registro relativo ao remanescente incontroverso.

•• § 1.º acrescentado pela Lei n. 11.481, de 31-5-2007.

§ 2.º Julgada improcedente a impugnação, os autos devem ser encaminhados ao registro de imóveis para que o oficial proceda na forma do art. 18-E desta Lei.

•• § 2.º acrescentado pela Lei n. 11.481, de 31-5-2007.

§ 3.º Sendo julgada procedente a impugnação, os autos devem ser restituídos ao registro de imóveis para as anotações necessárias e posterior devolução ao poder público.

•• § 3.º acrescentado pela Lei n. 11.481, de 31-5-2007.

§ 4.º A prenotação do requerimento de registro da demarcação ficará prorrogada até o cumprimento da decisão proferida pelo juiz ou até seu cancelamento a requerimento da União, não se aplicando às regularizações previstas nesta Seção o cancelamento por decurso de prazo.

•• § 4.º acrescentado pela Lei n. 11.481, de 31-5-2007.

Seção IV
Da Discriminação de Terras da União

•• Não se aplicam os arts. 19 a 31 deste Decreto-lei aos imóveis rurais (art. 32 da Lei n. 6.383, de 7-12-1976).

• *Vide*, sobre discriminações de terras, a Lei n. 6.383, de 7-12-1976.

• A Lei n. 5.972, de 11-12-1973, regula o procedimento para o registro da propriedade de bens imóveis discriminados administrativamente ou possuídos pela União.

Subseção I
Disposições preliminares

Art. 19. Incumbe ao SPU promover, em nome da Fazenda Nacional, a discriminação administrativa das terras na faixa de fronteira e nos Territórios Federais bem como de outras terras do domínio da União, a fim de descrevê-las, medi-las e extremá-las das do domínio particular.

Art. 20. Aos bens imóveis da União, quando indevidamente ocupados, invadidos, turbados na posse, ameaçados de perigos ou confundidos em suas limitações, cabem os remédios de direito comum.

Art. 21. Desdobra-se em duas fases ou instâncias o processo discriminatório, uma administrativa ou amigável, outra judicial, recorrendo a Fazenda Nacional à segunda, relativamente àqueles contra quem não houver surtido ou não puder surtir efeitos a primeira.

Parágrafo único. Dispensar-se-á, todavia, a fase administrativa ou amigável, nas discriminatórias, em que a Fazenda Nacional verificar ser a mesma de todo ou em grande parte ineficaz pela incapacidade, ausência ou conhecida oposição da totalidade ou maioria dos interessados.

Subseção II
Da discriminação administrativa

Art. 22. Procederá à abertura da instância administrativa o reconhecimento prévio da área discriminada, por engenheiro ou agrimensor com exercício no órgão local do SPU, que apresentará relatório ou memorial descritivo:

a) do perímetro com suas características e continência certa ou aproximada;

b) das propriedades e posses nele localizadas ou a ele confinantes, com os nomes e residências dos respectivos proprietários e possuidores;

c) das criações, benfeitorias e culturas, encontradas, assim como de qualquer manifestação evidente de posse das terras;

d) de um croquis circunstanciado quanto possível;

e) de outras quaisquer informações interessantes.

Art. 23. Com o memorial e documentos que porventura o instruírem, o procurador da Fazenda Pública iniciará o processo, convocando os interessados para em dia, hora e lugar indicados com o prazo antecedente não menor de 60 (sessenta) dias se instalarem os trabalhos de discriminação e apresentarem as partes seus títulos, documentos e informações que lhe possam interessar.

§ 1.º O processo discriminatório correrá na sede da situação da área discriminanda ou de sua maior parte.

§ 2.º A convocação ou citação será feita aos proprietários, possuidores, confinantes, a todos os interessados em geral, inclusive às mulheres casadas, por editais, e, além disso, cautelariamente por carta àqueles cujos nomes constarem do memorial do engenheiro ou agrimensor.

§ 3.º Os editais serão afixados em lugares públicos nas sedes dos municípios e distritos de paz, publicados três vezes no *Diário Oficial da União*, do Estado ou Território, consoante seja o caso, ou na folha que lhe der publicidade ao expediente, e duas vezes, na imprensa local, onde houver.

Art. 24. No dia, hora e lugar aprazados, o procurador da Fazenda Pública, acompanhado do engenheiro ou agrimensor autor do memorial, do escrivão para isso designado pelo chefe do órgão local do SPU e dos servidores deste que forem necessários, abrirá a diligência, dará por instalados os trabalhos e mandará fazer pelo escrivão a chamada dos interessados, procedendo-se a seguir ao recebimento, exame e conferência dos memoriais, requerimentos, informações, títulos e documentos apresentados pelos mesmos, bem como ao arrolamento das testemunhas informantes e indicação de um ou dois peritos que os citados porventura queiram eleger, por maioria de votos, para acompanhar e esclarecer o engenheiro ou agrimensor nos trabalhos topográficos.

§ 1.º Com os documentos pedidos e informações, deverão os interessados, sempre que lhes for possível e tanto quanto o for, prestar esclarecimentos, por escrito ou verbalmente, para serem reduzidos a termo pelo escrivão, acerca da origem e sequência de seus títulos ou posse, da localização, valor estimado e área certa ou aproximada das terras de que se julgarem legítimos senhores ou possuidores, de suas confrontações, dos nomes dos confrontantes, da natureza, qualidade, quantidade e valor das benfeitorias, culturas e criações nelas existentes e o montante do imposto territorial porventura pago.

§ 2.º As testemunhas oferecidas podem ser ouvidas desde logo e seus depoimentos tomados por escrito como elementos instrutivos do direito dos interessados.

§ 3.º A diligência se prolongará por tantos dias quantos necessários, lavrando-se diariamente auto do que se passar com assinatura dos presentes.

§ 4.º Ultimados os trabalhos desta diligência, serão designados dia e hora para a seguinte, ficando as partes, presentes e revéis, convocadas para ela sem mais intimação.

§ 5.º Entre as duas diligências mediará intervalo de 30 (trinta) a 60 (sessenta) dias, durante o qual o procurador da Fazenda Pública estudará os autos, habilitando-se a pronunciar sobre as alegações, documentos e direitos dos interessados.

Art. 25. A segunda diligência instalar-se-á com as formalidades da primeira, tendo por objeto a audiência dos interessados de lado a lado, o acordo que entre eles se firmar sobre a propriedade e posses que forem reconhecidas, o registro dos que são excluídos do processo, por não haverem chegado a acordo ou serem revéis, e a designação do ponto de partida dos trabalhos topográficos: o que tudo se assentará em autos circunstanciados, com a assinatura dos interessados presentes.

Art. 26. Em seguida o engenheiro ou agrimensor, acompanhado de tantos auxiliares quantos necessários, procederá aos trabalhos geodésicos e topográficos de levantamento da planta geral das terras, sua situação quanto à divisão administrativa e judiciária do Estado, Distrito ou Território, sua discriminação, medição e demarcação, separando as da Fazenda Nacional das dos particulares.

§ 1.º O levantamento técnico se fará com instrumentos de precisão, orientada a planta segundo o meridiano do lugar e determinada a declinação da agulha magnética.

§ 2.º A planta deve ser tão minuciosa quanto possível, assinalando as correntes de água com seu valor mecânico, e conformação orográfica aproximativa dos terrenos, as construções existentes, os quinhões de cada um, com as respectivas áreas e situação na divisão administrativa e judiciária do Estado, Distrito ou Território, valos, cercas, muros, tapumes, limites ou marcos divisórios, vias de comunicação e, por meio de convenções, as culturas, campos, matas, capoeiras, cerrados, caatingas e brejos.

§ 3.º A planta será acompanhada de relatório que descreverá circunstanciadamente as indicações daquela, as propriedades culturais, mineralógicas, pastoris e industriais do solo, a qualidade e quantidade das várias áreas de vegetação diversa, a distância dos povoados, pontos de embarque e vias de comunicação.

§ 4.º Os peritos nomeados e as partes que quiserem poderão acompanhar os trabalhos topográficos.

§ 5.º Se durante estes surgirem dúvidas que interrompam ou embaracem as operações, o engenheiro ou agrimensor as submeterá ao chefe do órgão local do SPU para que as resolva com a parte interessada, ouvindo os peritos e testemunhas, se preciso.

Art. 27. Tomar-se-á nos autos termo à parte para cada um dos interessados, assinado pelo representante do órgão local do SPU, contendo a descrição precisa das linhas e marcos divisórios, culturas e outras especificações constantes da planta geral e relatório do engenheiro ou agrimensor.

Art. 28. Findos os trabalhos, de tudo se lavrará auto solene e circunstanciado, em que as partes de lado a lado reconheçam e aceitem, em todos os seus atos, dizeres e operações, a discriminação feita.

O auto fará menção expressa de cada um dos termos a que alude o artigo antecedente e será assinado por todos os interessados, fazendo-o em nome da União, o procurador da Fazenda Pública.

Art. 29. A discriminação administrativa ou amigável não confere direito algum contra terceiros, senão contra a União e aqueles que forem partes no feito.

Art. 30. É lícito ao interessado tirar no SPU, para seu título, instrumento de discriminação, em forma de carta de sentença, contendo o termo e auto solene a que aludem os arts. 27 e 28.

Tal carta, assinada pelo diretor do SPU, terá força orgânica de instrumento público e conterá todos os requisitos necessários para transcrição e averbações nos Registros Públicos.

Parágrafo único. Para a providência de que trata este artigo, subirão ao diretor do SPU, em traslado, todas as peças que interessem ao despacho do pedido, com o parecer do órgão local do mesmo Serviço.

Art. 31. Os particulares não pagam custas no processo discriminatório, administrativo, salvo pelas diligências a seu exclusivo interesse e pela expedição das cartas de discriminação, para as quais as taxas serão as do Regimento de Custas.

Parágrafo único. Serão fornecidas gratuitamente as certidões necessárias à instrução do processo e as cartas de discriminação requeridas pelos possuidores de áreas consideradas diminutas, cujo valor declarado não seja superior a cinco mil cruzeiros, a critério do SPU.

Subseção III
Da discriminação judicial

•• *Vide* Lei n. 6.383, de 7-12-1976, que derroga esta Subseção III.

Art. 32. Contra aqueles que discordarem em qualquer termo da instância administrativa ou por qualquer motivo não entrarem em composição amigável, abrirá a União, por seu representante em juízo, a instância judicial contenciosa.

Art. 33. Correrá o processo judiciário de discriminação perante o juízo competente, de acordo com a organização judiciária.

Art. 34. Na petição inicial, a União requererá a citação dos proprietários, possuidores, confinantes e em geral de todos os interessados, para acompanharem o processo de discriminação até o final, exibindo seus títulos de propriedade ou prestando minuciosas informações sobre suas posses ou ocupações, ainda que sem títulos documentários.

Parágrafo único. A petição será instruída com o relatório a que alude o art. 22.

Art. 35. A citação inicial compreenderá todos os atos do processo discriminatório, sendo de rigor a citação da mulher casada e do Ministério Público, quando houver menor interessado.

Art. 36. A forma e os prazos de citação obedecerão ao que dispõe o Código de Processo Civil.

Art. 37. Entregue em cartório o mandado de citação pessoal devidamente cumprido e findo o prazo da citação por edital, terão os interessados o prazo comum de 30 (trinta) dias para as providências do artigo seguinte.

Art. 38. Com os títulos, documentos e informações, deverão os interessados oferecer esclarecimentos por escrito, tão minuciosos quanto possível, especialmente acerca da origem e sequência de seus títulos, posses e ocupação.

Art. 39. Organizados os autos, tê-los-á com vista por 60 (sessenta) dias o representante da União em juízo para manifestar-se em memorial minucioso sobre os documentos, informações e pretensões dos interessados, bem como sobre o direito da União às terras que não forem do domínio particular, nos termos do art. 5.º deste Decreto-lei.

Parágrafo único. O juiz poderá prorrogar, mediante requerimento, o prazo de que trata este artigo no máximo por mais 60 (sessenta) dias.

Art. 40. No memorial, depois de requerer a exclusão das áreas que houver reconhecido como do domínio particular, na forma do artigo antecedente, pedirá a Procuradoria da República a discriminação das remanescentes como de domínio da União, indicando todos os elementos indispensáveis para esclarecimento da causa e, especialmente, os característicos das áreas que devem ser declaradas do mesmo domínio.

Art. 41. No memorial pedir-se-á a produção das provas juntamente com as perícias necessárias à demonstração do alegado pela União.

Art. 42. Devolvidos os autos a cartório, dar-se-á por edital, com prazo de 30 (trinta) dias, conhecimento das conclusões do memorial aos interessados, para que possam, querendo, concordar com as conclusões da Fazenda Nacional, e requerer a regularização de suas posses ou sanar quaisquer omissões que hajam cometido na defesa de seus direitos.

Este edital será publicado uma vez no *Diário Oficial da União*, do Estado, ou do Território, consoante seja o caso, ou na folha que lhe publicar o expediente, bem como na imprensa local, onde houver.

Art. 43. Conclusos os autos, o juiz tomando conhecimento do memorial da União excluirá as áreas por esta reconhecidas como do domínio particular e, quanto ao pedido de discriminação das áreas restantes, nomeará para as operações discriminatórias o engenheiro ou agrimensor, dois peritos da confiança dele juiz e os suplentes daquele e destes.

§ 1.º O engenheiro ou agrimensor e seu suplente serão propostos pelo SPU dentre os servidores de que dispuser, ficando-lhe facultado contratar auxiliares para os serviços de campo.

§ 2.º Poderão as partes, por maioria de votos, indicar, ao juiz, assistente técnico de sua confiança ao engenheiro ou agrimensor.

Art. 44. Em seguida terão as partes o prazo comum de 20 (vinte) dias para contestação, a contar da publicação do despacho a que se refere o artigo precedente, e que se fará no *Diário Oficial da União*, do Estado ou do Território, consoante seja o caso, ou na folha que lhe editar o expediente, bem como na imprensa local, se houver.

Art. 45. Se nenhum interessado contestar o pedido, o juiz julgará de plano procedente a ação.

Parágrafo único. Havendo contestação a causa tomará o curso ordinário e o juiz proferirá o despacho saneador.

Art. 46. No despacho saneador procederá o juiz na forma do art. 294 do Código de Processo Civil.

•• Refere-se ao Código de 1939.

Art. 47. Se não houver sido requerida prova alguma ou findo o prazo para sua produção, mandará o juiz que se proceda à audiência de instrução e julgamento na forma do Código de Processo Civil.

Art. 48. Proferida a sentença e dela intimados os interessados, iniciar-se-á, a despeito de qualquer recurso, o levantamento e demarcação do perímetro declarado devoluto, extremando-o das áreas declaradas particulares, contestes e incontestes; para o que requererá a Fazenda Nacional, ou qualquer dos interessados: designação de dia, hora e lugar para começo das operações técnicas da discriminação, notificadas as partes presentes ou representadas, o engenheiro ou agrimensor e os peritos.

§ 1.º O recurso da sentença será o que determinar o Código de Processo Civil para decisões análogas.

§ 2.º O recurso subirá ao juízo *ad quem* nos autos suplementares, que se organizarão como no processo ordinário.

§ 3.º Serão desde logo avaliadas, na forma de direito, as benfeitorias indenizáveis dos interessados que foram excluídos ou de terceiros, reconhecidos de boa-fé pela sentença (Código de Processo Civil, art. 996, parágrafo único).

•• Refere-se ao Código de 1939.

Art. 49. Em seguida, o engenheiro ou agrimensor, acompanhado de seus auxiliares, procederá aos trabalhos geodésicos e topográficos de levantamento da planta geral das terras, sua situação quanto à divisão administrativa e judiciária do Estado, Distrito ou Território, sua discriminação, medição e demarcação, separando-as das terras particulares.

Parágrafo único. Na demarcação do perímetro devoluto atenderá o engenheiro ou agrimensor à sentença, títulos, posses, marcos, rumos, vestígios encontrados, fama da vizinhança, informações de testemunhas e antigos conhecedores do lugar e a outros elementos que coligir.

Art. 50. A planta levantada com os requisitos do artigo antecedente será instruída pelo engenheiro ou agrimensor com minucioso relatório ou memorial, donde conste necessariamente a descrição de todas as glebas devolutas abarcadas pelo perímetro geral. Para execução desses trabalhos o juiz marcará prazo prorrogável a seu prudente arbítrio.

Art. 51. A planta, que será autenticada pelo juiz, engenheiro ou agrimensor e peritos, deverá ser tão minuciosa quanto possível, assinalando as correntes d'água, a conformação orográfica aproximativa dos terrenos, as construções existentes, os quinhões de cada um, com as respectivas áreas e situação na divisão administrativa e judiciária do Estado, Distrito ou Território, valos, cerca, muros, tapumes, limites ou marcos divisórios, vias de comunicação e, por meio de convenções, as culturas, campos, matas, capoeiras, cerrados, caatingas e brejos.

Art. 52. O relatório ou memorial descreverá circunstanciadamente as indicações da planta, as propriedades culturais, mineralógicas, pastoris e industriais do solo, a qualidade e quantidade das várias áreas de vegetação diversa, a distância dos povoados, pontos de embarque e vias de comunicação.

Art. 53. Se durante os trabalhos técnicos da discriminação surgirem dúvidas que reclamem a deliberação do juiz, a este as submeterá o engenheiro ou agrimensor a fim de que as resolva, ouvidos, se preciso, os peritos.

Parágrafo único. O juiz ouvirá os peritos, quando qualquer interessado alegar falta que deva ser corrigida.

Art. 54. As plantas serão organizadas com observância das normas técnicas que lhes forem aplicáveis.

Art. 55. À planta anexar-se-ão o relatório ou memorial descritivo e as cadernetas das operações de campo, autenticadas pelo engenheiro ou agrimensor.

Art. 56. Concluídas as operações técnicas de discriminação assinará o juiz o prazo comum de 30 (trinta) dias aos interessados e outro igual à Fazenda Nacional, para sucessivamente falarem sobre o feito.

Art. 57. A seguir, subirão os autos à conclusão do juiz para este homologar a discriminação e declarar judicialmente do domínio da União as terras devolutas apuradas no perímetro discriminado e incorporadas ao patrimônio dos particulares, respectivamente, as declaradas do domínio particular, ordenando antes as diligências ou retificações que lhe parecerem necessárias para sua sentença homologatória.

Parágrafo único. Será meramente devolutivo o recurso que couber contra a sentença homologatória.

Art. 58. As custas do primeiro estádio da causa serão pagas pela parte vencida; as do estádio das operações executivas, topográficas e geodésicas, sê-lo-ão pela União e pelos particulares *pro rata*, na proporção da área dos respectivos domínios.

Art. 59. Constituirá atentado que o juiz coibirá, mediante simples monitória, o ato da parte que, no decurso do processo, dilatar a área de seus domínios ou ocupações, assim como o do terceiro que se intrusar no imóvel em discriminação.

Art. 60. As áreas disputadas pelos que houverem recorrido da sentença a que alude o art. 48 serão discriminadas com as demais, descritas no relatório ou memorial do engenheiro ou agrimensor e assinaladas na planta, em convenções específicas, a fim de que, julgados os recursos, se atribuam à União ou aos particulares, conforme o caso, mediante simples juntada aos autos da decisão superior, despacho do juiz mandando cumpri-la e anotação do engenheiro ou agrimensor na planta.

Parágrafo único. Terão os recorrentes direito de continuar a intervir nos atos discriminatórios e deverão ser para eles intimados até decisão final dos respectivos recursos.

Seção V
Da Regularização da Ocupação de Imóveis Presumidamente de Domínio da União

Art. 61. O SPU exigirá, de todo aquele que estiver ocupando imóvel presumidamente pertencente à União, que lhe apresente os documentos e títulos comprobatórios de seus direitos sobre o mesmo.

•• A Lei n. 2.185, de 11-2-1954, modifica a data de início da contagem do prazo para apresentação dos documentos e pedidos de regularização de posses de terrenos pertencentes ao domínio da União.

§ 1.º Para cumprimento do disposto neste artigo, o órgão local do SPU, por edital, sem prejuízo de intimação por outro meio, dará aos interessados o prazo de 60 (sessenta) dias, prorrogáveis por igual termo, a seu prudente arbítrio.

§ 2.º O edital será afixado na repartição arrecadadora da Fazenda Nacional, na localidade da situação do imóvel, e publicado no órgão oficial do Estado ou Território, ou na folha que lhe publicar o expediente, e no *Diário Oficial da União*, em se tratando de imóvel situado no Distrito Federal.

Art. 62. Apreciados os documentos exibidos pelos interessados e quaisquer outros que possa produzir, o SPU, com seu parecer, submeterá ao CTU a apreciação do caso.

Parágrafo único. Examinado o estado de fato e declarado o direito que lhe é aplicável, o CTU restituirá o processo ao SPU para o cumprimento da decisão, que então proferir.

Art. 63. Não exibidos os documentos na forma prevista no art. 61, o SPU declarará irregular a situação do ocupante, e, imediatamente, providenciará no sentido de recuperar a União a posse do imóvel esbulhado.

§ 1.º Para advertência a eventuais interessados de boa-fé e imputação de responsabilidades civis e penais, se for o caso, o SPU tornará pública, por edital, a decisão que declarar a irregularidade da detenção do imóvel esbulhado.

§ 2.º A partir da publicação da decisão a que alude o § 1.º, se do processo já não constar a prova do vício manifesto da ocupação anterior, considera-se constituída em má-fé a detenção de imóvel do domínio presumido da União, obrigado o detentor a satisfazer plenamente as composições da lei.

TÍTULO II
DA UTILIZAÇÃO DOS BENS IMÓVEIS DA UNIÃO

Capítulo I
DISPOSIÇÕES GERAIS

- A Lei n. 4.804, de 20-10-1965, dispõe sobre demolições e reconstruções de benfeitorias, em próprio nacional.
- *Vide* Lei n. 9.636, de 15-5-1998.

Art. 64. Os bens imóveis da União não utilizados em serviço público poderão, qualquer que seja a sua natureza, ser alugados, aforados ou cedidos.

§ 1.º A *locação* se fará quando houver conveniência em tornar o imóvel produtivo, conservando, porém, a União sua plena propriedade, considerada *arrendamento* mediante condições especiais, quando objetivada a exploração de frutos ou prestação de serviços.

§ 2.º O *aforamento* se dará quando coexistirem a conveniência de radicar-se o indivíduo ao solo e a de manter-se o vínculo da propriedade pública.

§ 3.º A *cessão* se fará quando interessar à União concretizar, com a permissão da utilização gratuita de imóvel seu, auxílio ou colaboração que entenda prestar.

Art. 65. (*Revogado pela Lei n. 9.636, de 15-5-1998.*)

Art. 66. (*Revogado pela Lei n. 9.636, de 15-5-1998.*)

Art. 67. Cabe privativamente ao SPU a fixação do valor locativo e venal dos imóveis de que trata este Decreto-lei.

Art. 68. Os foros, laudêmios, taxas, cotas, aluguéis e multas serão recolhidos na estação arrecadadora da Fazenda Nacional com jurisdição na localidade do imóvel.

Parágrafo único. Excetuam-se dessa disposição os pagamentos que, na forma deste Decreto-lei, devam ser efetuados mediante desconto em folha.

Art. 69. As repartições pagadoras da União remeterão mensalmente ao SPU relação nominal dos servidores que, a título de taxa ou aluguel, tenham sofrido desconto em folha de pagamento, com indicação das importâncias correspondentes.

Parágrafo único. O desconto a que se refere o presente artigo não se somará a outras consignações, para efeito de qualquer limite.

Art. 70. O ocupante do próprio nacional, sob qualquer das modalidades previstas neste Decreto-lei, é obrigado a zelar pela conservação do imóvel, sendo responsável pelos danos ou prejuízos que nele tenha causado.

Art. 71. O ocupante de imóvel da União, sem assentimento desta, poderá ser sumariamente despejado e perderá, sem direito a qualquer indenização, tudo quanto haja incorporado ao solo, ficando ainda sujeito ao disposto nos arts. 513, 515 e 517 do Código Civil.

•• A referência é feita a dispositivos do CC de 1916. *Vide* arts. 1.216, 1.218 e 1.220 do Código vigente.

Parágrafo único. Excetuam-se dessa disposição os ocupantes de boa-fé, com cultura efetiva e moradia habitual, e os com direitos assegurados por este Decreto-lei.

Art. 72. Os editais de convocação a concorrências serão obrigatoriamente afixados, pelo prazo mínimo de 15 (quinze) dias, na estação arrecadadora da Fazenda Nacional com jurisdição na localidade do imóvel e, quando convier, em outras repartições federais, devendo, ainda, sempre que possível, ter ampla divulgação em órgão de imprensa oficial e por outros meios de publicidade.

Parágrafo único. A fixação do edital será sempre atestada pelo chefe da repartição em que se tenha feito.

Art. 73. As concorrências serão realizadas na sede da repartição local do SPU.

§ 1.º Quando o diretor do mesmo Serviço julgar conveniente, poderá qualquer concorrência ser realizada na sede do órgão central da repartição.

§ 2.º Quando o objeto da concorrência for imóvel situado em lugar distante ou de difícil comunicação, poderá o chefe da repartição local do SPU delegar competência ao coletor federal da localidade para realizá-la.

§ 3.º As concorrências serão aprovadas pelo chefe da repartição local do SPU, *ad referendum* do diretor do mesmo Serviço, salvo no caso previsto no § 1.º deste artigo, em que compete ao diretor do SPU aprová-las.

Art. 74. Os termos, ajustes ou contratos relativos a imóveis da União, serão lavrados na repartição local do SPU e terão, para qualquer efeito, força de escritura pública, sendo isentos de publicação, para fins de seu registro pelo Tribunal de Contas.

§ 1.º Quando as circunstâncias aconselharem, poderão os atos de que trata o presente artigo ser lavrados em repartição arrecadadora da Fazenda, situada na localidade do imóvel.

§ 2.º Os termos de que trata o item 1 do art. 85 serão lavrados na sede da repartição a que tenha sido entregue o imóvel.

§ 3.º São isentos de registro pelo Tribunal de Contas os termos e contratos celebrados para os fins previstos nos arts. 79 e 80 deste Decreto-lei.

Art. 75. Nos termos, ajustes e contratos relativos a imóveis, a União será representada por procurador da Fazenda Pública que poderá, para esse fim, delegar competência a outro servidor federal.

§ 1.º Nos termos de que trata o art. 79, representará o SPU o chefe de sua repartição local, que, no interesse do Serviço, poderá para isso delegar competência a outro funcionário do Ministério da Fazenda.

§ 2.º Os termos a que se refere o art. 85 serão assinados perante o chefe da repartição interessada.

Capítulo II
DA UTILIZAÇÃO EM SERVIÇO PÚBLICO

Seção I
Disposições Gerais

Art. 76. São considerados como utilizados em serviço público os imóveis ocupados:

I – por serviço federal;

II – por servidor da União, como residência em caráter obrigatório.

Art. 77. A administração dos próprios nacionais aplicados em serviço público compete às repartições que os tenham a seu cargo, enquanto durar a aplicação. Cessada esta, passarão esses imóveis, independentemente do ato especial, à administração do SPU.

Art. 78. O SPU velará para que não sejam mantidos em uso público ou administrativo imóveis da União que ao mesmo uso não sejam estritamente necessários, levando ao conhecimento da autoridade competente as ocorrências que a esse respeito se verifiquem.

Seção II
Da Aplicação em Serviço Federal

Art. 79. A entrega de imóvel para uso da Administração Pública Federal direta compete privativamente à Secretaria do Patrimônio da União – SPU.

•• *Caput* com redação determinada pela Lei n. 9.636, de 15-5-1998.

§ 1.º A entrega, que se fará mediante termo, ficará sujeita a confirmação 2 (dois) anos após a assinatura do mesmo, cabendo ao SPU ratificá-la; desde que, nesse período, tenha o imóvel sido devidamente utilizado no fim para que fora entregue.

§ 2.º O chefe de repartição, estabelecimento ou serviço federal que tenha a seu cargo próprio nacional, não poderá permitir, sob pena de responsabilidade, sua invasão, cessão, locação ou utilização em fim diferente do qual lhe tenha sido prescrito.

§ 3.º Havendo necessidade de destinar imóvel ao uso de entidade da Administração Pública Federal indireta, a aplicação se fará sob o regime da cessão de uso.

•• § 3.º acrescentado pela Lei n. 9.636, de 15-5-1998.

§ 4.º Não subsistindo o interesse do órgão da administração pública federal direta na utilização de imóvel da União entregue para uso no serviço público, deverá ser formalizada a devolução mediante termo acompanhado de laudo de vistoria, recebido pela gerência regional da Secretaria do Patrimônio da União, no qual deverá ser informada a data da devolução.

•• § 4.º acrescentado pela Lei n. 11.481, de 31-5-2007.

§ 5.º Constatado o exercício de posse para fins de moradia em bens entregues a órgãos ou entidades da administração pública federal e havendo interesse público na utilização destes bens para fins de implantação de programa ou ações de regularização fundiária ou para titulação em áreas ocupadas por comunidades tradicionais, a Secretaria do Patrimônio da União fica autorizada a reaver o imóvel por meio de ato de cancelamento da entrega, destinando o imóvel para a finalidade que motivou a medida, ressalvados os bens imóveis da União que estejam sob a administração do Ministério da Defesa e dos Comandos da Marinha, do Exército e da Aeronáutica, e observado o disposto no inciso III do § 1.º do art. 91 da Constituição Federal.

•• § 5.º acrescentado pela Lei n. 11.481, de 31-5-2007.

§ 6.º O disposto no § 5.º deste artigo aplica-se, também, a imóveis não utilizados para a finalidade prevista no ato de entrega de que trata o *caput* deste artigo, quando verificada a necessidade de sua utilização em programas de provisão habitacional de interesse social.

•• § 6.º acrescentado pela Lei n. 11.481, de 31-5-2007.

Seção III
Da Residência Obrigatória de Servidor da União

Art. 80. A residência de servidor da União em próprio nacional ou em outro imóvel utilizado em serviço público somente será considerada obrigatória quando for indispensável, por necessidade de vigilância ou assistência constante.

Art. 81. O ocupante, em caráter obrigatório, de próprio nacional ou de outro imóvel utilizado em serviço público federal, fica sujeito ao pagamento da taxa de 3% (três por cento) ao ano sobre o valor atualizado, do imóvel ou da parte nele ocupada, sem exceder a 20% (vinte por cento) do seu vencimento ou salário.

§ 1.º Em caso de ocupação de imóvel alugado pela União, a taxa será de 50% (cinquenta por cento) sobre o valor locativo da parte ocupada.

§ 2.º A taxa que trata o presente artigo será arrecadada mediante desconto mensal em folha de pagamento.

§ 3.º É isento do pagamento da taxa o servidor da União que ocupar:

I – construção improvisada, junto à obra em que esteja trabalhando;

II – próprio nacional ou prédio utilizado por serviço público federal, em missão de caráter transitório, de guarda, plantão, proteção ou assistência; ou

III – alojamentos militares ou instalações semelhantes.

§ 4.º O servidor que ocupar próprio nacional ou outro imóvel utilizado em serviço público da União, situado na zona rural, pagará apenas a taxa anual de 0,50% (meio por cento), sobre o valor atualizado do imóvel, ou da parte nele ocupada.

•• § 4.º acrescentado pelo art. 1.º da Lei n. 225, de 3-2-1948.

§ 5.º A taxa de uso dos imóveis ocupados por servidores militares continuará a ser regida pela legislação específica que dispõe sobre a remuneração dos militares, resguardado o disposto no § 3.º em se tratando de residência em alojamentos militares ou em instalações semelhantes.

•• § 5.º acrescentado pela Lei n. 9.636, de 15-5-1998.

Art. 82. A obrigatoriedade da residência será determinada expressamente por ato do ministro de Estado, sob a jurisdição de cujo Ministério se encontrar o imóvel, ouvido previamente o SPU.

•• *Caput* com redação determinada pelo art. 2.º da Lei n. 225, de 3-2-1948.

Parágrafo único. Os imóveis residenciais administrados pelos órgãos militares e destinados à ocupação por servidor militar, enquanto utilizados nesta finalidade serão considerados de caráter obrigatório, independentemente dos procedimentos previstos neste artigo.

•• Parágrafo único com redação determinada pela Lei n. 9.636, de 15-5-1998.

Art. 83. O ocupante, em caráter obrigatório, de próprio nacional não poderá, no todo ou em parte, cedê-lo, alugá-lo ou dar-lhe destino diferente do residencial.

§ 1.º A infração do disposto neste artigo constituirá falta grave, para o fim previsto no art. 234 do Decreto-lei n. 1.713, de 28 de outubro de 1939.

• O Decreto-lei n. 1.713, de 28-10-1939, aprovou o Estatuto dos Funcionários Públicos Civis da União. Atualmente a matéria é tratada pela Lei n. 8.112, de 11-12-1990 – Regime Jurídico dos Servidores Públicos da União, das Autarquias e das Fundações Públicas Federais.

§ 2.º Verificada a hipótese prevista no parágrafo anterior, o SPU, ouvida a repartição interessada, examinará a necessidade de ser mantida a condição de obrigatoriedade de residência no imóvel, e submeterá o assunto, com o seu parecer e pelos meios competentes, à deliberação do Presidente da República.

Art. 84. Baixado o ato a que se refere o art. 82, se o caso for de residência em próprio nacional, o Ministério o remeterá, por cópia, ao SPU.

•• *Caput* com redação determinada pela Lei n. 225, de 3-2-1948.

Parágrafo único. A repartição federal que dispuser de imóvel que deva ser ocupado nas condições previstas no § 3.º do art. 81 deste Decreto-lei, comunicá-lo-á ao SPU, justificando-o.

Art. 85. A repartição federal que tenha sob sua jurisdição imóvel utilizado como residência obrigatória de servidor da União deverá:

I – entregá-lo ou recebê-lo do respectivo ocupante, mediante termo de que constarão as condições prescritas pelo SPU;

II – remeter cópia do termo ao SPU;

III – comunicar à repartição pagadora competente a importância do desconto que deva ser feito em folha de pagamento, para o fim previsto no § 2.º do art. 81, remetendo ao SPU cópia deste expediente;

IV – comunicar ao SPU qualquer alteração havida no desconto a que se refere o item anterior esclarecendo devidamente o motivo que a determinou; e

V – comunicar imediatamente ao SPU qualquer infração das disposições deste Decreto-lei, bem como a cessação da obrigatoriedade de residência, não podendo utilizar o imóvel em nenhum outro fim sem autorização do mesmo Serviço.

Capítulo III
DA LOCAÇÃO

Seção I
Disposições Gerais

Art. 86. Os próprios nacionais não aplicados, total ou parcialmente, nos fins previstos no art. 76 deste Decreto-lei, poderão, a juízo do SPU, ser alugados:

I – para residência de autoridades federais ou de outros servidores da União, no interesse do Serviço;

II – para residência de servidor da União, em caráter voluntário;

III – a quaisquer interessados.

Art. 87. A locação de imóveis da União se fará mediante contrato, não ficando sujeita a disposições de outras leis concernentes à locação.

Art. 88. É proibida a sublocação do imóvel, no todo ou em parte, bem como a transferência de locação.

Art. 89. O contrato de locação poderá ser rescindido:

I – quando ocorrer infração do disposto no artigo anterior;

II – quando os aluguéis não forem pagos nos prazos estipulados;

III – quando o imóvel for necessário a serviço público, e desde que não tenha a locação sido feita em condições especiais, aprovadas pelo Ministro da Fazenda;

IV – quando ocorrer inadimplemento de cláusula contratual.

§ 1.º Nos casos previstos nos itens I e II a rescisão dar-se-á de pleno direito, imitindo-se a União sumariamente na posse da coisa locada.

§ 2.º Na hipótese do item III, a rescisão poderá ser feita em qualquer tempo, por ato administrativo da União, sem que esta fique por isso obrigada a pagar ao locatário indenização de qualquer espécie, excetuada a que se refira a benfeitorias necessárias.

§ 3.º A rescisão, no caso do parágrafo anterior, será feita por notificação, em que se consignará o prazo para restituição do imóvel, que será:

a) de 90 (noventa) dias, quando situado em zona urbana;

b) de 180 (cento e oitenta) dias, quando em zona rural.

§ 4.º Os prazos fixados no parágrafo precedente poderão, a critério do SPU, ser prorrogados, se requerida a prorrogação em tempo hábil e justificadamente.

Art. 90. As benfeitorias necessárias só serão indenizáveis pela União quando o SPU tiver sido notificado da realização das mesmas dentro de 120 (cento e vinte) dias contados da sua execução.

Art. 91. Os aluguéis serão pagos:

I – mediante desconto em folha de pagamento, quando a locação se fizer na forma do item I do art. 86;

II – mediante recolhimento à estação arrecadadora da Fazenda Nacional, nos casos previstos nos itens II e III do mesmo art. 86.

§ 1.º O SPU comunicará às repartições competentes a importância dos descontos que devam ser feitos para os fins previstos neste artigo.

§ 2.º O pagamento dos aluguéis de que trata o item II deste artigo será garantido por depósito em dinheiro, em importância correspondente a 3 (três) meses de aluguel.

Seção II
Da Residência de Servidor da União no Interesse do Serviço

Art. 92. Poderão ser reservados pelo SPU próprios nacionais, no todo ou em parte, para moradia de servidores da União no exercício de cargo em comissão ou função gratificada, ou que, no interesse do serviço, convenha residam nas repartições respectivas ou nas suas proximidades.

Parágrafo único. A locação se fará sem concorrência e por aluguel correspondente à parte ocupada do imóvel.

Art. 93. As repartições que necessitem de imóveis para o fim previsto no artigo anterior solicitarão sua reserva ao SPU, justificando a necessidade.

Parágrafo único. Reservado o imóvel e assinado o contrato de locação, o SPU fará sua entrega ao servidor que deverá ocupá-lo.

Seção III
Da Residência Voluntária de Servidor da União

Art. 94. Os próprios nacionais não aplicados nos fins previstos no art. 76 ou no item I do art. 86 deste Decreto-lei, e que se prestem para moradia, poderão ser alugados para residência de servidor da União.

§ 1.º A locação se fará pelo aluguel que for fixado e mediante concorrência, que versará sobre as qualidades preferenciais dos candidatos, relativas ao número de dependentes, remuneração e tempo de serviço público.

§ 2.º As qualidades preferenciais serão apuradas conforme tabela organizada pelo SPU e aprovada pelo diretor-geral da Fazenda Nacional, tendo em vista o amparo dos mais necessitados.

Seção IV
Da Locação a quaisquer Interessados

Art. 95. Os imóveis da União não aplicados em serviço público e que não forem utilizados nos fins previstos nos itens I e II do art. 86, poderão ser alugados a quaisquer interessados.

Parágrafo único. A locação se fará em concorrência pública e pelo maior preço oferecido, na base mínima do valor locativo fixado.

Art. 96. Em se tratando de exploração de frutos ou prestação de serviços, a locação se fará sob forma de arrendamento, mediante condições especiais, aprovadas pelo Ministro da Fazenda.

Parágrafo único. Salvo em casos especiais, expressamente determinados em lei, não se fará arrendamento por prazo superior a 20 (vinte) anos.

•• Parágrafo único com redação determinada pela Lei n. 11.314, de 3-7-2006.

Art. 97. Terão preferência para a locação de próprio nacional os Estados e Municípios que, porém, ficarão sujeitos ao pagamento da cota ou aluguel fixado e ao cumprimento das demais obrigações estipuladas em contrato.

Art. 98. Ao possuidor de benfeitorias, que estiver cultivando, por si e regularmente, terras compreendidas entre as de que trata o art. 65, fica assegurada a preferência para o seu arrendamento, se tal regime houver sido julgado aconselhável para a utilização das mesmas.

•• O art. 65 foi revogado pela Lei n. 9.636, de 15-5-1998.

Parágrafo único. Não usando desse direito no prazo que for estipulado, será o possuidor das benfeitorias indenizado do valor das mesmas, arbitrado pelo SPU.

Capítulo IV
DO AFORAMENTO

• *Vide* Lei n. 9.636, de 15-5-1998.

Seção I
Disposições Gerais

Art. 99. A utilização do terreno sob regime de aforamento dependerá de prévia autorização do Presidente da República, salvo se já permitida em expressa disposição legal.

• *Vide* art. 5.º, II, do Decreto-lei n. 2.398, de 21-12-1987.

Parágrafo único. Em se tratando de terreno beneficiado com construção constituída de unidades autônomas, ou, comprovadamente, para tal fim destinado, o aforamento poderá ter por objeto as partes ideais correspondentes às mesmas unidades.

Art. 100. A aplicação do regime de aforamento a terras da União, quando autorizada na forma deste Decreto-lei, compete ao SPU, sujeita, porém, a prévia audiência:

a) dos Ministérios da Guerra, por intermédio dos Comandos das Regiões Militares; da Marinha, por intermédio das Capitanias dos Portos; da Aeronáutica, por intermédio dos Comandos das Zonas Aéreas, quando se tratar de terrenos situados dentro da faixa de fronteiras, da faixa de 100 (cem) metros ao longo da costa marítima ou de uma circunferência de 1.320 (um mil trezentos e vinte) metros de raio em torno das fortificações e estabelecimentos militares;

b) do Ministério da Agricultura, por intermédio dos seus órgãos locais interessados, quando se tratar de terras suscetíveis de aproveitamento agrícola ou pastoril;

c) do Ministério da Viação e Obras Públicas, por intermédio de seus órgãos próprios locais, quando se tratar de terrenos situados nas proximidades de obras portuárias, ferroviárias, rodoviárias, de saneamento ou de irrigação;

d) das Prefeituras Municipais, quando se tratar de terreno situado em zona que esteja sendo urbanizada.

§ 1.º A consulta versará sobre zona determinada, devidamente caracterizada.

§ 2.º Os órgãos consultados deverão se pronunciar dentro de 30 (trinta) dias do recebimento da consulta, prazo que poderá ser prorrogado por outros 30 (trinta) dias, quando solicitado, importando o silêncio em assentimento à aplicação do regime enfitêutico na zona caracterizada na consulta.

§ 3.º As impugnações, que se poderão restringir a parte da zona sobre que haja versado a consulta, deverão ser devidamente fundamentadas.

§ 4.º O aforamento, à vista de ponderações dos órgãos consultados, poderá subordinar-se a condições especiais.

§ 5.º Considerada improcedente a impugnação, a autoridade submeterá o recurso à autoridade superior, nos termos estabelecidos em regulamento.

•• § 5.º com redação determinada pela Lei n. 13.874, de 20-9-2019.

§ 6.º Nos casos de aplicação do regime de aforamento gratuito com vistas na regularização fundiária de interesse social, ficam dispensadas as audiências previstas neste artigo, ressalvados os bens imóveis sob administração do Ministério da Defesa e dos Comandos do Exército, da Marinha e da Aeronáutica.

•• § 6.º acrescentado pela Lei n. 11.481, de 31-5-2007.

§ 7.º Quando se tratar de imóvel situado em áreas urbanas consolidadas e fora da faixa de segurança de que trata o § 3.º do art. 49 do Ato das Disposições Constitucionais Transitórias, serão dispensadas as audiências previstas neste artigo e o procedimento será estabelecido em norma da Secretaria do Patrimônio da União.

•• § 7.º com redação determinada pela Lei n. 13.240, de 30-12-2015.

Art. 101. Os terrenos aforados pela União ficam sujeitos ao foro de 0,6% (seis décimos por cento) do valor do respectivo domínio pleno, que será anualmente atualizado.

•• *Caput* com redação determinada pela Lei n. 7.450, de 23-12-1985.

Parágrafo único. O não pagamento do foro durante 3 (três) anos consecutivos, ou 4 (quatro) anos intercalados, importará a caducidade do aforamento.

•• Parágrafo único com redação determinada pela Lei n. 9.636, de 15-5-1998.

•• *Vide* art. 47, § 2.º, da Lei n. 9.636, de 15-5-1998.

Art. 102. (*Revogado pelo Decreto-lei n. 2.398, de 21-12-1987.*)

Art. 103. O aforamento extinguir-se-á:

•• *Caput* com redação determinada pela Lei n. 11.481, de 31-5-2007.

I – por inadimplemento de cláusula contratual;

•• Inciso I acrescentado pela Lei n. 11.481, de 31-5-2007.

II – por acordo entre as partes;

•• Inciso II acrescentado pela Lei n. 11.481, de 31-5-2007.

III – pela remissão do foro, nas zonas onde não mais subsistam os motivos determinantes da aplicação do regime enfitêutico;

•• Inciso III acrescentado pela Lei n. 11.481, de 31-5-2007.

IV – pelo abandono do imóvel, caracterizado pela ocupação, por mais de 5 (cinco) anos, sem contestação, de assentamentos informais de baixa renda, retornando o domínio útil à União; ou

•• Inciso IV acrescentado pela Lei n. 11.481, de 31-5-2007.

V – por interesse público, mediante prévia indenização.

•• Inciso V acrescentado pela Lei n. 11.481, de 31-5-2007.

§ 1.º Consistindo o inadimplemento de cláusula contratual no não pagamento do foro durante 3 (três) anos consecutivos, ou 4 (quatro) anos intercalados, é facultado ao foreiro, sem prejuízo do disposto no art. 120, revigorar o aforamento mediante as condições que lhe forem impostas.

•• § 1.º com redação determinada pela Lei n. 9.636, de 15-5-1998.

§ 2.º Na consolidação pela União do domínio pleno de terreno que haja concedido em aforamento, deduzir-se-á do valor do mesmo domínio a importância equivalente a 17% (dezessete por cento) correspondente ao valor do domínio direto.

•• § 2.º com redação determinada pela Lei n. 9.636, de 15-5-1998.

Seção II
Da Constituição

Art. 104. Decidida a aplicação do regime enfitêutico a terrenos compreendidos em determinada zona, a SPU notificará os interessados com preferência ao aforamento nos termos dos arts. 105 e 215, para que o requeiram dentro do prazo de 180 (cento e oitenta) dias, sob pena de perda dos direitos que porventura lhes assistam.

•• *Caput* com redação determinada pela Lei n. 9.636, de 15-5-1998.

Parágrafo único. A notificação será feita por edital afixado na repartição arrecadadora da Fazenda Nacional com jurisdição na localidade do imóvel, e publicado no *Diário Oficial da União*, mediante aviso publicado 3 (três) vezes, durante o período de convocação, nos 2 (dois) jornais de maior veiculação local e, sempre que houver interessados conhecidos, por carta registrada.

•• Parágrafo único com redação determinada pela Lei n. 9.636, de 15-5-1998.

Art. 105. Têm preferência ao aforamento:

• *Vide* art. 5.º, I, do Decreto-lei n. 2.398, de 21-12-1987.

I – os que tiverem título de propriedade devidamente transcrito no Registro de Imóveis;

II – os que estejam na posse dos terrenos, com fundamento em título outorgado pelos Estados ou Municípios;

III – os que, necessariamente, utilizam os terrenos para acesso às suas propriedades;

IV – os ocupantes inscritos até o ano de 1940, e que estejam quites com o pagamento das devidas taxas, quanto aos terrenos de marinha e seus acrescidos;

V – (*Revogado pela Lei n. 9.636, de 15-5-1998.*)

VI – os concessionários de terrenos de marinha, quanto aos seus acrescidos, desde que estes não possam constituir unidades autônomas;

VII – os que no terreno possuam benfeitorias, anteriores ao ano de 1940, de valor apreciável em relação ao daquele;

VIII a X – (*Revogados pela Lei n. 9.636, de 15-5-1998.*)

§ 1.º As divergências sobre propriedade, servidão ou posse devem ser decididas pelo Poder Judiciário.

•• § 1.º acrescentado pela Lei n. 13.139, de 26-6-2015.

§ 2.º A decisão da Secretaria do Patrimônio da União quanto ao pedido formulado com fundamento no direito de preferência previsto neste artigo constitui ato vinculado e somente poderá ser desfavorável, de forma fundamentada, caso haja algum impedimento, entre aqueles já previstos em lei, informado em consulta formulada entre aquelas previstas na legislação em vigor, ou nas hipóteses previstas no inciso II do art. 9.º da Lei n. 9.636, de 15 de maio de 1998.

•• § 2.º acrescentado pela Lei n. 13.139, de 26-6-2015.

Art. 106. Os pedidos de aforamento serão dirigidos ao chefe do órgão local do SPU, acompanhados dos documentos comprobatórios dos direitos alegados pelo interessado e de planta ou *croquis* que identifique o terreno.

Art. 107. (*Revogado pelo Decreto-lei n. 2.398, de 21-12-1987.*)

Art. 108. O Superintendente do Patrimônio da União no Estado apreciará a documentação e, deferindo o pedido, calculará o foro, com base no art. 101, e concederá o aforamento, devendo o foreiro comprovar sua regularidade fiscal perante a Fazenda Nacional até o ato da contratação.

•• *Caput* com redação determinada pela Lei n. 13.139, de 26-6-2015.

Parágrafo único. O Ministério do Planejamento, Orçamento e Gestão estabelecerá diretrizes e procedimentos simplificados para a concessão do aforamento de que trata o *caput*.

•• Parágrafo único acrescentado pela Lei n. 13.139, de 26-6-2015.

Art. 109. Concedido o aforamento, será lavrado em livro próprio da Superintendência do Patrimônio da União o contrato enfitêutico de que constarão as condições estabelecidas e as características do terreno aforado.

•• *Caput* com redação determinada pela Lei n. 13.139, de 26-6-2015.

Art. 110. Expirado o prazo de que trata o art. 104 e não havendo interesse do serviço público na manutenção do imóvel no domínio pleno da União, a SPU promoverá a venda do domínio útil dos terrenos sem posse, ou daqueles que se encontrem na posse de quem não tenha atendido à notificação a que se refere o mesmo artigo ou de quem, tendo requerido, não tenha preenchido as condições necessárias para obter a concessão do aforamento.

•• Artigo com redação determinada pela Lei n. 9.636, de 15-5-1998.

Art. 111. (*Revogado pelo Decreto-lei n. 2.398, de 21-12-1987.*)

Seção III
Da Transferência

Art. 112. (*Revogado pelo Decreto-lei n. 2.398, de 21-12-1987.*)

Arts. 113 a 115. (*Revogados pelo Decreto-lei n. 2.398, de 21-12-1987.*)

Art. 115-A. Efetuada a transação e transcrito o título no registro de imóveis, o antigo foreiro, exibindo os documentos comprobatórios, deverá comunicar a transferência à Superintendência do Patrimônio da União, no prazo de até sessenta dias, sob pena de permanecer responsável pelos débitos que vierem a incidir sobre o imóvel até a data da comunicação.

•• Artigo acrescentado pela Lei n. 13.465, de 11-7-2017.

Art. 116. Efetuada a transação e transcrito o título no Registro de Imóveis, o adquirente, exibindo os documentos comprobatórios, deverá requerer, no prazo de 60 (sessenta) dias, que para o seu nome se transfiram as obrigações enfitêuticas.

§ 1.º A transferência das obrigações será feita mediante averbação, no órgão local do SPU, do título de aquisição devidamente transcrito no Registro de Imóveis, ou, em caso de transmissão parcial, do terreno mediante termo.

§ 2.º O adquirente estará sujeito à multa de 0,50% (cinquenta centésimos por cento), por mês ou fração, sobre o valor do terreno, caso não requeira a transferência no prazo estabelecido no *caput* deste artigo.

•• § 2.º com redação determinada pela Lei n. 13.465, de 11-7-2017.

§ 3.º Para fatos geradores anteriores a 22 de dezembro de 2016, a cobrança da multa de que trata o § 2.º deste artigo será efetuada de forma proporcional, regulamentada por intermédio de ato específico da Secretaria do Patrimônio da União (SPU).

•• § 3.º acrescentado pela Lei n. 13.465, de 11-7-2017.

Art. 117. (*Revogado pelo Decreto-lei n. 2.398, de 21-12-1987.*)

Seção IV
Da Caducidade e Revigoração

Art. 118. Caduco o aforamento na forma do parágrafo único do art. 101, o órgão local do SPU notificará o foreiro, por edital, ou, quando possível, por carta registrada, marcando-lhe o prazo de 90 (noventa) dias para apresentar qualquer reclamação ou solicitar a revigoração do aforamento.

•• *Caput* com redação determinada pela Lei n. 9.636, de 15-5-1998.

Parágrafo único. Em caso de apresentação de reclamação, o prazo para o pedido de revigoração será contado da data da notificação ao foreiro da decisão final proferida.

Art. 119. Reconhecido o direito do requerente e pagos os foros em atraso, o chefe do órgão local da Secretaria do Patrimônio da União concederá a revigoração do aforamento.

•• *Caput* com redação determinada pela Lei n. 11.481, de 31-5-2007.

Parágrafo único. A Secretaria do Patrimônio da União disciplinará os procedimentos operacionais destinados à revigoração de que trata o *caput* deste artigo.

•• Parágrafo único acrescentado pela Lei n. 11.481, de 31-5-2007.

Art. 120. A revigoração do aforamento poderá ser negada se a União necessitar do terreno para serviço público, ou, quanto às terras de que trata o art. 65, quando não estiverem as mesmas sendo utilizadas apropriadamente, obrigando-se, nesses casos, à indenização das benfeitorias porventura existentes.

•• O art. 65 foi revogado pela Lei n. 9.636, de 15-5-1998.

Art. 121. Decorrido o prazo de que trata o art. 118, sem que haja sido solicitada a revigoração do aforamento, o chefe do órgão local do SPU providenciará no sentido de ser cancelado o aforamento no Registro de Imóveis e procederá na forma do disposto no art. 110.

Parágrafo único. Nos casos de cancelamento do registro de aforamento, considera-se a certidão da Secretaria do Patrimônio da União de cancelamento de aforamento documento hábil para o cancelamento de registro nos termos do inciso III do *caput* do art. 250 da Lei n. 6.015, de 31 de dezembro de 1973.

•• Parágrafo único acrescentado pela Lei n. 11.481, de 31-5-2007.

Seção V
Da Remissão

Art. 122. Autorizada, na forma do disposto no art. 103, a remissão do aforamento dos terrenos compreendidos em determinada zona, o SPU notificará os foreiros, na forma do parágrafo único do art. 104, da autorização concedida.

Parágrafo único. A decisão da Secretaria do Patrimônio da União sobre os pedidos de remissão do aforamento de terreno de marinha e/ou acrescido de marinha localizado fora da faixa de segurança constitui ato vinculado.

•• Parágrafo único com redação determinada pela Lei n. 13.139, de 26-6-2015.

Art. 123. A remição do aforamento será feita pela importância correspondente a 17% (dezessete por cento) do valor do domínio pleno do terreno, excluídas as benfeitorias.

•• Artigo com redação determinada pela Lei n. 13.240, de 30-12-2015.

•• *Vide* art. 24, § 5.º, da Lei n. 9.636, de 15-5-1998.

Art. 124. Efetuado o resgate, o órgão local do SPU expedirá certificado de remissão, para averbação no Registro de Imóveis.

Capítulo V
DA CESSÃO

Arts. 125 e 126. (*Revogados pela Lei n. 9.636, de 15-5-1998.*)

Capítulo VI
DA OCUPAÇÃO

•• Não se aplicam aos imóveis rurais os arts. 127 a 133 deste Decreto-lei (Lei n. 6.383, de 7-12-1976).

Art. 127. Os atuais ocupantes de terrenos da União, sem título outorgado por esta, ficam obrigados ao pagamento anual da taxa de ocupação.

§§ 1.º e 2.º (*Revogados pelo Decreto-lei n. 2.398, de 21-12-1987.*)

Art. 128. O pagamento da taxa será devido a partir da inscrição de ocupação, efetivada de ofício ou a pedido do interessado, não se vinculando ao cadastramento do imóvel.

•• *Caput* com redação determinada pela Lei n. 13.139, de 26-6-2015.

§§ 1.º a 3.º (*Revogados pela Lei n. 13.139, de 26-6-2015.*)

§ 4.º Caso o imóvel objeto do pedido de inscrição de ocupação não se encontre cadastrado, a Secretaria do Patrimônio da União do Ministério do Planejamento, Orçamento e Gestão efetuará o cadastramento.

•• § 4.º acrescentado pela Lei n. 13.139, de 26-6-2015.

Arts. 129 e 130. (*Revogados pelo Decreto-lei n. 2.398, de 21-12-1987.*)

Art. 131. A inscrição e o pagamento da taxa de ocupação não importam, em absoluto, no reconhecimento, pela União, de qualquer direito de propriedade do ocupante sobre o terreno ou ao seu aforamento, salvo no caso previsto no item 4 do art. 105.

Art. 132. A União poderá, em qualquer tempo que necessitar do terreno, imitir-se na posse do mesmo, promovendo sumariamente a sua desocupação, observados os prazos fixados no § 3.º, do art. 89.

§ 1.º As benfeitorias existentes no terreno somente serão indenizadas, pela importância arbitrada pelo SPU, se por este for julgada de boa-fé a ocupação.

§ 2.º Do julgamento proferido na forma do parágrafo anterior, cabe recurso para o CTU, no prazo de 30 (trinta) dias da ciência dada ao ocupante.

§ 3.º O preço das benfeitorias será depositado em juízo pelo SPU, desde que a parte interessada não se proponha recebê-lo.

Art. 132-A. Efetuada a transferência do direito de ocupação, o antigo ocupante, exibindo os documentos comprobatórios, deverá comunicar a transferência à Superintendência do Patrimônio da União, no prazo de até sessenta dias, sob pena de permanecer responsável pelos débitos que vierem a incidir sobre o imóvel até a data da comunicação.

•• Artigo acrescentado pela Lei n. 13.465, de 11-7-2017.

Art. 133. (*Revogado pela Lei n. 9.636, de 15-5-1998.*)

TÍTULO III
DA ALIENAÇÃO DOS BENS IMÓVEIS DA UNIÃO

Capítulo I
DISPOSIÇÕES GERAIS

•• Os arts. 134 a 140, que compunham este Capítulo I, foram revogados pelo Decreto-lei n. 2.398, de 21-12-1987.

Capítulo II
DOS IMÓVEIS UTILIZÁVEIS EM FINS RESIDENCIAIS

•• Os arts. 141 a 144, que compunham este Capítulo II, foram revogados pelo Decreto-lei n. 2.398, de 21-12-1987.

Capítulo III
DOS IMÓVEIS UTILIZÁVEIS EM FINS COMERCIAIS OU INDUSTRIAIS

•• Os arts. 145 a 148, que compunham este Capítulo III, foram revogados pelo Decreto-lei n. 2.398, de 21-12-1987.

Capítulo IV
DOS TERRENOS DESTINADOS A FINS AGRÍCOLAS E DE COLONIZAÇÃO

Art. 149. Serão reservados em zonas rurais, mediante escolha do Ministério da Agricultura, na forma da lei, terrenos da União, para estabelecimento de núcleos coloniais.

§ 1.º Os terrenos assim reservados, excluídas as áreas destinadas à sede, logradouros e outros serviços gerais do núcleo, serão loteados para venda de acordo com plano organizado pelo Ministério da Agricultura.

§ 2.º O Ministério da Agricultura remeterá ao SPU cópia do plano geral do núcleo, devidamente aprovado.

Art. 150. Os lotes de que trata o § 1.º do artigo anterior serão vendidos a nacionais que queiram dedicar-se à agricultura e a estrangeiros agricultores, a critério, na forma da lei, do Ministério da Agricultura.

Art. 151. O preço de venda dos lotes será estabelecido por comissão de avaliação designada pelo diretor da Divisão de Terras e Colonização (DTC) do Departamento Nacional da Produção Vegetal, do Ministério da Agricultura.

Art. 152. O preço da aquisição poderá ser pago em prestações anuais até o máximo de 15 (quinze), compreendendo amortização e juros de 6% (seis por cento) ao ano, em total constante e discriminável conforme o estado real da dívida.

§ 1.º A primeira prestação vencer-se-á no último dia do terceiro ano e as demais no último dos anos restantes, sob pena de multa de mora de 5% (cinco por cento) ao ano sobre o valor da dívida.

§ 2.º Em casos de atraso de pagamento superior a 2 (dois) anos proceder-se-á à cobrança executiva da dívida, salvo motivo justificado, a critério da DTC.

§ 3.º O adquirente poderá, em qualquer tempo, antecipar o pagamento da dívida, bem como fazer amortização em cotas parciais, não inferiores a hum mil cruzeiros, para o fim de reduzir a importância ou o número das prestações, ou ambos.

Art. 153. Ajustada a transação, lavrar-se-á contrato de promessa de compra e venda, de que constarão todas as condições que hajam sido estipuladas.

Parágrafo único. Para elaboração da minuta do contrato, a DTC remeterá ao SPU os elementos necessários, concernentes à qualificação do adquirente, à identificação do lote e às obrigações estabelecidas, quanto ao pagamento e à utilização do terreno.

Art. 154. Pago o preço total da aquisição, e cumpridas as demais obrigações assumidas, será lavrado o contrato definitivo de compra e venda.

Parágrafo único. Em caso de falecimento do adquirente que tenha pago 3 (três) prestações será dispensado o pagamento do restante da dívida aos seus herdeiros, aos quais será outorgado o título definitivo.

Art. 155. O promitente comprador e, quanto a núcleos coloniais não emancipados, o proprietário do lote, não poderão onerar nem por qualquer forma transferir o imóvel, sem prévia licença da DTC.

Parágrafo único. A DTC dará conhecimento ao SPU das licenças que tiver concedido para os fins de que trata o presente artigo.

Art. 156. As terras de que trata o art. 65 poderão ser alienadas, sem concorrência, pelo SPU, com prévia audiência do Ministério da Agricultura, aos seus arrendatários, possuidores ou ocupantes.

•• O art. 65 foi revogado pela Lei n. 9.636, de 15-5-1998.

Parágrafo único. A alienação poderá ser feita nas condições previstas nos arts. 152, 153 e 154, vencível, porém, a primeira prestação no último dia do primeiro ano, e excluída a dispensa de que trata o parágrafo único do art. 154.

Art. 157. Os contratos, de que tratam os artigos anteriores, são sujeitos às disposições deste Decreto-lei.

Art. 158. Cabe ao SPU fiscalizar o pagamento das prestações devidas e à DTC o cumprimento das demais obrigações contratuais.

Capítulo V
DOS TERRENOS OCUPADOS

Arts. 159 a 163. (*Revogados pelo Decreto-lei n. 2.398, de 21-12-1987.*)

Capítulo VI
DA LEGITIMAÇÃO DE POSSE DE TERRAS DEVOLUTAS

•• Não se aplicam aos imóveis rurais os arts. 164 a 174 deste Decreto-lei (Lei n. 6.383, de 7-12-1976, art. 32).

Art. 164. Proferida a sentença homologatória a que se refere o art. 57, iniciará a Fazenda Nacional a execução, sem embargo de qualquer recurso, requerendo preliminarmente ao juiz da causa a intimação dos possuidores de áreas reconhecidas ou julgadas devolutas a legitimarem suas posses, caso o queiram, a lei o permita e o Governo Federal consinta-lhes fazê-lo, mediante pagamento das custas que porventura estiverem devendo e recolhimento aos cofres da União, dentro de 60 (sessenta) dias, da taxa de legitimação.

Parágrafo único. O termo de 60 (sessenta) dias começará a correr da data em que entrar em cartório a avaliação da área possuída.

Art. 165. Declarar-se-ão no requerimento aqueles a quem o Governo Federal recusa legitimação.

Dentro de 20 (vinte) dias da intimação os possuidores que quiserem e puderem legitimar suas posses fá-lo-ão saber, mediante comunicação autêntica ao juiz da causa ou ao SPU.

Art. 166. Consistirá a taxa de legitimação em porcentagem sobre a avaliação que será feita por perito residente no foro *rei sitae*, nomeado pelo juiz.

O perito não terá direito a emolumentos superiores aos cifrados no Regimento de Custas Judiciais.

Art. 167. A avaliação recairá exclusivamente sobre o valor do solo, excluído o das benfeitorias, culturas, animais, acessórios e pertences do legitimante.

Art. 168. A taxa será de 5% (cinco por cento) em relação às posses titulares de menos de 20 (vinte) e mais de 10 (dez) anos; de 10% (dez por cento) às tituladas de menos de 10 (dez) anos; de 20% (vinte por cento) e 15% (quinze por cento) para as não tituladas respectivamente de menos de 15 (quinze) anos ou menos de 30 (trinta) e mais de 15 (quinze).

Art. 169. Recolhidas aos cofres públicos nacionais as custas porventura devidas, as da avaliação e a taxa de legitimação, expedirá o diretor do SPU, a quem subirá o respectivo processo, o título de legitimação, pelo qual pagará o legitimante apenas o selo devido.

§ 1.º O título será confeccionado em forma de carta de sentença, com todos os característicos e individuações da propriedade a que se refere, segundo modelo oficial.

§ 2.º Deverá ser registrado em livro a isso destinado pelo SPU, averbando-se ao lado, em coluna própria, a publicação no *Diário Oficial da União*, do Estado ou do Território, consoante seja o caso, ou na folha que lhe publicar o expediente bem como a transcrição que do respectivo título se fizer no Registro Geral de Imóveis da comarca da situação das terras, segundo o artigo subsequente.

Art. 170. Será o título transcrito no competente Registro Geral de Imóveis, feita a necessária publicação no *Diário Oficial da União*, do Estado ou do Território, conforme o caso, ou na folha que lhe editar o expediente.

§ 1.º O oficial do registro de imóveis remeterá ao SPU uma certidão em relatório da transcrição feita, a fim de ser junta aos autos.

§ 2.º Incorrerá na multa de duzentos cruzeiros a hum mil cruzeiros, aplicada pela autoridade judiciária local, a requerimento do SPU, o oficial que não fizer a transcrição ou remessa dentro de 30 (trinta) dias do recebimento do título.

Art. 171. Contra os que, sendo-lhes permitido fazer, não fizerem a legitimação no prazo legal, promoverá o SPU a execução de sentença por mandado de imissão de posse.

Art. 172. Providenciará o SPU a transcrição no competente Registro Geral de Imóveis, das terras sobre que versar a execução, assim como de todas declaradas de domínio da União e a ele incorporadas, para o que se habilitará com carta de sentença, aparelhada no estilo do direito comum.

Art. 173. Aos brasileiros natos ou naturalizados, possuidores de áreas consideradas diminutas, atendendo-se às peculiaridades locais, com títulos externamente perfeitos de aquisições de boa-fé, é lícito requerer e ao SPU conceder expedição de título de domínio, sem taxa ou com taxa inferior à fixada no presente Decreto-lei.

Art. 174. O Governo Federal negará legitimação, quando assim entender de justiça, de interesse público ou quando assim lhe ordenar a disposição da lei, cumprindo-lhe, se for o caso, indenizar as benfeitorias feitas de boa-fé.

Título IV
DA JUSTIFICAÇÃO DE POSSE DE TERRAS DEVOLUTAS

Art. 175. Aos interessados que se acharem nas condições das letras *e*, *f*, *g* e parágrafo único do art. 5.º será facultada a justificação administrativa de suas posses perante o órgão local do SPU, a fim de se forrarem a possíveis inquietações da parte da União e a incômodos de pleitos em tela judicial.

Art. 176. As justificações só têm eficácia nas relações dos justificantes com a Fazenda Nacional e não obstam, ainda em caso de malogro, o uso dos remédios que porventura lhes caibam e a dedução de seus direitos em juízo, na forma e medida da legislação civil.

Art. 177. O requerimento de justificação será dirigido ao chefe do órgão local do SPU, indicando o nome, nacionalidade, estado civil e residência do requerente e de seu representante no local da posse, se o tiver; a data da posse e os documentos que possam determinar a época do seu início e continuidade; a situação das terras e indicação da área certa ou aproximada, assim como a natureza das benfeitorias, culturas e criações que houver, com o valor real ou aproximado de uma e outras, a descrição dos limites da posse com indicação de todos os confrontantes e suas residências, o rol de testemunhas e documentos que acaso corroborem o alegado.

Art. 178. Recebido, protocolado e autuado o requerimento com os documentos que o instruírem, serão os autos distribuídos ao procurador da Fazenda Pública para tomar conhecimento do pedido e dirigir o processo.

Parágrafo único. Se o pedido não se achar em forma, ordenará o referido procurador ao requerente que complete as omissões, que contiver; se se achar em forma ou for sanado das omissões, admiti-lo-á a processo.

Art. 179. Do pedido dar-se-á então conhecimento a terceiros, por aviso circunstanciado publicado três vezes, dentro de 60 (sessenta) dias, no *Diário Oficial da União*, do Estado ou Território, consoante for o caso, ou na folha que lhe der publicidade ao expediente, e duas vezes, com intervalo de 20 (vinte) dias, no jornal da comarca, ou Município, onde estiverem as terras, se houver, adiantadas as respectivas despesas pelo requerente.

Art. 180. Poderão contestar o pedido terceiros por ele prejudicados, dentro de 30 (trinta) dias, depois de findo o prazo edital.

Parágrafo único. A contestação mencionará o nome e residência do contestante, motivos de sua oposição e provas em que se fundar. Apresentada a contestação ou findo o prazo para ela marcado, o procurador da Fazenda Pública requisitará ao SPU um dos seus engenheiros ou agrimensores para, em face dos autos, proceder a uma vistoria sumária da área objeto da justificação e prestar todas as informações que interessem ao despacho do pedido.

Art. 181. Realizada a vistoria, serão as partes admitidas, uma após outra, a inquirir suas testemunhas cujos depoimentos serão reduzidos a escrito em forma breve pelo escrivão *ad hoc*, que for designado para servir no processo.

Art. 182. Terminadas as inquirições serão os autos encaminhados, com parecer do procurador da Fazenda Pública, ao chefe do órgão local do SPU, para decidir o caso de acordo com as provas colhidas e com outras que possa determinar *ex officio*.

Art. 183. Da decisão proferida pelo chefe do órgão local do SPU cabe ao procurador da Fazenda Pública e às partes recurso voluntário para o Conselho de Terras da União (CTU), dentro do prazo de 30 (trinta) dias da ciência dada aos interessados pessoalmente ou por carta registrada.

Parágrafo único. Antes de presente ao CTU subirão os autos do recurso ao diretor do SPU para manifestar-se sobre o mesmo.

Art. 184. Julgada procedente a justificação e transitando em julgado a decisão administrativa, expedirá o diretor do SPU, à vista do processo respectivo, título recognitivo do domínio do justificante, título que será devidamente formalizado como o de legitimação.

Art. 185. Carregar-se-ão às partes interessadas as custas e despesas feitas, salvo as de justificação com assento no art. 148 da Constituição Federal, que serão gratuitas, quando julgadas procedentes.

A contagem se fará pelo Regimento das Custas Judiciais.

•• Refere-se à CF de 1937. *Vide* art. 183 da CF.

TÍTULO V

DO CONSELHO DE TERRAS DA UNIÃO

Art. 186. Fica criado, no Ministério da Fazenda, o Conselho de Terras da União (CTU), órgão coletivo de julgamento e deliberação na esfera administrativa, de questões concernentes a direitos de propriedade ou posse de imóveis entre a União e terceiros, e de consulta do Ministro da Fazenda.

•• O Conselho de Terras da União (CTU) foi extinto pelo Decreto n. 73.977, de 23-4-1974.

Parágrafo único. O CTU terá, além disso, as atribuições específicas que lhe forem conferidas no presente Decreto-lei.

Art. 187. O CTU será constituído por seis membros nomeados pelo Presidente da República, e cujos mandatos, com a duração de 3 (três) anos, serão renovados pelo terço.

§ 1.º As nomeações recairão em três servidores da União, dois dos quais engenheiros e um bacharel em direito, dentre nomes indicados pelo Ministro da Fazenda, e os restantes escolhidos de listas tríplices apresentadas pela Federação Brasileira de Engenheiros, pela Ordem dos Advogados do Brasil e pela Federação das Associações de Proprietários de Imóveis do Brasil ou, na falta destes, por entidades congêneres.

§ 2.º Os conselheiros terão suplentes, indicados e nomeados na mesma forma daqueles.

§ 3.º Aos suplentes cabe, quando convocados pelo presidente do Conselho, substituir, nos impedimentos temporários e nos casos de perda ou renúncia de mandato, os respectivos conselheiros.

Art. 188. O CTU será presidido por um conselheiro, eleito anualmente pelos seus pares na primeira reunião de cada ano.

Parágrafo único. Concomitantemente com a do presidente, far-se-á a eleição do vice-presidente, que substituirá aquele em suas faltas e impedimentos.

Art. 189. O CTU funcionará com a maioria de seus membros e realizará no mínimo oito sessões mensais, das quais será lavrada ata circunstanciada.

Art. 190. Os processos submetidos ao Conselho serão distribuídos, em sessão, ao conselheiro relator, mediante sorteio.

§ 1.º Os conselheiros poderão reter, pelo prazo de 15 (quinze) dias, prorrogável, quando solicitado, a critério do Conselho, os processos que lhe tenham sido distribuídos para o relatório ou conclusos, mediante pedido de vista.

§ 2.º Ao presidente do Conselho, além das que lhe forem cometidas pelo Regimento, competem as mesmas atribuições dos demais conselheiros.

Art. 191. O CTU decidirá por maioria de votos dos membros presentes cabendo ao seu presidente, além do de qualidade, o voto de desempate.

Art. 192. Das decisões do Conselho caberá recurso para o próprio Conselho, no prazo de 20 (vinte) dias úteis, contados da data da decisão proferida.

Parágrafo único. Os recursos somente serão julgados com a presença de, no mínimo, igual número dos membros presentes à sessão em que haja sido proferida a decisão recorrida.

Art. 193. Junto ao Conselho serão admitidos procuradores das partes interessadas no julgamento, aos quais será permitido pronunciamento oral em sessão, constando do processo o instrumento do mandato.

§ 1.º A Fazenda Nacional será representada por servidor da União, designado pelo Ministro da Fazenda, cabendo-lhe ter vista dos processos, pelo prazo improrrogável de 15 (quinze) dias, antes do seu julgamento e depois de estudados pelo conselheiro relator.

§ 2.º O representante da Fazenda terá suplente, pela mesma forma designado, que o substituirá em suas faltas e impedimentos.

Art. 194. O CTU votará e aprovará seu Regimento.

Parágrafo único. Nenhuma alteração se fará no Regimento sem aprovação do Conselho, em duas sessões consecutivas, a que estejam presentes pelo menos cinco conselheiros.

Art. 195. O Conselho terá uma secretaria, que será chefiada por um secretário e terá os auxiliares necessários, todos designados pelo diretor-geral da Fazenda Nacional.

Parágrafo único. Ao secretário competirá, além das atribuições que lhe forem cometidas no Regimento, lavrar e assinar as atas das sessões, que serão submetidas à aprovação do Conselho.

Art. 196. O conselheiro que, sem causa justificada, a critério do próprio Conselho, faltar a quatro sessões consecutivas, perderá o mandato.

Art. 197. Serão considerados de efetivo exercício os dias em que o conselheiro, servidor da União, ou o representante da Fazenda estiver afastado do serviço público ordinário, em virtude de comparecimento a sessão do Conselho.

TÍTULO VI
DISPOSIÇÕES FINAIS E TRANSITÓRIAS

Art. 198. A União tem por insubsistentes e nulas quaisquer pretensões sobre o domínio pleno de terrenos de marinha e seus acrescidos, salvo quando originais em títulos por ela outorgados na forma do presente Decreto-lei.

• *Vide* Súmula 496 do STJ.

Art. 199. A partir da data da publicação do presente Decreto-lei, cessarão as atribuições cometidas a outros órgãos da administração federal, que não o CTU, concernentes ao exame e julgamento, na esfera administrativa, de questões entre a União e terceiros, relativas à propriedade ou posse de imóvel.

§ 1.º Os órgãos a que se refere este artigo remeterão ao CTU, dentro de 30 (trinta) dias, os respectivos processos pendentes de decisão final.

§ 2.º Poderá, a critério do Governo, ser concedido novo prazo para apresentação, ao CTU, dos títulos de que trata o art. 2.º do Decreto-lei n. 893, de 26 de novembro de 1938.

Art. 200. Os bens imóveis da União, seja qual for a sua natureza, não são sujeitos a usucapião.

Art. 201. São consideradas dívidas ativas da União para efeito de cobrança executiva, as provenientes de aluguéis, taxas, foros, laudêmios e outras contribuições concernentes à utilização de bens imóveis da União.

Art. 202. Ficam confirmadas as demarcações de terrenos de marinha com fundamento em lei vigente na época em que tenham sido realizadas.

Art. 203. Fora dos casos expressos em lei, não poderão as terras devolutas da União ser alienadas ou concedidas senão a título oneroso.

Parágrafo único. Até que sejam regularmente instalados nos Territórios Federais os órgãos locais do SPU, continuarão os governadores a exercer as atribuições que a lei lhes confere, no que respeita às concessões de terras.

Art. 204. Na faixa de fronteira observar-se-á rigorosamente, em matéria de concessão de terras, o que a respeito estatuir a lei especial, cujos dispositivos prevalecerão em qualquer circunstância.

• *Vide* Lei n. 6.634, de 2-5-1979, sobre zonas indispensáveis à defesa do País.

Art. 205. À pessoa estrangeira física ou jurídica, não serão alienados, concedidos ou transferidos imóveis da União situados nas zonas de que trata a letra *a* do art. 100, exceto se houver autorização do Presidente da República.

§ 1.º Fica dispensada a autorização quando se tratar de unidade autônoma de condomínio, regulados pela Lei n. 4.591, de 16 de dezembro de 1964, desde que o imóvel esteja situado em zona urbana, e as frações ideais pretendidas, em seu conjunto, não ultrapassem 1/3 (um terço) de sua área total.

•• § 1.º acrescentado pela Lei n. 7.450, de 23-12-1985.

§ 2.º A competência prevista neste artigo poderá ser delegada ao Ministro de Estado do Planejamento, Orçamento e Gestão, permitida a subdelegação ao Secretário do Patrimônio da União do Ministério do Planejamento, Orçamento e Gestão.

•• § 2.º com redação determinada pela Lei n. 13.139, de 26-6-2015.

§ 3.º Exclusivamente para pessoas físicas, fica dispensada a autorização quando se tratar de transferência de titularidade de terrenos de até mil metros quadrados, situados dentro da faixa de cem metros ao longo da costa marítima.

•• § 3.º acrescentado pela Lei n. 13.465, de 11-7-2017.

§ 4.º A dispensa de que trata o § 3.º deste artigo aplica-se, também, aos processos de transferência protocolados na Secretaria do Patrimônio da União (SPU) até 22 de dezembro de 2016.

•• § 4.º acrescentado pela Lei n. 13.465, de 11-7-2017.

Art. 206. Os pedidos de aforamento de terrenos da União, já formulados ao SPU, deverão prosseguir em seu processamento, observadas, porém, as disposições deste Decreto-lei no que for aplicável.

Art. 207. A DTC do Departamento Nacional da Produção Vegetal, do Ministério da Agricultura, remeterá ao SPU, no prazo de 180 (cento e oitenta) dias da publicação deste Decreto-lei, cópia das plantas dos núcleos coloniais, bem como dos termos, ajustes, contratos e títulos referentes à aquisição de lotes dos mesmos núcleos, e, ainda, relação dos adquirentes e dos pagamentos por eles efetuados.

Art. 208. Dentro de 90 (noventa) dias da publicação deste Decreto-lei, as repartições federais interessadas deverão remeter ao SPU relação dos imóveis de que necessitam, total ou parcialmente, para os fins previstos no art. 76 e no item I do art. 86, justificando o pedido.

Parágrafo único. Findo esse prazo, o SPU encaminhará dentro de 30 (trinta) dias ao Presidente da República as relações que dependam de sua aprovação, podendo dar aos demais imóveis da União a aplicação que julgar conveniente, na forma deste Decreto-lei.

Art. 209. As repartições federais deverão remeter ao SPU, no prazo de 60 (sessenta) dias da publicação deste Decreto-lei, relação dos imóveis que tenham a seu cargo, acompanhada da documentação respectiva, com indicação dos que estejam servindo de residência de servidor da União, em caráter obrigatório, e do ato determinante da obrigatoriedade.

Art. 210. Fica cancelada toda dívida existente, até à data da publicação deste Decreto-lei, oriunda de aluguel de imóvel ocupado por servidor da União como residência em caráter obrigatório, determinado em lei, regulamento, regimento, ou outros atos do Governo.

Art. 211. Enquanto não forem aprovadas, na forma deste Decreto-lei, as relações de que trata o art. 208, os ocupantes de imóveis, que devam constituir residência obrigatória de servidor da União, ficam sujeitos ao pagamento do aluguel comum, que for fixado.

Art. 212. Serão mantidas as locações, mediante contrato, de imóveis da União, existentes na data da publicação deste Decreto-lei.

Parágrafo único. Findo o prazo contratual, o SPU promoverá a conveniente utilização do imóvel.

Art. 213. Havendo, na data da publicação deste Decreto-lei, prédio residencial ocupado sem contrato e que não seja necessário aos fins previstos no art. 76 e no item I do art. 86, o SPU promoverá a realização de concorrência para sua regular locação.

§ 1.º Enquanto não realizada a concorrência, poderá o ocupante permanecer no imóvel, pagando o aluguel que for fixado.

§ 2.º Será mantida a locação, independentemente de concorrência, de próprio nacional ocupado por servidor da União pelo tempo ininterrupto de 3 (três) ou mais anos, contados da data da publicação deste Decreto-lei, desde que durante esse período tenha o locatário pago com pontualidade os respectivos aluguéis e, a critério do SPU, conservado satisfatoriamente o imóvel.

§ 3.º Na hipótese prevista no parágrafo precedente, o órgão local do SPU promoverá imediatamente a assinatura do respectivo contrato de locação, mediante o aluguel que for fixado.

§ 4.º Nos demais casos, ao ocupante será assegurada, na concorrência, preferência à locação, em igualdade de condições.

§ 5.º Ao mesmo ocupante far-se-á notificação com antecedência de 30 (trinta) dias da abertura da concorrência.

Art. 214. No caso do artigo anterior, sendo, porém, necessário o imóvel aos fins nele mencionados ou não convindo à União alugá-lo por prazo certo, poderá o ocupante nele permanecer, sem contrato, pagando o aluguel que for fixado enquanto não utilizar-se a União do imóvel ou não lhe der outra aplicação.

Art. 215. Os direitos peremptos por força do disposto nos arts. 20, 28 e 35 do Decreto-lei n. 3.438, de 17 de julho de 1941, e 7.º do Decreto-lei n. 5.666, de 15 de julho de 1943, ficam revigorados, correndo os prazos para o seu exercício da data da notificação de que trata o art. 104 deste Decreto-lei.

• *Vide* art. 5.º, I, do Decreto-lei n. 2.398, de 21-12-1987.

Art. 216. O Ministro de Estado da Economia, diretamente ou por ato do Secretário Especial de Desestatização, Desinvestimento e Mercados do Ministério da Economia, ouvido previamente o Secretário de Coordenação e Governança do Patrimônio da União, editará os atos necessários à execução do disposto neste Decreto-lei.

•• Artigo com redação determinada pela Lei n. 13.874, de 20-9-2019.

Art. 217. O presente Decreto-lei entra em vigor na data de sua publicação.

Art. 218. Revogam-se as disposições em contrário.

Rio de Janeiro, 5 de setembro de 1946; 125.º da Independência e 58.º da República.

Eurico G. Dutra

LEI N. 810, DE 6 DE SETEMBRO DE 1949 (*)

Define o ano civil.

O Presidente da República:

Faço saber que o Congresso Nacional decreta e eu sanciono a seguinte Lei:

Art. 1.º Considera-se ano o período de 12 (doze) meses contados do dia do início ao dia e mês correspondentes do ano seguinte.

Art. 2.º Considera-se mês o período do tempo contado do dia do início ao dia correspondente do mês seguinte.

Art. 3.º Quando no ano ou mês do vencimento não houver o dia correspondente ao do início do prazo, este findará no primeiro dia subsequente.

Art. 4.º Revogam-se as disposições em contrário.

Rio de Janeiro, 6 de setembro de 1949; 128.º da Independência e 61.º da República.

Eurico G. Dutra

LEI N. 1.060, DE 5 DE FEVEREIRO DE 1950 (**)

Estabelece normas para a concessão da assistência judiciária aos necessitados.

(*) Publicada no *DOU*, de 16-9-1949.

(**) Publicada no *DOU*, de 13-2-1950, e republicada em 8-4-1974, Suplemento. *Vide* art. 5.º, LXXIV, da CF. *Vide* art. 206, parágrafo único, da Lei n. 8.069, de 13-7-1990. *Vide* art. 4.º, V, *r*, da Lei n. 10.257, de 10-7-2001 (Estatuto da Cidade). *Vide* art. 71, § 3.º, da Lei n. 10.741, de 1.º-10-2003 (Estatuto do Idoso). São originais os valores constantes deste diploma legal.

O Presidente da República:

Faço saber que o Congresso Nacional decreta e eu sanciono a seguinte Lei:

Art. 1.º Os poderes públicos federal e estadual, independentemente da colaboração que possam receber dos municípios e da Ordem dos Advogados do Brasil - OAB, concederão assistência judiciária aos necessitados, nos termos desta Lei (*Vetado*).

•• Artigo com redação determinada pela Lei n. 7.510, de 4-7-1986.

Arts. 2.º a 4.º (*Revogados pela Lei n. 13.105, de 16-3-2015.*)

Art. 5.º O juiz, se não tiver fundadas razões para indeferir o pedido, deverá julgá-lo de plano, motivando ou não o deferimento dentro do prazo de 72 (setenta e duas) horas.

§ 1.º Deferido o pedido, o juiz determinará que o serviço de assistência judiciária, organizado e mantido pelo Estado, onde houver, indique, no prazo de 2 (dois) dias úteis, o advogado que patrocinará a causa do necessitado.

§ 2.º Se no Estado não houver serviço de assistência judiciária, por ele mantido, caberá a indicação à Ordem dos Advogados, por suas Seções Estaduais, ou Subseções Municipais.

§ 3.º Nos municípios em que não existirem Subseções da Ordem dos Advogados do Brasil, o próprio juiz fará a nomeação do advogado que patrocinará a causa do necessitado.

§ 4.º Será preferido para a defesa da causa o advogado que o interessado indicar e que declare aceitar o encargo.

§ 5.º Nos Estados onde a Assistência Judiciária seja organizada e por eles mantida, o Defensor Público, ou quem exerça cargo equivalente, será intimado pessoalmente de todos os atos do processo, em ambas as Instâncias, contando-se-lhes em dobro todos os prazos.

•• § 5.º acrescentado pela Lei n. 7.871, de 8-11-1989.

Arts. 6.º e 7.º (*Revogados pela Lei n. 13.105, de 16-3-2015.*)

Art. 8.º Ocorrendo as circunstâncias mencionadas no artigo anterior, poderá o juiz, *ex officio*, decretar a revogação dos benefícios, ouvida a parte interessada dentro de 48 (quarenta e oito) horas improrrogáveis.

Art. 9.º Os benefícios da assistência judiciária compreendem todos os atos do processo até decisão final do litígio, em todas as instâncias.

Art. 10. São individuais e concedidos em cada caso ocorrente os benefícios de assistência judiciária que se não transmitem ao cessionário de direito e se extinguem pela morte do beneficiário, podendo, entretanto, ser concedidos aos herdeiros que continuarem a demanda e que necessitarem de tais favores, na forma estabelecida nesta Lei.

Arts. 11 e 12. (*Revogados pela Lei n. 13.105, de 16-3-2015.*)

Art. 13. Se o assistido puder atender, em parte, as despesas do processo, o juiz mandará pagar as custas que serão rateadas entre os que tiverem direito ao seu recebimento.

Art. 14. Os profissionais liberais designados para o desempenho do encargo de defensor ou de perito, conforme o caso, salvo justo motivo previsto em lei ou, na sua omissão, a critério da autoridade judiciária competente, são obrigados ao respectivo cumprimento, sob pena de multa de Cr$ 1.000,00 (mil cruzeiros) e Cr$ 10.000,00 (dez mil cruzeiros), sujeita ao reajustamento estabelecido na Lei n. 6.205, de 29 de abril de 1975, sem prejuízo da sanção disciplinar cabível.

•• *Caput* com redação determinada pela Lei n. 6.465, de 14-11-1977.

• Citado diploma consta deste volume.

•• Sobre valores, *vide* Nota dos Organizadores.

§ 1.º Na falta de indicação pela assistência ou pela própria parte, o juiz solicitará a do órgão de classe respectivo.

•• § 1.º com redação determinada pela Lei n. 6.465, de 14-11-1977.

§ 2.º A multa prevista neste artigo reverterá em benefício do profissional que assumir o encargo na causa.

•• § 2.º com redação determinada pela Lei n. 6.465, de 14-11-1977.

Art. 15. São motivos para a recusa do mandato pelo advogado designado ou nomeado:

1.º) estar impedido de exercer a advocacia;

2.º) ser procurador constituído pela parte contrária ou ter com ela relações profissionais de interesse atual;

3.º) ter necessidade de se ausentar da sede do juízo para atender a outro mandato anteriormente outorgado ou para defender interesses próprios inadiáveis;

4.º) já haver manifestado por escrito sua opinião contrária ao direito que o necessitado pretende pleitear;

5.º) haver dado à parte contrária parecer escrito sobre a contenda.

Parágrafo único. A recusa será solicitada ao juiz que, de plano, a concederá, temporária ou definitivamente, ou a denegará.

Art. 16. Se o advogado, ao comparecer em juízo, não exibir o instrumento do mandato outorgado pelo assistido, o juiz determinará que se exarem na ata da audiência os termos da referida outorga.

Parágrafo único. O instrumento de mandato não será exigido, quando a parte for representada em juízo por advogado integrante de entidade de direito público incumbido, na forma da lei, de prestação de assistência judiciária gratuita, ressalvados:

•• *Vide* Súmula 644 do STJ.

a) os atos previstos no art. 38 do Código de Processo Civil;

b) o requerimento de abertura de inquérito por crime de ação privada, a proposição de ação penal privada ou o oferecimento de representação por crime de ação pública condicionada.

•• Parágrafo único acrescentado pela Lei n. 6.248, de 8-10-1975.

Art. 17. (*Revogado pela Lei n. 13.105, de 16-3-2015.*)

Art. 18. Os acadêmicos de direito, a partir da 4.ª série, poderão ser indicados pela assistência judiciária, ou nomeados pelo juiz para auxiliar o patrocínio das causas dos necessitados, ficando sujeitos às mesmas obrigações impostas por esta Lei aos advogados.

Art. 19. Esta Lei entrará em vigor 30 (trinta) dias depois da sua publicação no *Diário Oficial da União*, revogadas as disposições em contrário.

Rio de Janeiro, 5 de fevereiro de 1950; 129.º da Independência e 62.º da República.

EURICO G. DUTRA

LEI N. 1.110, DE 23 DE MAIO DE 1950 (*)

Regula o reconhecimento dos efeitos civis do casamento religioso.

O Presidente da República:

Faço saber que o Congresso Nacional decreta e eu sanciono a seguinte Lei:

Art. 1.º O casamento religioso equivalerá ao civil, se observadas as prescrições desta Lei (Constituição Federal, art. 163, §§ 1.º e 2.º).

•• Refere-se à Constituição de 1946. *Vide* art. 226, § 2.º, da CF.

•• *Vide* arts. 1.515 e 1.516 do CC.

HABILITAÇÃO PRÉVIA

Art. 2.º Terminada a habilitação para o casamento perante o oficial do registro civil (Código Civil, arts. 180 e 182 e seu parágrafo) é facultado aos nubentes, para se casarem perante a autoridade civil ou ministro religioso, requerer a certidão de que estão habilitados, na forma da lei civil, deixando-a, obrigatoriamente, em poder da autoridade celebrante, para ser arquivada.

•• A referência é feita a dispositivos do CC de 1916. *Vide* arts. 1.525 e 1.527 do Código vigente.

Art. 3.º Dentro nos 3 (três) meses imediatos à entrega da certidão, a que se refere o artigo anterior (Código Civil, art. 181, § 1.º), o celebrante do casamento religioso ou qualquer interessado poderá requerer a sua inscrição, no registro público.

•• A referência é feita a dispositivo do CC de 1916. *Vide* arts. 1.531 e 1.532 do Código vigente.

§ 1.º A prova do ato do casamento religioso, subscrita pelo celebrante, conterá os requisitos constantes dos incisos do art. 81 do Decreto n. 4.857, de 9 de novembro de 1939, exceto o de n. 5 (Lei dos Registros Públicos).

•• O Decreto n. 4.857, de 9-11-1939, foi revogado pela Lei n. 6.015, de 31-12-1973, atual LRP, constante deste volume.

§ 2.º O oficial do registro civil anotará a entrada no prazo do requerimento e, dentro em 24 (vinte e quatro) horas, fará a inscrição.

HABILITAÇÃO POSTERIOR

Art. 4.º Os casamentos religiosos, celebrados sem a prévia habilitação perante o oficial do registro público, anteriores ou posteriores à presente Lei, poderão ser inscritos, desde que apresentados pelos nubentes, com o requerimento de inscrição, a prova do ato religioso e os documentos exigidos pelo art. 180 do Código Civil.

•• A referência é feita a dispositivo do CC de 1916. *Vide* art. 1.525 do Código vigente.

Parágrafo único. Se a certidão do ato do casamento não contiver os requisitos constantes dos incisos do art. 81 do Decreto n. 4.857, de 9 de novembro de 1939, exceto o de n. 5 (Lei dos Registros Públicos), os requerentes deverão suprir os que faltarem.

•• *Vide* Lei n. 6.015, de 31-12-1973, art. 70.

Art. 5.º Processada a habilitação dos requerentes e publicados os editais, na forma do disposto no Código Civil, o oficial do registro certificará que está findo o processo de habilitação, sem nada que impeça o registro do casamento religioso já realizado.

Art. 6.º No mesmo dia, o juiz ordenará a inscrição do casamento religioso, de acordo com a prova do ato religioso e os dados constantes do processo, tendo em vista o disposto no art. 81 do Decreto n. 4.857, de 9 de novembro de 1939 (Lei dos Registros Públicos).

•• *Vide* Lei n. 6.015, de 31-12-1973, art. 70.

DISPOSIÇÕES FINAIS

Art. 7.º A inscrição produzirá os efeitos jurídicos a contar do momento da celebração do casamento.

Art. 8.º A inscrição no Registro revalida os atos praticados com omissão de qualquer das formalidades exigidas, ressalvado o disposto nos arts. 207 e 209 do Código Civil.

•• A referência é feita a dispositivos do CC de 1916. *Vide* arts. 1.548, *caput* e II, e 1.550, *caput*, do Código vigente.

Art. 9.º As ações, para invalidar efeitos civis de casamento religioso, obedecerão exclusivamente aos preceitos da lei civil.

Art. 10. São derrogados os arts. 4.º e 5.º do Decreto-lei n. 3.200, de 19 de abril de 1941, e revogadas a Lei n. 379, de 16 de janeiro de 1937, e demais disposições em contrário.

Rio de Janeiro, 23 de maio de 1950; 129.º da Independência e 62.º da República.

EURICO G. DUTRA

LEI N. 2.313, DE 3 DE SETEMBRO DE 1954 (**)

Dispõe sobre os prazos dos contratos de depósito regular e voluntário de bens de qualquer espécie, e dá outras providências.

O Congresso Nacional decreta e eu promulgo, nos termos do art. 70, § 4.º, da Constituição Federal, a seguinte Lei:

(*) Publicada no *DOU*, de 27-5-1950. Registro de casamento religioso para efeitos civis: arts. 71 a 75 da Lei n. 6.015, de 31-12-1973.

(**) Publicada no *DOU*, de 13-9-1954. Regulamentada pelo Decreto n. 40.395, de 21-11-1956.

Art. 1.º Os contratos de depósito regular e voluntário de bens de qualquer espécie extinguem-se no prazo de 25 (vinte e cinco) anos, podendo, entretanto, ser renovados por expressa aquiescência das partes.

§ 1.º Extintos esses contratos, pelo decurso do prazo, os bens depositados serão recolhidos ao Tesouro Nacional e, aí, devidamente relacionados, em nome dos seus proprietários, permanecerão, se não forem estes reclamados no prazo de 5 (cinco) anos, findo o qual se incorporarão ao patrimônio nacional.

§ 2.º Por ocasião desse recolhimento ao Tesouro Nacional, os depositários dele darão conhecimento aos interessados por meio de publicidade no Diário Oficial, e na imprensa local, onde houver, pelo menos três vezes.

Art. 2.º Os créditos resultantes de contratos de qualquer natureza que se encontrarem em poder de estabelecimentos bancários, comerciais e industriais e nas Caixas Econômicas, e não forem reclamados ou movimentadas as respectivas contas pelos credores por mais de 25 (vinte e cinco) anos serão recolhidos, observado o disposto no § 2.º do art. 1.º, ao Tesouro Nacional e aí escriturados em conta especial, sem juros, à disposição dos seus proprietários ou de seus sucessores, durante 5 (cinco) anos, em cujo termo se transferirão ao patrimônio nacional.

§ 1.º Excetuam-se do disposto neste artigo os depósitos populares feitos nos estabelecimentos mencionados, que são imprescritíveis, e os casos para os quais a lei determine prazo de prescrição menor de 25 (vinte e cinco) anos.

§ 2.º Valerá como reclamação dos créditos e movimentação das contas a apresentação ou remessa, aos ditos estabelecimentos, da caderneta para contagem e lançamentos de juros, ou de qualquer documento pelo qual os credores acusem ciência dos seus saldos ou queiram deles conhecer, ressalvados também os meios idôneos admitidos em lei.

§ 3.º Suspendem-se os prazos acima estipulados em tempo de guerra, pelo tempo que esta durar, em favor dos credores, a serviço das Forças Armadas dentro ou fora do País.

Art. 3.º Revogam-se as disposições em contrário.

Senado Federal, em 3 de setembro de 1954.

Alexandre Marcondes Filho

LEI N. 4.121, DE 27 DE AGOSTO DE 1962 (*)

Dispõe sobre a situação jurídica de mulher casada (Estatuto da Mulher Casada).

O Presidente da República:

(*) Publicada no *DOU*, de 3-9-1962. *Vide* art. 5.º, I, da CF.
O Decreto n. 4.377, de 13-9-2002, promulga a Convenção sobre a Eliminação de Todas as Formas de Discriminação contra a Mulher.

Faço saber que o Congresso Nacional decreta e eu sanciono a seguinte Lei:

Art. 1.º Os arts. 6.º, 233, 240, 242, 246, 248, 263, 269, 273, 326, 380, 393, 1.579 e 1.611 do Código Civil e 469 do Código de Processo Civil passam a vigorar com a seguinte redação:

•• As modificações impostas por esta Lei ficaram prejudicadas em virtude da revogação do CC de 1916 pela Lei n. 10.406, de 10-1-2002, e do CPC de 1939 pela Lei n. 5.869, de 11-1-1973.

Art. 2.º A mulher, tendo bens ou rendimentos próprios, será obrigada, como no regime da separação de bens (art. 277 do Código Civil), a contribuir para as despesas comuns, se os bens comuns forem insuficientes para atendê-las.

•• A referência é feita a dispositivo do CC de 1916. *Vide* art. 1.688 do Código vigente.

Art. 3.º Pelos títulos de dívida de qualquer natureza, firmados por um só dos cônjuges, ainda que casados pelo regime de comunhão universal, somente responderão os bens particulares do signatário e os comuns até o limite de sua meação.

• *Vide* Súmula 134 do STJ.

Art. 4.º Esta Lei entrará em vigor 45 (quarenta e cinco) dias após a sua publicação, revogadas as disposições em contrário.

Brasília, 27 de agosto de 1962; 141.º da Independência e 74.º da República.

JOÃO GOULART

LEI N. 4.132, DE 10 DE SETEMBRO DE 1962 (**)

Define os casos de desapropriação por interesse social e dispõe sobre sua aplicação.

O Presidente da República:

Faço saber que o Congresso Nacional decreta e eu sanciono a seguinte Lei:

Art. 1.º A desapropriação por interesse social será decretada para promover a justa distribuição da propriedade ou condicionar o seu uso ao bem-estar social, na forma do art. 147 da Constituição Federal.

•• A referência é à CF de 1946. Na vigente Constituição, a matéria é tratada no art. 184.

Art. 2.º Considera-se de interesse social:

I – o aproveitamento de todo bem improdutivo ou explorado sem correspondência com as necessidades de habitação, trabalho e consumo dos centros de população a que deve ou possa suprir por seu destino econômico;

II – a instalação ou a intensificação das culturas nas áreas em cuja exploração não se obedeça a plano de zoneamento agrícola (*Vetado*);

(**) Publicada no *DOU*, de 13-11-1962. *Vide* arts. 184 e s. da CF.

III – o estabelecimento e a manutenção de colônias ou cooperativas de povoamento e trabalho agrícola;

IV – a manutenção de posseiros em terrenos urbanos onde, com a tolerância expressa ou tácita do proprietário, tenham construído sua habitação, formando núcleos residenciais de mais de dez famílias;

V – a construção de casas populares;

VI – as terras e águas suscetíveis de valorização extraordinária, pela conclusão de obras e serviços públicos, notadamente de saneamento, portos, transporte, eletrificação, armazenamento de água e irrigação, no caso em que não sejam ditas áreas socialmente aproveitadas;

VII – a proteção do solo e a preservação de cursos e mananciais de água e de reservas florestais;

VIII – a utilização de áreas, locais ou bens que, por suas características, sejam apropriados ao desenvolvimento de atividades turísticas.

•• Inciso VIII acrescentado pela Lei n. 6.513, de 20-12-1977.

§ 1.º O disposto no item I deste artigo só se aplicará nos casos de bens retirados de produção ou tratando-se de imóveis rurais cuja produção, por ineficientemente explorados, seja inferior à média da região, atendidas as condições naturais do seu solo e sua situação em relação aos mercados.

§ 2.º As necessidades de habitação, trabalho e consumo serão apuradas anualmente segundo a conjuntura e condições econômicas locais, cabendo o seu estudo e verificação às autoridades encarregadas de velar pelo bem-estar e pelo abastecimento das respectivas populações.

Art. 3.º O expropriante tem o prazo de 2 (dois) anos, a partir da decretação da desapropriação por interesse social, para efetivar a aludida desapropriação e iniciar as providências de aproveitamento do bem expropriado.

Parágrafo único. (*Vetado.*)

Art. 4.º Os bens desapropriados serão objeto de venda ou locação, a quem estiver em condições de dar-lhes a destinação social prevista.

Art. 5.º No que esta Lei for omissa aplicam-se as normas legais que regulam a desapropriação por utilidade pública, inclusive no tocante ao processo e à justa indenização devida ao proprietário.

Art. 6.º Revogam-se as disposições em contrário.

Brasília, 10 de setembro de 1962; 141.º da Independência e 74.º da República.

JOÃO GOULART

LEI N. 4.380, DE 21 DE AGOSTO DE 1964 (*)

Institui a correção monetária nos contratos imobiliários de interesse social, o sistema financeiro para a aquisição da casa própria, cria o Banco Nacional da Habitação (BNH), e sociedades de crédito imobiliário, as letras imobiliárias, o Serviço Federal de Habitação e Urbanismo e dá outras providências.

O Presidente da República:

Faço saber que o Congresso Nacional decreta e eu sanciono a seguinte Lei:

Capítulo I
DA COORDENAÇÃO DOS ÓRGÃOS PÚBLICOS E DA INICIATIVA PRIVADA

Art. 1.º O Governo Federal, através do Ministro de Planejamento, formulará a política nacional de habitação e de planejamento territorial, coordenando a ação dos órgãos públicos e orientando a iniciativa privada no sentido de estimular a construção de habitações de interesse social e o financiamento da aquisição da casa própria, especialmente pelas classes da população de menor renda.

Art. 2.º O Governo Federal intervirá no setor habitacional por intermédio:

I – do Banco Nacional da Habitação;

II – do Serviço Federal de Habitação e Urbanismo;

III – das Caixas Econômicas Federais, IPASE, das Caixas Militares, dos órgãos federais de desenvolvimento regional e das sociedades de economia mista.

Art. 3.º Os órgãos federais enumerados no artigo anterior exercerão de preferência atividades de coordenação, orientação e assistência técnica e financeira, ficando reservadas:

I – aos Estados e Municípios, com a assistência dos órgãos federais, a elaboração e execução de planos diretores, projetos e orçamentos para a solução dos seus problemas habitacionais;

(*) Publicada no *DOU*, de 11-9-1964. As partes mantidas pelo Congresso Nacional foram publicadas no *DOU*, de 30-9-1964. *Vide* Lei n. 5.455, de 19-6-1968, que alterou dispositivos desta Lei e deu outras providências, o art. 11 da Lei n. 5.741, de 1.º-12-1971, e o Decreto n. 94.548, de 2-7-1987, que dispõe sobre a forma de reajuste de contrato de Financiamento Imobiliário vinculados à Unidade-Padrão de Capital, de que trata esta Lei. A Lei n. 8.692, de 28-7-1993, sobre o Plano de Comprometimento de Renda – PCR. *Vide* art. 39, I, da Lei n. 9.514, de 20-11-1997, sobre operações de financiamento imobiliário. A Lei n. 10.150, de 21-12-2000, dispõe sobre a novação de dívidas de responsabilidade do Fundo de Compensação de Variações Salariais – FCVS. *Vide* arts. 46 a 52 da Lei n. 10.931, de 2-8-2004, sobre contratos de financiamento de imóveis. Sobre BNH, *vide* Nota dos Organizadores. São originais os valores constantes deste diploma legal. *Vide* Lei n. 13.097, de 19-1-2015.

II – à iniciativa privada, a promoção e execução de projetos de construção de habitações segundo as diretrizes urbanísticas locais.

§ 1.º Será estimulada a coordenação dos esforços, na mesma área ou local, dos órgãos públicos federais, estaduais e municipais, bem como das iniciativas privadas, de modo que se obtenha a concentração e melhor utilização dos recursos disponíveis.

§ 2.º A execução dos projetos somente caberá aos órgãos federais para suprir a falta de iniciativa local, pública ou privada.

Art. 4.º Terão prioridade na aplicação dos recursos:

I – a construção de conjuntos habitacionais destinados à eliminação de favelas, mocambos e outras aglomerações em condições sub-humanas de habitação;

II – os projetos municipais ou estaduais que, com as ofertas de terrenos já urbanizados e dotados dos necessários melhoramentos, permitirem o início imediato da construção de habitações;

III – os projetos de cooperativas e outras formas associativas de construção de casa própria;

IV – os projetos da iniciativa privada que contribuam para a solução dos problemas habitacionais ... (*Vetado*);

V – a construção de moradia para a população rural.

•• Mantido este item V pelo Congresso após veto presidencial.

Capítulo II
DA CORREÇÃO MONETÁRIA NOS CONTRATOS IMOBILIÁRIOS

Art. 5.º Observado o disposto na presente Lei, os contratos de vendas ou construção de habitações para pagamento a prazo ou de empréstimos para aquisição ou construção de habitações poderão prever o reajustamento das prestações mensais de amortização e juros, com a consequente correção do valor monetário da dívida toda vez que o salário mínimo legal for alterado.

§ 1.º O reajustamento será baseado em índice geral de preços mensalmente apurado ou adotado pelo Conselho Nacional de Economia que reflita adequadamente as variações no poder aquisitivo da moeda nacional.

§ 2.º O reajustamento contratual será efetuado ... (*Vetado*) ... na mesma proporção da variação do índice referido no parágrafo anterior:

a) desde o mês da data do contrato até o mês da entrada em vigor do novo nível de salário mínimo, no primeiro reajustamento após a data do contrato;

b) entre os meses de duas alterações sucessivas do nível de salário mínimo, nos reajustamentos subsequentes ao primeiro.

§ 3.º Cada reajustamento entrará em vigor após 60 (sessenta) dias da data de vigência da alteração do salário mínimo que o autorizar e a prestação mensal reajustada vigorará até novo reajustamento.

§ 4.º Do contrato constará, obrigatoriamente, na hipótese de adotada a cláusula de reajustamento, a relação original entre a prestação mensal de amortização e juros e o salário mínimo em vigor na data do contrato.

§ 5.º Durante a vigência do contrato, a prestação mensal reajustada não poderá exceder, em relação ao salário mínimo em vigor, a percentagem nele estabelecida.

§ 6.º Para o efeito de determinar a data do reajustamento e a percentagem referida no parágrafo anterior, tomar-se-á por base o salário mínimo da região onde se acha situado o imóvel.

§§ 7.º e 8.º (*Vetados*.)

§ 9.º O disposto neste artigo, quando o adquirente for servidor público ou autárquico, poderá ser aplicado tomando como base a vigência da lei que lhes altere os vencimentos.

Art. 6.º O disposto no artigo anterior somente se aplicará aos contratos de venda, promessa de venda, cessão ou promessa de cessão, ou empréstimos que satisfaçam às seguintes condições:

a) e b) (*Revogadas pela Lei n. 4.864, de 29-11-1965*.)

c) ao menos parte do financiamento, ou do preço a ser pago, seja amortizado em prestações mensais sucessivas, de igual valor, antes do reajustamento, que incluam amortização e juros;

•• *Vide* Súmula 450 do STJ.

d) além das prestações mensais referidas na alínea anterior, quando convencionadas prestações intermediárias, fica vedado o reajustamento das mesmas e do saldo devedor a elas correspondente;

e) os juros convencionais não excedam de 10% (dez por cento) ao ano;

•• *Vide* Súmula 422 do STJ.

f) se assegure ao devedor, comprador, promitente comprador, cessionário ou promitente cessionário o direito a liquidar antecipadamente a dívida em forma obrigatoriamente prevista no contrato, a qual poderá prever a correção monetária do saldo devedor, de acordo com os limites previstos no § 1.º do artigo anterior.

Parágrafo único. As restrições das alíneas *a* e *b* não obrigam as entidades integrantes do Sistema Financeiro da Habitação, cujas aplicações, a este respeito, são regidas pelos arts. 11 e 12.

•• Remissão prejudicada em face da revogação das alíneas *a* e *b*.

Art. 7.º Após 180 (cento e oitenta) dias da concessão do "habite-se", caracterizando a conclusão da construção, nenhuma unidade residencial pode ser vendida ou prometida vender, ou ceder, com o benefício de pagamentos regidos pelos arts. 5.º e 6.º desta Lei.

§ 1.º Para os efeitos desse artigo equipara-se ao "habite-se" das autoridades municipais a ocupação efetiva da unidade residencial.

§ 2.º O disposto neste artigo não se aplica aos imóveis já construídos cuja alienação seja contratada, nos termos dos arts. 5.º e 6.º, pelos respectivos titulares, desde que estes incorporem ao capital de sociedade de crédito imobiliário o preço da transação.

§ 3.º Aos imóveis de propriedade das pessoas jurídicas de direito público ou de sociedade de economia mista, de que o Poder Público seja majoritário, não se aplica o disposto neste artigo.

§ 4.º A restrição deste artigo não se aplicará àquele que, não sendo proprietário, promitente comprador ou promitente cessionário de mais de uma habitação, desejar aliená-la de modo a adquirir outra, na forma dos arts. 5.º e 6.º desta Lei, desde que a aquisição seja de qualquer forma contratada simultaneamente com a alienação.

§ 5.º Não se aplicam as restrições deste artigo aos imóveis ocupados há mais de 2 (dois) anos, pelo locatário que pretender adquiri-los mediante financiamento de qualquer dos agentes financeiros do Sistema Financeiro da Habitação, desde que os recursos obtidos pelo locador sejam utilizados na construção de novas habitações, conforme normas regulamentares a serem baixadas pelo Banco Nacional da Habitação ou que permaneçam depositados no Sistema Financeiro da Habitação, pelo prazo mínimo de 5 (cinco) anos.

•• § 5.º acrescentado pela Lei n. 5.455, de 19-6-1968.

Capítulo III
DO SISTEMA FINANCEIRO DA HABITAÇÃO DE INTERESSE SOCIAL

Seção I
Órgãos Componentes do Sistema

Art. 8.º O Sistema Financeiro da Habitação, destinado a facilitar e promover a construção e a aquisição da casa própria ou moradia, especialmente pelas classes de menor renda da população, será integrado:

•• *Caput* com redação determinada pela Lei n. 8.245, de 18-10-1991.

I – pelos bancos múltiplos;

•• Inciso I com redação determinada pela Lei n. 11.977, de 7-7-2009.

II – pelos bancos comerciais;

•• Inciso II com redação determinada pela Lei n. 11.977, de 7-7-2009.

III – pelas caixas econômicas;

•• Inciso III com redação determinada pela Lei n. 11.977, de 7-7-2009.

IV – pelas sociedades de crédito imobiliário;

•• Inciso IV com redação determinada pela Lei n. 11.977, de 7-7-2009.

V – pelas associações de poupança e empréstimo;

•• Inciso V acrescentado pela Lei n. 11.977, de 7-7-2009.

VI – pelas companhias hipotecárias;

•• Inciso VI acrescentado pela Lei n. 11.977, de 7-7-2009.

VII – pelos órgãos federais, estaduais e municipais, inclusive sociedades de economia mista em que haja participação majoritária do poder público, que operem, de acordo com o disposto nesta Lei, no financiamento de habitações e obras conexas;

•• Inciso VII acrescentado pela Lei n. 11.977, de 7-7-2009.

VIII – pelas fundações, cooperativas e outras formas associativas para construção ou aquisição da casa própria sem finalidade de lucro, que se constituirão de acordo com as diretrizes desta Lei;

•• Inciso VIII acrescentado pela Lei n. 11.977, de 7-7-2009.

IX – pelas caixas militares;

•• Inciso IX acrescentado pela Lei n. 11.977, de 7-7-2009.

X – pelas entidades abertas de previdência complementar;

•• Inciso X acrescentado pela Lei n. 11.977, de 7-7-2009.

XI – pelas companhias securitizadoras de crédito imobiliário;

•• Inciso XI acrescentado pela Lei n. 11.977, de 7-7-2009.

XII – por outras instituições que venham a ser consideradas pelo Conselho Monetário Nacional como integrantes do Sistema Financeiro da Habitação.

•• Inciso XII acrescentado pela Lei n. 11.977, de 7-7-2009.

Parágrafo único. O Conselho da Superintendência da Moeda e do Crédito fixará as normas que regulem as relações entre o Sistema Financeiro da Habitação e o restante do sistema financeiro nacional, especialmente quanto à possibilidade, às condições e aos limites de aplicação de recursos da rede bancária em letras imobiliárias, emitidas, nos termos desta Lei, pelo Banco Nacional da Habitação.

Seção II
Das Aplicações do Sistema Financeiro da Habitação

Art. 9.º Todas as aplicações do Sistema terão por objeto, fundamentalmente, a aquisição de casa para residência do adquirente, sua família e seus dependentes, vedadas quaisquer aplicações em terrenos não construídos, salvo como parte de operação financeira destinada à construção da mesma.

§ 1.º (*Revogado pela Medida Provisória n. 2.197-43, de 24-8-2001.*)

• *Vide* Súmula 31 do STJ.

§ 2.º Após 180 (cento e oitenta) dias da concessão do "habite-se", caracterizando a conclusão da construção, nenhuma unidade residencial pode ser objeto de aplicação pelo Sistema Financeiro da Habitação, equiparando-se ao "habite-se" das autoridades municipais a ocupação efetiva da unidade residencial.

§ 3.º O disposto no parágrafo anterior não se aplicará aos imóveis já construídos, que sejam alienados a partir desta Lei por seus proprietários ou promitentes compradores, por motivo de aquisição de outro imóvel que satisfaça às condições desta Lei para ser objeto de aplicação pelo Sistema Financeiro da Habitação.

Art. 10. Todas as aplicações do Sistema Financeiro da Habitação revestirão a forma de créditos reajustáveis de acordo com os arts. 5.º e 6.º desta Lei.

§ 1.º Os financiamentos para aquisição ou construção de habitações e as vendas a prazo de habitações, efetuadas pelas Caixas Econômicas ... (*Vetado*) ... e outras autarquias ... (*Vetado*) ... ou por sociedades de economia mista ... (*Vetado*) ..., estabelecerão, obrigatoriamente, o reajustamento do saldo devedor e das prestações de amortização e juros, obedecidas as disposições dos arts. 5.º e 6.º.

§ 2.º As entidades estatais, inclusive as sociedades de economia mista, em que o Poder Público seja majoritário, adotarão, nos seus financiamentos, critérios e classificação dos candidatos aprovados pelo Banco Nacional da Habitação, ouvido o Serviço Federal de Habitação e Urbanismo, e darão, obrigatoriamente, ampla publicidade das inscrições e dos financiamentos concedidos.

§ 3.º Os órgãos federais deverão aplicar os recursos por eles arrecadados para o Sistema Financeiro da Habitação, até 50% (cinquenta por cento) no Estado de origem dos recursos, redistribuindo o restante pelas unidades federativas compreendidas em regiões de menor desenvolvimento econômico.

Art. 11. Os recursos destinados ao setor habitacional pelas entidades estatais, inclusive sociedades de economia mista de que o Poder Público seja majoritário, distribuir-se-ão, permanentemente, da seguinte forma:

I – em habitações de valor unitário inferior a 100 (cem) vezes o maior salário mínimo mensal, vigente no País, uma percentagem mínima dos recursos a ser fixada, bienalmente, pelo Banco Nacional da Habitação, em função das condições do mercado e das regiões, e por instituição ou tipo de instituição;

II – em habitações de valor unitário compreendido entre 300 (trezentas) e 400 (quatrocentas) vezes o maior salário mínimo, vigente no País, no máximo, 20% (vinte por cento) dos recursos, vedadas as aplicações em habitações de valor unitário superior a 400 (quatrocentas) vezes o maior salário mínimo citado.

•• *Caput* com redação determinada pela Lei n. 4.864, de 29-11-1965.

§ 1.º Dentro do limite de recursos obrigatoriamente aplicados em habitações de valor unitário inferior a 100 (cem) vezes o maior salário mínimo no País, o Banco Nacional da Habitação fixará, para cada região ou localidade, a percentagem mínima de recursos que devem ser aplicados no financiamento de projetos destinados à eliminação de favelas, mocambos e outras aglomerações em condições subumanas de habitação.

•• § 1.º com redação determinada pela Lei n. 4.864, de 29-11-1965.

§ 2.º Nas aplicações a que se refere o inciso II, a parcela financiada do valor do imóvel não poderá ultrapassar 80% (oitenta por cento) do mesmo.

•• § 2.º com redação determinada pela Lei n. 4.864, de 29-11-1965.

§ 3.º Os recursos aplicados ou com aplicação contratada, no setor habitacional, na data da publicação desta Lei, pelas entidades estatais, inclusive sociedades de economia mista, não serão computados nas percentagens de aplicação a que se refere este artigo.

•• § 3.º com redação determinada pela Lei n. 4.864, de 29-11-1965.

§ 4.º O disposto neste artigo não se aplica aos processos das Caixas Econômicas Federais, Caixas Militares e IPASE, já deferidos pelos órgãos e autoridades competentes, na data da publicação desta Lei.

•• § 4.º com redação determinada pela Lei n. 4.864, de 29-11-1965.

§ 5.º Em função das condições de mercado e das regiões, o Banco Nacional da Habitação poderá alterar os critérios de distribuição das aplicações previstas no inciso II deste artigo.

•• § 5.º com redação determinada pela Lei n. 4.864, de 29-11-1965.

Art. 12. Os recursos aplicados pelas entidades privadas integrantes do Sistema Financeiro da Habitação se distribuirão permanentemente da seguinte forma:

I – no mínimo 60% (sessenta por cento) dos recursos deverão estar aplicados em habitações de valor unitário inferior a 300 (trezentas) vezes o maior salário mínimo mensal vigente no País;

•• Inciso I com redação determinada pela Lei n. 4.864, de 29-11-1965.

II – no máximo 20% (vinte por cento) dos recursos poderão estar aplicados em habitações de valor unitário superior a 400 (quatrocentas) vezes o maior salário mínimo mensal vigente no País;

•• Inciso II com redação determinada pela Lei n. 4.864, de 29-11-1965.

III – serão vedadas as aplicações em habitações de valor unitário superior a 500 (quinhentas) vezes o maior salário mínimo mensal vigente no País.

•• Inciso III com redação determinada pela Lei n. 4.864, de 29-11-1965.

Parágrafo único. Nas aplicações a que se refere o inciso II, a parcela financiada do valor do imóvel não poderá ultrapassar de 80% (oitenta por cento) do mesmo.

Art. 13. A partir do terceiro ano da aplicação da presente Lei, o Banco Nacional da Habitação poderá alterar os critérios de distribuição das aplicações previstas nos artigos anteriores.

Art. 14. (*Revogado pela Medida Provisória n. 2.197-43, de 24-8-2001.*)

Seção III

Dos Recursos do Sistema Financeiro da Habitação

Art. 15. As entidades integrantes do Sistema Financeiro da Habitação poderão assegurar reajustamento monetário nas condições previstas no art. 5.º:

I – aos depósitos no sistema que obedeçam às normas gerais fixadas pelo Banco Nacional da Habitação, cujo prazo não poderá ser inferior a 1 (um) ano, e que não poderão ser movimentados com cheques;

II – aos financiamentos contraídos no País ou no Exterior para a execução de projetos de habitações, desde que observem os limites e as normas gerais estabelecidas pelo Banco Nacional da Habitação;

III – às letras imobiliárias emitidas nos termos desta Lei pelo Banco Nacional da Habitação ou pelas sociedades de crédito imobiliário.

§ 1.º Em relação às Caixas Econômicas Federais e a outras entidades do sistema, que não operem exclusivamente no setor habitacional, o reajustamento previsto neste artigo somente poderá ser assegurado aos depósitos e empréstimos das suas carteiras especializadas no setor habitacional.

§ 2.º O sistema manterá depósitos especiais de acumulação de poupanças para os pretendentes a financiamento de casa própria, cujos titulares terão preferência na obtenção desses financiamentos, obedecidas as condições gerais estabelecidas pelo Banco Nacional da Habitação.

§ 3.º Todos os financiamentos externos e acordos de assistência técnica relacionados com a habitação dependerão da aprovação prévia do Banco Nacional da Habitação e não poderão estar condicionados à utilização de patentes, licenças e materiais de procedência estrangeira.

Art. 15-A. É permitida a pactuação de capitalização de juros com periodicidade mensal nas operações realizadas pelas entidades integrantes do Sistema Financeiro da Habitação – SFH.

•• *Caput* acrescentado pela Lei n. 11.977, de 7-7-2009.

§ 1.º No ato da contratação e sempre que solicitado pelo devedor será apresentado pelo credor, por meio de planilha de cálculo que evidencie de modo claro e preciso, e de fácil entendimento e compreensão, o seguinte conjunto de informações:

•• § 1.º, *caput*, acrescentado pela Lei n. 11.977, de 7-7-2009.

I – saldo devedor e prazo remanescente do contrato;

•• Inciso I acrescentado pela Lei n. 11.977, de 7-7-2009.

II – taxa de juros contratual, nominal e efetiva, nas periodicidades mensal e anual;

•• Inciso II acrescentado pela Lei n. 11.977, de 7-7-2009.

III – valores repassados pela instituição credora às seguradoras, a título de pagamento de prêmio de seguro pelo mutuário, por tipo de seguro;

•• Inciso III acrescentado pela Lei n. 11.977, de 7-7-2009.

IV – taxas, custas e demais despesas cobradas juntamente com a prestação, discriminadas uma a uma;

•• Inciso IV acrescentado pela Lei n. 11.977, de 7-7-2009.

V – somatório dos valores já pagos ou repassados relativos a:

a) juros;

b) amortização;

c) prêmio de seguro por tipo de seguro;

d) taxas, custas e demais despesas, discriminando por tipo;

•• Inciso V acrescentado pela Lei n. 11.977, de 7-7-2009.

VI – valor mensal projetado das prestações ainda não pagas, pelo prazo remanescente do contrato, e o respectivo somatório, decompostos em juros e amortizações;

•• Inciso VI acrescentado pela Lei n. 11.977, de 7-7-2009.

VII – valor devido em multas e demais penalidades contratuais quando houver atraso no pagamento da prestação.

•• Inciso VII acrescentado pela Lei n. 11.977, de 7-7-2009.

§ 2.º No cômputo dos valores de que trata o inciso VI do § 1.º, a instituição credora deve desconsiderar os efeitos de eventual previsão contratual de atualização monetária do saldo devedor ou das prestações.

•• § 2.º acrescentado pela Lei n. 11.977, de 7-7-2009.

Art. 15-B. Nas operações de empréstimo ou financiamento realizadas por instituições integrantes do Sistema Financeiro da Habitação que prevejam pagamentos por meio de prestações periódicas, os sistemas de amortização do saldo devedor poderão ser livremente pactuados entre as partes.

•• *Caput* acrescentado pela Lei n. 11.977, 7-7-2009.

§ 1.º O valor presente do fluxo futuro das prestações, compostas de amortização do principal e juros, geradas pelas operações de que trata o *caput*, deve ser calculado com a utilização da taxa de juros pactuada no contrato, não podendo resultar em valor diferente ao do empréstimo ou do financiamento concedido.

•• § 1.º acrescentado pela Lei n. 11.977, de 7-7-2009.

§ 2.º No caso de empréstimos e financiamentos com previsão de atualização monetária do saldo devedor ou das prestações, para fins de apuração do valor presente de que trata o § 1.º, não serão considerados os efeitos da referida atualização monetária.

•• § 2.º acrescentado pela Lei n. 11.977, de 7-7-2009.

§ 3.º Nas operações de empréstimo ou financiamento de que dispõe o *caput* é obrigatório o oferecimento ao mutuário do Sistema de Amortização Constante – SAC e de, no mínimo, outro sistema de amortização que atenda o disposto nos §§ 1.º e 2.º, entre eles o Sistema de Amortização Crescente – SACRE e o Sistema Francês de Amortização (Tabela Price).

•• § 3.º acrescentado pela Lei n. 11.977, de 7-7-2009.

Capítulo IV
DO BANCO NACIONAL DA HABITAÇÃO

Art. 16. Fica criado, vinculado ao Ministério da Fazenda, o Banco Nacional da Habitação (BNH), que terá personalidade jurídica de direito público, patrimônio próprio e autonomia administrativa, gozando de imunidade tributária.

§ 1.º O Banco Nacional da Habitação poderá instalar agências em todo o território nacional, mas operará, de preferência, usando como agentes e representantes as Caixas Econômicas Federais e Estaduais, os bancos oficiais e de economia mista e as demais entidades integrantes do Sistema Financeiro da Habitação.

§ 2.º O Banco Nacional da Habitação poderá utilizar-se da rede bancária comercial nas localidades em que não haja agentes ou representantes das entidades referidas no parágrafo anterior.

Art. 17. O Banco Nacional da Habitação terá por finalidade:

I – orientar, disciplinar e controlar o Sistema Financeiro da Habitação;

II – incentivar a formação de poupança e sua canalização para o Sistema Financeiro da Habitação;

III – disciplinar o acesso das sociedades de crédito imobiliário ao mercado nacional de capitais;

IV – manter serviços de redesconto e de seguro para garantia das aplicações do Sistema Financeiro da Habitação e dos recursos a ele entregues;

V – manter serviços de seguro de vida de renda temporária para os compradores de imóveis objeto de aplicações do Sistema;

VI – financiar ou refinanciar a elaboração e execução de projetos promovidos por entidades locais ... (*Vetado*) ... de conjuntos habitacionais, obras e serviços correlatos;

VII – refinanciar as operações das sociedades de crédito imobiliário;

VIII – financiar ou refinanciar projetos relativos a ... (*Vetado*) ... instalação e desenvolvimento da indústria ... (*Vetado*) ... de materiais de construção e pesquisas tecnológicas, necessárias à melhoria das condições habitacionais do País ... (*Vetado*) ...

Parágrafo único. O Banco Nacional da Habitação operará exclusivamente como órgão orientador, disciplinador e de assistência financeira, sendo-lhe vedado operar diretamente em financiamento, compra e venda ou construção de habitações, salvo para a venda dos terrenos referidos no art. 26 ou para realização de bens recebidos em liquidação de garantias.

Art. 18. Compete ao Banco Nacional da Habitação:

I – autorizar e fiscalizar o funcionamento das sociedades de crédito imobiliário;

II – fixar as condições gerais quanto a limites, prazos, retiradas, juros e seguro obrigatório das contas de depósito no Sistema Financeiro da Habitação;

III – estabelecer as condições gerais a que deverão satisfazer as aplicações do Sistema Financeiro da Habitação quanto a garantias, juros, prazos, limites de risco e valores máximos de financiamento e de aquisição dos imóveis financiados no âmbito do Sistema Financeiro da Habitação;

•• Inciso III com redação determinada pela Medida Provisória n. 2.197-43, de 24-8-2001.

IV – fixar os limites, em relação ao capital e reservas, dos depósitos recebidos e dos empréstimos tomados pelas sociedades de crédito imobiliário;

V – fixar os limites mínimos de diversificações de aplicações a serem observados pelas entidades integrantes do Sistema Financeiro da Habitação;

VI – fixar os limites de emissão e as condições de colocação, vencimento e juros das letras imobiliárias, bem como as condições dos seguros de suas emissões;

VII – fixar as condições e os prêmios dos seguros de depósitos e de aplicações a que serão obrigadas as entidades integrantes do Sistema Financeiro da Habitação;

VIII – fixar as condições gerais de operação da sua carteira de redesconto das aplicações do Sistema Financeiro da Habitação;

IX – determinar as condições em que a rede seguradora privada nacional operará nas várias modalidades de seguro previstas na presente Lei;

X – (*Vetado*);

XI – exercer as demais atribuições previstas nesta Lei.

Parágrafo único. No exercício de suas atribuições, o Banco Nacional da Habitação obedecerá aos limites globais e às condições gerais fixadas pelo Conselho da Superintendência da Moeda e do Crédito, com o objetivo de subordinar o Sistema Financeiro da Habitação à política financeira, monetária e econômica em execução pelo Governo Federal.

Art. 19. O Banco Nacional da Habitação ... (*Vetado*) ... poderá receber depósitos:

a) de entidades governamentais, autárquicas, paraestatais e de economia mista;

b) das entidades integrantes do Sistema Financeiro da Habitação;

c) que resultem de operações realizadas pelo Banco ou que a elas estejam diretamente vinculadas.

Art. 20. Mediante autorização do Ministro da Fazenda, o Banco Nacional da Habitação poderá tomar empréstimos, no País ou no Exterior, a fim de obter recursos para a realização das suas finalidades.

§ 1.º Os empréstimos internos referidos neste artigo poderão ser corrigidos de acordo com o art. 5.º ou revestir a forma de letras imobiliárias.

§ 2.º O Ministro da Fazenda poderá dar a garantia do Tesouro Nacional aos empréstimos referidos neste artigo, até um saldo devedor total, em cada momento, de um trilhão de cruzeiros para os empréstimos internos e trezentos milhões de dólares ou equivalente em outras moedas, para os empréstimos em moeda estrangeira.

§ 3.º O limite em cruzados constante do parágrafo anterior será anualmente reajustado pelos índices referidos no art. 5.º.

Art. 21. O Serviço Social da Indústria (SESI) e o Serviço Social do Comércio (SESC), inclusive os Departamentos Regionais, aplicarão anualmente na aquisição de letras imobiliárias de emissão do Banco Nacional da Habitação, a partir do exercício de 1965, 20% (vinte por cento) das receitas compulsórias a eles vinculadas.

§ 1.º (*Vetado*.)

§ 2.º O Ministro da Fazenda fixará periodicamente a percentagem dos depósitos das Caixas Econômicas Federais, que deverá ser obrigatoriamente aplicada em depósitos no BNH.

•• Primitivo § 3.º renumerado pela Lei n. 5.455, de 19-6-1968.

Art. 22. Todas as empresas do País que mantenham empregados sujeitos a desconto para Institutos de Aposentadoria e Pensões são obrigadas a contribuir com a percentagem de 1% (um por cento) mensal sobre o montante de suas folhas de pagamento para a constituição do capital do Banco Nacional da Habitação.

§ 1.º A cobrança dessa percentagem obedecerá aos dispositivos da legislação vigente sobre as contribuições previdenciárias.

§ 2.º Os Institutos de Aposentadoria e Pensões recolherão mensalmente ao Banco Nacional da Habitação o produto da arrecadação prevista neste artigo, descontada a taxa correspondente às despesas de administração fixada de comum acordo entre o DNPS e o Banco Nacional da Habitação.

§ 3.º O recolhimento a que se refere o presente artigo será devido a partir do segundo mês após a promulgação desta Lei.

§ 4.º Na forma a ser estabelecida em regulamento a ser baixado pelo BNH, as empresas abrangidas por este artigo poderão deduzir a importância correspondente a 50% (cinquenta por cento) do valor das aplicações que façam em planos de habitação destinados à casa própria de seus empregados, da contribuição prevista neste artigo.

§ 5.º Os planos a que se refere o parágrafo anterior dependem de prévia aprovação e execução controlada pelo BNH, diretamente ou por delegação.

§ 6.º Não estão obrigados ao recolhimento da contribuição prevista neste artigo as instituições de educação e de assistência social, amparadas pela Lei n. 3.193, de 4 de julho de 1957, e Lei n. 3.577, de 4 de julho de 1959, bem como pelo Decreto n. 1.117, de 1.º de junho de 1962.

•• § 6.º acrescentado pela Lei n. 5.127, de 29-9-1966.

Art. 23. A construção de prédios residenciais, cujo custo seja superior a 850 (oitocentas e cinquenta) vezes o maior salário mínimo vigente no País, considerado este custo para cada unidade residencial, seja em prédio individual, seja em edifícios de apartamentos ou vilas, fica sujeito ao pagamento de uma subscrição pelo proprietário, promitente comprador ou promitente cessionário do respectivo terreno, de letras imobiliárias emitidas pelo Banco Nacional da Habitação, com as características do art. 45 desta Lei.

•• *Caput* com redação determinada pela Lei n. 4.864, de 29-11-1965.

§ 1.º O montante dessa subscrição será de 5% (cinco por cento) sobre o valor da construção, quando esta estiver entre os limites de 850 (oitocentas e cinquenta) a 1.150 (mil cento e cinquenta) vezes o maior salário mínimo vigente no País à época da concessão do respectivo "habite-se" e de 10% (dez por cento) sobre o que exceder de tal limite.

•• § 1.º com redação determinada pela Lei n. 4.864, de 29-11-1965.

§ 2.º As autoridades municipais, antes de concederem o "habite-se" para os prédios residenciais, exigirão do construtor uma declaração do seu custo efetivo e, quando for o caso, do proprietário comprovação do cumprimento do disposto no presente artigo.

•• § 2.º com redação determinada pela Lei n. 4.864, de 29-11-1965.

§ 3.º Só poderão gozar dos benefícios e vantagens previstos na presente Lei os Municípios que obedecerem ao disposto neste artigo.

•• § 3.º com redação determinada pela Lei n. 4.864, de 29-11-1965.

Art. 24. O Banco Nacional da Habitação poderá operar em:

I – prestação de garantia em financiamento obtido, no País ou no Exterior, pelas entidades integrantes do Sistema Financeiro da Habitação, destinado à execução de projetos de habitação de interesse social;

II – carteira de seguro dos créditos resultantes da venda ou construção de habitação a prazo, ou de empréstimos para aquisição ou construção de habitações;

III – carteira de seguro dos depósitos nas entidades integrantes do Sistema Financeiro da Habitação;

IV – carteira de redesconto para assegurar a liquidez do Sistema Financeiro da Habitação;

V – carteira de seguro de vida de renda temporária dos adquirentes, financiados pelo Sistema Financeiro da Habitação;

VI – carteira de seguro de resgate e pagamento de juros das letras imobiliárias emitidas pelas sociedades de crédito imobiliário;

VII – financiamento ou refinanciamento da elaboração ou execução de projetos de construção de conjuntos habitacionais ... (*Vetado*) ... instalação e desenvolvimento da indústria ... (*Vetado*) ... de materiais de construção e pesquisas tecnológicas;

VIII – refinanciamento parcial dos créditos concedidos pelas sociedades de crédito imobiliário.

§ 1.º O Banco Nacional da Habitação somente operará ... (*Vetado*) ... para aplicação dos recursos disponíveis, depois de asseguradas as reservas técnicas necessárias às operações referidas nos incisos I a VI, inclusive.

§ 2.º Os recursos disponíveis do Banco Nacional da Habitação serão mantidos em depósito no Banco do Brasil S.A. ... (*Vetado*).

§ 3.º Dos recursos recolhidos ao Banco Nacional da Habitação, serão destinadas anualmente as verbas necessárias ao custeio das atividades do Serviço Federal da Habitação e Urbanismo ... (*Vetado*).

Art. 25. O capital do Banco Nacional da Habitação pertencerá integralmente à União Federal.

Parágrafo único. O capital inicial do Banco Nacional da Habitação será de um bilhão de cruzeiros.

Art. 26. O Poder Executivo transferirá, dentro de 1 (um) ano, para o patrimônio do Banco Nacional da Habitação, terrenos de propriedade da União Federal que não sejam necessários aos serviços públicos federais ou que possam ser vendidos para realizar recursos líquidos destinados ao aumento do capital do Banco, desde que se prestem à construção de conjuntos residenciais de interesse social.

§ 1.º O Banco poderá igualmente receber dos Governos Estaduais, Municipais e particulares ou de entidades de direito privado, estes sob a forma de doações, terras ou terrenos rurais ou urbanos, apropriados para a construção de imóveis.

§ 2.º No caso de doações previstas no parágrafo anterior, nenhum ônus recairá sobre o doador de terras ou terrenos recebidos pelo Banco.

Art. 27. O Banco Nacional da Habitação será administrado por um Conselho de Administração e uma diretoria, cujos membros serão nomeados pelo Presidente da República e aprovados pelo Senado Federal.

§ 1.º O Conselho de Administração será composto de:

a) o presidente do Banco Nacional da Habitação, como seu presidente, e com voto de qualidade;

b) de seis a nove Conselheiros, com mandato de 3 (três) anos cada um;

c) os diretores do Banco.

§ 2.º A diretoria será composta de:

a) o presidente do Banco Nacional da Habitação, demissível *ad nutum*;

b) o diretor superintendente com mandato de 4 (quatro) anos;

c) dois a cinco diretores com mandato de 4 (quatro) anos.

Art. 28. Os membros da diretoria e três dos membros do Conselho de Administração serão escolhidos dentre cidadãos de reconhecida idoneidade moral e comprovada capacidade em assuntos econômico-financeiros, sendo dois outros membros do Conselho de Administração escolhidos dentre os especialistas, respectivamente, em assuntos de saúde pública, de previdência social, e o sexto o superintendente do Serviço Federal da Habitação e Urbanismo.

§ 1.º (*Vetado.*)

§ 2.º Os conselheiros serão anualmente renovados pelo terço e, na composição inicial, um terço terá mandato de 1 (um) ano, um terço mandato de 2 (dois) anos e um terço mandato de 3 (três) anos.

§ 3.º Na composição inicial da diretoria, metade dos diretores terá mandato de 2 (dois) anos.

Art. 29. Compete ao Conselho de Administração:

I – organizar e modificar o Regimento Interno do Banco, que será aprovado por ato do Ministro da Fazenda;

II – decidir sobre a orientação geral das operações do Banco;

III – exercer as atribuições normativas do Banco, como órgão de orientação, disciplina e controle do Sistema Financeiro da Habitação;

IV – aprovar os orçamentos de custeio, recursos e aplicações do Banco e as normas gerais a serem observadas nos seus serviços;

V – distribuir os serviços do Banco entre os diretores, observado o disposto nesta Lei;

VI – criar ou extinguir cargo e funções, fixando os respectivos vencimentos e vantagens, mediante proposta do diretor superintendente, bem como dirimir dúvidas quanto aos direitos, vantagens e deveres dos servidores, podendo ainda baixar o Regulamento do Pessoal do Banco;

VII – examinar e aprovar os balancetes e balanços do Banco, financeiros e patrimoniais;

VIII – escolher substitutos no caso de vaga ou impedimento dos diretores, até que o Presidente da República o faça em caráter efetivo;

IX – examinar e dar parecer sobre a prestação anual das contas do Banco;

X – deliberar sobre os assuntos que lhe forem submetidos pela diretoria.

Art. 30. Compete à diretoria:

I – decidir sobre todos os assuntos da direção executiva do Banco, de acordo com o seu Regimento Interno;

II – aprovar as operações do Banco, que excedam os limites fixados pelo Regimento Interno para cada diretor.

Art. 31. Compete ao presidente do Banco:

I – representar o Banco em suas relações com terceiros, em juízo ou fora dele, sem prejuízo do disposto no art. 29;

II – convocar extraordinariamente o Conselho e a diretoria sempre que necessário;

III – enviar ao Tribunal de Contas, até 31 de janeiro de cada ano, as contas dos administradores do Banco relativas ao exercício anterior para os fins do art. 77, II, da Constituição;

•• Refere-se à Constituição de 1946.

IV – enviar ao Tribunal de Contas, até 31 de janeiro de cada ano, as contas gerais do Banco relativas ao exercício anterior.

Art. 32. Compete ao diretor superintendente:

I – substituir o presidente nos seus impedimentos ocasionais, sem prejuízo do exercício normal de suas funções;

II – administrar e dirigir os negócios ordinários do Banco decidindo das operações que se contiverem no limite da sua competência, de acordo com o Regimento Interno;

III – outorgar e aceitar escrituras, ou assinar contratos, conjuntamente com o presidente ou outro diretor;

IV – designar, conjuntamente com o presidente, procuradores com poderes especiais, agentes ou representantes do Banco;

V – praticar os atos referentes à administração do pessoal, podendo delegar poderes, salvo quando se tratar de nomeação, promoção ou demissão;

VI – superintender e coordenar os serviços dos diferentes setores do Banco e zelar pelo fiel cumprimento das deliberações do Conselho de Administração e da diretoria;

VII – prover, interinamente, até que o Presidente da República o faça em caráter efetivo, as vagas dos membros do Conselho de Administração, cuja substituição não esteja prevista no Regulamento do Banco.

Art. 33. Os diretores referidos no art. 27, § 2.º, c, terão as atribuições que forem determinadas no Regimento Interno.

Art. 34. O pessoal contratado pelo Banco será regido pela Consolidação das Leis do Trabalho e legislação complementar e admitido mediante concurso de provas ou de provas e títulos.

§ 1.º Poderão ser requisitados pelo Banco servidores dos quadros do serviço público federal, das autarquias federais, ou de sociedades de economia mista controladas pelo Governo Federal.

§ 2.º (*Vetado.*)

Capítulo V
DAS SOCIEDADES DE CRÉDITO IMOBILIÁRIO

Art. 35. As sociedades de crédito imobiliário são instituições de crédito especializado, dependem de autorização do Banco Nacional da Habitação para funcionar e estão sujeitas a permanente fiscalização do Governo Federal, através do referido Banco e da Superintendência da Moeda e do Crédito.

§ 1.º As sociedades de crédito imobiliário se organizarão sob a forma anônima de ações nominativas, observando nos atos de sua constituição todos os dispositivos legais aplicáveis, mas só poderão dar início às suas atividades após publicação, no *Diário Oficial da União*, da autorização do Banco Nacional da Habitação.

§ 2.º As sociedades de crédito imobiliário serão constituídas com o capital mínimo de Cz$ 100 mil (cem mil cruzados) em moeda corrente, na forma da legislação que rege as sociedades anônimas, mas a emissão de autorização para funcionar dependerá da integralização mínima de 50% (cinquenta por cento), mediante depósito do BNH.

§ 3.º O limite mínimo referido no parágrafo anterior será anualmente atualizado, com base nos índices de que trata o art. 5.º, § 1.º.

Art. 36. A autorização para funcionar será concedida por tempo indeterminado, enquanto a sociedade observar as disposições legais e regulamentares em vigor.

§ 1.º Somente poderão ser membros dos órgãos da administração e do Conselho Fiscal das sociedades de crédito imobiliário pessoas de reconhecida idoneidade moral e comercial, sendo que dois diretores deverão comprovar capacidade financeira e técnica.

§ 2.º Os diretores somente poderão ser investidos nos seus cargos depois da aprovação pelo Banco Nacional da Habitação, à vista das provas exigidas pela SUMOC para investimento de diretores de estabelecimento bancário em geral.

§ 3.º A responsabilidade dos administradores de sociedade de crédito imobiliário é a mesma prevista na lei para os diretores de Bancos.

§ 4.º A expressão "crédito imobiliário" constará obrigatoriamente da denominação das sociedades referidas neste artigo.

§ 5.º As sociedades de crédito imobiliário enviarão para publicação até o 10.º dia de cada mês, no *Diário Oficial do Estado* onde funcionarem, os balancetes mensais.

Art. 37. Ficarão sujeitas à prévia aprovação do Banco Nacional da Habitação:

I – as alterações dos estatutos sociais das sociedades de crédito imobiliário;

II – abertura de agências ou escritórios das referidas sociedades;

III – a cessação de operações da matriz ou das dependências das referidas sociedades.

Art. 38. Os pedidos de autorização para funcionamento, alteração estatutária, abertura ou fechamento de agências ou dependências e aprovação de administradores deverão ser decididos pelo Banco Nacional da Habitação, dentro de 120 (cento e vinte) dias da sua apresentação e das decisões do Banco caberá recurso voluntário para o Ministro da Fazenda.

Parágrafo único. O regulamento discriminará a documentação a ser apresentada, com os requerimentos referidos neste artigo, podendo o Banco Nacional da Habitação fazer as exigências que considerar de interesse para a apreciação do pedido e fixar prazo razoável para o seu atendimento.

Art. 39. As sociedades de crédito imobiliário somente poderão operar em financiamento para construção, venda ou aquisição de habitações mediante:

I – abertura de crédito a favor de empresários que promovam projetos de construção de habitações para venda a prazo;

II – abertura de crédito para a compra ou construção de casa própria com liquidação a prazo de crédito utilizado;

III – desconto, mediante cessão de direitos de receber a prazo o preço da construção ou venda de habitações;

IV – outras modalidades de operações autorizadas pelo Banco Nacional da Habitação.

§ 1.º Cada sociedade de crédito imobiliário somente poderá operar com imóveis situados na área geográfica para a qual for autorizada a funcionar.

§ 2.º As sociedades de crédito imobiliário não poderão operar em compra e venda ou construção de imóveis, salvo para liquidação de bens que tenham recebido em pagamento dos seus créditos ou no caso dos imóveis necessários à instalação de seus serviços.

§ 3.º Nas suas operações as sociedades de crédito imobiliário observarão as normas desta Lei e as expedidas pelo Banco Nacional da Habitação, com relação dos limites do valor unitário, prazo, condições de pagamento, juros, garantias, seguro, ágios e deságios na colocação de letras imobiliárias e diversificação de aplicações.

§ 4.º As disponibilidades das sociedades de crédito imobiliário serão mantidas em depósito no Banco Nacional da Habitação, no Banco do Brasil, nos demais bancos oficiais da União e dos Estados e nas Caixas Econômicas ... (*Vetado*).

Art. 40. As sociedades de crédito imobiliário não poderão:

a) receber depósitos de terceiros que não sejam proprietários de ações nominativas, a não ser nas condições e nos limites autorizados pelo Banco Nacional da Habitação;

b) tomar empréstimos em moeda nacional ou estrangeira, a não ser nas condições mínimas de prazo e nos limites máximos, em relação ao capital e reservas estabelecidos pelo Banco Nacional da Habitação;

c) emitir letras imobiliárias em valor superior aos limites máximos aprovados pelo Banco Nacional da Habitação em relação ao capital e reservas e ao montante dos créditos em carteira;

d) admitir a movimentação de suas contas por meio de cheques contra ela girados ou emitir cheques na forma do Decreto n. 24.777, de 14 de julho de 1934;

e) possuir participação em outras empresas.

§ 1.º O Banco Nacional da Habitação fixará o limite de recursos de terceiros que as sociedades poderão receber, até o máximo de 15 (quinze) vezes os recursos próprios.

§ 2.º O Banco Nacional da Habitação fixará também os limites mínimos de prazo dos vencimentos dos recursos de terceiros recebidos pela sociedade em relação aos prazos de suas aplicações.

Art. 41. O Banco Nacional da Habitação e a SUMOC manterão fiscalização permanente e ampla das sociedades de crédito imobiliário podendo para isso, a qualquer tempo, examinar livros e registros, papéis e documentação de qualquer natureza, atos e contratos.

§ 1.º As sociedades são obrigadas a prestar toda e qualquer informação que lhes for solicitada pelo Banco Nacional da Habitação ou pela SUMOC.

§ 2.º A recusa, a criação de embaraços, a divulgação ou fornecimento de informações falsas sobre as operações e as condições financeiras da sociedade serão punidas na forma da lei.

§ 3.º O Banco Nacional da Habitação e a SUMOC manterão sigilo com relação a documentos e informações que as sociedades de crédito imobiliário lhes fornecerem.

Art. 42. As sociedades de crédito imobiliário são obrigadas a observar o plano de contas e as normas de contabilização aprovadas pelo Banco Nacional da Habitação, bem como a divulgar, em seus relatórios semestrais, as informações mínimas exigidas pelo Banco Nacional da Habitação, quanto às suas condições financeiras.

§ 1.º As sociedades de crédito imobiliário são obrigadas a enviar ao Banco Nacional da Habitação até o último dia do mês seguinte, cópia do balancete do mês anterior, do balanço semestral e da demonstração de lucros e perdas, bem como prova de envio para publicação das atas de assembleias gerais, dentro de 30 (trinta) dias da realização destas.

§ 2.º O BNH poderá exigir quando, a seu critério, considerar necessário, que sociedades de crédito imobiliário se sujeitem à auditoria externa por empresas especializadas por ele aprovadas.

§ 3.º As sociedades de crédito imobiliário mencionarão em sua publicidade os respectivos capitais realizados, suas reservas e o total de recursos mutuados aplicados, constantes de seu último balancete mensal.

Art. 43. (*Revogado pela Lei n. 13.506, de 13-11-2017.*)

Capítulo VI
LETRAS IMOBILIÁRIAS

Arts. 44 a 53. (*Revogados pela Lei n. 13.137, de 19-6-2015.*)

Capítulo VII
DO SERVIÇO FEDERAL DE HABITAÇÃO E URBANISMO

Art. 54. A Fundação da Casa Popular, criada pelo Decreto-lei n. 9.218, de 1.º de maio de 1946, passa a constituir com o seu patrimônio, revogada a legislação que lhe concerne, o "Serviço Federal de Habitação e Urbanismo", entidade autárquica ... (*Vetado*).

§ 1.º O Serviço Federal de Habitação e Urbanismo será dirigido por um superintendente ... (*Vetado*).

§ 2.º O superintendente, de notória competência em matéria de habitação e urbanismo, será nomeado ... (*Vetado*) ... pelo Conselho de Administração do Banco Nacional da Habitação.

§ 3.º (*Vetado.*)

§ 4.º Ficam extintos o Conselho Central, o Conselho Técnico e a Junta de Controle da Fundação da Casa Popular.

§ 5.º Os servidores do Serviço Federal de Habitação e Urbanismo serão admitidos no regime da legislação trabalhista ... (*Vetado*).

§ 6.º Os servidores da atual Fundação da Casa Popular serão aproveitados no Serviço Nacional de Habitação e Urbanismo ou em outros serviços de igual regime.

•• § 6.º vetado pelo Presidente da República, mantido pelo Congresso Nacional.

Art. 55. O Serviço Federal de Habitação e Urbanismo terá as seguintes atribuições:

a) promover pesquisas e estudos relativos ao *deficit* habitacional, aspectos do planejamento físico, técnico e socioeconômico da habitação;

b) promover, coordenar e prestar assistência técnica a programas regionais e municipais de habitação de interesse social, os quais deverão necessariamente ser acompanhados de programas educativos e de desenvolvimento e organização de comunidade;

c) fomentar o desenvolvimento da indústria de construção, através de pesquisas e assistência técnica, estimulando a iniciativa regional e local;

d) incentivar o aproveitamento de mão de obra e dos materiais característicos de cada região;

e) estimular a organização de fundações, cooperativas, mútuas e outras formas associativas em programas habitacionais, propiciando-lhes assistência técnica;

f) incentivar a investigação tecnológica, a formação de técnicos, em qualquer nível, relacionadas com habitação e urbanismo;

g) prestar assistência técnica aos Estados e Municípios na elaboração dos planos diretores, bem como no planejamento da desapropriação por interesse social, de áreas urbanas adequadas a construção de conjuntos habitacionais;

h) promover, em colaboração com o Instituto Brasileiro de Geografia e Estatística, a realização de estatísticas sobre habitação no País;

i) (*Vetado*);

j) prestar assistência técnica aos Estados, aos Municípios e às empresas do País para constituição, organização e implantação de entidades de caráter público, de economia mista ou privada, que terão por objetivo promover a execução de planos habitacionais ou financiá-los, inclusive assisti-los para se candidatarem aos empréstimos do Banco Nacional da Habitação ou das sociedades de crédito imobiliário;

l) prestar assistência técnica na elaboração de planos de emergência, intervindo na normalização de situações provocadas por calamidades públicas;

m) estabelecer normas técnicas para a elaboração de planos diretores, de acordo com as peculiaridades das diversas regiões do País;

n) assistir aos Municípios na elaboração ou adaptação de seus planos diretores às normas técnicas a que se refere o item anterior.

§ 1.º Os Municípios que não tiverem códigos de obras adaptados às normas técnicas do Serviço Federal de Habitação e Urbanismo ou que aprovarem projetos e planos habitacionais em desacordo com as mesmas normas, não poderão receber recursos provenientes de entidades governamentais, destinados a programas de habitação e urbanismo.

§ 2.º (*Vetado.*)

Art. 56. A organização administrativa do Serviço Federal de Habitação e Urbanismo será estabelecida em decreto, devendo ser prevista a sua descentralização regional.

Parágrafo único. (*Vetado.*)

Capítulo VIII
DISPOSIÇÕES GERAIS E TRANSITÓRIAS

Art. 57. (*Revogado pelo Decreto-lei n. 1.338, de 23-7-1974.*)

Art. 58. Ficam isentos do Imposto de Renda, até 31 de dezembro de 1970, os lucros e rendimentos auferidos pelas pessoas físicas ou jurídicas, resultantes de operações de construção e primeira transação, inclusive alienação e locação, relativos aos prédios residenciais que vierem a ser construídos no Distrito Federal, cujo valor não ultrapasse 60 (sessenta) vezes o salário mínimo da região.

Parágrafo único. Ficam igualmente isentos os mesmos imóveis, pelo mesmo prazo, dos Impostos de Transmissão *causa mortis* e *inter vivos* relativos à primeira transferência de propriedade.

Art. 59. São isentos de Imposto do Selo:

a) a emissão, colocação, transferência, cessão, endosso, inscrição ou averbação de letras imobiliárias;

b) os atos e contratos, de qualquer natureza, entre as entidades que integram o Sistema Financeiro da Habitação;

c) os contratos de que participem entidades integrantes do Sistema Financeiro da Habitação, e que tenham por objeto habitações de menos de 50 (cinquenta) metros quadrados não incluídas as partes comuns, se for o caso, e de valor inferior a 60 (sessenta) vezes o maior salário mínimo legal vigente no País;

d) os contratos de construção, venda, ou promessa de venda a prazo, promessa de cessão e hipoteca, de habitações que satisfaçam aos requisitos da alínea anterior.

• A Lei n. 5.143, de 20-10-1966, instituiu o Imposto sobre Operações Financeiras e, em seu art. 15, revogou as leis relativas ao Imposto do Selo.

Art. 60. A aplicação da presente Lei, pelo seu sentido social, far-se-á de modo a que sejam simplificados todos os processos e métodos pertinentes às respectivas transações, objetivando principalmente:

I – o maior rendimento dos serviços e a segurança e rapidez na tramitação dos processos e papéis;

II – economia de tempo e de emolumentos devidos aos cartórios;

III – simplificação das escrituras e dos critérios para efeito do Registro de Imóveis.

Art. 61. Para plena consecução do disposto no artigo anterior, as escrituras deverão consignar exclusivamente as cláusulas, termos ou condições variáveis ou específicas.

•• *Vide* art. 1.º, § 1.º, da Lei n. 7.433, de 18-12-1985, e o art. 4.º do Decreto n. 93.240, de 9-9-1986, que dispõe sobre os requisitos para a lavratura de escrituras públicas.

§ 1.º As cláusulas legais, regulamentares, regimentais ou ainda quaisquer normas administrativas ou técnicas e, portanto, comuns a todos os mutuários não figurarão expressamente nas respectivas escrituras.

§ 2.º As escrituras, no entanto, consignarão obrigatoriamente que as partes contratantes adotam e se comprometem a cumprir as cláusulas, termos e condições a que se refere o parágrafo anterior, sempre transcritas, *verbo ad verbum*, no respectivo cartório ou ofício, mencionado inclusive o número do livro e das folhas do competente registro.

§ 3.º Aos mutuários, ao receberem os respectivos traslados de escritura, será obrigatoriamente entregue cópia, impressa ou mimeografada, autenticada, do contrato-padrão constante das cláusulas, termos e condições referidas no § 1.º deste artigo.

§ 4.º Os Cartórios de Registro de Imóveis, obrigatoriamente, para os devidos efeitos legais e jurídicos, receberão, autenticamente, das pessoas jurídicas mencionadas na presente Lei, o instrumento a que se refere o parágrafo anterior, tudo de modo a facilitar os competentes registros.

§ 5.º Os contratos de que forem parte o Banco Nacional da Habitação ou entidades que integrem o Sistema Financeiro da Habitação, bem como as operações efetuadas por determinação da presente Lei, poderão ser celebrados por instrumento particular, os quais poderão ser impressos, não se aplicando aos mesmos as disposições do art. 134, II, do Código Civil, atribuindo-se o caráter de escritura pública, para todos os fins de direito, aos contratos particulares firmados pelas entidades acima citadas até a data da publicação desta Lei.

•• § 5.º acrescentado pelo art. 1.º da Lei n. 5.049, de 29-6-1966.

•• A referência é feita a dispositivo do CC de 1916. *Vide* art. 108 do Código vigente.

§ 6.º Os contratos de que trata o parágrafo anterior serão obrigatoriamente rubricados por todas as partes em todas as suas folhas.

•• § 6.º acrescentado pelo art. 1.º da Lei n. 5.049, de 29-6-1966.

§ 7.º Todos os contratos públicos ou particulares serão obrigatoriamente transcritos no Cartório de Registro de Imóveis competente, dentro do prazo de 15 (quinze) dias, a contar da data de sua assinatura, devendo tal obrigação figurar como cláusula contratual.

•• § 7.º acrescentado pelo art. 1.º da Lei n. 5.049, de 29-6-1966.

Art. 62. Os oficiais do registro de imóveis inscreverão, obrigatoriamente, os contratos de promessa de venda, promessa de cessão ou de hipoteca celebrados de acordo com a presente Lei, declarando expressamente que os valores deles constantes são meramente estimativos, estando sujeitos os saldos devedores, assim como as prestações mensais, às correções do valor, determinadas nesta Lei.

§ 1.º Mediante simples requerimento, firmado por ambas as partes contratantes, os oficiais do registro de imóveis averbarão, à margem das respectivas inscrições, as correções de valores determinados por esta Lei, com indicação do novo valor do preço ou da dívida e do saldo respectivo, bem como da nova prestação contratual.

§ 2.º Se o promitente comprador, promitente cessionário ou mutuário se recusar a assinar o requerimento de averbação das correções verificadas, ficará, não obstante, obrigado ao pagamento da nova prestação, podendo a entidade financiadora, se lhe convier, rescindir o contrato, com notificação prévia no prazo de 90 (noventa) dias.

Art. 63. Os órgãos da administração federal, centralizada ou descentralizada, ficam autorizados a firmar acordos ou convênios com as entidades estaduais e municipais, buscando sempre a plena execução da presente Lei e o máximo de cooperação interadministrativa.

Art. 64. O Banco Nacional da Habitação poderá promover desapropriações por utilidade pública ou por interesse social.

Art. 65. A partir da data da vigência desta Lei as Carteiras Imobiliárias dos Institutos de Aposentadoria e Pensões não poderão iniciar novas operações imobiliárias e seus segurados passarão a ser atendidos de conformidade com este Diploma legal.

§ 1.º Institutos de Aposentadoria e Pensões, as Autarquias em geral, as Fundações e as Sociedades de Economia Mista, inclusive a Petrobrás S.A. e o Banco do Brasil S.A., efetuarão, no prazo de 12 (doze) meses, a venda de seus conjuntos e unidades residenciais, em consonância com o Sistema Financeiro da Habitação, de que trata esta lei, de acordo com as instruções expedidas, no prazo de 90 (noventa) dias, conjuntamente, pelo Banco Nacional de Habitação e Departamento Nacional de Previdência Social.

•• § 1.º com redação determinada pela Lei n. 5.049, de 29-6-1966.

•• A Resolução do Senado Federal n. 6, de 5-5-1970, suspende, por inconstitucionalidade, a expressão "e as Sociedades de Economia Mista, inclusive a Petrobrás S.A. e o Banco do Brasil S.A.", contida neste § 1.º.

• O Decreto-Lei n. 163, de 13-2-1967, exclui deste sistema os imóveis da Petrobrás e do Banco do Brasil.

§ 2.º Os recursos provenientes da alienação de que trata o parágrafo anterior serão aplicados na aquisição ou construção de imóveis destinados à instalação de órgãos do Instituto.

•• § 2.º com redação determinada pela Lei n. 5.455, de 19-6-1968.

§ 3.º Não sendo oportuna a aplicação prevista no parágrafo anterior, os recursos serão aplicados em letras imobiliárias, cuja liquidação se fará em 24 (vinte e quatro) parcelas mensais consecutivas, para a aquisição ou construção de edifícios-sede.

•• § 3.º acrescentado pela Lei n. 5.455, de 19-6-1968, renumerando-se os demais.

§ 4.º Os órgãos referidos no § 1.º deste artigo que possuam unidades residenciais em Brasília, conjuntamente com a Caixa Econômica Federal de Brasília, submeterão à aprovação do Presidente da República, por intermédio do Ministro do Planejamento e Coordenação Econômica, no prazo de 90 (noventa) dias, sugestões e normas, em consonância com o Sistema Financeiro da Habitação, referentes à sua alienação.

§ 5.º Os órgãos de que trata o parágrafo anterior celebrarão convênio com a Caixa Econômica Federal de Brasília, incumbindo-a da alienação, aos respectivos ocupantes, dos imóveis residenciais que possuírem no Distrito Federal, devendo o produto da operação constituir fundo rotativo destinado a novos investimentos em construções residenciais em Brasília, assegurado às entidades convenentes rateio financeiro anual, que lhes permita a retirada de valores correspondentes no mínimo a 50% (cinquenta por cento) da renda líquida atual, efetivamente realizada, com a locação de tais imóveis.

§ 6.º Os imóveis residenciais que deixarem de ser alienados aos ocupantes, por desinteresse ou impossibilidade legal dos mesmos, serão objeto de aquisição pela União que poderá para resgatá-los solicitar a abertura de crédito especial, dar em pagamento imóveis não necessários aos seus serviços ou ações de sua propriedade em empresas de economia mista, mantida, nesta hipótese, a situação majoritária da União.

§ 7.º A administração dos imóveis adquiridos pela União, na forma do parágrafo anterior, será feita pelo Serviço do Patrimônio da União.

§ 8.º Realizadas as operações previstas no § 1.º, extinguir-se-ão as Carteiras Imobiliárias dos IAPs.

§ 9.º Os atuais inquilinos ou ocupantes de imóveis residenciais dos IAPs e, sucessivamente, os seus contribuintes, estes inscritos e classificados de acordo com a legislação vigente, terão preferência no atendimento pelos órgãos estatais integrantes do Sistema Financeiro da Habitação.

Art. 66. O Ministro do Planejamento adotará as medidas necessárias para a criação de um Fundo de Assistência Habitacional objetivando o financiamento às populações de renda insuficiente, destinando-lhes recursos próprios.

Art. 67. O Banco Nacional da Habitação e o Serviço Federal de Habitação e Urbanismo deverão publicar mensalmente a relação dos servidores admitidos ao seu serviço, a qualquer título, no mês anterior à publicação.

Art. 68. O Poder Executivo baixará os regulamentos necessários à execução desta Lei, inclusive os relativos à extinção dos órgãos federais que vêm exercendo funções e atividades que possam ser por ela reguladas, podendo incorporar serviços, órgãos e departamentos dispondo sobre a situação dos respectivos servidores e objetivando o enquadramento dos órgãos federais que integram o Sistema Financeiro da Habitação.

Parágrafo único. Dentro do prazo de 90 (noventa) dias, o Poder Executivo baixará os atos necessários à adaptação do funcionamento das Caixas Econômicas Federais, Caixas Militares e IPASE aos dispositivos desta Lei.

Art. 69. O contrato de promessa de cessão de direitos relativos a imóveis não loteados, sem cláusula de arrependimento e com imissão de posse, uma vez inscrita no Registro Geral de Imóveis, atribui ao promitente cessionário direito real oponível a terceiro e confere direito a obtenção compulsória da escritura definitiva de cessão, aplicando-se, neste caso, no que couber, o disposto no art. 16 do Decreto-lei n. 58, de 10 de dezembro de 1937, e no art. 346 do Código de Processo Civil.

•• Refere-se ao Código de 1939.

Parágrafo único. O disposto neste artigo se aplica aos contratos em via de execução compulsória, em qualquer instância.

Art. 70. Fica assegurada às Caixas Econômicas Federais, na forma em que o Poder Executivo regulamentar, dentro do prazo previsto no parágrafo único do art. 68, a exploração da Loteria Federal.

Parágrafo único. (*Revogado pelo Decreto-lei n. 204, de 27-2-1967.*)

Art. 71. Fica o Poder Executivo autorizado a abrir, pelo Ministério da Fazenda, crédito especial no montante de um bilhão de cruzeiros, com vigência durante 3 (três) anos, destinados à integralização gradativa do capital do Banco Nacional da Habitação.

Art. 72. Esta Lei entrará em vigor na data da sua publicação, revogadas as disposições em contrário.

Brasília, 21 de agosto de 1964; 143.º da Independência e 76.º da República.

H. Castello Branco

LEI N. 4.591, DE 16 DE DEZEMBRO DE 1964 (*)

Dispõe sobre o condomínio em edificações e as incorporações imobiliárias.

O Presidente da República:

Faço saber que o Congresso Nacional decreta e eu sanciono a seguinte Lei:

Título I
DO CONDOMÍNIO

•• *Vide* arts. 1.331 a 1.358 do CC.

Art. 1.º As edificações ou conjuntos de edificações, de um ou mais pavimentos, construídos sob a forma de unidades isoladas entre si, destinadas a fins residenciais ou não residenciais, poderão ser alienados, no todo ou em parte, objetivamente considerados, e constituirá, cada unidade, propriedade autônoma sujeita às limitações desta Lei.

§ 1.º Cada unidade será assinalada por designação especial, numérica ou alfabética, para efeitos de identificação e discriminação.

§ 2.º A cada unidade caberá, como parte inseparável, uma fração ideal do terreno e coisas comuns, expressa sob forma decimal ou ordinária.

Art. 2.º Cada unidade com saída para a via pública, diretamente ou por processo de passagem comum, será sempre tratada como objeto de propriedade exclusiva, qualquer que seja o número de suas peças e sua destinação, inclusive (*Vetado*) edifício-garagem, com ressalva das restrições que se lhe imponham.

•• *Vide* Súmula 449 do STJ.

§ 1.º O direito à guarda de veículos nas garagens ou locais a isso destinados nas edificações ou conjuntos de edificações será tratado como objeto de propriedade exclusiva, com ressalva das restrições que ao mesmo sejam impostas por instrumentos contratuais adequados, e será vinculada à unidade habitacional a que corresponder, no caso de não lhe ser atribuída fração ideal específica de terreno.

•• § 1.º acrescentado pela Lei n. 4.864, de 29-11-1965.

• *Vide* art. 1.338 do CC.

§ 2.º O direito de que trata o § 1.º deste artigo poderá ser transferido a outro condômino independentemente da alienação da unidade a que corresponder, vedada sua transferência a pessoas estranhas ao condomínio.

•• § 2.º acrescentado pela Lei n. 4.864, de 29-11-1965.

• *Vide* art. 1.338 do CC.

(*) Publicada no *DOU*, de 21-12-1964, sem a epígrafe do Capítulo I, do Título I. Retificada em 1.º-2-1965. *Vide* Decreto-lei n. 271, de 28-2-1967. Sobre BNH, *vide* Nota dos Organizadores. São originais os valores constantes deste diploma legal.

§ 3.º Nos edifícios-garagens, às vagas serão atribuídas frações ideais de terreno específicas.

•• § 3.º acrescentado pela Lei n. 4.864, de 29-11-1965.

Art. 3.º O terreno em que se levantam a edificação ou conjunto de edificações e suas instalações, bem como as fundações, paredes externas, o teto, as áreas internas de ventilação, e tudo o mais que sirva a qualquer dependência de uso comum dos proprietários ou titulares de direito à aquisição de unidades ou ocupantes, constituirão condomínio de todos, e serão insuscetíveis de divisão, ou de alienação destacada da respectiva unidade. Serão, também, insuscetíveis de utilização exclusiva por qualquer condômino (*Vetado*).

• *Vide* art. 1.331, § 2.º, do CC.

Art. 4.º A alienação de cada unidade, a transferência de direitos pertinentes à sua aquisição e a constituição de direitos reais sobre ela independerão do consentimento dos condôminos (*Vetado*).

Parágrafo único. A alienação ou transferência de direitos de que trata este artigo dependerá de prova de quitação das obrigações do alienante para com o respectivo condomínio.

•• Parágrafo único com redação determinada pela Lei n. 7.182, de 27-3-1984.

• Para os fins do disposto neste parágrafo considerar-se-á prova de quitação a declaração feita pelo alienante ou seu procurador, sob as penas da Lei, a ser expressamente consignada nos instrumentos de alienação ou de transferência de direitos: Lei n. 7.433, de 18-12-1985, art. 2.º, § 2.º.

Art. 5.º O condomínio por meação de parede, soalhos e tetos das unidades isoladas regular-se-á pelo disposto no Código Civil, no que lhe for aplicável.

•• A referência é feita ao CC de 1916. *Vide* arts. 1.327 a 1.330 do Código vigente.

Art. 6.º Sem prejuízo do disposto nesta Lei, regular-se-á pelas disposições de direito comum o condomínio por quota ideal de mais de uma pessoa sobre a mesma unidade autônoma.

• *Vide* arts. 1.314 e s. do CC.

Art. 7.º O condomínio por unidades autônomas instituir-se-á por ato entre vivos ou por testamento, com inscrição obrigatória, no Registro de Imóveis, dele constando: a individualização de cada unidade, sua identificação e discriminação, bem como a fração ideal sobre o terreno e partes comuns, atribuída a cada unidade, dispensando-se a descrição interna da unidade.

• *Vide* arts. 1.332 e 1.334 do CC.

Art. 8.º Quando, em terreno onde não houver edificação, o proprietário, o promitente comprador, o cessionário deste ou promitente cessionário sobre ele desejar erigir mais de uma edificação, observar-se-á também o seguinte:

a) em relação às unidades autônomas que se constituírem em casas térreas ou assobradadas, será discriminada a parte do terreno ocupada pela edificação e também aquela eventualmente reservada como de utilização exclusiva dessas casas, como jardim e quintal, bem assim a fração ideal do todo do terreno e de partes comuns, que corresponderá às unidades;

b) em relação às unidades autônomas que constituírem edifícios de dois ou mais pavimentos, será discriminada a parte do terreno ocupada pela edificação, aquela que eventualmente for reservada como de utilização exclusiva, correspondente às unidades do edifício, e ainda a fração ideal do todo do terreno e de partes comuns, que corresponderá a cada uma das unidades;

c) serão discriminadas as partes do total do terreno que poderão ser utilizadas em comum pelos titulares de direito sobre os vários tipos de unidades autônomas;

d) serão discriminadas as áreas que se constituírem em passagem comum para as vias públicas ou para as unidades entre si.

• Sobre a possibilidade de desdobramento da incorporação em várias incorporações, *vide* o disposto no art. 6.º da Lei n. 4.864, de 29-11-1965.

Capítulo II
DA CONVENÇÃO DE CONDOMÍNIO

• *Vide* arts. 1.333 e 1.334 do CC.

Art. 9.º Os proprietários, promitentes compradores, cessionários ou promitentes cessionários dos direitos pertinentes à aquisição de unidades autônomas, em edificações a serem construídas, em construção ou já construídas, elaborarão, por escrito, a Convenção de Condomínio, e deverão, também, por contrato ou por deliberação, em assembleia, aprovar o Regimento Interno da edificação ou conjunto de edificações.

• *Vide* Súmula 260 do STJ.

§ 1.º Far-se-á o registro da Convenção no Registro de Imóveis bem como a averbação das suas eventuais alterações.

§ 2.º Considera-se aprovada, e obrigatória para os proprietários de unidades, promitentes compradores, cessionários e promitentes cessionários, atuais e futuros, como para qualquer ocupante, a Convenção que reúna as assinaturas de titulares de direitos que representem, no mínimo, dois terços das frações ideais que compõem o condomínio.

§ 3.º Além de outras normas aprovadas pelos interessados, a Convenção deverá conter:

• *Vide* arts. 1.332 e 1.334 do CC.

a) a discriminação das partes de propriedade exclusiva, e as de condomínio, com especificações das diferentes áreas;

b) o destino das diferentes partes;

c) o modo de usar as coisas e serviços comuns;

d) encargos, forma e proporção das contribuições dos condôminos para as despesas de custeio e para as extraordinárias;

e) o modo de escolher o síndico e o Conselho Consultivo;

f) as atribuições do síndico, além das legais;

g) a definição da natureza gratuita ou remunerada de suas funções;

h) o modo e o prazo de convocação das assembleias gerais dos condôminos;

i) o *quorum* para os diversos tipos de votações;

j) a forma de contribuição para constituição de fundo de reserva;

l) a forma e o *quorum* para as alterações de convenção;

m) a forma e o *quorum* para a aprovação do Regimento Interno quando não incluídos na própria Convenção.

§ 4.º No caso de conjunto de edificações, a que se refere o art. 8.º, a Convenção de Condomínio fixará os direitos e as relações de propriedade entre os condôminos das várias edificações, podendo estipular formas pelas quais se possam desmembrar e alienar porções do terreno, inclusive as edificadas.

•• § 4.º acrescentado pela Lei n. 4.864, de 29-11-1965.

Art. 10. É defeso a qualquer condômino:

• *Vide* art. 1.336, II a IV, do CC.

I – alterar a forma externa da fachada;

II – decorar as partes e esquadrias externas com tonalidades ou cores diversas das empregadas no conjunto da edificação;

III – destinar a unidade a utilização diversa de finalidade do prédio, ou usá-la de forma nociva ou perigosa ao sossego, à salubridade e à segurança dos demais condôminos;

IV – embaraçar o uso das partes comuns.

§ 1.º O transgressor ficará sujeito ao pagamento de multa prevista na Convenção ou no Regulamento do Condomínio, além de ser compelido a desfazer a obra ou abster-se da prática do ato, cabendo ao síndico, com autorização judicial, mandar desmanchá-la, à custa do transgressor, se este não a desfizer no prazo que lhe for estipulado.

•• *Vide* art. 1.336, § 2.º, do CC.

§ 2.º O proprietário ou titular de direito à aquisição de unidade poderá fazer obra que (*Vetado*) ou modifique sua fachada, se obtiver a aquiescência da unanimidade dos condôminos.

Art. 11. Para efeitos tributários, cada unidade autônoma será tratada como prédio isolado, contribuindo o respectivo condômino, diretamente, com as importâncias relativas aos impostos e taxas federais, estaduais e municipais, na forma dos respectivos lançamentos.

Capítulo III
DAS DESPESAS DO CONDOMÍNIO

Art. 12. Cada condômino concorrerá nas despesas do condomínio, recolhendo, nos prazos previstos na Convenção, a quota-parte que lhe couber em rateio.

§ 1.º Salvo disposição em contrário na Convenção, a fixação da quota do rateio corresponderá à fração ideal do terreno de cada unidade.

§ 2.º Cabe ao síndico arrecadar as contribuições, competindo-lhe promover, por via executiva, a cobrança judicial das quotas atrasadas.

•• CPC: art. 784, VIII.

§ 3.º O condômino que não pagar a sua contribuição no prazo fixado na Convenção fica sujeito ao juro moratório de 1% (um por cento) ao mês, e multa de até 20% (vinte por cento) sobre o débito, que será atualizado, se o estipular a Convenção, com a aplicação dos índices de correção monetária levantados pelo Conselho Nacional de Economia, no caso da mora por período igual ou superior a 6 (seis) meses.

•• *Vide* art. 1.336, § 1.º, do CC.

• *Vide* art. 2.º, § 1.º, do Decreto-lei n. 4.657, de 4-9-1942 (LINDB).

§ 4.º As obras que interessarem à estrutura integral da edificação ou conjunto de edificações, ou ao serviço comum, serão feitas com o concurso pecuniário de todos os proprietários ou titulares de direito à aquisição de unidades, mediante orçamento prévio aprovado em assembleia geral, podendo incumbir-se de sua execução o síndico, ou outra pessoa, com aprovação da assembleia.

• *Vide* art. 1.341 do CC.

§ 5.º A renúncia de qualquer condômino aos seus direitos, em caso algum valerá como escusa para exonerá-lo de seus encargos.

Capítulo IV
DO SEGURO, DO INCÊNDIO, DA DEMOLIÇÃO E DA RECONSTRUÇÃO OBRIGATÓRIA

Art. 13. Proceder-se-á ao seguro da edificação ou do conjunto de edificações, neste caso, discriminadamente, abrangendo todas as unidades autônomas e partes comuns, contra incêndio ou outro sinistro que cause destruição no todo ou em parte, computando-se o prêmio nas despesas ordinárias do condomínio.

• *Vide* arts. 5.º, § 3.º, e 8.º, parágrafo único, da Lei n. 9.514, de 20-11-1997.

Parágrafo único. O seguro de que trata este artigo será obrigatoriamente feito dentro de 120 (cento e vinte) dias, contados da data da concessão do "habite-se", sob pena de ficar o condomínio sujeito à multa mensal equivalente a um doze avos do imposto predial, cobrável executivamente pela Municipalidade.

• *Vide* art. 1.346 do CC.

Art. 14. Na ocorrência de sinistro total, ou que destrua mais de dois terços de uma edificação, seus condôminos reunir-se-ão em assembleia especial, e deliberarão sobre a sua reconstrução ou venda do terreno e materiais, por *quorum* mínimo de votos que representem metade mais uma das frações ideais do respectivo terreno.

§ 1.º Rejeitada a proposta de reconstrução, a mesma assembleia, ou outra para este fim convocada, decidirá, pelo mesmo *quorum*, do destino a ser dado ao terreno, e aprovará a partilha do valor do seguro entre os condôminos, sem prejuízo do que receber cada um pelo seguro facultativo de sua unidade.

§ 2.º Aprovada, a reconstrução será feita, guardados, obrigatoriamente, o mesmo destino, a mesma forma externa e a mesma disposição interna.

§ 3.º Na hipótese do parágrafo anterior, a minoria não poderá ser obrigada a contribuir para a reedificação, caso em que a maioria poderá adquirir as partes dos dissidentes, mediante avaliação judicial, feita em vistoria.

• *Vide* art. 1.357 do CC.

Art. 15. Na hipótese de que trata o § 3.º do artigo antecedente, à maioria poderão ser adjudicadas, por sentença, as frações ideais da minoria.

§ 1.º Como condição para o exercício da ação prevista neste artigo, com a inicial, a maioria oferecerá e depositará, à disposição do juízo, as importâncias arbitradas na vistoria para avaliação, prevalecendo as de eventual desempatador.

§ 2.º Feito o depósito de que trata o parágrafo anterior, o juiz, liminarmente, poderá autorizar a adjudicação à maioria, e a minoria poderá levantar as importâncias depositadas; o oficial de registro de imóveis, nestes casos, fará constar do registro que a adjudicação foi resultante de medida liminar.

§ 3.º Feito o depósito, será expedido o mandado de citação, com o prazo de 10 (dez) dias para a contestação (*Vetado*).

§ 4.º Se não contestado, o juiz, imediatamente, julgará o pedido.

§ 5.º Se contestado o pedido, seguirá o processo o rito ordinário.

§ 6.º Se a sentença fixar valor superior ao da avaliação feita na vistoria, o condomínio, em execução, restituirá à minoria a respectiva diferença, acrescida de juros de mora à razão de 1% (um por cento) ao mês, desde a data da concessão de eventual liminar, ou pagará o total devido, com os juros da mora a contar da citação.

§ 7.º Transitada em julgado a sentença, servirá ela de título definitivo para a maioria, que deverá registrá-la no Registro de Imóveis.

§ 8.º A maioria poderá pagar e cobrar da minoria, em execução de sentença, encargos fiscais necessários à adjudicação definitiva a cujo pagamento se recusar a minoria.

Art. 16. Em caso de sinistro que destrua menos de dois terços da edificação, o síndico promoverá o recebimento do seguro e a reconstrução ou os reparos nas partes danificadas.

Art. 17. Os condôminos que representem, pelo menos, dois terços do total de unidades isoladas e frações ideais correspondentes a 80% (oitenta por cento) do terreno e coisas comuns poderão decidir sobre a demolição e reconstrução do prédio, ou sua alienação, por motivos urbanísticos ou arquitetônicos, ou, ainda, no caso de condenação do edifício pela autoridade pública, em razão de sua insegurança ou insalubridade.

•• *Caput* com redação determinada pela Lei n. 6.709, de 31-10-1979.

§ 1.º A minoria não fica obrigada a contribuir para as obras, mas assegura-se à maioria o direito de adquirir as partes dos dissidentes, mediante avaliação judicial, aplicando-se o processo previsto no art. 15.

•• § 1.º com redação determinada pela Lei n. 6.709, de 31-10-1979.

§ 2.º Ocorrendo desgaste, pela ação do tempo, das unidades habitacionais de uma edificação, que deprecie seu valor unitário em relação ao valor global do terreno onde se acha construída, os condôminos, pelo *quorum* mínimo de votos que representem dois terços das unidades isoladas e frações ideais correspondentes a 80% (oitenta por cento) do terreno e coisas comuns, poderão decidir por sua alienação total, procedendo-se em relação à minoria na forma estabelecida no art. 15, e seus parágrafos, desta Lei.

•• § 2.º com redação determinada pela Lei n. 6.709, de 31-10-1979.

§ 3.º Decidida por maioria a alienação do prédio, o valor atribuído à quota dos condôminos vencidos será correspondente ao preço efetivo e, no mínimo, à avaliação prevista no § 2.º ou, a critério desses, a imóvel localizado em área próxima ou adjacente com a mesma área útil de construção.

•• § 3.º com redação determinada pela Lei n. 6.709, de 31-10-1979.

• *Vide* art. 1.357 do CC.

Art. 18. A aquisição parcial de uma edificação, ou de um conjunto de edificações, ainda que por força de desapropriação, importará no ingresso do adquirente no condomínio, ficando sujeito às disposições desta Lei, bem assim às da Convenção do Condomínio e do Regulamento Interno.

•• Artigo com redação determinada pelo Decreto-lei n. 981, de 21-10-1969.

• *Vide* art. 1.358 do CC.

Capítulo V
UTILIZAÇÃO DA EDIFICAÇÃO OU DO CONJUNTO DE EDIFICAÇÕES

Art. 19. Cada condômino tem o direito de usar e fruir, com exclusividade, de sua unidade autônoma, segundo suas conveniências e interesses, condicionados, umas e outros, às normas de boa vizinhança, e poderá usar as partes e coisas comuns, de maneira a não causar dano ou incômodo aos demais condôminos ou moradores, nem obstáculo ou embaraço ao bom uso das mesmas partes por todos.

• *Vide* art. 1.335 do CC.

Parágrafo único. (*Vetado*.)

Art. 20. Aplicam-se ao ocupante do imóvel, a qualquer título, todas as obrigações referentes ao uso, fruição e destino da unidade.

Art. 21. A violação de qualquer dos deveres estipulados na Convenção sujeitará o infrator à multa fixada na própria Convenção ou no Regimento Interno, sem prejuízo da responsabilidade civil ou criminal que, no caso, couber.

Parágrafo único. Compete ao síndico a iniciativa do processo e a cobrança da multa, por via executiva, em benefício do condomínio, e, em caso de omitir-se ele, a qualquer condômino.

•• *Vide* art. 1.337 do CC.

Capítulo VI
DA ADMINISTRAÇÃO DO CONDOMÍNIO

• *Vide* arts. 1.347 a 1.356 do CC.

Art. 22. Será eleito, na forma prevista pela Convenção, um síndico do condomínio, cujo mandato não poderá exceder a 2 (dois) anos, permitida a reeleição.

§ 1.º Compete ao síndico:

a) representar, ativa e passivamente, o condomínio, em juízo ou fora dele, e praticar os atos de defesa dos interesses comuns, nos limites das atribuições conferidas por esta Lei ou pela Convenção;

b) exercer a administração interna da edificação ou do conjunto de edificações, no que respeita à sua vigilância, moralidade e segurança, bem como aos serviços que interessam a todos os moradores;

c) praticar os atos que lhe atribuírem as leis, a Convenção e o Regimento Interno;

d) impor as multas estabelecidas na Lei, na Convenção ou no Regimento Interno;

e) cumprir e fazer cumprir a Convenção e o Regimento Interno, bem como executar e fazer executar as deliberações da assembleia;

f) prestar contas à assembleia dos condôminos;

g) manter guardada durante o prazo de 5 (cinco) anos, para eventuais necessidades de verificação contábil, toda a documentação relativa ao condomínio.

•• Alínea *g* acrescentada pela Lei n. 6.434, de 15-7-1977.

§ 2.º As funções administrativas podem ser delegadas a pessoas de confiança do síndico, e sob a sua inteira responsabilidade, mediante aprovação da assembleia geral dos condôminos.

§ 3.º A Convenção poderá estipular que dos atos do síndico caiba recurso para a assembleia, convocada pelo interessado.

§ 4.º Ao síndico, que poderá ser condômino ou pessoa física ou jurídica estranha ao condomínio, será fixada a remuneração pela mesma assembleia que o eleger, salvo se a Convenção dispuser diferentemente.

§ 5.º O síndico poderá ser destituído pela forma e sob as condições previstas na Convenção, ou, no silêncio desta, pelo voto de dois terços dos condôminos, presentes, em assembleia geral especialmente convocada.

§ 6.º A Convenção poderá prever a eleição de subsíndicos, definindo-lhes atribuições e fixando-lhes o mandato, que não poderá exceder de 2 (dois) anos, permitida a reeleição.

Art. 23. Será eleito, na forma prevista na Convenção, um Conselho Consultivo, constituído de três condôminos, com mandatos que não poderão exceder de 2 (dois) anos, permitida a reeleição.

Parágrafo único. Funcionará o Conselho como órgão consultivo do síndico, para assessorá-lo na solução dos problemas que digam respeito ao condomínio, podendo a Convenção definir suas atribuições específicas.

Capítulo VII
DA ASSEMBLEIA GERAL

• *Vide* arts. 1.350 a 1.356 do CC.

Art. 24. Haverá, anualmente, uma assembleia geral ordinária dos condôminos, convocada pelo síndico na forma prevista na Convenção, à qual compete, além das demais matérias inscritas na ordem do dia, aprovar, por maioria dos presentes, as verbas para as despesas de condomínio, compreendendo as de conservação da edificação ou conjunto de edificações, manutenção de seus serviços e correlatas.

§ 1.º As decisões da assembleia, tomadas, em cada caso, pelo *quorum* que a Convenção fixar, obrigam todos os condôminos.

§ 2.º O síndico, nos 8 (oito) dias subsequentes à assembleia, comunicará aos condôminos o que tiver sido deliberado, inclusive no tocante à previsão orçamentária, o rateio das despesas, e promoverá a arrecadação, tudo na forma que a Convenção previr.

§ 3.º Nas assembleias gerais, os votos serão proporcionais às frações ideais do terreno e partes comuns, pertencentes a cada condômino, salvo disposição diversa da Convenção.

§ 4.º Nas decisões da assembleia que não envolvam despesas extraordinárias do condomínio, o locatário poderá votar, caso o condômino-locador a ela não compareça.

•• § 4.º com redação determinada pela Lei n. 9.267, de 25-3-1996.

Art. 25. Ressalvado o disposto no § 3.º do art. 22, poderá haver assembleias gerais extraordinárias, convocadas pelo síndico ou por condôminos que representem um quarto, no mínimo, do condomínio, sempre que o exigirem os interesses gerais.

Parágrafo único. Salvo estipulação diversa da Convenção, esta só poderá ser modificada em assembleia geral extraordinária, pelo voto mínimo de condôminos que representem dois terços do total das frações ideais.

Art. 26. (*Vetado.*)

Art. 27. Se a assembleia não se reunir para exercer qualquer dos poderes que lhe competem, 15 (quinze) dias após o pedido de convocação, o juiz decidirá a respeito, mediante requerimento dos interessados.

TÍTULO II
DAS INCORPORAÇÕES

Capítulo I
DISPOSIÇÕES GERAIS

Art. 28. As incorporações imobiliárias, em todo o território nacional, reger-se-ão pela presente Lei.

Parágrafo único. Para efeito desta Lei, considera-se incorporação imobiliária a atividade exercida com o intuito de promover e realizar a construção, para alienação total ou parcial, de edificações, ou conjunto de edificações compostas de unidades autônomas (*Vetado*).

•• As disposições deste artigo e seguintes não se aplicam às incorporações iniciadas antes de 10-3-1965, segundo dispõe o art. 9.º e parágrafos da Lei n. 4.864, de 29-11-1965.

Art. 29. Considera-se incorporador a pessoa física ou jurídica, comerciante ou não, que, embora não efetuando a construção, compromisse ou efetive a venda de frações ideais de terreno objetivando a vinculação de tais frações a unidades autônomas (*Vetado*), em edificações a serem construídas ou em construção sob regime condominial, ou que meramente aceita propostas para efetivação de tais transações, coordenando e levando a termo a incorporação e responsabilizando-se, conforme o caso, pela entrega, a certo prazo, preço e determinadas condições, das obras concluídas.

Parágrafo único. Presume-se a vinculação entre a alienação das frações do terreno e o negócio de construção, se, ao ser contratada a venda, ou promessa de venda ou de cessão das frações de terreno, já houver sido aprovado e estiver em vigor, ou pender de aprovação de autoridade administrativa, o respectivo projeto de construção, respondendo o alienante como incorporador.

Art. 30. Estende-se a condição de incorporador aos proprietários e titulares de direitos aquisitivos que contratem a construção de edifícios que se destinem a constituição em condomínio, sempre que iniciarem as alienações antes da conclusão das obras.

Art. 31. A iniciativa e a responsabilidade das incorporações imobiliárias caberão ao incorporador, que somente poderá ser:

a) o proprietário do terreno, o promitente comprador, o cessionário deste ou promitente cessionário com título que satisfaça os requisitos da alínea *a* do art. 32;

b) o construtor (Decretos n. 23.569, de 11-12-1933, e 3.995, de 31-12-1941, e Decreto-lei n. 8.620, de 10-1-1946) ou corretor de imóveis (Lei n. 6.530, de 12-5-1978);

c) o ente da Federação imitido na posse a partir de decisão proferida em processo judicial de desapropriação em curso ou o cessionário deste, conforme comprovado mediante registro no registro de imóveis competente.

•• Alínea *c* acrescentada pela Lei n. 12.424, de 16-6-2011.

§ 1.º No caso da alínea *b*, o incorporador será investido, pelo proprietário do terreno, o promitente comprador e cessionário deste ou o promitente cessionário, de mandato outorgado por instrumento público, onde se faça menção expressa desta Lei e se transcreva o disposto no § 4.º do art. 35, para concluir todos os negócios tendentes à alienação das frações ideais de terreno, mas se obrigará pessoalmente pelos atos que praticar na qualidade de incorporador.

§ 2.º Nenhuma incorporação poderá ser proposta à venda sem a indicação expressa do incorporador, devendo também seu nome permanecer indicado ostensivamente no local da construção.

§ 3.º Toda e qualquer incorporação, independentemente da forma por que seja constituída, terá um ou mais incorporadores solidariamente responsáveis, ainda que em fase subordinada a período de carência, referido no art. 34.

Capítulo I-A
DO PATRIMÔNIO DE AFETAÇÃO

•• Capítulo acrescentado pela Lei n. 10.931, de 2-8-2004.

Art. 31-A. A critério do incorporador, a incorporação poderá ser submetida ao regime da afetação, pelo qual o terreno e as acessões objeto de incorporação imobiliária, bem como os demais bens e direitos a ela vinculados, manter-se-ão apartados do patrimônio do incorporador e constituirão patrimônio de afetação, destinado à consecução da incorporação correspondente e à entrega das unidades imobiliárias aos respectivos adquirentes.

•• *Caput* acrescentado pela Lei n. 10.931, de 2-8-2004.

• *Vide* Lei n. 13.097, de 19-1-2015.

§ 1.º O patrimônio de afetação não se comunica com os demais bens, direitos e obrigações do patrimônio geral do incorporador ou de outros patrimônios de afetação por ele constituídos e só responde por dívidas e obrigações vinculadas à incorporação respectiva.

•• § 1.º acrescentado pela Lei n. 10.931, de 2-8-2004.

§ 2.º O incorporador responde pelos prejuízos que causar ao patrimônio de afetação.

•• § 2.º acrescentado pela Lei n. 10.931, de 2-8-2004.

§ 3.º Os bens e direitos integrantes do patrimônio de afetação somente poderão ser objeto de garantia real em operação de crédito cujo produto seja integralmente destinado à consecução da edificação correspondente e à entrega das unidades imobiliárias aos respectivos adquirentes.

•• § 3.º acrescentado pela Lei n. 10.931, de 2-8-2004.

§ 4.º No caso de cessão, plena ou fiduciária, de direitos creditórios oriundos da comercialização das unidades imobiliárias componentes da incorporação, o produto da cessão também passará a integrar o patrimônio de afetação, observado o disposto no § 6.º.

•• § 4.º acrescentado pela Lei n. 10.931, de 2-8-2004.

§ 5.º As quotas de construção correspondentes a acessões vinculadas a frações ideais serão pagas pelo incorporador até que a responsabilidade pela sua construção tenha sido assumida por terceiros, nos termos da parte final do § 6.º do art. 35.

•• § 5.º acrescentado pela Lei n. 10.931, de 2-8-2004.

§ 6.º Os recursos financeiros integrantes do patrimônio de afetação serão utilizados para pagamento ou reembolso das despesas inerentes à incorporação.

•• § 6.º acrescentado pela Lei n. 10.931, de 2-8-2004.

§ 7.º O reembolso do preço de aquisição do terreno somente poderá ser feito quando da alienação das unidades autônomas, na proporção das respectivas frações ideais, considerando-se tão somente os valores efetivamente recebidos pela alienação.

•• § 7.º acrescentado pela Lei n. 10.931, de 2-8-2004.

§ 8.º Excluem-se do patrimônio de afetação:

I – os recursos financeiros que excederem a importância necessária à conclusão da obra (art. 44), considerando-se os valores a receber até sua conclusão e, bem assim, os recursos necessários à quitação de financiamento para a construção, se houver; e

II – o valor referente ao preço de alienação da fração ideal de terreno de cada unidade vendida, no caso de incorporação em que a construção seja contratada sob o regime por empreitada (art. 55) ou por administração (art. 58).

•• § 8.º acrescentado pela Lei n. 10.931, de 2-8-2004.

§ 9.º No caso de conjuntos de edificações de que trata o art. 8.º, poderão ser constituídos patrimônios de afetação separados, tantos quantos forem os:

I – subconjuntos de casas para as quais esteja prevista a mesma data de conclusão (art. 8.º, *a*); e

II – edifícios de dois ou mais pavimentos (art. 8.º, *b*).

•• § 9.º acrescentado pela Lei n. 10.931, de 2-8-2004.

§ 10. A constituição de patrimônios de afetação separados de que trata o § 9.º deverá estar declarada no memorial de incorporação.

•• § 10 acrescentado pela Lei n. 10.931, de 2-8-2004.

§ 11. Nas incorporações objeto de financiamento, a comercialização das unidades deverá contar com a anuência da instituição financiadora ou deverá ser a ela cientificada, conforme vier a ser estabelecido no contrato de financiamento.

•• § 11 acrescentado pela Lei n. 10.931, de 2-8-2004.

§ 12. A contratação de financiamento e constituição de garantias, inclusive mediante transmissão, para o credor, da propriedade fiduciária sobre as unidades imobiliárias integrantes da incorporação, bem como a cessão, plena ou fiduciária, de direitos creditórios decorrentes da comercialização dessas unidades, não implicam a transferência para o credor de nenhuma das obrigações ou responsabilidades do cedente, do incorporador ou do construtor, permanecendo estes como únicos responsáveis pelas obrigações e pelos deveres que lhes são imputáveis.

•• § 12 acrescentado pela Lei n. 10.931, de 2-8-2004.

Art. 31-B. Considera-se constituído o patrimônio de afetação mediante averbação, a qualquer tempo, no Registro de Imóveis, de termo firmado pelo incorporador e, quando for o caso, também pelos titulares de direitos reais de aquisição sobre o terreno.

•• *Caput* acrescentado pela Lei n. 10.931, de 2-8-2004.

Parágrafo único. A averbação não será obstada pela existência de ônus reais que tenham sido constituídos sobre o imóvel objeto da incorporação para garantia do pagamento do preço de sua aquisição ou do cumprimento de obrigação de construir o empreendimento.

•• Parágrafo único acrescentado pela Lei n. 10.931, de 2-8-2004.

Art. 31-C. A Comissão de Representantes e a instituição financiadora da construção poderão nomear, às suas expensas, pessoa física ou jurídica para fiscalizar e acompanhar o patrimônio de afetação.

•• *Caput* acrescentado pela Lei n. 10.931, de 2-8-2004.

§ 1.º A nomeação a que se refere o *caput* não transfere para o nomeante qualquer responsabilidade pela qualidade da obra, pelo prazo de entrega do imóvel ou por qualquer outra obrigação decorrente da responsabilidade do incorporador ou do construtor, seja legal ou a oriunda dos contratos de alienação das unidades imobiliárias, de construção e de outros contratos eventualmente vinculados à incorporação.

•• § 1.º acrescentado pela Lei n. 10.931, de 2-8-2004.

§ 2.º A pessoa que, em decorrência do exercício da fiscalização de que trata o *caput* deste artigo, obtiver acesso às informações comerciais, tributárias e de qualquer outra natureza referentes ao patrimônio afetado responderá pela falta de zelo, dedicação e sigilo destas informações.

•• § 2.º acrescentado pela Lei n. 10.931, de 2-8-2004.

§ 3.º A pessoa nomeada pela instituição financiadora deverá fornecer cópia de seu relatório ou parecer à Comissão de Representantes, a requerimento desta, não constituindo esse fornecimento quebra de sigilo de que trata o § 2.º deste artigo.

•• § 3.º acrescentado pela Lei n. 10.931, de 2-8-2004.

Art. 31-D. Incumbe ao incorporador:

•• *Caput* acrescentado pela Lei n. 10.931, de 2-8-2004.

I – promover todos os atos necessários à boa administração e à preservação do patrimônio de afetação, inclusive mediante adoção de medidas judiciais;

•• Inciso I acrescentado pela Lei n. 10.931, de 2-8-2004.

II – manter apartados os bens e direitos objeto de cada incorporação;

•• Inciso II acrescentado pela Lei n. 10.931, de 2-8-2004.

III – diligenciar a captação dos recursos necessários à incorporação e aplicá-los na forma prevista nesta Lei, cuidando de preservar os recursos necessários à conclusão da obra;

•• Inciso III acrescentado pela Lei n. 10.931, de 2-8-2004.

IV – entregar à Comissão de Representantes, no mínimo a cada três meses, demonstrativo do estado da obra e de sua correspondência com o prazo pactuado ou com os recursos financeiros que integrem o patrimônio de afetação recebidos no período, firmados por profissionais habilitados, ressalvadas eventuais modificações sugeridas pelo incorporador e aprovadas pela Comissão de Representantes;

•• Inciso IV acrescentado pela Lei n. 10.931, de 2-8-2004.

V – manter e movimentar os recursos financeiros do patrimônio de afetação em conta de depósito aberta especificamente para tal fim;

•• Inciso V acrescentado pela Lei n. 10.931, de 2-8-2004.

VI – entregar à Comissão de Representantes balancetes coincidentes com o trimestre civil, relativos a cada patrimônio de afetação;

•• Inciso VI acrescentado pela Lei n. 10.931, de 2-8-2004.

VII – assegurar à pessoa nomeada nos termos do art. 31-C o livre acesso à obra, bem como aos livros, contratos, movimentação da conta de depósito exclusiva referida no inciso V deste artigo e quaisquer outros documentos relativos ao patrimônio de afetação; e

•• Inciso VII acrescentado pela Lei n. 10.931, de 2-8-2004.

VIII – manter escrituração contábil completa, ainda que esteja desobrigado pela legislação tributária.

•• Inciso VIII acrescentado pela Lei n. 10.931, de 2-8-2004.

Art. 31-E. O patrimônio de afetação extinguir-se-á pela:

•• *Caput* acrescentado pela Lei n. 10.931, de 2-8-2004.

I – averbação da construção, registro dos títulos de domínio ou de direito de aquisição em nome dos respectivos adquirentes e, quando for o caso, extinção das obrigações do incorporador perante a instituição financiadora do empreendimento;

•• Inciso I acrescentado pela Lei n. 10.931, de 2-8-2004.

II – revogação em razão de denúncia da incorporação, depois de restituídas aos adquirentes as quantias por eles pagas (art. 36), ou de outras hipóteses previstas em lei; e

•• Inciso II acrescentado pela Lei n. 10.931, de 2-8-2004.

III – liquidação deliberada pela assembleia geral nos termos do art. 31-F, § 1.º.

•• Inciso III acrescentado pela Lei n. 10.931, de 2-8-2004.

§ 1.º Na hipótese prevista no inciso I do *caput*, uma vez averbada a construção, o registro de cada contrato de compra e venda ou de promessa de venda, acompanhado do respectivo termo de quitação da instituição financiadora da construção, importará na extinção automática do patrimônio de afetação em relação à respectiva unidade, sem necessidade de averbação específica.

•• § 1.º acrescentado pela Medida Provisória n. 1.085, de 27-12-2021.

§ 2.º Quando da extinção integral das obrigações do incorporador perante a instituição financiadora do empreendimento e após a averbação da construção, a afetação das unidades não negociadas será cancelada mediante averbação, sem conteúdo financeiro, do respectivo termo de quitação na matrícula matriz do empreendimento ou nas respectivas matrículas das unidades imobiliárias eventualmente abertas.

•• § 2.º acrescentado pela Medida Provisória n. 1.085, de 27-12-2021.

§ 3.º Em caso de denúncia da incorporação, proceder-se-á à desafetação no mesmo ato de cancelamento do registro da incorporação, à vista de requerimento do incorporador instruído com os documentos a que se referem os § 4.º e § 5.º do art. 34 e com cópias dos recibos de quitação passados pelos adquirentes, e, na hipótese prevista no inciso III do *caput*, mediante averbação, sem conteúdo financeiro, da ata da assembleia geral dos adquirentes que deliberar pela liquidação a que se refere o § 1.º do art. 31-F.

•• § 3.º acrescentado pela Medida Provisória n. 1.085, de 27-12-2021.

Art. 31-F. Os efeitos da decretação da falência ou da insolvência civil do incorporador não atingem os patrimônios de afetação constituídos, não integrando a massa concursal o terreno, as acessões e demais bens, direitos creditórios, obrigações e encargos objeto da incorporação.

•• *Caput* acrescentado pela Lei n. 10.931, de 2-8-2004.

§ 1.º Nos sessenta dias que se seguirem à decretação da falência ou da insolvência civil do incorporador, o condomínio dos adquirentes, por convocação da sua Comissão de Representantes ou, na sua falta, de um sexto dos titulares de frações ideais, ou, ainda, por determinação do juiz prolator da decisão, realizará assembleia geral, na qual, por maioria simples, ratificará o mandato da Comissão de Representantes ou elegerá novos membros, e, em primeira convocação, por dois terços dos votos dos adquirentes ou, em segunda convocação, pela maioria absoluta desses votos, instituirá o condomínio da construção, por instrumento público ou particular, e deliberará sobre os termos da continuação da obra ou da liquidação do patrimônio de afetação (art. 43, III); havendo financiamento para construção, a convocação poderá ser feita pela instituição financiadora.

•• § 1.º acrescentado pela Lei n. 10.931, de 2-8-2004.

§ 2.º O disposto no § 1.º aplica-se também à hipótese de paralisação das obras prevista no art. 43, VI.

•• § 2.º acrescentado pela Lei n. 10.931, de 2-8-2004.

§ 3.º Na hipótese de que tratam os §§ 1.º e 2.º, a Comissão de Representantes ficará investida de mandato irrevogável para firmar com os adquirentes das unidades autônomas o contrato definitivo a que estiverem obrigados o incorporador, o titular do domínio e o titular dos direitos aquisitivos do imóvel objeto da incorporação em decorrência de contratos preliminares.

•• § 3.º acrescentado pela Lei n. 10.931, de 2-8-2004.

§ 4.º O mandato a que se refere o § 3.º será válido mesmo depois de concluída a obra.

•• § 4.º acrescentado pela Lei n. 10.931, de 2-8-2004.

§ 5.º O mandato outorgado à Comissão de Representantes confere poderes para transmitir domínio, direito, posse e ação, manifestar a responsabilidade do alienante pela evicção e imitir os adquirentes na posse das unidades respectivas.

•• § 5.º acrescentado pela Lei n. 10.931, de 2-8-2004.

§ 6.º Os contratos definitivos serão celebrados mesmo com os adquirentes que tenham obrigações a cumprir perante o incorporador ou a instituição financiadora, desde que comprovadamente adimplentes, situação em que a outorga do contrato fica condicionada à constituição de garantia real sobre o imóvel, para assegurar o pagamento do débito remanescente.

•• § 6.º acrescentado pela Lei n. 10.931, de 2-8-2004.

§ 7.º Ainda na hipótese dos §§ 1.º e 2.º, a Comissão de Representantes ficará investida de mandato irrevogável para, em nome dos adquirentes, e em cumprimento da decisão da assembleia geral que deliberar pela liquidação do patrimônio de afetação, efetivar a alienação do terreno e das acessões, transmitindo posse, direito, domínio e ação, manifestar a responsabilidade pela evicção, imitir os futuros adquirentes na posse do terreno e das acessões.

•• § 7.º acrescentado pela Lei n. 10.931, de 2-8-2004.

§ 8.º Na hipótese do § 7.º, será firmado o respectivo contrato de venda, promessa de venda ou outra modalidade de contrato compatível com os direitos objeto da transmissão.

•• § 8.º acrescentado pela Lei n. 10.931, de 2-8-2004.

§ 9.º A Comissão de Representantes cumprirá o mandato nos termos e nos limites estabelecidos pela deliberação da assembleia geral e prestará contas aos adquirentes, entregando-lhes o produto líquido da alienação, no prazo de cinco dias da data em que tiver recebido o preço ou cada parcela do preço.

•• § 9.º acrescentado pela Lei n. 10.931, de 2-8-2004.

§ 10. Os valores pertencentes aos adquirentes não localizados deverão ser depositados em Juízo pela Comissão de Representantes.

•• § 10 acrescentado pela Lei n. 10.931, de 2-8-2004.

§ 11. Caso decidam pela continuação da obra, os adquirentes ficarão automaticamente sub-rogados nos direitos, nas obrigações e nos encargos relativos à incorporação, inclusive aqueles relativos ao contrato de financiamento da obra, se houver.

•• § 11 acrescentado pela Lei n. 10.931, de 2-8-2004.

§ 12. Para os efeitos do § 11 deste artigo, cada adquirente responderá individualmente pelo saldo porventura existente entre as receitas do empreendimento e o custo da conclusão da incorporação na proporção dos coeficientes de construção atribuíveis às respectivas unidades, se outro critério de rateio não for deliberado em assembleia geral por dois terços dos votos dos adquirentes, observado o seguinte:

I – os saldos dos preços das frações ideais e acessões integrantes da incorporação que não tenham sido pagos ao incorporador até a data da decretação da falência ou da insolvência civil passarão a ser pagos à Comissão de Representantes, permanecendo o somatório desses recursos submetido à afetação, nos termos do art. 31-A, até o limite necessário à conclusão da incorporação;

II – para cumprimento do seu encargo de administradora da incorporação, a Comissão de Representantes fica investida de mandato legal, em caráter irrevogável, para, em nome do incorporador ou do condomínio de construção, conforme o caso, receber as parcelas do saldo do preço e dar quitação, bem como promover as medidas extrajudiciais ou judiciais necessárias a esse recebimento, praticando todos os atos relativos ao leilão de que trata o art. 63 ou os atos relativos à consolidação da propriedade e ao leilão de que tratam os arts. 26 e 27 da Lei n. 9.514, de 20 de novembro de 1997, devendo realizar a garantia e aplicar na incorporação todo o produto do recebimento do saldo do preço e do leilão;

III – consideram-se receitas do empreendimento os valores das parcelas a receber, vincendas e vencidas e ainda não pagas, de cada adquirente, correspondentes ao preço de aquisição das respectivas unidades ou do preço de custeio de construção, bem como os recursos disponíveis afetados; e

IV – compreendem-se no custo de conclusão da incorporação todo o custeio da construção do edifício e a averbação da construção das edificações para efeito de individualização e discriminação das unidades, nos termos do art. 44.

•• § 12 acrescentado pela Lei n. 10.931, de 2-8-2004.

§ 13. Havendo saldo positivo entre as receitas da incorporação e o custo da conclusão da incorporação, o valor correspondente a esse saldo deverá ser entregue à massa falida pela Comissão de Representantes.

•• § 13 acrescentado pela Lei n. 10.931, de 2-8-2004.

§ 14. Para assegurar as medidas necessárias ao prosseguimento das obras ou à liquidação do patrimônio de afetação, a Comissão de Representantes, no prazo de sessenta dias, a contar da data de realização da assembleia geral de que trata o § 1.º, promoverá, em leilão público, com observância dos critérios estabelecidos pelo art. 63, a venda das frações ideais e respectivas acessões que, até a data da decretação da falência ou insolvência não tiverem sido alienadas pelo incorporador.

•• § 14 acrescentado pela Lei n. 10.931, de 2-8-2004.

§ 15. Na hipótese de que trata o § 14, o arrematante ficará sub-rogado, na proporção atribuível à fração e acessões adquiridas, nos direitos e nas obrigações relativas ao empreendimento, inclusive nas obrigações de eventual financiamento, e, em se tratando da hipótese do art. 39 desta Lei, nas obrigações perante o proprietário do terreno.

•• § 15 acrescentado pela Lei n. 10.931, de 2-8-2004.

§ 16. Dos documentos para anúncio da venda de que trata o § 14 e, bem assim, o inciso III do art. 43, constarão o valor das acessões não pagas pelo incorporador (art. 35, § 6.º) e o preço da fração ideal do terreno e das acessões (arts. 40 e 41).

•• § 16 acrescentado pela Lei n. 10.931, de 2-8-2004.

§ 17. No processo de venda de que trata o § 14, serão asseguradas, sucessivamente, em igualdade de condições com terceiros:

I – ao proprietário do terreno, nas hipóteses em que este seja pessoa distinta da pessoa do incorporador, a preferência para aquisição das acessões vinculadas à fração objeto da venda, a ser exercida nas vinte e quatro horas seguintes à data designada para a venda; e

II – ao condomínio, caso não exercida a preferência de que trata o inciso I, ou caso não haja licitantes, a preferência para aquisição da fração ideal e acessões, desde que deliberada em assembleia geral, pelo voto da maioria simples dos adquirentes presentes, e exercida no prazo de quarenta e oito horas a contar da data designada para a venda.

•• § 17 acrescentado pela Lei n. 10.931, de 2-8-2004.

§ 18. Realizada a venda prevista no § 14, incumbirá à Comissão de Representantes, sucessivamente, nos cinco dias que se seguirem ao recebimento do preço:

I – pagar as obrigações trabalhistas, previdenciárias e tributárias, vinculadas ao respectivo patrimônio de afetação, observada a ordem de preferência prevista na legislação, em especial o disposto no art. 186 do Código Tributário Nacional;

II – reembolsar aos adquirentes as quantias que tenham adiantado, com recursos próprios, para pagamento das obrigações referidas no inciso I;

III – reembolsar à instituição financiadora a quantia que esta tiver entregue para a construção, salvo se outra forma for convencionada entre as partes interessadas;

IV – entregar ao condomínio o valor que este tiver desembolsado para construção das acessões de responsabilidade do incorporador (§ 6.º do art. 35 e § 5.º do art. 31-A), na proporção do valor obtido na venda;

V – entregar ao proprietário do terreno, nas hipóteses em que este seja pessoa distinta da pessoa do incorporador, o valor apurado na venda, em proporção ao valor atribuído à fração ideal; e

VI – entregar à massa falida o saldo que porventura remanescer.

•• § 18 acrescentado pela Lei n. 10.931, de 2-8-2004.

§ 19. O incorporador deve assegurar à pessoa nomeada nos termos do art. 31-C, o acesso a todas as informações necessárias à verificação do montante das obrigações referidas no § 12, I, do art. 31-F vinculadas ao respectivo patrimônio de afetação.

•• § 19 acrescentado pela Lei n. 10.931, de 2-8-2004.

§ 20. Ficam excluídas da responsabilidade dos adquirentes as obrigações relativas, de maneira direta ou indireta, ao imposto de renda e à contribuição social sobre o lucro, devidas pela pessoa jurídica do incorporador, inclusive por equiparação, bem como as obrigações oriundas de outras atividades do incorporador não relacionadas diretamente com as incorporações objeto de afetação.

•• § 20 acrescentado pela Lei n. 10.931, de 2-8-2004.

Capítulo II
DAS OBRIGAÇÕES E DIREITOS DO INCORPORADOR

Art. 32. O incorporador somente poderá alienar ou onerar as frações ideais de terrenos e acessões que corresponderão às futuras unidades autônomas após o registro, no registro de imóveis competente, do memorial de incorporação composto pelos seguintes documentos:

•• *Caput* com redação determinada pela Medida Provisória n. 1.085, de 27-12-2021.

O texto anterior dizia: "Art. 32. O incorporador somente poderá negociar sobre unidades autônomas após ter arquivado, no cartório competente de Registro de Imóveis, os seguintes documentos:".

a) título de propriedade de terreno, ou de promessa, irrevogável e irretratável, de compra e venda ou de cessão de direitos ou de permuta, do qual conste cláusula de imissão na posse do imóvel, não haja estipulações impeditivas de sua alienação em frações ideais e inclua consentimento para demolição e construção, devidamente registrado;

b) certidões negativas de impostos federais, estaduais e municipais, de protesto de títulos, de ações cíveis e criminais e de ônus reais relativamente ao imóvel, aos alienantes do terreno e ao incorporador;

c) histórico dos títulos de propriedade do imóvel, abrangendo os últimos 20 (vinte) anos, acompanhado de certidão dos respectivos registros;

d) projeto de construção devidamente aprovado pelas autoridades competentes;

e) cálculo das áreas das edificações, discriminando, além da global, a das partes comuns, e indicando, para cada tipo de unidade, a respectiva metragem de área construída;

f) certidão negativa de débito para com a Previdência Social, quando o titular de direitos sobre o terreno for responsável pela arrecadação das respectivas contribuições;

• Da Prova de Inexistência de Débito: art. 47, § 2.º, da Lei n. 8.212, de 24-7-1991.

g) memorial descritivo das especificações da obra projetada, segundo modelo a que se refere o inciso IV, do art. 53, desta Lei;

h) avaliação do custo global da obra, atualizada à data do arquivamento, calculada de acordo com a norma do inciso III, do art. 53, com base nos custos unitários referidos no art. 54, discriminando-se, também, o custo de construção de cada unidade, devidamente autenticada pelo profissional responsável pela obra;

i) instrumento de divisão do terreno em frações ideais autônomas que contenham a sua discriminação e a descrição, a caracterização e a destinação das futuras unidades e partes comuns que a elas acederão;

•• Alínea *i* com redação determinada pela Medida Provisória n. 1.085, de 27-12-2021.

O texto anterior dizia: "*i)* discriminação das frações ideais de terreno, com as unidades autônomas que a elas corresponderão;".

j) minuta de convenção de condomínio que disciplinará o uso das futuras unidades e partes comuns do conjunto imobiliário;

•• Alínea *j* com redação determinada pela Medida Provisória n. 1.085, de 27-12-2021.

O texto anterior dizia: "*j)* minuta da futura Convenção de Condomínio que regerá a edificação ou o conjunto de edificações;".

l) declaração em que se defina a parcela do preço de que trata o inciso II, do art. 39;

m) certidão do instrumento público de mandato, referido no § 1.º do art. 31;

n) declaração expressa em que se fixe, se houver, o prazo de carência (art. 34);

o) (*Revogada pela Medida Provisória n. 1.085, de 27-12-2021.*)

•• O texto revogado dizia: "*o)* atestado de idoneidade financeira, fornecido por estabelecimento de crédito que opere no País há mais de 5 (cinco) anos;".

p) declaração, acompanhada de plantas elucidativas, sobre o número de veículos que a garagem comporta e os locais destinados à guarda dos mesmos.

•• Alínea *p* acrescentada pela Lei n. 4.864, de 29-11-1965.

§ 1.º A documentação referida neste artigo, após o exame do oficial de registro de imóveis, será arquivada em cartório, fazendo-se o competente registro.

§ 1.º-A. O registro do memorial de incorporação sujeita as frações do terreno e respectivas acessões a regime condominial especial investe o incorporador e os futuros adquirentes na faculdade de sua livre disposição ou oneração e independe de anuência dos demais condôminos.

•• § 1.º-A acrescentado pela Medida Provisória n. 1.085, de 27-12-2021.

§ 2.º (*Revogado pela Medida Provisória n. 1.085, de 27-12-2021.*)

•• O texto revogado dizia: "§ 2.º Os contratos de compra e venda, promessa de venda, cessão ou promessa de cessão de unidades autônomas são irretratáveis e, uma vez registrados, conferem direito real oponível a terceiros, atribuindo direito a adjudicação compulsória perante o incorporador ou a quem o suceder, inclusive na hipótese de insolvência posterior ao término da obra.

•• § 2.º com redação determinada pela Lei n. 10.931, de 2-8-2004".

§ 3.º O número do registro referido no § 1.º, bem como a indicação do cartório competente, constará, obrigatoriamente, dos anúncios, impressos, publicações, propostas, contratos, preliminares ou definitivos, referentes à incorporação, salvo dos anúncios "classificados".

§ 4.º O Registro de Imóveis dará certidão ou fornecerá, a quem o solicitar, cópia fotostática, heliográfica, termofax, microfilmagem ou outra equivalente, dos documentos especificados neste artigo, ou autenticará cópia apresentada pela parte interessada.

§ 5.º A existência de ônus fiscais ou reais, salvo os impeditivos de alienação, não impedem o registro, que será feito com as devidas ressalvas, mencionando-se, em todos os documentos, extraídos do registro, a existência e a extensão dos ônus.

§ 6.º Os oficiais do registro de imóveis terão dez dias úteis para apresentar, por escrito, todas as exigências que julgarem necessárias ao registro e, satisfeitas as referidas exigências, terão o prazo de dez dias úteis para fornecer certidão e devolver a segunda via autenticada da documentação, quando apresentada por meio físico, com exceção dos documentos públicos, e caberá ao oficial, em caso de divergência, suscitar a dúvida, segundo as normas processuais aplicáveis.

•• § 6.º com redação determinada pela Medida Provisória n. 1.085, de 27-12-2021.

O texto anterior dizia: "§ 6.º Os oficiais de registro de imóveis terão 15 (quinze) dias para apresentar, por escrito, todas as exigências que julgarem necessárias ao arquivamento, e, satisfeitas as referidas exigências, terão o prazo de 15 (quinze) dias para fornecer certidão, relacionando a documentação apresentada e devolver, autenticadas, as segundas vias da mencionada documentação, com exceção dos documentos públicos. Em casos de divergência, o oficial levantará a dúvida segundo as normas processuais aplicáveis".

§ 7.º O oficial do registro de imóveis responde, civil e criminalmente, se efetuar o arquivamento de documentação contraveniente à lei ou der certidão ... (*Vetado*) ... sem o arquivamento de todos os documentos exigidos.

§ 8.º O oficial do registro de imóveis que não observar o prazo previsto no § 6.º ficará sujeito à penalidade imposta pela autoridade judiciária competente em montante igual ao dos emolumentos devidos pelo registro de que trata este artigo, aplicável por quinzena ou fração de quinzena de superação de cada um daqueles prazos.

•• § 8.º acrescentado pela Lei n. 4.864, de 29-11-1965.

§ 9.º O oficial do registro de imóveis não responde pela exatidão dos documentos que lhe forem apresentados para arquivamento em obediência ao disposto nas alíneas *e*, *g*, *h*, *l* e *p* deste artigo, desde que assinados pelo profissional responsável pela obra.

•• § 9.º acrescentado pela Lei n. 4.864, de 29-11-1965.

§ 10. As plantas do projeto aprovado (alínea *d* deste artigo) poderão ser apresentadas em cópia autenticada pelo profissional responsável pela obra, acompanhada de cópia de licença de construção.

•• § 10 acrescentado pela Lei n. 4.864, de 29-11-1965.

§ 11. Até 30 de junho de 1966, se, dentro de 15 (quinze) dias da entrega ao Cartório do Registro de Imóveis da documentação completa prevista neste artigo, feita por carta enviada pelo Ofício de Títulos e Documentos, não tiver o Cartório de Imóveis entregue a certidão de arquivamento e registro, nem formulado, por escrito, as exigências previstas no § 6.º, considerar-se-á de pleno direito completado o registro provisório.

•• § 11 acrescentado pela Lei n. 4.864, de 29-11-1965.

§ 12. O registro provisório previsto no parágrafo anterior autoriza o incorporador a negociar as unidades da incorporação, indicando na sua publicação o número do Registro de Títulos e Documentos referente à remessa dos documentos ao Cartório de Imóveis, sem prejuízo, todavia, da sua responsabilidade perante o adquirente da unidade e da obrigação de satisfazer as exigências posteriormente formuladas pelo Cartório, bem como de completar o registro definitivo.

•• § 12 acrescentado pela Lei n. 4.864, de 29-11-1965.

§ 13. Na incorporação sobre imóvel objeto de imissão na posse registrada conforme item 36 do inciso I do art. 167 da Lei n. 6.015, de 31 de dezembro de 1973, fica dispensada a apresentação, relativamente ao ente público, dos documentos mencionados nas alíneas *a*, *b*, *c*, *f* e *o* deste artigo, devendo o incorporador celebrar contrato de cessão de posse com os adquirentes das unidades autônomas, aplicando-se a regra prevista nos §§ 4.º, 5.º e 6.º do art. 26 da Lei n. 6.766, de 19 de dezembro de 1979.

•• § 13 acrescentado pela Lei n. 12.424, de 16-6-2011.

§ 14. Quando demonstrar de modo suficiente o estado do processo e a repercussão econômica do litígio, a certidão esclarecedora de ação cível ou penal poderá ser substituída por impressão do andamento do processo digital.

•• § 14 acrescentado pela Medida Provisória n. 1.085, de 27-12-2021.

§ 15. O registro do memorial de incorporação e da instituição do condomínio sobre as frações ideais constitui ato registral único.

•• § 15 acrescentado pela Medida Provisória n. 1.085, de 27-12-2021.

Art. 33. Se, após cento e oitenta dias da data do registro da incorporação, ela ainda não se houver concretizado, por meio da formalização da alienação ou da oneração de alguma unidade futura, da contratação de financiamento para a construção ou do início das obras do empreendimento, o incorporador só poderá negociar unidades depois de averbar a atualização das certidões e de eventuais documentos com prazo de validade vencido, a que se refere o art. 32.

•• *Caput* com redação determinada pela Medida Provisória n. 1.085, de 27-12-2021.

O texto anterior dizia: "Art. 33. O registro da incorporação será válido pelo prazo de 120 (cento e vinte) dias, findo o qual, se ela ainda não se houver concretizado, o incorporador só poderá negociar unidades depois de atualizar a documentação a que se refere o artigo anterior, revalidado o registro por igual prazo.

•• O prazo foi elevado para 180 (cento e oitenta) dias pelo art. 12 da Lei n. 4.864, de 29-11-1965".

Parágrafo único. Enquanto não concretizada a incorporação, o procedimento de que trata o *caput* deverá ser realizado a cada cento e oitenta dias.

•• Parágrafo único acrescentado pela Medida Provisória n. 1.085, de 27-12-2021.

Art. 34. O incorporador poderá fixar, para efetivação da incorporação, prazo de carência, dentro do qual lhe é lícito desistir do empreendimento.

§ 1.º A fixação do prazo de carência será feita pela declaração a que se refere a alínea *n*, do art. 32, onde se fixem as condições que autorizarão o incorporador a desistir do empreendimento.

§ 2.º Em caso algum poderá o prazo de carência ultrapassar o termo final do prazo da validade do registro ou, se for o caso, de sua revalidação.

§ 3.º Os documentos preliminares de ajuste, se houver, mencionarão, obrigatoriamente, o prazo de carência, inclusive para efeitos do art. 45.

§ 4.º A desistência da incorporação será denunciada, por escrito, ao Registro de Imóveis ... (*Vetado*) ... e comunicada, por escrito, a cada um dos adquirentes ou candidatos à aquisição, sob pena de responsabilidade civil e criminal do incorporador.

§ 5.º Será averbada no registro da incorporação a desistência de que trata o parágrafo anterior, arquivando-se em cartório o respectivo documento.

§ 6.º O prazo de carência é improrrogável.

Art. 35. O incorporador terá o prazo máximo de 45 (quarenta e cinco) dias, a contar do termo final do prazo de carência, se houver, para promover a celebração do competente contrato relativo à fração ideal de terreno, e, bem assim, do contrato de construção e da Convenção do Condomínio, de acordo com discriminação constante da alínea *i* do art. 32.

•• O prazo de 60 (sessenta) dias foi determinado pelo art. 13 da Lei n. 4.864, de 29-11-1965.

§ 1.º No caso de não haver prazo de carência, o prazo acima se contará da data de qualquer documento de ajuste preliminar.

§ 2.º Quando houver prazo de carência, a obrigação somente deixará de existir se o incorporador tiver denunciado, dentro do mesmo prazo e nas condições previamente estabelecidas, por escrito, ao Registro de Imóveis, a não concretização do empreendimento.

§ 3.º Se, dentro do prazo de carência, o incorporador não denunciar a incorporação, embora não se tenham reunido as condições a que se refere o § 1.º, o outorgante do mandato, de que trata o § 1.º, do art. 31, poderá fazê-lo nos 5 (cinco) dias subsequentes ao prazo de carência, e nesse caso ficará solidariamente responsável com o incorporador pela devolução das quantias que os adquirentes ou candidatos à aquisição houverem entregue ao incorporador, resguardado o direito de regresso sobre eles, dispensando-se, então, do cumprimento da obrigação fixada no *caput* deste artigo.

§ 4.º Descumprida pelo incorporador e pelo mandante de que trata o § 1.º do art. 31 a obrigação da outorga dos contratos referidos no *caput* deste artigo, nos prazos ora fixados, a carta-proposta ou o documento de ajuste preliminar poderão ser averbados no Registro de Imóveis, averbação que conferirá direito real oponível a terceiros, com o consequente direito à obtenção compulsória do contrato correspondente.

§ 5.º Na hipótese do parágrafo anterior, o incorporador incorrerá também na multa de 50% (cinquenta por cento) sobre a quantia que efetivamente tiver recebido, cobrável por via executiva, em favor do adquirente ou candidato à aquisição.

§ 6.º Ressalvado o disposto no art. 43, do contrato de construção deverá constar expressamente a menção dos responsáveis pelo pagamento da construção de cada uma das unidades. O incorporador responde, em igualdade de condições, com os demais contratantes, pelo pagamento da construção das unidades que não tenham tido a responsabilidade pela sua construção assumida por terceiros e até que o tenham.

Art. 35-A. Os contratos de compra e venda, promessa de venda, cessão ou promessa de cessão de unidades autônomas integrantes de incorporação imobiliária serão iniciados por quadro-resumo, que deverá conter:

•• *Caput* acrescentado pela Lei n. 13.786, de 27-12-2018.

I – o preço total a ser pago pelo imóvel;

•• Inciso I acrescentado pela Lei n. 13.786, de 27-12-2018.

II – o valor da parcela do preço a ser tratada como entrada, a sua forma de pagamento, com destaque para o valor pago à vista, e os seus percentuais sobre o valor total do contrato;

•• Inciso II acrescentado pela Lei n. 13.786, de 27-12-2018.

III – o valor referente à corretagem, suas condições de pagamento e a identificação precisa de seu beneficiário;

•• Inciso III acrescentado pela Lei n. 13.786, de 27-12-2018.

IV – a forma de pagamento do preço, com indicação clara dos valores e vencimentos das parcelas;

•• Inciso IV acrescentado pela Lei n. 13.786, de 27-12-2018.

V – os índices de correção monetária aplicáveis ao contrato e, quando houver pluralidade de índices, o período de aplicação de cada um;

•• Inciso V acrescentado pela Lei n. 13.786, de 27-12-2018.

VI – as consequências do desfazimento do contrato, seja por meio de distrato, seja por meio de resolução contratual motivada por inadimplemento de obrigação do adquirente ou do incorporador, com destaque negritado para as penalidades aplicáveis e para os prazos para devolução de valores ao adquirente;

•• Inciso VI acrescentado pela Lei n. 13.786, de 27-12-2018.

VII – as taxas de juros eventualmente aplicadas, se mensais ou anuais, se nominais ou efetivas, o seu período de incidência e o sistema de amortização;

•• Inciso VII acrescentado pela Lei n. 13.786, de 27-12-2018.

VIII – as informações acerca da possibilidade do exercício, por parte do adquirente do imóvel, do direito de arrependimento previsto no art. 49 da Lei n. 8.078, de 11 de setembro de 1990 (Código de Defesa do Consumidor), em todos os contratos firmados em estandes de vendas e fora da sede do incorporador ou do estabelecimento comercial;

•• Inciso VIII acrescentado pela Lei n. 13.786, de 27-12-2018.

IX – o prazo para quitação das obrigações pelo adquirente após a obtenção do auto de conclusão da obra pelo incorporador;

•• Inciso IX acrescentado pela Lei n. 13.786, de 27-12-2018.

X – as informações acerca dos ônus que recaiam sobre o imóvel, em especial quando o vinculem como garantia real do financiamento destinado à construção do investimento;

•• Inciso X acrescentado pela Lei n. 13.786, de 27-12-2018.

XI – o número do registro do memorial de incorporação, a matrícula do imóvel e a identificação do cartório de registro de imóveis competente;

•• Inciso XI acrescentado pela Lei n. 13.786, de 27-12-2018.

XII – o termo final para obtenção do auto de conclusão da obra (habite-se) e os efeitos contratuais da intempestividade prevista no art. 43-A desta Lei.

•• Inciso XII acrescentado pela Lei n. 13.786, de 27-12-2018.

§ 1.º Identificada a ausência de quaisquer das informações previstas no *caput* deste artigo, será concedido prazo de 30 (trinta) dias para aditamento do contrato e saneamento da omissão, findo o qual, essa omissão, se não sanada, caracterizará justa causa para rescisão contratual por parte do adquirente.

•• § 1.º acrescentado pela Lei n. 13.786, de 27-12-2018.

§ 2.º A efetivação das consequências do desfazimento do contrato, referidas no inciso VI do *caput* deste artigo, dependerá de anuência prévia e específica do adquirente a seu respeito, mediante assinatura junto a essas cláusulas, que deverão ser redigidas conforme o disposto no § 4º do art. 54 da Lei n. 8.078, de 11 de setembro 1990 (Código de Defesa do Consumidor).

•• § 2.º acrescentado pela Lei n. 13.786, de 27-12-2018.

Art. 36. No caso de denúncia de incorporação, nos termos do art. 34, se o incorporador, até 30 (trinta) dias a contar da denúncia, não restituir aos adquirentes as importâncias pagas, estes poderão cobrá-la por via executiva, reajustado o seu valor a contar da data do recebimento, em função do índice geral de preços mensalmente publicado pelo Conselho Nacional de Economia, que reflita as variações no poder aquisitivo da moeda nacional, e acrescido de juros de 6% (seis por cento) ao ano, sobre o total corrigido.

Art. 37. Se o imóvel estiver gravado de ônus real ou fiscal ou se contra os alienantes houver qualquer ação que possa comprometê-lo, o fato será obrigatoriamente mencionado em todos os documentos de ajuste, com a indicação de sua natureza e das condições de liberação.

Art. 38. Também constará, obrigatoriamente, dos documentos de ajuste, se for o caso, o fato de encontrar-se ocupado o imóvel, esclarecendo-se a que título se deve esta ocupação e quais as condições de desocupação.

Art. 39. Nas incorporações em que a aquisição do terreno se der com pagamento total ou parcial em unidades a serem construídas, deverão ser discriminadas em todos os documentos de ajuste:

I – a parcela que, se houver, será paga em dinheiro;

II – a quota-parte da área das unidades a serem entregues em pagamento do terreno que corresponderá a cada uma das unidades, a qual deverá ser expressa em metros quadrados.

Parágrafo único. Deverá constar, também, de todos os documentos de ajuste, se o alienante do terreno ficou ou não sujeito a qualquer prestação ou encargo.

Art. 40. No caso de rescisão de contrato de alienação do terreno ou de fração ideal, ficarão rescindidas as cessões ou promessas de cessão de direitos correspondentes à aquisição do terreno.

§ 1.º Nesta hipótese, consolidar-se-á, no alienante em cujo favor se opera a resolução, o direito sobre a construção porventura existente.

§ 2.º No caso do parágrafo anterior, cada um dos ex-titulares de direito à aquisição de unidades autônomas haverá do mencionado alienante o valor da parcela de construção que haja adicionado à unidade, salvo se a rescisão houver sido causada pelo ex-titular.

§ 3.º Na hipótese dos parágrafos anteriores, sob pena de nulidade, não poderá o alienante em cujo favor se operou a resolução voltar a negociar seus direitos sobre a unidade autônoma, sem a prévia indenização aos titulares, de que trata o § 2.º.

§ 4.º No caso do parágrafo anterior, se os ex-titulares tiverem de recorrer à cobrança judicial do que lhes for devido, somente poderão garantir o seu pagamento a unidade e respectiva fração de terreno objeto do presente artigo.

Art. 41. Quando as unidades imobiliárias forem contratadas pelo incorporador por preço global compreendendo quota de terreno e construção, inclusive com parte do pagamento após a entrega da unidade, discriminar-se-ão, no contrato, o preço da quota de terreno e o da construção.

§ 1.º Poder-se-á estipular que, na hipótese de o adquirente atrasar o pagamento de parcela relativa a construção, os efeitos da mora recairão não apenas sobre a aquisição da parte construída, mas, também, sobre a fração ideal de terreno, ainda que esta tenha sido totalmente paga.

§ 2.º Poder-se-á também estipular que, na hipótese de o adquirente atrasar o pagamento da parcela relativa à fração ideal de terreno, os efeitos da mora recairão não apenas sobre a aquisição da fração ideal, mas, também, sobre a parte construída, ainda que totalmente paga.

Art. 42. No caso de rescisão do contrato relativo à fração ideal de terreno e partes comuns, a pessoa em cujo favor se tenha operado a resolução sub-rogar-se-á nos direitos e obrigações contratualmente atribuídos ao inadimplente, com relação a construção.

Art. 43. Quando o incorporador contratar a entrega da unidade a prazo e preços certos, determinados ou determináveis, mesmo quando pessoa física, ser-lhe-ão impostas as seguintes normas:

I – encaminhar aos adquirentes e à comissão de representantes dos adquirentes a cada três meses:

•• Inciso I, *caput*, com redação determinada pela Medida Provisória n. 1.085, de 27-12-2021.

O texto anterior dizia: "I – informar obrigatoriamente aos adquirentes, por escrito, no mínimo de seis em seis meses, o estado da obra;".

a) o demonstrativo do estado da obra e de sua correspondência com o prazo pactuado para entrega do conjunto imobiliário; e

•• Alínea *a* acrescentada pela Medida Provisória n. 1.085, de 27-12-2021.

b) a relação dos adquirentes com os seus endereços residenciais e eletrônicos;

•• Alínea *b* acrescentada pela Medida Provisória n. 1.085, de 27-12-2021.

II – responder civilmente pela execução da incorporação, devendo indenizar os adquirentes ou compromissários, dos prejuízos que a estes advierem do fato de não se concluir a edificação ou de se retardar injustificadamente a conclusão das obras, cabendo-lhe ação regressiva contra o construtor, se for o caso e se a este couber a culpa;

• *Vide* Súmula 194 do STJ.

III – em caso de falência do incorporador, pessoa física ou jurídica, e não ser possível à maioria prosseguir na construção das edificações, os subscritores ou candidatos à aquisição de unidades serão credores privilegiados pelas quantias que houverem pago ao incorporador, respondendo subsidiariamente os bens pessoais deste;

IV – é vedado ao incorporador alterar o projeto, especialmente no que se refere à unidade do adquirente e às partes comuns, modificar as especificações, ou desviar-se do plano da construção, salvo autorização unânime dos interessados ou exigência legal;

V – não poderá modificar as condições de pagamento nem reajustar o preço das unidades, ainda no caso de elevação dos preços dos materiais e da mão de obra, salvo se tiver sido expressamente ajustada a faculdade de reajustamento, procedendo-se, então, nas condições estipuladas;

VI – se o incorporador, sem justa causa devidamente comprovada, paralisar as obras por mais de 30 (trinta) dias, ou retardar-lhes excessivamente o andamento, poderá o juiz notificá-lo para que no prazo mínimo de 30 (trinta) dias as reinicie ou torne a dar-lhes o andamento normal. Desatendida a notificação, poderá o incorporador ser destituído pela maioria absoluta dos votos dos adquirentes, sem prejuízo da responsabilidade civil ou penal que couber, sujeito à cobrança executiva das importâncias comprovadamente devidas, facultando-se aos interessados prosseguir na obra (*Vetado*);

VII – em caso de insolvência do incorporador que tiver optado pelo regime da afetação e não sendo possível à maioria prosseguir na construção, a assembleia geral poderá, pelo voto de 2/3 (dois terços) dos adquirentes, deliberar pela venda do terreno, das acessões e demais bens e direitos integrantes do patrimônio de afetação, mediante leilão ou outra forma que estabelecer, distribuindo entre si, na proporção dos recursos que comprovadamente tiverem aportado, o resultado líquido da venda, depois de pagas as dívidas do patrimônio de afetação e deduzido e entregue ao proprietário do terreno a quantia que lhe couber, nos termos do art. 40; não se obtendo, na venda, a reposição dos aportes efetivados pelos adquirentes, reajustada na forma da lei e de acordo com os critérios do contrato celebrado com o incorporador, os adquirentes serão credores privilegiados pelos valores da diferença não reembolsada, respondendo subsidiariamente os bens pessoais do incorporador.

•• Inciso VII acrescentado pela Lei n. 10.931, de 2-8-2004.

§ 1.º Deliberada a destituição de que tratam os incisos VI e VII do *caput*, o incorporador será notificado extrajudicialmente pelo oficial do registro de imóveis da circunscrição em que estiver localizado o empreendimento para que, no prazo de quinze dias, contado da data da entrega da notificação na sede do incorporador ou no seu endereço eletrônico:

•• § 1.º, *caput*, acrescentado pela Medida Provisória n. 1.085, de 27-12-2021.

I – imita a comissão de representantes na posse do empreendimento e lhe entregue:

•• Inciso I, *caput*, acrescentado pela Medida Provisória n. 1.085, de 27-12-2021.

a) os documentos correspondentes à incorporação; e

•• Alínea *a* acrescentada pela Medida Provisória n. 1.085, de 27-12-2021.

b) os comprovantes de quitação das quotas de construção de sua responsabilidade a que se referem o § 5.º do art. 31-A e o § 6.º do art. 35; ou

•• Alínea *b* acrescentada pela Medida Provisória n. 1.085, de 27-12-2021.

II – efetive o pagamento das quotas que estiverem pendentes, de modo a viabilizar a realização da auditoria a que se refere o art. 31-C.

•• Inciso II acrescentado pela Medida Provisória n. 1.085, de 27-12-2021.

§ 2.º Na ata da assembleia geral que deliberar a destituição do incorporador deverão constar os nomes dos adquirentes presentes, incluídos:

•• § 2.º, *caput*, acrescentado pela Medida Provisória n. 1.085, de 27-12-2021.

I – a qualificação;

•• Inciso I acrescentado pela Medida Provisória n. 1.085, de 27-12-2021.

II – o documento de identidade;

•• Inciso II acrescentado pela Medida Provisória n. 1.085, de 27-12-2021.

III – as inscrições no Cadastro de Pessoas Físicas - CPF ou no Cadastro Nacional de Pessoas Jurídicas - CNPJ da Secretaria Especial da Receita Federal do Brasil do Ministério da Economia;

•• Inciso III acrescentado pela Medida Provisória n. 1.085, de 27-12-2021.

IV – os endereços residenciais ou comerciais completos; e

•• Inciso IV acrescentado pela Medida Provisória n. 1.085, de 27-12-2021.

V – as respectivas frações ideais e acessões a que se vincularão as suas futuras unidades imobiliárias, com a indicação dos correspondentes títulos aquisitivos, públicos ou particulares, ainda que não registrados no registro de imóveis.

•• Inciso V acrescentado pela Medida Provisória n. 1.085, de 27-12-2021.

§ 3.º A ata de que trata o § 2.º, registrada no registro de títulos e documentos, constituirá documento hábil para:

•• § 3.º, *caput*, acrescentado pela Medida Provisória n. 1.085, de 27-12-2021.

I – averbação da destituição do incorporador na matrícula do registro de imóveis da circunscrição em que estiver registrado o memorial de incorporação; e

•• Inciso I acrescentado pela Medida Provisória n. 1.085, de 27-12-2021.

II – implementação das medidas judiciais ou extrajudiciais necessárias:

•• Inciso II, *caput*, acrescentado pela Medida Provisória n. 1.085, de 27-12-2021.

a) à imissão da comissão de representantes na posse do empreendimento;

•• Alínea *a* acrescentada pela Medida Provisória n. 1.085, de 27-12-2021.

b) à investidura da comissão de representantes na administração e nos poderes para a prática dos atos de disposição que lhe são conferidos pelos art. 31-F e art. 63;

•• Alínea *b* acrescentada pela Medida Provisória n. 1.085, de 27-12-2021.

c) à inscrição do respectivo condomínio da construção no CNPJ; e

•• Alínea *c* acrescentada pela Medida Provisória n. 1.085, de 27-12-2021.

d) quaisquer outros atos necessários à efetividade da norma instituída no *caput*, inclusive para prosseguimento da obra ou liquidação do patrimônio da incorporação.

•• Alínea *d* acrescentada pela Medida Provisória n. 1.085, de 27-12-2021.

§ 4.º As unidades não negociadas pelo incorporador e vinculadas ao pagamento das correspondentes quotas de construção nos termos do disposto no § 6.º do art. 35 ficam indisponíveis e insuscetíveis de constrição por dívidas estranhas à respectiva incorporação até que o incorporador comprove a regularidade do pagamento.

•• § 4.º acrescentado pela Medida Provisória n. 1.085, de 27-12-2021.

§ 5.º Fica autorizada a comissão de representantes a promover a venda, com fundamento no § 14 do art. 31-F e no art. 63 das unidades de que trata o § 4.º, expirado o prazo da notificação a que se refere o § 1.º, com aplicação do produto obtido no pagamento do débito correspondente.

•• § 5.º acrescentado pela Medida Provisória n. 1.085, de 27-12-2021.

Art. 43-A. A entrega do imóvel em até 180 (cento e oitenta) dias corridos da data estipulada contratualmente como data prevista para conclusão do empreendimento, desde que expressamente pactuado, de forma clara e destacada, não dará causa à resolução do contrato por parte do adquirente nem ensejará o pagamento de qualquer penalidade pelo incorporador.

•• *Caput* acrescentado pela Lei n. 13.786, de 27-12-2018.

§ 1.º Se a entrega do imóvel ultrapassar o prazo estabelecido no *caput* deste artigo, desde que o adquirente não tenha dado causa ao atraso, poderá ser promovida por este a resolução do contrato, sem prejuízo da devolução da integralidade de todos os valores pagos e da multa estabelecida, em até 60 (sessenta) dias corridos contados da resolução, corrigidos nos termos do § 8.º do art. 67-A desta Lei.

•• § 1.º acrescentado pela Lei n. 13.786, de 27-12-2018.

§ 2.º Na hipótese de a entrega do imóvel estender-se por prazo superior àquele previsto no *caput* deste artigo, e não se tratar de resolução do contrato, será devida ao adquirente adimplente, por ocasião da entrega da unidade, indenização de 1% (um por cento) do valor efetivamente pago à incorporadora, para cada mês de atraso, *pro rata die*, corrigido monetariamente conforme índice estipulado em contrato.

•• § 2.º acrescentado pela Lei n. 13.786, de 27-12-2018.

§ 3.º A multa prevista no § 2.º deste artigo, referente a mora no cumprimento da obrigação, em hipótese alguma poderá ser cumulada com a multa estabelecida no § 1.º deste artigo, que trata da inexecução total da obrigação.

•• § 3.º acrescentado pela Lei n. 13.786, de 27-12-2018.

Art. 44. Após a concessão do habite-se pela autoridade administrativa, incumbe ao incorporador a averbação da construção em correspondência às frações ideais discriminadas na matrícula do terreno, respondendo perante os adquirentes pelas perdas e danos que resultem da demora no cumprimento dessa obrigação.

•• *Caput* com redação determinada pela Medida Provisória n. 1.085, de 27-12-2021.

O texto anterior dizia: "Art. 44. Após a concessão do "habite-se" pela autoridade administrativa, o incorporador deverá requerer (Vetado) a averbação da construção das edificações, para efeito de individualização e discriminação das unidades, respondendo perante os adquirentes pelas perdas e danos que resultem da demora no cumprimento dessa obrigação".

§ 1.º Se o incorporador não requerer a averbação (*Vetado*) o construtor requerê-la-á (*Vetado*) sob pena de ficar solidariamente responsável com o incorporador perante os adquirentes.

§ 2.º Na omissão do incorporador e do construtor, a averbação poderá ser requerida por qualquer dos adquirentes de unidade.

Art. 45. É lícito ao incorporador recolher o Imposto do Selo devido, mediante apresentação dos contratos preliminares, até 10 (dez) dias a contar do vencimento do prazo de carência a que se refere o art. 34, extinta a obrigação se, dentro deste prazo, for denunciada a incorporação.

•• Com a reforma tributária de 1965 foi extinto o Imposto do Selo, o qual foi substituído pelo Imposto sobre Operações de Crédito, Câmbio e Seguro ou Relativas a Títulos ou Valores Mobiliários.

Art. 46. Quando o pagamento do Imposto sobre Lucro Imobiliário e respectivos acréscimos e adicionais for de responsabilidade do vendedor do terreno, será lícito ao adquirente reter o pagamento das últimas prestações anteriores à data-limite em que é lícito pagar, sem reajuste, o referido imposto e os adicionais, caso o vendedor não apresente a quitação até 10 (dez) dias antes do vencimento das prestações cujo pagamento torne inferior ao débito fiscal a parte do preço a ser ainda paga até a referida data-limite.

Parágrafo único. No caso de retenção pelo adquirente, esse ficará responsável, para todos os efeitos, perante o Fisco, pelo recolhimento do tributo, adicionais e acréscimos, inclusive pelos reajustamentos que vier a sofrer o débito fiscal (*Vetado*).

Art. 47. Quando se fixar no contrato que a obrigação do pagamento do Imposto sobre Lucro Imobiliário, acréscimos e adicionais devidos pelo alienante é transferida ao adquirente, dever-se-á explicitar o montante que tal obrigação atingiria, se sua satisfação se desse na data da escritura.

§ 1.º Neste caso, o adquirente será tido, para todos os efeitos, como responsável perante o Fisco.

§ 2.º Havendo parcela restituível, a restituição será feita ao adquirente, e, se for o caso, em nome deste serão emitidas as Obrigações do Tesouro Nacional a que se refere o art. 4.º da Lei n. 4.357, de 16 de julho de 1964.

§ 3.º Para efeitos fiscais, não importará em aumento do preço de aquisição a circunstância de obrigar-se o adquirente ao pagamento do Imposto sobre Lucro Imobiliário, seus acréscimos e adicionais.

Capítulo III
DA CONSTRUÇÃO DE EDIFICAÇÕES EM CONDOMÍNIO

Seção I
Da Construção em Geral

Art. 48. A construção de imóveis, objeto de incorporação nos moldes previstos nesta Lei, poderá ser contratada sob o regime da empreitada ou de administração, conforme adiante definidos, e poderá estar incluída no contrato com o incorporador (*Vetado*), ou ser contratada diretamente entre os adquirentes e o construtor.

§ 1.º O projeto e o memorial descritivo das edificações farão parte integrante e complementar do contrato.

§ 2.º Do contrato deverá constar o prazo da entrega das obras e as condições e formas de sua eventual prorrogação.

Art. 49. Os contratantes da construção, inclusive no caso do art. 43, para tratar de seus interesses, com relação a ela, poderão reunir-se em assembleia, cujas deliberações, desde que aprovadas por maioria simples dos votos presentes, serão válidas e obrigatórias para todos eles, salvo no que afetar ao direito de propriedade previsto na legislação.

§ 1.º As assembleias serão convocadas, pelo menos, por um terço dos votos dos contratantes, pelo incorporador ou pelo construtor, com menção expressa do assunto a tratar, sendo admitido comparecimento de procurador bastante.

§ 2.º A convocação da assembleia será feita por carta registrada ou protocolo, com antecedência mínima de 5 (cinco) dias para a primeira convocação, e mais 3 (três) dias para a segunda, podendo ambas as convocações ser feitas no mesmo aviso.

§ 3.º A assembleia instalar-se-á, no mínimo, com metade dos contratantes, em primeira convocação, e com qualquer número, em segunda, sendo, porém, obrigatória a presença, em qualquer caso, do incorporador ou do construtor, quando convocantes, e, pelo menos, com metade dos contratantes que a tenham convocado, se for o caso.

§ 4.º Na assembleia os votos dos contratantes serão proporcionais às respectivas frações ideais de terreno.

Art. 50. Será designada, no contrato de construção ou eleita em assembleia geral, a ser realizada por iniciativa do incorporador, no prazo de até seis meses, contado da data do registro do memorial de incorporação, uma comissão de representantes composta por, no mínimo, três membros escolhidos dentre os adquirentes para representá-los perante o construtor ou, no caso previsto no art. 43, o incorporador, em tudo o que interessar ao bom andamento da incorporação e, em especial, perante terceiros, para praticar os atos resultantes da aplicação do disposto nos art. 31-A a art. 31-F.

•• *Caput* com redação determinada pela Medida Provisória n. 1.085, de 27-12-2021.

O texto anterior dizia: "Art. 50. Será designada no contrato de construção, ou eleita em assembleia geral uma Comissão de Representantes composta de três membros, pelo menos, escolhidos entre os adquirentes, para representá-los perante o construtor ou, no caso do art. 43, ao incorporador, em tudo o que interessar ao bom andamento da incorporação, e, em especial, perante terceiros, para praticar os atos resultantes da aplicação dos arts. 31-A a 31-F.

•• *Caput* com redação determinada pela Lei n. 10.931, de 2-8-2004".

§ 1.º Uma vez eleita a Comissão, cuja constituição se comprovará com a ata da assembleia, devidamente inscrita no Registro de Títulos e Documentos, esta ficará de pleno direito investida dos poderes necessários para exercer todas as atribuições e praticar todos os atos que esta Lei e o contrato de construção lhe deferirem, sem necessidade de instrumento especial outorgado pelos contratantes ou, se for o caso, pelos que se sub-rogarem nos direitos e obrigações destes.

§ 2.º A assembleia geral poderá, pela maioria absoluta dos votos dos adquirentes, alterar a composição da Comissão de Representantes e revogar qualquer de suas decisões, ressalvados os direitos de terceiros quanto aos efeitos já produzidos.

•• § 2.º com redação determinada pela Lei n. 10.931, de 2-8-2004.

§ 3.º Respeitados os limites constantes desta Lei, o contrato poderá discriminar as atribuições da Comissão e deverá dispor sobre os mandatos de seus membros, sua destituição e a forma de preenchimento das vagas eventuais, sendo lícita a estipulação de que o mandato conferido a qualquer membro, no caso de sub-rogação de seu contrato a terceiros, se tenha por transferido, de pleno direito, ao sub-rogatário, salvo se este não o aceitar.

§ 4.º Nas incorporações em que o número de contratantes de unidades for igual ou inferior a três, a totalidade deles exercerá, em conjunto, as atribuições que esta Lei confere à Comissão, aplicando-se, no que couber, o disposto nos parágrafos anteriores.

Art. 51. Nos contratos de construção, seja qual for seu regime, deverá constar expressamente a quem caberão as despesas com ligações de serviços públicos, devidas ao Poder Público, bem como as despesas indispensáveis à instalação, funcionamento e regulamentação do condomínio.

Parágrafo único. Quando o serviço público for explorado mediante concessão, os contratos de construção deverão também especificar a quem caberão as despesas com as ligações que incumbam às concessionárias, no caso de não estarem elas obrigadas a fazê-las, ou, em o estando, se a isto se recusarem ou alegarem impossibilidade.

Art. 52. Cada contratante da construção só será imitido na posse de sua unidade se estiver em dia com as obrigações assumidas, inclusive as relativas à construção, exercendo o construtor e o condomínio, até então, o direito de retenção sobre a respectiva unidade; no caso do art. 43, este direito será exercido pelo incorporador.

Art. 53. O Poder Executivo, através do Banco Nacional da Habitação, promoverá a celebração de contratos, com a Associação Brasileira de Normas Técnicas (ABNT), no sentido de que esta, tendo em vista o disposto na Lei n. 4.150, de 21 de novembro de 1962, prepare, no prazo máximo de 120 (cento e vinte) dias, normas que estabeleçam, para cada tipo de prédio que padronizar:

I – critérios e normas para cálculo de custos unitários de construção para uso dos sindicatos, na forma do art. 54;

II – critérios e normas para execução de orçamentos de custo de construção, para fins do disposto no art. 59;

III – critérios e normas para avaliação de custo global de obra, para fins da alínea *h*, do art. 32;

IV – modelo de memorial descritivo dos acabamentos de edificação, para fins do disposto no art. 32;

V – critério para entrosamento entre o cronograma das obras e o pagamento das prestações, que poderá ser introduzido nos contratos de incorporação inclusive para o efeito de aplicação do disposto no § 2.º do art. 48.

§ 1.º O número de tipos padronizados deverá ser reduzido e na fixação se atenderá primordialmente:

a) o número de pavimentos e a existência de pavimentos especiais (subsolo, *pilotis* etc.);

b) o padrão da construção (baixo, normal, alto), tendo em conta as condições de acabamento, a qualidade dos materiais empregados, os equipamentos, o número de elevadores e as inovações de conforto;

c) as áreas de construção.

§ 2.º Para custear o serviço a ser feito pela ABNT, definido neste artigo, fica autorizado o Poder Executivo a abrir um crédito especial no valor de dez milhões de cruzeiros, em favor do Banco Nacional da Habitação, vinculado a este fim, podendo o Banco adiantar a importância à ABNT, se necessário.

§ 3.º No contrato a ser celebrado com a ABNT, estipular-se-á a atualização periódica das normas previstas neste artigo, mediante remuneração razoável.

Art. 54. Os sindicatos estaduais da indústria da construção civil ficam obrigados a divulgar mensalmente, até o dia 5 de cada mês, os custos unitários de construção a serem adotados nas respectivas regiões jurisdicionais, calculados com observância dos critérios e normas a que se refere o inciso I do artigo anterior.

§ 1.º O sindicato estadual que deixar de cumprir a obrigação prevista neste artigo deixará de receber dos cofres públicos, enquanto perdurar a omissão, qualquer subvenção ou auxílio que pleiteie ou a que tenha direito.

§ 2.º Na ocorrência de omissão de sindicato estadual, o construtor usará os índices fixados por outro sindicato estadual, em cuja região os custos de construção mais lhe pareçam aproximados dos da sua.

§ 3.º Os orçamentos ou estimativas baseados nos custos unitários a que se refere este artigo só poderão ser considerados atualizados, em certo mês, para os efeitos desta Lei, se baseados em custos unitários relativos ao próprio mês ou a um dos dois meses anteriores.

• *Vide* art. 14 da Lei n. 4.864, de 29-11-1965, que concedeu prazo para os sindicatos providenciarem o atendimento do disposto no artigo.

Seção II

Da Construção por Empreitada

Art. 55. Nas incorporações em que a construção seja feita pelo regime de empreitada, esta poderá ser a preço fixo, ou a preço reajustável por índices previamente determinados.

§ 1.º Na empreitada a preço fixo, o preço da construção será irreajustável, independentemente das variações que sofrer o custo efetivo das obras e quaisquer que sejam suas causas.

§ 2.º Na empreitada a preço reajustável, o preço fixado no contrato será reajustado na forma e nas épocas nele expressamente previstas, em função da variação dos índices adotados, também previstos obrigatoriamente no contrato.

§ 3.º Nos contratos de construção por empreitada, a Comissão de Representantes fiscalizará o andamento da obra e a obediência ao projeto e às especificações exercendo as demais obrigações inerentes à sua função representativa dos contratantes e fiscalizadora da construção.

§ 4.º Nos contratos de construção fixados sob regime de empreitada, reajustável, a Comissão de Representantes fiscalizará, também, o cálculo do reajustamento.

§ 5.º No contrato deverá ser mencionado o montante do orçamento atualizado da obra, calculado de acordo com as normas do inciso III do art. 53, com base nos custos unitários referidos no art. 54, quando o preço estipulado for inferior ao mesmo.

§ 6.º Na forma de expressa referência, os contratos de empreitada entendem-se como sendo a preço fixo.

Art. 56. Em toda a publicidade ou propaganda escrita, destinada a promover a venda de incorporação com construção pelo regime de empreitada reajustável, em que conste preço, serão discriminados explicitamente o preço da fração ideal do terreno e o preço da construção, com indicação expressa da reajustabilidade.

§ 1.º As mesmas indicações deverão constar em todos os papéis utilizados para a realização da incorporação, tais como cartas, propostas, escrituras, contratos e documentos semelhantes.

§ 2.º Esta exigência será dispensada nos anúncios "classificados" dos jornais.

Art. 57. Ao construtor que contratar, por empreitada a preço fixo, uma obra de incorporação, aplicar-se-á, no que couber, o disposto nos itens II, III, IV (*Vetado*) e VI do art. 43.

Seção III

Da Construção por Administração

Art. 58. Nas incorporações em que a construção for contratada pelo regime de administração, também chamado "a preço de custo", será de responsabilidade dos proprietários ou adquirentes o pagamento do custo integral de obra, observadas as seguintes disposições:

I – todas as faturas, duplicatas, recibos e quaisquer documentos referentes às transações ou aquisições para construção, serão emitidos em nome do condomínio dos contratantes da construção;

II – todas as contribuições dos condôminos, para qualquer fim relacionado com a construção, serão depositadas em contas abertas em nome do condomínio dos contratantes em estabelecimentos bancários, as quais serão movimentadas pela forma que for fixada no contrato.

Art. 59. No regime de construção por administração será obrigatório constar do respectivo contrato o montante do orçamento do custo da obra, elaborado com estrita observância dos critérios e normas referidos no inciso II do art. 53, e a data em que se iniciará efetivamente a obra.

§ 1.º Nos contratos lavrados até o término das funções, este montante não poderá ser inferior ao da estimativa atualizada, a que se refere o § 3.º do art. 54.

§ 2.º Nos contratos celebrados após o término das funções, este montante não poderá ser inferior à última revisão efetivada na forma do artigo seguinte.

§ 3.º Às transferências e sub-rogações do contrato, em qualquer fase da obra, aplicar-se-á o disposto neste artigo.

Art. 60. As revisões da estimativa de custo da obra serão efetuadas, pelo menos semestralmente, em comum entre a Comissão de Representantes e o construtor. O contrato poderá estipular que, em função das necessidades da obra, sejam alteráveis os esquemas de contribuições quanto ao total, ao número, ao valor e à distribuição no tempo das prestações.

Parágrafo único. Em caso de majoração de prestações, o novo esquema deverá ser comunicado aos contratantes, com antecedência mínima de 45 (quarenta e cinco) dias da data em que deverão ser efetuados os depósitos das primeiras prestações alteradas.

Art. 61. A Comissão de Representantes terá poderes para, em nome de todos os contratantes e na forma prevista no contrato:

a) examinar os balancetes organizados pelos construtores, dos recebimentos e despesas do condomínio dos contratantes, aprová-los ou impugná-los, examinando a documentação respectiva;

b) fiscalizar concorrências relativas às compras dos materiais necessários à obra ou aos serviços a ela pertinentes;

c) contratar, em nome do condomínio, com qualquer condômino, modificações por ele solicitadas em sua respectiva unidade, a serem administradas pelo construtor, desde que não prejudiquem unidade de outro condômino e não estejam em desacordo com o parecer técnico do construtor;

d) fiscalizar a arrecadação das contribuições destinadas à construção;

e) exercer as demais obrigações inerentes a sua função representativa dos contratantes e fiscalizadora da construção, e praticar todos os atos necessários ao funcionamento regular do condomínio.

Art. 62. Em toda publicidade ou propaganda escrita destinada a promover a venda de incorporação com construção pelo regime de administração em que conste preço, serão discriminados explicitamente o preço da fração ideal de terreno e o montante do orçamento atualizado do custo da construção, na forma dos arts. 59 e 60, com a indicação do mês a que se refere o dito orçamento e do tipo padronizado a que se vincule o mesmo.

§ 1.º As mesmas indicações deverão constar em todos os papéis utilizados para a realização da incorporação, tais como cartas, propostas, escrituras, contratos e documentos semelhantes.

§ 2.º Esta exigência será dispensada nos anúncios "classificados" dos jornais.

Capítulo IV
DAS INFRAÇÕES

Art. 63. É lícito estipular no contrato, sem prejuízo de outras sanções, que a falta de pagamento, por parte do adquirente ou contratante, de três prestações do preço da construção, quer estabelecidas inicialmente, quer alteradas ou criadas posteriormente, quando for o caso, depois de prévia notificação com o prazo de 10 (dez) dias para purgação da mora, implique na rescisão do contrato, conforme nele se fixar, ou que, na falta de pagamento pelo débito respondem os direitos à respectiva fração ideal de terreno e à parte construída adicionada, na forma abaixo estabelecida, se outra forma não fixar o contrato.

§ 1.º Se o débito não for liquidado no prazo de 10 (dez) dias, após solicitação da Comissão de Representantes, esta ficará, desde logo, de pleno direito, autorizada a efetuar, no prazo que fixar, em público leilão anunciado pela forma que o contrato previr, a venda, promessa de venda ou de cessão, ou a cessão da quota de terreno e correspondente parte construída e direitos, bem como a sub-rogação do contrato de construção.

§ 2.º Se o maior lanço obtido for inferior ao desembolso efetuado pelo inadimplente, para a quota do terreno e a construção, despesas acarretadas e as percentagens expressas no parágrafo seguinte, será realizada nova praça no prazo estipulado no contrato. Nesta segunda praça, será aceito o maior lanço apurado, ainda que inferior àquele total (*Vetado*).

§ 3.º No prazo de 24 (vinte e quatro) horas após a realização do leilão final, o condomínio, por decisão unânime de assembleia geral em condições de igualdade com terceiros, terá preferência na aquisição dos bens, caso em que serão adjudicados ao condomínio.

§ 4.º Do preço que for apurado no leilão, serão deduzidas as quantias em débito, todas as despesas ocorridas, inclusive honorários de advogado e anúncios, e mais 5% (cinco por cento) a título de comissão e 10% (dez por cento) de multa compensatória, que reverterão em benefício do condomínio de todos os contratantes, com exceção do faltoso, ao qual será entregue o saldo, se houver.

§ 5.º Para os fins das medidas estipuladas neste artigo, a Comissão de Representantes ficará investida de mandato irrevogável, isento do Imposto do Selo, na vigência do contrato geral de construção da obra, com poderes necessários para, em nome do condômino inadimplente, efetuar as citadas transações, podendo para este fim fixar preços, ajustar condições, sub-rogar o arrematante nos direitos e obrigações decorrentes do contrato de construção e da quota de terreno e construção; outorgar as competentes escrituras e contratos, receber preços, dar quitações; imitir o arrematante na posse do imóvel; transmitir domínio, direito e ação; responder pela evicção; receber citação, propor e variar de ações; e também dos poderes *ad juditia*, a serem substabelecidos a advogado legalmente habilitado.

•• *Vide* nota ao art. 45 desta lei.

§ 6.º A morte, falência ou concordata do condômino ou sua dissolução, se se tratar de sociedade, não revogará o mandato de que trata o parágrafo anterior, o qual poderá ser exercido pela Comissão de Representantes até a conclusão dos pagamentos devidos, ainda que a unidade pertença a menor de idade.

§ 7.º Os eventuais débitos, fiscais ou para com a Previdência Social, não impedirão a alienação por leilão público. Neste caso, ao condômino somente será entregue o saldo, se houver, desde que prove estar quite com o Fisco e a Previdência Social, devendo a Comissão de Representantes, em caso contrário, consignar judicialmente a importância equivalente aos débitos existentes, dando ciência do fato à entidade credora.

§ 8.º Independentemente das disposições deste artigo e seus parágrafos, e como penalidades preliminares, poderá o contrato de construção estabelecer a incidência de multas e juros de mora em caso de atraso no depósito de contribuições sem prejuízo do disposto no parágrafo seguinte.

§ 9.º O contrato poderá dispor que o valor das prestações, pagas com atraso, seja corrigível em função da variação do índice geral de preços mensalmente publicado pelo Conselho Nacional de Economia, que reflita as oscilações do poder aquisitivo da moeda nacional.

§ 10. O membro da Comissão de Representantes que incorrer na falta prevista neste artigo estará sujeito à perda automática do mandato e deverá ser substituído segundo dispuser o contrato.

Art. 64. Os órgãos de informação e publicidade que divulgarem publicidade sem os requisitos exigidos pelo § 3.º do art. 32 e pelos arts. 56 e 62, desta Lei, sujeitar-se-ão à multa em importância correspondente ao dobro do preço pago pelo anunciante, a qual reverterá em favor da respectiva Municipalidade.

Art. 65. É crime contra a economia popular promover incorporação, fazendo, em proposta, contratos, prospectos ou comunicação ao público ou aos interessados, afirmação falsa sobre a constituição do condomínio, alienação das frações ideais do terreno ou sobre a construção das edificações.

Pena – reclusão de 1 (um) a 4 (quatro) anos e multa de 5 (cinco) a 50 (cinquenta) vezes o maior salário mínimo legal vigente no País.

•• O art. 2.º da Lei n. 7.209, de 11-7-1984, cancela, na Parte Especial do CP e nas leis especiais alcançadas pelo art. 12 do mesmo Código, quaisquer referências a valores de multa, substituindo a expressão *multa de* por *multa*.

§ 1.º Incorrem na mesma pena:

I – o incorporador, o corretor e o construtor, individuais, bem como os diretores ou gerentes de empresa coletiva, incorporadora, corretora ou construtora que, em proposta, contrato, publicidade, prospecto, relatório, parecer, balanço ou comunicação ao público ou aos condôminos, candidatos ou subscritores de unidades, fizerem afirmação falsa sobre a constituição do condomínio, alienação das frações ideais ou sobre a construção das edificações;

II – o incorporador, o corretor e o construtor individuais, bem como os diretores ou gerentes de empresa coletiva, incorporadora, corretora ou construtora que usar, ainda que a título de empréstimo, em proveito próprio ou de terceiro, bens ou haveres destinados a incorporação contratada por administração, sem prévia autorização dos interessados.

§ 2.º O julgamento destes crimes será de competência de juízo singular, aplicando-se os arts. 5.º, 6.º e 7.º da Lei n. 1.521, de 26 de dezembro de 1951.

§ 3.º Em qualquer fase do procedimento criminal objeto deste artigo, a prisão do indiciado dependerá sempre de mandado do juízo referido no § 2.º.

•• § 3.º acrescentado pela Lei n. 4.864, de 29-11-1965.

Art. 66. São contravenções relativas à economia popular, puníveis na forma do art. 10 da Lei n. 1.521, de 26 de dezembro de 1951:

I – negociar o incorporador frações ideais de terreno, sem previamente satisfazer às exigências constantes desta Lei;

II – omitir o incorporador, em qualquer documento de ajuste, as indicações a que se referem os arts. 37 e 38, desta Lei;

III – deixar o incorporador, sem justa causa, no prazo do art. 35 e ressalvada a hipótese de seus §§ 2.º e 3.º, de promover a celebração do contrato relativo à fração ideal de terreno, do contrato de construção ou da Convenção do Condomínio;

IV – (*Vetado*);

V – omitir o incorporador, no contrato, a indicação a que se refere o § 5.º do art. 55 desta Lei;

VI – paralisar o incorporador a obra, por mais de 30 (trinta) dias, ou retardar-lhe excessivamente o andamento sem justa causa.

Pena – multa de 5 (cinco) a 20 (vinte) vezes o maior salário mínimo legal vigente no País.

•• *Vide* nota ao art. 65, *caput*.

Parágrafo único. No caso de contratos relativos a incorporações, de que não participe o incorporador, responderão solidariamente pelas faltas capituladas neste artigo o construtor, o corretor, o proprietário ou titular de direitos aquisitivos do terreno, desde que figurem no contrato, com direito regressivo sobre o incorporador, se as faltas cometidas lhe forem imputáveis.

Capítulo V
DAS DISPOSIÇÕES FINAIS E TRANSITÓRIAS

Art. 67. Os contratos poderão consignar exclusivamente as cláusulas, termos ou condições variáveis ou específicas.

§ 1.º As cláusulas comuns a todos os adquirentes não precisarão figurar expressamente nos respectivos contratos.

§ 2.º Os contratos, no entanto, consignarão obrigatoriamente que as partes contratantes adotem e se comprometam a cumprir as cláusulas, termos e condições contratuais a que se refere o parágrafo anterior, sempre transcritas, *verbo ad verbum*, no respectivo cartório ou ofício, mencionando, inclusive, o número do livro e das folhas do competente registro.

§ 3.º Aos adquirentes, ao receberem os respectivos instrumentos, será obrigatoriamente entregue cópia, impressa ou mimeografada, autenticada, do contrato-padrão contendo as cláusulas, termos e condições referidas no § 1.º deste artigo.

§ 4.º Os Cartórios de Registro de Imóveis, para os devidos efeitos, receberão dos incorporadores, autenticadamente, o instrumento a que se refere o parágrafo anterior.

Art. 67-A. Em caso de desfazimento do contrato, mediante distrato ou resolução por inadimplemento total de obrigação do adquirente, este fará jus à restituição das quantias que houver pago diretamente ao incorporador, atualizadas com base no índice contratualmente estabelecido para a correção monetária das parcelas do preço do imóvel, delas deduzidas, cumulativamente:

•• *Caput* acrescentado pela Lei n. 13.786, de 27-12-2018.

I – a integralidade da comissão de corretagem;

•• Inciso I acrescentado pela Lei n. 13.786, de 27-12-2018.

II – a pena convencional, que não poderá exceder a 25% (vinte e cinco por cento) da quantia paga.

•• Inciso II acrescentado pela Lei n. 13.786, de 27-12-2018.

§ 1.º Para exigir a pena convencional, não é necessário que o incorporador alegue prejuízo.

•• § 1.º acrescentado pela Lei n. 13.786, de 27-12-2018.

§ 2.º Em função do período em que teve disponibilizada a unidade imobiliária, responde ainda o adquirente, em caso de resolução ou de distrato, sem prejuízo do disposto no *caput* e no § 1.º deste artigo, pelos seguintes valores:

•• § 2.º, *caput*, acrescentado pela Lei n. 13.786, de 27-12-2018.

I – quantias correspondentes aos impostos reais incidentes sobre o imóvel;

•• Inciso I acrescentado pela Lei n. 13.786, de 27-12-2018.

II – cotas de condomínio e contribuições devidas a associações de moradores;

•• Inciso II acrescentado pela Lei n. 13.786, de 27-12-2018.

III – valor correspondente à fruição do imóvel, calculado de acordo com critério pactuado no contrato ou, na falta de estipulação, fixado pelo juiz em valor equivalente ao de aluguel de imóvel do mesmo padrão e localidade do objeto do contrato;

•• Inciso III acrescentado pela Lei n. 13.786, de 27-12-2018.

IV – demais encargos incidentes sobre o imóvel e despesas previstas no contrato.

•• Inciso IV acrescentado pela Lei n. 13.786, de 27-12-2018.

§ 3.º Os débitos do adquirente correspondentes às deduções de que trata o § 2.º deste artigo poderão ser pagos mediante compensação com a quantia a ser restituída.

•• § 3.º acrescentado pela Lei n. 13.786, de 27-12-2018.

§ 4.º Quando a incorporação estiver submetida ao regime do patrimônio de afetação de que trata a Lei n. 10.931, de 2 de agosto de 2004, o incorporador restituirá os valores pagos pelo adquirente, deduzidos os valores descritos neste artigo e atualizados com base no índice contratualmente estabelecido para a correção monetária das parcelas do preço do imóvel, no prazo máximo de 30 (trinta) dias após o habite-se ou documento equivalente expedido pelo órgão público municipal competente, admitindo-se, nessa hipótese, que a pena referida no inciso II do *caput* deste artigo seja estabelecida até o limite de 50% (cinquenta por cento) da quantia paga.

•• § 4.º acrescentado pela Lei n. 13.786, de 27-12-2018.

§ 5.º Caso a incorporação não esteja submetida ao regime de patrimônio de afetação de que trata a Lei n. 10.931, de 2 de agosto de 2004, e após as deduções a que se referem os parágrafos anteriores, se houver remanescente a ser ressarcido ao adquirente, o pagamento será realizado em parcela única, após o prazo de 180 (cento e oitenta) dias, contado da data do desfazimento do contrato.

•• § 5.º acrescentado pela Lei n. 13.786, de 27-12-2018.

§ 6.º Caso ocorra a revenda da unidade antes de transcorrido o prazo a que se referem os §§ 4.º ou 5.º deste artigo, o valor remanescente devido ao adquirente será pago em até 30 (trinta) dias da revenda.

•• § 6.º acrescentado pela Lei n. 13.786, de 27-12-2018.

§ 7.º O valor remanescente a ser pago ao adquirente nos termos do § 6.º deste artigo deve ser atualizado com base no índice contratualmente estabelecido para a correção monetária das parcelas do preço do imóvel.

•• § 7.º acrescentado pela Lei n. 13.786, de 27-12-2018.

§ 8.º Não incidirá a cláusula penal contratualmente prevista na hipótese de o adquirente que der causa ao desfazimento do contrato encontrar comprador substituto que o sub-rogue nos direitos e obrigações originalmente assumidos, desde que haja a devida anuência do incorporador e a aprovação dos cadastros e da capacidade financeira e econômica do comprador substituto.

•• § 8.º acrescentado pela Lei n. 13.786, de 27-12-2018.

§ 9.º Os contratos firmados em estandes de vendas e fora da sede do incorporador permitem ao adquirente o exercício do direito de arrependimento, durante o prazo improrrogável de 7 (sete) dias, com a devolução de todos os valores eventualmente antecipados, inclusive a comissão de corretagem.

•• § 9.º acrescentado pela Lei n. 13.786, de 27-12-2018.

§ 10. Caberá ao adquirente demonstrar o exercício tempestivo do direito de arrependimento por meio de carta registrada, com aviso de recebimento, considerada a data da postagem como data inicial da contagem do prazo a que se refere o § 9.º deste artigo.

•• § 10 acrescentado pela Lei n. 13.786, de 27-12-2018.

§ 11. Transcorrido o prazo de 7 (sete) dias a que se refere o § 9.º deste artigo sem que tenha sido exercido o direito de arrependimento, será observada a irretratabilidade do contrato de incorporação imobiliária, conforme disposto no § 2.º do art. 32 da Lei n. 4.591, de 16 de dezembro de 1964.

•• § 11 acrescentado pela Lei n. 13.786, de 27-12-2018.

§ 12. Poderão as partes, em comum acordo, por meio de instrumento específico de distrato, definir condições diferenciadas das previstas nesta Lei.

•• § 12 acrescentado pela Lei n. 13.786, de 27-12-2018.

§ 13. Nas hipóteses de leilão de imóvel objeto de contrato de compra e venda com pagamento parcelado, com ou sem garantia real, de promessa de compra e venda ou de cessão e de compra e venda com pacto adjeto de alienação fiduciária em garantia, realizado o leilão no contexto de execução judicial ou de procedimento extrajudicial, a restituição far-se-á de acordo com os critérios estabelecidos na respectiva lei especial ou com as normas aplicáveis à execução em geral.

•• § 13 acrescentado pela Lei n. 13.786, de 27-12-2018.

§ 14. Nas hipóteses de leilão de imóvel objeto de contrato de compra e venda com pagamento parcelado, com ou sem garantia real, de promessa de compra e venda ou de cessão e de compra e venda com pacto adjeto de alienação fiduciária em garantia, realizado o leilão no contexto de execução judicial ou de procedimento extrajudicial de execução ou de resolução, a restituição far-se-á de acordo com os critérios estabelecidos na respectiva lei especial ou com as normas aplicáveis à execução em geral.

•• § 14 acrescentado pela Lei n. 13.786, de 27-12-2018.

Art. 68. Os proprietários ou titulares de direito aquisitivo sobre as terras rurais ou os terrenos onde pretendam construir ou mandar construir habitações isoladas para aliená-las antes de concluídas, mediante pagamento do preço a prazo, deverão, previamente, satisfazer às exigências constantes no art. 32, ficando sujeitos ao regime instituído nesta Lei para os incorporadores, no que lhes for aplicável.

Art. 69. O Poder Executivo baixará, no prazo de 90 (noventa) dias, regulamento sobre o registro no Registro de Imóveis (*Vetado*).

Art. 70. A presente Lei entrará em vigor na data de sua publicação, revogados o Decreto n. 5.481, de 25 de junho de 1928 e quaisquer disposições em contrário.

Brasília, 16 de dezembro de 1964; 143.º da Independência e 76.º da República.

H. Castello Branco

DECRETO-LEI N. 70, DE 21 DE NOVEMBRO DE 1966 (*)

Autoriza o funcionamento de associações de poupança e empréstimo e institui a cédula hipotecária.

O Presidente da República, com base no disposto pelo art. 31, parágrafo único, do Ato Institucional n. 2, de 27 de outubro de 1965, e tendo em vista o Ato Complementar n. 23, de 20 de outubro de 1966, decreta:

Capítulo I
DAS ASSOCIAÇÕES DE POUPANÇA E EMPRÉSTIMO

Art. 1.º Dentro das normas gerais que forem estabelecidas pelo Conselho Monetário Nacional, poderão ser autorizadas a funcionar, nos termos deste Decreto-lei, associações de poupança e empréstimo, que se constituirão obrigatoriamente sob a forma de sociedades civis, de âmbito regional restrito, tendo por objetivos fundamentais:

I – propiciar ou facilitar a aquisição de casa própria aos associados;

II – captar, incentivar e disseminar a poupança.

§ 1.º As associações de poupança e empréstimo estarão compreendidas no Sistema Financeiro da Habitação no item IV do art. 8.º da Lei n. 4.380, de 21 de agosto de 1964, e legislação complementar, com todos os encargos e vantagens decorrentes.

§ 2.º As associações de poupança e empréstimo e seus administradores ficam subordinados aos mesmos preceitos e normas atinentes às instituições financeiras, estabelecidos no Capítulo V da Lei n. 4.595, de 31 de dezembro de 1964.

Art. 2.º São características essenciais das associações de poupança e empréstimo:

I – a formação de vínculo societário, para todos os efeitos legais, através de depósitos em dinheiro efetuados por pessoas físicas interessadas em delas participar;

II – a distribuição aos associados, como dividendos, da totalidade dos resultados líquidos operacionais, uma vez deduzidas as importâncias destinadas à constituição dos fundos de reserva e de emergência e a participação da administração nos resultados das associações.

Art. 3.º É assegurado aos associados:

I – retirar ou movimentar seus depósitos, observadas as condições regulamentares;

II – tomar parte nas assembleias gerais, com plena autonomia deliberativa, em todos os assuntos da competência delas;

III – votar e ser votado.

Art. 4.º Para o exercício de seus direitos societários, cada associado terá pelo menos um voto, qualquer que seja o volume de seus depósitos na associação, e terá tantos votos quantas "Unidades-Padrão de Capital do Banco Nacional da Habitação" se contenham no respectivo depósito, nos termos do art. 52 e seus parágrafos da Lei n. 4.380, de 21 de agosto de 1964, e art. 9.º e seus parágrafos deste Decreto-lei.

§ 1.º Quando o associado dispuser de mais de um voto, a soma respectiva será apurada na forma prevista neste artigo, sendo desprezadas as frações inferiores a uma "Unidade-Padrão de Capital".

§ 2.º Poderá ser limitado, como norma geral, variável de região a região, o número máximo de votos correspondentes a cada depósito ou a cada depositante.

Art. 5.º Será obrigatório, como despesa operacional das associações de poupança e empréstimo, o pagamento de prêmio para seguro dos depósitos.

Art. 6.º O Banco Nacional da Habitação poderá determinar, deliberando inclusive quanto à maneira de fazê-lo, a reorganização, incorporação, fusão ou liquidação de associações de poupança e empréstimo, bem como intervir nas mesmas, através de interventor ou interventores especialmente nomeados, independentemente das respectivas assembleias gerais sempre que verificada uma ou mais das seguintes hipóteses:

a) insolvência;

b) violação das leis ou dos regulamentos;

c) negativa em exibir papéis e documentos ou tentativa de impedir inspeções;

d) realização de operações inseguras ou antieconômicas;

e) operação em regime de perda.

Art. 7.º As associações de poupança e empréstimo são isentas de Imposto de Renda; são também isentas de Imposto de Renda as correções monetárias que vierem a pagar a seus depositantes.

Art. 8.º Aplicam-se às associações de poupança e empréstimo, no que este Decreto-lei não contrariar, os arts. 1.363 e segs. do Código Civil ou legislação substitutiva ou modificativa deles.

•• A referência é feita a dispositivos do CC de 1916. Não há correspondentes no Código vigente.

Capítulo II
DA CÉDULA HIPOTECÁRIA

Art. 9.º Os contratos de empréstimo com garantia hipotecária, com exceção das que consubstanciam operações de crédito rural, poderão prever o reajustamento das respectivas prestações de amortização e juros com a consequente correção monetária da dívida.

§ 1.º Nas hipotecas não vinculadas ao Sistema Financeiro da Habitação, a correção monetária da dívida obedecerá ao que for disposto para o Sistema Financeiro da Habitação.

(*) Publicado no *DOU*, de 22-11-1966. Sobre BNH e OTN, *vide* Nota dos Organizadores.

§ 2.º A menção a Obrigações do Tesouro Nacional nas operações mencionadas no § 2.º do art. 1.º do Decreto-lei n. 19, de 30 de agosto de 1966, e neste Decreto-lei entende-se como equivalente a menção de Unidades-Padrão de Capital do Banco Nacional da Habitação e o valor destas será sempre corrigido monetariamente durante a vigência do contrato, segundo os critérios do art. 7.º, § 1.º, da Lei n. 4.357/64.

§ 3.º A cláusula de correção monetária utilizável nas operações do Sistema Financeiro da Habitação poderá ser aplicada em todas as operações mencionadas no § 2.º do art. 1.º do Decreto-lei n. 19, de 30 de agosto de 1966, que vierem a ser pactuadas por pessoas não integrantes daquele Sistema, desde que os atos jurídicos se refiram a operações imobiliárias.

Art. 10. É instituída a cédula hipotecária para hipotecas inscritas no Registro Geral de Imóveis, como instrumento hábil para a representação dos respectivos créditos hipotecários, a qual poderá ser emitida pelo credor hipotecário nos casos de:

I – operações compreendidas no Sistema Financeiro da Habitação;

II – hipotecas de que sejam credores instituições financeiras em geral, e companhias de seguro;

III – hipotecas entre outras partes, desde que a cédula hipotecária seja originariamente emitida em favor das pessoas jurídicas a que se refere o inciso II *supra*.

§ 1.º A cédula hipotecária poderá ser integral quando representar a totalidade do crédito hipotecário, ou fracionária, quando representar parte dele, entendido que a soma do principal das cédulas hipotecárias fracionárias emitidas sobre uma determinada hipoteca e ainda em circulação não poderá exceder, em hipótese alguma, o valor total do respectivo crédito hipotecário em nenhum momento.

§ 2.º Para os efeitos do valor total mencionado no parágrafo anterior, admite-se o cômputo das correções efetivamente realizadas, na forma do art. 9.º, do valor monetário da dívida envolvida.

§ 3.º As cédulas hipotecárias fracionárias poderão ser emitidas em conjunto ou isoladamente a critério do credor, a qualquer momento antes do vencimento da correspondente dívida hipotecária.

Art. 11. É admitida a emissão de cédula hipotecária sobre segunda hipoteca, desde que tal circunstância seja expressamente declarada com evidência, no seu anverso.

Art. 12. O valor nominal de cada cédula hipotecária vinculada ao Sistema Financeiro da Habitação poderá ser expresso pela sua equivalência em Obrigações do Tesouro Nacional ou Unidades-Padrão de Capital do Banco Nacional da Habitação e representado pelo quociente da divisão do valor inicial da dívida ou da prestação, prestações ou frações de prestações de amortizações e juros da dívida originária pelo valor corrigido de uma Obrigação do Tesouro Nacional ou Unidades-Padrão de Capital do Banco Nacional da Habitação no trimestre de constituição da dívida.

§ 1.º O valor real ou o valor corrigido de cada cédula hipotecária corresponderá ao produto de seu valor nominal, definido neste artigo, pelo valor corrigido de uma Obrigação do Tesouro Nacional ou Unidade-Padrão de Capital do Banco Nacional da Habitação no momento da apuração desse valor real.

§ 2.º O valor nominal discriminará, na forma deste artigo, a parcela de amortização de capital e a parcela de juros representados pela cédula hipotecária, bem como o prêmio mensal dos seguros obrigatórios estipulados pelo Banco Nacional da Habitação.

Art. 13. A cédula hipotecária só poderá ser lançada à circulação depois de averbada à margem da inscrição da hipoteca a que disser respeito, no Registro Geral de Imóveis, observando-se para essa averbação o disposto na legislação e regulamentação dos serviços concernentes aos registros públicos, no que couber.

- *Vide* art. 11, parágrafo único, da Lei n. 5.741, de 1.º-12-1971.

Parágrafo único. Cada cédula hipotecária averbada será autenticada pelo oficial do registro geral de imóveis competente, com indicação de seu número, série e data, bem como do livro, folhas e a data da inscrição da hipoteca a que corresponder a emissão e à margem da qual for averbada.

Art. 14. Não será permitida a averbação de cédula hipotecária, quando haja prenotação, inscrição ou averbação de qualquer outro ônus real, ação, penhora ou procedimento judicial que afetem o imóvel, direta ou indiretamente, ou de cédula hipotecária anterior, salvo nos casos dos arts. 10, § 1.º, e 11.

Art. 15. A cédula hipotecária conterá obrigatoriamente:

I – no anverso:

a) nome, qualificação e endereço do emitente, e do devedor;

b) número e série da cédula hipotecária, com indicação da parcela ou totalidade do crédito que represente;

c) número, data, livro e folhas do Registro Geral de Imóveis em que foi inscrita a hipoteca e averbada a cédula hipotecária;

d) individualização do imóvel dado em garantia;

e) o valor da cédula, como previsto nos arts. 10 e 12, os juros convencionados e a multa estipulada para o caso de inadimplemento;

f) o número de ordem da prestação a que corresponder a cédula hipotecária, quando houver;

g) a data do vencimento da cédula hipotecária ou quando representativa de várias prestações, os seus vencimentos de amortização e juros;

h) a autenticação feita pelo oficial do registro geral de imóveis;

i) a data da emissão, e as assinaturas do emitente, com a promessa de pagamento do devedor;

j) o lugar de pagamento do principal, juros, seguros e taxas;

II – no verso, a menção ou locais apropriados para o lançamento dos seguintes elementos:

a) data ou datas de transferência por endosso;

b) nome, assinatura e endereço do endossante;

c) nome, qualificação, endereço e assinatura do endossatário;

d) as condições do endosso;

e) a designação do agente recebedor e sua comissão.

Parágrafo único. A cédula hipotecária vinculada ao Sistema Financeiro da Habitação deverá conter ainda, no verso, a indicação dos seguros obrigatórios, estipulados pelo Banco Nacional da Habitação.

Art. 16. A cédula hipotecária é sempre nominativa, e de emissão do credor da hipoteca a que disser respeito, podendo ser transferida por endosso em preto lançado no seu verso, na forma do art. 15, II, aplicando-se à espécie, no que este Decreto-lei não contrarie, os arts. 1.065 e segs. do Código Civil.

•• A referência é feita a dispositivos do CC de 1916. *Vide* arts. 286 e s. do Código vigente.

Parágrafo único. Emitida a cédula hipotecária, passa a hipoteca sobre a qual incidir a fazer parte integrante dela, acompanhando-a nos endossos subsequentes, sub-rogando-se automaticamente o favorecido ou o endossatário em todos os direitos creditícios respectivos, que serão exercidos pelo último deles, titular pelo endosso em preto.

Art. 17. Na emissão e no endosso da cédula hipotecária, o emitente e o endossante permanecem solidariamente responsáveis pela boa liquidação do crédito, a menos que avisem o devedor hipotecário e o segurador, quando houver, de cada emissão ou endosso, até 30 (trinta) dias após sua realização através de carta (do emitente ou do endossante, conforme o caso), entregue mediante recibo ou enviada pelo Registro de Títulos e Documentos, ou ainda por meio de notificação judicial, indicando-se, na carta ou na notificação, o nome, a qualificação e o endereço completo do beneficiário (se se tratar de emissão) ou do endossatário (se se tratar de endosso).

§ 1.º O Conselho Monetário Nacional fixará as condições em que as companhias de seguro e as instituições financeiras poderão realizar endossos de cédulas hipotecárias permanecendo solidariamente responsáveis por sua boa liquidação, inclusive despesas judiciais, hipótese em que deverão indicar na própria cédula, obrigatoriamente, o custo de tais serviços.

§ 2.º Na emissão e no endosso da cédula hipotecária é dispensável a outorga uxória.

Art. 18. A liquidação total ou parcial da hipoteca sobre a qual haja sido emitida cédula hipotecária prova-se pela restituição da mesma cédula hipotecária, quitada, ao devedor, ou, na falta dela, por outros meios admitidos em lei.

Parágrafo único. O emitente, endossante ou endossatário de cédula hipotecária que receber seu pagamento sem restituí-la ao devedor, permanece responsável por todas as consequências de sua permanência em circulação.

Art. 19. Nenhuma cédula hipotecária poderá ter prazo de resgate diferente do prazo da dívida hipotecária a que disser respeito, cujo vencimento antecipado, por qualquer motivo, acarretará automaticamente o vencimento, identicamente antecipado, de todas as cédulas hipotecárias que sobre ela houverem sido emitidas.

Art. 20. É a cédula hipotecária resgatável antecipadamente, desde que o devedor efetue o pagamento correspondente ao seu valor, corrigido monetariamente até a data da liquidação antecipada; se o credor recusar infundadamente o recebimento, poderá o devedor consignar judicialmente as importâncias devidas, cabendo ao juízo determinar a expedição de comunicação ao Registro Geral de Imóveis para o cancelamento da correspondente averbação ou da inscrição hipotecária, quando se trate de liquidação integral desta.

Art. 21. É vedada a emissão de cédulas hipotecárias sobre hipotecas cujos contratos não prevejam a obrigação do devedor de:

I – conservar o imóvel hipotecado em condições normais de uso;

II – pagar nas épocas próprias todos os impostos, taxas, multas ou quaisquer outras obrigações fiscais que recaiam ou venham a recair sobre o imóvel;

III – manter o imóvel segurado por quantia no mínimo correspondente ao do seu valor monetário corrigido.

Parágrafo único. O Conselho de Administração do Banco Nacional da Habitação poderá determinar a adoção de instrumentos-padrão, cujos termos fixará para as hipotecas do Sistema Financeiro da Habitação.

Art. 22. As instituições financeiras em geral e as companhias de seguro poderão adquirir cédulas hipotecárias ou recebê-las em caução, nas condições que o Conselho Monetário Nacional estabelecer.

Art. 23. Na hipótese de penhora, arresto, sequestro ou outra medida judicial que venha a recair em imóvel objeto de hipoteca sobre a qual haja sido emitida cédula hipotecária, fica o devedor obrigado a denunciar ao juízo da ação ou execução a existência do fato, comunicando-o incontinenti aos oficiais incumbidos da diligência, sob pena de responder pelos prejuízos que de sua omissão advierem para o credor.

Art. 24. O cancelamento da averbação da cédula hipotecária e da inscrição da hipoteca respectiva, quando se trate de liquidação integral desta, far-se-ão:

I – à vista das cédulas hipotecárias devidamente quitadas, exibidas pelo devedor ao oficial do registro geral de imóveis;

II – nos casos dos arts. 18 e 20, *in fine*;

III – por sentença judicial transitada em julgado.

Parágrafo único. Se o devedor não possuir a cédula hipotecária quitada, poderá suprir a falta com a apresentação de declaração de quitação do emitente ou endossante em documento à parte.

Art. 25. É proibida a emissão de cédulas hipotecárias sobre hipotecas convencionadas anteriormente à vigência deste Decreto-lei, salvo novo acordo entre credor e devedor, ou quando tenha sido prevista a correção monetária nos termos dos arts. 9.º e 11.

Art. 26. Todos os atos previstos neste Decreto-lei poderão ser feitos por instrumento particular, aplicando-se ao seu extravio, no que couber, o disposto no Título VII, do Livro IV, do Código de Processo Civil.

•• Refere-se ao Código de 1939.

Art. 27. A emissão ou o endosso de cédula hipotecária, com infringência deste Decreto-lei, constitui, para o emitente ou o endossante, crime de estelionato, sujeitando-o às sanções do art. 171 do Código Penal.

Art. 28. Ficam isentos do Imposto de Operações Financeiras os atos jurídicos e os instrumentos mencionados neste Capítulo, bem como todas as operações passivas de entidades integrantes do Sistema Financeiro da Habitação; não estarão sujeitos, outrossim, ao Imposto de Renda:

I – durante o exercício financeiro de 1967, os juros das operações previstas no mesmo capítulo, quando vinculados ao Sistema Financeiro da Habitação;

II – a correção monetária dessas operações, em todos os casos.

Capítulo III (*)

Art. 29. As hipotecas a que se referem os arts. 9.º e 10 e seus incisos, quando não pagas no vencimento, poderão, à escolha do credor, ser objeto de execução na forma do Código de Processo Civil (arts. 298 e 301) ou deste Decreto-lei (arts. 31 a 38).

•• Refere-se ao Código de 1939.

Parágrafo único. A falta de pagamento do principal, no todo ou em parte, ou de qualquer parcela de juros, nas épocas próprias, bem como o descumprimento das obrigações constantes do art. 21, importará, automaticamente, salvo disposição diversa do contrato de hipoteca em exigibilidade imediata de toda a dívida.

Art. 30. Para os efeitos de exercício da opção do art. 29, será agente fiduciário, com as funções determinadas nos arts. 31 a 38:

I – nas hipotecas compreendidas no Sistema Financeiro da Habitação, o Banco Nacional da Habitação;

II – nas demais, as instituições financeiras inclusive sociedades de crédito imobiliário, credenciadas a tanto pelo Banco Central da República do Brasil, nas condições que o Conselho Monetário Nacional venha a autorizar.

•• O Banco Central da República do Brasil passou a denominar-se Banco Central do Brasil: Decreto-lei n. 278, de 28-2-1967.

•• *Vide* art. 39, II, da Lei n. 9.514, de 20-11-1997, sobre operações de financiamento imobiliário.

§ 1.º O Conselho de Administração do Banco Nacional da Habitação poderá determinar que este exerça as funções de agente fiduciário, conforme o inciso I, diretamente ou através das pessoas jurídicas mencionadas no inciso II, fixando os critérios de atuação delas.

§ 2.º As pessoas jurídicas mencionadas no inciso II, a fim de poderem exercer as funções de agente fiduciário deste Decreto-lei, deverão ter sido escolhidas para tanto, de comum acordo entre o credor e o devedor no contrato originário de hipoteca ou em aditamento ao mesmo, salvo se estiverem agindo em nome do Banco Nacional da Habitação ou nas hipóteses do art. 41.

§ 3.º Os agentes fiduciários não poderão ter ou manter vínculos societários com os credores ou devedores das hipotecas em que sejam envolvidos.

§ 4.º É lícito às partes, em qualquer tempo, substituir o agente fiduciário eleito, em aditamento ao contrato de hipoteca.

Art. 31. Vencida e não paga a dívida hipotecária, no todo ou em parte, o credor que houver preferido executá-la de acordo com este Decreto-lei formalizará ao agente fiduciário a solicitação de execução da dívida, instruindo-a com os seguintes documentos:

I – o título da dívida devidamente registrado;

II – a indicação discriminada do valor das prestações e encargos não pagos;

III – o demonstrativo do saldo devedor, discriminando as parcelas relativas a principal, juros, multa e outros encargos contratuais e legais; e

IV – cópia dos avisos reclamando pagamento da dívida, expedidos segundo instruções regulamentares relativas ao SFH.

•• *Caput* e incisos com redação determinada pela Lei n. 8.004, de 14-3-1990.

• *Vide* Lei n. 5.741, de 1.º-12-1971.

§ 1.º Recebida a solicitação da execução da dívida, o agente fiduciário, nos 10 (dez) dias subsequentes, promoverá a notificação do devedor, por intermédio de Cartório de Títulos e Documentos, concedendo-lhe o prazo de 20 (vinte) dias para a purgação da mora.

•• § 1.º com redação determinada pela Lei n. 8.004, de 14-3-1990.

§ 2.º Quando o devedor se encontrar em lugar incerto ou não sabido, o oficial certificará o fato, cabendo, então, ao agente fiduciário promover a notificação por edital, publicado por 3 (três) dias, pelo menos, em um dos jornais de maior circulação local, ou noutro de comarca de fácil acesso, se no local não houver imprensa diária.

•• § 2.º com redação determinada pela Lei n. 8.004, de 14-3-1990.

Art. 32. Não acudindo o devedor à purgação do débito, o agente fiduciário estará de pleno direito autorizado a publicar editais e a efetuar, no decurso dos 15 (quinze) dias imediatos, o primeiro público leilão do imóvel hipotecado.

• *Vide* Lei n. 5.741, de 1.º-12-1971.

§ 1.º Se, no primeiro público leilão, o maior lance obtido for inferior ao saldo devedor no momento, acrescido das despesas constantes do art. 33 mais as do anúncio e contratação da praça, será realizado o segundo público leilão, nos 15 (quinze) dias seguintes, no qual será aceito o maior lance apurado, ainda que inferior à soma das aludidas quantias.

(*) Sem epígrafe, na publicação oficial.

§ 2.º Se o maior lance do segundo público leilão for inferior àquela soma, serão pagas inicialmente as despesas componentes da mesma soma, e a diferença entregue ao credor, que poderá cobrar do devedor, por via executiva, o valor remanescente de seu crédito, sem nenhum direito de retenção ou indenização sobre o imóvel alienado.

§ 3.º Se o lance de alienação do imóvel, em qualquer dos dois públicos leilões, for superior ao total das importâncias referidas no *caput* deste artigo, a diferença a final apurada será entregue ao devedor.

§ 4.º A morte do devedor pessoa física, ou a falência, concordata ou dissolução do devedor pessoa jurídica, não impede a aplicação deste artigo.

Art. 33. Compreende-se no montante do débito hipotecado, para os efeitos do art. 32, a qualquer momento de sua execução, as demais obrigações contratuais vencidas, especialmente em relação à Fazenda Pública federal, estadual ou municipal, e a prêmios de seguro, que serão pagos com preferência sobre o credor hipotecário.

Parágrafo único. Na hipótese do segundo público leilão não cobrir sequer as despesas do artigo *supra*, o credor nada receberá, permanecendo íntegra a responsabilidade de adquirente do imóvel por este garantida, em relação aos créditos remanescentes da Fazenda Pública e das seguradoras.

Art. 34. É lícito ao devedor, a qualquer momento, até a assinatura do auto de arrematação, purgar o débito totalizado de acordo com o art. 33, e acrescido ainda dos seguintes encargos:

I – se a purgação se efetuar conforme o § 1.º do art. 31, o débito será acrescido das penalidades previstas no contrato de hipoteca, até 10% (dez por cento) do valor do mesmo débito, e da remuneração do agente fiduciário;

II – daí em diante, o débito, para os efeitos de purgação, abrangerá ainda os juros de mora e a correção monetária incidente até o momento da purgação.

Art. 35. O agente fiduciário é autorizado, independentemente de mandato do credor ou do devedor, a receber as quantias que resultarem da purgação do débito ou do primeiro ou segundo públicos leilões, que deverá entregar ao credor ou ao devedor, conforme o caso deduzidas de sua própria remuneração.

§ 1.º A entrega em causa será feita até 5 (cinco) dias após o recebimento das quantias envolvidas, sob pena de cobrança, contra o agente fiduciário, pela parte que tiver direito às quantias, por ação executiva.

§ 2.º Os créditos previstos neste artigo, contra agente fiduciário, são privilegiados, em caso de falência ou concordata.

Art. 36. Os públicos leilões regulados pelo art. 32 serão anunciados e realizados, no que este Decreto-lei não prever, de acordo com o que estabelecer o contrato de hipoteca, ou, quando se tratar do Sistema Financeiro da Habitação, o que o Conselho de Administração do Banco Nacional da Habitação estabelecer.

Parágrafo único. Considera-se não escrita a cláusula contratual que sob qualquer pretexto preveja condições que subtraiam ao devedor o conhecimento dos públicos leilões de imóvel hipotecado, ou que autorizem sua promoção e realização sem publicidade pelo menos igual à usualmente adotada pelos leiloeiros públicos em sua atividade corrente.

Art. 37. Uma vez efetivada a alienação do imóvel, de acordo com o art. 32, será emitida a respectiva carta de arrematação, assinada pelo leiloeiro, pelo credor, pelo agente fiduciário, e por cinco pessoas físicas idôneas, absolutamente capazes, como testemunhas, documento que servirá como título para a transcrição no Registro Geral de Imóveis.

§ 1.º O devedor, se estiver presente ao público leilão, deverá assinar a carta de arrematação que, em caso contrário, conterá necessariamente a constatação de sua ausência ou de sua recusa em subscrevê-la.

§ 2.º Uma vez transcrita no Registro Geral de Imóveis a carta de arrematação, poderá o adquirente requerer ao juízo competente imissão da posse no imóvel que lhe será concedida liminarmente, após decorridas as 48 (quarenta e oito) horas mencionadas no § 3.º deste artigo, sem prejuízo de se prosseguir no feito, em rito ordinário, para o debate das alegações que o devedor porventura aduzir em contestação.

§ 3.º A concessão da medida liminar do parágrafo anterior só será negada se o devedor, citado, comprovar, no prazo de 48 (quarenta e oito) horas, que resgatou ou consignou judicialmente o valor de seu débito, antes da realização do primeiro ou do segundo público leilão.

Art. 38. No período que mediar entre a transcrição da carta de arrematação no Registro Geral de Imóveis e a efetiva imissão do adquirente na posse do imóvel alienado em público leilão, o juiz arbitrará uma taxa mensal de ocupação compatível com o rendimento que deveria proporcionar o investimento realizado na aquisição cobrável por ação executiva.

Art. 39. O contrato de hipoteca deverá prever os honorários do agente fiduciário, que somente lhe serão devidos se se verificar sua intervenção na cobrança do crédito; tais honorários não poderão ultrapassar a 5% (cinco por cento) do mesmo crédito, no momento da intervenção.

Parágrafo único. Para as hipotecas do Sistema Financeiro da Habitação o Conselho de Administração do Banco Nacional da Habitação poderá fixar tabelas de remuneração do agente fiduciário, dentro dos limites fixados neste artigo.

Art. 40. O agente fiduciário que, mediante ato ilícito, fraude, simulação ou comprovada má-fé, alienar imóvel hipotecado em prejuízo do credor ou devedor envolvido, responderá por seus atos, perante as autoridades competentes, na forma do Capítulo V da Lei n. 4.595, de 31 de dezembro de 1964, e, perante a parte lesada, por perdas e danos, que levarão em conta os critérios de correção monetária adotados neste Decreto-lei ou no contrato hipotecário.

Art. 41. Se, por qualquer motivo, o agente fiduciário eleito no contrato hipotecário não puder continuar no exercício da função, deverá comunicar o fato imediatamente ao credor e ao devedor, que, se não chegarem a um acordo para eleger outro, em aditamento ao mesmo contrato, poderão pedir ao juízo competente, a nomeação de substituto.

§ 1.º Se o credor ou o devedor, a qualquer tempo antes do início da execução conforme o art. 31, tiverem fundadas razões para pôr em dúvida a imparcialidade ou idoneidade do agente fiduciário eleito no contrato hipotecário, e se não houver acordo entre eles para substituí-lo, qualquer dos dois poderá pedir ao juízo competente sua destituição.

§ 2.º Os pedidos a que se refere este artigo e o parágrafo anterior serão processados segundo o que determina o Código de Processo Civil para as ações declaratórias, com a citação das outras partes envolvidas no contrato hipotecário e do agente fiduciário.

§ 3.º O pedido previsto no § 2.º pode ser de iniciativa do agente fiduciário.

§ 4.º Destituído o agente fiduciário, o juiz nomeará outro em seu lugar, que assumirá imediatamente as funções, mediante termo lavrado nos autos, que será levado a averbação no Registro Geral de Imóveis e passará a constituir parte integrante do contrato hipotecário.

§ 5.º Até a sentença destitutória transitar em julgado, o agente fiduciário destituído continuará no pleno exercício de suas funções, salvo nos casos do parágrafo seguinte.

§ 6.º Sempre que o juiz julgar necessário, poderá, nos casos deste artigo, nomear liminarmente o novo agente fiduciário, mantendo-o ou substituindo-o na decisão final do pedido.

§ 7.º A destituição do agente fiduciário não exclui a aplicação de sanções cabíveis em virtude de sua ação ou omissão dolosa.

Capítulo IV
DAS DISPOSIÇÕES FINAIS

Art. 42. (*Revogado pelo Decreto-lei n. 1.494, de 7-12-1976.*)

Art. 43. Os empréstimos destinados ao financiamento da construção ou da venda de unidades imobiliárias poderão ser garantidos pela caução, cessão parcial ou cessão fiduciária dos direitos decorrentes de alienação de imóveis, aplicando-se, no que couber, o disposto nos §§ 1.º e 2.º do art. 22 da Lei n. 4.864, de 9 de novembro de 1965.

Parágrafo único. As garantias a que se refere este artigo constituem direitos reais sobre os respectivos imóveis.

Art. 44. São passíveis de inscrição, nos Cartórios do Registro de Imóveis, os contratos a que se refere o art. 43 e os de hipoteca de unidades imobiliárias em construção ou já construídas mas ainda sem "habite-se" das autoridades públicas competentes e respectiva averbação, desde que estejam devidamente registrados os lotes de terreno em que elas se situem.

Art. 45. Este Decreto-lei entra em vigor na data de sua publicação.

Art. 46. Revogam-se as disposições em contrário.

Brasília, 21 de novembro de 1966; 145.º da Independência e 78.º da República.

H. CASTELLO BRANCO

DECRETO-LEI N. 73, DE 21 DE NOVEMBRO DE 1966 (*)

Dispõe sobre o Sistema Nacional de Seguros Privados, Regula as Operações de Seguros e Resseguros e dá outras providências.

O Presidente da República, usando da atribuição que lhe confere o artigo 2.º do Ato Complementar n. 23, de 20 de outubro de 1966, decreta:

Capítulo I
INTRODUÇÃO

Art. 1.º Todas as operações de seguros privados realizadas no País ficarão subordinadas às disposições do presente Decreto-lei.

- O Decreto n. 10.016, de 17-9-2019, dispõe sobre Conselho de Recursos do Sistema Nacional de Seguros Privados, de Previdência Privada Aberta e de Capitalização.

Art. 2.º O controle do Estado se exercerá pelos órgãos instituídos neste Decreto-lei, no interesse dos segurados e beneficiários dos contratos de seguro.

Art. 3.º Consideram-se operações de seguros privados os seguros de coisas, pessoas, bens, responsabilidades, obrigações, direitos e garantias.

Parágrafo único. Ficam excluídos das disposições deste Decreto-lei os seguros do âmbito da Previdência Social, regidos pela legislação especial pertinente.

Art. 4.º Integra-se nas operações de seguros privados o sistema de cosseguro, resseguro e retrocessão, por forma a pulverizar os riscos e fortalecer as relações econômicas do mercado.

Parágrafo único. Aplicam-se aos estabelecimentos autorizados a operar em resseguro e retrocessão, no que couber, as regras estabelecidas para as sociedades seguradoras.

(*) Publicado no *DOU*, de 22-11-1966. Retificado pelo Decreto-lei n. 296, de 28-2-1967. O Decreto n. 60.459, de 13-3-1967, regulamenta este Decreto-lei. *Vide* Lei Complementar n. 126, de 15-1-2007, que dispõe sobre a política de resseguro, retrocessão e sua intermediação, as operações de cosseguro, as contratações de seguro no exterior e as operações em moeda estrangeira do setor securitário. *Vide* arts. 757 a 802 do CC. Sobre a denominação dos Ministérios, *vide* Nota dos Organizadores.

•• Parágrafo único acrescentado pela Lei n. 9.932, de 20-12-1999.

Art. 5.º A política de seguros privados objetivará:

I – promover a expansão do mercado de seguros e propiciar condições operacionais necessárias para sua integração no processo econômico e social do País;

II – evitar evasão de divisas, pelo equilíbrio de balanço dos resultados do intercâmbio de negócios com o exterior;

III – (*Revogado pela Lei n. 13.874, de 20-9-2019.*)

IV – promover o aperfeiçoamento das Sociedades Seguradoras;

V – preservar a liquidez e a solvência das Sociedades Seguradoras;

VI – coordenar a política de seguros com a política de investimentos do Governo Federal, observados os critérios estabelecidos para as políticas monetária, creditícia e fiscal.

Art. 6.º (*Revogado pela Lei Complementar n. 126, de 15-1-2007.*)

Capítulo II
DO SISTEMA NACIONAL DE SEGUROS PRIVADOS

Art. 7.º Compete privativamente ao Governo Federal formular a política de seguros privados, legislar sobre suas normas gerais e fiscalizar as operações no mercado nacional.

Art. 8.º Fica instituído o Sistema Nacional de Seguros Privados, regulado pelo presente Decreto-lei e constituído:

a) do Conselho Nacional de Seguros Privados – CNSP;

b) da Superintendência de Seguros Privados – SUSEP;

c) dos resseguradores;

•• Alínea *c* com redação determinada pela Lei Complementar n. 126, de 15-1-2007.

d) das Sociedades autorizadas a operar em seguros privados;

e) dos corretores habilitados.

Capítulo III
DISPOSIÇÕES ESPECIAIS APLICÁVEIS AO SISTEMA

Art. 9.º Os seguros serão contratados mediante propostas assinadas pelo segurado, seu representante legal ou por corretor habilitado, com emissão das respectivas apólices, ressalvado o disposto no artigo seguinte.

•• O § 2.º do art. 2.º do Decreto n. 60.459, de 13-3-1967, determina que a emissão da apólice será feita até 15 dias da aceitação da proposta.

Art. 10. É autorizada a contratação de seguros por simples emissão de bilhete de seguro, mediante solicitação verbal do interessado.

§ 1.º O CNSP regulamentará os casos previstos neste artigo, padronizando as cláusulas e os impressos necessários.

§ 2.º Não se aplicam a tais seguros as disposições do art. 1.433 do Código Civil.

•• Refere-se ao CC de 1916. O atual CC dispõe sobre seguros nos arts. 757 a 802.

Art. 11. Quando o seguro for contratado na forma estabelecida no artigo anterior, a boa-fé da Sociedade Seguradora, em sua aceitação, constitui presunção *juris tantum*.

§ 1.º Sobrevindo o sinistro, a prova de ocorrência de risco coberto pelo seguro e a justificação de seu valor competirão ao segurado ou beneficiário.

§ 2.º Será lícito à Sociedade Seguradora arguir a existência de circunstância relativa ao objeto ou interesse segurado cujo conhecimento prévio influiria na sua aceitação ou na taxa de seguro, para exonerar-se da responsabilidade assumida, até no caso de sinistro. Nessa hipótese, competirá ao segurado ou beneficiário provar que a Sociedade Seguradora teve ciência prévia da circunstância arguida.

§ 3.º A violação ou inobservância pelo segurado, seu preposto ou beneficiário, de qualquer das condições estabelecidas para a contratação de seguros na forma do disposto no art. 10 exonera a Sociedade Seguradora da responsabilidade assumida.

§ 4.º É vedada a realização de mais de um seguro cobrindo o mesmo objeto ou interesse, desde que qualquer deles seja contratado mediante a emissão de simples certificado, salvo nos casos de seguro de pessoas.

Art. 12. A obrigação do pagamento do prêmio pelo segurado vigerá a partir do dia previsto na apólice ou bilhete de seguro, ficando suspensa a cobertura do seguro até o pagamento do prêmio e demais encargos.

Parágrafo único. Qualquer indenização decorrente do contrato de seguros dependerá de prova de pagamento do prêmio devido, antes da ocorrência do sinistro.

Art. 13. As apólices não poderão conter cláusula que permita rescisão unilateral dos contratos de seguro ou por qualquer modo subtraia sua eficácia e validade além das situações previstas em Lei.

Art. 14. Fica autorizada a contratação de seguros com a cláusula de correção monetária para capitais e valores, observada a equivalência atuarial dos compromissos futuros assumidos pelas partes contratantes, na forma das instruções do Conselho Nacional de Seguros Privados.

Art. 15. (*Revogado pela Lei n. 9.932, de 20-12-1999, e pela Lei Complementar n. 126, de 15-1-2007.*)

Art. 16. É criado o Fundo de Estabilidade do Seguro Rural, com a finalidade de garantir a estabilidade dessas operações e atender à cobertura suplementar dos riscos de catástrofe.

•• A partir da vigência do Fundo instituído pela Lei Complementar n. 137, de 26-8-2010, cujo objetivo é a cobertura suplementar dos riscos do seguro rural, de acordo com os arts. 18 e 22, IV, respectivamente, do citado diploma, extinguir-se-á o Fundo de Estabilidade do Seguro Rural e revogar-se-á este artigo.

Parágrafo único. O Fundo será administrado pelo IRB e seus recursos aplicados segundo o estabelecido pelo CNSP.

•• A Lei Complementar n. 126, de 15-1-2007, propôs nova redação para este parágrafo, mas teve seu texto vetado.

Art. 17. O Fundo de Estabilidade do Seguro Rural será constituído:

•• A partir da vigência do Fundo instituído pela Lei Complementar n. 137, de 26-8-2010, cujo objetivo é a cobertura suplementar dos riscos do seguro rural, de acordo com os arts. 18 e 22, IV, respectivamente, do citado diploma, extinguir-se-á o Fundo de Estabilidade do Seguro Rural e revogar-se-á este artigo.

a) dos excedentes do máximo admissível tecnicamente como lucro nas operações de seguros de crédito rural, seus resseguros e suas retrocessões, segundo os limites fixados pelo CNSP;

b) dos recursos previstos no art. 23, § 3.º, deste Decreto-Lei;

•• O art. 23 deste Decreto-lei foi revogado pela Lei Complementar n. 126, de 15-1-2007.

c) por dotações orçamentárias anuais, durante dez anos, a partir do presente Decreto-lei mediante o crédito especial necessário para cobrir a deficiência operacional do exercício anterior.

Art. 18. (*Revogado pela Lei Complementar n. 126, de 15-1-2007.*)

Art. 19. As operações de Seguro Rural gozam de isenção tributária irrestrita de quaisquer impostos ou tributos federais.

•• A partir de 1.º de julho do ano seguinte ao do início de operação do Fundo instituído pela Lei Complementar n. 137, de 26-8-2010, cujo objetivo é a cobertura suplementar dos riscos do seguro rural, revogar-se-á este artigo, de acordo com o art. 22, III, do citado diploma.

Art. 20. Sem prejuízo do disposto em leis especiais, são obrigatórios os seguros de:

•• O Decreto n. 61.867, de 7-12-1967, regulamenta os seguros obrigatórios previstos neste artigo.

a) danos pessoais a passageiros de aeronaves comerciais;

b) responsabilidade civil do proprietário de aeronaves e do transportador aéreo;

•• Alínea *b* com redação determinada pela Lei n. 8.374, de 30-12-1991.

c) responsabilidade civil do construtor de imóveis em zonas urbanas por danos a pessoas ou coisas;

d) (*Revogada pela Lei n. 13.986, de 7-4-2020.*)

e) garantia do cumprimento das obrigações do incorporador e construtor de imóveis;

f) garantia do pagamento a cargo de mutuário da construção civil, inclusive obrigação imobiliária;

g) edifícios divididos em unidades autônomas;

h) incêndio e transporte de bens pertencentes a pessoas jurídicas, situados no País ou nele transportados;

i) (*Revogada pela Lei Complementar n. 126, de 15-1-2007*);

j) crédito à exportação, quando julgado conveniente pelo CNSP, ouvido o Conselho Nacional do Comércio Exterior (CONCEX);

•• Alínea *j* com redação determinada pelo Decreto-lei n. 826, de 5-9-1969.

l) danos pessoais causados por veículos automotores de vias terrestres e por embarcações, ou por sua carga, a pessoas transportadas ou não;

•• Alínea *l* com redação determinada pela Lei n. 8.374, de 30-12-1991.

•• A Lei n. 8.374, de 30-12-1991, regulamenta o Seguro Obrigatório de Danos Pessoais causados por embarcações ou por sua carga.

m) responsabilidade civil dos transportadores terrestres, marítimos, fluviais e lacustres, por danos à carga transportada.

•• Alínea *m* acrescentada pela Lei n. 8.374, de 30-12-1991.

Parágrafo único. Não se aplica à União a obrigatoriedade estatuída na alínea *h* deste artigo.

•• Parágrafo único acrescentado pela Lei n. 10.190, de 14-2-2001.

Art. 21. Nos casos de seguros legalmente obrigatórios, o estipulante equipara-se ao segurado para os efeitos de contratação e manutenção de seguro.

§ 1.º Para os efeitos desde Decreto-Lei, estipulante é a pessoa que contrata seguro por conta de terceiros, podendo acumular a condição de beneficiário.

§ 2.º Nos seguros facultativos o estipulante é mandatário dos segurados.

§ 3.º O CNSP estabelecerá os direitos e obrigações do estipulante, quando for o caso, na regulamentação de cada ramo ou modalidade de seguro.

§ 4.º O não recolhimento dos prêmios recebidos de segurados, nos prazos devidos, sujeita o estipulante à multa, imposta pela SUSEP, de importância igual ao dobro do valor dos prêmios por ele retidos, sem prejuízo da ação penal que couber.

•• § 4.º acrescentado pela Lei n. 5.627, de 1.º-12-1970.

Art. 22. As instituições financeiras públicas não poderão realizar operações ativas de crédito com as pessoas jurídicas e firmas individuais que não tenham em dia os seguros obrigatórios por lei, salvo mediante aplicação da parcela do crédito, que for concedido no pagamento dos prêmios em atraso.

Parágrafo único. Para participar de concorrências abertas pelo Poder Público, é indispensável comprovar o pagamento dos prêmios dos seguros legalmente obrigatórios.

Art. 23. (*Revogado pela Lei Complementar n. 126, de 15-1-2007.*)

Art. 24. Poderão operar em seguros privados apenas Sociedades Anônimas ou Cooperativas, devidamente autorizadas.

• *Vide* arts. 1.088, 1.089 e 1.093 a 1.096 do CC.

• A Lei n. 5.764, de 16-12-1971, dispõe sobre a Política Nacional de Cooperativismo, e a Lei n. 6.404, de 15-12-1976, dispõe sobre as sociedades por ações.

Parágrafo único. As Sociedades Cooperativas operarão unicamente em seguros agrícolas, de saúde e de acidentes do trabalho.

Art. 25. As ações das Sociedades Seguradoras serão sempre nominativas.

Art. 26. As sociedades seguradoras não poderão requerer concordata e não estão sujeitas à falência, salvo, neste último caso, se decretada a liquidação extrajudicial, o ativo não for suficiente para o pagamento de pelo menos a metade dos credores quirografários, ou quando houver fundados indícios da ocorrência de crime falimentar.

•• Artigo com redação determinada pela Lei n. 10.190, de 14-2-2001.

•• A Lei n. 11.101, de 9-2-2005, que regula a recuperação judicial, a extrajudicial e a falência do empresário e da sociedade empresária, extinguiu a figura da concordata.

Art. 27. Serão processadas pela forma executiva as ações de cobrança dos prêmios dos contratos de seguro.

Art. 28. A partir da vigência deste Decreto-lei, a aplicação das reservas técnicas das Sociedades Seguradoras será feita conforme as diretrizes do Conselho Monetário Nacional.

Art. 29. Os investimentos compulsórios das Sociedades Seguradoras obedecerão a critérios que garantam remuneração adequada, segurança e liquidez.

Parágrafo único. Nos casos de seguros contratados com a cláusula de correção monetária é obrigatório o investimento das respectivas reservas nas condições estabelecidas neste artigo.

Art. 30. As Sociedades Seguradoras não poderão conceder aos segurados comissões ou bonificações de qualquer espécie, nem vantagens especiais que importem dispensa ou redução de prêmio.

Art. 31. É assegurada ampla defesa em qualquer processo instaurado por infração ao presente Decreto-lei, sendo nulas as decisões proferidas com inobservância deste preceito.

Capítulo IV
DO CONSELHO NACIONAL DE SEGUROS PRIVADOS

Art. 32. É criado o Conselho Nacional de Seguros Privados - CNSP, ao qual compete privativamente:

I – fixar as diretrizes e normas da política de seguros privados;

II – regular a constituição, organização, funcionamento e fiscalização dos que exercerem atividades subordinadas a este Decreto-lei, bem como a aplicação das penalidades previstas;

III – estipular índices e demais condições técnicas sobre tarifas, investimentos e outras relações patrimoniais a serem observadas pelas Sociedades Seguradoras;

IV – fixar as características gerais dos contratos de seguros;

V – fixar normas gerais de contabilidade e estatística a serem observadas pelas Sociedades Seguradoras;

VI – delimitar o capital das sociedades seguradoras e dos resseguradores;

•• Inciso VI com redação determinada pela Lei Complementar n. 126, de 15-1-2007.

VII – estabelecer as diretrizes gerais das operações de resseguro;

VIII – disciplinar as operações de cosseguro;

•• Inciso VIII com redação determinada pela Lei Complementar n. 126, de 15-1-2007.

IX – (*Revogado pela Lei Complementar n. 126, de 15-1-2007.*);

X – (*Revogado pela Lei n. 13.874, de 20-9-2019.*)

XI – prescrever os critérios de constituição das Sociedades Seguradoras, com fixação dos limites legais e técnicos das operações de seguro;

XII – Disciplinar a corretagem de seguros e a profissão de corretor;

XIII – (*Revogado pela Lei Complementar n. 126, de 15-1-2007.*);

XIV – decidir sobre sua própria organização, elaborando o respectivo Regimento Interno;

XV – regular a organização, a composição e o funcionamento de suas Comissões Consultivas;

XVI – regular a instalação e o funcionamento das Bolsas de Seguro;

XVII – fixar as condições de constituição e extinção de entidades autorreguladoras do mercado de corretagem, sua forma jurídica, seus órgãos de administração e a forma de preenchimento de cargos administrativos;

•• Inciso XVII acrescentado pela Lei Complementar n. 137, de 26-8-2010.

XVIII – regular o exercício do poder disciplinar das entidades autorreguladoras do mercado de corretagem sobre seus membros, inclusive do poder de impor penalidades e de excluir membros;

•• Inciso XVIII acrescentado pela Lei Complementar n. 137, de 26-8-2010.

XIX – disciplinar a administração das entidades autorreguladoras do mercado de corretagem e a fixação de emolumentos, comissões e quaisquer outras despesas cobradas por tais entidades, quando for o caso.

•• Inciso XIX acrescentado pela Lei Complementar n. 137, de 26-8-2010.

Art. 33. O CNSP será integrado pelos seguintes membros:

•• *Caput* com redação determinada pela Lei n. 10.190, de 14-2-2001.

I – Ministro de Estado da Fazenda, ou seu representante;

•• Inciso I com redação determinada pela Lei n. 10.190, de 14-2-2001.

II – representante do Ministério da Justiça;

•• Inciso II com redação determinada pela Lei n. 10.190, de 14-2-2001.

III – representante do Ministério da Previdência e Assistência Social;

•• Inciso III com redação determinada pela Lei n. 10.190, de 14-2-2001.

IV – Superintendente da Superintendência de Seguros Privados - SUSEP;

•• Inciso IV com redação determinada pela Lei n. 10.190, de 14-2-2001.

V – representante do Banco Central do Brasil;

•• Inciso V com redação determinada pela Lei n. 10.190, de 14-2-2001.

VI – representante da Comissão de Valores Mobiliários – CVM.

•• Inciso VI com redação determinada pela Lei n. 10.190, de 14-2-2001.

§ 1.º O CNSP será presidido pelo Ministro de Estado da Fazenda e, na sua ausência, pelo Superintendente da SUSEP.

•• § 1.º com redação determinada pela Lei n. 10.190, de 14-2-2001.

§ 2.º O CNSP terá seu funcionamento regulado em regimento interno.

•• § 2.º com redação determinada pela Lei n. 10.190, de 14-2-2001.

Art. 34. Com audiência obrigatória nas deliberações relativas às respectivas finalidades específicas, funcionarão junto ao CNSP as seguintes Comissões Consultivas:

I – de Saúde;

II – do Trabalho;

III – de Transporte;

IV – Mobiliária e de Habitação;

V – Rural;

VI – Aeronáutica;

VII – de Crédito;

VIII – de Corretores.

§ 1.º O CNSP poderá criar outras Comissões Consultivas, desde que ocorra justificada necessidade.

§ 2.º A organização, a composição e o funcionamento das Comissões Consultivas serão regulados pelo CNSP, cabendo ao seu Presidente designar os representantes que as integrarão, mediante indicação das entidades participantes delas.

Capítulo V
DA SUPERINTENDÊNCIA DE SEGUROS PRIVADOS

Seção I (*)

Art. 35. Fica criada a Superintendência de Seguros Privados (SUSEP), entidade autárquica, jurisdicionada ao Ministério da Indústria e do Comércio, dotada de personalidade jurídica de Direito Público, com autonomia administrativa e financeira.

Parágrafo único. A sede da SUSEP será na cidade do Rio de Janeiro, Estado da Guanabara, até que o Poder Executivo a fixe, em definitivo, em Brasília.

Art. 36. Compete à SUSEP, na qualidade de executora da política traçada pelo CNSP, como órgão fiscalizador da constituição, organização, funcionamento e operações das Sociedades Seguradoras:

a) processar os pedidos de autorização, para constituição, organização, funcionamento, fusão, encampação, grupamento, transferência de controle acionário e reforma dos Estatutos das Sociedades Seguradoras, opinar sobre os mesmos e encaminhá-los ao CNSP;

b) baixar instruções e expedir circulares relativas à regulamentação das operações de seguro, de acordo com as diretrizes do CNSP;

c) fixar condições de apólices, planos de operações e tarifas a serem utilizadas obrigatoriamente pelo mercado segurador nacional;

d) aprovar os limites de operações das Sociedades Seguradoras, de conformidade com o critério fixado pelo CNSP;

e) examinar e aprovar as condições de coberturas especiais, bem como fixar as taxas aplicáveis;

f) autorizar a movimentação e liberação dos bens e valores obrigatoriamente inscritos em garantia das reservas técnicas e do capital vinculado;

g) fiscalizar a execução das normas gerais de contabilidade e estatística fixadas pelo CNSP para as Sociedades Seguradoras;

h) fiscalizar as operações das Sociedades Seguradoras, inclusive o exato cumprimento deste Decreto-lei, de outras leis pertinentes, disposições regulamentares em geral, resoluções do CNSP e aplicar as penalidades cabíveis;

i) proceder à liquidação das Sociedades Seguradoras que tiverem cassada a autorização para funcionar no País;

j) organizar seus serviços, elaborar e executar seu orçamento;

k) fiscalizar as operações das entidades autorreguladoras do mercado de corretagem, inclusive o exato cumprimento deste Decreto-lei, de outras leis pertinentes, de disposições regulamentares em geral e de resoluções do Conselho Nacional de Seguros Privados (CNSP), e aplicar as penalidades cabíveis; e

•• Alínea *k* acrescentada pela Lei Complementar n. 137, de 26-8-2010.

l) celebrar convênios para a execução dos serviços de sua competência em qualquer parte do território nacional, observadas as normas da legislação em vigor.

•• Alínea *l* acrescentada pela Lei Complementar n. 137, de 26-8-2010.

Seção II
Da Administração da SUSEP

Art. 37. A administração da SUSEP será exercida por um Superintendente, nomeado pelo Presidente da República, mediante indicação do Ministro da Indústria e do Comércio, que terá as suas atribuições definidas no Regulamento deste Decreto-lei e seus vencimentos fixados em Portaria do mesmo Ministro.

•• *Caput* com redação determinada pelo Decreto-lei n. 168, de 14-2-1967.

Parágrafo único. A organização interna da SUSEP constará de seu Regimento, que será aprovado pelo CNSP.

•• Parágrafo único com redação determinada pelo Decreto-lei n. 168, de 14-2-1967.

(*) Sem epígrafe, na publicação oficial.

Seção III (*)

Art. 38. Os cargos da SUSEP somente poderão ser preenchidos mediante concurso público de provas, ou de provas e títulos, salvo os da direção e os casos de contratação, por prazo determinado, de prestação de serviços técnicos ou de natureza especializada.

•• *Caput* com redação determinada pelo Decreto-lei n. 168, de 14-2-1967.

Parágrafo único. O pessoal da SUSEP reger-se-á pela legislação trabalhista e os seus níveis salariais serão fixados pelo Superintendente, com observância do mercado de trabalho, ouvido o CNSP.

•• Parágrafo único com redação determinada pelo Decreto-lei n. 168, de 14-2-1967.

Seção IV

Dos Recursos Financeiros

Art. 39. Do produto da arrecadação do imposto sobre operações financeiras a que se refere a Lei n. 5.143, de 20 de outubro de 1966, será destacada a parcela necessária ao custeio das atividades da SUSEP.

Art. 40. Constituem ainda recursos da SUSEP:

I – o produto das multas aplicadas pela SUSEP;

II – dotação orçamentária específica ou créditos especiais;

III – juros de depósitos bancários;

IV – a participação que lhe for atribuída pelo CNSP no fundo previsto no art. 16;

V – outras receitas ou valores adventícios, resultantes de suas atividades.

Capítulo VI
DO INSTITUTO DE RESSEGUROS DO BRASIL

Seção I

Da Natureza Jurídica, Finalidade, Constituição e Competência

Art. 41. O IRB é uma sociedade de economia mista, dotada de personalidade jurídica própria de Direito Privado e gozando de autonomia administrativa e financeira.

Parágrafo único. O IRB será representado em juízo ou fora dele por seu Presidente e responderá no foro comum.

Art. 42. (*Revogado pela Lei Complementar n. 126, de 15-1-2007.*)

Art. 43. O capital social do IRB é representado por ações escriturais, ordinárias e preferenciais, todas sem valor nominal.

•• *Caput* com redação determinada pela Lei n. 9.482, de 13-8-1997.

Parágrafo único. As ações ordinárias, com direito a voto, representam, no mínimo, cinquenta por cento do capital social.

(*) Sem epígrafe, na publicação oficial.

•• Parágrafo único com redação determinada pela Lei n. 9.482, de 13-8-1997.

Art. 44. (*Revogado pela Lei Complementar n. 126, de 15-1-2007.*)

Art. 45. (*Revogado pela Lei n. 9.932, de 20-12-1999, e pela Lei Complementar n. 126, de 15-1-2007.*)

Seção II

Da Administração e do Conselho Fiscal

Art. 46. São órgãos de administração do IRB o Conselho de Administração e a Diretoria.

•• *Caput* com redação determinada pela Lei n. 9.482, de 13-8-1997.

§ 1.º O Conselho de Administração é composto por seis membros, eleitos pela Assembleia Geral, sendo:

•• § 1.º, *caput*, acrescentado pela Lei n. 9.482, de 13-8-1997.

I – três membros indicados pelo Ministro de Estado da Fazenda, dentre eles:

a) o Presidente do Conselho;

b) o Presidente do IRB, que será o Vice-Presidente do Conselho;

•• Inciso I acrescentado pela Lei n. 9.482, de 13-8-1997.

II – um membro indicado pelo Ministro de Estado do Planejamento e Orçamento;

•• Inciso II acrescentado pela Lei n. 9.482, de 13-8-1997.

III – um membro indicado pelos acionistas detentores de ações preferenciais;

•• Inciso III acrescentado pela Lei n. 9.482, de 13-8-1997.

IV – um membro indicado pelos acionistas minoritários, detentores de ações ordinárias.

•• Inciso IV acrescentado pela Lei n. 9.482, de 13-8-1997.

§ 2.º A Diretoria do IRB é composta por seis membros, sendo o Presidente e o Vice-Presidente Executivo nomeados pelo Presidente da República, por indicação do Ministro de Estado da Fazenda, e os demais eleitos pelo Conselho de Administração.

•• § 2.º acrescentado pela Lei n. 9.482, de 13-8-1997.

§ 3.º Enquanto a totalidade das ações ordinárias permanecer com a União, aos acionistas detentores de ações preferenciais será facultado o direito de indicar até dois membros para o Conselho de Administração do IRB.

•• § 3.º acrescentado pela Lei n. 9.482, de 13-8-1997.

§ 4.º Os membros do Conselho de Administração e da Diretoria do IRB terão mandato de três anos, observado o disposto na Lei n. 6.404, de 15 de dezembro de 1976.

•• § 4.º acrescentado pela Lei n. 9.482, de 13-8-1997.

Art. 47. O Conselho Fiscal do IRB é composto por cinco membros efetivos e respectivos suplentes, eleitos pela Assembleia Geral, sendo:

•• *Caput* com redação determinada pela Lei n. 9.482, de 13-8-1997.

I – três membros e respectivos suplentes indicados pelo Ministro de Estado da Fazenda, dentre os quais um representante do Tesouro Nacional;

•• Inciso I acrescentado pela Lei n. 9.482, de 13-8-1997.

II – um membro e respectivo suplente eleitos, em votação em separado, pelos acionistas minoritários detentores de ações ordinárias;

•• Inciso II acrescentado pela Lei n. 9.482, de 13-8-1997.

III – um membro e respectivo suplente eleitos pelos acionistas detentores de ações preferenciais sem direito a voto ou com voto restrito, excluído o acionista controlador, se detentor dessa espécie de ação.

•• Inciso III acrescentado pela Lei n. 9.482, de 13-8-1997.

Parágrafo único. Enquanto a totalidade das ações ordinárias permanecer com a União, aos acionistas detentores de ações preferenciais será facultado o direito de indicar até dois membros para o Conselho Fiscal do IRB.

•• Parágrafo único acrescentado pela Lei n. 9.482, de 13-8-1997.

Art. 48. Os estatutos fixarão a competência do Conselho de Administração e da Diretoria do IRB.

•• Artigo com redação determinada pela Lei n. 9.482, de 13-8-1997.

Arts. 49 a 54. (*Revogados pela Lei n. 9.482, de 13-8-1997.*)

Seção III
Do Pessoal

Art. 55. Os serviços do IRB serão executados por pessoal admitido mediante concurso público de provas ou de provas e títulos, cabendo aos Estatutos regular suas condições de realização, bem como os direitos, vantagens e deveres dos servidores, inclusive as punições aplicáveis.

§ 1.º A nomeação para cargo em comissão será feita pelo Presidente, depois de aprovada sua criação pelo Conselho Técnico.

§ 2.º É permitida a contratação de pessoal destinado a funções técnicas especializadas ou para serviços auxiliares de manutenção, transporte, higiene e limpeza.

§ 3.º Ficam assegurados aos servidores do IRB os direitos decorrentes de normas legais em vigor no que digam respeito à participação nos lucros, aposentadoria, enquadramento sindical, estabilidade e aplicação da legislação do trabalho.

§ 4.º (*Revogado pela Lei Complementar n. 126, de 15-1-2007.*)

Seção IV
Das Operações

Arts. 56 a 64. (*Revogados pela Lei n. 9.932, de 20-12-1999, e pela Lei Complementar n. 126, de 15-1-2007.*)

Seção V
Das Liquidações de Sinistros

Arts. 65 a 69. (*Revogados pela Lei n. 9.932, de 20-12-1999, e pela Lei Complementar n. 126, de 15-1-2007.*)

Seção VI
Do Balanço e Distribuição de Lucros

Arts. 70 e 71. (*Revogados pela Lei n. 9.932, de 20-12-1999, e pela Lei Complementar n. 126, de 15-1-2007.*)

Capítulo VII
DAS SOCIEDADES SEGURADORAS

Seção I
Legislação Aplicável

Art. 72. As Sociedades Seguradoras serão reguladas pela legislação geral no que lhes for aplicável e, em especial, pelas disposições do presente Decreto-lei.

Parágrafo único. Aplica-se às sociedades seguradoras o disposto no art. 25 da Lei n. 4.595, de 31 de dezembro de 1964, com a redação que lhe dá o art. 1.º desta Lei.

•• Parágrafo único acrescentado pela Lei n. 5.710, de 7-10-1971.

• Citado artigo dispõe: "Art. 25. As instituições financeiras privadas, exceto as cooperativas de crédito, constituir-se-ão unicamente sob a forma de sociedade anônima, devendo a totalidade de seu capital com direito a voto ser representada por ações nominativas.

§ 1.º Observadas as normas fixadas pelo Conselho Monetário Nacional, as instituições a que se refere este artigo poderão emitir até o limite de 50% de seu capital social em ações preferenciais, nas formas nominativas e ao portador, sem direito a voto, às quais não se aplicará o disposto no parágrafo único do art. 81 do Decreto-lei n. 2.627, de 26-9-1940.

§ 2.º A emissão de ações preferenciais ao portador, que poderá ser feita em virtude de aumento de capital, conversão de ações ordinárias ou de ações preferenciais nominativas, ficará sujeita a alterações prévias dos Estatutos das Sociedades, a fim de que sejam neles incluídas as declarações sobre:

I – as vantagens preferenciais e restrições atribuídas a cada classe de ações preferenciais, de acordo com o Decreto-lei n. 2.627, de 26-9-1940;

II – as formas e prazos em que poderá ser autorizada a conversão das ações, vedada a conversão das ações preferenciais em outro tipo de ações com direito a voto.

§ 3.º Os títulos e cautelas representativas das ações preferenciais, emitidos nos termos dos parágrafos anteriores, deverão conter expressamente, as restrições ali especificadas".

Art. 73. As Sociedades Seguradoras não poderão explorar qualquer outro ramo de comércio ou indústria.

Seção II
Da Autorização para Funcionamento

Art. 74. A autorização para funcionamento será concedida através de Portaria do Ministro da Indústria e do Comércio, mediante requerimento firmado pelos incorporadores, dirigido ao CNSP e apresentado por intermédio da SUSEP.

Art. 75. Concedida a autorização para funcionamento, a Sociedade terá o prazo de noventa dias para comprovar perante a SUSEP, o cumprimento de todas as formalidades legais ou exigências feitas no ato da autorização.

Art. 76. Feita a comprovação referida no artigo anterior, será expedida a carta-patente pelo Ministro da Indústria e do Comércio.

Art. 77. As alterações dos Estatutos das Sociedades Seguradoras dependerão de prévia autorização do Ministro da Indústria e do Comércio, ouvidos SUSEP e o CNSP.

Seção III

Das Operações das Sociedades Seguradoras

Art. 78. As Sociedades Seguradoras só poderão operar em seguros para os quais tenham a necessária autorização, segundo os planos, tarifas e normas aprovadas pelo CNSP.

Art. 79. É vedado às Sociedades Seguradoras reter responsabilidades cujo valor ultrapasse os limites técnicos, fixados pela SUSEP de acordo com as normas aprovadas pelo CNSP e que levarão em conta:

a) a situação econômico-financeira das Sociedades Seguradoras;

b) as condições técnicas das respectivas carteiras;

c) (*Revogada pela Lei Complementar n. 126, de 15-1-2007.*)

§ 1.º (*Revogado pela Lei Complementar n. 126, de 15-1-2007.*)

§ 2.º Não haverá cobertura de resseguro para as responsabilidades assumidas pelas Sociedades Seguradoras em desacordo com as normas e instruções em vigor.

Art. 80. As operações de cosseguro obedecerão a critérios fixados pelo CNSP, quanto à obrigatoriedade e normas técnicas.

Art. 81. (*Revogado pela Lei n. 9.932, de 20-12-1999, e pela Lei Complementar n. 126, de 15-1-2007.*)

Art. 82. (*Revogado pela Lei Complementar n. 126, de 15-1-2007.*)

Art. 83. As apólices, certificados e bilhetes de seguro mencionarão a responsabilidade máxima da Sociedade Seguradora, expressa em moeda nacional para cobertura dos riscos neles descritos e caracterizados.

Art. 84. Para garantia de todas as suas obrigações, as Sociedades Seguradoras constituirão reservas técnicas, fundos especiais e provisões, de conformidade com os critérios fixados pelo CNSP, além das reservas e fundos determinados em leis especiais.

§§ 1.º a 3.º (*Revogados pela Lei n. 11.941, de 27-5-2009.*)

Art. 85. Os bens garantidores das reservas técnicas, fundos e provisões serão registrados na SUSEP e não poderão ser alienados, prometidos alienar ou de qualquer forma gravados sem sua prévia e expressa autorização, sendo nulas de pleno direito, as alienações realizadas ou os gravames constituídos com violação deste artigo.

Parágrafo único. Quando a garantia recair em bem imóvel, será obrigatoriamente inscrita no competente Cartório de Registro Geral de Imóveis, mediante simples requerimento firmado pela Sociedade Seguradora e pela SUSEP.

Art. 86. Os segurados e beneficiários que sejam credores por indenização ajustada ou por ajustar têm privilégio especial sobre reservas técnicas, fundos especiais ou provisões garantidoras das operações de seguro, de resseguro e de retrocessão.

•• *Caput* com redação determinada pela Lei Complementar n. 126, de 15-1-2007.

Parágrafo único. Após o pagamento aos segurados e beneficiários mencionados no *caput* deste artigo, o privilégio citado será conferido, relativamente aos fundos especiais, reservas técnicas ou provisões garantidoras das operações de resseguro e de retrocessão, às sociedades seguradoras e, posteriormente, aos resseguradores.

•• Parágrafo único acrescentado pela Lei Complementar n. 126, de 15-1-2007.

Art. 87. As Sociedades Seguradoras não poderão distribuir lucros ou quaisquer fundos correspondentes às reservas patrimoniais, desde que essa distribuição possa prejudicar o investimento obrigatório do capital e reserva, de conformidade com os critérios estabelecidos neste Decreto-lei.

Art. 88. As sociedades seguradoras e os resseguradores obedecerão às normas e instruções dos órgãos regulador e fiscalizador de seguros sobre operações de seguro, cosseguro, resseguro e retrocessão, bem como lhes fornecerão dados e informações atinentes a quaisquer aspectos de suas atividades.

•• *Caput* com redação determinada pela Lei Complementar n. 126, de 15-1-2007.

Parágrafo único. Os inspetores e funcionários credenciados do órgão fiscalizador de seguros terão livre acesso às sociedades seguradoras e aos resseguradores, deles podendo requisitar e apreender livros, notas técnicas e documentos, caracterizando-se como embaraço à fiscalização, sujeito às penas previstas neste Decreto-lei, qualquer dificuldade oposta aos objetivos deste artigo.

•• Parágrafo único com redação determinada pela Lei Complementar n. 126, de 15-1-2007.

Capítulo VIII
DO REGIME ESPECIAL DE FISCALIZAÇÃO

Art. 89. Em caso de insuficiência de cobertura das reservas técnicas ou de má situação econômico-financeira da Sociedade Seguradora, a critério da SUSEP, poderá esta, além de outras providências cabíveis, inclusive fiscalização especial, nomear, por tempo indeterminado, as expensas da Sociedade Seguradora, um diretor-fiscal com as atribuições e vantagens que lhe forem indicadas pelo CNSP.

§ 1.º Sempre que julgar necessário ou conveniente à defesa dos interesses dos segurados, a SUSEP verificará, nas indenizações, o fiel cumprimento do contrato, inclusive a exatidão do cálculo da reserva técnica e se as causas protelatórias do pagamento, porventura existentes, decorrem de dificuldades econômico-financeiras da empresa.

•• Primitivo parágrafo único renumerado pelo Decreto-lei n. 1.115, de 24-7-1970.

§ 2.º (*Revogado pela Lei n. 9.932, de 20-12-1999, e pela Lei Complementar n. 126, de 15-1-2007.*)

Art. 90. Não surtindo efeito as medidas especiais ou a intervenção, a SUSEP encaminhará ao CNSP proposta de cassação da autorização para funcionamento da Sociedade Seguradora.

Parágrafo único. Aplica-se à intervenção a que se refere este artigo o disposto nos arts. 55 a 62 da Lei n. 6.435, de 15 de julho de 1977.

•• Parágrafo único acrescentado pela Lei n. 10.190, de 14-2-2001.

Art. 91. O descumprimento de qualquer determinação do Diretor-Fiscal por Diretores, administradores, gerentes, fiscais ou funcionários da Sociedade Seguradora em regime especial de fiscalização acarretará o afastamento do infrator, sem prejuízo das sanções penais cabíveis.

Art. 92. Os administradores das Sociedades Seguradoras ficarão suspensos do exercício de suas funções desde que instaurado processo-crime por atos ou fatos relativos à respectiva gestão, perdendo imediatamente seu mandato na hipótese de condenação.

Art. 93. Cassada a autorização de uma Sociedade Seguradora para funcionar, a alienação ou gravame de qualquer de seus bens dependerá de autorização da SUSEP, que, para salvaguarda dessa inalienabilidade, terá poderes para controlar o movimento de contas bancárias e promover o levantamento do respectivo ônus junto às Autoridades ou Registros Públicos.

Capítulo IX
DA LIQUIDAÇÃO DAS SOCIEDADES SEGURADORAS

Art. 94. A cessação das operações das Sociedades Seguradoras poderá ser:

a) voluntária, por deliberação dos sócios em Assembleia Geral;

b) compulsória, por ato do Ministro da Indústria e do Comércio, nos termos deste Decreto-lei.

Art. 95. Nos casos de cessação voluntária das operações, os Diretores requererão ao Ministro da Indústria e do Comércio o cancelamento da autorização para funcionamento da Sociedade Seguradora, no prazo de cinco dias da respectiva Assembleia Geral.

Parágrafo único. Devidamente instruído, o requerimento será encaminhado por intermédio da SUSEP, que opinará sobre a cessação deliberada.

Art. 96. Além dos casos previstos neste Decreto-lei ou em outras leis, ocorrerá a cessação compulsória das operações da Sociedade Seguradora que:

a) praticar atos nocivos à política de seguros determinada pelo CNSP;

b) não formar as reservas, fundos e provisões a que esteja obrigada ou deixar de aplicá-las pela forma prescrita neste Decreto-lei;

c) acumular obrigações vultosas devidas aos resseguradores, a juízo do órgão fiscalizador de seguros, observadas as determinações do órgão regulador de seguros;

•• Alínea *c* com redação determinada pela Lei Complementar n. 126, de 15-1-2007.

d) configurar a insolvência econômico-financeira.

Art. 97. A liquidação voluntária ou compulsória das Sociedades Seguradoras será processada pela SUSEP.

Art. 98. O ato da cassação será publicado no *Diário Oficial da União*, produzindo imediatamente os seguintes efeitos:

a) suspensão das ações e execuções judiciais, excetuadas as que tiveram início anteriormente, quando intentadas por credores com privilégio sobre determinados bens da Sociedade Seguradora;

b) vencimento de todas as obrigações civis ou comerciais da Sociedade Seguradora liquidanda, incluídas as cláusulas penais dos contratos;

c) suspensão da incidência de juros, ainda que estipulados, se a massa liquidanda não bastar para o pagamento do principal;

d) cancelamento dos poderes de todos os órgãos de administração da Sociedade liquidanda.

§ 1.º Durante a liquidação, fica interrompida a prescrição extintiva contra ou a favor da massa liquidanda.

•• Primitivo parágrafo único renumerado pelo Decreto-lei n. 296, de 28-2-1967.

§ 2.º Quando a sociedade tiver credores por salários ou indenizações trabalhistas, também ficarão suspensas as ações e execuções a que se refere a parte final da alínea *a* deste artigo.

•• § 2.º acrescentado pelo Decreto-lei n. 296, de 28-2-1967.

§ 3.º Poderá ser arguida em qualquer fase processual, inclusive quanto às questões trabalhistas, a nulidade dos despachos ou decisões que contravenham o disposto na alínea *a* deste artigo ou em seu § 2.º. Nos processos sujeitos à suspensão, caberá à sociedade liquidanda, para realização do ativo, requerer o levantamento de penhoras, arrestos e quaisquer outras medidas de apreensão ou reserva de bens, sem prejuízo do estatuído adiante no parágrafo único do artigo 103.

•• § 3.º acrescentado pelo Decreto-lei n. 296, de 28-2-1967.

§ 4.º A massa liquidanda não estará obrigada a reajustamentos salariais sobrevindos durante a liquidação, nem responderá pelo pagamento de multas, custas, honorários e demais despesas feitas pelos credores em interesse próprio, assim como não se aplicará correção monetária aos créditos pela mora resultante de liquidação.

•• § 4.º acrescentado pelo Decreto-lei n. 296, de 28-2-1967.

Art. 99. Além dos poderes gerais de administração, a SUSEP ficará investida de poderes especiais para representar a Sociedade Seguradora liquidanda ativa e passivamente, em juízo ou fora dele, podendo:

a) propor e contestar ações, inclusive para integralização de capital pelos acionistas;

b) nomear e demitir funcionários;

c) fixar os vencimentos de funcionários;

d) outorgar ou revogar mandatos;

e) transigir;

f) vender valores móveis e bens imóveis.

Art. 100. Dentro de 90 (noventa) dias da cassação para funcionamento, a SUSEP levantará o balanço do ativo e do passivo da Sociedade Seguradora liquidanda e organizará:

a) o arrolamento pormenorizado dos bens do ativo, com as respectivas avaliações, especificando os garantidores das reservas técnicas ou do capital;

b) a lista dos credores por dívida de indenização de sinistro, capital garantidor de reservas técnicas ou restituição de prêmios com a indicação das respectivas importâncias;

c) a relação dos créditos da Fazenda Pública e da Previdência Social;

•• Alínea *c* com redação determinada pela Lei Complementar n. 126, de 15-1-2007.

d) a relação dos demais credores, com indicação das importâncias e procedência dos créditos, bem como sua classificação, de acordo com a legislação de falências.

•• A Lei n. 11.101, de 9-2-2005, regula a recuperação judicial, a extrajudicial e a falência do empresário e da sociedade empresária.

Parágrafo único. (*Revogado pela Lei n. 9.932, de 20-12-1999.*)

Art. 101. Os interessados poderão impugnar o quadro geral de credores, mas decairão desse direito se não o exercerem no prazo de quinze dias.

Art. 102. A SUSEP examinará as impugnações e fará publicar no *Diário Oficial da União* sua decisão, dela notificando os recorrentes por via postal, sob AR.

Parágrafo único. Da decisão da SUSEP caberá recurso para o Ministro da Indústria e do Comércio, no prazo de quinze dias.

Art. 103. Depois da decisão relativa a seus créditos ou aos créditos contra os quais tenham reclamado, os credores não incluídos nas relações a que se refere o art. 100, os delas excluídos, os incluídos sem os privilégios a que se julguem com direito, inclusive por atribuição de importância inferior à reclamada, poderão prosseguir na ação já iniciada ou propor a que lhes competir.

Parágrafo único. Até que sejam julgadas as ações, a SUSEP reservará cota proporcional do ativo para garantia dos credores de que trata este artigo.

Art. 104. A SUSEP promoverá a realização do ativo e efetuará o pagamento dos credores pelo crédito apurado e aprovado, no prazo de seis meses, observados os respectivos privilégios e classificação, de acordo com a cota apurada em rateio.

Art. 105. Ultimada a liquidação e levantado o balanço final, será o mesmo submetido à aprovação do Ministro da Indústria e do Comércio, com relatório da SUSEP.

Art. 106. A SUSEP terá direito à comissão de cinco por cento sobre o ativo apurado nos trabalhos de liquidação, competindo ao Superintendente arbitrar a gratificação a ser paga aos inspetores e funcionários encarregados de executá-los.

Art. 107. Nos casos omissos, são aplicáveis as disposições da legislação de falências, desde que não contrariem as disposições do presente Decreto-lei.

•• A Lei n. 11.101, de 9-2-2005, regula a recuperação judicial, a extrajudicial e a falência do empresário e da sociedade empresária.

Parágrafo único. Nos casos de cessação parcial, restrita às operações de um ramo, serão observadas as disposições deste Capítulo, na parte aplicável.

Capítulo X
DO REGIME REPRESSIVO

Art. 108. A infração às normas referentes às atividades de seguro, cosseguro, resseguro, retrocessão e capitalização sujeita, na forma definida pelo órgão regulador de seguros, a pessoa natural ou jurídica responsável às seguintes penalidades administrativas, aplicadas pelo órgão fiscalizador de seguros:

•• *Caput* com redação determinada pela Lei Complementar n. 137, de 26-8-2010.

I – advertência;

•• Inciso I com redação mantida pela Lei Complementar n. 126, de 15-1-2007.

II – suspensão do exercício das atividades ou profissão abrangidas por este Decreto-lei pelo prazo de até 180 (cento e oitenta) dias;

•• Inciso II com redação determinada pela Lei Complementar n. 126, de 15-1-2007.

III – inabilitação, pelo prazo de 2 (dois) anos a 10 (dez) anos, para o exercício de cargo ou função no serviço público e em empresas públicas, sociedades de economia mista e respectivas subsidiárias, entidades de previdência complementar, sociedades de capitalização, instituições financeiras, sociedades seguradoras e resseguradores;

•• Inciso III com redação determinada pela Lei Complementar n. 126, de 15-1-2007.

IV – multa de R$ 10.000,00 (dez mil reais) a R$ 1.000.000,00 (um milhão de reais); e

•• Inciso IV com redação determinada pela Lei Complementar n. 126, de 15-1-2007.

V – suspensão para atuação em 1 (um) ou mais ramos de seguro ou resseguro;

•• Inciso V com redação determinada pela Lei Complementar n. 126, de 15-1-2007.

VI a IX – (*Revogados pela Lei Complementar n. 126, de 15-1-2007.*)

§ 1.º Caso a penalidade prevista no inciso IV do *caput* deste artigo seja aplicada à pessoa natural, responderá solidariamente o ressegurador ou a sociedade seguradora ou de capitalização, assegurado o direito de regresso, e a penalidade poderá ser cumulada com aquelas constantes dos incisos I, II, III ou V do *caput* deste artigo.

•• § 1.º com redação determinada pela Lei n. 13.195, de 25-11-2015.

§ 2.º Das decisões do órgão fiscalizador de seguros caberá recurso, no prazo de 30 (trinta) dias, com efeito suspensivo, ao órgão competente.

•• § 2.º acrescentado pela Lei Complementar n. 126, de 15-1-2007.

§ 3.º O recurso a que se refere o § 2.º deste artigo, na hipótese do inciso IV do *caput* deste artigo, somente será conhecido se for comprovado pelo requerente o pagamento antecipado, em favor do órgão fiscalizador de seguros, de 30% (trinta por cento) do valor da multa aplicada.

•• § 3.º acrescentado pela Lei Complementar n. 126, de 15-1-2007.

§ 4.º Julgada improcedente a aplicação da penalidade de multa, o órgão fiscalizador de seguros devolverá, no prazo máximo de 90 (noventa) dias a partir de requerimento da parte interessada, o valor depositado.

•• § 4.º acrescentado pela Lei Complementar n. 126, de 15-1-2007.

§ 5.º Em caso de reincidência, a multa será agravada até o dobro em relação à multa anterior, conforme critérios estipulados pelo órgão regulador de seguros.

•• § 5.º acrescentado pela Lei Complementar n. 126, de 15-1-2007.

Art. 109. Os Diretores, administradores, gerentes e fiscais das Sociedades Seguradoras responderão solidariamente com a mesma pelos prejuízos causados a terceiros, inclusive aos seus acionistas, em consequência do descumprimento de leis, normas e instruções referentes às operações de seguro, cosseguro, resseguro ou retrocessão, e em especial, pela falta de constituição das reservas obrigatórias.

Art. 110. Constitui crime contra a economia popular, punível de acordo com a legislação respectiva, a ação ou omissão, pessoal ou coletiva, de que decorra a insuficiência das reservas e de sua cobertura, vinculadas à garantia das obrigações das Sociedades Seguradoras.

• A Lei n. 1.521, de 26-12-1951, dispõe sobre os crimes contra a economia popular.

Art. 111. Compete ao órgão fiscalizador de seguros expedir normas sobre relatórios e pareceres de prestadores de serviços de auditoria independente aos resseguradores, às sociedades seguradoras, às sociedades de capitalização e às entidades abertas de previdência complementar.

•• *Caput* com redação determinada pela Lei Complementar n. 126, de 15-1-2007.

a) a e) (*Revogadas pela Lei Complementar n. 126, de 15-1-2007.*)

f) (*Revogada pela Lei n. 9.932, de 20-12-1999.*).

g) a i) (*Revogadas pela Lei Complementar n. 126, de 15-1-2007.*)

§ 1.º Os prestadores de serviços de auditoria independente aos resseguradores, às sociedades seguradoras, às sociedades de capitalização e às entidades abertas de previdência complementar responderão, civilmente, pelos prejuízos que causarem a terceiros em virtude de culpa ou dolo no exercício das funções previstas neste artigo.

•• § 1.º acrescentado pela Lei Complementar n. 126, de 15-1-2007.

§ 2.º Sem prejuízo do disposto no *caput* deste artigo, os prestadores de serviços de auditoria independente responderão administrativamente perante o órgão fiscalizador de seguros pelos atos praticados ou omissões em que houverem incorrido no desempenho das atividades de auditoria independente aos resseguradores, às sociedades seguradoras, às sociedades de capitalização e às entidades abertas de previdência complementar.

•• § 2.º acrescentado pela Lei Complementar n. 126, de 15-1-2007.

§ 3.º Instaurado processo administrativo contra resseguradores, sociedades seguradoras, sociedades de capitalização e entidades abertas de previdência complementar, o órgão fiscalizador poderá, considerada a gravidade da infração, cautelarmente, determinar a essas empresas a substituição do prestador de serviços de auditoria independente.

•• § 3.º acrescentado pela Lei Complementar n. 126, de 15-1-2007.

§ 4.º Apurada a existência de irregularidade cometida pelo prestador de serviços de auditoria independente mencionado no *caput* deste artigo, serão a ele aplicadas as penalidades previstas no art. 108 deste Decreto-lei.

•• § 4.º acrescentado pela Lei Complementar n. 126, de 15-1-2007.

§ 5.º Quando as entidades auditadas relacionadas no *caput* deste artigo forem reguladas ou fiscalizadas pela Comissão de Valores Mobiliários ou pelos demais órgãos reguladores e fiscalizadores, o disposto neste artigo não afastará a competência desses órgãos para disciplinar e fiscalizar a atuação dos respectivos prestadores de serviço de auditoria independente e para aplicar, inclusive a esses auditores, as penalidades previstas na legislação própria.

•• § 5.º acrescentado pela Lei Complementar n. 126, de 15-1-2007.

Art. 112. Às pessoas que deixarem de contratar os seguros legalmente obrigatórios, sem prejuízo de outras sanções legais, será aplicada multa de:

•• *Caput* com redação determinada pela Lei Complementar n. 126, de 15-1-2007.

I – o dobro do valor do prêmio, quando este for definido na legislação aplicável; e

•• Inciso I acrescentado pela Lei Complementar n. 126, de 15-1-2007.

II – nos demais casos, o que for maior entre 10% (dez por cento) da importância segurável ou R$ 1.000,00 (mil reais).

•• Inciso II acrescentado pela Lei Complementar n. 126, de 15-1-2007.

Art. 113. As pessoas naturais ou jurídicas que realizarem operações de capitalização, seguro, cosseguro ou resseguro sem a devida autorização estão sujeitas às penalidades administrativas previstas no art. 108, aplicadas pelo órgão fiscalizador de seguros, aumentadas até o triplo.

•• *Caput* com redação determinada pela Lei n. 13.195, de 25-11-2015.

§ 1.º Caso a penalidade de multa seja aplicada à pessoa natural, responderá solidariamente a pessoa jurídica, assegurado o direito de regresso, e a penalidade poderá ser cumulada com aquelas constantes dos incisos I, II, III e V do *caput* do art. 108.

•• § 1.º acrescentado pela Lei n. 13.195, de 25-11-2015.

§ 2.º A multa prevista no *caput* será fixada com base na importância segurada ou em outro parâmetro a ser definido pelo órgão regulador de seguros.

•• § 2.º acrescentado pela Lei n. 13.195, de 25-11-2015.

Art. 114. (*Revogado pela Lei Complementar n. 126, de 15-1-2007.*)

Art. 115. A suspensão de autorização para operar em determinado ramo de seguro será aplicada quando verificada má condução técnica ou financeira dos respectivos negócios.

Art. 116. (*Revogado pela Lei n. 9.932, de 20-12-1999, e pela Lei Complementar n. 126, de 15-1-2007.*)

Art. 117. A cassação da carta patente se fará nas hipóteses de infringência dos arts. 81 e 82, nos casos previstos no art. 96 ou de reincidência na proibição estabelecida nas letras *c* e *i* do art. 111, todos do presente Decreto-lei.

Art. 118. As infrações serão apuradas mediante processo administrativo que tenha por base o auto, a representação ou a denúncia positivando fatos irregulares, e o CNSP disporá sobre as respectivas instaurações, recursos e seus efeitos, instâncias, prazos, perempção e outros atos processualísticos.

Art. 119. As multas aplicadas de conformidade com o disposto neste Capítulo e seguinte serão recolhidas aos cofres da SUSEP.

Art. 120. Os valores monetários das penalidades previstas nos artigos precedentes ficam sujeitos à correção monetária pelo CNSP.

Art. 121. Provada qualquer infração penal a SUSEP remeterá cópia do processo ao Ministério Público para fins de direito.

Capítulo XI
DOS CORRETORES DE SEGUROS

Art. 122. O corretor de seguros, pessoa física ou jurídica, é o intermediário legalmente autorizado a angariar e promover contratos de seguro entre as Sociedades Seguradoras e as pessoas físicas ou jurídicas de Direito Privado.

Art. 123. O exercício da profissão de corretor de seguros depende de prévia habilitação e registro.

§ 1.º A habilitação será feita perante a SUSEP, mediante prova de capacidade técnico-profissional, na forma das instruções baixadas pelo CNSP.

§ 2.º O corretor de seguros poderá ter prepostos de sua livre escolha e designará, dentre eles, o que o substituirá.

§ 3.º Os corretores e prepostos serão registrados na SUSEP, com obediência aos requisitos estabelecidos pelo CNSP.

Art. 124. As comissões de corretagem só poderão ser pagas a corretor de seguros devidamente habilitado.

Art. 125. É vedado aos corretores e seus prepostos: a) aceitar ou exercer emprego de pessoa jurídica de Direito Público: b) manter relação de emprego ou de direção com Sociedade Seguradora. Parágrafo único. Os impedimentos deste artigo aplicam-se também aos Sócios e Diretores de Empresas de corretagem.

Art. 126. O corretor de seguros responderá civilmente perante os segurados e as Sociedades Seguradoras pelos prejuízos que causar, por omissão, imperícia ou negligência no exercício da profissão.

Art. 127. Caberá responsabilidade profissional, perante a SUSEP, ao corretor que deixar de cumprir as leis, regulamentos e resoluções em vigor, ou que der causa dolosa ou culposa a prejuízos às Sociedades Seguradoras ou aos segurados.

Art. 127-A. As entidades autorreguladoras do mercado de corretagem terão autonomia administrativa, financeira e patrimonial, operando sob a supervisão da Superintendência de Seguros Privados (Susep), aplicando-se a elas, inclusive, o disposto no art. 108 deste Decreto-lei.

•• *Caput* acrescentado pela Lei Complementar n. 137, de 26-8-2010.

Parágrafo único. Incumbe às entidades autorreguladoras do mercado de corretagem, na condição de órgãos auxiliares da Susep, fiscalizar os respectivos membros e as operações de corretagem que estes realizarem.

•• Parágrafo único acrescentado pela Lei Complementar n. 137, de 26-8-2010.

Art. 128. O corretor de seguros estará sujeito às penalidades seguintes:

a) multa;

b) suspensão temporária do exercício da profissão;

c) cancelamento do registro.

Parágrafo único. As penalidades serão aplicadas pela SUSEP, em processo regular, na forma prevista no art. 119 desta Lei.

•• Parágrafo único com redação determinada pelo Decreto-lei n. 296, 28-02-1967.

Capítulo XII
DISPOSIÇÕES GERAIS E TRANSITÓRIAS

Seção I
Do Seguro-Saúde

Art. 129. Fica instituído o Seguro-Saúde para dar cobertura aos riscos de assistência médica e hospitalar.

Art. 130. A garantia do Seguro-Saúde consistirá no pagamento em dinheiro, efetuado pela Sociedade Seguradora, à pessoa física ou jurídica prestante da assistência médico-hospitalar ao segurado.

§ 1.º A cobertura do Seguro-Saúde ficará sujeita ao regime de franquia, de acordo com os critérios fixados pelo CNSP.

§ 2.º A livre escolha do médico e do hospital é condição obrigatória nos contratos referidos no artigo anterior.

Art. 131. Para os efeitos do art. 130 deste Decreto-lei, o CNSP estabelecerá tabelas de honorários médico-hospitalares e fixará percentuais de participação obrigatória dos segurados nos sinistros.

§ 1.º Na elaboração das tabelas, o CNSP observará a média regional dos honorários e a renda média dos pacientes, incluindo a possibilidade da ampliação voluntária da cobertura pelo acréscimo do prêmio.

§ 2.º Na fixação das percentagens de participação, o CNSP levará em conta os índices salariais dos segurados e seus encargos familiares.

Art. 132. O pagamento das despesas cobertas pelo Seguro-Saúde dependerá de apresentação da documentação médico-hospitalar que possibilite a identificação do sinistro.

Art. 133. É vedado às Sociedades Seguradoras acumular assistência financeira com assistência médico-hospitalar.

Art. 134. As sociedades civis ou comerciais que, na data deste Decreto-lei, tenham vendido títulos, contratos, garantias de saúde, segurança de saúde, benefícios de saúde, títulos de saúde ou seguros sob qualquer outra denominação, para atendimento médico, farmacêutico e hospitalar, integral ou parcial, ficam proibidas de efetuar novas transações do mesmo gênero, ressalvado o disposto no art. 135.

§ 1.º As Sociedades civis e comerciais que se enquadrem no disposto neste artigo poderão continuar prestando os serviços neles referidos exclusivamente às pessoas físicas ou jurídicas com as quais os tenham ajustado antes da promulgação deste Decreto-lei, facultada opção bilateral pelo regime do Seguro-Saúde.

§ 2.º No caso da opção prevista no parágrafo anterior, as pessoas jurídicas prestantes da assistência médica, farmacêutica e hospitalar, ora regulada, ficarão responsáveis pela contribuição do Seguro-Saúde devida pelas pessoas físicas optantes.

§ 3.º Ficam excluídas das obrigações previstas neste artigo as Sociedades Beneficentes que estiverem em funcionamento na data da promulgação desse Decreto-lei, as quais poderão preferir o regime do Seguro-Saúde a qualquer tempo.

Art. 135. As entidades organizadas sem objetivo de lucro, por profissionais médicos e paramédicos ou por estabelecimentos hospitalares, visando a institucionalizar suas atividades para a prática da medicina social e para a melhoria das condições técnicas e econômicas dos serviços assistenciais, isoladamente ou em regime de associação, poderão operar sistemas próprios de pré-pagamento de serviços médicos e/ou hospitalares, sujeitas ao que dispuser à Regulamentação desta Lei, às resoluções do CNSP e à fiscalização dos órgãos competentes.

Seção II (*)

Art. 136. Fica extinto o Departamento Nacional de Seguros Privados e Capitalização (DNSPC), da Secretaria do Comércio, do Ministério da Indústria e do Comércio, cujo acervo e documentação passarão para a Superintendência de Seguros Privados (SUSEP).

•• *Caput* com redação determinada pelo Decreto-lei n. 168, de 14-2-1967.

§ 1.º Até que entre em funcionamento a SUSEP, as atribuições a ela conferidas pelo presente Decreto-lei continuarão a ser desempenhadas pelo DNSPC.

•• § 1.º com redação determinada pelo Decreto-lei n. 168, de 14-2-1967.

....

Art. 141. Fica dissolvida a Companhia Nacional de Seguro Agrícola, competindo ao Ministério da Agricultura promover sua liquidação e aproveitamento de seu pessoal.

Art. 142. Ficam incorporadas ao Fundo de Estabilidade do Seguro Rural:

a) Fundo de Estabilidade do Seguro Agrário, a que se refere o art. 3.º da Lei n. 2.168, de 11 de janeiro de 1954;

b) o Fundo de Estabilização previsto no art. 3.º da Lei n. 4.430, de 20 de outubro de 1964.

Art. 143. Os órgãos do Poder Público que operam em seguros privados enquadrarão suas atividades ao regime deste Decreto-lei no prazo de cento e oitenta dias, ficando autorizados a constituir a necessária Sociedade Anônima ou Cooperativa.

§ 1.º As Associações de Classe, de Beneficência e de Socorros mútuos e os Montepios que instituem pensões ou pecúlios, atualmente em funcionamento, ficam excluídos do regime estabelecido neste Decreto-lei, facultado ao CNSP mandar fiscalizá-los se e quando julgar conveniente.

§ 2.º As Sociedades Seguradoras estrangeiras que operam no País adaptarão suas organizações às novas exigências legais, no prazo deste artigo e nas condições determinadas pelo CNSP.

Art. 144. O CNSP proporá ao Poder Executivo, no prazo de cento e oitenta dias, as normas de regulamentação dos seguros obrigatórios previstos no art. 20 deste Decreto-lei.

Art. 145. Até a instalação do CNSP e da SUSEP, será mantida a jurisdição e a competência do DNSPC, conservadas em vigor as disposições legais e regulamentares, inclusive as baixadas pelo IRB, no que forem cabíveis.

....

Art. 147. (*Revogado pelo Decreto-lei n. 261, de 28-2-1967.*)

Art. 148. As resoluções do Conselho Nacional de Seguros Privados vigorarão imediatamente e serão publicadas no *Diário Oficial da União.*

Art. 149. O Poder Executivo regulamentará este Decreto-lei no prazo de 120 (cento e vinte) dias, vigendo idêntico prazo para a aprovação dos Estatutos do IRB.

•• Artigo com redação determinada pelo Decreto-lei n. 168, de 14-2-1967.

Art. 150. (*Revogado pelo Decreto-lei n. 261, de 28-2-1967.*)

....

Art. 152. O risco de acidente de trabalho continua a ser regido pela legislação específica, devendo ser objeto de nova legislação dentro de 90 dias.

Art. 153. Este Decreto-lei entrará em vigor na data de sua publicação, ficando revogadas expressamente todas as disposições de leis, decretos e regulamentos que dispuserem em sentido contrário.

Brasília, 21 de novembro de 1966; 145.º da Independência e 78.º da República.

H. CASTELLO BRANCO

DECRETO-LEI N. 271, DE 28 DE FEVEREIRO DE 1967 (**)

Dispõe sobre loteamento urbano, responsabilidade do loteador, concessão de uso do espaço aéreo, e dá outras providências.

(*) Sem epígrafe, na publicação oficial.

(**) Publicado no *DOU*, de 28-2-1967. O loteamento de terreno urbano é regulado pela Lei n. 6.766, de 19-12-1979, que derrogou o presente Decreto-lei, naquilo em que com ela seja incompatível.

O Presidente da República, usando da atribuição que lhe confere o art. 9.º, § 2.º, do Ato Institucional n. 4, de 7 de dezembro de 1966, decreta:

....

Art. 5.º Nas desapropriações, não se indenizarão as benfeitorias ou construções realizadas em lotes ou loteamentos irregulares, nem se considerarão como terrenos loteados ou loteáveis, para fins de indenização, as glebas não inscritas ou irregularmente inscritas como loteamentos urbanos ou para fins urbanos.

Art. 6.º O loteador, ainda que já tenha vendido todos os lotes, ou os vizinhos são partes legítimas para promover ação destinada a impedir construção em desacordo com as restrições urbanísticas do loteamento ou contrárias a quaisquer outras normas de edificação ou de urbanização referentes aos lotes.

Art. 7.º É instituída a concessão de uso de terrenos públicos ou particulares remunerada ou gratuita, por tempo certo ou indeterminado, como direito real resolúvel, para fins específicos de regularização fundiária de interesse social, urbanização, industrialização, edificação, cultivo da terra, aproveitamento sustentável das várzeas, preservação das comunidades tradicionais e seus meios de subsistência ou outras modalidades de interesse social em áreas urbanas.

•• *Caput* com redação determinada pela Lei n. 11.481, de 31-5-2007.

§ 1.º A concessão de uso poderá ser contratada por instrumento público ou particular, ou por simples termo administrativo, e será inscrita e cancelada em livro especial.

§ 2.º Desde a inscrição da concessão de uso, o concessionário fruirá plenamente do terreno para os fins estabelecidos no contrato e responderá por todos os encargos civis, administrativos e tributários que venham a incidir sobre o imóvel e suas rendas.

§ 3.º Resolve-se a concessão antes de seu termo desde que o concessionário dê ao imóvel destinação diversa da estabelecida no contrato ou termo, ou descumpra cláusula resolutória do ajuste, perdendo, neste caso, as benfeitorias de qualquer natureza.

§ 4.º A concessão de uso, salvo disposição contratual em contrário, transfere-se por ato *inter vivos*, ou por sucessão legítima ou testamentária, como os demais direitos reais sobre coisas alheias, registrando-se a transferência.

§ 5.º Para efeito de aplicação do disposto no *caput* deste artigo, deverá ser observada a anuência prévia:

•• § 5.º, *caput*, acrescentado pela Lei n. 11.481, de 31-5-2007.

I – do Ministério da Defesa e dos Comandos da Marinha, do Exército ou da Aeronáutica, quando se tratar de imóveis que estejam sob sua administração; e

•• Inciso I acrescentado pela Lei n. 11.481, de 31-5-2007.

II – do Gabinete de Segurança Institucional da Presidência de República, observados os termos do inciso III do § 1.º do art. 91 da Constituição Federal.

•• Inciso II acrescentado pela Lei n. 11.481, de 31-5-2007.

•• A Lei n. 13.240, de 30-12-2015, propôs o acréscimo do § 6.º a este artigo, porém teve seu texto vetado.

Art. 8.º É permitida a concessão de uso do espaço aéreo sobre a superfície de terrenos públicos ou particulares, tomada em projeção vertical, nos termos e para os fins do artigo anterior e na forma que for regulamentada.

Art. 9.º Este Decreto-lei não se aplica aos loteamentos que na data da publicação deste Decreto-lei já estiverem protocolados ou aprovados nas prefeituras municipais para os quais continua prevalecendo a legislação em vigor até essa data.

Parágrafo único. As alterações de loteamentos enquadrados no *caput* deste artigo estão, porém, sujeitas ao disposto neste Decreto-lei.

Art. 10. Este Decreto-lei entrará em vigor na data de sua publicação, mantidos o Decreto-lei n. 58, de 10 de dezembro de 1937, e o Decreto n. 3.079, de 15 de setembro de 1938, no que couber e não for revogado por dispositivo expresso deste Decreto-lei, da Lei n. 4.591, de 16 de dezembro de 1964, e dos atos normativos mencionados no art. 2.º deste Decreto-lei.

Brasília, 28 de fevereiro de 1967; 146.º da Independência e 79.º da República.

H. CASTELLO BRANCO

LEI N. 5.478, DE 25 DE JULHO DE 1968 (*)

Dispõe sobre ação de alimentos e dá outras providências.

•• *Vide* Decreto n. 9.176, de 19-10-2017, que promulga a Convenção sobre a Cobrança Internacional de Alimentos para Crianças e outros Membros da Família.

O Presidente da República:

Faço saber que o Congresso Nacional decreta e eu sanciono a seguinte Lei:

Art. 1.º A ação de alimentos é de rito especial, independe de prévia distribuição e de anterior concessão do benefício de gratuidade.

• Alimentos: *vide* arts. 1.694 a 1.710 do CC.

§ 1.º A distribuição será determinada posteriormente por ofício do juízo, inclusive para o fim de registro do feito.

§ 2.º A parte que não estiver em condições de pagar as custas do processo, sem prejuízo do sustento próprio ou

(*) Publicada no *DOU*, de 26-7-1968. Republicada em 8-4-1974, por determinação do art. 20 da Lei n. 6.014, de 27-12-1973. *Vide* Súmulas 1, 277, 309, 336 e 358 do STJ. *Vide* Lei n. 11.804, de 5-11-2008, que disciplina o direito a alimentos gravídicos.

de sua família, gozará do benefício da gratuidade, por simples afirmativa dessas condições perante o juiz, sob pena de pagamento até o décuplo das custas judiciais.

§ 3.º Presume-se pobre, até prova em contrário, quem afirmar essa condição, nos termos desta Lei.

§ 4.º A impugnação do direito à gratuidade não suspende o curso do processo de alimentos e será feita em autos apartados.

Art. 2.º O credor, pessoalmente ou por intermédio de advogado, dirigir-se-á ao juiz competente, qualificando-se, e exporá suas necessidades, provando, apenas, o parentesco ou a obrigação de alimentar do devedor, indicando seu nome e sobrenome, residência ou local de trabalho, profissão e naturalidade, quanto ganha aproximadamente ou os recursos de que dispõe.

§ 1.º Dispensar-se-á a produção inicial de documentos probatórios:

I – quando existente em notas, registros, repartições ou estabelecimentos públicos e ocorrer impedimento ou demora em extrair certidões;

II – quando estiverem em poder do obrigado as prestações alimentícias ou de terceiro residente - em lugar incerto ou não sabido.

§ 2.º Os documentos públicos ficam isentos de reconhecimento de firma.

§ 3.º Se o credor comparecer pessoalmente e não indicar profissional que haja concordado em assisti-lo, o juiz designará desde logo quem o deva fazer.

Art. 3.º O pedido será apresentado por escrito, em três vias, e deverá conter a indicação do juiz a quem for dirigido, os elementos referidos no artigo anterior e um histórico sumário dos fatos.

§ 1.º Se houver sido designado pelo juiz defensor para assistir o solicitante, na forma prevista no art. 2.º, formulará o designado, dentro de 24 (vinte e quatro) horas da nomeação, o pedido, por escrito, podendo, se achar conveniente, indicar seja a solicitação verbal reduzida a termo.

§ 2.º O termo previsto no parágrafo anterior será em três vias, datadas e assinadas pelo escrivão, observado, no que couber, o disposto no *caput* do presente artigo.

Art. 4.º Ao despachar o pedido, o juiz fixará desde logo alimentos provisórios a serem pagos pelo devedor, salvo se o credor expressamente declarar que deles não necessita.

Parágrafo único. Se se tratar de alimentos provisórios pedidos pelo cônjuge, casado pelo regime da comunhão universal de bens, o juiz determinará igualmente que seja entregue ao credor, mensalmente, parte da renda líquida dos bens comuns, administrados pelo devedor.

Art. 5.º O escrivão, dentro em 48 (quarenta e oito) horas, remeterá ao devedor a segunda via da petição ou do termo, juntamente com a cópia do despacho do juiz, e a comunicação do dia e hora da realização da audiência de conciliação e julgamento.

§ 1.º Na designação da audiência o juiz fixará o prazo razoável que possibilite ao réu a contestação da ação proposta e a eventualidade de citação por edital.

§ 2.º A comunicação, que será feita mediante registro postal isento de taxas e com aviso de recebimento, importa em citação, para todos os efeitos legais.

§ 3.º Se o réu criar embaraços ao recebimento da citação, ou não for encontrado, repetir-se-á a diligência por intermédio do oficial de justiça, servindo de mandado a terceira via da petição ou do termo.

§ 4.º Impossibilitada a citação do réu por qualquer dos modos acima previstos, será ele citado por edital afixado na sede do juízo e publicado três vezes consecutivas no órgão oficial do Estado, correndo a despesa por conta do vencido, afinal, sendo previamente a conta juntada aos autos.

§ 5.º O edital deverá conter um resumo do pedido inicial, a íntegra do despacho nele exarado, a data e a hora da audiência.

§ 6.º O autor será notificado da data e hora da audiência no ato de recebimento da petição, ou da lavratura do termo.

§ 7.º O juiz, ao marcar a audiência, oficiará ao empregador do réu, ou, se o mesmo for funcionário público, ao responsável por sua repartição, solicitando o envio, no máximo até a data marcada para a audiência, de informações sobre o salário ou os vencimentos do devedor, sob as penas previstas no art. 22 desta Lei.

§ 8.º A citação do réu, mesmo no caso dos arts. 200 e 201 do Código de Processo Civil, far-se-á na forma do § 2.º do art. 5.º desta Lei.

•• § 8.º com redação determinada pela Lei n. 6.014, de 27-12-1973.

Art. 6.º Na audiência de conciliação e julgamento deverão estar presentes autor e réu, independentemente de intimação e de comparecimento de seus representantes.

Art. 7.º O não comparecimento do autor determina o arquivamento do pedido, e a ausência do réu importa em revelia, além de confissão quanto à matéria de fato.

Art. 8.º Autor e réu comparecerão à audiência acompanhados de suas testemunhas, três no máximo, apresentando, nessa ocasião, as demais provas.

Art. 9.º Aberta a audiência, lida a petição, ou o termo, e a resposta, se houver, ou dispensada a leitura, o juiz ouvirá as partes litigantes e o representante do Ministério Público, propondo conciliação.

•• *Caput* com redação determinada pela Lei n. 6.014, de 27-12-1973.

§ 1.º Se houver acordo, lavrar-se-á o respectivo termo, que será assinado pelo juiz, escrivão, partes e representantes do Ministério Público.

§ 2.º Não havendo acordo, o juiz tomará o depoimento pessoal das partes e das testemunhas, ouvidos os peritos, se houver, podendo julgar o feito sem a mencionada produção de provas, se as partes concordarem.

Art. 10. A audiência de julgamento será contínua; mas, se não for possível por motivo de força maior concluí-la no mesmo dia, o juiz marcará a sua continuação para o primeiro dia desimpedido independentemente de novas intimações.

Art. 11. Terminada a instrução poderão as partes e o Ministério Público aduzir alegações finais, em prazo não excedente de 10 (dez) minutos para cada um.

Parágrafo único. Em seguida, o juiz renovará a proposta de conciliação e, não sendo aceita, ditará sua sentença, que conterá sucinto relatório do ocorrido na audiência.

Art. 12. Da sentença serão as partes intimadas, pessoalmente ou através de seus representantes, na própria audiência, ainda quando ausentes, desde que intimadas de sua realização.

Art. 13. O disposto nesta Lei aplica-se igualmente, no que couber, às ordinárias de desquite, nulidade e anulação de casamento, à revisão de sentenças proferidas em pedidos de alimentos e respectivas execuções.

§ 1.º Os alimentos provisórios fixados na inicial poderão ser revistos a qualquer tempo, se houver modificação na situação financeira das partes, mas o pedido será sempre processado em apartado.

§ 2.º Em qualquer caso, os alimentos fixados retroagem à data da citação.

- *Vide* Súmulas 277 e 621 do STJ.

§ 3.º Os alimentos provisórios serão devidos até a decisão final, inclusive o julgamento do recurso extraordinário.

Art. 14. Da sentença caberá apelação no efeito devolutivo.

•• Artigo com redação determinada pela Lei n. 6.014, de 27-12-1973.

Art. 15. A decisão judicial sobre alimentos não transita em julgado, pode a qualquer tempo ser revista em face da modificação da situação financeira dos interessados.

Arts. 16 a 18. (*Revogados pela Lei n. 13.105, de 16-3-2015.*)

Art. 19. O juiz, para instrução da causa, ou na execução da sentença ou do acordo, poderá tomar todas as providências necessárias para seu esclarecimento ou para o cumprimento do julgado ou do acordo, inclusive a decretação de prisão do devedor até 60 (sessenta) dias.

- O Decreto n. 678, de 6-11-1992, que promulga a Convenção Americana sobre Direitos Humanos (Pacto de São José da Costa Rica), estabelece em seu art. 7.º, item 7: "Ninguém deverá ser detido por dívida. Este princípio não limita os mandados de autoridade judiciária competente expedidos em virtude de inadimplemento de obrigação alimentar".

§ 1.º O cumprimento integral da pena de prisão não eximirá o devedor do pagamento das prestações alimentícias, vincendas ou vencidas e não pagas.

•• § 1.º com redação determinada pela Lei n. 6.014, de 27-12-1973.

§ 2.º Da decisão que decretar a prisão do devedor, caberá agravo de instrumento.

•• § 2.º com redação determinada pela Lei n. 6.014, de 27-12-1973.

§ 3.º A interposição do agravo não suspende a execução da ordem de prisão.

•• § 3.º com redação determinada pela Lei n. 6.014, de 27-12-1973.

Art. 20. As repartições públicas, civis ou militares, inclusive do Imposto de Renda, darão todas as informações necessárias à instrução dos processos previstos nesta Lei e à execução do que for decidido ou acordado em juízo.

...

Art. 22. Constitui crime contra a administração da justiça deixar o empregador ou funcionário público de prestar ao juízo competente as informações necessárias à instrução de processo ou execução de sentença ou acordo que fixe pensão alimentícia:

Pena – Detenção de 6 (seis) meses a 1 (um) ano, sem prejuízo da pena acessória de suspensão do emprego de 30 (trinta) a 90 (noventa) dias.

Parágrafo único. Nas mesmas penas incide quem, de qualquer modo, ajude o devedor a eximir-se ao pagamento de pensão alimentícia judicialmente acordada, fixada ou majorada, ou se recusa, ou procrastina a executar ordem de descontos em folhas de pagamento, expedida pelo juiz competente.

Art. 23. A prescrição quinquenal referida no art. 178, § 10, I, do Código Civil só alcança as prestações mensais e não o direito a alimentos, que, embora irrenunciável, pode ser provisoriamente dispensado.

•• A referência é feita a dispositivo do CC de 1916. *Vide* art. 206, § 2.º, do Código vigente.

Art. 24. A parte responsável pelo sustento da família, e que deixar a residência comum por motivo que não necessitará declarar, poderá tomar a iniciativa de comunicar ao juízo os rendimentos de que dispõe e de pedir a citação do credor, para comparecer à audiência de conciliação e julgamento destinada à fixação dos alimentos a que está obrigada.

Art. 25. A prestação não pecuniária estabelecida no art. 403 do Código Civil só pode ser autorizada pelo juiz se a ela anuir o alimentando capaz.

•• A referência é feita a dispositivo do CC de 1916. *Vide* art. 1.701 do Código vigente.

Art. 26. É competente para as ações de alimentos decorrentes da aplicação do Decreto Legislativo n. 10, de 13 de novembro de 1958, e Decreto n. 56.826, de 2 de setembro de 1965, o juízo federal da capital da Unidade Federativa Brasileira em que reside o devedor, sendo considerada instituição intermediária, para os fins dos referidos decretos, a Procuradoria-Geral da República.

Parágrafo único. Nos termos do inciso III do art. 2.º da Convenção Internacional sobre ações de alimentos, o Governo brasileiro comunicará, sem demora, ao secretário-geral das Nações Unidas, o disposto neste artigo.

Art. 27. Aplicam-se supletivamente nos processos regulados por esta Lei as disposições do Código de Processo Civil.

Art. 28. Esta Lei entrará em vigor 30 (trinta) dias depois de sua publicação.

Art. 29. Revogam-se as disposições em contrário.

Brasília, 25 de julho de 1968; 147.º da Independência e 80.º da República.

A. COSTA E SILVA

DECRETO-LEI N. 857, DE 11 DE SETEMBRO DE 1969 (*)

Consolida e altera a legislação sobre moeda de pagamento de obrigações exequíveis no Brasil.

Os Ministros da Marinha de Guerra, do Exército e da Aeronáutica Militar, usando das atribuições que lhes confere o art. 1.º do Ato Institucional n. 12, de 31 de agosto de 1969, combinado com o § 1.º do art. 2.º do Ato Institucional n. 5, de 13 de dezembro de 1968, decretam:

Art. 1.º São nulos de pleno direito os contratos, títulos e quaisquer documentos, bem como as obrigações que, exequíveis no Brasil, estipulem pagamento em ouro, em moeda estrangeira, ou, por alguma forma, restrinjam ou recusem, nos seus efeitos, o curso legal do cruzeiro.

Art. 2.º Não se aplicam as disposições do artigo anterior:

I – aos contratos e títulos referentes a importação ou exportação de mercadorias;

II – aos contratos de financiamento ou de prestação de garantias relativos às operações de exportação de bens e serviços vendidos a crédito para o exterior;

•• Inciso II com redação determinada pela Lei n. 13.292, de 31-5-2016.

III – aos contratos de compra e venda de câmbio em geral;

IV – aos empréstimos e quaisquer outras obrigações cujo credor ou devedor seja pessoa residente e domiciliada no Exterior, excetuados os contratos de locação de imóveis situados no território nacional;

V – aos contratos que tenham por objeto a cessão, transferência, delegação, assunção ou modificação das obrigações referidas no item anterior ainda que ambas as partes contratantes sejam pessoas residentes ou domiciliadas no País;

VI e VII – (*Vetados.*)

•• Incisos acrescentados pela Lei n. 13.292, de 31-5-2016.

Parágrafo único. Os contratos de locação de bens móveis que estipulem pagamento em moeda estrangeira ficam sujeitos, para sua validade, a registro prévio no Banco Central do Brasil.

Art. 3.º No caso de rescisão judicial ou extrajudicial de contratos a que se refere o item I do art. 2.º deste Decreto-lei, os pagamentos decorrentes do acerto entre as partes, ou de execução de sentença judicial, subordinam-se aos postulados da legislação de câmbio vigente.

Art. 4.º O presente Decreto-lei entrará em vigor na data de sua publicação, revogados o Decreto n. 23.501, de 27 de novembro de 1933, a Lei n. 28, de 15 de fevereiro de 1936, o Decreto-lei n. 236, de 2 de fevereiro de 1938, o Decreto-lei n. 1.079, de 27 de janeiro de 1939, o Decreto-lei n. 6.650, de 29 de junho de 1944, o Decreto-lei n. 316, de 13 de março de 1967, e demais disposições em contrário, mantida a suspensão do § 1.º do art. 947 do Código Civil.

Brasília, 11 de setembro de 1969; 148.º da Independência e 81.º da República.

Augusto Hamann Rademaker Grünewald
Aurélio de Lyra Tavares
Márcio de Souza e Mello

(*) Publicado no *DOU*, de 12-9-1969. A Lei n. 14.286, de 29-12-2021, em vigor após 1 (um) ano de sua publicação (DOU de 30-12-2021), revoga este Decreto-lei.

DECRETO-LEI N. 911, DE 1.º DE OUTUBRO DE 1969 (**)

Altera a redação do art. 66 da Lei n. 4.728, de 14 de julho de 1965, estabelece normas de processo sobre alienação fiduciária, e dá outras providências.

Os Ministros da Marinha de Guerra, do Exército e da Aeronáutica Militar, usando das atribuições que lhes confere o art. 1.º do Ato Institucional n. 12, de 31 de agosto de 1969, combinado com o § 1.º do art. 2.º do Ato Institucional n. 5, de 13 de dezembro de 1968, decretam:

Art. 1.º O art. 66, da Lei n. 4.728, de 14 de julho de 1965, passa a ter a seguinte redação:

•• Alteração prejudicada em face da revogação do mencionado dispositivo pela Lei n. 10.931, de 2-8-2004.

Art. 2.º No caso de inadimplemento ou mora nas obrigações contratuais garantidas mediante alienação fiduciária, o proprietário fiduciário ou credor poderá vender a coisa a terceiros, independentemente de leilão, hasta pública, avaliação prévia ou qualquer outra medida judicial ou extrajudicial, salvo disposição expressa em contrário prevista no contrato, devendo aplicar o preço da venda no pagamento de seu crédito e das despesas decorrentes e entregar ao devedor o saldo apurado, se houver, com a devida prestação de contas.

•• *Caput* com redação determinada pela Lei n. 13.043, de 13-11-2014.

§ 1.º O crédito a que se refere o presente artigo abrange o principal, juros e comissões, além das taxas, cláusula penal e correção monetária, quando expressamente convencionado pelas partes.

§ 2.º A mora decorrerá do simples vencimento do prazo para pagamento e poderá ser comprovada por carta registrada com aviso de recebimento, não se exigindo que a assinatura constante do referido aviso seja a do próprio destinatário.

•• § 2.º com redação determinada pela Lei n. 13.043, de 13-11-2014.

(**) Publicado no *DOU*, de 3-10-1969.

• *Vide* Súmulas 72 e 245 do STJ.

§ 3.º A mora e o inadimplemento de obrigações contratuais garantidas por alienação fiduciária, ou a ocorrência legal ou convencional de algum dos casos de antecipação de vencimento da dívida facultarão ao credor considerar, de pleno direito, vencidas todas as obrigações contratuais, independentemente de aviso ou notificação judicial ou extrajudicial.

• *Vide* Súmula 72 do STJ.

§ 4.º Os procedimentos previstos no *caput* e no seu § 2.º aplicam-se às operações de arrendamento mercantil previstas na forma da Lei n. 6.099, de 12 de setembro de 1974.

•• § 4.º acrescentado pela Lei n. 13.043, de 13-11-2014.

Art. 3.º O proprietário fiduciário ou credor poderá, desde que comprovada a mora, na forma estabelecida pelo § 2.º do art. 2.º, ou o inadimplemento, requerer contra o devedor ou terceiro a busca e apreensão do bem alienado fiduciariamente, a qual será concedida liminarmente, podendo ser apreciada em plantão judiciário.

•• *Caput* com redação determinada pela Lei n. 13.043, de 13-11-2014.

§ 1.º Cinco dias após executada a liminar mencionada no *caput*, consolidar-se-ão a propriedade e a posse plena e exclusiva do bem no patrimônio do credor fiduciário, cabendo às repartições competentes, quando for o caso, expedir novo certificado de registro de propriedade em nome do credor, ou de terceiro por ele indicado, livre do ônus da propriedade fiduciária.

•• § 1.º com redação determinada pela Lei n. 10.931, de 2-8-2004.

• *Vide* Súmula 284 do STJ.

§ 2.º No prazo do § 1.º, o devedor fiduciante poderá pagar a integralidade da dívida pendente, segundo os valores apresentados pelo credor fiduciário na inicial, hipótese na qual o bem lhe será restituído livre do ônus.

•• § 2.º com redação determinada pela Lei n. 10.931, de 2-8-2004.

§ 3.º O devedor fiduciante apresentará resposta no prazo de quinze dias da execução da liminar.

•• § 3.º com redação determinada pela Lei n. 10.931, de 2-8-2004.

§ 4.º A resposta poderá ser apresentada ainda que o devedor tenha se utilizado da faculdade do § 2.º, caso entenda ter havido pagamento a maior e desejar a restituição.

•• § 4.º com redação determinada pela Lei n. 10.931, de 2-8-2004.

§ 5.º Da sentença cabe apelação apenas no efeito devolutivo.

•• § 5.º com redação determinada pela Lei n. 10.931, de 2-8-2004.

§ 6.º Na sentença que decretar a improcedência da ação de busca e apreensão, o juiz condenará o credor fiduciário ao pagamento de multa, em favor do devedor fiduciante, equivalente a cinquenta por cento do valor originalmente financiado, devidamente atualizado, caso o bem já tenha sido alienado.

•• § 6.º com redação determinada pela Lei n. 10.931, de 2-8-2004.

§ 7.º A multa mencionada no § 6.º não exclui a responsabilidade do credor fiduciário por perdas e danos.

•• § 7.º acrescentado pela Lei n. 10.931, de 2-8-2004.

§ 8.º A busca e apreensão prevista no presente artigo constitui processo autônomo e independente de qualquer procedimento posterior.

•• § 8.º acrescentado pela Lei n. 10.931, de 2-8-2004.

§ 9.º Ao decretar a busca e apreensão de veículo, o juiz, caso tenha acesso à base de dados do Registro Nacional de Veículos Automotores – RENAVAM, inserirá diretamente a restrição judicial na base de dados do Renavam, bem como retirará tal restrição após a apreensão.

•• § 9.º acrescentado pela Lei n. 13.043, de 13-11-2014.

§ 10. Caso o juiz não tenha acesso à base de dados prevista no § 9.º, deverá oficiar ao departamento de trânsito competente para que:

•• § 10 acrescentado pela Lei n. 13.043, de 13-11-2014.

I – registre o gravame referente à decretação da busca e apreensão do veículo; e

•• Inciso I acrescentado pela Lei n. 13.043, de 13-11-2014.

II – retire o gravame após a apreensão do veículo.

•• Inciso II acrescentado pela Lei n. 13.043, de 13-11-2014.

§ 11. O juiz também determinará a inserção do mandado a que se refere o § 9.º em banco próprio de mandados.

•• § 11 acrescentado pela Lei n. 13.043, de 13-11-2014.

§ 12. A parte interessada poderá requerer diretamente ao juízo da comarca onde foi localizado o veículo com vistas à sua apreensão, sempre que o bem estiver em comarca distinta daquela da tramitação da ação, bastando que em tal requerimento conste a cópia da petição inicial da ação e, quando for o caso, a cópia do despacho que concedeu a busca e apreensão do veículo.

•• § 12 acrescentado pela Lei n. 13.043, de 13-11-2014.

§ 13. A apreensão do veículo será imediatamente comunicada ao juízo, que intimará a instituição financeira para retirar o veículo do local depositado no prazo máximo de 48 (quarenta e oito) horas.

•• § 13 acrescentado pela Lei n. 13.043, de 13-11-2014.

§ 14. O devedor, por ocasião do cumprimento do mandado de busca e apreensão, deverá entregar o bem e seus respectivos documentos.

•• § 14 acrescentado pela Lei n. 13.043, de 13-11-2014.

§ 15. As disposições deste artigo aplicam-se no caso de reintegração de posse de veículos referente às operações de arrendamento mercantil previstas na Lei n. 6.099, de 12 de setembro de 1974.

•• § 15 acrescentado pela Lei n. 13.043, de 13-11-2014.

Art. 4.º Se o bem alienado fiduciariamente não for encontrado ou não se achar na posse do devedor, fica facultado ao credor requerer, nos mesmos autos, a conversão do pedido de busca e apreensão em ação executiva, na forma prevista no Capítulo II do Livro II da Lei n. 5.869, de 11 de janeiro de 1973 – Código de Processo Civil.

•• Artigo com redação determinada pela Lei n. 13.043, de 13-11-2014.

Art. 5.º Se o credor preferir recorrer à ação executiva, direta ou a convertida na forma do art. 4.º, ou, se for o caso ao executivo fiscal, serão penhorados, a critério do autor da ação, bens do devedor quantos bastem para assegurar a execução.

•• *Caput* com redação determinada pela Lei n. 13.043, de 13-11-2014.

Parágrafo único. Não se aplica à alienação fiduciária o disposto nos incisos VI e VIII do art. 649 do Código de Processo Civil.

•• Parágrafo único com redação determinada pela Lei n. 6.071, de 3-7-1974.

Art. 6.º O avalista, fiador ou terceiro interessado que pagar a dívida do alienante ou devedor, se sub-rogará, de pleno direito, no crédito e na garantia constituída pela alienação fiduciária.

Art. 6.º-A. O pedido de recuperação judicial ou extrajudicial pelo devedor nos termos da Lei n. 11.101, de 9 de fevereiro de 2005, não impede a distribuição e a busca e apreensão do bem.

•• Artigo acrescentado pela Lei n. 13.043, de 13-11-2014.

Art. 7.º Na falência do devedor alienante, fica assegurado ao credor ou proprietário fiduciário o direito de pedir, na forma prevista na lei, a restituição do bem alienado fiduciariamente.

Parágrafo único. Efetivada a restituição o proprietário fiduciário agirá na forma prevista neste Decreto-lei.

Art. 7.º-A. Não será aceito bloqueio judicial de bens constituídos por alienação fiduciária nos termos deste Decreto-lei, sendo que, qualquer discussão sobre concursos de preferências deverá ser resolvida pelo valor da venda do bem, nos termos do art. 2.º.

•• Artigo acrescentado pela Lei n. 13.043, de 13-11-2014.

Art. 8.º O Conselho Nacional de Trânsito, no prazo máximo de 60 (sessenta) dias, a contar da vigência do presente Decreto-lei, expedirá normas regulamentares relativas à alienação fiduciária de veículos automotores.

Art. 8.º-A. O procedimento judicial disposto neste Decreto-lei aplica-se exclusivamente às hipóteses da Seção XIV da Lei n. 4.728, de 14 de julho de 1965, ou quando o ônus da propriedade fiduciária tiver sido construído para fins de garantia de débito fiscal ou previdenciário.

•• Artigo acrescentado pela Lei n. 10.931, de 2-8-2004.

•• *Vide* art. 55 da Lei n. 10.931, de 2-8-2004, que acrescenta a Seção XIV à Lei n. 4.728/65.

Art. 9.º O presente Decreto-lei entrará em vigor na data de sua publicação, aplicando-se desde logo aos processos em curso, revogadas as disposições em contrário.

Brasília, 1.º de outubro de 1969; 148.º da Independência e 81.º da República.

Augusto Hamann Rademaker Grünewald
Aurélio de Lyra Tavares
Márcio de Souza e Mello

DECRETO-LEI N. 1.075, DE 22 DE JANEIRO DE 1970 (*)

Regula a imissão de posse, initio litis, em imóveis residenciais urbanos.

O Presidente da República, usando da atribuição que lhe confere o art. 55, I, da Constituição, e

Considerando que, na cidade de São Paulo, o grande número de desapropriações em zona residencial ameaça desalojar milhares de famílias;

Considerando que os proprietários de prédios residenciais encontram dificuldade, no sistema jurídico vigente, de obter, *initio litis*, uma indenização suficiente para a aquisição de nova casa própria;

Considerando que a oferta do poder expropriante, baseada em valor cadastral do imóvel, é inferior ao valor real apurado em avaliação no processo de desapropriação;

Considerando, finalmente, que o desabrigo dos expropriados causa grave risco à segurança nacional, por ser fermento de agitação social, decreta:

Art. 1.º Na desapropriação por utilidade pública de prédio urbano residencial, o expropriante, alegando urgência, poderá imitir-se provisoriamente na posse do bem, mediante o depósito do preço oferecido, se este não for impugnado pelo expropriado em 5 (cinco) dias da intimação da oferta.

• *Vide* arts. 1.º e 2.º do Decreto-lei n. 3.365, de 21-6-1941.

Art. 2.º Impugnada a oferta pelo expropriado, o juiz, servindo-se, caso necessário, de perito avaliador, fixará em 48 (quarenta e oito) horas o valor provisório do imóvel.

Parágrafo único. O perito, quando designado, deverá apresentar o laudo no prazo máximo de 5 (cinco) dias.

Art. 3.º Quando o valor arbitrado for superior à oferta, o juiz só autorizará a imissão provisória na posse do imóvel, se o expropriante complementar o depósito para que este atinja a metade do valor arbitrado.

Art. 4.º No caso do artigo anterior, fica, porém, fixado em 2.300 (dois mil e trezentos) salários mínimos vigentes na região, o máximo do depósito a que será obrigado o expropriante.

• *Vide* art. 2.º da Lei n. 6.205, de 29-4-1975.

Art. 5.º O expropriado, observadas as cautelas previstas no art. 34 do Decreto-lei n. 3.365, de 21 de junho de 1941, poderá levantar toda a importância depositada e complementada nos termos do art. 3.º.

Parágrafo único. Quando o valor arbitrado for inferior ou igual ao dobro do preço oferecido, é lícito ao expropriado optar entre o levantamento de 80% (oitenta por cento) do preço oferecido ou da metade do valor arbitrado.

Art. 6.º O disposto neste Decreto-lei só se aplica à desapropriação de prédio residencial urbano, habitado pelo

(*) Publicado no *DOU*, de 22-1-1970.

proprietário ou compromissário comprador, cuja promessa de compra esteja devidamente inscrita no Registro de Imóveis.

- *Vide* arts. 167 e s., sobre Registro de Imóveis, da Lei n. 6.015, de 31-12-1973.

Art. 7.º Este Decreto-lei entra em vigor na data de sua publicação, aplicando-se às ações já ajuizadas.

Art. 8.º Revogam-se as disposições em contrário.

Brasília, 22 de janeiro de 1970; 149.º da Independência e 82.º da República.

EMÍLIO G. MÉDICI

LEI N. 5.709, DE 7 DE OUTUBRO DE 1971 (*)

Regula a aquisição de imóvel rural por estrangeiro residente no País ou pessoa jurídica estrangeira autorizada a funcionar no Brasil, e dá outras providências.

•• A Lei n. 13.445, de 24-5-2017, revogou a Lei n. 6.815, de 19-8-1980, e o Decreto n. 86.715, de 10-12-1981.

O Presidente da República:

Faço saber que o Congresso Nacional decreta e eu sanciono a seguinte Lei:

Art. 1.º O estrangeiro residente no País e a pessoa jurídica estrangeira autorizada a funcionar no Brasil só poderão adquirir imóvel rural na forma prevista nesta Lei.

§ 1.º Fica, todavia, sujeita ao regime estabelecido por esta Lei a pessoa jurídica brasileira da qual participem, a qualquer título, pessoas estrangeiras físicas ou jurídicas que tenham a maioria do seu capital social e residam ou tenham sede no Exterior.

§ 2.º As restrições estabelecidas nesta Lei não se aplicam:

•• *Caput* com redação determinada pela Lei n. 13.986, de 7-4-2020.

I – aos casos de sucessão legítima, ressalvado o disposto no art. 7.º desta Lei;

•• Inciso I acrescentado pela Lei n. 13.986, de 7-4-2020.

II – às hipóteses de constituição de garantia real, inclusive a transmissão da propriedade fiduciária em favor de pessoa jurídica, nacional ou estrangeira;

•• Inciso II acrescentado pela Lei n. 13.986, de 7-4-2020.

III – aos casos de recebimento de imóvel em liquidação de transação com pessoa jurídica, nacional ou estrangeira, ou pessoa jurídica nacional da qual participem, a qualquer título, pessoas estrangeiras físicas ou jurídicas que tenham a maioria do seu capital social e que residam ou tenham sede no exterior, por meio de realização de garantia real, de dação em pagamento ou de qualquer outra forma.

•• Inciso III acrescentado pela Lei n. 13.986, de 7-4-2020.

Art. 2.º (*Revogado pela Lei n. 6.815, de 19-8-1980.*)

Art. 3.º A aquisição de imóvel rural por pessoa física estrangeira não poderá exceder a 50 (cinquenta) módulos de exploração indefinida, em área contínua ou descontínua.

§ 1.º Quando se tratar de imóvel com área não superior a 3 (três) módulos, a aquisição será livre, independendo de qualquer autorização ou licença, ressalvadas as exigências gerais determinadas em lei.

§ 2.º O Poder Executivo baixará normas para a aquisição de área compreendida entre 3 (três) e 50 (cinquenta) módulos de exploração indefinida.

§ 3.º O Presidente da República, ouvido o Conselho de Segurança Nacional, poderá aumentar o limite fixado neste artigo.

Art. 4.º Nos loteamentos rurais efetuados por empresas particulares de colonização, a aquisição e ocupação de, no mínimo, 30% (trinta por cento) da área total serão feitas obrigatoriamente por brasileiros.

Art. 5.º As pessoas jurídicas estrangeiras referidas no art. 1.º desta Lei só poderão adquirir imóveis rurais destinados à implantação de projetos agrícolas, pecuários, industriais, ou de colonização, vinculados aos seus objetivos estatutários.

- A Lei n. 8.629, de 25-2-1993, em seu art. 23, dispõe sobre a aquisição ou arrendamento de imóvel rural por pessoa jurídica estrangeira.

§ 1.º Os projetos de que trata este artigo deverão ser aprovados pelo Ministério da Agricultura, ouvido o órgão federal competente de desenvolvimento regional na respectiva área.

§ 2.º Sobre os projetos de caráter industrial será ouvido o Ministério da Indústria e Comércio.

Art. 6.º Adotarão obrigatoriamente a forma nominativa as ações de sociedades anônimas:

I – que se dediquem a loteamento rural;

II – que explorem diretamente áreas rurais; e

III – que sejam proprietárias de imóveis rurais não vinculados a suas atividades estatutárias.

Parágrafo único. A norma deste artigo não se aplica às entidades mencionadas no art. 4.º do Decreto-lei n. 200, de 25 de fevereiro de 1967, com a redação que lhe foi dada pelo Decreto-lei n. 900, de 29 de setembro de 1969.

Art. 7.º A aquisição de imóvel situado em área considerada indispensável à segurança nacional por pessoa estrangeira, física ou jurídica, depende do assentimento prévio da Secretaria-Geral do Conselho de Segurança Nacional.

Art. 8.º Na aquisição de imóvel rural por pessoa estrangeira, física ou jurídica, é da essência do ato a escritura pública.

Art. 9.º Da escritura relativa à aquisição de área rural por pessoas físicas estrangeiras constará, obrigatoriamente:

I – menção do documento de identidade do adquirente;

(*) Publicada no *DOU*, de 11-10-1971. Regulamentada pelo Decreto n. 74.965, de 26-11-1974. Sobre INCRA, *vide* Nota dos Organizadores.

II – prova de residência no território nacional; e

III – quando for o caso, autorização do órgão competente ou assentimento prévio da Secretaria-Geral do Conselho de Segurança Nacional.

Parágrafo único. Tratando-se de pessoa jurídica estrangeira, constará da escritura a transcrição do ato que concedeu autorização para a aquisição da área rural, bem como dos documentos comprobatórios de sua constituição e de licença para seu funcionamento no Brasil.

Art. 10. Os Cartórios de Registro de Imóveis manterão cadastro especial, em livro auxiliar, das aquisições de terras rurais por pessoas estrangeiras, físicas e jurídicas, no qual deverá constar:

I – menção do documento de identidade das partes contratantes ou dos respectivos atos de constituição, se pessoas jurídicas;

II – memorial descritivo do imóvel, com área, características, limites e confrontações; e

III – transcrição da autorização do órgão competente, quando for o caso.

Art. 11. Trimestralmente, os Cartórios de Registros de Imóveis remeterão, sob pena de perda do cargo, à Corregedoria da Justiça dos Estados a que estiverem subordinados e ao Ministério da Agricultura, relação das aquisições de áreas rurais por pessoas estrangeiras, da qual constem os dados enumerados no artigo anterior.

Parágrafo único. Quando se tratar de imóvel situado em área indispensável à segurança nacional, a relação mencionada neste artigo deverá ser remetida também à Secretaria-Geral do Conselho de Segurança Nacional.

Art. 12. A soma das áreas rurais pertencentes a pessoas estrangeiras, físicas ou jurídicas, não poderá ultrapassar a um quarto da superfície dos Municípios onde se situem, comprovada por certidão do Registro de Imóveis, com base no livro auxiliar de que trata o art. 10.

§ 1.º As pessoas da mesma nacionalidade não poderão ser proprietárias, em cada Município, de mais de 40% (quarenta por cento) do limite fixado neste artigo.

§ 2.º Ficam excluídas das restrições deste artigo as aquisições de áreas rurais:

I – inferiores a 3 (três) módulos;

II – que tiverem sido objeto de compra e venda, de promessa de compra e venda, de cessão ou de promessa de cessão, mediante escritura pública ou instrumento particular devidamente protocolado no Registro competente, e que tiverem sido cadastradas no INCRA em nome do promitente comprador, antes de 10 de março de 1969;

III – quando o adquirente tiver filho brasileiro ou for casado com pessoa brasileira sob o regime de comunhão de bens.

§ 3.º O Presidente da República poderá, mediante decreto, autorizar a aquisição além dos limites fixados neste artigo, quando se tratar de imóvel rural vinculado a projetos julgados prioritários em face dos planos de desenvolvimento do País.

Art. 13. O art. 60 da Lei n. 4.504, de 30 de novembro de 1964, passa a vigorar com a seguinte redação:

"Art. 60. Para os efeitos desta Lei, consideram-se empresas particulares de colonização as pessoas físicas, nacionais ou estrangeiras, residentes ou domiciliadas no Brasil, ou jurídicas, constituídas e sediadas no País, que tiverem por finalidade executar programa de valorização de área ou distribuição de terras".

Art. 14. Salvo nos casos previstos em legislação de núcleos coloniais, onde se estabeleçam em lotes rurais, como agricultores, estrangeiros imigrantes, é vedada, a qualquer título, a doação de terras da União ou dos Estados a pessoas estrangeiras, físicas ou jurídicas.

Art. 15. A aquisição de imóvel rural, que viole as prescrições desta Lei, é nula de pleno direito. O tabelião que lavrar a escritura e o oficial de registro que a transcrever responderão civilmente pelos danos que causarem aos contratantes, sem prejuízo da responsabilidade criminal por prevaricação ou falsidade ideológica. O alienante está obrigado a restituir ao adquirente o preço do imóvel.

Art. 16. As sociedades anônimas, compreendidas em quaisquer dos incisos do *caput* do art. 6.º, que já estiverem constituídas à data do início da vigência desta Lei, comunicarão, no prazo de 6 (seis) meses, ao Ministério da Agricultura a relação das áreas rurais de sua propriedade ou exploração.

§ 1.º As sociedades anônimas, indicadas neste artigo, que não converterem em nominativas suas ações ao portador, no prazo de 1 (um) ano do início da vigência desta Lei, reputar-se-ão irregulares, ficando sujeitas à dissolução, na forma da lei, por iniciativa do Ministério Público.

§ 2.º No caso de empresas concessionárias de serviço público, que possuam imóveis rurais não vinculados aos fins da concessão, o prazo de conversão das ações será de 3 (três) anos.

§ 3.º As empresas concessionárias de serviço público não estão obrigadas a converter em nominativas as ações ao portador, se dentro do prazo de 3 (três) anos, contados da vigência desta Lei, alienarem os imóveis rurais não vinculados aos fins da concessão.

Art. 17. As pessoas jurídicas brasileiras que, até 30 de janeiro de 1969, tiverem projetos de colonização aprovados nos termos do art. 61 da Lei n. 4.504, de 30 de novembro de 1964, poderão, mediante autorização do Presidente da República, ouvido o Ministério da Agricultura, concluí-los e outorgar escrituras definitivas, desde que o façam dentro de 3 (três) anos e que a área não exceda, para cada adquirente, 3 (três) módulos de exploração indefinida.

Art. 18. São mantidas em vigor as autorizações concedidas, com base nos Decretos-leis ns. 494, de 10 de março de 1969, e 924, de 10 de outubro de 1969, em estudos e processos já concluídos, cujos projetos tenham sido aprovados pelos órgãos competentes.

Art. 19. O Poder Executivo baixará, dentro de 90 (noventa) dias, o regulamento para execução desta Lei.

Art. 20. Esta Lei entrará em vigor na data de sua publicação.

Art. 21. Revogam-se os Decretos-leis ns. 494, de 10 de março de 1969, e 924, de 10 de outubro de 1969, e demais disposições em contrário.

Brasília, 7 de outubro de 1971; 150.º da Independência e 83.º da República.

EMÍLIO G. MÉDICI

LEI N. 5.741, DE 1.º DE DEZEMBRO DE 1971 (*)

Dispõe sobre a proteção do financiamento de bens imóveis vinculados ao Sistema Financeiro da Habitação.

O Presidente da República:

Faço saber que o Congresso Nacional decreta e eu sanciono a seguinte Lei:

Art. 1.º Para a cobrança de crédito hipotecário vinculado ao Sistema Financeiro da Habitação, criado pela Lei n. 4.380, de 21 de agosto de 1964, é lícito ao credor promover a execução de que tratam os arts. 31 e 32 do Decreto-lei n. 70, de 21 de novembro de 1966, ou ajuizar a ação executiva na forma da presente Lei.

• Somente serão objeto de execução na conformidade dos procedimentos do Decreto-lei n. 70, de 21-11-1966, ou desta lei, os financiamentos em que se verificar atraso de pagamento de três ou mais prestações, conforme estabelece o art. 21 da Lei n. 8.004, de 14-3-1990.

Art. 2.º A execução terá início por petição escrita, com os requisitos do art. 282 do Código de Processo Civil, apresentada em três vias, servindo a segunda e a terceira de mandado e contrafé, e sendo a primeira instruída com:

I – o título da dívida devidamente inscrita;

II – a indicação do valor das prestações e encargos cujo não pagamento deu lugar ao vencimento do contrato;

III – o saldo devedor, discriminadas as parcelas relativas a principal, juro, multa e outros encargos contratuais, fiscais e honorários advocatícios;

IV – cópia dos avisos regulamentares reclamando o pagamento da dívida, expedidos segundo instruções do Banco Nacional da Habitação.

•• Artigo com redação determinada pela Lei n. 6.071, de 3-7-1974.

Art. 3.º O devedor será citado para pagar o valor do crédito reclamado ou depositá-lo em juízo no prazo de 24 (vinte e quatro) horas, sob pena de lhe ser penhorado o imóvel hipotecado.

§ 1.º A citação far-se-á na pessoa do réu e de seu cônjuge ou de seus representantes legais.

•• § 1.º com redação determinada pela Lei n. 8.004, de 14-3-1990.

§ 2.º Se o executado e seu cônjuge se acharem fora da jurisdição da situação do imóvel, a citação far-se-á por meio de edital, pelo prazo de 10 (dez) dias, publicado, uma vez no órgão oficial do Estado e, pelo menos, duas vezes, em jornal local de grande circulação, onde houver.

Art. 4.º Se o executado não pagar a dívida indicada no inciso II do art. 2.º, acrescida das custas e honorários de advogado ou não depositar o saldo devedor, efetuar-se-á a penhora do imóvel hipotecado, sendo nomeado depositário o exequente ou quem este indicar.

§ 1.º Se o executado não estiver na posse direta do imóvel, o juiz ordenará a expedição de mandado de desocupação contra a pessoa que o estiver ocupando, para entregá-lo ao exequente no prazo de 10 (dez) dias.

§ 2.º Se o executado estiver na posse direta do imóvel, o juiz ordenará que o desocupe no prazo de 30 (trinta) dias, entregando-o ao exequente.

Art. 5.º O executado poderá opor embargos no prazo de 10 (dez) dias contados da penhora e que serão recebidos com efeito suspensivo, desde que alegue e prove:

I – que depositou por inteiro a importância reclamada na inicial;

II – que resgatou a dívida, oferecendo desde logo a prova da quitação.

•• *Caput* e incisos com redação determinada pela Lei n. 6.014, de 27-12-1973.

Parágrafo único. Os demais fundamentos de embargos, previstos no art. 741 do Código de Processo Civil, não suspendem a execução.

•• Parágrafo único com redação determinada pela Lei n. 6.014, de 27-12-1973.

Art. 6.º Rejeitados os embargos referidos no *caput* do artigo anterior, o juiz ordenará a venda do imóvel hipotecado em praça pública por preço não inferior ao saldo devedor, expedindo-se edital pelo prazo de 10 (dez) dias.

Parágrafo único. O edital será fixado à porta do edifício onde tiver sede o juízo, e publicado três vezes, por extrato, em um dos jornais locais de maior circulação, onde houver.

Art. 7.º Não havendo licitante na praça pública, o juiz adjudicará, dentro de 48 (quarenta e oito) horas, ao exequente o imóvel hipotecado, ficando exonerado o executado da obrigação de pagar o restante da dívida.

Art. 8.º É lícito ao executado remir o imóvel penhorado, desde que deposite em juízo, até a assinatura do auto de arrematação, a importância que baste ao pagamento da dívida reclamada, mais custas e honorários advocatícios; caso em que convalescerá o contrato hipotecado.

Art. 9.º Constitui crime de ação pública, punido com a pena de detenção de 6 (seis) meses a 2 (dois) anos e multa de 5 (cinco) a 20 (vinte) salários mínimos, invadir alguém ou ocupar, com o fim de esbulho possessório, terreno ou unidade residencial, construída ou em construção, objeto de financiamento do Sistema Financeiro da Habitação.

•• O art. 2.º da Lei n. 7.209, de 11-7-1984, cancela, na Parte Especial do CP e nas leis especiais alcançadas pelo art. 12 do mesmo Código, quaisquer referências a valores de multas, substituindo a expressão *multa de* por *multa*.

(*) Publicada no *DOU*, de 2-12-1971. *Vide* Lei n. 4.380, de 21-8-1964. A Lei n. 8.004, de 14-3-1990, dispõe sobre a transferência de financiamento no âmbito do Sistema Financeiro da Habitação.

§ 1.º Se o agente usa de violência, incorre também nas penas a esta cominadas.

§ 2.º É isento da pena de esbulho o agente que, espontaneamente, desocupa o imóvel antes de qualquer medida coativa.

§ 3.º O salário a que se refere este artigo é o maior mensal vigente no País, à época do fato.

Art. 10. A ação executiva, fundada em outra causa que não a falta de pagamento pelo executado das prestações vencidas, será processada na forma do Código de Processo Civil, que se aplicará, subsidiariamente, à ação executiva de que trata esta Lei.

- Os arts. 771 e s. do CPC dispõem sobre o processo de execução.

Art. 11. Ficam dispensadas de averbação no Registro de Imóveis as alterações contratuais de qualquer natureza, desde que não importem em novação objetiva da dívida, realizadas em operações do Sistema Financeiro da Habitação, criado pela Lei n. 4.380, de 21 de agosto de 1964, sejam as operações consubstanciadas em instrumentos públicos ou particulares, ou em cédulas hipotecárias.

Parágrafo único. O registro da cédula hipotecária limitar-se-á à averbação de suas características originais, a que se refere o art. 13 do Decreto-lei n. 70, de 21 de novembro de 1966, ficando dispensadas de averbação também as alterações que decorram da circulação do título.

Art. 12. As entidades credoras integrantes do Sistema Financeiro da Habitação ficam obrigadas a fornecer, por escrito, no prazo de 5 (cinco) dias, as informações sobre as alterações de que trata o art. 11, quando requeridas por interessados.

Art. 13. Esta Lei entra em vigor na data de sua publicação.

Art. 14. Revogam-se as disposições em contrário.

Brasília, 1.º de dezembro de 1971; 150.º da Independência e 83.º da República.

EMÍLIO G. MÉDICI

LEI N. 5.764, DE 16 DE DEZEMBRO DE 1971 (*)

Define a Política Nacional de Cooperativismo, institui o regime jurídico das sociedades cooperativas, e dá outras providências.

O Presidente da República:

Faço saber que o Congresso Nacional decreta e eu sanciono a seguinte Lei:

Capítulo I
DA POLÍTICA NACIONAL DE COOPERATIVISMO

Art. 1.º Compreende-se como Política Nacional de Cooperativismo a atividade decorrente das iniciativas ligadas ao sistema cooperativo originárias de setor público ou privado, isoladas ou coordenadas entre si, desde que reconhecido seu interesse público.

•• A Lei n. 12.690, de 19-7-2012, dispõe sobre a organização e o funcionamento das Cooperativas de Trabalho e institui o Programa Nacional de Fomento às Cooperativas de Trabalho – PRONACOOP.

Art. 2.º As atribuições do Governo Federal na coordenação e no estímulo às atividades de cooperativismo no território nacional serão exercidas na forma desta Lei e das normas que surgirem em sua decorrência.

Parágrafo único. A ação do Poder Público se exercerá, principalmente, mediante prestação de assistência técnica e de incentivos financeiros e creditórios especiais, necessários à criação, desenvolvimento e integração das entidades cooperativas.

Capítulo II
DAS SOCIEDADES COOPERATIVAS

Art. 3.º Celebram contrato de sociedade cooperativa as pessoas que reciprocamente se obrigam a contribuir com bens ou serviços para o exercício de uma atividade econômica, de proveito comum, sem objetivo de lucro.

Art. 4.º As cooperativas são sociedades de pessoas, com forma e natureza jurídica próprias, de natureza civil, não sujeitas a falência, constituídas para prestar serviços aos associados, distinguindo-se das demais sociedades pelas seguintes características:

•• *Vide* art. 1.094 do CC.

I – adesão voluntária, com número ilimitado de associados, salvo impossibilidade técnica de prestação de serviços;

II – variabilidade do capital social representado por quotas-partes;

III – limitação do número de quotas-partes do capital para cada associado, facultado, porém, o estabelecimento de critérios de proporcionalidade, se assim for mais adequado para o cumprimento dos objetivos sociais;

IV – incessibilidade das quotas-partes do capital a terceiros, estranhos à sociedade;

V – singularidade de voto, podendo as cooperativas centrais, federações e confederações de cooperativas, com exceção das que exerçam atividade de crédito, optar pelo critério da proporcionalidade;

VI – *quorum* para o funcionamento e deliberação da assembleia geral baseado no número de associados e não no capital;

VII – retorno das sobras líquidas do exercício, proporcionalmente às operações realizadas pelo associado, salvo deliberação em contrário da assembleia geral;

VIII – indivisibilidade dos Fundos de Reserva e de Assistência Técnica Educacional e Social;

IX – neutralidade política e indiscriminação religiosa, racial e social;

(*) Publicada no *DOU*, de 16-12-1971. Sobre INCRA e BNH, *vide* Nota dos Organizadores. *Vide* arts. 1.093 a 1.096 do CC. *Vide* Súmula 602 do STJ.

X – prestação de assistência aos associados, e, quando previsto nos estatutos, aos empregados da cooperativa;

XI – área de admissão de associados limitada às possibilidades de reunião, controle, operações e prestação de serviços.

Capítulo III
DO OBJETIVO E CLASSIFICAÇÃO DAS SOCIEDADES COOPERATIVAS

Art. 5.º As sociedades cooperativas poderão adotar por objeto qualquer gênero de serviço, operação ou atividade, assegurando-se-lhes o direito exclusivo e exigindo-se-lhes a obrigação do uso da expressão "cooperativa" em sua denominação.

Parágrafo único. É vedado às cooperativas o uso da expressão "banco".

Art. 6.º As sociedades cooperativas são consideradas:

I – singulares, as constituídas pelo número mínimo de vinte pessoas físicas, sendo excepcionalmente permitida a admissão de pessoas jurídicas que tenham por objeto as mesmas ou correlatas atividades econômicas das pessoas físicas ou, ainda, aquelas sem fins lucrativos;

II – cooperativas centrais ou federações de cooperativas, as constituídas de, no mínimo, três singulares, podendo, excepcionalmente, admitir associados individuais;

III – confederações de cooperativas, as constituídas, pelo menos, de três federações de cooperativas ou cooperativas centrais, da mesma ou de diferentes modalidades.

§ 1.º Os associados individuais das cooperativas centrais e federações de cooperativas serão inscritos no Livro de Matrícula da sociedade e classificados em grupos visando à transformação, no futuro, em cooperativas singulares que a elas se filiarão.

§ 2.º A exceção estabelecida no item II, *in fine*, do *caput* deste artigo não se aplica às centrais e federações que exerçam atividades de crédito.

Art. 7.º As cooperativas singulares se caracterizam pela prestação direta de serviços aos associados.

Art. 8.º As cooperativas centrais e federações de cooperativas objetivam organizar, em comum e em maior escala, os serviços econômicos e assistenciais de interesse das filiadas, integrando e orientando suas atividades, bem como facilitando a utilização recíproca dos serviços.

Parágrafo único. Para a prestação de serviços de interesse comum, é permitida a constituição de cooperativas centrais, às quais se associem outras cooperativas de objetivo e finalidades diversas.

Art. 9.º As confederações de cooperativas têm por objetivo orientar e coordenar as atividades das filiadas, nos casos em que o vulto dos empreendimentos transcender o âmbito de capacidade ou conveniência de atuação das centrais e federações.

Art. 10. As cooperativas se classificam também de acordo com o objeto ou pela natureza das atividades desenvolvidas por elas ou por seus associados.

§ 1.º Além das modalidades de cooperativas já consagradas, caberá ao respectivo órgão controlador apreciar e caracterizar outras que se apresentem.

§ 2.º Serão consideradas mistas as cooperativas que apresentarem mais de um objeto de atividades.

§ 3.º (*Revogado pela Lei Complementar n. 130, de 17-4-2009.*)

Art. 11. As sociedades cooperativas serão de responsabilidade limitada, quando a responsabilidade do associado pelos compromissos da sociedade se limitar ao valor do capital por ele subscrito.

Art. 12. As sociedades cooperativas serão de responsabilidade ilimitada, quando a responsabilidade do associado pelos compromissos da sociedade for pessoal, solidária e não tiver limite.

Art. 13. A responsabilidade do associado para com terceiros, como membro da sociedade, somente poderá ser invocada depois de judicialmente exigida da cooperativa.

Capítulo IV
DA CONSTITUIÇÃO DAS SOCIEDADES COOPERATIVAS

Art. 14. A sociedade cooperativa constitui-se por deliberação da assembleia geral dos fundadores, constantes da respectiva ata ou por instrumento público.

Art. 15. O ato constitutivo, sob pena de nulidade, deverá declarar:

I – a denominação da entidade, sede e objeto de funcionamento;

II – o nome, nacionalidade, idade, estado civil, profissão e residência dos associados, fundadores que o assinaram, bem como o valor e número da quota-parte de cada um;

III – aprovação do estatuto da sociedade;

IV – o nome, nacionalidade, estado civil, profissão e residência dos associados eleitos para os órgãos de administração, fiscalização e outros.

Art. 16. O ato constitutivo da sociedade e os estatutos, quando não transcritos naquele, serão assinados pelos fundadores.

Seção I
Da Autorização de Funcionamento

Art. 17. A cooperativa constituída na forma da legislação vigente apresentará ao respectivo órgão executivo federal de controle, no Distrito Federal, Estados ou Territórios, ou ao órgão local para isso credenciado, dentro de 30 (trinta) dias da data da constituição, para fins de autorização, requerimento acompanhado de quatro vias do ato constitutivo, estatuto e lista nominativa, além de outros documentos considerados necessários.

Art. 18. Verificada, no prazo máximo de 60 (sessenta) dias, a contar da data de entrada em seu protocolo, pelo respectivo órgão executivo federal de controle ou órgão local para isso credenciado, a existência de condições de funcionamento da cooperativa em constituição, bem como a regularidade da documentação apresentada, o órgão controlador devolverá, devidamente autenticadas, duas vias à cooperativa, acompanhadas de documentos dirigidos à Junta Comercial do Estado, onde a entidade estiver sediada, comunicando a aprovação do ato constitutivo da requerente.

§ 1.º Dentro desse prazo, o órgão controlador, quando julgar conveniente, no interesse do fortalecimento do sistema, poderá ouvir o Conselho Nacional de Cooperativismo, caso em que não se verificará a aprovação automática prevista no parágrafo seguinte.

§ 2.º A falta de manifestação do órgão controlador no prazo a que se refere este artigo implicará a aprovação do ato constitutivo e o seu subsequente arquivamento na Junta Comercial respectiva.

§ 3.º Se qualquer das condições citadas neste artigo não for atendida satisfatoriamente, o órgão ao qual compete conceder a autorização dará ciência ao requerente, indicando as exigências a serem cumpridas no prazo de 60 (sessenta) dias, findos os quais, se não atendidas, o pedido será automaticamente arquivado.

§ 4.º À parte é facultado interpor da decisão proferida pelo órgão controlador, nos Estados, Distrito Federal ou Territórios, recurso para a respectiva administração central, dentro do prazo de 30 (trinta) dias contado da data do recebimento da comunicação e, em segunda e última instância, ao Conselho Nacional de Cooperativismo, também no prazo de 30 (trinta) dias, exceção feita às cooperativas de crédito, às seções de crédito das cooperativas agrícolas mistas, e às cooperativas habitacionais, hipótese em que o recurso será apreciado pelo Conselho Monetário Nacional, no tocante às duas primeiras, e pelo Banco Nacional da Habitação em relação às últimas.

§ 5.º Cumpridas as exigências, deverá o despacho do deferimento ou indeferimento da autorização ser exarado dentro de 60 (sessenta) dias, findos os quais, na ausência de decisão, o requerimento será considerado deferido. Quando a autorização depender de dois ou mais órgãos do Poder Público, cada um deles terá o prazo de 60 (sessenta) dias para se manifestar.

§ 6.º Arquivados os documentos na Junta Comercial e feita a respectiva publicação, a cooperativa adquire personalidade jurídica, tornando-se apta a funcionar.

§ 7.º A autorização caducará, independentemente de qualquer despacho, se a cooperativa não entrar em atividade dentro do prazo de 90 (noventa) dias contados da data em que forem arquivados os documentos na Junta Comercial.

§ 8.º Cancelada a autorização, o órgão de controle expedirá comunicação à respectiva Junta Comercial, que dará baixa nos documentos arquivados.

§ 9.º A autorização para funcionamento das cooperativas de habitação, das de crédito e das seções de crédito das cooperativas agrícolas mistas subordina-se, ainda, à política dos respectivos órgãos normativos.

§ 10. (*Revogado pela Lei Complementar n. 130, de 17-4-2009.*)

Art. 19. A cooperativa escolar não estará sujeita ao arquivamento dos documentos de constituição, bastando remetê-los ao Instituto Nacional de Colonização e Reforma Agrária, ou respectivo órgão local de controle, devidamente autenticados pelo diretor do estabelecimento de ensino, ou a maior autoridade escolar do município, quando a cooperativa congregar associações de mais de um estabelecimento de ensino.

Art. 20. A reforma de estatutos obedecerá, no que couber, ao disposto nos artigos anteriores, observadas as prescrições dos órgãos normativos.

Seção II
Do Estatuto Social

Art. 21. O estatuto da cooperativa, além de atender ao disposto no art. 4.º, deverá indicar:

I – a denominação, sede, prazo de duração, área de ação, objeto da sociedade, fixação do exercício social e da data do levantamento do balanço geral;

II – os direitos e deveres dos associados, natureza de suas responsabilidades e as condições de admissão, demissão, eliminação e exclusão e as normas para sua representação nas assembleias gerais;

III – o capital mínimo, o valor da quota-parte, o mínimo de quotas-partes a ser subscrito pelo associado, o modo de integralização das quotas-partes, bem como as condições de sua retirada nos casos de demissão, eliminação ou de exclusão do associado;

IV – a forma de devolução das sobras registradas aos associados, ou do rateio das perdas apuradas por insuficiência de contribuição para cobertura das despesas da sociedade;

V – o modo de administração e fiscalização, estabelecendo os respectivos órgãos, com definição de suas atribuições, poderes e funcionamento, a representação ativa e passiva da sociedade em juízo ou fora dele, o prazo do mandato, bem como o processo de substituição dos administradores e conselheiros fiscais;

VI – as formalidades de convocação das assembleias gerais e a maioria requerida para a sua instalação e validade de suas deliberações, vedado o direito de voto aos que nelas tiverem interesse particular sem privá-los da participação nos debates;

VII – os casos de dissolução voluntária da sociedade;

VIII – o modo e o processo de alienação ou oneração de bens imóveis da sociedade;

IX – o modo de reformar o estatuto;

X – o número mínimo de associados.

XI – se a cooperativa tem poder para agir como substituta processual de seus associados, na forma do art. 88-A desta Lei.

•• Inciso XI acrescentado pela Lei n. 13.806, de 10-1-2019.

Capítulo V
DOS LIVROS

Art. 22. A sociedade cooperativa deverá possuir os seguintes livros:

I – de Matrícula;

II – de Atas das Assembleias Gerais;

III – de Atas dos Órgãos de Administração;

IV – de Atas do Conselho Fiscal;

V – de Presença dos Associados nas Assembleias Gerais;

VI – outros, fiscais e contábeis, obrigatórios.

Parágrafo único. É facultada a adoção de livros de folhas soltas ou fichas ou em meio digital, nos termos de regulamento do órgão competente do Poder Executivo federal.

•• Parágrafo único com redação determinada pela Lei n. 14.195, de 26-8-2021.

Art. 23. No Livro de Matrícula, os associados serão inscritos por ordem cronológica de admissão, dele constando:

I – o nome, idade, estado civil, nacionalidade, profissão e residência do associado;

II – a data de sua admissão e, quando for o caso, de sua demissão a pedido, eliminação ou exclusão;

III – a conta corrente das respectivas quotas-partes do capital social.

Capítulo VI
DO CAPITAL SOCIAL

Art. 24. O capital social será subdividido em quotas-partes, cujo valor unitário não poderá ser superior ao maior salário mínimo vigente no País.

§ 1.º Nenhum associado poderá subscrever mais de um terço do total das quotas-partes, salvo nas sociedades em que a subscrição deva ser diretamente proporcional ao movimento financeiro do cooperado ou ao quantitativo dos produtos a serem comercializados, beneficiados ou transformados, ou ainda, em relação à área cultivada ou ao número de plantas e animais em exploração.

§ 2.º Não estão sujeitas ao limite estabelecido no parágrafo anterior as pessoas jurídicas de direito público que participem de cooperativas de eletrificação, irrigação e telecomunicações.

§ 3.º É vedado às cooperativas distribuírem qualquer espécie de benefício às quotas-partes do capital ou estabelecer outras vantagens ou privilégios, financeiros ou não, em favor de quaisquer associados ou terceiros, excetuando-se os juros até o máximo de 12% (doze por cento) ao ano que incidirão sobre a parte integralizada.

§ 4.º As quotas de que trata o *caput* deixam de integrar o patrimônio líquido da cooperativa quando se tornar exigível, na forma prevista no estatuto social e na legislação vigente, a restituição do capital integralizado pelo associado, em razão do seu desligamento, por demissão, exclusão ou eliminação.

•• § 4.º acrescentado pela Lei n. 13.097, de 19-1-2015.

Art. 25. Para a formação do capital social poder-se-á estipular que o pagamento das quotas-partes seja realizado mediante prestações periódicas, independentemente de chamada, por meio de contribuições ou outra forma estabelecida a critério dos respectivos órgãos executivos federais.

Art. 26. A transferência de quotas-partes será averbada no Livro de Matrícula, mediante termo que conterá as assinaturas do cedente, do cessionário e do diretor que o estatuto designar.

Art. 27. A integralização das quotas-partes e o aumento do capital social poderão ser feitos com bens avaliados previamente e após homologação em assembleia geral ou mediante retenção de determinada porcentagem do valor do movimento financeiro de cada associado.

§ 1.º O disposto neste artigo não se aplica às cooperativas de crédito, às agrícolas mistas com seção de crédito e às habitacionais.

§ 2.º Nas sociedades cooperativas em que a subscrição de capital for diretamente proporcional ao movimento ou à expressão econômica de cada associado, o estatuto deverá prever sua revisão periódica para ajustamento às condições vigentes.

Capítulo VII
DOS FUNDOS

Art. 28. As cooperativas são obrigadas a constituir:

I – Fundo de Reserva destinado a reparar perdas e atender ao desenvolvimento de suas atividades, constituído com 10% (dez por cento), pelo menos, das sobras líquidas do exercício;

II – Fundo de Assistência Técnica, Educacional e Social, destinado a prestação de assistência aos associados, seus familiares e, quando previsto nos estatutos, aos empregados da cooperativa, constituído de 5% (cinco por cento), pelo menos, das sobras líquidas apuradas no exercício.

§ 1.º Além dos previstos neste artigo, a assembleia geral poderá criar outros fundos, inclusive rotativos, com recursos destinados a fins específicos fixando o modo de formação, aplicação e liquidação.

§ 2.º Os serviços a serem atendidos pelo Fundo de Assistência Técnica, Educacional e Social poderão ser executados mediante convênio com entidades públicas e privadas.

Capítulo VIII
DOS ASSOCIADOS

Art. 29. O ingresso nas cooperativas é livre a todos que desejarem utilizar os serviços prestados pela sociedade, desde que adiram aos propósitos sociais e preencham as condições estabelecidas no estatuto, ressalvado o disposto no art. 4.º, I, desta Lei.

§ 1.º A admissão dos associados poderá ser restrita, a critério do órgão normativo respectivo, às pessoas que exerçam determinada atividade ou profissão, ou estejam vinculadas a determinada entidade.

§ 2.º Poderão ingressar nas cooperativas de pesca e nas constituídas por produtores rurais ou extrativistas as pessoas jurídicas que pratiquem as mesmas atividades econômicas das pessoas físicas associadas.

§ 3.º Nas cooperativas de eletrificação, irrigação e telecomunicações, poderão ingressar as pessoas jurídicas que se localizem na respectiva área de operações.

§ 4.º Não poderão ingressar no quadro das cooperativas os agentes de comércio e empresários que operem no mesmo campo econômico da sociedade.

Art. 30. À exceção das cooperativas de crédito e das agrícolas mistas com seção de crédito, a admissão de associados, que se efetive mediante aprovação de seu pedido de ingresso pelo órgão de administração, complementa-se com a subscrição das quotas-partes de capital social e a sua assinatura no Livro de Matrícula.

Art. 31. O associado que aceitar e estabelecer relação empregatícia com a cooperativa perde o direito de votar e ser votado, até que sejam aprovadas as contas do exercício em que ele deixou o emprego.

Art. 32. A demissão do associado será unicamente a seu pedido.

Art. 33. A eliminação do associado é aplicada em virtude de infração legal ou estatutária, ou por fato especial previsto no estatuto, mediante termo firmado por quem de direito no Livro de Matrícula, com os motivos que a determinaram.

Art. 34. A diretoria da cooperativa tem o prazo de 30 (trinta) dias para comunicar ao interessado a sua eliminação.

Parágrafo único. Da eliminação cabe recurso, com efeito suspensivo, à primeira assembleia geral.

Art. 35. A exclusão do associado será feita:

I – por dissolução da pessoa jurídica;

II – por morte da pessoa física;

III – por incapacidade civil não suprida;

IV – por deixar de atender aos requisitos estatutários de ingresso ou permanência na cooperativa.

Art. 36. A responsabilidade do associado perante terceiros, por compromissos da sociedade, perdura para os demitidos, eliminados ou excluídos até quando aprovadas as contas do exercício em que se deu o desligamento.

Parágrafo único. As obrigações dos associados falecidos, contraídas com a sociedade, e as oriundas de sua responsabilidade como associado em face de terceiros, passam aos herdeiros, prescrevendo, porém, após 1 (um) ano contado do dia da abertura da sucessão, ressalvados os aspectos peculiares das cooperativas de eletrificação rural e habitacionais.

Art. 37. A cooperativa assegurará a igualdade de direitos dos associados, sendo-lhe defeso:

I – remunerar a quem agencie novos associados;

II – cobrar prêmios ou ágio pela entrada de novos associados ainda a título de compensação das reservas;

III – estabelecer restrições de qualquer espécie ao livre exercício dos direitos sociais.

Capítulo IX
DOS ÓRGÃOS SOCIAIS

Seção I
Das Assembleias Gerais

Art. 38. A assembleia geral dos associados é o órgão supremo da sociedade, dentro dos limites legais e estatutários, tendo poderes para decidir os negócios relativos ao objeto da sociedade e tomar as resoluções convenientes ao desenvolvimento e defesa desta, e suas deliberações vinculam a todos, ainda que ausentes ou discordantes.

§ 1.º As assembleias gerais serão convocadas com antecedência mínima de 10 (dez) dias, em primeira convocação, mediante editais afixados em locais apropriados das dependências comumente mais frequentadas pelos associados, publicação em jornal e comunicação aos associados por intermédio de circulares. Não havendo no horário estabelecido *quorum* de instalação, as assembleias poderão ser realizadas em segunda ou terceira convocações desde que assim permitam os estatutos e conste do respectivo edital, quando então será observado o intervalo mínimo de 1 (uma) hora entre a realização por uma ou outra convocação.

§ 2.º A convocação será feita pelo presidente, ou por qualquer dos órgãos de administração, pelo Conselho Fiscal, ou, após solicitação não atendida, por um quinto dos associados em pleno gozo dos seus direitos.

§ 3.º As deliberações nas assembleias gerais serão tomadas por maioria de votos dos associados presentes com direito de votar.

Art. 39. É da competência das assembleias gerais, ordinárias ou extraordinárias, a destituição dos membros dos órgãos de administração ou fiscalização.

Parágrafo único. Ocorrendo destituição que possa afetar a regularidade da administração ou fiscalização da entidade, poderá a assembleia designar administradores e conselheiros provisórios, até a posse dos novos, cuja eleição se efetuará no prazo máximo de 30 (trinta) dias.

Art. 40. Nas assembleias gerais o *quorum* de instalação será o seguinte:

I – dois terços do número de associados, em primeira convocação;

II – metade mais um dos associados em segunda convocação;

III – mínimo de dez associados na terceira convocação ressalvado o caso de cooperativas centrais e federações e confederações de cooperativas, que se instalarão com qualquer número.

Art. 41. Nas assembleias gerais das cooperativas centrais, federações e confederações de cooperativas, a representação será feita por delegados indicados na forma dos seus estatutos e credenciados pela diretoria das respectivas filiadas.

Parágrafo único. Os grupos de associados individuais das cooperativas centrais e federações de cooperativas serão representados por um delegado, escolhido entre seus membros e credenciado pela respectiva administração.

Art. 42. Nas cooperativas singulares, cada associado presente não terá direito a mais de um voto, qualquer que seja o número de suas quotas-partes.

•• *Caput* com redação determinada pela Lei n. 6.981, de 30-3-1982.

§ 1.º Não será permitida a representação por meio de mandatário.

•• § 1.º com redação determinada pela Lei n. 6.981, de 30-3-1982.

§ 2.º Quando o número de associados, nas cooperativas singulares, exceder a três mil, pode o estatuto estabelecer que os mesmos sejam representados, nas assembleias gerais, por delegados que tenham a qualidade de associados no gozo de seus direitos sociais e não exerçam cargos eletivos na sociedade.

•• § 2.º com redação determinada pela Lei n. 6.981, de 30-3-1982.

§ 3.º O estatuto determinará o número de delegados, a época e forma de sua escolha por grupos seccionais de associados de igual número e o tempo de duração da delegação.

•• § 3.º com redação determinada pela Lei n. 6.981, de 30-3-1982.

§ 4.º Admitir-se-á, também, a delegação definida no parágrafo anterior nas cooperativas singulares cujo número de associados seja inferior a três mil, desde que haja filiados residindo a mais de 50 km (cinquenta quilômetros) da sede.

•• § 4.º com redação determinada pela Lei n. 6.981, de 30-3-1982.

§ 5.º Os associados, integrantes de grupos seccionais, que não sejam delegados, poderão comparecer às assembleias gerais, privados, contudo, de voz e voto.

•• § 5.º com redação determinada pela Lei n. 6.981, de 30-3-1982.

§ 6.º As assembleias gerais compostas por delegados decidem sobre todas as matérias que, nos termos da lei ou dos estatutos, constituem objeto de decisão da assembleia geral dos associados.

•• § 6.º com redação determinada pela Lei n. 6.981, de 30-3-1982.

Art. 43. Prescreve em 4 (quatro) anos a ação para anular as deliberações da assembleia geral viciadas de erro, dolo, fraude ou simulação, ou tomadas com violação da lei ou do estatuto, contado o prazo da data em que a assembleia foi realizada.

Art. 43-A. O associado poderá participar e votar a distância em reunião ou em assembleia, que poderão ser realizadas em meio digital, nos termos do regulamento do órgão competente do Poder Executivo federal.

•• *Caput* acrescentado pela Lei n. 14.030, de 28-7-2020.

Parágrafo único. A assembleia geral poderá ser realizada de forma digital, respeitados os direitos legalmente previstos de participação e de manifestação dos associados e os demais requisitos regulamentares.

•• Parágrafo único acrescentado pela Lei n. 14.030, de 28-7-2020.

Seção II

Das Assembleias Gerais Ordinárias

Art. 44. A assembleia geral ordinária, que se realizará anualmente nos 3 (três) primeiros meses após o término do exercício social, deliberará sobre os seguintes assuntos que deverão constar da ordem do dia:

•• A Lei n. 14.030, de 28-7-2020, dispõe em seu art. 5.º: "Art. 5.º A sociedade cooperativa e a entidade de representação do cooperativismo poderão, excepcionalmente, realizar a assembleia geral ordinária a que se refere o art. 44 da Lei n. 5.764, de 16 de dezembro de 1971, ou o art. 17 da Lei Complementar n. 130, de 17 de abril de 2009, no prazo de 9 (nove) meses, contado do término do seu exercício social. Parágrafo único. Os mandatos dos membros dos órgãos de administração e de fiscalização e dos outros órgãos estatutários previstos para se encerrarem antes da realização da assembleia geral ordinária nos termos do *caput* deste artigo ficam prorrogados até a sua realização".

I – prestação de contas dos órgãos de administração acompanhada de parecer do Conselho Fiscal, compreendendo:

a) relatório da gestão;

b) balanço;

c) demonstrativo das sobras apuradas ou das perdas decorrentes da insuficiência das contribuições para cobertura das despesas da sociedade e o parecer do Conselho Fiscal;

II – destinação das sobras apuradas ou rateio das perdas decorrentes da insuficiência das contribuições para cobertura das despesas da sociedade, deduzindo-se, no primeiro caso, as parcelas para os fundos obrigatórios;

III – eleição dos componentes dos órgãos de administração, do Conselho Fiscal e de outros, quando for o caso;

IV – quando previsto, a fixação do valor dos honorários, gratificações e cédula de presença dos membros do Conselho de Administração ou da diretoria e do Conselho Fiscal;

V – quaisquer assuntos de interesse social, excluídos os enumerados no art. 46.

§ 1.º Os membros dos órgãos de administração e fiscalização não poderão participar da votação das matérias referidas nos itens I e IV deste artigo.

§ 2.º À exceção das cooperativas de crédito e das agrícolas mistas com seção de crédito, a aprovação do relatório, balanço e contas dos órgãos de administração, desonera seus componentes de responsabilidade, ressalvados os casos de erro, dolo, fraude ou simulação, bem como a infração da lei ou do estatuto.

Seção III

Das Assembleias Gerais Extraordinárias

Art. 45. A assembleia geral extraordinária realizar-se-á sempre que necessário e poderá deliberar sobre qualquer assunto de interesse da sociedade, desde que mencionado no edital de convocação.

Art. 46. É da competência exclusiva da assembleia geral extraordinária deliberar sobre os seguintes assuntos:

I – reforma do estatuto;

II – fusão, incorporação ou desmembramento;

III – mudança do objeto da sociedade;

IV – dissolução voluntária da sociedade e nomeação de liquidantes;

V – contas do liquidante.

Parágrafo único. São necessários os votos de dois terços dos associados presentes, para tornar válidas as deliberações de que trata este artigo.

Seção IV
Dos Órgãos de Administração

Art. 47. A sociedade será administrada por uma diretoria ou Conselho de Administração, composto exclusivamente de associados eleitos pela assembleia geral, com mandato nunca superior a 4 (quatro) anos, sendo obrigatória a renovação de, no mínimo, um terço do Conselho de Administração.

§ 1.º O estatuto poderá criar outros órgãos necessários à administração.

§ 2.º A posse dos administradores e conselheiros fiscais das cooperativas mistas com seção de crédito e habitacionais fica sujeita à prévia homologação dos respectivos órgãos normativos.

Art. 48. Os órgãos de administração podem contratar gerentes técnicos ou comerciais, que não pertençam ao quadro de associados, fixando-lhes as atribuições e salários.

Art. 49. Ressalvada a legislação específica que rege as cooperativas de crédito, as seções de crédito das cooperativas agrícolas mistas e as de habitação, os administradores eleitos ou contratados não serão pessoalmente responsáveis pelas obrigações que contraírem em nome da sociedade, mas responderão solidariamente pelos prejuízos resultantes de seus atos, se procederem com culpa ou dolo.

Parágrafo único. A sociedade responderá pelos atos a que se refere a última parte deste artigo se os houver ratificado ou deles logrado proveito.

Art. 50. Os participantes de ato ou operação social em que se oculte a natureza da sociedade podem ser declarados pessoalmente responsáveis pelas obrigações em nome dela contraídas, sem prejuízo das sanções penais cabíveis.

Art. 51. São inelegíveis, além das pessoas impedidas por lei, os condenados a pena que vede, ainda que temporariamente, o acesso a cargos públicos; ou por crime falimentar, de prevaricação, peita ou suborno, concussão, peculato, ou contra a economia popular, a fé pública ou a propriedade.

Parágrafo único. Não podem compor uma mesma diretoria ou Conselho de Administração, os parentes entre si até segundo grau, em linha reta ou colateral.

Art. 52. O diretor ou associado que, em qualquer operação, tenha interesse oposto ao da sociedade, não pode participar das deliberações referentes a essa operação, cumprindo-lhe acusar o seu impedimento.

Art. 53. Os componentes da Administração e do Conselho Fiscal, bem como os liquidantes, equiparam-se aos administradores das sociedades anônimas para efeito de responsabilidade criminal.

Art. 54. Sem prejuízo da ação que couber ao associado, a sociedade, por seus diretores, ou representada pelo associado escolhido em assembleia geral, terá direito de ação contra os administradores, para promover sua responsabilidade.

Art. 55. Os empregados de empresas que sejam eleitos diretores de sociedades cooperativas pelos mesmos criadas, gozarão das garantias asseguradas aos dirigentes sindicais pelo art. 543 da Consolidação das Leis do Trabalho (Decreto-lei n. 5.452, de 1.º-5-1943).

Seção V
Do Conselho Fiscal

Art. 56. A administração da sociedade será fiscalizada, assídua e minuciosamente, por um Conselho Fiscal, constituído de três membros efetivos e três suplentes, todos associados eleitos anualmente pela assembleia geral, sendo permitida apenas a reeleição de um terço dos seus componentes.

§ 1.º Não podem fazer parte do Conselho Fiscal, além dos inelegíveis enumerados no art. 51, os parentes dos diretores até o segundo grau, em linha reta ou colateral, bem como os parentes entre si até esse grau.

§ 2.º O associado não pode exercer cumulativamente cargos nos órgãos de administração e de fiscalização.

Capítulo X
FUSÃO, INCORPORAÇÃO E DESMEMBRAMENTO

Art. 57. Pela fusão, duas ou mais cooperativas formam nova sociedade.

§ 1.º Deliberada a fusão, cada cooperativa interessada indicará nomes para comporem comissão mista que procederá aos estudos necessários à constituição da nova sociedade, tais como o levantamento patrimonial, balanço geral, plano de distribuição de quotas-partes, destino dos fundos de reserva e outros e o projeto de estatuto.

§ 2.º Aprovado o relatório da comissão mista e constituída a nova sociedade em assembleia geral conjunta, os respectivos documentos serão arquivados, para aquisição de personalidade jurídica, na Junta Comercial competente, e duas vias dos mesmos, com a publicação do arquivamento, serão encaminhadas ao órgão executivo de controle ou ao órgão local credenciado.

§ 3.º Exclui-se do disposto no parágrafo anterior a fusão que envolver cooperativas que exerçam atividades de crédito. Nesse caso, aprovado o relatório da comissão mista e constituída a nova sociedade em assembleia geral conjunta, a autorização para funcionar e o registro dependerão de prévia anuência do Banco Central do Brasil.

Art. 58. A fusão determina a extinção das sociedades que se unem para formar a nova sociedade que lhe sucederá nos direitos e obrigações.

Art. 59. Pela incorporação, uma sociedade cooperativa absorve o patrimônio, recebe os associados, assume as obrigações e se investe nos direitos de outra ou outras cooperativas.

Parágrafo único. Na hipótese prevista neste artigo, serão obedecidas as mesmas formalidades estabelecidas para a fusão, limitadas as avaliações ao patrimônio da ou das sociedades incorporandas.

Art. 60. As sociedades cooperativas poderão desmembrar-se em tantas quantas forem necessárias para atender aos interesses dos seus associados, podendo uma das novas entidades ser constituída como cooperativa central ou federação de cooperativas, cujas autorizações de funcionamento e os arquivamentos serão requeridos conforme o disposto nos arts. 17 e segs.

Art. 61. Deliberado o desmembramento, a assembleia designará uma comissão para estudar as providências necessárias à efetivação da medida.

§ 1.º O relatório apresentado pela comissão, acompanhado dos projetos de estatutos das novas cooperativas, será apreciado em nova assembleia especialmente convocada para esse fim.

§ 2.º O plano de desmembramento preverá o rateio, entre as novas cooperativas, do ativo e passivo da sociedade desmembrada.

§ 3.º No rateio previsto no parágrafo anterior, atribuir-se-á a cada nova cooperativa parte do capital social da sociedade desmembrada em quota correspondente à participação dos associados que passam a integrá-la.

§ 4.º Quando uma das cooperativas for constituída como cooperativa central ou federação de cooperativas, prever-se-á o montante das quotas-partes que as associadas terão no capital social.

Art. 62. Constituídas as sociedades e observado o disposto nos arts. 17 e segs., proceder-se-á às transferências contábeis e patrimoniais necessárias à concretização das medidas adotadas.

Capítulo XI
DA DISSOLUÇÃO E LIQUIDAÇÃO

Art. 63. As sociedades cooperativas se dissolvem de pleno direito:

I – quando assim deliberar a assembleia geral, desde que os associados, totalizando o número mínimo exigido por esta Lei, não se disponham a assegurar a sua continuidade;

II – pelo decurso do prazo de duração;

III – pela consecução dos objetivos predeterminados;

IV – devido à alteração de sua forma jurídica;

V – pela redução do número mínimo de associados ou do capital social mínimo se, até a assembleia geral subsequente, realizada em prazo não inferior a 6 (seis) meses, eles não forem restabelecidos;

VI – pelo cancelamento da autorização para funcionar;

VII – pela paralisação de suas atividades por mais de 120 (cento e vinte) dias.

Parágrafo único. A dissolução da sociedade importará no cancelamento da autorização para funcionar e do registro.

Art. 64. Quando a dissolução da sociedade não for promovida voluntariamente, nas hipóteses previstas no artigo anterior, a medida poderá ser tomada judicialmente a pedido de qualquer associado ou por iniciativa do órgão executivo federal.

Art. 65. Quando a dissolução for deliberada pela assembleia geral, esta nomeará um liquidante ou mais, e um Conselho Fiscal de três membros para proceder à sua liquidação.

§ 1.º O processo de liquidação só poderá ser iniciado após a audiência do respectivo órgão executivo federal.

§ 2.º A assembleia geral, nos limites de suas atribuições, poderá, em qualquer época, destituir os liquidantes e os membros do Conselho Fiscal, designando os seus substitutos.

Art. 66. Em todos os atos e operações, os liquidantes deverão usar a denominação da cooperativa, seguida da expressão: "Em liquidação".

Art. 67. Os liquidantes terão todos os poderes normais de administração podendo praticar atos e operações necessários à realização do ativo e pagamento do passivo.

Art. 68. São obrigações dos liquidantes:

I – providenciar o arquivamento, na Junta Comercial, da Ata da Assembleia Geral em que foi deliberada a liquidação;

II – comunicar à administração central do respectivo órgão executivo federal e ao Banco Nacional de Crédito Cooperativo S/A a sua nomeação, fornecendo cópia da Ata da Assembleia Geral que decidiu a matéria;

III – arrecadar os bens, livros e documentos da sociedade, onde quer que estejam;

IV – convocar os credores e devedores e promover o levantamento dos créditos e débitos da sociedade;

V – proceder nos 15 (quinze) dias seguintes ao de sua investidura e com a assistência, sempre que possível, dos administradores, ao levantamento do inventário e balanço geral do ativo e passivo;

VI – realizar o ativo social para saldar o passivo e reembolsar os associados de suas quotas-partes, destinando o remanescente, inclusive o dos fundos indivisíveis, ao Banco Nacional de Crédito Cooperativo S/A;

VII – exigir dos associados a integralização das respectivas quotas-partes do capital social não realizadas, quando o ativo não bastar para solução do passivo;

VIII – fornecer aos credores a relação dos associados, se a sociedade for de responsabilidade ilimitada e se os recursos apurados forem insuficientes para o pagamento das dívidas;

IX – convocar a assembleia geral, cada 6 (seis) meses ou sempre que necessário, para apresentar relatório e balanço do estado da liquidação e prestar contas dos atos praticados durante o período anterior;

X – apresentar à assembleia geral, finda a liquidação, o respectivo relatório e as contas finais;

XI – averbar, no órgão competente, a Ata da Assembleia Geral que considerar encerrada a liquidação.

Art. 69. As obrigações e as responsabilidades dos liquidantes regem-se pelos preceitos peculiares aos dos administradores da sociedade liquidanda.

Art. 70. Sem autorização da assembleia não poderá o liquidante gravar de ônus os móveis e imóveis, contrair empréstimos, salvo quando indispensáveis para o pagamento de obrigações inadiáveis, nem prosseguir, embora para facilitar a liquidação, na atividade social.

Art. 71. Respeitados os direitos dos credores preferenciais, pagará o liquidante as dívidas sociais proporcionalmente e sem distinção entre vencidas ou não.

Art. 72. A assembleia geral poderá resolver, antes de ultimada a liquidação, mas depois de pagos os credores, que o liquidante faça rateios por antecipação da partilha, à medida em que se apurem os haveres sociais.

Art. 73. Solucionado o passivo, reembolsados os cooperados até o valor de suas quotas-partes e encaminhado o remanescente conforme o estatuído, convocará o liquidante assembleia geral para prestação final de contas.

Art. 74. Aprovadas as contas, encerra-se a liquidação e a sociedade se extingue, devendo a ata da assembleia ser arquivada na Junta Comercial e publicada.

Parágrafo único. O associado discordante terá o prazo de 30 (trinta) dias, a contar da publicação da ata, para promover a ação que couber.

Art. 75. A liquidação extrajudicial das cooperativas poderá ser promovida por iniciativa do respectivo órgão executivo federal, que designará o liquidante, e será processada de acordo com a legislação específica e demais disposições regulamentares, desde que a sociedade deixe de oferecer condições operacionais, principalmente por constatada insolvência.

§ 1.º A liquidação extrajudicial, tanto quanto possível, deverá ser precedida de intervenção na sociedade.

§ 2.º Ao interventor, além dos poderes expressamente concedidos no ato de intervenção, são atribuídas funções, prerrogativas e obrigações dos órgãos de administração.

Art. 76. A publicação no *Diário Oficial*, da Ata da Assembleia Geral da sociedade, que deliberou sua liquidação, ou da decisão do órgão executivo federal quando a medida for de sua iniciativa, implicará a sustação de qualquer ação judicial contra a cooperativa, pelo prazo de 1 (um) ano, sem prejuízo, entretanto, da fluência dos juros legais ou pactuados e seus acessórios.

Parágrafo único. Decorrido o prazo previsto neste artigo, sem que, por motivo relevante, esteja encerrada a liquidação, poderá ser o mesmo prorrogado, no máximo por mais 1 (um) ano, mediante decisão do órgão citado no artigo, publicada, com os mesmos efeitos, no *Diário Oficial*.

Art. 77. Na realização do ativo da sociedade, o liquidante deverá:

I – mandar avaliar, por avaliadores judiciais ou de instituições financeiras públicas, os bens de sociedade;

II – proceder à venda dos bens necessários ao pagamento do passivo da sociedade, observadas, no que couber, as normas constantes dos arts. 117 e 118 do Decreto-lei n. 7.661, de 21 de junho de 1945.

•• O Decreto-lei n. 7.661, de 21-6-1945, foi revogado pela Lei n. 11.101, de 9-2-2005, que regula a recuperação judicial e extrajudicial e a falência do empresário e da sociedade empresária.

Art. 78. A liquidação das cooperativas de crédito e da seção de crédito das cooperativas agrícolas mistas reger-se-á pelas normas próprias legais e regulamentares.

Capítulo XII
DO SISTEMA OPERACIONAL DAS COOPERATIVAS

Seção I
Do Ato Cooperativo

Art. 79. Denominam-se atos cooperativos os praticados entre as cooperativas e seus associados, entre estes e aquelas e pelas cooperativas entre si quando associadas, para a consecução dos objetivos sociais.

Parágrafo único. O ato cooperativo não implica operação de mercado, nem contrato de compra e venda de produto ou mercadoria.

• *Vide* Súmula 262 do STJ.

Seção II
Das Distribuições de Despesas

Art. 80. As despesas da sociedade serão cobertas pelos associados mediante rateio na proporção direta da fruição de serviços.

Parágrafo único. A cooperativa poderá, para melhor atender à equanimidade de cobertura das despesas da sociedade, estabelecer:

I – rateio, em partes iguais, das despesas gerais da sociedade entre todos os associados, quer tenham ou não, no ano, usufruído dos serviços por ela prestados, conforme definidas no estatuto;

II – rateio, em razão diretamente proporcional, entre os associados que tenham usufruído dos serviços durante o ano, das sobras líquidas ou dos prejuízos verificados no balanço do exercício, excluídas as despesas gerais já atendidas na forma do item anterior.

Art. 81. A cooperativa que tiver adotado o critério de separar as despesas da sociedade e estabelecido o seu rateio na forma indicada no parágrafo único do artigo anterior deverá levantar separadamente as despesas gerais.

Seção III
Das Operações da Cooperativa

Art. 82. A cooperativa que se dedicar a vendas em comum poderá registrar-se como armazém geral, podendo também desenvolver as atividades previstas na Lei n. 9.973, de 29 de maio de 2000, e nessa condição expedir "Conhecimento de Depósito", *Warrant*, Certificado de Depósito Agropecuário - CDA e *Warrant* Agropecuário - WA para os produtos de seus associados conservados em seus armazéns, próprios ou arrendados, sem prejuízo da emissão de outros títulos decorrentes de suas atividades normais, aplicando-se, no que couber, a legislação específica.

•• *Caput* com redação determinada pela Lei n. 11.076, de 30-12-2004.

§ 1.º Para efeito deste artigo, os armazéns da cooperativa se equiparam aos "armazéns gerais", com as prerrogativas e obrigações destes, ficando os componentes do Conselho de Administração ou Diretoria Executiva, emitente do título, responsáveis, pessoal e solidariamente, pela boa guarda e conservação dos produtos vinculados, respondendo criminal e civilmente pelas declarações constantes do título, como também por qualquer ação ou omissão que acarrete o desvio, deterioração ou perda dos produtos.

§ 2.º Observado o disposto no § 1.º, as cooperativas poderão operar unidades de armazenagem, embalagem e frigorificação, bem como armazéns gerais alfandegários, nos termos do disposto no Capítulo IV da Lei n. 5.025, de 10 de junho de 1966.

Art. 83. A entrega da produção do associado à sua cooperativa significa a outorga a esta de plenos poderes para a sua livre disposição, inclusive para gravá-la e dá-la em garantia de operações de crédito realizadas pela sociedade, salvo se, tendo em vista os usos e costumes relativos à comercialização de determinados produtos, sendo de interesse do produtor, os estatutos dispuserem de outro modo.

Art. 84. (*Revogado pela Lei Complementar n. 130, de 17-4-2009.*)

Art. 85. As cooperativas agropecuárias e de pesca poderão adquirir produtos de não associados, agricultores, pecuaristas ou pescadores, para completar lotes destinados ao cumprimento de contratos ou suprir capacidade ociosa de instalações industriais das cooperativas que as possuem.

• *Vide* Súmula 262 do STJ.

Art. 86. As cooperativas poderão fornecer bens e serviços a não associados, desde que tal faculdade atenda aos objetivos sociais e esteja de conformidade com a presente Lei.

Parágrafo único. (*Revogado pela Lei Complementar n. 130, de 17-4-2009.*)

Art. 87. Os resultados das operações das cooperativas com não associados, mencionados nos arts. 85 e 86, serão levados à conta do "Fundo de Assistência Técnica, Educacional e Social" e serão contabilizados em separado, de molde a permitir cálculo para incidência de tributos.

• *Vide* Súmula 262 do STJ.

Art. 88. Poderão as cooperativas participar de sociedades não cooperativas para melhor atendimento dos próprios objetivos e de outros de caráter acessório ou complementar.

•• Artigo com redação determinada pela Medida Provisória n. 2.168-40, de 24-8-2001.

Art. 88-A. A cooperativa poderá ser dotada de legitimidade extraordinária autônoma concorrente para agir como substituta processual em defesa dos direitos coletivos de seus associados quando a causa de pedir versar sobre atos de interesse direto dos associados que tenham relação com as operações de mercado da cooperativa, desde que isso seja previsto em seu estatuto e haja, de forma expressa, autorização manifestada individualmente pelo associado ou por meio de assembleia geral que delibere sobre a propositura da medida judicial.

•• Artigo acrescentado pela Lei n. 13.806, de 10-1-2019.

Seção IV
Dos Prejuízos

Art. 89. Os prejuízos verificados no decorrer do exercício serão cobertos com recursos provenientes do Fundo de Reserva e, se insuficiente este, mediante rateio, entre os associados, na razão direta dos serviços usufruídos, ressalvada a opção prevista no parágrafo único do art. 80.

Seção V
Do Sistema Trabalhista

Art. 90. Qualquer que seja o tipo de cooperativa, não existe vínculo empregatício entre ela e seus associados.

Art. 91. As cooperativas igualam-se às demais empresas em relação aos seus empregados para os fins da legislação trabalhista e previdenciária.

Capítulo XIII
DA FISCALIZAÇÃO E CONTROLE

Art. 92. A fiscalização e o controle das sociedades cooperativas, nos termos desta Lei e dispositivos legais específicos, serão exercidos, de acordo com o objeto de funcionamento, da seguinte forma:

I – as de crédito e as seções de crédito das agrícolas mistas pelo Banco Central do Brasil;

II – as de habitação pelo Banco Nacional da Habitação;

III – as demais pelo Instituto Nacional de Colonização e Reforma Agrária.

§ 1.º Mediante autorização do Conselho Nacional de Cooperativismo, os órgãos controladores federais poderão solicitar, quando julgarem necessário, a colaboração de outros órgãos administrativos, na execução das atribuições previstas neste artigo.

§ 2.º As sociedades cooperativas permitirão quaisquer verificações determinadas pelos respectivos órgãos de controle, prestando os esclarecimentos que lhes forem solicitados, além de serem obrigadas a remeter-lhes anualmente a relação dos associados admitidos, demitidos, eliminados e excluídos no período, cópias de atas, de balanços e dos relatórios do exercício social e parecer do Conselho Fiscal.

Art. 93. O Poder Público por intermédio da administração central dos órgãos executivos federais competentes, por iniciativa própria ou solicitação da assembleia geral ou do Conselho Fiscal, intervirá nas cooperativas quando ocorrer um dos seguintes casos:

I – violação contumaz das disposições legais;

II – ameaça de insolvência em virtude de má administração da sociedade;

III – paralisação das atividades sociais por mais de 120 (cento e vinte) dias consecutivos;

IV – inobservância do art. 56, § 2.º.

Parágrafo único. Aplica-se, no que couber, às cooperativas habitacionais, o disposto neste artigo.

Art. 94. Observar-se-á, no processo de intervenção, a disposição constante do § 2.º do art. 75.

Capítulo XIV
DO CONSELHO NACIONAL DE COOPERATIVISMO

Art. 95. A orientação geral da política cooperativista nacional caberá ao Conselho Nacional de Cooperativismo - CNC, que passará a funcionar junto ao Instituto Nacional de Colonização e Reforma Agrária - INCRA, com plena autonomia administrativa e financeira, na forma do art. 172 do Decreto-lei n. 200, de 25 de fevereiro de 1967, sob a presidência do Ministro da Agricultura e composto de oito membros indicados pelos seguintes representados:

I – Ministério do Planejamento e Coordenação-Geral;

II – Ministério da Fazenda, por intermédio do Banco Central do Brasil;

III – Ministério do Interior, por intermédio do Banco Nacional da Habitação;

IV – Ministério da Agricultura, por intermédio do Instituto Nacional de Colonização e Reforma Agrária - INCRA, e do Banco Nacional de Crédito Cooperativo S/A;

V – Organização das Cooperativas Brasileiras.

Parágrafo único. A entidade referida no inciso V deste artigo contará com três elementos para fazer-se representar no Conselho.

Art. 96. O Conselho, que deverá reunir-se ordinariamente uma vez por mês, será presidido pelo Ministro da Agricultura, a quem caberá o voto de qualidade, sendo suas resoluções votadas por maioria simples, com a presença, no mínimo, de três representantes dos órgãos oficiais mencionados nos itens I a IV do artigo anterior.

Parágrafo único. Nos seus impedimentos eventuais, o substituto do presidente será o presidente do Instituto Nacional de Colonização e Reforma Agrária.

Art. 97. Ao Conselho Nacional de Cooperativismo compete:

I – editar atos normativos para a atividade cooperativista nacional;

II – baixar normas regulamentadoras, complementares e interpretativas, da legislação cooperativista;

III – organizar e manter atualizado o cadastro geral das cooperativas nacionais;

IV – decidir, em última instância, os recursos originários de decisões do respectivo órgão executivo federal;

V – apreciar os anteprojetos que objetivam a revisão da legislação cooperativista;

VI – estabelecer condições para o exercício de quaisquer cargos eletivos de administração ou fiscalização de cooperativas;

VII – definir as condições de funcionamento do empreendimento cooperativo, a que se refere o art. 18;

VIII – votar o seu próprio regimento;

IX – autorizar, onde houver condições, a criação de Conselhos Regionais de Cooperativismo, definindo-lhes as atribuições;

X – decidir sobre a aplicação do Fundo Nacional de Cooperativismo, nos termos do art. 102 desta Lei;

XI – estabelecer em ato normativo ou de caso a caso, conforme julgar necessário, o limite a ser observado nas operações com não associados a que se referem os arts. 85 e 86.

Parágrafo único. As atribuições do Conselho Nacional de Cooperativismo não se estendem às cooperativas de habitação, às de crédito e às seções de crédito das cooperativas agrícolas mistas, no que forem regidas por legislação própria.

Art. 98. O Conselho Nacional de Cooperativismo - CNC contará com uma secretaria executiva que se incumbirá de seus encargos administrativos, podendo seu secretário executivo requisitar funcionários de qualquer órgão da Administração Pública.

§ 1.º O secretário executivo do Conselho Nacional de Cooperativismo será o diretor do Departamento de Desenvolvimento Rural do Instituto Nacional de Colonização e Reforma Agrária - INCRA, devendo o Departamento referido incumbir-se dos encargos administrativos do Conselho Nacional de Cooperativismo.

§ 2.º Para os impedimentos eventuais do secretário executivo, este indicará à apreciação do Conselho seu substituto.

Art. 99. Compete ao presidente do Conselho Nacional de Cooperativismo:

I – presidir às reuniões;

II – convocar as reuniões extraordinárias;

III – proferir o voto de qualidade.

Art. 100. Compete à Secretaria Executiva do Conselho Nacional de Cooperativismo:

I – dar execução às resoluções do Conselho;

II – comunicar as decisões do Conselho ao respectivo órgão executivo federal;

III – manter relações com os órgãos executivos federais, bem assim com quaisquer outros órgãos públicos ou privados, nacionais ou estrangeiros, que possam influir no aperfeiçoamento do cooperativismo;

IV – transmitir aos órgãos executivos federais e entidade superior do movimento cooperativista nacional todas as informações relacionadas com a doutrina e prática cooperativistas de seu interesse;

V – organizar e manter atualizado o cadastro geral das cooperativas nacionais e expedir as respectivas certidões;

VI – apresentar ao Conselho, em tempo hábil, a proposta orçamentária do órgão, bem como o relatório anual de suas atividades;

VII – providenciar todos os meios que assegurem o regular funcionamento do Conselho;

VIII – executar quaisquer outras atividades necessárias ao pleno exercício das atribuições do Conselho.

Art. 101. O Ministério da Agricultura incluirá, em sua proposta orçamentária anual, os recursos financeiros solicitados pelo Conselho Nacional de Cooperativismo - CNC, para custear seu funcionamento.

Parágrafo único. As contas do Conselho Nacional de Cooperativismo - CNC, serão prestadas por intermédio do Ministério da Agricultura, observada a legislação específica que regula a matéria.

Art. 102. Fica mantido, junto ao Banco Nacional de Crédito Cooperativo S/A, o "Fundo Nacional de Cooperativismo", criado pelo Decreto-lei n. 59, de 21 de novembro de 1966, destinado a prover recursos de apoio ao movimento cooperativista nacional.

§ 1.º O Fundo de que trata este artigo será suprido por:

I – dotação incluída no orçamento do Ministério da Agricultura para o fim específico de incentivos às atividades cooperativas;

II – juros e amortizações dos financiamentos realizados com seus recursos;

III – doações, legados e outras rendas eventuais;

IV – dotações consignadas pelo Fundo Federal Agropecuário e pelo Instituto Nacional de Colonização e Reforma Agrária - INCRA.

§ 2.º Os recursos do Fundo, deduzido o necessário ao custeio de sua administração, serão aplicados pelo Banco Nacional de Crédito Cooperativo S/A, obrigatoriamente, em financiamento de atividades que interessem de maneira relevante ao abastecimento das populações, a critério do Conselho Nacional de Cooperativismo.

§ 3.º O Conselho Nacional de Cooperativismo poderá, por conta do Fundo, autorizar a concessão de estímulos ou auxílios para execução de atividades que, pela sua relevância socioeconômica, concorram para o desenvolvimento do sistema cooperativista nacional.

Capítulo XV DOS ÓRGÃOS GOVERNAMENTAIS

Art. 103. As cooperativas permanecerão subordinadas, na parte normativa, ao Conselho Nacional de Cooperativismo, com exceção das de crédito, das seções de crédito das agrícolas mistas e das de habitação, cujas normas continuarão a ser baixadas pelo Conselho Monetário Nacional, relativamente às duas primeiras, e Banco Nacional da Habitação, com relação à última, observado o disposto no art. 92 desta Lei.

Parágrafo único. Os órgãos executivos federais, visando à execução descentralizada de seus serviços, poderão delegar sua competência, total ou parcialmente, a órgãos e entidades da administração estadual e municipal, bem como, excepcionalmente, a outros órgãos e entidades da administração federal.

Art. 104. Os órgãos executivos federais comunicarão todas as alterações havidas nas cooperativas sob a sua jurisdição ao Conselho Nacional de Cooperativismo, para fins de atualização do cadastro geral das cooperativas nacionais.

Capítulo XVI DA REPRESENTAÇÃO DO SISTEMA COOPERATIVISTA

Art. 105. A representação do sistema cooperativista nacional cabe à Organização das Cooperativas Brasileiras - OCB, sociedade civil, com sede na Capital Federal, órgão técnico-consultivo do Governo, estruturada nos termos desta Lei, sem finalidade lucrativa, competindo-lhe precipuamente:

a) manter a neutralidade política e indiscriminação racial, religiosa e social;

b) integrar todos os ramos das atividades cooperativistas;

c) manter registro de todas as sociedades cooperativas que, para todos os efeitos, integram a Organização das Cooperativas Brasileiras - OCB;

d) manter serviços de assistência geral ao sistema cooperativista, seja quanto à estrutura social, seja quanto aos métodos operacionais e orientação jurídica, mediante pareceres e recomendações, sujeitas, quando for o caso, à aprovação do Conselho Nacional de Cooperativismo - CNC;

e) denunciar ao Conselho Nacional de Cooperativismo práticas nocivas ao desenvolvimento cooperativista;

f) opinar nos processos que lhe sejam encaminhados pelo Conselho Nacional de Cooperativismo;

g) dispor de setores consultivos especializados, de acordo com os ramos de cooperativismo;

h) fixar a política da organização com base nas proposições emanadas de seus órgãos técnicos;

i) exercer outras atividades inerentes à sua condição de órgão de representação e defesa do sistema cooperativista;

j) manter relações de integração com as entidades congêneres do exterior e suas cooperativas.

§ 1.º A Organização das Cooperativas Brasileiras - OCB será constituída de entidades, uma para cada Estado, Território e Distrito Federal, criadas com as mesmas características da organização nacional.

§ 2.º As assembleias gerais do órgão central serão formadas pelos representantes credenciados das filiadas, um por entidade, admitindo-se proporcionalidade de voto.

§ 3.º A proporcionalidade de voto, estabelecida no parágrafo anterior, ficará a critério da OCB, baseando-se no número de associados - pessoas físicas e as exceções previstas nesta Lei - que compõem o quadro das cooperativas filiadas.

§ 4.º A composição da diretoria da Organização das Cooperativas Brasileiras - OCB será estabelecida em seus estatutos sociais.

§ 5.º Para o exercício de cargos de diretoria e Conselho Fiscal, as eleições se processarão por escrutínio secreto, permitida a reeleição para mais um mandato consecutivo.

Art. 106. A atual Organização das Cooperativas Brasileiras e as suas filiadas ficam investidas das atribuições e prerrogativas conferidas nesta Lei, devendo, no prazo de 1 (um) ano, promover a adaptação de seus estatutos, e a transferência da sede nacional.

Art. 107. As cooperativas são obrigadas, para seu funcionamento, a registrar-se na Organização das Cooperativas Brasileiras ou na entidade estadual, se houver, mediante apresentação dos estatutos sociais e suas alterações posteriores.

Parágrafo único. Por ocasião do registro, a cooperativa pagará 10% (dez por cento) do maior salário mínimo vigente, se a soma do respectivo capital integralizado e fundos não exceder de 250 (duzentos e cinquenta) salários mínimos e 50% (cinquenta por cento) se aquele montante for superior.

Art. 108. Fica instituída, além do pagamento previsto no parágrafo único do artigo anterior, a Contribuição Cooperativista, que será recolhida anualmente pela cooperativa após o encerramento de seu exercício social, a favor da Organização das Cooperativas Brasileiras de que trata o art. 105 desta Lei.

§ 1.º A Contribuição Cooperativista constituir-se-á de importância correspondente a 0,2% (dois décimos por cento) do valor do capital integralizado e fundos da sociedade cooperativa, no exercício social do ano anterior, sendo o respectivo montante distribuído, por metade, a suas filiadas, quando constituídas.

§ 2.º No caso das cooperativas centrais ou federações, a Contribuição de que trata o parágrafo anterior será calculada sobre os fundos e reservas existentes.

§ 3.º A Organização das Cooperativas Brasileiras poderá estabelecer um teto à Contribuição Cooperativista, com base em estudos elaborados pelo seu corpo técnico.

Capítulo XVII
DOS ESTÍMULOS CREDITÍCIOS

Art. 109. Caberá ao Banco Nacional de Crédito Cooperativo S/A estimular e apoiar as cooperativas, mediante concessão de financiamentos necessários ao seu desenvolvimento.

§ 1.º Poderá o Banco Nacional de Crédito Cooperativo S/A receber depósitos das cooperativas de crédito e das seções de crédito das cooperativas agrícolas mistas.

§ 2.º Poderá o Banco Nacional de Crédito Cooperativo S/A operar com pessoas físicas ou jurídicas, estranhas ao quadro social cooperativo, desde que haja benefício para as cooperativas e estas figurem na operação bancária.

§ 3.º O Banco Nacional de Crédito Cooperativo S/A manterá linhas de crédito específicas para as cooperativas, de acordo com o objeto e a natureza de suas atividades, a juros módicos e prazos adequados inclusive com sistema de garantias ajustado às peculiaridades das cooperativas a que se destinam.

§ 4.º O Banco Nacional de Crédito Cooperativo S/A manterá linha especial de crédito para financiamento de quotas-partes de capital.

Art. 110. Fica extinta a contribuição de que trata o art. 13 do Decreto-lei n. 60, de 21 de novembro de 1966, com a redação dada pelo Decreto-lei n. 668, de 3 de julho de 1969.

Capítulo XVIII
DAS DISPOSIÇÕES GERAIS E TRANSITÓRIAS

Art. 111. Serão considerados como renda tributável os resultados positivos obtidos pelas cooperativas nas operações de que tratam os arts. 85, 86 e 88 desta Lei.

• *Vide* Súmula 262 do STJ.

Art. 112. O Balanço Geral e o Relatório do exercício social que as cooperativas deverão encaminhar anualmente aos órgãos de controle serão acompanhados, a juízo destes, de parecer emitido por um serviço independente de auditoria credenciado pela Organização das Cooperativas Brasileiras.

Parágrafo único. Em casos especiais, tendo em vista a sede da Cooperativa, o volume de suas operações e outras circunstâncias dignas de consideração, a exigência da apresentação do parecer pode ser dispensada.

Art. 113. Atendidas as deduções determinadas pela legislação específica, às sociedades cooperativas ficará assegurada primeira prioridade para o recebimento de seus créditos de pessoas jurídicas que efetuem descontos na folha de pagamento de seus empregados, associados de cooperativas.

Art. 114. Fica estabelecido o prazo de 36 (trinta e seis) meses para que as cooperativas atualmente registradas nos órgãos competentes reformulem os seus estatutos, no que for cabível, adaptando-os ao disposto na presente Lei.

Art. 115. As Cooperativas dos Estados, Territórios ou do Distrito Federal, enquanto não constituírem seus órgãos de representação, serão convocadas às assembleias da OCB, como vogais, com 60 (sessenta) dias de antecedência, mediante editais publicados três vezes em jornal de grande circulação local.

Art. 116. A presente Lei não altera o disposto nos sistemas próprios instituídos para as cooperativas de habitação e cooperativas de crédito, aplicando-se ainda, no que couber, o regime instituído para essas últimas às seções de crédito das agrícolas mistas.

Art. 117. Esta Lei entrará em vigor na data de sua publicação, revogadas as disposições em contrário e especificamente o Decreto-lei n. 59, de 21 de novembro de 1966, bem como o Decreto n. 60.597, de 19 de abril de 1967.

Brasília, 16 de dezembro de 1971; 150.º da Independência e 83.º da República.

EMÍLIO G. MÉDICI

LEI N. 6.015, DE 31 DE DEZEMBRO DE 1973 (*)

Dispõe sobre os Registros Públicos e dá outras providências.

O Presidente da República:

Faço saber que o Congresso Nacional decreta e eu sanciono a seguinte Lei:

Título I
DAS DISPOSIÇÕES GERAIS

Capítulo I
DAS ATRIBUIÇÕES

Art. 1.º Os serviços concernentes aos Registros Públicos, estabelecidos pela legislação civil para autenticidade, segurança e eficácia dos atos jurídicos, ficam sujeitos ao regime estabelecido nesta Lei.

§ 1.º Os registros referidos neste artigo são os seguintes:

I – o registro civil de pessoas naturais;

II – o registro civil de pessoas jurídicas;

III – o registro de títulos e documentos;

IV – o registro de imóveis.

- *Vide* Lei n. 7.433, de 18-12-1985, e Decreto n. 93.240, de 9-9-1986, sobre os requisitos para a lavratura de escrituras públicas.

§ 2.º Os demais registros reger-se-ão por leis próprias.

§ 3.º Os registros serão escriturados, publicizados e conservados em meio eletrônico, nos termos estabelecidos pela Corregedoria Nacional de Justiça do Conselho Nacional de Justiça, em especial quanto aos:

•• § 3.º, *caput*, com redação determinada pela Medida Provisória n. 1.085, de 27-12-2021.

O texto anterior dizia: "§ 3.º Os registros poderão ser escriturados, publicitados e conservados em meio eletrônico, obedecidos os padrões tecnológicos estabelecidos em regulamento.

•• § 3.º acrescentado pela Lei n. 13.874, de 20-9-2019".

I – padrões tecnológicos de escrituração, indexação, publicidade, segurança, redundância e conservação; e

•• Inciso I acrescentado pela Medida Provisória n. 1.085, de 27-12-2021.

II – prazos de implantação nos registros públicos de que trata este artigo.

•• Inciso II acrescentado pela Medida Provisória n. 1.085, de 27-12-2021.

§ 4.º É vedado às serventias dos registros públicos recusar a recepção, a conservação ou o registro de documentos em forma eletrônica produzidos nos termos estabelecidos pela Corregedoria Nacional de Justiça do Conselho Nacional de Justiça.

•• § 4.º acrescentado pela Medida Provisória n. 1.085, de 27-12-2021.

Art. 2.º Os registros indicados no § 1.º do artigo anterior ficam a cargo dos serventuários privativos nomeados de acordo com o estabelecido na Lei de Organização Administrativa e Judiciária do Distrito Federal e dos Territórios e nas Resoluções sobre a Divisão e Organização Judiciária dos Estados, e serão feitos:

I – o do item I, nos ofícios privativos, ou nos Cartórios de Registro de Nascimentos, Casamentos e Óbitos;

II – os dos itens II e III, nos ofícios privativos, ou nos Cartórios de Registro de Títulos e Documentos;

III – o do item IV, nos ofícios privativos, ou nos Cartórios de Registro de Imóveis.

Capítulo II
DA ESCRITURAÇÃO

Art. 3.º A escrituração será feita em livros encadernados, que obedecerão aos modelos anexos a esta Lei, sujeitos à correição da autoridade judiciária competente.

§ 1.º Os livros podem ter 0,22m até 0,40m de largura e de 0,33m até 0,55m de altura, cabendo ao oficial a escolha, dentro dessas dimensões, de acordo com a conveniência do serviço.

§ 2.º Para facilidade do serviço podem os livros ser escriturados mecanicamente, em folhas soltas, obedecidos os modelos aprovados pela autoridade judiciária competente.

Art. 4.º Os livros de escrituração serão abertos, numerados, autenticados e encerrados pelo oficial do registro, podendo ser utilizado, para tal fim, processo mecânico de autenticação previamente aprovado pela autoridade judiciária competente.

Parágrafo único. Os livros notariais, nos modelos existentes, em folhas fixas ou soltas, serão também abertos, numerados, autenticados e encerrados pelo tabelião, que determinará a respectiva quantidade a ser utilizada, de acordo com a necessidade do serviço.

•• Parágrafo único acrescentado pela Lei n. 9.955, de 6-1-2000.

Art. 5.º Considerando a quantidade dos registros, o juiz poderá autorizar a diminuição do número de páginas dos livros respectivos, até à terça parte do consignado nesta Lei.

Art. 6.º Findando-se um livro, o imediato tomará o número seguinte, acrescido à respectiva letra, salvo no registro de imóveis, em que o número será conservado, com a adição sucessiva de letras, na ordem alfabética simples, e, depois, repetidas em combinações com a primeira, com a segunda, e assim indefinidamente. Exemplos: 2-A a 2-Z; 2-AA a 2-AZ; 2-BA a 2-BZ etc.

(*) Publicada no *DOU*, de 31-12-1973. Republicada em 16-9-1975 e retificada em 30-10-1975. *Vide* art. 236 e §§ 1.º a 3.º da CF e arts. 31 e 32 do ADCT. Sobre serviços notariais e de registro: Lei n. 8.935, de 18-11-1994.

O Provimento n. 2, de 27-4-2009, do CNJ, institui modelos únicos de certidão de nascimento, de casamento e de óbito, a serem adotados pelos Ofícios de Registro Civil das Pessoas Naturais em todo o país, até o dia 1.º-1-2010.

Art. 7.º Os números de ordem dos registros não serão interrompidos no fim de cada livro, mas continuarão, indefinidamente, nos seguintes da mesma espécie.

Art. 7.º-A O disposto nos art. 3.º a art. 7.º não se aplica à escrituração por meio eletrônico de que trata o § 3.º do art. 1.º.

•• Artigo acrescentado pela Medida Provisória n. 1.085, de 27-12-2021.

Capítulo III
DA ORDEM DO SERVIÇO

Art. 8.º O serviço começará e terminará às mesmas horas em todos os dias úteis.

•• A Lei n. 14.011, de 10-6-2020, propôs nova redação para este *caput*, todavia teve o seu texto vetado.

Parágrafo único. O Registro Civil de Pessoas Naturais funcionará todos os dias, sem exceção.

Art. 9.º Será nulo o registro lavrado fora das horas regulamentares ou em dias em que não houver expediente, sendo civil e criminalmente responsável o oficial que der causa à nulidade.

§ 1.º Serão contados em dias e horas úteis os prazos estabelecidos para a vigência da prenotação, para os pagamentos de emolumentos e para a prática de atos pelos oficiais dos registros de imóveis, de títulos e documentos e civil de pessoas jurídicas, incluída a emissão de certidões, exceto nos casos previstos em lei e naqueles contados em meses e anos.

•• § 1.º acrescentado pela Medida Provisória n. 1.085, de 27-12-2021.

§ 2.º Para fins do disposto no § 1.º, consideram-se:

•• § 2.º, *caput*, acrescentado pela Medida Provisória n. 1.085, de 27-12-2021.

I – dias úteis – aqueles em que houver expediente; e

•• Inciso I acrescentado pela Medida Provisória n. 1.085, de 27-12-2021.

II – horas úteis – as horas regulamentares do expediente.

•• Inciso II acrescentado pela Medida Provisória n. 1.085, de 27-12-2021.

§ 3.º A contagem dos prazos nos registros públicos observará os critérios estabelecidos na legislação processual civil.

•• § 3.º acrescentado pela Medida Provisória n. 1.085, de 27-12-2021.

Art. 10. Todos os títulos, apresentados no horário regulamentar e que não forem registrados até a hora do encerramento do serviço, aguardarão o dia seguinte, no qual serão registrados, preferencialmente, aos apresentados nesse dia.

Parágrafo único. O registro civil de pessoas naturais não poderá, entretanto, ser adiado.

Art. 11. Os oficiais adotarão o melhor regime interno de modo a assegurar às partes a ordem de precedência na apresentação dos seus títulos, estabelecendo-se, sempre, o número de ordem geral.

Art. 12. Nenhuma exigência fiscal, ou dúvida, obstará a apresentação de um título e o seu lançamento do Protocolo com o respectivo número de ordem, nos casos em que da precedência decorra prioridade de direitos para o apresentante.

Parágrafo único. Independem de apontamento no Protocolo os títulos apresentados apenas para exame e cálculo dos respectivos emolumentos.

Art. 13. Salvo as anotações e as averbações obrigatórias, os atos do registro serão praticados:

I – por ordem judicial;

II – a requerimento verbal ou escrito dos interessados;

III – a requerimento do Ministério Público, quando a lei autorizar.

§ 1.º O reconhecimento de firma nas comunicações ao Registro Civil pode ser exigido pelo respectivo oficial.

§ 2.º A emancipação concedida por sentença judicial será anotada às expensas do interessado.

Art. 14. Os oficiais do registro, pelos atos que praticarem em decorrência do disposto nesta Lei, terão direito, a título de remuneração, aos emolumentos fixados nos Regimentos de Custas do Distrito Federal, dos Estados e dos Territórios, os quais serão pagos pelo interessado que os requerer.

•• *Caput* com redação determinada pela Medida Provisória n. 1.085, de 27-12-2021.

O texto anterior dizia: "Art. 14. Pelos atos que praticarem, em decorrência desta Lei, os oficiais do registro terão direito, a título de remuneração, aos emolumentos fixados nos Regimentos de Custas do Distrito Federal, dos Estados e dos Territórios, os quais serão pagos, pelo interessado que os requerer, no ato de requerimento ou no da apresentação do título".

Parágrafo único. O valor correspondente às custas de escrituras, certidões, buscas, averbações, registros de qualquer natureza, emolumentos e despesas legais constará, obrigatoriamente, do próprio documento, independentemente da expedição do recibo, quando solicitado.

•• Parágrafo único acrescentado pela Lei n. 6.724, de 19-11-1979.

• A Lei n. 10.150, de 21-12-2000, em seu art. 35, dispõe que os emolumentos devidos em todos os atos de que trata esta Lei, relacionados com o Programa de Arrendamento Residencial, instituído pela Lei n. 10.188, de 12-2-2001, serão reduzidos em 50% (cinquenta por cento).

Art. 15. Quando o interessado no registro for o oficial encarregado de fazê-lo, ou algum parente seu, em grau que determine impedimento, o ato incumbe ao substituto legal do oficial.

Capítulo IV
DA PUBLICIDADE

Art. 16. Os oficiais e os encarregados das repartições em que se façam os registros são obrigados:

1.º) a lavrar certidão do que lhes for requerido;

2.º) a fornecer às partes as informações solicitadas.

Art. 17. Qualquer pessoa pode requerer certidão do registro sem informar ao oficial ou ao funcionário o motivo ou interesse do pedido.

• O Provimento n. 38, de 25-7-2014, do CNJ, dispõe sobre a Central de Informações de Registro Civil das Pessoas Naturais – CRC.

§ 1.º O acesso ou o envio de informações aos registros públicos, quando realizados por meio da internet, deverão ser assinados com o uso de assinatura avançada ou qualificada de que trata o art. 4.º da Lei n. 14.063, de 23 de setembro de 2020, nos termos estabelecidos pela Corregedoria Nacional de Justiça do Conselho Nacional de Justiça.

•• § 1.º com redação determinada pela Medida Provisória n. 1.085, de 27-12-2021.

O texto anterior dizia: "Parágrafo único. O acesso ou envio de informações aos registros públicos, quando forem realizados por meio da rede mundial de computadores (internet) deverão ser assinados com uso de certificado digital, que atenderá os requisitos da Infraestrutura de Chaves Públicas Brasileira – ICP.

•• Parágrafo único acrescentado pela Lei n. 11.977, de 7-7-2009".

§ 2.º Ato da Corregedoria Nacional de Justiça do Conselho Nacional de Justiça poderá estabelecer hipóteses de uso de assinatura avançada em atos envolvendo imóveis.

•• § 2.º acrescentado pela Medida Provisória n. 1.085, de 27-12-2021.

Art. 18. Ressalvado o disposto nos arts. 45, 57, § 7.º, e 95, parágrafo único, a certidão será lavrada independentemente de despacho judicial, devendo mencionar o livro de registro ou o documento arquivado no cartório.

•• Artigo com redação determinada pela Lei n. 9.807, de 13-7-1999.

Art. 19. A certidão será lavrada em inteiro teor, em resumo, ou em relatório, conforme quesitos, e devidamente autenticada pelo oficial ou seus substitutos legais, não podendo ser retardada por mais de 5 (cinco) dias.

§ 1.º A certidão, de inteiro teor, será extraída por meio reprográfico ou eletrônico.

•• § 1.º com redação determinada pela Medida Provisória n. 1.085, de 27-12-2021.

O texto anterior dizia: "§ 1.º A certidão, de inteiro teor, poderá ser extraída por meio datilográfico ou reprográfico".

§ 2.º As certidões do registro civil das pessoas naturais mencionarão, sempre, a data em que foi lavrado o assento.

•• § 2.º com redação determinada pela Medida Provisória n. 1.085, de 27-12-2021.

O texto anterior dizia: "§ 2.º As certidões do Registro Civil de Pessoas Naturais mencionarão, sempre, a data em que foi lavrado o assento e serão manuscritas ou datilografadas e, no caso de adoção de papéis impressos, os claros serão preenchidos também em manuscrito ou datilografados".

§ 3.º Nas certidões de registro civil, não se mencionará a circunstância de ser legítima, ou não, a filiação, salvo a requerimento do próprio interessado, ou em virtude de determinação judicial.

§ 4.º As certidões de nascimento mencionarão a data em que foi feito o assento, a data, por extenso, do nascimento e, ainda, expressamente, a naturalidade.

•• § 4.º com redação determinada pela Lei n. 13.484, de 26-9-2017.

§ 5.º As certidões extraídas dos registros públicos deverão, observado o disposto no § 1.º, ser fornecidas eletronicamente, com uso de tecnologia que permita a sua impressão pelo usuário e a identificação segura de sua autenticidade, conforme critérios estabelecidos pela Corregedoria Nacional de Justiça do Conselho Nacional de Justiça, dispensada a materialização das certidões pelo oficial de registro.

•• § 5.º com redação determinada pela Medida Provisória n. 1.085, de 27-12-2021.

O texto anterior dizia: "§ 5.º As certidões extraídas dos registros públicos deverão ser fornecidas em papel e mediante escrita que permitam a sua reprodução por fotocópia, ou outro processo equivalente".

§ 6.º O interessado poderá solicitar a qualquer serventia certidões eletrônicas relativas a atos registrados em outra serventia, por meio do Sistema Eletrônico dos registros públicos – SERP, nos termos estabelecidos pela Corregedoria Nacional de Justiça do Conselho Nacional de Justiça.

•• § 6.º acrescentado pela Medida Provisória n. 1.085, de 27-12-2021.

§ 7.º A certidão impressa nos termos do disposto no § 5.º e a certidão eletrônica lavrada nos termos do disposto no § 6.º terão validade e fé pública.

•• § 7.º acrescentado pela Medida Provisória n. 1.085, de 27-12-2021.

§ 8.º Os registros públicos de que trata esta Lei disponibilizarão, por meio do SERP, a visualização eletrônica dos atos neles transcritos, praticados, registrados ou averbados, na forma e nos prazos estabelecidos pela Corregedoria Nacional de Justiça do Conselho Nacional de Justiça.

•• § 8.º acrescentado pela Medida Provisória n. 1.085, de 27-12-2021.

§ 9.º A certidão da situação jurídica atualizada do imóvel compreende as informações vigentes de sua descrição, número de contribuinte, proprietário, direitos, ônus e restrições, judiciais e administrativas, incidentes sobre o imóvel e o respectivo titular, além das demais informações necessárias à comprovação da propriedade e à transmissão e à constituição de outros direitos reais.

•• § 9.º acrescentado pela Medida Provisória n. 1.085, de 27-12-2021.

§ 10. As certidões do registro de imóveis, inclusive aquelas de que trata o § 6.º, serão emitidas nos seguintes prazos máximos, contados a partir do pagamento dos emolumentos:

•• § 10, *caput*, acrescentado pela Medida Provisória n. 1.085, de 27-12-2021.

I – quatro horas, para a certidão de inteiro teor da matrícula ou do livro auxiliar, em meio eletrônico, requerida no horário de expediente, desde que fornecido pelo usuário o respectivo número;

•• Inciso I acrescentado pela Medida Provisória n. 1.085, de 27-12-2021.

II – um dia, para a certidão da situação jurídica atualizada do imóvel; e

•• Inciso II acrescentado pela Medida Provisória n. 1.085, de 27-12-2021.

III – cinco dias, para a certidão de transcrições e para os demais casos.

•• Inciso III acrescentado pela Medida Provisória n. 1.085, de 27-12-2021.

§ 11. No âmbito do registro de imóveis, a certidão de inteiro teor da matrícula contém a reprodução de todo seu conteúdo e é suficiente para fins de comprovação de propriedade, direitos, ônus reais e restrições sobre o imóvel, independentemente de certificação específica pelo oficial.

•• § 11 acrescentado pela Medida Provisória n. 1.085, de 27-12-2021.

§ 12. Na localidade em que haja dificuldade de comunicação eletrônica, a Corregedoria-Geral da Justiça Estadual poderá autorizar, de modo excepcional e com expressa comunicação ao público, a aplicação de prazos maiores para emissão das certidões do registro de imóveis de que trata o § 10.

•• § 12 acrescentado pela Medida Provisória n. 1.085, de 27-12-2021.

Art. 20. No caso de recusa ou retardamento na expedição da certidão, o interessado poderá reclamar à autoridade competente, que aplicará, se for o caso, a pena disciplinar cabível.

Parágrafo único. Para a verificação do retardamento, o oficial, logo que receber alguma petição, fornecerá à parte uma nota de entrega devidamente autenticada.

Art. 21. Sempre que houver qualquer alteração posterior ao ato cuja certidão é pedida, deve o oficial mencioná-la, obrigatoriamente, não obstante as especificações do pedido, sob pena de responsabilidade civil e penal, ressalvado o disposto nos arts. 45 e 95.

• O Provimento n. 82, de 3-7-2019, do CNJ, dispõe sobre o procedimento de averbação no registro de nascimento e no de casamento dos filhos, da alteração do nome do genitor e dá outras providências.

Parágrafo único. A alteração a que se refere este artigo deverá ser anotada na própria certidão, contendo a inscrição de que "a presente certidão envolve elementos de averbação à margem do termo".

Capítulo V
DA CONSERVAÇÃO

Art. 22. Os livros de registro, bem como as fichas que os substituam, somente sairão do respectivo cartório mediante autorização judicial.

Art. 23. Todas as diligências judiciais e extrajudiciais que exigirem a apresentação de qualquer livro, ficha substitutiva de livro ou documento, efetuar-se-ão no próprio cartório.

Art. 24. Os oficiais devem manter, em segurança, permanentemente, os livros e documentos e respondem pela sua ordem e conservação.

Art. 25. Os papéis referentes ao serviço do registro serão arquivados em cartório mediante utilização de processos racionais que facilitem as buscas, facultada a utilização de microfilmagem e de outros meios de reprodução autorizados em lei.

Art. 26. Os livros e papéis pertencentes ao arquivo do cartório ali permanecerão indefinidamente.

Art. 27. Quando a lei criar novo cartório, e enquanto este não for instalado, os registros continuarão a ser feitos no cartório que sofreu o desmembramento, não sendo necessário repeti-los no novo ofício.

Parágrafo único. O arquivo do antigo cartório continuará a pertencer-lhe.

Capítulo VI
DA RESPONSABILIDADE

Art. 28. Além dos casos expressamente consignados, os oficiais são civilmente responsáveis por todos os prejuízos que, pessoalmente, ou pelos prepostos ou substitutos que indicarem, causarem, por culpa ou dolo, aos interessados no registro.

Parágrafo único. A responsabilidade civil independe da criminal pelos delitos que cometerem.

Título II
DO REGISTRO CIVIL DAS PESSOAS NATURAIS

Capítulo I
DISPOSIÇÕES GERAIS

Art. 29. Serão registrados no Registro Civil de Pessoas Naturais:

• *Vide* art. 9.º do CC.

I – os nascimentos;

•• Inciso I regulamentado pelo Decreto n. 7.231, de 14-7-2010.

• O Provimento n. 13, de 3-9-2010, da Corregedoria Nacional de Justiça, dispõe sobre a emissão de certidão de nascimento nos estabelecimentos de saúde que realizam partos.

II – os casamentos;

•• Inciso II regulamentado pelo Decreto n. 7.231, de 14-7-2010.

III – os óbitos;

•• Inciso III regulamentado pelo Decreto n. 7.231, de 14-7-2010.

IV – as emancipações;

V – as interdições;

VI – as sentenças declaratórias de ausência;

VII – as opções de nacionalidade;

VIII – as sentenças que deferirem a legitimação adotiva.

•• *Vide* art. 227, § 6.º, da CF.

§ 1.º Serão averbados:

•• *Vide* art. 227, § 6.º, da CF.

a) as sentenças que decidirem a nulidade ou anulação do casamento, o desquite e o restabelecimento da sociedade conjugal;

b) as sentenças que julgarem ilegítimos os filhos concebidos na constância do casamento e as que declararem a filiação legítima;

c) os casamentos de que resultar a legitimação de filhos havidos ou concebidos anteriormente;

d) os atos judiciais ou extrajudiciais de reconhecimento de filhos ilegítimos;

e) as escrituras de adoção e os atos que a dissolverem;

f) as alterações ou abreviaturas de nomes.

§ 2.º É competente para a inscrição da opção de nacionalidade o cartório da residência do optante, ou de seus pais. Se forem residentes no estrangeiro, far-se-á o registro no Distrito Federal.

§ 3.º Os ofícios do registro civil das pessoas naturais são considerados ofícios da cidadania e estão autorizados a prestar outros serviços remunerados, na forma prevista em convênio, em credenciamento ou em matrícula com órgãos públicos e entidades interessadas.

•• § 3.º acrescentado pela Lei n. 13.484, de 26-9-2017.

•• O STF, na ADI n. 5.855, de 10-4-2019 (*DOU* de 24-4-2019), concedeu interpretação conforme a CF a este § 3.º.

§ 4.º O convênio referido no § 3.º deste artigo independe de homologação e será firmado pela entidade de classe dos registradores civis de pessoas naturais de mesma abrangência territorial do órgão ou da entidade interessada.

•• § 4.º acrescentado pela Lei n. 13.484, de 26-9-2017.

•• O STF, na ADI n. 5.855, de 10-4-2019 (*DOU* de 24-4-2019), declarou a "nulidade parcial com redução de texto da expressão 'independe de homologação'" constante neste § 4.º.

Art. 30. Não serão cobrados emolumentos pelo registro civil de nascimento e pelo assento de óbito, bem como pela primeira certidão respectiva.

•• *Caput* com redação determinada pela Lei n. 9.534, de 10-12-1997.

•• O STF, em ADC n. 5-2 (*DOU* de 18-6-2007), declara a constitucionalidade deste artigo.

§ 1.º Os reconhecidamente pobres estão isentos de pagamento de emolumentos pelas demais certidões extraídas pelo cartório de registro civil.

•• § 1.º com redação determinada pela Lei n. 9.534, de 10-12-1997.

§ 2.º O estado de pobreza será comprovado por declaração do próprio interessado ou a rogo, tratando-se de analfabeto, neste caso, acompanhada da assinatura de 2 (duas) testemunhas.

•• § 2.º com redação determinada pela Lei n. 9.534, de 10-12-1997.

§ 3.º A falsidade da declaração ensejará a responsabilidade civil e criminal do interessado.

•• § 3.º acrescentado pela Lei n. 9.534, de 10-12-1997.

§ 3.º-A. Comprovado o descumprimento, pelos oficiais de Cartórios de Registro Civil, do disposto no *caput* deste artigo, aplicar-se-ão as penalidades previstas nos arts. 32 e 33 da Lei n. 8.935, de 18 de novembro de 1994.

•• § 3.º-A acrescentado pela Lei n. 9.812, de 10-8-1999.

§ 3.º-B. Esgotadas as penalidades a que se refere o parágrafo anterior e verificando-se novo descumprimento, aplicar-se-á o disposto no art. 39 da Lei n. 8.935, de 18 de novembro de 1994.

•• § 3.º-B acrescentado pela Lei n. 9.812, de 10-8-1999.

§ 3.º-C. Os cartórios de registros públicos deverão afixar, em local de grande visibilidade, que permita fácil leitura e acesso ao público, quadros contendo tabelas atualizadas das custas e emolumentos, além de informações claras sobre a gratuidade prevista no *caput* deste artigo.

•• § 3.º-C acrescentado pela Lei n. 11.802, de 4-11-2008.

§ 4.º É proibida a inserção nas certidões de que trata o § 1.º deste artigo de expressões que indiquem condição de pobreza ou semelhantes.

•• § 4.º com redação determinada pela Lei n. 11.789, de 2-10-2008.

§§ 5.º a 8.º (*Vetados*.)

Art. 31. Os fatos concernentes ao registro civil, que se derem a bordo dos navios de guerra e mercantes, em viagem, e no exército, em campanha, serão imediatamente registrados e comunicados em tempo oportuno, por cópia autêntica, aos respectivos Ministérios, a fim de que, através do Ministério da Justiça, sejam ordenados os assentamentos, notas ou averbações nos livros competentes das circunscrições a que se referirem.

Art. 32. Os assentos de nascimento, óbito e de casamento de brasileiros em país estrangeiro serão considerados autênticos, nos termos da lei do lugar em que forem feitos, legalizadas as certidões pelos cônsules ou, quando por estes tomados, nos termos do regulamento consular.

•• *Vide* art. 1.544 do CC.

• *Vide* art. 18 do Decreto-lei n. 4.657, de 4-9-1942.

§ 1.º Os assentos de que trata este artigo serão, porém, trasladados nos cartórios do 1.º Ofício do domicílio do registrado ou no 1.º Ofício do Distrito Federal, em falta de domicílio conhecido, quando tiverem de produzir efeito no País, ou, antes, por meio de segunda via que os cônsules serão obrigados a remeter por intermédio do Ministério das Relações Exteriores.

§ 2.º O filho de brasileiro ou brasileira, nascido no estrangeiro, e cujos pais não estejam ali a serviço do Brasil, desde que registrado em consulado brasileiro ou não registrado, venha a residir no território nacional antes de atingir a maioridade, poderá requerer, no juízo de seu domicílio, se registre, no livro "E" do 1.º Ofício do Registro Civil, o termo de nascimento.

§ 3.º Do termo e das respectivas certidões do nascimento registrado na forma do parágrafo antecedente constará que só valerão como prova de nacionalidade brasileira, até 4 (quatro) anos depois de atingida a maioridade.

§ 4.º Dentro do prazo de 4 (quatro) anos, depois de atingida a maioridade pelo interessado referido no § 2.º, deverá ele manifestar a sua opção pela nacionalidade brasileira perante o juízo federal. Deferido o pedido, proceder-se-á ao registro no livro "E" do Cartório do 1.º Ofício do domicílio do optante.

§ 5.º Não se verificando a hipótese prevista no parágrafo anterior, o oficial cancelará, de ofício, o registro provisório efetuado na forma do § 2.º.

Capítulo II
DA ESCRITURAÇÃO E ORDEM DO SERVIÇO

Art. 33. Haverá, em cada cartório, os seguintes livros:

•• *Caput* com redação determinada pela Medida Provisória n. 1.085, de 27-12-2021.

O texto anterior dizia: "Art. 33. Haverá, em cada cartório, os seguintes livros, todos com 300 (trezentas) folhas cada um:".

I – "A" – de registro de nascimento;

II – "B" – de registro de casamento;

III – "B Auxiliar" – de registro de casamento religioso para efeitos civis;

IV – "C" – de registro de óbitos;

V – "C Auxiliar" – de registro de natimortos;

VI – "D" – de registro de proclama.

Parágrafo único. No Cartório do 1.º Ofício ou da 1.ª subdivisão judiciária, em cada comarca, haverá outro livro para inscrição dos demais atos relativos ao estado civil, designado sob a letra "E", com 150 (cento e cinquenta) folhas, podendo o juiz competente, nas comarcas de grande movimento, autorizar o seu desdobramento, pela natureza dos atos que nele devam ser registrados, em livros especiais.

Art. 34. O oficial juntará, a cada um dos livros, índice alfabético dos assentos lavrados pelos nomes das pessoas a quem se referirem.

Parágrafo único. O índice alfabético poderá, a critério do oficial, ser organizado pelo sistema de fichas, desde que preencham estas os requisitos de segurança, comodidade e pronta busca.

Art. 35. A escrituração será feita seguidamente, em ordem cronológica de declarações, sem abreviaturas, nem algarismos; no fim de cada assento e antes da subscrição e das assinaturas, serão ressalvadas as emendas, entrelinhas ou outras circunstâncias que puderem ocasionar dúvidas. Entre um assento e outro, será traçada uma linha de intervalo, tendo cada um o seu número de ordem.

Art. 36. Os livros de registro serão divididos em três partes, sendo na da esquerda lançado o número de ordem e na central o assento, ficando na da direita espaço para as notas, averbações e retificações.

Art. 37. As partes, ou seus procuradores, bem como as testemunhas, assinarão os assentos, inserindo-se neles as declarações feitas de acordo com a lei ou ordenadas por sentença. As procurações serão arquivadas, declarando-se no termo a data, o livro, a folha e o ofício em que foram lavradas, quando constarem de instrumento público.

§ 1.º Se os declarantes, ou as testemunhas não puderem, por qualquer circunstância, assinar, far-se-á declaração no assento, assinando a rogo outra pessoa e tomando-se a impressão dactiloscópica da que não assinar, à margem do assento.

§ 2.º As custas com o arquivamento das procurações ficarão a cargo dos interessados.

Art. 38. Antes da assinatura dos assentos, serão estes lidos às partes e às testemunhas, do que se fará menção.

Art. 39. Tendo havido omissão ou erro, de modo que seja necessário fazer adição ou emenda, estas serão feitas antes da assinatura ou ainda em seguida, mas antes de outro assento, sendo a ressalva novamente por todos assinada.

Art. 40. Fora da retificação feita no ato, qualquer outra só poderá ser efetuada nos termos dos arts. 109 a 112 desta Lei.

•• Artigo com redação determinada pela Lei n. 12.100, de 27-11-2009.

Art. 41. Reputam-se inexistentes e sem efeitos jurídicos quaisquer emendas ou alterações posteriores, não ressalvadas ou não lançadas na forma indicada nos arts. 39 e 40.

Art. 42. A testemunha para os assentos de registro deve satisfazer às condições exigidas pela lei civil, sendo admitido o parente, em qualquer grau, do registrando.

Parágrafo único. Quando a testemunha não for conhecida do oficial do registro, deverá apresentar documento hábil da sua identidade, do qual se fará, no assento, expressa menção.

Art. 43. Os livros de proclamas serão escriturados cronologicamente com o resumo do que constar dos editais expedidos pelo próprio cartório, ou recebidos de outros, todos assinados pelo oficial.

Parágrafo único. As despesas de publicação do edital serão pagas pelo interessado.

Art. 44. O registro do edital de casamento conterá todas as indicações quanto à época de publicação e aos documentos apresentados, abrangendo também o edital remetido por outro oficial processante.

Art. 45. A certidão relativa ao nascimento de filho legitimado por subsequente matrimônio deverá ser fornecida sem o teor da declaração ou averbação a esse respeito, como se fosse legítimo; na certidão de casamento também será omitida a referência àquele filho, salvo havendo, em qualquer dos casos, determinação judicial, deferida em favor de quem demonstre legítimo interesse em obtê-la.

Capítulo III
DAS PENALIDADES

Art. 46. As declarações de nascimento feitas após o decurso do prazo legal serão registradas no lugar de residência do interessado.

•• *Caput* com redação determinada pela Lei n. 11.790, de 2-10-2008.

§ 1.º O requerimento de registro será assinado por 2 (duas) testemunhas, sob as penas da lei.

•• § 1.º com redação determinada pela Lei n. 11.790, de 2-10-2008.

§ 2.º (*Revogado pela Lei n. 10.215, de 6-4-2001.*)

§ 3.º O oficial do Registro Civil, se suspeitar da falsidade da declaração, poderá exigir prova suficiente.

•• § 3.º com redação determinada pela Lei n. 11.790, de 2-10-2008.

§ 4.º Persistindo a suspeita, o oficial encaminhará os autos ao juízo competente.

•• § 4.º com redação determinada pela Lei n. 11.790, de 2-10-2008.

§ 5.º Se o juiz não fixar prazo menor, o oficial deverá lavrar o assento dentro em 5 (cinco) dias, sob pena de pagar multa correspondente a 1 (um) salário mínimo da região.

Art. 47. Se o oficial do registro civil recusar fazer ou retardar qualquer registro, averbação ou anotação, bem como o fornecimento de certidão, as partes prejudicadas poderão queixar-se à autoridade judiciária, a qual, ouvindo o acusado, decidirá dentro de 5 (cinco) dias.

§ 1.º Se for injusta a recusa ou injustificada a demora, o juiz que tomar conhecimento do fato poderá impor ao oficial multa de 1 (um) a 10 (dez) salários mínimos da região, ordenando que, no prazo improrrogável de 24 (vinte e quatro) horas, seja feito o registro, a averbação, a anotação ou fornecida certidão, sob pena de prisão de 5 (cinco) a 20 (vinte) dias.

§ 2.º Os pedidos de certidão feitos por via postal, telegráfica ou bancária serão obrigatoriamente atendidos pelo oficial do registro civil, satisfeitos os emolumentos devidos, sob as penas previstas no parágrafo anterior.

Art. 48. Os juízes farão correição e fiscalização nos livros de registro, conforme as normas da organização judiciária.

Art. 49. Os oficiais do registro civil remeterão à Fundação Instituto Brasileiro de Geografia e Estatística, dentro dos primeiros 8 (oito) dias dos meses de janeiro, abril, julho e outubro de cada ano, um mapa dos nascimentos, casamentos e óbitos ocorridos no trimestre anterior.

•• *Caput* com redação determinada pela Lei n. 6.140, de 28-11-1974.

• *Vide* § 3.º deste artigo.

§ 1.º A Fundação Instituto Brasileiro de Geografia e Estatística fornecerá mapas para a execução do disposto neste artigo, podendo requisitar aos oficiais do registro que façam as correções que forem necessárias.

•• § 1.º com redação determinada pela Lei n. 6.140, de 28-11-1974.

§ 2.º Os oficiais que, no prazo legal, não remeterem os mapas, incorrerão na multa de 1 (um) a 5 (cinco) salários mínimos da região, que será cobrada como dívida ativa da União, sem prejuízo da ação penal que no caso couber.

•• § 2.º com redação determinada pela Lei n. 6.140, de 28-11-1974.

§ 3.º No mapa de que trata o *caput* deverá ser informado o número da identificação da Declaração de Nascido Vivo.

•• § 3.º acrescentado pela Lei n. 12.662, de 5-6-2012.

§ 4.º Os mapas dos nascimentos deverão ser remetidos aos órgãos públicos interessados no cruzamento das informações do registro civil e da Declaração de Nascido Vivo conforme o regulamento, com o objetivo de integrar a informação e promover a busca ativa de nascimentos.

•• § 4.º acrescentado pela Lei n. 12.662, de 5-6-2012.

§ 5.º Os mapas previstos no *caput* e no § 4.º deverão ser remetidos por meio digital quando o registrador detenha capacidade de transmissão de dados.

•• § 5.º acrescentado pela Lei n. 12.662, de 5-6-2012.

Capítulo IV
DO NASCIMENTO

Art. 50. Todo nascimento que ocorrer no território nacional deverá ser dado a registro, no lugar em que tiver ocorrido o parto ou no lugar da residência dos pais, dentro do prazo de 15 (quinze) dias, que será ampliado em até 3 (três) meses para os lugares distantes mais de 30 (trinta) quilômetros da sede do cartório.

•• *Caput* com redação determinada pela Lei n. 9.053, de 25-5-1995.

• A Lei n. 9.465, de 7-7-1997, dispõe sobre o fornecimento gratuito de registro extemporâneo de nascimento, quando destinado à obtenção de CTPS.

§ 1.º Quando for diverso o lugar da residência dos pais, observar-se-á a ordem contida nos itens 1.º e 2.º do art. 52.

•• § 1.º acrescentado pela Lei n. 9.053, de 25-5-1995.

§ 2.º Os índios, enquanto não integrados, não estão obrigados a inscrição do nascimento. Este poderá ser feito em livro próprio do órgão federal de assistência aos índios.

•• Primitivo § 1.º passado a § 2.º por determinação da Lei n. 9.053, de 25-5-1995.

§ 3.º Os menores de 21 (vinte e um) anos e maiores de 18 (dezoito) anos poderão, pessoalmente e isentos de multa, requerer o registro de seu nascimento.

•• Primitivo § 2.º passado a § 3.º por determinação da Lei n. 9.053, de 25-5-1995.

•• *Vide* art. 5.º do CC.

§ 4.º É facultado aos nascidos anteriormente à obrigatoriedade do registro civil requerer, isentos de multa, a inscrição de seu nascimento.

•• Primitivo § 3.º passado a § 4.º por determinação da Lei n. 9.053, de 25-5-1995.

§ 5.º Aos brasileiros nascidos no estrangeiro aplicar-se-á o disposto neste artigo, ressalvadas as prescrições legais relativas aos consulados.

•• Primitivo § 4.º passado a § 5.º por determinação da Lei n. 9.053, de 25-5-1995.

Art. 51. Os nascimentos ocorridos a bordo, quando não registrados nos termos do art. 64, deverão ser declarados dentro de 5 (cinco) dias, a contar da chegada do navio ou aeronave ao local do destino, no respectivo cartório ou consulado.

Art. 52. São obrigados a fazer a declaração de nascimento:

1.º) o pai ou a mãe, isoladamente ou em conjunto, observado o disposto no § 2.º do art. 54;

•• Item 1.º com redação determinada pela Lei n. 13.112, de 30-3-2015.

2.º) no caso de falta ou de impedimento de um dos indicados no item 1.º, outro indicado, que terá o prazo para declaração prorrogado por 45 (quarenta e cinco) dias;

•• Item 2.º com redação determinada pela Lei n. 13.112, de 30-3-2015.

3.º) no impedimento de ambos, o parente mais próximo, sendo maior e achando-se presente;

4.º) em falta ou impedimento do parente referido no número anterior, os administradores de hospitais ou os médicos e parteiras, que tiverem assistido o parto;

5.º) pessoa idônea da casa em que ocorrer, sendo fora da residência da mãe;

6.º) finalmente, as pessoas (*Vetado*) encarregadas da guarda do menor.

§ 1.º Quando o oficial tiver motivo para duvidar da declaração, poderá ir à casa do recém-nascido verificar a sua existência, ou exigir atestação do médico ou parteira que tiver assistido o parto, ou o testemunho de duas pessoas que não forem os pais e tiverem visto o recém-nascido.

• *Vide* art. 5.º, I, da CF.

§ 2.º Tratando-se de registro fora do prazo legal, o oficial, em caso de dúvida, poderá requerer ao juiz as providências que forem cabíveis para esclarecimento do fato.

• *Vide* art. 5.º, I, da CF.

• *Vide* nota ao art. 50, *caput*, desta lei.

§ 3.º O oficial de registro civil comunicará o registro de nascimento ao Ministério da Economia e ao INSS pelo Sistema Nacional de Informações de Registro Civil (Sirc) ou por outro meio que venha a substituí-lo.

•• § 3.º acrescentado pela Lei n. 13.846, de 18-6-2019.

Art. 53. No caso de ter a criança nascido morta ou no de ter morrido na ocasião do parto, será, não obstante, feito o assento com os elementos que couberem e com remissão ao do óbito.

§ 1.º No caso de ter a criança nascido morta, será o registro feito no livro "C Auxiliar", com os elementos que couberem.

§ 2.º No caso de a criança morrer na ocasião do parto, tendo, entretanto, respirado, serão feitos os dois assentos, o de nascimento e o de óbito, com os elementos cabíveis e com remissões recíprocas.

Art. 54. O assento do nascimento deverá conter:

1.º) o dia, mês, ano e lugar do nascimento e a hora certa, sendo possível determiná-la, ou aproximada;

2.º) o sexo do registrando;

3.º) o fato de ser gêmeo, quando assim tiver acontecido;

4.º) o nome e o prenome, que forem postos à criança;

5.º) a declaração de que nasceu morta, ou morreu no ato ou logo depois do parto;

6.º) a ordem de filiação de outros irmãos do mesmo prenome que existirem ou tiverem existido;

7.º) os nomes e prenomes, a naturalidade, a profissão dos pais, o lugar e cartório onde se casaram, a idade da genitora, do registrando em anos completos, na ocasião do parto, e o domicílio ou a residência do casal;

•• Item 7.º com redação determinada pela Lei n. 6.140, de 28-11-1974.

•• *Vide* arts. 5.º, I, e 227, § 6.º, da CF.

8.º) os nomes e prenomes dos avós paternos e maternos;

9.º) os nomes e prenomes, a profissão e a residência das duas testemunhas do assento, quando se tratar de parto ocorrido sem assistência médica em residência ou fora de unidade hospitalar ou casa de saúde;

•• Item 9.º com redação determinada pela Lei n. 13.484, de 26-9-2017.

10) o número de identificação da Declaração de Nascido Vivo, com controle do dígito verificador, exceto na hipótese de registro tardio previsto no art. 46 desta Lei; e

•• Item 10 com redação determinada pela Lei n. 13.484, de 26-9-2017.

11) a naturalidade do registrando.

•• Item 11 acrescentado pela Lei n. 13.484, de 26-9-2017.

§ 1.º Não constituem motivo para recusa, devolução ou solicitação de retificação da Declaração de Nascido Vivo por parte do Registrador Civil das Pessoas Naturais:

•• § 1.º, *caput*, acrescentado pela Lei n. 12.662, de 5-6-2012.

I – equívocos ou divergências que não comprometam a identificação da mãe;

•• Inciso I acrescentado pela Lei n. 12.662, de 5-6-2012.

II – omissão do nome do recém-nascido ou do nome do pai;

•• Inciso II acrescentado pela Lei n. 12.662, de 5-6-2012.

III – divergência parcial ou total entre o nome do recém-nascido constante da declaração e o escolhido em manifestação perante o registrador no momento do registro de nascimento, prevalecendo este último;

•• Inciso III acrescentado pela Lei n. 12.662, de 5-6-2012.

IV – divergência parcial ou total entre o nome do pai constante da declaração e o verificado pelo registrador nos termos da legislação civil, prevalecendo este último;

•• Inciso IV acrescentado pela Lei n. 12.662, de 5-6-2012.

V – demais equívocos, omissões ou divergências que não comprometam informações relevantes para o registro de nascimento.

•• Inciso V acrescentado pela Lei n. 12.662, de 5-6-2012.

§ 2.º O nome do pai constante da Declaração de Nascido Vivo não constitui prova ou presunção da paternidade, somente podendo ser lançado no registro de nascimento quando verificado nos termos da legislação civil vigente.

•• § 2.º acrescentado pela Lei n. 12.662, de 5-6-2012.

§ 3.º Nos nascimentos frutos de partos sem assistência de profissionais da saúde ou parteiras tradicionais, a Declaração de Nascido Vivo será emitida pelos Oficiais de Registro Civil que lavrarem o registro de nascimento, sempre que haja demanda das Secretarias Estaduais ou Municipais de Saúde para que realizem tais emissões.

•• § 3.º acrescentado pela Lei n. 12.662, de 5-6-2012.

§ 4.º A naturalidade poderá ser do Município em que ocorreu o nascimento ou do Município de residência da mãe do registrando na data do nascimento, desde que localizado em território nacional, e a opção caberá ao declarante no ato de registro do nascimento.

•• § 4.º acrescentado pela Lei n. 13.484, de 26-9-2017.

Art. 55. Quando o declarante não indicar o nome completo, o oficial lançará adiante do prenome escolhido o nome do pai, e, na falta, o da mãe, se forem conhecidos e não o impedir a condição de ilegitimidade, salvo reconhecimento no ato.

•• *Vide* arts. 5.º, I, e 227, § 6.º, da CF.

Parágrafo único. Os oficiais do registro civil não registrarão prenomes suscetíveis de expor ao ridículo os seus portadores. Quando os pais não se conformarem com a recusa do oficial, este submeterá por escrito o caso, independente da cobrança de quaisquer emolumentos, à decisão do juiz competente.

Art. 56. O interessado, no primeiro ano após ter atingido a maioridade civil, poderá, pessoalmente ou por procurador bastante, alterar o nome, desde que não prejudique os apelidos de família, averbando-se a alteração que será publicada pela imprensa.

Art. 57. A alteração posterior de nome, somente por exceção e motivadamente, após audiência do Ministério Público, será permitida por sentença do juiz a que estiver sujeito o registro, arquivando-se o mandado e publicando-se a alteração pela imprensa, ressalvada a hipótese do art. 110 desta Lei.

•• *Caput* com redação determinada pela Lei n. 12.100, de 27-11-2009.

§ 1.º Poderá, também, ser averbado, nos mesmos termos, o nome abreviado, usado como firma comercial registrada ou em qualquer atividade profissional.

§ 2.º A mulher solteira, desquitada ou viúva, que viva com homem solteiro, desquitado ou viúvo, excepcionalmente e havendo motivo ponderável, poderá requerer ao juiz competente que, no registro de nascimento, seja averbado o patronímico de seu companheiro, sem prejuízo dos apelidos próprios, de família, desde que haja impedimento legal para o casamento, decorrente do estado civil de qualquer das partes ou de ambas.

•• *Vide* arts. 5.º, I, e 227, § 6.º, da CF.

§ 3.º O juiz competente somente processará o pedido, se tiver expressa concordância do companheiro, e se da vida em comum houverem decorrido, no mínimo, 5 (cinco) anos ou existirem filhos da união.

§ 4.º O pedido de averbação só terá curso, quando desquitado o companheiro, se a ex-esposa houver sido condenada ou tiver renunciado ao uso dos apelidos do marido, ainda que dele receba pensão alimentícia.

•• *Vide* arts. 5.º, I, e 227, § 6.º, da CF.

§ 5.º O aditamento regulado nesta Lei será cancelado a requerimento de uma das partes, ouvida a outra.

§ 6.º Tanto o aditamento quanto o cancelamento da averbação previstos neste artigo serão processados em segredo de justiça.

§ 7.º Quando a alteração de nome for concedida em razão de fundada coação ou ameaça decorrente de colaboração com a apuração de crime, o juiz competente determinará que haja a averbação no registro de origem de menção da existência de sentença concessiva da alteração, sem a averbação do nome alterado, que somente poderá ser procedida mediante determinação posterior, que levará em consideração a cessação da coação ou ameaça que deu causa à alteração.

•• § 7.º acrescentado pela Lei n. 9.807, de 13-7-1999.

§ 8.º O enteado ou a enteada, havendo motivo ponderável e na forma dos §§ 2.º e 7.º deste artigo, poderá requerer ao juiz competente que, no registro de nascimento, seja averbado o nome de família de seu padrasto ou de sua madrasta, desde que haja expressa concordância destes, sem prejuízo de seus apelidos de família.

•• § 8.º acrescentado pela Lei n. 11.924, de 17-4-2009.

Art. 58. O prenome será definitivo, admitindo-se, todavia, a sua substituição por apelidos públicos notórios.

•• *Caput* com redação determinada pela Lei n. 9.708, de 18-11-1998.

•• O STF, no julgamento da ADI n. 4.275, de 1-3-2018 (*DOU* de 9-3-2018), dá interpretação conforme a Constituição e o Pacto de São José da Costa Rica a este artigo, "de modo a reconhecer aos transgêneros que assim o desejarem, independentemente da cirurgia de transgenitalização, ou da realização de tratamentos hormonais ou patologizantes, o direito à substituição de prenome e sexo diretamente no registro civil".

•• O Provimento n. 73, de 28-6-2018, do CNJ, dispõe sobre a averbação da alteração do prenome e do gênero nos assentos de nascimento e casamento de pessoa transgênero no Registro Civil das Pessoas Naturais (RCPN).

Parágrafo único. A substituição do prenome será ainda admitida em razão de fundada coação ou ameaça decorrente da colaboração com a apuração de crime, por determinação, em sentença, de juiz competente, ouvido o Ministério Público.

•• Parágrafo único com redação determinada pela Lei n. 9.807, de 13-7-1999.

Art. 59. Quando se tratar de filho ilegítimo, não será declarado o nome do pai sem que este expressamente o autorize e compareça, por si ou por procurador especial, para, reconhecendo-o, assinar, ou não sabendo ou não podendo, mandar assinar a seu rogo o respectivo assento com duas testemunhas.

•• *Vide* art. 227, § 6.º, da CF.

Art. 60. O registro conterá o nome do pai ou da mãe, ainda que ilegítimos, quando qualquer deles for o declarante.

•• *Vide* art. 227, § 6.º, da CF.

Art. 61. Tratando-se de exposto, o registro será feito de acordo com as declarações que os estabelecimentos de caridade, as autoridades ou os particulares comunicarem ao oficial competente, nos prazos mencionados no art. 51, a partir do achado ou entrega, sob a pena do art. 46, apresentando ao oficial, salvo motivo de força maior comprovada, o exposto e os objetos a que se refere o parágrafo único deste artigo.

Parágrafo único. Declarar-se-á o dia, mês e ano, lugar em que foi exposto, a hora em que foi encontrado e a sua idade aparente. Neste caso, o envoltório, roupas e quaisquer outros objetos e sinais que trouxer a criança e que possam a todo tempo fazê-la reconhecer, serão numerados, alistados e fechados em caixa lacrada e selada, com o seguinte rótulo: "Pertence ao exposto tal, assento de fls. ... do livro ..." e remetidos imediatamente, com uma guia em duplicata, ao juiz, para serem recolhidos a lugar seguro. Recebida e arquivada a duplicata com o competente recibo do depósito, far-se-á à margem do assento a correspondente anotação.

•• *Vide* art. 227, § 6.º, da CF.

Art. 62. O registro do nascimento do menor abandonado, sob jurisdição do juiz de menores, poderá fazer-se por iniciativa deste, à vista dos elementos de que dispuser e com observância, no que for aplicável, do que preceitua o artigo anterior.

Art. 63. No caso de gêmeos, será declarada no assento especial de cada um a ordem de nascimento. Os gêmeos que tiverem o prenome igual deverão ser inscritos com duplo prenome ou nome completo diverso, de modo que possam distinguir-se.

Parágrafo único. Também serão obrigados a duplo prenome, ou a nome completo diverso, os irmãos a que se pretender dar o mesmo prenome.

Art. 64. Os assentos de nascimentos em navio brasileiro mercante ou de guerra serão lavrados, logo que o fato se verificar, pelo modo estabelecido na legislação de marinha, devendo, porém, observar-se as disposições da presente Lei.

Art. 65. No primeiro porto a que se chegar, o comandante depositará imediatamente, na capitania do porto, ou em sua falta, na estação fiscal, ou ainda, no consulado, em se tratando de porto estrangeiro, duas cópias autenticadas dos assentos, referidos no artigo anterior, uma das quais será remetida, por intermédio do Ministério da Justiça, ao oficial do registro, para o registro, no lugar de residência dos pais ou, se não for possível descobri-lo, no 1.º Ofício do Distrito Federal. Uma terceira cópia será entregue pelo comandante ao interessado que, após conferência na capitania do porto, por ela poderá, também, promover o registro no cartório competente.

Parágrafo único. Os nascimentos ocorridos a bordo de quaisquer aeronaves, ou de navio estrangeiro, poderão ser dados a registro pelos pais brasileiros no cartório ou consulado do local do desembarque.

Art. 66. Pode ser tomado assento de nascimento de filho de militar ou assemelhado em livro criado pela administração militar mediante declaração feita pelo interessado ou remetida pelo comandante de unidade, quando em campanha. Esse assento será publicado em boletim da unidade e, logo que possível, trasladado por cópia autenticada, *ex officio* ou a requerimento do interessado, para o Cartório de Registro Civil a que competir ou para o do 1.º Ofício do Distrito Federal, quando não puder ser conhecida a residência do pai.

Parágrafo único. A providência de que trata este artigo será extensiva ao assento de nascimento de filho de civil, quando, em consequência de operações de guerra, não funcionarem os cartórios locais.

Capítulo V
DA HABILITAÇÃO PARA O CASAMENTO

•• *Vide* arts. 1.525 a 1.532 do CC.

Art. 67. Na habilitação para o casamento, os interessados, apresentando os documentos exigidos pela lei civil, requererão ao oficial do registro do distrito de residência de um dos nubentes, que lhes expeça certidão de que se acham habilitados para se casarem.

§ 1.º Autuada a petição com os documentos, o oficial mandará afixar proclamas de casamento em lugar ostensivo de seu cartório e fará publicá-los na imprensa local, se houver. Em seguida, abrirá vista dos autos ao órgão do Ministério Público, para manifestar-se sobre o pedido e requerer o que for necessário à sua regularidade, podendo exigir a apresentação de atestado de residência, firmado por autoridade policial, ou qualquer outro elemento de convicção admitido em direito.

§ 2.º Se o órgão do Ministério Público impugnar o pedido ou a documentação, os autos serão encaminhados ao juiz, que decidirá sem recurso.

§ 3.º Decorrido o prazo de 15 (quinze) dias a contar da afixação do edital em cartório, se não aparecer quem oponha impedimento nem constar algum dos que de ofício deva declarar, ou se tiver sido rejeitada a impugnação do órgão do Ministério Público, o oficial do registro certificará a circunstância nos autos e entregará aos nubentes certidão de que estão habilitados para se casar dentro do prazo previsto em lei.

•• *Vide* art. 1.532 do CC.

§ 4.º Se os nubentes residirem em diferentes distritos do Registro Civil, em um e em outro se publicará e se registrará o edital.

§ 5.º Se houver apresentação de impedimento, o oficial dará ciência do fato aos nubentes, para que indiquem em 3 (três) dias prova que pretendam produzir, e remeterá os autos a juízo; produzidas as provas pelo oponente e pelos nubentes, no prazo de 10 (dez) dias, com ciência do Ministério Público, e ouvidos os interessados e o órgão do Ministério Público em 5 (cinco) dias, decidirá o juiz em igual prazo.

• *Vide* art. 1.522 do CC.

§ 6.º Quando o casamento se der em circunscrição diferente daquela da habilitação, o oficial do registro comunicará ao da habilitação esse fato, com os elementos necessários às anotações nos respectivos autos.

Art. 68. Se o interessado quiser justificar fato necessário à habilitação para o casamento, deduzirá sua intenção perante o juiz competente, em petição circunstanciada, indicando testemunhas e apresentando documentos que comprovem as alegações.

§ 1.º Ouvidas as testemunhas, se houver, dentro do prazo de 5 (cinco) dias, com a ciência do órgão do Ministério Público, este terá o prazo de 24 (vinte e quatro) horas para manifestar-se, decidindo o juiz em igual prazo, sem recurso.

§ 2.º Os autos da justificação serão encaminhados ao oficial do registro para serem anexados ao processo da habilitação matrimonial.

Art. 69. Para a dispensa de proclamas, nos casos previstos em lei, os contraentes, em petição dirigida ao juiz, deduzirão os motivos de urgência do casamento, provando-a, desde logo, com documentos ou indicando outras provas para demonstração do alegado.

§ 1.º Quando o pedido se fundar em crime contra os costumes, a dispensa de proclamas será precedida da audiência dos contraentes, separadamente e em segredo de justiça.

§ 2.º Produzidas as provas dentro de 5 (cinco) dias, com a ciência do órgão do Ministério Público, que poderá manifestar-se, a seguir, em 24 (vinte e quatro) horas, o juiz decidirá, em igual prazo, sem recurso, remetendo os autos para serem anexados ao processo de habilitação matrimonial.

Capítulo VI
DO CASAMENTO

Art. 70. Do matrimônio, logo depois de celebrado, será lavrado assento, assinado pelo presidente do ato, os cônjuges, as testemunhas e o oficial, sendo exarados:

•• *Vide* art. 1.536 do CC.

1.º) os nomes, prenomes, nacionalidade, naturalidade, data de nascimento, profissão, domicílio e residência atual dos cônjuges;

•• Item 1.º com redação determinada pela Lei n. 13.484, de 26-9-2017.

2.º) os nomes, prenomes, nacionalidade, data de nascimento ou de morte, domicílio e residência atual dos pais;

3.º) os nomes e prenomes do cônjuge precedente e a data da dissolução do casamento anterior, quando for o caso;

4.º) a data da publicação dos proclamas e da celebração do casamento;

5.º) a relação dos documentos apresentados ao oficial do registro;

6.º) os nomes, prenomes, nacionalidade, profissão, domicílio e residência atual das testemunhas;

7.º) o regime de casamento, com declaração da data e do cartório em cujas notas foi tomada a escritura antenupcial, quando o regime não for o da comunhão ou o legal que, sendo conhecido, será declarado expressamente;

8.º) o nome, que passa a ter a mulher, em virtude do casamento;

•• *Vide* arts. 5.º, I, e 226, § 5.º, da CF.

•• *Vide* art. 1.565, § 1.º, do CC.

9.º) os nomes e as idades dos filhos havidos de matrimônio anterior ou legitimados pelo casamento;

10) à margem do termo, a impressão digital do contraente que não souber assinar o nome.

Parágrafo único. As testemunhas serão, pelo menos, duas, não dispondo a lei de modo diverso.

Capítulo VII
DO REGISTRO DO CASAMENTO RELIGIOSO PARA EFEITOS CIVIS

•• *Vide* art. 226, § 2.º, da CF.

•• *Vide* arts. 1.515 e 1.516 do CC.

Art. 71. Os nubentes habilitados para o casamento poderão pedir ao oficial que lhes forneça a respectiva certidão, para se casarem perante autoridade ou ministro religioso, nela mencionando o prazo legal de validade da habilitação.

Art. 72. O termo ou assento do casamento religioso, subscrito pela autoridade ou ministro que o celebrar, pelos nubentes e por duas testemunhas, conterá os requisitos do art. 70, exceto o 5.º.

Art. 73. No prazo de 30 (trinta) dias a contar da realização, o celebrante ou qualquer interessado poderá, apresentando o assento ou termo do casamento religioso, requerer-lhe o registro ao oficial do cartório que expediu a certidão.

•• O CC passa a estabelecer o prazo de 90 (noventa) dias para o registro do casamento religioso (art. 1.516, § 1.º).

§ 1.º O assento ou termo conterá a data da celebração, o lugar, o culto religioso, o nome do celebrante, sua qualidade, o cartório que expediu a habilitação, sua data, os nomes, profissões, residências, nacionalidades das testemunhas que o assinarem e os nomes dos contraentes.

§ 2.º Anotada a entrada do requerimento, o oficial fará o registro no prazo de 24 (vinte e quatro) horas.

§ 3.º A autoridade ou ministro celebrante arquivará a certidão de habilitação que lhe foi apresentada, devendo, nela, anotar a data da celebração do casamento.

Art. 74. O casamento religioso, celebrado sem a prévia habilitação perante o oficial de registro público, poderá ser registrado desde que apresentados pelos nubentes, com o requerimento de registro, a prova do ato religioso e os documentos exigidos pelo Código Civil, suprindo eles eventual falta de requisitos no termo da celebração.

•• A referência é feita ao CC de 1916. *Vide* art. 1.525 do Código vigente.

Parágrafo único. Processada a habilitação com a publicação dos editais e certificada a inexistência de impedimentos, o oficial fará o registro do casamento religioso, de acordo com a prova do ato e os dados constantes do processo, observado o disposto no art. 70.

Art. 75. O registro produzirá efeitos jurídicos a contar da celebração do casamento.

Parágrafo único. O oficial de registro civil comunicará o registro ao Ministério da Economia e ao INSS pelo Sistema

Nacional de Informações de Registro Civil (Sirc) ou por outro meio que venha a substituí-lo.

•• Parágrafo único acrescentado pela Lei n. 13.846, de 18-6-2019.

Capítulo VIII
DO CASAMENTO EM IMINENTE RISCO DE VIDA

•• *Vide* arts. 1.540 e 1.541 do CC.

Art. 76. Ocorrendo iminente risco de vida de algum dos contraentes, e não sendo possível a presença da autoridade competente para presidir o ato, o casamento poderá realizar-se na presença de seis testemunhas, que comparecerão, dentro de 5 (cinco) dias, perante a autoridade judiciária mais próxima, a fim de que sejam reduzidas a termo suas declarações.

•• *Vide* art. 1.541, *caput* e I a III, do CC.

§ 1.º Não comparecendo as testemunhas, espontaneamente, poderá qualquer interessado requerer a sua intimação.

§ 2.º Autuadas as declarações e encaminhadas à autoridade judiciária competente, se outra for a que as tomou por termo, será ouvido o órgão do Ministério Público e se realizarão as diligências necessárias para verificar a inexistência de impedimento para o casamento.

§ 3.º Ouvidos dentro de 5 (cinco) dias os interessados que o requerem e o órgão do Ministério Público, o juiz decidirá em igual prazo.

•• *Vide* art. 1.541, § 1.º, do CC.

§ 4.º Da decisão caberá apelação com ambos os efeitos.

§ 5.º Transitada em julgado a sentença, o juiz mandará registrá-la no Livro de Casamento.

•• *Vide* art. 1.541, §§ 3.º e 4.º, do CC.

Capítulo IX
DO ÓBITO

• A Lei n. 11.976, de 7-7-2009, dispõe sobre a Declaração de Óbito.

Art. 77. Nenhum sepultamento será feito sem certidão do oficial de registro do lugar do falecimento ou do lugar de residência do *de cujus*, quando o falecimento ocorrer em local diverso do seu domicílio, extraída após a lavratura do assento de óbito, em vista do atestado de médico, se houver no lugar, ou em caso contrário, de duas pessoas qualificadas que tiverem presenciado ou verificado a morte.

•• *Caput* com redação determinada pela Lei n. 13.484, de 26-9-2017.

§ 1.º Antes de proceder ao assento de óbito de criança de menos de 1 (um) ano, o oficial verificará se houve registro de nascimento, que, em caso de falta, será previamente feito.

§ 2.º A cremação de cadáver somente será feita daquele que houver manifestado a vontade de ser incinerado ou no interesse da saúde pública e se o atestado de óbito houver sido firmado por dois médicos ou por um médico legista e, no caso de morte violenta, depois de autorizada pela autoridade judiciária.

Art. 78. Na impossibilidade de ser feito o registro dentro de 24 (vinte e quatro) horas do falecimento, pela distância ou qualquer outro motivo relevante, o assento será lavrado depois, com a maior urgência, e dentro dos prazos fixados no art. 50.

Art. 79. São obrigados a fazer declaração de óbito:

1.º) o chefe de família, a respeito de sua mulher, filhos, hóspedes, agregados e fâmulos;

•• *Vide* arts. 5.º, I, e 227, § 6.º, da CF.

2.º) a viúva, a respeito de seu marido, e de cada uma das pessoas indicadas no número antecedente;

•• *Vide* arts. 5.º, I, e 227, § 6.º, da CF.

3.º) o filho, a respeito do pai ou da mãe; o irmão, a respeito dos irmãos, e demais pessoas de casa, indicadas no n. 1; o parente mais próximo maior e presente;

4.º) o administrador, diretor ou gerente de qualquer estabelecimento público ou particular, a respeito dos que nele faleceram, salvo se estiver presente algum parente em grau acima indicado;

5.º) na falta de pessoa competente, nos termos dos números anteriores, a que tiver assistido aos últimos momentos do finado, o médico, o sacerdote ou vizinho que do falecimento tiver notícia;

6.º) a autoridade policial, a respeito de pessoas encontradas mortas.

Parágrafo único. A declaração poderá ser feita por meio de preposto, autorizando-o o declarante em escrito de que constem os elementos necessários ao assento de óbito.

Art. 80. O assento de óbito deverá conter:

1.º) a hora, se possível, dia, mês e ano do falecimento;

2.º) o lugar do falecimento, com indicação precisa;

3.º) o prenome, nome, sexo, idade, cor, estado civil, profissão, naturalidade, domicílio e residência do morto;

4.º) se era casado, o nome do cônjuge sobrevivente, mesmo quando desquitado; se viúvo, o do cônjuge pré-defunto; e o cartório de casamento em ambos os casos;

5.º) os nomes, prenomes, profissão, naturalidade e residência dos pais;

6.º) se faleceu com testamento conhecido;

7.º) se deixou filhos, nome e idade de cada um;

8.º) se a morte foi natural ou violenta e a causa conhecida, com o nome dos atestantes;

9.º) o lugar do sepultamento;

10) se deixou bens e herdeiros menores ou interditos;

11) se era eleitor;

12) pelo menos uma das informações a seguir arroladas: número de inscrição do PIS/PASEP; número de inscrição no Instituto Nacional do Seguro Social – INSS, se contribuinte individual; número de benefício previdenciário – NB, se a pessoa falecida for titular de qualquer benefício pago pelo INSS; número do CPF; número de registro da Carteira de Identidade e respectivo órgão emissor; número do

título de eleitor; número do registro de nascimento, com informação do livro, da folha e do termo; número e série da Carteira de Trabalho.

•• Item 12 acrescentado pela Medida Provisória n. 2.187-13, de 24-8-2001.

Parágrafo único. O oficial de registro civil comunicará o óbito à Receita Federal e à Secretaria de Segurança Pública da unidade da Federação que tenha emitido a cédula de identidade, exceto se, em razão da idade do falecido, essa informação for manifestamente desnecessária.

•• Parágrafo único acrescentado pela Lei n. 13.114, de 16-4-2015.

Art. 81. Sendo o finado desconhecido, o assento deverá conter declaração de estatura ou medida, se for possível, cor, sinais aparentes, idade presumida, vestuário e qualquer outra indicação que possa auxiliar de futuro o seu reconhecimento; e, no caso de ter sido encontrado morto, serão mencionados esta circunstância e o lugar em que se achava e o da necropsia, se tiver havido.

Parágrafo único. Neste caso, será extraída a individual dactiloscópica, se no local existir esse serviço.

Art. 82. O assento deverá ser assinado pela pessoa que fizer a comunicação ou por alguém a seu rogo, se não souber ou não puder assinar.

Art. 83. Quando o assento for posterior ao enterro, faltando atestado de médico ou de duas pessoas qualificadas, assinarão, com a que fizer a declaração, duas testemunhas que tiverem assistido ao falecimento ou ao funeral e puderem atestar, por conhecimento próprio ou por informação que tiverem colhido, a identidade do cadáver.

Art. 84. Os assentos de óbitos de pessoas falecidas a bordo de navio brasileiro serão lavrados de acordo com as regras estabelecidas para os nascimentos, no que lhes for aplicável, com as referências constantes do art. 80, salvo se o enterro for no porto, onde será tomado o assento.

Art. 85. Os óbitos, verificados em campanha, serão registrados em livro próprio, para esse fim designado, nas formações sanitárias e corpos de tropas, pelos oficiais da corporação militar correspondente, autenticado cada assento com a rubrica do respectivo médico chefe, ficando a cargo da unidade que proceder ao sepultamento o registro, nas condições especificadas, dos óbitos que se derem no próprio local de combate.

Art. 86. Os óbitos a que se refere o artigo anterior serão publicados em boletim da corporação e registrados no Registro Civil, mediante relações autenticadas, remetidas ao Ministério da Justiça, contendo os nomes dos mortos, idade, naturalidade, estado civil, designação dos corpos a que pertenciam, lugar da residência ou de mobilização, dia, mês, ano e lugar do falecimento e do sepultamento para, à vista dessas relações, se fazerem os assentamentos de conformidade com o que a respeito está disposto no art. 66.

Art. 87. O assentamento de óbito ocorrido em hospital, prisão ou outro qualquer estabelecimento público será feito, em falta de declaração de parentes, segundo a da respectiva administração, observadas as disposições dos arts. 80 a 83 e o relativo a pessoa encontrada acidental ou violentamente morta, segundo a comunicação, *ex officio*, das autoridades policiais, às quais incumbe fazê-la logo que tenham conhecimento do fato.

Art. 88. Poderão os juízes togados admitir justificação para o assento de óbito de pessoas desaparecidas em naufrágio, inundação, incêndio, terremoto ou qualquer outra catástrofe, quando estiver provada a sua presença no local do desastre e não for possível encontrar-se o cadáver para exame.

Parágrafo único. Será também admitida a justificação no caso de desaparecimento em campanha, provados a impossibilidade de ter sido feito o registro nos termos do art. 85 e os fatos que convençam da ocorrência do óbito.

Capítulo X
DA EMANCIPAÇÃO, INTERDIÇÃO E AUSÊNCIA

Art. 89. No Cartório do 1.º Ofício ou da 1.ª subdivisão judiciária de cada comarca serão registrados, em livro especial, as sentenças de emancipação, bem como os atos dos pais que a concederem, em relação aos menores nela domiciliados.

Art. 90. O registro será feito mediante trasladação da sentença oferecida em certidão ou do instrumento, limitando-se, se for de escritura pública, às referências da data, livro, folha e ofício em que for lavrada sem dependência, em qualquer dos casos, da presença de testemunhas, mas com a assinatura do apresentante. Dele sempre constarão:

1.º) data do registro e da emancipação;

2.º) nome, prenome, idade, filiação, profissão, naturalidade e residência do emancipado; data e cartório em que foi registrado o seu nascimento;

3.º) nome, profissão, naturalidade e residência dos pais ou do tutor.

Art. 91. Quando o juiz conceder emancipação, deverá comunicá-la, de ofício, ao oficial de registro, se não constar dos autos haver sido efetuado este dentro de 8 (oito) dias.

Parágrafo único. Antes do registro, a emancipação, em qualquer caso, não produzirá efeito.

Art. 92. As interdições serão registradas no mesmo cartório e no mesmo livro de que trata o art. 89, salvo a hipótese prevista na parte final do parágrafo único do art. 33, declarando-se:

1.º) data do registro;

2.º) nome, prenome, idade, estado civil, profissão, naturalidade, domicílio e residência do interdito, data e cartório em que forem registrados o nascimento e o casamento, bem como o nome do cônjuge, se for casado;

3.º) data da sentença, nome e vara do juiz que a proferiu;

4.º) nome, profissão, estado civil, domicílio e residência do curador;

5.º) nome do requerente da interdição e causa desta;

6.º) limites da curadoria, quando for parcial a interdição;

7.º) lugar onde está internado o interdito.

Art. 93. A comunicação, com os dados necessários, acompanhados de certidão de sentença, será remetida pelo juiz ao cartório, para registro de ofício, se o curador ou promovente não o tiver feito dentro de 8 (oito) dias.

Parágrafo único. Antes de registrada a sentença, não poderá o curador assinar o respectivo termo.

Art. 94. O registro das sentenças declaratórias de ausência, que nomearem curador, será feito no cartório do domicílio anterior do ausente, com as mesmas cautelas e efeitos do registro de interdição, declarando-se:

1.º) data do registro;

2.º) nome, idade, estado civil, profissão e domicílio anterior do ausente, data e cartório em que foram registrados o nascimento e o casamento, bem como o nome do cônjuge, se for casado;

3.º) tempo de ausência até a data da sentença;

4.º) nome do promotor do processo;

5.º) data da sentença e nome e vara do juiz que a proferiu;

6.º) nome, estado civil, profissão, domicílio e residência do curador e os limites da curatela.

Capítulo XI
DA LEGITIMAÇÃO ADOTIVA

Art. 95. Serão registradas no registro de nascimento as sentenças de legitimação adotiva, consignando-se nele os nomes dos pais adotivos como pais legítimos e os dos ascendentes dos mesmos se já falecidos, ou sendo vivos, se houverem, em qualquer tempo, manifestado por escrito sua adesão ao ato (Lei n. 4.655, de 2-6-1965, art. 6.º).

•• Citada Lei n. 4.655/65 foi revogada pela Lei n. 6.697, de 10-10-1979 (Código de Menores), que por sua vez foi revogada pela Lei n. 8.069, de 13-7-1990 (ECA).

Parágrafo único. O mandado será arquivado, dele não podendo o oficial fornecer certidão, a não ser por determinação judicial e em segredo de justiça, para salvaguarda de direitos (Lei n. 4.655, de 2-6-1965, art. 8.º, parágrafo único).

•• *Vide* art. 227, § 6.º, da CF.

Art. 96. Feito o registro, será cancelado o assento de nascimento original do menor.

•• *Vide* art. 227, § 6.º, da CF.

Capítulo XII
DA AVERBAÇÃO

Art. 97. A averbação será feita pelo oficial do cartório em que constar o assento à vista da carta de sentença, de mandado ou de petição acompanhada de certidão ou documento legal e autêntico.

•• *Caput* com redação determinada pela Lei n. 13.484, de 26-9-2017.

Parágrafo único. Nas hipóteses em que o oficial suspeitar de fraude, falsidade ou má-fé nas declarações ou na documentação apresentada para fins de averbação, não praticará o ato pretendido e submeterá o caso ao representante do Ministério Público para manifestação, com a indicação, por escrito, dos motivos da suspeita.

•• Parágrafo único acrescentado pela Lei n. 13.484, de 26-9-2017.

Art. 98. A averbação será feita à margem do assento e, quando não houver espaço, no livro corrente, com as notas e remissões recíprocas, que facilitem a busca.

Art. 99. A averbação será feita mediante a indicação minuciosa da sentença ou ato que a determinar.

Art. 100. No livro de casamento, será feita averbação da sentença de nulidade e anulação de casamento, bem como de desquite, declarando-se a data em que o juiz a proferiu, a sua conclusão, os nomes das partes e o trânsito em julgado.

§ 1.º Antes de averbação, as sentenças não produzirão efeito contra terceiros.

§ 2.º As sentenças de nulidade ou anulação de casamento não serão averbadas enquanto sujeitas a recurso, qualquer que seja o seu efeito.

§ 3.º A averbação a que se refere o parágrafo anterior será feita à vista da carta de sentença, subscrita pelo presidente ou outro juiz do tribunal que julgar a ação em grau de recurso, da qual constem os requisitos mencionados neste artigo e, ainda, certidão do trânsito em julgado do acórdão.

§ 4.º O oficial do registro comunicará, dentro de 48 (quarenta e oito) horas, o lançamento da averbação respectiva ao juiz que houver subscrito a carta de sentença mediante ofício sob registro postal.

§ 5.º Ao oficial, que deixar de cumprir as obrigações consignadas nos parágrafos anteriores, será imposta a multa de 5 (cinco) salários-mínimos da região e a suspensão do cargo até 6 (seis) meses; em caso de reincidência ser-lhe-á aplicada, em dobro, a pena pecuniária, ficando sujeito à perda do cargo.

• A Medida Provisória n. 1.091, de 30-12-2021, estabelece que, a partir de 1.º-1-2022, o salário mínimo será de R$ 1.212,00 (mil duzentos e doze reais).

Art. 101. Será também averbado, com as mesmas indicações e efeitos, o ato de restabelecimento de sociedade conjugal.

Art. 102. No livro de nascimento serão averbados:

1.º) as sentenças que julgarem ilegítimos os filhos concebidos na constância do casamento;

2.º) as sentenças que declararem legítima a filiação;

3.º) as escrituras de adoção e os atos que a dissolverem;

4.º) o reconhecimento judicial ou voluntário dos filhos ilegítimos;

5.º) a perda de nacionalidade brasileira, quando comunicada pelo Ministério da Justiça;

6.º) a perda e a suspensão do pátrio poder.

•• Item acrescentado pela Lei n. 8.069, de 13-7-1990.

Art. 103. Será feita, ainda de ofício, diretamente quando no mesmo cartório, ou por comunicação do oficial que registrar o casamento, a averbação da legitimação dos filhos por subsequente matrimônio dos pais, quando tal circunstância constar do assento de casamento.

•• *Vide* art. 227, § 6.º, da CF.

Art. 104. No livro de emancipação, interdições e ausências, será feita a averbação das sentenças que puserem termo à interdição, das substituições dos curadores de interditos ou ausentes, das alterações dos limites de curatela, da cessação ou mudança de internação, bem como da cessação de ausência pelo aparecimento do ausente, de acordo com o disposto nos artigos anteriores.

Parágrafo único. Averbar-se-á, também, no assento de ausência, a sentença de abertura de sucessão provisória, após o trânsito em julgado, com referência especial ao testamento do ausente se houver e indicação de seus herdeiros habilitados.

Art. 105. Para a averbação de escritura de adoção de pessoa cujo registro de nascimento haja sido feito fora do País, será trasladado, sem ônus para os interessados, no livro "A" do cartório do 1.º ofício ou da 1.ª subdivisão judiciária da comarca em que for domiciliado o adotante, aquele registro, legalmente traduzido, se for o caso, para que se faça, à margem dele, a competente averbação.

Capítulo XIII
DAS ANOTAÇÕES

Art. 106. Sempre que o oficial fizer algum registro ou averbação, deverá, no prazo de 5 (cinco) dias, anotá-lo nos atos anteriores, com remissões recíprocas, se lançados em seu cartório, ou fará comunicação, com resumo do assento, ao oficial em cujo cartório estiverem os registros primitivos, obedecendo-se sempre à forma prescrita no art. 98.

Parágrafo único. As comunicações serão feitas mediante cartas relacionadas em protocolo, anotando-se à margem ou sob o ato comunicado o número do protocolo e ficarão arquivadas no cartório que as receber.

Art. 107. O óbito deverá ser anotado, com as remissões recíprocas, nos assentos de casamento e nascimento, e o casamento no deste.

§ 1.º A emancipação, a interdição e a ausência serão anotadas pela mesma forma, nos assentos de nascimento e casamento, bem como a mudança do nome da mulher, em virtude de casamento, ou sua dissolução, anulação ou desquite.

•• *Vide* art. 227, § 6.º, da CF.

§ 2.º A dissolução e a anulação do casamento e o restabelecimento da sociedade conjugal serão, também, anotados nos assentos de nascimento dos cônjuges.

Art. 108. Os oficiais, além das penas disciplinares em que incorrerem, são responsáveis civil e criminalmente pela omissão ou atraso na remessa de comunicações a outros cartórios.

Capítulo XIV
DAS RETIFICAÇÕES, RESTAURAÇÕES E SUPRIMENTOS

Art. 109. Quem pretender que se restaure, supra ou retifique assentamento no Registro Civil, requererá, em petição fundamentada e instruída com documentos ou com indicação de testemunhas, que o juiz o ordene, ouvido o órgão do Ministério Público e os interessados, no prazo de 5 (cinco) dias, que correrá em cartório.

§ 1.º Se qualquer interessado ou o órgão do Ministério Público impugnar o pedido, o juiz determinará a produção da prova, dentro do prazo de 10 (dez) dias e ouvidos, sucessivamente, em 3 (três) dias, os interessados e o órgão do Ministério Público, decidirá em 5 (cinco) dias.

§ 2.º Se não houver impugnação ou necessidade de mais provas, o juiz decidirá no prazo de 5 (cinco) dias.

§ 3.º Da decisão do juiz, caberá o recurso de apelação com ambos os efeitos.

§ 4.º Julgado procedente o pedido, o juiz ordenará que se expeça mandado para que seja lavrado, restaurado ou retificado o assentamento, indicando, com precisão, os fatos ou circunstâncias que devam ser retificados, e em que sentido, ou os que devam ser objeto do novo assentamento.

§ 5.º Se houver de ser cumprido em jurisdição diversa, o mandado será remetido, por ofício, ao juiz sob cuja jurisdição estiver o cartório do Registro Civil e, com o seu "cumpra-se", executar-se-á.

§ 6.º As retificações serão feitas à margem do registro, com as indicações necessárias, ou, quando for o caso, com a trasladação do mandado, que ficará arquivado. Se não houver espaço, far-se-á o transporte do assento, com as remissões à margem do registro original.

Art. 110. O oficial retificará o registro, a averbação ou a anotação, de ofício ou a requerimento do interessado, mediante petição assinada pelo interessado, representante legal ou procurador, independentemente de prévia autorização judicial ou manifestação do Ministério Público, nos casos de:

•• *Caput* com redação determinada pela Lei n. 13.484, de 26-9-2017.

I – erros que não exijam qualquer indagação para a constatação imediata de necessidade de sua correção;

•• Inciso I acrescentado pela Lei n. 13.484, de 26-9-2017.

II – erro na transposição dos elementos constantes em ordens e mandados judiciais, termos ou requerimentos, bem como outros títulos a serem registrados, averbados ou anotados, e o documento utilizado para a referida averbação e/ou retificação ficará arquivado no registro no cartório;

•• Inciso II acrescentado pela Lei n. 13.484, de 26-9-2017.

III – inexatidão da ordem cronológica e sucessiva referente à numeração do livro, da folha, da página, do termo, bem como da data do registro;

•• Inciso III acrescentado pela Lei n. 13.484, de 26-9-2017.

IV – ausência de indicação do Município relativo ao nascimento ou naturalidade do registrado, nas hipóteses em que existir descrição precisa do endereço do local do nascimento;

•• Inciso IV acrescentado pela Lei n. 13.484, de 26-9-2017.

V – elevação de Distrito a Município ou alteração de suas nomenclaturas por força de lei.

•• Inciso V acrescentado pela Lei n. 13.484, de 26-9-2017.

§§ 1.º a 4.º (*Revogados pela Lei n. 13.484, de 26-9-2017.*)

§ 5.º Nos casos em que a retificação decorra de erro imputável ao oficial, por si ou por seus prepostos, não será devido pelos interessados o pagamento de selos e taxas.

•• § 5.º acrescentado pela Lei n. 13.484, de 26-9-2017.

Art. 111. Nenhuma justificação em matéria de registro civil, para retificação, restauração ou abertura de assento, será entregue à parte.

Art. 112. Em qualquer tempo poderá ser apreciado o valor probante da justificação, em original ou por traslado, pela autoridade judiciária competente ao conhecer de ações que se relacionem com os fatos justificados.

Art. 113. As questões de filiação legítima ou ilegítima serão decididas em processo contencioso para anulação ou reforma de assento.

•• *Vide* art. 227, § 6.º, da CF.

Título III
DO REGISTRO CIVIL DE PESSOAS JURÍDICAS (*)

•• Sobre registro público de empresas mercantis e atividades afins, *vide* Lei n. 8.934, de 18-11-1994.

Capítulo I
DA ESCRITURAÇÃO

Art. 114. No Registro Civil de Pessoas Jurídicas serão inscritos:

I – os contratos, os atos constitutivos, o estatuto ou compromissos das sociedades civis, religiosas, pias, morais, científicas, ou literárias, bem como o das fundações e das associações de utilidade pública;

II – as sociedades civis que revestirem as formas estabelecidas nas leis comerciais, salvo as anônimas;

III – os atos constitutivos e os estatutos dos partidos políticos.

•• Inciso III acrescentado pela Lei n. 9.096, de 19-9-1995.

Parágrafo único. No mesmo cartório será feito o registro dos jornais, periódicos, oficinas impressoras, empresas de radiodifusão e agências de notícias a que se refere o art. 8.º da Lei n. 5.250, de 9 de fevereiro de 1967.

•• O STF na ADPF n. 1.307, de 21-2-2008, declara a revogação total da Lei n. 5.250, de 9-2-1967 - Lei de Imprensa.

Art. 115. Não poderão ser registrados os atos constitutivos de pessoas jurídicas, quando o seu objeto ou circunstâncias relevantes indiquem destino ou atividades ilícitos, ou contrários, nocivos ou perigosos ao bem público, à segurança do Estado e da coletividade, à ordem pública ou social, à moral e aos bons costumes.

Parágrafo único. Ocorrendo qualquer dos motivos previstos neste artigo, o oficial do registro, de ofício ou por provocação de qualquer autoridade, sobrestará no processo de registro e suscitará dúvida para o juiz, que a decidirá.

Art. 116. Haverá, para o fim previsto nos artigos anteriores, os seguintes livros:

I – Livro A, para os fins indicados nos incisos I e II do *caput* do art. 114; e

•• Inciso I com redação determinada pela Medida Provisória n. 1.085, de 27-12-2021.

O texto anterior dizia: "I - Livro A, para os fins indicados nos números I e II, do art. 114, com 300 (trezentas) folhas;".

II – Livro B, para matrícula das oficinas impressoras, jornais, periódicos, empresas de radiodifusão e agências de notícias.

•• Inciso II com redação determinada pela Medida Provisória n. 1.085, de 27-12-2021.

O texto anterior dizia: "II - Livro B, para matrícula das oficinas impressoras, jornais, periódicos, empresas de radiodifusão e agências de notícias, com 150 (cento e cinquenta) folhas".

Art. 117. Todos os exemplares de contratos, de atos, de estatuto e de publicações, registrados e arquivados, serão encadernados por períodos certos, acompanhados de índice que facilite a busca e o exame.

Art. 118. Os oficiais farão índices, pela ordem cronológica e alfabética, de todos os registros e arquivamentos, podendo adotar o sistema de fichas, mas ficando sempre responsáveis por qualquer erro ou omissão.

Art. 119. A existência legal das pessoas jurídicas só começa com o registro de seus atos constitutivos.

Parágrafo único. Quando o funcionamento da sociedade depender de aprovação da autoridade, sem esta não poderá ser feito o registro.

Capítulo II
DA PESSOA JURÍDICA

Art. 120. O registro das sociedades, fundações e partidos políticos consistirá na declaração, feita em livro, pelo oficial, do número de ordem, da data da apresentação e da espécie do ato constitutivo, com as seguintes indicações:

•• *Caput* com redação determinada pela Lei n. 9.096, de 19-9-1995.

I – a denominação, o fundo social, quando houver, os fins e a sede da associação ou fundação, bem como o tempo de sua duração;

(*) "Os atos e contratos constitutivos de pessoas jurídicas, sob pena de nulidade, só podem ser admitidos a registro, nos órgãos competentes, quando visados por advogados" (Lei n. 8.906, de 4-7-1994 – EAOAB, art. 1.º, § 2.º).

II – o modo por que se administra e representa a sociedade, ativa e passivamente, judicial e extrajudicialmente;

III – se o estatuto, o contrato ou o compromisso é reformável, no tocante à administração, e de que modo;

IV – se os membros respondem ou não, subsidiariamente, pelas obrigações sociais;

V – as condições de extinção da pessoa jurídica e nesse caso o destino do seu patrimônio;

VI – os nomes dos fundadores ou instituidores e dos membros da diretoria, provisória ou definitiva, com indicação da nacionalidade, estado civil e profissão de cada um, bem como o nome e residência do apresentante dos exemplares.

Parágrafo único. Para o registro dos partidos políticos, serão obedecidos, além dos requisitos deste artigo, os estabelecidos em lei específica.

•• Parágrafo único acrescentado pela Lei n. 9.096, de 19-9-1995.

Art. 121. O registro será feito com base em uma via do estatuto, compromisso ou contrato, apresentada em papel ou em meio eletrônico, a requerimento do representante legal da pessoa jurídica.

•• *Caput* com redação determinada pela Medida Provisória n. 1.085, de 27-12-2021.

O texto anterior dizia: "Art. 121. Para o registro serão apresentadas duas vias do estatuto, compromisso ou contrato, pelas quais far-se-á o registro mediante petição do representante legal da sociedade, lançando o oficial, nas duas vias, a competente certidão do registro, com o respectivo número de ordem, livro e folha. Uma das vias será entregue ao representante e a outra arquivada em cartório, rubricando o oficial as folhas em que estiver impresso o contrato, compromisso ou estatuto.

•• Artigo com redação dada pela Lei n. 9.042, de 9-5-1995".

§ 1.º É dispensado o requerimento de que trata o *caput* caso o representante legal da pessoa jurídica tenha subscrito o estatuto, compromisso ou contrato.

•• § 1.º acrescentado pela Medida Provisória n. 1.085, de 27-12-2021.

§ 2.º Os documentos apresentados em papel poderão ser retirados pelo apresentante nos cento e oitenta dias após a data da certificação do registro ou da expedição de nota devolutiva.

•• § 2.º acrescentado pela Medida Provisória n. 1.085, de 27-12-2021.

§ 3.º Decorrido o prazo de que trata o § 2.º, os documentos serão descartados.

•• § 3.º acrescentado pela Medida Provisória n. 1.085, de 27-12-2021.

Capítulo III
DO REGISTRO DE JORNAIS, OFICINAS IMPRESSORAS, EMPRESAS DE RADIODIFUSÃO E AGÊNCIAS DE NOTÍCIAS

Art. 122. No Registro Civil das Pessoas Jurídicas serão matriculados:

I – os jornais e demais publicações periódicas;

II – as oficinas impressoras de qualquer natureza, pertencentes a pessoas naturais ou jurídicas;

III – as empresas de radiodifusão que mantenham serviços de notícias, reportagens, comentários, debates e entrevistas;

IV – as empresas que tenham por objeto o agenciamento de notícias.

Art. 123. O pedido de matrícula conterá as informações e será instruído com os documentos seguintes:

I – no caso de jornais ou outras publicações periódicas:

a) título do jornal ou periódico, sede da redação, administração e oficinas impressoras, esclarecendo, quanto a estas, se são próprias ou de terceiros, e indicando, neste caso, os respectivos proprietários;

b) nome, idade, residência e prova da nacionalidade do diretor ou redator-chefe;

c) nome, idade, residência e prova da nacionalidade do proprietário;

d) se propriedade de pessoa jurídica, exemplar do respectivo estatuto ou contrato social e nome, idade, residência e prova da nacionalidade dos diretores, gerentes e sócios da pessoa jurídica proprietária;

II – nos casos de oficinas impressoras:

a) nome, nacionalidade, idade e residência do gerente e do proprietário, se pessoa natural;

b) sede da administração, lugar, rua e número onde funcionam as oficinas e denominações destas;

c) exemplar do contrato ou estatuto social, se pertencentes a pessoa jurídica;

III – no caso de empresas de radiodifusão:

a) designação da emissora, sede de sua administração e local das instalações do estúdio;

b) nome, idade, residência e prova de nacionalidade do diretor ou redator-chefe responsável pelos serviços de notícias, reportagens, comentários, debates e entrevistas;

IV – no caso de empresas noticiosas:

a) nome, nacionalidade, idade e residência do gerente e do proprietário, se pessoa natural;

b) sede da administração;

c) exemplar do contrato ou estatuto social, se pessoa jurídica.

§ 1.º As alterações em qualquer dessas declarações ou documentos deverão ser averbadas na matrícula no prazo de 8 (oito) dias.

§ 2.º A cada declaração a ser averbada deverá corresponder um requerimento.

Art. 124. A falta de matrícula das declarações, exigidas no artigo anterior, ou da averbação da alteração, será punida com multa que terá o valor de meio a 2 (dois) salários mínimos da região.

§ 1.º A sentença que impuser a multa fixará prazo, não inferior a 20 (vinte) dias, para matrícula ou alteração das declarações.

§ 2.º A multa será aplicada pela autoridade judiciária em representação feita pelo oficial, e cobrada por processo executivo, mediante ação do órgão competente.

§ 3.º Se a matrícula ou alteração não for efetivada no prazo referido no § 1.º deste artigo, o juiz poderá impor nova multa, agravando-a de 50% (cinquenta por cento) toda vez que seja ultrapassado de 10 (dez) dias o prazo assinalado na sentença.

Art. 125. Considera-se clandestino o jornal, ou outra publicação periódica, não matriculado nos termos do art. 122 ou de cuja matrícula não constem os nomes e as qualificações do diretor ou redator e do proprietário.

Art. 126. O processo de matrícula será o mesmo do registro prescrito no art. 121.

TÍTULO IV
DO REGISTRO DE TÍTULOS E DOCUMENTOS

•• A Lei n. 9.492, de 10-9-1997, define competência, regulamenta os serviços concernentes ao protesto de títulos e outros documentos de dívida e dá outras providências.

Capítulo I
DAS ATRIBUIÇÕES

Art. 127. No Registro de Títulos e Documentos será feita a transcrição:

I – dos instrumentos particulares, para a prova das obrigações convencionais de qualquer valor;

II – do penhor comum sobre coisas móveis;

III – da caução de títulos de crédito pessoal e da dívida pública federal, estadual ou municipal, ou de bolsa ao portador;

IV – (*Revogado pela Medida Provisória n. 1.085, de 27-12-2021.*)

•• O texto revogado dizia: "IV – do contrato de penhor de animais, não compreendido nas disposições do art. 10 da Lei n. 492, de 30 de agosto de 1934;".

V – do contrato de parceria agrícola ou pecuária;

VI – do mandado judicial de renovação do contrato de arrendamento para sua vigência, quer entre as partes contratantes, quer em face de terceiros (art. 19, § 2.º, do Decreto n. 24.150, de 20-4-1934);

VII – facultativa, de quaisquer documentos, para sua conservação.

Parágrafo único. Caberá ao Registro de Títulos e Documentos a realização de quaisquer registros não atribuídos expressamente a outro ofício.

Art. 127-A. O registro facultativo para conservação de documentos ou conjunto de documentos de que trata o inciso VII do *caput* do art. 127 terá a finalidade de arquivamento e autenticação de sua existência, conteúdo e data, não gerando efeitos em relação a terceiros.

•• *Caput* acrescentado pela Medida Provisória n. 1.085, de 27-12-2021.

§ 1.º O acesso ao conteúdo do registro efetuado na forma prevista no *caput* é restrito ao requerente ou à pessoa por ele autorizada, ressalvada:

•• § 1.º, *caput*, acrescentado pela Medida Provisória n. 1.085, de 27-12-2021.

I – requisição da autoridade tributária, em caso de negativa de autorização sem justificativa aceita; e

•• Inciso I acrescentado pela Medida Provisória n. 1.085, de 27-12-2021.

II – determinação judicial.

•• Inciso II acrescentado pela Medida Provisória n. 1.085, de 27-12-2021.

§ 2.º Quando se tratar de registro para fins de conservação de documentos de interesse fiscal, administrativo ou judicial, o apresentante poderá autorizar, a qualquer momento, a sua disponibilização para os órgãos públicos pertinentes, que poderão acessá-los por meio do SERP, sem ônus, nos termos estabelecidos pela Corregedoria Nacional de Justiça do Conselho Nacional de Justiça, dispensada a guarda pelo apresentante.

•• § 2.º acrescentado pela Medida Provisória n. 1.085, de 27-12-2021.

§ 3.º A certificação do registro será feita por termo, com indicação do número total de páginas registradas, dispensada a chancela ou rubrica em qualquer uma delas.

•• § 3.º acrescentado pela Medida Provisória n. 1.085, de 27-12-2021.

§ 4.º A certidão do registro efetuado na forma prevista no *caput* conterá a informação expressa e em destaque de que o registro referido não gera efeitos em relação a terceiros.

•• § 4.º acrescentado pela Medida Provisória n. 1.085, de 27-12-2021.

Art. 128. À margem dos respectivos registros, serão averbadas quaisquer ocorrências que os alterem, quer em relação às obrigações, quer em atinência às pessoas que nos atos figurem, inclusive quanto à prorrogação dos prazos.

Art. 129. Estão sujeitos a registro, no Registro de Títulos e Documentos, para surtir efeitos em relação a terceiros:

1.º) os contratos de locação de bens imóveis, ressalvados aqueles de competência do registro de imóveis para averbação da cláusula de vigência e para efeito do direito de preferência no caso de alienação do imóvel locado, nos termos do disposto nos art. 8.º e art. 33 da Lei n. 8.245, de 18 de outubro de 1991, respectivamente para registro da cláusula de vigência e de preferência no caso de alienação do imóvel locado;

•• Item 1.º com redação determinada pela Medida Provisória n. 1.085, de 27-12-2021.

O texto anterior dizia: "1.º) os contratos de locação de prédios, sem prejuízo do disposto no art. 167, I, 3;".

2.º) (*Revogado pela Medida Provisória n. 1.085, de 27-12-2021.*)

•• O texto revogado dizia: "2.º) os documentos decorrentes de depósitos, ou de cauções feitos em garantia de cumprimento de obrigações contratuais, ainda que em separado dos respectivos instrumentos;".

3.º) as cartas de fiança, em geral, feitas por instrumento particular, seja qual for a natureza do compromisso por elas abonado;

4.º) os contratos de locação de serviços não atribuídos a outras repartições;

5.º) os contratos de compra e venda em prestações, com reserva de domínio ou não, qualquer que seja a forma de que se revistam, e os contratos de alienação ou de promessas de venda referentes a bens móveis;

•• Item 5.º com redação determinada pela Medida Provisória n. 1.085, de 27-12-2021.

O texto anterior dizia: "5.º) os contratos de compra e venda em prestações, com reserva de domínio ou não, qualquer que seja a forma de que se revistam, os de alienação ou de promessas de venda referentes a bens móveis e os de alienação fiduciária;".

• *Vide* Lei n. 6.766, de 19-12-1979, sobre loteamento urbano.

6.º) todos os documentos de procedência estrangeira, acompanhados das respectivas traduções, para produzirem efeitos em repartições da União, dos Estados, do Distrito Federal, dos Territórios e dos Municípios ou em qualquer instância, juízo ou tribunal;

7.º) as quitações, recibos e contratos de compra e venda de automóveis, bem como o penhor destes, qualquer que seja a forma que revistam;

• *Vide* Súmula 132 do STJ.

8.º) os atos administrativos expedidos para cumprimento de decisões judiciais, sem trânsito em julgado, pelas quais for determinada a entrega, pelas alfândegas e mesas de renda, de bens e mercadorias procedentes do Exterior;

9.º) os instrumentos de sub-rogação e de dação em pagamento;

•• Item 9.º com redação determinada pela Medida Provisória n. 1.085, de 27-12-2021.

O texto anterior dizia: "9.º) os instrumentos de cessão de direitos e de créditos, de sub-rogação e de dação em pagamento".

10.º) a cessão de direitos e de créditos, a reserva de domínio, o arrendamento mercantil de bens móveis e a alienação fiduciária de bens móveis; e

•• Item 10.º acrescentado pela Medida Provisória n. 1.085, de 27-12-2021.

11.º) as constrições judiciais ou administrativas sobre bens móveis corpóreos e sobre direitos de crédito.

•• Item 11.º acrescentado pela Medida Provisória n. 1.085, de 27-12-2021.

§ 1.º A inscrição em dívida ativa da Fazenda Pública não se sujeita ao registro de que trata o *caput* para efeito da presunção de fraude de que trata o art. 185 da Lei n. 5.172, de 25 de outubro de 1966.

•• § 1.º acrescentado pela Medida Provisória n. 1.085, de 27-12-2021.

§ 2.º O disposto no *caput* não afasta as competências relativas a registro e a constituição de ônus e gravames previstas em legislação específica, inclusive o estabelecido:

•• § 2.º, *caput*, acrescentado pela Medida Provisória n. 1.085, de 27-12-2021.

I – na Lei n. 9.503, de 23 de setembro de 1997 - Código de Trânsito Brasileiro; e

•• Inciso I acrescentado pela Medida Provisória n. 1.085, de 27-12-2021.

II – no art. 26 da Lei n. 12.810, de 15 de maio de 2013.

•• Inciso II acrescentado pela Medida Provisória n. 1.085, de 27-12-2021.

Art. 130. Dentro do prazo de 20 (vinte) dias da data da sua assinatura pelas partes, todos os atos enumerados nos arts. 127 e 129 serão registrados no domicílio das partes contratantes e, quando residam estas em circunscrições territoriais diversas, far-se-á o registro em todas elas.

•• A Medida Provisória n. 1.085, de 27-12-2021, em 1.º-1-2024, dá nova redação a este artigo:

"Art. 130. Os atos enumerados nos arts. 127 e art. 129 serão registrados no domicílio:

I - das partes, quando residirem na mesma circunscrição territorial;

II - de um dos devedores ou garantidores, quando as partes residirem em circunscrições territoriais diversas; ou

III - de uma das partes, quando não houver devedor ou garantidor.

§ 1.º Os atos de que trata este artigo produzirão efeitos a partir da data do registro.

§ 2.º O registro de títulos e documentos não exigirá reconhecimento de firma, cabendo exclusivamente ao apresentante a responsabilidade pela autenticidade das assinaturas constantes em documento particular.

§ 3.º O documento de quitação ou de exoneração da obrigação constante do título registrado, quando apresentado em meio físico, deverá conter o reconhecimento de firma do credor".

•• A Lei n. 13.190, de 19-11-2015, propôs nova redação para este *caput*, porém teve seu texto vetado.

Parágrafo único. Os registros de documentos apresentados, depois de findo o prazo, produzirão efeitos a partir da data da apresentação.

•• A Lei n. 13.190, de 19-11-2015, propôs nova redação e renumeração para este parágrafo único, e o acréscimo do § 2.º, porém teve seu texto vetado.

Art. 131. Os registros referidos nos artigos anteriores serão feitos independentemente de prévia distribuição.

•• A Lei n. 13.190, de 19-11-2015, propôs nova redação para este artigo, porém teve seu texto vetado.

Capítulo II
DA ESCRITURAÇÃO

Art. 132. No Registro de Títulos e Documentos, haverá os seguintes livros:

•• *Caput* com redação determinada pela Medida Provisória n. 1.085, de 27-12-2021.

O texto anterior dizia: "Art. 132. No Registro de Títulos e Documentos haverá os seguintes livros, todos com 300 (trezentas) folhas".

I – Livro A – protocolo para apontamentos de todos os títulos, documentos e papéis apresentados, diariamente, para serem registrados, ou averbados;

II – Livro B – para trasladação integral de títulos e documentos, sua conservação e validade contra terceiros, ainda que registrados por extratos em outros livros;

III – Livro C – para inscrição, por extração, de títulos e documentos, a fim de surtirem efeitos em relação a terceiros e autenticação de data;

IV – Livro D – indicador pessoal, substituível pelo sistema de fichas, a critério e sob a responsabilidade do oficial, o qual é obrigado a fornecer, com presteza, as certidões pedidas pelos nomes das partes que figurarem, por qualquer modo, nos livros de registros;

•• Inciso IV com redação determinada pela Medida Provisória n. 1.085, de 27-12-2021.

O texto anterior dizia: "IV – Livro D – indicador pessoal, substituível pelo sistema de fichas, a critério e sob a responsabilidade do oficial, o qual é obrigado a fornecer, com presteza, as certidões pedidas pelos nomes das partes que figurarem, por qualquer modo, nos livros de registros".

V – Livro E – indicador real, para matrícula de todos os bens móveis que figurarem nos demais livros, devendo conter sua identificação, referência aos números de ordem dos outros livros e anotações necessárias, inclusive direitos e ônus incidentes sobre eles;

•• Inciso V acrescentado pela Medida Provisória n. 1.085, de 27-12-2021.

VI – Livro F – para registro facultativo de documentos ou conjunto de documentos para conservação de que tratam o inciso VII do *caput* do art. 127 e o art. 127-A; e

•• Inciso VI acrescentado pela Medida Provisória n. 1.085, de 27-12-2021.

VII – Livro G – indicador pessoal específico para repositório dos nomes dos apresentantes que figurarem no Livro F, do qual deverá constar o respectivo número do registro, o nome do apresentante e o seu número de inscrição no Cadastro de Pessoas Físicas da Secretaria Especial da Receita Federal do Brasil do Ministério da Economia ou, no caso de pessoa jurídica, a denominação do apresentante e o seu número de inscrição no Cadastro Nacional da Pessoa Jurídica da Secretaria Especial da Receita Federal do Brasil do Ministério da Economia.

•• Inciso VII acrescentado pela Medida Provisória n. 1.085, de 27-12-2021.

Art. 133. Na parte superior de cada página do livro se escreverá o título, a letra com o número e o ano em que começar.

Art. 134. O juiz, em caso de afluência de serviço, poderá autorizar o desdobramento dos livros de registro para escrituração das várias espécies de atos, sem prejuízo da unidade do protocolo e de sua numeração em ordem rigorosa.

Parágrafo único. Esses livros desdobrados terão as indicações de E, F, G, H etc.

Art. 135. O protocolo deverá conter colunas para as seguintes anotações:

1.º) número de ordem, continuando, indefinidamente, nos seguintes;

2.º) dia e mês;

3.º) natureza do título e qualidade do lançamento (integral, resumido, penhor etc.);

4.º) o nome do apresentante;

5.º) anotações e averbações.

Parágrafo único. Em seguida ao registro, far-se-á, no protocolo, remissão ao número da página do livro em que foi ele lançado, mencionando-se, também, o número e a página de outros livros em que houver qualquer nota ou declaração concernente ao mesmo ato.

Art. 136. O livro de registro integral de títulos será escriturado nos termos do art. 142, lançando-se, antes de cada registro, o número de ordem, a data do protocolo e o nome do apresentante, e conterá colunas para as seguintes declarações:

1.º) número de ordem;

2.º) dia e mês;

3.º) transcrição;

4.º) anotações e averbações.

Art. 137. O livro de registro, por extrato, conterá colunas para as seguintes declarações:

1.º) número de ordem;

2.º) dia e mês;

3.º) espécie e resumo do título;

4.º) anotações e averbações.

Art. 138. O indicador pessoal será dividido alfabeticamente para a indicação do nome de todas as pessoas que, ativa ou passivamente, individual ou coletivamente, figurarem nos livros de registro e deverá conter, além dos nomes das pessoas, referências aos números de ordem e páginas dos outros livros e anotações.

Art. 139. Se a mesma pessoa já estiver mencionada no indicador, somente se fará, na coluna das anotações, uma referência ao número de ordem, página e número do livro em que estiver lançado o novo registro ou averbação.

Art. 140. Se no mesmo registro, ou averbação, figurar mais de uma pessoa, ativa ou passivamente, o nome de cada uma será lançado distintamente, no indicador, com referência recíproca na coluna das anotações.

Art. 141. *(Revogado pela Medida Provisória n. 1.085, de 27-12-2021.)*

•• O texto revogado dizia: "Art. 141. Sem prejuízo do disposto no art. 161, ao oficial é facultado efetuar o registro por meio de microfilmagem, desde que, por lançamentos remissivos, com menção ao protocolo, ao nome dos contratantes, à data e à natureza dos documentos apresentados, sejam os microfilmes havidos como partes integrantes dos livros de registros, nos seus termos de abertura e encerramento".

Capítulo III
DA TRANSCRIÇÃO E DA AVERBAÇÃO

Art. 142. O registro integral dos documentos consistirá na trasladação dos mesmos, com a mesma ortografia e pontuação, com referências às entrelinhas ou quaisquer acréscimos, alterações, defeitos ou vícios que tiver o original apresentado, e, bem assim, com menção precisa aos seus característicos exteriores e às formalidades legais, podendo a transcrição dos documentos mercantis, quando levados a registro, ser feita na mesma disposição gráfica em que estiverem escritos, se o interessado assim o desejar.

§ 1.º Feita a trasladação, na última linha, de maneira a não ficar espaço em branco, será conferida e realizado o seu encerramento, depois do que o oficial, seu substituto legal ou escrevente designado pelo oficial e autorizado pelo juiz competente, ainda que o primeiro não esteja afastado, assinará o seu nome por inteiro.

§ 2.º Tratando-se de documento impresso, idêntico a outro já anteriormente registrado na íntegra, no mesmo livro, poderá o registro limitar-se a consignar o nome das partes contratantes, as características do objeto e demais dados constantes dos claros preenchidos, fazendo-se remissão, quanto ao mais, àquele já registrado.

Art. 143. O registro resumido consistirá na declaração da natureza do título, do documento ou papel, valor, prazo, lugar em que tenha sido feito, nome e condição jurídica das partes, nomes das testemunhas, data da assinatura e do reconhecimento de firma por tabelião, se houver, o nome deste, o do apresentante, o número de ordem e a data do protocolo, e da averbação, a importância e a qualidade do imposto pago, depois do que será datado e rubricado pelo oficial ou servidores referidos no art. 142, § 1.º.

Art. 144. (*Revogado pela Medida Provisória n. 1.085, de 27-12-2021.*)

•• O texto revogado dizia: "Art. 144. O registro de contratos de penhor, caução e parceria será feito com declaração do nome, profissão e domicílio do credor e do devedor, valor da dívida, juros, penas, vencimento e especificações dos objetos apenhados, pessoa em poder de quem ficam, espécie do título, condições do contrato, data e número de ordem.

Parágrafo único. Nos contratos de parceria, serão considerados credor o parceiro proprietário e devedor, o parceiro cultivador ou criador".

Art. 145. (*Revogado pela Medida Provisória n. 1.085, de 27-12-2021.*)

•• O texto revogado dizia: "Art. 145. Qualquer dos interessados poderá levar a registro os contratos de penhor ou caução".

Capítulo IV
DA ORDEM DO SERVIÇO

Art. 146. Apresentado o título ou documento para registro ou averbação, serão anotados, no protocolo, a data de sua apresentação, sob o número de ordem que se seguir imediatamente, a natureza do instrumento, a espécie de lançamento a fazer (registro integral ou resumido, ou averbação), o nome do apresentante, reproduzindo-se as declarações relativas ao número de ordem, à data, e à espécie de lançamento a fazer no corpo do título, do documento ou do papel.

Art. 147. Protocolizado o título ou documento, far-se-á, em seguida, no livro respectivo, o lançamento (registro integral ou resumido, ou averbação) e, concluído este, declarar-se-á no corpo do título, documento ou papel, o número de ordem e a data do procedimento no livro competente, rubricando o oficial ou os servidores referidos no art. 142, § 1.º, esta declaração e as demais folhas do título, do documento ou do papel.

Art. 148. Os títulos, documentos e papéis escritos em língua estrangeira, uma vez adotados os caracteres comuns, poderão ser registrados no original, para o efeito da sua conservação ou perpetuidade. Para produzirem efeitos legais no País e para valerem contra terceiros, deverão, entretanto, ser vertidos em vernáculo e registrada a tradução, o que, também, se observará em relação às procurações lavradas em língua estrangeira.

Parágrafo único. Para o registro resumido, os títulos, documentos ou papéis em língua estrangeira, deverão ser sempre traduzidos.

Art. 149. Depois de concluídos os lançamentos nos livros respectivos, será feita, nas anotações do protocolo, referência ao número de ordem sob o qual tiver sido feito o registro, ou a averbação, no livro respectivo, datando e rubricando, em seguida, o oficial ou os servidores referidos no art. 142,§ 1.º.

Art. 150. O apontamento do título, documento ou papel no protocolo será feito, seguida e imediatamente um depois do outro. Sem prejuízo da numeração individual de cada documento, se a mesma pessoa apresentar simultaneamente diversos documentos de idêntica natureza, para lançamento da mesma espécie, serão eles lançados no protocolo englobadamente.

Parágrafo único. Onde terminar cada apontamento, será traçada uma linha horizontal, separando-o do seguinte, sendo lavrado, no fim do expediente diário, o termo de encerramento do próprio punho do oficial, por ele datado e assinado.

Art. 151. O lançamento dos registros e das averbações nos livros respectivos será feito, também seguidamente, na ordem de prioridade do seu apontamento no protocolo, quando não for obstado por ordem de autoridade judiciária competente, ou por dúvida superveniente; neste caso, seguir-se-ão os registros ou averbações dos imediatos, sem prejuízo da data autenticada pelo competente apontamento.

Art. 152. Cada registro ou averbação será datado e assinado por inteiro, pelo oficial ou pelos servidores referidos no art. 142, § 1.º, separados, um do outro, por uma linha horizontal.

Art. 153. Os títulos terão sempre um número diferente, segundo a ordem de apresentação, ainda que se refiram à mesma pessoa. O registro e a averbação deverão ser imediatos, e, quando não o puderem ser, por acúmulo de serviço, o lançamento será feito no prazo estritamente necessário, e sem prejuízo da ordem da prenotação. Em qualquer desses casos, o oficial, depois de haver dado entrada no protocolo e lançado no corpo do título as declarações prescritas, fornecerá um recibo contendo a declaração da data da apresentação, o número de ordem desta no protocolo e a indicação do dia em que deverá ser entregue, devidamente legalizado; o recibo será restituído pelo apresentante contra a devolução do documento.

Art. 154. Nos termos de encerramento diário do protocolo, lavrados ao findar a hora regulamentar, deverão ser mencionados, pelos respectivos números, os títulos apresentados cujos registros ficarem adiados, com a declaração dos motivos do adiamento.

Parágrafo único. Ainda que o expediente continue para ultimação do serviço, nenhuma nova apresentação será admitida depois da hora regulamentar.

Art. 155. Quando o título, já registrado por extrato, for levado a registro integral, ou for exigido simultaneamente pelo apresentante o duplo registro, mencionar-se-á essa circunstância no lançamento posterior e, nas anotações do protocolo, far-se-ão referências recíprocas para verificação das diversas espécies de lançamento do mesmo título.

Art. 156. O oficial deverá recusar registro a título e a documento que não se revistam das formalidades legais.

Parágrafo único. Se tiver suspeita de falsificação, poderá o oficial sobrestar no registro, depois de protocolado o documento, até notificar o apresentante dessa circunstância; se este insistir, o registro será feito com essa nota, podendo o oficial, entretanto, submeter a dúvida ao juiz competente, ou notificar o signatário para assistir ao registro, mencionando também as alegações pelo último aduzidas.

Art. 157. O oficial, salvo quando agir de má-fé, devidamente comprovada, não será responsável pelos danos decorrentes da anulação do registro, ou da averbação, por vício intrínseco ou extrínseco do documento, título ou papel, mas, tão somente, pelos erros ou vícios no processo do registro.

Art. 158. *(Revogado pela Medida Provisória n. 1.085, de 27-12-2021.)*

•• O texto revogado dizia: "Art. 158. As procurações deverão trazer reconhecidas as firmas dos outorgantes".

Art. 159. As folhas do título, documento ou papel que tiver sido registrado e as das certidões serão rubricadas pelo oficial, antes de entregues aos apresentantes. As declarações no protocolo, bem como as dos registros e das averbações lançadas no título, documento ou papel e as respectivas datas poderão ser apostas por carimbo, sendo, porém, para autenticação, de próprio punho do oficial, ou de quem suas vezes fizer, a assinatura ou a rubrica.

Art. 160. O oficial será obrigado, quando o apresentante o requerer, a notificar do registro ou da averbação os demais interessados que figurarem no título, documento, ou papel apresentado, e a quaisquer terceiros que lhes sejam indicados, podendo requisitar dos oficiais de registro, em outros Municípios, as notificações necessárias. Por esse processo, também, poderão ser feitos avisos, denúncias e notificações, quando não for exigida a intervenção judicial.

§ 1.º Os certificados de notificação ou da entrega de registros serão lavrados nas colunas das anotações, no livro competente, à margem dos respectivos registros.

•• A Lei n. 13.190, de 19-11-2015, propôs nova redação para este § 1.º, porém teve seu texto vetado.

§ 2.º O serviço das notificações e demais diligências poderá ser realizado por escreventes designados pelo oficial e autorizados pelo juiz competente.

•• A Lei n. 13.190, de 19-11-2015, propôs nova redação para este § 2.º, porém teve seu texto vetado.

Art. 161. As certidões do registro de títulos e documentos terão a mesma eficácia e o mesmo valor probante dos documentos originais registrados, físicos ou nato-digitais, ressalvado o incidente de falsidade destes, oportunamente levantado em juízo.

•• *Caput* com redação determinada pela Medida Provisória n. 1.085, de 27-12-2021.

O texto anterior dizia: "Art. 161. As certidões do registro integral de títulos terão o mesmo valor probante dos originais, ressalvado o incidente de falsidade destes, oportunamente levantado em juízo".

§ 1.º *(Revogado pela Medida Provisória n. 1.085, de 27-12-2021.)*

•• O texto anterior dizia: "§ 1.º O apresentante do título para registro integral poderá também deixá-lo arquivado em cartório ou a sua fotocópia, autenticada pelo oficial, circunstâncias que serão declaradas no registro e nas certidões".

§ 2.º *(Revogado pela Medida Provisória n. 1.085, de 27-12-2021.)*

•• O texto anterior dizia: "§ 2.º Quando houver acúmulo de trabalho, um dos suboficiais poderá ser autorizado pelo juiz, a pedido do oficial e sob sua responsabilidade, a lavrar e subscrever certidão".

Art. 162. O fato da apresentação de um título, documento ou papel, para registro ou averbação, não constituirá, para o apresentante, direito sobre o mesmo, desde que não seja o próprio interessado.

Art. 163. Os tabeliães e escrivães, nos atos que praticarem, farão sempre referência ao livro e à folha do registro de títulos e documentos em que tenham sido trasladados os mandatos de origem estrangeira, a que tenham de reportar-se.

Capítulo V
DO CANCELAMENTO

Art. 164. O cancelamento poderá ser feito em virtude de sentença ou de documento autêntico de quitação ou de exoneração do título registrado.

Art. 165. Apresentado qualquer dos documentos referidos no artigo anterior, o oficial certificará, na coluna das averbações do livro respectivo, o cancelamento e a razão dele, mencionando-se o documento que o autorizou, datando e assinando a certidão, de tudo fazendo referência nas anotações do protocolo.

Parágrafo único. Quando não for suficiente o espaço da coluna das averbações, será feito novo registro, com referências recíprocas, na coluna própria.

Art. 166. Os requerimentos de cancelamento serão arquivados com os documentos que os instruírem.

Título V
DO REGISTRO DE IMÓVEIS

Capítulo I
DAS ATRIBUIÇÕES

Art. 167. No Registro de Imóveis, além da matrícula, serão feitos:

I – o registro:

1) da instituição de bem de família;

2) das hipotecas legais, judiciais e convencionais;

3) dos contratos de locação de prédios, nos quais tenha sido consignada cláusula de vigência no caso de alienação da coisa locada;

4) do penhor de máquinas e de aparelhos utilizados na indústria, instalados e em funcionamento, com os respectivos pertences ou sem eles;

5) das penhoras, arrestos e sequestros de imóveis;

6) das servidões em geral;

7) do usufruto e do uso sobre imóveis e da habitação, quando não resultarem do direito de família;

8) das rendas constituídas sobre imóveis ou a eles vinculadas por disposição de última vontade;

9) dos contratos de compromisso de compra e venda de cessão deste e de promessa de cessão, com ou sem cláusula de arrependimento, que tenham por objeto imóveis não loteados e cujo preço tenha sido pago no ato de sua celebração, ou deva sê-lo a prazo, de uma só vez ou em prestações;

10) da enfiteuse;

11) da anticrese;

12) das convenções antenupciais;

13) (*Revogado pela Lei n. 13.986, de 7-4-2020.*)

14) das cédulas de crédito industrial;

15) dos contratos de penhor rural;

16) dos empréstimos por obrigações ao portador ou debêntures, inclusive as conversíveis em ações;

17) das incorporações, instituições e convenções de condomínio;

18) dos contratos de promessa de venda, cessão ou promessa de cessão de unidades autônomas condominiais e de promessa de permuta, a que se refere a Lei n. 4.591, de 16 de dezembro de 1964, quando a incorporação ou a instituição de condomínio se formalizar na vigência desta Lei;

•• Item 18 com redação determinada pela Medida Provisória n. 1.085, de 27-12-2021.

O texto anterior dizia: "18) dos contratos de promessa de venda, cessão ou promessa de cessão de unidades autônomas condominiais a que alude a Lei n. 4.591, de 16 de dezembro de 1964, quando a incorporação ou a instituição de condomínio se formalizar na vigência desta Lei;".

19) dos loteamentos urbanos e rurais;

20) dos contratos de promessa de compra e venda de terrenos loteados em conformidade com o Decreto-lei n. 58, de 10 de dezembro de 1937, e respectiva cessão e promessa de cessão, quando o loteamento se formalizar na vigência desta Lei;

•• O parcelamento do solo urbano é regulado pela Lei n. 6.766, de 19-12-1979.

21) das citações de ações reais ou pessoais reipersecutórias, relativas a imóveis;

22) (*Revogado pela Lei n. 6.850, de 12-11-1980.*)

23) dos julgados e atos jurídicos entre vivos que dividirem imóveis ou os demarcarem inclusive nos casos de incorporação que resultarem em constituição de condomínio e atribuírem uma ou mais unidades aos incorporadores;

24) das sentenças que nos inventários, arrolamentos e partilhas adjudicarem bens de raiz em pagamento das dívidas da herança;

25) dos atos de entrega de legados de imóveis, dos formais de partilha e das sentenças de adjudicação em inventário ou arrolamento quando não houver partilha;

26) da arrematação e da adjudicação em hasta pública;

27) do dote;

28) das sentenças declaratórias de usucapião;

•• Item 28 com redação determinada pela Medida Provisória n. 2.220, de 4-9-2001.

29) da compra e venda pura e da condicional;

30) da permuta e da promessa de permuta;

•• Item 30 com redação determinada pela Medida Provisória n. 1.085, de 27-12-2021.

O texto anterior dizia: "30) da permuta;".

31) da dação em pagamento;

32) da transferência de imóvel a sociedade, quando integrar quota social;

33) da doação entre vivos;

34) da desapropriação amigável e das sentenças que, em processo de desapropriação, fixarem o valor da indenização;

35) da alienação fiduciária em garantia de coisa imóvel;

•• Item 35 acrescentado pela Lei n. 9.514, de 20-11-1997.

36) da imissão provisória na posse, quando concedida à União, aos Estados, ao Distrito Federal, aos Municípios ou às suas entidades delegadas, e respectiva cessão e promessa de cessão;

•• Item 36 com redação determinada pela Lei n. 12.424, de 16-6-2011.

37) dos termos administrativos ou das sentenças declaratórias da concessão de uso especial para fins de moradia;

•• Item 37 com redação determinada pela Medida Provisória n. 2.220, de 4-9-2001.

38) (*Vetado.*)

•• Item acrescentado pela Lei n. 10.257, de 10-7-2001.

39) da constituição do direito de superfície de imóvel urbano;

•• Item 39 acrescentado pela Lei n. 10.257, de 10-7-2001.

•• A Lei n. 13.465, de 11-7-2017, propôs a revogação deste item 39, todavia teve seu texto vetado.

40) do contrato de concessão de direito real de uso de imóvel público;

•• Item 40 acrescentado pela Medida Provisória n. 2.220, de 4-9-2001.

41) da legitimação de posse;

•• Item 41 acrescentado pela Lei n. 11.977, de 7-7-2009.

42) da conversão da legitimação de posse em propriedade, prevista no art. 60 da Lei n. 11.977, de 7 de julho de 2009;

•• Item 42 acrescentado pela Lei n. 12.424, de 16-6-2011.

• A Lei n. 11.977, de 7-7-2009, dispõe sobre regularização fundiária de assentamentos localizados em áreas urbanas.

43) da Certidão de Regularização Fundiária (CRF);

•• Item 43 acrescentado pela Lei n. 13.465, de 11-7-2017.

44) da legitimação fundiária;

•• Item 44 com redação determinada pela Medida Provisória n. 1.085, de 27-12-2021.

O texto anterior dizia: "44) da legitimação fundiária;
•• Item 44 acrescentado pela Lei n. 13.465, de 11-7-2017".

45) do contrato de pagamento por serviços ambientais, quando este estipular obrigações de natureza *propter rem*; e

•• Item 45 com redação determinada pela Medida Provisória n. 1.085, de 27-12-2021.

O texto anterior dizia: "45) do contrato de pagamento por serviços ambientais, quando este estipular obrigações de natureza *propter rem*;

•• Item 45 acrescentado pela Lei n. 14.119, de 13-1-2021".

46) do ato de tombamento definitivo, sem conteúdo financeiro;

•• Item 46 acrescentado pela Medida Provisória n. 1.085, de 27-12-2021.

II – a averbação:

1) das convenções antenupciais e do regime de bens diversos do legal, nos registros referentes a imóveis ou a direitos reais pertencentes a qualquer dos cônjuges, inclusive os adquiridos posteriormente ao casamento;

2) por cancelamento, da extinção dos ônus e direitos reais;

3) dos contratos de promessa de compra e venda, das cessões e das promessas de cessão a que alude o Decreto-lei n. 58, de 10 de dezembro de 1937, quando o loteamento se tiver formalizado anteriormente à vigência desta Lei;

•• *Vide* Lei n. 6.766, de 19-12-1979.

4) da mudança de denominação e de numeração dos prédios, da edificação, da reconstrução, da demolição, do desmembramento e do loteamento de imóveis;

5) da alteração do nome por casamento ou por desquite, ou, ainda, de outras circunstâncias que, de qualquer modo, tenham influência no registro ou nas pessoas nele interessadas;

•• *Vide* Lei n. 6.515, de 26-12-1977.

•• *Vide* arts. 5.º, I, e 226, § 5.º, da CF.

6) dos atos pertinentes a unidades autônomas condominiais a que alude a Lei n. 4.591, de 16 de dezembro de 1964, quando a incorporação tiver sido formalizada anteriormente à vigência desta Lei;

7) das cédulas hipotecárias;

8) da caução e da cessão fiduciária de direitos reais relativos a imóveis;

•• Item 8 com redação determinada pela Medida Provisória n. 1.085, de 27-12-2021.

O texto anterior dizia: "8) da caução e da cessão fiduciária de direitos relativos a imóveis;".

9) das sentenças de separação de dote;

10) do restabelecimento da sociedade conjugal;

11) das cláusulas de inalienabilidade, impenhorabilidade e incomunicabilidade impostas a imóveis, bem como da constituição de fideicomisso;

12) das decisões, recursos e seus efeitos, que tenham por objeto atos ou títulos registrados ou averbados;

13) *ex officio*, dos nomes dos logradouros, decretados pelo poder público;

14) das sentenças de separação judicial, de divórcio e de nulidade ou anulação de casamento, quando nas respectivas partilhas existirem imóveis ou direitos reais sujeitos a registro;

•• Item 14 acrescentado pela Lei n. 6.850, de 12-11-1980.

15) da rerratificação do contrato de mútuo com pacto adjeto de hipoteca em favor de entidade integrante do Sistema Financeiro da Habitação, ainda que importando elevação da dívida, desde que mantidas as mesmas partes e que inexista outra hipoteca registrada em favor de terceiros;

•• Item 15 acrescentado pela Lei n. 6.941, de 14-9-1981.

16) do contrato de locação, para os fins de exercício de direito de preferência;

•• Item 16 acrescentado pela Lei n. 8.245, de 18-10-1991.

17) do Termo de Securitização de créditos imobiliários, quando submetidos a regime fiduciário;

•• Item 17 acrescentado pela Lei n. 9.514, de 20-11-1997.

18) da notificação para parcelamento, edificação ou utilização compulsórios de imóvel urbano;

•• Item 18 acrescentado pela Lei n. 10.257, de 10-7-2001.

19) da extinção da concessão de uso especial para fins de moradia;

•• Item 19 acrescentado pela Lei n. 10.257, de 10-7-2001.

20) da extinção do direito de superfície do imóvel urbano;

•• Item 20 acrescentado pela Lei n. 10.257, de 10-7-2001.

•• A Lei n. 13.465, de 11-7-2017, propôs a revogação deste item 20, todavia teve seu texto vetado.

21) da cessão do crédito com garantia real sobre imóvel, ressalvado o disposto no item 35;

•• Item 21 com redação determinada pela Medida Provisória n. 1.085, de 27-12-2021.

O texto anterior dizia: "21) da cessão de crédito imobiliário;

•• Item 21 acrescentado pela Lei n. 10.931, de 2-8-2004".

22) da reserva legal;

•• Item 22 acrescentado pela Lei n. 11.284, de 2-3-2006.

•• A Lei n. 12.727, de 17-10-2012, propôs a revogação deste item, todavia, sofreu veto presidencial.

23) da servidão ambiental;

•• Item 23 acrescentado pela Lei n. 11.284, de 2-3-2006.

24) do destaque de imóvel de gleba pública originária;

•• Item 24 acrescentado pela Lei n. 11.952, de 25-6-2009.

•• A Medida Provisória n. 458, de 10-2-2009, que foi convertida na Lei n. 11.952, de 25-6-2009, acrescentava os itens 24 e 25 a este inciso. Porém, na conversão passou a acrescentar apenas o item 24 sem mencionar o item 25.

26) do auto de demarcação urbanística;

•• Item 26 acrescentado pela Lei n. 11.977, de 7-7-2009.

27) da extinção da legitimação de posse;

•• Item 27 acrescentado pela Lei n. 12.424, de 16-6-2011.

28) da extinção da concessão de uso especial para fins de moradia;

•• Item 28 acrescentado pela Lei n. 12.424, de 16-6-2011.

29) da extinção da concessão de direito real de uso;

•• Item 29 acrescentado pela Lei n. 12.424, de 16-6-2011.

30) da sub-rogação de dívida, da respectiva garantia fiduciária ou hipotecária e da alteração das condições contratuais, em nome do credor que venha a assumir tal condição nos termos do disposto no art. 31 da Lei n. 9.514, de 20 de novembro de 1997, ou do art. 347 da Lei n. 10.406, de 10 de janeiro de 2002 – Código Civil, realizada em ato único, a requerimento do interessado, instruído com documento comprobatório firmado pelo credor original e pelo mutuário, ressalvado o disposto no item 35;

•• Item 30 com redação determinada pela Medida Provisória n. 1.085, de 27-12-2021.

O texto anterior dizia: "30) da sub-rogação de dívida, da respectiva garantia fiduciária ou hipotecária e da alteração das condições contratuais, em nome do credor que venha a assumir tal condição na forma do disposto pelo art. 31 da Lei n. 9.514, de 20 de novembro de 1997, ou do art. 347 da Lei n. 10.406, de 10 de janeiro de 2002 – Código Civil, realizada em ato único, a requerimento do interessado instruído com documento comprobatório firmado pelo credor original e pelo mutuário;

•• Item 30 com redação determinada pela Lei n. 12.810, de 15-5-2013".

31) da certidão de liberação de condições resolutivas dos títulos de domínio resolúvel emitidos pelos órgãos fundiários;

•• Item 31 acrescentado pela Lei n. 13.465, de 11-7-2017.

32) do termo de quitação de contrato de compromisso de compra e venda registrado e do termo de quitação dos instrumentos públicos ou privados oriundos da implantação de empreendimentos ou de processo de regularização fundiária, firmado pelo empreendedor proprietário de imóvel ou pelo promotor do empreendimento ou da regularização fundiária objeto de loteamento, desmembramento, condomínio de qualquer modalidade ou de regularização fundiária, exclusivamente para fins de exoneração da sua responsabilidade sobre tributos municipais incidentes sobre o imóvel perante o Município, não implicando transferência de domínio ao compromissário comprador ou ao beneficiário da regularização.

•• Item 32 acrescentado pela Lei n. 13.465, de 11-7-2017.

34) da existência dos penhores previstos no art. 178, de ofício, sem conteúdo financeiro, por ocasião do registro no livro auxiliar em relação a imóveis:

•• Item 34 acrescentado pela Medida Provisória n. 1.085, de 27-12-2021.

•• Numeração conforme publicação oficial.

34.1.) de titularidade do devedor pignoratício; ou

•• Item 34.1 acrescentado pela Medida Provisória n. 1.085, de 27-12-2021.

34.2) objeto de contratos registrados no Livro n. 2 – Registro Geral;

•• Item 34.2 acrescentado pela Medida Provisória n. 1.085, de 27-12-2021.

35) da cessão de crédito ou da sub-rogação de dívida decorrentes de transferência do financiamento com garantia real sobre imóvel, nos termos do disposto no Capítulo II-A da Lei n. 9.514, de 20 de novembro de 1997; e

•• Item 35 acrescentado pela Medida Provisória n. 1.085, de 27-12-2021.

•• Numeração conforme publicação oficial.

36) do processo de tombamento de bens imóveis e de seu eventual cancelamento, sem conteúdo financeiro.

•• Item 36 acrescentado pela Medida Provisória n. 1.085, de 27-12-2021.

•• Numeração conforme publicação oficial.

Parágrafo único. O registro previsto no item 3 do inciso I do *caput* e a averbação prevista no item 16 do inciso II do *caput* serão efetuados no registro de imóveis da circunscrição onde o imóvel estiver matriculado, mediante apresentação de uma via do contrato assinado pelas partes, admitida a forma eletrônica e bastando a coincidência entre o nome de um dos proprietários e o do locador.

•• Parágrafo único acrescentado pela Medida Provisória n. 1.085, de 27-12-2021.

Art. 168. Na designação genérica de registro, consideram-se englobadas a inscrição e a transcrição a que se referem as leis civis.

Art. 169. Todos os atos enumerados no art. 167 são obrigatórios e serão efetuados na serventia da situação do imóvel, observado o seguinte:

•• *Caput* com redação determinada pela Medida Provisória n. 1.085, de 27-12-2021.

O texto anterior dizia: "Art. 169. Todos os atos enumerados no art. 167 são obrigatórios e efetuar-se-ão no cartório da situação do imóvel, salvo:".

I – (*Revogado pela Medida Provisória n. 1.085, de 27-12-2021.*)

•• O texto revogado dizia: "I – as averbações, que serão efetuadas na matrícula ou à margem do registro a que se referirem, ainda que o imóvel tenha passado a pertencer a outra circunscrição;".

II – para o imóvel situado em duas ou mais circunscrições, serão abertas matrículas em ambas as serventias dos registros públicos; e

•• Inciso II com redação determinada pela Medida Provisória n. 1.085, de 27-12-2021.

O texto anterior dizia: "II – os registros relativos a imóveis situados em comarcas ou circunscrições limítrofes, que serão feitos em todas elas, devendo os Registros de Imóveis fazer constar dos registros tal ocorrência;

•• Inciso II com redação determinada pela Lei n. 10.267, de 28-8-2001".

III – (*Revogado pela Medida Provisória n. 1.085, de 27-12-2021.*)

•• O texto revogado dizia: "III – o registro previsto no n. 3 do inc. I do art. 167, e a averbação prevista no n. 16 do inc. II do art. 167 serão efetuados no Cartório onde o imóvel esteja matriculado mediante apresentação de qualquer das vias do contrato, assinado pelas partes e subscrito por duas testemunhas, bastando a coincidência entre o nome de um dos proprietários e o locador.

•• Inciso III acrescentado pela Lei n. 8.245, de 18-10-1991".

IV – aberta matrícula na serventia da situação do imóvel, o oficial comunicará o fato à serventia de origem, para o encerramento, de ofício, da matrícula anterior.

•• Inciso IV acrescentado pela Medida Provisória n. 1.085, de 27-12-2021.

§ 1.º O registro do loteamento e do desmembramento que abranger imóvel localizado em mais de uma circunscrição imobiliária observará o disposto no inciso II do *caput*, devendo as matrículas das unidades imobiliárias ser abertas na serventia do registro de imóveis da circunscrição em que estiver situada a unidade imobiliária, procedendo-se às averbações remissivas.

•• § 1.º acrescentado pela Medida Provisória n. 1.085, de 27-12-2021.

§ 2.º As informações relativas às alterações de denominação de logradouro e de numeração predial serão enviadas pelo Município à serventia do registro de imóveis da circunscrição onde estiver situado o imóvel, por meio do SERP, podendo as informações de alteração de numeração predial ser arquivadas para uso oportuno e a pedido do interessado.

•• § 2.º acrescentado pela Medida Provisória n. 1.085, de 27-12-2021.

§ 3.º Na hipótese prevista no inciso II do *caput*, as matrículas serão abertas:

•• § 3.º, *caput*, acrescentado pela Medida Provisória n. 1.085, de 27-12-2021.

I – com remissões recíprocas;

•• Inciso I acrescentado pela Medida Provisória n. 1.085, de 27-12-2021.

II – praticando-se os atos de registro e de averbação apenas no registro de imóveis da circunscrição em que estiver situada a maior área, averbando-se, sem conteúdo financeiro, a circunstância na outra serventia; e

•• Inciso II acrescentado pela Medida Provisória n. 1.085, de 27-12-2021.

III – se a área for idêntica em ambas as circunscrições, se adotará o mesmo procedimento, procedendo-se aos registros e averbações na serventia de escolha do interessado, averbada a circunstância na outra serventia, sem conteúdo financeiro.

•• Inciso III acrescentado pela Medida Provisória n. 1.085, de 27-12-2021.

Art. 170. O desmembramento territorial posterior ao registro não exige sua repetição no novo cartório.

Art. 171. Os atos relativos a vias férreas serão registrados na circunscrição imobiliária onde se situe o imóvel.

•• *Caput* com redação determinada pela Lei n. 13.465, de 11-7-2017.

Parágrafo único. A requerimento do interessado, o oficial do cartório do registro de imóveis da circunscrição a que se refere o *caput* deste artigo abrirá a matrícula da área correspondente, com base em planta, memorial descritivo e certidão atualizada da matrícula ou da transcrição do imóvel, caso exista, podendo a apuração do remanescente ocorrer em momento posterior.

•• Parágrafo único acrescentado pela Lei n. 13.465, de 11-7-2017.

Capítulo II
DA ESCRITURAÇÃO

Art. 172. No Registro de Imóveis serão feitos, nos termos desta Lei, o registro e a averbação dos títulos ou atos constitutivos, declaratórios, translativos e extintivos de direitos reais sobre imóveis reconhecidos em lei, *inter vivos* ou *mortis causa*, quer para sua constituição, transferência e extinção, quer para sua validade em relação a terceiros, quer para a sua disponibilidade.

Art. 173. Haverá, no Registro de Imóveis, os seguintes livros:

I – Livro n. 1 – Protocolo;

II – Livro n. 2 – Registro Geral;

III – Livro n. 3 – Registro Auxiliar;

IV – Livro n. 4 – Indicador Real;

V – Livro n. 5 – Indicador Pessoal.

Parágrafo único. Observado o disposto no § 2.º do art. 3.º desta Lei, os Livros n. 2, 3, 4 e 5 poderão ser substituídos por fichas.

Art. 174. O Livro n. 1 – Protocolo – servirá para apontamento de todos os títulos apresentados diariamente, ressalvado o disposto no parágrafo único do art. 12 desta Lei.

Art. 175. São requisitos da escrituração do Livro n. 1 – Protocolo:

I – o número de ordem, que seguirá indefinidamente nos livros da mesma espécie;

II – a data da apresentação;

III – o nome do apresentante;

IV – a natureza formal do título;

V – os atos que formalizar, resumidamente mencionados.

Art. 176. O Livro n. 2 – Registro Geral – será destinado à matrícula dos imóveis e ao registro ou averbação dos atos relacionados no art. 167 e não atribuídos ao Livro n. 3.

§ 1.º A escrituração do Livro n. 2 obedecerá às seguintes normas:

I – cada imóvel terá matrícula própria, que será aberta por ocasião do primeiro ato de registro ou de averbação;

•• Inciso I com redação determinada pela Medida Provisória n. 1.085, de 27-12-2021.

O texto anterior dizia: "I – cada imóvel terá matrícula própria, que será aberta por ocasião do primeiro registro a ser feito na vigência desta Lei;".

II – são requisitos da matrícula:

1) o número de ordem, que seguirá ao infinito;

2) a data;

3) a identificação do imóvel, que será feita com indicação:

a) se rural, do código do imóvel, dos dados constantes do CCIR, da denominação e de suas características, confrontações, localização e área;

b) se urbano, de suas características e confrontações, localização, área, logradouro, número e de sua designação cadastral, se houver;

•• Item 3 com redação determinada pela Lei n. 10.267, de 28-8-2001.

4) o nome, domicílio e nacionalidade do proprietário, bem como:

a) tratando-se de pessoa física, o estado civil, a profissão, o número de inscrição no Cadastro de Pessoas Físicas do Ministério da Fazenda ou do Registro Geral da cédula de identidade, ou, à falta deste, sua filiação;

b) tratando-se de pessoa jurídica, a sede social e o número de inscrição no Cadastro Geral de Contribuintes do Ministério da Fazenda;

5) o número do registro anterior;

6) tratando-se de imóvel em regime de multipropriedade, a indicação da existência de matrículas, nos termos do § 10 deste artigo;

•• Item 6 acrescentado pela Lei n. 13.777, de 20-12-2018.

III – são requisitos do registro no Livro n. 2:

1) a data;

2) o nome, domicílio e nacionalidade do transmitente, ou do devedor, e do adquirente, ou credor, bem como:

a) tratando-se de pessoa física, o estado civil, a profissão e o número de inscrição no Cadastro de Pessoas Físicas do Ministério da Fazenda ou do Registro Geral da cédula de identidade, ou, à falta deste, sua filiação;

b) tratando-se de pessoa jurídica, a sede social e o número de inscrição no Cadastro Geral de Contribuintes do Ministério da Fazenda;

3) o título da transmissão ou do ônus;

4) a forma do título, sua procedência e caracterização;

5) o valor do contrato, da coisa ou da dívida, prazo desta, condições e mais especificações, inclusive os juros, se houver.

•• Item 5 com redação determinada pela Lei n. 6.688, de 17-9-1979.

§ 2.º Para a matrícula e registro das escrituras e partilhas, lavradas ou homologadas na vigência do Decreto n. 4.857, de 9 de novembro de 1939, não serão observadas as exigências deste artigo, devendo tais atos obedecer ao disposto na legislação anterior.

•• § 2.º acrescentado pela Lei n. 6.688, de 17-9-1979.

§ 3.º Nos casos de desmembramento, parcelamento ou remembramento de imóveis rurais, a identificação prevista na alínea *a* do item 3 do inciso II do § 1.º será obtida a partir do memorial descritivo, assinado por profissional habilitado e com a devida Anotação de Responsabilidade Técnica – ART, contendo as coordenadas dos vértices definidores dos limites dos imóveis rurais, georreferenciadas ao Sistema Geodésico Brasileiro e com precisão posicional a ser fixada pelo INCRA, garantida a isenção de custos financeiros aos proprietários de imóveis rurais cuja somatória da área não exceda a 4 (quatro) módulos fiscais.

•• § 3.º acrescentado pela Lei n. 10.267, de 28-8-2001.

§ 4.º A identificação de que trata o § 3.º tornar-se-á obrigatória para efetivação de registro, em qualquer situação de transferência de imóvel rural, nos prazos fixados por ato do Poder Executivo.

•• § 4.º acrescentado pela Lei n. 10.267, de 28-8-2001.

§ 5.º Nas hipóteses do § 3.º, caberá ao INCRA certificar que a poligonal objeto do memorial descritivo não se sobrepõe a nenhuma outra constante de seu cadastro georreferenciado e que o memorial atende às exigências técnicas, conforme ato normativo próprio.

•• § 5.º acrescentado pela Lei n. 11.952, de 25-6-2009.

§ 6.º A certificação do memorial descritivo de glebas públicas será referente apenas ao seu perímetro originário.

•• § 6.º acrescentado pela Lei n. 11.952, de 25-6-2009.

§ 7.º Não se exigirá, por ocasião da efetivação do registro do imóvel destacado de glebas públicas, a retificação do memorial descritivo da área remanescente, que somente ocorrerá a cada 3 (três) anos, contados a partir do primeiro destaque, englobando todos os destaques realizados no período.

•• § 7.º acrescentado pela Lei n. 11.952, de 25-6-2009.

§ 8.º O ente público proprietário ou imitido na posse a partir de decisão proferida em processo judicial de desapropriação em curso poderá requerer a abertura de matrícula de parte de imóvel situado em área urbana ou de expansão urbana, previamente matriculado ou não, com base em planta e memorial descritivo, podendo a apuração de remanescente ocorrer em momento posterior.

•• § 8.º acrescentado pela Lei n. 12.424, de 16-6-2011.

§ 9.º A instituição do direito real de laje ocorrerá por meio da abertura de uma matrícula própria no registro de imóveis e por meio da averbação desse fato na matrícula da construção-base e nas matrículas de lajes anteriores, com remissão recíproca.

•• § 9.º acrescentado pela Lei n. 13.465, de 11-7-2017.

§ 10. Quando o imóvel se destinar ao regime da multipropriedade, além da matrícula do imóvel, haverá uma matrícula para cada fração de tempo, na qual se registrarão e averbarão os atos referentes à respectiva fração de tempo, ressalvado o disposto no § 11 deste artigo.

•• § 10 acrescentado pela Lei n. 13.777, de 20-12-2018.

§ 11. Na hipótese prevista no § 10 deste artigo, cada fração de tempo poderá, em função de legislação tributária municipal, ser objeto de inscrição imobiliária individualizada.

•• § 11 acrescentado pela Lei n. 13.777, de 20-12-2018.

§ 12. Na hipótese prevista no inciso II do § 1.º do art. 1.358-N da Lei n. 10.406, de 10 de janeiro de 2002 (Código Civil), a fração de tempo adicional, destinada à realização de reparos, constará da matrícula referente à fração de tempo principal de cada multiproprietário e não será objeto de matrícula específica.

•• § 12 acrescentado pela Lei n. 13.777, de 20-12-2018.

§ 13. Para a identificação de que tratam os §§ 3.º e 4.º deste artigo, é dispensada a anuência dos confrontantes, bastando para tanto a declaração do requerente de que respeitou os limites e as confrontações.

•• § 13 acrescentado pela Lei n. 13.838, de 4-6-2019.

§ 14. É facultada a abertura da matrícula na circunscrição onde estiver situado o imóvel, a requerimento do interessado ou de ofício, por conveniência do serviço.

•• § 14 acrescentado pela Medida Provisória n. 1.085, de 27-12-2021.

§ 15. Ainda que ausentes alguns elementos de especialidade objetiva ou subjetiva, desde que haja segurança quanto à localização e à identificação do imóvel, a critério do oficial, e que constem os dados do registro anterior, a matrícula poderá ser aberta nos termos do disposto no § 14.

•• § 15 acrescentado pela Medida Provisória n. 1.085, de 27-12-2021.

§ 16. Não sendo suficientes os elementos de especialidade objetiva ou subjetiva, será exigida a retificação, no caso de requerimento do interessado na forma prevista no § 14, perante a circunscrição de situação do imóvel.

•• § 16 acrescentado pela Medida Provisória n. 1.085, de 27-12-2021.

§ 17. Os elementos de especialidade objetiva ou subjetiva que não alterarem elementos essenciais do ato ou negócio jurídico praticado, quando não constantes do título ou do acervo registral, poderão ser complementados por outros documentos ou, quando se tratar de manifestação de vontade, por declarações dos proprietários ou dos interessados, sob sua responsabilidade.

•• § 17 acrescentado pela Medida Provisória n. 1.085, de 27-12-2021.

Art. 176-A. O registro de aquisição originária ou de desapropriação amigável ou judicial ocasionará a abertura de matrícula, se não houver, relativa ao imóvel adquirido ou quando atingir, total ou parcialmente, um ou mais imóveis objeto de registro anterior.

•• *Caput* acrescentado pela Lei n. 14.273, de 23-12-2021.

§ 1.º A matrícula será aberta com base em planta e memorial utilizados na instrução do procedimento administrativo ou judicial que ensejou a aquisição, os quais assegurarão a descrição e a caracterização objetiva do imóvel e as benfeitorias, nos termos do art. 176 desta Lei.

•• § 1.º acrescentado pela Lei n. 14.273, de 23-12-2021.

§ 2.º As matrículas atingidas serão encerradas ou receberão averbação dos desfalques, caso necessário, dispensada a retificação da planta e do memorial descritivo da área remanescente.

•• § 2.º acrescentado pela Lei n. 14.273, de 23-12-2021.

§ 3.º (*Vetado*.)

•• § 3.º acrescentado pela Lei n. 14.273, de 23-12-2021.

§ 4.º Na hipótese de a área adquirida em caráter originário ser maior do que a área constante do registro existente, a informação sobre a diferença apurada será averbada na matrícula aberta.

•• § 4.º acrescentado pela Lei n. 14.273, de 23-12-2021.

§ 5.º O disposto no *caput* deste artigo aplica-se ao registro de:

•• § 5.º, *caput*, acrescentado pela Lei n. 14.273, de 23-12-2021.

I – ato de imissão provisória na posse, em procedimento de desapropriação;

•• Inciso I acrescentado pela Lei n. 14.273, de 23-12-2021.

II – carta de adjudicação, em procedimento judicial de desapropriação;

•• Inciso II acrescentado pela Lei n. 14.273, de 23-12-2021.

III – escritura pública, termo ou contrato administrativo, em procedimento extrajudicial de desapropriação.

•• Inciso III acrescentado pela Lei n. 14.273, de 23-12-2021.

Art. 177. O Livro n. 3 – Registro Auxiliar – será destinado ao registro dos atos que, sendo atribuídos ao Registro de Imóveis por disposição legal, não digam respeito diretamente a imóvel matriculado.

Art. 178. Registrar-se-ão no Livro n. 3 – Registro Auxiliar:

I – a emissão de debêntures, sem prejuízo do registro eventual e definitivo, na matrícula do imóvel, da hipoteca, anticrese ou penhor que abonarem especialmente tais emissões, firmando-se pela ordem do registro a prioridade entre as séries de obrigações emitidas pela sociedade;

II – as cédulas de crédito industrial, sem prejuízo do registro da hipoteca cedular;

•• Inciso II com redação determinada pela Lei n. 13.986, de 7-4-2020.

III – as convenções de condomínio edilício, condomínio geral voluntário e condomínio em multipropriedade;

•• Inciso III com redação determinada pela Lei n. 13.777, de 20-12-2018.

IV – o penhor de máquinas e de aparelhos utilizados na indústria, instalados e em funcionamento, com os respectivos pertences ou sem eles;

V – as convenções antenupciais;

VI – os contratos de penhor rural;

VII – os títulos que, a requerimento do interessado, forem registrados no seu inteiro teor, sem prejuízo do ato praticado no Livro n. 2.

Art. 179. O Livro n. 4 – Indicador Real – será o repositório de todos os imóveis que figurarem nos demais livros, devendo conter sua identificação, referência aos números de ordem dos outros livros e anotações necessárias.

§ 1.º Se não for utilizado o sistema de fichas, o Livro n. 4 conterá, ainda, o número de ordem, que seguirá indefinidamente, nos livros da mesma espécie.

§ 2.º Adotado o sistema previsto no parágrafo precedente, os oficiais deverão ter, para auxiliar a consulta, um livro-índice ou fichas pelas ruas, quando se tratar de imóveis urbanos, e pelos nomes e situações, quando rurais.

Art. 180. O Livro n. 5 – Indicador Pessoal – dividido alfabeticamente, será o repositório dos nomes de todas as pessoas que, individual ou coletivamente, ativa ou passivamente, direta ou indiretamente, figurarem nos demais livros, fazendo-se referência aos respectivos números de ordem.

Parágrafo único. Se não for utilizado o sistema de fichas, o Livro n. 5 conterá, ainda, o número de ordem de cada letra do alfabeto, que seguirá, indefinidamente, nos livros da mesma espécie. Os oficiais poderão adotar, para auxiliar as buscas, um livro-índice ou fichas em ordem alfabética.

Art. 181. Poderão ser abertos e escriturados, concomitantemente, até 10 (dez) livros de "Registro Geral", obedecendo, neste caso, a sua escrituração ao algarismo final da matrícula, sendo as matrículas de número final 1 (um) feitas no Livro 2-1, as de final 2 (dois) no Livro 2-2 e as de final 3 (três) no Livro 2-3, e assim, sucessivamente.

Parágrafo único. Também poderão ser desdobrados, a critério do oficial, os Livros n. 3 "Registro Auxiliar", 4 "Indicador Real" e 5 "Indicador Pessoal".

Capítulo III
DO PROCESSO DE REGISTRO

Art. 182. Todos os títulos tomarão, no Protocolo, o número de ordem que lhes competir em razão da sequência rigorosa de sua apresentação.

Art. 183. Reproduzir-se-á, em cada título, o número de ordem respectivo e a data de sua prenotação.

Art. 184. O Protocolo será encerrado diariamente.

Art. 185. A escrituração do Protocolo incumbirá tanto ao oficial titular como ao seu substituto legal, podendo ser feita, ainda, por escrevente auxiliar expressamente designado pelo oficial titular ou pelo seu substituto legal mediante autorização do juiz competente, ainda que os primeiros não estejam nem afastados nem impedidos.

Art. 186. O número de ordem determinará a prioridade do título, e esta a preferência dos direitos reais, ainda que apresentados pela mesma pessoa mais de um título simultaneamente.

Art. 187. Em caso de permuta, e pertencendo os imóveis à mesma circunscrição, serão feitos os registros nas matrículas correspondentes, sob um único número de ordem no Protocolo.

Art. 188. Protocolizado o título, se procederá ao registro ou à emissão de nota devolutiva, no prazo de dez dias, contado da data do protocolo, salvo nos casos previstos no § 1.º e nos art. 189 a art. 192.

•• *Caput* com redação determinada pela Medida Provisória n. 1.085, de 27-12-2021.

O texto anterior dizia: "Art. 188. Protocolizado o título, proceder-se-á ao registro, dentro do prazo de 30 (trinta) dias, salvo nos casos previstos nos artigos seguintes".

§ 1.º Não havendo exigências ou falta de pagamento de custas e emolumentos, deverão ser registrados, no prazo de cinco dias:

•• § 1.º, *caput*, acrescentado pela Medida Provisória n. 1.085, de 27-12-2021.

I – as escrituras de compra e venda sem cláusulas especiais, os requerimentos de averbação de construção e de cancelamento de garantias;

•• Inciso I acrescentado pela Medida Provisória n. 1.085, de 27-12-2021.

II – os documentos eletrônicos apresentados por meio do SERP; e

•• Inciso II acrescentado pela Medida Provisória n. 1.085, de 27-12-2021.

III – os títulos que reingressarem na vigência da prenotação com o cumprimento integral das exigências formuladas anteriormente.

•• Inciso III acrescentado pela Medida Provisória n. 1.085, de 27-12-2021.

§ 2.º A inobservância ao disposto neste artigo ensejará a aplicação das penas previstas no art. 32 da Lei n. 8.935, de 18 de novembro de 1994, nos termos estabelecidos pela Corregedoria Nacional de Justiça do Conselho Nacional de Justiça.

•• § 2.º acrescentado pela Medida Provisória n. 1.085, de 27-12-2021.

Art. 189. Apresentado título de segunda hipoteca, com referência expressa à existência de outra anterior, o oficial, depois de prenotá-lo, aguardará durante 30 (trinta) dias que os interessados na primeira promovam a inscrição. Esgotado esse prazo, que correrá da data da prenotação, sem que seja apresentado o título anterior, o segundo será inscrito e obterá preferência sobre aquele.

• *Vide* art. 1.495 do CC.

Art. 190. Não serão registrados, no mesmo dia, títulos pelos quais se constituam direitos reais contraditórios sobre o mesmo imóvel.

Art. 191. Prevalecerão, para efeito de prioridade de registro, quando apresentados no mesmo dia, os títulos prenotados no Protocolo sob número de ordem mais baixo, protelando-se o registro dos apresentados posteriormente, pelo prazo correspondente a, pelo menos, 1 (um) dia útil.

Art. 192. O disposto nos arts. 190 e 191 não se aplica às escrituras públicas, da mesma data e apresentadas no mesmo dia, que determinem, taxativamente, a hora da sua lavratura, prevalecendo, para efeito de prioridade, a que foi lavrada em primeiro lugar.

Art. 193. O registro será feito pela simples exibição do título, sem dependência de extratos.

Art. 194. Os títulos físicos serão digitalizados, devolvidos aos apresentantes e mantidos exclusivamente em arquivo digital, nos termos estabelecidos pela Corregedoria Nacional de Justiça do Conselho Nacional de Justiça.

•• Artigo com redação determinada pela Medida Provisória n. 1.085, de 27-12-2021.

O texto anterior dizia: "Art. 194. O título de natureza particular apresentado em uma só via será arquivado em cartório, fornecendo o oficial, a pedido, certidão do mesmo".

Art. 195. Se o imóvel não estiver matriculado ou registrado em nome do outorgante, o oficial exigirá a prévia matrícula e o registro do título anterior, qualquer que seja a sua natureza, para manter a continuidade do registro.

Art. 195-A. O Município poderá solicitar ao cartório de registro de imóveis competente a abertura de matrícula de parte ou da totalidade de imóveis públicos oriundos de parcelamento do solo urbano implantado, ainda que não inscrito ou registrado, por meio de requerimento acompanhado dos seguintes documentos:

•• *Caput* com redação determinada pela Lei n. 13.465, de 11-7-2017.

I – planta e memorial descritivo do imóvel público a ser matriculado, dos quais constem a sua descrição, com medidas perimetrais, área total, localização, confrontantes e coordenadas preferencialmente georreferenciadas dos vértices definidores de seus limites;

•• Inciso I acrescentado pela Lei n. 12.424, de 16-6-2011.

II – comprovação de intimação dos confrontantes para que informem, no prazo de 15 (quinze) dias, se os limites definidos na planta e no memorial descritivo do imóvel público a ser matriculado se sobrepõem às suas respectivas áreas, se for o caso;

•• Inciso II acrescentado pela Lei n. 12.424, de 16-6-2011.

III – as respostas à intimação prevista no inciso II, quando houver; e

•• Inciso III acrescentado pela Lei n. 12.424, de 16-6-2011.

IV – planta de parcelamento ou do imóvel público a ser registrado, assinada pelo loteador ou elaborada e assinada por agente público da prefeitura, acompanhada de declaração de que o parcelamento encontra-se implantado, na hipótese de este não ter sido inscrito ou registrado.

•• Inciso IV com redação determinada pela Lei n. 13.465, de 11-7-2017.

§ 1.º Apresentados pelo Município os documentos relacionados no *caput*, o registro de imóveis deverá proceder ao registro dos imóveis públicos decorrentes do parcelamento do solo urbano na matrícula ou transcrição da gleba objeto de parcelamento.

•• § 1.º acrescentado pela Lei n. 12.424, de 16-6-2011.

§ 2.º Na abertura de matrícula de imóvel público oriundo de parcelamento do solo urbano, havendo divergência nas medidas perimetrais de que resulte, ou não, alteração de área, a situação de fato implantada do bem deverá prevalecer sobre a situação constante do registro ou da planta de parcelamento, respeitados os limites dos particulares lindeiros.

•• § 2.º acrescentado pela Lei n. 12.424, de 16-6-2011.

§ 3.º Não será exigido, para transferência de domínio, formalização da doação de áreas públicas pelo loteador nos casos de parcelamentos urbanos realizados na vigência do Decreto-Lei n. 58, de 10 de dezembro de 1937.

•• § 3.º acrescentado pela Lei n. 12.424, de 16-6-2011.

§ 4.º Recebido o requerimento e verificado o atendimento aos requisitos previstos neste artigo, o oficial do registro de imóveis abrirá a matrícula em nome do Município.

•• § 4.º acrescentado pela Lei n. 12.424, de 16-6-2011.

§ 5.º A abertura de matrícula de que trata o *caput* independe do regime jurídico do bem público.

•• § 5.º acrescentado pela Lei n. 12.424, de 16-6-2011.

§ 6.º Na hipótese de haver área remanescente, a sua apuração poderá ocorrer em momento posterior.

•• § 6.º acrescentado pela Lei n. 13.465, de 11-7-2017.

§ 7.º O procedimento definido neste artigo poderá ser adotado para abertura de matrícula de glebas municipais adquiridas por lei ou por outros meios legalmente admitidos, inclusive para as terras devolutas transferidas ao Município em razão de legislação estadual ou federal, dispensado o procedimento discriminatório administrativo ou judicial.

•• § 7.º acrescentado pela Lei n. 13.465, de 11-7-2017.

§ 8.º O disposto neste artigo aplica-se, em especial, às áreas de uso público utilizadas pelo sistema viário do parcelamento urbano irregular.

•• § 8.º acrescentado pela Lei n. 13.465, de 11-7-2017.

Art. 195-B. A União, os Estados e o Distrito Federal poderão solicitar ao registro de imóveis competente a abertura de matrícula de parte ou da totalidade de imóveis urbanos sem registro anterior, cujo domínio lhes tenha sido assegurado pela legislação, por meio de requerimento acompanhado dos documentos previstos nos incisos I, II e III do *caput* do art. 195-A, inclusive para as terras devolutas, dispensado o procedimento discriminatório administrativo ou judicial.

•• *Caput* com redação determinada pela Lei n. 13.465, de 11-7-2017.

§ 1.º Recebido o requerimento na forma prevista no *caput* deste artigo, o oficial do registro de imóveis abrirá a matrícula em nome do requerente, observado o disposto nos §§ 5.º e 6.º do art. 195-A.

•• § 1.º com redação determinada pela Lei n. 13.465, de 11-7-2017.

§ 2.º O Município poderá realizar, em acordo com o Estado, o procedimento de que trata este artigo e requerer, em nome deste, no registro de imóveis competente a abertura de matrícula de imóveis urbanos situados nos limites do respectivo território municipal.

•• § 2.º acrescentado pela Lei n. 12.424, de 16-6-2011.

§ 3.º O procedimento de que trata este artigo poderá ser adotado pela União para o registro de imóveis rurais de sua propriedade, observado o disposto nos §§ 3.º, 4.º, 5.º, 6.º e 7.º do art. 176 desta Lei.

•• § 3.º acrescentado pela Lei n. 13.465, de 11-7-2017.

§ 4.º Para a abertura de matrícula em nome da União com base neste artigo, a comprovação de que trata o inciso II do *caput* do art. 195-A será realizada, no que couber, mediante o procedimento de notificação previsto nos arts.

12-A e 12-B do Decreto-lei n. 9.760, de 5 de setembro de 1946, com ressalva quanto ao prazo para apresentação de eventuais impugnações, que será de quinze dias, na hipótese de notificação pessoal, e de trinta dias, na hipótese de notificação por edital.

•• § 4.º acrescentado pela Lei n. 13.465, de 11-7-2017.

Art. 196. A matrícula será feita à vista dos elementos constantes do título apresentado e do registro anterior que constar do próprio cartório.

Art. 197. Quando o título anterior estiver registrado em outro cartório, o novo título será apresentado juntamente com certidão atualizada, comprobatória do registro anterior, e da existência ou inexistência de ônus.

Art. 198. Havendo exigência a ser satisfeita, ela será indicada pelo oficial por escrito, dentro do prazo previsto no art. 188 e de uma só vez, articuladamente, de forma clara e objetiva, com data, identificação e assinatura do oficial ou preposto responsável, para que:

•• *Caput* com redação determinada pela Medida Provisória n. 1.085, de 27-12-2021.

O texto anterior dizia: "Art. 198. Havendo exigência a ser satisfeita, o oficial indicá-la-á por escrito. Não se conformando o apresentante com a exigência do oficial, ou não a podendo satisfazer, será o título, a seu requerimento e com a declaração de dúvida, remetido ao juízo competente para dirimi-la, obedecendo-se ao seguinte:".

I – o interessado possa satisfazê-la; ou

•• Inciso I com redação determinada pela Medida Provisória n. 1.085, de 27-12-2021.

O texto anterior dizia: "I – no Protocolo, anotará o oficial, à margem da prenotação, a ocorrência da dúvida;".

II – não se conformando, ou sendo impossível cumpri-la, para requerer que o título e a declaração de dúvida sejam remetidos ao juízo competente para dirimi-la.

•• Inciso II com redação determinada pela Medida Provisória n. 1.085, de 27-12-2021.

O texto anterior dizia: "II – após certificar, no título, a prenotação e a suscitação da dúvida, rubricará o oficial todas as suas folhas;".

III – (*Revogado pela Medida Provisória n. 1.085, de 27-12-2021.*)

•• O texto anterior dizia: "III – em seguida, o oficial dará ciência dos termos da dúvida ao apresentante, fornecendo-lhe cópia da suscitação e notificando-o para impugná-la, perante o juízo competente, no prazo de 15 (quinze) dias;".

IV – (*Revogado pela Medida Provisória n. 1.085, de 27-12-2021.*)

•• O texto anterior dizia: "IV – certificado o cumprimento do disposto no item anterior, remeter-se-ão ao juízo competente, mediante carga, as razões da dúvida, acompanhadas do título".

§ 1.º O procedimento da dúvida observará o seguinte:

•• § 1.º, *caput*, acrescentado pela Medida Provisória n. 1.085, de 27-12-2021.

I – no Protocolo, anotará o oficial, à margem da prenotação, a ocorrência da dúvida;

•• Inciso I acrescentado pela Medida Provisória n. 1.085, de 27-12-2021.

II – após certificar, no título, a prenotação e a suscitação da dúvida, rubricará o oficial todas as suas folhas;

•• Inciso II acrescentado pela Medida Provisória n. 1.085, de 27-12-2021.

III – em seguida, o oficial dará ciência dos termos da dúvida ao apresentante, fornecendo-lhe cópia da suscitação e notificando-o para impugná-la, perante o juízo competente, no prazo de quinze dias; e

•• Inciso III acrescentado pela Medida Provisória n. 1.085, de 27-12-2021.

IV – certificado o cumprimento do disposto no inciso III, serão remetidos eletronicamente ao juízo competente as razões da dúvida e o título.

•• Inciso IV acrescentado pela Medida Provisória n. 1.085, de 27-12-2021.

§ 2.º A inobservância ao disposto neste artigo ensejará a aplicação das penas previstas no art. 32 da Lei n. 8.935, de 1994, nos termos estabelecidos pela Corregedoria Nacional de Justiça do Conselho Nacional de Justiça.

•• § 2.º acrescentado pela Medida Provisória n. 1.085, de 27-12-2021.

Art. 199. Se o interessado não impugnar a dúvida no prazo referido no item III do artigo anterior, será ela, ainda assim, julgada por sentença.

Art. 200. Impugnada a dúvida com os documentos que o interessado apresentar, será ouvido o Ministério Público, no prazo de 10 (dez) dias.

Art. 201. Se não forem requeridas diligências, o juiz proferirá decisão no prazo de 15 (quinze) dias, com base nos elementos constantes dos autos.

Art. 202. Da sentença, poderão interpor apelação, com os efeitos devolutivo e suspensivo, o interessado, o Ministério Público e o terceiro prejudicado.

Art. 203. Transitada em julgado a decisão da dúvida, proceder-se-á do seguinte modo:

I – se for julgada procedente, os documentos serão restituídos à parte, independentemente de traslado, dando-se ciência da decisão ao oficial, para que a consigne no Protocolo e cancele a prenotação;

II – se for julgada improcedente, o interessado apresentará, de novo, os seus documentos, com o respectivo mandado, ou certidão da sentença, que ficarão arquivados, para que, desde logo, se proceda ao registro, declarando o oficial o fato na coluna de anotações do Protocolo.

Art. 204. A decisão da dúvida tem natureza administrativa e não impede o uso do processo contencioso competente.

Art. 205. Cessarão automaticamente os efeitos da prenotação se, decorridos vinte dias da data do seu lançamento no Protocolo, o título não tiver sido registrado por omissão do interessado em atender às exigências legais.

•• *Caput* com redação determinada pela Medida Provisória n. 1.085, de 27-12-2021.

O texto anterior dizia: "Art. 205. Cessarão automaticamente os efeitos da prenotação se, decorridos 30 (trinta) dias do seu lançamento no Protocolo, o título não tiver sido registrado por omissão do interessado em atender às exigências legais".

Parágrafo único. Nos procedimentos de regularização fundiária de interesse social, os efeitos da prenotação cessarão decorridos quarenta dias de seu lançamento no protocolo.

•• Parágrafo único com redação determinada pela Medida Provisória n. 1.085, de 27-12-2021.

O texto anterior dizia: "Parágrafo único. Nos procedimentos de regularização fundiária de interesse social, os efeitos da prenotação cessarão decorridos 60 (sessenta) dias de seu lançamento no protocolo.

•• Parágrafo único acrescentado pela Lei n. 12.424, de 16-6-2011".

Art. 206. Se o documento, uma vez prenotado, não puder ser registrado, ou o apresentante desistir do seu registro, a importância relativa às despesas previstas no art. 14 será restituída, deduzida a quantia correspondente às buscas e à prenotação.

Art. 206-A. Quando o título for apresentado para prenotação, o usuário poderá optar:

•• *Caput* acrescentado pela Medida Provisória n. 1.085, de 27-12-2021.

•• *Vide* art. 19 da Medida Provisória n. 1.085, de 27-12-2021.

I – pelo depósito do pagamento antecipado dos emolumentos e das custas; ou

•• Inciso I acrescentado pela Medida Provisória n. 1.085, de 27-12-2021.

II – pelo recolhimento do valor da prenotação e depósito posterior do pagamento do valor restante, no prazo de cinco dias, contado da data da análise pelo oficial que concluir pela aptidão para registro.

•• Inciso II acrescentado pela Medida Provisória n. 1.085, de 27-12-2021.

§ 1.º Durante o prazo de que trata o inciso II do *caput* se manterão os efeitos da prenotação.

•• § 1.º acrescentado pela Medida Provisória n. 1.085, de 27-12-2021.

§ 2.º Efetuado o depósito, os procedimentos registrais serão finalizados com realização dos atos solicitados e a expedição da respectiva certidão.

•• § 2.º acrescentado pela Medida Provisória n. 1.085, de 27-12-2021.

§ 3.º Fica autorizada a devolução do título apto para registro, em caso de não efetivação do pagamento no prazo previsto no *caput*, caso em que o apresentante perderá o valor da prenotação.

•• § 3.º acrescentado pela Medida Provisória n. 1.085, de 27-12-2021.

§ 4.º Os títulos apresentados por instituições financeiras e demais instituições autorizadas a funcionar pelo Banco Central do Brasil ou por entidades autorizadas pelo Banco Central do Brasil ou pela Comissão de Valores Mobiliários a exercer as atividades de depósito centralizado ou de registro de ativos financeiros e de valores mobiliários, nos termos do disposto nos art. 22 e art. 28 da Lei n. 12.810, de 2013, respectivamente, poderão efetuar o pagamento dos atos pertinentes à vista de fatura.

•• § 4.º acrescentado pela Medida Provisória n. 1.085, de 27-12-2021.

§ 5.º O disposto neste artigo aplica-se às unidades federativas que adotem forma de pagamento por meio de documento de arrecadação.

•• § 5.º acrescentado pela Medida Provisória n. 1.085, de 27-12-2021.

§ 6.º A reapresentação de título que tenha sido devolvido por falta de pagamento dos emolumentos, nos termos do disposto no § 3.º, dependerá do pagamento integral do depósito prévio.

•• § 6.º acrescentado pela Medida Provisória n. 1.085, de 27-12-2021.

§ 7.º O prazo previsto no *caput* não é computado dentro do prazo de registro de que trata o art. 188.

•• § 7.º acrescentado pela Medida Provisória n. 1.085, de 27-12-2021.

Art. 207. No processo de dúvida, somente serão devidas custas, a serem pagas pelo interessado, quando a dúvida for julgada procedente.

Art. 208. O registro começado dentro das horas fixadas não será interrompido, salvo motivo de força maior declarado, prorrogando-se o expediente até ser concluído.

Art. 209. Durante a prorrogação nenhuma nova apresentação será admitida, lavrando o termo de encerramento no Protocolo.

Art. 210. Todos os atos serão assinados e encerrados pelo oficial, por seu substituto legal, ou por escrevente expressamente designado pelo oficial ou por seu substituto legal e autorizado pelo juiz competente ainda que os primeiros não estejam nem afastados nem impedidos.

Art. 211. Nas vias dos títulos restituídas aos apresentantes, serão declarados resumidamente, por carimbo, os atos praticados.

Art. 212. Se o registro ou a averbação for omissa, imprecisa ou não exprimir a verdade, a retificação será feita pelo Oficial do Registro de Imóveis competente, a requerimento do interessado, por meio do procedimento administrativo previsto no art. 213, facultado ao interessado requerer a retificação por meio de procedimento judicial.

•• *Caput* com redação determinada pela Lei n. 10.931, de 2-8-2004.

Parágrafo único. A opção pelo procedimento administrativo previsto no art. 213 não exclui a prestação jurisdicional, a requerimento da parte prejudicada.

•• Parágrafo único acrescentado pela Lei n. 10.931, de 2-8-2004.

Art. 213. O oficial retificará o registro ou a averbação:

•• *Caput* com redação determinada pela Lei n. 10.931, de 2-8-2004.

I – de ofício ou a requerimento do interessado nos casos de:

a) omissão ou erro cometido na transposição de qualquer elemento do título;

b) indicação ou atualização de confrontação;

c) alteração de denominação de logradouro público, comprovada por documento oficial;

d) retificação que vise a indicação de rumos, ângulos de deflexão ou inserção de coordenadas georreferenciadas, em que não haja alteração das medidas perimetrais;

e) alteração ou inserção que resulte de mero cálculo matemático feito a partir das medidas perimetrais constantes do registro;

f) reprodução de descrição de linha divisória de imóvel confrontante que já tenha sido objeto de retificação;

g) inserção ou modificação dos dados de qualificação pessoal das partes, comprovada por documentos oficiais ou mediante despacho judicial quando houver necessidade de produção de outras provas;

•• Inciso I acrescentado pela Lei n. 10.931, de 2-8-2004.

II – a requerimento do interessado, no caso de inserção ou alteração de medida perimetral de que resulte, ou não, alteração de área, instruído com planta e memorial descritivo assinado por profissional legalmente habilitado, com prova de anotação de responsabilidade técnica no competente Conselho Regional de Engenharia e Arquitetura - CREA, bem assim pelos confrontantes.

•• Inciso II acrescentado pela Lei n. 10.931, de 2-8-2004.

§ 1.º Uma vez atendidos os requisitos de que trata o *caput* do art. 225, o oficial averbará a retificação.

•• § 1.º com redação determinada pela Lei n. 10.931, de 2-8-2004.

§ 2.º Se a planta não contiver a assinatura de algum confrontante, este será notificado pelo Oficial de Registro de Imóveis competente, a requerimento do interessado, para se manifestar em quinze dias, promovendo-se a notificação pessoalmente ou pelo correio, com aviso de recebimento, ou, ainda, por solicitação do Oficial de Registro de Imóveis, pelo Oficial de Registro de Títulos e Documentos da comarca da situação do imóvel ou do domicílio de quem deva recebê-la.

•• § 2.º com redação determinada pela Lei n. 10.931, de 2-8-2004.

§ 3.º A notificação será dirigida ao endereço do confrontante constante do Registro de Imóveis, podendo ser dirigida ao próprio imóvel contíguo ou àquele fornecido pelo requerente; não sendo encontrado o confrontante ou estando em lugar incerto e não sabido, tal fato será certificado pelo oficial encarregado da diligência, promovendo-se a notificação do confrontante mediante edital, com o mesmo prazo fixado no § 2.º, publicado por duas vezes em jornal local de grande circulação.

•• § 3.º com redação determinada pela Lei n. 10.931, de 2-8-2004.

§ 4.º Presumir-se-á a anuência do confrontante que deixar de apresentar impugnação no prazo da notificação.

•• § 4.º com redação determinada pela Lei n. 10.931, de 2-8-2004.

§ 5.º Findo o prazo sem impugnação, o oficial averbará a retificação requerida; se houver impugnação fundamentada por parte de algum confrontante, o oficial intimará o requerente e o profissional que houver assinado a planta e o memorial a fim de que, no prazo de cinco dias, se manifestem sobre a impugnação.

•• § 5.º com redação determinada pela Lei n. 10.931, de 2-8-2004.

§ 6.º Havendo impugnação e se as partes não tiverem formalizado transação amigável para solucioná-la, o oficial remeterá o processo ao juiz competente, que decidirá de plano ou após instrução sumária, salvo se a controvérsia versar sobre o direito de propriedade de alguma das partes, hipótese em que remeterá o interessado para as vias ordinárias.

•• § 6.º acrescentado pela Lei n. 10.931, de 2-8-2004.

§ 7.º Pelo mesmo procedimento previsto neste artigo poderão ser apurados os remanescentes de áreas parcialmente alienadas, caso em que serão considerados como confrontantes tão somente os confinantes das áreas remanescentes.

•• § 7.º acrescentado pela Lei n. 10.931, de 2-8-2004.

§ 8.º As áreas públicas poderão ser demarcadas ou ter seus registros retificados pelo mesmo procedimento previsto neste artigo, desde que constem do registro ou sejam logradouros devidamente averbados.

•• § 8.º acrescentado pela Lei n. 10.931, de 2-8-2004.

§ 9.º Independentemente de retificação, dois ou mais confrontantes poderão, por meio de escritura pública, alterar ou estabelecer as divisas entre si e, se houver transferência de área, com o recolhimento do devido imposto de transmissão e desde que preservadas, se rural o imóvel, a fração mínima de parcelamento e, quando urbano, a legislação urbanística.

•• § 9.º acrescentado pela Lei n. 10.931, de 2-8-2004.

§ 10. Entendem-se como confrontantes os proprietários e titulares de outros direitos reais e aquisitivos sobre os imóveis contíguos, observado o seguinte:

•• § 10, *caput*, com redação determinada pela Medida Provisória n. 1.085, de 27-12-2021.

O texto anterior dizia: "§ 10. Entendem-se como confrontantes não só os proprietários dos imóveis contíguos, mas, também, seus eventuais ocupantes; o condomínio geral, de que tratam os arts. 1.314 e seguintes do Código Civil, será representado por qualquer dos condôminos e o condomínio edilício, de que tratam os arts. 1.331 e seguintes do Código Civil, será representado, conforme o caso, pelo síndico ou pela Comissão de Representantes.

•• § 10 acrescentado pela Lei n. 10.931, de 2-8-2004".

I – o condomínio geral, de que trata o Capítulo VI do Título III do Livro III da Parte Especial da Lei n. 10.406, de 2002 - Código Civil, será representado por qualquer um dos condôminos; e

•• Inciso I acrescentado pela Medida Provisória n. 1.085, de 27-12-2021.

II – o condomínio edilício, de que tratam os art. 1.331 a art. 1.358 da Lei n. 10.406, de 2002 - Código Civil, será representado pelo síndico e o condomínio por frações autônomas, de que trata o art. 32 da Lei n. 4.591, de 1964, pela comissão de representantes.

•• Inciso II acrescentado pela Medida Provisória n. 1.085, de 27-12-2021.

§ 11. Independe de retificação:

•• § 11, *caput*, acrescentado pela Lei n. 10.931, de 2-8-2004.

I – a regularização fundiária de interesse social realizada em Zonas Especiais de Interesse Social, promovida por Município ou pelo Distrito Federal, quando os lotes já estiverem cadastrados individualmente ou com lançamento fiscal há mais de 10 (dez) anos;

•• Inciso I com redação determinada pela Lei n. 12.424, de 16-6-2011.

II – a adequação da descrição de imóvel rural às exigências dos arts. 176, §§ 3.º e 4.º, e 225, § 3.º, desta Lei;

•• Inciso II acrescentado pela Lei n. 10.931, de 2-8-2004.

III – a adequação da descrição de imóvel urbano decorrente de transformação de coordenadas geodésicas entre os sistemas de georreferenciamento oficiais;

•• Inciso III acrescentado pela Lei n. 12.424, de 16-6-2011.

IV – a averbação do auto de demarcação urbanística e o registro do parcelamento decorrente de projeto de regularização fundiária de interesse social de que trata a Lei n. 11.977, de 7 de julho de 2009; e

•• Inciso IV acrescentado pela Lei n. 12.424, de 16-6-2011.

V – o registro do parcelamento de glebas para fins urbanos anterior a 19 de dezembro de 1979, que esteja implantado e integrado à cidade, nos termos do art. 71 da Lei n. 11.977, de 7 de julho de 2009.

•• Inciso V acrescentado pela Lei n. 12.424, de 16-6-2011.

§ 12. Poderá o oficial realizar diligências no imóvel para a constatação de sua situação em face dos confrontantes e localização na quadra.

•• § 12 acrescentado pela Lei n. 10.931, de 2-8-2004.

§ 13. Não havendo dúvida quanto à identificação do imóvel:

•• § 13, *caput*, com redação determinada pela Medida Provisória n. 1.085, de 27-12-2021.

O texto anterior dizia: "§ 13. Não havendo dúvida quanto à identificação do imóvel, o título anterior à retificação poderá ser levado a registro desde que requerido pelo adquirente, promovendo-se o registro em conformidade com a nova descrição.

•• § 13 acrescentado pela Lei n. 10.931, de 2-8-2004".

I – o título anterior à retificação poderá ser levado a registro desde que requerido pelo adquirente, promovendo-se o registro em conformidade com a nova descrição; e

•• Inciso I acrescentado pela Medida Provisória n. 1.085, de 27-12-2021.

II – a prenotação do título anterior à retificação será prorrogada durante a análise da retificação de registro.

•• Inciso I acrescentado pela Medida Provisória n. 1.085, de 27-12-2021.

§ 14. Verificado a qualquer tempo não serem verdadeiros os fatos constantes do memorial descritivo, responderão os requerentes e o profissional que o elaborou pelos prejuízos causados, independentemente das sanções disciplinares e penais.

•• § 14 acrescentado pela Lei n. 10.931, de 2-8-2004.

§ 15. Não são devidos custas ou emolumentos notariais ou de registro decorrentes de regularização fundiária de interesse social a cargo da administração pública.

•• § 15 acrescentado pela Lei n. 10.931, de 2-8-2004.

§ 16. Na retificação de que trata o inciso II do *caput*, serão considerados confrontantes somente os confinantes de divisas que forem alcançadas pela inserção ou alteração de medidas perimetrais.

•• § 16 acrescentado pela Lei n. 12.424, de 16-6-2011.

Art. 214. As nulidades de pleno direito do registro, uma vez provadas, invalidam-no, independentemente de ação direta.

§ 1.º A nulidade será decretada depois de ouvidos os atingidos.

•• § 1.º acrescentado pela Lei n. 10.931, de 2-8-2004.

§ 2.º Da decisão tomada no caso do § 1.º caberá apelação ou agravo conforme o caso.

•• § 2.º acrescentado pela Lei n. 10.931, de 2-8-2004.

§ 3.º Se o juiz entender que a superveniência de novos registros poderá causar danos de difícil reparação poderá determinar de ofício, a qualquer momento, ainda que sem oitiva das partes, o bloqueio da matrícula do imóvel.

•• § 3.º acrescentado pela Lei n. 10.931, de 2-8-2004.

§ 4.º Bloqueada a matrícula, o oficial não poderá mais nela praticar qualquer ato, salvo com autorização judicial, permitindo-se, todavia, aos interessados a prenotação de seus títulos, que ficarão com o prazo prorrogado até a solução do bloqueio.

•• § 4.º acrescentado pela Lei n. 10.931, de 2-8-2004.

§ 5.º A nulidade não será decretada se atingir terceiro de boa-fé que já tiver preenchido as condições de usucapião do imóvel.

•• § 5.º acrescentado pela Lei n. 10.931, de 2-8-2004.

Art. 215. São nulos os registros efetuados após sentença de abertura de falência, ou do termo legal nele fixado, salvo se a apresentação tiver sido feita anteriormente.

Art. 216. O registro poderá também ser retificado ou anulado por sentença em processo contencioso, ou por efeito do julgado em ação de anulação ou de declaração de nulidade de ato jurídico, ou de julgado sobre fraude à execução.

Art. 216-A. Sem prejuízo da via jurisdicional, é admitido o pedido de reconhecimento extrajudicial de usucapião, que será processado diretamente perante o cartório do registro de imóveis da comarca em que estiver situado o imóvel usucapiendo, a requerimento do interessado, representado por advogado, instruído com:

•• *Caput* acrescentado pela Lei n. 13.105, de 16-3-2015.

I – ata notarial lavrada pelo tabelião, atestando o tempo de posse do requerente e de seus antecessores, conforme o caso e suas circunstâncias, aplicando-se o disposto no art. 384 da Lei n. 13.105, de 16 de março de 2015 (Código de Processo Civil);

•• Inciso I com redação determinada pela Lei n. 13.465, de 11-7-2017.

II – planta e memorial descritivo assinado por profissional legalmente habilitado, com prova de anotação de responsabilidade técnica no respectivo conselho de fiscalização profissional, e pelos titulares de direitos registrados ou averbados na matrícula do imóvel usucapiendo ou na matrícula dos imóveis confinantes;

•• Inciso II com redação determinada pela Lei n. 13.465, de 11-7-2017.

III – certidões negativas dos distribuidores da comarca da situação do imóvel e do domicílio do requerente;

•• Inciso III acrescentado pela Lei n. 13.105, de 16-3-2015.

IV – justo título ou quaisquer outros documentos que demonstrem a origem, a continuidade, a natureza e o tempo da posse, tais como o pagamento dos impostos e das taxas que incidirem sobre o imóvel.

•• Inciso IV acrescentado pela Lei n. 13.105, de 16-3-2015.

§ 1.º O pedido será autuado pelo registrador, prorrogando-se o prazo da prenotação até o acolhimento ou a rejeição do pedido.

•• § 1.º acrescentado pela Lei n. 13.105, de 16-3-2015.

§ 2.º Se a planta não contiver a assinatura de qualquer um dos titulares de direitos registrados ou averbados na matrícula do imóvel usucapiendo ou na matrícula dos imóveis confinantes, o titular será notificado pelo registrador competente, pessoalmente ou pelo correio com aviso de recebimento, para manifestar consentimento expresso em quinze dias, interpretado o silêncio como concordância.

•• § 2.º com redação determinada pela Lei n. 13.465, de 11-7-2017.

§ 3.º O oficial de registro de imóveis dará ciência à União, ao Estado, ao Distrito Federal e ao Município, pessoalmente, por intermédio do oficial de registro de títulos e documentos, ou pelo correio com aviso de recebimento, para que se manifestem, em 15 (quinze) dias, sobre o pedido.

•• § 3.º acrescentado pela Lei n. 13.105, de 16-3-2015.

§ 4.º O oficial de registro de imóveis promoverá a publicação de edital em jornal de grande circulação, onde houver, para a ciência de terceiros eventualmente interessados, que poderão se manifestar em 15 (quinze) dias.

•• § 4.º acrescentado pela Lei n. 13.105, de 16-3-2015.

§ 5.º Para a elucidação de qualquer ponto de dúvida, poderão ser solicitadas ou realizadas diligências pelo oficial de registro de imóveis.

•• § 5.º acrescentado pela Lei n. 13.105, de 16-3-2015.

§ 6.º Transcorrido o prazo de que trata o § 4.º deste artigo, sem pendência de diligências na forma do § 5.º deste artigo e achando-se em ordem a documentação, o oficial de registro de imóveis registrará a aquisição do imóvel com as descrições apresentadas, sendo permitida a abertura de matrícula, se for o caso.

•• § 6.º com redação determinada pela Lei n. 13.465, de 11-7-2017.

§ 7.º Em qualquer caso, é lícito ao interessado suscitar o procedimento de dúvida, nos termos desta Lei.

•• § 7.º acrescentado pela Lei n. 13.105, de 16-3-2015.

§ 8.º Ao final das diligências, se a documentação não estiver em ordem, o oficial de registro de imóveis rejeitará o pedido.

•• § 8.º acrescentado pela Lei n. 13.105, de 16-3-2015.

§ 9.º A rejeição do pedido extrajudicial não impede o ajuizamento de ação de usucapião.

•• § 9.º acrescentado pela Lei n. 13.105, de 16-3-2015.

§ 10. Em caso de impugnação do pedido de reconhecimento extrajudicial de usucapião, apresentada por qualquer um dos titulares de direito reais e de outros direitos registrados ou averbados na matrícula do imóvel usucapiendo e na matrícula dos imóveis confinantes, por algum dos entes públicos ou por algum terceiro interessado, o oficial de registro de imóveis remeterá os autos ao juízo competente da comarca da situação do imóvel, cabendo ao requerente emendar a petição inicial para adequá-la ao procedimento comum.

•• § 10 acrescentado pela Lei n. 13.105, de 16-3-2015.

§ 11. No caso de o imóvel usucapiendo ser unidade autônoma de condomínio edilício, fica dispensado consentimento dos titulares de direitos reais e outros direitos registrados ou averbados na matrícula dos imóveis confinantes e bastará a notificação do síndico para se manifestar na forma do § 2.º deste artigo.

•• § 11 acrescentado pela Lei n. 13.465, de 11-7-2017.

§ 12. Se o imóvel confinante contiver um condomínio edilício, bastará a notificação do síndico para o efeito do § 2.º deste artigo, dispensada a notificação de todos os condôminos.

•• § 12 acrescentado pela Lei n. 13.465, de 11-7-2017.

§ 13. Para efeito do § 2.º deste artigo, caso não seja encontrado o notificando ou caso ele esteja em lugar incerto ou não sabido, tal fato será certificado pelo registrador, que deverá promover a sua notificação por edital mediante publicação, por duas vezes, em jornal local de grande circulação, pelo prazo de quinze dias cada um, interpretado o silêncio do notificando como concordância.

•• § 13 acrescentado pela Lei n. 13.465, de 11-7-2017.

§ 14. Regulamento do órgão jurisdicional competente para a correição das serventias poderá autorizar a publicação do edital em meio eletrônico, caso em que ficará dispensada a publicação em jornais de grande circulação.

•• § 14 acrescentado pela Lei n. 13.465, de 11-7-2017.

§ 15. No caso de ausência ou insuficiência dos documentos de que trata o inciso IV do *caput* deste artigo, a posse e os demais dados necessários poderão ser comprovados em procedimento de justificação administrativa perante a serventia extrajudicial, que obedecerá, no que couber, ao disposto no § 5.º do art. 381 e ao rito previsto nos arts. 382 e 383 da Lei n. 13.105, de 16 março de 2015 (Código de Processo Civil).

•• § 15 acrescentado pela Lei n. 13.465, de 11-7-2017.

Capítulo IV
DAS PESSOAS

Art. 217. O registro e a averbação poderão ser provocados por qualquer pessoa, incumbindo-lhe as despesas respectivas.

Art. 218. Nos atos a título gratuito, o registro pode também ser promovido pelo transferente, acompanhado da prova de aceitação do beneficiado.

Art. 219. O registro do penhor rural independe do consentimento do credor hipotecário.

Art. 220. São considerados, para fins de escrituração, credores e devedores, respectivamente:

I – nas servidões, o dono do prédio dominante e o dono do prédio serviente;

II – no uso, o usuário e o proprietário;

III – na habitação, o habitante e o proprietário;

IV – na anticrese, o mutuante e o mutuário;

V – no usufruto, o usufrutuário e o nu-proprietário;

VI – na enfiteuse, o senhorio e o enfiteuta;

VII – na constituição de renda, o beneficiário e o rendeiro censuário;

VIII – na locação, o locatário e o locador;

IX – nas promessas de compra e venda, o promitente comprador e o promitente vendedor;

X – nas penhoras e ações, o autor e o réu;

XI – nas cessões de direitos, o cessionário e o cedente;

XII – nas promessas de cessão de direitos, o promitente cessionário e o promitente cedente.

Capítulo V
DOS TÍTULOS

Art. 221. Somente são admitidos a registro:

I – escrituras públicas, inclusive as lavradas em consulados brasileiros;

II – escritos particulares autorizados em lei, assinados pelas partes e testemunhas, com as firmas reconhecidas, dispensado o reconhecimento quando se tratar de atos praticados por entidades vinculadas ao Sistema Financeiro da Habitação;

III – atos autênticos de países estrangeiros, com força de instrumento público, legalizados e traduzidos na forma da lei, e registrados no Cartório do Registro de Títulos e Documentos, assim como sentenças proferidas por tribunais estrangeiros após homologação pelo Supremo Tribunal Federal;

•• O art. 105, I, *i*, da CF, alterado pela Emenda Constitucional n. 45, de 8-12-2004, determina que a homologação de sentença estrangeira passa a ser competência do STJ.

IV – cartas de sentença, formais de partilha, certidões e mandados extraídos de autos de processo;

V – contratos ou termos administrativos, assinados com a União, Estados, Municípios ou o Distrito Federal, no âmbito de programas de regularização fundiária e de programas habitacionais de interesse social, dispensado o reconhecimento de firma.

•• Inciso V com redação determinada pela Lei n. 12.424, de 16-6-2011.

§ 1.º Serão registrados os contratos e termos mencionados no inciso V do *caput* assinados a rogo com a impressão dactiloscópica do beneficiário, quando este for analfabeto ou não puder assinar, acompanhados da assinatura de 2 (duas) testemunhas.

•• § 1.º acrescentado pela Lei n. 12.424, de 16-6-2011.

§ 2.º Os contratos ou termos administrativos mencionados no inciso V do *caput* poderão ser celebrados constando apenas o nome e o número de documento oficial do beneficiário, podendo sua qualificação completa ser efetuada posteriormente, no momento do registro do termo ou contrato, mediante simples requerimento do interessado dirigido ao registro de imóveis.

•• § 2.º acrescentado pela Lei n. 12.424, de 16-6-2011.

§ 3.º Fica dispensada a apresentação dos títulos previstos nos incisos I a V do *caput* deste artigo quando se tratar de registro do projeto de regularização fundiária e da constituição de direito real, sendo o ente público promotor da regularização fundiária urbana responsável pelo fornecimento das informações necessárias ao registro, ficando dispensada a apresentação de título individualizado, nos termos da legislação específica.

•• § 3.º acrescentado pela Lei n. 13.465, de 11-7-2017.

§ 4.º Quando for requerida a prática de ato com base em título físico que tenha sido registrado, digitalizado ou armazenado, inclusive em outra serventia, será dispensada a reapresentação e bastará referência a ele ou a apresentação de certidão.

•• § 4.º acrescentado pela Medida Provisória n. 1.085, de 27-12-2021.

Art. 222. Em todas as escrituras e em todos os atos relativos a imóveis, bem como nas cartas de sentença e formais de partilha, o tabelião ou escrivão deve fazer referência à matrícula ou ao registro anterior, seu número e cartório.

Art. 223. Ficam sujeitas à obrigação, a que alude o artigo anterior, as partes que, por instrumento particular, celebrarem atos relativos a imóveis.

Art. 224. Nas escrituras, lavradas em decorrência de autorização judicial, serão mencionados, por certidão, em breve relatório, com todas as minúcias que permitam identificá-los, os respectivos alvarás.

Art. 225. Os tabeliães, escrivães e juízes farão com que, nas escrituras e nos autos judiciais, as partes indiquem, com precisão, os característicos, as confrontações e as localizações dos imóveis, mencionando os nomes dos confrontantes e, ainda, quando se tratar só de terreno, se esse fica do lado par ou do lado ímpar do logradouro, em que quadra e a que distância métrica da edificação ou da esquina mais próxima, exigindo dos interessados certidão do Registro Imobiliário.

• *Vide* Lei n. 7.433, de 18-12-1985, e Decreto n. 93.240, de 9-9-1986, sobre os requisitos para a lavratura de escrituras públicas.

§ 1.º As mesmas minúcias, com relação à caracterização do imóvel, devem constar dos instrumentos particulares apresentados em cartório para registro.

§ 2.º Consideram-se irregulares, para efeito de matrícula, os títulos nos quais a caracterização do imóvel não coincida com a que consta do registro anterior.

§ 3.º Nos autos judiciais que versem sobre imóveis rurais, a localização, os limites e as confrontações serão obtidos a partir de memorial descritivo assinado por profissional habilitado e com a devida Anotação de Responsabilidade Técnica - ART, contendo as coordenadas dos vértices definidores dos limites dos imóveis rurais, georreferenciadas ao Sistema Geodésico Brasileiro e com precisão posicional a ser fixada pelo INCRA, garantida a isenção de custos financeiros aos proprietários de imóveis rurais cuja somatória da área não exceda a 4 (quatro) módulos fiscais.

•• § 3.º acrescentado pela Lei n. 10.267, de 28-8-2001.

Art. 226. Tratando-se de usucapião, os requisitos da matrícula devem constar do mandado judicial.

Capítulo VI
DA MATRÍCULA

Art. 227. Todo imóvel objeto de título a ser registrado deve estar matriculado no Livro n. 2 - Registro Geral - obedecido o disposto no art. 176.

Art. 228. A matrícula será efetuada por ocasião do primeiro registro a ser lançado na vigência desta Lei, mediante os elementos constantes do título apresentado e do registro anterior nele mencionado.

Art. 229. Se o registro anterior foi efetuado em outra circunscrição, a matrícula será aberta com os elementos constantes do título apresentado e da certidão atualizada daquele registro, a qual ficará arquivada em cartório.

Art. 230. Se na certidão constar ônus, o oficial fará a matrícula, e, logo em seguida ao registro, averbará a existência do ônus, sua natureza e valor, certificando o fato no título que devolver à parte, o que ocorrerá, também, quando o ônus estiver lançado no próprio cartório.

Art. 231. No preenchimento dos livros, observar-se-ão as seguintes normas:

I – no alto da face de cada folha será lançada a matrícula do imóvel, com os requisitos constantes do art. 176, e, no espaço restante e no verso, serão lançados, por ordem cronológica e em forma narrativa, os registros e averbações dos atos pertinentes ao imóvel matriculado;

II – preenchida uma folha, será feito o transporte para a primeira folha em branco do mesmo livro ou do livro da mesma série que estiver em uso, onde continuarão os lançamentos, com remissões recíprocas.

Art. 232. Cada lançamento de registro será precedido pela letra "R" e o da averbação pelas letras "AV", seguindo-se o número de ordem do lançamento e o da matrícula (ex.: R-1-1, R-2-1, AV-3-1, R-4-1, AV-5-1 etc.).

Art. 233. A matrícula será cancelada:

I – por decisão judicial;

II – quando, em virtude de alienações parciais, o imóvel for inteiramente transferido a outros proprietários;

III – pela fusão, nos termos do artigo seguinte.

Art. 234. Quando dois ou mais imóveis contíguos, pertencentes ao mesmo proprietário, constarem de matrículas autônomas, pode ele requerer a fusão destas em uma só, de novo número, encerrando-se as primitivas.

Art. 235. Podem, ainda, ser unificados, com abertura de matrícula única:

I – dois ou mais imóveis constantes de transcrições anteriores a esta Lei, à margem das quais será averbada a abertura da matrícula que os unificar;

II – dois ou mais imóveis, registrados por ambos os sistemas, caso em que, nas transcrições, será feita a averbação prevista no item anterior, e as matrículas serão encerradas na forma do artigo anterior;

III – 2 (dois) ou mais imóveis contíguos objeto de imissão provisória na posse registrada em nome da União, dos Estados, do Distrito Federal, dos Municípios ou de suas entidades delegadas ou contratadas e sua respectiva cessão e promessa de cessão.

•• Inciso III com redação determinada pela Lei n. 14.273, de 23-12-2021.

§ 1.º Os imóveis de que trata este artigo, bem como os oriundos de desmembramentos, partilha e glebas destacadas de maior porção, serão desdobrados em novas matrículas, juntamente com os ônus que sobre eles existirem, sempre que ocorrer a transferência de 1 (uma) ou mais unidades, procedendo-se, em seguida, ao que estipula o inciso II do art. 233.

•• Anterior parágrafo único renumerado pela Lei n. 12.424, de 16-6-2011.

§ 2.º A hipótese de que trata o inciso III somente poderá ser utilizada nos casos de imóveis inseridos em área urbana ou de expansão urbana e com a finalidade de implementar programas habitacionais ou de regularização fundiária, o que deverá ser informado no requerimento de unificação.

•• § 2.º acrescentado pela Lei n. 12.424, de 16-6-2011.

§ 3.º Na hipótese de que trata o inciso III do *caput* deste artigo, a unificação poderá abranger matrículas ou transcrições relativas a imóveis contíguos àqueles que tenham sido objeto da imissão provisória na posse.

•• § 3.º com redação determinada pela Lei n. 14.273, de 23-12-2021.

Art. 235-A. Fica instituído o Código Nacional de Matrícula (CNM) que corresponde à numeração única de matrículas imobiliárias em âmbito nacional.

•• *Caput* acrescentado pela Lei n. 13.465, de 11-7-2017.

§ 1.º O CNM referente a matrícula encerrada ou cancelada não poderá ser reutilizado.

•• § 1.º acrescentado pela Lei n. 13.465, de 11-7-2017.

§ 2.º Ato da Corregedoria Nacional de Justiça do Conselho Nacional de Justiça regulamentará as características e a forma de implementação do CNM.

•• § 2.º acrescentado pela Lei n. 13.465, de 11-7-2017.

Capítulo VII
DO REGISTRO

Art. 236. Nenhum registro poderá ser feito sem que o imóvel a que se referir esteja matriculado.

Art. 237. Ainda que o imóvel esteja matriculado, não se fará registro que dependa da apresentação de título anterior, a fim de que se preserve a continuidade do registro.

Art. 237-A. Após o registro do parcelamento do solo ou da incorporação imobiliária, até a emissão da carta de habite-se, as averbações e registros relativos à pessoa do incorporador ou referentes a direitos reais de garantias, cessões ou demais negócios jurídicos que envolvam o empreendimento serão realizados na matrícula de origem do imóvel e em cada uma das matrículas das unidades autônomas eventualmente abertas.

•• *Caput* acrescentado pela Lei n. 11.977, de 7-7-2009.

§ 1.º Para efeito de cobrança de custas e emolumentos, as averbações e os registros relativos ao mesmo ato jurídico ou negócio jurídico e realizados com base no *caput* serão considerados como ato de registro único, não importando a quantidade de unidades autônomas envolvidas ou de atos intermediários existentes.

•• § 1.º com redação determinada pela Lei n. 12.424, de 16-6-2011.

§ 2.º Nos registros decorrentes de processo de parcelamento do solo ou de incorporação imobiliária, o registrador deverá observar o prazo máximo de 15 (quinze) dias para o fornecimento do número do registro ao interessado ou a indicação das pendências a serem satisfeitas para sua efetivação.

•• § 2.º acrescentado pela Lei n. 11.977, de 7-7-2009.

§ 3.º O registro da instituição de condomínio ou da especificação do empreendimento constituirá ato único para fins de cobrança de custas e emolumentos.

•• § 3.º acrescentado pela Lei n. 12.424, de 16-6-2011.

Art. 238. O registro de hipoteca convencional valerá pelo prazo de 30 (trinta) anos, findo o qual só será mantido o número anterior se reconstituída por novo título e novo registro.

Art. 239. As penhoras, arrestos e sequestros de imóveis serão registrados depois de pagas as custas do registro pela parte interessada, em cumprimento de mandado ou à vista de certidão do escrivão, de que constem, além dos requisitos exigidos para o registro, os nomes do juiz, do depositário, das partes e a natureza do processo.

Parágrafo único. A certidão será lavrada pelo escrivão do feito, com a declaração do fim especial a que se destina, após a entrega, em cartório, do mandado devidamente cumprido.

Art. 240. O registro da penhora faz prova quanto à fraude de qualquer transação posterior.

Art. 241. O registro da anticrese no Livro n. 2 declarará, também, o prazo, a época do pagamento e a forma de administração.

Art. 242. O contrato de locação, com cláusula expressa de vigência no caso de alienação do imóvel, registrado no Livro n. 2, consignará, também, o seu valor, a renda, o prazo, o tempo e o lugar do pagamento, bem como pena convencional.

Art. 243. A matrícula do imóvel promovida pelo titular do domínio direto aproveita ao titular do domínio útil, e vice-versa.

Art. 244. As escrituras antenupciais serão registradas no Livro n. 3 do cartório do domicílio conjugal, sem prejuízo de sua averbação obrigatória no lugar da situação dos imóveis de propriedade do casal, ou dos que forem sendo adquiridos e sujeitos a regime de bens diverso do comum, com a declaração das respectivas cláusulas, para ciência de terceiros.

Art. 245. Quando o regime de separação de bens for determinado por lei, far-se-á a respectiva averbação nos termos do artigo anterior, incumbindo ao Ministério Público zelar pela fiscalização e observância dessa providência.

Capítulo VIII
DA AVERBAÇÃO E DO CANCELAMENTO

Art. 246. Além dos casos expressamente indicados no inciso II do *caput* do art. 167, serão averbadas na matrícula as sub-rogações e outras ocorrências que, por qualquer modo, alterem o registro ou repercutam nos direitos relativos ao imóvel.

•• *Caput* com redação determinada pela Medida Provisória n. 1.085, de 27-12-2021.

O texto anterior dizia: "Art. 246. Além dos casos expressamente indicados no item II do art. 167, serão averbadas na matrícula as sub-rogações e outras ocorrências que, por qualquer modo, alterem o registro".

§ 1.º As averbações a que se referem os itens 4 e 5 do inciso II do art. 167 serão as feitas a requerimento dos interessados, com firma reconhecida, instruído com documento dos interessados, com firma reconhecida, instruído com documento comprobatório fornecido pela autoridade competente. A alteração do nome só poderá ser averbada quando devidamente comprovada por certidão do Registro Civil.

•• § 1.º acrescentado pela Lei n. 10.267, de 28-8-2001.

§ 1.º-A. No caso das averbações de que trata o § 1.º, poderá o oficial providenciar, preferencialmente por meio eletrônico, a requerimento e às custas do interessado, os documentos comprobatórios necessários junto às autoridades competentes.

•• § 1.º-A acrescentado pela Medida Provisória n. 1.085, de 27-12-2021.

§ 2.º Tratando-se de terra indígena com demarcação homologada, a União promoverá o registro da área em seu nome.

•• § 2.º acrescentado pela Lei n. 10.267, de 28-8-2001.

§ 3.º Constatada, durante o processo demarcatório, a existência de domínio privado nos limites da terra indígena, a União requererá ao Oficial de Registro a averbação, na respectiva matrícula, dessa circunstância.

•• § 3.º acrescentado pela Lei n. 10.267, de 28-8-2001.

§ 4.º As providências a que se referem os §§ 2.º e 3.º deste artigo deverão ser efetivadas pelo cartório, no prazo de 30 (trinta) dias, contado a partir do recebimento da solicitação de registro e averbação, sob pena de aplicação de multa diária no valor de R$ 1.000,00 (mil reais), sem prejuízo da responsabilidade civil e penal do Oficial de Registro.

•• § 4.º acrescentado pela Lei n. 10.267, de 28-8-2001.

Art. 247. Averbar-se-á, também, na matrícula, a declaração de indisponibilidade de bens, na forma prevista na lei.

Art. 247-A. É dispensado o habite-se expedido pela prefeitura municipal para a averbação de construção residencial urbana unifamiliar de um só pavimento finalizada há mais de 5 (cinco) anos em área ocupada predominantemente por população de baixa renda, inclusive para o fim de registro ou averbação decorrente de financiamento à moradia.

•• Artigo acrescentado pela Lei n. 13.865, de 8-8-2019.

Art. 248. O cancelamento efetuar-se-á mediante averbação, assinada pelo oficial, seu substituto legal ou escrevente autorizado, e declarará o motivo que o determinou, bem como o título em virtude do qual foi feito.

Art. 249. O cancelamento poderá ser total ou parcial e referir-se a qualquer dos atos do registro.

Art. 250. Far-se-á o cancelamento:

I – em cumprimento de decisão judicial transitada em julgado;

II – a requerimento unânime das partes que tenham participado do ato registrado, se capazes, com as firmas reconhecidas por tabelião;

III – a requerimento do interessado, instruído com documento hábil;

IV – a requerimento da Fazenda Pública, instruído com certidão de conclusão de processo administrativo que declarou, na forma da lei, a rescisão do título de domínio ou de concessão de direito real de uso de imóvel rural, expedido para fins de regularização fundiária, e a reversão do imóvel ao patrimônio público.

•• Inciso IV acrescentado pela Lei n. 11.952, de 25-6-2009.

• Cancelamento de compromisso, cessão ou promessa de cessão de imóvel loteado: art. 36 da Lei n. 6.766, de 19-12-1979.

Art. 251. O cancelamento de hipoteca só pode ser feito:

I – à vista de autorização expressa ou quitação outorgada pelo credor ou seu sucessor, em instrumento público ou particular;

II – em razão de procedimento administrativo ou contencioso, no qual o credor tenha sido intimado (art. 698 do Código de Processo Civil);

III – na conformidade da legislação referente às cédulas hipotecárias.

Art. 252. O registro, enquanto não cancelado, produz todos os seus efeitos legais ainda que, por outra maneira, se prove que o título está desfeito, anulado, extinto ou rescindido.

Art. 253. Ao terceiro prejudicado é lícito, em juízo, fazer prova da extinção dos ônus reais, e promover o cancelamento do seu registro.

Art. 254. Se, cancelado o registro, subsistirem o título e os direitos dele decorrentes, poderá o credor promover novo registro, o qual só produzirá efeitos a partir da nova data.

Art. 255. Além dos casos previstos nesta Lei, a inscrição de incorporação ou loteamento só será cancelada a requerimento do incorporador ou loteador, enquanto nenhuma unidade ou lote for objeto de transação averbada, ou mediante o consentimento de todos os compromissários ou cessionários.

Art. 256. O cancelamento da servidão, quando o prédio dominante estiver hipotecado, só poderá ser feito com aquiescência do credor, expressamente manifestada.

Art. 257. O dono do prédio serviente terá, nos termos da lei, direito a cancelar a servidão.

Art. 258. O foreiro poderá, nos termos da lei, averbar a renúncia de seu direito, sem dependência do consentimento do senhorio direto.

Art. 259. O cancelamento não pode ser feito em virtude de sentença sujeita, ainda, a recurso.

Capítulo IX
DO BEM DE FAMÍLIA

• *Vide* arts. 1.711 e s. do CC.

Art. 260. A instituição do bem de família far-se-á por escritura pública, declarando o instituidor que determinado prédio se destina a domicílio de sua família e ficará isento de execução por dívida.

•• *Vide* art. 3.º da Lei n. 8.009, de 29-3-1990, sobre impenhorabilidade do bem de família.

Art. 261. Para a inscrição do bem de família, o instituidor apresentará ao oficial do registro a escritura pública de instituição, para que mande publicá-la na imprensa local e, à falta, na da capital do Estado ou do Território.

Art. 262. Se não ocorrer razão para dúvida, o oficial fará a publicação, em forma de edital, do qual constará:

I – o resumo da escritura, nome, naturalidade e profissão do instituidor, data do instrumento e nome do tabelião que o fez, situação e característicos do prédio;

II – o aviso de que, se alguém se julgar prejudicado, deverá, dentro em 30 (trinta) dias, contados da data da publicação, reclamar contra a instituição, por escrito e perante o oficial.

Art. 263. Findo o prazo do n. II do artigo anterior, sem que tenha havido reclamação, o oficial transcreverá a escritura, integralmente, no Livro n. 3 e fará a inscrição na competente matrícula, arquivando um exemplar do jornal em que a publicação houver sido feita e restituindo o instrumento ao apresentante, com a nota da inscrição.

Art. 264. Se for apresentada reclamação, dela fornecerá o oficial, ao instituidor, cópia autêntica e lhe restituirá a escritura, com a declaração de haver sido suspenso o registro, cancelando a prenotação.

§ 1.º O instituidor poderá requerer ao juiz que ordene o registro, sem embargo da reclamação.

§ 2.º Se o juiz determinar que se proceda ao registro, ressalvará ao reclamante o direito de recorrer à ação competente para anular a instituição ou de fazer execução sobre o prédio instituído, na hipótese de tratar-se de dívida anterior e cuja solução se tornou inexequível em virtude do ato da instituição.

§ 3.º O despacho do juiz será irrecorrível e, se deferir o pedido, será transcrito integralmente, juntamente com o instrumento.

Art. 265. Quando o bem de família for instituído juntamente com a transmissão da propriedade (Decreto-lei n. 3.200, de 14-4-1941, art. 8.º, § 5.º), a inscrição far-se-á imediatamente após o registro da transmissão ou, se for o caso, com a matrícula.

Capítulo X DA REMIÇÃO DO IMÓVEL HIPOTECADO

Art. 266. Para remir o imóvel hipotecado, o adquirente requererá, no prazo legal, a citação dos credores hipotecários propondo, para a remição, no mínimo, o preço por que adquiriu o imóvel.

Art. 267. Se o credor, citado, não se opuser à remição, ou não comparecer, lavrar-se-á termo de pagamento e quitação e o juiz ordenará, por sentença, o cancelamento da hipoteca.

Parágrafo único. No caso de revelia, consignar-se-á o preço à custa do credor.

Art. 268. Se o credor, citado, comparecer e impugnar o preço oferecido, o juiz mandará promover a licitação entre os credores hipotecários, os fiadores e o próprio adquirente, autorizando a venda judicial a quem oferecer maior preço.

§ 1.º Na licitação, será preferido, em igualdade de condições, o lanço do adquirente.

§ 2.º Na falta de arrematante, o valor será o proposto pelo adquirente.

Art. 269. Arrematado o imóvel e depositado, dentro de 48 (quarenta e oito) horas, o respectivo preço, o juiz mandará cancelar a hipoteca, sub-rogando-se no produto da venda os direitos do credor hipotecário.

Art. 270. Se o credor de segunda hipoteca, embora não vencida a dívida, requerer a remição, juntará o título e certidão da inscrição da anterior e depositará a importância devida ao primeiro credor, pedindo a citação deste para levantar o depósito e a do devedor para dentro do prazo de 5 (cinco) dias remir a hipoteca, sob pena de ficar o requerente sub-rogado nos direitos creditórios, sem prejuízo dos que lhe couberem em virtude da segunda hipoteca.

Art. 271. Se o devedor não comparecer ou não remir a hipoteca, os autos serão conclusos ao juiz para julgar por sentença a remição pedida pelo segundo credor.

Art. 272. Se o devedor comparecer e quiser efetuar a remição, notificar-se-á o credor para receber o preço, ficando sem efeito o depósito realizado pelo autor.

Art. 273. Se o primeiro credor estiver promovendo a execução da hipoteca, a remição, que abrangerá a importância das custas e despesas realizadas, não se efetuará antes da primeira praça, nem depois de assinado o auto de arrematação.

Art. 274. Na remição de hipoteca legal em que haja interesse de incapaz intervirá o Ministério Público.

Art. 275. Das sentenças que julgarem o pedido de remição caberá o recurso de apelação com ambos os efeitos.

Art. 276. Não é necessária a remição quando o credor assinar, com o vendedor, escritura de venda do imóvel gravado.

Capítulo XI DO REGISTRO TORRENS

Art. 277. Requerida a inscrição de imóvel rural no Registro Torrens, o oficial protocolizará e autuará o requerimento e documentos que o instruírem e verificará se o pedido se acha em termos de ser despachado.

Art. 278. O requerimento será instruído com:

I – os documentos comprobatórios do domínio do requerente;

II – a prova de quaisquer atos que modifiquem ou limitem a sua propriedade;

III – o memorial de que constem os encargos do imóvel, os nomes dos ocupantes, confrontantes, quaisquer interessados, e a indicação das respectivas residências;

IV – a planta do imóvel, cuja escala poderá variar entre os limites: 1:500m (1/500) e 1:5.000m (1/5.000).

§ 1.º O levantamento da planta obedecerá às seguintes regras:

a) empregar-se-ão goniômetros ou outros instrumentos de maior precisão;

b) a planta será orientada segundo o mediano do lugar, determinada a declinação magnética;

c) fixação dos pontos de referência necessários a verificações ulteriores e de marcos especiais, ligados a pontos certos e estáveis nas sedes das propriedades, de maneira que a planta possa incorporar-se à carta geral cadastral.

§ 2.º Às plantas serão anexados o memorial e as cadernetas das operações de campo, autenticadas pelo agrimensor.

Art. 279. O imóvel sujeito a hipoteca ou ônus real não será admitido a registro sem consentimento expresso do credor hipotecário ou da pessoa em favor de quem se tenha instituído o ônus.

Art. 280. Se o oficial considerar irregular o pedido ou a documentação, poderá conceder o prazo de 30 (trinta) dias para que o interessado os regularize. Se o requerente não estiver de acordo com a exigência do oficial, este suscitará dúvida.

Art. 281. Se o oficial considerar em termos o pedido, remetê-lo-á a juízo para ser despachado.

Art. 282. O juiz, distribuído o pedido a um dos cartórios judiciais, se entender que os documentos justificam a propriedade do requerente, mandará expedir edital que será afixado no lugar de costume e publicado uma vez no órgão oficial do Estado e três vezes na imprensa local, se houver, marcando prazo não menor de 2 (dois) meses, nem maior de 4 (quatro) meses para que se ofereça oposição.

Art. 283. O juiz ordenará, de ofício ou a requerimento da parte, que, à custa do peticionário, se notifiquem do requerimento as pessoas nele indicadas.

Art. 284. Em qualquer hipótese será ouvido o órgão do Ministério Público, que poderá impugnar o registro por falta de prova completa do domínio ou preterição de outra formalidade legal.

Art. 285. Feita a publicação do edital, a pessoa que se julgar com direito sobre o imóvel, no todo ou em parte, poderá contestar o pedido no prazo de 15 (quinze) dias.

§ 1.º A contestação mencionará o nome e a residência do réu, fará a descrição exata do imóvel e indicará os direitos reclamados e os títulos em que se fundarem.

§ 2.º Se não houver contestação, e se o Ministério Público não impugnar o pedido, o juiz ordenará que se inscreva o imóvel, que ficará, assim, submetido aos efeitos do Registro Torrens.

Art. 286. Se houver contestação ou impugnação, o procedimento será ordinário, cancelando-se, mediante mandado, a prenotação.

Art. 287. Da sentença que deferir, ou não, o pedido, cabe o recurso de apelação, com ambos os efeitos.

Art. 288. Transitada em julgado a sentença que deferir o pedido, o oficial inscreverá, na matrícula, o julgado que determinou a submissão do imóvel aos efeitos do Registro Torrens, arquivando em cartório a documentação autuada.

Capítulo XII
DO REGISTRO DA REGULARIZAÇÃO FUNDIÁRIA URBANA

Art. 288-A. O procedimento de registro da regularização fundiária urbana observará o disposto em legislação específica.

•• *Caput* com redação determinada pela Lei n. 13.465, de 11-7-2017.

§§ 1.º a 4.º (*Revogados pela Lei n. 13.465, de 11-7-2017.*)

Arts. 288-B a 288-G. (*Revogados pela Lei n. 13.465, de 11-7-2017.*)

Título VI
DAS DISPOSIÇÕES FINAIS E TRANSITÓRIAS

Art. 289. No exercício de suas funções, cumpre aos oficiais de registro fazer rigorosa fiscalização do pagamento dos impostos devidos por força dos atos que lhes forem apresentados em razão do ofício.

• Dispõe o art. 3.º da Lei n. 6.941, de 14-9-1981: "É vedado incluir ou acrescer, às custas dos Registros Públicos, quaisquer taxas ou contribuições".

Art. 290. Os emolumentos devidos pelos atos relacionados com a primeira aquisição imobiliária para fins residenciais, financiada pelo Sistema Financeiro da Habitação, serão reduzidos em 50% (cinquenta por cento).

•• *Caput* com redação determinada pela Lei n. 6.941, de 14-9-1981.

§ 1.º O registro e a averbação referentes à aquisição da casa própria, em que seja parte cooperativa habitacional ou entidade assemelhada, serão considerados, para efeito de cálculo de custas e emolumentos, como um ato apenas, não podendo a sua cobrança exceder o limite correspondente a 40% (quarenta por cento) do maior valor de referência.

•• § 1.º com redação determinada pela Lei n. 6.941, de 14-9-1981.

§ 2.º Nos demais programas de interesse social, executados pelas Companhias de Habitação Popular – COHABs ou entidades assemelhadas, os emolumentos e as custas devidos pelos atos de aquisição de imóveis e pelos de averbação de construção estarão sujeitos às seguintes limitações:

a) imóvel de até 60 m² (sessenta metros quadrados) de área construída: 10% (dez por cento) do maior valor de referência;

b) de mais de 60 m² (sessenta metros quadrados) até 70 m² (setenta metros quadrados) de área construída: 15% (quinze por cento) do maior valor de referência;

c) de mais de 70 m² (setenta metros quadrados) e até 80 m² (oitenta metros quadrados) de área construída: 20% (vinte por cento) do maior valor de referência.

•• § 2.º com redação determinada pela Lei n. 6.941, de 14-9-1981.

§ 3.º Os emolumentos devidos pelos atos relativos a financiamento rural serão cobrados de acordo com a legislação federal.

•• § 3.º com redação determinada pela Lei n. 6.941, de 14-9-1981.

§ 4.º As custas e emolumentos devidos aos Cartórios de Notas e de Registro de Imóveis, nos atos relacionados com a aquisição imobiliária para fins residenciais, oriundos de programas e convênios com a União, Estados, Distrito Federal e Municípios, para a construção de habitações populares destinadas a famílias de baixa renda, pelo sistema de mutirão e autoconstrução orientada, serão reduzidos para vinte por cento da tabela cartorária normal, considerando-se que o imóvel será limitado a até sessenta e nove metros quadrados de área construída, em terreno de até duzentos e cinquenta metros quadrados.

•• § 4.º acrescentado pela Lei n. 9.934, de 20-12-1999.

§ 5.º Os cartórios que não cumprirem o disposto no § 4.º ficarão sujeitos a multa de até R$ 1.120,00 (um mil, cento e vinte reais) a ser aplicada pelo juiz, com a atualização que se fizer necessária, em caso de desvalorização da moeda.

•• § 5.º acrescentado pela Lei n. 9.934, de 20-12-1999.

- A Lei n. 10.150, de 21-12-2000, em seu art. 35, dispõe que os emolumentos devidos em todos os atos de que trata esta Lei, relacionados com o Programa de Arrendamento Residencial, instituído pela Lei n. 10.188, de 12-2-2001, serão reduzidos em 50% (cinquenta por cento).

Art. 290-A. Devem ser realizados independentemente do recolhimento de custas e emolumentos:

•• *Caput* acrescentado pela Lei n. 11.481, de 31-5-2007.

I – o primeiro registro de direito real constituído em favor de beneficiário de regularização fundiária de interesse social em áreas urbanas e em áreas rurais de agricultura familiar;

•• Inciso I acrescentado pela Lei n. 11.481, de 31-5-2007.

II – a primeira averbação de construção residencial de até 70 m² (setenta metros quadrados) de edificação em áreas urbanas objeto de regularização fundiária de interesse social;

•• Inciso II acrescentado pela Lei n. 11.481, de 31-5-2007.

III – o registro de título de legitimação de posse, concedido pelo poder público, de que trata o art. 59 da Lei n. 11.977, de 7 de julho de 2009, e de sua conversão em propriedade.

•• Inciso III acrescentado pela Lei n. 12.424, de 16-6-2011.

§ 1.º O registro e a averbação de que tratam os incisos I, II e III do *caput* deste artigo independem da comprovação do pagamento de quaisquer tributos, inclusive previdenciários.

•• § 1.º com redação determinada pela Lei n. 12.424, de 16-6-2011.

§ 2.º (*Revogado pela Lei n. 12.424, de 16-6- 2011.*)

Art. 291. A emissão ou averbação da cédula hipotecária, consolidando créditos hipotecários de um só credor, não implica modificação da ordem preferencial dessas hipotecas em relação a outras que lhes sejam posteriores e que garantam créditos não incluídos na consolidação.

•• Artigo acrescentado pela Lei n. 6.941, de 14-9-1981.

Art. 292. É vedado aos tabeliães e aos oficiais de registro de imóveis, sob pena de responsabilidade, lavrar ou registrar escritura ou escritos particulares autorizados por lei, que tenham por objeto imóvel hipotecado a entidade do Sistema Financeiro da Habitação, ou direitos a eles relativos, sem que conste dos mesmos, expressamente, a menção ao ônus real e ao credor, bem como a comunicação ao credor, necessariamente feita pelo alienante, com antecedência de, no mínimo, 30 (trinta) dias.

•• Artigo acrescentado pela Lei n. 6.941, de 14-9-1981.

Art. 293. Se a escritura deixar de ser lavrada no prazo de 60 (sessenta) dias a contar da data da comunicação do alienante, esta perderá a validade.

•• *Caput* acrescentado pela Lei n. 6.941, de 14-9-1981.

Parágrafo único. A ciência da comunicação não importará consentimento tácito do credor hipotecário.

•• Parágrafo único acrescentado pela Lei n. 6.941, de 14-9-1981.

Art. 294. Nos casos de incorporação de bens imóveis do patrimônio público, para a formação ou integralização do capital de sociedade por ações da administração indireta ou para a formação do patrimônio de empresa pública, o oficial do respectivo registro de imóveis fará o novo registro em nome da entidade a que os mesmos forem incorporados ou transferidos, valendo-se, para tanto, dos dados característicos e confrontações constantes do anterior.

§ 1.º Servirá como título hábil para o novo registro o instrumento pelo qual a incorporação ou transferência se verificou, em cópia autêntica, ou exemplar do órgão oficial no qual foi aquele publicado.

§ 2.º Na hipótese de não coincidência das características do imóvel com as constantes do registro existente, deverá a entidade, ao qual foi o mesmo incorporado ou transferido, promover a respectiva correção mediante termo aditivo ao instrumento de incorporação ou transferência e do qual deverão constar, entre outros elementos, seus limites ou confrontações, sua descrição e caracterização.

§ 3.º Para fins do registro de que trata o presente artigo, considerar-se-á, como valor de transferência dos bens, o constante do instrumento a que alude o § 1.º.

•• Anterior art. 291. Renumerado pela Lei n. 6.941, de 14-9-1981.

Art. 295. O encerramento dos livros em uso, antes da vigência da presente Lei, não exclui a validade dos atos neles registrados, nem impede que, neles, se façam as averbações e anotações posteriores.

Parágrafo único. Se a averbação ou anotação dever ser feita no Livro n. 2 do Registro de Imóvel, pela presente Lei, e não houver espaço nos anteriores Livros de Transcrição das Transmissões, será aberta a matrícula do imóvel.

•• Anterior art. 292. Renumerado pela Lei n. 6.941, de 14-9-1981.

Art. 296. Aplicam-se aos registros referidos no art. 1.º, § 1.º, I, II e III, desta Lei, as disposições relativas ao processo de dúvida no registro de imóveis.

•• Anterior art. 293. Renumerado pela Lei n. 6.941, de 14-9-1981.

Art. 297. Os oficiais, na data de vigência desta Lei, lavrarão termo de encerramento nos livros, e dele remeterão cópia ao juiz a que estiverem subordinados.

Parágrafo único. Sem prejuízo do cumprimento integral das disposições desta Lei, os livros antigos poderão ser aproveitados, até o seu esgotamento, mediante autorização judicial e adaptação aos novos modelos, iniciando-se nova numeração.

•• Anterior art. 294. Renumerado pela Lei n. 6.941, de 14-9-1981.

Art. 298. Esta Lei entrará em vigor no dia 1.º de janeiro de 1976.

•• Anterior art. 295. Renumerado pela Lei n. 6.941, de 14-9-1981.

Art. 299. Revogam-se a Lei n. 4.827, de 7 de março de 1924, os Decretos n. 4.857, de 9 de novembro de 1939, 5.318, de 29 de fevereiro de 1940, 5.553, de 6 de maio de 1940, e as demais disposições em contrário.

•• Anterior art. 296. Renumerado pela Lei n. 6.941, de 14-9-1981.

Brasília, 31 de dezembro de 1973; 152.º da Independência e 85.º da República.

EMÍLIO G. MÉDICI

REGISTRO DE IMÓVEIS - Modelo do Livro n. 1 - Protocolo

REGISTRO DE IMÓVEIS PROTOCOLO Livro n. 1 — ANO:				
N. de ordem	Data	NOME DO APRESENTANTE	Natureza formal do título	ANOTAÇÕES

Dimensões máximas de acordo com o art. 3.º, § 1.º:
Altura: 0,55m
Largura: 0,40m

REGISTRO DE IMÓVEIS - Modelo do Livro n. 2 - Registro Geral

REGISTRO DE IMÓVEIS REGISTRO GERAL Livro n. 2 — Fl. ....
MATRÍCULA N. .... — Data .... IDENTIFICAÇÃO NOMINAL NOME, DOMICÍLIO E NACIONALIDADE DO PROPRIETÁRIO NÚMERO DO REGISTRO ANTERIOR

Dimensões máximas de acordo com o art. 3.º, § 1.º:
Altura: 0,55m
Largura: 0,40m

REGISTRO DE IMÓVEIS - Modelo do Livro n. 3 - Registro Auxiliar

REGISTRO DE IMÓVEIS REGISTRO AUXILIAR Livro n. 3 — ANO:				
N. de ordem	Data	REGISTRO	Ref. aos demais livros	AVERBAÇÕES

Dimensões máximas de acordo com o art. 3.º, § 1.º:
Altura: 0,55m
Largura: 0,40m

REGISTRO DE IMÓVEIS - Modelo do Livro n. 4 - Indicador Real

REGISTRO DE IMÓVEIS INDICADOR REAL Livro n. 4 — ANO:			
N. de ordem	IDENTIFICAÇÃO DO IMÓVEL	Referências aos demais livros	ANOTAÇÕES

Dimensões máximas de acordo com o art. 3.º, § 1.º:
Altura: 0,55m
Largura: 0,40m

REGISTRO DE IMÓVEIS – Modelo do Livro n. 5 – Indicador Pessoal

<table>
<tr><td colspan="4">REGISTRO DE IMÓVEIS
INDICADOR PESSOAL
Livro n. 5 ANO:</td></tr>
<tr><td>N.
de
ordem</td><td>PESSOAS</td><td>Referências
aos demais
livros</td><td>ANOTAÇÕES</td></tr>
</table>

Dimensões máximas de acordo com o art. 3.º, § 1.º:
Altura: 0,55m
Largura: 0,40m

LEI N. 6.194, DE 19 DE DEZEMBRO DE 1974 (*)

Dispõe sobre Seguro Obrigatório de Danos Pessoais causados por veículos automotores de via terrestre, ou por sua carga, a pessoas transportadas ou não.

O Presidente da República.

Faço saber que o Congresso Nacional decreta e eu sanciono a seguinte Lei:

....

Art. 3.º Os danos pessoais cobertos pelo seguro estabelecido no art. 2.º desta Lei compreendem as indenizações por morte, por invalidez permanente, total ou parcial, e por despesas de assistência médica e suplementares, nos valores e conforme as regras que se seguem, por pessoa vitimada:

•• *Caput* com redação determinada pela Lei n. 11.945, de 4-6-2009.

•• *Vide* Súmulas 426 e 474 do STJ.

I – R$ 13.500,00 (treze mil e quinhentos reais) – no caso de morte;

•• Inciso I acrescentado pela Lei n. 11.482, de 31-5-2007.

II – até R$ 13.500,00 (treze mil e quinhentos reais) – no caso de invalidez permanente; e

•• Inciso II acrescentado pela Lei n. 11.482, de 31-5-2007.

III – até R$ 2.700,00 (dois mil e setecentos reais) – como reembolso à vítima – no caso de despesas de assistência médica e suplementares devidamente comprovadas.

•• Inciso III acrescentado pela Lei n. 11.482, de 31-5-2007.

§ 1.º No caso da cobertura de que trata o inciso II, do *caput* deste artigo, deverão ser enquadradas na tabela anexa a esta Lei as lesões diretamente decorrentes de acidente e que não sejam suscetíveis de amenização proporcionada por qualquer medida terapêutica, classificando-se a invalidez permanente como total ou parcial, subdividindo-se a invalidez permanente parcial em completa e incompleta, conforme a extensão das perdas anatômicas ou funcionais, observado o disposto abaixo:

•• § 1.º, *caput*, acrescentado pela Lei n. 11.945, de 4-6-2009.

I – quando se tratar de invalidez permanente parcial completa, a perda anatômica ou funcional será diretamente enquadrada em um dos segmentos orgânicos ou corporais previstos na tabela anexa, correspondendo a indenização ao valor resultante da aplicação do percentual ali estabelecido ao valor máximo da cobertura; e

•• Inciso I acrescentado pela Lei n. 11.945, de 4-6-2009.

II – quando se tratar de invalidez permanente parcial incompleta, será efetuado o enquadramento da perda anatômica ou funcional na forma prevista no inciso I deste parágrafo, procedendo-se, em seguida, à redução proporcional da indenização que corresponderá a 75% (setenta e cinco por cento) para as perdas de repercussão intensa, 50% (cinquenta por cento) para as de média repercussão, 25% (vinte e cinco por cento) para as de leve repercussão, adotando-se ainda o percentual de 10% (dez por cento), nos casos de sequelas residuais.

•• Inciso II acrescentado pela Lei n. 11.945, de 4-6-2009.

§ 2.º Assegura-se à vítima o reembolso, no valor de até R$ 2.700,00 (dois mil e setecentos reais), previsto no inciso III do *caput* deste artigo, de despesas médico-hospitalares, desde que devidamente comprovadas, efetuadas pela rede credenciada junto ao Sistema Único de Saúde, quando em caráter privado, vedada a cessão de direitos.

•• § 2.º acrescentado pela Lei n. 11.945, de 4-6-2009.

§ 3.º As despesas de que trata o § 2.º deste artigo em nenhuma hipótese poderão ser reembolsadas quando o atendimento for realizado pelo SUS, sob pena de descredenciamento do estabelecimento de saúde do SUS, sem prejuízo das demais penalidades previstas em lei.

•• § 3.º acrescentado pela Lei n. 11.945, de 4-6-2009.

(*) Publicada no *DOU*, de 20-12-1974. A Circular n. 451, de 17-10-2012, da Susep, altera e consolida as instruções complementares para operação do seguro DPVAT.

Art. 4.º A indenização no caso de morte será paga de acordo com o disposto no art. 792 da Lei n. 10.406, de 10 de janeiro de 2002 - Código Civil.

•• *Caput* com redação determinada pela Lei n. 11.482, de 31-5-2007.

§§ 1.º e 2.º (*Revogados pela Lei n. 11.482, de 31-5-2007.*)

§ 3.º Nos demais casos, o pagamento será feito diretamente à vítima na forma que dispuser o Conselho Nacional de Seguros Privados - CNSP.

•• § 3.º acrescentado pela Lei n. 11.482, de 31-5-2007.

Art. 5.º O pagamento da indenização será efetuado mediante simples prova do acidente e do dano decorrente, independentemente da existência de culpa, haja ou não resseguro, abolida qualquer franquia de responsabilidade do segurado.

• *Vide* Súmula 257 do STJ.

§ 1.º A indenização referida neste artigo será paga com base no valor vigente na época da ocorrência do sinistro, em cheque nominal aos beneficiários, descontável no dia e na praça da sucursal que fizer a liquidação, no prazo de 30 (trinta) dias da entrega dos seguintes documentos:

•• § 1.º, *caput*, com redação determinada pela Lei n. 11.482, de 31-5-2007.

a) certidão de óbito, registro da ocorrência no órgão policial competente e a prova de qualidade de beneficiários no caso de morte;

•• Alínea *a* com redação determinada pela Lei n. 8.441, de 13-7-1992.

b) prova das despesas efetuadas pela vítima com o seu atendimento por hospital, ambulatório ou médico assistente e registro da ocorrência no órgão policial competente - no caso de danos pessoais.

§ 2.º Os documentos referidos no § 1.º serão entregues à Sociedade Seguradora, mediante recibo, que os especificará.

§ 3.º Não se concluindo na certidão de óbito o nexo de causa e efeito entre a morte e o acidente, será acrescentada a certidão de auto de necropsia, fornecida diretamente pelo Instituto Médico Legal, independentemente de requisição ou autorização da autoridade policial ou da jurisdição do acidente.

•• § 3.º com redação determinada pela Lei n. 8.441, de 13-7-1992.

§ 4.º Havendo dúvida quanto ao nexo de causa e efeito entre o acidente e as lesões, em caso de despesas médicas suplementares e invalidez permanente, poderá ser acrescentado ao boletim de atendimento hospitalar, relatório de internamento ou tratamento, se houver, fornecido pela rede hospitalar e previdenciária, mediante pedido verbal ou escrito, pelos interessados, em formulário próprio da entidade fornecedora.

•• § 4.º com redação determinada pela Lei n. 8.441, de 13-7-1992.

§ 5.º O Instituto Médico Legal da jurisdição do acidente ou da residência da vítima deverá fornecer, no prazo de até 90 (noventa) dias, laudo à vítima com a verificação da existência e quantificação das lesões permanentes, totais ou parciais.

•• § 5.º com redação determinada pela Lei n. 11.945, de 4-6-2009.

•• *Vide* Súmula 473 do STJ.

§ 6.º O pagamento da indenização também poderá ser realizado por intermédio de depósito ou Transferência Eletrônica de Dados - TED para a conta-corrente ou conta de poupança do beneficiário, observada a legislação do Sistema de Pagamentos Brasileiro.

•• § 6.º acrescentado pela Lei n. 11.482, de 31-5-2007.

§ 7.º Os valores correspondentes às indenizações, na hipótese de não cumprimento do prazo para o pagamento da respectiva obrigação pecuniária, sujeitam-se à correção monetária segundo índice oficial regularmente estabelecido e juros moratórios com base em critérios fixados na regulamentação específica de seguro privado.

•• § 7.º acrescentado pela Lei n. 11.482, de 31-5-2007.

•• *Vide* Súmula 580 do STJ.

Art. 6.º No caso de ocorrência do sinistro do qual participem 2 (dois) ou mais veículos, a indenização será paga pela Sociedade Seguradora do respectivo veículo em que cada pessoa vitimada era transportada.

§ 1.º Resultando do acidente vítimas não transportadas, as indenizações a elas correspondentes serão pagas, em partes iguais, pelas Sociedades Seguradoras dos veículos envolvidos.

§ 2.º Havendo veículos não identificados e identificados, a indenização será paga pelas Sociedades Seguradoras destes últimos.

Art. 7.º A indenização por pessoa vitimada por veículo não identificado, com seguradora não identificada, seguro não realizado ou vencido, será paga nos mesmos valores, condições e prazos dos demais casos por um Consórcio constituído obrigatoriamente, por todas as Sociedades Seguradoras que operem no seguro objeto desta Lei.

•• *Caput* com redação determinada pela Lei n. 8.441, de 13-7-1992.

• *Vide* Súmula 257 do STJ.

§ 1.º O Consórcio de que trata este artigo poderá haver regressivamente do proprietário do veículo os valores que desembolsar, ficando o veículo, desde logo, como garantia da obrigação, ainda que vinculada a contrato de alienação fiduciária, reserva de domínio, *leasing* ou qualquer outro.

•• § 1.º com redação determinada pela Lei n. 8.441, de 13-7-1992.

• *Vide* Súmula 405 do STJ.

§ 2.º O Conselho Nacional de Seguros Privados - CNSP estabelecerá normas para atender ao pagamento das indenizações previstas neste artigo, bem como a forma de sua distribuição pelas Seguradoras participantes do Consórcio.

Art. 8.º Comprovado o pagamento, a Sociedade Seguradora que houver pago a indenização poderá, mediante ação própria, haver do responsável a importância efetivamente indenizada.

• *Vide* Súmula 405 do STJ.

Art. 9.º Nos seguros facultativos de responsabilidade civil dos proprietários de veículos automotores de via terrestre, as indenizações por danos materiais causados a terceiros serão pagas independentemente de responsabilidade que for apurada em ação judicial contra o causador do dano, cabendo à Seguradora o direito de regresso contra o responsável.

Art. 10. Observar-se-á o procedimento sumaríssimo do Código de Processo Civil nas causas relativas aos danos pessoais mencionados na presente Lei.

•• De acordo com a Lei n. 9.245, de 26-12-1995: procedimento sumário.

Art. 11. A sociedade seguradora que infringir as disposições desta Lei estará sujeita às penalidades previstas no art. 108 do Decreto-lei n. 73, de 21 de novembro de 1966, de acordo com a gravidade da irregularidade, observado o disposto no art. 118 do referido Decreto-lei.

•• Artigo com redação determinada pela Lei n. 11.482, de 31-5-2007.

Art. 12. O Conselho Nacional de Seguros Privados expedirá normas disciplinadoras e tarifas que atendam ao disposto nesta Lei.

§ 1.º O Conselho Nacional de Trânsito implantará e fiscalizará as medidas de sua competência, garantidoras do não licenciamento e não circulação de veículos automotores de vias terrestres, em via pública ou fora dela, a descoberta do seguro previsto nesta Lei.

•• § 1.º com redação determinada pela Lei n. 8.441, de 13-7-1992.

§ 2.º Para efeito do parágrafo anterior, o Conselho Nacional de Trânsito expedirá normas para o vencimento do seguro coincidir com o do IPVA, arquivando-se cópia do bilhete ou apólice no prontuário respectivo, bem como fazer constar no registro de ocorrências nome, qualificação, endereço residencial e profissional completos do proprietário do veículo, além do nome da Seguradora, número e vencimento do bilhete ou apólice de seguro.

•• § 2.º com redação determinada pela Lei n. 8.441, de 13-7-1992.

§ 3.º O CNSP estabelecerá anualmente o valor correspondente ao custo da emissão e da cobrança da apólice ou do bilhete do Seguro Obrigatório de Danos Pessoais causados por veículos automotores de vias terrestres.

•• § 3.º acrescentado pela Lei n. 11.945, de 4-6-2009.

§ 4.º O disposto no parágrafo único do art. 27 da Lei n. 8.212, de 24 de julho de 1991, não se aplica ao produto da arrecadação do ressarcimento do custo descrito no § 3.º deste artigo.

•• § 4.º acrescentado pela Lei n. 11.945, de 4-6-2009.

• O art. 27 da Lei n. 8.212, de 24-7-1991, estabelece outras receitas da Seguridade Social.

Art. 13. Esta Lei entrará em vigor na data de sua publicação, revogados o Decreto-lei n. 814, de 4 de setembro de 1969, e demais disposições em contrário.

Brasília, 19 de dezembro de 1974; 153.º da Independência e 86.º da República.

ERNESTO GEISEL

ANEXO

Art. 3.º da Lei n. 6.194, de 19 de dezembro de 1974

Danos Corporais Totais Repercussão na Íntegra do Patrimônio Físico	Percentual das Perdas
Perda anatômica e/ou funcional completa de ambos os membros superiores ou inferiores	
Perda anatômica e/ou funcional completa de ambas as mãos ou de ambos os pés	
Perda anatômica e/ou funcional completa de um membro superior e de um membro inferior	
Perda completa da visão em ambos os olhos (cegueira bilateral) ou cegueira legal bilateral	
Lesões neurológicas que cursem com: (a) dano cognitivo-comportamental alienante; (b) impedimento do senso de orientação espacial e/ou do livre deslocamento corporal; (c) perda completa do controle esfincteriano; (d) comprometimento de função vital ou autonômica	100
Lesões de órgãos e estruturas craniofaciais, cervicais, torácicos, abdominais, pélvicos ou retroperitoneais cursando com prejuízos funcionais não compensáveis de ordem autonômica, respiratória, cardiovascular, digestiva, excretora ou de qualquer outra espécie, desde que haja comprometimento de função vital	
Danos Corporais Segmentares (Parciais) Repercussões em Partes de Membros Superiores e Inferiores	**Percentuais das Perdas**
Perda anatômica e/ou funcional completa de um dos membros superiores e/ou de uma das mãos	70
Perda anatômica e/ou funcional completa de um dos membros inferiores	
Perda anatômica e/ou funcional completa de um dos pés	50
Perda completa da mobilidade de um dos ombros, cotovelos, punhos ou dedo polegar	25
Perda completa da mobilidade de um quadril, joelho ou tornozelo	

Perda anatômica e/ou funcional completa de qualquer um dentre os outros dedos da mão	10
Perda anatômica e/ou funcional completa de qualquer um dos dedos do pé	
Danos Corporais Segmentares (Parciais) Outras Repercussões em Órgãos e Estruturas Corporais	Percentuais das Perdas
Perda auditiva total bilateral (surdez completa) ou da fonação (mudez completa) ou da visão de um olho	50
Perda completa da mobilidade de um segmento da coluna vertebral exceto o sacral	25
Perda integral (retirada cirúrgica) do baço	10

•• Anexo acrescentado pela Lei n. 11.945, de 4-6-2009, retificado em 24-6-2009.

LEI N. 6.205, DE 29 DE ABRIL DE 1975 (*)

Estabelece a descaracterização do salário mínimo como fator de correção monetária e acrescenta parágrafo único ao art. 1.º da Lei n. 6.147, de 29 de novembro de 1974.

O Presidente da República:

Faço saber que o Congresso Nacional decreta e eu sanciono a seguinte Lei:

Art. 1.º Os valores monetários fixados com base no salário mínimo não serão considerados para quaisquer fins de direito.

• A Medida Provisória n. 1.091, de 30-12-2021, estabelece que, a partir de 1.º-1-2022, o salário mínimo será de R$ 1.212,00 (mil duzentos e doze reais).

• *Vide* Súmula 201 do STJ.

§ 1.º Fica excluída da restrição de que trata o *caput* deste artigo a fixação de quaisquer valores salariais, bem como os seguintes valores ligados à legislação da previdência social, que continuam vinculados ao salário mínimo:

I – os benefícios mínimos estabelecidos no art. 3.º da Lei n. 5.890, de 8 de junho de 1973;

II – a cota do salário-família a que se refere o art. 2.º da Lei n. 4.266, de 3 de outubro de 1963;

III – os benefícios do PRORURAL (Leis Complementares n. 11, de 25 de maio de 1971, e 16, de 30 de outubro de 1973), pagos pelo FUNRURAL;

IV – o salário-base e os benefícios da Lei n. 5.859, de 11 de dezembro de 1972;

V – o benefício instituído pela Lei n. 6.179, de 11 de dezembro de 1974;

VI – (*Vetado.*)

§ 2.º (*Vetado.*)

§ 3.º Para os efeitos do disposto no art. 5.º da Lei n. 5.890, de 8 de junho de 1973, os montantes atualmente correspondentes a 10 (dez) e 20 (vinte) vezes o maior salário mínimo vigente serão corrigidos de acordo com o Índice Nacional de Preços ao Consumidor.

•• § 3.º com redação determinada pela Lei n. 6.708, de 30-10-1979.

§ 4.º Aos contratos com prazo determinado, vigentes na data da publicação desta Lei, inclusive os de locação, não se aplicarão, até o respectivo término, as disposições deste artigo.

Art. 2.º Em substituição à correção pelo salário mínimo, o Poder Executivo estabelecerá sistema especial de atualização monetária.

Parágrafo único. O coeficiente de atualização monetária, segundo o disposto neste artigo, será baseado no fator de reajustamento salarial a que se referem os arts. 1.º e 2.º da Lei n. 6.147, de 29 de novembro de 1974, excluído o coeficiente de aumento de produtividade. Poderá estabelecer-se como limite, para a variação do coeficiente, a variação das Obrigações do Tesouro Nacional – OTN.

• *Vide* nota ao art. 3.º desta Lei.

Art. 3.º O art. 1.º da Lei n. 6.147, de 29 de novembro de 1974, fica acrescido de parágrafo único, com a seguinte redação:

•• Revogada a citada Lei n. 6.147/74 pela Lei n. 6.708, de 30-10-1979.

Art. 4.º Esta Lei entra em vigor na data de sua publicação, revogadas as disposições em contrário.

Brasília, 29 de abril de 1975; 154.º da Independência e 87.º da República.

ERNESTO GEISEL

LEI N. 6.383, DE 7 DE DEZEMBRO DE 1976 (**)

Dispõe sobre o processo discriminatório de terras devolutas da União e dá outras providências.

O Presidente da República:

Faço saber que o Congresso Nacional decreta e eu sanciono a seguinte Lei:

(*) Publicada no *DOU*, de 30-4-1975. Sobre OTN, *vide* Nota dos Organizadores.

(**) Publicada no *DOU*, de 9-12-1976. Retificada em 15-12-1976. Sobre INCRA, *vide* Nota dos Organizadores.

Capítulo I
DAS DISPOSIÇÕES PRELIMINARES

Art. 1.º O processo discriminatório das terras devolutas da União será regulado por esta Lei.

Parágrafo único. O processo discriminatório será administrativo ou judicial.

Capítulo II
DO PROCESSO ADMINISTRATIVO

Art. 2.º O processo discriminatório administrativo será instaurado por Comissões Especiais constituídas de três membros, a saber: um bacharel em direito do Serviço Jurídico do Instituto Nacional de Colonização e Reforma Agrária - INCRA, que a presidirá; um engenheiro agrônomo e um outro funcionário que exercerá as funções de secretário.

§ 1.º As Comissões Especiais serão criadas por ato do presidente do Instituto Nacional de Colonização e Reforma Agrária - INCRA, e terão jurisdição e sede estabelecidas no respectivo ato de criação, ficando os seus presidentes investidos de poderes de representação da União, para promover o processo discriminatório administrativo previsto nesta Lei.

§ 2.º O Instituto Nacional de Colonização e Reforma Agrária - INCRA, no prazo de 30 (trinta) dias após a vigência desta Lei, baixará Instruções Normativas, dispondo, inclusive, sobre o apoio administrativo às Comissões Especiais.

Art. 3.º A Comissão Especial instruirá inicialmente o processo com memorial descritivo da área, no qual constará:

I – o perímetro com suas características e confinância, certa ou aproximada, aproveitando, em princípio, os acidentes naturais;

II – a indicação de registro da transcrição das propriedades;

III – o rol das ocupações conhecidas;

IV – o esboço circunstanciado da gleba a ser discriminada ou seu levantamento aerofotogramétrico;

V – outras informações de interesse.

Art. 4.º O presidente da Comissão Especial convocará os interessados para apresentarem, no prazo de 60 (sessenta) dias e em local a ser fixado no edital de convocação, seus títulos, documentos, informações de interesse e, se for o caso, testemunhas.

§ 1.º Consideram-se de interesse as informações relativas à origem e sequência dos títulos, localização, valor estimado e área certa ou aproximada das terras de quem se julgar legítimo proprietário ou ocupante; suas confrontações e nome dos confrontantes; natureza, qualidade e valor das benfeitorias; culturas e criações nelas existentes; financiamento e ônus incidentes sobre o imóvel e comprovantes de impostos pagos, se houver.

§ 2.º O edital de convocação conterá a delimitação perimétrica da área a ser discriminada com suas características e será dirigido, nominalmente, a todos os interessados, proprietários, ocupantes, confinantes certos e respectivos cônjuges, bem como aos demais interessados incertos ou desconhecidos.

§ 3.º O edital deverá ter a maior divulgação possível, observado o seguinte procedimento:

a) afixação em lugar público na sede dos municípios e distritos, onde se situar a área nele indicada;

b) publicação simultânea, por duas vezes, no Diário Oficial da União, nos órgãos oficiais do Estado ou Território Federal e na imprensa local, onde houver, com intervalo mínimo de 8 (oito) e máximo de 15 (quinze) dias entre a primeira e a segunda.

§ 4.º O prazo de apresentação dos interessados será contado a partir da segunda publicação no Diário Oficial da União.

Art. 5.º A Comissão Especial autuará e processará a documentação recebida de cada interessado, em separado, de modo a ficar bem caracterizado o domínio ou a ocupação com suas respectivas confrontações.

§ 1.º Quando se apresentarem dois ou mais interessados no mesmo imóvel, ou parte dele, a Comissão Especial procederá à apensação dos processos.

§ 2.º Serão tomadas por termo as declarações dos interessados e, se for o caso, os depoimentos de testemunhas previamente arroladas.

Art. 6.º Constituído o processo, deverá ser realizada, desde logo, obrigatoriamente a vistoria para identificação dos imóveis e, se forem necessárias, outras diligências.

Art. 7.º Encerrado o prazo estabelecido no edital de convocação, o presidente da Comissão Especial, dentro de 30 (trinta) dias improrrogáveis, deverá pronunciar-se sobre as alegações, títulos de domínio, documentos dos interessados e boa-fé das ocupações, mandando lavrar os respectivos termos.

Art. 8.º Reconhecida a existência de dúvida sobre a legitimidade do título, o presidente da Comissão Especial reduzirá a termo as irregularidades encontradas, encaminhando-o à Procuradoria do Instituto Nacional de Colonização e Reforma Agrária - INCRA, para propositura da ação competente.

Art. 9.º Encontradas ocupações, legitimáveis ou não, serão lavrados os respectivos termos de identificação, que serão encaminhados ao órgão competente do Instituto Nacional de Colonização e Reforma Agrária - INCRA, para as providências cabíveis.

Art. 10. Serão notificados, por ofício, os interessados e seus cônjuges para, no prazo não inferior a 8 (oito) nem superior a 30 (trinta) dias, a contar da juntada ao processo do recibo de notificação, celebrarem com a União os termos cabíveis.

Art. 11. Celebrado, em cada caso, o termo que couber, o presidente da Comissão Especial designará agrimensor para, em dia e hora avençados com os interessados, iniciar o levantamento geodésico e topográfico das terras objeto de discriminação, ao fim do qual determinará a demarcação das terras devolutas, bem como, se for o caso, das retificações objeto de acordo.

§ 1.º Aos interessados será permitido indicar um perito para colaborar com o agrimensor designado.

§ 2.º A designação do perito, a que se refere o parágrafo anterior, deverá ser feita até a véspera do dia fixado para início do levantamento geodésico e topográfico.

Art. 12. Concluídos os trabalhos demarcatórios, o presidente da Comissão Especial mandará lavrar o termo de encerramento da discriminação administrativa, do qual constarão, obrigatoriamente:

I – o mapa detalhado da área discriminada;

II – o rol de terras devolutas apuradas, com suas respectivas confrontações;

III – a descrição dos acordos realizados;

IV – a relação das áreas com titulação transcrita no Registro de Imóveis, cujos presumidos proprietários ou ocupantes não atenderam ao edital de convocação ou à notificação (arts. 4.º e 10 desta Lei);

V – o rol das ocupações legitimáveis;

VI – o rol das propriedades reconhecidas; e

VII – a relação dos imóveis cujos títulos suscitaram dúvidas.

Art. 13. Encerrado o processo discriminatório o Instituto Nacional de Colonização e Reforma Agrária - INCRA, providenciará o registro, em nome da União, das terras devolutas discriminadas, definidas em lei, como bens da União.

Parágrafo único. Caberá ao oficial do registro de imóveis proceder à matrícula e ao registro da área devoluta discriminada em nome da União.

Art. 14. O não atendimento ao edital de convocação ou à notificação (arts. 4.º e 10 da presente Lei) estabelece a presunção de discordância e acarretará imediata propositura da ação judicial prevista no art. 19, II.

Parágrafo único. Os presumíveis proprietários e ocupantes, nas condições do presente artigo, não terão acesso ao crédito oficial ou aos benefícios de incentivos fiscais, bem como terão cancelados os respectivos cadastros rurais junto ao órgão competente.

Art. 15. O presidente da Comissão Especial comunicará a instauração do processo discriminatório administrativo a todos os oficiais de registro de imóveis da jurisdição.

Art. 16. Uma vez instaurado o processo discriminatório administrativo, o oficial do registro de imóveis não efetuará matrícula, registro, inscrição ou averbação estranhas à discriminação, relativamente aos imóveis situados, total ou parcialmente, dentro da área discriminada, sem que desses atos tome prévio conhecimento o presidente da Comissão Especial.

Parágrafo único. Contra os atos praticados com infração do disposto no presente artigo, o presidente da Comissão Especial solicitará que a Procuradoria do Instituto Nacional de Colonização e Reforma Agrária - INCRA, utilize os instrumentos previstos no Código de Processo Civil, incorrendo o oficial do registro de imóveis infrator nas penas do crime de prevaricação.

Art. 17. Os particulares não pagam custas no processo administrativo, salvo para serviços de demarcação e diligências a seu exclusivo interesse.

Capítulo III
DO PROCESSO JUDICIAL

Art. 18. O Instituto Nacional de Colonização e Reforma Agrária - INCRA, fica investido de poderes de representação da União, para promover a discriminação judicial das terras devolutas da União.

Art. 19. O processo discriminatório judicial será promovido:

I – quando o processo discriminatório administrativo for dispensado ou interrompido por presumida ineficácia;

II – contra aqueles que não atenderem ao edital de convocação ou à notificação (arts. 4.º e 10 da presente Lei); e

III – quando configurada a hipótese do art. 25 desta Lei.

Parágrafo único. Compete à Justiça Federal processar e julgar o processo discriminatório judicial regulado nesta Lei.

Art. 20. No processo discriminatório judicial será observado o procedimento sumaríssimo de que trata o Código de Processo Civil.

§ 1.º A petição inicial será instruída com o memorial descritivo da área, de que trata o art. 3.º desta Lei.

§ 2.º A citação será feita por edital, observados os prazos e condições estabelecidos no art. 4.º desta Lei.

Art. 21. Da sentença proferida caberá apelação somente no efeito devolutivo, facultada a execução provisória.

Art. 22. A demarcação da área será procedida, ainda que em execução provisória da sentença, valendo esta, para efeitos de registro, como título de propriedade.

Parágrafo único. Na demarcação observar-se-á, no que couber, o procedimento prescrito nos arts. 959 a 966 do Código de Processo Civil.

Art. 23. O processo discriminatório judicial tem caráter preferencial e prejudicial em relação às ações em andamento, referentes a domínio ou posse de imóveis situados, no todo ou em parte, na área discriminanda, determinando o imediato deslocamento da competência para a Justiça Federal.

Parágrafo único. Nas ações em que a União não for parte dar-se-á, para os efeitos previstos neste artigo, a sua intervenção.

Capítulo IV
DAS DISPOSIÇÕES GERAIS E FINAIS

Art. 24. Iniciado o processo discriminatório, não poderão alterar-se quaisquer divisas na área discriminanda, sendo defesa a derrubada da cobertura vegetal, a construção de cercas e transferências de benfeitorias a qualquer título, sem assentimento do representante da União.

Art. 25. A infração ao disposto no artigo anterior constituirá atentado, cabendo a aplicação das medidas cautelares previstas no Código de Processo Civil.

Art. 26. No processo discriminatório judicial os vencidos pagarão as custas a que houverem dado causa e participarão *pro rata* das despesas da demarcação, considerada a extensão da linha ou linhas de confrontação com as áreas públicas.

Art. 27. O processo discriminatório previsto nesta Lei aplicar-se-á, no que couber, às terras devolutas estaduais, observado o seguinte:

I – na instância administrativa, por intermédio de órgão estadual específico, ou através do Instituto Nacional de Colonização e Reforma Agrária - INCRA, mediante convênio;

II – na instância judicial, na conformidade do que dispuser a Lei de Organização Judiciária local.

Art. 28. Sempre que se apurar, através de pesquisa nos registros públicos, a inexistência de domínio particular em áreas rurais declaradas indispensáveis à segurança e ao desenvolvimento nacionais, a União, desde logo, as arrecadará mediante ato do presidente do Instituto Nacional de Colonização e Reforma Agrária - INCRA, do qual constará:

I – a circunscrição judiciária ou administrativa em que está situado o imóvel, conforme o critério adotado pela legislação local;

II – a eventual denominação, as características e confrontações do imóvel.

§ 1.º A autoridade que promover a pesquisa, para fins deste artigo, instruirá o processo de arrecadação com certidão negativa comprobatória da inexistência de domínio particular, expedida pelo Cartório de Registro de Imóveis, certidões do Serviço do Patrimônio da União e do órgão estadual competente que comprovem não haver contestação ou reclamação administrativa promovida por terceiros, quanto ao domínio e posse do imóvel.

§ 2.º As certidões negativas mencionadas neste artigo consignarão expressamente a sua finalidade.

Art. 29. O ocupante de terras públicas, que as tenha tornado produtivas com o seu trabalho e o de sua família, fará jus à legitimação da posse de área contínua até 100 (cem) hectares, desde que preencha os seguintes requisitos:

I – não seja proprietário de imóvel rural;

II – comprove a morada permanente e cultura efetiva, pelo prazo mínimo de 1 (um) ano.

§ 1.º A legitimação da posse de que trata o presente artigo consistirá no fornecimento de uma Licença de Ocupação, pelo prazo mínimo de mais 4 (quatro) anos, findo o qual o ocupante terá a preferência para aquisição do lote, pelo valor histórico da terra nua, satisfeitos os requisitos de morada permanente e cultura efetiva e comprovada a sua capacidade para desenvolver a área ocupada.

§ 2.º Aos portadores de Licenças de Ocupação, concedidas na forma da legislação anterior, será assegurada a preferência para aquisição de área até 100 (cem) hectares, nas condições do parágrafo anterior, e, o que exceder esse limite, pelo valor atual da terra nua.

§ 3.º A Licença de Ocupação será intransferível *inter vivos* e inegociável, não podendo ser objeto de penhora e arresto.

Art. 30. A Licença de Ocupação dará acesso aos financiamentos concedidos pelas instituições financeiras integrantes do Sistema Nacional de Crédito Rural.

§ 1.º As obrigações assumidas pelo detentor de Licença de Ocupação serão garantidas pelo Instituto Nacional de Colonização e Reforma Agrária - INCRA.

§ 2.º Ocorrendo inadimplência do favorecido, o Instituto Nacional de Colonização e Reforma Agrária - INCRA, cancelará a Licença de Ocupação e providenciará a alienação do imóvel, na forma da lei, a fim de ressarcir-se do que houver assegurado.

Art. 31. A União poderá, por necessidade ou utilidade pública, em qualquer tempo que necessitar do imóvel, cancelar a Licença de Ocupação e imitir-se na posse do mesmo, promovendo, sumariamente, a sua desocupação no prazo de 180 (cento e oitenta) dias.

§ 1.º As benfeitorias existentes serão indenizadas pela importância fixada através de avaliação pelo Instituto Nacional de Colonização e Reforma Agrária - INCRA, considerados os valores declarados para fins de cadastro.

§ 2.º Caso o interessado se recuse a receber o valor estipulado, o mesmo será depositado em juízo.

§ 3.º O portador da Licença de Ocupação, na hipótese prevista no presente artigo, fará jus, se o desejar, à instalação em outra gleba da União, assegurada a indenização, de que trata o § 1.º deste artigo, e computados os prazos de morada habitual e cultura efetiva da antiga ocupação.

Art. 32. Não se aplica aos imóveis rurais o disposto nos arts. 19 a 31, 127 a 133, 139, 140 e 159 a 174 do Decreto-lei n. 9.760, de 5 de setembro de 1946.

•• Os arts. 129, 130, 139, 140 e 159 foram revogados pelo Decreto-lei n. 2.398, de 21-12-1987.

•• O art. 133 foi revogado pela Lei n. 9.636, de 15-5-1998.

Art. 33. Esta Lei entrará em vigor na data de sua publicação, aplicando-se, desde logo, aos processos pendentes.

Art. 34. Revogam-se a Lei n. 3.081, de 22 de dezembro de 1956, e as demais disposições em contrário.

Brasília, 7 de dezembro de 1976; 155.º da Independência e 88.º da República.

ERNESTO GEISEL

LEI N. 6.453, DE 17 DE OUTUBRO DE 1977 (*)

Dispõe sobre a responsabilidade civil por danos nucleares e a responsabilidade criminal por atos relacionados com atividades nucleares e dá outras providências.

O Presidente da República:

Faço saber que o Congresso Nacional decreta e eu sanciono a seguinte Lei:

Capítulo I
DAS DEFINIÇÕES

Art. 1.º Para os efeitos desta Lei, considera-se:

I – "operador", a pessoa jurídica devidamente autorizada para operar instalação nuclear;

II – "combustível nuclear", o material capaz de produzir energia, mediante processo autossustentado de fissão nuclear;

III – "produtos ou rejeitos radioativos", os materiais radioativos obtidos durante o processo de produção ou de utilização de combustíveis nucleares, ou cuja radioatividade se tenha originado da exposição às irradiações inerentes a tal processo, salvo os radioisótopos que tenham alcançado o estágio final de elaboração e já se possam utilizar para fins científicos, médicos, agrícolas, comerciais ou industriais;

IV – "material nuclear", o combustível nuclear e os produtos ou rejeitos radioativos;

V – "reator nuclear", qualquer estrutura que contenha combustível nuclear, disposto de tal maneira que, dentro dela, possa ocorrer processo autossustentado de fissão nuclear, sem necessidade de fonte adicional de nêutrons;

VI – "instalação nuclear":

a) o reator nuclear, salvo o utilizado como fonte de energia em meio de transporte, tanto para sua propulsão como para outros fins;

b) a fábrica que utilize combustível nuclear para a produção de materiais nucleares ou na qual se proceda a tratamento de materiais nucleares, incluídas as instalações de reprocessamento de combustível nuclear irradiado;

c) o local de armazenamento de materiais nucleares, exceto aquele ocasionalmente usado durante seu transporte;

VII – "dano nuclear", o dano pessoal ou material produzido como resultado direto ou indireto das propriedades radioativas, da sua combinação com as propriedades tóxicas ou com outras características dos materiais nucleares, que se encontrem em instalação nuclear, ou dela procedentes ou a ela enviados;

VIII – "acidente nuclear", o fato ou sucessão de fatos da mesma origem, que cause dano nuclear;

IX – "radiação ionizante", a emissão de partículas alfa, beta, nêutrons, íons acelerados ou raios X ou gama, capazes de provocar a formação de íons no tecido humano.

Art. 2.º Várias instalações nucleares situadas no mesmo local e que tenham um único operador poderão ser consideradas, pela Autoridade Nacional de Segurança Nuclear (ANSN), como uma só instalação nuclear.

•• Artigo com redação determinada pela Lei n. 14.222, de 15-10-2021.

Art. 3.º Será também considerado dano nuclear o resultante de acidente nuclear combinado com outras causas, quando não se puderem distinguir os danos não nucleares.

Capítulo II
DA RESPONSABILIDADE CIVIL POR DANOS NUCLEARES

Art. 4.º Será exclusiva do operador da instalação nuclear, nos termos desta Lei, independentemente da existência de culpa, a responsabilidade civil pela reparação de dano nuclear causado por acidente nuclear:

I – ocorrido na instalação nuclear;

II – provocado por material nuclear procedente de instalação nuclear, quando o acidente ocorrer:

a) antes que o operador da instalação nuclear a que se destina tenha assumido, por contrato escrito, a responsabilidade por acidentes nucleares causados pelo material;

b) na falta de contrato, antes que o operador da outra instalação nuclear haja assumido efetivamente o encargo do material;

III – provocado por material nuclear enviado à instalação nuclear, quando o acidente ocorrer:

a) depois que a responsabilidade por acidente provocado pelo material lhe houver sido transferida, por contrato escrito, pelo operador da outra instalação nuclear;

b) na falta de contrato, depois que o operador da instalação nuclear houver assumido efetivamente o encargo do material a ele enviado.

Art. 5.º Quando responsáveis mais de um operador, respondem eles solidariamente, se impossível apurar-se a parte dos danos atribuível a cada um, observado o disposto nos arts. 9.º a 13.

Art. 6.º Uma vez provado haver o dano resultado exclusivamente de culpa da vítima, o operador será exonerado, apenas em relação a ela, da obrigação de indenizar.

Art. 7.º O operador somente tem direito de regresso contra quem admitiu, por contrato escrito, o exercício desse direito, ou contra a pessoa física que, dolosamente, deu causa ao acidente.

Art. 8.º O operador não responde pela reparação do dano resultante de acidente nuclear causado diretamente por

(*) Publicada no *DOU*, de 18-10-1977. Sobre OTN, *vide* Nota dos Organizadores.

conflito armado, hostilidades, guerra civil, insurreição ou excepcional fato da natureza.

Art. 9.º A responsabilidade do operador pela reparação do dano nuclear é limitada, em cada acidente, ao valor correspondente a 1.500.000 (um milhão e quinhentas mil) Obrigações do Tesouro Nacional.

Parágrafo único. O limite fixado neste artigo não compreende os juros de mora, os honorários de advogado e as custas judiciais.

Art. 10. Se a indenização relativa a danos causados por determinado acidente nuclear exceder ao limite fixado no artigo anterior, proceder-se-á ao rateio entre os credores, na proporção de seus direitos.

§ 1.º No rateio, os débitos referentes a danos pessoais serão executados separada e preferentemente aos relativos a danos materiais. Após seu pagamento, ratear-se-á o saldo existente entre os credores por danos materiais.

§ 2.º Aplica-se o disposto neste artigo quando a União, organização internacional ou qualquer entidade fornecer recursos financeiros para ajudar a reparação dos danos nucleares e a soma desses recursos com a importância fixada no artigo anterior for insuficiente ao pagamento total da indenização devida.

Art. 11. As ações em que se pleiteiem indenizações por danos causados por determinado acidente nuclear deverão ser processadas e julgadas pelo mesmo juízo federal, fixando-se a prevenção jurisdicional segundo as disposições do Código de Processo Civil. Também competirá ao juízo prevento a instauração, *ex officio*, do procedimento do rateio previsto no artigo anterior.

Art. 12. O direito de pleitear indenização com fundamento nesta Lei prescreve em 10 (dez) anos, contados da data do acidente nuclear.

Parágrafo único. Se o acidente for causado por material subtraído, perdido ou abandonado, o prazo prescricional contar-se-á do acidente, mas não excederá a 20 (vinte) anos contados da data da subtração, perda ou abandono.

Art. 13. O operador da instalação nuclear é obrigado a manter seguro ou outra garantia financeira que cubra a sua responsabilidade pelas indenizações por danos nucleares.

§ 1.º A natureza da garantia e a fixação de seu valor serão determinadas, em cada caso, pela ANSN, no ato da licença de construção ou da autorização para a operação.

•• § 1.º com redação determinada pela Lei n. 14.222, de 15-10-2021.

§ 2.º Ocorrendo alteração na instalação, poderão ser modificados a natureza e o valor da garantia.

§ 3.º Para a determinação da natureza e do valor da garantia, levar-se-ão em conta o tipo, a capacidade, a finalidade, a localização de cada instalação, bem como os demais fatores previsíveis.

§ 4.º O não cumprimento, por parte do operador, da obrigação prevista neste artigo acarretará a cassação da autorização.

§ 5.º A ANSN poderá dispensar o operador da obrigação a que se refere o *caput* deste artigo, em razão dos reduzidos riscos decorrentes de determinados materiais ou instalações nucleares.

•• § 5.º com redação determinada pela Lei n. 14.222, de 15-10-2021.

Art. 14. A União garantirá, até o limite fixado no art. 9.º, o pagamento das indenizações por danos nucleares de responsabilidade do operador, fornecendo os recursos complementares necessários, quando insuficientes os provenientes do seguro ou de outra garantia.

Art. 15. No caso de acidente provocado por material nuclear ilicitamente possuído ou utilizado e não relacionado a qualquer operador, os danos serão suportados pela União, até o limite fixado no art. 9.º, ressalvado o direito de regresso contra a pessoa que lhes deu causa.

Art. 16. Não se aplica a presente Lei às hipóteses de dano causado por emissão de radiação ionizante quando o fato não constituir acidente nuclear.

Art. 17. As indenizações pelos danos causados aos que trabalham com material nuclear ou em instalação nuclear serão reguladas pela legislação especial sobre acidentes do trabalho.

Art. 18. O disposto nesta Lei não se aplica às indenizações relativas a danos nucleares sofridos:

I – pela própria instalação nuclear;

II – pelos bens que se encontrem na área da instalação, destinados ao seu uso;

III – pelo meio de transporte no qual, ao produzir-se o acidente nuclear, estava o material que o ocasionou.

Capítulo III
DA RESPONSABILIDADE CRIMINAL

....

Art. 28. Esta Lei entrará em vigor na data de sua publicação.

Art. 29. Revogam-se as disposições em contrário.

Brasília, 17 de outubro de 1977; 156.º da Independência e 89.º da República.

ERNESTO GEISEL

LEI N. 6.515, DE 26 DE DEZEMBRO DE 1977 (*)

Regula os casos de dissolução da sociedade conjugal e do casamento, seus efeitos e respectivos processos, e dá outras providências.

(*) Publicada no *DOU*, de 27-12-1977. Retificada em 11-4-1978. *Vide* art. 226, § 6.º, da CF. Sobre OTN, *vide* Nota dos Organizadores.

O Presidente da República

Faço saber que o Congresso Nacional decreta e eu sanciono a seguinte Lei:

Art. 1.º A separação judicial, a dissolução do casamento, ou a cessação de seus efeitos civis, de que trata a Emenda Constitucional n. 9, de 28 de junho de 1977, ocorrerão nos casos e segundo a forma que esta Lei regula.

•• *Vide* Emenda Constitucional n. 66, de 13-7-2010, que instituiu o divórcio direto.

Capítulo I
DA DISSOLUÇÃO DA SOCIEDADE CONJUGAL

•• *Vide* Emenda Constitucional n. 66, de 13-7-2010, que instituiu o divórcio direto.

Art. 2.º A sociedade conjugal termina:

I – pela morte de um dos cônjuges;

II – pela nulidade ou anulação do casamento;

III – pela separação judicial;

IV – pelo divórcio.

Parágrafo único. O casamento válido somente se dissolve pela morte de um dos cônjuges ou pelo divórcio.

Seção I
Dos Casos e Efeitos da Separação Judicial

Art. 3.º A separação judicial põe termo aos deveres de coabitação, fidelidade recíproca e ao regime matrimonial de bens, como se o casamento fosse dissolvido.

§ 1.º O procedimento judicial da separação caberá somente aos cônjuges, e, no caso de incapacidade, serão representados por curador, ascendente ou irmão.

§ 2.º O juiz deverá promover todos os meios para que as partes se reconciliem ou transijam, ouvindo pessoal e separadamente cada uma delas e, a seguir, reunindo-as em sua presença, se assim considerar necessário.

§ 3.º Após a fase prevista no parágrafo anterior, se os cônjuges pedirem, os advogados deverão ser chamados a assistir aos entendimentos e deles participar.

Art. 4.º Dar-se-á a separação judicial por mútuo consentimento dos cônjuges, se forem casados há mais de 2 (dois) anos, manifestado perante o juiz e devidamente homologado.

Art. 5.º A separação judicial pode ser pedida por um só dos cônjuges quando imputar ao outro conduta desonrosa ou qualquer ato que importe em grave violação dos deveres do casamento e torne insuportável a vida em comum.

§ 1.º A separação judicial pode, também, ser pedida se um dos cônjuges provar a ruptura da vida em comum há mais de 1 (um) ano consecutivo, e a impossibilidade de sua reconstituição.

•• § 1.º com redação determinada pela Lei n. 8.408, de 13-2-1992.

§ 2.º O cônjuge pode ainda pedir a separação judicial quando o outro estiver acometido de grave doença mental, manifestada após o casamento, que torne impossível a continuação da vida em comum, desde que, após uma duração de 5 (cinco) anos, a enfermidade tenha sido reconhecida de cura improvável.

§ 3.º Nos casos dos parágrafos anteriores, reverterão, ao cônjuge que não houver pedido a separação judicial, os remanescentes dos bens que levou para o casamento, e, se o regime de bens adotado o permitir, também a meação nos adquiridos na constância da sociedade conjugal.

Art. 6.º Nos casos dos §§ 1.º e 2.º do artigo anterior, a separação judicial poderá ser negada, se constituir, respectivamente, causa de agravamento das condições pessoais ou da doença do outro cônjuge, ou determinar, em qualquer caso, consequências morais de excepcional gravidade para os filhos menores.

Art. 7.º A separação judicial importará na separação de corpos e na partilha de bens.

§ 1.º A separação de corpos poderá ser determinada como medida cautelar (art. 796 do Código de Processo Civil).

•• A Lei dos Juizados Especiais (Lei n. 9.099, de 26-9-1995) dispõe em seu art. 69, parágrafo único: "Ao autor do fato que, após a lavratura do termo, for imediatamente encaminhado ao juizado ou assumir o compromisso de a ele comparecer, não se imporá prisão em flagrante, nem se exigirá fiança. Em caso de violência doméstica, o juiz poderá determinar, como medida de cautela, seu afastamento do lar, domicílio ou local de convivência com a vítima".

§ 2.º A partilha de bens poderá ser feita mediante proposta dos cônjuges e homologada pelo juiz ou por este decidida.

Art. 8.º A sentença que julgar a separação judicial produz seus efeitos à data de seu trânsito em julgado, ou à da decisão que tiver concedido separação cautelar.

Seção II
Da Proteção da Pessoa dos Filhos

Art. 9.º No caso de dissolução da sociedade conjugal pela separação judicial consensual (art. 4.º), observar-se-á o que os cônjuges acordarem sobre a guarda dos filhos.

Art. 10. Na separação judicial fundada no *caput* do art. 5.º, os filhos menores ficarão com o cônjuge que a ela não houver dado causa.

§ 1.º Se pela separação judicial forem responsáveis ambos os cônjuges, os filhos menores ficarão em poder da mãe, salvo se o juiz verificar que de tal solução possa advir prejuízo de ordem moral para eles.

•• *Vide* art. 5.º, I, da CF.

§ 2.º Verificado que não devem os filhos permanecer em poder da mãe nem do pai, deferirá o juiz a sua guarda a pessoa notoriamente idônea da família de qualquer dos cônjuges.

Art. 11. Quando a separação judicial ocorrer com fundamento no § 1.º do art. 5.º, os filhos ficarão em poder do cônjuge em cuja companhia estavam durante o tempo de ruptura da vida em comum.

Art. 12. Na separação judicial fundada no § 2.º do art. 5.º, o juiz deferirá a entrega dos filhos ao cônjuge que estiver em condições de assumir, normalmente, a responsabilidade de sua guarda e educação.

Art. 13. Se houver motivos graves, poderá o juiz, em qualquer caso, a bem dos filhos, regular por maneira diferente da estabelecida nos artigos anteriores a situação deles com os pais.

Art. 14. No caso de anulação do casamento, havendo filhos comuns, observar-se-á o disposto nos arts. 10 e 13.

Parágrafo único. Ainda que nenhum dos cônjuges esteja de boa-fé ao contrair o casamento, seus efeitos civis aproveitarão aos filhos comuns.

Art. 15. Os pais, em cuja guarda não estejam os filhos, poderão visitá-los e tê-los em sua companhia, segundo fixar o juiz, bem como fiscalizar sua manutenção e educação.

• *Vide* art. 1.589 do CC.

Art. 16. As disposições relativas à guarda e à prestação de alimentos aos filhos menores estendem-se aos filhos maiores inválidos.

• *Vide* art. 1.590 do CC.

Seção III
Do Uso do Nome

Art. 17. Vencida na ação de separação judicial (art. 5.º, *caput*), voltará a mulher a usar o nome de solteira.

§ 1.º Aplica-se, ainda, o disposto neste artigo, quando é da mulher a iniciativa da separação judicial com fundamento nos §§ 1.º e 2.º do art. 5.º.

§ 2.º Nos demais casos, caberá à mulher a opção pela conservação do nome de casada.

Art. 18. Vencedora na ação de separação judicial (art. 5.º, *caput*), poderá a mulher renunciar, a qualquer momento, ao direito de usar o nome do marido.

•• *Vide* arts. 5.º, I, e 226, § 5.º, da CF.

Seção IV
Dos Alimentos

• Dos alimentos no CC: *vide* arts. 1.694 a 1.710 do CC.

Art. 19. O cônjuge responsável pela separação judicial prestará ao outro, se dela necessitar, a pensão que o juiz fixar.

• *Vide* Súmula 379 do STF.

• *Vide* arts. 1.702 e 1.704 do CC.

Art. 20. Para manutenção dos filhos, os cônjuges, separados judicialmente, contribuirão na proporção de seus recursos.

• *Vide* art. 1.703 do CC.

Art. 21. Para assegurar o pagamento da pensão alimentícia, o juiz poderá determinar a constituição de garantia real ou fidejussória.

§ 1.º Se o cônjuge credor preferir, o juiz poderá determinar que a pensão consista no usufruto de determinados bens do cônjuge devedor.

§ 2.º Aplica-se, também, o disposto no parágrafo anterior, se o cônjuge credor justificar a possibilidade do não recebimento regular da pensão.

Art. 22. Salvo decisão judicial, as prestações alimentícias, de qualquer natureza, serão corrigidas monetariamente na forma dos índices de atualização das Obrigações do Tesouro Nacional – OTN.

Parágrafo único. No caso do não pagamento das referidas prestações no vencimento, o devedor responderá, ainda, por custas e honorários de advogado apurados simultaneamente.

Art. 23. A obrigação de prestar alimentos transmite-se aos herdeiros do devedor, na forma do art. 1.796 do Código Civil.

•• A referência é feita a dispositivo do CC de 1916. *Vide* arts. 1.700 e 1.997 do Código vigente.

Capítulo II
DO DIVÓRCIO

•• *Vide* Emenda Constitucional n. 66, de 13-7-2010, que instituiu o divórcio direto.

Art. 24. O divórcio põe termo ao casamento e aos efeitos civis do matrimônio religioso.

Parágrafo único. O pedido somente competirá aos cônjuges, podendo, contudo, ser exercido, em caso de incapacidade, por curador, ascendente ou irmão.

Art. 25. A conversão em divórcio da separação judicial dos cônjuges existente há mais de 1 (um) ano, contada da data da decisão ou da que concedeu a medida cautelar correspondente (art. 8.º), será decretada por sentença, da qual não constará referência à causa que a determinou.

•• *Caput* com redação dada pela Lei n. 8.408, de 13-2-1992.

Parágrafo único. A sentença de conversão determinará que a mulher volte a usar o nome que tinha antes de contrair matrimônio, só conservando o nome de família do ex-marido se a alteração prevista neste artigo acarretar:

•• Parágrafo único, *caput*, com redação determinada pela Lei n. 8.408, de 13-2-1992.

I – evidente prejuízo para a sua identificação;

•• Inciso I com redação determinada pela Lei n. 8.408, de 13-2-1992.

II – manifesta distinção entre o seu nome de família e o dos filhos havidos da união dissolvida;

•• Inciso II com redação determinada pela Lei n. 8.408, de 13-2-1992.

III – dano grave reconhecido em decisão judicial.

•• Inciso III com redação determinada pela Lei n. 8.408, de 13-2-1992.

•• *Vide* art. 226, § 5.º, da CF.

Art. 26. No caso de divórcio resultante da separação prevista nos §§ 1.º e 2.º do art. 5.º, o cônjuge que teve a iniciativa da separação continuará com o dever de assistência ao outro (Código Civil, art. 231, III).

•• A referência é feita a dispositivo do CC de 1916. No Código vigente: art. 1.566, III.

Art. 27. O divórcio não modificará os direitos e deveres dos pais em relação aos filhos.

• *Vide* arts. 1.579 e 1.632 do CC.

Parágrafo único. O novo casamento de qualquer dos pais ou de ambos também não importará restrição a esses direitos e deveres.

Art. 28. Os alimentos devidos pelos pais e fixados na sentença de separação poderão ser alterados a qualquer tempo.

Art. 29. O novo casamento do cônjuge credor da pensão extinguirá a obrigação do cônjuge devedor.

Art. 30. Se o cônjuge devedor da pensão vier a casar-se, o novo casamento não alterará sua obrigação.

Art. 31. Não se decretará o divórcio se ainda não houver sentença definitiva de separação judicial, ou se esta não tiver decidido sobre a partilha dos bens.

•• *Vide* Emenda Constitucional n. 66, de 13-7-2010, sobre divórcio.

•• *Vide* art. 1.581 do CC.

Art. 32. A sentença definitiva do divórcio produzirá efeitos depois de registrada no Registro Público competente.

Art. 33. Se os cônjuges divorciados quiserem restabelecer a união conjugal só poderão fazê-lo mediante novo casamento.

Capítulo III
DO PROCESSO

Art. 34. A separação judicial consensual se fará pelo procedimento previsto nos arts. 1.120 e 1.124 do Código de Processo Civil, e as demais pelo procedimento ordinário.

•• A referência é feita ao CPC de 1973. *Vide* arts. 731 e 733 do CPC de 2015.

§ 1.º A petição será também assinada pelos advogados das partes ou pelo advogado escolhido de comum acordo.

§ 2.º O juiz pode recusar a homologação e não decretar a separação judicial, se comprovar que a convenção não preserva suficientemente os interesses dos filhos ou de um dos cônjuges.

§ 3.º Se os cônjuges não puderem ou não souberem assinar, é lícito que outrem o faça a rogo deles.

§ 4.º As assinaturas, quando não lançadas na presença do juiz, serão, obrigatoriamente, reconhecidas por tabelião.

Art. 35. A conversão da separação judicial em divórcio será feita mediante pedido de qualquer dos cônjuges.

Parágrafo único. O pedido será apensado aos autos da separação judicial (art. 48).

Art. 36. Do pedido referido no artigo anterior, será citado o outro cônjuge, em cuja resposta não caberá reconvenção.

Parágrafo único. A contestação só pode fundar-se em:

I – falta de decurso de 1 (um) ano da separação judicial;

•• Item I com redação determinada pela Lei n. 7.841, de 17-10-1989.

II – descumprimento das obrigações assumidas pelo requerente na separação.

Art. 37. O juiz conhecerá diretamente do pedido, quando não houver contestação ou necessidade de produzir prova em audiência, e proferirá sentença dentro em 10 (dez) dias.

§ 1.º A sentença limitar-se-á à conversão da separação em divórcio, que não poderá ser negada, salvo se provada qualquer das hipóteses previstas no parágrafo único do artigo anterior.

§ 2.º A improcedência do pedido de conversão não impede que o mesmo cônjuge o renove, desde que satisfeita a condição anteriormente descumprida.

Art. 38. (*Revogado pela Lei n. 7.841, de 17-10-1989.*)

Art. 39. No Capítulo III do Título II do Livro IV do Código de Processo Civil, as expressões "desquite por mútuo consentimento", "desquite" e "desquite litigioso" são substituídas por "separação consensual" e "separação judicial".

Capítulo IV
DAS DISPOSIÇÕES FINAIS E TRANSITÓRIAS

Art. 40. No caso de separação de fato, e desde que completados 2 (dois) anos consecutivos, poderá ser promovida ação de divórcio, na qual deverá ser comprovado decurso do tempo da separação.

•• *Caput* com redação determinada pela Lei n. 7.841, de 17-10-1989.

§ 1.º (*Revogado pela Lei n. 7.841, de 17-10-1989.*)

§ 2.º No divórcio consensual, o procedimento adotado será o previsto nos arts. 1.120 a 1.124 do Código de Processo Civil, observadas, ainda, as seguintes normas:

I – a petição conterá a indicação dos meios probatórios da separação de fato, e será instruída com a prova documental já existente;

II – a petição fixará o valor da pensão do cônjuge que dela necessitar para sua manutenção, e indicará as garantias para o cumprimento da obrigação assumida;

III – se houver prova testemunhal, ela será produzida na audiência de ratificação do pedido de divórcio, a qual será obrigatoriamente realizada;

IV – a partilha dos bens deverá ser homologada pela sentença do divórcio.

§ 3.º Nos demais casos, adotar-se-á o procedimento ordinário.

Art. 41. As causas de desquite em curso na data da vigência desta Lei, tanto as que se processam pelo procedimento especial quanto as de procedimento ordinário, passam automaticamente a visar à separação judicial.

Art. 42. As sentenças já proferidas em causas de desquite são equiparadas, para os efeitos desta Lei, às de separação judicial.

Art. 43. Se, na sentença do desquite, não tiver sido homologada ou decidida a partilha dos bens, ou quando esta não tenha sido feita posteriormente, a decisão de conversão disporá sobre ela.

Art. 44. Contar-se-á o prazo de separação judicial a partir da data em que, por decisão judicial proferida em qualquer processo, mesmo nos de jurisdição voluntária, for determinada ou presumida a separação dos cônjuges.

Art. 45. Quando o casamento se seguir a uma comunhão de vida entre os nubentes, existente antes de 28 de junho de 1977, que haja perdurado por 10 (dez) anos consecutivos ou da qual tenham resultado filhos, o regime matrimonial de bens será estabelecido livremente, não se lhe aplicando o disposto no art. 258, parágrafo único, II, do Código Civil.

•• A referência é feita a dispositivo do CC de 1916. No Código vigente: art. 1.641, II.

Art. 46. Seja qual for a causa da separação judicial, e o modo como esta se faça, é permitido aos cônjuges restabelecer a todo o tempo a sociedade conjugal, nos termos em que fora constituída, contanto que o façam mediante requerimento nos autos da ação de separação.

Parágrafo único. A reconciliação em nada prejudicará os direitos de terceiros, adquiridos antes e durante a separação, seja qual for o regime de bens.

Art. 47. Se os autos do desquite ou os da separação judicial tiverem sido extraviados, ou se encontrarem em outra circunscrição judiciária, o pedido de conversão em divórcio será instruído com a certidão da sentença, ou da sua averbação no assento de casamento.

Art. 48. Aplica-se o disposto no artigo anterior, quando a mulher desquitada tiver domicílio diverso daquele em que se julgou o desquite.

•• *Vide* art. 5.º, I, da CF.

Art. 49. Os §§ 5.º e 6.º do art. 7.º da Lei de Introdução ao Código Civil passam a vigorar com a seguinte redação:

•• Alteração parcialmente prejudicada pela Lei n. 12.036, de 1.º-10-2009, que deu nova redação ao § 6.º.

•• A Lei n. 12.376, de 30-12-2010, modifica a redação da ementa deste Decreto-lei para "LINDB".

Art. 50. São introduzidas no Código Civil as alterações seguintes:

•• Modificações prejudicadas em face da revogação do CC de 1916 pela Lei n. 10.406, de 10-1-2002.

Art. 51. A Lei n. 883, de 21 de outubro de 1949, passa a vigorar com as seguintes alterações:

•• Alteração prejudicada pela revogação da Lei n. 883, de 21-10-1949, pela Lei n. 12.004, de 29-7-2009.

Art. 52. O n. I do art. 100, o n. II do art. 155 e o § 2.º do art. 733 do Código de Processo Civil passam a vigorar com a seguinte redação:

•• Alteração prejudicada pela revogação do Código de Processo Civil de 1973.

Art. 53. A presente Lei entra em vigor na data de sua publicação.

Art. 54. Revogam-se os arts. 315 a 328 e o § 1.º do art. 1.605 do Código Civil e as demais disposições em contrário.

•• Refere-se ao CC de 1916 (Lei n. 3.071, de 1.º-1-1916).

Brasília, 26 de dezembro de 1977; 156.º da Independência e 89.º da República.

ERNESTO GEISEL

LEI N. 6.634, DE 2 DE MAIO DE 1979 (*)

Dispõe sobre a faixa de fronteira, altera o Decreto-lei n. 1.135, de 3 de dezembro de 1970, e dá outras providências.

O Presidente da República:

Faço saber que o Congresso Nacional decreta e eu sanciono a seguinte Lei:

Art. 1.º É considerada área indispensável à segurança nacional a faixa interna de 150 km (cento e cinquenta quilômetros) de largura, paralela à linha divisória terrestre do território nacional, que será designada como faixa de fronteira.

• O Decreto n. 4.411, de 7-10-2002, dispõe sobre a atuação das Forças Armadas e da Polícia Federal nas unidades de conservação e dá outras providências.

Art. 2.º Salvo com o assentimento prévio do Conselho de Segurança Nacional, será vedada, na faixa de fronteira, a prática dos atos referentes a:

I – alienação e concessão de terras públicas, abertura de vias de transporte e instalação de meios de comunicação destinados à exploração de serviços de radiodifusão de sons ou radiodifusão de sons e imagens;

•• *Vide* Lei n. 13.178, de 22-10-2015.

II – construção de pontes, estradas internacionais e campos de pouso;

III – estabelecimento ou exploração de indústrias que interessem à segurança nacional, assim relacionadas em decreto do Poder Executivo;

IV – instalação de empresas que se dedicarem às seguintes atividades:

a) pesquisa, lavra, exploração e aproveitamento de recursos minerais, salvo aqueles de imediata aplicação na construção civil, assim classificados no Código de Mineração;

b) colonização e loteamentos rurais;

V – transações com imóvel rural, que impliquem a obtenção, por estrangeiro, do domínio, da posse ou de qualquer direito real sobre o imóvel;

VI – participação, a qualquer título, de estrangeiro, pessoa natural ou jurídica, em pessoa jurídica que seja titular de direito real sobre imóvel rural.

(*) Publicada no *DOU*, de 3-5-1979. Retificada em 11-5-1979. Regulamentada pelo Decreto n. 85.064, de 26-8-1980.

§ 1.º O assentimento prévio, a modificação ou a cassação das concessões ou autorizações serão formalizados em ato da Secretaria-Geral do Conselho de Segurança Nacional, em cada caso.

§ 2.º Se o ato da Secretaria-Geral do Conselho de Segurança Nacional for denegatório ou implicar modificação ou cassação de atos anteriores, da decisão caberá recurso ao Presidente da República.

§ 3.º Os pedidos de assentimento prévio serão instituídos com o parecer do órgão federal controlador da atividade, observada a legislação pertinente em cada caso.

§ 4.º Excetuam-se do disposto nos incisos V e VI do *caput* deste artigo a hipótese de constituição de garantia real, inclusive a transmissão da propriedade fiduciária, em favor de pessoa jurídica nacional ou estrangeira, ou de pessoa jurídica nacional da qual participem, a qualquer título, pessoas estrangeiras físicas ou jurídicas que tenham a maioria do seu capital social e que residam ou tenham sede no exterior, bem como o recebimento de imóvel rural em liquidação de transação com pessoa jurídica nacional ou estrangeira por meio de realização de garantia real, de dação em pagamento ou de outra forma.

•• § 4.º com redação determinada pela Lei n. 13.986, de 7-4-2020.

Art. 3.º Na faixa de fronteira, as empresas que se dedicarem às indústrias ou atividades previstas nos itens III e IV do art. 2.º deverão, obrigatoriamente, satisfazer às seguintes condições:

I – pelo menos 51% (cinquenta e um por cento) do capital pertencer a brasileiros;

II – pelo menos dois terços de trabalhadores serem brasileiros; e

III – caber a administração ou gerência à maioria de brasileiros, assegurados a estes os poderes predominantes.

Parágrafo único. No caso de pessoa física ou empresa individual, só a brasileiro será permitido o estabelecimento ou exploração das indústrias ou das atividades referidas neste artigo.

Art. 4.º As autoridades, entidades e serventuários públicos exigirão prova do assentimento do Conselho de Defesa Nacional para prática de qualquer ato regulado por esta Lei, exceto quando se tratar de transferência de terras a que se refere a Lei n. 10.304, de 5 de novembro de 2001.

•• *Caput* com redação determinada pela Lei n. 14.004, de 26-5-2020, originalmente vetado, todavia promulgado em 8-9-2020.

Parágrafo único. Os tabeliães e oficiais do registro de imóveis, bem como os servidores das Juntas Comerciais, quando não derem fiel cumprimento ao disposto neste artigo, estarão sujeitos à multa de até 10% (dez por cento) sobre o valor do negócio irregularmente realizado, independentemente das sanções civis e penais cabíveis.

Art. 5.º As Juntas Comerciais não poderão arquivar ou registrar contrato social, estatuto ou ato constitutivo de sociedade, bem como suas eventuais alterações, quando contrariarem o disposto nesta Lei.

Art. 6.º Os atos previstos no art. 2.º, quando praticados sem o prévio assentimento do Conselho de Segurança Nacional, serão nulos de pleno direito e sujeitarão os responsáveis à multa de até 20% (vinte por cento) do valor declarado do negócio irregularmente realizado.

Art. 7.º Competirá à Secretaria-Geral do Conselho de Segurança Nacional solicitar, dos órgãos competentes, a instauração de inquérito destinado a apurar as infrações às disposições desta Lei.

Art. 8.º A alienação e a concessão de terras públicas, na faixa de fronteira, não poderão exceder de 3.000 ha (três mil hectares), sendo consideradas como uma só unidade as alienações e concessões feitas a pessoas jurídicas que tenham administradores, ou detentores da maioria do capital, comuns.

§ 1.º O Presidente da República, ouvido o Conselho de Segurança Nacional e mediante prévia autorização do Senado Federal, poderá autorizar a alienação e a concessão de terras públicas acima do limite estabelecido neste artigo, desde que haja manifesto interesse para a economia regional.

§ 2.º A alienação e a concessão de terrenos urbanos reger-se-ão por legislação específica.

Art. 8.º-A. Fica dispensado o assentimento previsto nesta Lei quando se tratar de transferência de terras a que se refere a Lei n. 10.304, de 5 de novembro de 2001.

•• Artigo acrescentado pela Lei n. 14.004, de 26-5-2020, originalmente vetado, todavia promulgado em 8-9-2020.

Art. 9.º Toda vez que existir interesse para a segurança nacional, a União poderá concorrer com o custo, ou parte deste, para a construção de obras públicas a cargo dos Municípios total ou parcialmente abrangidos pela faixa de fronteira.

§ 1.º (*Revogado pela Medida Provisória n. 2.216-37, de 31-8-2001.*)

§ 2.º Os recursos serão repassados diretamente às Prefeituras Municipais, mediante a apresentação de projetos específicos.

Art. 10. Anualmente, o desembargador-corregedor da Justiça Estadual, ou magistrado por ele indicado, realizará correição nos livros dos tabeliães e oficiais do registro de imóveis, nas comarcas dos respectivos Estados que possuírem Municípios abrangidos pela faixa de fronteira, para verificar o cumprimento desta Lei, determinando, de imediato, as providências que forem necessárias.

Parágrafo único. Nos Territórios Federais, a correição prevista neste artigo será realizada pelo desembargador-corregedor da Justiça do Distrito Federal e dos Territórios.

Art. 11. O § 3.º do art. 6.º do Decreto-lei n. 1.135, de 3 de dezembro de 1970, passa a vigorar com a seguinte redação:

....

Art. 12. Esta Lei entrará em vigor na data de sua publicação, revogadas a Lei n. 2.597, de 12 de setembro de 1955, e demais disposições em contrário.

Brasília, em 2 de maio de 1979; 158.º da Independência e 91.º da República.

JOÃO BAPTISTA DE FIGUEIREDO

LEI N. 6.766, DE 19 DE DEZEMBRO DE 1979 (*)

Dispõe sobre o parcelamento do solo urbano e dá outras providências.

O Presidente da República

Faço saber que o Congresso Nacional decreta e eu sanciono a seguinte Lei:

Art. 1.º O parcelamento do solo para fins urbanos será regido por esta Lei.

Parágrafo único. Os Estados, o Distrito Federal e os Municípios poderão estabelecer normas complementares relativas ao parcelamento do solo municipal para adequar o previsto nesta Lei às peculiaridades regionais e locais.

Capítulo I
DISPOSIÇÕES PRELIMINARES

Art. 2.º O parcelamento do solo urbano poderá ser feito mediante loteamento ou desmembramento, observadas as disposições desta Lei e as das legislações estaduais e municipais pertinentes.

•• *Vide* Lei n. 10.257, de 10-7-2001 (Estatuto da Cidade).

§ 1.º Considera-se loteamento a subdivisão de gleba em lotes destinados a edificação, com abertura de novas vias de circulação, de logradouros públicos ou prolongamento, modificação ou ampliação das vias existentes.

§ 2.º Considera-se desmembramento a subdivisão de gleba em lotes destinados a edificação, com aproveitamento do sistema viário existente, desde que não implique a abertura de novas vias e logradouros públicos, nem prolongamento, modificação ou ampliação dos já existentes.

•• A Lei n. 9.785, de 29-1-1999, propôs nova redação para este § 2.º, porém teve seu texto vetado.

§ 3.º (*Vetado.*)

•• § 3.º acrescentado pela Lei n. 9.785, de 29-1-1999.

§ 4.º Considera-se lote o terreno servido de infraestrutura básica cujas dimensões atendam aos índices urbanísticos definidos pelo plano diretor ou lei municipal para a zona em que se situe.

•• § 4.º acrescentado pela Lei n. 9.785, de 29-1-1999.

§ 5.º A infraestrutura básica dos parcelamentos é constituída pelos equipamentos urbanos de escoamento das águas pluviais, iluminação pública, esgotamento sanitário, abastecimento de água potável, energia elétrica pública e domiciliar e vias de circulação.

•• § 5.º com redação determinada pela Lei n. 11.445, de 5-1-2007.

§ 6.º A infraestrutura básica dos parcelamentos situados nas zonas habitacionais declaradas por lei como de interesse social (ZHIS) consistirá, no mínimo, de:

I – vias de circulação;

II – escoamento das águas pluviais;

III – rede para o abastecimento de água potável; e

IV – soluções para o esgotamento sanitário e para a energia elétrica domiciliar.

•• § 6.º acrescentado pela Lei n. 9.785, de 29-1-1999.

§ 7.º O lote poderá ser constituído sob a forma de imóvel autônomo ou de unidade imobiliária integrante de condomínio de lotes.

•• § 7.º acrescentado pela Lei n. 13.465, de 11-7-2017.

§ 8.º Constitui loteamento de acesso controlado a modalidade de loteamento, definida nos termos do § 1.º deste artigo, cujo controle de acesso será regulamentado por ato do poder público Municipal, sendo vedado o impedimento de acesso a pedestres ou a condutores de veículos, não residentes, devidamente identificados ou cadastrados.

•• § 8.º acrescentado pela Lei n. 13.465, de 11-7-2017.

Art. 2.º-A. Considera-se empreendedor, para fins de parcelamento do solo urbano, o responsável pela implantação do parcelamento, o qual, além daqueles indicados em regulamento, poderá ser:

•• *Caput* acrescentado pela Lei n. 14.118, de 12-1-2021.

a) o proprietário do imóvel a ser parcelado;

•• Alínea *a* acrescentada pela Lei n. 14.118, de 12-1-2021.

b) o compromissário comprador, cessionário ou promitente cessionário, ou o foreiro, desde que o proprietário expresse sua anuência em relação ao empreendimento e sub-rogue-se nas obrigações do compromissário comprador, cessionário ou promitente cessionário, ou do foreiro, em caso de extinção do contrato;

•• Alínea *b* acrescentada pela Lei n. 14.118, de 12-1-2021.

c) o ente da administração pública direta ou indireta habilitado a promover a desapropriação com a finalidade de implantação de parcelamento habitacional ou de realização de regularização fundiária de interesse social, desde que tenha ocorrido a regular imissão na posse;

•• Alínea *c* acrescentada pela Lei n. 14.118, de 12-1-2021.

d) a pessoa física ou jurídica contratada pelo proprietário do imóvel a ser parcelado ou pelo poder público para executar o parcelamento ou a regularização fundiária, em forma de parceria, sob regime de obrigação solidária, devendo o contrato ser averbado na matrícula do imóvel no competente registro de imóveis;

•• Alínea *d* acrescentada pela Lei n. 14.118, de 12-1-2021.

e) a cooperativa habitacional ou associação de moradores, quando autorizada pelo titular do domínio, ou associação de proprietários ou compradores que assuma a responsabilidade pela implantação do parcelamento.

•• Alínea *e* acrescentada pela Lei n. 14.118, de 12-1-2021.

Art. 3.º Somente será admitido o parcelamento do solo para fins urbanos em zonas urbanas, de expansão ou de urbanização específica, assim definidas pelo plano diretor ou aprovadas por lei municipal.

•• *Caput* com redação determinada pela Lei n. 9.785, de 29-1-1999.

(*) Publicada no *DOU*, de 20-12-1979. *Vide* Decreto-lei n. 58, de 10-12-1937, e Decreto-lei n. 271, de 28-2-1967. Sobre INCRA, *vide* Nota dos Organizadores.

Parágrafo único. Não será permitido o parcelamento do solo:

I – em terrenos alagadiços e sujeitos a inundações, antes de tomadas as providências para assegurar o escoamento das águas;

II – em terrenos que tenham sido aterrados com material nocivo à saúde pública, sem que sejam previamente saneados;

III – em terreno com declividade igual ou superior a 30% (trinta por cento), salvo se atendidas exigências específicas das autoridades competentes;

IV – em terrenos onde as condições geológicas não aconselham a edificação;

V – em áreas de preservação ecológica ou naquelas onde a poluição impeça condições sanitárias suportáveis, até a sua correção.

Capítulo II
DOS REQUISITOS URBANÍSTICOS PARA LOTEAMENTO

•• Estatuto da Cidade: *vide* Lei n. 10.257, de 10-7-2001.

Art. 4.º Os loteamentos deverão atender, pelo menos, aos seguintes requisitos:

I – as áreas destinadas a sistemas de circulação, a implantação de equipamento urbano e comunitário, bem como a espaços livres de uso público, serão proporcionais à densidade de ocupação prevista pelo plano diretor ou aprovada por lei municipal para a zona em que se situem;

•• Inciso I com redação determinada pela Lei n. 9.785, de 29-1-1999.

II – os lotes terão área mínima de 125 m² (cento e vinte e cinco metros quadrados) e frente mínima de 5 (cinco) metros, salvo quando a legislação estadual ou municipal determinar maiores exigências, ou quando o loteamento se destinar a urbanização específica ou edificação de conjuntos habitacionais de interesse social, previamente aprovados pelos órgãos públicos competentes;

III – ao longo das faixas de domínio público das rodovias, a reserva de faixa não edificável de, no mínimo, 15 (quinze) metros de cada lado poderá ser reduzida por lei municipal ou distrital que aprovar o instrumento do planejamento territorial, até o limite mínimo de 5 (cinco) metros de cada lado.

•• Inciso III com redação determinada pela Lei n. 13.913, de 25-11-2019.

III-A – ao longo da faixa de domínio das ferrovias, será obrigatória a reserva de uma faixa não edificável de, no mínimo, 15 (quinze) metros de cada lado;

•• Inciso III-A com redação determinada pela Lei n. 14.285, de 29-12-2021.

III-B – ao longo das águas correntes e dormentes, as áreas de faixas não edificáveis deverão respeitar a lei municipal ou distrital que aprovar o instrumento de planejamento territorial e que definir e regulamentar a largura das faixas marginais de cursos d'água naturais em área urbana consolidada, nos termos da Lei n. 12.651, de 25 de maio de 2012, com obrigatoriedade de reserva de uma faixa não edificável para cada trecho de margem, indicada em diagnóstico socioambiental elaborado pelo Município;

•• Inciso III-B acrescentado pela Lei n. 14.285, de 29-12-2021.

IV – as vias de loteamento deverão articular-se com as vias adjacentes oficiais, existentes ou projetadas, e harmonizar-se com a topografia local.

§ 1.º A legislação municipal definirá, para cada zona em que se divida o território do Município, os usos permitidos e os índices urbanísticos de parcelamento e ocupação do solo, que incluirão, obrigatoriamente, as áreas mínimas e máximas de lotes e os coeficientes máximos de aproveitamento.

•• § 1.º com redação determinada pela Lei n. 9.785, de 29-1-1999.

§ 2.º Consideram-se comunitários os equipamentos públicos de educação, cultura, saúde, lazer e similares.

§ 3.º Se necessária, a reserva de faixa não edificável vinculada a dutovias será exigida no âmbito do respectivo licenciamento ambiental, observados critérios e parâmetros que garantam a segurança da população e a proteção do meio ambiente, conforme estabelecido nas normas técnicas pertinentes.

•• § 3.º acrescentado pela Lei n. 10.932, de 3-8-2004.

§ 4.º No caso de lotes integrantes de condomínio de lotes, poderão ser instituídas limitações administrativas e direitos reais sobre coisa alheia em benefício do poder público, da população em geral e da proteção da paisagem urbana, tais como servidões de passagem, usufrutos e restrições à construção de muros.

•• § 4.º acrescentado pela Lei n. 13.465, de 11-7-2017.

§ 5.º As edificações localizadas nas áreas contíguas às faixas de domínio público dos trechos de rodovia que atravessem perímetros urbanos ou áreas urbanizadas passíveis de serem incluídas em perímetro urbano, desde que construídas até a data de promulgação deste parágrafo, ficam dispensadas da observância da exigência prevista no inciso III do *caput* deste artigo, salvo por ato devidamente fundamentado do poder público municipal ou distrital.

•• § 5.º acrescentado pela Lei n. 13.913, de 25-11-2019.

§ 6.º (*Vetado.*)

•• § 6.º acrescentado pela Lei n. 14.285, de 29-12-2021.

§ 7.º (*Vetado.*)

•• § 7.º acrescentado pela Lei n. 14.285, de 29-12-2021.

Art. 5.º O Poder Público competente poderá complementarmente exigir, em cada loteamento, a reserva de faixa *non aedificandi* destinada a equipamentos urbanos.

Parágrafo único. Consideram-se urbanos os equipamentos públicos de abastecimento de água, serviços de esgotos, energia elétrica, coletas de águas pluviais, rede telefônica e gás canalizado.

Capítulo III
DO PROJETO DE LOTEAMENTO

Art. 6.º Antes da elaboração do projeto de loteamento, o interessado deverá solicitar à Prefeitura Municipal, ou ao Distrito Federal quando for o caso, que defina as diretrizes para o uso do solo, traçado dos lotes, do sistema viário, dos espaços livres e das áreas reservadas para equipamento urbano e comunitário, apresentando, para este fim, requerimento e planta do imóvel contendo, pelo menos:

I – as divisas da gleba a ser loteada;

II – as curvas de nível a distância adequada, quando exigidas por lei estadual ou municipal;

III – a localização dos cursos d'água, bosques e construções existentes;

IV – a indicação dos arruamentos contíguos a todo o perímetro, a localização das vias de comunicação, das áreas livres, dos equipamentos urbanos e comunitários, existentes no local ou em suas adjacências, com as respectivas distâncias da área a ser loteada;

V – o tipo de uso predominante a que o loteamento se destina;

VI – as características, dimensões e localização das zonas de uso contíguas.

Art. 7.º A Prefeitura Municipal, ou o Distrito Federal quando for o caso, indicará, nas plantas apresentadas junto com o requerimento, de acordo com as diretrizes de planejamento estadual e municipal:

I – as ruas ou estradas existentes ou projetadas, que compõem o sistema viário da cidade e do Município relacionadas com o loteamento pretendido e a serem respeitadas;

II – o traçado básico do sistema viário principal;

III – a localização aproximada dos terrenos destinados a equipamento urbano e comunitário e das áreas livres de uso público;

IV – as faixas sanitárias do terreno necessárias ao escoamento das águas pluviais e as faixas não edificáveis;

V – a zona ou zonas de uso predominante da área, com indicação dos usos compatíveis.

Parágrafo único. As diretrizes expedidas vigorarão pelo prazo máximo de 4 (quatro) anos.

•• Parágrafo único com redação determinada pela Lei n. 9.785, de 29-1-1999.

Art. 8.º Os Municípios com menos de 50.000 (cinquenta mil) habitantes e aqueles cujo plano diretor contiver diretrizes de urbanização para a zona em que se situe o parcelamento poderão dispensar, por lei, a fase de fixação de diretrizes previstas nos arts. 6.º e 7.º desta Lei.

•• Artigo com redação determinada pela Lei n. 9.785, de 29-1-1999.

Art. 9.º Orientado pelo traçado e diretrizes oficiais, quando houver, o projeto, contendo desenhos, memorial descritivo e cronograma de execução das obras com duração máxima de 4 (quatro) anos, será apresentado à Prefeitura Municipal, ou ao Distrito Federal, quando for o caso, acompanhado de certidão atualizada da matrícula da gleba, expedida pelo Cartório de Registro de Imóveis competente, de certidão negativa de tributos municipais e do competente instrumento de garantia, ressalvado o disposto no § 4.º do art. 18.

•• *Caput* com redação determinada pela Lei n. 9.785, de 29-1-1999.

§ 1.º Os desenhos conterão pelo menos:

I – a subdivisão das quadras em lotes, com as respectivas dimensões e numeração;

II – o sistema de vias com a respectiva hierarquia;

III – as dimensões lineares e angulares do projeto, com raios, cordas, arcos, ponto de tangência e ângulos centrais das vias;

IV – os perfis longitudinais e transversais de todas as vias de circulação e praças;

V – a indicação dos marcos de alinhamento e nivelamento localizados nos ângulos de curvas e vias projetadas;

VI – a indicação em planta e perfis de todas as linhas de escoamento das águas pluviais.

§ 2.º O memorial descritivo deverá conter, obrigatoriamente, pelo menos:

I – a descrição sucinta do loteamento, com as suas características e a fixação da zona ou zonas de uso predominante;

II – as condições urbanísticas do loteamento e as limitações que incidem sobre os lotes e suas construções, além daquelas constantes das diretrizes fixadas;

III – a indicação das áreas públicas que passarão ao domínio do Município no ato de registro do loteamento;

IV – a enumeração dos equipamentos urbanos, comunitários e dos serviços públicos ou de utilidade pública, já existentes no loteamento e adjacências.

§ 3.º Caso se constate, a qualquer tempo, que a certidão da matrícula apresentada como atual não tem mais correspondência com os registros e averbações cartorárias do tempo da sua apresentação, além das consequências penais cabíveis, serão consideradas insubsistentes tanto as diretrizes expedidas anteriormente, quanto as aprovações consequentes.

•• § 3.º acrescentado pela Lei n. 9.785, de 29-1-1999.

Capítulo IV
DO PROJETO DE DESMEMBRAMENTO

Art. 10. Para a aprovação de projeto de desmembramento, o interessado apresentará requerimento à Prefeitura Municipal, ou ao Distrito Federal quando for o caso, acompanhado de certidão atualizada da matrícula da gleba, expedida pelo Cartório de Registro de Imóveis competente, ressalvado o disposto no § 4.º do art. 18, e de planta do imóvel a ser desmembrado contendo:

•• *Caput* com redação determinada pela Lei n. 9.785, de 29-1-1999.

I – a indicação das vias existentes e dos loteamentos próximos;

II – a indicação do tipo de uso predominante no local;

III – a indicação da divisão de lotes pretendida na área.

Art. 11. Aplicam-se ao desmembramento, no que couber, as disposições urbanísticas vigentes para as regiões em que se situem ou, na ausência destas, as disposições urbanísticas para os loteamentos.

•• *Caput* com redação determinada pela Lei n. 9.785, de 29-1-1999.

Parágrafo único. O Município, ou o Distrito Federal quando for o caso, fixará os requisitos exigíveis para a aprovação de desmembramento de lotes decorrentes de loteamento cuja destinação da área pública tenha sido inferior à mínima prevista no § 1.º do art. 4.º desta Lei.

Capítulo V
DA APROVAÇÃO DO PROJETO DE LOTEAMENTO E DESMEMBRAMENTO

Art. 12. O projeto de loteamento e desmembramento deverá ser aprovado pela Prefeitura Municipal, ou pelo Distrito Federal quando for o caso, a quem compete também a fixação das diretrizes a que aludem os arts. 6.º e 7.º desta Lei, salvo a exceção prevista no artigo seguinte.

§ 1.º O projeto aprovado deverá ser executado no prazo constante do cronograma de execução, sob pena de caducidade da aprovação.

•• § 1.º renumerado pela Lei n. 12.608, de 10-4-2012.

§ 2.º Nos Municípios inseridos no cadastro nacional de municípios com áreas suscetíveis à ocorrência de deslizamentos de grande impacto, inundações bruscas ou processos geológicos ou hidrológicos correlatos, a aprovação do projeto de que trata o *caput* ficará vinculada ao atendimento dos requisitos constantes da carta geotécnica de aptidão à urbanização.

•• § 2.º acrescentado pela Lei n. 12.608, de 10-4-2012.

§ 3.º É vedada a aprovação de projeto de loteamento e desmembramento em áreas de risco definidas como não edificáveis, no plano diretor ou em legislação dele derivada.

•• § 3.º acrescentado pela Lei n. 12.608, de 10-4-2012.

Art. 13. Aos Estados caberá disciplinar a aprovação pelos Municípios de loteamentos e desmembramentos nas seguintes condições:

•• *Caput* com redação determinada pela Lei n. 9.785, de 29-1-1999.

I – quando localizados em áreas de interesse especial, tais como as de proteção aos mananciais ou ao patrimônio cultural, histórico, paisagístico e arqueológico, assim definidas por legislação estadual ou federal;

II – quando o loteamento ou desmembramento localizar-se em área limítrofe do Município, ou que pertença a mais de um Município, nas regiões metropolitanas ou em aglomerações urbanas, definidas em lei estadual ou federal;

III – quando o loteamento abranger área superior a 1.000.000 m² (um milhão de metros quadrados).

Parágrafo único. No caso de loteamento ou desmembramento localizado em área de Município integrante de região metropolitana, o exame e a anuência prévia à aprovação do projeto caberão à autoridade metropolitana.

Art. 14. Os Estados definirão, por decreto, as áreas de proteção especial, previstas no inciso I do artigo anterior.

Art. 15. Os Estados estabelecerão, por decreto, as normas a que deverão submeter-se os projetos de loteamento e desmembramento nas áreas previstas no art. 13, observadas as disposições desta Lei.

Parágrafo único. Na regulamentação das normas previstas neste artigo, o Estado procurará atender às exigências urbanísticas do planejamento municipal.

Art. 16. A lei municipal definirá os prazos para que um projeto de parcelamento apresentado seja aprovado ou rejeitado e para que as obras executadas sejam aceitas ou recusadas.

•• *Caput* com redação determinada pela Lei n. 9.785, de 29-1-1999.

§ 1.º Transcorridos os prazos sem a manifestação do Poder Público, o projeto será considerado rejeitado ou as obras recusadas, assegurada a indenização por eventuais danos derivados da omissão.

•• § 1.º acrescentado pela Lei n. 9.785, de 29-1-1999.

§ 2.º Nos Municípios cuja legislação for omissa, os prazos serão de 90 (noventa) dias para a aprovação ou rejeição e de 60 (sessenta) dias para a aceitação ou recusa fundamentada das obras de urbanização.

•• § 2.º acrescentado pela Lei n. 9.785, de 29-1-1999.

Art. 17. Os espaços livres de uso comum, as vias e praças, as áreas destinadas a edifícios públicos e outros equipamentos urbanos, constantes do projeto e do memorial descritivo, não poderão ter sua destinação alterada pelo loteador, desde a aprovação do loteamento, salvo as hipóteses de caducidade da licença ou desistência do loteador, sendo, neste caso, observadas as exigências do art. 23 desta Lei.

Capítulo VI
DO REGISTRO DO LOTEAMENTO E DESMEMBRAMENTO

Art. 18. Aprovado o projeto de loteamento ou de desmembramento, o loteador deverá submetê-lo ao Registro Imobiliário dentro de 180 (cento e oitenta) dias, sob pena de caducidade da aprovação, acompanhado dos seguintes documentos:

I – título de propriedade do imóvel ou certidão da matrícula, ressalvado o disposto nos §§ 4.º e 5.º;

•• Inciso I com redação determinada pela Lei n. 9.785, de 29-1-1999.

II – histórico dos títulos de propriedade do imóvel, abrangendo os últimos 20 (vinte) anos, acompanhado dos respectivos comprovantes;

III – certidões negativas:

a) de tributos federais, estaduais e municipais incidentes sobre o imóvel;

b) de ações reais referentes ao imóvel, pelo período de 10 (dez) anos;

c) de ações penais com respeito ao crime contra o patrimônio e contra a Administração Pública;

IV – certidões:

a) dos cartórios de protestos de títulos, em nome do loteador, pelo período de cinco anos;

•• Alínea *a* com redação determinada pela Medida Provisória n. 1.085, de 27-12-2021.

O texto anterior dizia: "*a*) dos Cartórios de Protestos de Títulos, em nome do loteador, pelo período de 10 (dez) anos;".

b) de ações cíveis relativas ao loteador, pelo período de dez anos;

•• Alínea *b* com redação determinada pela Medida Provisória n. 1.085, de 27-12-2021.

O texto anterior dizia: "*b*) de ações pessoais relativas ao loteador, pelo período de 10 (dez) anos;".

c) da situação jurídica atualizada do imóvel; e

•• Alínea *c* com redação determinada pela Medida Provisória n. 1.085, de 27-12-2021.

O texto anterior dizia: "*c*) de ônus reais relativos ao imóvel;".

d) de ações penais contra o loteador, pelo período de dez anos;

•• Alínea *c* com redação determinada pela Medida Provisória n. 1.085, de 27-12-2021.

O texto anterior dizia: "*d*) de ações penais contra o loteador, pelo período de 10 (dez) anos;".

V – cópia do ato de aprovação do loteamento e comprovante do termo de verificação, pelo Município ou pelo Distrito Federal, da execução das obras exigidas pela legislação municipal, que incluirão, no mínimo, a execução das vias de circulação do loteamento, demarcação dos lotes, quadras e logradouros e das obras de escoamento das águas pluviais ou da aprovação de um cronograma, com a duração máxima de 4 (quatro) anos, prorrogáveis por mais 4 (quatro) anos, acompanhado de competente instrumento de garantia para a execução das obras;

•• Inciso V com redação determinada pela Lei n. 14.118, de 12-1-2021.

VI – exemplar do contrato-padrão de promessa de venda, ou de cessão ou de promessa de cessão, do qual constarão obrigatoriamente as indicações previstas no art. 26 desta Lei;

VII – declaração do cônjuge do requerente de que consente no registro do loteamento.

§ 1.º Os períodos referidos nos incisos III, *b*, e IV, *a*, *b* e *d*, tomarão por base a data do pedido de registro do loteamento, devendo todas elas ser extraídas em nome daqueles que, nos mencionados períodos, tenham sido titulares de direitos reais sobre o imóvel.

§ 2.º A existência de protestos, de ações pessoais ou de ações penais, exceto as referentes a crime contra o patrimônio e contra a administração, não impedirá o registro do loteamento se o requerente comprovar que esses protestos ou ações não poderão prejudicar os adquirentes dos lotes. Se o oficial do registro de imóveis julgar insuficiente a comprovação feita, suscitará a dúvida perante o juiz competente.

§ 3.º A declaração a que se refere o inciso VII deste artigo não dispensará o consentimento do declarante para os atos de alienação ou promessa de alienação de lotes, ou de direitos a eles relativos, que venham a ser praticados pelo seu cônjuge.

§ 4.º O título de propriedade será dispensado quando se tratar de parcelamento popular, destinado às classes de menor renda, em imóvel declarado de utilidade pública, com processo de desapropriação judicial em curso e imissão provisória na posse, desde que promovido pela União, Estados, Distrito Federal, Municípios ou suas entidades delegadas, autorizadas por lei a implantar projetos de habitação.

•• § 4.º acrescentado pela Lei n. 9.785, de 29-1-1999.

§ 5.º No caso de que trata o § 4.º, o pedido de registro do parcelamento, além dos documentos mencionados nos incisos V e VI deste artigo, será instruído com cópias autênticas da decisão que tenha concedido a imissão provisória na posse, do decreto de desapropriação, do comprovante de sua publicação na imprensa oficial e, quando formulado por entidades delegadas, da lei de criação e de seus atos constitutivos.

•• § 5.º acrescentado pela Lei n. 9.785, de 29-1-1999.

§ 6.º Na hipótese de o loteador ser companhia aberta, as certidões referidas na alínea *c* do inciso III e nas alíneas *a*, *b* e *d* do inciso IV do *caput* poderão ser substituídas por exibição das informações trimestrais e demonstrações financeiras anuais constantes do sítio eletrônico da Comissão de Valores Mobiliários.

•• § 6.º acrescentado pela Medida Provisória n. 1.085, de 27-12-2021.

§ 7.º Quando demonstrar de modo suficiente o estado do processo e a repercussão econômica do litígio, a certidão esclarecedora de ação cível ou penal poderá ser substituída por impressão do andamento do processo digital.

•• § 7.º acrescentado pela Medida Provisória n. 1.085, de 27-12-2021.

Art. 19. O oficial do registro de imóveis, examinada a documentação e encontrada em ordem, deverá encaminhar comunicação à Prefeitura e fará publicar, em resumo e com pequeno desenho de localização da área, edital do pedido de registro em três dias consecutivos, podendo este ser impugnado no prazo de quinze dias corridos, contado da data da última publicação.

•• *Caput* com redação determinada pela Medida Provisória n. 1.085, de 27-12-2021.

O texto anterior dizia: "Art. 19. Examinada a documentação e encontrada em ordem, o oficial do registro de imóveis encaminhará comunicação à Prefeitura e fará publicar, em resumo e com pequeno desenho de localização da área, edital do pedido de registro em 3 (três) dias consecutivos, podendo este ser impugnado no prazo de 15 (quinze) dias contados da data da última publicação".

§ 1.º Findo o prazo sem impugnação, será feito imediatamente o registro. Se houver impugnação de terceiros, o oficial do registro de imóveis intimará o requerente e a Prefeitura Municipal, ou o Distrito Federal quando for o caso, para que sobre ela se manifestem no prazo de 5 (cinco) dias, sob pena de arquivamento do processo. Com tais manifestações o processo será enviado ao juiz competente para decisão.

§ 2.º Ouvido o Ministério Público no prazo de 5 (cinco) dias, o juiz decidirá de plano ou após instrução sumária, devendo remeter ao interessado as vias ordinárias caso a matéria exija maior indagação.

§ 3.º Nas capitais, a publicação do edital se fará no Diário Oficial do Estado e num dos jornais de circulação diária. Nos demais Municípios, a publicação se fará apenas num dos jornais locais, se houver, ou, não havendo, em jornal da região.

§ 4.º O oficial do registro de imóveis que efetuar o registro em desacordo com as exigências desta Lei ficará sujeito a multa equivalente a 10 (dez) vezes os emolumentos regimentais fixados para o registro, na época em que for aplicada a penalidade pelo juiz corregedor do cartório, sem prejuízo das sanções penais e administrativas cabíveis.

§ 5.º Registrado o loteamento, o oficial de registro comunicará, por certidão, o seu registro à Prefeitura.

Art. 20. O registro do loteamento será feito, por extrato, no livro próprio.

Parágrafo único. No Registro de Imóveis far-se-á o registro do loteamento, com uma indicação para cada lote, a averbação das alterações, a abertura de ruas e praças e as áreas destinadas a espaços livres ou a equipamentos urbanos.

Art. 21. Quando a área loteada estiver situada em mais de uma circunscrição imobiliária, o registro será requerido primeiramente perante aquela em que estiver localizada a maior parte da área loteada. Procedido o registro nessa circunscrição, o interessado requererá, sucessivamente, o registro do loteamento em cada uma das demais, comprovando perante cada qual o registro efetuado na anterior, até que o loteamento seja registrado em todas. Denegado o registro em qualquer das circunscrições, essa decisão será comunicada, pelo oficial do registro de imóveis, às demais para efeito de cancelamento dos registros feitos, salvo se ocorrer a hipótese prevista no § 4.º deste artigo.

§ 1.º Nenhum lote poderá situar-se em mais de uma circunscrição.

§ 2.º É defeso ao interessado processar simultaneamente, perante diferentes circunscrições, pedidos de registro do mesmo loteamento, sendo nulos os atos praticados com infração a esta norma.

§ 3.º Enquanto não procedidos todos os registros de que trata este artigo, considerar-se-á o loteamento como não registrado para os efeitos desta Lei.

§ 4.º O indeferimento do registro do loteamento em uma circunscrição não determinará o cancelamento do registro procedido em outra, se o motivo do indeferimento naquela não se estender à área situada sob a competência desta, e desde que o interessado requeira a manutenção do registro obtido, submetido o remanescente do loteamento a uma aprovação prévia perante a Prefeitura Municipal, ou o Distrito Federal quando for o caso.

Art. 22. Desde a data de registro do loteamento, passam a integrar o domínio do Município as vias e praças, os espaços livres e as áreas destinadas a edifícios públicos e outros equipamentos urbanos, constantes do projeto e do memorial descritivo.

Parágrafo único. Na hipótese de parcelamento do solo implantado e não registrado, o Município poderá requerer, por meio da apresentação de planta de parcelamento elaborada pelo loteador ou aprovada pelo Município e de declaração de que o parcelamento se encontra implantado, o registro das áreas destinadas a uso público, que passarão dessa forma a integrar o seu domínio.

•• Parágrafo único acrescentado pela Lei n. 12.424, de 16-6-2011.

Art. 23. O registro do loteamento só poderá ser cancelado:

I – por decisão judicial;

II – a requerimento do loteador, com anuência da Prefeitura, ou do Distrito Federal quando for o caso, enquanto nenhum lote houver sido objeto de contrato;

III – a requerimento conjunto do loteador e de todos os adquirentes de lotes, com anuência da Prefeitura, ou do Distrito Federal quando for o caso, e do Estado.

§ 1.º A Prefeitura e o Estado só poderão se opor ao cancelamento se disto resultar inconveniente comprovado para o desenvolvimento urbano ou se já se tiver realizado qualquer melhoramento na área loteada ou adjacências.

§ 2.º Nas hipóteses dos incisos II e III, o oficial do registro de imóveis fará publicar, em resumo, edital do pedido de cancelamento, podendo este ser impugnado no prazo de 30 (trinta) dias contados da data da última publicação. Findo esse prazo, com ou sem impugnação, o processo será remetido ao juiz competente para homologação do pedido de cancelamento, ouvido o Ministério Público.

§ 3.º A homologação de que trata o parágrafo anterior será precedida de vistoria judicial destinada a comprovar a inexistência de adquirentes instalados na área loteada.

Art. 24. O processo de loteamento e os contratos depositados em cartório poderão ser examinados por qualquer pessoa, a qualquer tempo, independentemente do pagamento de custas ou emolumentos, ainda que a título de busca.

Capítulo VII
DOS CONTRATOS

•• *Vide* art. 22 do Decreto-lei n. 58, de 10-12-1937.

Art. 25. São irretratáveis os compromissos de compra e venda, cessões e promessas de cessão, os que atribuam direito a adjudicação compulsória e, estando registrados, confiram direito real oponível a terceiros.

Art. 26. Os compromissos de compra e venda, as cessões ou promessas de cessão poderão ser feitos por escritura pública ou por instrumento particular, de acordo com o modelo depositado na forma do inciso VI do art. 18 e conterão, pelo menos, as seguintes indicações:

I – nome, registro civil, cadastro fiscal no Ministério da Fazenda, nacionalidade, estado civil e residência dos contratantes;

II – denominação e situação do loteamento, número e data da inscrição;

III – descrição do lote ou dos lotes que forem objeto de compromissos, confrontações, área e outras características;

IV – preço, prazo, forma e local de pagamento bem como a importância do sinal;

V – taxa de juros incidentes sobre o débito em aberto e sobre as prestações vencidas e não pagas, bem como a cláusula penal, nunca excedente a 10% (dez por cento) do débito e só exigível nos casos de intervenção judicial ou de mora superior a 3 (três) meses;

VI – indicação sobre a quem incumbe o pagamento dos impostos e taxas incidentes sobre o lote compromissado;

VII – declaração das restrições urbanísticas convencionais do loteamento, supletivas da legislação pertinente.

§ 1.º O contrato deverá ser firmado em três vias ou extraído em três traslados, sendo um para cada parte e o terceiro para arquivo no registro imobiliário, após o registro e anotações devidas.

§ 2.º Quando o contrato houver sido firmado por procurador de qualquer das partes, será obrigatório o arquivamento da procuração no Registro Imobiliário.

§ 3.º Admite-se, nos parcelamentos populares, a cessão da posse em que estiverem provisoriamente imitidas a União, Estados, Distrito Federal, Municípios e suas entidades delegadas, o que poderá ocorrer por instrumento particular, ao qual se atribui, para todos os fins de direito, caráter de escritura pública, não se aplicando a disposição do inciso II do art. 134 do Código Civil.

•• § 3.º acrescentado pela Lei n. 9.785, de 29-1-1999.

•• O art. 134 do CC de 1916 corresponde ao art. 108 do CC (Lei n. 10.406, de 10-1-2002).

§ 4.º A cessão da posse referida no § 3.º, cumpridas as obrigações do cessionário constitui crédito contra o expropriante, de aceitação obrigatória em garantia de contratos de financiamentos habitacionais.

•• § 4.º acrescentado pela Lei n. 9.785, de 29-1-1999.

§ 5.º Com o registro da sentença que, em processo de desapropriação, fixar o valor da indenização, a posse referida no § 3.º converter-se-á em propriedade e a sua cessão, em compromisso de compra e venda ou venda e compra, conforme haja obrigações a cumprir ou estejam elas cumpridas, circunstância que, demonstradas ao Registro de Imóveis, serão averbadas na matrícula relativa ao lote.

•• § 5.º acrescentado pela Lei n. 9.785, de 29-1-1999.

§ 6.º Os compromissos de compra e venda, as cessões e as promessas de cessão valerão como título para o registro da propriedade do lote adquirido, quando acompanhados da respectiva prova de quitação.

•• § 6.º acrescentado pela Lei n. 9.785, de 29-1-1999.

Art. 26-A. Os contratos de compra e venda, cessão ou promessa de cessão de loteamento devem ser iniciados por quadro-resumo, que deverá conter, além das indicações constantes do art. 26 desta Lei:

•• *Caput* acrescentado pela Lei n. 13.786, de 27-12-2018.

I – o preço total a ser pago pelo imóvel;

•• Inciso I acrescentado pela Lei n. 13.786, de 27-12-2018.

II – o valor referente à corretagem, suas condições de pagamento e a identificação precisa de seu beneficiário;

•• Inciso II acrescentado pela Lei n. 13.786, de 27-12-2018.

III – a forma de pagamento do preço, com indicação clara dos valores e vencimentos das parcelas;

•• Inciso III acrescentado pela Lei n. 13.786, de 27-12-2018.

IV – os índices de correção monetária aplicáveis ao contrato e, quando houver pluralidade de índices, o período de aplicação de cada um;

•• Inciso IV acrescentado pela Lei n. 13.786, de 27-12-2018.

V – as consequências do desfazimento do contrato, seja mediante distrato, seja por meio de resolução contratual motivada por inadimplemento de obrigação do adquirente ou do loteador, com destaque negritado para as penalidades aplicáveis e para os prazos para devolução de valores ao adquirente;

•• Inciso V acrescentado pela Lei n. 13.786, de 27-12-2018.

VI – as taxas de juros eventualmente aplicadas, se mensais ou anuais, se nominais ou efetivas, o seu período de incidência e o sistema de amortização;

•• Inciso VI acrescentado pela Lei n. 13.786, de 27-12-2018.

VII – as informações acerca da possibilidade do exercício, por parte do adquirente do imóvel, do direito de arrependimento previsto no art. 49 da Lei n. 8.078, de 11 de setembro de 1990 (Código de Defesa do Consumidor), em todos os contratos firmados em estandes de vendas e fora da sede do loteador ou do estabelecimento comercial;

•• Inciso VII acrescentado pela Lei n. 13.786, de 27-12-2018.

VIII – o prazo para quitação das obrigações pelo adquirente após a obtenção do termo de vistoria de obras;

•• Inciso VIII acrescentado pela Lei n. 13.786, de 27-12-2018.

IX – informações acerca dos ônus que recaiam sobre o imóvel;

•• Inciso IX acrescentado pela Lei n. 13.786, de 27-12-2018.

X – o número do registro do loteamento ou do desmembramento, a matrícula do imóvel e a identificação do cartório de registro de imóveis competente;

•• Inciso X acrescentado pela Lei n. 13.786, de 27-12-2018.

XI – o termo final para a execução do projeto referido no § 1.º do art. 12 desta Lei e a data do protocolo do pedido de emissão do termo de vistoria de obras.

•• Inciso XI acrescentado pela Lei n. 13.786, de 27-12-2018.

§ 1.º Identificada a ausência de quaisquer das informações previstas no *caput* deste artigo, será concedido prazo de 30 (trinta) dias para aditamento do contrato e saneamento da omissão, findo o qual, essa omissão, se não sanada, caracterizará justa causa para rescisão contratual por parte do adquirente.

•• § 1.º acrescentado pela Lei n. 13.786, de 27-12-2018.

§ 2.º A efetivação das consequências do desfazimento do contrato, mencionadas no inciso V do *caput* deste artigo, dependerá de anuência prévia e específica do adquirente a seu respeito, mediante assinatura junto a essas cláusulas, que deverão ser redigidas conforme o disposto no § 4.º do art. 54 da Lei n. 8.078, de 11 de setembro de 1990 (Código de Defesa do Consumidor).

•• § 2.º acrescentado pela Lei n. 13.786, de 27-12-2018.

Art. 27. Se aquele que se obrigou a concluir contrato de promessa de venda ou de cessão não cumprir a obrigação, o credor poderá notificar o devedor para outorga do contrato ou oferecimento de impugnação no prazo de 15 (quinze) dias, sob pena de proceder-se ao registro do pré-contrato, passando as relações entre as partes a serem regidas pelo contrato-padrão.

§ 1.º Para fins deste artigo, terão o mesmo valor de pré-contrato a promessa de cessão, a proposta de compra, a reserva de lote ou qualquer outro instrumento, do qual conste a manifestação da vontade das partes, a indicação do lote, o preço e modo de pagamento, e a promessa de contratar.

§ 2.º O registro de que trata este artigo não será procedido se a parte que o requereu não comprovar haver cumprido a sua prestação, nem a oferecer na forma devida, salvo se ainda não exigível.

§ 3.º Havendo impugnação daquele que se comprometeu a concluir o contrato, observar-se-á o disposto nos arts. 639 e 640 do Código de Processo Civil.

•• Os arts. 639 e 640 do CPC foram revogados pela Lei n. 11.232, de 22-12-2005.

Art. 28. Qualquer alteração ou cancelamento parcial do loteamento registrado dependerá de acordo entre o loteador e os adquirentes de lotes atingidos pela alteração, bem como da aprovação pela Prefeitura Municipal, ou do Distrito Federal quando for o caso, devendo ser depositada no Registro de Imóveis, em complemento ao projeto original, com a devida averbação.

Art. 29. Aquele que adquirir a propriedade loteada mediante ato *inter vivos*, ou por sucessão *causa mortis*, sucederá o transmitente em todos os seus direitos e obrigações, ficando obrigado a respeitar os compromissos de compra e venda ou as promessas de cessão, em todas as suas cláusulas, sendo nula qualquer disposição em contrário, ressalvado o direito do herdeiro ou legatário de renunciar à herança ou ao legado.

Art. 30. A sentença declaratória de falência ou da insolvência de qualquer das partes não rescindirá os contratos de compromisso de compra e venda ou de promessa de cessão que tenham por objeto a área loteada ou lotes da mesma. Se a falência ou insolvência for do proprietário da área loteada ou do titular de direito sobre ela, incumbirá ao síndico ou ao administrador dar cumprimento aos referidos contratos; se do adquirente do lote, seus direitos serão levados à praça.

Art. 31. O contrato particular pode ser transferido por simples trespasse, lançado no verso das vias em poder das partes, ou por instrumento em separado, declarando-se o número do registro do loteamento, o valor da cessão e a qualificação do cessionário, para o devido registro.

§ 1.º A cessão independe da anuência do loteador, mas, em relação a este, seus efeitos só se produzem depois de cientificado, por escrito, pelas partes ou quando registrada a cessão.

§ 2.º Uma vez registrada a cessão, feita sem anuência do loteador, o oficial do registro dar-lhe-á ciência, por escrito, dentro de 10 (dez) dias.

Art. 32. Vencida e não paga a prestação, o contrato será considerado rescindido 30 (trinta) dias depois de constituído em mora o devedor.

§ 1.º Para os fins deste artigo o devedor-adquirente será intimado, a requerimento do credor, pelo oficial do registro de imóveis, a satisfazer as prestações vencidas e as que se vencerem até a data do pagamento, os juros convencionados e as custas de intimação.

§ 2.º Purgada a mora, convalescerá o contrato.

§ 3.º Com a certidão de não haver sido feito o pagamento em cartório, o vendedor requererá ao oficial do registro o cancelamento da averbação.

Art. 32-A. Em caso de resolução contratual por fato imputado ao adquirente, respeitado o disposto no § 2.º deste artigo, deverão ser restituídos os valores pagos por ele, atualizados com base no índice contratualmente estabelecido para a correção monetária das parcelas do preço do imóvel, podendo ser descontados dos valores pagos os seguintes itens:

•• *Caput* acrescentado pela Lei n. 13.786, de 27-12-2018.

I – os valores correspondentes à eventual fruição do imóvel, até o limite máximo de 1% (um por cento) ao mês sobre o valor atualizado do lote definido em contrato, cujo prazo será contado a partir da data da transmissão da posse do imóvel ao adquirente até sua restituição ao loteador;

•• Inciso I acrescentado pela Lei n. 13.786, de 27-12-2018.

II – o montante devido por cláusula penal e despesas administrativas, inclusive arras ou sinal, limitado a um desconto de 10% (dez por cento) do valor atualizado do contrato;

•• Inciso II acrescentado pela Lei n. 13.786, de 27-12-2018.

III – os encargos moratórios relativos às prestações pagas em atraso pelo adquirente;

•• Inciso III acrescentado pela Lei n. 13.786, de 27-12-2018.

IV – os débitos de impostos sobre a propriedade predial e territorial urbana, contribuições condominiais, associativas ou outras de igual natureza que sejam a estas equiparadas e tarifas vinculadas ao lote, bem como tributos, custas e emolumentos incidentes sobre a restituição e/ou rescisão;

•• Inciso IV acrescentado pela Lei n. 13.786, de 27-12-2018.

V – a comissão de corretagem, desde que integrada ao preço do lote.

•• Inciso V acrescentado pela Lei n. 13.786, de 27-12-2018.

§ 1.º O pagamento da restituição ocorrerá em até 12 (doze) parcelas mensais, com início após o seguinte prazo de carência:

•• § 1.º, *caput*, acrescentado pela Lei n. 13.786, de 27-12-2018.

I – em loteamentos com obras em andamento: no prazo máximo de 180 (cento e oitenta) dias após o prazo previsto em contrato para conclusão das obras;

•• Inciso I acrescentado pela Lei n. 13.786, de 27-12-2018.

II – em loteamentos com obras concluídas: no prazo máximo de 12 (doze) meses após a formalização da rescisão contratual.

•• Inciso II acrescentado pela Lei n. 13.786, de 27-12-2018.

§ 2.º Somente será efetuado registro do contrato de nova venda se for comprovado o início da restituição do valor pago pelo vendedor ao titular do registro cancelado na forma e condições pactuadas no distrato, dispensada essa comprovação nos casos em que o adquirente não for localizado ou não tiver se manifestado, nos termos do art. 32 desta Lei.

•• § 2.º acrescentado pela Lei n. 13.786, de 27-12-2018.

§ 3.º O procedimento previsto neste artigo não se aplica aos contratos e escrituras de compra e venda de lote sob a modalidade de alienação fiduciária nos termos da Lei n. 9.514, de 20 de novembro de 1997.

•• § 3.º acrescentado pela Lei n. 13.786, de 27-12-2018.

Art. 33. Se o credor das prestações se recusar a recebê-las ou furtar-se ao seu recebimento, será constituído em mora mediante notificação do oficial do registro de imóveis para vir receber as importâncias depositadas pelo devedor no próprio Registro de Imóveis. Decorridos 15 (quinze) dias após o recebimento da intimação, considerar-se-á efetuado o pagamento, a menos que o credor impugne o depósito e, alegando inadimplemento do devedor, requeira a intimação deste para os fins do disposto no art. 32 desta Lei.

Art. 34. Em qualquer caso de rescisão por inadimplemento do adquirente, as benfeitorias necessárias ou úteis por ele levadas a efeito no imóvel deverão ser indenizadas, sendo de nenhum efeito qualquer disposição contratual em contrário.

§ 1.º Não serão indenizadas as benfeitorias feitas em desconformidade com o contrato ou com a lei.

•• Primitivo parágrafo único renumerado pela Lei n. 13.786, de 27-12-2018.

§ 2.º No prazo de 60 (sessenta) dias, contado da constituição em mora, fica o loteador, na hipótese do *caput* deste artigo, obrigado a alienar o imóvel mediante leilão judicial ou extrajudicial, nos termos da Lei n. 9.514, de 20 de novembro de 1997.

•• § 2.º acrescentado pela Lei n. 13.786, de 27-12-2018.

Art. 35. Se ocorrer o cancelamento do registro por inadimplemento do contrato, e tiver sido realizado o pagamento de mais de 1/3 (um terço) do preço ajustado, o oficial do registro de imóveis mencionará esse fato e a quantia paga no ato do cancelamento, e somente será efetuado novo registro relativo ao mesmo lote, mediante apresentação do distrato assinado pelas partes e a comprovação do pagamento da parcela única ou da primeira parcela do montante a ser restituído ao adquirente, na forma do art. 32-A desta Lei, ao titular do registro cancelado, ou mediante depósito em dinheiro à sua disposição no registro de imóveis.

•• *Caput* com redação determinada pela Lei n. 13.786, de 27-12-2018.

§ 1.º Ocorrendo o depósito a que se refere este artigo, o oficial do registro de imóveis intimará o interessado para vir recebê-lo no prazo de 10 (dez) dias, sob pena de ser devolvido ao depositante.

§ 2.º No caso de não ser encontrado o interessado, o oficial do registro de imóveis depositará a quantia em estabelecimento de crédito, segundo a ordem prevista no inciso I do art. 666 do Código de Processo Civil, em conta com incidência de juros e correção monetária.

§ 3.º A obrigação de comprovação prévia de pagamento da parcela única ou da primeira parcela como condição para efetivação de novo registro, prevista no *caput* deste artigo, poderá ser dispensada se as partes convencionarem de modo diverso e de forma expressa no documento de distrato por elas assinado.

•• § 3.º acrescentado pela Lei n. 13.786, de 27-12-2018.

Art. 36. O registro do compromisso, cessão ou promessa de cessão só poderá ser cancelado:

I – por decisão judicial;

II – a requerimento conjunto das partes contratantes;

III – quando houver rescisão comprovada do contrato.

Art. 36-A. As atividades desenvolvidas pelas associações de proprietários de imóveis, titulares de direitos ou moradores em loteamentos ou empreendimentos assemelhados, desde que não tenham fins lucrativos, bem como pelas entidades civis organizadas em função da solidariedade de interesses coletivos desse público com o objetivo de administração, conservação, manutenção, disciplina de utilização e convivência, visando à valorização dos imóveis que compõem o empreendimento, tendo em vista a sua natureza jurídica, vinculam-se, por critérios de afinidade, similitude e conexão, à atividade de administração de imóveis.

•• *Caput* acrescentado pela Lei n. 13.465, de 11-7-2017.

Parágrafo único. A administração de imóveis na forma do *caput* deste artigo sujeita seus titulares à normatização e à disciplina constantes de seus atos constitutivos, cotizando-se na forma desses atos para suportar a consecução dos seus objetivos.

•• Parágrafo único acrescentado pela Lei n. 13.465, de 11-7-2017.

Capítulo VIII
DISPOSIÇÕES GERAIS

• O Decreto n. 9.310, de 15-3-2018, institui as normas e os procedimentos aplicáveis à Regularização Fundiária Urbana.

Art. 37. É vedado vender ou prometer vender parcela de loteamento ou desmembramento não registrado.

Art. 38. Verificado que o loteamento ou desmembramento não se acha registrado ou regularmente executado ou notificado pela Prefeitura Municipal, ou pelo Distrito Federal quando for o caso, deverá o adquirente do lote suspender o pagamento das prestações restantes e notificar o loteador para suprir a falta.

§ 1.º Ocorrendo a suspensão do pagamento das prestações restantes, na forma do *caput* deste artigo, o adquirente efetuará o depósito das prestações devidas junto ao Registro de Imóveis competente, que as depositará em estabelecimento de crédito, segundo a ordem prevista no inciso I do art. 666 do Código de Processo Civil, em conta com incidência de juros e correção monetária, cuja movimentação dependerá de prévia autorização judicial.

§ 2.º A Prefeitura Municipal, ou o Distrito Federal quando for o caso, ou o Ministério Público, poderá promover a notificação ao loteador prevista no *caput* deste artigo.

§ 3.º Regularizado o loteamento pelo loteador, este promoverá judicialmente a autorização para levantar as prestações depositadas, com os acréscimos de correção monetária e juros, sendo necessária a citação da Prefeitura, ou do Distrito Federal quando for o caso, para integrar o processo judicial aqui previsto, bem como audiência do Ministério Público.

§ 4.º Após o reconhecimento judicial de regularidade do loteamento, o loteador notificará os adquirentes dos lotes, por intermédio do Registro de Imóveis competente, para que passem a pagar diretamente as prestações restantes, a contar da data da notificação.

§ 5.º No caso de o loteador deixar de atender à notificação até o vencimento do prazo contratual, ou quando o loteamento ou desmembramento for regularizado pela Prefeitura Municipal, ou pelo Distrito Federal quando for o caso, nos termos do art. 40 desta Lei, o loteador não poderá, a qualquer título, exigir o recebimento das prestações depositadas.

Art. 39. Será nula de pleno direito a cláusula de rescisão de contrato por inadimplemento do adquirente, quando o loteamento não estiver regularmente inscrito.

Art. 40. A Prefeitura Municipal, ou o Distrito Federal quando for o caso, se desatendida pelo loteador a notificação, poderá regularizar loteamento ou desmembramento não autorizado ou executado sem observância das determinações do ato administrativo de licença, para evitar lesão aos seus padrões de desenvolvimento urbano e na defesa dos direitos dos adquirentes de lotes.

§ 1.º A Prefeitura Municipal, ou o Distrito Federal quando for o caso, que promover a regularização, na forma deste artigo, obterá judicialmente o levantamento das prestações depositadas, com os respectivos acréscimos de correção monetária e juros, nos termos do § 1.º do art. 38 desta Lei, a título de ressarcimento das importâncias despendidas com equipamentos urbanos ou expropriações necessárias para regularizar o loteamento ou desmembramento.

§ 2.º As importâncias despendidas pela Prefeitura Municipal, ou pelo Distrito Federal quando for o caso, para regularizar o loteamento ou desmembramento, caso não sejam integralmente ressarcidas conforme o disposto no parágrafo anterior, serão exigidas na parte faltante do loteador, aplicando-se o disposto no art. 47 desta Lei.

§ 3.º No caso de o loteador não cumprir o estabelecido no parágrafo anterior, a Prefeitura Municipal, ou o Distrito Federal quando for o caso, poderá receber as prestações dos adquirentes, até o valor devido.

§ 4.º A Prefeitura Municipal, ou o Distrito Federal quando for o caso, para assegurar a regularização do loteamento ou desmembramento, bem como o ressarcimento integral de importâncias despendidas, ou a despender, poderá promover judicialmente os procedimentos cautelares necessários aos fins colimados.

§ 5.º A regularização de um parcelamento pela Prefeitura Municipal, ou Distrito Federal, quando for o caso, não poderá contrariar o disposto nos arts. 3.º e 4.º desta Lei, ressalvado o disposto no § 1.º desse último.

•• § 5.º acrescentado pela Lei n. 9.785, de 29-1-1999.

Art. 41. Regularizado o loteamento ou desmembramento pela Prefeitura Municipal, ou pelo Distrito Federal quando for o caso, o adquirente do lote, comprovando o depósito de todas as prestações do preço avençado, poderá obter o registro de propriedade do lote adquirido, valendo para tanto o compromisso de venda e compra devidamente firmado.

Art. 42. Nas desapropriações não serão considerados como loteados ou loteáveis, para fins de indenização, os terrenos ainda não vendidos ou compromissados, objeto de loteamento ou desmembramento não registrado.

Art. 43. Ocorrendo a execução de loteamento não aprovado, a destinação de áreas públicas exigidas no inciso I do art. 4.º desta Lei não se poderá alterar sem prejuízo da aplicação das sanções administrativas, civis e criminais previstas.

Parágrafo único. Neste caso, o loteador ressarcirá a Prefeitura Municipal ou o Distrito Federal, quando for o caso, em pecúnia ou em área equivalente, no dobro da diferença entre o total das áreas públicas exigidas e as efetivamente destinadas.

•• Parágrafo único acrescentado pela Lei n. 9.785, de 29-1-1999.

Art. 44. O Município, o Distrito Federal e o Estado poderão expropriar áreas urbanas ou de expansão urbana para reloteamento, demolição, reconstrução e incorporação, ressalvada a preferência dos expropriados para a aquisição de novas unidades.

Art. 45. O loteador, ainda que já tenha vendido todos os lotes, ou os vizinhos, são partes legítimas para promover ação destinada a impedir construção em desacordo com restrições legais ou contratuais.

Art. 46. O loteador não poderá fundamentar qualquer ação ou defesa na presente Lei sem apresentação dos registros e contratos a que ela se refere.

Art. 47. Se o loteador integrar grupo econômico ou financeiro, qualquer pessoa física ou jurídica desse grupo, beneficiária de qualquer forma do loteamento ou desmembramento irregular, será solidariamente responsável pelos prejuízos por ele causados aos compradores de lotes e ao Poder Público.

Art. 48. O foro competente para os procedimentos judiciais previstos nesta Lei será sempre o da comarca da situação do lote.

Art. 49. As intimações e notificações previstas nesta Lei deverão ser feitas pessoalmente ao intimado ou notificado, que assinará o comprovante do recebimento, e poderão igualmente ser promovidas por meio dos Cartórios de Registro de Títulos e Documentos da comarca da situação do imóvel ou do domicílio de quem deva recebê-las.

§ 1.º Se o destinatário se recusar a dar recibo ou se furtar ao recebimento, ou se for desconhecido o seu paradeiro, o funcionário incumbido da diligência informará esta circunstância ao oficial competente que a certificará, sob sua responsabilidade.

§ 2.º Certificada a ocorrência dos fatos mencionados no parágrafo anterior, a intimação ou notificação será feita por edital na forma desta Lei, começando o prazo a correr 10 (dez) dias após a última publicação.

Capítulo IX
DISPOSIÇÕES PENAIS

Art. 50. Constitui crime contra a Administração Pública:

I – dar início, de qualquer modo, ou efetuar loteamento ou desmembramento do solo para fins urbanos sem autorização do órgão público competente, ou em desacordo com as disposições desta Lei ou das normas pertinentes do Distrito Federal, Estados e Municípios;

II – dar início, de qualquer modo, ou efetuar loteamento ou desmembramento do solo para fins urbanos sem observância das determinações constantes do ato administrativo de licença;

III – fazer, ou veicular em proposta, contrato, prospecto ou comunicação ao público ou a interessados, afirmação falsa sobre a legalidade de loteamento ou desmembramento do solo para fins urbanos, ou ocultar fraudulentamente fato a ele relativo.

Pena – Reclusão, de 1 (um) a 4 (quatro) anos, e multa de 5 (cinco) a 50 (cinquenta) vezes o maior salário mínimo vigente no País.

•• *Vide* o disposto no art. 2.º da Lei n. 7.209, de 11-7-1984, sobre a pena de multa.

Parágrafo único. O crime definido neste artigo é qualificado, se cometido:

I – por meio de venda, promessa de venda, reserva de lote ou quaisquer outros instrumentos que manifestem a intenção de vender lote em loteamento ou desmembramento não registrado no Registro de Imóveis competente;

II – com inexistência de título legítimo de propriedade do imóvel loteado ou desmembrado, ressalvado o disposto no art. 18, §§ 4.º e 5.º, desta Lei, ou com omissão fraudulenta de fato a ele relativo, se o fato não constituir crime mais grave.

•• Inciso II com redação determinada pela Lei n. 9.785, de 29-1-1999.

Pena – Reclusão, de 1 (um) a 5 (cinco) anos, e multa de 10 (dez) a 100 (cem) vezes o maior salário mínimo vigente no País.

•• *Vide* o disposto no art. 2.º da Lei n. 7.209, de 11-7-1984, sobre a pena de multa.

Art. 51. Quem, de qualquer modo, concorra para a prática dos crimes previstos no artigo anterior desta Lei incide nas penas a estes cominadas, considerados em especial os atos praticados na qualidade de mandatário de loteador, diretor ou gerente de sociedade.

Parágrafo único. (*Vetado.*)

•• Parágrafo único acrescentado pela Lei n. 9.785, de 29-1-1999.

Art. 52. Registrar loteamento ou desmembramento não aprovado pelos órgãos competentes, registrar o compromisso de compra e venda, a cessão ou promessa de cessão de direitos, ou efetuar registro de contrato de venda de loteamento ou desmembramento não registrado.

Pena – Detenção, de 1 (um) a 2 (dois) anos, e multa de 5 (cinco) a 50 (cinquenta) vezes o maior salário mínimo vigente no País, sem prejuízo das sanções administrativas cabíveis.

• *Vide* o disposto no art. 2.º da Lei n. 7.209, de 11-7-1984, sobre a pena de multa.

Capítulo X
DISPOSIÇÕES FINAIS

Art. 53. Todas as alterações de uso do solo rural para fins urbanos dependerão de prévia audiência do Instituto Nacional de Colonização e Reforma Agrária – INCRA, do Órgão Metropolitano, se houver, onde se localiza o Município, e da aprovação da Prefeitura Municipal, ou do Distrito Federal quando for o caso, segundo as exigências da legislação pertinente.

Art. 53-A. São considerados de interesse público os parcelamentos vinculados a planos ou programas habitacionais de iniciativa das Prefeituras Municipais e do Distrito Federal, ou entidades autorizadas por lei, em especial as regularizações de parcelamentos e de assentamentos.

•• *Caput* acrescentado pela Lei n. 9.785, de 29-1-1999.

Parágrafo único. Às ações e intervenções de que trata este artigo não será exigível documentação que não seja a mínima necessária e indispensável aos registros no cartório competente, inclusive sob a forma de certidões, vedadas as exigências e as sanções pertinentes aos particulares, especialmente aquelas que visem garantir a realização de obras e serviços, ou que visem prevenir questões de domínio de glebas, que se presumirão asseguradas pelo Poder Público respectivo.

•• Parágrafo único acrescentado pela Lei n. 9.785, de 29-1-1999.

Art. 54. Esta Lei entrará em vigor na data de sua publicação.

Art. 55. Revogam-se as disposições em contrário.

Brasília, 19 de dezembro de 1979; 158.º da Independência e 91.º da República.

JOÃO BAPTISTA DE OLIVEIRA FIGUEIREDO

LEI N. 6.899, DE 8 DE ABRIL DE 1981 (*)

Determina a aplicação da correção monetária nos débitos oriundos de decisão judicial e dá outras providências.

O Presidente da República:

Faço saber que o Congresso Nacional decreta e eu sanciono a seguinte Lei:

Art. 1.º A correção monetária incide sobre qualquer débito resultante de decisão judicial, inclusive sobre custas e honorários advocatícios.

§ 1.º Nas execuções de títulos de dívida líquida e certa, a correção será calculada a contar do respectivo vencimento.

§ 2.º Nos demais casos, o cálculo far-se-á a partir do ajuizamento da ação.

Art. 2.º O Poder Executivo, no prazo de 60 (sessenta) dias, regulamentará a forma pela qual será efetuado o cálculo da correção monetária.

Art. 3.º O disposto nesta Lei aplica-se a todas as causas pendentes de julgamento.

Art. 4.º Esta Lei entrará em vigor na data de sua publicação.

Art. 5.º Revogam-se as disposições em contrário.

Brasília, em 8 de abril de 1981; 160.º da Independência e 93.º da República.

JOÃO FIGUEIREDO

LEI N. 6.938, DE 31 DE AGOSTO DE 1981 (**)

Dispõe sobre a Política Nacional do Meio Ambiente, seus fins e mecanismos de formulação e aplicação, e dá outras providências.

O Presidente da República:

Faço saber que o Congresso Nacional decreta e eu sanciono a seguinte Lei:

Art. 1.º Esta Lei, com fundamento nos incisos VI e VII do art. 23 e no art. 235 da Constituição estabelece a Política Nacional do Meio Ambiente, seus fins e mecanismos de formulação e aplicação, constitui o Sistema Nacional do Meio Ambiente - SISNAMA e institui o Cadastro de Defesa Ambiental.

•• Artigo com redação determinada pela Lei n. 8.028, de 12-4-1990. Acreditamos ter havido engano na publicação oficial ao mencionar o art. 235, quando, a rigor, deveria fazer referência ao art. 225 da CF.

• O art. 2.º da Lei n. 7.735, de 22-2-1989, cria o Instituto Brasileiro do Meio Ambiente e dos Recursos Naturais Renováveis - IBAMA, autarquia federal de regime especial, dotada de personalidade jurídica de direito público, autonomia administrativa e financeira, vinculada à Secretaria do Meio Ambiente da Presidência da República, com a finalidade de executar ações das políticas nacionais do meio ambiente e da preservação, conservação e uso racional, fiscalização, controle e fomento dos recursos naturais.

DA POLÍTICA NACIONAL DO MEIO AMBIENTE

Art. 2.º A Política Nacional do Meio Ambiente tem por objetivo a preservação, melhoria e recuperação da quali-

(*) Publicada no *DOU*, de 9-4-1981. Regulamentada pelo Decreto n. 86.649, de 25-11-1981.

(**) Publicada no *DOU*, de 2-9-1981. Regulamentada pelo Decreto n. 99.274, de 6-6-1990. Deixamos de publicar os Anexos I a IX por não atenderem ao espírito desta obra.

Sobre OTN, *vide* Nota dos Organizadores.

Sobre meio ambiente, *vide* os seguintes dispositivos da CF: 5.º, LXXIII (ação popular), 225, § 3.º (sanções penais), 170, VI (defesa, princípio da ordem econômica), 225 (defesa e preservação), 23, VII, 225, § 1.º, VII (fauna e flora), 24, VI, VIII (legislação concorrente), 225, § 1.º, II (patrimônio genético), 225, § 4.º (patrimônio nacional), 24, VI (poluição), 174, § 3.º (atividade garimpeira), 23, VI (combate à poluição, competência), 129, III (inquérito e ação civil pública), 200, VIII (sistema único de saúde), 225, § 2.º (recursos minerais), 216, V (sítios ecológicos), 225, § 6.º (usinas nucleares).

O art. 3.º da Lei n. 7.804, de 18-7-1989, determina que nos dispositivos das Leis n. 6.803, de 2-7-1980, 6.902, de 27-4-1981, e 6.938, de 31-8-1981, substitua-se, onde couber, a expressão Secretaria Especial do Meio Ambiente - SEMA, por Instituto Brasileiro do Meio Ambiente e Recursos Naturais Renováveis - IBAMA.

Lei de Crimes Ambientais: Lei n. 9.605, de 12-2-1998.

Política Nacional de Educação Ambiental: Lei n. 9.795, de 27-4-1999, regulamentada pelo Decreto n. 4.281, de 25-6-2002. A Lei n. 9.985, de 18-7-2000, cria o Sistema Nacional de Unidades de Conservação da Natureza (SNUC). O Decreto n. 4.339, de 22-8-2002, institui princípios e diretrizes para a implementação da Política Nacional da Biodiversidade.

dade ambiental propícia à vida, visando assegurar, no País, condições ao desenvolvimento socioeconômico, aos interesses da segurança nacional e à proteção da dignidade da vida humana, atendidos os seguintes princípios:

I – ação governamental na manutenção do equilíbrio ecológico, considerando o meio ambiente como um patrimônio público a ser necessariamente assegurado e protegido, tendo em vista o uso coletivo;

II – racionalização do uso do solo, do subsolo, da água e do ar;

III – planejamento e fiscalização do uso dos recursos ambientais;

IV – proteção dos ecossistemas, com a preservação de áreas representativas;

V – controle e zoneamento das atividades potencial ou efetivamente poluidoras;

VI – incentivos ao estudo e à pesquisa de tecnologias orientadas para o uso racional e a proteção dos recursos ambientais;

VII – acompanhamento do estado da qualidade ambiental;

VIII – recuperação de áreas degradadas;

•• O Decreto n. 97.632, de 10-4-1989, regulamentou o plano de recuperação de áreas degradadas.

IX – proteção de áreas ameaçadas de degradação;

X – educação ambiental a todos os níveis do ensino, inclusive a educação da comunidade, objetivando capacitá-la para participação ativa na defesa do meio ambiente.

Art. 3.º Para os fins previstos nesta Lei, entende-se por:

I – meio ambiente, o conjunto de condições, leis, influências e interações de ordem física, química e biológica, que permite, abriga e rege a vida em todas as suas formas;

II – degradação da qualidade ambiental, a alteração adversa das características do meio ambiente;

III – poluição, a degradação da qualidade ambiental resultante de atividades que direta ou indiretamente:

a) prejudiquem a saúde, a segurança e o bem-estar da população;

b) criem condições adversas às atividades sociais e econômicas;

c) afetem desfavoravelmente a biota;

d) afetem as condições estéticas ou sanitárias do meio ambiente;

e) lancem matérias ou energia em desacordo com os padrões ambientais estabelecidos;

IV – poluidor, a pessoa física ou jurídica, de direito público ou privado, responsável, direta ou indiretamente, por atividade causadora de degradação ambiental;

V – recursos ambientais: a atmosfera, as águas interiores, superficiais e subterrâneas, os estuários, o mar territorial, o solo, o subsolo, os elementos da biosfera, a fauna e a flora.

•• Inciso V com redação determinada pela Lei n. 7.804, de 18-7-1989.

DOS OBJETIVOS DA POLÍTICA NACIONAL DO MEIO AMBIENTE

Art. 4.º A Política Nacional do Meio Ambiente visará:

I – à compatibilização do desenvolvimento econômico-social com a preservação da qualidade do meio ambiente e do equilíbrio ecológico;

II – à definição de áreas prioritárias de ação governamental relativa à qualidade e ao equilíbrio ecológico, atendendo aos interesses da União, dos Estados, do Distrito Federal, dos Territórios e dos Municípios;

III – ao estabelecimento de critérios e padrões da qualidade ambiental e de normas relativas ao uso e manejo de recursos ambientais;

•• Inciso III regulamentado pelo Decreto n. 5.975, de 30-11-2006.

IV – ao desenvolvimento de pesquisas e de tecnologias nacionais orientadas para o uso racional de recursos ambientais;

V – à difusão de tecnologias de manejo do meio ambiente, à divulgação de dados e informações ambientais e à formação de uma consciência pública sobre a necessidade de preservação da qualidade ambiental e do equilíbrio ecológico;

VI – à preservação e restauração dos recursos ambientais com vistas à sua utilização racional e disponibilidade permanente, concorrendo para a manutenção do equilíbrio ecológico propício à vida;

VII – à imposição, ao poluidor e ao predador, da obrigação de recuperar e/ou indenizar os danos causados e, ao usuário, da contribuição pela utilização de recursos ambientais com fins econômicos.

•• *Vide* Súmula 629 do STJ.

Art. 5.º As diretrizes da Política Nacional do Meio Ambiente serão formuladas em normas e planos, destinados a orientar a ação dos governos da União, dos Estados, do Distrito Federal, dos Territórios e dos Municípios no que se relaciona com a preservação da qualidade ambiental e manutenção do equilíbrio ecológico, observados os princípios estabelecidos no art. 2.º desta Lei.

• Estatuto da Cidade: *vide* Lei n. 10.257, de 10-7-2001.

Parágrafo único. As atividades empresariais públicas ou privadas serão exercidas em consonância com as diretrizes da Política Nacional do Meio Ambiente.

DO SISTEMA NACIONAL DO MEIO AMBIENTE

Art. 6.º Os órgãos e entidades da União, dos Estados, do Distrito Federal, dos Territórios e dos Municípios, bem como as fundações instituídas pelo Poder Público, responsáveis pela proteção e melhoria da qualidade ambiental, constituirão o Sistema Nacional do Meio Ambiente – SISNAMA, assim estruturado:

• A Lei n. 10.650, de 16-4-2003, dispõe sobre o acesso público aos dados e informações existentes nos órgãos e entidades integrantes do Sisnama.

I – órgão superior: o Conselho de Governo, com a função de assessorar o Presidente da República na formulação da política nacional e nas diretrizes governamentais para o meio ambiente e os recursos ambientais;

•• Inciso I com redação determinada pela Lei n. 8.028, de 12-4-1990.

II – órgão consultivo e deliberativo: o Conselho Nacional do Meio Ambiente - CONAMA, com a finalidade de assessorar, estudar e propor ao Conselho de Governo, diretrizes de políticas governamentais para o meio ambiente e os recursos naturais e deliberar, no âmbito de sua competência, sobre normas e padrões compatíveis com o meio ambiente ecologicamente equilibrado e essencial à sadia qualidade de vida;

•• Inciso II com redação determinada pela Lei n. 8.028, de 12-4-1990.

III – órgão central: a Secretaria do Meio Ambiente da Presidência da República, com a finalidade de planejar, coordenar, supervisionar e controlar, como órgão federal, a política nacional e as diretrizes governamentais fixadas para o meio ambiente;

•• Inciso III com redação determinada pela Lei n. 8.028, de 12-4-1990.

IV – órgãos executores: o Instituto Brasileiro do Meio Ambiente e dos Recursos Naturais Renováveis - IBAMA e o Instituto Chico Mendes de Conservação da Biodiversidade - Instituto Chico Mendes, com a finalidade de executar e fazer executar a política e as diretrizes governamentais fixadas para o meio ambiente, de acordo com as respectivas competências;

•• Inciso IV com redação determinada pela Lei n. 12.856, de 2-9-2013.

V – órgãos seccionais: os órgãos ou entidades estaduais responsáveis pela execução de programas, projetos e pelo controle e fiscalização de atividades capazes de provocar a degradação ambiental;

•• Inciso V com redação determinada pela Lei n. 7.804, de 18-7-1989.

VI – órgãos locais: os órgãos ou entidades municipais, responsáveis pelo controle e fiscalização dessas atividades, nas suas respectivas jurisdições.

•• Inciso VI com redação determinada pela Lei n. 7.804, de 18-7-1989.

§ 1.º Os Estados, na esfera de suas competências e nas áreas de sua jurisdição, elaborarão normas supletivas e complementares e padrões relacionados com o meio ambiente, observados os que forem estabelecidos pelo CONAMA.

§ 2.º Os Municípios, observadas as normas e os padrões federais e estaduais, também poderão elaborar as normas mencionadas no parágrafo anterior.

§ 3.º Os órgãos central, setoriais, seccionais e locais mencionados neste artigo deverão fornecer os resultados das análises efetuadas e sua fundamentação, quando solicitados por pessoa legitimamente interessada.

§ 4.º De acordo com a legislação em vigor, é o Poder Executivo autorizado a criar uma fundação de apoio técnico e científico às atividades do IBAMA.

DO CONSELHO NACIONAL DO MEIO AMBIENTE

Art. 7.º (*Revogado pela Lei n. 8.028, de 12-4-1990.*)

Art. 8.º Compete ao CONAMA:

•• *Caput* com redação determinada pela Lei n. 8.028, de 12-4-1990.

I – estabelecer, mediante proposta do IBAMA, normas e critérios para o licenciamento de atividades efetiva ou potencialmente poluidoras, a ser concedido pelos Estados e supervisionado pelo IBAMA;

II – determinar, quando julgar necessário, a realização de estudos das alternativas e das possíveis consequências ambientais de projetos públicos ou privados, requisitando aos órgãos federais, estaduais e municipais, bem assim a entidades privadas, as informações indispensáveis para apreciação dos estudos de impacto ambiental, e respectivos relatórios, no caso de obras ou atividades de significativa degradação ambiental, especialmente nas áreas consideradas patrimônio nacional;

•• Inciso II com redação determinada pela Lei n. 8.028, de 12-4-1990.

III – (*Revogado pela Lei n. 11.941, de 27-5-2009.*)

IV – homologar acordos visando à transformação de penalidades pecuniárias na obrigação de executar medidas de interesse para a proteção ambiental: (*Vetado*);

V – determinar, mediante representação do IBAMA, a perda ou restrição de benefícios fiscais concedidos pelo Poder Público, em caráter geral ou condicional, e a perda ou suspensão de participação em linhas de financiamento em estabelecimentos oficiais de crédito;

VI – estabelecer, privativamente, normas e padrões nacionais de controle da poluição por veículos automotores, aeronaves e embarcações, mediante audiência dos Ministérios competentes;

VII – estabelecer normas, critérios e padrões relativos ao controle e à manutenção da qualidade do meio ambiente com vistas ao uso racional dos recursos ambientais, principalmente os hídricos.

Parágrafo único. O secretário do Meio Ambiente é, sem prejuízo de suas funções, o Presidente do CONAMA.

•• Parágrafo único acrescentado pela Lei n. 8.028, de 12-4-1990.

DOS INSTRUMENTOS DA POLÍTICA NACIONAL DO MEIO AMBIENTE

Art. 9.º São instrumentos da Política Nacional do Meio Ambiente:

I – o estabelecimento de padrões de qualidade ambiental;

II – o zoneamento ambiental;

•• Inciso II regulamentado pelo Decreto n. 4.297, de 10-7-2002.

III – a avaliação de impactos ambientais;

IV – o licenciamento e a revisão de atividades efetiva ou potencialmente poluidoras;

V – os incentivos à produção e instalação de equipamentos e a criação ou absorção de tecnologia, voltados para a melhoria da qualidade ambiental;

VI – a criação de espaços territoriais especialmente protegidos pelo Poder Público federal, estadual e municipal, tais como áreas de proteção ambiental, de relevante interesse ecológico e reservas extrativistas;

•• Inciso VI com redação determinada pela Lei n. 7.804, de 18-7-1989.

• O Decreto n. 98.897, de 30-1-1990, dispõe sobre as reservas extrativistas.

VII – o sistema nacional de informações sobre o meio ambiente;

VIII – o Cadastro Técnico Federal de Atividades e Instrumentos de Defesa Ambiental;

IX – as penalidades disciplinares ou compensatórias ao não cumprimento das medidas necessárias à preservação ou correção da degradação ambiental;

X – a instituição do Relatório de Qualidade do Meio Ambiente, a ser divulgado anualmente pelo Instituto Brasileiro do Meio Ambiente e Recursos Naturais Renováveis - IBAMA;

•• Inciso X acrescentado pela Lei n. 7.804, de 18-7-1989.

XI – a garantia da prestação de informações relativas ao Meio Ambiente, obrigando-se o Poder Público a produzi-las, quando inexistentes;

•• Inciso XI acrescentado pela Lei n. 7.804, de 18-7-1989.

XII – o Cadastro Técnico Federal de atividades potencialmente poluidoras e/ou utilizadoras dos recursos ambientais;

•• Inciso XII acrescentado pela Lei n. 7.804, de 18-7-1989.

XIII – instrumentos econômicos, como concessão florestal, servidão ambiental, seguro ambiental e outros.

•• Inciso XIII acrescentado pela Lei n. 11.284, de 2-3-2006.

Art. 9.º-A. O proprietário ou possuidor de imóvel, pessoa natural ou jurídica, pode, por instrumento público ou particular ou por termo administrativo firmado perante órgão integrante do Sisnama, limitar o uso de toda a sua propriedade ou de parte dela para preservar, conservar ou recuperar os recursos ambientais existentes, instituindo servidão ambiental.

•• *Caput* com redação determinada pela Lei n. 12.651, de 25-5-2012.

• O art. 44 da Lei n. 12.651, de 25-5-2012, institui a Cota de Reserva Ambiental - CRA, título normativo representativo de área com vegetação nativa, existente ou em processo de recuperação, sob regime de servidão ambiental, instituída na forma deste artigo.

§ 1.º O instrumento ou termo de instituição da servidão ambiental deve incluir, no mínimo, os seguintes itens:

•• § 1.º, *caput*, com redação determinada pela Lei n. 12.651, de 25-5-2012.

I – memorial descritivo da área da servidão ambiental, contendo pelo menos um ponto de amarração georreferenciado;

•• Inciso I acrescentado pela Lei n. 12.651, de 25-5-2012.

II – objeto da servidão ambiental;

•• Inciso II acrescentado pela Lei n. 12.651, de 25-5-2012.

III – direitos e deveres do proprietário ou possuidor instituidor;

•• Inciso III acrescentado pela Lei n. 12.651, de 25-5-2012.

IV – prazo durante o qual a área permanecerá como servidão ambiental.

•• Inciso IV acrescentado pela Lei n. 12.651, de 25-5-2012.

§ 2.º A servidão ambiental não se aplica às Áreas de Preservação Permanente e à Reserva Legal mínima exigida.

•• § 2.º com redação determinada pela Lei n. 12.651, de 25-5-2012.

§ 3.º A restrição ao uso ou à exploração da vegetação da área sob servidão ambiental deve ser, no mínimo, a mesma estabelecida para a Reserva Legal.

•• § 3.º com redação determinada pela Lei n. 12.651, de 25-5-2012.

§ 4.º Devem ser objeto de averbação na matrícula do imóvel no registro de imóveis competente:

•• § 4.º, *caput*, com redação determinada pela Lei n. 12.651, de 25-5-2012.

I – o instrumento ou termo de instituição da servidão ambiental;

•• Inciso I acrescentado pela Lei n. 12.651, de 25-5-2012.

II – o contrato de alienação, cessão ou transferência da servidão ambiental.

•• Inciso II acrescentado pela Lei n. 12.651, de 25-5-2012.

§ 5.º Na hipótese de compensação de Reserva Legal, a servidão ambiental deve ser averbada na matrícula de todos os imóveis envolvidos.

•• § 5.º com redação determinada pela Lei n. 12.651, de 25-5-2012.

§ 6.º É vedada, durante o prazo de vigência da servidão ambiental, a alteração da destinação da área, nos casos de transmissão do imóvel a qualquer título, de desmembramento ou de retificação dos limites do imóvel.

•• § 6.º acrescentado pela Lei n. 12.651, de 25-5-2012.

§ 7.º As áreas que tenham sido instituídas na forma de servidão florestal, nos termos do art. 44-A da Lei n. 4.771, de 15 de setembro de 1965, passam a ser consideradas, pelo efeito desta Lei, como de servidão ambiental.

•• § 7.º acrescentado pela Lei n. 12.651, de 25-5-2012.

•• A Lei n. 4.771, de 15-9-1965, foi revogada pelo art. 83 da Lei n. 12.651, de 25-5-2012.

Art. 9.º-B. A servidão ambiental poderá ser onerosa ou gratuita, temporária ou perpétua.

•• *Caput* acrescentado pela Lei n. 12.651, de 25-5-2012.

§ 1.º O prazo mínimo da servidão ambiental temporária é de 15 (quinze) anos.

•• § 1.º acrescentado pela Lei n. 12.651, de 25-5-2012.

§ 2.º A servidão ambiental perpétua equivale, para fins creditícios, tributários e de acesso aos recursos de fundos públicos, à Reserva Particular do Patrimônio Natural - RPPN, definida no art. 21 da Lei n. 9.985, de 18 de julho de 2000.

•• § 2.º acrescentado pela Lei n. 12.651, de 25-5-2012.

• Dispõe o mencionado art. 21, regulamentado pelo Decreto n. 5.746, de 5-4-2006: "Art. 21. A Reserva Particular do Patrimônio Natural é uma área privada, gravada com perpetuidade, com o objetivo de conservar a diversidade biológica. § 1.º O gravame de que trata este artigo constará de termo de compromisso assinado perante o órgão ambiental, que verificará a existência de interesse público, e será averbado à margem da inscrição no Registro Público de Imóveis. § 2.º Só poderá ser permitida, na Reserva Particular do Patrimônio Natural, conforme se dispuser em regulamento: I – a pesquisa científica; II – a visitação com objetivos turísticos, recreativos e educacionais; III – (*Vetado*.). § 3.º Os órgãos integrantes do SNUC, sempre que possível e oportuno, prestarão orientação técnica e científica ao proprietário de Reserva Particular do Patrimônio Natural para a elaboração de um Plano de Manejo ou de Proteção e de Gestão da unidade".

§ 3.º O detentor da servidão ambiental poderá aliená-la, cedê-la ou transferi-la, total ou parcialmente, por prazo determinado ou em caráter definitivo, em favor de outro proprietário ou de entidade pública ou privada que tenha a conservação ambiental como fim social.

•• § 3.º acrescentado pela Lei n. 12.651, de 25-5-2012.

Art. 9.º-C. O contrato de alienação, cessão ou transferência da servidão ambiental deve ser averbado na matrícula do imóvel.

•• *Caput* acrescentado pela Lei n. 12.651, de 25-5-2012.

§ 1.º O contrato referido no *caput* deve conter, no mínimo, os seguintes itens:

•• § 1.º acrescentado pela Lei n. 12.651, de 25-5-2012.

I – a delimitação da área submetida a preservação, conservação ou recuperação ambiental;

•• Inciso I acrescentado pela Lei n. 12.651, de 25-5-2012.

II – o objeto da servidão ambiental;

•• Inciso II acrescentado pela Lei n. 12.651, de 25-5-2012.

III – os direitos e deveres do proprietário instituidor e dos futuros adquirentes ou sucessores;

•• Inciso III acrescentado pela Lei n. 12.651, de 25-5-2012.

IV – os direitos e deveres do detentor da servidão ambiental;

•• Inciso IV acrescentado pela Lei n. 12.651, de 25-5-2012.

V – os benefícios de ordem econômica do instituidor e do detentor da servidão ambiental;

•• Inciso V acrescentado pela Lei n. 12.651, de 25-5-2012.

VI – a previsão legal para garantir o seu cumprimento, inclusive medidas judiciais necessárias, em caso de ser descumprido.

•• Inciso VI acrescentado pela Lei n. 12.651, de 25-5-2012.

§ 2.º São deveres do proprietário do imóvel serviente, entre outras obrigações estipuladas no contrato:

•• § 2.º, *caput*, acrescentado pela Lei n. 12.651, de 25-5-2012.

I – manter a área sob servidão ambiental;

•• Inciso I acrescentado pela Lei n. 12.651, de 25-5-2012.

II – prestar contas ao detentor da servidão ambiental sobre as condições dos recursos naturais ou artificiais;

•• Inciso II acrescentado pela Lei n. 12.651, de 25-5-2012.

III – permitir a inspeção e a fiscalização da área pelo detentor da servidão ambiental;

•• Inciso III acrescentado pela Lei n. 12.651, de 25-5-2012.

IV – defender a posse da área serviente, por todos os meios em direito admitidos.

•• Inciso IV acrescentado pela Lei n. 12.651, de 25-5-2012.

§ 3.º São deveres do detentor da servidão ambiental, entre outras obrigações estipuladas no contrato:

•• § 3.º, *caput*, acrescentado pela Lei n. 12.651, de 25-5-2012.

I – documentar as características ambientais da propriedade;

•• Inciso I acrescentado pela Lei n. 12.651, de 25-5-2012.

II – monitorar periodicamente a propriedade para verificar se a servidão ambiental está sendo mantida;

•• Inciso II acrescentado pela Lei n. 12.651, de 25-5-2012.

III – prestar informações necessárias a quaisquer interessados na aquisição ou aos sucessores da propriedade;

•• Inciso III acrescentado pela Lei n. 12.651, de 25-5-2012.

IV – manter relatórios e arquivos atualizados com as atividades da área objeto da servidão;

•• Inciso IV acrescentado pela Lei n. 12.651, de 25-5-2012.

V – defender judicialmente a servidão ambiental.

•• Inciso V acrescentado pela Lei n. 12.651, de 25-5-2012.

Art. 10. A construção, instalação, ampliação e funcionamento de estabelecimentos e atividades utilizadores de recursos ambientais, efetiva ou potencialmente poluidores ou capazes, sob qualquer forma, de causar degradação ambiental dependerão de prévio licenciamento ambiental.

•• *Caput* com redação determinada pela Lei Complementar n. 140, de 8-12-2011.

§ 1.º Os pedidos de licenciamento, sua renovação e a respectiva concessão serão publicados no jornal oficial, bem como em periódico regional ou local de grande circulação, ou em meio eletrônico de comunicação mantido pelo órgão ambiental competente.

•• § 1.º com redação determinada pela Lei Complementar n. 140, de 8-12-2011.

§§ 2.º a 4.º (*Revogados pela Lei Complementar n. 140, de 8-12-2011.*)

Art. 11. Compete ao IBAMA propor ao CONAMA normas e padrões para implantação, acompanhamento e fiscalização do licenciamento previsto no artigo anterior, além das que forem oriundas do próprio CONAMA.

§ 1.º (*Revogado pela Lei Complementar n. 140, de 8-12-2011.*)

§ 2.º Inclui-se na competência da fiscalização e controle a análise de projetos de entidades, públicas ou privadas, objetivando a preservação ou a recuperação de recursos ambientais, afetados por processos de exploração predatórios ou poluidores.

Art. 12. As entidades e órgãos de financiamento e incentivos governamentais condicionarão a aprovação de projetos habilitados a esses benefícios ao licenciamento, na forma desta Lei, e ao cumprimento das normas, dos critérios e dos padrões expedidos pelo CONAMA.

Parágrafo único. As entidades e órgãos referidos no *caput* deste artigo deverão fazer constar dos projetos a realização de obras e aquisição de equipamentos destinados ao controle de degradação ambiental e à melhoria da qualidade do meio ambiente.

Art. 13. O Poder Executivo incentivará as atividades voltadas ao meio ambiente, visando:

I – ao desenvolvimento, no País, de pesquisas e processos tecnológicos destinados a reduzir a degradação da qualidade ambiental;

II – à fabricação de equipamentos antipoluidores;

III – a outras iniciativas que propiciem a racionalização do uso de recursos ambientais.

Parágrafo único. Os órgãos, entidades e programas do Poder Público, destinados ao incentivo das pesquisas científicas e tecnológicas, considerarão, entre as suas metas prioritárias, o apoio aos projetos que visem a adquirir e desenvolver conhecimentos básicos e aplicáveis na área ambiental e ecológica.

Art. 14. Sem prejuízo das penalidades definidas pela legislação federal, estadual e municipal, o não cumprimento das medidas necessárias à preservação ou correção dos inconvenientes e danos causados pela degradação da qualidade ambiental sujeitará os transgressores:

I – à multa simples ou diária, nos valores correspondentes, no mínimo, a 10 (dez) e, no máximo, a 1.000 (mil) Obrigações do Tesouro Nacional – OTNs, agravada em casos de reincidência específica, conforme dispuser o Regulamento, vedada a sua cobrança pela União se já tiver sido aplicada pelo Estado, Distrito Federal, Territórios ou pelos Municípios;

II – à perda ou restrição de incentivos e benefícios fiscais concedidos pelo Poder Público;

III – à perda ou suspensão de participação em linhas de financiamento em estabelecimentos oficiais de crédito;

IV – à suspensão de sua atividade.

§ 1.º Sem obstar a aplicação das penalidades previstas neste artigo, é o poluidor obrigado, independentemente da existência de culpa, a indenizar ou reparar os danos causados ao meio ambiente e a terceiros, afetados por sua atividade. O Ministério Público da União e dos Estados terá legitimidade para propor ação de responsabilidade civil e criminal, por danos causados ao meio ambiente.

•• *Vide* Súmula 623 do STJ.

§ 2.º No caso de omissão da autoridade estadual ou municipal, caberá ao Secretário do Meio Ambiente a aplicação das penalidades pecuniárias previstas neste artigo.

§ 3.º Nos casos previstos nos incisos II e III deste artigo, o ato declaratório da perda, restrição ou suspensão será atribuição da autoridade administrativa ou financeira que concedeu os benefícios, incentivos ou financiamento, cumprindo resolução do CONAMA.

§ 4.º (*Revogado pela Lei n. 9.966, de 28-4-2000.*)

§ 5.º A execução das garantias exigidas do poluidor não impede a aplicação das obrigações de indenização e reparação de danos previstas no § 1.º deste artigo.

•• § 5.º acrescentado pela Lei n. 11.284, de 2-3-2006.

•• *Vide* Súmula 629 do STJ.

Art. 15. O poluidor que expuser a perigo a incolumidade humana, animal ou vegetal, ou estiver tornando mais grave situação de perigo existente, fica sujeito à pena de reclusão de 1 (um) a 3 (três) anos e multa de 100 (cem) a 1.000 (mil) MVR.

•• *Caput* com redação determinada pela Lei n. 7.804, de 18-7-1989.

§ 1.º A pena é aumentada até o dobro se:

I – resultar:

a) dano irreversível à fauna, à flora e ao meio ambiente;

b) lesão corporal grave;

II – a poluição é decorrente de atividade industrial ou de transporte;

III – o crime é praticado durante a noite, em domingo ou em feriado.

•• § 1.º com redação determinada pela Lei n. 7.804, de 18-7-1989.

§ 2.º Incorre no mesmo crime a autoridade competente que deixar de promover as medidas tendentes a impedir a prática das condutas acima descritas.

•• § 2.º com redação determinada pela Lei n. 7.804, de 18-7-1989.

Art. 16. (*Revogado pela Lei n. 7.804, de 18-7-1989.*)

Art. 17. Fica instituído, sob a administração do Instituto Brasileiro do Meio Ambiente e Recursos Naturais Renováveis – IBAMA:

•• *Caput* com redação determinada pela Lei n. 7.804, de 18-7-1989.

I – Cadastro Técnico Federal de Atividades e Instrumentos de Defesa Ambiental, para registro obrigatório de pessoas físicas ou jurídicas que se dedicam à consultoria técnica sobre problemas ecológicos e ambientais e à indústria e comércio de equipamentos, aparelhos e instrumentos destinados ao controle de atividades efetiva ou potencialmente poluidoras;

•• Inciso I acrescentado pela Lei n. 7.804, de 18-7-1989.

•• A Instrução Normativa n. 12, de 20-8-2021, do IBAMA, regulamenta a obrigação de inscrição no Cadastro Técnico Federal de Atividades e Instrumentos de Defesa Ambiental, a que se refere este inciso I.

II – Cadastro Técnico Federal de Atividades Potencialmente Poluidoras ou Utilizadoras de Recursos Ambientais, para registro obrigatório de pessoas físicas ou jurídicas que se dedicam a atividades potencialmente poluidoras e/ou a extração, produção, transporte e comercialização de produtos potencialmente perigosos ao meio ambiente, assim como de produtos e subprodutos da fauna e flora.

•• Inciso II acrescentado pela Lei n. 7.804, de 18-7-1989.

•• O art. 37 da Lei n. 12.651, de 25-5-2012 – Código Florestal, determina que o comércio de plantas vivas e outros produtos oriundos da flora nativa dependerá de licença do órgão estadual competente do Sisnama e de registro no Cadastro previsto neste artigo, sem prejuízo de outras exigências cabíveis.

Art. 17-A. São estabelecidos os preços dos serviços e produtos do Instituto Brasileiro do Meio Ambiente e dos Recursos Naturais Renováveis - Ibama, a serem aplicados em âmbito nacional, conforme Anexo a esta Lei.

•• Artigo acrescentado pela Lei n. 9.960, de 28-1-2000.

Art. 17-B. Fica instituída a Taxa de Controle e Fiscalização Ambiental - TCFA, cujo fato gerador é o exercício regular do poder de polícia conferido ao Instituto Brasileiro do Meio Ambiente e dos Recursos Naturais Renováveis - Ibama para controle e fiscalização das atividades potencialmente poluidoras e utilizadoras de recursos naturais.

•• *Caput* com redação determinada pela Lei n. 10.165, de 27-12-2000.

§§ 1.º e 2.º (*Revogados pela Lei n. 10.165, de 27-12-2000.*)

Art. 17-C. É sujeito passivo da TCFA todo aquele que exerça as atividades constantes do Anexo VIII desta Lei.

•• *Caput* com redação determinada pela Lei n. 10.165, de 27-12-2000.

§ 1.º O sujeito passivo da TCFA é obrigado a entregar até o dia 31 de março de cada ano relatório das atividades exercidas no ano anterior, cujo modelo será definido pelo Ibama, para o fim de colaborar com os procedimentos de controle e fiscalização.

•• § 1.º com redação determinada pela Lei n. 10.165, de 27-12-2000.

§ 2.º O descumprimento da providência determinada no § 1.º sujeita o infrator a multa equivalente a vinte por cento da TCFA devida, sem prejuízo da exigência desta.

•• § 2.º com redação determinada pela Lei n. 10.165, de 27-12-2000.

§ 3.º (*Revogado pela Lei n. 10.165, de 27-12-2000.*)

Art. 17-D. A TCFA é devida por estabelecimento e os seus valores são os fixados no Anexo IX desta Lei.

•• *Caput* com redação determinada pela Lei n. 10.165, de 27-12-2000.

§ 1.º Para os fins desta Lei, consideram-se:

I – microempresa e empresa de pequeno porte, as pessoas jurídicas que se enquadrem, respectivamente, nas descrições dos incisos I e II do *caput* do art. 2.º da Lei n. 9.841, de 5 de outubro de 1999;

•• A Lei n. 9.841, de 5-10-1999, foi revogada pela Lei Complementar n. 123, de 14-12-2006 - Estatuto Nacional da Microempresa e Empresa de Pequeno Porte. *Vide* art. 3.º da mencionada Lei Complementar.

II – empresa de médio porte, a pessoa jurídica que tiver receita bruta anual superior a R$ 1.200.000,00 (um milhão e duzentos mil reais) e igual ou inferior a R$ 120.000.000,00 (doze milhões de reais);

III – empresa de grande porte, a pessoa jurídica que tiver receita bruta anual superior a R$ 12.000.000,00 (doze milhões de reais).

•• § 1.º acrescentado pela Lei n. 10.165, de 27-12-2000.

§ 2.º O potencial de poluição (PP) e o grau de utilização (GU) de recursos naturais de cada uma das atividades sujeitas à fiscalização encontram-se definidos no Anexo VIII desta Lei.

•• § 2.º acrescentado pela Lei n. 10.165, de 27-12-2000.

§ 3.º Caso o estabelecimento exerça mais de uma atividade sujeita à fiscalização, pagará a taxa relativamente a apenas uma delas, pelo valor mais elevado.

•• § 3.º acrescentado pela Lei n. 10.165, de 27-12-2000.

Art. 17-E. É o Ibama autorizado a cancelar débitos de valores inferiores a R$ 40,00 (quarenta reais), existentes até 31 de dezembro de 1999.

•• Artigo acrescentado pela Lei n. 9.960, de 28-1-2000.

Art. 17-F. São isentas do pagamento da TCFA as entidades públicas federais, distritais, estaduais e municipais, as entidades filantrópicas, aqueles que praticam agricultura de subsistência e as populações tradicionais.

•• Artigo com redação determinada pela Lei n. 10.165, de 27-12-2000.

Art. 17-G. A TCFA será devida no último dia útil de cada trimestre do ano civil, nos valores fixados no Anexo IX desta Lei, e o recolhimento será efetuado em conta bancária vinculada ao Ibama, por intermédio de documento próprio de arrecadação, até o quinto dia útil do mês subsequente.

•• *Caput* com redação determinada pela Lei n. 10.165, de 27-12-2000.

Parágrafo único. (*Revogado pela Lei n. 10.165, de 27-12-2000.*)

§ 2.º Os recursos arrecadados com a TCFA terão utilização restrita em atividades de controle e fiscalização ambiental.

•• § 2.º acrescentado pela Lei n. 11.284, de 2-3-2006.

•• Numeração dos parágrafos conforme publicação oficial.

Art. 17-H. A TCFA não recolhida nos prazos e nas condições estabelecidas no artigo anterior será cobrada com os seguintes acréscimos:

•• *Caput* com redação determinada pela Lei n. 10.165, de 27-12-2000.

I – juros de mora, na via administrativa ou judicial, contados do mês seguinte ao do vencimento, à razão de 1% (um por cento);

•• Inciso I com redação determinada pela Lei n. 10.165, de 27-12-2000.

II – multa de mora de 20% (vinte por cento), reduzida a 10% (dez por cento) se o pagamento for efetuado até o último dia útil do mês subsequente ao do vencimento;

•• Inciso II com redação determinada pela Lei n. 10.165, de 27-12-2000.

III – encargo de 20% (vinte por cento), substitutivo da condenação do devedor em honorários de advogado, calculado sobre o total do débito inscrito como Dívida Ativa, reduzido para 10% (dez por cento) se o pagamento for efetuado antes do ajuizamento da execução.

•• Inciso III acrescentado pela Lei n. 10.165, de 27-12-2000.

§ 1.º-A. Os juros de mora não incidem sobre o valor da multa de mora.

•• § 1.º-A acrescentado pela Lei n. 10.165, de 27-12-2000.

§ 1.º Os débitos relativos à TCFA poderão ser parcelados de acordo com os critérios fixados na legislação tributária, conforme dispuser o regulamento desta Lei.

•• § 1.º acrescentado pela Lei n. 10.165, de 27-12-2000.

Art. 17-I. As pessoas físicas e jurídicas que exerçam as atividades mencionadas nos incisos I e II do art. 17 e que não estiverem inscritas nos respectivos cadastros até o último dia útil do terceiro mês que se seguir ao da publicação desta Lei incorrerão em infração punível com multa de:

•• *Caput* com redação determinada pela Lei n. 10.165, de 27-12-2000.

I – R$ 50,00 (cinquenta reais), se pessoa física;

•• Inciso I acrescentado pela Lei n. 10.165, de 27-12-2000.

II – R$ 150,00 (cento e cinquenta reais), se microempresa;

•• Inciso II acrescentado pela Lei n. 10.165, de 27-12-2000.

III – R$ 900,00 (novecentos reais), se empresa de pequeno porte;

•• Inciso III acrescentado pela Lei n. 10.165, de 27-12-2000.

IV – R$ 1.800,00 (mil e oitocentos reais), se empresa de médio porte;

•• Inciso IV acrescentado pela Lei n. 10.165, de 27-12-2000.

V – R$ 9.000,00 (nove mil reais), se empresa de grande porte.

•• Inciso V acrescentado pela Lei n. 10.165, de 27-12-2000.

Parágrafo único. (*Revogado pela Lei n. 10.165, de 27-12-2000.*)

Art. 17-J. (*Revogado pela Lei n. 10.165, de 27-12-2000.*)

Art. 17-L. As ações de licenciamento, registro, autorizações, concessões e permissões relacionadas à fauna, à flora, e ao controle ambiental são de competência exclusiva dos órgãos integrantes do Sistema Nacional do Meio Ambiente.

•• Artigo acrescentado pela Lei n. 9.960, de 28-1-2000.

Art. 17-M. Os preços dos serviços administrativos prestados pelo Ibama, inclusive os referentes à venda de impressos e publicações, assim como os de entrada, permanência e utilização de áreas ou instalações nas unidades de conservação, serão definidos em portaria do Ministro de Estado do Meio Ambiente, mediante proposta do Presidente daquele Instituto.

•• Artigo acrescentado pela Lei n. 9.960, de 28-1-2000.

Art. 17-N. Os preços dos serviços técnicos do Laboratório de Produtos Florestais do Ibama, assim como os para venda de produtos da flora, serão, também, definidos em portaria do Ministro de Estado do Meio Ambiente, mediante proposta do Presidente daquele Instituto.

•• Artigo acrescentado pela Lei n. 9.960, de 28-1-2000.

Art. 17-O. Os proprietários rurais que se beneficiarem com redução do valor do Imposto sobre a Propriedade Territorial Rural - ITR, com base em Ato Declaratório Ambiental - ADA, deverão recolher ao Ibama a importância prevista no item 3.11 do Anexo VII da Lei n. 9.960, de 29 de janeiro de 2000, a título de Taxa de Vistoria.

•• *Caput* com redação determinada pela Lei n. 10.165, de 27-12-2000.

• O Decreto n. 4.382, de 19-9-2002, regulamenta a tributação, fiscalização, arrecadação e administração do Imposto sobre a Propriedade Territorial Rural – ITR.

§ 1.º-A. A Taxa de Vistoria a que se refere o *caput* deste artigo não poderá exceder a dez por cento do valor da redução do imposto proporcionada pelo ADA.

•• § 1.º-A acrescentado pela Lei n. 10.165, de 27-12-2000.

§ 1.º A utilização do ADA para efeito de redução do valor a pagar do ITR é obrigatória.

•• § 1.º com redação determinada pela Lei n. 10.165, de 27-12-2000.

§ 2.º O pagamento de que trata o *caput* deste artigo poderá ser efetivado em cota única ou em parcelas, nos mesmos moldes escolhidos pelo contribuinte para o pagamento do ITR, em documento próprio de arrecadação do Ibama.

•• § 2.º com redação determinada pela Lei n. 10.165, de 27-12-2000.

§ 3.º Para efeito de pagamento parcelado, nenhuma parcela poderá ser inferior a R$ 50,00 (cinquenta reais).

•• § 3.º com redação determinada pela Lei n. 10.165, de 27-12-2000.

§ 4.º O inadimplemento de qualquer parcela ensejará a cobrança de juros e multa nos termos dos incisos I e II do *caput* e §§ 1.º-A e 1.º, todos do art. 17-H desta Lei.

•• § 4.º com redação determinada pela Lei n. 10.165, de 27-12-2000.

§ 5.º Após a vistoria, realizada por amostragem, caso os dados constantes do ADA não coincidam com os efetivamente levantados pelos técnicos do Ibama, estes lavrarão, de ofício, novo ADA, contendo os dados reais, o qual será encaminhado à Secretaria da Receita Federal, para as providências cabíveis.

•• § 5.º com redação determinada pela Lei n. 10.165, de 27-12-2000.

•• A Secretaria da Receita Federal passa a denominar-se Secretaria da Receita Federal do Brasil, por força da Lei n. 11.457, de 16-3-2007.

Art. 17-P. Constitui crédito para compensação com o valor devido a título de TCFA, até o limite de sessenta por cento e relativamente ao mesmo ano, o montante efetivamente pago pelo estabelecimento ao Estado, ao Município e ao Distrito Federal em razão de taxa de fiscalização ambiental.

•• *Caput* acrescentado pela Lei n. 10.165, de 27-12-2000.

§ 1.º Valores recolhidos ao Estado, ao Município e ao Distrito Federal a qualquer outro título, tais como taxas ou preços públicos de licenciamento e venda de produtos, não constituem crédito para compensação com a TCFA.

•• § 1.º acrescentado pela Lei n. 10.165, de 27-12-2000.

§ 2.º A restituição, administrativa ou judicial, qualquer que seja a causa que a determine, da taxa de fiscalização ambiental estadual ou distrital compensada com a TCFA restaura o direito de crédito do Ibama contra o estabelecimento, relativamente ao valor compensado.

•• § 2.º acrescentado pela Lei n. 10.165, de 27-12-2000.

Art. 17-Q. É o Ibama autorizado a celebrar convênios com os Estados, os Municípios e o Distrito Federal para desempenharem atividades de fiscalização ambiental, podendo repassar-lhes parcela da receita obtida com a TCFA.

•• Artigo acrescentado pela Lei n. 10.165, de 27-12-2000.

Art. 18. (*Revogado pela Lei n. 9.985, de 18-7-2000.*)

Art. 19. Ressalvado o disposto nas Leis n. 5.357, de 17 de novembro de 1967, e 7.661, de 16 de maio de 1988, a receita proveniente da aplicação desta Lei será recolhida de acordo com o disposto no art. 4.º da Lei n. 7.735, de 22 de fevereiro de 1989.

•• Artigo acrescentado pela Lei n. 7.804, de 18-7-1989.

Art. 20. Esta Lei entrará em vigor na data de sua publicação.

Art. 21. Revogam-se as disposições em contrário.

Brasília, em 31 de agosto de 1981; 160.º da Independência e 93.º da República.

João Figueiredo

LEI N. 6.969, DE 10 DE DEZEMBRO DE 1981 (*)

Dispõe sobre a aquisição, por usucapião especial, de imóveis rurais, altera a redação do § 2.º do art. 589 do Código Civil e dá outras providências.

•• Refere-se ao CC de 1916. *Vide* nota ao art. 10 desta Lei.

O Presidente da República:

Faço saber que o Congresso Nacional decreta e eu sanciono a seguinte Lei:

Art. 1.º Todo aquele que não sendo proprietário rural nem urbano, possuir como sua, por 5 (cinco) anos ininterruptos, sem oposição, área rural contínua, não excedente de 25 (vinte e cinco) hectares, e a houver tornado produtiva com seu trabalho e nela tiver sua morada, adquirir-lhe-á o domínio, independentemente de justo título e boa-fé, podendo requerer ao juiz que assim o declare por sentença, a qual servirá de título para transcrição no Registro de Imóveis.

Parágrafo único. Prevalecerá a área do módulo rural aplicável à espécie, na forma da legislação específica, se aquele for superior a 25 (vinte e cinco) hectares.

•• *Vide* arts. 1.239 do CC e 191 da CF.

Art. 2.º A usucapião especial, a que se refere esta Lei, abrange as terras particulares e as terras devolutas, em geral, sem prejuízo de outros direitos conferidos ao posseiro, pelo Estatuto da Terra ou pelas leis que dispõem sobre processo discriminatório de terras devolutas.

Art. 3.º A usucapião especial não ocorrerá nas áreas indispensáveis à segurança nacional, nas terras habitadas por silvícolas, nem nas áreas de interesse ecológico, consideradas como tais as reservas biológicas ou florestais e os parques nacionais, estaduais ou municipais, assim declarados pelo Poder Executivo, assegurada aos atuais ocupantes a preferência para assentamento em outras regiões, pelo órgão competente.

Parágrafo único. O Poder Executivo, ouvido o Conselho de Segurança Nacional, especificará, mediante decreto, no prazo de 90 (noventa) dias, contados da publicação desta Lei, as áreas indispensáveis à segurança nacional, insuscetíveis de usucapião.

Art. 4.º A ação de usucapião especial será processada e julgada na comarca da situação do imóvel.

§ 1.º Observado o disposto no art. 126 da Constituição Federal, no caso de usucapião especial em terras devolutas federais, a ação será promovida na comarca da situação do imóvel, perante a Justiça do Estado, com recurso para o Tribunal Federal de Recursos, cabendo ao Ministério Público local, na primeira instância, a representação judicial da União.

•• Refere-se à Constituição de 1967, modificada pela Emenda Constitucional n. 1, de 17-10-1969. *Vide* art. 109, § 1.º, da CF.

• *Vide* Súmula 11 do STJ.

§ 2.º No caso de terras devolutas, em geral, a usucapião especial poderá ser reconhecida administrativamente, com a consequente expedição do título definitivo de domínio, para transcrição no Registro de Imóveis.

§ 3.º O Poder Executivo, dentro de 90 (noventa) dias, contados da publicação desta Lei, estabelecerá, por decreto, a forma do procedimento administrativo a que se refere o parágrafo anterior.

§ 4.º Se, decorridos 90 (noventa) dias do pedido ao órgão administrativo, não houver a expedição do título de domínio, o interessado poderá ingressar com a ação de usucapião especial, na forma prevista nesta Lei, vedada a concomitância dos pedidos administrativo e judicial.

Art. 5.º Adotar-se-á, na ação de usucapião especial, o procedimento sumaríssimo, assegurada a preferência à sua instrução e julgamento.

§ 1.º O autor, expondo o fundamento do pedido e individualizando o imóvel, com dispensa da juntada da respectiva planta, poderá requerer, na petição inicial, designação de audiência preliminar, a fim de justificar a posse e, se comprovada esta, será nela mantido, liminarmente, até a decisão final da causa.

§ 2.º O autor requererá também a citação pessoal daquele em cujo nome esteja transcrito o imóvel usucapiendo, bem como dos confinantes e, por edital, dos réus ausentes, incertos e desconhecidos, na forma do art. 232 do Código de Processo Civil, valendo a citação para todos os atos do processo.

§ 3.º Serão cientificados por carta, para que manifestem interesse na causa, os representantes da Fazenda Pública da União, dos Estados, do Distrito Federal, dos Territórios e dos Municípios, no prazo de 45 (quarenta e cinco) dias.

(*) Publicada no *DOU*, de 11-12-1981, e retificada em 14-12-1981. *Vide* arts. 184 e s. da CF.

§ 4.º O prazo para contestar a ação correrá da intimação da decisão que declarar justificada a posse.

§ 5.º Intervirá, obrigatoriamente, em todos os atos do processo, o Ministério Público.

Art. 6.º O autor da ação de usucapião especial terá, se o pedir, o benefício da assistência judiciária gratuita, inclusive para o Registro de Imóveis.

Parágrafo único. Provado que o autor tinha situação econômica bastante para pagar as custas do processo e os honorários de advogado, sem prejuízo do sustento próprio e da família, o juiz lhe ordenará que pague, com correção monetária, o valor das isenções concedidas, ficando suspensa a transcrição da sentença até o pagamento devido.

Art. 7.º A usucapião especial poderá ser invocada como matéria de defesa, valendo a sentença que a reconhecer como título para transcrição no Registro de Imóveis.

Art. 8.º Observar-se-á, quanto ao imóvel usucapido, a imunidade específica, estabelecida no § 6.º do art. 21 da Constituição Federal.

•• Refere-se à Constituição de 1967, modificada pela Emenda Constitucional n. 1, de 17-10-1969. *Vide* art. 153, § 4.º, da CF.

Parágrafo único. Quando prevalecer a área do módulo rural, de acordo com o previsto no parágrafo único do art. 1.º desta Lei, o Imposto Territorial Rural não incidirá sobre o imóvel usucapido.

Art. 9.º O juiz de causa, a requerimento do autor da ação de usucapião especial, determinará que a autoridade policial garanta a permanência no imóvel e a integridade física de seus ocupantes, sempre que necessário.

Art. 10. O § 2.º do art. 589 do Código Civil passa a vigorar com a seguinte redação:

•• Alteração prejudicada em face da revogação do CC de 1916 pela Lei n. 10.406, de 10-1-2002. *Vide* art. 1.276, *caput* e § 1.º, do Código vigente.

Art. 11. Esta Lei entrará em vigor 45 (quarenta e cinco) dias após sua publicação.

Art. 12. Revogam-se as disposições em contrário.

Brasília, em 10 de dezembro de 1981; 160.º da Independência e 93.º da República.

João Figueiredo

LEI N. 7.089, DE 23 DE MARÇO DE 1983 (*)

Veda a cobrança de juros de mora sobre título cujo vencimento se dê em feriado, sábado ou domingo.

O Presidente da República:

Faço saber que o Congresso Nacional decreta e eu sanciono a seguinte Lei:

Art. 1.º Fica proibida a cobrança de juros de mora, por estabelecimentos bancários e instituições financeiras, sobre título de qualquer natureza, cujo vencimento se dê em sábado, domingo ou feriado, desde que seja quitado no 1.º dia útil subsequente.

Art. 2.º (*Vetado*.)

Art. 3.º A inobservância do disposto nos artigos anteriores sujeitará os infratores à aplicação das penalidades previstas no art. 44 da Lei n. 4.595, de 31 de dezembro de 1964.

Art. 4.º Esta Lei entra em vigor na data de sua publicação.

Art. 5.º Revogam-se as disposições em contrário.

Brasília, em 23 de março de 1983; 162.º da Independência e 95.º da República.

João Figueiredo

(*) Publicada no *DOU*, de 24-3-1983.

LEI N. 7.115, DE 29 DE AGOSTO DE 1983 (**)

Dispõe sobre prova documental nos casos que indica e dá outras providências.

O Presidente da República:

Faço saber que o Congresso Nacional decreta e eu sanciono a seguinte Lei:

Art. 1.º A declaração destinada a fazer prova de vida, residência, pobreza, dependência econômica, homonímia ou bons antecedentes, quando firmada pelo próprio interessado ou por procurador bastante, e sob as penas da lei, presume-se verdadeira.

Parágrafo único. O disposto neste artigo não se aplica para fins de prova em processo penal.

Art. 2.º Se comprovadamente falsa a declaração, sujeitar-se-ão os declarantes às sanções civis, administrativas e criminais previstas na legislação aplicável.

Art. 3.º A declaração mencionará expressamente a responsabilidade do declarante.

Art. 4.º Esta Lei entra em vigor na data de sua publicação.

Art. 5.º Revogam-se as disposições em contrário.

Brasília, em 29 de agosto de 1983; 162.º da Independência e 95.º da República.

João Figueiredo

LEI N. 7.116, DE 29 DE AGOSTO DE 1983 (***)

Assegura validade nacional às Carteiras de Identidade, regula sua expedição e dá outras providências.

(**) Publicada no *DOU*, de 30-8-1983.

(***) Publicada no *DOU*, de 30-8-1983.

O Presidente da República:

Faço saber que o Congresso Nacional decreta e eu sanciono a seguinte Lei:

Art. 1.º A Carteira de Identidade emitida por órgãos de identificação dos Estados, do Distrito Federal e dos Territórios tem fé pública e validade em todo o território nacional.

Art. 2.º Para a expedição da Carteira de Identidade de que trata esta Lei não será exigida do interessado a apresentação de qualquer outro documento, além da certidão de nascimento ou de casamento.

§ 1.º A requerente do sexo feminino apresentará obrigatoriamente a certidão de casamento, caso seu nome de solteira tenha sido alterado em consequência do matrimônio.

§ 2.º O brasileiro naturalizado apresentará o Certificado de Naturalização.

§ 3.º É gratuita a primeira emissão da Carteira de Identidade.

•• § 3.º acrescentado pela Lei n. 12.687, de 18-7-2012.

Art. 3.º A Carteira de Identidade conterá os seguintes elementos:

a) Armas da República e inscrição "República Federativa do Brasil";

b) nome da Unidade da Federação;

c) identificação do órgão expedidor;

d) registro geral no órgão emitente, local e data da expedição;

e) nome, filiação, local e data de nascimento do identificado, bem como, de forma resumida, a comarca, cartório, livro, folha e número do registro de nascimento;

f) fotografia, no formato 3 x 4 cm, assinatura e impressão digital do polegar direito do identificado;

g) assinatura do dirigente do órgão expedidor;

•• Alínea *g* com redação determinada pela Lei 14.129, de 29-3-2021, em vigor após 90 dias de sua publicação oficial, para a União; 120 dias, para os Estados e o Distrito Federal e 180 dias, para os Municípios (*DOU* de 30-3-2021).

h) número de inscrição no Cadastro de Pessoas Físicas (CPF).

•• Alínea *h* acrescentada pela Lei 14.129, de 29-3-2021, em vigor após 90 dias de sua publicação oficial, para a União; 120 dias, para os Estados e o Distrito Federal e 180 dias, para os Municípios (*DOU* de 30-3-2021).

§ 1.º A inclusão do número de inscrição no CPF na Carteira de Identidade, conforme disposto na alínea *h* do *caput* deste artigo, ocorrerá sempre que o órgão de identificação tiver acesso a documento comprobatório ou à base de dados administrada pela Secretaria Especial da Receita Federal do Brasil.

•• § 1.º acrescentado pela Lei 14.129, de 29-3-2021, em vigor após 90 dias de sua publicação oficial, para a União; 120 dias, para os Estados e o Distrito Federal e 180 dias, para os Municípios (*DOU* de 30-3-2021).

§ 2.º A incorporação do número de inscrição no CPF à Carteira de Identidade será precedida de consulta e de validação com a base de dados administrada pela Secretaria Especial da Receita Federal do Brasil.

•• § 2.º acrescentado pela Lei 14.129, de 29-3-2021, em vigor após 90 dias de sua publicação oficial, para a União; 120 dias, para os Estados e o Distrito Federal e 180 dias, para os Municípios (*DOU* de 30-3-2021).

§ 3.º Na hipótese de o requerente da Carteira de Identidade não estar inscrito no CPF, o órgão de identificação realizará a sua inscrição, caso tenha autorização da Secretaria Especial da Receita Federal do Brasil.

•• § 3.º acrescentado pela Lei 14.129, de 29-3-2021, em vigor após 90 dias de sua publicação oficial, para a União; 120 dias, para os Estados e o Distrito Federal e 180 dias, para os Municípios (*DOU* de 30-3-2021).

Art. 4.º Desde que o interessado o solicite, a Carteira de Identidade conterá, além dos elementos referidos no art. 3.º desta Lei, os números de inscrição do titular no Programa de Integração Social – PIS ou no Programa de Formação do Patrimônio do Servidor Público – PASEP e no Cadastro de Pessoas Físicas do Ministério da Fazenda.

§ 1.º O Poder Executivo federal poderá aprovar a inclusão de outros dados opcionais na Carteira de Identidade.

§ 2.º A inclusão na Carteira de Identidade dos dados referidos neste artigo poderá ser parcial e dependerá exclusivamente da apresentação dos respectivos documentos comprobatórios.

Art. 5.º A Carteira de Identidade do português beneficiado pelo Estatuto da Igualdade será expedida consoante o disposto nesta Lei, devendo dela constar referência à sua nacionalidade e à Convenção promulgada pelo Decreto n. 70.391, de 12 de abril de 1972.

Art. 6.º A Carteira de Identidade fará prova de todos os dados nela incluídos, dispensando a apresentação dos documentos que lhe deram origem ou que nela tenham sido mencionados.

Art. 7.º A expedição de segunda via da Carteira de Identidade será efetuada mediante simples solicitação do interessado, vedada qualquer outra exigência, além daquela prevista no art. 2.º desta Lei.

Art. 8.º A Carteira de Identidade de que trata esta Lei será expedida com base no processo de identificação datiloscópica.

Art. 9.º A apresentação dos documentos a que se refere o art. 2.º desta Lei poderá ser feita por cópia regularmente autenticada.

Art. 10. O Poder Executivo federal aprovará o modelo da Carteira de Identidade e expedirá as normas complementares que se fizerem necessárias ao cumprimento desta Lei.

Art. 11. As Carteiras de Identidade emitidas anteriormente à vigência desta Lei continuarão válidas em todo o território nacional.

Art. 12. Esta Lei entra em vigor na data de sua publicação.

Art. 13. Revogam-se as disposições em contrário.

Brasília, em 29 de agosto de 1983; 162.º da Independência e 95.º da República.

JOÃO FIGUEIREDO

LEI N. 7.433, DE 18 DE DEZEMBRO DE 1985 (*)

Dispõe sobre os requisitos para a lavratura de escrituras públicas e dá outras providências.

O Presidente da República

Faço saber que o Congresso Nacional decreta e eu sanciono a seguinte Lei:

Art. 1.º Na lavratura de atos notariais, inclusive os relativos a imóveis, além dos documentos de identificação das partes, somente serão apresentados os documentos expressamente determinados nesta Lei.

§ 1.º O disposto nesta Lei se estende, onde couber, ao instrumento particular a que se refere o art. 61 da Lei n. 4.380, de 21 de agosto de 1964, modificada pela Lei n. 5.049, de 29 de junho de 1966.

§ 2.º O Tabelião consignará no ato notarial a apresentação do documento comprobatório do pagamento do Imposto de Transmissão *inter vivos*, as certidões fiscais e as certidões de propriedade e de ônus reais, ficando dispensada sua transcrição.

•• § 2.º com redação determinada pela Lei n. 13.097, de 19-1-2015.

§ 3.º Obriga-se o tabelião a manter, em cartório, os documentos e certidões de que trata o parágrafo anterior, no original ou em cópias autenticadas.

Art. 2.º Ficam dispensadas, na escritura pública de imóveis urbanos, sua descrição e caracterização, desde que constem, estes elementos, da certidão do Cartório do Registro de Imóveis.

§ 1.º Na hipótese prevista neste artigo, o instrumento consignará exclusivamente o número do registro ou matrícula no Registro de Imóveis, sua completa localização, logradouro, número, bairro, cidade, Estado e os documentos e certidões constantes do § 2.º do art. 1.º desta mesma Lei.

§ 2.º Para os fins do disposto no parágrafo único do art. 4.º da Lei n. 4.591, de 16 de dezembro de 1964, modificada pela Lei n. 7.182, de 27 de março de 1984, considerar-se-á prova de quitação a declaração feita pelo alienante ou seu procurador, sob as penas da lei, a ser expressamente consignada nos instrumentos de alienação ou de transferência de direitos.

Art. 3.º Esta Lei será aplicada, no que couber, aos casos em que o instrumento público recair sobre coisas ou bens cuja aquisição haja sido feita através de documento não sujeito a matrícula no Registro de Imóveis.

Art. 4.º Esta Lei entra em vigor na data de sua publicação.

Art. 5.º Revogam-se as disposições em contrário.

Brasília, 18 de dezembro de 1985; 164.º da Independência e 97.º da República.

JOSÉ SARNEY

DECRETO N. 93.240, DE 9 DE SETEMBRO DE 1986 (**)

Regulamenta a Lei n. 7.433, de 18 de dezembro de 1985, que "dispõe sobre os requisitos para a lavratura de escrituras públicas, e dá outras providências".

O Presidente da República, no uso das atribuições que lhe confere o art. 81, item III, da Constituição, decreta:

Art. 1.º Para a lavratura de atos notariais, relativos a imóveis, serão apresentados os seguintes documentos e certidões:

I – os documentos de identificação das partes e das demais pessoas que comparecerem na escritura pública, quando julgados necessários pelo Tabelião;

II – o comprovante do pagamento do Imposto sobre a Transmissão de Bens Imóveis e de Direitos a eles Relativos, quando incidente sobre o ato, ressalvadas as hipóteses em que a lei autorize a efetivação do pagamento após a sua lavratura;

III – as certidões fiscais, assim entendidas:

a) em relação aos imóveis urbanos, as certidões referentes aos tributos que incidam sobre o imóvel, observado o disposto no § 2.º, deste artigo;

b) em relação aos imóveis rurais, o Certificado de Cadastro emitido pelo Instituto Nacional de Colonização e Reforma Agrária - INCRA, com a prova de quitação do último Imposto Territorial Rural Lançado ou, quando o prazo para o seu pagamento ainda não tenha vencido, do Imposto Territorial Rural correspondente ao exercício imediatamente anterior;

IV – a certidão de ações reais e pessoais reipersecutórias, relativas ao imóvel, e a de ônus reais, expedidas pelo Registro de Imóveis competente, cujo prazo de validade, para este fim, será de 30 (trinta) dias;

V – os demais documentos e certidões, cuja apresentação seja exigida por lei.

(*) Publicada no *DOU*, de 19-12-1985. Regulamentada pelo Decreto n. 93.240, de 9-9-1986.

(**) Publicado no *DOU*, de 10-9-1986. Sobre INCRA, *vide* Nota dos Organizadores.

§ 1.º O Tabelião consignará na escritura pública a apresentação dos documentos e das certidões mencionadas nos incisos II, III, IV e V, deste artigo.

§ 2.º As certidões referidas na letra *a*, do inciso III, deste artigo, somente serão exigidas para a lavratura das escrituras públicas que impliquem a transferência de domínio e a sua apresentação poderá ser dispensada pelo adquirente que, neste caso, responderá, nos termos da lei, pelo pagamento dos débitos fiscais existentes.

§ 3.º A apresentação das certidões previstas no inciso IV, deste artigo, não eximirá o outorgante da obrigação de declarar na escritura pública, sob pena de responsabilidade civil e penal, a existência de outras ações reais e pessoais reipersecutórias, relativas ao imóvel, e de outros ônus reais incidentes sobre o mesmo.

Art. 2.º O Tabelião fica desobrigado de manter, em cartório, o original ou cópias autenticadas das certidões mencionadas nos incisos III e IV, do art. 1.º, desde que transcreva na escritura pública os elementos necessários à sua identificação, devendo, neste caso, as certidões acompanharem o traslado da escritura.

Art. 3.º Na escritura pública relativa a imóvel urbano cuja descrição e caracterização conste da certidão do Registro de Imóveis, o instrumento poderá consignar, a critério do Tabelião, exclusivamente o número do registro ou matrícula no Registro de Imóveis, sua completa localização, logradouro, número, bairro, cidade, Estado e os documentos e certidões mencionados nos incisos II, III, IV e V, do art. 1.º.

Art. 4.º As disposições deste Decreto aplicam-se, no que couberem, ao instrumento particular previsto no art. 61, da Lei n. 4.380, de 21 de agosto de 1964, modificada pela Lei n. 5.049, de 29 de junho de 1966, ao qual se anexarão os documentos e as certidões apresentadas.

Art. 5.º Este Decreto entrará em vigor na data da sua publicação.

Art. 6.º Revogam-se as disposições em contrário.

Brasília, em 9 de setembro de 1986; 165.º da Independência e 98.º da República.

JOSÉ SARNEY

DECRETO-LEI N. 2.398, DE 21 DE DEZEMBRO DE 1987 (*)

Dispõe sobre foros, laudêmios e taxas de ocupação relativas a imóveis de propriedade da União e dá outras providências.

(*) Publicado no *DOU*, de 22-12-1987. Sobre OTN, *vide* Nota dos Organizadores.

O Presidente da República, no uso da atribuição que lhe confere o art. 55, item II, da Constituição, decreta:

Art. 1.º A taxa de ocupação de terrenos da União será de 2% (dois por cento) do valor do domínio pleno do terreno, excluídas as benfeitorias, anualmente atualizado pela Secretaria do Patrimônio da União.

•• *Caput* com redação determinada pela Lei n. 13.240, de 30-12-2015.

•• O Decreto n. 9.354, de 25-4-2018, regulamenta este dispositivo.

I e II – (*Revogados pela Lei n. 13.240, de 30-12-2015.*)

§§ 1.º a 7.º (*Revogados pela Lei n. 14.011, de 10-6-2020.*)

Art. 2.º O Ministro da Fazenda, mediante portaria, estabelecerá os prazos para o recolhimento de foros e taxas de ocupação relativos a terrenos da União, podendo autorizar o parcelamento em até oito cotas mensais.

Art. 3.º A transferência onerosa, entre vivos, do domínio útil e da inscrição de ocupação de terreno da União ou de cessão de direito a eles relativos dependerá do prévio recolhimento do laudêmio pelo vendedor, em quantia correspondente a 5% (cinco por cento) do valor atualizado do domínio pleno do terreno, excluídas as benfeitorias.

•• *Caput* com redação determinada pela Lei n. 13.465, de 11-7-2017.

§ 1.º As transferências parciais de aforamento ficarão sujeitas a novo foro para a parte desmembrada.

§ 2.º Os Cartórios de Notas e Registro de Imóveis, sob pena de responsabilidade dos seus respectivos titulares, não lavrarão nem registrarão escrituras relativas a bens imóveis de propriedade da União, ou que contenham, ainda que parcialmente, área de seu domínio:

•• § 2.º, *caput*, com redação determinada pela Lei n. 9.636, de 15-5-1998.

I – sem certidão da Secretaria do Patrimônio da União – SPU que declare:

a) ter o interessado recolhido o laudêmio devido, nas transferências onerosas entre vivos;

b) estar o transmitente em dia, perante o Patrimônio da União, com as obrigações relativas ao imóvel objeto da transferência; e

•• Alínea *b* com redação determinada pela Lei n. 13.139, de 26-6-2015.

c) estar autorizada a transferência do imóvel, em virtude de não se encontrar em área de interesse do serviço público;

•• Inciso I com redação determinada pela Lei n. 9.636, de 15-5-1998.

II – sem a observância das normas estabelecidas em regulamento.

•• Inciso II com redação determinada pela Lei n. 9.636, de 15-5-1998.

§ 3.º A SPU procederá ao cálculo do valor do laudêmio, mediante solicitação do interessado.

•• § 3.º com redação determinada pela Lei n. 9.636, de 15-5-1998.

§ 4.º Concluída a transmissão, o adquirente deverá requerer ao órgão local da SPU, no prazo máximo de 60 (sessenta) dias, que providencie a transferência dos registros cadastrais para o seu nome, observando-se, no caso de imóvel aforado, o disposto no art. 116 do Decreto-lei n. 9.760, de 1946.

•• § 4.º com redação determinada pela Lei n. 9.636, de 15-5-1998.

§ 5.º A não observância do prazo estipulado no § 4.º deste artigo sujeitará o adquirente à multa de 0,50% (cinquenta centésimos por cento), por mês ou fração, sobre o valor do terreno, excluídas as benfeitorias.

•• § 5.º com redação determinada pela Lei n. 13.465, de 11-7-2017.

§ 6.º Fica vedado o loteamento ou o desmembramento de áreas objeto de ocupação sem preferência ao aforamento, nos termos dos arts. 105 e 215 do Decreto-lei n. 9.760, de 1946, exceto quando:

a) realizado pela própria União, em razão do interesse público;

b) solicitado pelo próprio ocupante, comprovada a existência de benfeitoria suficiente para caracterizar, nos termos da legislação vigente, o aproveitamento efetivo e independente da parcela a ser desmembrada.

•• § 6.º acrescentado pela Lei n. 9.636, de 15-5-1998.

§ 7.º Para fatos geradores anteriores a 22 de dezembro de 2016, a cobrança da multa de que trata o § 5.º deste artigo será efetuada de forma proporcional, regulamentada em ato específico da Secretaria do Patrimônio da União (SPU).

•• § 7.º acrescentado pela Lei n. 13.465, de 11-7-2017.

Art. 3.º-A. Os oficiais deverão informar as operações imobiliárias anotadas, averbadas, lavradas, matriculadas ou registradas nos cartórios de notas ou de registro de imóveis, títulos e documentos que envolvam terrenos da União sob sua responsabilidade, mediante a apresentação de Declaração sobre Operações Imobiliárias em Terrenos da União (Doitu) em meio magnético, nos termos que serão estabelecidos, até 31 de dezembro de 2020, pela Secretaria do Patrimônio da União (SPU).

•• Art. 3.º-A com redação determinada pela Lei n. 13.465, de 11-7-2017.

§ 1.º A cada operação imobiliária corresponderá uma DOITU, que deverá ser apresentada até o último dia útil do mês subsequente ao da anotação, averbação, lavratura, matrícula ou registro da respectiva operação, sujeitando-se o responsável, no caso de falta de apresentação ou apresentação da declaração após o prazo fixado, à multa de 0,1% (zero vírgula um por cento) ao mês-calendário ou fração, sobre o valor da operação, limitada a 1% (um por cento), observado o disposto no inciso III do § 2.º deste artigo.

•• § 1.º acrescentado pela Lei n. 11.481, de 31-5-2007.

§ 2.º A multa de que trata o § 1.º deste artigo:

•• § 2.º, *caput*, acrescentado pela Lei n. 11.481, de 31-5-2007.

I – terá como termo inicial o dia seguinte ao término do prazo originalmente fixado para a entrega da declaração e como termo final a data da efetiva entrega ou, no caso de não apresentação, da lavratura do auto de infração;

•• Inciso I acrescentado pela Lei n. 11.481, de 31-5-2007.

II – será reduzida:

•• Inciso II, *caput*, acrescentado pela Lei n. 11.481, de 31-5-2007.

a) à metade, caso a declaração seja apresentada antes de qualquer procedimento de ofício;

•• Alínea *a* acrescentada pela Lei n. 11.481, de 31-5-2007.

b) a 75% (setenta e cinco por cento), caso a declaração seja apresentada no prazo fixado em intimação;

•• Alínea *b* acrescentada pela Lei n. 11.481, de 31-5-2007.

III – será de, no mínimo, R$ 20,00 (vinte reais).

•• Inciso III acrescentado pela Lei n. 11.481, de 31-5-2007.

§ 3.º O responsável que apresentar DOITU com incorreções ou omissões será intimado a apresentar declaração retificadora, no prazo estabelecido pela Secretaria do Patrimônio da União, e sujeitar-se-á à multa de R$ 50,00 (cinquenta reais) por informação inexata, incompleta ou omitida, que será reduzida em 50% (cinquenta por cento) caso a retificadora seja apresentada no prazo fixado.

•• § 3.º acrescentado pela Lei n. 11.481, de 31-5-2007.

Art. 4.º (*Revogado pela Lei n. 9.636, de 15-5-1998.*)

Art. 5.º Ressalvados os terrenos da União que, a critério do Poder Executivo, venham a ser considerados de interesse do serviço público, conceder-se-á o aforamento:

•• *Caput* com redação determinada pela Lei n. 9.636, de 15-5-1998.

I – independentemente do pagamento do preço correspondente ao valor do domínio útil, nos casos previstos nos arts. 105 e 215 do Decreto-lei n. 9.760, de 5 de setembro de 1946;

•• Inciso I com redação determinada pela Lei n. 9.636, de 15-5-1998.

II – mediante leilão público ou concorrência, observado o disposto no art. 99 do Decreto-lei n. 9.760, de 5 de setembro de 1946.

•• Inciso II com redação determinada pela Lei n. 9.636, de 15-5-1998.

Parágrafo único. Considera-se de interesse do serviço público todo imóvel necessário ao desenvolvimento de projetos públicos, sociais ou econômicos de interesse nacional, à preservação ambiental, à proteção dos ecossistemas naturais e à defesa nacional, independentemente de se encontrar situado em zona declarada de interesse do serviço público, mediante portaria do Secretário do Patrimônio da União.

•• Parágrafo único acrescentado pela Lei n. 9.636, de 15-5-1998.

Art. 6.º Considera-se infração administrativa contra o patrimônio da União toda ação ou omissão que viole o adequado uso, gozo, disposição, proteção, manutenção e conservação dos imóveis da União.

•• *Caput* com redação determinada pela Lei n. 13.139, de 26-6-2015.

I e II – (*Revogados pela Lei n. 13.139, de 26-6-2015.*)

§ 1.º Incorre em infração administrativa aquele que realizar aterro, construção, obra, cercas ou outras benfeitorias, desmatar ou instalar equipamentos, sem prévia autorização ou em desacordo com aquela concedida, em bens de uso comum do povo, especiais ou dominiais, com destinação específica fixada por lei ou ato administrativo.

•• § 1.º acrescentado pela Lei n. 13.139, de 26-6-2015.

§ 2.º O responsável pelo imóvel deverá zelar pelo seu uso em conformidade com o ato que autorizou sua utilização ou com a natureza do bem, sob pena de incorrer em infração administrativa.

•• § 2.º acrescentado pela Lei n. 13.139, de 26-6-2015.

§ 3.º Será considerado infrator aquele que, diretamente ou por interposta pessoa, incorrer na prática das hipóteses previstas no *caput*.

•• § 3.º acrescentado pela Lei n. 13.139, de 26-6-2015.

§ 4.º Sem prejuízo da responsabilidade civil, as infrações previstas neste artigo serão punidas com as seguintes sanções:

•• § 4.º, *caput*, acrescentado pela Lei n. 13.139, de 26-6-2015.

I – embargo de obra, serviço ou atividade, até a manifestação da União quanto à regularidade de ocupação;

•• Inciso I acrescentado pela Lei n. 13.139, de 26-6-2015.

II – aplicação de multa;

•• Inciso II acrescentado pela Lei n. 13.139, de 26-6-2015.

III – desocupação do imóvel; e

•• Inciso III acrescentado pela Lei n. 13.139, de 26-6-2015.

IV – demolição e/ou remoção do aterro, construção, obra, cercas ou demais benfeitorias, bem como dos equipamentos instalados, à conta de quem os houver efetuado, caso não sejam passíveis de regularização.

•• Inciso IV acrescentado pela Lei n. 13.139, de 26-6-2015.

§ 5.º A multa será no valor de R$ 73,94 (setenta e três reais e noventa e quatro centavos) para cada metro quadrado das áreas aterradas ou construídas ou em que forem realizadas obras, cercas ou instalados equipamentos.

•• § 5.º acrescentado pela Lei n. 13.139, de 26-6-2015.

•• A Portaria n. 663, de 14-1-2021, da Secretaria Especial de Desestatização, Desinvestimento e Mercados, atualiza para R$ 93,38 (noventa e três reais e trinta e oito centavos) o valor da multa mensal prevista neste parágrafo.

§ 6.º O valor de que trata o § 5.º será atualizado em 1.º de janeiro de cada ano com base no Índice Nacional de Preços ao Consumidor (INPC), apurado pela Fundação Instituto Brasileiro de Geografia e Estatística (IBGE), e os novos valores serão divulgados em ato do Secretário de Patrimônio da União do Ministério do Planejamento, Orçamento e Gestão.

•• § 6.º acrescentado pela Lei n. 13.139, de 26-6-2015.

§ 7.º Verificada a ocorrência de infração, a Secretaria do Patrimônio da União do Ministério do Planejamento, Orçamento e Gestão aplicará multa e notificará o embargo da obra, quando cabível, intimando o responsável para, no prazo de 30 (trinta) dias, comprovar a regularidade da obra ou promover sua regularização.

•• § 7.º acrescentado pela Lei n. 13.139, de 26-6-2015.

§ 8.º (*Vetado*.)

•• § 8.º acrescentado pela Lei n. 13.139, de 26-6-2015.

§ 9.º A multa de que trata o inciso II do § 4.º deste artigo será mensal, sendo automaticamente aplicada pela Superintendência do Patrimônio da União sempre que o cometimento da infração persistir.

•• § 9.º acrescentado pela Lei n. 13.139, de 26-6-2015.

§ 10. A multa será cominada cumulativamente com o disposto no parágrafo único do art. 10 da Lei n. 9.636, de 15 de maio de 1998.

•• § 10 acrescentado pela Lei n. 13.139, de 26-6-2015.

§ 11. Após a notificação para desocupar o imóvel, a Superintendência do Patrimônio da União verificará o atendimento da notificação e, em caso de desatendimento, ingressará com pedido judicial de reintegração de posse no prazo de 60 (sessenta) dias.

•• § 11 acrescentado pela Lei n. 13.139, de 26-6-2015.

§ 12. Os custos em decorrência de demolição e remoção, bem como os respectivos encargos de qualquer natureza, serão suportados integralmente pelo infrator ou cobrados dele *a posteriori*, quando efetuados pela União.

•• § 12 acrescentado pela Lei n. 13.139, de 26-6-2015.

§ 13. Ato do Secretário do Patrimônio da União do Ministério do Planejamento, Orçamento e Gestão disciplinará a aplicação do disposto neste artigo, sendo a tramitação de eventual recurso administrativo limitada a 2 (duas) instâncias.

•• § 13 acrescentado pela Lei n. 13.139, de 26-6-2015.

•• A Lei n. 14.011, de 10-6-2020, propôs o acréscimo do § 14 a este artigo, todavia teve o seu texto vetado.

Art. 6.º-A. São dispensados de lançamento e cobrança as taxas de ocupação, os foros e os laudêmios referentes aos terrenos de marinha e seus acrescidos inscritos em regime de ocupação, quando localizados em ilhas oceânicas ou costeiras que contenham sede de Município, desde a data da publicação da Emenda Constitucional n. 46, de 5 de maio de 2005, até a conclusão do processo de demarcação, sem cobrança retroativa por ocasião da conclusão dos procedimentos de demarcação.

•• Artigo acrescentado pela Lei n. 13.240, de 30-12-2015.

Art. 6.º-B. A União repassará 20% (vinte por cento) dos recursos arrecadados por meio da cobrança de taxa de ocupação, foro e laudêmio aos Municípios e ao Distrito Federal onde estão localizados os imóveis que deram origem à cobrança.

•• *Caput* acrescentado pela Lei n. 13.240, de 30-12-2015.

Parágrafo único. Os repasses de que trata o *caput* serão realizados até o dia 1.º de fevereiro do ano subsequente ao recebimento dos recursos.

•• Parágrafo único acrescentado pela Lei n. 13.240, de 30-12-2015.

Art. 6.º-C. Os créditos relativos a receitas patrimoniais, passíveis de restituição ou reembolso, serão restituídos, reembolsados ou compensados com base nos critérios definidos em legislação específica referente aos tributos administrados pela Secretaria da Receita Federal do Brasil.

•• Artigo acrescentado pela Lei n. 13.465, de 11-7-2017.

Art. 6.º-D. Quando liquidados no mesmo exercício, poderá ser concedido desconto de 10% (dez por cento) para pagamento à vista das taxas de ocupação e foro, na fase administrativa de cobrança, mediante os critérios e as condições a serem fixados em ato do Secretário de Patrimônio da União do Ministério do Planejamento, Desenvolvimento e Gestão.

•• Artigo acrescentado pela Lei n. 13.465, de 11-7-2017.

Art. 6.º-E. Fica o Poder Executivo federal autorizado, por intermédio da Secretaria do Patrimônio da União (SPU), a contratar instituições financeiras oficiais ou a Empresa Gestora de Ativos (EMGEA), empresa pública federal, independentemente de processo licitatório, para a realização de atos administrativos relacionados à prestação de serviços de cobrança administrativa e à arrecadação de receitas patrimoniais sob gestão da referida Secretaria, incluída a prestação de apoio operacional aos referidos processos, de forma a viabilizar a satisfação consensual dos valores devidos àquela Secretaria.

•• *Caput* acrescentado pela Lei n. 13.465, de 11-7-2017.

§ 1.º Ato da Secretaria do Patrimônio da União (SPU) regulamentará o disposto neste artigo, inclusive quanto às condições do contrato, à forma de atuação das instituições financeiras ou da EMGEA, aos mecanismos e aos parâmetros de remuneração.

•• § 1.º acrescentado pela Lei n. 13.465, de 11-7-2017.

§ 2.º Por ocasião da celebração do contrato com a instituição financeira oficial ou com a EMGEA, a Secretaria do Patrimônio da União (SPU) determinará os créditos que poderão ser enquadrados no disposto no *caput* deste artigo, inclusive estabelecer as alçadas de valor, observado o limite fixado para a dispensa de ajuizamento de execuções fiscais de débitos da Fazenda Nacional.

•• § 2.º acrescentado pela Lei n. 13.465, de 11-7-2017.

Art. 7.º O Poder Executivo expedirá o Regulamento deste Decreto-lei, que disporá sobre os procedimentos administrativos de medição, demarcação, identificação e avaliação de imóveis de propriedade da União, e promoverá a consolidação, mediante decreto, da legislação relativa ao patrimônio imobiliário da União.

Art. 8.º Este Decreto-lei entra em vigor na data de sua publicação.

Art. 9.º Ficam revogados o § 1.º do art. 101, os arts. 102, 107, 111, 112 a 115, 117, os §§ 1.º e 2.º do art. 127, o art. 129, os arts. 130, 134 a 148, 159 a 163 do Decreto-lei n. 9.760, de 5 de setembro de 1946, o art. 3.º do Decreto-lei n. 1.561, de 13 de julho de 1977, e demais disposições em contrário.

Brasília-DF, 21 de dezembro de 1987; 166.º da Independência e 99.º da República.

José Sarney

DECRETO N. 95.760, DE 1.º DE MARÇO DE 1988 (*)

Regulamenta o art. 3.º do Decreto-lei n. 2.398, de 21 de dezembro de 1987, e dá outras providências.

O Presidente da República, no uso da atribuição que lhe confere o art. 81, item III, da Constituição, decreta:

Art. 1.º A transferência onerosa, entre vivos, do domínio útil de terreno da União (aforamento) ou de direitos sobre benfeitorias nele construídas (ocupação) e a cessão de direito a ele relativas regem-se pelo disposto neste Decreto.

Art. 2.º O alienante, foreiro ou ocupante, regularmente inscrito efetuará a transferência, sem a prévia autorização do Serviço do Patrimônio da União – SPU, desde que cumpridas as seguintes formalidades:

I – recolhimento do laudêmio ao Tesouro Nacional, por meio da rede bancária, mediante Documento de Arrecadação de Receitas Federais (DARF);

II – apresentação, ao Cartório de Notas, dos seguintes documentos, em nome do alienante:

a) comprovante do pagamento do laudêmio; e

b) no caso de aforamento, o respectivo contrato, com as eventuais averbações ou termo de transferência, se houver; ou, no caso de ocupação, a certidão de inscrição.

§ 1.º Da escritura pública, deverá constar referência aos documentos apresentados, especificando-se, quanto ao DARF, o valor pago, a data do recolhimento, o banco e a agência arrecadadora.

§ 2.º No caso de transferência de aforamento, o interessado deverá apresentar ao Registro de Imóveis, junto com o traslado da escritura, cópia autenticada, pelo Cartório de Notas, dos documentos mencionados no item II deste artigo, bem assim dos comprovantes de pagamento dos foros referentes aos três últimos anos.

Art. 3.º O valor do laudêmio, correspondente a cinco por cento do valor atualizado do domínio pleno do terreno da União e das benfeitorias nele existentes, será calculado pelo próprio alienante.

§ 1.º Se o alienante não tiver elementos para calcular a área física pertencente à União, para efeito do cálculo do laudêmio, poderá solicitar, verbalmente, ao órgão local do SPU que lhe informe a cota do terreno que a ela corresponde.

§ 2.º O órgão local do SPU deverá fornecer os elementos solicitados na forma do parágrafo anterior, no prazo de 24 (vinte e quatro) horas, sob pena de responsabilidade funcional de quem der causa à demora.

(*) Publicado no *DOU*, de 2-3-1988. Sobre OTN, *vide* Nota dos Organizadores. *Vide* Lei n. 9.636, de 15-5-1998.

§ 3.º Não será permitido o cálculo do laudêmio, nem o preenchimento do DARF, em órgão do SPU ou por qualquer de seus servidores.

Art. 4.º O requerimento de transferência das obrigações enfitêuticas ou relativas à ocupação será remetido ao SPU por via postal, com aviso de recebimento, ou entregue pessoalmente, devendo ser instruído com os documentos referidos no item II do art. 2.º, autenticados pelo Cartório de Notas, e, se for o caso, a certidão do registro de imóveis.

Parágrafo único. Na formalização da transferência perante o SPU, observar-se-ão o prazo e demais termos do art. 116 do Decreto-lei n. 9.760, de 5 de setembro de 1946.

Art. 5.º O SPU fará a revisão do cálculo do laudêmio e, se apurada diferença, procederá da seguinte forma:

I – sendo a menor, notificará o interessado a recolhê-la, no prazo de trinta dias;

II – sendo a maior, promoverá a sua devolução.

§ 1.º O recolhimento da diferença a menor e a devolução da diferença a maior serão feitos pelos respectivos valores monetariamente atualizados de acordo com o índice de variação de uma Obrigação do Tesouro Nacional (OTN).

§ 2.º A falta de recolhimento de diferença a menor, no prazo fixado no item I deste artigo, acarretará a sua cobrança com os acréscimos previstos nos arts. 15 e 16 do Decreto-lei n. 2.323, de 26 de fevereiro de 1987, conforme a redação dada pelo Decreto-lei n. 2.331, de 28 de maio de 1987.

Art. 6.º Mediante solicitação verbal, as Delegacias do SPU fornecerão ao foreiro ou ao ocupante cópias autenticadas dos contratos de aforamento, extraídas dos livros de contratos enfitêuticos, suas eventuais averbações ou termos de transferências, ou dos documentos de inscrição da ocupação, extraídos dos livros, fichas de inscrição ou certidões arquivadas em pastas, de acordo com o sistema adotado em cada Delegacia, observado o disposto no § 2.º do art. 3.º.

Art. 7.º A transferência do aforamento ou da ocupação não poderá ser feita, se o imóvel houver sido declarado de interesse público, em Portaria do Diretor-Geral do SPU.

§ 1.º Para os fins do disposto neste artigo, as entidades e órgãos interessados deverão enviar, ao SPU, manifestação prévia.

§ 2.º Baixada a Portaria a que alude este artigo, o SPU promoverá, por via postal, a notificação do foreiro ou do ocupante.

Art. 8.º As transferências parciais de aforamento ficarão sujeitas a novo foro para a parte desmembrada, sendo o mesmo procedimento adotado para as transferências de partes restantes do aforamento primitivo.

Art. 9.º A inobservância das formalidades prescritas no art. 2.º ou a transferência feita em desacordo com o disposto no art. 7.º autoriza o SPU, sem prejuízo de outras sanções:

I – a indeferir a formalização da transferência, no caso de aforamento, inclusive declarando sua caducidade, se couber; ou

II – a cancelar a inscrição da ocupação, procedendo na forma dos arts. 63, 132 e 198 do Decreto n. 9.760, de 5 de setembro de 1946.

Parágrafo único. A aplicação de qualquer das medidas autorizadas por este artigo não exclui a cobrança de foros, taxas, laudêmios e multas, monetariamente corrigidos e acrescidos de juros, na forma da lei.

Art. 10. Ficam ratificadas as transferências feitas na conformidade das instruções baixadas, anteriormente, pelo Diretor-Geral do SPU, que expedirá normas complementares necessárias à execução deste Decreto.

Art. 11. Este Decreto entra em vigor na data de sua publicação.

Art. 12. Revogam-se as disposições em contrário.

Brasília, 1.º de março de 1988; 167.º da Independência e 100.º da República.

JOSÉ SARNEY

LEI N. 8.009, DE 29 DE MARÇO DE 1990 (*)

Dispõe sobre a impenhorabilidade do bem de família.

Faço saber que o Presidente da República adotou a Medida Provisória n. 143, de 1990, que o Congresso Nacional aprovou, e eu, Nelson Carneiro, Presidente do Senado Federal, para os efeitos do disposto no parágrafo único do art. 62 da Constituição Federal, promulgo a seguinte Lei:

Art. 1.º O imóvel residencial próprio do casal, ou da entidade familiar, é impenhorável e não responderá por qualquer tipo de dívida civil, comercial, fiscal, previdenciária ou de outra natureza, contraída pelos cônjuges ou pelos pais ou filhos que sejam seus proprietários e nele residam, salvo nas hipóteses previstas nesta Lei.

•• *Vide* Súmula 449 do STJ.

Parágrafo único. A impenhorabilidade compreende o imóvel sobre o qual se assentam a construção, as plantações, as benfeitorias de qualquer natureza e todos os equipamentos, inclusive os de uso profissional, ou móveis que guarnecem a casa, desde que quitados.

Art. 2.º Excluem-se da impenhorabilidade os veículos de transporte, obras de arte e adornos suntuosos.

Parágrafo único. No caso de imóvel locado, a impenhorabilidade aplica-se aos bens móveis quitados que guarneçam a residência e que sejam de propriedade do locatário, observado o disposto neste artigo.

(*) Publicada no *DOU*, de 30-3-1990. *Vide* Súmulas 205 e 486 do STJ. *Vide* arts. 1.711 a 1.722 do CC.

Art. 3.º A impenhorabilidade é oponível em qualquer processo de execução civil, fiscal, previdenciária, trabalhista ou de outra natureza, salvo se movido:

I – (*Revogado pela Lei Complementar n. 150, de 1.º-6-2015.*)

II – pelo titular do crédito decorrente do financiamento destinado à construção ou à aquisição do imóvel, no limite dos créditos e acréscimos constituídos em função do respectivo contrato;

III – pelo credor da pensão alimentícia, resguardados os direitos, sobre o bem, do seu coproprietário que, com o devedor, integre união estável ou conjugal, observadas as hipóteses em que ambos responderão pela dívida;

•• Inciso III com redação determinada pela Lei n. 13.144, de 6-7-2015.

IV – para cobrança de impostos, predial ou territorial, taxas e contribuições devidas em função do imóvel familiar;

V – para execução de hipoteca sobre o imóvel oferecido como garantia real pelo casal ou pela entidade familiar;

VI – por ter sido adquirido com produto de crime ou para execução de sentença penal condenatória a ressarcimento, indenização ou perdimento de bens;

VII – por obrigação decorrente de fiança concedida em contrato de locação.

•• Inciso VII acrescentado pela Lei n. 8.245, de 18-10-1991.

•• *Vide* Súmula 549 do STJ.

Art. 4.º Não se beneficiará do disposto nesta Lei aquele que, sabendo-se insolvente, adquire de má-fé imóvel mais valioso para transferir a residência familiar, desfazendo-se ou não da moradia antiga.

§ 1.º Neste caso poderá o juiz, na respectiva ação do credor, transferir a impenhorabilidade para a moradia familiar anterior, ou anular-lhe a venda, liberando a mais valiosa para execução ou concurso, conforme a hipótese.

§ 2.º Quando a residência familiar constituir-se em imóvel rural, a impenhorabilidade restringir-se-á à sede de moradia, com os respectivos bens móveis, e, nos casos do art. 5.º, inciso XXVI, da Constituição, à área limitada como pequena propriedade rural.

•• *Vide* art. 5.º, XXVI, da CF.

•• *Vide* art. 1.712 do CC.

Art. 5.º Para os efeitos de impenhorabilidade, de que trata esta Lei, considera-se residência um único imóvel utilizado pelo casal ou pela entidade familiar para moradia permanente.

Parágrafo único. Na hipótese de o casal, ou entidade familiar, ser possuidor de vários imóveis utilizados como residência, a impenhorabilidade recairá sobre o de menor valor, salvo se outro tiver sido registrado, para esse fim, no Registro de Imóveis e na forma do art. 70 do Código Civil.

•• A referência é feita a dispositivo do CC de 1916. *Vide* arts. 1.711, *caput*, 1.715, *caput*, e 1.716 do Código vigente.

Art. 6.º São canceladas as execuções suspensas pela Medida Provisória n. 143, de 8 de março de 1990, que deu origem a esta Lei.

Art. 7.º Esta Lei entra em vigor na data de sua publicação.

Art. 8.º Revogam-se as disposições em contrário.

Senado Federal, em 29 de março de 1990; 169.º da Independência e 102.º da República.

NELSON CARNEIRO

LEI N. 8.069, DE 13 DE JULHO DE 1990 (*)

Dispõe sobre o Estatuto da Criança e do Adolescente, e dá outras providências.

O Presidente da República:

Faço saber que o Congresso Nacional decreta e eu sanciono a seguinte Lei:

Livro I
Parte Geral

TÍTULO I
DAS DISPOSIÇÕES PRELIMINARES

Art. 1.º Esta Lei dispõe sobre a proteção integral à criança e ao adolescente.

• O Decreto n. 9.306, de 15-3-2018, dispõe sobre o Sistema Nacional de Juventude.

Art. 2.º Considera-se criança, para os efeitos desta Lei, a pessoa até doze anos de idade incompletos, e adolescente aquela entre doze e dezoito anos de idade.

(*) Publicada no *DOU*, de 16-7-1990, e retificada em 27-9-1990. A Lei n. 12.010, de 3-8-2009, em seu art. 3.º, determinou a substituição da expressão "pátrio poder", constante no ECA, por "poder familiar". O Decreto n. 99.710, de 21-11-1990, promulga a Convenção sobre os Direitos da Criança. Sobre o menor, *vide* os seguintes dispositivos da CF: arts. 227, § 4.º (adolescentes; abuso, violência e exploração sexual), 227, § 1.º (saúde), 227, § 3.º, IV (atos infracionais), 227, *caput* (direitos), 7.º, XXXIII (aprendizagem), 229 (assistência paterna), 203, I, II, e 227, § 7.º (assistência social), 7.º, XXV, e 208, IV (creche e pré-escola), 228 (inimputabilidade), 14, § 1.º, II, *c* (voto facultativo), 227, § 3.º, VII (dependente de entorpecentes ou drogas afins), 227, § 3.º, II (direitos trabalhistas e previdenciários), 24, XV (normas de proteção), 227, § 3.º, VI (guarda de órfão ou abandonado), 227, § 3.º, e 203, I (proteção especial), e 7.º, XXXIII (proibição de trabalho). A Lei n. 8.642, de 31-3-1993, institui o PRONAICA. O Decreto n. 3.087, de 21-6-1999, promulga a Convenção relativa às Crianças e a Cooperação em matéria de Adoção Internacional. A Lei n. 10.515, de 11-7-2002, estabelece que fica instituído o Dia Nacional da Juventude, a ser celebrado em todo o território brasileiro, anualmente, no dia 12 de agosto.

Parágrafo único. Nos casos expressos em lei, aplica-se excepcionalmente este Estatuto às pessoas entre dezoito e vinte e um anos de idade.

•• *Vide* art. 5.º do CC.

Art. 3.º A criança e o adolescente gozam de todos os direitos fundamentais inerentes à pessoa humana, sem prejuízo da proteção integral de que trata esta Lei, assegurando-se-lhes, por lei ou por outros meios, todas as oportunidades e facilidades, a fim de lhes facultar o desenvolvimento físico, mental, moral, espiritual e social, em condições de liberdade e de dignidade.

Parágrafo único. Os direitos enunciados nesta Lei aplicam-se a todas as crianças e adolescentes, sem discriminação de nascimento, situação familiar, idade, sexo, raça, etnia ou cor, religião ou crença, deficiência, condição pessoal de desenvolvimento e aprendizagem, condição econômica, ambiente social, região e local de moradia ou outra condição que diferencie as pessoas, as famílias ou a comunidade em que vivem.

•• Parágrafo único acrescentado pela Lei n. 13.257, de 8-3-2016.

Art. 4.º É dever da família, da comunidade, da sociedade em geral e do Poder Público assegurar, com absoluta prioridade, a efetivação dos direitos referentes à vida, à saúde, à alimentação, à educação, ao esporte, ao lazer, à profissionalização, à cultura, à dignidade, ao respeito, à liberdade e à convivência familiar e comunitária.

Parágrafo único. A garantia de prioridade compreende:

a) primazia de receber proteção e socorro em quaisquer circunstâncias;

b) precedência de atendimento nos serviços públicos ou de relevância pública;

c) preferência na formulação e na execução das políticas sociais públicas;

• *Vide* Lei n. 13.257, de 8-3-2016, que dispõe sobre as políticas públicas para a primeira infância.

d) destinação privilegiada de recursos públicos nas áreas relacionadas com a proteção à infância e à juventude.

Art. 5.º Nenhuma criança ou adolescente será objeto de qualquer forma de negligência, discriminação, exploração, violência, crueldade e opressão, punido na forma da lei qualquer atentado, por ação ou omissão, aos seus direitos fundamentais.

Art. 6.º Na interpretação desta Lei levar-se-ão em conta os fins sociais a que ela se dirige, as exigências do bem comum, os direitos e deveres individuais e coletivos, e a condição peculiar da criança e do adolescente como pessoas em desenvolvimento.

TÍTULO II
DOS DIREITOS FUNDAMENTAIS

Capítulo I
DO DIREITO À VIDA E À SAÚDE

Art. 7.º A criança e o adolescente têm direito a proteção à vida e à saúde, mediante a efetivação de políticas sociais públicas que permitam o nascimento e o desenvolvimento sadio e harmonioso, em condições dignas de existência.

• *Vide* Lei n. 13.257, de 8-3-2016, que dispõe sobre as políticas públicas para a primeira infância.

Art. 8.º É assegurado a todas as mulheres o acesso aos programas e às políticas de saúde da mulher e de planejamento reprodutivo e, às gestantes, nutrição adequada, atenção humanizada à gravidez, ao parto e ao puerpério e atendimento pré-natal, perinatal e pós-natal integral no âmbito do Sistema Único de Saúde.

•• *Caput* com redação determinada pela Lei n. 13.257, de 8-3-2016.

§ 1.º O atendimento pré-natal será realizado por profissionais da atenção primária.

•• § 1.º com redação determinada pela Lei n. 13.257, de 8-3-2016.

§ 2.º Os profissionais de saúde de referência da gestante garantirão sua vinculação, no último trimestre da gestação, ao estabelecimento em que será realizado o parto, garantido o direito de opção da mulher.

•• § 2.º com redação determinada pela Lei n. 13.257, de 8-3-2016.

§ 3.º Os serviços de saúde onde o parto for realizado assegurarão às mulheres e aos seus filhos recém-nascidos alta hospitalar responsável e contrarreferência na atenção primária, bem como o acesso a outros serviços e a grupos de apoio à amamentação.

•• § 3.º com redação determinada pela Lei n. 13.257, de 8-3-2016.

§ 4.º Incumbe ao poder público proporcionar assistência psicológica à gestante e à mãe, no período pré e pós-natal, inclusive como forma de prevenir ou minorar as consequências do estado puerperal.

•• § 4.º acrescentado pela Lei n. 12.010, de 3-8-2009.

§ 5.º A assistência referida no § 4.º deste artigo deverá ser prestada também a gestantes e mães que manifestem interesse em entregar seus filhos para adoção, bem como a gestantes e mães que se encontrem em situação de privação de liberdade.

•• § 5.º com redação determinada pela Lei n. 13.257, de 8-3-2016.

§ 6.º A gestante e a parturiente têm direito a 1 (um) acompanhante de sua preferência durante o período do pré-natal, do trabalho de parto e do pós-parto imediato.

•• § 6.º acrescentado pela Lei n. 13.257, de 8-3-2016.

§ 7.º A gestante deverá receber orientação sobre aleitamento materno, alimentação complementar saudável e crescimento e desenvolvimento infantil, bem como sobre formas de favorecer a criação de vínculos afetivos e de estimular o desenvolvimento integral da criança.

•• § 7.º acrescentado pela Lei n. 13.257, de 8-3-2016.

§ 8.º A gestante tem direito a acompanhamento saudável durante toda a gestação e a parto natural cuidadoso, estabelecendo-se a aplicação de cesariana e outras intervenções cirúrgicas por motivos médicos.

•• § 8.º acrescentado pela Lei n. 13.257, de 8-3-2016.

§ 9.º A atenção primária à saúde fará a busca ativa da gestante que não iniciar ou que abandonar as consultas de pré-natal, bem como da puérpera que não comparecer às consultas pós-parto.

•• § 9.º acrescentado pela Lei n. 13.257, de 8-3-2016.

§ 10. Incumbe ao poder público garantir, à gestante e à mulher com filho na primeira infância que se encontrem sob custódia em unidade de privação de liberdade, ambiência que atenda às normas sanitárias e assistenciais do Sistema Único de Saúde para o acolhimento do filho, em articulação com o sistema de ensino competente, visando ao desenvolvimento integral da criança.

•• § 10 acrescentado pela Lei n. 13.257, de 8-3-2016.

Art. 8.º-A. Fica instituída a Semana Nacional de Prevenção da Gravidez na Adolescência, a ser realizada anualmente na semana que incluir o dia 1.º de fevereiro, com o objetivo de disseminar informações sobre medidas preventivas e educativas que contribuam para a redução da incidência da gravidez na adolescência.

•• *Caput* acrescentado pela Lei n. 13.798, de 3-1-2019.

Parágrafo único. As ações destinadas a efetivar o disposto no *caput* ficarão a cargo do Poder Público, em conjunto com organizações da sociedade civil, e serão dirigidas prioritariamente ao público adolescente.

•• Parágrafo único acrescentado pela Lei n. 13.798, de 3-1-2019.

Art. 9.º O Poder Público, as instituições e os empregadores propiciarão condições adequadas ao aleitamento materno, inclusive aos filhos de mães submetidas a medida privativa de liberdade.

• A Lei n. 11.265, de 3-1-2006, regulamenta a comercialização de alimentos para lactentes e crianças de primeira infância e também a de produtos de puericultura correlatos.

§ 1.º Os profissionais das unidades primárias de saúde desenvolverão ações sistemáticas, individuais ou coletivas, visando ao planejamento, à implementação e à avaliação de ações de promoção, proteção e apoio ao aleitamento materno e à alimentação complementar saudável, de forma contínua.

•• § 1.º acrescentado pela Lei n. 13.257, de 8-3-2016.

§ 2.º Os serviços de unidades de terapia intensiva neonatal deverão dispor de banco de leite humano ou unidade de coleta de leite humano.

•• § 2.º acrescentado pela Lei n. 13.257, de 8-3-2016.

Art. 10. Os hospitais e demais estabelecimentos de atenção à saúde de gestantes, públicos e particulares, são obrigados a:

I – manter registro das atividades desenvolvidas, através de prontuários individuais, pelo prazo de dezoito anos;

II – identificar o recém-nascido mediante o registro de sua impressão plantar e digital e da impressão digital da mãe, sem prejuízo de outras formas normatizadas pela autoridade administrativa competente;

III – proceder a exames visando ao diagnóstico e terapêutica de anormalidades no metabolismo do recém-nascido, bem como prestar orientação aos pais;

IV – fornecer declaração de nascimento onde constem necessariamente as intercorrências do parto e do desenvolvimento do neonato;

V – manter alojamento conjunto, possibilitando ao neonato a permanência junto à mãe;

VI – acompanhar a prática do processo de amamentação, prestando orientações quanto à técnica adequada, enquanto a mãe permanecer na unidade hospitalar, utilizando o corpo técnico já existente.

•• Inciso VI acrescentado pela Lei n. 13.436, de 12-4-2017.

§ 1.º Os testes para o rastreamento de doenças no recém-nascido serão disponibilizados pelo Sistema Único de Saúde, no âmbito do Programa Nacional de Triagem Neonatal (PNTN), na forma da regulamentação elaborada pelo Ministério da Saúde, com implementação de forma escalonada, de acordo com a seguinte ordem de progressão:

•• § 1.º acrescentado pela Lei n. 14.154, de 26-5-2021, em vigor após decorridos 365 dias da publicação oficial (*DOU* de 27-5-2021).

I – etapa 1:

a) fenilcetonúria e outras hiperfenilalaninemias;

b) hipotireoidismo congênito;

c) doença falciforme e outras hemoglobinopatias;

d) fibrose cística;

e) hiperplasia adrenal congênita;

f) deficiência de biotinidase;

g) toxoplasmose congênita;

II – etapa 2:

a) galactosemias;

b) aminoacidopatias;

c) distúrbios do ciclo da ureia;

d) distúrbios da betaoxidação dos ácidos graxos;

III – etapa 3: doenças lisossômicas;

IV – etapa 4: imunodeficiências primárias;

V – etapa 5: atrofia muscular espinhal.

§ 2.º A delimitação de doenças a serem rastreadas pelo teste do pezinho, no âmbito do PNTN, será revisada periodicamente, com base em evidências científicas, considerados os benefícios do rastreamento, do diagnóstico e do tratamento precoce, priorizando as doenças com maior prevalência no País, com protocolo de tratamento aprovado e com tratamento incorporado no Sistema Único de Saúde.

•• § 2.º acrescentado pela Lei n. 14.154, de 26-5-2021, em vigor após decorridos 365 dias da publicação oficial (*DOU* de 27-5-2021).

§ 3.º O rol de doenças constante do § 1.º deste artigo poderá ser expandido pelo poder público com base nos critérios estabelecidos no § 2.º deste artigo.

•• § 3.º acrescentado pela Lei n. 14.154, de 26-5-2021, em vigor após decorridos 365 dias da publicação oficial (*DOU* de 27-5-2021).

§ 4.º Durante os atendimentos de pré-natal e de puerpério imediato, os profissionais de saúde devem informar a gestante e os acompanhantes sobre a importância do teste do pezinho e sobre as eventuais diferenças existentes entre as modalidades oferecidas no Sistema Único de Saúde e na rede privada de saúde.

•• § 4.º acrescentado pela Lei n. 14.154, de 26-5-2021, em vigor após decorridos 365 dias da publicação oficial (*DOU* de 27-5-2021).

Art. 11. É assegurado acesso integral às linhas de cuidado voltadas à saúde da criança e do adolescente, por intermédio do Sistema Único de Saúde, observado o princípio da equidade no acesso a ações e serviços para promoção, proteção e recuperação da saúde.

•• *Caput* com redação determinada pela Lei n. 13.257, de 8-3-2016.

§ 1.º A criança e o adolescente com deficiência serão atendidos, sem discriminação ou segregação, em suas necessidades gerais de saúde e específicas de habilitação e reabilitação.

•• § 1.º com redação determinada pela Lei n. 13.257, de 8-3-2016.

• *Vide* Lei n. 13.146, de 6-7-2015, que institui o Estatuto da Pessoa com Deficiência.

§ 2.º Incumbe ao poder público fornecer gratuitamente, àqueles que necessitarem, medicamentos, órteses, próteses e outras tecnologias assistivas relativas ao tratamento, habilitação ou reabilitação para crianças e adolescentes, de acordo com as linhas de cuidado voltadas às suas necessidades específicas.

•• § 2.º com redação determinada pela Lei n. 13.257, de 8-3-2016.

§ 3.º Os profissionais que atuam no cuidado diário ou frequente de crianças na primeira infância receberão formação específica e permanente para a detecção de sinais de risco para o desenvolvimento psíquico, bem como para o acompanhamento que se fizer necessário.

•• § 3.º acrescentado pela Lei n. 13.257, de 8-3-2016.

Art. 12. Os estabelecimentos de atendimento à saúde, inclusive as unidades neonatais, de terapia intensiva e de cuidados intermediários, deverão proporcionar condições para a permanência em tempo integral de um dos pais ou responsável, nos casos de internação de criança ou adolescente.

•• Artigo com redação determinada pela Lei n. 13.257, de 8-3-2016.

• A Lei n. 11.104, de 21-3-2005, dispõe sobre a obrigatoriedade de instalação de brinquedotecas nas unidades de saúde que ofereçam atendimento pediátrico em regime de internação.

Art. 13. Os casos de suspeita ou confirmação de castigo físico, de tratamento cruel ou degradante e de maus-tratos contra criança ou adolescente serão obrigatoriamente comunicados ao Conselho Tutelar da respectiva localidade, sem prejuízo de outras providências legais.

•• *Caput* com redação determinada pela Lei n. 13.010, de 26-6-2014.

§ 1.º As gestantes ou mães que manifestem interesse em entregar seus filhos para adoção serão obrigatoriamente encaminhadas, sem constrangimento, à Justiça da Infância e da Juventude.

•• § 1.º renumerado pela Lei n. 13.257, de 8-3-2016.

§ 2.º Os serviços de saúde em suas diferentes portas de entrada, os serviços de assistência social em seu componente especializado, o Centro de Referência Especializado de Assistência Social (Creas) e os demais órgãos do Sistema de Garantia de Direitos da Criança e do Adolescente deverão conferir máxima prioridade ao atendimento das crianças na faixa etária da primeira infância com suspeita ou confirmação de violência de qualquer natureza, formulando projeto terapêutico singular que inclua intervenção em rede e, se necessário, acompanhamento domiciliar.

•• § 2.º acrescentado pela Lei n. 13.257, de 8-3-2016.

Art. 14. O Sistema Único de Saúde promoverá programas de assistência médica e odontológica para a prevenção das enfermidades que ordinariamente afetam a população infantil, e campanhas de educação sanitária para pais, educadores e alunos.

§ 1.º É obrigatória a vacinação das crianças nos casos recomendados pelas autoridades sanitárias.

•• § 1.º renumerado pela Lei n. 13.257, de 8-3-2016.

§ 2.º O Sistema Único de Saúde promoverá a atenção à saúde bucal das crianças e das gestantes, de forma transversal, integral e intersetorial com as demais linhas de cuidado direcionadas à mulher e à criança.

•• § 2.º acrescentado pela Lei n. 13.257, de 8-3-2016.

§ 3.º A atenção odontológica à criança terá função educativa protetiva e será prestada, inicialmente, antes de o bebê nascer, por meio de aconselhamento pré-natal, e, posteriormente, no sexto e no décimo segundo anos de vida, com orientações sobre saúde bucal.

•• § 3.º acrescentado pela Lei n. 13.257, de 8-3-2016.

§ 4.º A criança com necessidade de cuidados odontológicos especiais será atendida pelo Sistema Único de Saúde.

•• § 4.º acrescentado pela Lei n. 13.257, de 8-3-2016.

§ 5.º É obrigatória a aplicação a todas as crianças, nos seus primeiros dezoito meses de vida, de protocolo ou outro instrumento construído com a finalidade de facilitar a detecção, em consulta pediátrica de acompanhamento da criança, de risco para o seu desenvolvimento psíquico.

•• § 5.º acrescentado pela Lei n. 13.438, de 26-4-2017.

Capítulo II
DO DIREITO À LIBERDADE, AO RESPEITO E À DIGNIDADE

Art. 15. A criança e o adolescente têm direito à liberdade, ao respeito e à dignidade como pessoas humanas em processo de desenvolvimento e como sujeitos de direitos civis, humanos e sociais garantidos na Constituição e nas leis.

Art. 16. O direito à liberdade compreende os seguintes aspectos:

I – ir, vir e estar nos logradouros públicos e espaços comunitários, ressalvadas as restrições legais;

II – opinião e expressão;

III – crença e culto religioso;

IV – brincar, praticar esportes e divertir-se;

V – participar da vida familiar e comunitária, sem discriminação;

VI – participar da vida política, na forma da lei;

VII – buscar refúgio, auxílio e orientação.

Art. 17. O direito ao respeito consiste na inviolabilidade da integridade física, psíquica e moral da criança e do adolescente, abrangendo a preservação da imagem, da identidade, da autonomia, dos valores, ideias e crenças, dos espaços e objetos pessoais.

Art. 18. É dever de todos velar pela dignidade da criança e do adolescente, pondo-os a salvo de qualquer tratamento desumano, violento, aterrorizante, vexatório ou constrangedor.

•• *Vide* Lei n. 13.185, de 6-11-2015, que institui o Programa de Combate à Intimidação Sistemática *(Bullying)*.

Art. 18-A. A criança e o adolescente têm o direito de ser educados e cuidados sem o uso de castigo físico ou de tratamento cruel ou degradante, como formas de correção, disciplina, educação ou qualquer outro pretexto, pelos pais, pelos integrantes da família ampliada, pelos responsáveis, pelos agentes públicos executores de medidas socioeducativas ou por qualquer pessoa encarregada de cuidar deles, tratá-los, educá-los ou protegê-los.

•• *Caput* acrescentado pela Lei n. 13.010, de 26-6-2014.

Parágrafo único. Para os fins desta Lei, considera-se:

•• Parágrafo único, *caput*, acrescentado pela Lei n. 13.010, de 26-6-2014.

I – castigo físico: ação de natureza disciplinar ou punitiva aplicada com o uso da força física sobre a criança ou o adolescente que resulte em:

•• Inciso I acrescentado pela Lei n. 13.010, de 26-6-2014.

a) sofrimento físico; ou

•• Alínea *a* acrescentada pela Lei n. 13.010, de 26-6-2014.

b) lesão;

•• Alínea *b* acrescentada pela Lei n. 13.010, de 26-6-2014.

II – tratamento cruel ou degradante: conduta ou forma cruel de tratamento em relação à criança ou ao adolescente que:

•• Inciso II acrescentado pela Lei n. 13.010, de 26-6-2014.

a) humilhe; ou

•• Alínea *a* acrescentada pela Lei n. 13.010, de 26-6-2014.

b) ameace gravemente; ou

•• Alínea *b* acrescentada pela Lei n. 13.010, de 26-6-2014.

c) ridicularize.

•• Alínea *c* acrescentada pela Lei n. 13.010, de 26-6-2014.

Art. 18-B. Os pais, os integrantes da família ampliada, os responsáveis, os agentes públicos executores de medidas socioeducativas ou qualquer pessoa encarregada de cuidar de crianças e de adolescentes, tratá-los, educá-los ou protegê-los que utilizarem castigo físico ou tratamento cruel ou degradante como formas de correção, disciplina, educação ou qualquer outro pretexto estarão sujeitos, sem prejuízo de outras sanções cabíveis, às seguintes medidas, que serão aplicadas de acordo com a gravidade do caso:

•• *Caput* acrescentado pela Lei n. 13.010, de 26-6-2014.

I – encaminhamento a programa oficial ou comunitário de proteção à família;

•• Inciso I acrescentado pela Lei n. 13.010, de 26-6-2014.

II – encaminhamento a tratamento psicológico ou psiquiátrico;

•• Inciso II acrescentado pela Lei n. 13.010, de 26-6-2014.

III – encaminhamento a cursos ou programas de orientação;

•• Inciso III acrescentado pela Lei n. 13.010, de 26-6-2014.

IV – obrigação de encaminhar a criança a tratamento especializado;

•• Inciso IV acrescentado pela Lei n. 13.010, de 26-6-2014.

V – advertência.

•• Inciso V acrescentado pela Lei n. 13.010, de 26-6-2014.

Parágrafo único. As medidas previstas neste artigo serão aplicadas pelo Conselho Tutelar, sem prejuízo de outras providências legais.

•• Parágrafo único acrescentado pela Lei n. 13.010, de 26-6-2014.

Capítulo III
DO DIREITO À CONVIVÊNCIA FAMILIAR E COMUNITÁRIA

Seção I
Disposições Gerais

Art. 19. É direito da criança e do adolescente ser criado e educado no seio de sua família e, excepcionalmente, em família substituta, assegurada a convivência familiar e comunitária, em ambiente que garanta seu desenvolvimento integral.

•• *Caput* com redação determinada pela Lei n. 13.257, de 8-3-2016.

§ 1.º Toda criança ou adolescente que estiver inserido em programa de acolhimento familiar ou institucional terá sua situação reavaliada, no máximo, a cada 3 (três) meses, devendo a autoridade judiciária competente, com base em relatório elaborado por equipe interprofissional ou multidisciplinar, decidir de forma fundamentada pela possibilidade de reintegração familiar ou pela colocação em família substituta, em quaisquer das modalidades previstas no art. 28 desta Lei.

•• § 1.º com redação determinada pela Lei n. 13.509, de 22-11-2017.

§ 2.º A permanência da criança e do adolescente em programa de acolhimento institucional não se prolongará por mais de 18 (dezoito meses), salvo comprovada necessidade que atenda ao seu superior interesse, devidamente fundamentada pela autoridade judiciária.

•• § 2.º com redação determinada pela Lei n. 13.509, de 22-11-2017.

§ 3.º A manutenção ou a reintegração de criança ou adolescente à sua família terá preferência em relação a qualquer outra providência, caso em que será esta incluída em serviços e programas de proteção, apoio e promoção, nos termos do § 1.º do art. 23, dos incisos I e IV do *caput* do art. 101 e dos incisos I a IV do *caput* do art. 129 desta Lei.

•• § 3.º com redação determinada pela Lei n. 13.257, de 8-3-2016.

§ 4.º Será garantida a convivência da criança e do adolescente com a mãe ou o pai privado de liberdade, por meio de visitas periódicas promovidas pelo responsável ou, nas hipóteses de acolhimento institucional, pela entidade responsável, independentemente de autorização judicial.

•• § 4.º acrescentado pela Lei n. 12.962, de 8-4-2014.

§ 5.º Será garantida a convivência integral da criança com a mãe adolescente que estiver em acolhimento institucional.

•• § 5.º acrescentado pela Lei n. 13.509, de 22-11-2017.

§ 6.º A mãe adolescente será assistida por equipe especializada multidisciplinar.

•• § 6.º acrescentado pela Lei n. 13.509, de 22-11-2017.

Art. 19-A. A gestante ou mãe que manifeste interesse em entregar seu filho para adoção, antes ou logo após o nascimento, será encaminhada à Justiça da Infância e da Juventude.

•• *Caput* acrescentado pela Lei n. 13.509, de 22-11-2017.

§ 1.º A gestante ou mãe será ouvida pela equipe interprofissional da Justiça da Infância e da Juventude, que apresentará relatório à autoridade judiciária, considerando inclusive os eventuais efeitos do estado gestacional e puerperal.

•• § 1.º acrescentado pela Lei n. 13.509, de 22-11-2017.

§ 2.º De posse do relatório, a autoridade judiciária poderá determinar o encaminhamento da gestante ou mãe, mediante sua expressa concordância, à rede pública de saúde e assistência social para atendimento especializado.

•• § 2.º acrescentado pela Lei n. 13.509, de 22-11-2017.

§ 3.º A busca à família extensa, conforme definida nos termos do parágrafo único do art. 25 desta Lei, respeitará o prazo máximo de 90 (noventa) dias, prorrogável por igual período.

•• § 3.º acrescentado pela Lei n. 13.509, de 22-11-2017.

§ 4.º Na hipótese de não haver a indicação do genitor e de não existir outro representante da família extensa apto a receber a guarda, a autoridade judiciária competente deverá decretar a extinção do poder familiar e determinar a colocação da criança sob a guarda provisória de quem estiver habilitado a adotá-la ou de entidade que desenvolva programa de acolhimento familiar ou institucional.

•• § 4.º acrescentado pela Lei n. 13.509, de 22-11-2017.

§ 5.º Após o nascimento da criança, a vontade da mãe ou de ambos os genitores, se houver pai registral ou pai indicado, deve ser manifestada na audiência a que se refere o § 1.º do art. 166 desta Lei, garantido o sigilo sobre a entrega.

•• § 5.º acrescentado pela Lei n. 13.509, de 22-11-2017.

§ 6.º Na hipótese de não comparecerem à audiência nem o genitor nem representante da família extensa para confirmar a intenção de exercer o poder familiar ou a guarda, a autoridade judiciária suspenderá o poder familiar da mãe, e a criança será colocada sob a guarda provisória de quem esteja habilitado a adotá-la.

•• § 6.º acrescentado pela Lei n. 13.509, de 22-11-2017.

§ 7.º Os detentores da guarda possuem o prazo de 15 (quinze) dias para propor a ação de adoção, contado do dia seguinte à data do término do estágio de convivência.

•• § 7.º acrescentado pela Lei n. 13.509, de 22-11-2017.

§ 8.º Na hipótese de desistência pelos genitores – manifestada em audiência ou perante a equipe interprofissional – da entrega da criança após o nascimento, a criança será mantida com os genitores, e será determinado pela Justiça da Infância e da Juventude o acompanhamento familiar pelo prazo de 180 (cento e oitenta) dias.

•• § 8.º acrescentado pela Lei n. 13.509, de 22-11-2017.

§ 9.º É garantido à mãe o direito ao sigilo sobre o nascimento, respeitado o disposto no art. 48 desta Lei.

•• § 9.º acrescentado pela Lei n. 13.509, de 22-11-2017.

§ 10. Serão cadastrados para adoção recém-nascidos e crianças acolhidas não procuradas por suas famílias no prazo de 30 (trinta) dias, contado a partir do dia do acolhimento.

•• § 10 acrescentado pela Lei n. 13.509, de 22-11-2017.

Art. 19-B. A criança e o adolescente em programa de acolhimento institucional ou familiar poderão participar de programa de apadrinhamento.

•• *Caput* acrescentado pela Lei n. 13.509, de 22-11-2017.

§ 1.º O apadrinhamento consiste em estabelecer e proporcionar à criança e ao adolescente vínculos externos à instituição para fins de convivência familiar e comunitária e colaboração com o seu desenvolvimento nos aspectos social, moral, físico, cognitivo, educacional e financeiro.

•• § 1.º acrescentado pela Lei n. 13.509, de 22-11-2017.

§ 2.º Podem ser padrinhos ou madrinhas pessoas maiores de 18 (dezoito) anos não inscritas nos cadastros de adoção, desde que cumpram os requisitos exigidos pelo programa de apadrinhamento de que fazem parte.

•• § 2.º acrescentado pela Lei n. 13.509, de 22-11-2017.

§ 3.º Pessoas jurídicas podem apadrinhar criança ou adolescente a fim de colaborar para o seu desenvolvimento.

•• § 3.º acrescentado pela Lei n. 13.509, de 22-11-2017.

§ 4.º O perfil da criança ou do adolescente a ser apadrinhado será definido no âmbito de cada programa de apadrinhamento, com prioridade para crianças ou adolescentes com remota possibilidade de reinserção familiar ou colocação em família adotiva.

•• § 4.º acrescentado pela Lei n. 13.509, de 22-11-2017.

§ 5.º Os programas ou serviços de apadrinhamento apoiados pela Justiça da Infância e da Juventude poderão ser executados por órgãos públicos ou por organizações da sociedade civil.

•• § 5.º acrescentado pela Lei n. 13.509, de 22-11-2017.

§ 6.º Se ocorrer violação das regras de apadrinhamento, os responsáveis pelo programa e pelos serviços de acolhimento deverão imediatamente notificar a autoridade judiciária competente.

•• § 6.º acrescentado pela Lei n. 13.509, de 22-11-2017.

Art. 20. Os filhos, havidos ou não da relação do casamento, ou por adoção, terão os mesmos direitos e qualificações, proibidas quaisquer designações discriminatórias relativas à filiação.

• *Vide* art. 1.596 do CC.

• A Lei n. 10.421, de 15-4-2002, estende à mãe adotiva o direito à licença-maternidade e ao salário-maternidade.

Art. 21. O poder familiar será exercido, em igualdade de condições, pelo pai e pela mãe, na forma do que dispuser a legislação civil, assegurado a qualquer deles o direito de, em caso de discordância, recorrer à autoridade judiciária competente para a solução da divergência.

•• *Vide* Lei n. 12.318, de 26-8-2010, que dispõe sobre alienação parental.

• Do poder familiar no CC: arts. 1.630 a 1.638.

Art. 22. Aos pais incumbe o dever de sustento, guarda e educação dos filhos menores, cabendo-lhes ainda, no interesse destes, a obrigação de cumprir e fazer cumprir as determinações judiciais.

Parágrafo único. A mãe e o pai, ou os responsáveis, têm direitos iguais e deveres e responsabilidades compartilhados no cuidado e na educação da criança, devendo ser resguardado o direito de transmissão familiar de suas crenças e culturas, assegurados os direitos da criança estabelecidos nesta Lei.

•• Parágrafo único acrescentado pela Lei n. 13.257, de 8-3-2016.

Art. 23. A falta ou a carência de recursos materiais não constitui motivo suficiente para a perda ou a suspensão do poder familiar.

§ 1.º Não existindo outro motivo que por si só autorize a decretação da medida, a criança ou o adolescente será mantido em sua família de origem, a qual deverá obrigatoriamente ser incluída em serviços e programas oficiais de proteção, apoio e promoção.

•• § 1.º com redação determinada pela Lei n. 13.257, de 8-3-2016.

§ 2.º A condenação criminal do pai ou da mãe não implicará a destituição do poder familiar, exceto na hipótese de condenação por crime doloso sujeito à pena de reclusão contra outrem igualmente titular do mesmo poder familiar ou contra filho, filha ou outro descendente.

•• § 2.º com redação determinada pela Lei n. 13.715, de 24-9-2018.

Art. 24. A perda e a suspensão do poder familiar serão decretadas judicialmente, em procedimento contraditório, nos casos previstos na legislação civil, bem como na hipótese de descumprimento injustificado dos deveres e obrigações a que alude o art. 22.

• *Vide* arts. 1.635 a 1.638 do CC.

Seção II
Da Família Natural

Art. 25. Entende-se por família natural a comunidade formada pelos pais ou qualquer deles e seus descendentes.

Parágrafo único. Entende-se por família extensa ou ampliada aquela que se estende para além da unidade pais e filhos ou da unidade do casal, formada por parentes próximos com os quais a criança ou adolescente convive e mantém vínculos de afinidade e afetividade.

•• Parágrafo único acrescentado pela Lei n. 12.010, de 3-8-2009.

Art. 26. Os filhos havidos fora do casamento poderão ser reconhecidos pelos pais, conjunta ou separadamente, no próprio termo de nascimento, por testamento, mediante escritura ou outro documento público, qualquer que seja a origem da filiação.

• *Vide* Lei n. 8.560, de 29-12-1992.

• *Vide* arts. 1.607, 1.609 e 1.614 do CC.

• *Vide* Súmula 301 do STJ.

Parágrafo único. O reconhecimento pode preceder o nascimento do filho ou suceder-lhe ao falecimento, se deixar descendentes.

• *Vide* art. 1.609, parágrafo único, do CC.

Art. 27. O reconhecimento do estado de filiação é direito personalíssimo, indisponível e imprescritível, podendo ser exercitado contra os pais ou seus herdeiros, sem qualquer restrição, observado o segredo de Justiça.

• *Vide* art. 1.606 do CC.

Seção III
Da Família Substituta

Subseção I
Disposições gerais

Art. 28. A colocação em família substituta far-se-á mediante guarda, tutela ou adoção, independentemente da situação jurídica da criança ou adolescente, nos termos desta Lei.

• *Vide* notas ao art. 20 desta Lei.

§ 1.º Sempre que possível, a criança ou o adolescente será previamente ouvido por equipe interprofissional, respeitado seu estágio de desenvolvimento e grau de compreensão sobre as implicações da medida, e terá sua opinião devidamente considerada.

•• § 1.º com redação determinada pela Lei n. 12.010, de 3-8-2009.

§ 2.º Tratando-se de maior de 12 (doze) anos de idade, será necessário seu consentimento, colhido em audiência.

•• § 2.º com redação determinada pela Lei n. 12.010, de 3-8-2009.

§ 3.º Na apreciação do pedido levar-se-á em conta o grau de parentesco e a relação de afinidade ou de afetividade, a fim de evitar ou minorar as consequências decorrentes da medida.

•• § 3.º acrescentado pela Lei n. 12.010, de 3-8-2009.

§ 4.º Os grupos de irmãos serão colocados sob adoção, tutela ou guarda da mesma família substituta, ressalvada a comprovada existência de risco de abuso ou outra situação que justifique plenamente a excepcionalidade de solução diversa, procurando-se, em qualquer caso, evitar o rompimento definitivo dos vínculos fraternais.

•• § 4.º acrescentado pela Lei n. 12.010, de 3-8-2009.

§ 5.º A colocação da criança ou adolescente em família substituta será precedida de sua preparação gradativa e acompanhamento posterior, realizados pela equipe interprofissional a serviço da Justiça da Infância e da Juventude, preferencialmente com o apoio dos técnicos responsáveis pela execução da política municipal de garantia do direito à convivência familiar.

•• § 5.º acrescentado pela Lei n. 12.010, de 3-8-2009.

§ 6.º Em se tratando de criança ou adolescente indígena ou proveniente de comunidade remanescente de quilombo, é ainda obrigatório:

I – que sejam consideradas e respeitadas sua identidade social e cultural, os seus costumes e tradições, bem como suas instituições, desde que não sejam incompatíveis com os direitos fundamentais reconhecidos por esta Lei e pela Constituição Federal;

II – que a colocação familiar ocorra prioritariamente no seio de sua comunidade ou junto a membros da mesma etnia;

III – a intervenção e oitiva de representantes do órgão federal responsável pela política indigenista, no caso de crianças e adolescentes indígenas, e de antropólogos, perante a equipe interprofissional ou multidisciplinar que irá acompanhar o caso.

•• § 6.º acrescentado pela Lei n. 12.010, de 3-8-2009.

Art. 29. Não se deferirá colocação em família substituta a pessoa que revele, por qualquer modo, incompatibilidade com a natureza da medida ou não ofereça ambiente familiar adequado.

Art. 30. A colocação em família substituta não admitirá transferência da criança ou adolescente a terceiros ou a entidades governamentais ou não governamentais, sem autorização judicial.

Art. 31. A colocação em família substituta estrangeira constitui medida excepcional, somente admissível na modalidade de adoção.

Art. 32. Ao assumir a guarda ou a tutela, o responsável prestará compromisso de bem e fielmente desempenhar o encargo, mediante termo nos autos.

Subseção II
Da guarda

• *Vide* arts. 1.566, IV, 1.583 a 1.590 e 1.634, II, do CC.

Art. 33. A guarda obriga à prestação de assistência material, moral e educacional à criança ou adolescente, conferindo a seu detentor o direito de opor-se a terceiros, inclusive aos pais.

§ 1.º A guarda destina-se a regularizar a posse de fato, podendo ser deferida, liminar ou incidentalmente, nos procedimentos de tutela e adoção, exceto no de adoção por estrangeiros.

§ 2.º Excepcionalmente, deferir-se-á a guarda, fora dos casos de tutela e adoção, para atender a situações peculiares ou suprir a falta eventual dos pais ou responsável, podendo ser deferido o direito de representação para a prática de atos determinados.

§ 3.º A guarda confere à criança ou adolescente a condição de dependente, para todos os fins e efeitos de direito, inclusive previdenciários.

§ 4.º Salvo expressa e fundamentada determinação em contrário, da autoridade judiciária competente, ou quando a medida for aplicada em preparação para adoção, o deferimento da guarda de criança ou adolescente a terceiros não impede o exercício do direito de visitas pelos pais, assim como o dever de prestar alimentos, que serão objeto de regulamentação específica, a pedido do interessado ou do Ministério Público.

•• § 4.º acrescentado pela Lei n. 12.010, de 3-8-2009.

Art. 34. O poder público estimulará, por meio de assistência jurídica, incentivos fiscais e subsídios, o acolhimento, sob a forma de guarda, de criança ou adolescente afastado do convívio familiar.

•• *Caput* com redação determinada pela Lei n. 12.010, de 3-8-2009.

§ 1.º A inclusão da criança ou adolescente em programas de acolhimento familiar terá preferência a seu acolhimento institucional, observado, em qualquer caso, o caráter temporário e excepcional da medida, nos termos desta Lei.

•• § 1.º acrescentado pela Lei n. 12.010, de 3-8-2009.

§ 2.º Na hipótese do § 1.º deste artigo a pessoa ou casal cadastrado no programa de acolhimento familiar poderá receber a criança ou adolescente mediante guarda, observado o disposto nos arts. 28 a 33 desta Lei.

•• § 2.º acrescentado pela Lei n. 12.010, de 3-8-2009.

§ 3.º A União apoiará a implementação de serviços de acolhimento em família acolhedora como política pública, os quais deverão dispor de equipe que organize o acolhimento temporário de crianças e de adolescentes em residências de famílias selecionadas, capacitadas e acompanhadas que não estejam no cadastro de adoção.

•• § 3.º acrescentado pela Lei n. 13.257, de 8-3-2016.

§ 4.º Poderão ser utilizados recursos federais, estaduais, distritais e municipais para a manutenção dos serviços de acolhimento em família acolhedora, facultando-se o repasse de recursos para a própria família acolhedora.

•• § 4.º acrescentado pela Lei n. 13.257, de 8-3-2016.

Art. 35. A guarda poderá ser revogada a qualquer tempo, mediante ato judicial fundamentado, ouvido o Ministério Público.

Subseção III
Da tutela

• *Vide* arts. 1.728 a 1.766 do CC.

Art. 36. A tutela será deferida, nos termos da lei civil, a pessoa de até 18 (dezoito) anos incompletos.

•• *Caput* com redação determinada pela Lei n. 12.010, de 3-8-2009.

Parágrafo único. O deferimento da tutela pressupõe a prévia decretação da perda ou suspensão do poder familiar e implica necessariamente o dever de guarda.

Art. 37. O tutor nomeado por testamento ou qualquer documento autêntico, conforme previsto no parágrafo único do art. 1.729 da Lei n. 10.406, de 10 de janeiro de 2002 – Código Civil, deverá, no prazo de 30 (trinta) dias após a abertura da sucessão, ingressar com pedido destinado ao controle judicial do ato, observando o procedimento previsto nos arts. 165 a 170 desta Lei.

•• *Caput* com redação determinada pela Lei n. 12.010, de 3-8-2009.

Parágrafo único. Na apreciação do pedido, serão observados os requisitos previstos nos arts. 28 e 29 desta Lei, somente sendo deferida a tutela à pessoa indicada na disposição de última vontade, se restar comprovado que a medida é vantajosa ao tutelando e que não existe outra pessoa em melhores condições de assumi-la.

•• Parágrafo único com redação determinada pela Lei n. 12.010, de 3-8-2009.

Art. 38. Aplica-se à destituição da tutela o disposto no art. 24.

Subseção IV
Da adoção

•• *Vide* art. 227, § 6.º, da CF.

•• *Vide* Lei Nacional da Adoção (Lei n. 12.010, de 3-8-2009).

•• O Decreto n. 2.429, de 17-12-1997, promulga a Convenção Interamericana sobre Conflito de Leis em Matéria de Adoção de Menores.

•• O Decreto n. 3.087, de 21-6-1999, promulga a convenção relativa à proteção das crianças e à cooperação em matéria de Adoção Internacional, concluída em Haia, em 29-5-1993.

• *Vide* arts. 1.618 e 1.619 do CC.

• A Lei n. 10.421, de 15-4-2002, estende à mãe adotiva o direito à licença-maternidade e ao salário-maternidade.

• A Lei n. 10.447, de 9-5-2002, institui o Dia Nacional da Adoção, a ser comemorado, anualmente, no dia 25 de maio.

• O Decreto n. 5.491, de 18-7-2005, regulamenta a atuação de organismos estrangeiros e nacionais de adoção internacional.

Art. 39. A adoção de criança e de adolescente reger-se-á segundo o disposto nesta Lei.

§ 1.º A adoção é medida excepcional e irrevogável, à qual se deve recorrer apenas quando esgotados os recursos de manutenção da criança ou adolescente na família natural ou extensa, na forma do parágrafo único do art. 25 desta Lei.

•• § 1.º acrescentado pela Lei n. 12.010, de 3-8-2009.

§ 2.º É vedada a adoção por procuração.

•• Primitivo parágrafo único renumerado pela Lei n. 12.010, de 3-8-2009.

§ 3.º Em caso de conflito entre direitos e interesses do adotando e de outras pessoas, inclusive seus pais biológicos, devem prevalecer os direitos e os interesses do adotando.

•• § 3.º acrescentado pela Lei n. 13.509, de 22-11-2017.

Art. 40. O adotando deve contar com, no máximo, dezoito anos à data do pedido, salvo se já estiver sob a guarda ou tutela dos adotantes.

Art. 41. A adoção atribui a condição de filho ao adotado, com os mesmos direitos e deveres, inclusive sucessórios, desligando-o de qualquer vínculo com pais e parentes, salvo os impedimentos matrimoniais.

• *Vide* arts. 1.521, III e V, e 1.829 a 1.844 do CC.

§ 1.º Se um dos cônjuges ou concubinos adota o filho do outro, mantêm-se os vínculos de filiação entre o adotado e o cônjuge ou concubino do adotante e os respectivos parentes.

§ 2.º É recíproco o direito sucessório entre o adotado, seus descendentes, o adotante, seus ascendentes, descendentes e colaterais até o 4.º grau, observada a ordem de vocação hereditária.

Art. 42. Podem adotar os maiores de 18 (dezoito) anos, independentemente do estado civil.

•• *Caput* com redação determinada pela Lei n. 12.010, de 3-8-2009.

§ 1.º Não podem adotar os ascendentes e os irmãos do adotando.

§ 2.º Para adoção conjunta, é indispensável que os adotantes sejam casados civilmente ou mantenham união estável, comprovada a estabilidade da família.

•• § 2.º com redação determinada pela Lei n. 12.010, de 3-8-2009.

§ 3.º O adotante há de ser, pelo menos, dezesseis anos mais velho do que o adotando.

§ 4.º Os divorciados, os judicialmente separados e os ex-companheiros podem adotar conjuntamente, contanto que acordem sobre a guarda e o regime de visitas e desde que o estágio de convivência tenha sido iniciado na constância do período de convivência e que seja comprovada a existência de vínculos de afinidade e afetividade com aquele não detentor da guarda, que justifiquem a excepcionalidade da concessão.

•• § 4.º com redação determinada pela Lei n. 12.010, de 3-8-2009.

§ 5.º Nos casos do § 4.º deste artigo, desde que demonstrado efetivo benefício ao adotando, será assegurada a guarda compartilhada, conforme previsto no art. 1.584 da Lei n. 10.406, de 10 de janeiro de 2002 – Código Civil.

•• § 5.º com redação determinada pela Lei n. 12.010, de 3-8-2009.

§ 6.º A adoção poderá ser deferida ao adotante que, após inequívoca manifestação de vontade, vier a falecer no curso do procedimento, antes de prolatada a sentença.

•• § 6.º acrescentado pela Lei n. 12.010, de 3-8-2009.

Art. 43. A adoção será deferida quando apresentar reais vantagens para o adotando e fundar-se em motivos legítimos.

Art. 44. Enquanto não der conta de sua administração e saldar o seu alcance, não pode o tutor ou o curador adotar o pupilo ou o curatelado.

Art. 45. A adoção depende do consentimento dos pais ou do representante legal do adotando.

§ 1.º O consentimento será dispensado em relação à criança ou adolescente cujos pais sejam desconhecidos ou tenham sido destituídos do poder familiar.

§ 2.º Em se tratando de adotando maior de doze anos de idade, será também necessário o seu consentimento.

Art. 46. A adoção será precedida de estágio de convivência com a criança ou adolescente, pelo prazo máximo de 90 (noventa) dias, observadas a idade da criança ou adolescente e as peculiaridades do caso.

•• *Caput* com redação determinada pela Lei n. 13.509, de 22-11-2017.

§ 1.º O estágio de convivência poderá ser dispensado se o adotando já estiver sob a tutela ou guarda legal do adotante durante tempo suficiente para que seja possível avaliar a conveniência da constituição do vínculo.

•• § 1.º com redação determinada pela Lei n. 12.010, de 3-8-2009.

§ 2.º A simples guarda de fato não autoriza, por si só, a dispensa da realização do estágio de convivência.

•• § 2.º com redação determinada pela Lei n. 12.010, de 3-8-2009.

§ 2.º-A. O prazo máximo estabelecido no *caput* deste artigo pode ser prorrogado por até igual período, mediante decisão fundamentada da autoridade judiciária.

•• § 2.º-A acrescentado pela Lei n. 13.509, de 22-11-2017.

§ 3.º Em caso de adoção por pessoa ou casal residente ou domiciliado fora do País, o estágio de convivência será de, no mínimo, 30 (trinta) dias e, no máximo, 45 (quarenta e cinco) dias, prorrogável por até igual período, uma única vez, mediante decisão fundamentada da autoridade judiciária.

•• § 3.º com redação determinada pela Lei n. 13.509, de 22-11-2017.

§ 3.º-A. Ao final do prazo previsto no § 3.º deste artigo, deverá ser apresentado laudo fundamentado pela equipe mencionada no § 4.º deste artigo, que recomendará ou não o deferimento da adoção à autoridade judiciária.

•• § 3.º-A acrescentado pela Lei n. 13.509, de 22-11-2017.

§ 4.º O estágio de convivência será acompanhado pela equipe interprofissional a serviço da Justiça da Infância e da Juventude, preferencialmente com apoio dos técnicos responsáveis pela execução da política de garantia do direito à convivência familiar, que apresentarão relatório minucioso acerca da conveniência do deferimento da medida.

•• § 4.º acrescentado pela Lei n. 12.010, de 3-8-2009.

§ 5.º O estágio de convivência será cumprido no território nacional, preferencialmente na comarca de residência da criança ou adolescente, ou, a critério do juiz, em cidade limítrofe, respeitada, em qualquer hipótese, a competência do juízo da comarca de residência da criança.

•• § 5.º acrescentado pela Lei n. 13.509, de 22-11-2017.

Art. 47. O vínculo da adoção constitui-se por sentença judicial, que será inscrita no registro civil mediante mandado do qual não se fornecerá certidão.

§ 1.º A inscrição consignará o nome dos adotantes como pais, bem como o nome de seus ascendentes.

§ 2.º O mandado judicial, que será arquivado, cancelará o registro original do adotado.

§ 3.º A pedido do adotante, o novo registro poderá ser lavrado no Cartório do Registro Civil do Município de sua residência.

•• § 3.º com redação determinada pela Lei n. 12.010, de 3-8-2009.

§ 4.º Nenhuma observação sobre a origem do ato poderá constar nas certidões do registro.

•• § 4.º com redação determinada pela Lei n. 12.010, de 3-8-2009.

§ 5.º A sentença conferirá ao adotado o nome do adotante e, a pedido de qualquer deles, poderá determinar a modificação do prenome.

•• § 5.º com redação determinada pela Lei n. 12.010, de 3-8-2009.

§ 6.º Caso a modificação de prenome seja requerida pelo adotante, é obrigatória a oitiva do adotando, observado o disposto nos §§ 1.º e 2.º do art. 28 desta Lei.

•• § 6.º com redação determinada pela Lei n. 12.010, de 3-8-2009.

§ 7.º A adoção produz seus efeitos a partir do trânsito em julgado da sentença constitutiva, exceto na hipótese prevista no § 6.º do art. 42 desta Lei, caso em que terá força retroativa à data do óbito.

•• § 7.º acrescentado pela Lei n. 12.010, de 3-8-2009.

§ 8.º O processo relativo à adoção assim como outros a ele relacionados serão mantidos em arquivo, admitindo-se seu armazenamento em microfilme ou por outros meios, garantida a sua conservação para consulta a qualquer tempo.

•• § 8.º acrescentado pela Lei n. 12.010, de 3-8-2009.

§ 9.º Terão prioridade de tramitação os processos de adoção em que o adotando for criança ou adolescente com deficiência ou com doença crônica.

•• § 9.º acrescentado pela Lei n. 12.955, de 5-2-2014.

§ 10. O prazo máximo para conclusão da ação de adoção será de 120 (cento e vinte) dias, prorrogável uma única vez por igual período, mediante decisão fundamentada da autoridade judiciária.

•• § 10 acrescentado pela Lei n. 13.509, de 22-11-2017.

Art. 48. O adotado tem direito de conhecer sua origem biológica, bem como de obter acesso irrestrito ao processo no qual a medida foi aplicada e seus eventuais incidentes, após completar 18 (dezoito) anos.

•• *Caput* com redação determinada pela Lei n. 12.010, de 3-8-2009.

Parágrafo único. O acesso ao processo de adoção poderá ser também deferido ao adotado menor de 18 (dezoito) anos, a seu pedido, assegurada orientação e assistência jurídica e psicológica.

•• Parágrafo único acrescentado pela Lei n. 12.010, de 3-8-2009.

Art. 49. A morte dos adotantes não restabelece o poder familiar dos pais naturais.

Art. 50. A autoridade judiciária manterá, em cada comarca ou foro regional, um registro de crianças e adolescentes em condições de serem adotados e outro de pessoas interessadas na adoção.

•• *Vide* art. 258-A desta Lei.

§ 1.º O deferimento da inscrição dar-se-á após prévia consulta aos órgãos técnicos do Juizado, ouvido o Ministério Público.

§ 2.º Não será deferida a inscrição se o interessado não satisfizer os requisitos legais, ou verificada qualquer das hipóteses previstas no art. 29.

§ 3.º A inscrição de postulantes à adoção será precedida de um período de preparação psicossocial e jurídica, orientado pela equipe técnica da Justiça da Infância e da

Juventude, preferencialmente com apoio dos técnicos responsáveis pela execução da política municipal de garantia do direito à convivência familiar.

•• § 3.º acrescentado pela Lei n. 12.010, de 3-8-2009.

•• O art. 6.º da Lei n. 12.010, de 3-8-2009, dispõe: "Art. 6.º As pessoas e casais já inscritos nos cadastros de adoção ficam obrigados a frequentar, no prazo máximo de 1 (um) ano, contado da entrada em vigor desta Lei, a preparação psicossocial e jurídica a que se referem os §§ 3.º e 4.º do art. 50 da Lei n. 8.069, de 13-7-1990, acrescidos pelo art. 2.º desta Lei, sob pena de cassação de sua inscrição no cadastro".

§ 4.º Sempre que possível e recomendável, a preparação referida no § 3.º deste artigo incluirá o contato com crianças e adolescentes em acolhimento familiar ou institucional em condições de serem adotados, a ser realizado sob a orientação, supervisão e avaliação da equipe técnica da Justiça da Infância e da Juventude, com apoio dos técnicos responsáveis pelo programa de acolhimento e pela execução da política municipal de garantia do direito à convivência familiar.

•• § 4.º acrescentado pela Lei n. 12.010, de 3-8-2009.

•• *Vide* nota ao § 3.º deste artigo.

§ 5.º Serão criados e implementados cadastros estaduais e nacional de crianças e adolescentes em condições de serem adotados e de pessoas ou casais habilitados à adoção.

•• § 5.º acrescentado pela Lei n. 12.010, de 3-8-2009.

•• *Vide* art. 258-A desta Lei.

§ 6.º Haverá cadastros distintos para pessoas ou casais residentes fora do País, que somente serão consultados na inexistência de postulantes nacionais habilitados nos cadastros mencionados no § 5.º deste artigo.

•• § 6.º acrescentado pela Lei n. 12.010, de 3-8-2009.

§ 7.º As autoridades estaduais e federais em matéria de adoção terão acesso integral aos cadastros, incumbindo-lhes a troca de informações e a cooperação mútua, para melhoria do sistema.

•• § 7.º acrescentado pela Lei n. 12.010, de 3-8-2009.

§ 8.º A autoridade judiciária providenciará, no prazo de 48 (quarenta e oito) horas, a inscrição das crianças e adolescentes em condições de serem adotados que não tiveram colocação familiar na comarca de origem, e das pessoas ou casais que tiveram deferida sua habilitação à adoção nos cadastros estadual e nacional referidos no § 5.º deste artigo, sob pena de responsabilidade.

•• § 8.º acrescentado pela Lei n. 12.010, de 3-8-2009.

§ 9.º Compete à Autoridade Central Estadual zelar pela manutenção e correta alimentação dos cadastros, com posterior comunicação à Autoridade Central Federal Brasileira.

•• § 9.º acrescentado pela Lei n. 12.010, de 3-8-2009.

§ 10. Consultados os cadastros e verificada a ausência de pretendentes habilitados residentes no País com perfil compatível e interesse manifesto pela adoção de criança ou adolescente inscrito nos cadastros existentes, será realizado o encaminhamento da criança ou adolescente à adoção internacional.

•• § 10 com redação determinada pela Lei n. 13.509, de 22-11-2017.

§ 11. Enquanto não localizada pessoa ou casal interessado em sua adoção, a criança ou o adolescente, sempre que possível e recomendável, será colocado sob guarda de família cadastrada em programa de acolhimento familiar.

•• § 11 acrescentado pela Lei n. 12.010, de 3-8-2009.

§ 12. A alimentação do cadastro e a convocação criteriosa dos postulantes à adoção serão fiscalizadas pelo Ministério Público.

•• § 12 acrescentado pela Lei n. 12.010, de 3-8-2009.

§ 13. Somente poderá ser deferida adoção em favor de candidato domiciliado no Brasil não cadastrado previamente nos termos desta Lei quando:

I – se tratar de pedido de adoção unilateral;

II – for formulada por parente com o qual a criança ou adolescente mantenha vínculos de afinidade e afetividade;

III – oriundo o pedido de quem detém a tutela ou guarda legal de criança maior de 3 (três) anos ou adolescente, desde que o lapso de tempo de convivência comprove a fixação de laços de afinidade e afetividade, e não seja constatada a ocorrência de má-fé ou qualquer das situações previstas nos arts. 237 ou 238 desta Lei.

•• § 13 acrescentado pela Lei n. 12.010, de 3-8-2009.

§ 14. Nas hipóteses previstas no § 13 deste artigo, o candidato deverá comprovar, no curso do procedimento, que preenche os requisitos necessários à adoção, conforme previsto nesta Lei.

•• § 14 acrescentado pela Lei n. 12.010, de 3-8-2009.

§ 15. Será assegurada prioridade no cadastro a pessoas interessadas em adotar criança ou adolescente com deficiência, com doença crônica ou com necessidades específicas de saúde, além de grupo de irmãos.

•• § 15 acrescentado pela Lei n. 13.509, de 22-11-2017.

Art. 51. Considera-se adoção internacional aquela na qual o pretendente possui residência habitual em país-parte da Convenção de Haia, de 29 de maio de 1993, Relativa à Proteção das Crianças e à Cooperação em Matéria de Adoção Internacional, promulgada pelo Decreto n. 3.087, de 21 junho de 1999, e deseja adotar criança em outro país-parte da Convenção.

•• *Caput* com redação determinada pela Lei n. 13.509, de 22-11-2017.

§ 1.º A adoção internacional de criança ou adolescente brasileiro ou domiciliado no Brasil somente terá lugar quando restar comprovado:

I – que a colocação em família adotiva é a solução adequada ao caso concreto;

•• Inciso I com redação determinada pela Lei n. 13.509, de 22-11-2017.

II – que foram esgotadas todas as possibilidades de colocação da criança ou adolescente em família adotiva brasileira, com a comprovação, certificada nos autos, da inexistência de adotantes habilitados residentes no Brasil com perfil compatível com a criança ou adolescente, após consulta aos cadastros mencionados nesta Lei;

•• Inciso II com redação determinada pela Lei n. 13.509, de 22-11-2017.

III – que, em se tratando de adoção de adolescente, este foi consultado, por meios adequados ao seu estágio de desenvolvimento, e que se encontra preparado para a medida, mediante parecer elaborado por equipe interprofissional, observado o disposto nos §§ 1.º e 2.º do art. 28 desta Lei.

•• § 1.º com redação determinada pela Lei n. 12.010, de 3-8-2009.

§ 2.º Os brasileiros residentes no exterior terão preferência aos estrangeiros, nos casos de adoção internacional de criança ou adolescente brasileiro.

•• § 2.º com redação determinada pela Lei n. 12.010, de 3-8-2009.

§ 3.º A adoção internacional pressupõe a intervenção das Autoridades Centrais Estaduais e Federal em matéria de adoção internacional.

•• § 3.º com redação determinada pela Lei n. 12.010, de 3-8-2009.

§ 4.º (*Revogado pela Lei n. 12.010, de 3-8-2009.*)

Art. 52. A adoção internacional observará o procedimento previsto nos arts. 165 a 170 desta Lei, com as seguintes adaptações:

•• *Caput* com redação determinada pela Lei n. 12.010, de 3-8-2009.

I – a pessoa ou casal estrangeiro, interessado em adotar criança ou adolescente brasileiro, deverá formular pedido de habilitação à adoção perante a Autoridade Central em matéria de adoção internacional no país de acolhida, assim entendido aquele onde está situada sua residência habitual;

•• Inciso I acrescentado pela Lei n. 12.010, de 3-8-2009.

II – se a Autoridade Central do país de acolhida considerar que os solicitantes estão habilitados e aptos para adotar, emitirá um relatório que contenha informações sobre a identidade, a capacidade jurídica e adequação dos solicitantes para adotar, sua situação pessoal, familiar e médica, seu meio social, os motivos que os animam e sua aptidão para assumir uma adoção internacional;

•• Inciso II acrescentado pela Lei n. 12.010, de 3-8-2009.

III – a Autoridade Central do país de acolhida enviará o relatório à Autoridade Central Estadual, com cópia para a Autoridade Central Federal Brasileira;

•• Inciso III acrescentado pela Lei n. 12.010, de 3-8-2009.

IV – o relatório será instruído com toda a documentação necessária, incluindo estudo psicossocial elaborado por equipe interprofissional habilitada e cópia autenticada da legislação pertinente, acompanhada da respectiva prova de vigência;

•• Inciso IV acrescentado pela Lei n. 12.010, de 3-8-2009.

V – os documentos em língua estrangeira serão devidamente autenticados pela autoridade consular, observados os tratados e convenções internacionais, e acompanhados da respectiva tradução, por tradutor público juramentado;

•• Inciso V acrescentado pela Lei n. 12.010, de 3-8-2009.

VI – a Autoridade Central Estadual poderá fazer exigências e solicitar complementação sobre o estudo psicossocial do postulante estrangeiro à adoção, já realizado no país de acolhida;

•• Inciso VI acrescentado pela Lei n. 12.010, de 3-8-2009.

VII – verificada, após estudo realizado pela Autoridade Central Estadual, a compatibilidade da legislação estrangeira com a nacional, além do preenchimento por parte dos postulantes à medida dos requisitos objetivos e subjetivos necessários ao seu deferimento, tanto à luz do que dispõe esta Lei como da legislação do país de acolhida, será expedido laudo de habilitação à adoção internacional, que terá validade por, no máximo, 1 (um) ano;

•• Inciso VII acrescentado pela Lei n. 12.010, de 3-8-2009.

VIII – de posse do laudo de habilitação, o interessado será autorizado a formalizar pedido de adoção perante o Juízo da Infância e da Juventude do local em que se encontra a criança ou adolescente, conforme indicação efetuada pela Autoridade Central Estadual.

•• Inciso VIII acrescentado pela Lei n. 12.010, de 3-8-2009.

§ 1.º Se a legislação do país de acolhida assim o autorizar, admite-se que os pedidos de habilitação à adoção internacional sejam intermediados por organismos credenciados.

•• § 1.º acrescentado pela Lei n. 12.010, de 3-8-2009.

§ 2.º Incumbe à Autoridade Central Federal Brasileira o credenciamento de organismos nacionais e estrangeiros encarregados de intermediar pedidos de habilitação à adoção internacional, com posterior comunicação às Autoridades Centrais Estaduais e publicação nos órgãos oficiais de imprensa e em sítio próprio da internet.

•• § 2.º acrescentado pela Lei n. 12.010, de 3-8-2009.

§ 3.º Somente será admissível o credenciamento de organismos que:

I – sejam oriundos de países que ratificaram a Convenção de Haia e estejam devidamente credenciados pela Autoridade Central do país onde estiverem sediados e no país de acolhida do adotando para atuar em adoção internacional no Brasil;

II – satisfizerem as condições de integridade moral, competência profissional, experiência e responsabilidade exigidas pelos países respectivos e pela Autoridade Central Federal Brasileira;

III – forem qualificados por seus padrões éticos e sua formação e experiência para atuar na área de adoção internacional;

IV – cumprirem os requisitos exigidos pelo ordenamento jurídico brasileiro e pelas normas estabelecidas pela Autoridade Central Federal Brasileira.

•• § 3.º acrescentado pela Lei n. 12.010, de 3-8-2009.

§ 4.º Os organismos credenciados deverão ainda:

•• § 4.º, *caput*, acrescentado pela Lei n. 12.010, de 3-8-2009.

I – perseguir unicamente fins não lucrativos, nas condições e dentro dos limites fixados pelas autoridades competentes do país onde estiverem sediados, do país de acolhida e pela Autoridade Central Federal Brasileira;

•• Inciso I acrescentado pela Lei n. 12.010, de 3-8-2009.

II – ser dirigidos e administrados por pessoas qualificadas e de reconhecida idoneidade moral, com comprovada formação ou experiência para atuar na área de adoção internacional, cadastradas pelo Departamento de Polícia Federal e aprovadas pela Autoridade Central Federal Brasileira, mediante publicação de portaria do órgão federal competente;

•• Inciso II acrescentado pela Lei n. 12.010, de 3-8-2009.

III – estar submetidos à supervisão das autoridades competentes do país onde estiverem sediados e no país de acolhida, inclusive quanto à sua composição, funcionamento e situação financeira;

•• Inciso III acrescentado pela Lei n. 12.010, de 3-8-2009.

IV – apresentar à Autoridade Central Federal Brasileira, a cada ano, relatório geral das atividades desenvolvidas, bem como relatório de acompanhamento das adoções internacionais efetuadas no período, cuja cópia será encaminhada ao Departamento de Polícia Federal;

•• Inciso IV acrescentado pela Lei n. 12.010, de 3-8-2009.

V – enviar relatório pós-adotivo semestral para a Autoridade Central Estadual, com cópia para a Autoridade Central Federal Brasileira, pelo período mínimo de 2 (dois) anos. O envio do relatório será mantido até a juntada de cópia autenticada do registro civil, estabelecendo a cidadania do país de acolhida para o adotado;

•• Inciso V acrescentado pela Lei n. 12.010, de 3-8-2009.

VI – tomar as medidas necessárias para garantir que os adotantes encaminhem à Autoridade Central Federal Brasileira cópia da certidão de registro de nascimento estrangeira e do certificado de nacionalidade tão logo lhes sejam concedidos.

•• Inciso VI acrescentado pela Lei n. 12.010, de 3-8-2009.

§ 5.º A não apresentação dos relatórios referidos no § 4.º deste artigo pelo organismo credenciado poderá acarretar a suspensão de seu credenciamento.

•• § 5.º acrescentado pela Lei n. 12.010, de 3-8-2009.

§ 6.º O credenciamento de organismo nacional ou estrangeiro encarregado de intermediar pedidos de adoção internacional terá validade de 2 (dois) anos.

•• § 6.º acrescentado pela Lei n. 12.010, de 3-8-2009.

§ 7.º A renovação do credenciamento poderá ser concedida mediante requerimento protocolado na Autoridade Central Federal Brasileira nos 60 (sessenta) dias anteriores ao término do respectivo prazo de validade.

•• § 7.º acrescentado pela Lei n. 12.010, de 3-8-2009.

§ 8.º Antes de transitada em julgado a decisão que concedeu a adoção internacional, não será permitida a saída do adotando do território nacional.

•• § 8.º acrescentado pela Lei n. 12.010, de 3-8-2009.

§ 9.º Transitada em julgado a decisão, a autoridade judiciária determinará a expedição de alvará com autorização de viagem, bem como para obtenção de passaporte, constando, obrigatoriamente, as características da criança ou adolescente adotado, como idade, cor, sexo, eventuais sinais ou traços peculiares, assim como foto recente e a aposição da impressão digital do seu polegar direito, instruindo o documento com cópia autenticada da decisão e certidão de trânsito em julgado.

•• § 9.º acrescentado pela Lei n. 12.010, de 3-8-2009.

§ 10. A Autoridade Central Federal Brasileira poderá, a qualquer momento, solicitar informações sobre a situação das crianças e adolescentes adotados.

•• § 10 acrescentado pela Lei n. 12.010, de 3-8-2009.

§ 11. A cobrança de valores por parte dos organismos credenciados, que sejam considerados abusivos pela Autoridade Central Federal Brasileira e que não estejam devidamente comprovados, é causa de seu descredenciamento.

•• § 11 acrescentado pela Lei n. 12.010, de 3-8-2009.

§ 12. Uma mesma pessoa ou seu cônjuge não podem ser representados por mais de uma entidade credenciada para atuar na cooperação em adoção internacional.

•• § 12 acrescentado pela Lei n. 12.010, de 3-8-2009.

§ 13. A habilitação de postulante estrangeiro ou domiciliado fora do Brasil terá validade máxima de 1 (um) ano, podendo ser renovada.

•• § 13 acrescentado pela Lei n. 12.010, de 3-8-2009.

§ 14. É vedado o contato direto de representantes de organismos de adoção, nacionais ou estrangeiros, com dirigentes de programas de acolhimento institucional ou familiar, assim como com crianças e adolescentes em condições de serem adotados, sem a devida autorização judicial.

•• § 14 acrescentado pela Lei n. 12.010, de 3-8-2009.

§ 15. A Autoridade Central Federal Brasileira poderá limitar ou suspender a concessão de novos credenciamentos sempre que julgar necessário, mediante ato administrativo fundamentado.

•• § 15 acrescentado pela Lei n. 12.010, de 3-8-2009.

Art. 52-A. É vedado, sob pena de responsabilidade e descredenciamento, o repasse de recursos provenientes de organismos estrangeiros encarregados de intermediar pedidos de adoção internacional a organismos nacionais ou a pessoas físicas.

•• *Caput* acrescentado pela Lei n. 12.010, de 3-8-2009.

Parágrafo único. Eventuais repasses somente poderão ser efetuados via Fundo dos Direitos da Criança e do Adolescente e estarão sujeitos às deliberações do respectivo Conselho de Direitos da Criança e do Adolescente.

•• Parágrafo único acrescentado pela Lei n. 12.010, de 3-8-2009.

Art. 52-B. A adoção por brasileiro residente no exterior em país ratificante da Convenção de Haia, cujo processo de adoção tenha sido processado em conformidade com a legislação vigente no país de residência e atendido o disposto na alínea *c* do artigo 17 da referida Convenção, será automaticamente recepcionada com o reingresso no Brasil.

•• *Caput* acrescentado pela Lei n. 12.010, de 3-8-2009.

§ 1.º Caso não tenha sido atendido o disposto na alínea *c* do art. 17 da Convenção de Haia, deverá a sentença ser homologada pelo Superior Tribunal de Justiça.

•• § 1.º acrescentado pela Lei n. 12.010, de 3-8-2009.

§ 2.º O pretendente brasileiro residente no exterior em país não ratificante da Convenção de Haia, uma vez reingressado no Brasil, deverá requerer a homologação da sentença estrangeira pelo Superior Tribunal de Justiça.

•• § 2.º acrescentado pela Lei n. 12.010, de 3-8-2009.

Art. 52-C. Nas adoções internacionais, quando o Brasil for o país de acolhida, a decisão da autoridade competente do país de origem da criança ou do adolescente será conhecida pela Autoridade Central Estadual que tiver processado o pedido de habilitação dos pais adotivos, que comunicará o fato à Autoridade Central Federal e determinará as providências necessárias à expedição do Certificado de Naturalização Provisório.

•• *Caput* acrescentado pela Lei n. 12.010, de 3-8-2009.

§ 1.º A Autoridade Central Estadual, ouvido o Ministério Público, somente deixará de reconhecer os efeitos daquela decisão se restar demonstrado que a adoção é manifestamente contrária à ordem pública ou não atende ao interesse superior da criança ou do adolescente.

•• § 1.º acrescentado pela Lei n. 12.010, de 3-8-2009.

§ 2.º Na hipótese de não reconhecimento da adoção, prevista no § 1.º deste artigo, o Ministério Público deverá imediatamente requerer o que for de direito para resguardar os interesses da criança ou do adolescente, comunicando-se as providências à Autoridade Central Estadual, que fará a comunicação à Autoridade Central Federal Brasileira e à Autoridade Central do país de origem.

•• § 2.º acrescentado pela Lei n. 12.010, de 3-8-2009.

Art. 52-D. Nas adoções internacionais, quando o Brasil for o país de acolhida e a adoção não tenha sido deferida no país de origem porque a sua legislação a delega ao país de acolhida, ou, ainda, na hipótese de, mesmo com decisão, a criança ou o adolescente ser oriundo de país que não tenha aderido à Convenção referida, o processo de adoção seguirá as regras da adoção nacional.

•• Artigo acrescentado pela Lei n. 12.010, de 3-8-2009.

Capítulo IV
DO DIREITO À EDUCAÇÃO, À CULTURA, AO ESPORTE E AO LAZER

•• *Vide* arts. 205 a 217 da CF.

• A Lei n. 9.394, de 20-12-1996, dispõe sobre as diretrizes e bases da educação nacional.

• A Lei n. 10.891, de 9-7-2004, regulamentada pelo Decreto n. 5.342, de 14-1-2005, institui a Bolsa-Atleta.

• A Lei n. 11.096, de 13-1-2005, institui o Programa Universidade para Todos - PROUNI.

Art. 53. A criança e o adolescente têm direito à educação, visando ao pleno desenvolvimento de sua pessoa, preparo para o exercício da cidadania e qualificação para o trabalho, assegurando-se-lhes:

I – igualdade de condições para o acesso e permanência na escola;

II – direito de ser respeitado por seus educadores;

III – direito de contestar critérios avaliativos, podendo recorrer às instâncias escolares superiores;

IV – direito de organização e participação em entidades estudantis;

V – acesso à escola pública e gratuita, próxima de sua residência, garantindo-se vagas no mesmo estabelecimento a irmãos que frequentem a mesma etapa ou ciclo de ensino da educação básica.

•• Inciso V com redação determinada pela Lei n. 13.845, de 18-6-2019.

Parágrafo único. É direito dos pais ou responsáveis ter ciência do processo pedagógico, bem como participar da definição das propostas educacionais.

Art. 53-A. É dever da instituição de ensino, clubes e agremiações recreativas e de estabelecimentos congêneres assegurar medidas de conscientização, prevenção e enfrentamento ao uso ou dependência de drogas ilícitas.

•• Artigo acrescentado pela Lei n. 13.840, de 5-6-2019.

Art. 54. É dever do Estado assegurar à criança e ao adolescente:

I – ensino fundamental, obrigatório e gratuito, inclusive para os que a ele não tiveram acesso na idade própria;

II – progressiva extensão da obrigatoriedade e gratuidade ao ensino médio;

III – atendimento educacional especializado aos portadores de deficiência, preferencialmente na rede regular de ensino;

IV – atendimento em creche e pré-escola às crianças de zero a cinco anos de idade;

•• Inciso IV com redação determinada pela Lei n. 13.306, de 4-7-2016.

•• *Vide* arts. 7.º, XXV, e 208, IV, da CF.

V – acesso aos níveis mais elevados do ensino, da pesquisa e da criação artística, segundo a capacidade de cada um;

VI – oferta de ensino noturno regular, adequado às condições do adolescente trabalhador;

VII – atendimento no ensino fundamental, através de programas suplementares de material didático-escolar, transporte, alimentação e assistência à saúde.

§ 1.º O acesso ao ensino obrigatório e gratuito é direito público subjetivo.

§ 2.º O não oferecimento do ensino obrigatório pelo Poder Público ou sua oferta irregular importa responsabilidade da autoridade competente.

§ 3.º Compete ao Poder Público recensear os educandos no ensino fundamental, fazer-lhes a chamada e zelar, junto aos pais ou responsável, pela frequência à escola.

Art. 55. Os pais ou responsável têm a obrigação de matricular seus filhos ou pupilos na rede regular de ensino.

Art. 56. Os dirigentes de estabelecimentos de ensino fundamental comunicarão ao Conselho Tutelar os casos de:

I – maus-tratos envolvendo seus alunos;

II – reiteração de faltas injustificadas e de evasão escolar, esgotados os recursos escolares;

III – elevados níveis de repetência.

Art. 57. O Poder Público estimulará pesquisas, experiências e novas propostas relativas a calendário, seriação, currículo, metodologia, didática e avaliação, com vistas à inserção de crianças e adolescentes excluídos do ensino fundamental obrigatório.

Art. 58. No processo educacional respeitar-se-ão os valores culturais, artísticos e históricos próprios do contexto social da criança e do adolescente, garantindo-se a estes a liberdade de criação e o acesso às fontes de cultura.

Art. 59. Os Municípios, com apoio dos Estados e da União, estimularão e facilitarão a destinação de recursos e espaços para programações culturais, esportivas e de lazer voltadas para a infância e a juventude.

Capítulo V
DO DIREITO À PROFISSIONALIZAÇÃO E À PROTEÇÃO NO TRABALHO

•• Sobre o trabalho do menor: arts. 402 a 441 da CLT (Decreto-lei n. 5.452, de 1.º-5-1943).

• Trabalho escravo: Lei n. 10.803, de 11-12-2003.

• O Decreto n. 9.579, de 22-11-2018, regulamenta a contratação de aprendizes e dá outras providências.

• O Decreto n. 6.481, de 12-6-2008, aprova a Lista das Piores Formas de Trabalho Infantil (Lista TIP).

• A Lei n. 12.064, de 29-10-2009, dispõe sobre a criação do Dia Nacional de Combate ao Trabalho Escravo, bem como da Semana Nacional de Combate ao Trabalho Escravo.

Art. 60. É proibido qualquer trabalho a menores de quatorze anos de idade, salvo na condição de aprendiz.

•• *Vide* art. 7.º, XXXIII, da CF.

Art. 61. A proteção ao trabalho dos adolescentes é regulada por legislação especial, sem prejuízo do disposto nesta Lei.

Art. 62. Considera-se aprendizagem a formação técnico-profissional ministrada segundo as diretrizes e bases da legislação de educação em vigor.

Art. 63. A formação técnico-profissional obedecerá aos seguintes princípios:

I – garantia de acesso e frequência obrigatória ao ensino regular;

II – atividade compatível com o desenvolvimento do adolescente;

III – horário especial para o exercício das atividades.

Art. 64. Ao adolescente até quatorze anos de idade é assegurada bolsa de aprendizagem.

Art. 65. Ao adolescente aprendiz, maior de quatorze anos, são assegurados os direitos trabalhistas e previdenciários.

Art. 66. Ao adolescente portador de deficiência é assegurado trabalho protegido.

Art. 67. Ao adolescente empregado, aprendiz, em regime familiar de trabalho, aluno de escola técnica, assistido em entidade governamental ou não governamental, é vedado trabalho:

I – noturno, realizado entre as vinte e duas horas de um dia e as cinco horas do dia seguinte;

II – perigoso, insalubre ou penoso;

III – realizado em locais prejudiciais à sua formação e ao seu desenvolvimento físico, psíquico, moral e social;

IV – realizado em horários e locais que não permitam a frequência à escola.

Art. 68. O programa social que tenha por base o trabalho educativo, sob responsabilidade de entidade governamental ou não governamental sem fins lucrativos, deverá assegurar ao adolescente que dele participe condições de capacitação para o exercício de atividade regular remunerada.

§ 1.º Entende-se por trabalho educativo a atividade laboral em que as exigências pedagógicas relativas ao desenvolvimento pessoal e social do educando prevalecem sobre o aspecto produtivo.

§ 2.º A remuneração que o adolescente recebe pelo trabalho efetuado ou a participação na venda dos produtos de seu trabalho não desfigura o caráter educativo.

Art. 69. O adolescente tem direito à profissionalização e à proteção no trabalho, observados os seguintes aspectos, entre outros:

I – respeito à condição peculiar de pessoa em desenvolvimento;

II – capacitação profissional adequada ao mercado de trabalho.

Título III
DA PREVENÇÃO

• O Decreto n. 3.951, de 4-10-2001, designa a autoridade central para dar cumprimento às obrigações impostas pela Convenção sobre os Aspectos Civis do Sequestro Internacional de Crianças, cria o Conselho de Autoridade Central Administrativa Federal contra o Sequestro Internacional de Crianças e institui o Programa Nacional de Cooperação no Regresso de Crianças e Adolescentes Brasileiros Sequestrados Internacionalmente.

Capítulo I
DISPOSIÇÕES GERAIS

Art. 70. É dever de todos prevenir a ocorrência de ameaça ou violação dos direitos da criança e do adolescente.

Art. 70-A. A União, os Estados, o Distrito Federal e os Municípios deverão atuar de forma articulada na elaboração de políticas públicas e na execução de ações destinadas a coibir o uso de castigo físico ou de tratamento cruel ou degradante e difundir formas não violentas de educação de crianças e de adolescentes, tendo como principais ações:

•• *Caput* acrescentado pela Lei n. 13.010, de 26-6-2014.

I – a promoção de campanhas educativas permanentes para a divulgação do direito da criança e do adolescente de serem educados e cuidados sem o uso de castigo físico ou de tratamento cruel ou degradante e dos instrumentos de proteção aos direitos humanos;

•• Inciso I acrescentado pela Lei n. 13.010, de 26-6-2014.

II – a integração com os órgãos do Poder Judiciário, do Ministério Público e da Defensoria Pública, com o Conselho Tutelar, com os Conselhos de Direitos da Criança e do Adolescente e com as entidades não governamentais que atuam na promoção, proteção e defesa dos direitos da criança e do adolescente;

•• Inciso II acrescentado pela Lei n. 13.010, de 26-6-2014.

III – a formação continuada e a capacitação dos profissionais de saúde, educação e assistência social e dos demais agentes que atuam na promoção, proteção e defesa dos direitos da criança e do adolescente para o desenvolvimento das competências necessárias à prevenção, à identificação de evidências, ao diagnóstico e ao enfrentamento de todas as formas de violência contra a criança e o adolescente;

•• Inciso III acrescentado pela Lei n. 13.010, de 26-6-2014.

IV – o apoio e o incentivo às práticas de resolução pacífica de conflitos que envolvam violência contra a criança e o adolescente;

•• Inciso IV acrescentado pela Lei n. 13.010, de 26-6-2014.

V – a inclusão, nas políticas públicas, de ações que visem a garantir os direitos da criança e do adolescente, desde a atenção pré-natal, e de atividades junto aos pais e responsáveis com o objetivo de promover a informação, a reflexão, o debate e a orientação sobre alternativas ao uso de castigo físico ou de tratamento cruel ou degradante no processo educativo;

•• Inciso V acrescentado pela Lei n. 13.010, de 26-6-2014.

VI – a promoção de espaços intersetoriais locais para a articulação de ações e a elaboração de planos de atuação conjunta focados nas famílias em situação de violência, com participação de profissionais de saúde, de assistência social e de educação e de órgãos de promoção, proteção e defesa dos direitos da criança e do adolescente.

•• Inciso VI acrescentado pela Lei n. 13.010, de 26-6-2014.

Parágrafo único. As famílias com crianças e adolescentes com deficiência terão prioridade de atendimento nas ações e políticas públicas de prevenção e proteção.

•• Parágrafo único acrescentado pela Lei n. 13.010, de 26-6-2014.

Art. 70-B. As entidades, públicas e privadas, que atuem nas áreas a que se refere o art. 71, dentre outras, devem contar, em seus quadros, com pessoas capacitadas a reconhecer e comunicar ao Conselho Tutelar suspeitas ou casos de maus-tratos praticados contra crianças e adolescentes.

•• *Caput* acrescentado pela Lei n. 13.046, de 1.º-12-2014.

Parágrafo único. São igualmente responsáveis pela comunicação de que trata este artigo, as pessoas encarregadas, por razão de cargo, função, ofício, ministério, profissão ou ocupação, do cuidado, assistência ou guarda de crianças e adolescentes, punível, na forma deste Estatuto, o injustificado retardamento ou omissão, culposos ou dolosos.

•• Parágrafo único acrescentado pela Lei n. 13.046, de 1.º-12-2014.

Art. 71. A criança e o adolescente têm direito a informação, cultura, lazer, esportes, diversões, espetáculos e produtos e serviços que respeitem sua condição peculiar de pessoa em desenvolvimento.

• A Lei n. 12.933, de 26-12-2013, dispõe sobre o benefício do pagamento de meia-entrada para estudantes, idosos, pessoas com deficiência e jovens de 15 a 29 anos comprovadamente carentes em espetáculos artístico-culturais e esportivos.

Art. 72. As obrigações previstas nesta Lei não excluem da prevenção especial outras decorrentes dos princípios por ela adotados.

Art. 73. A inobservância das normas de prevenção importará em responsabilidade da pessoa física ou jurídica, nos termos desta Lei.

Capítulo II
DA PREVENÇÃO ESPECIAL

Seção I
Da Informação, Cultura, Lazer, Esportes, Diversões e Espetáculos

Art. 74. O Poder Público, através do órgão competente, regulará as diversões e espetáculos públicos, informando sobre a natureza deles, as faixas etárias a que não se recomendem, locais e horários em que sua apresentação se mostre inadequada.

•• A Portaria n. 502, de 23-11-2021, do MJSP, regulamenta o processo de classificação indicativa de que trata este artigo.

Parágrafo único. Os responsáveis pelas diversões e espetáculos públicos deverão afixar, em lugar visível e de fácil acesso, à entrada do local de exibição, informação destacada sobre a natureza do espetáculo e a faixa etária especificada no certificado de classificação.

Art. 75. Toda criança ou adolescente terá acesso às diversões e espetáculos públicos classificados como adequados à sua faixa etária.

• *Vide* nota ao art. 71 desta Lei.

Parágrafo único. As crianças menores de dez anos somente poderão ingressar e permanecer nos locais de apresentação ou exibição quando acompanhadas dos pais ou responsável.

Art. 76. As emissoras de rádio e televisão somente exibirão, no horário recomendado para o público infantojuvenil, programas com finalidades educativas, artísticas, culturais e informativas.

Parágrafo único. Nenhum espetáculo será apresentado ou anunciado sem aviso de sua classificação, antes de sua transmissão, apresentação ou exibição.

Art. 77. Os proprietários, diretores, gerentes e funcionários de empresas que explorem a venda ou aluguel de fitas de programação em vídeo cuidarão para que não haja venda ou locação em desacordo com a classificação atribuída pelo órgão competente.

Parágrafo único. As fitas a que alude este artigo deverão exibir, no invólucro, informação sobre a natureza da obra e a faixa etária a que se destinam.

Art. 78. As revistas e publicações contendo material impróprio ou inadequado a crianças e adolescentes deverão ser comercializadas em embalagem lacrada, com a advertência de seu conteúdo.

Parágrafo único. As editoras cuidarão para que as capas que contenham mensagens pornográficas ou obscenas sejam protegidas com embalagem opaca.

Art. 79. As revistas e publicações destinadas ao público infantojuvenil não poderão conter ilustrações, fotografias, legendas, crônicas ou anúncios de bebidas alcoólicas, tabaco, armas e munições, e deverão respeitar os valores éticos e sociais da pessoa e da família.

Art. 80. Os responsáveis por estabelecimentos que explorem comercialmente bilhar, sinuca ou congênere ou por casas de jogos, assim entendidas as que realizem apostas, ainda que eventualmente, cuidarão para que não seja permitida a entrada e a permanência de crianças e adolescentes no local, afixando aviso para orientação do público.

Seção II
Dos Produtos e Serviços

Art. 81. É proibida a venda à criança ou ao adolescente de:

I – armas, munições e explosivos;

II – bebidas alcoólicas;

•• *Vide* art. 258-C desta Lei.

III – produtos cujos componentes possam causar dependência física ou psíquica ainda que por utilização indevida;

IV – fogos de estampido e de artifício, exceto aqueles que pelo seu reduzido potencial sejam incapazes de provocar qualquer dano físico em caso de utilização indevida;

V – revistas e publicações a que alude o art. 78;

VI – bilhetes lotéricos e equivalentes.

Art. 82. É proibida a hospedagem de criança ou adolescente em hotel, motel, pensão ou estabelecimento congênere, salvo se autorizado ou acompanhado pelos pais ou responsável.

Seção III
Da Autorização para Viajar

•• A Resolução n. 295, de 13-9-2019, do CNJ, dispõe sobre autorização de viagem nacional para crianças e adolescentes.

Art. 83. Nenhuma criança ou adolescente menor de 16 (dezesseis) anos poderá viajar para fora da comarca onde reside desacompanhado dos pais ou dos responsáveis sem expressa autorização judicial.

•• *Caput* com redação determinada pela Lei n. 13.812, de 16-3-2019.

§ 1.º A autorização não será exigida quando:

a) tratar-se de comarca contígua à da residência da criança ou do adolescente menor de 16 (dezesseis) anos, se na mesma unidade da Federação, ou incluída na mesma região metropolitana;

•• Alínea *a* com redação determinada pela Lei n. 13.812, de 16-3-2019.

b) a criança ou o adolescente menor de 16 (dezesseis) anos estiver acompanhado:

•• Alínea *b*, *caput*, com redação determinada pela Lei n. 13.812, de 16-3-2019.

1) de ascendente ou colateral maior, até o terceiro grau, comprovado documentalmente o parentesco;

2) de pessoa maior, expressamente autorizada pelo pai, mãe ou responsável.

§ 2.º A autoridade judiciária poderá, a pedido dos pais ou responsável, conceder autorização válida por dois anos.

Art. 84. Quando se tratar de viagem ao exterior, a autorização é dispensável, se a criança ou adolescente:

•• *Vide* nota ao artigo anterior.

I – estiver acompanhado de ambos os pais ou responsável;

II – viajar na companhia de um dos pais, autorizado expressamente pelo outro através de documento com firma reconhecida.

Art. 85. Sem prévia e expressa autorização judicial, nenhuma criança ou adolescente nascido em território nacional poderá sair do País em companhia de estrangeiro residente ou domiciliado no exterior.

Livro II
Parte Especial

Título I
DA POLÍTICA DE ATENDIMENTO

Capítulo I
DISPOSIÇÕES GERAIS

Art. 86. A política de atendimento dos direitos da criança e do adolescente far-se-á através de um conjunto articulado de ações governamentais e não governamentais, da União, dos Estados, do Distrito Federal e dos Municípios.

Art. 87. São linhas de ação da política de atendimento:

I – políticas sociais básicas;

II – serviços, programas, projetos e benefícios de assistência social de garantia de proteção social e de prevenção e redução de violações de direitos, seus agravamentos ou reincidências;

•• Inciso II com redação determinada pela Lei n. 13.257, de 8-3-2016.

III – serviços especiais de prevenção e atendimento médico e psicossocial às vítimas de negligência, maus-tratos, exploração, abuso, crueldade e opressão;

IV – serviço de identificação e localização de pais, responsável, crianças e adolescentes desaparecidos;

•• A Lei n. 12.127, de 17-12-2009, cria o Cadastro Nacional de Crianças e Adolescentes Desaparecidos.

V – proteção jurídico-social por entidades de defesa dos direitos da criança e do adolescente;

VI – políticas e programas destinados a prevenir ou abreviar o período de afastamento do convívio familiar e a garantir o efetivo exercício do direito à convivência familiar de crianças e adolescentes;

•• Inciso VI acrescentado pela Lei n. 12.010, de 3-8-2009.

VII – campanhas de estímulo ao acolhimento sob forma de guarda de crianças e adolescentes afastados do convívio familiar e à adoção, especificamente inter-racial, de crianças maiores ou de adolescentes, com necessidades específicas de saúde ou com deficiências e de grupos de irmãos.

•• Inciso VII acrescentado pela Lei n. 12.010, de 3-8-2009.

Art. 88. São diretrizes da política de atendimento:

I – municipalização do atendimento;

II – criação de conselhos municipais, estaduais e nacional dos direitos da criança e do adolescente, órgãos deliberativos e controladores das ações em todos os níveis, assegurada a participação popular paritária por meio de organizações representativas, segundo leis federal, estaduais e municipais;

• *Vide* arts. 4.º, § 1.º, e 5.º, § 2.º, da Lei n. 12.594, de 18-1-2012.

III – criação e manutenção de programas específicos, observada a descentralização político-administrativa;

IV – manutenção de fundos nacional, estaduais e municipais vinculados aos respectivos conselhos dos direitos da criança e do adolescente;

V – integração operacional de órgãos do Judiciário, Ministério Público, Defensoria, Segurança Pública e Assistência Social, preferencialmente em um mesmo local, para efeito de agilização do atendimento inicial a adolescente a quem se atribua autoria de ato infracional;

• *Vide* art. 4.º, VII, da Lei n. 12.594, de 18-1-2012.

VI – integração operacional de órgãos do Judiciário, Ministério Público, Defensoria, Conselho Tutelar e encarregados da execução das políticas sociais básicas e de assistência social, para efeito de agilização do atendimento de crianças e de adolescentes inseridos em programas de acolhimento familiar ou institucional, com vista na sua rápida reintegração à família de origem ou, se tal solução se mostrar comprovadamente inviável, sua colocação em família substituta, em quaisquer das modalidades previstas no art. 28 desta Lei;

•• Inciso VI com redação determinada pela Lei n. 12.010, de 3-8-2009.

VII – mobilização da opinião pública para a indispensável participação dos diversos segmentos da sociedade;

•• Inciso VII acrescentado pela Lei n. 12.010, de 3-8-2009.

VIII – especialização e formação continuada dos profissionais que trabalham nas diferentes áreas da atenção à primeira infância, incluindo os conhecimentos sobre direitos da criança e sobre desenvolvimento infantil;

•• Inciso VIII acrescentado pela Lei n. 13.257, de 8-3-2016.

IX – formação profissional com abrangência dos diversos direitos da criança e do adolescente que favoreça a intersetorialidade no atendimento da criança e do adolescente e seu desenvolvimento integral;

•• Inciso IX acrescentado pela Lei n. 13.257, de 8-3-2016.

X – realização e divulgação de pesquisas sobre desenvolvimento infantil e sobre prevenção da violência.

•• Inciso X acrescentado pela Lei n. 13.257, de 8-3-2016.

Art. 89. A função de membro do Conselho Nacional e dos conselhos estaduais e municipais dos direitos da criança e do adolescente é considerada de interesse público relevante e não será remunerada.

Capítulo II
DAS ENTIDADES DE ATENDIMENTO

Seção I
Disposições Gerais

Art. 90. As entidades de atendimento são responsáveis pela manutenção das próprias unidades, assim como pelo planejamento e execução de programas de proteção e socioeducativos destinados a crianças e adolescentes, em regime de:

I – orientação e apoio sociofamiliar;

II – apoio socioeducativo em meio aberto;

III – colocação familiar;

IV – acolhimento institucional;

V – prestação de serviços à comunidade;

•• Inciso V com redação determinada pela Lei n. 12.594, de 18-1-2012.

VI – liberdade assistida;

•• Inciso VI com redação determinada pela Lei n. 12.594, de 18-1-2012.

VII – semiliberdade; e

•• Inciso VII com redação determinada pela Lei n. 12.594, de 18-1-2012.

VIII – internação.

•• Inciso VIII acrescentado pela Lei n. 12.594, de 18-1-2012.

§ 1.º As entidades governamentais e não governamentais deverão proceder à inscrição de seus programas, especificando os regimes de atendimento, na forma definida neste artigo, no Conselho Municipal dos Direitos da Criança e do Adolescente, o qual manterá registro das inscrições e de suas alterações, do que fará comunicação ao Conselho Tutelar e à autoridade judiciária.

•• § 1.º acrescentado pela Lei n. 12.010, de 3-8-2009.

§ 2.º Os recursos destinados à implementação e manutenção dos programas relacionados neste artigo serão previstos nas dotações orçamentárias dos órgãos públicos encarregados das áreas de Educação, Saúde e Assistência Social, dentre outros, observando-se o princípio da prioridade absoluta à criança e ao adolescente preconizado pelo *caput* do art. 227 da Constituição Federal e pelo *caput* e parágrafo único do art. 4.º desta Lei.

•• § 2.º acrescentado pela Lei n. 12.010, de 3-8-2009.

§ 3.º Os programas em execução serão reavaliados pelo Conselho Municipal dos Direitos da Criança e do Adolescente, no máximo, a cada 2 (dois) anos, constituindo-se critérios para renovação da autorização de funcionamento:

I – o efetivo respeito às regras e princípios desta Lei, bem como às resoluções relativas à modalidade de atendimento prestado expedidas pelos Conselhos de Direitos da Criança e do Adolescente, em todos os níveis;

II – a qualidade e eficiência do trabalho desenvolvido, atestadas pelo Conselho Tutelar, pelo Ministério Público e pela Justiça da Infância e da Juventude;

III – em se tratando de programas de acolhimento institucional ou familiar, serão considerados os índices de sucesso na reintegração familiar ou de adaptação à família substituta, conforme o caso.

•• § 3.º acrescentado pela Lei n. 12.010, de 3-8-2009.

Art. 91. As entidades não governamentais somente poderão funcionar depois de registradas no Conselho Municipal dos Direitos da Criança e do Adolescente, o qual comunicará o registro ao Conselho Tutelar e à autoridade judiciária da respectiva localidade.

§ 1.º Será negado o registro à entidade que:

a) não ofereça instalações físicas em condições adequadas de habitabilidade, higiene, salubridade e segurança;

b) não apresente plano de trabalho compatível com os princípios desta Lei;

c) esteja irregularmente constituída;

d) tenha em seus quadros pessoas inidôneas;

e) não se adequar ou deixar de cumprir as resoluções e deliberações relativas à modalidade de atendimento prestado expedidas pelos Conselhos de Direitos da Criança e do Adolescente, em todos os níveis.

•• Alínea *e* acrescentada pela Lei n. 12.010, de 3-8-2009.

§ 2.º O registro terá validade máxima de 4 (quatro) anos, cabendo ao Conselho Municipal dos Direitos da Criança e do Adolescente, periodicamente, reavaliar o cabimento de sua renovação, observado o disposto no § 1.º deste artigo.

•• § 2.º acrescentado pela Lei n. 12.010, de 3-8-2009.

Art. 92. As entidades que desenvolvam programas de acolhimento familiar ou institucional deverão adotar os seguintes princípios:

•• *Caput* com redação determinada pela Lei n. 12.010, de 3-8-2009.

I – preservação dos vínculos familiares e promoção da reintegração familiar;

•• Inciso I com redação determinada pela Lei n. 12.010, de 3-8-2009.

II – integração em família substituta, quando esgotados os recursos de manutenção na família natural ou extensa;

•• Inciso II com redação determinada pela Lei n. 12.010, de 3-8-2009.

III – atendimento personalizado e em pequenos grupos;

IV – desenvolvimento de atividades em regime de coeducação;

V – não desmembramento de grupos de irmãos;

VI – evitar, sempre que possível, a transferência para outras entidades de crianças e adolescentes abrigados;

VII – participação na vida da comunidade local;

VIII – preparação gradativa para o desligamento;

IX – participação de pessoas da comunidade no processo educativo.

§ 1.º O dirigente de entidade que desenvolve programa de acolhimento institucional é equiparado ao guardião, para todos os efeitos de direito.

•• § 1.º acrescentado pela Lei n. 12.010, de 3-8-2009.

§ 2.º Os dirigentes de entidades que desenvolvem programas de acolhimento familiar ou institucional remeterão à autoridade judiciária, no máximo a cada 6 (seis) meses, relatório circunstanciado acerca da situação de cada criança ou adolescente acolhido e sua família, para fins da reavaliação prevista no § 1.º do art. 19 desta Lei.

•• § 2.º acrescentado pela Lei n. 12.010, de 3-8-2009.

§ 3.º Os entes federados, por intermédio dos Poderes Executivo e Judiciário, promoverão conjuntamente a permanente qualificação dos profissionais que atuam direta ou indiretamente em programas de acolhimento institucional e destinados à colocação familiar de crianças e adolescentes, incluindo membros do Poder Judiciário, Ministério Público e Conselho Tutelar.

•• § 3.º acrescentado pela Lei n. 12.010, de 3-8-2009.

§ 4.º Salvo determinação em contrário da autoridade judiciária competente, as entidades que desenvolvem programas de acolhimento familiar ou institucional, se necessário com o auxílio do Conselho Tutelar e dos órgãos de assistência social, estimularão o contato da criança ou adolescente com seus pais e parentes, em cumprimento ao disposto nos incisos I e VIII do *caput* deste artigo.

•• § 4.º acrescentado pela Lei n. 12.010, de 3-8-2009.

§ 5.º As entidades que desenvolvem programas de acolhimento familiar ou institucional somente poderão receber recursos públicos se comprovado o atendimento dos princípios, exigências e finalidades desta Lei.

•• § 5.º acrescentado pela Lei n. 12.010, de 3-8-2009.

§ 6.º O descumprimento das disposições desta Lei pelo dirigente de entidade que desenvolva programas de acolhimento familiar ou institucional é causa de sua destituição, sem prejuízo da apuração de sua responsabilidade administrativa, civil e criminal.

•• § 6.º acrescentado pela Lei n. 12.010, de 3-8-2009.

§ 7.º Quando se tratar de criança de 0 (zero) a 3 (três) anos em acolhimento institucional, dar-se-á especial atenção à atuação de educadores de referência estáveis e qualitativamente significativos, às rotinas específicas e ao atendimento das necessidades básicas, incluindo as de afeto como prioritárias.

•• § 7.º acrescentado pela Lei n. 13.257, de 8-3-2016.

Art. 93. As entidades que mantenham programa de acolhimento institucional poderão, em caráter excepcional e de urgência, acolher crianças e adolescentes sem prévia determinação da autoridade competente, fazendo comunicação do fato em até 24 (vinte e quatro) horas ao Juiz da Infância e da Juventude, sob pena de responsabilidade.

•• *Caput* com redação determinada pela Lei n. 12.010, de 3-8-2009.

Parágrafo único. Recebida a comunicação, a autoridade judiciária, ouvido o Ministério Público e se necessário com o apoio do Conselho Tutelar local, tomará as medidas necessárias para promover a imediata reintegração familiar da criança ou do adolescente ou, se por qualquer razão não for isso possível ou recomendável, para seu encaminhamento a programa de acolhimento familiar, institucional ou a família substituta, observado o disposto no § 2.º do art. 101 desta Lei.

•• Parágrafo único acrescentado pela Lei n. 12.010, de 3-8-2009.

Art. 94. As entidades que desenvolvem programas de internação têm as seguintes obrigações, entre outras:

• *Vide* art. 24 da Lei n. 12.594, de 18-1-2012.

I – observar os direitos e garantias de que são titulares os adolescentes;

II – não restringir nenhum direito que não tenha sido objeto de restrição na decisão de internação;

III – oferecer atendimento personalizado, em pequenas unidades e grupos reduzidos;

IV – preservar a identidade e oferecer ambiente de respeito e dignidade ao adolescente;

V – diligenciar no sentido do restabelecimento e da preservação dos vínculos familiares;

VI – comunicar à autoridade judiciária, periodicamente, os casos em que se mostre inviável ou impossível o reatamento dos vínculos familiares;

VII – oferecer instalações físicas em condições adequadas de habitabilidade, higiene, salubridade e segurança e os objetos necessários à higiene pessoal;

VIII – oferecer vestuário e alimentação suficientes e adequados à faixa etária dos adolescentes atendidos;

IX – oferecer cuidados médicos, psicológicos, odontológicos e farmacêuticos;

X – propiciar escolarização e profissionalização;

XI – propiciar atividades culturais, esportivas e de lazer;

XII – propiciar assistência religiosa àqueles que desejarem, de acordo com suas crenças;

XIII – proceder a estudo social e pessoal de cada caso;

XIV – reavaliar periodicamente cada caso, com intervalo máximo de seis meses, dando ciência dos resultados à autoridade competente;

XV – informar, periodicamente, o adolescente internado sobre sua situação processual;

XVI – comunicar às autoridades competentes todos os casos de adolescentes portadores de moléstias infectocontagiosas;

XVII – fornecer comprovante de depósito dos pertences dos adolescentes;

XVIII – manter programas destinados ao apoio e acompanhamento de egressos;

XIX – providenciar os documentos necessários ao exercício da cidadania àqueles que não os tiverem;

XX – manter arquivo de anotações onde constem data e circunstâncias do atendimento, nome do adolescente, seus pais ou responsável, parentes, endereços, sexo, idade, acompanhamento da sua formação, relação de seus pertences e demais dados que possibilitem sua identificação e a individualização do atendimento.

§ 1.º Aplicam-se, no que couber, as obrigações constantes deste artigo às entidades que mantêm programas de acolhimento institucional e familiar.

•• § 1.º com redação determinada pela Lei n. 12.010, de 3-8-2009.

§ 2.º No cumprimento das obrigações a que alude este artigo as entidades utilizarão preferencialmente os recursos da comunidade.

Art. 94-A. As entidades, públicas ou privadas, que abriguem ou recepcionem crianças e adolescentes, ainda que em caráter temporário, devem ter, em seus quadros, profissionais capacitados a reconhecer e reportar ao Conselho Tutelar suspeitas ou ocorrências de maus-tratos.

•• Artigo acrescentado pela Lei n. 13.046, de 1.º-12-2014.

Seção II
Da Fiscalização das Entidades

Art. 95. As entidades governamentais e não governamentais, referidas no art. 90, serão fiscalizadas pelo Judiciário, pelo Ministério Público e pelos Conselhos Tutelares.

Art. 96. Os planos de aplicação e as prestações de contas serão apresentados ao Estado ou ao Município, conforme a origem das dotações orçamentárias.

Art. 97. São medidas aplicáveis às entidades de atendimento que descumprirem obrigação constante do art. 94, sem prejuízo da responsabilidade civil e criminal de seus dirigentes ou prepostos:

•• A Lei n. 12.594, de 18-1-2012, propôs nova redação para este *caput*, todavia teve seu texto vetado.

• *Vide* art. 11 da Lei n. 12.594, de 18-1-2012.

I – às entidades governamentais:

a) advertência;

b) afastamento provisório de seus dirigentes;

c) afastamento definitivo de seus dirigentes;

d) fechamento de unidade ou interdição de programa;

II – às entidades não governamentais:

a) advertência;

b) suspensão total ou parcial do repasse de verbas públicas;

c) interdição de unidades ou suspensão de programa;

d) cassação do registro.

§ 1.º Em caso de reiteradas infrações cometidas por entidades de atendimento, que coloquem em risco os direitos assegurados nesta Lei, deverá ser o fato comunicado ao Ministério Público ou representado perante autoridade judiciária competente para as providências cabíveis, inclusive suspensão das atividades ou dissolução da entidade.

•• Primitivo parágrafo único renumerado pela Lei n. 12.010, de 3-8-2009.

• *Vide* art. 28 da Lei n. 12.594, de 18-1-2012.

§ 2.º As pessoas jurídicas de direito público e as organizações não governamentais responderão pelos danos que seus agentes causarem às crianças e aos adolescentes, caracterizado o descumprimento dos princípios norteadores das atividades de proteção específica.

•• § 2.º acrescentado pela Lei n. 12.010, de 3-8-2009.

TÍTULO II
DAS MEDIDAS DE PROTEÇÃO

Capítulo I
DISPOSIÇÕES GERAIS

Art. 98. As medidas de proteção à criança e ao adolescente são aplicáveis sempre que os direitos reconhecidos nesta Lei forem ameaçados ou violados:

•• *Vide* Súmula 594 do STJ.

I – por ação ou omissão da sociedade ou do Estado;

II – por falta, omissão ou abuso dos pais ou responsável;

III – em razão de sua conduta.

Capítulo II
DAS MEDIDAS ESPECÍFICAS DE PROTEÇÃO

Art. 99. As medidas previstas neste Capítulo poderão ser aplicadas isolada ou cumulativamente, bem como substituídas a qualquer tempo.

Art. 100. Na aplicação das medidas levar-se-ão em conta as necessidades pedagógicas, preferindo-se aquelas que visem ao fortalecimento dos vínculos familiares e comunitários.

• *Vide* art. 24 da Lei n. 12.594, de 18-1-2012.

Parágrafo único. São também princípios que regem a aplicação das medidas:

•• Parágrafo único, *caput*, acrescentado pela Lei n. 12.010, de 3-8-2009.

I – condição da criança e do adolescente como sujeitos de direitos: crianças e adolescentes são os titulares dos direitos previstos nesta e em outras Leis, bem como na Constituição Federal;

•• Inciso I acrescentado pela Lei n. 12.010, de 3-8-2009.

II – proteção integral e prioritária: a interpretação e aplicação de toda e qualquer norma contida nesta Lei deve ser voltada à proteção integral e prioritária dos direitos de que crianças e adolescentes são titulares;

•• Inciso II acrescentado pela Lei n. 12.010, de 3-8-2009.

III – responsabilidade primária e solidária do poder público: a plena efetivação dos direitos assegurados a crianças e a adolescentes por esta Lei e pela Constituição Federal, salvo nos casos por esta expressamente ressalvados, é de responsabilidade primária e solidária das 3 (três) esferas de governo, sem prejuízo da municipalização do atendimento e da possibilidade da execução de programas por entidades não governamentais;

•• Inciso III acrescentado pela Lei n. 12.010, de 3-8-2009.

IV – interesse superior da criança e do adolescente: a intervenção deve atender prioritariamente aos interesses e direitos da criança e do adolescente, sem prejuízo da consideração que for devida a outros interesses legítimos no âmbito da pluralidade dos interesses presentes no caso concreto;

•• Inciso IV acrescentado pela Lei n. 12.010, de 3-8-2009.

V – privacidade: a promoção dos direitos e proteção da criança e do adolescente deve ser efetuada no respeito pela intimidade, direito à imagem e reserva da sua vida privada;

•• Inciso V acrescentado pela Lei n. 12.010, de 3-8-2009.

VI – intervenção precoce: a intervenção das autoridades competentes deve ser efetuada logo que a situação de perigo seja conhecida;

•• Inciso VI acrescentado pela Lei n. 12.010, de 3-8-2009.

VII – intervenção mínima: a intervenção deve ser exercida exclusivamente pelas autoridades e instituições cuja ação seja indispensável à efetiva promoção dos direitos e à proteção da criança e do adolescente;

•• Inciso VII acrescentado pela Lei n. 12.010, de 3-8-2009.

VIII – proporcionalidade e atualidade: a intervenção deve ser a necessária e adequada à situação de perigo em que a criança ou o adolescente se encontram no momento em que a decisão é tomada;

•• Inciso VIII acrescentado pela Lei n. 12.010, de 3-8-2009.

IX – responsabilidade parental: a intervenção deve ser efetuada de modo que os pais assumam os seus deveres para com a criança e o adolescente;

•• Inciso IX acrescentado pela Lei n. 12.010, de 3-8-2009.

X – prevalência da família: na promoção de direitos e na proteção da criança e do adolescente deve ser dada prevalência às medidas que os mantenham ou reintegrem na sua família natural ou extensa ou, se isso não for possível, que promovam a sua integração em família adotiva;

•• Inciso X com redação determinada pela Lei n. 13.509, de 22-11-2017.

XI – obrigatoriedade da informação: a criança e o adolescente, respeitado seu estágio de desenvolvimento e capacidade de compreensão, seus pais ou responsável devem ser informados dos seus direitos, dos motivos que determinaram a intervenção e da forma como esta se processa;

•• Inciso XI acrescentado pela Lei n. 12.010, de 3-8-2009.

XII – oitiva obrigatória e participação: a criança e o adolescente, em separado ou na companhia dos pais, de responsável ou de pessoa por si indicada, bem como os seus pais ou responsável, têm direito a ser ouvidos e a participar nos atos e na definição da medida de promoção dos direitos e de proteção, sendo sua opinião devidamente considerada pela autoridade judiciária competente, observado o disposto nos §§ 1.º e 2.º do art. 28 desta Lei.

•• Inciso XII acrescentado pela Lei n. 12.010, de 3-8-2009.

Art. 101. Verificada qualquer das hipóteses previstas no art. 98, a autoridade competente poderá determinar, dentre outras, as seguintes medidas:

I – encaminhamento aos pais ou responsável, mediante termo de responsabilidade;

II – orientação, apoio e acompanhamento temporários;

III – matrícula e frequência obrigatórias em estabelecimento oficial de ensino fundamental;

IV – inclusão em serviços e programas oficiais ou comunitários de proteção, apoio e promoção da família, da criança e do adolescente;

•• Inciso IV com redação determinada pela Lei n. 13.257, de 8-3-2016.

V – requisição de tratamento médico, psicológico ou psiquiátrico, em regime hospitalar ou ambulatorial;

VI – inclusão em programa oficial ou comunitário de auxílio, orientação e tratamento a alcoólatras e toxicômanos;

VII – acolhimento institucional;

•• Inciso VII com redação determinada pela Lei n. 12.010, de 3-8-2009.

VIII – inclusão em programa de acolhimento familiar;

•• Inciso VIII com redação determinada pela Lei n. 12.010, de 3-8-2009.

IX – colocação em família substituta.

•• Inciso IX acrescentado pela Lei n. 12.010, de 3-8-2009.

§ 1.º O acolhimento institucional e o acolhimento familiar são medidas provisórias e excepcionais, utilizáveis como forma de transição para reintegração familiar ou, não sendo esta possível, para colocação em família substituta, não implicando privação de liberdade.

•• § 1.º acrescentado pela Lei n. 12.010, de 3-8-2009.

§ 2.º Sem prejuízo da tomada de medidas emergenciais para proteção de vítimas de violência ou abuso sexual e das providências a que alude o art. 130 desta Lei, o afastamento da criança ou adolescente do convívio familiar é de competência exclusiva da autoridade judiciária e importará na deflagração, a pedido do Ministério Público ou de quem tenha legítimo interesse, de procedimento judicial contencioso, no qual se garanta aos pais ou ao responsável legal o exercício do contraditório e da ampla defesa.

•• § 2.º acrescentado pela Lei n. 12.010, de 3-8-2009.

§ 3.º Crianças e adolescentes somente poderão ser encaminhados às instituições que executam programas de acolhimento institucional, governamentais ou não, por meio de uma Guia de Acolhimento, expedida pela autoridade judiciária, na qual obrigatoriamente constará, dentre outros:

I – sua identificação e a qualificação completa de seus pais ou de seu responsável, se conhecidos;

II – o endereço de residência dos pais ou do responsável, com pontos de referência;

III – os nomes de parentes ou de terceiros interessados em tê-los sob sua guarda;

IV – os motivos da retirada ou da não reintegração ao convívio familiar.

•• § 3.º acrescentado pela Lei n. 12.010, de 3-8-2009.

§ 4.º Imediatamente após o acolhimento da criança ou do adolescente, a entidade responsável pelo programa de acolhimento institucional ou familiar elaborará um plano individual de atendimento, visando à reintegração familiar, ressalvada a existência de ordem escrita e fundamentada em contrário de autoridade judiciária competente, caso em que também deverá contemplar sua colocação em família substituta, observadas as regras e princípios desta Lei.

•• § 4.º acrescentado pela Lei n. 12.010, de 3-8-2009.

§ 5.º O plano individual será elaborado sob a responsabilidade da equipe técnica do respectivo programa de atendimento e levará em consideração a opinião da criança ou do adolescente e a oitiva dos pais ou do responsável.

•• § 5.º acrescentado pela Lei n. 12.010, de 3-8-2009.

§ 6.º Constarão do plano individual, dentre outros:

I – os resultados da avaliação interdisciplinar;

II – os compromissos assumidos pelos pais ou responsável; e

III – a previsão das atividades a serem desenvolvidas com a criança ou com o adolescente acolhido e seus pais ou responsável, com vista na reintegração familiar ou, caso seja esta vedada por expressa e fundamentada determinação judicial, as providências a serem tomadas para sua colocação em família substituta, sob direta supervisão da autoridade judiciária.

•• § 6.º acrescentado pela Lei n. 12.010, de 3-8-2009.

§ 7.º O acolhimento familiar ou institucional ocorrerá no local mais próximo à residência dos pais ou do responsável e, como parte do processo de reintegração familiar, sempre que identificada a necessidade, a família de origem será incluída em programas oficiais de orientação, de apoio e de promoção social, sendo facilitado e estimulado o contato com a criança ou com o adolescente acolhido.

•• § 7.º acrescentado pela Lei n. 12.010, de 3-8-2009.

§ 8.º Verificada a possibilidade de reintegração familiar, o responsável pelo programa de acolhimento familiar ou institucional fará imediata comunicação à autoridade judiciária, que dará vista ao Ministério Público, pelo prazo de 5 (cinco) dias, decidindo em igual prazo.

•• § 8.º acrescentado pela Lei n. 12.010, de 3-8-2009.

§ 9.º Em sendo constatada a impossibilidade de reintegração da criança ou do adolescente à família de origem, após seu encaminhamento a programas oficiais ou comunitários de orientação, apoio e promoção social, será enviado relatório fundamentado ao Ministério Público, no qual conste a descrição pormenorizada das providências tomadas e a expressa recomendação, subscrita pelos técnicos da entidade ou responsáveis pela execução da política municipal de garantia do direito à convivência familiar, para a destituição do poder familiar, ou destituição de tutela ou guarda.

•• § 9.º acrescentado pela Lei n. 12.010, de 3-8-2009.

§ 10. Recebido o relatório, o Ministério Público terá o prazo de 15 (quinze) dias para o ingresso com a ação de destituição do poder familiar, salvo se entender necessária a realização de estudos complementares ou de outras providências indispensáveis ao ajuizamento da demanda.

•• § 10 com redação determinada pela Lei n. 13.509, de 22-11-2017.

§ 11. A autoridade judiciária manterá, em cada comarca ou foro regional, um cadastro contendo informações atualizadas sobre as crianças e adolescentes em regime de acolhimento familiar e institucional sob sua responsabilidade, com informações pormenorizadas sobre a situação jurídica de cada um, bem como as providências tomadas para sua reintegração familiar ou colocação em família substituta, em qualquer das modalidades previstas no art. 28 desta Lei.

•• § 11 acrescentado pela Lei n. 12.010, de 3-8-2009.

•• *Vide* art. 258-A desta Lei.

§ 12. Terão acesso ao cadastro o Ministério Público, o Conselho Tutelar, o órgão gestor da Assistência Social e os Conselhos Municipais dos Direitos da Criança e do Adolescente e da Assistência Social, aos quais incumbe deliberar sobre a implementação de políticas públicas que permitam reduzir o número de crianças e adolescentes afastados do convívio familiar e abreviar o período de permanência em programa de acolhimento.

•• § 12 acrescentado pela Lei n. 12.010, de 3-8-2009.

Art. 102. As medidas de proteção de que trata este Capítulo serão acompanhadas da regularização do registro civil.

§ 1.º Verificada a inexistência de registro anterior, o assento de nascimento da criança ou adolescente será feito à vista dos elementos disponíveis, mediante requisição da autoridade judiciária.

§ 2.º Os registros e certidões necessárias à regularização de que trata este artigo são isentos de multas, custas e emolumentos, gozando de absoluta prioridade.

§ 3.º Caso ainda não definida a paternidade, será deflagrado procedimento específico destinado à sua averiguação, conforme previsto pela Lei n. 8.560, de 29 de dezembro de 1992.

•• § 3.º acrescentado pela Lei n. 12.010, de 3-8-2009.

• A citada Lei consta nesta obra.

§ 4.º Nas hipóteses previstas no § 3.º deste artigo, é dispensável o ajuizamento de ação de investigação de paternidade pelo Ministério Público se, após o não comparecimento ou a recusa do suposto pai em assumir a paternidade a ele atribuída, a criança for encaminhada para adoção.

•• § 4.º acrescentado pela Lei n. 12.010, de 3-8-2009.

§ 5.º Os registros e certidões necessários à inclusão, a qualquer tempo, do nome do pai no assento de nascimento são isentos de multas, custas e emolumentos, gozando de absoluta prioridade.

•• § 5.º acrescentado pela Lei n. 13.257, de 8-3-2016.

§ 6.º São gratuitas, a qualquer tempo, a averbação requerida do reconhecimento de paternidade no assento de nascimento e a certidão correspondente.

•• § 6.º acrescentado pela Lei n. 13.257, de 8-3-2016.

TÍTULO III
DA PRÁTICA DE ATO INFRACIONAL

Capítulo I
DISPOSIÇÕES GERAIS

Art. 103. Considera-se ato infracional a conduta descrita como crime ou contravenção penal.

Art. 104. São penalmente inimputáveis os menores de dezoito anos, sujeitos às medidas previstas nesta Lei.

•• Da inimputabilidade penal: arts. 27 do CP e 228 da CF.

Parágrafo único. Para os efeitos desta Lei, deve ser considerada a idade do adolescente à data do fato.

Art. 105. Ao ato infracional praticado por criança corresponderão as medidas previstas no art. 101.

Capítulo II
DOS DIREITOS INDIVIDUAIS

Art. 106. Nenhum adolescente será privado de sua liberdade senão em flagrante de ato infracional ou por ordem escrita e fundamentada da autoridade judiciária competente.

Parágrafo único. O adolescente tem direito à identificação dos responsáveis pela sua apreensão, devendo ser informado acerca de seus direitos.

•• *Vide* art. 5.º, LXIV, da CF.

Art. 107. A apreensão de qualquer adolescente e o local onde se encontra recolhido serão incontinenti comunicados à autoridade judiciária competente e à família do apreendido ou à pessoa por ele indicada.

• *Vide* art. 5.º, LXII, da CF.

Parágrafo único. Examinar-se-á desde logo e sob pena de responsabilidade, a possibilidade de liberação imediata.

• *Vide* art. 5.º, LXV, da CF.

Art. 108. A internação, antes da sentença, pode ser determinada pelo prazo máximo de quarenta e cinco dias.

Parágrafo único. A decisão deverá ser fundamentada e basear-se em indícios suficientes de autoria e materialidade, demonstrada a necessidade imperiosa da medida.

Art. 109. O adolescente civilmente identificado não será submetido a identificação compulsória pelos órgãos policiais, de proteção e judiciais, salvo para efeito de confrontação, havendo dúvida fundada.

• *Vide* art. 5.º, LVIII, da CF.

Capítulo III
DAS GARANTIAS PROCESSUAIS

Art. 110. Nenhum adolescente será privado de sua liberdade sem o devido processo legal.

•• *Vide* Súmulas 108, 265 e 342 do STJ.

• *Vide* art. 5.º, LIV, da CF.

Art. 111. São asseguradas ao adolescente, entre outras, as seguintes garantias:

I – pleno e formal conhecimento da atribuição de ato infracional, mediante citação ou meio equivalente;

II – igualdade na relação processual, podendo confrontar-se com vítimas e testemunhas e produzir todas as provas necessárias à sua defesa;

III – defesa técnica por advogado;

IV – assistência judiciária gratuita e integral aos necessitados, na forma da lei;

• *Vide* arts. 5.º, LXXIV, e 134 da CF.

• *Vide* Lei n. 1.060, de 5-2-1950.

V – direito de ser ouvido pessoalmente pela autoridade competente;

•• *Vide* Súmula 265 do STJ.

VI – direito de solicitar a presença de seus pais ou responsável em qualquer fase do procedimento.

Capítulo IV
DAS MEDIDAS SOCIOEDUCATIVAS

•• *Vide* Súmulas 108, 265, 338 e 342 do STJ.

Seção I
Disposições Gerais

Art. 112. Verificada a prática de ato infracional, a autoridade competente poderá aplicar ao adolescente as seguintes medidas:

• *Vide* art. 1.º, § 2.º, da Lei n. 12.594, de 18-1-2012.

I – advertência;

II – obrigação de reparar o dano;

III – prestação de serviços à comunidade;

IV – liberdade assistida;

V – inserção em regime de semiliberdade;

VI – internação em estabelecimento educacional;

VII – qualquer uma das previstas no art. 101, I a VI.

• *Vide* Súmula 108 do STJ.

§ 1.º A medida aplicada ao adolescente levará em conta a sua capacidade de cumpri-la, as circunstâncias e a gravidade da infração.

§ 2.º Em hipótese alguma e sob pretexto algum, será admitida a prestação de trabalho forçado.

§ 3.º Os adolescentes portadores de doença ou deficiência mental receberão tratamento individual e especializado, em local adequado às suas condições.

Art. 113. Aplica-se a este Capítulo o disposto nos arts. 99 e 100.

Art. 114. A imposição das medidas previstas nos incisos II a VI do art. 112 pressupõe a existência de provas suficientes da autoria e da materialidade da infração, ressalvada a hipótese de remissão, nos termos do art. 127.

Parágrafo único. A advertência poderá ser aplicada sempre que houver prova da materialidade e indícios suficientes da autoria.

Seção II
Da Advertência

Art. 115. A advertência consistirá em admoestação verbal, que será reduzida a termo e assinada.

Seção III
Da Obrigação de Reparar o Dano

Art. 116. Em se tratando de ato infracional com reflexos patrimoniais, a autoridade poderá determinar, se for o caso, que o adolescente restitua a coisa, promova o ressarcimento do dano, ou, por outra forma, compense o prejuízo da vítima.

• *Vide* art. 932, I e II, do CC.

Parágrafo único. Havendo manifesta impossibilidade, a medida poderá ser substituída por outra adequada.

Seção IV
Da Prestação de Serviços à Comunidade

Art. 117. A prestação de serviços comunitários consiste na realização de tarefas gratuitas de interesse geral, por período não excedente a seis meses, junto a entidades assistenciais, hospitais, escolas e outros estabelecimentos congêneres, bem como em programas comunitários ou governamentais.

• *Vide* art. 24 da Lei n. 12.594, de 18-1-2012.

Parágrafo único. As tarefas serão atribuídas conforme as aptidões do adolescente, devendo ser cumpridas durante jornada máxima de oito horas semanais, aos sábados, domingos e feriados ou em dias úteis, de modo a não prejudicar a frequência à escola ou à jornada normal de trabalho.

Seção V
Da Liberdade Assistida

Art. 118. A liberdade assistida será adotada sempre que se afigurar a medida mais adequada para o fim de acompanhar, auxiliar e orientar o adolescente.

§ 1.º A autoridade designará pessoa capacitada para acompanhar o caso, a qual poderá ser recomendada por entidade ou programa de atendimento.

§ 2.º A liberdade assistida será fixada pelo prazo mínimo de seis meses, podendo a qualquer tempo ser prorrogada, revogada ou substituída por outra medida, ouvido o orientador, o Ministério Público e o defensor.

Art. 119. Incumbe ao orientador, com o apoio e a supervisão da autoridade competente, a realização dos seguintes encargos, entre outros:

• *Vide* art. 24 da Lei n. 12.594, de 18-1-2012.

I – promover socialmente o adolescente e sua família, fornecendo-lhes orientação e inserindo-os, se necessário, em programa oficial ou comunitário de auxílio e assistência social;

II – supervisionar a frequência e o aproveitamento escolar do adolescente, promovendo, inclusive, sua matrícula;

III – diligenciar no sentido da profissionalização do adolescente e de sua inserção no mercado de trabalho;

IV – apresentar relatório do caso.

Seção VI
Do Regime de Semiliberdade

Art. 120. O regime de semiliberdade pode ser determinado desde o início, ou como forma de transição para o meio aberto, possibilitada a realização de atividades externas, independentemente de autorização judicial.

• *Vide* art. 24 da Lei n. 12.594, de 18-1-2012.

§ 1.º É obrigatória a escolarização e a profissionalização, devendo, sempre que possível, ser utilizados os recursos existentes na comunidade.

§ 2.º A medida não comporta prazo determinado, aplicando-se, no que couber, as disposições relativas à internação.

Seção VII
Da Internação

Art. 121. A internação constitui medida privativa da liberdade, sujeita aos princípios de brevidade, excepcionalidade e respeito à condição peculiar de pessoa em desenvolvimento.

§ 1.º Será permitida a realização de atividades externas, a critério da equipe técnica da entidade, salvo expressa determinação judicial em contrário.

• *Vide* art. 50 da Lei n. 12.594, de 18-1-2012.

§ 2.º A medida não comporta prazo determinado, devendo sua manutenção ser reavaliada, mediante decisão fundamentada, no máximo a cada seis meses.

§ 3.º Em nenhuma hipótese o período máximo de internação excederá a três anos.

§ 4.º Atingido o limite estabelecido no parágrafo anterior, o adolescente deverá ser liberado, colocado em regime de semiliberdade ou de liberdade assistida.

§ 5.º A liberação será compulsória aos vinte e um anos de idade.

§ 6.º Em qualquer hipótese a desinternação será precedida de autorização judicial, ouvido o Ministério Público.

§ 7.º A determinação judicial mencionada no § 1.º poderá ser revista a qualquer tempo pela autoridade judiciária.

•• § 7.º acrescentado pela Lei n. 12.594, de 18-1-2012.

Art. 122. A medida de internação só poderá ser aplicada quando:

I – tratar-se de ato infracional cometido mediante grave ameaça ou violência a pessoa;

II – por reiteração no cometimento de outras infrações graves;

III – por descumprimento reiterado e injustificável da medida anteriormente imposta.

•• *Vide* art. 42, § 4.º, da Lei n. 12.594, de 18-1-2012.

§ 1.º O prazo de internação na hipótese do inciso III deste artigo não poderá ser superior a 3 (três) meses, devendo ser decretada judicialmente após o devido processo legal.

•• § 1.º com redação determinada pela Lei n. 12.594, de 18-1-2012.

• *Vide* art. 35, V, da Lei n. 12.594, de 18-1-2012.

§ 2.º Em nenhuma hipótese será aplicada a internação, havendo outra medida adequada.

Art. 123. A internação deverá ser cumprida em entidade exclusiva para adolescentes, em local distinto daquele destinado ao abrigo, obedecida rigorosa separação por critérios de idade, compleição física e gravidade da infração.

• *Vide* art. 24 da Lei n. 12.594, de 18-1-2012.

Parágrafo único. Durante o período de internação, inclusive provisória, serão obrigatórias atividades pedagógicas.

Art. 124. São direitos do adolescente privado de liberdade, entre outros, os seguintes:

• *Vide* art. 24 da Lei n. 12.594, de 18-1-2012.

I – entrevistar-se pessoalmente com o representante do Ministério Público;

II – peticionar diretamente a qualquer autoridade;

• *Vide* art. 5.º, XXXIV, *a*, da CF.

III – avistar-se reservadamente com seu defensor;

IV – ser informado de sua situação processual, sempre que solicitada;

V – ser tratado com respeito e dignidade;

VI – permanecer internado na mesma localidade ou naquela mais próxima ao domicílio de seus pais ou responsável;

VII – receber visitas, ao menos semanalmente;

VIII – corresponder-se com seus familiares e amigos;

IX – ter acesso aos objetos necessários à higiene e asseio pessoal;

X – habitar alojamento em condições adequadas de higiene e salubridade;

XI – receber escolarização e profissionalização;

XII – realizar atividades culturais, esportivas e de lazer;

XIII – ter acesso aos meios de comunicação social;

XIV – receber assistência religiosa, segundo a sua crença, e desde que assim o deseje;

XV – manter a posse de seus objetos pessoais e dispor de local seguro para guardá-los, recebendo comprovante daqueles porventura depositados em poder da entidade;

XVI – receber, quando de sua desinternação, os documentos pessoais indispensáveis à vida em sociedade.

§ 1.º Em nenhum caso haverá incomunicabilidade.

§ 2.º A autoridade judiciária poderá suspender temporariamente a visita, inclusive de pais ou responsável, se existirem motivos sérios e fundados de sua prejudicialidade aos interesses do adolescente.

Art. 125. É dever do Estado zelar pela integridade física e mental dos internos, cabendo-lhe adotar as medidas adequadas de contenção e segurança.

Capítulo V
DA REMISSÃO

Art. 126. Antes de iniciado o procedimento judicial para apuração de ato infracional, o representante do Ministério Público poderá conceder a remissão, como forma de exclusão do processo, atendendo às circunstâncias e consequências do fato, ao contexto social, bem como à personalidade do adolescente e sua maior ou menor participação no ato infracional.

•• *Vide* Súmula 108 do STJ.

Parágrafo único. Iniciado o procedimento, a concessão da remissão pela autoridade judiciária importará na suspensão ou extinção do processo.

Art. 127. A remissão não implica necessariamente o reconhecimento ou comprovação da responsabilidade, nem prevalece para efeito de antecedentes, podendo incluir eventualmente a aplicação de qualquer das medidas previstas em lei, exceto a colocação em regime de semiliberdade e a internação.

•• *Vide* Súmula 108 do STJ.

Art. 128. A medida aplicada por força da remissão poderá ser revista judicialmente, a qualquer tempo, mediante pedido expresso do adolescente ou de seu representante legal, ou do Ministério Público.

Título IV
DAS MEDIDAS PERTINENTES AOS PAIS OU RESPONSÁVEL

Art. 129. São medidas aplicáveis aos pais ou responsável:

I – encaminhamento a serviços e programas oficiais ou comunitários de proteção, apoio e promoção da família;

•• Inciso I com redação determinada pela Lei n. 13.257, de 8-3-2016.

II – inclusão em programa oficial ou comunitário de auxílio, orientação e tratamento a alcoólatras e toxicômanos;

III – encaminhamento a tratamento psicológico ou psiquiátrico;

IV – encaminhamento a cursos ou programas de orientação;

V – obrigação de matricular o filho ou pupilo e acompanhar sua frequência e aproveitamento escolar;

VI – obrigação de encaminhar a criança ou adolescente a tratamento especializado;

VII – advertência;

VIII – perda da guarda;

IX – destituição da tutela;

X – suspensão ou destituição do poder familiar.

Parágrafo único. Na aplicação das medidas previstas nos incisos IX e X deste artigo, observar-se-á o disposto nos arts. 23 e 24.

Art. 130. Verificada a hipótese de maus-tratos, opressão ou abuso sexual impostos pelos pais ou responsável, a autoridade judiciária poderá determinar, como medida cautelar, o afastamento do agressor da moradia comum.

Parágrafo único. Da medida cautelar constará, ainda, a fixação provisória dos alimentos de que necessitem a criança ou o adolescente dependentes do agressor.

•• Parágrafo único acrescentado pela Lei n. 12.415, de 9-6-2011.

Título V
DO CONSELHO TUTELAR

Capítulo I
DISPOSIÇÕES GERAIS

Art. 131. O Conselho Tutelar é órgão permanente e autônomo, não jurisdicional, encarregado pela sociedade de zelar pelo cumprimento dos direitos da criança e do adolescente, definidos nesta Lei.

Art. 132. Em cada Município e em cada Região Administrativa do Distrito Federal haverá, no mínimo, 1 (um) Conselho Tutelar como órgão integrante da administração pública local, composto de 5 (cinco) membros, escolhidos pela população local para mandato de 4 (quatro) anos, permitida recondução por novos processos de escolha.

•• Artigo com redação determinada pela Lei n. 13.824, de 9-5-2019.

Art. 133. Para a candidatura a membro do Conselho Tutelar, serão exigidos os seguintes requisitos:

I – reconhecida idoneidade moral;

II – idade superior a vinte e um anos;

III – residir no município.

Art. 134. Lei municipal ou distrital disporá sobre o local, dia e horário de funcionamento do Conselho Tutelar, inclusive quanto à remuneração dos respectivos membros, aos quais é assegurado o direito a:

•• *Caput* com redação determinada pela Lei n. 12.696, de 25-7-2012.

I – cobertura previdenciária;

•• Inciso I acrescentado pela Lei n. 12.696, de 25-7-2012.

II – gozo de férias anuais remuneradas, acrescidas de 1/3 (um terço) do valor da remuneração mensal;

•• Inciso II acrescentado pela Lei n. 12.696, de 25-7-2012.

III – licença-maternidade;

•• Inciso III acrescentado pela Lei n. 12.696, de 25-7-2012.

IV – licença-paternidade;

•• Inciso IV acrescentado pela Lei n. 12.696, de 25-7-2012.

V – gratificação natalina.

•• Inciso V acrescentado pela Lei n. 12.696, de 25-7-2012.

Parágrafo único. Constará da lei orçamentária municipal e da do Distrito Federal previsão dos recursos necessários ao funcionamento do Conselho Tutelar e à remuneração e formação continuada dos conselheiros tutelares.

•• Parágrafo único com redação determinada pela Lei n. 12.696, de 25-7-2012.

Art. 135. O exercício efetivo da função de conselheiro constituirá serviço público relevante e estabelecerá presunção de idoneidade moral.

•• Artigo com redação determinada pela Lei n. 12.696, de 25-7-2012.

Capítulo II
DAS ATRIBUIÇÕES DO CONSELHO

Art. 136. São atribuições do Conselho Tutelar:

I – atender as crianças e adolescentes nas hipóteses previstas nos arts. 98 e 105, aplicando as medidas previstas no art. 101, I a VII;

II – atender e aconselhar os pais ou responsável, aplicando as medidas previstas no art. 129, I a VII;

III – promover a execução de suas decisões, podendo para tanto:

a) requisitar serviços públicos nas áreas de saúde, educação, serviço social, previdência, trabalho e segurança;

b) representar junto à autoridade judiciária nos casos de descumprimento injustificado de suas deliberações;

IV – encaminhar ao Ministério Público notícia de fato que constitua infração administrativa ou penal contra os direitos da criança ou adolescente;

V – encaminhar à autoridade judiciária os casos de sua competência;

VI – providenciar a medida estabelecida pela autoridade judiciária, dentre as previstas no art. 101, de I a VI, para o adolescente autor de ato infracional;

VII – expedir notificações;

VIII – requisitar certidões de nascimento e de óbito de criança ou adolescente quando necessário;

IX – assessorar o Poder Executivo local na elaboração da proposta orçamentária para planos e programas de atendimento dos direitos da criança e do adolescente;

X – representar, em nome da pessoa e da família, contra a violação dos direitos previstos no art. 220, § 3.º, inciso II da Constituição Federal;

XI – representar ao Ministério Público para efeito das ações de perda ou suspensão do poder familiar, após esgotadas as possibilidades de manutenção da criança ou do adolescente junto à família natural.

•• Inciso XI com redação determinada pela Lei n. 12.010, de 3-8-2009.

XII – promover e incentivar, na comunidade e nos grupos profissionais, ações de divulgação e treinamento para o reconhecimento de sintomas de maus-tratos em crianças e adolescentes.

•• Inciso XII acrescentado pela Lei n. 13.046, de 1.º-12-2014.

Parágrafo único. Se, no exercício de suas atribuições, o Conselho Tutelar entender necessário o afastamento do convívio familiar, comunicará incontinenti o fato ao Ministério Público, prestando-lhe informações sobre os motivos de tal entendimento e as providências tomadas para a orientação, o apoio e a promoção social da família.

•• Parágrafo único acrescentado pela Lei n. 12.010, de 3-8-2009.

Art. 137. As decisões do Conselho Tutelar somente poderão ser revistas pela autoridade judiciária a pedido de quem tenha legítimo interesse.

Capítulo III
DA COMPETÊNCIA

Art. 138. Aplica-se ao Conselho Tutelar a regra de competência constante do art. 147.

Capítulo IV
DA ESCOLHA DOS CONSELHEIROS

Art. 139. O processo para a escolha dos membros do Conselho Tutelar será estabelecido em lei municipal e realizado sob a responsabilidade do Conselho Municipal dos Direitos da Criança e do Adolescente, e a fiscalização do Ministério Público.

•• Artigo com redação determinada pela Lei n. 8.242, de 12-10-1991.

§ 1.º O processo de escolha dos membros do Conselho Tutelar ocorrerá em data unificada em todo o território nacional a cada 4 (quatro) anos, no primeiro domingo do mês de outubro do ano subsequente ao da eleição presidencial.

•• § 1.º acrescentado pela Lei n. 12.696, de 25-7-2012.

§ 2.º A posse dos conselheiros tutelares ocorrerá no dia 10 de janeiro do ano subsequente ao processo de escolha.

•• § 2.º acrescentado pela Lei n. 12.696, de 25-7-2012.

§ 3.º No processo de escolha dos membros do Conselho Tutelar, é vedado ao candidato doar, oferecer, prometer ou entregar ao eleitor bem ou vantagem pessoal de qualquer natureza, inclusive brindes de pequeno valor.

•• § 3.º acrescentado pela Lei n. 12.696, de 25-7-2012.

Capítulo V
DOS IMPEDIMENTOS

Art. 140. São impedidos de servir no mesmo Conselho marido e mulher, ascendentes e descendentes, sogro e genro ou nora, irmãos, cunhados, durante o cunhadio, tio e sobrinho, padrasto ou madrasta e enteado.

Parágrafo único. Estende-se o impedimento do conselheiro, na forma deste artigo, em relação à autoridade judiciária e ao representante do Ministério Público com atuação na Justiça da Infância e da Juventude, em exercício na Comarca, Foro Regional ou Distrital.

Título VI
DO ACESSO À JUSTIÇA

Capítulo I
DISPOSIÇÕES GERAIS

Art. 141. É garantido o acesso de toda criança ou adolescente à Defensoria Pública, ao Ministério Público e ao Poder Judiciário, por qualquer de seus órgãos.

§ 1.º A assistência judiciária gratuita será prestada aos que dela necessitarem, através de defensor público ou advogado nomeado.

• *Vide* arts. 5.º, LXXIV, e 134 da CF.

• *Vide* Lei n. 1.060, de 5-2-1950.

§ 2.º As ações judiciais da competência da Justiça da Infância e da Juventude são isentas de custas e emolumentos, ressalvada a hipótese de litigância de má-fé.

Art. 142. Os menores de dezesseis anos serão representados e os maiores de dezesseis e menores de vinte e um anos assistidos por seus pais, tutores ou curadores, na forma da legislação civil ou processual.

•• *Vide* art. 5.º do CC.

Parágrafo único. A autoridade judiciária dará curador especial à criança ou adolescente, sempre que os interesses destes colidirem com os de seus pais ou responsável, ou quando carecer de representação ou assistência legal ainda que eventual.

• *Vide* art. 1.692 do CC.

Art. 143. É vedada a divulgação de atos judiciais, policiais e administrativos que digam respeito a crianças e adolescentes a que se atribua autoria de ato infracional.

Parágrafo único. Qualquer notícia a respeito do fato não poderá identificar a criança ou adolescente, vedando-se fotografia, referência a nome, apelido, filiação, parentesco, residência e, inclusive, iniciais do nome e sobrenome.

•• Parágrafo único com redação determinada pela Lei n. 10.764, de 12-11-2003.

Art. 144. A expedição de cópia ou certidão de atos a que se refere o artigo anterior somente será deferida pela autoridade judiciária competente, se demonstrado o interesse e justificada a finalidade.

Capítulo II
DA JUSTIÇA DA INFÂNCIA E DA JUVENTUDE

Seção I
Disposições Gerais

Art. 145. Os Estados e o Distrito Federal poderão criar varas especializadas e exclusivas da infância e da juventude, cabendo ao Poder Judiciário estabelecer sua proporcionalidade por número de habitantes, dotá-las de infraestrutura e dispor sobre o atendimento, inclusive em plantões.

Seção II
Do Juiz

Art. 146. A autoridade a que se refere esta Lei é o Juiz da Infância e da Juventude, ou o Juiz que exerce essa função, na forma da Lei de Organização Judiciária local.

•• *Vide* Súmula 108 do STJ.

•• *Vide* art. 36 da Lei n. 12.594, de 18-1-2012.

Art. 147. A competência será determinada:

I – pelo domicílio dos pais ou responsável;

II – pelo lugar onde se encontre a criança ou adolescente, à falta dos pais ou responsável.

§ 1.º Nos casos de ato infracional, será competente a autoridade do lugar da ação ou omissão, observadas as regras de conexão, continência e prevenção.

§ 2.º A execução das medidas poderá ser delegada à autoridade competente da residência dos pais ou responsável, ou do local onde sediar-se a entidade que abrigar a criança ou adolescente.

§ 3.º Em caso de infração cometida através de transmissão simultânea de rádio ou televisão, que atinja mais de uma comarca, será competente, para aplicação da penalidade, a autoridade judiciária do local da sede estadual da emissora ou rede, tendo a sentença eficácia para todas as transmissoras ou retransmissoras do respectivo Estado.

Art. 148. A Justiça da Infância e da Juventude é competente para:

I – conhecer de representações promovidas pelo Ministério Público, para apuração de ato infracional atribuído a adolescente, aplicando as medidas cabíveis;

II – conceder a remissão, como forma de suspensão ou extinção do processo;

III – conhecer de pedidos de adoção e seus incidentes;

IV – conhecer de ações civis fundadas em interesses individuais, difusos ou coletivos afetos à criança e ao adolescente, observado o disposto no art. 209;

V – conhecer de ações decorrentes de irregularidades em entidades de atendimento, aplicando as medidas cabíveis;

VI – aplicar penalidades administrativas nos casos de infrações contra norma de proteção a criança ou adolescentes;

VII – conhecer de casos encaminhados pelo Conselho Tutelar, aplicando as medidas cabíveis.

•• *Vide* Súmula 108 do STJ.

Parágrafo único. Quando se tratar de criança ou adolescente nas hipóteses do art. 98, é também competente a Justiça da Infância e da Juventude para o fim de:

a) conhecer de pedidos de guarda e tutela;

b) conhecer de ações de destituição do poder familiar, perda ou modificação da tutela ou guarda;

c) suprir a capacidade ou o consentimento para o casamento;

• *Vide* art. 1.519 do CC.

d) conhecer de pedidos baseados em discordância paterna ou materna, em relação ao exercício do poder familiar;

e) conceder a emancipação, nos termos da lei civil, quando faltarem os pais;

f) designar curador especial em casos de apresentação de queixa ou representação, ou de outros procedimentos judiciais ou extrajudiciais em que haja interesses de criança ou adolescente;

• *Vide* art. 1.692 do CC.

g) conhecer de ações de alimentos;

• *Vide* Lei n. 5.478, de 25-7-1968, sobre ação de alimentos, e Lei n. 11.804, de 5-11-2008, sobre alimentos gravídicos.

h) determinar o cancelamento, a retificação e o suprimento dos registros de nascimento e óbito.

• *Vide* arts. 109 a 113 da Lei n. 6.015, de 31-12-1973.

Art. 149. Compete à autoridade judiciária disciplinar, através de portaria, ou autorizar, mediante alvará:

I – a entrada e permanência de criança ou adolescente, desacompanhado dos pais ou responsável, em:

a) estádio, ginásio e campo desportivo;

b) bailes ou promoções dançantes;

c) boate ou congêneres;

d) casa que explore comercialmente diversões eletrônicas;

e) estúdios cinematográficos, de teatro, rádio e televisão;

II – a participação de criança e adolescente em:

a) espetáculos públicos e seus ensaios;

b) certames de beleza.

§ 1.º Para os fins do disposto neste artigo, a autoridade judiciária levará em conta, dentre outros fatores:

a) os princípios desta Lei;

b) as peculiaridades locais;

c) a existência de instalações adequadas;

d) o tipo de frequência habitual ao local;

e) a adequação do ambiente a eventual participação ou frequência de crianças e adolescentes;

f) a natureza do espetáculo.

§ 2.º As medidas adotadas na conformidade deste artigo deverão ser fundamentadas, caso a caso, vedadas as determinações de caráter geral.

Seção III
Dos Serviços Auxiliares

Art. 150. Cabe ao Poder Judiciário, na elaboração de sua proposta orçamentária, prever recursos para manutenção de equipe interprofissional, destinada a assessorar a Justiça da Infância e da Juventude.

Art. 151. Compete à equipe interprofissional, dentre outras atribuições que lhe forem reservadas pela legislação local, fornecer subsídios por escrito, mediante laudos, ou verbalmente, na audiência, e bem assim desenvolver trabalhos de aconselhamento, orientação, encaminhamento, prevenção e outros, tudo sob a imediata subordinação à autoridade judiciária, assegurada a livre manifestação do ponto de vista técnico.

Parágrafo único. Na ausência ou insuficiência de servidores públicos integrantes do Poder Judiciário responsáveis pela realização dos estudos psicossociais ou de quaisquer outras espécies de avaliações técnicas exigidas por esta Lei ou por determinação judicial, a autoridade judiciária poderá proceder à nomeação de perito, nos termos do art. 156 da Lei n. 13.105, de 16 de março de 2015 (Código de Processo Civil).

•• Parágrafo único acrescentado pela Lei n. 13.509, de 22-11-2017.

Capítulo III
DOS PROCEDIMENTOS

Seção I
Disposições Gerais

Art. 152. Aos procedimentos regulados nesta Lei aplicam-se subsidiariamente as normas gerais previstas na legislação processual pertinente.

§ 1.º É assegurada, sob pena de responsabilidade, prioridade absoluta na tramitação dos processos e procedimentos previstos nesta Lei, assim como na execução dos atos e diligências judiciais a eles referentes.

•• Primitivo parágrafo único renumerado pela Lei n. 13.509, de 22-11-2017.

§ 2.º Os prazos estabelecidos nesta Lei e aplicáveis aos seus procedimentos são contados em dias corridos, excluído o dia do começo e incluído o dia do vencimento, vedado o prazo em dobro para a Fazenda Pública e o Ministério Público.

•• § 2.º acrescentado pela Lei n. 13.509, de 22-11-2017.

Art. 153. Se a medida judicial a ser adotada não corresponder a procedimento previsto nesta ou em outra lei, a autoridade judiciária poderá investigar os fatos e ordenar de ofício as providências necessárias, ouvido o Ministério Público.

Parágrafo único. O disposto neste artigo não se aplica para o fim de afastamento da criança ou do adolescente de sua família de origem e em outros procedimentos necessariamente contenciosos.

•• Parágrafo único acrescentado pela Lei n. 12.010, de 3-8-2009.

Art. 154. Aplica-se às multas o disposto no art. 214.

Seção II
Da Perda e da Suspensão do Poder Familiar

•• *Vide* arts. 1.635 a 1.638 do CC.

Art. 155. O procedimento para a perda ou a suspensão do poder familiar terá início por provocação do Ministério Público ou de quem tenha legítimo interesse.

Art. 156. A petição inicial indicará:

I – a autoridade judiciária a que for dirigida;

II – o nome, o estado civil, a profissão e a residência do requerente e do requerido, dispensada a qualificação em se tratando de pedido formulado por representante do Ministério Público;

III – a exposição sumária do fato e o pedido;

IV – as provas que serão produzidas, oferecendo, desde logo, o rol de testemunhas e documentos.

Art. 157. Havendo motivo grave, poderá a autoridade judiciária, ouvido o Ministério Público, decretar a suspensão do poder familiar, liminar ou incidentalmente, até o julgamento definitivo da causa, ficando a criança ou adolescente confiado a pessoa idônea, mediante termo de responsabilidade.

§ 1.º Recebida a petição inicial, a autoridade judiciária determinará, concomitantemente ao despacho de citação e independentemente de requerimento do interessado, a realização de estudo social ou perícia por equipe interprofissional ou multidisciplinar para comprovar a presença de uma das causas de suspensão ou destituição do poder familiar, ressalvado o disposto no § 10 do art. 101 desta Lei, e observada a Lei n. 13.431, de 4 de abril de 2017.

•• § 1.º acrescentado pela Lei n. 13.509, de 22-11-2017.

§ 2.º Em sendo os pais oriundos de comunidades indígenas, é ainda obrigatória a intervenção, junto à equipe interprofissional ou multidisciplinar referida no § 1.º deste artigo, de representantes do órgão federal responsável pela política indigenista, observado o disposto no § 6.º do art. 28 desta Lei.

•• § 2.º acrescentado pela Lei n. 13.509, de 22-11-2017.

Art. 158. O requerido será citado para, no prazo de dez dias, oferecer resposta escrita, indicando as provas a serem produzidas e oferecendo desde logo o rol de testemunhas e documentos.

§ 1.º A citação será pessoal, salvo se esgotados todos os meios para sua realização.

•• § 1.º acrescentado pela Lei n. 12.962, de 8-4-2014.

§ 2.º O requerido privado de liberdade deverá ser citado pessoalmente.

•• § 2.º acrescentado pela Lei n. 12.962, de 8-4-2014.

§ 3.º Quando, por 2 (duas) vezes, o oficial de justiça houver procurado o citando em seu domicílio ou residência sem o encontrar, deverá, havendo suspeita de ocultação, informar qualquer pessoa da família ou, em sua falta, qualquer vizinho do dia útil em que voltará a fim de efetuar a citação, na hora que designar, nos termos do art. 252 e seguintes da Lei n. 13.105, de 16 de março de 2015 (Código de Processo Civil).

•• § 3.º acrescentado pela Lei n. 13.509, de 22-11-2017.

§ 4.º Na hipótese de os genitores encontrarem-se em local incerto ou não sabido, serão citados por edital no prazo de 10 (dez) dias, em publicação única, dispensado o envio de ofícios para a localização.

•• § 4.º acrescentado pela Lei n. 13.509, de 22-11-2017.

Art. 159. Se o requerido não tiver possibilidade de constituir advogado, sem prejuízo do próprio sustento e de sua família, poderá requerer, em cartório, que lhe seja nomeado dativo, ao qual incumbirá a apresentação de resposta, contando-se o prazo a partir da intimação do despacho de nomeação.

Parágrafo único. Na hipótese de requerido privado de liberdade, o oficial de justiça deverá perguntar, no momento da citação pessoal, se deseja que lhe seja nomeado defensor.

•• Parágrafo único acrescentado pela Lei n. 12.962, de 8-4-2014.

Art. 160. Sendo necessário, a autoridade judiciária requisitará de qualquer repartição ou órgão público a apresentação de documento que interesse à causa, de ofício ou a requerimento das partes ou do Ministério Público.

Art. 161. Se não for contestado o pedido e tiver sido concluído o estudo social ou a perícia realizada por equipe interprofissional ou multidisciplinar, a autoridade judiciária dará vista dos autos ao Ministério Público, por 5 (cinco) dias, salvo quando este for o requerente, e decidirá em igual prazo.

•• *Caput* com redação determinada pela Lei n. 13.509, de 22-11-2017.

§ 1.º A autoridade judiciária, de ofício ou a requerimento das partes ou do Ministério Público, determinará a oitiva de testemunhas que comprovem a presença de uma das causas de suspensão ou destituição do poder familiar previstas nos arts. 1.637 e 1.638 da Lei n. 10.406, de 10 de janeiro de 2002 (Código Civil), ou no art. 24 desta Lei.

•• § 1.º com redação determinada pela Lei n. 13.509, de 22-11-2017.

§ 2.º (*Revogado pela Lei n. 13.509, de 22-11-2017*).

§ 3.º Se o pedido importar em modificação de guarda, será obrigatória, desde que possível e razoável, a oitiva da criança ou adolescente, respeitado seu estágio de desenvolvimento e grau de compreensão sobre as implicações da medida.

•• § 3.º acrescentado pela Lei n. 12.010, de 3-8-2009.

§ 4.º É obrigatória a oitiva dos pais sempre que eles forem identificados e estiverem em local conhecido, ressalvados os casos de não comparecimento perante a Justiça quando devidamente citados.

•• § 4.º com redação determinada pela Lei n. 13.509, de 22-11-2017.

§ 5.º Se o pai ou a mãe estiverem privados de liberdade, a autoridade judicial requisitará sua apresentação para a oitiva.

•• § 5.º acrescentado pela Lei n. 12.962, de 8-4-2014.

Art. 162. Apresentada a resposta, a autoridade judiciária dará vista dos autos ao Ministério Público, por cinco dias, salvo quando este for o requerente, designando, desde logo, audiência de instrução e julgamento.

§ 1.º (*Revogado pela Lei n. 13.509, de 22-11-2017*).

§ 2.º Na audiência, presentes as partes e o Ministério Público, serão ouvidas as testemunhas, colhendo-se oralmente o parecer técnico, salvo quando apresentado por escrito, manifestando-se sucessivamente o requerente, o requerido e o Ministério Público, pelo tempo de 20 (vinte) minutos cada um, prorrogável por mais 10 (dez) minutos.

•• § 2.º com redação determinada pela Lei n. 13.509, de 22-11-2017.

§ 3.º A decisão será proferida na audiência, podendo a autoridade judiciária, excepcionalmente, designar data para sua leitura no prazo máximo de 5 (cinco) dias.

•• § 3.º acrescentado pela Lei n. 13.509, de 22-11-2017.

§ 4.º Quando o procedimento de destituição de poder familiar for iniciado pelo Ministério Público, não haverá necessidade de nomeação de curador especial em favor da criança ou adolescente.

•• § 4.º acrescentado pela Lei n. 13.509, de 22-11-2017.

Art. 163. O prazo máximo para conclusão do procedimento será de 120 (cento e vinte) dias, e caberá ao juiz, no caso de notória inviabilidade de manutenção do poder familiar, dirigir esforços para preparar a criança ou o adolescente com vistas à colocação em família substituta.

•• *Caput* com redação determinada pela Lei n. 13.509, de 22-11-2017.

Parágrafo único. A sentença que decretar a perda ou a suspensão do poder familiar será averbada à margem do registro de nascimento da criança ou do adolescente.

•• Parágrafo único acrescentado pela Lei n. 12.010, de 3-8-2009.

Seção III
Da Destituição da Tutela

Art. 164. Na destituição da tutela, observar-se-á o procedimento para a remoção de tutor previsto na lei processual civil e, no que couber, o disposto na seção anterior.

Seção IV
Da Colocação em Família Substituta

Art. 165. São requisitos para a concessão de pedidos de colocação em família substituta:

I – qualificação completa do requerente e de seu eventual cônjuge, ou companheiro, com expressa anuência deste;

II – indicação de eventual parentesco do requerente e de seu cônjuge, ou companheiro, com a criança ou adolescente, especificando se tem ou não parente vivo;

III – qualificação completa da criança ou adolescente e de seus pais, se conhecidos;

IV – indicação do cartório onde foi inscrito nascimento, anexando, se possível, uma cópia da respectiva certidão;

V – declaração sobre a existência de bens, direitos ou rendimentos relativos à criança ou ao adolescente.

Parágrafo único. Em se tratando de adoção, observar-se-ão também os requisitos específicos.

• A Lei n. 10.421, de 15-4-2002, estende à mãe adotiva o direito à licença-maternidade e ao salário-maternidade.

Art. 166. Se os pais forem falecidos, tiverem sido destituídos ou suspensos do poder familiar, ou houverem aderido expressamente ao pedido de colocação em família substituta, este poderá ser formulado diretamente em cartório, em petição assinada pelos próprios requerentes, dispensada a assistência de advogado.

•• *Caput* com redação determinada pela Lei n. 12.010, de 3-8-2009.

§ 1.º Na hipótese de concordância dos pais, o juiz:

•• § 1.º com redação determinada pela Lei n. 13.509, de 22-11-2017.

I – na presença do Ministério Público, ouvirá as partes, devidamente assistidas por advogado ou por defensor público, para verificar sua concordância com a adoção, no prazo máximo de 10 (dez) dias, contado da data do protocolo da petição ou da entrega da criança em juízo, tomando por termo as declarações; e

•• Inciso I acrescentado pela Lei n. 13.509, de 22-11-2017.

II – declarará a extinção do poder familiar.

•• Inciso II acrescentado pela Lei n. 13.509, de 22-11-2017.

§ 2.º O consentimento dos titulares do poder familiar será precedido de orientações e esclarecimentos prestados pela equipe interprofissional da Justiça da Infância e da Juventude, em especial, no caso de adoção, sobre a irrevogabilidade da medida.

•• § 2.º acrescentado pela Lei n. 12.010, de 3-8-2009.

§ 3.º São garantidos a livre manifestação de vontade dos detentores do poder familiar e o direito ao sigilo das informações.

•• § 3.º com redação determinada pela Lei n. 13.509, de 22-11-2017.

§ 4.º O consentimento prestado por escrito não terá validade se não for ratificado na audiência a que se refere o § 1.º deste artigo.

•• § 4.º com redação determinada pela Lei n. 13.509, de 22-11-2017.

§ 5.º O consentimento é retratável até a data da realização da audiência especificada no § 1.º deste artigo, e os pais podem exercer o arrependimento no prazo de 10 (dez) dias, contado da data de prolação da sentença de extinção do poder familiar.

•• § 5.º com redação determinada pela Lei n. 13.509, de 22-11-2017.

§ 6.º O consentimento somente terá valor se for dado após o nascimento da criança.

•• § 6.º acrescentado pela Lei n. 12.010, de 3-8-2009.

§ 7.º A família natural e a família substituta receberão a devida orientação por intermédio de equipe técnica interprofissional a serviço da Justiça da Infância e da Juventude, preferencialmente com apoio dos técnicos responsáveis pela execução da política municipal de garantia do direito à convivência familiar.

•• § 7.º com redação determinada pela Lei n. 13.509, de 22-11-2017.

Art. 167. A autoridade judiciária, de ofício ou a requerimento das partes ou do Ministério Público, determinará a realização de estudo social ou, se possível, perícia por equipe interprofissional, decidindo sobre a concessão de guarda provisória, bem como, no caso de adoção, sobre o estágio de convivência.

Parágrafo único. Deferida a concessão da guarda provisória ou do estágio de convivência, a criança ou o adolescente será entregue ao interessado, mediante termo de responsabilidade.

•• Parágrafo único acrescentado pela Lei n. 12.010, de 3-8-2009.

Art. 168. Apresentado o relatório social ou o laudo pericial, e ouvida, sempre que possível, a criança ou o adolescente, dar-se-á vista dos autos ao Ministério Público, pelo prazo de cinco dias, decidindo a autoridade judiciária em igual prazo.

Art. 169. Nas hipóteses em que a destituição da tutela, a perda ou a suspensão do poder familiar constituir pressuposto lógico da medida principal de colocação em família substituta, será observado o procedimento contraditório previsto nas seções II e III deste Capítulo.

Parágrafo único. A perda ou a modificação da guarda poderá ser decretada nos mesmos autos do procedimento, observado o disposto no art. 35.

Art. 170. Concedida a guarda ou a tutela, observar-se-á o disposto no art. 32, e, quanto à adoção, o contido no art. 47.

Parágrafo único. A colocação de criança ou adolescente sob a guarda de pessoa inscrita em programa de acolhimento familiar será comunicada pela autoridade judiciária à entidade por este responsável no prazo máximo de 5 (cinco) dias.

•• Parágrafo único acrescentado pela Lei n. 12.010, de 3-8-2009.

Seção V
Da Apuração de Ato Infracional Atribuído a Adolescente

Art. 171. O adolescente apreendido por força de ordem judicial será, desde logo, encaminhado à autoridade judiciária.

Art. 172. O adolescente apreendido em flagrante de ato infracional será, desde logo, encaminhado à autoridade policial competente.

Parágrafo único. Havendo repartição policial especializada para atendimento de adolescente e em se tratando de ato infracional praticado em coautoria com maior, prevalecerá a atribuição da repartição especializada, que, após as providências necessárias e conforme o caso, encaminhará o adulto à repartição policial própria.

Art. 173. Em caso de flagrante de ato infracional cometido mediante violência ou grave ameaça a pessoa, a autoridade policial, sem prejuízo do disposto nos arts. 106, parágrafo único, e 107, deverá:

I – lavrar auto de apreensão, ouvidos as testemunhas e o adolescente;

II – apreender o produto e os instrumentos da infração;

III – requisitar os exames ou perícias necessários à comprovação da materialidade e autoria da infração.

Parágrafo único. Nas demais hipóteses de flagrante, a lavratura do auto poderá ser substituída por boletim de ocorrência circunstanciada.

Art. 174. Comparecendo qualquer dos pais ou responsável, o adolescente será prontamente liberado pela autoridade policial, sob termo de compromisso e responsabilidade de sua apresentação ao representante do Ministério Público, no mesmo dia ou, sendo impossível, no primeiro dia útil imediato, exceto quando, pela gravidade do ato infracional e sua repercussão social, deva o adolescente permanecer sob internação para garantia de sua segurança pessoal ou manutenção da ordem pública.

Art. 175. Em caso de não liberação, a autoridade policial encaminhará, desde logo, o adolescente ao representante do Ministério Público, juntamente com cópia do auto de apreensão ou boletim de ocorrência.

§ 1.º Sendo impossível a apresentação imediata, a autoridade policial encaminhará o adolescente a entidade de atendimento, que fará a apresentação ao representante do Ministério Público no prazo de vinte e quatro horas.

§ 2.º Nas localidades onde não houver entidade de atendimento, a apresentação far-se-á pela autoridade policial. À falta de repartição policial especializada, o adolescente aguardará a apresentação em dependência separada da destinada a maiores, não podendo, em qualquer hipótese, exceder o prazo referido no parágrafo anterior.

Art. 176. Sendo o adolescente liberado, a autoridade policial encaminhará imediatamente ao representante do Ministério Público cópia do auto de apreensão ou boletim de ocorrência.

Art. 177. Se, afastada a hipótese de flagrante, houver indícios de participação de adolescente na prática de ato infracional, a autoridade policial encaminhará ao representante do Ministério Público relatório das investigações e demais documentos.

Art. 178. O adolescente a quem se atribua autoria de ato infracional não poderá ser conduzido ou transportado em compartimento fechado de veículo policial, em condições atentatórias à sua dignidade, ou que impliquem risco à sua integridade física ou mental, sob pena de responsabilidade.

Art. 179. Apresentado o adolescente, o representante do Ministério Público, no mesmo dia e à vista do auto de apreensão, boletim de ocorrência ou relatório policial, devidamente autuados pelo cartório judicial e com informação sobre os antecedentes do adolescente, procederá imediata e informalmente à sua oitiva e, em sendo possível, de seus pais ou responsável, vítima e testemunhas.

Parágrafo único. Em caso de não apresentação, o representante do Ministério Público notificará os pais ou responsável para apresentação do adolescente, podendo requisitar o concurso das Polícias Civil e Militar.

Art. 180. Adotadas as providências a que alude o artigo anterior, o representante do Ministério Público poderá:

I – promover o arquivamento dos autos;

II – conceder a remissão;

III – representar à autoridade judiciária para aplicação de medida socioeducativa.

•• *Vide* Súmula 108 do STJ.

Art. 181. Promovido o arquivamento dos autos ou concedida a remissão pelo representante do Ministério Público, mediante termo fundamentado, que conterá o resumo dos fatos, os autos serão conclusos à autoridade judiciária para homologação.

§ 1.º Homologado o arquivamento ou a remissão, a autoridade judiciária determinará, conforme o caso, o cumprimento da medida.

§ 2.º Discordando, a autoridade judiciária fará remessa dos autos ao Procurador-Geral de Justiça, mediante despacho fundamentado, e este oferecerá representação, designará outro membro do Ministério Público para apresentá-la, ou ratificará o arquivamento ou a remissão, que só então estará a autoridade judiciária obrigada a homologar.

Art. 182. Se, por qualquer razão, o representante do Ministério Público não promover o arquivamento ou conceder a remissão, oferecerá representação à autoridade judiciária, propondo a instauração de procedimento para aplicação da medida socioeducativa que se afigurar a mais adequada.

•• *Vide* Súmula 108 do STJ.

§ 1.º A representação será oferecida por petição, que conterá o breve resumo dos fatos e a classificação do ato infracional e, quando necessário, o rol de testemunhas, podendo ser deduzida oralmente, em sessão diária instalada pela autoridade judiciária.

§ 2.º A representação independe de prova pré-constituída da autoria e materialidade.

Art. 183. O prazo máximo e improrrogável para a conclusão do procedimento, estando o adolescente internado provisoriamente, será de quarenta e cinco dias.

Art. 184. Oferecida a representação, a autoridade judiciária designará audiência de apresentação do adolescente, decidindo, desde logo, sobre a decretação ou manutenção da internação, observado o disposto no art. 108 e parágrafo.

§ 1.º O adolescente e seus pais ou responsável serão cientificados do teor da representação, e notificados a comparecer à audiência, acompanhados de advogado.

§ 2.º Se os pais ou responsável não forem localizados, a autoridade judiciária dará curador especial ao adolescente.

§ 3.º Não sendo localizado o adolescente, a autoridade judiciária expedirá mandado de busca e apreensão, determinando o sobrestamento do feito, até a efetiva apresentação.

§ 4.º Estando o adolescente internado, será requisitada a sua apresentação, sem prejuízo da notificação dos pais ou responsável.

Art. 185. A internação, decretada ou mantida pela autoridade judiciária, não poderá ser cumprida em estabelecimento prisional.

§ 1.º Inexistindo na comarca entidade com as características definidas no art. 123, o adolescente deverá ser imediatamente transferido para a localidade mais próxima.

§ 2.º Sendo impossível a pronta transferência, o adolescente aguardará sua remoção em repartição policial, desde que em seção isolada dos adultos e com instalações apropriadas, não podendo ultrapassar o prazo máximo de cinco dias, sob pena de responsabilidade.

Art. 186. Comparecendo o adolescente, seus pais ou responsável, a autoridade judiciária procederá à oitiva dos mesmos, podendo solicitar opinião de profissional qualificado.

•• *Vide* Súmula 342 do STJ.

§ 1.º Se a autoridade judiciária entender adequada a remissão, ouvirá o representante do Ministério Público, proferindo decisão.

§ 2.º Sendo o fato grave, passível de aplicação de medida de internação ou colocação em regime de semiliberdade, a autoridade judiciária, verificando que o adolescente não possui advogado constituído, nomeará defensor, designando, desde logo, audiência em continuação, podendo determinar a realização de diligências e estudo do caso.

§ 3.º O advogado constituído ou o defensor nomeado, no prazo de três dias contado da audiência de apresentação, oferecerá defesa prévia e rol de testemunhas.

§ 4.º Na audiência em continuação, ouvidas as testemunhas arroladas na representação e na defesa prévia, cumpridas as diligências e juntado o relatório da equipe interprofissional, será dada a palavra ao representante do Ministério Público e ao defensor, sucessivamente, pelo tempo de vinte minutos para cada um, prorrogável por mais dez, a critério da autoridade judiciária, que em seguida proferirá decisão.

Art. 187. Se o adolescente, devidamente notificado, não comparecer, injustificadamente, à audiência de apresentação, a autoridade judiciária designará nova data, determinando sua condução coercitiva.

Art. 188. A remissão, como forma de extinção ou suspensão do processo, poderá ser aplicada em qualquer fase do procedimento, antes da sentença.

Art. 189. A autoridade judiciária não aplicará qualquer medida, desde que reconheça na sentença:

I – estar provada a inexistência do fato;

II – não haver prova da existência do fato;

III – não constituir o fato ato infracional;

IV – não existir prova de ter o adolescente concorrido para o ato infracional.

Parágrafo único. Na hipótese deste artigo, estando o adolescente internado, será imediatamente colocado em liberdade.

Art. 190. A intimação da sentença que aplicar medida de internação ou regime de semiliberdade será feita:

I – ao adolescente e ao seu defensor;

II – quando não for encontrado o adolescente, a seus pais ou responsável, sem prejuízo do defensor.

§ 1.º Sendo outra a medida aplicada, a intimação far-se-á unicamente na pessoa do defensor.

§ 2.º Recaindo a intimação na pessoa do adolescente, deverá este manifestar se deseja ou não recorrer da sentença.

Seção V-A
Da Infiltração de Agentes de Polícia para a Investigação de Crimes contra a Dignidade Sexual de Criança e de Adolescente

•• Seção V-A acrescentada pela Lei n. 13.441, de 8-5-2017.

Art. 190-A. A infiltração de agentes de polícia na internet com o fim de investigar os crimes previstos nos arts. 240, 241, 241-A, 241-B, 241-C e 241-D desta Lei e nos arts. 154-A, 217-A, 218, 218-A e 218-B do Decreto-Lei n. 2.848, de 7 de dezembro de 1940 (Código Penal), obedecerá às seguintes regras:

•• *Caput* acrescentado pela Lei n. 13.441, de 8-5-2017.

I – será precedida de autorização judicial devidamente circunstanciada e fundamentada, que estabelecerá os limites da infiltração para obtenção de prova, ouvido o Ministério Público;

•• Inciso I acrescentado pela Lei n. 13.441, de 8-5-2017.

II – dar-se-á mediante requerimento do Ministério Público ou representação de delegado de polícia e conterá a demonstração de sua necessidade, o alcance das tarefas dos policiais, os nomes ou apelidos das pessoas investigadas e, quando possível, os dados de conexão ou cadastrais que permitam a identificação dessas pessoas;

•• Inciso II acrescentado pela Lei n. 13.441, de 8-5-2017.

III – não poderá exceder o prazo de 90 (noventa) dias, sem prejuízo de eventuais renovações, desde que o total não exceda a 720 (setecentos e vinte) dias e seja demonstrada sua efetiva necessidade, a critério da autoridade judicial.

•• Inciso III acrescentado pela Lei n. 13.441, de 8-5-2017.

§ 1.º A autoridade judicial e o Ministério Público poderão requisitar relatórios parciais da operação de infiltração antes do término do prazo de que trata o inciso II do § 1.º deste artigo.

•• § 1.º acrescentado pela Lei n. 13.441, de 8-5-2017.

§ 2.º Para efeitos do disposto no inciso I do § 1.º deste artigo, consideram-se:

•• § 2.º, *caput*, acrescentado pela Lei n. 13.441, de 8-5-2017.

I – dados de conexão: informações referentes a hora, data, início, término, duração, endereço de Protocolo de Internet (IP) utilizado e terminal de origem da conexão;

•• Inciso I acrescentado pela Lei n. 13.441, de 8-5-2017.

II – dados cadastrais: informações referentes a nome e endereço de assinante ou de usuário registrado ou autenticado para a conexão a quem endereço de IP, identificação de usuário ou código de acesso tenha sido atribuído no momento da conexão.

•• Inciso II acrescentado pela Lei n. 13.441, de 8-5-2017.

§ 3.º A infiltração de agentes de polícia na internet não será admitida se a prova puder ser obtida por outros meios.

•• § 3.º acrescentado pela Lei n. 13.441, de 8-5-2017.

Art. 190-B. As informações da operação de infiltração serão encaminhadas diretamente ao juiz responsável pela autorização da medida, que zelará por seu sigilo.

•• *Caput* acrescentado pela Lei n. 13.441, de 8-5-2017.

Parágrafo único. Antes da conclusão da operação, o acesso aos autos será reservado ao juiz, ao Ministério Público e ao delegado de polícia responsável pela operação, com o objetivo de garantir o sigilo das investigações.

•• Parágrafo único acrescentado pela Lei n. 13.441, de 8-5-2017.

Art. 190-C. Não comete crime o policial que oculta a sua identidade para, por meio da internet, colher indícios de autoria e materialidade dos crimes previstos nos arts. 240, 241, 241-A, 241-B, 241-C e 241-D desta Lei e nos arts. 154-A, 217-A, 218, 218-A e 218-B do Decreto-lei n. 2.848, de 7 de dezembro de 1940 (Código Penal).

•• *Caput* acrescentado pela Lei n. 13.441, de 8-5-2017.

Parágrafo único. O agente policial infiltrado que deixar de observar a estrita finalidade da investigação responderá pelos excessos praticados.

•• Parágrafo único acrescentado pela Lei n. 13.441, de 8-5-2017.

Art. 190-D. Os órgãos de registro e cadastro público poderão incluir nos bancos de dados próprios, mediante procedimento sigiloso e requisição da autoridade judicial, as informações necessárias à efetividade da identidade fictícia criada.

•• *Caput* acrescentado pela Lei n. 13.441, de 8-5-2017.

Parágrafo único. O procedimento sigiloso de que trata esta Seção será numerado e tombado em livro específico.

•• Parágrafo único acrescentado pela Lei n. 13.441, de 8-5-2017.

Art. 190-E. Concluída a investigação, todos os atos eletrônicos praticados durante a operação deverão ser registrados, gravados, armazenados e encaminhados ao juiz e ao Ministério Público, juntamente com relatório circunstanciado.

•• *Caput* acrescentado pela Lei n. 13.441, de 8-5-2017.

Parágrafo único. Os atos eletrônicos registrados citados no *caput* deste artigo serão reunidos em autos apartados e apensados ao processo criminal juntamente com o inquérito policial, assegurando-se a preservação da identidade do agente policial infiltrado e a intimidade das crianças e dos adolescentes envolvidos.

•• Parágrafo único acrescentado pela Lei n. 13.441, de 8-5-2017.

Seção VI
Da Apuração de Irregularidades em Entidade de Atendimento

Art. 191. O procedimento de apuração de irregularidades em entidade governamental e não governamental terá início mediante portaria da autoridade judiciária ou representação do Ministério Público ou do Conselho Tutelar, onde conste, necessariamente, resumo dos fatos.

Parágrafo único. Havendo motivo grave, poderá a autoridade judiciária, ouvido o Ministério Público, decretar liminarmente o afastamento provisório do dirigente da entidade, mediante decisão fundamentada.

Art. 192. O dirigente da entidade será citado para, no prazo de dez dias, oferecer resposta escrita, podendo juntar documentos e indicar as provas a produzir.

Art. 193. Apresentada ou não a resposta, e sendo necessário, a autoridade judiciária designará audiência de instrução e julgamento, intimando as partes.

§ 1.º Salvo manifestação em audiência, as partes e o Ministério Público terão cinco dias para oferecer alegações finais, decidindo a autoridade judiciária em igual prazo.

§ 2.º Em se tratando de afastamento provisório ou definitivo de dirigente de entidade governamental, a autoridade judiciária oficiará à autoridade administrativa imediatamente superior ao afastado, marcando prazo para a substituição.

§ 3.º Antes de aplicar qualquer das medidas, a autoridade judiciária poderá fixar prazo para a remoção das irregularidades verificadas. Satisfeitas as exigências, o processo será extinto, sem julgamento de mérito.

§ 4.º A multa e a advertência serão impostas ao dirigente da entidade ou programa de atendimento.

Seção VII
Da Apuração de Infração Administrativa às Normas de Proteção à Criança e ao Adolescente

Art. 194. O procedimento para imposição de penalidade administrativa por infração às normas de proteção à criança e ao adolescente terá início por representação do Ministério Público, ou do Conselho Tutelar, ou auto de infração elaborado por servidor efetivo ou voluntário credenciado, e assinado por duas testemunhas, se possível.

§ 1.º No procedimento iniciado com o auto de infração, poderão ser usadas fórmulas impressas, especificando-se a natureza e as circunstâncias da infração.

§ 2.º Sempre que possível, à verificação da infração seguir-se-á a lavratura do auto, certificando-se, em caso contrário, dos motivos do retardamento.

Art. 195. O requerido terá prazo de dez dias para apresentação de defesa, contado da data da intimação, que será feita:

I – pelo autuante, no próprio auto, quando este for lavrado na presença do requerido;

II – por oficial de justiça ou funcionário legalmente habilitado, que entregará cópia do auto ou da representação ao requerido, ou a seu representante legal, lavrando certidão;

III – por via postal, com aviso de recebimento, se não for encontrado o requerido ou seu representante legal;

IV – por edital, com prazo de trinta dias, se incerto ou não sabido o paradeiro do requerido ou de seu representante legal.

Art. 196. Não sendo apresentada a defesa no prazo legal, a autoridade judiciária dará vista dos autos ao Ministério Público, por cinco dias, decidindo em igual prazo.

Art. 197. Apresentada a defesa, a autoridade judiciária procederá na conformidade do artigo anterior, ou, sendo necessário, designará audiência de instrução e julgamento.

Parágrafo único. Colhida a prova oral, manifestar-se-ão sucessivamente o Ministério Público e o procurador do requerido, pelo tempo de vinte minutos para cada um, prorrogável por mais dez, a critério da autoridade judiciária, que em seguida proferirá sentença.

Seção VIII
Da Habilitação de Pretendentes à Adoção

•• Seção VIII acrescentada pela Lei n. 12.010, de 3-8-2009.

Art. 197-A. Os postulantes à adoção, domiciliados no Brasil, apresentarão petição inicial na qual conste:

I – qualificação completa;

II – dados familiares;

III – cópias autenticadas de certidão de nascimento ou casamento, ou declaração relativa ao período de união estável;

IV – cópias da cédula de identidade e inscrição no Cadastro de Pessoas Físicas;

V – comprovante de renda e domicílio;

VI – atestados de sanidade física e mental;

VII – certidão de antecedentes criminais;

VIII – certidão negativa de distribuição cível.

•• Artigo acrescentado pela Lei n. 12.010, de 3-8-2009.

Art. 197-B. A autoridade judiciária, no prazo de 48 (quarenta e oito) horas, dará vista dos autos ao Ministério Público, que no prazo de 5 (cinco) dias poderá:

I – apresentar quesitos a serem respondidos pela equipe interprofissional encarregada de elaborar o estudo técnico a que se refere o art. 197-C desta Lei;

II – requerer a designação de audiência para oitiva dos postulantes em juízo e testemunhas;

III – requerer a juntada de documentos complementares e a realização de outras diligências que entender necessárias.

•• Artigo acrescentado pela Lei n. 12.010, de 3-8-2009.

Art. 197-C. Intervirá no feito, obrigatoriamente, equipe interprofissional a serviço da Justiça da Infância e da Juventude, que deverá elaborar estudo psicossocial, que conterá subsídios que permitam aferir a capacidade e o preparo dos postulantes para o exercício de uma paternidade ou maternidade responsável, à luz dos requisitos e princípios desta Lei.

•• *Caput* acrescentado pela Lei n. 12.010, de 3-8-2009.

§ 1.º É obrigatória a participação dos postulantes em programa oferecido pela Justiça da Infância e da Juventude, preferencialmente com apoio dos técnicos responsáveis pela execução da política municipal de garantia do direito à convivência familiar e dos grupos de apoio à adoção devidamente habilitados perante a Justiça da Infância e da Juventude, que inclua preparação psicológica, orientação e estímulo à adoção inter-racial, de crianças ou de adolescentes com deficiência, com doenças crônicas ou com necessidades específicas de saúde, e de grupos de irmãos.

•• § 1.º com redação determinada pela Lei n. 13.509, de 22-11-2017.

§ 2.º Sempre que possível e recomendável, a etapa obrigatória da preparação referida no § 1.º deste artigo incluirá o contato com crianças e adolescentes em regime de acolhimento familiar ou institucional, a ser realizado sob orientação, supervisão e avaliação da equipe técnica da Justiça da Infância e da Juventude e dos grupos de apoio à adoção, com apoio dos técnicos responsáveis pelo programa de acolhimento familiar e institucional e pela execução da política municipal de garantia do direito à convivência familiar.

•• § 2.º com redação determinada pela Lei n. 13.509, de 22-11-2017.

§ 3.º É recomendável que as crianças e os adolescentes acolhidos institucionalmente ou por família acolhedora sejam preparados por equipe interprofissional antes da inclusão em família adotiva.

•• § 3.º acrescentado pela Lei n. 13.509, de 22-11-2017.

Art. 197-D. Certificada nos autos a conclusão da participação no programa referido no art. 197-C desta Lei, a autoridade judiciária, no prazo de 48 (quarenta e oito) horas, decidirá acerca das diligências requeridas pelo Ministério Público e determinará a juntada do estudo psicossocial, designando, conforme o caso, audiência de instrução e julgamento.

•• *Caput* acrescentado pela Lei n. 12.010, de 3-8-2009.

Parágrafo único. Caso não sejam requeridas diligências, ou sendo essas indeferidas, a autoridade judiciária determinará a juntada do estudo psicossocial, abrindo a seguir vista dos autos ao Ministério Público, por 5 (cinco) dias, decidindo em igual prazo.

•• Parágrafo único acrescentado pela Lei n. 12.010, de 3-8-2009.

Art. 197-E. Deferida a habilitação, o postulante será inscrito nos cadastros referidos no art. 50 desta Lei, sendo a sua convocação para a adoção feita de acordo com ordem cronológica de habilitação e conforme a disponibilidade de crianças ou adolescentes adotáveis.

•• *Caput* acrescentado pela Lei n. 12.010, de 3-8-2009.

§ 1.º A ordem cronológica das habilitações somente poderá deixar de ser observada pela autoridade judiciária nas hipóteses previstas no § 13 do art. 50 desta Lei, quando comprovado ser essa a melhor solução no interesse do adotando.

•• § 1.º acrescentado pela Lei n. 12.010, de 3-8-2009.

§ 2.º A habilitação à adoção deverá ser renovada no mínimo trienalmente mediante avaliação por equipe interprofissional.

•• § 2.º com redação determinada pela Lei n. 13.509, de 22-11-2017.

§ 3.º Quando o adotante candidatar-se a uma nova adoção, será dispensável a renovação da habilitação, bastando a avaliação por equipe interprofissional.

•• § 3.º acrescentado pela Lei n. 13.509, de 22-11-2017.

§ 4.º Após 3 (três) recusas injustificadas, pelo habilitado, à adoção de crianças ou adolescentes indicados dentro do perfil escolhido, haverá reavaliação da habilitação concedida.

•• § 4.º acrescentado pela Lei n. 13.509, de 22-11-2017.

§ 5.º A desistência do pretendente em relação à guarda para fins de adoção ou a devolução da criança ou do adolescente depois do trânsito em julgado da sentença de adoção importará na sua exclusão dos cadastros de adoção e na vedação de renovação da habilitação, salvo decisão judicial fundamentada, sem prejuízo das demais sanções previstas na legislação vigente.

•• § 5.º acrescentado pela Lei n. 13.509, de 22-11-2017.

Art. 197-F. O prazo máximo para conclusão da habilitação à adoção será de 120 (cento e vinte) dias, prorrogável por igual período, mediante decisão fundamentada da autoridade judiciária.

•• Artigo acrescentado pela Lei n. 13.509, de 22-11-2017.

Capítulo IV
DOS RECURSOS

Art. 198. Nos procedimentos afetos à Justiça da Infância e da Juventude, inclusive os relativos à execução das medidas socioeducativas, adotar-se-á o sistema recursal da Lei n. 5.869, de 11 de janeiro de 1973 (Código de Processo Civil), com as seguintes adaptações:

•• *Caput* com redação determinada pela Lei n. 12.594, de 18-1-2012.

I – os recursos serão interpostos independentemente de preparo;

II – em todos os recursos, salvo nos embargos de declaração, o prazo para o Ministério Público e para a defesa será sempre de 10 (dez) dias;

•• Inciso II com redação determinada pela Lei n. 12.594, de 18-1-2012.

III – os recursos terão preferência de julgamento e dispensarão revisor;

IV – (*Revogado pela Lei n. 12.010, de 3-8-2009.*)

V – (*Revogado pela Lei n. 12.010, de 3-8-2009.*)

VI – (*Revogado pela Lei n. 12.010, de 3-8-2009.*)

VII – antes de determinar a remessa dos autos à superior instância, no caso de apelação, ou do instrumento, no caso de agravo, a autoridade judiciária proferirá despacho fundamentado, mantendo ou reformando a decisão, no prazo de cinco dias;

VIII – mantida a decisão apelada ou agravada, o escrivão remeterá os autos ou o instrumento à superior instância dentro de vinte e quatro horas, independentemente de novo pedido do recorrente; se a reformar, a remessa dos autos dependerá de pedido expresso da parte interessada ou do Ministério Público, no prazo de cinco dias, contados da intimação.

Art. 199. Contra as decisões proferidas com base no art. 149 caberá recurso de apelação.

Art. 199-A. A sentença que deferir a adoção produz efeito desde logo, embora sujeita a apelação, que será recebida exclusivamente no efeito devolutivo, salvo se se tratar de adoção internacional ou se houver perigo de dano irreparável ou de difícil reparação ao adotando.

•• Artigo acrescentado pela Lei n. 12.010, de 3-8-2009.

Art. 199-B. A sentença que destituir ambos ou qualquer dos genitores do poder familiar fica sujeita a apelação, que deverá ser recebida apenas no efeito devolutivo.

•• Artigo acrescentado pela Lei n. 12.010, de 3-8-2009.

Art. 199-C. Os recursos nos procedimentos de adoção e de destituição de poder familiar, em face da relevância das questões, serão processados com prioridade absoluta, devendo ser imediatamente distribuídos, ficando vedado que aguardem, em qualquer situação, oportuna distribuição, e serão colocados em mesa para julgamento sem revisão e com parecer urgente do Ministério Público.

•• Artigo acrescentado pela Lei n. 12.010, de 3-8-2009.

Art. 199-D. O relator deverá colocar o processo em mesa para julgamento no prazo máximo de 60 (sessenta) dias, contado da sua conclusão.

•• *Caput* acrescentado pela Lei n. 12.010, de 3-8-2009.

Parágrafo único. O Ministério Público será intimado da data do julgamento e poderá na sessão, se entender necessário, apresentar oralmente seu parecer.

•• Parágrafo único acrescentado pela Lei n. 12.010, de 3-8-2009.

Art. 199-E. O Ministério Público poderá requerer a instauração de procedimento para apuração de responsabilidades se constatar o descumprimento das providências e do prazo previstos nos artigos anteriores.

•• Artigo acrescentado pela Lei n. 12.010, de 3-8-2009.

Capítulo V
DO MINISTÉRIO PÚBLICO

Art. 200. As funções do Ministério Público, previstas nesta Lei, serão exercidas nos termos da respectiva Lei Orgânica.

Art. 201. Compete ao Ministério Público:

I – conceder a remissão como forma de exclusão do processo;

II – promover e acompanhar os procedimentos relativos às infrações atribuídas a adolescentes;

III – promover e acompanhar as ações de alimentos e os procedimentos de suspensão e destituição do poder familiar, nomeação e remoção de tutores, curadores e guardiães, bem como oficiar em todos os demais procedimentos da competência da Justiça da Infância e da Juventude;

•• *Vide* Súmula 594 do STJ.

IV – promover, de ofício ou por solicitação dos interessados, a especialização e a inscrição de hipoteca legal e a prestação de contas dos tutores, curadores e quaisquer administradores de bens de crianças e adolescentes nas hipóteses do art. 98;

V – promover o inquérito civil e a ação civil pública para a proteção dos interesses individuais, difusos ou coletivos relativos à infância e à adolescência, inclusive os definidos no art. 220, § 3.º, inciso II, da Constituição Federal;

VI – instaurar procedimentos administrativos e, para instruí-los:

a) expedir notificações para colher depoimentos ou esclarecimentos e, em caso de não comparecimento injustificado, requisitar condução coercitiva, inclusive pela polícia civil ou militar;

b) requisitar informações, exames, perícias e documentos de autoridades municipais, estaduais e federais, da administração direta ou indireta, bem como promover inspeções e diligências investigatórias;

c) requisitar informações e documentos a particulares e instituições privadas;

VII – instaurar sindicâncias, requisitar diligências investigatórias e determinar a instauração de inquérito policial, para apuração de ilícitos ou infrações às normas de proteção à infância e à juventude;

VIII – zelar pelo efetivo respeito aos direitos e garantias legais assegurados às crianças e adolescentes, promovendo as medidas judiciais e extrajudiciais cabíveis;

IX – impetrar mandado de segurança, de injunção e *habeas corpus*, em qualquer juízo, instância ou tribunal, na defesa dos interesses sociais e individuais indisponíveis afetos à criança e ao adolescente;

X – representar ao juízo visando à aplicação de penalidade por infrações cometidas contra as normas de proteção à infância e à juventude, sem prejuízo da promoção da responsabilidade civil e penal do infrator, quando cabível;

XI – inspecionar as entidades públicas e particulares de atendimento e os programas de que trata esta Lei, adotando de pronto as medidas administrativas ou judiciais necessárias à remoção de irregularidades porventura verificadas;

XII – requisitar força policial, bem como a colaboração dos serviços médicos, hospitalares, educacionais e de assistência social, públicos ou privados, para o desempenho de suas atribuições.

§ 1.º A legitimação do Ministério Público para as ações cíveis previstas neste artigo não impede a de terceiros, nas mesmas hipóteses, segundo dispuserem a Constituição e esta Lei.

§ 2.º As atribuições constantes deste artigo não excluem outras, desde que compatíveis com a finalidade do Ministério Público.

§ 3.º O representante do Ministério Público, no exercício de suas funções, terá livre acesso a todo local onde se encontre criança ou adolescente.

§ 4.º O representante do Ministério Público será responsável pelo uso indevido das informações e documentos que requisitar, nas hipóteses legais de sigilo.

§ 5.º Para o exercício da atribuição de que trata o inciso VIII deste artigo, poderá o representante do Ministério Público:

a) reduzir a termo as declarações do reclamante, instaurando o competente procedimento, sob sua presidência;

b) entender-se diretamente com a pessoa ou autoridade reclamada, em dia, local e horário previamente notificados ou acertados;

c) efetuar recomendações visando à melhoria dos serviços públicos e de relevância pública afetos à criança e ao adolescente, fixando prazo razoável para sua perfeita adequação.

Art. 202. Nos processos e procedimentos em que não for parte, atuará obrigatoriamente o Ministério Público na defesa dos direitos e interesses de que cuida esta Lei, hipótese em que terá vista dos autos depois das partes, podendo juntar documentos e requerer diligências, usando os recursos cabíveis.

Art. 203. A intimação do Ministério Público, em qualquer caso, será feita pessoalmente.

Art. 204. A falta de intervenção do Ministério Público acarreta a nulidade do feito, que será declarada de ofício pelo juiz ou a requerimento de qualquer interessado.

Art. 205. As manifestações processuais do representante do Ministério Público deverão ser fundamentadas.

Capítulo VI
DO ADVOGADO

Art. 206. A criança ou o adolescente, seus pais ou responsável, e qualquer pessoa que tenha legítimo interesse na solução da lide poderão intervir nos procedimentos de que trata esta Lei, através de advogado, o qual será intimado para todos os atos, pessoalmente ou por publicação oficial, respeitado o segredo de justiça.

Parágrafo único. Será prestada assistência judiciária integral e gratuita àqueles que dela necessitarem.

Art. 207. Nenhum adolescente a quem se atribua a prática de ato infracional, ainda que ausente ou foragido, será processado sem defensor.

§ 1.º Se o adolescente não tiver defensor, ser-lhe-á nomeado pelo juiz, ressalvado o direito de, a todo tempo, constituir outro de sua preferência.

§ 2.º A ausência do defensor não determinará o adiamento de nenhum ato do processo, devendo o juiz nomear substituto, ainda que provisoriamente, ou para o só efeito do ato.

§ 3.º Será dispensada a outorga de mandato, quando se tratar de defensor nomeado ou, sendo constituído, tiver sido indicado por ocasião de ato formal com a presença da autoridade judiciária.

Capítulo VII
DA PROTEÇÃO JUDICIAL DOS INTERESSES INDIVIDUAIS, DIFUSOS E COLETIVOS

Art. 208. Regem-se pelas disposições desta Lei as ações

de responsabilidade por ofensa aos direitos assegurados à criança e ao adolescente, referentes ao não oferecimento ou oferta irregular:

I – do ensino obrigatório;

II – de atendimento educacional especializado aos portadores de deficiência;

III – de atendimento em creche e pré-escola às crianças de zero a cinco anos de idade;

•• Inciso III com redação determinada pela Lei n. 13.306, de 4-7-2016.

IV – de ensino noturno regular, adequado às condições do educando;

V – de programas suplementares de oferta de material didático-escolar, transporte e assistência à saúde do educando do ensino fundamental;

VI – de serviço de assistência social visando à proteção à família, à maternidade, à infância e à adolescência, bem como ao amparo às crianças e adolescentes que dele necessitem;

VII – de acesso às ações e serviços de saúde;

VIII – de escolarização e profissionalização dos adolescentes privados de liberdade;

IX – de ações, serviços e programas de orientação, apoio e promoção social de famílias e destinados ao pleno exercício do direito à convivência familiar por crianças e adolescentes;

•• Inciso IX acrescentado pela Lei n. 12.010, de 3-8-2009.

X – de programas de atendimento para a execução das medidas socioeducativas e aplicação de medidas de proteção;

•• Inciso X acrescentado pela Lei n. 12.594, de 18-1-2012.

XI – de políticas e programas integrados de atendimento à criança e ao adolescente vítima ou testemunha de violência.

•• Inciso XI acrescentado pela Lei n. 13.431, de 4-4-2017, em vigor após 1 (um) ano de sua publicação (*DOU* de 5-4-2017).

§ 1.º As hipóteses previstas neste artigo não excluem da proteção judicial outros interesses individuais, difusos ou coletivos, próprios da infância e da adolescência, protegidos pela Constituição e pela Lei.

•• Primitivo parágrafo único renumerado pela Lei n. 11.259, de 30-12-2005.

§ 2.º A investigação do desaparecimento de crianças ou adolescentes será realizada imediatamente após notificação aos órgãos competentes, que deverão comunicar o fato aos portos, aeroportos, Polícia Rodoviária e companhias de transporte interestaduais e internacionais, fornecendo-lhes todos os dados necessários à identificação do desaparecido.

•• § 2.º acrescentado pela Lei n. 11.259, de 30-12-2005.

• A Lei n. 12.127, de 17-12-2009, cria o Cadastro Nacional de Crianças e Adolescentes Desaparecidos.

Art. 209. As ações previstas neste Capítulo serão propostas no foro do local onde ocorreu ou deva ocorrer a ação ou omissão, cujo juízo terá competência absoluta para processar a causa, ressalvadas a competência da Justiça Federal e a competência originária dos Tribunais Superiores.

Art. 210. Para as ações cíveis fundadas em interesses coletivos ou difusos, consideram-se legitimados concorrentemente:

I – o Ministério Público;

II – a União, os Estados, os Municípios, o Distrito Federal e os Territórios;

III – as associações legalmente constituídas há pelo menos um ano e que incluam entre seus fins institucionais a defesa dos interesses e direitos protegidos por esta Lei, dispensada a autorização da assembleia, se houver prévia autorização estatutária.

§ 1.º Admitir-se-á litisconsórcio facultativo entre os Ministérios Públicos da União e dos Estados na defesa dos interesses e direitos de que cuida esta Lei.

§ 2.º Em caso de desistência ou abandono da ação por associação legitimada, o Ministério Público ou outro legitimado poderá assumir a titularidade ativa.

Art. 211. Os órgãos públicos legitimados poderão tomar dos interessados compromisso de ajustamento de sua conduta às exigências legais, o qual terá eficácia de título executivo extrajudicial.

Art. 212. Para defesa dos direitos e interesses protegidos por esta Lei, são admissíveis todas as espécies de ações pertinentes.

§ 1.º Aplicam-se às ações previstas neste Capítulo as normas do Código de Processo Civil.

§ 2.º Contra atos ilegais ou abusivos de autoridade pública ou agente de pessoa jurídica no exercício de atribuições do Poder Público, que lesem direito líquido e certo previsto nesta Lei, caberá ação mandamental, que se regerá pelas normas da lei do mandado de segurança.

Art. 213. Na ação que tenha por objeto o cumprimento de obrigação de fazer ou não fazer, o juiz concederá a tutela específica da obrigação ou determinará providências que assegurem o resultado prático equivalente ao do adimplemento.

§ 1.º Sendo relevante o fundamento da demanda e havendo justificado receio de ineficácia do provimento final, é lícito ao juiz conceder a tutela liminarmente ou após justificação prévia, citando o réu.

§ 2.º O juiz poderá, na hipótese do parágrafo anterior ou na sentença, impor multa diária ao réu, independentemente de pedido do autor, se for suficiente ou compatível com a obrigação, fixando prazo razoável para o cumprimento do preceito.

§ 3.º A multa só será exigível do réu após o trânsito em julgado da sentença favorável ao autor, mas será devida desde o dia em que se houver configurado o descumprimento.

Art. 214. Os valores das multas reverterão ao fundo gerido pelo Conselho dos Direitos da Criança e do Adolescente do respectivo município.

§ 1.º As multas não recolhidas até trinta dias após o trânsito em julgado da decisão serão exigidas através de execução promovida pelo Ministério Público, nos mesmos autos, facultada igual iniciativa aos demais legitimados.

§ 2.º Enquanto o fundo não for regulamentado, o dinheiro ficará depositado em estabelecimento oficial de crédito, em conta com correção monetária.

Art. 215. O juiz poderá conferir efeito suspensivo aos recursos, para evitar dano irreparável à parte.

Art. 216. Transitada em julgado a sentença que impuser condenação ao Poder Público, o juiz determinará a remessa de peças à autoridade competente, para apuração da responsabilidade civil e administrativa do agente a que se atribua a ação ou omissão.

Art. 217. Decorridos sessenta dias do trânsito em julgado da sentença condenatória sem que a associação autora lhe promova a execução, deverá fazê-lo o Ministério Público, facultada igual iniciativa aos demais legitimados.

Art. 218. O juiz condenará a associação autora a pagar ao réu os honorários advocatícios arbitrados na conformidade do § 4.º do art. 20 da Lei n. 5.869, de 11 de janeiro de 1973 – Código de Processo Civil, quando reconhecer que a pretensão é manifestamente infundada.

Parágrafo único. Em caso de litigância de má-fé, a associação autora e os diretores responsáveis pela propositura da ação serão solidariamente condenados ao décuplo das custas, sem prejuízo de responsabilidade por perdas e danos.

Art. 219. Nas ações de que trata este Capítulo, não haverá adiantamento de custas, emolumentos, honorários periciais e quaisquer outras despesas.

Art. 220. Qualquer pessoa poderá e o servidor público deverá provocar a iniciativa do Ministério Público, prestando-lhe informações sobre fatos que constituam objeto de ação civil, e indicando-lhe os elementos de convicção.

Art. 221. Se, no exercício de suas funções, os juízes e tribunais tiverem conhecimento de fatos que possam ensejar a propositura de ação civil, remeterão peças ao Ministério Público para as providências cabíveis.

Art. 222. Para instruir a petição inicial, o interessado poderá requerer às autoridades competentes as certidões e informações que julgar necessárias, que serão fornecidas no prazo de quinze dias.

Art. 223. O Ministério Público poderá instaurar, sob sua presidência, inquérito civil, ou requisitar, de qualquer pessoa, organismo público ou particular, certidões, informações, exames ou perícias, no prazo que assinalar, o qual não poderá ser inferior a dez dias úteis.

§ 1.º Se o órgão do Ministério Público, esgotadas todas as diligências, se convencer da inexistência de fundamento para a propositura da ação cível, promoverá o arquivamento dos autos do inquérito civil ou das peças informativas, fazendo-o fundamentadamente.

§ 2.º Os autos do inquérito civil ou as peças de informação arquivados serão remetidos, sob pena de se incorrer em falta grave, no prazo de três dias, ao Conselho Superior do Ministério Público.

§ 3.º Até que seja homologada ou rejeitada a promoção de arquivamento, em sessão do Conselho Superior do Ministério Público, poderão as associações legitimadas apresentar razões escritas ou documentos, que serão juntados aos autos do inquérito ou anexados às peças de informação.

§ 4.º A promoção de arquivamento será submetida a exame e deliberação do Conselho Superior do Ministério Público, conforme dispuser o seu Regimento.

§ 5.º Deixando o Conselho Superior de homologar a promoção de arquivamento, designará, desde logo, outro órgão do Ministério Público para o ajuizamento da ação.

Art. 224. Aplicam-se subsidiariamente, no que couber, as disposições da Lei n. 7.347, de 24 de julho de 1985.

TÍTULO VII
DOS CRIMES E DAS INFRAÇÕES ADMINISTRATIVAS

Capítulo I
DOS CRIMES

Seção I
Disposições Gerais

Art. 225. Este Capítulo dispõe sobre crimes praticados contra a criança e o adolescente, por ação ou omissão, sem prejuízo do disposto na legislação penal.

Art. 226. Aplicam-se aos crimes definidos nesta Lei as normas da Parte Geral do Código Penal e, quanto ao processo, as pertinentes ao Código de Processo Penal.

• *Vide* Súmula 338 do STJ.

Art. 227. Os crimes definidos nesta Lei são de ação pública incondicionada.

Art. 227-A. Os efeitos da condenação prevista no inciso I do *caput* do art. 92 do Decreto-Lei n. 2.848, de 7 de dezembro de 1940 (Código Penal), para os crimes previstos nesta Lei, praticados por servidores públicos com abuso de autoridade, são condicionados à ocorrência de reincidência.

•• *Caput* acrescentado pela Lei n. 13.869, de 5-9-2019.

Parágrafo único. A perda do cargo, do mandato ou da função, nesse caso, independerá da pena aplicada na reincidência.

•• Parágrafo único acrescentado pela Lei n. 13.869, de 5-9-2019.

Seção II
Dos Crimes em Espécie

Art. 228. Deixar o encarregado de serviço ou o dirigente de estabelecimento de atenção à saúde de gestante de manter registro das atividades desenvolvidas, na forma e prazo referidos no art. 10 desta Lei, bem como de fornecer à parturiente ou a seu responsável, por ocasião da alta médica, declaração de nascimento, onde constem as intercorrências do parto e do desenvolvimento do neonato:

Pena – detenção de seis meses a dois anos.

Parágrafo único. Se o crime é culposo:

Pena – detenção de dois a seis meses, ou multa.

Art. 229. Deixar o médico, enfermeiro ou dirigente de estabelecimento de atenção à saúde de gestante de identificar corretamente o neonato e a parturiente, por ocasião do parto, bem como deixar de proceder aos exames referidos no art. 10 desta Lei:

Pena – detenção de seis meses a dois anos.

Parágrafo único. Se o crime é culposo:

Pena – detenção de dois a seis meses, ou multa.

Art. 230. Privar a criança ou o adolescente de sua liberdade, procedendo à sua apreensão sem estar em flagrante de ato infracional ou inexistindo ordem escrita da autoridade judiciária competente:

Pena – detenção de seis meses a dois anos.

Parágrafo único. Incide na mesma pena aquele que procede à apreensão sem observância das formalidades legais.

Art. 231. Deixar a autoridade policial responsável pela apreensão de criança ou adolescente de fazer imediata comunicação à autoridade judiciária competente e à família do apreendido ou à pessoa por ele indicada:

Pena – detenção de seis meses a dois anos.

Art. 232. Submeter criança ou adolescente sob sua autoridade, guarda ou vigilância a vexame ou a constrangimento:

Pena – detenção de seis meses a dois anos.

Art. 233. (*Revogado pela Lei n. 9.455, de 7-4-1997.*)

•• A Lei n. 9.455, de 7-4-1997, define os crimes de tortura.

Art. 234. Deixar a autoridade competente, sem justa causa, de ordenar a imediata liberação de criança ou adolescente, tão logo tenha conhecimento da ilegalidade da apreensão:

Pena – detenção de seis meses a dois anos.

Art. 235. Descumprir, injustificadamente, prazo fixado nesta Lei em benefício de adolescente privado de liberdade:

Pena – detenção de seis meses a dois anos.

Art. 236. Impedir ou embaraçar a ação de autoridade judiciária, membro do Conselho Tutelar ou representante do Ministério Público no exercício de função prevista nesta Lei:

Pena – detenção de seis meses a dois anos.

Art. 237. Subtrair criança ou adolescente ao poder de quem o tem sob sua guarda em virtude de lei ou ordem judicial, com o fim de colocação em lar substituto:

Pena – reclusão de dois a seis anos, e multa.

Art. 238. Prometer ou efetivar a entrega de filho ou pupilo a terceiro, mediante paga ou recompensa:

Pena – reclusão de um a quatro anos, e multa.

Parágrafo único. Incide nas mesmas penas quem oferece ou efetiva a paga ou recompensa.

Art. 239. Promover ou auxiliar a efetivação de ato destinado ao envio de criança ou adolescente para o exterior com inobservância das formalidades legais ou com o fito de obter lucro:

Pena – reclusão de quatro a seis anos, e multa.

Parágrafo único. Se há emprego de violência, grave ameaça ou fraude:

Pena – reclusão, de 6 (seis) a 8 (oito) anos, além da pena correspondente à violência.

•• Parágrafo único acrescentado pela Lei n. 10.764, de 12-11-2003.

Art. 240. Produzir, reproduzir, dirigir, fotografar, filmar ou registrar, por qualquer meio, cena de sexo explícito ou pornográfica, envolvendo criança ou adolescente:

Pena – reclusão, de 4 (quatro) a 8 (oito) anos, e multa.

•• *Caput* com redação determinada pela Lei n. 11.829, de 25-11-2008.

§ 1.º Incorre nas mesmas penas quem agencia, facilita, recruta, coage, ou de qualquer modo intermedeia a participação de criança ou adolescente nas cenas referidas no *caput* deste artigo, ou ainda quem com esses contracena.

•• § 1.º com redação determinada pela Lei n. 11.829, de 25-11-2008.

§ 2.º Aumenta-se a pena de 1/3 (um terço) se o agente comete o crime:

•• § 2.º, *caput*, com redação determinada pela Lei n. 11.829, de 25-11-2008.

I – no exercício de cargo ou função pública ou a pretexto de exercê-la;

•• Inciso I com redação determinada pela Lei n. 11.829, de 25-11-2008.

II – prevalecendo-se de relações domésticas, de coabitação ou de hospitalidade; ou

•• Inciso II com redação determinada pela Lei n. 11.829, de 25-11-2008.

III – prevalecendo-se de relações de parentesco consanguíneo ou afim até o terceiro grau, ou por adoção, de tutor, curador, preceptor, empregador da vítima ou de quem, a qualquer outro título, tenha autoridade sobre ela, ou com seu consentimento.

•• Inciso III acrescentado pela Lei n. 11.829, de 25-11-2008.

Art. 241. Vender ou expor à venda fotografia, vídeo ou outro registro que contenha cena de sexo explícito ou pornográfica envolvendo criança ou adolescente:

Pena – reclusão, de 4 (quatro) a 8 (oito) anos, e multa.

•• Artigo com redação determinada pela Lei n. 11.829, de 25-11-2008.

Art. 241-A. Oferecer, trocar, disponibilizar, transmitir, distribuir, publicar ou divulgar por qualquer meio, inclusive por meio de sistema de informática ou telemático, fotografia, vídeo ou outro registro que contenha cena de sexo explícito ou pornográfica envolvendo criança ou adolescente:

Pena – reclusão, de 3 (três) a 6 (seis) anos, e multa.

•• *Caput* acrescentado pela Lei n. 11.829, de 25-11-2008.

§ 1.º Nas mesmas penas incorre quem:

I – assegura os meios ou serviços para o armazenamento das fotografias, cenas ou imagens de que trata o *caput* deste artigo;

II – assegura, por qualquer meio, o acesso por rede de computadores às fotografias, cenas ou imagens de que trata o *caput* deste artigo.

•• § 1.º acrescentado pela Lei n. 11.829, de 25-11-2008.

§ 2.º As condutas tipificadas nos incisos I e II do § 1.º deste artigo são puníveis quando o responsável legal pela prestação do serviço, oficialmente notificado, deixa de desabilitar o acesso ao conteúdo ilícito de que trata o *caput* deste artigo.

•• § 2.º acrescentado pela Lei n. 11.829, de 25-11-2008.

Art. 241-B. Adquirir, possuir ou armazenar, por qualquer meio, fotografia, vídeo ou outra forma de registro que contenha cena de sexo explícito ou pornográfica envolvendo criança ou adolescente:

Pena – reclusão, de 1 (um) a 4 (quatro) anos, e multa.

•• *Caput* acrescentado pela Lei n. 11.829, de 25-11-2008.

§ 1.º A pena é diminuída de 1 (um) a 2/3 (dois terços) se de pequena quantidade o material a que se refere o *caput* deste artigo.

•• § 1.º acrescentado pela Lei n. 11.829, de 25-11-2008.

§ 2.º Não há crime se a posse ou o armazenamento tem a finalidade de comunicar às autoridades competentes a ocorrência das condutas descritas nos arts. 240, 241, 241-A e 241-C desta Lei, quando a comunicação for feita por:

I – agente público no exercício de suas funções;

II – membro de entidade, legalmente constituída, que inclua, entre suas finalidades institucionais, o recebimento, o processamento e o encaminhamento de notícia dos crimes referidos neste parágrafo;

III – representante legal e funcionários responsáveis de provedor de acesso ou serviço prestado por meio de rede de computadores, até o recebimento do material relativo à notícia feita à autoridade policial, ao Ministério Público ou ao Poder Judiciário.

•• § 2.º acrescentado pela Lei n. 11.829, de 25-11-2008.

§ 3.º As pessoas referidas no § 2.º deste artigo deverão manter sob sigilo o material ilícito referido.

•• § 3.º acrescentado pela Lei n. 11.829, de 25-11-2008.

Art. 241-C. Simular a participação de criança ou adolescente em cena de sexo explícito ou pornográfica por meio de adulteração, montagem ou modificação de fotografia, vídeo ou qualquer outra forma de representação visual:

Pena – reclusão, de 1 (um) a 3 (três) anos, e multa.

•• *Caput* acrescentado pela Lei n. 11.829, de 25-11-2008.

Parágrafo único. Incorre nas mesmas penas quem vende, expõe à venda, disponibiliza, distribui, publica ou divulga por qualquer meio, adquire, possui ou armazena o material produzido na forma do *caput* deste artigo.

•• Parágrafo único acrescentado pela Lei n. 11.829, de 25-11-2008.

Art. 241-D. Aliciar, assediar, instigar ou constranger, por qualquer meio de comunicação, criança, com o fim de com ela praticar ato libidinoso:

Pena – reclusão, de 1 (um) a 3 (três) anos, e multa.

•• *Caput* acrescentado pela Lei n. 11.829, de 25-11-2008.

Parágrafo único. Nas mesmas penas incorre quem:

I – facilita ou induz o acesso à criança de material contendo cena de sexo explícito ou pornográfica com o fim de com ela praticar ato libidinoso;

II – pratica as condutas descritas no *caput* deste artigo com o fim de induzir criança a se exibir de forma pornográfica ou sexualmente explícita.

•• Parágrafo único acrescentado pela Lei n. 11.829, de 25-11-2008.

Art. 241-E. Para efeito dos crimes previstos nesta Lei, a expressão "cena de sexo explícito ou pornográfica" compreende qualquer situação que envolva criança ou adolescente em atividades sexuais explícitas, reais ou simuladas, ou exibição dos órgãos genitais de uma criança ou adolescente para fins primordialmente sexuais.

•• Artigo acrescentado pela Lei n. 11.829, de 25-11-2008.

Art. 242. Vender, fornecer ainda que gratuitamente ou entregar, de qualquer forma, a criança ou adolescente arma, munição ou explosivo:

Pena – reclusão, de 3 (três) a 6 (seis) anos.

•• Pena com redação determinada pela Lei n. 10.764, de 12-11-2003.

Art. 243. Vender, fornecer, servir, ministrar ou entregar, ainda que gratuitamente, de qualquer forma, a criança ou a adolescente, bebida alcoólica ou, sem justa causa, outros produtos cujos componentes possam causar dependência física ou psíquica:

•• *Caput* com redação determinada pela Lei n. 13.106, de 17-3-2015.

Pena – detenção, de 2 (dois) a 4 (quatro) anos, e multa, se o fato não constitui crime mais grave.

•• Pena com redação determinada pela Lei n. 13.106, de 17-3-2015.

• O Decreto n. 6.117, de 22-5-2007, aprova a Política Nacional sobre o Álcool e visa intensificar a fiscalização quanto ao cumprimento do disposto neste artigo.

Art. 244. Vender, fornecer ainda que gratuitamente ou entregar, de qualquer forma, a criança ou adolescente fogos de estampido ou de artifício, exceto aqueles que, pelo seu reduzido potencial, sejam incapazes de provocar qualquer dano físico em caso de utilização indevida:

Pena – detenção de 6 (seis) meses a 2 (dois) anos, e multa.

Art. 244-A. Submeter criança ou adolescente, como tais definidos no *caput* do art. 2.º desta Lei, à prostituição ou à exploração sexual:

•• *Caput* acrescentado pela Lei n. 9.975, de 23-6-2000.

Pena – reclusão de 4 (quatro) a 10 (dez) anos e multa, além da perda de bens e valores utilizados na prática criminosa em favor do Fundo dos Direitos da Criança e do Adolescente da unidade da Federação (Estado ou Distrito Federal) em que foi cometido o crime, ressalvado o direito de terceiro de boa-fé.

•• Pena com redação determinada pela Lei n. 13.440, de 8-5-2017.

• A Lei n. 11.577, de 22-11-2007, torna obrigatória a divulgação de mensagem relativa à exploração sexual e tráfico de crianças e adolescentes, apontando formas para efetuar denúncias.

§ 1.º Incorrem nas mesmas penas o proprietário, o gerente ou o responsável pelo local em que se verifique a submissão de criança ou adolescente às práticas referidas no *caput* deste artigo.

•• § 1.º acrescentado pela Lei n. 9.975, de 23-6-2000.

§ 2.º Constitui efeito obrigatório da condenação a cassação da licença de localização e de funcionamento do estabelecimento.

•• § 2.º acrescentado pela Lei n. 9.975, de 23-6-2000.

Art. 244-B. Corromper ou facilitar a corrupção de menor de 18 (dezoito) anos, com ele praticando infração penal ou induzindo-o a praticá-la:

Pena – reclusão, de 1 (um) a 4 (quatro) anos.

•• *Caput* acrescentado pela Lei n. 12.015, de 7-8-2009.

•• *Vide* Súmula 500 do STJ.

§ 1.º Incorre nas penas previstas no *caput* deste artigo quem pratica as condutas ali tipificadas utilizando-se de quaisquer meios eletrônicos, inclusive salas de bate-papo da internet.

•• § 1.º acrescentado pela Lei n. 12.015, de 7-8-2009.

§ 2.º As penas previstas no *caput* deste artigo são aumentadas de um terço no caso de a infração cometida ou induzida estar incluída no rol do art. 1.º da Lei n. 8.072, de 25 de julho de 1990.

•• § 2.º acrescentado pela Lei n. 12.015, de 7-8-2009.

•• A Lei n. 8.072, de 25-7-1990, dispõe sobre os crimes hediondos.

Capítulo II
DAS INFRAÇÕES ADMINISTRATIVAS

Art. 245. Deixar o médico, professor ou responsável por estabelecimento de atenção à saúde e de ensino fundamental, pré-escola ou creche, de comunicar à autoridade competente os casos de que tenha conhecimento, envolvendo suspeita ou confirmação de maus-tratos contra criança ou adolescente:

Pena – multa de três a vinte salários de referência, aplicando-se o dobro em caso de reincidência.

•• A Lei n. 13.010, de 26-6-2014, propôs nova redação a este artigo, todavia teve seu texto vetado.

Art. 246. Impedir o responsável ou funcionário de entidade de atendimento o exercício dos direitos constantes nos incisos II, III, VII, VIII e XI do art. 124 desta Lei:

Pena – multa de três a vinte salários de referência, aplicando-se o dobro em caso de reincidência.

Art. 247. Divulgar, total ou parcialmente, sem autorização devida, por qualquer meio de comunicação, nome, ato ou documento de procedimento policial, administrativo ou judicial relativo a criança ou adolescente a que se atribua ato infracional:

Pena – multa de três a vinte salários de referência, aplicando-se o dobro em caso de reincidência.

§ 1.º Incorre na mesma pena quem exibe, total ou parcialmente, fotografia de criança ou adolescente envolvido em ato infracional, ou qualquer ilustração que lhe diga respeito ou se refira a atos que lhe sejam atribuídos, de forma a permitir sua identificação, direta ou indiretamente.

§ 2.º Se o fato for praticado por órgão de imprensa ou emissora de rádio ou televisão, além da pena prevista neste artigo, a autoridade judiciária poderá determinar a apreensão da publicação ou a suspensão da programação da emissora até por dois dias, bem como da publicação do periódico até por dois números.

•• O STF, no julgamento da ADI n. 869-2, de 4-8-1999 (*DOU* de 3-9-2004), declarou a inconstitucionalidade da expressão "ou suspensão da programação da emissora até por dois dias, bem como da publicação do periódico até por dois números", constante deste parágrafo.

Art. 248. (*Revogado pela Lei n. 13.431, de 4-4-2017.*)

Art. 249. Descumprir, dolosa ou culposamente, os deveres inerentes ao poder familiar ou decorrentes de tutela ou guarda, bem assim determinação da autoridade judiciária ou Conselho Tutelar:

Pena – multa de três a vinte salários de referência, aplicando-se o dobro em caso de reincidência.

Art. 250. Hospedar criança ou adolescente desacompanhado dos pais ou responsável, ou sem autorização escrita desses ou da autoridade judiciária, em hotel, pensão, motel ou congênere:

Pena – multa.

•• *Caput* com redação determinada pela Lei n. 12.038, de 1.º-10-2009.

§ 1.º Em caso de reincidência, sem prejuízo da pena de multa, a autoridade judiciária poderá determinar o fechamento do estabelecimento por até 15 (quinze) dias.

•• § 1.º acrescentado pela Lei n. 12.038, de 1.º-10-2009.

§ 2.º Se comprovada a reincidência em período inferior a 30 (trinta) dias, o estabelecimento será definitivamente fechado e terá sua licença cassada.

• § 2.º acrescentado pela Lei n. 12.038, de 1.º-10-2009.

Art. 251. Transportar criança ou adolescente, por qualquer meio, com inobservância do disposto nos arts. 83, 84 e 85 desta Lei:

Pena – multa de três a vinte salários de referência, aplicando-se o dobro em caso de reincidência.

Art. 252. Deixar o responsável por diversão ou espetáculo público de afixar, em lugar visível e de fácil acesso, à entrada do local de exibição, informação destacada sobre a natureza da diversão ou espetáculo e a faixa etária especificada no certificado de classificação:

Pena – multa de três a vinte salários de referência, aplicando-se o dobro em caso de reincidência.

Art. 253. Anunciar peças teatrais, filmes ou quaisquer representações ou espetáculos, sem indicar os limites de idade a que não se recomendem:

Pena – multa de três a vinte salários de referência, duplicada em caso de reincidência, aplicável, separadamente, à casa de espetáculo e aos órgãos de divulgação ou publicidade.

Art. 254. Transmitir, através de rádio ou televisão, espetáculo em horário diverso do autorizado ou sem aviso de sua classificação:

•• O STF, no julgamento da ADI n. 2.404, de 31-8-2016 (*DOU* de 12-9-2016), julgou procedente a ação para declarar a inconstitucionalidade da expressão "em horário diverso do autorizado", contida na redação deste artigo.

Pena – multa de vinte a cem salários de referência; duplicada em caso de reincidência a autoridade judiciária poderá determinar a suspensão da programação da emissora por até dois dias.

Art. 255. Exibir filme, trailer, peça, amostra ou congênere classificado pelo órgão competente como inadequado às crianças ou adolescentes admitidos ao espetáculo:

Pena – multa de vinte a cem salários de referência; na reincidência, a autoridade poderá determinar a suspensão do espetáculo ou o fechamento do estabelecimento por até quinze dias.

Art. 256. Vender ou locar a criança ou adolescente fita de programação em vídeo, em desacordo com a classificação atribuída pelo órgão competente:

Pena – multa de três a vinte salários de referência; em caso de reincidência, a autoridade judiciária poderá determinar o fechamento do estabelecimento por até quinze dias.

Art. 257. Descumprir obrigação constante dos arts. 78 e 79 desta Lei:

Pena – multa de três a vinte salários de referência, duplicando-se a pena em caso de reincidência, sem prejuízo de apreensão da revista ou publicação.

Art. 258. Deixar o responsável pelo estabelecimento ou o empresário de observar o que dispõe esta Lei sobre o acesso de criança ou adolescente aos locais de diversão, ou sobre sua participação no espetáculo:

Pena – multa de três a vinte salários de referência; em caso de reincidência, a autoridade judiciária poderá determinar o fechamento do estabelecimento por até quinze dias.

Art. 258-A. Deixar a autoridade competente de providenciar a instalação e operacionalização dos cadastros previstos no art. 50 e no § 11 do art. 101 desta Lei:

Pena – multa de R$ 1.000,00 (mil reais) a R$ 3.000,00 (três mil reais).

•• *Caput* acrescentado pela Lei n. 12.010, de 3-8-2009.

Parágrafo único. Incorre nas mesmas penas a autoridade que deixa de efetuar o cadastramento de crianças e de adolescentes em condições de serem adotadas, de pessoas ou casais habilitados à adoção e de crianças e adolescentes em regime de acolhimento institucional ou familiar.

•• Parágrafo único acrescentado pela Lei n. 12.010, de 3-8-2009.

Art. 258-B. Deixar o médico, enfermeiro ou dirigente de estabelecimento de atenção à saúde de gestante de efetuar imediato encaminhamento à autoridade judiciária de caso de que tenha conhecimento de mãe ou gestante interessada em entregar seu filho para adoção:

Pena – multa de R$ 1.000,00 (mil reais) a R$ 3.000,00 (três mil reais).

•• *Caput* acrescentado pela Lei n. 12.010, de 3-8-2009.

Art. 258-C. Descumprir a proibição estabelecida no inciso II do art. 81:

•• *Caput* acrescentado pela Lei n. 13.106, de 17-3-2015.

Pena – multa de R$ 3.000,00 (três mil reais) a R$ 10.000,00 (dez mil reais);

•• Pena acrescentada pela Lei n. 13.106, de 17-3-2015.

Medida Administrativa – interdição do estabelecimento comercial até o recolhimento da multa aplicada.

•• Medida administrativa acrescentada pela Lei n. 13.106, de 17-3-2015.

Parágrafo único. Incorre na mesma pena o funcionário de programa oficial ou comunitário destinado à garantia do direito à convivência familiar que deixa de efetuar a comunicação referida no *caput* deste artigo.

•• Parágrafo único acrescentado pela Lei n. 12.010, de 3-8-2009.

DISPOSIÇÕES FINAIS E TRANSITÓRIAS

Art. 259. A União, no prazo de noventa dias contados da publicação deste Estatuto, elaborará projeto de lei dispondo sobre a criação ou adaptação de seus órgãos às diretrizes da política de atendimento fixadas no art. 88 e ao que estabelece o Título V do Livro II.

Parágrafo único. Compete aos Estados e Municípios promoverem a adaptação de seus órgãos e programas às diretrizes e princípios estabelecidos nesta Lei.

Art. 260. Os contribuintes poderão efetuar doações aos Fundos dos Direitos da Criança e do Adolescente nacional, distrital, estaduais ou municipais, devidamente comprovadas, sendo essas integralmente deduzidas do imposto de renda, obedecidos os seguintes limites:

•• *Caput* com redação determinada pela Lei n. 12.594, de 18-1-2012.

I – 1% (um por cento) do imposto sobre a renda devido apurado pelas pessoas jurídicas tributadas com base no lucro real; e

•• Inciso I acrescentado pela Lei n. 12.594, de 18-1-2012.

II – 6% (seis por cento) do imposto sobre a renda apurado pelas pessoas físicas na Declaração de Ajuste Anual, observado o disposto no art. 22 da Lei n. 9.532, de 10 de dezembro de 1997.

•• Inciso II acrescentado pela Lei n. 12.594, de 18-1-2012.

• A Lei n. 9.532, de 10-12-1997, altera a legislação tributária federal.

§ 1.º (*Revogado pela Lei n. 9.532, de 10-12-1997.*)

§ 1.º-A. Na definição das prioridades a serem atendidas com os recursos captados pelos fundos nacional, estaduais e municipais dos direitos da criança e do adolescente, serão consideradas as disposições do Plano Nacional de Promoção, Proteção e Defesa do Direito de Crianças e Adolescentes à Convivência Familiar e Comunitária e as do Plano Nacional pela Primeira Infância.

•• § 1.º-A com redação determinada pela Lei n. 13.257, de 8-3-2016.

§ 2.º Os conselhos nacional, estaduais e municipais dos direitos da criança e do adolescente fixarão critérios de utilização, por meio de planos de aplicação, das dotações subsidiadas e demais receitas, aplicando necessariamente percentual para incentivo ao acolhimento, sob a forma de guarda, de crianças e adolescentes e para programas de atenção integral à primeira infância em áreas de maior carência socioeconômica e em situações de calamidade.

•• § 2.º com redação determinada pela Lei n. 13.257, de 8-3-2016.

§ 3.º O Departamento da Receita Federal, do Ministério da Economia, Fazenda e Planejamento, regulamentará a comprovação das doações feitas aos Fundos, nos termos deste artigo.

•• § 3.º acrescentado pela Lei n. 8.242, de 12-10-1991.

§ 4.º O Ministério Público determinará em cada comarca a forma de fiscalização da aplicação, pelo Fundo Municipal dos Direitos da Criança e do Adolescente, dos incentivos fiscais referidos neste artigo.

•• § 4.º acrescentado pela Lei n. 8.242, de 12-10-1991.

§ 5.º Observado o disposto no § 4.º do art. 3.º da Lei n. 9.249, de 26 de dezembro de 1995, a dedução de que trata o inciso I do *caput*:

•• § 5.º, *caput*, com redação determinada pela Lei n. 12.594, de 18-1-2012.

• O mencionado § 4.º dispõe: "Art. 3.º A alíquota do imposto de renda das pessoas jurídicas é de quinze por cento... § 4.º O valor adicional será recolhido integralmente, não sendo permitidas quaisquer deduções".

I – será considerada isoladamente, não se submetendo a limite em conjunto com outras deduções do imposto; e

•• Inciso I acrescentado pela Lei n. 12.594, de 18-1-2012.

II – não poderá ser computada como despesa operacional na apuração do lucro real.

•• Inciso II acrescentado pela Lei n. 12.594, de 18-1-2012.

Art. 260-A. A partir do exercício de 2010, ano-calendário de 2009, a pessoa física poderá optar pela doação de que trata o inciso II do *caput* do art. 260 diretamente em sua Declaração de Ajuste Anual.

•• *Caput* acrescentado pela Lei n. 12.594, de 18-1-2012.

§ 1.º A doação de que trata o *caput* poderá ser deduzida até os seguintes percentuais aplicados sobre o imposto apurado na declaração:

•• § 1.º, *caput*, acrescentado pela Lei n. 12.594, de 18-1-2012.

I – (*Vetado.*)

•• A Lei n. 12.594, de 18-1-2012, propôs o acréscimo do inciso I a este § 1.º, todavia teve seu texto vetado.

II – (*Vetado.*)

•• A Lei n. 12.594, de 18-1-2012, propôs o acréscimo do inciso II a este § 1.º, todavia teve seu texto vetado.

III – 3% (três por cento) a partir do exercício de 2012.

•• Inciso III acrescentado pela Lei n. 12.594, de 18-1-2012.

§ 2.º A dedução de que trata o *caput*:

•• § 2.º, *caput*, acrescentado pela Lei n. 12.594, de 18-1-2012.

I – está sujeita ao limite de 6% (seis por cento) do imposto sobre a renda apurado na declaração de que trata o inciso II do *caput* do art. 260;

•• Inciso I acrescentado pela Lei n. 12.594, de 18-1-2012.

II – não se aplica à pessoa física que:

•• Inciso II, *caput*, acrescentado pela Lei n. 12.594, de 18-1-2012.

a) utilizar o desconto simplificado;

•• Alínea *a* acrescentada pela Lei n. 12.594, de 18-1-2012.

b) apresentar declaração em formulário; ou

•• Alínea *b* acrescentada pela Lei n. 12.594, de 18-1-2012.

c) entregar a declaração fora do prazo;

•• Alínea *c* acrescentada pela Lei n. 12.594, de 18-1-2012.

III – só se aplica às doações em espécie; e

•• Inciso III acrescentado pela Lei n. 12.594, de 18-1-2012.

IV – não exclui ou reduz outros benefícios ou deduções em vigor.

•• Inciso IV acrescentado pela Lei n. 12.594, de 18-1-2012.

§ 3.º O pagamento da doação deve ser efetuado até a data de vencimento da primeira quota ou quota única do imposto, observadas instruções específicas da Secretaria da Receita Federal do Brasil.

•• § 3.º acrescentado pela Lei n. 12.594, de 18-1-2012.

§ 4.º O não pagamento da doação no prazo estabelecido no § 3.º implica a glosa definitiva desta parcela de dedução, ficando a pessoa física obrigada ao recolhimento da diferença de imposto devido apurado na Declaração de Ajuste Anual com os acréscimos legais previstos na legislação.

•• § 4.º acrescentado pela Lei n. 12.594, de 18-1-2012.

§ 5.º A pessoa física poderá deduzir do imposto apurado na Declaração de Ajuste Anual as doações feitas, no respectivo ano-calendário, aos fundos controlados pelos Conselhos dos Direitos da Criança e do Adolescente municipais, distrital, estaduais e nacional concomitantemente com a opção de que trata o *caput*, respeitado o limite previsto no inciso II do art. 260.

•• § 5.º acrescentado pela Lei n. 12.594, de 18-1-2012.

Art. 260-B. A doação de que trata o inciso I do art. 260 poderá ser deduzida:

•• *Caput* acrescentado pela Lei n. 12.594, de 18-1-2012.

I – do imposto devido no trimestre, para as pessoas jurídicas que apuram o imposto trimestralmente; e

•• Inciso I acrescentado pela Lei n. 12.594, de 18-1-2012.

II – do imposto devido mensalmente e no ajuste anual, para as pessoas jurídicas que apuram o imposto anualmente.

•• Inciso II acrescentado pela Lei n. 12.594, de 18-1-2012.

Parágrafo único. A doação deverá ser efetuada dentro do período a que se refere a apuração do imposto.

•• Parágrafo único acrescentado pela Lei n. 12.594, de 18-1-2012.

Art. 260-C. As doações de que trata o art. 260 desta Lei podem ser efetuadas em espécie ou em bens.

•• *Caput* acrescentado pela Lei n. 12.594, de 18-1-2012.

Parágrafo único. As doações efetuadas em espécie devem ser depositadas em conta específica, em instituição financeira pública, vinculadas aos respectivos fundos de que trata o art. 260.

•• Parágrafo único acrescentado pela Lei n. 12.594, de 18-1-2012.

Art. 260-D. Os órgãos responsáveis pela administração das contas dos Fundos dos Direitos da Criança e do Adolescente nacional, estaduais, distrital e municipais devem emitir recibo em favor do doador, assinado por pessoa competente e pelo presidente do Conselho correspondente, especificando:

•• *Caput* acrescentado pela Lei n. 12.594, de 18-1-2012.

• *Vide* § 1.º deste artigo.

I – número de ordem;

•• Inciso I acrescentado pela Lei n. 12.594, de 18-1-2012.

II – nome, Cadastro Nacional da Pessoa Jurídica (CNPJ) e endereço do emitente;

•• Inciso II acrescentado pela Lei n. 12.594, de 18-1-2012.

III – nome, CNPJ ou Cadastro de Pessoas Físicas (CPF) do doador;

•• Inciso III acrescentado pela Lei n. 12.594, de 18-1-2012.

IV – data da doação e valor efetivamente recebido; e

•• Inciso IV acrescentado pela Lei n. 12.594, de 18-1-2012.

V – ano-calendário a que se refere a doação.

•• Inciso V acrescentado pela Lei n. 12.594, de 18-1-2012.

§ 1.º O comprovante de que trata o *caput* deste artigo pode ser emitido anualmente, desde que discrimine os valores doados mês a mês.

•• § 1.º acrescentado pela Lei n. 12.594, de 18-1-2012.

§ 2.º No caso de doação em bens, o comprovante deve conter a identificação dos bens, mediante descrição em campo próprio ou em relação anexa ao comprovante, informando também se houve avaliação, o nome, CPF ou CNPJ e endereço dos avaliadores.

•• § 2.º acrescentado pela Lei n. 12.594, de 18-1-2012.

Art. 260-E. Na hipótese da doação em bens, o doador deverá:

•• *Caput* acrescentado pela Lei n. 12.594, de 18-1-2012.

I – comprovar a propriedade dos bens, mediante documentação hábil;

•• Inciso I acrescentado pela Lei n. 12.594, de 18-1-2012.

II – baixar os bens doados na declaração de bens e direitos, quando se tratar de pessoa física, e na escrituração, no caso de pessoa jurídica; e

•• Inciso II acrescentado pela Lei n. 12.594, de 18-1-2012.

III – considerar como valor dos bens doados:

•• Inciso III, *caput*, acrescentado pela Lei n. 12.594, de 18-1-2012.

a) para as pessoas físicas, o valor constante da última declaração do imposto de renda, desde que não exceda o valor de mercado;

•• Alínea *a* acrescentada pela Lei n. 12.594, de 18-1-2012.

b) para as pessoas jurídicas, o valor contábil dos bens.

•• Alínea *b* acrescentada pela Lei n. 12.594, de 18-1-2012.

Parágrafo único. O preço obtido em caso de leilão não será considerado na determinação do valor dos bens doados, exceto se o leilão for determinado por autoridade judiciária.

•• Parágrafo único acrescentado pela Lei n. 12.594, de 18-1-2012.

Art. 260-F. Os documentos a que se referem os arts. 260-D e 260-E devem ser mantidos pelo contribuinte por um prazo de 5 (cinco) anos para fins de comprovação da dedução perante a Receita Federal do Brasil.

•• Artigo acrescentado pela Lei n. 12.594, de 18-1-2012.

Art. 260-G. Os órgãos responsáveis pela administração das contas dos Fundos dos Direitos da Criança e do Adolescente nacional, estaduais, distrital e municipais devem:

•• *Caput* acrescentado pela Lei n. 12.594, de 18-1-2012.

I – manter conta bancária específica destinada exclusivamente a gerir os recursos do Fundo;

•• Inciso I acrescentado pela Lei n. 12.594, de 18-1-2012.

II – manter controle das doações recebidas; e

•• Inciso II acrescentado pela Lei n. 12.594, de 18-1-2012.

III – informar anualmente à Secretaria da Receita Federal do Brasil as doações recebidas mês a mês, identificando os seguintes dados por doador:

•• Inciso III, *caput*, acrescentado pela Lei n. 12.594, de 18-1-2012.

a) nome, CNPJ ou CPF;

•• Alínea *a* acrescentada pela Lei n. 12.594, de 18-1-2012.

b) valor doado, especificando se a doação foi em espécie ou em bens.

•• Alínea *b* acrescentada pela Lei n. 12.594, de 18-1-2012.

Art. 260-H. Em caso de descumprimento das obrigações previstas no art. 260-G, a Secretaria da Receita Federal do Brasil dará conhecimento do fato ao Ministério Público.

•• Artigo acrescentado pela Lei n. 12.594, de 18-1-2012.

Art. 260-I. Os Conselhos dos Direitos da Criança e do Adolescente nacional, estaduais, distrital e municipais divulgarão amplamente à comunidade:

•• *Caput* acrescentado pela Lei n. 12.594, de 18-1-2012.

I – o calendário de suas reuniões;

•• Inciso I acrescentado pela Lei n. 12.594, de 18-1-2012.

II – as ações prioritárias para aplicação das políticas de atendimento à criança e ao adolescente;

•• Inciso II acrescentado pela Lei n. 12.594, de 18-1-2012.

III – os requisitos para a apresentação de projetos a serem beneficiados com recursos dos Fundos dos Direitos da Criança e do Adolescente nacional, estaduais, distrital ou municipais;

•• Inciso III acrescentado pela Lei n. 12.594, de 18-1-2012.

IV – a relação dos projetos aprovados em cada ano-calendário e o valor dos recursos previstos para implementação das ações, por projeto;

•• Inciso IV acrescentado pela Lei n. 12.594, de 18-1-2012.

V – o total dos recursos recebidos e a respectiva destinação, por projeto atendido, inclusive com cadastramento na base de dados do Sistema de Informações sobre a Infância e a Adolescência; e

•• Inciso V acrescentado pela Lei n. 12.594, de 18-1-2012.

VI – a avaliação dos resultados dos projetos beneficiados com recursos dos Fundos dos Direitos da Criança e do Adolescente nacional, estaduais, distrital e municipais.

•• Inciso VI acrescentado pela Lei n. 12.594, de 18-1-2012.

Art. 260-J. O Ministério Público determinará, em cada Comarca, a forma de fiscalização da aplicação dos incentivos fiscais referidos no art. 260 desta Lei.

•• *Caput* acrescentado pela Lei n. 12.594, de 18-1-2012.

Parágrafo único. O descumprimento do disposto nos arts. 260-G e 260-I sujeitará os infratores a responder por ação judicial proposta pelo Ministério Público, que poderá atuar de ofício, a requerimento ou representação de qualquer cidadão.

•• Parágrafo único acrescentado pela Lei n. 12.594, de 18-1-2012.

Art. 260-K. A Secretaria de Direitos Humanos da Presidência da República (SDH/PR) encaminhará à Secretaria da Receita Federal do Brasil, até 31 de outubro de cada ano, arquivo eletrônico contendo a relação atualizada dos Fundos dos Direitos da Criança e do Adolescente nacional, distrital, estaduais e municipais, com a indicação dos respectivos números de inscrição no CNPJ e das contas bancárias específicas mantidas em instituições financeiras públicas, destinadas exclusivamente a gerir os recursos dos Fundos.

•• Artigo acrescentado pela Lei n. 12.594, de 18-1-2012.

Art. 260-L. A Secretaria da Receita Federal do Brasil expedirá as instruções necessárias à aplicação do disposto nos arts. 260 a 260-K.

•• Artigo acrescentado pela Lei n. 12.594, de 18-1-2012.

Art. 261. À falta dos Conselhos Municipais dos Direitos da Criança e do Adolescente, os registros, inscrições e alterações a que se referem os arts. 90, parágrafo único, e 91 desta Lei serão efetuados perante a autoridade judiciária da comarca a que pertencer a entidade.

•• A Lei n. 12.010, de 3-8-2009, acrescentou os §§ 1.º a 3.º ao art. 90 desta Lei, renumerando seu antigo parágrafo único.

Parágrafo único. A União fica autorizada a repassar aos Estados e Municípios, e os Estados aos Municípios, os recursos referentes aos programas e atividades previstos nesta Lei, tão logo estejam criados os Conselhos dos Direitos da Criança e do Adolescente nos seus respectivos níveis.

Art. 262. Enquanto não instalados os Conselhos Tutelares, as atribuições a eles conferidas serão exercidas pela autoridade judiciária.

Art. 263. O Decreto-lei n. 2.848, de 7 de dezembro de 1940, Código Penal, passa a vigorar com as seguintes alterações:

"1) Art. 121. ....

....

§ 4.º No homicídio culposo, a pena é aumentada de um terço, se o crime resulta de inobservância de regra técnica de profissão, arte ou ofício, ou se o agente deixa de prestar imediato socorro à vítima, não procura diminuir as consequências do seu ato, ou foge para evitar prisão em flagrante. Sendo doloso o homicídio, a pena é aumentada de um terço, se o crime é praticado contra pessoa menor de catorze anos.

•• Alteração prejudicada pela nova redação determinada ao dispositivo pela Lei n. 10.741, de 1.º-10-2003.

2) Art. 129. ....

....

§ 7.º Aumenta-se a pena de um terço, se ocorrer qualquer das hipóteses do art. 121, § 4.º.

§ 8.º Aplica-se à lesão culposa o disposto no § 5.º do art. 121.

3) Art. 136. ....

....

§ 3.º Aumenta-se a pena de um terço, se o crime é praticado contra pessoa menor de catorze anos.

4) Art. 213. ....

Parágrafo único. Se a ofendida é menor de catorze anos:

Pena – reclusão de quatro a dez anos.

•• Alteração prejudicada em face da revogação do dispositivo pela Lei n. 9.281, de 4-6-1996.

5) Art. 214. ....

Parágrafo único. Se o ofendido é menor de catorze anos:

Pena – reclusão de três a nove anos.

•• Alteração prejudicada em face da revogação do dispositivo pela Lei n. 9.281, de 4-6-1996.

Art. 264. O art. 102 da Lei n. 6.015, de 31 de dezembro de 1973, fica acrescido do seguinte item:

•• Texto já integrado ao diploma citado.

Art. 265. A Imprensa Nacional e demais gráficas da União, da administração direta ou indireta, inclusive fundações instituídas e mantidas pelo Poder Público Federal, promoverão edição popular do texto integral deste Estatuto, que será posto à disposição das escolas e das entidades de atendimento e de defesa dos direitos da criança e do adolescente.

Art. 265-A. O poder público fará periodicamente ampla divulgação dos direitos da criança e do adolescente nos meios de comunicação social.

•• *Caput* acrescentado pela Lei n. 13.257, de 8-3-2016.

Parágrafo único. A divulgação a que se refere o *caput* será veiculada em linguagem clara, compreensível e adequada a crianças e adolescentes, especialmente às crianças com idade inferior a 6 (seis) anos.

•• Parágrafo único acrescentado pela Lei n. 13.257, de 8-3-2016.

Art. 266. Esta Lei entra em vigor noventa dias após sua publicação.

Parágrafo único. Durante o período de vacância deverão ser promovidas atividades e campanhas de divulgação e esclarecimentos acerca do disposto nesta Lei.

Art. 267. Revogam-se as Leis n. 4.513, de 1964, e 6.697, de 10 de outubro de 1979 (Código de Menores), e as demais disposições em contrário.

Brasília, em 13 de julho de 1990; 169.º da Independência e 102.º da República.

FERNANDO COLLOR

LEI N. 8.078, DE 11 DE SETEMBRO DE 1990 (*)

Dispõe sobre a proteção do consumidor e dá outras providências.

O Presidente da República:

Faço saber que o Congresso Nacional decreta e eu sanciono a seguinte Lei:

TÍTULO I
DOS DIREITOS DO CONSUMIDOR

Capítulo I
DISPOSIÇÕES GERAIS

Art. 1.º O presente Código estabelece normas de proteção e defesa do consumidor, de ordem pública e interesse social, nos termos dos arts. 5.º, inciso XXXII, 170, inciso V, da Constituição Federal e art. 48 de suas Disposições Transitórias.

•• A Lei n. 12.291, de 20-7-2010, torna obrigatória a manutenção de exemplar do Código de Defesa do Consumidor nos estabelecimentos comerciais e de prestação de serviços.

•• O Decreto n. 7.963, de 15-3-2013, institui o Plano Nacional de Consumo e Cidadania, com a finalidade de promover a proteção e defesa do consumidor em todo o território nacional por meio da integração e articulação de políticas, programas e ações.

Art. 2.º Consumidor é toda pessoa física ou jurídica que adquire ou utiliza produto ou serviço como destinatário final.

Parágrafo único. Equipara-se a consumidor a coletividade de pessoas, ainda que indetermináveis, que haja intervindo nas relações de consumo.

•• *Vide* Súmula 643 do STF.

Art. 3.º Fornecedor é toda pessoa física ou jurídica, pública ou privada, nacional ou estrangeira, bem como os entes despersonalizados, que desenvolvem atividades de produção, montagem, criação, construção, transformação, importação, exportação, distribuição ou comercialização de produtos ou prestação de serviços.

• *Vide* art. 966 do CC.

• A Lei n. 10.671, de 15-5-2003, que dispõe sobre o Estatuto de Defesa do Torcedor, estabelece em seu art. 3.º: "Para todos os efeitos legais, equiparam-se a fornecedor, nos termos da Lei n. 8.078, de 11-9-1990, a entidade responsável pela organização da competição, bem como a entidade de prática desportiva detentora do mando de jogo".

§ 1.º Produto é qualquer bem, móvel ou imóvel, material ou imaterial.

• *Vide* arts. 79 a 91 do CC.

§ 2.º Serviço é qualquer atividade fornecida no mercado de consumo, mediante remuneração, inclusive as de natureza bancária, financeira, de crédito e securitária, salvo as decorrentes das relações de caráter trabalhista.

• *Vide* Súmulas 297 e 321 do STJ.

Capítulo II
DA POLÍTICA NACIONAL DE RELAÇÕES DE CONSUMO

Art. 4.º A Política Nacional das Relações de Consumo tem por objetivo o atendimento das necessidades dos consumidores, o respeito à sua dignidade, saúde e segurança, a proteção de seus interesses econômicos, a melhoria da sua qualidade de vida, bem como a transparência e harmonia das relações de consumo, atendidos os seguintes princípios:

•• *Caput* com redação determinada pela Lei n. 9.008, de 21-3-1995.

I – reconhecimento da vulnerabilidade do consumidor no mercado de consumo;

II – ação governamental no sentido de proteger efetivamente o consumidor:

a) por iniciativa direta;

b) por incentivos à criação e desenvolvimento de associações representativas;

c) pela presença do Estado no mercado de consumo;

d) pela garantia dos produtos e serviços com padrões adequados de qualidade, segurança, durabilidade e desempenho;

III – harmonização dos interesses dos participantes das relações de consumo e compatibilização da proteção do consumidor com a necessidade de desenvolvimento econômico e tecnológico, de modo a viabilizar os princípios nos quais se funda a ordem econômica (art. 170 da Constituição Federal), sempre com base na boa-fé e equilíbrio nas relações entre consumidores e fornecedores;

• A Lei n. 9.791, de 24-3-1999, dispõe sobre a obrigatoriedade de as concessionárias de serviços públicos estabelecerem ao consumidor e ao usuário datas opcionais para o vencimento de seus débitos.

IV – educação e informação de fornecedores e consumidores, quanto aos seus direitos e deveres, com vistas à melhoria do mercado de consumo;

V – incentivo à criação pelos fornecedores de meios eficientes de controle de qualidade e segurança de produtos e serviços, assim como de mecanismos alternativos de solução de conflitos de consumo;

• *Vide* Lei n. 9.307, de 23-9-1996.

(*) Publicada no *DOU*, de 12-9-1990, Suplemento. Retificada em 10-1-2007. O Decreto n. 6.523, de 31-7-2008, regulamenta esta Lei para fixar normas gerais sobre SAC. A Lei n. 10.449, de 9-5-2002, autoriza a comercialização de preservativos masculinos de látex de borracha em todo e qualquer estabelecimento comercial, independente da finalidade constante do contrato social e das atividades definidas no alvará de funcionamento. A Lei n. 10.504, de 8-7-2002, institui o Dia Nacional do Consumidor, que será comemorado, anualmente, no dia 15 de março. A Lei n. 12.529, de 30-11-2011, estrutura o Sistema Brasileiro de Defesa da Concorrência. O Decreto n. 7.962, de 15-3-2013, regulamenta esta Lei para dispor sobre a contratação no comércio eletrônico.

• O Decreto n. 8.573, de 19-11-2015, dispõe sobre o Consumidor.gov.br, sistema alternativo de solução de conflitos de consumo.

VI – coibição e repressão eficientes de todos os abusos praticados no mercado de consumo, inclusive a concorrência desleal e utilização indevida de inventos e criações industriais das marcas e nomes comerciais e signos distintivos, que possam causar prejuízos aos consumidores;

VII – racionalização e melhoria dos serviços públicos;

• *Vide* art. 170 da CF.

VIII – estudo constante das modificações do mercado de consumo;

IX – fomento de ações direcionadas à educação financeira e ambiental dos consumidores;

•• Inciso IX acrescentado pela Lei n. 14.181, de 1.º-7-2021.

X – prevenção e tratamento do superendividamento como forma de evitar a exclusão social do consumidor.

•• Inciso X acrescentado pela Lei n. 14.181, de 1.º-7-2021.

Art. 5.º Para a execução da Política Nacional das Relações de Consumo, contará o Poder Público com os seguintes instrumentos, entre outros:

• *Vide* art. 5.º, LXXIV, da CF.

• *Vide* Lei n. 1.060, de 5-2-1950.

I – manutenção de assistência jurídica, integral e gratuita para o consumidor carente;

II – instituição de Promotorias de Justiça de Defesa do Consumidor, no âmbito do Ministério Público;

III – criação de delegacias de polícia especializadas no atendimento de consumidores vítimas de infrações penais de consumo;

IV – criação de Juizados Especiais de Pequenas Causas e Varas Especializadas para a solução de litígios de consumo;

• *Vide* Lei n. 9.099, de 26-9-1995 (juizados especiais).

V – concessão de estímulos à criação e desenvolvimento das Associações de Defesa do Consumidor;

VI – instituição de mecanismos de prevenção e tratamento extrajudicial e judicial do superendividamento e de proteção do consumidor pessoa natural;

•• Inciso VI acrescentado pela Lei n. 14.181, de 1.º-7-2021.

VII – instituição de núcleos de conciliação e mediação de conflitos oriundos de superendividamento.

•• Inciso VII acrescentado pela Lei n. 14.181, de 1.º-7-2021.

§ 1.º (*Vetado.*)

•• O texto vetado dizia: "Os Estados, Distrito Federal e Municípios manterão órgãos de atendimento gratuito para orientação dos consumidores".

§ 2.º (*Vetado.*)

•• O texto vetado dizia: "A União, os Estados, o Distrito Federal e os Municípios poderão fiscalizar preços e autuar os infratores, observado seu prévio tabelamento pela autoridade competente".

Capítulo III
DOS DIREITOS BÁSICOS DO CONSUMIDOR

•• *Vide* art. 14 da Lei n. 12.587, de 3-1-2012.

Art. 6.º São direitos básicos do consumidor:

I – a proteção da vida, saúde e segurança contra os riscos provocados por práticas no fornecimento de produtos e serviços considerados perigosos ou nocivos;

II – a educação e divulgação sobre o consumo adequado dos produtos e serviços, asseguradas a liberdade de escolha e a igualdade nas contratações;

III – a informação adequada e clara sobre os diferentes produtos e serviços, com especificação correta de quantidade, características, composição, qualidade, tributos incidentes e preço, bem como sobre os riscos que apresentem;

•• Inciso III com redação determinada pela Lei n. 12.741, de 8-12-2012.

•• A Lei n. 10.962, de 11-10-2004, dispõe sobre a oferta e as formas de afixação de preços de produtos e serviços para o consumidor.

•• O Decreto n. 5.903, de 20-9-2006, dispõe sobre as práticas infracionais que atentam contra o direito básico do consumidor de obter informação adequada e clara sobre produtos e serviços.

• A Portaria n. 392, de 29-9-2021, do Ministério da Justiça e Segurança Pública, dispõe sobre a obrigatoriedade da informação ao consumidor em relação à ocorrência de alteração quantitativa de produto embalado posto à venda.

IV – a proteção contra a publicidade enganosa e abusiva, métodos comerciais coercitivos ou desleais, bem como contra práticas e cláusulas abusivas ou impostas no fornecimento de produtos e serviços;

• *Vide* notas ao inciso anterior.

V – a modificação das cláusulas contratuais que estabeleçam prestações desproporcionais ou sua revisão em razão de fatos supervenientes que as tornem excessivamente onerosas;

•• *Vide* Medida Provisória n. 2.172-32, de 23-8-2001.

VI – a efetiva prevenção e reparação de danos patrimoniais e morais, individuais, coletivos e difusos;

• *Vide* arts. 186, 402 e 927 do CC.

• *Vide* Súmula 37 do STJ.

VII – o acesso aos órgãos judiciários e administrativos, com vistas à prevenção ou reparação de danos patrimoniais e morais, individuais, coletivos ou difusos, assegurada a proteção jurídica, administrativa e técnica aos necessitados;

VIII – a facilitação da defesa de seus direitos, inclusive com a inversão do ônus da prova, a seu favor, no processo civil, quando, a critério do juiz, for verossímil a alegação ou quando for ele hipossuficiente, segundo as regras ordinárias de experiências;

•• *Vide* Súmula 618 do STJ.

IX – (*Vetado.*)

X – a adequada e eficaz prestação dos serviços públicos em geral;

XI – a garantia de práticas de crédito responsável, de educação financeira e de prevenção e tratamento de situações de superendividamento, preservado o mínimo existencial, nos termos da regulamentação, por meio da revisão e da repactuação da dívida, entre outras medidas;

•• Inciso XI acrescentado pela Lei n. 14.181, de 1.º-7-2021.

XII – a preservação do mínimo existencial, nos termos da regulamentação, na repactuação de dívidas e na concessão de crédito;

•• Inciso XII acrescentado pela Lei n. 14.181, de 1.º-7-2021.

XIII – a informação acerca dos preços dos produtos por unidade de medida, tal como por quilo, por litro, por metro ou por outra unidade, conforme o caso.

•• Inciso XIII acrescentado pela Lei n. 14.181, de 1.º-7-2021.

• A Lei n. 12.007, de 29-7-2009, dispõe sobre a emissão de declaração de quitação anual de débitos pelas pessoas jurídicas prestadoras de serviços públicos ou privados.

Parágrafo único. A informação de que trata o inciso III do *caput* deste artigo deve ser acessível à pessoa com deficiência, observado o disposto em regulamento.

•• Parágrafo único acrescentado pela Lei n. 13.146, de 6-7-2015.

Art. 7.º Os direitos previstos neste Código não excluem outros decorrentes de tratados ou convenções internacionais de que o Brasil seja signatário, da legislação interna ordinária, de regulamentos expedidos pelas autoridades administrativas competentes, bem como dos que derivem dos princípios gerais do direito, analogia, costumes e equidade.

• *Vide* art. 5.º, §§ 2.º e 3.º, da CF.

Parágrafo único. Tendo mais de um autor a ofensa, todos responderão solidariamente pela reparação dos danos previstos nas normas de consumo.

Capítulo IV
DA QUALIDADE DE PRODUTOS E SERVIÇOS, DA PREVENÇÃO E DA REPARAÇÃO DOS DANOS

Seção I
Da Proteção à Saúde e Segurança

Art. 8.º Os produtos e serviços colocados no mercado de consumo não acarretarão riscos à saúde ou segurança dos consumidores, exceto os considerados normais e previsíveis em decorrência de sua natureza e fruição, obrigando-se os fornecedores, em qualquer hipótese, a dar as informações necessárias e adequadas a seu respeito.

• O Decreto n. 4.680, de 24-4-2003, regulamenta o direito à informação, assegurado por esta Lei, quanto aos alimentos e ingredientes alimentares destinados ao consumo humano ou animal que contenham ou sejam produzidos a partir de organismos geneticamente modificados, sem prejuízo do cumprimento das demais normas aplicáveis.

§ 1.º Em se tratando de produto industrial, ao fabricante cabe prestar as informações a que se refere este artigo, através de impressos apropriados que devam acompanhar o produto.

•• Parágrafo único renumerado pela Lei n. 13.486, de 3-10-2017.

§ 2.º O fornecedor deverá higienizar os equipamentos e utensílios utilizados no fornecimento de produtos ou serviços, ou colocados à disposição do consumidor, e informar, de maneira ostensiva e adequada, quando for o caso, sobre o risco de contaminação.

•• § 2.º acrescentado pela Lei n. 13.486, de 3-10-2017.

Art. 9.º O fornecedor de produtos e serviços potencialmente nocivos ou perigosos à saúde ou segurança deverá informar, de maneira ostensiva e adequada, a respeito da sua nocividade ou periculosidade, sem prejuízo da adoção de outras medidas cabíveis em cada caso concreto.

Art. 10. O fornecedor não poderá colocar no mercado de consumo produto ou serviço que sabe ou deveria saber apresentar alto grau de nocividade ou periculosidade à saúde ou segurança.

§ 1.º O fornecedor de produtos e serviços que, posteriormente à sua introdução no mercado de consumo, tiver conhecimento da periculosidade que apresentem, deverá comunicar o fato imediatamente às autoridades competentes e aos consumidores, mediante anúncios publicitários.

§ 2.º Os anúncios publicitários a que se refere o parágrafo anterior serão veiculados na imprensa, rádio e televisão, às expensas do fornecedor do produto ou serviço.

§ 3.º Sempre que tiverem conhecimento de periculosidade de produtos ou serviços à saúde ou segurança dos consumidores, a União, os Estados, o Distrito Federal e os Municípios deverão informá-los a respeito.

Art. 11. (*Vetado.*)

Seção II
Da Responsabilidade pelo Fato do Produto e do Serviço

• A Lei n. 10.671, de 15-5-2003, que dispõe sobre o Estatuto de Defesa do Torcedor, estabelece em seu art. 14 que, sem prejuízo do disposto nos arts. 12 a 14 desta Lei, a responsabilidade pela segurança do torcedor em evento esportivo é da entidade de prática desportiva detentora do mando do jogo e de seus dirigentes.

Art. 12. O fabricante, o produtor, o construtor, nacional ou estrangeiro, e o importador respondem, independentemente da existência de culpa, pela reparação dos danos causados aos consumidores por defeitos decorrentes de projeto, fabricação, construção, montagem, fórmulas, manipulação, apresentação ou acondicionamento de seus produtos, bem como por informações insuficientes ou inadequadas sobre sua utilização e riscos.

§ 1.º O produto é defeituoso quando não oferece a segurança que dele legitimamente se espera, levando-se em consideração as circunstâncias relevantes, entre as quais:

I – sua apresentação;

II – o uso e os riscos que razoavelmente dele se esperam;

III – a época em que foi colocado em circulação.

§ 2.º O produto não é considerado defeituoso pelo fato de outro de melhor qualidade ter sido colocado no mercado.

§ 3.º O fabricante, o construtor, o produtor ou importador só não será responsabilizado quando provar:

I – que não colocou o produto no mercado;

II – que, embora haja colocado o produto no mercado, o defeito inexiste;

III – a culpa exclusiva do consumidor ou de terceiro.

• *Vide* art. 945 do CC.

Art. 13. O comerciante é igualmente responsável, nos termos do artigo anterior, quando:

I – o fabricante, o construtor, o produtor ou o importador não puderem ser identificados;

II – o produto for fornecido sem identificação clara do seu fabricante, produtor, construtor ou importador;

III – não conservar adequadamente os produtos perecíveis.

Parágrafo único. Aquele que efetivar o pagamento ao prejudicado poderá exercer o direito de regresso contra os demais responsáveis, segundo sua participação na causação do evento danoso.

Art. 14. O fornecedor de serviços responde, independentemente da existência de culpa, pela reparação dos danos causados aos consumidores por defeitos relativos à prestação dos serviços, bem como por informações insuficientes ou inadequadas sobre sua fruição e riscos.

§ 1.º O serviço é defeituoso quando não fornece a segurança que o consumidor dele pode esperar, levando-se em consideração as circunstâncias relevantes, entre as quais:

I – o modo de seu fornecimento;

II – o resultado e os riscos que razoavelmente dele se esperam;

III – a época em que foi fornecido.

§ 2.º O serviço não é considerado defeituoso pela adoção de novas técnicas.

§ 3.º O fornecedor de serviços só não será responsabilizado quando provar:

- *Vide Súmula* 479 do STJ.

I – que, tendo prestado o serviço, o defeito inexiste;

II – a culpa exclusiva do consumidor ou de terceiro.

- *Vide* art. 945 do CC.

§ 4.º A responsabilidade pessoal dos profissionais liberais será apurada mediante a verificação de culpa.

Arts. 15 e 16. (*Vetados.*)

Art. 17. Para os efeitos desta Seção, equiparam-se aos consumidores todas as vítimas do evento.

- *Vide* nota ao art. 10, § 1.º, desta Lei.
- *Vide Súmula* 479 do STJ.

Seção III
Da Responsabilidade por Vício do Produto e do Serviço

Art. 18. Os fornecedores de produtos de consumo duráveis ou não duráveis respondem solidariamente pelos vícios de qualidade ou quantidade que os tornem impróprios ou inadequados ao consumo a que se destinam ou lhes diminuam o valor, assim como por aqueles decorrentes da disparidade, com as indicações constantes do recipiente, da embalagem, rotulagem ou mensagem publicitária, respeitadas as variações decorrentes de sua natureza, podendo o consumidor exigir a substituição das partes viciadas.

- *Vide* arts. 441 a 446 do CC.

§ 1.º Não sendo o vício sanado no prazo máximo de trinta dias, pode o consumidor exigir, alternativamente e à sua escolha:

I – a substituição do produto por outro da mesma espécie, em perfeitas condições de uso;

II – a restituição imediata da quantia paga, monetariamente atualizada, sem prejuízo de eventuais perdas e danos;

III – o abatimento proporcional do preço.

§ 2.º Poderão as partes convencionar a redução ou ampliação do prazo previsto no parágrafo anterior, não podendo ser inferior a sete nem superior a cento e oitenta dias. Nos contratos de adesão, a cláusula de prazo deverá ser convencionada em separado, por meio de manifestação expressa do consumidor.

§ 3.º O consumidor poderá fazer uso imediato das alternativas do § 1.º deste artigo sempre que, em razão da extensão do vício, a substituição das partes viciadas puder comprometer a qualidade ou características do produto, diminuir-lhe o valor ou se tratar de produto essencial.

§ 4.º Tendo o consumidor optado pela alternativa do inciso I do § 1.º deste artigo, e não sendo possível a substituição do bem, poderá haver substituição por outro de espécie, marca ou modelo diversos, mediante complementação ou restituição de eventual diferença de preço, sem prejuízo do disposto nos incisos II e III do § 1.º deste artigo.

§ 5.º No caso de fornecimento de produtos *in natura*, será responsável perante o consumidor o fornecedor imediato, exceto quando identificado claramente seu produtor.

§ 6.º São impróprios ao uso e consumo:

I – os produtos cujos prazos de validade estejam vencidos;

II – os produtos deteriorados, alterados, adulterados, avariados, falsificados, corrompidos, fraudados, nocivos à vida ou à saúde, perigosos ou, ainda, aqueles em desacordo com as normas regulamentares de fabricação, distribuição ou apresentação;

III – os produtos que, por qualquer motivo, se revelem inadequados ao fim a que se destinam.

Art. 19. Os fornecedores respondem solidariamente pelos vícios de quantidade do produto sempre que, respeitadas as variações decorrentes de sua natureza, seu conteúdo líquido for inferior às indicações constantes do recipiente, da embalagem, rotulagem ou de mensagem publicitária, podendo o consumidor exigir, alternativamente e à sua escolha:

I – o abatimento proporcional do preço;

II – complementação do peso ou medida;

III – a substituição do produto por outro da mesma espécie, marca ou modelo, sem os aludidos vícios;

IV – a restituição imediata da quantia paga, monetariamente atualizada, sem prejuízo de eventuais perdas e danos.

§ 1.º Aplica-se a este artigo o disposto no § 4.º do artigo anterior.

§ 2.º O fornecedor imediato será responsável quando fizer a pesagem ou a medição e o instrumento utilizado não estiver aferido segundo os padrões oficiais.

Art. 20. O fornecedor de serviços responde pelos vícios de qualidade que os tornem impróprios ao consumo ou lhes diminuam o valor, assim como por aqueles decorrentes da disparidade com as indicações constantes da oferta ou mensagem publicitária, podendo o consumidor exigir, alternativamente e à sua escolha:

I – a reexecução dos serviços, sem custo adicional e quando cabível;

II – a restituição imediata da quantia paga, monetariamente atualizada, sem prejuízo de eventuais perdas e danos;

III – o abatimento proporcional do preço.

§ 1.º A reexecução dos serviços poderá ser confiada a terceiros devidamente capacitados, por conta e risco do fornecedor.

§ 2.º São impróprios os serviços que se mostrem inadequados para os fins que razoavelmente deles se esperam, bem como aqueles que não atendam as normas regulamentares de prestabilidade.

Art. 21. No fornecimento de serviços que tenham por objetivo a reparação de qualquer produto considerar-se-á implícita a obrigação do fornecedor de empregar componentes de reposição originais adequados e novos, ou que mantenham as especificações técnicas do fabricante, salvo, quanto a estes últimos, autorização em contrário do consumidor.

Art. 22. Os órgãos públicos, por si ou suas empresas, concessionárias, permissionárias ou sob qualquer outra forma de empreendimento, são obrigados a fornecer serviços adequados, eficientes, seguros e, quanto aos essenciais, contínuos.

Parágrafo único. Nos casos de descumprimento, total ou parcial, das obrigações referidas neste artigo, serão as pessoas jurídicas compelidas a cumpri-las e a reparar os danos causados, na forma prevista neste Código.

Art. 23. A ignorância do fornecedor sobre os vícios de qualidade por inadequação dos produtos e serviços não o exime de responsabilidade.

Art. 24. A garantia legal de adequação do produto ou serviço independe de termo expresso, vedada a exoneração contratual do fornecedor.

Art. 25. É vedada a estipulação contratual de cláusula que impossibilite, exonere ou atenue a obrigação de indenizar prevista nesta e nas Seções anteriores.

§ 1.º Havendo mais de um responsável pela causação do dano, todos responderão solidariamente pela reparação prevista nesta e nas Seções anteriores.

§ 2.º Sendo o dano causado por componente ou peça incorporada ao produto ou serviço, são responsáveis solidários seu fabricante, construtor ou importador e o que realizou a incorporação.

Seção IV
Da Decadência e da Prescrição

Art. 26. O direito de reclamar pelos vícios aparentes ou de fácil constatação caduca em:

• *Vide* Súmula 477 do STJ.

I – trinta dias, tratando-se de fornecimento de serviço e de produto não duráveis;

II – noventa dias, tratando-se de fornecimento de serviço e de produto duráveis.

§ 1.º Inicia-se a contagem do prazo decadencial a partir da entrega efetiva do produto ou do término da execução dos serviços.

§ 2.º Obstam a decadência:

I – a reclamação comprovadamente formulada pelo consumidor perante o fornecedor de produtos e serviços até a resposta negativa correspondente, que deve ser transmitida de forma inequívoca;

II – (*Vetado*);

III – a instauração de inquérito civil, até seu encerramento.

§ 3.º Tratando-se de vício oculto, o prazo decadencial inicia-se no momento em que ficar evidenciado o defeito.

Art. 27. Prescreve em cinco anos a pretensão à reparação pelos danos causados por fato do produto ou do serviço prevista na Seção II deste Capítulo, iniciando-se a contagem do prazo a partir do conhecimento do dano e de sua autoria.

Parágrafo único. (*Vetado.*)

Seção V
Da Desconsideração da Personalidade Jurídica

Art. 28. O juiz poderá desconsiderar a personalidade jurídica da sociedade quando, em detrimento do consumidor, houver abuso de direito, excesso de poder, infração da lei, fato ou ato ilícito ou violação dos estatutos ou contrato social. A desconsideração também será efetivada quando houver falência, estado de insolvência, encerramento ou inatividade da pessoa jurídica provocados por má administração.

• *Vide* art. 50 do CC.

§ 1.º (*Vetado.*)

§ 2.º As sociedades integrantes dos grupos societários e as sociedades controladas, são subsidiariamente responsáveis pelas obrigações decorrentes deste Código.

• *Vide* arts. 1.113 a 1.122 do CC.

§ 3.º As sociedades consorciadas são solidariamente responsáveis pelas obrigações decorrentes deste Código.

§ 4.º As sociedades coligadas só responderão por culpa.

§ 5.º Também poderá ser desconsiderada a pessoa jurídica sempre que sua personalidade for, de alguma forma, obstáculo ao ressarcimento de prejuízos causados aos consumidores.

Capítulo V
DAS PRÁTICAS COMERCIAIS

Seção I
Das Disposições Gerais

Art. 29. Para os fins deste Capítulo e do seguinte, equiparam-se aos consumidores todas as pessoas determináveis ou não, expostas às práticas nele previstas.

Seção II

Da Oferta

Art. 30. Toda informação ou publicidade, suficientemente precisa, veiculada por qualquer forma ou meio de comunicação com relação a produtos e serviços oferecidos ou apresentados, obriga o fornecedor que a fizer veicular ou dela se utilizar e integra o contrato que vier a ser celebrado.

• *Vide* arts. 427 a 435 do CC.

Art. 31. A oferta e apresentação de produtos ou serviços devem assegurar informações corretas, claras, precisas, ostensivas e em língua portuguesa sobre suas características, qualidades, quantidade, composição, preço, garantia, prazos de validade e origem, entre outros dados, bem como sobre os riscos que apresentam à saúde e segurança dos consumidores.

•• A Lei n. 10.962, de 11-10-2004, dispõe sobre a oferta e as formas de afixação de preços de produtos e serviços para o consumidor.

•• O Decreto n. 5.903, de 20-9-2006, dispõe sobre as práticas infracionais que atentam contra o direito básico do consumidor de obter informação adequada e clara sobre produtos e serviços.

Parágrafo único. As informações de que trata este artigo, nos produtos refrigerados oferecidos ao consumidor, serão gravadas de forma indelével.

•• Parágrafo único acrescentado pela Lei n. 11.989, de 27-7-2009.

Art. 32. Os fabricantes e importadores deverão assegurar a oferta de componentes e peças de reposição enquanto não cessar a fabricação ou importação do produto.

Parágrafo único. Cessadas a produção ou importação, a oferta deverá ser mantida por período razoável de tempo, na forma da lei.

Art. 33. Em caso de oferta ou venda por telefone ou reembolso postal, deve constar o nome do fabricante e endereço na embalagem, publicidade e em todos os impressos utilizados na transação comercial.

Parágrafo único. É proibida a publicidade de bens e serviços por telefone, quando a chamada for onerosa ao consumidor que a origina.

•• Parágrafo único acrescentado pela Lei n. 11.800, de 29-10-2008.

Art. 34. O fornecedor do produto ou serviço é solidariamente responsável pelos atos de seus prepostos ou representantes autônomos.

Art. 35. Se o fornecedor de produtos ou serviços recusar cumprimento à oferta, apresentação ou publicidade, o consumidor poderá, alternativamente e à sua livre escolha:

I – exigir o cumprimento forçado da obrigação, nos termos da oferta, apresentação ou publicidade;

II – aceitar outro produto ou prestação de serviço equivalente;

III – rescindir o contrato, com direito à restituição de quantia eventualmente antecipada, monetariamente atualizada, e a perdas e danos.

Seção III

Da Publicidade

Art. 36. A publicidade deve ser veiculada de tal forma que o consumidor, fácil e imediatamente, a identifique como tal.

• *Vide* art. 35 do CDC.

Parágrafo único. O fornecedor, na publicidade de seus produtos ou serviços, manterá, em seu poder, para informação dos legítimos interessados, os dados fáticos, técnicos e científicos que dão sustentação à mensagem.

Art. 37. É proibida toda publicidade enganosa ou abusiva.

•• *Vide* art. 67 desta Lei.

§ 1.º É enganosa qualquer modalidade de informação ou comunicação de caráter publicitário, inteira ou parcialmente falsa, ou, por qualquer outro modo, mesmo por omissão, capaz de induzir em erro o consumidor a respeito da natureza, características, qualidade, quantidade, propriedades, origem, preço e quaisquer outros dados sobre produtos e serviços.

§ 2.º É abusiva, dentre outras, a publicidade discriminatória de qualquer natureza, a que incite à violência, explore o medo ou a superstição, se aproveite da deficiência de julgamento e experiência da criança, desrespeita valores ambientais, ou que seja capaz de induzir o consumidor a se comportar de forma prejudicial ou perigosa à sua saúde ou segurança.

§ 3.º Para os efeitos deste Código, a publicidade é enganosa por omissão quando deixar de informar sobre dado essencial do produto ou serviço.

§ 4.º (*Vetado.*)

Art. 38. O ônus da prova da veracidade e correção da informação ou comunicação publicitária cabe a quem as patrocina.

• *Vide* art. 35 do CDC.

Seção IV

Das Práticas Abusivas

Art. 39. É vedado ao fornecedor de produtos ou serviços, dentre outras práticas abusivas:

•• *Caput* com redação determinada pela Lei n. 8.884, de 11-6-1994.

I – condicionar o fornecimento de produto ou de serviço ao fornecimento de outro produto ou serviço, bem como, sem justa causa, a limites quantitativos;

• *Vide* Súmula 473 do STJ.

II – recusar atendimento às demandas dos consumidores, na exata medida de suas disponibilidades de estoque, e, ainda, de conformidade com os usos e costumes;

III – enviar ou entregar ao consumidor, sem solicitação prévia, qualquer produto, ou fornecer qualquer serviço;

•• *Vide* Súmula 532 do STJ.

IV – prevalecer-se da fraqueza ou ignorância do consumidor, tendo em vista sua idade, saúde, conhecimento ou condição social, para impingir-lhe seus produtos ou serviços;

V – exigir do consumidor vantagem manifestamente excessiva;

VI – executar serviços sem a prévia elaboração de orçamento e autorização expressa do consumidor, ressalvadas as decorrentes de práticas anteriores entre as partes;

VII – repassar informação depreciativa, referente a ato praticado pelo consumidor no exercício de seus direitos;

VIII – colocar, no mercado de consumo, qualquer produto ou serviço em desacordo com as normas expedidas pelos órgãos oficiais competentes ou, se normas específicas não existirem, pela Associação Brasileira de Normas Técnicas ou outra entidade credenciada pelo Conselho Nacional de Metrologia, Normalização e Qualidade Industrial - CONMETRO;

IX – recusar a venda de bens ou a prestação de serviços, diretamente a quem se disponha a adquiri-los mediante pronto pagamento, ressalvados os casos de intermediação regulados em leis especiais;

•• Inciso IX com redação determinada pela Lei n. 8.884, de 11-6-1994.

X – elevar sem justa causa o preço de produtos ou serviços;

•• Inciso X com redação determinada pela Lei n. 8.884, de 11-6-1994.

•• A Medida Provisória n. 1.890-67, de 22-10-1999, que foi convertida na Lei n. 9.870, de 23-11-1999, acrescentava o inciso XI a este artigo. Porém, na conversão passou a acrescentar o inciso XIII, com redação idêntica, sem mencionar o inciso XI.

XII – deixar de estipular prazo para o cumprimento de sua obrigação ou deixar a fixação de seu termo inicial a seu exclusivo critério;

•• Inciso XII acrescentado pela Lei n. 9.008, de 21-3-1995.

XIII – aplicar fórmula ou índice de reajuste diverso do legal ou contratualmente estabelecido;

•• Inciso XIII acrescentado pela Lei n. 9.870, de 23-11-1999.

XIV – permitir o ingresso em estabelecimentos comerciais ou de serviços de um número maior de consumidores que o fixado pela autoridade administrativa como máximo.

•• Inciso XIV acrescentado pela Lei n. 13.425, de 30-3-2017.

Parágrafo único. Os serviços prestados e os produtos remetidos ou entregues ao consumidor, na hipótese prevista no inciso III, equiparam-se às amostras grátis, inexistindo obrigação de pagamento.

Art. 40. O fornecedor de serviço será obrigado a entregar ao consumidor orçamento prévio discriminando o valor da mão de obra, dos materiais e equipamentos a serem empregados, as condições de pagamento, bem como as datas de início e término dos serviços.

§ 1.º Salvo estipulação em contrário, o valor orçado terá validade pelo prazo de dez dias, contado de seu recebimento pelo consumidor.

§ 2.º Uma vez aprovado pelo consumidor, o orçamento obriga os contraentes e somente pode ser alterado mediante livre negociação das partes.

§ 3.º O consumidor não responde por quaisquer ônus ou acréscimos decorrentes da contratação de serviços de terceiros, não previstos no orçamento prévio.

Art. 41. No caso de fornecimento de produtos ou de serviços sujeitos ao regime de controle ou de tabelamento de preços, os fornecedores deverão respeitar os limites oficiais sob pena de, não o fazendo, responderem pela restituição da quantia recebida em excesso, monetariamente atualizada, podendo o consumidor exigir, à sua escolha, o desfazimento do negócio, sem prejuízo de outras sanções cabíveis.

•• A Lei n. 1.521, de 26-12-1951, determina os crimes contra a economia popular.

Seção V
Da Cobrança de Dívidas

Art. 42. Na cobrança de débitos, o consumidor inadimplente não será exposto a ridículo, nem será submetido a qualquer tipo de constrangimento ou ameaça.

Parágrafo único. O consumidor cobrado em quantia indevida tem direito à repetição do indébito, por valor igual ao dobro do que pagou em excesso, acrescido de correção monetária e juros legais, salvo hipótese de engano justificável.

Art. 42-A. Em todos os documentos de cobrança de débitos apresentados ao consumidor, deverão constar o nome, o endereço e o número de inscrição no Cadastro de Pessoas Físicas - CPF ou no Cadastro Nacional de Pessoa Jurídica - CNPJ do fornecedor do produto ou serviço correspondente.

•• Artigo acrescentado pela Lei n. 12.039, de 1.º-10-2009.

Seção VI
Dos Bancos de Dados e Cadastros de Consumidores

• *Vide* Lei n. 12.414, de 9-6-2011, que disciplina o cadastro positivo.

Art. 43. O consumidor, sem prejuízo do disposto no art. 86, terá acesso às informações existentes em cadastros, fichas, registros e dados pessoais e de consumo arquivados sobre ele, bem como sobre as suas respectivas fontes.

• *Vide* Súmula 572 do STJ.

§ 1.º Os cadastros e dados de consumidores devem ser objetivos, claros, verdadeiros e em linguagem de fácil compreensão, não podendo conter informações negativas referentes a período superior a cinco anos.

• *Vide* Súmula 323 do STJ.

§ 2.º A abertura de cadastro, ficha, registro e dados pessoais e de consumo deverá ser comunicada por escrito ao consumidor, quando não solicitada por ele.

•• *Vide* Súmulas 359, 385 e 404 do STJ.

§ 3.º O consumidor, sempre que encontrar inexatidão nos seus dados e cadastros, poderá exigir sua imediata correção, devendo o arquivista, no prazo de cinco dias úteis, comunicar a alteração aos eventuais destinatários das informações incorretas.

•• *Vide* Súmula 548 do STJ.

§ 4.º Os bancos de dados e cadastros relativos a consumidores, os serviços de proteção ao crédito e congêneres são considerados entidades de caráter público.

§ 5.º Consumada a prescrição relativa à cobrança de débitos do consumidor, não serão fornecidas, pelos respectivos Sistemas de Proteção ao Crédito, quaisquer informações que possam impedir ou dificultar novo acesso ao crédito junto aos fornecedores.

§ 6.º Todas as informações de que trata o *caput* deste artigo devem ser disponibilizadas em formatos acessíveis, inclusive para a pessoa com deficiência, mediante solicitação do consumidor.

•• § 6.º acrescentado pela Lei n. 13.146, de 6-7-2015.

Art. 44. Os órgãos públicos de defesa do consumidor manterão cadastros atualizados de reclamações fundamentadas contra fornecedores de produtos e serviços, devendo divulgá-lo pública e anualmente. A divulgação indicará se a reclamação foi atendida ou não pelo fornecedor.

§ 1.º É facultado o acesso às informações lá constantes para orientação e consulta por qualquer interessado.

§ 2.º Aplicam-se a este artigo, no que couber, as mesmas regras enunciadas no artigo anterior e as do parágrafo único do art. 22 deste Código.

Art. 45. (*Vetado*.)

Capítulo VI
DA PROTEÇÃO CONTRATUAL

•• *Vide* Lei n. 9.656, de 3-6-1998, sobre os planos e seguros privados de assistência à saúde.

Seção I
Disposições Gerais

Art. 46. Os contratos que regulam as relações de consumo não obrigarão os consumidores, se não lhes for dada a oportunidade de tomar conhecimento prévio de seu conteúdo, ou se os respectivos instrumentos forem redigidos de modo a dificultar a compreensão de seu sentido e alcance.

Art. 47. As cláusulas contratuais serão interpretadas de maneira mais favorável ao consumidor.

Art. 48. As declarações de vontade constantes de escritos particulares, recibos e pré-contratos relativos às relações de consumo vinculam o fornecedor, ensejando inclusive execução específica, nos termos do art. 84 e parágrafos.

Art. 49. O consumidor pode desistir do contrato, no prazo de 7 dias a contar de sua assinatura ou do ato de recebimento do produto ou serviço, sempre que a contratação de fornecimento de produtos e serviços ocorrer fora do estabelecimento comercial, especialmente por telefone ou a domicílio.

•• *Vide* art. 8.º da Lei n. 14.010, de 10-6-2020.

Parágrafo único. Se o consumidor exercitar o direito de arrependimento previsto neste artigo, os valores eventualmente pagos, a qualquer título, durante o prazo de reflexão, serão devolvidos, de imediato, monetariamente atualizados.

Art. 50. A garantia contratual é complementar à legal e será conferida mediante termo escrito.

Parágrafo único. O termo de garantia ou equivalente deve ser padronizado e esclarecer, de maneira adequada, em que consiste a mesma garantia, bem como a forma, o prazo e o lugar em que pode ser exercitada e os ônus a cargo do consumidor, devendo ser-lhe entregue, devidamente preenchido pelo fornecedor, no ato do fornecimento, acompanhado de manual de instrução, de instalação e uso de produto em linguagem didática, com ilustrações.

Seção II
Das Cláusulas Abusivas

•• *Vide* Súmula 302 do STJ.

Art. 51. São nulas de pleno direito, entre outras, as cláusulas contratuais relativas ao fornecimento de produtos e serviços que:

I – impossibilitem, exonerem ou atenuem a responsabilidade do fornecedor por vícios de qualquer natureza dos produtos e serviços ou impliquem renúncia ou disposição de direitos. Nas relações de consumo entre o fornecedor e o consumidor-pessoa jurídica, a indenização poderá ser limitada, em situações justificáveis;

•• *Vide* Súmula 638 do STJ.

II – subtraiam ao consumidor a opção de reembolso da quantia já paga, nos casos previstos neste Código;

III – transfiram responsabilidades a terceiros;

IV – estabeleçam obrigações consideradas iníquas, abusivas, que coloquem o consumidor em desvantagem exagerada, ou sejam incompatíveis com a boa-fé ou a equidade;

• *Vide* art. 413 do CC.

V – (*Vetado*.)

VI – estabeleçam inversão do ônus da prova em prejuízo do consumidor;

VII – determinem a utilização compulsória de arbitragem;

•• *Vide* Lei n. 9.307, de 23-9-1996, que dispõe sobre arbitragem.

VIII – imponham representante para concluir ou realizar outro negócio jurídico pelo consumidor;

IX – deixem ao fornecedor a opção de concluir ou não o contrato, embora obrigando o consumidor;

X – permitam ao fornecedor, direta ou indiretamente, variação do preço de maneira unilateral;

XI – autorizem o fornecedor a cancelar o contrato unilateralmente, sem que igual direito seja conferido ao consumidor;

XII – obriguem o consumidor a ressarcir os custos de cobrança de sua obrigação, sem que igual direito lhe seja conferido contra o fornecedor;

XIII – autorizem o fornecedor a modificar unilateralmente o conteúdo ou a qualidade do contrato, após sua celebração;

XIV – infrinjam ou possibilitem a violação de normas ambientais;

XV – estejam em desacordo com o sistema de proteção ao consumidor;

XVI – possibilitem a renúncia do direito de indenização por benfeitorias necessárias;

XVII – condicionem ou limitem de qualquer forma o acesso aos órgãos do Poder Judiciário;

•• Inciso XVII acrescentado pela Lei n. 14.181, de 1.º-7-2021.

XVIII – estabeleçam prazos de carência em caso de impontualidade das prestações mensais ou impeçam o restabelecimento integral dos direitos do consumidor e de seus meios de pagamento a partir da purgação da mora ou do acordo com os credores;

•• Inciso XVIII acrescentado pela Lei n. 14.181, de 1.º-7-2021.

XIX – (*Vetado.*)

•• Inciso XIX acrescentado pela Lei n. 14.181, de 1.º-7-2021.

§ 1.º Presume-se exagerada, entre outros casos, a vantagem que:

I – ofende os princípios fundamentais do sistema jurídico a que pertence;

II – restringe direitos ou obrigações fundamentais inerentes à natureza do contrato, de tal modo a ameaçar seu objeto ou o equilíbrio contratual;

III – se mostra excessivamente onerosa para o consumidor, considerando-se a natureza e conteúdo do contrato, o interesse das partes e outras circunstâncias peculiares ao caso.

§ 2.º A nulidade de uma cláusula contratual abusiva não invalida o contrato, exceto quando de sua ausência, apesar dos esforços de integração, decorrer ônus excessivo a qualquer das partes.

§ 3.º (*Vetado.*)

§ 4.º É facultado a qualquer consumidor ou entidade que o represente requerer ao Ministério Público que ajuíze a competente ação para ser declarada a nulidade de cláusula contratual que contrarie o disposto neste Código ou de qualquer forma não assegure o justo equilíbrio entre direitos e obrigações das partes.

Art. 52. No fornecimento de produtos ou serviços que envolva outorga de crédito ou concessão de financiamento ao consumidor, o fornecedor deverá, entre outros requisitos, informá-lo prévia e adequadamente sobre:

•• *Vide* art. 54-B do CDC.

I – preço do produto ou serviço em moeda corrente nacional;

II – montante dos juros de mora e da taxa efetiva anual de juros;

III – acréscimos legalmente previstos;

IV – número e periodicidade das prestações;

V – soma total a pagar, com e sem financiamento.

§ 1.º As multas de mora decorrentes do inadimplemento de obrigações no seu termo não poderão ser superiores a 2% (dois por cento) do valor da prestação.

•• § 1.º com redação determinada pela Lei n. 9.298, de 1.º-8-1996.

• *Vide* Súmula 285 do STJ.

§ 2.º É assegurada ao consumidor a liquidação antecipada do débito, total ou parcialmente, mediante redução proporcional dos juros e demais acréscimos.

§ 3.º (*Vetado.*)

Art. 53. Nos contratos de compra e venda de móveis ou imóveis mediante pagamento em prestações, bem como nas alienações fiduciárias em garantia, consideram-se nulas de pleno direito as cláusulas que estabeleçam a perda total das prestações pagas em benefício do credor que, em razão do inadimplemento, pleitear a resolução do contrato e a retomada do produto alienado.

• *Vide* art. 413 do CC.

§ 1.º (*Vetado.*)

§ 2.º Nos contratos do sistema de consórcio de produtos duráveis, a compensação ou a restituição das parcelas quitadas, na forma deste artigo, terá descontada, além da vantagem econômica auferida com a fruição, os prejuízos que o desistente ou inadimplente causar ao grupo.

§ 3.º Os contratos de que trata o *caput* deste artigo serão expressos em moeda corrente nacional.

Seção III
Dos Contratos de Adesão

Art. 54. Contrato de adesão é aquele cujas cláusulas tenham sido aprovadas pela autoridade competente ou estabelecidas unilateralmente pelo fornecedor de produtos ou serviços, sem que o consumidor possa discutir ou modificar substancialmente seu conteúdo.

• *Vide* art. 423 do CC.

§ 1.º A inserção de cláusula no formulário não desfigura a natureza de adesão do contrato.

§ 2.º Nos contratos de adesão admite-se cláusula resolutória, desde que alternativa, cabendo a escolha ao consumidor, ressalvando-se o disposto no § 2.º do artigo anterior.

§ 3.º Os contratos de adesão escritos serão redigidos em termos claros e com caracteres ostensivos e legíveis, cujo tamanho da fonte não será inferior ao corpo doze, de modo a facilitar sua compreensão pelo consumidor.

•• § 3.º com redação determinada pela Lei n. 11.785, de 22-9-2008.

•• *Vide* Súmula 620 do STJ.

§ 4.º As cláusulas que implicarem limitação de direito do consumidor deverão ser redigidas com destaque, permitindo sua imediata e fácil compreensão.

• *Vide* art. 424 do CC.

• *Vide* Súmula 620 do STJ.

§ 5.º (*Vetado.*)

Capítulo VI-A
DA PREVENÇÃO E DO TRATAMENTO DO SUPERENDIVIDAMENTO

•• Capítulo VI-A acrescentado pela Lei n. 14.181, de 1.º-7-2021.

Art. 54-A. Este Capítulo dispõe sobre a prevenção do superendividamento da pessoa natural, sobre o crédito responsável e sobre a educação financeira do consumidor.

•• *Caput* acrescentado pela Lei n. 14.181, de 1.º-7-2021.

•• "A validade dos negócios e dos demais atos jurídicos de crédito em curso constituídos antes da entrada em vigor" da Lei n. 14.181, de 1.º-7-2021, obedece ao disposto em lei anterior, mas os efeitos produzidos subordinam-se aos preceitos dessa lei.

§ 1.º Entende-se por superendividamento a impossibilidade manifesta de o consumidor pessoa natural, de boa-fé, pagar a totalidade de suas dívidas de consumo, exigíveis e vincendas, sem comprometer seu mínimo existencial, nos termos da regulamentação.

•• § 1.º acrescentado pela Lei n. 14.181, de 1.º-7-2021.

§ 2.º As dívidas referidas no § 1.º deste artigo englobam quaisquer compromissos financeiros assumidos decorrentes de relação de consumo, inclusive operações de crédito, compras a prazo e serviços de prestação continuada.

•• § 2.º acrescentado pela Lei n. 14.181, de 1.º-7-2021.

§ 3.º O disposto neste Capítulo não se aplica ao consumidor cujas dívidas tenham sido contraídas mediante fraude ou má-fé, sejam oriundas de contratos celebrados dolosamente com o propósito de não realizar o pagamento ou decorram da aquisição ou contratação de produtos e serviços de luxo de alto valor.

•• § 3.º acrescentado pela Lei n. 14.181, de 1.º-7-2021.

Art. 54-B. No fornecimento de crédito e na venda a prazo, além das informações obrigatórias previstas no art. 52 deste Código e na legislação aplicável à matéria, o fornecedor ou o intermediário deverá informar o consumidor, prévia e adequadamente, no momento da oferta, sobre:

•• *Caput* acrescentado pela Lei n. 14.181, de 1.º-7-2021.

I – o custo efetivo total e a descrição dos elementos que o compõem;

•• Inciso I acrescentado pela Lei n. 14.181, de 1.º-7-2021.

II – a taxa efetiva mensal de juros, bem como a taxa dos juros de mora e o total de encargos, de qualquer natureza, previstos para o atraso no pagamento;

•• Inciso II acrescentado pela Lei n. 14.181, de 1.º-7-2021.

III – o montante das prestações e o prazo de validade da oferta, que deve ser, no mínimo, de 2 (dois) dias;

•• Inciso III acrescentado pela Lei n. 14.181, de 1.º-7-2021.

IV – o nome e o endereço, inclusive o eletrônico, do fornecedor;

•• Inciso IV acrescentado pela Lei n. 14.181, de 1.º-7-2021.

V – o direito do consumidor à liquidação antecipada e não onerosa do débito, nos termos do § 2.º do art. 52 deste Código e da regulamentação em vigor.

•• Inciso V acrescentado pela Lei n. 14.181, de 1.º-7-2021.

§ 1.º As informações referidas no art. 52 deste Código e no *caput* deste artigo devem constar de forma clara e resumida do próprio contrato, da fatura ou de instrumento apartado, de fácil acesso ao consumidor.

•• § 1.º acrescentado pela Lei n. 14.181, de 1.º-7-2021.

§ 2.º Para efeitos deste Código, o custo efetivo total da operação de crédito ao consumidor consistirá em taxa percentual anual e compreenderá todos os valores cobrados do consumidor, sem prejuízo do cálculo padronizado pela autoridade reguladora do sistema financeiro.

•• § 2.º acrescentado pela Lei n. 14.181, de 1.º-7-2021.

§ 3.º Sem prejuízo do disposto no art. 37 deste Código, a oferta de crédito ao consumidor e a oferta de venda a prazo, ou a fatura mensal, conforme o caso, devem indicar, no mínimo, o custo efetivo total, o agente financiador e a soma total a pagar, com e sem financiamento.

•• § 3.º acrescentado pela Lei n. 14.181, de 1.º-7-2021.

Art. 54-C. É vedado, expressa ou implicitamente, na oferta de crédito ao consumidor, publicitária ou não:

•• *Caput* acrescentado pela Lei n. 14.181, de 1.º-7-2021.

I – (*Vetado*.)

•• Inciso I acrescentado pela Lei n. 14.181, de 1.º-7-2021.

II – indicar que a operação de crédito poderá ser concluída sem consulta a serviços de proteção ao crédito ou sem avaliação da situação financeira do consumidor;

•• Inciso II acrescentado pela Lei n. 14.181, de 1.º-7-2021.

III – ocultar ou dificultar a compreensão sobre os ônus e os riscos da contratação do crédito ou da venda a prazo;

•• Inciso III acrescentado pela Lei n. 14.181, de 1.º-7-2021.

IV – assediar ou pressionar o consumidor para contratar o fornecimento de produto, serviço ou crédito, principalmente se se tratar de consumidor idoso, analfabeto, doente ou em estado de vulnerabilidade agravada ou se a contratação envolver prêmio;

•• Inciso IV acrescentado pela Lei n. 14.181, de 1.º-7-2021.

V – condicionar o atendimento de pretensões do consumidor ou o início de tratativas à renúncia ou à desistência de demandas judiciais, ao pagamento de honorários advocatícios ou a depósitos judiciais.

•• Inciso V acrescentado pela Lei n. 14.181, de 1.º-7-2021.

Parágrafo único. (*Vetado*.)

•• Parágrafo único acrescentado pela Lei n. 14.181, de 1.º-7-2021.

Art. 54-D. Na oferta de crédito, previamente à contratação, o fornecedor ou o intermediário deverá, entre outras condutas:

•• *Caput* acrescentado pela Lei n. 14.181, de 1.º-7-2021.

I – informar e esclarecer adequadamente o consumidor, considerada sua idade, sobre a natureza e a modalidade do crédito oferecido, sobre todos os custos incidentes, observado o disposto nos arts. 52 e 54-B deste Código, e sobre as consequências genéricas e específicas do inadimplemento;

•• Inciso I acrescentado pela Lei n. 14.181, de 1.º-7-2021.

II – avaliar, de forma responsável, as condições de crédito do consumidor, mediante análise das informações disponíveis em bancos de dados de proteção ao crédito, observado o disposto neste Código e na legislação sobre proteção de dados;

•• Inciso II acrescentado pela Lei n. 14.181, de 1.º-7-2021.

III – informar a identidade do agente financiador e entregar ao consumidor, ao garante e a outros coobrigados cópia do contrato de crédito.

•• Inciso III acrescentado pela Lei n. 14.181, de 1.º-7-2021.

Parágrafo único. O descumprimento de qualquer dos deveres previstos no *caput* deste artigo e nos arts. 52 e 54-C deste Código poderá acarretar judicialmente a redução dos juros, dos encargos ou de qualquer acréscimo ao principal e a dilação do prazo de pagamento previsto no contrato original, conforme a gravidade da conduta do fornecedor e as possibilidades financeiras do consumidor, sem prejuízo de outras sanções e de indenização por perdas e danos, patrimoniais e morais, ao consumidor.

•• Parágrafo único acrescentado pela Lei n. 14.181, de 1.º-7-2021.

Art. 54-E. (*Vetado.*)

•• Artigo acrescentado pela Lei n. 14.181, de 1.º-7-2021.

Art. 54-F. São conexos, coligados ou interdependentes, entre outros, contrato principal de fornecimento de produto ou serviço e os contratos acessórios de crédito que lhe garantam o financiamento quando o fornecedor de crédito:

•• *Caput* acrescentado pela Lei n. 14.181, de 1.º-7-2021.

I – recorrer aos serviços do fornecedor de produto ou serviço para a preparação ou a conclusão do contrato de crédito;

•• Inciso I acrescentado pela Lei n. 14.181, de 1.º-7-2021.

II – oferecer o crédito no local da atividade empresarial do fornecedor de produto ou serviço financiado ou onde o contrato principal for celebrado.

•• Inciso II acrescentado pela Lei n. 14.181, de 1.º-7-2021.

§ 1.º O exercício do direito de arrependimento nas hipóteses previstas neste Código, no contrato principal ou no contrato de crédito, implica a resolução de pleno direito do contrato que lhe seja conexo.

•• § 1.º acrescentado pela Lei n. 14.181, de 1.º-7-2021.

§ 2.º Nos casos dos incisos I e II do *caput* deste artigo, se houver inexecução de qualquer das obrigações e deveres do fornecedor de produto ou serviço, o consumidor poderá requerer a rescisão do contrato não cumprido contra o fornecedor do crédito.

•• § 2.º acrescentado pela Lei n. 14.181, de 1.º-7-2021.

§ 3.º O direito previsto no § 2.º deste artigo caberá igualmente ao consumidor:

•• § 3.º, *caput*, acrescentado pela Lei n. 14.181, de 1.º-7-2021.

I – contra o portador de cheque pós-datado emitido para aquisição de produto ou serviço a prazo;

•• Inciso I acrescentado pela Lei n. 14.181, de 1.º-7-2021.

II – contra o administrador ou o emitente de cartão de crédito ou similar quando o cartão de crédito ou similar e o produto ou serviço forem fornecidos pelo mesmo fornecedor ou por entidades pertencentes a um mesmo grupo econômico.

•• Inciso II acrescentado pela Lei n. 14.181, de 1.º-7-2021.

§ 4.º A invalidade ou a ineficácia do contrato principal implicará, de pleno direito, a do contrato de crédito que lhe seja conexo, nos termos do *caput* deste artigo, ressalvado ao fornecedor do crédito o direito de obter do fornecedor do produto ou serviço a devolução dos valores entregues, inclusive relativamente a tributos.

•• § 4.º acrescentado pela Lei n. 14.181, de 1.º-7-2021.

Art. 54-G. Sem prejuízo do disposto no art. 39 deste Código e na legislação aplicável à matéria, é vedado ao fornecedor de produto ou serviço que envolva crédito, entre outras condutas:

•• *Caput* acrescentado pela Lei n. 14.181, de 1.º-7-2021.

I – realizar ou proceder à cobrança ou ao débito em conta de qualquer quantia que houver sido contestada pelo consumidor em compra realizada com cartão de crédito ou similar, enquanto não for adequadamente solucionada a controvérsia, desde que o consumidor haja notificado a administradora do cartão com antecedência de pelo menos 10 (dez) dias contados da data de vencimento da fatura, vedada a manutenção do valor na fatura seguinte e assegurado ao consumidor o direito de deduzir do total da fatura o valor em disputa e efetuar o pagamento da parte não contestada, podendo o emissor lançar como crédito em confiança o valor idêntico ao da transação contestada que tenha sido cobrada, enquanto não encerrada a apuração da contestação;

•• Inciso I acrescentado pela Lei n. 14.181, de 1.º-7-2021.

II – recusar ou não entregar ao consumidor, ao garante e aos outros coobrigados cópia da minuta do contrato principal de consumo ou do contrato de crédito, em papel ou outro suporte duradouro, disponível e acessível, e, após a conclusão, cópia do contrato;

•• Inciso II acrescentado pela Lei n. 14.181, de 1.º-7-2021.

III – impedir ou dificultar, em caso de utilização fraudulenta do cartão de crédito ou similar, que o consumidor peça e obtenha, quando aplicável, a anulação ou o imediato bloqueio do pagamento, ou ainda a restituição dos valores indevidamente recebidos.

•• Inciso III acrescentado pela Lei n. 14.181, de 1.º-7-2021.

§ 1.º Sem prejuízo do dever de informação e esclarecimento do consumidor e de entrega da minuta do contrato, no empréstimo cuja liquidação seja feita mediante consignação em folha de pagamento, a formalização e a entrega da cópia do contrato ou do instrumento de contratação ocorrerão após o fornecedor do crédito obter da fonte pagadora a indicação sobre a existência de margem consignável.

•• § 1.º acrescentado pela Lei n. 14.181, de 1.º-7-2021.

§ 2.º Nos contratos de adesão, o fornecedor deve prestar ao consumidor, previamente, as informações de que tratam o art. 52 e o *caput* do art. 54-B deste Código, além de outras porventura determinadas na legislação em vigor, e fica obrigado a entregar ao consumidor cópia do contrato, após a sua conclusão.

•• § 2.º acrescentado pela Lei n. 14.181, de 1.º-7-2021.

Capítulo VII
DAS SANÇÕES ADMINISTRATIVAS

•• O Decreto n. 2.181, de 20-3-1997, dispõe sobre a organização do SNDC, estabelece as normas gerais de aplicação das sanções administrativas e revoga o Decreto n. 861, de 9-7-1993.

Art. 55. A União, os Estados e o Distrito Federal, em caráter concorrente e nas suas respectivas áreas de atuação administrativa, baixarão normas relativas à produção, industrialização, distribuição e consumo de produtos e serviços.

§ 1.º A União, os Estados, o Distrito Federal e os Municípios fiscalizarão e controlarão a produção, industrialização, distribuição, a publicidade de produtos e serviços e o mercado de consumo, no interesse da preservação da vida, da saúde, da segurança, da informação e do bem estar do consumidor, baixando as normas que se fizerem necessárias.

§ 2.º (*Vetado.*)

§ 3.º Os órgãos federais, estaduais, do Distrito Federal e municipais com atribuições para fiscalizar e controlar o mercado de consumo manterão comissões permanentes para elaboração, revisão e atualização das normas referidas no § 1.º, sendo obrigatória a participação dos consumidores e fornecedores.

§ 4.º Os órgãos oficiais poderão expedir notificações aos fornecedores para que, sob pena de desobediência, prestem informações sobre questões de interesse do consumidor, resguardado o segredo industrial.

Art. 56. As infrações das normas de defesa do consumidor ficam sujeitas, conforme o caso, às seguintes sanções administrativas, sem prejuízo das de natureza civil, penal e das definidas em normas específicas:

•• *Vide* art. 5.º da Lei n. 14.046, de 24-8-2020.

I – multa;

II – apreensão do produto;

III – inutilização do produto;

IV – cassação do registro do produto junto ao órgão competente;

V – proibição de fabricação do produto;

VI – suspensão de fornecimento de produtos ou serviço;

VII – suspensão temporária de atividade;

VIII – revogação de concessão ou permissão de uso;

IX – cassação de licença do estabelecimento ou de atividade;

X – interdição, total ou parcial, de estabelecimento, de obra ou de atividade;

XI – intervenção administrativa;

XII – imposição de contrapropaganda.

Parágrafo único. As sanções previstas neste artigo serão aplicadas pela autoridade administrativa, no âmbito de sua atribuição, podendo ser aplicadas cumulativamente, inclusive por medida cautelar antecedente ou incidente de procedimento administrativo.

• A Lei n. 9.832, de 14-9-1999, dispõe:

"Art. 1.º É proibido em todo o território nacional, a partir de 2 (dois) anos da entrada em vigor desta Lei, o uso industrial de embalagens metálicas soldadas com liga de chumbo e estanho para acondicionamento de gêneros alimentícios, exceto para produtos secos ou desidratados.

Art. 2.º O não cumprimento do disposto no art. 1.º implicará a aplicação das penalidades administrativas, civis e penais previstas em lei, inclusive aquelas de que trata o art. 56 da Lei n. 8.078, de 11-9-1990".

Art. 57. A pena de multa, graduada de acordo com a gravidade da infração, a vantagem auferida e a condição econômica do fornecedor, será aplicada mediante procedimento administrativo, revertendo para o Fundo de que trata a Lei n. 7.347, de 24 de julho de 1985, os valores cabíveis à União, ou para os Fundos estaduais ou municipais de proteção ao consumidor nos demais casos.

•• *Caput* com redação determinada pela Lei n. 8.656, de 21-5-1993.

Parágrafo único. A multa será em montante não inferior a duzentas e não superior a três milhões de vezes o valor da Unidade Fiscal de Referência (UFIR), ou índice equivalente que venha a substituí-lo.

•• Parágrafo único acrescentado pela Lei n. 8.703, de 6-9-1993.

Art. 58. As penas de apreensão, de inutilização de produtos, de proibição de fabricação de produtos, de suspensão do fornecimento de produto ou serviço, de cassação do registro do produto e revogação da concessão ou permissão de uso serão aplicadas pela administração, mediante procedimento administrativo, assegurada ampla defesa, quando forem constatados vícios de quantidade ou de qualidade por inadequação ou insegurança do produto ou serviço.

Art. 59. As penas de cassação de alvará de licença, de interdição e de suspensão temporária da atividade, bem como a de intervenção administrativa serão aplicadas mediante procedimento administrativo, assegurada ampla defesa, quando o fornecedor reincidir na prática das infrações de maior gravidade previstas neste Código e na legislação de consumo.

§ 1.º A pena de cassação da concessão será aplicada à concessionária de serviço público, quando violar obrigação legal ou contratual.

§ 2.º A pena de intervenção administrativa será aplicada sempre que as circunstâncias de fato desaconselharem a cassação de licença, a interdição ou suspensão da atividade.

§ 3.º Pendendo ação judicial na qual se discuta a imposição de penalidade administrativa, não haverá reincidência até o trânsito em julgado da sentença.

Art. 60. A imposição de contrapropaganda será cominada quando o fornecedor incorrer na prática de publicidade enganosa ou abusiva, nos termos do art. 36 e seus parágrafos, sempre às expensas do infrator.

•• Onde se lê art. 36 e seus parágrafos, acreditamos seja art. 37 e parágrafos.

§ 1.º A contrapropaganda será divulgada pelo responsável da mesma forma, frequência e dimensão e, preferencialmente no mesmo veículo, local, espaço e horário, de forma capaz de desfazer o malefício da publicidade enganosa ou abusiva.

§ 2.º (*Vetado.*)

§ 3.º (*Vetado.*)

TÍTULO II
DAS INFRAÇÕES PENAIS

Art. 61. Constituem crimes contra as relações de consumo previstas neste Código, sem prejuízo do disposto no Código Penal e leis especiais, as condutas tipificadas nos artigos seguintes.

Art. 62. (*Vetado.*)

Art. 63. Omitir dizeres ou sinais ostensivos sobre a nocividade ou periculosidade de produtos, nas embalagens, nos invólucros, recipientes ou publicidade:

Pena – Detenção de seis meses a dois anos e multa.

§ 1.º Incorrerá nas mesmas penas quem deixar de alertar, mediante recomendações escritas ostensivas, sobre a periculosidade do serviço a ser prestado.

§ 2.º Se o crime é culposo:

Pena – Detenção de um a seis meses ou multa.

Art. 64. Deixar de comunicar à autoridade competente e aos consumidores a nocividade ou periculosidade de produtos cujo conhecimento seja posterior à sua colocação no mercado:

Pena – Detenção de seis meses a dois anos e multa.

Parágrafo único. Incorrerá nas mesmas penas quem deixar de retirar do mercado, imediatamente quando determinado pela autoridade competente, os produtos nocivos ou perigosos, na forma deste artigo.

Art. 65. Executar serviço de alto grau de periculosidade, contrariando determinação de autoridade competente:

Pena – Detenção de seis meses a dois anos e multa.

§ 1.º As penas deste artigo são aplicáveis sem prejuízo das correspondentes à lesão corporal e à morte.

•• Parágrafo único renumerado pela Lei n. 13.425, de 30-3-2017.

§ 2.º A prática do disposto no inciso XIV do art. 39 desta Lei também caracteriza o crime previsto no *caput* deste artigo.

•• § 2.º acrescentado pela Lei n. 13.425, de 30-3-2017.

Art. 66. Fazer afirmação falsa ou enganosa, ou omitir informação relevante sobre a natureza, característica, qualidade, quantidade, segurança, desempenho, durabilidade, preço ou garantia de produtos ou serviços:

Pena – Detenção de três meses a um ano e multa.

§ 1.º Incorrerá nas mesmas penas quem patrocinar a oferta.

§ 2.º Se o crime é culposo:

Pena – Detenção de um a seis meses ou multa.

Art. 67. Fazer ou promover publicidade que sabe ou deveria saber ser enganosa ou abusiva:

Pena – Detenção de três meses a um ano e multa.

•• *Vide* art. 37 desta Lei.

Parágrafo único. (*Vetado*.)

Art. 68. Fazer ou promover publicidade que sabe ou deveria saber ser capaz de induzir o consumidor a se comportar de forma prejudicial ou perigosa a sua saúde ou segurança:

Pena – Detenção de seis meses a dois anos e multa.

Parágrafo único. (*Vetado*.)

Art. 69. Deixar de organizar dados fáticos, técnicos e científicos que dão base à publicidade:

Pena – Detenção de um a seis meses ou multa.

Art. 70. Empregar, na reparação de produtos, peças ou componentes de reposição usados, sem autorização do consumidor:

Pena – Detenção de três meses a um ano e multa.

Art. 71. Utilizar, na cobrança de dívidas, de ameaça, coação, constrangimento físico ou moral, afirmações falsas, incorretas ou enganosas ou de qualquer outro procedimento que exponha o consumidor, injustificadamente, a ridículo ou interfira com seu trabalho, descanso ou lazer:

Pena – Detenção de três meses a um ano e multa.

Art. 72. Impedir ou dificultar o acesso do consumidor às informações que sobre ele constem em cadastros, banco de dados, fichas e registros:

Pena – Detenção de seis meses a um ano ou multa.

Art. 73. Deixar de corrigir imediatamente informação sobre consumidor constante de cadastro, banco de dados, fichas ou registros que sabe ou deveria saber ser inexata:

Pena – Detenção de um a seis meses ou multa.

Art. 74. Deixar de entregar ao consumidor o termo de garantia adequadamente preenchido e com especificação clara de seu conteúdo:

Pena – Detenção de um a seis meses ou multa.

Art. 75. Quem, de qualquer forma, concorrer para os crimes referidos neste Código incide nas penas a esses cominadas na medida de sua culpabilidade, bem como o diretor, administrador ou gerente da pessoa jurídica que promover, permitir ou por qualquer modo aprovar o fornecimento, oferta, exposição à venda ou manutenção em depósito de produtos ou a oferta e prestação de serviços nas condições por ele proibidas.

Art. 76. São circunstâncias agravantes dos crimes tipificados neste Código:

I – serem cometidos em época de grave crise econômica ou por ocasião de calamidade;

II – ocasionarem grave dano individual ou coletivo;

III – dissimular-se a natureza ilícita do procedimento;

IV – quando cometidos:

a) por servidor público, ou por pessoa cuja condição econômico-social seja manifestamente superior à da vítima;

b) em detrimento de operário ou rurícola; de menor de dezoito ou maior de sessenta anos ou de pessoas portadoras de deficiência mental, interditadas ou não;

V – serem praticados em operações que envolvam alimentos, medicamentos ou quaisquer outros produtos ou serviços essenciais.

Art. 77. A pena pecuniária prevista nesta Seção será fixada em dias-multa, correspondente ao mínimo e ao máximo de dias de duração da pena privativa da liberdade cominada ao crime. Na individualização desta multa, o juiz observará o disposto no art. 60, § 1.º, do Código Penal.

Art. 78. Além das penas privativas de liberdade e de multa, podem ser impostas, cumulativa ou alternadamente, observado o disposto nos arts. 44 a 47, do Código Penal:

I – a interdição temporária de direitos;

II – a publicação em órgãos de comunicação de grande circulação ou audiência, às expensas do condenado, de notícia sobre os fatos e a condenação;

III – a prestação de serviços à comunidade.

Art. 79. O valor da fiança, nas infrações de que trata este Código, será fixado pelo juiz, ou pela autoridade que presidir o inquérito, entre cem e duzentas mil vezes o valor do Bônus do Tesouro Nacional - BTN, ou índice equivalente que venha substituí-lo.

Parágrafo único. Se assim recomendar a situação econômica do indiciado ou réu, a fiança poderá ser:

a) reduzida até a metade de seu valor mínimo;

b) aumentada pelo juiz até vinte vezes.

Art. 80. No processo penal atinente aos crimes previstos neste Código, bem como a outros crimes e contravenções que envolvam relações de consumo, poderão intervir, como assistentes do Ministério Público, os legitimados indicados no art. 82, incisos III e IV, aos quais também é facultado propor ação penal subsidiária, se a denúncia não for oferecida no prazo legal.

TÍTULO III
DA DEFESA DO CONSUMIDOR EM JUÍZO

• A Lei n. 10.671, de 15-5-2003, que dispõe sobre o Estatuto de Defesa do Torcedor, estabelece em seu art. 40 que a defesa dos interesses e direitos dos torcedores em juízo observará, no que couber, a mesma disciplina da defesa dos consumidores em juízo de que trata este Título III.

Capítulo I
DISPOSIÇÕES GERAIS

Art. 81. A defesa dos interesses e direitos dos consumidores e das vítimas poderá ser exercida em juízo individualmente, ou a título coletivo.

Parágrafo único. A defesa coletiva será exercida quando se tratar de:

I – interesses ou direitos difusos, assim entendidos, para efeitos deste Código, os transindividuais, de natureza indivisível, de que sejam titulares pessoas indeterminadas e ligadas por circunstâncias de fato;

II – interesses ou direitos coletivos, assim entendidos, para efeitos deste Código, os transindividuais de natureza indivisível de que seja titular grupo, categoria ou classe de pessoas ligadas entre si ou com a parte contrária por uma relação jurídica base;

III – interesses ou direitos individuais homogêneos, assim entendidos os decorrentes de origem comum.

Art. 82. Para os fins do art. 81, parágrafo único, são legitimados concorrentemente:

•• *Caput* com redação determinada pela Lei n. 9.008, de 21-3-1995.

•• O art. 47 da Lei n. 12.529, de 30-11-2011, estabelece que os prejudicados, por si ou pelos legitimados referidos neste artigo, poderão ingressar em juízo para obter a cessação de práticas que constituam infração da ordem econômica, bem como o recebimento de indenização por perdas e danos sofridos, independentemente do inquérito ou processo administrativo, que não será suspenso em virtude do ajuizamento de ação.

I – o Ministério Público;

II – a União, os Estados, os Municípios e o Distrito Federal;

III – as entidades e órgãos da administração pública, direta ou indireta, ainda que sem personalidade jurídica, especificamente destinados à defesa dos interesses e direitos protegidos por este Código;

IV – as associações legalmente constituídas há pelo menos um ano e que incluam entre seus fins institucionais a defesa dos interesses e direitos protegidos por este Código, dispensada a autorização assemblear.

§ 1.º O requisito da pré-constituição pode ser dispensado pelo juiz, nas ações previstas no art. 91 e seguintes, quando haja manifesto interesse social evidenciado pela dimensão ou característica do dano, ou pela relevância do bem jurídico a ser protegido.

§§ 2.º e 3.º (*Vetados.*)

Art. 83. Para a defesa dos direitos e interesses protegidos por este Código são admissíveis todas as espécies de ações capazes de propiciar sua adequada e efetiva tutela.

Parágrafo único. (*Vetado.*)

Art. 84. Na ação que tenha por objeto o cumprimento da obrigação de fazer ou não fazer, o juiz concederá a tutela específica da obrigação ou determinará providências que assegurem o resultado prático equivalente ao do adimplemento.

§ 1.º A conversão da obrigação em perdas e danos somente será admissível se por elas optar o autor ou se impossível a tutela específica ou a obtenção do resultado prático correspondente.

§ 2.º A indenização por perdas e danos se fará sem prejuízo da multa (art. 287, do Código de Processo Civil).

§ 3.º Sendo relevante o fundamento da demanda e havendo justificado receio de ineficácia do provimento final, é lícito ao juiz conceder a tutela liminarmente ou após justificação prévia, citado o réu.

•• A Lei n. 9.494, de 10-9-1997, disciplina a aplicação da tutela antecipada contra a Fazenda Pública.

§ 4.º O juiz poderá, na hipótese do § 3.º ou na sentença, impor multa diária ao réu, independentemente de pedido do autor, se for suficiente ou compatível com a obrigação, fixando prazo razoável para o cumprimento do preceito.

§ 5.º Para a tutela específica ou para a obtenção do resultado prático equivalente, poderá o juiz determinar as medidas necessárias, tais como busca e apreensão, remoção de coisas e pessoas, desfazimento de obra, impedimento de atividade nociva, além de requisição de força policial.

Arts. 85 e 86. (*Vetados.*)

Art. 87. Nas ações coletivas de que trata este Código não haverá adiantamento de custas, emolumentos, honorários periciais e quaisquer outras despesas, nem condenação da associação autora, salvo comprovada má-fé, em honorários de advogados, custas e despesas processuais.

Parágrafo único. Em caso de litigância de má-fé, a associação autora e os diretores responsáveis pela propositura da ação serão solidariamente condenados em honorários advocatícios e ao décuplo das custas, sem prejuízo da responsabilidade por perdas e danos.

Art. 88. Na hipótese do art. 13, parágrafo único deste Código, a ação de regresso poderá ser ajuizada em processo autônomo, facultada a possibilidade de prosseguir-se nos mesmos autos, vedada a denunciação da lide.

Art. 89. (*Vetado.*)

Art. 90. Aplicam-se às ações previstas neste Título as normas do Código de Processo Civil e da Lei n. 7.347, de 24 de julho de 1985, inclusive no que respeita ao inquérito civil, naquilo que não contrariar suas disposições.

Capítulo II
DAS AÇÕES COLETIVAS PARA A DEFESA DE INTERESSES INDIVIDUAIS HOMOGÊNEOS

Art. 91. Os legitimados de que trata o art. 82 poderão propor, em nome próprio e no interesse das vítimas ou seus sucessores, ação civil coletiva de responsabilidade pelos danos individualmente sofridos, de acordo com o disposto nos artigos seguintes.

•• Artigo com redação determinada pela Lei n. 9.008, de 21-3-1995.

Art. 92. O Ministério Público, se não ajuizar a ação, atuará sempre como fiscal da lei.

Parágrafo único. (*Vetado.*)

Art. 93. Ressalvada a competência da justiça federal, é competente para a causa a justiça local:

I – no foro do lugar onde ocorreu ou deva ocorrer o dano, quando de âmbito local;

II – no foro da Capital do Estado ou no do Distrito Federal, para os danos de âmbito nacional ou regional, aplicando-se as regras do Código de Processo Civil aos casos de competência concorrente.

Art. 94. Proposta a ação, será publicado edital no órgão oficial, a fim de que os interessados possam intervir no processo como litisconsortes, sem prejuízo de ampla divulgação pelos meios de comunicação social por parte dos órgãos de defesa do consumidor.

Art. 95. Em caso de procedência do pedido, a condenação será genérica, fixando a responsabilidade do réu pelos danos causados.

Art. 96. (*Vetado.*)

Art. 97. A liquidação e a execução de sentença poderão ser promovidas pela vítima e seus sucessores, assim como pelos legitimados de que trata o art. 82.

Parágrafo único. (*Vetado.*)

Art. 98. A execução poderá ser coletiva, sendo promovida pelos legitimados de que trata o art. 82, abrangendo as vítimas cujas indenizações já tiverem sido fixadas em sentença de liquidação, sem prejuízo do ajuizamento de outras execuções.

•• *Caput* com redação determinada pela Lei n. 9.008, de 21-3-1995.

§ 1.º A execução coletiva far-se-á com base em certidão das sentenças de liquidação, da qual deverá constar a ocorrência ou não do trânsito em julgado.

§ 2.º É competente para a execução o juízo:

I – da liquidação da sentença ou da ação condenatória, no caso de execução individual;

II – da ação condenatória, quando coletiva a execução.

Art. 99. Em caso de concurso de créditos decorrentes de condenação prevista na Lei n. 7.347, de 24 de julho de 1985, e de indenizações pelos prejuízos individuais resultantes do mesmo evento danoso, estas terão preferência no pagamento.

Parágrafo único. Para efeito do disposto neste artigo, a destinação da importância recolhida ao Fundo criado pela Lei n. 7.347, de 24 de julho de 1985, ficará sustada enquanto pendentes de decisão de segundo grau as ações de indenização pelos danos individuais, salvo na hipótese de o patrimônio do devedor ser manifestamente suficiente para responder pela integralidade das dívidas.

•• Fundo regulamentado pelo Decreto n. 1.306, de 9-11-1994.

Art. 100. Decorrido o prazo de um ano sem habilitação de interessados em número compatível com a gravidade do dano, poderão os legitimados do art. 82 promover a liquidação e execução da indenização devida.

Parágrafo único. O produto da indenização devida reverterá para o Fundo criado pela Lei n. 7.347, de 24 de julho de 1985.

•• Fundo regulamentado pelo Decreto n. 1.306, de 9-11-1994.

Capítulo III
DAS AÇÕES DE RESPONSABILIDADE DO FORNECEDOR DE PRODUTOS E SERVIÇOS

Art. 101. Na ação de responsabilidade civil do fornecedor de produtos e serviços, sem prejuízo do disposto nos Capítulos I e II deste Título, serão observadas as seguintes normas:

I – a ação pode ser proposta no domicílio do autor;

II – o réu que houver contratado seguro de responsabilidade poderá chamar ao processo o segurador, vedada a integração do contraditório pelo Instituto de Resseguros do Brasil. Nesta hipótese, a sentença que julgar procedente o pedido condenará o réu nos termos do art. 80 do Código de Processo Civil. Se o réu houver sido declarado falido, o síndico será intimado a informar a existência de seguro de responsabilidade facultando-se, em caso afirmativo, o ajuizamento de ação de indenização diretamente contra o segurador, vedada a denunciação da lide ao Instituto de Resseguros do Brasil e dispensado o litisconsórcio obrigatório com este.

Art. 102. Os legitimados a agir na forma deste Código poderão propor ação visando compelir o Poder Público competente a proibir, em todo o território nacional, a produção, divulgação, distribuição ou venda, ou a determinar alteração na composição, estrutura, fórmula ou acondicionamento de produto, cujo uso ou consumo regular se revele nocivo ou perigoso à saúde pública e à incolumidade pessoal.

§§ 1.º e 2.º (*Vetados.*)

Capítulo IV
DA COISA JULGADA

Art. 103. Nas ações coletivas de que trata este Código, a sentença fará coisa julgada:

I – *erga omnes*, exceto se o pedido for julgado improcedente por insuficiência de provas, hipótese em que qualquer legitimado poderá intentar outra ação, com idêntico fundamento, valendo-se de nova prova, na hipótese do inciso I do parágrafo único do art. 81;

II – *ultra partes*, mas limitadamente ao grupo, categoria ou classe, salvo improcedência por insuficiência de provas, nos termos do inciso anterior, quando se tratar da hipótese prevista no inciso II do parágrafo único do art. 81;

III – *erga omnes*, apenas no caso de procedência do pedido, para beneficiar todas as vítimas e seus sucessores, na hipótese do inciso III do parágrafo único do art. 81.

§ 1.º Os efeitos da coisa julgada previstos nos incisos I e II não prejudicarão interesses e direitos individuais dos integrantes da coletividade, do grupo, categoria ou classe.

§ 2.º Na hipótese prevista no inciso III, em caso de improcedência do pedido, os interessados que não tiverem intervindo no processo como litisconsortes poderão propor ação de indenização a título individual.

§ 3.º Os efeitos da coisa julgada de que cuida o art. 16, combinado com o art. 13 da Lei n. 7.347, de 24 de julho de 1985, não prejudicarão as ações de indenização por danos pessoalmente sofridos, propostas individualmente ou na forma prevista neste Código, mas, se procedente o pedido, beneficiarão as vítimas e seus sucessores, que poderão proceder à liquidação e à execução, nos termos dos arts. 96 a 99.

§ 4.º Aplica-se o disposto no parágrafo anterior à sentença penal condenatória.

Art. 104. As ações coletivas, previstas nos incisos I e II do parágrafo único do art. 81, não induzem litispendência para as ações individuais, mas os efeitos da coisa julgada *erga omnes* ou *ultra partes* a que aludem os incisos II e III do artigo anterior não beneficiarão os autores das ações individuais, se não for requerida sua suspensão no prazo de trinta dias, a contar da ciência nos autos do ajuizamento da ação coletiva.

•• Acreditamos que a remissão certa seria aos incisos II e III do parágrafo único do art. 81.

Capítulo V
DA CONCILIAÇÃO NO SUPERENDIVIDAMENTO

•• Capítulo V acrescentado pela Lei n. 14.181, de 1.º-7-2021.

Art. 104-A. A requerimento do consumidor superendividado pessoa natural, o juiz poderá instaurar processo de repactuação de dívidas, com vistas à realização de audiência conciliatória, presidida por ele ou por conciliador credenciado no juízo, com a presença de todos os credores de dívidas previstas no art. 54-A deste Código, na qual o consumidor apresentará proposta de plano de pagamento com prazo máximo de 5 (cinco) anos, preservados o mínimo existencial, nos termos da regulamentação, e as garantias e as formas de pagamento originalmente pactuadas.

•• *Caput* acrescentado pela Lei n. 14.181, de 1.º-7-2021.

§ 1.º Excluem-se do processo de repactuação as dívidas, ainda que decorrentes de relações de consumo, oriundas de contratos celebrados dolosamente sem o propósito de realizar pagamento, bem como as dívidas provenientes de contratos de crédito com garantia real, de financiamentos imobiliários e de crédito rural.

•• § 1.º acrescentado pela Lei n. 14.181, de 1.º-7-2021.

§ 2.º O não comparecimento injustificado de qualquer credor, ou de seu procurador com poderes especiais e plenos para transigir, à audiência de conciliação de que trata o *caput* deste artigo acarretará a suspensão da exigibilidade do débito e a interrupção dos encargos da mora, bem como a sujeição compulsória ao plano de pagamento da dívida se o montante devido ao credor ausente for certo e conhecido pelo consumidor, devendo o pagamento a esse credor ser estipulado para ocorrer apenas após o pagamento aos credores presentes à audiência conciliatória.

•• § 2.º acrescentado pela Lei n. 14.181, de 1.º-7-2021.

§ 3.º No caso de conciliação, com qualquer credor, a sentença judicial que homologar o acordo descreverá o plano de pagamento da dívida e terá eficácia de título executivo e força de coisa julgada.

•• § 3.º acrescentado pela Lei n. 14.181, de 1.º-7-2021.

§ 4.º Constarão do plano de pagamento referido no § 3.º deste artigo:

•• § 4.º, *caput*, acrescentado pela Lei n. 14.181, de 1.º-7-2021.

I – medidas de dilação dos prazos de pagamento e de redução dos encargos da dívida ou da remuneração do fornecedor, entre outras destinadas a facilitar o pagamento da dívida;

•• Inciso I acrescentado pela Lei n. 14.181, de 1.º-7-2021.

II – referência à suspensão ou à extinção das ações judiciais em curso;

•• Inciso II acrescentado pela Lei n. 14.181, de 1.º-7-2021.

III – data a partir da qual será providenciada a exclusão do consumidor de bancos de dados e de cadastros de inadimplentes;

•• Inciso III acrescentado pela Lei n. 14.181, de 1.º-7-2021.

IV – condicionamento de seus efeitos à abstenção, pelo consumidor, de condutas que importem no agravamento de sua situação de superendividamento.

•• Inciso IV acrescentado pela Lei n. 14.181, de 1.º-7-2021.

§ 5.º O pedido do consumidor a que se refere o *caput* deste artigo não importará em declaração de insolvência civil e poderá ser repetido somente após decorrido o prazo de 2 (dois) anos, contado da liquidação das obrigações previstas no plano de pagamento homologado, sem prejuízo de eventual repactuação.

•• § 5.º acrescentado pela Lei n. 14.181, de 1.º-7-2021.

Art. 104-B. Se não houver êxito na conciliação em relação a quaisquer credores, o juiz, a pedido do consumidor, instaurará processo por superendividamento para revisão e integração dos contratos e repactuação das dívidas remanescentes mediante plano judicial compulsório e procederá à citação de todos os credores cujos créditos não tenham integrado o acordo porventura celebrado.

•• *Caput* acrescentado pela Lei n. 14.181, de 1.º-7-2021.

§ 1.º Serão considerados no processo por superendividamento, se for o caso, os documentos e as informações prestadas em audiência.

•• § 1.º acrescentado pela Lei n. 14.181, de 1.º-7-2021.

§ 2.º No prazo de 15 (quinze) dias, os credores citados juntarão documentos e as razões da negativa de aceder ao plano voluntário ou de renegociar.

•• § 2.º acrescentado pela Lei n. 14.181, de 1.º-7-2021.

§ 3.º O juiz poderá nomear administrador, desde que isso não onere as partes, o qual, no prazo de até 30 (trinta) dias, após cumpridas as diligências eventualmente necessárias, apresentará plano de pagamento que contemple medidas de temporização ou de atenuação dos encargos.

•• § 3.º acrescentado pela Lei n. 14.181, de 1.º-7-2021.

§ 4.º O plano judicial compulsório assegurará aos credores, no mínimo, o valor do principal devido, corrigido monetariamente por índices oficiais de preço, e preverá a liquidação total da dívida, após a quitação do plano de pagamento consensual previsto no art. 104-A deste Código, em, no máximo, 5 (cinco) anos, sendo que a primeira parcela será devida no prazo máximo de 180 (cento e oitenta) dias, contado de sua homologação judicial, e o restante do saldo será devido em parcelas mensais iguais e sucessivas.

•• § 4.º acrescentado pela Lei n. 14.181, de 1.º-7-2021.

Art. 104-C. Compete concorrente e facultativamente aos órgãos públicos integrantes do Sistema Nacional de Defesa do Consumidor a fase conciliatória e preventiva do processo de repactuação de dívidas, nos moldes do art. 104-A deste Código, no que couber, com possibilidade de o processo ser regulado por convênios específicos celebrados entre os referidos órgãos e as instituições credoras ou suas associações.

•• *Caput* acrescentado pela Lei n. 14.181, de 1.º-7-2021.

§ 1.º Em caso de conciliação administrativa para prevenir o superendividamento do consumidor pessoa natural, os órgãos públicos poderão promover, nas reclamações individuais, audiência global de conciliação com todos os credores e, em todos os casos, facilitar a elaboração de plano de pagamento, preservado o mínimo existencial, nos termos da regulamentação, sob a supervisão desses órgãos, sem prejuízo das demais atividades de reeducação financeira cabíveis.

•• § 1.º acrescentado pela Lei n. 14.181, de 1.º-7-2021.

§ 2.º O acordo firmado perante os órgãos públicos de defesa do consumidor, em caso de superendividamento do consumidor pessoa natural, incluirá a data a partir da qual será providenciada a exclusão do consumidor de bancos de dados e de cadastros de inadimplentes, bem como o condicionamento de seus efeitos à abstenção, pelo consumidor, de condutas que importem no agravamento de sua situação de superendividamento, especialmente a de contrair novas dívidas.

•• § 2.º acrescentado pela Lei n. 14.181, de 1.º-7-2021.

TÍTULO IV
DO SISTEMA NACIONAL DE DEFESA DO CONSUMIDOR

•• O Decreto n. 2.181, de 20-3-1997, dispõe sobre a organização do SNDC, estabelece as normas gerais de aplicação das sanções administrativas e revoga o Decreto n. 861, de 9-7-1993.

Art. 105. Integram o Sistema Nacional de Defesa do Consumidor – SNDC, os órgãos federais, estaduais, do Distrito Federal e municipais e as entidades privadas de defesa do consumidor.

Art. 106. O Departamento Nacional de Defesa do Consumidor, da Secretaria Nacional de Direito Econômico-MJ, ou órgão federal que venha substituí-lo, é organismo de coordenação da política do Sistema Nacional de Defesa do Consumidor, cabendo-lhe:

I – planejar, elaborar, propor, coordenar e executar a política nacional de proteção ao consumidor;

II – receber, analisar, avaliar e encaminhar consultas, denúncias ou sugestões apresentadas por entidades representativas ou pessoas jurídicas de direito público ou privado;

III – prestar aos consumidores orientação permanente sobre seus direitos e garantias;

IV – informar, conscientizar e motivar o consumidor através dos diferentes meios de comunicação;

•• A Lei n. 12.741, de 8-12-2012, propôs nova redação para este inciso, todavia sofreu veto presidencial.

V – solicitar à polícia judiciária a instauração de inquérito policial para a apreciação de delito contra os consumidores, nos termos da legislação vigente;

VI – representar ao Ministério Público competente para fins de adoção de medidas processuais no âmbito de suas atribuições;

VII – levar ao conhecimento dos órgãos competentes as infrações de ordem administrativa que violarem os interesses difusos, coletivos, ou individuais dos consumidores;

VIII – solicitar o concurso de órgãos e entidades da União, Estados, do Distrito Federal e Municípios, bem como auxiliar a fiscalização de preços, abastecimento, quantidade e segurança de bens e serviços;

IX – incentivar, inclusive com recursos financeiros e outros programas especiais, a formação de entidades de defesa do consumidor pela população e pelos órgãos públicos estaduais e municipais;

X a XII – (*Vetados.*)

XIII – desenvolver outras atividades compatíveis com suas finalidades.

Parágrafo único. Para a consecução de seus objetivos, o Departamento Nacional de Defesa do Consumidor poderá solicitar o concurso de órgãos e entidades de notória especialização técnico-científica.

TÍTULO V
DA CONVENÇÃO COLETIVA DE CONSUMO

Art. 107. As entidades civis de consumidores e as associações de fornecedores ou sindicatos de categoria econômica podem regular, por convenção escrita, relações de consumo que tenham por objeto estabelecer condições relativas ao preço, à qualidade, à quantidade, à garantia e características de produtos e serviços, bem como à reclamação e composição do conflito de consumo.

§ 1.º A convenção tornar-se-á obrigatória a partir do registro do instrumento no cartório de títulos e documentos.

§ 2.º A convenção somente obrigará os filiados às entidades signatárias.

§ 3.º Não se exime de cumprir a convenção o fornecedor que se desligar da entidade em data posterior ao registro do instrumento.

Art. 108. (*Vetado.*)

TÍTULO VI
DISPOSIÇÕES FINAIS

Art. 109. (*Vetado.*)

Art. 110. Acrescente-se o seguinte inciso IV ao art. 1.º da Lei n. 7.347, de 24 de julho de 1985:

"IV – a qualquer outro interesse difuso ou coletivo".

Art. 111. O inciso II do art. 5.º da Lei n. 7.347, de 24 de julho de 1985, passa a ter a seguinte redação:

"II – inclua, entre suas finalidades institucionais, a proteção ao meio ambiente, ao consumidor, ao patrimônio artístico, estético, histórico, turístico e paisagístico, ou a qualquer outro interesse difuso ou coletivo".

•• Alteração prejudicada pela nova redação determinada pela Lei n. 11.448, de 15-1-2007.

Art. 112. O § 3.º do art. 5.º da Lei n. 7.347, de 24 de julho de 1985, passa a ter a seguinte redação:

"§ 3.º Em caso de desistência infundada ou abandono da ação por associação legitimada, o Ministério Público ou outro legitimado assumirá a titularidade ativa".

Art. 113. Acrescente-se os seguintes §§ 4.º, 5.º e 6.º ao art. 5.º da Lei n. 7.347, de 24 de julho de 1985:

"§ 4.º O requisito da pré-constituição poderá ser dispensado pelo juiz, quando haja manifesto interesse social evidenciado pela dimensão ou característica do dano, ou pela relevância do bem jurídico a ser protegido.

§ 5.º Admitir-se-á o litisconsórcio facultativo entre os Ministérios Públicos da União, do Distrito Federal e dos Estados na defesa dos interesses e direitos de que cuida esta Lei.

§ 6.º Os órgãos públicos legitimados poderão tomar dos interessados compromisso de ajustamento de sua conduta às exigências legais, mediante cominações, que terá eficácia de título executivo extrajudicial".

Art. 114. O art. 15 da Lei n. 7.347, de 24 de julho de 1985, passa a ter a seguinte redação:

"Art. 15. Decorridos sessenta dias do trânsito em julgado da sentença condenatória, sem que a associação autora lhe promova a execução, deverá fazê-lo o Ministério Público, facultada igual iniciativa aos demais legitimados".

Art. 115. Suprima-se o *caput* do art. 17 da Lei n. 7.347, de 24 de julho de 1985, passando o parágrafo único a constituir o *caput*, com a seguinte redação:

"Art. 17. Em caso de litigância de má-fé, a associação autora e os diretores responsáveis pela propositura da ação serão solidariamente condenados em honorários advocatícios e ao décuplo das custas, sem prejuízo da responsabilidade por perdas e danos".

Art. 116. Dê-se a seguinte redação ao art. 18, da Lei n. 7.347, de 24 de julho de 1985:

"Art. 18. Nas ações de que trata esta Lei, não haverá adiantamento de custas, emolumentos, honorários periciais e quaisquer outras despesas, nem condenação da associação autora, salvo comprovada má-fé, em honorários de advogado, custas e despesas processuais".

Art. 117. Acrescente-se à Lei n. 7.347, de 24 de julho de 1985, o seguinte dispositivo, renumerando-se os seguintes:

"Art. 21. Aplicam-se à defesa dos direitos e interesses difusos, coletivos e individuais, no que for cabível, os dispositivos do Título III da Lei que instituiu o Código de Defesa do Consumidor".

Art. 118. Este Código entrará em vigor dentro de cento e oitenta dias a contar de sua publicação.

Art. 119. Revogam-se as disposições em contrário.

Brasília, em 11 de setembro de 1990; 169.º da Independência e 102.º da República.

FERNANDO COLLOR

LEI N. 8.245, DE 18 DE OUTUBRO DE 1991 (*)

Dispõe sobre as locações dos imóveis urbanos e os procedimentos a elas pertinentes.

(*) Publicada no *DOU*, de 21-10-1991. *Vide* art. 2.036 do CC. Sobre seguro de fiança locatícia *vide* Circular n. 587, de 10-6-2019, da SUSEP.

O Presidente da República:

Faço saber que o Congresso Nacional decreta e eu sanciono a seguinte Lei:

TÍTULO I
DA LOCAÇÃO

Capítulo I
DISPOSIÇÕES GERAIS

Seção I
Da Locação em Geral

Art. 1.º A locação de imóvel urbano regula-se pelo disposto nesta Lei.

Parágrafo único. Continuam regulados pelo Código Civil e pelas leis especiais:

•• A referência é feita ao CC de 1916. *Vide* arts. 565 a 578 e 2.036 do Código vigente.

a) as locações:

1. de imóveis de propriedade da União, dos Estados e dos Municípios, de suas autarquias e fundações públicas;

2. de vagas autônomas de garagem ou de espaços para estacionamento de veículos;

3. de espaços destinados à publicidade;

4. em apart-hotéis, hotéis-residência ou equiparados, assim considerados aqueles que prestam serviços regulares a seus usuários e como tais sejam autorizados a funcionar;

b) o arrendamento mercantil, em qualquer de suas modalidades.

Art. 2.º Havendo mais de um locador ou mais de um locatário, entende-se que são solidários se o contrário não se estipulou.

Parágrafo único. Os ocupantes de habitações coletivas multifamiliares presumem-se locatários ou sublocatários.

Art. 3.º O contrato de locação pode ser ajustado por qualquer prazo, dependendo de vênia conjugal, se igual ou superior a dez anos.

Parágrafo único. Ausente a vênia conjugal, o cônjuge não estará obrigado a observar o prazo excedente.

Art. 4.º Durante o prazo estipulado para a duração do contrato, não poderá o locador reaver o imóvel alugado. Com exceção ao que estipula o § 2.º do art. 54-A, o locatário, todavia, poderá devolvê-lo, pagando a multa pactuada, proporcional ao período de cumprimento do contrato, ou, na sua falta, a que for judicialmente estipulada.

•• *Caput* com redação determinada pela Lei n. 12.744, de 19-12-2012.

Parágrafo único. O locatário ficará dispensado da multa se a devolução do imóvel decorrer de transferência, pelo seu empregador, privado ou público, para prestar serviços em localidades diversas daquela do início do contrato, e se notificar, por escrito, o locador com prazo de, no mínimo, trinta dias de antecedência.

Art. 5.º Seja qual for o fundamento do término da locação, a ação do locador para reaver o imóvel é a de despejo.

Parágrafo único. O disposto neste artigo não se aplica se a locação termina em decorrência de desapropriação, com a imissão do expropriante na posse do imóvel.

Art. 6.º O locatário poderá denunciar a locação por prazo indeterminado mediante aviso por escrito ao locador, com antecedência mínima de trinta dias.

Parágrafo único. Na ausência do aviso, o locador poderá exigir quantia correspondente a um mês de aluguel e encargos, vigentes quando da resilição.

Art. 7.º Nos casos de extinção de usufruto ou de fideicomisso, a locação celebrada pelo usufrutuário ou fiduciário poderá ser denunciada, com o prazo de trinta dias para a desocupação, salvo se tiver havido aquiescência escrita do nu-proprietário ou do fideicomissário, ou se a propriedade estiver consolidada em mãos do usufrutuário ou do fiduciário.

Parágrafo único. A denúncia deverá ser exercitada no prazo de noventa dias contados da extinção do fideicomisso ou da averbação da extinção do usufruto, presumindo-se, após esse prazo, a concordância na manutenção da locação.

Art. 8.º Se o imóvel for alienado durante a locação, o adquirente poderá denunciar o contrato, com o prazo de noventa dias para a desocupação, salvo se a locação for por tempo determinado e o contrato contiver cláusula de vigência em caso de alienação e estiver averbado junto à matrícula do imóvel.

§ 1.º Idêntico direito terá o promissário comprador e o promissário cessionário, em caráter irrevogável, com imissão na posse do imóvel e título registrado junto à matrícula do mesmo.

§ 2.º A denúncia deverá ser exercitada no prazo de noventa dias contados do registro da venda ou do compromisso, presumindo-se, após esse prazo, a concordância na manutenção da locação.

Art. 9.º A locação também poderá ser desfeita:

I – por mútuo acordo;

II – em decorrência da prática de infração legal ou contratual;

III – em decorrência da falta de pagamento do aluguel e demais encargos;

IV – para a realização de reparações urgentes determinadas pelo Poder Público, que não possam ser normalmente executadas com a permanência do locatário no imóvel ou, podendo, ele se recuse a consenti-las.

Art. 10. Morrendo o locador, a locação transmite-se aos herdeiros.

Art. 11. Morrendo o locatário, ficarão sub-rogados nos seus direitos e obrigações:

I – nas locações com finalidade residencial, o cônjuge sobrevivente ou o companheiro e, sucessivamente, os herdeiros necessários e as pessoas que viviam na dependência econômica do *de cujus*, desde que residentes no imóvel;

II – nas locações com finalidade não residencial, o espólio e, se for o caso, seu sucessor no negócio.

Art. 12. Em casos de separação de fato, separação judicial, divórcio ou dissolução da união estável, a locação residencial prosseguirá automaticamente com o cônjuge ou companheiro que permanecer no imóvel.

•• *Caput* com redação determinada pela Lei n. 12.112, de 9-12-2009.

§ 1.º Nas hipóteses previstas neste artigo e no art. 11, a sub-rogação será comunicada por escrito ao locador e ao fiador, se esta for a modalidade de garantia locatícia.

•• § 1.º acrescentado pela Lei n. 12.112, de 9-12-2009.

§ 2.º O fiador poderá exonerar-se das suas responsabilidades no prazo de 30 (trinta) dias contado do recebimento da comunicação oferecida pelo sub-rogado, ficando responsável pelos efeitos da fiança durante 120 (cento e vinte) dias após a notificação ao locador.

•• § 2.º acrescentado pela Lei n. 12.112, de 9-12-2009.

Art. 13. A cessão da locação, a sublocação e o empréstimo do imóvel, total ou parcialmente, dependem do consentimento prévio e escrito do locador.

§ 1.º Não se presume o consentimento pela simples demora do locador em manifestar formalmente a sua oposição.

§ 2.º Desde que notificado por escrito pelo locatário, de ocorrência de uma das hipóteses deste artigo, o locador terá o prazo de trinta dias para manifestar formalmente a sua oposição.

§ 3.º (*Vetado.*)

•• § 3.º acrescentado pela Lei n. 12.112, de 9-12-2009.

Seção II

Das Sublocações

Art. 14. Aplicam-se às sublocações, no que couber, as disposições relativas às locações.

Art. 15. Rescindida ou finda a locação, qualquer que seja sua causa, resolvem-se as sublocações, assegurado o direito de indenização do sublocatário contra o sublocador.

Art. 16. O sublocatário responde subsidiariamente ao locador pela importância que dever ao sublocador, quando este for demandado e, ainda, pelos aluguéis que se vencerem durante a lide.

Seção III

Do Aluguel

Art. 17. É livre a convenção do aluguel, vedada a sua estipulação em moeda estrangeira e a sua vinculação à variação cambial ou ao salário-mínimo.

Parágrafo único. Nas locações residenciais serão observados os critérios de reajustes previstos na legislação específica.

Art. 18. É lícito às partes fixar, de comum acordo, novo valor para o aluguel, bem como inserir ou modificar cláusula de reajuste.

Art. 19. Não havendo acordo, o locador ou o locatário, após três anos de vigência do contrato ou do acordo anteriormente realizado, poderão pedir revisão judicial do aluguel, a fim de ajustá-lo ao preço de mercado.

Art. 20. Salvo as hipóteses do art. 42 e da locação para temporada, o locador não poderá exigir o pagamento antecipado do aluguel.

Art. 21. O aluguel da sublocação não poderá exceder o da locação, nas habitações coletivas multifamiliares, a soma dos aluguéis não poderá ser superior ao dobro do valor da locação.

Parágrafo único. O descumprimento deste artigo autoriza o sublocatário a reduzir o aluguel até os limites nele estabelecidos.

Seção IV

Dos Deveres do Locador e do Locatário

Art. 22. O locador é obrigado a:

I – entregar ao locatário o imóvel alugado em estado de servir ao uso a que se destina;

II – garantir, durante o tempo da locação, o uso pacífico do imóvel locado;

III – manter, durante a locação, a forma e o destino do imóvel;

IV – responder pelos vícios ou defeitos anteriores à locação;

V – fornecer ao locatário, caso este solicite, descrição minuciosa do estado do imóvel, quando de sua entrega, com expressa referência aos eventuais defeitos existentes;

VI – fornecer ao locatário recibo discriminado das importâncias por este pagas, vedada a quitação genérica;

VII – pagar as taxas de administração imobiliária, se houver, e de intermediações, nestas compreendidas as despesas necessárias à aferição da idoneidade do pretendente ou de seu fiador;

VIII – pagar os impostos e taxas, e ainda o prêmio de seguro complementar contra fogo, que incidam ou venham a incidir sobre o imóvel, salvo disposição expressa em contrário no contrato;

IX – exibir ao locatário, quando solicitado, os comprovantes relativos às parcelas que estejam sendo exigidas;

X – pagar as despesas extraordinárias de condomínio.

Parágrafo único. Por despesas extraordinárias de condomínio se entendem aquelas que não se refiram aos gastos rotineiros de manutenção do edifício, especialmente:

a) obras de reformas ou acréscimos que interessem à estrutura integral do imóvel;

b) pintura das fachadas, empenas, poços de aeração e iluminação, bem como das esquadrias externas;

c) obras destinadas a repor as condições de habitabilidade do edifício;

d) indenizações trabalhistas e previdenciárias pela dispensa de empregados, ocorridas em data anterior ao início da locação;

e) instalação de equipamentos de segurança e de incêndio, de telefonia, de intercomunicação, de esporte e de lazer;

f) despesas de decoração e paisagismo nas partes de uso comum;

g) constituição de fundo de reserva.

Art. 23. O locatário é obrigado a:

I – pagar pontualmente o aluguel e os encargos da locação, legal ou contratualmente exigíveis, no prazo estipulado ou, em sua falta, até o sexto dia útil do mês seguinte ao vencido, no imóvel locado, quando outro local não tiver sido indicado no contrato;

II – servir-se do imóvel para o uso convencionado ou presumido, compatível com a natureza deste e com o fim a que se destina, devendo tratá-lo com o mesmo cuidado como se fosse seu;

III – restituir o imóvel, finda a locação, no estado em que o recebeu, salvo as deteriorações decorrentes do seu uso normal;

IV – levar imediatamente ao conhecimento do locador o surgimento de qualquer dano ou defeito cuja reparação a este incumba, bem como as eventuais turbações de terceiros;

V – realizar a imediata reparação dos danos verificados no imóvel, ou nas suas instalações, provocados por si, seus dependentes, familiares, visitantes ou prepostos;

VI – não modificar a forma interna ou externa do imóvel sem o consentimento prévio e por escrito do locador;

VII – entregar imediatamente ao locador os documentos de cobrança de tributos e encargos condominiais, bem como qualquer intimação, multa ou exigência de autoridade pública, ainda que dirigida a ele, locatário;

VIII – pagar as despesas de telefone e de consumo de força, luz e gás, água e esgoto;

IX – permitir a vistoria do imóvel pelo locador ou por seu mandatário, mediante combinação prévia, de dia e hora, bem como admitir que seja o mesmo visitado e examinado por terceiros, na hipótese prevista no art. 27;

X – cumprir integralmente a convenção de condomínio e os regulamentos internos;

XI – pagar o prêmio do seguro de fiança;

XII – pagar as despesas ordinárias de condomínio.

§ 1.º Por despesas ordinárias de condomínio se entendem as necessárias à administração respectiva, especialmente:

a) salários, encargos trabalhistas, contribuições previdenciárias e sociais dos empregados do condomínio;

b) consumo de água e esgoto, gás, luz e força das áreas de uso comum;

c) limpeza, conservação e pintura das instalações e dependências de uso comum;

d) manutenção e conservação das instalações e equipamentos hidráulicos, elétricos, mecânicos e de segurança, de uso comum;

e) manutenção e conservação das instalações e equipamentos de uso comum destinados à prática de esportes e lazer;

f) manutenção e conservação de elevadores, porteiro eletrônico e antenas coletivas;

g) pequenos reparos nas dependências e instalações elétricas e hidráulicas de uso comum;

h) rateios de saldo devedor, salvo se referentes a período anterior ao início da locação;

i) reposição do fundo de reserva, total ou parcialmente utilizado no custeio ou complementação das despesas referidas nas alíneas anteriores, salvo se referentes a período anterior ao início da locação.

§ 2.º O locatário fica obrigado ao pagamento das despesas referidas no parágrafo anterior, desde que comprovadas a previsão orçamentária e o rateio mensal, podendo exigir a qualquer tempo a comprovação das mesmas.

§ 3.º No edifício constituído por unidades imobiliárias autônomas, de propriedade da mesma pessoa, os locatários ficam obrigados ao pagamento das despesas referidas no § 1.º deste artigo, desde que comprovadas.

Art. 24. Nos imóveis utilizados como habitação coletiva multifamiliar, os locatários ou sublocatários poderão depositar judicialmente o aluguel e encargos se a construção for considerada em condições precárias pelo Poder Público.

§ 1.º O levantamento dos depósitos somente será deferido com a comunicação, pela autoridade pública, da regularização do imóvel.

§ 2.º Os locatários ou sublocatários que deixarem o imóvel estarão desobrigados do aluguel durante a execução das obras necessárias à regularização.

§ 3.º Os depósitos efetuados em juízo pelos locatários e sublocatários poderão ser levantados, mediante ordem judicial, para realização das obras ou serviços necessários à regularização do imóvel.

Art. 25. Atribuída ao locatário a responsabilidade pelo pagamento dos tributos, encargos e despesas ordinárias de condomínio, o locador poderá cobrar tais verbas juntamente com o aluguel do mês a que se refiram.

Parágrafo único. Se o locador antecipar os pagamentos, a ele pertencerão as vantagens daí advindas, salvo se o locatário reembolsá-lo integralmente.

Art. 26. Necessitando o imóvel de reparos urgentes, cuja realização incumba ao locador, o locatário é obrigado a consenti-los.

Parágrafo único. Se os reparos durarem mais de dez dias, o locatário terá direito ao abatimento do aluguel, proporcional ao período excedente; se mais de trinta dias, poderá resilir o contrato.

Seção V

Do Direito de Preferência

Art. 27. No caso de venda, promessa de venda, cessão ou promessa de cessão de direitos ou dação em pagamento, o locatário tem preferência para adquirir o imóvel locado, em igualdade de condições com terceiros, devendo o locador dar-lhe conhecimento do negócio mediante notificação judicial, extrajudicial ou outro meio de ciência inequívoca.

Parágrafo único. A comunicação deverá conter todas as condições do negócio e, em especial, o preço, a forma de pagamento, a existência de ônus reais, bem como o local e horário em que pode ser examinada a documentação pertinente.

Art. 28. O direito de preferência do locatário caducará se não manifestada, de maneira inequívoca, sua aceitação integral à proposta, no prazo de trinta dias.

Art. 29. Ocorrendo aceitação da proposta, pelo locatário, a posterior desistência do negócio pelo locador acarreta, a este, responsabilidade pelos prejuízos ocasionados, inclusive lucros cessantes.

Art. 30. Estando o imóvel sublocado em sua totalidade, caberá a preferência ao sublocatário e, em seguida, ao locatário. Se forem vários os sublocatários, a preferência caberá a todos, em comum, ou a qualquer deles, se um só for o interessado.

Parágrafo único. Havendo pluralidade de pretendentes, caberá a preferência ao locatário mais antigo, e, se da mesma data, ao mais idoso.

Art. 31. Em se tratando de alienação de mais de uma unidade imobiliária, o direito de preferência incidirá sobre a totalidade dos bens objeto da alienação.

Art. 32. O direito de preferência não alcança os casos de perda da propriedade ou venda por decisão judicial, permuta, doação, integralização de capital, cisão, fusão e incorporação.

Parágrafo único. Nos contratos firmados a partir de 1.º de outubro de 2001, o direito de preferência de que trata este artigo não alcançará também os casos de constituição da propriedade fiduciária e de perda da propriedade ou venda por quaisquer formas de realização de garantia, inclusive mediante leilão extrajudicial, devendo essa condição constar expressamente em cláusula contratual específica, destacando-se das demais por sua apresentação gráfica.

•• Parágrafo único acrescentado pela Lei n. 10.931, de 2-8-2004.

Art. 33. O locatário preterido no seu direito de preferência poderá reclamar do alienante as perdas e danos ou, depositando o preço e demais despesas do ato de transferência, haver para si o imóvel locado, se o requerer no prazo de seis meses, a contar do registro do ato no Cartório de Imóveis, desde que o contrato de locação esteja averbado pelo menos trinta dias antes da alienação junto à matrícula do imóvel.

Parágrafo único. A averbação far-se-á à vista de qualquer das vias do contrato de locação, desde que subscrito também por duas testemunhas.

Art. 34. Havendo condomínio no imóvel, a preferência do condômino terá prioridade sobre a do locatário.

Seção VI

Das Benfeitorias

Art. 35. Salvo expressa disposição contratual em contrário, as benfeitorias necessárias introduzidas pelo locatário, ainda que não autorizadas pelo locador, bem como as úteis, desde que autorizadas, serão indenizáveis e permitem o exercício do direito de retenção.

Art. 36. As benfeitorias voluptuárias não serão indenizáveis, podendo ser levantadas pelo locatário, finda a locação, desde que sua retirada não afete a estrutura e a substância do imóvel.

Seção VII

Das Garantias Locatícias

Art. 37. No contrato de locação, pode o locador exigir do locatário as seguintes modalidades de garantia:

I – caução;

II – fiança;

• *Vide* Súmula 214 do STJ.

III – seguro de fiança locatícia;

•• *Vide* Circular n. 587, de 10-6-2019, da SUSEP.

IV – cessão fiduciária de quotas de fundo de investimento.

•• Inciso IV acrescentado pela Lei n. 11.196, de 21-11-2005.

Parágrafo único. É vedada, sob pena de nulidade, mais de uma das modalidades de garantia num mesmo contrato de locação.

Art. 38. A caução poderá ser em bens móveis ou imóveis.

§ 1.º A caução em bens móveis deverá ser registrada em Cartório de Títulos e Documentos; a em bens imóveis deverá ser averbada à margem da respectiva matrícula.

§ 2.º A caução em dinheiro, que não poderá exceder o equivalente a três meses de aluguel, será depositada em caderneta de poupança, autorizada pelo Poder Público e por ele regulamentada, revertendo em benefício do locatário todas as vantagens dela decorrentes por ocasião do levantamento da soma respectiva.

§ 3.º A caução em títulos e ações deverá ser substituída, no prazo de trinta dias, em caso de concordata, falência ou liquidação das sociedades emissoras.

Art. 39. Salvo disposição contratual em contrário, qualquer das garantias da locação se estende até a efetiva devolução do imóvel, ainda que prorrogada a locação por prazo indeterminado, por força desta Lei.

•• Artigo com redação determinada pela Lei n. 12.112, de 9-12-2009.

Art. 40. O locador poderá exigir novo fiador ou a substituição da modalidade de garantia, nos seguintes casos:

I – morte do fiador;

II – ausência, interdição, recuperação judicial, falência ou insolvência do fiador, declaradas judicialmente;

•• Inciso II com redação determinada pela Lei n. 12.112, de 9-12-2009.

III – alienação ou gravação de todos os bens imóveis do fiador ou sua mudança de residência sem comunicação ao locador;

IV – exoneração do fiador;

V – prorrogação da locação por prazo indeterminado, sendo a fiança ajustada por prazo certo;

VI – desaparecimento dos bens móveis;

VII – desapropriação ou alienação do imóvel;

VIII – exoneração de garantia constituída por quotas de fundo de investimento;

•• Inciso VIII acrescentado pela Lei n. 11.196, de 21-11-2005.

IX – liquidação ou encerramento do fundo de investimento de que trata o inciso IV do art. 37 desta Lei;

•• Inciso IX acrescentado pela Lei n. 11.196, de 21-11-2005.

X – prorrogação da locação por prazo indeterminado uma vez notificado o locador pelo fiador de sua intenção de desoneração, ficando obrigado por todos os efeitos da fiança, durante 120 (cento e vinte) dias após a notificação ao locador.

•• Inciso X acrescentado pela Lei n. 12.112, de 9-12-2009.

Parágrafo único. O locador poderá notificar o locatário para apresentar nova garantia locatícia no prazo de 30 (trinta) dias, sob pena de desfazimento da locação.

•• Parágrafo único acrescentado pela Lei n. 12.112, de 9-12-2009.

Art. 41. O seguro de fiança locatícia abrangerá a totalidade das obrigações do locatário.

Art. 42. Não estando a locação garantida por qualquer das modalidades, o locador poderá exigir do locatário o pagamento do aluguel e encargos até o sexto dia útil do mês vincendo.

Seção VIII
Das Penalidades Criminais e Civis

Art. 43. Constitui contravenção penal, punível com prisão simples de cinco dias a seis meses ou multa de três a doze meses do valor do último aluguel atualizado, revertida em favor do locatário:

I – exigir, por motivo de locação ou sublocação, quantia ou valor além do aluguel e encargos permitidos;

II – exigir, por motivo de locação ou sublocação, mais de uma modalidade de garantia num mesmo contrato de locação;

III – cobrar antecipadamente o aluguel, salvo a hipótese do art. 42 e da locação para temporada.

Art. 44. Constitui crime de ação pública, punível com detenção de três meses a um ano, que poderá ser substituída pela prestação de serviços à comunidade:

I – recusar-se o locador ou sublocador, nas habitações coletivas multifamiliares, a fornecer recibo discriminado do aluguel e encargos;

II – deixar o retomante, dentro de cento e oitenta dias após a entrega do imóvel, no caso do inciso III do art. 47, de usá-lo para o fim declarado ou, usando-o, não o fizer pelo prazo mínimo de um ano;

III – não iniciar o proprietário, promissário comprador ou promissário cessionário, nos casos do inciso IV do art. 9.º, inciso IV do art. 47, inciso I do art. 52 e inciso II do art. 53, a demolição ou a reparação do imóvel, dentro de sessenta dias contados de sua entrega;

IV – executar o despejo com inobservância do disposto no § 2.º do art. 65.

Parágrafo único. Ocorrendo qualquer das hipóteses previstas neste artigo, poderá o prejudicado reclamar, em processo próprio, multa equivalente a um mínimo de doze e um máximo de vinte e quatro meses do valor do último aluguel atualizado ou do que esteja sendo cobrado do novo locatário, se realugado o imóvel.

Seção IX
Das Nulidades

Art. 45. São nulas de pleno direito as cláusulas do contrato de locação que visem a elidir os objetivos da presente Lei, notadamente as que proíbam a prorrogação prevista no art. 47, ou que afastem o direito à renovação, na hipótese do art. 51, ou que imponham obrigações pecuniárias para tanto.

Capítulo II
DAS DISPOSIÇÕES ESPECIAIS

Seção I
Da Locação Residencial

Art. 46. Nas locações ajustadas por escrito e por prazo igual ou superior a trinta meses, a resolução do contrato ocorrerá findo o prazo estipulado, independentemente de notificação ou aviso.

§ 1.º Findo o prazo ajustado, se o locatário continuar na posse do imóvel alugado por mais de trinta dias sem oposição do locador, presumir-se-á prorrogada a locação por prazo indeterminado, mantidas as demais cláusulas e condições do contrato.

§ 2.º Ocorrendo a prorrogação, o locador poderá denunciar o contrato a qualquer tempo, concedido o prazo de trinta dias para desocupação.

Art. 47. Quando ajustada verbalmente ou por escrito e com prazo inferior a trinta meses, findo o prazo estabelecido, a locação prorroga-se automaticamente, por prazo indeterminado, somente podendo ser retomado o imóvel:

I – nos casos do art. 9.º;

II – em decorrência de extinção do contrato de trabalho, se a ocupação do imóvel pelo locatário estiver relacionada com o seu emprego;

III – se for pedido para uso próprio, de seu cônjuge ou companheiro, ou para uso residencial de ascendente ou descendente que não disponha, assim como seu cônjuge ou companheiro, de imóvel residencial próprio;

IV – se for pedido para demolição e edificação licenciada ou para a realização de obras aprovadas pelo Poder Público, que aumentem a área construída em, no mínimo, vinte por cento ou, se o imóvel for destinado a exploração de hotel ou pensão, em cinquenta por cento;

V – se a vigência ininterrupta da locação ultrapassar cinco anos.

§ 1.º Na hipótese do inciso III, a necessidade deverá ser judicialmente demonstrada, se:

a) o retomante, alegando necessidade de usar o imóvel, estiver ocupando, com a mesma finalidade, outro de sua propriedade situado na mesma localidade ou, residindo ou utilizando imóvel alheio, já tiver retomado o imóvel anteriormente;

b) o ascendente ou descendente, beneficiário da retomada, residir em imóvel próprio.

§ 2.º Nas hipóteses dos incisos III e IV, o retomante deverá comprovar ser proprietário, promissário comprador ou promissário cessionário, em caráter irrevogável, com imissão na posse do imóvel e título registrado junto à matrícula do mesmo.

Seção II
Da Locação para Temporada

Art. 48. Considera-se locação para temporada aquela destinada à residência temporária do locatário, para prática de lazer, realização de cursos, tratamento de saúde, feitura de obras em seu imóvel, e outros fatos que decorram tão somente de determinado tempo, e contratada por prazo não superior a noventa dias, esteja ou não mobiliado o imóvel.

Parágrafo único. No caso de a locação envolver imóvel mobiliado, constará do contrato, obrigatoriamente, a descrição dos móveis e utensílios que o guarnecem, bem como o estado em que se encontram.

Art. 49. O locador poderá receber de uma só vez e antecipadamente os aluguéis e encargos, bem como exigir qualquer das modalidades de garantia previstas no art. 37 para atender as demais obrigações do contrato.

Art. 50. Findo o prazo ajustado, se o locatário permanecer no imóvel sem oposição do locador por mais de trinta dias, presumir-se-á prorrogada a locação por tempo indeterminado, não mais sendo exigível o pagamento antecipado do aluguel e dos encargos.

Parágrafo único. Ocorrendo a prorrogação, o locador somente poderá denunciar o contrato após trinta meses de seu início ou nas hipóteses do art. 47.

Seção III
Da Locação não Residencial

Art. 51. Nas locações de imóveis destinados ao comércio, o locatário terá direito a renovação do contrato, por igual prazo, desde que, cumulativamente:

I – o contrato a renovar tenha sido celebrado por escrito e com prazo determinado;

II – o prazo mínimo do contrato a renovar ou a soma dos prazos ininterruptos dos contratos escritos seja de cinco anos;

III – o locatário esteja explorando seu comércio, no mesmo ramo, pelo prazo mínimo e ininterrupto de três anos.

§ 1.º O direito assegurado neste artigo poderá ser exercido pelos cessionários ou sucessores da locação; no caso de sublocação total do imóvel, o direito a renovação somente poderá ser exercido pelo sublocatário.

§ 2.º Quando o contrato autorizar que o locatário utilize o imóvel para as atividades de sociedade de que faça parte e que a esta passe a pertencer o fundo de comércio, o direito a renovação poderá ser exercido pelo locatário ou pela sociedade.

§ 3.º Dissolvida a sociedade comercial por morte de um dos sócios, o sócio sobrevivente fica sub-rogado no direito a renovação, desde que continue no mesmo ramo.

§ 4.º O direito a renovação do contrato estende-se às locações celebradas por indústrias e sociedades civis com fim lucrativo, regularmente constituídas, desde que ocorrentes os pressupostos previstos neste artigo.

§ 5.º Do direito a renovação decai aquele que não propuser a ação no interregno de um ano, no máximo, até seis meses, no mínimo, anteriores à data da finalização do prazo do contrato em vigor.

Art. 52. O locador não estará obrigado a renovar o contrato se:

I – por determinação do Poder Público, tiver que realizar no imóvel obras que importarem na sua radical transformação; ou para fazer modificação de tal natureza que aumente o valor do negócio ou da propriedade;

II – o imóvel vier a ser utilizado por ele próprio ou para transferência de fundo de comércio existente há mais de um ano, sendo detentor da maioria do capital o locador, seu cônjuge, ascendente ou descendente.

§ 1.º Na hipótese do inciso II, o imóvel não poderá ser destinado ao uso do mesmo ramo do locatário, salvo se a locação também envolvia o fundo de comércio, com as instalações e pertences.

§ 2.º Nas locações de espaço em *shopping centers*, o locador não poderá recusar a renovação do contrato com fundamento no inciso II deste artigo.

§ 3.º O locatário terá direito a indenização para ressarcimento dos prejuízos e dos lucros cessantes que tiver que arcar com a mudança, perda do lugar e desvalorização do fundo de comércio, se a renovação não ocorrer em razão de proposta de terceiro, em melhores condições, ou se o locador, no prazo de três meses da entrega do imóvel, não der o destino alegado ou não iniciar as obras determinadas pelo Poder Público ou que declarou pretender realizar.

•• A Lei n. 12.112, de 9-12-2009, propôs nova redação para este § 3.º, porém teve seu texto vetado.

Art. 53. Nas locações de imóveis utilizados por hospitais, unidades sanitárias oficiais, asilos, estabelecimentos de saúde e de ensino autorizados e fiscalizados pelo Poder Público, bem como por entidades religiosas devidamente registradas, o contrato somente poderá ser rescindido:

•• *Caput* com redação determinada pela Lei n. 9.256, de 9-1-1996.

I – nas hipóteses do art. 9.º;

II – se o proprietário, promissário comprador ou promissário cessionário, em caráter irrevogável e imitido na posse, com título registrado, que haja quitado o preço da promessa ou que, não o tendo feito, seja autorizado pelo proprietário, pedir o imóvel para demolição, edificação licenciada ou reforma que venha a resultar em aumento mínimo de cinquenta por cento da área útil.

Art. 54. Nas relações entre lojistas e empreendedores de *shopping center*, prevalecerão as condições livremente pactuadas nos contratos de locação respectivos e as disposições procedimentais previstas nesta Lei.

§ 1.º O empreendedor não poderá cobrar do locatário em *shopping center*:

a) as despesas referidas nas alíneas *a*, *b* e *d* do parágrafo único do art. 22; e

b) as despesas com obras ou substituições de equipamentos, que impliquem modificar o projeto ou o memorial descritivo da data do habite-se e obras de paisagismo nas partes de uso comum.

§ 2.º As despesas cobradas do locatário devem ser previstas em orçamento, salvo casos de urgência ou força maior, devidamente demonstradas, podendo o locatário, a cada sessenta dias, por si ou entidade de classe exigir a comprovação das mesmas.

Art. 54-A. Na locação não residencial de imóvel urbano na qual o locador procede à prévia aquisição, construção ou substancial reforma, por si mesmo ou por terceiros, do imóvel então especificado pelo pretendente à locação, a fim de que seja a este locado por prazo determinado, prevalecerão as condições livremente pactuadas no contrato respectivo e as disposições procedimentais previstas nesta Lei.

•• *Caput* acrescentado pela Lei n. 12.744, de 19-12-2012.

§ 1.º Poderá ser convencionada a renúncia ao direito de revisão do valor dos aluguéis durante o prazo de vigência do contrato de locação.

•• § 1.º acrescentado pela Lei n. 12.744, de 19-12-2012.

§ 2.º Em caso de denúncia antecipada do vínculo locatício pelo locatário, compromete-se este a cumprir a multa convencionada, que não excederá, porém, a soma dos valores dos aluguéis a receber até o termo final da locação.

•• § 2.º acrescentado pela Lei n. 12.744, de 19-12-2012.

§ 3.º (*Vetado*.)

•• § 3.º acrescentado pela Lei n. 12.744, de 19-12-2012.

Art. 55. Considera-se locação não residencial quando o locatário for pessoa jurídica e o imóvel destinar-se ao uso de seus titulares, diretores, sócios, gerentes, executivos ou empregados.

Art. 56. Nos demais casos de locação não residencial, o contrato por prazo determinado cessa, de pleno direito, findo o prazo estipulado, independentemente de notificação ou aviso.

Parágrafo único. Findo o prazo estipulado, se o locatário permanecer no imóvel por mais de trinta dias sem oposição do locador, presumir-se-á prorrogada a locação nas condições ajustadas, mas sem prazo determinado.

Art. 57. O contrato de locação por prazo indeterminado pode ser denunciado por escrito, pelo locador, concedidos ao locatário trinta dias para a desocupação.

TÍTULO II
DOS PROCEDIMENTOS

Capítulo I
DAS DISPOSIÇÕES GERAIS

Art. 58. Ressalvados os casos previstos no parágrafo único do art. 1.º, nas ações de despejo, consignação em pagamento de aluguel e acessório da locação, revisionais de aluguel e renovatórias de locação, observar-se-á o seguinte:

I – os processos tramitam durante as férias forenses e não se suspendem pela superveniência delas;

II – é competente para conhecer e julgar tais ações o foro do lugar da situação do imóvel, salvo se outro houver sido eleito no contrato;

III – o valor da causa corresponderá a doze meses de aluguel, ou, na hipótese do inciso II do art. 47, a três salários vigentes por ocasião do ajuizamento;

IV – desde que autorizado no contrato, a citação, intimação ou notificação far-se-á mediante correspondência com aviso de recebimento, ou, tratando-se de pessoa jurídica ou firma individual, também mediante telex ou fac-símile, ou, ainda, sendo necessário, pelas demais formas previstas no Código de Processo Civil;

V – os recursos interpostos contra as sentenças terão efeito somente devolutivo.

Capítulo II
DAS AÇÕES DE DESPEJO

Art. 59. Com as modificações constantes deste Capítulo, as ações de despejo terão o rito ordinário.

§ 1.º Conceder-se-á liminar para desocupação em quinze dias, independentemente da audiência da parte contrária e desde que prestada a caução no valor equivalente a três meses de aluguel, nas ações que tiverem por fundamento exclusivo:

I – o descumprimento do mútuo acordo (art. 9.º, inciso I), celebrado por escrito e assinado pelas partes e por duas testemunhas, no qual tenha sido ajustado o prazo mínimo de seis meses para desocupação, contado da assinatura do instrumento;

•• *Vide* art. 4.º da Lei n. 14.216, de 7-10-2021.

II – o disposto no inciso II do art. 47, havendo prova escrita da rescisão do contrato de trabalho ou sendo ela demonstrada em audiência prévia;

•• *Vide* art. 4.º da Lei n. 14.216, de 7-10-2021.

III – o término do prazo da locação para temporada, tendo sido proposta a ação de despejo em até trinta dias após o vencimento do contrato;

IV – a morte do locatário sem deixar sucessor legítimo na locação, de acordo com o referido no inciso I do art. 11, permanecendo no imóvel pessoas não autorizadas por lei;

V – a permanência do sublocatário no imóvel, extinta a locação, celebrada com o locatário.

•• *Vide* art. 4.º da Lei n. 14.216, de 7-10-2021.

VI – o disposto no inciso IV do art. 9.º, havendo a necessidade de se produzir reparações urgentes no imóvel, determinadas pelo poder público, que não possam ser normalmente executadas com a permanência do locatário, ou, podendo, ele se recuse a consenti-las;

•• Inciso VI acrescentado pela Lei n. 12.112, de 9-12-2009.

VII – o término do prazo notificatório previsto no parágrafo único do art. 40, sem apresentação de nova garantia apta a manter a segurança inaugural do contrato;

•• Inciso VII acrescentado pela Lei n. 12.112, de 9-12-2009.

•• *Vide* art. 4.º da Lei n. 14.216, de 7-10-2021.

VIII – o término do prazo da locação não residencial, tendo sido proposta a ação em até 30 (trinta) dias do termo ou do cumprimento de notificação comunicando o intento de retomada;

•• Inciso VIII acrescentado pela Lei n. 12.112, de 9-12-2009.

•• *Vide* art. 4.º da Lei n. 14.216, de 7-10-2021.

IX – a falta de pagamento de aluguel e acessórios da locação no vencimento, estando o contrato desprovido de qualquer das garantias previstas no art. 37, por não ter sido contratada ou em caso de extinção ou pedido de exoneração dela, independentemente de motivo.

•• Inciso IX acrescentado pela Lei n. 12.112, de 9-12-2009.

•• *Vide* art. 4.º da Lei n. 14.216, de 7-10-2021.

§ 2.º Qualquer que seja o fundamento da ação dar-se-á ciência do pedido aos sublocatários, que poderão intervir no processo como assistentes.

§ 3.º No caso do inciso IX do § 1.º deste artigo, poderá o locatário evitar a rescisão da locação e elidir a liminar de desocupação se, dentro dos 15 (quinze) dias concedidos para a desocupação do imóvel e independentemente de cálculo, efetuar depósito judicial que contemple a totalidade dos valores devidos, na forma prevista no inciso II do art. 62.

•• § 3.º acrescentado pela Lei n. 12.112, de 9-12-2009.

Art. 60. Nas ações de despejo fundadas no inciso IV do art. 9.º, inciso IV do art. 47 e inciso II do art. 53, a petição inicial deverá ser instruída com prova da propriedade do imóvel ou do compromisso registrado.

Art. 61. Nas ações fundadas no § 2.º do art. 46 e nos incisos III e IV do art. 47, se o locatário, no prazo da contestação, manifestar sua concordância com a desocupação do imóvel, o juiz acolherá o pedido fixando prazo de seis meses para a desocupação, contados da citação, impondo ao vencido a responsabilidade pelas custas e honorários advocatícios de vinte por cento sobre o valor dado à causa. Se a desocupação ocorrer dentro do prazo fixado, o réu ficará isento dessa responsabilidade; caso contrário, será expedido mandado de despejo.

Art. 62. Nas ações de despejo fundadas na falta de pagamento de aluguel e acessórios da locação, de aluguel provisório, de diferenças de aluguéis, ou somente de quaisquer dos acessórios da locação, observar-se-á o seguinte:

•• *Caput* com redação determinada pela Lei n. 12.112, de 9-12-2009.

I – o pedido de rescisão da locação poderá ser cumulado com o pedido de cobrança dos aluguéis e acessórios da locação; nesta hipótese, citar-se-á o locatário para responder ao pedido de rescisão e o locatário e os fiadores para responderem ao pedido de cobrança, devendo ser apresentado, com a inicial, cálculo discriminado do valor do débito;

•• Inciso I com redação determinada pela Lei n. 12.112, de 9-12-2009.

II – o locatário e o fiador poderão evitar a rescisão da locação efetuando, no prazo de 15 (quinze) dias, contado da citação, o pagamento do débito atualizado, independentemente de cálculo e mediante depósito judicial, incluídos:

•• Inciso II, *caput*, com redação determinada pela Lei n. 12.112, de 9-12-2009.

a) os aluguéis e acessórios da locação que vencerem até a sua efetivação;

b) as multas ou penalidades contratuais, quando exigíveis;

c) os juros de mora;

d) as custas e os honorários do advogado do locador, fixados em dez por cento sobre o montante devido, se do contrato não constar disposição diversa;

III – efetuada a purga da mora, se o locador alegar que a oferta não é integral, justificando a diferença, o locatário poderá complementar o depósito no prazo de 10 (dez) dias, contado da intimação, que poderá ser dirigida ao locatário ou diretamente ao patrono deste, por carta ou publicação no órgão oficial, a requerimento do locador;

•• Inciso III com redação determinada pela Lei n. 12.112, de 9-12-2009.

IV – não sendo integralmente complementado o depósito, o pedido de rescisão prosseguirá pela diferença, podendo o locador levantar a quantia depositada;

•• Inciso IV com redação determinada pela Lei n. 12.112, de 9-12-2009.

V – os aluguéis que forem vencendo até a sentença deverão ser depositados à disposição do juízo, nos respectivos vencimentos, podendo o locador levantá-los desde que incontroversos;

VI – havendo cumulação dos pedidos de rescisão da locação e cobrança dos aluguéis, a execução desta pode ter início antes da desocupação do imóvel, caso ambos tenham sido acolhidos.

Parágrafo único. Não se admitirá a emenda da mora se o locatário já houver utilizado essa faculdade nos 24 (vinte e quatro) meses imediatamente anteriores à propositura da ação.

•• Parágrafo único com redação determinada pela Lei n. 12.112, de 9-12-2009.

Art. 63. Julgada procedente a ação de despejo, o juiz determinará a expedição de mandado de despejo, que conterá o prazo de 30 (trinta) dias para a desocupação voluntária, ressalvado o disposto nos parágrafos seguintes.

•• *Caput* com redação determinada pela Lei n. 12.112, de 9-12-2009.

§ 1.º O prazo será de quinze dias se:

a) entre a citação e a sentença de primeira instância houverem decorrido mais de quatro meses; ou

b) o despejo houver sido decretado com fundamento no art. 9.º ou no § 2.º do art. 46.

•• Alínea *b* com redação determinada pela Lei n. 12.112, de 9-12-2009.

§ 2.º Tratando-se de estabelecimento de ensino autorizado e fiscalizado pelo Poder Público, respeitado o prazo mínimo de seis meses e o máximo de um ano, o juiz disporá, de modo que a desocupação coincida com o período de férias escolares.

§ 3.º Tratando-se de hospitais, repartições públicas, unidades sanitárias oficiais, asilos, estabelecimentos de saúde e de ensino autorizados e fiscalizados pelo Poder Público, bem como por entidades religiosas devidamente registradas, e o despejo for decretado com fundamento no inciso IV do art. 9.º ou no inciso II do art. 53, o prazo será de um ano, exceto no caso em que entre a citação e a sentença de primeira instância houver decorrido mais de um ano, hipótese em que o prazo será de seis meses.

•• § 3.º com redação determinada pela Lei n. 9.256, de 9-1-1996.

§ 4.º A sentença que decretar o despejo fixará o valor da caução para o caso de ser executada provisoriamente.

Art. 64. Salvo nas hipóteses das ações fundadas no art. 9.º, a execução provisória do despejo dependerá de caução não inferior a 6 (seis) meses nem superior a 12 (doze) meses do aluguel, atualizado até a data da prestação da caução.

•• *Caput* com redação determinada pela Lei n. 12.112, de 9-12-2009.

§ 1.º A caução poderá ser real ou fidejussória e será prestada nos autos da execução provisória.

§ 2.º Ocorrendo a reforma da sentença ou da decisão que concedeu liminarmente o despejo, o valor da caução reverterá em favor do réu, como indenização mínima das perdas e danos, podendo este reclamar, em ação própria, a diferença pelo que a exceder.

Art. 65. Findo o prazo assinado para a desocupação, contado da data da notificação, será efetuado o despejo, se necessário com emprego de força, inclusive arrombamento.

§ 1.º Os móveis e utensílios serão entregues à guarda de depositário, se não os quiser retirar o despejado.

§ 2.º O despejo não poderá ser executado até o trigésimo dia seguinte ao do falecimento do cônjuge, ascendente, descendente ou irmão de qualquer das pessoas que habitem o imóvel.

Art. 66. Quando o imóvel for abandonado após ajuizada a ação, o locador poderá imitir-se na posse do imóvel.

Capítulo III
DA AÇÃO DE CONSIGNAÇÃO DE ALUGUEL E ACESSÓRIOS DA LOCAÇÃO

Art. 67. Na ação que objetivar o pagamento dos aluguéis e acessórios da locação mediante consignação, será observado o seguinte:

I – a petição inicial, além dos requisitos exigidos pelo art. 282 do Código de Processo Civil, deverá especificar os aluguéis e acessórios da locação com indicação dos respectivos valores;

II – determinada a citação do réu, o autor será intimado a, no prazo de vinte e quatro horas, efetuar o depósito judicial da importância indicada na petição inicial, sob pena de ser extinto o processo;

III – o pedido envolverá a quitação das obrigações que vencerem durante a tramitação do feito e até ser prolatada a sentença de primeira instância, devendo o autor promover os depósitos nos respectivos vencimentos;

IV – não sendo oferecida a contestação, ou se o locador receber os valores depositados, o juiz acolherá o pedido, declarando quitadas as obrigações, condenando o réu ao pagamento das custas e honorários de vinte por cento do valor dos depósitos;

V – a contestação do locador, além da defesa de direito que possa caber, ficará adstrita, quanto à matéria de fato, a:

a) não ter havido recusa ou mora em receber a quantia devida;

b) ter sido justa a recusa;

c) não ter sido efetuado o depósito no prazo ou no lugar do pagamento;

d) não ter sido o depósito integral;

VI – além de contestar, o réu poderá, em reconvenção, pedir o despejo e a cobrança dos valores objeto da consignatória ou da diferença do depósito inicial, na hipótese de ter sido alegado não ser o mesmo integral;

VII – o autor poderá complementar o depósito inicial, no prazo de cinco dias contados da ciência do oferecimento da resposta, com acréscimo de dez por cento sobre o valor da diferença. Se tal ocorrer, o juiz declarará quitadas as obrigações, elidindo a rescisão da locação, mas imporá ao autor-reconvindo a responsabilidade pelas custas e honorários advocatícios de vinte por cento sobre o valor dos depósitos;

VIII – havendo, na reconvenção, cumulação dos pedidos de rescisão da locação e cobrança dos valores objeto da consignatória, a execução desta somente poderá ter início após obtida a desocupação do imóvel, caso ambos tenham sido acolhidos.

Parágrafo único. O réu poderá levantar a qualquer momento as importâncias depositadas sobre as quais não penda controvérsia.

Capítulo IV
DA AÇÃO REVISIONAL DE ALUGUEL

Art. 68. Na ação revisional de aluguel, que terá o rito sumário, observar-se-á o seguinte:

•• *Caput* com redação determinada pela Lei n. 12.112, de 9-12-2009.

I – além dos requisitos exigidos pelos arts. 276 e 282 do Código de Processo Civil, a petição inicial deverá indicar o valor do aluguel cuja fixação é pretendida;

II – ao designar a audiência de conciliação, o juiz, se houver pedido e com base nos elementos fornecidos tanto pelo locador como pelo locatário, ou nos que indicar, fixará aluguel provisório, que será devido desde a citação, nos seguintes moldes:

•• Inciso II, *caput*, com redação determinada pela Lei n. 12.112, de 9-12-2009.

a) em ação proposta pelo locador, o aluguel provisório não poderá ser excedente a 80% (oitenta por cento) do pedido;

•• Alínea *a* acrescentada pela Lei n. 12.112, de 9-12-2009.

b) em ação proposta pelo locatário, o aluguel provisório não poderá ser inferior a 80% (oitenta por cento) do aluguel vigente;

•• Alínea *b* acrescentada pela Lei n. 12.112, de 9-12-2009.

III – sem prejuízo da contestação e até a audiência, o réu poderá pedir seja revisto o aluguel provisório, fornecendo os elementos para tanto;

IV – na audiência de conciliação, apresentada a contestação, que deverá conter contraproposta se houver discordância quanto ao valor pretendido, o juiz tentará a conciliação e, não sendo esta possível, determinará a realização de perícia, se necessária, designando, desde logo, audiência de instrução e julgamento;

•• Inciso IV com redação determinada pela Lei n. 12.112, de 9-12-2009.

V – o pedido de revisão previsto no inciso III deste artigo interrompe o prazo para interposição de recurso contra a decisão que fixar o aluguel provisório.

•• Inciso V acrescentado pela Lei n. 12.112, de 9-12-2009.

§ 1.º Não caberá ação revisional na pendência de prazo para desocupação do imóvel (arts. 46, § 2.º, e 57), ou quando tenha sido este estipulado amigável ou judicialmente.

§ 2.º No curso da ação de revisão, o aluguel provisório será reajustado na periodicidade pactuada ou na fixada em lei.

Art. 69. O aluguel fixado na sentença retroage à citação, e as diferenças devidas durante a ação de revisão, descontados os alugueres provisórios satisfeitos, serão pagas corrigidas, exigíveis a partir do trânsito em julgado da decisão que fixar o novo aluguel.

§ 1.º Se pedido pelo locador, ou sublocador, a sentença poderá estabelecer periodicidade de reajustamento do aluguel diversa daquela prevista no contrato revisando, bem como adotar outro indexador para reajustamento do aluguel.

§ 2.º A execução das diferenças será feita nos autos da ação de revisão.

Art. 70. Na ação de revisão do aluguel, o juiz poderá homologar acordo de desocupação, que será executado mediante expedição de mandado de despejo.

Capítulo V
DA AÇÃO RENOVATÓRIA

Art. 71. Além dos demais requisitos exigidos no art. 282 do Código de Processo Civil, a petição inicial da ação renovatória deverá ser instruída com:

I – prova do preenchimento dos requisitos dos incisos I, II e III do art. 51;

II – prova do exato cumprimento do contrato em curso;

III – prova da quitação dos impostos e taxas que incidiram sobre o imóvel e cujo pagamento lhe incumbia;

IV – indicação clara e precisa das condições oferecidas para a renovação da locação;

V – indicação do fiador quando houver no contrato a renovar e, quando não for o mesmo, com indicação do nome ou denominação completa, número de sua inscrição no Ministério da Fazenda, endereço e, tratando-se de pessoa natural, a nacionalidade, o estado civil, a profissão e o número da carteira de identidade, comprovando, desde logo, mesmo que não haja alteração do fiador, a atual idoneidade financeira;

•• Inciso V com redação determinada pela Lei n. 12.112, de 9-12-2009.

VI – prova de que o fiador do contrato ou o que o substituir na renovação aceita os encargos da fiança, autorizado por seu cônjuge, se casado for;

VII – prova, quando for o caso, de ser cessionário ou sucessor, em virtude de título oponível ao proprietário.

Parágrafo único. Proposta a ação pelo sublocatário do imóvel ou de parte dele, serão citados o sublocador e o locador, como litisconsortes, salvo se, em virtude de locação originária ou renovada, o sublocador dispuser de prazo que admita renovar a sublocação; na primeira hipótese, procedente a ação, o proprietário ficará diretamente obrigado à renovação.

Art. 72. A contestação do locador, além da defesa de direito que possa caber, ficará adstrita, quanto à matéria de fato, ao seguinte:

I – não preencher o autor os requisitos estabelecidos nesta Lei;

II – não atender, a proposta do locatário, o valor locativo real do imóvel na época da renovação, excluída a valorização trazida por aquele ao ponto ou lugar;

III – ter proposta de terceiro para a locação, em condições melhores;

IV – não estar obrigado a renovar a locação (incisos I e II do art. 52).

§ 1.º No caso do inciso II, o locador deverá apresentar, em contraproposta, as condições de locação que repute compatíveis com o valor locativo real e atual do imóvel.

§ 2.º No caso do inciso III, o locador deverá juntar prova documental da proposta do terceiro, subscrita por este e por duas testemunhas, com clara indicação do ramo a ser explorado, que não poderá ser o mesmo do locatário. Nessa hipótese, o locatário poderá, em réplica, aceitar tais condições para obter a renovação pretendida.

§ 3.º No caso do inciso I do art. 52, a contestação deverá trazer prova da determinação do Poder Público ou relatório pormenorizado das obras a serem realizadas e da estimativa de valorização que sofrerá o imóvel, assinado por engenheiro devidamente habilitado.

§ 4.º Na contestação, o locador, ou sublocador, poderá pedir, ainda, a fixação de aluguel provisório, para vigorar a partir do primeiro mês do prazo do contrato a ser renovado, não excedente a oitenta por cento do pedido, desde que apresentados elementos hábeis para aferição do justo valor do aluguel.

§ 5.º Se pedido pelo locador, ou sublocador, a sentença poderá estabelecer periodicidade de reajustamento do aluguel diversa daquela prevista no contrato renovando, bem como adotar outro indexador para reajustamento do aluguel.

Art. 73. Renovada a locação, as diferenças dos aluguéis vencidos serão executadas nos próprios autos da ação e pagas de uma só vez.

Art. 74. Não sendo renovada a locação, o juiz determinará a expedição de mandado de despejo, que conterá o prazo de 30 (trinta) dias para a desocupação voluntária, se houver pedido na contestação.

•• *Caput* com redação determinada pela Lei n. 12.112, de 9-12-2009.

§§ 1.º a 3.º (*Vetados.*)

•• §§ 1.º a 3.º acrescentados pela Lei n. 12.112, de 9-12-2009.

Art. 75. Na hipótese do inciso III do art. 72, a sentença fixará desde logo a indenização devida ao locatário em consequência da não prorrogação da locação, solidariamente devida pelo locador e o proponente.

•• A Lei n. 12.112, de 9-12-2009, propôs nova redação para este artigo, porém teve seu texto vetado.

TÍTULO III
DAS DISPOSIÇÕES FINAIS E TRANSITÓRIAS

Art. 76. Não se aplicam as disposições desta Lei aos processos em curso.

Art. 77. Todas as locações residenciais que tenham sido celebradas anteriormente à vigência desta Lei serão automaticamente prorrogadas por tempo indeterminado, ao término do prazo ajustado no contrato.

Art. 78. As locações residenciais que tenham sido celebradas anteriormente à vigência desta Lei e que já vigorem ou venham a vigorar por prazo indeterminado, poderão ser denunciadas pelo locador, concedido o prazo de doze meses para a desocupação.

Parágrafo único. Na hipótese de ter havido revisão judicial ou amigável do aluguel, atingindo o preço do mercado, a denúncia somente poderá ser exercitada após vinte e quatro meses da data da revisão, se esta ocorreu nos doze meses anteriores à data da vigência desta Lei.

Art. 79. No que for omissa esta Lei aplicam-se as normas do Código Civil e do Código de Processo Civil.

•• Refere-se ao CC de 1916. *Vide* arts. 565 a 578 e 2.036 do Código vigente.

Art. 80. Para os fins do inciso I do art. 98 da Constituição Federal, as ações de despejo poderão ser consideradas como causas cíveis de menor complexidade.

Art. 81. O inciso II do art. 167 e o art. 169 da Lei n. 6.015, de 31 de dezembro de 1973, passam a vigorar com as seguintes alterações:

•• Modificação já integrada ao texto da citada Lei.

Art. 82. O art. 3.º da Lei n. 8.009, de 29 de março de 1990, passa a vigorar acrescido do seguinte inciso VII:

•• Modificação já integrada ao texto da citada Lei.

Art. 83. Ao art. 24 da Lei n. 4.591, de 16 de dezembro de 1964, fica acrescido o seguinte § 4.º:

•• Modificação prejudicada pela nova redação determinada pela Lei n. 9.267, de 25-3-1996.

Art. 84. Reputam-se válidos os registros dos contratos de locação dos imóveis, realizados até a data da vigência desta Lei.

Art. 85. Nas locações residenciais, é livre a convenção do aluguel quanto a preço, periodicidade e indexador de reajustamento, vedada a vinculação à variação do salário mínimo, variação cambial e moeda estrangeira:

I – dos imóveis novos com habite-se concedido a partir da entrada em vigor desta Lei;

II – dos demais imóveis não enquadrados no inciso anterior, em relação aos contratos celebrados, após cinco anos de entrada em vigor desta Lei.

Art. 86. O art. 8.º da Lei n. 4.380, de 21 de agosto de 1964 passa a vigorar com a seguinte redação:

•• Modificação já integrada ao texto da citada Lei.

Art. 87. (*Vetado.*)

Art. 88. (*Vetado.*)

Art. 89. Esta Lei entrará em vigor sessenta dias após a sua publicação.

Art. 90. Revogam-se as disposições em contrário, especialmente:

I – o Decreto n. 24.150, de 20 de abril de 1934;

II – a Lei n. 6.239, de 19 de setembro de 1975;

III – a Lei n. 6.649, de 16 de maio de 1979;

IV – a Lei n. 6.698, de 15 de outubro de 1979;

V – a Lei n. 7.355, de 31 de agosto de 1985;

VI – a Lei n. 7.538, de 24 de setembro de 1986;

VII – a Lei n. 7.612, de 9 de julho de 1987; e

VIII – a Lei n. 8.157, de 3 de janeiro de 1991.

Brasília, em 18 de outubro de 1991; 170.º da Independência e 103.º da República.

FERNANDO COLLOR

DECRETO N. 578, DE 24 DE JUNHO DE 1992 (*)

Dá nova regulamentação ao lançamento dos Títulos da Dívida Agrária.

(*) Publicado no *DOU*, de 25-6-1992.

O Presidente da República, no uso da atribuição que lhe confere o art. 84, inciso VI, da Constituição, e tendo em vista o disposto nos arts. 184 da Constituição, 105 da Lei n. 4.504, de 30 de novembro de 1964, e 5.º da Lei n. 8.177, de 1.º de março de 1991, decreta:

Art. 1.º Os Títulos da Dívida Agrária - TDA terão forma escritural, e o seu controle, administração, lançamento, resgate e serviço de pagamento de juros obedecerão ao disposto neste Decreto.

Parágrafo único. O lançamento do TDA sob a forma escritural corresponde à emissão do título cartular.

Art. 2.º O limite máximo de circulação dos TDA é de Cr$ 7.929.774.965.762,40 (sete trilhões, novecentos e vinte e nove bilhões, setecentos e setenta e quatro milhões, novecentos e sessenta e cinco mil, setecentos e sessenta e dois cruzeiros e quarenta centavos), a preços de maio de 1992, atualizado mensalmente, na forma do disposto no art. 5.º da Lei n. 8.177, de 1.º de março de 1991.

Parágrafo único. Por TDA em circulação entende-se os Títulos emitidos anteriormente à edição deste Decreto, e os lançados, não resgatados.

Art. 3.º Caberá ao Ministério da Economia, Fazenda e Planejamento - MEFP a gestão, o controle, lançamento, resgate e pagamento de juros dos TDA.

§ 1.º O lançamento dos TDA, em atendimento à execução do programa de reforma agrária, far-se-á mediante solicitação expressa do Instituto Nacional de Colonização e Reforma Agrária - INCRA ao Departamento do Tesouro Nacional - DTN.

§ 2.º O MEFP manterá controle de todos os lançamentos dos Títulos, bem assim do seu resgate e pagamento dos respectivos juros, por meio de sistema centralizado de liquidação e de custódia.

§ 3.º O DTN e o INCRA expedirão instrução normativa conjunta relativa à forma de solicitação de lançamento.

Art. 4.º Os TDA serão nominativos e terão valor nominal, a preços de maio de 1992, de:

I – Cr$ 79.297,75 (setenta e nove mil, duzentos e noventa e sete cruzeiros e setenta e cinco centavos);

II – Cr$ 158.595,50 (cento e cinquenta e oito mil, quinhentos e noventa e cinco cruzeiros e cinquenta centavos);

III – Cr$ 317.191,00 (trezentos e dezessete mil, cento e noventa e um cruzeiros);

IV – Cr$ 792.977,50 (setecentos e noventa e dois mil, novecentos e setenta e sete cruzeiros e cinquenta centavos);

V – Cr$ 1.585.955,00 (um milhão, quinhentos e oitenta e cinco mil, novecentos e cinquenta e cinco cruzeiros).

§ 1.º O valor nominal dos TDA será atualizado, no primeiro dia de cada mês, por índice calculado com base na Taxa Referencial - TR referente ao mês anterior.

§ 2.º Compete ao MEFP a declaração mensal do valor nominal do TDA.

Art. 5.º Os lançamentos dos TDA conterão:

I – a denominação: Título da Dívida Agrária;

II – a quantidade de títulos;

III – a data do lançamento;

IV – a data do vencimento;

V – o valor nominal em cruzeiros.

Art. 6.º Os TDA serão lançados, no primeiro dia útil de cada mês, em séries autônomas relacionadas aos seus prazos de vencimento, conforme a necessidade de cada caso específico.

§ 1.º O prazo de vencimento de cada série poderá ser de 5 (cinco), 10 (dez), 15 (quinze) ou 20 (vinte) anos.

§ 2.º O lançamento de cada série autônoma será composto de quantidades anuais, iguais e sucessivas de títulos, com data de resgate inicial, a partir do segundo ano.

§ 3.º Observados os critérios do art. 11 do Decreto n. 433, de 24 de janeiro de 1992, caberá, anualmente, ao Ministro da Economia, Fazenda e Planejamento propor ao Presidente da República a fixação dos prazos estabelecidos no § 1.º deste artigo, para fins de lançamento dos TDA, com base nos limites de endividamento do Setor Público.

Art. 7.º Os TDA poderão ser transferidos, por lançamento, mediante ordem do alienante e do alienatário à instituição financeira que o represente no sistema de liquidação e de custódia, vedado o fracionamento do título.

Art. 8.º Os TDA serão remunerados com juros de 6% (seis por cento) ao ano, ou fração *pro rata*, calculados sobre o valor nominal atualizado, pagos anualmente.

Art. 9.º O valor do resgate do Título corresponderá ao montante em cruzeiros do valor nominal atualizado, acrescido da remuneração dos juros, calculados *pro rata*.

Art. 10. O lançamento do TDA e suas transferências processar-se-ão sob a forma escritural, mediante registro dos respectivos direitos creditórios, em sistema centralizado de liquidação e de custódia, por intermédio do qual serão também creditados a remuneração de juros e os valores referentes aos resgates do principal previstos.

Art. 11. Os TDA poderão ser utilizados em:

I – pagamento de até 50% (cinquenta por cento) do Imposto sobre a Propriedade Territorial Rural;

II – pagamento de preço de terras públicas;

III – prestação de garantia;

IV – depósito, para assegurar a execução em ações judiciais ou administrativas;

V – caução, para garantia de:

a) quaisquer contratos de obras ou serviços celebrados com a União;

b) empréstimos ou financiamentos em estabelecimentos da União, autarquias federais e sociedades de economia mista, entidades ou fundos de aplicação às atividades rurais criadas para este fim;

VI – a partir do seu vencimento, em aquisição de ações de empresas estatais incluídas no Programa Nacional de Desestatização.

Art. 12. O MEFP transferirá dos TDA, utilizados em pagamento do Imposto sobre a Propriedade Territorial Rural, a parcela proporcional que lhe é correspondente, ao município.

Art. 13. Em articulação com o Ministério da Agricultura e Reforma Agrária - MARA, o MEFP estabelecerá, anualmente, com base no Orçamento Geral da União, o montante definitivo de lançamentos de TDA.

Art. 14. Em consonância com o disposto no § 1.º do art. 19 da Lei n. 8.088, de 31 de outubro de 1990, os detentores de Certificados de TDA, vencidos ou vincendos, deverão promover a sua identificação junto ao INCRA, em prazo a ser fixado, para o efeito de inclusão dos seus títulos em sistema centralizado de liquidação e de custódia.

Art. 15. Os Ministros da Economia, Fazenda e Planejamento e da Agricultura e Reforma Agrária poderão expedir as instruções necessárias à fiel execução do presente Decreto.

Art. 16. Revoga-se o Decreto n. 95.714, de 10 de fevereiro de 1988.

Brasília, 24 de junho de 1992; 171.º da Independência e 104.º da República.

FERNANDO COLLOR

LEI N. 8.560, DE 29 DE DEZEMBRO DE 1992 (*)

Regula a investigação de paternidade dos filhos havidos fora do casamento e dá outras providências.

O Presidente da República:

Faço saber que o Congresso Nacional decreta e eu sanciono a seguinte Lei:

Art. 1.º O reconhecimento dos filhos havidos fora do casamento é irrevogável e será feito:

• Do reconhecimento dos filhos no CC: *vide* arts. 1.607 a 1.617.

I – no registro de nascimento;

II – por escritura pública ou escrito particular, a ser arquivado em cartório;

III – por testamento, ainda que incidentalmente manifestado;

IV – por manifestação expressa e direta perante o juiz, ainda que o reconhecimento não haja sido o objeto único e principal do ato que o contém.

• *Vide* arts. 1.609 e 1.610 do CC.

Art. 2.º Em registro de nascimento de menor apenas com a maternidade estabelecida, o oficial remeterá ao juiz certidão integral do registro e o nome e prenome, profissão, identidade e residência do suposto pai, a fim de ser averiguada oficiosamente a procedência da alegação.

§ 1.º O juiz, sempre que possível, ouvirá a mãe sobre a paternidade alegada e mandará, em qualquer caso, notificar o suposto pai, independente de seu estado civil, para que se manifeste sobre a paternidade que lhe é atribuída.

§ 2.º O juiz, quando entender necessário, determinará que a diligência seja realizada em segredo de justiça.

§ 3.º No caso do suposto pai confirmar expressamente a paternidade, será lavrado termo de reconhecimento e remetida certidão ao oficial do registro, para a devida averbação.

§ 4.º Se o suposto pai não atender no prazo de 30 (trinta) dias a notificação judicial, ou negar a alegada paternidade, o juiz remeterá os autos ao representante do Ministério Público para que intente, havendo elementos suficientes, a ação de investigação de paternidade.

• *Vide* Súmula 301 do STJ.

§ 5.º Nas hipóteses previstas no § 4.º deste artigo, é dispensável o ajuizamento de ação de investigação de paternidade pelo Ministério Público se, após o não comparecimento ou a recusa do suposto pai em assumir a paternidade a ele atribuída, a criança for encaminhada para adoção.

•• § 5.º com redação determinada pela Lei n. 12.010, de 3-8-2009.

§ 6.º A iniciativa conferida ao Ministério Público não impede a quem tenha legítimo interesse de intentar investigação, visando a obter o pretendido reconhecimento da paternidade.

•• Primitivo § 5.º renumerado pela Lei n. 12.010, de 3-8-2009.

Art. 2.º-A. Na ação de investigação de paternidade, todos os meios legais, bem como os moralmente legítimos, serão hábeis para provar a verdade dos fatos.

•• *Caput* acrescentado pela Lei n. 12.004, de 29-7-2009.

§ 1.º A recusa do réu em se submeter ao exame de código genético - DNA gerará a presunção da paternidade, a ser apreciada em conjunto com o contexto probatório.

•• Parágrafo único renumerado pela Lei n. 14.138, de 16-4-2021.

§ 2.º Se o suposto pai houver falecido ou não existir notícia de seu paradeiro, o juiz determinará, a expensas do autor da ação, a realização do exame de pareamento do código genético (DNA) em parentes consanguíneos, preferindo-se os de grau mais próximo aos mais distantes, importando a recusa em presunção da paternidade, a ser apreciada em conjunto com o contexto probatório.

•• § 2.º acrescentado pela Lei n. 14.138, de 16-4-2021.

•• *Vide* Súmula 301 do STJ.

Art. 3.º É vedado legitimar e reconhecer filho na ata do casamento.

Parágrafo único. É ressalvado o direito de averbar alteração do patronímico materno, em decorrência do casamento, no termo de nascimento do filho.

Art. 4.º O filho maior não pode ser reconhecido sem o seu consentimento.

•• *Vide* art. 1.614 do CC.

Art. 5.º No registro de nascimento não se fará qualquer referência à natureza da filiação, à sua ordem em relação a outros irmãos do mesmo prenome, exceto gêmeos, ao lugar e cartório do casamento dos pais e ao estado civil destes.

(*) Publicada no *DOU*, de 30-12-1992. A Lei n. 10.317, de 6-12-2001, altera a Lei n. 1.060, de 5-2-1950 (assistência judiciária aos necessitados), para conceder a gratuidade do exame de DNA nos casos que especifica.

• *Vide* art. 226, § 6.º, da CF.
• *Vide* art. 1.596 do CC.

Art. 6.º Das certidões de nascimento não constarão indícios de a concepção haver sido decorrente de relação extraconjugal.

• *Vide* art. 226, § 6.º, da CF.
• *Vide* art. 1.596 do CC.

§ 1.º Não deverá constar, em qualquer caso, o estado civil dos pais e a natureza da filiação, bem como o lugar e cartório do casamento, proibida referência à presente Lei.

§ 2.º São ressalvadas autorizações ou requisições judiciais de certidões de inteiro teor, mediante decisão fundamentada, assegurados os direitos, as garantias e interesses relevantes do registrado.

Art. 7.º Sempre que na sentença de primeiro grau se reconhecer a paternidade, nela se fixarão os alimentos provisionais ou definitivos do reconhecido que deles necessite.

•• *Vide* arts. 1.705 e 1.706 do CC.
•• *Vide* Lei n. 5.478, de 25-7-1968.
• *Vide* Súmula 277 do STJ.

Art. 8.º Os registros de nascimento, anteriores à data da presente Lei, poderão ser retificados por decisão judicial, ouvido o Ministério Público.

Art. 9.º Esta Lei entra em vigor na data de sua publicação.

Art. 10. São revogados os arts. 332, 337 e 347 do Código Civil e demais disposições em contrário.

•• Refere-se ao CC de 1916 (Lei n. 3.071, de 1.º-1-1916).

Brasília, 29 de dezembro de 1992; 171.º da Independência e 104.º da República.

ITAMAR FRANCO

LEI N. 8.617, DE 4 DE JANEIRO DE 1993 (*)

Dispõe sobre o mar territorial, a zona contígua, a zona econômica exclusiva e a plataforma continental brasileiros, e dá outras providências.

O Presidente da República:

Faço saber que o Congresso Nacional decreta e eu sanciono a seguinte Lei:

Capítulo I
DO MAR TERRITORIAL

Art. 1.º O mar territorial brasileiro compreende uma faixa de 12 (doze) milhas marítimas de largura, medidas a partir da linha de baixa-mar do litoral continental e insular brasileiro, tal como indicada nas cartas náuticas de grande escala, reconhecidas oficialmente no Brasil.

Parágrafo único. Nos locais em que a costa apresente recortes profundos e reentrâncias ou em que exista uma franja de ilhas ao longo da costa na sua proximidade imediata, será adotado o método das linhas de base retas, ligando pontos apropriados, para o traçado da linha de base, a partir da qual será medida a extensão do mar territorial.

Art. 2.º A soberania do Brasil estende-se ao mar territorial, ao espaço aéreo sobrejacente, bem como ao seu leito e subsolo.

Art. 3.º É reconhecido aos navios de todas as nacionalidades o direito de passagem inocente no mar territorial brasileiro.

§ 1.º A passagem será considerada inocente desde que não seja prejudicial à paz, à boa ordem ou à segurança do Brasil, devendo ser contínua e rápida.

§ 2.º A passagem inocente poderá compreender o parar e o fundear, mas apenas na medida em que tais procedimentos constituam incidentes comuns de navegação ou sejam impostos por motivos de força maior ou por dificuldade grave, ou tenham por fim prestar auxílio a pessoas, a navios ou aeronaves em perigo ou em dificuldade grave.

§ 3.º Os navios estrangeiros no mar territorial brasileiro estarão sujeitos aos regulamentos estabelecidos pelo Governo brasileiro.

Capítulo II
DA ZONA CONTÍGUA

Art. 4.º A zona contígua brasileira compreende uma faixa que se estende das 12 (doze) às 24 (vinte e quatro) milhas marítimas, contadas a partir das linhas de base que servem para medir a largura do mar territorial.

Art. 5.º Na zona contígua, o Brasil poderá tomar as medidas de fiscalização necessárias para:

I – evitar as infrações às leis e aos regulamentos aduaneiros, fiscais, de imigração ou sanitários, no seu território ou no seu mar territorial;

II – reprimir as infrações às leis e aos regulamentos, no seu território ou no seu mar territorial.

Capítulo III
DA ZONA ECONÔMICA EXCLUSIVA

Art. 6.º A zona econômica exclusiva brasileira compreende uma faixa que se estende das 12 (doze) às 200 (duzentas) milhas marítimas, contadas a partir das linhas de base que servem para medir a largura do mar territorial.

Art. 7.º Na zona econômica exclusiva, o Brasil tem direitos de soberania para fins de exploração e aproveitamento, conservação e gestão dos recursos naturais, vivos ou não vivos, das águas sobrejacentes ao leito do mar, do leito do mar e seu subsolo, e no que se refere a outras atividades com vistas à exploração e ao aproveitamento da zona para fins econômicos.

Art. 8.º Na zona econômica exclusiva, o Brasil, no exercício de sua jurisdição, tem o direito exclusivo de regula-

(*) Publicada no *DOU*, de 5-1-1993.

mentar a investigação científica marinha, a proteção e preservação do meio marinho, bem como a construção, operação e uso de todos os tipos de ilhas artificiais, instalações e estruturas.

Parágrafo único. A investigação científica marinha na zona econômica exclusiva só poderá ser conduzida por outros Estados com o consentimento prévio do Governo brasileiro, nos termos da legislação em vigor que regula a matéria.

Art. 9.º A realização por outros Estados, na zona econômica exclusiva, de exercícios ou manobras militares, em particular as que impliquem o uso de armas ou explosivos, somente poderá ocorrer com o consentimento do Governo brasileiro.

Art. 10. É reconhecido a todos os Estados o gozo, na zona econômica exclusiva, das liberdades de navegação e sobrevoo, bem como de outros usos do mar internacionalmente lícitos, relacionados com as referidas liberdades, tais como os ligados à operação de navios e aeronaves.

- A Lei n. 9.537, de 11-12-1997, regulamentada pelo Decreto n. 2.596, de 18-5-1998, dispõe sobre a segurança do tráfego aquaviário em águas sob jurisdição nacional.

Capítulo IV
DA PLATAFORMA CONTINENTAL

Art. 11. A plataforma continental do Brasil compreende o leito e o subsolo das áreas submarinas que se estendem além do seu mar territorial, em toda a extensão do prolongamento natural de seu território terrestre, até o bordo exterior da margem continental, ou até uma distância de 200 (duzentas) milhas marítimas das linhas de base, a partir das quais se mede a largura do mar territorial, nos casos em que o bordo exterior da margem continental não atinja essa distância.

Parágrafo único. O limite exterior da plataforma continental será fixado de conformidade com os critérios estabelecidos no art. 76 da Convenção das Nações Unidas sobre o Direito do Mar, celebrada em Montego Bay, em 10 de dezembro de 1982.

Art. 12. O Brasil exerce direitos de soberania sobre a plataforma continental, para efeitos de exploração e aproveitamento dos seus recursos naturais.

Parágrafo único. Os recursos naturais a que se refere o *caput* são os recursos minerais e outros recursos não vivos do leito do mar e subsolo, bem como os organismos vivos pertencentes a espécies sedentárias, isto é, aquelas que no período de captura estão imóveis no leito do mar ou no seu subsolo, ou que só podem mover-se em constante contato físico com esse leito ou subsolo.

- De acordo com o art. 1.º, § 2.º, da Lei n. 13.123, de 20-5-2015, o acesso ao patrimônio genético existente na plataforma continental observará o disposto neste artigo (em vigor 180 dias após a publicação – *DOU* de 21-5-2015).

Art. 13. Na plataforma continental, o Brasil, no exercício de sua jurisdição, tem o direito exclusivo de regulamentar a investigação científica marinha, a proteção e preservação do meio marinho, bem como a construção, operação e o uso de todos os tipos de ilhas artificiais, instalações e estruturas.

§ 1.º A investigação científica marinha, na plataforma continental, só poderá ser conduzida por outros Estados com o consentimento prévio do Governo brasileiro, nos termos da legislação em vigor que regula a matéria.

§ 2.º O Governo brasileiro tem o direito exclusivo de autorizar e regulamentar as perfurações na plataforma continental, quaisquer que sejam os seus fins.

Art. 14. É reconhecido a todos os Estados o direito de colocar cabos e dutos na plataforma continental.

§ 1.º O traçado da linha para a colocação de tais cabos e dutos na plataforma continental dependerá do consentimento do Governo brasileiro.

§ 2.º O Governo brasileiro poderá estabelecer condições para a colocação dos cabos e dutos que penetrem seu território ou seu mar territorial.

Art. 15. Esta Lei entra em vigor na data de sua publicação.

Art. 16. Revogam-se o Decreto-Lei n. 1.098, de 25 de março de 1970, e as demais disposições em contrário.

Brasília, 4 de janeiro de 1993; 172.º da Independência e 105.º da República.

ITAMAR FRANCO

LEI N. 8.929, DE 22 DE AGOSTO DE 1994 (*)

Institui a Cédula de Produto Rural, e dá outras providências.

O Presidente da República.

Faço saber que o Congresso Nacional decreta e eu sanciono a seguinte Lei:

Art. 1.º Fica instituída a Cédula de Produto Rural (CPR), representativa de promessa de entrega de produtos rurais, com ou sem garantias cedularmente constituídas.

•• *Caput* com redação determinada pela Lei n. 13.986, de 7-4-2020.

§ 1.º Fica permitida a liquidação financeira da CPR, desde que observadas as condições estipuladas nesta Lei.

•• § 1.º acrescentado pela Lei n. 13.986, de 7-4-2020.

§ 2.º Para os efeitos desta Lei, produtos rurais são aqueles obtidos nas atividades:

•• § 2.º, *caput*, acrescentado pela Lei n. 13.986, de 7-4-2020.

I – agrícola, pecuária, de floresta plantada e de pesca e aquicultura, seus derivados, subprodutos e resíduos de valor econômico, inclusive quando submetidos a beneficiamento ou a primeira industrialização;

•• Inciso I acrescentado pela Lei n. 13.986, de 7-4-2020.

(*) Publicada no *DOU*, de 23-8-1994.

II – relacionadas à conservação de florestas nativas e dos respectivos biomas e ao manejo de florestas nativas no âmbito do programa de concessão de florestas públicas, ou obtidos em outras atividades florestais que vierem a ser definidas pelo Poder Executivo como ambientalmente sustentáveis.

•• Inciso II acrescentado pela Lei n. 13.986, de 7-4-2020.

•• O Decreto n. 10.828, de 1.º-10-2021, regulamenta a emissão de Cédula de Produto Rural, relacionada às atividades de conservação e recuperação de florestas nativas e de seus biomas, de que trata este inciso II.

§ 3.º O Poder Executivo poderá regulamentar o disposto neste artigo, inclusive relacionar os produtos passíveis de emissão de CPR.

•• § 3.º acrescentado pela Lei n. 13.986, de 7-4-2020.

Art. 2.º Têm legitimação para emitir CPR o produtor rural, pessoa natural ou jurídica, inclusive aquela com objeto social que compreenda em caráter não exclusivo a produção rural, a cooperativa agropecuária e a associação de produtores rurais que tenha por objeto a produção, a comercialização e a industrialização dos produtos rurais de que trata o art. 1.º desta Lei.

•• *Caput* com redação determinada pela Lei n. 13.986, de 7-4-2020.

§ 1.º É facultada a emissão de CPR pelas pessoas naturais ou jurídicas não elencadas no *caput* deste artigo que explorem floresta nativa ou plantada ou que beneficiem ou promovam a primeira industrialização dos produtos rurais referidos no art. 1.º desta Lei.

•• § 1.º acrescentado pela Lei n. 13.986, de 7-4-2020.

§ 2.º Sobre a CPR emitida pelas pessoas elencadas no § 1.º deste artigo incidirá o imposto sobre operações de crédito, câmbio e seguro, ou relativas a títulos ou valores mobiliários, e não será aplicado o disposto no inciso V do *caput* do art. 3.º da Lei n. 11.033, de 21 de dezembro 2004, nem quaisquer outras isenções.

•• § 2.º acrescentado pela Lei n. 13.986, de 7-4-2020.

§ 3.º O Poder Executivo poderá regulamentar o disposto neste artigo, inclusive alterando o rol dos emissores de CPR para efeito desta Lei.

•• § 3.º acrescentado pela Lei n. 13.986, de 7-4-2020.

Art. 3.º A CPR conterá os seguintes requisitos, lançados em seu contexto:

I – denominação "Cédula de Produto Rural" ou "Cédula de Produto Rural com Liquidação Financeira", conforme o caso;

•• Inciso I redação determinada pela Lei n. 13.986, de 7-4-2020.

II – data da entrega ou vencimento e, se for o caso, cronograma de liquidação;

•• Inciso II redação determinada pela Lei n. 13.986, de 7-4-2020.

III – nome e qualificação do credor e cláusula à ordem;

•• Inciso III redação determinada pela Lei n. 13.986, de 7-4-2020.

IV – promessa pura e simples de entrega do produto, sua indicação e as especificações de qualidade, de quantidade e do local onde será desenvolvido o produto rural;

•• Inciso IV redação determinada pela Lei n. 13.986, de 7-4-2020.

V – local e condições da entrega;

VI – descrição dos bens cedularmente vinculados em garantia, com nome e qualificação dos seus proprietários e nome e qualificação dos garantidores fidejussórios;

•• Inciso VI redação determinada pela Lei n. 13.986, de 7-4-2020.

VII – data e lugar da emissão;

VIII – nome, qualificação e assinatura do emitente e dos garantidores, que poderá ser feita de forma eletrônica;

•• Inciso VIII redação determinada pela Lei n. 13.986, de 7-4-2020.

IX – forma e condição de liquidação; e

•• Inciso IX acrescentado pela Lei n. 13.986, de 7-4-2020.

X – critérios adotados para obtenção do valor de liquidação da cédula.

•• Inciso X acrescentado pela Lei n. 13.986, de 7-4-2020.

§ 1.º Sem caráter de requisito essencial, a CPR, emitida sob a forma cartular ou escritural, poderá conter outras cláusulas lançadas em seu contexto.

•• § 1.º com redação determinada pela Lei n. 13.986, de 7-4-2020.

§ 2.º A descrição dos bens vinculados em garantia pode ser feita em documento à parte, assinado pelo emitente, fazendo-se, na cédula, menção a essa circunstância.

§ 3.º Os bens vinculados em garantia serão descritos de modo simplificado e, quando for o caso, serão identificados pela sua numeração própria e pelo número de registro ou matrícula no registro oficial competente, dispensada, no caso de imóveis, a indicação das respectivas confrontações.

•• § 3.º com redação determinada pela Lei n. 13.986, de 7-4-2020.

§ 4.º No caso de emissão escritural, admite-se a utilização das formas previstas na legislação específica quanto à assinatura em documentos eletrônicos, como senha eletrônica, biometria e código de autenticação emitido por dispositivo pessoal e intransferível, inclusive para fins de validade, eficácia e executividade.

•• § 4.º acrescentado pela Lei n. 13.986, de 7-4-2020.

§ 5.º A CPR poderá ser aditada, ratificada e retificada por termo aditivo que a integre, datado e assinado pelo emitente, pelo garantidor e pelo credor, com a formalização e o registro na forma do título original, conforme o art. 3º-A desta Lei, fazendo-se, na cédula, menção a essa circunstância.

•• § 5.º acrescentado pela Lei n. 13.986, de 7-4-2020.

§ 6.º No caso da CPR com liquidação física, os procedimentos para definição da qualidade do produto obedecerão ao disposto em regulamento do Poder Executivo, quando houver.

•• § 6.º acrescentado pela Lei n. 13.986, de 7-4-2020.

§ 7.º O Poder Executivo poderá regulamentar o disposto neste artigo.

•• § 7.º acrescentado pela Lei n. 13.986, de 7-4-2020.

Art. 3º-A. A CPR poderá ser emitida sob a forma cartular ou escritural.

•• *Caput* acrescentado pela Lei n. 13.986, de 7-4-2020.

§ 1.º A emissão na forma escritural, que poderá valer-se de processos eletrônicos ou digitais, será objeto de lançamento em sistema eletrônico de escrituração gerido por entidade autorizada pelo Banco Central do Brasil a exercer a atividade de escrituração.

•• § 1.º acrescentado pela Lei n. 13.986, de 7-4-2020.

§ 2.º A CPR emitida sob a forma cartular assumirá a forma escritural enquanto permanecer depositada em entidade autorizada pelo Banco Central do Brasil a exercer a atividade de depósito centralizado de ativos financeiros ou de valores mobiliários.

•• § 2.º acrescentado pela Lei n. 13.986, de 7-4-2020.

§ 3.º Os negócios ocorridos durante o período em que a CPR emitida sob a forma cartular estiver depositada não serão transcritos no verso do título, cabendo ao sistema referido no § 1º deste artigo o controle da titularidade.

•• § 3.º acrescentado pela Lei n. 13.986, de 7-4-2020.

§ 4.º A CPR será considerada ativo financeiro, para os fins de registro e de depósito em entidades autorizadas pelo Banco Central do Brasil a exercer tais atividades.

•• § 4.º acrescentado pela Lei n. 13.986, de 7-4-2020.

Art. 3.º-B. Compete ao Banco Central do Brasil:

•• *Caput* acrescentado pela Lei n. 13.986, de 7-4-2020.

I – estabelecer as condições para o exercício da atividade de escrituração de que trata o § 1.º do art. 3.º-A desta Lei; e

•• Inciso I acrescentado pela Lei n. 13.986, de 7-4-2020.

II – autorizar e supervisionar o exercício da atividade prevista no inciso I do *caput* deste artigo.

•• Inciso II acrescentado pela Lei n. 13.986, de 7-4-2020.

§ 1.º A autorização de que trata o inciso II do *caput* deste artigo poderá, a critério do Banco Central do Brasil, ser concedida por segmento, por espécie ou por grupos de entidades que atendam a critérios específicos, dispensada a autorização individualizada.

•• § 1.º acrescentado pela Lei n. 13.986, de 7-4-2020.

§ 2.º A entidade de que trata o § 1.º do art. 3.º-A desta Lei deverá expedir, mediante solicitação:

•• § 2.º, *caput*, acrescentado pela Lei n. 13.986, de 7-4-2020.

I – certidão de inteiro teor do título, inclusive para fins de protesto, de procedimento extrajudicial ou de medida judicial, mesmo contra garantidores;

•• Inciso I acrescentado pela Lei n. 13.986, de 7-4-2020.

II – certidão de registro de cédulas escrituradas em nome do emitente e garantidor, quando aplicável.

•• Inciso II acrescentado pela Lei n. 13.986, de 7-4-2020.

§ 3.º As certidões previstas no § 2.º deste artigo podem ser emitidas de forma eletrônica, observados requisitos de segurança que garantam a autenticidade e a integridade do documento, que lhe conferem liquidez, certeza e exigibilidade.

•• § 3.º acrescentado pela Lei n. 13.986, de 7-4-2020.

Art. 3.º-C. O sistema eletrônico de escrituração de que trata o § 1.º do art. 3.º-A desta Lei fará constar:

•• *Caput* acrescentado pela Lei n. 13.986, de 7-4-2020.

I – os requisitos essenciais do título;

•• Inciso I acrescentado pela Lei n. 13.986, de 7-4-2020.

II – as transferências de titularidade realizadas;

•• Inciso II acrescentado pela Lei n. 13.986, de 7-4-2020.

III – os aditamentos, as ratificações e as retificações;

•• Inciso III acrescentado pela Lei n. 13.986, de 7-4-2020.

IV – a inclusão de notificações, de cláusulas contratuais e de outras informações;

•• Inciso IV acrescentado pela Lei n. 13.986, de 7-4-2020.

V – a forma de liquidação de entrega ajustada no título;

•• Inciso V acrescentado pela Lei n. 13.986, de 7-4-2020.

VI – a entrega ou pagamento em até 30 (trinta) dias após suas ocorrências; e

•• Inciso VI acrescentado pela Lei n. 13.986, de 7-4-2020.

VII – as garantias do título.

•• Inciso VII acrescentado pela Lei n. 13.986, de 7-4-2020.

Parágrafo único. As garantias dadas na CPR, ou, ainda, a constituição de ônus e gravames sobre o título, deverão ser informadas no sistema ao qual se refere o § 1º do art. 3º-A desta Lei.

•• Parágrafo único acrescentado pela Lei n. 13.986, de 7-4-2020.

Art. 3.º-D. A CPR poderá ser negociada, desde que registrada ou depositada em entidade autorizada pelo Banco Central do Brasil a exercer a atividade de registro ou depósito centralizado de ativos financeiros.

•• *Caput* acrescentado pela Lei n. 13.986, de 7-4-2020.

Parágrafo único. A CPR será considerada ativo financeiro e a operação ficará isenta do imposto sobre operações de crédito, câmbio e seguro, ou relativas a títulos ou valores mobiliários, na hipótese de ocorrência da negociação de que trata o *caput* deste artigo.

•• Parágrafo único acrescentado pela Lei n. 13.986, de 7-4-2020.

Art. 3.º-E As infrações às normas legais regulamentares que regem a atividade de escrituração eletrônica sujeitam a entidade responsável pelo sistema eletrônico de escrituração, os seus administradores e os membros de seus órgãos estatutários ou contratuais ao disposto na Lei n. 13.506, de 13 de novembro de 2017.

•• Artigo acrescentado pela Lei n. 13.986, de 7-4-2020.

Art. 4.º A CPR é título líquido e certo, exigível pela quantidade e qualidade de produto ou pelo valor nela previsto, no caso de liquidação financeira.

•• *Caput* com redação determinada pela Lei n. 13.986, de 7-4-2020.

Parágrafo único. A CPR admite prestação única ou parcelada, hipótese em que as condições e o cronograma de cumprimento das obrigações deverão estar previstos no título.

•• Parágrafo único acrescentado pela Lei n. 13.986, de 7-4-2020.

Art. 4.º-A. A emissão de CPR com liquidação financeira deverá observar as seguintes condições:

•• *Caput* com redação determinada pela Lei n. 13.986, de 7-4-2020.

I – que sejam explicitados, em seu corpo, os referenciais necessários à clara identificação do preço ou do índice de preços, da taxa de juros, fixa ou flutuante, da atualização monetária ou da variação cambial a serem utilizados no resgate do título, bem como a instituição responsável por sua apuração ou divulgação, a praça ou o mercado de formação do preço e o nome do índice;

•• Inciso I com redação determinada pela Lei n. 13.986, de 7-4-2020.

II – que os indicadores de preço de que trata o inciso anterior sejam apurados por instituições idôneas e de credibilidade junto às partes contratantes, tenham divulgação periódica, preferencialmente diária, e ampla divulgação ou facilidade de acesso, de forma a estarem facilmente disponíveis para as partes contratantes;

•• Inciso II acrescentado pela Lei n. 10.200, de 14-2-2001.

III – que seja caracterizada por seu nome, seguido da expressão "financeira".

•• Inciso III acrescentado pela Lei n. 10.200, de 14-2-2001.

§ 1.º A CPR com liquidação financeira é título líquido e certo, exigível, na data de seu vencimento, pelo resultado da multiplicação do preço praticado para o produto, aplicados eventuais índices de preços ou de conversão de moedas apurados segundo os critérios previstos neste artigo, pela quantidade do produto especificado.

•• § 1.º com redação determinada pela Lei n. 13.986, de 7-4-2020.

§ 2.º Para cobrança da CPR com liquidação financeira, cabe ação de execução por quantia certa.

•• § 2.º acrescentado pela Lei n. 10.200, de 14-2-2001.

§ 3.º A CPR com liquidação financeira poderá ser emitida com cláusula de correção pela variação cambial, podendo o Conselho Monetário Nacional regulamentar o assunto.

•• § 3.º acrescentado pela Lei n. 13.986, de 7-4-2020.

Art. 4.º-B. A liquidação do pagamento em favor do legítimo credor, por qualquer meio de pagamento existente no âmbito do Sistema de Pagamentos Brasileiro, constituirá prova de pagamento total ou parcial da CPR emitida sob a forma escritural.

•• *Caput* acrescentado pela Lei n. 13.986, de 7-4-2020.

Parágrafo único. A prova de pagamento de que trata o *caput* deste artigo será informada no sistema eletrônico de escrituração de que trata o § 1.º do art. 3.º-A desta Lei, com referência expressa à CPR amortizada ou liquidada.

•• Parágrafo único acrescentado pela Lei n. 13.986, de 7-4-2020.

Art. 5.º A CPR admite a constituição de quaisquer dos tipos de garantia previstos na legislação, devendo ser observado o disposto nas normas que as disciplinam, salvo na hipótese de conflito, quando prevalecerá esta Lei.

•• *Caput* com redação determinada pela Lei n. 13.986, de 7-4-2020.

I a III – (*Revogados Lei n. 13.986, de 7-4-2020*);

Parágrafo único. A informação eventualmente prestada pelo emitente sobre a essencialidade dos bens móveis e imóveis dados em garantia fiduciária a sua atividade empresarial deverá constar na cédula a partir do momento de sua emissão.

•• Parágrafo único acrescentado pela Lei n. 13.986, de 7-4-2020.

Art. 6.º Podem ser objeto de hipoteca cedular imóveis rurais e urbanos.

Parágrafo único. Aplicam-se à hipoteca cedular os preceitos da legislação sobre hipoteca, no que não colidirem com esta Lei.

Art. 7.º Podem ser objeto de penhor cedular, nas condições desta Lei, os bens suscetíveis de penhor rural e de penhor mercantil, bem como os bens suscetíveis de penhor cedular.

§ 1.º Salvo se se tratar de títulos de crédito, os bens apenhados continuam na posse imediata do emitente ou do terceiro prestador da garantia, que responde por sua guarda e conservação como fiel depositário.

§ 2.º Cuidando-se de penhor constituído por terceiro, o emitente da cédula responderá solidariamente com o empenhador pela guarda e conservação dos bens.

§ 3.º Aplicam-se ao penhor constituído por CPR, conforme o caso, os preceitos da legislação sobre penhor, inclusive o mercantil, o rural e o constituído por meio de cédulas, no que não colidirem com os desta Lei.

Art. 8.º A não identificação dos bens objeto de alienação fiduciária não retira a eficácia da garantia, que poderá incidir sobre outros do mesmo gênero, qualidade e quantidade, de propriedade do garante.

§ 1.º A alienação fiduciária de produtos agropecuários e de seus subprodutos poderá recair sobre bens presentes ou futuros, fungíveis ou infungíveis, consumíveis ou não, cuja titularidade pertença ao fiduciante, devedor ou terceiro garantidor, e sujeita-se às disposições previstas na Lei n. 10.406, de 10 de janeiro de 2002 (Código Civil), e na legislação especial a respeito do penhor, do penhor rural e do penhor agrícola e mercantil e às disposições sobre a alienação fiduciária de bens infungíveis, em tudo o que não for contrário ao disposto nesta Lei.

•• § 1.º acrescentado pela Lei n. 13.986, de 7-4-2020.

§ 2.º O beneficiamento ou a transformação dos gêneros agrícolas dados em alienação fiduciária não extinguem o vínculo real que se transfere, automaticamente, para os produtos e subprodutos resultantes de beneficiamento ou transformação.

•• § 2.º acrescentado pela Lei n. 13.986, de 7-4-2020.

§ 3.º Em caso de necessidade de busca e apreensão dos bens alienados fiduciariamente aplicar-se-á o disposto nos arts. 3.º e seguintes do Decreto-Lei n. 911, de 1.º de outubro de 1969.

•• § 3.º acrescentado pela Lei n. 13.986, de 7-4-2020.

Art. 9.º A CPR poderá ser aditada, ratificada e retificada por aditivos, que a integram, datados e assinados pelo emitente e pelo credor, fazendo-se, na cédula, menção a essa circunstância.

Art. 10. Aplicam-se à CPR, no que forem cabíveis, as normas de direito cambial, com as seguintes modificações:

I – os endossos devem ser completos;

II – os endossantes não respondem pela entrega do produto, mas, tão somente, pela existência da obrigação;

III – é dispensado o protesto cambial para assegurar o direito de regresso contra avalistas.

Parágrafo único. No caso de CPR emitida sob forma escritural, a transferência de titularidade da cédula produzirá os mesmos efeitos jurídicos do endosso.

•• Parágrafo único acrescentado pela Lei n. 13.986, de 7-4-2020.

Art. 11. Não se sujeitarão aos efeitos da recuperação judicial os créditos e as garantias cedulares vinculados à CPR com liquidação física, em caso de antecipação parcial ou integral do preço, ou, ainda, representativa de operação de troca por insumos (barter), subsistindo ao credor o direito à restituição de tais bens que se encontrarem em poder do emitente da cédula ou de qualquer terceiro, salvo motivo de caso fortuito ou força maior que comprovadamente impeça o cumprimento parcial ou total da entrega do produto.

•• Artigo com redação determinada pela Lei n. 14.112, de 24-12-2020, originalmente vetado, todavia promulgado em 26-3-2021.

Art. 12. A CPR emitida a partir de 1.º de janeiro de 2021, bem como seus aditamentos, para ter validade e eficácia, deverá ser registrada ou depositada, em até 10 (dez) dias úteis da data de emissão ou aditamento, em entidade autorizada pelo Banco Central do Brasil a exercer a atividade de registro ou de depósito centralizado de ativos financeiros ou de valores mobiliários.

•• *Caput* com redação determinada pela Lei n. 13.986, de 7-4-2020.

§ 1.º Sem prejuízo do disposto no *caput* deste artigo, a hipoteca, o penhor rural e a alienação fiduciária sobre bem imóvel garantidores da CPR serão levados a registro no cartório de registro de imóveis em que estiverem localizados os bens dados em garantia.

•• § 1.º com redação determinada pela Lei n. 13.986, de 7-4-2020.

§ 2.º A validade e eficácia da CPR não dependem de registro em cartório, que fica dispensado, mas as garantias reais a ela vinculadas ficam sujeitas, para valer contra terceiros, à averbação no cartório de registro de imóveis em que estiverem localizados os bens dados em garantia, devendo ser efetuada no prazo de 3 (três) dias úteis, contado da apresentação do título ou certidão de inteiro teor, sob pena de responsabilidade funcional do oficial encarregado de promover os atos necessários.

•• § 2.º com redação determinada pela Lei n. 13.986, de 7-4-2020.

§ 3.º A cobrança de emolumentos e custas cartorárias relacionada ao registro de garantias vinculadas à CPR será regida pelas normas aplicáveis ao registro de garantias vinculadas à Cédula de Crédito Rural, de que trata o Decreto-Lei n. 167, de 14 de fevereiro de 1967.

•• § 3.º com redação determinada pela Lei n. 13.986, de 7-4-2020.

§ 4.º A CPR, na hipótese de ser garantida por alienação fiduciária sobre bem móvel, será averbada no cartório de registro de títulos e documentos do domicílio do emitente.

•• § 4.º acrescentado pela Lei n. 13.986, de 7-4-2020.

§ 5.º Fica o Conselho Monetário Nacional autorizado a:

•• § 5.º, *caput*, acrescentado pela Lei n. 13.986, de 7-4-2020.

I – estabelecer normas complementares para o cumprimento do disposto no *caput* deste artigo, inclusive acerca das informações requeridas para o registro ou o depósito;

•• Inciso I acrescentado pela Lei n. 13.986, de 7-4-2020.

II – dispensar o registro ou o depósito de que trata o *caput* deste artigo, com base em critérios de:

•• Inciso II, *caput*, acrescentado pela Lei n. 13.986, de 7-4-2020.

a) valor;

•• Alínea *a* acrescentado pela Lei n. 13.986, de 7-4-2020.

b) forma de liquidação; e

•• Alínea *b* acrescentado pela Lei n. 13.986, de 7-4-2020.

c) características do emissor.

•• Alínea *c* acrescentado pela Lei n. 13.986, de 7-4-2020.

§ 6.º A dispensa de que trata o inciso II do § 5.º deste artigo não se aplica à CPR emitida após 31 de dezembro de 2023.

•• § 6.º acrescentado pela Lei n. 13.986, de 7-4-2020.

Art. 13. A entrega do produto antes da data prevista na cédula depende da anuência do credor.

Art. 14. A CPR poderá ser considerada vencida na hipótese de inadimplemento de qualquer das obrigações do emitente.

Art. 15. Para cobrança da CPR, cabe a ação de execução para entrega de coisa incerta.

Art. 16. A busca e apreensão ou o leilão do bem alienado fiduciariamente, promovidos pelo credor, não elidem posterior execução, inclusive da hipoteca e do penhor constituído na mesma cédula, para satisfação do crédito remanescente.

•• *Caput* com redação determinada pela Lei n. 13.986, de 7-4-2020.

Parágrafo único. No caso a que se refere o presente artigo, o credor tem direito ao desentranhamento do título, após efetuada a busca e apreensão, para instruir a cobrança do saldo devedor em ação própria.

Art. 17. Pratica crime de estelionato aquele que fizer declarações falsas ou inexatas acerca de sua natureza jurídica ou qualificação, bem como dos bens oferecidos em garantia da CPR, inclusive omitir declaração de já estarem eles sujeitos a outros ônus ou responsabilidade de qualquer espécie, até mesmo de natureza fiscal.

•• Artigo com redação determinada pela Lei n. 13.986, de 7-4-2020.

Art. 18. Os bens vinculados à CPR não serão penhorados ou sequestrados por outras dívidas do emitente ou do terceiro prestador da garantia real, cumprindo a qualquer deles denunciar a existência da cédula às autoridades incumbidas da diligência, ou a quem a determinou, sob pena de responderem pelos prejuízos resultantes de sua omissão.

Art. 19. (*Revogado pela Lei n. 13.986, de 7-4-2020.*)

Art. 20. Esta Lei entra em vigor na data de sua publicação.

Brasília, 22 de agosto de 1994; 173.º da Independência e 106.º da República.

ITAMAR FRANCO

LEI N. 8.934, DE 18 DE NOVEMBRO DE 1994 (*)

Dispõe sobre o Registro Público de Empresas Mercantis e Atividades Afins e dá outras providências.

O Presidente da República,

Faço saber que o Congresso Nacional decreta e eu sanciono a seguinte lei:

TÍTULO I
DO REGISTRO PÚBLICO DE EMPRESAS MERCANTIS E ATIVIDADES AFINS

Capítulo I
DAS FINALIDADES E DA ORGANIZAÇÃO

Seção I
Das Finalidades

Art. 1.º O Registro Público de Empresas Mercantis e Atividades Afins, observado o disposto nesta Lei, será exercido em todo o território nacional, de forma sistêmica, por órgãos federais, estaduais e distrital, com as seguintes finalidades:

•• *Caput* com redação determinada pela Lei n. 13.833, de 4-6-2019.

I – dar garantia, publicidade, autenticidade, segurança e eficácia aos atos jurídicos das empresas mercantis, submetidos a registro na forma desta lei;

II – cadastrar as empresas nacionais e estrangeiras em funcionamento no País e manter atualizadas as informações pertinentes;

III – proceder à matrícula dos agentes auxiliares do comércio, bem como ao seu cancelamento.

Art. 2.º Os atos das firmas mercantis individuais e das sociedades mercantis serão arquivados no Registro Público de Empresas Mercantis e Atividades Afins, independentemente de seu objeto, salvo as exceções previstas em lei.

Parágrafo único. (*Revogado pela Lei n. 13.874, de 20-9-2019.*)

Seção II
Da Organização

Art. 3.º Os serviços do Registro Público de Empresas Mercantis e Atividades Afins serão exercidos, em todo o território nacional, de maneira uniforme, harmônica e interdependente, pelo Sistema Nacional de Registro de Empresas Mercantis (Sinrem), composto pelos seguintes órgãos:

I – o Departamento Nacional de Registro Empresarial e Integração, órgão central do Sinrem, com as seguintes funções:

•• Inciso I, *caput*, com redação determinada pela Lei n. 13.833, de 4-6-2019.

a) supervisora, orientadora, coordenadora e normativa, na área técnica; e

•• Alínea *a* acrescentada pela Lei n. 13.833, de 4-6-2019.

b) supletiva, na área administrativa; e

•• Alínea *b* acrescentada pela Lei n. 13.833, de 4-6-2019.

II – as Juntas Comerciais, como órgãos locais, com funções executora e administradora dos serviços de registro.

Subseção I
Do Departamento Nacional de Registro Empresarial e Integração

•• Subseção I com denominação determinada pela Lei n. 13.833, de 4-6-2019.

Art. 4.º O Departamento Nacional de Registro Empresarial e Integração (Drei) da Secretaria de Governo Digital da Secretaria Especial de Desburocratização, Gestão e Governo Digital do Ministério da Economia tem por finalidade:

•• *Caput* com redação determinada pela Lei n. 13.874, de 20-9-2019.

I – supervisionar e coordenar, no plano técnico, os órgãos incumbidos da execução dos serviços de Registro Público de Empresas Mercantis e Atividades Afins;

II – estabelecer e consolidar, com exclusividade, as normas e diretrizes gerais do Registro Público de Empresas Mercantis e Atividades Afins;

III – solucionar dúvidas ocorrentes na interpretação das leis, regulamentos e demais normas relacionadas com o registro de empresas mercantis, baixando instruções para esse fim;

IV – prestar orientação às Juntas Comerciais, com vistas à solução de consultas e à observância das normas legais e regulamentares do Registro Público de Empresas Mercantis e Atividades Afins;

V – exercer ampla fiscalização jurídica sobre os órgãos incumbidos do Registro Público de Empresas Mercantis e Atividades Afins, representando para os devidos fins às autoridades administrativas contra abusos e infrações das respectivas normas, e requerendo tudo o que se afigurar necessário ao cumprimento dessas normas;

VI – estabelecer normas procedimentais de arquivamento de atos de firmas mercantis individuais e sociedades mercantis de qualquer natureza;

VII – promover ou providenciar, supletivamente, as medidas tendentes a suprir ou corrigir as ausências, falhas ou deficiências dos serviços de Registro Público de Empresas Mercantis e Atividades Afins;

VIII – prestar colaboração técnica e financeira às juntas comerciais para a melhoria dos serviços pertinentes ao

(*) Publicada no *DOU*, de 21-11-1994. Regulamentada pelo Decreto n. 1.800, de 30-1-1996. Sobre a obrigatoriedade de arquivamento dos pactos e declarações antenupciais: *vide* art. 979 do CC.

Registro Público de Empresas Mercantis e Atividades Afins;

IX – organizar e manter atualizado o cadastro nacional das empresas mercantis em funcionamento no País, com a cooperação das juntas comerciais;

•• A Lei n. 14.195, de 26-8-2021, propôs a revogação deste inciso IX, porém teve seu texto vetado.

X – instruir, examinar e encaminhar os pedidos de autorização para nacionalização ou instalação de filial, de agência, de sucursal ou de estabelecimento no País por sociedade estrangeira, ressalvada a competência de outros órgãos federais;

•• Inciso X com redação determinada pela Lei n. 14.195, de 26-8-2021.

XI – promover e elaborar estudos e publicações e realizar reuniões sobre temas pertinentes ao Registro Público de Empresas Mercantis e Atividades Afins.

•• Inciso XI com redação determinada pela Lei n. 13.833, de 4-6-2019.

XII – apoiar a articulação e a supervisão dos órgãos e das entidades envolvidos na integração para o registro e a legalização de empresas;

•• Inciso XII acrescentado pela Lei n. 14.195, de 26-8-2021.

XIII – quanto à integração para o registro e a legalização de empresas:

•• Inciso XIII, *caput*, acrescentado pela Lei n. 14.195, de 26-8-2021.

a) propor planos de ação e diretrizes e implementar as medidas deles decorrentes, em articulação com outros órgãos e entidades públicas, inclusive estaduais, distritais e municipais;

•• Alínea *a* acrescentada pela Lei n. 14.195, de 26-8-2021.

b) (*vetada*);

•• Alínea *b* acrescentada pela Lei n. 14.195, de 26-8-2021.

c) (*vetada*); e

•• Alínea *c* acrescentada pela Lei n. 14.195, de 26-8-2021.

d) propor e implementar projetos, ações, convênios e programas de cooperação, em articulação com órgãos e com entidades públicas e privadas, nacionais e estrangeiras, no âmbito de sua área de competência;

•• Alínea *d* acrescentada pela Lei n. 14.195, de 26-8-2021.

XIV – quanto ao Registro Público de Empresas Mercantis e Atividades Afins, propor os planos de ação, as diretrizes e as normas e implementar as medidas necessárias;

•• Inciso XIV acrescentado pela Lei n. 14.195, de 26-8-2021.

XV – coordenar as ações dos órgãos incumbidos da execução dos serviços do Registro Público de Empresas Mercantis e Atividades Afins;

•• Inciso XV acrescentado pela Lei n. 14.195, de 26-8-2021.

XVI – especificar, desenvolver, implementar, manter e operar os sistemas de informação relativos à integração para o registro e para a legalização de empresas, em articulação com outros órgãos e observadas as competências destes; e

•• Inciso XVI acrescentado pela Lei n. 14.195, de 26-8-2021.

XVII – propor, implementar e monitorar medidas relacionadas com a desburocratização do registro público de empresas e destinadas à melhoria do ambiente de negócios no País.

•• Inciso XVII acrescentado pela Lei n. 14.195, de 26-8-2021.

Parágrafo único. O cadastro nacional a que se refere o inciso IX do *caput* deste artigo será mantido com as informações originárias do cadastro estadual de empresas, vedados a exigência de preenchimento de formulário pelo empresário ou o fornecimento de novos dados ou informações, bem como a cobrança de preço pela inclusão das informações no cadastro nacional.

•• Parágrafo único acrescentado pela Lei n. 13.874, de 20-9-2019.

Subseção II
Das juntas comerciais

Art. 5.º Haverá uma junta comercial em cada unidade federativa, com sede na capital e jurisdição na área da circunscrição territorial respectiva.

Art. 6.º As juntas comerciais subordinam-se, administrativamente, ao governo do respectivo ente federativo e, tecnicamente, ao Departamento Nacional de Registro Empresarial e Integração, nos termos desta Lei.

•• *Caput* com redação determinada pela Lei n. 13.833, de 4-6-2019.

Parágrafo único. (*Revogado pela Lei n. 13.833, de 4-6-2019.*)

Art. 7.º As juntas comerciais poderão desconcentrar os seus serviços, mediante convênios com órgãos públicos e entidades privadas sem fins lucrativos, preservada a competência das atuais delegacias.

Art. 8.º Às Juntas Comerciais incumbe:

I – executar os serviços previstos no art. 32 desta lei;

II – elaborar a tabela de preços de seus serviços, observadas as normas legais pertinentes;

III – processar a habilitação e a nomeação dos tradutores públicos e intérpretes comerciais;

IV – elaborar os respectivos Regimentos Internos e suas alterações, bem como as resoluções de caráter administrativo necessárias ao fiel cumprimento das normas legais, regulamentares e regimentais;

V – expedir carteiras de exercício profissional de pessoas legalmente inscritas no Registro Público de Empresas Mercantis e Atividades Afins;

VI – o assentamento dos usos e práticas mercantis.

Art. 9.º A estrutura básica das juntas comerciais será integrada pelos seguintes órgãos:

I – a Presidência, como órgão diretivo e representativo;

II – o Plenário, como órgão deliberativo superior;

III – as Turmas, como órgãos deliberativos inferiores;

IV – a Secretaria-Geral, como órgão administrativo;

V – a Procuradoria, como órgão de fiscalização e de consulta jurídica.

§ 1.º As juntas comerciais poderão ter uma assessoria técnica, com a competência de preparar e relatar os documentos a serem submetidos à sua deliberação, cujos membros deverão ser bacharéis em Direito, Economistas, Contadores ou Administradores.

§ 2.º As juntas comerciais, por seu plenário, poderão resolver pela criação de delegacias, órgãos locais do registro do comércio, nos termos da legislação estadual respectiva.

Art. 10. O Plenário, composto de Vogais e respectivos suplentes, será constituído pelo mínimo de 11 (onze) e no máximo de 23 (vinte e três) Vogais.

•• Artigo com redação determinada pela Lei n. 10.194, de 14-2-2001.

Art. 11. Os vogais e os respectivos suplentes serão nomeados, salvo disposição em contrário, pelos governos dos Estados e do Distrito Federal, dentre brasileiros que atendam às seguintes condições:

•• *Caput* com redação determinada pela Lei n. 13.833, de 4-6-2019.

I – estejam em pleno gozo dos direitos civis e políticos;

II – não estejam condenados por crime cuja pena vede o acesso a cargo, emprego e funções públicas, ou por crime de prevaricação, falência fraudulenta, peita ou suborno, concussão, peculato, contra a propriedade, a fé pública e a economia popular;

III – sejam, ou tenham sido, por mais de cinco anos, titulares de firma mercantil individual, sócios ou administradores de sociedade mercantil, valendo como prova, para esse fim, certidão expedida pela junta comercial;

IV – estejam quites com o serviço militar e o serviço eleitoral.

Parágrafo único. Qualquer pessoa poderá representar fundadamente à autoridade competente contra a nomeação de vogal ou suplente, contrária aos preceitos desta lei, no prazo de quinze dias, contados da data da posse.

Art. 12. Os vogais e respectivos suplentes serão escolhidos da seguinte forma:

I – a metade do número de vogais e suplentes será designada mediante indicação de nomes, em listas tríplices, pelas entidades patronais de grau superior e pelas Associações Comerciais, com sede na jurisdição da junta;

II – um Vogal e respectivo suplente, representando a União, por nomeação do Ministro de Estado do Desenvolvimento, Indústria e Comércio Exterior;

•• Inciso II com redação determinada pela Lei n. 10.194, de 14-2-2001.

III – quatro vogais e respectivos suplentes representando a classe dos advogados, a dos economistas, a dos contadores e a dos administradores, todos mediante indicação, em lista tríplice, do Conselho Seccional ou Regional do Órgão Corporativo dessas categorias profissionais;

•• Inciso III com redação determinada pela Lei n. 9.829, de 2-9-1999.

IV – os demais vogais e suplentes serão designados, nos Estados e no Distrito Federal, por livre escolha dos respectivos governadores.

•• Inciso IV com redação determinada pela Lei n. 13.833, de 4-6-2019.

§ 1.º Os vogais e respectivos suplentes de que tratam os incisos II e III deste artigo ficam dispensados da prova do requisito previsto no inciso III do art. 11, mas exigir-se-á a prova de mais de 5 (cinco) anos de efetivo exercício da profissão em relação aos vogais e suplentes de que trata o inciso III.

§ 2.º As listas referidas neste artigo devem ser remetidas até 60 (sessenta) dias antes do término do mandato, caso contrário será considerada, com relação a cada entidade que se omitir na remessa, a última lista que não inclua pessoa que exerça ou tenha exercido mandato de vogal.

Art. 13. Os vogais serão remunerados por presença, nos termos da legislação da unidade federativa a que pertencer a junta comercial.

Art. 14. O vogal será substituído por seu suplente durante os impedimentos e, no caso de vaga, até o final do mandato.

Art. 15. São incompatíveis para a participação no colégio de vogais da mesma junta comercial os parentes consanguíneos e afins até o segundo grau e os sócios da mesma empresa.

Parágrafo único. Em caso de incompatibilidade, serão seguidos, para a escolha dos membros, sucessivamente, os critérios da precedência na nomeação, da precedência na posse, ou do membro mais idoso.

Art. 16. O mandato de vogal e respectivo suplente será de 4 (quatro) anos, permitida apenas uma recondução.

Art. 17. O vogal ou seu suplente perderá o mandato nos seguintes casos:

I – mais de 3 (três) faltas consecutivas às sessões, ou 12 (doze) alternadas no mesmo ano, sem justo motivo;

II – por conduta incompatível com a dignidade do cargo.

Art. 18. Na sessão inaugural do plenário das juntas comerciais, que iniciará cada período de mandato, serão distribuídos os vogais por turmas de três membros cada uma, com exclusão do presidente e do vice-presidente.

Art. 19. Ao plenário compete o julgamento dos processos em grau de recurso, nos termos previstos no regulamento desta lei.

Art. 20. As sessões ordinárias do plenário e das turmas efetuar-se-ão com a periodicidade e do modo determinado no regimento da junta comercial; e as extraordinárias, sempre justificadas, por convocação do presidente ou de dois terços dos seus membros.

Art. 21. Compete às turmas julgar, originariamente, os pedidos relativos à execução dos atos de registro.

Art. 22. Compete aos respectivos governadores a nomeação para os cargos em comissão de presidente e vice-presidente das juntas comerciais dos Estados e do Distrito Federal, escolhidos dentre os vogais do Plenário.

•• Artigo com redação determinada pela Lei n. 13.833, de 4-6-2019.

Art. 23. Compete ao presidente:

I – a direção e representação geral da junta;

II – dar posse aos vogais, convocar e dirigir as sessões do Plenário, superintender todos os serviços e velar pelo fiel cumprimento das normas legais e regulamentares.

Art. 24. Ao vice-presidente incumbe substituir o presidente em suas faltas ou impedimentos e efetuar a correição permanente dos serviços, na forma do regulamento desta lei.

Art. 25. Compete aos respectivos governadores a nomeação para o cargo em comissão de secretário-geral das juntas comerciais dos Estados e do Distrito Federal, e a escolha deverá recair sobre brasileiros de notória idoneidade moral e com conhecimentos em direito empresarial.

•• Artigo com redação determinada pela Lei n. 13.833, de 4-6-2019.

Art. 26. À secretaria-geral compete a execução dos serviços de registro e de administração da junta.

Art. 27. As procuradorias serão compostas de 1 (um) ou mais procuradores e chefiadas pelo procurador que for designado pelo governador do Estado ou do Distrito Federal.

•• Artigo com redação determinada pela Lei n. 13.833, de 4-6-2019.

Art. 28. A procuradoria tem por atribuição fiscalizar e promover o fiel cumprimento das normas legais e executivas, oficiando, internamente, por sua iniciativa ou mediante solicitação da presidência, do plenário e das turmas; e, externamente, em atos ou feitos de natureza jurídica, inclusive os judiciais, que envolvam matéria do interesse da junta.

Capítulo II
DA PUBLICIDADE DO REGISTRO PÚBLICO DE EMPRESAS MERCANTIS E ATIVIDADES AFINS

Seção I
Das Disposições Gerais

Art. 29. Qualquer pessoa, sem necessidade de provar interesse, poderá consultar os assentamentos existentes nas juntas comerciais e obter certidões, mediante pagamento do preço devido.

Art. 30. A forma, prazo e procedimento de expedição de certidões serão definidos no regulamento desta lei.

Seção II
Da Publicação dos Atos

Art. 31. Os atos decisórios serão publicados em sítio da rede mundial de computadores da junta comercial do respectivo ente federativo.

•• Artigo com redação determinada pela Lei n. 13.874, de 20-9-2019.

Capítulo III
DOS ATOS PERTINENTES AO REGISTRO PÚBLICO DE EMPRESAS MERCANTIS E ATIVIDADES AFINS

Seção I
Da Compreensão dos Atos

Art. 32. O registro compreende:

•• Da inscrição no Registro Público de Empresas Mercantis no CC: *vide* arts. 967 a 971.

I – a matrícula e seu cancelamento: dos leiloeiros, tradutores públicos e intérpretes comerciais, trapicheiros e administradores de armazéns-gerais;

II – O arquivamento:

a) dos documentos relativos à constituição, alteração, dissolução e extinção de firmas mercantis individuais, sociedades mercantis e cooperativas;

b) dos atos relativos a consórcio e grupo de sociedade de que trata a Lei n. 6.404, de 15 de dezembro de 1976;

c) dos atos concernentes a empresas mercantis estrangeiras autorizadas a funcionar no Brasil;

d) das declarações de microempresa;

e) de atos ou documentos que, por determinação legal, sejam atribuídos ao Registro Público de Empresas Mercantis e Atividades Afins ou daqueles que possam interessar ao empresário e às empresas mercantis;

III – a autenticação dos instrumentos de escrituração das empresas mercantis registradas e dos agentes auxiliares do comércio, na forma de lei própria.

•• Sobre escrituração *vide* arts. 1.179 a 1.195 do CC.

§ 1.º Os atos, os documentos e as declarações que contenham informações meramente cadastrais serão levados automaticamente a registro se puderem ser obtidos de outras bases de dados disponíveis em órgãos públicos.

•• § 1.º acrescentado pela Lei n. 13.874, de 20-9-2019.

§ 2.º Ato do Departamento Nacional de Registro Empresarial e Integração definirá os atos, os documentos e as declarações que contenham informações meramente cadastrais.

•• § 2.º acrescentado pela Lei n. 13.874, de 20-9-2019.

Art. 33. A proteção ao nome empresarial decorre automaticamente do arquivamento dos atos constitutivos de firma individual e de sociedades, ou de suas alterações.

§§ 1.º e 2.º (*Vetados.*)

Art. 34. O nome empresarial obedecerá aos princípios da veracidade e da novidade.

• *Vide* nota ao artigo anterior.

Seção II
Das Proibições de Arquivamento

Art. 35. Não podem ser arquivados:

I – os documentos que não obedecerem às prescrições legais ou regulamentares ou que contiverem matéria contrária aos bons costumes ou à ordem pública, bem como os que colidirem com o respectivo estatuto ou contrato não modificado anteriormente;

•• *Vide* art. 5.º da Lei n. 10.610, de 20-12-2002.

II – os documentos de constituição ou alteração de empresas mercantis de qualquer espécie ou modalidade em que figure como titular ou administrador pessoa que esteja condenada pela prática de crime cuja pena vede o acesso à atividade mercantil;

III – os atos constitutivos de empresas mercantis que, além das cláusulas exigidas em lei, não designarem o respectivo capital e a declaração de seu objeto, cuja indicação no nome empresarial é facultativa;

•• Inciso III com redação determinada pela Lei n. 14.195, de 26-8-2021.

IV – (*Revogado pela Lei n. 14.195, de 26-8-2021*);

V – os atos de empresas mercantis com nome idêntico a outro já existente;

•• Inciso V com redação determinada pela Lei n. 14.195, de 26-8-2021.

VI – a alteração contratual, por deliberação majoritária do capital social, quando houver cláusula restritiva;

VII – os contratos sociais ou suas alterações em que haja incorporação de imóveis à sociedade, por instrumento particular, quando do instrumento não constar:

a) a descrição e identificação do imóvel, sua área, dados relativos à sua titulação, bem como o número da matrícula no registro imobiliário;

b) a outorga uxória ou marital, quando necessária;

VIII – (*Revogado pela Lei n. 13.874, de 20-9-2019.*)

§ 1.º O registro dos atos constitutivos e de suas alterações e extinções ocorrerá independentemente de autorização governamental prévia, e os órgãos públicos deverão ser informados pela Rede Nacional para a Simplificação do Registro e da Legalização de Empresas e Negócios (Redesim) a respeito dos registros sobre os quais manifestarem interesse.

•• Parágrafo único renumerado pela Lei n. 14.195, de 26-8-2021.

§ 2.º Eventuais casos de confronto entre nomes empresariais por semelhança poderão ser questionados pelos interessados, a qualquer tempo, por meio de recurso ao Drei.

•• § 2.º acrescentado pela Lei n. 14.195, de 26-8-2021.

Art. 35-A. O empresário ou a pessoa jurídica poderá optar por utilizar o número de inscrição no Cadastro Nacional da Pessoa Jurídica (CNPJ) como nome empresarial, seguido da partícula identificadora do tipo societário ou jurídico, quando exigida por lei.

•• Artigo acrescentado pela Lei n. 14.195, de 26-8-2021.

Seção III
Da Ordem dos Serviços

Subseção I
Da apresentação dos atos e arquivamento

•• Da inscrição no Registro Público de Empresas Mercantis no CC: *vide* arts. 967 a 971.

Art. 36. Os documentos referidos no inciso II do art. 32 deverão ser apresentados a arquivamento na junta, dentro de 30 (trinta) dias contados de sua assinatura, a cuja data retroagirão os efeitos do arquivamento; fora desse prazo, o arquivamento só terá eficácia a partir do despacho que o conceder.

Art. 37. Instruirão obrigatoriamente os pedidos de arquivamento:

I – o instrumento original de constituição, modificação ou extinção de empresas mercantis, assinado pelo titular, pelos administradores, sócios ou seus procuradores;

II – declaração do titular ou administrador, firmada sob as penas da lei, de não estar impedido de exercer o comércio ou a administração de sociedade mercantil, em virtude de condenação criminal;

•• Inciso II com redação determinada pela Lei n. 10.194, de 14-2-2001.

III – a ficha cadastral padronizada, que deverá seguir o modelo aprovado pelo Drei, a qual incluirá, no mínimo, as informações sobre os seus titulares e administradores, bem como sobre a forma de representação da empresa mercantil;

•• Inciso III com redação determinada pela Lei n. 14.195, de 26-8-2021.

IV – os comprovantes de pagamento dos preços dos serviços correspondentes;

V – a prova de identidade dos titulares e dos administradores da empresa mercantil.

Parágrafo único. Além dos referidos neste artigo, nenhum outro documento será exigido das firmas individuais e sociedades referidas nas alíneas *a*, *b* e *d* do inciso II do art. 32.

Art. 38. Para cada empresa mercantil, a junta comercial organizará um prontuário com os respectivos documentos.

Subseção II
Das autenticações

Art. 39. As juntas comerciais autenticarão:

I – os instrumentos de escrituração das empresas mercantis e dos agentes auxiliares do comércio;

II – as cópias dos documentos assentados.

Parágrafo único. Os instrumentos autenticados, não retirados no prazo de 30 (trinta) dias, contados da sua apresentação, poderão ser eliminados.

Art. 39-A. A autenticação dos documentos de empresas de qualquer porte realizada por meio de sistemas públicos eletrônicos dispensa qualquer outra.

•• Artigo acrescentado pela Lei Complementar n. 147, de 7-8-2014.

Art. 39-B. A comprovação da autenticação de documentos e da autoria de que trata esta Lei poderá ser realizada por meio eletrônico, na forma do regulamento.

•• Artigo acrescentado pela Lei Complementar n. 147, de 7-8-2014.

Subseção III
Do exame das formalidades

Art. 40. Todo ato, documento ou instrumento apresentado a arquivamento será objeto de exame do cumprimento das formalidades legais pela junta comercial.

§ 1.º Verificada a existência de vício insanável, o requerimento será indeferido; quando for sanável, o processo será colocado em exigência.

§ 2.º As exigências formuladas pela junta comercial deverão ser cumpridas em até 30 (trinta) dias, contados da data da ciência pelo interessado ou da publicação do despacho.

§ 3.º O processo em exigência será entregue completo ao interessado; não devolvido no prazo previsto no parágrafo anterior, será considerado como novo pedido de arquivamento, sujeito ao pagamento dos preços dos serviços correspondentes.

Subseção IV
Do processo decisório

Art. 41. Estão sujeitos ao regime de decisão colegiada pelas juntas comerciais, na forma desta lei:

I – o arquivamento:

a) dos atos de constituição de sociedades anônimas;

•• Alínea *a* com redação determinada pela Lei n. 13.874, de 20-9-2019.

b) dos atos referentes à transformação, incorporação, fusão e cisão de empresas mercantis;

c) dos atos de constituição e alterações de consórcio e de grupo de sociedades, conforme previsto na Lei n. 6.404, de 15 de dezembro de 1976;

II – o julgamento do recurso previsto nesta lei.

Parágrafo único. Os pedidos de arquivamento de que trata o inciso I do *caput* deste artigo serão decididos no prazo de 5 (cinco) dias úteis, contado da data de seu recebimento, sob pena de os atos serem considerados arquivados, mediante provocação dos interessados, sem prejuízo do exame das formalidades legais pela procuradoria.

•• Parágrafo único acrescentado pela Lei n. 13.874, de 20-9-2019.

Art. 42. Os atos próprios do Registro Público de Empresas Mercantis e Atividades Afins, não previstos no artigo anterior, serão objeto de decisão singular proferida pelo presidente da junta comercial, por vogal ou servidor que possua comprovados conhecimentos de Direito Comercial e de Registro de Empresas Mercantis.

§ 1.º Os vogais e servidores habilitados a proferir decisões singulares serão designados pelo presidente da junta comercial.

•• Parágrafo único renumerado pela Lei n. 13.874, de 20-9-2019.

§ 2.º Os pedidos de arquivamento não previstos no inciso I do *caput* do art. 41 desta Lei serão decididos no prazo de 2 (dois) dias úteis, contado da data de seu recebimento, sob pena de os atos serem considerados arquivados, mediante provocação dos interessados, sem prejuízo do exame das formalidades legais pela procuradoria.

•• § 2.º acrescentado pela Lei n. 13.874, de 20-9-2019.

§ 3.º O arquivamento dos atos constitutivos e de alterações não previstos no inciso I do *caput* do art. 41 desta Lei terá o registro deferido automaticamente caso cumpridos os requisitos de:

•• § 3.º, *caput*, acrescentado pela Lei n. 13.874, de 20-9-2019.

I – aprovação da consulta prévia da viabilidade do nome empresarial e da viabilidade de localização, quando o ato exigir; e

•• Inciso I acrescentado pela Lei n. 13.874, de 20-9-2019.

II – utilização pelo requerente do instrumento padrão estabelecido pelo Departamento Nacional de Registro Empresarial e Integração (Drei) da Secretaria de Governo Digital da Secretaria Especial de Desburocratização, Gestão e Governo Digital do Ministério da Economia.

•• Inciso II acrescentado pela Lei n. 13.874, de 20-9-2019.

§ 4.º O arquivamento dos atos de extinção não previstos no inciso I do *caput* do art. 41 desta Lei terá o registro deferido automaticamente no caso de utilização pelo requerente do instrumento padrão estabelecido pelo Drei.

•• § 4.º acrescentado pela Lei n. 13.874, de 20-9-2019.

§ 5.º Nas hipóteses de que tratam os §§ 3.º e 4.º do *caput* deste artigo, a análise do cumprimento das formalidades legais será feita posteriormente, no prazo de 2 (dois) dias úteis, contado da data do deferimento automático do registro.

•• § 5.º acrescentado pela Lei n. 13.874, de 20-9-2019.

§ 6.º Após a análise de que trata o § 5.º deste artigo, a identificação da existência de vício acarretará:

•• § 6.º, *caput*, acrescentado pela Lei n. 13.874, de 20-9-2019.

I – o cancelamento do arquivamento, se o vício for insanável; ou

•• Inciso I acrescentado pela Lei n. 13.874, de 20-9-2019.

II – a observação do procedimento estabelecido pelo Drei, se o vício for sanável.

•• Inciso II acrescentado pela Lei n. 13.874, de 20-9-2019.

Art. 43. (*Revogado pela Lei n. 13.874, de 20-9-2019.*)

Subseção V
Do processo revisional

Art. 44. O processo revisional pertinente ao Registro Público de Empresas Mercantis e Atividades Afins dar-se-á mediante:

I – Pedido de Reconsideração;

II – Recurso ao Plenário;

III – Recurso ao Departamento Nacional de Registro Empresarial e Integração.

•• Inciso III com redação determinada pela Lei n. 13.874, de 20-9-2019.

Art. 45. O Pedido de Reconsideração terá por objeto obter a revisão de despachos singulares ou de Turmas que formulem exigências para o deferimento do arquivamento e será apresentado no prazo para cumprimento da exigência para apreciação pela autoridade recorrida em 3 (três) dias úteis ou 5 (cinco) dias úteis, respectivamente.

•• Artigo com redação determinada pela Lei n. 11.598, de 3-12-2007.

Art. 46. Das decisões definitivas, singulares ou de turmas, cabe recurso ao plenário, que deverá ser decidido no prazo máximo de 30 (trinta) dias, a contar da data do recebimento da peça recursal, ouvida a procuradoria, no prazo de 10 (dez) dias, quando a mesma não for a recorrente.

Art. 47. Das decisões do plenário cabe recurso ao Departamento Nacional de Registro Empresarial e Integração como última instância administrativa.

•• *Caput* com redação determinada pela Lei n. 13.874, de 20-9-2019.

Parágrafo único. (*Revogado pela Lei n. 13.874, de 20-9-2019.*)

Art. 48. Os recursos serão indeferidos liminarmente pelo presidente da junta quando assinados por procurador sem mandato ou, ainda, quando interpostos fora do prazo ou antes da decisão definitiva, devendo ser, em qualquer caso, anexados ao processo.

Art. 49. Os recursos de que trata esta lei não têm efeito suspensivo.

Art. 50. Todos os recursos previstos nesta lei deverão ser interpostos no prazo de 10 (dez) dias úteis, cuja fluência começa na data da intimação da parte ou da publicação do ato no órgão oficial de publicidade da junta comercial.

Art. 51. A procuradoria e as partes interessadas, quando for o caso, serão intimadas para, no mesmo prazo de 10 (dez) dias, oferecerem contrarrazões.

TÍTULO II
DAS DISPOSIÇÕES FINAIS E TRANSITÓRIAS

Capítulo I
DAS DISPOSIÇÕES FINAIS

Art. 52. (*Vetado.*)

Art. 53. As alterações contratuais ou estatutárias poderão ser efetivadas por escritura pública ou particular, independentemente da forma adotada no ato constitutivo.

Art. 54. A prova da publicidade de atos societários, quando exigida em lei, será feita mediante anotação nos registros da junta comercial à vista da apresentação da folha do Diário Oficial, em sua versão eletrônica, dispensada a juntada da mencionada folha.

•• Artigo com redação determinada pela Lei n. 13.874, de 20-9-2019.

Art. 55. Compete ao Departamento Nacional de Registro Empresarial e Integração propor a elaboração da tabela de preços dos serviços pertinentes ao Registro Público de Empresas Mercantis, na parte relativa aos atos de natureza federal, bem como especificar os atos a serem observados pelas juntas comerciais na elaboração de suas tabelas locais.

•• *Caput* com redação determinada pela Lei n. 13.874, de 20-9-2019.

§ 1.º As isenções de preços de serviços restringem-se aos casos previstos em lei.

•• Parágrafo único renumerado pela Lei n. 13.874, de 20-9-2019.

§ 2.º É vedada a cobrança de preço pelo serviço de arquivamento dos documentos relativos à extinção do registro do empresário individual, da empresa individual de responsabilidade limitada (Eireli) e da sociedade limitada.

•• § 2.º acrescentado pela Lei n. 13.874, de 20-9-2019.

Art. 56. Os documentos arquivados pelas juntas comerciais não serão retirados, em qualquer hipótese, de suas dependências, ressalvado o disposto no art. 57 desta Lei.

•• Artigo com redação determinada pela Lei n. 14.195, de 26-8-2021.

Art. 57. Quaisquer atos e documentos, após microfilmados ou preservada a sua imagem por meios tecnológicos mais avançados, poderão ser eliminados pelas juntas comerciais, conforme disposto em regulamento.

•• *Caput* com redação determinada pela Lei n. 14.195, de 26-8-2021.

Parágrafo único. Antes da eliminação prevista no *caput* deste artigo, será concedido o prazo de 30 (trinta) dias para os acionistas, os diretores e os procuradores das empresas ou outros interessados retirarem, facultativamente, a documentação original, sem qualquer custo.

•• Parágrafo único acrescentado pela Lei n. 14.195, de 26-8-2021.

Art. 58. (*Revogado pela Lei n. 14.195, de 26-8-2021.*)

Art. 59. Expirado o prazo da sociedade celebrada por tempo determinado, esta perderá a proteção do seu nome empresarial.

Art. 60. (*Revogado pela Lei n. 14.195, de 26-8-2021.*)

Art. 61. O fornecimento de informações cadastrais aos órgãos executores do Registro Público de Empresas Mercantis e Atividades Afins desobriga as firmas individuais e sociedades de prestarem idênticas informações a outros órgãos ou entidades das Administrações Federal, Estadual ou Municipal.

Parágrafo único. O Departamento Nacional de Registro Empresarial e Integração manterá à disposição dos órgãos ou das entidades de que trata este artigo os seus serviços de cadastramento de empresas mercantis.

•• Parágrafo único com redação determinada pela Lei n. 13.833, de 4-6-2019.

Art. 62. (*Revogado pela Lei n. 13.833, de 4-6-2019.*)

Art. 63. Os atos levados a arquivamento nas juntas comerciais são dispensados de reconhecimento de firma.

•• *Caput* com redação determinada pela Lei n. 14.195, de 26-8-2021.

§ 1.º A cópia de documento, autenticada na forma prevista em lei, dispensará nova conferência com o documento original.

•• Anterior parágrafo único com redação determinada pela Lei n. 13.874, de 20-9-2019.

§ 2.º A autenticação do documento poderá ser realizada por meio de comparação entre o documento original e a sua cópia pelo servidor a quem o documento seja apresentado.

•• § 2.º acrescentado pela Lei n. 13.874, de 20-9-2019.

§ 3.º Fica dispensada a autenticação a que se refere o § 1.º do *caput* deste artigo quando o advogado ou o contador da parte interessada declarar, sob sua responsabilidade pessoal, a autenticidade da cópia do documento.

•• § 3.º acrescentado pela Lei n. 13.874, de 20-9-2019.

Art. 64. A certidão dos atos de constituição e de alteração de empresários individuais e de sociedades mercantis, fornecida pelas juntas comerciais em que foram arquivados, será o documento hábil para a transferência, por transcrição no registro público competente, dos bens com que o subscritor tiver contribuído para a formação ou para o aumento do capital.

•• Artigo com redação determinada pela Lei n. 14.195, de 26-8-2021.

Capítulo II
DAS DISPOSIÇÕES TRANSITÓRIAS

Art. 65. As juntas comerciais adaptarão os respectivos regimentos ou regulamentos às disposições desta lei no prazo de 180 (cento e oitenta) dias.

Art. 65-A. Os atos de constituição, alteração, transformação, incorporação, fusão, cisão, dissolução e extinção de registro de empresários e de pessoas jurídicas poderão ser realizados também por meio de sistema eletrônico criado e mantido pela administração pública federal.

•• Artigo acrescentado pela Lei n. 13.874, de 20-9-2019.

Art. 66. (*Vetado.*)

Art. 67. Esta lei será regulamentada pelo Poder Executivo no prazo de 90 (noventa) dias e entrará em vigor na data da sua publicação, revogadas as Leis n. 4.726, de 13 de julho de 1965, 6.939, de 9 de setembro de 1981, 6.054, de 12 de junho de 1974, o § 4.º do art. 71 da Lei n. 4.215, de 27 de abril de 1963, acrescentado pela Lei n. 6.884, de 09 de dezembro de 1980, e a Lei n. 8.209, de 18 de julho de 1991.

Brasília, 18 de novembro de 1994; 173.º da Independência e 106.º da República.

ITAMAR FRANCO

LEI N. 8.935, DE 18 DE NOVEMBRO DE 1994 (*)

Regulamenta o art. 236 da Constituição Federal, dispondo sobre serviços notariais e de registro.

O Presidente da República:

Faço saber que o Congresso Nacional decreta e eu sanciono a seguinte Lei:

TÍTULO I
DOS SERVIÇOS NOTARIAIS E DE REGISTROS

Capítulo I
NATUREZA E FINS

Art. 1.º Serviços notariais e de registro são os de organização técnica e administrativa destinados a garantir a publicidade, autenticidade, segurança e eficácia dos atos jurídicos.

Art. 2.º (*Vetado.*)

Art. 3.º Notário, ou tabelião, e oficial de registro, ou registrador, são profissionais do direito, dotados de fé pública, a quem é delegado o exercício da atividade notarial e de registro.

Art. 4.º Os serviços notariais e de registro serão prestados, de modo eficiente e adequado, em dias e horários estabelecidos pelo juízo competente, atendidas as peculiaridades locais, em local de fácil acesso ao público e que ofereça segurança para o arquivamento de livros e documentos.

§ 1.º O serviço de registro civil das pessoas naturais será prestado, também, nos sábados, domingos e feriados pelo sistema de plantão.

§ 2.º O atendimento ao público será, no mínimo, de 6 (seis) horas diárias.

Capítulo II
DOS NOTÁRIOS E REGISTRADORES

Seção I
Dos Titulares

Art. 5.º Os titulares de serviços notariais e de registro são os:

I – tabeliães de notas;

II – tabeliães e oficiais de registro de contratos marítimos;

III – tabeliães de protesto de títulos;

IV – oficiais de registro de imóveis;

V – oficiais de registro de títulos e documentos e civis das pessoas jurídicas;

VI – oficiais de registro civis das pessoas naturais e de interdições e tutelas;

VII – oficiais de registro de distribuição.

Seção II
Das Atribuições e Competências dos Notários

• Normas gerais para a fixação de emolumentos relativos aos atos praticados pelos serviços notariais e de registro: Lei n. 10.169, de 29-12-2000.

Art. 6.º Aos notários compete:

I – formalizar juridicamente a vontade das partes;

II – intervir nos atos e negócios jurídicos a que as partes devam ou queiram dar forma legal ou autenticidade, autorizando a redação ou redigindo os instrumentos adequados, conservando os originais e expedindo cópias fidedignas de seu conteúdo;

III – autenticar fatos.

Art. 7.º Aos tabeliães de notas compete com exclusividade:

I – lavrar escrituras e procurações, públicas;

(*) Publicada no *DOU*, de 21-11-1994.

II – lavrar testamentos públicos e aprovar os cerrados;

III – lavrar atas notariais;

IV – reconhecer firmas;

V – autenticar cópias.

Parágrafo único. É facultado aos tabeliães de notas realizar todas as gestões e diligências necessárias ou convenientes ao preparo dos atos notariais, requerendo o que couber, sem ônus maiores que os emolumentos devidos pelo ato.

Art. 8.º É livre a escolha do tabelião de notas, qualquer que seja o domicílio das partes ou o lugar de situação dos bens objeto do ato ou negócio.

Art. 9.º O tabelião de notas não poderá praticar atos de seu ofício fora do Município para o qual recebeu delegação.

Art. 10. Aos tabeliães e oficiais de registro de contratos marítimos compete:

I – lavrar os atos, contratos e instrumentos relativos a transações de embarcações a que as partes devam ou queiram dar forma legal de escritura pública;

II – registrar os documentos da mesma natureza;

III – reconhecer firmas em documentos destinados a fins de direito marítimo;

IV – expedir traslados e certidões.

Art. 11. Aos tabeliães de protesto de título compete privativamente:

I – protocolar de imediato os documentos de dívida, para prova do descumprimento da obrigação;

II – intimar os devedores dos títulos para aceitá-los, devolvê-los ou pagá-los, sob pena de protesto;

III – receber o pagamento dos títulos protocolizados, dando quitação;

IV – lavrar o protesto, registrando o ato em livro próprio, em microfilme ou sob outra forma de documentação;

V – acatar o pedido de desistência do protesto formulado pelo apresentante;

VI – averbar:

a) o cancelamento do protesto;

b) as alterações necessárias para atualização dos registros efetuados;

VII – expedir certidões de atos e documentos que constem de seus registros e papéis.

Parágrafo único. Havendo mais de um tabelião de protestos na mesma localidade, será obrigatória a prévia distribuição dos títulos.

•• A Lei n. 9.492, de 10-9-1997, define competência e regulamenta os serviços concernentes ao protesto de títulos e outros documentos de dívida.

Seção III
Das Atribuições e Competências dos Oficiais de Registros

Art. 12. Aos oficiais de registro de imóveis, de títulos e documentos e civis das pessoas jurídicas, civis das pessoas naturais e de interdições e tutelas compete a prática dos atos relacionados na legislação pertinente aos registros públicos, de que são incumbidos, independentemente de prévia distribuição, mas sujeitos os oficiais de registro de imóveis e civis das pessoas naturais às normas que definirem as circunscrições geográficas.

•• A Lei n. 13.190, de 19-11-2015, propôs nova redação para este artigo, porém teve seu texto vetado.

Art. 13. Aos oficiais de registro de distribuição compete privativamente:

I – quando previamente exigida, proceder à distribuição equitativa pelos serviços da mesma natureza, registrando os atos praticados; em caso contrário, registrar as comunicações recebidas dos órgãos e serviços competentes;

II – efetuar as averbações e os cancelamentos de sua competência;

III – expedir certidões de atos e documentos que constem de seus registros e papéis.

Título II
DAS NORMAS COMUNS

Capítulo I
DO INGRESSO NA ATIVIDADE NOTARIAL E DE REGISTRO

Art. 14. A delegação para o exercício da atividade notarial e de registro depende dos seguintes requisitos:

I – habilitação em concurso público de provas e títulos;

II – nacionalidade brasileira;

III – capacidade civil;

IV – quitação com as obrigações eleitorais e militares;

V – diploma de bacharel em direito;

VI – verificação de conduta condigna para o exercício da profissão.

Art. 15. Os concursos serão realizados pelo Poder Judiciário, com a participação, em todas as suas fases, da Ordem dos Advogados do Brasil, do Ministério Público, de um notário e de um registrador.

§ 1.º O concurso será aberto com a publicação de edital, dele constando os critérios de desempate.

§ 2.º Ao concurso público poderão concorrer candidatos não bacharéis em direito que tenham completado, até a data da primeira publicação do edital do concurso de provas e títulos, 10 (dez) anos de exercício em serviço notarial ou de registro.

§ 3.º (*Vetado.*)

Art. 16. As vagas serão preenchidas alternadamente, duas terças partes por concurso público de provas e títulos e uma terça parte por meio de remoção, mediante concurso de títulos, não se permitindo que qualquer serventia notarial ou de registro fique vaga, sem abertura de concurso de provimento inicial ou de remoção, por mais de seis meses.

•• *Caput* com redação determinada pela Lei n. 10.506, de 9-7-2002.

Parágrafo único. Para estabelecer o critério do preenchimento, tomar-se-á por base a data de vacância da titularidade ou, quando vagas na mesma data, aquela da criação do serviço.

Art. 17. Ao concurso de remoção somente serão admitidos titulares que exerçam a atividade por mais de 2 (dois) anos.

Art. 18. A legislação estadual disporá sobre as normas e os critérios para o concurso de remoção.

Parágrafo único. Aos que ingressaram por concurso, nos termos do art. 236 da Constituição Federal, ficam preservadas todas as remoções reguladas por lei estadual ou do Distrito Federal, homologadas pelo respectivo Tribunal de Justiça, que ocorreram no período anterior à publicação desta Lei.

•• Parágrafo único acrescentado pela Lei n. 13.489, de 6-10-2017.

Art. 19. Os candidatos serão declarados habilitados na rigorosa ordem de classificação no concurso.

Capítulo II
DOS PREPOSTOS

Art. 20. Os notários e os oficiais de registro poderão, para o desempenho de suas funções, contratar escreventes, dentre eles escolhendo os substitutos, e auxiliares como empregados, com remuneração livremente ajustada e sob o regime da legislação do trabalho.

•• O STF, por maioria, julgou parcialmente procedente a ADI n. 1.183, nas sessões virtuais de 28-5-2021 a 7-6-2021 (*DOU* de 16-6-2021), para declarar inconstitucional a interpretação que extraía deste artigo "a possibilidade de que prepostos (não concursados), indicados pelo titular ou mesmo pelos tribunais de justiça, possam exercer substituições ininterruptas por períodos maiores do que 6 (seis) meses".

§ 1.º Em cada serviço notarial ou de registro haverá tantos substitutos, escreventes e auxiliares quantos forem necessários, a critério de cada notário ou oficial de registro.

§ 2.º Os notários e os oficiais de registro encaminharão ao juízo competente os nomes dos substitutos.

§ 3.º Os escreventes poderão praticar somente os atos que o notário ou o oficial de registro autorizar.

§ 4.º Os substitutos poderão, simultaneamente com o notário ou o oficial de registro, praticar todos os atos que lhe sejam próprios exceto, nos tabelionatos de notas, lavrar testamentos.

•• *Vide* art. 1.864, I, do CC.

§ 5.º Dentre os substitutos, um deles será designado pelo notário ou oficial de registro para responder pelo respectivo serviço nas ausências e nos impedimentos do titular.

Art. 21. O gerenciamento administrativo e financeiro dos serviços notariais e de registro é da responsabilidade exclusiva do respectivo titular, inclusive no que diz respeito às despesas de custeio, investimento e pessoal, cabendo-lhe estabelecer normas, condições e obrigações relativas à atribuição de funções e de remuneração de seus prepostos de modo a obter a melhor qualidade na prestação dos serviços.

Capítulo III
DA RESPONSABILIDADE CIVIL E CRIMINAL

Art. 22. Os notários e oficiais de registro são civilmente responsáveis por todos os prejuízos que causarem a terceiros, por culpa ou dolo, pessoalmente, pelos substitutos que designarem ou escreventes que autorizarem, assegurado o direito de regresso.

•• *Caput* com redação determinada pela Lei n. 13.286, de 10-5-2016.

Parágrafo único. Prescreve em três anos a pretensão de reparação civil, contado o prazo da data de lavratura do ato registral ou notarial.

•• Parágrafo único acrescentado pela Lei n. 13.286, de 10-5-2016.

Art. 23. A responsabilidade civil independe da criminal.

Art. 24. A responsabilidade criminal será individualizada, aplicando-se, no que couber, a legislação relativa aos crimes contra a administração pública.

Parágrafo único. A individualização prevista no *caput* não exime os notários e os oficiais de registro de sua responsabilidade civil.

Capítulo IV
DAS INCOMPATIBILIDADES E DOS IMPEDIMENTOS

Art. 25. O exercício da atividade notarial e de registro é incompatível com o da advocacia, o da intermediação de seus serviços ou o de qualquer cargo, emprego ou função públicos, ainda que em comissão.

§ 1.º (*Vetado.*)

§ 2.º A diplomação, na hipótese de mandato eletivo, e a posse, nos demais casos, implicará no afastamento da atividade.

Art. 26. Não são acumuláveis os serviços enumerados no art. 5.º.

Parágrafo único. Poderão, contudo, ser acumulados nos Municípios que não comportarem, em razão do volume dos serviços ou da receita, a instalação de mais de um dos serviços.

Art. 27. No serviço de que é titular, o notário e o registrador não poderão praticar, pessoalmente, qualquer ato de seu interesse, ou de interesse de seu cônjuge ou de parentes, na linha reta, ou na colateral, consanguíneos ou afins, até o terceiro grau.

Capítulo V
DOS DIREITOS E DEVERES

• Normas gerais para a fixação de emolumentos relativos aos atos praticados pelos serviços notariais e de registro: Lei n. 10.169, de 29-12-2000.

Art. 28. Os notários e oficiais de registro gozam de independência no exercício de suas atribuições, têm direito à percepção dos emolumentos integrais pelos atos praticados na serventia e só perderão a delegação nas hipóteses previstas em lei.

Art. 29. São direitos do notário e do registrador:

I – exercer opção, nos casos de desmembramento ou desdobramento de sua serventia;

II – organizar associações ou sindicatos de classe e deles participar.

Art. 30. São deveres dos notários e dos oficiais de registro:

- A Lei n. 11.971, de 6-7-2009, dispõe sobre as certidões expedidas pelos Ofícios do Registro de Distribuição e Distribuidores Judiciais.

I – manter em ordem os livros, papéis e documentos de sua serventia, guardando-os em locais seguros;

II – atender as partes com eficiência, urbanidade e presteza;

III – atender prioritariamente as requisições de papéis, documentos, informações ou providências que lhes forem solicitadas pelas autoridades judiciárias ou administrativas para a defesa das pessoas jurídicas de direito público em juízo;

IV – manter em arquivo as leis, regulamentos, resoluções, provimentos, regimentos, ordens de serviço e quaisquer outros atos que digam respeito à sua atividade;

V – proceder de forma a dignificar a função exercida, tanto nas atividades profissionais como na vida privada;

VI – guardar sigilo sobre a documentação e os assuntos de natureza reservada de que tenham conhecimento em razão do exercício de sua profissão;

VII – afixar em local visível, de fácil leitura e acesso ao público, as tabelas de emolumentos em vigor;

VIII – observar os emolumentos fixados para a prática dos atos do seu ofício;

IX – dar recibo dos emolumentos percebidos;

X – observar os prazos legais fixados para a prática dos atos do seu ofício;

XI – fiscalizar o recolhimento dos impostos incidentes sobre os atos que devem praticar;

XII – facilitar, por todos os meios, o acesso à documentação existente às pessoas legalmente habilitadas;

XIII – encaminhar ao juízo competente as dúvidas levantadas pelos interessados, obedecida a sistemática processual fixada pela legislação respectiva;

XIV – observar as normas técnicas estabelecidas pelo juízo competente; e

•• Inciso XIV com redação determinada pela Medida Provisória n. 1.085, de 27-12-2021.

O texto anterior dizia: "XIV – observar as normas técnicas estabelecidas pelo juízo competente".

XV – admitir pagamento dos emolumentos, das custas e das despesas por meios eletrônicos, a critério do usuário, inclusive mediante parcelamento.

•• Inciso XV acrescentado pela Medida Provisória n. 1.085, de 27-12-2021.

Capítulo VI
DAS INFRAÇÕES DISCIPLINARES E DAS PENALIDADES

Art. 31. São infrações disciplinares que sujeitam os notários e os oficiais de registro às penalidades previstas nesta Lei:

I – a inobservância das prescrições legais ou normativas;

II – a conduta atentatória às instituições notariais e de registro;

III – a cobrança indevida ou excessiva de emolumentos, ainda que sob a alegação de urgência;

IV – a violação do sigilo profissional;

V – o descumprimento de quaisquer dos deveres descritos no art. 30.

Art. 32. Os notários e os oficiais de registro estão sujeitos, pelas infrações que praticarem, assegurado amplo direito de defesa, às seguintes penas:

I – repreensão;

II – multa;

III – suspensão por 90 (noventa) dias, prorrogável por mais 30 (trinta);

IV – perda da delegação.

- *Vide* art. 30, § 3.º-A, da Lei n. 6.015, de 31-12-1973.

Art. 33. As penas serão aplicadas:

I – a de repreensão, no caso de falta leve;

II – a de multa, em caso de reincidência ou de infração que não configure falta mais grave;

III – a de suspensão, em caso de reiterado descumprimento dos deveres ou de falta grave.

- *Vide* art. 30, § 3.º-A, da Lei n. 6.015, de 31-12-1973.

Art. 34. As penas serão impostas pelo juízo competente, independentemente da ordem de gradação, conforme a gravidade do fato.

Art. 35. A perda da delegação dependerá:

I – de sentença judicial transitada em julgado; ou

II – de decisão decorrente de processo administrativo instaurado pelo juízo competente, assegurado amplo direito de defesa.

§ 1.º Quando o caso configurar a perda da delegação, o juízo competente suspenderá o notário ou oficial de registro, até a decisão final, e designará interventor, observando-se o disposto no art. 36.

§ 2.º (*Vetado*.)

Art. 36. Quando, para a apuração de faltas imputadas a notários ou a oficiais de registro, for necessário o afastamento do titular do serviço, poderá ele ser suspenso, preventivamente, pelo prazo de 90 (noventa) dias, prorrogável por mais 30 (trinta).

§ 1.º Na hipótese do *caput*, o juízo competente designará interventor para responder pela serventia, quando o substituto também for acusado das faltas ou quando a medida se revelar conveniente para os serviços.

§ 2.º Durante o período de afastamento, o titular perceberá metade da renda líquida da serventia; outra metade será depositada em conta bancária especial, com correção monetária.

§ 3.º Absolvido o titular, receberá ele o montante dessa conta; condenado, caberá esse montante ao interventor.

Capítulo VII
DA FISCALIZAÇÃO PELO PODER JUDICIÁRIO

Art. 37. A fiscalização judiciária dos atos notariais e de registro, mencionados nos arts. 6.º a 13, será exercida pelo juízo competente, assim definido na órbita estadual e do Distrito Federal, sempre que necessário, ou mediante representação de qualquer interessado, quando da inobservância de obrigação legal por parte de notário ou de oficial de registro, ou de seus prepostos.

Parágrafo único. Quando, em autos ou papéis de que conhecer, o Juiz verificar a existência de crime de ação pública, remeterá ao Ministério Público as cópias e os documentos necessários ao oferecimento da denúncia.

Art. 38. O juízo competente zelará para que os serviços notariais e de registro sejam prestados com rapidez, qualidade satisfatória e de modo eficiente, podendo sugerir à autoridade competente a elaboração de planos de adequada e melhor prestação desses serviços, observados, também, critérios populacionais e socioeconômicos, publicados regularmente pela Fundação Instituto Brasileiro de Geografia e Estatística.

Capítulo VIII
DA EXTINÇÃO DA DELEGAÇÃO

Art. 39. Extinguir-se-á a delegação a notário ou a oficial de registro por:

I – morte;

II – aposentadoria facultativa;

•• O STF, por maioria, julgou parcialmente procedente a ADI n. 1.183, nas sessões virtuais de 28-5-2021 a 7-6-2021 (*DOU* de 16-6-2021), para reconhecer a constitucionalidade deste inciso II.

III – invalidez;

IV – renúncia;

V – perda, nos termos do art. 35;

VI – descumprimento, comprovado, da gratuidade estabelecida na Lei n. 9.534, de 10 de dezembro de 1997.

•• Inciso VI acrescentado pela Lei n. 9.812, de 10-8-1999.

• *Vide* art. 30, § 3.º-B, da Lei n. 6.015, de 31-12-1973.

§ 1.º Dar-se-á aposentadoria facultativa ou por invalidez nos termos da legislação previdenciária federal.

§ 2.º Extinta a delegação a notário ou a oficial de registro, a autoridade competente declarará vago o respectivo serviço, designará o substituto mais antigo para responder pelo expediente e abrirá concurso.

Capítulo IX
DA SEGURIDADE SOCIAL

Art. 40. Os notários, oficiais de registro, escreventes e auxiliares são vinculados à previdência social, de âmbito federal, e têm assegurada a contagem recíproca de tempo de serviço em sistemas diversos.

Parágrafo único. Ficam assegurados, aos notários, oficiais de registro, escreventes e auxiliares os direitos e vantagens previdenciários adquiridos até a data da publicação desta Lei.

TÍTULO III
DAS DISPOSIÇÕES GERAIS

Art. 41. Incumbe aos notários e aos oficiais de registro praticar, independentemente de autorização, todos os atos previstos em lei necessários à organização e execução dos serviços, podendo, ainda, adotar sistemas de computação, microfilmagem, disco ótico e outros meios de reprodução.

Art. 42. Os papéis referentes aos serviços dos notários e dos oficiais de registro serão arquivados mediante utilização de processos que facilitem as buscas.

Art. 42-A. (*Revogado pela Medida Provisória n. 1.085, de 27-12-2021.*)

•• O texto revogado dizia: "Art. 42-A. As centrais de serviços eletrônicos, geridas por entidade representativa da atividade notarial e de registro para acessibilidade digital a serviços e maior publicidade, sistematização e tratamento digital de dados e informações inerentes às atribuições delegadas, poderão fixar preços e gratuidades pelos serviços de natureza complementar que prestam e disponibilizam aos seus usuários de forma facultativa.

•• Artigo acrescentado pela Lei n. 14.206, de 27-9-2021".

Art. 43. Cada serviço notarial ou de registro funcionará em um só local, vedada a instalação de sucursal.

Art. 44. Verificada a absoluta impossibilidade de se prover, através de concurso público, a titularidade de serviço notarial ou de registro, por desinteresse ou inexistência de candidatos, o juízo competente proporá à autoridade competente a extinção do serviço e a anexação de suas atribuições ao serviço da mesma natureza mais próximo ou àquele localizado na sede do respectivo Município ou de Município contíguo.

§ 1.º (*Vetado.*)

§ 2.º Em cada sede municipal haverá no mínimo um registrador civil das pessoas naturais.

§ 3.º Nos municípios de significativa extensão territorial, a juízo do respectivo Estado, cada sede distrital disporá no mínimo de um registrador civil das pessoas naturais.

Art. 45. São gratuitos os assentos do registro civil de nascimento e o de óbito, bem como a primeira certidão respectiva.

•• *Caput* com redação determinada pela Lei n. 9.534, de 10-12-1997.

•• O STF, na ADC n. 5-2 (*DOU* de 18-6-2007), declara a constitucionalidade deste artigo.

• O Provimento n. 19, de 29-8-2012, da Corregedoria Nacional de Justiça, assegura aos comprovadamente pobres a gratuidade da averbação do reconhecimento de paternidade e da respectiva certidão.

§ 1.º Para os reconhecidamente pobres não serão cobrados emolumentos pelas certidões a que se refere este artigo.

•• Anterior parágrafo único renumerado pela Lei n. 11.789, de 2-10-2008.

§ 2.º É proibida a inserção nas certidões de que trata o § 1.º deste artigo de expressões que indiquem condição de pobreza ou semelhantes.

•• § 2.º acrescentado pela Lei n. 11.789, de 2-10-2008.

Art. 46. Os livros, fichas, documentos, papéis, microfilmes e sistemas de computação deverão permanecer sempre sob a guarda e responsabilidade do titular de serviço notarial ou de registro, que zelará por sua ordem, segurança e conservação.

Parágrafo único. Se houver necessidade de serem periciados, o exame deverá ocorrer na própria sede do serviço, em dia e hora adrede designados, com ciência do titular e autorização do juízo competente.

Título IV
DAS DISPOSIÇÕES TRANSITÓRIAS

Art. 47. O notário e o oficial de registro, legalmente nomeados até 5 de outubro de 1988, detêm a delegação constitucional de que trata o art. 2.º.

Art. 48. Os notários e os oficiais de registro poderão contratar, segundo a legislação trabalhista, seus atuais escreventes e auxiliares de investidura estatutária ou em regime especial desde que estes aceitem a transformação de seu regime jurídico, em opção expressa, no prazo improrrogável de 30 (trinta) dias, contados da publicação desta Lei.

•• O STF, por maioria, julgou parcialmente procedente a ADI n. 1.183, nas sessões virtuais de 28-5-2021 a 7-6-2021 (*DOU* de 16-6-2021), para reconhecer a constitucionalidade deste artigo.

§ 1.º Ocorrendo opção, o tempo de serviço prestado será integralmente considerado, para todos os efeitos de direito.

§ 2.º Não ocorrendo opção, os escreventes e auxiliares de investidura estatutária ou em regime especial continuarão regidos pelas normas aplicáveis aos funcionários públicos ou pelas editadas pelo Tribunal de Justiça respectivo, vedadas novas admissões por qualquer desses regimes, a partir da publicação desta Lei.

Art. 49. Quando da primeira vacância da titularidade de serviço notarial ou de registro, será procedida a desacumulação, nos termos do art. 26.

Art. 50. Em caso de vacância, os serviços notariais e de registro estatizados passarão automaticamente ao regime desta Lei.

Art. 51. Aos atuais notários e oficiais de registro, quando da aposentadoria, fica assegurado o direito de percepção de proventos de acordo com a legislação que anteriormente os regia, desde que tenham mantido as contribuições nela estipuladas até a data do deferimento do pedido ou de sua concessão.

§ 1.º O disposto neste artigo aplica-se aos escreventes e auxiliares de investidura estatutária ou em regime especial que vierem a ser contratados em virtude da opção de que trata o art. 48.

§ 2.º Os proventos de que trata este artigo serão os fixados pela legislação previdenciária aludida no *caput*.

§ 3.º O disposto neste artigo aplica-se também às pensões deixadas, por morte, pelos notários, oficiais de registro, escreventes e auxiliares.

Art. 52. Nas unidades federativas onde já exista lei estadual específica, em vigor na data de publicação desta Lei, são competentes para a lavratura de instrumentos translatícios de direitos reais, procurações, reconhecimento de firmas e autenticação de cópia reprográfica os serviços de Registro Civil das Pessoas Naturais.

Art. 53. Nos Estados cujas organizações judiciárias, vigentes à época da publicação desta Lei, assim previrem, continuam em vigor as determinações relativas à fixação da área territorial de atuação dos tabeliães de protesto de títulos, a quem os títulos serão distribuídos em obediência às respectivas zonas.

Parágrafo único. Quando da primeira vacância, aplicar-se-á à espécie o disposto no parágrafo único do art. 11.

Art. 54. Esta Lei entra em vigor na data da sua publicação.

Art. 55. Revogam-se as disposições em contrário.

Brasília, 18 de novembro de 1994; 173.º da Independência e 106.º da República.

Itamar Franco

LEI N. 8.971, DE 29 DE DEZEMBRO DE 1994 (*)

Regula o direito dos companheiros a alimentos e à sucessão.

O Presidente da República.

Faço saber que o Congresso Nacional decreta e eu sanciono a seguinte Lei:

Art. 1.º A companheira comprovada de um homem solteiro, separado judicialmente, divorciado ou viúvo, que com ele viva há mais de 5 (cinco) anos, ou dele tenha prole, poderá valer-se do disposto na Lei n. 5.478, de 25 de julho de 1968, enquanto não constituir nova união e desde que prove a necessidade.

Parágrafo único. Igual direito e nas mesmas condições é reconhecido ao companheiro de mulher solteira, separada judicialmente, divorciada ou viúva.

•• *Vide* arts. 1.723 a 1.727 do CC.

• *Vide* art. 1.694 do CC.

(*) Publicada no *DOU*, de 30-12-1994. *Vide* Lei n. 9.278, de 10-5-1996, sobre o reconhecimento da convivência duradoura como entidade familiar. O Decreto n. 2.428, de 17-12-1997, promulga a Convenção Interamericana sobre Obrigação Alimentar.

Art. 2.º As pessoas referidas no artigo anterior participarão da sucessão do(a) companheiro(a) nas seguintes condições:

•• *Vide* art. 1.790 do CC.

I – o(a) companheiro(a) sobrevivente terá direito enquanto não constituir nova união, ao usufruto de quarta parte dos bens do *de cujus*, se houver filhos deste ou comuns;

• Do usufruto no CC: *vide* arts. 1.390 a 1.411.

II – o(a) companheiro(a) sobrevivente terá direito, enquanto não constituir nova união, ao usufruto da metade dos bens do *de cujus*, se não houver filhos, embora sobrevivam ascendentes;

• *Vide* nota anterior.

III – na falta de descendentes e de ascendentes, o(a) companheiro(a) sobrevivente terá direito à totalidade da herança.

•• *Vide* arts. 1.829, III, e 1.838 do CC.

Art. 3.º Quando os bens deixados pelo(a) autor(a) da herança resultarem de atividade em que haja colaboração do(a) companheiro(a), terá o sobrevivente direito à metade dos bens.

Art. 4.º Esta Lei entra em vigor na data de sua publicação.

Art. 5.º Revogam-se as disposições em contrário.

Brasília, 29 de dezembro de 1994; 173.º da Independência e 106.º da República.

ITAMAR FRANCO

LEI N. 9.029, DE 13 DE ABRIL DE 1995 (*)

Proíbe a exigência de atestados de gravidez e esterilização, e outras práticas discriminatórias, para efeitos admissionais ou de permanência da relação jurídica de trabalho, e dá outras providências.

O Presidente da República.

Faço saber que o Congresso Nacional decreta e eu sanciono a seguinte Lei:

Art. 1.º É proibida a adoção de qualquer prática discriminatória e limitativa para efeito de acesso à relação de trabalho, ou de sua manutenção, por motivo de sexo, origem, raça, cor, estado civil, situação familiar, deficiência, reabilitação profissional, idade, entre outros, ressalvadas, nesse caso, as hipóteses de proteção à criança e ao adolescente previstas no inciso XXXIII do art. 7.º da Constituição Federal.

•• Artigo com redação determinada pela Lei n. 13.146, de 6-7-2015.

• *Vide* art. 27 da Lei n. 10.741, de 1.º-10-2003 (Estatuto do Idoso).

Art. 2.º Constituem crime as seguintes práticas discriminatórias:

I – a exigência de teste, exame, perícia, laudo, atestado, declaração ou qualquer outro procedimento relativo à esterilização ou a estado de gravidez;

II – a adoção de quaisquer medidas, de iniciativa do empregador, que configurem:

a) indução ou instigamento à esterilização genética;

b) promoção do controle de natalidade, assim não considerado o oferecimento de serviços e de aconselhamento ou planejamento familiar, realizados através de instituições públicas ou privadas, submetidas às normas do Sistema Único de Saúde - SUS.

Pena – detenção de 1 (um) a 2 (dois) anos e multa.

Parágrafo único. São sujeitos ativos dos crimes a que se refere este artigo:

I – a pessoa física empregadora;

II – o representante legal do empregador, como definido na legislação trabalhista;

III – o dirigente, direto ou por delegação, de órgãos públicos e entidades das Administrações Públicas direta, indireta e fundacional de qualquer dos Poderes da União, dos Estados, do Distrito Federal e dos Municípios.

Art. 3.º Sem prejuízo do prescrito no art. 2.º desta Lei e nos dispositivos legais que tipificam os crimes resultantes de preconceito de etnia, raça, cor ou deficiência, as infrações ao disposto nesta Lei são passíveis das seguintes cominações:

•• *Caput* com redação determinada pela Lei n. 13.146, de 6-7-2015.

I – multa administrativa de 10 (dez) vezes o valor do maior salário pago pelo empregador, elevado em 50% (cinquenta por cento) em caso de reincidência;

II – proibição de obter empréstimo ou financiamento junto a instituições financeiras oficiais.

Art. 4.º O rompimento da relação de trabalho por ato discriminatório, nos moldes desta Lei, além do direito à reparação pelo dano moral, faculta ao empregado optar entre:

•• *Caput* com redação determinada pela Lei n. 12.288, de 20-7-2010.

I – a reintegração com ressarcimento integral de todo o período de afastamento, mediante pagamento das remunerações devidas, corrigidas monetariamente e acrescidas de juros legais;

•• Inciso I com redação determinada pela Lei n. 13.146, de 6-7-2015.

II – a percepção, em dobro, da remuneração do período de afastamento, corrigida monetariamente e acrescida dos juros legais.

Art. 5.º Esta Lei entra em vigor na data de sua publicação.

Art. 6.º Revogam-se as disposições em contrário.

(*) Publicada no *DOU*, de 17-4-1995.

Brasília, 13 de abril de 1995; 174.º da Independência e 107.º da República.

Fernando Henrique Cardoso

LEI N. 9.049, DE 18 DE MAIO DE 1995 (*)

Faculta o registro, nos documentos pessoais de identificação, das informações que especifica.

O Presidente da República.

Faço saber que o Congresso Nacional decreta e eu sanciono a seguinte Lei:

Art. 1.º Qualquer cidadão poderá requerer à autoridade pública expedidora o registro, no respectivo documento pessoal de identificação, do número e, se for o caso, da data de validade dos seguintes documentos:

1 - Carteira Nacional de Habilitação;

2 - Título de Eleitor;

3 - Cartão de Identificação do Contribuinte do Imposto de Renda;

4 - Identidade Funcional ou Carteira Profissional;

5 - Certificado Militar.

Art. 2.º Poderão, também, ser incluídas na Cédula de Identidade, a pedido do titular, informações sucintas sobre o tipo sanguíneo, a disposição de doar órgãos em caso de morte e condições particulares de saúde cuja divulgação possa contribuir para preservar a saúde ou salvar a vida do titular.

Art. 3.º Dispor-se-á, na regulamentação desta Lei, sobre o modelo de Cédula de Identidade a ser adotado, bem como sobre os dísticos admissíveis.

Art. 4.º Esta Lei entra em vigor na data de sua publicação.

Art. 5.º Revogam-se as disposições em contrário.

Brasília, 18 de maio de 1995; 174.º da Independência e 107.º da República.

Fernando Henrique Cardoso

LEI N. 9.051, DE 18 DE MAIO DE 1995 (**)

Dispõe sobre a expedição de certidões para a defesa de direitos e esclarecimentos de situações.

O Presidente da República.

Faço saber que o Congresso Nacional decreta e eu sanciono a seguinte Lei:

Art. 1.º As certidões para a defesa de direitos e esclarecimentos de situações, requeridas aos órgãos da administração centralizada ou autárquica, às empresas públicas, às sociedades de economia mista e às fundações públicas da União, dos Estados, do Distrito Federal e dos Municípios, deverão ser expedidas no prazo improrrogável de 15 (quinze) dias, contado do registro do pedido no órgão expedidor.

- A Lei n. 11.971, de 6-7-2009, dispõe sobre as certidões expedidas pelos Ofícios do Registro de Distribuição e Distribuidores Judiciais.

Art. 2.º Nos requerimentos que objetivam a obtenção das certidões a que se refere esta Lei, deverão os interessados fazer constar esclarecimentos relativos aos fins e razões do pedido.

Art. 3.º (*Vetado.*)

Art. 4.º Esta Lei entra em vigor na data de sua publicação.

Art. 5.º Revogam-se as disposições em contrário.

Brasília, 18 de maio de 1995; 174.º da Independência e 107.º da República.

Fernando Henrique Cardoso

LEI N. 9.093, DE 12 DE SETEMBRO DE 1995 (***)

Dispõe sobre feriados.

O Presidente da República.

Faço saber que o Congresso Nacional decreta e eu sanciono a seguinte Lei:

Art. 1.º São feriados civis:

I – os declarados em lei federal;

II – a data magna do Estado fixada em lei estadual;

III – os dias do início e do término do ano do centenário de fundação do Município, fixados em lei municipal.

•• Inciso III acrescentado pela Lei n. 9.335, de 10-12-1996.

Art. 2.º São feriados religiosos os dias de guarda, declarados em lei municipal, de acordo com a tradição local e em número não superior a 4 (quatro), neste incluída a Sexta-Feira da Paixão.

Art. 3.º Esta Lei entra em vigor na data de sua publicação.

Art. 4.º Revogam-se as disposições em contrário, especialmente o art. 11 da Lei n. 605, de 5 de janeiro de 1949.

Brasília, 12 de setembro de 1995; 174.º da Independência e 107.º da República.

Fernando Henrique Cardoso

(*) Publicada no *DOU*, de 19-5-1995. *Vide* Lei n. 9.454, de 7-4-1997.

(**) Publicada no *DOU*, de 19-5-1995.

(***) Publicada no *DOU*, de 13-9-1995.

LEI N. 9.096, DE 19 DE SETEMBRO DE 1995 (*)

Dispõe sobre partidos políticos, regulamenta os arts. 17 e 14, § 3.º, inciso V, da Constituição Federal.

O Vice-Presidente da República no exercício do cargo de Presidente da República.

Faço saber que o Congresso Nacional decreta e eu sanciono a seguinte Lei:

TÍTULO I
DISPOSIÇÕES PRELIMINARES

Art. 1.º O partido político, pessoa jurídica de direito privado, destina-se a assegurar, no interesse do regime democrático, a autenticidade do sistema representativo e a defender os direitos fundamentais definidos na Constituição Federal.

Parágrafo único. O partido político não se equipara às entidades paraestatais.

•• Parágrafo único acrescentado pela Lei n. 13.488, de 6-10-2017.

Art. 2.º É livre a criação, fusão, incorporação e extinção de partidos políticos cujos programas respeitem a soberania nacional, o regime democrático, o pluripartidarismo e os direitos fundamentais da pessoa humana.

Art. 3.º É assegurada, ao partido político, autonomia para definir sua estrutura interna, organização e funcionamento.

§ 1.º É assegurada aos candidatos, partidos políticos e coligações autonomia para definir o cronograma das atividades eleitorais de campanha e executá-lo em qualquer dia e horário, observados os limites estabelecidos em lei.

•• Parágrafo único renumerado pela Lei n. 13.831, de 17-5-2019.

§ 2.º É assegurada aos partidos políticos autonomia para definir o prazo de duração dos mandatos dos membros dos seus órgãos partidários permanentes ou provisórios.

•• § 2.º acrescentado pela Lei n. 13.831, de 17-5-2019.

§ 3.º O prazo de vigência dos órgãos provisórios dos partidos políticos poderá ser de até 8 (oito) anos.

•• § 3.º acrescentado pela Lei n. 13.831, de 17-5-2019.

§ 4.º Exaurido o prazo de vigência de um órgão partidário, ficam vedados a extinção automática do órgão e o cancelamento de sua inscrição no Cadastro Nacional da Pessoa Jurídica (CNPJ).

•• § 4.º acrescentado pela Lei n. 13.831, de 17-5-2019.

Art. 4.º Os filiados de um partido político têm iguais direitos e deveres.

Art. 5.º A ação do partido tem caráter nacional e é exercida de acordo com seu estatuto e programa, sem subordinação a entidades ou governos estrangeiros.

Art. 6.º É vedado ao partido político ministrar instrução militar ou paramilitar, utilizar-se de organização da mesma natureza e adotar uniforme para seus membros.

Art. 7.º O partido político, após adquirir personalidade jurídica na forma da lei civil, registra seu estatuto no Tribunal Superior Eleitoral.

§ 1.º Só é admitido o registro do estatuto de partido político que tenha caráter nacional, considerando-se como tal aquele que comprove, no período de dois anos, o apoiamento de eleitores não filiados a partido político, correspondente a, pelo menos, 0,5% (cinco décimos por cento) dos votos dados na última eleição geral para a Câmara dos Deputados, não computados os votos em branco e os nulos, distribuídos por um terço, ou mais, dos Estados, com um mínimo de 0,1% (um décimo por cento) do eleitorado que haja votado em cada um deles.

•• § 1.º com redação determinada pela Lei n. 13.165, de 29-9-2015.

§ 2.º Só o partido que tenha registrado seu estatuto no Tribunal Superior Eleitoral pode participar do processo eleitoral, receber recursos do Fundo Partidário e ter acesso gratuito ao rádio e à televisão, nos termos fixados nesta Lei.

§ 3.º Somente o registro do estatuto do partido no Tribunal Superior Eleitoral assegura a exclusividade da sua denominação, sigla e símbolos, vedada a utilização, por outros partidos, de variações que venham a induzir a erro ou confusão.

TÍTULO II
DA ORGANIZAÇÃO E FUNCIONAMENTO DOS PARTIDOS POLÍTICOS

Capítulo I
DA CRIAÇÃO E DO REGISTRO DOS PARTIDOS POLÍTICOS

Art. 8.º O requerimento do registro de partido político, dirigido ao cartório competente do Registro Civil das Pessoas Jurídicas do local de sua sede, deve ser subscrito pelos seus fundadores, em número nunca inferior a 101 (cento e um), com domicílio eleitoral em, no mínimo, 1/3 (um terço) dos Estados, e será acompanhado de:

•• *Caput* com redação determinada pela Lei n. 13.877, de 27-9-2019.

I – cópia autêntica da ata da reunião de fundação do partido;

II – exemplares do *Diário Oficial* que publicou, no seu inteiro teor, o programa e o estatuto;

III – relação de todos os fundadores com o nome completo, naturalidade, número do título eleitoral com a Zona, Seção, Município e Estado, profissão e endereço da residência.

(*) Publicada no *DOU*, de 20-9-1995.

§ 1.º O requerimento indicará o nome e a função dos dirigentes provisórios e o endereço da sede do partido no território nacional.

•• § 1.º com redação determinada pela Lei n. 13.877, de 27-9-2019.

§ 2.º Satisfeitas as exigências deste artigo, o Oficial do Registro Civil efetua o registro no livro correspondente, expedindo certidão de inteiro teor.

§ 3.º Adquirida personalidade jurídica na forma deste artigo, o partido promove a obtenção do apoiamento mínimo de eleitores a que se refere o § 1.º do art. 7.º e realiza os atos necessários para a constituição definitiva de seus órgãos e designação dos dirigentes, na forma do seu estatuto.

Art. 9.º Feita a constituição e designação, referidas no § 3.º do artigo anterior, os dirigentes nacionais promoverão o registro do estatuto do partido junto ao Tribunal Superior Eleitoral, através de requerimento acompanhado de:

I – exemplar autenticado do inteiro teor do programa e do estatuto partidários, inscritos no Registro Civil;

II – certidão do registro civil da pessoa jurídica, a que se refere o § 2.º do artigo anterior;

III – certidões dos cartórios eleitorais que comprovem ter o partido obtido o apoiamento mínimo de eleitores a que se refere o § 1.º do art. 7.º.

§ 1.º A prova do apoiamento mínimo de eleitores é feita por meio de suas assinaturas, com menção ao número do respectivo título eleitoral, em listas organizadas para cada Zona, sendo a veracidade das respectivas assinaturas e o número dos títulos atestados pelo Escrivão Eleitoral.

§ 2.º O Escrivão Eleitoral dá imediato recibo de cada lista que lhe for apresentada e, no prazo de quinze dias, lavra o seu atestado, devolvendo-a ao interessado.

§ 3.º Protocolado o pedido de registro no Tribunal Superior Eleitoral, o processo respectivo, no prazo de quarenta e oito horas, é distribuído a um Relator, que, ouvida a Procuradoria-Geral, em dez dias, determina, em igual prazo, diligências para sanar eventuais falhas do processo.

§ 4.º Se não houver diligências a determinar, ou após o seu atendimento, o Tribunal Superior Eleitoral registra o estatuto do partido, no prazo de trinta dias.

Art. 10. As alterações programáticas ou estatutárias, após registradas no Ofício Civil competente, devem ser encaminhadas, para o mesmo fim, ao Tribunal Superior Eleitoral.

§ 1.º O Partido comunica à Justiça Eleitoral a constituição de seus órgãos de direção e os nomes dos respectivos integrantes, bem como as alterações que forem promovidas, para anotação:

•• Parágrafo único, *caput*, renumerado pela Lei n. 13.877, de 27-9-2019.

I – no Tribunal Superior Eleitoral, dos integrantes dos órgãos de âmbito nacional;

II – nos Tribunais Regionais Eleitorais, dos integrantes dos órgãos de âmbito estadual, municipal ou zonal.

§ 2.º Após o recebimento da comunicação de constituição dos órgãos de direção regionais e municipais, definitivos ou provisórios, o Tribunal Superior Eleitoral, na condição de unidade cadastradora, deverá proceder à inscrição, ao restabelecimento e à alteração de dados cadastrais e da situação cadastral perante o CNPJ na Secretaria Especial da Receita Federal do Brasil.

•• § 2.º com redação determinada pela Lei n. 14.063, de 23-9-2020.

Art. 11. O partido com registro no Tribunal Superior Eleitoral pode credenciar, respectivamente:

I – delegados perante o Juiz Eleitoral;

II – delegados perante o Tribunal Regional Eleitoral;

III – delegados perante o Tribunal Superior Eleitoral.

Parágrafo único. Os delegados credenciados pelo órgão de direção nacional representam o partido perante quaisquer Tribunais ou Juízes Eleitorais; os credenciados pelos órgãos estaduais, somente perante o Tribunal Regional Eleitoral e os Juízes Eleitorais do respectivo Estado, do Distrito Federal ou Território Federal; e os credenciados pelo órgão municipal, perante o Juiz Eleitoral da respectiva jurisdição.

Art. 11-A. Dois ou mais partidos políticos poderão reunir-se em federação, a qual, após sua constituição e respectivo registro perante o Tribunal Superior Eleitoral, atuará como se fosse uma única agremiação partidária.

•• *Caput* acrescentado pela Lei n. 14.208, de 28-9-2021.

§ 1.º Aplicam-se à federação de partidos todas as normas que regem o funcionamento parlamentar e a fidelidade partidária.

•• § 1.º acrescentado pela Lei n. 14.208, de 28-9-2021.

§ 2.º Assegura-se a preservação da identidade e da autonomia dos partidos integrantes de federação.

•• § 2.º acrescentado pela Lei n. 14.208, de 28-9-2021.

§ 3.º A criação de federação obedecerá às seguintes regras:

•• § 3.º, *caput*, acrescentado pela Lei n. 14.208, de 28-9-2021.

I – a federação somente poderá ser integrada por partidos com registro definitivo no Tribunal Superior Eleitoral;

•• Inciso I acrescentado pela Lei n. 14.208, de 28-9-2021.

II – os partidos reunidos em federação deverão permanecer a ela filiados por, no mínimo, 4 (quatro) anos;

•• Inciso II acrescentado pela Lei n. 14.208, de 28-9-2021.

III – a federação poderá ser constituída até a data final do período de realização das convenções partidárias;

•• Inciso III acrescentado pela Lei n. 14.208, de 28-9-2021.

IV – a federação terá abrangência nacional e seu registro será encaminhado ao Tribunal Superior Eleitoral.

•• Inciso IV acrescentado pela Lei n. 14.208, de 28-9-2021.

§ 4.º O descumprimento do disposto no inciso II do § 3.º deste artigo acarretará ao partido vedação de ingressar em federação, de celebrar coligação nas 2 (duas) eleições seguintes e, até completar o prazo mínimo remanescente, de utilizar o fundo partidário.

•• § 4.º acrescentado pela Lei n. 14.208, de 28-9-2021.

§ 5.º Na hipótese de desligamento de 1 (um) ou mais partidos, a federação continuará em funcionamento, até a eleição seguinte, desde que nela permaneçam 2 (dois) ou mais partidos.

•• § 5.º acrescentado pela Lei n. 14.208, de 28-9-2021.

§ 6.º O pedido de registro de federação de partidos encaminhado ao Tribunal Superior Eleitoral será acompanhado dos seguintes documentos:

•• § 6.º, *caput*, acrescentado pela Lei n. 14.208, de 28-9-2021.

I – cópia da resolução tomada pela maioria absoluta dos votos dos órgãos de deliberação nacional de cada um dos partidos integrantes da federação;

•• Inciso I acrescentado pela Lei n. 14.208, de 28-9-2021.

II – cópia do programa e do estatuto comuns da federação constituída;

•• Inciso II acrescentado pela Lei n. 14.208, de 28-9-2021.

III – ata de eleição do órgão de direção nacional da federação.

•• Inciso III acrescentado pela Lei n. 14.208, de 28-9-2021.

§ 7.º O estatuto de que trata o inciso II do § 6.º deste artigo definirá as regras para a composição da lista da federação para as eleições proporcionais.

•• § 7.º acrescentado pela Lei n. 14.208, de 28-9-2021.

§ 8.º Aplicam-se à federação de partidos todas as normas que regem as atividades dos partidos políticos no que diz respeito às eleições, inclusive no que se refere à escolha e registro de candidatos para as eleições majoritárias e proporcionais, à arrecadação e aplicação de recursos em campanhas eleitorais, à propaganda eleitoral, à contagem de votos, à obtenção de cadeiras, à prestação de contas e à convocação de suplentes.

•• § 8.º acrescentado pela Lei n. 14.208, de 28-9-2021.

§ 9.º Perderá o mandato o detentor de cargo eletivo que se desfiliar, sem justa causa, de partido que integra federação.

•• § 9.º acrescentado pela Lei n. 14.208, de 28-9-2021.

Capítulo II
DO FUNCIONAMENTO PARLAMENTAR

Art. 12. O partido político funciona, nas Casas Legislativas, por intermédio de uma bancada, que deve constituir suas lideranças de acordo com o estatuto do partido, as disposições regimentais das respectivas Casas e as normas desta Lei.

Art. 13. Tem direito a funcionamento parlamentar, em todas as Casas Legislativas para as quais tenha elegido representante, o partido que, em cada eleição para a Câmara dos Deputados obtenha o apoio de, no mínimo, cinco por cento dos votos apurados, não computados os brancos e os nulos, distribuídos em, pelo menos, um terço dos Estados, com um mínimo de dois por cento do total de cada um deles.

•• O STF, na ADI n. 1.351-3, de 7-12-2006 (*DOU* de 18-12-2006), declarou a inconstitucionalidade deste artigo.

Capítulo III
DO PROGRAMA E DO ESTATUTO

Art. 14. Observadas as disposições constitucionais e as desta Lei, o partido é livre para fixar, em seu programa, seus objetivos políticos e para estabelecer, em seu estatuto, a sua estrutura interna, organização e funcionamento.

Art. 15. O Estatuto do partido deve conter, entre outras, normas sobre:

I – nome, denominação abreviada e o estabelecimento da sede no território nacional;

•• Inciso I com redação determinada pela Lei n. 13.877, de 27-9-2019.

II – filiação e desligamento de seus membros;

III – direitos e deveres dos filiados;

IV – modo como se organiza e administra, com a definição de sua estrutura geral e identificação, composição e competências dos órgãos partidários nos níveis municipal, estadual e nacional, duração dos mandatos e processo de eleição dos seus membros;

V – fidelidade e disciplina partidárias, processo para apuração das infrações e aplicação das penalidades, assegurado amplo direito de defesa;

VI – condições e forma de escolha de seus candidatos a cargos e funções eletivas;

VII – finanças e contabilidade, estabelecendo, inclusive, normas que os habilitem a apurar as quantias que os seus candidatos possam despender com a própria eleição, que fixem os limites das contribuições dos filiados e definam as diversas fontes de receita do partido, além daquelas previstas nesta Lei;

VIII – critérios de distribuição dos recursos do Fundo Partidário entre os órgãos de nível municipal, estadual e nacional que compõem o partido;

IX – procedimento de reforma do programa e do estatuto;

X – prevenção, repressão e combate à violência política contra a mulher.

•• Inciso X acrescentado pela Lei n. 14.192, de 4-8-2021.

Art. 15-A. A responsabilidade, inclusive civil e trabalhista, cabe exclusivamente ao órgão partidário municipal, estadual ou nacional que tiver dado causa ao não cumprimento da obrigação, à violação de direito, a dano a outrem ou a qualquer ato ilícito, excluída a solidariedade de outros órgãos de direção partidária.

•• *Caput* com redação determinada pela Lei n. 12.034, de 29-9-2009.

•• O STF, por maioria, julgou procedente o pedido formulado na petição inicial da ADC n. 31, de 22-9-2021 (*DOU* de 5-10-2021), para declarar a validade constitucional deste artigo.

Parágrafo único. O órgão nacional do partido político, quando responsável, somente poderá ser demandado judicialmente na circunscrição especial judiciária da sua sede, inclusive nas ações de natureza cível ou trabalhista.

•• Parágrafo único acrescentado pela Lei n. 12.891, de 11-12-2013.

Título V
DISPOSIÇÕES GERAIS

Art. 50. (*Vetado.*)

Art. 50-A. A propaganda partidária gratuita mediante transmissão no rádio e na televisão será realizada entre as 19h30 (dezenove horas e trinta minutos) e as 22h30 (vinte e duas horas e trinta minutos), em âmbito nacional e estadual, por iniciativa e sob a responsabilidade dos respectivos órgãos de direção partidária.

•• *Caput* acrescentado pela Lei n. 14.291, de 3-1-2022.

§ 1.º As transmissões serão em bloco, em cadeia nacional ou estadual, por meio de inserções de 30 (trinta) segundos, no intervalo da programação normal das emissoras.

•• § 1.º acrescentado pela Lei n. 14.291, de 3-1-2022.

§ 2.º O órgão partidário respectivo apresentará à Justiça Eleitoral requerimento da fixação das datas de formação das cadeias nacional e estaduais.

•• § 2.º acrescentado pela Lei n. 14.291, de 3-1-2022.

§ 3.º A formação das cadeias nacional e estaduais será autorizada respectivamente pelo Tribunal Superior Eleitoral e pelos Tribunais Regionais Eleitorais, que farão a necessária requisição dos horários às emissoras de rádio e de televisão.

•• § 3.º acrescentado pela Lei n. 14.291, de 3-1-2022.

§ 4.º A critério do órgão partidário nacional, as inserções em redes nacionais poderão veicular conteúdo regionalizado, com comunicação prévia ao Tribunal Superior Eleitoral.

•• § 4.º acrescentado pela Lei n. 14.291, de 3-1-2022.

§ 5.º Se houver coincidência de data, a Justiça Eleitoral dará prioridade ao partido político que apresentou o requerimento primeiro.

•• § 5.º acrescentado pela Lei n. 14.291, de 3-1-2022.

§ 6.º As inserções serão entregues às emissoras com a antecedência mínima acordada e em mídia com tecnologia compatível com a da emissora recebedora.

•• § 6.º acrescentado pela Lei n. 14.291, de 3-1-2022.

§ 7.º As inserções a serem feitas na programação das emissoras serão determinadas:

•• § 7.º, *caput*, acrescentado pela Lei n. 14.291, de 3-1-2022.

I – pelo Tribunal Superior Eleitoral, quando solicitadas por órgão de direção nacional de partido político;

•• Inciso I acrescentado pela Lei n. 14.291, de 3-1-2022.

II – pelo Tribunal Regional Eleitoral, quando solicitadas por órgão de direção estadual de partido político.

•• Inciso II acrescentado pela Lei n. 14.291, de 3-1-2022.

§ 8.º Em cada rede somente serão autorizadas até 10 (dez) inserções de 30 (trinta) segundos por dia.

•• § 8.º acrescentado pela Lei n. 14.291, de 3-1-2022.

§ 9.º As inserções deverão ser veiculadas pelas emissoras de rádio e de televisão no horário estabelecido no *caput*, divididas proporcionalmente dentro dos intervalos comerciais no decorrer das 3 (três) horas de veiculação, da seguinte forma:

•• § 9.º, *caput*, acrescentado pela Lei n. 14.291, de 3-1-2022.

I – na primeira hora de veiculação, no máximo 3 (três) inserções;

•• Inciso I acrescentado pela Lei n. 14.291, de 3-1-2022.

II – na segunda hora de veiculação, no máximo 3 (três) inserções;

•• Inciso II acrescentado pela Lei n. 14.291, de 3-1-2022.

III – na terceira hora de veiculação, no máximo 4 (quatro) inserções.

•• Inciso III acrescentado pela Lei n. 14.291, de 3-1-2022.

§ 10. É vedada a veiculação de inserções sequenciais, observado obrigatoriamente o intervalo mínimo de 10 (dez) minutos entre cada veiculação.

•• § 10 acrescentado pela Lei n. 14.291, de 3-1-2022.

§ 11. As inserções serão veiculadas da seguinte forma:

•• § 11, *caput*, acrescentado pela Lei n. 14.291, de 3-1-2022.

I – as nacionais: nas terças-feiras, quintas-feiras e sábados;

•• Inciso I acrescentado pela Lei n. 14.291, de 3-1-2022.

II – as estaduais: nas segundas-feiras, quartas-feiras e sextas-feiras.

•• Inciso II acrescentado pela Lei n. 14.291, de 3-1-2022.

Art. 50-B. O partido político com estatuto registrado no Tribunal Superior Eleitoral poderá divulgar propaganda partidária gratuita mediante transmissão no rádio e na televisão, por meio exclusivo de inserções, para:

•• *Caput* acrescentado pela Lei n. 14.291, de 3-1-2022.

I – difundir os programas partidários;

•• Inciso I acrescentado pela Lei n. 14.291, de 3-1-2022.

II – transmitir mensagens aos filiados sobre a execução do programa partidário, os eventos com este relacionados e as atividades congressuais do partido;

•• Inciso II acrescentado pela Lei n. 14.291, de 3-1-2022.

III – divulgar a posição do partido em relação a temas políticos e ações da sociedade civil;

•• Inciso III acrescentado pela Lei n. 14.291, de 3-1-2022.

IV – incentivar a filiação partidária e esclarecer o papel dos partidos na democracia brasileira;

•• Inciso IV acrescentado pela Lei n. 14.291, de 3-1-2022.

V – promover e difundir a participação política das mulheres, dos jovens e dos negros.

•• Inciso V acrescentado pela Lei n. 14.291, de 3-1-2022.

§ 1.º Os partidos políticos que tenham cumprido as condições estabelecidas no § 3.º do art. 17 da Constituição Federal terão assegurado o direito de acesso gratuito ao rádio e à televisão, na proporção de sua bancada eleita em cada eleição geral, nos seguintes termos:

•• § 1.º, *caput*, acrescentado pela Lei n. 14.291, de 3-1-2022.

I – o partido que tenha eleito acima de 20 (vinte) Deputados Federais terá assegurado o direito à utilização do tempo total de 20 (vinte) minutos por semestre para inserções de 30 (trinta) segundos nas redes nacionais, e de igual tempo nas emissoras estaduais;

•• Inciso I acrescentado pela Lei n. 14.291, de 3-1-2022.

II – o partido que tenha eleito entre 10 (dez) e 20 (vinte) Deputados Federais terá assegurado o direito à utilização do tempo total de 10 (dez) minutos por semestre para inserções de 30 (trinta) segundos nas redes nacionais, e de igual tempo nas emissoras estaduais;

•• Inciso II acrescentado pela Lei n. 14.291, de 3-1-2022.

III – o partido que tenha eleito até 9 (nove) Deputados Federais terá assegurado o direito à utilização do tempo total de 5 (cinco) minutos por semestre para inserções de 30 (trinta) segundos nas redes nacionais, e de igual tempo nas redes estaduais.

•• Inciso III acrescentado pela Lei n. 14.291, de 3-1-2022.

§ 2.º Do tempo total disponível para o partido político, no mínimo 30% (trinta por cento) deverão ser destinados à promoção e à difusão da participação política das mulheres.

•• § 2.º acrescentado pela Lei n. 14.291, de 3-1-2022.

§ 3.º Nos anos de eleições, as inserções somente serão veiculadas no primeiro semestre.

•• § 3.º acrescentado pela Lei n. 14.291, de 3-1-2022.

§ 4.º Ficam vedadas nas inserções:

•• § 4.º, *caput*, acrescentado pela Lei n. 14.291, de 3-1-2022.

I – a participação de pessoas não filiadas ao partido responsável pelo programa;

•• Inciso I acrescentado pela Lei n. 14.291, de 3-1-2022.

II – a divulgação de propaganda de candidatos a cargos eletivos e a defesa de interesses pessoais ou de outros partidos, bem como toda forma de propaganda eleitoral;

•• Inciso II acrescentado pela Lei n. 14.291, de 3-1-2022.

III – a utilização de imagens ou de cenas incorretas ou incompletas, de efeitos ou de quaisquer outros recursos que distorçam ou falseiem os fatos ou a sua comunicação;

•• Inciso III acrescentado pela Lei n. 14.291, de 3-1-2022.

IV – a utilização de matérias que possam ser comprovadas como falsas (*fake news*);

•• Inciso IV acrescentado pela Lei n. 14.291, de 3-1-2022.

V – a prática de atos que resultem em qualquer tipo de preconceito racial, de gênero ou de local de origem;

•• Inciso V acrescentado pela Lei n. 14.291, de 3-1-2022.

VI – a prática de atos que incitem a violência.

•• Inciso VI acrescentado pela Lei n. 14.291, de 3-1-2022.

§ 5.º Tratando-se de propaganda partidária no rádio e na televisão, o partido político que descumprir o disposto neste artigo será punido com a cassação do tempo equivalente a 2 (duas) a 5 (cinco) vezes o tempo da inserção ilícita, no semestre seguinte.

•• § 5.º acrescentado pela Lei n. 14.291, de 3-1-2022.

§ 6.º A representação, que poderá ser oferecida por partido político ou pelo Ministério Público Eleitoral, será julgada pelo Tribunal Superior Eleitoral quando se tratar de inserções nacionais e pelos Tribunais Regionais Eleitorais quando se tratar de inserções transmitidas nos Estados correspondentes.

•• § 6.º acrescentado pela Lei n. 14.291, de 3-1-2022.

§ 7.º O prazo para o oferecimento da representação prevista no § 6 deste artigo encerra-se no último dia do semestre em que for veiculado o programa impugnado ou, se este tiver sido transmitido nos últimos 30 (trinta) dias desse período, até o 15.º (décimo quinto) dia do semestre seguinte.

•• § 7.º acrescentado pela Lei n. 14.291, de 3-1-2022.

§ 8.º Da decisão do Tribunal Regional Eleitoral que julgar procedente a representação, cassando o direito de transmissão de propaganda partidária, caberá recurso para o Tribunal Superior Eleitoral, que será recebido com efeito suspensivo.

•• § 8.º acrescentado pela Lei n. 14.291, de 3-1-2022.

Art. 50-C. Para agilizar os procedimentos, condições especiais podem ser pactuadas diretamente entre as emissoras de rádio e de televisão e os órgãos de direção do partido, obedecidos os limites estabelecidos nesta Lei, dando-se conhecimento ao Tribunal Eleitoral da respectiva jurisdição.

•• Artigo acrescentado pela Lei n. 14.291, de 3-1-2022.

Art. 50-D. A propaganda partidária no rádio e na televisão fica restrita aos horários gratuitos disciplinados nesta Lei, com proibição de propaganda paga.

•• Artigo acrescentado pela Lei n. 14.291, de 3-1-2022.

Art. 50-E. (*Vetado*).

•• Artigo acrescentado pela Lei n. 14.291, de 3-1-2022.

Art. 51. É assegurado ao partido político com estatuto registrado no Tribunal Superior Eleitoral o direito à utilização gratuita de escolas públicas ou Casas Legislativas para a realização de suas reuniões ou convenções, responsabilizando-se pelos danos porventura causados com a realização do evento.

Art. 52. (*Vetado.*)

Parágrafo único. (*Revogado pela Lei n. 13.487, de 6-10-2017.*)

Art. 53. A fundação ou instituto de direito privado, criado por partido político, destinado ao estudo e pesquisa, à doutrinação e à educação política, rege-se pelas normas da lei civil e tem autonomia para contratar com instituições públicas e privadas, prestar serviços e manter estabelecimentos de acordo com suas finalidades, podendo, ainda, manter intercâmbio com instituições não nacionais.

§ 1.º O instituto poderá ser criado sob qualquer das formas admitidas pela lei civil.

•• § 1.º acrescentado pela Lei n. 13.487, de 6-10-2017.

§ 2.º O patrimônio da fundação ou do instituto de direito privado a que se referem o inciso IV do art. 44 desta Lei e o *caput* deste artigo será vertido ao ente que vier a sucedê-lo nos casos de:

•• § 2.º acrescentado pela Lei n. 13.487, de 6-10-2017.

I – extinção da fundação ou do instituto, quando extinto, fundido ou incorporado o partido político, assim como nas demais hipóteses previstas na legislação;

•• Inciso I acrescentado pela Lei n. 13.487, de 6-10-2017.

II – conversão ou transformação da fundação em instituto, assim como deste em fundação.

•• Inciso I acrescentado pela Lei n. 13.487, de 6-10-2017.

§ 3.º Para fins do disposto no § 2.º deste artigo, a versão do patrimônio implica a sucessão de todos os direitos, os deveres e as obrigações da fundação ou do instituto extinto, transformado ou convertido.

•• § 3.º acrescentado pela Lei n. 13.487, de 6-10-2017.

§ 4.º A conversão, a transformação ou, quando for o caso, a extinção da fundação ou do instituto ocorrerá por decisão do órgão de direção nacional do partido político.

•• § 4.º acrescentado pela Lei n. 13.487, de 6-10-2017.

Art. 54. Para fins de aplicação das normas estabelecidas nesta Lei, consideram-se como equivalentes a Estados e Municípios o Distrito Federal e os Territórios e respectivas divisões político-administrativas.

TÍTULO VI
DISPOSIÇÕES FINAIS E TRANSITÓRIAS

Art. 55. O partido político que, nos termos da legislação anterior, tenha registro definitivo, fica dispensado da condição estabelecida no § 1.º do art. 7.º, e deve providenciar a adaptação de seu estatuto às disposições desta Lei, no prazo de seis meses da data de sua publicação.

§ 1.º A alteração estatutária com a finalidade prevista neste artigo pode ser realizada pelo partido político em reunião do órgão nacional máximo, especialmente convocado na forma dos estatutos, com antecedência mínima de trinta dias e ampla divulgação, entre seus órgãos e filiados, do projeto do estatuto.

§ 2.º Aplicam-se as disposições deste artigo ao partido que, na data da publicação desta Lei:

I – tenha completado seu processo de organização nos termos da legislação anterior e requerido o registro definitivo;

II – tenha seu pedido de registro *sub judice*, desde que sobrevenha decisão favorável do órgão judiciário competente;

III – tenha requerido registro de seus estatutos junto ao Tribunal Superior Eleitoral, após o devido registro como entidade civil.

....

Art. 60. Os artigos a seguir enumerados da Lei n. 6.015, de 31 de dezembro de 1973, passam a vigorar com a seguinte redação:

•• Alterações já processadas no texto da mencionada Lei.

Art. 61. O Tribunal Superior Eleitoral expedirá instruções para a fiel execução desta Lei.

Art. 62. Esta Lei entra em vigor na data de sua publicação.

Art. 63. Ficam revogadas a Lei n. 5.682, de 21 de julho de 1971, e respectivas alterações; a Lei n. 6.341, de 5 de julho de 1976; a Lei n. 6.817, de 5 de setembro de 1980; a Lei n. 6.957, de 23 de novembro de 1981; o art. 16 da Lei n. 6.996, de 7 de junho de 1982; a Lei n. 7.307, de 9 de abril de 1985, e a Lei n. 7.514, de 9 de julho de 1986.

Brasília, 19 de setembro de 1995; 174.º da Independência e 107.º da República.

Marco Antonio de Oliveira Maciel

LEI N. 9.099, DE 26 DE SETEMBRO DE 1995 (*)

Dispõe sobre os Juizados Especiais Cíveis e Criminais e dá outras providências.

O Presidente da República

Faço saber que o Congresso Nacional decreta e eu sanciono a seguinte Lei:

Capítulo I
DISPOSIÇÕES GERAIS

Art. 1.º Os Juizados Especiais Cíveis e Criminais, órgãos da Justiça Ordinária, serão criados pela União, no Distrito Federal e nos Territórios, e pelos Estados, para conciliação, processo, julgamento e execução, nas causas de sua competência.

• Da criação dos Juizados Especiais Cíveis e Criminais: art. 98, I, da CF.

Art. 2.º O processo orientar-se-á pelos critérios da oralidade, simplicidade, informalidade, economia processual e celeridade, buscando, sempre que possível, a conciliação ou a transação.

Capítulo II
DOS JUIZADOS ESPECIAIS CÍVEIS

Seção I
Da Competência

Art. 3.º O Juizado Especial Cível tem competência para conciliação, processo e julgamento das causas cíveis de menor complexidade, assim consideradas:

I – as causas cujo valor não exceda a 40 (quarenta) vezes o salário mínimo;

•• Do valor da causa dispõem os arts. 291 a 293 do CPC.

• A Medida Provisória n. 1.091, de 30-12-2021, estabelece que, a partir de 1.º-1-2022, o salário mínimo será de R$ 1.212,00 (mil duzentos e doze reais).

• *Vide* art. 15 desta Lei.

II – as enumeradas no art. 275, inciso II, do Código de Processo Civil;

(*) Publicada no *DOU*, de 27-9-1995.

III – a ação de despejo para uso próprio;

IV – as ações possessórias sobre bens imóveis de valor não excedente ao fixado no inciso I deste artigo.

§ 1.º Compete ao Juizado Especial promover a execução:

I – dos seus julgados;

II – dos títulos executivos extrajudiciais, no valor de até 40 (quarenta) vezes o salário mínimo, observado o disposto no § 1.º do art. 8.º desta Lei.

- A Medida Provisória n. 1.091, de 30-12-2021, estabelece que, a partir de 1.º-1-2022, o salário mínimo será de R$ 1.212,00 (mil duzentos e doze reais).

§ 2.º Ficam excluídas da competência do Juizado Especial as causas de natureza alimentar, falimentar, fiscal e de interesse da Fazenda Pública, e também as relativas a acidentes de trabalho, a resíduos e ao estado e capacidade das pessoas, ainda que de cunho patrimonial.

§ 3.º A opção pelo procedimento previsto nesta Lei importará em renúncia ao crédito excedente ao limite estabelecido neste artigo, excetuada a hipótese de conciliação.

Art. 4.º É competente, para as causas previstas nesta Lei, o Juizado do foro:

I – do domicílio do réu ou, a critério do autor, do local onde aquele exerça atividades profissionais ou econômicas ou mantenha estabelecimento, filial, agência, sucursal ou escritório;

II – do lugar onde a obrigação deva ser satisfeita;

III – do domicílio do autor ou do local do ato ou fato, nas ações para reparação de dano de qualquer natureza.

Parágrafo único. Em qualquer hipótese, poderá a ação ser proposta no foro previsto no inciso I deste artigo.

Seção II

Do Juiz, dos Conciliadores e dos Juízes Leigos

Art. 5.º O juiz dirigirá o processo com liberdade para determinar as provas a serem produzidas, para apreciá-las e para dar especial valor às regras de experiência comum ou técnica.

Art. 6.º O juiz adotará em cada caso a decisão que reputar mais justa e equânime, atendendo aos fins sociais da lei e às exigências do bem comum.

Art. 7.º Os conciliadores e juízes leigos são auxiliares da Justiça, recrutados, os primeiros, preferentemente, entre os bacharéis em Direito, e os segundos, entre advogados com mais de 5 (cinco) anos de experiência.

Parágrafo único. Os juízes leigos ficarão impedidos de exercer a advocacia perante os Juizados Especiais, enquanto no desempenho de suas funções.

Seção III

Das Partes

Art. 8.º Não poderão ser partes, no processo instituído por esta Lei, o incapaz, o preso, as pessoas jurídicas de direito público, as empresas públicas da União, a massa falida e o insolvente civil.

§ 1.º Somente serão admitidas a propor ação perante o Juizado Especial:

•• § 1.º, *caput*, com redação determinada pela Lei n. 12.126, de 16-12-2009.

I – as pessoas físicas capazes, excluídos os cessionários de direito de pessoas jurídicas;

•• Inciso I acrescentado pela Lei n. 12.126, de 16-12-2009.

II – as pessoas enquadradas como microempreendedores individuais, microempresas e empresas de pequeno porte na forma da Lei Complementar n. 123, de 14 de dezembro de 2006;

•• Inciso II com redação determinada pela Lei Complementar n. 147, de 7-8-2014.

III – as pessoas jurídicas qualificadas como Organização da Sociedade Civil de Interesse Público, nos termos da Lei n. 9.790, de 23 de março de 1999;

•• Inciso III acrescentado pela Lei n. 12.126, de 16-12-2009.

IV – as sociedades de crédito ao microempreendedor, nos termos do art. 1.º da Lei n. 10.194, de 14 de fevereiro de 2001.

•• Inciso IV acrescentado pela Lei n. 12.126, de 16-12-2009.

- O citado art. 1.º da Lei n. 10.194, de 14-2-2001, autoriza a constituição de Sociedades de Crédito ao Microempreendedor e à Empresa de Pequeno Porte e determina a quais requisitos elas devem obedecer.

§ 2.º O maior de 18 (dezoito) anos poderá ser autor, independentemente de assistência, inclusive para fins de conciliação.

Art. 9.º Nas causas de valor até 20 (vinte) salários mínimos, as partes comparecerão pessoalmente, podendo ser assistidas por advogado; nas de valor superior, a assistência é obrigatória.

- A Medida Provisória n. 1.091, de 30-12-2021, estabelece que, a partir de 1.º-1-2022, o salário mínimo será de R$ 1.212,00 (mil duzentos e doze reais).

§ 1.º Sendo facultativa a assistência, se uma das partes comparecer assistida por advogado, ou se o réu for pessoa jurídica ou firma individual, terá a outra parte, se quiser, assistência judiciária prestada por órgão instituído junto ao Juizado Especial, na forma da lei local.

§ 2.º O juiz alertará as partes da conveniência do patrocínio por advogado, quando a causa o recomendar.

§ 3.º O mandato ao advogado poderá ser verbal, salvo quanto aos poderes especiais.

- Sobre poderes especiais do mandato judicial dispõe o art. 105 do CPC.

§ 4.º O réu, sendo pessoa jurídica ou titular de firma individual, poderá ser representado por preposto credenciado, munido de carta de preposição com poderes para transigir, sem haver necessidade de vínculo empregatício.

•• § 4.º com redação determinada pela Lei n. 12.137, de 18-12-2009.

Art. 10. Não se admitirá, no processo, qualquer forma de intervenção de terceiro nem de assistência. Admitir-se-á o litisconsórcio.

• Do litisconsórcio no CPC: arts. 113 a 118.

Art. 11. O Ministério Público intervirá nos casos previstos em lei.

Seção IV
Dos Atos Processuais

Art. 12. Os atos processuais serão públicos e poderão realizar-se em horário noturno, conforme dispuserem as normas de organização judiciária.

Art. 12-A. Na contagem de prazo em dias, estabelecido por lei ou pelo juiz, para a prática de qualquer ato processual, inclusive para a interposição de recursos, computar-se-ão somente os dias úteis.

•• Artigo acrescentado pela Lei n. 13.728, de 31-10-2018.

Art. 13. Os atos processuais serão válidos sempre que preencherem as finalidades para as quais forem realizados, atendidos os critérios indicados no art. 2.º desta Lei.

§ 1.º Não se pronunciará qualquer nulidade sem que tenha havido prejuízo.

§ 2.º A prática de atos processuais em outras comarcas poderá ser solicitada por qualquer meio idôneo de comunicação.

§ 3.º Apenas os atos considerados essenciais serão registrados resumidamente, em notas manuscritas, datilografadas, taquigrafadas ou estenotipadas. Os demais atos poderão ser gravados em fita magnética ou equivalente, que será inutilizada após o trânsito em julgado da decisão.

§ 4.º As normas locais disporão sobre a conservação das peças do processo e demais documentos que o instruem.

Seção V
Do Pedido

Art. 14. O processo instaurar-se-á com a apresentação do pedido, escrito ou oral, à Secretaria do Juizado.

§ 1.º Do pedido constarão, de forma simples e em linguagem acessível:

I – o nome, a qualificação e o endereço das partes;

II – os fatos e os fundamentos, de forma sucinta;

III – o objeto e seu valor.

§ 2.º É lícito formular pedido genérico quando não for possível determinar, desde logo, a extensão da obrigação.

• Sobre pedido genérico no CPC: art. 324, § 1.º.

§ 3.º O pedido oral será reduzido a escrito pela Secretaria do Juizado, podendo ser utilizado o sistema de fichas ou formulários impressos.

Art. 15. Os pedidos mencionados no art. 3.º desta Lei poderão ser alternativos ou cumulados; nesta última hipótese, desde que conexos e a soma não ultrapasse o limite fixado naquele dispositivo.

• Sobre pedido alternativo e cumulado dispõem os arts. 325 e 327 do CPC.

Art. 16. Registrado o pedido, independentemente de distribuição e autuação, a Secretaria do Juizado designará a sessão de conciliação, a realizar-se no prazo de 15 (quinze) dias.

Art. 17. Comparecendo inicialmente ambas as partes, instaurar-se-á, desde logo, a sessão de conciliação, dispensados o registro prévio de pedido e a citação.

Parágrafo único. Havendo pedidos contrapostos, poderá ser dispensada a contestação formal e ambos serão apreciados na mesma sentença.

• *Vide* arts. 30 e 31 desta Lei.

Seção VI
Das Citações e Intimações

Art. 18. A citação far-se-á:

I – por correspondência, com aviso de recebimento em mão própria;

II – tratando-se de pessoa jurídica ou firma individual, mediante entrega ao encarregado da recepção, que será obrigatoriamente identificado;

III – sendo necessário, por oficial de justiça, independentemente de mandado ou carta precatória.

§ 1.º A citação conterá cópia do pedido inicial, dia e hora para comparecimento do citando e advertência de que, não comparecendo este, considerar-se-ão verdadeiras as alegações iniciais, e será proferido julgamento, de plano.

§ 2.º Não se fará citação por edital.

§ 3.º O comparecimento espontâneo suprirá a falta ou nulidade da citação.

Art. 19. As intimações serão feitas na forma prevista para citação, ou por qualquer outro meio idôneo de comunicação.

§ 1.º Dos atos praticados na audiência, considerar-se-ão desde logo cientes as partes.

§ 2.º As partes comunicarão ao juízo as mudanças de endereço ocorridas no curso do processo, reputando-se eficazes as intimações enviadas ao local anteriormente indicado, na ausência da comunicação.

Seção VII
Da Revelia

Art. 20. Não comparecendo o demandado à sessão de conciliação ou à audiência de instrução e julgamento, reputar-se-ão verdadeiros os fatos alegados no pedido inicial, salvo se o contrário resultar da convicção do juiz.

Seção VIII
Da Conciliação e do Juízo Arbitral

• Sobre arbitragem: Lei n. 9.307, de 23-9-1996.

Art. 21. Aberta a sessão, o juiz togado ou leigo esclarecerá as partes presentes sobre as vantagens da conciliação, mostrando-lhes os riscos e as consequências do litígio, especialmente quanto ao disposto no § 3.º do art. 3.º desta Lei.

Art. 22. A conciliação será conduzida pelo juiz togado ou leigo ou por conciliador sob sua orientação.

§ 1.º Obtida a conciliação, esta será reduzida a escrito e homologada pelo Juiz togado mediante sentença com eficácia de título executivo.

•• Parágrafo único renumerado pela Lei n. 13.994, de 24-4-2020.

§ 2.º É cabível a conciliação não presencial conduzida pelo Juizado mediante o emprego dos recursos tecnológicos disponíveis de transmissão de sons e imagens em tempo real, devendo o resultado da tentativa de conciliação ser reduzido a escrito com os anexos pertinentes.

•• § 2.º acrescentado pela Lei n. 13.994, de 24-4-2020.

Art. 23. Se o demandado não comparecer ou recusar-se a participar da tentativa de conciliação não presencial, o Juiz togado proferirá sentença.

•• Artigo com redação determinada pela Lei n. 13.994, de 24-4-2020.

Art. 24. Não obtida a conciliação, as partes poderão optar, de comum acordo, pelo juízo arbitral, na forma prevista nesta Lei.

§ 1.º O juízo arbitral considerar-se-á instaurado, independentemente de termo de compromisso, com a escolha do árbitro pelas partes. Se este não estiver presente, o juiz convocá-lo-á e designará, de imediato, a data para a audiência de instrução.

§ 2.º O árbitro será escolhido dentre os juízes leigos.

Art. 25. O árbitro conduzirá o processo com os mesmos critérios do juiz, na forma dos arts. 5.º e 6.º desta Lei, podendo decidir por equidade.

Art. 26. Ao término da instrução, ou nos 5 (cinco) dias subsequentes, o árbitro apresentará o laudo ao juiz togado para homologação por sentença irrecorrível.

Seção IX

Da Instrução e Julgamento

Art. 27. Não instituído o juízo arbitral, proceder-se-á imediatamente à audiência de instrução e julgamento, desde que não resulte prejuízo para a defesa.

Parágrafo único. Não sendo possível sua realização imediata, será a audiência designada para um dos 15 (quinze) dias subsequentes, cientes, desde logo, as partes e testemunhas eventualmente presentes.

Art. 28. Na audiência de instrução e julgamento serão ouvidas as partes, colhida a prova e, em seguida, proferida a sentença.

Art. 29. Serão decididos de plano todos os incidentes que possam interferir no regular prosseguimento da audiência. As demais questões serão decididas na sentença.

Parágrafo único. Sobre os documentos apresentados por uma das partes, manifestar-se-á imediatamente a parte contrária, sem interrupção da audiência.

Seção X

Da Resposta do Réu

Art. 30. A contestação, que será oral ou escrita, conterá toda matéria de defesa, exceto arguição de suspeição ou impedimento do juiz, que se processará na forma da legislação em vigor.

Art. 31. Não se admitirá a reconvenção. É lícito ao réu, na contestação, formular pedido em seu favor, nos limites do art. 3.º desta Lei, desde que fundado nos mesmos fatos que constituem objeto da controvérsia.

Parágrafo único. O autor poderá responder ao pedido do réu na própria audiência ou requerer a designação da nova data, que será desde logo fixada, cientes todos os presentes.

Seção XI

Das Provas

Art. 32. Todos os meios de prova moralmente legítimos, ainda que não especificados em lei, são hábeis para provar a veracidade dos fatos alegados pelas partes.

Art. 33. Todas as provas serão produzidas na audiência de instrução e julgamento, ainda que não requeridas previamente, podendo o juiz limitar ou excluir as que considerar excessivas, impertinentes ou protelatórias.

Art. 34. As testemunhas, até o máximo de 3 (três) para cada parte, comparecerão à audiência de instrução e julgamento levadas pela parte que as tenha arrolado, independentemente de intimação, ou mediante esta, se assim for requerido.

§ 1.º O requerimento para intimação das testemunhas será apresentado à Secretaria no mínimo 5 (cinco) dias antes da audiência de instrução e julgamento.

§ 2.º Não comparecendo a testemunha intimada, o juiz poderá determinar sua imediata condução, valendo-se, se necessário, do concurso da força pública.

Art. 35. Quando a prova do fato exigir, o juiz poderá inquirir técnicos de sua confiança, permitida às partes a apresentação de parecer técnico.

Parágrafo único. No curso da audiência, poderá o juiz, de ofício ou a requerimento das partes, realizar inspeção em pessoas ou coisas, ou determinar que o faça pessoa de sua confiança, que lhe relatará informalmente o verificado.

Art. 36. A prova oral não será reduzida a escrito, devendo a sentença referir, no essencial, os informes trazidos nos depoimentos.

Art. 37. A instrução poderá ser dirigida por juiz leigo, sob a supervisão de juiz togado.

Seção XII

Da Sentença

Art. 38. A sentença mencionará os elementos de convicção do juiz, com breve resumo dos fatos relevantes ocorridos em audiência, dispensado o relatório.

Parágrafo único. Não se admitirá sentença condenatória por quantia ilíquida, ainda que genérico o pedido.

Art. 39. É ineficaz a sentença condenatória na parte que exceder a alçada estabelecida nesta Lei.

• *Vide* art. 3.º desta Lei.

Art. 40. O juiz leigo que tiver dirigido a instrução proferirá sua decisão e imediatamente a submeterá ao juiz togado, que poderá homologá-la, proferir outra em substituição ou, antes de se manifestar, determinar a realização de atos probatórios indispensáveis.

Art. 41. Da sentença, excetuada a homologatória de conciliação ou laudo arbitral, caberá recurso para o próprio Juizado.

§ 1.º O recurso será julgado por uma turma composta por 3 (três) juízes togados, em exercício no primeiro grau de jurisdição, reunidos na sede do Juizado.

§ 2.º No recurso, as partes serão obrigatoriamente representadas por advogado.

Art. 42. O recurso será interposto no prazo de 10 (dez) dias, contados da ciência da sentença, por petição escrita, da qual constarão as razões e o pedido do recorrente.

§ 1.º O preparo será feito, independentemente de intimação, nas 48 (quarenta e oito) horas seguintes à interposição, sob pena de deserção.

§ 2.º Após o preparo, a Secretaria intimará o recorrido para oferecer resposta escrita no prazo de 10 (dez) dias.

Art. 43. O recurso terá somente efeito devolutivo, podendo o juiz dar-lhe efeito suspensivo, para evitar dano irreparável para a parte.

Art. 44. As partes poderão requerer a transcrição da gravação da fita magnética a que alude o § 3.º do art. 13 desta Lei, correndo por conta do requerente as despesas respectivas.

Art. 45. As partes serão intimadas da data da sessão de julgamento.

Art. 46. O julgamento em segunda instância constará apenas da ata, com a indicação suficiente do processo, fundamentação sucinta e parte dispositiva. Se a sentença for confirmada pelos próprios fundamentos, a súmula do julgamento servirá de acórdão.

Art. 47. (*Vetado.*)

Seção XIII
Dos Embargos de Declaração

Art. 48. Caberão embargos de declaração contra sentença ou acórdão nos casos previstos no Código de Processo Civil.

•• *Caput* com redação determinada pela Lei n. 13.105, de 16-3-2015.

Parágrafo único. Os erros materiais podem ser corrigidos de ofício.

Art. 49. Os embargos de declaração serão interpostos por escrito ou oralmente, no prazo de 5 (cinco) dias, contados da ciência da decisão.

Art. 50. Os embargos de declaração interrompem o prazo para a interposição de recurso.

•• Artigo com redação determinada pela Lei n. 13.105, de 16-3-2015.

Seção XIV
Da Extinção do Processo sem Julgamento do Mérito

Art. 51. Extingue-se o processo, além dos casos previstos em Lei:

I – quando o autor deixar de comparecer a qualquer das audiências do processo;

II – quando inadmissível o procedimento instituído por esta Lei ou seu prosseguimento, após a conciliação;

III – quando for reconhecida a incompetência territorial;

IV – quando sobrevier qualquer dos impedimentos previstos no art. 8.º desta Lei;

V – quando, falecido o autor, a habilitação depender de sentença ou não se der no prazo de 30 (trinta) dias;

VI – quando, falecido o réu, o autor não promover a citação dos sucessores no prazo de 30 (trinta) dias da ciência do fato.

§ 1.º A extinção do processo independerá, em qualquer hipótese, de prévia intimação pessoal das partes.

§ 2.º No caso do inciso I deste artigo, quando comprovar que a ausência decorre de força maior, a parte poderá ser isentada, pelo juiz, do pagamento de custas.

Seção XV
Da Execução

Art. 52. A execução da sentença processar-se-á no próprio Juizado, aplicando-se, no que couber, o disposto no Código de Processo Civil, com as seguintes alterações:

I – as sentenças serão necessariamente líquidas, contendo a conversão em Bônus do Tesouro Nacional - BTN ou índice equivalente;

•• Sobre extinção do BTN, *vide* Nota dos Organizadores.

II – os cálculos de conversão de índices, de honorários, de juros e de outras parcelas serão efetuados por servidor judicial;

III – a intimação da sentença será feita, sempre que possível, na própria audiência em que for proferida. Nessa intimação, o vencido será instado a cumprir a sentença tão logo ocorra seu trânsito em julgado, e advertido dos efeitos do seu descumprimento (inc. V);

IV – não cumprida voluntariamente a sentença transitada em julgado, e tendo havido solicitação do interessado, que poderá ser verbal, proceder-se-á desde logo à execução, dispensada nova citação;

V – nos casos de obrigação de entregar, de fazer, ou de não fazer, o juiz, na sentença ou na fase de execução, cominará multa diária, arbitrada de acordo com as condições econômicas do devedor, para a hipótese de inadimplemento. Não cumprida a obrigação, o credor poderá requerer a elevação da multa ou a transformação da condenação em perdas e danos, que o juiz de imediato arbitrará, seguindo-se a execução por quantia certa, incluída a multa vencida de obrigação de dar, quando evidenciada a malícia do devedor na execução do julgado;

VI – na obrigação de fazer, o juiz pode determinar o cumprimento por outrem, fixado o valor que o devedor deve depositar para as despesas, sob pena de multa diária;

VII – na alienação forçada dos bens, o juiz poderá autorizar o devedor, o credor ou a terceira pessoa idônea a tratar da alienação do bem penhorado, a qual se aperfeiçoará em juízo até a data fixada para a praça ou leilão. Sendo o preço inferior ao da avaliação, as partes serão ouvidas. Se o pagamento não for à vista, será oferecida caução idônea, nos casos de alienação de bem móvel, ou hipotecado o imóvel;

VIII – é dispensada a publicação de editais em jornais, quando se tratar de alienação de bens de pequeno valor;

IX – o devedor poderá oferecer embargos, nos autos da execução, versando sobre:

a) falta ou nulidade da citação no processo, se ele correu à revelia;

b) manifesto excesso de execução;

c) erro de cálculo;

d) causa impeditiva, modificativa ou extintiva da obrigação, superveniente à sentença.

Art. 53. A execução de título executivo extrajudicial, no valor de até 40 (quarenta) salários mínimos, obedecerá ao disposto no Código de Processo Civil, com as modificações introduzidas por esta Lei.

§ 1.º Efetuada a penhora, o devedor será intimado a comparecer à audiência de conciliação, quando poderá oferecer embargos (art. 52, IX), por escrito ou verbalmente.

§ 2.º Na audiência, será buscado o meio mais rápido e eficaz para a solução do litígio, se possível com dispensa da alienação judicial, devendo o conciliador propor, entre outras medidas cabíveis, o pagamento do débito a prazo ou a prestação, a dação em pagamento ou a imediata adjudicação do bem penhorado.

§ 3.º Não apresentados os embargos em audiência, ou julgados improcedentes, qualquer das partes poderá requerer ao juiz a adoção de uma das alternativas do parágrafo anterior.

§ 4.º Não encontrado o devedor ou inexistindo bens penhoráveis, o processo será imediatamente extinto, devolvendo-se os documentos ao autor.

Seção XVI
Das Despesas

Art. 54. O acesso ao Juizado Especial independerá, em primeiro grau de jurisdição, do pagamento de custas, taxas ou despesas.

Parágrafo único. O preparo do recurso, na forma do § 1.º do art. 42 desta Lei, compreenderá todas as despesas processuais, inclusive aquelas dispensadas em primeiro grau de jurisdição, ressalvada a hipótese de assistência judiciária gratuita.

- Assistência judiciária: Lei n. 1.060, de 5-2-1950.

Art. 55. A sentença de primeiro grau não condenará o vencido em custas e honorários de advogado, ressalvados os casos de litigância de má-fé. Em segundo grau, o recorrente, vencido, pagará as custas e honorários de advogado, que serão fixados entre 10% (dez por cento) e 20% (vinte por cento) do valor da condenação ou, não havendo condenação, do valor corrigido da causa.

Parágrafo único. Na execução não serão contadas custas, salvo quando:

I – reconhecida a litigância de má-fé;

- Sobre litigância de má-fé no CPC: art. 80.

II – improcedentes os embargos do devedor;

III – tratar-se de execução de sentença que tenha sido objeto de recurso improvido do devedor.

Seção XVII
Disposições Finais

Art. 56. Instituído o Juizado Especial, serão implantadas as curadorias necessárias e o serviço de assistência judiciária.

Art. 57. O acordo extrajudicial, de qualquer natureza ou valor, poderá ser homologado, no juízo competente, independentemente de termo, valendo a sentença como título executivo judicial.

Parágrafo único. Valerá como título extrajudicial o acordo celebrado pelas partes, por instrumento escrito, referendado pelo órgão competente do Ministério Público.

Art. 58. As normas de organização judiciária local poderão estender a conciliação prevista nos arts. 22 e 23 a causas não abrangidas por esta Lei.

Art. 59. Não se admitirá ação rescisória nas causas sujeitas ao procedimento instituído por esta Lei.

Capítulo III
DOS JUIZADOS ESPECIAIS CRIMINAIS
DISPOSIÇÕES GERAIS

Art. 60. O Juizado Especial Criminal, provido por juízes togados ou togados e leigos, tem competência para a conciliação, o julgamento e a execução das infrações penais de menor potencial ofensivo, respeitadas as regras de conexão e continência.

•• *Caput* com redação determinada pela Lei n. 11.313, de 28-6-2006.

Parágrafo único. Na reunião de processos, perante o juízo comum ou o tribunal do júri, decorrentes da aplicação das regras de conexão e continência, observar-se-ão os institutos da transação penal e da composição dos danos civis.

•• Parágrafo único acrescentado pela Lei n. 11.313, de 28-6-2006.

Art. 61. Consideram-se infrações penais de menor potencial ofensivo, para os efeitos desta Lei, as contravenções penais e os crimes a que a lei comine pena máxima não superior a 2 (dois) anos, cumulada ou não com multa.

•• Artigo com redação determinada pela Lei n. 11.313, de 28-6-2006.

- *Vide* art. 94 da Lei n. 10.741, de 1.º-10-2003.

Art. 62. O processo perante o Juizado Especial orientar-se-á pelos critérios da oralidade, simplicidade, informalidade, economia processual e celeridade, objetivando, sempre que possível, a reparação dos danos sofridos pela vítima e a aplicação de pena não privativa de liberdade.

•• Artigo com redação determinada pela Lei n. 13.603, de 9-1-2018.

Seção I
Da Competência e dos Atos Processuais

Art. 63. A competência do Juizado será determinada pelo lugar em que foi praticada a infração penal.

Art. 64. Os atos processuais serão públicos e poderão realizar-se em horário noturno e em qualquer dia da semana, conforme dispuserem as normas de organização judiciária.

Art. 65. Os atos processuais serão válidos sempre que preencherem as finalidades para as quais foram realizados, atendidos os critérios indicados no art. 62 desta Lei.

§ 1.º Não se pronunciará qualquer nulidade sem que tenha havido prejuízo.

§ 2.º A prática de atos processuais em outras comarcas poderá ser solicitada por qualquer meio hábil de comunicação.

§ 3.º Serão objeto de registro escrito exclusivamente os atos havidos por essenciais. Os atos realizados em audiência de instrução e julgamento poderão ser gravados em fita magnética ou equivalente.

Art. 66. A citação será pessoal e far-se-á no próprio Juizado, sempre que possível, ou por mandado.

Parágrafo único. Não encontrado o acusado para ser citado, o juiz encaminhará as peças existentes ao juízo comum para adoção do procedimento previsto em lei.

• *Vide* art. 366 do CPP.

Art. 67. A intimação far-se-á por correspondência, com aviso de recebimento pessoal ou, tratando-se de pessoa jurídica ou firma individual, mediante entrega ao encarregado da recepção, que será obrigatoriamente identificado, ou, sendo necessário, por oficial de justiça, independentemente de mandado ou carta precatória, ou ainda por qualquer meio idôneo de comunicação.

Parágrafo único. Dos atos praticados em audiência considerar-se-ão desde logo cientes as partes, os interessados e defensores.

Art. 68. Do ato de intimação do autor do fato e do mandado de citação do acusado, constará a necessidade de seu comparecimento acompanhado de advogado, com a advertência de que, na sua falta, ser-lhe-á designado defensor público.

Seção II
Da Fase Preliminar

Art. 69. A autoridade policial que tomar conhecimento da ocorrência lavrará termo circunstanciado e o encaminhará imediatamente ao Juizado, com o autor do fato e a vítima, providenciando-se as requisições dos exames periciais necessários.

Parágrafo único. Ao autor do fato que, após a lavratura do termo, for imediatamente encaminhado ao juizado ou assumir o compromisso de a ele comparecer, não se imporá prisão em flagrante, nem se exigirá fiança. Em caso de violência doméstica, o juiz poderá determinar, como medida de cautela, seu afastamento do lar, domicílio ou local de convivência com a vítima.

•• Parágrafo único com redação determinada pela Lei n. 10.455, de 13-5-2002.

• *Vide* art. 41 da Lei n. 11.340, de 7-8-2006.

Art. 70. Comparecendo o autor do fato e a vítima, e não sendo possível a realização imediata da audiência preliminar, será designada data próxima, da qual ambos sairão cientes.

Art. 71. Na falta do comparecimento de qualquer dos envolvidos, a Secretaria providenciará sua intimação e, se for o caso, a do responsável civil, na forma dos arts. 67 e 68 desta Lei.

• *Vide* art. 932 do CC.

Art. 72. Na audiência preliminar, presente o representante do Ministério Público, o autor do fato e a vítima e, se possível, o responsável civil, acompanhados por seus advogados, o juiz esclarecerá sobre a possibilidade da composição dos danos e da aceitação da proposta de aplicação imediata de pena não privativa de liberdade.

Art. 73. A conciliação será conduzida pelo juiz ou por conciliador sob sua orientação.

Parágrafo único. Os conciliadores são auxiliares da Justiça, recrutados, na forma da lei local, preferentemente entre bacharéis em Direito, excluídos os que exerçam funções na administração da Justiça Criminal.

Art. 74. A composição dos danos civis será reduzida a escrito e, homologada pelo juiz mediante sentença irrecorrível, terá eficácia de título a ser executado no juízo civil competente.

Parágrafo único. Tratando-se de ação penal de iniciativa privada ou de ação penal pública condicionada à representação, o acordo homologado acarreta a renúncia ao direito de queixa ou representação.

Art. 75. Não obtida a composição dos danos civis, será dada imediatamente ao ofendido a oportunidade de exercer o direito de representação verbal, que será reduzida a termo.

Parágrafo único. O não oferecimento da representação na audiência preliminar não implica decadência do direito, que poderá ser exercido no prazo previsto em lei.

Art. 76. Havendo representação ou tratando-se de crime de ação penal pública incondicionada, não sendo caso de arquivamento, o Ministério Público poderá propor a aplicação imediata de pena restritiva de direitos ou multas, a ser especificada na proposta.

• *Vide* Súmula Vinculante 35.

§ 1.º Nas hipóteses de ser a pena de multa a única aplicável, o juiz poderá reduzi-la até a metade.

§ 2.º Não se admitirá a proposta se ficar comprovado:

I – ter sido o autor da infração condenado, pela prática de crime, à pena privativa de liberdade, por sentença definitiva;

II – ter sido o agente beneficiado anteriormente, no prazo de 5 (cinco) anos, pela aplicação de pena restritiva ou multa, nos termos deste artigo;

III – não indicarem os antecedentes, a conduta social e a personalidade do agente, bem como os motivos e as circunstâncias, ser necessária e suficiente a adoção da medida.

§ 3.º Aceita a proposta pelo autor da infração e seu defensor, será submetida à apreciação do juiz.

§ 4.º Acolhendo a proposta do Ministério Público aceita pelo autor da infração, o juiz aplicará a pena restritiva de direitos ou multa, que não importará em reincidência, sendo registrada apenas para impedir novamente o mesmo benefício no prazo de 5 (cinco) anos.

§ 5.º Da sentença prevista no parágrafo anterior caberá a apelação referida no art. 82 desta Lei.

§ 6.º A imposição da sanção de que trata o § 4.º deste artigo não constará de certidão de antecedentes criminais, salvo para os fins previstos no mesmo dispositivo, e não terá efeitos civis, cabendo aos interessados propor ação cabível no juízo cível.

Seção III
Do Procedimento Sumariíssimo

Art. 77. Na ação penal de iniciativa pública, quando não houver aplicação de pena, pela ausência do autor do fato, ou pela não ocorrência da hipótese prevista no art. 76 desta Lei, o Ministério Público oferecerá ao juiz, de imediato, denúncia oral, se não houver necessidade de diligências imprescindíveis.

§ 1.º Para o oferecimento da denúncia, que será elaborada com base no termo de ocorrência referido no art. 69 desta Lei, com dispensa do inquérito policial, prescindir-se-á do exame do corpo de delito quando a materialidade do crime estiver aferida por boletim médico ou prova equivalente.

§ 2.º Se a complexidade ou circunstâncias do caso não permitirem a formulação da denúncia, o Ministério Público poderá requerer ao juiz o encaminhamento das peças existentes, na forma do parágrafo único do art. 66 desta Lei.

§ 3.º Na ação penal de iniciativa do ofendido poderá ser oferecida queixa oral, cabendo ao juiz verificar se a complexidade e as circunstâncias do caso determinam a adoção das providências previstas no parágrafo único do art. 66 desta Lei.

Art. 78. Oferecida a denúncia ou queixa, será reduzida a termo, entregando-se cópia ao acusado, que com ela ficará citado e imediatamente cientificado da designação de dia e hora para a audiência de instrução e julgamento, da qual também tomarão ciência o Ministério Público, o ofendido, o responsável civil e seus advogados.

§ 1.º Se o acusado não estiver presente, será citado na forma dos arts. 66 e 68 desta Lei e cientificado da data da audiência de instrução e julgamento, devendo a ela trazer suas testemunhas ou apresentar requerimento para intimação, no mínimo 5 (cinco) dias antes de sua realização.

§ 2.º Não estando presentes o ofendido e o responsável civil, serão intimados nos termos do art. 67 desta Lei para comparecerem à audiência de instrução e julgamento.

§ 3.º As testemunhas arroladas serão intimadas na forma prevista no art. 67 desta Lei.

Art. 79. No dia e hora designados para a audiência de instrução e julgamento, se na fase preliminar não tiver havido possibilidade de tentativa de conciliação e de oferecimento de proposta pelo Ministério Público, proceder-se-á nos termos dos arts. 72, 73, 74 e 75 desta Lei.

Art. 80. Nenhum ato será adiado, determinando o juiz, quando imprescindível, a condução coercitiva de quem deva comparecer.

Art. 81. Aberta a audiência, será dada a palavra ao defensor para responder à acusação, após o que o juiz receberá, ou não, a denúncia ou queixa; havendo recebimento, serão ouvidas a vítima e as testemunhas de acusação e defesa, interrogando-se a seguir o acusado, se presente, passando-se imediatamente aos debates orais e à prolação da sentença.

§ 1.º Todas as provas serão produzidas na audiência de instrução e julgamento, podendo o juiz limitar ou excluir as que considerar excessivas, impertinentes ou protelatórias.

§ 1.º-A. Durante a audiência, todas as partes e demais sujeitos processuais presentes no ato deverão respeitar a dignidade da vítima, sob pena de responsabilização civil, penal e administrativa, cabendo ao juiz garantir o cumprimento do disposto neste artigo, vedadas:

•• § 1.º-A, *caput*, acrescentado pela Lei n. 14.245, de 22-11-2021.

I – a manifestação sobre circunstâncias ou elementos alheios aos fatos objeto de apuração nos autos;

•• Inciso I acrescentado pela Lei n. 14.245, de 22-11-2021.

II – a utilização de linguagem, de informações ou de material que ofendam a dignidade da vítima ou de testemunhas.

•• Inciso II acrescentado pela Lei n. 14.245, de 22-11-2021.

§ 2.º De todo o ocorrido na audiência será lavrado termo, assinado pelo juiz e pelas partes, contendo breve resumo dos fatos relevantes ocorridos em audiência e a sentença.

§ 3.º A sentença, dispensado o relatório, mencionará os elementos de convicção do juiz.

Art. 82. Da decisão de rejeição da denúncia ou queixa e da sentença caberá apelação, que poderá ser julgada por turma composta de 3 (três) juízes em exercício no primeiro grau de jurisdição, reunidos na sede do Juizado.

§ 1.º A apelação será interposta no prazo de 10 (dez) dias, contados da ciência da sentença pelo Ministério Público, pelo réu e seu defensor, por petição escrita, da qual constarão as razões e o pedido do recorrente.

§ 2.º O recorrido será intimado para oferecer resposta escrita no prazo de 10 (dez) dias.

§ 3.º As partes poderão requerer a transcrição da gravação da fita magnética a que alude o § 3.º do art. 65 desta Lei.

§ 4.º As partes serão intimadas da data da sessão de julgamento pela imprensa.

§ 5.º Se a sentença for confirmada pelos próprios fundamentos, a súmula do julgamento servirá de acórdão.

Art. 83. Cabem embargos de declaração quando, em sentença ou acórdão, houver obscuridade, contradição ou omissão.

•• *Caput* com redação determinada pela Lei n. 13.105, de 16-3-2015.

§ 1.º Os embargos de declaração serão opostos por escrito ou oralmente, no prazo de 5 (cinco) dias, contados da ciência da decisão.

§ 2.º Os embargos de declaração interrompem o prazo para a interposição de recurso.

•• § 2.º com redação determinada pela Lei n. 13.105, de 16-3-2015.

§ 3.º Os erros materiais podem ser corrigidos de ofício.

Seção IV
Da Execução

Art. 84. Aplicada exclusivamente pena de multa, seu cumprimento far-se-á mediante pagamento na Secretaria do Juizado.

Parágrafo único. Efetuado o pagamento, o juiz declarará extinta a punibilidade, determinando que a condenação não fique constando dos registros criminais, exceto para fins de requisição judicial.

Art. 85. Não efetuado o pagamento de multa, será feita a conversão em pena privativa de liberdade, ou restritiva de direitos, nos termos previstos em lei.

Art. 86. A execução das penas privativas de liberdade e restritivas de direitos, ou de multa cumulada com estas, será processada perante o órgão competente, nos termos da lei.

Seção V
Das Despesas Processuais

Art. 87. Nos casos de homologação do acordo civil e aplicação de pena restritiva de direitos ou multa (arts. 74 e 76, § 4.º), as despesas processuais serão reduzidas, conforme dispuser lei estadual.

Seção VI
Disposições Finais

Art. 88. Além das hipóteses do Código Penal e da legislação especial, dependerá de representação a ação penal relativa aos crimes de lesões corporais leves e lesões culposas.

• Das lesões corporais no CP: art. 129.

Art. 89. Nos crimes em que a pena mínima cominada for igual ou inferior a 1 (um) ano, abrangidas ou não por esta Lei, o Ministério Público, ao oferecer a denúncia, poderá propor a suspensão do processo, por 2 (dois) a 4 (quatro) anos, desde que o acusado não esteja sendo processado ou não tenha sido condenado por outro crime, presentes os demais requisitos que autorizariam a suspensão condicional da pena (art. 77 do Código Penal).

• *Vide* Súmula 536 do STJ.

§ 1.º Aceita a proposta pelo acusado e seu defensor, na presença do juiz, este, recebendo a denúncia, poderá suspender o processo, submetendo o acusado a período de prova, sob as seguintes condições:

I – reparação do dano, salvo impossibilidade de fazê-lo;

II – proibição de frequentar determinados lugares;

III – proibição de ausentar-se da comarca onde reside, sem autorização do juiz;

IV – comparecimento pessoal e obrigatório a juízo, mensalmente, para informar e justificar suas atividades.

§ 2.º O juiz poderá especificar outras condições a que fica subordinada a suspensão, desde que adequadas ao fato e à situação pessoal do acusado.

§ 3.º A suspensão será revogada se, no curso do prazo, o beneficiário vier a ser processado por outro crime ou não efetuar, sem motivo justificado, a reparação do dano.

§ 4.º A suspensão poderá ser revogada se o acusado vier a ser processado, no curso do prazo, por contravenção, ou descumprir qualquer outra condição imposta.

§ 5.º Expirado o prazo sem revogação, o juiz declarará extinta a punibilidade.

§ 6.º Não correrá a prescrição durante o prazo de suspensão do processo.

§ 7.º Se o acusado não aceitar a proposta prevista neste artigo, o processo prosseguirá em seus ulteriores termos.

Art. 90. As disposições desta Lei não se aplicam aos processos penais cuja instrução já estiver iniciada.

•• O STF, no julgamento da ADI n. 869-2, de 4-8-1999 (*DJ* de 3-8-2007), declarou a inconstitucionalidade da expressão "ou na suspensão da programação da emissora até por dois dias, bem como da publicação do periódico até por dois números", constante deste parágrafo.

Art. 90-A. As disposições desta Lei não se aplicam no âmbito da Justiça Militar.

•• Artigo acrescentado pela Lei n. 9.839, de 27-9-1999.

Art. 91. Nos casos em que esta Lei passa a exigir representação para a propositura da ação penal pública, o ofendido ou seu representante legal será intimado para oferecê-la no prazo de 30 (trinta) dias, sob pena de decadência.

Art. 92. Aplicam-se subsidiariamente as disposições dos Códigos Penal e de Processo Penal, no que não forem incompatíveis com esta Lei.

Capítulo IV
DISPOSIÇÕES FINAIS COMUNS

Art. 93. Lei Estadual disporá sobre o Sistema de Juizados Especiais Cíveis e Criminais, sua organização, composição e competência.

Art. 94. Os serviços de cartório poderão ser prestados, e as audiências realizadas fora da sede da Comarca, em bairros ou cidades a ela pertencentes, ocupando instalações de prédios públicos, de acordo com audiências previamente anunciadas.

Art. 95. Os Estados, Distrito Federal e Territórios criarão e instalarão os Juizados Especiais no prazo de 6 (seis) meses, a contar da vigência desta Lei.

Art. 96. Esta Lei entra em vigor no prazo de 60 (sessenta) dias após a sua publicação.

Art. 97. Ficam revogadas a Lei n. 4.611, de 2 de abril de 1965, e a Lei n. 7.244, de 7 de novembro de 1984.

Brasília, 26 de setembro de 1995; 174.º da Independência e 107.º da República.

FERNANDO HENRIQUE CARDOSO

LEI N. 9.263, DE 12 DE JANEIRO DE 1996 (*)

Regula o § 7.º do art. 226 da Constituição Federal, que trata do planejamento familiar, estabelece penalidades e dá outras providências.

O Presidente da República:

Faço saber que o Congresso Nacional decreta e eu sanciono a seguinte Lei:

Capítulo I
DO PLANEJAMENTO FAMILIAR

Art. 1.º O planejamento familiar é direito de todo cidadão, observado o disposto nesta Lei.

•• *Vide* art. 1.565, § 2.º, do CC.

Art. 2.º Para fins desta Lei, entende-se planejamento familiar como o conjunto de ações de regulação da fecundidade que garanta direitos iguais de constituição, limitação ou aumento da prole pela mulher, pelo homem ou pelo casal.

Parágrafo único. É proibida a utilização das ações a que se refere o *caput* para qualquer tipo de controle demográfico.

Art. 3.º O planejamento familiar é parte integrante do conjunto de ações de atenção à mulher, ao homem ou ao casal, dentro de uma visão de atendimento global e integral à saúde.

Parágrafo único. As instâncias gestoras do Sistema Único de Saúde, em todos os seus níveis, na prestação das ações previstas no *caput*, obrigam-se a garantir, em toda a sua rede de serviços, no que respeita a atenção à mulher, ao homem ou ao casal, programa de atenção integral à saúde, em todos os seus ciclos vitais, que inclua, como atividades básicas, entre outras:

I – a assistência à concepção e contracepção;

II – o atendimento pré-natal;

III – a assistência ao parto, ao puerpério e ao neonato;

IV – o controle das doenças sexualmente transmissíveis;

V – o controle e a prevenção dos cânceres cervicouterino, de mama, de próstata e de pênis.

•• Inciso V com redação determinada pela Lei n. 13.045, de 25-11-2014.

Art. 4.º O planejamento familiar orienta-se por ações preventivas e educativas e pela garantia de acesso igualitário a informações, meios, métodos e técnicas disponíveis para a regulação da fecundidade.

Parágrafo único. O Sistema Único de Saúde promoverá o treinamento de recursos humanos, com ênfase na capacitação do pessoal técnico, visando a promoção de ações de atendimento à saúde reprodutiva.

Art. 5.º É dever do Estado, através do Sistema Único de Saúde, em associação, no que couber, às instâncias componentes do sistema educacional, promover condições e recursos informativos, educacionais, técnicos e científicos que assegurem o livre exercício do planejamento familiar.

Art. 6.º As ações de planejamento familiar serão exercidas pelas instituições públicas e privadas, filantrópicas ou não, nos termos desta Lei e das normas de funcionamento e mecanismos de fiscalização estabelecidos pelas instâncias gestoras do Sistema Único de Saúde.

Parágrafo único. Compete à direção nacional do Sistema Único de Saúde definir as normas gerais de planejamento familiar.

Art. 7.º É permitida a participação direta ou indireta de empresas ou capitais estrangeiros nas ações e pesquisas de planejamento familiar, desde que autorizada, fiscalizada e controlada pelo órgão de direção nacional do Sistema Único de Saúde.

Art. 8.º A realização de experiências com seres humanos no campo da regulação da fecundidade somente será permitida se previamente autorizada, fiscalizada e controlada pela direção nacional do Sistema Único de Saúde e atendidos os critérios estabelecidos pela Organização Mundial de Saúde.

Art. 9.º Para o exercício do direito ao planejamento familiar, serão oferecidos todos os métodos e técnicas de concepção e contracepção cientificamente aceitos e que não coloquem em risco a vida e a saúde das pessoas, garantida a liberdade de opção.

Parágrafo único. A prescrição a que se refere o *caput* só poderá ocorrer mediante avaliação e acompanhamento clínico e com informação sobre os seus riscos, vantagens, desvantagens e eficácia.

Art. 10. Somente é permitida a esterilização voluntária nas seguintes situações:

I – em homens e mulheres com capacidade civil plena e maiores de 25 (vinte e cinco) anos de idade ou, pelo menos, com 2 (dois) filhos vivos, desde que observado o prazo mínimo de 60 (sessenta) dias entre a manifestação da vontade e o ato cirúrgico, período no qual será propiciado à pessoa interessada acesso a serviço de regulação da fecundidade, incluindo aconselhamento por equipe multidisciplinar, visando desencorajar a esterilização precoce;

II – risco à vida ou à saúde da mulher ou do futuro concepto, testemunhado em relatório escrito e assinado por 2 (dois) médicos.

(*) Publicada no *DOU*, de 15-1-1996.

§ 1.º É condição para que se realize a esterilização, o registro de expressa manifestação da vontade em documento escrito e firmado, após a informação a respeito dos riscos da cirurgia, possíveis efeitos colaterais, dificuldades de sua reversão e opções de contracepção reversíveis existentes.

§ 2.º É vedada a esterilização cirúrgica em mulher durante os períodos de parto ou aborto, exceto nos casos de comprovada necessidade, por cesarianas sucessivas anteriores.

§ 3.º Não será considerada a manifestação de vontade, na forma do § 1.º, expressa durante a ocorrência de alterações na capacidade de discernimento por influência de álcool, drogas, estados emocionais alterados ou incapacidade mental temporária ou permanente.

§ 4.º A esterilização cirúrgica como método contraceptivo somente será executada através da laqueadura tubária, vasectomia ou de outro método cientificamente aceito, sendo vedada através da histerectomia e ooforectomia.

§ 5.º Na vigência de sociedade conjugal, a esterilização depende do consentimento expresso de ambos os cônjuges.

§ 6.º A esterilização cirúrgica em pessoas absolutamente incapazes somente poderá ocorrer mediante autorização judicial, regulamentada na forma da Lei.

Art. 11. Toda esterilização cirúrgica será objeto de notificação compulsória à direção do Sistema Único de Saúde.

Art. 12. É vedada a indução ou instigamento individual ou coletivo à prática da esterilização cirúrgica.

Art. 13. É vedada a exigência de atestado de esterilização ou de teste de gravidez para quaisquer fins.

Art. 14. Cabe à instância gestora do Sistema Único de Saúde, guardado o seu nível de competência e atribuições, cadastrar, fiscalizar e controlar as instituições e serviços que realizam ações e pesquisas na área do planejamento familiar.

Parágrafo único. Só podem ser autorizadas a realizar esterilização cirúrgica as instituições que ofereçam todas as opções de meios e métodos de contracepção reversíveis.

Capítulo II
DOS CRIMES E DAS PENALIDADES

Art. 15. Realizar esterilização cirúrgica em desacordo com o estabelecido no art. 10 desta Lei.

Pena – reclusão, de 2 (dois) a 8 (oito) anos, e multa, se a prática não constitui crime mais grave.

Parágrafo único. A pena é aumentada de 1/3 (um terço) se a esterilização for praticada:

I – durante os períodos de parto ou aborto, salvo o disposto no inciso II do art. 10 desta Lei;

II – com manifestação da vontade do esterilizado expressa durante a ocorrência de alterações na capacidade de discernimento por influência de álcool, drogas, estados emocionais alterados ou incapacidade mental temporária ou permanente;

III – através de histerectomia e ooforectomia;

IV – em pessoa absolutamente incapaz, sem autorização judicial;

V – através de cesária indicada para fim exclusivo de esterilização.

Art. 16. Deixar o médico de notificar à autoridade sanitária as esterilizações cirúrgicas que realizar.

Pena – detenção, de 6 (seis) meses a 2 (dois) anos, e multa.

Art. 17. Induzir ou instigar dolosamente a prática de esterilização cirúrgica.

Pena – reclusão, de 1 (um) a 2 (dois) anos.

Parágrafo único. Se o crime for cometido contra a coletividade, caracteriza-se como genocídio, aplicando-se o disposto na Lei n. 2.889, de 1.º de outubro de 1956.

Art. 18. Exigir atestado de esterilização para qualquer fim.

Pena – reclusão, de 1 (um) a 2 (dois) anos, e multa.

Art. 19. Aplica-se aos gestores e responsáveis por instituições que permitam a prática de qualquer dos atos ilícitos previstos nesta Lei o disposto no *caput* e nos §§ 1.º e 2.º do art. 29 do Decreto-lei n. 2.848, de 7 de dezembro de 1940 – Código Penal.

Art. 20. As instituições a que se refere o artigo anterior sofrerão as seguintes sanções, sem prejuízo das aplicáveis aos agentes do ilícito, aos coautores ou aos partícipes:

I – se particular a instituição:

a) de duzentos a trezentos e sessenta dias-multa e, se reincidente, suspensão das atividades ou descredenciamento, sem direito a qualquer indenização ou cobertura de gastos ou investimentos efetuados;

b) proibição de estabelecer contratos ou convênios com entidades públicas e de se beneficiar de créditos oriundos de instituições governamentais ou daquelas em que o Estado é acionista;

II – se pública a instituição, afastamento temporário ou definitivo dos agentes do ilícito, dos gestores e responsáveis dos cargos ou funções ocupados, sem prejuízo de outras penalidades.

Art. 21. Os agentes do ilícito e, se for o caso, as instituições a que pertençam ficam obrigados a reparar os danos morais e materiais decorrentes de esterilização não autorizada na forma desta Lei, observados, nesse caso, o disposto nos arts. 159, 1.518 e 1.521 e seu parágrafo único do Código Civil, combinados com o art. 63 do Código de Processo Penal.

•• Acreditamos ser "art. 1.521 e incisos", onde constou "art. 1.521 e seu parágrafo único".

•• A referência é feita a dispositivos do CC de 1916. *Vide* arts. 186, 927, *caput*, 932 e 942 do Código vigente.

Capítulo III
DAS DISPOSIÇÕES FINAIS

Art. 22. Aplica-se subsidiariamente a esta Lei o disposto no Decreto-lei n. 2.848, de 7 de dezembro de 1940 – Código Penal, e, em especial, nos seus arts. 29, *caput*, e §§ 1.º e 2.º; 43, *caput* e incisos I, II e III; 44, *caput* e incisos I e II e III e parágrafo único; 45, *caput* e incisos I e II; 46, *caput* e parágrafo único; 47, *caput* e incisos I, II e III; 48, *caput* e parágrafo único; 49, *caput* e §§ 1.º e 2.º; 50, *caput*, § 1.º e alíneas e § 2.º; 51, *caput* e §§ 1.º e 2.º; 52; 56; 129, *caput* e § 1.º, incisos I, II e III, § 2.º, incisos I, III e IV e § 3.º.

Art. 23. O Poder Executivo regulamentará esta Lei no prazo de 90 (noventa) dias, a contar da data de sua publicação.

Art. 24. Esta Lei entra em vigor na data de sua publicação.

Art. 25. Revogam-se as disposições em contrário.

Brasília, 12 de janeiro de 1996; 175.º da Independência e 108.º da República.

FERNANDO HENRIQUE CARDOSO

LEI N. 9.265, DE 12 DE FEVEREIRO DE 1996 (*)

Regulamenta o inciso LXXVII do art. 5.º da Constituição, dispondo sobre a gratuidade dos atos necessários ao exercício da cidadania.

O Presidente da República:

Faço saber que o Congresso Nacional decreta e eu sanciono a seguinte Lei:

Art. 1.º São gratuitos os atos necessários ao exercício da cidadania, assim considerados:

I – os que capacitam o cidadão ao exercício da soberania popular, a que se reporta o art. 14 da Constituição;

•• O STF declarou a constitucionalidade deste inciso, na Ação Direta de Constitucionalidade n. 5-2 (*DOU* de 22-10-2007).

II – aqueles referentes ao alistamento militar;

III – os pedidos de informações ao poder público, em todos os seus âmbitos, objetivando a instrução de defesa ou a denúncia de irregularidades administrativas na órbita pública;

IV – as ações de impugnação de mandato eletivo por abuso do poder econômico, corrupção ou fraude;

V – quaisquer requerimentos ou petições que visem as garantias individuais e a defesa do interesse público;

VI – o registro civil de nascimento e o assento de óbito, bem como a primeira certidão respectiva;

•• Inciso VI acrescentado pela Lei n. 9.534, de 10-12-1997.

•• O STF declarou a constitucionalidade deste inciso, na ADC n. 5-2 (*DOU* de 22-10-2007).

VII – o requerimento e a emissão de documento de identificação específico, ou segunda via, para pessoa com transtorno do espectro autista.

•• Inciso VII acrescentado pela Lei n. 13.977, de 8-1-2020.

(*) Publicada no *DOU*, de 13-2-1996. A Lei n. 10.317, de 6-12-2001, altera a Lei n. 1.060, de 5-2-1950 (assistência judiciária aos necessitados), para conceder a gratuidade do exame de DNA nos casos que especifica.

Art. 2.º Esta Lei entra em vigor na data de sua publicação.

Art. 3.º Revogam-se as disposições em contrário.

Brasília, 12 de fevereiro de 1996; 175.º da Independência e 108.º da República.

FERNANDO HENRIQUE CARDOSO

LEI N. 9.278, DE 10 DE MAIO DE 1996 (**)

Regula o § 3.º do art. 226 da Constituição Federal.

O Presidente da República:

Faço saber que o Congresso Nacional decreta e eu sanciono a seguinte Lei:

Art. 1.º É reconhecida como entidade familiar a convivência duradoura, pública e contínua, de um homem e uma mulher, estabelecida com objetivo de constituição de família.

•• *Vide* art. 1.723 do CC.

Art. 2.º São direitos e deveres iguais dos conviventes:

I – respeito e consideração mútuos;

II – assistência moral e material recíproca;

III – guarda, sustento e educação dos filhos comuns.

•• *Vide* art. 1.724 do CC.

Arts. 3.º e 4.º (*Vetados.*)

Art. 5.º Os bens móveis e imóveis adquiridos por um ou por ambos os conviventes, na constância da união estável e a título oneroso, são considerados fruto do trabalho e da colaboração comum, passando a pertencer a ambos, em condomínio e em partes iguais, salvo estipulação contrária em contrato escrito.

§ 1.º Cessa a presunção do *caput* deste artigo se a aquisição patrimonial ocorrer com o produto de bens adquiridos anteriormente ao início da união.

§ 2.º A administração do patrimônio comum dos conviventes compete a ambos, salvo estipulação contrária em contrato escrito.

•• *Vide* art. 1.725 do CC.

Art. 6.º (*Vetado.*)

Art. 7.º Dissolvida a união estável por rescisão, a assistência material prevista nesta Lei será prestada por um dos conviventes ao que dela necessitar, a título de alimentos.

• O Decreto n. 2.428, de 17-12-1997, promulga a Convenção Interamericana sobre Obrigação Alimentar.

Parágrafo único. Dissolvida a união estável por morte de um dos conviventes, o sobrevivente terá direito real de habitação, enquanto viver ou não constituir nova união ou casamento, relativamente ao imóvel destinado à residência da família.

(**) Publicada no *DOU*, de 13-5-1996. *Vide* arts. 1.723 a 1.727 (união estável) do CC.

•• *Vide* arts. 1.790 e 1.831 do CC.

• *Vide* arts. 1.414 a 1.416 (habitação) do CC.

Art. 8.º Os conviventes poderão, de comum acordo e a qualquer tempo, requerer a conversão da união estável em casamento, por requerimento ao Oficial do Registro Civil da Circunscrição de seu domicílio.

• *Vide* art. 1.726 do CC.

Art. 9.º Toda a matéria relativa à união estável é de competência do juízo da Vara de Família, assegurado o segredo de justiça.

Art. 10. Esta Lei entra em vigor na data de sua publicação.

Art. 11. Revogam-se as disposições em contrário.

Brasília, 10 de maio de 1996; 175.º da Independência e 108.º da República.

FERNANDO HENRIQUE CARDOSO

LEI N. 9.279, DE 14 DE MAIO DE 1996 (*)

Regula direitos e obrigações relativos à propriedade industrial.

O Presidente da República

Faço saber que o Congresso Nacional decreta e eu sanciono a seguinte Lei:

DISPOSIÇÕES PRELIMINARES

Art. 1.º Esta Lei regula direitos e obrigações relativos à propriedade industrial.

Art. 2.º A proteção dos direitos relativos à propriedade industrial, considerado o seu interesse social e o desenvolvimento tecnológico e econômico do País, efetua-se mediante:

I – concessão de patentes de invenção e de modelo de utilidade;

II – concessão de registro de desenho industrial;

III – concessão de registro de marca;

IV – repressão às falsas indicações geográficas; e

V – repressão à concorrência desleal.

Art. 3.º Aplica-se também o disposto nesta Lei:

I – ao pedido de patente ou de registro proveniente do exterior e depositado no País por quem tenha proteção assegurada por tratado ou convenção em vigor no Brasil; e

II – aos nacionais ou pessoas domiciliadas em país que assegure aos brasileiros ou pessoas domiciliadas no Brasil a reciprocidade de direitos iguais ou equivalentes.

Art. 4.º As disposições dos tratados em vigor no Brasil são aplicáveis, em igualdade de condições, às pessoas físicas e jurídicas nacionais ou domiciliadas no País.

Art. 5.º Consideram-se bens móveis, para os efeitos legais, os direitos de propriedade industrial.

TÍTULO I
DAS PATENTES

Capítulo I
DA TITULARIDADE

Art. 6.º Ao autor de invenção ou modelo de utilidade será assegurado o direito de obter a patente que lhe garanta a propriedade, nas condições estabelecidas nesta Lei.

§ 1.º Salvo prova em contrário, presume-se o requerente legitimado a obter a patente.

§ 2.º A patente poderá ser requerida em nome próprio, pelos herdeiros ou sucessores do autor, pelo cessionário ou por aquele a quem a lei ou o contrato de trabalho ou de prestação de serviços determinar que pertença a titularidade.

§ 3.º Quando se tratar de invenção ou de modelo de utilidade realizado conjuntamente por duas ou mais pessoas, a patente poderá ser requerida por todas ou qualquer delas, mediante nomeação e qualificação das demais, para ressalva dos respectivos direitos.

§ 4.º O inventor será nomeado e qualificado, podendo requerer a não divulgação de sua nomeação.

Art. 7.º Se dois ou mais autores tiverem realizado a mesma invenção ou modelo de utilidade, de forma independente, o direito de obter patente será assegurado àquele que provar o depósito mais antigo, independentemente das datas de invenção ou criação.

Parágrafo único. A retirada de depósito anterior sem produção de qualquer efeito dará prioridade ao depósito imediatamente posterior.

Capítulo II
DA PATENTEABILIDADE

Seção I
Das invenções e dos modelos de utilidade patenteáveis

Art. 8.º É patenteável a invenção que atenda aos requisitos de novidade, atividade inventiva e aplicação industrial.

Art. 9.º É patenteável como modelo de utilidade o objeto de uso prático, ou parte deste, suscetível de aplicação industrial, que apresente nova forma ou disposição, envolvendo ato inventivo, que resulte em melhoria funcional no seu uso ou em sua fabricação.

Art. 10. Não se consideram invenção nem modelo de utilidade:

I – descobertas, teorias científicas e métodos matemáticos;

II – concepções puramente abstratas;

III – esquemas, planos, princípios ou métodos comerciais, contábeis, financeiros, educativos, publicitários, de sorteio e de fiscalização;

(*) Publicada no *DOU*, de 15-5-1996.

IV – as obras literárias, arquitetônicas, artísticas e científicas ou qualquer criação estética;

V – programas de computador em si;

VI – apresentação de informações;

VII – regras de jogo;

VIII – técnicas e métodos operatórios ou cirúrgicos, bem como métodos terapêuticos ou de diagnóstico, para aplicação no corpo humano ou animal; e

IX – o todo ou parte de seres vivos naturais e materiais biológicos encontrados na natureza, ou ainda que dela isolados, inclusive o genoma ou germoplasma de qualquer ser vivo natural e os processos biológicos naturais.

Art. 11. A invenção e o modelo de utilidade são considerados novos quando não compreendidos no estado da técnica.

§ 1.º O estado da técnica é constituído por tudo aquilo tornado acessível ao público antes da data de depósito do pedido de patente, por descrição escrita ou oral, por uso ou qualquer outro meio, no Brasil ou no exterior, ressalvado o disposto nos arts. 12, 16 e 17.

§ 2.º Para fins de aferição da novidade, o conteúdo completo de pedido depositado no Brasil, e ainda não publicado, será considerado estado da técnica a partir da data de depósito, ou da prioridade reivindicada, desde que venha a ser publicado, mesmo que subsequentemente.

§ 3.º O disposto no parágrafo anterior será aplicado ao pedido internacional de patente depositado segundo tratado ou convenção em vigor no Brasil, desde que haja processamento nacional.

Art. 12. Não será considerada como estado da técnica a divulgação de invenção ou modelo de utilidade, quando ocorrida durante os 12 (doze) meses que precederem a data de depósito ou a da prioridade do pedido de patente, se promovida:

I – pelo inventor;

II – pelo Instituto Nacional da Propriedade Industrial – INPI, através de publicação oficial do pedido de patente depositado sem o consentimento do inventor, baseado em informações deste obtidas ou em decorrência de atos por ele realizados; ou

III – por terceiros, com base em informações obtidas direta ou indiretamente do inventor ou em decorrência de atos por este realizados.

Parágrafo único. O INPI poderá exigir do inventor declaração relativa à divulgação, acompanhada ou não de provas, nas condições estabelecidas em regulamento.

Art. 13. A invenção é dotada de atividade inventiva sempre que, para um técnico no assunto, não decorra de maneira evidente ou óbvia do estado da técnica.

Art. 14. O modelo de utilidade é dotado de ato inventivo sempre que, para um técnico no assunto, não decorra de maneira comum ou vulgar do estado da técnica.

Art. 15. A invenção e o modelo de utilidade são considerados suscetíveis de aplicação industrial quando possam ser utilizados ou produzidos em qualquer tipo de indústria.

Seção II
Da Prioridade

Art. 16. Ao pedido de patente depositado em país que mantenha acordo com o Brasil, ou em organização internacional, que produza efeito de depósito nacional, será assegurado direito de prioridade, nos prazos estabelecidos no acordo, não sendo o depósito invalidado nem prejudicado por fatos ocorridos nesses prazos.

§ 1.º A reivindicação de prioridade será feita no ato de depósito, podendo ser suplementada dentro de 60 (sessenta) dias por outras prioridades anteriores à data do depósito no Brasil.

§ 2.º A reivindicação de prioridade será comprovada por documento hábil da origem, contendo número, data, título, relatório descritivo e, se for o caso, reivindicações e desenhos, acompanhado de tradução simples da certidão de depósito ou documento equivalente, contendo dados identificadores do pedido, cujo teor será de inteira responsabilidade do depositante.

§ 3.º Se não efetuada por ocasião do depósito, a comprovação deverá ocorrer em até 180 (cento e oitenta) dias contados do depósito.

§ 4.º Para os pedidos internacionais depositados em virtude de tratado em vigor no Brasil, a tradução prevista no § 2.º deverá ser apresentada no prazo de 60 (sessenta) dias contados da data da entrada no processamento nacional.

§ 5.º No caso de o pedido depositado no Brasil estar fielmente contido no documento da origem, será suficiente uma declaração do depositante a este respeito para substituir a tradução simples.

§ 6.º Tratando-se de prioridade obtida por cessão, o documento correspondente deverá ser apresentado dentro de 180 (cento e oitenta) dias contados do depósito, ou, se for o caso, em até 60 (sessenta) dias da data da entrada no processamento nacional, dispensada a legalização consular no país de origem.

§ 7.º A falta de comprovação nos prazos estabelecidos neste artigo acarretará a perda da prioridade.

§ 8.º Em caso de pedido depositado com reivindicação de prioridade, o requerimento para antecipação de publicação deverá ser instruído com a comprovação da prioridade.

Art. 17. O pedido de patente de invenção ou de modelo de utilidade depositado originalmente no Brasil, sem reivindicação de prioridade e não publicado, assegurará o direito de prioridade ao pedido posterior sobre a mesma matéria depositado no Brasil pelo mesmo requerente ou sucessores, dentro do prazo de 1 (um) ano.

§ 1.º A prioridade será admitida apenas para a matéria revelada no pedido anterior, não se estendendo a matéria nova introduzida.

§ 2.º O pedido anterior ainda pendente será considerado definitivamente arquivado.

§ 3.º O pedido de patente originário de divisão de pedido anterior não poderá servir de base a reivindicação de prioridade.

Seção III
Das invenções e dos modelos de utilidade não patenteáveis

Art. 18. Não são patenteáveis:

I – o que for contrário à moral, aos bons costumes e à segurança, à ordem e à saúde públicas;

II – as substâncias, matérias, misturas, elementos ou produtos de qualquer espécie, bem como a modificação de suas propriedades físico-químicas e os respectivos processos de obtenção ou modificação, quando resultantes de transformação do núcleo atômico; e

III – o todo ou parte dos seres vivos, exceto os micro-organismos transgênicos que atendam aos três requisitos de patenteabilidade - novidade, atividade inventiva e aplicação industrial - previstos no art. 8.º e que não sejam mera descoberta.

Parágrafo único. Para os fins desta Lei, micro-organismos transgênicos são organismos, exceto o todo ou parte de plantas ou de animais, que expressem, mediante intervenção humana direta em sua composição genética, uma característica normalmente não alcançável pela espécie em condições naturais.

Capítulo III
DO PEDIDO DE PATENTE

Seção I
Do depósito do pedido

Art. 19. O pedido de patente, nas condições estabelecidas pelo INPI, conterá:

I – requerimento;

II – relatório descritivo;

III – reivindicações;

IV – desenhos, se for o caso;

V – resumo; e

VI – comprovante do pagamento da retribuição relativa ao depósito.

Art. 20. Apresentado o pedido, será ele submetido a exame formal preliminar e, se devidamente instruído, será protocolizado, considerada a data de depósito a da sua apresentação.

Art. 21. O pedido que não atender formalmente ao disposto no art. 19, mas que contiver dados relativos ao objeto, ao depositante e ao inventor, poderá ser entregue, mediante recibo datado, ao INPI, que estabelecerá as exigências a serem cumpridas, no prazo de 30 (trinta) dias, sob pena de devolução ou arquivamento da documentação.

Parágrafo único. Cumpridas as exigências, o depósito será considerado como efetuado na data do recibo.

Seção II
Das condições do pedido

Art. 22. O pedido de patente de invenção terá de se referir a uma única invenção ou a um grupo de invenções inter-relacionadas de maneira a compreenderem um único conceito inventivo.

Art. 23. O pedido de patente de modelo de utilidade terá de se referir a um único modelo principal, que poderá incluir uma pluralidade de elementos distintos, adicionais ou variantes construtivas ou configurativas, desde que mantida a unidade técnico-funcional e corporal do objeto.

Art. 24. O relatório deverá descrever clara e suficientemente o objeto, de modo a possibilitar sua realização por técnico no assunto e indicar, quando for o caso, a melhor forma de execução.

Parágrafo único. No caso de material biológico essencial à realização prática do objeto do pedido, que não possa ser descrito na forma deste artigo e que não estiver acessível ao público, o relatório será suplementado por depósito do material em instituição autorizada pelo INPI ou indicada em acordo internacional.

Art. 25. As reivindicações deverão ser fundamentadas no relatório descritivo, caracterizando as particularidades do pedido e definindo, de modo claro e preciso, a matéria objeto da proteção.

Art. 26. O pedido de patente poderá ser dividido em dois ou mais, de ofício ou a requerimento do depositante, até o final do exame, desde que o pedido dividido:

I – faça referência específica ao pedido original; e

II – não exceda à matéria revelada constante do pedido original.

Parágrafo único. O requerimento de divisão em desacordo com o disposto neste artigo será arquivado.

Art. 27. Os pedidos divididos terão a data de depósito do pedido original e o benefício de prioridade deste, se for o caso.

Art. 28. Cada pedido dividido estará sujeito a pagamento das retribuições correspondentes.

Art. 29. O pedido de patente retirado ou abandonado será obrigatoriamente publicado.

§ 1.º O pedido de retirada deverá ser apresentado em até 16 (dezesseis) meses, contados da data do depósito ou da prioridade mais antiga.

§ 2.º A retirada de um depósito anterior sem produção de qualquer efeito dará prioridade ao depósito imediatamente posterior.

Seção III
Do processo e do exame do pedido

Art. 30. O pedido de patente será mantido em sigilo durante 18 (dezoito) meses contados da data de depósito ou da prioridade mais antiga, quando houver, após o que será publicado, à exceção do caso previsto no art. 75.

§ 1.º A publicação do pedido poderá ser antecipada a requerimento do depositante.

§ 2.º Da publicação deverão constar dados identificadores do pedido de patente, ficando cópia do relatório descritivo, das reivindicações, do resumo e dos desenhos à disposição do público no INPI.

§ 3.º No caso previsto no parágrafo único do art. 24, o material biológico tornar-se-á acessível ao público com a publicação de que trata este artigo.

Art. 31. Publicado o pedido de patente e até o final do exame, será facultada a apresentação, pelos interessados, de documentos e informações para subsidiarem o exame.

Parágrafo único. O exame não será iniciado antes de decorridos 60 (sessenta) dias da publicação do pedido.

Art. 32. Para melhor esclarecer ou definir o pedido de patente, o depositante poderá efetuar alterações até o requerimento do exame, desde que estas se limitem à matéria inicialmente revelada no pedido.

Art. 33. O exame do pedido de patente deverá ser requerido pelo depositante ou por qualquer interessado, no prazo de 36 (trinta e seis) meses contados da data do depósito, sob pena do arquivamento do pedido.

Parágrafo único. O pedido de patente poderá ser desarquivado, se o depositante assim o requerer, dentro de 60 (sessenta) dias contados do arquivamento, mediante pagamento de uma retribuição específica, sob pena de arquivamento definitivo.

Art. 34. Requerido o exame, deverão ser apresentados, no prazo de 60 (sessenta) dias, sempre que solicitado, sob pena de arquivamento do pedido:

I – objeções, buscas de anterioridade e resultados de exame para concessão de pedido correspondente em outros países, quando houver reivindicação de prioridade;

II – documentos necessários à regularização do processo e exame do pedido; e

III – tradução simples do documento hábil referido no § 2.º do art 16, caso esta tenha sido substituída pela declaração prevista no § 5.º do mesmo artigo.

Art. 35. Por ocasião do exame técnico, será elaborado o relatório de busca e parecer relativo a:

I – patenteabilidade do pedido;

II – adaptação do pedido à natureza reivindicada;

III – reformulação do pedido ou divisão; ou

IV – exigências técnicas.

Art. 36. Quando o parecer for pela não patenteabilidade ou pelo não enquadramento do pedido na natureza reivindicada ou formular qualquer exigência, o depositante será intimado para manifestar-se no prazo de 90 (noventa) dias.

§ 1.º Não respondida a exigência, o pedido será definitivamente arquivado.

§ 2.º Respondida a exigência, ainda que não cumprida, ou contestada sua formulação, e havendo ou não manifestação sobre a patenteabilidade ou o enquadramento, dar-se-á prosseguimento ao exame.

Art. 37. Concluído o exame, será proferida decisão, deferindo ou indeferindo pedido de patente.

Capítulo IV
DA CONCESSÃO E DA VIGÊNCIA DA PATENTE

Seção I
Da concessão da patente

Art. 38. A patente será concedida depois de deferido o pedido, e comprovado o pagamento da retribuição correspondente, expedindo-se a respectiva carta-patente.

§ 1.º O pagamento da retribuição e respectiva comprovação deverão ser efetuados no prazo de 60 (sessenta) dias contados do deferimento.

§ 2.º A retribuição prevista neste artigo poderá ainda ser paga e comprovada dentro de 30 (trinta) dias após o prazo previsto no parágrafo anterior, independentemente de notificação, mediante pagamento de retribuição específica, sob pena de arquivamento definitivo do pedido.

§ 3.º Reputa-se concedida a patente na data de publicação do respectivo ato.

Art. 39. Da carta-patente deverão constar o número, o título e a natureza respectivos, o nome do inventor, observado o disposto no § 4.º do art. 6.º, a qualificação e o domicílio do titular, o prazo de vigência, o relatório descritivo, as reivindicações e os desenhos, bem como os dados relativos à prioridade.

Seção II
Da vigência da patente

Art. 40. A patente de invenção vigorará pelo prazo de 20 (vinte) anos e a de modelo de utilidade pelo prazo de 15 (quinze) anos contados da data de depósito.

• *Vide* art. 43, VII, desta Lei.

Parágrafo único. (*Revogado pela Lei n. 14.195, de 26-8-2021.*)

Capítulo V
DA PROTEÇÃO CONFERIDA PELA PATENTE

Seção I
Dos Direitos

Art. 41. A extensão da proteção conferida pela patente será determinada pelo teor das reivindicações, interpretado com base no relatório descritivo e nos desenhos.

Art. 42. A patente confere ao seu titular o direito de impedir terceiro, sem o seu consentimento, de produzir, usar, colocar à venda, vender ou importar com estes propósitos:

I – produto objeto de patente;

II – processo ou produto obtido diretamente por processo patenteado.

§ 1.º Ao titular da patente é assegurado ainda o direito de impedir que terceiros contribuam para que outros pratiquem os atos referidos neste artigo.

§ 2.º Ocorrerá violação de direito da patente de processo, a que se refere o inciso II, quando o possuidor ou proprietário não comprovar, mediante determinação judicial específica, que o seu produto foi obtido por processo de fabricação diverso daquele protegido pela patente.

Art. 43. O disposto no artigo anterior não se aplica:

I – aos atos praticados por terceiros não autorizados, em caráter privado e sem finalidade comercial, desde que não acarretem prejuízo ao interesse econômico do titular da patente;

II – aos atos praticados por terceiros não autorizados, com finalidade experimental, relacionados a estudos ou pesquisas científicas ou tecnológicas;

III – à preparação de medicamento de acordo com prescrição médica para casos individuais, executada por profissional habilitado, bem como ao medicamento assim preparado;

IV – a produto fabricado de acordo com patente de processo ou de produto que tiver sido colocado no mercado interno diretamente pelo titular da patente ou com seu consentimento;

V – a terceiros que, no caso de patentes relacionadas com matéria viva, utilizem, sem finalidade econômica, o produto patenteado como fonte inicial de variação ou propagação para obter outros produtos;

VI – a terceiros que, no caso de patentes relacionadas com matéria viva, utilizem, ponham em circulação ou comercializem um produto patenteado que haja sido introduzido licitamente no comércio pelo detentor da patente ou por detentor de licença, desde que o produto patenteado não seja utilizado para multiplicação ou propagação comercial da matéria viva em causa;

VII – aos atos praticados por terceiros não autorizados, relacionados à invenção protegida por patente, destinados exclusivamente à produção de informações, dados e resultados de testes, visando à obtenção do registro de comercialização, no Brasil ou em outro país, para a exploração e comercialização do produto objeto da patente, após a expiração dos prazos estipulados no art. 40.

•• Inciso VII acrescentado pela Lei n. 10.196, de 14-2-2001.

• Art. 10 da Lei n. 10.603, de 17-12-2002.

Art. 44. Ao titular da patente é assegurado o direito de obter indenização pela exploração indevida de seu objeto, inclusive em relação à exploração ocorrida entre a data da publicação do pedido e a da concessão da patente.

§ 1.º Se o infrator obteve, por qualquer meio, conhecimento do conteúdo do pedido depositado, anteriormente à publicação, contar-se-á o período da exploração indevida para efeito da indenização a partir da data de início da exploração.

§ 2.º Quando o objeto do pedido de patente se referir a material biológico, depositado na forma do parágrafo único do art. 24, o direito à indenização será somente conferido quando o material biológico se tiver tornado acessível ao público.

§ 3.º O direito de obter indenização por exploração indevida, inclusive com relação ao período anterior à concessão da patente, está limitado ao conteúdo do seu objeto, na forma do art. 41.

Seção II
Do usuário anterior

Art. 45. À pessoa de boa-fé que, antes da data de depósito ou de prioridade de pedido de patente, explorava seu objeto no País, será assegurado o direito de continuar a exploração, sem ônus, na forma e condição anteriores.

§ 1.º O direito conferido na forma deste artigo só poderá ser cedido juntamente com o negócio ou empresa, ou parte desta que tenha direta relação com a exploração do objeto da patente, por alienação ou arrendamento.

§ 2.º O direito de que trata este artigo não será assegurado a pessoa que tenha tido conhecimento do objeto da patente através de divulgação na forma do art. 12, desde que o pedido tenha sido depositado no prazo de 1 (um) ano, contado da divulgação.

Capítulo VI
DA NULIDADE DA PATENTE

Seção I
Das disposições gerais

Art. 46. É nula a patente concedida contrariando as disposições desta Lei.

Art. 47. A nulidade poderá não incidir sobre todas as reivindicações, sendo condição para a nulidade parcial o fato de as reivindicações subsistentes constituírem matéria patenteável por si mesmas.

Art. 48. A nulidade da patente produzirá efeitos a partir da data do depósito do pedido.

Art. 49. No caso de inobservância do disposto no art. 6.º, o inventor poderá, alternativamente, reivindicar, em ação judicial, a adjudicação da patente.

Seção II
Do processo administrativo de nulidade

Art. 50. A nulidade da patente será declarada administrativamente quando:

I – não tiver sido atendido qualquer dos requisitos legais;

II – o relatório e as reivindicações não atenderem ao disposto nos arts. 24 e 25, respectivamente;

III – o objeto da patente se estenda além do conteúdo do pedido originalmente depositado; ou

IV – no seu processamento, tiver sido omitida qualquer das formalidades essenciais, indispensáveis à concessão.

Art. 51. O processo de nulidade poderá ser instaurado de ofício ou mediante requerimento de qualquer pessoa com legítimo interesse, no prazo de 6 (seis) meses contados da concessão da patente.

Parágrafo único. O processo de nulidade prosseguirá ainda que extinta a patente.

Art. 52. O titular será intimado para se manifestar no prazo de 60 (sessenta) dias.

Art. 53. Havendo ou não manifestação, decorrido o prazo fixado no artigo anterior, o INPI emitirá parecer, intimando o titular e o requerente para se manifestarem no prazo comum de 60 (sessenta) dias.

Art. 54. Decorrido o prazo fixado no artigo anterior, mesmo que não apresentadas as manifestações, o processo será decidido pelo Presidente do INPI, encerrando-se a instância administrativa.

Art. 55. Aplicam-se, no que couber, aos certificados de adição, as disposições desta Seção.

Seção III
Da ação de nulidade

Art. 56. A ação de nulidade poderá ser proposta a qualquer tempo da vigência da patente, pelo INPI ou por qualquer pessoa com legítimo interesse.

§ 1.º A nulidade da patente poderá ser arguida, a qualquer tempo, como matéria de defesa.

§ 2.º O juiz poderá, preventiva ou incidentalmente, determinar a suspensão dos efeitos da patente, atendidos os requisitos processuais próprios.

Art. 57. A ação de nulidade de patente será ajuizada no foro da Justiça Federal e o INPI, quando não for autor, intervirá no feito.

§ 1.º O prazo para resposta do réu titular da patente será de 60 (sessenta) dias.

§ 2.º Transitada em julgado a decisão da ação de nulidade, o INPI publicará anotação, para ciência de terceiros.

Capítulo VII
DA CESSÃO E DAS ANOTAÇÕES

Art. 58. O pedido de patente ou a patente, ambos de conteúdo indivisível, poderão ser cedidos, total ou parcialmente.

Art. 59. O INPI fará as seguintes anotações:

I – da cessão, fazendo constar a qualificação completa do cessionário;

II – de qualquer limitação ou ônus que recaia sobre o pedido ou a patente; e

III – das alterações de nome, sede ou endereço do depositante ou titular.

Art. 60. As anotações produzirão efeito em relação a terceiros a partir da data de sua publicação.

Capítulo VIII
DAS LICENÇAS

Seção I
Da licença voluntária

Art. 61. O titular de patente ou o depositante poderá celebrar contrato de licença para exploração.

Parágrafo único. O licenciado poderá ser investido pelo titular de todos os poderes para agir em defesa da patente.

Art. 62. O contrato de licença deverá ser averbado no INPI para que produza efeitos em relação a terceiros.

§ 1.º A averbação produzirá efeitos em relação a terceiros a partir da data de sua publicação.

§ 2.º Para efeito de validade de prova de uso, o contrato de licença não precisará estar averbado no INPI.

Art. 63. O aperfeiçoamento introduzido em patente licenciada pertence a quem o fizer, sendo assegurado à outra parte contratante o direito de preferência para seu licenciamento.

Seção II
Da oferta de licença

Art. 64. O titular da patente poderá solicitar ao INPI que a coloque em oferta para fins de exploração.

§ 1.º O INPI promoverá a publicação da oferta.

§ 2.º Nenhum contrato de licença voluntária de caráter exclusivo será averbado no INPI sem que o titular tenha desistido da oferta.

§ 3.º A patente sob licença voluntária, com caráter de exclusividade, não poderá ser objeto de oferta.

§ 4.º O titular poderá, a qualquer momento, antes da expressa aceitação de seus termos pelo interessado, desistir da oferta, não se aplicando o disposto no art. 66.

Art. 65. Na falta de acordo entre o titular e o licenciado, as partes poderão requerer ao INPI o arbitramento da remuneração.

§ 1.º Para efeito deste artigo, o INPI observará o disposto no § 4.º do art. 73.

§ 2.º A remuneração poderá ser revista decorrido 1 (um) ano de sua fixação.

Art. 66. A patente em oferta terá sua anuidade reduzida à metade no período compreendido entre o oferecimento e a concessão da primeira licença, a qualquer título.

Art. 67. O titular da patente poderá requerer o cancelamento da licença se o licenciado não der início à exploração efetiva dentro de 1 (um) ano da concessão, interromper a exploração por prazo superior a 1 (um) ano, ou, ainda, se não forem obedecidas as condições para a exploração.

Seção III
Da licença compulsória

Art. 68. O titular ficará sujeito a ter a patente licenciada compulsoriamente se exercer os direitos dela decorrentes de forma abusiva, ou por meio dela praticar abuso de poder econômico, comprovado nos termos da lei, por decisão administrativa ou judicial.

§ 1.º Ensejam, igualmente, licença compulsória:

I – a não exploração do objeto da patente no território brasileiro por falta de fabricação ou fabricação incompleta do produto, ou, ainda, a falta de uso integral do processo patenteado, ressalvados os casos de inviabilidade econômica, quando será admitida a importação; ou

II – a comercialização que não satisfizer às necessidades do mercado.

§ 2.º A licença só poderá ser requerida por pessoa com legítimo interesse e que tenha capacidade técnica e econômica para realizar a exploração eficiente do objeto da patente, que deverá destinar-se, predominantemente, ao mercado interno, extinguindo-se nesse caso a excepcionalidade prevista no inciso I do parágrafo anterior.

§ 3.º No caso de a licença compulsória ser concedida em razão de abuso de poder econômico, ao licenciado, que propõe fabricação local será garantido um prazo, limitado ao estabelecido no art. 74, para proceder à importação do objeto da licença, desde que tenha sido colocado no mercado diretamente pelo titular ou com o seu consentimento.

§ 4.º No caso de importação para exploração de patente e no caso da importação prevista no parágrafo anterior, será igualmente admitida a importação por terceiros de produto fabricado de acordo com patente de processo ou de produto, desde que tenha sido colocado no mercado diretamente pelo titular ou com o seu consentimento.

§ 5.º A licença compulsória de que trata o § 1.º somente será requerida após decorridos 3 (três) anos da concessão da patente.

Art. 69. A licença compulsória não será concedida se, à data do requerimento, o titular:

I – justificar o desuso por razões legítimas;

II – comprovar a realização de sérios e efetivos preparativos para a exploração; ou

III – justificar a falta de fabricação ou comercialização por obstáculo de ordem legal.

Art. 70. A licença compulsória será ainda concedida quando, cumulativamente, se verificarem as seguintes hipóteses:

I – ficar caracterizada situação de dependência de uma patente em relação a outra;

II – o objeto da patente dependente constituir substancial progresso técnico em relação à patente anterior; e

III – o titular não realizar acordo com o titular da patente dependente para exploração da patente anterior.

§ 1.º Para os fins deste artigo considera-se patente dependente aquela cuja exploração depende obrigatoriamente da utilização do objeto de patente anterior.

§ 2.º Para efeito deste artigo, uma patente de processo poderá ser considerada dependente de patente do produto respectivo, bem como uma patente de produto poderá ser dependente de patente de processo.

§ 3.º O titular da patente licenciada na forma deste artigo terá direito a licença compulsória cruzada da patente dependente.

Art. 71. Nos casos de emergência nacional ou internacional ou de interesse público declarados em lei ou em ato do Poder Executivo federal, ou de reconhecimento de estado de calamidade pública de âmbito nacional pelo Congresso Nacional, poderá ser concedida licença compulsória, de ofício, temporária e não exclusiva, para a exploração da patente ou do pedido de patente, sem prejuízo dos direitos do respectivo titular, desde que seu titular ou seu licenciado não atenda a essa necessidade.

•• *Caput* com redação determinada pela Lei n. 14.200, de 2-9-2021.

•• O Decreto n. 3.201, de 6-10-1999, alterado pelo Decreto n. 4.830, de 4-9-2003, dispõe sobre a concessão, de ofício, de licença compulsória nos casos de emergência nacional e de interesse público, conforme determina este artigo.

§ 1.º O ato de concessão da licença estabelecerá seu prazo de vigência e a possibilidade de prorrogação.

•• Parágrafo único renumerado pela Lei n. 14.200, de 2-9-2021.

§ 2.º Nos casos previstos no *caput* deste artigo, o Poder Executivo federal publicará lista de patentes ou de pedidos de patente, não aplicável o prazo de sigilo previsto no art. 30 desta Lei, potencialmente úteis ao enfrentamento das situações previstas no *caput* deste artigo, no prazo de até 30 (trinta) dias após a data de publicação da declaração de emergência ou de interesse público, ou do reconhecimento de estado de calamidade pública, excluídos as patentes e os pedidos de patente que forem objetos de acordos de transferência da tecnologia de produção ou de licenciamento voluntário capazes de assegurar o atendimento da demanda interna, nos termos previstos em regulamento.

•• § 2.º acrescentado pela Lei n. 14.200, de 2-9-2021.

§ 3.º Entes públicos, instituições de ensino e pesquisa e outras entidades representativas da sociedade e do setor produtivo deverão ser consultados no processo de elaboração da lista de patentes ou de pedidos de patente que poderão ser objeto de licença compulsória, nos termos previstos em regulamento.

•• § 3.º acrescentado pela Lei n. 14.200, de 2-9-2021.

§ 4.º Qualquer instituição pública ou privada poderá apresentar pedido para inclusão de patente ou de pedido de patente na lista referida no § 2.º deste artigo.

•• § 4.º acrescentado pela Lei n. 14.200, de 2-9-2021.

§ 5.º A lista referida no § 2.º deste artigo conterá informações e dados suficientes para permitir a análise individualizada acerca da utilidade de cada patente e pedido de patente e contemplará, pelo menos:

•• § 5.º acrescentado pela Lei n. 14.200, de 2-9-2021.

I – o número individualizado das patentes ou dos pedidos de patente que poderão ser objeto de licença compulsória;

•• Inciso I acrescentado pela Lei n. 14.200, de 2-9-2021.

II – a identificação dos respectivos titulares;

•• Inciso II acrescentado pela Lei n. 14.200, de 2-9-2021.

III – a especificação dos objetivos para os quais será autorizado cada licenciamento compulsório.

•• Inciso III acrescentado pela Lei n. 14.200, de 2-9-2021.

§ 6.º A partir da lista publicada nos termos do § 2.º deste artigo, o Poder Executivo realizará, no prazo de 30 (trinta) dias, prorrogável por igual período, a avaliação individualizada das invenções e modelos de utilidade listados e somente concederá a licença compulsória, de forma não exclusiva, para produtores que possuam capacidade técnica e econômica comprovada para a produção do objeto da patente ou do pedido de patente, desde que conclua pela sua utilidade no enfrentamento da situação que a fundamenta.

•• § 6.º acrescentado pela Lei n. 14.200, de 2-9-2021.

§ 7.º Patentes ou pedidos de patente que ainda não tiverem sido objeto de licença compulsória poderão ser excluídos da lista referida no § 2.º deste artigo nos casos em que a autoridade competente definida pelo Poder Executivo considerar que seus titulares assumiram compromissos objetivos capazes de assegurar o atendimento da demanda interna em condições de volume, de preço e de prazo compatíveis com as necessidades de emergência nacional ou internacional, de interesse público ou de estado de calamidade pública de âmbito nacional por meio de uma ou mais das seguintes alternativas:

•• § 7.º acrescentado pela Lei n. 14.200, de 2-9-2021.

I – exploração direta da patente ou do pedido de patente no País;

•• Inciso I acrescentado pela Lei n. 14.200, de 2-9-2021.

II – licenciamento voluntário da patente ou do pedido de patente; ou

•• Inciso II acrescentado pela Lei n. 14.200, de 2-9-2021.

III – contratos transparentes de venda de produto associado à patente ou ao pedido de patente.

•• Inciso III acrescentado pela Lei n. 14.200, de 2-9-2021.

§ 8.º (*Vetado.*)

•• § 8.º acrescentado pela Lei n. 14.200, de 2-9-2021.

§ 9.º (*Vetado.*)

•• § 9.º acrescentado pela Lei n. 14.200, de 2-9-2021.

§ 10. (*Vetado.*)

•• § 10 acrescentado pela Lei n. 14.200, de 2-9-2021.

§ 11. As instituições públicas que possuírem informações, dados e documentos relacionados com o objeto da patente ou do pedido de patente ficam obrigadas a compartilhar todos os elementos úteis à reprodução do objeto licenciado, não aplicáveis, nesse caso, as normas relativas à proteção de dados nem o disposto no inciso XIV do *caput* do art. 195 desta Lei.

•• § 11 acrescentado pela Lei n. 14.200, de 2-9-2021.

§ 12. No arbitramento da remuneração do titular da patente ou do pedido de patente, serão consideradas as circunstâncias de cada caso, observados, obrigatoriamente, o valor econômico da licença concedida, a duração da licença e as estimativas de investimentos necessários para sua exploração, bem como os custos de produção e o preço de venda no mercado nacional do produto a ela associado.

•• § 12 acrescentado pela Lei n. 14.200, de 2-9-2021.

§ 13. A remuneração do titular da patente ou do pedido de patente objeto de licença compulsória será fixada em 1,5% (um inteiro e cinco décimos por cento) sobre o preço líquido de venda do produto a ela associado até que seu valor venha a ser efetivamente estabelecido.

•• § 13 acrescentado pela Lei n. 14.200, de 2-9-2021.

§ 14. A remuneração do titular do pedido de patente objeto de licença compulsória somente será devida caso a patente venha a ser concedida, e o pagamento, correspondente a todo o período da licença, deverá ser efetivado somente após a concessão da patente.

•• § 14 acrescentado pela Lei n. 14.200, de 2-9-2021.

§ 15. A autoridade competente dará prioridade à análise dos pedidos de patente que forem objeto de licença compulsória.

•• § 15 acrescentado pela Lei n. 14.200, de 2-9-2021.

§ 16. Os produtos que estiverem sujeitos ao regime de vigilância sanitária deverão observar todos os requisitos previstos na legislação sanitária e somente poderão ser comercializados após a concessão de autorização, de forma definitiva ou para uso em caráter emergencial, pela autoridade sanitária federal, nos termos previstos em regulamento.

•• § 16 acrescentado pela Lei n. 14.200, de 2-9-2021.

§ 17. (*Vetado.*)

•• § 17 acrescentado pela Lei n. 14.200, de 2-9-2021.

§ 18. Independentemente da concessão de licença compulsória, o poder público dará prioridade à celebração de acordos de cooperação técnica e de contratos com o titular da patente para a aquisição da tecnologia produtiva e de seu processo de transferência.

•• § 18 acrescentado pela Lei n. 14.200, de 2-9-2021.

Art. 71-A. Poderá ser concedida, por razões humanitárias e nos termos de tratado internacional do qual a República Federativa do Brasil seja parte, licença compulsória de patentes de produtos destinados à exportação a países com insuficiente ou nenhuma capacidade de fabricação no setor farmacêutico para atendimento de sua população.

•• Artigo acrescentado pela Lei n. 14.200, de 2-9-2021.

Art. 72. As licenças compulsórias serão sempre concedidas sem exclusividade, não se admitindo o sublicenciamento.

Art. 73. O pedido de licença compulsória deverá ser formulado mediante indicação das condições oferecidas ao titular da patente.

§ 1.º Apresentado o pedido de licença, o titular será intimado para manifestar-se no prazo de 60 (sessenta) dias, findo o qual, sem manifestação do titular, será considerada aceita a proposta nas condições oferecidas.

§ 2.º O requerente de licença que invocar abuso de direitos patentários ou abuso de poder econômico deverá juntar documentação que o comprove.

§ 3.º No caso de a licença compulsória ser requerida com fundamento na falta de exploração, caberá ao titular da patente comprovar a exploração.

§ 4.º Havendo contestação, o INPI poderá realizar as necessárias diligências, bem como designar comissão, que poderá incluir especialistas não integrantes dos quadros da autarquia, visando arbitrar a remuneração que será paga ao titular.

§ 5.º Os órgãos e entidades da administração pública direta ou indireta, federal, estadual e municipal, prestarão ao INPI as informações solicitadas com o objetivo de subsidiar o arbitramento da remuneração.

§ 6.º No arbitramento da remuneração, serão consideradas as circunstâncias de cada caso, levando-se em conta, obrigatoriamente, o valor econômico da licença concedida.

§ 7.º Instruído o processo, o INPI decidirá sobre a concessão e condições da licença compulsória no prazo de 60 (sessenta) dias.

§ 8.º O recurso da decisão que conceder a licença compulsória não terá efeito suspensivo.

Art. 74. Salvo razões, legítimas, o licenciado deverá iniciar a exploração do objeto da patente no prazo de 1 (um) ano da concessão da licença, admitida a interrupção por igual prazo.

§ 1.º O titular poderá requerer a cassação da licença quando não cumprido o disposto neste artigo.

§ 2.º O licenciado ficará investido de todos os poderes para agir em defesa da patente.

§ 3.º Após a concessão da licença compulsória, somente será admitida a sua cessão quando realizada conjuntamente com a cessão, alienação ou arrendamento da parte do empreendimento que a explore.

Capítulo IX
DA PATENTE DE INTERESSE DA DEFESA NACIONAL

Art. 75. O pedido de patente originário do Brasil cujo objeto interesse à defesa nacional será processado em caráter sigiloso e não estará sujeito às publicações previstas nesta Lei.

•• Artigo regulamentado pelo Decreto n. 2.553, de 16-4-1998.

§ 1.º O INPI encaminhará o pedido, de imediato, ao órgão competente do Poder Executivo para, no prazo de 60 (sessenta) dias, manifestar-se sobre o caráter sigiloso. Decorrido o prazo sem a manifestação do órgão competente, o pedido será processado normalmente.

§ 2.º É vedado o depósito no exterior de pedido de patente cujo objeto tenha sido considerado de interesse da defesa nacional, bem como qualquer divulgação do mesmo, salvo expressa autorização do órgão competente.

§ 3.º A exploração e a cessão do pedido ou da patente de interesse da defesa nacional estão condicionadas à prévia autorização do órgão competente, assegurada indenização sempre que houver restrição dos direitos do depositante ou do titular.

Capítulo X
DO CERTIFICADO DE ADIÇÃO DE INVENÇÃO

Art. 76. O depositante do pedido ou titular de patente de invenção poderá requerer, mediante pagamento de retribuição específica, certificado de adição para proteger aperfeiçoamento ou desenvolvimento introduzido no objeto da invenção, mesmo que destituído de atividade inventiva, desde que a matéria se inclua no mesmo conceito inventivo.

§ 1.º Quando tiver ocorrido a publicação do pedido principal, o pedido de certificado de adição será imediatamente publicado.

§ 2.º O exame do pedido de certificado de adição obedecerá ao disposto nos arts. 30 a 37, ressalvado o disposto no parágrafo anterior.

§ 3.º O pedido de certificado de adição será indeferido se o seu objeto não apresentar o mesmo conceito inventivo.

§ 4.º O depositante poderá, no prazo do recurso, requerer a transformação do pedido de certificado de adição em pedido de patente, beneficiando-se da data de depósito do pedido de certificado, mediante pagamento das retribuições cabíveis.

Art. 77. O certificado de adição é acessório da patente, tem a data final de vigência desta e acompanha-a para todos os efeitos legais.

Parágrafo único. No processo de nulidade, o titular poderá requerer que a matéria contida no certificado de adição seja analisada para se verificar a possibilidade de sua subsistência sem prejuízo do prazo de vigência da patente.

Capítulo XI
DA EXTINÇÃO DA PATENTE

Art. 78. A patente extingue-se:

I – pela expiração do prazo de vigência;

II – pela renúncia de seu titular, ressalvado o direito de terceiros;

III – pela caducidade;

IV – pela falta de pagamento da retribuição anual, nos prazos previstos no § 2.º do art. 84 e no art. 87; e

V – pela inobservância do disposto no art. 217.

Parágrafo único. Extinta a patente, o seu objeto cai em domínio público.

Art. 79. A renúncia só será admitida se não prejudicar direitos de terceiros.

Art. 80. Caducará a patente, de ofício ou a requerimento de qualquer pessoa com legítimo interesse, se, decorridos 2 (dois) anos da concessão da primeira licença compulsória, esse prazo não tiver sido suficiente para prevenir ou sanar o abuso ou desuso, salvo motivos justificáveis.

§ 1.º A patente caducará quando, na data do requerimento da caducidade ou da instauração de ofício do respectivo processo, não tiver sido iniciada a exploração.

§ 2.º No processo de caducidade instaurado a requerimento, o INPI poderá prosseguir se houver desistência do requerente.

Art. 81. O titular será intimado mediante publicação para se manifestar, no prazo de 60 (sessenta) dias, cabendo-lhe o ônus da prova quanto à exploração.

Art. 82. A decisão será proferida dentro de 60 (sessenta) dias, contados do término do prazo mencionado no artigo anterior.

Art. 83. A decisão da caducidade produzirá efeitos a partir da data do requerimento ou da publicação da instauração de ofício do processo.

Capítulo XII
DA RETRIBUIÇÃO ANUAL

Art. 84. O depositante do pedido e o titular da patente estão sujeitos ao pagamento de retribuição anual, a partir do início do terceiro ano da data do depósito.

§ 1.º O pagamento antecipado da retribuição anual será regulado pelo INPI.

§ 2.º O pagamento deverá ser efetuado dentro dos primeiros 3 (três) meses de cada período anual, podendo, ainda, ser feito, independente de notificação, dentro dos 6 (seis) meses subsequentes, mediante pagamento de retribuição adicional.

Art. 85. O disposto no artigo anterior aplica-se aos pedidos internacionais depositados em virtude de tratado em vigor no Brasil, devendo o pagamento das retribuições anuais vencidas antes da data da entrada no processamento nacional ser efetuado no prazo de 3 (três) meses dessa data.

Art. 86. A falta de pagamento da retribuição anual, nos termos dos arts. 84 e 85, acarretará o arquivamento do pedido ou a extinção da patente.

Capítulo XIII
DA RESTAURAÇÃO

Art. 87. O pedido de patente e a patente poderão ser restaurados, se o depositante ou o titular assim o requerer, dentro de 3 (três) meses, contados da notificação do arquivamento do pedido ou da extinção da patente, mediante pagamento de retribuição específica.

Capítulo XIV
DA INVENÇÃO E DO MODELO DE UTILIDADE REALIZADO POR EMPREGADO OU PRESTADOR DE SERVIÇO

•• Capítulo XIV regulamentado pelo Decreto n. 2.553, de 16-4-1998.

Art. 88. A invenção e o modelo de utilidade pertencem exclusivamente ao empregador quando decorrerem de contrato de trabalho cuja execução ocorra no Brasil e que tenha por objeto a pesquisa ou a atividade inventiva, ou resulte esta da natureza dos serviços para os quais foi o empregado contratado.

§ 1.º Salvo expressa disposição contratual em contrário, a retribuição pelo trabalho a que se refere este artigo limita-se ao salário ajustado.

§ 2.º Salvo prova em contrário, consideram-se desenvolvidos na vigência do contrato a invenção ou o modelo de utilidade, cuja patente seja requerida pelo empregado até 1 (um) ano após a extinção do vínculo empregatício.

Art. 89. O empregador, titular da patente, poderá conceder ao empregado, autor de invento ou aperfeiçoamento, participação nos ganhos econômicos resultantes da exploração da patente, mediante negociação com o interessado ou conforme disposto em norma da empresa.

Parágrafo único. A participação referida neste artigo não se incorpora, a qualquer título, ao salário do empregado.

Art. 90. Pertencerá exclusivamente ao empregado a invenção ou o modelo de utilidade por ele desenvolvido, desde que desvinculado do contrato de trabalho e não decorrente da utilização de recursos, meios, dados, materiais, instalações ou equipamentos do empregador.

Art. 91. A propriedade de invenção ou de modelo de utilidade será comum, em partes iguais, quando resultar da contribuição pessoal do empregado e de recursos, dados, meios, materiais, instalações ou equipamentos do empregador, ressalvada expressa disposição contratual em contrário.

§ 1.º Sendo mais de um empregado, a parte que lhes couber será dividida igualmente entre todos, salvo ajuste em contrário.

§ 2.º É garantido ao empregador o direito exclusivo de licença de exploração e assegurada ao empregado a justa remuneração.

§ 3.º A exploração do objeto da patente, na falta de acordo, deverá ser iniciada pelo empregador dentro do prazo de 1 (um) ano, contado da data de sua concessão, sob pena de passar à exclusiva propriedade do empregado a titularidade da patente, ressalvadas as hipóteses de falta de exploração por razões legítimas.

§ 4.º No caso de cessão, qualquer dos cotitulares, em igualdade de condições, poderá exercer o direito de preferência.

Art. 92. O disposto nos artigos anteriores aplica-se, no que couber, às relações entre o trabalhador autônomo ou o estagiário e a empresa contratante e entre empresas contratantes e contratadas.

Art. 93. Aplica-se o disposto neste Capítulo, no que couber, às entidades da Administração Pública, direta, indireta e fundacional, federal, estadual ou municipal.

Parágrafo único. Na hipótese do art. 88, será assegurada ao inventor, na forma e condições previstas no estatuto ou regimento interno da entidade a que se refere este artigo, premiação de parcela no valor das vantagens auferidas com o pedido ou com a patente, a título de incentivo.

Título II
DOS DESENHOS INDUSTRIAIS

Capítulo I
DA TITULARIDADE

Art. 94. Ao autor será assegurado o direito de obter registro de desenho industrial que lhe confira a propriedade, nas condições estabelecidas nesta Lei.

Parágrafo único. Aplicam-se ao registro de desenho industrial, no que couber, as disposições dos arts. 6.º e 7.º.

Capítulo II
DA REGISTRABILIDADE

Seção I
Dos desenhos industriais registráveis

Art. 95. Considera-se desenho industrial a forma plástica ornamental de um objeto ou o conjunto ornamental de linhas e cores que possa ser aplicado a um produto, proporcionando resultado visual novo e original na sua configuração externa e que possa servir de tipo de fabricação industrial.

Art. 96. O desenho industrial é considerado novo quando não compreendido no estado da técnica.

§ 1.º O estado da técnica é constituído por tudo aquilo tornado acessível ao público antes da data de depósito do pedido, no Brasil ou no exterior, por uso ou qualquer outro meio, ressalvado o disposto no § 3.º deste artigo e no art. 99.

§ 2.º Para aferição unicamente da novidade, o conteúdo completo de pedido de patente ou de registro depositado no Brasil, e ainda não publicado, será considerado como incluído no estado da técnica a partir da data de depósito, ou da prioridade reivindicada, desde que venha a ser publicado, mesmo que subsequentemente.

§ 3.º Não será considerado como incluído no estado da técnica o desenho industrial cuja divulgação tenha ocorrido durante os 180 (cento e oitenta) dias que precederem a data do depósito ou a da prioridade reivindicada, se promovida nas situações previstas nos incisos I a III do art. 12.

Art. 97. O desenho industrial é considerado original quando dele resulte uma configuração visual distintiva, em relação a outros objetos anteriores.

Parágrafo único. O resultado visual original poderá ser decorrente da combinação de elementos conhecidos.

Art. 98. Não se considera desenho industrial qualquer obra de caráter puramente artístico.

Seção II
Da prioridade

Art. 99. Aplicam-se ao pedido de registro, no que couber, as disposições do art. 16, exceto o prazo previsto no seu § 3.º, que será de 90 (noventa) dias.

Seção III
Dos desenhos industriais não registráveis

Art. 100. Não é registrável como desenho industrial:

I – o que for contrário à moral e aos bons costumes ou que ofenda a honra ou imagem de pessoas, ou atente contra liberdade de consciência, crença, culto religioso ou ideia e sentimentos dignos de respeito e veneração;

II – a forma necessária comum ou vulgar do objeto ou, ainda, aquela determinada essencialmente por considerações técnicas ou funcionais.

Capítulo III
DO PEDIDO DE REGISTRO

Seção I
Do depósito do pedido

Art. 101. O pedido de registro, nas condições estabelecidas pelo INPI, conterá:

I – requerimento;

II – relatório descritivo, se for o caso;

III – reivindicações, se for o caso;

IV – desenhos ou fotografias;

V – campo de aplicação do objeto; e

VI – comprovante do pagamento da retribuição relativa ao depósito.

Parágrafo único. Os documentos que integram o pedido de registro deverão ser apresentados em língua portuguesa.

Art. 102. Apresentado o pedido, será ele submetido a exame formal preliminar e, se devidamente instruído, será protocolizado, considerada a data do depósito a da sua apresentação.

Art. 103. O pedido que não atender formalmente ao disposto no art. 101, mas que contiver dados suficientes relativos ao depositante, ao desenho industrial e ao autor, poderá ser entregue, mediante recibo datado, ao INPI, que estabelecerá as exigências a serem cumpridas, em 5 (cinco) dias, sob pena de ser considerado inexistente.

Parágrafo único. Cumpridas as exigências, o depósito será considerado como efetuado na data da apresentação do pedido.

Seção II
Das condições do pedido

Art. 104. O pedido de registro de desenho industrial terá que se referir a um único objeto, permitida uma pluralidade de variações, desde que se destinem ao mesmo propósito e guardem entre si a mesma característica distintiva preponderante, limitado cada pedido ao máximo de 20 (vinte) variações.

Parágrafo único. O desenho deverá representar clara e suficientemente o objeto e suas variações, se houver, de modo a possibilitar sua reprodução por técnico no assunto.

Art. 105. Se solicitado o sigilo na forma do § 1.º do art. 106, poderá o pedido ser retirado em até 90 (noventa) dias contados da data do depósito.

Parágrafo único. A retirada de um depósito anterior sem produção de qualquer efeito dará prioridade ao depósito imediatamente posterior.

Seção III
Do processo e do exame do pedido

Art. 106. Depositado o pedido de registro de desenho industrial e observado o disposto nos arts. 100, 101 e 104, será automaticamente publicado e simultaneamente concedido o registro, expedindo-se o respectivo certificado.

§ 1.º A requerimento do depositante, por ocasião do depósito, poderá ser mantido em sigilo o pedido, pelo prazo de 180 (cento e oitenta) dias contados da data do depósito, após o que será processado.

§ 2.º Se o depositante se beneficiar do disposto no art. 99, aguardar-se-á a apresentação do documento de prioridade para o processamento do pedido.

§ 3.º Não atendido o disposto nos arts. 101 e 104, será formulada exigência, que deverá ser respondida em 60 (sessenta) dias, sob pena de arquivamento definitivo.

§ 4.º Não atendido o disposto no art. 100, o pedido de registro será indeferido.

Capítulo IV
DA CONCESSÃO E DA VIGÊNCIA DO REGISTRO

Art. 107. Do certificado deverão constar o número e o título, nome do autor - observado o disposto no § 4.º do art. 6.º, o nome, a nacionalidade e o domicílio do titular, o prazo de vigência, os desenhos, os dados relativos à prioridade estrangeira, e, quando houver, relatório descritivo e reivindicações.

Art. 108. O registro vigorará pelo prazo de 10 (dez) anos contados da data do depósito, prorrogável por 3 (três) períodos sucessivos de 5 (cinco) anos cada.

§ 1.º O pedido de prorrogação deverá ser formulado durante o último ano de vigência do registro, instruído com o comprovante do pagamento da respectiva retribuição.

§ 2.º Se o pedido de prorrogação não tiver sido formulado até o termo final da vigência do registro, o titular poderá fazê-lo nos 180 (cento e oitenta) dias subsequentes, mediante o pagamento de retribuição adicional.

Capítulo V
DA PROTEÇÃO CONFERIDA PELO REGISTRO

Art. 109. A propriedade do desenho industrial adquire-se pelo registro validamente concedido.

Parágrafo único. Aplicam-se ao registro do desenho industrial, no que couber, as disposições do art. 42 e dos incisos I, II e IV do art. 43.

Art. 110. À pessoa que, de boa-fé, antes da data do depósito ou da prioridade do pedido de registro explorava seu objeto no País, será assegurado o direito de continuar a exploração, sem ônus, na forma e condição anteriores.

§ 1.º O direito conferido na forma deste artigo só poderá ser cedido juntamente com o negócio ou empresa, ou parte deste, que tenha direta relação com a exploração do objeto do registro, por alienação ou arrendamento.

§ 2.º O direito de que trata este artigo não será assegurado a pessoa que tenha tido conhecimento do objeto do registro através de divulgação nos termos do § 3.º do art. 96, desde que o pedido tenha sido depositado no prazo de 6 (seis) meses contados da divulgação.

Capítulo VI
DO EXAME DE MÉRITO

Art. 111. O titular do desenho industrial poderá requerer o exame do objeto do registro, a qualquer tempo da vigência, quanto aos aspectos de novidade e de originalidade.

Parágrafo único. O INPI emitirá parecer de mérito, que, se concluir pela ausência de pelo menos um dos requisitos definidos nos arts. 95 a 98, servirá de fundamento para instauração de ofício de processo de nulidade do registro.

Capítulo VII
DA NULIDADE DO REGISTRO

Seção I
Das disposições gerais

Art. 112. É nulo o registro concedido em desacordo com as disposições desta Lei.

§ 1.º A nulidade do registro produzirá efeitos a partir da data do depósito do pedido.

§ 2.º No caso de inobservância do disposto no art. 94, o autor poderá, alternativamente, reivindicar a adjudicação do registro.

Seção II
Do processo administrativo de nulidade

Art. 113. A nulidade do registro será declarada administrativamente quando tiver sido concedido com infringência dos arts. 94 a 98.

§ 1.º O processo de nulidade poderá ser instaurado de ofício ou mediante requerimento de qualquer pessoa com legítimo interesse, no prazo de 5 (cinco) anos contados da concessão do registro, ressalvada a hipótese prevista no parágrafo único do art. 111.

§ 2.º O requerimento ou a instauração de ofício suspenderá os efeitos da concessão do registro se apresentada ou publicada no prazo de 60 (sessenta) dias da concessão.

Art. 114. O titular será intimado para se manifestar no prazo de 60 (sessenta) dias contados da data da publicação.

Art. 115. Havendo ou não manifestação, decorrido o prazo fixado no artigo anterior, o INPI emitirá parecer, intimando o titular e o requerente para se manifestarem no prazo comum de 60 (sessenta) dias.

Art. 116. Decorrido o prazo fixado no artigo anterior, mesmo que não apresentadas as manifestações, o processo será decidido pelo Presidente do INPI, encerrando-se a instância administrativa.

Art. 117. O processo de nulidade prosseguirá, ainda que extinto o registro.

Seção III
Da ação de nulidade

Art. 118. Aplicam-se à ação de nulidade de registro de desenho industrial, no que couber, as disposições dos arts. 56 e 57.

Capítulo VIII
DA EXTINÇÃO DO REGISTRO

Art. 119. O registro extingue-se:

I – pela expiração do prazo de vigência;

II – pela renúncia de seu titular, ressalvado o direito de terceiros;

III – pela falta de pagamento da retribuição prevista nos arts. 108 e 120; ou

IV – pela inobservância do disposto no art. 217.

Capítulo IX
DA RETRIBUIÇÃO QUINQUENAL

Art. 120. O titular do registro está sujeito ao pagamento de retribuição quinquenal, a partir do segundo quinquênio da data do depósito.

§ 1.º O pagamento do segundo quinquênio será feito durante o 5.º (quinto) ano da vigência do registro.

§ 2.º O pagamento dos demais quinquênios será apresentado junto com o pedido de prorrogação a que se refere o art. 108.

§ 3.º O pagamento dos quinquênios poderá ainda ser efetuado dentro dos 6 (seis) meses subsequentes ao prazo estabelecido no parágrafo anterior, mediante pagamento de retribuição adicional.

Capítulo X
DAS DISPOSIÇÕES FINAIS

Art. 121. As disposições dos arts. 58 a 63 aplicam-se, no que couber, à matéria de que trata o presente Título, disciplinando-se o direito do empregado ou prestador de serviços pelas disposições dos arts. 88 a 93.

TÍTULO III
DAS MARCAS

Capítulo I
DA REGISTRABILIDADE

Seção I
Dos Sinais registráveis como marca

Art. 122. São suscetíveis de registro como marca os sinais distintivos visualmente perceptíveis, não compreendidos nas proibições legais.

Art. 123. Para os efeitos desta Lei, considera-se:

I – marca de produto ou serviço: aquela usada para distinguir produto ou serviço de outro idêntico, semelhante ou afim, de origem diversa;

II – marca de certificação: aquela usada para atestar a conformidade de um produto ou serviço com determinadas normas ou especificações técnicas, notadamente quanto à qualidade, natureza, material utilizado e metodologia empregada; e

III – marca coletiva: aquela usada para identificar produtos ou serviços provindos de membros de uma determinada entidade.

Seção II
Dos sinais Não registráveis como marca

Art. 124. Não são registráveis como marca:

I – brasão, armas, medalha, bandeira, emblema, distintivo e monumento oficiais, públicos, nacionais, estrangeiros ou internacionais, bem como a respectiva designação, figura ou imitação;

II – letra, algarismo e data, isoladamente, salvo quando revestidos de suficiente forma distintiva;

III – expressão, figura, desenho ou qualquer outro sinal contrário à moral e aos bons costumes ou que ofenda a honra ou imagem de pessoas ou atente contra liberdade de consciência, crença, culto religioso ou ideia e sentimento dignos de respeito e veneração;

IV – designação ou sigla de entidade ou órgão público, quando não requerido o registro pela própria entidade ou órgão público;

V – reprodução ou imitação de elemento característico ou diferenciador de título de estabelecimento ou nome de empresa de terceiros, suscetível de causar confusão ou associação com estes sinais distintivos;

• *Vide* arts. 1.155 a 1.168 (nome empresarial) do CC.

VI – sinal de caráter genérico, necessário, comum, vulgar ou simplesmente descritivo, quando tiver relação com o produto ou serviço a distinguir, ou aquele empregado comumente para designar uma característica do produto ou serviço, quanto à natureza, nacionalidade, peso, valor, qualidade e época de produção ou de prestação do serviço, salvo quando revestidos de suficiente forma distintiva;

VII – sinal ou expressão empregada apenas como meio de propaganda;

VIII – cores e suas denominações, salvo se dispostas ou combinadas de modo peculiar e distintivo;

IX – indicação geográfica, sua imitação suscetível de causar confusão ou sinal que possa falsamente induzir indicação geográfica;

X – sinal que induza a falsa indicação quanto à origem, procedência, natureza, qualidade ou utilidade do produto ou serviço a que a marca se destina;

XI – reprodução ou imitação de cunho oficial, regularmente adotada para garantia de padrão de qualquer gênero ou natureza;

XII – reprodução ou imitação de sinal que tenha sido registrado como marca coletiva ou de certificação por terceiro, observado o disposto no art. 154;

XIII – nome, prêmio ou símbolo de evento esportivo, artístico, cultural, social, político, econômico ou técnico, oficial ou oficialmente reconhecido, bem como a imitação suscetível de criar confusão, salvo quando autorizados pela autoridade competente ou entidade promotora do evento;

XIV – reprodução ou imitação de título, apólice, moeda e cédula da União, dos Estados, do Distrito Federal, dos Territórios, dos Municípios, ou de país;

XV – nome civil ou sua assinatura, nome de família ou patronímico e imagem de terceiros, salvo com consentimento do titular, herdeiros ou sucessores;

XVI – pseudônimo ou apelido notoriamente conhecidos, nome artístico singular ou coletivo, salvo com consentimento do titular, herdeiros ou sucessores;

XVII – obra literária, artística ou científica, assim como os títulos que estejam protegidos pelo direito autoral e sejam suscetíveis de causar confusão ou associação, salvo com consentimento do autor ou titular;

XVIII – termo técnico usado na indústria, na ciência e na arte, que tenha relação com o produto ou serviço a distinguir;

XIX – reprodução ou imitação, no todo ou em parte, ainda que com acréscimo, de marca alheia registrada, para distinguir ou certificar produto ou serviço idêntico, semelhante ou afim, suscetível de causar confusão ou associação com marca alheia;

XX – dualidade de marcas de um só titular para o mesmo produto ou serviço, salvo quando, no caso de marcas de mesma natureza, se revestirem de suficiente forma distintiva;

XXI – a forma necessária, comum ou vulgar do produto ou de acondicionamento, ou, ainda, aquela que não possa ser dissociada de efeito técnico;

XXII – objeto que estiver protegido por registro de desenho industrial de terceiro; e

XXIII – sinal que imite ou reproduza, no todo ou em parte, marca que o requerente evidentemente não poderia desconhecer em razão de sua atividade, cujo titular seja sediado ou domiciliado em território nacional ou em país com o qual o Brasil mantenha acordo ou que assegure reciprocidade de tratamento, se a marca se destinar a distinguir produto ou serviço idêntico, semelhante ou afim, suscetível de causar confusão ou associação com aquela marca alheia.

Seção III
Marca de Alto Renome

Art. 125. À marca registrada no Brasil considerada de alto renome será assegurada proteção especial, em todos os ramos de atividade.

Seção IV
Marca Notoriamente Conhecida

Art. 126. A marca notoriamente conhecida em seu ramo de atividade nos termos do art. 6.º *bis* (I), da Convenção da União de Paris para Proteção da Propriedade Industrial, goza de proteção especial, independentemente de estar previamente depositada ou registrada no Brasil.

§ 1.º A proteção de que trata este artigo aplica-se também às marcas de serviço.

§ 2.º O INPI poderá indeferir de ofício pedido de registro de marca que reproduza ou imite, no todo ou em parte, marca notoriamente conhecida.

Capítulo II
PRIORIDADE

Art. 127. Ao pedido de registro de marca depositado em país que mantenha acordo com o Brasil ou em organização internacional, que produza efeito de depósito nacional, será assegurado direito de prioridade, nos prazos estabelecidos no acordo, não sendo o depósito invalidado nem prejudicado por fatos ocorridos nesses prazos.

§ 1.º A reivindicação da prioridade será feita no ato de depósito, podendo ser suplementada dentro de 60 (sessenta) dias, por outras prioridades anteriores à data do depósito no Brasil.

§ 2.º A reivindicação da prioridade será comprovada por documento hábil da origem, contendo o número, a data e a reprodução do pedido ou do registro, acompanhado de tradução simples, cujo teor será de inteira responsabilidade do depositante.

§ 3.º Se não efetuada por ocasião do depósito, a comprovação deverá ocorrer em até 4 (quatro) meses, contados do depósito, sob pena de perda da prioridade.

§ 4.º Tratando-se de prioridade obtida por cessão, o documento correspondente deverá ser apresentado junto com o próprio documento de prioridade.

Capítulo III
DOS REQUERENTES DE REGISTRO

Art. 128. Podem requerer registro de marca as pessoas físicas ou jurídicas de direito público ou de direito privado.

§ 1.º As pessoas de direito privado só podem requerer registro de marca relativo à atividade que exerçam efetiva e licitamente, de modo direto ou através de empresas que controlem direta ou indiretamente, declarando, no próprio requerimento, esta condição, sob as penas da lei.

§ 2.º O registro de marca coletiva só poderá ser requerido por pessoa jurídica representativa de coletividade, a qual poderá exercer atividade distinta da de seus membros.

§ 3.º O registro da marca de certificação só poderá ser requerido por pessoa sem interesse comercial ou industrial direto no produto ou serviço atestado.

§ 4.º A reivindicação de prioridade não isenta o pedido da aplicação dos dispositivos constantes deste Título.

Capítulo IV
DOS DIREITOS SOBRE A MARCA

Seção I
Aquisição

Art. 129. A propriedade da marca adquire-se pelo registro validamente expedido, conforme as disposições desta Lei, sendo assegurado ao titular seu uso exclusivo em todo o território nacional, observado quanto às marcas coletivas e de certificação o disposto nos arts. 147 e 148.

§ 1.º Toda pessoa que, de boa-fé, na data da prioridade ou depósito, usava no País, há pelo menos 6 (seis) meses, marca idêntica ou semelhante, para distinguir ou certificar produto ou serviço idêntico, semelhante ou afim, terá direito de precedência ao registro.

§ 2.º O direito de precedência somente poderá ser cedido juntamente com o negócio da empresa, ou parte deste, que tenha direta relação com o uso da marca, por alienação ou arrendamento.

Seção II
Da proteção conferida pelo registro

Art. 130. Ao titular da marca ou ao depositante é ainda assegurado o direito de:

I – ceder seu registro ou pedido de registro;

II – licenciar seu uso;

III – zelar pela sua integridade material ou reputação.

Art. 131. A proteção de que trata esta Lei abrange o uso da marca em papéis, impressos, propaganda e documentos relativos à atividade do titular.

Art. 132. O titular da marca não poderá:

I – impedir que comerciantes ou distribuidores utilizem sinais distintivos que lhes são próprios, juntamente com a marca do produto, na sua promoção e comercialização;

II – impedir que fabricantes de acessórios utilizem a marca para indicar a destinação do produto, desde que obedecidas as práticas leais de concorrência;

III – impedir a livre circulação de produto colocado no mercado interno, por si ou por outrem com seu consentimento, ressalvado o disposto nos §§ 3.º e 4.º do art. 68; e

IV – impedir a citação da marca em discurso, obra científica ou literária ou qualquer outra publicação, desde que sem conotação comercial e sem prejuízo para seu caráter distintivo.

Capítulo V
DA VIGÊNCIA, DA CESSÃO E DAS ANOTAÇÕES

Seção I
Da vigência

Art. 133. O registro da marca vigorará pelo prazo de 10 (dez) anos, contados da data da concessão do registro, prorrogável por períodos iguais e sucessivos.

§ 1.º O pedido de prorrogação deverá ser formulado durante o último ano de vigência do registro, instruído com o comprovante do pagamento da respectiva retribuição.

§ 2.º Se o pedido de prorrogação não tiver sido efetuado até o termo final da vigência do registro, o titular poderá fazê-lo nos 6 (seis) meses subsequentes, mediante o pagamento de retribuição adicional.

§ 3.º A prorrogação não será concedida se não atendido o disposto no art. 128.

Seção II
Da cessão

Art. 134. O pedido de registro e o registro poderão ser cedidos, desde que o cessionário atenda aos requisitos legais para requerer tal registro.

Art. 135. A cessão deverá compreender todos os registros ou pedidos, em nome do cedente, de marcas iguais ou semelhantes, relativas a produto ou serviço idêntico, semelhante ou afim, sob pena de cancelamento dos registros ou arquivamento dos pedidos não cedidos.

Seção III
Das anotações

Art. 136. O INPI fará as seguintes anotações:

I – da cessão, fazendo constar a qualificação completa do cessionário;

II – de qualquer limitação ou ônus que recaia sobre o pedido ou registro; e

III – das alterações de nome, sede ou endereço do depositante ou titular.

Art. 137. As anotações produzirão efeitos em relação a terceiros a partir da data de sua publicação.

Art. 138. Cabe recurso da decisão que:

I – indeferir anotação de cessão;

II – cancelar o registro ou arquivar o pedido, nos termos do art. 135.

Seção IV
Da licença de uso

Art. 139. O titular de registro ou o depositante de pedido de registro poderá celebrar contrato de licença para uso da marca, sem prejuízo de seu direito de exercer controle efetivo sobre as especificações, natureza e qualidade dos respectivos produtos ou serviços.

Parágrafo único. O licenciado poderá ser investido pelo titular de todos os poderes para agir em defesa da marca, sem prejuízo dos seus próprios direitos.

Art. 140. O contrato de licença deverá ser averbado no INPI para que produza efeitos em relação a terceiros.

§ 1.º A averbação produzirá efeitos em relação a terceiros a partir da data de sua publicação.

§ 2.º Para efeito de validade de prova de uso, o contrato de licença não precisará estar averbado no INPI.

Art. 141. Da decisão que indeferir a averbação do contrato de licença cabe recurso.

Capítulo VI
DA PERDA DOS DIREITOS

Art. 142. O registro da marca extingue-se:

I – pela expiração do prazo de vigência;

II – pela renúncia, que poderá ser total ou parcial em relação aos produtos ou serviços assinalados pela marca;

III – pela caducidade; ou

IV – pela inobservância do disposto no art. 217.

Art. 143. Caducará o registro, a requerimento de qualquer pessoa com legítimo interesse se, decorridos 5 (cinco) anos da sua concessão, na data do requerimento:

I – o uso da marca não tiver sido iniciado no Brasil; ou

II – o uso da marca tiver sido interrompido por mais de 5 (cinco) anos consecutivos, ou se, no mesmo prazo, a marca tiver sido usada com modificação que implique alteração de seu caráter distintivo original, tal como constante do certificado de registro.

§ 1.º Não ocorrerá caducidade se o titular justificar o desuso da marca por razões legítimas.

§ 2.º O titular será intimado para se manifestar no prazo de 60 (sessenta) dias, cabendo-lhe o ônus de provar o uso da marca ou justificar seu desuso por razões legítimas.

Art. 144. O uso da marca deverá compreender produtos ou serviços constantes do certificado, sob pena de caducar parcialmente o registro em relação aos não semelhantes ou afins daqueles para os quais a marca foi comprovadamente usada.

Art. 145. Não se conhecerá do requerimento de caducidade se o uso da marca tiver sido comprovado ou justificado seu desuso em processo anterior, requerido há menos de 5 (cinco) anos.

Art. 146. Da decisão que declarar ou denegar a caducidade caberá recurso.

Capítulo VII
DAS MARCAS COLETIVAS E DE CERTIFICAÇÃO

Art. 147. O pedido de registro de marca coletiva conterá regulamento de utilização, dispondo sobre condições e proibições de uso da marca.

Parágrafo único. O regulamento de utilização, quando não acompanhar o pedido, deverá ser protocolizado no prazo de 60 (sessenta) dias do depósito, sob pena de arquivamento definitivo do pedido.

Art. 148. O pedido de registro da marca de certificação conterá:

I – as características do produto ou serviço objeto de certificação; e

II – as medidas de controle que serão adotadas pelo titular.

Parágrafo único. A documentação prevista nos incisos I e II deste artigo, quando não acompanhar o pedido, deverá ser protocolizada no prazo de 60 (sessenta) dias, sob pena de arquivamento definitivo do pedido.

Art. 149. Qualquer alteração no regulamento de utilização deverá ser comunicada ao INPI, mediante petição protocolizada, contendo todas as condições alteradas, sob pena de não ser considerada.

Art. 150. O uso da marca independe de licença, bastando sua autorização no regulamento de utilização.

Art. 151. Além das causas de extinção estabelecidas no art. 142, o registro da marca coletiva e de certificação extingue-se quando:

I – a entidade deixar de existir; ou

II – a marca for utilizada em condições outras que não aquelas previstas no regulamento de utilização.

Art. 152. Só será admitida a renúncia ao registro de marca coletiva quando requerida nos termos do contrato social ou estatuto da própria entidade, ou, ainda, conforme o regulamento de utilização.

Art. 153. A caducidade do registro será declarada se a marca coletiva não for usada por mais de uma pessoa autorizada, observado o disposto nos arts. 143 a 146.

Art. 154. A marca coletiva e a de certificação que já tenham sido usadas e cujos registros tenham sido extintos não poderão ser registradas em nome de terceiro, antes de expirado o prazo de 5 (cinco) anos, contados da extinção do registro.

Capítulo VIII
DO DEPÓSITO

Art. 155. O pedido deverá referir-se a um único sinal distintivo e, nas condições estabelecidas pelo INPI, conterá:

I – requerimento;

II – etiquetas, quando for o caso; e

III – comprovante do pagamento da retribuição relativa ao depósito.

Parágrafo único. O requerimento e qualquer documento que o acompanhe deverão ser apresentados em língua portuguesa e, quando houver documento em língua estrangeira, sua tradução simples deverá ser apresentada no ato do depósito ou dentro dos 60 (sessenta) dias subsequentes, sob pena de não ser considerado o documento.

Art. 156. Apresentado o pedido, será ele submetido a exame formal preliminar e, se devidamente instruído, será protocolizado, considerada a data de depósito a da sua apresentação.

Art. 157. O pedido que não atender formalmente ao disposto no art. 155, mas que contiver dados suficientes relativos ao depositante, sinal marcário e classe, poderá ser entregue, mediante recibo datado, ao INPI, que estabelecerá as exigências a serem cumpridas pelo depositante, em 5 (cinco) dias, sob pena de ser considerado inexistente.

Parágrafo único. Cumpridas as exigências, o depósito será considerado como efetuado na data da apresentação do pedido.

Capítulo IX
DO EXAME

Art. 158. Protocolizado, o pedido será publicado para apresentação de oposição no prazo de 60 (sessenta) dias.

§ 1.º O depositante será intimado da oposição, podendo se manifestar no prazo de 60 (sessenta) dias.

§ 2.º Não se conhecerá da oposição, nulidade administrativa ou de ação de nulidade se, fundamentada no inciso XXIII do art. 124 ou no art. 126, não se comprovar, no prazo de 60 (sessenta) dias após a interposição, o depósito do pedido de registro da marca na forma desta Lei.

Art. 159. Decorrido o prazo de oposição ou, se interposta esta, findo o prazo de manifestação, será feito o exame, durante o qual poderão ser formuladas exigências, que deverão ser respondidas no prazo de 60 (sessenta) dias.

§ 1.º Não respondida a exigência, o pedido será definitivamente arquivado.

§ 2.º Respondida a exigência, ainda que não cumprida, ou contestada a sua formulação, dar-se-á prosseguimento ao exame.

Art. 160. Concluído o exame, será proferida decisão, deferindo ou indeferindo o pedido de registro.

Capítulo X
DA EXPEDIÇÃO DO CERTIFICADO DE REGISTRO

Art. 161. O certificado de registro será concedido depois de deferido o pedido e comprovado o pagamento das retribuições correspondentes.

Art. 162. O pagamento das retribuições, e sua comprovação, relativas à expedição do certificado de registro e ao primeiro decênio de sua vigência, deverão ser efetuados no prazo de 60 (sessenta) dias contados do deferimento.

Parágrafo único. A retribuição poderá ainda ser paga e comprovada dentro de 30 (trinta) dias após o prazo previsto neste artigo, independentemente de notificação, mediante o pagamento de retribuição específica, sob pena de arquivamento definitivo do pedido.

Art. 163. Reputa-se concedido o certificado de registro na data da publicação do respectivo ato.

Art. 164. Do certificado deverão constar a marca, o número e data do registro, nome, nacionalidade e domicílio do titular, os produtos ou serviços, as características do registro e a prioridade estrangeira.

Capítulo XI
DA NULIDADE DO REGISTRO

Seção I
Disposições gerais

Art. 165. É nulo o registro que for concedido em desacordo com as disposições desta Lei.

Parágrafo único. A nulidade do registro poderá ser total ou parcial, sendo condição para a nulidade parcial o fato de a parte subsistente poder ser considerada registrável.

Art. 166. O titular de uma marca registrada em país signatário da Convenção da União de Paris para Proteção da Propriedade Industrial poderá, alternativamente, reivindicar, através de ação judicial, a adjudicação do registro, nos termos previstos no art. 6.º *septies* (1) daquela Convenção.

Art. 167. A declaração de nulidade produzirá efeito a partir da data do depósito do pedido.

Seção II
Do processo administrativo de nulidade

Art. 168. A nulidade do registro será declarada administrativamente quando tiver sido concedida com infringência do disposto nesta Lei.

Art. 169. O processo de nulidade poderá ser instaurado de ofício ou mediante requerimento de qualquer pessoa com legítimo interesse, no prazo de 180 (cento e oitenta) dias contados da data da expedição do certificado de registro.

Art. 170. O titular será intimado para se manifestar no prazo de 60 (sessenta) dias.

Art. 171. Decorrido o prazo fixado no artigo anterior, mesmo que não apresentada a manifestação, o processo será decidido pelo Presidente do INPI, encerrando-se a instância administrativa.

Art. 172. O processo de nulidade prosseguirá ainda que extinto o registro.

Seção III
Da Ação de Nulidade

Art. 173. A ação de nulidade poderá ser proposta pelo INPI ou por qualquer pessoa com legítimo interesse.

Parágrafo único. O juiz poderá, nos autos da ação de nulidade, determinar liminarmente a suspensão dos efeitos do registro e do uso da marca, atendidos os requisitos processuais próprios.

Art. 174. Prescreve em 5 (cinco) anos a ação para declarar a nulidade do registro, contados da data da sua concessão.

Art. 175. A ação de nulidade do registro será ajuizada no foro da justiça federal e o INPI, quando não for autor, intervirá no feito.

§ 1.º O prazo para resposta do réu titular do registro será de 60 (sessenta) dias.

§ 2.º Transitada em julgado a decisão da ação de nulidade, o INPI publicará anotação, para ciência de terceiros.

Título IV
DAS INDICAÇÕES GEOGRÁFICAS

Art. 176. Constitui indicação geográfica a indicação de procedência ou a denominação de origem.

Art. 177. Considera-se indicação de procedência o nome geográfico de país, cidade, região ou localidade de seu território, que se tenha tornado conhecido como centro de extração, produção ou fabricação de determinado produto ou de prestação de determinado serviço.

Art. 178. Considera-se denominação de origem o nome geográfico de país, cidade, região ou localidade de seu território, que designe produto ou serviço cujas qualidades ou características se devam exclusiva ou essencialmente ao meio geográfico, incluídos fatores naturais e humanos.

Art. 179. A proteção estender-se-á à representação gráfica ou figurativa da indicação geográfica, bem como à representação geográfica de país, cidade, região ou localidade de seu território cujo nome seja indicação geográfica.

Art. 180. Quando o nome geográfico se houver tornado de uso comum, designando produto ou serviço, não será considerado indicação geográfica.

Art. 181. O nome geográfico que não constitua indicação de procedência ou denominação de origem poderá servir de elemento característico de marca para produto ou serviço, desde que não induza falsa procedência.

Art. 182. O uso da indicação geográfica é restrito aos produtores e prestadores de serviço estabelecidos no local, exigindo-se, ainda, em relação às denominações de origem, o atendimento de requisitos de qualidade.

Parágrafo único. O INPI estabelecerá as condições de registro das indicações geográficas.

Título V
DOS CRIMES CONTRA A PROPRIEDADE INDUSTRIAL

Capítulo I
DOS CRIMES CONTRA AS PATENTES

Art. 183. Comete crime contra patente de invenção ou de modelo de utilidade quem:

I – fabrica produto que seja objeto de patente de invenção ou de modelo de utilidade, sem autorização do titular; ou

II – usa meio ou processo que seja objeto de patente de invenção, sem autorização do titular.

Pena – detenção, de 3 (três) meses a 1 (um) ano, ou multa.

Art. 184. Comete crime contra patente de invenção ou de modelo de utilidade quem:

I – exporta, vende, expõe ou oferece à venda, tem em estoque, oculta ou recebe, para utilização com fins econômicos, produto fabricado com violação de patente de invenção ou de modelo de utilidade, ou obtido por meio ou processo patenteado; ou

II – importa produto que seja objeto de patente de invenção ou de modelo de utilidade ou obtido por meio ou processo patenteado no País, para os fins previstos no inciso anterior, e que não tenha sido colocado no mercado externo diretamente pelo titular da patente ou com seu consentimento.

Pena – detenção, de 1 (um) a 3 (três) meses, ou multa.

Art. 185. Fornecer componente de um produto patenteado, ou material ou equipamento para realizar um processo patenteado, desde que a aplicação final do componente, material ou equipamento induza, necessariamente, à exploração do objeto da patente.

Pena – detenção, de 1 (um) a 3 (três) meses, ou multa.

Art. 186. Os crimes deste Capítulo caracterizam-se ainda que a violação não atinja todas as reivindicações da patente ou se restrinja à utilização de meios equivalentes ao objeto da patente.

Capítulo II
DOS CRIMES CONTRA OS DESENHOS INDUSTRIAIS

Art. 187. Fabricar, sem autorização do titular, produto que incorpore desenho industrial registrado, ou imitação substancial que possa induzir em erro ou confusão.

Pena – detenção, de 3 (três) meses a 1 (um) ano, ou multa.

Art. 188. Comete crime contra registro de desenho industrial quem:

I – exporta, vende, expõe ou oferece à venda, tem em estoque, oculta ou recebe, para utilização com fins econômicos, objeto que incorpore ilicitamente desenho industrial registrado, ou imitação substancial que possa induzir em erro ou confusão; ou

II – importa produto que incorpore desenho industrial registrado no País, ou imitação substancial que possa induzir em erro ou confusão, para os fins previstos no inciso anterior, e que não tenha sido colocado no mercado externo diretamente pelo titular ou com seu consentimento.

Pena – detenção, de 1 (um) a 3 (três) meses, ou multa.

Capítulo III
DOS CRIMES CONTRA AS MARCAS

Art. 189. Comete crime contra registro de marca quem:

I – reproduz, sem autorização do titular, no todo ou em parte, marca registrada, ou imita-a de modo que possa induzir confusão; ou

II – altera marca registrada de outrem já aposta em produto colocado no mercado.

Pena – detenção, de 3 (três) meses a 1 (um) ano, ou multa.

Art. 190. Comete crime contra registro de marca quem importa, exporta, vende, oferece ou expõe à venda, oculta ou tem em estoque:

I – produto assinalado com marca ilicitamente reproduzida ou imitada, de outrem, no todo ou em parte; ou

II – produto de sua indústria ou comércio, contido em vasilhame, recipiente ou embalagem que contenha marca legítima de outrem.

Pena – detenção, de 1 (um) a 3 (três) meses, ou multa.

Capítulo IV
DOS CRIMES COMETIDOS POR MEIO DE MARCA, TÍTULO DE ESTABELECIMENTO E SINAL DE PROPAGANDA

Art. 191. Reproduzir ou imitar, de modo que possa induzir em erro ou confusão, armas, brasões ou distintivos oficiais nacionais, estrangeiros ou internacionais, sem a necessária autorização, no todo ou em parte, em marca, título de estabelecimento, nome comercial, insígnia ou sinal de propaganda, ou usar essas reproduções ou imitações com fins econômicos.

Pena – detenção, de 1 (um) a 3 (três) meses, ou multa.

Parágrafo único. Incorre na mesma pena quem vende ou expõe ou oferece à venda produtos assinalados com essas marcas.

Capítulo V
DOS CRIMES CONTRA INDICAÇÕES GEOGRÁFICAS E DEMAIS INDICAÇÕES

Art. 192. Fabricar, importar, exportar, vender, expor ou oferecer à venda ou ter em estoque produto que apresente falsa indicação geográfica.

Pena – detenção, de 1 (um) a 3 (três) meses, ou multa.

Art. 193. Usar, em produto, recipiente, invólucro, cinta, rótulo, fatura, circular, cartaz ou em outro meio de divulgação ou propaganda, termos retificativos, tais como "tipo", "espécie", "gênero", "sistema", "semelhante", "sucedâneo", "idêntico", ou equivalente, não ressalvando a verdadeira procedência do produto.

Pena - detenção, de 1 (um) a 3 (três) meses, ou multa.

Art. 194. Usar marca, nome comercial, título de estabelecimento, insígnia, expressão ou sinal de propaganda ou qualquer outra forma que indique procedência que não a verdadeira, ou vender ou expor à venda produto com esses sinais.

Pena - detenção, de 1 (um) a 3 (três) meses, ou multa.

Capítulo VI
DOS CRIMES DE CONCORRÊNCIA DESLEAL

Art. 195. Comete crime de concorrência desleal quem:

I – publica, por qualquer meio, falsa afirmação, em detrimento de concorrente, com o fim de obter vantagem;

II – presta ou divulga, acerca de concorrente, falsa informação, com o fim de obter vantagem;

III – emprega meio fraudulento, para desviar, em proveito próprio ou alheio, clientela de outrem;

IV – usa expressão ou sinal de propaganda alheios, ou os imita, de modo a criar confusão entre os produtos ou estabelecimentos;

V – usa, indevidamente, nome comercial, título de estabelecimento ou insígnia alheios ou vende, expõe ou oferece à venda ou tem em estoque produto com essas referências;

VI – substitui, pelo seu próprio nome ou razão social, em produto de outrem, o nome ou razão social deste, sem o seu consentimento;

VII – atribui-se, como meio de propaganda, recompensa ou distinção que não obteve;

VIII – vende ou expõe ou oferece à venda, em recipiente ou invólucro de outrem, produto adulterado ou falsificado, ou dele se utiliza para negociar com produto da mesma espécie, embora não adulterado ou falsificado, se o fato não constitui crime mais grave;

IX – dá ou promete dinheiro ou outra utilidade a empregado de concorrente, para que o empregado, faltando ao dever do emprego, lhe proporcione vantagem;

X – recebe dinheiro ou outra utilidade, ou aceita promessa de paga ou recompensa, para, faltando ao dever de empregado, proporcionar vantagem a concorrente do empregador;

XI – divulga, explora ou utiliza-se, sem autorização, de conhecimentos, informações ou dados confidenciais, utilizáveis na indústria, comércio ou prestação de serviços, excluídos aqueles que sejam de conhecimento público ou que sejam evidentes para um técnico no assunto, a que teve acesso mediante relação contratual ou empregatícia, mesmo após o término do contrato;

XII – divulga, explora ou utiliza-se, sem autorização, de conhecimentos ou informações a que se refere o inciso anterior, obtidos por meios ilícitos ou a que teve acesso mediante fraude; ou

XIII – vende, expõe ou oferece à venda produto, declarando ser objeto de patente depositada, ou concedida, ou de desenho industrial registrado, que não o seja, ou menciona-o, em anúncio ou papel comercial, como depositado ou patenteado, ou registrado, sem o ser;

XIV – divulga, explora ou utiliza-se, sem autorização, de resultados de testes ou outros dados não divulgados, cuja elaboração envolva esforço considerável e que tenham sido apresentados a entidades governamentais como condição para aprovar a comercialização de produtos.

Pena - detenção, de 3 (três) meses a 1 (um) ano, ou multa.

§ 1.º Inclui-se nas hipóteses a que se referem os incisos XI e XII o empregador, sócio ou administrador da empresa, que incorrer nas tipificações estabelecidas nos mencionados dispositivos.

•• Mantivemos "empregador" conforme publicação oficial. Entendemos que o correto seria "empregado".

§ 2.º O disposto no inciso XIV não se aplica quanto à divulgação por órgão governamental competente para autorizar a comercialização de produto, quando necessário para proteger o público.

Capítulo VII
DAS DISPOSIÇÕES GERAIS

Art. 196. As penas de detenção previstas nos Capítulos I, II e III deste Título serão aumentadas de um terço à metade se:

I – o agente é ou foi representante, mandatário, preposto, sócio ou empregado do titular da patente ou do registro, ou, ainda, do seu licenciado; ou

II – a marca alterada, reproduzida ou imitada for de alto renome, notoriamente conhecida, de certificação ou coletiva.

Art. 197. As penas de multa previstas neste Título serão fixadas, no mínimo, em 10 (dez) e, no máximo, em 360 (trezentos e sessenta) dias-multa, de acordo com a sistemática do Código Penal.

Parágrafo único. A multa poderá ser aumentada ou reduzida, em até 10 (dez) vezes, em face das condições pessoais do agente e da magnitude da vantagem auferida, independentemente da norma estabelecida no artigo anterior.

Art. 198. Poderão ser apreendidos, de ofício ou a requerimento do interessado, pelas autoridades alfandegárias, no ato de conferência, os produtos assinalados com marcas falsificadas, alteradas ou imitadas ou que apresentem falsa indicação de procedência.

Art. 199. Nos crimes previstos neste Título somente se procede mediante queixa, salvo quanto ao crime do art. 191, em que a ação penal será pública.

Art. 200. A ação penal e as diligências preliminares de busca e apreensão, nos crimes contra a propriedade industrial, regulam-se pelo disposto no Código de Processo Penal, com as modificações constantes dos artigos deste Capítulo.

Art. 201. Na diligência de busca e apreensão, em crime contra patente que tenha por objeto a invenção de processo, o oficial do juízo será acompanhado por perito, que verificará, preliminarmente, a existência do ilícito, podendo o juiz ordenar a apreensão de produtos obtidos pelo contrafator com o emprego do processo patenteado.

Art. 202. Além das diligências preliminares de busca e apreensão, o interessado poderá requerer:

I – apreensão de marca falsificada, alterada ou imitada onde for preparada ou onde quer que seja encontrada, antes de utilizada para fins criminosos; ou

II – destruição de marca falsificada nos volumes ou produtos que a contiverem, antes de serem distribuídos, ainda que fiquem destruídos os envoltórios ou os próprios produtos.

Art. 203. Tratando-se de estabelecimentos industriais ou comerciais legalmente organizados e que estejam funcionando publicamente, as diligências preliminares limitar-se-ão à vistoria e apreensão dos produtos, quando ordenadas pelo juiz, não podendo ser paralisada a sua atividade licitamente exercida.

Art. 204. Realizada a diligência de busca e apreensão, responderá por perdas e danos a parte que a tiver requerido de má-fé, por espírito de emulação, mero capricho ou erro grosseiro.

Art. 205. Poderá constituir matéria de defesa na ação penal a alegação de nulidade da patente ou registro em que a ação se fundar. A absolvição do réu, entretanto, não importará a nulidade da patente ou do registro, que só poderá ser demandada pela ação competente.

Art. 206. Na hipótese de serem reveladas, em juízo, para a defesa dos interesses de qualquer das partes, informações que se caracterizem como confidenciais, sejam segredo de indústria ou de comércio, deverá o juiz determinar que o processo prossiga em segredo de justiça, vedado o uso de tais informações também à outra parte para outras finalidades.

Art. 207. Independentemente da ação criminal, o prejudicado poderá intentar as ações cíveis que considerar cabíveis na forma do Código de Processo Civil.

Art. 208. A indenização será determinada pelos benefícios que o prejudicado teria auferido se a violação não tivesse ocorrido.

Art. 209. Fica ressalvado ao prejudicado o direito de haver perdas e danos em ressarcimento de prejuízos causados por atos de violação de direitos de propriedade industrial e atos de concorrência desleal não previstos nesta Lei, tendentes a prejudicar a reputação ou os negócios alheios, a criar confusão entre estabelecimentos comerciais, industriais ou prestadores de serviço, ou entre os produtos e serviços postos no comércio.

§ 1.º Poderá o juiz, nos autos da própria ação, para evitar dano irreparável ou de difícil reparação, determinar liminarmente a sustação da violação ou de ato que a enseje, antes da citação do réu, mediante, caso julgue necessário, caução em dinheiro ou garantia fidejussória.

§ 2.º Nos casos de reprodução ou de imitação flagrante de marca registrada, o juiz poderá determinar a apreensão de todas as mercadorias, produtos, objetos, embalagens, etiquetas e outros que contenham a marca falsificada ou imitada.

Art. 210. Os lucros cessantes serão determinados pelo critério mais favorável ao prejudicado, dentre os seguintes:

I – os benefícios que o prejudicado teria auferido se a violação não tivesse ocorrido; ou

II – os benefícios que foram auferidos pelo autor da violação do direito; ou

III – a remuneração que o autor da violação teria pago ao titular do direito violado pela concessão de uma licença que lhe permitisse legalmente explorar o bem.

TÍTULO VI
DA TRANSFERÊNCIA DE TECNOLOGIA E DA FRANQUIA

Art. 211. O INPI fará o registro dos contratos que impliquem transferência de tecnologia, contratos de franquia e similares para produzirem efeitos em relação a terceiros.

Parágrafo único. A decisão relativa aos pedidos de registro de contratos de que trata este artigo será proferida no prazo de 30 (trinta) dias, contados da data do pedido de registro.

TÍTULO VII
DAS DISPOSIÇÕES GERAIS

Capítulo I
DOS RECURSOS

Art. 212. Salvo expressa disposição em contrário, das decisões de que trata esta Lei cabe recurso, que será interposto no prazo de 60 (sessenta) dias.

§ 1.º Os recursos serão recebidos nos efeitos suspensivo e devolutivo pleno, aplicando-se todos os dispositivos pertinentes ao exame de primeira instância, no que couber.

§ 2.º Não cabe recurso da decisão que determinar o arquivamento definitivo de pedido de patente ou de registro e da que deferir pedido de patente, de certificado de adição ou de registro de marca.

§ 3.º Os recursos serão decididos pelo Presidente do INPI, encerrando-se a instância administrativa.

Art. 213. Os interessados serão intimados para, no prazo de 60 (sessenta) dias, oferecerem contrarrazões ao recurso.

Art. 214. Para fins de complementação das razões oferecidas a título de recurso, o INPI poderá formular exigências, que deverão ser cumpridas no prazo de 60 (sessenta) dias.

Parágrafo único. Decorrido o prazo do *caput*, será decidido o recurso.

Art. 215. A decisão do recurso é final e irrecorrível na esfera administrativa.

Capítulo II
DOS ATOS DAS PARTES

Art. 216. Os atos previstos nesta Lei serão praticados pelas partes ou por seus procuradores, devidamente qualificados.

§ 1.º O instrumento de procuração, no original, traslado ou fotocópia autenticada, deverá ser em língua portuguesa, dispensados a legalização consular e o reconhecimento de firma.

§ 2.º A procuração deverá ser apresentada em até 60 (sessenta) dias contados da prática do primeiro ato da parte no processo, independente de notificação ou exigência, sob pena de arquivamento, sendo definitivo o arquivamento do pedido de patente, do pedido de registro de desenho industrial e de registro de marca.

Art. 217. A pessoa domiciliada no exterior deverá constituir e manter procurador devidamente qualificado e domiciliado no País, com poderes para representá-la administrativa e judicialmente, inclusive para receber citações.

• *Vide* nota ao *caput* do artigo anterior.

Art. 218. Não se conhecerá da petição:

I – se apresentada fora do prazo legal; ou

II – se desacompanhada do comprovante da respectiva retribuição no valor vigente à data de sua apresentação.

Art. 219. Não serão conhecidos a petição, a oposição e o recurso, quando:

I – apresentados fora do prazo previsto nesta Lei;

II – não contiverem fundamentação legal; ou

III – desacompanhados do comprovante do pagamento da retribuição correspondente.

Art. 220. O INPI aproveitará os atos das partes, sempre que possível, fazendo as exigências cabíveis.

Capítulo III
DOS PRAZOS

Art. 221. Os prazos estabelecidos nesta Lei são contínuos, extinguindo-se automaticamente o direito de praticar o ato, após seu decurso, salvo se a parte provar que não o realizou por justa causa.

§ 1.º Reputa-se justa causa o evento imprevisto, alheio à vontade da parte e que a impediu de praticar o ato.

§ 2.º Reconhecida a justa causa, a parte praticará o ato no prazo que lhe for concedido pelo INPI.

Art. 222. No cômputo dos prazos, exclui-se o dia do começo e inclui-se o do vencimento.

Art. 223. Os prazos somente começam a correr a partir do primeiro dia útil após a intimação, que será feita mediante publicação no órgão oficial do INPI.

Art. 224. Não havendo expressa estipulação nesta Lei, o prazo para a prática do ato será de 60 (sessenta) dias.

Capítulo IV
DA PRESCRIÇÃO

Art. 225. Prescreve em 5 (cinco) anos a ação para reparação de dano causado ao direito de propriedade industrial.

Capítulo V
DOS ATOS DO INPI

Art. 226. Os atos do INPI nos processos administrativos referentes à propriedade industrial só produzem efeitos a partir da sua publicação no respectivo órgão oficial, ressalvados:

I – os que expressamente independerem de notificação ou publicação por força do disposto nesta Lei;

II – as decisões administrativas, quando feita notificação por via postal ou por ciência dada ao interessado no processo; e

III – os pareceres e despachos internos que não necessitem ser do conhecimento das partes.

Capítulo VI
DAS CLASSIFICAÇÕES

Art. 227. As classificações relativas às matérias dos Títulos I, II e III desta Lei serão estabelecidas pelo INPI, quando não fixadas em tratado ou acordo internacional em vigor no Brasil.

Capítulo VII
DA RETRIBUIÇÃO

Art. 228. Para os serviços previstos nesta Lei será cobrada retribuição, cujo valor e processo de recolhimento serão estabelecidos por ato do titular do órgão da administração pública federal a que estiver vinculado o INPI.

Título VIII
DAS DISPOSIÇÕES TRANSITÓRIAS E FINAIS

Art. 229. Aos pedidos em andamento serão aplicadas as disposições desta Lei, exceto quanto à patenteabilidade dos pedidos depositados até 31 de dezembro de 1994, cujo objeto de proteção sejam substâncias, matérias ou produtos obtidos por meios ou processos químicos ou substâncias, matérias, misturas ou produtos alimentícios, químico-farmacêuticos e medicamentos de qualquer espécie, bem como os respectivos processos de obtenção ou modificação e cujos depositantes não tenham exercido a faculdade prevista nos arts. 230 e 231 desta Lei, os quais serão considerados indeferidos, para todos os efeitos, devendo o INPI publicar a comunicação dos aludidos indeferimentos.

•• *Caput* com redação determinada pela Lei n. 10.196, de 14-2-2001.

Parágrafo único. Aos pedidos relativos a produtos farmacêuticos e produtos químicos para a agricultura, que tenham sido depositados entre 1.º de janeiro de 1995 e 14 de maio de 1997, aplicam-se os critérios de patenteabilidade desta Lei, na data efetiva do depósito do pedido no Brasil ou da prioridade, se houver, assegurando-se a proteção a partir da data da concessão da patente, pelo prazo remanescente a contar do dia do depósito no Brasil, limitado ao prazo previsto no *caput* do art. 40.

•• Parágrafo único acrescentado pela Lei n. 10.196, de 14-2-2001.

Art. 229-A. Consideram-se indeferidos os pedidos de patentes de processo apresentados entre 1.º de janeiro de 1995 e 14 de maio de 1997, aos quais o art. 9.º, *c*, da Lei n. 5.772, de 21 de dezembro de 1971, não conferia proteção, devendo o INPI publicar a comunicação dos aludidos indeferimentos.

•• Artigo acrescentado pela Lei n. 10.196, de 14-2-2001.

Art. 229-B. Os pedidos de patentes de produto apresentados entre 1.º de janeiro de 1995 e 14 de maio de 1997, aos quais o art. 9.º, *b* e *c*, da Lei n. 5.772, de 1971, não conferia proteção e cujos depositantes não tenham exercido a faculdade prevista nos arts. 230 e 231, serão decididos até 31 de dezembro de 2004, em conformidade com esta Lei.

•• Artigo acrescentado pela Lei n. 10.196, de 14-2-2001.

Art. 229-C (*Revogado pela Lei n. 14.195, de 26-8-2021.*)

Art. 230. Poderá ser depositado pedido de patente relativo às substâncias, matérias ou produtos obtidos por meios ou processos químicos e as substâncias, matérias, misturas ou produtos alimentícios, químico-farmacêuticos e medicamentos de qualquer espécie, bem como os respectivos processos de obtenção ou modificação, por quem tenha proteção garantida em tratado ou convenção em vigor no Brasil, ficando assegurada a data do primeiro depósito no exterior, desde que seu objeto não tenha sido colocado em qualquer mercado, por iniciativa direta do titular ou por terceiro com seu consentimento, nem tenham sido realizados, por terceiros, no País, sérios e efetivos preparativos para a exploração do objeto do pedido ou da patente.

§ 1.º O depósito deverá ser feito dentro do prazo de 1 (um) ano contado da publicação desta Lei, e deverá indicar a data do primeiro depósito no exterior.

§ 2.º O pedido de patente depositado com base neste artigo será automaticamente publicado, sendo facultado a qualquer interessado manifestar-se, no prazo de 90 (noventa) dias, quanto ao atendimento do disposto no *caput* deste artigo.

§ 3.º Respeitados os arts. 10 e 18 desta Lei, e uma vez atendidas as condições estabelecidas neste artigo e comprovada a concessão da patente no país onde foi depositado o primeiro pedido, será concedida a patente no Brasil, tal como concedida no país de origem.

§ 4.º Fica assegurado à patente concedida com base neste artigo o prazo remanescente de proteção no país onde foi depositado o primeiro pedido, contado da data do depósito no Brasil e limitado ao prazo previsto no art. 40, não se aplicando o disposto no seu parágrafo único.

§ 5.º O depositante que tiver pedido de patente em andamento, relativo às substâncias, matérias ou produtos obtidos por meios ou processos químicos e as substâncias, matérias, misturas ou produtos alimentícios, químico-farmacêuticos e medicamentos de qualquer espécie, bem como os respectivos processos de obtenção ou modificação, poderá apresentar novo pedido, no prazo e condições estabelecidos neste artigo, juntando prova de desistência do pedido em andamento.

§ 6.º Aplicam-se as disposições desta Lei, no que couber, ao pedido depositado e à patente concedida com base neste artigo.

Art. 231. Poderá ser depositado pedido de patente relativo às matérias de que trata o artigo anterior, por nacional ou pessoa domiciliada no País, ficando assegurada a data de divulgação do invento, desde que seu objeto não tenha sido colocado em qualquer mercado, por iniciativa direta do titular ou por terceiro com seu consentimento, nem tenham sido realizados, por terceiros, no País, sérios e efetivos preparativos para a exploração do objeto do pedido.

§ 1.º O depósito deverá ser feito dentro do prazo de 1 (um) ano contado da publicação desta Lei.

§ 2.º O pedido de patente depositado com base neste artigo será processado nos termos desta Lei.

§ 3.º Fica assegurado à patente concedida com base neste artigo o prazo remanescente de proteção de 20 (vinte) anos contado da data da divulgação do invento, a partir do depósito no Brasil.

§ 4.º O depositante que tiver pedido de patente em andamento, relativo às matérias de que trata o artigo anterior, poderá apresentar novo pedido, no prazo e condições estabelecidos neste artigo, juntando prova de desistência do pedido em andamento.

Art. 232. A produção ou utilização, nos termos da legislação anterior, de substâncias, matérias ou produtos obtidos por meios ou processos químicos e as substâncias, matérias, misturas ou produtos alimentícios, químico-farmacêuticos e medicamentos de qualquer espécie, bem como os respectivos processos de obtenção ou modificação, mesmo que protegidos por patente de produto ou processo em outro país, de conformidade com tratado ou convenção em vigor no Brasil, poderão continuar, nas mesmas condições anteriores à aprovação desta Lei.

§ 1.º Não será admitida qualquer cobrança retroativa ou futura, de qualquer valor, a qualquer título, relativa a produtos produzidos ou processos utilizados no Brasil em conformidade com este artigo.

§ 2.º Não será igualmente admitida cobrança nos termos do parágrafo anterior, caso, no período anterior à entrada em vigência desta Lei, tenham sido realizados investimentos significativos para a exploração de produto ou de processo referidos neste artigo, mesmo que protegidos por patente de produto ou de processo em outro país.

Art. 233. Os pedidos de registro de expressão e sinal de propaganda e de declaração de notoriedade serão definitivamente arquivados e os registros e declaração permanecerão em vigor pelo prazo de vigência restante, não podendo ser prorrogados.

Art. 234. Fica assegurada ao depositante a garantia de prioridade de que trata o art. 7.º da Lei n. 5.772, de 21 de dezembro de 1971, até o término do prazo em curso.

Art. 235. É assegurado o prazo em curso concedido na vigência da Lei n. 5.772, de 21 de dezembro de 1971.

Art. 236. O pedido de patente de modelo ou de desenho industrial depositado na vigência da Lei n. 5.772, de 21 de dezembro de 1971, será automaticamente denominado pedido de registro de desenho industrial, considerando-se, para todos os efeitos legais, a publicação já feita.

Parágrafo único. Nos pedidos adaptados serão considerados os pagamentos para efeito de cálculo de retribuição quinquenal devida.

Art. 237. Aos pedidos de patente de modelo ou de desenho industrial que tiverem sido objeto de exame na forma da Lei n. 5.772, de 21 de dezembro de 1971, não se aplicará o disposto no art. 111.

Art. 238. Os recursos interpostos na vigência da Lei n. 5.772, de 21 de dezembro de 1971, serão decididos na forma nela prevista.

Art. 239. Fica o Poder Executivo autorizado a promover as necessárias transformações no INPI, para assegurar à Autarquia autonomia financeira e administrativa, podendo esta:

I – contratar pessoal técnico e administrativo mediante concurso público;

II – fixar tabela de salários para os seus funcionários, sujeita à aprovação do Ministério a que estiver vinculado o INPI; e

III – dispor sobre a estrutura básica e regimento interno, que serão aprovados pelo Ministério a que estiver vinculado o INPI.

Parágrafo único. As despesas resultantes da aplicação deste artigo correrão por conta de recursos próprios do INPI.

Art. 240. O art. 2.º da Lei n. 5.648, de 11 de dezembro de 1970, passa a ter a seguinte redação:

> "Art. 2.º O INPI tem por finalidade principal executar, no âmbito nacional, as normas que regulam a propriedade industrial, tendo em vista a sua função social, econômica, jurídica e técnica, bem como pronunciar-se quanto à conveniência de assinatura, ratificação e denúncia de convenções, tratados, convênios e acordos sobre propriedade industrial".

Art. 241. Fica o Poder Judiciário autorizado a criar juízos especiais para dirimir questões relativas à propriedade intelectual.

Art. 242. O Poder Executivo submeterá ao Congresso Nacional projeto de lei destinado a promover, sempre que necessário, a harmonização desta Lei com a política para propriedade industrial adotada pelos demais países integrantes do MERCOSUL.

Art. 243. Esta Lei entra em vigor na data de sua publicação quanto às matérias disciplinadas nos arts. 230, 231, 232 e 239, e 1 (um) ano após sua publicação quanto aos demais artigos.

Art. 244. Revogam-se a Lei n. 5.772, de 21 de dezembro de 1971, a Lei n. 6.348, de 7 de julho de 1976, os arts. 187 a 196 do Decreto-lei n. 2.848, de 7 de dezembro de 1940, os arts. 169 a 189 do Decreto-lei n. 7.903, de 27 de agosto de 1945, e as demais disposições em contrário.

Brasília, 14 de maio de 1996; 175.º da Independência e 108.º da República.

FERNANDO HENRIQUE CARDOSO

LEI N. 9.307, DE 23 DE SETEMBRO DE 1996 (*)

Dispõe sobre a arbitragem.

O Presidente da República:

Faço saber que o Congresso Nacional decreta e eu sanciono a seguinte Lei:

Capítulo I
DISPOSIÇÕES GERAIS

Art. 1.º As pessoas capazes de contratar poderão valer-se da arbitragem para dirimir litígios relativos a direitos patrimoniais disponíveis.

§ 1.º A administração pública direta e indireta poderá utilizar-se da arbitragem para dirimir conflitos relativos a direitos patrimoniais disponíveis.

•• § 1.º acrescentado pela Lei n. 13.129, de 26-5-2015.

§ 2.º A autoridade ou o órgão competente da administração pública direta para a celebração de convenção de arbitragem é a mesma para a realização de acordos ou transações.

•• § 2.º acrescentado pela Lei n. 13.129, de 26-5-2015.

Art. 2.º A arbitragem poderá ser de direito ou de equidade, a critério das partes.

§ 1.º Poderão as partes escolher, livremente, as regras de direito que serão aplicadas na arbitragem, desde que não haja violação aos bons costumes e à ordem pública.

§ 2.º Poderão, também, as partes convencionar que a arbitragem se realize com base nos princípios gerais de direito, nos usos e costumes e nas regras internacionais de comércio.

§ 3.º A arbitragem que envolva a administração pública será sempre de direito e respeitará o princípio da publicidade.

•• § 3.º acrescentado pela Lei n. 13.129, de 26-5-2015.

Capítulo II
DA CONVENÇÃO DE ARBITRAGEM E SEUS EFEITOS

Art. 3.º As partes interessadas podem submeter a solução de seus litígios ao juízo arbitral mediante convenção de

(*) Publicada no *DOU*, de 24-9-1996. *Vide* Súmula 485 do STJ.

arbitragem, assim entendida a cláusula compromissória e o compromisso arbitral.

• Sobre contratos relativos ao financiamento imobiliário em geral, *vide* Lei n. 9.514, de 20-11-1997, art. 34.

Art. 4.º A cláusula compromissória é a convenção através da qual as partes em um contrato comprometem-se a submeter à arbitragem os litígios que possam vir a surgir, relativamente a tal contrato.

§ 1.º A cláusula compromissória deve ser estipulada por escrito, podendo estar inserta no próprio contrato ou em documento apartado que a ele se refira.

§ 2.º Nos contratos de adesão, a cláusula compromissória só terá eficácia se o aderente tomar a iniciativa de instituir a arbitragem ou concordar, expressamente, com a sua instituição, desde que por escrito em documento anexo ou em negrito, com a assinatura ou visto especialmente para essa cláusula.

•• A Lei n. 13.129, de 26-5-2015, propôs nova redação para esse § 2.º, bem como o acréscimo dos §§ 3.º e 4.º para este artigo, todavia teve seu texto vetado.

Art. 5.º Reportando-se as partes, na cláusula compromissória, às regras de algum órgão arbitral institucional ou entidade especializada, a arbitragem será instituída e processada de acordo com tais regras, podendo, igualmente, as partes estabelecer na própria cláusula, ou em outro documento, a forma convencionada para a instituição da arbitragem.

Art. 6.º Não havendo acordo prévio sobre a forma de instituir a arbitragem, a parte interessada manifestará à outra parte sua intenção de dar início à arbitragem, por via postal ou por outro meio qualquer de comunicação, mediante comprovação de recebimento, convocando-a para, em dia, hora e local certos, firmar o compromisso arbitral.

Parágrafo único. Não comparecendo a parte convocada ou, comparecendo, recusar-se a firmar o compromisso arbitral, poderá a outra parte propor a demanda de que trata o art. 7.º desta Lei, perante o órgão do Poder Judiciário a que, originariamente, tocaria o julgamento da causa.

Art. 7.º Existindo cláusula compromissória e havendo resistência quanto à instituição da arbitragem, poderá a parte interessada requerer a citação da outra parte para comparecer em juízo a fim de lavrar-se o compromisso, designando o juiz audiência especial para tal fim.

§ 1.º O autor indicará, com precisão, o objeto da arbitragem, instruindo o pedido com o documento que contiver a cláusula compromissória.

§ 2.º Comparecendo as partes à audiência, o juiz tentará, previamente, a conciliação acerca do litígio. Não obtendo sucesso, tentará o juiz conduzir as partes à celebração, de comum acordo, do compromisso arbitral.

§ 3.º Não concordando as partes sobre os termos do compromisso, decidirá o juiz, após ouvir o réu, sobre seu conteúdo, na própria audiência ou no prazo de dez dias, respeitadas as disposições da cláusula compromissória e atendendo ao disposto nos arts. 10 e 21, § 2.º, desta Lei.

§ 4.º Se a cláusula compromissória nada dispuser sobre a nomeação de árbitros, caberá ao juiz, ouvidas as partes, estatuir a respeito, podendo nomear árbitro único para a solução do litígio.

§ 5.º A ausência do autor, sem justo motivo, à audiência designada para a lavratura do compromisso arbitral, importará a extinção do processo sem julgamento de mérito.

§ 6.º Não comparecendo o réu à audiência, caberá ao juiz, ouvido o autor, estatuir a respeito do conteúdo do compromisso, nomeando árbitro único.

§ 7.º A sentença que julgar procedente o pedido valerá como compromisso arbitral.

Art. 8.º A cláusula compromissória é autônoma em relação ao contrato em que estiver inserta, de tal sorte que a nulidade deste não implica, necessariamente, a nulidade da cláusula compromissória.

Parágrafo único. Caberá ao árbitro decidir de ofício, ou por provocação das partes, as questões acerca da existência, validade e eficácia da convenção de arbitragem e do contrato que contenha a cláusula compromissória.

Art. 9.º O compromisso arbitral é a convenção através da qual as partes submetem um litígio à arbitragem de uma ou mais pessoas, podendo ser judicial ou extrajudicial.

§ 1.º O compromisso arbitral judicial celebrar-se-á por termo nos autos, perante o juízo ou tribunal, onde tem curso a demanda.

§ 2.º O compromisso arbitral extrajudicial será celebrado por escrito particular, assinado por duas testemunhas, ou por instrumento público.

Art. 10. Constará, obrigatoriamente, do compromisso arbitral:

I – o nome, profissão, estado civil e domicílio das partes;

II – o nome, profissão e domicílio do árbitro, ou dos árbitros, ou, se for o caso, a identificação da entidade à qual as partes delegaram a indicação de árbitros;

III – a matéria que será objeto da arbitragem; e

IV – o lugar em que será proferida a sentença arbitral.

Art. 11. Poderá, ainda, o compromisso arbitral conter:

I – local, ou locais, onde se desenvolverá a arbitragem;

II – a autorização para que o árbitro ou os árbitros julguem por equidade, se assim for convencionado pelas partes;

III – o prazo para apresentação da sentença arbitral;

IV – a indicação da lei nacional ou das regras corporativas aplicáveis à arbitragem, quando assim convencionarem as partes;

V – a declaração da responsabilidade pelo pagamento dos honorários e das despesas com a arbitragem; e

VI – a fixação dos honorários do árbitro, ou dos árbitros.

Parágrafo único. Fixando as partes os honorários do árbitro, ou dos árbitros, no compromisso arbitral, este constituirá título executivo extrajudicial; não havendo tal estipulação, o árbitro requererá ao órgão do Poder Judiciário que seria competente para julgar, originariamente, a causa que os fixe por sentença.

Art. 12. Extingue-se o compromisso arbitral:

I – escusando-se qualquer dos árbitros, antes de aceitar a nomeação, desde que as partes tenham declarado, expressamente, não aceitar substituto;

II – falecendo ou ficando impossibilitado de dar seu voto algum dos árbitros, desde que as partes declarem, expressamente, não aceitar substituto; e

III – tendo expirado o prazo a que se refere o art. 11, inciso III, desde que a parte interessada tenha notificado o árbitro, ou o presidente do tribunal arbitral, concedendo-lhe o prazo de dez dias para a prolação e apresentação da sentença arbitral.

Capítulo III
DOS ÁRBITROS

Art. 13. Pode ser árbitro qualquer pessoa capaz e que tenha a confiança das partes.

§ 1.º As partes nomearão um ou mais árbitros, sempre em número ímpar, podendo nomear, também, os respectivos suplentes.

§ 2.º Quando as partes nomearem árbitros em número par, estes estão autorizados, desde logo, a nomear mais um árbitro. Não havendo acordo, requererão as partes ao órgão do Poder Judiciário a que tocaria, originariamente, o julgamento da causa a nomeação do árbitro, aplicável, no que couber, o procedimento previsto no art. 7.º desta Lei.

§ 3.º As partes poderão, de comum acordo, estabelecer o processo de escolha dos árbitros, ou adotar as regras de um órgão arbitral institucional ou entidade especializada.

§ 4.º As partes, de comum acordo, poderão afastar a aplicação de dispositivo do regulamento do órgão arbitral institucional ou entidade especializada que limite a escolha do árbitro único, coárbitro ou presidente do tribunal à respectiva lista de árbitros, autorizado o controle da escolha pelos órgãos competentes da instituição, sendo que, nos casos de impasse e arbitragem multiparte, deverá ser observado o que dispuser o regulamento aplicável.

•• § 4.º com redação determinada pela Lei n. 13.129, de 26-5-2015.

§ 5.º O árbitro ou o presidente do tribunal designará, se julgar conveniente, um secretário, que poderá ser um dos árbitros.

§ 6.º No desempenho de sua função, o árbitro deverá proceder com imparcialidade, independência, competência, diligência e discrição.

§ 7.º Poderá o árbitro ou o tribunal arbitral determinar às partes o adiantamento de verbas para despesas e diligências que julgar necessárias.

Art. 14. Estão impedidos de funcionar como árbitros as pessoas que tenham, com as partes ou com o litígio que lhes for submetido, algumas das relações que caracterizam os casos de impedimento ou suspeição de juízes, aplicando-se-lhes, no que couber, os mesmos deveres e responsabilidades, conforme previsto no Código de Processo Civil.

§ 1.º As pessoas indicadas para funcionar como árbitro têm o dever de revelar, antes da aceitação da função, qualquer fato que denote dúvida justificada quanto à sua imparcialidade e independência.

§ 2.º O árbitro somente poderá ser recusado por motivo ocorrido após sua nomeação. Poderá, entretanto, ser recusado por motivo anterior à sua nomeação, quando:

a) não for nomeado, diretamente, pela parte; ou

b) o motivo para a recusa do árbitro for conhecido posteriormente à sua nomeação.

Art. 15. A parte interessada em arguir a recusa do árbitro apresentará, nos termos do art. 20, a respectiva exceção, diretamente ao árbitro ou ao presidente do tribunal arbitral, deduzindo suas razões e apresentando as provas pertinentes.

Parágrafo único. Acolhida a exceção, será afastado o árbitro suspeito ou impedido, que será substituído, na forma do art. 16 desta Lei.

Art. 16. Se o árbitro escusar-se antes da aceitação da nomeação, ou, após a aceitação, vier a falecer, tornar-se impossibilitado para o exercício da função, ou for recusado, assumirá seu lugar o substituto indicado no compromisso, se houver.

§ 1.º Não havendo substituto indicado para o árbitro, aplicar-se-ão as regras do órgão arbitral institucional ou entidade especializada, se as partes as tiverem invocado na convenção de arbitragem.

§ 2.º Nada dispondo a convenção de arbitragem e não chegando as partes a um acordo sobre a nomeação do árbitro a ser substituído, procederá a parte interessada da forma prevista no art. 7.º desta Lei, a menos que as partes tenham declarado, expressamente, na convenção de arbitragem, não aceitar substituto.

Art. 17. Os árbitros, quando no exercício de suas funções ou em razão delas, ficam equiparados aos funcionários públicos, para os efeitos da legislação penal.

Art. 18. O árbitro é juiz de fato e de direito, e a sentença que proferir não fica sujeita a recurso ou a homologação pelo Poder Judiciário.

Capítulo IV
DO PROCEDIMENTO ARBITRAL

Art. 19. Considera-se instituída a arbitragem quando aceita a nomeação pelo árbitro, se for único, ou por todos, se forem vários.

§ 1.º Instituída a arbitragem e entendendo o árbitro ou o tribunal arbitral que há necessidade de explicitar questão disposta na convenção de arbitragem, será elaborado, juntamente com as partes, adendo firmado por todos, que passará a fazer parte integrante da convenção de arbitragem.

•• Parágrafo único renumerado pela Lei n. 13.129, de 26-5-2015.

§ 2.º A instituição da arbitragem interrompe a prescrição, retroagindo à data do requerimento de sua instauração, ainda que extinta a arbitragem por ausência de jurisdição.

•• § 2.º acrescentado pela Lei n. 13.129, de 26-5-2015.

Art. 20. A parte que pretender arguir questões relativas à competência, suspeição ou impedimento do árbitro ou dos árbitros, bem como nulidade, invalidade ou ineficácia da convenção de arbitragem, deverá fazê-lo na primeira oportunidade que tiver de se manifestar, após a instituição da arbitragem.

§ 1.º Acolhida a arguição de suspeição ou impedimento, será o árbitro substituído nos termos do art. 16 desta Lei, reconhecida a incompetência do árbitro ou do tribunal arbitral, bem como a nulidade, invalidade ou ineficácia da convenção de arbitragem, serão as partes remetidas ao órgão do Poder Judiciário competente para julgar a causa.

§ 2.º Não sendo acolhida a arguição, terá normal prosseguimento a arbitragem, sem prejuízo de vir a ser examinada a decisão pelo órgão do Poder Judiciário competente, quando da eventual propositura da demanda de que trata o art. 33 desta Lei.

Art. 21. A arbitragem obedecerá ao procedimento estabelecido pelas partes na convenção de arbitragem, que poderá reportar-se às regras de um órgão arbitral institucional ou entidade especializada, facultando-se, ainda, às partes delegar ao próprio árbitro, ou ao tribunal arbitral, regular o procedimento.

§ 1.º Não havendo estipulação acerca do procedimento, caberá ao árbitro ou ao tribunal arbitral discipliná-lo.

§ 2.º Serão, sempre, respeitados no procedimento arbitral os princípios do contraditório, da igualdade das partes, da imparcialidade do árbitro e de seu livre convencimento.

§ 3.º As partes poderão postular por intermédio de advogado, respeitada, sempre, a faculdade de designar quem as represente ou assista no procedimento arbitral.

§ 4.º Competirá ao árbitro ou ao tribunal arbitral, no início do procedimento, tentar a conciliação das partes, aplicando-se, no que couber, o art. 28 desta Lei.

Art. 22. Poderá o árbitro ou o tribunal arbitral tomar o depoimento das partes, ouvir testemunhas e determinar a realização de perícias ou outras provas que julgar necessárias, mediante requerimento das partes ou de ofício.

§ 1.º O depoimento das partes e das testemunhas será tomado em local, dia e hora previamente comunicados, por escrito, e reduzido a termo, assinado pelo depoente, ou a seu rogo, e pelos árbitros.

§ 2.º Em caso de desatendimento, sem justa causa, da convocação para prestar depoimento pessoal, o árbitro ou o tribunal arbitral levará em consideração o comportamento da parte faltosa, ao proferir sua sentença; se a ausência for de testemunha, nas mesmas circunstâncias, poderá o árbitro ou o presidente do tribunal arbitral requerer à autoridade judiciária que conduza a testemunha renitente, comprovando a existência da convenção de arbitragem.

§ 3.º A revelia da parte não impedirá que seja proferida a sentença arbitral.

§ 4.º (*Revogado pela Lei n. 13.129, de 26-5-2015.*)

§ 5.º Se, durante o procedimento arbitral, um árbitro vier a ser substituído fica a critério do substituto repetir as provas já produzidas.

Capítulo IV-A
DAS TUTELAS CAUTELARES E DE URGÊNCIA

•• Capítulo IV-A acrescentado pela Lei n. 13.129, de 26-5-2015.

Art. 22-A. Antes de instituída a arbitragem, as partes poderão recorrer ao Poder Judiciário para a concessão de medida cautelar ou de urgência.

•• *Caput* acrescentado pela Lei n. 13.129, de 26-5-2015.

Parágrafo único. Cessa a eficácia da medida cautelar ou de urgência se a parte interessada não requerer a instituição da arbitragem no prazo de 30 (trinta) dias, contado da data de efetivação da respectiva decisão.

•• Parágrafo único acrescentado pela Lei n. 13.129, de 26-5-2015.

Art. 22-B. Instituída a arbitragem, caberá aos árbitros manter, modificar ou revogar a medida cautelar ou de urgência concedida pelo Poder Judiciário.

•• *Caput* acrescentado pela Lei n. 13.129, de 26-5-2015.

Parágrafo único. Estando já instituída a arbitragem, a medida cautelar ou de urgência será requerida diretamente aos árbitros.

•• Parágrafo único acrescentado pela Lei n. 13.129, de 26-5-2015.

Capítulo IV-B
DA CARTA ARBITRAL

•• Capítulo IV-B acrescentado pela Lei n. 13.129, de 26-5-2015.

Art. 22-C. O árbitro ou o tribunal arbitral poderá expedir carta arbitral para que o órgão jurisdicional nacional pratique ou determine o cumprimento, na área de sua competência territorial, de ato solicitado pelo árbitro.

•• *Caput* acrescentado pela Lei n. 13.129, de 26-5-2015.

Parágrafo único. No cumprimento da carta arbitral será observado o segredo de justiça, desde que comprovada a confidencialidade estipulada na arbitragem.

•• Parágrafo único acrescentado pela Lei n. 13.129, de 26-5-2015.

Capítulo V
DA SENTENÇA ARBITRAL

Art. 23. A sentença arbitral será proferida no prazo estipulado pelas partes. Nada tendo sido convencionado, o prazo para a apresentação da sentença é de seis meses, contado da instituição da arbitragem ou da substituição do árbitro.

§ 1.º Os árbitros poderão proferir sentenças parciais.

•• § 1.º acrescentado pela Lei n. 13.129, de 26-5-2015.

§ 2.º As partes e os árbitros, de comum acordo, poderão prorrogar o prazo para proferir a sentença final.

•• Parágrafo único renumerado pela Lei n. 13.129, de 26-5-2015.

Art. 24. A decisão do árbitro ou dos árbitros será expressa em documento escrito.

§ 1.º Quando forem vários os árbitros, a decisão será tomada por maioria. Se não houver acordo majoritário, prevalecerá o voto do presidente do tribunal arbitral.

§ 2.º O árbitro que divergir da maioria poderá, querendo, declarar seu voto em separado.

Art. 25. (*Revogado pela Lei n. 13.129, de 26-5-2015.*)

Art. 26. São requisitos obrigatórios da sentença arbitral:

I – o relatório, que conterá os nomes das partes e um resumo do litígio;

II – os fundamentos da decisão, onde serão analisadas as questões de fato e de direito, mencionando-se, expressamente, se os árbitros julgaram por equidade;

III – o dispositivo, em que os árbitros resolverão as questões que lhes forem submetidas e estabelecerão o prazo para o cumprimento da decisão, se for o caso; e

IV – a data e o lugar em que foi proferida.

Parágrafo único. A sentença arbitral será assinada pelo árbitro ou por todos os árbitros. Caberá ao presidente do tribunal arbitral, na hipótese de um ou alguns dos árbitros não poder ou não querer assinar a sentença, certificar tal fato.

Art. 27. A sentença arbitral decidirá sobre a responsabilidade das partes acerca das custas e despesas com a arbitragem, bem como sobre verba decorrente de litigância de má-fé, se for o caso, respeitadas as disposições da convenção de arbitragem, se houver.

Art. 28. Se, no decurso da arbitragem, as partes chegarem a acordo quanto ao litígio, o árbitro ou o tribunal arbitral poderá, a pedido das partes, declarar tal fato mediante sentença arbitral, que conterá os requisitos do art. 26 desta Lei.

Art. 29. Proferida a sentença arbitral, dá-se por finda a arbitragem, devendo o árbitro, ou o presidente do tribunal arbitral, enviar cópia da decisão às partes, por via postal ou por outro meio qualquer de comunicação, mediante comprovação de recebimento, ou, ainda, entregando-a diretamente às partes, mediante recibo.

Art. 30. No prazo de 5 (cinco) dias, a contar do recebimento da notificação ou da ciência pessoal da sentença arbitral, salvo se outro prazo for acordado entre as partes, a parte interessada, mediante comunicação à outra parte, poderá solicitar ao árbitro ou ao tribunal arbitral que:

•• *Caput* com redação determinada pela Lei n. 13.129, de 26-5-2015.

I – corrija qualquer erro material da sentença arbitral;

II – esclareça alguma obscuridade, dúvida ou contradição da sentença arbitral, ou se pronuncie sobre ponto omitido a respeito do qual devia manifestar-se a decisão.

Parágrafo único. O árbitro ou o tribunal arbitral decidirá no prazo de 10 (dez) dias ou em prazo acordado com as partes, aditará a sentença arbitral e notificará as partes na forma do art. 29.

•• Parágrafo único com redação determinada pela Lei n. 13.129, de 26-5-2015.

Art. 31. A sentença arbitral produz, entre as partes e seus sucessores, os mesmos efeitos da sentença proferida pelos órgãos do Poder Judiciário e, sendo condenatória, constitui título executivo.

Art. 32. É nula a sentença arbitral se:

I – for nula a convenção de arbitragem;

•• Inciso I com redação determinada pela Lei n. 13.129, de 26-5-2015.

II – emanou de quem não podia ser árbitro;

III – não contiver os requisitos do art. 26 desta Lei;

IV – for proferida fora dos limites da convenção de arbitragem;

V – (*Revogado pela Lei n. 13.129, de 26-5-2015.*)

VI – comprovado que foi proferida por prevaricação, concussão ou corrupção passiva;

VII – proferida fora do prazo, respeitado o disposto no art. 12, III, desta Lei; e

VIII – forem desrespeitados os princípios de que trata o art. 21, § 2.º, desta Lei.

Art. 33. A parte interessada poderá pleitear ao órgão do Poder Judiciário competente a declaração de nulidade da sentença arbitral, nos casos previstos nesta Lei.

•• *Caput* com redação determinada pela Lei n. 13.129, de 26-5-2015.

§ 1.º A demanda para a declaração de nulidade da sentença arbitral, parcial ou final, seguirá as regras do procedimento comum, previstas na Lei n. 5.869, de 11 de janeiro de 1973 (Código de Processo Civil), e deverá ser proposta no prazo de até 90 (noventa) dias após o recebimento da notificação da respectiva sentença, parcial ou final, ou da decisão do pedido de esclarecimentos.

•• § 1.º com redação determinada pela Lei n. 13.129, de 26-5-2015.

•• Novo CPC: Lei n. 13.105, de 16-3-2015.

§ 2.º A sentença que julgar procedente o pedido declarará a nulidade da sentença arbitral, nos casos do art. 32, e determinará, se for o caso, que o árbitro ou o tribunal profira nova sentença arbitral.

•• § 2.º com redação determinada pela Lei n. 13.129, de 26-5-2015.

§ 3.º A decretação da nulidade da sentença arbitral também poderá ser requerida na impugnação ao cumprimento da sentença, nos termos dos arts. 525 e seguintes do Código de Processo Civil, se houver execução judicial.

•• § 3.º com redação determinada pela Lei n. 13.105, de 16-3-2015.

•• A Lei n. 13.129, de 26-5-2015, em vigor 60 dias após a publicação (*DOU* de 7-7-2015), alterou a redação deste artigo:

"§ 3.º A declaração de nulidade da sentença arbitral também poderá ser arguida mediante impugnação, conforme o art. 475-L e seguintes da Lei n. 5.869, de 11 de janeiro de 1973 (Código de Processo Civil), se houver execução judicial".

§ 4.º A parte interessada poderá ingressar em juízo para requerer a prolação de sentença arbitral complementar, se o árbitro não decidir todos os pedidos submetidos à arbitragem.

•• § 4.º acrescentado pela Lei n. 13.129, de 26-5-2015.

Capítulo VI
DO RECONHECIMENTO E EXECUÇÃO DE SENTENÇAS ARBITRAIS ESTRANGEIRAS

• O Decreto n. 4.311, de 23-7-2002, promulga a Convenção sobre o Reconhecimento e a Execução de Sentenças Arbitrais Estrangeiras.

Art. 34. A sentença arbitral estrangeira será reconhecida ou executada no Brasil de conformidade com os tratados internacionais com eficácia no ordenamento interno e, na sua ausência, estritamente de acordo com os termos desta Lei.

Parágrafo único. Considera-se sentença arbitral estrangeira a que tenha sido proferida fora do território nacional.

Art. 35. Para ser reconhecida ou executada no Brasil, a sentença arbitral estrangeira está sujeita, unicamente, à homologação do Superior Tribunal de Justiça.

•• Artigo com redação determinada pela Lei n. 13.129, de 26-5-2015.

Art. 36. Aplica-se à homologação para reconhecimento ou execução de sentença arbitral estrangeira, no que couber, o disposto nos arts. 483 e 484 do Código de Processo Civil.

Art. 37. A homologação de sentença arbitral estrangeira será requerida pela parte interessada, devendo a petição inicial conter as indicações da lei processual, conforme o art. 282 do Código de Processo Civil, e ser instruída, necessariamente, com:

I – o original da sentença arbitral ou uma cópia devidamente certificada, autenticada pelo consulado brasileiro e acompanhada de tradução oficial;

II – o original da convenção de arbitragem ou cópia devidamente certificada, acompanhada de tradução oficial.

Art. 38. Somente poderá ser negada a homologação para o reconhecimento ou execução de sentença arbitral estrangeira, quando o réu demonstrar que:

I – as partes na convenção de arbitragem eram incapazes;

II – a convenção de arbitragem não era válida segundo a lei à qual as partes a submeteram, ou, na falta de indicação, em virtude da lei do país onde a sentença arbitral foi proferida;

III – não foi notificado da designação do árbitro ou do procedimento de arbitragem, ou tenha sido violado o princípio do contraditório, impossibilitando a ampla defesa;

IV – a sentença arbitral foi proferida fora dos limites da convenção de arbitragem, e não foi possível separar a parte excedente daquela submetida à arbitragem;

V – a instituição da arbitragem não está de acordo com o compromisso arbitral ou cláusula compromissória;

VI – a sentença arbitral não se tenha, ainda, tornado obrigatória para as partes, tenha sido anulada, ou, ainda, tenha sido suspensa por órgão judicial do país onde a sentença arbitral for prolatada.

Art. 39. A homologação para o reconhecimento ou a execução da sentença arbitral estrangeira também será denegada se o Superior Tribunal de Justiça constatar que:

•• *Caput* com redação determinada pela Lei n. 13.129, de 26-5-2015.

I – segundo a lei brasileira, o objeto do litígio não é suscetível de ser resolvido por arbitragem;

II – a decisão ofende a ordem pública nacional.

Parágrafo único. Não será considerada ofensa à ordem pública nacional a efetivação da citação da parte residente ou domiciliada no Brasil, nos moldes da convenção de arbitragem ou da lei processual do país onde se realizou a arbitragem, admitindo-se, inclusive, a citação postal com prova inequívoca de recebimento, desde que assegure à parte brasileira tempo hábil para o exercício do direito de defesa.

Art. 40. A denegação da homologação para reconhecimento ou execução de sentença arbitral estrangeira por vícios formais, não obsta que a parte interessada renove o pedido, uma vez sanados os vícios apresentados.

Capítulo VII
DISPOSIÇÕES FINAIS

....

Art. 43. Esta Lei entrará em vigor sessenta dias após a data de sua publicação.

Art. 44. Ficam revogados os arts. 1.037 a 1.048 da Lei n. 3.071, de 1.º de janeiro de 1916, Código Civil Brasileiro; os arts. 101 e 1.072 a 1.102 da Lei n. 5.869, de 11 de janeiro de 1973, Código de Processo Civil; e demais disposições em contrário.

•• A Lei n. 3.071, de 1.º-1-1916, foi revogada pela Lei n. 10.406, de 10-1-2002, e a Lei n. 5.869, de 11-1-1973, foi revogada pela Lei n. 13.105, de 16-3-2015.

Brasília, 23 de setembro de 1996; 175.º da Independência e 108.º da República.

Fernando Henrique Cardoso

LEI N. 9.434, DE 4 DE FEVEREIRO DE 1997 (*)

Dispõe sobre a remoção de órgãos, tecidos e partes do corpo humano para fins de transplante e tratamento e dá outras providências.

(*) Publicada no *DOU*, de 5-2-1997. Regulamentada pelo Decreto n. 9.175, de 18-10-2017.

O Presidente da República

Faço saber que o Congresso Nacional decreta e eu sanciono a seguinte Lei:

Capítulo I
DAS DISPOSIÇÕES GERAIS

Art. 1.º A disposição gratuita de tecidos, órgãos e partes do corpo humano, em vida ou *post mortem*, para fins de transplante e tratamento, é permitida na forma desta Lei.

Parágrafo único. Para os efeitos desta Lei, não estão compreendidos entre os tecidos a que se refere este artigo o sangue, o esperma e o óvulo.

Art. 2.º A realização de transplantes ou enxertos de tecidos, órgãos ou partes do corpo humano só poderá ser realizada por estabelecimento de saúde, público ou privado, e por equipes médico-cirúrgicas de remoção e transplante previamente autorizados pelo órgão de gestão nacional do Sistema Único de Saúde.

Parágrafo único. A realização de transplantes ou enxertos de tecidos, órgãos e partes do corpo humano só poderá ser autorizada após a realização, no doador, de todos os testes de triagem para diagnóstico de infecção e infestação exigidos em normas regulamentares expedidas pelo Ministério da Saúde.

•• Parágrafo único com redação determinada pela Lei n. 10.211, de 23-3-2001.

Capítulo II
DA DISPOSIÇÃO *POST MORTEM* DE TECIDOS, ÓRGÃOS E PARTES DO CORPO HUMANO PARA FINS DE TRANSPLANTE

• *Vide* art. 14 do CC.

Art. 3.º A retirada *post mortem* de tecidos, órgãos ou partes do corpo humano destinados a transplante ou tratamento deverá ser precedida de diagnóstico de morte encefálica, constatada e registrada por dois médicos não participantes das equipes de remoção e transplante, mediante a utilização de critérios clínicos e tecnológicos definidos por resolução do Conselho Federal de Medicina.

§ 1.º Os prontuários médicos, contendo os resultados ou os laudos dos exames referentes aos diagnósticos de morte encefálica e cópias dos documentos de que tratam os arts. 2.º, parágrafo único; 4.º e seus parágrafos; 5.º; 7.º; 9.º, §§ 2.º, 4.º, 6.º e 8.º; e 10, quando couber, e detalhando os atos cirúrgicos relativos aos transplantes e enxertos, serão mantidos nos arquivos das instituições referidas no art. 2.º por um período mínimo de 5 (cinco) anos.

§ 2.º As instituições referidas no art. 2.º enviarão anualmente um relatório contendo os nomes dos pacientes receptores ao órgão gestor estadual do Sistema Único de Saúde.

§ 3.º Será admitida a presença de médico de confiança da família do falecido no ato da comprovação e atestação da morte encefálica.

Art. 4.º A retirada de tecidos, órgãos e partes do corpo de pessoas falecidas para transplantes ou outra finalidade terapêutica, dependerá da autorização do cônjuge ou parente, maior de idade, obedecida a linha sucessória, reta ou colateral, até o segundo grau inclusive, firmada em documento subscrito por duas testemunhas presentes à verificação da morte.

•• Artigo com redação determinada pela Lei n. 10.211, de 23-3-2001.

Parágrafo único. (*Vetado*.)

•• O texto original deste artigo era composto por *caput* e §§ 1.º a 5.º. A Lei n. 10.211, de 23-3-2001, revogou expressamente os §§ 1.º a 5.º deste artigo, alterando-o para *caput* e parágrafo único.

Art. 5.º A remoção *post mortem* de tecidos, órgãos ou partes do corpo de pessoa juridicamente incapaz poderá ser feita desde que permitida expressamente por ambos os pais ou por seus responsáveis legais.

Art. 6.º É vedada a remoção *post mortem* de tecidos, órgãos ou partes do corpo de pessoas não identificadas.

Art. 7.º (*Vetado*.)

Parágrafo único. No caso de morte sem assistência médica, de óbito em decorrência de causa mal definida ou de outras situações nas quais houver indicação de verificação da causa médica da morte, a remoção de tecidos, órgãos ou partes de cadáver para fins de transplante ou terapêutica somente poderá ser realizada após a autorização do patologista do serviço de verificação de óbito responsável pela investigação e citada em relatório de necropsia.

Art. 8.º Após a retirada de tecidos, órgãos e partes, o cadáver será imediatamente necropsiado, se verificada a hipótese do parágrafo único do art. 7.º, e, em qualquer caso, condignamente recomposto para ser entregue, em seguida, aos parentes do morto ou seus responsáveis legais para sepultamento.

•• Artigo com redação determinada pela Lei n. 10.211, de 23-3-2001.

Capítulo III
DA DISPOSIÇÃO DE TECIDOS, ÓRGÃOS E PARTES DO CORPO HUMANO VIVO PARA FINS DE TRANSPLANTE OU TRATAMENTO

Art. 9.º É permitida à pessoa juridicamente capaz dispor gratuitamente de tecidos, órgãos e partes do próprio corpo vivo, para fins terapêuticos ou para transplantes em cônjuge ou parentes consanguíneos até o quarto grau, inclusive, na forma do § 4.º deste artigo, ou em qualquer outra pessoa, mediante autorização judicial, dispensada esta em relação à medula óssea.

•• *Caput* com redação determinada pela Lei n. 10.211, de 23-3-2001.

§ 1.º (*Vetado.*)

§ 2.º (*Vetado.*)

§ 3.º Só é permitida a doação referida neste artigo quando se tratar de órgãos duplos, de partes de órgãos, tecidos ou partes do corpo cuja retirada não impeça o organismo do doador de continuar vivendo sem risco para a sua integridade e não represente grave comprometimento de suas aptidões vitais e saúde mental e não cause mutilação ou deformação inaceitável, e corresponda a uma necessidade terapêutica comprovadamente indispensável à pessoa receptora.

• *Vide* art. 13 do CC.

§ 4.º O doador deverá autorizar, preferencialmente por escrito e diante de testemunhas, especificamente o tecido, órgão ou parte do corpo objeto da retirada.

§ 5.º A doação poderá ser revogada pelo doador ou pelos responsáveis legais a qualquer momento antes de sua concretização.

§ 6.º O indivíduo juridicamente incapaz, com compatibilidade imunológica comprovada, poderá fazer doação nos casos de transplante de medula óssea, desde que haja consentimento de ambos os pais ou seus responsáveis legais e autorização judicial e o ato não oferecer risco para a sua saúde.

§ 7.º É vedado à gestante dispor de tecidos, órgãos ou partes de seu corpo vivo, exceto quando se tratar de doação de tecido para ser utilizado em transplante de medula óssea e o ato não oferecer risco à sua saúde ou ao feto.

§ 8.º O autotransplante depende apenas do consentimento do próprio indivíduo, registrado em seu prontuário médico ou, se ele for juridicamente incapaz, de um de seus pais ou responsáveis legais.

Art. 9.º-A. É garantido a toda mulher o acesso a informações sobre as possibilidades e os benefícios da doação voluntária de sangue do cordão umbilical e placentário durante o período de consultas pré-natais e no momento da realização do parto.

•• Artigo acrescentado pela Lei n. 11.633, de 27-12-2007.

Capítulo IV
DAS DISPOSIÇÕES COMPLEMENTARES

Art. 10. O transplante ou enxerto só se fará com o consentimento expresso do receptor, assim inscrito em lista única de espera, após aconselhamento sobre a excepcionalidade e os riscos do procedimento.

•• *Caput* com redação determinada pela Lei n. 10.211, de 23-3-2001.

§ 1.º Nos casos em que o receptor seja juridicamente incapaz ou cujas condições de saúde impeçam ou comprometam a manifestação válida da sua vontade, o consentimento de que trata este artigo será dado por um de seus pais ou responsáveis legais.

•• Primitivo parágrafo único renumerado pela Lei n. 10.211, de 23-3-2001.

§ 2.º A inscrição em lista única de espera não confere ao pretenso receptor ou à sua família direito subjetivo a indenização, se o transplante não se realizar em decorrência de alteração do estado de órgãos, tecidos e partes, que lhe seriam destinados, provocado por acidente ou incidente em seu transporte.

•• § 2.º acrescentado pela Lei n. 10.211, de 23-3-2001.

Art. 11. É proibida a veiculação, através de qualquer meio de comunicação social, de anúncio que configure:

a) publicidade de estabelecimentos autorizados a realizar transplantes e enxertos, relativa a estas atividades;

b) apelo público no sentido da doação de tecido, órgão ou parte do corpo humano para pessoa determinada, identificada ou não, ressalvado o disposto no parágrafo único;

c) apelo público para a arrecadação de fundos para o financiamento de transplante ou enxerto em benefício de particulares.

Parágrafo único. Os órgãos de gestão nacional, regional e local do Sistema Único de Saúde realizarão periodicamente, através dos meios adequados de comunicação social, campanhas de esclarecimento público dos benefícios esperados a partir da vigência desta Lei e de estímulo à doação de órgãos.

Art. 12. (*Vetado.*)

Art. 13. É obrigatório, para todos os estabelecimentos de saúde, notificar, às centrais de notificação, captação e distribuição de órgãos da unidade federada onde ocorrer, o diagnóstico de morte encefálica feito em pacientes por eles atendidos.

Parágrafo único. Após a notificação prevista no *caput* deste artigo, os estabelecimentos de saúde não autorizados a retirar tecidos, órgãos ou partes do corpo humano destinados a transplante ou tratamento deverão permitir a imediata remoção do paciente ou franquear suas instalações e fornecer o apoio operacional necessário às equipes médico-cirúrgicas de remoção e transplante, hipótese em que serão ressarcidos na forma da lei.

•• Parágrafo único acrescentado pela Lei n. 11.521, de 18-9-2007.

....

Capítulo VI
DAS DISPOSIÇÕES FINAIS

Art. 24. (*Vetado.*)

Art. 25. Revogam-se as disposições em contrário, particularmente a Lei n. 8.489, de 18 de novembro de 1992, e o Decreto n. 879, de 22 de julho de 1993.

Brasília, 4 de fevereiro de 1997; 176.º da Independência e 109.º da República.

FERNANDO HENRIQUE CARDOSO

LEI N. 9.456, DE 25 DE ABRIL DE 1997 (*)

Institui a Lei de Proteção de Cultivares e dá outras providências.

O Presidente da República

Faço saber que o Congresso Nacional decreta e eu sanciono a seguinte Lei:

TÍTULO I
DAS DISPOSIÇÕES PRELIMINARES

Art. 1.º Fica instituído o direito de Proteção de Cultivares, de acordo com o estabelecido nesta Lei.

Art. 2.º A proteção dos direitos relativos à propriedade intelectual referente a cultivar se efetua mediante a concessão de Certificado de Proteção de Cultivar, considerado bem móvel para todos os efeitos legais e única forma de proteção de cultivares e de direito que poderá obstar a livre utilização de plantas ou de suas partes de reprodução ou de multiplicação vegetativa, no País.

Art. 3.º Considera-se, para os efeitos desta Lei:

I – melhorista: a pessoa física que obtiver cultivar e estabelecer descritores que a diferenciem das demais;

II – descritor: a característica morfológica, fisiológica, bioquímica ou molecular que seja herdada geneticamente, utilizada na identificação de cultivar;

III – margem mínima: o conjunto mínimo de descritores, a critério do órgão competente, suficiente para diferenciar uma nova cultivar ou uma cultivar essencialmente derivada das demais cultivares conhecidas;

IV – cultivar: a variedade de qualquer gênero ou espécie vegetal superior que seja claramente distinguível de outras cultivares conhecidas por margem mínima de descritores, por sua denominação própria, que seja homogênea e estável quanto aos descritores através de gerações sucessivas e seja de espécie passível de uso pelo complexo agroflorestal, descrita em publicação especializada disponível e acessível ao público, bem como a linhagem componente de híbridos;

V – nova cultivar: a cultivar que não tenha sido oferecida à venda no Brasil há mais de 12 (doze) meses em relação à data do pedido de proteção e que, observado o prazo de comercialização no Brasil, não tenha sido oferecida à venda em outros países, com o consentimento do obtentor, há mais de 6 (seis) anos para espécies de árvores e videiras e há mais de 4 (quatro) anos para as demais espécies;

VI – cultivar distinta: a cultivar que se distingue claramente de qualquer outra cuja existência na data do pedido de proteção seja reconhecida;

VII – cultivar homogênea: a cultivar que, utilizada em plantio, em escala comercial, apresente variabilidade mínima quanto aos descritores que a identifiquem, segundo critérios estabelecidos pelo órgão competente;

VIII – cultivar estável: a cultivar que, reproduzida em escala comercial, mantenha a sua homogeneidade através de gerações sucessivas;

IX – cultivar essencialmente derivada: a essencialmente derivada de outra cultivar se, cumulativamente, for:

a) predominantemente derivada da cultivar inicial ou de outra cultivar essencialmente derivada, sem perder a expressão das características essenciais que resultem do genótipo ou da combinação de genótipos da cultivar da qual derivou, exceto no que diz respeito às diferenças resultantes da derivação;

b) claramente distinta da cultivar da qual derivou, por margem mínima de descritores, de acordo com critérios estabelecidos pelo órgão competente;

c) não tenha sido oferecida à venda no Brasil há mais de 12 (doze) meses em relação à data do pedido de proteção e que, observado o prazo de comercialização no Brasil, não tenha sido oferecida à venda em outros países, com o consentimento do obtentor, há mais de 6 (seis) anos para espécies de árvores e videiras e há mais de 4 (quatro) anos para as demais espécies;

X – linhagens: os materiais genéticos homogêneos, obtidos por algum processo autogâmico continuado;

XI – híbrido: o produto imediato do cruzamento entre linhagens geneticamente diferentes;

XII – teste de distinguibilidade, homogeneidade e estabilidade (DHE): o procedimento técnico de comprovação de que a nova cultivar ou a cultivar essencialmente derivada são distinguíveis de outra cujos descritores sejam conhecidos, homogêneas quanto às suas características em cada ciclo reprodutivo e estáveis quanto à repetição das mesmas características ao longo de gerações sucessivas;

XIII – amostra viva: a fornecida pelo requerente do direito de proteção que, se utilizada na propagação da cultivar, confirme os descritores apresentados;

XIV – semente: toda e qualquer estrutura vegetal utilizada na propagação de uma cultivar;

XV – propagação: a reprodução e a multiplicação de uma cultivar, ou a concomitância dessas ações;

XVI – material propagativo: toda e qualquer parte da planta ou estrutura vegetal utilizada na sua reprodução e multiplicação;

XVII – planta inteira: a planta com todas as suas partes passíveis de serem utilizadas na propagação de uma cultivar;

XVIII – complexo agroflorestal: o conjunto de atividades relativas ao cultivo de gêneros e espécies vegetais visando, entre outras, à alimentação humana ou animal, à produção de combustíveis, óleos, corantes, fibras e demais insumos para fins industrial, medicinal, florestal e ornamental.

(*) Publicada no *DOU*, de 28-4-1997. Retificada em 26-8-1997 e 25-9-1997. Regulamentada pelo Decreto n. 2.366, de 5-11-1997.

TÍTULO II
DA PROPRIEDADE INTELECTUAL

Capítulo I
DA PROTEÇÃO

Seção I
Da Cultivar Passível de Proteção

Art. 4.º É passível de proteção a nova cultivar ou a cultivar essencialmente derivada, de qualquer gênero ou espécie vegetal.

§ 1.º São também passíveis de proteção as cultivares não enquadráveis no disposto no *caput* e que já tenham sido oferecidas à venda até a data do pedido, obedecidas as seguintes condições cumulativas:

I – que o pedido de proteção seja apresentado até 12 (doze) meses após cumprido o disposto no § 2.º deste artigo, para cada espécie ou cultivar;

II – que a primeira comercialização da cultivar haja ocorrido há, no máximo, 10 (dez) anos da data do pedido de proteção;

III – a proteção produzirá efeitos tão somente para fins de utilização da cultivar para obtenção de cultivares essencialmente derivadas;

IV – a proteção será concedida pelo período remanescente aos prazos previstos no art. 11, considerada, para tanto, a data da primeira comercialização.

§ 2.º Cabe ao órgão responsável pela proteção de cultivares divulgar, progressivamente, as espécies vegetais e respectivos descritores mínimos necessários à abertura de pedidos de proteção, bem como as respectivas datas-limite para efeito do inciso I do parágrafo anterior.

§ 3.º A divulgação de que trata o parágrafo anterior obedecerá a uma escala de espécies, observado o seguinte cronograma, expresso em total cumulativo de espécies protegidas:

I – na data de entrada em vigor da regulamentação desta Lei: pelo menos 5 (cinco) espécies;

II – após 3 (três) anos: pelo menos 10 (dez) espécies;

III – após 6 (seis) anos: pelo menos 18 (dezoito) espécies;

IV – após 8 (oito) anos: pelo menos 24 (vinte e quatro) espécies.

Seção II
Dos Obtentores

Art. 5.º À pessoa física ou jurídica que obtiver nova cultivar ou cultivar essencialmente derivada no País será assegurada a proteção que lhe garanta o direito de propriedade nas condições estabelecidas nesta Lei.

§ 1.º A proteção poderá ser requerida por pessoa física ou jurídica que tiver obtido cultivar, por seus herdeiros ou sucessores ou por eventuais cessionários mediante apresentação de documento hábil.

§ 2.º Quando o processo de obtenção for realizado por duas ou mais pessoas, em cooperação, a proteção poderá ser requerida em conjunto ou isoladamente, mediante nomeação e qualificação de cada uma, para garantia dos respectivos direitos.

§ 3.º Quando se tratar de obtenção decorrente de contrato de trabalho, prestação de serviços ou outra atividade laboral, o pedido de proteção deverá indicar o nome de todos os melhoristas que, nas condições de empregados ou de prestadores de serviço, obtiveram a nova cultivar ou a cultivar essencialmente derivada.

Art. 6.º Aplica-se, também, o disposto nesta Lei:

I – aos pedidos de proteção de cultivar proveniente do exterior e depositados no País por quem tenha proteção assegurada por Tratado em vigor no Brasil;

II – aos nacionais ou pessoas domiciliadas em país que assegure aos brasileiros ou pessoas domiciliadas no Brasil a reciprocidade de direitos iguais ou equivalentes.

Art. 7.º Os dispositivos dos Tratados em vigor no Brasil são aplicáveis, em igualdade de condições, às pessoas físicas ou jurídicas nacionais ou domiciliadas no País.

Seção III
Do Direito de Proteção

Art. 8.º A proteção da cultivar recairá sobre o material de reprodução ou de multiplicação vegetativa da planta inteira.

Art. 9.º A proteção assegura a seu titular o direito à reprodução comercial no território brasileiro, ficando vedados a terceiros, durante o prazo de proteção, a produção com fins comerciais, o oferecimento à venda ou a comercialização, do material de propagação da cultivar, sem sua autorização.

Art. 10. Não fere o direito de propriedade sobre a cultivar protegida aquele que:

I – reserva e planta sementes para uso próprio, em seu estabelecimento ou em estabelecimento de terceiros cuja posse detenha;

II – usa ou vende como alimento ou matéria-prima o produto obtido do seu plantio, exceto para fins reprodutivos;

III – utiliza a cultivar como fonte de variação no melhoramento genético ou na pesquisa científica;

IV – sendo pequeno produtor rural, multiplica sementes, para doação ou troca, exclusivamente para outros pequenos produtores rurais, no âmbito de programas de financiamento ou de apoio a pequenos produtores rurais, conduzidos por órgãos públicos ou organizações não governamentais, autorizados pelo Poder Público;

V – multiplica, distribui, troca ou comercializa sementes, mudas e outros materiais propagativos no âmbito do disposto no art. 19 da Lei n. 10.696, de 2 de julho de 2003, na qualidade de agricultores familiares ou por empreendimentos familiares que se enquadrem nos critérios da Lei n. 11.326, de 24 de julho de 2006.

•• Inciso V acrescentado pela Lei n. 13.606, de 9-1-2018.

§ 1.º Não se aplicam as disposições do *caput* especificamente para a cultura da cana-de-açúcar, hipótese em que serão observadas as seguintes disposições adicionais, relativamente ao direito de propriedade sobre a cultivar:

I – para multiplicar material vegetativo, mesmo que para uso próprio, o produtor obrigar-se-á a obter a autorização do titular do direito sobre a cultivar;

II – quando, para a concessão de autorização, for exigido pagamento, não poderá este ferir o equilíbrio econômico-financeiro da lavoura desenvolvida pelo produtor;

III – somente se aplica o disposto no inciso I às lavouras conduzidas por produtores que detenham a posse ou o domínio de propriedades rurais com área equivalente a, no mínimo, 4 (quatro) módulos fiscais, calculados de acordo com o estabelecido na Lei n. 4.504, de 30 de novembro de 1964, quando destinadas à produção para fins de processamento industrial;

IV – as disposições deste parágrafo não se aplicam aos produtores que, comprovadamente, tenham iniciado, antes da data de promulgação desta Lei, processo de multiplicação, para uso próprio, de cultivar que venha a ser protegida.

§ 2.º Para os efeitos do inciso III do *caput*, sempre que:

I – for indispensável a utilização repetida da cultivar protegida para produção comercial de outra cultivar ou de híbrido, fica o titular da segunda obrigado a obter a autorização do titular do direito de proteção da primeira;

II – uma cultivar venha a ser caracterizada como essencialmente derivada de uma cultivar protegida, sua exploração comercial estará condicionada à autorização do titular da proteção desta mesma cultivar protegida.

§ 3.º Considera-se pequeno produtor rural, para fins do disposto no inciso IV do *caput*, aquele que, simultaneamente, atenda os seguintes requisitos:

I – explore parcela de terra na condição de proprietário, posseiro, arrendatário ou parceiro;

II – mantenha até 2 (dois) empregados permanentes, sendo admitido ainda o recurso eventual à ajuda de terceiros, quando a natureza sazonal da atividade agropecuária o exigir;

III – não detenha, a qualquer título, área superior a 4 (quatro) módulos fiscais, quantificados segundo a legislação em vigor;

IV – tenha, no mínimo, 80% (oitenta por cento) de sua renda bruta anual proveniente da exploração agropecuária ou extrativa; e

V – resida na propriedade ou em aglomerado urbano ou rural próximo.

Seção IV
Da Duração da Proteção

Art. 11. A proteção da cultivar vigorará, a partir da data da concessão do Certificado Provisório de Proteção, pelo prazo de 15 (quinze) anos, excetuadas as videiras, as árvores frutíferas, as árvores florestais e as árvores ornamentais, inclusive, em cada caso, o seu porta-enxerto, para as quais a duração será de 18 (dezoito) anos.

Art. 12. Decorrido o prazo de vigência do direito de proteção, a cultivar cairá em domínio público e nenhum outro direito poderá obstar sua livre utilização.

Seção V
Do Pedido de Proteção

Art. 13. O pedido de proteção será formalizado mediante requerimento assinado pela pessoa física ou jurídica que obtiver cultivar, ou por seu procurador, e protocolado no órgão competente.

Parágrafo único. A proteção, no território nacional, de cultivar obtida por pessoa física ou jurídica domiciliada no exterior, nos termos dos incisos I e II do art. 6.º, deverá ser solicitada diretamente por seu procurador, com domicílio no Brasil, nos termos do art. 50 desta Lei.

Art. 14. Além do requerimento, o pedido de proteção, que só poderá se referir a uma única cultivar, conterá:

I – a espécie botânica;

II – o nome da cultivar;

III – a origem genética;

IV – relatório descritivo mediante preenchimento de todos os descritores exigidos;

V – declaração garantindo a existência de amostra viva à disposição do órgão competente e sua localização para eventual exame;

VI – o nome e o endereço do requerente e dos melhoristas;

VII – comprovação das características de DHE, para as cultivares nacionais e estrangeiras;

VIII – relatório de outros descritores indicativos de sua distinguibilidade, homogeneidade e estabilidade, ou a comprovação da efetivação, pelo requerente, de ensaios com a cultivar junto com controles específicos ou designados pelo órgão competente;

IX – prova do pagamento da taxa de pedido de proteção;

X – declaração quanto à existência de comercialização da cultivar no País ou no exterior;

XI – declaração quanto à existência, em outro país, de proteção, ou de pedido de proteção, ou de qualquer requerimento de direito de prioridade, referente à cultivar cuja proteção esteja sendo requerida;

XII – extrato capaz de identificar o objeto do pedido.

§ 1.º O requerimento, o preenchimento dos descritores definidos e a indicação dos novos descritores deverão satisfazer as condições estabelecidas pelo órgão competente.

§ 2.º Os documentos a que se refere este artigo deverão ser apresentados em língua portuguesa.

Art. 14-A. Ficam isentos de pagamento da taxa de pedido de proteção de cultivares os empreendimentos familiares rurais que se enquadrem nos critérios da Lei no 11.326, de 24 de julho de 2006.

•• Artigo acrescentado pela Lei n. 13.606, de 9-1-2018.

Art. 15. Toda cultivar deverá possuir denominação que a identifique, destinada a ser sua denominação genérica, devendo para fins de proteção, obedecer aos seguintes critérios:

I – ser única, não podendo ser expressa apenas de forma numérica;

II – ter denominação diferente de cultivar preexistente;

III – não induzir a erro quanto às suas características intrínsecas ou quanto à sua procedência.

Art. 16. O pedido de proteção, em extrato capaz de identificar o objeto do pedido, será publicado, no prazo de até 60 (sessenta) dias corridos, contados da sua apresentação.

Parágrafo único. Publicado o pedido de proteção, correrá o prazo de 90 (noventa) dias para apresentação de eventuais impugnações, dando-se ciência ao requerente.

Art. 17. O relatório descritivo e os descritores indicativos de sua distinguibilidade, homogeneidade e estabilidade não poderão ser modificados pelo requerente, exceto:

I – para retificar erros de impressão ou datilográficos;

II – se imprescindível para esclarecer ou precisar o pedido e somente até a data da publicação do mesmo;

III – se cair em exigência por não atender o disposto no § 2.º do art. 18.

Art. 18. No ato de apresentação do pedido de proteção, proceder-se-á à verificação formal preliminar quanto à existência de sinonímia e, se inexistente, será protocolado, desde que devidamente instruído.

§ 1.º Do protocolo de pedido de proteção de cultivar constarão hora, dia, mês, ano e número de apresentação do pedido, nome e endereço completo do interessado e de seu procurador, se houver.

§ 2.º O exame, que não ficará condicionado a eventuais impugnações oferecidas, verificará se o pedido de proteção está de acordo com as prescrições legais, se está tecnicamente bem definido e se não há anterioridade, ainda que com denominação diferente.

§ 3.º O pedido será indeferido se a cultivar contrariar as disposições do art. 4.º.

§ 4.º Se necessário, serão formuladas exigências adicionais julgadas convenientes, inclusive no que se refere à apresentação do novo relatório descritivo, sua complementação e outras informações consideradas relevantes para conclusão do exame do pedido.

§ 5.º A exigência não cumprida ou não contestada no prazo de 60 (sessenta) dias, contados da ciência da notificação, acarretará o arquivamento do pedido, encerrando-se a instância administrativa.

§ 6.º O pedido será arquivado se for considerada improcedente a contestação oferecida à exigência.

§ 7.º Salvo o disposto no § 5.º deste artigo, da decisão que denegar ou deferir o pedido de proteção caberá recurso no prazo de 60 (sessenta) dias a contar da data de sua publicação.

§ 8.º Interposto o recurso, o órgão competente terá o prazo de até 60 (sessenta) dias para decidir sobre o mesmo.

Art. 19. Publicado o pedido de proteção, será concedido, a título precário, Certificado Provisório de Proteção, assegurando, ao titular, o direito de exploração comercial da cultivar, nos termos desta Lei.

Seção VI
Da Concessão do Certificado de Proteção de Cultivar

Art. 20. O Certificado de Proteção de Cultivar será imediatamente expedido depois de decorrido o prazo para recurso ou, se este interposto, após a publicação oficial de sua decisão.

§ 1.º Deferido o pedido e não havendo recurso tempestivo, na forma do § 7.º do art. 18, a publicação será efetuada no prazo de até 15 (quinze) dias.

§ 2.º Do Certificado de Proteção de Cultivar deverão constar o número respectivo, nome e nacionalidade do titular ou, se for o caso, de seu herdeiro, sucessor ou cessionário, bem como o prazo de duração da proteção.

§ 3.º Além dos dados indicados no parágrafo anterior, constarão do Certificado de Proteção de Cultivar o nome do melhorista e, se for o caso, a circunstância de que a obtenção resultou de contrato de trabalho ou de prestação de serviços ou outra atividade laboral, fato que deverá ser esclarecido no respectivo pedido de proteção.

Art. 21. A proteção concedida terá divulgação, mediante publicação oficial, no prazo de até 15 (quinze) dias a partir da data de sua concessão.

Art. 22. Obtido o Certificado Provisório de Proteção ou o Certificado de Proteção de Cultivar, o titular fica obrigado a manter, durante o período de proteção, amostra viva da cultivar protegida à disposição do órgão competente, sob pena de cancelamento do respectivo Certificado se, notificado, não a apresentar no prazo de 60 (sessenta) dias.

Parágrafo único. Sem prejuízo do disposto no *caput* deste artigo, quando da obtenção do Certificado Provisório de Proteção ou do Certificado de Proteção de Cultivar, o titular fica obrigado a enviar ao órgão competente duas amostras vivas da cultivar protegida, uma para manipulação e exame, outra para integrar a coleção de germoplasma.

Seção VII
Das Alterações no Certificado de Proteção de Cultivar

Art. 23. A titularidade da proteção de cultivar poderá ser transferida por ato *inter vivos* ou em virtude de sucessão legítima ou testamentária.

Art. 24. A transferência, por ato *inter vivos* ou sucessão legítima ou testamentária de Certificado de Proteção de Cultivar, a alteração de nome, domicílio ou sede de seu titular, as condições de licenciamento compulsório ou de uso público restrito, suspensão transitória ou cancelamento da proteção, após anotação no respectivo processo, deverão ser averbados no Certificado de Proteção.

§ 1.º Sem prejuízo de outras exigências cabíveis, o documento original de transferência conterá a qualificação completa do cedente e do cessionário, bem como das testemunhas e a indicação precisa da cultivar protegida.

§ 2.º Serão igualmente anotados e publicados os atos que se refiram, entre outros, à declaração de licenciamento compulsório ou de uso público restrito, suspensão transitória, extinção da proteção ou cancelamento do certificado, por decisão de autoridade administrativa ou judiciária.

§ 3.º A averbação não produzirá qualquer efeito quanto à remuneração devida por terceiros ao titular, pela exploração da cultivar protegida, quando se referir a cultivar cujo direito de proteção esteja extinto ou em processo de nulidade ou cancelamento.

§ 4.º A transferência só produzirá efeito em relação a terceiros, depois de publicado o ato de deferimento.

§ 5.º Da denegação da anotação ou averbação caberá recurso, no prazo de 60 (sessenta) dias, contados da ciência do respectivo despacho.

Art. 25. A requerimento de qualquer pessoa, com legítimo interesse, que tenha ajuizado ação judicial relativa à ineficácia dos atos referentes a pedido de proteção, de transferência de titularidade ou alteração de nome, endereço ou sede de titular, poderá o juiz ordenar a suspensão do processo de proteção, de anotação ou averbação, até decisão final.

Art. 26. O pagamento das anuidades pela proteção da cultivar, a serem definidas em regulamento, deverá ser feito a partir do exercício seguinte ao da data da concessão do Certificado de Proteção.

Seção VIII
Do Direito de Prioridade

Art. 27. Às pessoas físicas ou jurídicas que tiverem requerido um pedido de proteção em país que mantenha acordo com o Brasil ou em organização internacional da qual o Brasil faça parte e que produza efeito de depósito nacional, será assegurado direito de prioridade durante um prazo de até 12 (doze) meses.

§ 1.º Os fatos ocorridos no prazo previsto no *caput*, tais como a apresentação de outro pedido de proteção, a publicação ou a utilização da cultivar objeto do primeiro pedido de proteção, não constituem motivo de rejeição do pedido posterior e não darão origem a direito a favor de terceiros.

§ 2.º O prazo previsto no *caput* será contado a partir da data de apresentação do primeiro pedido, excluído o dia de apresentação.

§ 3.º Para beneficiar-se das disposições do *caput*, o requerente deverá:

I – mencionar, expressamente, no requerimento posterior de proteção, a reivindicação de prioridade do primeiro pedido;

II – apresentar, no prazo de até 3 (três) meses, cópias dos documentos que instruíram o primeiro pedido, devidamente certificadas pelo órgão ou autoridade ante a qual tenham sido apresentados, assim como a prova suficiente de que a cultivar objeto dos 2 (dois) pedidos é a mesma.

§ 4.º As pessoas físicas ou jurídicas mencionadas no *caput* deste artigo terão um prazo de até 2 (dois) anos após a expiração do prazo de prioridade para fornecer informações, documentos complementares ou amostra viva, caso sejam exigidos.

Capítulo II
DA LICENÇA COMPULSÓRIA

Art. 28. A cultivar protegida nos termos desta Lei poderá ser objeto de licença compulsória, que assegurará:

I – a disponibilidade da cultivar no mercado, a preços razoáveis, quando a manutenção de fornecimento regular esteja sendo injustificadamente impedida pelo titular do direito de proteção sobre a cultivar;

II – a regular distribuição da cultivar e manutenção de sua qualidade;

III – remuneração razoável ao titular do direito de proteção da cultivar.

Parágrafo único. Na apuração da restrição injustificada à concorrência, a autoridade observará, no que couber, o disposto no art. 21 da Lei n. 8.884, de 11 de junho de 1994.

Art. 29. Entende-se por licença compulsória o ato da autoridade competente que, a requerimento de legítimo interessado, autorizar a exploração da cultivar independentemente da autorização de seu titular, por prazo de 3 (três) anos prorrogável por iguais períodos, sem exclusividade e mediante remuneração na forma a ser definida em regulamento.

Art. 30. O requerimento de licença compulsória conterá, dentre outros:

I – qualificação do requerente;

II – qualificação do titular do direito sobre a cultivar;

III – descrição suficiente da cultivar;

IV – os motivos do requerimento, observado o disposto no art. 28 desta Lei;

V – prova de que o requerente diligenciou, sem sucesso, junto ao titular da cultivar no sentido de obter licença voluntária;

VI – prova de que o requerente goza de capacidade financeira e técnica para explorar a cultivar.

Art. 31. O requerimento de licença será dirigido ao Ministério da Agricultura e do Abastecimento e decidido pelo Conselho Administrativo de Defesa Econômica - CADE, criado pela Lei n. 8.884, de 11 de junho de 1994.

§ 1.º Recebido o requerimento, o Ministério intimará o titular do direito de proteção a se manifestar, querendo, no prazo de 10 (dez) dias.

§ 2.º Com ou sem a manifestação de que trata o parágrafo anterior, o Ministério encaminhará o processo ao CADE, com parecer técnico do órgão competente e no prazo máximo de 15 (quinze) dias, recomendando ou não a concessão da licença compulsória.

§ 3.º Se não houver necessidade de diligências complementares, o CADE apreciará o requerimento no prazo máximo de 30 (trinta) dias.

Art. 32. O Ministério da Agricultura e do Abastecimento e o Ministério da Justiça, no âmbito das respectivas atribuições, disporão de forma complementar sobre o procedimento e as condições para apreciação e concessão da licença compulsória, observadas as exigências procedimentais inerentes à ampla defesa e à proteção ao direito de propriedade instituído por esta Lei.

Art. 33. Da decisão do CADE que conceder licença requerida não caberá recurso no âmbito da Administração nem medida liminar judicial, salvo, quanto à última, ofensa ao devido processo legal.

Art. 34. Aplica-se à licença compulsória, no que couber, as disposições previstas na Lei n. 9.279, de 14 de maio de 1996.

Art. 35. A licença compulsória somente poderá ser requerida após decorridos 3 (três) anos da concessão do Certificado Provisório de Proteção, exceto na hipótese de abuso do poder econômico.

Capítulo III
DO USO PÚBLICO RESTRITO

Art. 36. A cultivar protegida será declarada de uso público restrito, *ex officio* pelo Ministro da Agricultura e do Abastecimento, com base em parecer técnico dos respectivos órgãos competentes, no exclusivo interesse público, para atender às necessidades da política agrícola, nos casos de emergência nacional, abuso do poder econômico, ou outras circunstâncias de extrema urgência e em casos de uso público não comercial.

Parágrafo único. Considera-se de uso público restrito a cultivar que, por ato do Ministro da Agricultura e do Abastecimento, puder ser explorada diretamente pela União Federal ou por terceiros por ela designados, sem exclusividade, sem autorização de seu titular, pelo prazo de 3 (três) anos, prorrogável por iguais períodos, desde que notificado e remunerado o titular na forma a ser definida em regulamento.

Capítulo IV
DAS SANÇÕES

Art. 37. Aquele que vender, oferecer à venda, reproduzir, importar, exportar, bem como embalar ou armazenar para esses fins, ou ceder a qualquer título, material de propagação de cultivar protegida, com denominação correta ou com outra, sem autorização do titular, fica obrigado a indenizá-lo, em valores a serem determinados em regulamento, além de ter o material apreendido, assim como pagará multa equivalente a 20% (vinte por cento) do valor comercial do material apreendido, incorrendo, ainda, em crime de violação dos direitos do melhorista, sem prejuízo das demais sanções penais cabíveis.

§ 1.º Havendo reincidência quanto ao mesmo ou outro material, será duplicado o percentual da multa em relação à aplicada na última punição, sem prejuízo das demais sanções cabíveis.

§ 2.º O órgão competente destinará gratuitamente o material apreendido – se de adequada qualidade – para distribuição, como semente para plantio, a agricultores assentados em programas de Reforma Agrária ou em áreas onde se desenvolvam programas públicos de apoio à agricultura familiar, vedada sua comercialização.

§ 3.º O disposto no *caput* e no § 1.º deste artigo não se aplica aos casos previstos no art. 10.

Capítulo V
DA OBTENÇÃO OCORRIDA NA VIGÊNCIA DO CONTRATO DE TRABALHO OU DE PRESTAÇÃO DE SERVIÇOS OU OUTRA ATIVIDADE LABORAL

Art. 38. Pertencerão exclusivamente ao empregador ou ao tomador dos serviços os direitos sobre as novas cultivares, bem como as cultivares essencialmente derivadas, desenvolvidas ou obtidas pelo empregado ou prestador de serviços durante a vigência do Contrato de Trabalho ou de Prestação de Serviços ou outra atividade laboral, resultantes de cumprimento de dever funcional ou de execução de contrato, cujo objeto seja a atividade de pesquisa no Brasil, devendo constar obrigatoriamente do pedido e do Certificado de Proteção o nome do melhorista.

§ 1.º Salvo expressa disposição contratual em contrário, a contraprestação do empregado ou do prestador de serviço ou outra atividade laboral, na hipótese prevista neste artigo, será limitada ao salário ou remuneração ajustada.

§ 2.º Salvo convenção em contrário, será considerada obtida durante a vigência do Contrato de Trabalho ou de Prestação de Serviços ou outra atividade laboral, a nova cultivar ou a cultivar essencialmente derivada, cujo Certificado de Proteção seja requerido pelo empregado ou prestador de serviços até 36 (trinta e seis) meses após a extinção do respectivo contrato.

Art. 39. Pertencerão a ambas as partes, salvo expressa estipulação em contrário, as novas cultivares, bem como as cultivares essencialmente derivadas, obtidas pelo empregado ou prestador de serviços ou outra atividade laboral, não compreendidas no disposto no art. 38, quando decorrentes de contribuição pessoal e mediante a utilização de recursos, dados, meios, materiais, instalações ou equipamentos do empregador ou do tomador dos serviços.

§ 1.º Para os fins deste artigo, fica assegurado ao empregador ou tomador dos serviços ou outra atividade laboral, o direito exclusivo de exploração da nova cultivar ou da cultivar essencialmente derivada e garantida ao empregado ou prestador de serviços ou outra atividade laboral a remuneração que for acordada entre as partes, sem prejuízo do pagamento do salário ou da remuneração ajustada.

§ 2.º Sendo mais de um empregado ou prestador de serviços ou outra atividade laboral, a parte que lhes couber será dividida igualmente entre todos, salvo ajuste em contrário.

Capítulo VI
DA EXTINÇÃO DO DIREITO DE PROTEÇÃO

Art. 40. A proteção da cultivar extingue-se:

I – pela expiração do prazo de proteção estabelecido nesta Lei;

II – pela renúncia do respectivo titular ou de seus sucessores;

III – pelo cancelamento do Certificado de Proteção nos termos do art. 42.

Parágrafo único. A renúncia à proteção somente será admitida se não prejudicar direitos de terceiros.

Art. 41. Extinta a proteção, seu objeto cai em domínio público.

Art. 42. O Certificado de Proteção será cancelado administrativamente *ex officio* ou a requerimento de qualquer pessoa com legítimo interesse, em qualquer das seguintes hipóteses:

I – pela perda de homogeneidade ou estabilidade;

II – na ausência de pagamento da respectiva anuidade;

III – quando não forem cumpridas as exigências do art. 50;

IV – pela não apresentação da amostra viva, conforme estabelece o art. 22;

V – pela comprovação de que a cultivar tenha causado, após a sua comercialização, impacto desfavorável ao meio ambiente ou à saúde humana.

§ 1.º O titular será notificado da abertura do processo de cancelamento, sendo-lhe assegurado o prazo de 60 (sessenta) dias para contestação, a contar da data da notificação.

§ 2.º Da decisão que conceder ou denegar o cancelamento, caberá recurso no prazo de 60 (sessenta) dias corridos, contados de sua publicação.

§ 3.º A decisão pelo cancelamento produzirá efeitos a partir da data do requerimento ou da publicação de instauração *ex officio* do processo.

Capítulo VII
DA NULIDADE DA PROTEÇÃO

Art. 43. É nula a proteção quando:

I – não tenham sido observadas as condições de novidade e distinguibilidade da cultivar, de acordo com os incisos V e VI do art. 3.º desta Lei;

II – tiver sido concedida contrariando direitos de terceiros;

III – o título não corresponder a seu verdadeiro objeto;

IV – no seu processamento tiver sido omitida qualquer das providências determinadas por esta Lei, necessárias à apreciação do pedido e expedição do Certificado de Proteção.

Parágrafo único. A nulidade do Certificado produzirá efeitos a partir da data do pedido.

Art. 44. O processo de nulidade poderá ser instaurado *ex officio* ou a pedido de qualquer pessoa com legítimo interesse.

Título III
DO SERVIÇO NACIONAL DE PROTEÇÃO DE CULTIVARES

Capítulo I
DA CRIAÇÃO

Art. 45. Fica criado, no âmbito do Ministério da Agricultura e do Abastecimento, o Serviço Nacional de Proteção de Cultivares - SNPC, a quem compete a proteção de cultivares.

§ 1.º A estrutura, as atribuições e as finalidades do SNPC serão definidas em regulamento.

§ 2.º O Serviço Nacional de Proteção de Cultivares - SNPC manterá o Cadastro Nacional de Cultivares Protegidas.

Título IV
DAS DISPOSIÇÕES GERAIS

Capítulo I
DOS ATOS, DOS DESPACHOS E DOS PRAZOS

Art. 46. Os atos, despachos e decisões nos processos administrativos referentes à proteção de cultivares só produzirão efeito após sua publicação no *Diário Oficial da União*, exceto:

I – despachos interlocutórios que não necessitam ser do conhecimento das partes;

II – pareceres técnicos, a cuja vista, no entanto, terão acesso as partes, caso requeiram;

III – outros que o Decreto de regulamentação indicar.

Art. 47. O Serviço Nacional de Proteção de Cultivares - SNPC editará publicação periódica especializada para divulgação do Cadastro Nacional de Cultivares Protegidas, previsto no § 2.º do art. 45 e no disposto no *caput*, e seus incisos I, II e III, do art. 46.

Art. 48. Os prazos referidos nesta Lei contam-se a partir da data de sua publicação.

Capítulo II
DAS CERTIDÕES

Art. 49. Será assegurado, no prazo de 30 (trinta) dias a contar da data da protocolização do requerimento, o fornecimento de certidões relativas às matérias de que trata esta Lei, desde que regularmente requeridas e comprovado o recolhimento das taxas respectivas.

Capítulo III
DA PROCURAÇÃO DE DOMICILIADO NO EXTERIOR

Art. 50. A pessoa física ou jurídica domiciliada no exterior deverá constituir e manter procurador, devidamente qualificado e domiciliado no Brasil, com poderes para representá-la e receber notificações administrativas e citações judiciais referentes à matéria desta Lei, desde a data do pedido da proteção e durante a vigência do mesmo, sob pena de extinção do direito de proteção.

§ 1.º A procuração deverá outorgar poderes para efetuar pedido de proteção e sua manutenção junto ao SNPC e ser específica para cada caso.

§ 2.º Quando o pedido de proteção não for efetuado pessoalmente, deverá ser instruído com procuração, contendo os poderes necessários, devidamente traduzida por tradutor público juramentado, caso lavrada no exterior.

Capítulo IV
DAS DISPOSIÇÕES FINAIS

Art. 51. O pedido de proteção de cultivar essencialmente derivada de cultivar passível de ser protegida nos termos do § 1.º do art. 4.º somente será apreciado e, se for o caso, concedidos os respectivos Certificados, após decorrido o prazo previsto no inciso I do mesmo parágrafo, respeitando-se a ordem cronológica de apresentação dos pedidos.

Parágrafo único. Poderá o SNPC dispensar o cumprimento do prazo mencionado no *caput* nas hipóteses em que, em relação à cultivar passível de proteção nos termos do § 1.º do art. 4.º:

I – houver sido concedido Certificado de Proteção; ou

II – houver expressa autorização de seu obtentor.

Art. 52. As cultivares já comercializadas no Brasil cujo pedido de proteção, devidamente instruído, não for protocolizado no prazo previsto no inciso I do § 1.º do art. 4.º serão consideradas automaticamente de domínio público.

Art. 53. Os serviços de que trata esta Lei, serão remunerados pelo regime de preços de serviços públicos específicos, cabendo ao Ministério da Agricultura e do Abastecimento fixar os respectivos valores e forma de arrecadação.

Art. 54. O Poder Executivo regulamentará esta Lei no prazo de 90 (noventa) dias após sua publicação.

Art. 55. Esta Lei entra em vigor na data de sua publicação.

Art. 56. Revogam-se as disposições em contrário.

Brasília, 25 de abril de 1997; 176.º da Independência e 109.º da República.

FERNANDO HENRIQUE CARDOSO

LEI N. 9.514, DE 20 DE NOVEMBRO DE 1997 (*)

Dispõe sobre o Sistema de Financiamento Imobiliário, institui a alienação fiduciária de coisa imóvel e dá outras providências.

O Presidente da República

Faço saber que o Congresso Nacional decreta e eu sanciono a seguinte Lei:

Capítulo I
DO SISTEMA DE FINANCIAMENTO IMOBILIÁRIO

Seção I
Da Finalidade

Art. 1.º O Sistema de Financiamento Imobiliário – SFI tem por finalidade promover o financiamento imobiliário em geral, segundo condições compatíveis com as da formação dos fundos respectivos.

Seção II
Das Entidades

Art. 2.º Poderão operar no SFI as caixas econômicas, os bancos comerciais, os bancos de investimento, os bancos com carteira de crédito imobiliário, as sociedades de crédito imobiliário, as associações de poupança e empréstimo, as companhias hipotecárias e, a critério do Conselho Monetário Nacional – CMN, outras entidades.

Art. 3.º As companhias securitizadoras de créditos imobiliários, instituições não financeiras constituídas sob a forma de sociedade por ações, terão por finalidade a aquisição e securitização desses créditos e a emissão e colocação, no mercado financeiro, de Certificados de Recebíveis Imobiliários, podendo emitir outros títulos de crédito, realizar negócios e prestar serviços compatíveis com as suas atividades.

Parágrafo único. (*Revogado pela Lei n. 13.097, de 19-1-2015.*)

Seção III
Do Financiamento Imobiliário

Art. 4.º As operações de financiamento imobiliário em geral serão livremente efetuadas pelas entidades autorizadas a operar no SFI, segundo condições de mercado e observadas as prescrições legais.

Parágrafo único. Nas operações de que trata este artigo, poderão ser empregados recursos provenientes da captação nos mercados financeiro e de valores mobiliários, de acordo com a legislação pertinente.

Art. 5.º As operações de financiamento imobiliário em geral, no âmbito do SFI, serão livremente pactuadas pelas partes, observadas as seguintes condições essenciais:

I – reposição integral do valor emprestado e respectivo reajuste;

II – remuneração do capital emprestado às taxas convencionadas no contrato;

III – capitalização dos juros;

IV – contratação, pelos tomadores de financiamento, de seguros contra os riscos de morte e invalidez permanente.

§ 1.º As partes poderão estabelecer os critérios do reajuste de que trata o inciso I, observada a legislação vigente.

§ 2.º As operações de comercialização de imóveis, com pagamento parcelado, de arrendamento mercantil de imóveis e de financiamento imobiliário em geral poderão ser pactuadas nas mesmas condições permitidas para as entidades autorizadas a operar no SFI.

•• § 2.º com redação determinada pela Lei n. 10.931, de 2-8-2004.

§ 3.º Na alienação de unidades em edificação sob o regime da Lei n. 4.591, de 16 de dezembro de 1964, a critério do adquirente e mediante informação obrigatória do incorporador, poderá ser contratado seguro que garanta o ressarcimento ao adquirente das quantias por este pagas, na hipótese de inadimplemento do incorporador ou construtor quanto à entrega da obra.

(*) Publicada no *DOU*, de 21-11-1997. Retificada em 24-11-1997. *Vide* Lei n. 10.931, de 2-8-2004.

Seção IV
Do Certificado de Recebíveis Imobiliários

Art. 6.º O Certificado de Recebíveis Imobiliários - CRI é título de crédito nominativo, de livre negociação, lastreado em créditos imobiliários e constitui promessa de pagamento em dinheiro.

Parágrafo único. O CRI é de emissão exclusiva das companhias securitizadoras.

Art. 7.º O CRI terá as seguintes características:

I – nome da companhia emitente;

II – número de ordem, local e data de emissão;

III – denominação "Certificado de Recebíveis Imobiliários";

IV – forma escritural;

V – nome do titular;

VI – valor nominal;

VII – data de pagamento ou, se emitido para pagamento parcelado, discriminação dos valores e das datas de pagamento das diversas parcelas;

VIII – taxa de juros, fixa ou flutuante, e datas de sua exigibilidade, admitida a capitalização;

IX – cláusula de reajuste, observada a legislação pertinente;

X – lugar de pagamento;

XI – identificação do Termo de Securitização de Créditos que lhe tenha dado origem.

§ 1.º O registro e a negociação do CRI far-se-ão por meio de sistemas centralizados de custódia e liquidação financeira de títulos privados.

§ 2.º O CRI poderá ter, conforme dispuser o Termo de Securitização de Créditos, garantia flutuante, que lhe assegurará privilégio geral sobre o ativo da companhia securitizadora, mas não impedirá a negociação dos bens que compõem esse ativo.

Seção V
Da Securitização de Créditos Imobiliários

•• *Vide* art. 23 da Lei n. 10.931, de 2-8-2004.

Art. 8.º A securitização de créditos imobiliários é a operação pela qual tais créditos são expressamente vinculados à emissão de uma série de títulos de crédito, mediante Termo de Securitização de Créditos, lavrado por uma companhia securitizadora, do qual constarão os seguintes elementos:

I – a identificação do devedor e o valor nominal de cada crédito que lastreie a emissão, com a individuação do imóvel a que esteja vinculado e a indicação do Cartório de Registro de Imóveis em que esteja registrado e respectiva matrícula, bem como a indicação do ato pelo qual o crédito foi cedido;

•• Inciso I com redação determinada pela Lei n. 10.931, de 2-8-2004.

II – a identificação dos títulos emitidos;

III – a constituição de outras garantias de resgate dos títulos da série emitida, se for o caso.

Parágrafo único. Será permitida a securitização de créditos oriundos da alienação de unidades em edificação sob regime de incorporação nos moldes da Lei n. 4.591, de 16 de dezembro de 1964.

Seção VI
Do Regime Fiduciário

•• *Vide* art. 23, parágrafo único, da Lei n. 10.931, de 2-8-2004.

Art. 9.º A companhia securitizadora poderá instituir regime fiduciário sobre créditos imobiliários, a fim de lastrear a emissão de Certificados de Recebíveis Imobiliários, sendo agente fiduciário uma instituição financeira ou companhia autorizada para esse fim pelo BACEN e beneficiários os adquirentes dos títulos lastreados nos recebíveis objeto desse regime.

Art. 10. O regime fiduciário será instituído mediante declaração unilateral da companhia securitizadora no contexto do Termo de Securitização de Créditos, que, além de conter os elementos de que trata o art. 8.º, submeter-se-á às seguintes condições:

I – a constituição do regime fiduciário sobre os créditos que lastreiem a emissão;

II – a constituição de patrimônio separado, integrado pela totalidade dos créditos submetidos ao regime fiduciário que lastreiem a emissão;

III – a afetação dos créditos como lastro da emissão da respectiva série de títulos;

IV – a nomeação do agente fiduciário, com a definição de seus deveres, responsabilidades e remuneração, bem como as hipóteses, condições e forma de sua destituição ou substituição e as demais condições de sua atuação;

V – a forma de liquidação do patrimônio separado.

Parágrafo único. O Termo de Securitização de Créditos, em que seja instituído o regime fiduciário, será averbado nos Registros de Imóveis em que estejam matriculados os respectivos imóveis.

Art. 11. Os créditos objeto do regime fiduciário:

I – constituem patrimônio separado, que não se confunde com o da companhia securitizadora;

II – manter-se-ão apartados do patrimônio da companhia securitizadora até que se complete o resgate de todos os títulos da série a que estejam afetados;

III – destinam-se exclusivamente à liquidação dos títulos a que estiverem afetados, bem como ao pagamento dos respectivos custos de administração e de obrigações fiscais;

IV – estão isentos de qualquer ação ou execução pelos credores da companhia securitizadora;

V – não são passíveis de constituição de garantias ou de excussão por quaisquer dos credores da companhia securitizadora, por mais privilegiados que sejam;

VI – só responderão pelas obrigações inerentes aos títulos a ele afetados.

§ 1.º No Termo de Securitização de Créditos, poderá ser conferido aos beneficiários e demais credores do patrimônio separado, se este se tornar insuficiente, o direito de haverem seus créditos contra o patrimônio da companhia securitizadora.

§ 2.º Uma vez assegurado o direito de que trata o parágrafo anterior, a companhia securitizadora, sempre que se verificar insuficiência do patrimônio separado, promoverá a respectiva recomposição, mediante aditivo ao Termo de Securitização de Créditos, nele incluindo outros créditos imobiliários, com observância dos requisitos previstos nesta seção.

§ 3.º A realização dos direitos dos beneficiários limitar-se-á aos créditos imobiliários integrantes do patrimônio separado, salvo se tiverem sido constituídas garantias adicionais por terceiros.

Art. 12. Instituído o regime fiduciário, incumbirá à companhia securitizadora administrar cada patrimônio separado, manter registros contábeis independentes em relação a cada um deles e elaborar e publicar as respectivas demonstrações financeiras.

Parágrafo único. A totalidade do patrimônio da companhia securitizadora responderá pelos prejuízos que esta causar por descumprimento de disposição legal ou regulamentar, por negligência ou administração temerária ou, ainda, por desvio da finalidade do patrimônio separado.

Art. 13. Ao agente fiduciário são conferidos poderes gerais de representação da comunhão dos beneficiários, inclusive os de receber e dar quitação, incumbindo-lhe:

I – zelar pela proteção dos direitos e interesses dos beneficiários, acompanhando a atuação da companhia securitizadora na administração do patrimônio separado;

II – adotar as medidas judiciais ou extrajudiciais necessárias à defesa dos interesses dos beneficiários, bem como à realização dos créditos afetados ao patrimônio separado, caso a companhia securitizadora não o faça;

III – exercer, na hipótese de insolvência da companhia securitizadora, a administração do patrimônio separado;

IV – promover, na forma em que dispuser o Termo de Securitização de Créditos, a liquidação do patrimônio separado;

V – executar os demais encargos que lhe forem atribuídos no Termo de Securitização de Créditos.

§ 1.º O agente fiduciário responderá pelos prejuízos que causar por descumprimento de disposição legal ou regulamentar, por negligência ou administração temerária.

§ 2.º Aplicam-se ao agente fiduciário os mesmos requisitos e incompatibilidades impostos pelo art. 66 da Lei n. 6.404, de 15 de dezembro de 1976.

Art. 14. A insuficiência dos bens do patrimônio separado não dará causa à declaração de sua quebra, cabendo, nessa hipótese, ao agente fiduciário convocar assembleia geral dos beneficiários para deliberar sobre as normas de administração ou liquidação do patrimônio separado.

§ 1.º Na hipótese de que trata este artigo, a assembleia geral estará legitimada a adotar qualquer medida pertinente à administração ou liquidação do patrimônio separado, inclusive a transferência dos bens e direitos dele integrantes para outra entidade que opere no SFI, a forma de liquidação do patrimônio e a nomeação do liquidante.

§ 2.º A assembleia geral, convocada mediante edital publicado por três vezes, com antecedência de 20 (vinte) dias, em jornal de grande circulação na praça em que tiver sido feita a emissão dos títulos, instalar-se-á, em primeira convocação, com a presença de beneficiários que representem, pelo menos, 2/3 (dois terços) do valor global dos títulos e, em segunda convocação, com qualquer número, sendo válidas as deliberações tomadas pela maioria absoluta desse capital.

Art. 15. No caso de insolvência da companhia securitizadora, o agente fiduciário assumirá imediatamente a custódia e administração dos créditos imobiliários integrantes do patrimônio separado e convocará a assembleia geral dos beneficiários para deliberar sobre a forma de administração, observados os requisitos estabelecidos no § 2.º do art. 14.

Parágrafo único. A insolvência da companhia securitizadora não afetará os patrimônios separados que tenha constituído.

Art. 16. Extinguir-se-á o regime fiduciário de que trata esta seção pelo implemento das condições a que esteja submetido, na conformidade do Termo de Securitização de Créditos que o tenha instituído.

§ 1.º Uma vez satisfeitos os créditos dos beneficiários e extinto o regime fiduciário, o Agente Fiduciário fornecerá, no prazo de 3 (três) dias úteis, à companhia securitizadora, termo de quitação, que servirá para baixa, nos competentes Registros de Imóveis, da averbação que tenha instituído o regime fiduciário.

§ 2.º A baixa de que trata o parágrafo anterior importará na reintegração ao patrimônio comum da companhia securitizadora dos recebíveis imobiliários que sobejarem.

§ 3.º Os emolumentos devidos aos Cartórios de Registros de Imóveis para cancelamento do regime fiduciário e das garantias reais existentes serão cobrados como ato único.

•• § 3.º acrescentado pela Lei n. 10.931, de 2-8-2004.

Seção VII

Das Garantias

Art. 17. As operações de financiamento imobiliário em geral poderão ser garantidas por:

I – hipoteca;

II – cessão fiduciária de direitos creditórios decorrentes de contratos de alienação de imóveis;

III – caução de direitos creditórios ou aquisitivos decorrentes de contratos de venda ou promessa de venda de imóveis;

IV – alienação fiduciária de coisa imóvel.

§ 1.º As garantias a que se referem os incisos II, III e IV deste artigo constituem direito real sobre os respectivos objetos.

§ 2.º Aplicam-se à caução dos direitos creditórios a que se refere o inciso III deste artigo as disposições dos arts. 789 a 795 do Código Civil.

•• A referência é feita a dispositivos do CC de 1916. *Vide* arts. 1.459 e 1.460 do Código vigente.

§ 3.º As operações do SFI que envolvam locação poderão ser garantidas suplementarmente por anticrese.

Art. 18. O contrato de cessão fiduciária em garantia opera a transferência ao credor da titularidade dos créditos cedidos, até a liquidação da dívida garantida, e conterá, além de outros elementos, os seguintes:

I – o total da dívida ou sua estimativa;

II – o local, a data e a forma de pagamento;

III – a taxa de juros;

IV – a identificação dos direitos creditórios objeto da cessão fiduciária.

Art. 19. Ao credor fiduciário compete o direito de:

I – conservar e recuperar a posse dos títulos representativos dos créditos cedidos, contra qualquer detentor, inclusive o próprio cedente;

II – promover a intimação dos devedores que não paguem ao cedente, enquanto durar a cessão fiduciária;

III – usar das ações, recursos e execuções, judiciais e extrajudiciais, para receber os créditos cedidos e exercer os demais direitos conferidos ao cedente no contrato de alienação do imóvel;

IV – receber diretamente dos devedores os créditos cedidos fiduciariamente.

§ 1.º As importâncias recebidas na forma do inciso IV deste artigo, depois de deduzidas as despesas de cobrança e de administração, serão creditadas ao devedor cedente, na operação objeto da cessão fiduciária, até final liquidação da dívida e encargos, responsabilizando-se o credor fiduciário perante o cedente, como depositário, pelo que receber além do que este lhe devia.

§ 2.º Se as importâncias recebidas, a que se refere o parágrafo anterior, não bastarem para o pagamento integral da dívida e seus encargos, bem como das despesas de cobrança e de administração daqueles créditos, o devedor continuará obrigado a resgatar o saldo remanescente nas condições convencionadas no contrato.

Art. 20. Na hipótese de falência do devedor cedente e se não tiver havido a tradição dos títulos representativos dos créditos cedidos fiduciariamente, ficará assegurada ao cessionário fiduciário a restituição na forma da legislação pertinente.

Parágrafo único. Efetivada a restituição, prosseguirá o cessionário fiduciário no exercício de seus direitos na forma do disposto nesta seção.

Art. 21. São suscetíveis de caução, desde que transmissíveis, os direitos aquisitivos sobre imóvel, ainda que em construção.

§ 1.º O instrumento da caução, a que se refere este artigo, indicará o valor do débito e dos encargos e identificará o imóvel cujos direitos aquisitivos são caucionados.

§ 2.º Referindo-se a caução a direitos aquisitivos de promessa de compra e venda cujo preço ainda não tenha sido integralizado, poderá o credor caucionário, sobrevindo a mora do promissário comprador, promover a execução do seu crédito ou efetivar, sob protesto, o pagamento do saldo da promessa.

§ 3.º Se, nos termos do disposto no parágrafo anterior, o credor efetuar o pagamento, o valor pago, com todos os seus acessórios e eventuais penalidades, será adicionado à dívida garantida pela caução, ressalvado ao credor o direito de executar desde logo o devedor, inclusive pela parcela da dívida assim acrescida.

Capítulo II
DA ALIENAÇÃO FIDUCIÁRIA DE COISA IMÓVEL

Art. 22. A alienação fiduciária regulada por esta Lei é o negócio jurídico pelo qual o devedor, ou fiduciante, com o escopo de garantia, contrata a transferência ao credor, ou fiduciário, da propriedade resolúvel de coisa imóvel.

§ 1.º A alienação fiduciária poderá ser contratada por pessoa física ou jurídica, não sendo privativa das entidades que operam no SFI, podendo ter como objeto, além da propriedade plena:

•• § 1.º, *caput*, acrescentado pela Lei n. 11.481, de 31-5-2007.

I – bens enfitêuticos, hipótese em que será exigível o pagamento do laudêmio, se houver a consolidação do domínio útil no fiduciário;

•• Inciso I acrescentado pela Lei n. 11.481, de 31-5-2007.

II – o direito de uso especial para fins de moradia;

•• Inciso II acrescentado pela Lei n. 11.481, de 31-5-2007.

III – o direito real de uso, desde que suscetível de alienação;

•• Inciso III acrescentado pela Lei n. 11.481, de 31-5-2007.

IV – a propriedade superficiária.

•• Inciso IV acrescentado pela Lei n. 11.481, de 31-5-2007.

§ 2.º Os direitos de garantia instituídos nas hipóteses dos incisos III e IV do § 1.º deste artigo ficam limitados à duração da concessão ou direito de superfície, caso tenham sido transferidos por período determinado.

•• § 2.º acrescentado pela Lei n. 11.481, de 31-5-2007.

Art. 23. Constitui-se a propriedade fiduciária de coisa imóvel mediante registro, no competente Registro de Imóveis, do contrato que lhe serve de título.

Parágrafo único. Com a constituição da propriedade fiduciária, dá-se o desdobramento da posse, tornando-se o fiduciante possuidor direto e o fiduciário possuidor indireto da coisa imóvel.

Art. 24. O contrato que serve de título ao negócio fiduciário conterá:

I – o valor do principal da dívida;

II – o prazo e as condições de reposição do empréstimo ou do crédito do fiduciário;

III – a taxa de juros e os encargos incidentes;

IV – a cláusula de constituição da propriedade fiduciária, com a descrição do imóvel objeto da alienação fiduciária e a indicação do título e modo de aquisição;

V – a cláusula assegurando ao fiduciante, enquanto adimplente, a livre utilização, por sua conta e risco, do imóvel objeto da alienação fiduciária;

VI – a indicação, para efeito de venda em público leilão, do valor do imóvel e dos critérios para a respectiva revisão;

VII – a cláusula dispondo sobre os procedimentos de que trata o art. 27.

Parágrafo único. Caso o valor do imóvel convencionado pelas partes nos termos do inciso VI do *caput* deste artigo seja inferior ao utilizado pelo órgão competente como base de cálculo para a apuração do imposto sobre transmissão inter vivos, exigível por força da consolidação da propriedade em nome do credor fiduciário, este último será o valor mínimo para efeito de venda do imóvel no primeiro leilão.

•• Parágrafo único acrescentado pela Lei n. 13.465, de 11-7-2017.

Art. 25. Com o pagamento da dívida e seus encargos, resolve-se, nos termos deste artigo, a propriedade fiduciária do imóvel.

§ 1.º No prazo de 30 (trinta) dias, a contar da data de liquidação da dívida, o fiduciário fornecerá o respectivo termo de quitação ao fiduciante, sob pena de multa em favor deste, equivalente a 0,5 (meio) por cento ao mês, ou fração, sobre o valor do contrato.

§ 2.º À vista do termo de quitação de que trata o parágrafo anterior, o oficial do competente Registro de Imóveis efetuará o cancelamento do registro da propriedade fiduciária.

§ 3.º (*Revogado pela Lei n. 12.810, de 15-5-2013.*)

Art. 26. Vencida e não paga, no todo ou em parte, a dívida e constituído em mora o fiduciante, consolidar-se-á, nos termos deste artigo, a propriedade do imóvel em nome do fiduciário.

§ 1.º Para os fins do disposto neste artigo, o fiduciante, ou seu representante legal ou procurador regularmente constituído, será intimado, a requerimento do fiduciário, pelo oficial do competente Registro de Imóveis, a satisfazer, no prazo de 15 (quinze) dias, a prestação vencida e as que se vencerem até a data do pagamento, os juros convencionais, as penalidades e os demais encargos contratuais, os encargos legais, inclusive tributos, as contribuições condominiais imputáveis ao imóvel, além das despesas de cobrança e de intimação.

§ 2.º O contrato definirá o prazo de carência após o qual será expedida a intimação.

§ 3.º A intimação far-se-á pessoalmente ao fiduciante, ou ao seu representante legal ou ao procurador regularmente constituído, podendo ser promovida, por solicitação do oficial do Registro de Imóveis, por oficial de Registro de Títulos e Documentos da comarca da situação do imóvel ou do domicílio de quem deva recebê-la, ou pelo correio, com aviso de recebimento.

§ 3.º-A. Quando, por duas vezes, o oficial de registro de imóveis ou de registro de títulos e documentos ou o serventuário por eles credenciado houver procurado o intimando em seu domicílio ou residência sem o encontrar, deverá, havendo suspeita motivada de ocultação, intimar qualquer pessoa da família ou, em sua falta, qualquer vizinho de que, no dia útil imediato, retornará ao imóvel, a fim de efetuar a intimação, na hora que designar, aplicando-se subsidiariamente o disposto nos arts. 252, 253 e 254 da Lei n. 13.105, de 16 de março de 2015 (Código de Processo Civil).

•• § 3.º-A acrescentado pela Lei n. 13.465, de 11-7-2017.

§ 3.º-B. Nos condomínios edilícios ou outras espécies de conjuntos imobiliários com controle de acesso, a intimação de que trata o § 3.º-A poderá ser feita ao funcionário da portaria responsável pelo recebimento de correspondência.

•• § 3.º-B acrescentado pela Lei n. 13.465, de 11-7-2017.

§ 4.º Quando o fiduciante, ou seu cessionário, ou seu representante legal ou procurador encontrar-se em local ignorado, incerto ou inacessível, o fato será certificado pelo serventuário encarregado da diligência e informado ao oficial de Registro de Imóveis, que, à vista da certidão, promoverá a intimação por edital publicado durante 3 (três) dias, pelo menos, em um dos jornais de maior circulação local ou noutro de comarca de fácil acesso, se no local não houver imprensa diária, contado o prazo para purgação da mora da data da última publicação do edital.

•• § 4.º com redação determinada pela Lei n. 13.043, de 13-11-2014.

§ 5.º Purgada a mora no Registro de Imóveis, convalescerá o contrato de alienação fiduciária.

§ 6.º O oficial do Registro de Imóveis, nos 3 (três) dias seguintes à purgação da mora, entregará ao fiduciário as importâncias recebidas, deduzidas as despesas de cobrança e de intimação.

§ 7.º Decorrido o prazo de que trata o § 1.º sem a purgação da mora, o oficial do competente Registro de Imóveis, certificando esse fato, promoverá a averbação, na matrícula do imóvel, da consolidação da propriedade em nome do fiduciário, à vista da prova do pagamento por este, do imposto de transmissão *inter vivos* e, se for o caso, do laudêmio.

•• § 7.º com redação determinada pela Lei n. 10.931, de 2-8-2004.

§ 8.º O fiduciante pode, com a anuência do fiduciário, dar seu direito eventual ao imóvel em pagamento da dívida, dispensados os procedimentos previstos no art. 27.

•• § 8.º acrescentado pela Lei n. 10.931, de 2-8-2004.

Art. 26-A. Os procedimentos de cobrança, purgação de mora e consolidação da propriedade fiduciária relativos às operações de financiamento habitacional, inclusive as operações do Programa Minha Casa, Minha Vida, instituído pela Lei n. 11.977, de 7 de julho de 2009, com recursos advindos da integralização de cotas no Fundo de Arrendamento Residencial (FAR), sujeitam-se às normas especiais estabelecidas neste artigo.

•• *Caput* acrescentado pela Lei n. 13.465, de 11-7-2017.

§ 1.º A consolidação da propriedade em nome do credor fiduciário será averbada no registro de imóveis trinta dias após a expiração do prazo para purgação da mora de que trata o § 1.º do art. 26 desta Lei.

•• § 1.º acrescentado pela Lei n. 13.465, de 11-7-2017.

§ 2.º Até a data da averbação da consolidação da propriedade fiduciária, é assegurado ao devedor fiduciante pagar as parcelas da dívida vencidas e as despesas de que trata o inciso II do § 3.º do art. 27, hipótese em que convalescerá o contrato de alienação fiduciária.

•• § 2.º acrescentado pela Lei n. 13.465, de 11-7-2017.

Art. 27. Uma vez consolidada a propriedade em seu nome, o fiduciário, no prazo de 30 (trinta) dias, contados da data do registro de que trata o § 7.º do artigo anterior, promoverá público leilão para a alienação do imóvel.

§ 1.º Se no primeiro leilão público o maior lance oferecido for inferior ao valor do imóvel, estipulado na forma do inciso VI e do parágrafo único do art. 24 desta Lei, será realizado o segundo leilão nos quinze dias seguintes.

•• § 1.º com redação determinada pela Lei n. 13.465, de 11-7-2017.

§ 2.º No segundo leilão, será aceito o maior lance oferecido, desde que igual ou superior ao valor da dívida, das despesas, dos prêmios de seguro, dos encargos legais, inclusive tributos, e das contribuições condominiais.

§ 2.º-A. Para os fins do disposto nos §§ 1.º e 2.º deste artigo, as datas, horários e locais dos leilões serão comunicados ao devedor mediante correspondência dirigida aos endereços constantes do contrato, inclusive ao endereço eletrônico.

•• § 2.º-A acrescentado pela Lei n. 13.465, de 11-7-2017.

§ 2.º-B. Após a averbação da consolidação da propriedade fiduciária no patrimônio do credor fiduciário e até a data da realização do segundo leilão, é assegurado ao devedor fiduciante o direito de preferência para adquirir o imóvel por preço correspondente ao valor da dívida, somado aos encargos e despesas de que trata o § 2.º deste artigo, aos valores correspondentes ao imposto sobre transmissão inter vivos e ao laudêmio, se for o caso, pagos para efeito de consolidação da propriedade fiduciária no patrimônio do credor fiduciário, e às despesas inerentes ao procedimento de cobrança e leilão, incumbindo, também, ao devedor fiduciante o pagamento dos encargos tributários e despesas exigíveis para a nova aquisição do imóvel, de que trata este parágrafo, inclusive custas e emolumentos.

•• § 2.º-B acrescentado pela Lei n. 13.465, de 11-7-2017.

§ 3.º Para os fins do disposto neste artigo, entende-se por:

I – dívida: o saldo devedor da operação de alienação fiduciária, na data do leilão, nele incluídos os juros convencionais, as penalidades e os demais encargos contratuais;

II – despesas: a soma das importâncias correspondentes aos encargos e custas de intimação e as necessárias à realização do público leilão, nestas compreendidas as relativas aos anúncios e à comissão do leiloeiro.

§ 4.º Nos 5 (cinco) dias que se seguirem à venda do imóvel no leilão, o credor entregará ao devedor a importância que sobejar, considerando-se nela compreendido o valor da indenização de benfeitorias, depois de deduzidos os valores da dívida e das despesas e encargos de que tratam os §§ 2.º e 3.º, fato esse que importará em recíproca quitação, não se aplicando o disposto na parte final do art. 516 do Código Civil.

•• A referência é feita a dispositivo do CC de 1916. *Vide* art. 1.219 do Código vigente.

§ 5.º Se, no segundo leilão, o maior lance oferecido não for igual ou superior ao valor referido no § 2.º, considerar-se-á extinta a dívida e exonerado o credor da obrigação de que trata o § 4.º.

§ 6.º Na hipótese de que trata o parágrafo anterior, o credor, no prazo de 5 (cinco) dias a contar da data do segundo leilão, dará ao devedor quitação da dívida, mediante termo próprio.

§ 7.º Se o imóvel estiver locado, a locação poderá ser denunciada com o prazo de trinta dias para desocupação, salvo se tiver havido aquiescência por escrito do fiduciário, devendo a denúncia ser realizada no prazo de noventa dias a contar da data da consolidação da propriedade no fiduciário, devendo essa condição constar expressamente em cláusula contratual específica, destacando-se das demais por sua apresentação gráfica.

•• § 7.º acrescentado pela Lei n. 10.931, de 2-8-2004.

§ 8.º Responde o fiduciante pelo pagamento dos impostos, taxas, contribuições condominiais e quaisquer outros encargos que recaiam ou venham a recair sobre o imóvel, cuja posse tenha sido transferida para o fiduciário, nos termos deste artigo, até a data em que o fiduciário vier a ser imitido na posse.

•• § 8.º acrescentado pela Lei n. 10.931, de 2-8-2004.

§ 9.º O disposto no § 2.º-B deste artigo aplica-se à consolidação da propriedade fiduciária de imóveis do FAR, na forma prevista na Lei n. 11.977, de 7 de julho de 2009.

•• § 9.º acrescentado pela Lei n. 13.465, de 11-7-2017.

Art. 28. A cessão do crédito objeto da alienação fiduciária implicará a transferência, ao cessionário, de todos os direitos e obrigações inerentes à propriedade fiduciária em garantia.

Art. 29. O fiduciante, com anuência expressa do fiduciário, poderá transmitir os direitos de que seja titular sobre o imóvel objeto da alienação fiduciária em garantia, assumindo o adquirente as respectivas obrigações.

Art. 30. É assegurada ao fiduciário, seu cessionário ou sucessores, inclusive o adquirente do imóvel por força do público leilão de que tratam os §§ 1.º e 2.º do art. 27, a reintegração na posse do imóvel, que será concedida liminarmente, para desocupação em 60 (sessenta) dias, desde que comprovada, na forma do disposto no art. 26, a consolidação da propriedade em seu nome.

Parágrafo único. Nas operações de financiamento imobiliário, inclusive nas operações do Programa Minha Casa, Minha Vida, instituído pela Lei n. 11.977, de 7 de julho de 2009, com recursos advindos da integralização de cotas no Fundo de Arrendamento Residencial (FAR), uma vez averbada a consolidação da propriedade fiduciária, as ações judiciais que tenham por objeto controvérsias sobre as estipulações contratuais ou os requisitos procedimentais de cobrança e leilão, excetuada a exigência de notificação do devedor fiduciante, serão resolvidas em perdas e danos e não obstarão a reintegração de posse de que trata este artigo.

•• Parágrafo único acrescentado pela Lei n. 13.465, de 11-7-2017.

Art. 31. O fiador ou terceiro interessado que pagar a dívida ficará sub-rogado, de pleno direito, no crédito e na propriedade fiduciária.

Parágrafo único. os casos de transferência de financiamento para outra instituição financeira, o pagamento da dívida à instituição credora original poderá ser feito, a favor do mutuário, pela nova instituição credora.

•• Parágrafo único com redação determinada pela Lei n. 12.810, de 15-5-2013.

Art. 32. Na hipótese de insolvência do fiduciante, fica assegurada ao fiduciário a restituição do imóvel alienado fiduciariamente, na forma da legislação pertinente.

Art. 33. Aplicam-se à propriedade fiduciária, no que couber, as disposições dos arts. 647 e 648 do Código Civil.

•• A referência é feita a dispositivos do CC de 1916. *Vide* arts. 1.359 e 1.360 do Código vigente.

Capítulo II-A
DO REFINANCIAMENTO COM TRANSFERÊNCIA DE CREDOR

•• Capítulo II-A acrescentado pela Lei n. 12.810, de 15-5-2013.

Art. 33-A. A transferência de dívida de financiamento imobiliário com garantia real, de um credor para outro, inclusive sob a forma de sub-rogação, obriga o credor original a emitir documento que ateste, para todos os fins de direito, inclusive para efeito de averbação, a validade da transferência.

•• *Caput* acrescentado pela Lei n. 12.810, de 15-5-2013.

Parágrafo único. A emissão do documento será feita no prazo máximo de 2 (dois) dias úteis após a quitação da dívida original.

•• Parágrafo único acrescentado pela Lei n. 12.810, de 15-5-2013.

Art. 33-B. Para fins de efetivação do disposto no art. 33-A, a nova instituição credora deverá informar à instituição credora original, por documento escrito ou, quando solicitado, eletrônico, as condições de financiamento oferecidas ao mutuário, inclusive as seguintes:

•• *Caput* acrescentado pela Lei n. 12.810, de 15-5-2013.

I – a taxa de juros do financiamento;

•• Inciso I acrescentado pela Lei n. 12.810, de 15-5-2013.

II – o custo efetivo total;

•• Inciso II acrescentado pela Lei n. 12.810, de 15-5-2013.

III – o prazo da operação;

•• Inciso III acrescentado pela Lei n. 12.810, de 15-5-2013.

IV – o sistema de pagamento utilizado; e

•• Inciso IV acrescentado pela Lei n. 12.810, de 15-5-2013.

V – o valor das prestações.

•• Inciso V acrescentado pela Lei n. 12.810, de 15-5-2013.

§ 1.º A instituição credora original terá prazo máximo de 5 (cinco) dias úteis, contados do recebimento das informações de que trata o *caput*, para solicitar à instituição proponente da transferência o envio dos recursos necessários para efetivar a transferência.

•• § 1.º acrescentado pela Lei n. 12.810, de 15-5-2013.

§ 2.º O mutuário da instituição credora original poderá, a qualquer tempo, enquanto não encaminhada a solicitação de envio dos recursos necessários para efetivar a transferência de que trata o § 1.º, decidir pela não efetivação da transferência, sendo vedada a cobrança de qualquer tipo de ônus ou custa por parte das instituições envolvidas.

•• § 2.º acrescentado pela Lei n. 12.810, de 15-5-2013.

§ 3.º A eventual desistência do mutuário deverá ser informada à instituição credora original, que terá até 2 (dois) dias úteis para transmiti-la à instituição proponente da transferência.

•• § 3.º acrescentado pela Lei n. 12.810, de 15-5-2013.

Art. 33-C. O credor original deverá fornecer a terceiros, sempre que formalmente solicitado pelo mutuário, as informações sobre o crédito que se fizerem necessárias para viabilizar a transferência referida no art. 33-A.

•• *Caput* acrescentado pela Lei n. 12.810, de 15-5-2013.

Parágrafo único. O credor original não poderá realizar ações que impeçam, limitem ou dificultem o fornecimento das informações requeridas na forma do *caput*.

•• Parágrafo único acrescentado pela Lei n. 12.810, de 15-5-2013.

Art. 33-D. A instituição credora original poderá exigir ressarcimento financeiro pelo custo de originação da operação de crédito, o qual não poderá ser repassado ao mutuário.

•• *Caput* acrescentado pela Lei n. 12.810, de 15-5-2013.

§ 1.º O ressarcimento disposto no *caput* deverá ser proporcional ao valor do saldo devedor apurado à época da transferência e decrescente com o decurso de prazo desde a assinatura do contrato, cabendo sua liquidação à instituição proponente da transferência.

•• § 1.º acrescentado pela Lei n. 12.810, de 15-5-2013.

§ 2.º O Conselho Monetário Nacional disciplinará o disposto neste artigo, podendo inclusive limitar o ressarcimento considerando o tipo de operação de crédito ou o prazo decorrido desde a assinatura do contrato de crédito com a instituição credora original até o momento da transferência.

•• § 2.º acrescentado pela Lei n. 12.810, de 15-5-2013.

Art. 33-E. O Conselho Monetário Nacional e o Conselho Curador do Fundo de Garantia do Tempo de Serviço, no âmbito de suas respectivas competências, expedirão as instruções que se fizerem necessárias à execução do disposto no parágrafo único do art. 31 e nos arts. 33-A a 33-D desta Lei.

•• Artigo acrescentado pela Lei n. 12.810, de 15-5-2013.

Art. 33-F. O disposto nos arts. 33-A a 33-E desta Lei não se aplica às operações de transferência de dívida decorrentes de cessão de crédito entre entidades que compõem o Sistema Financeiro da Habitação, desde que a citada transferência independa de manifestação do mutuário.

•• Artigo acrescentado pela Lei n. 12.810, de 15-5-2013.

Capítulo III
DISPOSIÇÕES GERAIS E FINAIS

Art. 34. Os contratos relativos ao financiamento imobiliário em geral poderão estipular que litígios ou controvérsias entre as partes sejam dirimidos mediante arbitragem, nos termos do disposto na Lei n. 9.307, de 24 de setembro de 1996.

Art. 35. Nas cessões de crédito a que aludem os arts. 3.º, 18 e 28, é dispensada a notificação do devedor.

Art. 36. Nos contratos de venda de imóveis a prazo, inclusive alienação fiduciária, de arrendamento mercantil de imóveis, de financiamento imobiliário em geral e nos títulos de que tratam os arts. 6.º, 7.º e 8.º, admitir-se-á, respeitada a legislação pertinente, a estipulação de cláusula de reajuste e das condições e critérios de sua aplicação.

Art. 37. Às operações de arrendamento mercantil de imóveis não se aplica a legislação pertinente à locação de imóveis residenciais, não residenciais ou comerciais.

Art. 37-A. O devedor fiduciante pagará ao credor fiduciário, ou a quem vier a sucedê-lo, a título de taxa de ocupação do imóvel, por mês ou fração, valor correspondente a 1% (um por cento) do valor a que se refere o inciso VI ou o parágrafo único do art. 24 desta Lei, computado e exigível desde a data da consolidação da propriedade fiduciária no patrimônio do credor fiduciante até a data em que este, ou seus sucessores, vier a ser imitido na posse do imóvel.

•• *Caput* com redação determinada pela Lei n. 13.465, de 11-7-2017.

Parágrafo único. O disposto no *caput* deste artigo aplica-se às operações do Programa Minha Casa, Minha Vida, instituído pela Lei n. 11.977, de 7 de julho de 2009, com recursos advindos da integralização de cotas no Fundo de Arrendamento Residencial (FAR).

•• Parágrafo único acrescentado pela Lei n. 13.465, de 11-7-2017.

Art. 37-B. Será considerada ineficaz, e sem qualquer efeito perante o fiduciário ou seus sucessores, a contratação ou a prorrogação de locação de imóvel alienado fiduciariamente por prazo superior a um ano sem concordância por escrito do fiduciário.

•• Artigo acrescentado pela Lei n. 10.931, de 2-8-2004.

Art. 38. Os atos e contratos referidos nesta Lei ou resultantes da sua aplicação, mesmo aqueles que visem à constituição, transferência, modificação ou renúncia de direitos reais sobre imóveis, poderão ser celebrados por escritura pública ou por instrumento particular com efeitos de escritura pública.

•• Artigo com redação determinada pela Lei n. 11.076, de 30-12-2004.

Art. 39. Às operações de crédito compreendidas no sistema de financiamento imobiliário, a que se refere esta Lei:

•• *Caput* com redação determinada pela Lei n. 13.465, de 11-7-2017.

I – não se aplicam as disposições da Lei n. 4.380, de 21 de agosto de 1964, e as demais disposições legais referentes ao Sistema Financeiro da Habitação - SFH;

II – aplicam-se as disposições do arts. 29 a 41 do Decreto-lei n. 70, de 21 de novembro de 1966, exclusivamente aos procedimentos de execução de créditos garantidos por hipoteca.

•• Inciso II com redação determinada pela Lei n. 13.465, de 11-7-2017.

Art. 40. Os incisos I e II do art. 167 da Lei n. 6.015, de 31 de dezembro de 1973, passam a vigorar acrescidos, respectivamente, dos seguintes itens:

•• Alterações já processadas na Lei modificada.

Art. 41. O Conselho Monetário Nacional poderá regulamentar o disposto nesta Lei, inclusive estabelecer prazos mínimos e outras condições para emissão e resgate de CRI e diferenciar tais condições de acordo com o tipo de crédito imobiliário vinculado à emissão e com o indexador adotado contratualmente.

•• Artigo com redação determinada pela Lei n. 13.097, de 19-1-2015.

Art. 42. Esta Lei entra em vigor na data de sua publicação.

Brasília, 20 de novembro de 1997; 176.º da Independência e 109.º da República.

FERNANDO HENRIQUE CARDOSO

LEI N. 9.609, DE 19 DE FEVEREIRO DE 1998 (*)

Dispõe sobre a proteção da propriedade intelectual de programa de computador, sua comercialização no País, e dá outras providências.

O Presidente da República

Faço saber que o Congresso Nacional decreta e eu sanciono a seguinte Lei:

Capítulo I
DISPOSIÇÕES PRELIMINARES

Art. 1.º Programa de computador é a expressão de um conjunto organizado de instruções em linguagem natural ou codificada, contida em suporte físico de qualquer natureza, de emprego necessário em máquinas automáticas de tratamento da informação, dispositivos, instrumentos ou equipamentos periféricos, baseados em técnica digital ou análoga, para fazê-los funcionar de modo e para fins determinados.

Capítulo II
DA PROTEÇÃO AOS DIREITOS DE AUTOR E DO REGISTRO

Art. 2.º O regime de proteção à propriedade intelectual de programa de computador é o conferido às obras lite-

(*) Publicada no *DOU*, de 20-2-1998. Retificada em 25-2-1998.

rárias pela legislação de direitos autorais e conexos vigentes no País, observado o disposto nesta Lei.

§ 1.º Não se aplicam ao programa de computador as disposições relativas aos direitos morais, ressalvado, a qualquer tempo, o direito do autor de reivindicar a paternidade do programa de computador e o direito do autor de opor-se a alterações não autorizadas, quando estas impliquem deformação, mutilação ou outra modificação do programa de computador, que prejudiquem a sua honra ou a sua reputação.

§ 2.º Fica assegurada a tutela dos direitos relativos a programa de computador pelo prazo de 50 (cinquenta) anos, contados a partir de 1.º de janeiro do ano subsequente ao da sua publicação ou, na ausência desta, da sua criação.

§ 3.º A proteção aos direitos de que trata esta Lei independe de registro.

§ 4.º Os direitos atribuídos por esta Lei ficam assegurados aos estrangeiros domiciliados no exterior, desde que o país de origem do programa conceda, aos brasileiros e estrangeiros domiciliados no Brasil, direitos equivalentes.

§ 5.º Inclui-se dentre os direitos assegurados por esta Lei e pela legislação de direitos autorais e conexos vigentes no País aquele direito exclusivo de autorizar ou proibir o aluguel comercial, não sendo esse direito exaurível pela venda, licença ou outra forma de transferência da cópia do programa.

§ 6.º O disposto no parágrafo anterior não se aplica aos casos em que o programa em si não seja objeto essencial do aluguel.

Art. 3.º Os programas de computador poderão, a critério do titular, ser registrados em órgão ou entidade a ser designado por ato do Poder Executivo, por iniciativa do Ministério responsável pela política de ciência e tecnologia.

•• Artigo regulamentado pelo Decreto n. 2.556, de 20-4-1998.

§ 1.º O pedido de registro estabelecido neste artigo deverá conter, pelo menos, as seguintes informações:

I – os dados referentes ao autor do programa de computador e ao titular, se distinto do autor, sejam pessoas físicas ou jurídicas;

II – a identificação e descrição funcional do programa de computador; e

III – os trechos do programa e outros dados que se considerar suficientes para identificá-lo e caracterizar sua originalidade, ressalvando-se os direitos de terceiros e a responsabilidade do Governo.

§ 2.º As informações referidas no inciso III do parágrafo anterior são de caráter sigiloso, não podendo ser reveladas, salvo por ordem judicial ou a requerimento do próprio titular.

Art. 4.º Salvo estipulação em contrário, pertencerão exclusivamente ao empregador, contratante de serviços ou órgão público, os direitos relativos ao programa de computador, desenvolvido e elaborado durante a vigência de contrato ou de vínculo estatutário, expressamente destinado à pesquisa e desenvolvimento, ou em que a atividade do empregado, contratado de serviço ou servidor seja prevista, ou ainda, que decorra da própria natureza dos encargos concernentes a esses vínculos.

§ 1.º Ressalvado ajuste em contrário, a compensação do trabalho ou serviço prestado limitar-se-á à remuneração ou ao salário convencionado.

§ 2.º Pertencerão, com exclusividade, ao empregado, contratado de serviço ou servidor os direitos concernentes a programa de computador gerado sem relação com o contrato de trabalho, prestação de serviços ou vínculo estatutário, e sem a utilização de recursos, informações tecnológicas, segredos industriais e de negócios, materiais, instalações ou equipamentos do empregador, da empresa ou entidade com a qual o empregador mantenha contrato de prestação de serviços ou assemelhados, do contratante de serviços ou órgão público.

§ 3.º O tratamento previsto neste artigo será aplicado nos casos em que o programa de computador for desenvolvido por bolsistas, estagiários e assemelhados.

Art. 5.º Os direitos sobre as derivações autorizadas pelo titular dos direitos de programa de computador, inclusive sua exploração econômica, pertencerão à pessoa autorizada que as fizer, salvo estipulação contratual em contrário.

Art. 6.º Não constituem ofensa aos direitos do titular de programa de computador:

I – a reprodução, em um só exemplar, de cópia legitimamente adquirida, desde que se destine à cópia de salvaguarda ou armazenamento eletrônico, hipótese em que o exemplar original servirá de salvaguarda;

II – a citação parcial do programa, para fins didáticos, desde que identificados o programa e o titular dos direitos respectivos;

III – a ocorrência de semelhança de programa a outro, preexistente, quando se der por força das características funcionais de sua aplicação, da observância de preceitos normativos e técnicos, ou de limitação de forma alternativa para a sua expressão;

IV – a integração de um programa, mantendo-se suas características essenciais, a um sistema aplicativo ou operacional, tecnicamente indispensável às necessidades do usuário, desde que para o uso exclusivo de quem a promoveu.

Capítulo III
DAS GARANTIAS AOS USUÁRIOS DE PROGRAMA DE COMPUTADOR

Art. 7.º O contrato de licença de uso de programa de computador, o documento fiscal correspondente, os suportes físicos do programa ou as respectivas embalagens deverão consignar, de forma facilmente legível pelo usuário, o prazo de validade técnica da versão comercializada.

Art. 8.º Aquele que comercializar programa de computador, quer seja titular dos direitos do programa, quer seja titular dos direitos de comercialização, fica obrigado, no território nacional, durante o prazo de validade técnica da respectiva versão, a assegurar aos respectivos usuários a prestação de serviços técnicos complementares relativos ao adequado funcionamento do programa, consideradas as suas especificações.

Parágrafo único. A obrigação persistirá no caso de retirada de circulação comercial do programa de computador durante o prazo de validade, salvo justa indenização de eventuais prejuízos causados a terceiros.

Capítulo IV
DOS CONTRATOS DE LICENÇA DE USO, DE COMERCIALIZAÇÃO E DE TRANSFERÊNCIA DE TECNOLOGIA

Art. 9.º O uso de programa de computador no País será objeto de contrato de licença.

Parágrafo único. Na hipótese de eventual inexistência do contrato referido no *caput* deste artigo, o documento fiscal relativo à aquisição ou licenciamento de cópia servirá para comprovação da regularidade do seu uso.

Art. 10. Os atos e contratos de licença de direitos de comercialização referentes a programas de computador de origem externa deverão fixar, quanto aos tributos e encargos exigíveis, a responsabilidade pelos pagamentos e estabelecerão a remuneração do titular dos direitos respectivos de programa de computador residente ou domiciliado no exterior.

§ 1.º Serão nulas as cláusulas que:

I – limitem a produção, a distribuição ou a comercialização, em violação às disposições normativas em vigor;

II – eximam qualquer dos contratantes das responsabilidades por eventuais ações de terceiros, decorrentes de vícios, defeitos ou violação de direitos de autor.

§ 2.º O remetente do correspondente valor em moeda estrangeira, em pagamento da remuneração de que se trata, conservará em seu poder, pelo prazo de 5 (cinco) anos, todos os documentos necessários à comprovação da licitude das remessas e da sua conformidade ao *caput* deste artigo.

Art. 11. Nos casos de transferência de tecnologia de programa de computador, o Instituto Nacional da Propriedade Industrial fará o registro dos respectivos contratos, para que produzam efeitos em relação a terceiros.

Parágrafo único. Para o registro de que trata este artigo, é obrigatória a entrega, por parte do fornecedor ao receptor de tecnologia, da documentação completa, em especial do código-fonte comentado, memorial descritivo, especificações funcionais internas, diagramas, fluxogramas e outros dados técnicos necessários à absorção da tecnologia.

Capítulo V
DAS INFRAÇÕES E DAS PENALIDADES

Art. 12. Violar direitos de autor de programa de computador:

Pena – Detenção de 6 (seis) meses a 2 (dois) anos ou multa.

§ 1.º Se a violação consistir na reprodução, por qualquer meio, de programa de computador, no todo ou em parte, para fins de comércio, sem autorização expressa do autor ou de quem o represente:

Pena – Reclusão de 1 (um) a 4 (quatro) anos e multa.

§ 2.º Na mesma pena do parágrafo anterior incorre quem vende, expõe à venda, introduz no País, adquire, oculta ou tem em depósito, para fins de comércio, original ou cópia de programa de computador, produzido com violação de direito autoral.

§ 3.º Nos crimes previstos neste artigo, somente se procede mediante queixa, salvo:

I – quando praticados em prejuízo de entidade de direito público, autarquia, empresa pública, sociedade de economia mista ou fundação instituída pelo poder público;

II – quando, em decorrência de ato delituoso, resultar sonegação fiscal, perda de arrecadação tributária ou prática de quaisquer dos crimes contra a ordem tributária ou contra as relações de consumo.

§ 4.º No caso do inciso II do parágrafo anterior, a exigibilidade do tributo, ou contribuição social e qualquer acessório, processar-se-á independentemente de representação.

Art. 13. A ação penal e as diligências preliminares de busca e apreensão, nos casos de violação de direito de autor de programa de computador, serão precedidas de vistoria, podendo o juiz ordenar a apreensão das cópias produzidas ou comercializadas com violação de direito de autor, suas versões e derivações, em poder do infrator ou de quem as esteja expondo, mantendo em depósito, reproduzindo ou comercializando.

Art. 14. Independentemente da ação penal, o prejudicado poderá intentar ação para proibir ao infrator a prática do ato incriminado, com cominação de pena pecuniária para o caso de transgressão do preceito.

§ 1.º A ação de abstenção de prática de ato poderá ser cumulada com a de perdas e danos pelos prejuízos decorrentes da infração.

§ 2.º Independentemente de ação cautelar preparatória, o juiz poderá conceder medida liminar proibindo ao infrator a prática do ato incriminado, nos termos deste artigo.

§ 3.º Nos procedimentos cíveis, as medidas cautelares de busca e apreensão observarão o disposto no artigo anterior.

§ 4.º Na hipótese de serem apresentadas, em juízo, para a defesa dos interesses de qualquer das partes, informações que se caracterizem como confidenciais, deverá o juiz determinar que o processo prossiga em segredo de justiça, vedado o uso de tais informações também à outra parte para outras finalidades.

§ 5.º Será responsabilizado por perdas e danos aquele que requerer e promover as medidas previstas neste e nos arts. 12 e 13, agindo de má-fé ou por espírito de emulação, capricho ou erro grosseiro, nos termos dos arts. 16, 17 e 18 do Código de Processo Civil.

Capítulo VI
DISPOSIÇÕES FINAIS

Art. 15. Esta Lei entra em vigor na data de sua publicação.

Art. 16. Fica revogada a Lei n. 7.646, de 18 de dezembro de 1987.

Brasília, 19 de fevereiro de 1998; 177.º da Independência e 110.º da República.

FERNANDO HENRIQUE CARDOSO

LEI N. 9.610, DE 19 DE FEVEREIRO DE 1998 (*)

Altera, atualiza e consolida a legislação sobre direitos autorais e dá outras providências.

O Presidente da República

Faço saber que o Congresso Nacional decreta e eu sanciono a seguinte Lei:

TÍTULO I
DISPOSIÇÕES PRELIMINARES

Art. 1.º Esta Lei regula os direitos autorais, entendendo-se sob esta denominação os direitos de autor e os que lhes são conexos.

Art. 2.º Os estrangeiros domiciliados no exterior gozarão da proteção assegurada nos acordos, convenções e tratados em vigor no Brasil.

- Convenção interamericana sobre os direitos de autor em obras literárias, científicas e artísticas: Decreto n. 26.675, de 18-5-1949.
- Convenção internacional para proteção aos artistas intérpretes ou executantes, aos produtores de fonogramas e aos organismos de radiodifusão: Decreto n. 57.125, de 19-9-1965.
- Convenção que institui a organização mundial da propriedade intelectual: Decreto n. 75.541, de 31-3-1975.
- Convenção de Berna para a proteção das obras literárias e artísticas: Decreto n. 75.699, de 6-5-1975.
- Convenção universal sobre direito de autor: Decreto n. 76.905, de 24-12-1975.
- Convenção para a proteção de produtores de fonogramas contra a reprodução não autorizada de seus fonogramas: Decreto n. 76.906, de 24-12-1975.
- O Decreto n. 78.965, de 16-12-1976, cria o registro de obras musicais gravadas ou fixadas em qualquer tipo de suporte material.
- Acordo sobre aspectos dos direitos de propriedade intelectual relacionados ao comércio: Decreto n. 1.355, de 30-12-1994.
- Tratado sobre o registro internacional de obras audiovisuais: Decreto n. 972, de 4-11-1993.
- A Lei n. 12.270, de 24-6-2010, dispõe sobre medidas de suspensão de concessões ou outras obrigações do País relativas aos direitos de propriedade intelectual e outros, em casos de descumprimento de obrigações do Acordo Constitutivo da Organização Mundial do Comércio.

Parágrafo único. Aplica-se o disposto nesta Lei aos nacionais ou pessoas domiciliadas em país que assegure aos brasileiros ou pessoas domiciliadas no Brasil a reciprocidade na proteção aos direitos autorais ou equivalentes.

Art. 3.º Os direitos autorais reputam-se, para os efeitos legais, bens móveis.

- *Vide* Súmula 228 do STJ.

Art. 4.º Interpretam-se restritivamente os negócios jurídicos sobre os direitos autorais.

Art. 5.º Para os efeitos desta Lei, considera-se:

I – publicação – o oferecimento de obra literária, artística ou científica ao conhecimento do público, com o consentimento do autor, ou de qualquer outro titular de direito de autor, por qualquer forma ou processo;

II – transmissão ou emissão – a difusão de sons ou de sons e imagens, por meio de ondas radioelétricas; sinais de satélite; fio, cabo ou outro condutor; meios óticos ou qualquer outro processo eletromagnético;

III – retransmissão – a emissão simultânea da transmissão de uma empresa por outra;

IV – distribuição – a colocação à disposição do público do original ou cópia de obras literárias, artísticas ou científicas, interpretações ou execuções fixadas e fonogramas, mediante a venda, locação ou qualquer outra forma de transferência de propriedade ou posse;

V – comunicação ao público – ato mediante o qual a obra é colocada ao alcance do público, por qualquer meio ou procedimento e que não consista na distribuição de exemplares;

VI – reprodução – a cópia de um ou vários exemplares de uma obra literária, artística ou científica ou de um fonograma, de qualquer forma tangível, incluindo qualquer armazenamento permanente ou temporário por meios eletrônicos ou qualquer outro meio de fixação que venha a ser desenvolvido;

VII – contrafação – a reprodução não autorizada;

VIII – obra:

a) em coautoria – quando é criada em comum, por dois ou mais autores;

b) anônima – quando não se indica o nome do autor, por sua vontade ou por ser desconhecido;

c) pseudônima – quando o autor se oculta sob nome suposto;

d) inédita – a que não haja sido objeto de publicação;

e) póstuma – a que se publique após a morte do autor;

f) originária – a criação primígena;

g) derivada – a que, constituindo criação intelectual nova, resulta da transformação de obra originária;

h) coletiva – a criada por iniciativa, organização e responsabilidade de uma pessoa física ou jurídica, que a publica

(*) Publicada no *DOU*, de 20-2-1998. *Vide* Decreto n. 9.574, de 22-11-2018, que consolida atos normativos que dispõem sobre gestão coletiva de direitos autorais.

sob seu nome ou marca e que é constituída pela participação de diferentes autores, cujas contribuições se fundem numa criação autônoma;

i) audiovisual - a que resulta da fixação de imagens com ou sem som, que tenha a finalidade de criar, por meio de sua reprodução, a impressão de movimento, independentemente dos processos de sua captação, do suporte usado inicial ou posteriormente para fixá-lo, bem como dos meios utilizados para sua veiculação;

IX – fonograma - toda fixação de sons de uma execução ou interpretação ou de outros sons, ou de uma representação de sons que não seja uma fixação incluída em uma obra audiovisual;

X – editor - a pessoa física ou jurídica à qual se atribui o direito exclusivo de reprodução da obra e o dever de divulgá-la, nos limites previstos no contrato de edição;

XI – produtor - a pessoa física ou jurídica que toma a iniciativa e tem a responsabilidade econômica da primeira fixação do fonograma ou da obra audiovisual, qualquer que seja a natureza do suporte utilizado;

XII – radiodifusão - a transmissão sem fio, inclusive por satélites, de sons ou imagens e sons ou das representações desses, para recepção ao público e a transmissão de sinais codificados, quando os meios de decodificação sejam oferecidos ao público pelo organismo de radiodifusão ou com seu consentimento;

XIII – artistas intérpretes ou executantes - todos os atores, cantores, músicos, bailarinos ou outras pessoas que representem um papel, cantem, recitem, declamem, interpretem ou executem em qualquer forma obras literárias ou artísticas ou expressões do folclore;

XIV – titular originário - o autor de obra intelectual, o intérprete, o executante, o produtor fonográfico e as empresas de radiodifusão.

•• Inciso XIV acrescentado pela Lei n. 12.853, de 14-8-2013.

Art. 6.º Não serão de domínio da União, dos Estados, do Distrito Federal ou dos Municípios as obras por eles simplesmente subvencionadas.

Título II
DAS OBRAS INTELECTUAIS

Capítulo I
DAS OBRAS PROTEGIDAS

Art. 7.º São obras intelectuais protegidas as criações do espírito, expressas por qualquer meio ou fixadas em qualquer suporte, tangível ou intangível, conhecido ou que se invente no futuro, tais como:

•• *Vide* arts. 3.º, § 2.º, 4.º e 18 do Decreto n. 9.574, de 22-11-2018.

I – os textos de obras literárias, artísticas ou científicas;

II – as conferências, alocuções, sermões e outras obras da mesma natureza;

III – as obras dramáticas e dramático-musicais;

IV – as obras coreográficas e pantomímicas, cuja execução cênica se fixe por escrito ou por outra qualquer forma;

V – as composições musicais, tenham ou não letra;

VI – as obras audiovisuais, sonorizadas ou não, inclusive as cinematográficas;

VII – as obras fotográficas e as produzidas por qualquer processo análogo ao da fotografia;

VIII – as obras de desenho, pintura, gravura, escultura, litografia e arte cinética;

IX – as ilustrações, cartas geográficas e outras obras da mesma natureza;

X – os projetos, esboços e obras plásticas concernentes à geografia, engenharia, topografia, arquitetura, paisagismo, cenografia e ciência;

XI – as adaptações, traduções e outras transformações de obras originais, apresentadas como criação intelectual nova;

XII – os programas de computador;

XIII – as coletâneas ou compilações, antologias, enciclopédias, dicionários, bases de dados e outras obras, que, por sua seleção, organização ou disposição de seu conteúdo, constituam uma criação intelectual.

§ 1.º Os programas de computador são objeto de legislação específica, observadas as disposições desta Lei que lhes sejam aplicáveis.

§ 2.º A proteção concedida no inciso XIII não abarca os dados ou materiais em si mesmos e se entende sem prejuízo de quaisquer direitos autorais que subsistam a respeito dos dados ou materiais contidos nas obras.

§ 3.º No domínio das ciências, a proteção recairá sobre a forma literária ou artística, não abrangendo o seu conteúdo científico ou técnico, sem prejuízo dos direitos que protegem os demais campos da propriedade imaterial.

Art. 8.º Não são objeto de proteção como direitos autorais de que trata esta Lei:

I – as ideias, procedimentos normativos, sistemas, métodos, projetos ou conceitos matemáticos como tais;

II – os esquemas, planos ou regras para realizar atos mentais, jogos ou negócios;

III – os formulários em branco para serem preenchidos por qualquer tipo de informação, científica ou não, e suas instruções;

IV – os textos de tratados ou convenções, leis, decretos, regulamentos, decisões judiciais e demais atos oficiais;

V – as informações de uso comum tais como calendários, agendas, cadastros ou legendas;

VI – os nomes e títulos isolados;

VII – o aproveitamento industrial ou comercial das ideias contidas nas obras.

Art. 9.º À cópia de obra de arte plástica feita pelo próprio autor é assegurada a mesma proteção de que goza o original.

Art. 10. A proteção à obra intelectual abrange o seu título, se original e inconfundível com o de obra do mesmo gênero, divulgada anteriormente por outro autor.

Parágrafo único. O título de publicações periódicas, inclusive jornais, é protegido até um ano após a saída do seu último número, salvo se forem anuais, caso em que esse prazo se elevará a dois anos.

Capítulo II
DA AUTORIA DAS OBRAS INTELECTUAIS

Art. 11. Autor é a pessoa física criadora de obra literária, artística ou científica.

Parágrafo único. A proteção concedida ao autor poderá aplicar-se às pessoas jurídicas nos casos previstos nesta Lei.

Art. 12. Para se identificar como autor, poderá o criador da obra literária, artística ou científica usar de seu nome civil, completo ou abreviado até por suas iniciais, de pseudônimo ou qualquer outro sinal convencional.

Art. 13. Considera-se autor da obra intelectual, não havendo prova em contrário, aquele que, por uma das modalidades de identificação referidas no artigo anterior, tiver, em conformidade com o uso, indicada ou anunciada essa qualidade na sua utilização.

Art. 14. É titular de direitos de autor quem adapta, traduz, arranja ou orquestra obra caída no domínio público, não podendo opor-se a outra adaptação, arranjo, orquestração ou tradução, salvo se for cópia da sua.

Art. 15. A coautoria da obra é atribuída àqueles em cujo nome, pseudônimo ou sinal convencional for utilizada.

§ 1.º Não se considera coautor quem simplesmente auxiliou o autor na produção da obra literária, artística ou científica, revendo-a, atualizando-a, bem como fiscalizando ou dirigindo sua edição ou apresentação por qualquer meio.

§ 2.º Ao coautor, cuja contribuição possa ser utilizada separadamente, são asseguradas todas as faculdades inerentes à sua criação como obra individual, vedada, porém, a utilização que possa acarretar prejuízo à exploração da obra comum.

Art. 16. São coautores da obra audiovisual o autor do assunto ou argumento literário, musical ou literomusical e o diretor.

Parágrafo único. Consideram-se coautores de desenhos animados os que criam os desenhos utilizados na obra audiovisual.

Art. 17. É assegurada a proteção às participações individuais em obras coletivas.

§ 1.º Qualquer dos participantes, no exercício de seus direitos morais, poderá proibir que se indique ou anuncie seu nome na obra coletiva, sem prejuízo do direito de haver a remuneração contratada.

§ 2.º Cabe ao organizador a titularidade dos direitos patrimoniais sobre o conjunto da obra coletiva.

§ 3.º O contrato com o organizador especificará a contribuição do participante, o prazo para entrega ou realização, a remuneração e demais condições para sua execução.

Capítulo III
DO REGISTRO DAS OBRAS INTELECTUAIS

Art. 18. A proteção aos direitos de que trata esta Lei independe de registro.

Art. 19. É facultado ao autor registrar a sua obra no órgão público definido no *caput* e no § 1.º do art. 17 da Lei n. 5.988, de 14 de dezembro de 1973.

•• Disposições mantidas da Lei n. 5.988, de 14-12-1973:

"DO REGISTRO DAS OBRAS INTELECTUAIS

Art. 17. Para segurança de seus direitos, o autor da obra intelectual poderá registrá-la, conforme sua natureza, na Biblioteca Nacional, na Escola de Música, na Escola de Belas Artes da Universidade Federal do Rio de Janeiro, no Instituto Nacional do Cinema, ou no Conselho Federal de Engenharia, Arquitetura e Agronomia.

§ 1.º Se a obra for de natureza que comporte registro em mais de um desses órgãos, deverá ser registrada naquele com que tiver maior afinidade.

§ 2.º O Poder Executivo, mediante decreto, poderá, a qualquer tempo, reorganizar os serviços de registro, conferindo a outros órgãos as atribuições a que se refere este artigo".

Art. 20. Para os serviços de registro previstos nesta Lei será cobrada retribuição, cujo valor e processo de recolhimento serão estabelecidos por ato do titular do órgão da administração pública federal a que estiver vinculado o registro das obras intelectuais.

Art. 21. Os serviços de registro de que trata esta Lei serão organizados conforme preceitua o § 2.º do art. 17 da Lei n. 5.988, de 14 de dezembro de 1973.

•• *Vide* nota ao art. 19 desta Lei.

TÍTULO III
DOS DIREITOS DO AUTOR

Capítulo I
DISPOSIÇÕES PRELIMINARES

Art. 22. Pertencem ao autor os direitos morais e patrimoniais sobre a obra que criou.

Art. 23. Os coautores da obra intelectual exercerão, de comum acordo, os seus direitos, salvo convenção em contrário.

Capítulo II
DOS DIREITOS MORAIS DO AUTOR

Art. 24. São direitos morais do autor:

I – o de reivindicar, a qualquer tempo, a autoria da obra;

II – o de ter seu nome, pseudônimo ou sinal convencional indicado ou anunciado, como sendo o do autor, na utilização de sua obra;

III – o de conservar a obra inédita;

IV – o de assegurar a integridade da obra, opondo-se a quaisquer modificações ou à prática de atos que, de qualquer forma, possam prejudicá-la ou atingi-lo, como autor, em sua reputação ou honra;

V – o de modificar a obra, antes ou depois de utilizada;

VI – o de retirar de circulação a obra ou de suspender qualquer forma de utilização já autorizada, quando a circulação ou utilização implicarem afronta à sua reputação e imagem;

VII – o de ter acesso a exemplar único e raro da obra, quando se encontre legitimamente em poder de outrem, para o fim de, por meio de processo fotográfico ou assemelhado, ou audiovisual, preservar sua memória, de forma que cause o menor inconveniente possível a seu detentor, que, em todo caso, será indenizado de qualquer dano ou prejuízo que lhe seja causado.

§ 1.º Por morte do autor, transmitem-se a seus sucessores os direitos a que se referem os incisos I a IV.

§ 2.º Compete ao Estado a defesa da integridade e autoria da obra caída em domínio público.

§ 3.º Nos casos dos incisos V e VI, ressalvam-se as prévias indenizações a terceiros, quando couberem.

Art. 25. Cabe exclusivamente ao diretor o exercício dos direitos morais sobre a obra audiovisual.

Art. 26. O autor poderá repudiar a autoria de projeto arquitetônico alterado sem o seu consentimento durante a execução ou após a conclusão da construção.

Parágrafo único. O proprietário da construção responde pelos danos que causar ao autor sempre que, após o repúdio, der como sendo daquele a autoria do projeto repudiado.

Art. 27. Os direitos morais do autor são inalienáveis e irrenunciáveis.

Capítulo III
DOS DIREITOS PATRIMONIAIS DO AUTOR E DE SUA DURAÇÃO

Art. 28. Cabe ao autor o direito exclusivo de utilizar, fruir e dispor da obra literária, artística ou científica.

• *Vide* Súmula 228 do STJ.

Art. 29. Depende de autorização prévia e expressa do autor a utilização da obra, por quaisquer modalidades, tais como:

I – a reprodução parcial ou integral;

II – a edição;

III – a adaptação, o arranjo musical e quaisquer outras transformações;

IV – a tradução para qualquer idioma;

V – a inclusão em fonograma ou produção audiovisual;

VI – a distribuição, quando não intrínseca ao contrato firmado pelo autor com terceiros para uso ou exploração da obra;

VII – a distribuição para oferta de obras ou produções mediante cabo, fibra ótica, satélite, ondas ou qualquer outro sistema que permita ao usuário realizar a seleção da obra ou produção para percebê-la em um tempo e lugar previamente determinados por quem formula a demanda, e nos casos em que o acesso às obras ou produções se faça por qualquer sistema que importe em pagamento pelo usuário;

VIII – a utilização, direta ou indireta, da obra literária, artística ou científica, mediante:

a) representação, recitação ou declamação;

b) execução musical;

c) emprego de alto-falante ou de sistemas análogos;

d) radiodifusão sonora ou televisiva;

e) captação de transmissão de radiodifusão em locais de frequência coletiva;

f) sonorização ambiental;

g) a exibição audiovisual, cinematográfica ou por processo assemelhado;

h) emprego de satélites artificiais;

i) emprego de sistemas óticos, fios telefônicos ou não, cabos de qualquer tipo e meios de comunicação similares que venham a ser adotados;

j) exposição de obras de artes plásticas e figurativas;

IX – a inclusão em base de dados, o armazenamento em computador, a microfilmagem e as demais formas de arquivamento do gênero;

X – quaisquer outras modalidades de utilização existentes ou que venham a ser inventadas.

Art. 30. No exercício do direito de reprodução, o titular dos direitos autorais poderá colocar à disposição do público a obra, na forma, local e pelo tempo que desejar, a título oneroso ou gratuito.

§ 1.º O direito de exclusividade de reprodução não será aplicável quando ela for temporária e apenas tiver o propósito de tornar a obra, fonograma ou interpretação perceptível em meio eletrônico ou quando for de natureza transitória e incidental, desde que ocorra no curso do uso devidamente autorizado da obra, pelo titular.

§ 2.º Em qualquer modalidade de reprodução, a quantidade de exemplares será informada e controlada, cabendo a quem reproduzir a obra a responsabilidade de manter os registros que permitam, ao autor, a fiscalização do aproveitamento econômico da exploração.

Art. 31. As diversas modalidades de utilização de obras literárias, artísticas ou científicas ou de fonogramas são independentes entre si, e a autorização concedida pelo autor, ou pelo produtor, respectivamente, não se estende a quaisquer das demais.

Art. 32. Quando uma obra feita em regime de coautoria não for divisível, nenhum dos coautores, sob pena de responder por perdas e danos, poderá, sem consentimento dos demais, publicá-la ou autorizar-lhe a publicação, salvo na coleção de suas obras completas.

§ 1.º Havendo divergência, os coautores decidirão por maioria.

§ 2.º Ao coautor dissidente é assegurado o direito de não contribuir para as despesas de publicação, renunciando a sua parte nos lucros, e o de vedar que se inscreva seu nome na obra.

§ 3.º Cada coautor pode, individualmente, sem aquiescência dos outros, registrar a obra e defender os próprios direitos contra terceiros.

Art. 33. Ninguém pode reproduzir obra que não pertença ao domínio público, a pretexto de anotá-la, comentá-la ou melhorá-la, sem permissão do autor.

Parágrafo único. Os comentários ou anotações poderão ser publicados separadamente.

Art. 34. As cartas missivas, cuja publicação está condicionada à permissão do autor, poderão ser juntadas como documento de prova em processos administrativos e judiciais.

Art. 35. Quando o autor, em virtude de revisão, tiver dado à obra versão definitiva, não poderão seus sucessores reproduzir versões anteriores.

Art. 36. O direito de utilização econômica dos escritos publicados pela imprensa, diária ou periódica, com exceção dos assinados ou que apresentem sinal de reserva, pertence ao editor, salvo convenção em contrário.

Parágrafo único. A autorização para utilização econômica de artigos assinados, para publicação em diários e periódicos, não produz efeito além do prazo da periodicidade acrescido de 20 (vinte) dias, a contar de sua publicação, findo o qual recobra o autor o seu direito.

Art. 37. A aquisição do original de uma obra, ou de exemplar, não confere ao adquirente qualquer dos direitos patrimoniais do autor, salvo convenção em contrário entre as partes e os casos previstos nesta Lei.

Art. 38. O autor tem o direito, irrenunciável e inalienável, de perceber, no mínimo, 5% (cinco por cento) sobre o aumento do preço eventualmente verificável em cada revenda de obra de arte ou manuscrito, sendo originais, que houver alienado.

Parágrafo único. Caso o autor não perceba o seu direito de sequência no ato da revenda, o vendedor é considerado depositário da quantia a ele devida, salvo se a operação for realizada por leiloeiro, quando será este o depositário.

Art. 39. Os direitos patrimoniais do autor, excetuados os rendimentos resultantes de sua exploração, não se comunicam, salvo pacto antenupcial em contrário.

Art. 40. Tratando-se de obra anônima ou pseudônima, caberá a quem publicá-la o exercício dos direitos patrimoniais do autor.

Parágrafo único. O autor que se der a conhecer assumirá o exercício dos direitos patrimoniais, ressalvados os direitos adquiridos por terceiros.

Art. 41. Os direitos patrimoniais do autor perduram por 70 (setenta) anos contados de 1.º de janeiro do ano subsequente ao de seu falecimento, obedecida a ordem sucessória da lei civil.

Parágrafo único. Aplica-se às obras póstumas o prazo de proteção a que alude o *caput* deste artigo.

Art. 42. Quando a obra literária, artística ou científica realizada em coautoria for indivisível, o prazo previsto no artigo anterior será contado da morte do último dos coautores sobreviventes.

Parágrafo único. Acrescer-se-ão aos dos sobreviventes os direitos do coautor que falecer sem sucessores.

Art. 43. Será de 70 (setenta) anos o prazo de proteção aos direitos patrimoniais sobre as obras anônimas ou pseudônimas, contado de 1.º de janeiro do ano imediatamente posterior ao da primeira publicação.

Parágrafo único. Aplicar-se-á o disposto no art. 41 e seu parágrafo único, sempre que o autor se der a conhecer antes do termo do prazo previsto no *caput* deste artigo.

Art. 44. O prazo de proteção aos direitos patrimoniais sobre obras audiovisuais e fotográficas será de 70 (setenta) anos, a contar de 1.º de janeiro do ano subsequente ao de sua divulgação.

Art. 45. Além das obras em relação às quais decorreu o prazo de proteção aos direitos patrimoniais, pertencem ao domínio público:

I – as de autores falecidos que não tenham deixado sucessores;

II – as de autor desconhecido, ressalvada a proteção legal aos conhecimentos étnicos e tradicionais.

Capítulo IV
DAS LIMITAÇÕES AOS DIREITOS AUTORAIS

Art. 46. Não constitui ofensa aos direitos autorais:

I – a reprodução:

a) na imprensa diária ou periódica, de notícia ou de artigo informativo, publicado em diários ou periódicos, com a menção do nome do autor, se assinados, e da publicação de onde foram transcritos;

b) em diários ou periódicos, de discursos pronunciados em reuniões públicas de qualquer natureza;

c) de retratos, ou de outra forma de representação da imagem, feitos sob encomenda, quando realizada pelo proprietário do objeto encomendado, não havendo a oposição da pessoa neles representada ou de seus herdeiros;

d) de obras literárias, artísticas ou científicas, para uso exclusivo de deficientes visuais, sempre que a reprodução, sem fins comerciais, seja feita mediante o sistema Braille ou outro procedimento em qualquer suporte para esses destinatários;

II – a reprodução, em um só exemplar de pequenos trechos, para uso privado do copista, desde que feita por este, sem intuito de lucro;

• *Vide* art. 184, § 4.º, do CP.

III – a citação em livros, jornais, revistas ou qualquer outro meio de comunicação, de passagens de qualquer obra, para fins de estudo, crítica ou polêmica, na medida justificada para o fim a atingir, indicando-se o nome do autor e a origem da obra;

IV – o apanhado de lições em estabelecimentos de ensino por aqueles a quem elas se dirigem, vedada sua publicação, integral ou parcial, sem autorização prévia e expressa de quem as ministrou;

V – a utilização de obras literárias, artísticas ou científicas, fonogramas e transmissão de rádio e televisão em estabelecimentos comerciais, exclusivamente para demonstração à clientela, desde que esses estabelecimentos comercializem os suportes ou equipamentos que permitam a sua utilização;

VI – a representação teatral e a execução musical, quando realizadas no recesso familiar ou, para fins exclusivamente didáticos, nos estabelecimentos de ensino, não havendo em qualquer caso intuito de lucro;

VII – a utilização de obras literárias, artísticas ou científicas para produzir prova judiciária ou administrativa;

VIII – a reprodução, em quaisquer obras, de pequenos trechos de obras preexistentes, de qualquer natureza, ou de obra integral, quando de artes plásticas, sempre que a reprodução em si não seja o objetivo principal da obra nova e que não prejudique a exploração normal da obra reproduzida nem cause um prejuízo injustificado aos legítimos interesses dos autores.

Art. 47. São livres as paráfrases e paródias que não forem verdadeiras reproduções da obra originária nem lhe implicarem descrédito.

Art. 48. As obras situadas permanentemente em logradouros públicos podem ser representadas livremente, por meio de pinturas, desenhos, fotografias e procedimentos audiovisuais.

Capítulo V
DA TRANSFERÊNCIA DOS DIREITOS DE AUTOR

Art. 49. Os direitos de autor poderão ser total ou parcialmente transferidos a terceiros, por ele ou por seus sucessores, a título universal ou singular, pessoalmente ou por meio de representantes com poderes especiais, por meio de licenciamento, concessão, cessão ou por outros meios admitidos em Direito, obedecidas as seguintes limitações:

I – a transmissão total compreende todos os direitos de autor, salvo os de natureza moral e os expressamente excluídos por lei;

II – somente se admitirá transmissão total e definitiva dos direitos mediante estipulação contratual escrita;

III – na hipótese de não haver estipulação contratual escrita, o prazo máximo será de 5 (cinco) anos;

IV – a cessão será válida unicamente para o país em que se firmou o contrato, salvo estipulação em contrário;

V – a cessão só se operará para modalidades de utilização já existentes à data do contrato;

VI – não havendo especificações quanto à modalidade de utilização, o contrato será interpretado restritivamente, entendendo-se como limitada apenas a uma que seja aquela indispensável ao cumprimento da finalidade do contrato.

Art. 50. A cessão total ou parcial dos direitos de autor, que se fará sempre por escrito, presume-se onerosa.

§ 1.º Poderá a cessão ser averbada à margem do registro a que se refere o art. 19 desta Lei, ou, não estando a obra registrada, poderá o instrumento ser registrado em Cartório de Títulos e Documentos.

§ 2.º Constarão do instrumento de cessão como elementos essenciais seu objeto e as condições de exercício do direito quanto a tempo, lugar e preço.

Art. 51. A cessão dos direitos de autor sobre obras futuras abrangerá, no máximo, o período de 5 (cinco) anos.

Parágrafo único. O prazo será reduzido a 5 (cinco) anos sempre que indeterminado ou superior, diminuindo-se, na devida proporção, o preço estipulado.

Art. 52. A omissão do nome do autor, ou de coautor, na divulgação da obra não presume o anonimato ou a cessão de seus direitos.

TÍTULO IV
DA UTILIZAÇÃO DE OBRAS INTELECTUAIS E DOS FONOGRAMAS

•• *Vide* arts. 34 e s. do Decreto n. 9.574, de 22-11-2018.

Capítulo I
DA EDIÇÃO

Art. 53. Mediante contrato de edição, o editor, obrigando-se a reproduzir e a divulgar a obra literária, artística ou científica, fica autorizado, em caráter de exclusividade, a publicá-la e a explorá-la pelo prazo e nas condições pactuadas com o autor.

Parágrafo único. Em cada exemplar da obra o editor mencionará:

I – o título da obra e seu autor;

II – no caso de tradução, o título original e o nome do tradutor;

III – o ano de publicação;

IV – o seu nome ou marca que o identifique.

Art. 54. Pelo mesmo contrato pode o autor obrigar-se à feitura de obra literária, artística ou científica em cuja publicação e divulgação se empenha o editor.

Art. 55. Em caso de falecimento ou de impedimento do autor para concluir a obra, o editor poderá:

I – considerar resolvido o contrato, mesmo que tenha sido entregue parte considerável da obra;

II – editar a obra, sendo autônoma, mediante pagamento proporcional do preço;

III – mandar que outro a termine, desde que consintam os sucessores e seja o fato indicado na edição.

Parágrafo único. É vedada a publicação parcial, se o autor manifestou a vontade de só publicá-la por inteiro ou se assim o decidirem seus sucessores.

Art. 56. Entende-se que o contrato versa apenas sobre uma edição, se não houver cláusula expressa em contrário.

Parágrafo único. No silêncio do contrato, considera-se que cada edição se constitui de três mil exemplares.

Art. 57. O preço da retribuição será arbitrado, com base nos usos e costumes, sempre que no contrato não a tiver estipulado expressamente o autor.

Art. 58. Se os originais forem entregues em desacordo com o ajustado e o editor não os recusar nos 30 (trinta) dias seguintes ao do recebimento, ter-se-ão por aceitas as alterações introduzidas pelo autor.

Art. 59. Quaisquer que sejam as condições do contrato, o editor é obrigado a facultar ao autor o exame da escrituração na parte que lhe corresponde, bem como a informá-lo sobre o estado da edição.

Art. 60. Ao editor compete fixar o preço da venda, sem, todavia, poder elevá-lo a ponto de embaraçar a circulação da obra.

Art. 61. O editor será obrigado a prestar contas mensais ao autor sempre que a retribuição deste estiver condicionada à venda da obra, salvo se prazo diferente houver sido convencionado.

Art. 62. A obra deverá ser editada em 2 (dois) anos da celebração do contrato, salvo prazo diverso estipulado em convenção.

Parágrafo único. Não havendo edição da obra no prazo legal ou contratual, poderá ser rescindido o contrato, respondendo o editor por danos causados.

Art. 63. Enquanto não se esgotarem as edições a que tiver direito o editor, não poderá o autor dispor de sua obra, cabendo ao editor o ônus da prova.

§ 1.º Na vigência do contrato de edição, assiste ao editor o direito de exigir que se retire de circulação edição da mesma obra feita por outrem.

§ 2.º Considera-se esgotada a edição quando restarem em estoque, em poder do editor, exemplares em número inferior a 10% (dez por cento) do total da edição.

Art. 64. Somente decorrido 1 (um) ano de lançamento da edição, o editor poderá vender, como saldo, os exemplares restantes, desde que o autor seja notificado de que, no prazo de 30 (trinta) dias, terá prioridade na aquisição dos referidos exemplares pelo preço de saldo.

Art. 65. Esgotada a edição, e o editor, com direito a outra, não a publicar, poderá o autor notificá-lo a que o faça em certo prazo, sob pena de perder aquele direito, além de responder por danos.

Art. 66. O autor tem o direito de fazer, nas edições sucessivas de suas obras, as emendas e alterações que bem lhe aprouver.

Parágrafo único. O editor poderá opor-se às alterações que lhe prejudiquem os interesses, ofendam sua reputação ou aumentem sua responsabilidade.

Art. 67. Se, em virtude de sua natureza, for imprescindível a atualização da obra em novas edições, o editor, negando-se o autor a fazê-la, dela poderá encarregar outrem, mencionando o fato na edição.

Capítulo II
DA COMUNICAÇÃO AO PÚBLICO

Art. 68. Sem prévia e expressa autorização do autor ou titular, não poderão ser utilizadas obras teatrais, composições musicais ou lítero-musicais e fonogramas, em representações e execuções públicas.

§ 1.º Considera-se representação pública a utilização de obras teatrais no gênero drama, tragédia, comédia, ópera, opereta, balé, pantomimas e assemelhadas, musicadas ou não, mediante a participação de artistas, remunerados ou não, em locais de frequência coletiva ou pela radiodifusão, transmissão e exibição cinematográfica.

§ 2.º Considera-se execução pública a utilização de composições musicais ou lítero-musicais, mediante a participação de artistas, remunerados ou não, ou a utilização de fonogramas e obras audiovisuais, em locais de frequência coletiva, por quaisquer processos, inclusive a radiodifusão ou transmissão por qualquer modalidade, e a exibição cinematográfica.

§ 3.º Consideram-se locais de frequência coletiva os teatros, cinemas, salões de baile ou concertos, boates, bares, clubes ou associações de qualquer natureza, lojas, estabelecimentos comerciais e industriais, estádios, circos, feiras, restaurantes, hotéis, motéis, clínicas, hospitais, órgãos públicos da administração direta ou indireta, fundacionais e estatais, meios de transporte de passageiros terrestre, marítimo, fluvial ou aéreo, ou onde quer que se representem, executem ou transmitam obras literárias, artísticas ou científicas.

§ 4.º Previamente à realização da execução pública, o empresário deverá apresentar ao escritório central, previsto no art. 99, a comprovação dos recolhimentos relativos aos direitos autorais.

§ 5.º Quando a remuneração depender da frequência do público, poderá o empresário, por convênio com o escritório central, pagar o preço após a realização da execução pública.

§ 6.º O usuário entregará à entidade responsável pela arrecadação dos direitos relativos à execução ou exibição pública, imediatamente após o ato de comunicação ao público, relação completa das obras e fonogramas utilizados, e a tornará pública e de livre acesso, juntamente com os valores pagos, em seu sítio eletrônico ou, em não havendo este, no local da comunicação e em sua sede.

•• § 6.º com redação determinada pela Lei n. 12.853, de 14-8-2013.

§ 7.º As empresas cinematográficas e de radiodifusão manterão à imediata disposição dos interessados, cópia autêntica dos contratos, ajustes ou acordos, individuais ou coletivos, autorizando e disciplinando a remuneração por execução pública das obras musicais e fonogramas contidos em seus programas ou obras audiovisuais.

§ 8.º Para as empresas mencionadas no § 7.º, o prazo para cumprimento do disposto no § 6.º será até o décimo dia útil de cada mês, relativamente à relação completa das obras e fonogramas utilizados no mês anterior.

•• § 8.º acrescentado pela Lei n. 12.853, de 14-8-2013.

Art. 69. O autor, observados os usos locais, notificará o empresário do prazo para a representação ou execução, salvo prévia estipulação convencional.

Art. 70. Ao autor assiste o direito de opor-se à representação ou execução que não seja suficientemente ensaiada, bem como fiscalizá-la, tendo, para isso, livre acesso durante as representações ou execuções, no local onde se realizam.

Art. 71. O autor da obra não pode alterar-lhe a substância, sem acordo com o empresário que a faz representar.

Art. 72. O empresário, sem licença do autor, não pode entregar a obra a pessoa estranha à representação ou à execução.

Art. 73. Os principais intérpretes e os diretores de orquestras ou coro, escolhidos de comum acordo pelo autor e pelo produtor, não podem ser substituídos por ordem deste, sem que aquele consinta.

Art. 74. O autor de obra teatral, ao autorizar a sua tradução ou adaptação, poderá fixar prazo para utilização dela em representações públicas.

Parágrafo único. Após o decurso do prazo a que se refere este artigo, não poderá opor-se o tradutor ou adaptador à utilização de outra tradução ou adaptação autorizada, salvo se for cópia da sua.

Art. 75. Autorizada a representação de obra teatral feita em coautoria, não poderá qualquer dos coautores revogar a autorização dada, provocando a suspensão da temporada contratualmente ajustada.

Art. 76. É impenhorável a parte do produto dos espetáculos reservada ao autor e aos artistas.

Capítulo III
DA UTILIZAÇÃO DA OBRA DE ARTE PLÁSTICA

Art. 77. Salvo convenção em contrário, o autor de obra de arte plástica, ao alienar o objeto em que ela se materializa, transmite o direito de expô-la, mas não transmite ao adquirente o direito de reproduzi-la.

Art. 78. A autorização para reproduzir obra de arte plástica, por qualquer processo, deve se fazer por escrito e se presume onerosa.

Capítulo IV
DA UTILIZAÇÃO DA OBRA FOTOGRÁFICA

Art. 79. O autor de obra fotográfica tem direito a reproduzi-la e colocá-la à venda, observadas as restrições à exposição, reprodução e venda de retratos, e sem prejuízo dos direitos de autor sobre a obra fotografada, se de artes plásticas protegidas.

§ 1.º A fotografia, quando utilizada por terceiros, indicará de forma legível o nome do seu autor.

§ 2.º É vedada a reprodução de obra fotográfica que não esteja em absoluta consonância com o original, salvo prévia autorização do autor.

Capítulo V
DA UTILIZAÇÃO DE FONOGRAMA

Art. 80. Ao publicar o fonograma, o produtor mencionará em cada exemplar:

I – o título da obra incluída e seu autor;

II – o nome ou pseudônimo do intérprete;

III – o ano de publicação;

IV – o seu nome ou marca que o identifique.

Capítulo VI
DA UTILIZAÇÃO DA OBRA AUDIOVISUAL

Art. 81. A autorização do autor e do intérprete de obra literária, artística ou científica para produção audiovisual implica, salvo disposição em contrário, consentimento para sua utilização econômica.

§ 1.º A exclusividade da autorização depende de cláusula expressa e cessa 10 (dez) anos após a celebração do contrato.

§ 2.º Em cada cópia da obra audiovisual, mencionará o produtor:

I – o título da obra audiovisual;

II – os nomes ou pseudônimos do diretor e dos demais coautores;

III – o título da obra adaptada e seu autor, se for o caso;

IV – os artistas intérpretes;

V – o ano de publicação;

VI – o seu nome ou marca que o identifique;

VII – o nome dos dubladores.

•• Inciso VII acrescentado pela Lei n. 12.091, de 11-11-2009.

Art. 82. O contrato de produção audiovisual deve estabelecer:

I – a remuneração devida pelo produtor aos coautores da obra e aos artistas intérpretes e executantes, bem como o tempo, lugar e forma de pagamento;

II – o prazo de conclusão da obra;

III – a responsabilidade do produtor para com os coautores, artistas intérpretes ou executantes, no caso de coprodução.

Art. 83. O participante da produção da obra audiovisual que interromper, temporária ou definitivamente, sua atuação, não poderá opor-se a que esta seja utilizada na obra nem a que terceiro o substitua, resguardados os direitos que adquiriu quanto à parte já executada.

Art. 84. Caso a remuneração dos coautores da obra audiovisual dependa dos rendimentos de sua utilização econômica, o produtor lhes prestará contas semestralmente, se outro prazo não houver sido pactuado.

Art. 85. Não havendo disposição em contrário, poderão os coautores da obra audiovisual utilizar-se, em gênero diverso, da parte que constitua sua contribuição pessoal.

Parágrafo único. Se o produtor não concluir a obra audiovisual no prazo ajustado ou não iniciar sua exploração dentro de 2 (dois) anos, a contar de sua conclusão, a utilização a que se refere este artigo será livre.

Art. 86. Os direitos autorais de execução musical relativos a obras musicais, literomusicais e fonogramas incluídos em obras audiovisuais serão devidos aos seus titulares pelos responsáveis dos locais ou estabelecimentos a que alude o § 3.º do art. 68 desta Lei, que as exibirem, ou pelas emissoras de televisão que as transmitirem.

Capítulo VII
DA UTILIZAÇÃO DE BASES DE DADOS

Art. 87. O titular do direito patrimonial sobre uma base de dados terá o direito exclusivo, a respeito da forma de expressão da estrutura da referida base, de autorizar ou proibir:

I – sua reprodução total ou parcial, por qualquer meio ou processo;

II – sua tradução, adaptação, reordenação ou qualquer outra modificação;

III – a distribuição do original ou cópias da base de dados ou a sua comunicação ao público;

IV – a reprodução, distribuição ou comunicação ao público dos resultados das operações mencionadas no inciso II deste artigo.

Capítulo VIII
DA UTILIZAÇÃO DA OBRA COLETIVA

Art. 88. Ao publicar a obra coletiva, o organizador mencionará em cada exemplar:

I – o título da obra;

II – a relação de todos os participantes, em ordem alfabética, se outra não houver sido convencionada;

III – o ano de publicação;

IV – o seu nome ou marca que o identifique.

Parágrafo único. Para valer-se do disposto no § 1.º do art. 17, deverá o participante notificar o organizador, por escrito, até a entrega de sua participação.

Título V
DOS DIREITOS CONEXOS

Capítulo I
DISPOSIÇÕES PRELIMINARES

Art. 89. As normas relativas aos direitos de autor aplicam-se, no que couber, aos direitos dos artistas intérpretes ou executantes, dos produtores fonográficos e das empresas de radiodifusão.

Parágrafo único. A proteção desta Lei aos direitos previstos neste artigo deixa intactas e não afeta as garantias asseguradas aos autores das obras literárias, artísticas ou científicas.

Capítulo II
DOS DIREITOS DOS ARTISTAS INTÉRPRETES OU EXECUTANTES

Art. 90. Tem o artista intérprete ou executante o direito exclusivo de, a título oneroso ou gratuito, autorizar ou proibir:

I – a fixação de suas interpretações ou execuções;

II – a reprodução, a execução pública e a locação das suas interpretações ou execuções fixadas;

III – a radiodifusão das suas interpretações ou execuções, fixadas ou não;

IV – a colocação à disposição do público de suas interpretações ou execuções, de maneira que qualquer pessoa a elas possa ter acesso, no tempo e no lugar que individualmente escolherem;

V – qualquer outra modalidade de utilização de suas interpretações ou execuções.

§ 1.º Quando na interpretação ou na execução participarem vários artistas, seus direitos serão exercidos pelo diretor do conjunto.

§ 2.º A proteção aos artistas intérpretes ou executantes estende-se à reprodução da voz e imagem, quando associadas às suas atuações.

Art. 91. As empresas de radiodifusão poderão realizar fixações de interpretação ou execução de artistas que as tenham permitido para utilização em determinado número de emissões, facultada sua conservação em arquivo público.

Parágrafo único. A reutilização subsequente da fixação, no País ou no exterior, somente será lícita mediante autorização escrita dos titulares de bens intelectuais incluídos no programa, devida uma remuneração adicional aos titulares para cada nova utilização.

Art. 92. Aos intérpretes cabem os direitos morais de integridade e paternidade de suas interpretações, inclusive depois da cessão dos direitos patrimoniais, sem prejuízo da redução, compactação, edição ou dublagem da obra de que tenham participado, sob a responsabilidade do produtor, que não poderá desfigurar a interpretação do artista.

Parágrafo único. O falecimento de qualquer participante de obra audiovisual, concluída ou não, não obsta sua exibição e aproveitamento econômico, nem exige autorização adicional, sendo a remuneração prevista para o falecido, nos termos do contrato e da lei, efetuada a favor do espólio ou dos sucessores.

Capítulo III
DOS DIREITOS DOS PRODUTORES FONOGRÁFICOS

Art. 93. O produtor de fonogramas tem o direito exclusivo de, a título oneroso ou gratuito, autorizar-lhes ou proibir-lhes:

I – a reprodução direta ou indireta, total ou parcial;

II – a distribuição por meio da venda ou locação de exemplares da reprodução;

III – a comunicação ao público por meio da execução pública, inclusive pela radiodifusão;

IV – (*Vetado*);

V – quaisquer outras modalidades de utilização, existentes ou que venham a ser inventadas.

Art. 94. (*Revogado pela Lei n. 12.853, de 14-8-2013.*)

Capítulo IV
DOS DIREITOS DAS EMPRESAS DE RADIODIFUSÃO

• Serviços de Radiodifusão: Lei n. 9.472, de 16-7-1997.

• Serviços de Radiodifusão Comunitária: Lei n. 9.612, de 19-2-1998, e Decreto n. 2.615, de 3-6-1998.

• *Vide* Lei n. 10.610, de 20-12-2002, que dispõe sobre a participação de capital estrangeiro nas empresas jornalísticas e de radiodifusão.

Art. 95. Cabe às empresas de radiodifusão o direito exclusivo de autorizar ou proibir a retransmissão, fixação e reprodução de suas emissões, bem como a comunicação ao público, pela televisão, em locais de frequência coletiva, sem prejuízo dos direitos dos titulares de bens intelectuais incluídos na programação.

Capítulo V
DA DURAÇÃO DOS DIREITOS CONEXOS

Art. 96. É de 70 (setenta) anos o prazo de proteção aos direitos conexos, contados a partir de 1.º de janeiro do ano subsequente à fixação, para os fonogramas; à transmissão, para as emissões das empresas de radiodifusão; e à execução e representação pública, para os demais casos.

Título VI
DAS ASSOCIAÇÕES DE TITULARES DE DIREITOS DE AUTOR E DOS QUE LHES SÃO CONEXOS

Art. 97. Para o exercício e defesa de seus direitos, podem os autores e os titulares de direitos conexos associar-se sem intuito de lucro.

§ 1.º As associações reguladas por este artigo exercem atividade de interesse público, por determinação desta Lei, devendo atender a sua função social.

•• § 1.º com redação determinada pela Lei n. 12.853, de 14-8-2013.

§ 2.º É vedado pertencer, simultaneamente, a mais de uma associação para a gestão coletiva de direitos da mesma natureza.

•• § 2.º com redação determinada pela Lei n. 12.853, de 14-8-2013.

§ 3.º Pode o titular transferir-se, a qualquer momento, para outra associação, devendo comunicar o fato, por escrito, à associação de origem.

•• § 3.º com redação determinada pela Lei n. 12.853, de 14-8-2013.

§ 4.º As associações com sede no exterior far-se-ão representar, no País, por associações nacionais constituídas na forma prevista nesta Lei.

•• § 4.º acrescentado pela Lei n. 12.853, de 14-8-2013.

§ 5.º Apenas os titulares originários de direitos de autor ou de direitos conexos filiados diretamente às associações nacionais poderão votar ou ser votados nas associações reguladas por este artigo.

•• § 5.º acrescentado pela Lei n. 12.853, de 14-8-2013.

• *Vide* art. 19 do Decreto n. 9.574, de 22-11-2018.

§ 6.º Apenas os titulares originários de direitos de autor ou de direitos conexos, nacionais ou estrangeiros domiciliados no Brasil, filiados diretamente às associações nacionais poderão assumir cargos de direção nas associações reguladas por este artigo.

•• § 6.º acrescentado pela Lei n. 12.853, de 14-8-2013.

• *Vide* art. 19 do Decreto n. 9.574, de 22-11-2018.

Art. 98. Com o ato de filiação, as associações de que trata o art. 97 tornam-se mandatárias de seus associados para a prática de todos os atos necessários à defesa judicial ou extrajudicial de seus direitos autorais, bem como para o exercício da atividade de cobrança desses direitos.

•• *Caput* com redação determinada pela Lei n. 12.853, de 14-8-2013.

•• *Vide* arts. 2.º e 10 a 12 do Decreto n. 9.574, de 22-11-2018.

§ 1.º O exercício da atividade de cobrança citada no *caput* somente será lícito para as associações que obtiverem habilitação em órgão da Administração Pública Federal, nos termos do art. 98-A.

•• § 1.º acrescentado pela Lei n. 12.853, de 14-8-2013.

§ 2.º As associações deverão adotar os princípios da isonomia, eficiência e transparência na cobrança pela utilização de qualquer obra ou fonograma.

•• § 2.º acrescentado pela Lei n. 12.853, de 14-8-2013.

§ 3.º Caberá às associações, no interesse dos seus associados, estabelecer os preços pela utilização de seus repertórios, considerando a razoabilidade, a boa-fé e os usos do local de utilização das obras.

•• § 3.º acrescentado pela Lei n. 12.853, de 14-8-2013.

§ 4.º A cobrança será sempre proporcional ao grau de utilização das obras e fonogramas pelos usuários, considerando a importância da execução pública no exercício de suas atividades, e as particularidades de cada segmento, conforme disposto no regulamento desta Lei.

•• § 4.º acrescentado pela Lei n. 12.853, de 14-8-2013.

§ 5.º As associações deverão tratar seus associados de forma equitativa, sendo vedado o tratamento desigual.

•• § 5.º acrescentado pela Lei n. 12.853, de 14-8-2013.

§ 6.º As associações deverão manter um cadastro centralizado de todos os contratos, declarações ou documentos de qualquer natureza que comprovem a autoria e a titularidade das obras e dos fonogramas, bem como as participações individuais em cada obra e em cada fonograma, prevenindo o falseamento de dados e fraudes e promovendo a desambiguação de títulos similares de obras.

•• § 6.º acrescentado pela Lei n. 12.853, de 14-8-2013.

§ 7.º As informações mencionadas no § 6.º são de interesse público e o acesso a elas deverá ser disponibilizado por meio eletrônico a qualquer interessado, de forma gratuita, permitindo-se ainda ao Ministério da Cultura o acesso contínuo e integral a tais informações.

•• § 7.º acrescentado pela Lei n. 12.853, de 14-8-2013.

§ 8.º Mediante comunicação do interessado e preservada a ampla defesa e o direito ao contraditório, o Ministério da Cultura poderá, no caso de inconsistência nas informações mencionadas no § 6.º deste artigo, determinar sua retificação e demais medidas necessárias à sua regularização, conforme disposto em regulamento.

•• § 8.º acrescentado pela Lei n. 12.853, de 14-8-2013.

§ 9.º As associações deverão disponibilizar sistema de informação para comunicação periódica, pelo usuário, da totalidade das obras e fonogramas utilizados, bem como para acompanhamento, pelos titulares de direitos, dos valores arrecadados e distribuídos.

•• § 9.º acrescentado pela Lei n. 12.853, de 14-8-2013.

§ 10. Os créditos e valores não identificados deverão permanecer retidos e à disposição dos titulares pelo período de 5 (cinco) anos, devendo ser distribuídos à medida da sua identificação.

•• § 10 acrescentado pela Lei n. 12.853, de 14-8-2013.

§ 11. Findo o período de 5 (cinco) anos previsto no § 10 sem que tenha ocorrido a identificação dos créditos e valores retidos, estes serão distribuídos aos titulares de direitos de autor e de direitos conexos dentro da mesma rubrica em que foram arrecadados e na proporção de suas respectivas arrecadações durante o período da retenção daqueles créditos e valores, sendo vedada a sua destinação para outro fim.

•• § 11 acrescentado pela Lei n. 12.853, de 14-8-2013.

§ 12. A taxa de administração praticada pelas associações no exercício da cobrança e distribuição de direitos autorais deverá ser proporcional ao custo efetivo de suas operações, considerando as peculiaridades de cada uma delas.

•• § 12 acrescentado pela Lei n. 12.853, de 14-8-2013.

§ 13. Os dirigentes das associações serão eleitos para mandato de 3 (três) anos, permitida uma única recondução precedida de nova eleição.

•• § 13 acrescentado pela Lei n. 12.853, de 14-8-2013.

§ 14. Os dirigentes das associações atuarão diretamente em sua gestão, por meio de voto pessoal, sendo vedado que atuem representados por terceiros.

•• § 14 acrescentado pela Lei n. 12.853, de 14-8-2013.

§ 15. Os titulares de direitos autorais poderão praticar pessoalmente os atos referidos no *caput* e no § 3.º deste artigo, mediante comunicação à associação a que estiverem filiados, com até 48 (quarenta e oito) horas de antecedência da sua prática.

•• § 15 acrescentado pela Lei n. 12.853, de 14-8-2013.

§ 16. As associações, por decisão do seu órgão máximo de deliberação e conforme previsto em seus estatutos, poderão destinar até 20% (vinte por cento) da totalidade ou de parte dos recursos oriundos de suas atividades para ações de natureza cultural e social que beneficiem seus associados de forma coletiva.

•• § 16 acrescentado pela Lei n. 12.853, de 14-8-2013.

Art. 98-A. O exercício da atividade de cobrança de que trata o art. 98 dependerá de habilitação prévia em órgão da Administração Pública Federal, conforme disposto em regulamento, cujo processo administrativo observará:

•• *Caput* acrescentado pela Lei n. 12.853, de 14-8-2013.

•• *Vide* Decreto n. 9.574, de 22-11-2018.

I – o cumprimento, pelos estatutos da entidade solicitante, dos requisitos estabelecidos na legislação para sua constituição;

•• Inciso I acrescentado pela Lei n. 12.853, de 14-8-2013.

II – a demonstração de que a entidade solicitante reúne as condições necessárias para assegurar uma administração eficaz e transparente dos direitos a ela confiados e significativa representatividade de obras e titulares cadastrados, mediante comprovação dos seguintes documentos e informações:

•• Inciso II, *caput*, acrescentado pela Lei n. 12.853, de 14-8-2013.

a) cadastros das obras e titulares que representam;

•• Alínea *a* acrescentada pela Lei n. 12.853, de 14-8-2013.

b) contratos e convênios mantidos com usuários de obras de seus repertórios, quando aplicável;

•• Alínea *b* acrescentada pela Lei n. 12.853, de 14-8-2013.

c) estatutos e respectivas alterações;

•• Alínea *c* acrescentada pela Lei n. 12.853, de 14-8-2013.

d) atas das assembleias ordinárias ou extraordinárias;

•• Alínea *d* acrescentada pela Lei n. 12.853, de 14-8-2013.

e) acordos de representação recíproca com entidades congêneres estrangeiras, quando existentes;

•• Alínea *e* acrescentada pela Lei n. 12.853, de 14-8-2013.

f) relatório anual de suas atividades, quando aplicável;

•• Alínea *f* acrescentada pela Lei n. 12.853, de 14-8-2013.

g) demonstrações contábeis anuais, quando aplicável;

•• Alínea *g* acrescentada pela Lei n. 12.853, de 14-8-2013.

h) demonstração de que as taxas de administração são proporcionais aos custos de cobrança e distribuição para cada tipo de utilização, quando aplicável;

•• Alínea *h* acrescentada pela Lei n. 12.853, de 14-8-2013.

i) relatório anual de auditoria externa de suas contas, desde que a entidade funcione há mais de 1 (um) ano e que a auditoria seja demandada pela maioria de seus associados ou por sindicato ou associação profissional, nos termos do art. 100;

•• Alínea *i* acrescentada pela Lei n. 12.853, de 14-8-2013.

j) detalhamento do modelo de governança da associação, incluindo estrutura de representação isonômica dos associados;

•• Alínea *j* acrescentada pela Lei n. 12.853, de 14-8-2013.

k) plano de cargos e salários, incluindo valor das remunerações dos dirigentes, gratificações, bonificações e outras modalidades de remuneração e premiação, com valores atualizados;

•• Alínea *k* acrescentada pela Lei n. 12.853, de 14-8-2013.

III – outras informações estipuladas em regulamento por órgão da Administração Pública Federal, como as que demonstrem o cumprimento das obrigações internacionais contratuais da entidade solicitante que possam ensejar questionamento ao Estado Brasileiro no âmbito dos acordos internacionais dos quais é parte.

•• Inciso III acrescentado pela Lei n. 12.853, de 14-8-2013.

§ 1.º Os documentos e informações a que se referem os incisos II e III do *caput* deste artigo deverão ser apresentados anualmente ao Ministério da Cultura.

•• § 1.º acrescentado pela Lei n. 12.853, de 14-8-2013.

§ 2.º A habilitação de que trata o § 1.º do art. 98 é um ato de qualificação vinculado ao cumprimento dos requisitos instituídos por esta Lei e por seu regulamento e não precisará ser renovada periodicamente, mas poderá ser anulada mediante decisão proferida em processo administrativo ou judicial, quando verificado que a associação não atende ao disposto nesta Lei, assegurados sempre o contraditório e ampla defesa, bem como a comunicação do fato ao Ministério Público.

•• § 2.º acrescentado pela Lei n. 12.853, de 14-8-2013.

§ 3.º A anulação da habilitação a que se refere o § 1.º do art. 98 levará em consideração a gravidade e a relevância das irregularidades identificadas, a boa-fé do infrator e a reincidência nas irregularidades, conforme disposto em regulamento, e somente se efetivará após a aplicação de advertência, quando se concederá prazo razoável para atendimento das exigências apontadas pela autoridade competente.

•• § 3.º acrescentado pela Lei n. 12.853, de 14-8-2013.

§ 4.º A ausência de uma associação que seja mandatária de determinada categoria de titulares em função da aplicação do § 2.º deste artigo não isenta os usuários das obrigações previstas no art. 68, que deverão ser quitadas em relação ao período compreendido entre o indeferimento do pedido de habilitação, a anulação ou o cancelamento da habilitação e a obtenção de nova habilitação ou constituição de entidade sucessora nos termos deste artigo, ficando a entidade sucessora responsável pela fixação dos valores dos direitos autorais ou conexos em relação ao período compreendido entre o indeferimento do pedido de habilitação ou sua anulação e a obtenção de nova habilitação pela entidade sucessora.

•• § 4.º acrescentado pela Lei n. 12.853, de 14-8-2013.

§ 5.º A associação cuja habilitação, nos termos deste artigo, seja anulada, inexistente ou pendente de apreciação pela autoridade competente, ou apresente qualquer outra forma de irregularidade, não poderá utilizar tais fatos como impedimento para distribuição de eventuais valores já arrecadados, sob pena de responsabilização direta de seus dirigentes nos termos do art. 100-A, sem prejuízo das sanções penais cabíveis.

•• § 5.º acrescentado pela Lei n. 12.853, de 14-8-2013.

§ 6.º As associações de gestão coletiva de direitos autorais deverão manter atualizados e disponíveis aos associados os documentos e as informações previstos nos incisos II e III deste artigo.

•• § 6.º acrescentado pela Lei n. 12.853, de 14-8-2013.

Art. 98-B. As associações de gestão coletiva de direitos autorais, no desempenho de suas funções, deverão:

•• *Caput* acrescentado pela Lei n. 12.853, de 14-8-2013.

I – dar publicidade e transparência, por meio de sítios eletrônicos próprios, às formas de cálculo e critérios de cobrança, discriminando, dentre outras informações, o tipo de usuário, tempo e lugar de utilização, bem como os critérios de distribuição dos valores dos direitos autorais arrecadados, incluídas as planilhas e demais registros de utilização das obras e fonogramas fornecidas pelos usuários, excetuando os valores distribuídos aos titulares individualmente;

•• Inciso I acrescentado pela Lei n. 12.853, de 14-8-2013.

II – dar publicidade e transparência, por meio de sítios eletrônicos próprios, aos estatutos, aos regulamentos de arrecadação e distribuição, às atas de suas reuniões deliberativas e aos cadastros das obras e titulares que representam, bem como ao montante arrecadado e distribuído e aos créditos eventualmente arrecadados e não distribuídos, sua origem e o motivo da sua retenção;

•• Inciso II acrescentado pela Lei n. 12.853, de 14-8-2013.

III – buscar eficiência operacional, dentre outros meios, pela redução de seus custos administrativos e dos prazos de distribuição dos valores aos titulares de direitos;

•• Inciso III acrescentado pela Lei n. 12.853, de 14-8-2013.

IV – oferecer aos titulares de direitos os meios técnicos para que possam acessar o balanço dos seus créditos da forma mais eficiente dentro do estado da técnica;

•• Inciso IV acrescentado pela Lei n. 12.853, de 14-8-2013.

V – aperfeiçoar seus sistemas para apuração cada vez mais acurada das execuções públicas realizadas e publicar anualmente seus métodos de verificação, amostragem e aferição;

•• Inciso V acrescentado pela Lei n. 12.853, de 14-8-2013.

VI – garantir aos associados o acesso às informações referentes às obras sobre as quais sejam titulares de direitos e às execuções aferidas para cada uma delas, abstendo-se de firmar contratos, convênios ou pactos com cláusula de confidencialidade;

•• Inciso VI acrescentado pela Lei n. 12.853, de 14-8-2013.

VII – garantir ao usuário o acesso às informações referentes às utilizações por ele realizadas.

•• Inciso VII acrescentado pela Lei n. 12.853, de 14-8-2013.

Parágrafo único. As informações contidas nos incisos I e II devem ser atualizadas periodicamente, em intervalo nunca superior a 6 (seis) meses.

•• Parágrafo único acrescentado pela Lei n. 12.853, de 14-8-2013.

Art. 98-C. As associações de gestão coletiva de direitos autorais deverão prestar contas dos valores devidos, em caráter regular e de modo direto, aos seus associados.

•• *Caput* acrescentado pela Lei n. 12.853, de 14-8-2013.

§ 1.º O direito à prestação de contas poderá ser exercido diretamente pelo associado.

•• § 1.º acrescentado pela Lei n. 12.853, de 14-8-2013.

§ 2.º Se as contas não forem prestadas na forma do § 1.º, o pedido do associado poderá ser encaminhado ao Ministério da Cultura que, após sua apreciação, poderá determinar a prestação de contas pela associação, na forma do regulamento.

•• § 2.º acrescentado pela Lei n. 12.853, de 14-8-2013.

Art. 99. A arrecadação e distribuição dos direitos relativos à execução pública de obras musicais e literomusicais e de fonogramas será feita por meio das associações de gestão coletiva criadas para este fim por seus titulares, as quais deverão unificar a cobrança em um único escritório central para arrecadação e distribuição, que funcionará como ente arrecadador com personalidade jurídica própria e observará os §§ 1.º a 12 do art. 98 e os arts. 98-A, 98-B, 98-C, 99-B, 100, 100-A e 100-B.

•• *Caput* com redação determinada pela Lei n. 12.853, de 14-8-2013.

• *Vide* art. 6.º, § 1.º, do Decreto n. 9.574, de 22-11-2018.

§ 1.º O ente arrecadador organizado na forma prevista no *caput* não terá finalidade de lucro e será dirigido e administrado por meio do voto unitário de cada associação que o integra.

•• § 1.º com redação determinada pela Lei n. 12.853, de 14-8-2013.

• *Vide* art. 3.º, § 5.º, do Decreto n. 9.574, de 22-11-2018.

§ 2.º O ente arrecadador e as associações a que se refere este Título atuarão em juízo e fora dele em seus próprios nomes como substitutos processuais dos titulares a eles vinculados.

•• § 2.º com redação determinada pela Lei n. 12.853, de 14-8-2013.

§ 3.º O recolhimento de quaisquer valores pelo ente arrecadador somente se fará por depósito bancário.

•• § 3.º com redação determinada pela Lei n. 12.853, de 14-8-2013.

§ 4.º A parcela destinada à distribuição aos autores e demais titulares de direitos não poderá, em um ano da data de publicação desta Lei, ser inferior a 77,5% (setenta e sete inteiros e cinco décimos por cento) dos valores arrecadados, aumentando-se tal parcela à razão de 2,5% a.a. (dois inteiros e cinco décimos por cento ao ano), até que, em 4 (quatro) anos da data de publicação desta Lei, ela não seja inferior a 85% (oitenta e cinco por cento) dos valores arrecadados.

•• § 4.º com redação determinada pela Lei n. 12.853, de 14-8-2013.

§ 5.º O ente arrecadador poderá manter fiscais, aos quais é vedado receber do usuário numerário a qualquer título.

•• § 5.º com redação determinada pela Lei n. 12.853, de 14-8-2013.

§ 6.º A inobservância da norma do § 5.º tornará o faltoso inabilitado à função de fiscal, sem prejuízo da comunicação do fato ao Ministério Público e da aplicação das sanções civis e penais cabíveis.

•• § 6.º acrescentado pela Lei n. 12.853, de 14-8-2013.

§ 7.º Cabe ao ente arrecadador e às associações de gestão coletiva zelar pela continuidade da arrecadação e, no caso de perda da habilitação por alguma associação, cabe a ela cooperar para que a transição entre associações seja realizada sem qualquer prejuízo aos titulares, transferindo-se todas as informações necessárias ao processo de arrecadação e distribuição de direitos.

•• § 7.º acrescentado pela Lei n. 12.853, de 14-8-2013.

§ 8.º Sem prejuízo do disposto no § 3.º do art. 98, as associações devem estabelecer e unificar o preço de seus repertórios junto ao ente arrecadador para a sua cobrança, atuando este como mandatário das associações que o integram.

•• § 8.º acrescentado pela Lei n. 12.853, de 14-8-2013.

§ 9.º O ente arrecadador cobrará do usuário de forma unificada, e se encarregará da devida distribuição da arrecadação às associações, observado o disposto nesta Lei, especialmente os critérios estabelecidos nos §§ 3.º e 4.º do art. 98.

•• § 9.º acrescentado pela Lei n. 12.853, de 14-8-2013.

Art. 99-A. O ente arrecadador de que trata o *caput* do art. 99 deverá admitir em seus quadros, além das associações que o constituíram, as associações de titulares de direitos autorais que tenham pertinência com sua área de atuação e estejam habilitadas em órgão da Administração Pública Federal na forma do art. 98-A.

•• *Caput* acrescentado pela Lei n. 12.853, de 14-8-2013.

Parágrafo único. As deliberações quanto aos critérios de distribuição dos recursos arrecadados serão tomadas por meio do voto unitário de cada associação que integre o ente arrecadador.

•• Parágrafo único acrescentado pela Lei n. 12.853, de 14-8-2013.

Art. 99-B. As associações referidas neste Título estão sujeitas às regras concorrenciais definidas em legislação específica que trate da prevenção e repressão às infrações contra a ordem econômica.

•• Artigo acrescentado pela Lei n. 12.853, de 14-8-2013.

Art. 100. O sindicato ou associação profissional que congregue filiados de uma associação de gestão coletiva de direitos autorais poderá, 1 (uma) vez por ano, às suas expensas, após notificação, com 8 (oito) dias de antecedência, fiscalizar, por intermédio de auditor independente, a exatidão das contas prestadas por essa associação autoral a seus representados.

•• Artigo com redação determinada pela Lei n. 12.853, de 14-8-2013.

Art. 100-A. Os dirigentes das associações de gestão coletiva de direitos autorais respondem solidariamente, com seus bens particulares, por desvio de finalidade ou quanto ao inadimplemento das obrigações para com os associados, por dolo ou culpa.

•• Artigo acrescentado pela Lei n. 12.853, de 14-8-2013.

•• *Vide* art. 21, parágrafo único, do Decreto n. 9.574, de 22-11-2018.

Art. 100-B. Os litígios entre usuários e titulares de direitos autorais ou seus mandatários, em relação à falta de pagamento, aos critérios de cobrança, às formas de oferecimento de repertório e aos valores de arrecadação, e entre titulares e suas associações, em relação aos valores e critérios de distribuição, poderão ser objeto da atuação de órgão da Administração Pública Federal para a resolução de conflitos por meio de mediação ou arbitragem, na forma do regulamento, sem prejuízo da apreciação pelo Poder Judiciário e pelos órgãos do Sistema Brasileiro de Defesa da Concorrência, quando cabível.

•• Artigo acrescentado pela Lei n. 12.853, de 14-8-2013.

•• *Vide* art. 25 do Decreto n. 9.574, de 22-11-2018.

Título VII
DAS SANÇÕES ÀS VIOLAÇÕES DOS DIREITOS AUTORAIS

Capítulo I
DISPOSIÇÃO PRELIMINAR

Art. 101. As sanções civis de que trata este Capítulo aplicam-se sem prejuízo das penas cabíveis.

•• *Vide* arts. 29 e s. do Decreto n. 9.574, de 22-11-2018.

Capítulo II
DAS SANÇÕES CIVIS

Art. 102. O titular cuja obra seja fraudulentamente reproduzida, divulgada ou de qualquer forma utilizada, poderá requerer a apreensão dos exemplares reproduzidos ou a suspensão da divulgação, sem prejuízo da indenização cabível.

Art. 103. Quem editar obra literária, artística ou científica, sem autorização do titular, perderá para este os exemplares que se apreenderem e pagar-lhe-á o preço dos que tiver vendido.

Parágrafo único. Não se conhecendo o número de exemplares que constituem a edição fraudulenta, pagará o transgressor o valor de 3.000 (três mil) exemplares, além dos apreendidos.

Art. 104. Quem vender, expuser a venda, ocultar, adquirir, distribuir, tiver em depósito ou utilizar obra ou fonograma reproduzidos com fraude, com a finalidade de vender, obter ganho, vantagem, proveito, lucro direto ou indireto, para si ou para outrem, será solidariamente responsável com o contrafator, nos termos dos artigos precedentes, respondendo como contrafatores o importador e o distribuidor em caso de reprodução no exterior.

Art. 105. A transmissão e a retransmissão, por qualquer meio ou processo, e a comunicação ao público de obras artísticas, literárias e científicas, de interpretações e de fonogramas, realizadas mediante violação aos direitos de seus titulares, deverão ser imediatamente suspensas ou interrompidas pela autoridade judicial competente, sem prejuízo da multa diária pelo descumprimento e das demais indenizações cabíveis, independentemente das sanções penais aplicáveis; caso se comprove que o infrator é reincidente na violação aos direitos dos titulares de direitos de autor e conexos, o valor da multa poderá ser aumentado até o dobro.

Art. 106. A sentença condenatória poderá determinar a destruição de todos os exemplares ilícitos, bem como as matrizes, moldes, negativos e demais elementos utilizados para praticar o ilícito civil, assim como a perda de máquinas, equipamentos e insumos destinados a tal fim ou, servindo eles unicamente para o fim ilícito, sua destruição.

Art. 107. Independentemente da perda dos equipamentos utilizados, responderá por perdas e danos, nunca inferiores ao valor que resultaria da aplicação do disposto no art. 103 e seu parágrafo único, quem:

I – alterar, suprimir, modificar ou inutilizar, de qualquer maneira, dispositivos técnicos introduzidos nos exemplares das obras e produções protegidas para evitar ou restringir sua cópia;

II – alterar, suprimir ou inutilizar, de qualquer maneira, os sinais codificados destinados a restringir a comunicação ao público de obras, produções ou emissões protegidas ou a evitar a sua cópia;

III – suprimir ou alterar, sem autorização, qualquer informação sobre a gestão de direitos;

IV – distribuir, importar para distribuição, emitir, comunicar ou puser à disposição do público, sem autorização, obras, interpretações ou execuções, exemplares de interpretações fixadas em fonogramas e emissões, sabendo que a informação sobre a gestão de direitos, sinais codificados e dispositivos técnicos foram suprimidos ou alterados sem autorização.

Art. 108. Quem, na utilização, por qualquer modalidade, de obra intelectual, deixar de indicar ou de anunciar, como tal, o nome, pseudônimo ou sinal convencional do autor e do intérprete, além de responder por danos morais, está obrigado a divulgar-lhes a identidade da seguinte forma:

I – tratando-se de empresa de radiodifusão, no mesmo horário em que tiver ocorrido a infração, por 3 (três) dias consecutivos;

II – tratando-se de publicação gráfica ou fonográfica, mediante inclusão de errata nos exemplares ainda não distribuídos, sem prejuízo de comunicação, com destaque, por 3 (três) vezes consecutivas em jornal de grande circulação, dos domicílios do autor, do intérprete e do editor ou produtor;

III – tratando-se de outra forma de utilização, por intermédio da imprensa, na forma a que se refere o inciso anterior.

Art. 109. A execução pública feita em desacordo com os arts. 68, 97, 98 e 99 desta Lei sujeitará os responsáveis a multa de 20 (vinte) vezes o valor que deveria ser originariamente pago.

Art. 109-A. A falta de prestação ou a prestação de informações falsas no cumprimento do disposto no § 6.º do art. 68 e no § 9.º do art. 98 sujeitará os responsáveis, por determinação da autoridade competente e nos termos do regulamento desta Lei, a multa de 10 (dez) a 30% (trinta por cento) do valor que deveria ser originariamente pago, sem prejuízo das perdas e danos.

•• *Caput* acrescentado pela Lei n. 12.853, de 14-8-2013.

•• *Vide* art. 33 do Decreto n. 9.574, de 22-11-2018.

Parágrafo único. Aplicam-se as regras da legislação civil quanto ao inadimplemento das obrigações no caso de descumprimento, pelos usuários, dos seus deveres legais e contratuais junto às associações referidas neste Título.

•• Parágrafo único acrescentado pela Lei n. 12.853, de 14-8-2013.

Art. 110. Pela violação de direitos autorais nos espetáculos e audições públicas, realizados nos locais ou estabelecimentos a que alude o art. 68, seus proprietários, diretores, gerentes, empresários e arrendatários respondem solidariamente com os organizadores dos espetáculos.

Capítulo III
DA PRESCRIÇÃO DA AÇÃO

Art. 111. (*Vetado.*)

TÍTULO VIII
DISPOSIÇÕES FINAIS E TRANSITÓRIAS

Art. 112. Se uma obra, em consequência de ter expirado o prazo de proteção que lhe era anteriormente reconhecido pelo § 2.º do art. 42 da Lei n. 5.988, de 14 de dezembro de 1973, caiu no domínio público, não terá o prazo de proteção dos direitos patrimoniais ampliado por força do art. 41 desta Lei.

Art. 113. Os fonogramas, os livros e as obras audiovisuais sujeitar-se-ão a selos ou sinais de identificação sob a responsabilidade do produtor, distribuidor ou importador, sem ônus para o consumidor, com o fim de atestar o cumprimento das normas legais vigentes, conforme dispuser o regulamento.

•• *Vide* Decreto n. 9.574, de 22-11-2018, que regulamenta este artigo.

Art. 114. Esta Lei entra em vigor 120 (cento e vinte) dias após sua publicação.

Art. 115. Ficam revogados os arts. 649 a 673 e 1.346 a 1.362 do Código Civil e as Leis n. 4.944, de 6 de abril de 1966; 5.988, de 14 de dezembro de 1973, excetuando-se o art. 17 e seus §§ 1.º e 2.º; 6.800, de 25 de junho de 1980; 7.123, de 12 de setembro de 1983; 9.045, de 18 de maio de 1995, e demais disposições em contrário, mantidas em vigor as Leis n. 6.533, de 24 de maio de 1978, e 6.615, de 16 de dezembro de 1978.

• A Lei n. 6.533, de 24-5-1978, dispõe sobre a regulamentação das profissões de artista e de técnico em espetáculos de diversões, e a Lei n. 6.615, de 16-12-1978, dispõe sobre a regulamentação da profissão de radialista.

Brasília, 19 de fevereiro de 1998; 177.º da Independência e 110.º da República.

FERNANDO HENRIQUE CARDOSO

LEI N. 9.636, DE 15 DE MAIO DE 1998 (*)

Dispõe sobre a regularização, administração, aforamento e alienação de bens imóveis de domínio da União, altera dispositivos dos Decretos-leis n. 9.760, de 5 de setembro de 1946, e 2.398, de 21 de dezembro de 1987, regulamenta o § 2.º do art. 49 do Ato das Disposições Constitucionais Transitórias, e dá outras providências.

O Presidente da República

Faço saber que o Congresso Nacional decreta e eu sanciono a seguinte Lei:

Capítulo I
DA REGULARIZAÇÃO E UTILIZAÇÃO ORDENADA

Art. 1.º É o Poder Executivo autorizado, por intermédio da Secretaria de Coordenação e Governança do Patrimônio da União da Secretaria Especial de Desestatização, Desinvestimento e Mercados do Ministério da Economia, a executar ações de identificação, de demarcação, de cadastramento, de registro e de fiscalização dos bens imóveis da União e a regularizar as ocupações desses imóveis, inclusive de assentamentos informais de baixa renda, e poderá, para tanto, firmar convênios com os Estados, o Distrito Federal e os Municípios em cujos territórios se localizem e, observados os procedimentos licitatórios previstos em lei, celebrar contratos com a iniciativa privada.

•• Artigo com redação determinada pela Lei n. 14.011, de 10-6-2020.

Art. 2.º Concluído, na forma da legislação vigente, o processo de identificação e demarcação das terras de domínio da União, a SPU lavrará, em livro próprio, com força de escritura pública, o termo competente, incorporando a área ao patrimônio da União.

Parágrafo único. O termo a que se refere este artigo, mediante certidão de inteiro teor, acompanhado de plantas e outros documentos técnicos que permitam a correta caracterização do imóvel, será registrado no Cartório de Registro de Imóveis competente.

Art. 3.º A regularização dos imóveis de que trata esta Lei, junto aos órgãos municipais e aos Cartórios de Registro de Imóveis, será promovida pela SPU e pela Procuradoria-Geral da Fazenda Nacional – PGFN, com o concurso, sempre que necessário, da Caixa Econômica Federal – CEF.

Parágrafo único. Os órgãos públicos federais, estaduais e municipais e os Cartórios de Registro de Imóveis darão preferência ao atendimento dos serviços de regularização de que trata este artigo.

(*) Publicada no *DOU*, de 18-5-1998. Regulamentada pelo Decreto n. 3.725, de 10-1-2001.

Art. 3.º-A. Caberá ao Poder Executivo organizar e manter sistema unificado de informações sobre os bens de que trata esta Lei, que conterá, além de outras informações relativas a cada imóvel:

•• *Caput* acrescentado pela Lei n. 11.481, de 31-5-2007.

I – a localização e a área;

•• Inciso I acrescentado pela Lei n. 11.481, de 31-5-2007.

II – a respectiva matrícula no registro de imóveis competente;

•• Inciso II acrescentado pela Lei n. 11.481, de 31-5-2007.

III – o tipo de uso;

•• Inciso III acrescentado pela Lei n. 11.481, de 31-5-2007.

IV – a indicação da pessoa física ou jurídica à qual, por qualquer instrumento, o imóvel tenha sido destinado; e

•• Inciso IV acrescentado pela Lei n. 11.481, de 31-5-2007.

V – o valor atualizado, se disponível.

•• Inciso V acrescentado pela Lei n. 11.481, de 31-5-2007.

Parágrafo único. As informações do sistema de que trata o *caput* deste artigo deverão ser disponibilizadas na internet, sem prejuízo de outras formas de divulgação.

•• Parágrafo único acrescentado pela Lei n. 11.481, de 31-5-2007.

Seção I
Da Celebração de Convênios e Contratos

Art. 4.º Os Estados, o Distrito Federal, os Municípios e a iniciativa privada, a critério da Secretaria de Coordenação e Governança do Patrimônio da União, observadas as instruções que regulamentam a matéria, poderão firmar, mediante convênios ou contratos com essa Secretaria, compromisso para executar ações de demarcação, de cadastramento, de avaliação, de venda e de fiscalização de áreas do patrimônio da União, assim como para o planejamento, a execução e a aprovação dos parcelamentos urbanos e rurais.

•• *Caput* com redação determinada pela Lei n. 14.011, de 10-6-2020.

§ 1.º Na elaboração e execução dos projetos de que trata este artigo, serão sempre respeitados a preservação e o livre acesso às praias marítimas, fluviais e lacustres e a outras áreas de uso comum do povo.

§ 2.º Como retribuição pelas obrigações assumidas na elaboração dos projetos de parcelamentos urbanos e rurais, os Estados, o Distrito Federal, os Municípios e a iniciativa privada farão jus a parte das receitas provenientes da alienação dos imóveis da União, no respectivo projeto de parcelamento, até a satisfação integral dos custos por eles assumidos, observado que:

•• § 2.º, *caput*, com redação determinada pela Lei n. 14.011, de 10-6-2020.

I e II – (*Revogados pela Lei n. 14.011, de 10-6-2020*);

III – os contratos e convênios firmados em conformidade com o disposto no *caput* deste artigo deverão ser registrados nas matrículas dos imóveis;

•• Inciso III acrescentado pela Lei n. 14.011, de 10-6-2020.

IV – o interessado que optar pela aquisição da área por ele ocupada poderá desmembrar parte de seu imóvel para fins de pagamento dos custos da regularização, respeitado o limite mínimo de parcelamento definido no plano diretor do Município em que se encontre;

•• Inciso IV acrescentado pela Lei n. 14.011, de 10-6-2020.

V – a partir da assinatura dos contratos ou convênios, as taxas de ocupação poderão ser revertidas para amortizar os custos da regularização no momento da alienação, desde que o ocupante esteja adimplente e seja comprovada a sua participação no financiamento dos custos para regularização do parcelamento;

•• Inciso V acrescentado pela Lei n. 14.011, de 10-6-2020.

VI – o domínio útil ou pleno dos lotes resultantes de projetos urbanísticos poderá ser vendido para o ressarcimento dos projetos de parcelamento referidos no *caput* deste parágrafo;

•• Inciso VI acrescentado pela Lei n. 14.011, de 10-6-2020.

VII – os custos para a elaboração das peças técnicas necessárias à regularização de imóvel da União, para fins de alienação, poderão ser abatidos do valor do pagamento do imóvel no momento da sua aquisição.

•• Inciso VII acrescentado pela Lei n. 14.011, de 10-6-2020.

§ 3.º A participação nas receitas de que trata o parágrafo anterior será ajustada nos respectivos convênios ou contratos, observados os limites previstos em regulamento e as instruções a serem baixadas pelo Ministro de Estado da Fazenda, que considerarão a complexidade, o volume e o custo dos trabalhos de identificação, demarcação, cadastramento, recadastramento e fiscalização das áreas vagas existentes, bem como de elaboração e execução dos projetos de parcelamento e urbanização e, ainda, o valor de mercado dos imóveis na região e, quando for o caso, a densidade de ocupação local.

§ 4.º A participação dos Estados e Municípios nas receitas de que tratam os incisos I e II poderá ser realizada mediante repasse de recursos financeiros.

§ 5.º Na contratação, por intermédio da iniciativa privada, da elaboração e execução dos projetos urbanísticos de que trata este artigo, observados os procedimentos licitatórios previstos em lei, quando os serviços contratados envolverem, também, a cobrança e o recebimento das receitas deles decorrentes, poderá ser admitida a dedução prévia, pela contratada, da participação acordada.

Art. 5.º A demarcação de terras, o cadastramento e os loteamentos, realizados com base no disposto no art. 4.º, somente terão validade depois de homologados pela SPU.

Art. 5.º-A. Após a conclusão dos trabalhos, a Secretaria do Patrimônio da União (SPU) fica autorizada a utilizar, total ou parcialmente, os dados e informações decorrentes dos serviços executados por empresas contratadas para prestação de consultorias e elaboração de trabalhos de atualização e certificação cadastral, pelo prazo de até vinte anos, nos termos constantes de ato da SPU.

•• Artigo acrescentado pela Lei n. 13.465, de 11-7-2017.

Seção II
Do Cadastramento

•• Seção II com denominação determinada pela Lei n. 11.481, de 31-5-2007.

Art. 6.º Para fins do disposto no art. 1.º desta Lei, as terras da União deverão ser cadastradas, nos termos do regulamento.

•• *Caput* com redação determinada pela Lei n. 11.481, de 31-5-2007.

§ 1.º Nas áreas urbanas, em imóveis possuídos por população carente ou de baixa renda para sua moradia, onde não for possível individualizar as posses, poderá ser feita a demarcação da área a ser regularizada, cadastrando-se o assentamento, para posterior outorga de título de forma individual ou coletiva.

•• § 1.º com redação determinada pela Lei n. 11.481, de 31-5-2007.

§§ 2.º a 4.º (*Revogados pela Lei n. 11.481, de 31-5-2007.*)

Art. 6.º-A. No caso de cadastramento de ocupações para fins de moradia cujo ocupante seja considerado carente ou de baixa renda, na forma do § 2.º do art. 1.º do Decreto-lei n. 1.876, de 15 de julho de 1981, a União poderá proceder à regularização fundiária da área, utilizando, entre outros, os instrumentos previstos no art. 18, no inciso VI do art. 19 e nos arts. 22-A e 31 desta Lei.

•• Artigo acrescentado pela Lei n. 11.481, de 31-5-2007.

Seção II-A
Da Inscrição da Ocupação

•• Seção II-A acrescentada pela Lei n. 11.481, de 31-5-2007.

Art. 7.º A inscrição de ocupação, a cargo da Secretaria do Patrimônio da União, é ato administrativo precário, resolúvel a qualquer tempo, que pressupõe o efetivo aproveitamento do terreno pelo ocupante, nos termos do regulamento, outorgada pela administração depois de analisada a conveniência e oportunidade, e gera obrigação de pagamento anual da taxa de ocupação.

•• *Caput* com redação determinada pela Lei n. 11.481, de 31-5-2007.

§ 1.º É vedada a inscrição de ocupação sem a comprovação do efetivo aproveitamento de que trata o *caput* deste artigo.

•• § 1.º acrescentado pela Lei n. 11.481, de 31-5-2007.

§ 2.º A comprovação do efetivo aproveitamento será dispensada nos casos de assentamentos informais definidos pelo Município como área ou zona especial de interesse social, nos termos do seu plano diretor ou outro instrumento legal que garanta a função social da área, exceto na faixa de fronteira ou quando se tratar de imóveis que estejam sob a administração do Ministério da Defesa e dos Comandos da Marinha, do Exército e da Aeronáutica.

•• § 2.º acrescentado pela Lei n. 11.481, de 31-5-2007.

§ 3.º A inscrição de ocupação de imóvel dominial da União, a pedido ou de ofício, será formalizada por meio de ato da autoridade local da Secretaria do Patrimônio da União em processo administrativo específico.

•• § 3.º acrescentado pela Lei n. 11.481, de 31-5-2007.

§ 4.º Será inscrito o ocupante do imóvel, tornando-se este o responsável no cadastro dos bens dominiais da União, para efeito de administração e cobrança de receitas patrimoniais.

•• § 4.º acrescentado pela Lei n. 11.481, de 31-5-2007.

§ 5.º As ocupações anteriores à inscrição, sempre que identificadas, serão anotadas no cadastro a que se refere o § 4.º.

•• § 5.º com redação determinada pela Lei n. 13.139, de 26-6-2015.

§ 6.º Os créditos originados em receitas patrimoniais decorrentes da ocupação de imóvel da União serão lançados após concluído o processo administrativo correspondente, observadas a decadência e a inexigibilidade previstas no art. 47 desta Lei.

•• § 6.º acrescentado pela Lei n. 11.481, de 31-5-2007.

§ 7.º Para fins de regularização nos registros cadastrais da Secretaria do Patrimônio da União do Ministério do Planejamento, Desenvolvimento e Gestão das ocupações ocorridas até 10 de junho de 2014, as transferências de posse na cadeia sucessória do imóvel serão anotadas no cadastro dos bens dominiais da União para o fim de cobrança de receitas patrimoniais dos responsáveis, independentemente do prévio recolhimento do laudêmio.

•• § 7.º com redação determinada pela Lei n. 13.813, de 9-4-2019.

Art. 8.º Na realização do cadastramento ou recadastramento de ocupantes, serão observados os procedimentos previstos no art. 128 do Decreto-lei n. 9.760, de 5 de setembro de 1946, com as alterações desta Lei.

Art. 9.º É vedada a inscrição de ocupações que:

I – ocorreram após 10 de junho de 2014;

•• Inciso I com redação determinada pela Lei n. 13.139, de 26-6-2015.

II – estejam concorrendo ou tenham concorrido para comprometer a integridade das áreas de uso comum do povo, de segurança nacional, de preservação ambiental ou necessárias à preservação dos ecossistemas naturais e de implantação de programas ou ações de regularização fundiária de interesse social ou habitacionais das reservas indígenas, das áreas ocupadas por comunidades remanescentes de quilombos, das vias federais de comunicação e das áreas reservadas para construção de hidrelétricas ou congêneres, ressalvados os casos especiais autorizados na forma da lei.

•• Inciso II com redação determinada pela Lei n. 11.481, de 31-5-2007.

Art. 10. Constatada a existência de posses ou ocupações em desacordo com o disposto nesta Lei, a União deverá imitir-se sumariamente na posse do imóvel, cancelando-se as inscrições eventualmente realizadas.

Parágrafo único. Até a efetiva desocupação, será devida à União indenização pela posse ou ocupação ilícita, correspondente a 10% (dez por cento) do valor atualizado do domínio pleno do terreno, por ano ou fração de ano em que a União tenha ficado privada da posse ou ocupação do imóvel, sem prejuízo das demais sanções cabíveis.

Art. 10-A. A autorização de uso sustentável, de incumbência da Secretaria do Patrimônio da União (SPU), ato administrativo excepcional, transitório e precário, é outorgada às comunidades tradicionais, mediante termo, quando houver necessidade de reconhecimento de ocupação em área da União, conforme procedimento estabelecido em ato da referida Secretaria.

•• *Caput* acrescentado pela Lei n. 13.465, de 11-7-2017.

•• O Decreto n. 9.354, de 25-4-2018, regulamenta este dispositivo.

Parágrafo único. A autorização a que se refere o *caput* deste artigo visa a possibilitar a ordenação do uso racional e sustentável dos recursos naturais disponíveis na orla marítima e fluvial, destinados à subsistência da população tradicional, de maneira a possibilitar o início do processo de regularização fundiária que culminará na concessão de título definitivo, quando cabível.

•• Parágrafo único acrescentado pela Lei n. 13.465, de 11-7-2017.

Seção III
Da Fiscalização e Conservação

Art. 11. Caberá à SPU a incumbência de fiscalizar e zelar para que sejam mantidos a destinação e o interesse público, o uso e a integridade física dos imóveis pertencentes ao patrimônio da União, podendo, para tanto, por intermédio de seus técnicos credenciados, embargar serviços e obras, aplicar multas e demais sanções previstas em lei e, ainda, requisitar força policial federal e solicitar o necessário auxílio de força pública estadual.

§ 1.º Para fins do disposto neste artigo, quando necessário, a SPU poderá, na forma do regulamento, solicitar a cooperação de força militar federal.

§ 2.º A incumbência de que trata o presente artigo não implicará prejuízo para:

I – as obrigações e responsabilidades previstas nos arts. 70 e 79, § 2.º, do Decreto-lei n. 9.760, de 1946;

II – as atribuições dos demais órgãos federais, com área de atuação direta ou indiretamente relacionada, nos termos da legislação vigente, com o patrimônio da União.

§ 3.º As obrigações e prerrogativas previstas neste artigo poderão ser repassadas, no que couber, às entidades conveniadas ou contratadas na forma dos arts. 1.º e 4.º.

§ 4.º Constitui obrigação do Poder Público federal, estadual e municipal, observada a legislação específica vigente, zelar pela manutenção das áreas de preservação ambiental, das necessárias à proteção dos ecossistemas naturais e de uso comum do povo, independentemente da celebração de convênio para esse fim.

Art. 11-A. Para efeitos desta Lei, considera-se avaliação de imóvel a atividade desenvolvida por profissional habilitado para identificar o valor de bem imóvel, os seus custos, frutos e direitos e determinar os indicadores de viabilidade de sua utilização econômica para determinada finalidade, por meio do seu valor de mercado, do valor da terra nua, do valor venal ou do valor de referência, consideradas suas características físicas e econômicas, a partir de exames, vistorias e pesquisas.

•• *Caput* acrescentado pela Lei n. 13.465, de 11-7-2017.

§ 1.º As avaliações no âmbito da União terão como objeto os bens classificados como de uso comum do povo, de uso especial e dominicais, nos termos estabelecidos em ato da Secretaria do Patrimônio da União (SPU).

•• § 1.º acrescentado pela Lei n. 13.465, de 11-7-2017.

§ 2.º Os imóveis da União cedidos ou administrados por outros órgãos ou entidades da administração pública federal serão por estes avaliados, conforme critérios estabelecidos em ato da Secretaria do Patrimônio da União (SPU).

•• § 2.º acrescentado pela Lei n. 13.465, de 11-7-2017.

Art. 11-B. O valor do domínio pleno do terreno da União será obtido com base na planta de valores da Secretaria de Coordenação e Governança do Patrimônio da União.

•• *Caput* com redação determinada pela Lei n. 14.011, de 10-6-2020.

I e II – (*Revogados pela Lei n. 14.011, de 10-6-2020.*)

§§ 1.º a 3.º (*Revogados pela Lei n. 14.011, de 10-6-2020.*)

§ 4.º Os Municípios e o Distrito Federal fornecerão à Secretaria de Coordenação e Governança do Patrimônio da União, até 30 de junho de cada ano, o valor venal dos terrenos localizados sob sua jurisdição, para subsidiar a atualização da base de dados da referida Secretaria.

•• § 4.º com redação determinada pela Lei n. 14.011, de 10-6-2020.

§ 5.º Em caso de descumprimento do prazo estabelecido no § 4.º deste artigo para encaminhamento do valor venal dos terrenos pelos Municípios e pelo Distrito Federal, o ente federativo perderá o direito, no exercício seguinte, ao repasse de 20% (vinte por cento) dos recursos arrecadados por meio da cobrança de taxa de ocupação, foro e laudêmio aos Municípios e ao Distrito Federal onde estão localizados os imóveis que deram origem à cobrança, previstos no Decreto-lei n. 2.398, de 21 de dezembro de 1987, e dos 20% (vinte por cento) da receita patrimonial decorrente da alienação desses imóveis, conforme o disposto na Lei n. 13.240, de 30 de dezembro de 2015.

•• § 5.º acrescentado pela Lei n. 13.465, de 11-7-2017.

§ 6.º Para o exercício de 2017, o valor de que trata o *caput* deste artigo será determinado de acordo com a planta de valores da Secretaria do Patrimônio da União (SPU), referente ao exercício de 2016 e atualizada pelo percentual de 7,17% (sete inteiros e dezessete centésimos por cento), ressalvada a correção de inconsistências cadastrais.

•• § 6.º acrescentado pela Lei n. 13.465, de 11-7-2017.

§ 7.º Ato do Secretário de Coordenação e Governança do Patrimônio da União disporá sobre as condições para o encaminhamento dos dados de que trata o § 4.º deste artigo.

•• § 7.º acrescentado pela Lei n. 14.011, de 10-6-2020.

§ 8.º O lançamento de débitos relacionados ao foro, à taxa de ocupação e a outras receitas extraordinárias:

•• § 8.º, *caput*, acrescentado pela Lei n. 14.011, de 10-6-2020.

I – utilizará como parâmetro o valor do domínio pleno do terreno estabelecido de acordo com o disposto no *caput* deste artigo; e

•• Inciso I acrescentado pela Lei n. 14.011, de 10-6-2020.

II – observará o percentual de atualização de, no máximo, 5 (cinco) vezes a variação acumulada do Índice Nacional de Preços ao Consumidor Amplo (IPCA) do exercício anterior, aplicado sobre os valores cobrados no ano anterior, ressalvada a correção de inconsistências cadastrais ou a existência de avaliação válida do imóvel.

•• Inciso II acrescentado pela Lei n. 14.011, de 10-6-2020.

§ 9.º A Secretaria de Coordenação e Governança do Patrimônio da União atualizará a planta de valores anualmente e estabelecerá os valores mínimos para fins de cobrança dos débitos a que se refere o § 8.º deste artigo.

•• § 9.º acrescentado pela Lei n. 14.011, de 10-6-2020.

§ 10. (*Vetado.*)

•• § 10 acrescentado pela Lei n. 14.011, de 10-6-2020.

Art. 11-C. As avaliações para fins de alienação onerosa dos domínios pleno, útil ou direto de imóveis da União, permitida a contratação da Caixa Econômica Federal ou de empresas públicas, órgãos ou entidades da administração pública direta ou indireta da União, do Distrito Federal, dos Estados ou dos Municípios cuja atividade-fim seja o desenvolvimento urbano ou imobiliário, com dispensa de licitação, ou de empresa privada, por meio de licitação, serão realizadas:

•• *Caput* com redação determinada pela Lei n. 14.011, de 10-6-2020.

I – pela Secretaria de Coordenação e Governança do Patrimônio da União; ou

•• Inciso I acrescentado pela Lei n. 14.011, de 10-6-2020.

II – pelo órgão ou entidade pública gestora responsável pelo imóvel.

•• Inciso II acrescentado pela Lei n. 14.011, de 10-6-2020.

§ 1.º O preço mínimo para as alienações onerosas será fixado com base no valor de mercado do imóvel, estabelecido em laudo de avaliação, cujo prazo de validade será de, no máximo, doze meses.

•• § 1.º acrescentado pela Lei n. 13.465, de 11-7-2017.

§ 2.º Para as áreas públicas da União objeto da Reurb-E, nos casos de venda direta, o preço de venda será fixado com base no valor de mercado do imóvel, excluídas as benfeitorias realizadas pelo ocupante, cujo prazo de validade da avaliação será de, no máximo, doze meses.

•• § 2.º acrescentado pela Lei n. 13.465, de 11-7-2017.

§ 3.º Para as alienações que tenham como objeto a remição do aforamento ou a venda do domínio pleno ou útil, para os ocupantes ou foreiros regularmente cadastrados na SPU, a avaliação, cujo prazo de validade será de, no máximo, doze meses, poderá ser realizada por trecho ou região, desde que comprovadamente homogêneos, com base em pesquisa mercadológica e critérios estabelecidos no zoneamento ou plano diretor do Município.

•• § 3.º acrescentado pela Lei n. 13.465, de 11-7-2017.

§ 4.º Nas hipóteses de venda de terrenos de até 250 m² (duzentos e cinquenta metros quadrados) em área urbana, ou de imóveis rurais de até o limite do módulo fiscal, definido pelo Instituto Nacional de Colonização e Reforma Agrária (Incra), será admitida a avaliação por planta de valores.

•• § 4.º acrescentado pela Lei n. 14.011, de 10-6-2020.

§ 5.º A avaliação de que trata o § 4.º deste artigo será baseada em métodos estatísticos lastreados em pesquisa mercadológica e em níveis de precisão compatíveis com os riscos aceitos, nos termos estabelecidos em ato do Secretário de Coordenação e Governança do Patrimônio da União, desde que esses métodos:

•• § 5.º, *caput*, acrescentado pela Lei n. 14.011, de 10-6-2020.

I – sejam previamente aprovados pela Secretaria de Coordenação e Governança do Patrimônio da União;

•• Inciso I acrescentado pela Lei n. 14.011, de 10-6-2020.

II – sejam baseados em critérios, premissas e procedimentos objetivos, documentados, passíveis de verificação pelos órgãos de controle e disponíveis em sistema eletrônico de dados; e

•• Inciso II acrescentado pela Lei n. 14.011, de 10-6-2020.

III – propiciem a geração de relatório individualizado da precificação do imóvel.

•• Inciso III acrescentado pela Lei n. 14.011, de 10-6-2020.

§ 6.º As avaliações poderão ser realizadas sem que haja visita presencial, por meio de modelos de precificação, automatizados ou não, nos termos dos §§ 4.º e 5.º deste artigo.

•• § 6.º acrescentado pela Lei n. 14.011, de 10-6-2020.

§ 7.º Os laudos de avaliação dos imóveis elaborados por empresas especializadas serão homologados pela Secretaria de Coordenação e Governança do Patrimônio da União ou pelo órgão ou entidade pública gestora do imóvel, por meio de modelos preestabelecidos e sistema automatizado.

•• § 7.º acrescentado pela Lei n. 14.011, de 10-6-2020.

§ 8.º É dispensada a homologação de que trata o § 7.º deste artigo dos laudos de avaliação realizados por banco público federal ou por empresas públicas.

•• § 8.º acrescentado pela Lei n. 14.011, de 10-6-2020.

§ 9.º O órgão ou a entidade pública gestora poderá estabelecer que o laudo de avaliação preveja os valores para a venda do imóvel de acordo com prazo inferior à média de absorção do mercado.

•• 9.º acrescentado pela Lei n. 14.011, de 10-6-2020.

§ 10. A Secretaria de Coordenação e Governança do Patrimônio da União poderá utilizar o valor estimado nos laudos de avaliação para fins de venda do imóvel em prazo menor do que a média de absorção do mercado.

•• § 10 acrescentado pela Lei n. 14.011, de 10-6-2020.

§ 11. É vedada a avaliação por empresas especializadas cujos sócios sejam servidores da Secretaria de Coordenação e Governança do Patrimônio da União ou da Secretaria Especial de Desestatização, Desinvestimento e Mercados do Ministério da Economia, ou seus parentes, em linha reta ou colateral, por consanguinidade ou afinidade, até o terceiro grau, inclusive.

•• § 11 acrescentado pela Lei n. 14.011, de 10-6-2020.

§ 12. Ato do Secretário de Coordenação e Governança do Patrimônio da União disporá sobre critérios técnicos para a elaboração e a homologação dos laudos de avaliação.

•• § 12 acrescentado pela Lei n. 14.011, de 10-6-2020.

Art. 11-D. Ato do Secretário de Coordenação e Governança do Patrimônio da União estabelecerá critérios técnicos e impessoais para habilitação de profissionais com vistas à execução de medidas necessárias ao processo de alienação dos bens imóveis da União.

•• *Caput* acrescentado pela Lei n. 14.011, de 10-6-2020.

•• A Portaria n. 11.488, de 22-9-2021, da SPU/ME, regulamenta os critérios de habilitação de profissionais e empresas avaliadoras para elaboração de laudo de avaliação de imóveis da União, bem como estabelece os limites de reembolso dos custos incorridos pelo proponente pelos serviços de avaliação de imóveis.

§ 1.º A remuneração do profissional habilitado pela Secretaria de Coordenação e Governança do Patrimônio da União será devida somente na hipótese de êxito do processo de alienação correspondente.

•• § 1.º acrescentado pela Lei n. 14.011, de 10-6-2020.

§ 2.º Os laudos de avaliação dos imóveis elaborados pelos avaliadores serão homologados pela Secretaria de Coordenação e Governança do Patrimônio da União ou pelo órgão ou entidade pública gestora do imóvel, por meio de modelos preestabelecidos e sistema automatizado.

•• § 2.º acrescentado pela Lei n. 14.011, de 10-6-2020.

§ 3.º O profissional ou empresa que atender aos critérios estabelecidos no ato a que se refere o *caput* deste artigo será automaticamente considerado habilitado, sem necessidade de declaração da Secretaria de Coordenação e Governança do Patrimônio da União.

•• § 3.º acrescentado pela Lei n. 14.011, de 10-6-2020.

Seção IV
Do Aforamento

Art. 12. Observadas as condições previstas no § 1.º do art. 23 e resguardadas as situações previstas no inciso I do art. 5.º do Decreto-lei n. 2.398, de 1987, os imóveis dominiais da União, situados em zonas sujeitas ao regime enfitêutico, poderão ser aforados, mediante leilão ou concorrência pública, respeitado, como preço mínimo, o valor de mercado do respectivo domínio útil, estabelecido em avaliação de precisão, realizada, especificamente para esse fim, pela SPU ou, sempre que necessário, pela Caixa Econômica Federal, com validade de 6 (seis) meses a contar da data de sua publicação.

§ 1.º Na impossibilidade, devidamente justificada, de realização de avaliação de precisão, será admitida a avaliação expedita.

§ 2.º Para realização das avaliações de que trata este artigo, a SPU e a CEF poderão contratar serviços especializados de terceiros, devendo os respectivos laudos, para os fins previstos nesta Lei, ser homologados por quem os tenha contratado, quanto à observância das normas técnicas pertinentes.

§ 3.º Não serão objeto de aforamento os imóveis que:

•• § 3.º, *caput*, com redação determinada pela Lei n. 13.139, de 26-6-2015.

I – por sua natureza e em razão de norma especial, são ou venham a ser considerados indisponíveis e inalienáveis; e

•• Inciso I acrescentado pela Lei n. 13.139, de 26-6-2015.

II – são considerados de interesse do serviço público, mediante ato do Secretário do Patrimônio da União do Ministério do Planejamento, Orçamento e Gestão.

•• Inciso II acrescentado pela Lei n. 13.139, de 26-6-2015.

Art. 13. Na concessão do aforamento, será dada preferência a quem, comprovadamente, em 10 de junho de 2014, já ocupava o imóvel há mais de 1 (um) ano e esteja, até a data da formalização do contrato de alienação do domínio útil, regularmente inscrito como ocupante e em dia com suas obrigações perante a Secretaria do Patrimônio da União do Ministério do Planejamento, Orçamento e Gestão.

•• *Caput* com redação determinada pela Lei n. 13.139, de 26-6-2015.

§ 1.º Previamente à publicação do edital de licitação, dar-se-á conhecimento do preço mínimo para venda do domínio útil ao titular da preferência de que trata este artigo, que poderá adquiri-lo por esse valor, devendo, para este fim, sob pena de decadência, manifestar o seu interesse na aquisição e apresentar a documentação exigida em lei na forma e nos prazos previstos em regulamento e, ainda, celebrar o contrato de aforamento de que trata o art. 14 no prazo de 6 (seis) meses, a contar da data da notificação.

§ 2.º O prazo para celebração do contrato de que trata o parágrafo anterior poderá ser prorrogado, a pedido do interessado e observadas as condições previstas em regulamento, por mais 6 (seis) meses, situação em que, havendo variação significativa no mercado imobiliário local, será feita nova avaliação, correndo os custos de sua realização por conta do respectivo ocupante.

§ 3.º A notificação de que trata o § 1.º será feita por edital publicado no *Diário Oficial da União* e, sempre que possível, por carta registrada a ser enviada ao ocupante do imóvel que se encontre inscrito na SPU.

§ 4.º O edital especificará o nome do ocupante, a localização do imóvel e a respectiva área, o valor de avaliação, bem como o local e horário de atendimento aos interessados.

§ 5.º (*Revogado pela Lei n. 13.139, de 26-6-2015.*)

§ 6.º Para fins de regularização nos registros cadastrais da Secretaria do Patrimônio da União do Ministério do Planejamento, Desenvolvimento e Gestão dos aforamentos ocorridos até 10 de junho de 2014, as transferências de posse na cadeia sucessória do imóvel serão anotadas no cadastro dos bens dominiais da União para o fim de cobrança de receitas patrimoniais dos respectivos responsáveis, independentemente do prévio recolhimento do laudêmio.

•• § 6.º acrescentado pela Lei n. 13.813, de 9-4-2019.

Art. 14. O domínio útil, quando adquirido mediante o exercício da preferência de que tratam o art. 13 e o § 3.º do art. 17 desta Lei, poderá ser pago:

•• *Caput* com redação determinada pela Lei n. 13.465, de 11-7-2017.

I – à vista;

•• Inciso I com redação determinada pela Lei n. 13.465, de 11-7-2017.

II – a prazo, mediante pagamento, no ato da assinatura do contrato de aforamento, de entrada mínima de 10% (dez por cento) do preço, a título de sinal e princípio de pagamento, e do saldo em até 120 (cento e vinte) prestações mensais e consecutivas, devidamente atualizadas, observando-se, neste caso, que o término do parcelamento não poderá ultrapassar a data em que o adquirente completar 80 (oitenta) anos de idade.

Parágrafo único. (*Revogado pela Lei n. 13.465, de 11-7-2017.*)

Art. 15. A Secretaria do Patrimônio da União do Ministério do Planejamento, Orçamento e Gestão promoverá, mediante licitação, o aforamento dos terrenos de domínio da União situados em zonas sujeitas ao regime enfitêutico que estiverem vagos ou ocupados há até 1 (um) ano em 10 de junho de 2014, bem como daqueles cujos ocupantes não tenham exercido a preferência ou a opção de que tratam os arts. 13 e 17 desta Lei e o inciso I do *caput* do art. 5.º do Decreto-lei n. 2.398, de 21 de dezembro de 1987.

•• *Caput* com redação determinada pela Lei n. 13.139, de 26-6-2015.

§ 1.º O domínio pleno das benfeitorias incorporadas ao imóvel, independentemente de quem as tenha realizado, será também objeto de alienação.

§ 2.º Os ocupantes com até 1 (um) ano de ocupação em 10 de junho de 2014 que continuem ocupando o imóvel e estejam regularmente inscritos e em dia com suas obrigações perante a Secretaria do Patrimônio da União do Ministério do Planejamento, Orçamento e Gestão na data da realização da licitação poderão adquirir o domínio útil do imóvel, em caráter preferencial, pelo preço, abstraído o valor correspondente às benfeitorias por eles realizadas, e nas mesmas condições oferecidas pelo vencedor da licitação, desde que manifestem seu interesse no ato do pregão ou no prazo de 48 (quarenta e oito) horas, contado da publicação do resultado do julgamento da concorrência.

•• § 2.º com redação determinada pela Lei n. 13.139, de 26-6-2015.

§ 3.º O edital de licitação especificará, com base na proporção existente entre os valores apurados no laudo de avaliação, o percentual a ser subtraído da proposta ou do lance vencedor, correspondente às benfeitorias realizadas pelo ocupante, caso este exerça a preferência de que trata o parágrafo anterior.

§ 4.º Ocorrendo a venda, na forma deste artigo, do domínio útil do imóvel a terceiros, será repassado ao ocupante, exclusivamente neste caso, o valor correspondente às benfeitorias por ele realizadas calculado com base no percentual apurado na forma do parágrafo anterior, sendo vedada a extensão deste benefício a outros casos, mesmo que semelhantes.

§ 5.º O repasse de que trata o parágrafo anterior será realizado nas mesmas condições de pagamento, pelo adquirente, do preço do domínio útil.

§ 6.º Caso o domínio útil do imóvel não seja vendido no primeiro certame, serão promovidas, após a reintegração sumária da União na posse do imóvel, novas licitações, nas quais não será dada nenhuma preferência ao ocupante.

§ 7.º Os ocupantes que não exercerem, conforme o caso, as preferências de que tratam os arts. 13 e 15, § 2.º, e a opção de que trata o art.17, nos termos e condições previstos nesta Lei e em seu regulamento, terão o prazo de 60 (sessenta) dias para desocupar o imóvel, findo o qual ficarão sujeitos ao pagamento de indenização pela ocupação ilícita, correspondente a 10% (dez por cento) do valor atualizado do domínio pleno do terreno, por ano ou fração de ano, até que a União seja reintegrada na posse do imóvel.

Art. 16. Constatado, no processo de habilitação, que os adquirentes prestaram declaração falsa sobre pré-requisitos necessários ao exercício da preferência de que tratam os arts. 13, 15, § 2.º, e 17, § 3.º, desta Lei, e o inciso I do art. 5.º do Decreto-lei n. 2.398, de 1987, os respectivos contratos de aforamento serão nulos de pleno direito, sem prejuízo das sanções penais aplicáveis, independentemente de notificação judicial ou extrajudicial, retornando automaticamente o imóvel ao domínio pleno da União e perdendo os compradores o valor correspondente aos pagamentos eventualmente já efetuados.

Art. 16-A. Para os terrenos submetidos ao regime enfitêutico, ficam autorizadas a remição do foro e a consolidação do domínio pleno com o foreiro mediante o pagamento do valor correspondente ao domínio direto do terreno, segundo os critérios de avaliação previstos no art. 11-C desta Lei, cujo prazo de validade da avaliação será de, no máximo, doze meses, e das obrigações pendentes na Secretaria do Patrimônio da União (SPU), inclusive aquelas objeto de parcelamento, excluídas as benfeitorias realizadas pelo foreiro.

•• *Caput* acrescentado pela Lei n. 13.465, de 11-7-2017.

§ 1.º Ficam dispensadas do pagamento pela remição as pessoas consideradas carentes ou de baixa renda, nos termos previstos no art. 1.º do Decreto-lei n. 1.876, de 15 de julho de 1981.

•• § 1.º acrescentado pela Lei n. 13.465, de 11-7-2017.

§ 2.º A remição do foro e a consolidação do domínio pleno com o foreiro a que se refere este artigo poderão ser efetuadas à vista ou de forma parcelada, permitida a utilização dos recursos do FGTS para pagamento total, parcial ou em amortização de parcelas e liquidação do saldo devedor, observadas as demais regras e condições estabelecidas para uso do FGTS.

•• § 2.º acrescentado pela Lei n. 13.465, de 11-7-2017.

§ 3.º As demais condições para a remição do foro dos imóveis submetidos ao regime enfitêutico a que se refere este artigo serão estabelecidas em ato da Secretaria do Patrimônio da União (SPU).

•• § 3.º acrescentado pela Lei n. 13.465, de 11-7-2017.

§ 4.º O foreiro que não optar pela aquisição dos imóveis de que trata este artigo continuará submetido ao regime enfitêutico, na forma da legislação vigente.

•• § 4.º acrescentado pela Lei n. 13.465, de 11-7-2017.

§ 5.º A Secretaria do Patrimônio da União (SPU) verificará a regularidade cadastral dos imóveis a serem alienados e procederá aos ajustes eventualmente necessários durante o processo de alienação.

•• § 5.º acrescentado pela Lei n. 13.465, de 11-7-2017.

§ 6.º Não se aplica o disposto neste artigo aos imóveis da União:

•• § 6.º, *caput*, acrescentado pela Lei n. 13.465, de 11-7-2017.

I – administrados pelo Ministério das Relações Exteriores, pelo Ministério da Defesa ou pelos Comandos da Marinha, do Exército ou da Aeronáutica;

•• Inciso I acrescentado pela Lei n. 13.465, de 11-7-2017.

II – situados na faixa de fronteira de que trata a Lei n. 6.634, de 2 de maio de 1979, ou na faixa de segurança de que trata o § 3.º do art. 49 do Ato das Disposições Constitucionais Transitórias.

•• Inciso II acrescentado pela Lei n. 13.465, de 11-7-2017.

§ 7.º Para os fins desta Lei, considera-se faixa de segurança a extensão de trinta metros a partir do final da praia, nos termos do § 3.º do art. 10 da Lei n. 7.661, de 16 de maio de 1988.

•• § 7.º acrescentado pela Lei n. 13.465, de 11-7-2017.

Art. 16-B. Fica o Poder Executivo Federal autorizado, por intermédio da Secretaria do Patrimônio da União (SPU), a contratar a Caixa Econômica Federal, independentemente de processo licitatório, para a prestação de serviços relacionados à administração dos contratos, à arrecadação e à cobrança administrativa decorrentes da remição do foro dos imóveis a que se refere o art. 16-A desta Lei.

•• *Caput* acrescentado pela Lei n. 13.465, de 11-7-2017.

Parágrafo único. A Caixa Econômica Federal representará a União na celebração dos contratos de que trata o *caput* deste artigo.

•• Parágrafo único acrescentado pela Lei n. 13.465, de 11-7-2017.

Art. 16-C. O Ministro de Estado do Planejamento, Desenvolvimento e Gestão, permitida a delegação, editará portaria com a lista de áreas ou imóveis sujeitos à alienação nos termos do art. 16-A desta Lei.

•• *Caput* acrescentado pela Lei n. 13.465, de 11-7-2017.

§ 1.º Os terrenos de marinha e acrescidos alienados na forma desta Lei:

•• § 1.º, *caput*, acrescentado pela Lei n. 13.465, de 11-7-2017.

I – não incluirão:

•• Inciso I, *caput*, acrescentado pela Lei n. 13.465, de 11-7-2017.

a) áreas de preservação permanente, na forma do inciso II do *caput* do art. 3.º da Lei n. 12.651, de 25 de maio de 2012; ou

•• Alínea *a* acrescentada pela Lei n. 13.465, de 11-7-2017.

b) áreas em que seja vedado o parcelamento do solo, na forma do art. 3.º e do inciso I do *caput* do art. 13 da Lei n. 6.766, de 19 de dezembro de 1979;

•• Alínea *b* acrescentada pela Lei n. 13.465, de 11-7-2017.

II – deverão estar situados em área urbana consolidada.

•• Inciso II acrescentado pela Lei n. 13.465, de 11-7-2017.

§ 2.º Para os fins desta Lei, considera-se área urbana consolidada aquela:

•• § 2.º, *caput*, acrescentado pela Lei n. 13.465, de 11-7-2017.

I – incluída no perímetro urbano ou em zona urbana pelo plano diretor ou por lei municipal específica;

•• Inciso I acrescentado pela Lei n. 13.465, de 11-7-2017.

II – com sistema viário implantado e vias de circulação pavimentadas;

•• Inciso II acrescentado pela Lei n. 13.465, de 11-7-2017.

III – organizada em quadras e lotes predominantemente edificados;

•• Inciso III acrescentado pela Lei n. 13.465, de 11-7-2017.

IV – de uso predominantemente urbano, caracterizado pela existência de edificações residenciais, comerciais, industriais, institucionais, mistas ou voltadas à prestação de serviços; e

•• Inciso IV acrescentado pela Lei n. 13.465, de 11-7-2017.

V – com a presença de, no mínimo, três dos seguintes equipamentos de infraestrutura urbana implantados:

•• Inciso V, *caput*, acrescentado pela Lei n. 13.465, de 11-7-2017.

a) drenagem de águas pluviais;

•• Alínea *a* acrescentada pela Lei n. 13.465, de 11-7-2017.

b) esgotamento sanitário;

•• Alínea *b* acrescentada pela Lei n. 13.465, de 11-7-2017.

c) abastecimento de água potável;

•• Alínea *c* acrescentada pela Lei n. 13.465, de 11-7-2017.

d) distribuição de energia elétrica; e

•• Alínea *d* acrescentada pela Lei n. 13.465, de 11-7-2017.

e) limpeza urbana, coleta e manejo de resíduos sólidos.

•• Alínea *e* acrescentada pela Lei n. 13.465, de 11-7-2017.

§ 3.º A alienação dos imóveis de que trata o § 1.º deste artigo não implica supressão das restrições administrativas de uso ou edificação que possam prejudicar a segurança da navegação, conforme estabelecido em ato do Ministro de Estado da Defesa.

•• § 3.º acrescentado pela Lei n. 13.465, de 11-7-2017.

§ 4.º Não há necessidade de autorização legislativa específica para alienação dos imóveis arrolados na portaria a que se refere o *caput* deste artigo.

•• § 4.º acrescentado pela Lei n. 13.465, de 11-7-2017.

Art. 16-D. O adquirente receberá desconto de 25% (vinte e cinco por cento) na aquisição à vista, com fundamento no art. 16-A desta Lei, desde que atendidas as seguintes condições, cumulativamente:

•• *Caput* com redação determinada pela Lei n. 13.813, de 9-4-2019.

I – tenha sido apresentada manifestação de interesse para a aquisição à vista com o desconto de que trata o *caput* deste artigo no prazo de 30 (trinta) dias, contado a partir da data do recebimento da notificação da inclusão do imóvel na portaria de que trata o art. 16-C desta Lei; e

•• Inciso I acrescentado pela Lei n. 13.813, de 9-4-2019.

II – tenha sido efetuado o pagamento à vista do valor da alienação no prazo de 60 (sessenta) dias, contado a partir da data da manifestação de interesse do adquirente.

•• Inciso II acrescentado pela Lei n. 13.813, de 9-4-2019.

Parágrafo único. Para as alienações efetuadas de forma parcelada não será concedido desconto.

•• Parágrafo único acrescentado pela Lei n. 13.465, de 11-7-2017.

Art. 16-E. O pagamento das alienações realizadas nos termos do art. 16-A desta Lei observará critérios fixados em regulamento e poderá ser realizado:

•• *Caput* acrescentado pela Lei n. 13.465, de 11-7-2017.

I – à vista;

•• Inciso I acrescentado pela Lei n. 13.465, de 11-7-2017.

II – a prazo, mediante as condições de parcelamento estabelecidas em ato da Secretaria do Patrimônio da União (SPU).

•• Inciso II acrescentado pela Lei n. 13.465, de 11-7-2017.

Art. 16-F. Para os imóveis divididos em frações ideais em que já tenha havido aforamento de, no mínimo, uma das unidades autônomas, na forma do item 1.º do art. 105 do Decreto-lei n. 9.760, de 5 de setembro de 1946, combinado com o inciso I do *caput* do art. 5.º do Decreto-lei n. 2.398, de 21 de dezembro de 1987, será aplicado o mesmo critério de outorga de aforamento para as demais unidades do imóvel.

•• Artigo acrescentado pela Lei n. 13.465, de 11-7-2017.

Art. 16-G. A União repassará 20% (vinte por cento) da receita patrimonial decorrente da remição do foro dos imóveis a que se refere o art. 16-A desta Lei aos Municípios e ao Distrito Federal onde estão localizados.

•• Artigo acrescentado pela Lei n. 13.465, de 11-7-2017.

Art. 16-H. Fica a Secretaria do Patrimônio da União (SPU) autorizada a receber Proposta de Manifestação de Aquisição, por foreiro de imóvel da União, que esteja regularmente inscrito e adimplente com suas obrigações com aquela Secretaria.

•• *Caput* acrescentado pela Lei n. 13.465, de 11-7-2017.

§ 1.º O foreiro deverá apresentar à SPU carta formalizando o interesse na aquisição juntamente com a identificação do imóvel e do foreiro, comprovação do período de foro e de estar em dia com as respectivas taxas, avaliação do imóvel e das benfeitorias, proposta de pagamento e, para imóveis rurais, georreferenciamento e CAR individualizado.

•• § 1.º acrescentado pela Lei n. 13.465, de 11-7-2017.

§ 2.º Para a análise da Proposta de Manifestação de Aquisição de que trata este artigo deverão ser cumpridos todos os requisitos e condicionantes estabelecidos na legislação que normatiza a alienação de imóveis da União, mediante a edição da portaria do Ministério do Planejamento, Desenvolvimento e Gestão de que trata o art. 16-C, bem como os critérios de avaliação previstos no art. 11-C, ambos desta Lei.

•• § 2.º acrescentado pela Lei n. 13.465, de 11-7-2017.

§ 3.º O protocolo da Proposta de Manifestação de Aquisição de imóvel da União pela Secretaria do Patrimônio da União (SPU) não constituirá nenhum direito ao foreiro perante a União.

•• § 3.º acrescentado pela Lei n. 13.465, de 11-7-2017.

§ 4.º A Secretaria do Patrimônio da União (SPU) fica autorizada a regulamentar a Proposta de Manifestação de Aquisição de que trata este artigo, mediante edição de portaria específica.

•• § 4.º acrescentado pela Lei n. 13.465, de 11-7-2017.

Art. 16-I. Os imóveis submetidos ao regime enfitêutico com valor de remição do domínio direto do terreno até o limite estabelecido em ato do Ministro de Estado da Economia terão, mediante procedimento simplificado, a remição do foro autorizada, e o domínio pleno será consolidado em nome dos atuais foreiros que estejam regularmente cadastrados na Secretaria de Coordenação e Governança do Patrimônio da União e que estejam em dia com suas obrigações.

•• *Caput* acrescentado pela Lei n. 14.011, de 10-6-2020.

•• A Portaria n. 7.796, de 30-6-2021, do Ministério da Economia, estabelece o valor limite de remição do domínio direto dos imóveis submetidos ao regime enfitêutico em até R$ 250.000,00 (duzentos e cinquenta mil reais), na forma deste artigo.

§ 1.º O valor para remição do foro dos imóveis enquadrados no *caput* deste artigo será definido de acordo com a planta de valores da Secretaria de Coordenação e Governança do Patrimônio da União, observado, no que couber, o disposto no art. 11-C desta Lei.

•• § 1.º acrescentado pela Lei n. 14.011, de 10-6-2020.

§ 2.º Os imóveis sujeitos à alienação nos termos deste artigo serão remidos mediante venda direta ao atual foreiro, dispensada a edição de portaria específica.

•• § 2.º acrescentado pela Lei n. 14.011, de 10-6-2020.

§ 3.º Os imóveis com valor do domínio direto do terreno superior ao estabelecido em ato do Ministro de Estado da Economia poderão ser alienados nos termos do art. 16-A desta Lei.

•• § 3.º acrescentado pela Lei n. 14.011, de 10-6-2020.

§ 4.º A hipótese de que trata este artigo está condicionada à edição de ato do Secretário de Coordenação e Governança do Patrimônio da União que discipline os procedimentos e o cronograma dos imóveis abrangidos.

•• § 4.º acrescentado pela Lei n. 14.011, de 10-6-2020.

Seção V

Dos Direitos dos Ocupantes Regularmente Inscritos até 5 de Outubro de 1988

Art. 17. Os ocupantes regularmente inscritos até 5 de outubro de 1988, que não exercerem a preferência de que trata o art.13, terão os seus direitos e obrigações assegurados mediante a celebração de contratos de cessão de uso onerosa, por prazo indeterminado.

§ 1.º A opção pela celebração do contrato de cessão de que trata este artigo deverá ser manifestada e formalizada, sob pena de decadência, observando-se os mesmos prazos previstos no art. 13 para exercício da preferência ao aforamento.

§ 2.º Havendo interesse do serviço público, a União poderá, a qualquer tempo, revogar o contrato de cessão e reintegrar-se na posse do imóvel, após o decurso do prazo de 90 (noventa) dias da notificação administrativa que para esse fim expedir, em cada caso, não sendo reconhecidos ao cessionário quaisquer direitos sobre o terreno ou a indenização por benfeitorias realizadas.

§ 3.º A qualquer tempo, durante a vigência do contrato de cessão, poderá o cessionário pleitear novamente a preferência à aquisição, exceto na hipótese de haver sido declarado o interesse do serviço público, na forma do art. 5.º do Decreto-lei n. 2.398, de 1987.

Seção VI
Da Cessão

Art. 18. A critério do Poder Executivo poderão ser cedidos, gratuitamente ou em condições especiais, sob qualquer dos regimes previstos no Decreto-lei n. 9.760, de 1946, imóveis da União a:

I – Estados, Distrito Federal, Municípios e entidades sem fins lucrativos das áreas de educação, cultura, assistência social ou saúde;

•• Inciso I com redação determinada pela Lei n. 11.481, de 31-5-2007.

II – pessoas físicas ou jurídicas, em se tratando de interesse público ou social ou de aproveitamento econômico de interesse nacional.

•• Inciso II com redação determinada pela Lei n. 11.481, de 31-5-2007.

§ 1.º A cessão de que trata este artigo poderá ser realizada, ainda, sob o regime de concessão de direito real de uso resolúvel, previsto no art. 7.º do Decreto-lei n. 271, de 28 de fevereiro de 1967, aplicando-se, inclusive, em terrenos de marinha e acrescidos, dispensando-se o procedimento licitatório para associações e cooperativas que se enquadrem no inciso II do *caput* deste artigo.

•• § 1.º com redação determinada pela Lei n. 11.481, de 31-5-2007.

§ 2.º O espaço aéreo sobre bens públicos, o espaço físico em águas públicas, as áreas de álveo de lagos, rios e quaisquer correntes d'água, de vazantes, da plataforma continental e de outros bens de domínio da União, insusceptíveis de transferência de direitos reais a terceiros, poderão ser objeto de cessão de uso, nos termos deste artigo, observadas as prescrições legais vigentes.

§ 3.º A cessão será autorizada em ato do Presidente da República e se formalizará mediante termo ou contrato, do qual constarão expressamente as condições estabelecidas, entre as quais a finalidade da sua realização e o prazo para seu cumprimento, e tornar-se-á nula, independentemente de ato especial, se ao imóvel, no todo ou em parte, vier a ser dada aplicação diversa da prevista no ato autorizativo e consequente termo ou contrato.

§ 4.º A competência para autorizar a cessão de que trata este artigo poderá ser delegada ao Ministro de Estado da Fazenda, permitida a subdelegação.

§ 5.º Na hipótese de destinação à execução de empreendimento de fim lucrativo, a cessão será onerosa e, sempre que houver condições de competitividade, serão observados os procedimentos licitatórios previstos em lei e o disposto no art. 18-B desta Lei.

•• § 5.º com redação determinada pela Lei n. 13.813, de 9-4-2019.

§ 6.º Fica dispensada de licitação a cessão prevista no *caput* deste artigo relativa a:

•• § 6.º, *caput*, acrescentado pela Lei n. 11.481, de 31-5-2007.

I – bens imóveis residenciais construídos, destinados ou efetivamente utilizados no âmbito de programas de provisão habitacional ou de regularização fundiária de interesse social desenvolvidos por órgãos ou entidades da administração pública;

•• Inciso I acrescentado pela Lei n. 11.481, de 31-5-2007.

II – bens imóveis de uso comercial de âmbito local com área de até 250 m² (duzentos e cinquenta metros quadrados), inseridos no âmbito de programas de regularização fundiária de interesse social desenvolvidos por órgãos ou entidades da administração pública e cuja ocupação se tenha consolidado até 27 de abril de 2006;

•• Inciso II acrescentado pela Lei n. 11.481, de 31-5-2007.

III – espaços físicos em corpos d'água de domínio da União para fins de aquicultura, no âmbito da regularização aquícola desenvolvida por órgãos ou entidades da administração pública.

•• Inciso III acrescentado pela Lei n. 14.011, de 10-6-2020.

§ 6.º-A. Os espaços físicos a que refere o inciso III do § 6.º deste artigo serão cedidos ao requerente que tiver projeto aprovado perante a Secretaria de Aquicultura e Pesca do Ministério da Agricultura, Pecuária e Abastecimento e demais órgãos da administração pública.

•• § 6.º-A acrescentado pela Lei n. 14.011, de 10-6-2020.

§ 7.º Além das hipóteses previstas nos incisos I e II do *caput* e no § 2.º deste artigo, o espaço aéreo sobre bens públicos, o espaço físico em águas públicas, as áreas de álveo de lagos, rios e quaisquer correntes d'água, de vazantes e de outros bens do domínio da União, contíguos a imóveis da União afetados ao regime de aforamento ou ocupação, poderão ser objeto de cessão de uso.

•• § 7.º acrescentado pela Lei n. 12.058, de 13-10-2009.

•• O STF, por unanimidade, julgou parcialmente procedente a ADI n. 4.970, nas sessões virtuais de 3-9-2021 a 14-9-2021, para interpretar conforme à Constituição da República este § 7.º, adotando-se compreensão que possibilita a cessão do espaço aéreo sobre bens públicos, do espaço físico em águas públicas, das áreas de álveo de lagos, dos rios e quaisquer correntes d'água, das vazantes e de outros bens do domínio da União, contíguos a imóveis da União afetados ao regime de aforamento ou ocupação, desde que destinada a Estados, Distrito Federal, Municípios ou entidades sem fins lucrativos nas áreas de educação, cultura, assistência social ou saúde, ou a pessoas físicas ou jurídicas, nesse caso demonstrado o interesse público ou social (*DOU* de 21-9-2021).

§ 8.º A destinação que tenha como beneficiários entes públicos ou privados concessionários ou delegatários da prestação de serviços de coleta, tratamento e distribuição de água potável, esgoto sanitário e destinação final de resíduos sólidos poderá ser realizada com dispensa de licitação e sob regime gratuito.

•• § 8.º acrescentado pela Lei n. 13.465, de 11-7-2017.

§ 9.º Na hipótese prevista no § 8.º deste artigo, caso haja a instalação de tubulação subterrânea e subaquática que permita outro uso concomitante, a destinação dar-se-á por meio de autorização de passagem, nos termos de ato da Secretaria do Patrimônio da União (SPU).

•• § 9.º acrescentado pela Lei n. 13.465, de 11-7-2017.

§ 10. A cessão de que trata este artigo poderá estabelecer como contrapartida a obrigação de construir, reformar ou prestar serviços de engenharia em imóveis da União ou em bens móveis de interesse da União, admitida a contrapartida em imóveis da União que não sejam objeto da cessão.

•• § 10 acrescentado pela Lei n. 14.011, de 10-6-2020.

§ 11. A cessão com contrapartida será celebrada sob condição resolutiva até que a obrigação seja integralmente cumprida pelo cessionário.

•• § 11 acrescentado pela Lei n. 14.011, de 10-6-2020.

§ 12. Na hipótese de descumprimento pelo cessionário da contrapartida, nas condições e nos prazos estabelecidos, o instrumento jurídico da cessão resolver-se-á sem direito à indenização pelas acessões e benfeitorias nem a qualquer outra indenização ao cessionário, e a posse do imóvel será imediatamente revertida para a União.

•• § 12 acrescentado pela Lei n. 14.011, de 10-6-2020.

§ 13. A cessão que tenha como beneficiária autorizatária de exploração ferroviária, nos termos da legislação específica, será realizada com dispensa de licitação.

•• § 13 acrescentado pela Lei n. 14.273, de 23-12-2021.

Art. 18-A. Os responsáveis pelas estruturas náuticas instaladas ou em instalação no mar territorial, nos rios e nos lagos de domínio da União que requererem a sua regularização até 31 de dezembro de 2018 perceberão desconto de 50% (cinquenta por cento) no valor do recolhimento do preço público pelo uso privativo de área da União quanto ao período que antecedeu a data de publicação da Medida Provisória n. 759, de 22 de dezembro de 2016.

•• *Caput* acrescentado pela Lei n. 13.465, de 11-7-2017.

§ 1.º O desconto de que trata o *caput* deste artigo fica condicionado ao deferimento do pedido de regularização pela Secretaria do Patrimônio da União (SPU).

•• § 1.º acrescentado pela Lei n. 13.465, de 11-7-2017.

§ 2.º O disposto no *caput* deste artigo não se aplica aos créditos inscritos em dívida ativa da União.

•• § 2.º acrescentado pela Lei n. 13.465, de 11-7-2017.

Art. 18-B. Os imóveis da União que estiverem ocupados por entidades desportivas de quaisquer modalidades poderão ser objeto de cessão em condições especiais, dispensado o procedimento licitatório e observadas as seguintes condições:

•• *Caput* acrescentado pela Lei n. 13.813, de 9-4-2019.

I – que as ocupações sejam anteriores a 5 de outubro de 1988, exclusivamente; e

•• Inciso I acrescentado pela Lei n. 13.813, de 9-4-2019.

II – que a cessão seja pelo prazo máximo de 30 (trinta) anos, admitidas prorrogações por iguais períodos.

•• Inciso II acrescentado pela Lei n. 13.813, de 9-4-2019.

§ 1.º A cessão será formalizada por meio de termo ou de contrato, do qual constarão expressamente as condições estabelecidas.

•• § 1.º acrescentado pela Lei n. 13.813, de 9-4-2019.

§ 2.º A cessão será tornada nula, independentemente de ato especial, se ao imóvel vier a ser dada aplicação diversa da prevista no termo ou no contrato, no todo ou em parte, observado o disposto no § 5.º do art. 18 desta Lei.

•• § 2.º acrescentado pela Lei n. 13.813, de 9-4-2019.

§ 3.º As entidades desportivas de que trata este artigo receberão desconto de 50% (cinquenta por cento) sobre os débitos inadimplidos relativos a preços públicos pelo uso privativo de área da União quanto ao período anterior à data de formalização do termo ou do contrato.

•• § 3.º acrescentado pela Lei n. 13.813, de 9-4-2019.

§ 4.º O desconto de que trata o § 3.º deste artigo somente será concedido aos interessados que requererem a regularização até 31 de dezembro de 2019 e ficará condicionado ao deferimento do pedido pela Secretaria do Patrimônio da União do Ministério do Planejamento, Desenvolvimento e Gestão.

•• § 4.º acrescentado pela Lei n. 13.813, de 9-4-2019.

Art. 19. O ato autorizativo da cessão de que trata o artigo anterior poderá:

I – permitir a alienação do domínio útil ou de direitos reais de uso de frações do terreno cedido mediante regime competente, com a finalidade de obter recursos para execução dos objetivos da cessão, inclusive para construção de edificações que pertencerão, no todo ou em parte, ao cessionário;

II – permitir a hipoteca do domínio útil ou de direitos reais de uso de frações do terreno cedido, mediante regime competente, e de benfeitorias eventualmente aderidas, com as finalidades referidas no inciso anterior;

III – permitir a locação ou o arrendamento de partes do imóvel cedido e benfeitorias eventualmente aderidas, desnecessárias ao uso imediato do cessionário;

IV – isentar o cessionário do pagamento de foro, enquanto o domínio útil do terreno fizer parte do seu patrimônio, e de laudêmios, nas transferências de domínio útil de que trata este artigo;

V – conceder prazo de carência para início de pagamento das retribuições devidas, quando:

a) for necessária a viabilização econômico-financeira do empreendimento;

b) houver interesse em incentivar atividade pouco ou ainda não desenvolvida no País ou em alguma de suas regiões; ou

c) for necessário ao desenvolvimento de microempresas, cooperativas e associações de pequenos produtores e de outros segmentos da economia brasileira que precisem ser incrementados;

VI – permitir a cessão gratuita de direitos enfitêuticos relativos a frações de terrenos cedidos quando se tratar de regularização fundiária ou provisão habitacional para famílias carentes ou de baixa renda.

•• Inciso VI acrescentado pela Lei n. 11.481, de 31-5-2007.

Art. 20. Não será considerada utilização em fim diferente do previsto no termo de entrega, a que se refere o § 2.º do art. 79 do Decreto-lei n. 9.760, de 1946, a cessão de uso a terceiros, a título gratuito ou oneroso, de áreas para exercício de atividade de apoio, definidas em regulamento, necessárias ao desempenho da atividade do órgão a que o imóvel foi entregue.

Parágrafo único. A cessão de que trata este artigo será formalizada pelo chefe da repartição, estabelecimento ou serviço público federal a que tenha sido entregue o imóvel, desde que aprovada sua realização pelo Secretário-Geral da Presidência da República, respectivos Ministros de Estado ou autoridades com competência equivalente nos Poderes Legislativo ou Judiciário, conforme for o caso, e tenham sido observadas as condições previstas no regulamento e os procedimentos licitatórios previstos em lei.

Art. 21. Quando o projeto envolver investimentos cujo retorno, justificadamente, não possa ocorrer dentro do prazo máximo de 20 (vinte) anos, a cessão sob o regime de arrendamento poderá ser realizada por prazo superior, observando-se, nesse caso, como prazo de vigência, o tempo seguramente necessário à viabilização econômico-financeira do empreendimento, não ultrapassando o período da possível renovação.

•• Artigo com redação determinada pela Lei n. 11.314, de 3-7-2006.

Seção VII
Da Permissão de Uso

Art. 22. A utilização, a título precário, de áreas de domínio da União para a realização de eventos de curta duração, de natureza recreativa, esportiva, cultural, religiosa ou educacional, poderá ser autorizada, na forma do regulamento, sob o regime de permissão de uso, em ato do Secretário do Patrimônio da União, publicado no *Diário Oficial da União*.

§ 1.º A competência para autorizar a permissão de uso de que trata este artigo poderá ser delegada aos titulares das Delegacias do Patrimônio da União nos Estados.

§ 2.º Em áreas específicas, devidamente identificadas, a competência para autorizar a permissão de uso poderá ser repassada aos Estados e Municípios, devendo, para tal fim, as áreas envolvidas lhes serem cedidas sob o regime de cessão de uso, na forma do art. 18.

Seção VIII
Da Concessão de Uso Especial para Fins de Moradia

•• Seção VIII acrescentada pela Lei n. 11.481, de 31-5-2007.

Art. 22-A. A concessão de uso especial para fins de moradia aplica-se às áreas de propriedade da União, inclusive aos terrenos de marinha e acrescidos, e será conferida aos possuidores ou ocupantes que preencham os requisitos legais estabelecidos na Medida Provisória n. 2.220, de 4 de setembro de 2001.

•• *Caput* acrescentado pela Lei n. 11.481, de 31-5-2007.

§ 1.º O direito de que trata o *caput* deste artigo não se aplica a imóveis funcionais.

•• § 1.º acrescentado pela Lei n. 11.481, de 31-5-2007.

§ 2.º Os imóveis sob administração do Ministério da Defesa ou dos Comandos da Marinha, do Exército e da Aeronáutica são considerados de interesse da defesa nacional para efeito do disposto no inciso III do *caput* do art. 5.º da Medida Provisória n. 2.220, de 4 de setembro de 2001, sem prejuízo do estabelecido no § 1.º deste artigo.

•• § 2.º acrescentado pela Lei n. 11.481, de 31-5-2007.

•• A Lei n. 13.240, de 30-12-2015, propôs o acréscimo da Seção IX, todavia teve seu texto vetado.

Capítulo II
DA ALIENAÇÃO

Art. 23. A alienação de bens imóveis da União dependerá de autorização, mediante ato do Presidente da República, e será sempre precedida de parecer da SPU quanto à sua oportunidade e conveniência.

•• A Portaria n. 12.600, de 25-10-2021, da Secretaria Especial de Desestatização, Desinvestimento e Mercados, regulamenta o recebimento de proposta de aquisição de imóveis da União que não estejam inscritos em regime enfitêutico ou em ocupação, apresentada por interessado à Secretaria de Coordenação e Governança do Patrimônio da União.

§ 1.º A alienação ocorrerá quando não houver interesse público, econômico ou social em manter o imóvel no domínio da União, nem inconveniência quanto à preservação ambiental e à defesa nacional, no desaparecimento do vínculo de propriedade.

§ 2.º A competência para autorizar a alienação poderá ser delegada ao Ministro de Estado da Fazenda, permitida a subdelegação.

Art. 23-A. Qualquer interessado poderá apresentar proposta de aquisição de imóveis da União que não estejam inscritos em regime enfitêutico ou em ocupação, mediante requerimento específico à Secretaria de Coordenação e Governança do Patrimônio da União.

•• *Caput* acrescentado pela Lei n. 14.011, de 10-6-2020.

§ 1.º O requerimento de que trata o *caput* deste artigo não gera para a administração pública federal obrigação de alienar o imóvel nem direito subjetivo à aquisição.

•• § 1.º acrescentado pela Lei n. 14.011, de 10-6-2020.

§ 2.º A Secretaria de Coordenação e Governança do Patrimônio da União manifestar-se-á sobre o requerimento de que trata o *caput* deste artigo e avaliará a conveniência e a oportunidade de alienar o imóvel.

•• § 2.º acrescentado pela Lei n. 14.011, de 10-6-2020.

§ 3.º Na hipótese de manifestação favorável da Secretaria de Coordenação e Governança do Patrimônio da União, se o imóvel não possuir avaliação dentro do prazo de validade, o interessado providenciará, a expensas dele, avaliação elaborada por avaliador habilitado ou empresa especializada, nos termos dos §§ 1.º, 7.º e 8.º do art. 11-C desta Lei.

•• § 3.º acrescentado pela Lei n. 14.011, de 10-6-2020.

•• A Portaria n. 11.488, de 22-9-2021, da SPU/ME, regulamenta os critérios de habilitação de profissionais e empresas avaliadoras para elaboração de laudo de avaliação de imóveis da União, bem como estabelece os limites de reembolso dos custos incorridos pelo proponente pelos serviços de avaliação de imóveis.

§ 4.º Compete à Secretaria de Coordenação e Governança do Patrimônio da União homologar os laudos de avaliação e iniciar o processo de alienação do imóvel, observado o disposto no art. 24 desta Lei.

•• § 4.º acrescentado pela Lei n. 14.011, de 10-6-2020.

§ 5.º A homologação de avaliação pela Secretaria de Coordenação e Governança do Patrimônio da União não constituirá nenhum direito ao interessado, e a Secretaria poderá desistir da alienação.

•• § 5.º acrescentado pela Lei n. 14.011, de 10-6-2020.

§ 6.º As propostas apresentadas que não cumprirem os requisitos mínimos ou que forem descartadas de plano pela Secretaria de Coordenação e Governança do Patrimônio da União serão desconsideradas.

•• § 6.º acrescentado pela Lei n. 14.011, de 10-6-2020.

§ 7.º As propostas apresentadas nos termos deste artigo serão disponibilizadas pela Secretaria de Coordenação e Governança do Patrimônio da União em sua página na internet, exceto as propostas de que trata o § 6.º deste artigo.

•• § 7.º acrescentado pela Lei n. 14.011, de 10-6-2020.

§ 8.º Ato do Secretário de Coordenação e Governança do Patrimônio da União disporá sobre o conteúdo e a forma do requerimento de que trata o *caput* deste artigo.

•• § 8.º acrescentado pela Lei n. 14.011, de 10-6-2020.

Seção I

Da Venda

Art. 24. A venda de bens imóveis da União será feita mediante concorrência ou leilão público, observadas as seguintes condições:

•• A Portaria n. 12.600, de 25-10-2021, da Secretaria Especial de Desestatização, Desinvestimento e Mercados, regulamenta o recebimento de proposta de aquisição de imóveis da União que não estejam inscritos em regime enfitêutico ou em ocupação, apresentada por interessado à Secretaria de Coordenação e Governança do Patrimônio da União.

I – na venda por leilão público, a publicação do edital observará as mesmas disposições legais aplicáveis à concorrência pública;

II – os licitantes apresentarão propostas ou lances distintos para cada imóvel;

III – (*Revogado pela Lei n. 13.240, de 30-12-2015.*)

IV – no caso de leilão público, o arrematante pagará, no ato do pregão, sinal correspondente a, no mínimo, 10% (dez por cento) do valor da arrematação, complementando o preço no prazo e nas condições previstas no edital, sob pena de perder, em favor da União, o valor correspondente ao sinal e, em favor do leiloeiro, se for o caso, a respectiva comissão;

V – o leilão público será realizado por leiloeiro oficial ou por servidor especialmente designado;

VI – quando o leilão público for realizado por leiloeiro oficial, a respectiva comissão será, na forma do regulamento, de até 5% (cinco por cento) do valor da arrematação e será paga pelo arrematante, juntamente com o sinal;

VII – o preço mínimo de venda será fixado com base no valor de mercado do imóvel, estabelecido na forma dos arts. 11-C, 11-D e 23-A desta Lei; e

•• Inciso VII com redação determinada pela Lei n. 14.011, de 10-6-2020.

VIII – demais condições previstas no regulamento e no edital de licitação.

§ 1.º (*Revogado pela Lei n. 14.011, de 10-6-2020.*)

§ 2.º Para realização das avaliações de que trata o inciso VII, é dispensada a homologação dos serviços técnicos de engenharia realizados pela Caixa Econômica Federal.

•• § 2.º com redação determinada pela Lei n. 13.240, de 30-12-2015.

§ 3.º Poderá adquirir o imóvel, em condições de igualdade com o vencedor da licitação, o cessionário de direito real ou pessoal, o locatário ou arrendatário que esteja em dia com suas obrigações junto à SPU, bem como o expropriado.

§ 3.º-A. Os ocupantes regulares de imóveis funcionais da União poderão adquiri-los, com direito de preferência, excluídos aqueles considerados indispensáveis ao serviço público, em condições de igualdade com o vencedor da licitação.

•• § 3.º-A acrescentado pela Lei n. 13.465, de 11-7-2017.

§ 4.º A venda, em quaisquer das modalidades previstas neste artigo, poderá ser parcelada, mediante pagamento de sinal correspondente a, no mínimo, 10% (dez por cento) do valor de aquisição, na forma a ser regulamentada em ato do Poder Executivo federal.

•• § 4.º com redação determinada pela Lei n. 13.465, de 11-7-2017.

§ 5.º (*Revogado pela Lei n. 13.465, de 11-7-2017.*)

§ 6.º O interessado que tiver custeado a avaliação poderá adquirir o imóvel, em condições de igualdade com o vencedor da licitação, na hipótese de não serem exercidos os direitos previstos nos §§ 3.º e 3.º-A deste artigo.

•• § 6.º acrescentado pela Lei n. 14.011, de 10-6-2020.

§ 7.º O vencedor da licitação ressarcirá os gastos com a avaliação diretamente àquele que a tiver custeado, na hipótese de o vencedor ser outra pessoa, observados os limites de remuneração da avaliação estabelecidos pelo Secretário de Coordenação e Governança do Patrimônio da União.

•• § 7.º acrescentado pela Lei n. 14.011, de 10-6-2020.

•• A Portaria n. 11.488, de 22-9-2021, da SPU/ME, regulamenta os critérios de habilitação de profissionais e empresas avaliadoras para elaboração de laudo de avaliação de imóveis da União, bem como estabelece os limites de reembolso dos custos incorridos pelo proponente pelos serviços de avaliação de imóveis.

§ 8.º Os procedimentos licitatórios de que trata este artigo poderão ser realizados integralmente por meio de recursos de tecnologia da informação, com a utilização de sistemas próprios ou disponibilizados por terceiros, mediante acordo ou contrato.

•• § 8.º acrescentado pela Lei n. 14.011, de 10-6-2020.

§ 9.º Os procedimentos específicos a serem adotados na execução do disposto no § 8.º deste artigo serão estabelecidos em ato específico do Secretário de Coordenação e Governança do Patrimônio da União.

•• § 9.º acrescentado pela Lei n. 14.011, de 10-6-2020.

Art. 24-A. Na hipótese de concorrência ou leilão público deserto ou fracassado na venda de bens imóveis da União, poderão esses imóveis ser disponibilizados para venda direta.

•• *Caput* com redação determinada pela Lei n. 13.813, de 9-4-2019.

§ 1.º Na hipótese de concorrência ou leilão público deserto ou fracassado, a Secretaria de Coordenação e Governança do Patrimônio da União poderá realizar segunda concorrência ou leilão público com desconto de 25% (vinte e cinco por cento) sobre o valor de avaliação vigente.

•• § 1.º acrescentado pela Lei n. 14.011, de 10-6-2020.

§ 2.º Na hipótese de concorrência ou leilão público deserto ou fracassado por 2 (duas) vezes consecutivas, os imóveis serão disponibilizados automaticamente para venda direta, aplicado o desconto de 25% (vinte e cinco por cento) sobre o valor de avaliação.

•• § 2.º acrescentado pela Lei n. 14.011, de 10-6-2020.

§ 3.º A compra de imóveis da União disponibilizados para venda direta poderá ser intermediada por corretores de imóveis.

•• § 3.º acrescentado pela Lei n. 14.011, de 10-6-2020.

§ 4.º Na hipótese de que trata o § 3.º deste artigo, caberá ao comprador o pagamento dos valores de corretagem.

•• § 4.º acrescentado pela Lei n. 14.011, de 10-6-2020.

§ 5.º Na hipótese de realização de leilão eletrônico, nos termos do § 8.º do art. 24 desta Lei, a Secretaria de Coordenação e Governança do Patrimônio da União poderá realizar sessões públicas com prazos definidos e aplicar descontos sucessivos, até o limite de 25% (vinte e cinco por cento) sobre o valor de avaliação vigente.

•• § 5.º acrescentado pela Lei n. 14.011, de 10-6-2020.

Art. 24-B. A Secretaria de Coordenação e Governança do Patrimônio da União poderá realizar a alienação de imóveis da União por lote, se essa modalidade implicar, conforme demonstrado em parecer técnico:

•• *Caput* acrescentado pela Lei n. 14.011, de 10-6-2020.

I – maior valorização dos bens;

•• Inciso I acrescentado pela Lei n. 14.011, de 10-6-2020.

II – maior liquidez para os imóveis cuja alienação isolada seja difícil ou não recomendada; ou

•• Inciso II acrescentado pela Lei n. 14.011, de 10-6-2020.

III – outras situações decorrentes das práticas normais do mercado ou em que se observem condições mais vantajosas para a administração pública, devidamente fundamentadas.

•• Inciso III acrescentado pela Lei n. 14.011, de 10-6-2020.

Parágrafo único. A alienação por lote a que se refere o *caput* deste artigo somente poderá ser adotada após o encerramento da vigência do estado de emergência em saúde pública a que se refere a Lei n. 13.979, de 6 de fevereiro de 2020.

•• Parágrafo único acrescentado pela Lei n. 14.011, de 10-6-2020.

Art. 24-C. A Secretaria de Coordenação e Governança do Patrimônio da União poderá contratar empresas privadas, por meio de licitação, ou bancos públicos federais, bem como empresas públicas, órgãos ou entidades da administração pública direta ou indireta da União, do Distrito Federal, dos Estados ou dos Municípios cuja atividade-fim seja o desenvolvimento urbano ou imobiliário, com dispensa de licitação, e celebrar convênios ou acordos de cooperação com os demais entes da Federação e seus órgãos para:

•• *Caput* acrescentado pela Lei n. 14.011, de 10-6-2020.

I – elaboração de propostas de alienação para bens individuais ou lotes de ativos imobiliários da União;

•• Inciso I acrescentado pela Lei n. 14.011, de 10-6-2020.

II – execução de ações de cadastramento, de regularização, de avaliação e de alienação dos bens imóveis; e

•• Inciso II acrescentado pela Lei n. 14.011, de 10-6-2020.

III – execução das atividades de alienação dos ativos indicados, incluídas a realização do procedimento licitatório e a representação da União na assinatura dos instrumentos jurídicos indicados.

•• Inciso III acrescentado pela Lei n. 14.011, de 10-6-2020.

§ 1.º Fica dispensada a homologação da avaliação realizada, nos termos deste artigo, por bancos públicos federais ou empresas públicas, órgãos ou entidades da administração pública direta ou indireta da União, do Distrito Federal, dos Estados ou dos Municípios que tenham como atividade-fim o desenvolvimento urbano ou imobiliário, bem como nas hipóteses de convênios ou acordos de cooperação firmados com órgãos ou entidades da administração pública federal, estadual, distrital ou municipal.

•• § 1.º acrescentado pela Lei n. 14.011, de 10-6-2020.

§ 2.º A remuneração fixa, a remuneração variável ou a combinação das duas modalidades, em percentual da operação concluída, poderá ser admitida, além do ressarcimento dos gastos efetuados com terceiros necessários à execução dos processos de alienação previstos neste artigo, conforme estabelecido em ato do Secretário de Coordenação e Governança do Patrimônio da União e no ato de contratação.

•• § 2.º acrescentado pela Lei n. 14.011, de 10-6-2020.

§ 3.º Outras condições para a execução das ações previstas neste artigo serão estabelecidas em ato do Secretário de Coordenação e Governança do Patrimônio da União.

•• § 3.º acrescentado pela Lei n. 14.011, de 10-6-2020.

Art. 24-D. A Secretaria de Coordenação e Governança do Patrimônio da União poderá contratar o Banco Nacional de Desenvolvimento Econômico e Social (BNDES), com dispensa de licitação, para a realização de estudos e a execução de plano de desestatização de ativos imobiliários da União.

•• *Caput* acrescentado pela Lei n. 14.011, de 10-6-2020.

§ 1.º A desestatização referida no *caput* deste artigo poderá ocorrer por meio de:

•• § 1.º, *caput*, acrescentado pela Lei n. 14.011, de 10-6-2020.

I – remição de foro, alienação mediante venda ou permuta, cessão ou concessão de direito real de uso;

•• Inciso I acrescentado pela Lei n. 14.011, de 10-6-2020.

II – constituição de fundos de investimento imobiliário e contratação de seus gestores e administradores, conforme legislação vigente; ou

•• Inciso II acrescentado pela Lei n. 14.011, de 10-6-2020.

III – qualquer outro meio admitido em lei.

•• Inciso III acrescentado pela Lei n. 14.011, de 10-6-2020.

§ 2.º Os atos de que trata o inciso I do § 1.º deste artigo dependem de ratificação pela Secretaria de Coordenação e Governança do Patrimônio da União.

•• § 2.º acrescentado pela Lei n. 14.011, de 10-6-2020.

§ 3.º A execução do plano de desestatização poderá incluir as ações previstas nos incisos I, II e III do *caput* do art. 24-C desta Lei.

•• § 3.º acrescentado pela Lei n. 14.011, de 10-6-2020.

§ 4.º A remuneração fixa, a remuneração variável ou a combinação das duas modalidades, no percentual de até 3% (três por cento) sobre a receita pública decorrente de cada plano de desestatização, poderá ser admitida, além do ressarcimento dos gastos efetuados com terceiros necessários à execução dos planos de desestatização previstos neste artigo, conforme estabelecido em regulamento e no instrumento de contratação.

•• § 4.º acrescentado pela Lei n. 14.011, de 10-6-2020.

Art. 25. A preferência de que trata o art. 13, exceto com relação aos imóveis sujeitos aos regimes dos arts. 80 a 85 do Decreto-lei n. 9.760, de 1946, e da Lei n. 8.025, de 12 de abril de 1990, poderá, a critério da Administração, ser estendida, na aquisição do domínio útil ou pleno de imóveis residenciais de propriedade da União, que venham a ser colocados à venda, àqueles que, em 15 de fevereiro de 1997, já os ocupavam, na qualidade de locatários, independentemente do tempo de locação, observadas, no que couber, as demais condições estabelecidas para os ocupantes.

Parágrafo único. A preferência de que trata este artigo poderá, ainda, ser estendida àquele que, atendendo as demais condições previstas neste artigo, esteja regularmente cadastrado como locatário, independentemente da existência de contrato locativo.

Art. 26. Em se tratando de projeto de caráter social para fins de moradia, a venda do domínio pleno ou útil observará os critérios de habilitação e renda familiar fixados em regulamento, podendo o pagamento ser efetivado mediante um sinal de, no mínimo, 5% (cinco por cento) do valor da avaliação, permitido o seu parcelamento em até 2 (duas) vezes e do saldo em até 300 (trezentas) prestações mensais e consecutivas, observando-se, como mínimo, a quantia correspondente a 30% (trinta por cento) do valor do salário mínimo vigente.

•• *Caput* com redação determinada pela Lei n. 11.481, de 31-5-2007.

§§ 1.º e 2.º (*Revogados pela Lei n. 11.481, de 31-5-2007.*)

§ 3.º (*Revogado pela Lei n. 13.465, de 11-7-2017.*)

Arts. 27 a 29. (*Revogados pela Lei n. 13.465, de 11-7-2017.*)

Seção II
Da Permuta

Art. 30. Poderá ser autorizada, na forma do art. 23, a permuta de imóveis de qualquer natureza, de propriedade da União, por imóveis edificados ou não, ou por edificações a construir.

§ 1.º Os imóveis permutados com base neste artigo não poderão ser utilizados para fins residenciais funcionais, exceto nos casos de residências de caráter obrigatório, de que tratam os arts. 80 a 85 do Decreto-lei n. 9.760, de 1946.

§ 2.º Na permuta, sempre que houver condições de competitividade, deverão ser observados os procedimentos licitatórios previstos em lei.

Seção III
Da Doação

Art. 31. Mediante ato do Poder Executivo e a seu critério, poderá ser autorizada a doação de bens imóveis de domínio da União, observado o disposto no art. 23 desta Lei, a:

•• *Caput* com redação determinada pela Lei n. 11.481, de 31-5-2007.

I – Estados, Distrito Federal, Municípios, fundações públicas e autarquias públicas federais, estaduais e municipais;

•• Inciso I acrescentado pela Lei n. 11.481, de 31-5-2007.

II – empresas públicas federais, estaduais e municipais;

•• Inciso II acrescentado pela Lei n. 11.481, de 31-5-2007.

III – fundos públicos e fundos privados dos quais a União seja cotista, nas transferências destinadas à realização de programas de provisão habitacional ou de regularização fundiária de interesse social;

•• Inciso III com redação determinada pela Lei n. 12.693, de 24-7-2012.

IV – sociedades de economia mista direcionadas à execução de programas de provisão habitacional ou de regularização fundiária de interesse social;

•• Inciso IV com redação determinada pela Lei n. 13.813, de 9-4-2019.

V – beneficiários, pessoas físicas ou jurídicas, de programas de provisão habitacional ou de regularização fundiária de interesse social desenvolvidos por órgãos ou entidades da administração pública, para cuja execução seja efetivada a doação; ou

•• Inciso V com redação determinada pela Lei n. 13.813, de 9-4-2019.

VI – instituições filantrópicas devidamente comprovadas como entidades beneficentes de assistência social e organizações religiosas.

•• Inciso VI acrescentado pela Lei n. 13.813, de 9-4-2019.

§ 1.º No ato autorizativo e no respectivo termo constarão a finalidade da doação e o prazo para seu cumprimento.

§ 2.º O encargo de que trata o parágrafo anterior será permanente e resolutivo, revertendo automaticamente o imóvel à propriedade da União, independentemente de qualquer indenização por benfeitorias realizadas, se:

I – não for cumprida, dentro do prazo, a finalidade da doação;

II – cessarem as razões que justificaram a doação; ou

III – ao imóvel, no todo ou em parte, vier a ser dada aplicação diversa da prevista.

§ 3.º Nas hipóteses de que tratam os incisos I a IV do *caput* deste artigo, é vedada ao beneficiário a possibilidade de alienar o imóvel recebido em doação, exceto quando a finalidade for a execução, por parte do donatário, de projeto de assentamento de famílias carentes ou de baixa renda, na forma do art. 26 desta Lei, e desde que, no caso de alienação onerosa, o produto da venda seja destinado à instalação de infraestrutura, equipamentos básicos ou de outras melhorias necessárias ao desenvolvimento do projeto.

•• § 3.º com redação determinada pela Lei n. 11.481, de 31-5-2007.

§ 4.º Na hipótese de que trata o inciso V do *caput* deste artigo:

•• § 4.º, *caput*, acrescentado pela Lei n. 11.481, de 31-5-2007.

I – não se aplica o disposto no § 2.º deste artigo para o beneficiário pessoa física, devendo o contrato dispor sobre eventuais encargos e conter cláusula de inalienabilidade por um período de 5 (cinco) anos; e

•• Inciso I acrescentado pela Lei n. 11.481, de 31-5-2007.

II – a pessoa jurídica que receber o imóvel em doação só poderá utilizá-lo no âmbito do respectivo programa habitacional ou de regularização fundiária e deverá observar, nos contratos com os beneficiários finais, o requisito de inalienabilidade previsto no inciso I deste parágrafo.

•• Inciso II acrescentado pela Lei n. 11.481, de 31-5-2007.

§ 5.º Nas hipóteses de que tratam os incisos III a V do *caput* deste artigo, o beneficiário final pessoa física deve atender aos seguintes requisitos:

•• § 5.º, *caput*, acrescentado pela Lei n. 11.481, de 31-5-2007.

I – possuir renda familiar mensal não superior a 5 (cinco) salários mínimos;

•• Inciso I acrescentado pela Lei n. 11.481, de 31-5-2007.

II – não ser proprietário de outro imóvel urbano ou rural.

•• Inciso II acrescentado pela Lei n. 11.481, de 31-5-2007.

§ 6.º Na hipótese de que trata o inciso VI do *caput* deste artigo, a escolha da instituição será precedida de chamamento público, na forma prevista em regulamento.

•• § 6.º acrescentado pela Lei n. 13.813, de 9-4-2019.

Capítulo III
DAS DISPOSIÇÕES FINAIS

Art. 32. Os arts. 79, 81, 82, 101, 103, 104, 110, 118, 123 e 128 do Decreto-lei n. 9.760, de 1946, passam a vigorar com as seguintes alterações:

•• Alterações já processadas no diploma modificado.

Art. 32-A. A Secretaria de Coordenação e Governança do Patrimônio da União será responsável pelo acompanhamento e monitoramento dos dados patrimoniais recebidos dos órgãos e das entidades da administração pública federal e pelo apoio à realização das operações de alienação de bens imóveis.

•• *Caput* acrescentado pela Lei n. 14.011, de 10-6-2020.

§ 1.º É obrigação dos órgãos e das entidades da administração pública manter inventário atualizado dos bens imóveis sob sua gestão, públicos ou privados, e disponibilizá-lo à Secretaria de Coordenação e Governança do Patrimônio da União.

•• § 1.º acrescentado pela Lei n. 14.011, de 10-6-2020.

§ 2.º A Secretaria de Coordenação e Governança do Patrimônio da União será responsável pela compilação dos dados patrimoniais recebidos dos órgãos, das autarquias e das fundações públicas e pelo apoio à realização das operações de alienação de bens regidas por esta Lei.

•• § 2.º acrescentado pela Lei n. 14.011, de 10-6-2020.

§ 3.º As demais condições para a execução das ações previstas neste artigo serão estabelecidas em ato do Secretário de Coordenação e Governança do Patrimônio da União.

•• § 3.º acrescentado pela Lei n. 14.011, de 10-6-2020.

Art. 33. Os arts. 3.º, 5.º e 6.º do Decreto-lei n. 2.398, de 1987, passam a vigorar com as seguintes alterações:

•• Alterações já processadas no diploma modificado.

Arts. 34 e 35. (*Revogados pela Lei n. 13.465, de 11-7-2017.*)

Art. 36. Nas vendas de que trata esta Lei, quando realizadas mediante licitação, os adquirentes poderão, a critério da Administração, utilizar, para pagamento à vista do domínio útil ou pleno de imóveis de propriedade da União, créditos securitizados ou títulos da dívida pública de emissão do Tesouro Nacional.

Art. 37. Fica instituído o Programa de Administração Patrimonial Imobiliária da União – PROAP, destinado, segundo as possibilidades e as prioridades definidas pela administração pública federal:

•• *Caput* com redação determinada pela Lei n. 13.240, de 30-12-2015.

I – à adequação dos imóveis de uso especial aos critérios de:

•• Inciso I, *caput*, acrescentado pela Lei n. 13.240, de 30-12-2015.

a) acessibilidade das pessoas com deficiência ou com mobilidade reduzida;

•• Alínea *a* acrescentada pela Lei n. 13.240, de 30-12-2015.

b) sustentabilidade;

•• Alínea *b* acrescentada pela Lei n. 13.240, de 30-12-2015.

c) baixo impacto ambiental;

•• Alínea *c* acrescentada pela Lei n. 13.240, de 30-12-2015.

d) eficiência energética;

•• Alínea *d* acrescentada pela Lei n. 13.240, de 30-12-2015.

e) redução de gastos com manutenção;

•• Alínea *e* acrescentada pela Lei n. 13.240, de 30-12-2015.

f) qualidade e eficiência das edificações;

•• Alínea *f* acrescentada pela Lei n. 13.240, de 30-12-2015.

II – à ampliação e à qualificação do cadastro dos bens imóveis da União;

•• Inciso II acrescentado pela Lei n. 13.240, de 30-12-2015.

III – à aquisição, à reforma, ao restauro e à construção de imóveis;

•• Inciso III acrescentado pela Lei n. 13.240, de 30-12-2015.

IV – ao incentivo à regularização e realização de atividades de fiscalização, demarcação, cadastramento, controle e avaliação dos imóveis públicos federais e ao incremento das receitas patrimoniais;

•• Inciso IV com redação determinada pela Lei n. 13.465, de 11-7-2017.

V – ao desenvolvimento de recursos humanos visando à qualificação da gestão patrimonial, mediante a realização de cursos de capacitação e participação em eventos relacionados ao tema;

•• Inciso VI com redação determinada pela Lei n. 13.465, de 11-7-2017.

VI – à aquisição e instalação de equipamentos, bem como à modernização e informatização dos métodos e processos inerentes à gestão patrimonial dos imóveis públicos federais;

•• Inciso VI com redação determinada pela Lei n. 13.465, de 11-7-2017.

VII – à regularização fundiária; e

•• Inciso VII com redação determinada pela Lei n. 13.465, de 11-7-2017.

VIII – à gestão e manutenção das atividades das Unidades Central e Descentralizadas da SPU.

•• Inciso VIII acrescentado pela Lei n. 13.465, de 11-7-2017.

Parágrafo único. Comporão o Fundo instituído pelo Decreto-lei n. 1.437, de 17 de dezembro de 1975, e integrarão subconta especial destinada a atender às despesas com o Programa instituído neste artigo, que será gerida pelo Secretário do Patrimônio da União, as receitas patrimoniais decorrentes de:

I – multas; e

II – parcela do produto das alienações de que trata esta Lei, nos percentuais adiante indicados, observado o limite de R$ 25.000.000,00 (vinte e cinco milhões de reais) ao ano:

•• Inciso II e alíneas *a* a *d* com redação determinada pela Lei n. 9.821, de 23-8-1999.

a) 20% (vinte por cento), nos anos 1998 e 1999;

b) 15% (quinze por cento), no ano 2000;

c) 10% (dez por cento), no ano 2001;

d) 5% (cinco por cento), nos anos 2002 e 2003.

Art. 38. No desenvolvimento do PROAP, a SPU priorizará ações no sentido de desobrigar-se de tarefas operacionais, recorrendo, sempre que possível, à execução indireta, mediante convênio com outros órgãos públicos federais, estaduais e municipais e contrato com a iniciativa privada, ressalvadas as atividades típicas de Estado e resguardados os ditames do interesse público e as conveniências da segurança nacional.

Art. 39. As disposições previstas no art. 30 aplicam-se, no que couber, às entidades da Administração Pública Federal indireta, inclusive às autarquias e fundações públicas e às sociedades sob controle direto ou indireto da União.

Parágrafo único. A permuta que venha a ser realizada com base no disposto neste artigo deverá ser previamente autorizada pelo conselho de administração, ou órgão colegiado equivalente, das entidades de que trata o *caput*, ou ainda, na inexistência destes ou de respectiva autorização, pelo Ministro de Estado a cuja Pasta se vinculem, dispensando-se autorização legislativa para a correspondente alienação.

•• Parágrafo único acrescentado pela Lei n. 9.821, de 23-8-1999.

Art. 40. Será de competência exclusiva da SPU, observado o disposto no art. 38 e sem prejuízo das competências da Procuradoria-Geral da Fazenda Nacional, previstas no Decreto-lei n. 147, de 3 de fevereiro de 1967, a realização de aforamentos, concessões de direito real de uso, locações, arrendamentos, entregas e cessões a qualquer título, de imóveis de propriedade da União, exceto nos seguintes casos:

I – cessões, locações e arrendamentos especialmente autorizados nos termos de entrega, observadas as condições fixadas em regulamento;

II – locações de imóveis residenciais de caráter obrigatório, de que tratam os arts. 80 a 85 do Decreto-lei n. 9.760, de 1946;

III – locações de imóveis residenciais sob o regime da Lei n. 8.025, de 1990;

IV – cessões de que trata o art. 20; e

V – as locações e arrendamentos autorizados nos termos do inciso III do art. 19.

Art. 41. Será observado como valor mínimo para efeito de aluguel, arrendamento, cessão de uso onerosa, foro e taxa de ocupação, aquele correspondente ao custo de processamento da respectiva cobrança.

Art. 42. Serão reservadas, na forma do regulamento, áreas necessárias à gestão ambiental, à implantação de projetos demonstrativos de uso sustentável de recursos naturais e dos ecossistemas costeiros, de compensação por impactos ambientais, relacionados com instalações portuárias, marinas, complexos navais e outros complexos náuticos, desenvolvimento do turismo, de atividades pesqueiras, da aquicultura, da exploração de petróleo e gás natural, de recursos hídricos e minerais, aproveitamento de energia hidráulica e outros empreendimentos considerados de interesse nacional.

§ 1.º Na hipótese de o empreendimento envolver áreas originariamente de uso comum do povo, poderá ser autorizada a utilização dessas áreas, mediante cessão de uso na forma do art. 18 desta Lei, condicionada, quando necessário, à apresentação de licença ambiental que ateste a viabilidade do empreendimento, observadas as demais disposições legais pertinentes.

•• Parágrafo único renumerado pela Lei n. 13.813, de 9-4-2019.

§ 2.º A regularidade ambiental é condicionante de contratos de destinação de áreas da União e, comprovada a existência de comprometimento da integridade da área pelo órgão ambiental competente, o contrato será rescindido sem ônus para a União e sem prejuízo das demais sanções cabíveis.

•• § 2.º acrescentado pela Lei n. 13.813, de 9-4-2019.

Art. 43. Nos aterros realizados até 15 de fevereiro de 1997, sem prévia autorização, a aplicação das penalidades de que tratam os incisos I e II do art. 6.º do Decreto-lei n. 2.398, de 1987, com a redação dada por esta Lei, será suspensa a partir do mês seguinte ao da sua aplicação, desde que o interessado solicite, junto ao Ministério da

Fazenda, a regularização e a compra à vista do domínio útil do terreno acrescido, acompanhado do comprovante de recolhimento das multas até então incidentes, cessando a suspensão 30 (trinta) dias após a ciência do eventual indeferimento.

Parágrafo único. O deferimento do pleito dependerá da prévia audiência dos órgãos técnicos envolvidos.

Art. 44. As condições previstas nesta Lei aplicar-se-ão às ocupações existentes nas terras de propriedade da União situadas na Área de Proteção Ambiental - APA da Bacia do Rio São Bartolomeu, no Distrito Federal, que se tornarem passíveis de regularização, após o rezoneamento de que trata a Lei n. 9.262, de 12 de janeiro de 1996.

Parágrafo único. A alienação dos imóveis residenciais da União, localizados nas Vilas Operárias de Nossa Senhora das Graças e Santa Alice, no Conjunto Residencial Salgado Filho, em Xerém, no Município de Duque de Caxias (RJ), e na Vila Portuária Presidente Dutra, na Rua da América n. 31, no Bairro da Gamboa, no Município do Rio de Janeiro (RJ), observará, também, o disposto nesta Lei.

Art. 45. (*Revogado pela Lei n. 13.465, de 11-7-2017.*)

Art. 46. O disposto nesta Lei não se aplica à alienação do domínio útil ou pleno dos terrenos interiores de domínio da União, situados em ilhas oceânicas e costeiras de que trata o inciso IV do art. 20 da Constituição Federal, onde existam sedes de municípios, que será disciplinada em lei específica, ressalvados os terrenos de uso especial que vierem a ser desafetados.

Art. 47. O crédito originado de receita patrimonial será submetido aos seguintes prazos:

•• *Caput* com redação determinada pela Lei n. 10.852, de 29-3-2004.

I – decadencial de dez anos para sua constituição, mediante lançamento; e

•• Inciso I acrescentado pela Lei n. 10.852, de 29-3-2004.

II – prescricional de cinco anos para sua exigência, contados do lançamento.

•• Inciso II acrescentado pela Lei n. 10.852, de 29-3-2004.

§ 1.º O prazo de decadência de que trata o *caput* conta-se do instante em que o respectivo crédito poderia ser constituído, a partir do conhecimento por iniciativa da União ou por solicitação do interessado das circunstâncias e fatos que caracterizam a hipótese de incidência da receita patrimonial, ficando limitada a 5 (cinco) anos a cobrança de créditos relativos a período anterior ao conhecimento.

•• § 1.º acrescentado pela Lei n. 9.821, de 23-8-1999.

§ 2.º Os débitos cujos créditos foram alcançados pela prescrição serão considerados apenas para o efeito da caracterização da ocorrência de caducidade de que trata o parágrafo único do art. 101 do Decreto-lei n. 9.760, de 1946, com a redação dada pelo art. 32 desta Lei.

•• § 2.º acrescentado pela Lei n. 9.821, de 23-8-1999.

Art. 48. (*Vetado.*)

Art. 49. O Poder Executivo regulamentará esta Lei no prazo de 90 (noventa) dias, contado da sua publicação.

Art. 50. O Poder Executivo fará publicar no Diário Oficial da União, no prazo de 90 (noventa) dias, contado da publicação desta Lei, texto consolidado do Decreto-lei n. 9.760, de 1946, e legislação superveniente.

Art. 51. São convalidados os atos praticados com base na Medida Provisória n. 1.647-14, de 24 de março de 1998.

Art. 52. Esta Lei entra em vigor na data da sua publicação.

Art. 53. São revogados os arts. 65, 66, 125, 126 e 133, e os itens 5.º, 8.º, 9.º e 10 do art. 105 do Decreto-lei n. 9.760, de 5 de setembro de 1946, o Decreto-lei n. 178, de 16 de fevereiro de 1967, o art. 195 do Decreto-lei n. 200, de 25 de fevereiro de 1967, o art. 4.º do Decreto-lei n. 1.561, de 13 de julho de 1977, a Lei n. 6.609, de 7 de dezembro de 1978, o art. 90 da Lei n. 7.450, de 23 de dezembro de 1985, o art. 4.º do Decreto-lei n. 2.398, de 21 de dezembro de 1987, e a Lei n. 9.253, de 28 de dezembro de 1995.

Brasília, 15 de maio de 1998; 177.º da Independência e 110.º da República.

FERNANDO HENRIQUE CARDOSO

LEI N. 9.656, DE 3 DE JUNHO DE 1998 (*)

Dispõe sobre os planos e seguros privados de assistência à saúde.

O Presidente da República

Faço saber que o Congresso Nacional decreta e eu sanciono a seguinte Lei:

Art. 1.º Submetem-se às disposições desta Lei as pessoas jurídicas de direito privado que operam planos de assistência à saúde, sem prejuízo do cumprimento da legislação específica que rege a sua atividade, adotando-se, para fins de aplicação das normas aqui estabelecidas, as seguintes definições:

•• *Caput* com redação determinada pela Medida Provisória n. 2.177-44, de 24-8-2001.

I – Plano Privado de Assistência à Saúde: prestação continuada de serviços ou cobertura de custos assistenciais a preço pré ou pós-estabelecido, por prazo indeterminado, com a finalidade de garantir, sem limite financeiro, a assistência à saúde, pela faculdade de acesso e atendimento por profissionais ou serviços de saúde, livremente escolhidos, integrantes ou não de rede credenciada, contratada ou referenciada, visando a assistência médica, hospitalar e odontológica, a ser paga integral ou parcialmente às expensas da operadora contratada, mediante reembolso e pagamento direto ao prestador, por conta e ordem do consumidor.

•• Inciso I acrescentado pela Medida Provisória n. 2.177-44, de 24-8-2001.

• A Lei n. 10.185, de 12-2-2001, dispõe sobre a especialização das sociedades seguradoras em planos privados de assistência à saúde.

(*) Publicada no *DOU*, de 4-6-1998.

II – Operadora de Plano de Assistência à Saúde: pessoa jurídica constituída sob a modalidade de sociedade civil ou comercial, cooperativa, ou entidade de autogestão, que opere produto, serviço ou contrato de que trata o inciso I deste artigo.

•• Inciso II acrescentado pela Medida Provisória n. 2.177-44, de 24-8-2001.

III – Carteira: o conjunto de contratos de cobertura de custos assistenciais ou de serviços de assistência à saúde em qualquer das modalidades de que tratam o inciso I e o § 1.º, deste artigo, com todos os direitos e obrigações neles contidos.

•• Inciso III acrescentado pela Medida Provisória n. 2.177-44, de 24-8-2001.

§ 1.º Está subordinada às normas e à fiscalização da Agência Nacional de Saúde Suplementar - ANS qualquer modalidade de produto, serviço e contrato que apresente, além da garantia de cobertura financeira de riscos de assistência médica, hospitalar e odontológica, outras características que o diferencie de atividade exclusivamente financeira, tais como:

a) custeio de despesas;

b) oferecimento de rede credenciada ou referenciada;

c) reembolso de despesas;

d) mecanismos de regulação;

e) qualquer restrição contratual, técnica ou operacional para a cobertura de procedimentos solicitados por prestador escolhido pelo consumidor; e

f) vinculação de cobertura financeira à aplicação de conceitos ou critérios médico-assistenciais.

•• § 1.º com redação determinada pela Medida Provisória n. 2.177-44, de 24-8-2001.

• A Lei n. 9.961, de 28-1-2000, instituiu a Agência Nacional de Saúde Suplementar - ANS.

§ 2.º Incluem-se na abrangência desta Lei as cooperativas que operem os produtos de que tratam o inciso I e o § 1.º deste artigo, bem assim as entidades ou empresas que mantêm sistemas de assistência à saúde, pela modalidade de autogestão ou de administração.

•• § 2.º com redação determinada pela Medida Provisória n. 2.177-44, de 24-8-2001.

•• *Vide* Súmula 608 do STJ.

§ 3.º As pessoas físicas ou jurídicas residentes ou domiciliadas no exterior podem constituir ou participar do capital, ou do aumento do capital, de pessoas jurídicas de direito privado constituídas sob as leis brasileiras para operar planos privados de assistência à saúde.

•• § 3.º com redação determinada pela Medida Provisória n. 2.177-44, de 24-8-2001.

§ 4.º É vedada às pessoas físicas a operação dos produtos de que tratam o inciso I e o § 1.º deste artigo.

•• § 4.º com redação determinada pela Medida Provisória n. 2.177-44, de 24-8-2001.

Arts. 2.º e 3.º (*Revogados pela Medida Provisória n. 2.177-44, de 24-8-2001.*)

....

Art. 6.º (*Revogado pela Medida Provisória n. 2.177-44, de 24-8-2001.*)

....

Art. 9.º Após decorridos 120 (cento e vinte) dias de vigência desta Lei, para as operadoras, e 240 (duzentos e quarenta) dias para as administradoras de planos de assistência à saúde e até que sejam definidas pela ANS, as normas gerais de registro, as pessoas jurídicas que operam os produtos de que tratam o inciso I e § 1.º do art. 1.º desta Lei, e observado o que dispõe o art. 19, só poderão comercializar estes produtos se:

I – as operadoras e administradoras estiverem provisoriamente cadastradas na ANS; e

II – os produtos a serem comercializados estiverem registrados na ANS.

•• *Caput* e incisos com redação determinada pela Medida Provisória n. 2.177-44, de 24-8-2001.

§ 1.º O descumprimento das formalidades previstas neste artigo, além de configurar infração, constitui agravante na aplicação de penalidades por infração das demais normas previstas nesta Lei.

•• § 1.º com redação determinada pela Medida Provisória n. 2.177-44, de 24-8-2001.

§ 2.º A ANS poderá solicitar informações, determinar alterações e promover a suspensão do todo ou de parte das condições dos planos apresentados.

•• § 2.º com redação determinada pela Medida Provisória n. 2.177-44, de 24-8-2001.

§ 3.º A autorização de comercialização será cancelada caso a operadora não comercialize os planos ou os produtos de que tratam o inciso I e o § 1.º do art. 1.º desta Lei, no prazo máximo de 180 (cento e oitenta) dias a contar do seu registro na ANS.

•• § 3.º acrescentado pela Medida Provisória n. 2.177-44, de 24-8-2001.

§ 4.º A ANS poderá determinar a suspensão temporária da comercialização de plano ou produto caso identifique qualquer irregularidade contratual, econômico-financeira ou assistencial.

•• § 4.º acrescentado pela Medida Provisória n. 2.177-44, de 24-8-2001.

Art. 10. É instituído o plano-referência de assistência à saúde, com cobertura assistencial médico-ambulatorial e hospitalar, compreendendo partos e tratamentos, realizados exclusivamente no Brasil, com padrão de enfermaria, centro de terapia intensiva, ou similar, quando necessária a internação hospitalar, das doenças listadas na Classificação Estatística Internacional de Doenças e Problemas Relacionados com a Saúde, da Organização Mundial de Saúde, respeitadas as exigências mínimas estabelecidas no art. 12 desta Lei, exceto:

•• *Caput* com redação determinada pela Medida Provisória n. 2.177-44, de 24-8-2001.

I – tratamento clínico ou cirúrgico experimental;

•• Inciso I com redação determinada pela Medida Provisória n. 2.177-44, de 24-8-2001.

II – procedimentos clínicos ou cirúrgicos para fins estéticos, bem como órteses e próteses para o mesmo fim;

III – inseminação artificial;

IV – tratamento de rejuvenescimento ou de emagrecimento com finalidade estética;

V – fornecimento de medicamentos importados não nacionalizados;

VI – fornecimento de medicamentos para tratamento domiciliar, ressalvado o disposto nas alíneas *c* do inciso I e *g* do inciso II do art. 12;

•• Inciso VI com redação determinada pela Lei n. 12.880, de 12-11-2013.

VII – fornecimento de próteses, órteses e seus acessórios não ligados ao ato cirúrgico;

•• Inciso VII com redação determinada pela Medida Provisória n. 2.177-44, de 24-8-2001.

VIII – (*Revogado pela Medida Provisória n. 2.177-44, de 24-8-2001.*)

IX – tratamentos ilícitos ou antiéticos, assim definidos sob o aspecto médico, ou não reconhecidos pelas autoridades competentes;

X – casos de cataclismos, guerras e comoções internas, quando declarados pela autoridade competente.

§ 1.º As exceções constantes dos incisos deste artigo serão objeto de regulamentação pela ANS.

•• § 1.º com redação determinada pela Medida Provisória n. 2.177-44, de 24-8-2001.

§ 2.º As pessoas jurídicas que comercializam produtos de que tratam o inciso I e o § 1.º do art. 1.º desta Lei oferecerão, obrigatoriamente, a partir de 3 de dezembro de 1999, o plano-referência de que trata este artigo a todos os seus atuais e futuros consumidores.

•• § 2.º com redação determinada pela Medida Provisória n. 2.177-44, de 24-8-2001.

•• O STF, no julgamento da ADI n. 1.931 (DOU de 1-8-2018), julgou parcialmente procedente os pedidos para declarar a inconstitucionalidade deste § 2.º.

§ 3.º Excluem-se da obrigatoriedade a que se refere o § 2.º deste artigo as pessoas jurídicas que mantêm sistemas de assistência à saúde pela modalidade de autogestão e as pessoas jurídicas que operem exclusivamente planos odontológicos.

•• § 3.º com redação determinada pela Medida Provisória n. 2.177-44, de 24-8-2001.

•• *Vide* Súmula 608 do STJ.

§ 4.º A amplitude das coberturas no âmbito da saúde suplementar, inclusive de transplantes, de procedimentos de alta complexidade e das dispostas nas alíneas *c* do inciso I e *g* do inciso II do *caput* do art. 12, será estabelecida em norma editada pela ANS.

•• § 4.º com redação determinada pela Medida Provisória n. 1.067, de 2-9-2021.

O texto anterior dizia: "§ 4.º A amplitude das coberturas, inclusive de transplantes e de procedimentos de alta complexidade, será definida por normas editadas pela ANS.

•• § 4.º acrescentado pela Medida Provisória n. 2.177-44, de 24-8-2001".

•• A Medida Provisória n. 1.067, de 2-9-2021 (*DOU* de 3-9-2021), dispõe em seu art. 2.º: "Art. 2.º O disposto nesta Medida Provisória aplica-se aos processos em curso na data de sua publicação para a ampliação da cobertura no âmbito da saúde suplementar".

§ 5.º As metodologias utilizadas na avaliação de que trata o § 3.º do art. 10-D, incluídos os indicadores e os parâmetros de custo-efetividade utilizados em combinação com outros critérios, serão estabelecidas em norma editada pela ANS, assessorada pela Comissão de Atualização do Rol de Procedimentos e Eventos em Saúde Suplementar.

•• § 5.º acrescentado pela Medida Provisória n. 1.067, de 2-9-2021.

•• *Vide* 2.ª nota ao § 4.º deste artigo.

§ 6.º A atualização do rol de procedimentos e eventos em saúde suplementar pela ANS será realizada por meio da instauração de processo administrativo, a ser concluído no prazo de cento e vinte dias, que poderá ser prorrogado por sessenta dias corridos quando as circunstâncias exigirem.

•• § 6.º acrescentado pela Medida Provisória n. 1.067, de 2-9-2021.

•• *Vide* 2.ª nota ao § 4.º deste artigo.

§ 7.º Finalizado o prazo previsto no § 6.º sem manifestação conclusiva da ANS no processo administrativo, será realizada a inclusão automática do medicamento, do produto de interesse para a saúde ou do procedimento no rol de procedimentos e eventos em saúde suplementar até que haja decisão da ANS, garantida a continuidade da assistência iniciada mesmo se a decisão for desfavorável à inclusão.

•• § 7.º acrescentado pela Medida Provisória n. 1.067, de 2-9-2021.

•• *Vide* 2.ª nota ao § 4.º deste artigo.

§ 8.º As tecnologias avaliadas e recomendadas positivamente pela Comissão Nacional de Incorporação de Tecnologias no Sistema Único de Saúde – Conitec, instituída pela Lei n. 12.401, de 28 de abril de 2011, cuja decisão de incorporação ao SUS já tenha sido publicada, serão incluídas no Rol de Procedimentos e Eventos em Saúde Suplementar no prazo de até trinta dias.

•• § 8.º acrescentado pela Medida Provisória n. 1.067, de 2-9-2021.

§ 9.º O processo administrativo de que trata o § 6.º observará o disposto na Lei n. 9.784, de 29 de janeiro de 1999, no que couber, e as seguintes determinações:

•• § 9.º, *caput*, acrescentado pela Medida Provisória n. 1.067, de 2-9-2021.

•• *Vide* 2ª nota ao § 4.º deste artigo.

I – apresentação, pelo interessado, dos documentos com as informações necessárias ao atendimento do disposto no § 3.º do art. 10-D, na forma prevista em regulamento;

•• Inciso I acrescentado pela Medida Provisória n. 1.067, de 2-9-2021.

II – apresentação do preço estabelecido pela Câmara de Regulação do Mercado de Medicamentos, no caso de medicamentos;

•• Inciso II acrescentado pela Medida Provisória n. 1.067, de 2-9-2021.

III – realização de consulta pública com a divulgação de relatório preliminar emitido pela Comissão de Atualização do Rol de Procedimentos e Eventos em Saúde Suplementar;

•• Inciso III acrescentado pela Medida Provisória n. 1.067, de 2-9-2021.

IV – realização de audiência pública, na hipótese de matéria relevante; e

•• Inciso IV acrescentado pela Medida Provisória n. 1.067, de 2-9-2021.

V – divulgação do relatório final de que trata o § 3.º do art. 10-D da Comissão de Atualização do Rol de Procedimentos e Eventos em Saúde Suplementar.

•• Inciso V acrescentado pela Medida Provisória n. 1.067, de 2-9-2021.

Art. 10-A. Cabe às operadoras definidas nos incisos I e II do § 1.º do art. 1.º desta Lei, por meio de sua rede de unidades conveniadas, prestar serviço de cirurgia plástica reconstrutiva de mama, utilizando-se de todos os meios e técnicas necessárias, para o tratamento de mutilação decorrente de utilização de técnica de tratamento de câncer.

•• *Caput* acrescentado pela Lei n. 10.223, de 15-5-2001.

§ 1.º Quando existirem condições técnicas, a reconstrução da mama será efetuada no tempo cirúrgico da mutilação referida no *caput* deste artigo.

•• § 1.º acrescentado pela Lei n. 13.770, de 19-12-2018, em vigor 180 dias após a publicação (*DOU* de 20-12-2018).

§ 2.º No caso de impossibilidade de reconstrução imediata, a paciente será encaminhada para acompanhamento e terá garantida a realização da cirurgia imediatamente após alcançar as condições clínicas requeridas.

•• § 2.º acrescentado pela Lei n. 13.770, de 19-12-2018, em vigor 180 dias após a publicação (*DOU* de 20-12-2018).

§ 3.º Os procedimentos de simetrização da mama contralateral e de reconstrução do complexo aréolo-mamilar integram a cirurgia plástica reconstrutiva prevista no *caput* e no § 1.º deste artigo.

•• § 3.º acrescentado pela Lei n. 13.770, de 19-12-2018, em vigor 180 dias após a publicação (*DOU* de 20-12-2018).

Art. 10-B. Cabe às operadoras dos produtos de que tratam o inciso I e o § 1.º do art. 1.º, por meio de rede própria, credenciada, contratada ou referenciada, ou mediante reembolso, fornecer bolsas de colostomia, ileostomia e urostomia, sonda vesical de demora e coletor de urina com conector, para uso hospitalar, ambulatorial ou domiciliar, vedada a limitação de prazo, valor máximo e quantidade.

•• *Caput* acrescentado pela Lei n. 12.738, de 30-11-2012.

§ 1.º Quando existirem condições técnicas, a reconstrução da mama será efetuada no tempo cirúrgico da mutilação referida no *caput* deste artigo.

•• § 1.º acrescentado pela Lei n. 13.770, de 19-12-2018.

§ 2.º No caso de impossibilidade de reconstrução imediata, a paciente será encaminhada para acompanhamento e terá garantida a realização da cirurgia imediatamente após alcançar as condições clínicas requeridas.

•• § 2.º acrescentado pela Lei n. 13.770, de 19-12-2018.

§ 3.º Os procedimentos de simetrização da mama contralateral e de reconstrução do complexo aréolo-mamilar integram a cirurgia plástica reconstrutiva prevista no *caput* e no § 1.º deste artigo.

•• § 3.º acrescentado pela Lei n. 13.770, de 19-12-2018.

Art. 10-C. Os produtos de que tratam o inciso I do *caput* e o § 1.º do art. 1.º desta Lei deverão incluir cobertura de atendimento à violência autoprovocada e às tentativas de suicídio.

•• Artigo acrescentado pela Lei n. 13.819, de 26-4-2019.

Art. 10-D. Fica instituída a Comissão de Atualização do Rol de Procedimentos e Eventos em Saúde Suplementar à qual compete assessorar a ANS nas atribuições de que trata o § 4.º do art. 10.

•• *Caput* acrescentado pela Medida Provisória n. 1.067, de 2-9-2021.

§ 1.º O funcionamento e a composição da Comissão de Atualização do Rol de Procedimentos e Eventos em Saúde Suplementar serão estabelecidos em regulamento.

•• § 1.º acrescentado pela Medida Provisória n. 1.067, de 2-9-2021.

§ 2.º A Comissão de Atualização do Rol de Procedimentos e Eventos em Saúde Suplementar será composta, no mínimo, por representantes das seguintes entidades:

•• § 2.º, *caput*, acrescentado pela Medida Provisória n. 1.067, de 2-9-2021.

I – um do Conselho Federal de Medicina;

•• Inciso I acrescentado pela Medida Provisória n. 1.067, de 2-9-2021.

II – um do Conselho Federal de Odontologia; e

•• Inciso II acrescentado pela Medida Provisória n. 1.067, de 2-9-2021.

III – um do Conselho Federal de Enfermagem.

•• Inciso III acrescentado pela Medida Provisória n. 1.067, de 2-9-2021.

§ 3.º A Comissão de Atualização do Rol de Procedimentos e Eventos em Saúde Suplementar deverá apresentar relatório que considerará:

•• § 3.º, *caput*, acrescentado pela Medida Provisória n. 1.067, de 2-9-2021.

I – as evidências científicas sobre a eficácia, a acurácia, a efetividade e a segurança do medicamento, do produto ou do procedimento analisado, reconhecidas pelo órgão competente para o registro ou a para a autorização de uso;

•• Inciso I acrescentado pela Medida Provisória n. 1.067, de 2-9-2021.

II – a avaliação econômica comparativa dos benefícios e dos custos em relação às coberturas já previstas no rol de procedimentos e eventos em saúde suplementar, quando couber; e

•• Inciso II acrescentado pela Medida Provisória n. 1.067, de 2-9-2021.

III – a análise de impacto financeiro da ampliação da cobertura no âmbito da saúde suplementar.

•• Inciso III acrescentado pela Medida Provisória n. 1.067, de 2-9-2021.

Art. 11. É vedada a exclusão de cobertura às doenças e lesões preexistentes à data de contratação dos produtos de que tratam o inciso I e o § 1.º do art. 1.º desta Lei após 24 (vinte e quatro) meses de vigência do aludido instrumento contratual, cabendo à respectiva operadora o ônus da prova e da demonstração do conhecimento prévio do consumidor ou beneficiário.

•• *Caput* com redação determinada pela Medida Provisória n. 2.177-44, de 24-8-2001.

Parágrafo único. É vedada a suspensão da assistência à saúde do consumidor ou beneficiário titular ou dependente, até a prova de que trata o *caput*, na forma da regulamentação a ser editada pela ANS.

•• Parágrafo único acrescentado pela Medida Provisória n. 2.177-44, de 24-8-2001.

Art. 12. São facultadas a oferta, a contratação e a vigência dos produtos de que tratam o inciso I e o § 1.º do art. 1.º desta Lei, nas segmentações previstas nos incisos I a IV deste artigo, respeitadas as respectivas amplitudes de cobertura definidas no plano-referência de que trata o art. 10, segundo as seguintes exigências mínimas:

•• *Caput* com redação determinada pela Medida Provisória n. 2.177-44, de 24-8-2001.

I – quando incluir atendimento ambulatorial:

a) cobertura de consultas médicas, em número ilimitado, em clínicas básicas e especializadas, reconhecidas pelo Conselho Federal de Medicina;

b) cobertura de serviços de apoio diagnóstico, tratamentos e demais procedimentos ambulatoriais, solicitados pelo médico-assistente;

•• Alínea *b* com redação determinada pela Medida Provisória n. 2.177-44, de 24-8-2001.

c) cobertura de tratamentos antineoplásicos domiciliares de uso oral, incluindo medicamentos para o controle de efeitos adversos relacionados ao tratamento e adjuvantes;

•• Alínea *c* acrescentada pela Lei n. 12.880, de 12-11-2013.

II – quando incluir internação hospitalar:

a) cobertura de internações hospitalares, vedada a limitação de prazo, valor máximo e quantidade, em clínicas básicas e especializadas, reconhecidas pelo Conselho Federal de Medicina, admitindo-se a exclusão dos procedimentos obstétricos;

•• Alínea *a* com redação determinada pela Medida Provisória n. 2.177-44, de 24-8-2001.

• *Vide* Súmula 302 do STJ.

b) cobertura de internações hospitalares em centro de terapia intensiva, ou similar, vedada a limitação de prazo, valor máximo e quantidade, a critério do médico-assistente;

•• Alínea *b* com redação determinada pela Medida Provisória n. 2.177-44, de 24-8-2001.

c) cobertura de despesas referentes a honorários médicos, serviços gerais de enfermagem e alimentação;

d) cobertura de exames complementares indispensáveis para o controle da evolução da doença e elucidação diagnóstica, fornecimento de medicamentos, anestésicos, gases medicinais, transfusões e sessões de quimioterapia e radioterapia, conforme prescrição do médico-assistente, realizados ou ministrados durante o período de internação hospitalar;

•• Alínea *d* com redação determinada pela Medida Provisória n. 2.177-44, de 24-8-2001.

e) cobertura de toda e qualquer taxa, incluindo materiais utilizados, assim como da remoção do paciente, comprovadamente necessária, para outro estabelecimento hospitalar, dentro dos limites de abrangência geográfica previstos no contrato, em território brasileiro; e

•• Alínea *e* com redação determinada pela Medida Provisória n. 2.177-44, de 24-8-2001.

f) cobertura de despesas de acompanhante, no caso de pacientes menores de 18 (dezoito) anos;

g) cobertura para tratamentos antineoplásicos ambulatoriais e domiciliares de uso oral, procedimentos radioterápicos para tratamento de câncer e hemoterapia, na qualidade de procedimentos cuja necessidade esteja relacionada à continuidade da assistência prestada em âmbito de internação hospitalar;

•• Alínea *g* acrescentada pela Lei n. 12.880, de 12-11-2013.

III – quando incluir atendimento obstétrico:

a) cobertura assistencial ao recém-nascido, filho natural ou adotivo do consumidor, ou de seu dependente, durante os primeiros 30 (trinta) dias após o parto;

b) inscrição assegurada ao recém-nascido, filho natural ou adotivo do consumidor, como dependente, isento do cumprimento dos períodos de carência, desde que a inscrição ocorra no prazo máximo de 30 (trinta) dias do nascimento ou da adoção;

•• Alínea *b* com redação determinada pela Medida Provisória n. 2.177-44, de 24-8-2001.

IV – quando incluir atendimento odontológico:

a) cobertura de consultas e exames auxiliares ou complementares, solicitados pelo odontólogo-assistente;

b) cobertura de procedimentos preventivos, de dentística e endodontia;

c) cobertura de cirurgias orais menores, assim consideradas as realizadas em ambiente ambulatorial e sem anestesia geral;

V – quando fixar períodos de carência:

a) prazo máximo de 300 (trezentos) dias para partos a termo;

b) prazo máximo de 180 (cento e oitenta) dias para os demais casos;

c) prazo máximo de 24 (vinte e quatro) horas para a cobertura dos casos de urgência e emergência;

•• Alínea *c* acrescentada pela Medida Provisória n. 2.177-44, de 24-8-2001.

VI – reembolso, em todos os tipos de produtos de que tratam o inciso I e o § 1.º do art. 1.º desta Lei, nos limites das obrigações contratuais, das despesas efetuadas pelo beneficiário com assistência à saúde, em casos de urgência ou emergência, quando não for possível a utilização de serviços próprios, contratados ou credenciados pelas operadoras, de acordo com a relação de preços de serviços médicos e hospitalares praticados pelo respectivo produto, pagáveis no prazo máximo de 30 (trinta) dias após a entrega da documentação adequada;

•• Inciso VI com redação determinada pela Medida Provisória n. 2.177-44, de 24-8-2001.

VII – inscrição de filho adotivo, menor de 12 (doze) anos de idade, aproveitando os períodos de carência já cumpridos pelo consumidor adotante.

§ 1.º Após 120 (cento e vinte) dias da vigência desta Lei, fica proibido o oferecimento de produtos de que tratam o inciso I e o § 1.º do art. 1.º desta Lei fora das segmentações de que trata este artigo, observadas suas respectivas condições de abrangência e contratação.

•• § 1.º com redação determinada pela Medida Provisória n. 2.177-44, de 24-8-2001.

§ 2.º A partir de 3 de dezembro de 1999, da documentação relativa à contratação de produtos de que tratam o inciso I e o § 1.º do art. 1.º desta Lei, nas segmentações de que trata este artigo, deverá constar declaração em separado do consumidor, de que tem conhecimento da existência e disponibilidade do plano-referência, e de que este lhe foi oferecido.

•• § 2.º com redação determinada pela Medida Provisória n. 2.177-44, de 24-8-2001.

§ 3.º (*Revogado pela Medida Provisória n. 2.177-44, de 24-8-2001.*)

§ 4.º As coberturas a que se referem as alíneas c do inciso I e *g* do inciso II deste artigo serão objeto de protocolos clínicos e diretrizes terapêuticas, revisados periodicamente, ouvidas as sociedades médicas de especialistas da área, publicados pela ANS.

•• § 4.º acrescentado pela Lei n. 12.880, de 12-11-2013.

§ 5.º O fornecimento previsto nas alíneas *c* do inciso I e *g* do inciso II do art. 12 dar-se-á, por meio de rede própria, credenciada, contratada ou referenciada, diretamente ao paciente ou ao seu representante legal, podendo ser realizado de maneira fracionada por ciclo, observadas as normas estabelecidas pelos órgãos reguladores e de acordo com prescrição médica.

•• § 5.º acrescentado pela Lei n. 12.880, de 12-11-2013.

Art. 13. Os contratos de produtos de que tratam o inciso I e o § 1.º do art. 1.º desta Lei têm renovação automática a partir do vencimento do prazo inicial de vigência, não cabendo a cobrança de taxas ou qualquer outro valor no ato da renovação.

Parágrafo único. Os produtos de que trata o *caput*, contratados individualmente, terão vigência mínima de 1 (um) ano, sendo vedadas:

I – a recontagem de carências;

II – a suspensão ou a rescisão unilateral do contrato, salvo por fraude ou não pagamento da mensalidade por período superior a 60 (sessenta) dias, consecutivos ou não, nos últimos 12 (doze) meses de vigência do contrato, desde que o consumidor seja comprovadamente notificado até o quinquagésimo dia de inadimplência; e

III – a suspensão ou a rescisão unilateral do contrato, em qualquer hipótese, durante a ocorrência de internação do titular.

•• Parágrafo único com redação determinada pela Medida Provisória n. 2.177-44, de 24-8-2001.

Art. 14. Em razão da idade do consumidor, ou da condição de pessoa portadora de deficiência, ninguém pode ser impedido de participar de planos privados de assistência à saúde.

•• Artigo com redação determinada pela Medida Provisória n. 2.177-44, de 24-8-2001.

• *Vide* art. 20 da Lei n. 13.146, de 6-7-2015 (Estatuto da Pessoa com Deficiência).

Art. 15. A variação das contraprestações pecuniárias estabelecidas nos contratos de produtos de que tratam o inciso I e o § 1.º desta Lei, em razão da idade do consumidor, somente poderá ocorrer caso estejam previstas no contrato inicial as faixas etárias e os percentuais de reajustes incidentes em cada uma delas, conforme normas expedidas pelo ANS, ressalvado o disposto no art. 35-E.

•• *Caput* com redação determinada pela Medida Provisória n. 2.177-44, de 24-8-2001.

Parágrafo único. É vedada a variação a que alude o *caput* para consumidores com mais de 60 (sessenta) anos de idade, que participarem dos produtos de que tratam o inciso I e § 1.º do art. 1.º, ou sucessores há mais de 10 (dez) anos.

•• Parágrafo único acrescentado pela Medida Provisória n. 2.177-44, de 24-8-2001.

•• *Vide* art. 15, § 3.º, da Lei n. 10.741, de 1.º-10-2003 (Estatuto do Idoso).

Art. 16. Dos contratos, regulamentos ou condições gerais dos produtos de que tratam o inciso I e o § 1.º do art. 1.º desta Lei devem constar dispositivos que indiquem com clareza:

•• *Caput* com redação determinada pela Medida Provisória n. 2.177-44, de 24-8-2001.

I – as condições de admissão;

II – o início da vigência;

III – os períodos de carência para consultas, internações, procedimentos e exames;

IV – as faixas etárias e os percentuais a que alude o *caput* do art. 15;

V – as condições de perda da qualidade de beneficiário;

•• Inciso V com redação determinada pela Medida Provisória n. 2.177-44, de 24-8-2001.

VI – os eventos cobertos e excluídos;

VII – o regime, ou tipo de contratação:

a) individual ou familiar;

b) coletivo empresarial; ou

c) coletivo por adesão;

•• Inciso VII com redação determinada pela Medida Provisória n. 2.177-44, de 24-8-2001.

VIII – a franquia, os limites financeiros ou o percentual de coparticipação do consumidor ou beneficiário, contratualmente previstos nas despesas com assistência médica, hospitalar ou odontológica;

•• Inciso VIII com redação determinada pela Medida Provisória n. 2.177-44, de 24-8-2001.

IX – os bônus, os descontos ou os agravamentos da contraprestação pecuniária;

X – a área geográfica de abrangência;

•• Inciso X com redação determinada pela Medida Provisória n. 2.177-44, de 24-8-2001.

XI – os critérios de reajuste e revisão das contraprestações pecuniárias;

XII – número de registro na ANS.

•• Inciso XII acrescentado pela Medida Provisória n. 2.177-44, de 24-8-2001.

Parágrafo único. A todo consumidor titular de plano individual ou familiar será obrigatoriamente entregue, quando de sua inscrição, cópia do contrato, do regulamento ou das condições gerais dos produtos de que tratam o inciso I e o § 1.º do art. 1.º, além de material explicativo que descreva, em linguagem simples e precisa, todas as suas características, direitos e obrigações.

•• Parágrafo único com redação determinada pela Medida Provisória n. 2.177-44, de 24-8-2001.

Art. 17. A inclusão de qualquer prestador de serviço de saúde como contratado, referenciado ou credenciado dos produtos de que tratam o inciso I e o § 1.º do art. 1.º desta Lei implica compromisso com os consumidores quanto à sua manutenção ao longo da vigência dos contratos, permitindo-se sua substituição, desde que seja por outro prestador equivalente e mediante comunicação aos consumidores com 30 (trinta) dias de antecedência.

•• *Caput* com redação determinada pela Lei n. 13.003, de 24-6-2014.

•• A Súmula Normativa n. 23, de 27-2-2012, da Agência Nacional de Saúde Suplementar - ANS, determina que este artigo aplica-se às situações jurídicas definitivamente constituídas antes de sua vigência sem afrontar a garantia prevista no art. 5.º, XXXVI, da CF.

§ 1.º É facultada a substituição de entidade hospitalar a que se refere o *caput* deste artigo, desde que por outra equivalente e mediante comunicação aos consumidores e à ANS com 30 (trinta) dias de antecedência, ressalvados desse prazo mínimo os casos decorrentes de rescisão por fraude ou infração das normas sanitárias e fiscais em vigor.

•• § 1.º com redação determinada pela Medida Provisória n. 2.177-44, de 24-8-2001.

§ 2.º Na hipótese de a substituição do estabelecimento hospitalar a que se refere o § 1.º ocorrer por vontade da operadora durante período de internação do consumidor, o estabelecimento obriga-se a manter a internação e a operadora, a pagar as despesas até a alta hospitalar, a critério médico, na forma do contrato.

•• § 2.º com redação determinada pela Medida Provisória n. 2.177-44, de 24-8-2001.

§ 3.º Excetuam-se do previsto no § 2.º os casos de substituição do estabelecimento hospitalar por infração às normas sanitárias em vigor, durante período de internação, quando a operadora arcará com a responsabilidade pela transferência imediata para outro estabelecimento equivalente, garantindo a continuação da assistência, sem ônus adicional para o consumidor.

•• § 3.º acrescentado pela Medida Provisória n. 2.177-44, de 24-8-2001.

§ 4.º Em caso de redimensionamento da rede hospitalar por redução, as empresas deverão solicitar à ANS autorização expressa para tanto, informando:

I – nome da entidade a ser excluída;

II – capacidade operacional a ser reduzida com a exclusão;

III – impacto sobre a massa assistida, a partir de parâmetros definidos pela ANS, correlacionando a necessidade de leitos e a capacidade operacional restante; e

IV – justificativa para a decisão, observando a obrigatoriedade de manter cobertura com padrões de qualidade equivalente e sem ônus adicional para o consumidor.

•• § 4.º acrescentado pela Medida Provisória n. 2.177-44, de 24-8-2001.

Art. 17-A. As condições de prestação de serviços de atenção à saúde no âmbito dos planos privados de assistência à saúde por pessoas físicas ou jurídicas, independentemente de sua qualificação como contratadas, referenciadas ou credenciadas, serão reguladas por contrato escrito, estipulado entre a operadora do plano e o prestador de serviço.

•• *Caput* acrescentado pela Lei n. 13.003, de 24-6-2014.

§ 1.º São alcançados pelas disposições do *caput* os profissionais de saúde em prática liberal privada, na qualidade de pessoa física, e os estabelecimentos de saúde, na qualidade de pessoa jurídica, que prestem ou venham a prestar os serviços de assistência à saúde a que aludem os arts. 1.º e 35-F desta Lei, no âmbito de planos privados de assistência à saúde.

•• § 1.º acrescentado pela Lei n. 13.003, de 24-6-2014.

§ 2.º O contrato de que trata o *caput* deve estabelecer com clareza as condições para a sua execução, expressas em cláusulas que definam direitos, obrigações e responsabilidades das partes, incluídas, obrigatoriamente, as que determinem:

•• § 2.º, *caput*, acrescentado pela Lei n. 13.003, de 24-6-2014.

I – o objeto e a natureza do contrato, com descrição de todos os serviços contratados;

•• Inciso I acrescentado pela Lei n. 13.003, de 24-6-2014.

II – a definição dos valores dos serviços contratados, dos critérios, da forma e da periodicidade do seu reajuste e dos prazos e procedimentos para faturamento e pagamento dos serviços prestados;

•• Inciso II acrescentado pela Lei n. 13.003, de 24-6-2014.

III – a identificação dos atos, eventos e procedimentos médico-assistenciais que necessitem de autorização administrativa da operadora;

•• Inciso III acrescentado pela Lei n. 13.003, de 24-6-2014.

IV – a vigência do contrato e os critérios e procedimentos para prorrogação, renovação e rescisão;

•• Inciso IV acrescentado pela Lei n. 13.003, de 24-6-2014.

V – as penalidades pelo não cumprimento das obrigações estabelecidas.

•• Inciso V acrescentado pela Lei n. 13.003, de 24-6-2014.

§ 3.º A periodicidade do reajuste de que trata o inciso II do § 2.º deste artigo será anual e realizada no prazo improrrogável de 90 (noventa) dias, contado do início de cada ano-calendário.

•• § 3.º acrescentado pela Lei n. 13.003, de 24-6-2014.

§ 4.º Na hipótese de vencido o prazo previsto no § 3.º deste artigo, a Agência Nacional de Saúde Suplementar - ANS, quando for o caso, definirá o índice de reajuste.

•• § 4.º acrescentado pela Lei n. 13.003, de 24-6-2014.

§ 5.º A ANS poderá constituir, na forma da legislação vigente, câmara técnica com representação proporcional das partes envolvidas para o adequado cumprimento desta Lei.

•• § 5.º acrescentado pela Lei n. 13.003, de 24-6-2014.

§ 6.º A ANS publicará normas regulamentares sobre o disposto neste artigo.

•• § 6.º acrescentado pela Lei n. 13.003, de 24-6-2014.

Art. 18. A aceitação, por parte de qualquer prestador de serviço ou profissional de saúde, da condição de contratado, referenciado, credenciado ou cooperado de uma operadora de produtos de que tratam o inciso I e o § 1.º do art. 1.º desta Lei implica as seguintes obrigações e direitos:

•• *Caput* com redação determinada pela Lei n. 13.003, de 24-6-2014.

•• A Súmula Normativa n. 23, de 27-2-2012, da Agência Nacional de Saúde Suplementar – ANS, determina que este artigo aplica-se às situações jurídicas definitivamente constituídas antes de sua vigência sem afrontar a garantia prevista no art. 5.º, XXXVI, da CF.

I – o consumidor de determinada operadora, em nenhuma hipótese e sob nenhum pretexto ou alegação, pode ser discriminado ou atendido de forma distinta daquela dispensada aos clientes vinculados a outra operadora ou plano;

II – a marcação de consultas, exames e quaisquer outros procedimentos deve ser feita de forma a atender às necessidades dos consumidores, privilegiando os casos de emergência ou urgência, assim como as pessoas com mais de 65 (sessenta e cinco) anos de idade, as gestantes, lactantes, lactentes e crianças até 5 (cinco) anos;

III – a manutenção de relacionamento de contratação, credenciamento ou referenciamento com número ilimitado de operadoras, sendo expressamente vedado às operadoras, independentemente de sua natureza jurídica constitutiva, impor contratos de exclusividade ou de restrição à atividade profissional.

•• Inciso III com redação determinada pela Medida Provisória n. 2.177-44, de 24-8-2001.

Parágrafo único. A partir de 3 de dezembro de 1999, os prestadores de serviço ou profissionais de saúde não poderão manter contrato, credenciamento ou referenciamento com operadoras que não tiverem registros para funcionamento e comercialização conforme previsto nesta Lei, sob pena de responsabilidade por atividade irregular.

•• Parágrafo único acrescentado pela Medida Provisória n. 2.177-44, de 24-8-2001.

Art. 19. Para requerer a autorização definitiva de funcionamento, as pessoas jurídicas que já atuavam como operadoras ou administradoras dos produtos de que tratam o inciso I e o § 1.º do art. 1.º terão prazo de 180 (cento e oitenta) dias, a partir da publicação da regulamentação específica pela ANS.

•• *Caput* com redação determinada pela Medida Provisória n. 2.177-44, de 24-8-2001.

§ 1.º Até que sejam expedidas as normas de registro, serão mantidos registros provisórios das pessoas jurídicas e dos produtos na ANS, com a finalidade de autorizar a comercialização ou operação dos produtos a que alude o *caput* a partir de 2 de janeiro de 1999.

•• § 1.º acrescentado pela Medida Provisória n. 2.177-44, de 24-8-2001.

§ 2.º Para o registro provisório, as operadoras ou administradoras dos produtos a que alude o *caput* deverão apresentar à ANS as informações requeridas e os seguintes documentos, independentemente de outros que venham a ser exigidos:

I – registro do documento de constituição da pessoa jurídica;

II – nome fantasia;

III – CNPJ;

IV – endereço;

V – telefone, fax e *e-mail*;

VI – principais dirigentes da pessoa jurídica e nome dos cargos que ocupam.

•• § 2.º acrescentado pela Medida Provisória n. 2.177-44, de 24-8-2001.

§ 3.º Para registro provisório dos produtos a serem comercializados, deverão ser apresentados à ANS os seguintes dados:

I – razão social da operadora ou da administradora;

II – CNPJ da operadora ou da administradora;

III – nome do produto;

IV – segmentação da assistência (ambulatorial, hospitalar com obstetrícia, hospitalar sem obstetrícia, odontológica e referência);

V – tipo de contratação (individual/familiar; coletivo empresarial e coletivo por adesão);

VI – âmbito geográfico de cobertura;

VII – faixas etárias e respectivos preços;

VIII – rede hospitalar própria, por Município (para segmentações hospitalar e referência);

IX – rede hospitalar contratada ou referenciada por Município (para segmentações hospitalar e referência); e

X – outros documentos e informações que venham a ser solicitados pela ANS.

•• § 3.º acrescentado pela Medida Provisória n. 2.177-44, de 24-8-2001.

§ 4.º Os procedimentos administrativos para registro provisório dos produtos serão tratados em norma específica da ANS.

•• § 4.º acrescentado pela Medida Provisória n. 2.177-44, de 24-8-2001.

§ 5.º Independentemente do cumprimento, por parte da operadora, das formalidades do registro provisório, ou da conformidade dos textos das condições gerais ou dos instrumentos contratuais, ficam garantidos a todos os usuários de produtos a que alude o *caput*, contratados a partir de 2 de janeiro de 1999, todos os benefícios de acesso e cobertura previstos nesta Lei e em seus regulamentos, para cada segmentação definida no art. 12.

•• § 5.º acrescentado pela Medida Provisória n. 2.177-44, de 24-8-2001.

§ 6.º O não cumprimento do disposto neste artigo implica o pagamento de multa diária no valor de R$ 10.000,00 (dez mil reais) aplicada às operadoras dos produtos de que tratam o inciso I e o § 1.º do art. 1.º.

•• § 6.º acrescentado pela Medida Provisória n. 2.177-44, de 24-8-2001.

§ 7.º As pessoas jurídicas que forem iniciar operação de comercialização de planos privados de assistência à saúde, a partir de 8 de dezembro de 1998, estão sujeitas aos registros de que trata o § 1.º deste artigo.

•• § 7.º acrescentado pela Medida Provisória n. 2.177-44, de 24-8-2001.

Art. 20. As operadoras de produtos de que tratam o inciso I e o § 1.º do art. 1.º desta Lei são obrigadas a fornecer, periodicamente, à ANS todas as informações e estatísticas relativas a suas atividades, incluídas as de natureza cadastral, especialmente aquelas que permitam a identificação dos consumidores e de seus dependentes, incluindo seus nomes, inscrições no Cadastro de Pessoas Físicas dos titulares e Municípios onde residem, para fins do disposto no art. 32.

•• *Caput* com redação determinada pela Medida Provisória n. 2.177-44, de 24-8-2001.

§ 1.º Os agentes especialmente designados pela ANS para o exercício das atividades de fiscalização e nos limites por ela estabelecidos, têm livre acesso às operadoras, podendo requisitar e apreender processos, contratos, manuais de rotina operacional e demais documentos, relativos aos produtos de que tratam o inciso I e o § 1.º do art. 1.º desta Lei.

•• § 1.º com redação determinada pela Medida Provisória n. 2.177-44, de 24-8-2001.

§ 2.º Caracteriza-se como embaraço à fiscalização, sujeito às penas previstas na lei, a imposição de qualquer dificuldade à consecução dos objetivos da fiscalização, de que trata o § 1.º deste artigo.

•• § 2.º acrescentado pela Medida Provisória n. 2.177-44, de 24-8-2001.

Art. 21. É vedado às operadoras de planos privados de assistência à saúde realizar quaisquer operações financeiras:

I – com seus diretores e membros dos conselhos administrativos, consultivos, fiscais ou assemelhados, bem como com os respectivos cônjuges e parentes até o segundo grau, inclusive;

II – com empresa de que participem as pessoas a que se refere o inciso I, desde que estas sejam, em conjunto ou isoladamente, consideradas como controladoras da empresa.

•• Inciso II com redação determinada pela Medida Provisória n. 2.177-44, de 24-8-2001.

Art. 22. As operadoras de planos privados de assistência à saúde submeterão suas contas a auditores independentes, registrados no respectivo Conselho Regional de Contabilidade e na Comissão de Valores Mobiliários – CVM, publicando, anualmente, o parecer respectivo, juntamente com as demonstrações financeiras determinadas pela Lei n. 6.404, de 15 de dezembro de 1976.

§ 1.º A auditoria independente também poderá ser exigida quanto aos cálculos atuariais, elaborados segundo diretrizes gerais definidas pelo CONSU.

•• § 1.º acrescentado pela Medida Provisória n. 2.177-44, de 24-8-2001.

§ 2.º As operadoras com número de beneficiários inferior a 20.000 (vinte mil) usuários ficam dispensadas da publicação do parecer do auditor e das demonstrações financeiras, devendo, a ANS, dar-lhes publicidade.

•• § 2.º acrescentado pela Medida Provisória n. 2.177-44, de 24-8-2001.

Art. 23. As operadoras de planos privados de assistência à saúde não podem requerer concordata e não estão sujeitas a falência ou insolvência civil, mas tão somente ao regime de liquidação extrajudicial.

•• *Caput* com redação determinada pela Medida Provisória n. 2.177-44, de 24-8-2001.

§ 1.º As operadoras sujeitar-se-ão ao regime de falência ou insolvência civil quando, no curso da liquidação extrajudicial, forem verificadas uma das seguintes hipóteses:

I – o ativo da massa liquidanda não for suficiente para o pagamento de pelo menos a metade dos créditos quirografários;

II – o ativo realizável da massa liquidanda não for suficiente, sequer, para o pagamento das despesas administrativas e operacionais inerentes ao regular processamento da liquidação extrajudicial; ou

III – nas hipóteses de fundados indícios de condutas previstas nos arts. 186 a 189 do Decreto-lei n. 7.661, de 21 de junho de 1945.

•• § 1.º acrescentado pela Medida Provisória n. 2.177-44, de 24-8-2001.

•• O Decreto-lei n. 7.661, de 21-6-1945, foi revogado pela Lei n. 11.101, de 9-2-2005, que regula a recuperação judicial e extrajudicial e a falência do empresário e da sociedade empresária.

§ 2.º Para efeito desta Lei, define-se ativo realizável como sendo todo ativo que possa ser convertido em moeda corrente em prazo compatível para o pagamento das despesas administrativas e operacionais da massa liquidanda.

•• § 2.º acrescentado pela Medida Provisória n. 2.177-44, de 24-8-2001.

§ 3.º À vista do relatório do liquidante extrajudicial, e em se verificando qualquer uma das hipóteses previstas nos incisos I, II ou III do § 1.º deste artigo, a ANS poderá autorizá-lo a requerer a falência ou insolvência civil da operadora.

•• § 3.º acrescentado pela Medida Provisória n. 2.177-44, de 24-8-2001.

§ 4.º A distribuição do requerimento produzirá imediatamente os seguintes efeitos:

I – a manutenção da suspensão dos prazos judiciais em relação à massa liquidanda;

II – a suspensão dos procedimentos administrativos de liquidação extrajudicial, salvo os relativos à guarda e à proteção dos bens e imóveis da massa;

III – a manutenção da indisponibilidade dos bens dos administradores, gerentes, conselheiros e assemelhados, até posterior determinação judicial; e

IV – prevenção do juízo que emitir o primeiro despacho em relação ao pedido de conversão do regime.

•• § 4.º acrescentado pela Medida Provisória n. 2.177-44, de 24-8-2001.

§ 5.º A ANS, no caso previsto no inciso II do § 1.º deste artigo, poderá, no período compreendido entre a distribuição do requerimento e a decretação da falência ou insolvência civil, apoiar a proteção dos bens móveis e imóveis da massa liquidanda.

•• § 5.º acrescentado pela Medida Provisória n. 2.177-44, de 24-8-2001.

§ 6.º O liquidante enviará ao juízo prevento o rol das ações judiciais em curso cujo andamento ficará suspenso até que o juiz competente nomeie o síndico da massa falida ou o liquidante da massa insolvente.

•• § 6.º acrescentado pela Medida Provisória n. 2.177-44, de 24-8-2001.

Art. 24. Sempre que detectadas nas operadoras sujeitas à disciplina desta Lei insuficiência das garantias do equilíbrio financeiro, anormalidades econômico-financeiras ou administrativas graves que coloquem em risco a continuidade ou a qualidade do atendimento à saúde, a ANS poderá determinar a alienação da carteira, o regime de direção fiscal ou técnica por prazo não superior a 365 (trezentos e sessenta e cinco) dias, ou a liquidação extrajudicial, conforme a gravidade do caso.

•• *Caput* com redação determinada pela Medida Provisória n. 2.177-44, de 24-8-2001.

§ 1.º O descumprimento das determinações do diretor-fiscal ou técnico, e do liquidante, por dirigentes, administradores, conselheiros ou empregados da operadora de planos privados de assistência à saúde acarretará o imediato afastamento do infrator, por decisão da ANS, sem prejuízo das sanções penais cabíveis, assegurado o direito ao contraditório, sem que isto implique efeito suspensivo da decisão administrativa que determinou o afastamento.

•• § 1.º com redação determinada pela Medida Provisória n. 2.177-44, de 24-8-2001.

§ 2.º A ANS, *ex officio* ou por recomendação do diretor técnico ou fiscal ou do liquidante, poderá, em ato administrativo devidamente motivado, determinar o afastamento dos diretores, administradores, gerentes e membros do conselho fiscal da operadora sob regime de direção ou em liquidação.

•• § 2.º com redação determinada pela Medida Provisória n. 2.177-44, de 24-8-2001.

§ 3.º No prazo que lhe for designado, o diretor-fiscal ou técnico procederá à análise da organização administrativa e da situação econômico-financeira da operadora, bem assim da qualidade do atendimento aos consumidores, e proporá à ANS as medidas cabíveis.

•• § 3.º com redação determinada pela Medida Provisória n. 2.177-44, de 24-8-2001.

§ 4.º O diretor-fiscal ou técnico poderá propor a transformação do regime de direção em liquidação extrajudicial.

•• § 4.º com redação determinada pela Medida Provisória n. 2.177-44, de 24-8-2001.

§ 5.º A ANS promoverá, no prazo máximo de 90 (noventa) dias, a alienação da carteira das operadoras de planos privados de assistência à saúde, no caso de não surtirem efeitos as medidas por ela determinadas para sanar as irregularidades ou nas situações que impliquem risco para os consumidores participantes da carteira.

•• § 5.º com redação determinada pela Medida Provisória n. 2.177-44, de 24-8-2001.

Art. 24-A. Os administradores das operadoras de planos privados de assistência à saúde em regime de direção fiscal ou liquidação extrajudicial, independentemente da natureza jurídica da operadora, ficarão com todos os seus bens indisponíveis, não podendo, por qualquer forma, direta ou indireta, aliená-los ou onerá-los, até apuração e liquidação final de suas responsabilidades.

•• *Caput* acrescentado pela Medida Provisória n. 2.177-44, de 24-8-2001.

§ 1.º A indisponibilidade prevista neste artigo decorre do ato que decretar a direção fiscal ou a liquidação extrajudicial e atinge a todos aqueles que tenham estado no exercício das funções nos 12 (doze) meses anteriores ao mesmo ato.

•• § 1.º acrescentado pela Medida Provisória n. 2.177-44, de 24-8-2001.

§ 2.º Na hipótese de regime de direção fiscal, a indisponibilidade de bens a que se refere o *caput* deste artigo poderá não alcançar os bens dos administradores, por deliberação expressa da Diretoria Colegiada da ANS.

•• § 2.º acrescentado pela Medida Provisória n. 2.177-44, de 24-8-2001.

§ 3.º A ANS, *ex officio* ou por recomendação do diretor fiscal ou do liquidante, poderá estender a indisponibilidade prevista neste artigo:

I – aos bens de gerentes, conselheiros e aos de todos aqueles que tenham concorrido, no período previsto no § 1.º, para a decretação da direção fiscal ou da liquidação extrajudicial;

II – aos bens adquiridos, a qualquer título, por terceiros, no período previsto no § 1.º, das pessoas referidas no inciso I, desde que configurada fraude na transferência.

•• § 3.º acrescentado pela Medida Provisória n. 2.177-44, de 24-8-2001.

§ 4.º Não se incluem nas disposições deste artigo os bens considerados inalienáveis ou impenhoráveis pela legislação em vigor.

•• § 4.º acrescentado pela Medida Provisória n. 2.177-44, de 24-8-2001.

§ 5.º A indisponibilidade também não alcança os bens objeto de contrato de alienação, de promessa de compra e venda, de cessão ou promessa de cessão de direitos, desde que os respectivos instrumentos tenham sido levados ao competente registro público, anteriormente à data da decretação da direção fiscal ou da liquidação extrajudicial.

•• § 5.º acrescentado pela Medida Provisória n. 2.177-44, de 24-8-2001.

§ 6.º Os administradores das operadoras de planos privados de assistência à saúde respondem solidariamente pelas obrigações por eles assumidas durante sua gestão até o montante dos prejuízos causados, independentemente do nexo de causalidade.

•• § 6.º acrescentado pela Medida Provisória n. 2.177-44, de 24-8-2001.

Art. 24-B. A Diretoria Colegiada definirá as atribuições e competências do diretor técnico, diretor fiscal e do responsável pela alienação de carteira, podendo ampliá-las, se necessário.

•• Artigo acrescentado pela Medida Provisória n. 2.177-44, de 24-8-2001.

Art. 24-C. Os créditos decorrentes da prestação de serviços de assistência privada à saúde preferem a todos os demais, exceto os de natureza trabalhista e tributários.

•• Artigo acrescentado pela Medida Provisória n. 2.177-44, de 24-8-2001.

Art. 24-D. Aplica-se à liquidação extrajudicial das operadoras de planos privados de assistência à saúde e ao disposto nos arts. 24-A e 35-I, no que couber com os preceitos desta Lei, o disposto na Lei n. 6.024, de 13 de março de 1974, no Decreto-lei n. 7.661, de 21 de junho de 1945, no Decreto-lei n. 41, de 18 de novembro de 1966, e no Decreto-lei n. 73, de 21 de novembro de 1966, conforme o que dispuser a ANS.

•• Artigo acrescentado pela Medida Provisória n. 2.177-44, de 24-8-2001.

Art. 25. As infrações dos dispositivos desta Lei e de seus regulamentos, bem como aos dispositivos dos contratos firmados, a qualquer tempo, entre operadoras e usuários de planos privados de assistência à saúde, sujeitam a operadora dos produtos de que tratam o inciso I e o § 1.º do art. 1.º desta Lei, seus administradores, membros de conselhos administrativos, deliberativos, consultivos, fiscais e assemelhados às seguintes penalidades, sem prejuízo de outras estabelecidas na legislação vigente:

•• *Caput* com redação determinada pela Medida Provisória n. 2.177-44, de 24-8-2001.

• A Súmula 1, de 21-2-2001, da Diretoria Colegiada da Agência Nacional de Saúde Suplementar, dispõe: "A Agência Nacional de Saúde Suplementar - ANS, por força do princípio da especialidade, é órgão regulador, responsável pela atividade de fiscalização do setor privado de assistência à saúde, com a corolária competência punitiva nas hipóteses de descumprimento de todo e qualquer contrato, independente da data de sua celebração".

I – advertência;

II – multa pecuniária;

III – suspensão do exercício do cargo;

IV – inabilitação temporária para exercício de cargos em operadoras de planos de assistência à saúde;

•• Inciso IV com redação determinada pela Medida Provisória n. 2.177-44, de 24-8-2001.

V – inabilitação permanente para exercício de cargos de direção ou em conselhos das operadoras a que se refere esta Lei, bem como em entidades de previdência privada, sociedades seguradoras, corretoras de seguros e instituições financeiras;

VI – cancelamento da autorização de funcionamento e alienação da carteira da operadora.

•• Inciso VI acrescentado pela Medida Provisória n. 2.177-44, de 24-8-2001.

Art. 26. Os administradores e membros dos conselhos administrativos, deliberativos, consultivos, fiscais e assemelhados das operadoras de que trata esta Lei respondem solidariamente pelos prejuízos causados a terceiros, inclusive aos acionistas, cotistas, cooperados e consumidores de planos privados de assistência à saúde, conforme o caso, em consequência do descumprimento de leis, normas e instruções referentes às operações previstas na legislação e, em especial, pela falta de constituição e cobertura das garantias obrigatórias.

•• Artigo com redação determinada pela Medida Provisória n. 2.177-44, de 24-8-2001.

Art. 27. A multa de que trata o art. 25 será fixada e aplicada pela ANS no âmbito de suas atribuições, com valor não inferior a R$ 5.000,00 (cinco mil reais) e não superior a R$ 1.000.000,00 (um milhão de reais) de acordo com o porte econômico da operadora ou prestadora de serviço e a gravidade da infração, ressalvado o disposto no § 6.º do art. 19.

•• *Caput* com redação determinada pela Medida Provisória n. 2.177-44, de 24-8-2001.

Parágrafo único. (*Revogado pela Medida Provisória n. 2.177-44, de 24-8-2001.*)

Art. 28. (*Revogado pela Medida Provisória n. 2.177-44, de 24-8-2001.*)

Art. 29. As infrações serão apuradas mediante processo administrativo que tenha por base o auto de infração, a representação ou a denúncia positiva dos fatos irregulares, cabendo à ANS dispor sobre normas para instauração, recursos e seus efeitos, instâncias e prazos.

•• *Caput* com redação determinada pela Medida Provisória n. 2.177-44, de 24-8-2001.

§ 1.º O processo administrativo, antes de aplicada a penalidade, poderá, a título excepcional, ser suspenso, pela ANS, se a operadora ou prestadora de serviço assinar termo de compromisso de ajuste de conduta, perante a diretoria colegiada, que terá eficácia de título executivo extrajudicial, obrigando-se a:

I – cessar a prática de atividades ou atos objetos da apuração; e

II – corrigir as irregularidades, inclusive indenizando os prejuízos delas decorrentes.

•• § 1.º acrescentado pela Medida Provisória n. 2.177-44, de 24-8-2001.

§ 2.º O termo de compromisso de ajuste de conduta conterá, necessariamente, as seguintes cláusulas:

I – obrigações do compromissário de fazer cessar a prática objeto da apuração, no prazo estabelecido;

II – valor da multa a ser imposta no caso de descumprimento, não inferior a R$ 5.000,00 (cinco mil reais) e não superior a R$ 1.000.000,00 (um milhão de reais) de acordo com o porte econômico da operadora ou da prestadora de serviço.

•• § 2.º acrescentado pela Medida Provisória n. 2.177-44, de 24-8-2001.

§ 3.º A assinatura do termo de compromisso de ajuste de conduta não importa confissão do compromissário quanto à matéria de fato, nem reconhecimento de ilicitude da conduta em apuração.

•• § 3.º acrescentado pela Medida Provisória n. 2.177-44, de 24-8-2001.

§ 4.º O descumprimento do termo de compromisso de ajuste de conduta, sem prejuízo da aplicação da multa a que se refere o inciso II do § 2.º, acarreta a revogação da suspensão do processo.

•• § 4.º acrescentado pela Medida Provisória n. 2.177-44, de 24-8-2001.

§ 5.º Cumpridas as obrigações assumidas no termo de compromisso de ajuste de conduta, será extinto o processo.

•• § 5.º acrescentado pela Medida Provisória n. 2.177-44, de 24-8-2001.

§ 6.º Suspende-se a prescrição durante a vigência do termo de compromisso de ajuste de conduta.

•• § 6.º acrescentado pela Medida Provisória n. 2.177-44, de 24-8-2001.

§ 7.º Não poderá ser firmado termo de compromisso de ajuste de conduta quando tiver havido descumprimento de outro termo de compromisso de ajuste de conduta nos termos desta Lei, dentro do prazo de 2 (dois) anos.

•• § 7.º acrescentado pela Medida Provisória n. 2.177-44, de 24-8-2001.

§ 8.º O termo de compromisso de ajuste de conduta deverá ser publicado no *Diário Oficial da União.*

•• § 8.º acrescentado pela Medida Provisória n. 2.177-44, de 24-8-2001.

§ 9.º A ANS regulamentará a aplicação do disposto nos §§ 1.º a 7.º deste artigo.

•• § 9.º acrescentado pela Medida Provisória n. 2.177-44, de 24-8-2001.

Art. 29-A. A ANS poderá celebrar com as operadoras termo de compromisso, quando houver interesse na implementação de práticas que consistam em vantagens para os consumidores, com vistas a assegurar a manutenção da qualidade dos serviços de assistência à saúde.

•• *Caput* acrescentado pela Medida Provisória n. 2.177-44, de 24-8-2001.

§ 1.º O termo de compromisso referido no *caput* não poderá implicar restrição de direitos do usuário.

•• § 1.º acrescentado pela Medida Provisória n. 2.177-44, de 24-8-2001.

§ 2.º Na definição do termo de que trata este artigo serão considerados os critérios de aferição e controle da qualidade dos serviços a serem oferecidos pelas operadoras.

•• § 2.º acrescentado pela Medida Provisória n. 2.177-44, de 24-8-2001.

§ 3.º O descumprimento injustificado do termo de compromisso poderá importar na aplicação da penalidade de multa a que se refere o inciso II, § 2.º, do art. 29 desta Lei.

•• § 3.º acrescentado pela Medida Provisória n. 2.177-44, de 24-8-2001.

Art. 30. Ao consumidor que contribuir para produtos de que tratam o inciso I e o § 1.º do art. 1.º desta Lei, em decorrência de vínculo empregatício, no caso de rescisão ou exoneração do contrato de trabalho sem justa causa, é assegurado o direito de manter sua condição de beneficiário, nas mesmas condições de cobertura assistencial de que gozava quando da vigência do contrato de trabalho, desde que assuma o seu pagamento integral.

•• *Caput* com redação determinada pela Medida Provisória n. 2.177-44, de 24-8-2001.

§ 1.º O período de manutenção da condição de beneficiário a que se refere o *caput* será de 1/3 (um terço) do tempo de permanência nos produtos de que tratam o inciso I e o § 1.º do art. 1.º, ou sucessores, com um mínimo assegurado de 6 (seis) meses e um máximo de 24 (vinte e quatro) meses.

•• § 1.º com redação determinada pela Medida Provisória n. 2.177-44, de 24-8-2001.

§ 2.º A manutenção de que trata este artigo é extensiva, obrigatoriamente, a todo grupo familiar inscrito quando da vigência do contrato de trabalho.

§ 3.º Em caso de morte do titular, o direito de permanência é assegurado aos dependentes cobertos pelo plano ou seguro privado coletivo de assistência à saúde, nos termos do disposto neste artigo.

§ 4.º O direito assegurado neste artigo não exclui vantagens obtidas pelos empregados decorrentes de negociações coletivas de trabalho.

§ 5.º A condição prevista no *caput* deste artigo deixará de existir quando da admissão do consumidor titular em novo emprego.

•• § 5.º acrescentado pela Medida Provisória n. 2.177-44, de 24-8-2001.

§ 6.º Nos planos coletivos custeados integralmente pela empresa, não é considerada contribuição a coparticipação do consumidor, única e exclusivamente em procedimentos, como fator de moderação, na utilização dos serviços de assistência médica ou hospitalar.

•• § 6.º acrescentado pela Medida Provisória n. 2.177-44, de 24-8-2001.

Art. 31. Ao aposentado que contribuir para produtos de que tratam o inciso I e o § 1.º do art. 1.º desta Lei, em decorrência de vínculo empregatício, pelo prazo mínimo de 10 (dez) anos, é assegurado o direito de manutenção como beneficiário, nas mesmas condições de cobertura assistencial de que gozava quando da vigência do contrato de trabalho, desde que assuma o seu pagamento integral.

•• *Caput* com redação determinada pela Medida Provisória n. 2.177-44, de 24-8-2001.

§ 1.º Ao aposentado que contribuir para planos coletivos de assistência à saúde por período inferior ao estabelecido no *caput* é assegurado o direito de manutenção como beneficiário, à razão de 1 (um) ano para cada ano de contribuição, desde que assuma o pagamento integral do mesmo.

•• § 1.º com redação determinada pela Medida Provisória n. 2.177-44, de 24-8-2001.

§ 2.º Para gozo do direito assegurado neste artigo, observar-se-ão as mesmas condições estabelecidas nos §§ 2.º, 3.º, 4.º, 5.º e 6.º do art. 30.

•• § 2.º com redação determinada pela Medida Provisória n. 2.177-44, de 24-8-2001.

Art. 32. Serão ressarcidos pelas operadoras dos produtos de que tratam o inciso I e o § 1.º do art. 1.º desta Lei, de acordo com normas a serem definidas pela ANS, os serviços de atendimento à saúde previstos nos respectivos contratos, prestados a seus consumidores e respectivos dependentes, em instituições públicas ou privadas, conveniadas ou contratadas, integrantes do Sistema Único de Saúde - SUS.

•• *Caput* com redação determinada pela Medida Provisória n. 2.177-44, de 24-8-2001.

§ 1.º O ressarcimento será efetuado pelas operadoras ao SUS com base em regra de valoração aprovada e divulgada pela ANS, mediante crédito ao Fundo Nacional de Saúde - FNS.

•• § 1.º com redação determinada pela Lei n. 12.469, de 26-8-2011.

•• O art. 5.º da Lei n. 12.469, de 26-8-2011, estabelece: "O montante dos valores relativos ao ressarcimento ao Sistema Único de Saúde - SUS, recebidos pela Agência Nacional de Saúde Suplementar - ANS e ainda não transferidos nos termos da Lei n. 9.656, de 3-6-1998, será creditado no Fundo Nacional de Saúde - FNS".

§ 2.º Para a efetivação do ressarcimento, a ANS disponibilizará às operadoras a discriminação dos procedimentos realizados para cada consumidor.

•• § 2.º com redação determinada pela Medida Provisória n. 2.177-44, de 24-8-2001.

§ 3.º A operadora efetuará o ressarcimento até o 15.º (décimo quinto) dia da data de recebimento da notificação de cobrança feita pela ANS.

•• § 3.º com redação determinada pela Lei n. 12.469, de 26-8-2011.

§ 4.º O ressarcimento não efetuado no prazo previsto no § 3.º será cobrado com os seguintes acréscimos:

I – juros de mora contados do mês seguinte ao do vencimento, à razão de 1% (um por cento) ao mês ou fração;

II – multa de mora de 10% (dez por cento).

•• § 4.º com redação determinada pela Medida Provisória n. 2.177-44, de 24-8-2001.

§ 5.º Os valores não recolhidos no prazo previsto no § 3.º serão inscritos em dívida ativa da ANS, a qual compete a cobrança judicial dos respectivos créditos.

•• § 5.º acrescentado pela Medida Provisória n. 2.177-44, de 24-8-2001.

§ 6.º O produto da arrecadação dos juros e da multa de mora serão revertidos ao Fundo Nacional de Saúde.

•• § 6.º acrescentado pela Medida Provisória n. 2.177-44, de 24-8-2001.

§ 7.º A ANS disciplinará o processo de glosa ou impugnação dos procedimentos encaminhados, conforme previsto no § 2.º deste artigo, cabendo-lhe, inclusive, estabelecer procedimentos para cobrança dos valores a serem ressarcidos.

•• § 7.º com redação determinada pela Lei n. 12.469, de 26-8-2011.

§ 8.º Os valores a serem ressarcidos não serão inferiores aos praticados pelo SUS e nem superiores aos praticados pelas operadoras de produtos de que tratam o inciso I e o § 1.º do art. 1.º desta Lei.

•• § 8.º acrescentado pela Medida Provisória n. 2.177-44, de 24-8-2001.

§ 9.º Os valores a que se referem os §§ 3.º e 6.º deste artigo não serão computados para fins de aplicação dos recursos mínimos nas ações e serviços públicos de saúde nos termos da Constituição Federal.

•• § 9.º acrescentado pela Lei n. 12.469, de 26-8-2011.

Art. 33. Havendo indisponibilidade de leito hospitalar nos estabelecimentos próprios ou credenciados pelo plano, é garantido ao consumidor o acesso à acomodação, em nível superior, sem ônus adicional.

Art. 34. As pessoas jurídicas que executam outras atividades além das abrangidas por esta Lei deverão, na forma e prazo definidos pela ANS, constituir pessoas jurídicas independentes, com ou sem fins lucrativos, especificamente para operar planos privados de assistência à saúde, na forma da legislação em vigor e em especial desta Lei e de seus regulamentos.

•• Artigo com redação determinada pela Medida Provisória n. 2.177-44, de 24-8-2001.

§ 1.º O disposto no *caput* não se aplica às entidades de autogestão constituídas sob a forma de fundação, de sindicato ou de associação que, na data da publicação desta Lei, já exerciam outras atividades em conjunto com as relacionadas à assistência à saúde, nos termos dos pertinentes estatutos sociais.

•• § 1.º acrescentado pela Lei n. 13.127, de 26-5-2015.

§ 2.º As entidades de que trata o § 1.º poderão, desde que a hipótese de segregação da finalidade estatutária esteja prevista, ou seja, assegurada pelo órgão interno competente, constituir filial ou departamento com número do Cadastro Nacional da Pessoa Jurídica sequencial ao da pessoa jurídica principal.

•• § 2.º acrescentado pela Lei n. 13.127, de 26-5-2015.

§ 3.º As entidades de que trata o § 1.º que optarem por proceder de acordo com o previsto no § 2.º assegurarão condições para sua adequada segregação patrimonial, administrativa, financeira e contábil.

•• § 3.º acrescentado pela Lei n. 13.127, de 26-5-2015.

Art. 35. Aplicam-se as disposições desta Lei a todos os contratos celebrados a partir de sua vigência, assegurada aos consumidores com contratos anteriores, bem como àqueles com contratos celebrados entre 2 de setembro de 1998 e 1.º de janeiro de 1999, a possibilidade de optar pela adaptação ao sistema previsto nesta Lei.

•• *Caput* com redação determinada pela Medida Provisória n. 2.177-44, de 24-8-2001.

• A Resolução Normativa n. 465, de 24-2-2021, da Agência Nacional de Saúde Suplementar, atualiza o Rol de Procedimentos e Eventos em Saúde que estabelece a cobertura assistencial obrigatória a ser garantida nos planos privados de assistência à saúde contratados a partir de 1.º-1-1999 e naqueles adaptados conforme previsto neste art. 35.

§ 1.º Sem prejuízo do disposto no art. 35-E, a adaptação dos contratos de que trata este artigo deverá ser formalizada em termo próprio, assinado pelos contratantes, de acordo com as normas a serem definidas pela ANS.

•• § 1.º com redação determinada pela Medida Provisória n. 2.177-44, de 24-8-2001.

§ 2.º Quando a adaptação dos contratos incluir aumento de contraprestação pecuniária, a composição da base de cálculo deverá ficar restrita aos itens correspondentes ao aumento de cobertura, e ficará disponível para verificação pela ANS, que poderá determinar sua alteração quando o novo valor não estiver devidamente justificado.

•• § 2.º com redação determinada pela Medida Provisória n. 2.177-44, de 24-8-2001.

§ 3.º A adaptação dos contratos não implica nova contagem dos períodos de carência e dos prazos de aquisição dos benefícios previstos nos arts. 30 e 31 desta Lei, observados, quanto aos últimos, os limites de cobertura previstos no contrato original.

•• § 3.º acrescentado pela Medida Provisória n. 2.177-44, de 24-8-2001.

§ 4.º Nenhum contrato poderá ser adaptado por decisão unilateral da empresa operadora.

•• § 4.º acrescentado pela Medida Provisória n. 2.177-44, de 24-8-2001.

§ 5.º A manutenção dos contratos originais pelos consumidores não optantes tem caráter personalíssimo, devendo ser garantida somente ao titular e a seus dependentes já inscritos, permitida inclusão apenas de novo cônjuge e filhos, e vedada a transferência da sua titularidade, sob qualquer pretexto, a terceiros.

•• § 5.º acrescentado pela Medida Provisória n. 2.177-44, de 24-8-2001.

§ 6.º Os produtos de que tratam o inciso I e o § 1.º do art. 1.º desta Lei, contratados até 1.º de janeiro de 1999, deverão permanecer em operação, por tempo indeterminado, apenas para os consumidores que não optarem pela adaptação às novas regras, sendo considerados extintos para fim de comercialização.

•• § 6.º acrescentado pela Medida Provisória n. 2.177-44, de 24-8-2001.

§ 7.º Às pessoas jurídicas contratantes de planos coletivos, não optantes pela adaptação prevista neste artigo, fica assegurada a manutenção dos contratos originais, nas coberturas assistenciais neles pactuadas.

•• § 7.º acrescentado pela Medida Provisória n. 2.177-44, de 24-8-2001.

§ 8.º A ANS definirá em norma própria os procedimentos formais que deverão ser adotados pelas empresas para a adaptação dos contratos de que trata este artigo.

•• § 8.º acrescentado pela Medida Provisória n. 2.177-44, de 24-8-2001.

Art. 35-A. Fica criado o Conselho de Saúde Suplementar - CONSU, órgão colegiado integrante da estrutura regimental do Ministério da Saúde, com competência para:

I – estabelecer e supervisionar a execução de políticas e diretrizes gerais do setor de saúde suplementar;

II – aprovar o contrato de gestão da ANS;

III – supervisionar e acompanhar as ações e o funcionamento da ANS;

IV – fixar diretrizes gerais para implementação no setor de saúde suplementar sobre:

a) aspectos econômico-financeiros;

b) normas de contabilidade, atuariais e estatísticas;

c) parâmetros quanto ao capital e ao patrimônio líquido mínimos, bem assim quanto às formas de sua subscrição e realização quando se tratar de sociedade anônima;

d) critérios de constituição de garantias de manutenção do equilíbrio econômico-financeiro, consistentes em bens, móveis ou imóveis, ou fundos especiais ou seguros garantidores;

e) criação de fundo, contratação de seguro garantidor ou outros instrumentos que julgar adequados, com o objetivo de proteger o consumidor de planos privados de assistência à saúde em caso de insolvência de empresas operadoras;

V – deliberar sobre a criação de câmaras técnicas, de caráter consultivo, de forma a subsidiar suas decisões.

•• Incisos e alíneas acrescentados pela Medida Provisória n. 2.177-44, de 24-8-2001.

Parágrafo único. A ANS fixará as normas sobre as matérias previstas no inciso IV deste artigo, devendo adequá-las, se necessário, quando houver diretrizes gerais estabelecidas pelo CONSU.

•• Parágrafo único acrescentado pela Medida Provisória n. 2.177-44, de 24-8-2001.

....

Art. 35-C. É obrigatória a cobertura do atendimento nos casos:

•• *Caput* com redação determinada pela Lei n. 11.935, de 11-5-2009.

•• O CP dispõe em seu art. 135-A sobre a proibição de condicionamento de atendimento médico-hospitalar emergencial.

I – de emergência, como tal definidos os que implicarem risco imediato de vida ou de lesões irreparáveis para o paciente, caracterizado em declaração do médico assistente;

•• Inciso I com redação determinada pela Lei n. 11.935, de 11-5-2009.

II – de urgência, assim entendidos os resultantes de acidentes pessoais ou de complicações no processo gestacional;

•• Inciso II com redação determinada pela Lei n. 11.935, de 11-5-2009.

III – de planejamento familiar.

•• Inciso III acrescentado pela Lei n. 11.935, de 11-5-2009.

Parágrafo único. A ANS fará publicar normas regulamentares para o disposto neste artigo, observados os termos de adaptação previstos no art. 35.

•• Parágrafo único acrescentado pela Medida Provisória n. 2.177-44, de 24-8-2001.

Art. 35-D. As multas a serem aplicadas pela ANS em decorrência da competência fiscalizadora e normativa estabelecida nesta Lei e em seus regulamentos serão recolhidas à conta daquela Agência, até o limite de R$ 1.000.000,00 (um milhão de reais) por infração, ressalvado o disposto no § 6.º do art. 19 desta Lei.

•• Artigo acrescentado pela Medida Provisória n. 2.177-44, de 24-8-2001.

Art. 35-E. A partir de 5 de junho de 1998, fica estabelecido para os contratos celebrados anteriormente à data de vigência desta Lei que:

•• *Caput* e incisos acrescentados pela Medida Provisória n. 2.177-44, de 24-8-2001.

•• O STF, no julgamento da ADI n. 1.931 (*DOU* de 1.º-8-2018), julgou parcialmente procedentes os pedidos para declarar a inconstitucionalidade desse artigo.

I – qualquer variação na contraprestação pecuniária para consumidores com mais de 60 (sessenta) anos de idade estará sujeita à autorização prévia da ANS;

•• *Vide* art. 15, § 3.º, da Lei n. 10.741, de 1.º-10-2003 (Estatuto do Idoso).

II – a alegação de doença ou lesão preexistente estará sujeita à prévia regulamentação da matéria pela ANS;

III – é vedada a suspensão ou a rescisão unilateral do contrato individual ou familiar de produtos de que tratam o inciso I e o § 1.º do art. 1.º desta Lei por parte da operadora, salvo o disposto no inciso II do parágrafo único do art. 13 desta Lei;

IV – é vedada a interrupção de internação hospitalar em leito clínico, cirúrgico ou em centro de terapia intensiva ou similar, salvo a critério do médico assistente.

§ 1.º Os contratos anteriores à vigência desta Lei, que estabeleçam reajuste por mudança de faixa etária com idade inicial em 60 (sessenta) anos ou mais, deverão ser adaptados, até 31 de outubro de 1999, para repactuação da cláusula de reajuste, observadas as seguintes disposições:

•• *Vide* art. 15, § 3.º, da Lei n. 10.741, de 1.º-10-2003 (Estatuto do Idoso).

I – a repactuação será garantida aos consumidores de que trata o parágrafo único do art. 15, para as mudanças de faixa etária ocorridas após a vigência desta Lei, e limitar-se-á à diluição da aplicação do reajuste anteriormente previsto, em reajustes parciais anuais, com adoção de percentual fixo que, aplicado a cada ano, permita atingir o reajuste integral no início do último ano da faixa etária considerada;

II – para aplicação da fórmula de diluição, consideram-se de 10 (dez) anos as faixas etárias que tenham sido estipuladas sem limite superior;

III – a nova cláusula, contendo a fórmula de aplicação do reajuste, deverá ser encaminhada aos consumidores, juntamente com o boleto ou título de cobrança, com a demonstração do valor originalmente contratado, do valor repactuado e do percentual de reajuste anual fixo, esclarecendo, ainda, que o seu pagamento formalizará esta repactuação;

IV – a cláusula original de reajuste deverá ter sido previamente submetida à ANS;

V – na falta de aprovação prévia, a operadora, para que possa aplicar reajuste por faixa etária a consumidores com 60 (sessenta) anos ou mais de idade e 10 (dez) anos ou mais de contrato, deverá submeter à ANS as condições contratuais acompanhadas de nota técnica, para, uma vez aprovada a cláusula e o percentual de reajuste, adotar a diluição prevista neste parágrafo.

•• § 1.º acrescentado pela Medida Provisória n. 2.177-44, de 24-8-2001.

§ 2.º Nos contratos individuais de produtos de que tratam o inciso I e o § 1.º do art. 1.º desta Lei, independentemente da data de sua celebração, a aplicação de cláusula de reajuste das contraprestações pecuniárias dependerá de prévia aprovação da ANS.

•• § 2.º acrescentado pela Medida Provisória n. 2.177-44, de 24-8-2001.

•• O STF, em liminar parcialmente concedida aos 21-8-2003 (*DOU* de 3-9-2003), na ADI n. 1.931-8, decidiu suspender a eficácia deste artigo, em razão da violação do art. 5.º, XXXVI, da CF.

§ 3.º O disposto no art. 35 desta Lei aplica-se sem prejuízo do estabelecido neste artigo.

•• § 3.º acrescentado pela Medida Provisória n. 2.177-44, de 24-8-2001.

Art. 35-F. A assistência a que alude o art. 1.º desta Lei compreende todas as ações necessárias à prevenção da doença e à recuperação, manutenção e reabilitação da saúde, observados os termos desta Lei e do contrato firmado entre as partes.

•• Artigo acrescentado pela Medida Provisória n. 2.177-44, de 24-8-2001.

Art. 35-G. Aplicam-se subsidiariamente aos contratos entre usuários e operadoras de produtos de que tratam o inciso I e o § 1.º do art. 1.º desta Lei as disposições da Lei n. 8.078, de 1990.

•• Artigo acrescentado pela Medida Provisória n. 2.177-44, de 24-8-2001.

•• *Vide* Súmula 608 do STJ.

Art. 35-H. Os expedientes que até esta data foram protocolizados na SUSEP pelas operadoras de produtos de que tratam o inciso I e o § 1.º do art. 1.º desta Lei e que forem encaminhados à ANS em consequência desta Lei, deverão estar acompanhados de parecer conclusivo daquela Autarquia.

•• Artigo acrescentado pela Medida Provisória n. 2.177-44, de 24-8-2001.

Art. 35-I. Responderão subsidiariamente pelos direitos contratuais e legais dos consumidores, prestadores de serviço e fornecedores, além dos débitos fiscais e trabalhistas, os bens pessoais dos diretores, administradores, gerentes e membros de conselhos da operadora de plano privado de assistência à saúde, independentemente da sua natureza jurídica.

•• Artigo acrescentado pela Medida Provisória n. 2.177-44, de 24-8-2001.

Art. 35-J. O diretor técnico ou fiscal ou o liquidante são obrigados a manter sigilo relativo às informações da operadora às quais tiverem acesso em razão do exercício do encargo, sob pena de incorrer em improbidade administrativa, sem prejuízo das responsabilidades civis e penais.

•• Artigo acrescentado pela Medida Provisória n. 2.177-44, de 24-8-2001.

Art. 35-L. Os bens garantidores das provisões técnicas, fundos e provisões deverão ser registrados na ANS e não poderão ser alienados, prometidos a alienar ou, de qualquer forma, gravados sem prévia e expressa autorização, sendo nulas, de pleno direito, as alienações realizadas ou os gravames constituídos com violação deste artigo.

•• *Caput* acrescentado pela Medida Provisória n. 2.177-44, de 24-8-2001.

Parágrafo único. Quando a garantia recair em bem imóvel, será obrigatoriamente inscrita no competente Cartório do Registro Geral de Imóveis, mediante requerimento firmado pela operadora de plano de assistência à saúde e pela ANS.

•• Parágrafo único acrescentado pela Medida Provisória n. 2.177-44, de 24-8-2001.

Art. 35-M. As operadoras de produtos de que tratam o inciso I e o § 1.º do art. 1.º desta Lei poderão celebrar contratos de resseguro junto às empresas devidamente autorizadas a operar em tal atividade, conforme estabelecido na Lei n. 9.932, de 20 de dezembro de 1999, e regulamentações posteriores.

•• Artigo acrescentado pela Medida Provisória n. 2.177-44, de 24-8-2001.

Art. 36. Esta Lei entra em vigor 90 (noventa) dias após a data de sua publicação.

Brasília, 3 de junho de 1998; 177.º da Independência e 110.º da República.

Fernando Henrique Cardoso

LEI N. 9.790, DE 23 DE MARÇO DE 1999 (*)

Dispõe sobre a qualificação de pessoas jurídicas de direito privado, sem fins lucrativos, como Organizações da Sociedade Civil de Interesse Público, institui e disciplina o Termo de Parceria, e dá outras providências.

O Presidente da República

Faço saber que o Congresso Nacional decreta e eu sanciono a seguinte Lei:

Capítulo I
DA QUALIFICAÇÃO COMO ORGANIZAÇÃO DA SOCIEDADE CIVIL DE INTERESSE PÚBLICO

Art. 1.º Podem qualificar-se como Organizações da Sociedade Civil de Interesse Público as pessoas jurídicas de direito privado sem fins lucrativos que tenham sido constituídas e se encontrem em funcionamento regular há, no mínimo, 3 (três) anos, desde que os respectivos objetivos sociais e normas estatutárias atendam aos requisitos instituídos por esta Lei.

•• *Caput* com redação determinada pela Lei n. 13.019, de 31-7-2014.

•• A Lei n. 13.019, de 31-7-2014, estabelece o regime jurídico das parcerias voluntárias, envolvendo ou não transferências de recursos financeiros, entre a administração pública e as organizações da sociedade civil, em regime de mútua cooperação, para a consecução de finalidades de interesse público, define diretrizes para a política de fomento e de colaboração com organizações da sociedade civil e institui o termo de colaboração e o termo de fomento.

§ 1.º Para os efeitos desta Lei, considera-se sem fins lucrativos a pessoa jurídica de direito privado que não distribui, entre os seus sócios ou associados, conselheiros, diretores, empregados ou doadores, eventuais excedentes operacionais, brutos ou líquidos, dividendos, bonificações, participações ou parcelas do seu patrimônio, auferidos mediante o exercício de suas atividades, e que os aplica integralmente na consecução do respectivo objeto social.

§ 2.º A outorga da qualificação prevista neste artigo é ato vinculado ao cumprimento dos requisitos instituídos por esta Lei.

Art. 2.º Não são passíveis de qualificação como Organizações da Sociedade Civil de Interesse Público, ainda que se dediquem de qualquer forma às atividades descritas no art. 3.º desta Lei:

•• *Vide* art. 4.º, III, da Medida Provisória n. 2.172-32, de 23-8-2001.

I – as sociedades comerciais;

II – os sindicatos, as associações de classe ou de representação de categoria profissional;

III – as instituições religiosas ou voltadas para a disseminação de credos, cultos, práticas e visões devocionais e confessionais;

IV – as organizações partidárias e assemelhadas, inclusive suas fundações;

V – as entidades de benefício mútuo destinadas a proporcionar bens ou serviços a um círculo restrito de associados ou sócios;

VI – as entidades e empresas que comercializam planos de saúde e assemelhados;

VII – as instituições hospitalares privadas não gratuitas e suas mantenedoras;

VIII – as escolas privadas dedicadas ao ensino formal não gratuito e suas mantenedoras;

IX – as organizações sociais;

X – as cooperativas;

XI – as fundações públicas;

XII – as fundações, sociedades civis ou associações de direito privado criadas por órgão público ou por fundações públicas;

XIII – as organizações creditícias que tenham quaisquer tipo de vinculação com o sistema financeiro nacional a que se refere o art. 192 da Constituição Federal.

Parágrafo único. Não constituem impedimento à qualificação como Organização da Sociedade Civil de Interesse Público as operações destinadas a microcrédito realizadas com instituições financeiras na forma de recebimento

(*) Publicada no *DOU*, de 24-3-1999. Regulamentada pelo Decreto n. 3.100, de 30-6-1999.

de repasses, venda de operações realizadas ou atuação como mandatárias.

•• Parágrafo único acrescentado pela Lei n. 13.999, de 18-5-2020.

Art. 3.º A qualificação instituída por esta Lei, observado em qualquer caso, o princípio da universalização dos serviços, no respectivo âmbito de atuação das Organizações, somente será conferida às pessoas jurídicas de direito privado, sem fins lucrativos, cujos objetivos sociais tenham pelo menos uma das seguintes finalidades:

I – promoção da assistência social;

II – promoção da cultura, defesa e conservação do patrimônio histórico e artístico;

III – promoção gratuita da educação, observando-se a forma complementar de participação das organizações de que trata esta Lei;

IV – promoção gratuita da saúde, observando-se a forma complementar de participação das organizações de que trata esta Lei;

V – promoção da segurança alimentar e nutricional;

VI – defesa, preservação e conservação do meio ambiente e promoção do desenvolvimento sustentável;

VII – promoção do voluntariado;

VIII – promoção do desenvolvimento econômico e social e combate à pobreza;

IX – experimentação, não lucrativa, de novos modelos socioprodutivos e de sistemas alternativos de produção, comércio, emprego e crédito;

X – promoção de direitos estabelecidos, construção de novos direitos e assessoria jurídica gratuita de interesse suplementar;

XI – promoção da ética, da paz, da cidadania, dos direitos humanos, da democracia e de outros valores universais;

XII – estudos e pesquisas, desenvolvimento de tecnologias alternativas, produção e divulgação de informações e conhecimentos técnicos e científicos que digam respeito às atividades mencionadas neste artigo;

XIII – estudos e pesquisas para o desenvolvimento, a disponibilização e a implementação de tecnologias voltadas à mobilidade de pessoas, por qualquer meio de transporte.

•• Inciso XIII acrescentado pela Lei n. 13.019, de 31-7-2014.

Parágrafo único. Para os fins deste artigo, a dedicação às atividades nele previstas configura-se mediante a execução direta de projetos, programas, planos de ações correlatas, por meio da doação de recursos físicos, humanos e financeiros, ou ainda pela prestação de serviços intermediários de apoio a outras organizações sem fins lucrativos e a órgãos do setor público que atuem em áreas afins.

Art. 4.º Atendido o disposto no art. 3.º, exige-se ainda, para qualificarem-se como Organizações da Sociedade Civil de Interesse Público, que as pessoas jurídicas interessadas sejam regidas por estatutos cujas normas expressamente disponham sobre:

I – a observância dos princípios da legalidade, impessoalidade, moralidade, publicidade, economicidade e da eficiência;

II – a adoção de práticas de gestão administrativa, necessárias e suficientes a coibir a obtenção, de forma individual ou coletiva, de benefícios ou vantagens pessoais, em decorrência da participação no respectivo processo decisório;

III – a constituição de conselho fiscal ou órgão equivalente, dotado de competência para opinar sobre os relatórios de desempenho financeiro e contábil, e sobre as operações patrimoniais realizadas, emitindo pareceres para os organismos superiores da entidade;

IV – a previsão de que, em caso de dissolução da entidade, o respectivo patrimônio líquido será transferido a outra pessoa jurídica qualificada nos termos desta Lei, preferencialmente que tenha o mesmo objeto social da extinta;

V – a previsão de que, na hipótese de a pessoa jurídica perder a qualificação instituída por esta Lei, o respectivo acervo patrimonial disponível, adquirido com recursos públicos durante o período em que perdurou aquela qualificação, será transferido a outra pessoa jurídica qualificada nos termos desta Lei, preferencialmente que tenha o mesmo objeto social;

VI – a possibilidade de se instituir remuneração para os dirigentes da entidade que atuem efetivamente na gestão executiva e para aqueles que a ela prestam serviços específicos, respeitados, em ambos os casos, os valores praticados pelo mercado, na região correspondente a sua área de atuação;

VII – as normas de prestação de contas a serem observadas pela entidade, que determinarão, no mínimo:

a) a observância dos princípios fundamentais de contabilidade e das Normas Brasileiras de Contabilidade;

b) que se dê publicidade por qualquer meio eficaz, no encerramento do exercício fiscal, ao relatório de atividades e das demonstrações financeiras da entidade, incluindo-se as certidões negativas de débitos junto ao INSS e ao FGTS, colocando-os à disposição para exame de qualquer cidadão;

c) a realização de auditoria, inclusive por auditores externos independentes se for o caso, da aplicação dos eventuais recursos objeto do termo de parceria conforme previsto em regulamento;

d) a prestação de contas de todos os recursos e bens de origem pública recebidos pelas Organizações da Sociedade Civil de Interesse Público será feita conforme determina o parágrafo único do art. 70 da Constituição Federal.

Parágrafo único. É permitida a participação de servidores públicos na composição de conselho ou diretoria de Organização da Sociedade Civil de Interesse Público.

•• Parágrafo único com redação determinada pela Lei n. 13.019, de 31-7-2014.

Art. 5.º Cumpridos os requisitos dos arts. 3.º e 4.º desta Lei, a pessoa jurídica de direito privado sem fins lucrativos, interessada em obter a qualificação instituída por esta Lei, deverá formular requerimento escrito ao Ministério da

Justiça, instruído com cópias autenticadas dos seguintes documentos:

I – estatuto registrado em cartório;

- *Vide* art. 114, I, da Lei n. 6.015, de 31-12-1973 (LRP).

II – ata de eleição de sua atual diretoria;

III – balanço patrimonial e demonstração do resultado do exercício;

IV – declaração de isenção do imposto de renda;

V – inscrição no Cadastro Geral de Contribuintes.

Art. 6.º Recebido o requerimento previsto no artigo anterior, o Ministério da Justiça decidirá, no prazo de 30 (trinta) dias, deferindo ou não o pedido.

§ 1.º No caso de deferimento, o Ministério da Justiça emitirá, no prazo de 15 (quinze) dias da decisão, certificado de qualificação da requerente como Organização da Sociedade Civil de Interesse Público.

§ 2.º Indeferido o pedido, o Ministério da Justiça, no prazo do § 1.º, dará ciência da decisão, mediante publicação no *Diário Oficial*.

§ 3.º O pedido de qualificação somente será indeferido quando:

I – a requerente enquadrar-se nas hipóteses previstas no art. 2.º desta Lei;

II – a requerente não atender aos requisitos descritos nos arts. 3.º e 4.º desta Lei;

III – a documentação apresentada estiver incompleta.

Art. 7.º Perde-se a qualificação de Organização da Sociedade Civil de Interesse Público, a pedido ou mediante decisão proferida em processo administrativo ou judicial, de iniciativa popular ou do Ministério Público, no qual serão assegurados, ampla defesa e o devido contraditório.

Art. 8.º Vedado o anonimato, e desde que amparado por fundadas evidências de erro ou fraude, qualquer cidadão, respeitadas as prerrogativas do Ministério Público, é parte legítima para requerer, judicial ou administrativamente, a perda da qualificação instituída por esta Lei.

Capítulo II
DO TERMO DE PARCERIA

Art. 9.º Fica instituído o Termo de Parceria, assim considerado o instrumento passível de ser firmado entre o Poder Público e as entidades qualificadas como Organizações da Sociedade Civil de Interesse Público destinado à formação de vínculo de cooperação entre as partes, para o fomento e a execução das atividades de interesse público previstas no art. 3.º desta Lei.

Art. 10. O Termo de Parceria firmado de comum acordo entre o Poder Público e as Organizações da Sociedade Civil de Interesse Público discriminará direitos, responsabilidades e obrigações das partes signatárias.

§ 1.º A celebração do Termo de Parceria será precedida de consulta aos Conselhos de Políticas Públicas das áreas correspondentes de atuação existentes, nos respectivos níveis de governo.

§ 2.º São cláusulas essenciais do Termo de Parceria:

I – a do objeto, que conterá a especificação do programa de trabalho proposto pela Organização da Sociedade Civil de Interesse Público;

II – a de estipulação das metas e dos resultados a serem atingidos e os respectivos prazos de execução ou cronograma;

III – a de previsão expressa dos critérios objetivos de avaliação de desempenho a serem utilizados, mediante indicadores de resultado;

IV – a de previsão de receitas e despesas a serem realizadas em seu cumprimento, estipulando item por item as categorias contábeis usadas pela organização e o detalhamento das remunerações e benefícios de pessoal a serem pagos, com recursos oriundos ou vinculados ao Termo de Parceria, a seus diretores, empregados e consultores;

V – a que estabelece as obrigações da Sociedade Civil de Interesse Público, entre as quais a de apresentar ao Poder Público, ao término de cada exercício, relatório sobre a execução do objeto do Termo de Parceria, contendo comparativo específico das metas propostas com os resultados alcançados, acompanhado de prestação de contas dos gastos e receitas efetivamente realizados, independente das previsões mencionadas no inciso IV;

VI – a de publicação, na imprensa oficial do Município, do Estado ou da União, conforme o alcance das atividades celebradas entre o órgão parceiro e a Organização da Sociedade Civil de Interesse Público, de extrato do Termo de Parceria e de demonstrativo da sua execução física e financeira, conforme modelo simplificado estabelecido no regulamento desta Lei, contendo os dados principais da documentação obrigatória do inciso V, sob pena de não liberação dos recursos previstos no Termo de Parceria.

Art. 11. A execução do objeto do Termo de Parceria será acompanhada e fiscalizada por órgão do Poder Público da área de atuação correspondente à atividade fomentada, e pelos Conselhos de Políticas Públicas das áreas correspondentes de atuação existentes, em cada nível de governo.

§ 1.º Os resultados atingidos com a execução do Termo de Parceria devem ser analisados por comissão de avaliação, composta de comum acordo entre o órgão parceiro e a Organização da Sociedade Civil de Interesse Público.

§ 2.º A comissão encaminhará à autoridade competente relatório conclusivo sobre a avaliação procedida.

§ 3.º Os Termos de Parceria destinados ao fomento de atividades nas áreas de que trata esta Lei estarão sujeitos aos mecanismos de controle social previstos na legislação.

Art. 12. Os responsáveis pela fiscalização do Termo de Parceria, ao tomarem conhecimento de qualquer irregularidade ou ilegalidade na utilização de recursos ou bens de origem pública pela organização parceira, darão imediata ciência ao Tribunal de Contas respectivo e ao Ministério Público, sob pena de responsabilidade solidária.

Art. 13. Sem prejuízo da medida a que se refere o art.12 desta Lei, havendo indícios fundados de malversação de bens ou recursos de origem pública, os responsáveis pela fiscalização representarão ao Ministério Público, à Advocacia-Geral da União, para que requeiram ao juízo competente a decretação da indisponibilidade dos bens da entidade e o sequestro dos bens dos seus dirigentes, bem como de agente público ou terceiro, que possam ter enriquecido ilicitamente ou causado dano ao patrimônio público, além de outras medidas consubstanciadas na Lei n. 8.429, de 2 de junho de 1992, e na Lei Complementar n. 64, de 18 de maio de 1990.

• A Lei n. 8.429, de 2-6-1992, dispõe sobre as sanções aplicáveis aos agentes públicos nos casos de enriquecimento ilícito no exercício de mandato, cargo, emprego ou função na administração pública direta, indireta ou fundacional, e a Lei Complementar n. 64, de 18-5-1990, dispõe sobre casos de inelegibilidade.

§ 1.º O pedido de sequestro será processado de acordo com o disposto nos arts. 822 e 825 do Código de Processo Civil.

• A referência é feita ao CPC de 1973. Sem correspondência no CPC de 2015.

§ 2.º Quando for o caso, o pedido incluirá a investigação, o exame e o bloqueio de bens, contas bancárias e aplicações mantidas pelo demandado no País e no exterior, nos termos da lei e dos tratados internacionais.

§ 3.º Até o término da ação, o Poder Público permanecerá como depositário e gestor dos bens e valores sequestrados ou indisponíveis e velará pela continuidade das atividades sociais da organização parceira.

Art. 14. A organização parceira fará publicar, no prazo máximo de 30 (trinta) dias, contado da assinatura do Termo de Parceria, regulamento próprio contendo os procedimentos que adotará para a contratação de obras e serviços, bem como para compras com emprego de recursos provenientes do Poder Público, observados os princípios estabelecidos no inciso I do art. 4.º desta Lei.

Art. 15. Caso a organização adquira bem imóvel com recursos provenientes da celebração do Termo de Parceria, este será gravado com cláusula de inalienabilidade.

Art. 15-A. (*Vetado.*)

•• Artigo acrescentado pela Lei n. 13.019, de 31-7-2014.

Art. 15-B. A prestação de contas relativa à execução do Termo de Parceria perante o órgão da entidade estatal parceira refere-se à correta aplicação dos recursos públicos recebidos e ao adimplemento do objeto do Termo de Parceria, mediante a apresentação dos seguintes documentos:

•• *Caput* acrescentado pela Lei n. 13.019, de 31-7-2014.

I – relatório anual de execução de atividades, contendo especificamente relatório sobre a execução do objeto do Termo de Parceria, bem como comparativo entre as metas propostas e os resultados alcançados;

•• Inciso I acrescentado pela Lei n. 13.019, de 31-7-2014.

II – demonstrativo integral da receita e despesa realizadas na execução;

•• Inciso II acrescentado pela Lei n. 13.019, de 31-7-2014.

III – extrato da execução física e financeira;

•• Inciso III acrescentado pela Lei n. 13.019, de 31-7-2014.

IV – demonstração de resultados do exercício;

•• Inciso IV acrescentado pela Lei n. 13.019, de 31-7-2014.

V – balanço patrimonial;

•• Inciso V acrescentado pela Lei n. 13.019, de 31-7-2014.

VI – demonstração das origens e das aplicações de recursos;

•• Inciso VI acrescentado pela Lei n. 13.019, de 31-7-2014.

VII – demonstração das mutações do patrimônio social;

•• Inciso VII acrescentado pela Lei n. 13.019, de 31-7-2014.

VIII – notas explicativas das demonstrações contábeis, caso necessário;

•• Inciso VIII acrescentado pela Lei n. 13.019, de 31-7-2014.

IX – parecer e relatório de auditoria, se for o caso.

•• Inciso IX acrescentado pela Lei n. 13.019, de 31-7-2014.

Capítulo III
DAS DISPOSIÇÕES FINAIS E TRANSITÓRIAS

Art. 16. É vedada às entidades qualificadas como Organizações da Sociedade Civil de Interesse Público a participação em campanhas de interesse político-partidário ou eleitorais, sob quaisquer meios ou formas.

Art. 17. O Ministério da Justiça permitirá, mediante requerimento dos interessados, livre acesso público a todas as informações pertinentes às Organizações da Sociedade Civil de Interesse Público.

Art. 18. As pessoas jurídicas de direito privado sem fins lucrativos, qualificadas com base em outros diplomas legais, poderão qualificar-se como Organizações da Sociedade Civil de Interesse Público, desde que atendidos aos requisitos para tanto exigidos, sendo-lhes assegurada a manutenção simultânea dessas qualificações, até 5 (cinco) anos contados da data de vigência desta Lei.

•• *Caput* com redação determinada pela Medida Provisória n. 2.216-37, de 31-8-2001.

§ 1.º Findo o prazo de 5 (cinco) anos, a pessoa jurídica interessada em manter a qualificação prevista nesta Lei deverá por ela optar, fato que implicará a renúncia automática de suas qualificações anteriores.

•• § 1.º com redação determinada pela Medida Provisória n. 2.216-37, de 31-8-2001.

§ 2.º Caso não seja feita a opção prevista no parágrafo anterior, a pessoa jurídica perderá automaticamente a qualificação obtida nos termos desta Lei.

Art. 19. O Poder Executivo regulamentará esta Lei no prazo de 30 (trinta) dias.

• Regulamento: *vide* Decreto n. 3.100, de 30-6-1999.

Art. 20. Esta Lei entra em vigor na data de sua publicação.

Brasília, 23 de março de 1999; 178.º da Independência e 111.º da República.

FERNANDO HENRIQUE CARDOSO

LEI N. 9.807, DE 13 DE JULHO DE 1999 (*)

Estabelece normas para a organização e a manutenção de programas especiais de proteção a vítimas e a testemunhas ameaçadas, institui o Programa Federal de Assistência a Vítimas e a Testemunhas Ameaçadas e dispõe sobre a proteção de acusados ou condenados que tenham voluntariamente prestado efetiva colaboração à investigação policial e ao processo criminal.

O Presidente da República

Faço saber que o Congresso Nacional decreta e eu sanciono a seguinte Lei:

Capítulo I
DA PROTEÇÃO ESPECIAL A VÍTIMAS E A TESTEMUNHAS

....

Art. 2.º A proteção concedida pelos programas e as medidas dela decorrentes levarão em conta a gravidade da coação ou da ameaça à integridade física ou psicológica, a dificuldade de preveni-las ou reprimi-las pelos meios convencionais e a sua importância para a produção da prova.

§ 1.º A proteção poderá ser dirigida ou estendida ao cônjuge ou companheiro, ascendentes, descendentes e dependentes que tenham convivência habitual com a vítima ou testemunha, conforme o especificamente necessário em cada caso.

....

§ 3.º O ingresso no programa, as restrições de segurança e demais medidas por ele adotadas terão sempre a anuência da pessoa protegida, ou de seu representante legal.

§ 4.º Após ingressar no programa, o protegido ficará obrigado ao cumprimento das normas por ele prescritas.

§ 5.º As medidas e providências relacionadas com os programas serão adotadas, executadas e mantidas em sigilo pelos protegidos e pelos agentes envolvidos em sua execução.

....

Art. 5.º A solicitação objetivando ingresso no programa poderá ser encaminhada ao órgão executor:

I – pelo interessado;

II – por representante do Ministério Público;

....

§ 2.º Para fins de instrução do pedido, o órgão executor poderá solicitar, com a aquiescência do interessado:

I – documentos ou informações comprobatórios de sua identidade, estado civil, situação profissional, patrimônio e grau de instrução, e da pendência de obrigações civis, administrativas, fiscais, financeiras ou penais;

II – exames ou pareceres técnicos sobre a sua personalidade, estado físico ou psicológico.

....

Art. 7.º Os programas compreendem, dentre outras, as seguintes medidas, aplicáveis isolada ou cumulativamente em benefício da pessoa protegida, segundo a gravidade e as circunstâncias de cada caso:

I – segurança na residência, incluindo o controle de telecomunicações;

II – escolta e segurança nos deslocamentos da residência, inclusive para fins de trabalho ou para a prestação de depoimentos;

III – transferência de residência ou acomodação provisória em local compatível com a proteção;

IV – preservação da identidade, imagem e dados pessoais;

V – ajuda financeira mensal para prover as despesas necessárias à subsistência individual ou familiar, no caso de a pessoa protegida estar impossibilitada de desenvolver trabalho regular ou de inexistência de qualquer fonte de renda;

VI – suspensão temporária das atividades funcionais, sem prejuízo dos respectivos vencimentos ou vantagens, quando servidor público ou militar;

VII – apoio e assistência social, médica e psicológica;

VIII – sigilo em relação aos atos praticados em virtude da proteção concedida;

IX – apoio do órgão executor do programa para o cumprimento de obrigações civis e administrativas que exijam o comparecimento pessoal.

Parágrafo único. A ajuda financeira mensal terá um teto fixado pelo conselho deliberativo no início de cada exercício financeiro.

....

Art. 9.º Em casos excepcionais e considerando as características e gravidade da coação ou ameaça, poderá o conselho deliberativo encaminhar requerimento da pessoa protegida ao juiz competente para registros públicos objetivando a alteração de nome completo.

§ 1.º A alteração de nome completo poderá estender-se às pessoas mencionadas no § 1.º do art. 2.º desta Lei, inclusive aos filhos menores, e será precedida das providências necessárias ao resguardo de direitos de terceiros.

....

§ 3.º Concedida a alteração pretendida, o juiz determinará na sentença, observando o sigilo indispensável à proteção do interessado:

I – a averbação no registro original de nascimento da menção de que houve alteração de nome completo em conformidade com o estabelecido nesta Lei, com expressa referência à sentença autorizatória e ao juiz que a exarou e sem a aposição do nome alterado;

(*) Publicada no *DOU*, de 14-7-1999.

II – a determinação aos órgãos competentes para o fornecimento dos documentos decorrentes da alteração;

III – a remessa da sentença ao órgão nacional competente para o registro único de identificação civil, cujo procedimento obedecerá às necessárias restrições de sigilo.

§ 4.º O conselho deliberativo, resguardado o sigilo das informações, manterá controle sobre a localização do protegido cujo nome tenha sido alterado.

§ 5.º Cessada a coação ou ameaça que deu causa à alteração, ficará facultado ao protegido solicitar ao juiz competente o retorno à situação anterior, com a alteração para o nome original, em petição que será encaminhada pelo conselho deliberativo e terá manifestação prévia do Ministério Público.

Art. 10. A exclusão da pessoa protegida de programa de proteção a vítimas e a testemunhas poderá ocorrer a qualquer tempo:

I – por solicitação do próprio interessado;

II – por decisão do conselho deliberativo, em consequência de:

a) cessação dos motivos que ensejaram a proteção;

b) conduta incompatível do protegido.

Art. 11. A proteção oferecida pelo programa terá a duração máxima de 2 (dois) anos.

Parágrafo único. Em circunstâncias excepcionais, perdurando os motivos que autorizam a admissão, a permanência poderá ser prorrogada.

Art. 12. Fica instituído, no âmbito do órgão do Ministério da Justiça com atribuições para a execução da política de direitos humanos, o Programa Federal de Assistência a Vítimas e a Testemunhas Ameaçadas, a ser regulamentado por decreto do Poder Executivo.

•• Artigo regulamentado pelo Decreto n. 3.518, de 20-6-2000.

....

DISPOSIÇÕES GERAIS

Art. 16. O art. 57 da Lei n. 6.015, de 31 de dezembro de 1973, fica acrescido do seguinte § 7.º:

•• Alteração já integrada ao texto da Lei modificada.

Art. 17. O parágrafo único do art. 58 da Lei n. 6.015, de 31 de dezembro de 1973, com a redação dada pela Lei n. 9.708, de 18 de novembro de 1998, passa a ter a seguinte redação:

•• Alteração já integrada ao texto da Lei modificada.

Art. 18. O art. 18 da Lei n. 6.015, de 31 de dezembro de 1973, passa a ter a seguinte redação:

•• Alteração já integrada ao texto da Lei modificada.

Art. 19. A União poderá utilizar estabelecimentos especialmente destinados ao cumprimento de pena de condenados que tenham prévia e voluntariamente prestado a colaboração de que trata esta Lei.

Parágrafo único. Para fins de utilização desses estabelecimentos, poderá a União celebrar convênios com os Estados e o Distrito Federal.

Art. 19-A. Terão prioridade na tramitação o inquérito e o processo criminal em que figure indiciado, acusado, vítima ou réu colaboradores, vítima ou testemunha protegidas pelos programas de que trata esta Lei.

•• *Caput* acrescentado pela Lei n. 12.483, de 8-9-2011.

Parágrafo único. Qualquer que seja o rito processual criminal, o juiz, após a citação, tomará antecipadamente o depoimento das pessoas incluídas nos programas de proteção previstos nesta Lei, devendo justificar a eventual impossibilidade de fazê-lo no caso concreto ou o possível prejuízo que a oitiva antecipada traria para a instrução criminal.

•• Parágrafo único acrescentado pela Lei n. 12.483, de 8-9-2011.

Art. 20. As despesas decorrentes da aplicação desta Lei, pela União, correrão à conta de dotação consignada no orçamento.

Art. 21. Esta Lei entra em vigor na data de sua publicação.

Brasília, 13 de julho de 1999; 178.º da Independência e 111.º da República.

FERNANDO HENRIQUE CARDOSO

LEI N. 9.873, DE 23 DE NOVEMBRO DE 1999 (*)

Estabelece prazo de prescrição para o exercício de ação punitiva pela Administração Pública Federal, direta e indireta, e dá outras providências.

Faço saber que o Presidente da República adotou a Medida Provisória n. 1.859-17, de 1999, que o Congresso Nacional aprovou, e eu, Antonio Carlos Magalhães, Presidente, para os efeitos do disposto no parágrafo único do art. 62 da Constituição Federal, promulgo a seguinte Lei:

Art. 1.º Prescreve em 5 (cinco) anos a ação punitiva da Administração Pública Federal, direta e indireta, no exercício do poder de polícia, objetivando apurar infração à legislação em vigor, contados da data da prática do ato ou, no caso de infração permanente ou continuada, do dia em que tiver cessado.

§ 1.º Incide a prescrição no procedimento administrativo paralisado por mais de 3 (três) anos, pendente de julgamento ou despacho, cujos autos serão arquivados de ofício ou mediante requerimento da parte interessada, sem prejuízo da apuração da responsabilidade funcional decorrente da paralisação, se for o caso.

§ 2.º Quando o fato objeto da ação punitiva da Administração também constituir crime, a prescrição reger-se-á pelo prazo previsto na lei penal.

Art. 1.º-A. Constituído definitivamente o crédito não tributário, após o término regular do processo administra-

(*) Publicada no *DOU*, de 24-11-1999.

tivo, prescreve em 5 (cinco) anos a ação de execução da administração pública federal relativa a crédito decorrente da aplicação de multa por infração à legislação em vigor.

•• Artigo acrescentado pela Lei n. 11.941, de 27-5-2009.

Art. 2.º Interrompe-se a prescrição da ação punitiva:

•• *Caput* com redação determinada pela Lei n. 11.941, de 27-5-2009.

I – pela notificação ou citação do indiciado ou acusado, inclusive por meio de edital;

•• Inciso I com redação determinada pela Lei n. 11.941, de 27-5-2009.

II – por qualquer ato inequívoco, que importe apuração do fato;

III – pela decisão condenatória recorrível;

IV – por qualquer ato inequívoco que importe em manifestação expressa de tentativa de solução conciliatória no âmbito interno da administração pública federal.

•• Inciso IV acrescentado pela Lei n. 11.941, de 27-5-2009.

Art. 2.º-A. Interrompe-se o prazo prescricional da ação executória:

•• *Caput* acrescentado pela Lei n. 11.941, de 27-5-2009.

I – pelo despacho do juiz que ordenar a citação em execução fiscal;

•• Inciso I acrescentado pela Lei n. 11.941, de 27-5-2009.

II – pelo protesto judicial;

•• Inciso II acrescentado pela Lei n. 11.941, de 27-5-2009.

III – por qualquer ato judicial que constitua em mora o devedor;

•• Inciso III acrescentado pela Lei n. 11.941, de 27-5-2009.

IV – por qualquer ato inequívoco, ainda que extrajudicial, que importe em reconhecimento do débito pelo devedor;

•• Inciso IV acrescentado pela Lei n. 11.941, de 27-5-2009.

V – por qualquer ato inequívoco que importe em manifestação expressa de tentativa de solução conciliatória no âmbito interno da administração pública federal.

•• Inciso V acrescentado pela Lei n. 11.941, de 27-5-2009.

Art. 3.º Suspende-se a prescrição durante a vigência:

I – dos compromissos de cessação ou de desempenho, respectivamente, previstos nos arts. 53 e 58 da Lei n. 8.884, de 11 de junho de 1994;

II – (*Revogado pela Lei n. 13.506, de 13-11-2017.*)

Art. 4.º Ressalvadas as hipóteses de interrupção previstas no art. 2.º, para as infrações ocorridas há mais de 3 (três) anos, contados do dia 1.º de julho de 1998, a prescrição operará em 2 (dois) anos, a partir dessa data.

Art. 5.º O disposto nesta Lei não se aplica às infrações de natureza funcional e aos processos e procedimentos de natureza tributária.

Art. 6.º Ficam convalidados os atos praticados com base na Medida Provisória n. 1.859-16, de 24 de setembro de 1999.

Art. 7.º Esta Lei entra em vigor na data de sua publicação.

Art. 8.º Ficam revogados o art. 33 da Lei n. 6.385, de 1976, com a redação dada pela Lei n. 9.457, de 1997, o art. 28 da Lei n. 8.884, de 1994, e demais disposições em contrário, ainda que constantes de lei especial.

Congresso Nacional, em 23 de novembro de 1999; 178.º da Independência e 111.º da República.

Antonio Carlos Magalhães

LEI N. 10.257, DE 10 DE JULHO DE 2001 (*)

Regulamenta os arts. 182 e 183 da Constituição Federal, estabelece diretrizes gerais da política urbana e dá outras providências.

O Presidente da República

Faço saber que o Congresso Nacional decreta e eu sanciono a seguinte Lei:

Capítulo I
DIRETRIZES GERAIS

Art. 1.º Na execução da política urbana, de que tratam os arts. 182 e 183 da Constituição Federal, será aplicado o previsto nesta Lei.

• *Vide* citados dispositivos constantes neste volume.

Parágrafo único. Para todos os efeitos, esta Lei, denominada Estatuto da Cidade, estabelece normas de ordem pública e interesse social que regulam o uso da propriedade urbana em prol do bem coletivo, da segurança e do bem-estar dos cidadãos, bem como do equilíbrio ambiental.

• *Vide* arts. 182, § 2.º, e 225 da CF.

• Política Nacional do Meio Ambiente: Lei n. 6.938, de 31-8-1981, e Lei n. 6.902, de 27-4-1981.

• Danos ao meio ambiente: Lei n. 7.802, de 11-7-1989, regulamentada pelo Decreto n. 4.074, de 4-1-2002.

• Lei de Crimes Ambientais: Lei n. 9.605, de 12-2-1998.

• A Lei n. 9.985, de 18-7-2000, cria o Sistema Nacional de Unidades de Conservação da Natureza - SNUC.

Art. 2.º A política urbana tem por objetivo ordenar o pleno desenvolvimento das funções sociais da cidade e da propriedade urbana, mediante as seguintes diretrizes gerais:

•• A Lei n. 13.089, de 12-1-2015, institui o Estatuto da Metrópole.

I – garantia do direito a cidades sustentáveis, entendido como o direito à terra urbana, à moradia, ao saneamento ambiental, à infraestrutura urbana, ao transporte e aos serviços públicos, ao trabalho e ao lazer, para as presentes e futuras gerações;

II – gestão democrática por meio da participação da população e de associações representativas dos vários segmentos da comunidade na formulação, execução e

(*) Publicada no *DOU*, de 11-7-2001. Retificada em 17-7-2001. *Vide* Lei n. 12.587, de 3-1-2012, que institui as diretrizes da Política Nacional de Mobilidade Urbana.

acompanhamento de planos, programas e projetos de desenvolvimento urbano;

III – cooperação entre os governos, a iniciativa privada e os demais setores da sociedade no processo de urbanização, em atendimento ao interesse social;

IV – planejamento do desenvolvimento das cidades, da distribuição espacial da população e das atividades econômicas do Município e do território sob sua área de influência, de modo a evitar e corrigir as distorções do crescimento urbano e seus efeitos negativos sobre o meio ambiente;

V – oferta de equipamentos urbanos e comunitários, transporte e serviços públicos adequados aos interesses e necessidades da população e às características locais;

VI – ordenação e controle do uso do solo, de forma a evitar:

a) a utilização inadequada dos imóveis urbanos;

b) a proximidade de usos incompatíveis ou inconvenientes;

c) o parcelamento do solo, a edificação ou o uso excessivos ou inadequados em relação à infraestrutura urbana;

d) a instalação de empreendimentos ou atividades que possam funcionar como polos geradores de tráfego, sem a previsão da infraestrutura correspondente;

e) a retenção especulativa de imóvel urbano, que resulte na sua subutilização ou não utilização;

f) a deterioração das áreas urbanizadas;

g) a poluição e a degradação ambiental;

• Lei de Parcelamento do Solo Urbano: Lei n. 6.766, de 19-12-1979.

• Danos ao meio ambiente: Lei n. 7.802, de 11-7-1989, regulamentada pelo Decreto n. 4.074, de 4-1-2002.

• Lei de Crimes Ambientais: Lei n. 9.605, de 12-2-1998.

h) a exposição da população a riscos de desastres;

•• Alínea *h* acrescentada pela Lei n. 12.608, de 10-4-2012.

VII – integração e complementaridade entre as atividades urbanas e rurais, tendo em vista o desenvolvimento socioeconômico do Município e do território sob sua área de influência;

•• *Vide* Lei n. 12.587, de 3-1-2012, que institui as diretrizes da Política Nacional de Mobilidade Urbana.

VIII – adoção de padrões de produção e consumo de bens e serviços e de expansão urbana compatíveis com os limites da sustentabilidade ambiental, social e econômica do Município e do território sob sua área de influência;

IX – justa distribuição dos benefícios e ônus decorrentes do processo de urbanização;

X – adequação dos instrumentos de política econômica, tributária e financeira e dos gastos públicos aos objetivos do desenvolvimento urbano, de modo a privilegiar os investimentos geradores de bem-estar geral e a fruição dos bens pelos diferentes segmentos sociais;

XI – recuperação dos investimentos do Poder Público de que tenha resultado a valorização de imóveis urbanos;

XII – proteção, preservação e recuperação do meio ambiente natural e construído, do patrimônio cultural, histórico, artístico, paisagístico e arqueológico;

•• *Vide* arts. 5.º, LXXIII, 23, III e IV, 24, VII, 170, VI, 216 e 225 da CF.

• A Lei n. 7.347, de 24-7-1985, disciplina a ação civil pública de responsabilidade por danos causados ao meio ambiente, ao consumidor, a bens e direitos de valor artístico, estético, histórico, turístico e paisagístico.

XIII – audiência do Poder Público municipal e da população interessada nos processos de implantação de empreendimentos ou atividades com efeitos potencialmente negativos sobre o meio ambiente natural ou construído, o conforto ou a segurança da população;

XIV – regularização fundiária e urbanização de áreas ocupadas por população de baixa renda mediante o estabelecimento de normas especiais de urbanização, uso e ocupação do solo e edificação, consideradas a situação socioeconômica da população e as normas ambientais;

XV – simplificação da legislação de parcelamento, uso e ocupação do solo e das normas edilícias, com vistas a permitir a redução dos custos e o aumento da oferta dos lotes e unidades habitacionais;

• *Vide* Lei n. 6.766, de 19-12-1979, que dispõe sobre o parcelamento do solo urbano.

XVI – isonomia de condições para os agentes públicos e privados na promoção de empreendimentos e atividades relativos ao processo de urbanização, atendido o interesse social;

XVII – estímulo à utilização, nos parcelamentos do solo e nas edificações urbanas, de sistemas operacionais, padrões construtivos e aportes tecnológicos que objetivem a redução de impactos ambientais e a economia de recursos naturais;

•• Inciso XVII acrescentado pela Lei n. 12.836, de 2-7-2013.

XVIII – tratamento prioritário às obras e edificações de infraestrutura de energia, telecomunicações, abastecimento de água e saneamento;

•• Inciso XVIII acrescentado pela Lei n. 13.116, de 20-4-2015.

XIX – garantia de condições condignas de acessibilidade, utilização e conforto nas dependências internas das edificações urbanas, inclusive nas destinadas à moradia e ao serviço dos trabalhadores domésticos, observados requisitos mínimos de dimensionamento, ventilação, iluminação, ergonomia, privacidade e qualidade dos materiais empregados.

•• Inciso XIX acrescentado pela Lei n. 13.699, de 2-8-2018.

Art. 3.º Compete à União, entre outras atribuições de interesse da política urbana:

I – legislar sobre normas gerais de direito urbanístico;

II – legislar sobre normas para a cooperação entre a União, os Estados, o Distrito Federal e os Municípios em relação à política urbana, tendo em vista o equilíbrio do desenvolvimento e do bem-estar em âmbito nacional;

III – promover, por iniciativa própria e em conjunto com os Estados, o Distrito Federal e os Municípios, programas de construção de moradias e melhoria das condições habitacionais, de saneamento básico, das calçadas, dos passeios públicos, do mobiliário urbano e dos demais espaços de uso público;

•• Inciso III com redação determinada pela Lei n. 13.146, de 6-7-2015.

IV – instituir diretrizes para desenvolvimento urbano, inclusive habitação, saneamento básico, transporte e mobilidade urbana, que incluam regras de acessibilidade aos locais de uso público;

•• Inciso IV com redação determinada pela Lei n. 13.146, de 6-7-2015.

V – elaborar e executar planos nacionais e regionais de ordenação do território e de desenvolvimento econômico e social.

Capítulo II
DOS INSTRUMENTOS DA POLÍTICA URBANA

Seção I
Dos Instrumentos em Geral

Art. 4.º Para os fins desta Lei, serão utilizados, entre outros instrumentos:

I – planos nacionais, regionais e estaduais de ordenação do território e de desenvolvimento econômico e social;

• *Vide* art. 21, IX, da CF.

II – planejamento das regiões metropolitanas, aglomerações urbanas e microrregiões;

III – planejamento municipal, em especial:

a) plano diretor;

b) disciplina do parcelamento, do uso e da ocupação do solo;

c) zoneamento ambiental;

d) plano plurianual;

e) diretrizes orçamentárias e orçamento anual;

f) gestão orçamentária participativa;

g) planos, programas e projetos setoriais;

h) planos de desenvolvimento econômico e social;

IV – institutos tributários e financeiros:

a) imposto sobre a propriedade predial e territorial urbana - IPTU;

b) contribuição de melhoria;

c) incentivos e benefícios fiscais e financeiros;

V – institutos jurídicos e políticos:

a) desapropriação;

• *Vide* arts. 5.º, XXIV, 22, II, 182, §§ 3.º e 4.º, III, e 216, § 1.º, da CF.

• Desapropriação por utilidade pública: Decreto-lei n. 3.365, de 21-6-1941.

b) servidão administrativa;

c) limitações administrativas;

d) tombamento de imóveis ou de mobiliário urbano;

e) instituição de unidades de conservação;

f) instituição de zonas especiais de interesse social;

g) concessão de direito real de uso;

h) concessão de uso especial para fins de moradia;

• *Vide* § 1.º do art. 183 da CF. A Medida Provisória n. 2.220, de 4-9-2001, dispõe sobre a concessão de uso especial para fins de moradia de que trata esse dispositivo constitucional.

i) parcelamento, edificação ou utilização compulsórios;

j) usucapião especial de imóvel urbano;

l) direito de superfície;

m) direito de preempção;

n) outorga onerosa do direito de construir e de alteração de uso;

o) transferência do direito de construir;

p) operações urbanas consorciadas;

q) regularização fundiária;

r) assistência técnica e jurídica gratuita para as comunidades e grupos sociais menos favorecidos;

• Lei de Assistência Judiciária aos Necessitados: Lei n. 1.060, de 5-2-1950.

• A Lei n. 11.888, de 24-12-2008, assegura às famílias de baixa renda assistência técnica pública e gratuita para o projeto e a construção de habitação de interesse social.

s) referendo popular e plebiscito;

• A Lei n. 9.709, de 18-11-1998, regulamenta a execução do disposto no art. 14, I e II, da CF.

t) demarcação urbanística para fins de regularização fundiária;

•• Alínea *t* acrescentada pela Lei n. 11.977, de 7-7-2009.

u) legitimação de posse;

•• Alínea *u* acrescentada pela Lei n. 11.977, de 7-7-2009.

VI – estudo prévio de impacto ambiental (EIA) e estudo prévio de impacto de vizinhança (EIV).

§ 1.º Os instrumentos mencionados neste artigo regem-se pela legislação que lhes é própria, observado o disposto nesta Lei.

§ 2.º Nos casos de programas e projetos habitacionais de interesse social, desenvolvidos por órgãos ou entidades da Administração Pública com atuação específica nessa área, a concessão de direito real de uso de imóveis públicos poderá ser contratada coletivamente.

§ 3.º Os instrumentos previstos neste artigo que demandam dispêndio de recursos por parte do Poder Público municipal devem ser objeto de controle social, garantida a participação de comunidades, movimentos e entidades da sociedade civil.

Seção II
Do Parcelamento, Edificação ou Utilização Compulsórios

Art. 5.º Lei municipal específica para área incluída no plano diretor poderá determinar o parcelamento, a edificação ou a utilização compulsórios do solo urbano não edificado, subutilizado ou não utilizado, devendo fixar as condições e os prazos para implementação da referida obrigação.

§ 1.º Considera-se subutilizado o imóvel:

I – cujo aproveitamento seja inferior ao mínimo definido no plano diretor ou em legislação dele decorrente;

II – (*Vetado.*)

§ 2.º O proprietário será notificado pelo Poder Executivo municipal para o cumprimento da obrigação, devendo a notificação ser averbada no cartório de registro de imóveis.

• LRP: Lei n. 6.015, de 31-12-1973.

§ 3.º A notificação far-se-á:

I – por funcionário do órgão competente do Poder Público municipal, ao proprietário do imóvel ou, no caso de este ser pessoa jurídica, a quem tenha poderes de gerência geral ou administração;

II – por edital quando frustrada, por três vezes, a tentativa de notificação na forma prevista pelo inciso I.

§ 4.º Os prazos a que se refere o *caput* não poderão ser inferiores a:

I – 1 (um) ano, a partir da notificação, para que seja protocolado o projeto no órgão municipal competente;

II – 2 (dois) anos, a partir da aprovação do projeto, para iniciar as obras do empreendimento.

§ 5.º Em empreendimentos de grande porte, em caráter excepcional, a lei municipal específica a que se refere o *caput* poderá prever a conclusão em etapas, assegurando-se que o projeto aprovado compreenda o empreendimento como um todo.

Art. 6.º A transmissão do imóvel, por ato *inter vivos* ou *causa mortis*, posterior à data da notificação, transfere as obrigações de parcelamento, edificação ou utilização previstas no art. 5.º desta Lei, sem interrupção de quaisquer prazos.

• *Vide* arts. 155, I, e 156, II, da CF.

Seção III
Do IPTU Progressivo no Tempo

• *Vide* Súmula 668 do STF.

Art. 7.º Em caso de descumprimento das condições e dos prazos previstos na forma do *caput* do art. 5.º desta Lei, ou não sendo cumpridas as etapas previstas no § 5.º do art. 5.º desta Lei, o Município procederá à aplicação do Imposto sobre a Propriedade Predial e Territorial Urbana (IPTU) progressivo no tempo, mediante a majoração da alíquota pelo prazo de 5 (cinco) anos consecutivos.

§ 1.º O valor da alíquota a ser aplicado a cada ano será fixado na lei específica a que se refere o *caput* do art. 5.º desta Lei e não excederá a duas vezes o valor referente ao ano anterior, respeitada a alíquota máxima de 15% (quinze por cento).

§ 2.º Caso a obrigação de parcelar, edificar ou utilizar não esteja atendida em 5 (cinco) anos, o Município manterá a cobrança pela alíquota máxima, até que se cumpra a referida obrigação, garantida a prerrogativa prevista no art. 8.º.

§ 3.º É vedada a concessão de isenções ou de anistia relativas à tributação progressiva de que trata este artigo.

Seção IV
Da Desapropriação com Pagamento em Títulos

Art. 8.º Decorridos 5 (cinco) anos de cobrança do IPTU progressivo sem que o proprietário tenha cumprido a obrigação de parcelamento, edificação ou utilização, o Município poderá proceder à desapropriação do imóvel, com pagamento em títulos da dívida pública.

• Sobre desapropriação, *vide* notas ao art. 4.º, V, *a*, desta Lei.

§ 1.º Os títulos da dívida pública terão prévia aprovação pelo Senado Federal e serão resgatados no prazo de até 10 (dez) anos, em prestações anuais, iguais e sucessivas, assegurados o valor real da indenização e os juros legais de 6% (seis por cento) ao ano.

§ 2.º O valor real da indenização:

I – refletirá o valor da base de cálculo do IPTU, descontado o montante incorporado em função de obras realizadas pelo Poder Público na área onde o mesmo se localiza após a notificação de que trata o § 2.º do art. 5.º desta Lei;

II – não computará expectativas de ganhos, lucros cessantes e juros compensatórios.

§ 3.º Os títulos de que trata este artigo não terão poder liberatório para pagamento de tributos.

§ 4.º O Município procederá ao adequado aproveitamento do imóvel no prazo máximo de 5 (cinco) anos, contado a partir da sua incorporação ao patrimônio público.

§ 5.º O aproveitamento do imóvel poderá ser efetivado diretamente pelo Poder Público ou por meio de alienação ou concessão a terceiros, observando-se, nesses casos, o devido procedimento licitatório.

• Licitações e Contratos da Administração Pública: Lei n. 8.666, de 21-6-1993.

§ 6.º Ficam mantidas para o adquirente de imóvel nos termos do § 5.º as mesmas obrigações de parcelamento, edificação ou utilização previstas no art. 5.º desta Lei.

Seção V
Da Usucapião Especial de Imóvel Urbano

• *Vide* arts. 183, §§ 1.º a 3.º, e 191, parágrafo único, da CF.

• Sobre usucapião: *vide* arts. 1.238 a 1.244 do CC.

• Concessão de uso especial: *vide* Medida Provisória n. 2.220, de 4-9-2001.

Art. 9.º Aquele que possuir como sua área ou edificação urbana de até 250 m² (duzentos e cinquenta metros quadrados), por 5 (cinco) anos, ininterruptamente e sem oposição, utilizando-a para sua moradia ou de sua família, adquirir-lhe-á o domínio, desde que não seja proprietário de outro imóvel urbano ou rural.

§ 1.º O título de domínio será conferido ao homem ou à mulher, ou a ambos, independentemente do estado civil.

• *Vide* art. 5.º, *caput*, da CF.

§ 2.º O direito de que trata este artigo não será reconhecido ao mesmo possuidor mais de uma vez.

§ 3.º Para os efeitos deste artigo, o herdeiro legítimo continua, de pleno direito, a posse de seu antecessor, desde que já resida no imóvel por ocasião da abertura da sucessão.

Art. 10. Os núcleos urbanos informais existentes sem oposição há mais de cinco anos e cuja área total dividida pelo número de possuidores seja inferior a duzentos e cinquenta metros quadrados por possuidor são suscetíveis de serem usucapidos coletivamente, desde que os possuidores não sejam proprietários de outro imóvel urbano ou rural.

•• *Caput* com redação determinada pela Lei n. 13.465, de 11-7-2017.

§ 1.º O possuidor pode, para o fim de contar o prazo exigido por este artigo, acrescentar sua posse à de seu antecessor, contanto que ambas sejam contínuas.

§ 2.º A usucapião especial coletiva de imóvel urbano será declarada pelo juiz, mediante sentença, a qual servirá de título para registro no cartório de registro de imóveis.

• LRP: Lei n. 6.015, de 31-12-1973.

§ 3.º Na sentença, o juiz atribuirá igual fração ideal de terreno a cada possuidor, independentemente da dimensão do terreno que cada um ocupe, salvo hipótese de acordo escrito entre os condôminos, estabelecendo frações ideais diferenciadas.

§ 4.º O condomínio especial constituído é indivisível, não sendo passível de extinção, salvo deliberação favorável tomada por, no mínimo, 2/3 (dois terços) dos condôminos, no caso de execução de urbanização posterior à constituição do condomínio.

§ 5.º As deliberações relativas à administração do condomínio especial serão tomadas por maioria de votos dos condôminos presentes, obrigando também os demais, discordantes ou ausentes.

Art. 11. Na pendência da ação de usucapião especial urbana, ficarão sobrestadas quaisquer outras ações, petitórias ou possessórias, que venham a ser propostas relativamente ao imóvel usucapiendo.

• Da ação de usucapião de terras particulares: arts. 941 a 945 do CPC.

Art. 12. São partes legítimas para a propositura da ação de usucapião especial urbana:

I – o possuidor, isoladamente ou em litisconsórcio originário ou superveniente;

II – os possuidores, em estado de composse;

III – como substituto processual, a associação de moradores da comunidade, regularmente constituída, com personalidade jurídica, desde que explicitamente autorizada pelos representados.

§ 1.º Na ação de usucapião especial urbana é obrigatória a intervenção do Ministério Público.

• Dispõe o art. 944 do CPC:

"Intervirá obrigatoriamente em todos os atos do processo o Ministério Público".

§ 2.º O autor terá os benefícios da justiça e da assistência judiciária gratuita, inclusive perante o cartório de registro de imóveis.

• Lei de Assistência Judiciária Gratuita: Lei n. 1.060, de 5-2-1950.

Art. 13. A usucapião especial de imóvel urbano poderá ser invocada como matéria de defesa, valendo a sentença que a reconhecer como título para registro no cartório de registro de imóveis.

• LRP: Lei n. 6.015, de 31-12-1973.

Art. 14. Na ação judicial de usucapião especial de imóvel urbano, o rito processual a ser observado é o sumário.

• Rito sumário: art. 275 do CPC.

Seção VI
Da Concessão de Uso Especial para Fins de Moradia

• *Vide* art. 183, § 1.º, da CF.

• *Vide* Medida Provisória n. 2.220, de 4-9-2001.

Arts. 15 a 20. (*Vetados*.)

Seção VII
Do Direito de Superfície

• *Vide* arts. 1.369 a 1.377 do CC.

Art. 21. O proprietário urbano poderá conceder a outrem o direito de superfície do seu terreno, por tempo determinado ou indeterminado, mediante escritura pública registrada no cartório de registro de imóveis.

• *Vide* art. 167, I, n. 39, da Lei n. 6.015, de 31-12-1973.

• *Vide* art. 1.369, *caput*, do CC.

§ 1.º O direito de superfície abrange o direito de utilizar o solo, o subsolo ou o espaço aéreo relativo ao terreno, na forma estabelecida no contrato respectivo, atendida a legislação urbanística.

• *Vide* art. 1.369, parágrafo único, do CC.

§ 2.º A concessão do direito de superfície poderá ser gratuita ou onerosa.

• *Vide* art. 1.370 do CC.

§ 3.º O superficiário responderá integralmente pelos encargos e tributos que incidirem sobre a propriedade superficiária, arcando, ainda, proporcionalmente à sua parcela de ocupação efetiva, com os encargos e tributos sobre a área objeto da concessão do direito de superfície, salvo disposição em contrário do contrato respectivo.

• *Vide* art. 1.371 do CC.

§ 4.º O direito de superfície pode ser transferido a terceiros, obedecidos os termos do contrato respectivo.

• *Vide* art. 1.372 do CC.

§ 5.º Por morte do superficiário, os seus direitos transmitem-se a seus herdeiros.

• *Vide* art. 1.372 do CC.

Art. 22. Em caso de alienação do terreno, ou do direito de superfície, o superficiário e o proprietário, respectivamente, terão direito de preferência, em igualdade de condições à oferta de terceiros.

• *Vide* art. 1.373 do CC.

Art. 23. Extingue-se o direito de superfície:

I – pelo advento do termo;

II – pelo descumprimento das obrigações contratuais assumidas pelo superficiário.

Art. 24. Extinto o direito de superfície, o proprietário recuperará o pleno domínio do terreno, bem como das acessões e benfeitorias introduzidas no imóvel, independentemente de indenização, se as partes não houverem estipulado o contrário no respectivo contrato.

- *Vide* art. 1.375 do CC.

§ 1.º Antes do termo final do contrato, extinguir-se-á o direito de superfície se o superficiário der ao terreno destinação diversa daquela para a qual for concedida.

- *Vide* art. 1.374 do CC.

§ 2.º A extinção do direito de superfície será averbada no cartório de registro de imóveis.

- LRP: Lei n. 6.015, de 31-12-1973.

Seção VIII
Do Direito de Preempção

Art. 25. O direito de preempção confere ao Poder Público municipal preferência para aquisição de imóvel urbano objeto de alienação onerosa entre particulares.

§ 1.º Lei municipal, baseada no plano diretor, delimitará as áreas em que incidirá o direito de preempção e fixará prazo de vigência, não superior a 5 (cinco) anos, renovável a partir de 1 (um) ano após o decurso do prazo inicial de vigência.

§ 2.º O direito de preempção fica assegurado durante o prazo de vigência fixado na forma do § 1.º, independentemente do número de alienações referentes ao mesmo imóvel.

Art. 26. O direito de preempção será exercido sempre que o Poder Público necessitar de áreas para:

I – regularização fundiária;

- O Decreto n. 9.310, de 15-3-2018, institui as normas e os procedimentos aplicáveis à Regularização Fundiária Urbana.

II – execução de programas e projetos habitacionais de interesse social;

III – constituição de reserva fundiária;

IV – ordenamento e direcionamento da expansão urbana;

V – implantação de equipamentos urbanos e comunitários;

VI – criação de espaços públicos de lazer e áreas verdes;

VII – criação de unidades de conservação ou proteção de outras áreas de interesse ambiental;

VIII – proteção de áreas de interesse histórico, cultural ou paisagístico;

IX – (*Vetado*.)

Parágrafo único. A lei municipal prevista no § 1.º do art. 25 desta Lei deverá enquadrar cada área em que incidirá o direito de preempção em uma ou mais das finalidades enumeradas por este artigo.

Art. 27. O proprietário deverá notificar sua intenção de alienar o imóvel, para que o Município, no prazo máximo de 30 (trinta) dias, manifeste por escrito seu interesse em comprá-lo.

§ 1.º À notificação mencionada no *caput* será anexada proposta de compra assinada por terceiro interessado na aquisição do imóvel, da qual constarão preço, condições de pagamento e prazo de validade.

§ 2.º O Município fará publicar, em órgão oficial e em pelo menos um jornal local ou regional de grande circulação, edital de aviso da notificação recebida nos termos do *caput* e da intenção de aquisição do imóvel nas condições da proposta apresentada.

§ 3.º Transcorrido o prazo mencionado no *caput* sem manifestação, fica o proprietário autorizado a realizar a alienação para terceiros, nas condições da proposta apresentada.

§ 4.º Concretizada a venda a terceiro, o proprietário fica obrigado a apresentar ao Município, no prazo de 30 (trinta) dias, cópia do instrumento público de alienação do imóvel.

§ 5.º A alienação processada em condições diversas da proposta apresentada é nula de pleno direito.

§ 6.º Ocorrida a hipótese prevista no § 5.º, o Município poderá adquirir o imóvel pelo valor da base de cálculo do IPTU ou pelo valor indicado na proposta apresentada, se este for inferior àquele.

Seção IX
Da Outorga Onerosa do Direito de Construir

- Do direito de construir: *vide* arts. 1.299 a 1.313 do CC.

Art. 28. O plano diretor poderá fixar áreas nas quais o direito de construir poderá ser exercido acima do coeficiente de aproveitamento básico adotado, mediante contrapartida a ser prestada pelo beneficiário.

§ 1.º Para os efeitos desta Lei, coeficiente de aproveitamento é a relação entre a área edificável e a área do terreno.

§ 2.º O plano diretor poderá fixar coeficiente de aproveitamento básico único para toda a zona urbana ou diferenciado para áreas específicas dentro da zona urbana.

§ 3.º O plano diretor definirá os limites máximos a serem atingidos pelos coeficientes de aproveitamento, considerando a proporcionalidade entre a infraestrutura existente e o aumento de densidade esperado em cada área.

Art. 29. O plano diretor poderá fixar áreas nas quais poderá ser permitida alteração de uso do solo, mediante contrapartida a ser prestada pelo beneficiário.

Art. 30. Lei municipal específica estabelecerá as condições a serem observadas para a outorga onerosa do direito de construir e de alteração de uso, determinando:

I – a fórmula de cálculo para a cobrança;

II – os casos passíveis de isenção do pagamento da outorga;

III – a contrapartida do beneficiário.

Art. 31. Os recursos auferidos com a adoção da outorga onerosa do direito de construir e de alteração de uso serão aplicados com as finalidades previstas nos incisos I a IX do art. 26 desta Lei.

Seção X
Das Operações Urbanas Consorciadas

Art. 32. Lei municipal específica, baseada no plano diretor, poderá delimitar área para aplicação de operações consorciadas.

§ 1.º Considera-se operação urbana consorciada o conjunto de intervenções e medidas coordenadas pelo Poder

Público municipal, com a participação dos proprietários, moradores, usuários permanentes e investidores privados, com o objetivo de alcançar em uma área transformações urbanísticas estruturais, melhorias sociais e a valorização ambiental.

§ 2.º Poderão ser previstas nas operações urbanas consorciadas, entre outras medidas:

I – a modificação de índices e características de parcelamento, uso e ocupação do solo e subsolo, bem como alterações das normas edilícias, considerado o impacto ambiental delas decorrente;

II – a regularização de construções, reformas ou ampliações executadas em desacordo com a legislação vigente;

III – a concessão de incentivos a operações urbanas que utilizam tecnologias visando a redução de impactos ambientais, e que comprovem a utilização, nas construções e uso de edificações urbanas, de tecnologias que reduzam os impactos ambientais e economizem recursos naturais, especificadas as modalidades de *design* e de obras a serem contempladas.

•• Inciso III acrescentado pela Lei n. 12.836, de 2-7-2013.

Art. 33. Da lei específica que aprovar a operação urbana consorciada constará o plano de operação urbana consorciada, contendo, no mínimo:

I – definição da área a ser atingida;

II – programa básico de ocupação da área;

III – programa de atendimento econômico e social para a população diretamente afetada pela operação;

IV – finalidades da operação;

V – estudo prévio de impacto de vizinhança;

VI – contrapartida a ser exigida dos proprietários, usuários permanentes e investidores privados em função da utilização dos benefícios previstos nos incisos I, II e III do § 2.º do art. 32 desta Lei;

•• Inciso VI com redação determinada pela Lei n. 12.836, de 2-7-2013.

VII – forma de controle da operação, obrigatoriamente compartilhado com representação da sociedade civil;

VIII – natureza dos incentivos a serem concedidos aos proprietários, usuários permanentes e investidores privados, uma vez atendido o disposto no inciso III do § 2.º do art. 32 desta Lei.

•• Inciso VIII acrescentado pela Lei n. 12.836, de 2-7-2013.

§ 1.º Os recursos obtidos pelo Poder Público municipal na forma do inciso VI deste artigo serão aplicados exclusivamente na própria operação urbana consorciada.

§ 2.º A partir da aprovação da lei específica de que trata o *caput*, são nulas as licenças e autorizações a cargo do Poder Público municipal expedidas em desacordo com o plano de operação urbana consorciada.

Art. 34. A lei específica que aprovar a operação urbana consorciada poderá prever a emissão pelo Município de quantidade determinada de certificados de potencial adicional de construção, que serão alienados em leilão ou utilizados diretamente no pagamento das obras necessárias à própria operação.

§ 1.º Os certificados de potencial adicional de construção serão livremente negociados, mas conversíveis em direito de construir unicamente na área objeto da operação.

§ 2.º Apresentado pedido de licença para construir, o certificado de potencial adicional será utilizado no pagamento da área de construção que supere os padrões estabelecidos pela legislação de uso e ocupação do solo, até o limite fixado pela lei específica que aprovar a operação urbana consorciada.

Art. 34-A. Nas regiões metropolitanas ou nas aglomerações urbanas instituídas por lei complementar estadual, poderão ser realizadas operações urbanas consorciadas interfederativas, aprovadas por leis estaduais específicas.

•• *Caput* acrescentado pela Lei n. 13.089, de 12-1-2015.

Parágrafo único. As disposições dos arts. 32 a 34 desta Lei aplicam-se às operações urbanas consorciadas interfederativas previstas no *caput* deste artigo, no que couber.

•• Parágrafo único acrescentado pela Lei n. 13.089, de 12-1-2015.

Seção XI
Da Transferência do Direito de Construir

Art. 35. Lei municipal, baseada no plano diretor, poderá autorizar o proprietário de imóvel urbano, privado ou público, a exercer em outro local, ou alienar, mediante escritura pública, o direito de construir previsto no plano diretor ou em legislação urbanística dele decorrente, quando o referido imóvel for considerado necessário para fins de:

I – implantação de equipamentos urbanos e comunitários;

II – preservação, quando o imóvel for considerado de interesse histórico, ambiental, paisagístico, social ou cultural;

III – servir a programas de regularização fundiária, urbanização de áreas ocupadas por população de baixa renda e habitação de interesse social.

• O Decreto n. 9.310, de 15-3-2018, institui as normas e os procedimentos aplicáveis à Regularização Fundiária Urbana.

§ 1.º A mesma faculdade poderá ser concedida ao proprietário que doar ao Poder Público seu imóvel, ou parte dele, para os fins previstos nos incisos I a III do *caput*.

§ 2.º A lei municipal referida no *caput* estabelecerá as condições relativas à aplicação da transferência do direito de construir.

Seção XII
Do Estudo de Impacto de Vizinhança

Art. 36. Lei municipal definirá os empreendimentos e atividades privados ou públicos em área urbana que dependerão de elaboração de Estudo Prévio de Impacto de Vizinhança (EIV) para obter as licenças ou autorizações de construção, ampliação ou funcionamento a cargo do Poder Público municipal.

Art. 37. O EIV será executado de forma a contemplar os efeitos positivos e negativos do empreendimento ou atividade quanto à qualidade de vida da população residente na área e suas proximidades, incluindo a análise, no mínimo, das seguintes questões:

I – adensamento populacional;

II – equipamentos urbanos e comunitários;

III – uso e ocupação do solo;

IV – valorização imobiliária;

V – geração de tráfego e demanda por transporte público;

VI – ventilação e iluminação;

VII – paisagem urbana e patrimônio natural e cultural.

Parágrafo único. Dar-se-á publicidade aos documentos integrantes do EIV, que ficarão disponíveis para consulta, no órgão competente do Poder Público municipal, por qualquer interessado.

Art. 38. A elaboração do EIV não substitui a elaboração e a aprovação de Estudo Prévio de Impacto Ambiental (EIA), requeridas nos termos da legislação ambiental.

Capítulo III
DO PLANO DIRETOR

Art. 39. A propriedade urbana cumpre sua função social quando atende às exigências fundamentais de ordenação da cidade expressas no plano diretor, assegurando o atendimento das necessidades dos cidadãos quanto à qualidade de vida, à justiça social e ao desenvolvimento das atividades econômicas, respeitadas as diretrizes previstas no art. 2.º desta Lei.

Art. 40. O plano diretor, aprovado por lei municipal, é o instrumento básico da política de desenvolvimento e expansão urbana.

§ 1.º O plano diretor é parte integrante do processo de planejamento municipal, devendo o plano plurianual, as diretrizes orçamentárias e o orçamento anual incorporar as diretrizes e as prioridades nele contidas.

§ 2.º O plano diretor deverá englobar o território do Município como um todo.

§ 3.º A lei que instituir o plano diretor deverá ser revista, pelo menos, a cada 10 (dez) anos.

§ 4.º No processo de elaboração do plano diretor e na fiscalização de sua implementação, os Poderes Legislativo e Executivo municipais garantirão:

I – a promoção de audiências públicas e debates com a participação da população e de associações representativas dos vários segmentos da comunidade;

II – a publicidade quanto aos documentos e informações produzidos;

III – o acesso de qualquer interessado aos documentos e informações produzidos.

§ 5.º (*Vetado.*)

Art. 41. O plano diretor é obrigatório para cidades:

I – com mais de 20.000 (vinte mil) habitantes;

II – integrantes de regiões metropolitanas e aglomerações urbanas;

III – onde o Poder Público municipal pretenda utilizar os instrumentos previstos no § 4.º do art. 182 da Constituição Federal;

• *Vide* mencionado dispositivo constante deste volume.

IV – integrantes de áreas de especial interesse turístico;

V – inseridas na área de influência de empreendimentos ou atividades com significativo impacto ambiental de âmbito regional ou nacional;

VI – incluídas no cadastro nacional de Municípios com áreas suscetíveis à ocorrência de deslizamentos de grande impacto, inundações bruscas ou processos geológicos ou hidrológicos correlatos.

•• Inciso VI acrescentado pela Lei n. 12.608, de 10-4-2012.

• *Vide* § 4.º do art. 42-A desta Lei.

§ 1.º No caso da realização de empreendimentos ou atividades enquadrados no inciso V do *caput*, os recursos técnicos e financeiros para a elaboração do plano diretor estarão inseridos entre as medidas de compensação adotadas.

§ 2.º No caso de cidades com mais de 500.000 (quinhentos mil) habitantes, deverá ser elaborado um plano de transporte urbano integrado, compatível com o plano diretor ou nele inserido.

§ 3.º As cidades de que trata o *caput* deste artigo devem elaborar plano de rotas acessíveis, compatível com o plano diretor no qual está inserido, que disponha sobre os passeios públicos a serem implantados ou reformados pelo poder público, com vistas a garantir acessibilidade da pessoa com deficiência ou com mobilidade reduzida a todas as rotas e vias existentes, inclusive as que concentrem os focos geradores de maior circulação de pedestres, como os órgãos públicos e os locais de prestação de serviços públicos e privados de saúde, educação, assistência social, esporte, cultura, correios e telégrafos, bancos, entre outros, sempre que possível de maneira integrada com os sistemas de transporte coletivo de passageiros.

•• § 3.º acrescentado pela Lei n. 13.146, de 6-7-2015.

Art. 42. O plano diretor deverá conter no mínimo:

I – a delimitação das áreas urbanas onde poderá ser aplicado o parcelamento, edificação ou utilização compulsórios, considerando a existência de infraestrutura e de demanda para utilização, na forma do art. 5.º desta Lei;

II – disposições requeridas pelos arts. 25, 28, 29, 32 e 35 desta Lei;

III – sistema de acompanhamento e controle.

Art. 42-A. Além do conteúdo previsto no art. 42, o plano diretor dos Municípios incluídos no cadastro nacional de municípios com áreas suscetíveis à ocorrência de deslizamentos de grande impacto, inundações bruscas ou processos geológicos ou hidrológicos correlatos deverá conter:

•• *Caput* acrescentado pela Lei n. 12.608, de 10-4-2012.

I – parâmetros de parcelamento, uso e ocupação do solo, de modo a promover a diversidade de usos e a contribuir para a geração de emprego e renda;

•• Inciso I acrescentado pela Lei n. 12.608, de 10-4-2012.

II – mapeamento contendo as áreas suscetíveis à ocorrência de deslizamentos de grande impacto, inundações bruscas ou processos geológicos ou hidrológicos correlatos;

•• Inciso II acrescentado pela Lei n. 12.608, de 10-4-2012.

III – planejamento de ações de intervenção preventiva e realocação de população de áreas de risco de desastre;

•• Inciso III acrescentado pela Lei n. 12.608, de 10-4-2012.

IV – medidas de drenagem urbana necessárias à prevenção e à mitigação de impactos de desastres; e

•• Inciso IV acrescentado pela Lei n. 12.608, de 10-4-2012.

V – diretrizes para a regularização fundiária de assentamentos urbanos irregulares, se houver, observadas a Lei n. 11.977, de 7 de julho de 2009, e demais normas federais e estaduais pertinentes, e previsão de áreas para habitação de interesse social por meio da demarcação de zonas especiais de interesse social e de outros instrumentos de política urbana, onde o uso habitacional for permitido;

•• Inciso V acrescentado pela Lei n. 12.608, de 10-4-2012.

• Citada Lei consta deste volume.

VI – identificação e diretrizes para a preservação e ocupação das áreas verdes municipais, quando for o caso, com vistas à redução da impermeabilização das cidades.

•• Inciso VI acrescentado pela Lei n. 12.983, de 2-6-2014.

§ 1.º A identificação e o mapeamento de áreas de risco levarão em conta as cartas geotécnicas.

•• § 1.º acrescentado pela Lei n. 12.608, de 10-4-2012.

§ 2.º O conteúdo do plano diretor deverá ser compatível com as disposições insertas nos planos de recursos hídricos, formulados consoante a Lei n. 9.433, de 8 de janeiro de 1997.

•• § 2.º acrescentado pela Lei n. 12.608, de 10-4-2012.

§ 3.º Os Municípios adequarão o plano diretor às disposições deste artigo, por ocasião de sua revisão, observados os prazos legais.

•• § 3.º acrescentado pela Lei n. 12.608, de 10-4-2012.

§ 4.º Os Municípios enquadrados no inciso VI do art. 41 desta Lei e que não tenham plano diretor aprovado terão o prazo de 5 (cinco) anos para o seu encaminhamento para aprovação pela Câmara Municipal.

•• § 4.º acrescentado pela Lei n. 12.608, de 10-4-2012.

Art. 42-B. Os Municípios que pretendam ampliar o seu perímetro urbano após a data de publicação desta Lei deverão elaborar projeto específico que contenha, no mínimo:

•• *Caput* acrescentado pela Lei n. 12.608, de 10-4-2012.

I – demarcação do novo perímetro urbano;

•• Inciso I acrescentado pela Lei n. 12.608, de 10-4-2012.

II – delimitação dos trechos com restrições à urbanização e dos trechos sujeitos a controle especial em função de ameaça de desastres naturais;

•• Inciso II acrescentado pela Lei n. 12.608, de 10-4-2012.

III – definição de diretrizes específicas e de áreas que serão utilizadas para infraestrutura, sistema viário, equipamentos e instalações públicas, urbanas e sociais;

•• Inciso III acrescentado pela Lei n. 12.608, de 10-4-2012.

IV – definição de parâmetros de parcelamento, uso e ocupação do solo, de modo a promover a diversidade de usos e contribuir para a geração de emprego e renda;

•• Inciso IV acrescentado pela Lei n. 12.608, de 10-4-2012.

V – a previsão de áreas para habitação de interesse social por meio da demarcação de zonas especiais de interesse social e de outros instrumentos de política urbana, quando o uso habitacional for permitido;

•• Inciso V acrescentado pela Lei n. 12.608, de 10-4-2012.

VI – definição de diretrizes e instrumentos específicos para proteção ambiental e do patrimônio histórico e cultural; e

•• Inciso VI acrescentado pela Lei n. 12.608, de 10-4-2012.

VII – definição de mecanismos para garantir a justa distribuição dos ônus e benefícios decorrentes do processo de urbanização do território de expansão urbana e a recuperação para a coletividade da valorização imobiliária resultante da ação do poder público.

•• Inciso VII acrescentado pela Lei n. 12.608, de 10-4-2012.

§ 1.º O projeto específico de que trata o *caput* deste artigo deverá ser instituído por lei municipal e atender às diretrizes do plano diretor, quando houver.

•• § 1.º acrescentado pela Lei n. 12.608, de 10-4-2012.

§ 2.º Quando o plano diretor contemplar as exigências estabelecidas no *caput*, o Município ficará dispensado da elaboração do projeto específico de que trata o *caput* deste artigo.

•• § 2.º acrescentado pela Lei n. 12.608, de 10-4-2012.

§ 3.º A aprovação de projetos de parcelamento do solo no novo perímetro urbano ficará condicionada à existência do projeto específico e deverá obedecer às suas disposições.

•• § 3.º acrescentado pela Lei n. 12.608, de 10-4-2012.

Capítulo IV
DA GESTÃO DEMOCRÁTICA DA CIDADE

Art. 43. Para garantir a gestão democrática da cidade, deverão ser utilizados, entre outros, os seguintes instrumentos:

I – órgãos colegiados de política urbana, nos níveis nacional, estadual e municipal;

II – debates, audiências e consultas públicas;

III – conferências sobre assuntos de interesse urbano, nos níveis nacional, estadual e municipal;

IV – iniciativa popular de projeto de lei e de planos, programas e projetos de desenvolvimento urbano;

V – (*Vetado.*)

Art. 44. No âmbito municipal, a gestão orçamentária participativa de que trata a alínea *f* do inciso III do art. 4.º desta Lei incluirá a realização de debates, audiências e consultas públicas sobre as propostas do plano plurianual, da lei de diretrizes orçamentárias e do orçamento anual, como condição obrigatória para sua aprovação pela Câmara Municipal.

Art. 45. Os organismos gestores das regiões metropolitanas e aglomerações urbanas incluirão obrigatória e significativa participação da população e de associações representativas dos vários segmentos da comunidade, de modo a garantir o controle direto de suas atividades e o pleno exercício da cidadania.

Capítulo V
DISPOSIÇÕES GERAIS

Art. 46. O poder público municipal poderá facultar ao proprietário da área atingida pela obrigação de que trata o *caput* do art. 5.º desta Lei, ou objeto de regularização fundiária urbana para fins de regularização fundiária, o estabelecimento de consórcio imobiliário como forma de viabilização financeira do aproveitamento do imóvel.

•• *Caput* com redação determinada pela Lei n. 13.465, de 11-7-2017.

• O Decreto n. 9.310, de 15-3-2018, institui as normas e os procedimentos aplicáveis à Regularização Fundiária Urbana.

§ 1.º Considera-se consórcio imobiliário a forma de viabilização de planos de urbanização, de regularização fundiária ou de reforma, conservação ou construção de edificação por meio da qual o proprietário transfere ao poder público municipal seu imóvel e, após a realização das obras, recebe, como pagamento, unidades imobiliárias devidamente urbanizadas ou edificadas, ficando as demais unidades incorporadas ao patrimônio público.

•• § 1.º com redação determinada pela Lei n. 13.465, de 11-7-2017.

§ 2.º O valor das unidades imobiliárias a serem entregues ao proprietário será correspondente ao valor do imóvel antes da execução das obras.

•• § 2.º com redação determinada pela Lei n. 13.465, de 11-7-2017.

§ 3.º A instauração do consórcio imobiliário por proprietários que tenham dado causa à formação de núcleos urbanos informais, ou por seus sucessores, não os eximirá das responsabilidades administrativa, civil ou criminal.

•• § 3.º acrescentado pela Lei n. 13.465, de 11-7-2017.

Art. 47. Os tributos sobre imóveis urbanos, assim como as tarifas relativas a serviços públicos urbanos, serão diferenciados em função do interesse social.

Art. 48. Nos casos de programas e projetos habitacionais de interesse social, desenvolvidos por órgãos ou entidades da Administração Pública com atuação específica nessa área, os contratos de concessão de direito real de uso de imóveis públicos:

I – terão, para todos os fins de direito, caráter de escritura pública, não se aplicando o disposto no inciso II do art. 134 do Código Civil;

•• A referência é feita a dispositivo do CC de 1916. *Vide* art. 108 do Código vigente.

II – constituirão título de aceitação obrigatória em garantia de contratos de financiamentos habitacionais.

Art. 49. Os Estados e Municípios terão o prazo de 90 (noventa) dias, a partir da entrada em vigor desta Lei, para fixar prazos, por lei, para a expedição de diretrizes de empreendimentos urbanísticos, aprovação de projetos de parcelamento e de edificação, realização de vistorias e expedição de termo de verificação e conclusão de obras.

Parágrafo único. Não sendo cumprida a determinação do *caput*, fica estabelecido o prazo de 60 (sessenta) dias para a realização de cada um dos referidos atos administrativos, que valerá até que os Estados e Municípios disponham em lei de forma diversa.

Art. 50. Os Municípios que estejam enquadrados na obrigação prevista nos incisos I e II do *caput* do art. 41 desta Lei e que não tenham plano diretor aprovado na data de entrada em vigor desta Lei deverão aprová-lo até 30 de junho de 2008.

•• Artigo com redação determinada pela Lei n. 11.673, de 8-5-2008.

Art. 51. Para os efeitos desta Lei, aplicam-se ao Distrito Federal e ao Governador do Distrito Federal as disposições relativas, respectivamente, a Município e a Prefeito.

Art. 52. Sem prejuízo da punição de outros agentes públicos envolvidos e da aplicação de outras sanções cabíveis, o Prefeito incorre em improbidade administrativa, nos termos da Lei n. 8.429, de 2 de junho de 1992, quando:

I – (*Vetado.*)

II – deixar de proceder, no prazo de 5 (cinco) anos, o adequado aproveitamento do imóvel incorporado ao patrimônio público, conforme o disposto no § 4.º do art. 8.º desta Lei;

III – utilizar áreas obtidas por meio do direito de preempção em desacordo com o disposto no art. 26 desta Lei;

IV – aplicar os recursos auferidos com a outorga onerosa do direito de construir e de alteração de uso em desacordo com o previsto no art. 31 desta Lei;

V – aplicar os recursos auferidos com operações consorciadas em desacordo com o previsto no § 1.º do art. 33 desta Lei;

VI – impedir ou deixar de garantir os requisitos contidos nos incisos I a III do § 4.º do art. 40 desta Lei;

VII – deixar de tomar as providências necessárias para garantir a observância do disposto no § 3.º do art. 40 e no art. 50 desta Lei;

VIII – adquirir imóvel objeto de direito de preempção, nos termos dos arts. 25 a 27 desta Lei, pelo valor da proposta apresentada, se este for, comprovadamente, superior ao de mercado.

....

Art. 56. O art. 167, I, da Lei n. 6.015, de 1973, passa a vigorar acrescido dos seguintes itens 37, 38 e 39:

•• Alteração já processada no diploma citado.

Art. 57. O art. 167, II, da Lei n. 6.015, de 1973, passa a vigorar acrescido dos seguintes itens 18, 19 e 20:

•• Alteração já processada no diploma citado.

Art. 57-A. A operadora ferroviária, inclusive metroferroviária, poderá constituir o direito real de laje de que trata a Lei n. 10.406, de 10 de janeiro de 2002 (Código Civil), e o de superfície de que trata esta Lei, sobre ou sob a faixa de domínio de sua via férrea, observado o plano diretor e o respectivo contrato de outorga com o poder concedente.

•• *Caput* acrescentado pela Lei n. 14.273, de 23-12-2021.

•• Direito real de laje no CC: *vide* arts. 1.510-A a 1.510-E.

Parágrafo único. A constituição do direito real de laje ou de superfície a que se refere o *caput* deste artigo é condicionada à existência prévia de licenciamento urbanístico municipal, que estabelecerá os ônus urbanísticos a serem observados e o direito de construir incorporado a cada unidade imobiliária.

•• Parágrafo único acrescentado pela Lei n. 14.273, de 23-12-2021.

Art. 58. Esta Lei entra em vigor após decorridos 90 (noventa) dias de sua publicação.

Brasília, 10 de julho de 2001; 180.º da Independência e 113.º da República.

FERNANDO HENRIQUE CARDOSO

MEDIDA PROVISÓRIA N. 2.172-32, DE 23 DE AGOSTO DE 2001 (*)

Estabelece a nulidade das disposições contratuais que menciona e inverte, nas hipóteses que prevê, o ônus da prova nas ações intentadas para sua declaração.

O Presidente da República, no uso da atribuição que lhe confere o art. 62 da Constituição, adota a seguinte Medida Provisória, com força de lei:

Art. 1.º São nulas de pleno direito as estipulações usurárias, assim consideradas as que estabeleçam:

I – nos contratos civis de mútuo, taxas de juros superiores às legalmente permitidas, caso em que deverá o juiz, se requerido, ajustá-las à medida legal ou, na hipótese de já terem sido cumpridas, ordenar a restituição, em dobro, da quantia paga em excesso, com juros legais a contar da data do pagamento indevido;

II – nos negócios jurídicos não disciplinados pelas legislações comercial e de defesa do consumidor, lucros ou vantagens patrimoniais excessivos, estipulados em situação de vulnerabilidade da parte, caso em que deverá o juiz, se requerido, restabelecer o equilíbrio da relação contratual, ajustando-os ao valor corrente, ou, na hipótese de cumprimento da obrigação, ordenar a restituição, em dobro, da quantia recebida em excesso, com juros legais a contar da data do pagamento indevido.

Parágrafo único. Para a configuração do lucro ou vantagem excessivos, considerar-se-ão a vontade das partes, as circunstâncias da celebração do contrato, o seu conteúdo e natureza, a origem das correspondentes obrigações, as práticas de mercado e as taxas de juros legalmente permitidas.

Art. 2.º São igualmente nulas de pleno direito as disposições contratuais que, com o pretexto de conferir ou transmitir direitos, são celebradas para garantir, direta ou indiretamente, contratos civis de mútuo com estipulações usurárias.

Art. 3.º Nas ações que visem à declaração de nulidade de estipulações com amparo no disposto nesta Medida Provisória, incumbirá ao credor ou beneficiário do negócio o ônus de provar a regularidade jurídica das correspondentes obrigações, sempre que demonstrada pelo prejudicado, ou pelas circunstâncias do caso, a verossimilhança da alegação.

Art. 4.º As disposições desta Medida Provisória não se aplicam:

I – às instituições financeiras e demais instituições autorizadas a funcionar pelo Banco Central do Brasil, bem como às operações realizadas nos mercados financeiro, de capitais e de valores mobiliários, que continuam regidas pelas normas legais e regulamentares que lhes são aplicáveis;

II – às sociedades de crédito que tenham por objeto social exclusivo a concessão de financiamentos ao microempreendedor;

III – às organizações da sociedade civil de interesse público de que trata a Lei n. 9.790, de 23 de março de 1999, devidamente registradas no Ministério da Justiça, que se dedicam a sistemas alternativos de crédito e não têm qualquer tipo de vinculação com o Sistema Financeiro Nacional.

Parágrafo único. Poderão também ser excluídas das disposições desta Medida Provisória, mediante deliberação do Conselho Monetário Nacional, outras modalidades de operações e negócios de natureza subsidiária, complementar ou acessória das atividades exercidas no âmbito dos mercados financeiro, de capitais e de valores mobiliários.

....

Art. 6.º Esta Medida Provisória entra em vigor na data de sua publicação.

Art. 7.º Ficam revogados o § 3.º do art. 4.º da Lei n. 1.521, de 26 de dezembro de 1951.

Brasília, 23 de agosto de 2001; 180.º da Independência e 113.º da República.

FERNANDO HENRIQUE CARDOSO

MEDIDA PROVISÓRIA N. 2.220, DE 4 DE SETEMBRO DE 2001 (**)

Dispõe sobre a concessão de uso especial de que trata o § 1.º do art. 183 da Constituição, cria o Conselho Nacional de Desenvolvimento Urbano – CNDU e dá outras providências.

O Presidente da República, no uso da atribuição que lhe confere o art. 62 da Constituição, adota a seguinte Medida Provisória, com força de lei:

(*) Publicada no *DOU*, de 24-8-2001.

(**) Publicada no *DOU*, de 5-9-2001.

Capítulo I
DA CONCESSÃO DE USO ESPECIAL

•• Estatuto da Cidade: *vide* Lei n. 10.257, de 10-7-2001.

Art. 1.º Aquele que, até 22 de dezembro de 2016, possuiu como seu, por cinco anos, ininterruptamente e sem oposição, até duzentos e cinquenta metros quadrados de imóvel público situado em área com características e finalidade urbanas, e que o utilize para sua moradia ou de sua família, tem o direito à concessão de uso especial para fins de moradia em relação ao bem objeto da posse, desde que não seja proprietário ou concessionário, a qualquer título, de outro imóvel urbano ou rural.

•• *Caput* com redação determinada pela Lei n. 13.465, de 11-7-2017.

§ 1.º A concessão de uso especial para fins de moradia será conferida de forma gratuita ao homem ou à mulher, ou a ambos, independentemente do estado civil.

§ 2.º O direito de que trata este artigo não será reconhecido ao mesmo concessionário mais de uma vez.

§ 3.º Para os efeitos deste artigo, o herdeiro legítimo continua, de pleno direito, na posse de seu antecessor, desde que já resida no imóvel por ocasião da abertura da sucessão.

•• *Vide* art. 9.º da Lei n. 10.257, de 10-7-2001.

Art. 2.º Nos imóveis de que trata o art. 1.º, com mais de duzentos e cinquenta metros quadrados, ocupados até 22 de dezembro de 2016, por população de baixa renda para sua moradia, por cinco anos, ininterruptamente e sem oposição, cuja área total dividida pelo número de possuidores seja inferior a duzentos e cinquenta metros quadrados por possuidor, a concessão de uso especial para fins de moradia será conferida de forma coletiva, desde que os possuidores não sejam proprietários ou concessionários, a qualquer título, de outro imóvel urbano ou rural.

•• *Caput* com redação determinada pela Lei n. 13.465, de 11-7-2017.

§ 1.º O possuidor pode, para o fim de contar o prazo exigido por este artigo, acrescentar sua posse à de seu antecessor, contanto que ambas sejam contínuas.

§ 2.º Na concessão de uso especial de que trata este artigo, será atribuída igual fração ideal de terreno a cada possuidor, independentemente da dimensão do terreno que cada um ocupe, salvo hipótese de acordo escrito entre os ocupantes, estabelecendo frações ideais diferenciadas.

§ 3.º A fração ideal atribuída a cada possuidor não poderá ser superior a $250m^2$ (duzentos e cinquenta metros quadrados).

• *Vide* art. 10 da Lei n. 10.257, de 10-7-2001.

Art. 3.º Será garantida a opção de exercer os direitos de que tratam os arts. 1.º e 2.º também aos ocupantes, regularmente inscritos, de imóveis públicos, com até $250m^2$ (duzentos e cinquenta metros quadrados), da União, dos Estados, do Distrito Federal e dos Municípios, que estejam situados em área urbana, na forma do regulamento.

Art. 4.º No caso de a ocupação acarretar risco à vida ou à saúde dos ocupantes, o Poder Público garantirá ao possuidor o exercício do direito de que tratam os arts. 1.º e 2.º em outro local.

Art. 5.º É facultado ao Poder Público assegurar o exercício do direito de que tratam os arts. 1.º e 2.º em outro local na hipótese de ocupação de imóvel:

I – de uso comum do povo;

II – destinado a projeto de urbanização;

III – de interesse da defesa nacional, da preservação ambiental e da proteção dos ecossistemas naturais;

IV – reservado à construção de represas e obras congêneres; ou

V – situado em via de comunicação.

Art. 6.º O título de concessão de uso especial para fins de moradia será obtido pela via administrativa perante o órgão competente da Administração Pública ou, em caso de recusa ou omissão deste, pela via judicial.

§ 1.º A Administração Pública terá o prazo máximo de 12 (doze) meses para decidir o pedido, contado da data de seu protocolo.

§ 2.º Na hipótese de bem imóvel da União ou dos Estados, o interessado deverá instruir o requerimento de concessão de uso especial para fins de moradia com certidão expedida pelo Poder Público municipal, que ateste a localização do imóvel em área urbana e a sua destinação para moradia do ocupante ou de sua família.

§ 3.º Em caso de ação judicial, a concessão de uso especial para fins de moradia será declarada pelo juiz, mediante sentença.

§ 4.º O título conferido por via administrativa ou por sentença judicial servirá para efeito de registro no cartório de registro de imóveis.

Art. 7.º O direito de concessão de uso especial para fins de moradia é transferível por ato *inter vivos* ou *causa mortis*.

Art. 8.º O direito à concessão de uso especial para fins de moradia extingue-se no caso de:

I – o concessionário dar ao imóvel destinação diversa da moradia para si ou para sua família; ou

II – o concessionário adquirir a propriedade ou a concessão de uso de outro imóvel urbano ou rural.

Parágrafo único. A extinção de que trata este artigo será averbada no cartório de registro de imóveis, por meio de declaração do Poder Público concedente.

Art. 9.º É facultado ao poder público competente conceder autorização de uso àquele que, até 22 de dezembro de 2016, possuiu como seu, por cinco anos, ininterruptamente e sem oposição, até duzentos e cinquenta metros quadrados de imóvel público situado em área com características e finalidade urbanas para fins comerciais.

•• *Caput* com redação determinada pela Lei n. 13.465, de 11-7-2017.

§ 1.º A autorização de uso de que trata este artigo será conferida de forma gratuita.

§ 2.º O possuidor pode, para o fim de contar o prazo exigido por este artigo, acrescentar sua posse à de seu antecessor, contanto que ambas sejam contínuas.

§ 3.º Aplica-se à autorização de uso prevista no *caput* deste artigo, no que couber, o disposto nos arts. 4.º e 5.º desta Medida Provisória.

Capítulo II
DO CONSELHO NACIONAL DE DESENVOLVIMENTO URBANO

Art. 10. Fica criado o Conselho Nacional de Desenvolvimento Urbano - CNDU, órgão deliberativo e consultivo, integrante da estrutura da Presidência da República, com as seguintes competências:

I – propor diretrizes, instrumentos, normas e prioridades da política nacional de desenvolvimento urbano;

II – acompanhar e avaliar a implementação da política nacional de desenvolvimento urbano, em especial as políticas de habitação, de saneamento básico e de transportes urbanos, e recomendar as providências necessárias ao cumprimento de seus objetivos;

III – propor a edição de normas gerais de direito urbanístico e manifestar-se sobre propostas de alteração da legislação pertinente ao desenvolvimento urbano;

IV – emitir orientações e recomendações sobre a aplicação da Lei n. 10.257, de 10 de julho de 2001, e dos demais atos normativos relacionados ao desenvolvimento urbano;

V – promover a cooperação entre os governos da União, dos Estados, do Distrito Federal e dos Municípios e a sociedade civil na formulação e execução da política nacional de desenvolvimento urbano; e

VI – elaborar o regimento interno.

Art. 11. O CNDU é composto por seu Presidente, pelo Plenário e por uma Secretaria-Executiva, cujas atribuições serão definidas em decreto.

Parágrafo único. O CNDU poderá instituir comitês técnicos de assessoramento, na forma do regimento interno.

Art. 12. O Presidente da República disporá sobre a estrutura do CNDU, a composição do seu Plenário e a designação dos membros e suplentes do Conselho e dos seus comitês técnicos.

Art. 13. A participação no CNDU e nos comitês técnicos não será remunerada.

Art. 14. As funções de membro do CNDU e dos comitês técnicos serão consideradas prestação de relevante interesse público e a ausência ao trabalho delas decorrente será abonada e computada como jornada efetiva de trabalho, para todos os efeitos legais.

Capítulo III
DAS DISPOSIÇÕES FINAIS

Art. 15. O inciso I do art. 167 da Lei n. 6.015, de 31 de dezembro de 1973, passa a vigorar com as seguintes alterações:

•• Alterações já processadas no texto indicado.

Art. 16. Esta Medida Provisória entra em vigor na data de sua publicação.

Brasília, 4 de setembro de 2001; 180.º da Independência e 113.º da República.

FERNANDO HENRIQUE CARDOSO

LEI N. 10.610, DE 20 DE DEZEMBRO DE 2002 (*)

Dispõe sobre a participação de capital estrangeiro nas empresas jornalísticas e de radiodifusão sonora e de sons e imagens, conforme o § 4.º do art. 222 da Constituição, altera os arts. 38 e 64 da Lei n. 4.117, de 27 de agosto de 1962, o § 3.º do art. 12 do Decreto-lei n. 236, de 28 de fevereiro de 1967, e dá outras providências.

O Presidente da República

Faço saber que o Congresso Nacional decreta e eu sanciono a seguinte Lei:

Art. 1.º Esta Lei disciplina a participação de capital estrangeiro nas empresas jornalísticas e de radiodifusão sonora e de sons e imagens de que trata o § 4.º do art. 222 da Constituição.

• Citado dispositivo constitucional consta deste volume.

Art. 2.º A participação de estrangeiros ou de brasileiros naturalizados há menos de dez anos no capital social de empresas jornalísticas e de radiodifusão não poderá exceder a trinta por cento do capital total e do capital votante dessas empresas e somente se dará de forma indireta, por intermédio de pessoa jurídica constituída sob as leis brasileiras e que tenha sede no País.

•• *Vide* art. 12 da CF.

§ 1.º As empresas efetivamente controladas, mediante encadeamento de outras empresas ou por qualquer outro meio indireto, por estrangeiros ou por brasileiros naturalizados há menos de dez anos não poderão ter participação total superior a trinta por cento no capital social, total e votante, das empresas jornalísticas e de radiodifusão.

§ 2.º É facultado ao órgão do Poder Executivo expressamente definido pelo Presidente da República requisitar das empresas jornalísticas e das de radiodifusão, dos órgãos de registro comercial ou de registro civil das pessoas jurídicas as informações e os documentos necessários para a verificação do cumprimento do disposto neste artigo.

Art. 3.º As alterações de controle societário de empresas jornalísticas e de radiodifusão sonora e de sons e imagens serão comunicadas ao Congresso Nacional.

Parágrafo único. A comunicação ao Congresso Nacional de alteração de controle societário de empresas de radiodifusão será de responsabilidade do órgão competente do Poder Executivo e a comunicação de alterações de controle societário de empresas jornalísticas será de responsabilidade destas empresas.

Art. 4.º As empresas jornalísticas deverão apresentar, até o último dia útil de cada ano, aos órgãos de registro co-

(*) Publicada no *DOU*, de 23-12-2002.

mercial ou de registro civil das pessoas jurídicas, declaração com a composição de seu capital social, incluindo a nomeação dos brasileiros natos ou naturalizados há mais de dez anos titulares, direta ou indiretamente, de pelo menos setenta por cento do capital total e do capital votante.

- *Vide* arts. 1.150 e s. do CC.
- Registro Público de Empresas Mercantis e Atividades Afins: *vide* Lei n. 8.934, de 18-11-1994.

Art. 5.º Os órgãos de registro comercial ou de registro civil das pessoas jurídicas não procederão ao registro ou arquivamento dos atos societários de empresas jornalísticas e de radiodifusão, caso seja constatada infração dos limites percentuais de participação previstos no art. 2.º, sendo nulo o ato de registro ou arquivamento baseado em declaração que omita informação ou contenha informação falsa.

- *Vide* art. 35, I, da Lei n. 8.934, de 18-11-1994.

Art. 6.º Será nulo de pleno direito qualquer acordo entre sócios, acionistas ou cotistas, ou qualquer ato, contrato ou outra forma de avença que, direta ou indiretamente, confira ou objetive conferir, a estrangeiros ou a brasileiros naturalizados há menos de dez anos, participação no capital total e no capital votante de empresas jornalísticas e de radiodifusão, em percentual acima do previsto no art. 2.º, ou que tenha por objeto o estabelecimento, de direito ou de fato, de igualdade ou superioridade de poderes desses sócios em relação aos sócios brasileiros natos ou naturalizados há mais de dez anos.

§ 1.º Será também nulo qualquer acordo, ato, contrato ou outra forma de avença que, direta ou indiretamente, de direito ou de fato, confira ou objetive conferir aos sócios estrangeiros ou brasileiros naturalizados há menos de dez anos a responsabilidade editorial, a seleção e direção da programação veiculada e a gestão das atividades das empresas referidas neste artigo.

....

Art. 10. Ficam convalidados os atos praticados com base na Medida Provisória n. 70, de 1.º de outubro de 2002.

Art. 11. Esta Lei entra em vigor na data de sua publicação.

Brasília, 20 de dezembro de 2002; 181.º da Independência e 114.º da República.

FERNANDO HENRIQUE CARDOSO

LEI N. 10.741, DE 1.º DE OUTUBRO DE 2003 (*)

Dispõe sobre o Estatuto do Idoso e dá outras providências.

(*) Publicada no *DOU*, de 3-10-2003. A Lei n. 11.433, de 28-12-2006, institui o dia 1.º de outubro de cada ano como o Dia Nacional do Idoso.

O Presidente da República

Faço saber que o Congresso Nacional decreta e eu sanciono a seguinte Lei:

TÍTULO I
DISPOSIÇÕES PRELIMINARES

Art. 1.º É instituído o Estatuto do Idoso, destinado a regular os direitos assegurados às pessoas com idade igual ou superior a 60 (sessenta) anos.

Art. 2.º O idoso goza de todos os direitos fundamentais inerentes à pessoa humana, sem prejuízo da proteção integral de que trata esta Lei, assegurando-se-lhe, por lei ou por outros meios, todas as oportunidades e facilidades, para preservação de sua saúde física e mental e seu aperfeiçoamento moral, intelectual, espiritual e social, em condições de liberdade e dignidade.

Art. 3.º É obrigação da família, da comunidade, da sociedade e do Poder Público assegurar ao idoso, com absoluta prioridade, a efetivação do direito à vida, à saúde, à alimentação, à educação, à cultura, ao esporte, ao lazer, ao trabalho, à cidadania, à liberdade, à dignidade, ao respeito e à convivência familiar e comunitária.

§ 1.º A garantia de prioridade compreende:

•• Parágrafo único, *caput*, renumerado pela Lei n. 13.466, de 12-7-2017.

I – atendimento preferencial imediato e individualizado junto aos órgãos públicos e privados prestadores de serviços à população;

II – preferência na formulação e na execução de políticas sociais públicas específicas;

III – destinação privilegiada de recursos públicos nas áreas relacionadas com a proteção ao idoso;

IV – viabilização de formas alternativas de participação, ocupação e convívio do idoso com as demais gerações;

V – priorização do atendimento do idoso por sua própria família, em detrimento do atendimento asilar, exceto dos que não a possuam ou careçam de condições de manutenção da própria sobrevivência;

VI – capacitação e reciclagem dos recursos humanos nas áreas de geriatria e gerontologia e na prestação de serviços aos idosos;

VII – estabelecimento de mecanismos que favoreçam a divulgação de informações de caráter educativo sobre os aspectos biopsicossociais de envelhecimento;

VIII – garantia de acesso à rede de serviços de saúde e de assistência social locais;

IX – prioridade no recebimento da restituição do Imposto de Renda.

- Inciso IX acrescentado pela Lei n. 11.765, de 5-8-2008.

§ 2.º Dentre os idosos, é assegurada prioridade especial aos maiores de oitenta anos, atendendo-se suas necessidades sempre preferencialmente em relação aos demais idosos.

•• § 2.º acrescentado pela Lei n. 13.466, de 12-7-2017.

Art. 4.º Nenhum idoso será objeto de qualquer tipo de negligência, discriminação, violência, crueldade ou opressão, e todo atentado aos seus direitos, por ação ou omissão, será punido na forma da lei.

§ 1.º É dever de todos prevenir a ameaça ou violação aos direitos do idoso.

§ 2.º As obrigações previstas nesta Lei não excluem da prevenção outras decorrentes dos princípios por ela adotados.

Art. 5.º A inobservância das normas de prevenção importará em responsabilidade à pessoa física ou jurídica nos termos da lei.

Art. 6.º Todo cidadão tem o dever de comunicar à autoridade competente qualquer forma de violação a esta Lei que tenha testemunhado ou de que tenha conhecimento.

Art. 7.º Os Conselhos Nacional, Estaduais, do Distrito Federal e Municipais do Idoso, previstos na Lei n. 8.842, de 4 de janeiro de 1994, zelarão pelo cumprimento dos direitos do idoso, definidos nesta Lei.

• A Lei n. 8.842, de 4-1-1994, dispõe sobre a Política Nacional do Idoso, cria o Conselho Nacional do Idoso e dá outras providências.

Título II
DOS DIREITOS FUNDAMENTAIS

Capítulo I
DO DIREITO À VIDA

Art. 8.º O envelhecimento é um direito personalíssimo e a sua proteção um direito social, nos termos desta Lei e da legislação vigente.

Art. 9.º É obrigação do Estado, garantir à pessoa idosa a proteção à vida e à saúde, mediante efetivação de políticas sociais públicas que permitam um envelhecimento saudável e em condições de dignidade.

Capítulo II
DO DIREITO À LIBERDADE, AO RESPEITO E À DIGNIDADE

Art. 10. É obrigação do Estado e da sociedade, assegurar à pessoa idosa a liberdade, o respeito e a dignidade, como pessoa humana e sujeito de direitos civis, políticos, individuais e sociais, garantidos na Constituição e nas leis.

§ 1.º O direito à liberdade compreende, entre outros, os seguintes aspectos:

I – faculdade de ir, vir e estar nos logradouros públicos e espaços comunitários, ressalvadas as restrições legais;

II – opinião e expressão;

III – crença e culto religioso;

IV – prática de esportes e de diversões;

V – participação na vida familiar e comunitária;

VI – participação na vida política, na forma da lei;

VII – faculdade de buscar refúgio, auxílio e orientação.

§ 2.º O direito ao respeito consiste na inviolabilidade da integridade física, psíquica e moral, abrangendo a preservação da imagem, da identidade, da autonomia, de valores, ideias e crenças, dos espaços e dos objetos pessoais.

§ 3.º É dever de todos zelar pela dignidade do idoso, colocando-o a salvo de qualquer tratamento desumano, violento, aterrorizante, vexatório ou constrangedor.

Capítulo III
DOS ALIMENTOS

Art. 11. Os alimentos serão prestados ao idoso na forma da lei civil.

• *Vide* Lei n. 5.478, de 25-7-1968 (Lei de Alimentos).

Art. 12. A obrigação alimentar é solidária, podendo o idoso optar entre os prestadores.

• *Vide* arts. 264 a 285 do CC (obrigações solidárias).

Art. 13. As transações relativas a alimentos poderão ser celebradas perante o Promotor de Justiça ou Defensor Público, que as referendará, e passarão a ter efeito de título executivo extrajudicial nos termos da lei processual civil.

•• Artigo com redação determinada pela Lei n. 11.737, de 14-7-2008.

• Título executivo extrajudicial: art. 784 do CPC.

Art. 14. Se o idoso ou seus familiares não possuírem condições econômicas de prover o seu sustento, impõe-se ao Poder Público esse provimento, no âmbito da assistência social.

• *Vide* arts. 203 e s. da CF.

• A Lei n. 8.742, de 7-12-1993, dispõe sobre a organização da Assistência Social.

Capítulo IV
DO DIREITO À SAÚDE

Art. 15. É assegurada a atenção integral à saúde do idoso, por intermédio do Sistema Único de Saúde – SUS, garantindo-lhe o acesso universal e igualitário, em conjunto articulado e contínuo das ações e serviços, para a prevenção, promoção, proteção e recuperação da saúde, incluindo a atenção especial às doenças que afetam preferencialmente os idosos.

• *Vide* arts. 196 e s. da CF.

§ 1.º A prevenção e a manutenção da saúde do idoso serão efetivadas por meio de:

I – cadastramento da população idosa em base territorial;

II – atendimento geriátrico e gerontológico em ambulatórios;

III – unidades geriátricas de referência, com pessoal especializado nas áreas de geriatria e gerontologia social;

IV – atendimento domiciliar, incluindo a internação, para a população que dele necessitar e esteja impossibilitada de se locomover, inclusive para idosos abrigados e acolhidos por instituições públicas, filantrópicas ou sem fins lucrativos e eventualmente conveniadas com o Poder Público, nos meios urbano e rural;

• *Vide* art. 230, § 1.º, da CF.

V – reabilitação orientada pela geriatria e gerontologia, para redução das sequelas decorrentes do agravo da saúde.

§ 2.º Incumbe ao Poder Público fornecer aos idosos, gratuitamente, medicamentos, especialmente os de uso continuado, assim como próteses, órteses e outros recursos relativos ao tratamento, habilitação ou reabilitação.

§ 3.º É vedada a discriminação do idoso nos planos de saúde pela cobrança de valores diferenciados em razão da idade.

•• *Vide* art. 15 da Lei n. 9.656, de 3-6-1998, que dispõe sobre os planos e seguros privados de assistência à saúde.

§ 4.º Os idosos portadores de deficiência ou com limitação incapacitante terão atendimento especializado, nos termos da lei.

§ 5.º É vedado exigir o comparecimento do idoso enfermo perante os órgãos públicos, hipótese na qual será admitido o seguinte procedimento:

•• § 5.º, *caput*, acrescentado pela Lei n. 12.896, de 18-12-2013.

I – quando de interesse do poder público, o agente promoverá o contato necessário com o idoso em sua residência; ou

•• Inciso I acrescentado pela Lei n. 12.896, de 18-12-2013.

II – quando de interesse do próprio idoso, este se fará representar por procurador legalmente constituído.

•• Inciso II acrescentado pela Lei n. 12.896, de 18-12-2013.

§ 6.º É assegurado ao idoso enfermo o atendimento domiciliar pela perícia médica do Instituto Nacional do Seguro Social - INSS, pelo serviço público de saúde ou pelo serviço privado de saúde, contratado ou conveniado, que integre o Sistema Único de Saúde - SUS, para expedição do laudo de saúde necessário ao exercício de seus direitos sociais e de isenção tributária.

•• § 6.º acrescentado pela Lei n. 12.896, de 18-12-2013.

§ 7.º Em todo atendimento de saúde, os maiores de oitenta anos terão preferência especial sobre os demais idosos, exceto em caso de emergência.

•• § 7.º acrescentado pela Lei n. 13.466, de 12-7-2017.

Art. 16. Ao idoso internado ou em observação é assegurado o direito a acompanhante, devendo o órgão de saúde proporcionar as condições adequadas para a sua permanência em tempo integral, segundo o critério médico.

Parágrafo único. Caberá ao profissional de saúde responsável pelo tratamento conceder autorização para o acompanhamento do idoso ou, no caso de impossibilidade, justificá-la por escrito.

Art. 17. Ao idoso que esteja no domínio de suas faculdades mentais é assegurado o direito de optar pelo tratamento de saúde que lhe for reputado mais favorável.

Parágrafo único. Não estando o idoso em condições de proceder à opção, esta será feita:

I – pelo curador, quando o idoso for interditado;

• Curatela no CC: arts. 1.767 a 1.783.

II – pelos familiares, quando o idoso não tiver curador ou este não puder ser contactado em tempo hábil;

III – pelo médico, quando ocorrer iminente risco de vida e não houver tempo hábil para consulta a curador ou familiar;

IV – pelo próprio médico, quando não houver curador ou familiar conhecido, caso em que deverá comunicar o fato ao Ministério Público.

Art. 18. As instituições de saúde devem atender aos critérios mínimos para o atendimento às necessidades do idoso, promovendo o treinamento e a capacitação dos profissionais, assim como orientação a cuidadores familiares e grupos de autoajuda.

Art. 19. Os casos de suspeita ou confirmação de violência praticada contra idosos serão objeto de notificação compulsória pelos serviços de saúde públicos e privados à autoridade sanitária, bem como serão obrigatoriamente comunicados por eles a quaisquer dos seguintes órgãos:

•• *Caput* com redação determinada pela Lei n. 12.461, de 26-7-2011.

I – autoridade policial;

II – Ministério Público;

III – Conselho Municipal do Idoso;

IV – Conselho Estadual do Idoso;

V – Conselho Nacional do Idoso.

§ 1.º Para os efeitos desta Lei, considera-se violência contra o idoso qualquer ação ou omissão praticada em local público ou privado que lhe cause morte, dano ou sofrimento físico ou psicológico.

•• § 1.º acrescentado pela Lei n. 12.461, de 26-7-2011.

§ 2.º Aplica-se, no que couber, à notificação compulsória prevista no *caput* deste artigo, o disposto na Lei n. 6.259, de 30 de outubro de 1975.

•• § 2.º acrescentado pela Lei n. 12.461, de 26-7-2011.

• A Lei n. 6.259, de 30-10-1975, dispõe sobre a organização das ações de vigilância epidemiológica, sobre o Programa Nacional de Imunizações, estabelece normas relativas à notificação compulsória de doenças, e dá outras providências.

Capítulo V
DA EDUCAÇÃO, CULTURA, ESPORTE E LAZER

Art. 20. O idoso tem direito a educação, cultura, esporte, lazer, diversões, espetáculos, produtos e serviços que respeitem sua peculiar condição de idade.

Art. 21. O Poder Público criará oportunidades de acesso do idoso à educação, adequando currículos, metodologias e material didático aos programas educacionais a ele destinados.

§ 1.º Os cursos especiais para idosos incluirão conteúdo relativo às técnicas de comunicação, computação e demais avanços tecnológicos, para sua integração à vida moderna.

§ 2.º Os idosos participarão das comemorações de caráter cívico ou cultural, para transmissão de conhecimentos e vivências às demais gerações, no sentido da preservação da memória e da identidade culturais.

Art. 22. Nos currículos mínimos dos diversos níveis de ensino formal serão inseridos conteúdos voltados ao processo de envelhecimento, ao respeito e à valorização do idoso, de forma a eliminar o preconceito e a produzir conhecimentos sobre a matéria.

Art. 23. A participação dos idosos em atividades culturais e de lazer será proporcionada mediante descontos de pelo menos 50% (cinquenta por cento) nos ingressos para eventos artísticos, culturais, esportivos e de lazer, bem como o acesso preferencial aos respectivos locais.

Art. 24. Os meios de comunicação manterão espaços ou horários especiais voltados aos idosos, com finalidade informativa, educativa, artística e cultural, e ao público sobre o processo de envelhecimento.

Art. 25. As instruções de educação superior ofertarão às pessoas idosas, na perspectiva da educação ao longo da vida, cursos e programas de extensão, presenciais ou a distância, constituídos por atividades formais e não formais.

•• *Caput* com redação determinada pela Lei n. 13.535, de 15-12-2017.

Parágrafo único. O poder público apoiará a criação de universidade aberta para as pessoas idosas e incentivará a publicação de livros e periódicos, de conteúdo e padrão editorial adequados ao idoso, que facilitem a leitura, considerada a natural redução da capacidade visual.

•• Parágrafo único acrescentado pela Lei n. 13.535, de 15-12-2017.

Capítulo VI
DA PROFISSIONALIZAÇÃO E DO TRABALHO

Art. 26. O idoso tem direito ao exercício de atividade profissional, respeitadas suas condições físicas, intelectuais e psíquicas.

Art. 27. Na admissão do idoso em qualquer trabalho ou emprego, é vedada a discriminação e a fixação de limite máximo de idade, inclusive para concursos, ressalvados os casos em que a natureza do cargo o exigir.

• *Vide* art. 1.º da Lei n. 9.029, de 13-4-1995.

• *Vide* Súmulas 683, 684 e 686 do STF.

Parágrafo único. O primeiro critério de desempate em concurso público será a idade, dando-se preferência ao de idade mais elevada.

Art. 28. O Poder Público criará e estimulará programas de:

I – profissionalização especializada para os idosos, aproveitando seus potenciais e habilidades para atividades regulares e remuneradas;

II – preparação dos trabalhadores para a aposentadoria, com antecedência mínima de 1 (um) ano, por meio de estímulo a novos projetos sociais, conforme seus interesses, e de esclarecimento sobre os direitos sociais e de cidadania;

III – estímulo às empresas privadas para admissão de idosos ao trabalho.

Capítulo VII
DA PREVIDÊNCIA SOCIAL

Art. 29. Os benefícios de aposentadoria e pensão do Regime Geral da Previdência Social observarão, na sua concessão, critérios de cálculo que preservem o valor real dos salários sobre os quais incidiram contribuição, nos termos da legislação vigente.

Parágrafo único. Os valores dos benefícios em manutenção serão reajustados na mesma data de reajuste do salário mínimo, *pro rata*, de acordo com suas respectivas datas de início ou do seu último reajustamento, com base em percentual definido em regulamento, observados os critérios estabelecidos pela Lei n. 8.213, de 24 de julho de 1991.

• A Lei n. 8.213, de 24-7-1991, dispõe sobre o plano de benefícios da previdência social.

Art. 30. A perda da condição de segurado não será considerada para a concessão da aposentadoria por idade, desde que a pessoa conte com, no mínimo, o tempo de contribuição correspondente ao exigido para efeito de carência na data de requerimento do benefício.

Parágrafo único. O cálculo do valor do benefício previsto no *caput* observará o disposto no *caput* e § 2.º do art. 3.º da Lei n. 9.876, de 26 de novembro de 1999, ou, não havendo salários de contribuição recolhidos a partir da competência de julho de 1994, o disposto no art. 35 da Lei n. 8.213, de 1991.

• A Lei n. 9.876, de 26-11-1999, dispõe sobre a contribuição previdenciária do contribuinte individual.

Art. 31. O pagamento de parcelas relativas a benefícios, efetuado com atraso por responsabilidade da Previdência Social, será atualizado pelo mesmo índice utilizado para os reajustamentos dos benefícios do Regime Geral de Previdência Social, verificado no período compreendido entre o mês que deveria ter sido pago e o mês do efetivo pagamento.

Art. 32. O Dia Mundial do Trabalho, 1.º de Maio, é a data-base dos aposentados e pensionistas.

Capítulo VIII
DA ASSISTÊNCIA SOCIAL

• A Lei n. 8.742, de 7-12-1993, dispõe sobre a organização da assistência social.

• *Vide* arts. 203 e s. da CF.

Art. 33. A assistência social aos idosos será prestada, de forma articulada, conforme os princípios e diretrizes previstos na Lei Orgânica da Assistência Social, na Política Nacional do Idoso, no Sistema Único de Saúde e demais normas pertinentes.

Art. 34. Aos idosos, a partir de 65 (sessenta e cinco) anos, que não possuam meios para prover sua subsistência, nem de tê-la provida por sua família, é assegurado o benefício mensal de 1 (um) salário mínimo, nos termos da Lei Orgânica da Assistência Social – Loas.

•• O Decreto n. 6.214, de 26-9-2007, regulamenta o benefício de prestação continuada de assistência social devido ao idoso de que trata esta Lei.

• *Vide* art. 203, V, da CF.

Parágrafo único. O benefício já concedido a qualquer membro da família nos termos do *caput* não será computado para os fins do cálculo da renda familiar *per capita* a que se refere a Loas.

Art. 35. Todas as entidades de longa permanência, ou casa-lar, são obrigadas a firmar contrato de prestação de serviços com a pessoa idosa abrigada.

§ 1.º No caso de entidades filantrópicas, ou casa-lar, é facultada a cobrança de participação do idoso no custeio da entidade.

§ 2.º O Conselho Municipal do Idoso ou o Conselho Municipal da Assistência Social estabelecerá a forma de participação prevista no § 1.º, que não poderá exceder a 70% (setenta por cento) de qualquer benefício previdenciário ou de assistência social percebido pelo idoso.

§ 3.º Se a pessoa idosa for incapaz, caberá a seu representante legal firmar o contrato a que se refere o *caput* deste artigo.

Art. 36. O acolhimento de idosos em situação de risco social, por adulto ou núcleo familiar, caracteriza a dependência econômica, para os efeitos legais.

Capítulo IX
DA HABITAÇÃO

Art. 37. O idoso tem direito a moradia digna, no seio da família natural ou substituta, ou desacompanhado de seus familiares, quando assim o desejar, ou, ainda, em instituição pública ou privada.

§ 1.º A assistência integral na modalidade de entidade de longa permanência será prestada quando verificada inexistência de grupo familiar, casa-lar, abandono ou carência de recursos financeiros próprios ou da família.

•• A Resolução n. 502, de 27-5-2021, da Diretoria Colegiada da Anvisa, dispõe sobre o funcionamento de instituição de longa permanência para idosos, de caráter residencial.

§ 2.º Toda instituição dedicada ao atendimento ao idoso fica obrigada a manter identificação externa visível, sob pena de interdição, além de atender toda a legislação pertinente.

§ 3.º As instituições que abrigarem idosos são obrigadas a manter padrões de habitação compatíveis com as necessidades deles, bem como provê-los com alimentação regular e higiene indispensáveis às normas sanitárias e com estas condizentes, sob as penas da lei.

Art. 38. Nos programas habitacionais, públicos ou subsidiados com recursos públicos, o idoso goza de prioridade na aquisição de imóvel para moradia própria, observado o seguinte:

I – reserva de pelo menos 3% (três por cento) das unidades habitacionais residenciais para atendimento aos idosos;

•• Inciso I com redação determinada pela Lei n. 12.418, de 9-6-2011.

II – implantação de equipamentos urbanos comunitários voltados ao idoso;

III – eliminação de barreiras arquitetônicas e urbanísticas, para garantia de acessibilidade ao idoso;

IV – critérios de financiamento compatíveis com os rendimentos de aposentadoria e pensão.

Parágrafo único. As unidades residenciais reservadas para atendimento a idosos devem situar-se, preferencialmente, no pavimento térreo.

•• Parágrafo único acrescentado pela Lei n. 12.419, de 9-6-2011.

Capítulo X
DO TRANSPORTE

Art. 39. Aos maiores de 65 (sessenta e cinco) anos fica assegurada a gratuidade dos transportes coletivos públicos urbanos e semiurbanos, exceto nos serviços seletivos e especiais, quando prestados paralelamente aos serviços regulares.

• *Vide* art. 230, § 2.º, da CF.

§ 1.º Para ter acesso à gratuidade, basta que o idoso apresente qualquer documento pessoal que faça prova de sua idade.

§ 2.º Nos veículos de transporte coletivo de que trata este artigo, serão reservados 10% (dez por cento) dos assentos para os idosos, devidamente identificados com a placa de reservado preferencialmente para idosos.

§ 3.º No caso das pessoas compreendidas na faixa etária entre 60 (sessenta) e 65 (sessenta e cinco) anos, ficará a critério da legislação local dispor sobre as condições para exercício da gratuidade nos meios de transporte previstos no *caput* deste artigo.

Art. 40. No sistema de transporte coletivo interestadual observar-se-á, nos termos da legislação específica:

I – a reserva de 2 (duas) vagas gratuitas por veículo para idosos com renda igual ou inferior a 2 (dois) salários mínimos;

II – desconto de 50% (cinquenta por cento), no mínimo, no valor das passagens, para os idosos que excederem as vagas gratuitas, com renda igual ou inferior a 2 (dois) salários mínimos.

Parágrafo único. Caberá aos órgãos competentes definir os mecanismos e os critérios para o exercício dos direitos previstos nos incisos I e II.

Art. 41. É assegurada a reserva, para os idosos, nos termos da lei local, de 5% (cinco por cento) das vagas nos estacionamentos públicos e privados, as quais deverão ser posicionadas de forma a garantir a melhor comodidade ao idoso.

Art. 42. São asseguradas a prioridade e a segurança do idoso nos procedimentos de embarque e desembarque nos veículos do sistema de transporte coletivo.

•• Artigo com redação determinada pela Lei n. 12.899, de 18-12-2013.

Título III
DAS MEDIDAS DE PROTEÇÃO

Capítulo I
DAS DISPOSIÇÕES GERAIS

Art. 43. As medidas de proteção ao idoso são aplicáveis sempre que os direitos reconhecidos nesta Lei forem ameaçados ou violados:

I – por ação ou omissão da sociedade ou do Estado;

II – por falta, omissão ou abuso da família, curador ou entidade de atendimento;

III – em razão de sua condição pessoal.

Capítulo II
DAS MEDIDAS ESPECÍFICAS DE PROTEÇÃO

Art. 44. As medidas de proteção ao idoso previstas nesta Lei poderão ser aplicadas, isolada ou cumulativamente, e levarão em conta os fins sociais a que se destinam e o fortalecimento dos vínculos familiares e comunitários.

Art. 45. Verificada qualquer das hipóteses previstas no art. 43, o Ministério Público ou o Poder Judiciário, a requerimento daquele, poderá determinar, dentre outras, as seguintes medidas:

I – encaminhamento à família ou curador, mediante termo de responsabilidade;

II – orientação, apoio e acompanhamento temporários;

III – requisição para tratamento de sua saúde, em regime ambulatorial, hospitalar ou domiciliar;

IV – inclusão em programa oficial ou comunitário de auxílio, orientação e tratamento a usuários dependentes de drogas lícitas ou ilícitas, ao próprio idoso ou à pessoa de sua convivência que lhe cause perturbação;

V – abrigo em entidade;

VI – abrigo temporário.

Título IV
DA POLÍTICA DE ATENDIMENTO AO IDOSO

Capítulo I
DISPOSIÇÕES GERAIS

Art. 46. A política de atendimento ao idoso far-se-á por meio do conjunto articulado de ações governamentais e não governamentais da União, dos Estados, do Distrito Federal e dos Municípios.

Art. 47. São linhas de ação da política de atendimento:

I – políticas sociais básicas, previstas na Lei n. 8.842, de 4 de janeiro de 1994;

- A Lei n. 8.842, de 4-1-1994, dispõe sobre a Política Nacional do Idoso, cria o Conselho Nacional do Idoso e dá outras providências.

II – políticas e programas de assistência social, em caráter supletivo, para aqueles que necessitarem;

III – serviços especiais de prevenção e atendimento às vítimas de negligência, maus-tratos, exploração, abuso, crueldade e opressão;

IV – serviço de identificação e localização de parentes ou responsáveis por idosos abandonados em hospitais e instituições de longa permanência;

V – proteção jurídico-social por entidades de defesa dos direitos dos idosos;

VI – mobilização da opinião pública no sentido da participação dos diversos segmentos da sociedade no atendimento do idoso.

Capítulo II
DAS ENTIDADES DE ATENDIMENTO AO IDOSO

Art. 48. As entidades de atendimento são responsáveis pela manutenção das próprias unidades, observadas as normas de planejamento e execução emanadas do órgão competente da Política Nacional do Idoso, conforme a Lei n. 8.842, de 1994.

Parágrafo único. As entidades governamentais e não governamentais de assistência ao idoso ficam sujeitas à inscrição de seus programas, junto ao órgão competente da Vigilância Sanitária e Conselho Municipal da Pessoa Idosa, e em sua falta, junto ao Conselho Estadual ou Nacional da Pessoa Idosa, especificando os regimes de atendimento, observados os seguintes requisitos:

I – oferecer instalações físicas em condições adequadas de habitabilidade, higiene, salubridade e segurança;

II – apresentar objetivos estatutários e plano de trabalho compatíveis com os princípios desta Lei;

III – estar regularmente constituída;

IV – demonstrar a idoneidade de seus dirigentes.

Art. 49. As entidades que desenvolvam programas de institucionalização de longa permanência adotarão os seguintes princípios:

I – preservação dos vínculos familiares;

II – atendimento personalizado e em pequenos grupos;

III – manutenção do idoso na mesma instituição, salvo em caso de força maior;

IV – participação do idoso nas atividades comunitárias, de caráter interno e externo;

V – observância dos direitos e garantias dos idosos;

VI – preservação da identidade do idoso e oferecimento de ambiente de respeito e dignidade.

Parágrafo único. O dirigente de instituição prestadora de atendimento ao idoso responderá civil e criminalmente pelos atos que praticar em detrimento do idoso, sem prejuízo das sanções administrativas.

Art. 50. Constituem obrigações das entidades de atendimento:

I – celebrar contrato escrito de prestação de serviço com o idoso, especificando o tipo de atendimento, as obrigações da entidade e prestações decorrentes do contrato, com os respectivos preços, se for o caso;

II – observar os direitos e as garantias de que são titulares os idosos;

III – fornecer vestuário adequado, se for pública, e alimentação suficiente;

IV – oferecer instalações físicas em condições adequadas de habitabilidade;

V – oferecer atendimento personalizado;

VI – diligenciar no sentido da preservação dos vínculos familiares;

VII – oferecer acomodações apropriadas para recebimento de visitas;

VIII – proporcionar cuidados à saúde, conforme a necessidade do idoso;

IX – promover atividades educacionais, esportivas, culturais e de lazer;

X – propiciar assistência religiosa àqueles que desejarem, de acordo com suas crenças;

XI – proceder a estudo social e pessoal de cada caso;

XII – comunicar à autoridade competente de saúde toda ocorrência de idoso portador de doenças infectocontagiosas;

XIII – providenciar ou solicitar que o Ministério Público requisite os documentos necessários ao exercício da cidadania àqueles que não os tiverem, na forma da lei;

XIV – fornecer comprovante de depósito dos bens móveis que receberem dos idosos;

XV – manter arquivo de anotações onde constem data e circunstâncias do atendimento, nome do idoso, responsável, parentes, endereços, cidade, relação de seus pertences, bem como o valor de contribuições, e suas alterações, se houver, e demais dados que possibilitem sua identificação e a individualização do atendimento;

XVI – comunicar ao Ministério Público, para as providências cabíveis, a situação de abandono moral ou material por parte dos familiares;

XVII – manter no quadro de pessoal profissionais com formação específica.

Art. 51. As instituições filantrópicas ou sem fins lucrativos prestadoras de serviço ao idoso terão direito à assistência judiciária gratuita.

• *Vide* Lei n. 1.060, de 5-2-1950.

Capítulo III
DA FISCALIZAÇÃO DAS ENTIDADES DE ATENDIMENTO

Art. 52. As entidades governamentais e não governamentais de atendimento ao idoso serão fiscalizadas pelos Conselhos do Idoso, Ministério Público, Vigilância Sanitária e outros previstos em lei.

Art. 53. O art. 7.º da Lei n. 8.842, de 1994, passa a vigorar com a seguinte redação:

> "Art. 7.º Compete aos Conselhos de que trata o art. 6.º desta Lei a supervisão, o acompanhamento, a fiscalização e a avaliação da política nacional do idoso, no âmbito das respectivas instâncias político-administrativas".

Art. 54. Será dada publicidade das prestações de contas dos recursos públicos e privados recebidos pelas entidades de atendimento.

Art. 55. As entidades de atendimento que descumprirem as determinações desta Lei ficarão sujeitas, sem prejuízo da responsabilidade civil e criminal de seus dirigentes ou prepostos, às seguintes penalidades, observado o devido processo legal:

I – as entidades governamentais:

a) advertência;

b) afastamento provisório de seus dirigentes;

c) afastamento definitivo de seus dirigentes;

d) fechamento de unidade ou interdição de programa;

II – as entidades não governamentais:

a) advertência;

b) multa;

c) suspensão parcial ou total do repasse de verbas públicas;

d) interdição de unidade ou suspensão de programa;

e) proibição de atendimento a idosos a bem do interesse público.

§ 1.º Havendo danos aos idosos abrigados ou qualquer tipo de fraude em relação ao programa, caberá o afastamento provisório dos dirigentes ou a interdição da unidade e a suspensão do programa.

§ 2.º A suspensão parcial ou total do repasse de verbas públicas ocorrerá quando verificada a má aplicação ou desvio de finalidade dos recursos.

§ 3.º Na ocorrência de infração por entidade de atendimento, que coloque em risco os direitos assegurados nesta Lei, será o fato comunicado ao Ministério Público, para as providências cabíveis, inclusive para promover a suspensão das atividades ou dissolução da entidade, com a proibição de atendimento a idosos a bem do interesse público, sem prejuízo das providências a serem tomadas pela Vigilância Sanitária.

§ 4.º Na aplicação das penalidades, serão consideradas a natureza e a gravidade da infração cometida, os danos que dela provierem para o idoso, as circunstâncias agravantes ou atenuantes e os antecedentes da entidade.

Capítulo IV
DAS INFRAÇÕES ADMINISTRATIVAS

Art. 56. Deixar a entidade de atendimento de cumprir as determinações do art. 50 desta Lei:

Pena – multa de R$ 500,00 (quinhentos reais) a R$ 3.000,00 (três mil reais), se o fato não for caracterizado como crime, podendo haver a interdição do estabelecimento até que sejam cumpridas as exigências legais.

Parágrafo único. No caso de interdição do estabelecimento de longa permanência, os idosos abrigados serão transferidos para outra instituição, a expensas do estabelecimento interditado, enquanto durar a interdição.

Art. 57. Deixar o profissional de saúde ou o responsável por estabelecimento de saúde ou instituição de longa permanência de comunicar à autoridade competente os casos de crimes contra idoso de que tiver conhecimento:

Pena – multa de R$ 500,00 (quinhentos reais) a R$ 3.000,00 (três mil reais), aplicada em dobro no caso de reincidência.

Art. 58. Deixar de cumprir as determinações desta Lei sobre a prioridade no atendimento ao idoso:

Pena – multa de R$ 500,00 (quinhentos reais) a R$ 1.000,00 (um mil reais) e multa civil a ser estipulada pelo juiz, conforme o dano sofrido pelo idoso.

Capítulo V
DA APURAÇÃO ADMINISTRATIVA DE INFRAÇÃO ÀS NORMAS DE PROTEÇÃO AO IDOSO

Art. 59. Os valores monetários expressos no Capítulo IV serão atualizados anualmente, na forma da lei.

Art. 60. O procedimento para a imposição de penalidade administrativa por infração às normas de proteção ao idoso terá início com requisição do Ministério Público ou auto de infração elaborado por servidor efetivo e assinado, se possível, por duas testemunhas.

§ 1.º No procedimento iniciado com o auto de infração poderão ser usadas fórmulas impressas, especificando-se a natureza e as circunstâncias da infração.

§ 2.º Sempre que possível, à verificação da infração seguir-se-á a lavratura do auto, ou este será lavrado dentro de 24 (vinte e quatro) horas, por motivo justificado.

Art. 61. O autuado terá prazo de 10 (dez) dias para a apresentação da defesa, contado da data da intimação, que será feita:

I – pelo autuante, no instrumento de autuação, quando for lavrado na presença do infrator;

II – por via postal, com aviso de recebimento.

Art. 62. Havendo risco para a vida ou à saúde do idoso, a autoridade competente aplicará à entidade de atendimento as sanções regulamentares, sem prejuízo da iniciativa e das providências que vierem a ser adotadas pelo Ministério Público ou pelas demais instituições legitimadas para a fiscalização.

Art. 63. Nos casos em que não houver risco para a vida ou a saúde da pessoa idosa abrigada, a autoridade competente aplicará à entidade de atendimento as sanções regulamentares, sem prejuízo da iniciativa e das providências que vierem a ser adotadas pelo Ministério Público ou pelas demais instituições legitimadas para a fiscalização.

Capítulo VI
DA APURAÇÃO JUDICIAL DE IRREGULARIDADES EM ENTIDADE DE ATENDIMENTO

Art. 64. Aplicam-se, subsidiariamente, ao procedimento administrativo de que trata este Capítulo as disposições das Leis n. 6.437, de 20 de agosto de 1977, e 9.784, de 29 de janeiro de 1999.

- A Lei n. 6.437, de 20-8-1977, configura infrações à legislação sanitária federal, e a Lei n. 9.784, de 29-1-1999, regula o processo administrativo no âmbito da Administração Pública Federal.

Art. 65. O procedimento de apuração de irregularidade em entidade governamental e não governamental de atendimento ao idoso terá início mediante petição fundamentada de pessoa interessada ou iniciativa do Ministério Público.

Art. 66. Havendo motivo grave, poderá a autoridade judiciária, ouvido o Ministério Público, decretar liminarmente o afastamento provisório do dirigente da entidade ou outras medidas que julgar adequadas, para evitar lesão aos direitos do idoso, mediante decisão fundamentada.

Art. 67. O dirigente da entidade será citado para, no prazo de 10 (dez) dias, oferecer resposta escrita, podendo juntar documentos e indicar as provas a produzir.

Art. 68. Apresentada a defesa, o juiz procederá na conformidade do art. 69 ou, se necessário, designará audiência de instrução e julgamento, deliberando sobre a necessidade de produção de outras provas.

§ 1.º Salvo manifestação em audiência, as partes e o Ministério Público terão 5 (cinco) dias para oferecer alegações finais, decidindo a autoridade judiciária em igual prazo.

§ 2.º Em se tratando de afastamento provisório ou definitivo de dirigente de entidade governamental, a autoridade judiciária oficiará a autoridade administrativa imediatamente superior ao afastado, fixando-lhe prazo de 24 (vinte e quatro) horas para proceder à substituição.

§ 3.º Antes de aplicar qualquer das medidas, a autoridade judiciária poderá fixar prazo para a remoção das irregularidades verificadas. Satisfeitas as exigências, o processo será extinto, sem julgamento do mérito.

§ 4.º A multa e a advertência serão impostas ao dirigente da entidade ou ao responsável pelo programa de atendimento.

TÍTULO V
DO ACESSO À JUSTIÇA

Capítulo I
DISPOSIÇÕES GERAIS

Art. 69. Aplica-se, subsidiariamente, às disposições deste Capítulo, o procedimento sumário previsto no Código de Processo Civil, naquilo que não contrarie os prazos previstos nesta Lei.

Art. 70. O Poder Público poderá criar varas especializadas e exclusivas do idoso.

Art. 71. É assegurada prioridade na tramitação dos processos e procedimentos e na execução dos atos e diligências judiciais em que figure como parte ou interveniente pessoa com idade igual ou superior a 60 (sessenta) anos, em qualquer instância.

§ 1.º O interessado na obtenção da prioridade a que alude este artigo, fazendo prova de sua idade, requererá o benefício à autoridade judiciária competente para decidir o feito, que determinará as providências a serem cumpridas, anotando-se essa circunstância em local visível nos autos do processo.

§ 2.º A prioridade não cessará com a morte do beneficiado, estendendo-se em favor do cônjuge supérstite, companheiro ou companheira, com união estável, maior de 60 (sessenta) anos.

• União estável no CC: arts. 1.723 a 1.727.

§ 3.º A prioridade se estende aos processos e procedimentos na Administração Pública, empresas prestadoras de serviços públicos e instituições financeiras, ao atendimento preferencial junto à Defensoria Pública da União, dos Estados e do Distrito Federal em relação aos Serviços de Assistência Judiciária.

• *Vide* Lei n. 1.060, de 5-2-1950.

§ 4.º Para o atendimento prioritário será garantido ao idoso o fácil acesso aos assentos e caixas, identificados com a destinação a idosos em local visível e caracteres legíveis.

§ 5.º Dentre os processos de idosos, dar-se-á prioridade especial aos maiores de oitenta anos.

•• § 5.º acrescentado pela Lei n. 13.466, de 12-7-2017.

Capítulo II
DO MINISTÉRIO PÚBLICO

Art. 72. (*Vetado.*)

Art. 73. As funções do Ministério Público, previstas nesta Lei, serão exercidas nos termos da respectiva Lei Orgânica.

• Lei Orgânica do Ministério Público: Lei n. 8.625, de 12-2-1993.

Art. 74. Compete ao Ministério Público:

I – instaurar o inquérito civil e a ação civil pública para a proteção dos direitos e interesses difusos ou coletivos, individuais indisponíveis e individuais homogêneos do idoso;

II – promover e acompanhar as ações de alimentos, de interdição total ou parcial, de designação de curador especial, em circunstâncias que justifiquem a medida e oficiar em todos os feitos em que se discutam os direitos de idosos em condições de risco;

III – atuar como substituto processual do idoso em situação de risco, conforme o disposto no art. 43 desta Lei;

IV – promover a revogação de instrumento procuratório do idoso, nas hipóteses previstas no art. 43 desta Lei, quando necessário ou o interesse público justificar;

V – instaurar procedimento administrativo e, para instruí-lo:

a) expedir notificações, colher depoimentos ou esclarecimentos e, em caso de não comparecimento injustificado da pessoa notificada, requisitar condução coercitiva, inclusive pela Polícia Civil ou Militar;

b) requisitar informações, exames, perícias e documentos de autoridades municipais, estaduais e federais, da administração direta e indireta, bem como promover inspeções e diligências investigatórias;

c) requisitar informações e documentos particulares de instituições privadas;

VI – instaurar sindicâncias, requisitar diligências investigatórias e a instauração de inquérito policial, para a apuração de ilícitos ou infrações às normas de proteção ao idoso;

VII – zelar pelo efetivo respeito aos direitos e garantias legais assegurados ao idoso, promovendo as medidas judiciais e extrajudiciais cabíveis;

VIII – inspecionar as entidades públicas e particulares de atendimento e os programas de que trata esta Lei, adotando de pronto as medidas administrativas ou judiciais necessárias à remoção de irregularidades porventura verificadas;

IX – requisitar força policial, bem como a colaboração dos serviços de saúde, educacionais e de assistência social, públicos, para o desempenho de suas atribuições;

X – referendar transações envolvendo interesses e direitos dos idosos previstos nesta Lei.

§ 1.º A legitimação do Ministério Público para as ações cíveis previstas neste artigo não impede a de terceiros, nas mesmas hipóteses, segundo dispuser a lei.

§ 2.º As atribuições constantes deste artigo não excluem outras, desde que compatíveis com a finalidade e atribuições do Ministério Público.

§ 3.º O representante do Ministério Público, no exercício de suas funções, terá livre acesso a toda entidade de atendimento ao idoso.

Art. 75. Nos processos e procedimentos em que não for parte, atuará obrigatoriamente o Ministério Público na defesa dos direitos e interesses de que cuida esta Lei, hipóteses em que terá vista dos autos depois das partes, podendo juntar documentos, requerer diligências e produção de outras provas, usando os recursos cabíveis.

Art. 76. A intimação do Ministério Público, em qualquer caso, será feita pessoalmente.

Art. 77. A falta de intervenção do Ministério Público acarreta a nulidade do feito, que será declarada de ofício pelo juiz ou a requerimento de qualquer interessado.

Capítulo III
DA PROTEÇÃO JUDICIAL DOS INTERESSES DIFUSOS, COLETIVOS E INDIVIDUAIS INDISPONÍVEIS OU HOMOGÊNEOS

Art. 78. As manifestações processuais do representante do Ministério Público deverão ser fundamentadas.

Art. 79. Regem-se pelas disposições desta Lei as ações de responsabilidade por ofensa aos direitos assegurados ao idoso, referentes à omissão ou ao oferecimento insatisfatório de:

I – acesso às ações e serviços de saúde;

II – atendimento especializado ao idoso portador de deficiência ou com limitação incapacitante;

III – atendimento especializado ao idoso portador de doença infectocontagiosa;

IV – serviço de assistência social visando ao amparo do idoso.

Parágrafo único. As hipóteses previstas neste artigo não excluem da proteção judicial outros interesses difusos, coletivos, individuais indisponíveis ou homogêneos, próprios do idoso, protegidos em lei.

Art. 80. As ações previstas neste Capítulo serão propostas no foro do domicílio do idoso, cujo juízo terá competência absoluta para processar a causa, ressalvadas as competências da Justiça Federal e a competência originária dos Tribunais Superiores.

Art. 81. Para as ações cíveis fundadas em interesses difusos, coletivos, individuais indisponíveis ou homogêneos, consideram-se legitimados, concorrentemente:

I – o Ministério Público;

II – a União, os Estados, o Distrito Federal e os Municípios;

III – a Ordem dos Advogados do Brasil;

IV – as associações legalmente constituídas há pelo menos 1 (um) ano e que incluam entre os fins institucionais a defesa dos interesses e direitos da pessoa idosa, dispensada a autorização da assembleia, se houver prévia autorização estatutária.

§ 1.º Admitir-se-á litisconsórcio facultativo entre os Ministérios Públicos da União e dos Estados na defesa dos interesses e direitos de que cuida esta Lei.

§ 2.º Em caso de desistência ou abandono da ação por associação legitimada, o Ministério Público ou outro legitimado deverá assumir a titularidade ativa.

Art. 82. Para defesa dos interesses e direitos protegidos por esta Lei, são admissíveis todas as espécies de ação pertinentes.

Parágrafo único. Contra atos ilegais ou abusivos de autoridade pública ou agente de pessoa jurídica no exercício de atribuições de Poder Público, que lesem direito líquido e certo previsto nesta Lei, caberá ação mandamental, que se regerá pelas normas da lei do mandado de segurança.

Art. 83. Na ação que tenha por objeto o cumprimento de obrigação de fazer ou não fazer, o juiz concederá a tutela específica da obrigação ou determinará providências que assegurem o resultado prático equivalente ao adimplemento.

§ 1.º Sendo relevante o fundamento da demanda e havendo justificado receio de ineficácia do provimento final, é lícito ao juiz conceder a tutela liminarmente ou após justificação prévia, na forma do art. 273 do Código de Processo Civil.

- Refere-se ao CPC de 1973. *Vide* arts. 294 e s. do CPC de 2015 (tutela provisória).

§ 2.º O juiz poderá, na hipótese do § 1.º ou na sentença, impor multa diária ao réu, independentemente do pedido do autor, se for suficiente ou compatível com a obrigação, fixando prazo razoável para o cumprimento do preceito.

§ 3.º A multa só será exigível do réu após o trânsito em julgado da sentença favorável ao autor, mas será devida desde o dia em que se houver configurado.

Art. 84. Os valores das multas previstas nesta Lei reverterão ao Fundo do Idoso, onde houver, ou na falta deste, ao Fundo Municipal de Assistência Social, ficando vinculados ao atendimento ao idoso.

Parágrafo único. As multas não recolhidas até 30 (trinta) dias após o trânsito em julgado da decisão serão exigidas por meio de execução promovida pelo Ministério Público, nos mesmos autos, facultada igual iniciativa aos demais legitimados em caso de inércia daquele.

Art. 85. O juiz poderá conferir efeito suspensivo aos recursos, para evitar dano irreparável à parte.

Art. 86. Transitada em julgado a sentença que impuser condenação ao Poder Público, o juiz determinará a remessa de peças à autoridade competente, para apuração da responsabilidade civil e administrativa do agente a que se atribua a ação ou omissão.

Art. 87. Decorridos 60 (sessenta) dias do trânsito em julgado da sentença condenatória favorável ao idoso sem que o autor lhe promova a execução, deverá fazê-lo o Ministério Público, facultada, igual iniciativa aos demais legitimados, como assistentes ou assumindo o polo ativo, em caso de inércia desse órgão.

Art. 88. Nas ações de que trata este Capítulo, não haverá adiantamento de custas, emolumentos, honorários periciais e quaisquer outras despesas.

Parágrafo único. Não se imporá sucumbência ao Ministério Público.

Art. 89. Qualquer pessoa poderá, e o servidor deverá, provocar a iniciativa do Ministério Público, prestando-lhe informações sobre os fatos que constituam objeto de ação civil e indicando-lhe os elementos de convicção.

Art. 90. Os agentes públicos em geral, os juízes e tribunais, no exercício de suas funções, quando tiverem conhecimento de fatos que possam configurar crime de ação pública contra idoso ou ensejar a propositura de ação para sua defesa, devem encaminhar as peças pertinentes ao Ministério Público, para as providências cabíveis.

Art. 91. Para instruir a petição inicial, o interessado poderá requerer às autoridades competentes as certidões e informações que julgar necessárias, que serão fornecidas no prazo de 10 (dez) dias.

Art. 92. O Ministério Público poderá instaurar sob sua presidência, inquérito civil, ou requisitar, de qualquer pessoa, organismo público ou particular, certidões, informações, exames ou perícias, no prazo que assinalar, o qual não poderá ser inferior a 10 (dez) dias.

§ 1.º Se o órgão do Ministério Público, esgotadas todas as diligências, se convencer da inexistência de fundamento para a propositura da ação civil ou de peças informativas, determinará o seu arquivamento, fazendo-o fundamentadamente.

§ 2.º Os autos do inquérito civil ou as peças de informação arquivados serão remetidos, sob pena de se incorrer em falta grave, no prazo de 3 (três) dias, ao Conselho Superior do Ministério Público ou à Câmara de Coordenação e Revisão do Ministério Público.

§ 3.º Até que seja homologado ou rejeitado o arquivamento, pelo Conselho Superior do Ministério Público ou por Câmara de Coordenação e Revisão do Ministério Público, as associações legitimadas poderão apresentar razões escritas ou documentos, que serão juntados ou anexados às peças de informação.

§ 4.º Deixando o Conselho Superior ou a Câmara de Coordenação e Revisão do Ministério Público de homologar a promoção de arquivamento, será designado outro membro do Ministério Público para o ajuizamento da ação.

Título VI
DOS CRIMES

Capítulo I
DISPOSIÇÕES GERAIS

Art. 93. Aplicam-se subsidiariamente, no que couber, as disposições da Lei n. 7.347, de 24 de julho de 1985.

• A Lei n. 7.347, de 24-7-1985, dispõe sobre a ação civil pública.

Art. 94. Aos crimes previstos nesta Lei, cuja pena máxima privativa de liberdade não ultrapasse 4 (quatro) anos, aplica-se o procedimento previsto na Lei n. 9.099, de 26 de setembro de 1995, e, subsidiariamente, no que couber, as disposições do Código Penal e do Código de Processo Penal.

•• O STF, em 16-6-2010, julgou parcialmente procedente a ADI n. 3.096 (*DOU* de 27-9-2010), para dar interpretação conforme a CF, com redução de texto, para suprimir a expressão "do Código Penal e", no sentido de aplicar-se apenas o procedimento sumaríssimo previsto na Lei n. 9.099/95, e não outros benefícios ali previstos.

• A Lei n. 9.099, de 26-9-1995, dispõe sobre os Juizados Especiais Cíveis e Criminais.

Capítulo II
DOS CRIMES EM ESPÉCIE

Art. 95. Os crimes definidos nesta Lei são de ação penal pública incondicionada, não se lhes aplicando os arts. 181 e 182 do Código Penal.

• Os arts. 181 e 182 do CP dispõem sobre casos de isenção de pena para os crimes contra o patrimônio.

Art. 96. Discriminar pessoa idosa, impedindo ou dificultando seu acesso a operações bancárias, aos meios de transporte, ao direito de contratar ou por qualquer outro meio ou instrumento necessário ao exercício da cidadania, por motivo de idade:

Pena – reclusão de 6 (seis) meses a 1 (um) ano e multa.

§ 1.º Na mesma pena incorre quem desdenhar, humilhar, menosprezar ou discriminar pessoa idosa, por qualquer motivo.

§ 2.º A pena será aumentada de 1/3 (um terço) se a vítima se encontrar sob os cuidados ou responsabilidade do agente.

§ 3.º Não constitui crime a negativa de crédito motivada por superendividamento do idoso.

•• § 3.º acrescentado pela Lei n. 14.181, de 1.º-7-2021.

Art. 97. Deixar de prestar assistência ao idoso, quando possível fazê-lo sem risco pessoal, em situação de iminente perigo, ou recusar, retardar ou dificultar sua assistência à saúde, sem justa causa, ou não pedir, nesses casos, o socorro de autoridade pública:

Pena – detenção de 6 (seis) meses a 1 (um) ano e multa.

Parágrafo único. A pena é aumentada de metade, se da omissão resulta lesão corporal de natureza grave, e triplicada, se resulta a morte.

Art. 98. Abandonar o idoso em hospitais, casas de saúde, entidades de longa permanência, ou congêneres, ou não prover suas necessidades básicas, quando obrigado por lei ou mandado:

Pena – detenção de 6 (seis) meses a 3 (três) anos e multa.

Art. 99. Expor a perigo a integridade e a saúde, física ou psíquica, do idoso, submetendo-o a condições desumanas ou degradantes ou privando-o de alimentos e cuidados indispensáveis, quando obrigado a fazê-lo, ou sujeitando-o a trabalho excessivo ou inadequado:

Pena – detenção de 2 (dois) meses a 1 (um) ano e multa.

§ 1.º Se do fato resulta lesão corporal de natureza grave:

Pena – reclusão de 1 (um) a 4 (quatro) anos.

§ 2.º Se resulta a morte:

Pena – reclusão de 4 (quatro) a 12 (doze) anos.

Art. 100. Constitui crime punível com reclusão de 6 (seis) meses a 1 (um) ano e multa:

I – obstar o acesso de alguém a qualquer cargo público por motivo de idade;

II – negar a alguém, por motivo de idade, emprego ou trabalho;

III – recusar, retardar ou dificultar atendimento ou deixar de prestar assistência à saúde, sem justa causa, a pessoa idosa;

IV – deixar de cumprir, retardar ou frustrar, sem justo motivo, a execução de ordem judicial expedida na ação civil a que alude esta Lei;

V – recusar, retardar ou omitir dados técnicos indispensáveis à propositura da ação civil objeto desta Lei, quando requisitados pelo Ministério Público.

Art. 101. Deixar de cumprir, retardar ou frustrar, sem justo motivo, a execução de ordem judicial expedida nas ações em que for parte ou interveniente o idoso:

Pena – detenção de 6 (seis) meses a 1 (um) ano e multa.

Art. 102. Apropriar-se de ou desviar bens, proventos, pensão ou qualquer outro rendimento do idoso, dando-lhes aplicação diversa da de sua finalidade:

Pena – reclusão de 1 (um) a 4 (quatro) anos e multa.

Art. 103. Negar o acolhimento ou a permanência do idoso, como abrigado, por recusa deste em outorgar procuração à entidade de atendimento:

Pena – detenção de 6 (seis) meses a 1 (um) ano e multa.

Art. 104. Reter o cartão magnético de conta bancária relativa a benefícios, proventos ou pensão do idoso, bem como qualquer outro documento com objetivo de assegurar recebimento ou ressarcimento de dívida:

Pena – detenção de 6 (seis) meses a 2 (dois) anos e multa.

Art. 105. Exibir ou veicular, por qualquer meio de comunicação, informações ou imagens depreciativas ou injuriosas à pessoa do idoso:

Pena – detenção de 1 (um) a 3 (três) anos e multa.

Art. 106. Induzir pessoa idosa sem discernimento de seus atos a outorgar procuração para fins de administração de bens ou deles dispor livremente:

Pena – reclusão de 2 (dois) a 4 (quatro) anos.

Art. 107. Coagir, de qualquer modo, o idoso a doar, contratar, testar ou outorgar procuração:

Pena – reclusão de 2 (dois) a 5 (cinco) anos.

Art. 108. Lavrar ato notarial que envolva pessoa idosa sem discernimento de seus atos, sem a devida representação legal:

Pena – reclusão de 2 (dois) a 4 (quatro) anos.

Título VII
DISPOSIÇÕES FINAIS E TRANSITÓRIAS

Art. 109. Impedir ou embaraçar ato do representante do Ministério Público ou de qualquer outro agente fiscalizador:

Pena – reclusão de 6 (seis) meses a 1 (um) ano e multa.

....

Art. 115. O Orçamento da Seguridade Social destinará ao Fundo Nacional de Assistência Social, até que o Fundo Nacional do Idoso seja criado, os recursos necessários, em cada exercício financeiro, para aplicação em programas e ações relativos ao idoso.

•• A Lei n. 12.213, de 20-1-2010, institui o Fundo Nacional do Idoso e autoriza a deduzir do imposto de renda devido pelas pessoas físicas e jurídicas as doações efetuadas nos Fundos Municipais, Estaduais e Nacional do Idoso.

Art. 116. Serão incluídos nos censos demográficos dados relativos à população idosa do País.

Art. 117. O Poder Executivo encaminhará ao Congresso Nacional projeto de lei revendo os critérios de concessão do Benefício de Prestação Continuada previsto na Lei Orgânica da Assistência Social, de forma a garantir que o acesso ao direito seja condizente com o estágio de desenvolvimento socioeconômico alcançado pelo País.

Art. 118. Esta Lei entra em vigor decorridos 90 (noventa) dias da sua publicação, ressalvado o disposto no *caput* do art. 36, que vigorará a partir de 1.º de janeiro de 2004.

Brasília, 1.º de outubro de 2003; 182.º da Independência e 115.º da República.

Luiz Inácio Lula da Silva

LEI N. 10.931, DE 2 DE AGOSTO DE 2004 (*)

Dispõe sobre o patrimônio de afetação de incorporações imobiliárias, Letra de Crédito Imobiliário, Cédula de Crédito Imobiliário, Cédula de Crédito Bancário, altera o Decreto-lei n. 911, de 1.º de outubro de 1969, as Leis n. 4.591, de 16 de dezembro de 1964, n. 4.728, de 14 de julho de 1965, e n. 10.406, de 10 de janeiro de 2002, e dá outras providências.

O Presidente da República

Faço saber que o Congresso Nacional decreta e eu sanciono a seguinte Lei:

Capítulo I
DO REGIME ESPECIAL TRIBUTÁRIO DO PATRIMÔNIO DE AFETAÇÃO

Art. 1.º Fica instituído o regime especial de tributação aplicável às incorporações imobiliárias, em caráter opcional e irretratável enquanto perdurarem direitos de crédito ou obrigações do incorporador junto aos adquirentes dos imóveis que compõem a incorporação.

Art. 2.º A opção pelo regime especial de tributação de que trata o art. 1.º será efetivada quando atendidos os seguintes requisitos:

I – entrega do termo de opção ao regime especial de tributação na unidade competente da Secretaria da Receita Federal, conforme regulamentação a ser estabelecida; e

•• A Secretaria da Receita Federal passa a denominar-se Secretaria da Receita Federal do Brasil, por força da Lei n. 11.457, de 16-3-2007.

II – afetação do terreno e das acessões objeto da incorporação imobiliária, conforme disposto nos arts. 31-A a 31-E da Lei n. 4.591, de 16 de dezembro de 1964.

Art. 3.º O terreno e as acessões objeto da incorporação imobiliária sujeitas ao regime especial de tributação, bem como os demais bens e direitos a ela vinculados, não responderão por dívidas tributárias da incorporadora relativas ao Imposto de Renda das Pessoas Jurídicas – IRPJ, à Contribuição Social sobre o Lucro Líquido – CSLL, à Contribuição para o Financiamento da Seguridade Social – COFINS e à Contribuição para os Programas de Integração Social e de Formação do Patrimônio do Servidor Público – PIS/PASEP, exceto aquelas calculadas na forma do art. 4.º sobre as receitas auferidas no âmbito da respectiva incorporação.

Parágrafo único. O patrimônio da incorporadora responderá pelas dívidas tributárias da incorporação afetada.

Art. 4.º Para cada incorporação submetida ao regime especial de tributação, a incorporadora ficará sujeita ao pagamento equivalente a 4% (quatro por cento) da receita mensal recebida, o qual corresponderá ao pagamento mensal unificado do seguinte imposto e contribuições:

•• *Caput* com redação determinada pela Lei n. 12.844, de 19-7-2013.

I – Imposto de Renda das Pessoas Jurídicas – IRPJ;

II – Contribuição para os Programas de Integração Social e de Formação do Patrimônio do Servidor Público – PIS/PASEP;

(*) Publicada no *DOU*, de 3-8-2004.

III – Contribuição Social sobre o Lucro Líquido - CSLL; e

IV – Contribuição para Financiamento da Seguridade Social - COFINS.

§ 1.º Para fins do disposto no *caput*, considera-se receita mensal a totalidade das receitas auferidas pela incorporadora na venda das unidades imobiliárias que compõem a incorporação, bem como as receitas financeiras e variações monetárias decorrentes desta operação.

§ 2.º O pagamento dos tributos e contribuições na forma do disposto no *caput* deste artigo será considerado definitivo, não gerando, em qualquer hipótese, direito à restituição ou à compensação com o que for apurado pela incorporadora.

•• § 2.º com redação determinada pela Lei n. 11.196, de 21-11-2005.

§ 3.º As receitas, custos e despesas próprios da incorporação sujeita a tributação na forma deste artigo não deverão ser computados na apuração das bases de cálculo dos tributos e contribuições de que trata o *caput* deste artigo devidos pela incorporadora em virtude de suas outras atividades empresariais, inclusive incorporações não afetadas.

•• § 3.º com redação determinada pela Lei n. 11.196, de 21-11-2005.

§ 4.º Para fins do disposto no § 3.º deste artigo, os custos e despesas indiretos pagos pela incorporadora no mês serão apropriados a cada incorporação na mesma proporção representada pelos custos diretos próprios da incorporação, em relação ao custo direto total da incorporadora, assim entendido como a soma de todos os custos diretos de todas as incorporações e o de outras atividades exercidas pela incorporadora.

•• § 4.º com redação determinada pela Lei n. 11.196, de 21-11-2005.

§ 5.º A opção pelo regime especial de tributação obriga o contribuinte a fazer o recolhimento dos tributos, na forma do *caput* deste artigo, a partir do mês da opção.

•• § 5.º acrescentado pela Lei n. 11.196, de 21-11-2005.

§ 6.º Até 31 de dezembro de 2018, para os projetos de incorporação de imóveis residenciais de interesse social, cuja construção tenha sido iniciada ou contratada a partir de 31 de março de 2009, o percentual correspondente ao pagamento unificado dos tributos de que trata o *caput* será equivalente a 1% (um por cento) da receita mensal recebida.

•• § 6.º com redação determinada pela Lei n. 13.097, de 19-1-2015.

§ 7.º Para efeito do disposto no § 6.º, consideram-se projetos de incorporação de imóveis de interesse social os destinados à construção de unidades residenciais de valor de até R$ 100.000,00 (cem mil reais) no âmbito do Programa Minha Casa, Minha Vida, de que trata a Lei n. 11.977, de 7 de julho de 2009.

•• § 7.º com redação determinada pela Lei n. 12.767, de 27-12-2012.

§ 8.º As condições para utilização do benefício de que trata o § 6.º serão definidas em regulamento.

•• § 8.º acrescentado pela Lei n. 12.024, de 27-8-2009.

Art. 5.º O pagamento unificado de impostos e contribuições efetuado na forma do art. 4.º deverá ser feito até o 20.º (vigésimo) dia do mês subsequente àquele em que houver sido auferida a receita.

•• *Caput* com redação determinada pela Lei n. 12.024, de 27-8-2009.

Parágrafo único. Para fins do disposto no *caput*, a incorporadora deverá utilizar, no Documento de Arrecadação de Receitas Federais - DARF, o número específico de inscrição da incorporação no Cadastro Nacional das Pessoas Jurídicas - CNPJ e código de arrecadação próprio.

Art. 6.º Os créditos tributários devidos pela incorporadora na forma do disposto no art. 4.º não poderão ser objeto de parcelamento.

Art. 7.º O incorporador fica obrigado a manter escrituração contábil segregada para cada incorporação submetida ao regime especial de tributação.

Art. 8.º Para fins de repartição de receita tributária e do disposto no § 2.º do art. 4.º, o percentual de 4% (quatro por cento) de que trata o *caput* do art. 4.º será considerado:

•• *Caput* com redação determinada pela Lei n. 12.844, de 19-7-2013.

I – 1,71% (um inteiro e setenta e um centésimos por cento) como COFINS;

•• Inciso I com redação determinada pela Lei n. 12.844, de 19-7-2013.

II – 0,37% (trinta e sete centésimos por cento) como Contribuição para o PIS/PASEP;

•• Inciso II com redação determinada pela Lei n. 12.844, de 19-7-2013.

III – 1,26% (um inteiro e vinte e seis centésimos por cento) como IRPJ; e

•• Inciso III com redação determinada pela Lei n. 12.844, de 19-7-2013.

IV – 0,66% (sessenta e seis centésimos por cento) como CSLL.

•• Inciso IV com redação determinada pela Lei n. 12.844, de 19-7-2013.

Parágrafo único. O percentual de 1% (um por cento) de que trata o § 6.º do art. 4.º será considerado para os fins do *caput*:

•• Parágrafo único, *caput*, acrescentado pela Lei n. 12.024, de 27-8-2009.

I – 0,44% (quarenta e quatro centésimos por cento) como Cofins;

•• Inciso I acrescentado pela Lei n. 12.024, de 27-8-2009.

II – 0,09% (nove centésimos por cento) como Contribuição para o PIS/Pasep;

•• Inciso II acrescentado pela Lei n. 12.024, de 27-8-2009.

III – 0,31% (trinta e um centésimos por cento) como IRPJ; e

•• Inciso III acrescentado pela Lei n. 12.024, de 27-8-2009.

IV – 0,16% (dezesseis centésimos por cento) como CSLL.

•• Inciso IV acrescentado pela Lei n. 12.024, de 27-8-2009.

Art. 9.º Perde eficácia a deliberação pela continuação da obra a que se refere o § 1.º do art. 31-F da Lei n. 4.591, de 1964, bem como os efeitos do regime de afetação instituídos por esta Lei, caso não se verifique o pagamento das obrigações tributárias, previdenciárias e trabalhistas, vinculadas ao respectivo patrimônio de afetação, cujos fatos geradores tenham ocorrido até a data da decretação da falência, ou insolvência do incorporador, as quais deverão ser pagas pelos adquirentes em até um ano daquela deliberação, ou até a data da concessão do habite-se, se esta ocorrer em prazo inferior.

Art. 10. O disposto no art. 76 da Medida Provisória n. 2.158-35, de 24 de agosto de 2001, não se aplica ao patrimônio de afetação de incorporações imobiliárias definido pela Lei n. 4.591, de 1964.

• O mencionado artigo dispõe: "Art. 76. As normas que estabeleçam a afetação ou a separação, a qualquer título, de patrimônio de pessoa física ou jurídica não produzem efeitos em relação aos débitos de natureza fiscal, previdenciária ou trabalhista, em especial quanto às garantias e aos privilégios que lhes são atribuídos. Parágrafo único. Para os fins do disposto no *caput*, permanecem respondendo pelos débitos ali referidos a totalidade dos bens e das rendas do sujeito passivo, seu espólio ou sua massa falida, inclusive os que tenham sido objeto de separação ou afetação".

Art. 11. (*Revogado pela Lei n. 11.196, de 21-11-2005.*)

Capítulo II
DA LETRA DE CRÉDITO IMOBILIÁRIO

Art. 12. Os bancos comerciais, os bancos múltiplos com carteira de crédito imobiliário, a Caixa Econômica Federal, as sociedades de crédito imobiliário, as associações de poupança e empréstimo, as companhias hipotecárias e demais espécies de instituições que, para as operações a que se refere este artigo, venham a ser expressamente autorizadas pelo Banco Central do Brasil, poderão emitir, independentemente de tradição efetiva, Letra de Crédito Imobiliário - LCI, lastreada por créditos imobiliários garantidos por hipoteca ou por alienação fiduciária de coisa imóvel, conferindo aos seus tomadores direito de crédito pelo valor nominal, juros e, se for o caso, atualização monetária nelas estipulados.

§ 1.º A LCI será emitida sob a forma nominativa, podendo ser transferível mediante endosso em preto, e conterá:

I – o nome da instituição emitente e as assinaturas de seus representantes;

II – o número de ordem, o local e a data de emissão;

III – a denominação "Letra de Crédito Imobiliário";

IV – o valor nominal e a data de vencimento;

V – a forma, a periodicidade e o local de pagamento do principal, dos juros e, se for o caso, da atualização monetária;

VI – os juros, fixos ou flutuantes, que poderão ser renegociáveis, a critério das partes;

VII – a identificação dos créditos caucionados e seu valor;

VIII – o nome do titular; e

IX – cláusula à ordem, se endossável.

§ 2.º A LCI poderá ser emitida sob a forma escritural, por meio do lançamento em sistema eletrônico do emissor, e deverá ser registrada ou depositada em entidade autorizada pelo Banco Central do Brasil a exercer a atividade de registro ou de depósito centralizado de ativos financeiros.

•• § 2.º com redação determinada pela Lei n. 13.986, de 7-4-2020.

Art. 13. A LCI poderá ser atualizada mensalmente por índice de preços, desde que emitida com prazo mínimo de trinta e seis meses.

Parágrafo único. É vedado o pagamento dos valores relativos à atualização monetária apropriados desde a emissão, quando ocorrer o resgate antecipado, total ou parcial, em prazo inferior ao estabelecido neste artigo, da LCI emitida com previsão de atualização mensal por índice de preços.

Art. 14. A LCI poderá contar com garantia fidejussória adicional de instituição financeira.

Art. 15. A LCI poderá ser garantida por um ou mais créditos imobiliários, mas a soma do principal das LCI emitidas não poderá exceder o valor total dos créditos imobiliários em poder da instituição emitente.

§ 1.º A LCI não poderá ter prazo de vencimento superior ao prazo de quaisquer dos créditos imobiliários que lhe servem de lastro.

§ 2.º O crédito imobiliário caucionado poderá ser substituído por outro crédito da mesma natureza por iniciativa do emitente da LCI, nos casos de liquidação ou vencimento antecipados do crédito, ou por solicitação justificada do credor da letra.

Art. 16. O endossante da LCI responderá pela veracidade do título, mas contra ele não será admitido direito de cobrança regressiva.

Art. 17. O Conselho Monetário Nacional poderá estabelecer o prazo mínimo e outras condições para emissão e resgate de LCI, observado o disposto no art. 13 desta Lei, podendo inclusive diferenciar tais condições de acordo com o tipo de indexador adotado contratualmente.

•• Artigo com redação determinada pela Lei n. 13.097, de 19-1-2015.

Capítulo III
DA CÉDULA DE CRÉDITO IMOBILIÁRIO

Art. 18. É instituída a Cédula de Crédito Imobiliário - CCI para representar créditos imobiliários.

§ 1.º A CCI será emitida pelo credor do crédito imobiliário e poderá ser integral, quando representar a totalidade do crédito, ou fracionária, quando representar parte dele, não podendo a soma das CCI fracionárias emitidas em relação a cada crédito exceder o valor total do crédito que elas representam.

§ 2.º As CCI fracionárias poderão ser emitidas simultaneamente ou não, a qualquer momento antes do vencimento do crédito que elas representam.

§ 3.º A CCI poderá ser emitida com ou sem garantia, real ou fidejussória, sob a forma escritural ou cartular.

§ 4.º A emissão da CCI sob a forma escritural ocorrerá por meio de escritura pública ou instrumento particular, que permanecerá custodiado em instituição financeira.

•• § 4.º com redação determinada pela Lei n. 13.986, de 7-4-2020.

§ 4.º-A. A negociação da CCI emitida sob forma escritural ou a substituição da instituição custodiante de que trata o § 4.º deste artigo será precedida de registro ou depósito em entidade autorizada pelo Banco Central do Brasil a exercer a atividade de registro ou de depósito centralizado de ativos financeiros.

•• § 4.º-A acrescentado pela Lei n. 13.986, de 7-4-2020.

§ 4.º-B. O Conselho Monetário Nacional poderá estabelecer as condições para o registro e o depósito centralizado de CCI e a obrigatoriedade de depósito da CCI em entidade autorizada pelo Banco Central do Brasil a exercer a atividade de depósito centralizado de ativos financeiros.

•• § 4.º-B acrescentado pela Lei n. 13.986, de 7-4-2020.

§ 4.º-C. Na hipótese de a CCI ser liquidada antes de ser negociada, a instituição custodiante declarará a inexistência do registro ou do depósito de que trata o § 4.º-A deste artigo, para fins do disposto no art. 24 desta Lei.

•• § 4.º-C acrescentado pela Lei n. 13.986, de 7-4-2020.

§ 5.º Sendo o crédito imobiliário garantido por direito real, a emissão da CCI será averbada no Registro de Imóveis da situação do imóvel, na respectiva matrícula, devendo dela constar, exclusivamente, o número, a série e a instituição custodiante.

§ 6.º A averbação da emissão da CCI e o registro da garantia do crédito respectivo, quando solicitados simultaneamente, serão considerados como ato único para efeito de cobrança de emolumentos.

§ 7.º A constrição judicial que recaia sobre crédito representado por CCI será efetuada nos registros da instituição custodiante ou mediante apreensão da respectiva cártula.

§ 8.º O credor da CCI deverá ser imediatamente intimado de constrição judicial que recaia sobre a garantia real do crédito imobiliário representado por aquele título.

§ 9.º No caso de CCI emitida sob a forma escritural, caberá à instituição custodiante identificar o credor, para o fim da intimação prevista no § 8.º.

Art. 19. A CCI deverá conter:

I – a denominação "Cédula de Crédito Imobiliário", quando emitida cartularmente;

II – o nome, a qualificação e o endereço do credor e do devedor e, no caso de emissão escritural, também o do custodiante;

III – a identificação do imóvel objeto do crédito imobiliário, com a indicação da respectiva matrícula no Registro de Imóveis competente e do registro da constituição da garantia, se for o caso;

IV – a modalidade da garantia, se for o caso;

V – o número e a série da cédula;

VI – o valor do crédito que representa;

VII – a condição de integral ou fracionária e, nessa última hipótese, também a indicação da fração que representa;

VIII – o prazo, a data de vencimento, o valor da prestação total, nela incluídas as parcelas de amortização e juros, as taxas, seguros e demais encargos contratuais de responsabilidade do devedor, a forma de reajuste e o valor das multas previstas contratualmente, com a indicação do local de pagamento;

IX – o local e a data da emissão;

X – a assinatura do credor, quando emitida cartularmente;

XI – a autenticação pelo Oficial do Registro de Imóveis competente, no caso de contar com garantia real; e

XII – cláusula à ordem, se endossável.

Art. 20. A CCI é título executivo extrajudicial, exigível pelo valor apurado de acordo com as cláusulas e condições pactuadas no contrato que lhe deu origem.

Parágrafo único. O crédito representado pela CCI será exigível mediante ação de execução, ressalvadas as hipóteses em que a lei determine procedimento especial, judicial ou extrajudicial para satisfação do crédito e realização da garantia.

Art. 21. A emissão e a negociação de CCI independe de autorização do devedor do crédito imobiliário que ela representa.

Art. 22. A cessão do crédito representado por CCI poderá ocorrer por meio de sistema de entidade autorizada pelo Banco Central do Brasil a exercer a atividade de depósito centralizado de ativos financeiros na qual a CCI tenha sido depositada.

•• *Caput* com redação determinada pela Lei n. 13.986, de 7-4-2020.

§ 1.º A cessão do crédito representado por CCI implica automática transmissão das respectivas garantias ao cessionário, sub-rogando-o em todos os direitos representados pela cédula, ficando o cessionário, no caso de contrato de alienação fiduciária, investido na propriedade fiduciária.

§ 2.º A cessão de crédito garantido por direito real, quando representado por CCI emitida sob a forma escritural, está dispensada de averbação no Registro de Imóveis, aplicando-se, no que esta Lei não contrarie, o disposto nos arts. 286 e seguintes da Lei n. 10.406, de 10 de janeiro de 2002 - Código Civil Brasileiro.

Art. 23. A CCI, objeto de securitização nos termos da Lei n. 9.514, de 20 de novembro de 1997, será identificada no respectivo Termo de Securitização de Créditos, mediante indicação do seu valor, número, série e instituição custodiante, dispensada a enunciação das informações já constantes da Cédula, ou nos controles das entidades mencionadas no § 4.º-A do art. 18 desta Lei.

•• *Caput* com redação determinada pela Lei n. 13.986, de 7-4-2020.

Parágrafo único. O regime fiduciário de que trata a Seção VI do Capítulo I da Lei n. 9.514, de 1997, no caso de emissão de Certificados de Recebíveis Imobiliários lastreados em créditos representados por CCI, será registrado na instituição custodiante, mencionando o patrimônio separado a que estão afetados, não se aplicando o disposto no parágrafo único do art. 10 da mencionada Lei.

Art. 24. O resgate da dívida representada pela CCI prova-se com a declaração de quitação, emitida pelo credor, ou, na falta desta, por outros meios admitidos em direito.

Art. 25. É vedada a averbação da emissão de CCI com garantia real quando houver prenotação ou registro de qualquer outro ônus real sobre os direitos imobiliários respectivos, inclusive penhora ou averbação de qualquer mandado ou ação judicial.

....

Capítulo V
DOS CONTRATOS DE FINANCIAMENTO DE IMÓVEIS

Art. 46. Nos contratos de comercialização de imóveis, de financiamento imobiliário em geral e nos de arrendamento mercantil de imóveis, bem como nos títulos e valores mobiliários por eles originados, com prazo mínimo de trinta e seis meses, é admitida estipulação de cláusula de reajuste, com periodicidade mensal, por índices de preços setoriais ou gerais ou pelo índice de remuneração básica dos depósitos de poupança.

§ 1.º É vedado o pagamento dos valores relativos à atualização monetária apropriados nos títulos e valores mobiliários, quando ocorrer o resgate antecipado, total ou parcial, em prazo inferior ao estabelecido no *caput.*

§ 2.º Os títulos e valores mobiliários a que se refere o *caput* serão cancelados pelo emitente na hipótese de resgate antecipado em que o prazo a decorrer for inferior a trinta e seis meses.

§ 3.º Não se aplica o disposto no § 1.º, no caso de quitação ou vencimento antecipados dos créditos imobiliários que lastreiem ou tenham originado a emissão dos títulos e valores mobiliários a que se refere o *caput.*

Art. 47. São nulos de pleno direito quaisquer expedientes que, de forma direta ou indireta, resultem em efeitos equivalentes à redução do prazo mínimo de que trata o *caput* do art. 46.

Parágrafo único. O Conselho Monetário Nacional poderá disciplinar o disposto neste artigo.

Art. 48. Fica vedada a celebração de contratos com cláusula de equivalência salarial ou de comprometimento de renda, bem como a inclusão de cláusulas desta espécie em contratos já firmados, mantidas, para os contratos firmados até a data de entrada em vigor da Medida Provisória n. 2.223, de 4 de setembro de 2001, as disposições anteriormente vigentes.

- A Medida Provisória n. 2.223, revogada por esta Lei, entrou em vigor na data de sua publicação no *DOU* - 5-9-2001.

Art. 49. No caso do não pagamento tempestivo, pelo devedor, dos tributos e das taxas condominiais incidentes sobre o imóvel objeto do crédito imobiliário respectivo, bem como das parcelas mensais incontroversas de encargos estabelecidos no respectivo contrato e de quaisquer outros encargos que a lei imponha ao proprietário ou ao ocupante de imóvel, poderá o juiz, a requerimento do credor, determinar a cassação de medida liminar, de medida cautelar ou de antecipação dos efeitos da tutela que tenha interferido na eficácia de cláusulas do contrato de crédito imobiliário correspondente ou suspendido encargos dele decorrentes.

Art. 50. Nas ações judiciais que tenham por objeto obrigação decorrente de empréstimo, financiamento ou alienação imobiliários, o autor deverá discriminar na petição inicial, dentre as obrigações contratuais, aquelas que pretende controverter, quantificando o valor incontroverso, sob pena de inépcia.

§ 1.º O valor incontroverso deverá continuar sendo pago no tempo e modo contratados.

§ 2.º A exigibilidade do valor controvertido poderá ser suspensa mediante depósito do montante correspondente, no tempo e modo contratados.

§ 3.º Em havendo concordância do réu, o autor poderá efetuar o depósito de que trata o § 2.º deste artigo, com remuneração e atualização nas mesmas condições aplicadas ao contrato:

I – na própria instituição financeira credora, oficial ou não; ou

II – em instituição financeira indicada pelo credor, oficial ou não, desde que estes tenham pactuado nesse sentido.

§ 4.º O juiz poderá dispensar o depósito de que trata o § 2.º em caso de relevante razão de direito e risco de dano irreparável ao autor, por decisão fundamentada na qual serão detalhadas as razões jurídicas e fáticas da ilegitimidade da cobrança no caso concreto.

§ 5.º É vedada a suspensão liminar da exigibilidade da obrigação principal sob a alegação de compensação com valores pagos a maior, sem o depósito do valor integral desta.

Art. 51. Sem prejuízo das disposições do Código Civil, as obrigações em geral também poderão ser garantidas, inclusive por terceiros, por cessão fiduciária de direitos creditórios decorrentes de contratos de alienação de imóveis, por caução de direitos creditórios ou aquisitivos decorrentes de contratos de venda ou promessa de venda de imóveis e por alienação fiduciária de coisa imóvel.

Art. 52. Uma vez protocolizados todos os documentos necessários à averbação ou ao registro dos atos e dos títulos a que se referem esta Lei e a Lei n. 9.514, de 1997, o oficial de Registro de Imóveis procederá ao registro ou à averbação, dentro do prazo de quinze dias.

Capítulo VI
DISPOSIÇÕES FINAIS

ALTERAÇÕES DA LEI DE INCORPORAÇÕES

Art. 53. O Título II da Lei n. 4.591, de 16 de dezembro de 1964, passa a vigorar acrescido dos seguintes Capítulo e artigos:

•• Alterações já processadas no diploma modificado.

Art. 54. A Lei n. 4.591, de 1964, passa a vigorar com as seguintes alterações:

•• Alterações já processadas no diploma modificado.

ALTERAÇÕES DE LEIS SOBRE ALIENAÇÃO FIDUCIÁRIA

Art. 55. A Seção XIV da Lei n. 4.728, de 14 de julho de 1965, passa a vigorar com a seguinte redação:

"Seção XIV

Alienação Fiduciária em Garantia no Âmbito do Mercado Financeiro e de Capitais

Art. 66-B. O contrato de alienação fiduciária celebrado no âmbito do mercado financeiro e de capitais, bem como em garantia de créditos fiscais e previdenciários, deverá conter, além dos requisitos definidos na Lei n. 10.406, de 10 de janeiro de 2002 - Código Civil, a taxa de juros, a cláusula penal, o índice de atualização monetária, se houver, e as demais comissões e encargos.

§ 1.º Se a coisa objeto de propriedade fiduciária não se identifica por números, marcas e sinais no contrato de alienação fiduciária, cabe ao proprietário fiduciário o ônus da prova, contra terceiros, da identificação dos bens do seu domínio que se encontram em poder do devedor.

§ 2.º O devedor que alienar, ou der em garantia a terceiros, coisa que já alienara fiduciariamente em garantia, ficará sujeito à pena prevista no art. 171, § 2.º, I, do Código Penal.

§ 3.º É admitida a alienação fiduciária de coisa fungível e a cessão fiduciária de direitos sobre coisas móveis, bem como de títulos de crédito, hipóteses em que, salvo disposição em contrário, a posse direta e indireta do bem objeto da propriedade fiduciária ou do título representativo do direito ou do crédito é atribuída ao credor, que, em caso de inadimplemento ou mora da obrigação garantida, poderá vender a terceiros o bem objeto da propriedade fiduciária independente de leilão, hasta pública ou qualquer outra medida judicial ou extrajudicial, devendo aplicar o preço da venda no pagamento do seu crédito e das despesas decorrentes da realização da garantia, entregando ao devedor o saldo, se houver, acompanhado do demonstrativo da operação realizada.

§ 4.º No tocante à cessão fiduciária de direitos sobre coisas móveis ou sobre títulos de crédito aplica-se, também, o disposto nos arts. 18 a 20 da Lei n. 9.514, de 20 de novembro de 1997.

§ 5.º Aplicam-se à alienação fiduciária e à cessão fiduciária de que trata esta Lei os arts. 1.421, 1.425, 1.426, 1.435 e 1.436 da Lei n. 10.406, de 10 de janeiro de 2002.

§ 6.º Não se aplica à alienação fiduciária e à cessão fiduciária de que trata esta Lei o disposto no art. 644 da Lei n. 10.406, de 10 de janeiro de 2002".

Art. 56. O Decreto-lei n. 911, de 1.º de outubro de 1969, passa a vigorar com as seguintes alterações:

•• Alterações já processadas no diploma modificado.

Art. 57. A Lei n. 9.514, de 1997, passa a vigorar com as seguintes alterações:

•• Alterações já processadas no diploma modificado.

ALTERAÇÕES NO CÓDIGO CIVIL

Art. 58. A Lei n. 10.406, de 2002 - Código Civil passa a vigorar com as seguintes alterações:

•• Alterações já processadas no diploma modificado.

ALTERAÇÕES NA LEI DE REGISTROS PÚBLICOS

Art. 59. A Lei n. 6.015, de 31 de dezembro de 1973, passa a vigorar com as seguintes alterações:

•• Alterações já processadas no diploma modificado.

....

ALTERAÇÕES NA LEI DE LOCAÇÕES

Art. 61. A Lei n. 8.245, de 18 de outubro de 1991, passa a vigorar com as seguintes alterações:

•• Alterações já processadas no diploma modificado.

ALTERAÇÕES NA LEI DE PROTESTO DE TÍTULOS E DOCUMENTOS DE DÍVIDA

Art. 62. (*Vetado.*)

NORMAS COMPLEMENTARES A ESTA LEI

Art. 63. Nas operações envolvendo recursos do Sistema Financeiro da Habitação e do Sistema Financeiro Imobiliário, relacionadas com a moradia, é vedado cobrar do mutuário a elaboração de instrumento contratual particular, ainda que com força de escritura pública.

Art. 63-A. (*Revogado pela Lei n. 13.476, de 28-8-2017.*)

Art. 64. (*Vetado.*)

Art. 65. O Conselho Monetário Nacional e a Secretaria da Receita Federal, no âmbito das suas respectivas atribuições, expedirão as instruções que se fizerem necessárias à execução das disposições desta Lei.

•• A Secretaria da Receita Federal passa a denominar-se Secretaria da Receita Federal do Brasil, por força da Lei n. 11.457, de 16-3-2007.

VIGÊNCIA

Art. 66. Esta Lei entra em vigor na data de sua publicação.

REVOGAÇÕES

Art. 67. Ficam revogadas as Medidas Provisórias n. 2.160-25, de 23 de agosto de 2001, 2.221, de 4 de setembro de 2001, e 2.223, de 4 de setembro de 2001, e os arts. 66 e 66-A da Lei n. 4.728, de 14 de julho de 1965.

Brasília, 2 de agosto de 2004; 183.º da Independência e 116.º da República.

Luiz Inácio Lula da Silva

LEI N. 11.105, DE 24 DE MARÇO DE 2005 (*)

Regulamenta os incisos II, IV e V do § 1.º do art. 225 da Constituição Federal, estabelece normas de segurança e mecanismos de fiscalização de atividades que envolvam organismos geneticamente modificados – OGM e seus derivados, cria o Conselho Nacional de Biossegurança – CNBS, reestrutura a Comissão Técnica Nacional de Biossegurança – CTNBio, dispõe sobre a Política Nacional de Biossegurança – PNB, revoga a Lei n. 8.974, de 5 de janeiro de 1995, e a Medida Provisória n. 2.191-9, de 23 de agosto de 2001, e os arts. 5.º, 6.º, 7.º, 8.º, 9.º, 10 e 16 da Lei n. 10.814, de 15 de dezembro de 2003, e dá outras providências.

O Presidente da República

Faço saber que o Congresso Nacional decreta e eu sanciono a seguinte Lei:

Capítulo I
DISPOSIÇÕES PRELIMINARES E GERAIS

Art. 1.º Esta Lei estabelece normas de segurança e mecanismos de fiscalização sobre a construção, o cultivo, a produção, a manipulação, o transporte, a transferência, a importação, a exportação, o armazenamento, a pesquisa, a comercialização, o consumo, a liberação no meio ambiente e o descarte de organismos geneticamente modificados – OGM e seus derivados, tendo como diretrizes o estímulo ao avanço científico na área de biossegurança e biotecnologia, a proteção à vida e à saúde humana, animal e vegetal, e a observância do princípio da precaução para a proteção do meio ambiente.

§ 1.º Para os fins desta Lei, considera-se atividade de pesquisa a realizada em laboratório, regime de contenção ou campo, como parte do processo de obtenção de OGM e seus derivados ou de avaliação da biossegurança de OGM e seus derivados, o que engloba, no âmbito experimental, a construção, o cultivo, a manipulação, o transporte, a transferência, a importação, a exportação, o armazenamento, a liberação no meio ambiente e o descarte de OGM e seus derivados.

§ 2.º Para os fins desta Lei, considera-se atividade de uso comercial de OGM e seus derivados a que não se enquadra como atividade de pesquisa, e que trata do cultivo, da produção, da manipulação, do transporte, da transferência, da comercialização, da importação, da exportação, do armazenamento, do consumo, da liberação e do descarte de OGM e seus derivados para fins comerciais.

Art. 2.º As atividades e projetos que envolvam OGM e seus derivados, relacionados ao ensino com manipulação de organismos vivos, à pesquisa científica, ao desenvolvimento tecnológico e à produção industrial ficam restritos ao âmbito de entidades de direito público ou privado, que serão responsáveis pela obediência aos preceitos desta Lei e de sua regulamentação, bem como pelas eventuais consequências ou efeitos advindos de seu descumprimento.

§ 1.º Para os fins desta Lei, consideram-se atividades e projetos no âmbito de entidade os conduzidos em instalações próprias ou sob a responsabilidade administrativa, técnica ou científica da entidade.

§ 2.º As atividades e projetos de que trata este artigo são vedados a pessoas físicas em atuação autônoma e independente, ainda que mantenham vínculo empregatício ou qualquer outro com pessoas jurídicas.

§ 3.º Os interessados em realizar atividade prevista nesta Lei deverão requerer autorização à Comissão Técnica Nacional de Biossegurança – CTNBio, que se manifestará no prazo fixado em regulamento.

§ 4.º As organizações públicas e privadas, nacionais, estrangeiras ou internacionais, financiadoras ou patrocinadoras de atividades ou de projetos referidos no *caput* deste artigo devem exigir a apresentação de Certificado de Qualidade em Biossegurança, emitido pela CTNBio, sob pena de se tornarem corresponsáveis pelos eventuais efeitos decorrentes do descumprimento desta Lei ou de sua regulamentação.

Art. 3.º Para os efeitos desta Lei, considera-se:

I – organismo: toda entidade biológica capaz de reproduzir ou transferir material genético, inclusive vírus e outras classes que venham a ser conhecidas;

II – ácido desoxirribonucleico – ADN, ácido ribonucleico – ARN: material genético que contém informações determinantes dos caracteres hereditários transmissíveis à descendência;

III – moléculas de ADN/ARN recombinante: as moléculas manipuladas fora das células vivas mediante a modificação de segmentos de ADN/ARN natural ou sintético e que possam multiplicar-se em uma célula viva, ou ainda as moléculas de ADN/ARN resultantes dessa multiplicação; consideram-se também os segmentos de ADN/ARN sintéticos equivalentes aos de ADN/ARN natural;

IV – engenharia genética: atividade de produção e manipulação de moléculas de ADN/ARN recombinante;

V – organismo geneticamente modificado – OGM: organismo cujo material genético – ADN/ARN tenha sido modificado por qualquer técnica de engenharia genética;

VI – derivado de OGM: produto obtido de OGM e que não possua capacidade autônoma de replicação ou que não contenha forma viável de OGM;

VII – célula germinal humana: célula-mãe responsável pela formação de gametas presentes nas glândulas sexuais

(*) Publicada no *DOU*, de 28-3-2005. Regulamentada pelo Decreto n. 5.591, de 22-11-2005.

femininas e masculinas e suas descendentes diretas em qualquer grau de ploidia;

VIII – clonagem: processo de reprodução assexuada, produzida artificialmente, baseada em um único patrimônio genético, com ou sem utilização de técnicas de engenharia genética;

IX – clonagem para fins reprodutivos: clonagem com a finalidade de obtenção de um indivíduo;

X – clonagem terapêutica: clonagem com a finalidade de produção de células-tronco embrionárias para utilização terapêutica;

XI – células-tronco embrionárias: células de embrião que apresentam a capacidade de se transformar em células de qualquer tecido de um organismo.

§ 1.º Não se inclui na categoria de OGM o resultante de técnicas que impliquem a introdução direta, num organismo, de material hereditário, desde que não envolvam a utilização de moléculas de ADN/ARN recombinante ou OGM, inclusive fecundação *in vitro*, conjugação, transdução, transformação, indução poliploide e qualquer outro processo natural.

§ 2.º Não se inclui na categoria de derivado de OGM a substância pura, quimicamente definida, obtida por meio de processos biológicos e que não contenha OGM, proteína heteróloga ou ADN recombinante.

Art. 4.º Esta Lei não se aplica quando a modificação genética for obtida por meio das seguintes técnicas, desde que não impliquem a utilização de OGM como receptor ou doador:

I – mutagênese;

II – formação e utilização de células somáticas de hibridoma animal;

III – fusão celular, inclusive a de protoplasma, de células vegetais, que possa ser produzida mediante métodos tradicionais de cultivo;

IV – autoclonagem de organismos não patogênicos que se processe de maneira natural.

Art. 5.º É permitida, para fins de pesquisa e terapia, a utilização de células-tronco embrionárias obtidas de embriões humanos produzidos por fertilização *in vitro* e não utilizados no respectivo procedimento, atendidas as seguintes condições:

I – sejam embriões inviáveis; ou

II – sejam embriões congelados há 3 (três) anos ou mais, na data da publicação desta Lei, ou que, já congelados na data da publicação desta Lei, depois de completarem 3 (três) anos, contados a partir da data de congelamento.

§ 1.º Em qualquer caso, é necessário o consentimento dos genitores.

§ 2.º Instituições de pesquisa e serviços de saúde que realizem pesquisa ou terapia com células-tronco embrionárias humanas deverão submeter seus projetos à apreciação e aprovação dos respectivos comitês de ética em pesquisa.

• *Vide* art. 33 desta Lei.

§ 3.º É vedada a comercialização do material biológico a que se refere este artigo e sua prática implica o crime tipificado no art. 15 da Lei n. 9.434, de 4 de fevereiro de 1997.

Art. 6.º Fica proibido:

I – implementação de projeto relativo a OGM sem a manutenção de registro de seu acompanhamento individual;

II – engenharia genética em organismo vivo ou o manejo *in vitro* de ADN/ARN natural ou recombinante, realizado em desacordo com as normas previstas nesta Lei;

III – engenharia genética em célula germinal humana, zigoto humano e embrião humano;

IV – clonagem humana;

V – destruição ou descarte no meio ambiente de OGM e seus derivados em desacordo com as normas estabelecidas pela CTNBio, pelos órgãos e entidades de registro e fiscalização, referidos no art. 16 desta Lei, e as constantes desta Lei e de sua regulamentação;

VI – liberação no meio ambiente de OGM ou seus derivados, no âmbito de atividades de pesquisa, sem a decisão técnica favorável da CTNBio e, nos casos de liberação comercial, sem o parecer técnico favorável da CTNBio, ou sem o licenciamento do órgão ou entidade ambiental responsável, quando a CTNBio considerar a atividade como potencialmente causadora de degradação ambiental, ou sem a aprovação do Conselho Nacional de Biossegurança – CNBS, quando o processo tenha sido por ele avocado, na forma desta Lei e de sua regulamentação;

VII – a utilização, a comercialização, o registro, o patenteamento e o licenciamento de tecnologias genéticas de restrição do uso.

Parágrafo único. Para os efeitos desta Lei, entende-se por tecnologias genéticas de restrição do uso qualquer processo de intervenção humana para geração ou multiplicação de plantas geneticamente modificadas para produzir estruturas reprodutivas estéreis, bem como qualquer forma de manipulação genética que vise à ativação ou desativação de genes relacionados à fertilidade das plantas por indutores químicos externos.

Art. 7.º São obrigatórias:

I – a investigação de acidentes ocorridos no curso de pesquisas e projetos na área de engenharia genética e o envio de relatório respectivo à autoridade competente no prazo máximo de 5 (cinco) dias a contar da data do evento;

II – a notificação imediata à CTNBio e às autoridades da saúde pública, da defesa agropecuária e do meio ambiente sobre acidente que possa provocar a disseminação de OGM e seus derivados;

III – a adoção de meios necessários para plenamente informar à CTNBio, às autoridades da saúde pública, do meio ambiente, da defesa agropecuária, à coletividade e aos demais empregados da instituição ou empresa sobre os riscos a que possam estar submetidos, bem como os procedimentos a serem tomados no caso de acidentes com OGM.

Capítulo II
DO CONSELHO NACIONAL DE BIOSSEGURANÇA – CNBS

Art. 8.º Fica criado o Conselho Nacional de Biossegurança - CNBS, vinculado à Presidência da República, órgão de assessoramento superior do Presidente da República para a formulação e implementação da Política Nacional de Biossegurança - PNB.

§ 1.º Compete ao CNBS:

I – fixar princípios e diretrizes para a ação administrativa dos órgãos e entidades federais com competências sobre a matéria;

II – analisar, a pedido da CTNBio, quanto aos aspectos da conveniência e oportunidade socioeconômicas e do interesse nacional, os pedidos de liberação para uso comercial de OGM e seus derivados;

III – avocar e decidir, em última e definitiva instância, com base em manifestação da CTNBio e, quando julgar necessário, dos órgãos e entidades referidos no art. 16 desta Lei, no âmbito de suas competências, sobre os processos relativos a atividades que envolvam o uso comercial de OGM e seus derivados;

IV – (*Vetado.*)

§ 2.º (*Vetado.*)

§ 3.º Sempre que o CNBS deliberar favoravelmente à realização da atividade analisada, encaminhará sua manifestação aos órgãos e entidades de registro e fiscalização referidos no art. 16 desta Lei.

§ 4.º Sempre que o CNBS deliberar contrariamente à atividade analisada, encaminhará sua manifestação à CTNBio para informação ao requerente.

Art. 9.º O CNBS é composto pelos seguintes membros:

I – Ministro de Estado Chefe da Casa Civil da Presidência da República, que o presidirá;

II – Ministro de Estado da Ciência e Tecnologia;

III – Ministro de Estado do Desenvolvimento Agrário;

IV – Ministro de Estado da Agricultura, Pecuária e Abastecimento;

V – Ministro de Estado da Justiça;

VI – Ministro de Estado da Saúde;

VII – Ministro de Estado do Meio Ambiente;

VIII – Ministro de Estado do Desenvolvimento, Indústria e Comércio Exterior;

IX – Ministro de Estado das Relações Exteriores;

X – Ministro de Estado da Defesa;

XI – Secretário Especial de Aquicultura e Pesca da Presidência da República.

§ 1.º O CNBS reunir-se-á sempre que convocado pelo Ministro de Estado Chefe da Casa Civil da Presidência da República, ou mediante provocação da maioria de seus membros.

§ 2.º (*Vetado.*)

§ 3.º Poderão ser convidados a participar das reuniões, em caráter excepcional, representantes do setor público e de entidades da sociedade civil.

§ 4.º O CNBS contará com uma Secretaria-Executiva, vinculada à Casa Civil da Presidência da República.

§ 5.º A reunião do CNBS poderá ser instalada com a presença de 6 (seis) de seus membros e as decisões serão tomadas com votos favoráveis da maioria absoluta.

Capítulo III
DA COMISSÃO TÉCNICA NACIONAL DE BIOSSEGURANÇA – CTNBIO

Art. 10. A CTNBio, integrante do Ministério da Ciência e Tecnologia, é instância colegiada multidisciplinar de caráter consultivo e deliberativo, para prestar apoio técnico e de assessoramento ao Governo Federal na formulação, atualização e implementação da PNB de OGM e seus derivados, bem como no estabelecimento de normas técnicas de segurança e de pareceres técnicos referentes à autorização para atividades que envolvam pesquisa e uso comercial de OGM e seus derivados, com base na avaliação de seu risco zoofitossanitário, à saúde humana e ao meio ambiente.

Parágrafo único. A CTNBio deverá acompanhar o desenvolvimento e o progresso técnico e científico nas áreas de biossegurança, biotecnologia, bioética e afins, com o objetivo de aumentar sua capacitação para a proteção da saúde humana, dos animais e das plantas e do meio ambiente.

Art. 11. A CTNBio, composta de membros titulares e suplentes, designados pelo Ministro de Estado da Ciência e Tecnologia, será constituída por 27 (vinte e sete) cidadãos brasileiros de reconhecida competência técnica, de notória atuação e saber científicos, com grau acadêmico de doutor e com destacada atividade profissional nas áreas de biossegurança, biotecnologia, biologia, saúde humana e animal ou meio ambiente, sendo:

I – 12 (doze) especialistas de notório saber científico e técnico, em efetivo exercício profissional, sendo:

a) 3 (três) da área de saúde humana;

b) 3 (três) da área animal;

c) 3 (três) da área vegetal;

d) 3 (três) da área de meio ambiente;

II – um representante de cada um dos seguintes órgãos, indicados pelos respectivos titulares:

a) Ministério da Ciência e Tecnologia;

b) Ministério da Agricultura, Pecuária e Abastecimento;

c) Ministério da Saúde;

d) Ministério do Meio Ambiente;

e) Ministério do Desenvolvimento Agrário;

f) Ministério do Desenvolvimento, Indústria e Comércio Exterior;

g) Ministério da Defesa;

h) Secretaria Especial de Aquicultura e Pesca da Presidência da República;

i) Ministério das Relações Exteriores;

III – um especialista em defesa do consumidor, indicado pelo Ministro da Justiça;

IV – um especialista na área de saúde, indicado pelo Ministro da Saúde;

V – um especialista em meio ambiente, indicado pelo Ministro do Meio Ambiente;

VI – um especialista em biotecnologia, indicado pelo Ministro da Agricultura, Pecuária e Abastecimento;

VII – um especialista em agricultura familiar, indicado pelo Ministro do Desenvolvimento Agrário;

VIII – um especialista em saúde do trabalhador, indicado pelo Ministro do Trabalho e Emprego.

§ 1.º Os especialistas de que trata o inciso I do *caput* deste artigo serão escolhidos a partir de lista tríplice, elaborada com a participação das sociedades científicas, conforme disposto em regulamento.

§ 2.º Os especialistas de que tratam os incisos III a VIII do *caput* deste artigo serão escolhidos a partir de lista tríplice, elaborada pelas organizações da sociedade civil, conforme disposto em regulamento.

§ 3.º Cada membro efetivo terá um suplente, que participará dos trabalhos na ausência do titular.

§ 4.º Os membros da CTNBio terão mandato de 2 (dois) anos, renovável por até mais 2 (dois) períodos consecutivos.

§ 5.º O presidente da CTNBio será designado, entre seus membros, pelo Ministro da Ciência e Tecnologia para um mandato de 2 (dois) anos, renovável por igual período.

§ 6.º Os membros da CTNBio devem pautar a sua atuação pela observância estrita dos conceitos ético-profissionais, sendo vedado participar do julgamento de questões com as quais tenham algum envolvimento de ordem profissional ou pessoal, sob pena de perda de mandato, na forma do regulamento.

§ 7.º A reunião da CTNBio poderá ser instalada com a presença de 14 (catorze) de seus membros, incluído pelo menos um representante de cada uma das áreas referidas no inciso I do *caput* deste artigo.

§ 8.º (*Vetado*.)

§ 8.º-A. As decisões da CTNBio serão tomadas com votos favoráveis da maioria absoluta de seus membros.

•• § 8.º-A acrescentado pela Lei n. 11.460, de 21-3-2007.

§ 9.º Órgãos e entidades integrantes da administração pública federal poderão solicitar participação nas reuniões da CTNBio para tratar de assuntos de seu especial interesse, sem direito a voto.

§ 10. Poderão ser convidados a participar das reuniões, em caráter excepcional, representantes da comunidade científica e do setor público e entidades da sociedade civil, sem direito a voto.

Art. 12. O funcionamento da CTNBio será definido pelo regulamento desta Lei.

§ 1.º A CTNBio contará com uma Secretaria-Executiva e cabe ao Ministério da Ciência e Tecnologia prestar-lhe o apoio técnico e administrativo.

§ 2.º (*Vetado*.)

Art. 13. A CTNBio constituirá subcomissões setoriais permanentes na área de saúde humana, na área animal, na área vegetal e na área ambiental, e poderá constituir subcomissões extraordinárias, para análise prévia dos temas a serem submetidos ao plenário da Comissão.

§ 1.º Tanto os membros titulares quanto os suplentes participarão das subcomissões setoriais e caberá a todos a distribuição dos processos para análise.

§ 2.º O funcionamento e a coordenação dos trabalhos nas subcomissões setoriais e extraordinárias serão definidos no regimento interno da CTNBio.

Art. 14. Compete à CTNBio:

I – estabelecer normas para as pesquisas com OGM e derivados de OGM;

II – estabelecer normas relativamente às atividades e aos projetos relacionados a OGM e seus derivados;

III – estabelecer, no âmbito de suas competências, critérios de avaliação e monitoramento de risco de OGM e seus derivados;

IV – proceder à análise da avaliação de risco, caso a caso, relativamente a atividades e projetos que envolvam OGM e seus derivados;

V – estabelecer os mecanismos de funcionamento das Comissões Internas de Biossegurança – CIBio, no âmbito de cada instituição que se dedique ao ensino, à pesquisa científica, ao desenvolvimento tecnológico e à produção industrial que envolvam OGM ou seus derivados;

VI – estabelecer requisitos relativos à biossegurança para autorização de funcionamento de laboratório, instituição ou empresa que desenvolverá atividades relacionadas a OGM e seus derivados;

VII – relacionar-se com instituições voltadas para a biossegurança de OGM e seus derivados, em âmbito nacional e internacional;

VIII – autorizar, cadastrar e acompanhar as atividades de pesquisa com OGM ou derivado de OGM, nos termos da legislação em vigor;

IX – autorizar a importação de OGM e seus derivados para atividade de pesquisa;

X – prestar apoio técnico consultivo e de assessoramento ao CNBS na formulação da PNB de OGM e seus derivados;

XI – emitir Certificado de Qualidade em Biossegurança – CQB para o desenvolvimento de atividades com OGM e seus derivados em laboratório, instituição ou empresa e enviar cópia do processo aos órgãos de registro e fiscalização referidos no art. 16 desta Lei;

XII – emitir decisão técnica, caso a caso, sobre a biossegurança de OGM e seus derivados no âmbito das atividades de pesquisa e de uso comercial de OGM e seus derivados, inclusive a classificação quanto ao grau de risco e nível de biossegurança exigido, bem como medidas de segurança exigidas e restrições ao uso;

XIII – definir o nível de biossegurança a ser aplicado ao OGM e seus usos, e os respectivos procedimentos e medidas de segurança quanto ao seu uso, conforme as normas estabelecidas na regulamentação desta Lei, bem como quanto aos seus derivados;

XIV – classificar os OGM segundo a classe de risco, observados os critérios estabelecidos no regulamento desta Lei;

XV – acompanhar o desenvolvimento e o progresso técnico-científico na biossegurança de OGM e seus derivados;

XVI – emitir resoluções, de natureza normativa, sobre as matérias de sua competência;

XVII – apoiar tecnicamente os órgãos competentes no processo de prevenção e investigação de acidentes e de enfermidades, verificados no curso dos projetos e das atividades com técnicas de ADN/ARN recombinante;

XVIII – apoiar tecnicamente os órgãos e entidades de registro e fiscalização, referidos no art. 16 desta Lei, no exercício de suas atividades relacionadas a OGM e seus derivados;

XIX – divulgar no *Diário Oficial da União*, previamente à análise, os extratos dos pleitos e, posteriormente, dos pareceres dos processos que lhe forem submetidos, bem como dar ampla publicidade no Sistema de Informações em Biossegurança - SIB a sua agenda, processos em trâmite, relatórios anuais, atas das reuniões e demais informações sobre suas atividades, excluídas as informações sigilosas, de interesse comercial, apontadas pelo proponente e assim consideradas pela CTNBio;

XX – identificar atividades e produtos decorrentes do uso de OGM e seus derivados potencialmente causadores de degradação do meio ambiente ou que possam causar riscos à saúde humana;

XXI – reavaliar suas decisões técnicas por solicitação de seus membros ou por recurso dos órgãos e entidades de registro e fiscalização, fundamentado em fatos ou conhecimentos científicos novos, que sejam relevantes quanto à biossegurança do OGM ou derivado, na forma desta Lei e seu regulamento;

XXII – propor a realização de pesquisas e estudos científicos no campo da biossegurança de OGM e seus derivados;

XXIII – apresentar proposta de regimento interno ao Ministro da Ciência e Tecnologia.

§ 1.º Quanto aos aspectos de biossegurança do OGM e seus derivados, a decisão técnica da CTNBio vincula os demais órgãos e entidades da administração.

§ 2.º Nos casos de uso comercial, dentre outros aspectos técnicos de sua análise, os órgãos de registro e fiscalização, no exercício de suas atribuições em caso de solicitação pela CTNBio, observarão, quanto aos aspectos de biossegurança do OGM e seus derivados, a decisão técnica da CTNBio.

§ 3.º Em caso de decisão técnica favorável sobre a biossegurança no âmbito da atividade de pesquisa, a CTNBio remeterá o processo respectivo aos órgãos e entidades referidos no art. 16 desta Lei, para o exercício de suas atribuições.

§ 4.º A decisão técnica da CTNBio deverá conter resumo de sua fundamentação técnica, explicitar as medidas de segurança e restrições ao uso do OGM e seus derivados e considerar as particularidades das diferentes regiões do País, com o objetivo de orientar e subsidiar os órgãos e entidades de registro e fiscalização, referidos no art. 16 desta Lei, no exercício de suas atribuições.

§ 5.º Não se submeterá a análise e emissão de parecer técnico da CTNBio o derivado cujo OGM já tenha sido por ela aprovado.

§ 6.º As pessoas físicas ou jurídicas envolvidas em qualquer das fases do processo de produção agrícola, comercialização ou transporte de produto geneticamente modificado que tenham obtido a liberação para uso comercial estão dispensadas de apresentação do CQB e constituição de CIBio, salvo decisão em contrário da CTNBio.

Art. 15. A CTNBio poderá realizar audiências públicas, garantida participação da sociedade civil, na forma do regulamento.

Parágrafo único. Em casos de liberação comercial, audiência pública poderá ser requerida por partes interessadas, incluindo-se entre estas organizações da sociedade civil que comprovem interesse relacionado à matéria, na forma do regulamento.

Capítulo IV
DOS ÓRGÃOS E ENTIDADES DE REGISTRO E FISCALIZAÇÃO

Art. 16. Caberá aos órgãos e entidades de registro e fiscalização do Ministério da Saúde, do Ministério da Agricultura, Pecuária e Abastecimento e do Ministério do Meio Ambiente, e da Secretaria Especial de Aquicultura e Pesca da Presidência da República entre outras atribuições, no campo de suas competências, observadas a decisão técnica da CTNBio, as deliberações do CNBS e os mecanismos estabelecidos nesta Lei e na sua regulamentação:

- *Vide* arts. 6.º, V, 8.º, III e § 3.º, 14, XVIII, 18, V, e 23 desta Lei.

I – fiscalizar as atividades de pesquisa de OGM e seus derivados;

II – registrar e fiscalizar a liberação comercial de OGM e seus derivados;

III – emitir autorização para a importação de OGM e seus derivados para uso comercial;

IV – manter atualizado no SIB o cadastro das instituições e responsáveis técnicos que realizam atividades e projetos relacionados a OGM e seus derivados;

V – tornar públicos, inclusive no SIB, os registros e autorizações concedidas;

VI – aplicar as penalidades de que trata esta Lei;

VII – subsidiar a CTNBio na definição de quesitos de avaliação de biossegurança de OGM e seus derivados.

§ 1.º Após manifestação favorável da CTNBio, ou do CNBS, em caso de avocação ou recurso, caberá, em decorrência de análise específica e decisão pertinente:

I – ao Ministério da Agricultura, Pecuária e Abastecimento emitir as autorizações e registros e fiscalizar produtos e atividades que utilizem OGM e seus derivados destinados a uso animal, na agricultura, pecuária, agroindústria e áreas afins, de acordo com a legislação em vigor e segundo o regulamento desta Lei;

II – ao órgão competente do Ministério da Saúde emitir as autorizações e registros e fiscalizar produtos e atividades com OGM e seus derivados destinados a uso humano, farmacológico, domissanitário e áreas afins, de acordo com a legislação em vigor e segundo o regulamento desta Lei;

III – ao órgão competente do Ministério do Meio Ambiente emitir as autorizações e registros e fiscalizar produtos e atividades que envolvam OGM e seus derivados a serem liberados nos ecossistemas naturais, de acordo com a legislação em vigor e segundo o regulamento desta Lei, bem como o licenciamento, nos casos em que a CTNBio deliberar, na forma desta Lei, que o OGM é potencialmente causador de significativa degradação do meio ambiente;

IV – à Secretaria Especial de Aquicultura e Pesca da Presidência da República emitir as autorizações e registros de produtos e atividades com OGM e seus derivados destinados ao uso na pesca e aquicultura, de acordo com a legislação em vigor e segundo esta Lei e seu regulamento.

§ 2.º Somente se aplicam as disposições dos incisos I e II do art. 8.º e do *caput* do art. 10 da Lei n. 6.938, de 31 de agosto de 1981, nos casos em que a CTNBio deliberar que o OGM é potencialmente causador de significativa degradação do meio ambiente.

• Citado diploma consta deste volume.

§ 3.º A CTNBio delibera, em última e definitiva instância, sobre os casos em que a atividade é potencial ou efetivamente causadora de degradação ambiental, bem como sobre a necessidade do licenciamento ambiental.

§ 4.º A emissão dos registros, das autorizações e do licenciamento ambiental referidos nesta Lei deverá ocorrer no prazo máximo de 120 (cento e vinte) dias.

§ 5.º A contagem do prazo previsto no § 4.º deste artigo será suspensa, por até 180 (cento e oitenta) dias, durante a elaboração, pelo requerente, dos estudos ou esclarecimentos necessários.

§ 6.º As autorizações e registros de que trata este artigo estarão vinculados à decisão técnica da CTNBio correspondente, sendo vedadas exigências técnicas que extrapolem as condições estabelecidas naquela decisão, nos aspectos relacionados à biossegurança.

§ 7.º Em caso de divergência quanto à decisão técnica da CTNBio sobre a liberação comercial de OGM e derivados, os órgãos e entidades de registro e fiscalização, no âmbito de suas competências, poderão apresentar recurso ao CNBS, no prazo de até 30 (trinta) dias, a contar da data de publicação da decisão técnica da CTNBio.

Capítulo V
DA COMISSÃO INTERNA DE BIOSSEGURANÇA – CIBIO

Art. 17. Toda instituição que utilizar técnicas e métodos de engenharia genética ou realizar pesquisas com OGM e seus derivados deverá criar uma Comissão Interna de Biossegurança - CIBio, além de indicar um técnico principal responsável para cada projeto específico.

Art. 18. Compete à CIBio, no âmbito da instituição onde constituída:

I – manter informados os trabalhadores e demais membros da coletividade, quando suscetíveis de serem afetados pela atividade, sobre as questões relacionadas com a saúde e a segurança, bem como sobre os procedimentos em caso de acidentes;

II – estabelecer programas preventivos e de inspeção para garantir o funcionamento das instalações sob sua responsabilidade, dentro dos padrões e normas de biossegurança, definidos pela CTNBio na regulamentação desta Lei;

III – encaminhar à CTNBio os documentos cuja relação será estabelecida na regulamentação desta Lei, para efeito de análise, registro ou autorização do órgão competente, quando couber;

IV – manter registro do acompanhamento individual de cada atividade ou projeto em desenvolvimento que envolvam OGM ou seus derivados;

V – notificar à CTNBio, aos órgãos e entidades de registro e fiscalização, referidos no art. 16 desta Lei, e às entidades de trabalhadores o resultado de avaliações de risco a que estão submetidas as pessoas expostas, bem como qualquer acidente ou incidente que possa provocar a disseminação de agente biológico;

VI – investigar a ocorrência de acidentes e as enfermidades possivelmente relacionados a OGM e seus derivados e notificar suas conclusões e providências à CTNBio.

Capítulo VI
DO SISTEMA DE INFORMAÇÕES EM BIOSSEGURANÇA – SIB

Art. 19. Fica criado, no âmbito do Ministério da Ciência e Tecnologia, o Sistema de Informações em Biossegurança - SIB, destinado à gestão das informações decorrentes das atividades de análise, autorização, registro, monitoramento e acompanhamento das atividades que envolvam OGM e seus derivados.

§ 1.º As disposições dos atos legais, regulamentares e administrativos que alterem, complementem ou produzam efeitos sobre a legislação de biossegurança de OGM e seus derivados deverão ser divulgadas no SIB concomitantemente com a entrada em vigor desses atos.

§ 2.º Os órgãos e entidades de registro e fiscalização, referidos no art. 16 desta Lei, deverão alimentar o SIB com as informações relativas às atividades de que trata esta Lei, processadas no âmbito de sua competência.

Capítulo VII
DA RESPONSABILIDADE CIVIL E ADMINISTRATIVA

Art. 20. Sem prejuízo da aplicação das penas previstas nesta Lei, os responsáveis pelos danos ao meio ambiente e a terceiros responderão, solidariamente, por sua indenização ou reparação integral, independentemente da existência de culpa.

Art. 21. Considera-se infração administrativa toda ação ou omissão que viole as normas previstas nesta Lei e demais disposições legais pertinentes.

Parágrafo único. As infrações administrativas serão punidas na forma estabelecida no regulamento desta Lei, independentemente das medidas cautelares de apreensão de produtos, suspensão de venda de produto e embargos de atividades, com as seguintes sanções:

I – advertência;

II – multa;

III – apreensão de OGM e seus derivados;

IV – suspensão da venda de OGM e seus derivados;

V – embargo da atividade;

VI – interdição parcial ou total do estabelecimento, atividade ou empreendimento;

VII – suspensão de registro, licença ou autorização;

VIII – cancelamento de registro, licença ou autorização;

IX – perda ou restrição de incentivo e benefício fiscal concedidos pelo governo;

X – perda ou suspensão da participação em linha de financiamento em estabelecimento oficial de crédito;

XI – intervenção no estabelecimento;

XII – proibição de contratar com a administração pública, por período de até 5 (cinco) anos.

Art. 22. Compete aos órgãos e entidades de registro e fiscalização, referidos no art. 16 desta Lei, definir critérios, valores e aplicar multas de R$ 2.000,00 (dois mil reais) a R$ 1.500.000,00 (um milhão e quinhentos mil reais), proporcionalmente à gravidade da infração.

§ 1.º As multas poderão ser aplicadas cumulativamente com as demais sanções previstas neste artigo.

§ 2.º No caso de reincidência, a multa será aplicada em dobro.

§ 3.º No caso de infração continuada, caracterizada pela permanência da ação ou omissão inicialmente punida, será a respectiva penalidade aplicada diariamente até cessar sua causa, sem prejuízo da paralisação imediata da atividade ou da interdição do laboratório ou da instituição ou empresa responsável.

Art. 23. As multas previstas nesta Lei serão aplicadas pelos órgãos e entidades de registro e fiscalização dos Ministérios da Agricultura, Pecuária e Abastecimento, da Saúde, do Meio Ambiente e da Secretaria Especial de Aquicultura e Pesca da Presidência da República, referidos no art. 16 desta Lei, de acordo com suas respectivas competências.

§ 1.º Os recursos arrecadados com a aplicação de multas serão destinados aos órgãos e entidades de registro e fiscalização, referidos no art. 16 desta Lei, que aplicarem a multa.

§ 2.º Os órgãos e entidades fiscalizadores da administração pública federal poderão celebrar convênios com os Estados, Distrito Federal e Municípios, para a execução de serviços relacionados à atividade de fiscalização prevista nesta Lei e poderão repassar-lhes parcela da receita obtida com a aplicação de multas.

§ 3.º A autoridade fiscalizadora encaminhará cópia do auto de infração à CTNBio.

§ 4.º Quando a infração constituir crime ou contravenção, ou lesão à Fazenda Pública ou ao consumidor, a autoridade fiscalizadora representará junto ao órgão competente para apuração das responsabilidades administrativa e penal.

Capítulo VIII
DOS CRIMES E DAS PENAS

Art. 24. Utilizar embrião humano em desacordo com o que dispõe o art. 5.º desta Lei:

Pena – detenção, de 1 (um) a 3 (três) anos, e multa.

Art. 25. Praticar engenharia genética em célula germinal humana, zigoto humano ou embrião humano:

Pena – reclusão, de 1 (um) a 4 (quatro) anos, e multa.

Art. 26. Realizar clonagem humana:

Pena – reclusão, de 2 (dois) a 5 (cinco) anos, e multa.

Art. 27. Liberar ou descartar OGM no meio ambiente, em desacordo com as normas estabelecidas pela CTNBio e pelos órgãos e entidades de registro e fiscalização:

Pena – reclusão, de 1 (um) a 4 (quatro) anos, e multa.

§ 1.º (*Vetado.*)

§ 2.º Agrava-se a pena:

I – de 1/6 (um sexto) a 1/3 (um terço), se resultar dano à propriedade alheia;

II – de 1/3 (um terço) até a metade, se resultar dano ao meio ambiente;

III – da metade até 2/3 (dois terços), se resultar lesão corporal de natureza grave em outrem;

IV – de 2/3 (dois terços) até o dobro, se resultar a morte de outrem.

Art. 28. Utilizar, comercializar, registrar, patentear e licenciar tecnologias genéticas de restrição do uso:

Pena – reclusão, de 2 (dois) a 5 (cinco) anos, e multa.

Art. 29. Produzir, armazenar, transportar, comercializar, importar ou exportar OGM ou seus derivados, sem autorização ou em desacordo com as normas estabelecidas pela CTNBio e pelos órgãos e entidades de registro e fiscalização:

Pena – reclusão, de 1 (um) a 2 (dois) anos, e multa.

Capítulo IX
DISPOSIÇÕES FINAIS E TRANSITÓRIAS

Art. 30. Os OGM que tenham obtido decisão técnica da CTNBio favorável a sua liberação comercial até a entrada em vigor desta Lei poderão ser registrados e comercializados, salvo manifestação contrária do CNBS, no prazo de 60 (sessenta) dias, a contar da data da publicação desta Lei.

Art. 31. A CTNBio e os órgãos e entidades de registro e fiscalização, referidos no art. 16 desta Lei, deverão rever suas deliberações de caráter normativo, no prazo de 120 (cento e vinte) dias, a fim de promover sua adequação às disposições desta Lei.

Art. 32. Permanecem em vigor os Certificados de Qualidade em Biossegurança, comunicados e decisões técnicas já emitidos pela CTNBio, bem como, no que não contrariarem o disposto nesta Lei, os atos normativos emitidos ao amparo da Lei n. 8.974, de 5 de janeiro de 1995.

• *Vide* art. 42 desta Lei.

Art. 33. As instituições que desenvolverem atividades reguladas por esta Lei na data de sua publicação deverão adequar-se as suas disposições no prazo de 120 (cento e vinte) dias, contado da publicação do decreto que a regulamentar.

Art. 34. Ficam convalidados e tornam-se permanentes os registros provisórios concedidos sob a égide da Lei n. 10.814, de 15 de dezembro de 2003.

• A Lei n. 10.814, de 15-12-2003, estabelece normas para o plantio e a comercialização da produção de soja geneticamente modificada da safra de 2004, e dá outras providências.

Art. 35. Ficam autorizadas a produção e a comercialização de sementes de cultivares de soja geneticamente modificadas tolerantes a glifosato registradas no Registro Nacional de Cultivares - RNC do Ministério da Agricultura, Pecuária e Abastecimento.

Art. 36. Fica autorizado o plantio de grãos de soja geneticamente modificada tolerante a glifosato, reservados pelos produtores rurais para uso próprio, na safra 2004/2005, sendo vedada a comercialização da produção como semente.

Parágrafo único. O Poder Executivo poderá prorrogar a autorização de que trata o *caput* deste artigo.

....

Art. 38. (*Vetado.*)

Art. 39. Não se aplica aos OGM e seus derivados o disposto na Lei n. 7.802, de 11 de julho de 1989, e suas alterações, exceto para os casos em que eles sejam desenvolvidos para servir de matéria-prima para a produção de agrotóxicos.

• Citado diploma consta deste volume.

Art. 40. Os alimentos e ingredientes alimentares destinados ao consumo humano ou animal que contenham ou sejam produzidos a partir de OGM ou derivados deverão conter informação nesse sentido em seus rótulos, conforme regulamento.

Art. 41. Esta Lei entra em vigor na data de sua publicação.

Art. 42. Revogam-se a Lei n. 8.974, de 5 de janeiro de 1995, a Medida Provisória n. 2.191-9, de 23 de agosto de 2001, e os arts. 5.º, 6.º, 7.º, 8.º, 9.º, 10 e 16 da Lei n. 10.814, de 15 de dezembro de 2003.

Brasília, 24 de março de 2005; 184.º da Independência e 117.º da República.

Luiz Inácio Lula da Silva

LEI N. 11.340, DE 7 DE AGOSTO DE 2006 (*)

Cria mecanismos para coibir a violência doméstica e familiar contra a mulher, nos termos do § 8.º do art. 226 da Constituição Federal, da Convenção sobre a Eliminação de Todas as Formas de Discriminação contra as Mulheres e da Convenção Interamericana para Prevenir, Punir e Erradicar a Violência contra a Mulher; dispõe sobre a criação dos Juizados de Violência Doméstica e Familiar contra a Mulher; altera o Código de Processo Penal, o Código Penal e a Lei de Execução Penal; e dá outras providências.

O Presidente da República

Faço saber que o Congresso Nacional decreta e eu sanciono a seguinte Lei:

Título I
DISPOSIÇÕES PRELIMINARES

Art. 1.º Esta Lei cria mecanismos para coibir e prevenir a violência doméstica e familiar contra a mulher, nos termos do § 8.º do art. 226 da Constituição Federal, da Convenção sobre a Eliminação de Todas as Formas de Violência contra a Mulher, da Convenção Interamericana para Prevenir, Punir e Erradicar a Violência contra a Mulher e de outros tratados internacionais ratificados pela República Federativa do Brasil; dispõe sobre a criação dos Juizados de Violência Doméstica e Familiar contra a Mulher; e estabelece medidas de assistência e proteção às mulheres em situação de violência doméstica e familiar.

•• O STF, na ADC n. 19, de 9-2-2012, declarou a constitucionalidade deste artigo.

•• A Lei n. 14.149, de 5-5-2021, institui o Formulário Nacional de Avaliação de Risco, a ser aplicado à mulher vítima de violência doméstica e familiar.

Art. 2.º Toda mulher, independentemente de classe, raça, etnia, orientação sexual, renda, cultura, nível educacional, idade e religião, goza dos direitos fundamentais inerentes à pessoa humana, sendo-lhe asseguradas as oportunidades e facilidades para viver sem violência, preservar sua saúde

(*) O Decreto n. 9.586, de 27-11-2018, institui o Sistema Nacional de Políticas para as Mulheres e o Plano Nacional de Combate à Violência Doméstica.

física e mental e seu aperfeiçoamento moral, intelectual e social.

Art. 3.º Serão asseguradas às mulheres as condições para o exercício efetivo dos direitos à vida, à segurança, à saúde, à alimentação, à educação, à cultura, à moradia, ao acesso à justiça, ao esporte, ao lazer, ao trabalho, à cidadania, à liberdade, à dignidade, ao respeito e à convivência familiar e comunitária.

§ 1.º O poder público desenvolverá políticas que visem garantir os direitos humanos das mulheres no âmbito das relações domésticas e familiares no sentido de resguardá-las de toda forma de negligência, discriminação, exploração, violência, crueldade e opressão.

§ 2.º Cabe à família, à sociedade e ao poder público criar as condições necessárias para o efetivo exercício dos direitos enunciados no *caput*.

Art. 4.º Na interpretação desta Lei, serão considerados os fins sociais a que ela se destina e, especialmente, as condições peculiares das mulheres em situação de violência doméstica e familiar.

Título II
DA VIOLÊNCIA DOMÉSTICA E FAMILIAR CONTRA A MULHER

Capítulo I
DISPOSIÇÕES GERAIS

Art. 5.º Para os efeitos desta Lei, configura violência doméstica e familiar contra a mulher qualquer ação ou omissão baseada no gênero que lhe cause morte, lesão, sofrimento físico, sexual ou psicológico e dano moral ou patrimonial:

•• *Vide* Súmula 600 do STJ.

I – no âmbito da unidade doméstica, compreendida como o espaço de convívio permanente de pessoas, com ou sem vínculo familiar, inclusive as esporadicamente agregadas;

II – no âmbito da família, compreendida como a comunidade formada por indivíduos que são ou se consideram aparentados, unidos por laços naturais, por afinidade ou por vontade expressa;

III – em qualquer relação íntima de afeto, na qual o agressor conviva ou tenha convivido com a ofendida, independentemente de coabitação.

Parágrafo único. As relações pessoais enunciadas neste artigo independem de orientação sexual.

Art. 6.º A violência doméstica e familiar contra a mulher constitui uma das formas de violação dos direitos humanos.

Capítulo II
DAS FORMAS DE VIOLÊNCIA DOMÉSTICA E FAMILIAR CONTRA A MULHER

Art. 7.º São formas de violência doméstica e familiar contra a mulher, entre outras:

•• *Vide* Súmula 600 do STJ.

I – a violência física, entendida como qualquer conduta que ofenda sua integridade ou saúde corporal;

II – a violência psicológica, entendida como qualquer conduta que lhe cause dano emocional e diminuição da autoestima ou que lhe prejudique e perturbe o pleno desenvolvimento ou que vise degradar ou controlar suas ações, comportamentos, crenças e decisões, mediante ameaça, constrangimento, humilhação, manipulação, isolamento, vigilância constante, perseguição contumaz, insulto, chantagem, violação de sua intimidade, ridicularização, exploração e limitação do direito de ir e vir ou qualquer outro meio que lhe cause prejuízo à saúde psicológica e à autodeterminação;

•• Inciso II com redação determinada pela Lei n. 13.772, de 19-12-2018.

•• Sobre violência psicológica contra a mulher: *Vide* art. 147-B do CP.

III – a violência sexual, entendida como qualquer conduta que a constranja a presenciar, a manter ou a participar de relação sexual não desejada, mediante intimidação, ameaça, coação ou uso da força; que a induza a comercializar ou a utilizar, de qualquer modo, a sua sexualidade, que a impeça de usar qualquer método contraceptivo ou que a force ao matrimônio, à gravidez, ao aborto ou à prostituição, mediante coação, chantagem, suborno ou manipulação; ou que limite ou anule o exercício de seus direitos sexuais e reprodutivos;

IV – a violência patrimonial, entendida como qualquer conduta que configure retenção, subtração, destruição parcial ou total de seus objetos, instrumentos de trabalho, documentos pessoais, bens, valores e direitos ou recursos econômicos, incluindo os destinados a satisfazer suas necessidades;

V – a violência moral, entendida como qualquer conduta que configure calúnia, difamação ou injúria.

Título III
DA ASSISTÊNCIA À MULHER EM SITUAÇÃO DE VIOLÊNCIA DOMÉSTICA E FAMILIAR

Capítulo I
DAS MEDIDAS INTEGRADAS DE PREVENÇÃO

Art. 8.º A política pública que visa coibir a violência doméstica e familiar contra a mulher far-se-á por meio de um conjunto articulado de ações da União, dos Estados, do Distrito Federal e dos Municípios e de ações não governamentais, tendo por diretrizes:

•• *Vide* Lei n. 14.188, de 28-7-2021, que define o programa de cooperação Sinal Vermelho contra a Violência Doméstica.

I – a integração operacional do Poder Judiciário, do Ministério Público e da Defensoria Pública com as áreas de segurança pública, assistência social, saúde, educação, trabalho e habitação;

II – a promoção de estudos e pesquisas, estatísticas e outras informações relevantes, com a perspectiva de gênero e de raça ou etnia, concernentes às causas, às consequências e à frequência da violência doméstica e familiar contra a mulher, para a sistematização de dados, a serem unificados nacionalmente, e a avaliação periódica dos resultados das medidas adotadas;

•• A Lei n. 14.232, de 28-10-2021, institui a Política Nacional de Dados e Informações relacionadas à Violência contra as Mulheres – PNAINFO.

III – o respeito, nos meios de comunicação social, dos valores éticos e sociais da pessoa e da família, de forma a coibir os papéis estereotipados que legitimem ou exacerbem a violência doméstica e familiar, de acordo com o estabelecido no inciso III do art. 1.º, no inciso IV do art. 3.º e no inciso IV do art. 221 da Constituição Federal;

IV – a implementação de atendimento policial especializado para as mulheres, em particular nas Delegacias de Atendimento à Mulher;

V – a promoção e a realização de campanhas educativas de prevenção da violência doméstica e familiar contra a mulher, voltadas ao público escolar e à sociedade em geral, e a difusão desta Lei e dos instrumentos de proteção aos direitos humanos das mulheres;

VI – a celebração de convênios, protocolos, ajustes, termos ou outros instrumentos de promoção de parceria entre órgãos governamentais ou entre estes e entidades não governamentais, tendo por objetivo a implementação de programas de erradicação da violência doméstica e familiar contra a mulher;

VII – a capacitação permanente das Polícias Civil e Militar, da Guarda Municipal, do Corpo de Bombeiros e dos profissionais pertencentes aos órgãos e às áreas enunciados no inciso I quanto às questões de gênero e de raça ou etnia;

VIII – a promoção de programas educacionais que disseminem valores éticos de irrestrito respeito à dignidade da pessoa humana com a perspectiva de gênero e de raça ou etnia;

IX – o destaque, nos currículos escolares de todos os níveis de ensino, para os conteúdos relativos aos direitos humanos, à equidade de gênero e de raça ou etnia e ao problema da violência doméstica e familiar contra a mulher.

Capítulo II
DA ASSISTÊNCIA À MULHER EM SITUAÇÃO DE VIOLÊNCIA DOMÉSTICA E FAMILIAR

• O Decreto n. 8.086, de 30-8-2013, institui o Programa Mulher: Viver sem Violência, e dá outras providências.

Art. 9.º A assistência à mulher em situação de violência doméstica e familiar será prestada de forma articulada e conforme os princípios e as diretrizes previstos na Lei Orgânica da Assistência Social, no Sistema Único de Saúde, no Sistema Único de Segurança Pública, entre outras normas e políticas públicas de proteção, e emergencialmente quando for o caso.

§ 1.º O juiz determinará, por prazo certo, a inclusão da mulher em situação de violência doméstica e familiar no cadastro de programas assistenciais do governo federal, estadual e municipal.

§ 2.º O juiz assegurará à mulher em situação de violência doméstica e familiar, para preservar sua integridade física e psicológica:

I – acesso prioritário à remoção quando servidora pública, integrante da administração direta ou indireta;

II – manutenção do vínculo trabalhista, quando necessário o afastamento do local de trabalho, por até seis meses;

III – encaminhamento à assistência judiciária, quando for o caso, inclusive para eventual ajuizamento da ação de separação judicial, de divórcio, de anulação de casamento ou de dissolução de união estável perante o juízo competente.

•• Inciso III acrescentado pela Lei n. 13.894, de 29-10-2019.

§ 3.º A assistência à mulher em situação de violência doméstica e familiar compreenderá o acesso aos benefícios decorrentes do desenvolvimento científico e tecnológico, incluindo os serviços de contracepção de emergência, a profilaxia das Doenças Sexualmente Transmissíveis (DST) e da Síndrome da Imunodeficiência Adquirida (AIDS) e outros procedimentos médicos necessários e cabíveis nos casos de violência sexual.

§ 4.º Aquele que, por ação ou omissão, causar lesão, violência física, sexual ou psicológica e dano moral ou patrimonial a mulher fica obrigado a ressarcir todos os danos causados, inclusive ressarcir ao Sistema Único de Saúde (SUS), de acordo com a tabela SUS, os custos relativos aos serviços de saúde prestados para o total tratamento das vítimas em situação de violência doméstica e familiar, recolhidos os recursos assim arrecadados ao Fundo de Saúde do ente federado responsável pelas unidades de saúde que prestarem os serviços.

•• § 4.º acrescentado pela Lei n. 13.871, de 17-9-2019.

§ 5.º Os dispositivos de segurança destinados ao uso em caso de perigo iminente e disponibilizados para o monitoramento das vítimas de violência doméstica ou familiar amparadas por medidas protetivas terão seus custos ressarcidos pelo agressor.

•• § 5.º acrescentado pela Lei n. 13.871, de 17-9-2019.

§ 6.º O ressarcimento de que tratam os §§ 4.º e 5.º deste artigo não poderá importar ônus de qualquer natureza ao patrimônio da mulher e dos seus dependentes, nem configurar atenuante ou ensejar possibilidade de substituição da pena aplicada.

•• § 6.º acrescentado pela Lei n. 13.871, de 17-9-2019.

§ 7.º A mulher em situação de violência doméstica e familiar tem prioridade para matricular seus dependentes em instituição de educação básica mais próxima de seu domicílio, ou transferi-los para essa instituição, mediante a apresentação dos documentos comprobatórios do registro da ocorrência policial ou do processo de violência doméstica e familiar em curso.

•• § 7.º acrescentado pela Lei n. 13.882, de 8-10-2019.

§ 8.º Serão sigilosos os dados da ofendida e de seus dependentes matriculados ou transferidos conforme o disposto no § 7.º deste artigo, e o acesso às informações será reservado ao juiz, ao Ministério Público e aos órgãos competentes do poder público.

•• § 8.º acrescentado pela Lei n. 13.882, de 8-10-2019.

Capítulo III
DO ATENDIMENTO PELA AUTORIDADE POLICIAL

Art. 10. Na hipótese da iminência ou da prática de violência doméstica e familiar contra a mulher, a autoridade policial que tomar conhecimento da ocorrência adotará, de imediato, as providências legais cabíveis.

Parágrafo único. Aplica-se o disposto no *caput* deste artigo ao descumprimento de medida protetiva de urgência deferida.

Art. 10-A. É direito da mulher em situação de violência doméstica e familiar o atendimento policial e pericial especializado, ininterrupto e prestado por servidores - preferencialmente do sexo feminino - previamente capacitados.

•• *Caput* acrescentado pela Lei n. 13.505, de 8-11-2017.

§ 1.º A inquirição de mulher em situação de violência doméstica e familiar ou de testemunha de violência doméstica, quando se tratar de crime contra a mulher, obedecerá às seguintes diretrizes:

•• § 1.º, *caput*, acrescentado pela Lei n. 13.505, de 8-11-2017.

I – salvaguarda da integridade física, psíquica e emocional da depoente, considerada a sua condição peculiar de pessoa em situação de violência doméstica e familiar;

•• Inciso I acrescentado pela Lei n. 13.505, de 8-11-2017.

II – garantia de que, em nenhuma hipótese, a mulher em situação de violência doméstica e familiar, familiares e testemunhas terão contato direto com investigados ou suspeitos e pessoas a eles relacionadas;

•• Inciso II acrescentado pela Lei n. 13.505, de 8-11-2017.

III – não revitimização da depoente, evitando sucessivas inquirições sobre o mesmo fato nos âmbitos criminal, cível e administrativo, bem como questionamentos sobre a vida privada.

•• Inciso III acrescentado pela Lei n. 13.505, de 8-11-2017.

§ 2.º Na inquirição de mulher em situação de violência doméstica e familiar ou de testemunha de delitos de que trata esta Lei, adotar-se-á, preferencialmente, o seguinte procedimento:

•• § 2.º, *caput*, acrescentado pela Lei n. 13.505, de 8-11-2017.

I – a inquirição será feita em recinto especialmente projetado para esse fim, o qual conterá os equipamentos próprios e adequados à idade da mulher em situação de violência doméstica e familiar ou testemunha e ao tipo e à gravidade da violência sofrida;

•• Inciso I acrescentado pela Lei n. 13.505, de 8-11-2017.

II – quando for o caso, a inquirição será intermediada por profissional especializado em violência doméstica e familiar designado pela autoridade judiciária ou policial;

•• Inciso II acrescentado pela Lei n. 13.505, de 8-11-2017.

III – o depoimento será registrado em meio eletrônico ou magnético, devendo a degravação e a mídia integrar o inquérito.

•• Inciso III acrescentado pela Lei n. 13.505, de 8-11-2017.

Art. 11. No atendimento à mulher em situação de violência doméstica e familiar, a autoridade policial deverá, entre outras providências:

I – garantir proteção policial, quando necessário, comunicando de imediato ao Ministério Público e ao Poder Judiciário;

II – encaminhar a ofendida ao hospital ou posto de saúde e ao Instituto Médico Legal;

III – fornecer transporte para a ofendida e seus dependentes para abrigo ou local seguro, quando houver risco de vida;

IV – se necessário, acompanhar a ofendida para assegurar a retirada de seus pertences do local da ocorrência ou do domicílio familiar;

V – informar à ofendida os direitos a ela conferidos nesta Lei e os serviços disponíveis, inclusive os de assistência judiciária para o eventual ajuizamento perante o juízo competente da ação de separação judicial, de divórcio, de anulação de casamento ou de dissolução de união estável.

•• Inciso V com redação determinada pela Lei n. 13.894, de 29-10-2019.

Art. 12. Em todos os casos de violência doméstica e familiar contra a mulher, feito o registro da ocorrência, deverá a autoridade policial adotar, de imediato, os seguintes procedimentos, sem prejuízo daqueles previstos no Código de Processo Penal:

I – ouvir a ofendida, lavrar o boletim de ocorrência e tomar a representação a termo, se apresentada;

•• O STF julgou procedente a ADI n. 4.424, de 9-2-2012 (*DOU* de 17-2-2012), para, dando interpretação conforme a este inciso, "assentar a natureza incondicionada da ação penal em caso de crime de lesão, pouco importando a extensão desta, praticado contra a mulher no ambiente doméstico".

II – colher todas as provas que servirem para o esclarecimento do fato e de suas circunstâncias;

III – remeter, no prazo de 48 (quarenta e oito) horas, expediente apartado ao juiz com o pedido da ofendida, para a concessão de medidas protetivas de urgência;

IV – determinar que se proceda ao exame de corpo de delito da ofendida e requisitar outros exames periciais necessários;

V – ouvir o agressor e as testemunhas;

VI – ordenar a identificação do agressor e fazer juntar aos autos sua folha de antecedentes criminais, indicando a existência de mandado de prisão ou registro de outras ocorrências policiais contra ele;

VI-A – verificar se o agressor possui registro de porte ou posse de arma de fogo e, na hipótese de existência, juntar aos autos essa informação, bem como notificar a ocorrência à instituição responsável pela concessão do registro ou da emissão do porte, nos termos da Lei n. 10.826, de 22 de dezembro de 2003 (Estatuto do Desarmamento);

•• Inciso VI-A acrescentado pela Lei n. 13.880, de 8-10-2019.

VII – remeter, no prazo legal, os autos do inquérito policial ao juiz e ao Ministério Público.

§ 1.º O pedido da ofendida será tomado a termo pela autoridade policial e deverá conter:

I – qualificação da ofendida e do agressor;

II – nome e idade dos dependentes;

III – descrição sucinta do fato e das medidas protetivas solicitadas pela ofendida;

IV – informação sobre a condição de a ofendida ser pessoa com deficiência e se da violência sofrida resultou deficiência ou agravamento de deficiência preexistente.

•• Inciso IV acrescentado pela Lei n. 13.836, de 4-6-2019.

§ 2.º A autoridade policial deverá anexar ao documento referido no § 1.º o boletim de ocorrência e cópia de todos os documentos disponíveis em posse da ofendida.

§ 3.º Serão admitidos como meios de prova os laudos ou prontuários médicos fornecidos por hospitais e postos de saúde.

Art. 12-A. Os Estados e o Distrito Federal, na formulação de suas políticas e planos de atendimento à mulher em situação de violência doméstica e familiar, darão prioridade, no âmbito da Polícia Civil, à criação de Delegacias Especializadas de Atendimento à Mulher (Deams), de Núcleos Investigativos de Feminicídio e de equipes especializadas para o atendimento e a investigação das violências graves contra a mulher.

•• Artigo acrescentado pela Lei n. 13.505, de 8-11-2017.

Art. 12-B. (*Vetado.*)

•• *Caput* acrescentado pela Lei n. 13.505, de 8-11-2017.

§ 1.º (*Vetado.*)

•• § 1.º acrescentado pela Lei n. 13.505, de 8-11-2017.

§ 2.º (*Vetado.*)

•• § 2.º acrescentado pela Lei n. 13.505, de 8-11-2017.

§ 3.º A autoridade policial poderá requisitar os serviços públicos necessários à defesa da mulher em situação de violência doméstica e familiar e de seus dependentes.

•• § 3.º acrescentado pela Lei n. 13.505, de 8-11-2017.

Art. 12-C. Verificada a existência de risco atual ou iminente à vida ou à integridade física ou psicológica da mulher em situação de violência doméstica e familiar, ou de seus dependentes, o agressor será imediatamente afastado do lar, domicílio ou local de convivência com a ofendida:

•• *Caput* com redação determinada pela Lei n. 14.188, de 28-7-2021.

I – pela autoridade judicial;

•• Inciso I acrescentado pela Lei n. 13.827, de 13-5-2019.

II – pelo delegado de polícia, quando o Município não for sede de comarca; ou

•• Inciso II acrescentado pela Lei n. 13.827, de 13-5-2019.

III – pelo policial, quando o Município não for sede de comarca e não houver delegado disponível no momento da denúncia.

•• Inciso III acrescentado pela Lei n. 13.827, de 13-5-2019.

§ 1.º Nas hipóteses dos incisos II e III do *caput* deste artigo, o juiz será comunicado no prazo máximo de 24 (vinte e quatro) horas e decidirá, em igual prazo, sobre a manutenção ou a revogação da medida aplicada, devendo dar ciência ao Ministério Público concomitantemente.

•• § 1.º acrescentado pela Lei n. 13.827, de 13-5-2019.

§ 2.º Nos casos de risco à integridade física da ofendida ou à efetividade da medida protetiva de urgência, não será concedida liberdade provisória ao preso.

•• § 2.º acrescentado pela Lei n. 13.827, de 13-5-2019.

TÍTULO IV
DOS PROCEDIMENTOS

Capítulo I
DISPOSIÇÕES GERAIS

Art. 13. Ao processo, ao julgamento e à execução das causas cíveis e criminais decorrentes da prática de violência doméstica e familiar contra a mulher aplicar-se-ão as normas dos Códigos de Processo Penal e Processo Civil e da legislação específica relativa à criança, ao adolescente e ao idoso que não conflitarem com o estabelecido nesta Lei.

Art. 14. Os Juizados de Violência Doméstica e Familiar contra a Mulher, órgãos da Justiça Ordinária com competência cível e criminal, poderão ser criados pela União, no Distrito Federal e nos Territórios, e pelos Estados, para o processo, o julgamento e a execução das causas decorrentes da prática de violência doméstica e familiar contra a mulher.

Parágrafo único. Os atos processuais poderão realizar-se em horário noturno, conforme dispuserem as normas de organização judiciária.

Art. 14-A. (*Vetado.*)

•• Artigo acrescentado pela Lei n. 13.894, de 29-10-2019.

§ 1.º (*Vetado.*)

•• § 1.º acrescentado pela Lei n. 13.894, de 29-10-2019.

§ 2.º (*Vetado.*)

•• § 2.º acrescentado pela Lei n. 13.894, de 29-10-2019.

Art. 15. É competente, por opção da ofendida, para os processos cíveis regidos por esta Lei, o Juizado:

I – do seu domicílio ou de sua residência;

II – do lugar do fato em que se baseou a demanda;

III – do domicílio do agressor.

Art. 16. Nas ações penais públicas condicionadas à representação da ofendida de que trata esta Lei, só será admitida a renúncia à representação perante o juiz, em audiência especialmente designada com tal finalidade, antes do recebimento da denúncia e ouvido o Ministério Público.

•• O STF julgou procedente a ADI n. 4.424, de 9-2-2012 (*DOU* de 17-2-2012), para, dando interpretação conforme a este inciso, "assentar a natureza incondicionada da ação penal em caso de crime de lesão, pouco importando a extensão desta, praticado contra a mulher no ambiente doméstico".

•• *Vide* Súmula 542 do STJ.

Art. 17. É vedada a aplicação, nos casos de violência doméstica e familiar contra a mulher, de penas de cesta básica ou outras de prestação pecuniária, bem como a substituição de pena que implique o pagamento isolado de multa.

Capítulo II
DAS MEDIDAS PROTETIVAS DE URGÊNCIA

Seção I
Disposições Gerais

Art. 18. Recebido o expediente com o pedido da ofendida, caberá ao juiz, no prazo de 48 (quarenta e oito) horas:

I – conhecer do expediente e do pedido e decidir sobre as medidas protetivas de urgência;

II – determinar o encaminhamento da ofendida ao órgão de assistência judiciária, quando for o caso, inclusive para o ajuizamento da ação de separação judicial, de divórcio, de anulação de casamento ou de dissolução de união estável perante o juízo competente;

•• Inciso II com redação determinada pela Lei n. 13.894, de 29-10-2019.

III – comunicar ao Ministério Público para que adote as providências cabíveis.

IV – determinar a apreensão imediata de arma de fogo sob a posse do agressor.

•• Inciso IV acrescentado pela Lei n. 13.880, de 8-10-2019.

Art. 19. As medidas protetivas de urgência poderão ser concedidas pelo juiz, a requerimento do Ministério Público ou a pedido da ofendida.

§ 1.º As medidas protetivas de urgência poderão ser concedidas de imediato, independentemente de audiência das partes e de manifestação do Ministério Público, devendo este ser prontamente comunicado.

§ 2.º As medidas protetivas de urgência serão aplicadas isolada ou cumulativamente, e poderão ser substituídas a qualquer tempo por outras de maior eficácia, sempre que os direitos reconhecidos nesta Lei forem ameaçados ou violados.

§ 3.º Poderá o juiz, a requerimento do Ministério Público ou a pedido da ofendida, conceder novas medidas protetivas de urgência ou rever aquelas já concedidas, se entender necessário à proteção da ofendida, de seus familiares e de seu patrimônio, ouvido o Ministério Público.

Art. 20. Em qualquer fase do inquérito policial ou da instrução criminal, caberá a prisão preventiva do agressor, decretada pelo juiz, de ofício, a requerimento do Ministério Público ou mediante representação da autoridade policial.

Parágrafo único. O juiz poderá revogar a prisão preventiva se, no curso do processo, verificar a falta de motivo para que subsista, bem como de novo decretá-la, se sobrevierem razões que a justifiquem.

Art. 21. A ofendida deverá ser notificada dos atos processuais relativos ao agressor, especialmente dos pertinentes ao ingresso e à saída da prisão, sem prejuízo da intimação do advogado constituído ou do defensor público.

Parágrafo único. A ofendida não poderá entregar intimação ou notificação ao agressor.

Seção II
Das Medidas Protetivas de Urgência que Obrigam o Agressor

Art. 22. Constatada a prática de violência doméstica e familiar contra a mulher, nos termos desta Lei, o juiz poderá aplicar, de imediato, ao agressor, em conjunto ou separadamente, as seguintes medidas protetivas de urgência, entre outras:

I – suspensão da posse ou restrição do porte de armas, com comunicação ao órgão competente, nos termos da Lei n. 10.826, de 22 de dezembro de 2003;

II – afastamento do lar, domicílio ou local de convivência com a ofendida;

III – proibição de determinadas condutas, entre as quais:

a) aproximação da ofendida, de seus familiares e das testemunhas, fixando o limite mínimo de distância entre estes e o agressor;

b) contato com a ofendida, seus familiares e testemunhas por qualquer meio de comunicação;

c) frequentação de determinados lugares a fim de preservar a integridade física e psicológica da ofendida;

IV – restrição ou suspensão de visitas aos dependentes menores, ouvida a equipe de atendimento multidisciplinar ou serviço similar;

V – prestação de alimentos provisionais ou provisórios;

VI – comparecimento do agressor a programas de recuperação e reeducação; e

•• Inciso VI acrescentado pela Lei n. 13.984, de 3-4-2020.

VII – acompanhamento psicossocial do agressor, por meio de atendimento individual e/ou em grupo de apoio.

•• Inciso VII acrescentado pela Lei n. 13.984, de 3-4-2020.

§ 1.º As medidas referidas neste artigo não impedem a aplicação de outras previstas na legislação em vigor, sempre que a segurança da ofendida ou as circunstâncias o exigirem, devendo a providência ser comunicada ao Ministério Público.

§ 2.º Na hipótese de aplicação do inciso I, encontrando-se o agressor nas condições mencionadas no *caput* e incisos do art. 6.º da Lei n. 10.826, de 22 de dezembro de 2003, o juiz comunicará ao respectivo órgão, corporação ou instituição as medidas protetivas de urgência concedidas e determinará a restrição do porte de armas, ficando o superior imediato do agressor responsável pelo cumprimento da determinação judicial, sob pena de incorrer nos crimes de prevaricação ou de desobediência, conforme o caso.

§ 3.º Para garantir a efetividade das medidas protetivas de urgência, poderá o juiz requisitar, a qualquer momento, auxílio da força policial.

§ 4.º Aplica-se às hipóteses previstas neste artigo, no que couber, o disposto no *caput* e nos §§ 5.º e 6.º do art. 461 da Lei n. 5.869, de 11 de janeiro de 1973 (Código de Processo Civil).

Seção III
Das Medidas Protetivas de Urgência à Ofendida

Art. 23. Poderá o juiz, quando necessário, sem prejuízo de outras medidas:

I – encaminhar a ofendida e seus dependentes a programa oficial ou comunitário de proteção ou de atendimento;

II – determinar a recondução da ofendida e a de seus dependentes ao respectivo domicílio, após afastamento do agressor;

III – determinar o afastamento da ofendida do lar, sem prejuízo dos direitos relativos a bens, guarda dos filhos e alimentos;

IV – determinar a separação de corpos;

V – determinar a matrícula dos dependentes da ofendida em instituição de educação básica mais próxima do seu domicílio, ou a transferência deles para essa instituição, independentemente da existência de vaga.

•• Inciso V acrescentado pela Lei n. 13.882, de 8-10-2019.

Art. 24. Para a proteção patrimonial dos bens da sociedade conjugal ou daqueles de propriedade particular da mulher, o juiz poderá determinar, liminarmente, as seguintes medidas, entre outras:

I – restituição de bens indevidamente subtraídos pelo agressor à ofendida;

II – proibição temporária para a celebração de atos e contratos de compra, venda e locação de propriedade em comum, salvo expressa autorização judicial;

III – suspensão das procurações conferidas pela ofendida ao agressor;

IV – prestação de caução provisória, mediante depósito judicial, por perdas e danos materiais decorrentes da prática de violência doméstica e familiar contra a ofendida.

Parágrafo único. Deverá o juiz oficiar ao cartório competente para os fins previstos nos incisos II e III deste artigo.

Seção IV
Do Crime de Descumprimento de Medidas Protetivas de Urgência

•• Seção IV acrescentada pela Lei n. 13.641, de 3-4-2018.

DESCUMPRIMENTO DE MEDIDAS PROTETIVAS DE URGÊNCIA

•• Rubrica acrescentada pela Lei n. 13.641, de 3-4-2018.

Art. 24-A. Descumprir decisão judicial que defere medidas protetivas de urgência previstas nesta Lei:

Pena – detenção, de 3 (três) meses a 2 (dois) anos.

•• *Caput* acrescentado pela Lei n. 13.641, de 3-4-2018.

§ 1.º A configuração do crime independe da competência civil ou criminal do juiz que deferiu as medidas.

•• § 1.º acrescentado pela Lei n. 13.641, de 3-4-2018.

§ 2.º Na hipótese de prisão em flagrante, apenas a autoridade judicial poderá conceder fiança.

•• § 2.º acrescentado pela Lei n. 13.641, de 3-4-2018.

§ 3.º O disposto neste artigo não exclui a aplicação de outras sanções cabíveis.

•• § 3.º acrescentado pela Lei n. 13.641, de 3-4-2018.

Capítulo III
DA ATUAÇÃO DO MINISTÉRIO PÚBLICO

Art. 25. O Ministério Público intervirá, quando não for parte, nas causas cíveis e criminais decorrentes da violência doméstica e familiar contra a mulher.

Art. 26. Caberá ao Ministério Público, sem prejuízo de outras atribuições, nos casos de violência doméstica e familiar contra a mulher, quando necessário:

I – requisitar força policial e serviços públicos de saúde, de educação, de assistência social e de segurança, entre outros;

II – fiscalizar os estabelecimentos públicos e particulares de atendimento à mulher em situação de violência doméstica e familiar, e adotar, de imediato, as medidas administrativas ou judiciais cabíveis no tocante a quaisquer irregularidades constatadas;

III – cadastrar os casos de violência doméstica e familiar contra a mulher.

Capítulo IV
DA ASSISTÊNCIA JUDICIÁRIA

Art. 27. Em todos os atos processuais, cíveis e criminais, a mulher em situação de violência doméstica e familiar deverá estar acompanhada de advogado, ressalvado o previsto no art. 19 desta Lei.

Art. 28. É garantido a toda mulher em situação de violência doméstica e familiar o acesso aos serviços de Defensoria Pública ou de Assistência Judiciária Gratuita, nos termos da lei, em sede policial e judicial, mediante atendimento específico e humanizado.

Título V
DA EQUIPE DE ATENDIMENTO MULTIDISCIPLINAR

Art. 29. Os Juizados de Violência Doméstica e Familiar contra a Mulher que vierem a ser criados poderão contar com uma equipe de atendimento multidisciplinar, a ser integrada por profissionais especializados nas áreas psicossocial, jurídica e de saúde.

Art. 30. Compete à equipe de atendimento multidisciplinar, entre outras atribuições que lhe forem reservadas pela legislação local, fornecer subsídios por escrito ao juiz, ao Ministério Público e à Defensoria Pública, mediante laudos ou verbalmente em audiência, e desenvolver trabalhos de orientação, encaminhamento, prevenção e outras medidas, voltados para a ofendida, o agressor e os familiares, com especial atenção às crianças e aos adolescentes.

Art. 31. Quando a complexidade do caso exigir avaliação mais aprofundada, o juiz poderá determinar a manifestação de profissional especializado, mediante a indicação da equipe de atendimento multidisciplinar.

Art. 32. O Poder Judiciário, na elaboração de sua proposta orçamentária, poderá prever recursos para a criação e manutenção da equipe de atendimento multidisciplinar, nos termos da Lei de Diretrizes Orçamentárias.

Título VI
DISPOSIÇÕES TRANSITÓRIAS

Art. 33. Enquanto não estruturados os Juizados de Violência Doméstica e Familiar contra a Mulher, as varas criminais acumularão as competências cível e criminal para conhecer e julgar as causas decorrentes da prática de violência doméstica e familiar contra a mulher, observadas as previsões do Título IV desta Lei, subsidiada pela legislação processual pertinente.

•• O STF, na ADC n. 19, de 9-2-2012, declarou a constitucionalidade deste artigo.

Parágrafo único. Será garantido o direito de preferência, nas varas criminais, para o processo e o julgamento das causas referidas no *caput*.

Título VII
DISPOSIÇÕES FINAIS

Art. 34. A instituição dos Juizados de Violência Doméstica e Familiar contra a Mulher poderá ser acompanhada pela implantação das curadorias necessárias e do serviço de assistência judiciária.

Art. 35. A União, o Distrito Federal, os Estados e os Municípios poderão criar e promover, no limite das respectivas competências:

I – centros de atendimento integral e multidisciplinar para mulheres e respectivos dependentes em situação de violência doméstica e familiar;

II – casas-abrigos para mulheres e respectivos dependentes menores em situação de violência doméstica e familiar;

III – delegacias, núcleos de defensoria pública, serviços de saúde e centros de perícia médico-legal especializados no atendimento à mulher em situação de violência doméstica e familiar;

IV – programas e campanhas de enfrentamento da violência doméstica e familiar;

V – centros de educação e de reabilitação para os agressores.

Art. 36. A União, os Estados, o Distrito Federal e os Municípios promoverão a adaptação de seus órgãos e de seus programas às diretrizes e aos princípios desta Lei.

Art. 37. A defesa dos interesses e direitos transindividuais previstos nesta Lei poderá ser exercida, concorrentemente, pelo Ministério Público e por associação de atuação na área, regularmente constituída há pelo menos um ano, nos termos da legislação civil.

Parágrafo único. O requisito da pré-constituição poderá ser dispensado pelo juiz quando entender que não há outra entidade com representatividade adequada para o ajuizamento da demanda coletiva.

Art. 38. As estatísticas sobre a violência doméstica e familiar contra a mulher serão incluídas nas bases de dados dos órgãos oficiais do Sistema de Justiça e Segurança a fim de subsidiar o sistema nacional de dados e informações relativo às mulheres.

•• A Lei n. 14.232, de 28-10-2021, institui a Política Nacional de Dados e Informações relacionadas à Violência contra as Mulheres – PNAINFO.

Parágrafo único. As Secretarias de Segurança Pública dos Estados e do Distrito Federal poderão remeter suas informações criminais para a base de dados do Ministério da Justiça.

Art. 38-A. O juiz competente providenciará o registro da medida protetiva de urgência.

•• *Caput* acrescentado pela Lei n. 13.827, de 13-5-2019.

Parágrafo único. As medidas protetivas de urgência serão registradas em banco de dados mantido e regulamentado pelo Conselho Nacional de Justiça, garantido o acesso do Ministério Público, da Defensoria Pública e dos órgãos de segurança pública e de assistência social, com vistas à fiscalização e à efetividade das medidas protetivas.

•• Parágrafo único acrescentado pela Lei n. 13.827, de 13-5-2019.

Art. 39. A União, os Estados, o Distrito Federal e os Municípios, no limite de suas competências e nos termos das respectivas leis de diretrizes orçamentárias, poderão estabelecer dotações orçamentárias específicas, em cada exercício financeiro, para a implementação das medidas estabelecidas nesta Lei.

Art. 40. As obrigações previstas nesta Lei não excluem outras decorrentes dos princípios por ela adotados.

Art. 41. Aos crimes praticados com violência doméstica e familiar contra a mulher, independentemente da pena prevista, não se aplica a Lei n. 9.099, de 26 de setembro de 1995.

•• O STF, na ADC n. 19, de 9-2-2012, declarou a constitucionalidade deste artigo.

• *Vide* Súmula 536 do STJ.

....

Art. 46. Esta Lei entra em vigor 45 (quarenta e cinco) dias após sua publicação.

Brasília, 7 de agosto de 2006; 185.º da Independência e 118.º da República.

LUIZ INÁCIO LULA DA SILVA

LEI COMPLEMENTAR N. 123, DE 14 DE DEZEMBRO DE 2006 (*)

Institui o Estatuto Nacional da Microempresa e da Empresa de Pequeno Porte; altera dispositivos das Leis n. 8.212 e 8.213, ambas de 24 de julho de 1991, da Consolidação das Leis do Trabalho - CLT, aprovada pelo Decreto-lei n. 5.452, de 1.º de maio de 1943, da Lei n. 10.189, de 14 de fevereiro de 2001, da Lei Complementar n. 63, de 11 de janeiro de 1990; e revoga as Leis n. 9.317, de 5 de dezembro de 1996, e 9.841, de 5 de outubro de 1999.

O Presidente da República

Faço saber que o Congresso Nacional decreta e eu sanciono a seguinte Lei Complementar:

Capítulo I
DISPOSIÇÕES PRELIMINARES

Art. 1.º Esta Lei Complementar estabelece normas gerais relativas ao tratamento diferenciado e favorecido a ser dispensado às microempresas e empresas de pequeno porte no âmbito dos Poderes da União, dos Estados, do Distrito Federal e dos Municípios, especialmente no que se refere:

I – à apuração e recolhimento dos impostos e contribuições da União, dos Estados, do Distrito Federal e dos Municípios, mediante regime único de arrecadação, inclusive obrigações acessórias;

II – ao cumprimento de obrigações trabalhistas e previdenciárias, inclusive obrigações acessórias;

III – ao acesso a crédito e ao mercado, inclusive quanto à preferência nas aquisições de bens e serviços pelos Poderes Públicos, à tecnologia, ao associativismo e às regras de inclusão;

IV – ao cadastro nacional único de contribuintes a que se refere o inciso IV do parágrafo único do art. 146, *in fine*, da Constituição Federal.

•• Inciso IV acrescentado pela Lei Complementar n. 147, de 7-8-2014.

§ 1.º Cabe ao Comitê Gestor do Simples Nacional (CGSN) apreciar a necessidade de revisão, a partir de 1.º de janeiro de 2015, dos valores expressos em moeda nesta Lei Complementar.

•• § 1.º com redação determinada pela Lei Complementar n. 139, de 10-11-2011.

§ 2.º (*Vetado.*)

§ 3.º Ressalvado o disposto no Capítulo IV, toda nova obrigação que atinja as microempresas e empresas de pequeno porte deverá apresentar, no instrumento que a instituiu, especificação do tratamento diferenciado, simplificado e favorecido para cumprimento.

•• § 3.º acrescentado pela Lei Complementar n. 147, de 7-8-2014.

§ 4.º Na especificação do tratamento diferenciado, simplificado e favorecido de que trata o § 3.º, deverá constar prazo máximo, quando forem necessários procedimentos adicionais, para que os órgãos fiscalizadores cumpram as medidas necessárias à emissão de documentos, realização de vistorias e atendimento das demandas realizadas pelas microempresas e empresas de pequeno porte com o objetivo de cumprir a nova obrigação.

•• § 4.º acrescentado pela Lei Complementar n. 147, de 7-8-2014.

§ 5.º Caso o órgão fiscalizador descumpra os prazos estabelecidos na especificação do tratamento diferenciado e favorecido, conforme o disposto no § 4.º, a nova obrigação será inexigível até que seja realizada visita para fiscalização orientadora e seja reiniciado o prazo para regularização.

•• § 5.º acrescentado pela Lei Complementar n. 147, de 7-8-2014.

§ 6.º A ausência de especificação do tratamento diferenciado, simplificado e favorecido ou da determinação de prazos máximos, de acordo com os §§ 3.º e 4.º, tornará a nova obrigação inexigível para as microempresas e empresas de pequeno porte.

•• § 6.º acrescentado pela Lei Complementar n. 147, de 7-8-2014.

§ 7.º A inobservância do disposto nos §§ 3.º a 6.º resultará em atentado aos direitos e garantias legais assegurados ao exercício profissional da atividade empresarial.

•• § 7.º acrescentado pela Lei Complementar n. 147, de 7-8-2014.

Art. 2.º O tratamento diferenciado e favorecido a ser dispensado às microempresas e empresas de pequeno porte de que trata o art. 1.º desta Lei Complementar será gerido pelas instâncias a seguir especificadas:

I – Comitê Gestor do Simples Nacional, vinculado ao Ministério da Economia, composto de 4 (quatro) representantes da União, 2 (dois) dos Estados e do Distrito Federal, 2 (dois) dos Municípios, 1 (um) do Serviço Brasileiro de Apoio às Micro e Pequenas Empresas (Sebrae) e 1 (um) das confederações nacionais de representação do segmento de microempresas e empresas de pequeno porte referidas no art. 11 da Lei Complementar n. 147, de 7 de agosto de 2014, para tratar dos aspectos tributários;

•• Inciso I com redação determinada pela Lei Complementar n. 188, de 31-12-2021.

II – Fórum Permanente das Microempresas e Empresas de Pequeno Porte, com a participação dos órgãos federais competentes e das entidades vinculadas ao setor, para tratar dos demais aspectos, ressalvado o disposto no inciso III do *caput* deste artigo;

•• Inciso II com redação determinada pela Lei Complementar n. 128, de 19-12-2008.

III – Comitê para Gestão da Rede Nacional para Simplificação do Registro e da Legalização de Empresas e Negócios - CGSIM, vinculado à Secretaria da Micro e Pequena Empresa da Presidência da República, composto por representantes da União, dos Estados e do Distrito Federal, dos Municípios e demais órgãos de apoio e de registro empre-

(*) Publicada no *DOU*, de 15-12-2006. Os anexos não foram publicados por não atenderem ao propósito desta obra.

sarial, na forma definida pelo Poder Executivo, para tratar do processo de registro e de legalização de empresários e de pessoas jurídicas.

•• Inciso III com redação determinada pela Lei Complementar n. 147, de 7-8-2014.

•• *Vide* art. 968, § 4.º, do CC.

§ 1.º Os Comitês de que tratam os incisos I e III do *caput* deste artigo serão presididos e coordenados por representantes da União.

•• § 1.º com redação determinada pela Lei Complementar n. 128, de 19-12-2008.

§ 2.º Os representantes dos Estados e do Distrito Federal nos Comitês referidos nos incisos I e III do *caput* deste artigo serão indicados pelo Conselho Nacional de Política Fazendária - CONFAZ e os dos Municípios serão indicados, um pela entidade representativa das Secretarias de Finanças das Capitais e outro pelas entidades de representação nacional dos Municípios brasileiros.

•• § 2.º com redação determinada pela Lei Complementar n. 128, de 19-12-2008.

§ 3.º As entidades de representação referidas no inciso III do *caput* e no § 2.º deste artigo serão aquelas regularmente constituídas há pelo menos 1 (um) ano antes da publicação desta Lei Complementar.

•• § 3.º com redação determinada pela Lei Complementar n. 128, de 19-12-2008.

§ 4.º Os comitês de que tratam os incisos I e III do *caput* deste artigo elaborarão seus regimentos internos mediante resolução, observado, quanto ao CGSN, o disposto nos §§ 4.º-A e 4.º-B deste artigo.

•• § 4.º com redação determinada pela Lei Complementar n. 188, de 31-12-2021.

§ 4.º-A. O quórum mínimo para a realização das reuniões do CGSN será de 3/4 (três quartos) dos componentes, dos quais um deles será necessariamente o Presidente.

•• § 4.º-A acrescentado pela Lei Complementar n. 188, de 31-12-2021.

§ 4.º-B. As deliberações do CGSN serão tomadas por 3/4 (três quartos) dos componentes presentes às reuniões, presenciais ou virtuais, ressalvadas as decisões que determinem a exclusão de ocupações autorizadas a atuar na qualidade de Microempreendedor Individual (MEI), quando a deliberação deverá ser unânime.

•• § 4.º-B acrescentado pela Lei Complementar n. 188, de 31-12-2021.

§ 5.º O Fórum referido no inciso II do *caput* deste artigo tem por finalidade orientar e assessorar a formulação e coordenação da política nacional de desenvolvimento das microempresas e empresas de pequeno porte, bem como acompanhar e avaliar a sua implantação, sendo presidido e coordenado pela Secretaria da Micro e Pequena Empresa da Presidência da República.

•• § 5.º com redação determinada pela Lei n. 12.792, de 28-3-2013.

§ 6.º Ao Comitê de que trata o inciso I do *caput* deste artigo compete regulamentar a opção, exclusão, tributação, fiscalização, arrecadação, cobrança, dívida ativa, recolhimento e demais itens relativos ao regime de que trata o art. 12 desta Lei Complementar, observadas as demais disposições desta Lei Complementar.

•• § 6.º acrescentado pela Lei Complementar n. 128, de 19-12-2008.

§ 7.º Ao Comitê de que trata o inciso III do *caput* deste artigo compete, na forma da lei, regulamentar a inscrição, cadastro, abertura, alvará, arquivamento, licenças, permissão, autorização, registros e demais itens relativos à abertura, legalização e funcionamento de empresários e de pessoas jurídicas de qualquer porte, atividade econômica ou composição societária.

•• § 7.º acrescentado pela Lei Complementar n. 128, de 19-12-2008.

§ 8.º Os membros dos comitês de que tratam os incisos I e III do *caput* deste artigo serão designados pelo Ministro de Estado da Economia, mediante indicação dos órgãos e entidades vinculados.

•• § 8.º com redação determinada pela Lei Complementar n. 188, de 31-12-2021.

§ 8.º-A. Dos membros da União que compõem o comitê de que trata o inciso I do *caput* deste artigo, 3 (três) serão representantes da Secretaria Especial da Receita Federal do Brasil e 1 (um) da Subsecretaria de Desenvolvimento das Micro e Pequenas Empresas, Empreendedorismo e Artesanato da Secretaria Especial de Produtividade e Competitividade ou do órgão que vier a substituí-la.

•• § 8.º-A acrescentado pela Lei Complementar n. 188, de 31-12-2021.

§ 8.º-B. A vaga das confederações nacionais de representação do segmento de microempresas e empresas de pequeno porte no comitê de que trata o inciso I do *caput* deste artigo será ocupada em regime de rodízio anual entre as confederações.

•• § 8.º-B acrescentado pela Lei Complementar n. 188, de 31-12-2021.

§ 9.º O CGSN poderá determinar, com relação à microempresa e à empresa de pequeno porte optante pelo Simples Nacional, a forma, a periodicidade e o prazo:

•• § 9.º, *caput*, acrescentado pela Lei Complementar n. 147, de 7-8-2014.

I – de entrega à Secretaria da Receita Federal do Brasil - RFB de uma única declaração com dados relacionados a fatos geradores, base de cálculo e valores da contribuição para a Seguridade Social devida sobre a remuneração do trabalho, inclusive a descontada dos trabalhadores a serviço da empresa, do Fundo de Garantia do Tempo de Serviço - FGTS e outras informações de interesse do Ministério do Trabalho e Emprego - MTE, do Instituto Nacional do Seguro Social - INSS e do Conselho Curador do FGTS, observado o disposto no § 7.º deste artigo; e

•• Inciso I acrescentado pela Lei Complementar n. 147, de 7-8-2014.

II – do recolhimento das contribuições descritas no inciso I e do FGTS.

•• Inciso II acrescentado pela Lei Complementar n. 147, de 7-8-2014.

§ 10. O recolhimento de que trata o inciso II do § 9.º deste artigo poderá se dar de forma unificada relativamente aos tributos apurados na forma do Simples Nacional.

•• § 10 acrescentado pela Lei Complementar n. 147, de 7-8-2014.

§ 11. A entrega da declaração de que trata o inciso I do § 9.º substituirá, na forma regulamentada pelo CGSN, a obrigatoriedade de entrega de todas as informações, formulários e declarações a que estão sujeitas as demais empresas ou equiparados que contratam trabalhadores, inclusive relativamente ao recolhimento do FGTS, à Relação Anual de Informações Sociais e ao Cadastro Geral de Empregados e Desempregados.

•• § 11 acrescentado pela Lei Complementar n. 147, de 7-8-2014.

§ 12. Na hipótese de recolhimento do FGTS na forma do inciso II do § 9.º deste artigo, deve-se assegurar a transferência dos recursos e dos elementos identificadores do recolhimento ao gestor desse fundo para crédito na conta vinculada do trabalhador.

•• § 12 acrescentado pela Lei Complementar n. 147, de 7-8-2014.

§ 13. O documento de que trata o inciso I do § 9.º tem caráter declaratório, constituindo instrumento hábil e suficiente para a exigência dos tributos, contribuições e dos débitos fundiários que não tenham sido recolhidos resultantes das informações nele prestadas.

•• § 13 acrescentado pela Lei Complementar n. 147, de 7-8-2014.

Capítulo II
DA DEFINIÇÃO DE MICROEMPRESA E DE EMPRESA DE PEQUENO PORTE

Art. 3.º Para os efeitos desta Lei Complementar, consideram-se microempresas ou empresas de pequeno porte a sociedade empresária, a sociedade simples, a empresa individual de responsabilidade limitada e o empresário a que se refere o art. 966 da Lei n. 10.406, de 10 de janeiro de 2002 (Código Civil), devidamente registrados no Registro de Empresas Mercantis ou no Registro Civil de Pessoas Jurídicas, conforme o caso, desde que:

•• *Caput* com redação determinada pela Lei Complementar n. 139, de 10-11-2011.

• A Lei n. 10.406, de 10-1-2002, institui o CC.

• *Vide* arts. 967 e 998 do CC.

I – no caso da microempresa, aufira, em cada ano-calendário, receita bruta igual ou inferior a R$ 360.000,00 (trezentos e sessenta mil reais); e

•• Inciso I com redação determinada pela Lei Complementar n. 139, de 10-11-2011.

II – no caso de empresa de pequeno porte, aufira, em cada ano-calendário, receita bruta superior a R$ 360.000,00 (trezentos e sessenta mil reais) e igual ou inferior a R$ 4.800.000,00 (quatro milhões e oitocentos mil reais).

•• Inciso II com redação determinada pela Lei Complementar n. 155, de 27-10-2016.

§ 1.º Considera-se receita bruta, para fins do disposto no *caput* deste artigo, o produto da venda de bens e serviços nas operações de conta própria, o preço dos serviços prestados e o resultado nas operações em conta alheia, não incluídas as vendas canceladas e os descontos incondicionais concedidos.

§ 2.º No caso de início de atividade no próprio ano-calendário, o limite a que se refere o *caput* deste artigo será proporcional ao número de meses em que a microempresa ou a empresa de pequeno porte houver exercido atividade, inclusive as frações de meses.

§ 3.º O enquadramento do empresário ou da sociedade simples ou empresária como microempresa ou empresa de pequeno porte bem como o seu desenquadramento não implicarão alteração, denúncia ou qualquer restrição em relação a contratos por elas anteriormente firmados.

§ 4.º Não poderá se beneficiar do tratamento jurídico diferenciado previsto nesta Lei Complementar, incluído o regime de que trata o art. 12 desta Lei Complementar, para nenhum efeito legal, a pessoa jurídica:

•• § 4.º, *caput*, com redação determinada pela Lei Complementar n. 128, de 19-12-2008.

I – de cujo capital participe outra pessoa jurídica;

II – que seja filial, sucursal, agência ou representação, no País, de pessoa jurídica com sede no exterior;

III – de cujo capital participe pessoa física que seja inscrita como empresário ou seja sócia de outra empresa que receba tratamento jurídico diferenciado nos termos desta Lei Complementar, desde que a receita bruta global ultrapasse o limite de que trata o inciso II do *caput* deste artigo;

IV – cujo titular ou sócio participe com mais de 10% (dez por cento) do capital de outra empresa não beneficiada por esta Lei Complementar, desde que a receita bruta global ultrapasse o limite de que trata o inciso II do *caput* deste artigo;

V – cujo sócio ou titular seja administrador ou equiparado de outra pessoa jurídica com fins lucrativos, desde que a receita bruta global ultrapasse o limite de que trata o inciso II do *caput* deste artigo;

VI – constituída sob a forma de cooperativas, salvo as de consumo;

VII – que participe do capital de outra pessoa jurídica;

VIII – que exerça atividade de banco comercial, de investimentos e de desenvolvimento, de caixa econômica, de sociedade de crédito, financiamento e investimento ou de crédito imobiliário, de corretora ou de distribuidora de títulos, valores mobiliários e câmbio, de empresa de arrendamento mercantil, de seguros privados e de capitalização ou de previdência complementar;

IX – resultante ou remanescente de cisão ou qualquer outra forma de desmembramento de pessoa jurídica que tenha ocorrido em um dos 5 (cinco) anos-calendário anteriores;

X – constituída sob a forma de sociedade por ações;

XI – cujos titulares ou sócios guardem, cumulativamente, com o contratante do serviço, relação de pessoalidade, subordinação e habitualidade.

•• Inciso XI acrescentado pela Lei Complementar n. 147, de 7-8-2014.

§ 5.º O disposto nos incisos IV e VII do § 4.º deste artigo não se aplica à participação no capital de cooperativas de crédito, bem como em centrais de compras, bolsas de subcontratação, no consórcio referido no art. 50 desta Lei Complementar e na sociedade de propósito específico prevista no art. 56 desta Lei Complementar, e em associações assemelhadas, sociedades de interesse econômico, sociedades de garantia solidária e outros tipos de sociedade, que tenham como objetivo social a defesa exclusiva dos interesses econômicos das microempresas e empresas de pequeno porte.

•• § 5.º com redação determinada pela Lei Complementar n. 128, de 19-12-2008.

§ 6.º Na hipótese de a microempresa ou empresa de pequeno porte incorrer em alguma das situações previstas nos incisos do § 4.º, será excluída do tratamento jurídico diferenciado previsto nesta Lei Complementar, bem como do regime de que trata o art. 12, com efeitos a partir do mês seguinte ao que incorrida a situação impeditiva.

•• § 6.º com redação determinada pela Lei Complementar n. 139, de 10-11-2011.

§ 7.º Observado o disposto no § 2.º deste artigo, no caso de início de atividades, a microempresa que, no ano-calendário, exceder o limite de receita bruta anual previsto no inciso I do *caput* deste artigo passa, no ano-calendário seguinte, à condição de empresa de pequeno porte.

§ 8.º Observado o disposto no § 2.º deste artigo, no caso de início de atividades, a empresa de pequeno porte que, no ano-calendário, não ultrapassar o limite de receita bruta anual previsto no inciso I do *caput* deste artigo passa, no ano-calendário seguinte, à condição de microempresa.

§ 9.º A empresa de pequeno porte que, no ano-calendário, exceder o limite de receita bruta anual previsto no inciso II do *caput* fica excluída, no mês subsequente à ocorrência do excesso, do tratamento jurídico diferenciado previsto nesta Lei Complementar, incluído o regime de que trata o art. 12, para todos os efeitos legais, ressalvado o disposto nos §§ 9.º-A, 10 e 12.

•• § 9.º com redação determinada pela Lei Complementar n. 139, de 10-11-2011.

§ 9.º-A. Os efeitos da exclusão prevista no § 9.º dar-se-ão no ano-calendário subsequente se o excesso verificado em relação à receita bruta não for superior a 20% (vinte por cento) do limite referido no inciso II do *caput*.

•• § 9.º-A acrescentado pela Lei Complementar n. 139, de 10-11-2011.

§ 10. A empresa de pequeno porte que no decurso do ano-calendário de início de atividade ultrapassar o limite proporcional de receita bruta de que trata o § 2.º estará excluída do tratamento jurídico diferenciado previsto nesta Lei Complementar, bem como do regime de que trata o art. 12 desta Lei Complementar, com efeitos retroativos ao início de suas atividades.

•• § 10 com redação determinada pela Lei Complementar n. 139, de 10-11-2011.

§ 11. Na hipótese de o Distrito Federal, os Estados e os respectivos Municípios adotarem um dos limites previstos nos incisos I e II do *caput* do art. 19 e no art. 20, caso a receita bruta auferida pela empresa durante o ano-calendário de início de atividade ultrapasse 1/12 (um doze avos) do limite estabelecido multiplicado pelo número de meses de funcionamento nesse período, a empresa não poderá recolher o ICMS e o ISS na forma do Simples Nacional, relativos ao estabelecimento localizado na unidade da federação que os houver adotado, com efeitos retroativos ao início de suas atividades.

•• § 11 com redação determinada pela Lei Complementar n. 139, de 10-11-2011.

§ 12. A exclusão de que trata o § 10 não retroagirá ao início das atividades se o excesso verificado em relação à receita bruta não for superior a 20% (vinte por cento) do respectivo limite referido naquele parágrafo, hipótese em que os efeitos da exclusão dar-se-ão no ano-calendário subsequente.

•• § 12 com redação determinada pela Lei Complementar n. 139, de 10-11-2011.

§ 13. O impedimento de que trata o § 11 não retroagirá ao início das atividades se o excesso verificado em relação à receita bruta não for superior a 20% (vinte por cento) dos respectivos limites referidos naquele parágrafo, hipótese em que os efeitos do impedimento ocorrerão no ano-calendário subsequente.

•• § 13 acrescentado pela Lei Complementar n. 139, de 10-11-2011.

§ 14. Para fins de enquadramento como microempresa ou empresa de pequeno porte, poderão ser auferidas receitas no mercado interno até o limite previsto no inciso II do *caput* ou no § 2.º, conforme o caso, e, adicionalmente, receitas decorrentes da exportação de mercadorias ou serviços, inclusive quando realizada por meio de comercial exportadora ou da sociedade de propósito específico prevista no art. 56 desta Lei Complementar, desde que as receitas de exportação também não excedam os referidos limites de receita bruta anual.

•• § 14 com redação determinada pela Lei Complementar n. 147, de 7-8-2014.

§ 15. Na hipótese do § 14, para fins de determinação da alíquota de que trata o § 1.º do art. 18, da base de cálculo prevista em seu § 3.º e das majorações de alíquotas previstas em seus §§ 16, 16-A, 17 e 17-A, serão consideradas separadamente as receitas brutas auferidas no mercado interno e aquelas decorrentes da exportação.

•• § 15 com redação determinada pela Lei Complementar n. 147, de 7-8-2014.

§ 16. O disposto neste artigo será regulamentado por resolução do CGSN.

•• § 16 acrescentado pela Lei Complementar n. 147, de 7-8-2014.

§ 17. (*Vetado*.)

•• § 17 acrescentado pela Lei Complementar n. 155, de 27-10-2016, produzindo efeitos a partir de 1.º-1-2018.

§ 18. (*Vetado*.)

•• § 18 acrescentado pela Lei Complementar n. 155, de 27-10-2016.

Art. 3.º-A. Aplica-se ao produtor rural pessoa física e ao agricultor familiar conceituado na Lei n. 11.326, de 24 de julho de 2006, com situação regular na Previdência Social e no Município que tenham auferido receita bruta anual até o limite de que trata o inciso II do *caput* do art. 3.º o disposto nos arts. 6.º e 7.º, nos Capítulos V a X, na Seção IV do Capítulo XI e no Capítulo XII desta Lei Complementar, ressalvadas as disposições da Lei n. 11.718, de 20 de junho de 2008.

•• *Caput* acrescentado pela Lei Complementar n. 147, de 7-8-2014.

Parágrafo único. A equiparação de que trata o *caput* não se aplica às disposições do Capítulo IV desta Lei Complementar.

•• Parágrafo único acrescentado pela Lei Complementar n. 147, de 7-8-2014.

Art. 3.º-B. Os dispositivos desta Lei Complementar, com exceção dos dispostos no Capítulo IV, são aplicáveis a todas as microempresas e empresas de pequeno porte, assim definidas pelos incisos I e II do *caput* e § 4.º do art. 3.º, ainda que não enquadradas no regime tributário do Simples Nacional, por vedação ou por opção.

•• Artigo acrescentado pela Lei Complementar n. 147, de 7-8-2014.

Capítulo III
DA INSCRIÇÃO E DA BAIXA

Art. 4.º Na elaboração de normas de sua competência, os órgãos e entidades envolvidos na abertura e fechamento de empresas, dos 3 (três) âmbitos de governo, deverão considerar a unicidade do processo de registro e de legalização de empresários e de pessoas jurídicas, para tanto devendo articular as competências próprias com aquelas dos demais membros, e buscar, em conjunto, compatibilizar e integrar procedimentos, de modo a evitar a duplicidade de exigências e garantir a linearidade do processo, da perspectiva do usuário.

§ 1.º O processo de abertura, registro, alteração e baixa da microempresa e empresa de pequeno porte, bem como qualquer exigência para o início de seu funcionamento, deverão ter trâmite especial e simplificado, preferencialmente eletrônico, opcional para o empreendedor, observado o seguinte:

•• § 1.º com redação determinada pela Lei Complementar n. 147, de 7-8-2014.

I – poderão ser dispensados o uso da firma, com a respectiva assinatura autógrafa, o capital, requerimentos, demais assinaturas, informações relativas ao estado civil e regime de bens, bem como remessa de documentos, na forma estabelecida pelo CGSIM; e

•• Inciso I acrescentado pela Lei Complementar n. 139, de 10-11-2011.

II – (*Revogado pela Lei Complementar n. 147, de 7-8-2014.*)

§ 2.º (*Revogado pela Lei Complementar n. 139, de 10-11-2011.*)

§ 3.º Ressalvado o disposto nesta Lei Complementar, ficam reduzidos a 0 (zero) todos os custos, inclusive prévios, relativos à abertura, à inscrição, ao registro, ao funcionamento, ao alvará, à licença, ao cadastro, às alterações e procedimentos de baixa e encerramento e aos demais itens relativos ao Microempreendedor Individual, incluindo os valores referentes a taxas, a emolumentos e a demais contribuições relativas aos órgãos de registro, de licenciamento, sindicais, de regulamentação, de anotação de responsabilidade técnica, de vistoria e de fiscalização do exercício de profissões regulamentadas.

•• § 3.º com redação determinada pela Lei Complementar n. 147, de 7-8-2014.

§ 3.º-A. O agricultor familiar, definido conforme a Lei n. 11.326, de 24 de julho de 2006, e identificado pela Declaração de Aptidão ao Pronaf – DAP física ou jurídica, bem como o MEI e o empreendedor de economia solidária ficam isentos de taxas e outros valores relativos à fiscalização da vigilância sanitária.

•• § 3.º-A acrescentado pela Lei Complementar n. 147, de 7-8-2014.

§ 4.º No caso do MEI, de que trata o art. 18-A desta Lei Complementar, a cobrança associativa ou oferta de serviços privados relativos aos atos de que trata o § 3.º deste artigo somente poderá ser efetuada a partir de demanda prévia do próprio MEI, firmado por meio de contrato com assinatura autógrafa, observando-se que:

•• § 4.º, *caput*, acrescentado pela Lei Complementar n. 147, de 7-8-2014.

I – para a emissão de boletos de cobrança, os bancos públicos e privados deverão exigir das instituições sindicais e associativas autorização prévia específica a ser emitida pelo CGSIM;

•• Inciso I acrescentado pela Lei Complementar n. 147, de 7-8-2014.

II – o desrespeito ao disposto neste parágrafo configurará vantagem ilícita pelo induzimento ao erro em prejuízo do MEI, aplicando-se as sanções previstas em lei.

•• Inciso II acrescentado pela Lei Complementar n. 147, de 7-8-2014.

§ 5.º (*Vetado.*)

•• § 5.º acrescentado pela Lei Complementar n. 147, de 7-8-2014.

§ 6.º Na ocorrência de fraude no registro do Microempreendedor Individual – MEI feito por terceiros, o pedido de baixa deve ser feito por meio exclusivamente eletrônico, com efeitos retroativos à data de registro, na forma a ser regulamentada pelo CGSIM, não sendo aplicáveis os efeitos do § 1.º do art. 29 desta Lei Complementar.

•• § 6.º acrescentado pela Lei Complementar n. 155, de 27-10-2016.

Art. 5.º Os órgãos e entidades envolvidos na abertura e fechamento de empresas, dos 3 (três) âmbitos de governo, no âmbito de suas atribuições, deverão manter à disposição dos usuários, de forma presencial e pela rede mundial de computadores, informações, orientações e instrumentos, de forma integrada e consolidada, que permitam pesquisas prévias às etapas de registro ou inscrição, alteração e baixa de empresários e pessoas jurídicas, de modo a prover ao usuário certeza quanto à documentação exigível e quanto à viabilidade do registro ou inscrição.

Parágrafo único. As pesquisas prévias à elaboração de ato constitutivo ou de sua alteração deverão bastar a que o usuário seja informado pelos órgãos e entidades competentes:

I – da descrição oficial do endereço de seu interesse e da possibilidade de exercício da atividade desejada no local escolhido;

II – de todos os requisitos a serem cumpridos para obtenção de licenças de autorização de funcionamento, segundo a atividade pretendida, o porte, o grau de risco e a localização; e

III – da possibilidade de uso do nome empresarial de seu interesse.

Art. 6.º Os requisitos de segurança sanitária, metrologia, controle ambiental e prevenção contra incêndios, para os fins de registro e legalização de empresários e pessoas jurídicas, deverão ser simplificados, racionalizados e uniformizados pelos órgãos envolvidos na abertura e fechamento de empresas, no âmbito de suas competências.

§ 1.º Os órgãos e entidades envolvidos na abertura e fechamento de empresas que sejam responsáveis pela emissão de licenças e autorizações de funcionamento somente realizarão vistorias após o início de operação do estabelecimento, quando a atividade, por sua natureza, comportar grau de risco compatível com esse procedimento.

§ 2.º Os órgãos e entidades competentes definirão, em 6 (seis) meses, contados da publicação desta Lei Complementar, as atividades cujo grau de risco seja considerado alto e que exigirão vistoria prévia.

§ 3.º Na falta de legislação estadual, distrital ou municipal específica relativa à definição do grau de risco da atividade aplicar-se-á resolução do CGSIM.

•• § 3.º acrescentado pela Lei Complementar n. 147, de 7-8-2014.

§ 4.º A classificação de baixo grau de risco permite ao empresário ou à pessoa jurídica a obtenção do licenciamento de atividade mediante o simples fornecimento de dados e a substituição da comprovação prévia do cumprimento de exigências e restrições por declarações do titular ou responsável.

•• § 4.º acrescentado pela Lei Complementar n. 147, de 7-8-2014.

§ 5.º O disposto neste artigo não é impeditivo da inscrição fiscal.

•• § 5.º acrescentado pela Lei Complementar n. 147, de 7-8-2014.

Art. 7.º Exceto nos casos em que o grau de risco da atividade seja considerado alto, os Municípios emitirão Alvará de Funcionamento Provisório, que permitirá o início de operação do estabelecimento imediatamente após o ato de registro.

Parágrafo único. Nos casos referidos no *caput* deste artigo, poderá o Município conceder Alvará de Funcionamento Provisório para o microempreendedor individual, para microempresas e para empresas de pequeno porte:

I – instaladas em área ou edificação desprovidas de regulação fundiária e imobiliária, inclusive habite-se; ou

•• Inciso I com redação determinada pela Lei Complementar n. 147, de 7-8-2014.

II – em residência do microempreendedor individual ou do titular ou sócio da microempresa ou empresa de pequeno porte, na hipótese em que a atividade não gere grande circulação de pessoas.

•• Parágrafo único acrescentado pela Lei Complementar n. 128, de 19-12-2008.

Art. 8.º Será assegurado aos empresários e pessoas jurídicas:

•• *Caput* com redação determinada pela Lei Complementar n. 147, de 7-8-2014.

I – entrada única de dados e documentos;

•• Inciso I acrescentado pela Lei Complementar n. 147, de 7-8-2014.

II – processo de registro e legalização integrado entre os órgãos e entes envolvidos, por meio de sistema informatizado que garanta:

•• Inciso II, *caput*, acrescentado pela Lei Complementar n. 147, de 7-8-2014.

a) sequenciamento das seguintes etapas: consulta prévia de nome empresarial e de viabilidade de localização, registro empresarial, inscrições fiscais e licenciamento de atividade;

•• Alínea *a* acrescentada pela Lei Complementar n. 147, de 7-8-2014.

b) criação da base nacional cadastral única de empresas;

•• Alínea *b* acrescentada pela Lei Complementar n. 147, de 7-8-2014.

III – identificação nacional cadastral única que corresponderá ao número de inscrição no Cadastro Nacional de Pessoas Jurídicas - CNPJ.

•• Inciso III acrescentado pela Lei Complementar n. 147, de 7-8-2014.

§ 1.º O sistema de que trata o inciso II do *caput* deve garantir aos órgãos e entidades integrados:

•• § 1.º acrescentado pela Lei Complementar n. 147, de 7-8-2014.

I – compartilhamento irrestrito dos dados da base nacional única de empresas;

•• Inciso I acrescentado pela Lei Complementar n. 147, de 7-8-2014.

II – autonomia na definição das regras para comprovação do cumprimento de exigências nas respectivas etapas do processo.

•• Inciso II acrescentado pela Lei Complementar n. 147, de 7-8-2014.

§ 2.º A identificação nacional cadastral única substituirá para todos os efeitos as demais inscrições, sejam elas federais, estaduais ou municipais, após a implantação do sistema a que se refere o inciso II do *caput*, no prazo e na forma estabelecidos pelo CGSIM.

•• § 2.º acrescentado pela Lei Complementar n. 147, de 7-8-2014.

§ 3.º É vedado aos órgãos e entidades integrados ao sistema informatizado de que trata o inciso II do *caput* o estabelecimento de exigências não previstas em lei.

•• § 3.º acrescentado pela Lei Complementar n. 147, de 7-8-2014.

§ 4.º A coordenação do desenvolvimento e da implantação do sistema de que trata o inciso II do *caput* ficará a cargo do CGSIM.

•• § 4.º acrescentado pela Lei Complementar n. 147, de 7-8-2014.

Art. 9.º O registro dos atos constitutivos, de suas alterações e extinções (baixas), referentes a empresários e pessoas jurídicas em qualquer órgão dos 3 (três) âmbitos de governo ocorrerá independentemente da regularidade de obrigações tributárias, previdenciárias ou trabalhistas, principais ou acessórias, do empresário, da sociedade, dos sócios, dos administradores ou de empresas de que participem, sem prejuízo das responsabilidades do empresário, dos titulares, dos sócios ou dos administradores por tais obrigações, apuradas antes ou após o ato de extinção.

•• *Caput* com redação determinada pela Lei Complementar n. 147, de 7-8-2014.

§ 1.º O arquivamento, nos órgãos de registro, dos atos

constitutivos de empresários, de sociedades empresárias e de demais equiparados que se enquadrarem como microempresa ou empresa de pequeno porte bem como o arquivamento de suas alterações são dispensados das seguintes exigências:

I – certidão de inexistência de condenação criminal, que será substituída por declaração do titular ou administrador, firmada sob as penas da lei, de não estar impedido de exercer atividade mercantil ou a administração de sociedade, em virtude de condenação criminal;

II – prova de quitação, regularidade ou inexistência de débito referente a tributo ou contribuição de qualquer natureza.

§ 2.º Não se aplica às microempresas e às empresas de pequeno porte o disposto no § 2.º do art. 1.º da Lei n. 8.906, de 4 de julho de 1994.

• A Lei n. 8.906, de 4-7-1994, dispõe sobre o EAOAB.

§ 3.º (*Revogado pela Lei Complementar n. 147, de 7-8-2014.*)

§ 4.º A baixa do empresário ou da pessoa jurídica não impede que, posteriormente, sejam lançados ou cobrados tributos, contribuições e respectivas penalidades, decorrentes da falta do cumprimento de obrigações ou da prática comprovada e apurada em processo administrativo ou judicial de outras irregularidades praticadas pelos empresários, pelas pessoas jurídicas ou por seus titulares, sócios ou administradores.

•• § 4.º com redação determinada pela Lei Complementar n. 147, de 7-8-2014.

§ 5.º A solicitação de baixa do empresário ou da pessoa jurídica importa responsabilidade solidária dos empresários, dos titulares, dos sócios e dos administradores no período da ocorrência dos respectivos fatos geradores.

•• § 5.º com redação determinada pela Lei Complementar n. 147, de 7-8-2014.

§ 6.º Os órgãos referidos no *caput* deste artigo terão o prazo de 60 (sessenta) dias para efetivar a baixa nos respectivos cadastros.

•• § 6.º acrescentado pela Lei Complementar n. 128, de 19-12-2008.

§ 7.º Ultrapassado o prazo previsto no § 6.º deste artigo sem manifestação do órgão competente, presumir-se-á a baixa dos registros das microempresas e a das empresas de pequeno porte.

•• § 7.º acrescentado pela Lei Complementar n. 128, de 19-12-2008.

§§ 8.º a 12. (*Revogados pela Lei Complementar n. 147, de 7-8-2014.*)

Art. 10. Não poderão ser exigidos pelos órgãos e entidades envolvidos na abertura e fechamento de empresas, dos 3 (três) âmbitos de governo:

I – excetuados os casos de autorização prévia, quaisquer documentos adicionais aos requeridos pelos órgãos executores do Registro Público de Empresas Mercantis e Atividades Afins e do Registro Civil de Pessoas Jurídicas;

• *Vide* Lei n. 8.934, de 18-11-1994, que dispõe sobre o Registro Público de Empresas Mercantis e Atividades Afins e dá outras providências.

II – documento de propriedade ou contrato de locação do imóvel onde será instalada a sede, filial ou outro estabelecimento, salvo para comprovação do endereço indicado;

III – comprovação de regularidade de prepostos dos empresários ou pessoas jurídicas com seus órgãos de classe, sob qualquer forma, como requisito para deferimento de ato de inscrição, alteração ou baixa de empresa, bem como para autenticação de instrumento de escrituração.

Art. 11. Fica vedada a instituição de qualquer tipo de exigência de natureza documental ou formal, restritiva ou condicionante, pelos órgãos envolvidos na abertura e fechamento de empresas, dos 3 (três) âmbitos de governo, que exceda o estrito limite dos requisitos pertinentes à essência do ato de registro, alteração ou baixa da empresa.

Capítulo VIII
DO ASSOCIATIVISMO

Seção Única

Da Sociedade de Propósito Específico Formada por Microempresas e Empresas de Pequeno Porte Optantes pelo Simples Nacional

•• Seção com denominação determinada pela Lei Complementar n. 128, de 19-12-2008.

Art. 56. As microempresas ou as empresas de pequeno porte poderão realizar negócios de compra e venda de bens e serviços para os mercados nacional e internacional, por meio de sociedade de propósito específico, nos termos e condições estabelecidos pelo Poder Executivo federal.

•• *Caput* com redação determinada pela Lei Complementar n. 147, de 7-8-2014.

•• A Lei n. 11.079, de 30-12-2004, que institui normas gerais para licitação e contratação de parceria público-privada no âmbito da administração pública.

§ 1.º Não poderão integrar a sociedade de que trata o *caput* deste artigo pessoas jurídicas não optantes pelo Simples Nacional.

•• § 1.º com redação determinada pela Lei Complementar n. 128, de 19-12-2008.

§ 2.º A sociedade de propósito específico de que trata este artigo:

I – terá seus atos arquivados no Registro Público de Empresas Mercantis;

II – terá por finalidade realizar:

a) operações de compras para revenda às microempresas ou empresas de pequeno porte que sejam suas sócias;

b) operações de venda de bens adquiridos das microempresas e empresas de pequeno porte que sejam suas sócias para pessoas jurídicas que não sejam suas sócias;

III – poderá exercer atividades de promoção dos bens referidos na alínea *b* do inciso II deste parágrafo;

IV – apurará o imposto de renda das pessoas jurídicas com base no lucro real, devendo manter a escrituração dos livros Diário e Razão;

V – apurará a Cofins e a Contribuição para o PIS/Pasep de modo não cumulativo;

VI – exportará, exclusivamente, bens a ela destinados pelas microempresas e empresas de pequeno porte que dela façam parte;

VII – será constituída como sociedade limitada;

VIII – deverá, nas revendas às microempresas ou empresas de pequeno porte que sejam suas sócias, observar preço no mínimo igual ao das aquisições realizadas para revenda; e

IX – deverá, nas revendas de bens adquiridos de microempresas ou empresas de pequeno porte que sejam suas sócias, observar preço no mínimo igual ao das aquisições desses bens.

•• § 2.º com redação determinada pela Lei Complementar n. 128, de 19-12-2008.

§ 3.º A aquisição de bens destinados à exportação pela sociedade de propósito específico não gera direito a créditos relativos a impostos ou contribuições abrangidos pelo Simples Nacional.

•• § 3.º acrescentado pela Lei Complementar n. 128, de 19-12-2008.

§ 4.º A microempresa ou a empresa de pequeno porte não poderá participar simultaneamente de mais de uma sociedade de propósito específico de que trata este artigo.

•• § 4.º acrescentado pela Lei Complementar n. 128, de 19-12-2008.

§ 5.º A sociedade de propósito específico de que trata este artigo não poderá:

I – ser filial, sucursal, agência ou representação, no País, de pessoa jurídica com sede no exterior;

II – ser constituída sob a forma de cooperativas, inclusive de consumo;

III – participar do capital de outra pessoa jurídica;

IV – exercer atividade de banco comercial, de investimentos e de desenvolvimento, de caixa econômica, de sociedade de crédito, financiamento e investimento ou de crédito imobiliário, de corretora ou de distribuidora de títulos, valores mobiliários e câmbio, de empresa de arrendamento mercantil, de seguros privados e de capitalização ou de previdência complementar;

V – ser resultante ou remanescente de cisão ou qualquer outra forma de desmembramento de pessoa jurídica que tenha ocorrido em um dos 5 (cinco) anos-calendário anteriores;

VI – exercer a atividade vedada às microempresas e empresas de pequeno porte optantes pelo Simples Nacional.

•• § 5.º acrescentado pela Lei Complementar n. 128, de 19-12-2008.

§ 6.º A inobservância do disposto no § 4.º deste artigo acarretará a responsabilidade solidária das microempresas ou empresas de pequeno porte sócias da sociedade de propósito específico de que trata este artigo na hipótese em que seus titulares, sócios ou administradores conhecessem ou devessem conhecer tal inobservância.

•• § 6.º acrescentado pela Lei Complementar n. 128, de 19-12-2008.

§ 7.º O Poder Executivo regulamentará o disposto neste artigo até 31 de dezembro de 2008.

•• § 7.º acrescentado pela Lei Complementar n. 128, de 19-12-2008.

§ 8.º (*Vetado*.)

•• § 8.º acrescentado pela Lei Complementar n. 155, de 27-10-2016.

Capítulo IX
DO ESTÍMULO AO CRÉDITO E À CAPITALIZAÇÃO

Seção I
Disposições Gerais

Art. 57. O Poder Executivo federal proporá, sempre que necessário, medidas no sentido de melhorar o acesso das microempresas e empresas de pequeno porte aos mercados de crédito e de capitais, objetivando a redução do custo de transação, a elevação da eficiência alocativa, o incentivo ao ambiente concorrencial e a qualidade do conjunto informacional, em especial o acesso e portabilidade das informações cadastrais relativas ao crédito.

Art. 58. Os bancos comerciais públicos e os bancos múltiplos públicos com carteira comercial, a Caixa Econômica Federal e o Banco Nacional do Desenvolvimento Econômico e Social – BNDES manterão linhas de crédito específicas para as microempresas e para as empresas de pequeno porte, vinculadas à reciprocidade social, devendo o montante disponível e suas condições de acesso ser expressos nos respectivos orçamentos e amplamente divulgados.

•• *Caput* com redação determinada pela Lei Complementar n. 155, de 27-10-2016.

§ 1.º As instituições mencionadas no *caput* deste artigo deverão publicar, juntamente com os respectivos balanços, relatório circunstanciado dos recursos alocados às linhas de crédito referidas no *caput* e daqueles efetivamente utilizados, consignando, obrigatoriamente, as justificativas do desempenho alcançado.

•• § 1.º com redação determinada pela Lei Complementar n. 155, de 27-10-2016.

§ 2.º O acesso às linhas de crédito específicas previstas no *caput* deste artigo deverá ter tratamento simplificado e ágil, com divulgação ampla das respectivas condições e exigências.

•• § 2.º acrescentado pela Lei Complementar n. 147, de 7-8-2014.

§ 3.º (*Vetado*.)

•• § 3.º acrescentado pela Lei Complementar n. 155, de 27-10-2016, produzindo efeitos a partir de 1.º-1-2018.

§ 4.º O Conselho Monetário Nacional – CMN regulamentará o percentual mínimo de direcionamento dos recursos de que trata o *caput*, inclusive no tocante aos recursos de que trata a alínea *b* do inciso III do art. 10 da Lei n. 4.595, de 31 de dezembro de 1964.

•• § 4.º acrescentado pela Lei Complementar n. 155, de 27-10-2016.

Art. 58-A. Os bancos públicos e privados não poderão contabilizar, para cumprimento de metas, empréstimos realizados a pessoas físicas, ainda que sócios de empresas, como disponibilização de crédito para microempresas e empresas de pequeno porte.

•• Artigo acrescentado pela Lei Complementar n. 147, de 7-8-2014.

Art. 59. As instituições referidas no *caput* do art. 58 desta Lei Complementar devem se articular com as respectivas entidades de apoio e representação das microempresas e empresas de pequeno porte, no sentido de proporcionar e desenvolver programas de treinamento, desenvolvimento gerencial e capacitação tecnológica.

Art. 60. (*Vetado.*)

Art. 60-A. Poderá ser instituído Sistema Nacional de Garantias de Crédito pelo Poder Executivo, com o objetivo de facilitar o acesso das microempresas e empresas de pequeno porte a crédito e demais serviços das instituições financeiras, o qual, na forma de regulamento, proporcionará a elas tratamento diferenciado, favorecido e simplificado, sem prejuízo de atendimento a outros públicos-alvo.

•• *Caput* acrescentado pela Lei Complementar n. 127, de 14-8-2007.

•• O Decreto n. 10.780, de 25-8-2021, institui o Sistema Nacional de Garantias de Crédito, de que trata este artigo.

Parágrafo único. O Sistema Nacional de Garantias de Crédito integrará o Sistema Financeiro Nacional.

•• Parágrafo único acrescentado pela Lei Complementar n. 127, de 14-8-2007.

Art. 60-B. Os fundos garantidores de risco de crédito empresarial que possuam participação da União na composição do seu capital atenderão, sempre que possível, as operações de crédito que envolvam microempresas e empresas de pequeno porte, definidas na forma do art. 3.º desta Lei.

•• Artigo acrescentado pela Lei Complementar n. 147, de 7-8-2014.

Art. 60-C. (*Vetado.*)

•• Artigo acrescentado pela Lei Complementar n. 147, de 7-8-2014.

Art. 61. Para fins de apoio creditício às operações de comércio exterior das microempresas e das empresas de pequeno porte, serão utilizados os parâmetros de enquadramento ou outros instrumentos de alta significância para as microempresas, empresas de pequeno porte exportadoras segundo o porte de empresas, aprovados pelo Mercado Comum do Sul - MERCOSUL.

Art. 61-A. Para incentivar as atividades de inovação e os investimentos produtivos, a sociedade enquadrada como microempresa ou empresa de pequeno porte, nos termos desta Lei Complementar, poderá admitir o aporte de capital, que não integrará o capital social da empresa.

•• *Caput* acrescentado pela Lei Complementar n. 155, de 27-10-2016.

§ 1.º As finalidades de fomento a inovação e investimentos produtivos deverão constar do contrato de participação, com vigência não superior a sete anos.

•• § 1.º acrescentado pela Lei Complementar n. 155, de 27-10-2016.

§ 2.º O aporte de capital poderá ser realizado por pessoa física, por pessoa jurídica ou por fundos de investimento, conforme regulamento da Comissão de Valores Mobiliários, que serão denominados investidores-anjos.

•• § 2.º com redação determinada pela Lei Complementar n. 182, de 1.º-6-2021.

§ 3.º A atividade constitutiva do objeto social é exercida unicamente por sócios regulares, em seu nome individual e sob sua exclusiva responsabilidade.

•• § 3.º acrescentado pela Lei Complementar n. 155, de 27-10-2016.

§ 4.º O investidor-anjo:

•• § 4.º, *caput*, acrescentado pela Lei Complementar n. 155, de 27-10-2016.

I – não será considerado sócio nem terá qualquer direito a gerência ou a voto na administração da empresa, resguardada a possibilidade de participação nas deliberações em caráter estritamente consultivo, conforme pactuação contratual;

•• Inciso I com redação determinada pela Lei Complementar n. 182, de 1.º-6-2021.

II – não responderá por qualquer dívida da empresa, inclusive em recuperação judicial, não se aplicando a ele o art. 50 da Lei n. 10.406, de 10 de janeiro de 2002 - Código Civil;

•• Inciso II acrescentado pela Lei Complementar n. 155, de 27-10-2016.

III – será remunerado por seus aportes, nos termos do contrato de participação, pelo prazo máximo de 7 (sete) anos;

•• Inciso III com redação determinada pela Lei Complementar n. 182, de 1.º-6-2021.

IV – poderá exigir dos administradores as contas justificadas de sua administração e, anualmente, o inventário, o balanço patrimonial e o balanço de resultado econômico; e

•• Inciso IV acrescentado pela Lei Complementar n. 182, de 1.º-6-2021.

V – poderá examinar, a qualquer momento, os livros, os documentos e o estado do caixa e da carteira da sociedade, exceto se houver pactuação contratual que determine época própria para isso.

•• Inciso V acrescentado pela Lei Complementar n. 182, de 1.º-6-2021.

§ 5.º Para fins de enquadramento da sociedade como microempresa ou empresa de pequeno porte, os valores de capital aportado não são considerados receitas da sociedade.

•• § 5.º acrescentado pela Lei Complementar n. 155, de 27-10-2016.

§ 6.º As partes contratantes poderão:

•• § 6.º, *caput*, com redação determinada pela Lei Complementar n. 182, de 1.º-6-2021.

I – estipular remuneração periódica, ao final de cada período, ao investidor-anjo, conforme contrato de participação; ou

•• Inciso I acrescentado pela Lei Complementar n. 182, de 1.º-6-2021.

II – prever a possibilidade de conversão do aporte de capital em participação societária.

•• Inciso II acrescentado pela Lei Complementar n. 182, de 1.º-6-2021.

§ 7.º O investidor-anjo somente poderá exercer o direito de resgate depois de decorridos, no mínimo, 2 (dois) anos do aporte de capital, ou prazo superior estabelecido no contrato de participação, e seus haveres serão pagos na forma prevista no art. 1.031 da Lei n. 10.406, de 10 de janeiro de 2002 (Código Civil), não permitido ultrapassar o valor investido devidamente corrigido por índice previsto em contrato.

•• § 7.º com redação determinada pela Lei Complementar n. 182, de 1.º-6-2021.

§ 8.º O disposto no § 7.º deste artigo não impede a transferência da titularidade do aporte para terceiros.

•• § 8.º acrescentado pela Lei Complementar n. 155, de 27-10-2016.

§ 9.º A transferência da titularidade do aporte para terceiro alheio à sociedade dependerá do consentimento dos sócios, salvo estipulação contratual expressa em contrário.

•• § 9.º acrescentado pela Lei Complementar n. 155, de 27-10-2016.

§ 10. O Ministério da Fazenda poderá regulamentar a tributação sobre retirada do capital investido.

•• § 10 acrescentado pela Lei Complementar n. 155, de 27-10-2016.

Art. 61-B. A emissão e a titularidade de aportes especiais não impedem a fruição do Simples Nacional.

•• Artigo acrescentado pela Lei Complementar n. 155, de 27-10-2016.

Art. 61-C. Caso os sócios decidam pela venda da empresa, o investidor-anjo terá direito de preferência na aquisição, bem como direito de venda conjunta da titularidade do aporte de capital, nos mesmos termos e condições que forem ofertados aos sócios regulares.

•• Artigo acrescentado pela Lei Complementar n. 155, de 27-10-2016.

Art. 61-D. Os fundos de investimento poderão aportar capital como investidores-anjos em microempresas e em empresas de pequeno porte, conforme regulamentação da Comissão de Valores Mobiliários.

•• Artigo com redação determinada pela Lei Complementar n. 182, de 1.º-6-2021.

Seção I-A
Da Sociedade de Garantia Solidária e da Sociedade de Contragarantia

•• Seção acrescentada pela Lei Complementar n. 169, de 2-12-2019, em vigor 180 dias da data de sua publicação (*DOU* de 3-12-2019).

Art. 61-E. É autorizada a constituição de sociedade de garantia solidária (SGS), sob a forma de sociedade por ações, para a concessão de garantia a seus sócios participantes.

•• *Caput* acrescentado pela Lei Complementar n. 169, de 2-12-2019, em vigor 180 dias da data de sua publicação (*DOU* de 3-12-2019).

§ 1.º (*Vetado*.)

•• § 1.º acrescentado pela Lei Complementar n. 169, de 2-12-2019, em vigor 180 dias da data de sua publicação (*DOU* de 3-12-2019).

§ 2.º (*Vetado*.)

•• § 2.º acrescentado pela Lei Complementar n. 169, de 2-12-2019, em vigor 180 dias da data de sua publicação (*DOU* de 3-12-2019).

§ 3.º Os atos da sociedade de garantia solidária serão arquivados no Registro Público de Empresas Mercantis e Atividades Afins.

•• § 3.º acrescentado pela Lei Complementar n. 169, de 2-12-2019, em vigor 180 dias da data de sua publicação (*DOU* de 3-12-2019).

§ 4.º É livre a negociação, entre sócios participantes, de suas ações na respectiva sociedade de garantia solidária, respeitada a participação máxima que cada sócio pode atingir.

•• § 4.º acrescentado pela Lei Complementar n. 169, de 2-12-2019, em vigor 180 dias da data de sua publicação (*DOU* de 3-12-2019).

§ 5.º Podem ser admitidos como sócios participantes os pequenos empresários, microempresários e microempreendedores e as pessoas jurídicas constituídas por esses associados.

•• § 5.º acrescentado pela Lei Complementar n. 169, de 2-12-2019, em vigor 180 dias da data de sua publicação (*DOU* de 3-12-2019).

§ 6.º (*Vetado*.)

•• § 6.º acrescentado pela Lei Complementar n. 169, de 2-12-2019, em vigor 180 dias da data de sua publicação (*DOU* de 3-12-2019).

§ 7.º Sem prejuízo do disposto nesta Lei Complementar, aplicam-se à sociedade de garantia solidária as disposições da lei que rege as sociedades por ações.

•• § 7.º acrescentado pela Lei Complementar n. 169, de 2-12-2019, em vigor 180 dias da data de sua publicação (*DOU* de 3-12-2019).

Art. 61-F. O contrato de garantia solidária tem por finalidade regular a concessão da garantia pela sociedade ao sócio participante, mediante o recebimento de taxa de remuneração pelo serviço prestado, devendo fixar as cláusulas necessárias ao cumprimento das obrigações do sócio beneficiário perante a sociedade.

•• *Caput* acrescentado pela Lei Complementar n. 169, de 2-12-2019, em vigor 180 dias da data de sua publicação (*DOU* de 3-12-2019).

Parágrafo único. Para a concessão da garantia, a sociedade de garantia solidária poderá exigir contragarantia por parte do sócio participante beneficiário, respeitados os princípios que orientam a existência daquele tipo de sociedade.

•• Parágrafo único acrescentado pela Lei Complementar n. 169, de 2-12-2019, em vigor 180 dias da data de sua publicação (*DOU* de 3-12-2019).

Art. 61-G. A sociedade de garantia solidária pode conceder garantia sobre o montante de recebíveis de seus sócios participantes que sejam objeto de securitização.

•• Artigo acrescentado pela Lei Complementar n. 169, de 2-12-2019, em vigor 180 dias da data de sua publicação (*DOU* de 3-12-2019).

Art. 61-H. É autorizada a constituição de sociedade de contragarantia, que tem como finalidade o oferecimento de contragarantias à sociedade de garantia solidária, nos termos a serem definidos por regulamento.

•• Artigo acrescentado pela Lei Complementar n. 169, de 2-12-2019, em vigor 180 dias da data de sua publicação (*DOU* de 3-12-2019).

Art. 61-I. A sociedade de garantia solidária e a sociedade de contragarantia integrarão o Sistema Financeiro Nacional e terão sua constituição, organização e funcionamento disciplinados pelo Conselho Monetário Nacional, observado o disposto nesta Lei Complementar.

•• Artigo acrescentado pela Lei Complementar n. 169, de 2-12-2019, em vigor 180 dias da data de sua publicação (*DOU* de 3-12-2019).

Seção II
Das Responsabilidades do Banco Central do Brasil

Art. 62. O Banco Central do Brasil disponibilizará dados e informações das instituições financeiras integrantes do Sistema Financeiro Nacional, inclusive por meio do Sistema de Informações de Crédito - SCR, de modo a ampliar o acesso ao crédito para microempresas e empresas de pequeno porte e fomentar a competição bancária.

•• *Caput* com redação determinada pela Lei Complementar n. 147, de 7-8-2014.

§ 1.º O disposto no *caput* deste artigo alcança a disponibilização de dados e informações específicas relativas ao histórico de relacionamento bancário e creditício das microempresas e das empresas de pequeno porte, apenas aos próprios titulares.

§ 2.º O Banco Central do Brasil poderá garantir o acesso simplificado, favorecido e diferenciado dos dados e informações constantes no § 1.º deste artigo aos seus respectivos interessados, podendo a instituição optar por realizá-lo por meio das instituições financeiras, com as quais o próprio cliente tenha relacionamento.

Seção III
Das Condições de Acesso aos Depósitos Especiais do Fundo de Amparo ao Trabalhador – FAT

Art. 63. O CODEFAT poderá disponibilizar recursos financeiros por meio da criação de programa específico para as cooperativas de crédito de cujos quadros de cooperados participem microempreendedores, empreendedores de microempresa e empresa de pequeno porte bem como suas empresas.

Parágrafo único. Os recursos referidos no *caput* deste artigo deverão ser destinados exclusivamente às microempresas e empresas de pequeno porte.

Seção IV
(Vetada.)

•• Seção IV acrescentada pela Lei Complementar n. 155, de 27-10-2016.

Capítulo X
DO ESTÍMULO À INOVAÇÃO

Seção I
Disposições Gerais

Art. 64. Para os efeitos desta Lei Complementar considera-se:

I – inovação: a concepção de um novo produto ou processo de fabricação, bem como a agregação de novas funcionalidades ou características ao produto ou processo que implique melhorias incrementais e efetivo ganho de qualidade ou produtividade, resultando em maior competitividade no mercado;

II – agência de fomento: órgão ou instituição de natureza pública ou privada que tenha entre os seus objetivos o financiamento de ações que visem a estimular e promover o desenvolvimento da ciência, da tecnologia e da inovação;

III – Instituição Científica e Tecnológica - ICT: órgão ou entidade da administração pública que tenha por missão institucional, dentre outras, executar atividades de pesquisa básica ou aplicada de caráter científico ou tecnológico;

IV – núcleo de inovação tecnológica: núcleo ou órgão constituído por uma ou mais ICT com a finalidade de gerir sua política de inovação;

V – instituição de apoio: instituições criadas sob o amparo da Lei n. 8.958, de 20 de dezembro de 1994, com a finalidade de dar apoio a projetos de pesquisa, ensino e extensão e de desenvolvimento institucional, científico e tecnológico;

• A Lei n. 8.958, de 20-12-1994, dispõe sobre as relações entre as Instituições Federais de Ensino Superior e de Pesquisa Científica e Tecnológica e as Fundações de Apoio e dá outras providências.

VI – instrumentos de apoio tecnológico para a inovação: qualquer serviço disponibilizado presencialmente ou na internet que possibilite acesso a informações, orientações, bancos de dados de soluções de informações, respostas técnicas, pesquisas e atividades de apoio complementar desenvolvidas pelas instituições previstas nos incisos II a V deste artigo.

•• Inciso VI acrescentado pela Lei Complementar n. 147, de 7-8-2014.

Seção II
Do Apoio à Inovação

Art. 65. A União, os Estados, o Distrito Federal e os Municípios, e as respectivas agências de fomento, as ICT, os núcleos de inovação tecnológica e as instituições de apoio manterão programas específicos para as microempresas e para as empresas de pequeno porte, inclusive quando estas revestirem a forma de incubadoras, observando-se o seguinte:

I – as condições de acesso serão diferenciadas, favorecidas e simplificadas;

II – o montante disponível e suas condições de acesso deverão ser expressos nos respectivos orçamentos e amplamente divulgados.

§ 1.º As instituições deverão publicar, juntamente com as respectivas prestações de contas, relatório circunstanciado das estratégias para maximização da participação do segmento, assim como dos recursos alocados às ações referidas no *caput* deste artigo e aqueles efetivamente utilizados, consignando, obrigatoriamente, as justificativas do desempenho alcançado no período.

§ 2.º As pessoas jurídicas referidas no *caput* deste artigo terão por meta a aplicação de, no mínimo, 20% (vinte por cento) dos recursos destinados à inovação para o desenvolvimento de tal atividade nas microempresas ou nas empresas de pequeno porte.

§ 3.º Os órgãos e entidades integrantes da administração pública federal, estadual e municipal atuantes em pesquisa, desenvolvimento ou capacitação tecnológica terão por meta efetivar suas aplicações, no percentual mínimo fixado neste artigo, em programas e projetos de apoio às microempresas ou às empresas de pequeno porte, transmitindo ao Ministério da Ciência, Tecnologia e Inovação, no primeiro trimestre de cada ano, informação relativa aos valores alocados e a respectiva relação percentual em relação ao total dos recursos destinados para esse fim.

•• § 3.º com redação determinada pela Lei Complementar n. 147, de 7-8-2014.

§ 4.º Ficam autorizados a reduzir a 0 (zero) as alíquotas dos impostos e contribuições a seguir indicados, incidentes na aquisição, ou importação, de equipamentos, máquinas, aparelhos, instrumentos, acessórios, sobressalentes e ferramentas que os acompanhem, na forma definida em regulamento, quando adquiridos, ou importados, diretamente por microempresas ou empresas de pequeno porte para incorporação ao seu ativo imobilizado:

I – a União, em relação ao IPI, à Cofins, à Contribuição para o PIS/Pasep, à Cofins-Importação e à Contribuição para o PIS/Pasep-Importação; e

II – os Estados e o Distrito Federal, em relação ao ICMS.

•• § 4.º com redação determinada pela Lei Complementar n. 128, de 19-12-2008.

§ 5.º A microempresa ou empresa de pequeno porte, adquirente de bens com o benefício previsto no § 4.º deste artigo, fica obrigada, nas hipóteses previstas em regulamento, a recolher os impostos e contribuições que deixaram de ser pagos, acrescidos de juros e multa, de mora ou de ofício, contados a partir da data da aquisição, no mercado interno, ou do registro da declaração de importação – DI, calculados na forma da legislação que rege a cobrança do tributo não pago.

•• § 5.º acrescentado pela Lei Complementar n. 128, de 19-12-2008.

§ 6.º Para efeito da execução do orçamento previsto neste artigo, os órgãos e instituições poderão alocar os recursos destinados à criação e ao custeio de ambientes de inovação, incluindo incubadoras, parques e centros vocacionais tecnológicos, laboratórios metrológicos, de ensaio, de pesquisa ou apoio ao treinamento, bem como custeio de bolsas de extensão e remuneração de professores, pesquisadores e agentes envolvidos nas atividades de apoio tecnológico complementar.

•• § 6.º acrescentado pela Lei Complementar n. 147, de 7-8-2014.

Art. 65-A. Fica criado o Inova Simples, regime especial simplificado que concede às iniciativas empresariais de caráter incremental ou disruptivo que se autodeclarem como empresas de inovação tratamento diferenciado com vistas a estimular sua criação, formalização, desenvolvimento e consolidação como agentes indutores de avanços tecnológicos e da geração de emprego e renda.

•• *Caput* com redação determinada pela Lei Complementar n. 182, de 1.º-6-2021.

§§ 1.º e 2.º (*Revogados pela Lei Complementar n. 182, de 1.º-6-2021.*)

§ 3.º O tratamento diferenciado a que se refere o *caput* deste artigo consiste na fixação de rito sumário para abertura e fechamento de empresas sob o regime do Inova Simples, que se dará de forma simplificada e automática, no mesmo ambiente digital do portal da Rede Nacional para a Simplificação do Registro e da Legalização de Empresas e Negócios (Redesim), em sítio eletrônico oficial do governo federal, por meio da utilização de formulário digital próprio, disponível em janela ou ícone intitulado Inova Simples.

•• § 3.º acrescentado pela Lei Complementar n. 167, de 24-4-2019.

•• *Vide* Lei n. 11.598, de 3-12-2007.

§ 4.º Os titulares de empresa submetida ao regime do Inova Simples preencherão cadastro básico com as seguintes informações:

•• § 4.º, *caput*, acrescentado pela Lei Complementar n. 167, de 24-4-2019.

I – qualificação civil, domicílio e CPF;

•• Inciso I acrescentado pela Lei Complementar n. 167, de 24-4-2019.

II – descrição do escopo da intenção empresarial inovadora, que utilize modelos de negócios inovadores para a geração de produtos ou serviços, e definição do nome empresarial, que conterá a expressão 'Inova Simples (I.S.)';

•• Inciso II com redação determinada pela Lei Complementar n. 182, de 1.º-6-2021.

III – autodeclaração, sob as penas da lei, de que o funcionamento da empresa submetida ao regime do Inova Simples não produzirá poluição, barulho e aglomeração de tráfego de veículos, para fins de caracterizar baixo grau de risco, nos termos do § 4.º do art. 6.º desta Lei Complementar;

•• Inciso III acrescentado pela Lei Complementar n. 167, de 24-4-2019.

IV – definição do local da sede, que poderá ser comercial, residencial ou de uso misto, sempre que não proibido pela legislação municipal ou distrital, admitindo-se a possibilidade de sua instalação em locais onde funcionam parques tecnológicos, instituições de ensino, empresas juniores, incubadoras, aceleradoras e espaços compartilhados de trabalho na forma de *coworking*; e

•• Inciso IV acrescentado pela Lei Complementar n. 167, de 24-4-2019.

V – em caráter facultativo, a existência de apoio ou validação de instituto técnico, científico ou acadêmico, público ou privado, bem como de incubadoras, aceleradoras e instituições de ensino, nos parques tecnológicos e afins.

•• Inciso V acrescentado pela Lei Complementar n. 167, de 24-4-2019.

§ 5.º Realizado o correto preenchimento das informações, será gerado automaticamente número de CNPJ específico, em nome da denominação da empresa Inova Simples, em código próprio Inova Simples.

•• § 5.º acrescentado pela Lei Complementar n. 167, de 24-4-2019.

§ 6.º A empresa submetida ao regime do Inova Simples constituída na forma deste artigo deverá abrir, imediatamente, conta bancária de pessoa jurídica, para fins de captação e integralização de capital, proveniente de aporte próprio de seus titulares ou de investidor domiciliado no exterior, de linha de crédito público ou privado e de outras fontes previstas em lei.

•• § 6.º acrescentado pela Lei Complementar n. 167, de 24-4-2019.

§ 7.º No portal da Redesim, no espaço destinado ao preenchimento de dados do Inova Simples, será disponibilizado ícone que direcionará a ambiente virtual do Instituto Nacional da Propriedade Industrial (INPI), do qual constarão orientações para o depósito de pedido de patente ou de registro de marca.

•• § 7.º com redação determinada pela Lei Complementar n. 182, de 1.º-6-2021.

§ 8.º O exame dos pedidos de patente ou de registro de marca, nos termos deste artigo, que tenham sido depositados por empresas participantes do Inova Simples será realizado em caráter prioritário.

•• § 8.º com redação determinada pela Lei Complementar n. 182, de 1.º-6-2021.

§ 9.º (*Revogado pela Lei Complementar n. 182, de 1.º-6-2021.*)

§ 10. É permitida a comercialização experimental do serviço ou produto até o limite fixado para o MEI nesta Lei Complementar.

•• § 10 acrescentado pela Lei Complementar n. 167, de 24-4-2019.

§ 11. Na eventualidade de não lograr êxito no desenvolvimento do escopo pretendido, a baixa do CNPJ será automática, mediante procedimento de autodeclaração no portal da Redesim.

•• § 11 acrescentado pela Lei Complementar n. 167, de 24-4-2019.

§ 12. (*Vetado.*)

•• § 12 acrescentado pela Lei Complementar n. 167, de 24-4-2019.

§ 13. O disposto neste artigo será regulamentado pelo Comitê Gestor do Simples Nacional.

•• § 13 acrescentado pela Lei Complementar n. 167, de 24-4-2019.

Art. 66. No primeiro trimestre do ano subsequente, os órgãos e entidades a que alude o art. 67 desta Lei Complementar transmitirão ao Ministério da Ciência e Tecnologia relatório circunstanciado dos projetos realizados, compreendendo a análise do desempenho alcançado.

Art. 67. Os órgãos congêneres ao Ministério da Ciência e Tecnologia estaduais e municipais deverão elaborar e divulgar relatório anual indicando o valor dos recursos recebidos, inclusive por transferência de terceiros, que foram aplicados diretamente ou por organizações vinculadas, por Fundos Setoriais e outros, no segmento das microempresas e empresas de pequeno porte, retratando e avaliando os resultados obtidos e indicando as previsões de ações e metas para ampliação de sua participação no exercício seguinte.

Seção III

Do Apoio à Certificação

•• Seção III acrescentada pela Lei Complementar n. 155, de 27-10-2016.

Art. 67-A. O órgão competente do Poder Executivo disponibilizará na internet informações sobre certificação de qualidade de produtos e processos para microempresas e empresas de pequeno porte.

•• *Caput* acrescentado pela Lei Complementar n. 155, de 27-10-2016.

Parágrafo único. Os órgãos da administração direta e indireta e as entidades certificadoras privadas, responsáveis pela criação, regulação e gestão de processos de certificação de qualidade de produtos e processos, deverão, sempre que solicitados, disponibilizar ao órgão competente do Poder Executivo informações referentes a procedimentos e normas aplicáveis aos processos de certificação em seu escopo de atuação.

•• Parágrafo único acrescentado pela Lei Complementar n. 155, de 27-10-2016.

Capítulo XI
DAS REGRAS CIVIS E EMPRESARIAIS

Seção I

Das Regras Civis

Subseção I

Do pequeno empresário

Art. 68. Considera-se pequeno empresário, para efeito de aplicação do disposto nos arts. 970 e 1.179 da Lei n. 10.406, de 10 de janeiro de 2002 (Código Civil), o empresário individual caracterizado como microempresa na forma desta Lei Complementar que aufira receita bruta anual até o limite previsto no § 1.º do art. 18-A.

•• Artigo com redação determinada pela Lei Complementar n. 139, de 10-11-2011.

• A Lei n. 10.406, de 10-1-2002, institui o CC.

Subseção II

(Vetado.)

Art. 69. (*Vetado.*)

Seção II

Das Deliberações Sociais e da Estrutura Organizacional

Art. 70. As microempresas e as empresas de pequeno porte são desobrigadas da realização de reuniões e assembleias em qualquer das situações previstas na legislação civil, as quais serão substituídas por deliberação representativa do primeiro número inteiro superior à metade do capital social.

§ 1.º O disposto no *caput* deste artigo não se aplica caso haja disposição contratual em contrário, caso ocorra hipótese de justa causa que enseje a exclusão de sócio ou caso um ou mais sócios ponham em risco a continuidade da empresa em virtude de atos de inegável gravidade.

§ 2.º Nos casos referidos no § 1.º deste artigo, realizar-se-á reunião ou assembleia de acordo com a legislação civil.

Art. 71. Os empresários e as sociedades de que trata esta Lei Complementar, nos termos da legislação civil, ficam dispensados da publicação de qualquer ato societário.

Seção III
Do Nome Empresarial

Art. 72. (*Revogado pela Lei Complementar n. 155, de 27-10-2016.*)

Seção IV
Do Protesto de Títulos

Art. 73. O protesto de título, quando o devedor for microempresário ou empresa de pequeno porte, é sujeito às seguintes condições:

- ....A Lei n. 9.492, de 10-9-1997, define competência, regulamenta os serviços concernentes ao protesto de títulos e outros documentos de dívida e dá outras providências.

I – sobre os emolumentos do tabelião não incidirão quaisquer acréscimos a título de taxas, custas e contribuições para o Estado ou Distrito Federal, carteira de previdência, fundo de custeio de atos gratuitos, fundos especiais do Tribunal de Justiça, bem como de associação de classe, criados ou que venham a ser criados sob qualquer título ou denominação, ressalvada a cobrança do devedor das despesas de correio, condução e publicação de edital para realização da intimação;

II – para o pagamento do título em cartório, não poderá ser exigido cheque de emissão de estabelecimento bancário, mas, feito o pagamento por meio de cheque, de emissão de estabelecimento bancário ou não, a quitação dada pelo tabelionato de protesto será condicionada à efetiva liquidação do cheque;

III – o cancelamento do registro de protesto, fundado no pagamento do título, será feito independentemente de declaração de anuência do credor, salvo no caso de impossibilidade de apresentação do original protestado;

IV – para os fins do disposto no *caput* e nos incisos I, II e III do *caput* deste artigo, o devedor deverá provar sua qualidade de microempresa ou de empresa de pequeno porte perante o tabelionato de protestos de títulos, mediante documento expedido pela Junta Comercial ou pelo Registro Civil das Pessoas Jurídicas, conforme o caso;

V – quando o pagamento do título ocorrer com cheque sem a devida provisão de fundos, serão automaticamente suspensos pelos cartórios de protesto, pelo prazo de 1 (um) ano, todos os benefícios previstos para o devedor neste artigo, independentemente da lavratura e registro do respectivo protesto.

Art. 73-A. São vedadas cláusulas contratuais relativas à limitação da emissão ou circulação de títulos de crédito ou direitos creditórios originados de operações de compra e venda de produtos e serviços por microempresas e empresas de pequeno porte.

- •• Artigo acrescentado pela Lei Complementar n. 147, de 7-8-2014.

Capítulo XII
DO ACESSO À JUSTIÇA

Seção I
Do Acesso aos Juizados Especiais

Art. 74. Aplica-se às microempresas e às empresas de pequeno porte de que trata esta Lei Complementar o disposto no § 1.º do art. 8.º da Lei n. 9.099, de 26 de setembro de 1995, e no inciso I do *caput* do art. 6.º da Lei n. 10.259, de 12 de julho de 2001, as quais, assim como as pessoas físicas capazes, passam a ser admitidas como proponentes de ação perante o Juizado Especial, excluídos os cessionários de direito de pessoas jurídicas.

- As Leis n. 9.099, de 26-9-1995, e 10.259, de 12-7-2001, dispõem, respectivamente, sobre os Juizados Especiais Cíveis e Criminais no âmbito da Justiça Estadual e Federal.

Art. 74-A. O Poder Judiciário, especialmente por meio do Conselho Nacional de Justiça – CNJ, e o Ministério da Justiça implementarão medidas para disseminar o tratamento diferenciado e favorecido às microempresas e empresas de pequeno porte em suas respectivas áreas de competência.

- •• Artigo acrescentado pela Lei Complementar n. 147, de 7-8-2014.

Seção II
Da Conciliação Prévia, Mediação e Arbitragem

- A Lei n. 9.307, de 23-9-1996, dispõe sobre a arbitragem.

Art. 75. As microempresas e empresas de pequeno porte deverão ser estimuladas a utilizar os institutos de conciliação prévia, mediação e arbitragem para solução dos seus conflitos.

- *Vide* Lei n. 9.307, de 23-9-1996, que dispõe sobre a arbitragem.

§ 1.º Serão reconhecidos de pleno direito os acordos celebrados no âmbito das comissões de conciliação prévia.

§ 2.º O estímulo a que se refere o *caput* deste artigo compreenderá campanhas de divulgação, serviços de esclarecimento e tratamento diferenciado, simplificado e favorecido no tocante aos custos administrativos e honorários cobrados.

Seção III
Das Parcerias

- •• Seção III acrescentada pela Lei Complementar n. 128, de 19-12-2008.

Art. 75-A. Para fazer face às demandas originárias do estímulo previsto nos arts. 74 e 75 desta Lei Complementar, entidades privadas, públicas, inclusive o Poder Judiciário, poderão firmar parcerias entre si, objetivando a instalação ou utilização de ambientes propícios para a realização dos procedimentos inerentes a busca da solução de conflitos.

•• Artigo acrescentado pela Lei Complementar n. 128, de 19-12-2008.

Art. 75-B. (*Vetado.*)

•• Artigo acrescentado pela Lei Complementar n. 155, de 27-10-2016, produzindo efeitos a partir de 1.º-1-2018.

Capítulo XIII
DO APOIO E DA REPRESENTAÇÃO

Art. 76. Para o cumprimento do disposto nesta Lei Complementar, bem como para desenvolver e acompanhar políticas públicas voltadas às microempresas e empresas de pequeno porte, o poder público, em consonância com o Fórum Permanente das Microempresas e Empresas de Pequeno Porte, sob a coordenação da Secretaria da Micro e Pequena Empresa da Presidência da República, deverá incentivar e apoiar a criação de fóruns com participação dos órgãos públicos competentes e das entidades vinculadas ao setor.

•• *Caput* com redação determinada pela Lei n. 12.792, de 28-3-2013.

•• O Decreto n. 8.364, de 17-11-2014, institui e regulamenta o Fórum Permanente das Microempresas e Empresas de Pequeno Porte.

Parágrafo único. A Secretaria da Micro e Pequena Empresa da Presidência da República coordenará com as entidades representativas das microempresas e empresas de pequeno porte a implementação dos fóruns regionais nas unidades da federação.

•• Parágrafo único com redação determinada pela Lei n. 12.792, de 28-3-2013.

Art. 76-A. As instituições de representação e apoio empresarial deverão promover programas de sensibilização, de informação, de orientação e apoio, de educação fiscal, de regularidade dos contratos de trabalho e de adoção de sistemas informatizados e eletrônicos, como forma de estímulo à formalização de empreendimentos, de negócios e empregos, à ampliação da competitividade e à disseminação do associativismo entre as microempresas, os microempreendedores individuais, as empresas de pequeno porte e equiparados.

•• Artigo acrescentado pela Lei Complementar n. 147, de 7-8-2014.

Capítulo XIV
DISPOSIÇÕES FINAIS E TRANSITÓRIAS

Art. 77. Promulgada esta Lei Complementar, o Comitê Gestor expedirá, em 30 (trinta) meses, as instruções que se fizerem necessárias à sua execução.

•• *Caput* com redação determinada pela Lei Complementar n. 128, de 19-12-2008.

§ 1.º O Ministério do Trabalho e Emprego, a Secretaria da Receita Federal, a Secretaria da Receita Previdenciária, os Estados, o Distrito Federal e os Municípios deverão editar, em 1 (um) ano, as leis e demais atos necessários para assegurar o pronto e imediato tratamento jurídico diferenciado, simplificado e favorecido às microempresas e às empresas de pequeno porte.

§ 2.º A administração direta e indireta federal, estadual e municipal e as entidades paraestatais acordarão, no prazo previsto no § 1.º deste artigo, as providências necessárias à adaptação dos respectivos atos normativos ao disposto nesta Lei Complementar.

•• § 2.º com redação determinada pela Lei Complementar n. 128, de 19-12-2008.

§ 3.º (*Vetado.*)

§ 4.º O Comitê Gestor regulamentará o disposto no inciso I do § 6.º do art. 13 desta Lei Complementar até 31 de dezembro de 2008.

•• § 4.º acrescentado pela Lei Complementar n. 128, de 19-12-2008.

§ 5.º A partir de 1.º de janeiro de 2009, perderão eficácia as substituições tributárias que não atenderem à disciplina estabelecida na forma do § 4.º deste artigo.

•• § 5.º acrescentado pela Lei Complementar n. 128, de 19-12-2008.

§ 6.º O Comitê de que trata o inciso III do *caput* do art. 2.º desta Lei Complementar expedirá, até 31 de dezembro de 2009, as instruções que se fizerem necessárias relativas a sua competência.

•• § 6.º acrescentado pela Lei Complementar n. 128, de 19-12-2008.

Art. 78. (*Revogado pela Lei Complementar n. 128, de 19-12-2008.*)

Art. 79. Será concedido, para ingresso no Simples Nacional, parcelamento, em até 100 (cem) parcelas mensais e sucessivas, dos débitos com o Instituto Nacional do Seguro Social - INSS, ou com as Fazendas Públicas federal, estadual ou municipal, de responsabilidade da microempresa ou empresa de pequeno porte e de seu titular ou sócio, com vencimento até 30 de junho de 2008.

•• *Caput* com redação determinada pela Lei Complementar n. 128, de 19-12-2008.

§ 1.º O valor mínimo da parcela mensal será de R$ 100,00 (cem reais), considerados isoladamente os débitos para com a Fazenda Nacional, para com a Seguridade Social, para com a Fazenda dos Estados, dos Municípios ou do Distrito Federal.

§ 2.º Esse parcelamento alcança inclusive débitos inscritos em dívida ativa.

§ 3.º O parcelamento será requerido à respectiva Fazenda para com a qual o sujeito passivo esteja em débito.

§ 3.º-A. O parcelamento deverá ser requerido no prazo estabelecido em regulamentação do Comitê Gestor.

•• § 3.º-A acrescentado pela Lei Complementar n. 128, de 19-12-2008.

§ 4.º Aplicam-se ao disposto neste artigo as demais regras vigentes para parcelamento de tributos e contribuições federais, na forma regulamentada pelo Comitê Gestor.

....

Art. 85-A. Caberá ao Poder Público Municipal designar Agente de Desenvolvimento para a efetivação do disposto nesta Lei Complementar, observadas as especificidades locais.

•• *Caput* acrescentado pela Lei Complementar n. 128, de 19-12-2008.

§ 1.º A função de Agente de Desenvolvimento caracteriza-se pelo exercício de articulação das ações públicas para a promoção do desenvolvimento local e territorial, mediante ações locais ou comunitárias, individuais ou coletivas, que visem ao cumprimento das disposições e diretrizes contidas nesta Lei Complementar, sob supervisão do órgão gestor local responsável pelas políticas de desenvolvimento.

•• § 1.º acrescentado pela Lei Complementar n. 128, de 19-12-2008.

§ 2.º O Agente de Desenvolvimento deverá preencher os seguintes requisitos:

•• § 2.º, *caput*, acrescentado pela Lei Complementar n. 128, de 19-12-2008.

I – residir na área da comunidade em que atuar;

•• Inciso I acrescentado pela Lei Complementar n. 128, de 19-12-2008.

II – haver concluído, com aproveitamento, curso de qualificação básica para a formação de Agente de Desenvolvimento; e

•• Inciso II acrescentado pela Lei Complementar n. 128, de 19-12-2008.

III – possuir formação ou experiência compatível com a função a ser exercida;

•• Inciso III com redação determinada pela Lei Complementar n. 147, de 7-8-2014.

IV – ser preferencialmente servidor efetivo do Município.

•• Inciso IV acrescentado pela Lei Complementar n. 147, de 7-8-2014.

§ 3.º A Secretaria da Micro e Pequena Empresa da Presidência da República juntamente com as entidades municipalistas e de apoio e representação empresarial prestarão suporte aos referidos agentes na forma de capacitação, estudos e pesquisas, publicações, promoção de intercâmbio de informações e experiências.

•• § 3.º com redação determinada pela Lei n. 12.792, de 28-3-2013.

Art. 86. As matérias tratadas nesta Lei Complementar que não sejam reservadas constitucionalmente a lei complementar poderão ser objeto de alteração por lei ordinária.

....

Art. 88. Esta Lei Complementar entra em vigor na data de sua publicação, ressalvado o regime de tributação das microempresas e empresas de pequeno porte, que entra em vigor em 1.º de julho de 2007.

Art. 89. Ficam revogadas, a partir de 1.º de julho de 2007, a Lei n. 9.317, de 5 de dezembro de 1996, e a Lei n. 9.841, de 5 de outubro de 1999.

Brasília, 14 de dezembro de 2006; 185.º da Independência e 118.º da República.

LUIZ INÁCIO LULA DA SILVA

LEI COMPLEMENTAR N. 126, DE 15 DE JANEIRO DE 2007 (*)

Dispõe sobre a política de resseguro, retrocessão e sua intermediação, as operações de cosseguro, as contratações de seguro no exterior e as operações em moeda estrangeira do setor securitário; altera o Decreto-lei n. 73, de 21 de novembro de 1966, e a Lei n. 8.031, de 12 de abril de 1990; e dá outras providências.

O Vice-Presidente da República, no exercício do cargo de Presidente da República

Faço saber que o Congresso Nacional decreta e eu sanciono a seguinte Lei Complementar:

Capítulo I
DO OBJETO

Art. 1.º Esta Lei Complementar dispõe sobre a política de resseguro, retrocessão e sua intermediação, as operações de cosseguro, as contratações de seguro no exterior e as operações em moeda estrangeira do setor securitário.

Capítulo II
DA REGULAÇÃO E DA FISCALIZAÇÃO

Art. 2.º A regulação das operações de cosseguro, resseguro, retrocessão e sua intermediação será exercida pelo órgão regulador de seguros, conforme definido em lei, observadas as disposições desta Lei Complementar.

• CNSP: *vide* arts. 32 e s. do Decreto-lei n. 73, de 21-11-1966.

§ 1.º Para fins desta Lei Complementar, considera-se:

I – cedente: a sociedade seguradora que contrata operação de resseguro ou o ressegurador que contrata operação de retrocessão;

II – cosseguro: operação de seguro em que 2 (duas) ou mais sociedades seguradoras, com anuência do segurado, distribuem entre si, percentualmente, os riscos de determinada apólice, sem solidariedade entre elas;

III – resseguro: operação de transferência de riscos de uma cedente para um ressegurador, ressalvado o disposto no inciso IV deste parágrafo;

IV – retrocessão: operação de transferência de riscos de resseguro de resseguradores para resseguradores ou de resseguradores para sociedades seguradoras locais.

§ 2.º A regulação pelo órgão de que trata o *caput* deste artigo não prejudica a atuação dos órgãos reguladores das cedentes, no âmbito exclusivo de suas atribuições, em especial no que se refere ao controle das operações realizadas.

§ 3.º Equipara-se à cedente a sociedade cooperativa autorizada a operar em seguros privados que contrata ope-

(*) Publicada no *DOU*, de 16-1-2007.

ração de resseguro, desde que a esta sejam aplicadas as condições impostas às seguradoras pelo órgão regulador de seguros.

Art. 3.º A fiscalização das operações de cosseguro, resseguro, retrocessão e sua intermediação será exercida pelo órgão fiscalizador de seguros, conforme definido em lei, sem prejuízo das atribuições dos órgãos fiscalizadores das demais cedentes.

• SUSEP: *vide* arts. 35 e s. do Decreto-lei n. 73, de 21-11-1966.

Parágrafo único. Ao órgão fiscalizador de seguros, no que se refere aos resseguradores, intermediários e suas respectivas atividades, caberão as mesmas atribuições que detém para as sociedades seguradoras, corretores de seguros e suas respectivas atividades.

Capítulo III
DOS RESSEGURADORES

Seção I
Da Qualificação

Art. 4.º As operações de resseguro e retrocessão podem ser realizadas com os seguintes tipos de resseguradores:

I – ressegurador local: ressegurador sediado no País constituído sob a forma de sociedade anônima, tendo por objeto exclusivo a realização de operações de resseguro e retrocessão;

II – ressegurador admitido: ressegurador sediado no exterior, com escritório de representação no País, que, atendendo às exigências previstas nesta Lei Complementar e nas normas aplicáveis à atividade de resseguro e retrocessão, tenha sido cadastrado como tal no órgão fiscalizador de seguros para realizar operações de resseguro e retrocessão; e

III – ressegurador eventual: empresa resseguradora estrangeira sediada no exterior sem escritório de representação no País que, atendendo às exigências previstas nesta Lei Complementar e nas normas aplicáveis à atividade de resseguro e retrocessão, tenha sido cadastrada como tal no órgão fiscalizador de seguros para realizar operações de resseguro e retrocessão.

§ 1.º É vedado o cadastro a que se refere o inciso III do *caput* deste artigo de empresas estrangeiras sediadas em paraísos fiscais, assim considerados países ou dependências que não tributam a renda ou que a tributam a alíquota inferior a 20% (vinte por cento) ou, ainda, cuja legislação interna oponha sigilo relativo à composição societária de pessoas jurídicas ou à sua titularidade.

•• Primitivo parágrafo único renumerado pela Lei Complementar n. 137, de 26-8-2010.

§ 2.º Equipara-se ao ressegurador local, para fins de contratação de operações de resseguro e de retrocessão, o fundo que tenha por único objetivo a cobertura suplementar dos riscos do seguro rural nas modalidades agrícola, pecuária, aquícola e florestal, observadas as disposições de lei própria.

•• § 2.º acrescentado pela Lei Complementar n. 137, de 26-8-2010.

Seção II
Das Regras Aplicáveis

Art. 5.º Aplicam-se aos resseguradores locais, observadas as peculiaridades técnicas, contratuais, operacionais e de risco da atividade e as disposições do órgão regulador de seguros:

I – o Decreto-lei n. 73, de 21 de novembro de 1966, e as demais leis aplicáveis às sociedades seguradoras, inclusive as que se referem à intervenção e liquidação de empresas, mandato e responsabilidade de administradores; e

II – as regras estabelecidas para as sociedades seguradoras.

Art. 6.º O ressegurador admitido ou eventual deverá atender aos seguintes requisitos mínimos:

I – estar constituído, segundo as leis de seu país de origem, para subscrever resseguros locais e internacionais nos ramos em que pretenda operar no Brasil e que tenha dado início a tais operações no país de origem, há mais de 5 (cinco) anos;

II – dispor de capacidade econômica e financeira não inferior à mínima estabelecida pelo órgão regulador de seguros brasileiro;

III – ser portador de avaliação de solvência por agência classificadora reconhecida pelo órgão fiscalizador de seguros brasileiro, com classificação igual ou superior ao mínimo estabelecido pelo órgão regulador de seguros brasileiro;

IV – designar procurador, domiciliado no Brasil, com poderes especiais para receber citações, intimações, notificações e outras comunicações; e

•• Inciso IV com redação determinada pela Lei Complementar n. 137, de 26-8-2010.

V – outros requisitos que venham a ser fixados pelo órgão regulador de seguros brasileiro.

Parágrafo único. Constituem-se ainda requisitos para os resseguradores admitidos:

I – manutenção de conta em moeda estrangeira vinculada ao órgão fiscalizador de seguros brasileiro, na forma e montante definido pelo órgão regulador de seguros brasileiro para garantia de suas operações no País;

II – apresentação periódica de demonstrações financeiras, na forma definida pelo órgão regulador de seguros brasileiro.

Art. 7.º A taxa de fiscalização a ser paga pelos resseguradores locais e admitidos será estipulada na forma da lei.

Capítulo IV
DOS CRITÉRIOS BÁSICOS DE CESSÃO

Art. 8.º A contratação de resseguro e retrocessão no País ou no exterior será feita mediante negociação direta entre a cedente e o ressegurador ou por meio de intermediário legalmente autorizado.

§ 1.º O limite máximo que poderá ser cedido anualmente a resseguradores eventuais será fixado pelo Poder Executivo.

•• O Decreto n. 6.499, de 1.º-7-2008, dispõe sobre o limite máximo de cessão e retrocessão a resseguradoras eventuais de que trata este parágrafo.

§ 2.º O intermediário de que trata o *caput* deste artigo é a corretora autorizada de resseguros, pessoa jurídica, que disponha de contrato de seguro de responsabilidade civil profissional, na forma definida pelo órgão regulador de seguros, e que tenha como responsável técnico o corretor de seguros especializado e devidamente habilitado.

Art. 9.º A transferência de risco somente será realizada em operações:

•• A Resolução n. 241, de 1.º-12-2011, da SUSEP, dispõe sobre transferências de riscos, em operações de resseguro e de retrocessão com pessoas não abrangidas pelos incisos I e II deste artigo, e sobre critérios para comprovação da insuficiência de oferta de capacidade do mercado ressegurador.

I – de resseguro com resseguradores locais, admitidos ou eventuais; e

II – de retrocessão com resseguradores locais, admitidos ou eventuais, ou sociedades seguradoras locais.

§ 1.º As operações de resseguro relativas a seguro de vida por sobrevivência e previdência complementar são exclusivas de resseguradores locais.

§ 2.º O órgão regulador de seguros poderá estabelecer limites e condições para a retrocessão de riscos referentes às operações mencionadas no § 1.º deste artigo.

§ 3.º É o fundo que tenha por único objetivo a cobertura suplementar dos riscos do seguro rural nas modalidades agrícola, pecuária, aquícola e florestal autorizado a contratar resseguro, retrocessão e outras formas de transferência de risco, inclusive com pessoas não abrangidas pelos incisos I e II do *caput* deste artigo.

•• § 3.º acrescentado pela Lei Complementar n. 137, de 26-8-2010.

§ 4.º É o órgão regulador de seguros autorizado a dispor sobre transferências de riscos, em operações de resseguro e de retrocessão, com pessoas não abrangidas pelos incisos I e II do *caput* deste artigo, quando ficar comprovada a insuficiência de oferta de capacidade por resseguradores locais, admitidos e eventuais.

•• § 4.º acrescentado pela Lei Complementar n. 137, de 26-8-2010.

Art. 10. O órgão fiscalizador de seguros terá acesso a todos os contratos de resseguro e de retrocessão, inclusive os celebrados no exterior, sob pena de ser desconsiderada, para todos os efeitos, a existência do contrato de resseguro e de retrocessão.

Art. 11. Observadas as normas do órgão regulador de seguros, a cedente contratará ou ofertará preferencialmente a resseguradores locais para, pelo menos:

I – 60% (sessenta por cento) de sua cessão de resseguro, nos 3 (três) primeiros anos após a entrada em vigor desta Lei Complementar; e

II – 40% (quarenta por cento) de sua cessão de resseguro, após decorridos 3 (três) anos da entrada em vigor desta Lei Complementar.

§§ 1.º a 6.º (*Vetados.*)

Capítulo V
DAS OPERAÇÕES

Seção I
Disposições Gerais

Art. 12. O órgão regulador de seguros estabelecerá as diretrizes para as operações de resseguro, de retrocessão e de corretagem de resseguro e para a atuação dos escritórios de representação dos resseguradores admitidos, observadas as disposições desta Lei Complementar.

• CNSP: *vide* arts. 32 e s. do Decreto-lei n. 73, de 21-11-1966.

Parágrafo único. O órgão regulador de seguros poderá estabelecer:

I – cláusulas obrigatórias de instrumentos contratuais relativos às operações de resseguro e retrocessão;

II – prazos para formalização contratual;

III – restrições quanto à realização de determinadas operações de cessão de risco;

IV – requisitos para limites, acompanhamento e monitoramento de operações intragrupo; e

V – requisitos adicionais aos mencionados nos incisos I a IV deste parágrafo.

Art. 13. Os contratos de resseguro deverão incluir cláusula dispondo que, em caso de liquidação da cedente, subsistem as responsabilidades do ressegurador perante a massa liquidanda, independentemente de os pagamentos de indenizações ou benefícios aos segurados, participantes, beneficiários ou assistidos haverem ou não sido realizados pela cedente, ressalvados os casos enquadrados no art. 14 desta Lei Complementar.

Art. 14. Os resseguradores e os seus retrocessionários não responderão diretamente perante o segurado, participante, beneficiário ou assistido pelo montante assumido em resseguro e em retrocessão, ficando as cedentes que emitiram o contrato integralmente responsáveis por indenizá-los.

Parágrafo único. Na hipótese de insolvência, de decretação de liquidação ou de falência da cedente, é permitido o pagamento direto ao segurado, participante, beneficiário ou assistido, da parcela de indenização ou benefício correspondente ao resseguro, desde que o pagamento da respectiva parcela não tenha sido realizado ao segurado pela cedente nem pelo ressegurador à cedente, quando:

I – o contrato de resseguro for considerado facultativo na forma definida pelo órgão regulador de seguros;

II – nos demais casos, se houver cláusula contratual de pagamento direto.

Art. 15. Nos contratos com a intermediação de corretoras de resseguro, não poderão ser incluídas cláusulas que limitem ou restrinjam a relação direta entre as cedentes e os resseguradores nem se poderão conferir poderes ou faculdades a tais corretoras além daqueles necessários e próprios ao desempenho de suas atribuições como intermediários independentes na contratação do resseguro.

Art. 16. Nos contratos a que se refere o art. 15 desta Lei Complementar, é obrigatória a inclusão de cláusula de intermediação, definindo se a corretora está ou não autorizada a receber os prêmios de resseguro ou a coletar o valor correspondente às recuperações de indenizações ou benefícios.

Parágrafo único. Estando a corretora autorizada ao recebimento ou à coleta a que se refere o *caput* deste artigo, os seguintes procedimentos serão observados:

I – o pagamento do prêmio à corretora libera a cedente de qualquer responsabilidade pelo pagamento efetuado ao ressegurador; e,

II – o pagamento de indenização ou benefício à corretora só libera o ressegurador quando efetivamente recebido pela cedente.

Art. 17. A aplicação dos recursos das provisões técnicas e dos fundos dos resseguradores locais e dos recursos exigidos no País para garantia das obrigações dos resseguradores admitidos será efetuada de acordo com as diretrizes do Conselho Monetário Nacional - CMN.

Seção II
Das Operações em Moeda Estrangeira

Art. 18. O seguro, o resseguro e a retrocessão poderão ser efetuados no País em moeda estrangeira, observadas a legislação que rege operações desta natureza, as regras fixadas pelo CMN e as regras fixadas pelo órgão regulador de seguros.

• A Lei n. 4.595, de 31-12-1964, cria o Conselho Monetário Nacional.

Parágrafo único. O CMN disciplinará a abertura e manutenção de contas em moeda estrangeira, tituladas por sociedades seguradoras, resseguradores locais, resseguradores admitidos e corretoras de resseguro.

Seção III
Do Seguro no País e no Exterior

Art. 19. Serão exclusivamente celebrados no País, ressalvado o disposto no art. 20 desta Lei Complementar:

I – os seguros obrigatórios; e

II – os seguros não obrigatórios contratados por pessoas naturais residentes no País ou por pessoas jurídicas domiciliadas no território nacional, independentemente da forma jurídica, para garantia de riscos no País.

Art. 20. A contratação de seguros no exterior por pessoas naturais residentes no País ou por pessoas jurídicas domiciliadas no território nacional é restrita às seguintes situações:

I – cobertura de riscos para os quais não exista oferta de seguro no País, desde que sua contratação não represente infração à legislação vigente;

II – cobertura de riscos no exterior em que o segurado seja pessoa natural residente no País, para o qual a vigência do seguro contratado se restrinja, exclusivamente, ao período em que o segurado se encontrar no exterior;

III – seguros que sejam objeto de acordos internacionais referendados pelo Congresso Nacional; e

IV – seguros que, pela legislação em vigor, na data de publicação desta Lei Complementar, tiverem sido contratados no exterior.

Parágrafo único. Pessoas jurídicas poderão contratar seguro no exterior para cobertura de riscos no exterior, informando essa contratação ao órgão fiscalizador de seguros brasileiro no prazo e nas condições determinadas pelo órgão regulador de seguros brasileiro.

Capítulo VI
DO REGIME DISCIPLINAR

Art. 21. As cedentes, os resseguradores locais, os escritórios de representação de ressegurador admitido, os corretores e corretoras de seguro, resseguro e retrocessão e os prestadores de serviços de auditoria independente bem como quaisquer pessoas naturais ou jurídicas que descumprirem as normas relativas à atividade de resseguro, retrocessão e corretagem de resseguros estarão sujeitos às penalidades previstas nos arts. 108, 111, 112 e 128 do Decreto-lei n. 73, de 21 de novembro de 1966, aplicadas pelo órgão fiscalizador de seguros, conforme normas do órgão regulador de seguros.

Parágrafo único. As infrações a que se refere o *caput* deste artigo serão apuradas mediante processo administrativo regido em consonância com o art. 118 do Decreto-lei n. 73, de 21 de novembro de 1966.

Capítulo VII
DISPOSIÇÕES FINAIS

Art. 22. O IRB-Brasil Resseguros S.A. fica autorizado a continuar exercendo suas atividades de resseguro e de retrocessão, sem qualquer solução de continuidade, independentemente de requerimento e autorização governamental, qualificando-se como ressegurador local.

Parágrafo único. O IRB-Brasil Resseguros S.A. fornecerá ao órgão fiscalizador da atividade de seguros informações técnicas e cópia de seu acervo de dados e de quaisquer outros documentos ou registros que esse órgão fiscalizador julgue necessários para o desempenho das funções de fiscalização das operações de seguro, cosseguro, resseguro e retrocessão.

Art. 23. Fica a União autorizada a oferecer aos acionistas preferenciais do IRB-Brasil Resseguros S.A., mediante competente deliberação societária, a opção de retirada do capital que mantêm investido na sociedade, com a finalidade exclusiva de destinar tais recursos integralmente à subscrição de ações de empresa de resseguro sediada no País.

Parágrafo único. (*Vetado.*)

Art. 24. O órgão fiscalizador de seguros fornecerá à Advocacia-Geral da União as informações e os documentos necessários à defesa da União nas ações em que seja parte.

Art. 25. O órgão fiscalizador de seguros, instaurado inquérito administrativo, poderá solicitar à autoridade judiciária competente o levantamento do sigilo nas instituições financeiras de informações e documentos relativos a bens, direitos e obrigações de pessoa física ou jurídica submetida ao seu poder fiscalizador.

§ 1.º O órgão fiscalizador de seguros, o Banco Central do Brasil e a Comissão de Valores Mobiliários (CVM) manterão permanente intercâmbio de informações acerca dos resultados das inspeções que realizarem, dos inquéritos que instaurarem e das penalidades que aplicarem, sempre que as informações forem necessárias ao desempenho de suas atividades.

•• Primitivo parágrafo único renumerado pela Lei Complementar n. 137, de 26-8-2010.

§ 2.º O órgão fiscalizador de seguros poderá firmar convênios:

•• § 2.º, *caput*, acrescentado pela Lei Complementar n. 137, de 26-8-2010.

I – com o Banco Central do Brasil, a CVM e outros órgãos fiscalizadores, objetivando a realização de fiscalizações conjuntas, observadas as respectivas competências;

•• Inciso I acrescentado pela Lei Complementar n. 137, de 26-8-2010.

II – com outros órgãos supervisores, reguladores, autorreguladores ou entidades fiscalizadoras de outros países, objetivando:

•• Inciso II, *caput*, acrescentado pela Lei Complementar n. 137, de 26-8-2010.

a) a fiscalização de escritórios de representação, filiais e subsidiárias de seguradoras e resseguradores estrangeiros, em funcionamento no Brasil, e de filiais e subsidiárias, no exterior, de seguradoras e resseguradores brasileiros, bem como a fiscalização de remessas ou ingressos de valores do exterior originários de operação de seguro, resseguro e retrocessão;

•• Alínea *a* acrescentada pela Lei Complementar n. 137, de 26-8-2010.

b) a cooperação mútua e o intercâmbio de informações para a investigação de atividades ou operações que impliquem aplicação, negociação, ocultação ou transferência de ativos financeiros e de valores mobiliários relacionados com a prática de condutas ilícitas ou que, sob qualquer outra forma, tenham relação com possível ilicitude.

•• Alínea *b* acrescentada pela Lei Complementar n. 137, de 26-8-2010.

§ 3.º O intercâmbio de informações entre os órgãos e entidades mencionados nos incisos I e II do § 2.º deste artigo não caracteriza violação de sigilo, devendo os referidos órgãos e entidades resguardar a segurança das informações a que vierem a ter acesso.

•• § 3.º acrescentado pela Lei Complementar n. 137, de 26-8-2010.

Art. 26. As câmaras e os prestadores de serviços de compensação e de liquidação autorizados a funcionar pela legislação em vigor bem como as instituições autorizadas à prestação de serviços de custódia pela Comissão de Valores Mobiliários fornecerão ao órgão fiscalizador de seguros, desde que por ele declaradas necessárias ao exercício de suas atribuições, as informações que possuam sobre as operações:

I – dos fundos de investimento especialmente constituídos para a recepção de recursos das sociedades seguradoras, de capitalização e entidades abertas de previdência complementar; e

II – dos fundos de investimento, com patrimônio segregado, vinculados exclusivamente a planos de previdência complementar ou a seguros de vida com cláusula de cobertura por sobrevivência, estruturados na modalidade de contribuição variável, por eles comercializados e administrados.

Art. 27. Os arts. 8.º, 16, 32, 86, 88, 96, 100, 108, 111 e 112 do Decreto-lei n. 73, de 21 de novembro de 1966, passam a vigorar com a seguinte redação:

•• Alterações já processadas no diploma modificado.

Art. 28. (*Vetado*.)

Art. 29. A regulação de cosseguro, resseguro e retrocessão deverá assegurar prazo não inferior a 180 (cento e oitenta) dias para o Instituto de Resseguros do Brasil se adequar às novas regras de negócios, operações de resseguro, renovação dos contratos de retrocessão, plano de contas, regras de tributação, controle dos negócios de retrocessão no exterior e demais aspectos provenientes da alteração do marco regulatório decorrente desta Lei Complementar.

Art. 30. Esta Lei Complementar entra em vigor na data de sua publicação.

Art. 31. Ficam revogados os arts. 6.º, 15 e 18, a alínea *i* do *caput* do art. 20, os arts. 23, 42, 44 e 45, o § 4.º do art. 55, os arts. 56 a 71, a alínea *c* do *caput* e o § 1.º do art. 79, os arts. 81 e 82, o § 2.º do art. 89 e os arts. 114 e 116 do Decreto-lei n. 73, de 21 de novembro de 1966, e a Lei n. 9.932, de 20 de dezembro de 1999.

Brasília, 15 de janeiro de 2007; 186.º da Independência e 119.º da República.

José Alencar Gomes da Silva

LEI N. 11.598, DE 3 DE DEZEMBRO DE 2007 (*)

Estabelece diretrizes e procedimentos para a simplificação e integração do processo de registro e legalização de empresários e de pessoas jurídicas, cria a Rede Nacional para a Simplificação do Registro e da Legalização de Empresas e Negócios – REDESIM; altera a Lei n. 8.934, de 18 de novembro de 1994; revoga dispositivos do Decreto-lei n. 1.715, de 22 de novembro de 1979, e das Leis n. 7.711, de 22 de dezembro de 1988, 8.036, de 11 de maio de 1990, 8.212, de 24 de julho de 1991, e 8.906, de 4 de julho de 1994; e dá outras providências.

(*) Publicada no *DOU*, de 4-12-2007.

O Presidente da República

Faço saber que o Congresso Nacional decreta e eu sanciono a seguinte Lei:

Art. 1.º Esta Lei estabelece normas gerais de simplificação e integração do processo de registro e legalização de empresários e pessoas jurídicas no âmbito da União, dos Estados, do Distrito Federal e dos Municípios.

•• *Vide* art. 65-A, § 3.º, da Lei Complementar n. 123, de 14-12-2006 (regime especial simplificado para *startups*).

Capítulo I
DA REDESIM E DAS DIRETRIZES PARA SUA ESTRUTURAÇÃO E FUNCIONAMENTO

Art. 2.º Fica criada a Rede Nacional para a Simplificação do Registro e da Legalização de Empresas e Negócios – REDESIM, com a finalidade de propor ações e normas aos seus integrantes, cuja participação na sua composição será obrigatória para os órgãos federais e voluntária, por adesão mediante consórcio, para os órgãos, autoridades e entidades não federais com competências e atribuições vinculadas aos assuntos de interesse da Redesim.

§ 1.º A Redesim será administrada pelo Comitê para Gestão da Rede Nacional para Simplificação do Registro e da Legalização de Empresas e Negócios (CGSIM), presidido por representante indicado pelo Ministro de Estado da Economia, nos termos de regulamento.

•• § 1.º acrescentado pela Lei n. 14.195, de 26-8-2021.

§ 2.º A composição, a estrutura e o funcionamento do CGSIM serão definidos em regulamento, que contemplará representação dos órgãos e das entidades envolvidos no processo de registro e de legalização de empresários, incluídos produtores rurais estabelecidos como pessoas físicas, e de pessoas jurídicas e no processo de licenciamento e de autorizações de funcionamento.

•• § 2.º acrescentado pela Lei n. 14.195, de 26-8-2021.

§ 3.º A plataforma tecnológica de integração do processo relativa à Redesim poderá abranger produtos artesanais alimentícios, inclusive de origem animal ou vegetal, e as obras de construção civil, de empresários e de pessoas jurídicas.

•• § 3.º acrescentado pela Lei n. 14.195, de 26-8-2021.

Art. 3.º Na elaboração de normas de sua competência, os órgãos e entidades que componham a Redesim deverão considerar a integração do processo de registro e de legalização de empresários e de pessoas jurídicas e articular as competências próprias com aquelas dos demais membros, buscando, em conjunto, compatibilizar e integrar procedimentos, de modo a evitar a duplicidade de exigências e garantir a linearidade do processo, da perspectiva do usuário.

Art. 4.º Os órgãos e as entidades envolvidos no processo de registro e de legalização de empresas, no âmbito de suas competências, deverão manter à disposição dos usuários, de forma gratuita, por meio presencial e da internet, ficha cadastral simplificada, da qual constem os dados atualizados da empresa, bem como informações, orientações e instrumentos que permitam pesquisas prévias sobre as etapas de registro ou de inscrição, de alteração e de baixa de empresários, incluídos produtores rurais estabelecidos como pessoas físicas, e de pessoas jurídicas e de licenciamento e de autorizações de funcionamento, de modo a fornecer ao usuário clareza quanto à documentação exigível e à viabilidade locacional, de nome empresarial, de registro, de licenciamento ou de inscrição.

•• *Caput* com redação determinada pela Lei n. 14.195, de 26-8-2021.

§§ 1.º a 4.º (*Revogados pela Lei n. 14.195, de 26-8-2021.*)

§ 5.º Ato do Poder Executivo federal disporá sobre a classificação mínima de atividades de baixo risco, válida para todos os integrantes da Redesim, observada a Classificação Nacional de Atividades Econômicas, hipótese em que a autodeclaração de enquadramento será requerimento suficiente, até que seja apresentada prova em contrário.

•• § 5.º acrescentado pela Lei n. 13.874, de 20-9-2019.

Art. 5.º Para os fins de registro e legalização de empresários e pessoas jurídicas, os requisitos de segurança sanitária, controle ambiental e prevenção contra incêndios deverão ser simplificados, racionalizados e uniformizados pelos órgãos e entidades que componham a Redesim, no âmbito das respectivas competências.

§ 1.º As vistorias necessárias à emissão de licenças e de autorizações de funcionamento poderão ser realizadas após o início de operação do estabelecimento quando a atividade, por sua natureza, comportar grau de risco compatível com esse procedimento.

§ 2.º As vistorias de interesse dos órgãos fazendários deverão ser realizadas a partir do início de operação do estabelecimento, exceto quando, em relação à atividade, lei federal dispuser sobre a impossibilidade da mencionada operação sem prévia anuência da administração tributária.

Art. 5.º-A. Resolução do CGSIM disporá sobre a classificação de risco das atividades, válida para todos os integrantes da Redesim, a ser observada na ausência de legislação estadual, distrital ou municipal específica, sem prejuízo do disposto no § 1.º do art. 3.º da Lei n. 13.874, de 20 de setembro de 2019, e observado o disposto no § 5.º do art. 4.º desta Lei.

•• *Caput* acrescentado pela Lei n. 14.195, de 26-8-2021.

§ 1.º Na hipótese de sobrevir legislação estadual, distrital ou municipal específica que disponha sobre a classificação de atividades, o ente federativo que editar a norma específica informará a alteração realizada ao CGSIM.

•• § 1.º acrescentado pela Lei n. 14.195, de 26-8-2021.

§ 2.º As licenças, os alvarás e os demais atos públicos de liberação serão considerados válidos até o cancelamento ou a cassação por meio de ato posterior, caso seja constatado o descumprimento de requisitos ou de condições, vedada a atribuição de prazo de vigência por tempo indeterminado.

•• § 2.º acrescentado pela Lei n. 14.195, de 26-8-2021.

Art. 6.º (*Revogado pela Lei n. 14.195, de 26-8-2021.*)

Art. 6.º-A. Sem prejuízo do disposto no inciso I do *caput* do art. 3.º da Lei n. 13.874, de 20 de setembro de 2019, nos casos em que o grau de risco da atividade seja considerado médio, na forma prevista no art. 5.º-A desta Lei, o alvará de funcionamento e as licenças serão emitidos automaticamente, sem análise humana, por intermédio de sistema responsável pela integração dos órgãos e das entidades de registro, nos termos estabelecidos em resolução do CGSIM.

•• *Caput* acrescentado pela Lei n. 14.195, de 26-8-2021.

§ 1.º O alvará de funcionamento será emitido com a assinatura de termo de ciência e responsabilidade do empresário, sócio ou responsável legal pela sociedade, que firmará compromisso, sob as penas da lei, de observar os requisitos exigidos para o funcionamento e o exercício das atividades econômicas constantes do objeto social, para efeito de cumprimento das normas de segurança sanitária, ambientais e de prevenção contra incêndio.

•• § 1.º acrescentado pela Lei n. 14.195, de 26-8-2021.

§ 2.º Do termo de ciência e responsabilidade constarão informações sobre as exigências que deverão ser cumpridas antes do início da atividade empresarial.

•• § 2.º acrescentado pela Lei n. 14.195, de 26-8-2021.

§ 3.º O CGSIM comunicará ao responsável pela integração nos Estados e no Distrito Federal sobre o recebimento de classificação própria prevista em legislação estadual, distrital ou municipal específica, caso em que o sistema aplicará a classificação respectiva e não a estabelecida pelo CGSIM na forma prevista no *caput* do art. 5.º-A desta Lei.

•• § 3.º acrescentado pela Lei n. 14.195, de 26-8-2021.

§ 4.º A emissão automática de que trata o *caput* deste artigo não obsta a fiscalização pelos órgãos ou pelas entidades estaduais, distritais ou municipais competentes.

•• § 4.º acrescentado pela Lei n. 14.195, de 26-8-2021.

§ 5.º A assinatura de termo de ciência e responsabilidade do empresário, sócio ou responsável legal pela sociedade, referido no § 1.º deste artigo, poderá ser realizada eletronicamente mediante o uso de assinaturas eletrônicas nos termos da Lei n. 14.063, de 23 de setembro de 2020.

•• § 5.º acrescentado pela Lei n. 14.195, de 26-8-2021.

§ 6.º As disposições deste artigo não afastam as regras de licenças ambientais e outros atos autorizativos previstos na Lei Complementar n. 140, de 8 de dezembro de 2011.

•• § 6.º acrescentado pela Lei n. 14.195, de 26-8-2021.

Art. 7.º Para os atos de registro, inscrição, alteração e baixa de empresários ou pessoas jurídicas, fica vedada a instituição de qualquer tipo de exigência de natureza documental ou formal, restritiva ou condicionante, que exceda o estrito limite dos requisitos pertinentes à essência de tais atos, observado o disposto nos arts. 5.º e 9.º desta Lei, não podendo também ser exigidos, de forma especial:

I – quaisquer documentos adicionais aos requeridos pelos órgãos executores do Registro Público de Empresas Mercantis e Atividades Afins e do Registro Civil de Pessoas Jurídicas, excetuados os casos de autorização legal prévia;

II – documento de propriedade, contrato de locação ou comprovação de regularidade de obrigações tributárias referentes ao imóvel onde será instalada a sede, filial ou outro estabelecimento;

III – comprovação de regularidade de prepostos dos empresários ou pessoas jurídicas com seus órgãos de classe, sob qualquer forma, como requisito para deferimento de ato de inscrição, alteração ou baixa de empresários ou pessoas jurídicas, bem como para autenticação de instrumento de escrituração;

IV – certidão de inexistência de condenação criminal, que será substituída por declaração do titular ou administrador, firmada sob as penas da lei, de não estar impedido de exercer atividade mercantil ou a administração de sociedade, em virtude de condenação criminal;

V – (*Vetado*.)

§ 1.º Eventuais exigências no curso de processo de registro e legalização de empresário ou de pessoa jurídica serão objeto de comunicação pelo órgão competente ao requerente, com indicação das disposições legais que as fundamentam.

§ 2.º Os atos de inscrição fiscal e tributária, suas alterações e baixas efetuados diretamente por órgãos e entidades da administração direta que integrem a Redesim não importarão em ônus, a qualquer título, para os empresários ou pessoas jurídicas.

Art. 7.º-A. O registro dos atos constitutivos, de suas alterações e extinções (baixas), referentes a empresários e pessoas jurídicas em qualquer órgão dos 3 (três) âmbitos de governo, ocorrerá independentemente da regularidade de obrigações tributárias, previdenciárias ou trabalhistas, principais ou acessórias, do empresário, da sociedade, dos sócios, dos administradores ou de empresas de que participem, sem prejuízo das responsabilidades do empresário, dos titulares, dos sócios ou dos administradores por tais obrigações, apuradas antes ou após o ato de extinção.

•• *Caput* acrescentado pela Lei Complementar n. 147, de 7-8-2014.

§ 1.º A baixa referida no *caput* deste artigo não impede que, posteriormente, sejam lançados ou cobrados impostos, contribuições e respectivas penalidades, decorrentes da simples falta de recolhimento ou da prática comprovada e apurada em processo administrativo ou judicial de outras irregularidades praticadas pelos empresários ou por seus titulares, sócios ou administradores.

•• § 1.º acrescentado pela Lei Complementar n. 147, de 7-8-2014.

§ 2.º A solicitação de baixa na hipótese prevista no *caput* deste artigo importa responsabilidade solidária dos titulares, dos sócios e dos administradores do período de ocorrência dos respectivos fatos geradores.

•• § 2.º acrescentado pela Lei Complementar n. 147, de 7-8-2014.

Art. 8.º Verificada pela fiscalização de qualquer órgão componente da Redesim divergência em dado cadastral do empresário ou da pessoa jurídica originário de instrumento de constituição, alteração ou baixa, deverá constar do auto a que seja reduzido o ato de fiscalização a obrigatoriedade de atualização ou correção daquele, no prazo de 30 (trinta) dias, mediante registro de instrumento próprio no órgão executor do Registro Público de Empresas Mercantis e Atividades Afins ou do Registro Civil de Pessoas Jurídicas, conforme o caso.

• *Vide* Lei n. 8.934, de 18-11-1994.

Capítulo II
DOS SISTEMAS INFORMATIZADOS DE APOIO AO REGISTRO E À LEGALIZAÇÃO DE EMPRESAS

Art. 9.º Será assegurada ao usuário da Redesim entrada única de dados cadastrais e de documentos, resguardada a independência das bases de dados e observada a necessidade de informações por parte dos órgãos e entidades que a integrem.

§ 1.º Os órgãos executores do Registro Público de Empresas Mercantis e Atividades Afins e do Registro Civil das Pessoas Jurídicas colocarão à disposição dos demais integrantes da Redesim, por meio eletrônico:

I – os dados de registro de empresários ou pessoas jurídicas, imediatamente após o arquivamento dos atos;

II – as imagens digitalizadas dos atos arquivados, no prazo de 5 (cinco) dias úteis após o arquivamento.

§ 2.º As imagens digitalizadas suprirão a eventual exigência de apresentação do respectivo documento a órgão ou entidade que integre a Redesim.

§ 3.º Deverão ser utilizadas, nos cadastros e registros administrativos no âmbito da Redesim, as classificações aprovadas por órgão do Poder Executivo Federal designado em regulamento, devendo os órgãos e entidades integrantes zelar pela uniformidade e consistência das informações.

Art. 10. Para maior segurança no cumprimento de suas competências institucionais no processo de registro, com vistas na verificação de dados de identificação de empresários, sócios ou administradores, os órgãos executores do Registro Público de Empresas Mercantis e Atividades Afins e do Registro Civil de Pessoas Jurídicas realizarão consultas automatizadas e gratuitas:

I – ao Cadastro Nacional de Documentos Extraviados, Roubados ou Furtados;

II – a sistema nacional de informações sobre pessoas falecidas;

III – a outros cadastros de órgãos públicos.

Art. 11. O Poder Executivo Federal criará e manterá, na rede mundial de computadores – internet, sistema pelo qual:

I – promover orientação e informação sobre as etapas e os requisitos para processamento de registro, de inscrição, de alteração e de baixa de pessoas jurídicas ou de empresários;

•• Inciso I com redação determinada pela Lei n. 14.195, de 26-8-2021.

II – prestar os serviços prévios ao registro e à legalização de empresários e de pessoas jurídicas, incluída a disponibilização de aplicativo de pesquisa *on-line* e com resposta imediata sobre a existência de nome empresarial idêntico;

•• Inciso II com redação determinada pela Lei n. 14.195, de 26-8-2021.

III – (*Revogado pela Lei n. 14.195, de 26-8-2021*);

IV – realizar o registro e as inscrições de empresários e pessoas jurídicas sem estabelecimento físico;

•• Inciso IV acrescentado pela Lei n. 14.195, de 26-8-2021.

V – prestar serviço de consulta sobre a possibilidade de exercício da atividade empresarial no local indicado para o funcionamento do estabelecimento comercial, no caso de os Municípios disponibilizarem resposta automática e imediata e seguirem as orientações constantes de resolução do CGSIM;

•• Inciso V acrescentado pela Lei n. 14.195, de 26-8-2021.

VI – prestar os serviços posteriores ao registro e à legalização, incluída a coleta de informações relativas aos empregados contratados pelo empresário ou pela pessoa jurídica; e

•• Inciso VI acrescentado pela Lei n. 14.195, de 26-8-2021.

VII – oferecer serviço de pagamento *on-line* e unificado das taxas e dos preços públicos envolvidos no processo de registro e de legalização de empresas.

•• Inciso VII acrescentado pela Lei n. 14.195, de 26-8-2021.

Parágrafo único. O sistema mencionado no *caput* deste artigo deverá contemplar o conjunto de ações a cargo dos órgãos e das entidades federais, estaduais, distritais e municipais, observado o disposto no art. 2.º desta Lei.

•• Parágrafo único com redação determinada pela Lei n. 14.195, de 26-8-2021.

Art. 11-A. Não poderão ser exigidos, no processo de registro de empresários, incluídos produtores rurais estabelecidos como pessoas físicas, e de pessoas jurídicas realizado pela Redesim:

•• *Caput* acrescentado pela Lei n. 14.195, de 26-8-2021.

I – quaisquer outros números de identificação além do Cadastro Nacional da Pessoa Jurídica (CNPJ), número de identificação cadastral única, nos termos do inciso III do *caput* do art. 8.º da Lei Complementar n. 123, de 14 de dezembro de 2006;

•• Inciso I acrescentado pela Lei n. 14.195, de 26-8-2021.

II – dados ou informações que constem da base de dados do governo federal;

•• Inciso II acrescentado pela Lei n. 14.195, de 26-8-2021.

III – coletas adicionais à realizada no âmbito do sistema responsável pela integração, a qual deverá ser suficiente para a realização do registro e das inscrições, inclusive no CNPJ, e para a emissão das licenças e dos alvarás para o funcionamento do empresário ou da pessoa jurídica.

•• Inciso III acrescentado pela Lei n. 14.195, de 26-8-2021.

§ 1.º Para os fins de implementação do disposto no inciso I do *caput* deste artigo, os respectivos entes federativos deverão adaptar seus sistemas, de modo que o CNPJ seja o único identificador cadastral.

•• § 1.º acrescentado pela Lei n. 14.195, de 26-8-2021.

§ 2.º A inscrição no CNPJ, a partir dos dados informados no sistema responsável pela integração nos Estados, elimina a necessidade de coleta de dados adicionais pelos Estados e pelos Municípios para emissão de inscrições fiscais, devendo o sistema federal compartilhar os dados coletados com os órgãos estaduais e municipais.

•• § 2.º acrescentado pela Lei n. 14.195, de 26-8-2021.

§ 3.º Os dados coletados para inscrições e para licenças deverão ser previamente aprovados pelo CGSIM.

•• § 3.º acrescentado pela Lei n. 14.195, de 26-8-2021.

Capítulo III
DA CENTRAL DE ATENDIMENTO EMPRESARIAL – FÁCIL

Art. 12. As Centrais de Atendimento Empresarial - FÁCIL, unidades de atendimento presencial da Redesim, serão instaladas preferencialmente nas capitais e funcionarão como centros integrados para a orientação, registro e a legalização de empresários e pessoas jurídicas, com o fim de promover a integração, em um mesmo espaço físico, dos serviços prestados pelos órgãos que integrem, localmente, a Redesim.

§ 1.º Deverá funcionar uma Central de Atendimento Empresarial - FÁCIL em toda capital cuja municipalidade, assim como os órgãos ou entidades dos respectivos Estados, adiram à Redesim, inclusive no Distrito Federal, se for o caso.

§ 2.º Poderão fazer parte das Centrais de Atendimento Empresarial - FÁCIL, na qualidade de parceiros, as entidades representativas do setor empresarial, em especial das microempresas e empresas de pequeno porte, e outras entidades da sociedade civil que tenham como foco principal de atuação o apoio e a orientação empresarial.

§ 3.º Em cada unidade da Federação, os centros integrados de registro e legalização de empresários e pessoas jurídicas poderão ter seu nome próprio definido pelos parceiros locais, sem prejuízo de sua apresentação juntamente com a marca "FÁCIL".

Art. 13. As Centrais de Atendimento Empresarial - FÁCIL serão compostas por:

I – um Núcleo de Orientação e Informação, que fornecerá serviços de apoio empresarial, com a finalidade de auxiliar o usuário na decisão de abertura do negócio, prestar orientação e informações completas e prévias para realização do registro e da legalização de empresas, inclusive as consultas prévias necessárias, de modo que o processo não seja objeto de restrições após a sua protocolização no Núcleo Operacional;

II – um Núcleo Operacional, que receberá e dará tratamento, de forma conclusiva, ao processo único de cada requerente, contemplando as exigências documentais, formais e de informação referentes aos órgãos e entidades que integrem a Redesim.

Parágrafo único. As Centrais de Atendimento Empresarial - FÁCIL que forem criadas fora das capitais e do Distrito Federal poderão ter suas atividades restritas ao Núcleo de Orientação e Informação.

Capítulo IV
DISPOSIÇÕES TRANSITÓRIAS

Art. 14. No prazo de:

I – 180 (cento e oitenta) dias, serão definidas pelos órgãos e entidades integrantes da Redesim competentes para emissão de licenças e autorizações de funcionamento as atividades cujo grau de risco seja considerado alto e que exigirão vistoria prévia;

II – 18 (dezoito) meses, serão implementados:

a) pelo Poder Executivo federal o cadastro a que se refere o inciso I do *caput* do art. 10 desta Lei, no âmbito do Ministério da Justiça, para ser disponibilizado na rede mundial de computadores - internet;

b) pelos Municípios com mais de 20.000 (vinte mil) habitantes que aderirem à Redesim os procedimentos de consulta prévia a que se referem os incisos I e II do § 1.º do art. 4.º desta Lei;

III – 3 (três) anos, será implementado pelo Poder Executivo federal sistema informatizado de classificação das atividades que uniformize e simplifique as atuais codificações existentes em todo o território nacional, com apoio dos integrantes da Redesim.

Parágrafo único. Até que seja implementado o sistema de que trata o inciso III do *caput* deste artigo, os órgãos integrantes da Redesim deverão:

I – promover entre si a unificação da atribuição de códigos da Classificação Nacional de Atividades Econômicas-Fiscal - CNAE-Fiscal aos estabelecimentos empresariais de uma mesma jurisdição, com a utilização dos instrumentos de apoio à codificação disponibilizados pela Fundação Instituto Brasileiro de Geografia e Estatística - IBGE;

II – buscar condições para atualização permanente da codificação atribuída aos agentes econômicos registrados;

III – promover a unificação da identificação nacional cadastral única, correspondente ao número da inscrição no CNPJ.

•• Inciso III acrescentado pela Lei n. 14.195, de 26-8-2021.

Art. 15. (*Vetado.*)

Capítulo V
DISPOSIÇÕES FINAIS

Art. 16. O disposto no art. 7.º desta Lei aplica-se a todos os órgãos e entidades da União, dos Estados, do Distrito Federal e dos Municípios competentes para o registro e a legalização de empresários e pessoas jurídicas, relativamente aos seus atos constitutivos, de inscrição, alteração e baixa.

Art. 16-A. O CGSIM poderá instituir outras iniciativas de integração entre União, Distrito Federal, Estados e Municípios, que visem à facilitação do ambiente de negócios no exercício de competências e de atuações que envolvam os entes federativos.

•• *Caput* acrescentado pela Lei n. 14.195, de 26-8-2021.

§ 1.º O CGSIM poderá instituir a obrigatoriedade da adesão à iniciativa de integração referida no *caput* deste artigo para os membros da Redesim.

•• § 1.º acrescentado pela Lei n. 14.195, de 26-8-2021.

§ 2.º O CGSIM poderá instituir a adesão condicionada ou tácita, decorrente de não manifestação de contrariedade, à iniciativa de integração referida no *caput* deste artigo para os entes que não sejam membros da Redesim, caso a iniciativa recaia em matérias sobre as quais a União tenha competência privativa ou concorrente para legislar, na forma dos arts. 22 e 24 da Constituição Federal.

•• § 2.º acrescentado pela Lei n. 14.195, de 26-8-2021.

Art. 17. Os arts. 43 e 45 da Lei n. 8.934, de 18 de novembro de 1994, passam a vigorar com as seguintes alterações:

•• Alterações já processadas no texto do referido diploma.

Art. 18. Esta Lei entra em vigor na data de sua publicação.

Art. 19. (*Vetado.*)

Brasília, 3 de dezembro de 2007; 186.º da Independência e 119.º da República.

Luiz Inácio Lula da Silva

LEI N. 11.804, DE 5 DE NOVEMBRO DE 2008 (*)

Disciplina o direito a alimentos gravídicos e a forma como ele será exercido e dá outras providências.

O Presidente da República

Faço saber que o Congresso Nacional decreta e eu sanciono a seguinte Lei:

Art. 1.º Esta Lei disciplina o direito de alimentos da mulher gestante e a forma como será exercido.

Art. 2.º Os alimentos de que trata esta Lei compreenderão os valores suficientes para cobrir as despesas adicionais do período de gravidez e que sejam dela decorrentes, da concepção ao parto, inclusive as referentes a alimentação especial, assistência médica e psicológica, exames complementares, internações, parto, medicamentos e demais prescrições preventivas e terapêuticas indispensáveis, a juízo do médico, além de outras que o juiz considere pertinentes.

Parágrafo único. Os alimentos de que trata este artigo referem-se à parte das despesas que deverá ser custeada pelo futuro pai, considerando-se a contribuição que também deverá ser dada pela mulher grávida, na proporção dos recursos de ambos.

Arts. 3.º a 5.º (*Vetados.*)

Art. 6.º Convencido da existência de indícios da paternidade, o juiz fixará alimentos gravídicos que perdurarão até o nascimento da criança, sopesando as necessidades da parte autora e as possibilidades da parte ré.

Parágrafo único. Após o nascimento com vida, os alimentos gravídicos ficam convertidos em pensão alimentícia em favor do menor até que uma das partes solicite a sua revisão.

Art. 7.º O réu será citado para apresentar resposta em 5 (cinco) dias.

Arts. 8.º a 10. (*Vetados.*)

Art. 11. Aplicam-se supletivamente nos processos regulados por esta Lei as disposições das Leis n. 5.478, de 25 de julho de 1968, e 5.869, de 11 de janeiro de 1973 – Código de Processo Civil.

Art. 12. Esta Lei entra em vigor na data de sua publicação.

Brasília, 5 de novembro de 2008; 187.º da Independência e 120.º da República.

Luiz Inácio Lula da Silva

(*) Publicada no *DOU*, de 6-11-2008.

LEI COMPLEMENTAR N. 130, DE 17 DE ABRIL DE 2009 (**)

Dispõe sobre o Sistema Nacional de Crédito Cooperativo e revoga dispositivos das Leis n. 4.595, de 31 de dezembro de 1964, e 5.764, de 16 de dezembro de 1971.

O Presidente da República

Faço saber que o Congresso Nacional decreta e eu sanciono a seguinte Lei Complementar:

Art. 1.º As instituições financeiras constituídas sob a forma de cooperativas de crédito submetem-se a esta Lei Complementar, bem como à legislação do Sistema Financeiro Nacional – SFN e das sociedades cooperativas.

§ 1.º As competências legais do Conselho Monetário Nacional – CMN e do Banco Central do Brasil em relação às instituições financeiras aplicam-se às cooperativas de crédito.

§ 2.º É vedada a constituição de cooperativa mista com seção de crédito.

Art. 2.º As cooperativas de crédito destinam-se, precipuamente, a prover, por meio da mutualidade, a prestação de serviços financeiros a seus associados, sendo-lhes assegurado o acesso aos instrumentos do mercado financeiro.

§ 1.º A captação de recursos e a concessão de créditos e garantias devem ser restritas aos associados, ressalvados a captação de recursos dos Municípios, de seus órgãos ou entidades e das empresas por eles controladas, as operações realizadas com outras instituições financeiras e os recursos

(**) Publicada no *DOU*, de 17-4-2009 – edição extra.

obtidos de pessoas jurídicas, em caráter eventual, a taxas favorecidas ou isentos de remuneração.

•• § 1.º com redação determinada pela Lei Complementar n. 161, de 4-1-2018.

§ 2.º Ressalvado o disposto no § 1.º deste artigo, é permitida a prestação de outros serviços de natureza financeira e afins a associados e a não associados.

§ 3.º A concessão de créditos e garantias a integrantes de órgãos estatutários, assim como a pessoas físicas ou jurídicas que com eles mantenham relações de parentesco ou negócio, deve observar procedimentos de aprovação e controle idênticos aos dispensados às demais operações de crédito.

§ 4.º A critério da assembleia geral, os procedimentos a que se refere o § 3.º deste artigo podem ser mais rigorosos, cabendo-lhe, nesse caso, a definição dos tipos de relacionamento a serem considerados para aplicação dos referidos procedimentos.

§ 5.º As cooperativas de crédito, nos termos da legislação específica, poderão ter acesso a recursos oficiais para o financiamento das atividades de seus associados.

§ 6.º A captação de recursos dos Municípios, prevista no § 1.º deste artigo, que supere o limite assegurado pelos fundos garantidores referidos no inciso IV do *caput* do art. 12 desta Lei, obedecerá aos requisitos prudenciais estabelecidos pelo Conselho Monetário Nacional.

•• § 6.º acrescentado pela Lei Complementar n. 161, de 4-1-2018.

§ 7.º Caso a cooperativa não atenda ao disposto no § 6.º deste artigo, incorrerá nas sanções previstas na Lei n. 7.492, de 16 de junho de 1986.

•• § 7.º acrescentado pela Lei Complementar n. 161, de 4-1-2018.

§ 8.º Além das hipóteses ressalvadas no § 1.º deste artigo, as instituições referidas nesta Lei e os bancos por elas controlados, direta ou indiretamente, ficam autorizados a realizar a gestão das disponibilidades financeiras do Serviço Nacional de Aprendizagem do Cooperativismo.

•• § 8.º acrescentado pela Lei Complementar n. 161, de 4-1-2018.

§ 9.º As operações previstas no § 1.º deste artigo, correspondentes aos depósitos de governos municipais, de seus órgãos ou entidades e das empresas por eles controladas, somente poderão ser realizadas em Município que esteja na área de atuação da referida cooperativa de crédito.

•• § 9.º acrescentado pela Lei Complementar n. 161, de 4-1-2018.

Art. 3.º As cooperativas de crédito podem atuar em nome e por conta de outras instituições, com vistas à prestação de serviços financeiros e afins a associados e a não associados.

Art. 4.º O quadro social das cooperativas de crédito, composto de pessoas físicas e jurídicas, é definido pela assembleia geral, com previsão no estatuto social.

Parágrafo único. Não serão admitidas no quadro social da sociedade cooperativa de crédito pessoas jurídicas que possam exercer concorrência com a própria sociedade cooperativa, nem a União, os Estados, o Distrito Federal e os Municípios bem como suas respectivas autarquias, fundações e empresas estatais dependentes.

Art. 5.º As cooperativas de crédito com conselho de administração podem criar diretoria executiva a ele subordinada, na qualidade de órgão estatutário composto por pessoas físicas associadas ou não, indicadas por aquele conselho.

Art. 6.º O mandato dos membros do conselho fiscal das cooperativas de crédito terá duração de até 3 (três) anos, observada a renovação de, ao menos, 2 (dois) membros a cada eleição, sendo 1 (um) efetivo e 1 (um) suplente.

Art. 7.º É vedado distribuir qualquer espécie de benefício às quotas-parte do capital, excetuando-se remuneração anual limitada ao valor da taxa referencial do Sistema Especial de Liquidação e de Custódia - Selic para títulos federais.

Art. 8.º Compete à assembleia geral das cooperativas de crédito estabelecer a fórmula de cálculo a ser aplicada na distribuição de sobras e no rateio de perdas, com base nas operações de cada associado realizadas ou mantidas durante o exercício, observado o disposto no art. 7.º desta Lei Complementar.

Art. 9.º É facultado às cooperativas de crédito, mediante decisão da assembleia geral, compensar, por meio de sobras dos exercícios seguintes, o saldo remanescente das perdas verificadas no exercício findo.

Parágrafo único. Para o exercício da faculdade de que trata o *caput* deste artigo, a cooperativa deve manter-se ajustada aos limites de patrimônio exigíveis na forma da regulamentação vigente, conservando o controle da parcela correspondente a cada associado no saldo das perdas retidas.

Art. 10. A restituição de quotas de capital depende, inclusive, da observância dos limites de patrimônio exigíveis na forma da regulamentação vigente, sendo a devolução parcial condicionada, ainda, à autorização específica do conselho de administração ou, na sua ausência, da diretoria.

Art. 11. As cooperativas centrais de crédito e suas confederações podem adotar, quanto ao poder de voto das filiadas, critério de proporcionalidade em relação ao número de associados indiretamente representados na assembleia geral, conforme regras estabelecidas no estatuto.

Art. 12. O CMN, no exercício das competências que lhe são atribuídas pela legislação que rege o SFN, poderá dispor, inclusive, sobre as seguintes matérias:

I – requisitos a serem atendidos previamente à constituição ou transformação das cooperativas de crédito, com vistas ao respectivo processo de autorização a cargo do Banco Central do Brasil;

II – condições a serem observadas na formação do quadro de associados e na celebração de contratos com outras instituições;

III – tipos de atividades a serem desenvolvidas e de instrumentos financeiros passíveis de utilização;

IV – fundos garantidores, inclusive a vinculação de cooperativas de crédito a tais fundos;

V – atividades realizadas por entidades de qualquer natureza, que tenham por objeto exercer, com relação a um grupo de cooperativas de crédito, supervisão, controle, auditoria, gestão ou execução em maior escala de suas funções operacionais;

VI – vinculação a entidades que exerçam, na forma da regulamentação, atividades de supervisão, controle e auditoria de cooperativas de crédito;

VII – condições de participação societária em outras entidades, inclusive de natureza não cooperativa, com vistas ao atendimento de propósitos complementares, no interesse do quadro social;

VIII – requisitos adicionais ao exercício da faculdade de que trata o art. 9.º desta Lei Complementar.

§ 1.º O exercício das atividades a que se refere o inciso V do *caput* deste artigo, regulamentadas pelo Conselho Monetário Nacional - CMN, está sujeito à fiscalização do Banco Central do Brasil, sendo aplicáveis às respectivas entidades e a seus administradores as mesmas sanções previstas na legislação em relação às instituições financeiras.

§ 2.º O Banco Central do Brasil, no exercício de sua competência de fiscalização das cooperativas de crédito, assim como a entidade que realizar, nos termos da regulamentação do CMN, atividades de supervisão local podem convocar assembleia geral extraordinária de instituição supervisionada, à qual poderão enviar representantes com direito a voz.

Art. 13. Não constitui violação do dever de sigilo de que trata a legislação em vigor o acesso a informações pertencentes a cooperativas de crédito por parte de cooperativas centrais de crédito, confederações de centrais e demais entidades constituídas por esse segmento financeiro, desde que se dê exclusivamente no desempenho de atribuições de supervisão, auditoria, controle e de execução de funções operacionais das cooperativas de crédito.

Parágrafo único. As entidades mencionadas no *caput* deste artigo devem observar sigilo em relação às informações que obtiverem no exercício de suas atribuições, bem como comunicar às autoridades competentes indícios de prática de ilícitos penais ou administrativos ou de operações envolvendo recursos provenientes de qualquer prática criminosa.

Art. 14. As cooperativas singulares de crédito poderão constituir cooperativas centrais de crédito com o objetivo de organizar, em comum acordo e em maior escala, os serviços econômicos e assistenciais de interesse das filiadas, integrando e orientando suas atividades, bem como facilitando a utilização recíproca dos serviços.

Parágrafo único. As atividades de que trata o *caput* deste artigo, respeitada a competência do Conselho Monetário Nacional e preservadas as responsabilidades envolvidas, poderão ser delegadas às confederações constituídas pelas cooperativas centrais de crédito.

Art. 15. As confederações constituídas de cooperativas centrais de crédito têm por objetivo orientar, coordenar e executar atividades destas, nos casos em que o vulto dos empreendimentos e a natureza das atividades transcenderem o âmbito de capacidade ou a conveniência de atuação das associadas.

Art. 16. As cooperativas de crédito podem ser assistidas, em caráter temporário, mediante administração em regime de cogestão, pela respectiva cooperativa central ou confederação de centrais para sanar irregularidades ou em caso de risco para a solidez da própria sociedade, devendo ser observadas as seguintes condições:

I – existência de cláusula específica no estatuto da cooperativa assistida, contendo previsão da possibilidade de implantação desse regime e da celebração do convênio de que trata o inciso II do *caput* deste artigo;

II – celebração de convênio entre a cooperativa a ser assistida e a eventual cogestora, a ser referendado pela assembleia geral, estabelecendo, pelo menos, a caracterização das situações consideradas de risco que justifiquem a implantação do regime de cogestão, o rito dessa implantação por iniciativa da entidade cogestora e o regimento a ser observado durante a cogestão; e

III – realização, no prazo de até 1 (um) ano da implantação da cogestão, de assembleia geral extraordinária para deliberar sobre a manutenção desse regime e da adoção de outras medidas julgadas necessárias.

Art. 17. A assembleia geral ordinária das cooperativas de crédito realizar-se-á anualmente, nos 4 (quatro) primeiros meses do exercício social.

•• A Lei n. 14.030, de 28-7-2020, dispõe em seu art. 5.º: "Art. 5.º A sociedade cooperativa e a entidade de representação do cooperativismo poderão, excepcionalmente, realizar a assembleia geral ordinária a que se refere o art. 44 da Lei n. 5.764, de 16 de dezembro de 1971, ou o art. 17 da Lei Complementar n. 130, de 17 de abril de 2009, no prazo de 9 (nove) meses, contado do término do seu exercício social. Parágrafo único. Os mandatos dos membros dos órgãos de administração e de fiscalização e dos outros órgãos estatutários previstos para se encerrarem antes da realização da assembleia geral ordinária nos termos do *caput* deste artigo ficam prorrogados até a sua realização".

Art. 18. Ficam revogados os arts. 40 e 41 da Lei n. 4.595, de 31 de dezembro de 1964, e o § 3.º do art. 10, o § 10 do art. 18, o parágrafo único do art. 86 e o art. 84 da Lei n. 5.764, de 16 de dezembro de 1971.

Art. 19. Esta Lei Complementar entra em vigor na data de sua publicação.

Brasília, 17 de abril de 2009; 188.º da Independência e 121.º da República.

LUIZ INÁCIO LULA DA SILVA

LEI N. 12.010, DE 3 DE AGOSTO DE 2009 (*)

Dispõe sobre adoção; altera as Leis n. 8.069, de 13 de julho de 1990 – Estatuto da Crian-

(*) Publicada no *DOU*, de 4-8-2009, e retificada em 2-9-2009.

ça e do Adolescente, 8.560, de 29 de dezembro de 1992; revoga dispositivos da Lei n. 10.406, de 10 de janeiro de 2002 – Código Civil, e da Consolidação das Leis do Trabalho – CLT, aprovada pelo Decreto-lei n. 5.452, de 1.º de maio de 1943; e dá outras providências.

O Presidente da República

Faço saber que o Congresso Nacional decreta e eu sanciono a seguinte Lei:

Art. 1.º Esta Lei dispõe sobre o aperfeiçoamento da sistemática prevista para garantia do direito à convivência familiar a todas as crianças e adolescentes, na forma prevista pela Lei n. 8.069, de 13 de julho de 1990, Estatuto da Criança e do Adolescente.

§ 1.º A intervenção estatal, em observância ao disposto no *caput* do art. 226 da Constituição Federal, será prioritariamente voltada à orientação, apoio e promoção social da família natural, junto à qual a criança e o adolescente devem permanecer, ressalvada absoluta impossibilidade, demonstrada por decisão judicial fundamentada.

§ 2.º Na impossibilidade de permanência na família natural, a criança e o adolescente serão colocados sob adoção, tutela ou guarda, observadas as regras e princípios contidos na Lei n. 8.069, de 13 de julho de 1990, e na Constituição Federal.

Art. 2.º A Lei n. 8.069, de 13 de julho de 1990, Estatuto da Criança e do Adolescente, passa a vigorar com as seguintes alterações:

•• Alterações já processadas no diploma modificado.

Art. 3.º A expressão "pátrio poder" contida nos arts. 21, 23, 24, no parágrafo único do art. 36, no § 1.º do art. 45, no art. 49, no inciso X do *caput* do art. 129, nas alíneas *b* e *d* do parágrafo único do art. 148, nos arts. 155, 157, 163, 166, 169, no inciso III do *caput* do art. 201 e no art. 249, todos da Lei n. 8.069, de 13 de julho de 1990, bem como na Seção II do Capítulo III do Título VI da Parte Especial do mesmo Diploma Legal, fica substituída pela expressão "poder familiar".

Art. 4.º Os arts. 1.618, 1.619 e 1.734 da Lei n. 10.406, de 10 de janeiro de 2002 – Código Civil, passam a vigorar com a seguinte redação:

•• Alterações já processadas no diploma modificado.

Art. 5.º O art. 2.º da Lei n. 8.560, de 29 de dezembro de 1992, fica acrescido do seguinte § 5.º, renumerando-se o atual § 5.º para § 6.º, com a seguinte redação:

•• Alterações já processadas no diploma modificado.

Art. 6.º As pessoas e casais já inscritos nos cadastros de adoção ficam obrigados a frequentar, no prazo máximo de 1 (um) ano, contado da entrada em vigor desta Lei, a preparação psicossocial e jurídica a que se referem os §§ 3.º e 4.º do art. 50 da Lei n. 8.069, de 13 de julho de 1990, acrescidos pelo art. 2.º desta Lei, sob pena de cassação de sua inscrição no cadastro.

Art. 7.º Esta Lei entra em vigor 90 (noventa) dias após a sua publicação.

Art. 8.º Revogam-se o § 4.º do art. 51 e os incisos IV, V e VI do *caput* do art. 198 da Lei n. 8.069, de 13 de julho de 1990, bem como o parágrafo único do art. 1.618, o inciso III do *caput* do art. 10 e os arts. 1.620 a 1.629 da Lei n. 10.406, de 10 de janeiro de 2002 – Código Civil, e os §§ 1.º a 3.º do art. 392-A da Consolidação das Leis do Trabalho, aprovada pelo Decreto-lei n. 5.452, de 1.º de maio de 1943.

Brasília, 3 de agosto de 2009; 188.º da Independência e 121.º da República.

LUIZ INÁCIO LULA DA SILVA

LEI N. 12.288, DE 20 DE JULHO DE 2010 (*)

Institui o Estatuto da Igualdade Racial; altera as Leis n. 7.716, de 5 de janeiro de 1989, 9.029, de 13 de abril de 1995, 7.347, de 24 de julho de 1985, e 10.778, de 24 de novembro de 2003.

O Presidente da República

Faço saber que o Congresso Nacional decreta e eu sanciono a seguinte Lei:

TÍTULO I
DISPOSIÇÕES PRELIMINARES

Art. 1.º Esta Lei institui o Estatuto da Igualdade Racial, destinado a garantir à população negra a efetivação da igualdade de oportunidades, a defesa dos direitos étnicos individuais, coletivos e difusos e o combate à discriminação e às demais formas de intolerância étnica.

• *Vide* arts. 3.º, IV, 4.º, VIII, e 5.º, XLI e XLII, da CF.

Parágrafo único. Para efeito deste Estatuto, considera-se:

I – discriminação racial ou étnico-racial: toda distinção, exclusão, restrição ou preferência baseada em raça, cor, descendência ou origem nacional ou étnica que tenha por objeto anular ou restringir o reconhecimento, gozo ou exercício, em igualdade de condições, de direitos humanos e liberdades fundamentais nos campos político, econômico, social, cultural ou em qualquer outro campo da vida pública ou privada;

• A Lei n. 7.716, de 5-1-1989, define os crimes resultantes de preconceitos de raça ou de cor.

II – desigualdade racial: toda situação injustificada de diferenciação de acesso e fruição de bens, serviços e oportunidades, nas esferas pública e privada, em virtude de raça, cor, descendência ou origem nacional ou étnica;

(*) Publicada no *DOU*, de 21-7-2010.

III – desigualdade de gênero e raça: assimetria existente no âmbito da sociedade que acentua a distância social entre mulheres negras e os demais segmentos sociais;

IV – população negra: o conjunto de pessoas que se autodeclaram pretas e pardas, conforme o quesito cor ou raça usado pela Fundação Instituto Brasileiro de Geografia e Estatística (IBGE), ou que adotam autodefinição análoga;

V – políticas públicas: as ações, iniciativas e programas adotados pelo Estado no cumprimento de suas atribuições institucionais;

VI – ações afirmativas: os programas e medidas especiais adotados pelo Estado e pela iniciativa privada para a correção das desigualdades raciais e para a promoção da igualdade de oportunidades.

Art. 2.º É dever do Estado e da sociedade garantir a igualdade de oportunidades, reconhecendo a todo cidadão brasileiro, independentemente da etnia ou da cor da pele, o direito à participação na comunidade, especialmente nas atividades políticas, econômicas, empresariais, educacionais, culturais e esportivas, defendendo sua dignidade e seus valores religiosos e culturais.

Art. 3.º Além das normas constitucionais relativas aos princípios fundamentais, aos direitos e garantias fundamentais e aos direitos sociais, econômicos e culturais, o Estatuto da Igualdade Racial adota como diretriz político-jurídica a inclusão das vítimas de desigualdade étnico-racial, a valorização da igualdade étnica e o fortalecimento da identidade nacional brasileira.

Art. 4.º A participação da população negra, em condição de igualdade de oportunidade, na vida econômica, social, política e cultural do País será promovida, prioritariamente, por meio de:

I – inclusão nas políticas públicas de desenvolvimento econômico e social;

II – adoção de medidas, programas e políticas de ação afirmativa;

III – modificação das estruturas institucionais do Estado para o adequado enfrentamento e a superação das desigualdades étnicas decorrentes do preconceito e da discriminação étnica;

IV – promoção de ajustes normativos para aperfeiçoar o combate à discriminação étnica e às desigualdades étnicas em todas as suas manifestações individuais, institucionais e estruturais;

V – eliminação dos obstáculos históricos, socioculturais e institucionais que impedem a representação da diversidade étnica nas esferas pública e privada;

VI – estímulo, apoio e fortalecimento de iniciativas oriundas da sociedade civil direcionadas à promoção da igualdade de oportunidades e ao combate às desigualdades étnicas, inclusive mediante a implementação de incentivos e critérios de condicionamento e prioridade no acesso aos recursos públicos;

VII – implementação de programas de ação afirmativa destinados ao enfrentamento das desigualdades étnicas no tocante à educação, cultura, esporte e lazer, saúde, segurança, trabalho, moradia, meios de comunicação de massa, financiamentos públicos, acesso à terra, à Justiça, e outros.

• *Vide* art. 56 desta Lei.

Parágrafo único. Os programas de ação afirmativa constituir-se-ão em políticas públicas destinadas a reparar as distorções e desigualdades sociais e demais práticas discriminatórias adotadas, nas esferas pública e privada, durante o processo de formação social do País.

Art. 5.º Para a consecução dos objetivos desta Lei, é instituído o Sistema Nacional de Promoção da Igualdade Racial (Sinapir), conforme estabelecido no Título III.

•• O Decreto n. 8.136, de 5-11-2013, aprovou o Regulamento do Sistema Nacional de Promoção da Igualdade Racial – Sinapir.

Título II
DOS DIREITOS FUNDAMENTAIS

Capítulo I
DO DIREITO À SAÚDE

Art. 6.º O direito à saúde da população negra será garantido pelo poder público mediante políticas universais, sociais e econômicas destinadas à redução do risco de doenças e de outros agravos.

§ 1.º O acesso universal e igualitário ao Sistema Único de Saúde (SUS) para promoção, proteção e recuperação da saúde da população negra será de responsabilidade dos órgãos e instituições públicas federais, estaduais, distritais e municipais, da administração direta e indireta.

§ 2.º O poder público garantirá que o segmento da população negra vinculado aos seguros privados de saúde seja tratado sem discriminação.

Art. 7.º O conjunto de ações de saúde voltadas à população negra constitui a Política Nacional de Saúde Integral da População Negra, organizada de acordo com as diretrizes abaixo especificadas:

I – ampliação e fortalecimento da participação de lideranças dos movimentos sociais em defesa da saúde da população negra nas instâncias de participação e controle social do SUS;

II – produção de conhecimento científico e tecnológico em saúde da população negra;

III – desenvolvimento de processos de informação, comunicação e educação para contribuir com a redução das vulnerabilidades da população negra.

Art. 8.º Constituem objetivos da Política Nacional de Saúde Integral da População Negra:

I – a promoção da saúde integral da população negra, priorizando a redução das desigualdades étnicas e o combate à discriminação nas instituições e serviços do SUS;

II – a melhoria da qualidade dos sistemas de informação do SUS no que tange à coleta, ao processamento e à análise dos dados desagregados por cor, etnia e gênero;

III – o fomento à realização de estudos e pesquisas sobre racismo e saúde da população negra;

IV – a inclusão do conteúdo da saúde da população negra nos processos de formação e educação permanente dos trabalhadores da saúde;

V – a inclusão da temática saúde da população negra nos processos de formação política das lideranças de movimentos sociais para o exercício da participação e controle social no SUS.

Parágrafo único. Os moradores das comunidades de remanescentes de quilombos serão beneficiários de incentivos específicos para a garantia do direito à saúde, incluindo melhorias nas condições ambientais, no saneamento básico, na segurança alimentar e nutricional e na atenção integral à saúde.

Capítulo II
DO DIREITO À EDUCAÇÃO, À CULTURA, AO ESPORTE E AO LAZER

Seção I
Disposições Gerais

Art. 9.º A população negra tem direito a participar de atividades educacionais, culturais, esportivas e de lazer adequadas a seus interesses e condições, de modo a contribuir para o patrimônio cultural de sua comunidade e da sociedade brasileira.

Art. 10. Para o cumprimento do disposto no art. 9.º, os governos federal, estaduais, distrital e municipais adotarão as seguintes providências:

I – promoção de ações para viabilizar e ampliar o acesso da população negra ao ensino gratuito e às atividades esportivas e de lazer;

II – apoio à iniciativa de entidades que mantenham espaço para promoção social e cultural da população negra;

III – desenvolvimento de campanhas educativas, inclusive nas escolas, para que a solidariedade aos membros da população negra faça parte da cultura de toda a sociedade;

IV – implementação de políticas públicas para o fortalecimento da juventude negra brasileira.

Seção II
Da Educação

Art. 11. Nos estabelecimentos de ensino fundamental e de ensino médio, públicos e privados, é obrigatório o estudo da história geral da África e da história da população negra no Brasil, observado o disposto na Lei n. 9.394, de 20 de dezembro de 1996.

- A Lei n. 9.394, de 20-12-1996, dispõe sobre diretrizes e bases da educação nacional.

§ 1.º Os conteúdos referentes à história da população negra no Brasil serão ministrados no âmbito de todo o currículo escolar, resgatando sua contribuição decisiva para o desenvolvimento social, econômico, político e cultural do País.

§ 2.º O órgão competente do Poder Executivo fomentará a formação inicial e continuada de professores e a elaboração de material didático específico para o cumprimento do disposto no *caput* deste artigo.

§ 3.º Nas datas comemorativas de caráter cívico, os órgãos responsáveis pela educação incentivarão a participação de intelectuais e representantes do movimento negro para debater com os estudantes suas vivências relativas ao tema em comemoração.

Art. 12. Os órgãos federais, distritais e estaduais de fomento à pesquisa e à pós-graduação poderão criar incentivos a pesquisas e a programas de estudo voltados para temas referentes às relações étnicas, aos quilombos e às questões pertinentes à população negra.

Art. 13. O Poder Executivo federal, por meio dos órgãos competentes, incentivará as instituições de ensino superior públicas e privadas, sem prejuízo da legislação em vigor, a:

I – resguardar os princípios da ética em pesquisa e apoiar grupos, núcleos e centros de pesquisa, nos diversos programas de pós-graduação que desenvolvam temáticas de interesse da população negra;

II – incorporar nas matrizes curriculares dos cursos de formação de professores temas que incluam valores concernentes à pluralidade étnica e cultural da sociedade brasileira;

III – desenvolver programas de extensão universitária destinados a aproximar jovens negros de tecnologias avançadas, assegurado o princípio da proporcionalidade de gênero entre os beneficiários;

IV – estabelecer programas de cooperação técnica, nos estabelecimentos de ensino públicos, privados e comunitários, com as escolas de educação infantil, ensino fundamental, ensino médio e ensino técnico, para a formação docente baseada em princípios de equidade, de tolerância e de respeito às diferenças étnicas.

Art. 14. O poder público estimulará e apoiará ações socioeducacionais realizadas por entidades do movimento negro que desenvolvam atividades voltadas para a inclusão social, mediante cooperação técnica, intercâmbios, convênios e incentivos, entre outros mecanismos.

Art. 15. O poder público adotará programas de ação afirmativa.

Art. 16. O Poder Executivo federal, por meio dos órgãos responsáveis pelas políticas de promoção da igualdade e de educação, acompanhará e avaliará os programas de que trata esta Seção.

Seção III
Da Cultura

Art. 17. O poder público garantirá o reconhecimento das sociedades negras, clubes e outras formas de manifestação coletiva da população negra, com trajetória histórica comprovada, como patrimônio histórico e cultural, nos termos dos arts. 215 e 216 da Constituição Federal.

Art. 18. É assegurado aos remanescentes das comunidades dos quilombos o direito à preservação de seus usos, costumes, tradições e manifestos religiosos, sob a proteção do Estado.

- *Vide* art. 5.º, VI, da CF.

Parágrafo único. A preservação dos documentos e dos sítios detentores de reminiscências históricas dos antigos quilombos, tombados nos termos do § 5.º do art. 216 da Constituição Federal, receberá especial atenção do poder público.

Art. 19. O poder público incentivará a celebração das personalidades e das datas comemorativas relacionadas à trajetória do samba e de outras manifestações culturais de matriz africana, bem como sua comemoração nas instituições de ensino públicas e privadas.

Art. 20. O poder público garantirá o registro e a proteção da capoeira, em todas as suas modalidades, como bem de natureza imaterial e de formação da identidade cultural brasileira, nos termos do art. 216 da Constituição Federal.

Parágrafo único. O poder público buscará garantir, por meio dos atos normativos necessários, a preservação dos elementos formadores tradicionais da capoeira nas suas relações internacionais.

Seção IV
Do Esporte e Lazer

Art. 21. O poder público fomentará o pleno acesso da população negra às práticas desportivas, consolidando o esporte e o lazer como direitos sociais.

Art. 22. A capoeira é reconhecida como desporto de criação nacional, nos termos do art. 217 da Constituição Federal.

§ 1.º A atividade de capoeirista será reconhecida em todas as modalidades em que a capoeira se manifesta, seja como esporte, luta, dança ou música, sendo livre o exercício em todo o território nacional.

§ 2.º É facultado o ensino da capoeira nas instituições públicas e privadas pelos capoeiristas e mestres tradicionais, pública e formalmente reconhecidos.

Capítulo III
DO DIREITO À LIBERDADE DE CONSCIÊNCIA E DE CRENÇA E AO LIVRE EXERCÍCIO DOS CULTOS RELIGIOSOS

- *Vide* art. 5.º, VI, VII e VIII, da CF.
- CP: art. 208.

Art. 23. É inviolável a liberdade de consciência e de crença, sendo assegurado o livre exercício dos cultos religiosos e garantida, na forma da lei, a proteção aos locais de culto e a suas liturgias.

Art. 24. O direito à liberdade de consciência e de crença e ao livre exercício dos cultos religiosos de matriz africana compreende:

I – a prática de cultos, a celebração de reuniões relacionadas à religiosidade e a fundação e manutenção, por iniciativa privada, de lugares reservados para tais fins;

II – a celebração de festividades e cerimônias de acordo com preceitos das respectivas religiões;

III – a fundação e a manutenção, por iniciativa privada, de instituições beneficentes ligadas às respectivas convicções religiosas;

IV – a produção, a comercialização, a aquisição e o uso de artigos e materiais religiosos adequados aos costumes e às práticas fundadas na respectiva religiosidade, ressalvadas as condutas vedadas por legislação específica;

- A Lei n. 9.605, de 12-2-1998, dispõe sobre as sanções penais e administrativas derivadas de condutas e atividades lesivas ao meio ambiente.

V – a produção e a divulgação de publicações relacionadas ao exercício e à difusão das religiões de matriz africana;

VI – a coleta de contribuições financeiras de pessoas naturais e jurídicas de natureza privada para a manutenção das atividades religiosas e sociais das respectivas religiões;

VII – o acesso aos órgãos e aos meios de comunicação para divulgação das respectivas religiões;

VIII – a comunicação ao Ministério Público para abertura de ação penal em face de atitudes e práticas de intolerância religiosa nos meios de comunicação e em quaisquer outros locais.

Art. 25. É assegurada a assistência religiosa aos praticantes de religiões de matrizes africanas internados em hospitais ou em outras instituições de internação coletiva, inclusive àqueles submetidos a pena privativa de liberdade.

- *Vide* art. 5.º, VII, da CF.
- A Lei n. 9.982, de 14-7-2000, dispõe sobre a prestação de assistência religiosa nas entidades hospitalares públicas e privadas, bem como nos estabelecimentos prisionais civis e militares.

Art. 26. O poder público adotará as medidas necessárias para o combate à intolerância com as religiões de matrizes africanas e à discriminação de seus seguidores, especialmente com o objetivo de:

I – coibir a utilização dos meios de comunicação social para a difusão de proposições, imagens ou abordagens que exponham pessoa ou grupo ao ódio ou ao desprezo por motivos fundados na religiosidade de matrizes africanas;

II – inventariar, restaurar e proteger os documentos, obras e outros bens de valor artístico e cultural, os monumentos, mananciais, flora e sítios arqueológicos vinculados às religiões de matrizes africanas;

- *Vide* art. 216 da CF.

III – assegurar a participação proporcional de representantes das religiões de matrizes africanas, ao lado da representação das demais religiões, em comissões, conselhos, órgãos e outras instâncias de deliberação vinculadas ao poder público.

Capítulo IV
DO ACESSO À TERRA E À MORADIA ADEQUADA

- *Vide* art. 6.º da CF.

Seção I
Do Acesso à Terra

Art. 27. O poder público elaborará e implementará políticas públicas capazes de promover o acesso da população negra à terra e às atividades produtivas no campo.

- A Lei n. 4.504, de 30-11-1964, dispõe sobre o Estatuto da Terra.

Art. 28. Para incentivar o desenvolvimento das atividades produtivas da população negra no campo, o poder público promoverá ações para viabilizar e ampliar o seu acesso ao financiamento agrícola.

Art. 29. Serão assegurados à população negra a assistência técnica rural, a simplificação do acesso ao crédito agrícola e o fortalecimento da infraestrutura de logística para a comercialização da produção.

Art. 30. O poder público promoverá a educação e a orientação profissional agrícola para os trabalhadores negros e as comunidades negras rurais.

Art. 31. Aos remanescentes das comunidades dos quilombos que estejam ocupando suas terras é reconhecida a propriedade definitiva, devendo o Estado emitir-lhes os títulos respectivos.

- *Vide* art. 68 do ADCT.

Art. 32. O Poder Executivo federal elaborará e desenvolverá políticas públicas especiais voltadas para o desenvolvimento sustentável dos remanescentes das comunidades dos quilombos, respeitando as tradições de proteção ambiental das comunidades.

- *Vide* art. 28, § 6.º, da Lei n. 8.069, de 13-7-1990.

Art. 33. Para fins de política agrícola, os remanescentes das comunidades dos quilombos receberão dos órgãos competentes tratamento especial diferenciado, assistência técnica e linhas especiais de financiamento público, destinados à realização de suas atividades produtivas e de infraestrutura.

Art. 34. Os remanescentes das comunidades dos quilombos se beneficiarão de todas as iniciativas previstas nesta e em outras leis para a promoção da igualdade étnica.

Seção II
Da Moradia

Art. 35. O poder público garantirá a implementação de políticas públicas para assegurar o direito à moradia adequada da população negra que vive em favelas, cortiços, áreas urbanas subutilizadas, degradadas ou em processo de degradação, a fim de reintegrá-las à dinâmica urbana e promover melhorias no ambiente e na qualidade de vida.

Parágrafo único. O direito à moradia adequada, para os efeitos desta Lei, inclui não apenas o provimento habitacional, mas também a garantia da infraestrutura urbana e dos equipamentos comunitários associados à função habitacional, bem como a assistência técnica e jurídica para a construção, a reforma ou a regularização fundiária da habitação em área urbana.

Art. 36. Os programas, projetos e outras ações governamentais realizadas no âmbito do Sistema Nacional de Habitação de Interesse Social (SNHIS), regulado pela Lei n. 11.124, de 16 de junho de 2005, devem considerar as peculiaridades sociais, econômicas e culturais da população negra.

Parágrafo único. Os Estados, o Distrito Federal e os Municípios estimularão e facilitarão a participação de organizações e movimentos representativos da população negra na composição dos conselhos constituídos para fins de aplicação do Fundo Nacional de Habitação de Interesse Social (FNHIS).

Art. 37. Os agentes financeiros, públicos ou privados, promoverão ações para viabilizar o acesso da população negra aos financiamentos habitacionais.

Capítulo V
DO TRABALHO

- A Lei n. 12.990, de 9-6-2014, reserva aos negros 20% das vagas oferecidas nos concursos públicos para provimento de cargos efetivos e empregos públicos no âmbito da administração pública federal, das autarquias, das fundações públicas, das empresas públicas e das sociedades de economia mista controladas pela União.

Art. 38. A implementação de políticas voltadas para a inclusão da população negra no mercado de trabalho será de responsabilidade do poder público, observando-se:

I – o instituído neste Estatuto;

II – os compromissos assumidos pelo Brasil ao ratificar a Convenção Internacional sobre a Eliminação de Todas as Formas de Discriminação Racial, de 1965;

- O Decreto n. 4.738, de 12-6-2003, promulga a Declaração Facultativa prevista no art. 14 da Convenção Internacional sobre a Eliminação de Todas as Formas de Discriminação Racial, reconhecendo a competência do Comitê Internacional para a Eliminação da Discriminação Racial para receber e analisar denúncias de violação dos direitos humanos cobertos na mencionada Convenção.

III – os compromissos assumidos pelo Brasil ao ratificar a Convenção n. 111, de 1958, da Organização Internacional do Trabalho (OIT), que trata da discriminação no emprego e na profissão;

IV – os demais compromissos formalmente assumidos pelo Brasil perante a comunidade internacional.

Art. 39. O poder público promoverá ações que assegurem a igualdade de oportunidades no mercado de trabalho para a população negra, inclusive mediante a implementação de medidas visando à promoção da igualdade nas contratações do setor público e o incentivo à adoção de medidas similares nas empresas e organizações privadas.

§ 1.º A igualdade de oportunidades será lograda mediante a adoção de políticas e programas de formação profissional, de emprego e de geração de renda voltados para a população negra.

§ 2.º As ações visando a promover a igualdade de oportunidades na esfera da administração pública far-se-ão por meio de normas estabelecidas ou a serem estabelecidas em legislação específica e em seus regulamentos.

§ 3.º O poder público estimulará, por meio de incentivos, a adoção de iguais medidas pelo setor privado.

§ 4.º As ações de que trata o *caput* deste artigo assegurarão o princípio da proporcionalidade de gênero entre os beneficiários.

§ 5.º Será assegurado o acesso ao crédito para a pequena produção, nos meios rural e urbano, com ações afirmativas para mulheres negras.

§ 6.º O poder público promoverá campanhas de sensibilização contra a marginalização da mulher negra no trabalho artístico e cultural.

§ 7.º O poder público promoverá ações com o objetivo de elevar a escolaridade e a qualificação profissional nos setores da economia que contem com alto índice de ocupação por trabalhadores negros de baixa escolarização.

Art. 40. O Conselho Deliberativo do Fundo de Amparo ao Trabalhador (Codefat) formulará políticas, programas e projetos voltados para a inclusão da população negra no mercado de trabalho e orientará a destinação de recursos para seu financiamento.

Art. 41. As ações de emprego e renda, promovidas por meio de financiamento para constituição e ampliação de pequenas e médias empresas e de programas de geração de renda, contemplarão o estímulo à promoção de empresários negros.

Parágrafo único. O poder público estimulará as atividades voltadas ao turismo étnico com enfoque nos locais, monumentos e cidades que retratem a cultura, os usos e os costumes da população negra.

Art. 42. O Poder Executivo federal poderá implementar critérios para provimento de cargos em comissão e funções de confiança destinados a ampliar a participação de negros, buscando reproduzir a estrutura da distribuição étnica nacional ou, quando for o caso, estadual, observados os dados demográficos oficiais.

Capítulo VI
DOS MEIOS DE COMUNICAÇÃO

Art. 43. A produção veiculada pelos órgãos de comunicação valorizará a herança cultural e a participação da população negra na história do País.

Art. 44. Na produção de filmes e programas destinados à veiculação pelas emissoras de televisão e em salas cinematográficas, deverá ser adotada a prática de conferir oportunidades de emprego para atores, figurantes e técnicos negros, sendo vedada toda e qualquer discriminação de natureza política, ideológica, étnica ou artística.

Parágrafo único. A exigência disposta no *caput* não se aplica aos filmes e programas que abordem especificidades de grupos étnicos determinados.

Art. 45. Aplica-se à produção de peças publicitárias destinadas à veiculação pelas emissoras de televisão e em salas cinematográficas o disposto no art. 44.

Art. 46. Os órgãos e entidades da administração pública federal direta, autárquica ou fundacional, as empresas públicas e as sociedades de economia mista federais deverão incluir cláusulas de participação de artistas negros nos contratos de realização de filmes, programas ou quaisquer outras peças de caráter publicitário.

§ 1.º Os órgãos e entidades de que trata este artigo incluirão, nas especificações para contratação de serviços de consultoria, conceituação, produção e realização de filmes, programas ou peças publicitárias, a obrigatoriedade da prática de iguais oportunidades de emprego para as pessoas relacionadas com o projeto ou serviço contratado.

§ 2.º Entende-se por prática de iguais oportunidades de emprego o conjunto de medidas sistemáticas executadas com a finalidade de garantir a diversidade étnica, de sexo e de idade na equipe vinculada ao projeto ou serviço contratado.

§ 3.º A autoridade contratante poderá, se considerar necessário para garantir a prática de iguais oportunidades de emprego, requerer auditoria por órgão do poder público federal.

§ 4.º A exigência disposta no *caput* não se aplica às produções publicitárias quando abordarem especificidades de grupos étnicos determinados.

TÍTULO III
DO SISTEMA NACIONAL DE PROMOÇÃO DA IGUALDADE RACIAL (SINAPIR)

•• O Decreto n. 8.136, de 5-11-2013, aprovou o Regulamento do Sistema Nacional de Promoção da Igualdade Racial – Sinapir.

Capítulo I
DISPOSIÇÃO PRELIMINAR

Art. 47. É instituído o Sistema Nacional de Promoção da Igualdade Racial (Sinapir) como forma de organização e de articulação voltadas à implementação do conjunto de políticas e serviços destinados a superar as desigualdades étnicas existentes no País, prestados pelo poder público federal.

§ 1.º Os Estados, o Distrito Federal e os Municípios poderão participar do Sinapir mediante adesão.

§ 2.º O poder público federal incentivará a sociedade e a iniciativa privada a participar do Sinapir.

Capítulo II
DOS OBJETIVOS

Art. 48. São objetivos do Sinapir:

I – promover a igualdade étnica e o combate às desigualdades sociais resultantes do racismo, inclusive mediante adoção de ações afirmativas;

II – formular políticas destinadas a combater os fatores de marginalização e a promover a integração social da população negra;

III – descentralizar a implementação de ações afirmativas pelos governos estaduais, distrital e municipais;

IV – articular planos, ações e mecanismos voltados à promoção da igualdade étnica;

V – garantir a eficácia dos meios e dos instrumentos criados para a implementação das ações afirmativas e o cumprimento das metas a serem estabelecidas.

Capítulo III
DA ORGANIZAÇÃO E COMPETÊNCIA

Art. 49. O Poder Executivo federal elaborará plano nacional de promoção da igualdade racial contendo as metas, princípios e diretrizes para a implementação da Política Nacional de Promoção da Igualdade Racial (PNPIR).

§ 1.º A elaboração, implementação, coordenação, avaliação e acompanhamento da PNPIR, bem como a organização, articulação e coordenação do Sinapir, serão efetivados pelo órgão responsável pela política de promoção da igualdade étnica em âmbito nacional.

§ 2.º É o Poder Executivo federal autorizado a instituir fórum intergovernamental de promoção da igualdade étnica, a ser coordenado pelo órgão responsável pelas políticas de promoção da igualdade étnica, com o objetivo de implementar estratégias que visem à incorporação da política nacional de promoção da igualdade étnica nas ações governamentais de Estados e Municípios.

§ 3.º As diretrizes das políticas nacional e regional de promoção da igualdade étnica serão elaboradas por órgão colegiado que assegure a participação da sociedade civil.

Art. 50. Os Poderes Executivos estaduais, distrital e municipais, no âmbito das respectivas esferas de competência, poderão instituir conselhos de promoção da igualdade étnica, de caráter permanente e consultivo, compostos por igual número de representantes de órgãos e entidades públicas e de organizações da sociedade civil representativas da população negra.

Parágrafo único. O Poder Executivo priorizará o repasse dos recursos referentes aos programas e atividades previstos nesta Lei aos Estados, Distrito Federal e Municípios que tenham criado conselhos de promoção da igualdade étnica.

Capítulo IV
DAS OUVIDORIAS PERMANENTES E DO ACESSO À JUSTIÇA E À SEGURANÇA

Art. 51. O poder público federal instituirá, na forma da lei e no âmbito dos Poderes Legislativo e Executivo, Ouvidorias Permanentes em Defesa da Igualdade Racial, para receber e encaminhar denúncias de preconceito e discriminação com base em etnia ou cor e acompanhar a implementação de medidas para a promoção da igualdade.

Art. 52. É assegurado às vítimas de discriminação étnica o acesso aos órgãos de Ouvidoria Permanente, à Defensoria Pública, ao Ministério Público e ao Poder Judiciário, em todas as suas instâncias, para a garantia do cumprimento de seus direitos.

Parágrafo único. O Estado assegurará atenção às mulheres negras em situação de violência, garantida a assistência física, psíquica, social e jurídica.

• *Vide* Lei n. 11.340, de 7-8-2006, que dispõe sobre violência doméstica (Lei Maria da Penha).

Art. 53. O Estado adotará medidas especiais para coibir a violência policial incidente sobre a população negra.

Parágrafo único. O Estado implementará ações de ressocialização e proteção da juventude negra em conflito com a lei e exposta a experiências de exclusão social.

• *Vide* Lei n. 8.069, de 13-7-1990, que dispõe sobre o ECA.

Art. 54. O Estado adotará medidas para coibir atos de discriminação e preconceito praticados por servidores públicos em detrimento da população negra, observado, no que couber, o disposto na Lei n. 7.716, de 5 de janeiro de 1989.

Art. 55. Para a apreciação judicial das lesões e das ameaças de lesão aos interesses da população negra decorrentes de situações de desigualdade étnica, recorrer-se-á, entre outros instrumentos, à ação civil pública, disciplinada na Lei n. 7.347, de 24 de julho de 1985.

• A Lei n. 7.347, de 24-7-1985, dispõe sobre a ação civil pública.

Capítulo V
DO FINANCIAMENTO DAS INICIATIVAS DE PROMOÇÃO DA IGUALDADE RACIAL

Art. 56. Na implementação dos programas e das ações constantes dos planos plurianuais e dos orçamentos anuais da União, deverão ser observadas as políticas de ação afirmativa a que se refere o inciso VII do art. 4.º desta Lei e outras políticas públicas que tenham como objetivo promover a igualdade de oportunidades e a inclusão social da população negra, especialmente no que tange a:

I – promoção da igualdade de oportunidades em educação, emprego e moradia;

II – financiamento de pesquisas, nas áreas de educação, saúde e emprego, voltadas para a melhoria da qualidade de vida da população negra;

III – incentivo à criação de programas e veículos de comunicação destinados à divulgação de matérias relacionadas aos interesses da população negra;

IV – incentivo à criação e à manutenção de microempresas administradas por pessoas autodeclaradas negras;

V – iniciativas que incrementem o acesso e a permanência das pessoas negras na educação fundamental, média, técnica e superior;

VI – apoio a programas e projetos dos governos estaduais, distrital e municipais e de entidades da sociedade civil voltados para a promoção da igualdade de oportunidades para a população negra;

VII – apoio a iniciativas em defesa da cultura, da memória e das tradições africanas e brasileiras.

§ 1.º O Poder Executivo federal é autorizado a adotar medidas que garantam, em cada exercício, a transparência na alocação e na execução dos recursos necessários ao financiamento das ações previstas neste Estatuto, explicitando, entre outros, a proporção dos recursos orçamentários destinados aos programas de promoção da igualdade, especialmente nas áreas de educação, saúde, emprego e renda, desenvolvimento agrário, habitação popular, desenvolvimento regional, cultura, esporte e lazer.

§ 2.º Durante os 5 (cinco) primeiros anos, a contar do exercício subsequente à publicação deste Estatuto, os órgãos do Poder Executivo federal que desenvolvem políticas e programas nas áreas referidas no § 1.º deste artigo discriminarão em seus orçamentos anuais a participação nos programas de ação afirmativa referidos no inciso VII do art. 4.º desta Lei.

§ 3.º O Poder Executivo é autorizado a adotar as medidas necessárias para a adequada implementação do disposto neste artigo, podendo estabelecer patamares de participação crescente dos programas de ação afirmativa nos orçamentos anuais a que se refere o § 2.º deste artigo.

§ 4.º O órgão colegiado do Poder Executivo federal responsável pela promoção da igualdade racial acompanhará e avaliará a programação das ações referidas neste artigo nas propostas orçamentárias da União.

Art. 57. Sem prejuízo da destinação de recursos ordinários, poderão ser consignados nos orçamentos fiscal e da seguridade social para financiamento das ações de que trata o art. 56:

I – transferências voluntárias dos Estados, do Distrito Federal e dos Municípios;

II – doações voluntárias de particulares;

III – doações de empresas privadas e organizações não governamentais, nacionais ou internacionais;

IV – doações voluntárias de fundos nacionais ou internacionais;

V – doações de Estados estrangeiros, por meio de convênios, tratados e acordos internacionais.

TÍTULO IV
DISPOSIÇÕES FINAIS

Art. 58. As medidas instituídas nesta Lei não excluem outras em prol da população negra que tenham sido ou venham a ser adotadas no âmbito da União, dos Estados, do Distrito Federal ou dos Municípios.

Art. 59. O Poder Executivo federal criará instrumentos para aferir a eficácia social das medidas previstas nesta Lei e efetuará seu monitoramento constante, com a emissão e a divulgação de relatórios periódicos, inclusive pela rede mundial de computadores.

....

Art. 61. Os arts. 3.º e 4.º da Lei n. 9.029, de 13 de abril de 1995, passam a vigorar com a seguinte redação:

•• Alterações já processadas no diploma modificado.

....

Art. 65. Esta Lei entra em vigor 90 (noventa) dias após a data de sua publicação.

Brasília, 20 de julho de 2010; 189.º da Independência e 122.º da República.

LUIZ INÁCIO LULA DA SILVA

LEI N. 12.291, DE 20 DE JULHO DE 2010 (*)

Torna obrigatória a manutenção de exemplar do Código de Defesa do Consumidor nos estabelecimentos comerciais e de prestação de serviços.

O Presidente da República

Faço saber que o Congresso Nacional decreta e eu sanciono a seguinte Lei:

Art. 1.º São os estabelecimentos comerciais e de prestação de serviços obrigados a manter, em local visível e de fácil acesso ao público, 1 (um) exemplar do Código de Defesa do Consumidor.

Art. 2.º O não cumprimento do disposto nesta Lei implicará as seguintes penalidades, a serem aplicadas aos infratores pela autoridade administrativa no âmbito de sua atribuição:

I – multa no montante de até R$ 1.064,10 (mil e sessenta e quatro reais e dez centavos);

II – (*Vetado.*)

III – (*Vetado.*)

Art. 3.º Esta Lei entra em vigor na data de sua publicação.

Brasília, 20 de julho de 2010; 189.º da Independência e 122.º da República.

LUIZ INÁCIO LULA DA SILVA

LEI N. 12.318, DE 26 DE AGOSTO DE 2010 (**)

Dispõe sobre a alienação parental e altera o art. 236 da Lei n. 8.069, de 13 de julho de 1990.

O Presidente da República

Faço saber que o Congresso Nacional decreta e eu sanciono a seguinte Lei:

Art. 1.º Esta Lei dispõe sobre a alienação parental.

Art. 2.º Considera-se ato de alienação parental a interferência na formação psicológica da criança ou do adolescente promovida ou induzida por um dos genitores, pelos avós ou pelos que tenham a criança ou adolescente sob a sua autoridade, guarda ou vigilância para que repudie genitor ou que cause prejuízo ao estabelecimento ou à manutenção de vínculos com este.

Parágrafo único. São formas exemplificativas de alienação parental, além dos atos assim declarados pelo juiz ou constatados por perícia, praticados diretamente ou com auxílio de terceiros:

(*) Publicada no *DOU*, de 21-7-2010.

(**) Publicada no *DOU*, de 27-8-2010.

I – realizar campanha de desqualificação da conduta do genitor no exercício da paternidade ou maternidade;

II – dificultar o exercício da autoridade parental;

III – dificultar contato de criança ou adolescente com genitor;

IV – dificultar o exercício do direito regulamentado de convivência familiar;

V – omitir deliberadamente a genitor informações pessoais relevantes sobre a criança ou adolescente, inclusive escolares, médicas e alterações de endereço;

VI – apresentar falsa denúncia contra genitor, contra familiares deste ou contra avós, para obstar ou dificultar a convivência deles com a criança ou adolescente;

VII – mudar o domicílio para local distante, sem justificativa, visando a dificultar a convivência da criança ou adolescente com o outro genitor, com familiares deste ou com avós.

Art. 3.º A prática de ato de alienação parental fere direito fundamental da criança ou do adolescente de convivência familiar saudável, prejudica a realização de afeto nas relações com genitor e com o grupo familiar, constitui abuso moral contra a criança ou o adolescente e descumprimento dos deveres inerentes à autoridade parental ou decorrentes de tutela ou guarda.

Art. 4.º Declarado indício de ato de alienação parental, a requerimento ou de ofício, em qualquer momento processual, em ação autônoma ou incidentalmente, o processo terá tramitação prioritária, e o juiz determinará, com urgência, ouvido o Ministério Público, as medidas provisórias necessárias para preservação da integridade psicológica da criança ou do adolescente, inclusive para assegurar sua convivência com genitor ou viabilizar a efetiva reaproximação entre ambos, se for o caso.

Parágrafo único. Assegurar-se-á à criança ou adolescente e ao genitor garantia mínima de visitação assistida, ressalvados os casos em que há iminente risco de prejuízo à integridade física ou psicológica da criança ou do adolescente, atestado por profissional eventualmente designado pelo juiz para acompanhamento das visitas.

Art. 5.º Havendo indício da prática de ato de alienação parental, em ação autônoma ou incidental, o juiz, se necessário, determinará perícia psicológica ou biopsicossocial.

§ 1.º O laudo pericial terá base em ampla avaliação psicológica ou biopsicossocial, conforme o caso, compreendendo, inclusive, entrevista pessoal com as partes, exame de documentos dos autos, histórico do relacionamento do casal e da separação, cronologia de incidentes, avaliação da personalidade dos envolvidos e exame da forma como a criança ou adolescente se manifesta acerca de eventual acusação contra genitor.

§ 2.º A perícia será realizada por profissional ou equipe multidisciplinar habilitados, exigido, em qualquer caso, aptidão comprovada por histórico profissional ou acadêmico para diagnosticar atos de alienação parental.

§ 3.º O perito ou equipe multidisciplinar designada para verificar a ocorrência de alienação parental terá prazo de 90 (noventa) dias para apresentação do laudo, prorrogável exclusivamente por autorização judicial baseada em justificativa circunstanciada.

Art. 6.º Caracterizados atos típicos de alienação parental ou qualquer conduta que dificulte a convivência de criança ou adolescente com genitor, em ação autônoma ou incidental, o juiz poderá, cumulativamente ou não, sem prejuízo da decorrente responsabilidade civil ou criminal e da ampla utilização de instrumentos processuais aptos a inibir ou atenuar seus efeitos, segundo a gravidade do caso:

I – declarar a ocorrência de alienação parental e advertir o alienador;

II – ampliar o regime de convivência familiar em favor do genitor alienado;

III – estipular multa ao alienador;

IV – determinar acompanhamento psicológico e/ou biopsicossocial;

V – determinar a alteração da guarda para guarda compartilhada ou sua inversão;

VI – determinar a fixação cautelar do domicílio da criança ou adolescente;

VII – declarar a suspensão da autoridade parental.

Parágrafo único. Caracterizado mudança abusiva de endereço, inviabilização ou obstrução à convivência familiar, o juiz também poderá inverter a obrigação de levar para ou retirar a criança ou adolescente da residência do genitor, por ocasião das alternâncias dos períodos de convivência familiar.

Art. 7.º A atribuição ou alteração da guarda dar-se-á por preferência ao genitor que viabiliza a efetiva convivência da criança ou adolescente com o outro genitor nas hipóteses em que seja inviável a guarda compartilhada.

Art. 8.º A alteração de domicílio da criança ou adolescente é irrelevante para a determinação da competência relacionada às ações fundadas em direito de convivência familiar, salvo se decorrente de consenso entre os genitores ou de decisão judicial.

Arts. 9.º e 10. (*Vetados.*)

Art. 11. Esta Lei entra em vigor na data de sua publicação.

Brasília, 26 de agosto de 2010; 189.º da Independência e 122.º da República.

LUIZ INÁCIO LULA DA SILVA

LEI N. 12.414, DE 9 DE JUNHO DE 2011 (*)

Disciplina a formação e consulta a bancos de dados com informações de adimplemento, de pessoas naturais ou de pessoas jurídicas, para formação de histórico de crédito.

(*) Publicada no *DOU*, de 10-6-2011. Regulamentada pelo Decreto n. 9.936, de 24-7-2019.

A Presidenta da República

Faço saber que o Congresso Nacional decreta e eu sanciono a seguinte Lei:

Art. 1.º Esta Lei disciplina a formação e consulta a bancos de dados com informações de adimplemento, de pessoas naturais ou de pessoas jurídicas, para formação de histórico de crédito, sem prejuízo do disposto na Lei n. 8.078, de 11 de setembro de 1990 - Código de Proteção e Defesa do Consumidor.

•• *Vide* arts. 43 e 44 do CDC.

Parágrafo único. Os bancos de dados instituídos ou mantidos por pessoas jurídicas de direito público interno serão regidos por legislação específica.

Art. 2.º Para os efeitos desta Lei, considera-se:

I – banco de dados: conjunto de dados relativo a pessoa natural ou jurídica armazenados com a finalidade de subsidiar a concessão de crédito, a realização de venda a prazo ou de outras transações comerciais e empresariais que impliquem risco financeiro;

II – gestor: pessoa jurídica que atenda aos requisitos mínimos de funcionamento previstos nesta Lei e em regulamentação complementar, responsável pela administração de banco de dados, bem como pela coleta, pelo armazenamento, pela análise e pelo acesso de terceiros aos dados armazenados;

•• Inciso II com redação determinada pela Lei Complementar n. 166, de 8-4-2019.

III – cadastrado: pessoa natural ou jurídica cujas informações tenham sido incluídas em banco de dados;

•• Inciso III com redação determinada pela Lei Complementar n. 166, de 8-4-2019.

IV – fonte: pessoa natural ou jurídica que conceda crédito, administre operações de autofinanciamento ou realize venda a prazo ou outras transações comerciais e empresariais que lhe impliquem risco financeiro, inclusive as instituições autorizadas a funcionar pelo Banco Central do Brasil e os prestadores de serviços continuados de água, esgoto, eletricidade, gás, telecomunicações e assemelhados;

•• Inciso IV com redação determinada pela Lei Complementar n. 166, de 8-4-2019.

V – consulente: pessoa natural ou jurídica que acesse informações em bancos de dados para qualquer finalidade permitida por esta Lei;

VI – anotação: ação ou efeito de anotar, assinalar, averbar, incluir, inscrever ou registrar informação relativa ao histórico de crédito em banco de dados; e

VII – histórico de crédito: conjunto de dados financeiros e de pagamentos, relativos às operações de crédito e obrigações de pagamento adimplidas ou em andamento por pessoa natural ou jurídica.

•• Inciso VII com redação determinada pela Lei Complementar n. 166, de 8-4-2019.

Art. 3.º Os bancos de dados poderão conter informações de adimplemento do cadastrado, para a formação do histórico de crédito, nas condições estabelecidas nesta Lei.

§ 1.º Para a formação do banco de dados, somente poderão ser armazenadas informações objetivas, claras, verdadeiras e de fácil compreensão, que sejam necessárias para avaliar a situação econômica do cadastrado.

•• *Vide* art. 43, § 1.º, do CDC.

§ 2.º Para os fins do disposto no § 1.º, consideram-se informações:

I – objetivas: aquelas descritivas dos fatos e que não envolvam juízo de valor;

II – claras: aquelas que possibilitem o imediato entendimento do cadastrado independentemente de remissão a anexos, fórmulas, siglas, símbolos, termos técnicos ou nomenclatura específica;

III – verdadeiras: aquelas exatas, completas e sujeitas à comprovação nos termos desta Lei; e

IV – de fácil compreensão: aquelas em sentido comum que assegurem ao cadastrado o pleno conhecimento do conteúdo, do sentido e do alcance dos dados sobre ele anotados.

§ 3.º Ficam proibidas as anotações de:

• *Vide* arts. 3.º, IV, e 5.º, X, da CF.

• *Vide* Súmula 385 do STJ.

I – informações excessivas, assim consideradas aquelas que não estiverem vinculadas à análise de risco de crédito ao consumidor; e

II – informações sensíveis, assim consideradas aquelas pertinentes à origem social e étnica, à saúde, à informação genética, à orientação sexual e às convicções políticas, religiosas e filosóficas.

Art. 4.º O gestor está autorizado, nas condições estabelecidas nesta Lei, a:

•• *Caput* com redação determinada pela Lei Complementar n. 166, de 8-4-2019.

I – abrir cadastro em banco de dados com informações de adimplemento de pessoas naturais e jurídicas;

•• Inciso I acrescentado pela Lei Complementar n. 166, de 8-4-2019.

II – fazer anotações no cadastro de que trata o inciso I do *caput* deste artigo;

•• Inciso II acrescentado pela Lei Complementar n. 166, de 8-4-2019.

III – compartilhar as informações cadastrais e de adimplemento armazenadas com outros bancos de dados; e

•• Inciso III acrescentado pela Lei Complementar n. 166, de 8-4-2019.

IV – disponibilizar a consulentes:

•• Inciso IV, *caput*, acrescentado pela Lei Complementar n. 166, de 8-4-2019.

a) a nota ou pontuação de crédito elaborada com base nas informações de adimplemento armazenadas; e

•• Alínea *a* acrescentada pela Lei Complementar n. 166, de 8-4-2019.

b) o histórico de crédito, mediante prévia autorização específica do cadastrado.

•• Alínea *b* acrescentada pela Lei Complementar n. 166, de 8-4-2019.

§§ 1.º e 2.º (*Revogados pela Lei Complementar n. 166, de 8-4-2019.*)

§ 3.º (*Vetado.*)

§ 4.º A comunicação ao cadastrado deve:

•• § 4.º, *caput*, acrescentado pela Lei Complementar n. 166, de 8-4-2019.

I – ocorrer em até 30 (trinta) dias após a abertura do cadastro no banco de dados, sem custo para o cadastrado;

•• Inciso I acrescentado pela Lei Complementar n. 166, de 8-4-2019.

II – ser realizada pelo gestor, diretamente ou por intermédio de fontes; e

•• Inciso II acrescentado pela Lei Complementar n. 166, de 8-4-2019.

III – informar de maneira clara e objetiva os canais disponíveis para o cancelamento do cadastro no banco de dados.

•• Inciso III acrescentado pela Lei Complementar n. 166, de 8-4-2019.

§ 5.º Fica dispensada a comunicação de que trata o § 4.º deste artigo caso o cadastrado já tenha cadastro aberto em outro banco de dados.

•• § 5.º acrescentado pela Lei Complementar n. 166, de 8-4-2019.

§ 6.º Para o envio da comunicação de que trata o § 4.º deste artigo, devem ser utilizados os dados pessoais, como endereço residencial, comercial, eletrônico, fornecidos pelo cadastrado à fonte.

•• § 6.º acrescentado pela Lei Complementar n. 166, de 8-4-2019.

§ 7.º As informações do cadastrado somente poderão ser disponibilizadas a consulentes 60 (sessenta) dias após a abertura do cadastro, observado o disposto no § 8.º deste artigo e no art. 15 desta Lei.

•• § 7.º acrescentado pela Lei Complementar n. 166, de 8-4-2019.

§ 8.º É obrigação do gestor manter procedimentos adequados para comprovar a autenticidade e a validade da autorização de que trata a alínea *b* do inciso IV do *caput* deste artigo.

•• § 8.º acrescentado pela Lei Complementar n. 166, de 8-4-2019.

Art. 5.º São direitos do cadastrado:

I – obter o cancelamento ou a reabertura do cadastro, quando solicitado;

•• Inciso I com redação determinada pela Lei Complementar n. 166, de 8-4-2019.

II – acessar gratuitamente, independentemente de justificativa, as informações sobre ele existentes no banco de dados, inclusive seu histórico e sua nota ou pontuação de crédito, cabendo ao gestor manter sistemas seguros, por telefone ou por meio eletrônico, de consulta às informações pelo cadastrado;

•• Inciso II com redação determinada pela Lei Complementar n. 166, de 8-4-2019.

•• *Vide* art. 43, *caput*, do CDC.

III – solicitar a impugnação de qualquer informação sobre ele erroneamente anotada em banco de dados e ter, em até 10 (dez) dias, sua correção ou seu cancelamento em todos os bancos de dados que compartilharam a informação;

•• Inciso III com redação determinada pela Lei Complementar n. 166, de 8-4-2019.

•• *Vide* art. 43, § 3.º, do CDC.

IV – conhecer os principais elementos e critérios considerados para a análise de risco, resguardado o segredo empresarial;

•• *Vide* Súmula 550 do STJ.

V – ser informado previamente sobre a identidade do gestor e sobre o armazenamento e o objetivo do tratamento dos dados pessoais;

•• Inciso V com redação determinada pela Lei Complementar n. 166, de 8-4-2019.

VI – solicitar ao consulente a revisão de decisão realizada exclusivamente por meios automatizados; e

VII – ter os seus dados pessoais utilizados somente de acordo com a finalidade para a qual eles foram coletados.

§§ 1.º e 2.º (*Vetados.*)

§ 3.º O prazo para disponibilização das informações de que tratam os incisos II e IV do *caput* deste artigo será de 10 (dez) dias.

•• § 3.º acrescentado pela Lei Complementar n. 166, de 8-4-2019.

§ 4.º O cancelamento e a reabertura de cadastro somente serão processados mediante solicitação gratuita do cadastrado ao gestor.

•• § 4.º acrescentado pela Lei Complementar n. 166, de 8-4-2019.

§ 5.º O cadastrado poderá realizar a solicitação de que trata o § 4.º deste artigo a qualquer gestor de banco de dados, por meio telefônico, físico e eletrônico.

•• § 5.º acrescentado pela Lei Complementar n. 166, de 8-4-2019.

§ 6.º O gestor que receber a solicitação de que trata o § 4.º deste artigo é obrigado a, no prazo de até 2 (dois) dias úteis:

•• § 6.º, *caput*, acrescentado pela Lei Complementar n. 166, de 8-4-2019.

I – encerrar ou reabrir o cadastro, conforme solicitado; e

•• Inciso I acrescentado pela Lei Complementar n. 166, de 8-4-2019.

II – transmitir a solicitação aos demais gestores, que devem também atender, no mesmo prazo, à solicitação do cadastrado.

•• Inciso II acrescentado pela Lei Complementar n. 166, de 8-4-2019.

§ 7.º O gestor deve proceder automaticamente ao cancelamento de pessoa natural ou jurídica que tenha manifestado previamente, por meio telefônico, físico ou eletrônico, a vontade de não ter aberto seu cadastro.

•• § 7.º acrescentado pela Lei Complementar n. 166, de 8-4-2019.

§ 8.º O cancelamento de cadastro implica a impossibilidade de uso das informações do histórico de crédito pelos gestores, para os fins previstos nesta Lei, inclusive para a composição de nota ou pontuação de crédito de terceiros cadastrados, na forma do art. 7.º-A desta Lei.

•• § 8.º acrescentado pela Lei Complementar n. 166, de 8-4-2019.

Art. 6.º Ficam os gestores de bancos de dados obrigados, quando solicitados, a fornecer ao cadastrado:

I – todas as informações sobre ele constantes de seus arquivos, no momento da solicitação;

II – indicação das fontes relativas às informações de que trata o inciso I, incluindo endereço e telefone para contato;

III – indicação dos gestores de bancos de dados com os quais as informações foram compartilhadas;

IV – indicação de todos os consulentes que tiveram acesso a qualquer informação sobre ele nos 6 (seis) meses anteriores à solicitação;

•• Inciso IV com redação determinada pela Lei Complementar n. 166, de 8-4-2019.

V – cópia de texto com o sumário dos seus direitos, definidos em lei ou em normas infralegais pertinentes à sua relação com gestores, bem como a lista dos órgãos governamentais aos quais poderá ele recorrer, caso considere que esses direitos foram infringidos; e

•• Inciso V com redação determinada pela Lei Complementar n. 166, de 8-4-2019.

VI – confirmação de cancelamento do cadastro.

•• Inciso VI acrescentado pela Lei Complementar n. 166, de 8-4-2019.

§ 1.º É vedado aos gestores de bancos de dados estabelecerem políticas ou realizarem operações que impeçam, limitem ou dificultem o acesso do cadastrado previsto no inciso II do art. 5.º.

§ 2.º O prazo para atendimento das informações de que tratam os incisos II, III, IV e V do *caput* deste artigo será de 10 (dez) dias.

•• § 2.º com redação determinada pela Lei Complementar n. 166, de 8-4-2019.

Art. 7.º As informações disponibilizadas nos bancos de dados somente poderão ser utilizadas para:

I – realização de análise de risco de crédito do cadastrado; ou

II – subsidiar a concessão ou extensão de crédito e a realização de venda a prazo ou outras transações comerciais e empresariais que impliquem risco financeiro ao consulente.

Parágrafo único. Cabe ao gestor manter sistemas seguros, por telefone ou por meio eletrônico, de consulta para informar aos consulentes as informações de adimplemento do cadastrado.

Art. 7.º-A. Nos elementos e critérios considerados para composição da nota ou pontuação de crédito de pessoa cadastrada em banco de dados de que trata esta Lei, não podem ser utilizadas informações:

•• *Caput* acrescentado pela Lei Complementar n. 166, de 8-4-2019.

I – que não estiverem vinculadas à análise de risco de crédito e aquelas relacionadas à origem social e étnica, à saúde, à informação genética, ao sexo e às convicções políticas, religiosas e filosóficas;

•• Inciso I acrescentado pela Lei Complementar n. 166, de 8-4-2019.

II – de pessoas que não tenham com o cadastrado relação de parentesco de primeiro grau ou de dependência econômica; e

•• Inciso II acrescentado pela Lei Complementar n. 166, de 8-4-2019.

III – relacionadas ao exercício regular de direito pelo cadastrado, previsto no inciso II do *caput* do art. 5.º desta Lei.

•• Inciso III acrescentado pela Lei Complementar n. 166, de 8-4-2019.

§ 1.º O gestor de banco de dados deve disponibilizar em seu sítio eletrônico, de forma clara, acessível e de fácil compreensão, a sua política de coleta e utilização de dados pessoais para fins de elaboração de análise de risco de crédito.

•• § 1.º acrescentado pela Lei Complementar n. 166, de 8-4-2019.

§ 2.º A transparência da política de coleta e utilização de dados pessoais de que trata o § 1.º deste artigo deve ser objeto de verificação, na forma de regulamentação a ser expedida pelo Poder Executivo.

•• § 2.º acrescentado pela Lei Complementar n. 166, de 8-4-2019.

Art. 8.º São obrigações das fontes:

I e II – (*Revogados pela Lei Complementar n. 166, de 8-4-2019.*)

III – verificar e confirmar, ou corrigir, em prazo não superior a 2 (dois) dias úteis, informação impugnada, sempre que solicitado por gestor de banco de dados ou diretamente pelo cadastrado;

IV – atualizar e corrigir informações enviadas aos gestores, em prazo não superior a 10 (dez) dias;

•• Inciso IV com redação determinada pela Lei Complementar n. 166, de 8-4-2019.

V – manter os registros adequados para verificar informações enviadas aos gestores de bancos de dados; e

VI – fornecer informações sobre o cadastrado, em bases não discriminatórias, a todos os gestores de bancos de dados que as solicitarem, no mesmo formato e contendo as mesmas informações fornecidas a outros bancos de dados.

Parágrafo único. É vedado às fontes estabelecer políticas ou realizar operações que impeçam, limitem ou dificultem a transmissão a banco de dados de informações de cadastrados.

•• Parágrafo único com redação determinada pela Lei Complementar n. 166, de 8-4-2019.

Art. 9.º O compartilhamento de informações de adimplemento entre gestores é permitido na forma do inciso III do *caput* do art. 4.º desta Lei.

•• *Caput* com redação determinada pela Lei Complementar n. 166, de 8-4-2019.

§ 1.º O gestor que receber informação por meio de compartilhamento equipara-se, para todos os efeitos desta Lei, ao gestor que anotou originariamente a informação, inclusive quanto à responsabilidade por eventuais prejuízos a que der causa e ao dever de receber e processar impugnações ou cancelamentos e realizar retificações.

•• § 1.º com redação determinada pela Lei Complementar n. 166, de 8-4-2019.

§ 2.º O gestor originário é responsável por manter atualizadas as informações cadastrais nos demais bancos de dados com os quais compartilhou informações, sem nenhum ônus para o cadastrado.

•• § 2.º com redação determinada pela Lei Complementar n. 166, de 8-4-2019.

§ 3.º (*Revogado pela Lei Complementar n. 166, de 8-4-2019.*)

§ 4.º O gestor deverá assegurar, sob pena de responsabilidade, a identificação da pessoa que promover qualquer inscrição ou atualização de dados relacionados com o cadastrado, registrando a data desta ocorrência, bem como a identificação exata da fonte, do nome do agente que a efetuou e do equipamento ou terminal a partir do qual foi processada tal ocorrência.

Art. 10. É proibido ao gestor exigir exclusividade das fontes de informações.

Art. 11. (*Revogado pela Lei Complementar n. 166, de 8-4-2019.*)

Art. 12. As instituições autorizadas a funcionar pelo Banco Central do Brasil fornecerão as informações relativas a suas operações de crédito, de arrendamento mercantil e de autofinanciamento realizadas por meio de grupos de consórcio e a outras operações com características de concessão de crédito somente aos gestores registrados no Banco Central do Brasil.

•• *Caput* com redação determinada pela Lei Complementar n. 166, de 8-4-2019.

§§ 1.º e 2.º (*Revogados pela Lei Complementar n. 166, de 8-4-2019.*)

§ 3.º O Conselho Monetário Nacional adotará as medidas e normas complementares necessárias para a aplicação do disposto neste artigo.

§ 4.º O compartilhamento de que trata o inciso III do *caput* do art. 4.º desta Lei, quando referente a informações provenientes de instituições autorizadas a funcionar pelo Banco Central do Brasil, deverá ocorrer apenas entre gestores registrados na forma deste artigo.

•• § 4.º acrescentado pela Lei Complementar n. 166, de 8-4-2019.

§ 5.º As infrações à regulamentação de que trata o § 3.º deste artigo sujeitam o gestor ao cancelamento do seu registro no Banco Central do Brasil, assegurado o devido processo legal, na forma da Lei nº 9.784, de 29 de janeiro de 1999.

•• § 5.º acrescentado pela Lei Complementar n. 166, de 8-4-2019.

§ 6.º O órgão administrativo competente poderá requerer aos gestores, na forma e no prazo que estabelecer, as informações necessárias para o desempenho das atribuições de que trata este artigo.

•• § 6.º acrescentado pela Lei Complementar n. 166, de 8-4-2019.

§ 7.º Os gestores não se sujeitam à legislação aplicável às instituições financeiras e às demais instituições autorizadas a funcionar pelo Banco Central do Brasil, inclusive quanto às disposições sobre processo administrativo sancionador, regime de administração especial temporária, intervenção e liquidação extrajudicial.

•• § 7.º acrescentado pela Lei Complementar n. 166, de 8-4-2019.

§ 8.º O disposto neste artigo não afasta a aplicação pelos órgãos integrantes do Sistema Nacional de Defesa do Consumidor (SNDC), na forma do art. 17 desta Lei, das penalidades cabíveis por violação das normas de proteção do consumidor.

•• § 8.º acrescentado pela Lei Complementar n. 166, de 8-4-2019.

Art. 13. O Poder Executivo regulamentará o disposto nesta Lei, em especial quanto:

•• *Caput* com redação determinada pela Lei Complementar n. 166, de 8-4-2019.

I – ao uso, à guarda, ao escopo e ao compartilhamento das informações recebidas por bancos de dados;

•• Inciso I acrescentado pela Lei Complementar n. 166, de 8-4-2019.

II – aos procedimentos aplicáveis aos gestores de banco de dados na hipótese de vazamento de informações dos cadastrados, inclusive com relação à comunicação aos órgãos responsáveis pela sua fiscalização, nos termos do § 1.º do art. 17 desta Lei; e

•• Inciso II acrescentado pela Lei Complementar n. 166, de 8-4-2019.

III – ao disposto nos arts. 5.º e 7.º-A desta Lei.

•• Inciso III acrescentado pela Lei Complementar n. 166, de 8-4-2019.

Art. 14. As informações de adimplemento não poderão constar de bancos de dados por período superior a 15 (quinze) anos.

Art. 15. As informações sobre o cadastrado constantes dos bancos de dados somente poderão ser acessadas por consulentes que com ele mantiverem ou pretenderem manter relação comercial ou creditícia.

Art. 16. O banco de dados, a fonte e o consulente são responsáveis, objetiva e solidariamente, pelos danos materiais e morais que causarem ao cadastrado, nos termos da Lei n. 8.078, de 11 de setembro de 1990 (Código de Proteção e Defesa do Consumidor).

•• Artigo com redação determinada pela Lei Complementar n. 166, de 8-4-2019.

Art. 17. Nas situações em que o cadastrado for consumidor, caracterizado conforme a Lei n. 8.078, de 11 de setembro de 1990 - Código de Proteção e Defesa do Consumidor, aplicam-se as sanções e penas nela previstas e o disposto no § 2.º.

• *Vide* art. 2.º do CDC.

§ 1.º Nos casos previstos no *caput*, a fiscalização e a aplicação das sanções serão exercidas concorrentemente pelos órgãos de proteção e defesa do consumidor da União, dos Estados, do Distrito Federal e dos Municípios, nas respectivas áreas de atuação administrativa.

§ 2.º Sem prejuízo do disposto no *caput* e no § 1.º deste artigo, os órgãos de proteção e defesa do consumidor poderão aplicar medidas corretivas e estabelecer aos bancos de dados que descumprirem o previsto nesta Lei a obrigação de excluir do cadastro informações incorretas, no prazo de 10 (dez) dias, bem como de cancelar os cadastros de pessoas que solicitaram o cancelamento, conforme disposto no inciso I do *caput* do art. 5.º desta Lei.

•• § 2.º com redação determinada pela Lei Complementar n. 166, de 8-4-2019.

• *Vide* Súmula 385 do STJ.

Art. 17-A. A quebra do sigilo previsto na Lei Complementar n. 105, de 10 de janeiro de 2001, sujeita os responsáveis às penalidades previstas no art. 10 da referida Lei, sem prejuízo do disposto na Lei n. 8.078, de 11 de setembro de 1990 (Código de Proteção e Defesa do Consumidor).

•• Artigo acrescentado pela Lei Complementar n. 166, de 8-4-2019.

Art. 18. Esta Lei entra em vigor na data de sua publicação.

Brasília, 9 de junho de 2011; 190.º da Independência e 123.º da República.

DILMA ROUSSEFF

LEI N. 12.587, DE 3 DE JANEIRO DE 2012 (*)

Institui as diretrizes da Política Nacional de Mobilidade Urbana; revoga dispositivos dos Decretos-leis n. 3.326, de 3 de junho de 1941, e 5.405, de 13 de abril de 1943, da Consolidação das Leis do Trabalho (CLT), aprovada pelo Decreto-lei n. 5.452, de 1.º de maio de 1943, e das Leis n. 5.917, de 10 de setembro de 1973, e 6.261, de 14 de novembro de 1975; e dá outras providências.

A Presidenta da República

Faço saber que o Congresso Nacional decreta e eu sanciono a seguinte Lei:

Capítulo I
DISPOSIÇÕES GERAIS

Art. 1.º A Política Nacional de Mobilidade Urbana é instrumento da política de desenvolvimento urbano de que tratam o inciso XX do art. 21 e o art. 182 da Constituição Federal, objetivando a integração entre os diferentes modos de transporte e a melhoria da acessibilidade e mobilidade das pessoas e cargas no território do Município.

Parágrafo único. A Política Nacional a que se refere o *caput* deve atender ao previsto no inciso VII do art. 2.º e no § 2.º do art. 40 da Lei n. 10.257, de 10 de julho de 2001 (Estatuto da Cidade).

Art. 2.º A Política Nacional de Mobilidade Urbana tem por objetivo contribuir para o acesso universal à cidade, o fomento e a concretização das condições que contribuam para a efetivação dos princípios, objetivos e diretrizes da política de desenvolvimento urbano, por meio do planejamento e da gestão democrática do Sistema Nacional de Mobilidade Urbana.

Art. 3.º O Sistema Nacional de Mobilidade Urbana é o conjunto organizado e coordenado dos modos de transporte, de serviços e de infraestruturas que garante os deslocamentos de pessoas e cargas no território do Município.

• A Lei n. 9.503, de 23-9-1997, institui o Código de Trânsito Brasileiro.

§ 1.º São modos de transporte urbano:

I – motorizados; e

II – não motorizados.

§ 2.º Os serviços de transporte urbano são classificados:

I – quanto ao objeto:

a) de passageiros;

b) de cargas;

II – quanto à característica do serviço:

a) coletivo;

b) individual;

III – quanto à natureza do serviço:

a) público;

b) privado.

§ 3.º São infraestruturas de mobilidade urbana:

I – vias e demais logradouros públicos, inclusive metroferrovias, hidrovias e ciclovias;

II – estacionamentos;

III – terminais, estações e demais conexões;

IV – pontos para embarque e desembarque de passageiros e cargas;

V – sinalização viária e de trânsito;

VI – equipamentos e instalações; e

VII – instrumentos de controle, fiscalização, arrecadação de taxas e tarifas e difusão de informações.

Seção I
Das Definições

Art. 4.º Para os fins desta Lei, considera-se:

I – transporte urbano: conjunto dos modos e serviços de transporte público e privado utilizados para o deslocamento de pessoas e cargas nas cidades integrantes da Política Nacional de Mobilidade Urbana;

II – mobilidade urbana: condição em que se realizam os deslocamentos de pessoas e cargas no espaço urbano;

III – acessibilidade: facilidade disponibilizada às pessoas que possibilite a todos autonomia nos deslocamentos desejados, respeitando-se a legislação em vigor;

IV – modos de transporte motorizado: modalidades que se utilizam de veículos automotores;

V – modos de transporte não motorizado: modalidades que se utilizam do esforço humano ou tração animal;

VI – transporte público coletivo: serviço público de transporte de passageiros acessível a toda a população mediante pagamento individualizado, com itinerários e preços fixados pelo poder público;

(*) Publicada no *DOU*, de 4-1-2012. Em vigor 100 (cem) dias após a publicação.

VII – transporte privado coletivo: serviço de transporte de passageiros não aberto ao público para a realização de viagens com características operacionais exclusivas para cada linha e demanda;

VIII – transporte público individual: serviço remunerado de transporte de passageiros aberto ao público, por intermédio de veículos de aluguel, para a realização de viagens individualizadas;

IX – transporte urbano de cargas: serviço de transporte de bens, animais ou mercadorias;

X – transporte remunerado privado individual de passageiros: serviço remunerado de transporte de passageiros, não aberto ao público, para a realização de viagens individualizadas ou compartilhadas solicitadas exclusivamente por usuários previamente cadastrados em aplicativos ou outras plataformas de comunicação em rede.

•• Inciso X com redação determinada pela Lei n. 13.640, de 26-3-2018.

XI – transporte público coletivo intermunicipal de caráter urbano: serviço de transporte público coletivo entre Municípios que tenham contiguidade nos seus perímetros urbanos;

XII – transporte público coletivo interestadual de caráter urbano: serviço de transporte público coletivo entre Municípios de diferentes Estados que mantenham contiguidade nos seus perímetros urbanos; e

XIII – transporte público coletivo internacional de caráter urbano: serviço de transporte coletivo entre Municípios localizados em regiões de fronteira cujas cidades são definidas como cidades gêmeas.

Seção II
Dos Princípios, Diretrizes e Objetivos da Política Nacional de Mobilidade Urbana

Art. 5.º A Política Nacional de Mobilidade Urbana está fundamentada nos seguintes princípios:

I – acessibilidade universal;

II – desenvolvimento sustentável das cidades, nas dimensões socioeconômicas e ambientais;

III – equidade no acesso dos cidadãos ao transporte público coletivo;

IV – eficiência, eficácia e efetividade na prestação dos serviços de transporte urbano;

V – gestão democrática e controle social do planejamento e avaliação da Política Nacional de Mobilidade Urbana;

VI – segurança nos deslocamentos das pessoas;

VII – justa distribuição dos benefícios e ônus decorrentes do uso dos diferentes modos e serviços;

VIII – equidade no uso do espaço público de circulação, vias e logradouros; e

IX – eficiência, eficácia e efetividade na circulação urbana.

Art. 6.º A Política Nacional de Mobilidade Urbana é orientada pelas seguintes diretrizes:

I – integração com a política de desenvolvimento urbano e respectivas políticas setoriais de habitação, saneamento básico, planejamento e gestão do uso do solo no âmbito dos entes federativos;

II – prioridade dos modos de transportes não motorizados sobre os motorizados e dos serviços de transporte público coletivo sobre o transporte individual motorizado;

III – integração entre os modos e serviços de transporte urbano;

IV – mitigação dos custos ambientais, sociais e econômicos dos deslocamentos de pessoas e cargas na cidade;

V – incentivo ao desenvolvimento científico-tecnológico e ao uso de energias renováveis e menos poluentes;

VI – priorização de projetos de transporte público coletivo estruturadores do território e indutores do desenvolvimento urbano integrado; e

VII – integração entre as cidades gêmeas localizadas na faixa de fronteira com outros países sobre a linha divisória internacional;

VIII – garantia de sustentabilidade econômica das redes de transporte público coletivo de passageiros, de modo a preservar a continuidade, a universalidade e a modicidade tarifária do serviço.

•• Inciso VIII acrescentado pela Lei n. 13.683, de 19-6-2018.

Art. 7.º A Política Nacional de Mobilidade Urbana possui os seguintes objetivos:

I – reduzir as desigualdades e promover a inclusão social;

II – promover o acesso aos serviços básicos e equipamentos sociais;

III – proporcionar melhoria nas condições urbanas da população no que se refere à acessibilidade e à mobilidade;

IV – promover o desenvolvimento sustentável com a mitigação dos custos ambientais e socioeconômicos dos deslocamentos de pessoas e cargas nas cidades; e

V – consolidar a gestão democrática como instrumento e garantia da construção contínua do aprimoramento da mobilidade urbana.

Capítulo II
DAS DIRETRIZES PARA A REGULAÇÃO DOS SERVIÇOS DE TRANSPORTE PÚBLICO COLETIVO

Art. 8.º A política tarifária do serviço de transporte público coletivo é orientada pelas seguintes diretrizes:

I – promoção da equidade no acesso aos serviços;

II – melhoria da eficiência e da eficácia na prestação dos serviços;

III – ser instrumento da política de ocupação equilibrada da cidade de acordo com o plano diretor municipal, regional e metropolitano;

IV – contribuição dos beneficiários diretos e indiretos para custeio da operação dos serviços;

V – simplicidade na compreensão, transparência da estrutura tarifária para o usuário e publicidade do processo de revisão;

VI – modicidade da tarifa para o usuário;

VII – integração física, tarifária e operacional dos diferentes modos e das redes de transporte público e privado nas cidades;

VIII – articulação interinstitucional dos órgãos gestores dos entes federativos por meio de consórcios públicos;

•• Inciso VIII com redação determinada pela Lei n. 13.683, de 19-6-2018.

IX – estabelecimento e publicidade de parâmetros de qualidade e quantidade na prestação dos serviços de transporte público coletivo; e

•• Inciso IX com redação determinada pela Lei n. 13.683, de 19-6-2018.

X – incentivo à utilização de créditos eletrônicos tarifários.

•• Inciso X acrescentado pela Lei n. 13.683, de 19-6-2018.

§ 1.º (*Vetado.*)

§ 2.º Os Municípios deverão divulgar, de forma sistemática e periódica, os impactos dos benefícios tarifários concedidos no valor das tarifas dos serviços de transporte público coletivo.

§ 3.º (*Vetado.*)

Art. 9.º O regime econômico e financeiro da concessão e o da permissão do serviço de transporte público coletivo serão estabelecidos no respectivo edital de licitação, sendo a tarifa de remuneração da prestação de serviço de transporte público coletivo resultante do processo licitatório da outorga do poder público.

§ 1.º A tarifa de remuneração da prestação do serviço de transporte público coletivo deverá ser constituída pelo preço público cobrado do usuário pelos serviços somado à receita oriunda de outras fontes de custeio, de forma a cobrir os reais custos do serviço prestado ao usuário por operador público ou privado, além da remuneração do prestador.

§ 2.º O preço público cobrado do usuário pelo uso do transporte público coletivo denomina-se tarifa pública, sendo instituída por ato específico do poder público outorgante.

§ 3.º A existência de diferença a menor entre o valor monetário da tarifa de remuneração da prestação do serviço de transporte público de passageiros e a tarifa pública cobrada do usuário denomina-se déficit ou subsídio tarifário.

§ 4.º A existência de diferença a maior entre o valor monetário da tarifa de remuneração da prestação do serviço de transporte público de passageiros e a tarifa pública cobrada do usuário denomina-se superávit tarifário.

§ 5.º Caso o poder público opte pela adoção de subsídio tarifário, o déficit originado deverá ser coberto por receitas extratarifárias, receitas alternativas, subsídios orçamentários, subsídios cruzados intrassetoriais e intersetoriais provenientes de outras categorias de beneficiários dos serviços de transporte, dentre outras fontes, instituídos pelo poder público delegante.

§ 6.º Na ocorrência de superávit tarifário proveniente de receita adicional originada em determinados serviços delegados, a receita deverá ser revertida para o próprio Sistema de Mobilidade Urbana.

§ 7.º Competem ao poder público delegante a fixação, o reajuste e a revisão da tarifa de remuneração da prestação do serviço e da tarifa pública a ser cobrada do usuário.

§ 8.º Compete ao poder público delegante a fixação dos níveis tarifários.

§ 9.º Os reajustes das tarifas de remuneração da prestação do serviço observarão a periodicidade mínima estabelecida pelo poder público delegante no edital e no contrato administrativo e incluirão a transferência de parcela dos ganhos de eficiência e produtividade das empresas aos usuários.

§ 10. As revisões ordinárias das tarifas de remuneração terão periodicidade mínima estabelecida pelo poder público delegante no edital e no contrato administrativo e deverão:

I – incorporar parcela das receitas alternativas em favor da modicidade da tarifa ao usuário;

II – incorporar índice de transferência de parcela dos ganhos de eficiência e produtividade das empresas aos usuários; e

III – aferir o equilíbrio econômico e financeiro da concessão e o da permissão, conforme parâmetro ou indicador definido em contrato.

§ 11. O operador do serviço, por sua conta e risco e sob anuência do poder público, poderá realizar descontos nas tarifas ao usuário, inclusive de caráter sazonal, sem que isso possa gerar qualquer direito à solicitação de revisão da tarifa de remuneração.

§ 12. O poder público poderá, em caráter excepcional e desde que observado o interesse público, proceder à revisão extraordinária das tarifas, por ato de ofício ou mediante provocação da empresa, caso em que esta deverá demonstrar sua cabal necessidade, instruindo o requerimento com todos os elementos indispensáveis e suficientes para subsidiar a decisão, dando publicidade ao ato.

Art. 10. A contratação dos serviços de transporte público coletivo será precedida de licitação e deverá observar as seguintes diretrizes:

I – fixação de metas de qualidade e desempenho a serem atingidas e seus instrumentos de controle e avaliação;

II – definição dos incentivos e das penalidades aplicáveis vinculadas à consecução ou não das metas;

III – alocação dos riscos econômicos e financeiros entre os contratados e o poder concedente;

IV – estabelecimento das condições e meios para a prestação de informações operacionais, contábeis e financeiras ao poder concedente; e

V – identificação de eventuais fontes de receitas alternativas, complementares, acessórias ou de projetos associados, bem como da parcela destinada à modicidade tarifária.

Parágrafo único. Qualquer subsídio tarifário ao custeio da operação do transporte público coletivo deverá ser definido em contrato, com base em critérios transparentes e objetivos de produtividade e eficiência, especificando, minimamente, o objetivo, a fonte, a periodicidade e o beneficiário, conforme o estabelecido nos arts. 8.º e 9.º desta Lei.

Art. 11. Os serviços de transporte privado coletivo, prestados entre pessoas físicas ou jurídicas, deverão ser autorizados, disciplinados e fiscalizados pelo poder público competente, com base nos princípios e diretrizes desta Lei.

Art. 11-A. Compete exclusivamente aos Municípios e ao Distrito Federal regulamentar e fiscalizar o serviço de transporte remunerado privado individual de passageiros previsto no inciso X do art. 4.º desta Lei no âmbito dos seus territórios.

•• *Caput* acrescentado pela Lei n. 13.640, de 26-3-2018.

Parágrafo único. Na regulamentação e fiscalização do serviço de transporte privado individual de passageiros, os Municípios e o Distrito Federal deverão observar as seguintes diretrizes, tendo em vista a eficiência, a eficácia, a segurança e a efetividade na prestação do serviço:

•• Parágrafo único, *caput*, acrescentado pela Lei n. 13.640, de 26-3-2018.

I – efetiva cobrança dos tributos municipais devidos pela prestação do serviço;

•• Inciso I acrescentado pela Lei n. 13.640, de 26-3-2018.

II – exigência de contratação de seguro de Acidentes Pessoais a Passageiros (APP) e do Seguro Obrigatório de Danos Pessoais causados por Veículos Automotores de Vias Terrestres (DPVAT);

•• Inciso II acrescentado pela Lei n. 13.640, de 26-3-2018.

III – exigência de inscrição do motorista como contribuinte individual do Instituto Nacional do Seguro Social (INSS), nos termos da alínea *h* do inciso V do art. 11 da Lei n. 8.213, de 24 de julho de 1991.

•• Inciso III acrescentado pela Lei n. 13.640, de 26-3-2018.

•• Inciso III regulamentado pelo Decreto n. 9.792, de 14-5-2019.

Art. 11-B. O serviço de transporte remunerado privado individual de passageiros previsto no inciso X do art. 4.º desta Lei, nos Municípios que optarem pela sua regulamentação, somente será autorizado ao motorista que cumprir as seguintes condições:

•• *Caput* acrescentado pela Lei n. 13.640, de 26-3-2018.

I – possuir Carteira Nacional de Habilitação na categoria B ou superior que contenha a informação de que exerce atividade remunerada;

•• Inciso I acrescentado pela Lei n. 13.640, de 26-3-2018.

II – conduzir veículo que atenda aos requisitos de idade máxima e às características exigidas pela autoridade de trânsito e pelo poder público municipal e do Distrito Federal;

•• Inciso II acrescentado pela Lei n. 13.640, de 26-3-2018.

III – emitir e manter o Certificado de Registro e Licenciamento de Veículo (CRLV);

•• Inciso III acrescentado pela Lei n. 13.640, de 26-3-2018.

IV – apresentar certidão negativa de antecedentes criminais.

•• Inciso IV acrescentado pela Lei n. 13.640, de 26-3-2018.

Parágrafo único. A exploração dos serviços remunerados de transporte privado individual de passageiros sem o cumprimento dos requisitos previstos nesta Lei e na regulamentação do poder público municipal e do Distrito Federal caracterizará transporte ilegal de passageiros.

•• Parágrafo único acrescentado pela Lei n. 13.640, de 26-3-2018.

Art. 12. Os serviços de utilidade pública de transporte individual de passageiros deverão ser organizados, disciplinados e fiscalizados pelo poder público municipal, com base nos requisitos mínimos de segurança, de conforto, de higiene, de qualidade dos serviços e de fixação prévia dos valores máximos das tarifas a serem cobradas.

•• Artigo com redação determinada pela Lei n. 12.865, de 9-10-2013.

Art. 12-A. O direito à exploração de serviços de táxi poderá ser outorgado a qualquer interessado que satisfaça os requisitos exigidos pelo poder público local.

•• *Caput* acrescentado pela Lei n. 12.865, de 9-10-2013.

§ 1.º É permitida a transferência da outorga a terceiros que atendam aos requisitos exigidos em legislação municipal.

•• § 1.º acrescentado pela Lei n. 12.865, de 9-10-2013.

•• O STF julgou procedente a ADI n. 5.337, nas sessões virtuais de 19-2-2021 a 26-2-2021 (*DOU* de 11-3-2021), para declarar a inconstitucionalidade deste §1.º.

§ 2.º Em caso de falecimento do outorgado, o direito à exploração do serviço será transferido a seus sucessores legítimos, nos termos dos arts. 1.829 e seguintes do Título II do Livro V da Parte Especial da Lei n. 10.406, de 10 de janeiro de 2002 (Código Civil).

•• § 2.º acrescentado pela Lei n. 12.865, de 9-10-2013.

•• O STF julgou procedente a ADI n. 5.337, nas sessões virtuais de 19-2-2021 a 26-2-2021 (*DOU* de 11-3-2021), para declarar a inconstitucionalidade deste §2.º.

§ 3.º As transferências de que tratam os §§ 1.º e 2.º dar-se-ão pelo prazo da outorga e são condicionadas à prévia anuência do poder público municipal e ao atendimento dos requisitos fixados para a outorga.

•• § 3.º acrescentado pela Lei n. 12.865, de 9-10-2013.

•• O STF julgou procedente a ADI n. 5.337, nas sessões virtuais de 19-2-2021 a 26-2-2021 (*DOU* de 11-3-2021), para declarar a inconstitucionalidade deste § 3.º.

Art. 12-B. Na outorga de exploração de serviço de táxi, reservar-se-ão 10% (dez por cento) das vagas para condutores com deficiência.

•• *Caput* acrescentado pela Lei n. 13.146, de 6-7-2015.

§ 1.º Para concorrer às vagas reservadas na forma do *caput* deste artigo, o condutor com deficiência deverá observar os seguintes requisitos quanto ao veículo utilizado:

•• § 1.º, *caput*, acrescentado pela Lei n. 13.146, de 6-7-2015.

I – ser de sua propriedade e por ele conduzido; e

•• Inciso I acrescentado pela Lei n. 13.146, de 6-7-2015.

II – estar adaptado às suas necessidades, nos termos da legislação vigente.

•• Inciso II acrescentado pela Lei n. 13.146, de 6-7-2015.

§ 2.º No caso de não preenchimento das vagas na forma estabelecida no *caput* deste artigo, as remanescentes devem ser disponibilizadas para os demais concorrentes.

•• § 2.º acrescentado pela Lei n. 13.146, de 6-7-2015.

Art. 13. Na prestação de serviços de transporte público coletivo, o poder público delegante deverá realizar atividades de fiscalização e controle dos serviços delegados, preferencialmente em parceria com os demais entes federativos.

Capítulo III
DOS DIREITOS DOS USUÁRIOS

Art. 14. São direitos dos usuários do Sistema Nacional de Mobilidade Urbana, sem prejuízo dos previstos nas Leis n. 8.078, de 11 de setembro de 1990, e 8.987, de 13 de fevereiro de 1995:

•• A Lei n. 8.987, de 13-2-1995, dispõe sobre o Regime de Concessão e Permissão da prestação de serviços públicos previstos no art. 175 da CF.

I – receber o serviço adequado, nos termos do art. 6.º da Lei n. 8.987, de 13 de fevereiro de 1995;

II – participar do planejamento, da fiscalização e da avaliação da política local de mobilidade urbana;

III – ser informado nos pontos de embarque e desembarque de passageiros, de forma gratuita e acessível, sobre itinerários, horários, tarifas dos serviços e modos de interação com outros modais; e

IV – ter ambiente seguro e acessível para a utilização do Sistema Nacional de Mobilidade Urbana, conforme as Leis n. 10.048, de 8 de novembro de 2000, e 10.098, de 19 de dezembro de 2000.

Parágrafo único. Os usuários dos serviços terão o direito de ser informados, em linguagem acessível e de fácil compreensão, sobre:

I – seus direitos e responsabilidades;

II – os direitos e obrigações dos operadores dos serviços; e

III – os padrões preestabelecidos de qualidade e quantidade dos serviços ofertados, bem como os meios para reclamações e respectivos prazos de resposta.

Art. 15. A participação da sociedade civil no planejamento, fiscalização e avaliação da Política Nacional de Mobilidade Urbana deverá ser assegurada pelos seguintes instrumentos:

I – órgãos colegiados com a participação de representantes do Poder Executivo, da sociedade civil e dos operadores dos serviços;

II – ouvidorias nas instituições responsáveis pela gestão do Sistema Nacional de Mobilidade Urbana ou nos órgãos com atribuições análogas;

III – audiências e consultas públicas; e

IV – procedimentos sistemáticos de comunicação, de avaliação da satisfação dos cidadãos e dos usuários e de prestação de contas públicas.

Capítulo IV
DAS ATRIBUIÇÕES

Art. 16. São atribuições da União:

I – prestar assistência técnica e financeira aos Estados, Distrito Federal e Municípios, nos termos desta Lei;

II – contribuir para a capacitação continuada de pessoas e para o desenvolvimento das instituições vinculadas à Política Nacional de Mobilidade Urbana nos Estados, Municípios e Distrito Federal, nos termos desta Lei;

III – organizar e disponibilizar informações sobre o Sistema Nacional de Mobilidade Urbana e a qualidade e produtividade dos serviços de transporte público coletivo;

IV – fomentar a implantação de projetos de transporte público coletivo de grande e média capacidade nas aglomerações urbanas e nas regiões metropolitanas;

V – (*Vetado.*)

VI – fomentar o desenvolvimento tecnológico e científico visando ao atendimento dos princípios e diretrizes desta Lei; e

VII – prestar, diretamente ou por delegação ou gestão associada, os serviços de transporte público interestadual de caráter urbano.

§ 1.º A União apoiará e estimulará ações coordenadas e integradas entre Municípios e Estados em áreas conurbadas, aglomerações urbanas e regiões metropolitanas destinadas a políticas comuns de mobilidade urbana, inclusive nas cidades definidas como cidades gêmeas localizadas em regiões de fronteira com outros países, observado o art. 178 da Constituição Federal.

§ 2.º A União poderá delegar aos Estados, ao Distrito Federal ou aos Municípios a organização e a prestação dos serviços de transporte público coletivo interestadual e internacional de caráter urbano, desde que constituído consórcio público ou convênio de cooperação para tal fim, observado o art. 178 da Constituição Federal.

Art. 17. São atribuições dos Estados:

I – prestar, diretamente ou por delegação ou gestão associada, os serviços de transporte público coletivo intermunicipais de caráter urbano, em conformidade com o § 1.º do art. 25 da Constituição Federal;

II – propor política tributária específica e de incentivos para a implantação da Política Nacional de Mobilidade Urbana; e

III – garantir o apoio e promover a integração dos serviços nas áreas que ultrapassem os limites de um Município, em conformidade com o § 3.º do art. 25 da Constituição Federal.

Parágrafo único. Os Estados poderão delegar aos Municípios a organização e a prestação dos serviços de transporte público coletivo intermunicipal de caráter urbano, desde que constituído consórcio público ou convênio de cooperação para tal fim.

Art. 18. São atribuições dos Municípios:

I – planejar, executar e avaliar a política de mobilidade urbana, bem como promover a regulamentação dos serviços de transporte urbano;

II – prestar, direta, indiretamente ou por gestão associada, os serviços de transporte público coletivo urbano, que têm caráter essencial;

III – capacitar pessoas e desenvolver as instituições vinculadas à política de mobilidade urbana do Município; e

IV – (*Vetado.*)

Art. 19. Aplicam-se ao Distrito Federal, no que couber, as atribuições previstas para os Estados e os Municípios, nos termos dos arts. 17 e 18.

Art. 20. O exercício das atribuições previstas neste Capítulo subordinar-se-á, em cada ente federativo, às normas fixadas pelas respectivas leis de diretrizes orçamentárias, às efetivas disponibilidades asseguradas pelas suas leis orçamentárias anuais e aos imperativos da Lei Complementar n. 101, de 4 de maio de 2000.

Capítulo V
DAS DIRETRIZES PARA O PLANEJAMENTO E GESTÃO DOS SISTEMAS DE MOBILIDADE URBANA

Art. 21. O planejamento, a gestão e a avaliação dos sistemas de mobilidade deverão contemplar:

I – a identificação clara e transparente dos objetivos de curto, médio e longo prazo;

II – a identificação dos meios financeiros e institucionais que assegurem sua implantação e execução;

III – a formulação e implantação dos mecanismos de monitoramento e avaliação sistemáticos e permanentes dos objetivos estabelecidos; e

IV – a definição das metas de atendimento e universalização da oferta de transporte público coletivo, monitorados por indicadores preestabelecidos.

Art. 22. Consideram-se atribuições mínimas dos órgãos gestores dos entes federativos incumbidos respectivamente do planejamento e gestão do sistema de mobilidade urbana:

I – planejar e coordenar os diferentes modos e serviços, observados os princípios e diretrizes desta Lei;

II – avaliar e fiscalizar os serviços e monitorar desempenhos, garantindo a consecução das metas de universalização e de qualidade;

III – implantar a política tarifária;

IV – dispor sobre itinerários, frequências e padrão de qualidade dos serviços;

V – estimular a eficácia e a eficiência dos serviços de transporte público coletivo;

VI – garantir os direitos e observar as responsabilidades dos usuários; e

VII – combater o transporte ilegal de passageiros.

Art. 23. Os entes federativos poderão utilizar, dentre outros instrumentos de gestão do sistema de transporte e da mobilidade urbana, os seguintes:

I – restrição e controle de acesso e circulação, permanente ou temporário, de veículos motorizados em locais e horários predeterminados;

II – estipulação de padrões de emissão de poluentes para locais e horários determinados, podendo condicionar o acesso e a circulação aos espaços urbanos sob controle;

III – aplicação de tributos sobre modos e serviços de transporte urbano pela utilização da infraestrutura urbana, visando a desestimular o uso de determinados modos e serviços de mobilidade, vinculando-se a receita à aplicação exclusiva em infraestrutura urbana destinada ao transporte público coletivo e ao transporte não motorizado e no financiamento do subsídio público da tarifa de transporte público, na forma da lei;

IV – dedicação de espaço exclusivo nas vias públicas para os serviços de transporte público coletivo e modos de transporte não motorizados;

V – estabelecimento da política de estacionamentos de uso público e privado, com e sem pagamento pela sua utilização, como parte integrante da Política Nacional de Mobilidade Urbana;

VI – controle do uso e operação da infraestrutura viária destinada à circulação e operação do transporte de carga, concedendo prioridades ou restrições;

VII – monitoramento e controle das emissões dos gases de efeito local e de efeito estufa dos modos de transporte motorizado, facultando a restrição de acesso a determinadas vias em razão da criticidade dos índices de emissões de poluição;

VIII – convênios para o combate ao transporte ilegal de passageiros; e

IX – convênio para o transporte coletivo urbano internacional nas cidades definidas como cidades gêmeas nas regiões de fronteira do Brasil com outros países, observado o art. 178 da Constituição Federal.

Art. 24. O Plano de Mobilidade Urbana é o instrumento de efetivação da Política Nacional de Mobilidade Urbana e deverá contemplar os princípios, os objetivos e as diretrizes desta Lei, bem como:

I – os serviços de transporte público coletivo;

II – a circulação viária;

III – as infraestruturas do sistema de mobilidade urbana, incluindo as ciclovias e ciclofaixas;

•• Inciso III com redação determinada pela Lei n. 13.683, de 19-6-2018.

IV – a acessibilidade para pessoas com deficiência e restrição de mobilidade;

• *Vide* arts. 46 e s. da Lei n. 13.146, de 6-7-2015 (Estatuto da Pessoa com Deficiência).

V – a integração dos modos de transporte público e destes com os privados e os não motorizados;

VI – a operação e o disciplinamento do transporte de carga na infraestrutura viária;

VII – os polos geradores de viagens;

VIII – as áreas de estacionamentos públicos e privados, gratuitos ou onerosos;

IX – as áreas e horários de acesso e circulação restrita ou controlada;

X – os mecanismos e instrumentos de financiamento do transporte público coletivo e da infraestrutura de mobilidade urbana; e

XI – a sistemática de avaliação, revisão e atualização periódica do Plano de Mobilidade Urbana em prazo não superior a 10 (dez) anos.

§ 1.º Ficam obrigados a elaborar e a aprovar Plano de Mobilidade Urbana os Municípios:

•• § 1.º, *caput*, com redação determinada pela Lei n. 14.000, de 19-5-2020.

I – com mais de 20.000 (vinte mil) habitantes;

•• Inciso I acrescentado pela Lei n. 14.000, de 19-5-2020.

II – integrantes de regiões metropolitanas, regiões integradas de desenvolvimento econômico e aglomerações urbanas com população total superior a 1.000.000 (um milhão) de habitantes;

•• Inciso II acrescentado pela Lei n. 14.000, de 19-5-2020.

III – integrantes de áreas de interesse turístico, incluídas cidades litorâneas que têm sua dinâmica de mobilidade normalmente alterada nos finais de semana, feriados e períodos de férias, em função do aporte de turistas, conforme critérios a serem estabelecidos pelo Poder Executivo.

•• Inciso III acrescentado pela Lei n. 14.000, de 19-5-2020.

§ 1.º-A. O Plano de Mobilidade Urbana deve ser integrado e compatível com os respectivos planos diretores e, quando couber, com os planos de desenvolvimento urbano integrado e com os planos metropolitanos de transporte e mobilidade urbana.

•• § 1.º-A acrescentado pela Lei n. 14.000, de 19-5-2020.

§ 2.º Nos Municípios sem sistema de transporte público coletivo ou individual, o Plano de Mobilidade Urbana deverá ter o foco no transporte não motorizado e no planejamento da infraestrutura urbana destinada aos deslocamentos a pé e por bicicleta, de acordo com a legislação vigente.

§ 3.º (*Revogado pela Lei n. 14.000, de 19-5-2020.*)

§ 4.º O Plano de Mobilidade Urbana deve ser elaborado e aprovado nos seguintes prazos:

•• § 4.º, *caput*, com redação determinada pela Lei n. 14.000, de 19-5-2020.

I – até 12 de abril de 2022, para Municípios com mais de 250.000 (duzentos e cinquenta mil) habitantes;

•• Inciso I acrescentado pela Lei n. 14.000, de 19-5-2020.

II – até 12 de abril de 2023, para Municípios com até 250.000 (duzentos e cinquenta mil) habitantes.

•• Inciso II acrescentado pela Lei n. 14.000, de 19-5-2020.

§ 5.º O Plano de Mobilidade Urbana deverá contemplar medidas destinadas a atender aos núcleos urbanos informais consolidados, nos termos da Lei n. 13.465, de 11 de julho de 2017.

•• § 5.º acrescentado pela Lei n. 13.683, de 19-6-2018.

§ 6.º (*Vetado.*)

•• § 6.º acrescentado pela Lei n. 13.683, de 19-6-2018.

§ 7.º A aprovação do Plano de Mobilidade Urbana pelos Municípios, nos termos do § 4.º deste artigo, será informada à Secretaria Nacional de Mobilidade e Serviços Urbanos do Ministério do Desenvolvimento Regional.

•• § 7.º acrescentado pela Lei n. 14.000, de 19-5-2020.

§ 8.º Encerrado o prazo estabelecido no § 4.º deste artigo, os Municípios que não tenham aprovado o Plano de Mobilidade Urbana apenas poderão solicitar e receber recursos federais destinados à mobilidade urbana caso sejam utilizados para a elaboração do próprio plano.

•• § 8.º acrescentado pela Lei n. 14.000, de 19-5-2020.

§ 9.º O órgão responsável pela Política Nacional de Mobilidade Urbana deverá publicar a relação dos Municípios que deverão cumprir o disposto no § 1.º deste artigo.

•• § 9.º acrescentado pela Lei n. 14.000, de 19-5-2020.

Capítulo VI
DOS INSTRUMENTOS DE APOIO À MOBILIDADE URBANA

Art. 25. O Poder Executivo da União, o dos Estados, o do Distrito Federal e o dos Municípios, segundo suas possibilidades orçamentárias e financeiras e observados os princípios e diretrizes desta Lei, farão constar dos respectivos projetos de planos plurianuais e de leis de diretrizes orçamentárias as ações programáticas e instrumentos de apoio que serão utilizados, em cada período, para o aprimoramento dos sistemas de mobilidade urbana e melhoria da qualidade dos serviços.

Parágrafo único. A indicação das ações e dos instrumentos de apoio a que se refere o *caput* será acompanhada, sempre que possível, da fixação de critérios e condições para o acesso aos recursos financeiros e às outras formas de benefícios que sejam estabelecidos.

Capítulo VII
DISPOSIÇÕES FINAIS

Art. 26. Esta Lei se aplica, no que couber, ao planejamento, controle, fiscalização e operação dos serviços de transporte público coletivo intermunicipal, interestadual e internacional de caráter urbano.

Art. 27. (*Vetado.*)

Art. 28. Esta Lei entra em vigor 100 (cem) dias após a data de sua publicação.

Brasília, 3 de janeiro de 2012; 191.º da Independência e 124.º da República.

DILMA ROUSSEFF

LEI N. 12.594, DE 18 DE JANEIRO DE 2012 (*)

Institui o Sistema Nacional de Atendimento Socioeducativo (Sinase), regulamenta a execução das medidas socioeducativas destinadas a adolescente que pratique ato infracional; e altera as Leis n. 8.069, de 13 de julho de 1990 (Estatuto da Criança e do Adolescente); 7.560, de 19 de dezembro de 1986, 7.998, de 11 de janeiro de 1990, 5.537, de 21 de novembro de 1968, 8.315, de 23 de dezembro de 1991, 8.706, de 14 de setembro de 1993, os Decretos-leis n. 4.048, de 22 de janeiro de 1942, 8.621, de 10 de janeiro de 1946, e a Consolidação das Leis do Trabalho (CLT), aprovada pelo Decreto-lei n. 5.452, de 1.º de maio de 1943.

A Presidenta da República

Faço saber que o Congresso Nacional decreta e eu sanciono a seguinte Lei:

TÍTULO I
DO SISTEMA NACIONAL DE ATENDIMENTO SOCIOEDUCATIVO (SINASE)

Capítulo I
DISPOSIÇÕES GERAIS

Art. 1.º Esta Lei institui o Sistema Nacional de Atendimento Socioeducativo (Sinase) e regulamenta a execução das medidas destinadas a adolescente que pratique ato infracional.

•• *Vide* art. 227, § 3.º, IV e V, da CF.

§ 1.º Entende-se por Sinase o conjunto ordenado de princípios, regras e critérios que envolvem a execução de medidas socioeducativas, incluindo-se nele, por adesão, os sistemas estaduais, distrital e municipais, bem como todos os planos, políticas e programas específicos de atendimento a adolescente em conflito com a lei.

§ 2.º Entendem-se por medidas socioeducativas as previstas no art. 112 da Lei n. 8.069, de 13 de julho de 1990 (Estatuto da Criança e do Adolescente), as quais têm por objetivos:

I – a responsabilização do adolescente quanto às consequências lesivas do ato infracional, sempre que possível incentivando a sua reparação;

II – a integração social do adolescente e a garantia de seus direitos individuais e sociais, por meio do cumprimento de seu plano individual de atendimento; e

III – a desaprovação da conduta infracional, efetivando as disposições da sentença como parâmetro máximo de privação de liberdade ou restrição de direitos, observados os limites previstos em lei.

§ 3.º Entendem-se por programa de atendimento a organização e o funcionamento, por unidade, das condições necessárias para o cumprimento das medidas socioeducativas.

§ 4.º Entende-se por unidade a base física necessária para a organização e o funcionamento de programa de atendimento.

§ 5.º Entendem-se por entidade de atendimento a pessoa jurídica de direito público ou privado que instala e mantém a unidade e os recursos humanos e materiais necessários ao desenvolvimento de programas de atendimento.

Art. 2.º O Sinase será coordenado pela União e integrado pelos sistemas estaduais, distrital e municipais responsáveis pela implementação dos seus respectivos programas de atendimento a adolescente ao qual seja aplicada medida socioeducativa, com liberdade de organização e funcionamento, respeitados os termos desta Lei.

Capítulo II
DAS COMPETÊNCIAS

Art. 3.º Compete à União:

I – formular e coordenar a execução da política nacional de atendimento socioeducativo;

II – elaborar o Plano Nacional de Atendimento Socioeducativo, em parceria com os Estados, o Distrito Federal e os Municípios;

• *Vide* art. 7.º desta Lei.

III – prestar assistência técnica e suplementação financeira aos Estados, ao Distrito Federal e aos Municípios para o desenvolvimento de seus sistemas;

IV – instituir e manter o Sistema Nacional de Informações sobre o Atendimento Socioeducativo, seu funcionamento, entidades, programas, incluindo dados relativos a financiamento e população atendida;

V – contribuir para a qualificação e ação em rede dos Sistemas de Atendimento Socioeducativo;

VI – estabelecer diretrizes sobre a organização e funcionamento das unidades e programas de atendimento e as normas de referência destinadas ao cumprimento das medidas socioeducativas de internação e semiliberdade;

VII – instituir e manter processo de avaliação dos Sistemas de Atendimento Socioeducativo, seus planos, entidades e programas;

VIII – financiar, com os demais entes federados, a execução de programas e serviços do Sinase; e

IX – garantir a publicidade de informações sobre repasses de recursos aos gestores estaduais, distrital e municipais, para financiamento de programas de atendimento socioeducativo.

(*) Publicada no *DOU*, de 19-1-2012.

§ 1.º São vedados à União o desenvolvimento e a oferta de programas próprios de atendimento.

§ 2.º Ao Conselho Nacional dos Direitos da Criança e do Adolescente (Conanda) competem as funções normativa, deliberativa, de avaliação e de fiscalização do Sinase, nos termos previstos na Lei n. 8.242, de 12 de outubro de 1991, que cria o referido Conselho.

§ 3.º O Plano de que trata o inciso II do *caput* deste artigo será submetido à deliberação do Conanda.

§ 4.º À Secretaria de Direitos Humanos da Presidência da República (SDH/PR) competem as funções executiva e de gestão do Sinase.

Art. 4.º Compete aos Estados:

I – formular, instituir, coordenar e manter Sistema Estadual de Atendimento Socioeducativo, respeitadas as diretrizes fixadas pela União;

II – elaborar o Plano Estadual de Atendimento Socioeducativo em conformidade com o Plano Nacional;

III – criar, desenvolver e manter programas para a execução das medidas socioeducativas de semiliberdade e internação;

IV – editar normas complementares para a organização e funcionamento do seu sistema de atendimento e dos sistemas municipais;

V – estabelecer com os Municípios formas de colaboração para o atendimento socioeducativo em meio aberto;

VI – prestar assessoria técnica e suplementação financeira aos Municípios para a oferta regular de programas de meio aberto;

VII – garantir o pleno funcionamento do plantão interinstitucional, nos termos previstos no inciso V do art. 88 da Lei n. 8.069, de 13 de julho de 1990 (Estatuto da Criança e do Adolescente);

VIII – garantir defesa técnica do adolescente a quem se atribua prática de ato infracional;

IX – cadastrar-se no Sistema Nacional de Informações sobre o Atendimento Socioeducativo e fornecer regularmente os dados necessários ao povoamento e à atualização do Sistema; e

X – cofinanciar, com os demais entes federados, a execução de programas e ações destinados ao atendimento inicial de adolescente apreendido para apuração de ato infracional, bem como aqueles destinados a adolescente a quem foi aplicada medida socioeducativa privativa de liberdade.

§ 1.º Ao Conselho Estadual dos Direitos da Criança e do Adolescente competem as funções deliberativas e de controle do Sistema Estadual de Atendimento Socioeducativo, nos termos previstos no inciso II do art. 88 da Lei n. 8.069, de 13 de julho de 1990 (Estatuto da Criança e do Adolescente), bem como outras definidas na legislação estadual ou distrital.

§ 2.º O Plano de que trata o inciso II do *caput* deste artigo será submetido à deliberação do Conselho Estadual dos Direitos da Criança e do Adolescente.

§ 3.º Competem ao órgão a ser designado no Plano de que trata o inciso II do *caput* deste artigo as funções executiva e de gestão do Sistema Estadual de Atendimento Socioeducativo.

Art. 5.º Compete aos Municípios:

I – formular, instituir, coordenar e manter o Sistema Municipal de Atendimento Socioeducativo, respeitadas as diretrizes fixadas pela União e pelo respectivo Estado;

II – elaborar o Plano Municipal de Atendimento Socioeducativo, em conformidade com o Plano Nacional e o respectivo Plano Estadual;

III – criar e manter programas de atendimento para a execução das medidas socioeducativas em meio aberto;

IV – editar normas complementares para a organização e funcionamento dos programas do seu Sistema de Atendimento Socioeducativo;

V – cadastrar-se no Sistema Nacional de Informações sobre o Atendimento Socioeducativo e fornecer regularmente os dados necessários ao povoamento e à atualização do Sistema; e

VI – cofinanciar, conjuntamente com os demais entes federados, a execução de programas e ações destinados ao atendimento inicial de adolescente apreendido para apuração de ato infracional, bem como aqueles destinados a adolescente a quem foi aplicada medida socioeducativa em meio aberto.

§ 1.º Para garantir a oferta de programa de atendimento socioeducativo de meio aberto, os Municípios podem instituir os consórcios dos quais trata a Lei n. 11.107, de 6 de abril de 2005, que dispõe sobre normas gerais de contratação de consórcios públicos e dá outras providências, ou qualquer outro instrumento jurídico adequado, como forma de compartilhar responsabilidades.

§ 2.º Ao Conselho Municipal dos Direitos da Criança e do Adolescente competem as funções deliberativas e de controle do Sistema Municipal de Atendimento Socioeducativo, nos termos previstos no inciso II do art. 88 da Lei n. 8.069, de 13 de julho de 1990 (Estatuto da Criança e do Adolescente), bem como outras definidas na legislação municipal.

§ 3.º O Plano de que trata o inciso II do *caput* deste artigo será submetido à deliberação do Conselho Municipal dos Direitos da Criança e do Adolescente.

§ 4.º Competem ao órgão a ser designado no Plano de que trata o inciso II do *caput* deste artigo as funções executiva e de gestão do Sistema Municipal de Atendimento Socioeducativo.

Art. 6.º Ao Distrito Federal cabem, cumulativamente, as competências dos Estados e dos Municípios.

Capítulo III
DOS PLANOS DE ATENDIMENTO SOCIOEDUCATIVO

Art. 7.º O Plano de que trata o inciso II do art. 3.º desta Lei deverá incluir um diagnóstico da situação do Sinase, as diretrizes, os objetivos, as metas, as prioridades e as formas de financiamento e gestão das ações de atendimento para os 10 (dez) anos seguintes, em sintonia com os princípios elencados na Lei n. 8.069, de 13 de julho de 1990 (Estatuto da Criança e do Adolescente).

§ 1.º As normas nacionais de referência para o atendimento socioeducativo devem constituir anexo ao Plano de que trata o inciso II do art. 3.º desta Lei.

§ 2.º Os Estados, o Distrito Federal e os Municípios deverão, com base no Plano Nacional de Atendimento Socioeducativo, elaborar seus planos decenais correspondentes, em até 360 (trezentos e sessenta) dias a partir da aprovação do Plano Nacional.

Art. 8.º Os Planos de Atendimento Socioeducativo deverão, obrigatoriamente, prever ações articuladas nas áreas de educação, saúde, assistência social, cultura, capacitação para o trabalho e esporte, para os adolescentes atendidos, em conformidade com os princípios elencados na Lei n. 8.069, de 13 de julho de 1990 (Estatuto da Criança e do Adolescente).

Parágrafo único. Os Poderes Legislativos federal, estaduais, distrital e municipais, por meio de suas comissões temáticas pertinentes, acompanharão a execução dos Planos de Atendimento Socioeducativo dos respectivos entes federados.

Capítulo IV
DOS PROGRAMAS DE ATENDIMENTO

Seção I
Disposições Gerais

Art. 9.º Os Estados e o Distrito Federal inscreverão seus programas de atendimento e alterações no Conselho Estadual ou Distrital dos Direitos da Criança e do Adolescente, conforme o caso.

Art. 10. Os Municípios inscreverão seus programas e alterações, bem como as entidades de atendimento executoras, no Conselho Municipal dos Direitos da Criança e do Adolescente.

Art. 11. Além da especificação do regime, são requisitos obrigatórios para a inscrição de programa de atendimento:

I – a exposição das linhas gerais dos métodos e técnicas pedagógicas, com a especificação das atividades de natureza coletiva;

II – a indicação da estrutura material, dos recursos humanos e das estratégias de segurança compatíveis com as necessidades da respectiva unidade;

III – regimento interno que regule o funcionamento da entidade, no qual deverá constar, no mínimo:

a) o detalhamento das atribuições e responsabilidades do dirigente, de seus prepostos, dos membros da equipe técnica e dos demais educadores;

b) a previsão das condições do exercício da disciplina e concessão de benefícios e o respectivo procedimento de aplicação; e

c) a previsão da concessão de benefícios extraordinários e enaltecimento, tendo em vista tornar público o reconhecimento ao adolescente pelo esforço realizado na consecução dos objetivos do plano individual;

IV – a política de formação dos recursos humanos;

V – a previsão das ações de acompanhamento do adolescente após o cumprimento de medida socioeducativa;

VI – a indicação da equipe técnica, cuja quantidade e formação devem estar em conformidade com as normas de referência do sistema e dos conselhos profissionais e com o atendimento socioeducativo a ser realizado; e

VII – a adesão ao Sistema de Informações sobre o Atendimento Socioeducativo, bem como sua operação efetiva.

Parágrafo único. O não cumprimento do previsto neste artigo sujeita as entidades de atendimento, os órgãos gestores, seus dirigentes ou prepostos à aplicação das medidas previstas no art. 97 da Lei n. 8.069, de 13 de julho de 1990 (Estatuto da Criança e do Adolescente).

Art. 12. A composição da equipe técnica do programa de atendimento deverá ser interdisciplinar, compreendendo, no mínimo, profissionais das áreas de saúde, educação e assistência social, de acordo com as normas de referência.

§ 1.º Outros profissionais podem ser acrescentados às equipes para atender necessidades específicas do programa.

§ 2.º Regimento interno deve discriminar as atribuições de cada profissional, sendo proibida a sobreposição dessas atribuições na entidade de atendimento.

§ 3.º O não cumprimento do previsto neste artigo sujeita as entidades de atendimento, seus dirigentes ou prepostos à aplicação das medidas previstas no art. 97 da Lei n. 8.069, de 13 de julho de 1990 (Estatuto da Criança e do Adolescente).

Seção II
Dos Programas de Meio Aberto

Art. 13. Compete à direção do programa de prestação de serviços à comunidade ou de liberdade assistida:

I – selecionar e credenciar orientadores, designando-os, caso a caso, para acompanhar e avaliar o cumprimento da medida;

II – receber o adolescente e seus pais ou responsável e orientá-los sobre a finalidade da medida e a organização e funcionamento do programa;

III – encaminhar o adolescente para o orientador credenciado;

IV – supervisionar o desenvolvimento da medida; e

V – avaliar, com o orientador, a evolução do cumprimento da medida e, se necessário, propor à autoridade judiciária sua substituição, suspensão ou extinção.

Parágrafo único. O rol de orientadores credenciados deverá ser comunicado, semestralmente, à autoridade judiciária e ao Ministério Público.

Art. 14. Incumbe ainda à direção do programa de medida de prestação de serviços à comunidade selecionar e credenciar entidades assistenciais, hospitais, escolas ou outros estabelecimentos congêneres, bem como os programas comunitários ou governamentais, de acordo com o perfil do socioeducando e o ambiente no qual a medida será cumprida.

Parágrafo único. Se o Ministério Público impugnar o credenciamento, ou a autoridade judiciária considerá-lo inadequado, instaurará incidente de impugnação, com a aplicação subsidiária do procedimento de apuração de irregularidade em entidade de atendimento regulamentado na Lei n. 8.069, de 13 de julho de 1990 (Estatuto da Criança e do Adolescente), devendo citar o dirigente do programa e a direção da entidade ou órgão credenciado.

Seção III
Dos Programas de Privação da Liberdade

Art. 15. São requisitos específicos para a inscrição de programas de regime de semiliberdade ou internação:

I – a comprovação da existência de estabelecimento educacional com instalações adequadas e em conformidade com as normas de referência;

II – a previsão do processo e dos requisitos para a escolha do dirigente;

III – a apresentação das atividades de natureza coletiva;

IV – a definição das estratégias para a gestão de conflitos, vedada a previsão de isolamento cautelar, exceto nos casos previstos no § 2.º do art. 49 desta Lei; e

V – a previsão de regime disciplinar nos termos do art. 72 desta Lei.

Art. 16. A estrutura física da unidade deverá ser compatível com as normas de referência do Sinase.

§ 1.º É vedada a edificação de unidades socioeducacionais em espaços contíguos, anexos, ou de qualquer outra forma integrados a estabelecimentos penais.

§ 2.º A direção da unidade adotará, em caráter excepcional, medidas para proteção do interno em casos de risco à sua integridade física, à sua vida, ou à de outrem, comunicando, de imediato, seu defensor e o Ministério Público.

Art. 17. Para o exercício da função de dirigente de programa de atendimento em regime de semiliberdade ou de internação, além dos requisitos específicos previstos no respectivo programa de atendimento, é necessário:

I – formação de nível superior compatível com a natureza da função;

II – comprovada experiência no trabalho com adolescentes de, no mínimo, 2 (dois) anos; e

III – reputação ilibada.

Capítulo V
DA AVALIAÇÃO E ACOMPANHAMENTO DA GESTÃO DO ATENDIMENTO SOCIOEDUCATIVO

Art. 18. A União, em articulação com os Estados, o Distrito Federal e os Municípios, realizará avaliações periódicas da implementação dos Planos de Atendimento Socioeducativo em intervalos não superiores a 3 (três) anos.

§ 1.º O objetivo da avaliação é verificar o cumprimento das metas estabelecidas e elaborar recomendações aos gestores e operadores dos Sistemas.

§ 2.º O processo de avaliação deverá contar com a participação de representantes do Poder Judiciário, do Ministério Público, da Defensoria Pública e dos Conselhos Tutelares, na forma a ser definida em regulamento.

§ 3.º A primeira avaliação do Plano Nacional de Atendimento Socioeducativo realizar-se-á no terceiro ano de vigência desta Lei, cabendo ao Poder Legislativo federal acompanhar o trabalho por meio de suas comissões temáticas pertinentes.

Art. 19. É instituído o Sistema Nacional de Avaliação e Acompanhamento do Atendimento Socioeducativo, com os seguintes objetivos:

I – contribuir para a organização da rede de atendimento socioeducativo;

II – assegurar conhecimento rigoroso sobre as ações do atendimento socioeducativo e seus resultados;

III – promover a melhora da qualidade da gestão e do atendimento socioeducativo; e

IV – disponibilizar informações sobre o atendimento socioeducativo.

§ 1.º A avaliação abrangerá, no mínimo, a gestão, as entidades de atendimento, os programas e os resultados da execução das medidas socioeducativas.

§ 2.º Ao final da avaliação, será elaborado relatório contendo histórico e diagnóstico da situação, as recomendações e os prazos para que essas sejam cumpridas, além de outros elementos a serem definidos em regulamento.

§ 3.º O relatório da avaliação deverá ser encaminhado aos respectivos Conselhos de Direitos, Conselhos Tutelares e ao Ministério Público.

§ 4.º Os gestores e entidades têm o dever de colaborar com o processo de avaliação, facilitando o acesso às suas instalações, à documentação e a todos os elementos necessários ao seu efetivo cumprimento.

§ 5.º O acompanhamento tem por objetivo verificar o cumprimento das metas dos Planos de Atendimento Socioeducativo.

Art. 20. O Sistema Nacional de Avaliação e Acompanhamento da Gestão do Atendimento Socioeducativo assegurará, na metodologia a ser empregada:

I – a realização da autoavaliação dos gestores e das instituições de atendimento;

II – a avaliação institucional externa, contemplando a análise global e integrada das instalações físicas, relações institucionais, compromisso social, atividades e finalidades das instituições de atendimento e seus programas;

III – o respeito à identidade e à diversidade de entidades e programas;

IV – a participação do corpo de funcionários das entidades de atendimento e dos Conselhos Tutelares da área de atuação da entidade avaliada; e

V – o caráter público de todos os procedimentos, dados e resultados dos processos avaliativos.

Art. 21. A avaliação será coordenada por uma comissão permanente e realizada por comissões temporárias, essas compostas, no mínimo, por 3 (três) especialistas com reconhecida atuação na área temática e definidas na forma do regulamento.

Parágrafo único. É vedado à comissão permanente designar avaliadores:

I – que sejam titulares ou servidores dos órgãos gestores avaliados ou funcionários das entidades avaliadas;

II – que tenham relação de parentesco até o 3.º grau com titulares ou servidores dos órgãos gestores avaliados e/ou funcionários das entidades avaliadas; e

III – que estejam respondendo a processos criminais.

Art. 22. A avaliação da gestão terá por objetivo:

I – verificar se o planejamento orçamentário e sua execução se processam de forma compatível com as necessidades do respectivo Sistema de Atendimento Socioeducativo;

II – verificar a manutenção do fluxo financeiro, considerando as necessidades operacionais do atendimento socioeducativo, as normas de referência e as condições previstas nos instrumentos jurídicos celebrados entre os órgãos gestores e as entidades de atendimento;

III – verificar a implementação de todos os demais compromissos assumidos por ocasião da celebração dos instrumentos jurídicos relativos ao atendimento socioeducativo; e

IV – a articulação interinstitucional e intersetorial das políticas.

Art. 23. A avaliação das entidades terá por objetivo identificar o perfil e o impacto de sua atuação, por meio de suas atividades, programas e projetos, considerando as diferentes dimensões institucionais e, entre elas, obrigatoriamente, as seguintes:

I – o plano de desenvolvimento institucional;

II – a responsabilidade social, considerada especialmente sua contribuição para a inclusão social e o desenvolvimento socioeconômico do adolescente e de sua família;

III – a comunicação e o intercâmbio com a sociedade;

IV – as políticas de pessoal quanto à qualificação, aperfeiçoamento, desenvolvimento profissional e condições de trabalho;

V – a adequação da infraestrutura física às normas de referência;

VI – o planejamento e a autoavaliação quanto aos processos, resultados, eficiência e eficácia do projeto pedagógico e da proposta socioeducativa;

VII – as políticas de atendimento para os adolescentes e suas famílias;

VIII – a atenção integral à saúde dos adolescentes em conformidade com as diretrizes do art. 60 desta Lei; e

IX – a sustentabilidade financeira.

Art. 24. A avaliação dos programas terá por objetivo verificar, no mínimo, o atendimento ao que determinam os arts. 94, 100, 117, 119, 120, 123 e 124 da Lei n. 8.069, de 13 de julho de 1990 (Estatuto da Criança e do Adolescente).

Art. 25. A avaliação dos resultados da execução de medida socioeducativa terá por objetivo, no mínimo:

I – verificar a situação do adolescente após cumprimento da medida socioeducativa, tomando por base suas perspectivas educacionais, sociais, profissionais e familiares; e

II – verificar reincidência de prática de ato infracional.

Art. 26. Os resultados da avaliação serão utilizados para:

I – planejamento de metas e eleição de prioridades do Sistema de Atendimento Socioeducativo e seu financiamento;

II – reestruturação e/ou ampliação da rede de atendimento socioeducativo, de acordo com as necessidades diagnosticadas;

III – adequação dos objetivos e da natureza do atendimento socioeducativo prestado pelas entidades avaliadas;

IV – celebração de instrumentos de cooperação com vistas à correção de problemas diagnosticados na avaliação;

V – reforço de financiamento para fortalecer a rede de atendimento socioeducativo;

VI – melhorar e ampliar a capacitação dos operadores do Sistema de Atendimento Socioeducativo; e

VII – os efeitos do art. 95 da Lei n. 8.069, de 13 de julho de 1990 (Estatuto da Criança e do Adolescente).

Parágrafo único. As recomendações originadas da avaliação deverão indicar prazo para seu cumprimento por parte das entidades de atendimento e dos gestores avaliados, ao fim do qual estarão sujeitos às medidas previstas no art. 28 desta Lei.

Art. 27. As informações produzidas a partir do Sistema Nacional de Informações sobre Atendimento Socioeducativo serão utilizadas para subsidiar a avaliação, o acompanhamento, a gestão e o financiamento dos Sistemas Nacional, Distrital, Estaduais e Municipais de Atendimento Socioeducativo.

Capítulo VI
DA RESPONSABILIZAÇÃO DOS GESTORES, OPERADORES E ENTIDADES DE ATENDIMENTO

Art. 28. No caso do desrespeito, mesmo que parcial, ou do não cumprimento integral às diretrizes e determinações desta Lei, em todas as esferas, são sujeitos:

I – gestores, operadores e seus prepostos e entidades governamentais às medidas previstas no inciso I e no § 1.º do art. 97 da Lei n. 8.069, de 13 de julho de 1990 (Estatuto da Criança e do Adolescente); e

II – entidades não governamentais, seus gestores, operadores e prepostos às medidas previstas no inciso II e no § 1.º do art. 97 da Lei n. 8.069, de 13 de julho de 1990 (Estatuto da Criança e do Adolescente).

Parágrafo único. A aplicação das medidas previstas neste artigo dar-se-á a partir da análise de relatório circunstanciado elaborado após as avaliações, sem prejuízo do que determinam os arts. 191 a 197, 225 a 227, 230 a 236, 243 e 245 a 247 da Lei n. 8.069, de 13 de julho de 1990 (Estatuto da Criança e do Adolescente).

Art. 29. Àqueles que, mesmo não sendo agentes públicos, induzam ou concorram, sob qualquer forma, direta ou indireta, para o não cumprimento desta Lei, aplicam-se, no que couber, as penalidades dispostas na Lei n. 8.429, de 2 de junho de 1992, que dispõe sobre as sanções aplicáveis aos agentes públicos nos casos de enriquecimento ilícito no exercício de mandato, cargo, emprego ou função na administração pública direta, indireta ou fundacional e dá outras providências (Lei de Improbidade Administrativa).

Capítulo VII
DO FINANCIAMENTO E DAS PRIORIDADES

Art. 30. O Sinase será cofinanciado com recursos dos orçamentos fiscal e da seguridade social, além de outras fontes.

§ 1.º (*Vetado.*)

§ 2.º Os entes federados que tenham instituído seus sistemas de atendimento socioeducativo terão acesso aos recursos na forma de transferência adotada pelos órgãos integrantes do Sinase.

§ 3.º Os entes federados beneficiados com recursos dos orçamentos dos órgãos responsáveis pelas políticas integrantes do Sinase, ou de outras fontes, estão sujeitos às normas e procedimentos de monitoramento estabelecidos pelas instâncias dos órgãos das políticas setoriais envolvidas, sem prejuízo do disposto nos incisos IX e X do art. 4.º, nos incisos V e VI do art. 5.º e no art. 6.º desta Lei.

Art. 31. Os Conselhos de Direitos, nas 3 (três) esferas de governo, definirão, anualmente, o percentual de recursos dos Fundos dos Direitos da Criança e do Adolescente a serem aplicados no financiamento das ações previstas nesta Lei, em especial para capacitação, sistemas de informação e de avaliação.

Parágrafo único. Os entes federados beneficiados com recursos do Fundo dos Direitos da Criança e do Adolescente para ações de atendimento socioeducativo prestarão informações sobre o desempenho dessas ações por meio do Sistema de Informações sobre Atendimento Socioeducativo.

....

Título II
DA EXECUÇÃO DAS MEDIDAS SOCIOEDUCATIVAS

Capítulo I
DISPOSIÇÕES GERAIS

Art. 35. A execução das medidas socioeducativas reger-se-á pelos seguintes princípios:

I – legalidade, não podendo o adolescente receber tratamento mais gravoso do que o conferido ao adulto;

II – excepcionalidade da intervenção judicial e da imposição de medidas, favorecendo-se meios de autocomposição de conflitos;

III – prioridade a práticas ou medidas que sejam restaurativas e, sempre que possível, atendam às necessidades das vítimas;

IV – proporcionalidade em relação à ofensa cometida;

V – brevidade da medida em resposta ao ato cometido, em especial o respeito ao que dispõe o art. 122 da Lei n. 8.069, de 13 de julho de 1990 (Estatuto da Criança e do Adolescente);

VI – individualização, considerando-se a idade, capacidades e circunstâncias pessoais do adolescente;

VII – mínima intervenção, restrita ao necessário para a realização dos objetivos da medida;

VIII – não discriminação do adolescente, notadamente em razão de etnia, gênero, nacionalidade, classe social, orientação religiosa, política ou sexual, ou associação ou pertencimento a qualquer minoria ou *status*; e

IX – fortalecimento dos vínculos familiares e comunitários no processo socioeducativo.

Capítulo II
DOS PROCEDIMENTOS

Art. 36. A competência para jurisdicionar a execução das medidas socioeducativas segue o determinado pelo art. 146 da Lei n. 8.069, de 13 de julho de 1990 (Estatuto da Criança e do Adolescente).

Art. 37. A defesa e o Ministério Público intervirão, sob pena de nulidade, no procedimento judicial de execução de medida socioeducativa, asseguradas aos seus membros as prerrogativas previstas na Lei n. 8.069, de 13 de julho de 1990 (Estatuto da Criança e do Adolescente), podendo requerer as providências necessárias para adequar a execução aos ditames legais e regulamentares.

Art. 38. As medidas de proteção, de advertência e de reparação do dano, quando aplicadas de forma isolada, serão executadas nos próprios autos do processo de conhecimento, respeitado o disposto nos arts. 143 e 144 da Lei n. 8.069, de 13 de julho de 1990 (Estatuto da Criança e do Adolescente).

Art. 39. Para aplicação das medidas socioeducativas de prestação de serviços à comunidade, liberdade assistida, semiliberdade ou internação, será constituído processo de execução para cada adolescente, respeitado o disposto nos arts. 143 e 144 da Lei n. 8.069, de 13 de julho de 1990 (Estatuto da Criança e do Adolescente), e com autuação das seguintes peças:

I – documentos de caráter pessoal do adolescente existentes no processo de conhecimento, especialmente os que comprovem sua idade; e

II – as indicadas pela autoridade judiciária, sempre que houver necessidade e, obrigatoriamente:

a) cópia da representação;

b) cópia da certidão de antecedentes;

c) cópia da sentença ou acórdão; e

d) cópia de estudos técnicos realizados durante a fase de conhecimento.

Parágrafo único. Procedimento idêntico será observado na hipótese de medida aplicada em sede de remissão, como forma de suspensão do processo.

Art. 40. Autuadas as peças, a autoridade judiciária encaminhará, imediatamente, cópia integral do expediente ao órgão gestor do atendimento socioeducativo, solicitando designação do programa ou da unidade de cumprimento da medida.

Art. 41. A autoridade judiciária dará vistas da proposta de plano individual de que trata o art. 53 desta Lei ao defensor e ao Ministério Público pelo prazo sucessivo de 3 (três) dias, contados do recebimento da proposta encaminhada pela direção do programa de atendimento.

§ 1.º O defensor e o Ministério Público poderão requerer, e o Juiz da Execução poderá determinar, de ofício, a realização de qualquer avaliação ou perícia que entenderem necessárias para complementação do plano individual.

§ 2.º A impugnação ou complementação do plano individual, requerida pelo defensor ou pelo Ministério Público, deverá ser fundamentada, podendo a autoridade judiciária indeferi-la, se entender insuficiente a motivação.

§ 3.º Admitida a impugnação, ou se entender que o plano é inadequado, a autoridade judiciária designará, se necessário, audiência da qual cientificará o defensor, o Ministério Público, a direção do programa de atendimento, o adolescente e seus pais ou responsável.

§ 4.º A impugnação não suspenderá a execução do plano individual, salvo determinação judicial em contrário.

§ 5.º Findo o prazo sem impugnação, considerar-se-á o plano individual homologado.

Art. 42. As medidas socioeducativas de liberdade assistida, de semiliberdade e de internação deverão ser reavaliadas no máximo a cada 6 (seis) meses, podendo a autoridade judiciária, se necessário, designar audiência, no prazo máximo de 10 (dez) dias, cientificando o defensor, o Ministério Público, a direção do programa de atendimento, o adolescente e seus pais ou responsável.

§ 1.º A audiência será instruída com o relatório da equipe técnica do programa de atendimento sobre a evolução do plano de que trata o art. 52 desta Lei e com qualquer outro parecer técnico requerido pelas partes e deferido pela autoridade judiciária.

§ 2.º A gravidade do ato infracional, os antecedentes e o tempo de duração da medida não são fatores que, por si, justifiquem a não substituição da medida por outra menos grave.

§ 3.º Considera-se mais grave a internação, em relação a todas as demais medidas, e mais grave a semiliberdade, em relação às medidas de meio aberto.

Art. 43. A reavaliação da manutenção, da substituição ou da suspensão das medidas de meio aberto ou de privação da liberdade e do respectivo plano individual pode ser solicitada a qualquer tempo, a pedido da direção do programa de atendimento, do defensor, do Ministério Público, do adolescente, de seus pais ou responsável.

§ 1.º Justifica o pedido de reavaliação, entre outros motivos:

I – o desempenho adequado do adolescente com base no seu plano de atendimento individual, antes do prazo da reavaliação obrigatória;

II – a inadaptação do adolescente ao programa e o reiterado descumprimento das atividades do plano individual; e

III – a necessidade de modificação das atividades do plano individual que importem em maior restrição da liberdade do adolescente.

§ 2.º A autoridade judiciária poderá indeferir o pedido, de pronto, se entender insuficiente a motivação.

§ 3.º Admitido o processamento do pedido, a autoridade judiciária, se necessário, designará audiência, observando o princípio do § 1.º do art. 42 desta Lei.

§ 4.º A substituição por medida mais gravosa somente ocorrerá em situações excepcionais, após o devido processo legal, inclusive na hipótese do inciso III do art. 122 da Lei n. 8.069, de 13 de julho de 1990 (Estatuto da Criança e do Adolescente), e deve ser:

I – fundamentada em parecer técnico;

II – precedida de prévia audiência, e nos termos do § 1.º do art. 42 desta Lei.

Art. 44. Na hipótese de substituição da medida ou modificação das atividades do plano individual, a autoridade judiciária remeterá o inteiro teor da decisão à direção do programa de atendimento, assim como as peças que entender relevantes à nova situação jurídica do adolescente.

Parágrafo único. No caso de a substituição da medida importar em vinculação do adolescente a outro programa de atendimento, o plano individual e o histórico do cumprimento da medida deverão acompanhar a transferência.

Art. 45. Se, no transcurso da execução, sobrevier sentença de aplicação de nova medida, a autoridade judiciária procederá à unificação, ouvidos, previamente, o Ministério Público e o defensor, no prazo de 3 (três) dias sucessivos, decidindo-se em igual prazo.

§ 1.º É vedado à autoridade judiciária determinar reinício de cumprimento de medida socioeducativa, ou deixar de considerar os prazos máximos, e de liberação compulsória previstos na Lei n. 8.069, de 13 de julho de 1990 (Estatuto da Criança e do Adolescente), excetuada a hipótese de medida aplicada por ato infracional praticado durante a execução.

§ 2.º É vedado à autoridade judiciária aplicar nova medida de internação, por atos infracionais praticados anteriormente, a adolescente que já tenha concluído cumprimento de medida socioeducativa dessa natureza, ou que tenha sido transferido para cumprimento de medida menos rigorosa, sendo tais atos absorvidos por aqueles aos quais se impôs a medida socioeducativa extrema.

Art. 46. A medida socioeducativa será declarada extinta:

•• *Vide* art. 121, §§ 3.º e 5.º, do ECA.

I – pela morte do adolescente;

II – pela realização de sua finalidade;

III – pela aplicação de pena privativa de liberdade, a ser cumprida em regime fechado ou semiaberto, em execução provisória ou definitiva;

IV – pela condição de doença grave, que torne o adolescente incapaz de submeter-se ao cumprimento da medida; e

V – nas demais hipóteses previstas em lei.

§ 1.º No caso de o maior de 18 (dezoito) anos, em cumprimento de medida socioeducativa, responder a processo-crime, caberá à autoridade judiciária decidir sobre eventual extinção da execução, cientificando da decisão o juízo criminal competente.

§ 2.º Em qualquer caso, o tempo de prisão cautelar não convertida em pena privativa de liberdade deve ser descontado do prazo de cumprimento da medida socioeducativa.

Art. 47. O mandado de busca e apreensão do adolescente terá vigência máxima de 6 (seis) meses, a contar da data da expedição, podendo, se necessário, ser renovado, fundamentadamente.

Art. 48. O defensor, o Ministério Público, o adolescente e seus pais ou responsável poderão postular revisão judicial de qualquer sanção disciplinar aplicada, podendo a autoridade judiciária suspender a execução da sanção até decisão final do incidente.

§ 1.º Postulada a revisão após ouvida a autoridade colegiada que aplicou a sanção e havendo provas a produzir em audiência, procederá o magistrado na forma do § 1.º do art. 42 desta Lei.

§ 2.º É vedada a aplicação de sanção disciplinar de isolamento a adolescente interno, exceto seja essa imprescindível para garantia da segurança de outros internos ou do próprio adolescente a quem seja imposta a sanção, sendo necessária ainda comunicação ao defensor, ao Ministério Público e à autoridade judiciária em até 24 (vinte e quatro) horas.

Capítulo III
DOS DIREITOS INDIVIDUAIS

Art. 49. São direitos do adolescente submetido ao cumprimento de medida socioeducativa, sem prejuízo de outros previstos em lei:

I – ser acompanhado por seus pais ou responsável e por seu defensor, em qualquer fase do procedimento administrativo ou judicial;

II – ser incluído em programa de meio aberto quando inexistir vaga para o cumprimento de medida de privação da liberdade, exceto nos casos de ato infracional cometido mediante grave ameaça ou violência à pessoa, quando o adolescente deverá ser internado em Unidade mais próxima de seu local de residência;

III – ser respeitado em sua personalidade, intimidade, liberdade de pensamento e religião e em todos os direitos não expressamente limitados na sentença;

IV – peticionar, por escrito ou verbalmente, diretamente a qualquer autoridade ou órgão público, devendo, obrigatoriamente, ser respondido em até 15 (quinze) dias;

V – ser informado, inclusive por escrito, das normas de organização e funcionamento do programa de atendimento e também das previsões de natureza disciplinar;

VI – receber, sempre que solicitar, informações sobre a evolução de seu plano individual, participando, obrigatoriamente, de sua elaboração e, se for o caso, reavaliação;

VII – receber assistência integral à sua saúde, conforme o disposto no art. 60 desta Lei; e

VIII – ter atendimento garantido em creche e pré-escola aos filhos de 0 (zero) a 5 (cinco) anos.

§ 1.º As garantias processuais destinadas a adolescente autor de ato infracional previstas na Lei n. 8.069, de 13 de julho de 1990 (Estatuto da Criança e do Adolescente), aplicam-se integralmente na execução das medidas socioeducativas, inclusive no âmbito administrativo.

§ 2.º A oferta irregular de programas de atendimento socioeducativo em meio aberto não poderá ser invocada como motivo para aplicação ou manutenção de medida de privação da liberdade.

•• *Vide* art. 15 desta Lei.

Art. 50. Sem prejuízo do disposto no § 1.º do art. 121 da Lei n. 8.069, de 13 de julho de 1990 (Estatuto da Criança e do Adolescente), a direção do programa de execução de medida de privação da liberdade poderá autorizar a saída, monitorada, do adolescente nos casos de tratamento médico, doença grave ou falecimento, devidamente comprovados, de pai, mãe, filho, cônjuge, companheiro ou irmão, com imediata comunicação ao juízo competente.

Art. 51. A decisão judicial relativa à execução de medida socioeducativa será proferida após manifestação do defensor e do Ministério Público.

Capítulo IV
DO PLANO INDIVIDUAL DE ATENDIMENTO (PIA)

Art. 52. O cumprimento das medidas socioeducativas, em regime de prestação de serviços à comunidade, liberdade assistida, semiliberdade ou internação, dependerá de Plano Individual de Atendimento (PIA), instrumento de previsão, registro e gestão das atividades a serem desenvolvidas com o adolescente.

Parágrafo único. O PIA deverá contemplar a participação dos pais ou responsáveis, os quais têm o dever de contribuir com o processo ressocializador do adolescente, sendo esses passíveis de responsabilização administrativa, nos termos do art. 249 da Lei n. 8.069, de 13 de julho de 1990 (Estatuto da Criança e do Adolescente), civil e criminal.

Art. 53. O PIA será elaborado sob a responsabilidade da equipe técnica do respectivo programa de atendimento, com a participação efetiva do adolescente e de sua família, representada por seus pais ou responsável.

•• *Vide* art. 41 desta Lei.

Art. 54. Constarão do plano individual, no mínimo:

I – os resultados da avaliação interdisciplinar;

II – os objetivos declarados pelo adolescente;

III – a previsão de suas atividades de integração social e/ou capacitação profissional;

IV – atividades de integração e apoio à família;

V – formas de participação da família para efetivo cumprimento do plano individual; e

VI – as medidas específicas de atenção à sua saúde.

Art. 55. Para o cumprimento das medidas de semiliberdade ou de internação, o plano individual conterá, ainda:

I – a designação do programa de atendimento mais adequado para o cumprimento da medida;

II – a definição das atividades internas e externas, individuais ou coletivas, das quais o adolescente poderá participar; e

III – a fixação das metas para o alcance de desenvolvimento de atividades externas.

Parágrafo único. O PIA será elaborado no prazo de até 45 (quarenta e cinco) dias da data do ingresso do adolescente no programa de atendimento.

Art. 56. Para o cumprimento das medidas de prestação de serviços à comunidade e de liberdade assistida, o PIA será elaborado no prazo de até 15 (quinze) dias do ingresso do adolescente no programa de atendimento.

Art. 57. Para a elaboração do PIA, a direção do respectivo programa de atendimento, pessoalmente ou por meio de membro da equipe técnica, terá acesso aos autos do procedimento de apuração do ato infracional e aos dos procedimentos de apuração de outros atos infracionais atribuídos ao mesmo adolescente.

§ 1.º O acesso aos documentos de que trata o *caput* deverá ser realizado por funcionário da entidade de atendimento, devidamente credenciado para tal atividade, ou por membro da direção, em conformidade com as normas a serem definidas pelo Poder Judiciário, de forma a preservar o que determinam os arts. 143 e 144 da Lei n. 8.069, de 13 de julho de 1990 (Estatuto da Criança e do Adolescente).

§ 2.º A direção poderá requisitar, ainda:

I – ao estabelecimento de ensino, o histórico escolar do adolescente e as anotações sobre o seu aproveitamento;

II – os dados sobre o resultado de medida anteriormente aplicada e cumprida em outro programa de atendimento; e

III – os resultados de acompanhamento especializado anterior.

Art. 58. Por ocasião da reavaliação da medida, é obrigatória a apresentação pela direção do programa de atendimento de relatório da equipe técnica sobre a evolução do adolescente no cumprimento do plano individual.

Art. 59. O acesso ao plano individual será restrito aos servidores do respectivo programa de atendimento, ao adolescente e a seus pais ou responsável, ao Ministério Público e ao defensor, exceto expressa autorização judicial.

Capítulo V
DA ATENÇÃO INTEGRAL À SAÚDE DE ADOLESCENTE EM CUMPRIMENTO DE MEDIDA SOCIOEDUCATIVA

Seção I
Disposições Gerais

Art. 60. A atenção integral à saúde do adolescente no Sistema de Atendimento Socioeducativo seguirá as seguintes diretrizes:

I – previsão, nos planos de atendimento socioeducativo, em todas as esferas, da implantação de ações de promoção da saúde, com o objetivo de integrar as ações socioeducativas, estimulando a autonomia, a melhoria das relações interpessoais e o fortalecimento de redes de apoio aos adolescentes e suas famílias;

II – inclusão de ações e serviços para a promoção, proteção, prevenção de agravos e doenças e recuperação da saúde;

III – cuidados especiais em saúde mental, incluindo os relacionados ao uso de álcool e outras substâncias psicoativas, e atenção aos adolescentes com deficiências;

IV – disponibilização de ações de atenção à saúde sexual e reprodutiva e à prevenção de doenças sexualmente transmissíveis;

V – garantia de acesso a todos os níveis de atenção à saúde, por meio de referência e contrarreferência, de acordo com as normas do Sistema Único de Saúde (SUS);

VI – capacitação das equipes de saúde e dos profissionais das entidades de atendimento, bem como daqueles que atuam nas unidades de saúde de referência voltadas às especificidades de saúde dessa população e de suas famílias;

VII – inclusão, nos Sistemas de Informação de Saúde do SUS, bem como no Sistema de Informações sobre Atendimento Socioeducativo, de dados e indicadores de saúde da população de adolescentes em atendimento socioeducativo; e

VIII – estruturação das unidades de internação conforme as normas de referência do SUS e do Sinase, visando ao atendimento das necessidades de Atenção Básica.

Art. 61. As entidades que ofereçam programas de atendimento socioeducativo em meio aberto e de semiliberdade deverão prestar orientações aos socioeducandos sobre o acesso aos serviços e às unidades do SUS.

Art. 62. As entidades que ofereçam programas de privação de liberdade deverão contar com uma equipe mínima de profissionais de saúde cuja composição esteja em conformidade com as normas de referência do SUS.

Art. 63. (*Vetado.*)

§ 1.º O filho de adolescente nascido nos estabelecimentos referidos no *caput* deste artigo não terá tal informação lançada em seu registro de nascimento.

§ 2.º Serão asseguradas as condições necessárias para que a adolescente submetida à execução de medida socioeducativa de privação de liberdade permaneça com o seu filho durante o período de amamentação.

Seção II
Do Atendimento a Adolescente com Transtorno Mental e com Dependência de Álcool e de Substância Psicoativa

Art. 64. O adolescente em cumprimento de medida socioeducativa que apresente indícios de transtorno mental, de deficiência mental, ou associadas, deverá ser avaliado por equipe técnica multidisciplinar e multissetorial.

§ 1.º As competências, a composição e a atuação da equipe técnica de que trata o *caput* deverão seguir, conjuntamente, as normas de referência do SUS e do Sinase, na forma do regulamento.

§ 2.º A avaliação de que trata o *caput* subsidiará a elaboração e execução da terapêutica a ser adotada, a qual será incluída no PIA do adolescente, prevendo, se necessário, ações voltadas para a família.

§ 3.º As informações produzidas na avaliação de que trata o *caput* são consideradas sigilosas.

§ 4.º Excepcionalmente, o juiz poderá suspender a execução da medida socioeducativa, ouvidos o defensor e o Ministério Público, com vistas a incluir o adolescente em programa de atenção integral à saúde mental que melhor atenda aos objetivos terapêuticos estabelecidos para o seu caso específico.

§ 5.º Suspensa a execução da medida socioeducativa, o juiz designará o responsável por acompanhar e informar sobre a evolução do atendimento ao adolescente.

§ 6.º A suspensão da execução da medida socioeducativa será avaliada, no mínimo, a cada 6 (seis) meses.

§ 7.º O tratamento a que se submeterá o adolescente deverá observar o previsto na Lei n. 10.216, de 6 de abril de 2001, que dispõe sobre a proteção e os direitos das pessoas portadoras de transtornos mentais e redireciona o modelo assistencial em saúde mental.

§ 8.º (*Vetado.*)

Art. 65. Enquanto não cessada a jurisdição da Infância e Juventude, a autoridade judiciária, nas hipóteses tratadas no art. 64, poderá remeter cópia dos autos ao Ministério Público para eventual propositura de interdição e outras providências pertinentes.

Art. 66. (*Vetado.*)

Capítulo VI
DAS VISITAS A ADOLESCENTE EM CUMPRIMENTO DE MEDIDA DE INTERNAÇÃO

Art. 67. A visita do cônjuge, companheiro, pais ou responsáveis, parentes e amigos a adolescente a quem foi aplicada medida socioeducativa de internação observará dias e horários próprios definidos pela direção do programa de atendimento.

Art. 68. É assegurado ao adolescente casado ou que viva, comprovadamente, em união estável o direito à visita íntima.

Parágrafo único. O visitante será identificado e registrado pela direção do programa de atendimento, que emitirá documento de identificação, pessoal e intransferível, específico para a realização da visita íntima.

Art. 69. É garantido aos adolescentes em cumprimento de medida socioeducativa de internação o direito de receber visita dos filhos, independentemente da idade desses.

Art. 70. O regulamento interno estabelecerá as hipóteses de proibição da entrada de objetos na unidade de internação, vedando o acesso aos seus portadores.

Capítulo VII
DOS REGIMES DISCIPLINARES

Art. 71. Todas as entidades de atendimento socioeducativo deverão, em seus respectivos regimentos, realizar a previsão de regime disciplinar que obedeça aos seguintes princípios:

I – tipificação explícita das infrações como leves, médias e graves e determinação das correspondentes sanções;

II – exigência da instauração formal de processo disciplinar para a aplicação de qualquer sanção, garantidos a ampla defesa e o contraditório;

III – obrigatoriedade de audiência do socioeducando nos casos em que seja necessária a instauração de processo disciplinar;

IV – sanção de duração determinada;

V – enumeração das causas ou circunstâncias que eximam, atenuem ou agravem a sanção a ser imposta ao socioeducando, bem como os requisitos para a extinção dessa;

VI – enumeração explícita das garantias de defesa;

VII – garantia de solicitação e rito de apreciação dos recursos cabíveis; e

VIII – apuração da falta disciplinar por comissão composta por, no mínimo, 3 (três) integrantes, sendo 1 (um), obrigatoriamente, oriundo da equipe técnica.

Art. 72. O regime disciplinar é independente da responsabilidade civil ou penal que advenha do ato cometido.

• *Vide* art. 15 desta Lei.

Art. 73. Nenhum socioeducando poderá desempenhar função ou tarefa de apuração disciplinar ou aplicação de sanção nas entidades de atendimento socioeducativo.

Art. 74. Não será aplicada sanção disciplinar sem expressa e anterior previsão legal ou regulamentar e o devido processo administrativo.

Art. 75. Não será aplicada sanção disciplinar ao socioeducando que tenha praticado a falta:

I – por coação irresistível ou por motivo de força maior;

II – em legítima defesa, própria ou de outrem.

....

Título III
DISPOSIÇÕES FINAIS E TRANSITÓRIAS

Art. 81. As entidades que mantenham programas de atendimento têm o prazo de até 6 (seis) meses após a publicação desta Lei para encaminhar ao respectivo Conselho Estadual ou Municipal dos Direitos da Criança e do Adolescente proposta de adequação da sua inscrição, sob pena de interdição.

Art. 82. Os Conselhos dos Direitos da Criança e do Adolescente, em todos os níveis federados, com os órgãos responsáveis pelo sistema de educação pública e as entidades de atendimento, deverão, no prazo de 1 (um) ano a partir da publicação desta Lei, garantir a inserção de adolescentes em cumprimento de medida socioeducativa na rede pública de educação, em qualquer fase do período letivo, contemplando as diversas faixas etárias e níveis de instrução.

Art. 83. Os programas de atendimento socioeducativo sob a responsabilidade do Poder Judiciário serão, obrigatoriamente, transferidos ao Poder Executivo no prazo máximo de 1 (um) ano a partir da publicação desta Lei e de acordo com a política de oferta dos programas aqui definidos.

Art. 84. Os programas de internação e semiliberdade sob a responsabilidade dos Municípios serão, obrigatoriamente, transferidos para o Poder Executivo do respectivo Estado no prazo máximo de 1 (um) ano a partir da publicação desta Lei e de acordo com a política de oferta dos programas aqui definidos.

Art. 85. A não transferência de programas de atendimento para os devidos entes responsáveis, no prazo determinado nesta Lei, importará na interdição do programa e caracterizará ato de improbidade administrativa do agente responsável, vedada, ademais, ao Poder Judiciário e ao Poder Executivo municipal, ao final do referido prazo, a realização de despesas para a sua manutenção.

Art. 86. Os arts. 90, 97, 121, 122, 198 e 208 da Lei n. 8.069, de 13 de julho de 1990 (Estatuto da Criança e do Adolescente), passam a vigorar com a seguinte redação:

•• Alterações já processadas no diploma modificado.

Art. 87. A Lei n. 8.069, de 13 de julho de 1990 (Estatuto da Criança e do Adolescente), passa a vigorar com as seguintes alterações:

•• Alterações já processadas no diploma modificado.

....

Art. 89. (*Vetado.*)

Art. 90. Esta Lei entra em vigor após decorridos 90 (noventa) dias de sua publicação oficial.

Brasília, 18 de janeiro de 2012; 191.º da Independência e 124.º da República.

Dilma Rousseff

LEI N. 12.662, DE 5 DE JUNHO DE 2012 (*)

Assegura validade nacional à Declaração de Nascido Vivo – DNV, regula sua expedição, altera a Lei n. 6.015, de 31 de dezembro de 1973, e dá outras providências.

A Presidenta da República

Faço saber que o Congresso Nacional decreta e eu sanciono a seguinte Lei:

Art. 1.º Esta Lei regula a expedição e a validade nacional da Declaração de Nascido Vivo.

Art. 2.º A Declaração de Nascido Vivo tem validade em todo o território nacional até que seja lavrado o assento do registro do nascimento.

Art. 3.º A Declaração de Nascido Vivo será emitida para todos os nascimentos com vida ocorridos no País e será válida exclusivamente para fins de elaboração de políticas públicas e lavratura do assento de nascimento.

§ 1.º A Declaração de Nascido Vivo deverá ser emitida por profissional de saúde responsável pelo acompanhamento da gestação, do parto ou do recém-nascido, inscrito no Cadastro Nacional de Estabelecimentos de Saúde – CNES ou no respectivo Conselho profissional.

§ 2.º A Declaração de Nascido Vivo não substitui ou dispensa, em qualquer hipótese, o registro civil de nascimento, obrigatório e gratuito, nos termos da Lei.

Art. 4.º A Declaração de Nascido Vivo deverá conter número de identificação nacionalmente unificado, a ser gerado exclusivamente pelo Ministério da Saúde, além dos seguintes dados:

I – nome e prenome do indivíduo;

II – dia, mês, ano, hora e Município de nascimento;

III – sexo do indivíduo;

IV – informação sobre gestação múltipla, quando for o caso;

V – nome e prenome, naturalidade, profissão, endereço de residência da mãe e sua idade na ocasião do parto;

VI – nome e prenome do pai; e

• *Vide* § 3.º deste artigo.

VII – outros dados a serem definidos em regulamento.

§ 1.º O prenome previsto no inciso I não pode expor seu portador ao ridículo.

§ 2.º Caso não seja possível determinar a hora do nascimento, prevista no inciso II, admite-se a declaração da hora aproximada.

§ 3.º A declaração e o preenchimento dos dados do inciso VI são facultativos.

§ 4.º A Declaração de Nascido Vivo deverá conter inscrição indicando que o registro civil de nascimento permanece obrigatório, não sendo substituído por esse documento.

(*) Publicada no *DOU*, de 6-6-2012.

§ 5.º A Declaração de Nascido Vivo deverá conter campo para que sejam descritas, quando presentes, as anomalias ou malformações congênitas observadas.

•• § 5.º acrescentado pela Lei n. 13.685, de 25-6-2018.

Art. 5.º Os dados colhidos nas Declarações de Nascido Vivo serão consolidados em sistema de informação do Ministério da Saúde.

§ 1.º Os dados do sistema previsto no *caput* poderão ser compartilhados com outros órgãos públicos, para elaboração de estatísticas voltadas ao desenvolvimento, avaliação e monitoramento de políticas públicas, respeitadas as normas do Ministério da Saúde sobre acesso a informações que exigem confidencialidade.

§ 2.º O sistema previsto no *caput* deverá assegurar a interoperabilidade com o sistema de registro eletrônico determinado pela Lei n. 11.977, de 7 de julho de 2009, de modo a permitir a troca de dados com os serviços de registro civil de pessoas naturais.

• Citado diploma consta deste volume.

§ 3.º O sistema previsto no *caput* deverá assegurar a interoperabilidade com o Sistema Nacional de Informações de Registro Civil (Sirc).

•• § 3.º acrescentado pela Lei n. 13.257, de 8-3-2016.

§ 4.º Os estabelecimentos de saúde públicos e privados que realizam partos terão prazo de 1 (um) ano para se interligarem, mediante sistema informatizado, às serventias de registro civil existentes nas unidades federativas que aderirem ao sistema interligado previsto em regramento do Conselho Nacional de Justiça (CNJ).

•• § 4.º acrescentado pela Lei n. 13.257, de 8-3-2016.

Art. 6.º Os arts. 49 e 54 da Lei n. 6.015, de 31 de dezembro de 1973, passam a vigorar com a seguinte redação:

•• Alterações já processadas no diploma modificado.

Art. 7.º Esta Lei entra em vigor na data de sua publicação.

Brasília, 5 de junho de 2012; 191.º da Independência e 124.º da República.

DILMA ROUSSEFF

LEI N. 12.846, DE 1.º DE AGOSTO DE 2013 (*)

Dispõe sobre a responsabilização administrativa e civil de pessoas jurídicas pela prática de atos contra a administração pública, nacional ou estrangeira, e dá outras providências.

A Presidenta da República

Faço saber que o Congresso Nacional decreta e eu sanciono a seguinte Lei:

Capítulo I
DISPOSIÇÕES GERAIS

Art. 1.º Esta Lei dispõe sobre a responsabilização objetiva administrativa e civil de pessoas jurídicas pela prática de atos contra a administração pública, nacional ou estrangeira.

•• *Vide* art. 12, § 7.º, da Lei n. 8.429, de 2-6-1992.

• Responsabilidade Civil: arts. 927 e s. do CC.

Parágrafo único. Aplica-se o disposto nesta Lei às sociedades empresárias e às sociedades simples, personificadas ou não, independentemente da forma de organização ou modelo societário adotado, bem como a quaisquer fundações, associações de entidades ou pessoas, ou sociedades estrangeiras, que tenham sede, filial ou representação no território brasileiro, constituídas de fato ou de direito, ainda que temporariamente.

• *Vide* art. 5.º, *caput*, desta Lei.

Art. 2.º As pessoas jurídicas serão responsabilizadas objetivamente, nos âmbitos administrativo e civil, pelos atos lesivos previstos nesta Lei praticados em seu interesse ou benefício, exclusivo ou não.

Art. 3.º A responsabilização da pessoa jurídica não exclui a responsabilidade individual de seus dirigentes ou administradores ou de qualquer pessoa natural, autora, coautora ou partícipe do ato ilícito.

§ 1.º A pessoa jurídica será responsabilizada independentemente da responsabilização individual das pessoas naturais referidas no *caput*.

§ 2.º Os dirigentes ou administradores somente serão responsabilizados por atos ilícitos na medida da sua culpabilidade.

Art. 4.º Subsiste a responsabilidade da pessoa jurídica na hipótese de alteração contratual, transformação, incorporação, fusão ou cisão societária.

§ 1.º Nas hipóteses de fusão e incorporação, a responsabilidade da sucessora será restrita à obrigação de pagamento de multa e reparação integral do dano causado, até o limite do patrimônio transferido, não lhe sendo aplicáveis as demais sanções previstas nesta Lei decorrentes de atos e fatos ocorridos antes da data da fusão ou incorporação, exceto no caso de simulação ou evidente intuito de fraude, devidamente comprovados.

§ 2.º As sociedades controladoras, controladas, coligadas ou, no âmbito do respectivo contrato, as consorciadas serão solidariamente responsáveis pela prática dos atos previstos nesta Lei, restringindo-se tal responsabilidade à obrigação de pagamento de multa e reparação integral do dano causado.

Capítulo II
DOS ATOS LESIVOS À ADMINISTRAÇÃO PÚBLICA NACIONAL OU ESTRANGEIRA

Art. 5.º Constituem atos lesivos à administração pública, nacional ou estrangeira, para os fins desta Lei, todos aqueles praticados pelas pessoas jurídicas mencionadas no

(*) Publicada no *DOU*, de 2-8-2013. Regulamentada pelo Decreto n. 8.420, de 18-3-2015.

parágrafo único do art. 1.º, que atentem contra o patrimônio público nacional ou estrangeiro, contra princípios da administração pública ou contra os compromissos internacionais assumidos pelo Brasil, assim definidos:

• *Vide* art. 19 desta Lei.

I – prometer, oferecer ou dar, direta ou indiretamente, vantagem indevida a agente público, ou a terceira pessoa a ele relacionada;

II – comprovadamente, financiar, custear, patrocinar ou de qualquer modo subvencionar a prática dos atos ilícitos previstos nesta Lei;

III – comprovadamente, utilizar-se de interposta pessoa física ou jurídica para ocultar ou dissimular seus reais interesses ou a identidade dos beneficiários dos atos praticados;

IV – no tocante a licitações e contratos:

a) frustrar ou fraudar, mediante ajuste, combinação ou qualquer outro expediente, o caráter competitivo de procedimento licitatório público;

b) impedir, perturbar ou fraudar a realização de qualquer ato de procedimento licitatório público;

c) afastar ou procurar afastar licitante, por meio de fraude ou oferecimento de vantagem de qualquer tipo;

d) fraudar licitação pública ou contrato dela decorrente;

e) criar, de modo fraudulento ou irregular, pessoa jurídica para participar de licitação pública ou celebrar contrato administrativo;

f) obter vantagem ou benefício indevido, de modo fraudulento, de modificações ou prorrogações de contratos celebrados com a administração pública, sem autorização em lei, no ato convocatório da licitação pública ou nos respectivos instrumentos contratuais; ou

g) manipular ou fraudar o equilíbrio econômico-financeiro dos contratos celebrados com a administração pública;

V – dificultar atividade de investigação ou fiscalização de órgãos, entidades ou agentes públicos, ou intervir em sua atuação, inclusive no âmbito das agências reguladoras e dos órgãos de fiscalização do sistema financeiro nacional.

§ 1.º Considera-se administração pública estrangeira os órgãos e entidades estatais ou representações diplomáticas de país estrangeiro, de qualquer nível ou esfera de governo, bem como as pessoas jurídicas controladas, direta ou indiretamente, pelo poder público de país estrangeiro.

§ 2.º Para os efeitos desta Lei, equiparam-se à administração pública estrangeira as organizações públicas internacionais.

§ 3.º Considera-se agente público estrangeiro, para os fins desta Lei, quem, ainda que transitoriamente ou sem remuneração, exerça cargo, emprego ou função pública em órgãos, entidades estatais ou em representações diplomáticas de país estrangeiro, assim como em pessoas jurídicas controladas, direta ou indiretamente, pelo poder público de país estrangeiro ou em organizações públicas internacionais.

Capítulo III
DA RESPONSABILIZAÇÃO ADMINISTRATIVA

Art. 6.º Na esfera administrativa, serão aplicadas às pessoas jurídicas consideradas responsáveis pelos atos lesivos previstos nesta Lei as seguintes sanções:

• *Vide* art. 20 desta Lei.

I – multa, no valor de 0,1% (um décimo por cento) a 20% (vinte por cento) do faturamento bruto do último exercício anterior ao da instauração do processo administrativo, excluídos os tributos, a qual nunca será inferior à vantagem auferida, quando for possível sua estimação; e

II – publicação extraordinária da decisão condenatória.

§ 1.º As sanções serão aplicadas fundamentadamente, isolada ou cumulativamente, de acordo com as peculiaridades do caso concreto e com a gravidade e natureza das infrações.

§ 2.º A aplicação das sanções previstas neste artigo será precedida da manifestação jurídica elaborada pela Advocacia Pública ou pelo órgão de assistência jurídica, ou equivalente, do ente público.

§ 3.º A aplicação das sanções previstas neste artigo não exclui, em qualquer hipótese, a obrigação da reparação integral do dano causado.

§ 4.º Na hipótese do inciso I do *caput*, caso não seja possível utilizar o critério do valor do faturamento bruto da pessoa jurídica, a multa será de R$ 6.000,00 (seis mil reais) a R$ 60.000.000,00 (sessenta milhões de reais).

§ 5.º A publicação extraordinária da decisão condenatória ocorrerá na forma de extrato de sentença, a expensas da pessoa jurídica, em meios de comunicação de grande circulação na área da prática da infração e de atuação da pessoa jurídica ou, na sua falta, em publicação de circulação nacional, bem como por meio de afixação de edital, pelo prazo mínimo de 30 (trinta) dias, no próprio estabelecimento ou no local de exercício da atividade, de modo visível ao público, e no sítio eletrônico na rede mundial de computadores.

§ 6.º (*Vetado.*)

Art. 7.º Serão levados em consideração na aplicação das sanções:

• *Vide* art. 19, § 4.º, desta Lei.

I – a gravidade da infração;

II – a vantagem auferida ou pretendida pelo infrator;

III – a consumação ou não da infração;

IV – o grau de lesão ou perigo de lesão;

V – o efeito negativo produzido pela infração;

VI – a situação econômica do infrator;

VII – a cooperação da pessoa jurídica para a apuração das infrações;

VIII – a existência de mecanismos e procedimentos internos de integridade, auditoria e incentivo à denúncia de irregularidades e a aplicação efetiva de códigos de ética e de conduta no âmbito da pessoa jurídica;

IX – o valor dos contratos mantidos pela pessoa jurídica com o órgão ou entidade pública lesados; e

X – (*Vetado*.)

Parágrafo único. Os parâmetros de avaliação de mecanismos e procedimentos previstos no inciso VIII do *caput* serão estabelecidos em regulamento do Poder Executivo federal.

Capítulo IV
DO PROCESSO ADMINISTRATIVO DE RESPONSABILIZAÇÃO

Art. 8.º A instauração e o julgamento de processo administrativo para apuração da responsabilidade de pessoa jurídica cabem à autoridade máxima de cada órgão ou entidade dos Poderes Executivo, Legislativo e Judiciário, que agirá de ofício ou mediante provocação, observados o contraditório e a ampla defesa.

§ 1.º A competência para a instauração e o julgamento do processo administrativo de apuração de responsabilidade da pessoa jurídica poderá ser delegada, vedada a subdelegação.

§ 2.º No âmbito do Poder Executivo federal, a Controladoria-Geral da União - CGU terá competência concorrente para instaurar processos administrativos de responsabilização de pessoas jurídicas ou para avocar os processos instaurados com fundamento nesta Lei, para exame de sua regularidade ou para corrigir-lhes o andamento.

Art. 9.º Competem à Controladoria-Geral da União - CGU a apuração, o processo e o julgamento dos atos ilícitos previstos nesta Lei, praticados contra a administração pública estrangeira, observado o disposto no Artigo 4 da Convenção sobre o Combate da Corrupção de Funcionários Públicos Estrangeiros em Transações Comerciais Internacionais, promulgada pelo Decreto n. 3.678, de 30 de novembro de 2000.

Art. 10. O processo administrativo para apuração da responsabilidade de pessoa jurídica será conduzido por comissão designada pela autoridade instauradora e composta por 2 (dois) ou mais servidores estáveis.

§ 1.º O ente público, por meio do seu órgão de representação judicial, ou equivalente, a pedido da comissão a que se refere o *caput*, poderá requerer as medidas judiciais necessárias para a investigação e o processamento das infrações, inclusive de busca e apreensão.

§ 2.º A comissão poderá, cautelarmente, propor à autoridade instauradora que suspenda os efeitos do ato ou processo objeto da investigação.

§ 3.º A comissão deverá concluir o processo no prazo de 180 (cento e oitenta) dias contados da data da publicação do ato que a instituir e, ao final, apresentar relatórios sobre os fatos apurados e eventual responsabilidade da pessoa jurídica, sugerindo de forma motivada as sanções a serem aplicadas.

§ 4.º O prazo previsto no § 3.º poderá ser prorrogado, mediante ato fundamentado da autoridade instauradora.

Art. 11. No processo administrativo para apuração de responsabilidade, será concedido à pessoa jurídica prazo de 30 (trinta) dias para defesa, contados a partir da intimação.

Art. 12. O processo administrativo, com o relatório da comissão, será remetido à autoridade instauradora, na forma do art. 10, para julgamento.

Art. 13. A instauração de processo administrativo específico de reparação integral do dano não prejudica a aplicação imediata das sanções estabelecidas nesta Lei.

Parágrafo único. Concluído o processo e não havendo pagamento, o crédito apurado será inscrito em dívida ativa da fazenda pública.

Art. 14. A personalidade jurídica poderá ser desconsiderada sempre que utilizada com abuso do direito para facilitar, encobrir ou dissimular a prática dos atos ilícitos previstos nesta Lei ou para provocar confusão patrimonial, sendo estendidos todos os efeitos das sanções aplicadas à pessoa jurídica aos seus administradores e sócios com poderes de administração, observados o contraditório e a ampla defesa.

Art. 15. A comissão designada para apuração da responsabilidade de pessoa jurídica, após a conclusão do procedimento administrativo, dará conhecimento ao Ministério Público de sua existência, para apuração de eventuais delitos.

Capítulo V
DO ACORDO DE LENIÊNCIA

Art. 16. A autoridade máxima de cada órgão ou entidade pública poderá celebrar acordo de leniência com as pessoas jurídicas responsáveis pela prática dos atos previstos nesta Lei que colaborem efetivamente com as investigações e o processo administrativo, sendo que dessa colaboração resulte:

I – a identificação dos demais envolvidos na infração, quando couber; e

II – a obtenção célere de informações e documentos que comprovem o ilícito sob apuração.

§ 1.º O acordo de que trata o *caput* somente poderá ser celebrado se preenchidos, cumulativamente, os seguintes requisitos:

I – a pessoa jurídica seja a primeira a se manifestar sobre seu interesse em cooperar para a apuração do ato ilícito;

II – a pessoa jurídica cesse completamente seu envolvimento na infração investigada a partir da data de propositura do acordo;

III – a pessoa jurídica admita sua participação no ilícito e coopere plena e permanentemente com as investigações e o processo administrativo, comparecendo, sob suas expensas, sempre que solicitada, a todos os atos processuais, até seu encerramento.

§ 2.º A celebração do acordo de leniência isentará a pessoa jurídica das sanções previstas no inciso II do art. 6.º e no inciso IV do art. 19 e reduzirá em até 2/3 (dois terços) o valor da multa aplicável.

§ 3.º O acordo de leniência não exime a pessoa jurídica da obrigação de reparar integralmente o dano causado.

§ 4.º O acordo de leniência estipulará as condições necessárias para assegurar a efetividade da colaboração e o resultado útil do processo.

§ 5.º Os efeitos do acordo de leniência serão estendidos às pessoas jurídicas que integram o mesmo grupo econômico, de fato e de direito, desde que firmem o acordo em conjunto, respeitadas as condições nele estabelecidas.

§ 6.º A proposta de acordo de leniência somente se tornará pública após a efetivação do respectivo acordo, salvo no interesse das investigações e do processo administrativo.

§ 7.º Não importará em reconhecimento da prática do ato ilícito investigado a proposta de acordo de leniência rejeitada.

§ 8.º Em caso de descumprimento do acordo de leniência, a pessoa jurídica ficará impedida de celebrar novo acordo pelo prazo de 3 (três) anos contados do conhecimento pela administração pública do referido descumprimento.

§ 9.º A celebração do acordo de leniência interrompe o prazo prescricional dos atos ilícitos previstos nesta Lei.

§ 10. A Controladoria-Geral da União - CGU é o órgão competente para celebrar os acordos de leniência no âmbito do Poder Executivo federal, bem como no caso de atos lesivos praticados contra a administração pública estrangeira.

•• A Portaria Conjunta n. 4, de 23-9-2019, da CGU, define os procedimentos para negociação, celebração e acompanhamento dos acordos de leniência de que trata este § 10.

Art. 17. A administração pública poderá também celebrar acordo de leniência com a pessoa jurídica responsável pela prática de ilícitos previstos na Lei n. 8.666, de 21 de junho de 1993, com vistas à isenção ou atenuação das sanções administrativas estabelecidas em seus arts. 86 a 88.

Capítulo VI
DA RESPONSABILIZAÇÃO JUDICIAL

Art. 18. Na esfera administrativa, a responsabilidade da pessoa jurídica não afasta a possibilidade de sua responsabilização na esfera judicial.

Art. 19. Em razão da prática de atos previstos no art. 5.º desta Lei, a União, os Estados, o Distrito Federal e os Municípios, por meio das respectivas Advocacias Públicas ou órgãos de representação judicial, ou equivalentes, e o Ministério Público, poderão ajuizar ação com vistas à aplicação das seguintes sanções às pessoas jurídicas infratoras:

I – perdimento dos bens, direitos ou valores que representem vantagem ou proveito direta ou indiretamente obtidos da infração, ressalvado o direito do lesado ou de terceiro de boa-fé;

II – suspensão ou interdição parcial de suas atividades;

III – dissolução compulsória da pessoa jurídica;

IV – proibição de receber incentivos, subsídios, subvenções, doações ou empréstimos de órgãos ou entidades públicas e de instituições financeiras públicas ou controladas pelo poder público, pelo prazo mínimo de 1 (um) e máximo de 5 (cinco) anos.

§ 1.º A dissolução compulsória da pessoa jurídica será determinada quando comprovado:

I – ter sido a personalidade jurídica utilizada de forma habitual para facilitar ou promover a prática de atos ilícitos; ou

II – ter sido constituída para ocultar ou dissimular interesses ilícitos ou a identidade dos beneficiários dos atos praticados.

§ 2.º (*Vetado.*)

§ 3.º As sanções poderão ser aplicadas de forma isolada ou cumulativa.

§ 4.º O Ministério Público ou a Advocacia Pública ou órgão de representação judicial, ou equivalente, do ente público poderá requerer a indisponibilidade de bens, direitos ou valores necessários à garantia do pagamento da multa ou da reparação integral do dano causado, conforme previsto no art. 7.º, ressalvado o direito do terceiro de boa-fé.

Art. 20. Nas ações ajuizadas pelo Ministério Público, poderão ser aplicadas as sanções previstas no art. 6.º, sem prejuízo daquelas previstas neste Capítulo, desde que constatada a omissão das autoridades competentes para promover a responsabilização administrativa.

Art. 21. Nas ações de responsabilização judicial, será adotado o rito previsto na Lei n. 7.347, de 24 de julho de 1985.

• A Lei n. 7.347, de 24-7-1985, dispõe sobre a Ação Civil Pública.

Parágrafo único. A condenação torna certa a obrigação de reparar, integralmente, o dano causado pelo ilícito, cujo valor será apurado em posterior liquidação, se não constar expressamente da sentença.

Capítulo VII
DISPOSIÇÕES FINAIS

Art. 22. Fica criado no âmbito do Poder Executivo federal o Cadastro Nacional de Empresas Punidas - CNEP, que reunirá e dará publicidade às sanções aplicadas pelos órgãos ou entidades dos Poderes Executivo, Legislativo e Judiciário de todas as esferas de governo com base nesta Lei.

§ 1.º Os órgãos e entidades referidos no *caput* deverão informar e manter atualizados, no Cnep, os dados relativos às sanções por eles aplicadas.

§ 2.º O Cnep conterá, entre outras, as seguintes informações acerca das sanções aplicadas:

I – razão social e número de inscrição da pessoa jurídica ou entidade no Cadastro Nacional da Pessoa Jurídica - CNPJ;

II – tipo de sanção; e

III – data de aplicação e data final da vigência do efeito limitador ou impeditivo da sanção, quando for o caso.

§ 3.º As autoridades competentes, para celebrarem

acordos de leniência previstos nesta Lei, também deverão prestar e manter atualizadas no Cnep, após a efetivação do respectivo acordo, as informações acerca do acordo de leniência celebrado, salvo se esse procedimento vier a causar prejuízo às investigações e ao processo administrativo.

§ 4.º Caso a pessoa jurídica não cumpra os termos do acordo de leniência, além das informações previstas no § 3.º, deverá ser incluída no Cnep referência ao respectivo descumprimento.

§ 5.º Os registros das sanções e acordos de leniência serão excluídos depois de decorrido o prazo previamente estabelecido no ato sancionador ou do cumprimento integral do acordo de leniência e da reparação do eventual dano causado, mediante solicitação do órgão ou entidade sancionadora.

Art. 23. Os órgãos ou entidades dos Poderes Executivo, Legislativo e Judiciário de todas as esferas de governo deverão informar e manter atualizados, para fins de publicidade, no Cadastro Nacional de Empresas Inidôneas e Suspensas - CEIS, de caráter público, instituído no âmbito do Poder Executivo federal, os dados relativos às sanções por eles aplicadas, nos termos do disposto nos arts. 87 e 88 da Lei n. 8.666, de 21 de junho de 1993.

•• *Vide* art. 12, § 8.º, da Lei n. 8.429, de 2-6-1992.

• A Lei n. 8.666, de 21-6-1993, institui normas para licitações e contratos da Administração Pública.

Art. 24. A multa e o perdimento de bens, direitos ou valores aplicados com fundamento nesta Lei serão destinados preferencialmente aos órgãos ou entidades públicas lesadas.

Art. 25. Prescrevem em 5 (cinco) anos as infrações previstas nesta Lei, contados da data da ciência da infração ou, no caso de infração permanente ou continuada, do dia em que tiver cessado.

Parágrafo único. Na esfera administrativa ou judicial, a prescrição será interrompida com a instauração de processo que tenha por objeto a apuração da infração.

Art. 26. A pessoa jurídica será representada no processo administrativo na forma do seu estatuto ou contrato social.

§ 1.º As sociedades sem personalidade jurídica serão representadas pela pessoa a quem couber a administração de seus bens.

§ 2.º A pessoa jurídica estrangeira será representada pelo gerente, representante ou administrador de sua filial, agência ou sucursal aberta ou instalada no Brasil.

Art. 27. A autoridade competente que, tendo conhecimento das infrações previstas nesta Lei, não adotar providências para a apuração dos fatos será responsabilizada penal, civil e administrativamente nos termos da legislação específica aplicável.

Art. 28. Esta Lei aplica-se aos atos lesivos praticados por pessoa jurídica brasileira contra a administração pública estrangeira, ainda que cometidos no exterior.

Art. 29. O disposto nesta Lei não exclui as competências do Conselho Administrativo de Defesa Econômica, do Ministério da Justiça e do Ministério da Fazenda para processar e julgar fato que constitua infração à ordem econômica.

Art. 30. A aplicação das sanções previstas nesta Lei não afeta os processos de responsabilização e aplicação de penalidades decorrentes de:

I – ato de improbidade administrativa nos termos da Lei n. 8.429, de 2 de junho de 1992; e

• A Lei n. 8.429, de 2-6-1992, define as sanções aplicáveis aos agentes públicos nos casos de enriquecimento ilícito no exercício de mandato, cargo, emprego ou função na administração pública direta, indireta ou fundacional.

II – atos ilícitos alcançados pela Lei n. 8.666, de 21 de junho de 1993, ou outras normas de licitações e contratos da administração pública, inclusive no tocante ao Regime Diferenciado de Contratações Públicas - RDC instituído pela Lei n. 12.462, de 4 de agosto de 2011.

• A Lei n. 8.666, de 21-6-1993, institui normas para licitações e contratos da Administração Pública.

Art. 31. Esta Lei entra em vigor 180 (cento e oitenta) dias após a data de sua publicação.

Brasília, 1.º de agosto de 2013; 192.º da Independência e 125.º da República.

DILMA ROUSSEFF

LEI N. 12.852, DE 5 DE AGOSTO DE 2013 (*)

Institui o Estatuto da Juventude e dispõe sobre os direitos dos jovens, os princípios e diretrizes das políticas públicas de juventude e o Sistema Nacional de Juventude – SINAJUVE.

A Presidenta da República

Faço saber que o Congresso Nacional decreta e eu sanciono a seguinte Lei:

TÍTULO I
DOS DIREITOS E DAS POLÍTICAS PÚBLICAS DE JUVENTUDE

Capítulo I
DOS PRINCÍPIOS E DIRETRIZES DAS POLÍTICAS PÚBLICAS DE JUVENTUDE

Art. 1.º Esta Lei institui o Estatuto da Juventude e dispõe sobre os direitos dos jovens, os princípios e diretrizes das políticas públicas de juventude e o Sistema Nacional de Juventude – SINAJUVE.

• *Vide* art. 227, § 8.º, da CF.

(*) Publicada no *DOU*, de 6-8-2013.

§ 1.º Para os efeitos desta Lei, são consideradas jovens as pessoas com idade entre 15 (quinze) e 29 (vinte e nove) anos de idade.

§ 2.º Aos adolescentes com idade entre 15 (quinze) e 18 (dezoito) anos aplica-se a Lei n. 8.069, de 13 de julho de 1990 - Estatuto da Criança e do Adolescente, e, excepcionalmente, este Estatuto, quando não conflitar com as normas de proteção integral do adolescente.

- Citado diploma consta desta obra.

Seção I
Dos Princípios

Art. 2.º O disposto nesta Lei e as políticas públicas de juventude são regidos pelos seguintes princípios:

I – promoção da autonomia e emancipação dos jovens;

•• *Vide* parágrafo único deste artigo.

II – valorização e promoção da participação social e política, de forma direta e por meio de suas representações;

III – promoção da criatividade e da participação no desenvolvimento do País;

IV – reconhecimento do jovem como sujeito de direitos universais, geracionais e singulares;

V – promoção do bem-estar, da experimentação e do desenvolvimento integral do jovem;

VI – respeito à identidade e à diversidade individual e coletiva da juventude;

VII – promoção da vida segura, da cultura da paz, da solidariedade e da não discriminação; e

VIII – valorização do diálogo e convívio do jovem com as demais gerações.

Parágrafo único. A emancipação dos jovens a que se refere o inciso I do *caput* refere-se à trajetória de inclusão, liberdade e participação do jovem na vida em sociedade, e não ao instituto da emancipação disciplinado pela Lei n. 10.406, de 10 de janeiro de 2002 - Código Civil.

- Emancipação: *vide* arts. 5.º, parágrafo único, 9.º, II, 1.635, II, 1.763, I, do CC e 148, parágrafo único, e, do ECA.

Seção II
Diretrizes Gerais

Art. 3.º Os agentes públicos ou privados envolvidos com políticas públicas de juventude devem observar as seguintes diretrizes:

I – desenvolver a intersetorialidade das políticas estruturais, programas e ações;

II – incentivar a ampla participação juvenil em sua formulação, implementação e avaliação;

III – ampliar as alternativas de inserção social do jovem, promovendo programas que priorizem o seu desenvolvimento integral e participação ativa nos espaços decisórios;

- A Lei n. 11.129, de 30-6-2005, institui o Programa Nacional de Inclusão de Jovens - PROJOVEM.

IV – proporcionar atendimento de acordo com suas especificidades perante os órgãos públicos e privados prestadores de serviços à população, visando ao gozo de direitos simultaneamente nos campos da saúde, educacional, político, econômico, social, cultural e ambiental;

- Direitos sociais: *vide* arts. 6.º e 215 da CF.

V – garantir meios e equipamentos públicos que promovam o acesso à produção cultural, à prática esportiva, à mobilidade territorial e à fruição do tempo livre;

- *Vide* art. 5.º, XV, 215, 216-A e 217 da CF.

VI – promover o território como espaço de integração;

VII – fortalecer as relações institucionais com os entes federados e as redes de órgãos, gestores e conselhos de juventude;

VIII – estabelecer mecanismos que ampliem a gestão de informação e produção de conhecimento sobre juventude;

IX – promover a integração internacional entre os jovens, preferencialmente no âmbito da América Latina e da África, e a cooperação internacional;

X – garantir a integração das políticas de juventude com os Poderes Legislativo e Judiciário, com o Ministério Público e com a Defensoria Pública; e

XI – zelar pelos direitos dos jovens com idade entre 18 (dezoito) e 29 (vinte e nove) anos privados de liberdade e egressos do sistema prisional, formulando políticas de educação e trabalho, incluindo estímulos à sua reinserção social e laboral, bem como criando e estimulando oportunidades de estudo e trabalho que favoreçam o cumprimento do regime semiaberto.

Capítulo II
DOS DIREITOS DOS JOVENS

Seção I
Do Direito à Cidadania, à Participação Social e Política e à Representação Juvenil

Art. 4.º O jovem tem direito à participação social e política e na formulação, execução e avaliação das políticas públicas de juventude.

Parágrafo único. Entende-se por participação juvenil:

I – a inclusão do jovem nos espaços públicos e comunitários a partir da sua concepção como pessoa ativa, livre, responsável e digna de ocupar uma posição central nos processos políticos e sociais;

- A Lei n. 11.129, de 30-6-2005, institui o Programa Nacional de Inclusão de Jovens - PROJOVEM.

II – o envolvimento ativo dos jovens em ações de políticas públicas que tenham por objetivo o próprio benefício, o de suas comunidades, cidades e regiões e o do País;

III – a participação individual e coletiva do jovem em ações que contemplem a defesa dos direitos da juventude ou de temas afetos aos jovens; e

IV – a efetiva inclusão dos jovens nos espaços públicos de decisão com direito a voz e voto.

- Alistamento eleitoral e obrigatoriedade de voto: arts. 14, § 1.º, da CF e 42 e s. do CE (Lei n. 4.737, de 15-7-1965).

Art. 5.º A interlocução da juventude com o poder público pode realizar-se por intermédio de associações, redes, movimentos e organizações juvenis.

• Liberdade de associação: *vide* art. 5.º, XVII, da CF.

Parágrafo único. É dever do poder público incentivar a livre associação dos jovens.

Art. 6.º São diretrizes da interlocução institucional juvenil:

I – a definição de órgão governamental específico para a gestão das políticas públicas de juventude;

II – o incentivo à criação de conselhos de juventude em todos os entes da Federação.

Parágrafo único. Sem prejuízo das atribuições do órgão governamental específico para a gestão das políticas públicas de juventude e dos conselhos de juventude com relação aos direitos previstos neste Estatuto, cabe ao órgão governamental de gestão e aos conselhos dos direitos da criança e do adolescente a interlocução institucional com adolescentes de idade entre 15 (quinze) e 18 (dezoito) anos.

Seção II
Do Direito à Educação

Art. 7.º O jovem tem direito à educação de qualidade, com a garantia de educação básica, obrigatória e gratuita, inclusive para os que a ela não tiveram acesso na idade adequada.

• *Vide* arts. 6.º e 205 da CF.

§ 1.º A educação básica será ministrada em língua portuguesa, assegurada aos jovens indígenas e de povos e comunidades tradicionais a utilização de suas línguas maternas e de processos próprios de aprendizagem.

• A Lei n. 6.001, de 19-12-1973, dispõe sobre o Estatuto do Índio.

• Educação Escolar Indígena: Decreto n. 6.861, de 27-5-2009.

§ 2.º É dever do Estado oferecer aos jovens que não concluíram a educação básica programas na modalidade da educação de jovens e adultos, adaptados às necessidades e especificidades da juventude, inclusive no período noturno, ressalvada a legislação educacional específica.

§ 3.º São assegurados aos jovens com surdez o uso e o ensino da Língua Brasileira de Sinais – LIBRAS, em todas as etapas e modalidades educacionais.

• A Lei n. 10.436, de 24-4-2002, dispõe sobre a Língua Brasileira de Sinais – Libras.

§ 4.º É assegurada aos jovens com deficiência a inclusão no ensino regular em todos os níveis e modalidades educacionais, incluindo o atendimento educacional especializado, observada a acessibilidade a edificações, transportes, espaços, mobiliários, equipamentos, sistemas e meios de comunicação e assegurados os recursos de tecnologia assistiva e adaptações necessárias a cada pessoa.

• A Lei n. 7.853, de 24-10-1989, dispõe sobre o apoio às pessoas portadoras de deficiência e sua integração social.

• O Decreto n. 7.611, de 17-11-2011, dispõe sobre a educação especial e o atendimento educacional especializado.

§ 5.º A Política Nacional de Educação no Campo contemplará a ampliação da oferta de educação para os jovens do campo, em todos os níveis e modalidades educacionais.

• Estatuto da Terra: Lei n. 4.504, de 30-11-1964.

• O Decreto n. 7.352, de 4-11-2010, dispõe sobre a política de educação no campo e o Programa Nacional de Educação na Reforma Agrária – PRONERA.

Art. 8.º O jovem tem direito à educação superior, em instituições públicas ou privadas, com variados graus de abrangência do saber ou especialização do conhecimento, observadas as regras de acesso de cada instituição.

• A Lei n. 10.260, de 12-7-2001, dispõe sobre o Fundo de Financiamento ao Estudante do Ensino Superior.

• A Lei n. 11.096, de 13-1-2005, institui o Programa Universidade para Todos – PROUNI.

§ 1.º É assegurado aos jovens negros, indígenas e alunos oriundos da escola pública o acesso ao ensino superior nas instituições públicas por meio de políticas afirmativas, nos termos da lei.

•• O art. 1.º da Lei n. 12.711, de 29-8-2012, regulamentada pelo Decreto n. 7.824, de 11-10-2012, determina a reserva, pelas instituições federais de educação superior vinculadas ao MEC, em cada concurso seletivo para ingresso nos cursos de graduação, por curso e turno, de no mínimo 50% de suas vagas para estudantes que tenham cursado integralmente o ensino médio em escolas públicas, bem como aos estudantes oriundos de famílias com renda igual ou inferior a 1,5 salário mínimo *per capita*.

• As Leis n. 6.001, de 19-12-1973, e 12.288, de 20-7-2010, dispõem sobre o Estatuto do Índio e o Estatuto da Igualdade Racial, respectivamente.

§ 2.º O poder público promoverá programas de expansão da oferta de educação superior nas instituições públicas, de financiamento estudantil e de bolsas de estudos nas instituições privadas, em especial para jovens com deficiência, negros, indígenas e alunos oriundos da escola pública.

• A Lei n. 11.692, de 10-6-2008, dispõe sobre o Programa Nacional de Inclusão de Jovens – PROJOVEM.

• O Decreto n. 7.790, de 15-8-2012, dispõe sobre o financiamento do Fundo de Financiamento Estudantil – FIES.

Art. 9.º O jovem tem direito à educação profissional e tecnológica, articulada com os diferentes níveis e modalidades de educação, ao trabalho, à ciência e à tecnologia, observada a legislação vigente.

• A Lei n. 12.513, de 26-10-2011, institui o Programa Nacional de Acesso ao Ensino Técnico e Emprego – PRONATEC.

Art. 10. É dever do Estado assegurar ao jovem com deficiência o atendimento educacional especializado gratuito, preferencialmente, na rede regular de ensino.

• O Decreto-lei n. 1.044, de 21-10-1969, dispõe sobre o tratamento excepcional para alunos portadores das afecções que indica.

• O Decreto n. 7.611, de 17-11-2011, dispõe sobre a educação especial e o atendimento educacional especializado.

Art. 11. O direito ao programa suplementar de transporte escolar de que trata o art. 4.º da Lei n. 9.394, de 20 de dezembro de 1996, será progressivamente estendido ao jovem estudante do ensino fundamental, do ensino médio e da educação superior, no campo e na cidade.

• A Lei n. 9.394, de 20-12-1996, estabelece as diretrizes e bases da educação nacional.

- A Lei n. 10.880, de 9-6-2004, institui o Programa Nacional de Apoio ao Transporte do Escolar - PNATE e o Programa de Apoio aos Sistemas de Ensino para Atendimento à Educação de Jovens e Adultos.

§ 1.º (*Vetado.*)

§ 2.º (*Vetado.*)

Art. 12. É garantida a participação efetiva do segmento juvenil, respeitada sua liberdade de organização, nos conselhos e instâncias deliberativas de gestão democrática das escolas e universidades.

Art. 13. As escolas e as universidades deverão formular e implantar medidas de democratização do acesso e permanência, inclusive programas de assistência estudantil, ação afirmativa e inclusão social para os jovens estudantes.

Seção III
Do Direito à Profissionalização, ao Trabalho e à Renda

Art. 14. O jovem tem direito à profissionalização, ao trabalho e à renda, exercido em condições de liberdade, equidade e segurança, adequadamente remunerado e com proteção social.

- Proibição de trabalho noturno, perigoso ou insalubre: *vide* art. 7.º, XXXIII, da CF.
- A CLT dispõe sobre a proteção ao trabalho do menor nos arts. 402 e s.

Art. 15. A ação do poder público na efetivação do direito do jovem à profissionalização, ao trabalho e à renda contempla a adoção das seguintes medidas:

I – promoção de formas coletivas de organização para o trabalho, de redes de economia solidária e da livre associação;

II – oferta de condições especiais de jornada de trabalho por meio de:

a) compatibilização entre os horários de trabalho e de estudo;

- A CLT dispõe nos arts. 411 a 414 sobre a jornada de trabalho do menor.

b) oferta dos níveis, formas e modalidades de ensino em horários que permitam a compatibilização da frequência escolar com o trabalho regular;

III – criação de linha de crédito especial destinada aos jovens empreendedores;

IV – atuação estatal preventiva e repressiva quanto à exploração e precarização do trabalho juvenil;

V – adoção de políticas públicas voltadas para a promoção do estágio, aprendizagem e trabalho para a juventude;

- A CLT dispõe nos arts. 428 e s. sobre o contrato de trabalho de aprendizagem.
- Lei do Estágio: Lei n. 11.788, de 25-9-2008.

VI – apoio ao jovem trabalhador rural na organização da produção da agricultura familiar e dos empreendimentos familiares rurais, por meio das seguintes ações:

- O Decreto n. 7.352, de 4-11-2010, dispõe sobre a política de educação no campo e o Programa Nacional de Educação na Reforma Agrária - PRONERA.

a) estímulo à produção e à diversificação de produtos;

b) fomento à produção sustentável baseada na agroecologia, nas agroindústrias familiares, na integração entre lavoura, pecuária e floresta e no extrativismo sustentável;

c) investimento em pesquisa de tecnologias apropriadas à agricultura familiar e aos empreendimentos familiares rurais;

d) estímulo à comercialização direta da produção da agricultura familiar, aos empreendimentos familiares rurais e à formação de cooperativas;

e) garantia de projetos de infraestrutura básica de acesso e escoamento de produção, priorizando a melhoria das estradas e do transporte;

f) promoção de programas que favoreçam o acesso ao crédito, à terra e à assistência técnica rural;

VII – apoio ao jovem trabalhador com deficiência, por meio das seguintes ações:

a) estímulo à formação e à qualificação profissional em ambiente inclusivo;

b) oferta de condições especiais de jornada de trabalho;

c) estímulo à inserção no mercado de trabalho por meio da condição de aprendiz.

Art. 16. O direito à profissionalização e à proteção no trabalho dos adolescentes com idade entre 15 (quinze) e 18 (dezoito) anos de idade será regido pelo disposto na Lei n. 8.069, de 13 de julho de 1990 - Estatuto da Criança e do Adolescente, e em leis específicas, não se aplicando o previsto nesta Seção.

Seção IV
Do Direito à Diversidade e à Igualdade

Art. 17. O jovem tem direito à diversidade e à igualdade de direitos e de oportunidades e não será discriminado por motivo de:

- *Vide* arts. 3.º, IV, e 5.º, XLI, da CF.
- Crimes resultantes de preconceito de raça ou cor: Leis n. 7.716, de 5-1-1989, e 9.459, de 13-5-1997.

I – etnia, raça, cor da pele, cultura, origem, idade e sexo;

- A Lei n. 8.081, de 21-9-1990, estabelece os crimes e as penas aplicáveis aos atos discriminatórios ou de preconceito de raça, cor, religião, etnia ou procedência nacional, praticados pelos meios de comunicação ou por publicação de qualquer natureza.

II – orientação sexual, idioma ou religião;

III – opinião, deficiência e condição social ou econômica.

Art. 18. A ação do poder público na efetivação do direito do jovem à diversidade e à igualdade contempla a adoção das seguintes medidas:

I – adoção, nos âmbitos federal, estadual, municipal e do Distrito Federal, de programas governamentais destinados a assegurar a igualdade de direitos aos jovens de todas as raças e etnias, independentemente de sua origem, relativamente à educação, à profissionalização, ao trabalho e renda, à cultura, à saúde, à segurança, à cidadania e ao acesso à justiça;

- Estatuto da Igualdade Racial: Lei n. 12.288, de 20-7-2010.

II – capacitação dos professores dos ensinos fundamental e médio para a aplicação das diretrizes curriculares nacionais no que se refere ao enfrentamento de todas as formas de discriminação;

III – inclusão de temas sobre questões étnicas, raciais, de deficiência, de orientação sexual, de gênero e de violência doméstica e sexual praticada contra a mulher na formação dos profissionais de educação, de saúde e de segurança pública e dos operadores do direito;

IV – observância das diretrizes curriculares para a educação indígena como forma de preservação dessa cultura;

V – inclusão, nos conteúdos curriculares, de informações sobre a discriminação na sociedade brasileira e sobre o direito de todos os grupos e indivíduos a tratamento igualitário perante a lei; e

VI – inclusão, nos conteúdos curriculares, de temas relacionados à sexualidade, respeitando a diversidade de valores e crenças.

Seção V
Do Direito à Saúde

- *Vide* arts. 196 e s. da CF.

Art. 19. O jovem tem direito à saúde e à qualidade de vida, considerando suas especificidades na dimensão da prevenção, promoção, proteção e recuperação da saúde de forma integral.

Art. 20. A política pública de atenção à saúde do jovem será desenvolvida em consonância com as seguintes diretrizes:

I – acesso universal e gratuito ao Sistema Único de Saúde - SUS e a serviços de saúde humanizados e de qualidade, que respeitem as especificidades do jovem;

II – atenção integral à saúde, com especial ênfase ao atendimento e à prevenção dos agravos mais prevalentes nos jovens;

III – desenvolvimento de ações articuladas entre os serviços de saúde e os estabelecimentos de ensino, a sociedade e a família, com vistas à prevenção de agravos;

IV – garantia da inclusão de temas relativos ao consumo de álcool, tabaco e outras drogas, à saúde sexual e reprodutiva, com enfoque de gênero e dos direitos sexuais e reprodutivos nos projetos pedagógicos dos diversos níveis de ensino;

V – reconhecimento do impacto da gravidez planejada ou não, sob os aspectos médico, psicológico, social e econômico;

VI – capacitação dos profissionais de saúde, em uma perspectiva multiprofissional, para lidar com temas relativos à saúde sexual e reprodutiva dos jovens, inclusive com deficiência, e ao abuso de álcool, tabaco e outras drogas pelos jovens;

VII – habilitação dos professores e profissionais de saúde e de assistência social para a identificação dos problemas relacionados ao uso abusivo e à dependência de álcool, tabaco e outras drogas e o devido encaminhamento aos serviços assistenciais e de saúde;

VIII – valorização das parcerias com instituições da sociedade civil na abordagem das questões de prevenção, tratamento e reinserção social dos usuários e dependentes de álcool, tabaco e outras drogas;

- A Lei n. 11.343, de 23-8-2006, institui o Sistema Nacional de Políticas Públicas sobre Drogas - SISNAD.

IX – proibição de propagandas de bebidas contendo qualquer teor alcoólico com a participação de pessoa com menos de 18 (dezoito) anos de idade;

- *Vide* arts. 79 e 81, II, do ECA.

X – veiculação de campanhas educativas relativas ao álcool, ao tabaco e a outras drogas como causadores de dependência; e

- A Lei n. 9.294, de 15-7-1996, dispõe sobre as restrições ao uso e à propaganda de produtos fumígeros, bebidas alcoólicas, entre outros.
- *Vide* art. 81, II, do ECA.

XI – articulação das instâncias de saúde e justiça na prevenção do uso e abuso de álcool, tabaco e outras drogas, inclusive esteroides anabolizantes e, especialmente, *crack*.

Seção VI
Do Direito à Cultura

- *Vide* arts. 215, 216 e 216-A da CF.
- A Lei n. 12.761, de 27-12-2012, institui o Programa de Cultura do Trabalhador e cria o Vale-Cultura.

Art. 21. O jovem tem direito à cultura, incluindo a livre criação, o acesso aos bens e serviços culturais e a participação nas decisões de política cultural, à identidade e diversidade cultural e à memória social.

Art. 22. Na consecução dos direitos culturais da juventude, compete ao poder público:

I – garantir ao jovem a participação no processo de produção, reelaboração e fruição dos bens culturais;

II – propiciar ao jovem o acesso aos locais e eventos culturais, mediante preços reduzidos, em âmbito nacional;

III – incentivar os movimentos de jovens a desenvolver atividades artístico-culturais e ações voltadas à preservação do patrimônio histórico;

IV – valorizar a capacidade criativa do jovem, mediante o desenvolvimento de programas e projetos culturais;

V – propiciar ao jovem o conhecimento da diversidade cultural, regional e étnica do País;

VI – promover programas educativos e culturais voltados para a problemática do jovem nas emissoras de rádio e televisão e nos demais meios de comunicação de massa;

VII – promover a inclusão digital dos jovens, por meio do acesso às novas tecnologias da informação e comunicação;

VIII – assegurar ao jovem do campo o direito à produção e à fruição cultural e aos equipamentos públicos que valorizem a cultura camponesa; e

IX – garantir ao jovem com deficiência acessibilidade e adaptações razoáveis.

- A Lei n. 7.853, de 24-10-1989, dispõe sobre o apoio às pessoas portadoras de deficiência e sua integração social.

Parágrafo único. A aplicação dos incisos I, III e VIII do *caput* deve observar a legislação específica sobre o direito à profissionalização e à proteção no trabalho dos adolescentes.

- Proteção no trabalho para o menor e o adolescente: arts. 60 e s. do ECA e 402 a 441 da CLT.

Art. 23. É assegurado aos jovens de até 29 (vinte e nove) anos pertencentes a famílias de baixa renda e aos estudantes, na forma do regulamento, o acesso a salas de cinema, cineclubes, teatros, espetáculos musicais e circenses, eventos educativos, esportivos, de lazer e entretenimento, em todo o território nacional, promovidos por quaisquer entidades e realizados em estabelecimentos públicos ou particulares, mediante pagamento da metade do preço do ingresso cobrado do público em geral.

•• O Decreto n. 8.537, de 5-10-2015, regulamenta o disposto neste artigo.

- A Lei n. 12.761, de 27-12-2012, institui o Programa de Cultura do Trabalhador e cria o Vale-Cultura.
- A Lei n. 12.933, de 26-12-2013, dispõe sobre o benefício do pagamento de meia-entrada para estudantes, idosos, pessoas com deficiência e jovens de 15 a 29 anos comprovadamente carentes em espetáculos artístico-culturais e esportivos.

§ 1.º Terão direito ao benefício previsto no *caput* os estudantes regularmente matriculados nos níveis e modalidades de educação e ensino previstos no Título V da Lei n. 9.394, de 20 de dezembro de 1996 - Lei de Diretrizes e Bases da Educação Nacional, que comprovem sua condição de discente, mediante apresentação, no momento da aquisição do ingresso e na portaria do local de realização do evento, da Carteira de Identificação Estudantil - CIE.

§ 2.º A CIE será expedida preferencialmente pela Associação Nacional de Pós-Graduandos, pela União Nacional dos Estudantes, pela União Brasileira dos Estudantes Secundaristas e por entidades estudantis estaduais e municipais a elas filiadas.

§ 3.º É garantida a gratuidade na expedição da CIE para estudantes pertencentes a famílias de baixa renda, nos termos do regulamento.

§ 4.º As entidades mencionadas no § 2.º deste artigo deverão tornar disponível, para eventuais consultas pelo poder público e pelos estabelecimentos referidos no *caput*, banco de dados com o nome e o número de registro dos estudantes portadores da Carteira de Identificação Estudantil, expedida nos termos do § 3.º deste artigo.

§ 5.º A CIE terá validade até o dia 31 de março do ano subsequente à data de sua expedição.

§ 6.º As entidades mencionadas no § 2.º deste artigo são obrigadas a manter o documento comprobatório do vínculo do aluno com o estabelecimento escolar, pelo mesmo prazo de validade da respectiva Carteira de Identificação Estudantil.

§ 7.º Caberá aos órgãos públicos competentes federais, estaduais, municipais e do Distrito Federal a fiscalização do cumprimento do disposto neste artigo e a aplicação das sanções cabíveis, nos termos do regulamento.

§ 8.º Os benefícios previstos neste artigo não incidirão sobre os eventos esportivos de que tratam as Leis n. 12.663, de 5 de junho de 2012, e 12.780, de 9 de janeiro de 2013.

- Lei n. 12.663, de 5-6-2012: Lei Geral da Copa do Mundo 2014.
- Lei n. 12.780, de 9-1-2013: medidas tributárias referentes à realização, no Brasil, dos Jogos Olímpicos e Paraolímpicos de 2016.

§ 9.º Considera-se de baixa renda, para os fins do disposto no *caput*, a família inscrita no Cadastro Único para Programas Sociais do Governo Federal - CadÚnico cuja renda mensal seja de até 2 (dois) salários mínimos.

§ 10. A concessão do benefício da meia-entrada de que trata o *caput* é limitada a 40% (quarenta por cento) do total de ingressos disponíveis para cada evento.

Art. 24. O poder público destinará, no âmbito dos respectivos orçamentos, recursos financeiros para o fomento dos projetos culturais destinados aos jovens e por eles produzidos.

Art. 25. Na destinação dos recursos do Fundo Nacional da Cultura - FNC, de que trata a Lei n. 8.313, de 23 de dezembro de 1991, serão consideradas as necessidades específicas dos jovens em relação à ampliação do acesso à cultura e à melhoria das condições para o exercício do protagonismo no campo da produção cultural.

Parágrafo único. As pessoas físicas ou jurídicas poderão optar pela aplicação de parcelas do imposto sobre a renda a título de doações ou patrocínios, de que trata a Lei n. 8.313, de 23 de dezembro de 1991, no apoio a projetos culturais apresentados por entidades juvenis legalmente constituídas há, pelo menos, 1 (um) ano.

Seção VII
Do Direito à Comunicação e à Liberdade de Expressão

- *Vide* arts. 5.º, IV, IX, XIV, e 220 da CF.

Art. 26. O jovem tem direito à comunicação e à livre expressão, à produção de conteúdo, individual e colaborativo, e ao acesso às tecnologias de informação e comunicação.

Art. 27. A ação do poder público na efetivação do direito do jovem à comunicação e à liberdade de expressão contempla a adoção das seguintes medidas:

I - incentivar programas educativos e culturais voltados para os jovens nas emissoras de rádio e televisão e nos demais meios de comunicação de massa;

II - promover a inclusão digital dos jovens, por meio do acesso às novas tecnologias de informação e comunicação;

III - promover as redes e plataformas de comunicação dos jovens, considerando a acessibilidade para os jovens com deficiência;

IV - incentivar a criação e manutenção de equipamentos públicos voltados para a promoção do direito do jovem à comunicação; e

V - garantir a acessibilidade à comunicação por meio de tecnologias assistivas e adaptações razoáveis para os jovens com deficiência.

Seção VIII
Do Direito ao Desporto e ao Lazer

• *Vide* art. 217 da CF.

• A Lei n. 9.615, de 24-3-1998, institui normas gerais sobre o desporto.

Art. 28. O jovem tem direito à prática desportiva destinada a seu pleno desenvolvimento, com prioridade para o desporto de participação.

Parágrafo único. O direito à prática desportiva dos adolescentes deverá considerar sua condição peculiar de pessoa em desenvolvimento.

Art. 29. A política pública de desporto e lazer destinada ao jovem deverá considerar:

I – a realização de diagnóstico e estudos estatísticos oficiais acerca da educação física e dos desportos e dos equipamentos de lazer no Brasil;

II – a adoção de lei de incentivo fiscal para o esporte, com critérios que priorizem a juventude e promovam a equidade;

• A Lei n. 11.348, de 29-12-2006, regulamentada pelo Decreto n. 6.180, de 3-8-2007, dispõe sobre incentivos e benefícios para fomentar as atividades de caráter desportivo.

III – a valorização do desporto e do paradesporto educacional;

IV – a oferta de equipamentos comunitários que permitam a prática desportiva, cultural e de lazer.

Art. 30. Todas as escolas deverão buscar pelo menos um local apropriado para a prática de atividades poliesportivas.

Seção IX
Do Direito ao Território e à Mobilidade

• Política Nacional de Mobilidade Urbana: Lei n. 12.587, de 3-1-2012.

Art. 31. O jovem tem direito ao território e à mobilidade, incluindo a promoção de políticas públicas de moradia, circulação e equipamentos públicos, no campo e na cidade.

• *Vide* art. 5.º, XV, da CF.

Parágrafo único. Ao jovem com deficiência devem ser garantidas a acessibilidade e as adaptações necessárias.

• A Lei n. 7.853, de 24-10-1989, dispõe sobre o apoio às pessoas portadoras de deficiência e sua integração social.

Art. 32. No sistema de transporte coletivo interestadual, observar-se-á, nos termos da legislação específica:

•• O Decreto n. 8.537, de 5-10-2015, regulamenta o disposto neste artigo.

I – a reserva de 2 (duas) vagas gratuitas por veículo para jovens de baixa renda;

II – a reserva de 2 (duas) vagas por veículo com desconto de 50% (cinquenta por cento), no mínimo, no valor das passagens, para os jovens de baixa renda, a serem utilizadas após esgotadas as vagas previstas no inciso I.

Parágrafo único. Os procedimentos e os critérios para o exercício dos direitos previstos nos incisos I e II serão definidos em regulamento.

Art. 33. A União envidará esforços, em articulação com os Estados, o Distrito Federal e os Municípios, para promover a oferta de transporte público subsidiado para os jovens, com prioridade para os jovens em situação de pobreza e vulnerabilidade, na forma do regulamento.

Seção X
Do Direito à Sustentabilidade e ao Meio Ambiente

• *Vide* art. 225 da CF.

Art. 34. O jovem tem direito à sustentabilidade e ao meio ambiente ecologicamente equilibrado, bem de uso comum do povo, essencial à sadia qualidade de vida, e o dever de defendê-lo e preservá-lo para a presente e as futuras gerações.

Art. 35. O Estado promoverá, em todos os níveis de ensino, a educação ambiental voltada para a preservação do meio ambiente e a sustentabilidade, de acordo com a Política Nacional do Meio Ambiente.

Art. 36. Na elaboração, na execução e na avaliação de políticas públicas que incorporem a dimensão ambiental, o poder público deverá considerar:

I – o estímulo e o fortalecimento de organizações, movimentos, redes e outros coletivos de juventude que atuem no âmbito das questões ambientais e em prol do desenvolvimento sustentável;

II – o incentivo à participação dos jovens na elaboração das políticas públicas de meio ambiente;

III – a criação de programas de educação ambiental destinados aos jovens; e

IV – o incentivo à participação dos jovens em projetos de geração de trabalho e renda que visem ao desenvolvimento sustentável nos âmbitos rural e urbano.

Parágrafo único. A aplicação do disposto no inciso IV do *caput* deve observar a legislação específica sobre o direito à profissionalização e à proteção no trabalho dos adolescentes.

Seção XI
Do Direito à Segurança Pública e ao Acesso à Justiça

• *Vide* art. 5.º, XXXIV, da CF.

Art. 37. Todos os jovens têm direito de viver em um ambiente seguro, sem violência, com garantia da sua incolumidade física e mental, sendo-lhes asseguradas a igualdade de oportunidades e facilidades para seu aperfeiçoamento intelectual, cultural e social.

Art. 38. As políticas de segurança pública voltadas para os jovens deverão articular ações da União, dos Estados, do Distrito Federal e dos Municípios e ações não governamentais, tendo por diretrizes:

I – a integração com as demais políticas voltadas à juventude;

II – a prevenção e enfrentamento da violência;

III – a promoção de estudos e pesquisas e a obtenção de estatísticas e informações relevantes para subsidiar as ações de segurança pública e permitir a avaliação periódica dos impactos das políticas públicas quanto às causas, às consequências e à frequência da violência contra os jovens;

IV – a priorização de ações voltadas para os jovens em situação de risco, vulnerabilidade social e egressos do sistema penitenciário nacional;

V – a promoção do acesso efetivo dos jovens à Defensoria Pública, considerando as especificidades da condição juvenil; e

• Defensoria Pública: arts. 133 a 135 da CF.

VI – a promoção do efetivo acesso dos jovens com deficiência à justiça em igualdade de condições com as demais pessoas, inclusive mediante a provisão de adaptações processuais adequadas a sua idade.

Título II
DO SISTEMA NACIONAL DE JUVENTUDE

Capítulo I
DO SISTEMA NACIONAL DE JUVENTUDE – SINAJUVE

Art. 39. É instituído o Sistema Nacional de Juventude - SINAJUVE, cujos composição, organização, competência e funcionamento serão definidos em regulamento.

• O Decreto n. 9.306, de 15-3-2018, dispõe sobre o Sistema Nacional de Juventude.

Art. 40. O financiamento das ações e atividades realizadas no âmbito do Sinajuve será definido em regulamento.

Capítulo II
DAS COMPETÊNCIAS

Art. 41. Compete à União:

I – formular e coordenar a execução da Política Nacional de Juventude;

II – coordenar e manter o Sinajuve;

III – estabelecer diretrizes sobre a organização e o funcionamento do Sinajuve;

IV – elaborar o Plano Nacional de Políticas de Juventude, em parceria com os Estados, o Distrito Federal, os Municípios e a sociedade, em especial a juventude;

V – convocar e realizar, em conjunto com o Conselho Nacional de Juventude, as Conferências Nacionais de Juventude, com intervalo máximo de 4 (quatro) anos;

VI – prestar assistência técnica e suplementação financeira aos Estados, ao Distrito Federal e aos Municípios para o desenvolvimento de seus sistemas de juventude;

VII – contribuir para a qualificação e ação em rede do Sinajuve em todos os entes da Federação;

VIII – financiar, com os demais entes federados, a execução das políticas públicas de juventude;

IX – estabelecer formas de colaboração com os Estados, o Distrito Federal e os Municípios para a execução das políticas públicas de juventude; e

X – garantir a publicidade de informações sobre repasses de recursos para financiamento das políticas públicas de juventude aos conselhos e gestores estaduais, do Distrito Federal e municipais.

Art. 42. Compete aos Estados:

I – coordenar, em âmbito estadual, o Sinajuve;

II – elaborar os respectivos planos estaduais de juventude, em conformidade com o Plano Nacional, com a participação da sociedade, em especial da juventude;

III – criar, desenvolver e manter programas, ações e projetos para a execução das políticas públicas de juventude;

IV – convocar e realizar, em conjunto com o Conselho Estadual de Juventude, as Conferências Estaduais de Juventude, com intervalo máximo de 4 (quatro) anos;

V – editar normas complementares para a organização e o funcionamento do Sinajuve, em âmbito estadual e municipal;

VI – estabelecer com a União e os Municípios formas de colaboração para a execução das políticas públicas de juventude; e

VII – cofinanciar, com os demais entes federados, a execução de programas, ações e projetos das políticas públicas de juventude.

Parágrafo único. Serão incluídos nos censos demográficos dados relativos à população jovem do País.

Art. 43. Compete aos Municípios:

I – coordenar, em âmbito municipal, o Sinajuve;

II – elaborar os respectivos planos municipais de juventude, em conformidade com os respectivos Planos Nacional e Estadual, com a participação da sociedade, em especial da juventude;

III – criar, desenvolver e manter programas, ações e projetos para a execução das políticas públicas de juventude;

IV – convocar e realizar, em conjunto com o Conselho Municipal de Juventude, as Conferências Municipais de Juventude, com intervalo máximo de 4 (quatro) anos;

V – editar normas complementares para a organização e funcionamento do Sinajuve, em âmbito municipal;

VI – cofinanciar, com os demais entes federados, a execução de programas, ações e projetos das políticas públicas de juventude; e

VII – estabelecer mecanismos de cooperação com os Estados e a União para a execução das políticas públicas de juventude.

Parágrafo único. Para garantir a articulação federativa com vistas ao efetivo cumprimento das políticas públicas de juventude, os Municípios podem instituir os consórcios de que trata a Lei n. 11.107, de 6 de abril de 2005, ou qualquer outro instrumento jurídico adequado, como forma de compartilhar responsabilidades.

Art. 44. As competências dos Estados e Municípios são atribuídas, cumulativamente, ao Distrito Federal.

Capítulo III
DOS CONSELHOS DE JUVENTUDE

Art. 45. Os conselhos de juventude são órgãos permanentes e autônomos, não jurisdicionais, encarregados de tratar das políticas públicas de juventude e da garantia do exercício dos direitos do jovem, com os seguintes objetivos:

I – auxiliar na elaboração de políticas públicas de juventude que promovam o amplo exercício dos direitos dos jovens estabelecidos nesta Lei;

II – utilizar instrumentos de forma a buscar que o Estado garanta aos jovens o exercício dos seus direitos;

III – colaborar com os órgãos da administração no planejamento e na implementação das políticas de juventude;

IV – estudar, analisar, elaborar, discutir e propor a celebração de instrumentos de cooperação, visando à elaboração de programas, projetos e ações voltados para a juventude;

V – promover a realização de estudos relativos à juventude, objetivando subsidiar o planejamento das políticas públicas de juventude;

VI – estudar, analisar, elaborar, discutir e propor políticas públicas que permitam e garantam a integração e a participação do jovem nos processos social, econômico, político e cultural no respectivo ente federado;

VII – propor a criação de formas de participação da juventude nos órgãos da administração pública;

VIII – promover e participar de seminários, cursos, congressos e eventos correlatos para o debate de temas relativos à juventude;

IX – desenvolver outras atividades relacionadas às políticas públicas de juventude.

§ 1.º A lei, em âmbito federal, estadual, do Distrito Federal e municipal, disporá sobre a organização, o funcionamento e a composição dos conselhos de juventude, observada a participação da sociedade civil mediante critério, no mínimo, paritário com os representantes do poder público.

§ 2.º (*Vetado*.)

Art. 46. São atribuições dos conselhos de juventude:

I – encaminhar ao Ministério Público notícia de fato que constitua infração administrativa ou penal contra os direitos do jovem garantidos na legislação;

II – encaminhar à autoridade judiciária os casos de sua competência;

III – expedir notificações;

IV – solicitar informações das autoridades públicas;

V – assessorar o Poder Executivo local na elaboração dos planos, programas, projetos, ações e proposta orçamentária das políticas públicas de juventude.

Art. 47. Sem prejuízo das atribuições dos conselhos de juventude com relação aos direitos previstos neste Estatuto, cabe aos conselhos de direitos da criança e do adolescente deliberar e controlar as ações em todos os níveis relativas aos adolescentes com idade entre 15 (quinze) e 18 (dezoito) anos.

Art. 48. Esta Lei entra em vigor após decorridos 180 (cento e oitenta) dias de sua publicação oficial.

Brasília, 5 de agosto de 2013; 192.º da Independência e 125.º da República.

DILMA ROUSSEFF

LEI N. 12.853, DE 14 DE AGOSTO DE 2013 (*)

Altera os arts. 5.º, 68, 97, 98, 99 e 100, acrescenta arts. 98-A, 98-B, 98-C, 99-A, 99-B, 100-A, 100-B e 109-A e revoga o art. 94 da Lei n. 9.610, de 19 de fevereiro de 1998, para dispor sobre a gestão coletiva de direitos autorais, e dá outras providências.

A Presidenta da República

Faço saber que o Congresso Nacional decreta e eu sanciono a seguinte Lei:

Art. 1.º Esta Lei dispõe sobre a gestão coletiva de direitos autorais, altera, revoga e acrescenta dispositivos à Lei n. 9.610, de 19 de fevereiro de 1998.

Art. 2.º Os arts. 5.º, 68, 97, 98, 99 e 100 da Lei n. 9.610, de 19 de fevereiro de 1998, passam a vigorar com as seguintes alterações:

•• Alterações já processadas no diploma modificado.

Art. 3.º A Lei n. 9.610, de 1998, passa a vigorar acrescida dos seguintes arts. 98-A, 98-B, 98-C, 99-A, 99-B, 100-A, 100-B e 109-A:

•• Alterações já processadas no diploma modificado.

Art. 4.º As associações de gestão coletiva de direitos autorais que, antes da vigência da presente Lei, estejam legalmente constituídas e arrecadando e distribuindo os direitos autorais de obras e fonogramas considerar-se-ão habilitadas para exercerem a atividade econômica de cobrança pelo prazo definido em regulamento, devendo obedecer às disposições constantes do art. 98-A da Lei n. 9.610, de 1998.

Art. 5.º As associações a que se refere o art. 4.º desta Lei terão 60 (sessenta) dias para adaptar seus estatutos ao § 13 do art. 98 da Lei n. 9.610, de 1998, permitindo-se que seus dirigentes concluam os mandatos em curso quando do início da vigência desta Lei até o prazo originalmente previsto, após o qual poderão candidatar-se para mandato de 3 (três) anos, com possibilidade de 1 (uma) recondução, nos termos desta Lei.

Art. 6.º Desde que se comprove a observância de todas as exigências para a constituição do novo ente arrecadador unificado, constantes do *caput* do art. 99 da Lei n. 9.610, de 1998, as associações referidas no art. 4.º desta Lei poderão requerer ao Ministério da Cultura, no prazo estabelecido em regulamento, que reconheça a pessoa jurídica já constituída como ente arrecadador.

Art. 7.º O Ministério da Cultura constituirá, no prazo e nos termos dispostos em regulamento, comissão permanente

(*) Publicada no *Diário Oficial da União*, de 15-8-2013. *Vide* Decreto n. 9.574, de 22-11-2018, que consolida atos normativos que dispõem sobre a gestão coletiva de direitos autorais.

para aperfeiçoamento da gestão coletiva, que promoverá o aprimoramento contínuo da gestão coletiva de direitos autorais no Brasil por meio da análise da atuação e dos resultados obtidos pelas entidades brasileiras, bem como do exame das melhores práticas internacionais.

Art. 8.º Admite-se a delegação, pelo Ministério da Cultura, das competências a ele atribuídas por esta Lei a outro órgão.

Art. 9.º Revoga-se o art. 94 da Lei n. 9.610, de 19 de fevereiro de 1998.

Art. 10. Esta Lei entra em vigor após decorridos 120 (cento e vinte) dias de sua publicação oficial.

Brasília, 14 de agosto de 2013; 192.º da Independência e 125.º da República.

DILMA ROUSSEFF

LEI N. 12.965, DE 23 DE ABRIL DE 2014 (*)

Estabelece princípios, garantias, direitos e deveres para o uso da Internet no Brasil.

A Presidenta da República

Faço saber que o Congresso Nacional decreta e eu sanciono a seguinte Lei:

Capítulo I
DISPOSIÇÕES PRELIMINARES

Art. 1.º Esta Lei estabelece princípios, garantias, direitos e deveres para o uso da internet no Brasil e determina as diretrizes para atuação da União, dos Estados, do Distrito Federal e dos Municípios em relação à matéria.

Art. 2.º A disciplina do uso da internet no Brasil tem como fundamento o respeito à liberdade de expressão, bem como:

I – o reconhecimento da escala mundial da rede;

II – os direitos humanos, o desenvolvimento da personalidade e o exercício da cidadania em meios digitais;

III – a pluralidade e a diversidade;

IV – a abertura e a colaboração;

V – a livre-iniciativa, a livre concorrência e a defesa do consumidor; e

• *Vide* Lei n. 8.078, de 11-9-1990 (Código do Consumidor).

VI – a finalidade social da rede.

Art. 3.º A disciplina do uso da internet no Brasil tem os seguintes princípios:

I – garantia da liberdade de expressão, comunicação e manifestação de pensamento, nos termos da Constituição Federal;

• *Vide* art. 5.º, IV, da CF.

II – proteção da privacidade;

• *Vide* arts. 5.º, X, da CF e 21 do CC.

III – proteção dos dados pessoais, na forma da lei;

IV – preservação e garantia da neutralidade de rede;

V – preservação da estabilidade, segurança e funcionalidade da rede, por meio de medidas técnicas compatíveis com os padrões internacionais e pelo estímulo ao uso de boas práticas;

VI – responsabilização dos agentes de acordo com suas atividades, nos termos da lei;

VII – preservação da natureza participativa da rede;

VIII – liberdade dos modelos de negócios promovidos na internet, desde que não conflitem com os demais princípios estabelecidos nesta Lei.

Parágrafo único. Os princípios expressos nesta Lei não excluem outros previstos no ordenamento jurídico pátrio relacionados à matéria ou nos tratados internacionais em que a República Federativa do Brasil seja parte.

Art. 4.º A disciplina do uso da internet no Brasil tem por objetivo a promoção:

I – do direito de acesso à internet a todos;

II – do acesso à informação, ao conhecimento e à participação na vida cultural e na condução dos assuntos públicos;

• *Vide* art. 220 da CF.

III – da inovação e do fomento à ampla difusão de novas tecnologias e modelos de uso e acesso; e

IV – da adesão a padrões tecnológicos abertos que permitam a comunicação, a acessibilidade e a interoperabilidade entre aplicações e bases de dados.

Art. 5.º Para os efeitos desta Lei, considera-se:

I – internet: o sistema constituído do conjunto de protocolos lógicos, estruturado em escala mundial para uso público e irrestrito, com a finalidade de possibilitar a comunicação de dados entre terminais por meio de diferentes redes;

II – terminal: o computador ou qualquer dispositivo que se conecte à internet;

III – endereço de protocolo de internet (endereço IP): o código atribuído a um terminal de uma rede para permitir sua identificação, definido segundo parâmetros internacionais;

IV – administrador de sistema autônomo: a pessoa física ou jurídica que administra blocos de endereço IP específicos e o respectivo sistema autônomo de roteamento, devidamente cadastrada no ente nacional responsável pelo registro e distribuição de endereços IP geograficamente referentes ao País;

V – conexão à internet: a habilitação de um terminal para envio e recebimento de pacotes de dados pela internet, mediante a atribuição ou autenticação de um endereço IP;

VI – registro de conexão: o conjunto de informações referentes à data e hora de início e término de uma conexão

---

(*) Publicada no *Diário Oficial da União*, de 24-4-2014. Regulamentada pelo Decreto n. 8.771, de 11-5-2016.

à internet, sua duração e o endereço IP utilizado pelo terminal para o envio e recebimento de pacotes de dados;

VII – aplicações de internet: o conjunto de funcionalidades que podem ser acessadas por meio de um terminal conectado à internet; e

VIII – registros de acesso a aplicações de internet: o conjunto de informações referentes à data e hora de uso de uma determinada aplicação de internet a partir de um determinado endereço IP.

Art. 6.º Na interpretação desta Lei serão levados em conta, além dos fundamentos, princípios e objetivos previstos, a natureza da internet, seus usos e costumes particulares e sua importância para a promoção do desenvolvimento humano, econômico, social e cultural.

Capítulo II
DOS DIREITOS E GARANTIAS DOS USUÁRIOS

•• Sobre proteção de dados nos meios digitais, *vide* Lei n. 13.709, de 14-8-2018.

Art. 7.º O acesso à internet é essencial ao exercício da cidadania, e ao usuário são assegurados os seguintes direitos:

I – inviolabilidade da intimidade e da vida privada, sua proteção e indenização pelo dano material ou moral decorrente de sua violação;

• *Vide* arts. 5.º, X, da CF e 12, 21 e 927 e s. do CC.

II – inviolabilidade e sigilo do fluxo de suas comunicações pela internet, salvo por ordem judicial, na forma da lei;

• *Vide* art. 10, § 2.º, desta Lei.

• *Vide* art. 5.º, XII, da CF, regulamentado pela Lei n. 9.296, de 24-7-1996.

III – inviolabilidade e sigilo de suas comunicações privadas armazenadas, salvo por ordem judicial;

• *Vide* art. 10, § 2.º, desta Lei.

IV – não suspensão da conexão à internet, salvo por débito diretamente decorrente de sua utilização;

• *Vide* arts. 42 e 42-A da Lei n. 8.078, de 11-9-1990.

V – manutenção da qualidade contratada da conexão à internet;

VI – informações claras e completas constantes dos contratos de prestação de serviços, com detalhamento sobre o regime de proteção aos registros de conexão e aos registros de acesso a aplicações de internet, bem como sobre práticas de gerenciamento da rede que possam afetar sua qualidade;

VII – não fornecimento a terceiros de seus dados pessoais, inclusive registros de conexão, e de acesso a aplicações de internet, salvo mediante consentimento livre, expresso e informado ou nas hipóteses previstas em lei;

•• *Vide* arts. 13 e 14 do Decreto n. 8.771, de 11-5-2016.

VIII – informações claras e completas sobre coleta, uso, armazenamento, tratamento e proteção de seus dados pessoais, que somente poderão ser utilizados para finalidades que:

a) justifiquem sua coleta;

b) não sejam vedadas pela legislação; e

c) estejam especificadas nos contratos de prestação de serviços ou em termos de uso de aplicações de internet;

IX – consentimento expresso sobre coleta, uso, armazenamento e tratamento de dados pessoais, que deverá ocorrer de forma destacada das demais cláusulas contratuais;

X – exclusão definitiva dos dados pessoais que tiver fornecido a determinada aplicação de internet, a seu requerimento, ao término da relação entre as partes, ressalvadas as hipóteses de guarda obrigatória de registros previstas nesta Lei e na que dispõe sobre a proteção de dados pessoais;

•• Inciso X com redação determinada pela Lei n. 13.709, de 14-8-2018.

XI – publicidade e clareza de eventuais políticas de uso dos provedores de conexão à internet e de aplicações de internet;

XII – acessibilidade, consideradas as características físico-motoras, perceptivas, sensoriais, intelectuais e mentais do usuário, nos termos da lei; e

XIII – aplicação das normas de proteção e defesa do consumidor nas relações de consumo realizadas na internet.

• *Vide* Lei n. 8.078, de 11-9-1990 (Código do Consumidor).

Art. 8.º A garantia do direito à privacidade e à liberdade de expressão nas comunicações é condição para o pleno exercício do direito de acesso à internet.

Parágrafo único. São nulas de pleno direito as cláusulas contratuais que violem o disposto no *caput*, tais como aquelas que:

I – impliquem ofensa à inviolabilidade e ao sigilo das comunicações privadas, pela internet; ou

II – em contrato de adesão, não ofereçam como alternativa ao contratante a adoção do foro brasileiro para solução de controvérsias decorrentes de serviços prestados no Brasil.

Capítulo III
DA PROVISÃO DE CONEXÃO E DE APLICAÇÕES DE INTERNET

Seção I
Da Neutralidade de Rede

•• *Vide* arts. 3.º a 10 do Decreto n. 8.771, de 11-5-2016.

Art. 9.º O responsável pela transmissão, comutação ou roteamento tem o dever de tratar de forma isonômica quaisquer pacotes de dados, sem distinção por conteúdo, origem e destino, serviço, terminal ou aplicação.

§ 1.º A discriminação ou degradação do tráfego será regulamentada nos termos das atribuições privativas do Presidente da República previstas no inciso IV do art. 84 da Constituição Federal, para a fiel execução desta Lei, ouvidos o Comitê Gestor da Internet e a Agência Nacional de Telecomunicações, e somente poderá decorrer de:

I – requisitos técnicos indispensáveis à prestação adequada dos serviços e aplicações; e

II – priorização de serviços de emergência.

§ 2.º Na hipótese de discriminação ou degradação do tráfego prevista no § 1.º, o responsável mencionado no *caput* deve:

•• *Vide* art. 4.º do Decreto n. 8.771, de 11-5-2016.

I – abster-se de causar dano aos usuários, na forma do art. 927 da Lei n. 10.406, de 10 de janeiro de 2002 - Código Civil;

II – agir com proporcionalidade, transparência e isonomia;

III – informar previamente de modo transparente, claro e suficientemente descritivo aos seus usuários sobre as práticas de gerenciamento e mitigação de tráfego adotadas, inclusive as relacionadas à segurança da rede; e

IV – oferecer serviços em condições comerciais não discriminatórias e abster-se de praticar condutas anticoncorrenciais.

§ 3.º Na provisão de conexão à internet, onerosa ou gratuita, bem como na transmissão, comutação ou roteamento, é vedado bloquear, monitorar, filtrar ou analisar o conteúdo dos pacotes de dados, respeitado o disposto neste artigo.

Seção II
Da Proteção aos Registros, aos Dados Pessoais e às Comunicações Privadas

•• *Vide* arts. 11 a 16 do Decreto n. 8.771, de 11-5-2016.

Art. 10. A guarda e a disponibilização dos registros de conexão e de acesso a aplicações de internet de que trata esta Lei, bem como de dados pessoais e do conteúdo de comunicações privadas, devem atender à preservação da intimidade, da vida privada, da honra e da imagem das partes direta ou indiretamente envolvidas.

§ 1.º O provedor responsável pela guarda somente será obrigado a disponibilizar os registros mencionados no *caput*, de forma autônoma ou associados a dados pessoais ou a outras informações que possam contribuir para a identificação do usuário ou do terminal, mediante ordem judicial, na forma do disposto na Seção IV deste Capítulo, respeitado o disposto no art. 7.º.

§ 2.º O conteúdo das comunicações privadas somente poderá ser disponibilizado mediante ordem judicial, nas hipóteses e na forma que a lei estabelecer, respeitado o disposto nos incisos II e III do art. 7.º.

§ 3.º O disposto no *caput* não impede o acesso aos dados cadastrais que informem qualificação pessoal, filiação e endereço, na forma da lei, pelas autoridades administrativas que detenham competência legal para a sua requisição.

• Os arts. 17-B da Lei n. 9.613, de 3-3-1998 (crimes de "lavagem" de dinheiro), e 15 da Lei n. 12.850, de 2-8-2013 (organização criminosa), permitem o acesso, independentemente de autorização judicial, a registros e dados cadastrais do investigado que informem exclusivamente a qualificação pessoal, a filiação e o endereço mantidos pela Justiça Eleitoral, empresas telefônicas, instituições financeiras, provedores de internet e administradoras de cartão de crédito.

•• *Vide* art. 11 do Decreto n. 8.771, de 11-5-2016.

§ 4.º As medidas e os procedimentos de segurança e de sigilo devem ser informados pelo responsável pela provisão de serviços de forma clara e atender a padrões definidos em regulamento, respeitado seu direito de confidencialidade quanto a segredos empresariais.

Art. 11. Em qualquer operação de coleta, armazenamento, guarda e tratamento de registros, de dados pessoais ou de comunicações por provedores de conexão e de aplicações de internet em que pelo menos um desses atos ocorra em território nacional, deverão ser obrigatoriamente respeitados a legislação brasileira e os direitos à privacidade, à proteção dos dados pessoais e ao sigilo das comunicações privadas e dos registros.

•• *Vide* arts. 15 e 20 do Decreto n. 8.771, de 11-5-2016.

§ 1.º O disposto no *caput* aplica-se aos dados coletados em território nacional e ao conteúdo das comunicações, desde que pelo menos um dos terminais esteja localizado no Brasil.

§ 2.º O disposto no *caput* aplica-se mesmo que as atividades sejam realizadas por pessoa jurídica sediada no exterior, desde que oferte serviço ao público brasileiro ou pelo menos uma integrante do mesmo grupo econômico possua estabelecimento no Brasil.

§ 3.º Os provedores de conexão e de aplicações de internet deverão prestar, na forma da regulamentação, informações que permitam a verificação quanto ao cumprimento da legislação brasileira referente à coleta, à guarda, ao armazenamento ou ao tratamento de dados, bem como quanto ao respeito à privacidade e ao sigilo de comunicações.

•• *Vide* art. 13, III, do Decreto n. 8.771, de 11-5-2016.

§ 4.º Decreto regulamentará o procedimento para apuração de infrações ao disposto neste artigo.

Art. 12. Sem prejuízo das demais sanções cíveis, criminais ou administrativas, as infrações às normas previstas nos arts. 10 e 11 ficam sujeitas, conforme o caso, às seguintes sanções, aplicadas de forma isolada ou cumulativa:

I – advertência, com indicação de prazo para adoção de medidas corretivas;

II – multa de até 10% (dez por cento) do faturamento do grupo econômico no Brasil no seu último exercício, excluídos os tributos, considerados a condição econômica do infrator e o princípio da proporcionalidade entre a gravidade da falta e a intensidade da sanção;

III – suspensão temporária das atividades que envolvam os atos previstos no art. 11; ou

IV – proibição de exercício das atividades que envolvam os atos previstos no art. 11.

Parágrafo único. Tratando-se de empresa estrangeira, responde solidariamente pelo pagamento da multa de que trata o *caput* sua filial, sucursal, escritório ou estabelecimento situado no País.

Subseção I
Da guarda de registros de conexão

Art. 13. Na provisão de conexão à internet, cabe ao administrador de sistema autônomo respectivo o dever de manter os registros de conexão, sob sigilo, em ambiente controlado e de segurança, pelo prazo de 1 (um) ano, nos termos do regulamento.

§ 1.º A responsabilidade pela manutenção dos registros de conexão não poderá ser transferida a terceiros.

§ 2.º A autoridade policial ou administrativa ou o Ministério Público poderá requerer cautelarmente que os registros de conexão sejam guardados por prazo superior ao previsto no *caput*.

§ 3.º Na hipótese do § 2.º, a autoridade requerente terá o prazo de 60 (sessenta) dias, contados a partir do requerimento, para ingressar com o pedido de autorização judicial de acesso aos registros previstos no *caput*.

§ 4.º O provedor responsável pela guarda dos registros deverá manter sigilo em relação ao requerimento previsto no § 2.º, que perderá sua eficácia caso o pedido de autorização judicial seja indeferido ou não tenha sido protocolado no prazo previsto no § 3.º.

§ 5.º Em qualquer hipótese, a disponibilização ao requerente dos registros de que trata este artigo deverá ser precedida de autorização judicial, conforme disposto na Seção IV deste Capítulo.

§ 6.º Na aplicação de sanções pelo descumprimento ao disposto neste artigo, serão considerados a natureza e a gravidade da infração, os danos dela resultantes, eventual vantagem auferida pelo infrator, as circunstâncias agravantes, os antecedentes do infrator e a reincidência.

Subseção II
Da guarda de registros de acesso a aplicações de internet na provisão de conexão

Art. 14. Na provisão de conexão, onerosa ou gratuita, é vedado guardar os registros de acesso a aplicações de internet.

Subseção III
Da guarda de registros de acesso a aplicações de internet na provisão de aplicações

Art. 15. O provedor de aplicações de internet constituído na forma de pessoa jurídica e que exerça essa atividade de forma organizada, profissionalmente e com fins econômicos deverá manter os respectivos registros de acesso a aplicações de internet, sob sigilo, em ambiente controlado e de segurança, pelo prazo de 6 (seis) meses, nos termos do regulamento.

§ 1.º Ordem judicial poderá obrigar, por tempo certo, os provedores de aplicações de internet que não estão sujeitos ao disposto no *caput* a guardarem registros de acesso a aplicações de internet, desde que se trate de registros relativos a fatos específicos em período determinado.

§ 2.º A autoridade policial ou administrativa ou o Ministério Público poderão requerer cautelarmente a qualquer provedor de aplicações de internet que os registros de acesso a aplicações de internet sejam guardados, inclusive por prazo superior ao previsto no *caput*, observado o disposto nos §§ 3.º e 4.º do art. 13.

§ 3.º Em qualquer hipótese, a disponibilização ao requerente dos registros de que trata este artigo deverá ser precedida de autorização judicial, conforme disposto na Seção IV deste Capítulo.

§ 4.º Na aplicação de sanções pelo descumprimento ao disposto neste artigo, serão considerados a natureza e a gravidade da infração, os danos dela resultantes, eventual vantagem auferida pelo infrator, as circunstâncias agravantes, os antecedentes do infrator e a reincidência.

Art. 16. Na provisão de aplicações de internet, onerosa ou gratuita, é vedada a guarda:

I – dos registros de acesso a outras aplicações de internet sem que o titular dos dados tenha consentido previamente, respeitado o disposto no art. 7.º; ou

II – de dados pessoais que sejam excessivos em relação à finalidade para a qual foi dado consentimento pelo seu titular, exceto nas hipóteses previstas na Lei que dispõe sobre a proteção de dados pessoais.

•• Inciso II com redação determinada pela Lei n. 13.709, de 14-8-2018.

• *Vide* Lei n. 13.709, de 14-8-2018. (Proteção de dados pessoais)

Art. 17. Ressalvadas as hipóteses previstas nesta Lei, a opção por não guardar os registros de acesso a aplicações de internet não implica responsabilidade sobre danos decorrentes do uso desses serviços por terceiros.

Seção III
Da Responsabilidade por Danos Decorrentes de Conteúdo Gerado por Terceiros

Art. 18. O provedor de conexão à internet não será responsabilizado civilmente por danos decorrentes de conteúdo gerado por terceiros.

• *Vide* arts. 927 e s. do CC.

Art. 19. Com o intuito de assegurar a liberdade de expressão e impedir a censura, o provedor de aplicações de internet somente poderá ser responsabilizado civilmente por danos decorrentes de conteúdo gerado por terceiros se, após ordem judicial específica, não tomar as providências para, no âmbito e nos limites técnicos do seu serviço e dentro do prazo assinalado, tornar indisponível o conteúdo apontado como infringente, ressalvadas as disposições legais em contrário.

§ 1.º A ordem judicial de que trata o *caput* deverá conter, sob pena de nulidade, identificação clara e específica do conteúdo apontado como infringente, que permita a localização inequívoca do material.

§ 2.º A aplicação do disposto neste artigo para infrações a direitos de autor ou a direitos conexos depende de previsão legal específica, que deverá respeitar a liberdade de expressão e demais garantias previstas no art. 5.º da Constituição Federal.

• *Vide* art. 5.º, IX, XXVII, XXVIII e XXIX, da CF.

§ 3.º As causas que versem sobre ressarcimento por danos decorrentes de conteúdos disponibilizados na internet relacionados à honra, à reputação ou a direitos de personalidade, bem como sobre a indisponibilização desses conteúdos por provedores de aplicações de internet, poderão ser apresentadas perante os juizados especiais.

- Direitos da personalidade: *vide* arts. 11 a 21 do CC.
- Juizados Especiais: *vide* Lei n. 9.099, de 26-9-1995.

§ 4.º O juiz, inclusive no procedimento previsto no § 3.º, poderá antecipar, total ou parcialmente, os efeitos da tutela pretendida no pedido inicial, existindo prova inequívoca do fato e considerado o interesse da coletividade na disponibilização do conteúdo na internet, desde que presentes os requisitos de verossimilhança da alegação do autor e de fundado receio de dano irreparável ou de difícil reparação.

- Tutela antecipada: art. 273 do CPC.

Art. 20. Sempre que tiver informações de contato do usuário diretamente responsável pelo conteúdo a que se refere o art. 19, caberá ao provedor de aplicações de internet comunicar-lhe os motivos e informações relativos à indisponibilização de conteúdo, com informações que permitam o contraditório e a ampla defesa em juízo, salvo expressa previsão legal ou expressa determinação judicial fundamentada em contrário.

Parágrafo único. Quando solicitado pelo usuário que disponibilizou o conteúdo tornado indisponível, o provedor de aplicações de internet que exerce essa atividade de forma organizada, profissionalmente e com fins econômicos substituirá o conteúdo tornado indisponível pela motivação ou pela ordem judicial que deu fundamento à indisponibilização.

Art. 21. O provedor de aplicações de internet que disponibilize conteúdo gerado por terceiros será responsabilizado subsidiariamente pela violação da intimidade decorrente da divulgação, sem autorização de seus participantes, de imagens, de vídeos ou de outros materiais contendo cenas de nudez ou de atos sexuais de caráter privado quando, após o recebimento de notificação pelo participante ou seu representante legal, deixar de promover, de forma diligente, no âmbito e nos limites técnicos do seu serviço, a indisponibilização desse conteúdo.

Parágrafo único. A notificação prevista no *caput* deverá conter, sob pena de nulidade, elementos que permitam a identificação específica do material apontado como violador da intimidade do participante e a verificação da legitimidade para apresentação do pedido.

Seção IV
Da Requisição Judicial de Registros

Art. 22. A parte interessada poderá, com o propósito de formar conjunto probatório em processo judicial cível ou penal, em caráter incidental ou autônomo, requerer ao juiz que ordene ao responsável pela guarda o fornecimento de registros de conexão ou de registros de acesso a aplicações de internet.

Parágrafo único. Sem prejuízo dos demais requisitos legais, o requerimento deverá conter, sob pena de inadmissibilidade:

I – fundados indícios da ocorrência do ilícito;

II – justificativa motivada da utilidade dos registros solicitados para fins de investigação ou instrução probatória; e

III – período ao qual se referem os registros.

Art. 23. Cabe ao juiz tomar as providências necessárias à garantia do sigilo das informações recebidas e à preservação da intimidade, da vida privada, da honra e da imagem do usuário, podendo determinar segredo de justiça, inclusive quanto aos pedidos de guarda de registro.

Capítulo IV
DA ATUAÇÃO DO PODER PÚBLICO

Art. 24. Constituem diretrizes para a atuação da União, dos Estados, do Distrito Federal e dos Municípios no desenvolvimento da internet no Brasil:

I – estabelecimento de mecanismos de governança multiparticipativa, transparente, colaborativa e democrática, com a participação do governo, do setor empresarial, da sociedade civil e da comunidade acadêmica;

II – promoção da racionalização da gestão, expansão e uso da internet, com participação do Comitê Gestor da internet no Brasil;

III – promoção da racionalização e da interoperabilidade tecnológica dos serviços de governo eletrônico, entre os diferentes Poderes e âmbitos da Federação, para permitir o intercâmbio de informações e a celeridade de procedimentos;

IV – promoção da interoperabilidade entre sistemas e terminais diversos, inclusive entre os diferentes âmbitos federativos e diversos setores da sociedade;

V – adoção preferencial de tecnologias, padrões e formatos abertos e livres;

VI – publicidade e disseminação de dados e informações públicos, de forma aberta e estruturada;

VII – otimização da infraestrutura das redes e estímulo à implantação de centros de armazenamento, gerenciamento e disseminação de dados no País, promovendo a qualidade técnica, a inovação e a difusão das aplicações de internet, sem prejuízo à abertura, à neutralidade e à natureza participativa;

VIII – desenvolvimento de ações e programas de capacitação para uso da internet;

IX – promoção da cultura e da cidadania; e

X – prestação de serviços públicos de atendimento ao cidadão de forma integrada, eficiente, simplificada e por múltiplos canais de acesso, inclusive remotos.

Art. 25. As aplicações de internet de entes do poder público devem buscar:

I – compatibilidade dos serviços de governo eletrônico com diversos terminais, sistemas operacionais e aplicativos para seu acesso;

II – acessibilidade a todos os interessados, independentemente de suas capacidades físico-motoras, perceptivas, sensoriais, intelectuais, mentais, culturais e sociais, resguardados os aspectos de sigilo e restrições administrativas e legais;

III – compatibilidade tanto com a leitura humana quanto com o tratamento automatizado das informações;

IV – facilidade de uso dos serviços de governo eletrônico; e

V – fortalecimento da participação social nas políticas públicas.

Art. 26. O cumprimento do dever constitucional do Estado na prestação da educação, em todos os níveis de ensino, inclui a capacitação, integrada a outras práticas educacionais, para o uso seguro, consciente e responsável da internet como ferramenta para o exercício da cidadania, a promoção da cultura e o desenvolvimento tecnológico.

Art. 27. As iniciativas públicas de fomento à cultura digital e de promoção da internet como ferramenta social devem:

I – promover a inclusão digital;

II – buscar reduzir as desigualdades, sobretudo entre as diferentes regiões do País, no acesso às tecnologias da informação e comunicação e no seu uso; e

III – fomentar a produção e circulação de conteúdo nacional.

Art. 28. O Estado deve, periodicamente, formular e fomentar estudos, bem como fixar metas, estratégias, planos e cronogramas, referentes ao uso e desenvolvimento da internet no País.

Capítulo V
DISPOSIÇÕES FINAIS

Art. 29. O usuário terá a opção de livre escolha na utilização de programa de computador em seu terminal para exercício do controle parental de conteúdo entendido por ele como impróprio a seus filhos menores, desde que respeitados os princípios desta Lei e da Lei n. 8.069, de 13 de julho de 1990 - Estatuto da Criança e do Adolescente.

Parágrafo único. Cabe ao poder público, em conjunto com os provedores de conexão e de aplicações de internet e a sociedade civil, promover a educação e fornecer informações sobre o uso dos programas de computador previstos no *caput*, bem como para a definição de boas práticas para a inclusão digital de crianças e adolescentes.

Art. 30. A defesa dos interesses e dos direitos estabelecidos nesta Lei poderá ser exercida em juízo, individual ou coletivamente, na forma da lei.

Art. 31. Até a entrada em vigor da lei específica prevista no § 2.º do art. 19, a responsabilidade do provedor de aplicações de internet por danos decorrentes de conteúdo gerado por terceiros, quando se tratar de infração a direitos de autor ou a direitos conexos, continuará a ser disciplinada pela legislação autoral vigente aplicável na data da entrada em vigor desta Lei.

• *Vide* Lei n. 9.610, de 19-2-1998.

Art. 32. Esta Lei entra em vigor após decorridos 60 (sessenta) dias de sua publicação oficial.

Brasília, 23 de abril de 2014; 193.º da Independência e 126.º da República.

DILMA ROUSSEFF

LEI N. 13.097, DE 19 DE JANEIRO DE 2015 (*)

Reduz a zero as alíquotas da Contribuição para o PIS/PASEP, da COFINS, da Contribuição para o PIS/Pasep-Importação e da Cofins-Importação incidentes sobre a receita de vendas e na importação de partes utilizadas em aerogeradores; prorroga os benefícios previstos nas Leis n. 9.250, de 26 de dezembro de 1995, 9.440, de 14 de março de 1997, 10.931, de 2 de agosto de 2004, 11.196, de 21 de novembro de 2005, 12.024, de 27 de agosto de 2009, e 12.375, de 30 de dezembro de 2010; altera o art. 46 da Lei no 12.715, de 17 de setembro de 2012, que dispõe sobre a devolução ao exterior ou a destruição de mercadoria estrangeira cuja importação não seja autorizada; altera as Leis n. 9.430, de 27 de dezembro de 1996, 12.546, de 14 de dezembro de 2011, 12.973, de 13 de maio de 2014, 9.826, de 23 de agosto de 1999, 10.833, de 29 de dezembro de 2003, 10.865, de 30 de abril de 2004, 11.051, de 29 de dezembro de 2004, 11.774, de 17 de setembro de 2008, 10.637, de 30 de dezembro de 2002, 12.249, de 11 de junho de 2010, 10.522, de 19 de julho de 2002, 12.865, de 9 de outubro de 2013, 10.820, de 17 de dezembro de 2003, 6.634, de 2 de maio de 1979, 7.433, de 18 de dezembro de 1985, 11.977, de 7 de julho de 2009, 10.931, de 2 de agosto de 2004, 11.076, de 30 de dezembro de 2004, 9.514, de 20 de novembro de 1997, 9.427, de 26 de dezembro de 1996, 9.074, de 7 de julho de 1995, 12.783, de 11 de janeiro de 2013, 11.943, de 28 de maio de 2009, 10.848, de 15 de março de 2004, 7.565, de 19 de dezembro de 1986, 12.462, de 4 de agosto de 2011, 9.503,

(*) Publicada no *DOU*, de 20-1-2015.

de 23 de setembro de 1997, 11.442, de 5 de janeiro de 2007, 8.666, de 21 de junho de 1993, 9.782, de 26 de janeiro de 1999, 6.360, de 23 de setembro de 1976, 5.991, de 17 de dezembro de 1973, 12.850, de 2 de agosto de 2013, 5.070, de 7 de julho de 1966, 9.472, de 16 de julho de 1997, 10.480, de 2 de julho de 2002, 8.112, de 11 de dezembro de 1990, 6.530, de 12 de maio de 1978, 5.764, de 16 de dezembro de 1971, 8.080, de 19 de setembro de 1990, 11.079, de 30 de dezembro de 2004, 13.043, de 13 de novembro de 2014, 8.987, de 13 de fevereiro de 1995, 10.925, de 23 de julho de 2004, 12.096, de 24 de novembro de 2009, 11.482, de 31 de maio de 2007, 7.713, de 22 de dezembro de 1988, a Lei Complementar n. 123, de 14 de dezembro de 2006, o Decreto-lei n. 745, de 7 de agosto de 1969, e o Decreto n. 70.235, de 6 de março de 1972; revoga dispositivos das Leis n. 4.380, de 21 de agosto de 1964, 6.360, de 23 de setembro de 1976, 7.789, de 23 de novembro de 1989, 8.666, de 21 de junho de 1993, 9.782, de 26 de janeiro de 1999, 10.150, de 21 de dezembro de 2000, 9.430, de 27 de dezembro de 1996, 12.973, de 13 de maio de 2014, 8.177, de 1.º de março de 1991, 10.637, de 30 de dezembro de 2002, 10.833, de 29 de dezembro de 2003, 10.865, de 30 de abril de 2004, 11.051, de 29 de dezembro de 2004 e 9.514, de 20 de novembro de 1997, e do Decreto-lei n. 3.365, de 21 de junho de 1941; e dá outras providências.

A Presidenta da República

Faço saber que o Congresso Nacional decreta e eu sanciono a seguinte Lei:

....

Capítulo III
DOS REGISTROS PÚBLICOS

....

Seção II
Dos Registros na Matrícula do Imóvel

Art. 54. Os negócios jurídicos que tenham por fim constituir, transferir ou modificar direitos reais sobre imóveis são eficazes em relação a atos jurídicos precedentes, nas hipóteses em que não tenham sido registradas ou averbadas na matrícula do imóvel as seguintes informações:

I – registro de citação de ações reais ou pessoais reipersecutórias;

II – averbação, por solicitação do interessado, de constrição judicial, de que a execução foi admitida pelo juiz ou de fase de cumprimento de sentença, procedendo-se nos termos previstos no art. 828 da Lei n. 13.105, de 16 de março de 2015 – Código de Processo Civil;

•• Inciso II com redação determinada pela Medida Provisória n. 1.085, de 27-12-2021.

O texto anterior dizia: "II – averbação, por solicitação do interessado, de constrição judicial, do ajuizamento de ação de execução ou de fase de cumprimento de sentença, procedendo-se nos termos previstos do art. 615-A da Lei n. 5.869, de 11 de janeiro de 1973 – Código de Processo Civil;

•• A Lei n. 5.869, de 11-1-1973, foi revogada pela Lei n. 13.105, de 16-3-2015".

III – averbação de restrição administrativa ou convencional ao gozo de direitos registrados, de indisponibilidade ou de outros ônus quando previstos em lei; e

IV – averbação, mediante decisão judicial, da existência de outro tipo de ação cujos resultados ou responsabilidade patrimonial possam reduzir seu proprietário à insolvência, nos termos do disposto no inciso IV do *caput* do art. 792 da Lei n. 13.105, de 2015 – Código de Processo Civil.

•• Inciso IV com redação determinada pela Medida Provisória n. 1.085, de 27-12-2021.

O texto anterior dizia: "IV – averbação, mediante decisão judicial, da existência de outro tipo de ação cujos resultados ou responsabilidade patrimonial possam reduzir seu proprietário à insolvência, nos termos do inciso II do art. 593 da Lei n. 5.869, de 11 de janeiro de 1973 – Código de Processo Civil.

•• A Lei n. 5.869, de 11-1-1973, foi revogada pela Lei n. 13.105, de 16-3-2015".

§ 1.º Não poderão ser opostas situações jurídicas não constantes da matrícula no registro de imóveis, inclusive para fins de evicção, ao terceiro de boa-fé que adquirir ou receber em garantia direitos reais sobre o imóvel, ressalvados o disposto nos art. 129 e art. 130 da Lei n. 11.101, de 9 de fevereiro de 2005, e as hipóteses de aquisição e extinção da propriedade que independam de registro de título de imóvel.

•• Parágrafo único renumerado pela Medida Provisória n. 1.085, de 27-12-2021.

O texto anterior dizia: "Parágrafo único. Não poderão ser opostas situações jurídicas não constantes da matrícula no Registro de Imóveis, inclusive para fins de evicção, ao terceiro de boa-fé que adquirir ou receber em garantia direitos reais sobre o imóvel, ressalvados o disposto nos arts. 129 e 130 da Lei n. 11.101, de 9 de fevereiro de 2005, e as hipóteses de aquisição e extinção da propriedade que independam de registro de título de imóvel".

§ 2.º Não serão exigidos, para a validade ou eficácia dos negócios jurídicos a que se refere o *caput* ou para a caracterização da boa-fé do terceiro adquirente de imóvel ou beneficiário de direito real:

•• § 2.º, *caput*, acrescentado pela Medida Provisória n. 1.085, de 27-12-2021.

I – a obtenção prévia de quaisquer documentos ou certidões além daqueles requeridos nos termos do disposto no § 2.º do art. 1.º da Lei n. 7.433, de 18 de dezembro de 1985; e

•• Inciso I acrescentado pela Medida Provisória n. 1.085, de 27-12-2021.

II – a apresentação de certidões forenses ou de distribuidores judiciais.

•• Inciso II acrescentado pela Medida Provisória n. 1.085, de 27-12-2021.

Art. 55. A alienação ou oneração de unidades autônomas integrantes de incorporação imobiliária, parcelamento do solo ou condomínio edilício, devidamente registrada, não poderá ser objeto de evicção ou de decretação de ineficácia, mas eventuais credores do alienante ficam sub-rogados no preço ou no eventual crédito imobiliário, sem prejuízo das perdas e danos imputáveis ao incorporador ou empreendedor, decorrentes de seu dolo ou culpa, bem como da aplicação das disposições constantes da Lei n. 8.078, de 11 de setembro de 1990.

Art. 56. A averbação na matrícula do imóvel prevista no inciso IV do art. 54 será realizada por determinação judicial e conterá a identificação das partes, o valor da causa e o juízo para o qual a petição inicial foi distribuída.

§ 1.º Para efeito de inscrição, a averbação de que trata o *caput* é considerada sem valor declarado.

§ 2.º A averbação de que trata o *caput* será gratuita àqueles que se declararem pobres sob as penas da lei.

§ 3.º O Oficial do Registro Imobiliário deverá comunicar ao juízo a averbação efetivada na forma do *caput*, no prazo de até dez dias contado da sua concretização.

§ 4.º A averbação recairá preferencialmente sobre imóveis indicados pelo proprietário e se restringirá a quantos sejam suficientes para garantir a satisfação do direito objeto da ação.

Art. 57. Recebida a comunicação da determinação de que trata o *caput* do art. 56, será feita a averbação ou serão indicadas as pendências a serem satisfeitas para sua efetivação no prazo de 5 (cinco) dias.

Art. 58. O disposto nesta Lei não se aplica a imóveis que façam parte do patrimônio da União, dos Estados, do Distrito Federal, dos Municípios e de suas fundações e autarquias.

....

Art. 61. Os registros e averbações relativos a atos jurídicos anteriores a esta Lei, devem ser ajustados aos seus termos em até 2 (dois) anos, contados do início de sua vigência.

....

Capítulo IV
DA LETRA IMOBILIÁRIA GARANTIDA E DO DIRECIONAMENTO DE RECURSOS DA CADERNETA DE POUPANÇA

Art. 63. A Letra Imobiliária Garantida – LIG é título de crédito nominativo, transferível e de livre negociação, garantido por Carteira de Ativos submetida ao regime fiduciário disciplinado na forma desta Lei.

Parágrafo único. A instituição emissora responde pelo adimplemento de todas as obrigações decorrentes da LIG, independentemente da suficiência da Carteira de Ativos.

Art. 64. A LIG consiste em promessa de pagamento em dinheiro e será emitida por instituições financeiras, exclusivamente sob a forma escritural, mediante registro em depositário central autorizado pelo Banco Central do Brasil, com as seguintes características:

I – a denominação "Letra Imobiliária Garantida";

II – o nome da instituição financeira emitente;

III – o nome do titular;

IV – o número de ordem, o local e a data de emissão;

V – o valor nominal;

VI – a data de vencimento;

VII – a taxa de juros, fixa ou flutuante, admitida a capitalização;

VIII – outras formas de remuneração, quando houver, inclusive baseadas em índices ou taxas de conhecimento público;

IX – a cláusula de correção pela variação cambial, quando houver;

X – a forma, a periodicidade e o local de pagamento;

XI – a identificação da Carteira de Ativos;

XII – a identificação e o valor dos créditos imobiliários e demais ativos que integram a Carteira de Ativos;

XIII – a instituição do regime fiduciário sobre a Carteira de Ativos, nos termos desta Lei;

XIV – a identificação do agente fiduciário, indicando suas obrigações, responsabilidades e remuneração, bem como as hipóteses, condições e forma de sua destituição ou substituição e as demais condições de sua atuação; e

XV – a descrição da garantia real ou fidejussória, quando houver.

§ 1.º A LIG é título executivo extrajudicial e pode:

I – ser executada, independentemente de protesto, com base em certidão de inteiro teor emitida pelo depositário central;

II – gerar valor de resgate inferior ao valor de sua emissão, em função de seus critérios de remuneração; e

III – ser atualizada mensalmente por índice de preços, desde que emitida com prazo mínimo de 36 (trinta e seis) meses.

§ 2.º É vedado o pagamento dos valores relativos à atualização monetária apropriados desde a emissão, quando ocorrer o resgate antecipado, total ou parcial, em prazo inferior ao estabelecido no inciso III do § 1.º, da LIG emitida com previsão de atualização mensal por índice de preços.

Art. 65. A LIG e os ativos que integram a Carteira de Ativos devem ser depositados em entidade autorizada a exercer a atividade de depósito centralizado pelo Banco Central do Brasil, nos termos da Lei n. 12.810, de 15 de maio de 2013.

• A Lei n. 12.810, de 15-5-2013, dispõe sobre o parcelamento de débitos com a Fazenda Nacional relativos às contribuições previdenciárias de responsabilidade dos Estados, do Distrito Federal e dos Municípios.

Parágrafo único. Nas condições estabelecidas pelo Conselho Monetário Nacional, os ativos que integram a Carteira de Ativos podem ser dispensados de depósito, desde que registrados em entidade autorizada pelo Banco Central do Brasil ou pela Comissão de Valores Mobiliários, no âmbito de suas competências, a exercer a atividade de registro de ativos financeiros e de valores mobiliários, nos termos da Lei n. 12.810, de 15 de maio de 2013.

•• Parágrafo único com redação determinada pela Lei n. 13.476, de 28-8-2017.

Art. 66. A Carteira de Ativos pode ser integrada pelos seguintes ativos:

I – créditos imobiliários;

II – títulos de emissão do Tesouro Nacional;

III – instrumentos derivativos; e

•• Inciso III com redação determinada pela Lei n. 13.476, de 28-8-2017.

IV – outros ativos que venham a ser autorizados pelo Conselho Monetário Nacional.

§ 1.º Os ativos que integram a Carteira de Ativos não podem estar sujeitos a qualquer tipo de ônus, exceto aqueles relacionados à garantia dos direitos dos titulares das LIG.

§ 2.º Compete ao Conselho Monetário Nacional estabelecer as modalidades de operação de crédito admitidas como créditos imobiliários para os efeitos desta Lei.

§ 3.º O crédito imobiliário somente pode integrar a Carteira de Ativos se:

I – garantido por hipoteca ou por alienação fiduciária de coisa imóvel; ou

II – a incorporação imobiliária objeto da operação de crédito estiver submetida ao regime de afetação a que se refere o art. 31-A da Lei n. 4.591, de 16 de dezembro de 1964.

Art. 67. A Carteira de Ativos deve atender a requisitos de elegibilidade, composição, suficiência, prazo e liquidez estabelecidos pelo Conselho Monetário Nacional.

§ 1.º Os requisitos de que trata o *caput* devem contemplar, no mínimo:

I – as características dos ativos da Carteira de Ativos quanto às garantias e ao risco de crédito;

II – a participação dos tipos de ativos previstos no art. 66 no valor total da Carteira de Ativos;

III – o excesso do valor total da Carteira de Ativos em relação ao valor total das LIG por ela garantidas;

IV – o prazo médio ponderado da Carteira de Ativos em relação ao prazo médio ponderado das LIG por ela garantidas;

V – a mitigação do risco cambial, no caso de LIG com cláusula de correção pela variação cambial.

§ 2.º O excesso a que se refere o inciso III do § 1.º não pode ser inferior a 5% (cinco por cento).

§ 3.º Para os fins do disposto no inciso II do § 1.º, os créditos imobiliários deverão representar, no mínimo, 50% (cinquenta por cento) do valor total da Carteira de Ativos.

Art. 68. A instituição emissora deve instituir regime fiduciário sobre a Carteira de Ativos, sendo agente fiduciário instituição financeira ou entidade autorizada para esse fim pelo Banco Central do Brasil e beneficiários os titulares das LIG por ela garantidas.

Art. 69. O regime fiduciário é instituído mediante registro em entidade qualificada como depositário central de ativos financeiros, que deve conter:

I – a constituição do regime fiduciário sobre a Carteira de Ativos;

II – a constituição de patrimônio de afetação, integrado pela totalidade dos ativos da Carteira de Ativos submetida ao regime fiduciário;

III – a afetação dos ativos que integram a Carteira de Ativos como garantia das LIG; e

IV – a nomeação do agente fiduciário, com a definição de seus deveres, responsabilidades e remuneração, bem como as hipóteses, condições e forma de sua destituição ou substituição e as demais condições de sua atuação.

Art. 70. Os ativos que integram a Carteira de Ativos submetida ao regime fiduciário constituem patrimônio de afetação, que não se confunde com o da instituição emissora, e:

I – não são alcançados pelos efeitos da decretação de intervenção, liquidação extrajudicial ou falência da instituição emissora, não integrando a massa concursal;

II – não respondem direta ou indiretamente por dívidas e obrigações da instituição emissora, por mais privilegiadas que sejam, até o pagamento integral dos montantes devidos aos titulares das LIG;

III – não podem ser objeto de arresto, sequestro, penhora, busca e apreensão ou qualquer outro ato de constrição judicial em decorrência de outras obrigações da instituição emissora; e

IV – não podem ser utilizados para realizar ou garantir obrigações assumidas pela instituição emissora, exceto as decorrentes da emissão da LIG.

Art. 71. Os recursos financeiros provenientes dos ativos integrantes da Carteira de Ativos ficam liberados do regime fiduciário a que se refere o art. 68, desde que atendidos os requisitos de que trata o art. 67 e adimplidas as obrigações vencidas das LIG por ela garantidas.

Art. 72. O regime fiduciário sobre a Carteira de Ativos extingue-se pelo pagamento integral do principal, juros e demais encargos relativos às LIG por ela garantidas.

Art. 73. Compete à instituição emissora administrar a Carteira de Ativos, mantendo controles contábeis que permitam a sua identificação, bem como evidenciar, em suas demonstrações financeiras, informações a ela referentes.

Art. 74. A instituição emissora deve promover o reforço ou a substituição de ativos que integram a Carteira de Ativos sempre que verificar insuficiência ou inadequação dessa em relação aos requisitos de que tratam os arts. 66 e 67.

Art. 75. A instituição emissora, o depositário central e a entidade registradora, na hipótese a que se refere o parágrafo único do art. 65 desta Lei, devem assegurar ao agente fiduciário o acesso a todas as informações e aos documentos necessários ao desempenho de suas funções.

•• *Caput* com redação determinada pela Lei n. 13.476, de 28-8-2017.

Art. 76. A instituição emissora responde pela origem e autenticidade dos ativos que integram a Carteira de Ativos.

Art. 77. A instituição emissora responderá pelos prejuízos que causar aos investidores titulares da LIG por descumprimento de disposição legal ou regulamentar, por negligência ou administração temerária ou, ainda, por desvio da finalidade da Carteira de Ativos.

Art. 78. A instituição emissora deve designar o agente fiduciário, especificando, na constituição do regime fiduciário de que trata o art. 68, suas obrigações, responsabilidades e remuneração, bem como as hipóteses, condições e forma de sua destituição ou substituição e as demais condições de sua atuação.

Art. 79. O agente fiduciário deve ser instituição financeira ou outra entidade autorizada para esse fim pelo Banco Central do Brasil.

§ 1.º É vedado o exercício da atividade de agente fiduciário por entidades ligadas à instituição emissora.

§ 2.º Compete ao Conselho Monetário Nacional estabelecer o conceito de entidade ligada à instituição emissora para os efeitos desta Lei.

Art. 80. Ao agente fiduciário são conferidos poderes gerais de representação da comunhão de investidores titulares de LIG, incumbindo-lhe, adicionalmente às atribuições definidas pelo Conselho Monetário Nacional:

I – zelar pela proteção dos direitos e interesses dos investidores titulares de LIG, monitorando a atuação da instituição emissora da LIG na administração da Carteira de Ativos;

II – adotar as medidas judiciais ou extrajudiciais necessárias à defesa dos interesses dos investidores titulares;

III – convocar a assembleia geral dos investidores titulares de LIG; e

IV – exercer, nas hipóteses a que se refere o art. 84, a administração da Carteira de Ativos, observadas as condições estabelecidas pelo Conselho Monetário Nacional.

Art. 81. As infrações a esta Lei e às normas estabelecidas pelo Conselho Monetário Nacional e pelo Banco Central do Brasil sujeitam o agente fiduciário, seus administradores e os membros de seus órgãos estatutários ou contratuais, às penalidades previstas na legislação aplicável às instituições financeiras.

Art. 82. No exercício de suas atribuições de fiscalização, o Banco Central do Brasil poderá exigir do agente fiduciário a exibição de documentos e livros de escrituração e o acesso, inclusive em tempo real, aos dados armazenados em sistemas eletrônicos.

Parágrafo único. A negativa de atendimento ao disposto no *caput* será considerada infração, sujeita às penalidades a que se refere o art. 81.

Art. 83. A assembleia geral dos investidores titulares de LIG deve ser convocada com antecedência mínima de vinte dias, mediante edital publicado em jornal de grande circulação na praça em que tiver sido feita a emissão da LIG, instalando-se, em primeira convocação, com a presença dos titulares que representem, pelo menos, 2/3 (dois terços) do valor global dos títulos e, em segunda convocação, com qualquer número.

§ 1.º A assembleia geral que reunir a totalidade dos investidores titulares de LIG pode considerar sanada a falta de atendimento aos requisitos mencionados no *caput*.

§ 2.º Consideram-se válidas as deliberações tomadas pelos investidores titulares de LIG que representem mais da metade do valor global dos títulos presente na assembleia geral, desde que não estabelecido formalmente outro *quorum* específico.

Art. 84. Na hipótese de decretação de intervenção, liquidação extrajudicial ou falência da instituição emissora, o agente fiduciário fica investido de mandato para administrar a Carteira de Ativos, observadas as condições estabelecidas pelo Conselho Monetário Nacional.

§ 1.º O agente fiduciário investido de mandato para administrar a Carteira de Ativos tem poderes para ceder, alienar, renegociar, transferir ou de qualquer outra forma dispor dos ativos dela integrantes, incluindo poderes para ajuizar ou defender os investidores titulares de LIG em ações judiciais, administrativas ou arbitrais relacionadas à Carteira de Ativos.

§ 2.º Em caso de decretação de qualquer dos regimes a que se refere o *caput*:

I – os ativos integrantes da Carteira de Ativos serão destinados exclusivamente ao pagamento do principal, dos juros e dos demais encargos relativos às LIG por ela garantidas, e ao pagamento das obrigações decorrentes de contratos de derivativos integrantes da carteira, dos seus custos de administração e de obrigações fiscais, não se aplicando aos recursos financeiros provenientes desses ativos o disposto no art. 71; e

II – o agente fiduciário deverá convocar a assembleia geral dos investidores, observados os requisitos do art. 83.

Art. 85. A assembleia geral dos investidores titulares de LIG, convocada em função das hipóteses previstas no art. 84, está legitimada a adotar qualquer medida pertinente à administração da Carteira de Ativos, desde que observadas as condições estabelecidas pelo Conselho Monetário Nacional.

Art. 86. O reconhecimento, pelo Banco Central do Brasil, do estado de insolvência de instituição emissora que, nos termos da legislação em vigor, não estiver sujeita à intervenção, liquidação extrajudicial ou falência, produz os mesmos efeitos estabelecidos nos arts. 84 e 85.

Art. 87. Uma vez liquidados integralmente os direitos dos investidores titulares de LIG e satisfeitos os encargos, custos e despesas relacionados ao exercício desses direitos, os ativos excedentes da Carteira de Ativos serão integrados à massa concursal.

Art. 88. Em caso de insuficiência da Carteira de Ativos para a liquidação integral dos direitos dos investidores das LIG por ela garantidas, esses terão direito de inscrever o crédito remanescente na massa concursal em igualdade de condições com os credores quirografários.

Art. 89. Em caso de solvência da Carteira de Ativos, definida conforme critérios estabelecidos pelo Conselho Monetário Nacional, fica vedado o vencimento antecipado das LIG por ela garantidas, ainda que decretados os regimes de que trata o art. 84 ou reconhecida a insolvência da instituição emissora, nos termos do art. 86.

Art. 90. Ficam isentos de imposto sobre a renda os rendimentos e ganhos de capital produzidos pela LIG quando o beneficiário for:

I – pessoa física residente no país; ou

II – residente ou domiciliado no exterior, exceto em país com tributação favorecida a que se refere o art. 24 da Lei n. 9.430, de 27 de dezembro de 1996, que realizar operações financeiras no País de acordo com as normas e condições estabelecidas pelo Conselho Monetário Nacional.

Parágrafo único. No caso de residente ou domiciliado em país com tributação favorecida a que se refere o art. 24 da Lei n. 9.430, de 27 de dezembro de 1996, aplicar-se-á a alíquota de 15% (quinze por cento).

Art. 91. O Conselho Monetário Nacional regulamentará o disposto nesta Lei quanto à LIG, em especial os seguintes aspectos:

I – condições de emissão da LIG;

II – tipos de instituição financeira autorizada a emitir LIG, inclusive podendo estabelecer requisitos específicos para a emissão;

III – limites de emissão da LIG, inclusive o de emissão de LIG com cláusula de correção pela variação cambial, observado o disposto no parágrafo único;

IV – utilização de índices, taxas ou metodologias de remuneração da LIG;

V – prazo de vencimento da LIG;

VI – prazo médio ponderado da LIG, não podendo ser inferior a vinte e quatro meses;

VII – condições de resgate e de vencimento antecipado da LIG;

VIII – forma e condições para o registro e depósito da LIG e dos ativos que integram a Carteira de Ativos;

IX – requisitos de elegibilidade, composição, suficiência, prazo e liquidez da Carteira de Ativos, inclusive quanto às metodologias de apuração;

X – condições de substituição e reforço dos ativos que integram a Carteira de Ativos;

XI – requisitos para atuação como agente fiduciário e as hipóteses, condições e forma de sua destituição ou substituição;

XII – atribuições do agente fiduciário;

XIII – condições de administração da Carteira de Ativos; e

XIV – condições de utilização de instrumentos derivativos.

Parágrafo único. No primeiro ano de aplicação desta Lei, o limite de emissão de LIG com cláusula de correção pela variação cambial, previsto no inciso III do *caput*, não pode ser superior, para cada emissor, a cinquenta por cento do respectivo saldo total de LIG emitidas.

Art. 92. Aplica-se à LIG, no que não contrariar o disposto nesta Lei, a legislação cambiária.

Art. 93. A distribuição e a oferta pública da LIG observarão o disposto em regulamentação da Comissão de Valores Mobiliários.

Art. 94. Não se aplica à LIG e aos ativos que integram a Carteira de Ativos o disposto no art. 76 da Medida Provisória n. 2.158-35, de 24 de agosto de 2001.

Art. 95. Compete ao Conselho Monetário Nacional dispor sobre a aplicação dos recursos provenientes da captação em depósitos de poupança pelas entidades integrantes do Sistema Brasileiro de Poupança e Empréstimo.

§ 1.º As normas editadas pelo Conselho Monetário Nacional devem priorizar o financiamento imobiliário, tendo em vista o disposto na Lei n. 4.380, de 21 de agosto de 1964.

• A Lei n. 4.380, de 21-8-1964, institui a correção monetária nos contratos imobiliários de interesse social, o sistema financeiro para a aquisição da casa própria e cria as sociedades de crédito imobiliário, as letras imobiliárias e o serviço federal de habitação e urbanismo.

§ 2.º As normas editadas pelo Conselho Monetário Nacional poderão:

I – indicar as instituições autorizadas a captar depósitos de poupança no âmbito do Sistema Brasileiro de Poupança e Empréstimo;

II – estabelecer outras formas de direcionamento, inclusive, a aplicação dos recursos de que trata o *caput* em operações de empréstimos para pessoas naturais, garantidas por alienação fiduciária de coisa imóvel; e

III – fixar índices de atualização para as operações com os recursos de que trata o *caput*, diferenciando, caso seja necessário, as condições contratuais de acordo com o indexador adotado.

§ 3.º A aplicação em operações de empréstimos para pessoas naturais, garantidas por alienação fiduciária de coisa imóvel, prevista no inciso II do § 2.º, não pode ser superior a três por cento da base de cálculo do direcionamento dos depósitos de poupança de que trata este artigo.

§ 4.º Ficam convalidados todos os atos do Conselho Monetário Nacional que dispuseram sobre a aplicação dos recursos de que trata o *caput*.

Art. 96. A Lei n. 10.931, de 2 de agosto de 2004, passa a vigorar com as seguintes alterações:

•• Alterações já processadas no diploma modificado.

....

Art. 98. A Lei n. 9.514, de 20 de novembro de 1997, passa a vigorar com as seguintes alterações:

•• Alterações já processadas no diploma modificado.

....

Brasília, 19 de janeiro de 2015; 194.º da Independência e 127.º da República.

DILMA ROUSSEFF

LEI N. 13.146, DE 6 DE JULHO DE 2015 (*)

Institui a Lei Brasileira de Inclusão da Pes-

(*) Publicada no *DOU* de 7-7-2015. A Lei n. 7.853, de 24-10-1989, regulamentada pelo Decreto n. 3.298, de 20-12-1999, dispõe sobre apoio às pessoas portadoras de deficiência.

soa com Deficiência (Estatuto da Pessoa com Deficiência).

A Presidenta da República

Faço saber que o Congresso Nacional decreta e eu sanciono a seguinte Lei:

Livro I
PARTE GERAL

Título I
DISPOSIÇÕES PRELIMINARES

Capítulo I
DISPOSIÇÕES GERAIS

Art. 1.º É instituída a Lei Brasileira de Inclusão da Pessoa com Deficiência (Estatuto da Pessoa com Deficiência), destinada a assegurar e a promover, em condições de igualdade, o exercício dos direitos e das liberdades fundamentais por pessoa com deficiência, visando à sua inclusão social e cidadania.

• *Vide* arts. 5.º e 6.º, 7.º, XXXI, 23, II, 24, XIV, 37, VIII, 40, § 4.º, I, 201, § 1.º, 203, IV e V, 208, III, 227, § 1.º, II, e 2.º e 244 da CF.

Parágrafo único. Esta Lei tem como base a Convenção sobre os Direitos das Pessoas com Deficiência e seu Protocolo Facultativo, ratificados pelo Congresso Nacional por meio do Decreto Legislativo n. 186, de 9 de julho de 2008, em conformidade com o procedimento previsto no § 3.º do art. 5.º da Constituição da República Federativa do Brasil, em vigor para o Brasil, no plano jurídico externo, desde 31 de agosto de 2008, e promulgados pelo Decreto n. 6.949, de 25 de agosto de 2009, data de início de sua vigência no plano interno.

Art. 2.º Considera-se pessoa com deficiência aquela que tem impedimento de longo prazo de natureza física, mental, intelectual ou sensorial, o qual, em interação com uma ou mais barreiras, pode obstruir sua participação plena e efetiva na sociedade em igualdade de condições com as demais pessoas.

•• *Vide* art. 124 desta Lei.

§ 1.º A avaliação da deficiência, quando necessária, será biopsicossocial, realizada por equipe multiprofissional e interdisciplinar e considerará:

• O Decreto n. 10.654, de 22-3-2021, dispõe sobre a avaliação biopsicossocial da visão monocular para fins de reconhecimento da condição de pessoa com deficiência.

I – os impedimentos nas funções e nas estruturas do corpo;

II – os fatores socioambientais, psicológicos e pessoais;

III – a limitação no desempenho de atividades; e

IV – a restrição de participação.

§ 2.º O Poder Executivo criará instrumentos para avaliação da deficiência.

• A Lei n. 14.126, de 22-3-2021, classifica a visão monocular como deficiência sensorial, do tipo visual, para todos os efeitos legais.

Art. 3.º Para fins de aplicação desta Lei, consideram-se:

I – acessibilidade: possibilidade e condição de alcance para utilização, com segurança e autonomia, de espaços, mobiliários, equipamentos urbanos, edificações, transportes, informação e comunicação, inclusive seus sistemas e tecnologias, bem como de outros serviços e instalações abertos ao público, de uso público ou privados de uso coletivo, tanto na zona urbana como na rural, por pessoa com deficiência ou com mobilidade reduzida;

II – desenho universal: concepção de produtos, ambientes, programas e serviços a serem usados por todas as pessoas, sem necessidade de adaptação ou de projeto específico, incluindo os recursos de tecnologia assistiva;

III – tecnologia assistiva ou ajuda técnica: produtos, equipamentos, dispositivos, recursos, metodologias, estratégias, práticas e serviços que objetivem promover a funcionalidade, relacionada à atividade e à participação da pessoa com deficiência ou com mobilidade reduzida, visando à sua autonomia, independência, qualidade de vida e inclusão social;

IV – barreiras: qualquer entrave, obstáculo, atitude ou comportamento que limite ou impeça a participação social da pessoa, bem como o gozo, a fruição e o exercício de seus direitos à acessibilidade, à liberdade de movimento e de expressão, à comunicação, ao acesso à informação, à compreensão, à circulação com segurança, entre outros, classificadas em:

a) barreiras urbanísticas: as existentes nas vias e nos espaços públicos e privados abertos ao público ou de uso coletivo;

b) barreiras arquitetônicas: as existentes nos edifícios públicos e privados;

c) barreiras nos transportes: as existentes nos sistemas e meios de transportes;

d) barreiras nas comunicações e na informação: qualquer entrave, obstáculo, atitude ou comportamento que dificulte ou impossibilite a expressão ou o recebimento de mensagens e de informações por intermédio de sistemas de comunicação e de tecnologia da informação;

e) barreiras atitudinais: atitudes ou comportamentos que impeçam ou prejudiquem a participação social da pessoa com deficiência em igualdade de condições e oportunidades com as demais pessoas;

f) barreiras tecnológicas: as que dificultam ou impedem o acesso da pessoa com deficiência às tecnologias;

V – comunicação: forma de interação dos cidadãos que abrange, entre outras opções, as línguas, inclusive a Língua Brasileira de Sinais (Libras), a visualização de textos, o Braille, o sistema de sinalização ou de comunicação tátil, os caracteres ampliados, os dispositivos multimídia, assim como a linguagem simples, escrita e oral, os sistemas auditivos e os meios de voz digitalizados e os modos, meios e formatos aumentativos e alternativos de comunicação, incluindo as tecnologias da informação e das comunicações;

VI – adaptações razoáveis: adaptações, modificações e ajustes necessários e adequados que não acarretem ônus desproporcional e indevido, quando requeridos em cada caso, a fim de assegurar que a pessoa com deficiência possa gozar ou exercer, em igualdade de condições e oportunidades com as demais pessoas, todos os direitos e liberdades fundamentais;

VII – elemento de urbanização: quaisquer componentes de obras de urbanização, tais como os referentes a pavimentação, saneamento, encanamento para esgotos, distribuição de energia elétrica e de gás, iluminação pública, serviços de comunicação, abastecimento e distribuição de água, paisagismo e os que materializam as indicações do planejamento urbanístico;

VIII – mobiliário urbano: conjunto de objetos existentes nas vias e nos espaços públicos, superpostos ou adicionados aos elementos de urbanização ou de edificação, de forma que sua modificação ou seu traslado não provoque alterações substanciais nesses elementos, tais como semáforos, postes de sinalização e similares, terminais e pontos de acesso coletivo às telecomunicações, fontes de água, lixeiras, toldos, marquises, bancos, quiosques e quaisquer outros de natureza análoga;

IX – pessoa com mobilidade reduzida: aquela que tenha, por qualquer motivo, dificuldade de movimentação, permanente ou temporária, gerando redução efetiva da mobilidade, da flexibilidade, da coordenação motora ou da percepção, incluindo idoso, gestante, lactante, pessoa com criança de colo e obeso;

X – residências inclusivas: unidades de oferta do Serviço de Acolhimento do Sistema Único de Assistência Social (Suas) localizadas em áreas residenciais da comunidade, com estruturas adequadas, que possam contar com apoio psicossocial para o atendimento das necessidades da pessoa acolhida, destinadas a jovens e adultos com deficiência, em situação de dependência, que não dispõem de condições de autossustentabilidade e com vínculos familiares fragilizados ou rompidos;

XI – moradia para a vida independente da pessoa com deficiência: moradia com estruturas adequadas capazes de proporcionar serviços de apoio coletivos e individualizados que respeitem e ampliem o grau de autonomia de jovens e adultos com deficiência;

XII – atendente pessoal: pessoa, membro ou não da família, que, com ou sem remuneração, assiste ou presta cuidados básicos e essenciais à pessoa com deficiência no exercício de suas atividades diárias, excluídas as técnicas ou os procedimentos identificados com profissões legalmente estabelecidas;

XIII – profissional de apoio escolar: pessoa que exerce atividades de alimentação, higiene e locomoção do estudante com deficiência e atua em todas as atividades escolares nas quais se fizer necessária, em todos os níveis e modalidades de ensino, em instituições públicas e privadas, excluídas as técnicas ou os procedimentos identificados com profissões legalmente estabelecidas;

XIV – acompanhante: aquele que acompanha a pessoa com deficiência, podendo ou não desempenhar as funções de atendente pessoal.

Capítulo II
DA IGUALDADE E DA NÃO DISCRIMINAÇÃO

•• A Lei n. 7.853, de 24-10-1989, dispõe sobre as penalidades aplicadas aos crimes praticados contra os portadores de deficiência.

• *Vide* art. 5.º da CF.

Art. 4.º Toda pessoa com deficiência tem direito à igualdade de oportunidades com as demais pessoas e não sofrerá nenhuma espécie de discriminação.

§ 1.º Considera-se discriminação em razão da deficiência toda forma de distinção, restrição ou exclusão, por ação ou omissão, que tenha o propósito ou o efeito de prejudicar, impedir ou anular o reconhecimento ou o exercício dos direitos e das liberdades fundamentais de pessoa com deficiência, incluindo a recusa de adaptações razoáveis e de fornecimento de tecnologias assistivas.

§ 2.º A pessoa com deficiência não está obrigada à fruição de benefícios decorrentes de ação afirmativa.

Art. 5.º A pessoa com deficiência será protegida de toda forma de negligência, discriminação, exploração, violência, tortura, crueldade, opressão e tratamento desumano ou degradante.

Parágrafo único. Para os fins da proteção mencionada no *caput* deste artigo, são considerados especialmente vulneráveis a criança, o adolescente, a mulher e o idoso, com deficiência.

Art. 6.º A deficiência não afeta a plena capacidade civil da pessoa, inclusive para:

• *Vide* arts. 3.º e 4.º do CC.

I – casar-se e constituir união estável;

II – exercer direitos sexuais e reprodutivos;

III – exercer o direito de decidir sobre o número de filhos e de ter acesso a informações adequadas sobre reprodução e planejamento familiar;

IV – conservar sua fertilidade, sendo vedada a esterilização compulsória;

V – exercer o direito à família e à convivência familiar e comunitária; e

VI – exercer o direito à guarda, à tutela, à curatela e à adoção, como adotante ou adotando, em igualdade de oportunidades com as demais pessoas.

• Tutela e curatela: *vide* arts. 1.728 e s. do CC.

• Adoção: *vide* arts. 1.618 e 1.619 do CC.

• Guarda unilateral ou compartilhada: *vide* arts. 1.583 e s. do CC.

Art. 7.º É dever de todos comunicar à autoridade competente qualquer forma de ameaça ou de violação aos direitos da pessoa com deficiência.

Parágrafo único. Se, no exercício de suas funções, os juízes e os tribunais tiverem conhecimento de fatos que caracterizem as violações previstas nesta Lei, devem remeter peças ao Ministério Público para as providências cabíveis.

Art. 8.º É dever do Estado, da sociedade e da família assegurar à pessoa com deficiência, com prioridade, a efetivação dos direitos referentes à vida, à saúde, à sexualidade, à paternidade e à maternidade, à alimentação, à habitação, à educação, à profissionalização, ao trabalho, à previdência social, à habilitação e à reabilitação, ao transporte, à acessibilidade, à cultura, ao desporto, ao turismo, ao lazer, à informação, à comunicação, aos avanços científicos e tecnológicos, à dignidade, ao respeito, à liberdade, à convivência familiar e comunitária, entre outros decorrentes da Constituição Federal, da Convenção sobre os Direitos das Pessoas com Deficiência e seu Protocolo Facultativo e das leis e de outras normas que garantam seu bem-estar pessoal, social e econômico.

- *Vide* arts. 5.º a 7.º da CF.
- Seguridade Social e Previdência Social: Leis n. 8.212 e 8.213, de 24-7-1991.

Seção Única
Do Atendimento Prioritário

Art. 9.º A pessoa com deficiência tem direito a receber atendimento prioritário, sobretudo com a finalidade de:

I – proteção e socorro em quaisquer circunstâncias;

II – atendimento em todas as instituições e serviços de atendimento ao público;

III – disponibilização de recursos, tanto humanos quanto tecnológicos, que garantam atendimento em igualdade de condições com as demais pessoas;

IV – disponibilização de pontos de parada, estações e terminais acessíveis de transporte coletivo de passageiros e garantia de segurança no embarque e no desembarque;

V – acesso a informações e disponibilização de recursos de comunicação acessíveis;

VI – recebimento de restituição de imposto de renda;

VII – tramitação processual e procedimentos judiciais e administrativos em que for parte ou interessada, em todos os atos e diligências.

§ 1.º Os direitos previstos neste artigo são extensivos ao acompanhante da pessoa com deficiência ou ao seu atendente pessoal, exceto quanto ao disposto nos incisos VI e VII deste artigo.

§ 2.º Nos serviços de emergência públicos e privados, a prioridade conferida por esta Lei é condicionada aos protocolos de atendimento médico.

Título II
DOS DIREITOS FUNDAMENTAIS

- *Vide* arts. 5.º a 7.º da CF.

Capítulo I
DO DIREITO À VIDA

Art. 10. Compete ao poder público garantir a dignidade da pessoa com deficiência ao longo de toda a vida.

Parágrafo único. Em situações de risco, emergência ou estado de calamidade pública, a pessoa com deficiência será considerada vulnerável, devendo o poder público adotar medidas para sua proteção e segurança.

Art. 11. A pessoa com deficiência não poderá ser obrigada a se submeter a intervenção clínica ou cirúrgica, a tratamento ou a institucionalização forçada.

Parágrafo único. O consentimento da pessoa com deficiência em situação de curatela poderá ser suprido, na forma da lei.

Art. 12. O consentimento prévio, livre e esclarecido da pessoa com deficiência é indispensável para a realização de tratamento, procedimento, hospitalização e pesquisa científica.

§ 1.º Em caso de pessoa com deficiência em situação de curatela, deve ser assegurada sua participação, no maior grau possível, para a obtenção de consentimento.

- Tutela e curatela: *vide* arts. 1.728 e s. do CC.

§ 2.º A pesquisa científica envolvendo pessoa com deficiência em situação de tutela ou de curatela deve ser realizada, em caráter excepcional, apenas quando houver indícios de benefício direto para sua saúde ou para a saúde de outras pessoas com deficiência e desde que não haja outra opção de pesquisa de eficácia comparável com participantes não tutelados ou curatelados.

Art. 13. A pessoa com deficiência somente será atendida sem seu consentimento prévio, livre e esclarecido em casos de risco de morte e de emergência em saúde, resguardado seu superior interesse e adotadas as salvaguardas legais cabíveis.

Capítulo II
DO DIREITO À HABILITAÇÃO E À REABILITAÇÃO

- O Decreto n. 8.725, de 27-4-2016, institui a Rede Intersetorial de Reabilitação Integral e dá outras providências.

Art. 14. O processo de habilitação e de reabilitação é um direito da pessoa com deficiência.

Parágrafo único. O processo de habilitação e de reabilitação tem por objetivo o desenvolvimento de potencialidades, talentos, habilidades e aptidões físicas, cognitivas, sensoriais, psicossociais, atitudinais, profissionais e artísticas que contribuam para a conquista da autonomia da pessoa com deficiência e de sua participação social em igualdade de condições e oportunidades com as demais pessoas.

- A Lei n. 10.216, de 6-4-2001, dispõe sobre a proteção e os direitos das pessoas portadoras de transtornos mentais e redireciona o modelo assistencial em saúde mental.

Art. 15. O processo mencionado no art. 14 desta Lei baseia-se em avaliação multidisciplinar das necessidades, habilidades e potencialidades de cada pessoa, observadas as seguintes diretrizes:

I – diagnóstico e intervenção precoces;

II – adoção de medidas para compensar perda ou limitação funcional, buscando o desenvolvimento de aptidões;

III – atuação permanente, integrada e articulada de políticas públicas que possibilitem a plena participação social da pessoa com deficiência;

IV – oferta de rede de serviços articulados, com atuação intersetorial, nos diferentes níveis de complexidade, para atender às necessidades específicas da pessoa com deficiência;

V – prestação de serviços próximo ao domicílio da pessoa com deficiência, inclusive na zona rural, respeitadas a organização das Redes de Atenção à Saúde (RAS) nos territórios locais e as normas do Sistema Único de Saúde (SUS).

Art. 16. Nos programas e serviços de habilitação e de reabilitação para a pessoa com deficiência, são garantidos:

I – organização, serviços, métodos, técnicas e recursos para atender às características de cada pessoa com deficiência;

II – acessibilidade em todos os ambientes e serviços;

III – tecnologia assistiva, tecnologia de reabilitação, materiais e equipamentos adequados e apoio técnico profissional, de acordo com as especificidades de cada pessoa com deficiência;

IV – capacitação continuada de todos os profissionais que participem dos programas e serviços.

Art. 17. Os serviços do SUS e do Suas deverão promover ações articuladas para garantir à pessoa com deficiência e sua família a aquisição de informações, orientações e formas de acesso às políticas públicas disponíveis, com a finalidade de propiciar sua plena participação social.

Parágrafo único. Os serviços de que trata o *caput* deste artigo podem fornecer informações e orientações nas áreas de saúde, de educação, de cultura, de esporte, de lazer, de transporte, de previdência social, de assistência social, de habitação, de trabalho, de empreendedorismo, de acesso ao crédito, de promoção, proteção e defesa de direitos e nas demais áreas que possibilitem à pessoa com deficiência exercer sua cidadania.

Capítulo III
DO DIREITO À SAÚDE

- *Vide* art. 6.º da CF.
- A Lei n. 10.216, de 6-4-2001, dispõe sobre a proteção e os direitos das pessoas portadoras de transtornos mentais e redireciona o modelo assistencial em saúde mental.

Art. 18. É assegurada atenção integral à saúde da pessoa com deficiência em todos os níveis de complexidade, por intermédio do SUS, garantido acesso universal e igualitário.

§ 1.º É assegurada a participação da pessoa com deficiência na elaboração das políticas de saúde a ela destinadas.

§ 2.º É assegurado atendimento segundo normas éticas e técnicas, que regulamentarão a atuação dos profissionais de saúde e contemplarão aspectos relacionados aos direitos e às especificidades da pessoa com deficiência, incluindo temas como sua dignidade e autonomia.

§ 3.º Aos profissionais que prestam assistência à pessoa com deficiência, especialmente em serviços de habilitação e de reabilitação, deve ser garantida capacitação inicial e continuada.

§ 4.º As ações e os serviços de saúde pública destinados à pessoa com deficiência devem assegurar:

I – diagnóstico e intervenção precoces, realizados por equipe multidisciplinar;

II – serviços de habilitação e de reabilitação sempre que necessários, para qualquer tipo de deficiência, inclusive para a manutenção da melhor condição de saúde e qualidade de vida;

III – atendimento domiciliar multidisciplinar, tratamento ambulatorial e internação;

IV – campanhas de vacinação;

V – atendimento psicológico, inclusive para seus familiares e atendentes pessoais;

VI – respeito à especificidade, à identidade de gênero e à orientação sexual da pessoa com deficiência;

VII – atenção sexual e reprodutiva, incluindo o direito à fertilização assistida;

VIII – informação adequada e acessível à pessoa com deficiência e a seus familiares sobre sua condição de saúde;

IX – serviços projetados para prevenir a ocorrência e o desenvolvimento de deficiências e agravos adicionais;

X – promoção de estratégias de capacitação permanente das equipes que atuam no SUS, em todos os níveis de atenção, no atendimento à pessoa com deficiência, bem como orientação a seus atendentes pessoais;

XI – oferta de órteses, próteses, meios auxiliares de locomoção, medicamentos, insumos e fórmulas nutricionais, conforme as normas vigentes do Ministério da Saúde.

§ 5.º As diretrizes deste artigo aplicam-se também às instituições privadas que participem de forma complementar do SUS ou que recebam recursos públicos para sua manutenção.

Art. 19. Compete ao SUS desenvolver ações destinadas à prevenção de deficiências por causas evitáveis, inclusive por meio de:

I – acompanhamento da gravidez, do parto e do puerpério, com garantia de parto humanizado e seguro;

II – promoção de práticas alimentares adequadas e saudáveis, vigilância alimentar e nutricional, prevenção e cuidado integral dos agravos relacionados à alimentação e nutrição da mulher e da criança;

III – aprimoramento e expansão dos programas de imunização e de triagem neonatal;

IV – identificação e controle da gestante de alto risco.

Art. 20. As operadoras de planos e seguros privados de saúde são obrigadas a garantir à pessoa com deficiência, no mínimo, todos os serviços e produtos ofertados aos demais clientes.

- Planos e seguros privados de assistência à saúde: *vide* Lei n. 9.656, de 3-6-1998.

Art. 21. Quando esgotados os meios de atenção à saúde da pessoa com deficiência no local de residência, será prestado atendimento fora de domicílio, para fins de diagnóstico e de tratamento, garantidos o transporte e a acomodação da pessoa com deficiência e de seu acompanhante.

Art. 22. À pessoa com deficiência internada ou em observação é assegurado o direito a acompanhante ou a atendente pessoal, devendo o órgão ou a instituição de saúde proporcionar condições adequadas para sua permanência em tempo integral.

§ 1.º Na impossibilidade de permanência do acompanhante ou do atendente pessoal junto à pessoa com deficiência, cabe ao profissional de saúde responsável pelo tratamento justificá-la por escrito.

§ 2.º Na ocorrência da impossibilidade prevista no § 1.º deste artigo, o órgão ou a instituição de saúde deve adotar as providências cabíveis para suprir a ausência do acompanhante ou do atendente pessoal.

Art. 23. São vedadas todas as formas de discriminação contra a pessoa com deficiência, inclusive por meio de cobrança de valores diferenciados por planos e seguros privados de saúde, em razão de sua condição.

Art. 24. É assegurado à pessoa com deficiência o acesso aos serviços de saúde, tanto públicos como privados, e às informações prestadas e recebidas, por meio de recursos de tecnologia assistiva e de todas as formas de comunicação previstas no inciso V do art. 3.º desta Lei.

Art. 25. Os espaços dos serviços de saúde, tanto públicos quanto privados, devem assegurar o acesso da pessoa com deficiência, em conformidade com a legislação em vigor, mediante a remoção de barreiras, por meio de projetos arquitetônico, de ambientação de interior e de comunicação que atendam às especificidades das pessoas com deficiência física, sensorial, intelectual e mental.

Art. 26. Os casos de suspeita ou de confirmação de violência praticada contra a pessoa com deficiência serão objeto de notificação compulsória pelos serviços de saúde públicos e privados à autoridade policial e ao Ministério Público, além dos Conselhos dos Direitos da Pessoa com Deficiência.

Parágrafo único. Para os efeitos desta Lei, considera-se violência contra a pessoa com deficiência qualquer ação ou omissão, praticada em local público ou privado, que lhe cause morte ou dano ou sofrimento físico ou psicológico.

Capítulo IV
DO DIREITO À EDUCAÇÃO

- *Vide* art. 6.º da CF.
- Os arts. 58 a 60 da Lei n. 9.394, de 20-12-1996, que estabelece as diretrizes e bases da educação nacional (LDB), dispõem sobre a educação escolar para educandos portadores de necessidades especiais.

Art. 27. A educação constitui direito da pessoa com deficiência, assegurados sistema educacional inclusivo em todos os níveis e aprendizado ao longo de toda a vida, de forma a alcançar o máximo desenvolvimento possível de seus talentos e habilidades físicas, sensoriais, intelectuais e sociais, segundo suas características, interesses e necessidades de aprendizagem.

Parágrafo único. É dever do Estado, da família, da comunidade escolar e da sociedade assegurar educação de qualidade à pessoa com deficiência, colocando-a a salvo de toda forma de violência, negligência e discriminação.

Art. 28. Incumbe ao poder público assegurar, criar, desenvolver, implementar, incentivar, acompanhar e avaliar:

I – sistema educacional inclusivo em todos os níveis e modalidades, bem como o aprendizado ao longo de toda a vida;

II – aprimoramento dos sistemas educacionais, visando a garantir condições de acesso, permanência, participação e aprendizagem, por meio da oferta de serviços e de recursos de acessibilidade que eliminem as barreiras e promovam a inclusão plena;

III – projeto pedagógico que institucionalize o atendimento educacional especializado, assim como os demais serviços e adaptações razoáveis, para atender às características dos estudantes com deficiência e garantir o seu pleno acesso ao currículo em condições de igualdade, promovendo a conquista e o exercício de sua autonomia;

IV – oferta de educação bilíngue, em Libras como primeira língua e na modalidade escrita da língua portuguesa como segunda língua, em escolas e classes bilíngues e em escolas inclusivas;

V – adoção de medidas individualizadas e coletivas em ambientes que maximizem o desenvolvimento acadêmico e social dos estudantes com deficiência, favorecendo o acesso, a permanência, a participação e a aprendizagem em instituições de ensino;

VI – pesquisas voltadas para o desenvolvimento de novos métodos e técnicas pedagógicas, de materiais didáticos, de equipamentos e de recursos de tecnologia assistiva;

VII – planejamento de estudo de caso, de elaboração de plano de atendimento educacional especializado, de organização de recursos e serviços de acessibilidade e de disponibilização e usabilidade pedagógica de recursos de tecnologia assistiva;

VIII – participação dos estudantes com deficiência e de suas famílias nas diversas instâncias de atuação da comunidade escolar;

IX – adoção de medidas de apoio que favoreçam o desenvolvimento dos aspectos linguísticos, culturais, vocacionais e profissionais, levando-se em conta o talento, a criatividade, as habilidades e os interesses do estudante com deficiência;

X – adoção de práticas pedagógicas inclusivas pelos programas de formação inicial e continuada de professores e oferta de formação continuada para o atendimento educacional especializado;

XI – formação e disponibilização de professores para o atendimento educacional especializado, de tradutores e intérpretes da Libras, de guias intérpretes e de profissionais de apoio;

XII – oferta de ensino da Libras, do Sistema Braille e de uso de recursos de tecnologia assistiva, de forma a ampliar habilidades funcionais dos estudantes, promovendo sua autonomia e participação;

XIII – acesso à educação superior e à educação profissional e tecnológica em igualdade de oportunidades e condições com as demais pessoas;

XIV – inclusão em conteúdos curriculares, em cursos de nível superior e de educação profissional técnica e tecnológica, de temas relacionados à pessoa com deficiência nos respectivos campos de conhecimento;

XV – acesso da pessoa com deficiência, em igualdade de condições, a jogos e a atividades recreativas, esportivas e de lazer, no sistema escolar;

XVI – acessibilidade para todos os estudantes, trabalhadores da educação e demais integrantes da comunidade escolar às edificações, aos ambientes e às atividades concernentes a todas as modalidades, etapas e níveis de ensino;

XVII – oferta de profissionais de apoio escolar;

XVIII – articulação intersetorial na implementação de políticas públicas.

§ 1.º Às instituições privadas, de qualquer nível e modalidade de ensino, aplica-se obrigatoriamente o disposto nos incisos I, II, III, V, VII, VIII, IX, X, XI, XII, XIII, XIV, XV, XVI, XVII e XVIII do *caput* deste artigo, sendo vedada a cobrança de valores adicionais de qualquer natureza em suas mensalidades, anuidades e matrículas no cumprimento dessas determinações.

§ 2.º Na disponibilização de tradutores e intérpretes da Libras a que se refere o inciso XI do *caput* deste artigo, deve-se observar o seguinte:

I – os tradutores e intérpretes da Libras atuantes na educação básica devem, no mínimo, possuir ensino médio completo e certificado de proficiência na Libras;

•• *Vide* art. 124 desta Lei.

II – os tradutores e intérpretes da Libras, quando direcionados à tarefa de interpretar nas salas de aula dos cursos de graduação e pós-graduação, devem possuir nível superior, com habilitação, prioritariamente, em Tradução e Interpretação em Libras.

•• *Vide* art. 124 desta Lei.

Art. 29. (*Vetado.*)

Art. 30. Nos processos seletivos para ingresso e permanência nos cursos oferecidos pelas instituições de ensino superior e de educação profissional e tecnológica, públicas e privadas, devem ser adotadas as seguintes medidas:

I – atendimento preferencial à pessoa com deficiência nas dependências das Instituições de Ensino Superior (IES) e nos serviços;

II – disponibilização de formulário de inscrição de exames com campos específicos para que o candidato com deficiência informe os recursos de acessibilidade e de tecnologia assistiva necessários para sua participação;

III – disponibilização de provas em formatos acessíveis para atendimento às necessidades específicas do candidato com deficiência;

IV – disponibilização de recursos de acessibilidade e de tecnologia assistiva adequados, previamente solicitados e escolhidos pelo candidato com deficiência;

V – dilação de tempo, conforme demanda apresentada pelo candidato com deficiência, tanto na realização de exame para seleção quanto nas atividades acadêmicas, mediante prévia solicitação e comprovação da necessidade;

VI – adoção de critérios de avaliação das provas escritas, discursivas ou de redação que considerem a singularidade linguística da pessoa com deficiência, no domínio da modalidade escrita da língua portuguesa;

VII – tradução completa do edital e de suas retificações em Libras.

Capítulo V
DO DIREITO À MORADIA

Art. 31. A pessoa com deficiência tem direito à moradia digna, no seio da família natural ou substituta, com seu cônjuge ou companheiro ou desacompanhada, ou em moradia para a vida independente da pessoa com deficiência, ou, ainda, em residência inclusiva.

§ 1.º O poder público adotará programas e ações estratégicas para apoiar a criação e a manutenção de moradia para a vida independente da pessoa com deficiência.

§ 2.º A proteção integral na modalidade de residência inclusiva será prestada no âmbito do Suas à pessoa com deficiência em situação de dependência que não disponha de condições de autossustentabilidade, com vínculos familiares fragilizados ou rompidos.

Art. 32. Nos programas habitacionais, públicos ou subsidiados com recursos públicos, a pessoa com deficiência ou o seu responsável goza de prioridade na aquisição de imóvel para moradia própria, observado o seguinte:

I – reserva de, no mínimo, 3% (três por cento) das unidades habitacionais para pessoa com deficiência;

II – (*Vetado*);

III – em caso de edificação multifamiliar, garantia de acessibilidade nas áreas de uso comum e nas unidades habitacionais no piso térreo e de acessibilidade ou de adaptação razoável nos demais pisos;

IV – disponibilização de equipamentos urbanos comunitários acessíveis;

V – elaboração de especificações técnicas no projeto que permitam a instalação de elevadores.

§ 1.º O direito à prioridade, previsto no *caput* deste artigo, será reconhecido à pessoa com deficiência beneficiária apenas uma vez.

§ 2.º Nos programas habitacionais públicos, os critérios de financiamento devem ser compatíveis com os rendimentos da pessoa com deficiência ou de sua família.

§ 3.º Caso não haja pessoa com deficiência interessada nas unidades habitacionais reservadas por força do disposto no inciso I do *caput* deste artigo, as unidades não utilizadas serão disponibilizadas às demais pessoas.

Art. 33. Ao poder público compete:

I – adotar as providências necessárias para o cumprimento do disposto nos arts. 31 e 32 desta Lei; e

II – divulgar, para os agentes interessados e beneficiários, a política habitacional prevista nas legislações federal, estaduais, distrital e municipais, com ênfase nos dispositivos sobre acessibilidade.

Capítulo VI
DO DIREITO AO TRABALHO

• *Vide* art. 7.º da CF.

Seção I
Disposições Gerais

Art. 34. A pessoa com deficiência tem direito ao trabalho de sua livre escolha e aceitação, em ambiente acessível e inclusivo, em igualdade de oportunidades com as demais pessoas.

- Contrato de aprendizagem em relação ao portador de deficiência: arts. 428, §§ 3.º, 5.º e 6.º da CLT.

§ 1.º As pessoas jurídicas de direito público, privado ou de qualquer natureza são obrigadas a garantir ambientes de trabalho acessíveis e inclusivos.

§ 2.º A pessoa com deficiência tem direito, em igualdade de oportunidades com as demais pessoas, a condições justas e favoráveis de trabalho, incluindo igual remuneração por trabalho de igual valor.

- Art. 461, § 4.º, da CLT.

§ 3.º É vedada restrição ao trabalho da pessoa com deficiência e qualquer discriminação em razão de sua condição, inclusive nas etapas de recrutamento, seleção, contratação, admissão, exames admissional e periódico, permanência no emprego, ascensão profissional e reabilitação profissional, bem como exigência de aptidão plena.

- *Vide* art. 7.º, XXXI, da CF.

§ 4.º A pessoa com deficiência tem direito à participação e ao acesso a cursos, treinamentos, educação continuada, planos de carreira, promoções, bonificações e incentivos profissionais oferecidos pelo empregador, em igualdade de oportunidades com os demais empregados.

§ 5.º É garantida aos trabalhadores com deficiência acessibilidade em cursos de formação e de capacitação.

Art. 35. É finalidade primordial das políticas públicas de trabalho e emprego promover e garantir condições de acesso e de permanência da pessoa com deficiência no campo de trabalho.

Parágrafo único. Os programas de estímulo ao empreendedorismo e ao trabalho autônomo, incluídos o cooperativismo e o associativismo, devem prever a participação da pessoa com deficiência e a disponibilização de linhas de crédito, quando necessárias.

- *Vide* art. 1.º, § 3.º, da LC n. 123, de 14-12-2006.

Seção II
Da Habilitação Profissional e Reabilitação Profissional

- O Decreto n. 8.725, de 27-4-2016, institui a Rede Intersetorial de Reabilitação Integral e dá outras providências.

Art. 36. O poder público deve implementar serviços e programas completos de habilitação profissional e de reabilitação profissional para que a pessoa com deficiência possa ingressar, continuar ou retornar ao campo do trabalho, respeitados sua livre escolha, sua vocação e seu interesse.

§ 1.º Equipe multidisciplinar indicará, com base em critérios previstos no § 1.º do art. 2.º desta Lei, programa de habilitação ou de reabilitação que possibilite à pessoa com deficiência restaurar sua capacidade e habilidade profissional ou adquirir novas capacidades e habilidades de trabalho.

§ 2.º A habilitação profissional corresponde ao processo destinado a propiciar à pessoa com deficiência aquisição de conhecimentos, habilidades e aptidões para exercício de profissão ou de ocupação, permitindo nível suficiente de desenvolvimento profissional para ingresso no campo de trabalho.

§ 3.º Os serviços de habilitação profissional, de reabilitação profissional e de educação profissional devem ser dotados de recursos necessários para atender a toda pessoa com deficiência, independentemente de sua característica específica, a fim de que ela possa ser capacitada para trabalho que lhe seja adequado e ter perspectivas de obtê-lo, de conservá-lo e de nele progredir.

§ 4.º Os serviços de habilitação profissional, de reabilitação profissional e de educação profissional deverão ser oferecidos em ambientes acessíveis e inclusivos.

§ 5.º A habilitação profissional e a reabilitação profissional devem ocorrer articuladas com as redes públicas e privadas, especialmente de saúde, de ensino e de assistência social, em todos os níveis e modalidades, em entidades de formação profissional ou diretamente com o empregador.

§ 6.º A habilitação profissional pode ocorrer em empresas por meio de prévia formalização do contrato de emprego da pessoa com deficiência, que será considerada para o cumprimento da reserva de vagas prevista em lei, desde que por tempo determinado e concomitante com a inclusão profissional na empresa, observado o disposto em regulamento.

§ 7.º A habilitação profissional e a reabilitação profissional atenderão à pessoa com deficiência.

Seção III
Da Inclusão da Pessoa com Deficiência no Trabalho

Art. 37. Constitui modo de inclusão da pessoa com deficiência no trabalho a colocação competitiva, em igualdade de oportunidades com as demais pessoas, nos termos da legislação trabalhista e previdenciária, na qual devem ser atendidas as regras de acessibilidade, o fornecimento de recursos de tecnologia assistiva e a adaptação razoável no ambiente de trabalho.

Parágrafo único. A colocação competitiva da pessoa com deficiência pode ocorrer por meio de trabalho com apoio, observadas as seguintes diretrizes:

I – prioridade no atendimento à pessoa com deficiência com maior dificuldade de inserção no campo de trabalho;

II – provisão de suportes individualizados que atendam a necessidades específicas da pessoa com deficiência, inclusive a disponibilização de recursos de tecnologia assistiva, de agente facilitador e de apoio no ambiente de trabalho;

III – respeito ao perfil vocacional e ao interesse da pessoa com deficiência apoiada;

IV – oferta de aconselhamento e de apoio aos empregadores, com vistas à definição de estratégias de inclusão e de superação de barreiras, inclusive atitudinais;

V – realização de avaliações periódicas;

VI – articulação intersetorial das políticas públicas;

VII – possibilidade de participação de organizações da sociedade civil.

Art. 38. A entidade contratada para a realização de processo seletivo público ou privado para cargo, função ou emprego está obrigada à observância do disposto nesta Lei e em outras normas de acessibilidade vigentes.

Capítulo VII
DO DIREITO À ASSISTÊNCIA SOCIAL

• A Lei n. 8.742, de 7-12-1993, dispõe sobre a organização da Assistência Social e dá outras providências.

Art. 39. Os serviços, os programas, os projetos e os benefícios no âmbito da política pública de assistência social à pessoa com deficiência e sua família têm como objetivo a garantia da segurança de renda, da acolhida, da habilitação e da reabilitação, do desenvolvimento da autonomia e da convivência familiar e comunitária, para a promoção do acesso a direitos e da plena participação social.

• *Vide* arts. 23, II, e 24, XIV, da CF.

§ 1.º A assistência social à pessoa com deficiência, nos termos do *caput* deste artigo, deve envolver conjunto articulado de serviços do âmbito da Proteção Social Básica e da Proteção Social Especial, ofertados pelo Suas, para a garantia de seguranças fundamentais no enfrentamento de situações de vulnerabilidade e de risco, por fragilização de vínculos e ameaça ou violação de direitos.

§ 2.º Os serviços socioassistenciais destinados à pessoa com deficiência em situação de dependência deverão contar com cuidadores sociais para prestar-lhe cuidados básicos e instrumentais.

Art. 40. É assegurado à pessoa com deficiência que não possua meios para prover sua subsistência nem de tê-la provida por sua família o benefício mensal de 1 (um) salário mínimo, nos termos da Lei n. 8.742, de 7 de dezembro de 1993.

• Arts. 2.º, I, *e*, e 20 da Lei n. 8.742, de 7-12-1993.

Capítulo VIII
DO DIREITO À PREVIDÊNCIA SOCIAL

Art. 41. A pessoa com deficiência segurada do Regime Geral de Previdência Social (RGPS) tem direito à aposentadoria nos termos da Lei Complementar n. 142, de 8 de maio de 2013.

Capítulo IX
DO DIREITO À CULTURA, AO ESPORTE, AO TURISMO E AO LAZER

Art. 42. A pessoa com deficiência tem direito à cultura, ao esporte, ao turismo e ao lazer em igualdade de oportunidades com as demais pessoas, sendo-lhe garantido o acesso:

I – a bens culturais em formato acessível;

II – a programas de televisão, cinema, teatro e outras atividades culturais e desportivas em formato acessível; e

III – a monumentos e locais de importância cultural e a espaços que ofereçam serviços ou eventos culturais e esportivos.

§ 1.º É vedada a recusa de oferta de obra intelectual em formato acessível à pessoa com deficiência, sob qualquer argumento, inclusive sob a alegação de proteção dos direitos de propriedade intelectual.

§ 2.º O poder público deve adotar soluções destinadas à eliminação, à redução ou à superação de barreiras para a promoção do acesso a todo patrimônio cultural, observadas as normas de acessibilidade, ambientais e de proteção do patrimônio histórico e artístico nacional.

Art. 43. O poder público deve promover a participação da pessoa com deficiência em atividades artísticas, intelectuais, culturais, esportivas e recreativas, com vistas ao seu protagonismo, devendo:

I – incentivar a provisão de instrução, de treinamento e de recursos adequados, em igualdade de oportunidades com as demais pessoas;

II – assegurar acessibilidade nos locais de eventos e nos serviços prestados por pessoa ou entidade envolvida na organização das atividades de que trata este artigo; e

III – assegurar a participação da pessoa com deficiência em jogos e atividades recreativas, esportivas, de lazer, culturais e artísticas, inclusive no sistema escolar, em igualdade de condições com as demais pessoas.

Art. 44. Nos teatros, cinemas, auditórios, estádios, ginásios de esporte, locais de espetáculos e de conferências e similares, serão reservados espaços livres e assentos para a pessoa com deficiência, de acordo com a capacidade de lotação da edificação, observado o disposto em regulamento.

§ 1.º Os espaços e assentos a que se refere este artigo devem ser distribuídos pelo recinto em locais diversos, de boa visibilidade, em todos os setores, próximos aos corredores, devidamente sinalizados, evitando-se áreas segregadas de público e obstrução das saídas, em conformidade com as normas de acessibilidade.

§ 2.º No caso de não haver comprovada procura pelos assentos reservados, esses podem, excepcionalmente, ser ocupados por pessoas sem deficiência ou que não tenham mobilidade reduzida, observado o disposto em regulamento.

§ 3.º Os espaços e assentos a que se refere este artigo devem situar-se em locais que garantam a acomodação de, no mínimo, 1 (um) acompanhante da pessoa com deficiência ou com mobilidade reduzida, resguardado o direito de se acomodar proximamente a grupo familiar e comunitário.

§ 4.º Nos locais referidos no *caput* deste artigo, deve haver, obrigatoriamente, rotas de fuga e saídas de emergência acessíveis, conforme padrões das normas de acessibilidade, a fim de permitir a saída segura da pessoa com deficiência ou com mobilidade reduzida, em caso de emergência.

§ 5.º Todos os espaços das edificações previstas no *caput* deste artigo devem atender às normas de acessibilidade em vigor.

§ 6.º As salas de cinema devem oferecer, em todas as sessões, recursos de acessibilidade para a pessoa com deficiência.

•• *Vide* art. 124 desta Lei.

§ 7.º O valor do ingresso da pessoa com deficiência não poderá ser superior ao valor cobrado das demais pessoas.

Art. 45. Os hotéis, pousadas e similares devem ser construídos observando-se os princípios do desenho universal, além de adotar todos os meios de acessibilidade, conforme legislação em vigor.

•• Artigo regulamentado pelo Decreto n. 9.296, de 1.º-3-2018.

•• *Vide* art. 124 desta Lei.

§ 1.º Os estabelecimentos já existentes deverão disponibilizar, pelo menos, 10% (dez por cento) de seus dormitórios acessíveis, garantida, no mínimo, 1 (uma) unidade acessível.

§ 2.º Os dormitórios mencionados no § 1.º deste artigo deverão ser localizados em rotas acessíveis.

Capítulo X
DO DIREITO AO TRANSPORTE E À MOBILIDADE

• Diretrizes da Política Nacional de Mobilidade Urbana: *vide* Lei n. 12.587, de 3-1-2012.

Art. 46. O direito ao transporte e à mobilidade da pessoa com deficiência ou com mobilidade reduzida será assegurado em igualdade de oportunidades com as demais pessoas, por meio de identificação e de eliminação de todos os obstáculos e barreiras ao seu acesso.

• *Vide* art. 24, I e IV, da Lei n. 12.587, de 3-1-2012.

§ 1.º Para fins de acessibilidade aos serviços de transporte coletivo terrestre, aquaviário e aéreo, em todas as jurisdições, consideram-se como integrantes desses serviços os veículos, os terminais, as estações, os pontos de parada, o sistema viário e a prestação do serviço.

§ 2.º São sujeitas ao cumprimento das disposições desta Lei, sempre que houver interação com a matéria nela regulada, a outorga, a concessão, a permissão, a autorização, a renovação ou a habilitação de linhas e de serviços de transporte coletivo.

§ 3.º Para colocação do símbolo internacional de acesso nos veículos, as empresas de transporte coletivo de passageiros dependem da certificação de acessibilidade emitida pelo gestor público responsável pela prestação do serviço.

Art. 47. Em todas as áreas de estacionamento aberto ao público, de uso público ou privado de uso coletivo e em vias públicas, devem ser reservadas vagas próximas aos acessos de circulação de pedestres, devidamente sinalizadas, para veículos que transportem pessoa com deficiência com comprometimento de mobilidade, desde que devidamente identificados.

§ 1.º As vagas a que se refere o *caput* deste artigo devem equivaler a 2% (dois por cento) do total, garantida, no mínimo, 1 (uma) vaga devidamente sinalizada e com as especificações de desenho e traçado de acordo com as normas técnicas vigentes de acessibilidade.

§ 2.º Os veículos estacionados nas vagas reservadas devem exibir, em local de ampla visibilidade, a credencial de beneficiário, a ser confeccionada e fornecida pelos órgãos de trânsito, que disciplinarão suas características e condições de uso.

§ 3.º A utilização indevida das vagas de que trata este artigo sujeita os infratores às sanções previstas no inciso XX do art. 181 da Lei n. 9.503, de 23 de setembro de 1997 (Código de Trânsito Brasileiro).

•• § 3.º com redação determinada pela Lei n. 13.281, de 4-5-2016.

§ 4.º A credencial a que se refere o § 2.º deste artigo é vinculada à pessoa com deficiência que possui comprometimento de mobilidade e é válida em todo o território nacional.

Art. 48. Os veículos de transporte coletivo terrestre, aquaviário e aéreo, as instalações, as estações, os portos e os terminais em operação no País devem ser acessíveis, de forma a garantir o seu uso por todas as pessoas.

§ 1.º Os veículos e as estruturas de que trata o *caput* deste artigo devem dispor de sistema de comunicação acessível que disponibilize informações sobre todos os pontos do itinerário.

§ 2.º São asseguradas à pessoa com deficiência prioridade e segurança nos procedimentos de embarque e de desembarque nos veículos de transporte coletivo, de acordo com as normas técnicas.

§ 3.º Para colocação do símbolo internacional de acesso nos veículos, as empresas de transporte coletivo de passageiros dependem da certificação de acessibilidade emitida pelo gestor público responsável pela prestação do serviço.

Art. 49. As empresas de transporte de fretamento e de turismo, na renovação de suas frotas, são obrigadas ao cumprimento do disposto nos arts. 46 e 48 desta Lei.

•• *Vide* art. 124 desta Lei.

Art. 50. O poder público incentivará a fabricação de veículos acessíveis e a sua utilização como táxis e *vans*, de forma a garantir o seu uso por todas as pessoas.

Art. 51. As frotas de empresas de táxi devem reservar 10% (dez por cento) de seus veículos acessíveis à pessoa com deficiência.

•• Artigo regulamentado pelo Decreto n. 9.762, de 11-4-2019.

§ 1.º É proibida a cobrança diferenciada de tarifas ou de valores adicionais pelo serviço de táxi prestado à pessoa com deficiência.

§ 2.º O poder público é autorizado a instituir incentivos fiscais com vistas a possibilitar a acessibilidade dos veículos a que se refere o *caput* deste artigo.

Art. 52. As locadoras de veículos são obrigadas a oferecer 1 (um) veículo adaptado para uso de pessoa com deficiência, a cada conjunto de 20 (vinte) veículos de sua frota.

•• Artigo regulamentado pelo Decreto n. 9.762, de 11-4-2019.

Parágrafo único. O veículo adaptado deverá ter, no mínimo, câmbio automático, direção hidráulica, vidros elétricos e comandos manuais de freio e de embreagem.

Título III
DA ACESSIBILIDADE

Capítulo I
DISPOSIÇÕES GERAIS

Art. 53. A acessibilidade é direito que garante à pessoa com deficiência ou com mobilidade reduzida viver de forma independente e exercer seus direitos de cidadania e de participação social.

- A Lei n. 10.098, de 19-12-2000, estabelece normas gerais e critérios básicos para promoção da acessibilidade das pessoas portadoras de deficiência ou com mobilidade reduzida.

Art. 54. São sujeitas ao cumprimento das disposições desta Lei e de outras normas relativas à acessibilidade, sempre que houver interação com a matéria nela regulada:

I – a aprovação de projeto arquitetônico e urbanístico ou de comunicação e informação, a fabricação de veículos de transporte coletivo, a prestação do respectivo serviço e a execução de qualquer tipo de obra, quando tenham destinação pública ou coletiva;

II – a outorga ou a renovação de concessão, permissão, autorização ou habilitação de qualquer natureza;

III – a aprovação de financiamento de projeto com utilização de recursos públicos, por meio de renúncia ou de incentivo fiscal, contrato, convênio ou instrumento congênere; e

IV – a concessão de aval da União para obtenção de empréstimo e de financiamento internacionais por entes públicos ou privados.

Art. 55. A concepção e a implantação de projetos que tratem do meio físico, de transporte, de informação e comunicação, inclusive de sistemas e tecnologias da informação e comunicação, e de outros serviços, equipamentos e instalações abertos ao público, de uso público ou privado de uso coletivo, tanto na zona urbana como na rural, devem atender aos princípios do desenho universal, tendo como referência as normas de acessibilidade.

§ 1.º O desenho universal será sempre tomado como regra de caráter geral.

§ 2.º Nas hipóteses em que comprovadamente o desenho universal não possa ser empreendido, deve ser adotada adaptação razoável.

§ 3.º Caberá ao poder público promover a inclusão de conteúdos temáticos referentes ao desenho universal nas diretrizes curriculares da educação profissional e tecnológica e do ensino superior e na formação das carreiras de Estado.

§ 4.º Os programas, os projetos e as linhas de pesquisa a serem desenvolvidos com o apoio de organismos públicos de auxílio à pesquisa e de agências de fomento deverão incluir temas voltados para o desenho universal.

§ 5.º Desde a etapa de concepção, as políticas públicas deverão considerar a adoção do desenho universal.

Art. 56. A construção, a reforma, a ampliação ou a mudança de uso de edificações abertas ao público, de uso público ou privadas de uso coletivo deverão ser executadas de modo a serem acessíveis.

§ 1.º As entidades de fiscalização profissional das atividades de Engenharia, de Arquitetura e correlatas, ao anotarem a responsabilidade técnica de projetos, devem exigir a responsabilidade profissional declarada de atendimento às regras de acessibilidade previstas em legislação e em normas técnicas pertinentes.

§ 2.º Para a aprovação, o licenciamento ou a emissão de certificado de projeto executivo arquitetônico, urbanístico e de instalações e equipamentos temporários ou permanentes e para o licenciamento ou a emissão de certificado de conclusão de obra ou de serviço, deve ser atestado o atendimento às regras de acessibilidade.

§ 3.º O poder público, após certificar a acessibilidade de edificação ou de serviço, determinará a colocação, em espaços ou em locais de ampla visibilidade, do símbolo internacional de acesso, na forma prevista em legislação e em normas técnicas correlatas.

Art. 57. As edificações públicas e privadas de uso coletivo já existentes devem garantir acessibilidade à pessoa com deficiência em todas as suas dependências e serviços, tendo como referência as normas de acessibilidade vigentes.

Art. 58. O projeto e a construção de edificação de uso privado multifamiliar devem atender aos preceitos de acessibilidade, na forma regulamentar.

•• O Decreto n. 9.451, de 26-7-2018, em vigor após 18 meses da sua data de publicação (*DOU* de 27-7-2018), regulamenta este artigo.

§ 1.º As construtoras e incorporadoras responsáveis pelo projeto e pela construção das edificações a que se refere o *caput* deste artigo devem assegurar percentual mínimo de suas unidades internamente acessíveis, na forma regulamentar.

§ 2.º É vedada a cobrança de valores adicionais para a aquisição de unidades internamente acessíveis a que se refere o § 1.º deste artigo.

Art. 59. Em qualquer intervenção nas vias e nos espaços públicos, o poder público e as empresas concessionárias responsáveis pela execução das obras e dos serviços devem garantir, de forma segura, a fluidez do trânsito e a livre circulação e acessibilidade das pessoas, durante e após sua execução.

Art. 60. Orientam-se, no que couber, pelas regras de acessibilidade previstas em legislação e em normas técnicas, observado o disposto na Lei n. 10.098, de 19 de dezembro de 2000, n. 10.257, de 10 de julho de 2001, e n. 12.587, de 3 de janeiro de 2012:

- A Lei n. 10.098, de 19-12-2000, estabelece normas gerais e critérios básicos para promoção da acessibilidade das pessoas portadoras de deficiência ou com mobilidade reduzida.
- As Leis n. 10.257, de 10-7-2001, e 12.587, de 3-1-2012, constam desta obra.

I – os planos diretores municipais, os planos diretores de transporte e trânsito, os planos de mobilidade urbana e os planos de preservação de sítios históricos elaborados ou atualizados a partir da publicação desta Lei;

II – os códigos de obras, os códigos de postura, as leis de uso e ocupação do solo e as leis do sistema viário;

III – os estudos prévios de impacto de vizinhança;

IV – as atividades de fiscalização e a imposição de sanções; e

V – a legislação referente à prevenção contra incêndio e pânico.

§ 1.º A concessão e a renovação de alvará de funcionamento para qualquer atividade são condicionadas à observação e à certificação das regras de acessibilidade.

§ 2.º A emissão de carta de habite-se ou de habilitação equivalente e sua renovação, quando esta tiver sido emitida anteriormente às exigências de acessibilidade, é condicionada à observação e à certificação das regras de acessibilidade.

Art. 61. A formulação, a implementação e a manutenção das ações de acessibilidade atenderão às seguintes premissas básicas:

I – eleição de prioridades, elaboração de cronograma e reserva de recursos para implementação das ações; e

II – planejamento contínuo e articulado entre os setores envolvidos.

Art. 62. É assegurado à pessoa com deficiência, mediante solicitação, o recebimento de contas, boletos, recibos, extratos e cobranças de tributos em formato acessível.

Capítulo II
DO ACESSO À INFORMAÇÃO E À COMUNICAÇÃO

Art. 63. É obrigatória a acessibilidade nos sítios da internet mantidos por empresas com sede ou representação comercial no País ou por órgãos de governo, para uso da pessoa com deficiência, garantindo-lhe acesso às informações disponíveis, conforme as melhores práticas e diretrizes de acessibilidade adotadas internacionalmente.

§ 1.º Os sítios devem conter símbolo de acessibilidade em destaque.

§ 2.º Telecentros comunitários que receberem recursos públicos federais para seu custeio ou sua instalação e *lan houses* devem possuir equipamentos e instalações acessíveis.

§ 3.º Os telecentros e as *lan houses* de que trata o § 2.º deste artigo devem garantir, no mínimo, 10% (dez por cento) de seus computadores com recursos de acessibilidade para pessoa com deficiência visual, sendo assegurado pelo menos 1 (um) equipamento, quando o resultado percentual for inferior a 1 (um).

Art. 64. A acessibilidade nos sítios da internet de que trata o art. 63 desta Lei deve ser observada para obtenção do financiamento de que trata o inciso III do art. 54 desta Lei.

Art. 65. As empresas prestadoras de serviços de telecomunicações deverão garantir pleno acesso à pessoa com deficiência, conforme regulamentação específica.

Art. 66. Cabe ao poder público incentivar a oferta de aparelhos de telefonia fixa e móvel celular com acessibilidade que, entre outras tecnologias assistivas, possuam possibilidade de indicação e de ampliação sonoras de todas as operações e funções disponíveis.

Art. 67. Os serviços de radiodifusão de sons e imagens devem permitir o uso dos seguintes recursos, entre outros:

I – subtitulação por meio de legenda oculta;

II – janela com intérprete da Libras;

III – audiodescrição.

• *Vide* art. 76, § 1.º, III, desta Lei.

Art. 68. O poder público deve adotar mecanismos de incentivo à produção, à edição, à difusão, à distribuição e à comercialização de livros em formatos acessíveis, inclusive em publicações da administração pública ou financiadas com recursos públicos, com vistas a garantir à pessoa com deficiência o direito de acesso à leitura, à informação e à comunicação.

§ 1.º Nos editais de compras de livros, inclusive para o abastecimento ou a atualização de acervos de bibliotecas em todos os níveis e modalidades de educação e de bibliotecas públicas, o poder público deverá adotar cláusulas de impedimento à participação de editoras que não ofertem sua produção também em formatos acessíveis.

§ 2.º Consideram-se formatos acessíveis os arquivos digitais que possam ser reconhecidos e acessados por *softwares* leitores de telas ou outras tecnologias assistivas que vierem a substituí-los, permitindo leitura com voz sintetizada, ampliação de caracteres, diferentes contrastes e impressão em Braille.

§ 3.º O poder público deve estimular e apoiar a adaptação e a produção de artigos científicos em formato acessível, inclusive em Libras.

Art. 69. O poder público deve assegurar a disponibilidade de informações corretas e claras sobre os diferentes produtos e serviços ofertados, por quaisquer meios de comunicação empregados, inclusive em ambiente virtual, contendo a especificação correta de quantidade, qualidade, características, composição e preço, bem como sobre os eventuais riscos à saúde e à segurança do consumidor com deficiência, em caso de sua utilização, aplicando-se, no que couber, os arts. 30 a 41 da Lei n. 8.078, de 11 de setembro de 1990.

§ 1.º Os canais de comercialização virtual e os anúncios publicitários veiculados na imprensa escrita, na internet, no rádio, na televisão e nos demais veículos de comunicação abertos ou por assinatura devem disponibilizar, conforme a compatibilidade do meio, os recursos de acessibilidade de que trata o art. 67 desta Lei, a expensas do fornecedor do produto ou do serviço, sem prejuízo da observância do disposto nos arts. 36 a 38 da Lei n. 8.078, de 11 de setembro de 1990.

§ 2.º Os fornecedores devem disponibilizar, mediante solicitação, exemplares de bulas, prospectos, textos ou qualquer outro tipo de material de divulgação em formato acessível.

Art. 70. As instituições promotoras de congressos, seminários, oficinas e demais eventos de natureza científico-cultural devem oferecer à pessoa com deficiência, no mínimo, os recursos de tecnologia assistiva previstos no art. 67 desta Lei.

Art. 71. Os congressos, os seminários, as oficinas e os demais eventos de natureza científico-cultural promovidos ou financiados pelo poder público devem garantir as condições de acessibilidade e os recursos de tecnologia assistiva.

Art. 72. Os programas, as linhas de pesquisa e os projetos a serem desenvolvidos com o apoio de agências de financiamento e de órgãos e entidades integrantes da administração pública que atuem no auxílio à pesquisa devem contemplar temas voltados à tecnologia assistiva.

Art. 73. Caberá ao poder público, diretamente ou em parceria com organizações da sociedade civil, promover a capacitação de tradutores e intérpretes da Libras, de guias intérpretes e de profissionais habilitados em Braille, audiodescrição, estenotipia e legendagem.

Capítulo III
DA TECNOLOGIA ASSISTIVA

Art. 74. É garantido à pessoa com deficiência acesso a produtos, recursos, estratégias, práticas, processos, métodos e serviços de tecnologia assistiva que maximizem sua autonomia, mobilidade pessoal e qualidade de vida.

Art. 75. O poder público desenvolverá plano específico de medidas, a ser renovado em cada período de 4 (quatro) anos, com a finalidade de:

•• Artigo regulamentado pelo Decreto n. 10.645, de 11-3-2021.

I – facilitar o acesso a crédito especializado, inclusive com oferta de linhas de crédito subsidiadas, específicas para aquisição de tecnologia assistiva;

II – agilizar, simplificar e priorizar procedimentos de importação de tecnologia assistiva, especialmente as questões atinentes a procedimentos alfandegários e sanitários;

III – criar mecanismos de fomento à pesquisa e à produção nacional de tecnologia assistiva, inclusive por meio de concessão de linhas de crédito subsidiado e de parcerias com institutos de pesquisa oficiais;

IV – eliminar ou reduzir a tributação da cadeia produtiva e de importação de tecnologia assistiva;

V – facilitar e agilizar o processo de inclusão de novos recursos de tecnologia assistiva no rol de produtos distribuídos no âmbito do SUS e por outros órgãos governamentais.

Parágrafo único. Para fazer cumprir o disposto neste artigo, os procedimentos constantes do plano específico de medidas deverão ser avaliados, pelo menos, a cada 2 (dois) anos.

Capítulo IV
DO DIREITO À PARTICIPAÇÃO NA VIDA PÚBLICA E POLÍTICA

Art. 76. O poder público deve garantir à pessoa com deficiência todos os direitos políticos e a oportunidade de exercê-los em igualdade de condições com as demais pessoas.

§ 1.º À pessoa com deficiência será assegurado o direito de votar e de ser votada, inclusive por meio das seguintes ações:

I – garantia de que os procedimentos, as instalações, os materiais e os equipamentos para votação sejam apropriados, acessíveis a todas as pessoas e de fácil compreensão e uso, sendo vedada a instalação de seções eleitorais exclusivas para a pessoa com deficiência;

II – incentivo à pessoa com deficiência a candidatar-se e a desempenhar quaisquer funções públicas em todos os níveis de governo, inclusive por meio do uso de novas tecnologias assistivas, quando apropriado;

III – garantia de que os pronunciamentos oficiais, a propaganda eleitoral obrigatória e os debates transmitidos pelas emissoras de televisão possuam, pelo menos, os recursos elencados no art. 67 desta Lei;

IV – garantia do livre exercício do direito ao voto e, para tanto, sempre que necessário e a seu pedido, permissão para que a pessoa com deficiência seja auxiliada na votação por pessoa de sua escolha.

§ 2.º O poder público promoverá a participação da pessoa com deficiência, inclusive quando institucionalizada, na condução das questões públicas, sem discriminação e em igualdade de oportunidades, observado o seguinte:

I – participação em organizações não governamentais relacionadas à vida pública e à política do País e em atividades e administração de partidos políticos;

II – formação de organizações para representar a pessoa com deficiência em todos os níveis;

III – participação da pessoa com deficiência em organizações que a representem.

Título IV
DA CIÊNCIA E TECNOLOGIA

• *Vide* arts. 218, 219-A e 219-B da CF.

Art. 77. O poder público deve fomentar o desenvolvimento científico, a pesquisa e a inovação e a capacitação tecnológicas, voltados à melhoria da qualidade de vida e ao trabalho da pessoa com deficiência e sua inclusão social.

§ 1.º O fomento pelo poder público deve priorizar a geração de conhecimentos e técnicas que visem à prevenção e ao tratamento de deficiências e ao desenvolvimento de tecnologias assistiva e social.

§ 2.º A acessibilidade e as tecnologias assistiva e social devem ser fomentadas mediante a criação de cursos de pós-graduação, a formação de recursos humanos e a inclusão do tema nas diretrizes de áreas do conhecimento.

§ 3.º Deve ser fomentada a capacitação tecnológica de instituições públicas e privadas para o desenvolvimento de tecnologias assistiva e social que sejam voltadas para melhoria da funcionalidade e da participação social da pessoa com deficiência.

§ 4.º As medidas previstas neste artigo devem ser reavaliadas periodicamente pelo poder público, com vistas ao seu aperfeiçoamento.

Art. 78. Devem ser estimulados a pesquisa, o desenvolvimento, a inovação e a difusão de tecnologias voltadas para ampliar o acesso da pessoa com deficiência às tecnologias da informação e comunicação e às tecnologias sociais.

Parágrafo único. Serão estimulados, em especial:

I – o emprego de tecnologias da informação e comunicação como instrumento de superação de limitações funcionais e de barreiras à comunicação, à informação, à educação e ao entretenimento da pessoa com deficiência;

II – a adoção de soluções e a difusão de normas que visem a ampliar a acessibilidade da pessoa com deficiência à computação e aos sítios da internet, em especial aos serviços de governo eletrônico.

Livro II
PARTE ESPECIAL

Título I
DO ACESSO À JUSTIÇA

Capítulo I
DISPOSIÇÕES GERAIS

• CPC: arts. 162, III, 199 e 447, § 1.º, I.

Art. 79. O poder público deve assegurar o acesso da pessoa com deficiência à justiça, em igualdade de oportunidades com as demais pessoas, garantindo, sempre que requeridos, adaptações e recursos de tecnologia assistiva.

§ 1.º A fim de garantir a atuação da pessoa com deficiência em todo o processo judicial, o poder público deve capacitar os membros e os servidores que atuam no Poder Judiciário, no Ministério Público, na Defensoria Pública, nos órgãos de segurança pública e no sistema penitenciário quanto aos direitos da pessoa com deficiência.

§ 2.º Devem ser assegurados à pessoa com deficiência submetida a medida restritiva de liberdade todos os direitos e garantias a que fazem jus os apenados sem deficiência, garantida a acessibilidade.

§ 3.º A Defensoria Pública e o Ministério Público tomarão as medidas necessárias à garantia dos direitos previstos nesta Lei.

Art. 80. Devem ser oferecidos todos os recursos de tecnologia assistiva disponíveis para que a pessoa com deficiência tenha garantido o acesso à justiça, sempre que figure em um dos polos da ação ou atue como testemunha, partícipe da lide posta em juízo, advogado, defensor público, magistrado ou membro do Ministério Público.

• CPC: art. 199.

Parágrafo único. A pessoa com deficiência tem garantido o acesso ao conteúdo de todos os atos processuais de seu interesse, inclusive no exercício da advocacia.

• *Vide* art. 228, § 2.º, do CC.

• Depoimento de pessoa portadora de deficiência: art. 208 do CPP.

Art. 81. Os direitos da pessoa com deficiência serão garantidos por ocasião da aplicação de sanções penais.

Art. 82. (*Vetado.*)

Art. 83. Os serviços notariais e de registro não podem negar ou criar óbices ou condições diferenciadas à prestação de seus serviços em razão de deficiência do solicitante, devendo reconhecer sua capacidade legal plena, garantida a acessibilidade.

Parágrafo único. O descumprimento do disposto no *caput* deste artigo constitui discriminação em razão de deficiência.

Capítulo II
DO RECONHECIMENTO IGUAL PERANTE A LEI

Art. 84. A pessoa com deficiência tem assegurado o direito ao exercício de sua capacidade legal em igualdade de condições com as demais pessoas.

• *Vide* art. 5.º da CF.

§ 1.º Quando necessário, a pessoa com deficiência será submetida à curatela, conforme a lei.

§ 2.º É facultado à pessoa com deficiência a adoção de processo de tomada de decisão apoiada.

§ 3.º A definição de curatela de pessoa com deficiência constitui medida protetiva extraordinária, proporcional às necessidades e às circunstâncias de cada caso, e durará o menor tempo possível.

§ 4.º Os curadores são obrigados a prestar, anualmente, contas de sua administração ao juiz, apresentando o balanço do respectivo ano.

• Tutela e curatela: *vide* arts. 1.728 e s. do CC.

Art. 85. A curatela afetará tão somente os atos relacionados aos direitos de natureza patrimonial e negocial.

§ 1.º A definição da curatela não alcança o direito ao próprio corpo, à sexualidade, ao matrimônio, à privacidade, à educação, à saúde, ao trabalho e ao voto.

§ 2.º A curatela constitui medida extraordinária, devendo constar da sentença as razões e motivações de sua definição, preservados os interesses do curatelado.

§ 3.º No caso de pessoa em situação de institucionalização, ao nomear curador, o juiz deve dar preferência a pessoa que tenha vínculo de natureza familiar, afetiva ou comunitária com o curatelado.

Art. 86. Para emissão de documentos oficiais, não será exigida a situação de curatela da pessoa com deficiência.

Art. 87. Em casos de relevância e urgência e a fim de proteger os interesses da pessoa com deficiência em situação de curatela, será lícito ao juiz, ouvido o Ministério Público, de ofício ou a requerimento do interessado, nomear, desde logo, curador provisório, o qual estará sujeito, no que couber, às disposições do Código de Processo Civil.

Título II
DOS CRIMES E DAS INFRAÇÕES ADMINISTRATIVAS

•• O art. 8.º da Lei n. 7.853, de 24-10-1989, dispõe sobre as penalidades aplicadas aos crimes praticados contra os portadores de deficiência.

Art. 88. Praticar, induzir ou incitar discriminação de pessoa em razão de sua deficiência:

Pena – reclusão, de 1 (um) a 3 (três) anos, e multa.

•• O CP determina, no § 3.º de seu art. 140 (injúria), a aplicação da pena de reclusão de 1 (um) a 3 (três) anos e multa, quando a injúria consistir em elementos referentes à condição de pessoa portadora de deficiência.

§ 1.º Aumenta-se a pena em 1/3 (um terço) se a vítima encontrar-se sob cuidado e responsabilidade do agente.

§ 2.º Se qualquer dos crimes previstos no *caput* deste artigo é cometido por intermédio de meios de comunicação social ou de publicação de qualquer natureza:

Pena – reclusão, de 2 (dois) a 5 (cinco) anos, e multa.

§ 3.º Na hipótese do § 2.º deste artigo, o juiz poderá determinar, ouvido o Ministério Público ou a pedido deste, ainda antes do inquérito policial, sob pena de desobediência:

I – recolhimento ou busca e apreensão dos exemplares do material discriminatório;

II – interdição das respectivas mensagens ou páginas de informação na internet.

§ 4.º Na hipótese do § 2.º deste artigo, constitui efeito da condenação, após o trânsito em julgado da decisão, a destruição do material apreendido.

Art. 89. Apropriar-se de ou desviar bens, proventos, pensão, benefícios, remuneração ou qualquer outro rendimento de pessoa com deficiência:

Pena – reclusão, de 1 (um) a 4 (quatro) anos, e multa.

Parágrafo único. Aumenta-se a pena em 1/3 (um terço) se o crime é cometido:

• Apropriação indébita previdenciária: art. 168-A do CP.

I – por tutor, curador, síndico, liquidatário, inventariante, testamenteiro ou depositário judicial; ou

II – por aquele que se apropriou em razão de ofício ou de profissão.

• Dos crimes praticados por funcionários público contra a administração em geral: arts. 312 e s. do CP.

Art. 90. Abandonar pessoa com deficiência em hospitais, casas de saúde, entidades de abrigamento ou congêneres:

Pena – reclusão, de 6 (seis) meses a 3 (três) anos, e multa.

Parágrafo único. Na mesma pena incorre quem não prover as necessidades básicas de pessoa com deficiência quando obrigado por lei ou mandado.

• Abandono de incapaz: art. 133 do CP.

• Abandono material: art. 244 do CP.

Art. 91. Reter ou utilizar cartão magnético, qualquer meio eletrônico ou documento de pessoa com deficiência destinados ao recebimento de benefícios, proventos, pensões ou remuneração ou à realização de operações financeiras, com o fim de obter vantagem indevida para si ou para outrem:

Pena – detenção, de 6 (seis) meses a 2 (dois) anos, e multa.

Parágrafo único. Aumenta-se a pena em 1/3 (um terço) se o crime é cometido por tutor ou curador.

Título III
DISPOSIÇÕES FINAIS E TRANSITÓRIAS

Art. 92. É criado o Cadastro Nacional de Inclusão da Pessoa com Deficiência (Cadastro-Inclusão), registro público eletrônico com a finalidade de coletar, processar, sistematizar e disseminar informações georreferenciadas que permitam a identificação e a caracterização socioeconômica da pessoa com deficiência, bem como das barreiras que impedem a realização de seus direitos.

§ 1.º O Cadastro-Inclusão será administrado pelo Poder Executivo federal e constituído por base de dados, instrumentos, procedimentos e sistemas eletrônicos.

§ 2.º Os dados constituintes do Cadastro-Inclusão serão obtidos pela integração dos sistemas de informação e da base de dados de todas as políticas públicas relacionadas aos direitos da pessoa com deficiência, bem como por informações coletadas, inclusive em censos nacionais e nas demais pesquisas realizadas no País, de acordo com os parâmetros estabelecidos pela Convenção sobre os Direitos das Pessoas com Deficiência e seu Protocolo Facultativo.

§ 3.º Para coleta, transmissão e sistematização de dados, é facultada a celebração de convênios, acordos, termos de parceria ou contratos com instituições públicas e privadas, observados os requisitos e procedimentos previstos em legislação específica.

§ 4.º Para assegurar a confidencialidade, a privacidade e as liberdades fundamentais da pessoa com deficiência e os princípios éticos que regem a utilização de informações, devem ser observadas as salvaguardas estabelecidas em lei.

§ 5.º Os dados do Cadastro-Inclusão somente poderão ser utilizados para as seguintes finalidades:

I – formulação, gestão, monitoramento e avaliação das políticas públicas para a pessoa com deficiência e para identificar as barreiras que impedem a realização de seus direitos;

II – realização de estudos e pesquisas.

§ 6.º As informações a que se refere este artigo devem ser disseminadas em formatos acessíveis.

Art. 93. Na realização de inspeções e de auditorias pelos órgãos de controle interno e externo, deve ser observado o cumprimento da legislação relativa à pessoa com deficiência e das normas de acessibilidade vigentes.

Art. 94. Terá direito a auxílio-inclusão, nos termos da lei, a pessoa com deficiência moderada ou grave que:

•• A Portaria Conjunta n. 13, de 7-10-2021, do MTP e INSS, dispõe sobre regras e procedimentos de requerimento, concessão, manutenção e revisão do auxílio-inclusão à pessoa com deficiência.

• Sobre auxílio-inclusão: *Vide* arts. 26-A a 26-H da Lei n. 8.742, de 7-12-1993.

I – receba o benefício de prestação continuada previsto no art. 20 da Lei n. 8.742, de 7 de dezembro de 1993, e que passe a exercer atividade remunerada que a enquadre como segurado obrigatório do RGPS;

II – tenha recebido, nos últimos 5 (cinco) anos, o benefício de prestação continuada previsto no art. 20 da Lei n. 8.742, de 7 de dezembro de 1993, e que exerça atividade remunerada que a enquadre como segurado obrigatório do RGPS.

Art. 95. É vedado exigir o comparecimento de pessoa com deficiência perante os órgãos públicos quando seu deslocamento, em razão de sua limitação funcional e de condições de acessibilidade, imponha-lhe ônus desproporcional e indevido, hipótese na qual serão observados os seguintes procedimentos:

I – quando for de interesse do poder público, o agente promoverá o contato necessário com a pessoa com deficiência em sua residência;

II – quando for de interesse da pessoa com deficiência, ela apresentará solicitação de atendimento domiciliar ou fará representar-se por procurador constituído para essa finalidade.

Parágrafo único. É assegurado à pessoa com deficiência atendimento domiciliar pela perícia médica e social do Instituto Nacional do Seguro Social (INSS), pelo serviço público de saúde ou pelo serviço privado de saúde, contratado ou conveniado, que integre o SUS e pelas entidades da rede socioassistencial integrantes do Suas, quando seu deslocamento, em razão de sua limitação funcional e de condições de acessibilidade, imponha-lhe ônus desproporcional e indevido.

....

Art. 100. A Lei n. 8.078, de 11 de setembro de 1990 (Código de Defesa do Consumidor), passa a vigorar com as seguintes alterações:

•• Alteração já processada no diploma modificado.

....

Art. 107. A Lei n. 9.029, de 13 de abril de 1995, passa a vigorar com as seguintes alterações:

•• Alteração já processada no diploma modificado.

....

Art. 113. A Lei n. 10.257, de 10 de julho de 2001 (Estatuto da Cidade), passa a vigorar com as seguintes alterações:

•• Alteração já processada no diploma modificado.

Art. 114. A Lei n. 10.406, de 10 de janeiro de 2002 (Código Civil), passa a vigorar com as seguintes alterações:

•• Alteração já processada no diploma modificado.

Art. 115. O Título IV do Livro IV da Parte Especial da Lei n. 10.406, de 10 de janeiro de 2002 (Código Civil), passa a vigorar com a seguinte redação:

•• Alteração já processada no diploma modificado.

Art. 116. O Título IV do Livro IV da Parte Especial da Lei n. 10.406, de 10 de janeiro de 2002 (Código Civil), passa a vigorar acrescido do seguinte Capítulo III:

•• Alteração já processada no diploma modificado.

....

Art. 119. A Lei n. 12.587, de 3 de janeiro de 2012, passa a vigorar acrescida do seguinte art. 12-B:

•• Alteração já processada no diploma modificado.

Art. 120. Cabe aos órgãos competentes, em cada esfera de governo, a elaboração de relatórios circunstanciados sobre o cumprimento dos prazos estabelecidos por força das Leis n. 10.048, de 8 de novembro de 2000, e n. 10.098, de 19 de dezembro de 2000, bem como o seu encaminhamento ao Ministério Público e aos órgãos de regulação para adoção das providências cabíveis.

Parágrafo único. Os relatórios a que se refere o *caput* deste artigo deverão ser apresentados no prazo de 1 (um) ano a contar da entrada em vigor desta Lei.

Art. 121. Os direitos, os prazos e as obrigações previstos nesta Lei não excluem os já estabelecidos em outras legislações, inclusive em pactos, tratados, convenções e declarações internacionais aprovados e promulgados pelo Congresso Nacional, e devem ser aplicados em conformidade com as demais normas internas e acordos internacionais vinculantes sobre a matéria.

Parágrafo único. Prevalecerá a norma mais benéfica à pessoa com deficiência.

Art. 122. Regulamento disporá sobre a adequação do disposto nesta Lei ao tratamento diferenciado, simplificado e favorecido a ser dispensado às microempresas e às empresas de pequeno porte, previsto no § 3.º do art. 1.º da Lei Complementar n. 123, de 14 de dezembro de 2006.

• Citado dispositivo consta desta obra.

Art. 123. Revogam-se os seguintes dispositivos:

I – o inciso II do § 2.º do art. 1.º da Lei n. 9.008, de 21 de março de 1995;

II – os incisos I, II e III do art. 3.º da Lei n. 10.406, de 10 de janeiro de 2002 (Código Civil);

III – os incisos II e III do art. 228 da Lei n. 10.406, de 10 de janeiro de 2002 (Código Civil);

IV – o inciso I do art. 1.548 da Lei n. 10.406, de 10 de janeiro de 2002 (Código Civil);

V – o inciso IV do art. 1.557 da Lei n. 10.406, de 10 de janeiro de 2002 (Código Civil);

VI – os incisos II e IV do art. 1.767 da Lei n. 10.406, de 10 de janeiro de 2002 (Código Civil);

VII – os arts. 1.776 e 1.780 da Lei n. 10.406, de 10 de janeiro de 2002 (Código Civil).

Art. 124. O § 1.º do art. 2.º desta Lei deverá entrar em vigor em até 2 (dois) anos, contados da entrada em vigor desta Lei.

Art. 125. Devem ser observados os prazos a seguir discriminados, a partir da entrada em vigor desta Lei, para o cumprimento dos seguintes dispositivos:

I – incisos I e II do § 2.º do art. 28, 48 (quarenta e oito) meses;

II – § 6.º do art. 44, 84 (oitenta e quatro) meses;

•• Inciso II com redação determinada pela Lei n. 14.159, de 2-6-2021.

III – art. 45, 24 (vinte e quatro) meses;

IV – art. 49, 48 (quarenta e oito) meses.

Art. 126. Prorroga-se até 31 de dezembro de 2021 a vigência da Lei n. 8.989, de 24 de fevereiro de 1995.

Art. 127. Esta Lei entra em vigor após decorridos 180 (cento e oitenta) dias de sua publicação oficial.

Brasília, 6 de julho de 2015; 194.º da Independência e 127.º da República.

DILMA ROUSSEFF

LEI N. 13.178, DE 22 DE OUTUBRO DE 2015 (*)

Dispõe sobre a ratificação dos registros imobiliários decorrentes de alienações e concessões de terras públicas situadas nas faixas de fronteira; e revoga o Decreto-lei n. 1.414, de 18 de agosto de 1975, e a Lei n. 9.871, de 23 de novembro de 1999.

A Presidenta da República

Faço saber que o Congresso Nacional decreta e eu sanciono a seguinte Lei:

Art. 1.º São ratificados pelos efeitos desta Lei os registros imobiliários referentes a imóveis rurais com origem em títulos de alienação ou de concessão de terras devolutas expedidos pelos Estados em faixa de fronteira, incluindo os seus desmembramentos e remembramentos, devidamente inscritos no Registro de Imóveis até a data de publicação desta Lei, desde que a área de cada registro não exceda ao limite de quinze módulos fiscais, exceto os registros imobiliários referentes a imóveis rurais:

- *Vide* art. 20, § 2.º, da CF.
- *Vide* Lei n. 6.634, de 2-5-1979, que dispõe sobre a faixa de fronteira.

I – cujo domínio esteja sendo questionado nas esferas administrativa ou judicial por órgão ou entidade da administração federal direta e indireta até a data de publicação da alteração deste inciso;

- Inciso I com redação determinada pela Lei n. 14.177, de 22-6-2021.

II – que sejam objeto de ações de desapropriação por interesse social para fins de reforma agrária ajuizadas até a data de publicação desta Lei.

§ 1.º Na hipótese de haver sobreposição entre a área correspondente ao registro ratificado e a área correspondente a título de domínio de outro particular, a ratificação não produzirá efeitos na definição de qual direito prevalecerá.

•• Parágrafo único renumerado pela Lei n. 14.177, de 22-6-2021.

§ 2.º (*Vetado.*)

•• § 2.º acrescentado pela Lei n. 14.177, de 22-6-2021.

§ 3.º (*Vetado.*)

•• § 3.º acrescentado pela Lei n. 14.177, de 22-6-2021.

Art. 2.º Os registros imobiliários referentes aos imóveis rurais com origem em títulos de alienação ou de concessão de terras devolutas expedidos pelos Estados em faixa de fronteira, incluindo os seus desmembramentos e remembramentos, devidamente inscritos no Registro de Imóveis até a data de publicação desta Lei, com área superior a quinze módulos fiscais, serão ratificados desde que os interessados obtenham no órgão federal responsável:

I – a certificação do georreferenciamento do imóvel, nos termos dos §§ 3.º e 5.º do art. 176 da Lei n. 6.015, de 31 de dezembro de 1973; e

II – a atualização da inscrição do imóvel no Sistema Nacional de Cadastro Rural, instituído pela Lei n. 5.868, de 12 de dezembro de 1972.

§ 1.º Às ratificações de que trata o *caput* deste artigo aplicam-se as exceções constantes dos incisos I e II do *caput* do art. 1.º e a regra prevista no parágrafo único do mesmo artigo.

§ 2.º Os interessados em obter a ratificação referida no *caput* deste artigo deverão requerer a certificação e a atualização de que tratam os incisos I e II do *caput* no prazo de 10 (dez) anos da publicação desta Lei.

- § 2.º com redação determinada pela Lei n. 14.177, de 22-6-2021.

§ 3.º O requerimento de que trata o § 2.º será apreciado pelo órgão federal responsável em até dois anos do pedido, salvo se houver diligências propostas pela autarquia agrária referentes à certificação do georreferenciamento do imóvel, hipótese na qual o período utilizado pelo proprietário para seu atendimento deverá ser debitado do prazo total de análise.

§ 4.º Não se admitirá a ratificação pelo decurso do prazo de que trata o § 3.º.

§ 5.º Decorrido o prazo constante do § 2.º sem que o interessado tenha requerido as providências dispostas nos incisos I e II do *caput*, ou na hipótese de a ratificação não ser possível, o órgão federal responsável deverá requerer o registro do imóvel em nome da União ao Cartório de Registro de Imóveis.

§ 6.º A ratificação dos registros imobiliários referentes a imóveis com área superior a dois mil e quinhentos hectares ficará condicionada à aprovação do Congresso Nacional, nos termos do § 1.º do art. 188 da Constituição Federal.

§ 7.º O encaminhamento ao Congresso Nacional para o fim disposto no § 6.º dar-se-á nos termos do regulamento.

Art. 3.º A ratificação prevista nos arts. 1.º e 2.º alcançará os registros imobiliários oriundos de alienações e concessões de terras devolutas:

I – federais, efetuadas pelos Estados:

a) na faixa de até sessenta e seis quilômetros de largura, a partir da linha de fronteira, no período compreendido entre o início da vigência da Constituição da República dos Estados Unidos do Brasil, de 24 de fevereiro de 1891, até o início da vigência da Lei n. 4.947, de 6 de abril de 1966; e

(*) Publicada no *DOU* de 23-10-2015.

• A Lei n. 4.947, de 6-4-1966, fixa normas de direito agrário e dá outras providências.

b) na faixa de sessenta e seis a cento e cinquenta quilômetros de largura, a partir da linha de fronteira, no período compreendido entre o início da vigência da Lei n. 2.597, de 5 de julho de 1955, até o início da vigência da Lei n. 4.947, de 6 de abril de 1966;

II – estaduais, efetuadas pelos Estados sem prévio assentimento do Conselho de Segurança Nacional:

•• A Lei n. 14.177, de 22-6-2021, propôs nova redação para este inciso II, porém teve seu texto vetado.

a) na faixa de sessenta e seis a cem quilômetros de largura, a partir da linha de fronteira, no período entre o início da vigência da Constituição da República dos Estados Unidos do Brasil, de 16 de julho de 1934, até o início da vigência da Lei n. 2.597, de 5 de julho de 1955; e

b) na faixa de cem a cento e cinquenta quilômetros de largura, a partir da linha de fronteira, no período entre o início da vigência da Constituição dos Estados Unidos do Brasil, de 10 de novembro de 1937, até o início da vigência da Lei n. 2.597, de 5 de julho de 1955.

Art. 4.º Caso a desapropriação por interesse social para fins de reforma agrária recaia sobre imóvel rural, inscrito no Registro Geral de Imóveis em nome de particular, que não tenha sido destacado, validamente, do domínio público por título formal ou por força de legislação específica, o Estado no qual esteja situada a área será citado para integrar a ação de desapropriação.

§ 1.º Nas ações judiciais em andamento, o órgão federal responsável requererá a citação do Estado.

§ 2.º Em qualquer hipótese, feita a citação, se o Estado reivindicar o domínio do imóvel, o valor depositado ficará retido até decisão final sobre a propriedade da área.

§ 3.º Nas situações de que trata este artigo, caso venha a ser reconhecido o domínio do Estado sobre a área, fica a União previamente autorizada a desapropriar o imóvel rural de domínio do Estado, prosseguindo a ação de desapropriação em relação a este.

Art. 5.º Esta Lei entra em vigor após decorridos quarenta e cinco dias de sua publicação oficial.

Art. 6.º Ficam revogados:

I – o Decreto-lei n. 1.414, de 18 de agosto de 1975; e

II – a Lei n. 9.871, de 23 de novembro de 1999.

Brasília, 22 de outubro de 2015; 194.º da Independência e 127.º da República.

DILMA ROUSSEFF

LEI N. 13.185, DE 6 DE NOVEMBRO DE 2015 (*)

*Institui o Programa de Combate à Intimidação Sistemática (*Bullying*).*

(*) Publicada no *DOU*, de 9-11-2015.

A Presidenta da República

Faço saber que o Congresso Nacional decreta e eu sanciono a seguinte Lei:

Art. 1.º Fica instituído o Programa de Combate à Intimidação Sistemática (*Bullying*) em todo o território nacional.

§ 1.º No contexto e para os fins desta Lei, considera-se intimidação sistemática (*bullying*) todo ato de violência física ou psicológica, intencional e repetitivo que ocorre sem motivação evidente, praticado por indivíduo ou grupo, contra uma ou mais pessoas, com o objetivo de intimidá-la ou agredi-la, causando dor e angústia à vítima, em uma relação de desequilíbrio de poder entre as partes envolvidas.

§ 2.º O Programa instituído no *caput* poderá fundamentar as ações do Ministério da Educação e das Secretarias Estaduais e Municipais de Educação, bem como de outros órgãos, aos quais a matéria diz respeito.

Art. 2.º Caracteriza-se a intimidação sistemática (*bullying*) quando há violência física ou psicológica em atos de intimidação, humilhação ou discriminação e, ainda:

I – ataques físicos;

II – insultos pessoais;

III – comentários sistemáticos e apelidos pejorativos;

IV – ameaças por quaisquer meios;

V – grafites depreciativos;

VI – expressões preconceituosas;

VII – isolamento social consciente e premeditado;

VIII – pilhérias.

Parágrafo único. Há intimidação sistemática na rede mundial de computadores (*cyberbullying*), quando se usarem os instrumentos que lhe são próprios para depreciar, incitar a violência, adulterar fotos e dados pessoais com o intuito de criar meios de constrangimento psicossocial.

Art. 3.º A intimidação sistemática (*bullying*) pode ser classificada, conforme as ações praticadas, como:

I – verbal: insultar, xingar e apelidar pejorativamente;

II – moral: difamar, caluniar, disseminar rumores;

III – sexual: assediar, induzir e/ou abusar;

IV – social: ignorar, isolar e excluir;

V – psicológica: perseguir, amedrontar, aterrorizar, intimidar, dominar, manipular, chantagear e infernizar;

VI – físico: socar, chutar, bater;

VII – material: furtar, roubar, destruir pertences de outrem;

VIII – virtual: depreciar, enviar mensagens intrusivas da intimidade, enviar ou adulterar fotos e dados pessoais que resultem em sofrimento ou com o intuito de criar meios de constrangimento psicológico e social.

Art. 4.º Constituem objetivos do Programa referido no *caput* do art. 1.º:

I – prevenir e combater a prática da intimidação sistemática (*bullying*) em toda a sociedade;

II – capacitar docentes e equipes pedagógicas para a implementação das ações de discussão, prevenção, orientação e solução do problema;

III – implementar e disseminar campanhas de educação, conscientização e informação;

IV – instituir práticas de conduta e orientação de pais, familiares e responsáveis diante da identificação de vítimas e agressores;

V – dar assistência psicológica, social e jurídica às vítimas e aos agressores;

VI – integrar os meios de comunicação de massa com as escolas e a sociedade, como forma de identificação e conscientização do problema e forma de preveni-lo e combatê-lo;

VII – promover a cidadania, a capacidade empática e o respeito a terceiros, nos marcos de uma cultura de paz e tolerância mútua;

VIII – evitar, tanto quanto possível, a punição dos agressores, privilegiando mecanismos e instrumentos alternativos que promovam a efetiva responsabilização e a mudança de comportamento hostil;

IX – promover medidas de conscientização, prevenção e combate a todos os tipos de violência, com ênfase nas práticas recorrentes de intimidação sistemática (*bullying*), ou constrangimento físico e psicológico, cometidas por alunos, professores e outros profissionais integrantes de escola e de comunidade escolar.

Art. 5.º É dever do estabelecimento de ensino, dos clubes e das agremiações recreativas assegurar medidas de conscientização, prevenção, diagnose e combate à violência e à intimidação sistemática (*bullying*).

Art. 6.º Serão produzidos e publicados relatórios bimestrais das ocorrências de intimidação sistemática (*bullying*) nos Estados e Municípios para planejamento das ações.

Art. 7.º Os entes federados poderão firmar convênios e estabelecer parcerias para a implementação e a correta execução dos objetivos e diretrizes do Programa instituído por esta Lei.

Art. 8.º Esta Lei entra em vigor após decorridos 90 (noventa) dias da data de sua publicação oficial.

Brasília, 6 de novembro de 2015; 194.º da Independência e 127.º da República.

DILMA ROUSSEFF

LEI N. 13.188, DE 11 DE NOVEMBRO DE 2015 (*)

Dispõe sobre o direito de resposta ou retificação do ofendido em matéria divulgada, publicada ou transmitida por veículo de comunicação social.

A Presidenta da República

Faço saber que o Congresso Nacional decreta e eu sanciono a seguinte Lei:

(*) Publicada no *DOU*, de 12-11-2015.

Art. 1.º Esta Lei disciplina o exercício do direito de resposta ou retificação do ofendido em matéria divulgada, publicada ou transmitida por veículo de comunicação social.

•• *Vide* art. 5.º, V, IX e X, da CF.

Art. 2.º Ao ofendido em matéria divulgada, publicada ou transmitida por veículo de comunicação social é assegurado o direito de resposta ou retificação, gratuito e proporcional ao agravo.

•• *Vide* art. 5.º, V, IX e X, da CF.

§ 1.º Para os efeitos desta Lei, considera-se matéria qualquer reportagem, nota ou notícia divulgada por veículo de comunicação social, independentemente do meio ou da plataforma de distribuição, publicação ou transmissão que utilize, cujo conteúdo atente, ainda que por equívoco de informação, contra a honra, a intimidade, a reputação, o conceito, o nome, a marca ou a imagem de pessoa física ou jurídica identificada ou passível de identificação.

§ 2.º São excluídos da definição de matéria estabelecida no § 1.º deste artigo os comentários realizados por usuários da internet nas páginas eletrônicas dos veículos de comunicação social.

§ 3.º A retratação ou retificação espontânea, ainda que a elas sejam conferidos os mesmos destaque, publicidade, periodicidade e dimensão do agravo, não impedem o exercício do direito de resposta pelo ofendido nem prejudicam a ação de reparação por dano moral.

•• O STF, por maioria, julgou as ADIs n. 5.415, 5.418 e 5.436, na sessão virtual de 11-3-2021 (*DOU* de 25-3-2021), para declarar constitucionalidade deste § 3.º.

Art. 3.º O direito de resposta ou retificação deve ser exercido no prazo decadencial de 60 (sessenta) dias, contado da data de cada divulgação, publicação ou transmissão da matéria ofensiva, mediante correspondência com aviso de recebimento encaminhada diretamente ao veículo de comunicação social ou, inexistindo pessoa jurídica constituída, a quem por ele responda, independentemente de quem seja o responsável intelectual pelo agravo.

§ 1.º O direito de resposta ou retificação poderá ser exercido, de forma individualizada, em face de todos os veículos de comunicação social que tenham divulgado, publicado, republicado, transmitido ou retransmitido o agravo original.

§ 2.º O direito de resposta ou retificação poderá ser exercido, também, conforme o caso:

I – pelo representante legal do ofendido incapaz ou da pessoa jurídica;

• *Vide* arts. 3.º, 40 e s. do CC.

II – pelo cônjuge, descendente, ascendente ou irmão do ofendido que esteja ausente do País ou tenha falecido depois do agravo, mas antes de decorrido o prazo de decadência do direito de resposta ou retificação.

§ 3.º No caso de divulgação, publicação ou transmissão continuada e ininterrupta da mesma matéria ofensiva, o prazo será contado da data em que se iniciou o agravo.

Art. 4.º A resposta ou retificação atenderá, quanto à forma e à duração, ao seguinte:

I – praticado o agravo em mídia escrita ou na internet, terá a resposta ou retificação o destaque, a publicidade, a periodicidade e a dimensão da matéria que a ensejou;

II – praticado o agravo em mídia televisiva, terá a resposta ou retificação o destaque, a publicidade, a periodicidade e a duração da matéria que a ensejou;

III – praticado o agravo em mídia radiofônica, terá a resposta ou retificação o destaque, a publicidade, a periodicidade e a duração da matéria que a ensejou.

§ 1.º Se o agravo tiver sido divulgado, publicado, republicado, transmitido ou retransmitido em mídia escrita ou em cadeia de rádio ou televisão para mais de um Município ou Estado, será conferido proporcional alcance à divulgação da resposta ou retificação.

§ 2.º O ofendido poderá requerer que a resposta ou retificação seja divulgada, publicada ou transmitida nos mesmos espaço, dia da semana e horário do agravo.

§ 3.º A resposta ou retificação cuja divulgação, publicação ou transmissão não obedeça ao disposto nesta Lei é considerada inexistente.

§ 4.º Na delimitação do agravo, deverá ser considerado o contexto da informação ou matéria que gerou a ofensa.

Art. 5.º Se o veículo de comunicação social ou quem por ele responda não divulgar, publicar ou transmitir a resposta ou retificação no prazo de 7 (sete) dias, contado do recebimento do respectivo pedido, na forma do art. 3.º, restará caracterizado o interesse jurídico para a propositura de ação judicial.

§ 1.º É competente para conhecer do feito o juízo do domicílio do ofendido ou, se este assim o preferir, aquele do lugar onde o agravo tenha apresentado maior repercussão.

•• O STF, por maioria, julgou as ADIs n. 5.415, 5.418 e 5.436, na sessão virtual de 11-3-2021 (*DOU* de 25-3-2021), para declarar constitucionalidade deste § 1.º.

§ 2.º A ação de rito especial de que trata esta Lei será instruída com as provas do agravo e do pedido de resposta ou retificação não atendido, bem como com o texto da resposta ou retificação a ser divulgado, publicado ou transmitido, sob pena de inépcia da inicial, e processada no prazo máximo de 30 (trinta) dias, vedados:

•• O STF, por maioria, julgou as ADIs n. 5.415, 5.418 e 5.436, na sessão virtual de 11-3-2021 (*DOU* de 25-3-2021), para declarar constitucionalidade deste § 2.º.

I – a cumulação de pedidos;

II – a reconvenção;

III – o litisconsórcio, a assistência e a intervenção de terceiros.

§ 3.º (*Vetado.*)

Art. 6.º Recebido o pedido de resposta ou retificação, o juiz, dentro de 24 (vinte e quatro) horas, mandará citar o responsável pelo veículo de comunicação social para que:

•• O STF, por maioria, julgou as ADIs n. 5.415, 5.418 e 5.436, na sessão virtual de 11-3-2021 (*DOU* de 25-3-2021), para declarar constitucionalidade deste § 2.º.

I – em igual prazo, apresente as razões pelas quais não o divulgou, publicou ou transmitiu;

II – no prazo de 3 (três) dias, ofereça contestação.

Parágrafo único. O agravo consistente em injúria não admitirá a prova da verdade.

• O art. 140 do CP define o crime de injúria.

Art. 7.º O juiz, nas 24 (vinte e quatro) horas seguintes à citação, tenha ou não se manifestado o responsável pelo veículo de comunicação, conhecerá do pedido e, havendo prova capaz de convencer sobre a verossimilhança da alegação ou justificado receio de ineficácia do provimento final, fixará desde logo as condições e a data para a veiculação, em prazo não superior a 10 (dez) dias, da resposta ou retificação.

§ 1.º Se o agravo tiver sido divulgado ou publicado por veículo de mídia impressa cuja circulação seja periódica, a resposta ou retificação será divulgada na edição seguinte à da ofensa ou, ainda, excepcionalmente, em edição extraordinária, apenas nos casos em que o prazo entre a ofensa e a próxima edição indique desproporcionalidade entre a ofensa e a resposta ou retificação.

§ 2.º A medida antecipatória a que se refere o *caput* deste artigo poderá ser reconsiderada ou modificada a qualquer momento, em decisão fundamentada.

§ 3.º O juiz poderá, a qualquer tempo, impor multa diária ao réu, independentemente de pedido do autor, bem como modificar-lhe o valor ou a periodicidade, caso verifique que se tornou insuficiente ou excessiva.

§ 4.º Para a efetivação da tutela específica de que trata esta Lei, poderá o juiz, de ofício ou mediante requerimento, adotar as medidas cabíveis para o cumprimento da decisão.

Art. 8.º Não será admitida a divulgação, publicação ou transmissão de resposta ou retificação que não tenha relação com as informações contidas na matéria a que pretende responder nem se enquadre no § 1.º do art. 2.º desta Lei.

Art. 9.º O juiz prolatará a sentença no prazo máximo de 30 (trinta) dias, contado do ajuizamento da ação, salvo na hipótese de conversão do pedido em reparação por perdas e danos.

Parágrafo único. As ações judiciais destinadas a garantir a efetividade do direito de resposta ou retificação previsto nesta Lei processam-se durante as férias forenses e não se suspendem pela superveniência delas.

Art. 10. Das decisões proferidas nos processos submetidos ao rito especial estabelecido nesta Lei, poderá ser concedido efeito suspensivo pelo tribunal competente, desde que constatadas, em juízo colegiado prévio, a plausibilidade do direito invocado e a urgência na concessão da medida.

•• O STF, por maioria, julgou as ADIs n. 5.415, 5.418 e 5.436, na sessão virtual de 11-3-2021 (*DOU* de 25-3-2021), para declarar a inconstitucionalidade da expressão "em juízo colegiado prévio", deste artigo, e conferir interpretação conforme ao dispositivo, no sentido de permitir ao magistrado integrante do tribunal respectivo decidir monocraticamente sobre a concessão de efeito suspensivo a recurso interposto em face de decisão proferida segundo o rito especial do direito de resposta, em conformidade com a liminar anteriormente concedida.

Art. 11. A gratuidade da resposta ou retificação divulgada pelo veículo de comunicação, em caso de ação temerária, não abrange as custas processuais nem exime o autor do ônus da sucumbência.

Parágrafo único. Incluem-se entre os ônus da sucumbência os custos com a divulgação, publicação ou transmissão da resposta ou retificação, caso a decisão judicial favorável ao autor seja reformada em definitivo.

Art. 12. Os pedidos de reparação ou indenização por danos morais, materiais ou à imagem serão deduzidos em ação própria, salvo se o autor, desistindo expressamente da tutela específica de que trata esta Lei, os requerer, caso em que o processo seguirá pelo rito ordinário.

§ 1.º O ajuizamento de ação cível ou penal contra o veículo de comunicação ou seu responsável com fundamento na divulgação, publicação ou transmissão ofensiva não prejudica o exercício administrativo ou judicial do direito de resposta ou retificação previsto nesta Lei.

§ 2.º A reparação ou indenização dar-se-á sem prejuízo da multa a que se refere o § 3.º do art. 7.º.

....

Art. 14. Esta Lei entra em vigor na data de sua publicação.

Brasília, 11 de novembro de 2015; 194.º da Independência e 127.º da República.

Dilma Rousseff

LEI N. 13.240, DE 30 DE DEZEMBRO DE 2015 (*)

Dispõe sobre a administração, a alienação, a transferência de gestão de imóveis da União e seu uso para a constituição de fundos; altera a Lei n. 9.636, de 15 de maio de 1998, e os Decretos-lei n. 3.438, de 17 de julho de 1941, 9.760, de 5 de setembro de 1946, 271, de 28 de fevereiro de 1967, e 2.398, de 21 de dezembro de 1987; e revoga dispositivo da Lei n. 13.139, de 26 de junho de 2015.

A Presidenta da República

Faço saber que o Congresso Nacional decreta e eu sanciono a seguinte Lei:

(*) Publicada no *DOU*, de 31-12-2015.

Art. 1.º Esta Lei dispõe sobre a administração, a alienação, a transferência de gestão de imóveis da União e seu uso para a constituição de fundos.

§ 1.º O disposto nesta Lei aplica-se também aos imóveis das autarquias e das fundações públicas federais no caso de adesão expressa do dirigente máximo.

§ 2.º Não se aplica o disposto nesta Lei aos imóveis da União:

I – administrados pelo Ministério das Relações Exteriores, pelo Ministério da Defesa ou pelos Comandos da Marinha, do Exército ou da Aeronáutica;

II – situados na Faixa de Fronteira de que trata a Lei n. 6.634, de 2 de maio de 1979, ou na faixa de segurança de que trata o § 3.º do art. 49 do Ato das Disposições Constitucionais Transitórias.

§ 3.º Para os fins desta Lei, considera-se faixa de segurança a extensão de trinta metros a partir do final da praia, nos termos do § 3.º do art. 10 da Lei n. 7.661, de 16 de maio de 1988.

• Citada lei dispõe sobre o Plano Nacional de Gerenciamento Costeiro.

§ 4.º Para os casos em que a União seja a proprietária do terreno e das edificações de imóveis enquadrados no regime de ocupação onerosa e para as permissões de uso de imóveis funcionais, será exigido do usuário, pessoa física ou jurídica, seguro patrimonial do imóvel, na forma a ser regulamentada pela Secretaria do Patrimônio da União (SPU).

•• § 4.º acrescentado pela Lei n. 13.465, de 11-7-2017.

Arts. 2.º e 3.º (*Revogados pela Lei n. 13.465, de 11-7-2017.*)

Art. 4.º Os imóveis inscritos em ocupação poderão ser alienados pelo valor de mercado do imóvel, segundo os critérios de avaliação previstos no art. 11-C da Lei n. 9.636, de 15 de maio de 1998, excluídas as benfeitorias realizadas pelo ocupante.

•• § 4.º, *caput*, com redação determinada pela Lei n. 13.465, de 11-7-2017.

§ 1.º A alienação a que se refere este artigo poderá ser efetuada à vista ou de forma parcelada, permitida a utilização dos recursos do FGTS para pagamento total, parcial ou em amortização de parcelas e liquidação do saldo devedor, observadas as demais regras e condições estabelecidas para uso do FGTS.

•• § 1.º acrescentado pela Lei n. 13.465, de 11-7-2017.

§ 2.º As demais condições para a alienação dos imóveis inscritos em ocupação a que se refere este artigo serão estabelecidas em ato da Secretaria do Patrimônio da União (SPU).

•• § 2.º acrescentado pela Lei n. 13.465, de 11-7-2017.

§ 3.º A Secretaria do Patrimônio da União (SPU) verificará a regularidade cadastral dos imóveis a serem alienados e procederá aos ajustes eventualmente necessários durante o processo de alienação.

•• § 3.º acrescentado pela Lei n. 13.465, de 11-7-2017.

§ 4.º O prazo de validade da avaliação de que trata o *caput* deste artigo será de, no máximo, doze meses.

•• § 4.º acrescentado pela Lei n. 13.465, de 11-7-2017.

§ 5.º Os templos religiosos poderão, nos termos do *caput* deste artigo, ser alienados aos seus ocupantes com desconto de 25% (vinte e cinco por cento), nos termos do art. 11 desta Lei.

•• § 5.º acrescentado pela Lei n. 14.011, de 10-6-2020.

Art. 5.º O ocupante que não optar pela aquisição dos imóveis a que se refere o art. 4.º continuará submetido ao regime de ocupação, na forma da legislação vigente.

•• Artigo com redação determinada pela Lei n. 13.465, de 11-7-2017.

Art. 5.º-A. Fica o Poder Executivo federal autorizado, por intermédio da Secretaria do Patrimônio da União (SPU), a contratar a Caixa Econômica Federal, independentemente de processo licitatório, para a prestação de serviços relacionados à administração dos contratos, arrecadação e cobrança administrativa decorrentes da alienação dos imóveis a que se refere o art. 4.º desta Lei.

•• *Caput* acrescentado pela Lei n. 13.465, de 11-7-2017.

Parágrafo único. A Caixa Econômica Federal representará a União na celebração dos contratos de que trata o *caput* deste artigo.

•• Parágrafo único acrescentado pela Lei n. 13.465, de 11-7-2017.

Art. 6.º A Secretaria do Patrimônio da União verificará a regularidade cadastral dos imóveis a serem alienados e procederá aos ajustes eventualmente necessários durante o processo de alienação.

Art. 7.º (*Revogado pela Lei n. 13.465, de 11-7-2017.*)

Art. 8.º O Ministro de Estado do Planejamento, Desenvolvimento e Gestão, permitida a delegação, editará portaria com a lista de áreas ou imóveis sujeitos à alienação nos termos desta Lei.

•• *Caput* com redação determinada pela Lei n. 13.465, de 11-7-2017.

§ 1.º Os terrenos de marinha e acrescidos alienados na forma desta Lei:

I – não incluirão:

a) áreas de preservação permanente, na forma do inciso II do *caput* do art. 3.º da Lei n. 12.651, de 25 de maio de 2012; ou

• Citada Lei institui o Código Florestal.

b) áreas em que seja vedado o parcelamento do solo, na forma do art. 3.º e do inciso I do *caput* do art. 13 da Lei n. 6.766, de 19 de dezembro de 1979;

• Citado dispositivo consta nesta obra.

II – deverão estar situados em área urbana consolidada.

•• Inciso II com redação determinada pela Lei n. 13.465, de 11-7-2017.

a) (*vetada*); e

b) (*vetada*).

§ 2.º Para os fins desta Lei, considera-se área urbana consolidada aquela:

I – incluída no perímetro urbano ou em zona urbana pelo plano diretor ou por lei municipal específica;

II – com sistema viário implantado e vias de circulação pavimentadas;

III – organizada em quadras e lotes predominantemente edificados;

IV – de uso predominantemente urbano, caracterizado pela existência de edificações residenciais, comerciais, industriais, institucionais, mistas ou voltadas à prestação de serviços; e

V – com a presença de, no mínimo, três dos seguintes equipamentos de infraestrutura urbana implantados:

a) drenagem de águas pluviais;

b) esgotamento sanitário;

c) abastecimento de água potável;

d) distribuição de energia elétrica; e

e) limpeza urbana, coleta e manejo de resíduos sólidos.

§ 3.º A alienação dos imóveis de que trata o § 1.º não implica supressão das restrições administrativas de uso ou edificação que possam prejudicar a segurança da navegação, conforme estabelecido em ato do Ministro de Estado da Defesa.

§ 4.º Não há necessidade de autorização legislativa específica para alienação dos imóveis arrolados na portaria a que se refere o *caput*.

Art. 8.º-A. Fica a Secretaria do Patrimônio da União (SPU) autorizada a receber Proposta de Manifestação de Aquisição por ocupante de imóvel da União que esteja regularmente inscrito e adimplente com suas obrigações com aquela Secretaria.

•• *Caput* acrescentado pela Lei n. 13.465, de 11-7-2017.

§ 1.º O ocupante deverá apresentar à SPU carta formalizando o interesse na aquisição juntamente com a identificação do imóvel e do ocupante, comprovação do período de ocupação e de estar em dia com as respectivas taxas, avaliação do imóvel e das benfeitorias, proposta de pagamento e, para imóveis rurais, georreferenciamento e CAR individualizado.

•• § 1.º acrescentado pela Lei n. 13.465, de 11-7-2017.

§ 2.º Para a análise da Proposta de Manifestação de Aquisição de que trata este artigo deverão ser cumpridos todos os requisitos e condicionantes estabelecidos na legislação que normatiza a alienação de imóveis da União, mediante a edição da portaria do Ministério do Planejamento, Desenvolvimento e Gestão, de que trata o art. 8.º desta Lei, bem como os critérios de avaliação previstos no art. 11-C da Lei n. 9.636, de 15 de maio de 1998.

•• § 2.º acrescentado pela Lei n. 13.465, de 11-7-2017.

§ 3.º O protocolo da Proposta de Manifestação de Aquisição de imóvel da União pela Secretaria do Patrimônio da União (SPU) não constituirá nenhum direito ao ocupante perante a União.

•• § 3.º acrescentado pela Lei n. 13.465, de 11-7-2017.

§ 4.º A Secretaria do Patrimônio da União (SPU) fica autorizada a regulamentar a Proposta de Manifestação de Aquisição de que trata este artigo, mediante edição de portaria específica.

•• § 4.º acrescentado pela Lei n. 13.465, de 11-7-2017.

Art. 9.º Poderá ser alienado ao ocupante que o tenha como único imóvel residencial no Município ou no Distrito Federal, dispensada a licitação, o imóvel da União situado em área:

I – urbana consolidada, nos termos do § 2.º do art. 8.º desta Lei, desde que não esteja situado em área de preservação permanente, na forma do inciso II do *caput* do art. 3.º da Lei n. 12.651, de 25 de maio de 2012, nem em área na qual seja vedado o parcelamento do solo, na forma do art. 3.º e do inciso I do *caput* do art. 13 da Lei n. 6.766, de 19 de dezembro de 1979;

II – rural, desde que o imóvel tenha área igual ou superior à dimensão do módulo de propriedade rural estabelecida pela Lei n. 4.504, de 30 de novembro de 1964, e não superior ao dobro daquela dimensão e não esteja sendo utilizado para fins urbanos.

• Citada lei dispõe sobre o Estatuto da Terra.

Art. 10. É assegurado ao ocupante de boa-fé o direito de preferência para a aquisição do respectivo imóvel sujeito a alienação nos termos desta Lei.

Art. 11. O adquirente receberá desconto de 25% (vinte e cinco por cento) na aquisição à vista, com fundamento no art. 4.º desta Lei, desde que atendidas as seguintes condições, cumulativamente:

•• *Caput* com redação determinada pela Lei n. 13.813, de 9-4-2019.

I – tenha sido apresentada manifestação de interesse para a aquisição à vista com o desconto de que trata o *caput* deste artigo no prazo de 30 (trinta) dias, contado a partir da data do recebimento da notificação da inclusão do imóvel na portaria de que trata o art. 8.º desta Lei; e

•• Inciso I acrescentado pela Lei n. 13.813, de 9-4-2019.

II – enha sido efetuado o pagamento à vista do valor da alienação no prazo de 60 (sessenta) dias, contado a partir da data da manifestação de interesse do adquirente.

•• Inciso II acrescentado pela Lei n. 13.813, de 9-4-2019.

Parágrafo único. Para as alienações efetuadas de forma parcelada, não será concedido desconto.

•• Parágrafo único acrescentado pela Lei n. 13.465, de 11-7-2017.

Art. 12. O pagamento das alienações realizadas nos termos desta Lei observará critérios fixados em regulamento e poderá ser realizado:

I – à vista;

•• Inciso I com redação determinada pela Lei n. 13.465, de 11-7-2017.

II – (*Vetado.*)

III – a prazo, mediante as condições de parcelamento estabelecidas em ato da Secretaria do Patrimônio da União (SPU).

•• Inciso III acrescentado pela Lei n. 13.465, de 11-7-2017.

Art. 13. (*Revogado pela Lei n. 13.465, de 11-7-2017.*)

Art. 14. É a União autorizada a transferir aos Municípios a gestão das orlas e praias marítimas, estuarinas, lacustres e fluviais federais, inclusive as áreas de bens de uso comum com exploração econômica, tais como calçadões, praças e parques públicos, excetuados:

•• *Caput* com redação determinada pela Lei n. 13.813, de 9-4-2019.

I – os corpos d'água;

II – as áreas consideradas essenciais para a estratégia de defesa nacional;

III – as áreas reservadas à utilização de órgãos e entidades federais;

IV – as áreas destinadas à exploração de serviço público de competência da União;

V – as áreas situadas em unidades de conservação federais.

§ 1.º A transferência prevista neste artigo ocorrerá mediante assinatura de termo de adesão com a União.

§ 2.º O termo de adesão será disponibilizado no sítio eletrônico do Ministério do Planejamento, Orçamento e Gestão para preenchimento eletrônico e preverá, entre outras cláusulas:

I – a sujeição do Município às orientações normativas e à fiscalização pela Secretaria do Patrimônio da União;

II – o direito dos Municípios sobre a totalidade das receitas auferidas com as utilizações autorizadas;

III – a possibilidade de a União retomar a gestão, a qualquer tempo, devido a descumprimento de normas da Secretaria do Patrimônio da União ou por razões de interesse público superveniente;

IV – a reversão automática da área à Secretaria do Patrimônio da União no caso de cancelamento do termo de adesão;

V – a responsabilidade integral do Município, no período de gestão municipal, pelas ações ocorridas, pelas omissões praticadas e pelas multas e indenizações decorrentes.

§ 3.º (*Vetado.*)

Art. 15. Ficam transferidos aos Municípios e ao Distrito Federal os logradouros públicos, pertencentes a parcelamentos do solo para fins urbanos aprovados ou regularizados pelo poder local e registrados nos cartórios de registro de imóveis, localizados em terrenos de domínio da União.

Art. 16. A Secretaria do Patrimônio da União poderá reconhecer a utilização de terrenos da União por terceiros em áreas de preservação ambiental ou necessárias à preservação dos ecossistemas naturais, inclusive em Área de Preservação Permanente - APP, inscrevendo-os em regime de ocupação, observados os prazos da Lei n. 9.636, de 15 de maio de 1998, devendo ser comprovado perante o órgão ambiental competente que a utilização não concorre nem tenha concorrido para comprometimento da integridade dessas áreas.

§ 1.º O ocupante responsabiliza-se pela preservação do meio ambiente na área inscrita em ocupação e pela obtenção das licenças urbanísticas e ambientais eventualmente necessárias, sob pena de cancelamento da inscrição de ocupação.

§ 2.º O reconhecimento de que trata este artigo não se aplica às áreas de uso comum.

Art. 17. A União repassará 20% (vinte por cento) da receita patrimonial decorrente da alienação dos imóveis a que se refere o art. 4.º aos Municípios e ao Distrito Federal onde estão localizados.

•• Artigo com redação determinada pela Lei n. 13.465, de 11-7-2017.

Art. 18. As receitas patrimoniais da União decorrentes da venda de imóveis de que tratam o art. 8.º desta Lei e os arts. 12 a 15 e 16-C da Lei n. 9.636, de 15 de maio de 1998, e dos direitos reais a eles associados, bem como as obtidas com as alienações e outras operações dos fundos imobiliários, descontados os custos operacionais, comporão o Fundo instituído pelo Decreto-lei n. 1.437, de 17 de dezembro de 1975, e integrarão a subconta especial destinada a atender às despesas com o Programa de Administração Patrimonial Imobiliária da União (PROAP), instituído pelo art. 37 da Lei n. 9.636, de 15 de maio de 1998, ressalvadas aquelas com outra destinação prevista em lei.

•• *Caput* com redação determinada pela Lei n. 13.465, de 11-7-2017.

Parágrafo único. (*Revogado pela Lei n. 13.465, de 11-7-2017.*)

Art. 18-A. O percentual de 2,5% (dois inteiros e cinco décimos por cento) das receitas patrimoniais da União arrecadadas anualmente por meio da cobrança de taxa de ocupação, foro e laudêmio, recuperação de dívida ativa, arrendamentos, aluguéis, cessão e permissão de uso, multas e outras taxas patrimoniais integrará a subconta especial destinada a atender às despesas previstas no Programa de Administração Patrimonial Imobiliária da União (PROAP), instituído pelo art. 37 da Lei n. 9.636, de 15 de maio de 1998, ressalvadas aquelas com outra destinação prevista em lei.

•• *Caput* acrescentado pela Lei n. 13.465, de 11-7-2017.

Parágrafo único. Os recursos referidos no *caput* deste artigo serão alocados para as finalidades previstas nos incisos II a VIII do *caput* do art. 37 da Lei n. 9.636, de 15 de maio de 1998, e poderão ser utilizados a qualquer momento pela Secretaria do Patrimônio da União (SPU).

•• Parágrafo único acrescentado pela Lei n. 13.465, de 11-7-2017.

Art. 19. A Lei n. 9.636, de 15 de maio de 1998, passa a vigorar com as seguintes alterações:

•• Alterações já processadas no diploma modificado.

Art. 20. Os imóveis de propriedade da União arrolados na portaria de que trata o art. 8.º e os direitos reais a eles associados poderão ser destinados à integralização de cotas em fundos de investimento.

•• *Caput* com redação determinada pela Lei n. 13.465, de 11-7-2017.

§ 1.º O Ministro de Estado do Planejamento, Orçamento e Gestão editará nova portaria para definir os imóveis abrangidos pelo *caput* e a destinação a ser dada a eles.

§ 2.º O fundo de investimento deverá ter em seu estatuto, entre outras disposições:

I – o objetivo de administrar os bens e direitos sob sua responsabilidade, podendo, para tanto, alienar, reformar, edificar, adquirir ou alugar os bens e direitos sob sua responsabilidade;

II – a permissão para adquirir ou integralizar cotas, inclusive com imóveis e com direitos reais a eles associados, em outros fundos de investimento;

III – a permissão para aceitar como ativos, inclusive com periodicidade superior a sessenta meses, contratos de locação com o poder público;

IV – a delimitação da responsabilidade dos cotistas por suas obrigações até o limite de sua participação no patrimônio do fundo;

V – a vedação à realização de operações que possam implicar perda superior ao valor do patrimônio do fundo;

VI – a possibilidade de o fundo poder ter suas cotas negociadas em ambiente de negociação centralizada e eletrônica, inclusive em bolsa de valores e de mercadorias ou em mercado de balcão organizado.

§ 3.º A União poderá contratar, por meio de processo licitatório, prestação de serviços de constituição, de estruturação, de administração e de gestão de fundo de investimento, para os fins de que trata o *caput* deste artigo, dispensada a licitação para a contratação de instituições financeiras oficiais federais.

•• § 3.º com redação determinada pela Lei n. 13.813, de 9-4-2019.

§ 4.º Os fundos referidos no *caput* deste artigo poderão ter por objeto a realização de programas de regularização fundiária, rural ou urbana, de que tratam as Leis n. 9.636, de 15 de maio de 1998, e 13.465, de 11 de julho de 2017, com o encargo de que as áreas inseridas nas poligonais dos programas sejam regularizadas e alienadas aos seus ocupantes, sempre que possível, e, além das matérias referidas no § 2.º deste artigo, devem estar previstas em seus regulamentos as seguintes disposições:

•• § 4.º, *caput*, acrescentado pela Lei n. 14.011, de 10-6-2020.

I – previsão de ressarcimento aos fundos dos encargos de aprovação de projetos de parcelamento e registro dos imóveis situados na poligonal;

•• Inciso I acrescentado pela Lei n. 14.011, de 10-6-2020.

II – obrigação de alienar, ou conceder gratuitamente, os imóveis regularizados aos seus ocupantes;

•• Inciso II acrescentado pela Lei n. 14.011, de 10-6-2020.

III – permissão para amortizar os custos da regularização por meio de imóveis disponíveis, não ocupados ou alienados, situados na poligonal do projeto de regularização;

•• Inciso III acrescentado pela Lei n. 14.011, de 10-6-2020.

IV – previsão de que os imóveis regularizados e não ocupados disponíveis dentro da poligonal deverão, preferencialmente, ser alienados, podendo, no entanto, ser retidos no fundo até a integralização do custo do programa de regularização;

•• Inciso IV acrescentado pela Lei n. 14.011, de 10-6-2020.

V – previsão de que poderão ser livremente alienados os imóveis desocupados e fora da poligonal da regularização fundiária.

•• Inciso V acrescentado pela Lei n. 14.011, de 10-6-2020.

§ 5.º Em caso de imóveis em que recaia interesse público ou de imóveis de uso especial, bem como no caso de necessidade de realização de obras de infraestrutura, os fundos de regularização de que trata o § 6.º deste artigo poderão utilizar as receitas de alienação de outros imóveis situados na poligonal para ressarcimento dos custos efetivamente incorridos.

•• § 5.º acrescentado pela Lei n. 14.011, de 10-6-2020.

§ 6.º Ficam os fundos com o objeto descrito no § 4.º deste artigo sujeitos ao regime de que trata a Lei n. 8.668, de 25 de junho de 1993.

•• § 6.º acrescentado pela Lei n. 14.011, de 10-6-2020.

§ 7.º As quotas dos fundos com o objeto descrito no § 4.º deste artigo constituem valores mobiliários sujeitos ao regime da Lei n. 6.385, de 7 de dezembro de 1976.

•• § 7.º acrescentado pela Lei n. 14.011, de 10-6-2020.

§ 8.º A integralização de bens e direitos imobiliários da União nos fundos de que trata este artigo poderá ser feita com base em laudo de avaliação homologado pela Secretaria de Coordenação e Governança do Patrimônio da União e aprovado pela assembleia de cotistas, exceto quando se tratar da primeira oferta pública de distribuição de quotas do fundo.

•• § 8.º acrescentado pela Lei n. 14.011, de 10-6-2020.

Art. 20-A. Para os fins do disposto no art. 20 desta Lei, a União é autorizada a prever no instrumento convocatório a hipótese de realização das despesas iniciais de estruturação do fundo de investimento, observada a disponibilidade financeira e orçamentária.

•• *Caput* acrescentado pela Lei n. 13.813, de 9-4-2019.

Parágrafo único. As despesas de que trata o *caput* deste artigo serão amortizadas por meio do recebimento de cotas equivalentes aos valores despendidos.

•• Parágrafo único acrescentado pela Lei n. 13.813, de 9-4-2019.

Art. 21. Fica o Poder Executivo autorizado a, por intermédio da Secretaria do Patrimônio da União, celebrar contratos ou convênios com órgãos e entidades da União, de Estados, do Distrito Federal ou de Municípios, notadamente a Caixa Econômica Federal e a Agência de Desenvolvimento do Distrito Federal – TERRACAP, para a execução de ações de cadastramento, regularização, avaliação e outras medidas necessárias ao processo de alienação dos bens imóveis a que se refere esta Lei e representá-la na celebração de contratos ou em outros ajustes.

§ 1.º Observados os procedimentos licitatórios previstos em lei, fica autorizada a contratação da iniciativa privada para a execução das ações de demarcação, avaliação e alienação dos bens imóveis a que se refere esta Lei.

§ 2.º Na contratação da Caixa Econômica Federal:

I – será dispensada a homologação pelo ente público das avaliações realizadas;

II – a validade das avaliações será de um ano; e

III – (*Vetado.*)

§ 3.º O Ministro de Estado do Planejamento, Orçamento e Gestão, permitida a delegação, editará portaria para arrolar as áreas ou os imóveis alcançados pelos contratos e convênios previstos neste artigo.

Art. 22. Os imóveis não operacionais que constituem o patrimônio imobiliário do Fundo do Regime Geral de Previdência Social serão geridos pela Secretaria de Coordenação e Governança do Patrimônio da União da Secretaria Especial de Desestatização, Desinvestimento e Mercados do Ministério da Economia, observado o disposto na legislação relativa ao patrimônio imobiliário da União.

•• *Caput* com redação determinada pela Lei n. 14.011, de 10-6-2020.

§§ 1.º e 2.º (*Revogados pela Lei n. 14.011, de 10-6-2020.*)

§ 3.º Para fins do disposto neste artigo, o Instituto Nacional do Seguro Social (INSS) publicará a listagem dos imóveis operacionais e não operacionais que constituem o patrimônio imobiliário do Fundo do Regime Geral de Previdência Social e transferirá a gestão dos imóveis não operacionais para a Secretaria de Coordenação e Governança do Patrimônio da União.

•• § 3.º acrescentado pela Lei n. 14.011, de 10-6-2020.

§ 4.º Sempre que possível, a Secretaria de Coordenação e Governança do Patrimônio da União providenciará a conversão do patrimônio imobiliário de que trata o *caput* deste artigo em recursos financeiros, por meio dos mecanismos de alienação e de utilização onerosa.

•• § 4.º acrescentado pela Lei n. 14.011, de 10-6-2020.

§ 5.º Os recursos financeiros resultantes da alienação ou da utilização onerosa dos imóveis de que trata o § 4.º deste artigo serão destinados ao Fundo do Regime Geral de Previdência Social.

•• § 5.º acrescentado pela Lei n. 14.011, de 10-6-2020.

§ 6.º A Secretaria de Coordenação e Governança do Patrimônio da União, em conjunto com o INSS, nos termos de regulamento, identificará os imóveis que não tenham aproveitamento econômico ou não apresentem potencial imediato de alienação ou de utilização onerosa e que poderão ser objeto de outras formas de destinação, inclusive no âmbito de programas habitacionais e de regularização fundiária destinados à população de baixa renda.

•• § 6.º acrescentado pela Lei n. 14.011, de 10-6-2020.

§ 7.º Na hipótese de a Secretaria de Coordenação e Governança do Patrimônio da União dar destinação não econômica aos imóveis de que trata este artigo, nos termos do § 6.º, a União recomporá o Fundo do Regime Geral de Previdência Social por meio de permuta de imóveis com valor equivalente, conforme avaliação de valor de mercado realizada nos 12 (doze) meses anteriores, prorrogáveis por igual período.

•• § 7.º acrescentado pela Lei n. 14.011, de 10-6-2020.

§ 8.º A destinação não econômica de imóveis para atendimento de interesse dos Estados, do Distrito Federal ou dos Municípios poderá ocorrer somente após a permuta de que trata o § 7.º deste artigo, cabendo ao ente federativo interessado a recomposição patrimonial à União, exceto quando a recomposição for dispensada por lei.

•• § 8.º acrescentado pela Lei n. 14.011, de 10-6-2020.

§ 9.º Quando se tratar dos imóveis não operacionais sob a gestão da Secretaria de Coordenação e Governança do Patrimônio da União, a União representará o Fundo do Regime Geral de Previdência Social nos direitos, nos créditos, nos deveres e nas obrigações e exercerá as atribuições e competências estabelecidas na Lei n. 9.702, de 17 de novembro de 1998.

•• § 9.º acrescentado pela Lei n. 14.011, de 10-6-2020.

§ 10. Caberá ao Fundo do Regime Geral de Previdência Social arcar com as despesas decorrentes da conservação, da avaliação e da administração dos imóveis que constituam o seu patrimônio imobiliário, nos termos de regulamento.

•• § 10 acrescentado pela Lei n. 14.011, de 10-6-2020.

§ 11. Aplica-se o disposto no *caput* deste artigo aos imóveis funcionais ocupados ou não que constituam o patrimônio imobiliário do Fundo do Regime Geral de Previdência Social.

•• § 11 acrescentado pela Lei n. 14.011, de 10-6-2020.

§ 12. As medidas necessárias para a operacionalização do disposto neste artigo serão objeto de ato conjunto da Secretaria de Coordenação e Governança do Patrimônio da União, da Secretaria Especial de Previdência e Trabalho do Ministério da Economia e do INSS.

•• § 12 acrescentado pela Lei n. 14.011, de 10-6-2020.

Art. 22-A. Os imóveis operacionais destinados à prestação de serviços aos segurados e beneficiários do Regime Geral de Previdência Social, ainda que parcialmente, permanecem afetados às suas finalidades.

•• *Caput* acrescentado pela Lei n. 14.011, de 10-6-2020.

§ 1.º A Secretaria de Coordenação e Governança do Patrimônio da União reverterá imóveis não operacionais do Fundo do Regime Geral de Previdência Social para utilização pelos órgãos responsáveis pelos serviços de que trata o *caput* deste artigo.

•• § 1.º acrescentado pela Lei n. 14.011, de 10-6-2020.

§ 2.º Na hipótese de os imóveis de que trata o *caput* deste artigo perderem seu caráter operacional, os imóveis serão preferencialmente afetados ou cedidos ao serviço de assistência social da União, dos Estados, do Distrito Federal ou dos Municípios, nos termos de regulamento.

•• § 2.º acrescentado pela Lei n. 14.011, de 10-6-2020.

§ 3.º A utilização dos imóveis para os fins de que trata este artigo não será onerosa.

•• § 3.º acrescentado pela Lei n. 14.011, de 10-6-2020.

Art. 22-B. Ficam revertidos aos respectivos Estados, ao Distrito Federal e aos Municípios os imóveis doados ao Fundo do Regime Geral de Previdência Social cujas obras não tenham sido iniciadas até 1.º de dezembro de 2019.

•• Artigo acrescentado pela Lei n. 14.011, de 10-6-2020.

Art. 23. Os imóveis do Instituto Nacional de Colonização e Reforma Agrária - INCRA desprovidos de vocação agrícola poderão ser doados a Estado, ao Distrito Federal ou a Município, para o fim específico de regularização fundiária de assentamento urbano, nos termos da Lei n. 11.977, de 7 de julho de 2009.

....

Art. 25. O Decreto-lei n. 9.760, de 5 de setembro de 1946, passa a vigorar com as seguintes alterações:

•• Alterações já processadas no diploma modificado.

....

Art. 27. O Decreto-lei n. 2.398, de 21 de dezembro de 1987, passa a vigorar com as seguintes alterações:

•• Alterações já processadas no diploma modificado.

Art. 28. Esta Lei entra em vigor na data de sua publicação.

Art. 29. Ficam revogados:

I – o inciso III do *caput* do art. 24 e o inciso II do *caput* do art. 27 da Lei n. 9.636, de 15 de maio de 1998;

II – o art. 1.º da Lei n. 13.139, de 26 de junho de 2015, na parte em que altera a redação do art. 100 do Decreto-lei n. 9.760, de 5 de setembro de 1946.

Brasília, 30 de dezembro de 2015; 194.º da Independência e 127.º da República.

DILMA ROUSSEFF

LEI N. 13.257, DE 8 DE MARÇO DE 2016 (*)

Dispõe sobre as políticas públicas para a primeira infância e altera a Lei n. 8.069, de 13 de julho de 1990 (Estatuto da Criança e do Adolescente), o Decreto-lei n. 3.689, de 3 de outubro de 1941 (Código de Processo Penal), a Consolidação das Leis do Trabalho (CLT), aprovada pelo Decreto-lei n. 5.452, de 1.º de maio de 1943, a lei n. 11.770, de 9 de setembro de 2008, e a Lei n. 12.662, de 5 de junho de 2012.

A Presidenta da República

Faço saber que o Congresso Nacional decreta e eu sanciono a seguinte Lei:

Art. 1.º Esta Lei estabelece princípios e diretrizes para a formulação e a implementação de políticas públicas para a primeira infância em atenção à especificidade e à relevância dos primeiros anos de vida no desenvolvimento infantil e no desenvolvimento do ser humano, em consonância com os princípios e diretrizes da Lei n. 8.069, de 13 de julho de 1990 (Estatuto da Criança e do Adolescente); altera a Lei n. 8.069, de 13 de julho de 1990 (Estatuto da Criança e do Adolescente); altera os arts. 6.º, 185, 304 e 318 do Decreto-lei n. 3.689, de 3 de outubro de 1941 (Código de Processo Penal); acrescenta incisos ao art. 473 da Consolidação das Leis do Trabalho (CLT), aprovada pelo Decreto-lei n. 5.452, de 1.º de maio de 1943; altera os arts. 1.º, 3.º, 4.º e 5.º da Lei n. 11.770, de 9 de setembro de 2008;

(*) Publicada no *DOU*, de 9-3-2016.

e acrescenta parágrafos ao art. 5.º da Lei n. 12.662, de 5 de junho de 2012.

Art. 2.º Para os efeitos desta Lei, considera-se primeira infância o período que abrange os primeiros 6 (seis) anos completos ou 72 (setenta e dois) meses de vida da criança.

Art. 3.º A prioridade absoluta em assegurar os direitos da criança, do adolescente e do jovem, nos termos do art. 227 da Constituição Federal e do art. 4.º da Lei n. 8.069, de 13 de julho de 1990, implica o dever do Estado de estabelecer políticas, planos, programas e serviços para a primeira infância que atendam às especificidades dessa faixa etária, visando a garantir seu desenvolvimento integral.

Art. 4.º As políticas públicas voltadas ao atendimento dos direitos da criança na primeira infância serão elaboradas e executadas de forma a:

I – atender ao interesse superior da criança e à sua condição de sujeito de direitos e de cidadã;

II – incluir a participação da criança na definição das ações que lhe digam respeito, em conformidade com suas características etárias e de desenvolvimento;

III – respeitar a individualidade e os ritmos de desenvolvimento das crianças e valorizar a diversidade da infância brasileira, assim como as diferenças entre as crianças em seus contextos sociais e culturais;

IV – reduzir as desigualdades no acesso aos bens e serviços que atendam aos direitos da criança na primeira infância, priorizando o investimento público na promoção da justiça social, da equidade e da inclusão sem discriminação da criança;

V – articular as dimensões ética, humanista e política da criança cidadã com as evidências científicas e a prática profissional no atendimento da primeira infância;

VI – adotar abordagem participativa, envolvendo a sociedade, por meio de suas organizações representativas, os profissionais, os pais e as crianças, no aprimoramento da qualidade das ações e na garantia da oferta dos serviços;

VII – articular as ações setoriais com vistas ao atendimento integral e integrado;

VIII – descentralizar as ações entre os entes da Federação;

IX – promover a formação da cultura de proteção e promoção da criança, com apoio dos meios de comunicação social.

Parágrafo único. A participação da criança na formulação das políticas e das ações que lhe dizem respeito tem o objetivo de promover sua inclusão social como cidadã e dar-se-á de acordo com a especificidade de sua idade, devendo ser realizada por profissionais qualificados em processos de escuta adequados às diferentes formas de expressão infantil.

Art. 5.º Constituem áreas prioritárias para as políticas públicas para a primeira infância a saúde, a alimentação e a nutrição, a educação infantil, a convivência familiar e comunitária, a assistência social à família da criança, a cultura, o brincar e o lazer, o espaço e o meio ambiente, bem como a proteção contra toda forma de violência e de pressão consumista, a prevenção de acidentes e a adoção de medidas que evitem a exposição precoce à comunicação mercadológica.

Art. 6.º A Política Nacional Integrada para a primeira infância será formulada e implementada mediante abordagem e coordenação intersetorial que articule as diversas políticas setoriais a partir de uma visão abrangente de todos os direitos da criança na primeira infância.

Art. 7.º A União, os Estados, o Distrito Federal e os Municípios poderão instituir, nos respectivos âmbitos, comitê intersetorial de políticas públicas para a primeira infância com a finalidade de assegurar a articulação das ações voltadas à proteção e à promoção dos direitos da criança, garantida a participação social por meio dos conselhos de direitos.

§ 1.º Caberá ao Poder Executivo no âmbito da União, dos Estados, do Distrito Federal e dos Municípios indicar o órgão responsável pela coordenação do comitê intersetorial previsto no *caput* deste artigo.

§ 2.º O órgão indicado pela União nos termos do § 1.º deste artigo manterá permanente articulação com as instâncias de coordenação das ações estaduais, distrital e municipais de atenção à criança na primeira infância, visando à complementaridade das ações e ao cumprimento do dever do Estado na garantia dos direitos da criança.

Art. 8.º O pleno atendimento dos direitos da criança na primeira infância constitui objetivo comum de todos os entes da Federação, segundo as respectivas competências constitucionais e legais, a ser alcançado em regime de colaboração entre a União, os Estados, o Distrito Federal e os Municípios.

Parágrafo único. A União buscará a adesão dos Estados, do Distrito Federal e dos Municípios à abordagem multi e intersetorial no atendimento dos direitos da criança na primeira infância e oferecerá assistência técnica na elaboração de planos estaduais, distrital e municipais para a primeira infância que articulem os diferentes setores.

Art. 9.º As políticas para a primeira infância serão articuladas com as instituições de formação profissional, visando à adequação dos cursos às características e necessidades das crianças e à formação de profissionais qualificados, para possibilitar a expansão com qualidade dos diversos serviços.

Art. 10. Os profissionais que atuam nos diferentes ambientes de execução das políticas e programas destinados à criança na primeira infância terão acesso garantido e prioritário à qualificação, sob a forma de especialização e atualização, em programas que contemplem, entre outros temas, a especificidade da primeira infância, a estratégia da intersetorialidade na promoção do desenvolvimento integral e a prevenção e a proteção contra toda forma de violência contra a criança.

Art. 11. As políticas públicas terão, necessariamente, componentes de monitoramento e coleta sistemática de dados, avaliação periódica dos elementos que constituem a oferta dos serviços à criança e divulgação dos seus resultados.

§ 1.º A União manterá instrumento individual de registro unificado de dados do crescimento e desenvolvimento da criança, assim como sistema informatizado, que inclua as redes pública e privada de saúde, para atendimento ao disposto neste artigo.

§ 2.º A União informará à sociedade a soma dos recursos aplicados anualmente no conjunto dos programas e serviços para a primeira infância e o percentual que os valores representam em relação ao respectivo orçamento realizado, bem como colherá informações sobre os valores aplicados pelos demais entes da Federação.

Art. 12. A sociedade participa solidariamente com a família e o Estado da proteção e da promoção da criança na primeira infância, nos termos do *caput* e do § 7.º do art. 227, combinado com o inciso II do art. 204 da Constituição Federal, entre outras formas:

I – formulando políticas e controlando ações, por meio de organizações representativas;

II – integrando conselhos, de forma paritária com representantes governamentais, com funções de planejamento, acompanhamento, controle social e avaliação;

III – executando ações diretamente ou em parceria com o poder público;

IV – desenvolvendo programas, projetos e ações compreendidos no conceito de responsabilidade social e de investimento social privado;

V – criando, apoiando e participando de redes de proteção e cuidado à criança nas comunidades;

VI – promovendo ou participando de campanhas e ações que visem a aprofundar a consciência social sobre o significado da primeira infância no desenvolvimento do ser humano.

Art. 13. A União, os Estados, o Distrito Federal e os Municípios apoiarão a participação das famílias em redes de proteção e cuidado da criança em seus contextos sociofamiliar e comunitário visando, entre outros objetivos, à formação e ao fortalecimento dos vínculos familiares e comunitários, com prioridade aos contextos que apresentem riscos ao desenvolvimento da criança.

Art. 14. As políticas e programas governamentais de apoio às famílias, incluindo as visitas domiciliares e os programas de promoção da paternidade e maternidade responsáveis, buscarão a articulação das áreas de saúde, nutrição, educação, assistência social, cultura, trabalho, habitação, meio ambiente e direitos humanos, entre outras, com vistas ao desenvolvimento integral da criança.

•• A Lei n. 11.770, de 9-9-2008, faculta a prorrogação da licença-paternidade e da licença-maternidade, mediante concessão de incentivo fiscal.

§ 1.º Os programas que se destinam ao fortalecimento da família no exercício de sua função de cuidado e educação de seus filhos na primeira infância promoverão atividades centradas na criança, focadas na família e baseadas na comunidade.

§ 2.º As famílias identificadas nas redes de saúde, educação e assistência social e nos órgãos do Sistema de Garantia dos Direitos da Criança e do Adolescente que se encontrem em situação de vulnerabilidade e de risco ou com direitos violados para exercer seu papel protetivo de cuidado e educação da criança na primeira infância, bem como as que têm crianças com indicadores de risco ou deficiência, terão prioridade nas políticas sociais públicas.

§ 3.º As gestantes e as famílias com crianças na primeira infância deverão receber orientação e formação sobre maternidade e paternidade responsáveis, aleitamento materno, alimentação complementar saudável, crescimento e desenvolvimento infantil integral, prevenção de acidentes e educação sem uso de castigos físicos, nos termos da Lei n. 13.010, de 26 de junho de 2014, com o intuito de favorecer a formação e a consolidação de vínculos afetivos e estimular o desenvolvimento integral na primeira infância.

§ 4.º A oferta de programas e de ações de visita domiciliar e de outras modalidades que estimulem o desenvolvimento integral na primeira infância será considerada estratégia de atuação sempre que respaldada pelas políticas públicas sociais e avaliada pela equipe profissional responsável.

§ 5.º Os programas de visita domiciliar voltados ao cuidado e educação na primeira infância deverão contar com profissionais qualificados, apoiados por medidas que assegurem sua permanência e formação continuada.

Art. 15. As políticas públicas criarão condições e meios para que, desde a primeira infância, a criança tenha acesso à produção cultural e seja reconhecida como produtora de cultura.

Art. 16. A expansão da educação infantil deverá ser feita de maneira a assegurar a qualidade da oferta, com instalações e equipamentos que obedeçam a padrões de infraestrutura estabelecidos pelo Ministério da Educação, com profissionais qualificados conforme dispõe a Lei n. 9.394, de 20 de dezembro de 1996 (Lei de Diretrizes e Bases da Educação Nacional), e com currículo e materiais pedagógicos adequados à proposta pedagógica.

Parágrafo único. A expansão da educação infantil das crianças de 0 (zero) a 3 (três) anos de idade, no cumprimento da meta do Plano Nacional de Educação, atenderá aos critérios definidos no território nacional pelo competente sistema de ensino, em articulação com as demais políticas sociais.

Art. 17. A União, os Estados, o Distrito Federal e os Municípios deverão organizar e estimular a criação de espaços lúdicos que propiciem o bem-estar, o brincar e o exercício da criatividade em locais públicos e privados onde haja circulação de crianças, bem como a fruição de ambientes livres e seguros em suas comunidades.

Art. 18. O art. 3.º da Lei n. 8.069, de 13 de julho de 1990 (Estatuto da Criança e do Adolescente), passa a vigorar acrescido do seguinte parágrafo único:

•• Alteração já processada no diploma modificado.

Art. 19. O art. 8.º da Lei n. 8.069, de 13 de julho de 1990, passa a vigorar com a seguinte redação:

•• Alteração já processada no diploma modificado.

Art. 20. O art. 9.º da Lei n. 8.069, de 13 de julho de 1990, passa a vigorar acrescido dos seguintes §§ 1.º e 2.º:

•• Alteração já processada no diploma modificado.

Art. 21. O art. 11 da Lei n. 8.069, de 13 de julho de 1990, passa a vigorar com a seguinte redação:

•• Alteração já processada no diploma modificado.

Art. 22. O art. 12 da Lei n. 8.069, de 13 de julho de 1990, passa a vigorar com a seguinte redação:

•• Alteração já processada no diploma modificado.

Art. 23. O art. 13 da Lei n. 8.069, de 13 de julho de 1990, passa a vigorar acrescido do seguinte § 2.º, numerando-se o atual parágrafo único como § 1.º:

•• Alteração já processada no diploma modificado.

Art. 24. O art. 14 da Lei n. 8.069, de 13 de julho de 1990, passa a vigorar acrescido dos seguintes §§ 2.º, 3.º e 4.º, numerando-se o atual parágrafo único como § 1.º:

•• Alteração já processada no diploma modificado.

Art. 25. O art. 19 da Lei n. 8.069, de 13 de julho de 1990, passa a vigorar com a seguinte redação:

•• Alteração já processada no diploma modificado.

Art. 26. O art. 22 da Lei n. 8.069, de 13 de julho de 1990, passa a vigorar acrescido do seguinte parágrafo único:

•• Alteração já processada no diploma modificado.

Art. 27. O § 1.º do art. 23 da Lei n. 8.069, de 13 de julho de 1990, passa a vigorar com a seguinte redação:

•• Alteração já processada no diploma modificado.

Art. 28. O art. 34 da Lei n. 8.069, de 13 de julho de 1990, passa a vigorar acrescido dos seguintes §§ 3.º e 4.º:

•• Alteração já processada no diploma modificado.

Art. 29. O inciso II do art. 87 da Lei n. 8.069, de 13 de julho de 1990, passa a vigorar com a seguinte redação:

•• Alteração já processada no diploma modificado.

Art. 30. O art. 88 da Lei n. 8.069, de 13 de julho de 1990, passa a vigorar acrescido dos seguintes incisos VIII, IX e X:

•• Alteração já processada no diploma modificado.

Art. 31. O art. 92 da Lei n. 8.069, de 13 de julho de 1990, passa a vigorar acrescido do seguinte § 7.º:

•• Alteração já processada no diploma modificado.

Art. 32. O inciso IV do *caput* do art. 101 da Lei n. 8.069, de 13 de julho de 1990, passa a vigorar com a seguinte redação:

•• Alteração já processada no diploma modificado.

Art. 33. O art. 102 da Lei n. 8.069, de 13 de julho de 1990, passa a vigorar acrescido dos seguintes §§ 5.º e 6.º:

•• Alteração já processada no diploma modificado.

Art. 34. O inciso I do art. 129 da Lei n. 8.069, de 13 de julho de 1990, passa a vigorar com a seguinte redação:

•• Alteração já processada no diploma modificado.

Art. 35. Os §§ 1.º-A e 2.º do art. 260 da Lei n. 8.069, de 13 de julho de 1990, passam a vigorar com a seguinte redação:

•• Alteração já processada no diploma modificado.

Art. 36. A Lei n. 8.069, de 13 de julho de 1990, passa a vigorar acrescida do seguinte art. 265-A:

•• Alteração já processada no diploma modificado.

....

Art. 39. O Poder Executivo, com vistas ao cumprimento do disposto no inciso II do *caput* do art. 5.º e nos arts. 12 e 14 da Lei Complementar n. 101, de 4 de maio de 2000, estimará o montante da renúncia fiscal decorrente do disposto no art. 38 desta Lei e o incluirá no demonstrativo a que se refere o § 6.º do art. 165 da Constituição Federal, que acompanhará o projeto de lei orçamentária cuja apresentação se der após decorridos 60 (sessenta) dias da publicação desta Lei.

Art. 40. Os arts. 38 e 39 desta Lei produzem efeitos a partir do primeiro dia do exercício subsequente àquele em que for implementado o disposto no art. 39.

....

Art. 42. O art. 5.º da Lei n. 12.662, de 5 de junho de 2012, passa a vigorar acrescido dos seguintes §§ 3.º e 4.º:

•• Alteração já processada no diploma modificado.

Art. 43. Esta Lei entra em vigor na data de sua publicação.

Brasília, 8 de março de 2016; 195.º da Independência e 128.º da República.

DILMA ROUSSEFF

DECRETO N. 8.771, DE 11 DE MAIO DE 2016 (*)

Regulamenta a Lei n. 12.965, de 23 de abril de 2014, para tratar das hipóteses admitidas de discriminação de pacotes de dados na internet e de degradação de tráfego, indicar procedimentos para guarda e proteção de dados por provedores de conexão e de aplicações, apontar medidas de transparência na requisição de dados cadastrais pela administração pública e estabelecer parâmetros para fiscalização e apuração de infrações.

A Presidenta da República, no uso da atribuição que lhe confere o art. 84, *caput*, inciso IV, da Constituição, e tendo em vista o disposto na Lei n. 12.965, de 23 de abril de 2014, decreta:

Capítulo I
DISPOSIÇÕES GERAIS

Art. 1.º Este Decreto trata das hipóteses admitidas de discriminação de pacotes de dados na internet e de degradação de tráfego, indica procedimentos para guarda e

(*) Publicado no *DOU*, de 11-5-2016 – Edição Extra.

proteção de dados por provedores de conexão e de aplicações, aponta medidas de transparência na requisição de dados cadastrais pela administração pública e estabelece parâmetros para fiscalização e apuração de infrações contidas na Lei n. 12.965, de 23 de abril de 2014.

Art. 2.º O disposto neste Decreto se destina aos responsáveis pela transmissão, pela comutação ou pelo roteamento e aos provedores de conexão e de aplicações de internet, definida nos termos do inciso I do *caput* do art. 5.º da Lei n. 12.965, de 2014.

Parágrafo único. O disposto neste Decreto não se aplica:

I – aos serviços de telecomunicações que não se destinem ao provimento de conexão de internet; e

II – aos serviços especializados, entendidos como serviços otimizados por sua qualidade assegurada de serviço, de velocidade ou de segurança, ainda que utilizem protocolos lógicos TCP/IP ou equivalentes, desde que:

a) não configurem substituto à internet em seu caráter público e irrestrito; e

b) sejam destinados a grupos específicos de usuários com controle estrito de admissão.

Capítulo II
DA NEUTRALIDADE DE REDE

Art. 3.º A exigência de tratamento isonômico de que trata o art. 9.º da Lei n. 12.965, de 2014, deve garantir a preservação do caráter público e irrestrito do acesso à internet e os fundamentos, princípios e objetivos do uso da internet no País, conforme previsto na Lei n. 12.965, de 2014.

Art. 4.º A discriminação ou a degradação de tráfego são medidas excepcionais, na medida em que somente poderão decorrer de requisitos técnicos indispensáveis à prestação adequada de serviços e aplicações ou da priorização de serviços de emergência, sendo necessário o cumprimento de todos os requisitos dispostos no art. 9.º, § 2.º, da Lei n. 12.965, de 2014.

Art. 5.º Os requisitos técnicos indispensáveis à prestação adequada de serviços e aplicações devem ser observados pelo responsável de atividades de transmissão, de comutação ou de roteamento, no âmbito de sua respectiva rede, e têm como objetivo manter sua estabilidade, segurança, integridade e funcionalidade.

§ 1.º Os requisitos técnicos indispensáveis apontados no *caput* são aqueles decorrentes de:

I – tratamento de questões de segurança de redes, tais como restrição ao envio de mensagens em massa (*spam*) e controle de ataques de negação de serviço; e

II – tratamento de situações excepcionais de congestionamento de redes, tais como rotas alternativas em casos de interrupções da rota principal e em situações de emergência.

§ 2.º A Agência Nacional de Telecomunicações – Anatel atuará na fiscalização e na apuração de infrações quanto aos requisitos técnicos elencados neste artigo, consideradas as diretrizes estabelecidas pelo Comitê Gestor da Internet – CGIbr.

Art. 6.º Para a adequada prestação de serviços e aplicações na internet, é permitido o gerenciamento de redes com o objetivo de preservar sua estabilidade, segurança e funcionalidade, utilizando-se apenas de medidas técnicas compatíveis com os padrões internacionais, desenvolvidos para o bom funcionamento da internet, e observados os parâmetros regulatórios expedidos pela Anatel e consideradas as diretrizes estabelecidas pelo CGIbr.

Art. 7.º O responsável pela transmissão, pela comutação ou pelo roteamento deverá adotar medidas de transparência para explicitar ao usuário os motivos do gerenciamento que implique a discriminação ou a degradação de que trata o art. 4.º, tais como:

I – a indicação nos contratos de prestação de serviço firmado com usuários finais ou provedores de aplicação; e

II – a divulgação de informações referentes às práticas de gerenciamento adotadas em seus sítios eletrônicos, por meio de linguagem de fácil compreensão.

Parágrafo único. As informações de que trata esse artigo deverão conter, no mínimo:

I – a descrição dessas práticas;

II – os efeitos de sua adoção para a qualidade de experiência dos usuários; e

III – os motivos e a necessidade da adoção dessas práticas.

Art. 8.º A degradação ou a discriminação decorrente da priorização de serviços de emergência somente poderá decorrer de:

I – comunicações destinadas aos prestadores dos serviços de emergência, ou comunicação entre eles, conforme previsto na regulamentação da Agência Nacional de Telecomunicações – Anatel; ou

II – comunicações necessárias para informar a população em situações de risco de desastre, de emergência ou de estado de calamidade pública.

Parágrafo único. A transmissão de dados nos casos elencados neste artigo será gratuita.

Art. 9.º Ficam vedadas condutas unilaterais ou acordos entre o responsável pela transmissão, pela comutação ou pelo roteamento e os provedores de aplicação que:

I – comprometam o caráter público e irrestrito do acesso à internet e os fundamentos, os princípios e os objetivos do uso da internet no País;

II – priorizem pacotes de dados em razão de arranjos comerciais; ou

III – privilegiem aplicações ofertadas pelo próprio responsável pela transmissão, pela comutação ou pelo roteamento ou por empresas integrantes de seu grupo econômico.

Art. 10. As ofertas comerciais e os modelos de cobrança de acesso à internet devem preservar uma internet única, de natureza aberta, plural e diversa, compreendida como um meio para a promoção do desenvolvimento humano, econômico, social e cultural, contribuindo para a construção de uma sociedade inclusiva e não discriminatória.

Capítulo III
DA PROTEÇÃO AOS REGISTROS, AOS DADOS PESSOAIS E ÀS COMUNICAÇÕES PRIVADAS

Seção I
Da Requisição de Dados Cadastrais

Art. 11. As autoridades administrativas a que se refere o art. 10, § 3.º, da Lei n. 12.965, de 2014, indicarão o fundamento legal de competência expressa para o acesso e a motivação para o pedido de acesso aos dados cadastrais.

§ 1.º O provedor que não coletar dados cadastrais deverá informar tal fato à autoridade solicitante, ficando desobrigado de fornecer tais dados.

§ 2.º São considerados dados cadastrais:

I – a filiação;

II – o endereço; e

III – a qualificação pessoal, entendida como nome, prenome, estado civil e profissão do usuário.

§ 3.º Os pedidos de que trata o *caput* devem especificar os indivíduos cujos dados estão sendo requeridos e as informações desejadas, sendo vedados pedidos coletivos que sejam genéricos ou inespecíficos.

Art. 12. A autoridade máxima de cada órgão da administração pública federal publicará anualmente em seu sítio na internet relatórios estatísticos de requisição de dados cadastrais, contendo:

I – o número de pedidos realizados;

II – a listagem dos provedores de conexão ou de acesso a aplicações aos quais os dados foram requeridos;

III – o número de pedidos deferidos e indeferidos pelos provedores de conexão e de acesso a aplicações; e

IV – o número de usuários afetados por tais solicitações.

Seção II
Padrões de Segurança e Sigilo dos Registros, Dados Pessoais e Comunicações Privadas

Art. 13. Os provedores de conexão e de aplicações devem, na guarda, armazenamento e tratamento de dados pessoais e comunicações privadas, observar as seguintes diretrizes sobre padrões de segurança:

I – o estabelecimento de controle estrito sobre o acesso aos dados mediante a definição de responsabilidades das pessoas que terão possibilidade de acesso e de privilégios de acesso exclusivo para determinados usuários;

II – a previsão de mecanismos de autenticação de acesso aos registros, usando, por exemplo, sistemas de autenticação dupla para assegurar a individualização do responsável pelo tratamento dos registros;

III – a criação de inventário detalhado dos acessos aos registros de conexão e de acesso a aplicações, contendo o momento, a duração, a identidade do funcionário ou do responsável pelo acesso designado pela empresa e o arquivo acessado, inclusive para cumprimento do disposto no art. 11, § 3.º, da Lei n. 12.965, de 2014; e

IV – o uso de soluções de gestão dos registros por meio de técnicas que garantam a inviolabilidade dos dados, como encriptação ou medidas de proteção equivalentes.

§ 1.º Cabe ao CGIbr promover estudos e recomendar procedimentos, normas e padrões técnicos e operacionais para o disposto nesse artigo, de acordo com as especificidades e o porte dos provedores de conexão e de aplicação.

§ 2.º Tendo em vista o disposto nos incisos VII a X do *caput* do art. 7.º da Lei n. 12.965, de 2014, os provedores de conexão e aplicações devem reter a menor quantidade possível de dados pessoais, comunicações privadas e registros de conexão e acesso a aplicações, os quais deverão ser excluídos:

I – tão logo atingida a finalidade de seu uso; ou

II – se encerrado o prazo determinado por obrigação legal.

Art. 14. Para os fins do disposto neste Decreto, considera-se:

I – dado pessoal – dado relacionado à pessoa natural identificada ou identificável, inclusive números identificativos, dados locacionais ou identificadores eletrônicos, quando estes estiverem relacionados a uma pessoa; e

II – tratamento de dados pessoais – toda operação realizada com dados pessoais, como as que se referem a coleta, produção, recepção, classificação, utilização, acesso, reprodução, transmissão, distribuição, processamento, arquivamento, armazenamento, eliminação, avaliação ou controle da informação, modificação, comunicação, transferência, difusão ou extração.

Art. 15. Os dados de que trata o art. 11 da Lei n. 12.965, de 2014, deverão ser mantidos em formato interoperável e estruturado, para facilitar o acesso decorrente de decisão judicial ou determinação legal, respeitadas as diretrizes elencadas no art. 13 deste Decreto.

Art. 16. As informações sobre os padrões de segurança adotados pelos provedores de aplicação e provedores de conexão devem ser divulgadas de forma clara e acessível a qualquer interessado, preferencialmente por meio de seus sítios na internet, respeitado o direito de confidencialidade quanto aos segredos empresariais.

Capítulo IV
DA FISCALIZAÇÃO E DA TRANSPARÊNCIA

Art. 17. A Anatel atuará na regulação, na fiscalização e na apuração de infrações, nos termos da Lei n. 9.472, de 16 de julho de 1997.

Art. 18. A Secretaria Nacional do Consumidor atuará na fiscalização e na apuração de infrações, nos termos da Lei n. 8.078, de 11 de setembro de 1990.

Art. 19. A apuração de infrações à ordem econômica ficará a cargo do Sistema Brasileiro de Defesa da Concorrência, nos termos da Lei n. 12.529, de 30 de novembro de 2011.

Art. 20. Os órgãos e as entidades da administração pública federal com competências específicas quanto aos assuntos relacionados a este Decreto atuarão de forma colaborativa, consideradas as diretrizes do CGIbr, e deverão zelar pelo cumprimento da legislação brasileira, inclusive quanto à aplicação das sanções cabíveis, mesmo que as atividades sejam realizadas por pessoa jurídica sediada no exterior, nos termos do art. 11 da Lei n. 12.965, de 2014.

Art. 21. A apuração de infrações à Lei n. 12.965, de 2014, e a este Decreto atenderá aos procedimentos internos de cada um dos órgãos fiscalizatórios e poderá ser iniciada de ofício ou mediante requerimento de qualquer interessado.

Art. 22. Este Decreto entra em vigor trinta dias após a data de sua publicação.

Brasília, 11 de maio de 2016; 195.º da Independência e 128.º da República.

DILMA ROUSSEFF

LEI N. 13.431, DE 4 DE ABRIL DE 2017 (*)

Estabelece o sistema de garantia de direitos da criança e do adolescente vítima ou testemunha de violência e altera a Lei n. 8.069, de 13 de julho de 1990 (Estatuto da Criança e do Adolescente).

O Presidente da República

Faço saber que o Congresso Nacional decreta e eu sanciono a seguinte Lei:

TÍTULO I
DISPOSIÇÕES GERAIS

Art. 1.º Esta Lei normatiza e organiza o sistema de garantia de direitos da criança e do adolescente vítima ou testemunha de violência, cria mecanismos para prevenir e coibir a violência, nos termos do art. 227 da Constituição Federal, da Convenção sobre os Direitos da Criança e seus protocolos adicionais, da Resolução n. 20/2005 do Conselho Econômico e Social das Nações Unidas e de outros diplomas internacionais, e estabelece medidas de assistência e proteção à criança e ao adolescente em situação de violência.

Art. 2.º A criança e o adolescente gozam dos direitos fundamentais inerentes à pessoa humana, sendo-lhes asseguradas a proteção integral e as oportunidades e facilidades para viver sem violência e preservar sua saúde física e mental e seu desenvolvimento moral, intelectual e social, e gozam de direitos específicos à sua condição de vítima ou testemunha.

Parágrafo único. A União, os Estados, o Distrito Federal e os Municípios desenvolverão políticas integradas e coordenadas que visem a garantir os direitos humanos da criança e do adolescente no âmbito das relações domésticas, familiares e sociais, para resguardá-los de toda forma de negligência, discriminação, exploração, violência, abuso, crueldade e opressão.

Art. 3.º Na aplicação e interpretação desta Lei, serão considerados os fins sociais a que ela se destina e, especialmente, as condições peculiares da criança e do adolescente como pessoas em desenvolvimento, às quais o Estado, a família e a sociedade devem assegurar a fruição dos direitos fundamentais com absoluta prioridade.

Parágrafo único. A aplicação desta Lei é facultativa para as vítimas e testemunhas de violência entre 18 (dezoito) e 21 (vinte e um) anos, conforme disposto no parágrafo único do art. 2.º da Lei n. 8.069, de 13 de julho de 1990 (Estatuto da Criança e do Adolescente).

Art. 4.º Para os efeitos desta Lei, sem prejuízo da tipificação das condutas criminosas, são formas de violência:

I – violência física, entendida como a ação infligida à criança ou ao adolescente que ofenda sua integridade ou saúde corporal ou que lhe cause sofrimento físico;

II – violência psicológica:

a) qualquer conduta de discriminação, depreciação ou desrespeito em relação à criança ou ao adolescente mediante ameaça, constrangimento, humilhação, manipulação, isolamento, agressão verbal e xingamento, ridicularização, indiferença, exploração ou intimidação sistemática (*bullying*) que possa comprometer seu desenvolvimento psíquico ou emocional;

• *Vide* Lei n. 13.185, de 6-11-2015, que institui o Programa de Combate à Intimidação Sistêmica (*bullying*).

b) o ato de alienação parental, assim entendido como a interferência na formação psicológica da criança ou do adolescente, promovida ou induzida por um dos genitores, pelos avós ou por quem os tenha sob sua autoridade, guarda ou vigilância, que leve ao repúdio de genitor ou que cause prejuízo ao estabelecimento ou à manutenção de vínculo com este;

• *Vide* Lei n. 12.318, de 26-8-2010, que dispõe sobre alienação parental.

c) qualquer conduta que exponha a criança ou o adolescente, direta ou indiretamente, a crime violento contra membro de sua família ou de sua rede de apoio, independentemente do ambiente em que cometido, particularmente quando isto a torna testemunha;

III – violência sexual, entendida como qualquer conduta que constranja a criança ou o adolescente a praticar ou presenciar conjunção carnal ou qualquer outro ato libidinoso, inclusive exposição do corpo em foto ou vídeo por meio eletrônico ou não, que compreenda:

a) abuso sexual, entendido como toda ação que se utiliza da criança ou do adolescente para fins sexuais, seja con-

(*) Publicada no *Diário Oficial da União*, de 5-4-2017, em vigor 1 (um) ano após sua publicação.

O Decreto n. 9.603, de 10-12-2018, regulamenta esta Lei.

junção carnal ou outro ato libidinoso, realizado de modo presencial ou por meio eletrônico, para estimulação sexual do agente ou de terceiro;

b) exploração sexual comercial, entendida como o uso da criança ou do adolescente em atividade sexual em troca de remuneração ou qualquer outra forma de compensação, de forma independente ou sob patrocínio, apoio ou incentivo de terceiro, seja de modo presencial ou por meio eletrônico;

c) tráfico de pessoas, entendido como o recrutamento, o transporte, a transferência, o alojamento ou o acolhimento da criança ou do adolescente, dentro do território nacional ou para o estrangeiro, com o fim de exploração sexual, mediante ameaça, uso de força ou outra forma de coação, rapto, fraude, engano, abuso de autoridade, aproveitamento de situação de vulnerabilidade ou entrega ou aceitação de pagamento, entre os casos previstos na legislação;

•• A Lei n. 13.344, de 6-10-2016, dispõe sobre prevenção e repressão ao tráfico interno e internacional de pessoas.

•• *Vide* art. 239 do ECA.

IV – violência institucional, entendida como a praticada por instituição pública ou conveniada, inclusive quando gerar revitimização.

§ 1.º Para os efeitos desta Lei, a criança e o adolescente serão ouvidos sobre a situação de violência por meio de escuta especializada e depoimento especial.

§ 2.º Os órgãos de saúde, assistência social, educação, segurança pública e justiça adotarão os procedimentos necessários por ocasião da revelação espontânea da violência.

§ 3.º Na hipótese de revelação espontânea da violência, a criança e o adolescente serão chamados a confirmar os fatos na forma especificada no § 1o deste artigo, salvo em caso de intervenções de saúde.

§ 4.º O não cumprimento do disposto nesta Lei implicará a aplicação das sanções previstas na Lei n. 8.069, de 13 de julho de 1990 (Estatuto da Criança e do Adolescente).

Título II
DOS DIREITOS E GARANTIAS

Art. 5.º A aplicação desta Lei, sem prejuízo dos princípios estabelecidos nas demais normas nacionais e internacionais de proteção dos direitos da criança e do adolescente, terá como base, entre outros, os direitos e garantias fundamentais da criança e do adolescente a:

I – receber prioridade absoluta e ter considerada a condição peculiar de pessoa em desenvolvimento;

II – receber tratamento digno e abrangente;

III – ter a intimidade e as condições pessoais protegidas quando vítima ou testemunha de violência;

IV – ser protegido contra qualquer tipo de discriminação, independentemente de classe, sexo, raça, etnia, renda, cultura, nível educacional, idade, religião, nacionalidade, procedência regional, regularidade migratória, deficiência ou qualquer outra condição sua, de seus pais ou de seus representantes legais;

V – receber informação adequada à sua etapa de desenvolvimento sobre direitos, inclusive sociais, serviços disponíveis, representação jurídica, medidas de proteção, reparação de danos e qualquer procedimento a que seja submetido;

VI – ser ouvido e expressar seus desejos e opiniões, assim como permanecer em silêncio;

VII – receber assistência qualificada jurídica e psicossocial especializada, que facilite a sua participação e o resguarde contra comportamento inadequado adotado pelos demais órgãos atuantes no processo;

VIII – ser resguardado e protegido de sofrimento, com direito a apoio, planejamento de sua participação, prioridade na tramitação do processo, celeridade processual, idoneidade do atendimento e limitação das intervenções;

IX – ser ouvido em horário que lhe for mais adequado e conveniente, sempre que possível;

X – ter segurança, com avaliação contínua sobre possibilidades de intimidação, ameaça e outras formas de violência;

XI – ser assistido por profissional capacitado e conhecer os profissionais que participam dos procedimentos de escuta especializada e depoimento especial;

XII – ser reparado quando seus direitos forem violados;

XIII – conviver em família e em comunidade;

XIV – ter as informações prestadas tratadas confidencialmente, sendo vedada a utilização ou o repasse a terceiro das declarações feitas pela criança e pelo adolescente vítima, salvo para os fins de assistência à saúde e de persecução penal;

XV – prestar declarações em formato adaptado à criança e ao adolescente com deficiência ou em idioma diverso do português.

Parágrafo único. O planejamento referido no inciso VIII, no caso de depoimento especial, será realizado entre os profissionais especializados e o juízo.

Art. 6.º A criança e o adolescente vítima ou testemunha de violência têm direito a pleitear, por meio de seu representante legal, medidas protetivas contra o autor da violência.

Parágrafo único. Os casos omissos nesta Lei serão interpretados à luz do disposto na Lei n. 8.069, de 13 de julho de 1990 (Estatuto da Criança e do Adolescente), na Lei n. 11.340, de 7 de agosto de 2006 (Lei Maria da Penha), e em normas conexas.

Título III
DA ESCUTA ESPECIALIZADA E DO DEPOIMENTO ESPECIAL

Art. 7.º Escuta especializada é o procedimento de entrevista sobre situação de violência com criança ou adolescente perante órgão da rede de proteção, limitado o relato estritamente ao necessário para o cumprimento de sua finalidade.

Art. 8.º Depoimento especial é o procedimento de oitiva de criança ou adolescente vítima ou testemunha de violência perante autoridade policial ou judiciária.

Art. 9.º A criança ou o adolescente será resguardado de qualquer contato, ainda que visual, com o suposto autor ou acusado, ou com outra pessoa que represente ameaça, coação ou constrangimento.

Art. 10. A escuta especializada e o depoimento especial serão realizados em local apropriado e acolhedor, com infraestrutura e espaço físico que garantam a privacidade da criança ou do adolescente vítima ou testemunha de violência.

Art. 11. O depoimento especial reger-se-á por protocolos e, sempre que possível, será realizado uma única vez, em sede de produção antecipada de prova judicial, garantida a ampla defesa do investigado.

§ 1.º O depoimento especial seguirá o rito cautelar de antecipação de prova:

I – quando a criança ou o adolescente tiver menos de 7 (sete) anos;

II – em caso de violência sexual.

§ 2.º Não será admitida a tomada de novo depoimento especial, salvo quando justificada a sua imprescindibilidade pela autoridade competente e houver a concordância da vítima ou da testemunha, ou de seu representante legal.

Art. 12. O depoimento especial será colhido conforme o seguinte procedimento:

I – os profissionais especializados esclarecerão a criança ou o adolescente sobre a tomada do depoimento especial, informando-lhe os seus direitos e os procedimentos a serem adotados e planejando sua participação, sendo vedada a leitura da denúncia ou de outras peças processuais;

II – é assegurada à criança ou ao adolescente a livre narrativa sobre a situação de violência, podendo o profissional especializado intervir quando necessário, utilizando técnicas que permitam a elucidação dos fatos;

III – no curso do processo judicial, o depoimento especial será transmitido em tempo real para a sala de audiência, preservado o sigilo;

IV – findo o procedimento previsto no inciso II deste artigo, o juiz, após consultar o Ministério Público, o defensor e os assistentes técnicos, avaliará a pertinência de perguntas complementares, organizadas em bloco;

V – o profissional especializado poderá adaptar as perguntas à linguagem de melhor compreensão da criança ou do adolescente;

VI – o depoimento especial será gravado em áudio e vídeo.

§ 1.º À vítima ou testemunha de violência é garantido o direito de prestar depoimento diretamente ao juiz, se assim o entender.

§ 2.º O juiz tomará todas as medidas apropriadas para a preservação da intimidade e da privacidade da vítima ou testemunha.

§ 3.º O profissional especializado comunicará ao juiz se verificar que a presença, na sala de audiência, do autor da violência pode prejudicar o depoimento especial ou colocar o depoente em situação de risco, caso em que, fazendo constar em termo, será autorizado o afastamento do imputado.

§ 4.º Nas hipóteses em que houver risco à vida ou à integridade física da vítima ou testemunha, o juiz tomará as medidas de proteção cabíveis, inclusive a restrição do disposto nos incisos III e VI deste artigo.

§ 5.º As condições de preservação e de segurança da mídia relativa ao depoimento da criança ou do adolescente serão objeto de regulamentação, de forma a garantir o direito à intimidade e à privacidade da vítima ou testemunha.

§ 6.º O depoimento especial tramitará em segredo de justiça.

Título IV
DA INTEGRAÇÃO DAS POLÍTICAS DE ATENDIMENTO

Capítulo I
DISPOSIÇÕES GERAIS

Art. 13. Qualquer pessoa que tenha conhecimento ou presencie ação ou omissão, praticada em local público ou privado, que constitua violência contra criança ou adolescente tem o dever de comunicar o fato imediatamente ao serviço de recebimento e monitoramento de denúncias, ao conselho tutelar ou à autoridade policial, os quais, por sua vez, cientificarão imediatamente o Ministério Público.

• *Vide* art. 245 do ECA.

Parágrafo único. A União, os Estados, o Distrito Federal e os Municípios poderão promover, periodicamente, campanhas de conscientização da sociedade, promovendo a identificação das violações de direitos e garantias de crianças e adolescentes e a divulgação dos serviços de proteção e dos fluxos de atendimento, como forma de evitar a violência institucional.

Art. 14. As políticas implementadas nos sistemas de justiça, segurança pública, assistência social, educação e saúde deverão adotar ações articuladas, coordenadas e efetivas voltadas ao acolhimento e ao atendimento integral às vítimas de violência.

§ 1.º As ações de que trata o *caput* observarão as seguintes diretrizes:

I – abrangência e integralidade, devendo comportar avaliação e atenção de todas as necessidades da vítima decorrentes da ofensa sofrida;

II – capacitação interdisciplinar continuada, preferencialmente conjunta, dos profissionais;

III – estabelecimento de mecanismos de informação, referência, contrarreferência e monitoramento;

IV – planejamento coordenado do atendimento e do acompanhamento, respeitadas as especificidades da vítima ou testemunha e de suas famílias;

V – celeridade do atendimento, que deve ser realizado imediatamente - ou tão logo quanto possível - após a revelação da violência;

VI – priorização do atendimento em razão da idade ou de eventual prejuízo ao desenvolvimento psicossocial, garantida a intervenção preventiva;

VII – mínima intervenção dos profissionais envolvidos; e

VIII – monitoramento e avaliação periódica das políticas de atendimento.

§ 2.º Nos casos de violência sexual, cabe ao responsável da rede de proteção garantir a urgência e a celeridade necessárias ao atendimento de saúde e à produção probatória, preservada a confidencialidade.

Art. 15. A União, os Estados, o Distrito Federal e os Municípios poderão criar serviços de atendimento, de ouvidoria ou de resposta, pelos meios de comunicação disponíveis, integrados às redes de proteção, para receber denúncias de violações de direitos de crianças e adolescentes.

Parágrafo único. As denúncias recebidas serão encaminhadas:

I – à autoridade policial do local dos fatos, para apuração;

II – ao conselho tutelar, para aplicação de medidas de proteção; e

III – ao Ministério Público, nos casos que forem de sua atribuição específica.

Art. 16. O poder público poderá criar programas, serviços ou equipamentos que proporcionem atenção e atendimento integral e interinstitucional às crianças e adolescentes vítimas ou testemunhas de violência, compostos por equipes multidisciplinares especializadas.

Parágrafo único. Os programas, serviços ou equipamentos públicos poderão contar com delegacias especializadas, serviços de saúde, perícia médico-legal, serviços socioassistenciais, varas especializadas, Ministério Público e Defensoria Pública, entre outros possíveis de integração, e deverão estabelecer parcerias em caso de indisponibilidade de serviços de atendimento.

Capítulo II
DA SAÚDE

Art. 17. A União, os Estados, o Distrito Federal e os Municípios poderão criar, no âmbito do Sistema Único de Saúde (SUS), serviços para atenção integral à criança e ao adolescente em situação de violência, de forma a garantir o atendimento acolhedor.

Art. 18. A coleta, guarda provisória e preservação de material com vestígios de violência serão realizadas pelo Instituto Médico Legal (IML) ou por serviço credenciado do sistema de saúde mais próximo, que entregará o material para perícia imediata, observado o disposto no art. 5.º desta Lei.

Capítulo III
DA ASSISTÊNCIA SOCIAL

Art. 19. A União, os Estados, o Distrito Federal e os Municípios poderão estabelecer, no âmbito do Sistema Único de Assistência Social (Suas), os seguintes procedimentos:

I – elaboração de plano individual e familiar de atendimento, valorizando a participação da criança e do adolescente e, sempre que possível, a preservação dos vínculos familiares;

II – atenção à vulnerabilidade indireta dos demais membros da família decorrente da situação de violência, e solicitação, quando necessário, aos órgãos competentes, de inclusão da vítima ou testemunha e de suas famílias nas políticas, programas e serviços existentes;

III – avaliação e atenção às situações de intimidação, ameaça, constrangimento ou discriminação decorrentes da vitimização, inclusive durante o trâmite do processo judicial, as quais deverão ser comunicadas imediatamente à autoridade judicial para tomada de providências; e

IV – representação ao Ministério Público, nos casos de falta de responsável legal com capacidade protetiva em razão da situação de violência, para colocação da criança ou do adolescente sob os cuidados da família extensa, de família substituta ou de serviço de acolhimento familiar ou, em sua falta, institucional.

Capítulo IV
DA SEGURANÇA PÚBLICA

Art. 20. O poder público poderá criar delegacias especializadas no atendimento de crianças e adolescentes vítimas de violência.

§ 1.º Na elaboração de suas propostas orçamentárias, as unidades da Federação alocarão recursos para manutenção de equipes multidisciplinares destinadas a assessorar as delegacias especializadas.

§ 2.º Até a criação do órgão previsto no *caput* deste artigo, a vítima será encaminhada prioritariamente a delegacia especializada em temas de direitos humanos.

§ 3.º A tomada de depoimento especial da criança ou do adolescente vítima ou testemunha de violência observará o disposto no art. 14 desta Lei.

Art. 21. Constatado que a criança ou o adolescente está em risco, a autoridade policial requisitará à autoridade judicial responsável, em qualquer momento dos procedimentos de investigação e responsabilização dos suspeitos, as medidas de proteção pertinentes, entre as quais:

I – evitar o contato direto da criança ou do adolescente vítima ou testemunha de violência com o suposto autor da violência;

II – solicitar o afastamento cautelar do investigado da residência ou local de convivência, em se tratando de pessoa que tenha contato com a criança ou o adolescente;

III – requerer a prisão preventiva do investigado, quando houver suficientes indícios de ameaça à criança ou adolescente vítima ou testemunha de violência;

IV – solicitar aos órgãos socioassistenciais a inclusão da vítima e de sua família nos atendimentos a que têm direito;

V – requerer a inclusão da criança ou do adolescente em programa de proteção a vítimas ou testemunhas ameaçadas; e

• *Vide* Lei n. 9.807, de 13-7-1999.

VI – representar ao Ministério Público para que proponha ação cautelar de antecipação de prova, resguardados os pressupostos legais e as garantias previstas no art. 5.º desta Lei, sempre que a demora possa causar prejuízo ao desenvolvimento da criança ou do adolescente.

Art. 22. Os órgãos policiais envolvidos envidarão esforços investigativos para que o depoimento especial não seja o único meio de prova para o julgamento do réu.

Capítulo V
DA JUSTIÇA

Art. 23. Os órgãos responsáveis pela organização judiciária poderão criar juizados ou varas especializadas em crimes contra a criança e o adolescente.

Parágrafo único. Até a implementação do disposto no *caput* deste artigo, o julgamento e a execução das causas decorrentes das práticas de violência ficarão, preferencialmente, a cargo dos juizados ou varas especializadas em violência doméstica e temas afins.

Título V
DOS CRIMES

Art. 24. Violar sigilo processual, permitindo que depoimento de criança ou adolescente seja assistido por pessoa estranha ao processo, sem autorização judicial e sem o consentimento do depoente ou de seu representante legal.

Pena - reclusão, de 1 (um) a 4 (quatro) anos, e multa.

Título VI
DISPOSIÇÕES FINAIS E TRANSITÓRIAS

Art. 25. O art. 208 da Lei n. 8.069, de 13 de julho de 1990 (Estatuto da Criança e do Adolescente), passa a vigorar acrescido do seguinte inciso XI:

•• Alteração já processada no diploma modificado.

Art. 26. Cabe ao poder público, no prazo máximo de 60 (sessenta) dias contado da entrada em vigor desta Lei, emanar atos normativos necessários à sua efetividade.

Art. 27. Cabe aos Estados, ao Distrito Federal e aos Municípios, no prazo máximo de 180 (cento e oitenta) dias contado da entrada em vigor desta Lei, estabelecer normas sobre o sistema de garantia de direitos da criança e do adolescente vítima ou testemunha de violência, no âmbito das respectivas competências.

Art. 28. Revoga-se o art. 248 da Lei n. 8.069, de 13 de julho de 1990 (Estatuto da Criança e do Adolescente).

Art. 29. Esta Lei entra em vigor após decorrido 1 (um) ano de sua publicação oficial.

Brasília, 4 de abril de 2017; 196.º da Independência e 129.º da República.

MICHEL TEMER

LEI N. 13.444, DE 11 DE MAIO DE 2017 (*)

Dispõe sobre a Identificação Civil Nacional (ICN).

O Presidente da República

Faço saber que o Congresso Nacional decreta e eu sanciono a seguinte Lei:

Art. 1.º É criada a Identificação Civil Nacional (ICN), com o objetivo de identificar o brasileiro em suas relações com a sociedade e com os órgãos e entidades governamentais e privados.

Art. 2.º A ICN utilizará:

I – a base de dados biométricos da Justiça Eleitoral;

II – a base de dados do Sistema Nacional de Informações de Registro Civil (Sirc), criado pelo Poder Executivo federal, e da Central Nacional de Informações do Registro Civil (CRC Nacional), instituída pelo Conselho Nacional de Justiça, em cumprimento ao disposto no art. 41 da Lei n. 11.977, de 7 de julho de 2009;

III – outras informações, não disponíveis no Sirc, contidas em bases de dados da Justiça Eleitoral, dos institutos de identificação dos Estados e do Distrito Federal ou do Instituto Nacional de Identificação, ou disponibilizadas por outros órgãos, conforme definido pelo Comitê Gestor da ICN.

§ 1.º A base de dados da ICN será armazenada e gerida pelo Tribunal Superior Eleitoral, que a manterá atualizada e adotará as providências necessárias para assegurar a integridade, a disponibilidade, a autenticidade e a confidencialidade de seu conteúdo e a interoperabilidade entre os sistemas eletrônicos governamentais.

§ 2.º A interoperabilidade de que trata o § 1.º deste artigo observará a legislação aplicável e as recomendações técnicas da arquitetura dos Padrões de Interoperabilidade de Governo Eletrônico (e-Ping).

Art. 3.º O Tribunal Superior Eleitoral garantirá aos Poderes Executivo e Legislativo da União, dos Estados, do Distrito Federal e dos Municípios acesso à base de dados da ICN, de forma gratuita, exceto quanto às informações eleitorais.

§ 1.º O Poder Executivo dos entes federados poderá integrar aos seus próprios bancos de dados as informações da base de dados da ICN, com exceção dos dados biométricos.

§ 2.º Ato do Tribunal Superior Eleitoral disporá sobre a integração dos registros biométricos pelas Polícias Federal e Civil, com exclusividade, às suas bases de dados.

Art. 4.º É vedada a comercialização, total ou parcial, da base de dados da ICN.

§ 1.º (*Vetado*).

§ 2.º O disposto no *caput* deste artigo não impede o serviço de conferência de dados que envolvam a biometria

(*) Publicada no *Diário Oficial da União*, de 12-5-2017.

prestado a particulares, a ser realizado exclusivamente pelo Tribunal Superior Eleitoral.

Art. 5.º É criado o Comitê Gestor da ICN.

§ 1.º O Comitê Gestor da ICN será composto por:

I – 3 (três) representantes do Poder Executivo federal;

II – 3 (três) representantes do Tribunal Superior Eleitoral;

III – 1 (um) representante da Câmara dos Deputados;

IV – 1 (um) representante do Senado Federal;

V – 1 (um) representante do Conselho Nacional de Justiça.

§ 2.º Compete ao Comitê Gestor da ICN:

I – recomendar:

a) o padrão biométrico da ICN;

b) a regra de formação do número da ICN;

c) o padrão e os documentos necessários para expedição do Documento Nacional de Identidade (DNI);

d) os parâmetros técnicos e econômico-financeiros da prestação do serviço de conferência de dados que envolvam a biometria;

e) as diretrizes para administração do Fundo da Identificação Civil Nacional (FICN) e para gestão de seus recursos;

II – orientar a implementação da interoperabilidade entre os sistemas eletrônicos do Poder Executivo federal e da Justiça Eleitoral;

III – estabelecer regimento.

§ 3.º As decisões do Comitê Gestor da ICN serão tomadas por maioria de 2/3 (dois terços) dos membros.

§ 4.º O Comitê Gestor da ICN poderá criar grupos técnicos, com participação paritária do Poder Executivo federal, do Poder Legislativo federal e do Tribunal Superior Eleitoral, para assessorá-lo em suas atividades.

§ 5.º A participação no Comitê Gestor da ICN e em seus grupos técnicos será considerada serviço público relevante, não remunerado.

§ 6.º A coordenação do Comitê Gestor da ICN será alternada entre os representantes do Poder Executivo federal e do Tribunal Superior Eleitoral, conforme regimento.

Art. 6.º É instituído o Fundo da Identificação Civil Nacional (FICN), de natureza contábil, gerido e administrado pelo Tribunal Superior Eleitoral, com a finalidade de constituir fonte de recursos para o desenvolvimento e a manutenção da ICN e das bases por ela utilizadas.

§ 1.º Constituem recursos do FICN:

I – os que lhe forem destinados no orçamento da União especificamente para os fins de que trata esta Lei, que não se confundirão com os recursos do orçamento da Justiça Eleitoral;

II – o resultado de aplicações financeiras sobre as receitas diretamente arrecadadas;

III – a receita proveniente da prestação do serviço de conferência de dados;

IV – outros recursos que lhe forem destinados, tais como os decorrentes de convênios e de instrumentos congêneres ou de doações.

§ 2.º O FICN será administrado pelo Tribunal Superior Eleitoral, observadas as diretrizes estabelecidas pelo Comitê Gestor da ICN.

§ 3.º O saldo positivo do FICN apurado em balanço será transferido para o exercício seguinte, a crédito do mesmo fundo.

§ 4.º Observadas as diretrizes estabelecidas pelo Comitê Gestor da ICN, o FICN deverá garantir o funcionamento, a integração, a padronização e a interoperabilidade das bases biométricas no âmbito da União.

Art. 7.º O Tribunal Superior Eleitoral estabelecerá cronograma das etapas de implementação da ICN e de coleta das informações biométricas.

Art. 8.º É criado o Documento Nacional de Identidade (DNI), com fé pública e validade em todo o território nacional.

§ 1.º O DNI faz prova de todos os dados nele incluídos, dispensando a apresentação dos documentos que lhe deram origem ou que nele tenham sido mencionados.

§ 2.º (*Vetado.*)

§ 3.º O DNI será emitido:

I – pela Justiça Eleitoral;

II – pelos institutos de identificação civil dos Estados e do Distrito Federal, com certificação da Justiça Eleitoral;

III – por outros órgãos, mediante delegação do Tribunal Superior Eleitoral, com certificação da Justiça Eleitoral.

§ 4.º O DNI poderá substituir o título de eleitor, observada a legislação do alistamento eleitoral, na forma regulamentada pelo Tribunal Superior Eleitoral.

§ 5.º (*Vetado.*)

Art. 9.º O número de inscrição no Cadastro de Pessoas Físicas (CPF) será incorporado, de forma gratuita, aos documentos de identidade civil da União, dos Estados e do Distrito Federal.

Art. 10. O documento emitido por entidade de classe somente será validado se atender aos requisitos de biometria e de fotografia estabelecidos para o DNI.

Parágrafo único. As entidades de classe terão 2 (dois) anos para adequarem seus documentos aos requisitos estabelecidos para o DNI.

Art. 11. O poder público deverá oferecer mecanismos que possibilitem o cruzamento de informações constantes de bases de dados oficiais, a partir do número de inscrição no CPF do solicitante, de modo que a verificação do cumprimento de requisitos de elegibilidade para a concessão e a manutenção de benefícios sociais possa ser feita pelo órgão concedente.

Art. 12. O Poder Executivo federal e o Tribunal Superior Eleitoral editarão, no âmbito de suas competências, atos complementares para a execução do disposto nesta Lei.

•• O Decreto n. 10.900, de 17-12-2021, dispõe sobre o Serviço de Identificação do Cidadão e a governança da identificação das pessoas naturais no âmbito da administração pública federal direta, autárquica e fundacional.

Art. 13. Esta Lei entra em vigor na data de sua publicação.

Brasília, 11 de maio de 2017; 196.º da Independência e 129.º da República.

Michel Temer

LEI N. 13.445, DE 24 DE MAIO DE 2017 (*)

Institui a Lei de Migração.

O Presidente da República

Faço saber que o Congresso Nacional decreta e eu sanciono a seguinte Lei:

Capítulo I
DISPOSIÇÕES PRELIMINARES

Seção I
Disposições Gerais

Art. 1.º Esta Lei dispõe sobre os direitos e os deveres do migrante e do visitante, regula a sua entrada e estada no País e estabelece princípios e diretrizes para as políticas públicas para o emigrante.

§ 1.º Para os fins desta Lei, considera-se:

I – (*vetado*);

II – imigrante: pessoa nacional de outro país ou apátrida que trabalha ou reside e se estabelece temporária ou definitivamente no Brasil;

III – emigrante: brasileiro que se estabelece temporária ou definitivamente no exterior;

IV – residente fronteiriço: pessoa nacional de país limítrofe ou apátrida que conserva a sua residência habitual em município fronteiriço de país vizinho;

V – visitante: pessoa nacional de outro país ou apátrida que vem ao Brasil para estadas de curta duração, sem pretensão de se estabelecer temporária ou definitivamente no território nacional;

VI – apátrida: pessoa que não seja considerada como nacional por nenhum Estado, segundo a sua legislação, nos termos da Convenção sobre o Estatuto dos Apátridas, de 1954, promulgada pelo Decreto n. 4.246, de 22 de maio de 2002, ou assim reconhecida pelo Estado brasileiro.

§ 2.º (*Vetado.*)

Art. 2.º Esta Lei não prejudica a aplicação de normas internas e internacionais específicas sobre refugiados, asilados, agentes e pessoal diplomático ou consular, funcionários de organização internacional e seus familiares.

Seção II
Dos Princípios e das Garantias

Art. 3.º A política migratória brasileira rege-se pelos seguintes princípios e diretrizes:

I – universalidade, indivisibilidade e interdependência dos direitos humanos;

II – repúdio e prevenção à xenofobia, ao racismo e a quaisquer formas de discriminação;

III – não criminalização da migração;

IV – não discriminação em razão dos critérios ou dos procedimentos pelos quais a pessoa foi admitida em território nacional;

V – promoção de entrada regular e de regularização documental;

VI – acolhida humanitária;

VII – desenvolvimento econômico, turístico, social, cultural, esportivo, científico e tecnológico do Brasil;

VIII – garantia do direito à reunião familiar;

IX – igualdade de tratamento e de oportunidade ao migrante e a seus familiares;

X – inclusão social, laboral e produtiva do migrante por meio de políticas públicas;

XI – acesso igualitário e livre do migrante a serviços, programas e benefícios sociais, bens públicos, educação, assistência jurídica integral pública, trabalho, moradia, serviço bancário e seguridade social;

XII – promoção e difusão de direitos, liberdades, garantias e obrigações do migrante;

XIII – diálogo social na formulação, na execução e na avaliação de políticas migratórias e promoção da participação cidadã do migrante;

XIV – fortalecimento da integração econômica, política, social e cultural dos povos da América Latina, mediante constituição de espaços de cidadania e de livre circulação de pessoas;

XV – cooperação internacional com Estados de origem, de trânsito e de destino de movimentos migratórios, a fim de garantir efetiva proteção aos direitos humanos do migrante;

XVI – integração e desenvolvimento das regiões de fronteira e articulação de políticas públicas regionais capazes de garantir efetividade aos direitos do residente fronteiriço;

XVII – proteção integral e atenção ao superior interesse da criança e do adolescente migrante;

XVIII – observância ao disposto em tratado;

XIX – proteção ao brasileiro no exterior;

XX – migração e desenvolvimento humano no local de origem, como direitos inalienáveis de todas as pessoas;

XXI – promoção do reconhecimento acadêmico e do exercício profissional no Brasil, nos termos da lei; e

XXII – repúdio a práticas de expulsão ou de deportação coletivas.

Art. 4.º Ao migrante é garantida no território nacional, em condição de igualdade com os nacionais, a inviolabilidade do direito à vida, à liberdade, à igualdade, à segurança e à propriedade, bem como são assegurados:

• *Vide* art. 5.º da CF.

(*) Publicada no *Diário Oficial da União*, de 25-5-2017. Regulamentada pelo Decreto n. 9.199, de 20-11-2017. Deixamos de publicar a Tabela de Taxas e Emolumentos Consulares anexa a esta Lei.

O Decreto n. 9.277, de 5-2-2018, dispõe sobre a identificação do solicitante de refúgio e sobre o Documento Provisório de Registro Nacional Migratório.

I – direitos e liberdades civis, sociais, culturais e econômicos;

II – direito à liberdade de circulação em território nacional;

III – direito à reunião familiar do migrante com seu cônjuge ou companheiro e seus filhos, familiares e dependentes;

IV – medidas de proteção a vítimas e testemunhas de crimes e de violações de direitos;

V – direito de transferir recursos decorrentes de sua renda e economias pessoais a outro país, observada a legislação aplicável;

VI – direito de reunião para fins pacíficos;

VII – direito de associação, inclusive sindical, para fins lícitos;

VIII – acesso a serviços públicos de saúde e de assistência social e à previdência social, nos termos da lei, sem discriminação em razão da nacionalidade e da condição migratória;

IX – amplo acesso à justiça e à assistência jurídica integral gratuita aos que comprovarem insuficiência de recursos;

X – direito à educação pública, vedada a discriminação em razão da nacionalidade e da condição migratória;

XI – garantia de cumprimento de obrigações legais e contratuais trabalhistas e de aplicação das normas de proteção ao trabalhador, sem discriminação em razão da nacionalidade e da condição migratória;

XII – isenção das taxas de que trata esta Lei, mediante declaração de hipossuficiência econômica, na forma de regulamento;

XIII – direito de acesso à informação e garantia de confidencialidade quanto aos dados pessoais do migrante, nos termos da Lei n. 12.527, de 18 de novembro de 2011;

XIV – direito a abertura de conta bancária;

XV – direito de sair, de permanecer e de reingressar em território nacional, mesmo enquanto pendente pedido de autorização de residência, de prorrogação de estada ou de transformação de visto em autorização de residência; e

XVI – direito do imigrante de ser informado sobre as garantias que lhe são asseguradas para fins de regularização migratória.

§ 1.º Os direitos e as garantias previstos nesta Lei serão exercidos em observância ao disposto na Constituição Federal, independentemente da situação migratória, observado o disposto no § 4.º deste artigo, e não excluem outros decorrentes de tratado de que o Brasil seja parte.

§ 2.º (*Vetado.*)

§ 3.º (*Vetado.*)

§ 4.º (*Vetado.*)

Capítulo II
DA SITUAÇÃO DOCUMENTAL DO MIGRANTE E DO VISITANTE

Seção I
Dos Documentos de Viagem

Art. 5.º São documentos de viagem:

I – passaporte;

II – *laissez-passer*;

III – autorização de retorno;

IV – salvo-conduto;

V – carteira de identidade de marítimo;

VI – carteira de matrícula consular;

VII – documento de identidade civil ou documento estrangeiro equivalente, quando admitidos em tratado;

VIII – certificado de membro de tripulação de transporte aéreo; e

IX – outros que vierem a ser reconhecidos pelo Estado brasileiro em regulamento.

§ 1.º Os documentos previstos nos incisos I, II, III, IV, V, VI e IX, quando emitidos pelo Estado brasileiro, são de propriedade da União, cabendo a seu titular a posse direta e o uso regular.

§ 2.º As condições para a concessão dos documentos de que trata o § 1.º serão previstas em regulamento.

Seção II
Dos Vistos

Subseção I
Disposições gerais

Art. 6.º O visto é o documento que dá a seu titular expectativa de ingresso em território nacional.

Parágrafo único. (*Vetado.*)

Art. 7.º O visto será concedido por embaixadas, consulados-gerais, consulados, vice-consulados e, quando habilitados pelo órgão competente do Poder Executivo, por escritórios comerciais e de representação do Brasil no exterior.

Parágrafo único. Excepcionalmente, os vistos diplomático, oficial e de cortesia poderão ser concedidos no Brasil.

Art. 8.º Poderão ser cobrados taxas e emolumentos consulares pelo processamento do visto.

Art. 9.º Regulamento disporá sobre:

I – requisitos de concessão de visto, bem como de sua simplificação, inclusive por reciprocidade;

II – prazo de validade do visto e sua forma de contagem;

III – prazo máximo para a primeira entrada e para a estada do imigrante e do visitante no País;

IV – hipóteses e condições de dispensa recíproca ou unilateral de visto e de taxas e emolumentos consulares por seu processamento; e

V – solicitação e emissão de visto por meio eletrônico.

Parágrafo único. A simplificação e a dispensa recíproca de visto ou de cobrança de taxas e emolumentos consulares por seu processamento poderão ser definidas por comunicação diplomática.

Art. 10. Não se concederá visto:

I – a quem não preencher os requisitos para o tipo de visto pleiteado;

II – a quem comprovadamente ocultar condição impeditiva de concessão de visto ou de ingresso no País; ou

III – a menor de 18 (dezoito) anos desacompanhado ou sem autorização de viagem por escrito dos responsáveis legais ou de autoridade competente.

Art. 11. Poderá ser denegado visto a quem se enquadrar em pelo menos um dos casos de impedimento definidos nos incisos I, II, III, IV e IX do art. 45.

Parágrafo único. A pessoa que tiver visto brasileiro denegado será impedida de ingressar no País enquanto permanecerem as condições que ensejaram a denegação.

Subseção II
Dos tipos de visto

Art. 12. Ao solicitante que pretenda ingressar ou permanecer em território nacional poderá ser concedido visto:

I – de visita;

II – temporário;

III – diplomático;

IV – oficial;

V – de cortesia.

Subseção III
Do visto de visita

Art. 13. O visto de visita poderá ser concedido ao visitante que venha ao Brasil para estada de curta duração, sem intenção de estabelecer residência, nos seguintes casos:

I – turismo;

II – negócios;

III – trânsito;

IV – atividades artísticas ou desportivas; e

V – outras hipóteses definidas em regulamento.

§ 1.º É vedado ao beneficiário de visto de visita exercer atividade remunerada no Brasil.

§ 2.º O beneficiário de visto de visita poderá receber pagamento do governo, de empregador brasileiro ou de entidade privada a título de diária, ajuda de custo, cachê, pró-labore ou outras despesas com a viagem, bem como concorrer a prêmios, inclusive em dinheiro, em competições desportivas ou em concursos artísticos ou culturais.

§ 3.º O visto de visita não será exigido em caso de escala ou conexão em território nacional, desde que o visitante não deixe a área de trânsito internacional.

Subseção IV
Do visto temporário

Art. 14. O visto temporário poderá ser concedido ao imigrante que venha ao Brasil com o intuito de estabelecer residência por tempo determinado e que se enquadre em pelo menos uma das seguintes hipóteses:

I – o visto temporário tenha como finalidade:

a) pesquisa, ensino ou extensão acadêmica;

b) tratamento de saúde;

c) acolhida humanitária;

d) estudo;

e) trabalho;

f) férias-trabalho;

g) prática de atividade religiosa ou serviço voluntário;

h) realização de investimento ou de atividade com relevância econômica, social, científica, tecnológica ou cultural;

i) reunião familiar;

j) atividades artísticas ou desportivas com contrato por prazo determinado;

II – o imigrante seja beneficiário de tratado em matéria de vistos;

III – outras hipóteses definidas em regulamento.

§ 1.º O visto temporário para pesquisa, ensino ou extensão acadêmica poderá ser concedido ao imigrante com ou sem vínculo empregatício com a instituição de pesquisa ou de ensino brasileira, exigida, na hipótese de vínculo, a comprovação de formação superior compatível ou equivalente reconhecimento científico.

§ 2.º O visto temporário para tratamento de saúde poderá ser concedido ao imigrante e a seu acompanhante, desde que o imigrante comprove possuir meios de subsistência suficientes.

§ 3.º O visto temporário para acolhida humanitária poderá ser concedido ao apátrida ou ao nacional de qualquer país em situação de grave ou iminente instabilidade institucional, de conflito armado, de calamidade de grande proporção, de desastre ambiental ou de grave violação de direitos humanos ou de direito internacional humanitário, ou em outras hipóteses, na forma de regulamento.

§ 4.º O visto temporário para estudo poderá ser concedido ao imigrante que pretenda vir ao Brasil para frequentar curso regular ou realizar estágio ou intercâmbio de estudo ou de pesquisa.

§ 5.º Observadas as hipóteses previstas em regulamento, o visto temporário para trabalho poderá ser concedido ao imigrante que venha exercer atividade laboral, com ou sem vínculo empregatício no Brasil, desde que comprove oferta de trabalho formalizada por pessoa jurídica em atividade no País, dispensada esta exigência se o imigrante comprovar titulação em curso de ensino superior ou equivalente.

§ 6.º O visto temporário para férias-trabalho poderá ser concedido ao imigrante maior de 16 (dezesseis) anos que seja nacional de país que conceda idêntico benefício ao nacional brasileiro, em termos definidos por comunicação diplomática.

§ 7.º Não se exigirá do marítimo que ingressar no Brasil em viagem de longo curso ou em cruzeiros marítimos pela costa brasileira o visto temporário de que trata a alínea e do inciso I do *caput*, bastando a apresentação da carteira internacional de marítimo, nos termos de regulamento.

§ 8.º É reconhecida ao imigrante a quem se tenha concedido visto temporário para trabalho a possibilidade de modificação do local de exercício de sua atividade laboral.

§ 9.º O visto para realização de investimento poderá ser concedido ao imigrante que aporte recursos em projeto com potencial para geração de empregos ou de renda no País.

§ 10. (*Vetado.*)

Subseção V
Dos vistos diplomático, oficial e de cortesia

Art. 15. Os vistos diplomático, oficial e de cortesia serão concedidos, prorrogados ou dispensados na forma desta Lei e de regulamento.

Parágrafo único. Os vistos diplomático e oficial poderão ser transformados em autorização de residência, o que importará cessação de todas as prerrogativas, privilégios e imunidades decorrentes do respectivo visto.

Art. 16. Os vistos diplomático e oficial poderão ser concedidos a autoridades e funcionários estrangeiros que viajem ao Brasil em missão oficial de caráter transitório ou permanente, representando Estado estrangeiro ou organismo internacional reconhecido.

§ 1.º Não se aplica ao titular dos vistos referidos no *caput* o disposto na legislação trabalhista brasileira.

§ 2.º Os vistos diplomático e oficial poderão ser estendidos aos dependentes das autoridades referidas no *caput*.

Art. 17. O titular de visto diplomático ou oficial somente poderá ser remunerado por Estado estrangeiro ou organismo internacional, ressalvado o disposto em tratado que contenha cláusula específica sobre o assunto.

Parágrafo único. O dependente de titular de visto diplomático ou oficial poderá exercer atividade remunerada no Brasil, sob o amparo da legislação trabalhista brasileira, desde que seja nacional de país que assegure reciprocidade de tratamento ao nacional brasileiro, por comunicação diplomática.

Art. 18. O empregado particular titular de visto de cortesia somente poderá exercer atividade remunerada para o titular de visto diplomático, oficial ou de cortesia ao qual esteja vinculado, sob o amparo da legislação trabalhista brasileira.

Parágrafo único. O titular de visto diplomático, oficial ou de cortesia será responsável pela saída de seu empregado do território nacional.

Seção III
Do Registro e da Identificação Civil do Imigrante e dos Detentores de Vistos Diplomático, Oficial e de Cortesia

Art. 19. O registro consiste na identificação civil por dados biográficos e biométricos, e é obrigatório a todo imigrante detentor de visto temporário ou de autorização de residência.

• Identificação civil nacional: Lei n. 13.444, de 11-5-2017.

§ 1.º O registro gerará número único de identificação que garantirá o pleno exercício dos atos da vida civil.

§ 2.º O documento de identidade do imigrante será expedido com base no número único de identificação.

§ 3.º Enquanto não for expedida identificação civil, o documento comprobatório de que o imigrante a solicitou à autoridade competente garantirá ao titular o acesso aos direitos disciplinados nesta Lei.

Art. 20. A identificação civil de solicitante de refúgio, de asilo, de reconhecimento de apatridia e de acolhimento humanitário poderá ser realizada com a apresentação dos documentos de que o imigrante dispuser.

Art. 21. Os documentos de identidade emitidos até a data de publicação desta Lei continuarão válidos até sua total substituição.

Art. 22. A identificação civil, o documento de identidade e as formas de gestão da base cadastral dos detentores de vistos diplomático, oficial e de cortesia atenderão a disposições específicas previstas em regulamento.

Capítulo III
DA CONDIÇÃO JURÍDICA DO MIGRANTE E DO VISITANTE

Seção I
Do Residente Fronteiriço

Art. 23. A fim de facilitar a sua livre circulação, poderá ser concedida ao residente fronteiriço, mediante requerimento, autorização para a realização de atos da vida civil.

Parágrafo único. Condições específicas poderão ser estabelecidas em regulamento ou tratado.

Art. 24. A autorização referida no *caput* do art. 23 indicará o Município fronteiriço no qual o residente estará autorizado a exercer os direitos a ele atribuídos por esta Lei.

§ 1.º O residente fronteiriço detentor da autorização gozará das garantias e dos direitos assegurados pelo regime geral de migração desta Lei, conforme especificado em regulamento.

§ 2.º O espaço geográfico de abrangência e de validade da autorização será especificado no documento de residente fronteiriço.

Art. 25. O documento de residente fronteiriço será cancelado, a qualquer tempo, se o titular:

I – tiver fraudado documento ou utilizado documento falso para obtê-lo;

II – obtiver outra condição migratória;

III – sofrer condenação penal; ou

IV – exercer direito fora dos limites previstos na autorização.

Seção II
Da Proteção do Apátrida e da Redução da Apatridia

Art. 26. Regulamento disporá sobre instituto protetivo especial do apátrida, consolidado em processo simplificado de naturalização.

§ 1.º O processo de que trata o *caput* será iniciado tão logo seja reconhecida a situação de apatridia.

§ 2.º Durante a tramitação do processo de reconhecimento da condição de apátrida, incidem todas as garantias e mecanismos protetivos e de facilitação da inclusão social relativos à Convenção sobre o Estatuto dos Apátridas de 1954, promulgada pelo Decreto n. 4.246, de 22 de maio de 2002, à Convenção relativa ao Estatuto dos Refugiados, promulgada pelo Decreto n. 50.215, de 28 de janeiro de 1961, e à Lei n. 9.474, de 22 de julho de 1997.

• A Lei n. 9.474, de 22-7-1997, dispõe sobre refugiados.

§ 3.º Aplicam-se ao apátrida residente todos os direitos atribuídos ao migrante relacionados no art. 4.º.

§ 4.º O reconhecimento da condição de apátrida assegura os direitos e garantias previstos na Convenção sobre o Estatuto dos Apátridas, de 1954, promulgada pelo Decreto n. 4.246, de 22 de maio de 2002, bem como outros direitos e garantias reconhecidos pelo Brasil.

§ 5.º O processo de reconhecimento da condição de apátrida tem como objetivo verificar se o solicitante é considerado nacional pela legislação de algum Estado e poderá considerar informações, documentos e declarações prestadas pelo próprio solicitante e por órgãos e organismos nacionais e internacionais.

§ 6.º Reconhecida a condição de apátrida, nos termos do inciso VI do § 1.º do art. 1.º, o solicitante será consultado sobre o desejo de adquirir a nacionalidade brasileira.

§ 7.º Caso o apátrida opte pela naturalização, a decisão sobre o reconhecimento será encaminhada ao órgão competente do Poder Executivo para publicação dos atos necessários à efetivação da naturalização no prazo de 30 (trinta) dias, observado o art. 65.

§ 8.º O apátrida reconhecido que não opte pela naturalização imediata terá a autorização de residência outorgada em caráter definitivo.

§ 9.º Caberá recurso contra decisão negativa de reconhecimento da condição de apátrida.

§ 10. Subsistindo a denegação do reconhecimento da condição de apátrida, é vedada a devolução do indivíduo para país onde sua vida, integridade pessoal ou liberdade estejam em risco.

§ 11. Será reconhecido o direito de reunião familiar a partir do reconhecimento da condição de apátrida.

§ 12. Implica perda da proteção conferida por esta Lei:

I – a renúncia;

II – a prova da falsidade dos fundamentos invocados para o reconhecimento da condição de apátrida; ou

III – a existência de fatos que, se fossem conhecidos por ocasião do reconhecimento, teriam ensejado decisão negativa.

Seção III
Do Asilado

Art. 27. O asilo político, que constitui ato discricionário do Estado, poderá ser diplomático ou territorial e será outorgado como instrumento de proteção à pessoa.

• *Vide* art. 4.º, X, da CF.

Parágrafo único. Regulamento disporá sobre as condições para a concessão e a manutenção de asilo.

Art. 28. Não se concederá asilo a quem tenha cometido crime de genocídio, crime contra a humanidade, crime de guerra ou crime de agressão, nos termos do Estatuto de Roma do Tribunal Penal Internacional, de 1998, promulgado pelo Decreto n. 4.388, de 25 de setembro de 2002.

Art. 29. A saída do asilado do País sem prévia comunicação implica renúncia ao asilo.

Seção IV
Da Autorização de Residência

Art. 30. A residência poderá ser autorizada, mediante registro, ao imigrante, ao residente fronteiriço ou ao visitante que se enquadre em uma das seguintes hipóteses:

I – a residência tenha como finalidade:

a) pesquisa, ensino ou extensão acadêmica;

b) tratamento de saúde;

c) acolhida humanitária;

d) estudo;

e) trabalho;

f) férias-trabalho;

g) prática de atividade religiosa ou serviço voluntário;

h) realização de investimento ou de atividade com relevância econômica, social, científica, tecnológica ou cultural;

i) reunião familiar;

II – a pessoa:

a) seja beneficiária de tratado em matéria de residência e livre circulação;

b) seja detentora de oferta de trabalho;

c) já tenha possuído a nacionalidade brasileira e não deseje ou não reúna os requisitos para readquiri-la;

d) (*vetada*);

e) seja beneficiária de refúgio, de asilo ou de proteção ao apátrida;

f) seja menor nacional de outro país ou apátrida, desacompanhado ou abandonado, que se encontre nas fronteiras brasileiras ou em território nacional;

g) tenha sido vítima de tráfico de pessoas, de trabalho escravo ou de violação de direito agravada por sua condição migratória;

• A Lei n. 13.344, de 6-10-2016, dispõe sobre prevenção e repressão ao tráfico interno e internacional de pessoas.

h) esteja em liberdade provisória ou em cumprimento de pena no Brasil;

III – outras hipóteses definidas em regulamento.

§ 1.º Não se concederá a autorização de residência a pessoa condenada criminalmente no Brasil ou no exterior por sentença transitada em julgado, desde que a conduta esteja tipificada na legislação penal brasileira, ressalvados os casos em que:

I – a conduta caracterize infração de menor potencial ofensivo;

II – (*vetado*); ou

III – a pessoa se enquadre nas hipóteses previstas nas alíneas *b*, *c* e *i* do inciso I e na alínea *a* do inciso II do *caput* deste artigo.

§ 2.º O disposto no § 1.º não obsta progressão de regime de cumprimento de pena, nos termos da Lei n. 7.210, de 11 de julho de 1984, ficando a pessoa autorizada a trabalhar quando assim exigido pelo novo regime de cumprimento de pena.

• A Lei n. 7.210, de 11-7-1984, dispõe sobre execução penal.

§ 3.º Nos procedimentos conducentes ao cancelamento de autorização de residência e no recurso contra a negativa de concessão de autorização de residência devem ser respeitados o contraditório e a ampla defesa.

Art. 31. Os prazos e o procedimento da autorização de residência de que trata o art. 30 serão dispostos em regulamento, observado o disposto nesta Lei.

§ 1.º Será facilitada a autorização de residência nas hipóteses das alíneas *a* e *e* do inciso I do art. 30 desta Lei, devendo a deliberação sobre a autorização ocorrer em prazo não superior a 60 (sessenta) dias, a contar de sua solicitação.

§ 2.º Nova autorização de residência poderá ser concedida, nos termos do art. 30, mediante requerimento.

§ 3.º O requerimento de nova autorização de residência após o vencimento do prazo da autorização anterior implicará aplicação da sanção prevista no inciso II do art. 109.

§ 4.º O solicitante de refúgio, de asilo ou de proteção ao apátrida fará jus a autorização provisória de residência até a obtenção de resposta ao seu pedido.

§ 5.º Poderá ser concedida autorização de residência independentemente da situação migratória.

Art. 32. Poderão ser cobradas taxas pela autorização de residência.

Art. 33. Regulamento disporá sobre a perda e o cancelamento da autorização de residência em razão de fraude ou de ocultação de condição impeditiva de concessão de visto, de ingresso ou de permanência no País, observado procedimento administrativo que garanta o contraditório e a ampla defesa.

Art. 34. Poderá ser negada autorização de residência com fundamento nas hipóteses previstas nos incisos I, II, III, IV e IX do art. 45.

Art. 35. A posse ou a propriedade de bem no Brasil não confere o direito de obter visto ou autorização de residência em território nacional, sem prejuízo do disposto sobre visto para realização de investimento.

Art. 36. O visto de visita ou de cortesia poderá ser transformado em autorização de residência, mediante requerimento e registro, desde que satisfeitos os requisitos previstos em regulamento.

Seção V
Da Reunião Familiar

Art. 37. O visto ou a autorização de residência para fins de reunião familiar será concedido ao imigrante:

I – cônjuge ou companheiro, sem discriminação alguma;

II – filho de imigrante beneficiário de autorização de residência, ou que tenha filho brasileiro ou imigrante beneficiário de autorização de residência;

III – ascendente, descendente até o segundo grau ou irmão de brasileiro ou de imigrante beneficiário de autorização de residência; ou

IV – que tenha brasileiro sob sua tutela ou guarda.

Parágrafo único. (*Vetado.*)

Capítulo IV
DA ENTRADA E DA SAÍDA DO TERRITÓRIO NACIONAL

Seção I
Da Fiscalização Marítima, Aeroportuária e de Fronteira

Art. 38. As funções de polícia marítima, aeroportuária e de fronteira serão realizadas pela Polícia Federal nos pontos de entrada e de saída do território nacional.

Parágrafo único. É dispensável a fiscalização de passageiro, tripulante e estafe de navio em passagem inocente, exceto quando houver necessidade de descida de pessoa a terra ou de subida a bordo do navio.

Art. 39. O viajante deverá permanecer em área de fiscalização até que seu documento de viagem tenha sido verificado, salvo os casos previstos em lei.

Art. 40. Poderá ser autorizada a admissão excepcional no País de pessoa que se encontre em uma das seguintes condições, desde que esteja de posse de documento de viagem válido:

I – não possua visto;

II – seja titular de visto emitido com erro ou omissão;

III – tenha perdido a condição de residente por ter permanecido ausente do País na forma especificada em regulamento e detenha as condições objetivas para a concessão de nova autorização de residência;

IV – (*vetado*); ou

V – seja criança ou adolescente desacompanhado de responsável legal e sem autorização expressa para viajar desacompanhado, independentemente do documento de viagem que portar, hipótese em que haverá imediato encaminhamento ao Conselho Tutelar ou, em caso de necessidade, a instituição indicada pela autoridade competente.

Parágrafo único. Regulamento poderá dispor sobre outras hipóteses excepcionais de admissão, observados os princípios e as diretrizes desta Lei.

Art. 41. A entrada condicional, em território nacional, de pessoa que não preencha os requisitos de admissão poderá ser autorizada mediante a assinatura, pelo transportador ou por seu agente, de termo de compromisso de custear as despesas com a permanência e com as providências para a repatriação do viajante.

Art. 42. O tripulante ou o passageiro que, por motivo de força maior, for obrigado a interromper a viagem em território nacional poderá ter seu desembarque permitido mediante termo de responsabilidade pelas despesas decorrentes do transbordo.

Art. 43. A autoridade responsável pela fiscalização contribuirá para a aplicação de medidas sanitárias em consonância com o Regulamento Sanitário Internacional e com outras disposições pertinentes.

Seção II

Do Impedimento de Ingresso

Art. 44. (*Vetado.*)

Art. 45. Poderá ser impedida de ingressar no País, após entrevista individual e mediante ato fundamentado, a pessoa:

I – anteriormente expulsa do País, enquanto os efeitos da expulsão vigorarem;

- *Vide* art. 11 desta Lei.

II – condenada ou respondendo a processo por ato de terrorismo ou por crime de genocídio, crime contra a humanidade, crime de guerra ou crime de agressão, nos termos definidos pelo Estatuto de Roma do Tribunal Penal Internacional, de 1998, promulgado pelo Decreto n. 4.388, de 25 de setembro de 2002;

- *Vide* art. 11 desta Lei.

III – condenada ou respondendo a processo em outro país por crime doloso passível de extradição segundo a lei brasileira;

- *Vide* art. 11 desta Lei.

IV – que tenha o nome incluído em lista de restrições por ordem judicial ou por compromisso assumido pelo Brasil perante organismo internacional;

- *Vide* art. 11 desta Lei.

V – que apresente documento de viagem que:

a) não seja válido para o Brasil;

b) esteja com o prazo de validade vencido; ou

c) esteja com rasura ou indício de falsificação;

VI – que não apresente documento de viagem ou documento de identidade, quando admitido;

VII – cuja razão da viagem não seja condizente com o visto ou com o motivo alegado para a isenção de visto;

VIII – que tenha, comprovadamente, fraudado documentação ou prestado informação falsa por ocasião da solicitação de visto; ou

IX – que tenha praticado ato contrário aos princípios e objetivos dispostos na Constituição Federal.

•• A Portaria n. 770, de 11-10-2019, do Ministério da Justiça e Segurança Pública, dispõe sobre o impedimento de ingresso, a repatriação e a deportação de pessoa perigosa ou que tenha praticado ato contrário à Constituição Federal.

- *Vide* art. 11 desta Lei.

Parágrafo único. Ninguém será impedido de ingressar no País por motivo de raça, religião, nacionalidade, pertinência a grupo social ou opinião política.

Capítulo V
DAS MEDIDAS DE RETIRADA COMPULSÓRIA

Seção I

Disposições Gerais

Art. 46. A aplicação deste Capítulo observará o disposto na Lei n. 9.474, de 22 de julho de 1997, e nas disposições legais, tratados, instrumentos e mecanismos que tratem da proteção aos apátridas ou de outras situações humanitárias.

Art. 47. A repatriação, a deportação e a expulsão serão feitas para o país de nacionalidade ou de procedência do migrante ou do visitante, ou para outro que o aceite, em observância aos tratados dos quais o Brasil seja parte.

Art. 48. Nos casos de deportação ou expulsão, o chefe da unidade da Polícia Federal poderá representar perante o juízo federal, respeitados, nos procedimentos judiciais, os direitos à ampla defesa e ao devido processo legal.

Seção II

Da Repatriação

Art. 49. A repatriação consiste em medida administrativa de devolução de pessoa em situação de impedimento ao país de procedência ou de nacionalidade.

§ 1.º Será feita imediata comunicação do ato fundamentado de repatriação à empresa transportadora e à autoridade consular do país de procedência ou de nacionalidade do migrante ou do visitante, ou a quem o representa.

§ 2.º A Defensoria Pública da União será notificada, preferencialmente por via eletrônica, no caso do § 4.º deste artigo ou quando a repatriação imediata não seja possível.

§ 3.º Condições específicas de repatriação podem ser definidas por regulamento ou tratado, observados os princípios e as garantias previstos nesta Lei.

§ 4.º Não será aplicada medida de repatriação à pessoa em situação de refúgio ou de apatridia, de fato ou de direito, ao menor de 18 (dezoito) anos desacompanhado ou separado de sua família, exceto nos casos em que se demonstrar favorável para a garantia de seus direitos ou para a reintegração a sua família de origem, ou a quem necessite de acolhimento humanitário, nem, em qualquer caso, medida de devolução para país ou região que possa apresentar risco à vida, à integridade pessoal ou à liberdade da pessoa.

§ 5.º (*Vetado.*)

Seção III

Da Deportação

Art. 50. A deportação é medida decorrente de procedimento administrativo que consiste na retirada compulsória de pessoa que se encontre em situação migratória irregular em território nacional.

§ 1.º A deportação será precedida de notificação pessoal ao deportando, da qual constem, expressamente, as irregularidades verificadas e prazo para a regularização não inferior a 60 (sessenta) dias, podendo ser prorrogado, por igual período, por despacho fundamentado e mediante compromisso de a pessoa manter atualizadas suas informações domiciliares.

§ 2.º A notificação prevista no § 1.º não impede a livre circulação em território nacional, devendo o deportando informar seu domicílio e suas atividades.

§ 3.º Vencido o prazo do § 1.º sem que se regularize a situação migratória, a deportação poderá ser executada.

§ 4.º A deportação não exclui eventuais direitos adquiridos em relações contratuais ou decorrentes da lei brasileira.

§ 5.º A saída voluntária de pessoa notificada para deixar o País equivale ao cumprimento da notificação de deportação para todos os fins.

§ 6.º O prazo previsto no § 1.º poderá ser reduzido nos casos que se enquadrem no inciso IX do art. 45.

•• A Portaria n. 770, de 11-10-2019, do Ministério da Justiça e Segurança Pública, dispõe sobre o impedimento de ingresso, a repatriação e a deportação de pessoa perigosa ou que tenha praticado ato contrário à Constituição Federal.

Art. 51. Os procedimentos conducentes à deportação devem respeitar o contraditório e a ampla defesa e a garantia de recurso com efeito suspensivo.

§ 1.º A Defensoria Pública da União deverá ser notificada, preferencialmente por meio eletrônico, para prestação de assistência ao deportando em todos os procedimentos administrativos de deportação.

§ 2.º A ausência de manifestação da Defensoria Pública da União, desde que prévia e devidamente notificada, não impedirá a efetivação da medida de deportação.

Art. 52. Em se tratando de apátrida, o procedimento de deportação dependerá de prévia autorização da autoridade competente.

Art. 53. Não se procederá à deportação se a medida configurar extradição não admitida pela legislação brasileira.

Seção IV
Da Expulsão

Art. 54. A expulsão consiste em medida administrativa de retirada compulsória de migrante ou visitante do território nacional, conjugada com o impedimento de reingresso por prazo determinado.

§ 1.º Poderá dar causa à expulsão a condenação com sentença transitada em julgado relativa à prática de:

I – crime de genocídio, crime contra a humanidade, crime de guerra ou crime de agressão, nos termos definidos pelo Estatuto de Roma do Tribunal Penal Internacional, de 1998, promulgado pelo Decreto n. 4.388, de 25 de setembro de 2002; ou

II – crime comum doloso passível de pena privativa de liberdade, consideradas a gravidade e as possibilidades de ressocialização em território nacional.

§ 2.º Caberá à autoridade competente resolver sobre a expulsão, a duração do impedimento de reingresso e a suspensão ou a revogação dos efeitos da expulsão, observado o disposto nesta Lei.

§ 3.º O processamento da expulsão em caso de crime comum não prejudicará a progressão de regime, o cumprimento da pena, a suspensão condicional do processo, a comutação da pena ou a concessão de pena alternativa, de indulto coletivo ou individual, de anistia ou de quaisquer benefícios concedidos em igualdade de condições ao nacional brasileiro.

§ 4.º O prazo de vigência da medida de impedimento vinculada aos efeitos da expulsão será proporcional ao prazo total da pena aplicada e nunca será superior ao dobro de seu tempo.

Art. 55. Não se procederá à expulsão quando:

I – a medida configurar extradição inadmitida pela legislação brasileira;

II – o expulsando:

a) tiver filho brasileiro que esteja sob sua guarda ou dependência econômica ou socioafetiva ou tiver pessoa brasileira sob sua tutela;

b) tiver cônjuge ou companheiro residente no Brasil, sem discriminação alguma, reconhecido judicial ou legalmente;

c) tiver ingressado no Brasil até os 12 (doze) anos de idade, residindo desde então no País;

d) for pessoa com mais de 70 (setenta) anos que resida no País há mais de 10 (dez) anos, considerados a gravidade e o fundamento da expulsão; ou

e) (*vetada.*)

Art. 56. Regulamento definirá procedimentos para apresentação e processamento de pedidos de suspensão e de revogação dos efeitos das medidas de expulsão e de impedimento de ingresso e permanência em território nacional.

Art. 57. Regulamento disporá sobre condições especiais de autorização de residência para viabilizar medidas de ressocialização a migrante e a visitante em cumprimento de penas aplicadas ou executadas em território nacional.

Art. 58. No processo de expulsão serão garantidos o contraditório e a ampla defesa.

• *Vide* art. 5.º, LV, da CF.

§ 1.º A Defensoria Pública da União será notificada da instauração de processo de expulsão, se não houver defensor constituído.

§ 2.º Caberá pedido de reconsideração da decisão sobre a expulsão no prazo de 10 (dez) dias, a contar da notificação pessoal do expulsando.

Art. 59. Será considerada regular a situação migratória do expulsando cujo processo esteja pendente de decisão, nas condições previstas no art. 55.

Art. 60. A existência de processo de expulsão não impede a saída voluntária do expulsando do País.

Seção V
Das Vedações

Art. 61. Não se procederá à repatriação, à deportação ou à expulsão coletivas.

Parágrafo único. Entende-se por repatriação, deportação ou expulsão coletiva aquela que não individualiza a situação migratória irregular de cada pessoa.

Art. 62. Não se procederá à repatriação, à deportação ou à expulsão de nenhum indivíduo quando subsistirem razões para acreditar que a medida poderá colocar em risco a vida ou a integridade pessoal.

Capítulo VI
DA OPÇÃO DE NACIONALIDADE E DA NATURALIZAÇÃO

Seção I
Da Opção de Nacionalidade

Art. 63. O filho de pai ou de mãe brasileiro nascido no exterior e que não tenha sido registrado em repartição consular poderá, a qualquer tempo, promover ação de opção de nacionalidade.

Parágrafo único. O órgão de registro deve informar periodicamente à autoridade competente os dados relativos à opção de nacionalidade, conforme regulamento.

Seção II
Das Condições da Naturalização

Art. 64. A naturalização pode ser:

I – ordinária;

II – extraordinária;

III – especial; ou

IV – provisória.

Art. 65. Será concedida a naturalização ordinária àquele que preencher as seguintes condições:

I – ter capacidade civil, segundo a lei brasileira;

II – ter residência em território nacional, pelo prazo mínimo de 4 (quatro) anos;

III – comunicar-se em língua portuguesa, consideradas as condições do naturalizando; e

IV – não possuir condenação penal ou estiver reabilitado, nos termos da lei.

Art. 66. O prazo de residência fixado no inciso II do *caput* do art. 65 será reduzido para, no mínimo, 1 (um) ano se o naturalizando preencher quaisquer das seguintes condições:

I – (*vetado*);

II – ter filho brasileiro;

III – ter cônjuge ou companheiro brasileiro e não estar dele separado legalmente ou de fato no momento de concessão da naturalização;

IV – (*vetado*);

V – haver prestado ou poder prestar serviço relevante ao Brasil; ou

VI – recomendar-se por sua capacidade profissional, científica ou artística.

Parágrafo único. O preenchimento das condições previstas nos incisos V e VI do *caput* será avaliado na forma disposta em regulamento.

Art. 67. A naturalização extraordinária será concedida a pessoa de qualquer nacionalidade fixada no Brasil há mais de 15 (quinze) anos ininterruptos e sem condenação penal, desde que requeira a nacionalidade brasileira.

Art. 68. A naturalização especial poderá ser concedida ao estrangeiro que se encontre em uma das seguintes situações:

I – seja cônjuge ou companheiro, há mais de 5 (cinco) anos, de integrante do Serviço Exterior Brasileiro em atividade ou de pessoa a serviço do Estado brasileiro no exterior; ou

II – seja ou tenha sido empregado em missão diplomática ou em repartição consular do Brasil por mais de 10 (dez) anos ininterruptos.

Art. 69. São requisitos para a concessão da naturalização especial:

I – ter capacidade civil, segundo a lei brasileira;

II – comunicar-se em língua portuguesa, consideradas as condições do naturalizando; e

III – não possuir condenação penal ou estiver reabilitado, nos termos da lei.

Art. 70. A naturalização provisória poderá ser concedida ao migrante criança ou adolescente que tenha fixado residência em território nacional antes de completar 10 (dez) anos de idade e deverá ser requerida por intermédio de seu representante legal.

Parágrafo único. A naturalização prevista no *caput* será convertida em definitiva se o naturalizando expressamente assim o requerer no prazo de 2 (dois) anos após atingir a maioridade.

Art. 71. O pedido de naturalização será apresentado e processado na forma prevista pelo órgão competente do Poder Executivo, sendo cabível recurso em caso de denegação.

§ 1.º No curso do processo de naturalização, o naturalizando poderá requerer tradução ou a adaptação de seu nome à língua portuguesa.

§ 2.º Será mantido cadastro com o nome traduzido ou adaptado associado ao nome anterior.

Art. 72. No prazo de até 1 (um) ano após a concessão da naturalização, deverá o naturalizado comparecer perante a Justiça Eleitoral para o devido cadastramento.

Seção III
Dos Efeitos da Naturalização

Art. 73. A naturalização produz efeitos após a publicação no *Diário Oficial* do ato de naturalização.

Art. 74. (*Vetado.*)

Seção IV
Da Perda da Nacionalidade

Art. 75. O naturalizado perderá a nacionalidade em razão de condenação transitada em julgado por atividade nociva ao interesse nacional, nos termos do inciso I do § 4.º do art. 12 da Constituição Federal.

Parágrafo único. O risco de geração de situação de apatridia será levado em consideração antes da efetivação da perda da nacionalidade.

Seção V
Da Reaquisição da Nacionalidade

Art. 76. O brasileiro que, em razão do previsto no inciso I do § 4.º do art. 12 da Constituição Federal, houver perdido a nacionalidade, uma vez cessada a causa, poderá readquiri-la ou ter o ato que declarou a perda revogado, na forma definida pelo órgão competente do Poder Executivo.

Capítulo VII
DO EMIGRANTE

Seção I
Das Políticas Públicas para os Emigrantes

Art. 77. As políticas públicas para os emigrantes observarão os seguintes princípios e diretrizes:

I – proteção e prestação de assistência consular por meio das representações do Brasil no exterior;

II – promoção de condições de vida digna, por meio, entre outros, da facilitação do registro consular e da prestação de serviços consulares relativos às áreas de educação, saúde, trabalho, previdência social e cultura;

III – promoção de estudos e pesquisas sobre os emigrantes e as comunidades de brasileiros no exterior, a fim de subsidiar a formulação de políticas públicas;

IV – atuação diplomática, nos âmbitos bilateral, regional e multilateral, em defesa dos direitos do emigrante brasileiro, conforme o direito internacional;

V – ação governamental integrada, com a participação de órgãos do governo com atuação nas áreas temáticas mencionadas nos incisos I, II, III e IV, visando a assistir as comunidades brasileiras no exterior; e

VI – esforço permanente de desburocratização, atualização e modernização do sistema de atendimento, com o objetivo de aprimorar a assistência ao emigrante.

Seção II
Dos Direitos do Emigrante

Art. 78. Todo emigrante que decida retornar ao Brasil com ânimo de residência poderá introduzir no País, com isenção de direitos de importação e de taxas aduaneiras, os bens novos ou usados que um viajante, em compatibilidade com as circunstâncias de sua viagem, puder destinar para seu uso ou consumo pessoal e profissional, sempre que, por sua quantidade, natureza ou variedade, não permitam presumir importação ou exportação com fins comerciais ou industriais.

Art. 79. Em caso de ameaça à paz social e à ordem pública por grave ou iminente instabilidade institucional ou de calamidade de grande proporção na natureza, deverá ser prestada especial assistência ao emigrante pelas representações brasileiras no exterior.

Art. 80. O tripulante brasileiro contratado por embarcação ou armadora estrangeira, de cabotagem ou a longo curso e com sede ou filial no Brasil, que explore economicamente o mar territorial e a costa brasileira terá direito a seguro a cargo do contratante, válido para todo o período da contratação, conforme o disposto no Registro de Embarcações Brasileiras (REB), contra acidente de trabalho, invalidez total ou parcial e morte, sem prejuízo de benefícios de apólice mais favorável vigente no exterior.

Capítulo VIII
DAS MEDIDAS DE COOPERAÇÃO

Seção I
Da Extradição

Art. 81. A extradição é a medida de cooperação internacional entre o Estado brasileiro e outro Estado pela qual se concede ou solicita a entrega de pessoa sobre quem recaia condenação criminal definitiva ou para fins de instrução de processo penal em curso.

§ 1.º A extradição será requerida por via diplomática ou pelas autoridades centrais designadas para esse fim.

§ 2.º A extradição e sua rotina de comunicação serão realizadas pelo órgão competente do Poder Executivo em coordenação com as autoridades judiciárias e policiais competentes.

Art. 82. Não se concederá a extradição quando:

•• *Vide* art. 5.º, LI, da CF.

I – o indivíduo cuja extradição é solicitada ao Brasil for brasileiro nato;

II – o fato que motivar o pedido não for considerado crime no Brasil ou no Estado requerente;

III – o Brasil for competente, segundo suas leis, para julgar o crime imputado ao extraditando;

IV – a lei brasileira impuser ao crime pena de prisão inferior a 2 (dois) anos;

V – o extraditando estiver respondendo a processo ou já houver sido condenado ou absolvido no Brasil pelo mesmo fato em que se fundar o pedido;

VI – a punibilidade estiver extinta pela prescrição, segundo a lei brasileira ou a do Estado requerente;

VII – o fato constituir crime político ou de opinião;

VIII – o extraditando tiver de responder, no Estado requerente, perante tribunal ou juízo de exceção; ou

IX – o extraditando for beneficiário de refúgio, nos termos da Lei n. 9.474, de 22 de julho de 1997, ou de asilo territorial.

§ 1.º A previsão constante do inciso VII do *caput* não impedirá a extradição quando o fato constituir, principalmente, infração à lei penal comum ou quando o crime comum, conexo ao delito político, constituir o fato principal.

§ 2.º Caberá à autoridade judiciária competente a apreciação do caráter da infração.

§ 3.º Para determinação da incidência do disposto no inciso I, será observada, nos casos de aquisição de outra nacionalidade por naturalização, a anterioridade do fato gerador da extradição.

§ 4.º O Supremo Tribunal Federal poderá deixar de considerar crime político o atentado contra chefe de Estado ou quaisquer autoridades, bem como crime contra a humanidade, crime de guerra, crime de genocídio e terrorismo.

§ 5.º Admite-se a extradição de brasileiro naturalizado, nas hipóteses previstas na Constituição Federal.

Art. 83. São condições para concessão da extradição:

I – ter sido o crime cometido no território do Estado requerente ou serem aplicáveis ao extraditando as leis penais desse Estado; e

II – estar o extraditando respondendo a processo investigatório ou a processo penal ou ter sido condenado pelas autoridades judiciárias do Estado requerente a pena privativa de liberdade.

Art. 84. Em caso de urgência, o Estado interessado na extradição poderá, previamente ou conjuntamente com a formalização do pedido extradicional, requerer, por via diplomática ou por meio de autoridade central do Poder Executivo, prisão cautelar com o objetivo de assegurar a executoriedade da medida de extradição que, após exame da presença dos pressupostos formais de admissibilidade exigidos nesta Lei ou em tratado, deverá representar à autoridade judicial competente, ouvido previamente o Ministério Público Federal.

§ 1.º O pedido de prisão cautelar deverá conter informação sobre o crime cometido e deverá ser fundamentado, podendo ser apresentado por correio, fax, mensagem eletrônica ou qualquer outro meio que assegure a comunicação por escrito.

§ 2.º O pedido de prisão cautelar poderá ser transmitido à autoridade competente para extradição no Brasil por meio de canal estabelecido com o ponto focal da Organização Internacional de Polícia Criminal (Interpol) no País, devidamente instruído com a documentação comprobatória da existência de ordem de prisão proferida por Estado estrangeiro, e, em caso de ausência de tratado, com a promessa de reciprocidade recebida por via diplomática.

§ 3.º Efetivada a prisão do extraditando, o pedido de extradição será encaminhado à autoridade judiciária competente.

§ 4.º Na ausência de disposição específica em tratado, o Estado estrangeiro deverá formalizar o pedido de extradição no prazo de 60 (sessenta) dias, contado da data em que tiver sido cientificado da prisão do extraditando.

§ 5.º Caso o pedido de extradição não seja apresentado no prazo previsto no § 4.º, o extraditando deverá ser posto em liberdade, não se admitindo novo pedido de prisão cautelar pelo mesmo fato sem que a extradição tenha sido devidamente requerida.

§ 6.º A prisão cautelar poderá ser prorrogada até o julgamento final da autoridade judiciária competente quanto à legalidade do pedido de extradição.

Art. 85. Quando mais de um Estado requerer a extradição da mesma pessoa, pelo mesmo fato, terá preferência o pedido daquele em cujo território a infração foi cometida.

§ 1.º Em caso de crimes diversos, terá preferência, sucessivamente:

I – o Estado requerente em cujo território tenha sido cometido o crime mais grave, segundo a lei brasileira;

II – o Estado que em primeiro lugar tenha pedido a entrega do extraditando, se a gravidade dos crimes for idêntica;

III – o Estado de origem, ou, em sua falta, o domiciliar do extraditando, se os pedidos forem simultâneos.

§ 2.º Nos casos não previstos nesta Lei, o órgão competente do Poder Executivo decidirá sobre a preferência do pedido, priorizando o Estado requerente que mantiver tratado de extradição com o Brasil.

§ 3.º Havendo tratado com algum dos Estados requerentes, prevalecerão suas normas no que diz respeito à preferência de que trata este artigo.

Art. 86. O Supremo Tribunal Federal, ouvido o Ministério Público, poderá autorizar prisão albergue ou domiciliar ou determinar que o extraditando responda ao processo de extradição em liberdade, com retenção do documento de viagem ou outras medidas cautelares necessárias, até o julgamento da extradição ou a entrega do extraditando, se pertinente, considerando a situação administrativa migratória, os antecedentes do extraditando e as circunstâncias do caso.

Art. 87. O extraditando poderá entregar-se voluntariamente ao Estado requerente, desde que o declare expressamente, esteja assistido por advogado e seja advertido de que tem direito ao processo judicial de extradição e à proteção que tal direito encerra, caso em que o pedido será decidido pelo Supremo Tribunal Federal.

Art. 88. Todo pedido que possa originar processo de extradição em face de Estado estrangeiro deverá ser encaminhado ao órgão competente do Poder Executivo diretamente pelo órgão do Poder Judiciário responsável pela decisão ou pelo processo penal que a fundamenta.

§ 1.º Compete a órgão do Poder Executivo o papel de orientação, de informação e de avaliação dos elementos formais de admissibilidade dos processos preparatórios para encaminhamento ao Estado requerido.

§ 2.º Compete aos órgãos do sistema de Justiça vinculados ao processo penal gerador de pedido de extradição a apresentação de todos os documentos, manifestações e demais elementos necessários para o processamento do pedido, inclusive suas traduções oficiais.

§ 3.º O pedido deverá ser instruído com cópia autêntica ou com o original da sentença condenatória ou da decisão penal proferida, conterá indicações precisas sobre o local, a data, a natureza e as circunstâncias do fato criminoso e a identidade do extraditando e será acompanhado de cópia dos textos legais sobre o crime, a competência, a pena e a prescrição.

§ 4.º O encaminhamento do pedido de extradição ao órgão competente do Poder Executivo confere autenticidade aos documentos.

Art. 89. O pedido de extradição originado de Estado estrangeiro será recebido pelo órgão competente do Poder Executivo e, após exame da presença dos pressupostos formais de admissibilidade exigidos nesta Lei ou em tratado, encaminhado à autoridade judiciária competente.

Parágrafo único. Não preenchidos os pressupostos referidos no *caput*, o pedido será arquivado mediante decisão fundamentada, sem prejuízo da possibilidade de renovação do pedido, devidamente instruído, uma vez superado o óbice apontado.

Art. 90. Nenhuma extradição será concedida sem prévio pronunciamento do Supremo Tribunal Federal sobre sua legalidade e procedência, não cabendo recurso da decisão.

Art. 91. Ao receber o pedido, o relator designará dia e hora para o interrogatório do extraditando e, conforme o caso, nomear-lhe-á curador ou advogado, se não o tiver.

§ 1.º A defesa, a ser apresentada no prazo de 10 (dez) dias contado da data do interrogatório, versará sobre a identidade da pessoa reclamada, defeito de forma de documento apresentado ou ilegalidade da extradição.

§ 2.º Não estando o processo devidamente instruído, o Tribunal, a requerimento do órgão do Ministério Público Federal correspondente, poderá converter o julgamento em diligência para suprir a falta.

§ 3.º Para suprir a falta referida no § 2.º, o Ministério Público Federal terá prazo improrrogável de 60 (sessenta) dias, após o qual o pedido será julgado independentemente da diligência.

§ 4.º O prazo referido no § 3.º será contado da data de notificação à missão diplomática do Estado requerente.

Art. 92. Julgada procedente a extradição e autorizada a entrega pelo órgão competente do Poder Executivo, será o ato comunicado por via diplomática ao Estado requerente, que, no prazo de 60 (sessenta) dias da comunicação, deverá retirar o extraditando do território nacional.

Art. 93. Se o Estado requerente não retirar o extraditando do território nacional no prazo previsto no art. 92, será ele posto em liberdade, sem prejuízo de outras medidas aplicáveis.

Art. 94. Negada a extradição em fase judicial, não se admitirá novo pedido baseado no mesmo fato.

Art. 95. Quando o extraditando estiver sendo processado ou tiver sido condenado, no Brasil, por crime punível com pena privativa de liberdade, a extradição será executada somente depois da conclusão do processo ou do cumprimento da pena, ressalvadas as hipóteses de liberação antecipada pelo Poder Judiciário e de determinação da transferência da pessoa condenada.

§ 1.º A entrega do extraditando será igualmente adiada se a efetivação da medida puser em risco sua vida em virtude de enfermidade grave comprovada por laudo médico oficial.

§ 2.º Quando o extraditando estiver sendo processado ou tiver sido condenado, no Brasil, por infração de menor potencial ofensivo, a entrega poderá ser imediatamente efetivada.

Art. 96. Não será efetivada a entrega do extraditando sem que o Estado requerente assuma o compromisso de:

I – não submeter o extraditando a prisão ou processo por fato anterior ao pedido de extradição;

II – computar o tempo da prisão que, no Brasil, foi imposta por força da extradição;

III – comutar a pena corporal, perpétua ou de morte em pena privativa de liberdade, respeitado o limite máximo de cumprimento de 30 (trinta) anos;

IV – não entregar o extraditando, sem consentimento do Brasil, a outro Estado que o reclame;

V – não considerar qualquer motivo político para agravar a pena; e

VI – não submeter o extraditando a tortura ou a outros tratamentos ou penas cruéis, desumanos ou degradantes.

Art. 97. A entrega do extraditando, de acordo com as leis brasileiras e respeitado o direito de terceiro, será feita com os objetos e instrumentos do crime encontrados em seu poder.

Parágrafo único. Os objetos e instrumentos referidos neste artigo poderão ser entregues independentemente da entrega do extraditando.

Art. 98. O extraditando que, depois de entregue ao Estado requerente, escapar à ação da Justiça e homiziar-se no Brasil, ou por ele transitar, será detido mediante pedido feito diretamente por via diplomática ou pela Interpol e novamente entregue, sem outras formalidades.

Art. 99. Salvo motivo de ordem pública, poderá ser permitido, pelo órgão competente do Poder Executivo, o trânsito no território nacional de pessoa extraditada por Estado estrangeiro, bem como o da respectiva guarda, mediante apresentação de documento comprobatório de concessão da medida.

Seção II
Da Transferência de Execução da Pena

Art. 100. Nas hipóteses em que couber solicitação de extradição executória, a autoridade competente poderá solicitar ou autorizar a transferência de execução da pena, desde que observado o princípio do *non bis in idem.*

Parágrafo único. Sem prejuízo do disposto no Decreto-lei n. 2.848, de 7 de dezembro de 1940 (Código Penal), a transferência de execução da pena será possível quando preenchidos os seguintes requisitos:

I – o condenado em território estrangeiro for nacional ou tiver residência habitual ou vínculo pessoal no Brasil;

II – a sentença tiver transitado em julgado;

III – a duração da condenação a cumprir ou que restar para cumprir for de, pelo menos, 1 (um) ano, na data de apresentação do pedido ao Estado da condenação;

IV – o fato que originou a condenação constituir infração penal perante a lei de ambas as partes; e

V – houver tratado ou promessa de reciprocidade.

Art. 101. O pedido de transferência de execução da pena de Estado estrangeiro será requerido por via diplomática ou por via de autoridades centrais.

§ 1.º O pedido será recebido pelo órgão competente do Poder Executivo e, após exame da presença dos pressupostos formais de admissibilidade exigidos nesta Lei ou em tratado, encaminhado ao Superior Tribunal de Justiça para decisão quanto à homologação.

§ 2.º Não preenchidos os pressupostos referidos no § 1.º, o pedido será arquivado mediante decisão fundamentada, sem prejuízo da possibilidade de renovação do pedido, devidamente instruído, uma vez superado o óbice apontado.

Art. 102. A forma do pedido de transferência de execução da pena e seu processamento serão definidos em regulamento.

Parágrafo único. Nos casos previstos nesta Seção, a execução penal será de competência da Justiça Federal.

Seção III

Da Transferência de Pessoa Condenada

Art. 103. A transferência de pessoa condenada poderá ser concedida quando o pedido se fundamentar em tratado ou houver promessa de reciprocidade.

§ 1.º O condenado no território nacional poderá ser transferido para seu país de nacionalidade ou país em que tiver residência habitual ou vínculo pessoal, desde que expresse interesse nesse sentido, a fim de cumprir pena a ele imposta pelo Estado brasileiro por sentença transitada em julgado.

§ 2.º A transferência de pessoa condenada no Brasil pode ser concedida juntamente com a aplicação de medida de impedimento de reingresso em território nacional, na forma de regulamento.

Art. 104. A transferência de pessoa condenada será possível quando preenchidos os seguintes requisitos:

I – o condenado no território de uma das partes for nacional ou tiver residência habitual ou vínculo pessoal no território da outra parte que justifique a transferência;

II – a sentença tiver transitado em julgado;

III – a duração da condenação a cumprir ou que restar para cumprir for de, pelo menos, 1 (um) ano, na data de apresentação do pedido ao Estado da condenação;

IV – o fato que originou a condenação constituir infração penal perante a lei de ambos os Estados;

V – houver manifestação de vontade do condenado ou, quando for o caso, de seu representante; e

VI – houver concordância de ambos os Estados.

Art. 105. A forma do pedido de transferência de pessoa condenada e seu processamento serão definidos em regulamento.

§ 1.º Nos casos previstos nesta Seção, a execução penal será de competência da Justiça Federal.

§ 2.º Não se procederá à transferência quando inadmitida a extradição.

§ 3.º (*Vetado.*)

Capítulo IX
DAS INFRAÇÕES E DAS PENALIDADES ADMINISTRATIVAS

Art. 106. Regulamento disporá sobre o procedimento de apuração das infrações administrativas e seu processamento e sobre a fixação e a atualização das multas, em observância ao disposto nesta Lei.

Art. 107. As infrações administrativas previstas neste Capítulo serão apuradas em processo administrativo próprio, assegurados o contraditório e a ampla defesa e observadas as disposições desta Lei.

§ 1.º O cometimento simultâneo de duas ou mais infrações importará cumulação das sanções cabíveis, respeitados os limites estabelecidos nos incisos V e VI do art. 108.

§ 2.º A multa atribuída por dia de atraso ou por excesso de permanência poderá ser convertida em redução equivalente do período de autorização de estada para o visto de visita, em caso de nova entrada no País.

Art. 108. O valor das multas tratadas neste Capítulo considerará:

I – as hipóteses individualizadas nesta Lei;

II – a condição econômica do infrator, a reincidência e a gravidade da infração;

III – a atualização periódica conforme estabelecido em regulamento;

IV – o valor mínimo individualizável de R$ 100,00 (cem reais);

V – o valor mínimo de R$ 100,00 (cem reais) e o máximo de R$ 10.000,00 (dez mil reais) para infrações cometidas por pessoa física;

VI – o valor mínimo de R$ 1.000,00 (mil reais) e o máximo de R$ 1.000.000,00 (um milhão de reais) para infrações cometidas por pessoa jurídica, por ato infracional.

Art. 109. Constitui infração, sujeitando o infrator às seguintes sanções:

I – entrar em território nacional sem estar autorizado:

Sanção: deportação, caso não saia do País ou não regularize a situação migratória no prazo fixado;

II – permanecer em território nacional depois de esgotado o prazo legal da documentação migratória:

Sanção: multa por dia de excesso e deportação, caso não saia do País ou não regularize a situação migratória no prazo fixado;

III – deixar de se registrar, dentro do prazo de 90 (noventa) dias do ingresso no País, quando for obrigatória a identificação civil:

Sanção: multa;

IV – deixar o imigrante de se registrar, para efeito de autorização de residência, dentro do prazo de 30 (trinta) dias, quando orientado a fazê-lo pelo órgão competente:

Sanção: multa por dia de atraso;

V – transportar para o Brasil pessoa que esteja sem documentação migratória regular:

Sanção: multa por pessoa transportada;

VI – deixar a empresa transportadora de atender a compromisso de manutenção da estada ou de promoção da saída do território nacional de quem tenha sido autorizado a ingresso condicional no Brasil por não possuir a devida documentação migratória:

Sanção: multa;

VII – furtar-se ao controle migratório, na entrada ou saída do território nacional:

Sanção: multa.

Art. 110. As penalidades aplicadas serão objeto de pedido de reconsideração e de recurso, nos termos de regulamento.

Parágrafo único. Serão respeitados o contraditório, a ampla defesa e a garantia de recurso, assim como a situação de hipossuficiência do migrante ou do visitante.

Capítulo X
DISPOSIÇÕES FINAIS E TRANSITÓRIAS

Art. 111. Esta Lei não prejudica direitos e obrigações estabelecidos por tratados vigentes no Brasil e que sejam mais benéficos ao migrante e ao visitante, em particular os tratados firmados no âmbito do Mercosul.

Art. 112. As autoridades brasileiras serão tolerantes quanto ao uso do idioma do residente fronteiriço e do imigrante quando eles se dirigirem a órgãos ou repartições públicas para reclamar ou reivindicar os direitos decorrentes desta Lei.

Art. 113. As taxas e emolumentos consulares são fixados em conformidade com a tabela anexa a esta Lei.

§ 1.º Os valores das taxas e emolumentos consulares poderão ser ajustados pelo órgão competente da administração pública federal, de forma a preservar o interesse nacional ou a assegurar a reciprocidade de tratamento.

§ 2.º Não serão cobrados emolumentos consulares pela concessão de:

I – vistos diplomáticos, oficiais e de cortesia; e

II – vistos em passaportes diplomáticos, oficiais ou de serviço, ou equivalentes, mediante reciprocidade de tratamento a titulares de documento de viagem similar brasileiro.

§ 3.º Não serão cobrados taxas e emolumentos consulares pela concessão de vistos ou para a obtenção de documentos para regularização migratória aos integrantes de grupos vulneráveis e indivíduos em condição de hipossuficiência econômica.

§ 4.º (*Vetado.*)

Art. 114. Regulamento poderá estabelecer competência para órgãos do Poder Executivo disciplinarem aspectos específicos desta Lei.

Art. 115. O Decreto-lei n. 2.848, de 7 de dezembro de 1940 (Código Penal), passa a vigorar acrescido do seguinte art. 232-A:

•• Alteração já processada no diploma modificado.

Art. 116. (*Vetado.*)

Art. 117. O documento conhecido por Registro Nacional de Estrangeiro passa a ser denominado Registro Nacional Migratório.

Art. 118. (*Vetado.*)

Art. 119. O visto emitido até a data de entrada em vigor desta Lei poderá ser utilizado até a data prevista de expiração de sua validade, podendo ser transformado ou ter seu prazo de estada prorrogado, nos termos de regulamento.

Art. 120. A Política Nacional de Migrações, Refúgio e Apatridia terá a finalidade de coordenar e articular ações setoriais implementadas pelo Poder Executivo federal em regime de cooperação com os Estados, o Distrito Federal e os Municípios, com participação de organizações da sociedade civil, organismos internacionais e entidades privadas, conforme regulamento.

§ 1.º Ato normativo do Poder Executivo federal poderá definir os objetivos, a organização e a estratégia de coordenação da Política Nacional de Migrações, Refúgio e Apatridia.

§ 2.º Ato normativo do Poder Executivo federal poderá estabelecer planos nacionais e outros instrumentos para a efetivação dos objetivos desta Lei e a coordenação entre órgãos e colegiados setoriais.

§ 3.º Com vistas à formulação de políticas públicas, deverá ser produzida informação quantitativa e qualitativa, de forma sistemática, sobre os migrantes, com a criação de banco de dados.

Art. 121. Na aplicação desta Lei, devem ser observadas as disposições da Lei n. 9.474, de 22 de julho de 1997, nas situações que envolvam refugiados e solicitantes de refúgio.

Art. 122. A aplicação desta Lei não impede o tratamento mais favorável assegurado por tratado em que a República Federativa do Brasil seja parte.

Art. 123. Ninguém será privado de sua liberdade por razões migratórias, exceto nos casos previstos nesta Lei.

Art. 124. Revogam-se:

I – a Lei n. 818, de 18 de setembro de 1949; e

II – a Lei n. 6.815, de 19 de agosto de 1980 (Estatuto do Estrangeiro).

Art. 125. Esta Lei entra em vigor após decorridos 180 (cento e oitenta) dias de sua publicação oficial.

Brasília, 24 de maio de 2017; 196.º da Independência e 129.º da República.

MICHEL TEMER

LEI N. 13.465, DE 11 DE JULHO DE 2017 (*)

Dispõe sobre a regularização fundiária rural e urbana, sobre a liquidação de créditos concedidos aos assentados da reforma agrária e sobre a regularização fundiária no âmbito da Amazônia Legal; institui mecanismos para aprimorar a eficiência dos procedimentos de alienação de imóveis da União; altera as Leis n. 8.629, de 25 de fevereiro de 1993, 13.001, de 20 de junho de 2014, 11.952, de 25 de junho de 2009, 13.340, de 28 de setembro de 2016, 8.666, de 21 de junho de 1993, 6.015, de 31 de dezembro de

(*) Publicada no *Diário Oficial da União*, de 12-7-2017.

1973, 12.512, de 14 de outubro de 2011, 10.406, de 10 de janeiro de 2002 (Código Civil), 13.105, de 16 de março de 2015 (Código de Processo Civil), 11.977, de 7 de julho de 2009, 9.514, de 20 de novembro de 1997, 11.124, de 16 de junho de 2005, 6.766, de 19 de dezembro de 1979, 10.257, de 10 de julho de 2001, 12.651, de 25 de maio de 2012, 13.240, de 30 de dezembro de 2015, 9.636, de 15 de maio de 1998, 8.036, de 11 de maio de 1990, 13.139, de 26 de junho de 2015, 11.483, de 31 de maio de 2007, e a 12.712, de 30 de agosto de 2012, a Medida Provisória n. 2.220, de 4 de setembro de 2001, e os Decretos-leis n. 2.398, de 21 de dezembro de 1987, 1.876, de 15 de julho de 1981, 9.760, de 5 de setembro de 1946, e 3.365, de 21 de junho de 1941; revoga dispositivos da Lei Complementar n. 76, de 6 de julho de 1993, e da Lei n. 13.347, de 10 de outubro de 2016; e dá outras providências.

O Presidente da República

Faço saber que o Congresso Nacional decreta e eu sanciono a seguinte Lei:

Art. 1.º Esta Lei dispõe sobre a regularização fundiária rural e urbana, sobre a liquidação de créditos concedidos aos assentados da reforma agrária e sobre a regularização fundiária no âmbito da Amazônia Legal; institui mecanismos para aprimorar a eficiência dos procedimentos de alienação de imóveis da União; e dá outras providências.

TÍTULO I
DA REGULARIZAÇÃO FUNDIÁRIA RURAL

....

Art. 7.º A Lei n. 6.015, de 31 de dezembro de 1973, passa a vigorar com as seguintes alterações:

•• Alterações já processadas no diploma modificado.

....

TÍTULO II
DA REGULARIZAÇÃO FUNDIÁRIA URBANA

Capítulo I
DISPOSIÇÕES GERAIS

Seção I
Da Regularização Fundiária Urbana

Art. 9.º Ficam instituídas no território nacional normas gerais e procedimentos aplicáveis à Regularização Fundiária Urbana (Reurb), a qual abrange medidas jurídicas, urbanísticas, ambientais e sociais destinadas à incorporação dos núcleos urbanos informais ao ordenamento territorial urbano e à titulação de seus ocupantes.

• O Decreto n. 9.310, de 15-3-2018, institui as normas e os procedimentos aplicáveis à Regularização Fundiária Urbana.

§ 1.º Os poderes públicos formularão e desenvolverão no espaço urbano as políticas de suas competências de acordo com os princípios de sustentabilidade econômica, social e ambiental e ordenação territorial, buscando a ocupação do solo de maneira eficiente, combinando seu uso de forma funcional.

§ 2.º A Reurb promovida mediante legitimação fundiária somente poderá ser aplicada para os núcleos urbanos informais comprovadamente existentes, na forma desta Lei, até 22 de dezembro de 2016.

Art. 10. Constituem objetivos da Reurb, a serem observados pela União, Estados, Distrito Federal e Municípios:

I – identificar os núcleos urbanos informais que devam ser regularizados, organizá-los e assegurar a prestação de serviços públicos aos seus ocupantes, de modo a melhorar as condições urbanísticas e ambientais em relação à situação de ocupação informal anterior;

II – criar unidades imobiliárias compatíveis com o ordenamento territorial urbano e constituir sobre elas direitos reais em favor dos seus ocupantes;

III – ampliar o acesso à terra urbanizada pela população de baixa renda, de modo a priorizar a permanência dos ocupantes nos próprios núcleos urbanos informais regularizados;

IV – promover a integração social e a geração de emprego e renda;

V – estimular a resolução extrajudicial de conflitos, em reforço à consensualidade e à cooperação entre Estado e sociedade;

VI – garantir o direito social à moradia digna e às condições de vida adequadas;

VII – garantir a efetivação da função social da propriedade;

VIII – ordenar o pleno desenvolvimento das funções sociais da cidade e garantir o bem-estar de seus habitantes;

IX – concretizar o princípio constitucional da eficiência na ocupação e no uso do solo;

X – prevenir e desestimular a formação de novos núcleos urbanos informais;

XI – conceder direitos reais, preferencialmente em nome da mulher;

XII – franquear participação dos interessados nas etapas do processo de regularização fundiária.

Art. 11. Para fins desta Lei, consideram-se:

I – núcleo urbano: assentamento humano, com uso e características urbanas, constituído por unidades imobiliárias de área inferior à fração mínima de parcelamento prevista na Lei n. 5.868, de 12 de dezembro de 1972, independentemente da propriedade do solo, ainda que situado em área qualificada ou inscrita como rural;

- A Lei n. 5.868, de 12-12-1972, cria o Sistema Nacional de Cadastro Rural.

II – núcleo urbano informal: aquele clandestino, irregular ou no qual não foi possível realizar, por qualquer modo, a titulação de seus ocupantes, ainda que atendida a legislação vigente à época de sua implantação ou regularização;

III – núcleo urbano informal consolidado: aquele de difícil reversão, considerados o tempo da ocupação, a natureza das edificações, a localização das vias de circulação e a presença de equipamentos públicos, entre outras circunstâncias a serem avaliadas pelo Município;

IV – demarcação urbanística: procedimento destinado a identificar os imóveis públicos e privados abrangidos pelo núcleo urbano informal e a obter a anuência dos respectivos titulares de direitos inscritos na matrícula dos imóveis ocupados, culminando com averbação na matrícula destes imóveis da viabilidade da regularização fundiária, a ser promovida a critério do Município;

V – Certidão de Regularização Fundiária (CRF): documento expedido pelo Município ao final do procedimento da Reurb, constituído do projeto de regularização fundiária aprovado, do termo de compromisso relativo a sua execução e, no caso da legitimação fundiária e da legitimação de posse, da listagem dos ocupantes do núcleo urbano informal regularizado, da devida qualificação destes e dos direitos reais que lhes foram conferidos;

VI – legitimação de posse: ato do poder público destinado a conferir título, por meio do qual fica reconhecida a posse de imóvel objeto da Reurb, conversível em aquisição de direito real de propriedade na forma desta Lei, com a identificação de seus ocupantes, do tempo da ocupação e da natureza da posse;

VII – legitimação fundiária: mecanismo de reconhecimento da aquisição originária do direito real de propriedade sobre unidade imobiliária objeto da Reurb;

VIII – ocupante: aquele que mantém poder de fato sobre lote ou fração ideal de terras públicas ou privadas em núcleos urbanos informais.

§ 1.º Para fins da Reurb, os Municípios poderão dispensar as exigências relativas ao percentual e às dimensões de áreas destinadas ao uso público ou ao tamanho dos lotes regularizados, assim como a outros parâmetros urbanísticos e edilícios.

§ 2.º Constatada a existência de núcleo urbano informal situado, total ou parcialmente, em área de preservação permanente ou em área de unidade de conservação de uso sustentável ou de proteção de mananciais definidas pela União, Estados ou Municípios, a Reurb observará, também, o disposto nos arts. 64 e 65 da Lei n. 12.651, de 25 de maio de 2012, hipótese na qual se torna obrigatória a elaboração de estudos técnicos, no âmbito da Reurb, que justifiquem as melhorias ambientais em relação à situação de ocupação informal anterior, inclusive por meio de compensações ambientais, quando for o caso.

§ 3.º No caso de a Reurb abranger área de unidade de conservação de uso sustentável que, nos termos da Lei n. 9.985, de 18 de julho de 2000, admita regularização, será exigida também a anuência do órgão gestor da unidade, desde que estudo técnico comprove que essas intervenções de regularização fundiária implicam a melhoria das condições ambientais em relação à situação de ocupação informal anterior.

§ 4.º Na Reurb cuja ocupação tenha ocorrido às margens de reservatórios artificiais de água destinados à geração de energia ou ao abastecimento público, a faixa da área de preservação permanente consistirá na distância entre o nível máximo operativo normal e a cota máxima *maximorum*.

§ 5.º Esta Lei não se aplica aos núcleos urbanos informais situados em áreas indispensáveis à segurança nacional ou de interesse da defesa, assim reconhecidas em decreto do Poder Executivo federal.

§ 6.º Aplicam-se as disposições desta Lei aos imóveis localizados em área rural, desde que a unidade imobiliária tenha área inferior à fração mínima de parcelamento prevista na Lei n. 5.868, de 12 de dezembro de 1972.

Art. 12. A aprovação municipal da Reurb corresponde à aprovação urbanística do projeto de regularização fundiária e, na hipótese de o Município ter órgão ambiental capacitado, à aprovação ambiental.

•• *Caput* com redação determinada pela Lei n. 14.118, de 12-1-2021.

§ 1.º Considera-se órgão ambiental capacitado o órgão municipal que possua em seus quadros ou à sua disposição profissionais com atribuição técnica para a análise e a aprovação dos estudos referidos no art. 11, independentemente da existência de convênio com os Estados ou a União.

§ 2.º Os estudos referidos no art. 11 deverão ser elaborados por profissional legalmente habilitado, compatibilizar-se com o projeto de regularização fundiária e conter, conforme o caso, os elementos constantes dos arts. 64 ou 65 da Lei n. 12.651, de 25 de maio de 2012.

§ 3.º Os estudos técnicos referidos no art. 11 aplicam-se somente às parcelas dos núcleos urbanos informais situados nas áreas de preservação permanente, nas unidades de conservação de uso sustentável ou nas áreas de proteção de mananciais e poderão ser feitos em fases ou etapas, sendo que a parte do núcleo urbano informal não afetada por esses estudos poderá ter seu projeto aprovado e levado a registro separadamente.

§ 4.º A aprovação ambiental da Reurb prevista neste artigo poderá ser feita pelos Estados na hipótese de o Município não dispor de capacidade técnica para a aprovação dos estudos referidos no art. 11.

Art. 13. A Reurb compreende duas modalidades:

I – Reurb de Interesse Social (Reurb-S) – regularização fundiária aplicável aos núcleos urbanos informais ocupados predominantemente por população de baixa renda, assim declarados em ato do Poder Executivo municipal; e

II – Reurb de Interesse Específico (Reurb-E) – regularização fundiária aplicável aos núcleos urbanos informais ocupados por população não qualificada na hipótese de que trata o inciso I deste artigo.

§ 1.º Serão isentos de custas e emolumentos, entre outros, os seguintes atos registrais relacionados à Reurb-S:

I – o primeiro registro da Reurb-S, o qual confere direitos reais aos seus beneficiários;

II – o registro da legitimação fundiária;

III – o registro do título de legitimação de posse e a sua conversão em título de propriedade;

IV – o registro da CRF e do projeto de regularização fundiária, com abertura de matrícula para cada unidade imobiliária urbana regularizada;

V – a primeira averbação de construção residencial, desde que respeitado o limite de até setenta metros quadrados;

VI – a aquisição do primeiro direito real sobre unidade imobiliária derivada da Reurb-S;

VII – o primeiro registro do direito real de laje no âmbito da Reurb-S; e

VIII – o fornecimento de certidões de registro para os atos previstos neste artigo.

§ 2.º Os atos de que trata este artigo independem da comprovação do pagamento de tributos ou penalidades tributárias, sendo vedado ao oficial de registro de imóveis exigir sua comprovação.

§ 3.º O disposto nos §§ 1.º e 2.º deste artigo aplica-se também à Reurb-S que tenha por objeto conjuntos habitacionais ou condomínios de interesse social construídos pelo poder público, diretamente ou por meio da administração pública indireta, que já se encontrem implantados em 22 de dezembro de 2016.

§ 4.º Na Reurb, os Municípios e o Distrito Federal poderão admitir o uso misto de atividades como forma de promover a integração social e a geração de emprego e renda no núcleo urbano informal regularizado.

§ 5.º A classificação do interesse visa exclusivamente à identificação dos responsáveis pela implantação ou adequação das obras de infraestrutura essencial e ao reconhecimento do direito à gratuidade das custas e emolumentos notariais e registrais em favor daqueles a quem for atribuído o domínio das unidades imobiliárias regularizadas.

§ 6.º Os cartórios que não cumprirem o disposto neste artigo, que retardarem ou não efetuarem o registro de acordo com as normas previstas nesta Lei, por ato não justificado, ficarão sujeitos às sanções previstas no art. 44 da Lei n. 11.977, de 7 de julho de 2009, observado o disposto nos §§ 3.º-A e 3.º-B do art. 30 da Lei n. 6.015, de 31 de dezembro de 1973.

§ 7.º A partir da disponibilidade de equipamentos e infraestrutura para prestação de serviço público de abastecimento de água, coleta de esgoto, distribuição de energia elétrica, ou outros serviços públicos, é obrigatório aos beneficiários da Reurb realizar a conexão da edificação à rede de água, de coleta de esgoto ou de distribuição de energia elétrica e adotar as demais providências necessárias à utilização do serviço, salvo disposição em contrário na legislação municipal.

Seção II
Dos Legitimados para Requerer a Reurb

Art. 14. Poderão requerer a Reurb:

I – a União, os Estados, o Distrito Federal e os Municípios, diretamente ou por meio de entidades da administração pública indireta;

II – os seus beneficiários, individual ou coletivamente, diretamente ou por meio de cooperativas habitacionais, associações de moradores, fundações, organizações sociais, organizações da sociedade civil de interesse público ou outras associações civis que tenham por finalidade atividades nas áreas de desenvolvimento urbano ou regularização fundiária urbana;

III – os proprietários de imóveis ou de terrenos, loteadores ou incorporadores;

IV – a Defensoria Pública, em nome dos beneficiários hipossuficientes; e

V – o Ministério Público.

§ 1.º Os legitimados poderão promover todos os atos necessários à regularização fundiária, inclusive requerer os atos de registro.

§ 2.º Nos casos de parcelamento do solo, de conjunto habitacional ou de condomínio informal, empreendidos por particular, a conclusão da Reurb confere direito de regresso àqueles que suportarem os seus custos e obrigações contra os responsáveis pela implantação dos núcleos urbanos informais.

§ 3.º O requerimento de instauração da Reurb por proprietários de terreno, loteadores e incorporadores que tenham dado causa à formação de núcleos urbanos informais, ou os seus sucessores, não os eximirá de responsabilidades administrativa, civil ou criminal.

Capítulo II
DOS INSTRUMENTOS DA REURB

Seção I
Disposições Gerais

Art. 15. Poderão ser empregados, no âmbito da Reurb, sem prejuízo de outros que se apresentem adequados, os seguintes institutos jurídicos:

I – a legitimação fundiária e a legitimação de posse, nos termos desta Lei;

II – a usucapião, nos termos dos arts. 1.238 a 1.244 da Lei n. 10.406, de 10 de janeiro de 2002 (Código Civil), dos arts. 9.º a 14 da Lei n. 10.257, de 10 de julho de 2001, e do art. 216-A da Lei n. 6.015, de 31 de dezembro de 1973;

III – a desapropriação em favor dos possuidores, nos termos dos §§ 4.º e 5.º do art. 1.228 da Lei n. 10.406, de 10 de janeiro de 2002 (Código Civil);

IV – a arrecadação de bem vago, nos termos do art. 1.276 da Lei n. 10.406, de 10 de janeiro de 2002 (Código Civil);

V – o consórcio imobiliário, nos termos do art. 46 da Lei n. 10.257, de 10 de julho de 2001;

VI – a desapropriação por interesse social, nos termos do inciso IV do art. 2.º da Lei n. 4.132, de 10 de setembro de 1962;

VII – o direito de preempção, nos termos do inciso I do art. 26 da Lei n. 10.257, de 10 de julho de 2001;

VIII – a transferência do direito de construir, nos termos do inciso III do art. 35 da Lei n. 10.257, de 10 de julho de 2001;

IX – a requisição, em caso de perigo público iminente, nos termos do § 3.º do art. 1.228 da Lei n. 10.406, de 10 de janeiro de 2002 (Código Civil);

X – a intervenção do poder público em parcelamento clandestino ou irregular, nos termos do art. 40 da Lei n. 6.766, de 19 de dezembro de 1979;

XI – a alienação de imóvel pela administração pública diretamente para seu detentor, nos termos da alínea *f* do inciso I do art. 17 da Lei n. 8.666, de 21 de junho de 1993;

XII – a concessão de uso especial para fins de moradia;

XIII – a concessão de direito real de uso;

XIV – a doação; e

XV – a compra e venda.

Art. 16. Na Reurb-E, promovida sobre bem público, havendo solução consensual, a aquisição de direitos reais pelo particular ficará condicionada ao pagamento do justo valor da unidade imobiliária regularizada, a ser apurado na forma estabelecida em ato do Poder Executivo titular do domínio, sem considerar o valor das acessões e benfeitorias do ocupante e a valorização decorrente da implantação dessas acessões e benfeitorias.

Parágrafo único. As áreas de propriedade do poder público registradas no Registro de Imóveis, que sejam objeto de ação judicial versando sobre a sua titularidade, poderão ser objeto da Reurb, desde que celebrado acordo judicial ou extrajudicial, na forma desta Lei, homologado pelo juiz.

Art. 17. Na Reurb-S promovida sobre bem público, o registro do projeto de regularização fundiária e a constituição de direito real em nome dos beneficiários poderão ser feitos em ato único, a critério do ente público promovente.

Parágrafo único. Nos casos previstos no *caput* deste artigo, serão encaminhados ao cartório o instrumento indicativo do direito real constituído, a listagem dos ocupantes que serão beneficiados pela Reurb e respectivas qualificações, com indicação das respectivas unidades, ficando dispensadas a apresentação de título cartorial individualizado e as cópias da documentação referente à qualificação de cada beneficiário.

Art. 18. O Município e o Distrito Federal poderão instituir como instrumento de planejamento urbano Zonas Especiais de Interesse Social (ZEIS), no âmbito da política municipal de ordenamento de seu território.

§ 1.º Para efeitos desta Lei, considera-se ZEIS a parcela de área urbana instituída pelo plano diretor ou definida por outra lei municipal, destinada preponderantemente à população de baixa renda e sujeita a regras específicas de parcelamento, uso e ocupação do solo.

§ 2.º A Reurb não está condicionada à existência de ZEIS.

Seção II
Da Demarcação Urbanística

Art. 19. O poder público poderá utilizar o procedimento de demarcação urbanística, com base no levantamento da situação da área a ser regularizada e na caracterização do núcleo urbano informal a ser regularizado.

§ 1.º O auto de demarcação urbanística deve ser instruído com os seguintes documentos:

I – planta e memorial descritivo da área a ser regularizada, nos quais constem suas medidas perimetrais, área total, confrontantes, coordenadas georreferenciadas dos vértices definidores de seus limites, números das matrículas ou transcrições atingidas, indicação dos proprietários identificados e ocorrência de situações de domínio privado com proprietários não identificados em razão de descrições imprecisas dos registros anteriores;

II – planta de sobreposição do imóvel demarcado com a situação da área constante do registro de imóveis.

§ 2.º O auto de demarcação urbanística poderá abranger uma parte ou a totalidade de um ou mais imóveis inseridos em uma ou mais das seguintes situações:

I – domínio privado com proprietários não identificados, em razão de descrições imprecisas dos registros anteriores;

II – domínio privado objeto do devido registro no registro de imóveis competente, ainda que de proprietários distintos; ou

III – domínio público.

§ 3.º Os procedimentos da demarcação urbanística não constituem condição para o processamento e a efetivação da Reurb.

Art. 20. O poder público notificará os titulares de domínio e os confrontantes da área demarcada, pessoalmente ou por via postal, com aviso de recebimento, no endereço que constar da matrícula ou da transcrição, para que estes, querendo, apresentem impugnação à demarcação urbanística, no prazo comum de trinta dias.

§ 1.º Eventuais titulares de domínio ou confrontantes não identificados, ou não encontrados ou que recusarem o recebimento da notificação por via postal, serão notificados por edital, para que, querendo, apresentem impugnação à demarcação urbanística, no prazo comum de trinta dias.

§ 2.º O edital de que trata o § 1.º deste artigo conterá resumo do auto de demarcação urbanística, com a descrição que permita a identificação da área a ser demarcada e seu desenho simplificado.

§ 3.º A ausência de manifestação dos indicados neste artigo será interpretada como concordância com a demarcação urbanística.

§ 4.º Se houver impugnação apenas em relação à parcela da área objeto do auto de demarcação urbanística, é facultado ao poder público prosseguir com o procedimento em relação à parcela não impugnada.

§ 5.º A critério do poder público municipal, as medidas de que trata este artigo poderão ser realizadas pelo registro de imóveis do local do núcleo urbano informal a ser regularizado.

§ 6.º A notificação conterá a advertência de que a ausência de impugnação implicará a perda de eventual direito que o notificado titularize sobre o imóvel objeto da Reurb.

Art. 21. Na hipótese de apresentação de impugnação, poderá ser adotado procedimento extrajudicial de composição de conflitos.

§ 1.º Caso exista demanda judicial de que o impugnante seja parte e que verse sobre direitos reais ou possessórios relativos ao imóvel abrangido pela demarcação urbanística, deverá informá-la ao poder público, que comunicará ao juízo a existência do procedimento de que trata o *caput* deste artigo.

§ 2.º Para subsidiar o procedimento de que trata o *caput* deste artigo, será feito um levantamento de eventuais passivos tributários, ambientais e administrativos associados aos imóveis objeto de impugnação, assim como das posses existentes, com vistas à identificação de casos de prescrição aquisitiva da propriedade.

§ 3.º A mediação observará o disposto na Lei n. 13.140, de 26 de junho de 2015, facultando-se ao poder público promover a alteração do auto de demarcação urbanística ou adotar qualquer outra medida que possa afastar a oposição do proprietário ou dos confrontantes à regularização da área ocupada.

§ 4.º Caso não se obtenha acordo na etapa de mediação, fica facultado o emprego da arbitragem.

Art. 22. Decorrido o prazo sem impugnação ou caso superada a oposição ao procedimento, o auto de demarcação urbanística será encaminhado ao registro de imóveis e averbado nas matrículas por ele alcançadas.

§ 1.º A averbação informará:

I – a área total e o perímetro correspondente ao núcleo urbano informal a ser regularizado;

II – as matrículas alcançadas pelo auto de demarcação urbanística e, quando possível, a área abrangida em cada uma delas; e

III – a existência de áreas cuja origem não tenha sido identificada em razão de imprecisões dos registros anteriores.

§ 2.º Na hipótese de o auto de demarcação urbanística incidir sobre imóveis ainda não matriculados, previamente à averbação, será aberta matrícula, que deverá refletir a situação registrada do imóvel, dispensadas a retificação do memorial descritivo e a apuração de área remanescente.

§ 3.º Nos casos de registro anterior efetuado em outra circunscrição, para abertura da matrícula de que trata o § 2.º deste artigo, o oficial requererá, de ofício, certidões atualizadas daquele registro.

§ 4.º Na hipótese de a demarcação urbanística abranger imóveis situados em mais de uma circunscrição imobiliária, o oficial do registro de imóveis responsável pelo procedimento comunicará as demais circunscrições imobiliárias envolvidas para averbação da demarcação urbanística nas respectivas matrículas alcançadas.

§ 5.º A demarcação urbanística será averbada ainda que a área abrangida pelo auto de demarcação urbanística supere a área disponível nos registros anteriores.

§ 6.º Não se exigirá, para a averbação da demarcação urbanística, a retificação da área não abrangida pelo auto de demarcação urbanística, ficando a apuração de remanescente sob a responsabilidade do proprietário do imóvel atingido.

Seção III
Da Legitimação Fundiária

Art. 23. A legitimação fundiária constitui forma originária de aquisição do direito real de propriedade conferido por ato do poder público, exclusivamente no âmbito da Reurb, àquele que detiver em área pública ou possuir em área privada, como sua, unidade imobiliária com destinação urbana, integrante de núcleo urbano informal consolidado existente em 22 de dezembro de 2016.

• *Vide* arts. 1.228 e s. do CC.

§ 1.º Apenas na Reurb-S, a legitimação fundiária será concedida ao beneficiário, desde que atendidas as seguintes condições:

I – o beneficiário não seja concessionário, foreiro ou proprietário exclusivo de imóvel urbano ou rural;

•• Inciso I com redação determinada pela Lei n. 14.118, de 12-1-2021.

II – o beneficiário não tenha sido contemplado com legitimação de posse ou fundiária de imóvel urbano com a mesma finalidade, ainda que situado em núcleo urbano distinto; e

III – em caso de imóvel urbano com finalidade não residencial, seja reconhecido pelo poder público o interesse público de sua ocupação.

§ 2.º Por meio da legitimação fundiária, em qualquer das modalidades da Reurb, o ocupante adquire a unidade imobiliária com destinação urbana livre e desembaraçada de quaisquer ônus, direitos reais, gravames ou inscrições, eventualmente existentes em sua matrícula de origem, exceto quando disserem respeito ao próprio legitimado.

§ 3.º Deverão ser transportadas as inscrições, as indisponibilidades ou os gravames existentes no registro da área maior originária para as matrículas das unidades imobiliárias que não houverem sido adquiridas por legitimação fundiária.

§ 4.º Na Reurb-S de imóveis públicos, a União, os Estados, o Distrito Federal e os Municípios, e as suas entidades vinculadas, quando titulares do domínio, ficam autorizados a reconhecer o direito de propriedade aos ocupantes do núcleo urbano informal regularizado por meio da legitimação fundiária.

§ 5.º Nos casos previstos neste artigo, o poder público encaminhará a CRF para registro imediato da aquisição de propriedade, dispensados a apresentação de título individualizado e as cópias da documentação referente à qualificação do beneficiário, o projeto de regularização fundiária aprovado, a listagem dos ocupantes e sua devida qualificação e a identificação das áreas que ocupam.

§ 6.º Poderá o poder público atribuir domínio adquirido por legitimação fundiária aos ocupantes que não tenham constado da listagem inicial, mediante cadastramento complementar, sem prejuízo dos direitos de quem haja constado na listagem inicial.

Art. 24. Nos casos de regularização fundiária urbana previstos na Lei n. 11.952, de 25 de junho de 2009, os Municípios poderão utilizar a legitimação fundiária e demais instrumentos previstos nesta Lei para conferir propriedade aos ocupantes.

Seção IV
Da Legitimação de Posse

Art. 25. A legitimação de posse, instrumento de uso exclusivo para fins de regularização fundiária, constitui ato do poder público destinado a conferir título, por meio do qual fica reconhecida a posse de imóvel objeto da Reurb, com a identificação de seus ocupantes, do tempo da ocupação e da natureza da posse, o qual é conversível em direito real de propriedade, na forma desta Lei.

§ 1.º A legitimação de posse poderá ser transferida por *causa mortis* ou por ato *inter vivos*.

§ 2.º A legitimação de posse não se aplica aos imóveis urbanos situados em área de titularidade do poder público.

Art. 26. Sem prejuízo dos direitos decorrentes do exercício da posse mansa e pacífica no tempo, aquele em cujo favor for expedido título de legitimação de posse, decorrido o prazo de cinco anos de seu registro, terá a conversão automática dele em título de propriedade, desde que atendidos os termos e as condições do art. 183 da Constituição Federal, independentemente de prévia provocação ou prática de ato registral.

§ 1.º Nos casos não contemplados pelo art. 183 da Constituição Federal, o título de legitimação de posse poderá ser convertido em título de propriedade, desde que satisfeitos os requisitos de usucapião estabelecidos na legislação em vigor, a requerimento do interessado, perante o registro de imóveis competente.

§ 2.º A legitimação de posse, após convertida em propriedade, constitui forma originária de aquisição de direito real, de modo que a unidade imobiliária com destinação urbana regularizada restará livre e desembaraçada de quaisquer ônus, direitos reais, gravames ou inscrições, eventualmente existentes em sua matrícula de origem, exceto quando disserem respeito ao próprio beneficiário.

Art. 27. O título de legitimação de posse poderá ser cancelado pelo poder público emitente quando constatado que as condições estipuladas nesta Lei deixaram de ser satisfeitas, sem que seja devida qualquer indenização àquele que irregularmente se beneficiou do instrumento.

Capítulo III
DO PROCEDIMENTO ADMINISTRATIVO

Seção I
Disposições Gerais

Art. 28. A Reurb obedecerá às seguintes fases:

I – requerimento dos legitimados;

II – processamento administrativo do requerimento, no qual será conferido prazo para manifestação dos titulares de direitos reais sobre o imóvel e dos confrontantes;

III – elaboração do projeto de regularização fundiária;

IV – saneamento do processo administrativo;

V – decisão da autoridade competente, mediante ato formal, ao qual se dará publicidade;

VI – expedição da CRF pelo Município; e

VII – registro da CRF e do projeto de regularização fundiária aprovado perante o oficial do cartório de registro de imóveis em que se situe a unidade imobiliária com destinação urbana regularizada.

Parágrafo único. Não impedirá a Reurb, na forma estabelecida nesta Lei, a inexistência de lei municipal específica que trate de medidas ou posturas de interesse local aplicáveis a projetos de regularização fundiária urbana.

Art. 29. A fim de fomentar a efetiva implantação das medidas da Reurb, os entes federativos poderão celebrar convênios ou outros instrumentos congêneres com o Ministério das Cidades, com vistas a cooperar para a fiel execução do disposto nesta Lei.

Art. 30. Compete aos Municípios nos quais estejam situados os núcleos urbanos informais a serem regularizados:

I – classificar, caso a caso, as modalidades da Reurb;

II – processar, analisar e aprovar os projetos de regularização fundiária; e

III – emitir a CRF.

§ 1.º Na Reurb requerida pela União ou pelos Estados, a classificação prevista no inciso I do *caput* deste artigo será de responsabilidade do ente federativo instaurador.

§ 2.º O Município deverá classificar e fixar, no prazo de até cento e oitenta dias, uma das modalidades da Reurb ou indeferir, fundamentadamente, o requerimento.

§ 3.º A inércia do Município implica a automática fixação da modalidade de classificação da Reurb indicada pelo legitimado em seu requerimento, bem como o prosseguimento do procedimento administrativo da Reurb, sem prejuízo de futura revisão dessa classificação pelo Município, mediante estudo técnico que a justifique.

Art. 31. Instaurada a Reurb, o Município deverá proceder às buscas necessárias para determinar a titularidade do domínio dos imóveis onde está situado o núcleo urbano informal a ser regularizado.

§ 1.º Tratando-se de imóveis públicos ou privados, caberá aos Municípios notificar os titulares de domínio, os responsáveis pela implantação do núcleo urbano informal, os confinantes e os terceiros eventualmente interessados, para, querendo, apresentar impugnação no prazo de trinta dias, contado da data de recebimento da notificação.

§ 2.º Tratando-se de imóveis públicos municipais, o Município deverá notificar os confinantes e terceiros eventualmente interessados, para, querendo, apresentar impugnação no prazo de trinta dias, contado da data de recebimento da notificação.

§ 3.º Na hipótese de apresentação de impugnação, será iniciado o procedimento extrajudicial de composição de conflitos de que trata esta Lei.

§ 4.º A notificação do proprietário e dos confinantes será feita por via postal, com aviso de recebimento, no endereço que constar da matrícula ou da transcrição, considerando-se efetuada quando comprovada a entrega nesse endereço.

§ 5.º A notificação da Reurb também será feita por meio de publicação de edital, com prazo de trinta dias, do qual deverá constar, de forma resumida, a descrição da área a ser regularizada, nos seguintes casos:

I – quando o proprietário e os confinantes não forem encontrados; e

II – quando houver recusa da notificação por qualquer motivo.

§ 6.º A ausência de manifestação dos indicados referidos nos §§ 1.º e 4.º deste artigo será interpretada como concordância com a Reurb.

§ 7.º Caso algum dos imóveis atingidos ou confinantes não esteja matriculado ou transcrito na serventia, o Distrito Federal ou os Municípios realizarão diligências perante as serventias anteriormente competentes, mediante apresentação da planta do perímetro regularizado, a fim de que a sua situação jurídica atual seja certificada, caso possível.

§ 8.º O requerimento de instauração da Reurb ou, na forma de regulamento, a manifestação de interesse nesse sentido por parte de qualquer dos legitimados garantem perante o poder público aos ocupantes dos núcleos urbanos informais situados em áreas públicas a serem regularizados a permanência em suas respectivas unidades imobiliárias, preservando-se as situações de fato já existentes, até o eventual arquivamento definitivo do procedimento.

§ 9.º Fica dispensado o disposto neste artigo, caso adotados os procedimentos da demarcação urbanística.

Art. 32. A Reurb será instaurada por decisão do Município, por meio de requerimento, por escrito, de um dos legitimados de que trata esta Lei.

Parágrafo único. Na hipótese de indeferimento do requerimento de instauração da Reurb, a decisão do Município deverá indicar as medidas a serem adotadas, com vistas à reformulação e à reavaliação do requerimento, quando for o caso.

Art. 33. Instaurada a Reurb, compete ao Município aprovar o projeto de regularização fundiária, do qual deverão constar as responsabilidades das partes envolvidas.

§ 1.º A elaboração e o custeio do projeto de regularização fundiária e da implantação da infraestrutura essencial obedecerão aos seguintes procedimentos:

•• Anterior parágrafo único, *caput*, renumerado pela Lei n. 14.118, de 12-1-2021.

I – na Reurb-S, caberá ao Município ou ao Distrito Federal a responsabilidade de elaborar e custear o projeto de regularização fundiária e a implantação da infraestrutura essencial, quando necessária;

•• Inciso I com redação determinada pela Lei n. 14.118, de 12-1-2021.

II – na Reurb-E, a regularização fundiária será contratada e custeada por seus potenciais beneficiários ou requerentes privados;

III – na Reurb-E sobre áreas públicas, se houver interesse público, o Município poderá proceder à elaboração e ao custeio do projeto de regularização fundiária e da implantação da infraestrutura essencial, com posterior cobrança aos seus beneficiários.

§ 2.º Na Reurb-S, fica facultado aos legitimados promover, a suas expensas, os projetos e os demais documentos técnicos necessários à regularização de seu imóvel, inclusive as obras de infraestrutura essencial nos termos do § 1.º do art. 36 desta Lei.

•• § 2.º acrescentado pela Lei n. 14.118, de 12-1-2021.

Art. 34. Os Municípios poderão criar câmaras de prevenção e resolução administrativa de conflitos, no âmbito da administração local, inclusive mediante celebração de ajustes com os Tribunais de Justiça estaduais, as quais deterão competência para dirimir conflitos relacionados à Reurb, mediante solução consensual.

§ 1.º O modo de composição e funcionamento das câmaras de que trata o *caput* deste artigo será estabelecido em ato do Poder Executivo municipal e, na falta do ato, pelo disposto na Lei n. 13.140, de 26 de junho de 2015.

§ 2.º Se houver consenso entre as partes, o acordo será reduzido a termo e constituirá condição para a conclusão da Reurb, com consequente expedição da CRF.

§ 3.º Os Municípios poderão instaurar, de ofício ou mediante provocação, procedimento de mediação coletiva de conflitos relacionados à Reurb.

§ 4.º A instauração de procedimento administrativo para a resolução consensual de conflitos no âmbito da Reurb suspende a prescrição.

§ 5.º Os Municípios e o Distrito Federal poderão, mediante a celebração de convênio, utilizar os Centros Judiciários de Solução de Conflitos e Cidadania ou as câmaras de mediação credenciadas nos Tribunais de Justiça.

Seção II

Do Projeto de Regularização Fundiária

Art. 35. O projeto de regularização fundiária conterá, no mínimo:

I – levantamento planialtimétrico e cadastral, com georreferenciamento, subscrito por profissional competente, acompanhado de Anotação de Responsabilidade Técnica (ART) ou Registro de Responsabilidade Técnica (RRT), que demonstrará as unidades, as construções, o sistema viário, as áreas públicas, os acidentes geográficos e os demais elementos caracterizadores do núcleo a ser regularizado;

II – planta do perímetro do núcleo urbano informal com demonstração das matrículas ou transcrições atingidas, quando for possível;

III – estudo preliminar das desconformidades e da situação jurídica, urbanística e ambiental;

IV – projeto urbanístico;

V – memoriais descritivos;

VI – proposta de soluções para questões ambientais, urbanísticas e de reassentamento dos ocupantes, quando for o caso;

VII – estudo técnico para situação de risco, quando for o caso;

VIII – estudo técnico ambiental, para os fins previstos nesta Lei, quando for o caso;

IX – cronograma físico de serviços e implantação de obras de infraestrutura essencial, compensações urbanísticas, ambientais e outras, quando houver, definidas por ocasião da aprovação do projeto de regularização fundiária; e

X – termo de compromisso a ser assinado pelos responsáveis, públicos ou privados, pelo cumprimento do cronograma físico definido no inciso IX deste artigo.

Parágrafo único. O projeto de regularização fundiária deverá considerar as características da ocupação e da área ocupada para definir parâmetros urbanísticos e ambientais específicos, além de identificar os lotes, as vias de circulação e as áreas destinadas a uso público, quando for o caso.

Art. 36. O projeto urbanístico de regularização fundiária deverá conter, no mínimo, indicação:

I – das áreas ocupadas, do sistema viário e das unidades imobiliárias, existentes ou projetadas;

II – das unidades imobiliárias a serem regularizadas, suas características, área, confrontações, localização, nome do logradouro e número de sua designação cadastral, se houver;

III – quando for o caso, das quadras e suas subdivisões em lotes ou as frações ideais vinculadas à unidade regularizada;

IV – dos logradouros, espaços livres, áreas destinadas a edifícios públicos e outros equipamentos urbanos, quando houver;

V – de eventuais áreas já usucapidas;

VI – das medidas de adequação para correção das desconformidades, quando necessárias;

VII – das medidas de adequação da mobilidade, acessibilidade, infraestrutura e relocação de edificações, quando necessárias;

VIII – das obras de infraestrutura essencial, quando necessárias;

IX – de outros requisitos que sejam definidos pelo Município.

§ 1.º Para fins desta Lei, considera-se infraestrutura essencial os seguintes equipamentos:

I – sistema de abastecimento de água potável, coletivo ou individual;

II – sistema de coleta e tratamento do esgotamento sanitário, coletivo ou individual;

III – rede de energia elétrica domiciliar;

IV – soluções de drenagem, quando necessário; e

V – outros equipamentos a serem definidos pelos Municípios em função das necessidades locais e características regionais.

§ 2.º A Reurb pode ser implementada por etapas, abrangendo o núcleo urbano informal de forma total ou parcial.

§ 3.º As obras de implantação de infraestrutura essencial, de equipamentos comunitários e de melhoria habitacional, bem como sua manutenção, podem ser realizadas antes, durante ou após a conclusão da Reurb.

§ 4.º O Município definirá os requisitos para elaboração do projeto de regularização, no que se refere aos desenhos, ao memorial descritivo e ao cronograma físico de obras e serviços a serem realizados, se for o caso.

§ 5.º A planta e o memorial descritivo deverão ser assinados por profissional legalmente habilitado, dispensada a apresentação de Anotação de Responsabilidade Técnica (ART) no Conselho Regional de Engenharia e Agronomia (Crea) ou de Registro de Responsabilidade Técnica (RRT) no Conselho de Arquitetura e Urbanismo (CAU), quando o responsável técnico for servidor ou empregado público.

Art. 37. Na Reurb-S, caberá ao poder público competente, diretamente ou por meio da administração pública indireta, implementar a infraestrutura essencial, os equipamentos comunitários e as melhorias habitacionais previstos nos projetos de regularização, assim como arcar com os ônus de sua manutenção.

Art. 38. Na Reurb-E, o Distrito Federal ou os Municípios deverão definir, por ocasião da aprovação dos projetos de regularização fundiária, nos limites da legislação de regência, os responsáveis pela:

I – implantação dos sistemas viários;

II – implantação da infraestrutura essencial e dos equipamentos públicos ou comunitários, quando for o caso; e

III – implementação das medidas de mitigação e compensação urbanística e ambiental, e dos estudos técnicos, quando for o caso.

§ 1.º As responsabilidades de que trata o *caput* deste artigo poderão ser atribuídas aos beneficiários da Reurb-E.

§ 2.º Os responsáveis pela adoção de medidas de mitigação e compensação urbanística e ambiental deverão celebrar termo de compromisso com as autoridades competentes como condição de aprovação da Reurb-E.

Art. 39. Para que seja aprovada a Reurb de núcleos urbanos informais, ou de parcela deles, situados em áreas de riscos geotécnicos, de inundações ou de outros riscos especificados em lei, estudos técnicos deverão ser realizados, a fim de examinar a possibilidade de eliminação, de correção ou de administração de riscos na parcela por eles afetada.

§ 1.º Na hipótese do *caput* deste artigo, é condição indispensável à aprovação da Reurb a implantação das medidas indicadas nos estudos técnicos realizados.

§ 2.º Na Reurb-S que envolva áreas de riscos que não comportem eliminação, correção ou administração, os Municípios deverão proceder à realocação dos ocupantes do núcleo urbano informal a ser regularizado.

Seção III
Da Conclusão da Reurb

Art. 40. O pronunciamento da autoridade competente que decidir o processamento administrativo da Reurb deverá:

I – indicar as intervenções a serem executadas, se for o caso, conforme o projeto de regularização fundiária aprovado;

II – aprovar o projeto de regularização fundiária resultante do processo de regularização fundiária; e

III – identificar e declarar os ocupantes de cada unidade imobiliária com destinação urbana regularizada, e os respectivos direitos reais.

Art. 41. A Certidão de Regularização Fundiária (CRF) é o ato administrativo de aprovação da regularização que deverá acompanhar o projeto aprovado e deverá conter, no mínimo:

I – o nome do núcleo urbano regularizado;

II – a localização;

III – a modalidade da regularização;

IV – as responsabilidades das obras e serviços constantes do cronograma;

V – a indicação numérica de cada unidade regularizada, quando houver;

VI – a listagem com nomes dos ocupantes que houverem adquirido a respectiva unidade, por título de legitimação fundiária ou mediante ato único de registro, bem como o estado civil, a profissão, o número de inscrição no cadastro das pessoas físicas do Ministério da Fazenda e do registro geral da cédula de identidade e a filiação.

Capítulo IV
DO REGISTRO DA REGULARIZAÇÃO FUNDIÁRIA

Art. 42. O registro da CRF e do projeto de regularização fundiária aprovado será requerido diretamente ao oficial do cartório de registro de imóveis da situação do imóvel e será efetivado independentemente de determinação judicial ou do Ministério Público.

Parágrafo único. Em caso de recusa do registro, o oficial do cartório do registro de imóveis expedirá nota devolutiva fundamentada, na qual indicará os motivos da recusa e formulará exigências nos termos desta Lei.

Art. 43. Na hipótese de a Reurb abranger imóveis situados em mais de uma circunscrição imobiliária, o procedimento será efetuado perante cada um dos oficiais dos cartórios de registro de imóveis.

Parágrafo único. Quando os imóveis regularizados estiverem situados na divisa das circunscrições imobiliárias, as novas matrículas das unidades imobiliárias serão de competência do oficial do cartório de registro de imóveis em cuja circunscrição estiver situada a maior porção da unidade imobiliária regularizada.

Art. 44. Recebida a CRF, cumprirá ao oficial do cartório de registro de imóveis prenotá-la, autuá-la, instaurar o procedimento registral e, no prazo de quinze dias, emitir a respectiva nota de exigência ou praticar os atos tendentes ao registro.

§ 1.º O registro do projeto Reurb aprovado importa em:

I – abertura de nova matrícula, quando for o caso;

II – abertura de matrículas individualizadas para os lotes e áreas públicas resultantes do projeto de regularização aprovado; e

III – registro dos direitos reais indicados na CRF junto às matrículas dos respectivos lotes, dispensada a apresentação de título individualizado.

§ 2.º Quando o núcleo urbano regularizado abranger mais de uma matrícula, o oficial do registro de imóveis abrirá nova matrícula para a área objeto de regularização, conforme previsto no inciso I do § 1.º deste artigo, destacando a área abrangida na matrícula de origem, dispensada a apuração de remanescentes.

§ 3.º O registro da CRF dispensa a comprovação do pagamento de tributos ou penalidades tributárias de responsabilidade dos legitimados.

§ 4.º O registro da CRF aprovado independe de averbação prévia do cancelamento do cadastro de imóvel rural no Instituto Nacional de Colonização e Reforma Agrária (Incra).

§ 5.º O procedimento registral deverá ser concluído no prazo de sessenta dias, prorrogável por até igual período, mediante justificativa fundamentada do oficial do cartório de registro de imóveis.

§ 6.º O oficial de registro fica dispensado de providenciar a notificação dos titulares de domínio, dos confinantes e de terceiros eventualmente interessados, uma vez cumprido esse rito pelo Município, conforme o disposto no art. 31 desta Lei.

§ 7.º O oficial do cartório de registro de imóveis, após o registro da CRF, notificará o Incra, o Ministério do Meio Ambiente e a Secretaria da Receita Federal do Brasil para que esses órgãos cancelem, parcial ou totalmente, os respectivos registros existentes no Cadastro Ambiental Rural (CAR) e nos demais cadastros relacionados a imóvel rural, relativamente às unidades imobiliárias regularizadas.

Art. 45. Quando se tratar de imóvel sujeito a regime de condomínio geral a ser dividido em lotes com indicação, na matrícula, da área deferida a cada condômino, o Município poderá indicar, de forma individual ou coletiva, as unidades imobiliárias correspondentes às frações ideais registradas, sob sua exclusiva responsabilidade, para a especialização das áreas registradas em comum.

Parágrafo único. Na hipótese de a informação prevista no *caput* deste artigo não constar do projeto de regularização fundiária aprovado pelo Município, as novas matrículas das unidades imobiliárias serão abertas mediante requerimento de especialização formulado pelos legitimados de que trata esta Lei, dispensada a outorga de escritura pública para indicação da quadra e do lote.

Art. 46. Para atendimento ao princípio da especialidade, o oficial do cartório de registro de imóveis adotará o memorial descritivo da gleba apresentado com o projeto de regularização fundiária e deverá averbá-lo na matrícula existente, anteriormente ao registro do projeto, independentemente de provocação, retificação, notificação, unificação ou apuração de disponibilidade ou remanescente.

§ 1.º Se houver dúvida quanto à extensão da gleba matriculada, em razão da precariedade da descrição tabular, o oficial do cartório de registro de imóveis abrirá nova matrícula para a área destacada e averbará o referido destaque na matrícula matriz.

§ 2.º As notificações serão emitidas de forma simplificada, indicando os dados de identificação do núcleo urbano a ser regularizado, sem a anexação de plantas, projetos, memoriais ou outros documentos, convidando o notificado a comparecer à sede da serventia para tomar conhecimento da CRF com a advertência de que o não comparecimento e a não apresentação de impugnação, no prazo legal, importará em anuência ao registro.

§ 3.º Na hipótese de o projeto de regularização fundiária não envolver a integralidade do imóvel matriculado, o registro será feito com base na planta e no memorial descritivo referentes à área objeto de regularização e o destaque na matrícula da área total deverá ser averbado.

Art. 47. Os padrões dos memoriais descritivos, das plantas e das demais representações gráficas, inclusive as escalas adotadas e outros detalhes técnicos, seguirão as diretrizes estabelecidas pela autoridade municipal ou distrital competente, as quais serão consideradas atendidas com a emissão da CRF.

Parágrafo único. Não serão exigidos reconhecimentos de firma nos documentos que compõem a CRF ou o termo individual de legitimação fundiária quando apresentados pela União, Estados, Distrito Federal, Municípios ou entes da administração indireta.

Art. 48. O registro da CRF produzirá efeito de instituição e especificação de condomínio, quando for o caso, regido pelas disposições legais específicas, hipótese em que fica facultada aos condôminos a aprovação de convenção condominial.

Art. 49. O registro da CRF será feito em todas as matrículas atingidas pelo projeto de regularização fundiária aprovado, devendo ser informadas, quando possível, as parcelas correspondentes a cada matrícula.

Art. 50. Nas matrículas abertas para cada parcela, deverão constar dos campos referentes ao registro anterior e ao proprietário:

I – quando for possível, a identificação exata da origem da parcela matriculada, por meio de planta de sobreposição do parcelamento com os registros existentes, a matrícula anterior e o nome de seu proprietário;

II – quando não for possível identificar a exata origem da parcela matriculada, todas as matrículas anteriores atingidas pela Reurb e a expressão "proprietário não identificado", dispensando-se nesse caso os requisitos dos itens 4 e 5 do inciso II do art. 167 da Lei n. 6.015, de 31 de dezembro de 1973.

Art. 51. Qualificada a CRF e não havendo exigências nem impedimentos, o oficial do cartório de registro de imóveis efetuará o seu registro na matrícula dos imóveis cujas áreas tenham sido atingidas, total ou parcialmente.

Parágrafo único. Não identificadas as transcrições ou as matrículas da área regularizada, o oficial do cartório de registro abrirá matrícula com a descrição do perímetro do núcleo urbano informal que constar da CRF e nela efetuará o registro.

Art. 52. Registrada a CRF, será aberta matrícula para cada uma das unidades imobiliárias regularizadas.

Parágrafo único. Para os atuais ocupantes das unidades imobiliárias objeto da Reurb, os compromissos de compra e venda, as cessões e as promessas de cessão valerão como título hábil para a aquisição da propriedade, quando acompanhados da prova de quitação das obrigações do adquirente, e serão registrados nas matrículas das unidades imobiliárias correspondentes, resultantes da regularização fundiária.

Art. 53. Com o registro da CRF, serão incorporados automaticamente ao patrimônio público as vias públicas, as áreas destinadas ao uso comum do povo, os prédios públicos e os equipamentos urbanos, na forma indicada no projeto de regularização fundiária aprovado.

Parágrafo único. A requerimento do Município, o oficial de registro de imóveis abrirá matrícula para as áreas que tenham ingressado no domínio público.

Art. 54. As unidades desocupadas e não comercializadas alcançadas pela Reurb terão as suas matrículas abertas em nome do titular originário do domínio da área.

Parágrafo único. As unidades não edificadas que tenham sido comercializadas a qualquer título terão suas matrículas abertas em nome do adquirente, conforme procedimento previsto nos arts. 84 e 98 desta Lei.

•• Parágrafo único com redação determinada pela Lei n. 14.118, de 12-1-2021.

Capítulo V
DO DIREITO REAL DE LAJE

Art. 55. A Lei n. 10.406, de 10 de janeiro de 2002 (Código Civil), passa a vigorar com as seguintes alterações:

•• Alterações já processadas no diploma modificado.

Art. 56. A Lei n. 6.015, de 31 de dezembro de 1973, passa a vigorar com as seguintes alterações:

•• Alterações já processadas no diploma modificado.

....

Capítulo VI
DO CONDOMÍNIO DE LOTES

Art. 58. A Lei n. 10.406, de 10 de janeiro de 2002 (Código Civil), passa a vigorar acrescida da Seção IV no Capítulo VII do Título III do Livro III da Parte Especial:

•• Alterações já processadas no diploma modificado.

Capítulo VII
DOS CONJUNTOS HABITACIONAIS

Art. 59. Serão regularizados como conjuntos habitacionais os núcleos urbanos informais que tenham sido constituídos para a alienação de unidades já edificadas pelo próprio empreendedor, público ou privado.

§ 1.º Os conjuntos habitacionais podem ser constituídos de parcelamento do solo com unidades edificadas isoladas, parcelamento do solo com edificações em condomínio, condomínios horizontais ou verticais, ou ambas as modalidades de parcelamento e condomínio.

§ 2.º As unidades resultantes da regularização de conjuntos habitacionais serão atribuídas aos ocupantes reconhecidos, salvo quando o ente público promotor do programa habitacional demonstrar que, durante o processo de regularização fundiária, há obrigações pendentes, caso em que as unidades imobiliárias regularizadas serão a ele atribuídas.

Art. 60. Para a aprovação e registro dos conjuntos habitacionais que compõem a Reurb ficam dispensadas a apresentação do habite-se e, no caso de Reurb-S, as respectivas certidões negativas de tributos e contribuições previdenciárias.

Capítulo VIII
DO CONDOMÍNIO URBANO SIMPLES

Art. 61. Quando um mesmo imóvel contiver construções de casas ou cômodos, poderá ser instituído, inclusive para fins de Reurb, condomínio urbano simples, respeitados os parâmetros urbanísticos locais, e serão discriminadas, na matrícula, a parte do terreno ocupada pelas edificações, as partes de utilização exclusiva e as áreas que constituem passagem para as vias públicas ou para as unidades entre si.

Parágrafo único. O condomínio urbano simples será regido por esta Lei, aplicando-se, no que couber, o disposto na legislação civil, tal como os arts. 1.331 a 1.358 da Lei n. 10.406, de 10 de janeiro de 2002 (Código Civil).

Art. 62. A instituição do condomínio urbano simples será registrada na matrícula do respectivo imóvel, na qual deverão ser identificadas as partes comuns ao nível do solo, as partes comuns internas à edificação, se houver, e as respectivas unidades autônomas, dispensada a apresentação de convenção de condomínio.

§ 1.º Após o registro da instituição do condomínio urbano simples, deverá ser aberta uma matrícula para cada unidade autônoma, à qual caberá, como parte inseparável, uma fração ideal do solo e das outras partes comuns, se houver, representada na forma de percentual.

§ 2.º As unidades autônomas constituídas em matrícula própria poderão ser alienadas e gravadas livremente por seus titulares.

§ 3.º Nenhuma unidade autônoma poderá ser privada de acesso ao logradouro público.

§ 4.º A gestão das partes comuns será feita de comum acordo entre os condôminos, podendo ser formalizada por meio de instrumento particular.

Art. 63. No caso da Reurb-S, a averbação das edificações poderá ser efetivada a partir de mera notícia, a requerimento do interessado, da qual constem a área construída e o número da unidade imobiliária, dispensada a apresentação de habite-se e de certidões negativas de tributos e contribuições previdenciárias.

Capítulo IX
DA ARRECADAÇÃO DE IMÓVEIS ABANDONADOS

Art. 64. Os imóveis urbanos privados abandonados cujos proprietários não possuam a intenção de conservá-los em seu patrimônio ficam sujeitos à arrecadação pelo Município ou pelo Distrito Federal na condição de bem vago.

§ 1.º A intenção referida no *caput* deste artigo será presumida quando o proprietário, cessados os atos de posse sobre o imóvel, não adimplir os ônus fiscais instituídos sobre a propriedade predial e territorial urbana, por cinco anos.

§ 2.º O procedimento de arrecadação de imóveis urbanos abandonados obedecerá ao disposto em ato do Poder Executivo municipal ou distrital e observará, no mínimo:

I – abertura de processo administrativo para tratar da arrecadação;

II – comprovação do tempo de abandono e de inadimplência fiscal;

III – notificação ao titular do domínio para, querendo, apresentar impugnação no prazo de trinta dias, contado da data de recebimento da notificação.

§ 3.º A ausência de manifestação do titular do domínio será interpretada como concordância com a arrecadação.

§ 4.º Respeitado o procedimento de arrecadação, o Município poderá realizar, diretamente ou por meio de terceiros, os investimentos necessários para que o imóvel urbano arrecadado atinja prontamente os objetivos sociais a que se destina.

§ 5.º Na hipótese de o proprietário reivindicar a posse do imóvel declarado abandonado, no transcorrer do triênio a que alude o art. 1.276 da Lei n. 10.406, de 10 de janeiro de 2002 (Código Civil), fica assegurado ao Poder Executivo municipal ou distrital o direito ao ressarcimento prévio, e em valor atualizado, de todas as despesas em que eventualmente houver incorrido, inclusive tributárias, em razão do exercício da posse provisória.

Art. 65. Os imóveis arrecadados pelos Municípios ou pelo Distrito Federal poderão ser destinados aos programas habitacionais, à prestação de serviços públicos, ao fomento da Reurb-S ou serão objeto de concessão de direito real de uso a entidades civis que comprovadamente tenham fins filantrópicos, assistenciais, educativos, esportivos ou outros, no interesse do Município ou do Distrito Federal.

Capítulo X
DA REGULARIZAÇÃO DA PROPRIEDADE FIDUCIÁRIA DO FUNDO DE ARRENDAMENTO RESIDENCIAL (FAR)

....

Art. 67. A Lei n. 9.514, de 20 de novembro de 1997, passa a vigorar com as seguintes alterações:

•• Alterações já processadas no diploma modificado.

Capítulo XI
DISPOSIÇÕES FINAIS E TRANSITÓRIAS

Art. 68. Ao Distrito Federal são atribuídas as competências, os direitos e as responsabilidades reservadas aos Estados e aos Municípios, na forma desta Lei.

Art. 69. As glebas parceladas para fins urbanos anteriormente a 19 de dezembro de 1979, que não possuírem registro, poderão ter a sua situação jurídica regularizada mediante o registro do parcelamento, desde que esteja implantado e integrado à cidade, podendo, para tanto, utilizar-se dos instrumentos previstos nesta Lei.

§ 1.º O interessado requererá ao oficial do cartório de registro de imóveis a efetivação do registro do parcelamento, munido dos seguintes documentos:

I – planta da área em regularização assinada pelo interessado responsável pela regularização e por profissional legalmente habilitado, acompanhada da Anotação de Responsabilidade Técnica (ART) no Conselho Regional de Engenharia e Agronomia (Crea) ou de Registro de Responsabilidade Técnica (RRT) no Conselho de Arquitetura e Urbanismo (CAU), contendo o perímetro da área a ser regularizada e as subdivisões das quadras, lotes e áreas públicas, com as dimensões e numeração dos lotes, logradouros, espaços livres e outras áreas com destinação específica, se for o caso, dispensada a ART ou o RRT quando o responsável técnico for servidor ou empregado público;

II – descrição técnica do perímetro da área a ser regularizada, dos lotes, das áreas públicas e de outras áreas com destinação específica, quando for o caso;

III – documento expedido pelo Município, atestando que o parcelamento foi implantado antes de 19 de dezembro de 1979 e que está integrado à cidade.

§ 2.º A apresentação da documentação prevista no § 1.º deste artigo dispensa a apresentação do projeto de regularização fundiária, de estudo técnico ambiental, de CRF ou de quaisquer outras manifestações, aprovações, licenças ou alvarás emitidos pelos órgãos públicos.

Art. 70. As disposições da Lei n. 6.766, de 19 de dezembro de 1979, não se aplicam à Reurb, exceto quanto ao disposto nos arts. 37, 38, 39, no *caput* e nos §§ 1.º, 2.º, 3.º e 4.º do art. 40 e nos arts. 41, 42, 44, 47, 48, 49, 50, 51 e 52 da referida Lei.

Art. 71. Para fins da Reurb, ficam dispensadas a desafetação e as exigências previstas no inciso I do *caput* do art. 17 da Lei n. 8.666, de 21 de junho de 1993.

....

Art. 73. Devem os Estados criar e regulamentar fundos específicos destinados à compensação, total ou parcial, dos custos referentes aos atos registrais da Reurb-S previstos nesta Lei.

Parágrafo único. Para que os fundos estaduais acessem os recursos do Fundo Nacional de Habitação de Interesse Social (FNHIS), criado pela Lei n. 11.124, de 16 de junho de 2005, deverão firmar termo de adesão, na forma a ser regulamentada pelo Poder Executivo federal.

Art. 74. Serão regularizadas, na forma desta Lei, as ocupações que incidam sobre áreas objeto de demanda judicial que versem sobre direitos reais de garantia ou constrições judiciais, bloqueios e indisponibilidades, ressalvada a hipótese de decisão judicial específica que impeça a análise, aprovação e registro do projeto de regularização fundiária urbana.

Art. 75. As normas e os procedimentos estabelecidos nesta Lei poderão ser aplicados aos processos administrativos de regularização fundiária iniciados pelos entes públicos competentes até a data de publicação desta Lei, sendo regidos, a critério deles, pelos arts. 288-A a 288-G da Lei n. 6.015, de 31 de dezembro de 1973, e pelos arts. 46 a 71-A da Lei n. 11.977, de 7 de julho de 2009.

Art. 76. O Sistema de Registro Eletrônico de Imóveis (SREI) será implementado e operado, em âmbito nacional, pelo Operador Nacional do Sistema de Registro Eletrônico de Imóveis (ONR).

§ 1.º O procedimento administrativo e os atos de registro decorrentes da Reurb serão feitos por meio eletrônico, nos termos do disposto no art. 37 a art. 41 da Lei n. 11.977, de 7 de julho de 2009.

•• § 1.º com redação determinada pela Medida Provisória n. 1.085, de 27-12-2021.

O texto anterior dizia: "§ 1.º O procedimento administrativo e os atos de registro decorrentes da Reurb serão feitos preferencialmente por meio eletrônico, na forma dos arts. 37 a 41 da Lei n. 11.977, de 7 de julho de 2009".

§ 2.º O ONR será organizado como pessoa jurídica de direito privado, sem fins lucrativos.

§ 3.º (*Vetado*.)

§ 4.º Caberá à Corregedoria Nacional de Justiça do Conselho Nacional de Justiça exercer a função de agente regulador do ONR e zelar pelo cumprimento de seu estatuto.

§ 5.º As unidades do serviço de registro de imóveis dos Estados e do Distrito Federal integram o SREI e ficam vinculadas ao ONR.

§ 6.º Os serviços eletrônicos serão disponibilizados, sem ônus, ao Poder Judiciário, ao Poder Executivo federal, ao Ministério Público, aos entes públicos previstos nos regimentos de custas e emolumentos dos Estados e do Distrito Federal, e aos órgãos encarregados de investigações criminais, fiscalização tributária e recuperação de ativos.

§ 7.º A administração pública federal acessará as informações do SREI por meio do Sistema Nacional de Gestão de Informações Territoriais (Sinter), na forma de regulamento.

§ 8.º (*Vetado.*)

§ 9.º Fica criado o fundo para a implementação e custeio do SREI, que será gerido pelo ONR e subvencionado pelas unidades do serviço de registro de imóveis dos Estados e do Distrito Federal referidas no § 5.º deste artigo.

•• § 9.º acrescentado pela Lei n. 14.118, de 12-1-2021.

§ 10. Caberá ao agente regulador do ONR disciplinar a instituição da receita do fundo para a implementação e o custeio do registro eletrônico de imóveis, estabelecer as cotas de participação das unidades de registro de imóveis do País, fiscalizar o recolhimento e supervisionar a aplicação dos recursos e as despesas do gestor, sem prejuízo da fiscalização ordinária e própria como for prevista nos estatutos.

•• § 10 acrescentado pela Lei n. 14.118, de 12-1-2021.

Art. 77. A Medida Provisória n. 2.220, de 4 de setembro de 2001, passa a vigorar com as seguintes alterações:

•• Alterações já processadas no diploma modificado.

Art. 78. A Lei n. 6.766, de 19 de dezembro de 1979, passa a vigorar com as seguintes alterações:

•• Alterações já processadas no diploma modificado.

Art. 79. A Lei n. 10.257, de 10 de julho de 2001, passa a vigorar com as seguintes alterações:

•• Alterações já processadas no diploma modificado.

....

Art. 81. A Lei n. 6.015, de 31 de dezembro de 1973, passa a vigorar com as seguintes alterações:

•• Alterações já processadas no diploma modificado.

....

TÍTULO III
DOS PROCEDIMENTOS DE AVALIAÇÃO E ALIENAÇÃO DE IMÓVEIS DA UNIÃO

Art. 83. Os procedimentos para a Reurb promovida em áreas de domínio da União serão regulamentados em ato específico da Secretaria do Patrimônio da União (SPU), sem prejuízo da eventual adoção de procedimentos e instrumentos previstos para a Reurb.

Art. 84. Os imóveis da União objeto da Reurb-E que forem objeto de processo de parcelamento reconhecido pela autoridade pública poderão ser, no todo ou em parte, vendidos diretamente aos seus ocupantes, dispensados os procedimentos exigidos pela Lei n. 8.666, de 21 de junho de 1993.

§ 1.º A venda aplica-se unicamente aos imóveis ocupados até 22 de dezembro de 2016, exigindo-se que o usuário seja regularmente inscrito e esteja em dia com suas obrigações para com a Secretaria do Patrimônio da União (SPU).

§ 2.º A venda direta de que trata este artigo somente poderá ser concedida para, no máximo, dois imóveis, um residencial e um não residencial, regularmente cadastrados em nome do beneficiário na Secretaria do Patrimônio da União (SPU).

§ 3.º A venda direta de que trata este artigo deverá obedecer à Lei n. 9.514, de 20 de novembro de 1997, ficando a União com a propriedade fiduciária dos bens alienados até a quitação integral, na forma dos §§ 4.º e 5.º deste artigo.

§ 4.º Para ocupantes com renda familiar situada entre cinco e dez salários mínimos, a aquisição poderá ser realizada à vista ou em até duzentas e quarenta parcelas mensais e consecutivas, mediante sinal de, no mínimo, 5% (cinco por cento) do valor da avaliação, e o valor da parcela mensal não poderá ser inferior ao valor equivalente ao devido pelo usuário a título de taxa de foro ou ocupação, quando requerido pelo interessado.

§ 5.º Para ocupantes com renda familiar acima de dez salários mínimos, a aquisição poderá ser realizada à vista ou em até cento e vinte parcelas mensais e consecutivas, mediante um sinal de, no mínimo, 10% (dez por cento) do valor da avaliação, e o valor da parcela mensal não poderá ser inferior ao valor equivalente ao devido pelo usuário a título de taxa de foro ou ocupação, quando requerido pelo interessado.

§ 6.º A regulamentação do disposto neste artigo será efetuada pela Secretaria do Patrimônio da União (SPU) no prazo de doze meses contado da data de publicação desta Lei.

Art. 85. O preço de venda será fixado com base no valor de mercado do imóvel, segundo os critérios de avaliação previstos no art. 11-C da Lei n. 9.636, de 15 de maio de 1998, excluídas as acessões e as benfeitorias realizadas pelo ocupante.

§ 1.º O prazo de validade da avaliação a que se refere o *caput* deste artigo será de, no máximo, doze meses.

§ 2.º Nos casos de condomínio edilício privado, as áreas comuns, excluídas suas benfeitorias, serão adicionadas na fração ideal da unidade privativa correspondente.

Art. 86. As pessoas físicas de baixa renda que, por qualquer título, utilizem regularmente imóvel da União, inclusive imóveis provenientes de entidades federais extintas, para fins de moradia até 22 de dezembro de 2016, e que sejam isentas do pagamento de qualquer valor pela utilização, na forma da legislação patrimonial e dos cadastros da Secretaria do Patrimônio da União (SPU), poderão requerer diretamente ao oficial de registro de imóveis, mediante apresentação da Certidão de Autorização de Transferência (CAT) expedida pela SPU, a transferência gratuita da propriedade do imóvel, desde que preencham os requisitos previstos no § 5.º do art. 31 da Lei n. 9.636, de 15 de maio de 1998.

§ 1.º A transferência gratuita de que trata este artigo somente poderá ser concedida uma vez por beneficiário.

§ 2.º A avaliação prévia do imóvel e a prévia autorização legislativa específica não configuram condição para a transferência gratuita de que trata este artigo.

Art. 87. Para obter gratuitamente a concessão de direito real de uso ou o domínio pleno do imóvel, o interessado deverá requerer à Secretaria do Patrimônio da União (SPU) a Certidão de Autorização de Transferência para fins de Reurb-S (CAT-Reurb-S), a qual valerá como título hábil para a aquisição do direito mediante o registro no cartório de registro de imóveis competente.

Parágrafo único. Efetivado o registro da transferência da concessão de direito real de uso ou do domínio pleno do imóvel, o oficial do cartório de registro de imóveis, no prazo de trinta dias, notificará a Superintendência do Patrimônio da União no Estado ou no Distrito Federal, informando o número da matrícula do imóvel e o seu Registro Imobiliário Patrimonial (RIP), o qual deverá constar da CAT-Reurb-S.

Art. 88. Na hipótese de imóveis destinados à Reurb-S cuja propriedade da União ainda não se encontre regularizada no cartório de registro de imóveis competente, a abertura de matrícula poderá ser realizada por meio de requerimento da Secretaria do Patrimônio da União (SPU), dirigido ao oficial do referido cartório, acompanhado dos seguintes documentos:

I – planta e memorial descritivo do imóvel, assinados por profissional habilitado perante o Conselho Regional de Engenharia e Agronomia (Crea) ou o Conselho de Arquitetura e Urbanismo (CAU), condicionados à apresentação da Anotação de Responsabilidade Técnica (ART) ou do Registro de Responsabilidade Técnica (RRT), quando for o caso; e

II – ato de discriminação administrativa do imóvel da União para fins de Reurb-S, a ser expedido pela Secretaria do Patrimônio da União (SPU).

§ 1.º O oficial do cartório de registro de imóveis deverá, no prazo de trinta dias, contado da data de protocolo do requerimento, fornecer à Superintendência do Patrimônio da União no Estado ou no Distrito Federal a certidão da matrícula aberta ou os motivos fundamentados para a negativa da abertura, hipótese para a qual deverá ser estabelecido prazo para que as pendências sejam supridas.

§ 2.º O disposto no *caput* deste artigo não se aplica aos imóveis da União submetidos a procedimentos específicos de identificação e demarcação, os quais continuam submetidos às normas pertinentes.

Art. 89. Os procedimentos para a transferência gratuita do direito real de uso ou do domínio pleno de imóveis da União no âmbito da Reurb-S, inclusive aqueles relacionados à forma de comprovação dos requisitos pelos beneficiários, serão regulamentados em ato específico da Secretaria do Patrimônio da União (SPU).

Art. 90. Ficam a União, suas autarquias e fundações autorizadas a transferir aos Estados, aos Municípios e ao Distrito Federal as áreas públicas federais ocupadas por núcleos urbanos informais, para que promovam a Reurb nos termos desta Lei, observado o regulamento quando se tratar de imóveis de titularidade de fundos.

Art. 91. O Decreto-lei n. 2.398, de 21 de dezembro de 1987, passa a vigorar com as seguintes alterações:

•• Alterações já processadas no diploma modificado.

Art. 92. A Lei n. 13.240, de 30 de dezembro de 2015, passa a vigorar com as seguintes alterações:

•• Alterações já processadas no diploma modificado.

Art. 93. A Lei n. 9.636, de 15 de maio de 1998, passa a vigorar com as seguintes alterações:

•• Alterações já processadas no diploma modificado.

....

Art. 96. O Decreto-lei n. 9.760, de 5 de setembro de 1946, passa a vigorar com as seguintes alterações:

•• Alterações já processadas no diploma modificado.

....

Título IV
DISPOSIÇÕES FINAIS

Art. 98. Fica facultado aos Estados, aos Municípios e ao Distrito Federal utilizar a prerrogativa de venda direta aos ocupantes de suas áreas públicas objeto da Reurb-E, dispensados os procedimentos exigidos pela Lei n. 8.666, de 21 de junho de 1993, e desde que os imóveis se encontrem ocupados até 22 de dezembro de 2016, devendo regulamentar o processo em legislação própria nos moldes do disposto no art. 84 desta Lei.

....

Art. 101. A Lei n. 6.015, de 31 de dezembro de 1973, passa a vigorar acrescida do seguinte art. 235-A:

•• Alterações já processadas no diploma modificado.

Art. 102. Fica a União autorizada a doar ao Estado de Rondônia as glebas públicas arrecadadas e registradas em nome da União nele situadas.

§ 1.º São excluídas da autorização de que trata o *caput* deste artigo:

I – as áreas relacionadas nos incisos II a XI do art. 20 da Constituição Federal;

II – as terras destinadas ou em processo de destinação pela União a projetos de assentamento;

III – as áreas de unidades de conservação já instituídas pela União e aquelas em processo de instituição, conforme regulamento;

IV – as áreas afetadas, de modo expresso ou tácito, a uso público, comum ou especial;

V – as áreas objeto de títulos expedidos pela União que não tenham sido extintos por descumprimento de cláusula resolutória;

VI – as áreas urbanas consolidadas, que serão objeto de doação diretamente da União ao Município, nos termos da Lei n. 11.952, de 25 de junho de 2009.

§ 2.º As glebas objeto de doação ao Estado de Rondônia deverão ser preferencialmente utilizadas em atividades de conservação ambiental e desenvolvimento sustentável, de assentamento, de colonização e de regularização fundiária, podendo ser adotado o regime de concessão de uso previsto no Decreto-lei n. 271, de 28 de fevereiro de 1967.

§ 3.º As doações serão efetuadas de forma gradativa, à medida que reste comprovado que a gleba anteriormente transferida tenha sido destinada nos termos do § 2.º deste artigo.

§ 4.º A aquisição ou arrendamento de lotes por estrangeiros obedecerá aos limites, às condições e às restrições estabelecidos na legislação federal.

§ 5.º A doação de glebas públicas federais aos Estados de Roraima e do Amapá será regida pela Lei n. 10.304, de 5 de novembro de 2001.

§ 6.º O Poder Executivo da União editará ato para regulamentar este artigo, inclusive para fixar critérios de definição das glebas a serem alienadas.

Art. 103. Os interessados poderão, no prazo de cento e oitenta dias, requerer à Secretaria Especial de Agricultura Familiar e do Desenvolvimento Agrário, ao Incra e à Secretaria do Patrimônio da União (SPU) a revisão das decisões administrativas denegatórias, ainda que judicializadas, caso em que o pedido deverá ser objeto de análise final no prazo de um ano.

Parágrafo único. O disposto neste artigo não impede o interessado de pleitear direitos previstos nesta Lei, desde que preencha os pressupostos fáticos pertinentes.

Art. 104. O Decreto-lei n. 3.365, de 21 de junho de 1941, passa a vigorar acrescido do seguinte art. 34-A:

•• Alterações já processadas no diploma modificado.

Art. 105. Em caso de certificação de imóveis rurais em unidade de conservação situados em região de difícil acesso ou em que a implantação do marco físico implique supressão de cobertura vegetal, deverão ser utilizados vértices virtuais para fins de georreferenciamento.

Art. 106. O disposto nesta Lei aplica-se à ilha de Fernando de Noronha e às demais ilhas oceânicas e costeiras, em conformidade com a legislação patrimonial em vigor.

Art. 107. Decreto do Poder Executivo federal poderá regulamentar o disposto nesta Lei.

Art. 108. Esta Lei entra em vigor na data de sua publicação.

Art. 109. Ficam revogados:

I – os arts. 14 e 15 da Lei Complementar n. 76, de 6 de julho de 1993;

II – os arts. 27 e 28 da Lei n. 9.636, de 15 de maio de 1998;

III – os seguintes dispositivos da Lei n. 11.952, de 25 de junho de 2009:

a) o § 2.º do art. 5.º;

b) o parágrafo único do art. 18;

c) os incisos I, II, III e IV do *caput* e os §§ 1.º e 2.º, todos do art. 30; e

d) os §§ 4.º e 5.º do art. 15;

IV – o Capítulo III da Lei n. 11.977, de 7 de julho de 2009;

V – (*vetado*);

VI – os arts. 288-B a 288-G da Lei n. 6.015, de 31 de dezembro de 1973;

VII – os arts. 2.º, 3.º, 7.º e 13 da Lei n. 13.240, de 30 de dezembro de 2015;

VIII – o parágrafo único do art. 14, o § 5.º do art. 24, o § 3.º do art. 26 e os arts. 29, 34, 35 e 45 da Lei n. 9.636, de 15 de maio de 1998;

IX – o § 1.º do art. 1.º da Lei n. 13.347, de 10 de outubro de 2016.

Brasília, 11 de julho de 2017; 196.º da Independência e 129.º da República.

MICHEL TEMER

DECRETO N. 9.176, DE 19 DE OUTUBRO DE 2017 (*)

Promulga a Convenção sobre a Cobrança Internacional de Alimentos para Crianças e Outros Membros da Família e o Protocolo sobre a Lei Aplicável às Obrigações de Prestar Alimentos, firmados pela República Federativa do Brasil, em Haia, em 23 de novembro de 2007.

O Presidente da República, no uso da atribuição que lhe confere o art. 84, *caput*, inciso IV, da Constituição, e

Considerando que a República Federativa do Brasil firmou a Convenção sobre a Cobrança Internacional de Alimentos para Crianças e Outros Membros da Família e o Protocolo sobre a Lei Aplicável às Obrigações de Prestar Alimentos, em Haia, em 23 de novembro de 2007;

Considerando que o Congresso Nacional aprovou a Convenção e o Protocolo por meio do Decreto Legislativo n. 146, de 9 de dezembro de 2016, com reserva ao Artigo 20, § 1.º, alínea e, e ao Artigo 30, § 1.º, com fundamento, respectivamente, no Artigo 20, § 2.º, e no Artigo 30, § 8.º, e realização da declaração que trata o Artigo 3.º, § 2.º, todos da Convenção;

Considerando que o Governo brasileiro depositou, junto ao Ministério dos Negócios Estrangeiros do Reino dos Países Baixos, em 17 de julho de 2017, os instrumentos de ratificação da Convenção e do Protocolo, com reserva ao Artigo 20, § 1.º, alínea e, e ao Artigo 30, § 1.º, com fundamento, respectivamente, no Artigo 20, § 2.º, e no Artigo 30, § 8.º, e realização da declaração que trata o Artigo 3.º, § 2.º, todos da Convenção, e que os referidos instrumentos entrarão em vigor para a República Federativa do Brasil, no plano jurídico externo, em 1.º de novembro de 2017; decreta:

Art. 1.º Ficam promulgados a Convenção sobre a Cobrança Internacional de Alimentos para Crianças e Outros

(*) Publicado no *Diário Oficial da União*, de 20-10-2017.

Membros da Família e o Protocolo sobre a Lei Aplicável às Obrigações de Prestar Alimentos, firmados em Haia, em 23 de novembro de 2007, anexos a este Decreto, com reserva ao Artigo 20, § 1.º, alínea *e*, e ao Artigo 30, § 1.º, com fundamento, respectivamente, no Artigo 20, § 2.º, e no Artigo 30, § 8.º, e realização da declaração que trata o Artigo 3.º, § 2.º, todos da Convenção.

Art. 2.º São sujeitos à aprovação do Congresso Nacional atos que possam resultar em revisão da Convenção e do Protocolo e ajustes complementares que acarretem encargos ou compromissos gravosos ao patrimônio nacional, nos termos do inciso I do *caput* do art. 49 da Constituição.

Art. 3.º Este Decreto entra em vigor na data de sua publicação.

Brasília, 19 de outubro de 2017; 196.º da Independência e 129.º da República.

MICHEL TEMER

Aloysio Nunes Ferreira Filho

CONVENÇÃO SOBRE A COBRANÇA INTERNACIONAL DE ALIMENTOS PARA CRIANÇAS E OUTROS MEMBROS DA FAMÍLIA

(Concluída em 23 de novembro de 2007)

Os Estados signatários da presente Convenção,

Desejando melhorar a cooperação entre os Estados para a cobrança internacional de alimentos para crianças e outros membros da família,

Conscientes da necessidade de dispor de procedimentos que produzam resultados e que sejam acessíveis, rápidos, eficientes, econômicos, adaptáveis a diversas situações e justos,

Desejando aproveitar os aspectos mais úteis das Convenções da Haia vigentes, assim como de outros instrumentos internacionais, particularmente a Convenção das Nações Unidas sobre a Prestação de Alimentos no Estrangeiro, de 20 de junho de 1956,

Pretendendo beneficiar-se dos avanços tecnológicos e criar um sistema flexível e adaptável às novas necessidades e às oportunidades oferecidas pelos avanços tecnológicos,

Recordando que, em conformidade com os artigos 3.º e 27 da Convenção das Nações Unidas sobre os Direitos da Criança, de 20 de novembro de 1989,

– em todas as medidas concernentes às crianças, o interesse superior da criança será considerado prioritário,

– toda criança tem direito a um padrão de vida adequado para permitir seu desenvolvimento físico, mental, espiritual, moral e social,

– os pais ou outros responsáveis pela criança têm a responsabilidade primária de assegurar, dentro de suas possibilidades e de sua capacidade financeira, as condições de vida necessárias para o desenvolvimento da criança, e

– os Estados devem tomar todas as medidas apropriadas, incluindo a conclusão de acordos internacionais, com vistas a assegurar alimentos para a criança por parte dos pais ou outros responsáveis, em particular quando essas pessoas vivam em Estado diferente daquele em que a criança reside,

Resolveram celebrar a presente Convenção e acordaram as seguintes disposições:

Capítulo I
OBJETO, ÂMBITO DE APLICAÇÃO E DEFINIÇÕES

•• A Portaria Conjunta n. 1, de 29-10-2019, da SNJ, regulamenta o fluxo de tramitação dos pedidos de cooperação jurídica internacional baseados na Convenção sobre a Cobrança Internacional de Alimentos para Crianças e Outros Membros da Família e no Protocolo sobre a Lei Aplicável às Obrigações de Prestar Alimentos entre a Secretaria Nacional de Justiça e a Defensoria Pública da União.

ARTIGO 1.º – OBJETO

A presente Convenção tem por objeto assegurar a eficácia da cobrança internacional de alimentos para crianças e outros membros da família, principalmente ao:

- *Vide* Lei n. 11.804, de 5-11-2008, que disciplina o direito a alimentos gravídicos e a forma como ele será exercido.
- Sobre alimentos, vide arts. 1.694 a 1.710 do CC.
- *Vide* Lei n. 5.478, de 25-7-1968 (Lei de Alimentos).
- Sobre alimentos, dispositivos: arts. 15 e 30 do Decreto-lei n. 3.200, de 19-4-1941; arts. 16, 19 a 23 e 28 da Lei n. 6.515, de 26-12-1977; arts. 148, parágrafo único, *g*, e 201, III, da Lei n. 8.069, de 13-7-1990 (ECA); art. 7.º da Lei n. 8.560, de 29-12-1992; Lei n. 8.971, de 29-12-1994; arts. 11 a 14 da Lei n. 10.741, de 1.º-10-2003 (Estatuto do Idoso).
- Alimentos no NCPC, dispositivos: arts. 53, II, 189, I, 215, II, 292, III, 833, 834, 528 a 532, 911, 912 e 1.012, § 1.º, II.
- Sobre o direito dos companheiros a alimentos e a sucessão trata a Lei n. 8.971, de 29-12-1994.

a) estabelecer um sistema abrangente de cooperação entre as autoridades dos Estados Contratantes;

b) possibilitar a apresentação de pedidos para a obtenção de decisões em matéria de alimentos;

c) garantir o reconhecimento e a execução de decisões em matéria de alimentos; e

d) requerer medidas eficazes para a rápida execução de decisões em matéria de alimentos.

ARTIGO 2.º – ÂMBITO DE APLICAÇÃO

§ 1.º A presente Convenção será aplicada:

a) às obrigações de prestar alimentos derivadas de uma relação de filiação, em favor de uma pessoa menor de 21 anos;

b) a reconhecimento e execução ou a execução de decisão relativa a obrigações de prestar alimentos decorrentes de relação conjugal, quando o pedido for apresentado juntamente com a solicitação de que trata a alínea *a* deste artigo; e

c) às obrigações de prestar alimentos decorrentes de relação conjugal, com exceção dos capítulos II e III.

§ 2.º Qualquer Estado Contratante poderá, em conformidade com o artigo 62, reservar-se o direito de limitar a aplicação da Convenção, no que tange ao parágrafo 1.º, alínea *a*, às pessoas que não tenham alcançado a idade de 18 anos. O Estado Contratante que fizer essa reserva não poderá exigir a aplicação da Convenção para pessoas de idade excluída por sua reserva.

§ 3.º Qualquer Estado Contratante poderá, em conformidade com o artigo 63, declarar a extensão da aplicação, no todo ou em parte, da Convenção a outras obrigações de prestar alimentos derivadas de relação familiar, filiação, casamento ou afinidade, incluindo, especialmente, as obrigações relativas a pessoas vulneráveis. Tal declaração somente criará obrigações entre dois Estados Contratantes na medida em que suas declarações incluam as mesmas obrigações de prestar alimentos e as mesmas partes da Convenção.

§ 4.º As disposições desta Convenção serão aplicadas às crianças independentemente do estado civil de seus pais.

ARTIGO 3.º – DEFINIÇÕES

Para os fins da presente Convenção:

a) "credor" significa pessoa a quem são devidos ou a quem se alegue serem devidos alimentos;

b) "devedor" significa pessoa que deve ou de quem se reclama alimentos;

c) "assistência jurídica" significa a assistência necessária para permitir aos demandantes conhecer e exercer seus direitos e para assegurar que seus pedidos sejam tratados de forma completa e efetiva no Estado Requerido. As formas de prover essa assistência podem incluir, na medida do necessário, consultoria jurídica, ajuda para apresentar o caso perante autoridade, representação em juízo e isenção de despesas processuais;

d) "acordo por escrito" significa acordo registrado em qualquer meio cujo conteúdo esteja disponível e possa ser utilizado como referência em consultas posteriores;

e) "acordo em matéria de alimentos" significa acordo por escrito relativo ao pagamento de alimentos que:

I) foi redigido ou registrado formalmente como instrumento autêntico por autoridade competente; ou

II) foi autenticado, concluído, registrado ou depositado perante autoridade competente, e pode ser objeto de revisão e modificação por autoridade competente;

f) "pessoa vulnerável" significa pessoa que, em razão de limitação ou insuficiência de suas faculdades físicas ou mentais, não está em condições de prover sua própria mantença.

Capítulo II
COOPERAÇÃO ADMINISTRATIVA

ARTIGO 4.º – DESIGNAÇÃO DE AUTORIDADES CENTRAIS

§ 1.º Cada Estado Contratante designará uma Autoridade Central encarregada de cumprir as obrigações que a Convenção impõe a tal Autoridade.

§ 2.º Estados federativos, Estados com mais de um sistema jurídico ou Estados que possuem unidades territoriais autônomas poderão designar mais de uma Autoridade Central e especificar o âmbito territorial ou pessoal de suas funções. O Estado que fizer uso dessa faculdade designará a Autoridade Central à qual pode ser endereçada qualquer comunicação para transmissão à Autoridade Central competente dentro desse Estado.

§ 3.º A designação da Autoridade Central ou das Autoridades Centrais, seus dados de contato e, quando cabível, o alcance de suas funções, conforme o parágrafo 2.º, serão comunicados pelo Estado Contratante à Secretaria Permanente da Conferência da Haia de Direito Internacional Privado no momento do depósito do instrumento de ratificação ou de adesão ou da declaração feita conforme o artigo 61. Os Estados Contratantes informarão prontamente à Secretaria Permanente qualquer modificação nessa designação.

ARTIGO 5.º – FUNÇÕES GERAIS DAS AUTORIDADES CENTRAIS

As Autoridades Centrais deverão:

a) cooperar entre si e promover a cooperação entre as autoridades competentes de seus respectivos Estados para alcançar os objetivos da Convenção;

b) procurar, na medida do possível, soluções para as dificuldades que surjam na aplicação da Convenção.

ARTIGO 6.º – FUNÇÕES ESPECÍFICAS DAS AUTORIDADES CENTRAIS

§ 1.º As Autoridades Centrais prestarão auxílio com relação aos pedidos previstos no Capítulo III. Em particular, deverão:

a) transmitir e receber tais pedidos;

b) iniciar ou facilitar o início de procedimentos relativos a esses pedidos.

§ 2.º Em relação a tais pedidos, tomarão todas as medidas apropriadas para:

a) prestar ou facilitar a prestação de assistência jurídica, quando as circunstâncias assim o requeiram;

b) ajudar a localizar o devedor ou o credor;

c) ajudar a obter informações pertinentes relativas à renda e, se necessário, a outros aspectos econômicos do devedor ou do credor, incluindo a localização de ativos;

d) estimular soluções amigáveis a fim de obter pagamento voluntário de alimentos, recorrendo, quando apropriado, à mediação, à conciliação ou a outros procedimentos análogos;

e) facilitar a execução permanente das decisões em matéria de alimentos, inclusive o pagamento de valores atrasados;

f) facilitar a cobrança e a rápida transferência dos pagamentos de alimentos;

g) facilitar a obtenção de documentos ou outros elementos de prova;

h) prover assistência para a determinação de filiação quando esta for necessária para a cobrança de alimentos;

i) iniciar ou facilitar o início de procedimentos para obter as medidas cautelares necessárias que tenham caráter territorial e cuja finalidade seja assegurar o resultado de um pedido de alimentos em curso;

j) facilitar a comunicação de atos processuais.

§ 3.º As funções da Autoridade Central estabelecidas por este artigo poderão ser desempenhadas, na medida do permitido na lei de seu Estado, por órgãos públicos ou outras instituições submetidas à supervisão das autoridades competentes desse Estado. A designação desses órgãos públicos ou outras instituições, bem como os dados de contato e o âmbito de suas funções, serão comunicados pelo Estado Contratante à Secretaria Permanente da Conferência da Haia de Direito Internacional Privado. Os Estados Contratantes comunicarão prontamente qualquer alteração à Secretaria Permanente.

§ 4.º Nenhuma disposição deste artigo ou do artigo 7.º será interpretada de maneira a impor a uma Autoridade Central a obrigação de exercer funções que, conforme a lei do Estado Requerido, são de competência exclusiva de autoridades judiciais.

ARTIGO 7.º – SOLICITAÇÃO DE MEDIDAS ESPECÍFICAS

§ 1.º Uma Autoridade Central poderá dirigir solicitação fundamentada a outra Autoridade Central para que esta adote as medidas específicas adequadas, conforme o artigo 6.º, parágrafo 2.º, alíneas *b*, *c*, *g*, *h*, *i* e *j*, desde que não esteja pendente qualquer pedido previsto no artigo 10. A Autoridade Central Requerida tomará tais medidas se as considerar necessárias para ajudar potencial demandante a apresentar pedido previsto no artigo 10 ou a decidir se deve apresentar tal pedido.

§ 2.º Uma Autoridade Central poderá também adotar medidas específicas, por solicitação de outra Autoridade Central, referente a caso de cobrança de alimentos pendente no Estado Requerente que apresente algum elemento de extremidade.

ARTIGO 8.º – CUSTOS DA AUTORIDADE CENTRAL

§ 1.º Cada Autoridade Central assumirá seus próprios custos na aplicação desta Convenção.

§ 2.º As Autoridades Centrais não repassarão ao demandante nenhum custo pelos serviços que prestarem com base nesta Convenção, com exceção dos custos excepcionais decorrentes de uma solicitação de medidas específicas nos termos do artigo 7.º.

§ 3.º A Autoridade Central Requerida não poderá cobrar os custos mencionados no parágrafo 2.º sem concordância prévia do demandante sobre os custos dos referidos serviços.

Capítulo III
PEDIDOS POR MEIO DE AUTORIDADES CENTRAIS

ARTIGO 9.º – PEDIDO POR MEIO DE AUTORIDADES CENTRAIS

Pedidos previstos neste Capítulo serão remetidos à Autoridade Central do Estado Requerido por meio da Autoridade Central do Estado Contratante em que resida o demandante. Para os fins deste artigo, mera estada não constitui residência.

ARTIGO 10 – PEDIDOS DISPONÍVEIS

§ 1.º As seguintes categorias de pedidos estarão disponíveis, no Estado Requerente, para o credor que pretenda cobrar alimentos, nos termos desta Convenção:

a) reconhecimento ou reconhecimento e execução de decisão;

b) execução de decisão proferida ou reconhecida no Estado Requerido;

c) obtenção de decisão no Estado Requerido quando não exista decisão, incluída a determinação de filiação, quando necessária;

d) obtenção de decisão no Estado Requerido quando reconhecimento e execução de decisão não forem possíveis ou tiverem sido denegados por falta de requisito para reconhecimento e execução, nos termos do artigo 20, ou por algum dos fundamentos especificados no artigo 22, alíneas b ou e;

e) modificação de decisão proferida no Estado Requerido;

f) modificação de decisão proferida em outro Estado que não o Requerido.

§ 2.º As seguintes categorias de pedidos estarão disponíveis, no Estado Requerente, para o devedor contra quem exista decisão em matéria de alimentos:

a) reconhecimento de decisão ou procedimento equivalente que implique suspensão ou limitação da execução de decisão anterior proferida no Estado Requerido;

b) modificação de decisão proferida no Estado Requerido;

c) modificação de decisão proferida em outro Estado, que não o Requerido.

§ 3.º Salvo se disposto de outro modo por esta Convenção, os pedidos previstos nos parágrafos 1.º e 2.º serão processados nos termos da lei do Estado Requerido e os pedidos previstos no parágrafo 1.º, alíneas *c* a *f* e parágrafo 2.º, alíneas *b* e *c*, estarão sujeitos às normas de competência aplicáveis no Estado Requerido.

ARTIGO 11 – CONTEÚDO DO PEDIDO

§ 1.º Todos os pedidos feitos com base no artigo 10 conterão, no mínimo:

a) declaração relativa à natureza do pedido ou dos pedidos;

b) nome e dados de contato do demandante, incluídos endereço e data de nascimento;

c) nome do demandado e, quando conhecidos, endereço e data de nascimento;

d) nome e data de nascimento de qualquer pessoa para a qual se solicite alimentos;

e) motivos em que se fundamenta o pedido;

f) quando a demanda for apresentada pelo credor, informação relativa ao local ao qual deve ser enviado ou eletronicamente transmitido.

g) qualquer informação ou documento especificado por declaração formulada pelo Estado Requerido, nos termos do artigo 63, salvo no caso dos pedidos previstos no artigo 10, parágrafo 1.º, alínea *a* e parágrafo 2.º, alínea *a*;

h) nome e dados de contato da pessoa ou do setor da Autoridade Central do Estado Requerente responsável pelo processamento do pedido.

§ 2.º quando cabível, o pedido incluirá também as seguintes informações, quando sejam conhecidas:

a) situação econômica do credor;

b) situação econômica do devedor, incluindo nome e endereço de seu empregador, bem como natureza e localização de seus bens;

c) qualquer outra informação que permita localizar o demandado.

§ 3.º O pedido estará acompanhado de quaisquer informações ou documentos necessários, incluídos documentos relativos ao direito do demandante de receber assistência jurídica gratuita. Quando se tratar de pedido previsto nos artigos 10, parágrafo 1.º, alínea *a*, e parágrafo 2.º, alínea *a*, estará acompanhado unicamente dos documentos listados no artigo 25.

§ 4.º Pedidos previstos no artigo 10 poderão ser apresentados por meio do formulário recomendado e publicado pela Conferência da Haia de Direito Internacional Privado.

ARTIGO 12 – TRANSMISSÃO, RECEPÇÃO E PROCESSAMENTO DE PEDIDOS E CASOS POR MEIO DE AUTORIDADES CENTRAIS

§ 1.º A Autoridade Central do Estado Requerente assistirá o demandante a certificar-se de que o pedido esteja acompanhado de todas as informações e documentos que, no entender dessa Autoridade, sejam necessários para a análise do pedido.

§ 2.º A Autoridade Central do Estado Requerente, satisfeitos os requisitos da Convenção, transmitirá o pedido à Autoridade Central do Estado Requerido em favor do demandante e com o consentimento deste. O pedido estará acompanhado do formulário de transmissão previsto no Anexo 1. A Autoridade Central do Estado Requerente, quando solicitado pela Autoridade Central do Estado Requerido, fornecerá cópia completa, certificada pela autoridade competente do Estado de origem, de qualquer dos documentos indicados no artigo 16, parágrafo 3.º, no artigo 25, parágrafo 1.º, alíneas *a)*, *b)* e *d)*, parágrafo 3.º, alínea *b)* e no artigo 30, parágrafo 3.º.

§ 3.º A Autoridade Central Requerida, dentro de seis semanas após a data de recepção do pedido, acusará seu recebimento utilizando o formulário previsto no Anexo 2, informará à Autoridade Central do Estado Requerente quais providências iniciais foram ou serão adotadas para executar o pedido e poderá solicitar quaisquer outros documentos ou informações. Dentro do mesmo prazo de seis semanas, a Autoridade Central Requerida fornecerá à Autoridade Central Requerente nome e dados de contato da pessoa ou do setor responsável por responder às consultas relativas ao estado de tramitação do pedido.

§ 4.º Dentro de três meses após o aviso de recebimento, a Autoridade Central Requerida informará à Autoridade Central Requerente o estado de tramitação do pedido.

§ 5.º As Autoridades Centrais Requerida e Requerente devem manter-se mutuamente informadas sobre:

a) nome da pessoa ou do setor responsável por um caso concreto;

b) estado de tramitação do caso;

e fornecerão respostas aos pedidos de informações em prazo razoável.

§ 6.º As Autoridades Centrais processarão os casos com a celeridade que permita o exame adequado do seu conteúdo.

§ 7.º As Autoridades Centrais utilizarão os meios de comunicação mais ágeis e eficazes de que disponham.

§ 8.º A Autoridade Central Requerida poderá denegar o processamento do pedido somente quando manifestamente não cumprir os requisitos exigidos pela Convenção. Nesse caso, a Autoridade Central informará prontamente os motivos da recusa à Autoridade Central Requerente.

§ 9.º A Autoridade Central Requerida não poderá recusar pedido pelo simples motivo da necessidade de documentos ou informações adicionais. Entretanto, a Autoridade Central Requerida poderá solicitar à Autoridade Central Requerente que apresente esses documentos ou informações adicionais. Caso a Autoridade Central Requerente não os apresente dentro de três meses ou em prazo maior fixado pela Autoridade Central Requerida, está poderá decidir que não mais processará o pedido. Nesse caso, comunicará sua decisão à Autoridade Central Requerente.

ARTIGO 13 – MEIOS DE COMUNICAÇÃO

Nenhum pedido apresentado por meio das Autoridades Centrais dos Estados Contratantes nos termos deste Capítulo, e nenhum documento ou informação anexado ou fornecido por uma Autoridade Central, poderão ser impugnados pelo demandado somente em razão dos meios de comunicação utilizados entre as Autoridades Centrais.

ARTIGO 14 – ACESSO EFETIVO AOS PROCEDIMENTOS

§ 1.º O Estado Requerido garantirá aos demandantes acesso efetivo aos procedimentos, incluídos os de execução e de recurso, que resultem de pedidos previstos neste Capítulo.

§ 2.º Para garantir esse acesso efetivo, o Estado Requerido proporcionará assistência jurídica gratuita nos termos dos artigos 14 a 17, salvo nos casos de aplicação do parágrafo 3.º.

§ 3.º O Estado Requerido não estará obrigado a prestar assistência jurídica gratuita se, e na medida em que os procedimentos desse Estado permitam ao demandante formular seu pedido sem necessitar dessa assistência e que a Autoridade Central proporcione gratuitamente os serviços necessários.

§ 4.º As condições de obtenção da assistência jurídica gratuita não serão mais restritivas do que as fixadas para os casos domésticos equivalentes.

§ 5.º Não se exigirá qualquer garantia, fiança ou depósito, seja qual for sua denominação, para assegurar o pagamento de custos e despesas em procedimentos derivados desta Convenção.

ARTIGO 15 – ASSISTÊNCIA JURÍDICA GRATUITA PARA OS PEDIDOS DE ALIMENTOS PARA CRIANÇAS

§ 1.º O Estado Requerido prestará assistência jurídica gratuita para qualquer pedido em matéria de alimentos para pessoa menor de 21 anos, e decorrente de relação de filiação, apresentado por credor nos termos deste Capítulo.

§ 2.º Não obstante o disposto no parágrafo 1.º, o Estado Requerido poderá negar assistência jurídica gratuita para pedidos diferentes dos previstos no artigo 10, parágrafo 1.º, alíneas *a* e *b* e dos casos compreendidos no artigo 20, parágrafo 4.º, se considerar que, no mérito, o pedido ou qualquer recurso é manifestamente infundado.

ARTIGO 16 – DECLARAÇÃO PARA PERMITIR EXAME FOCADO NOS RECURSOS ECONÔMICOS DA CRIANÇA

§ 1.º Não obstante o disposto no artigo 15, parágrafo 1.º, um Estado poderá declarar que, de acordo com o artigo 63, prestará assistência jurídica gratuita em pedidos diversos dos previstos no artigo 10, parágrafo 1.º, alíneas *a* *b* e dos casos compreendidos no artigo 20, parágrafo 4.º, somente por meio de exame dos recursos econômicos da criança.

§ 2.º Um Estado, no momento de apresentar tal declaração, informará à Secretaria Permanente da Conferência da Haia de Direito Internacional Privado sobre a forma como realizará o exame dos recursos econômicos da criança, incluindo os parâmetros econômicos que deverão ser observados para satisfazer os critérios do exame.

§ 3.º Um pedido referido no §1.º, dirigido a um Estado que fez a declaração nele mencionada, conterá declaração formal do demandante indicando que os recursos econômicos da criança cumprem os parâmetros aos quais se faz referência no parágrafo 2.º. O Estado Requerido só poderá solicitar mais provas sobre os recursos econômicos da criança se tiver fundamentos razoáveis para acreditar que a informação proporcionada pelo demandante é inexata.

§ 4.º Se a mais favorável assistência jurídica prevista na lei do Estado Requerido com relação a pedidos de alimentos nos termos deste Capítulo em favor de crianças e decorrentes de relação de filiação for mais favorável do que a prevista nos parágrafos 1.º a 3.º, prestar-se-á a assistência jurídica mais favorável.

ARTIGO 17 – PEDIDOS NÃO ENQUADRÁVEIS NOS ARTIGOS 15 OU 16

No caso de todos os pedidos apresentados em aplicação desta Convenção, exceto aqueles enquadrados nos artigos 15 ou 16:

a) a prestação de assistência jurídica gratuita poderá submeter-se a exame de recursos econômicos do demandante ou a análise de mérito;

b) um demandante que seja beneficiário de assistência jurídica gratuita no Estado de origem terá direito, em qualquer procedimento de reconhecimento ou execução, à assistência jurídica gratuita ao menos equivalente à prevista na lei do Estado Requerido nas mesmas circunstâncias.

Capítulo IV
RESTRIÇÕES PARA INICIAR PROCEDIMENTOS

ARTIGO 18 – LIMITES AOS PROCEDIMENTOS

§ 1.º Quando uma decisão for proferida no Estado Contratante no qual o credor tenha sua residência habitual, o devedor não poderá iniciar em qualquer outro Estado Contratante procedimentos para modificar a decisão ou obter nova decisão, enquanto o credor continuar residindo habitualmente no Estado no qual se proferiu a decisão.

§ 2.º O disposto no parágrafo 1.º não será aplicado:

a) quando as partes tiverem acordado por escrito a respeito da competência desse outro Estado Contratante, salvo em litígios sobre obrigações de prestar alimentos para crianças;

b) quando o credor se submeter à competência do outro Estado Contratante, expressamente ou opondo-se quanto ao mérito do caso, sem impugnar essa competência na primeira oportunidade disponível;

c) quando a autoridade competente do Estado de origem não puder ou se negar a exercer sua competência para modificar a decisão ou proferir uma nova; ou

d) quando a decisão adotada no Estado de origem não puder ser reconhecida ou declarada executável no Estado Contratante no qual se esteja buscando procedimentos para modificar a decisão ou se proferir uma nova.

Capítulo V
RECONHECIMENTO E EXECUÇÃO

ARTIGO 19 – ÂMBITO DE APLICAÇÃO DO CAPÍTULO

§ 1.º O presente Capítulo aplicar-se-á às decisões proferidas por autoridade judicial ou administrativa em matéria de obrigação de prestar alimentos. O termo "decisão" inclui também ajustes ou acordos celebrados perante ditas autoridades ou homologados por essas. Uma decisão poderá estabelecer método de ajuste automático por indexação e exigência de pagar atrasados, alimentos retroativos ou juros, bem como fixação de custos ou despesas.

§ 2.º Se a decisão não se referir exclusivamente a obrigação de prestar alimentos, a aplicação do presente Capítulo limitar-se-á às partes da decisão relativas à obrigação de prestar alimentos.

§ 3.º Para os fins do parágrafo 1.º, "autoridade administrativa" significa organismo público cujas decisões, em conformidade com a lei do Estado onde está estabelecido:

a) possam ser objeto de recurso ou de revisão por autoridade judicial; e

b) têm força e efeitos similares aos de decisão de autoridade judicial sobre a mesma matéria.

§ 4.º O presente Capítulo também se aplica aos acordos em matéria de alimentos, em conformidade com o artigo 30.

§ 5.º As disposições do presente Capítulo aplicar-se-ão aos pedidos de reconhecimento e execução apresentados diretamente à autoridade competente do Estado Requerido, em conformidade com o artigo 37.

ARTIGO 20 – REQUISITOS PARA RECONHECIMENTO E EXECUÇÃO

§ 1.º Uma decisão proferida em um Estado Contratante ("o Estado de origem") será reconhecida e executada em outros Estados Contratantes se:

a) o demandado tinha sua residência habitual no Estado de origem ao tempo em que se iniciaram os procedimentos;

b) o demandado tiver se submetido à competência expressamente ou opondo-se quanto ao mérito sem impugnar essa competência na primeira oportunidade disponível;

c) o credor tinha sua residência habitual no Estado de origem ao tempo em que se iniciaram os procedimentos;

d) a criança para a qual se concedeu alimentos tinha sua residência habitual no Estado de origem ao tempo em que se iniciaram os procedimentos, desde que o demandado tenha vivido com a criança nesse Estado ou tenha residido nesse Estado e nele prestado alimentos para a criança;

e) as partes tiverem acordado por escrito a competência, salvo em litígios sobre obrigações de prestar alimentos para crianças; ou

f) a decisão tiver sido proferida por autoridade no exercício de sua competência sobre estado civil ou responsabilidade parental, salvo se dita competência tiver se baseada unicamente na nacionalidade de uma das partes.

§ 2.º Um Estado Contratante poderá formular reserva, de acordo com o artigo 62, com relação ao parágrafo 1.º, alíneas *c*, *e*, ou *f*.

§ 3.º Um Estado Contratante que formule reserva de acordo com o parágrafo 2.º reconhecerá e executará uma decisão se, em circunstâncias de fato semelhantes, sua lei outorgar ou tiver outorgado competência às suas autoridades para proferir essa decisão.

§ 4.º Um Estado Contratante adotará todas as medidas necessárias para que se profira decisão em favor do credor quando não for possível o reconhecimento de decisão como consequência de reserva de acordo com o parágrafo 2.º e se o devedor tiver sua residência habitual nesse Estado. O disposto na frase anterior não se aplicará aos pedidos diretos de reconhecimento e execução previstos no artigo 19, parágrafo 5.º ou aos pedidos de alimentos referidos no artigo 2.º, parágrafo 1.º, alínea *b*.

§ 5.º Uma decisão em favor de criança menor de 18 anos que não possa ser reconhecida somente em razão das reservas a que se referem o parágrafo 1.º, alíneas *c*, *e*, ou *f* será aceita para reconhecer a legitimidade da criança a pleitear alimentos no Estado Requerido.

§ 6.º Uma decisão só será reconhecida se surtir efeitos no Estado de origem e só será executada quando for executável no referido Estado.

ARTIGO 21 – DIVISIBILIDADE E RECONHECIMENTO E EXECUÇÃO PARCIAL

§ 1.º Se o Estado Requerido não puder reconhecer ou executar a totalidade da decisão, reconhecerá ou executará qualquer parte divisível da referida decisão que possa ser objeto de reconhecimento ou execução.

§ 2.º Sempre será possível solicitar reconhecimento ou execução parcial de decisão.

ARTIGO 22 – FUNDAMENTOS PARA DENEGAÇÃO DO RECONHECIMENTO E DA EXECUÇÃO

Reconhecimento e execução de decisão poderão ser denegados se:

a) o reconhecimento e a execução da decisão forem manifestamente incompatíveis com a ordem pública do Estado Requerido;

b) a decisão tiver sido obtida mediante fraude processual;

c) estiver em curso perante autoridade do Estado Requerido procedimento entre as mesmas partes e com o mesmo objeto que tiver sido iniciado anteriormente;

d) a decisão for incompatível com outra decisão proferida entre as mesmas partes e com o mesmo objeto, seja no Estado Requerido ou em outro Estado, desde que essa última decisão cumpra os requisitos necessários para seu reconhecimento e execução no Estado Requerido;

e) no caso em que o demandado não tiver comparecido nem tiver sido representado no procedimento no Estado de origem:

I) quando a lei do Estado de origem previr a comunicação desse ato processual, e o demandado não tiver sido devidamente comunicado nem tiver tido a oportunidade de ser ouvido; ou

II) quando a lei do Estado de origem não previr a comunicação desse ato processual, e o demandado não tiver sido devidamente comunicado da decisão nem tiver tido a oportunidade de recorrer quanto a questões de fato e de direito; ou

f) a decisão tiver sido proferida em desacordo com o artigo 18.

ARTIGO 23 – PROCEDIMENTO PARA UM PEDIDO DE RECONHECIMENTO E EXECUÇÃO

§ 1.º Nos termos do disposto nesta Convenção, os procedimentos para reconhecimento e execução serão regidos pela lei do Estado Requerido.

§ 2.º Quando pedido de reconhecimento e execução de decisão tiver sido feito por meio das Autoridades Centrais, em conformidade com o Capítulo III, a Autoridade Central Requerida prontamente:

a) transmitirá o pedido à autoridade competente que, sem demora, declarará a decisão executável ou a registrará para sua execução; ou

b) adotará essas medidas, se for a autoridade competente.

§ 3.º Quando um pedido for apresentado diretamente a uma autoridade competente do Estado Requerido, de acordo com o artigo 19, parágrafo 5.º, essa autoridade, sem demora, declarará a decisão executável ou registrá-la-á para execução.

§ 4.º Uma declaração ou registro só poderá ser denegado pelas razões especificadas no artigo 22, alínea *a*. Nessa fase, demandante e demandado não poderão apresentar alegações.

§ 5.º A comunicação dos atos processuais ao demandante e ao demandado, referente à declaração ou ao registro em conformidade com os parágrafos 2.º e 3.º, ou à denegação decidida de acordo com o parágrafo 4.º, será prontamente realizada, e as partes poderão recorrer para alegar questões de fato e de direito.

§ 6.º O recurso poderá ser apresentado dentro dos 30 dias seguintes à comunicação de ato processual prevista no parágrafo 5.º. Se o recorrente não reside no Estado Contratante no qual se realizou ou se denegou a declaração ou o registro, o recurso poderá ser interposto dentro dos 60 dias seguintes à referida comunicação.

§ 7.º O recurso poderá ser baseado somente:

a) nos fundamentos para denegação de reconhecimento e execução previstos no artigo 22;

b) nos requisitos para reconhecimento e execução previstos no artigo 20;

c) na autenticidade ou integridade de documento transmitido de acordo com o artigo 25, parágrafo 1.º, alíneas *a* *b* ou *d* ou parágrafo 3.º, alínea *b*.

§ 8.º O recurso do demandado também poderá se fundamentar na satisfação do débito quando reconhecimento e execução se refiram a débitos vencidos.

§ 9.º Demandante e demandado serão prontamente intimados da decisão sobre o recurso.

§ 10. Recurso ulterior, se permitido pela lei do Estado Requerido, não suspenderá a execução da decisão, salvo em circunstâncias excepcionais.

§ 11. A autoridade competente atuará rapidamente para proferir decisão sobre reconhecimento e execução, assim como para decidir sobre qualquer recurso.

ARTIGO 24 – PROCEDIMENTO ALTERNATIVO PARA UM PEDIDO DE RECONHECIMENTO E EXECUÇÃO

§ 1.º Não obstante o disposto no artigo 23, parágrafos 2.º a 11, um Estado poderá declarar, de acordo com o artigo 63, que aplicará o procedimento de reconhecimento e execução previsto neste artigo.

§ 2.º Quando pedido de reconhecimento e execução de decisão tiver sido feito por meio das Autoridades Centrais de acordo com o Capítulo III, a Autoridade Central Requerida prontamente:

a) encaminhará o pedido à autoridade competente, que decidirá sobre o pedido de reconhecimento e execução; ou

b) proferirá tal decisão, se for a autoridade competente.

§ 3.º A autoridade competente proferirá decisão sobre reconhecimento e execução depois que o demandado tiver sido comunicado sobre o procedimento devida e prontamente e depois de que ambas as partes tiverem tido a oportunidade adequada de serem ouvidas.

§ 4.º A autoridade competente poderá conhecer de ofício os fundamentos para a denegação de reconhecimento e execução previstos no artigo 22, alíneas *a* œ *d*. A autoridade competente poderá conhecer qualquer dos fundamentos previstos nos artigos 20, 22 e 23, parágrafo 7.º, alínea *com* se forem alegados pelo demandado ou se surgirem a partir da leitura dos documentos apresentados de acordo com o artigo 25.

§ 5.º A denegação de reconhecimento e execução também poderá ser fundamentada na satisfação do débito, quando o reconhecimento e a execução se refiram a débitos vencidos.

§ 6.º O recurso ulterior, se permitido pela lei do Estado Requerido, não suspenderá a execução da decisão, salvo em circunstâncias excepcionais.

§ 7.º A autoridade competente atuará rapidamente para proferir uma decisão sobre reconhecimento e execução, assim como para decidir sobre qualquer recurso.

ARTIGO 25 – DOCUMENTOS

§ 1.º O pedido de reconhecimento e execução de acordo com os artigos 23 ou 24 será acompanhado dos seguintes documentos:

a) texto completo da decisão;

b) documento no qual conste que a decisão é executável no Estado de origem e, se a decisão emanou de uma autoridade administrativa, documento no qual se indique a observância dos requisitos previstos no artigo 19, parágrafo 3.º, salvo se aquele Estado tiver declarado de acordo com o artigo 57 que as decisões de suas autoridades administrativas sempre cumprem tais requisitos;

c) se o demandado não compareceu nem foi representado nos procedimentos no Estado de origem, documento que ateste, conforme o caso, que o demandado foi devidamente comunicado do ato processual e que teve oportunidade de ser ouvido ou que foi devidamente comunicado da decisão e que teve oportunidade de recorrer para alegar questões de fato e de direito;

d) quando necessário, documento no qual se indique o montante dos valores atrasados e a data em que foram calculados;

e) quando necessário, em caso de decisão que estabeleça o ajuste automático dos valores mediante indexação, documento que contenha a informação necessária para realizar os cálculos correspondentes;

f) quando necessário, documento que indique a extensão do benefício de assistência jurídica gratuita recebida pelo demandante no Estado de origem.

§ 2.º Em caso de recurso com fundamento no artigo 23, parágrafo 7.º, alínea *c*, ou de pedido da autoridade competente do Estado Requerido, cópia completa do documento respectivo, certificada pela autoridade competente do Estado de origem, será prontamente fornecida:

a) pela Autoridade Central do Estado Requerente, quando o pedido tiver sido realizado de acordo com o Capítulo III;

b) pelo demandante, quando a solicitação tiver sido apresentada diretamente perante a autoridade competente do Estado Requerido.

§ 3.º Um Estado Contratante poderá declarar, de acordo com o artigo 57:

a) que o pedido deve ser acompanhado de cópia completa da decisão, certificada pela autoridade competente no Estado de origem;

b) as circunstâncias nas quais aceitará, em vez do texto completo da decisão, resumo ou extrato da decisão, redigido pela autoridade competente do Estado de origem, o qual poderá ser apresentado mediante formulário recomendado e publicado pela Conferência da Haia de Direito Internacional Privado; ou

c) que não exige documento que indique que se cumprem os requisitos previstos no artigo 19, parágrafo 3.º.

ARTIGO 26 – PROCEDIMENTO NO CASO DE PEDIDO DE RECONHECIMENTO

Este Capítulo será aplicado, *mutatis mutandis*, a pedido de reconhecimento de decisão, à exceção da exigência do caráter executório, que será substituída pela exigência de que a decisão surta efeitos no Estado de origem.

ARTIGO 27 – QUESTÕES DE FATO

As autoridades competentes do Estado Requerido estarão vinculadas às questões de fato nas quais a autoridade do Estado de origem tenha fundamentado sua decisão.

ARTIGO 28 – PROIBIÇÃO DE REVISÃO DE MÉRITO

As autoridades competentes do Estado Requerido não poderão revisar o mérito de uma decisão.

ARTIGO 29 – NÃO EXIGÊNCIA DA PRESENÇA FÍSICA DA CRIANÇA OU DO DEMANDANTE

Não será exigida a presença física da criança ou do demandante em qualquer procedimento iniciado no Estado Requerido de acordo com este Capítulo.

ARTIGO 30 – ACORDOS EM MATÉRIA DE ALIMENTOS

§ 1.º Acordo em matéria de alimentos celebrado em um Estado Contratante poderá ser reconhecido e executado como decisão de acordo com este Capítulo, desde que seja executável com força de decisão no Estado de origem.

§ 2.º Para os efeitos do artigo 10, parágrafo 1.º, alíneas *a* e *b*, e parágrafo 2.º, alínea *a* o termo "decisão" compreende acordo em matéria de alimentos.

§ 3.º O pedido de reconhecimento e execução de acordo em matéria de alimentos será acompanhado dos seguintes documentos:

a) texto completo do acordo em matéria de alimentos; e

b) documento que indique que o acordo em matéria de alimentos é executável como decisão no Estado de origem.

§ 4.º O reconhecimento e a execução de acordo em matéria de alimentos poderão ser denegados se:

a) o reconhecimento e a execução forem manifestamente incompatíveis com a ordem pública do Estado Requerido;

b) o acordo em matéria de alimentos tiver sido obtido mediante fraude ou falsificação;

c) o acordo em matéria de alimentos for incompatível com decisão proferida entre as mesmas partes e com o mesmo objeto, seja no Estado Requerido ou em outro Estado, desde que essa última decisão cumpra os requisitos necessários para obter seu reconhecimento e sua execução no Estado Requerido.

§ 5.º As disposições deste Capítulo, com exceção dos artigos 20, 22, 23, parágrafo 7.º, e do artigo 25, parágrafos 1.º e 3.º, serão aplicadas, *mutatis mutandis*, ao reconhecimento e à execução de acordo em matéria de alimentos, com as seguintes ressalvas:

a) declaração ou registro nos termos do artigo 23, parágrafos 2.º e 3.º, poderá ser denegada somente pelo fundamento previsto no parágrafo 4.º, alínea *a*; e

b) recurso ou apelação a que se refere o artigo 23, parágrafo 6.º, poderá ser fundamentado somente:

I) nos fundamentos de denegação de reconhecimento e execução previstos no parágrafo 4.º;

II) na autenticidade ou integridade de documento transmitido de acordo com o parágrafo 3.º.

c) no que se refere ao procedimento previsto no artigo 24, parágrafo 4.º, a autoridade competente poderá conhecer de ofício o fundamento para denegação de reconhecimento e execução previsto no parágrafo 4.º, alínea *a*, deste artigo. A autoridade competente poderá conhecer todos os fundamentos previstos no parágrafo 4.º deste artigo, bem como da autenticidade e da integridade de qualquer documento transmitido de acordo com o parágrafo 3.º, se forem alegados pelo demandado ou se surgirem a partir da leitura de tais documentos.

§ 6.º Quando estiver em andamento recurso a respeito de acordo em matéria de alimentos perante autoridade competente de um Estado Contratante, os procedimentos de reconhecimento e execução desse acordo serão suspensos.

§ 7.º Um Estado poderá declarar que pedidos de reconhecimento e execução de acordos em matéria de alimentos poderão ser apresentados somente por meio de Autoridades Centrais.

§ 8.º Um Estado Contratante poderá reservar o direito de não reconhecer nem executar acordo em matéria de alimentos, de acordo com o artigo 62.

ARTIGO 31 – DECISÕES RESULTANTES DO EFEITO COMBINADO DE MEDIDAS DE URGÊNCIA E SENTENÇAS QUE AS CONFIRMAM

Quando uma decisão for o resultado do efeito combinado de uma medida de urgência proferida em um Estado e de uma decisão proferida por uma autoridade de outro Estado ("Estado confirmante") que confirme a medida de urgência:

a) considerar-se-á Estado de origem cada um desses Estados, para efeitos deste Capítulo;

b) os requisitos estabelecidos no artigo 22, alínea e, estarão cumpridos se o demandado tiver sido comunicado devidamente do ato processual no Estado confirmante e se tiver tido a oportunidade de recorrer da confirmação da medida de urgência;

c) o requisito estabelecido no artigo 20, parágrafo 6.º, de que a decisão seja executável no Estado de origem, estará cumprido se a decisão for executável no Estado confirmante; e

d) o artigo 18 não impedirá o início de procedimentos de modificação da decisão em um ou em outro Estado.

Capítulo VI
EXECUÇÃO PELO ESTADO REQUERIDO

ARTIGO 32 – EXECUÇÃO CONFORME A LEI NACIONAL

§ 1.º A execução será realizada de acordo com a lei do Estado Requerido, sujeita às disposições deste Capítulo.

§ 2.º A execução será rápida.

§ 3.º No caso de pedidos apresentados por meio de Autoridades Centrais, quando uma decisão tiver sido declarada executável ou tiver sido registrada para sua execução de acordo com o Capítulo V, proceder-se-á à execução sem necessidade de qualquer outra atuação por parte do demandante.

§ 4.º Terão eficácia todas as normas relativas à duração da obrigação de prestar alimentos aplicáveis no Estado de origem da decisão.

§ 5.º O prazo de prescrição relativo à execução de atrasados determinar-se-á de acordo com a lei do Estado de origem da decisão ou do Estado Requerido, a que estabelecer o prazo maior.

ARTIGO 33 – NÃO DISCRIMINAÇÃO

O Estado Requerido disponibilizará, para os casos compreendidos no âmbito desta Convenção, ao menos, as mesmas medidas de execução aplicáveis aos casos internos.

ARTIGO 34 – MEDIDAS DE EXECUÇÃO

§ 1.º Os Estados Contratantes tornarão disponíveis nos seus direitos internos medidas efetivas para executar as decisões com base nesta Convenção.

§ 2.º Tais medidas poderão abranger:

a) retenção do salário;

b) bloqueio de contas bancárias ou de outras fontes;

c) deduções nas prestações de seguro social;

d) gravame ou alienação forçada de bens;

e) retenção do reembolso de tributos;

f) retenção ou suspensão de benefícios de pensão;

g) informação aos organismos de crédito;

h) denegação, suspensão ou revogação de certas permissões (carteira de habilitação, por exemplo);

i) recurso à mediação, à conciliação ou a outros meios alternativos de solução de litígios que favoreçam a execução voluntária.

ARTIGO 35 – TRANSFERÊNCIA DE FUNDOS

§ 1.º Os Estados Contratantes são estimulados a promover, inclusive por meio de acordos internacionais, a utilização dos meios menos custosos e mais eficazes disponíveis para efetuar transferências de fundos destinados ao pagamento de alimentos.

§ 2.º Um Estado Contratante, cuja lei imponha restrições às transferências de fundos, dará a mais alta prioridade às transferências de fundos destinados ao pagamento de alimentos com base nesta Convenção.

Capítulo VII
ÓRGÃOS PÚBLICOS

ARTIGO 36 – ÓRGÃOS PÚBLICOS NA QUALIDADE DE DEMANDANTE

§ 1.º Para os fins de pedido de reconhecimento e execução, em aplicação do artigo 10, parágrafo 1.º, alíneas *a* e *b*, e dos casos do artigo 20, parágrafo 4.º, o termo "credor" compreende órgão público que atue no lugar de pessoa a quem se deva alimentos ou órgão ao qual se deva reembolso de prestações pagas a título de alimentos.

§ 2.º O direito de um órgão público de atuar no lugar de uma pessoa a quem se deva alimentos ou de pedir reembolso da prestação paga ao credor a título de alimentos é regido pela lei a que está submetido esse órgão.

§ 3.º Um órgão público pode pedir reconhecimento ou execução de:

a) decisão proferida contra devedor a pedido de órgão público que reclame o pagamento de benefícios providos a título de alimentos;

b) decisão proferida que tenha como partes credor e devedor, na medida dos benefícios providos ao credor a título de alimentos;

§ 4.º O órgão público que invocar o reconhecimento ou solicitar a execução de uma decisão fornecerá, a pedido, qualquer documento para comprovar tanto o seu direito, de acordo com o parágrafo 2.º, quanto o pagamento das prestações ao credor.

Capítulo VIII
DISPOSIÇÕES GERAIS

ARTIGO 37 – SOLICITAÇÕES APRESENTADAS DIRETAMENTE ÀS AUTORIDADES COMPETENTES

§ 1.º A Convenção não excluirá a possibilidade de recorrer a procedimentos disponíveis no direito interno de um Estado Contratante que autorizem uma pessoa (o demandante) a acionar diretamente uma autoridade competente deste Estado em matéria regida pela Convenção, incluindo a obtenção ou a modificação de decisão em matéria de alimentos, respeitado o disposto no artigo 18.

§ 2.º O artigo 14, parágrafo 5.º, e o artigo 17, alínea *b*, e as disposições dos Capítulos V, VI, VII e deste capítulo, à exceção do artigo 40, parágrafo 2.º, do artigo 42, do artigo 43, parágrafo 3.º, do artigo 44, parágrafo 3.º, e dos artigos 45 e 55, aplicam-se às solicitações de reconhecimento e execução apresentadas diretamente a autoridade competente de um Estado Contratante.

§ 3.º Para fins do parágrafo 2.º, o artigo 2.º, parágrafo 1.º, alínea *a*, aplicar-se-á a decisão que outorga alimentos a pessoa vulnerável cuja idade for superior à idade especificada naquela alínea, quando tal decisão tenha sido proferida antes que a pessoa tivesse atingido essa idade e tenha concedido alimentos para além dessa idade, em razão de sua vulnerabilidade.

ARTIGO 38 – PROTEÇÃO DE DADOS DE CARÁTER PESSOAL

Os dados pessoais obtidos ou transmitidos em aplicação da Convenção somente poderão ser utilizados para os fins para os quais foram obtidos ou transmitidos.

ARTIGO 39 – SIGILO

Qualquer autoridade que processe informações assegurará seu sigilo de acordo com a lei do seu Estado.

ARTIGO 40 – NÃO DIVULGAÇÃO DE INFORMAÇÕES

§ 1.º Uma autoridade não poderá divulgar nem confirmar informações obtidas ou transmitidas em aplicação desta Convenção se entender que a saúde, a segurança ou a liberdade de uma pessoa possa ser colocada em risco.

§ 2.º Uma decisão neste sentido, tomada por uma Autoridade Central, será levada em consideração por outra Autoridade Central, particularmente nos casos de violência familiar.

§ 3.º Nenhuma previsão deste artigo impedirá a obtenção e a transmissão de informações por e entre autoridades, na medida necessária ao cumprimento das obrigações decorrentes da Convenção.

ARTIGO 41 – DISPENSA DE LEGALIZAÇÃO

Nenhuma legalização ou formalidade similar pode ser requerida no contexto desta Convenção.

ARTIGO 42 – PROCURAÇÃO

A Autoridade Central do Estado Requerido somente poderá exigir procuração do demandante se for atuar em seu nome em processos judiciais ou perante outras autoridades ou, ainda, para designar representante para estes fins.

ARTIGO 43 – COBRANÇA DE CUSTOS

§ 1.º A cobrança de quaisquer custos decorrentes da aplicação desta Convenção não terá prioridade sobre a cobrança de alimentos.

§ 2.º Um Estado pode cobrar custos de uma parte sucumbente.

§ 3.º Para os fins de um pedido decorrente do artigo 10, parágrafo 1.º, alínea *b*, com a finalidade de cobrar os custos de uma parte sucumbente, de acordo com o parágrafo 2.º, o termo "credor" no artigo 10, parágrafo 1.º, incluirá um Estado.

§ 4.º Este artigo aplicar-se-á sem prejuízo do artigo 8.º.

ARTIGO 44 – EXIGÊNCIAS IDIOMÁTICAS

§ 1.º Qualquer pedido e documentos a ele relacionados serão redigidos no idioma original e acompanhados de tradução para o idioma oficial do Estado Requerido ou qualquer outro idioma que o Estado Requerido indicar que pode aceitar, mediante declaração feita de acordo com o artigo 63, salvo dispensa de tradução da autoridade competente deste Estado.

§ 2.º Um Estado Contratante que possuir vários idiomas oficiais e que, por razões de direito interno, não puder aceitar para o conjunto de seu território documentos em desses idiomas, informará, mediante declaração feita de acordo com o artigo 63, o idioma para o qual devem ser traduzidos para envio às diferentes partes de seu território.

§ 3.º Salvo se as Autoridades Centrais dispuserem em contrário, qualquer outra comunicação entre elas será enviada no idioma oficial do Estado Requerido ou em francês ou em inglês. Todavia, um Estado Contratante pode, fazendo a reserva prevista no artigo 62, opor-se à utilização do francês ou do inglês.

ARTIGO 45 – MEIOS E CUSTOS DE TRADUÇÃO

§ 1.º Nos casos de pedidos previstos no Capítulo III, as Autoridades Centrais podem acordar, em caso especial ou de forma geral, que a tradução para o idioma oficial do Estado Requerido seja feita no Estado Requerido a partir do idioma original ou de qualquer outro idioma acordado. Se não houver acordo e se a Autoridade Central Requerente não puder cumprir as exigências do artigo 44, parágrafos 1.º e 2.º, o pedido e os documentos a ele relacionados poderão ser transmitidos acompanhados de tradução para francês ou inglês, para que seja traduzido posteriormente para o idioma oficial do Estado Requerido.

§ 2.º Os custos de tradução decorrentes da aplicação do parágrafo 1.º ficarão a cargo do Estado Requerente, salvo acordo em contrário das Autoridades Centrais dos Estados envolvidos.

§ 3.º Não obstante o artigo 8.º, a Autoridade Central Requerente poderá deixar a cargo do demandante os custos de tradução de um pedido e dos documentos que o acompanham, salvo se esses custos puderem ser cobertos pelo seu sistema de assistência jurídica.

ARTIGO 46 – SISTEMAS JURÍDICOS NÃO UNIFICADOS – INTERPRETAÇÃO

§ 1.º No que se refere a um Estado onde estão em vigor dois ou mais sistemas jurídicos ou conjuntos de normas que tratam de qualquer questão regida por esta Convenção, em relação a diferentes unidades territoriais:

a) qualquer referência à lei ou ao procedimento de um Estado será compreendida, quando cabível, como referência à lei ou ao procedimento vigente na unidade territorial pertinente;

b) qualquer referência a decisão proferida, reconhecida, reconhecida e executada, executada ou modificada naquele Estado será compreendida, quando cabível, como referência a decisão proferida, reconhecida, reconhecida e executada, executada ou modificada na unidade territorial pertinente;

c) qualquer referência a autoridade judicial ou administrativa daquele Estado será compreendida, quando cabível, como referência a autoridade judicial ou administrativa da unidade territorial pertinente;

d) qualquer referência a autoridades competentes, órgãos públicos ou outros órgãos daquele Estado, com exceção das Autoridades Centrais, será compreendida, quando cabível, como referência a autoridades ou órgãos autorizados a atuar na unidade territorial pertinente;

e) qualquer referência a residência ou residência habitual naquele Estado será compreendida, quando cabível, como referência a residência ou residência habitual na unidade territorial pertinente;

f) qualquer referência a localização de bens naquele Estado será compreendida, quando cabível, como referência a localização de bens na unidade territorial pertinente;

g) qualquer referência a um acordo de reciprocidade em vigor naquele Estado será compreendida, quando cabível, como referência a um acordo de reciprocidade vigente na unidade territorial pertinente;

h) qualquer referência a assistência jurídica gratuita naquele Estado será compreendida, quando cabível, como referência a assistência jurídica gratuita na unidade territorial pertinente;

i) qualquer referência a acordo em matéria de alimentos concluído em um Estado será compreendida, quando cabível, como referência a acordo em matéria de alimentos concluído na unidade territorial pertinente;

j) qualquer referência a cobrança de custos por um Estado será compreendida, quando cabível, como referência a cobrança de custos pela unidade territorial pertinente.

§ 2.º Este artigo não se aplica a uma Organização Regional de Integração Econômica.

ARTIGO 47 – SISTEMAS JURÍDICOS NÃO UNIFICADOS – REGRAS MATERIAIS

§ 1.º Um Estado Contratante com duas ou mais unidades territoriais nas quais se aplicam diferentes sistemas jurídicos não será obrigado a aplicar esta Convenção às situações que envolverem unicamente essas diferentes unidades territoriais.

§ 2.º Uma autoridade competente em uma unidade territorial de um Estado Contratante com duas ou mais unidades territoriais nas quais se aplicam diferentes sistemas jurídicos não será obrigada a reconhecer ou executar decisão de outro Estado Contratante somente porque esta decisão foi reconhecida ou executada em outra unidade territorial do mesmo Estado Contratante nos termos desta Convenção.

§ 3.º Este artigo não se aplica a uma Organização Regional de Integração Econômica.

ARTIGO 48 – COORDENAÇÃO COM CONVENÇÕES DA HAIA ANTERIORES EM MATÉRIA DE OBRIGAÇÕES ALIMENTARES

Nas relações entre Estados Contratantes, observado o disposto no artigo 56, parágrafo 2.º, esta Convenção substitui a Convenção de Haia de 2 de outubro de 1973 sobre o Reconhecimento e Execução de Decisões Relativas às Obrigações de Prestar Alimentos e a Convenção de Haia de 15 de abril de 1958 com relação a reconhecimento e execução de decisões relativas às obrigações de prestar alimentos para crianças, na medida em que seus âmbitos de aplicação entre os Estados coincidam com o âmbito de aplicação desta Convenção.

ARTIGO 49 – COORDENAÇÃO COM A CONVENÇÃO DE NOVA IORQUE DE 1956

Nas relações entre Estados Contratantes, esta Convenção substitui a Convenção das Nações Unidas sobre Prestação de Alimentos no Estrangeiro, de 20 de junho de 1956, na medida em que seu âmbito de aplicação entre os Estados corresponda ao âmbito de aplicação desta Convenção.

ARTIGO 50 – RELAÇÃO COM AS CONVENÇÕES DA HAIA ANTERIORES RELATIVAS À COMUNICAÇÃO DE ATOS PROCESSUAIS E À OBTENÇÃO DE PROVAS

Esta Convenção não derroga a Convenção da Haia de 1.º de março de 1954, relativa ao procedimento civil, a Convenção da Haia de 15 de novembro de 1965, relativa à citação, intimação e notificação no exterior de atos judiciais e extrajudiciais em matéria civil ou comercial, e a Convenção da Haia de 18 de março de 1970 sobre Obtenção de Provas no Exterior em Matéria Civil ou Comercial.

ARTIGO 51 – COORDENAÇÃO COM INSTRUMENTOS E ACORDOS COMPLEMENTARES

§ 1.º Esta Convenção não derroga qualquer instrumento internacional celebrado antes desta, do qual Estados

Contratantes sejam Partes e que contenham disposições sobre as matérias reguladas por esta Convenção.

§ 2.º Qualquer Estado Contratante poderá celebrar com um ou mais Estados Contratantes acordos que contenham disposições sobre as matérias reguladas pela Convenção a fim de melhorar a aplicação da Convenção entre eles, desde que tais acordos estejam em consonância com o objeto e a finalidade desta Convenção e que não afetem, nas relações desses Estados com outros Estados Contratantes, a aplicação das disposições desta Convenção. Os Estados que tiverem celebrado tais acordos transmitirão cópia ao depositário desta Convenção.

§ 3.º Os parágrafos 1.º e 2.º se aplicam igualmente a acordos de reciprocidade e a leis uniformes baseadas em vínculos especiais entre os Estados em questão.

§ 4.º Esta Convenção não afeta a aplicação de instrumentos de Organização Regional de Integração Econômica Parte da Convenção adotados após sua celebração, no que se refere às matérias reguladas pela Convenção, desde que tais instrumentos não afetem, nas relações dos Estados membros da Organização Regional de Integração Econômica com outros Estados Contratantes, a aplicação das disposições da Convenção. No que se refere a reconhecimento ou execução de decisões entre os Estados membros da Organização Regional de Integração Econômica, a Convenção não afeta as regras da Organização, tenham sido elas adotadas antes ou depois da celebração desta Convenção.

ARTIGO 52 – REGRA DA EFICÁCIA MÁXIMA

§ 1.º Esta Convenção não impede a aplicação de tratado, acordo ou instrumento internacional vigente entre o Estado Requerente e o Estado Requerido ou de acordo de reciprocidade vigente no Estado Requerido que preveja:

a) bases mais amplas para reconhecimento de decisões em matéria de alimentos, sem prejuízo do artigo 22, alínea *f*, da Convenção;

b) procedimentos simplificados e mais céleres relativos a pedido de reconhecimento ou de reconhecimento e execução de decisões em matéria de alimentos;

c) assistência jurídica mais favorável que aquela prevista nos artigos 14 a 17; ou

d) procedimentos que permitam a demandante de um Estado Requerente apresentar solicitação diretamente à Autoridade Central do Estado Requerido.

§ 2.º Esta Convenção não impedirá a aplicação de uma lei em vigor no Estado Requerido que preveja regras mais eficazes, tais como as mencionadas no parágrafo 1.º, alíneas *a* a *c*. Entretanto, no que se refere aos procedimentos simplificados e mais céleres mencionados no parágrafo 1.º, alínea *b*, esses devem ser compatíveis com a proteção oferecida às partes nos termos dos artigos 23 e 24, particularmente no que se refere aos direitos das partes de serem devidamente notificadas sobre os procedimentos e de terem oportunidade adequada de serem ouvidas, e no que se refere aos efeitos de contestação ou recurso.

ARTIGO 53 – INTERPRETAÇÃO UNIFORME

Para a interpretação desta Convenção, levar-se-á em conta seu caráter internacional e a necessidade de promover a uniformidade de sua aplicação.

ARTIGO 54 – AVALIAÇÃO DO FUNCIONAMENTO PRÁTICO DA CONVENÇÃO

§ 1.º O Secretário-Geral da Conferência da Haia de Direito Internacional Privado convocará periodicamente uma Comissão Especial a fim de avaliar o funcionamento prático da Convenção e de estimular o desenvolvimento de boas práticas sobre a Convenção.

§ 2.º Para esse fim, os Estados Contratantes colaborarão com a Secretaria Permanente da Conferência da Haia de Direito Internacional Privado a fim de coletar as informações relativas ao funcionamento prático da Convenção, incluindo estatísticas e jurisprudência.

ARTIGO 55 – ALTERAÇÃO DE FORMULÁRIOS

§ 1.º Os formulários anexados a esta Convenção poderão ser alterados por decisão de uma Comissão Especial convocada pelo Secretário-Geral da Conferência da Haia de Direito Internacional Privado, para a qual serão convidados todos os Estados Contratantes e todos os Membros. A proposta de alteração dos formulários será incluída na ordem do dia da Reunião.

§ 2.º As alterações adotadas pelos Estados Contratantes presentes na Comissão especial entrarão em vigor para todos os Estados Contratantes no primeiro dia do sétimo mês após a data de sua comunicação pelo depositário a todos os Estados Contratantes.

§ 3.º Durante o prazo previsto no parágrafo 2.º, qualquer Estado Contratante poderá notificar por escrito ao depositário que faz reserva a essa alteração, de acordo com o artigo 62. O Estado que tenha feito tal reserva será tratado, no que se refere a essa alteração, como se não fosse Parte da Convenção, até que a reserva seja retirada.

ARTIGO 56 – DISPOSIÇÕES TRANSITÓRIAS

§ 1.º A Convenção será aplicada em todos os casos em que:

a) uma solicitação baseada no artigo 7.º ou um pedido conforme o Capítulo III tenha sido recebido pela Autoridade Central do Estado Requerido após a entrada em vigor da Convenção entre o Estado Requerente e o Estado Requerido;

b) uma solicitação de reconhecimento e execução tenha sido apresentada diretamente a uma autoridade competente do Estado destinatário após a entrada em vigor da Convenção entre o Estado de origem e o Estado destinatário.

§ 2.º No que se refere a reconhecimento e execução das decisões entre os Estados Contratantes desta Convenção que sejam igualmente Partes de alguma das Convenções da Haia em matéria de alimentos mencionadas no artigo 48, se as condições para reconhecimento e execução previstas nesta Convenção impedirem reconhecimento e execução de decisão proferida no Estado de origem antes da entrada em vigor desta Convenção neste Estado, a qual seria reconhecida e executada nos termos da Convenção em vigor ao tempo em que a decisão foi proferida, aplicar-se-ão as condições desta última Convenção.

§ 3.º O Estado destinatário não é obrigado, com base nesta Convenção, a executar uma decisão ou um acordo em matéria de alimentos com relação a pagamentos devidos antes da entrada em vigor da Convenção entre o Estado de origem e o Estado destinatário, salvo no que se refere às obrigações de prestar alimentos decorrentes de uma relação de filiação em favor de uma pessoa menor de 21 anos.

ARTIGO 57 – FORNECIMENTO DE INFORMAÇÕES RELATIVAS ÀS LEIS, PROCEDIMENTOS E SERVIÇOS

§ 1.º Um Estado Contratante, ao tempo em que depositar seu instrumento de ratificação ou de adesão ou que fizer declaração prevista no artigo 61 da Convenção, fornecerá à Secretaria Permanente da Conferência da Haia de Direito Internacional Privado:

a) descrição de sua legislação e de seus procedimentos relativos às obrigações em matéria de alimentos;

b) descrição das medidas que tomará para satisfazer as obrigações decorrentes do artigo 6.º;

c) descrição da forma pela qual fornecerá aos demandantes acesso efetivo aos procedimentos, de acordo com o artigo 14;

d) descrição de suas regras e procedimentos de execução, incluindo quaisquer limites à execução, principalmente das regras de proteção ao devedor e os prazos de prescrição;

e) qualquer declaração relativa ao artigo 25, parágrafo 1.º, alínea *b*, e parágrafo 3.º.

§ 2.º Os Estados Contratantes poderão, para satisfazerem suas obrigações decorrentes do parágrafo 1.º, utilizar formulário de perfil do país, recomendado e publicado pela Conferência da Haia de Direito Internacional Privado.

§ 3.º As informações serão mantidas atualizadas pelos Estados Contratantes.

Capítulo IX
DISPOSIÇÕES FINAIS

ARTIGO 58 – ASSINATURA, RATIFICAÇÃO E ADESÃO

§ 1.º A Convenção estará aberta para assinatura dos Estados que eram Membros da Conferência da Haia de Direito Internacional Privado quando da sua Vigésima-primeira Sessão e dos demais Estados que participaram daquela Sessão.

§ 2.º Ela será ratificada, aceita ou aprovada e os instrumentos de ratificação, aceitação ou aprovação serão depositados junto ao Ministério dos Assuntos Estrangeiros do Reino dos Países Baixos, depositário da Convenção.

§ 3.º Qualquer outro Estado ou Organização Regional de Integração Econômica poderá aderir à Convenção após sua entrada em vigor, de acordo com o artigo 60, parágrafo 1.º.

§ 4.º O instrumento de adesão será depositado junto ao depositário.

§ 5.º A adesão somente terá efeito nas relações entre o Estado que adere e os Estados Contratantes que não tiverem oposto objeção a essa adesão nos 12 meses seguintes à data da notificação prevista no artigo 65. Tal objeção poderá igualmente ser oposta por qualquer Estado ao tempo de sua ratificação, aceitação ou aprovação da Convenção, posterior àquela adesão. Tais objeções serão notificadas ao depositário.

ARTIGO 59 – ORGANIZAÇÕES REGIONAIS DE INTEGRAÇÃO ECONÔMICA

§ 1.º Uma Organização Regional de Integração Econômica constituída unicamente de Estados soberanos e que têm competência sobre algumas ou todas as matérias reguladas por esta Convenção poderá igualmente assinar, aceitar, aprovar ou aderir a esta Convenção. A Organização Regional de Integração Econômica terá, nesse caso, os mesmos direitos e obrigações que um Estado Contratante, na medida em que a organização tenha competência sobre as matérias regidas pela Convenção.

§ 2.º No momento da assinatura, da aceitação, da aprovação ou da adesão, a Organização Regional de Integração Econômica notificará ao depositário, por escrito, das matérias regidas por esta Convenção cuja competência lhe foi transferida por seus Estados Membros. A Organização notificará prontamente o depositário, por escrito, sobre qualquer modificação na delegação de competência especificada na notificação mais recente feita com base neste parágrafo.

§ 3.º No momento da assinatura, aceitação, aprovação ou adesão, uma Organização Regional de Integração Econômica poderá declarar, de acordo com o artigo 63, que tem competência sobre todas as matérias regidas por esta Convenção e que os Estados Membros que transferiram suas competências à Organização Regional de Integração Econômica neste âmbito estão vinculados a esta Convenção pelo efeito da assinatura, aceitação, aprovação ou adesão da Organização.

§ 4.º Para os fins de entrada em vigor desta Convenção, qualquer instrumento depositado por uma Organização Regional de Integração Econômica não será levado em conta, a menos que a Organização Regional de Integração Econômica faça uma declaração de acordo com o § 3.º.

§ 5.º Qualquer referência a "Estado Contratante" ou a "Estado" nesta Convenção aplicar-se-á igualmente, quando apropriado, a Organização Regional de Integração Econômica que seja Parte. Quando uma declaração for feita por uma Organização Regional de Integração Econômica de acordo com o parágrafo 3.º, toda referência a "Estado Contratante" ou a "Estado" nesta Convenção aplicar-se-á igualmente, quando cabível, aos Estados Membros da Organização.

ARTIGO 60 – ENTRADA EM VIGOR

§ 1.º A Convenção entrará em vigor no primeiro dia do mês seguinte ao fim de um período de três meses após o depósito do segundo instrumento de ratificação, aceitação ou aprovação de que trata o artigo 58.

§ 2.º A partir de então, a Convenção entrará em vigor:

a) para cada Estado ou Organização Regional de Integração Econômica de acordo com o artigo 59, parágrafo 1.º, ratificando-a, aceitando-a ou aprovando-a posteriormente, no primeiro dia do mês seguinte ao fim de um período de três meses após o depósito de seu instrumento de ratificação, aceitação ou aprovação;

b) para cada Estado ou Organização Regional de Integração Econômica de acordo com o artigo 58, parágrafo 3.º, no dia seguinte ao fim do período durante o qual objeções podem ser opostas nos termos do artigo 58, parágrafo 5.º;

c) para as unidades territoriais às quais a Convenção foi estendida de acordo com o artigo 61, no primeiro dia do mês seguinte ao fim de um período de três meses após a notificação mencionada em tal artigo.

ARTIGO 61 – DECLARAÇÕES RELATIVAS AOS SISTEMAS JURÍDICOS NÃO UNIFICADOS

§ 1.º Um Estado que tenha duas ou mais unidades territoriais às quais se apliquem diferentes sistemas jurídicos às matérias regidas por esta Convenção pode, ao tempo da assinatura, da ratificação, da aceitação, da aprovação ou da adesão, declarar, de acordo com o artigo 63, que esta Convenção se aplicará a todas as unidades territoriais ou somente a uma ou várias dentre elas, e poderá, a qualquer tempo, modificar essa declaração fazendo uma nova declaração.

§ 2.º Qualquer declaração será notificada ao depositário e indicará expressamente as unidades territoriais às quais se aplica a Convenção.

§ 3.º Se um Estado não fizer declaração sobre este artigo, a Convenção será aplicada a todas as unidades territoriais deste Estado.

§ 4.º Este artigo não se aplica a uma Organização Regional de Integração Econômica.

ARTIGO 62 – RESERVAS

§ 1.º Qualquer Estado Contratante poderá, no mais tardar ao tempo da ratificação, da aceitação, da aprovação ou da adesão, ou ao tempo em que fizer uma declaração de acordo com o artigo 61, fazer uma ou mais das reservas previstas nos artigos 2.º, parágrafo 2.º, 20, parágrafo 2.º, 30, parágrafo 8.º, 44, parágrafo 3, .º e 55, parágrafo 3.º. Nenhuma outra reserva será admitida.

§ 2.º Qualquer Estado poderá, a qualquer tempo, retirar uma reserva que tiver feito. Esta retirada será notificada ao depositário.

§ 3.º O efeito da reserva cessará no primeiro dia do terceiro mês após a notificação mencionada no parágrafo 2.º.

§ 4.º As reservas feitas nos termos deste artigo não terão efeitos recíprocos, com exceção da reserva prevista no artigo 2.º, parágrafo 2.º.

ARTIGO 63 – DECLARAÇÕES

§ 1.º As declarações previstas no artigo 2.º, parágrafo 3.º, no artigo 11, parágrafo 1.º, alínea *g*, no artigo 16, parágrafo 1.º, no artigo 24, parágrafo 1.º, no artigo 30, parágrafo 7.º, no artigo 44, parágrafos 1.º e 2.º, no artigo 59, parágrafo 3.º e no artigo 61, parágrafo 1.º, poderão ser feitas quando da assinatura, ratificação, aceitação, aprovação ou adesão ou a qualquer tempo e poderão ser modificadas ou retiradas a qualquer tempo.

§ 2.º As declarações, modificações e retiradas serão notificadas ao depositário.

§ 3.º Uma declaração feita ao tempo da assinatura, da ratificação, da aceitação, da aprovação ou da adesão terá efeito no momento da entrada em vigor da Convenção para o Estado em questão.

§ 4.º Uma declaração feita posteriormente, assim como uma modificação ou uma retirada de uma declaração, terá efeito no primeiro dia do mês seguinte ao fim de um período de três meses após a data de recepção da notificação pelo depositário.

ARTIGO 64 – DENÚNCIA

§ 1.º Qualquer Estado Contratante poderá denunciar a Convenção por meio de notificação escrita ao depositário. A denúncia poderá se limitar a algumas unidades territoriais de um Estado às quais se aplica a Convenção.

§ 2.º A denúncia terá efeito no primeiro dia do mês seguinte ao fim de um período de 12 meses após a data de recepção da notificação pelo depositário. Quando for especificado na notificação que a denúncia terá efeito em um período maior, ela o terá ao final do período em questão, após a data de recepção da notificação pelo depositário.

ARTIGO 65 – NOTIFICAÇÃO

O depositário notificará os Membros da Conferência da Haia de Direito Internacional Privado, bem como os Estados e as Organizações Regionais de Integração Econômica que assinaram, ratificaram, aceitaram, aprovaram ou aderiram de acordo com os artigos 58 e 59, sobre as informações seguintes:

a) assinaturas, ratificações, aceitações e aprovações mencionadas nos artigos 58 e 59;

b) adesões e objeções às adesões mencionadas nos artigos 58, parágrafos 3.º e 5.º e 59;

c) data de entrada em vigor da Convenção de acordo com o artigo 60;

d) declarações previstas no artigo 2.º, parágrafo 3.º, no artigo 11, parágrafo 1.º, alínea *g*, no artigo 16, parágrafo

1.º, no artigo 24, parágrafo 1.º, no artigo 30, parágrafo 7.º, no artigo 44, parágrafos 1.º e 2.º, no artigo 59, parágrafo 3.º, e no artigo 61, parágrafo 1.º;

e) acordos previstos no artigo 51, parágrafo 2.º;

f) reservas previstas no artigo 2.º, parágrafo 2.º, no artigo 20, parágrafo 2.º, no artigo 30, parágrafo 8.º, no artigo 44, parágrafo 3.º e no artigo 55, parágrafo 3.º, e retirada de reservas prevista no artigo 62, parágrafo 2.º;

g) denúncias previstas no artigo 64.

Em fé do que, os abaixo assinados, devidamente autorizados, assinaram esta Convenção.

Feita na Haia, em 23 de novembro de 2007, em francês e inglês, sendo os dois textos igualmente autênticos, em um único exemplar, que será depositado nos arquivos do Governo do Reino dos Países Baixos e do qual uma cópia autenticada será enviada, pela via diplomática, a cada um dos Membros da Conferência da Haia de Direito Internacional Privado quando da sua Vigésima-primeira Sessão, bem como a cada um dos demais Estados que participaram daquela Sessão.

PROTOCOLO SOBRE A LEI APLICÁVEL ÀS OBRIGAÇÕES DE PRESTAR ALIMENTOS

(Concluído em 23 de novembro de 2007)

Os Estados signatários do presente Protocolo,

Desejosos de estabelecer disposições comuns acerca da lei aplicável à obrigação de prestar alimentos,

Desejando modernizar a Convenção da Haia relativa à Lei Aplicável em Matéria de Obrigação de Prestar Alimentos a Menores, de 24 de outubro de 1956, e a Convenção da Haia sobre a Lei Aplicável à Obrigação de Prestar Alimentos, de 2 de outubro de 1973,

Desejando desenvolver regras gerais sobre a lei aplicável que possam complementar a Convenção da Haia de 23 de Novembro de 2007 sobre a Cobrança Internacional de Alimentos para Crianças e Outros Membros da Família,

Resolveram celebrar um Protocolo para esse fim e acordaram as seguintes disposições:

ARTIGO 1.º
ÂMBITO DE APLICAÇÃO

1. O presente Protocolo definirá a lei aplicável à obrigação de prestar alimentos resultante de relações de parentesco, filiação, casamento ou afinidade, inclusive a obrigação de prestar alimentos em relação a crianças, independentemente do estado civil dos pais.

2. Decisões proferidas em aplicação do presente Protocolo não farão juízo prévio acerca da existência de alguma das relações dispostas no parágrafo 1.º.

ARTIGO 2.º
APLICAÇÃO UNIVERSAL

O presente Protocolo aplica-se mesmo que a lei aplicável seja aquela de um Estado não-contratante.

ARTIGO 3.º
NORMA GERAL SOBRE A LEI APLICÁVEL

1. As obrigações de prestar alimentos regular-se-ão pela lei do Estado de residência habitual do credor, salvo quando o presente Protocolo dispuser de outra forma.

2. Em caso de mudança de residência habitual do credor, a lei do Estado de nova residência habitual aplicar-se-á a partir do momento em que a mudança ocorra.

ARTIGO 4.º
NORMAS ESPECIAIS EM FAVOR DE DETERMINADOS CREDORES

1. Os dispositivos seguintes aplicar-se-ão no caso de obrigação de prestar alimentos:

a) de pais em favor de seus filhos;

b) de pessoas distintas dos pais em favor de pessoas que não tenham atingido a idade de 21 anos, com exceção das obrigações que derivem das relações às quais o artigo 5.º se refere; e

c) de filhos em favor de seus pais.

2. Aplicar-se-á a lei do foro se o credor não conseguir, em razão da lei referida no Artigo 3.º, obter a prestação de alimentos do devedor.

3. Não obstante a previsão do artigo 3.º, aplicar-se-á a lei do foro se o credor tiver acionado a autoridade competente do Estado de residência habitual do devedor. Entretanto, aplicar-se-á a lei do Estado da residência habitual do credor se este não puder obter a prestação de alimentos do devedor em razão da lei do foro.

4. Se o credor não conseguir obter a prestação de alimentos do devedor em razão das leis a que se refere o Artigo 3.º e os parágrafos 2 e 3 do presente artigo, aplicar-se-á a lei do Estado da nacionalidade comum do credor e do devedor, se houver.

ARTIGO 5.º
NORMA ESPECIAL RELATIVA A CÔNJUGES E EX-CÔNJUGES

No caso de obrigação de prestar de alimentos entre cônjuges, ex-cônjuges ou entre pessoas cujo matrimônio tenha sido anulado, o artigo 3.º não se aplicará caso uma das partes se oponha, e a lei do outro Estado, em particular a do Estado de sua última residência habitual comum, apresentar vinculação mais estreita com o matrimônio. Neste caso, aplicar-se-á a lei deste outro Estado.

ARTIGO 6.º
NORMA ESPECIAL DE DEFESA

Com relação a obrigações de prestar alimentos distintas daquelas surgidas de relação entre pais e filhos em favor de criança e daquelas dispostas no artigo 5.º, o devedor pode opor-se a uma pretensão do credor com o fundamento de que não existe tal obrigação nem segundo a lei do Estado de residência habitual do devedor, nem segundo a lei do Estado de nacionalidade comum das partes, se houver.

ARTIGO 7.º
DESIGNAÇÃO DA LEI APLICÁVEL PARA FINS DE UM PROCEDIMENTO ESPECÍFICO

1. Não obstante as disposições previstas nos artigos 3.º ao 6.º, o credor e o devedor de alimentos poderão, unicamente para o propósito de procedimento específico em determinado Estado, designar expressamente a lei do referido Estado como aplicável a uma obrigação alimentar.

2. Uma designação feita antes da instituição de tal procedimento deverá ser objeto de acordo, firmado por ambas as partes, por escrito ou registrado em qualquer meio, cujo conteúdo seja acessível, de maneira a poder ser utilizado para consulta futura.

ARTIGO 8.º
DESIGNAÇÃO DA LEI APLICÁVEL

1. Não obstante as disposições previstas nos artigos 3.º ao 6.º, o credor e o devedor de alimentos poderão, a qualquer momento, designar uma das leis seguintes como aplicável a uma obrigação de prestar alimentos:

a) a lei de qualquer Estado do qual alguma das partes seja nacional no momento da designação;

b) a lei do Estado de residência habitual de qualquer das partes no momento da designação;

c) a lei designada pelas partes como aplicável ou a lei de fato aplicada ao seu regime de bens;

d) a lei designada pelas partes como aplicável ou a lei de fato aplicada ao seu divórcio ou à sua separação judicial.

2. Tal acordo deverá ser feito por escrito ou registrado em qualquer meio, cujo conteúdo seja acessível, de maneira a poder ser utilizado para consulta futura, e deverá ser assinado por ambas as partes.

3. O parágrafo 1.º não se aplicará às obrigações de prestar alimentos em favor de uma pessoa menor de 18 anos ou de um adulto que, por razões de diminuição ou insuficiência de suas faculdades pessoais, não se encontre em condições de proteger seus interesses.

4. Não obstante a lei designada pelas partes de acordo com o parágrafo 1.º, a lei do Estado de residência habitual do credor, no momento da designação, determinará se o credor pode renunciar o seu direito a alimentos.

5. A menos que no momento da designação as partes tenham sido plenamente informadas e conscientizadas das consequências de sua designação, a lei designada pelas partes não se aplicará quando sua aplicação levar a consequências manifestamente injustas ou não razoáveis para qualquer das partes.

ARTIGO 9.º
"DOMICÍLIO" EM VEZ DE "NACIONALIDADE"

Um Estado que utilize o conceito de "domicílio" como fator de conexão em matéria de família poderá informar à Secretaria Permanente da Conferência da Haia de Direito Internacional Privado que, para os fins de casos apresentados perante suas autoridades, a palavra "nacionalidade" nos Artigos 4.º e 6.º será substituída pela palavra "domicílio", tal como definida naquele Estado.

ARTIGO 10
ÓRGÃOS PÚBLICOS

O direito de um órgão público de solicitar o reembolso de benefício fornecido ao credor a título de prestação de alimentos reger-se-á pela lei a que esse órgão está sujeito.

ARTIGO 11
ÂMBITO DA LEI APLICÁVEL

A lei aplicável à obrigação de prestar alimentos determinará, entre outros:

a) se, em que medida, e de quem o credor pode reclamar alimentos;

b) a medida em que o credor pode reclamar alimentos retroativamente;

c) a base de cálculo do montante dos alimentos e a indexação;

d) quem pode iniciar um procedimento em matéria de alimentos, exceto as questões relativas à capacidade processual e à representação em juízo;

e) a prescrição ou o prazo para iniciar uma ação;

f) o alcance da obrigação de um devedor de alimentos, quando um órgão público solicita o reembolso das prestações fornecidas a um credor a título de alimentos.

ARTIGO 12
EXCLUSÃO DE REENVIO

No Protocolo, o termo "lei" significa o direito em vigor em um Estado, com exceção de suas normas de conflito de leis.

ARTIGO 13
ORDEM PÚBLICA

A aplicação da lei determinada de acordo com o Protocolo poderá ser recusada apenas na medida em que seus efeitos sejam manifestamente contrários à ordem pública do foro.

ARTIGO 14
DETERMINAÇÃO DO MONTANTE DE ALIMENTOS

Mesmo que a lei aplicável disponha de outra forma, serão levados em consideração na determinação do montante da prestação de alimentos as necessidades do credor e os recursos do devedor, assim como qualquer compensação concedida ao credor em lugar dos pagamentos periódicos de prestação de alimentos.

ARTIGO 15
NÃO APLICAÇÃO DO PROTOCOLO A CONFLITOS INTERNOS

1. Um Estado Contratante no qual se apliquem diferentes sistemas jurídicos ou conjuntos de normas em matéria de obrigações de prestar alimentos não estará obrigado a

aplicar as normas do Protocolo aos conflitos que envolvam unicamente tais diferentes sistemas ou conjuntos de normas legais.

2. O presente Artigo não se aplicará a uma Organização Regional de Integração Econômica.

ARTIGO 16
SISTEMAS JURÍDICOS NÃO UNIFICADOS DE CARÁTER TERRITORIAL

1. Em relação a um Estado no qual se apliquem, em unidades territoriais diferentes, dois ou mais sistemas jurídicos ou conjuntos de normas legais relativos às matérias tratadas pelo presente Protocolo:

a) qualquer referência à lei do Estado será interpretada, quando cabível, como uma referência à lei em vigor na unidade territorial pertinente;

b) qualquer referência às autoridades competentes ou órgãos públicos daquele Estado será interpretada, quando cabível, como uma referência àqueles competentes para atuar na unidade territorial pertinente;

c) qualquer referência à residência habitual naquele Estado será interpretada, quando cabível, como a residência habitual na unidade territorial pertinente;

d) qualquer referência ao Estado do qual duas pessoas tenham nacionalidade comum será interpretada como uma referência à unidade territorial designada pela lei daquele Estado ou, na ausência de normas pertinentes, à unidade territorial com a qual a obrigação de prestar alimentos tenha vinculação mais estreita;

e) qualquer referência ao Estado de que uma pessoa é nacional se interpretará como uma referência à unidade territorial designada pela lei daquele Estado ou, na ausência de normas pertinentes, à unidade territorial com a qual a pessoa tenha vinculação mais estreita.

2. Para os propósitos de identificação das leis aplicáveis em virtude do presente Protocolo, quando um Estado compreenda duas ou mais unidades territoriais, cada qual com seu próprio sistema jurídico ou conjunto de normas relativas a matérias reguladas pelo presente Protocolo, aplicar-se-ão as seguintes regras:

a) se houver, em determinado Estado, normas em vigor que determinem a lei de qual unidade territorial será aplicável, aplicar-se-á a lei daquela unidade;

b) na ausência de tais regras, aplicar-se-á a lei da unidade territorial pertinente, tal como definido no parágrafo 1.

3. O presente Artigo não se aplicará a uma Organização Regional de Integração Econômica.

ARTIGO 17
SISTEMAS JURÍDICOS NÃO UNIFICADOS DE CARÁTER PESSOAL

Para fins de identificação da lei aplicável em virtude do presente Protocolo em relação a um Estado no qual existam dois ou mais sistemas jurídicos ou conjuntos de normas aplicáveis a diferentes categorias de pessoas relacionadas a matérias compreendidas no escopo do presente Protocolo, qualquer referência à lei de tal Estado se interpretará como uma referência ao sistema jurídico determinado pelas normas em vigor naquele Estado.

ARTIGO 18
COORDENAÇÃO COM AS CONVENÇÕES DA HAIA EM MATÉRIA DE OBRIGAÇÕES ALIMENTARES ANTERIORES

Nas relações entre Estados Contratantes, o presente Protocolo substitui a Convenção da Haia, de 2 de outubro de 1973, sobre a Lei Aplicável às Obrigações de Prestar Alimentos e a Convenção da Haia, de 24 de outubro de 1956, sobre a Lei Aplicável às Obrigações de Prestar Alimentos a Menores.

ARTIGO 19
COORDENAÇÃO COM OUTROS INSTRUMENTOS

1. O presente Protocolo não afeta outros instrumentos internacionais aos quais os Estados Contratantes são ou se tornarão Partes e que contêm dispositivos sobre matérias reguladas pelo Protocolo, exceto se for feita declaração em contrário pelos Estados-Partes de tais instrumentos.

2. O Parágrafo 1.º também se aplica às leis uniformes baseadas na existência de vínculos especiais de caráter regional ou de outra natureza entre os Estados interessados.

ARTIGO 20
INTERPRETAÇÃO UNIFORME

Ao interpretar o presente Protocolo, dever-se-á ter em conta seu caráter internacional e a necessidade de promover a uniformidade em sua aplicação.

ARTIGO 21
REVISÃO DO FUNCIONAMENTO PRÁTICO DO PROTOCOLO

1. O Secretário-Geral da Conferência da Haia de Direito Internacional Privado convocará, quando necessário, uma Comissão Especial com o propósito de revisar o funcionamento prático do Protocolo.

2. Para o propósito de tal revisão, os Estados contratantes cooperarão com o Secretaria Permanente da Conferência da Haia de Direito Internacional Privado na obtenção de jurisprudência relativa à aplicação do Protocolo.

ARTIGO 22
DISPOSIÇÕES TRANSITÓRIAS

O presente Protocolo não se aplicará a alimentos reclamados em um Estado Contratante por período anterior à sua entrada em vigor naquele Estado.

ARTIGO 23
ASSINATURA, RATIFICAÇÃO E ADESÃO

1. O presente Protocolo está aberto à assinatura de todos os Estados.

2. O presente Protocolo está sujeito a ratificação, aceitação ou aprovação pelos Estados signatários.

3. O presente Protocolo está aberto para adesão por todos os Estados.

4. Instrumentos de ratificação, aceitação, aprovação ou adesão serão depositados no Ministério de Relações Exteriores do Reino dos Países Baixos, depositário do Protocolo.

ARTIGO 24
ORGANIZAÇÕES REGIONAIS DE INTEGRAÇÃO ECONÔMICA

1. Uma Organização Regional de Integração Econômica constituída unicamente por Estados soberanos e que tenha competência sobre algumas ou todas as matérias reguladas pelo presente Protocolo poderá igualmente assinar, aceitar, aprovar ou aderir ao Protocolo. Nesse caso, a Organização Regional de Integração Econômica terá os mesmos direitos e obrigações que um Estado contratante na medida em que aquela Organização tenha competência sobre a matéria regulada pelo presente Protocolo.

2. No momento da assinatura, aceitação, aprovação ou adesão, a Organização Regional de Integração Econômica notificará, por escrito, ao depositário a matéria regulada pelo Protocolo sobre as quais os Estados Membros tenham transferido a competência para tal Organização.

3. No momento da assinatura, aceitação, aprovação ou adesão, a Organização Regional de Integração Econômica poderá declarar, de acordo com o Artigo 28, que exerce competência sobre todas as matérias reguladas pelo presente Protocolo e que os Estados Membros que tiverem transferido competência para a Organização Regional de Integração Econômica a respeito da matéria em questão estarão obrigados pelo presente Protocolo em virtude da assinatura, aceitação, aprovação ou adesão da Organização.

4. Para o propósito de entrada em vigor do Protocolo, um instrumento depositado por uma Organização Regional de Integração Econômica não será levado em consideração a menos que a Organização Regional de Integração Econômica faça uma declaração de acordo com o parágrafo 3.

5. Qualquer referência no Protocolo a "Estado Contratante" ou "Estado" se aplica igualmente a uma Organização Regional de Integração Econômica que seja Parte, quando apropriado. Quando uma Organização Regional de Integração Econômica fizer declaração disposta no parágrafo 3.º, qualquer referência a "Estado Contratante" ou "Estado" no Protocolo aplicar-se-á igualmente aos Estados-Membros da Organização pertinente.

ARTIGO 25
ENTRADA EM VIGOR

1. O Protocolo entrará em vigor no primeiro dia do mês seguinte ao fim de um período de três meses após o depósito do segundo instrumento de ratificação, aceitação, aprovação ou adesão de que trata o Artigo 23.

2. A partir de então, o Protocolo entrará em vigor:

a) para cada Estado ou cada Organização Regional de Integração Econômica a que se refere o artigo 24 que posteriormente o ratifique, aceite ou aprove, ou que lhe promova adesão, no primeiro dia do mês seguinte ao fim de um do período de três meses após o depósito de seus instrumentos de ratificação, aceitação, aprovação ou adesão.

b) para as unidades territoriais as quais o Protocolo tenha sido estendido de conformidade com o Artigo 26, no primeiro dia do mês seguinte ao fim de um período de três meses depois de notificação da declaração prevista no referido artigo.

ARTIGO 26
DECLARAÇÕES COM RESPEITO A SISTEMAS JURÍDICOS NÃO UNIFICADOS

1. Um Estado que tenha duas ou mais unidades territoriais às quais se apliquem diferentes sistemas jurídicos às matérias regidas por este Protocolo pode, ao tempo da assinatura, da ratificação, da aceitação, da aprovação ou da adesão, declarar, de acordo com o artigo 28, que este Protocolo se aplicará a todas as unidades territoriais ou somente a uma ou várias dentre elas, e poderá, a qualquer tempo, modificar essa declaração fazendo uma nova declaração.

2. Qualquer declaração será notificada ao depositário e indicará expressamente as unidades territoriais às quais se aplica o Protocolo.

3. Se um Estado não fizer declaração sobre este artigo, o Protocolo será aplicado a todas as unidades territoriais deste Estado.

4. Este artigo não se aplica a uma Organização Regional de Integração Econômica.

ARTIGO 27
RESERVAS

Não se admitirão reservas ao presente Protocolo.

ARTIGO 28
DECLARAÇÕES

1. As declarações previstas no artigo 24, parágrafo 3.º e no artigo 26, parágrafo 1.º poderão ser feitas no momento da assinatura, ratificação, aceitação, aprovação ou adesão, ou a qualquer tempo e poderão ser modificados ou retirados a qualquer tempo.

2. As declarações, as modificações e as retiradas serão notificadas ao depositário.

3. Uma declaração feita no momento da assinatura, ratificação, aceitação, aprovação ou adesão terá efeito no momento da entrada em vigor do presente Protocolo para o Estado em questão.

4. Uma declaração feita posteriormente, assim como qualquer modificação ou retirada de uma declaração, terá efeito no primeiro dia do mês seguinte ao fim de um período de três meses após a data de recepção da notificação pelo depositário.

ARTIGO 29
DENÚNCIA

1. Qualquer Estado Contratante poderá denunciar o Protocolo por meio de notificação escrita ao depositário. A denúncia poderá se limitar a algumas unidades territoriais de um Estado que tenha um sistema jurídico não-unificado ao qual se aplique o Protocolo.

2. A denúncia terá efeito no primeiro dia do mês seguinte ao fim de um período de 12 meses após a data de recepção da notificação pelo depositário. Quando for especificado na notificação que a denúncia terá efeito em um período maior, ela o terá ao final do período em questão, após a data de recepção da notificação pelo depositário.

ARTIGO 30
NOTIFICAÇÃO

O depositário notificará os Membros da Conferência da Haia de Direito Internacional Privado, bem como os Estados e Organizações Regionais de Integração Econômica que assinaram, ratificaram, aceitaram, aprovaram ou aderiram de acordo com os artigos 23 e 24, sobre as informações seguintes:

a) assinaturas, ratificações, aceitações, aprovações e adesões mencionadas nos artigos 23 e 24;

b) data de entrada em vigor do Protocolo de acordo com o Artigo 25;

c) declarações previstas no artigo 24, parágrafo 3.º e 26, parágrafo 1.º;

d) denúncias previstas no artigo 29.

Em fé do que, os abaixo assinados, devidamente autorizados por seus respectivos Governos, assinaram o presente Tratado.

Feito na Haia, no dia 23 de novembro de 2007, nos idiomas francês e inglês, sendo ambos os textos igualmente autênticos, em um único exemplar, que será depositado nos arquivos do Governo do Reino dos Países Baixos e do qual uma cópia autenticada será enviada, pela via diplomática, a cada um dos Membros da Conferência da Haia de Direito Internacional Privado quando da sua Vigésima-primeira Sessão, bem como a cada um dos demais Estados que participaram daquela Sessão.

LEI N. 13.709, DE 14 DE AGOSTO DE 2018 (*)

Lei Geral de Proteção de Dados Pessoais (LGPD).

•• Ementa com redação determinada pela Lei n. 13.853, de 8-7-2019.

(*) Publicada no *Diário Oficial da União* de 15-8-2018 e republicada parcialmente na mesma data, em edição extra.

O Presidente da República

Faço saber que o Congresso Nacional decreta e eu sanciono a seguinte Lei:

Capítulo I
DISPOSIÇÕES PRELIMINARES

Art. 1.º Esta Lei dispõe sobre o tratamento de dados pessoais, inclusive nos meios digitais, por pessoa natural ou por pessoa jurídica de direito público ou privado, com o objetivo de proteger os direitos fundamentais de liberdade e de privacidade e o livre desenvolvimento da personalidade da pessoa natural.

•• A Resolução n. 363, de 12-1-2021, do CNJ, estabelece medidas para o processo de adequação à Lei Geral de Proteção de Dados Pessoais a serem adotadas pelos tribunais do país (primeira e segunda instâncias e Cortes Superiores), à exceção do STF, para facilitar o processo de implementação no âmbito do sistema judicial.

Parágrafo único. As normas gerais contidas nesta Lei são de interesse nacional e devem ser observadas pela União, Estados, Distrito Federal e Municípios.

•• Parágrafo único acrescentado pela Lei n. 13.853, de 8-7-2019.

Art. 2.º A disciplina da proteção de dados pessoais tem como fundamentos:

I – o respeito à privacidade;

II – a autodeterminação informativa;

III – a liberdade de expressão, de informação, de comunicação e de opinião;

IV – a inviolabilidade da intimidade, da honra e da imagem;

V – o desenvolvimento econômico e tecnológico e a inovação;

VI – a livre-iniciativa, a livre concorrência e a defesa do consumidor; e

VII – os direitos humanos, o livre desenvolvimento da personalidade, a dignidade e o exercício da cidadania pelas pessoas naturais.

Art. 3.º Esta Lei aplica-se a qualquer operação de tratamento realizada por pessoa natural ou por pessoa jurídica de direito público ou privado, independentemente do meio, do país de sua sede ou do país onde estejam localizados os dados, desde que:

I – a operação de tratamento seja realizada no território nacional;

II – a atividade de tratamento tenha por objetivo a oferta ou o fornecimento de bens ou serviços ou o tratamento de dados de indivíduos localizados no território nacional; ou

•• Inciso II com redação determinada pela Lei n. 13.853, de 8-7-2019.

III – os dados pessoais objeto do tratamento tenham sido coletados no território nacional.

§ 1.º Consideram-se coletados no território nacional os dados pessoais cujo titular nele se encontre no momento da coleta.

§ 2.º Excetua-se do disposto no inciso I deste artigo o tratamento de dados previsto no inciso IV do *caput* do art. 4.º desta Lei.

Art. 4.º Esta Lei não se aplica ao tratamento de dados pessoais:

I – realizado por pessoa natural para fins exclusivamente particulares e não econômicos;

II – realizado para fins exclusivamente:

a) jornalístico e artísticos; ou

b) acadêmicos, aplicando-se a esta hipótese os arts. 7.º e 11 desta Lei;

III – realizado para fins exclusivos de:

a) segurança pública;

b) defesa nacional;

c) segurança do Estado; ou

d) atividades de investigação e repressão de infrações penais; ou

IV – provenientes de fora do território nacional e que não sejam objeto de comunicação, uso compartilhado de dados com agentes de tratamento brasileiros ou objeto de transferência internacional de dados com outro país que não o de proveniência, desde que o país de proveniência proporcione grau de proteção de dados pessoais adequado ao previsto nesta Lei.

§ 1.º O tratamento de dados pessoais previsto no inciso III será regido por legislação específica, que deverá prever medidas proporcionais e estritamente necessárias ao atendimento do interesse público, observados o devido processo legal, os princípios gerais de proteção e os direitos do titular previstos nesta Lei.

§ 2.º É vedado o tratamento dos dados a que se refere o inciso III do *caput* deste artigo por pessoa de direito privado, exceto em procedimentos sob tutela de pessoa jurídica de direito público, que serão objeto de informe específico à autoridade nacional e que deverão observar a limitação imposta no § 4.º deste artigo.

§ 3.º A autoridade nacional emitirá opiniões técnicas ou recomendações referentes às exceções previstas no inciso III do *caput* deste artigo e deverá solicitar aos responsáveis relatórios de impacto à proteção de dados pessoais.

§ 4.º Em nenhum caso a totalidade dos dados pessoais de banco de dados de que trata o inciso III do *caput* deste artigo poderá ser tratada por pessoa de direito privado, salvo por aquela que possua capital integralmente constituído pelo poder público.

•• § 4.º com redação determinada pela Lei n. 13.853, de 8-7-2019.

Art. 5.º Para os fins desta Lei, considera-se:

I – dado pessoal: informação relacionada a pessoa natural identificada ou identificável;

II – dado pessoal sensível: dado pessoal sobre origem racial ou étnica, convicção religiosa, opinião política, filiação a sindicato ou a organização de caráter religioso, filosófico ou político, dado referente à saúde ou à vida sexual, dado genético ou biométrico, quando vinculado a uma pessoa natural;

•• *Vide* art. 5.º, VI e VIII, da CF.

•• *Vide* arts. 11 e s. desta Lei.

III – dado anonimizado: dado relativo a titular que não possa ser identificado, considerando a utilização de meios técnicos razoáveis e disponíveis na ocasião de seu tratamento;

IV – banco de dados: conjunto estruturado de dados pessoais, estabelecido em um ou em vários locais, em suporte eletrônico ou físico;

V – titular: pessoa natural a quem se referem os dados pessoais que são objeto de tratamento;

VI – controlador: pessoa natural ou jurídica, de direito público ou privado, a quem competem as decisões referentes ao tratamento de dados pessoais;

VII – operador: pessoa natural ou jurídica, de direito público ou privado, que realiza o tratamento de dados pessoais em nome do controlador;

VIII – encarregado: pessoa indicada pelo controlador e operador para atuar como canal de comunicação entre o controlador, os titulares dos dados e a Autoridade Nacional de Proteção de Dados (ANPD);

•• Inciso VIII com redação determinada pela Lei n. 13.853, de 8-7-2019.

IX – agentes de tratamento: o controlador e o operador;

X – tratamento: toda operação realizada com dados pessoais, como as que se referem a coleta, produção, recepção, classificação, utilização, acesso, reprodução, transmissão, distribuição, processamento, arquivamento, armazenamento, eliminação, avaliação ou controle da informação, modificação, comunicação, transferência, difusão ou extração;

XI – anonimização: utilização de meios técnicos razoáveis e disponíveis no momento do tratamento, por meio dos quais um dado perde a possibilidade de associação, direta ou indireta, a um indivíduo;

XII – consentimento: manifestação livre, informada e inequívoca pela qual o titular concorda com o tratamento de seus dados pessoais para uma finalidade determinada;

XIII – bloqueio: suspensão temporária de qualquer operação de tratamento, mediante guarda do dado pessoal ou do banco de dados;

XIV – eliminação: exclusão de dado ou de conjunto de dados armazenados em banco de dados, independentemente do procedimento empregado;

XV – transferência internacional de dados: transferência de dados pessoais para país estrangeiro ou organismo internacional do qual o país seja membro;

XVI – uso compartilhado de dados: comunicação, difusão, transferência internacional, interconexão de dados pessoais ou tratamento compartilhado de bancos de dados pessoais por órgãos e entidades públicos no cumprimento de suas competências legais, ou entre esses e entes privados, reciprocamente, com autorização específica, para uma ou mais modalidades de tratamento permitidas por esses entes públicos, ou entre entes privados;

XVII – relatório de impacto à proteção de dados pessoais: documentação do controlador que contém a descrição dos processos de tratamento de dados pessoais que podem gerar riscos às liberdades civis e aos direitos fundamentais, bem como medidas, salvaguardas e mecanismos de mitigação de risco;

XVIII – órgão de pesquisa: órgão ou entidade da administração pública direta ou indireta ou pessoa jurídica de direito privado sem fins lucrativos legalmente constituída sob as leis brasileiras, com sede e foro no País, que inclua em sua missão institucional ou em seu objetivo social ou estatutário a pesquisa básica ou aplicada de caráter histórico, científico, tecnológico ou estatístico; e

•• Inciso XVIII com redação determinada pela Lei n. 13.853, de 8-7-2019.

XIX – autoridade nacional: órgão da administração pública responsável por zelar, implementar e fiscalizar o cumprimento desta Lei em todo o território nacional.

•• Inciso XIX com redação determinada pela Lei n. 13.853, de 8-7-2019.

Art. 6.º As atividades de tratamento de dados pessoais deverão observar a boa-fé e os seguintes princípios:

I – finalidade: realização do tratamento para propósitos legítimos, específicos, explícitos e informados ao titular, sem possibilidade de tratamento posterior de forma incompatível com essas finalidades;

II – adequação: compatibilidade do tratamento com as finalidades informadas ao titular, de acordo com o contexto do tratamento;

III – necessidade: limitação do tratamento ao mínimo necessário para a realização de suas finalidades, com abrangência dos dados pertinentes, proporcionais e não excessivos em relação às finalidades do tratamento de dados;

IV – livre acesso: garantia, aos titulares, de consulta facilitada e gratuita sobre a forma e a duração do tratamento, bem como sobre a integralidade de seus dados pessoais;

V – qualidade dos dados: garantia, aos titulares, de exatidão, clareza, relevância e atualização dos dados, de acordo com a necessidade e para o cumprimento da finalidade de seu tratamento;

VI – transparência: garantia, aos titulares, de informações claras, precisas e facilmente acessíveis sobre a realização do tratamento e os respectivos agentes de tratamento, observados os segredos comercial e industrial;

VII – segurança: utilização de medidas técnicas e administrativas aptas a proteger os dados pessoais de acessos não autorizados e de situações acidentais ou ilícitas de destruição, perda, alteração, comunicação ou difusão;

VIII – prevenção: adoção de medidas para prevenir a ocorrência de danos em virtude do tratamento de dados pessoais;

IX – não discriminação: impossibilidade de realização do tratamento para fins discriminatórios ilícitos ou abusivos;

X – responsabilização e prestação de contas: demonstração, pelo agente, da adoção de medidas eficazes e capazes de comprovar a observância e o cumprimento das normas de proteção de dados pessoais e, inclusive, da eficácia dessas medidas.

Capítulo II
DO TRATAMENTO DE DADOS PESSOAIS

Seção I
Dos Requisitos para o Tratamento de Dados Pessoais

Art. 7.º O tratamento de dados pessoais somente poderá ser realizado nas seguintes hipóteses:

I – mediante o fornecimento de consentimento pelo titular;

II – para o cumprimento de obrigação legal ou regulatória pelo controlador;

III – pela administração pública, para o tratamento e uso compartilhado de dados necessários à execução de políticas públicas previstas em leis e regulamentos ou respaldadas em contratos, convênios ou instrumentos congêneres, observadas as disposições do Capítulo IV desta Lei;

IV – para a realização de estudos por órgão de pesquisa, garantida, sempre que possível, a anonimização dos dados pessoais;

V – quando necessário para a execução de contrato ou de procedimentos preliminares relacionados a contrato do qual seja parte o titular, a pedido do titular dos dados;

VI – para o exercício regular de direitos em processo judicial, administrativo ou arbitral, esse último nos termos da Lei n. 9.307, de 23 de setembro de 1996 (Lei de Arbitragem);

VII – para a proteção da vida ou da incolumidade física do titular ou de terceiro;

VIII – para a tutela da saúde, exclusivamente, em procedimento realizado por profissionais de saúde, serviços de saúde ou autoridade sanitária;

•• Inciso VIII com redação determinada pela Lei n. 13.853, de 8-7-2019.

IX – quando necessário para atender aos interesses legítimos do controlador ou de terceiro, exceto no caso de prevalecerem direitos e liberdades fundamentais do titular que exijam a proteção dos dados pessoais; ou

X – para a proteção do crédito, inclusive quanto ao disposto na legislação pertinente.

§§ 1.º e 2.º (*Revogados pela Lei n. 13.853, de 8-7-2019.*)

§ 3.º O tratamento de dados pessoais cujo acesso é público deve considerar a finalidade, a boa-fé e o interesse público que justificaram sua disponibilização.

§ 4.º É dispensada a exigência do consentimento previsto no *caput* deste artigo para os dados tornados manifestamente públicos pelo titular, resguardados os direitos do titular e os princípios previstos nesta Lei.

§ 5.º O controlador que obteve o consentimento referido no inciso I do *caput* deste artigo que necessitar comunicar ou compartilhar dados pessoais com outros controladores deverá obter consentimento específico do titular para esse fim, ressalvadas as hipóteses de dispensa do consentimento previstas nesta Lei.

§ 6.º A eventual dispensa da exigência do consentimento não desobriga os agentes de tratamento das demais obrigações previstas nesta Lei, especialmente da observância dos princípios gerais e da garantia dos direitos do titular.

§ 7.º O tratamento posterior dos dados pessoais a que se referem os §§ 3.º e 4.º deste artigo poderá ser realizado para novas finalidades, desde que observados os propósitos legítimos e específicos para o novo tratamento e a preservação dos direitos do titular, assim como os fundamentos e os princípios previstos nesta Lei.

•• § 7.º acrescentado pela Lei n. 13.853, de 8-7-2019.

Art. 8.º O consentimento previsto no inciso I do art. 7.º desta Lei deverá ser fornecido por escrito ou por outro meio que demonstre a manifestação de vontade do titular.

§ 1.º Caso o consentimento seja fornecido por escrito, esse deverá constar de cláusula destacada das demais cláusulas contratuais.

§ 2.º Cabe ao controlador o ônus da prova de que o consentimento foi obtido em conformidade com o disposto nesta Lei.

§ 3.º É vedado o tratamento de dados pessoais mediante vício de consentimento.

§ 4.º O consentimento deverá referir-se a finalidades determinadas, e as autorizações genéricas para o tratamento de dados pessoais serão nulas.

§ 5.º O consentimento pode ser revogado a qualquer momento mediante manifestação expressa do titular, por procedimento gratuito e facilitado, ratificados os tratamentos realizados sob amparo do consentimento anteriormente manifestado enquanto não houver requerimento de eliminação, nos termos do inciso VI do *caput* do art. 18 desta Lei.

§ 6.º Em caso de alteração de informação referida nos incisos I, II, III ou V do art. 9.º desta Lei, o controlador deverá informar ao titular, com destaque de forma específica do teor das alterações, podendo o titular, nos casos em que o seu consentimento é exigido, revogá-lo caso discorde da alteração.

Art. 9.º O titular tem direito ao acesso facilitado às informações sobre o tratamento de seus dados, que deverão ser disponibilizadas de forma clara, adequada e ostensiva acerca de, entre outras características previstas em regulamentação para o atendimento do princípio do livre acesso:

I – finalidade específica do tratamento;

II – forma e duração do tratamento, observados os segredos comercial e industrial;

III – identificação do controlador;

IV – informações de contato do controlador;

V – informações acerca do uso compartilhado de dados pelo controlador e a finalidade;

VI – responsabilidades dos agentes que realizarão o tratamento; e

VII – direitos do titular, com menção explícita aos direitos contidos no art. 18 desta Lei.

§ 1.º Na hipótese em que o consentimento é requerido, esse será considerado nulo caso as informações fornecidas ao titular tenham conteúdo enganoso ou abusivo ou não tenham sido apresentadas previamente com transparência, de forma clara e inequívoca.

§ 2.º Na hipótese em que o consentimento é requerido, se houver mudanças da finalidade para o tratamento de dados pessoais não compatíveis com o consentimento original, o controlador deverá informar previamente o titular sobre as mudanças de finalidade, podendo o titular revogar o consentimento, caso discorde das alterações.

§ 3.º Quando o tratamento de dados pessoais for condição para o fornecimento de produto ou de serviço ou para o exercício de direito, o titular será informado com destaque sobre esse fato e sobre os meios pelos quais poderá exercer os direitos do titular elencados no art. 18 desta Lei.

Art. 10. O legítimo interesse do controlador somente poderá fundamentar tratamento de dados pessoais para finalidades legítimas, consideradas a partir de situações concretas, que incluem, mas não se limitam a:

I – apoio e promoção de atividades do controlador; e

II – proteção, em relação ao titular, do exercício regular de seus direitos ou prestação de serviços que o beneficiem, respeitadas as legítimas expectativas dele e os direitos e liberdades fundamentais, nos termos desta Lei.

§ 1.º Quando o tratamento for baseado no legítimo interesse do controlador, somente os dados pessoais estritamente necessários para a finalidade pretendida poderão ser tratados.

§ 2.º O controlador deverá adotar medidas para garantir a transparência do tratamento de dados baseado em seu legítimo interesse.

§ 3.º A autoridade nacional poderá solicitar ao controlador relatório de impacto à proteção de dados pessoais, quando o tratamento tiver como fundamento seu interesse legítimo, observados os segredos comercial e industrial.

Seção II

Do Tratamento de Dados Pessoais Sensíveis

Art. 11. O tratamento de dados pessoais sensíveis somente poderá ocorrer nas seguintes hipóteses:

I – quando o titular ou seu responsável legal consentir, de forma específica e destacada, para finalidades específicas;

II – sem fornecimento de consentimento do titular, nas hipóteses em que for indispensável para:

a) cumprimento de obrigação legal ou regulatória pelo controlador;

b) tratamento compartilhado de dados necessários à execução, pela administração pública, de políticas públicas previstas em leis ou regulamentos;

c) realização de estudos por órgão de pesquisa, garantida, sempre que possível, a anonimização dos dados pessoais sensíveis;

d) exercício regular de direitos, inclusive em contrato e em processo judicial, administrativo e arbitral, este último nos termos da Lei n. 9.307, de 23 de setembro de 1996 (Lei de Arbitragem);

e) proteção da vida ou da incolumidade física do titular ou de terceiro;

f) tutela da saúde, exclusivamente, em procedimento realizado por profissionais de saúde, serviços de saúde ou autoridade sanitária; ou

•• Alínea *f* com redação determinada pela Lei n. 13.853, de 8-7-2019.

g) garantia da prevenção à fraude e à segurança do titular, nos processos de identificação e autenticação de cadastro em sistemas eletrônicos, resguardados os direitos mencionados no art. 9.º desta Lei e exceto no caso de prevalecerem direitos e liberdades fundamentais do titular que exijam a proteção dos dados pessoais.

§ 1.º Aplica-se o disposto neste artigo a qualquer tratamento de dados pessoais que revele dados pessoais sensíveis e que possa causar dano ao titular, ressalvado o disposto em legislação específica.

§ 2.º Nos casos de aplicação do disposto nas alíneas *a* e *b* do inciso II do *caput* deste artigo pelos órgãos e pelas entidades públicas, será dada publicidade à referida dispensa de consentimento, nos termos do inciso I do *caput* do art. 23 desta Lei.

§ 3.º A comunicação ou o uso compartilhado de dados pessoais sensíveis entre controladores com objetivo de obter vantagem econômica poderá ser objeto de vedação ou de regulamentação por parte da autoridade nacional, ouvidos os órgãos setoriais do Poder Público, no âmbito de suas competências.

§ 4.º É vedada a comunicação ou o uso compartilhado entre controladores de dados pessoais sensíveis referentes à saúde com objetivo de obter vantagem econômica, exceto nas hipóteses relativas a prestação de serviços de saúde, de assistência farmacêutica e de assistência à saúde, desde que observado o § 5.º deste artigo, incluídos os serviços auxiliares de diagnose e terapia, em benefício dos interesses dos titulares de dados, e para permitir:

•• *Caput* com redação determinada pela Lei n. 13.853, de 8-7-2019.

I – a portabilidade de dados quando solicitada pelo titular; ou

•• Inciso I acrescentado pela Lei n. 13.853, de 8-7-2019.

II – as transações financeiras e administrativas resultantes do uso e da prestação dos serviços de que trata este parágrafo.

•• Inciso II acrescentado pela Lei n. 13.853, de 8-7-2019.

§ 5.º É vedado às operadoras de planos privados de assistência à saúde o tratamento de dados de saúde para a prática de seleção de riscos na contratação de qualquer modalidade, assim como na contratação e exclusão de beneficiários.

•• § 5.º acrescentado pela Lei n. 13.853, de 8-7-2019.

Art. 12. Os dados anonimizados não serão considerados dados pessoais para os fins desta Lei, salvo quando o processo de anonimização ao qual foram submetidos for revertido, utilizando exclusivamente meios próprios, ou quando, com esforços razoáveis, puder ser revertido.

§ 1.º A determinação do que seja razoável deve levar em consideração fatores objetivos, tais como custo e tempo necessários para reverter o processo de anonimização, de acordo com as tecnologias disponíveis, e a utilização exclusiva de meios próprios.

§ 2.º Poderão ser igualmente considerados como dados pessoais, para os fins desta Lei, aqueles utilizados para formação do perfil comportamental de determinada pessoa natural, se identificada.

§ 3.º A autoridade nacional poderá dispor sobre padrões e técnicas utilizados em processos de anonimização e realizar verificações acerca de sua segurança, ouvido o Conselho Nacional de Proteção de Dados Pessoais.

Art. 13. Na realização de estudos em saúde pública, os órgãos de pesquisa poderão ter acesso a bases de dados pessoais, que serão tratados exclusivamente dentro do órgão e estritamente para a finalidade de realização de estudos e pesquisas e mantidos em ambiente controlado e seguro, conforme práticas de segurança previstas em regulamento específico e que incluam, sempre que possível, a anonimização ou pseudonimização dos dados, bem como considerem os devidos padrões éticos relacionados a estudos e pesquisas.

§ 1.º A divulgação dos resultados ou de qualquer excerto do estudo ou da pesquisa de que trata o *caput* deste artigo em nenhuma hipótese poderá revelar dados pessoais.

§ 2.º O órgão de pesquisa será o responsável pela segurança da informação prevista no *caput* deste artigo, não permitida, em circunstância alguma, a transferência dos dados a terceiro.

§ 3.º O acesso aos dados de que trata este artigo será objeto de regulamentação por parte da autoridade nacional e das autoridades da área de saúde e sanitárias, no âmbito de suas competências.

§ 4.º Para os efeitos deste artigo, a pseudonimização é o tratamento por meio do qual um dado perde a possibilidade de associação, direta ou indireta, a um indivíduo, senão pelo uso de informação adicional mantida separadamente pelo controlador em ambiente controlado e seguro.

Seção III

Do Tratamento de Dados Pessoais de Crianças e de Adolescentes

Art. 14. O tratamento de dados pessoais de crianças e de adolescentes deverá ser realizado em seu melhor interesse, nos termos deste artigo e da legislação pertinente.

•• A Lei n. 8.069, de 13-7-1990, institui o Estatuto da Criança e do Adolescente e dispõe sobre a proteção integral a eles.

§ 1.º O tratamento de dados pessoais de crianças deverá ser realizado com o consentimento específico e em destaque dado por pelo menos um dos pais ou pelo responsável legal.

§ 2.º No tratamento de dados de que trata o § 1.º deste artigo, os controladores deverão manter pública a informação sobre os tipos de dados coletados, a forma de sua utilização e os procedimentos para o exercício dos direitos a que se refere o art. 18 desta Lei.

§ 3.º Poderão ser coletados dados pessoais de crianças sem o consentimento a que se refere o § 1.º deste artigo quando a coleta for necessária para contatar os pais ou o responsável legal, utilizados uma única vez e sem armazenamento, ou para sua proteção, e em nenhum caso poderão ser repassados a terceiro sem o consentimento de que trata o § 1.º deste artigo.

§ 4.º Os controladores não deverão condicionar a participação dos titulares de que trata o § 1.º deste artigo em jogos, aplicações de internet ou outras atividades ao fornecimento de informações pessoais além das estritamente necessárias à atividade.

§ 5.º O controlador deve realizar todos os esforços razoáveis para verificar que o consentimento a que se refere o § 1.º deste artigo foi dado pelo responsável pela criança, consideradas as tecnologias disponíveis.

§ 6.º As informações sobre o tratamento de dados referidas neste artigo deverão ser fornecidas de maneira simples, clara e acessível, consideradas as características físico-motoras, perceptivas, sensoriais, intelectuais e mentais do usuário, com uso de recursos audiovisuais quando adequado, de forma a proporcionar a informação necessária aos pais ou ao responsável legal e adequada ao entendimento da criança.

Seção IV
Do Término do Tratamento de Dados

Art. 15. O término do tratamento de dados pessoais ocorrerá nas seguintes hipóteses:

I – verificação de que a finalidade foi alcançada ou de que os dados deixaram de ser necessários ou pertinentes ao alcance da finalidade específica almejada;

II – fim do período de tratamento;

III – comunicação do titular, inclusive no exercício de seu direito de revogação do consentimento conforme disposto no § 5.º do art. 8.º desta Lei, resguardado o interesse público; ou

IV – determinação da autoridade nacional, quando houver violação ao disposto nesta Lei.

Art. 16. Os dados pessoais serão eliminados após o término de seu tratamento, no âmbito e nos limites técnicos das atividades, autorizada a conservação para as seguintes finalidades:

I – cumprimento de obrigação legal ou regulatória pelo controlador;

II – estudo por órgão de pesquisa, garantida, sempre que possível, a anonimização dos dados pessoais;

III – transferência a terceiro, desde que respeitados os requisitos de tratamento de dados dispostos nesta Lei; ou

IV – uso exclusivo do controlador, vedado seu acesso por terceiro, e desde que anonimizados os dados.

Capítulo III
DOS DIREITOS DO TITULAR

Art. 17. Toda pessoa natural tem assegurada a titularidade de seus dados pessoais e garantidos os direitos fundamentais de liberdade, de intimidade e de privacidade, nos termos desta Lei.

•• *Vide* art. 5.º, X, da CF.

Art. 18. O titular dos dados pessoais tem direito a obter do controlador, em relação aos dados do titular por ele tratados, a qualquer momento e mediante requisição:

•• *Vide* art. 14, § 2.º, desta Lei.

I – confirmação da existência de tratamento;

II – acesso aos dados;

III – correção de dados incompletos, inexatos ou desatualizados;

IV – anonimização, bloqueio ou eliminação de dados desnecessários, excessivos ou tratados em desconformidade com o disposto nesta Lei;

V – portabilidade dos dados a outro fornecedor de serviço ou produto, mediante requisição expressa, de acordo com a regulamentação da autoridade nacional, observados os segredos comercial e industrial;

•• Inciso V com redação determinada pela Lei n. 13.853, de 8-7-2019.

VI – eliminação dos dados pessoais tratados com o consentimento do titular, exceto nas hipóteses previstas no art. 16 desta Lei;

VII – informação das entidades públicas e privadas com as quais o controlador realizou uso compartilhado de dados;

VIII – informação sobre a possibilidade de não fornecer consentimento e sobre as consequências da negativa;

IX – revogação do consentimento, nos termos do § 5.º do art. 8.º desta Lei.

§ 1.º O titular dos dados pessoais tem o direito de peticionar em relação aos seus dados contra o controlador perante a autoridade nacional.

§ 2.º O titular pode opor-se a tratamento realizado com fundamento em uma das hipóteses de dispensa de consentimento, em caso de descumprimento ao disposto nesta Lei.

§ 3.º Os direitos previstos neste artigo serão exercidos mediante requerimento expresso do titular ou de representante legalmente constituído, a agente de tratamento.

§ 4.º Em caso de impossibilidade de adoção imediata da providência de que trata o § 3.º deste artigo, o controlador enviará ao titular resposta em que poderá:

I – comunicar que não é agente de tratamento dos dados e indicar, sempre que possível, o agente; ou

II – indicar as razões de fato ou de direito que impedem a adoção imediata da providência.

§ 5.º O requerimento referido no § 3.º deste artigo será atendido sem custos para o titular, nos prazos e nos termos previstos em regulamento.

§ 6.º O responsável deverá informar, de maneira imediata, aos agentes de tratamento com os quais tenha realizado uso compartilhado de dados a correção, a eliminação, a anonimização ou o bloqueio dos dados, para que repitam idêntico procedimento, exceto nos casos em que esta comunicação seja comprovadamente impossível ou implique esforço desproporcional.

•• § 6.º com redação determinada pela Lei n. 13.853, de 8-7-2019.

§ 7.º A portabilidade dos dados pessoais a que se refere o inciso V do *caput* deste artigo não inclui dados que já tenham sido anonimizados pelo controlador.

§ 8.º O direito a que se refere o § 1.º deste artigo também poderá ser exercido perante os organismos de defesa do consumidor.

Art. 19. A confirmação de existência ou o acesso a dados pessoais serão providenciados, mediante requisição do titular:

I – em formato simplificado, imediatamente; ou

II – por meio de declaração clare completa, que indique a origem dos dados, a inexistência de registro, os critérios utilizados e a finalidade do tratamento, observados os segredos comercial e industrial, fornecida no prazo de até 15 (quinze) dias, contado da data do requerimento do titular.

§ 1.º Os dados pessoais serão armazenados em formato que favoreça o exercício do direito de acesso.

§ 2.º As informações e os dados poderão ser fornecidos, a critério do titular:

I – por meio eletrônico, seguro e idôneo para esse fim; ou

II – sob forma impressa.

§ 3.º Quando o tratamento tiver origem no consentimento do titular ou em contrato, o titular poderá solicitar cópia eletrônica integral de seus dados pessoais, observados os segredos comercial e industrial, nos termos de regulamentação da autoridade nacional, em formato que permita a sua utilização subsequente, inclusive em outras operações de tratamento.

§ 4.º A autoridade nacional poderá dispor de forma diferenciada acerca dos prazos previstos nos incisos I e II do *caput* deste artigo para os setores específicos.

Art. 20. O titular dos dados tem direito a solicitar a revisão de decisões tomadas unicamente com base em tratamento automatizado de dados pessoais que afetem seus interesses, incluídas as decisões destinadas a definir o seu perfil pessoal, profissional, de consumo e de crédito ou os aspectos de sua personalidade.

•• *Caput* com redação determinada pela Lei n. 13.853, de 8-7-2019.

§ 1.º O controlador deverá fornecer, sempre que solicitadas, informações claras e adequadas a respeito dos critérios e dos procedimentos utilizados para a decisão automatizada, observados os segredos comercial e industrial.

§ 2.º Em caso de não oferecimento de informações de que trata o § 1.º deste artigo baseado na observância de segredo comercial e industrial, a autoridade nacional poderá realizar auditoria para verificação de aspectos discriminatórios em tratamento automatizado de dados pessoais.

§ 3.º (*Vetado.*)

•• § 3.º acrescentado pela Lei n. 13.853, de 8-7-2019.

Art. 21. Os dados pessoais referentes ao exercício regular de direitos pelo titular não podem ser utilizados em seu prejuízo.

Art. 22. A defesa dos interesses e dos direitos dos titulares de dados poderá ser exercida em juízo, individual ou coletivamente, na forma do disposto na legislação pertinente, acerca dos instrumentos de tutela individual e coletiva.

Capítulo IV
DO TRATAMENTO DE DADOS PESSOAIS PELO PODER PÚBLICO

Seção I
Das Regras

Art. 23. O tratamento de dados pessoais pelas pessoas jurídicas de direito público referidas no parágrafo único do art. 1.º da Lei n.º 12.527, de 18 de novembro de 2011 (Lei de Acesso à Informação), deverá ser realizado para o atendimento de sua finalidade pública, na persecução do interesse público, com o objetivo de executar as competências legais ou cumprir as atribuições legais do serviço público, desde que:

I – sejam informadas as hipóteses em que, no exercício de suas competências, realizam o tratamento de dados pessoais, fornecendo informações claras e atualizadas sobre a previsão legal, a finalidade, os procedimentos e as práticas utilizadas para a execução dessas atividades, em veículos de fácil acesso, preferencialmente em seus sítios eletrônicos;

II – (vetado); e

III – seja indicado um encarregado quando realizarem operações de tratamento de dados pessoais, nos termos do art. 39 desta Lei; e

•• Inciso III com redação determinada pela Lei n. 13.853, de 8-7-2019.

IV – (*Vetado.*)

•• Inciso IV acrescentado pela Lei n. 13.853, de 8-7-2019.

§ 1.º A autoridade nacional poderá dispor sobre as formas de publicidade das operações de tratamento.

§ 2.º O disposto nesta Lei não dispensa as pessoas jurídicas mencionadas no *caput* deste artigo de instituir as autoridades de que trata a Lei n. 12.527, de 18 de novembro de 2011 (Lei de Acesso à Informação).

§ 3.º Os prazos e procedimentos para exercício dos direitos do titular perante o Poder Público observarão o disposto em legislação específica, em especial as disposições constantes da Lei n. 9.507, de 12 de novembro de 1997 (Lei do *Habeas Data*), da Lei n. 9.784, de 29 de janeiro de 1999 (Lei Geral do Processo Administrativo), e da Lei n. 12.527, de 18 de novembro de 2011 (Lei de Acesso à Informação).

§ 4.º Os serviços notariais e de registro exercidos em caráter privado, por delegação do Poder Público, terão o mesmo tratamento dispensado às pessoas jurídicas referidas no *caput* deste artigo, nos termos desta Lei.

§ 5.º Os órgãos notariais e de registro devem fornecer acesso aos dados por meio eletrônico para a administração pública, tendo em vista as finalidades de que trata o *caput* deste artigo.

Art. 24. As empresas públicas e as sociedades de economia mista que atuam em regime de concorrência, sujeitas ao disposto no art. 173 da Constituição Federal, terão o mesmo tratamento dispensado às pessoas jurídicas de direito privado particulares, nos termos desta Lei.

Parágrafo único. As empresas públicas e as sociedades de economia mista, quando estiverem operacionalizando políticas públicas e no âmbito da execução delas, terão o mesmo tratamento dispensado aos órgãos e às entidades do Poder Público, nos termos deste Capítulo.

Art. 25. Os dados deverão ser mantidos em formato interoperável e estruturado para o uso compartilhado, com vistas à execução de políticas públicas, à prestação de serviços públicos, à descentralização da atividade pública e à disseminação e ao acesso das informações pelo público em geral.

Art. 26. O uso compartilhado de dados pessoais pelo Poder Público deve atender a finalidades específicas de execução de políticas públicas e atribuição legal pelos órgãos e pelas entidades públicas, respeitados os princípios de proteção de dados pessoais elencados no art. 6.º desta Lei.

§ 1.º É vedado ao Poder Público transferir a entidades privadas dados pessoais constantes de bases de dados a que tenha acesso, exceto:

I – em casos de execução descentralizada de atividade pública que exija a transferência, exclusivamente para esse fim específico e determinado, observado o disposto na Lei n. 12.527, de 18 de novembro de 2011 (Lei de Acesso à Informação);

II – (vetado);

III – nos casos em que os dados forem acessíveis publicamente, observadas as disposições desta Lei.

IV – quando houver previsão legal ou a transferência for respaldada em contratos, convênios ou instrumentos congêneres; ou

•• Inciso IV acrescentado pela Lei n. 13.853, de 8-7-2019.

V – na hipótese de a transferência dos dados objetivar exclusivamente a prevenção de fraudes e irregularidades, ou proteger e resguardar a segurança e a integridade do titular dos dados, desde que vedado o tratamento para outras finalidades.

•• Inciso V acrescentado pela Lei n. 13.853, de 8-7-2019.

§ 2.º Os contratos e convênios de que trata o § 1.º deste artigo deverão ser comunicados à autoridade nacional.

Art. 27. A comunicação ou o uso compartilhado de dados pessoais de pessoa jurídica de direito público a pessoa de direito privado será informado à autoridade nacional e dependerá de consentimento do titular, exceto:

I – nas hipóteses de dispensa de consentimento previstas nesta Lei;

II – nos casos de uso compartilhado de dados, em que será dada publicidade nos termos do inciso I do *caput* do art. 23 desta Lei; ou

III – nas exceções constantes do § 1.º do art. 26 desta Lei.

Parágrafo único. A informação à autoridade nacional de que trata o *caput* deste artigo será objeto de regulamentação.

•• Parágrafo único acrescentado pela Lei n. 13.853, de 8-7-2019.

Art. 28. (*Vetado.*)

Art. 29. A autoridade nacional poderá solicitar, a qualquer momento, aos órgãos e às entidades do poder público a realização de operações de tratamento de dados pessoais, informações específicas sobre o âmbito e a natureza dos dados e outros detalhes do tratamento realizado e poderá emitir parecer técnico complementar para garantir o cumprimento desta Lei.

•• Artigo com redação determinada pela Lei n. 13.853, de 8-7-2019.

Art. 30. A autoridade nacional poderá estabelecer normas complementares para as atividades de comunicação e de uso compartilhado de dados pessoais.

Seção II
Da Responsabilidade

Art. 31. Quando houver infração a esta Lei em decorrência do tratamento de dados pessoais por órgãos públicos, a autoridade nacional poderá enviar informe com medidas cabíveis para fazer cessar a violação.

Art. 32. A autoridade nacional poderá solicitar a agentes do Poder Público a publicação de relatórios de impacto à proteção de dados pessoais e sugerir a adoção de padrões e de boas práticas para os tratamentos de dados pessoais pelo Poder Público.

Capítulo V
DA TRANSFERÊNCIA INTERNACIONAL DE DADOS

Art. 33. A transferência internacional de dados pessoais somente é permitida nos seguintes casos:

I – para países ou organismos internacionais que proporcionem grau de proteção de dados pessoais adequado ao previsto nesta Lei;

II – quando o controlador oferecer e comprovar garantias de cumprimento dos princípios, dos direitos do titular e do regime de proteção de dados previstos nesta Lei, na forma de:

a) cláusulas contratuais específicas para determinada transferência;

b) cláusulas-padrão contratuais;

c) normas corporativas globais;

d) selos, certificados e códigos de conduta regularmente emitidos;

III – quando a transferência for necessária para a cooperação jurídica internacional entre órgãos públicos de inteligência, de investigação e de persecução, de acordo com os instrumentos de direito internacional;

IV – quando a transferência for necessária para a proteção da vida ou da incolumidade física do titular ou de terceiro;

V – quando a autoridade nacional autorizar a transferência;

VI – quando a transferência resultar em compromisso assumido em acordo de cooperação internacional;

VII – quando a transferência for necessária para a execução de política pública ou atribuição legal do serviço público, sendo dada publicidade nos termos do inciso I do *caput* do art. 23 desta Lei;

VIII – quando o titular tiver fornecido o seu consentimento específico e em destaque para a transferência, com informação prévia sobre o caráter internacional da operação, distinguindo claramente esta de outras finalidades; ou

IX – quando necessário para atender as hipóteses previstas nos incisos II, V e VI do art. 7.º desta Lei.

Parágrafo único. Para os fins do inciso I deste artigo, as pessoas jurídicas de direito público referidas no parágrafo único do art. 1.º da Lei n. 12.527, de 18 de novembro de 2011 (Lei de Acesso à Informação), no âmbito de suas competências legais, e responsáveis, no âmbito de suas atividades, poderão requerer à autoridade nacional a avaliação do nível de proteção a dados pessoais conferido por país ou organismo internacional.

Art. 34. O nível de proteção de dados do país estrangeiro ou do organismo internacional mencionado no inciso I do *caput* do art. 33 desta Lei será avaliado pela autoridade nacional, que levará em consideração:

I – as normas gerais e setoriais da legislação em vigor no país de destino ou no organismo internacional;

II – a natureza dos dados;

III – a observância dos princípios gerais de proteção de dados pessoais e direitos dos titulares previstos nesta Lei;

IV – a adoção de medidas de segurança previstas em regulamento;

V – a existência de garantias judiciais e institucionais para o respeito aos direitos de proteção de dados pessoais; e

VI – outras circunstâncias específicas relativas à transferência.

Art. 35. A definição do conteúdo de cláusulas-padrão contratuais, bem como a verificação de cláusulas contratuais específicas para uma determinada transferência, normas corporativas globais ou selos, certificados e códigos de conduta, a que se refere o inciso II do *caput* do art. 33 desta Lei, será realizada pela autoridade nacional.

§ 1.º Para a verificação do disposto no *caput* deste artigo, deverão ser considerados os requisitos, as condições e as garantias mínimas para a transferência que observem os direitos, as garantias e os princípios desta Lei.

§ 2.º Na análise de cláusulas contratuais, de documentos ou de normas corporativas globais submetidas à aprovação da autoridade nacional, poderão ser requeridas informações suplementares ou realizadas diligências de verificação quanto às operações de tratamento, quando necessário.

§ 3.º A autoridade nacional poderá designar organismos de certificação para a realização do previsto no *caput* deste artigo, que permanecerão sob sua fiscalização nos termos definidos em regulamento.

§ 4.º Os atos realizados por organismo de certificação poderão ser revistos pela autoridade nacional e, caso em desconformidade com esta Lei, submetidos a revisão ou anulados.

§ 5.º As garantias suficientes de observância dos princípios gerais de proteção e dos direitos do titular referidas no *caput* deste artigo serão também analisadas de acordo com as medidas técnicas e organizacionais adotadas pelo operador, de acordo com o previsto nos §§ 1.º e 2.º do art. 46 desta Lei.

Art. 36. As alterações nas garantias apresentadas como suficientes de observância dos princípios gerais de proteção e dos direitos do titular referidas no inciso II do art. 33 desta Lei deverão ser comunicadas à autoridade nacional.

Capítulo VI
DOS AGENTES DE TRATAMENTO DE DADOS PESSOAIS

Seção I
Do Controlador e do Operador

Art. 37. O controlador e o operador devem manter registro das operações de tratamento de dados pessoais que realizarem, especialmente quando baseado no legítimo interesse.

Art. 38. A autoridade nacional poderá determinar ao controlador que elabore relatório de impacto à proteção de dados pessoais, inclusive de dados sensíveis, referente a suas operações de tratamento de dados, nos termos de regulamento, observados os segredos comercial e industrial.

Parágrafo único. Observado o disposto no *caput* deste artigo, o relatório deverá conter, no mínimo, a descrição dos tipos de dados coletados, a metodologia utilizada para a coleta e para a garantia da segurança das informações e a análise do controlador com relação a medidas, salvaguardas e mecanismos de mitigação de risco adotados.

Art. 39. O operador deverá realizar o tratamento segundo as instruções fornecidas pelo controlador, que verificará a observância das próprias instruções e das normas sobre a matéria.

Art. 40. A autoridade nacional poderá dispor sobre padrões de interoperabilidade para fins de portabilidade, livre acesso aos dados e segurança, assim como sobre o tempo de guarda dos registros, tendo em vista especialmente a necessidade e a transparência.

Seção II

Do Encarregado pelo Tratamento de Dados Pessoais

Art. 41. O controlador deverá indicar encarregado pelo tratamento de dados pessoais.

§ 1.º A identidade e as informações de contato do encarregado deverão ser divulgadas publicamente, de forma clara e objetiva, preferencialmente no sítio eletrônico do controlador.

§ 2.º As atividades do encarregado consistem em:

I – aceitar reclamações e comunicações dos titulares, prestar esclarecimentos e adotar providências;

II – receber comunicações da autoridade nacional e adotar providências;

III – orientar os funcionários e os contratados da entidade a respeito das práticas a serem tomadas em relação à proteção de dados pessoais; e

IV – executar as demais atribuições determinadas pelo controlador ou estabelecidas em normas complementares.

§ 3.º A autoridade nacional poderá estabelecer normas complementares sobre a definição e as atribuições do encarregado, inclusive hipóteses de dispensa da necessidade de sua indicação, conforme a natureza e o porte da entidade ou o volume de operações de tratamento de dados.

§ 4.º (*Vetado.*)

•• § 4.º acrescentado pela Lei n. 13.853, de 8-7-2019.

Seção III

Da Responsabilidade e do Ressarcimento de Danos

Art. 42. O controlador ou o operador que, em razão do exercício de atividade de tratamento de dados pessoais, causar a outrem dano patrimonial, moral, individual ou coletivo, em violação à legislação de proteção de dados pessoais, é obrigado a repará-lo.

§ 1.º A fim de assegurar a efetiva indenização ao titular dos dados:

I – o operador responde solidariamente pelos danos causados pelo tratamento quando descumprir as obrigações da legislação de proteção de dados ou quando não tiver seguido as instruções lícitas do controlador, hipótese em que o operador equipara-se ao controlador, salvo nos casos de exclusão previstos no art. 43 desta Lei;

II – os controladores que estiverem diretamente envolvidos no tratamento do qual decorreram danos ao titular dos dados respondem solidariamente, salvo nos casos de exclusão previstos no art. 43 desta Lei.

§ 2.º O juiz, no processo civil, poderá inverter o ônus da prova a favor do titular dos dados quando, a seu juízo, for verossímil a alegação, houver hipossuficiência para fins de produção de prova ou quando a produção de prova pelo titular resultar-lhe excessivamente onerosa.

§ 3.º As ações de reparação por danos coletivos que tenham por objeto a responsabilização nos termos do *caput* deste artigo podem ser exercidas coletivamente em juízo, observado o disposto na legislação pertinente.

§ 4.º Aquele que reparar o dano ao titular tem direito de regresso contra os demais responsáveis, na medida de sua participação no evento danoso.

Art. 43. Os agentes de tratamento só não serão responsabilizados quando provarem:

I – que não realizaram o tratamento de dados pessoais que lhes é atribuído;

II – que, embora tenham realizado o tratamento de dados pessoais que lhes é atribuído, não houve violação à legislação de proteção de dados; ou

III – que o dano é decorrente de culpa exclusiva do titular dos dados ou de terceiro.

Art. 44. O tratamento de dados pessoais será irregular quando deixar de observar a legislação ou quando não fornecer a segurança que o titular dele pode esperar, consideradas as circunstâncias relevantes, entre as quais:

I – o modo pelo qual é realizado;

II – o resultado e os riscos que razoavelmente dele se esperam;

III – as técnicas de tratamento de dados pessoais disponíveis à época em que foi realizado.

Parágrafo único. Responde pelos danos decorrentes da violação da segurança dos dados o controlador ou o operador que, ao deixar de adotar as medidas de segurança previstas no art. 46 desta Lei, der causa ao dano.

Art. 45. As hipóteses de violação do direito do titular no âmbito das relações de consumo permanecem sujeitas às regras de responsabilidade previstas na legislação pertinente.

Capítulo VII
DA SEGURANÇA E DAS BOAS PRÁTICAS

Seção I

Da Segurança e do Sigilo de Dados

Art. 46. Os agentes de tratamento devem adotar medidas de segurança, técnicas e administrativas aptas a proteger os dados pessoais de acessos não autorizados e de situações acidentais ou ilícitas de destruição, perda, alteração, comunicação ou qualquer forma de tratamento inadequado ou ilícito.

§ 1.º A autoridade nacional poderá dispor sobre padrões técnicos mínimos para tornar aplicável o disposto no *caput* deste artigo, considerados a natureza das informações tratadas, as características específicas do tratamento e o estado atual da tecnologia, especialmente no caso de dados pessoais sensíveis, assim como os princípios previstos no *caput* do art. 6.º desta Lei.

§ 2.º As medidas de que trata o *caput* deste artigo deverão ser observadas desde a fase de concepção do produto ou do serviço até a sua execução.

Art. 47. Os agentes de tratamento ou qualquer outra pessoa que intervenha em uma das fases do tratamento obriga-se a garantir a segurança da informação prevista nesta Lei em relação aos dados pessoais, mesmo após o seu término.

Art. 48. O controlador deverá comunicar à autoridade nacional e ao titular a ocorrência de incidente de segurança que possa acarretar risco ou dano relevante aos titulares.

§ 1.º A comunicação será feita em prazo razoável, conforme definido pela autoridade nacional, e deverá mencionar, no mínimo:

I – a descrição da natureza dos dados pessoais afetados;

II – as informações sobre os titulares envolvidos;

III – a indicação das medidas técnicas e de segurança utilizadas para a proteção dos dados, observados os segredos comercial e industrial;

IV – os riscos relacionados ao incidente;

V – os motivos da demora, no caso de a comunicação não ter sido imediata; e

VI – as medidas que foram ou que serão adotadas para reverter ou mitigar os efeitos do prejuízo.

§ 2.º A autoridade nacional verificará a gravidade do incidente e poderá, caso necessário para a salvaguarda dos direitos dos titulares, determinar ao controlador a adoção de providências, tais como:

I – ampla divulgação do fato em meios de comunicação; e

II – medidas para reverter ou mitigar os efeitos do incidente.

§ 3.º No juízo de gravidade do incidente, será avaliada eventual comprovação de que foram adotadas medidas técnicas adequadas que tornem os dados pessoais afetados ininteligíveis, no âmbito e nos limites técnicos de seus serviços, para terceiros não autorizados a acessá-los.

Art. 49. Os sistemas utilizados para o tratamento de dados pessoais devem ser estruturados de forma a atender aos requisitos de segurança, aos padrões de boas práticas e de governança e aos princípios gerais previstos nesta Lei e às demais normas regulamentares.

Seção II
Das Boas Práticas e da Governança

Art. 50. Os controladores e operadores, no âmbito de suas competências, pelo tratamento de dados pessoais, individualmente ou por meio de associações, poderão formular regras de boas práticas e de governança que estabeleçam as condições de organização, o regime de funcionamento, os procedimentos, incluindo reclamações e petições de titulares, as normas de segurança, os padrões técnicos, as obrigações específicas para os diversos envolvidos no tratamento, as ações educativas, os mecanismos internos de supervisão e de mitigação de riscos e outros aspectos relacionados ao tratamento de dados pessoais.

§ 1.º Ao estabelecer regras de boas práticas, o controlador e o operador levarão em consideração, em relação ao tratamento e aos dados, a natureza, o escopo, a finalidade e a probabilidade e a gravidade dos riscos e dos benefícios decorrentes de tratamento de dados do titular.

§ 2.º Na aplicação dos princípios indicados nos incisos VII e VIII do *caput* do art. 6.º desta Lei, o controlador, observados a estrutura, a escala e o volume de suas operações, bem como a sensibilidade dos dados tratados e a probabilidade e a gravidade dos danos para os titulares dos dados, poderá:

I – implementar programa de governança em privacidade que, no mínimo:

a) demonstre o comprometimento do controlador em adotar processos e políticas internas que assegurem o cumprimento, de forma abrangente, de normas e boas práticas relativas à proteção de dados pessoais;

b) seja aplicável a todo o conjunto de dados pessoais que estejam sob seu controle, independentemente do modo como se realizou sua coleta;

c) seja adaptado à estrutura, à escala e ao volume de suas operações, bem como à sensibilidade dos dados tratados;

d) estabeleça políticas e salvaguardas adequadas com base em processo de avaliação sistemática de impactos e riscos à privacidade;

e) tenha o objetivo de estabelecer relação de confiança com o titular, por meio de atuação transparente e que assegure mecanismos de participação do titular;

f) esteja integrado a sua estrutura geral de governança e estabeleça e aplique mecanismos de supervisão internos e externos;

g) conte com planos de resposta a incidentes e remediação; e

h) seja atualizado constantemente com base em informações obtidas a partir de monitoramento contínuo e avaliações periódicas;

II – demonstrar a efetividade de seu programa de governança em privacidade quando apropriado e, em especial, a pedido da autoridade nacional ou de outra entidade responsável por promover o cumprimento de boas práticas ou códigos de conduta, os quais, de forma independente, promovam o cumprimento desta Lei.

§ 3.º As regras de boas práticas e de governança deverão ser publicadas e atualizadas periodicamente e poderão ser reconhecidas e divulgadas pela autoridade nacional.

Art. 51. A autoridade nacional estimulará a adoção de padrões técnicos que facilitem o controle pelos titulares dos seus dados pessoais.

Capítulo VIII
DA FISCALIZAÇÃO

Seção I
Das Sanções Administrativas

Art. 52. Os agentes de tratamento de dados, em razão das infrações cometidas às normas previstas nesta Lei, ficam sujeitos às seguintes sanções administrativas aplicáveis pela autoridade nacional:

I – advertência, com indicação de prazo para adoção de medidas corretivas;

II – multa simples, de até 2% (dois por cento) do faturamento da pessoa jurídica de direito privado, grupo ou conglomerado no Brasil no seu último exercício, excluídos os tributos, limitada, no total, a R$ 50.000.000,00 (cinquenta milhões de reais) por infração;

III – multa diária, observado o limite total a que se refere o inciso II;

IV – publicização da infração após devidamente apurada e confirmada a sua ocorrência;

V – bloqueio dos dados pessoais a que se refere a infração até a sua regularização;

VI – eliminação dos dados pessoais a que se refere a infração;

VII – (*vetado*);

VIII – (*vetado*);

IX – (*vetado*);

X – (*vetado*);

•• Inciso X acrescentado pela Lei n. 13.853, de 8-7-2019.

XI – (*vetado*);

•• Inciso XI acrescentado pela Lei n. 13.853, de 8-7-2019.

XII – (*vetado*).

•• Inciso XII acrescentado pela Lei n. 13.853, de 8-7-2019.

§ 1.º As sanções serão aplicadas após procedimento administrativo que possibilite a oportunidade da ampla defesa, de forma gradativa, isolada ou cumulativa, de acordo com as peculiaridades do caso concreto e considerados os seguintes parâmetros e critérios:

I – a gravidade e a natureza das infrações e dos direitos pessoais afetados;

II – a boa-fé do infrator;

III – a vantagem auferida ou pretendida pelo infrator;

IV – a condição econômica do infrator;

V – a reincidência;

VI – o grau do dano;

VII – a cooperação do infrator;

VIII – a adoção reiterada e demonstrada de mecanismos e procedimentos internos capazes de minimizar o dano, voltados ao tratamento seguro e adequado de dados, em consonância com o disposto no inciso II do § 2.º do art. 48 desta Lei;

IX – a adoção de política de boas práticas e governança;

X – a pronta adoção de medidas corretivas; e

XI – a proporcionalidade entre a gravidade da falta e a intensidade da sanção.

§ 2.º O disposto neste artigo não substitui a aplicação de sanções administrativas, civis ou penais definidas na Lei n. 8.078, de 11 de setembro de 1990, e em legislação específica.

•• § 2.º com redação determinada pela Lei n. 13.853, de 8-7-2019.

§ 3.º O disposto nos incisos I, IV, V, VI, VII, VIII e IX do *caput* deste artigo poderá ser aplicado às entidades e aos órgãos públicos, sem prejuízo do disposto na Lei n. 8.112, de 11 de dezembro de 1990 (Estatuto do Servidor Público Federal), na Lei n. 8.429, de 2 de junho de 1992 (Lei de Improbidade Administrativa), e na Lei n. 12.527, de 18 de novembro de 2011 (Lei de Acesso à Informação).

•• A Lei n. 13.853, de 8-7-2019, propôs nova redação para este § 3.º, porém teve seu texto vetado.

§ 4.º No cálculo do valor da multa de que trata o inciso II do *caput* deste artigo, a autoridade nacional poderá considerar o faturamento total da empresa ou grupo de empresas, quando não dispuser do valor do faturamento no ramo de atividade empresarial em que ocorreu a infração, definido pela autoridade nacional, ou quando o valor for apresentado de forma incompleta ou não for demonstrado de forma inequívoca e idônea.

§ 5.º O produto da arrecadação das multas aplicadas pela ANPD, inscritas ou não em dívida ativa, será destinado ao Fundo de Defesa de Direitos Difusos de que tratam o art. 13 da Lei n. 7.347, de 24 de julho de 1985, e a Lei n. 9.008, de 21 de março de 1995.

•• § 5.º acrescentado pela Lei n. 13.853, de 8-7-2019.

§ 6.º (*Vetado.*)

•• § 6.º acrescentado pela Lei n. 13.853, de 8-7-2019.

§ 7.º Os vazamentos individuais ou os acessos não autorizados de que trata o *caput* do art. 46 desta Lei poderão ser objeto de conciliação direta entre controlador e titular e, caso não haja acordo, o controlador estará sujeito à aplicação das penalidades de que trata este artigo.

•• § 7.º acrescentado pela Lei n. 13.853, de 8-7-2019.

Art. 53. A autoridade nacional definirá, por meio de regulamento próprio sobre sanções administrativas a infrações a esta Lei, que deverá ser objeto de consulta pública, as metodologias que orientarão o cálculo do valor-base das sanções de multa.

§ 1.º As metodologias a que se refere o *caput* deste artigo devem ser previamente publicadas, para ciência dos agentes de tratamento, e devem apresentar objetivamente as formas e dosimetrias para o cálculo do valor-base das sanções de multa, que deverão conter fundamentação detalhada de todos os seus elementos, demonstrando a observância dos critérios previstos nesta Lei.

§ 2.º O regulamento de sanções e metodologias correspondentes deve estabelecer as circunstâncias e as condições para a adoção de multa simples ou diária.

Art. 54. O valor da sanção de multa diária aplicável às infrações a esta Lei deve observar a gravidade da falta e a extensão do dano ou prejuízo causado e ser fundamentado pela autoridade nacional.

Parágrafo único. A intimação da sanção de multa diária deverá conter, no mínimo, a descrição da obrigação imposta, o prazo razoável e estipulado pelo órgão para o seu cumprimento e o valor da multa diária a ser aplicada pelo seu descumprimento.

Capítulo IX
DA AUTORIDADE NACIONAL DE PROTEÇÃO DE DADOS (ANPD) E DO CONSELHO NACIONAL DE PROTEÇÃO DE DADOS PESSOAIS E DA PRIVACIDADE

Seção I
Da Autoridade Nacional de Proteção de Dados (ANPD)

Art. 55. *(Vetado.)*

Art. 55-A. Fica criada, sem aumento de despesa, a Autoridade Nacional de Proteção de Dados (ANPD), órgão da administração pública federal, integrante da Presidência da República.

•• *Caput* acrescentado pela Lei n. 13.853, de 8-7-2019.

§ 1.º A natureza jurídica da ANPD é transitória e poderá ser transformada pelo Poder Executivo em entidade da administração pública federal indireta, submetida a regime autárquico especial e vinculada à Presidência da República.

•• § 1.º acrescentado pela Lei n. 13.853, de 8-7-2019.

§ 2.º A avaliação quanto à transformação de que dispõe o § 1.º deste artigo deverá ocorrer em até 2 (dois) anos da data da entrada em vigor da estrutura regimental da ANPD.

•• § 2.º acrescentado pela Lei n. 13.853, de 8-7-2019.

§ 3.º O provimento dos cargos e das funções necessários à criação e à atuação da ANPD está condicionado à expressa autorização física e financeira na lei orçamentária anual e à permissão na lei de diretrizes orçamentárias.

•• § 3.º acrescentado pela Lei n. 13.853, de 8-7-2019.

Art. 55-B. É assegurada autonomia técnica e decisória à ANPD.

•• Artigo acrescentado pela Lei n. 13.853, de 8-7-2019.

Art. 55-C. A ANPD é composta de:

•• *Caput* acrescentado pela Lei n. 13.853, de 8-7-2019.

I – Conselho Diretor, órgão máximo de direção;

•• Inciso I acrescentado pela Lei n. 13.853, de 8-7-2019.

II – Conselho Nacional de Proteção de Dados Pessoais e da Privacidade;

•• Inciso II acrescentado pela Lei n. 13.853, de 8-7-2019.

III – Corregedoria;

•• Inciso III acrescentado pela Lei n. 13.853, de 8-7-2019.

IV – Ouvidoria;

•• Inciso IV acrescentado pela Lei n. 13.853, de 8-7-2019.

V – órgão de assessoramento jurídico próprio; e

•• Inciso V acrescentado pela Lei n. 13.853, de 8-7-2019.

VI – unidades administrativas e unidades especializadas necessárias à aplicação do disposto nesta Lei.

•• Inciso VI acrescentado pela Lei n. 13.853, de 8-7-2019.

Art. 55-D. O Conselho Diretor da ANPD será composto de 5 (cinco) diretores, incluído o Diretor-Presidente.

•• *Caput* acrescentado pela Lei n. 13.853, de 8-7-2019.

§ 1.º Os membros do Conselho Diretor da ANPD serão escolhidos pelo Presidente da República e por ele nomeados, após aprovação pelo Senado Federal, nos termos da alínea 'f' do inciso III do art. 52 da Constituição Federal, e ocuparão cargo em comissão do Grupo-Direção e Assessoramento Superiores - DAS, no mínimo, de nível 5.

•• § 1.º acrescentado pela Lei n. 13.853, de 8-7-2019.

§ 2.º Os membros do Conselho Diretor serão escolhidos dentre brasileiros que tenham reputação ilibada, nível superior de educação e elevado conceito no campo de especialidade dos cargos para os quais serão nomeados.

•• § 2.º acrescentado pela Lei n. 13.853, de 8-7-2019.

§ 3.º O mandato dos membros do Conselho Diretor será de 4 (quatro) anos.

•• § 3.º acrescentado pela Lei n. 13.853, de 8-7-2019.

§ 4.º Os mandatos dos primeiros membros do Conselho Diretor nomeados serão de 2 (dois), de 3 (três), de 4 (quatro), de 5 (cinco) e de 6 (seis) anos, conforme estabelecido no ato de nomeação.

•• § 4.º acrescentado pela Lei n. 13.853, de 8-7-2019.

§ 5.º Na hipótese de vacância do cargo no curso do mandato de membro do Conselho Diretor, o prazo remanescente será completado pelo sucessor.

•• § 5.º acrescentado pela Lei n. 13.853, de 8-7-2019.

Art. 55-E. Os membros do Conselho Diretor somente perderão seus cargos em virtude de renúncia, condenação judicial transitada em julgado ou pena de demissão decorrente de processo administrativo disciplinar.

•• *Caput* acrescentado pela Lei n. 13.853, de 8-7-2019.

§ 1.º Nos termos do *caput* deste artigo, cabe ao Ministro de Estado Chefe da Casa Civil da Presidência da República instaurar o processo administrativo disciplinar, que será conduzido por comissão especial constituída por servidores públicos federais estáveis.

•• § 1.º acrescentado pela Lei n. 13.853, de 8-7-2019.

§ 2.º Compete ao Presidente da República determinar o afastamento preventivo, somente quando assim recomendado pela comissão especial de que trata o § 1.º deste artigo, e proferir o julgamento."

•• § 2.º acrescentado pela Lei n. 13.853, de 8-7-2019.

Art. 55-F. Aplica-se aos membros do Conselho Diretor, após o exercício do cargo, o disposto no art. 6.º da Lei n. 12.813, de 16 de maio de 2013.

•• *Caput* acrescentado pela Lei n. 13.853, de 8-7-2019.

Parágrafo único. A infração ao disposto no *caput* deste artigo caracteriza ato de improbidade administrativa.

•• Parágrafo único acrescentado pela Lei n. 13.853, de 8-7-2019.

Art. 55-G. Ato do Presidente da República disporá sobre a estrutura regimental da ANPD.

•• *Caput* acrescentado pela Lei n. 13.853, de 8-7-2019.

§ 1.º Até a data de entrada em vigor de sua estrutura regimental, a ANPD receberá o apoio técnico e administrativo da Casa Civil da Presidência da República para o exercício de suas atividades.

•• § 1.º acrescentado pela Lei n. 13.853, de 8-7-2019.

§ 2.º O Conselho Diretor disporá sobre o regimento interno da ANPD.

•• § 2.º acrescentado pela Lei n. 13.853, de 8-7-2019.

Art. 55-H. Os cargos em comissão e as funções de confiança da ANPD serão remanejados de outros órgãos e entidades do Poder Executivo federal.

•• Artigo acrescentado pela Lei n. 13.853, de 8-7-2019.

Art. 55-I. Os ocupantes dos cargos em comissão e das funções de confiança da ANPD serão indicados pelo Conselho Diretor e nomeados ou designados pelo Diretor-Presidente.

•• Artigo acrescentado pela Lei n. 13.853, de 8-7-2019.

Art. 55-J. Compete à ANPD:

•• *Caput* acrescentado pela Lei n. 13.853, de 8-7-2019.

I – zelar pela proteção dos dados pessoais, nos termos da legislação;

•• Inciso I acrescentado pela Lei n. 13.853, de 8-7-2019.

II – zelar pela observância dos segredos comercial e industrial, observada a proteção de dados pessoais e do sigilo das informações quando protegido por lei ou quando a quebra do sigilo violar os fundamentos do art. 2.º desta Lei;

•• Inciso II acrescentado pela Lei n. 13.853, de 8-7-2019.

III – elaborar diretrizes para a Política Nacional de Proteção de Dados Pessoais e da Privacidade;

•• Inciso III acrescentado pela Lei n. 13.853, de 8-7-2019.

IV – fiscalizar e aplicar sanções em caso de tratamento de dados realizado em descumprimento à legislação, mediante processo administrativo que assegure o contraditório, a ampla defesa e o direito de recurso;

•• Inciso IV acrescentado pela Lei n. 13.853, de 8-7-2019.

V – apreciar petições de titular contra controlador após comprovada pelo titular a apresentação de reclamação ao controlador não solucionada no prazo estabelecido em regulamentação;

•• Inciso V acrescentado pela Lei n. 13.853, de 8-7-2019.

VI – promover na população o conhecimento das normas e das políticas públicas sobre proteção de dados pessoais e das medidas de segurança;

•• Inciso VI acrescentado pela Lei n. 13.853, de 8-7-2019.

VII – promover e elaborar estudos sobre as práticas nacionais e internacionais de proteção de dados pessoais e privacidade;

•• Inciso VII acrescentado pela Lei n. 13.853, de 8-7-2019.

VIII – estimular a adoção de padrões para serviços e produtos que facilitem o exercício de controle dos titulares sobre seus dados pessoais, os quais deverão levar em consideração as especificidades das atividades e o porte dos responsáveis;

•• Inciso VIII acrescentado pela Lei n. 13.853, de 8-7-2019.

IX – promover ações de cooperação com autoridades de proteção de dados pessoais de outros países, de natureza internacional ou transnacional;

•• Inciso IX acrescentado pela Lei n. 13.853, de 8-7-2019.

X – dispor sobre as formas de publicidade das operações de tratamento de dados pessoais, respeitados os segredos comercial e industrial;

•• Inciso X acrescentado pela Lei n. 13.853, de 8-7-2019.

XI – solicitar, a qualquer momento, às entidades do poder público que realizem operações de tratamento de dados pessoais informe específico sobre o âmbito, a natureza dos dados e os demais detalhes do tratamento realizado, com a possibilidade de emitir parecer técnico complementar para garantir o cumprimento desta Lei;

•• Inciso XI acrescentado pela Lei n. 13.853, de 8-7-2019.

XII – elaborar relatórios de gestão anuais acerca de suas atividades;

•• Inciso XII acrescentado pela Lei n. 13.853, de 8-7-2019.

XIII – editar regulamentos e procedimentos sobre proteção de dados pessoais e privacidade, bem como sobre relatórios de impacto à proteção de dados pessoais para os casos em que o tratamento representar alto risco à garantia dos princípios gerais de proteção de dados pessoais previstos nesta Lei;

•• Inciso XIII acrescentado pela Lei n. 13.853, de 8-7-2019.

XIV – ouvir os agentes de tratamento e a sociedade em matérias de interesse relevante e prestar contas sobre suas atividades e planejamento;

•• Inciso XIV acrescentado pela Lei n. 13.853, de 8-7-2019.

XV – arrecadar e aplicar suas receitas e publicar, no relatório de gestão a que se refere o inciso XII do *caput* deste artigo, o detalhamento de suas receitas e despesas;

•• Inciso XV acrescentado pela Lei n. 13.853, de 8-7-2019.

XVI – realizar auditorias, ou determinar sua realização, no âmbito da atividade de fiscalização de que trata o inciso IV e com a devida observância do disposto no inciso II do *caput* deste artigo, sobre o tratamento de dados pessoais efetuado pelos agentes de tratamento, incluído o poder público;

•• Inciso XVI acrescentado pela Lei n. 13.853, de 8-7-2019.

XVII – celebrar, a qualquer momento, compromisso com agentes de tratamento para eliminar irregularidade, incerteza jurídica ou situação contenciosa no âmbito de processos administrativos, de acordo com o previsto no Decreto-Lei n. 4.657, de 4 de setembro de 1942;

•• Inciso XVII acrescentado pela Lei n. 13.853, de 8-7-2019.

XVIII – editar normas, orientações e procedimentos simplificados e diferenciados, inclusive quanto aos prazos, para que microempresas e empresas de pequeno porte, bem como iniciativas empresariais de caráter incremental ou disruptivo que se autodeclarem *startups* ou empresas de inovação, possam adequar-se a esta Lei;

•• Inciso XVIII acrescentado pela Lei n. 13.853, de 8-7-2019.

XIX – garantir que o tratamento de dados de idosos seja efetuado de maneira simples, clara, acessível e adequada ao seu entendimento, nos termos desta Lei e da Lei n. 10.741, de 1.º de outubro de 2003 (Estatuto do Idoso);

•• Inciso XIX acrescentado pela Lei n. 13.853, de 8-7-2019.

XX – deliberar, na esfera administrativa, em caráter terminativo, sobre a interpretação desta Lei, as suas competências e os casos omissos;

•• Inciso XX acrescentado pela Lei n. 13.853, de 8-7-2019.

XXI – comunicar às autoridades competentes as infrações penais das quais tiver conhecimento;

•• Inciso XXI acrescentado pela Lei n. 13.853, de 8-7-2019.

XXII – comunicar aos órgãos de controle interno o descumprimento do disposto nesta Lei por órgãos e entidades da administração pública federal;

•• Inciso XXII acrescentado pela Lei n. 13.853, de 8-7-2019.

XXIII – articular-se com as autoridades reguladoras públicas para exercer suas competências em setores específicos de atividades econômicas e governamentais sujeitas à regulação; e

•• Inciso XXIII acrescentado pela Lei n. 13.853, de 8-7-2019.

XXIV – implementar mecanismos simplificados, inclusive por meio eletrônico, para o registro de reclamações sobre o tratamento de dados pessoais em desconformidade com esta Lei.

•• Inciso XXIV acrescentado pela Lei n. 13.853, de 8-7-2019.

§ 1.º Ao impor condicionantes administrativas ao tratamento de dados pessoais por agente de tratamento privado, sejam eles limites, encargos ou sujeições, a ANPD deve observar a exigência de mínima intervenção, assegurados os fundamentos, os princípios e os direitos dos titulares previstos no art. 170 da Constituição Federal e nesta Lei.

•• § 1.º acrescentado pela Lei n. 13.853, de 8-7-2019.

§ 2.º Os regulamentos e as normas editados pela ANPD devem ser precedidos de consulta e audiência públicas, bem como de análises de impacto regulatório.

•• § 2.º acrescentado pela Lei n. 13.853, de 8-7-2019.

§ 3.º A ANPD e os órgãos e entidades públicos responsáveis pela regulação de setores específicos da atividade econômica e governamental devem coordenar suas atividades, nas correspondentes esferas de atuação, com vistas a assegurar o cumprimento de suas atribuições com a maior eficiência e promover o adequado funcionamento dos setores regulados, conforme legislação específica, e o tratamento de dados pessoais, na forma desta Lei.

•• § 3.º acrescentado pela Lei n. 13.853, de 8-7-2019.

§ 4.º A ANPD manterá fórum permanente de comunicação, inclusive por meio de cooperação técnica, com órgãos e entidades da administração pública responsáveis pela regulação de setores específicos da atividade econômica e governamental, a fim de facilitar as competências regulatória, fiscalizatória e punitiva da ANPD.

•• § 4.º acrescentado pela Lei n. 13.853, de 8-7-2019.

§ 5.º No exercício das competências de que trata o *caput* deste artigo, a autoridade competente deverá zelar pela preservação do segredo empresarial e do sigilo das informações, nos termos da lei.

•• § 5.º acrescentado pela Lei n. 13.853, de 8-7-2019.

§ 6.º As reclamações colhidas conforme o disposto no inciso V do *caput* deste artigo poderão ser analisadas de forma agregada, e as eventuais providências delas decorrentes poderão ser adotadas de forma padronizada.

•• § 6.º acrescentado pela Lei n. 13.853, de 8-7-2019.

Art. 55-K. A aplicação das sanções previstas nesta Lei compete exclusivamente à ANPD, e suas competências prevalecerão, no que se refere à proteção de dados pessoais, sobre as competências correlatas de outras entidades ou órgãos da administração pública.

•• *Caput* acrescentado pela Lei n. 13.853, de 8-7-2019.

Parágrafo único. A ANPD articulará sua atuação com outros órgãos e entidades com competências sancionatórias e normativas afetas ao tema de proteção de dados pessoais e será o órgão central de interpretação desta Lei e do estabelecimento de normas e diretrizes para a sua implementação.

•• Parágrafo único acrescentado pela Lei n. 13.853, de 8-7-2019.

Art. 55-L. Constituem receitas da ANPD:

•• *Caput* acrescentado pela Lei n. 13.853, de 8-7-2019.

I – as dotações, consignadas no orçamento geral da União, os créditos especiais, os créditos adicionais, as transferências e os repasses que lhe forem conferidos;

•• Inciso I acrescentado pela Lei n. 13.853, de 8-7-2019.

II – as doações, os legados, as subvenções e outros recursos que lhe forem destinados;

•• Inciso II acrescentado pela Lei n. 13.853, de 8-7-2019.

III – os valores apurados na venda ou aluguel de bens móveis e imóveis de sua propriedade;

•• Inciso III acrescentado pela Lei n. 13.853, de 8-7-2019.

IV – os valores apurados em aplicações no mercado financeiro das receitas previstas neste artigo;

•• Inciso IV acrescentado pela Lei n. 13.853, de 8-7-2019.

V – (*Vetado*);

•• Inciso V acrescentado pela Lei n. 13.853, de 8-7-2019.

VI – os recursos provenientes de acordos, convênios ou contratos celebrados com entidades, organismos ou empresas, públicos ou privados, nacionais ou internacionais;

•• Inciso VI acrescentado pela Lei n. 13.853, de 8-7-2019.

VII – o produto da venda de publicações, material técnico, dados e informações, inclusive para fins de licitação pública.

•• Inciso VII acrescentado pela Lei n. 13.853, de 8-7-2019.

Art. 56. (*Vetado.*)

Art. 57. (*Vetado.*)

Seção II

Do Conselho Nacional de Proteção de Dados Pessoais e da Privacidade

Art. 58. (*Vetado.*)

Art. 58-A. O Conselho Nacional de Proteção de Dados Pessoais e da Privacidade será composto de 23 (vinte e três) representantes, titulares e suplentes, dos seguintes órgãos:

•• *Caput* acrescentado pela Lei n. 13.853, de 8-7-2019.

I – 5 (cinco) do Poder Executivo federal;

•• Inciso I acrescentado pela Lei n. 13.853, de 8-7-2019.

II – 1 (um) do Senado Federal;

•• Inciso II acrescentado pela Lei n. 13.853, de 8-7-2019.

III – 1 (um) da Câmara dos Deputados;

•• Inciso III acrescentado pela Lei n. 13.853, de 8-7-2019.

IV – 1 (um) do Conselho Nacional de Justiça;

•• Inciso IV acrescentado pela Lei n. 13.853, de 8-7-2019.

V – 1 (um) do Conselho Nacional do Ministério Público;

•• Inciso V acrescentado pela Lei n. 13.853, de 8-7-2019.

VI – 1 (um) do Comitê Gestor da Internet no Brasil;

•• Inciso VI acrescentado pela Lei n. 13.853, de 8-7-2019.

VII – 3 (três) de entidades da sociedade civil com atuação relacionada a proteção de dados pessoais;

•• Inciso VII acrescentado pela Lei n. 13.853, de 8-7-2019.

VIII – 3 (três) de instituições científicas, tecnológicas e de inovação;

•• Inciso VIII acrescentado pela Lei n. 13.853, de 8-7-2019.

IX – 3 (três) de confederações sindicais representativas das categorias econômicas do setor produtivo;

•• Inciso IX acrescentado pela Lei n. 13.853, de 8-7-2019.

X – 2 (dois) de entidades representativas do setor empresarial relacionado à área de tratamento de dados pessoais; e

•• Inciso X acrescentado pela Lei n. 13.853, de 8-7-2019.

XI – 2 (dois) de entidades representativas do setor laboral.

•• Inciso XI acrescentado pela Lei n. 13.853, de 8-7-2019.

§ 1.º Os representantes serão designados por ato do Presidente da República, permitida a delegação.

•• § 1.º acrescentado pela Lei n. 13.853, de 8-7-2019.

§ 2.º Os representantes de que tratam os incisos I, II, III, IV, V e VI do *caput* deste artigo e seus suplentes serão indicados pelos titulares dos respectivos órgãos e entidades da administração pública.

•• § 2.º acrescentado pela Lei n. 13.853, de 8-7-2019.

§ 3.º Os representantes de que tratam os incisos VII, VIII, IX, X e XI do *caput* deste artigo e seus suplentes:

•• § 3.º, *caput*, acrescentado pela Lei n. 13.853, de 8-7-2019.

I – serão indicados na forma de regulamento;

•• Inciso I acrescentado pela Lei n. 13.853, de 8-7-2019.

II – não poderão ser membros do Comitê Gestor da Internet no Brasil;

•• Inciso II acrescentado pela Lei n. 13.853, de 8-7-2019.

III – terão mandato de 2 (dois) anos, permitida 1 (uma) recondução.

•• Inciso III acrescentado pela Lei n. 13.853, de 8-7-2019.

§ 4.º A participação no Conselho Nacional de Proteção de Dados Pessoais e da Privacidade será considerada prestação de serviço público relevante, não remunerada.

•• § 4.º acrescentado pela Lei n. 13.853, de 8-7-2019.

Art. 58-B. Compete ao Conselho Nacional de Proteção de Dados Pessoais e da Privacidade:

•• *Caput* acrescentado pela Lei n. 13.853, de 8-7-2019.

I – propor diretrizes estratégicas e fornecer subsídios para a elaboração da Política Nacional de Proteção de Dados Pessoais e da Privacidade e para a atuação da ANPD;

•• Inciso I acrescentado pela Lei n. 13.853, de 8-7-2019.

II – elaborar relatórios anuais de avaliação da execução das ações da Política Nacional de Proteção de Dados Pessoais e da Privacidade;

•• Inciso II acrescentado pela Lei n. 13.853, de 8-7-2019.

III – sugerir ações a serem realizadas pela ANPD;

•• Inciso III acrescentado pela Lei n. 13.853, de 8-7-2019.

IV – elaborar estudos e realizar debates e audiências públicas sobre a proteção de dados pessoais e da privacidade; e

•• Inciso IV acrescentado pela Lei n. 13.853, de 8-7-2019.

V – disseminar o conhecimento sobre a proteção de dados pessoais e da privacidade à população.

•• Inciso V acrescentado pela Lei n. 13.853, de 8-7-2019.

Art. 59. (*Vetado.*)

Capítulo X
DISPOSIÇÕES FINAIS E TRANSITÓRIAS

Art. 60. A Lei n. 12.965, de 23 de abril de 2014 (Marco Civil da Internet), passa a vigorar com as seguintes alterações:

•• Alterações já processadas no diploma modificado.

Art. 61. A empresa estrangeira será notificada e intimada de todos os atos processuais previstos nesta Lei, independentemente de procuração ou de disposição contratual ou estatutária, na pessoa do agente ou representante ou pessoa responsável por sua filial, agência, sucursal, estabelecimento ou escritório instalado no Brasil.

Art. 62. A autoridade nacional e o Instituto Nacional de Estudos e Pesquisas Educacionais Anísio Teixeira (Inep), no âmbito de suas competências, editarão regulamentos específicos para o acesso a dados tratados pela União para o cumprimento do disposto no § 2.º do art. 9.º da Lei n. 9.394, de 20 de dezembro de 1996 (Lei de Diretrizes e Bases da Educação Nacional), e aos referentes ao Sistema Nacional de Avaliação da Educação Superior (Sinaes), de que trata a Lei n. 10.861, de 14 de abril de 2004.

Art. 63. A autoridade nacional estabelecerá normas sobre a adequação progressiva de bancos de dados constituídos até a data de entrada em vigor desta Lei, consideradas a complexidade das operações de tratamento e a natureza dos dados.

Art. 64. Os direitos e princípios expressos nesta Lei não excluem outros previstos no ordenamento jurídico pátrio relacionados à matéria ou nos tratados internacionais em que a República Federativa do Brasil seja parte.

Art. 65. Esta Lei entra em vigor:

•• *Caput* com redação determinada pela Lei n. 13.853, de 8-7-2019.

I – dia 28 de dezembro de 2018, quanto aos arts. 55-A, 55-B, 55-C, 55-D, 55-E, 55-F, 55-G, 55-H, 55-I, 55-J, 55-K, 55-L, 58-A e 58-B; e

•• Inciso I acrescentado pela Lei n. 13.853, de 8-7-2019.

I-A – dia 1.º de agosto de 2021, quanto aos arts. 52, 53 e 54;

•• Inciso I-A acrescentado pela Lei n. 14.010, de 10-6-2020.

II – 24 (vinte e quatro) meses após a data de sua publicação, quanto aos demais artigos.

•• Inciso II acrescentado pela Lei n. 13.853, de 8-7-2019.

Brasília, 14 de agosto de 2018; 197.º da Independência e 130.º da República.

MICHEL TEMER

DECRETO N. 9.574, DE 22 DE NOVEMBRO DE 2018 (*)

Consolida atos normativos editados pelo Poder Executivo federal que dispõem sobre gestão coletiva de direitos autorais e fonogramas, de que trata a Lei n. 9.610, de 19 de fevereiro de 1998.

O Presidente da República, no uso das atribuições que lhe conferem o art. 84, *caput*, incisos IV e VI, alínea *a*, da Constituição, e tendo em vista o disposto na Lei n. 9.610, de 19 de fevereiro de 1998, e na Lei Complementar n. 95, de 26 de fevereiro de 1998, decreta:

Capítulo I
DISPOSIÇÕES PRELIMINARES

Art. 1.º Este Decreto consolida os atos normativos editados pelo Poder Executivo federal que dispõem sobre gestão coletiva de direitos autorais e fonogramas, em observância ao disposto na Lei Complementar n. 95, de 26 de fevereiro de 1998, e no Decreto n. 9.191, de 1.º de novembro de 2017.

- Citados diplomas dispõem sobre a elaboração, redação, alteração, consolidação e encaminhamento de propostas de atos normativos.

§ 1.º Para fins do disposto neste Decreto, considera-se consolidação a reunião de atos normativos pertinentes a determinada matéria em um único diploma legal, com a revogação formal daqueles atos normativos incorporados à consolidação e sem a modificação do alcance nem da interrupção da força normativa dos dispositivos consolidados, nos termos do disposto no art. 13, § 1.º, da Lei Complementar n. 95, de 1998, e no art. 45 do Decreto n. 9.191, de 2017.

§ 2.º A consolidação de atos normativos tem por objetivo eliminar do ordenamento jurídico brasileiro normas de conteúdo idêntico ou divergente, observado o disposto no art. 46 do Decreto n. 9.191, de 2017.

Capítulo II
DA GESTÃO COLETIVA DE DIREITOS AUTORAIS

Seção I
Da habilitação

Art. 2.º O exercício da atividade de cobrança de direitos autorais a que se refere o art. 98 da Lei n. 9.610, de 1998, somente será lícito para as associações que obtiverem habilitação junto ao Ministério da Cultura, observado o disposto no art. 98-A da referida Lei e neste Decreto.

Art. 3.º O requerimento para a habilitação das associações de gestão coletiva que desejarem realizar a atividade de cobrança a que se refere o art. 2.º deverá ser protocolado junto ao Ministério da Cultura.

§ 1.º O Ministério da Cultura disporá sobre o procedimento administrativo e a documentação de habilitação para a realização da atividade de cobrança, na forma prevista na legislação, observados os princípios do contraditório e da ampla defesa.

§ 2.º Na hipótese de a associação desejar realizar atividade de cobrança relativa a obras intelectuais protegidas de diferentes categorias ou a várias modalidades de utilização, na forma prevista, respectivamente, no art. 7.º e no art. 29 da Lei n. 9.610, de 1998, deverá requerer habilitação para cada uma das atividades de cobrança separadamente, que serão consideradas independentes para fins do disposto neste Decreto.

§ 3.º Para o procedimento de que trata o § 1.º, o Ministério da Cultura poderá conceder habilitação provisória para a atividade de cobrança, com condicionantes, pelo prazo de um ano, admitida uma prorrogação por igual período.

§ 4.º O não cumprimento das condicionantes estabelecidas na decisão que conceder a habilitação provisória implicará a sua revogação.

§ 5.º As associações habilitadas provisoriamente pelo Ministério da Cultura, nos termos do disposto no § 3.º, não terão direito ao voto unitário previsto no § 1.º do art. 99 da Lei n. 9.610, de 1998.

Art. 4.º O pedido de habilitação de associação que desejar realizar atividade de cobrança da mesma natureza que a já executada por outras associações só será concedido se o número de seus associados ou de suas obras administradas corresponder ao percentual mínimo do total relativo às associações já habilitadas, na forma definida em ato do Ministro de Estado da Cultura, consideradas as diferentes categorias e modalidades de utilização das obras intelectuais administradas, conforme o disposto no art. 7.º e no art. 29 da Lei n. 9.610, de 1998.

Parágrafo único. No caso das associações a que se refere o art. 99 da Lei n. 9.610, de 1998, que desejarem realizar a atividade de cobrança, o pedido de habilitação só será concedido àquela que possuir titulares de direitos e repertório de obras, de interpretações ou execuções e de fonogramas que gerem distribuição equivalente ao percentual mínimo da distribuição do Escritório Central, na forma estabelecida em ato do Ministro de Estado da Cultura, observado o disposto no § 4.º do art. 99 da referida Lei.

Art. 5.º As associações de gestão coletiva de direitos autorais que, na data da entrada em vigor da Lei n. 12.853, de 2013, estavam legalmente constituídas e arrecadavam e distribuíam os direitos autorais das obras, das interpretações ou execuções e dos fonogramas são habilitadas para exercerem a atividade econômica de cobrança até 25 de fevereiro de 2019, desde que apresentem a documentação a que se refere o § 1.º do art. 3.º ao Ministério da Cultura até 26 de fevereiro de 2018.

(*) Publicado no *Diário Oficial da União* de 23-11-2018 e republicado em edição extra na mesma data.

Seção II
Do exercício da atividade de cobrança

Art. 6.º Os preços pela utilização de obras e fonogramas deverão ser estabelecidos pelas associações em assembleia geral, convocada em conformidade com as normas estatutárias e amplamente divulgada entre os associados, considerados a razoabilidade, a boa-fé e os usos do local de utilização das obras.

§ 1.º No caso das associações referidas no art. 99 da Lei n. 9.610, de 1998, os preços serão estabelecidos e unificados em assembleia geral do Escritório Central, nos termos estabelecidos em seu estatuto, considerados os parâmetros e as diretrizes aprovados anualmente pelas assembleias gerais das associações que o compõem.

§ 2.º Os preços a que se referem o *caput* e no § 1.º servirão como referência para a cobrança dos usuários, observada a possibilidade de negociação quanto aos valores e de contratação de licenças de utilização de acordo com particularidades, observado o disposto nos art. 7.º, art. 8.º e art. 9.º.

§ 3.º Os critérios de cobrança para cada tipo de usuário serão considerados no estabelecimento dos critérios de distribuição dos valores cobrados do mesmo tipo de usuário, mantida a correlação entre ambos.

Art. 7.º A cobrança terá como princípios a eficiência e a isonomia, e não deverá haver discriminação entre usuários que apresentem as mesmas características.

Art. 8.º Será considerada proporcional ao grau de utilização das obras e dos fonogramas pelos usuários a cobrança que observe critérios como:

I – tempo de utilização de obras ou fonogramas protegidos;

II – número de utilizações de obras ou fonogramas protegidos; e

III – proporção de obras e fonogramas utilizados que não estejam em domínio público ou que não se encontrem licenciados mediante gestão individual de direitos ou sob outro regime de licenças que não o da gestão coletiva da associação licenciante.

Art. 9.º A cobrança considerará a importância da utilização das obras e dos fonogramas no exercício das atividades dos usuários e as particularidades de cada segmento de usuários, observados critérios como:

I – importância ou relevância da utilização das obras e dos fonogramas para a atividade fim do usuário;

II – limitação do poder de escolha do usuário, no todo ou em parte, sobre o repertório a ser utilizado;

III – região da utilização das obras e dos fonogramas;

IV – utilização por entidades beneficentes de assistência social certificadas nos termos do disposto na Lei n. 12.101, de 27 de novembro de 2009; e

V – utilização por emissoras de televisão ou rádio públicas, estatais, comunitárias, educativas ou universitárias.

§ 1.º Na hipótese prevista no inciso V do *caput*, os critérios de cobrança deverão considerar se a emissora explora comercialmente, em sua grade de programação, a publicidade de produtos ou serviços, vedada a utilização de critérios de cobrança que tenham como parâmetro percentual de orçamento público.

§ 2.º O Escritório Central de que trata o art. 99 da Lei n. 9.610, de 1998, e as associações que o integram observarão os critérios dispostos nesta Seção e deverão classificar os usuários por segmentos, de acordo com as suas particularidades, de forma objetiva e fundamentada.

Seção III
Do cadastro

Art. 10. As associações de gestão coletiva de direitos autorais e dos que lhes são conexos deverão manter cadastro centralizado de todos os contratos, declarações ou documentos de qualquer natureza que comprovem a autoria e a titularidade das obras, das interpretações ou execuções e dos fonogramas, e das participações individuais em cada obra, interpretação ou execução e em cada fonograma.

• *Vide* art. 98, § 6.º, da Lei n. 9.610, de 19-2-1998.

§ 1.º As associações a que se refere o art. 99 da Lei n. 9.610, de 1998, além do cadastro a que se refere o *caput*, deverão centralizar no Escritório Central, base de dados que contenha todas as informações referentes à autoria e à titularidade das obras, das interpretações ou execuções e dos fonogramas, e às participações individuais em cada obra, interpretação ou execução e em cada fonograma, contidas nos contratos, nas declarações ou em outros documentos de qualquer natureza, observado o disposto em ato do Ministro de Estado da Cultura.

§ 2.º As associações deverão se prevenir contra o falseamento de dados e fraudes, e assumir, para todos os efeitos, a responsabilidade pelos dados que cadastrarem.

§ 3.º As associações que mantiverem acordos de representação recíproca ou unilateral com entidades congêneres com sede no exterior deverão obter e transferir para o cadastro de que trata o *caput* as informações relativas à autoria, à titularidade e às participações individuais das obras, das interpretações ou execuções e dos fonogramas produzidos em seus países de origem, as fichas cadastrais que registrem a presença de interpretações ou execuções ou a inserção das obras musicais e dos fonogramas em obras audiovisuais ou em programas de televisão, e assumir, para todos os efeitos, a responsabilidade por tais informações.

Art. 11. As associações deverão, na forma estabelecida em ato do Ministro de Estado da Cultura, tornar disponíveis, gratuitamente:

I – ao público e aos seus associados informações, sobre autoria e titularidade das obras, das interpretações ou execuções e dos fonogramas; e

II – ao Ministério da Cultura, para fins de consulta, informações adicionais sobre os titulares das obras, das interpretações ou execuções e dos fonogramas.

Parágrafo único. No caso das associações a que se refere o art. 99 da Lei n. 9.610, de 1998, o cumprimento das obrigações previstas neste artigo poderá ser realizado por meio da disponibilização das informações pelo Escritório Central.

Art. 12. A retificação de informações e as medidas necessárias à regularização do cadastro de que tratam o § 6.º e o § 8.º do art. 99 da Lei n. 9.610, de 1998, serão objeto de ato do Ministro de Estado da Cultura.

Seção IV
Da gestão individual de direitos autorais ou conexos

Art. 13. Os titulares de direitos autorais ou de direitos conexos poderão praticar pessoalmente os atos necessários à defesa judicial ou extrajudicial de seus direitos, cobrar e estabelecer o preço pela utilização de suas obras ou seus fonogramas, por meio de comunicação prévia à associação de gestão coletiva a que estiverem filiados, encaminhada com o prazo de até quarenta e oito horas de antecedência da prática dos atos, que será suspenso nos dias não úteis.

§ 1.º Na hipótese de obras e fonogramas com titularidade compartilhada, a comunicação prévia deverá ser feita por todos os titulares às suas associações.

§ 2.º Cabe às associações de gestão coletiva de que trata o art. 99 da Lei n. 9.610, de 1998, repassar imediatamente ao Escritório Central a decisão do seu associado relativa ao exercício dos direitos previstos no *caput*.

Seção V
Da transparência

Art. 14. As associações e os entes arrecadadores habilitados para exercer a atividade de cobrança deverão dar publicidade e transparência às suas atividades, dentre outros, pelos seguintes meios:

I – apresentação anual, ao Ministério da Cultura, de documentos que permitam a verificação do cumprimento ao disposto na Lei n. 9.610, de 1998 e na legislação correlata;

II – divulgação, por meio de sítios eletrônicos próprios, das formas de cálculo e dos critérios de cobrança e de distribuição; e

III – disponibilização de sistema de informação para acompanhamento, pelos titulares de direitos, das informações sobre os valores arrecadados e distribuídos referentes às obras, às interpretações ou execuções ou aos fonogramas de sua titularidade.

Parágrafo único. Ato do Ministro de Estado da Cultura disporá sobre a forma de cumprimento ao disposto neste artigo.

Art. 15. Observado o disposto no § 10 e no § 11 do art. 98 da Lei n. 9.610, de 1998, as associações deverão disponibilizar aos seus associados, semestralmente, relação consolidada dos títulos das obras, das interpretações ou execuções e dos fonogramas que tiveram seu uso captado, mas cuja identificação não tenha sido possível em decorrência de:

I – inexistência de dados correspondentes no cadastro;

II – insuficiência das informações recebidas de usuários; ou

III – outras inconsistências.

§ 1.º No caso das obras musicais, literomusicais e dos fonogramas que tiveram seu uso captado, mas cuja identificação não tenha sido possível nos termos do disposto no *caput*, o Escritório Central deverá disponibilizar às associações de titulares que o integram sistema de consulta permanente e em tempo real para a identificação dos créditos retidos e fornecer às referidas associações, semestralmente, relação consolidada contendo os títulos das obras, das interpretações ou execuções e dos fonogramas.

§ 2.º Ato do Ministro de Estado da Cultura determinará as informações que deverão constar da relação a que se referem o *caput* e o § 1.º.

§ 3.º As associações deverão estabelecer regras para a solução célere e eficiente de casos de conflitos de informações cadastrais que resultem na retenção da distribuição de valores aos titulares das obras, das interpretações ou execuções e dos fonogramas.

Art. 16. Caberá às associações disponibilizar sistema de informação para comunicação periódica, pelo usuário, da totalidade das obras, das interpretações ou execuções e dos fonogramas utilizados.

§ 1.º Caberá à associação responsável pela cobrança ou ao Escritório Central a aferição da veracidade das informações prestadas pelos usuários.

§ 2.º Nas hipóteses em que determinado tipo de utilização tornar inviável ou impraticável a apuração exata das utilizações das obras, das interpretações ou execuções e dos fonogramas, as associações responsáveis pela cobrança poderão adotar critérios de amostragem baseados em informações estatísticas, inquéritos, pesquisas ou outros métodos de aferimento que permitam o conhecimento mais aproximado da realidade.

Art. 17. As associações de gestão coletiva de direitos autorais deverão prestar contas dos valores devidos aos seus associados na forma estabelecida em ato do Ministro de Estado da Cultura, observado o disposto na Lei n. 9.610, de 1998.

Seção VI
Das associações e do Escritório Central

Art. 18. As associações que realizem atividade de cobrança relativa a obras intelectuais protegidas de diferentes categorias ou a várias modalidades de utilização, na forma prevista, respectivamente, no art. 7.º e no art. 29 da Lei n. 9.610, de 1998, deverão gerir e contabilizar separadamente os respectivos recursos.

Art. 19. Sem prejuízo do disposto no § 5.º e no § 6.º do art. 97 da Lei n.º 9.610, de 1998, a associação poderá contratar administradores ou manter conselho de administração formado por seus associados para a gestão de seus negócios.

§ 1.º Para fins do disposto no *caput*, os administradores contratados ou o conselho de administração não terão poder deliberativo.

§ 2.º Toda forma e qualquer valor de remuneração ou ajuda de custo dos dirigentes das associações e do Escritório Central, dos administradores e dos membros do conselho de administração deverá ser homologada em assembleia geral, convocada em conformidade com as normas estatutárias e amplamente divulgada entre os associados.

Art. 20. As associações, por decisão do seu órgão máximo de deliberação e conforme previsto em seus estatutos, poderão destinar até vinte por cento da totalidade ou de parte dos recursos oriundos de suas atividades para ações de natureza cultural ou social que beneficiem seus associados de forma coletiva e com base em critérios não discriminatórios, tais como:

I – assistência social;

II – fomento à criação e à divulgação de obras; e

III – capacitação ou qualificação de associados.

Art. 21. A pessoa jurídica constituída como ente arrecadador de direitos de execução pública de obras musicais, literomusicais e fonogramas que desejar realizar a atividade de cobrança, nos termos do disposto no art. 98 da Lei n. 9.610, de 1998, deverá requerer habilitação e encaminhar ao Ministério da Cultura a documentação pertinente, no prazo máximo de trinta dias, contado da data de entrega do requerimento de reconhecimento, observado o disposto no art. 3.º, no que couber.

Parágrafo único. O ente arrecadador cuja habilitação seja indeferida, revogada, anulada, inexistente, pendente de apreciação pela autoridade competente ou apresente qualquer outra forma de irregularidade não poderá utilizar tais fatos como impedimento para distribuição de eventuais valores já arrecadados, sob pena de responsabilização de seus dirigentes nos termos do disposto no art. 100-A da Lei n. 9.610, de 1998, sem prejuízo das sanções penais cabíveis.

Seção VII
Das obrigações dos usuários

Art. 22. O usuário entregará à entidade responsável pela arrecadação dos direitos autorais relativos à execução ou à exibição pública, imediatamente após o ato de comunicação ao público, relação completa das obras, dos seus autores e dos fonogramas utilizados, e a tornará pública e acessível, juntamente com os valores pagos, em seu sítio eletrônico ou, na inexistência deste, em local de comunicação ao público e em sua sede.

§ 1.º Ato do Ministro de Estado da Cultura estabelecerá a forma de cumprimento do disposto no *caput* sempre que o usuário final fizer uso de obras e fonogramas a partir de ato de comunicação ao público realizado por terceiros.

§ 2.º O usuário poderá cumprir o disposto no *caput* por meio da indicação do endereço eletrônico do Escritório Central, no qual deverá estar disponível a relação completa de obras musicais e fonogramas utilizados.

§ 3.º Ato do Ministro de Estado da Cultura disporá sobre as obrigações dos usuários no que se refere à execução pública de obras e fonogramas inseridos em obras e outras produções audiovisuais, especialmente no que concerne ao fornecimento de informações que identifiquem as obras e os fonogramas e os seus titulares.

Art. 23. Quando o usuário deixar de prestar as informações devidas ou prestá-las de forma incompleta ou falsa, a entidade responsável pela cobrança poderá encaminhar representação ao Ministério da Cultura, a fim de que seja aplicada a multa prevista no art. 33.

Art. 24. Na hipótese de anulação, revogação ou indeferimento da habilitação, de ausência ou de dissolução de associação ou ente arrecadador, fica mantida a responsabilidade de o usuário quitar as suas obrigações até a habilitação de entidade sucessora, que ficará responsável pela fixação dos valores dos direitos autorais ou conexos em relação ao período em que não havia entidade habilitada para cobrança.

Seção VIII
Da mediação e da arbitragem

Art. 25. Sem prejuízo da apreciação pelo Poder Judiciário e, quando couber, pelos órgãos do Sistema Brasileiro de Defesa da Concorrência, o Ministério da Cultura poderá:

• *Vide* art. 100-B da Lei n. 9.610, de 19-2-1998.

I – promover a mediação e a conciliação entre usuários e titulares de direitos autorais ou seus mandatários, em relação à falta de pagamento, aos critérios de cobrança, às formas de oferecimento de repertório e aos valores de arrecadação, e entre titulares e suas associações, em relação aos valores e aos critérios de distribuição, de acordo com o Regulamento de Mediação, Conciliação e Arbitragem; e

II – dirimir os litígios entre usuários e titulares de direitos autorais ou seus mandatários e entre titulares e suas associações, na forma prevista na Lei n. 9.307, de 23 de setembro de 1996, e de acordo com o Regulamento de Mediação, Conciliação e Arbitragem.

§ 1.º Ato do Ministro de Estado da Cultura aprovará o Regulamento de Mediação, Conciliação e Arbitragem a que se referem os incisos I e II do *caput*.

§ 2.º O Ministério da Cultura poderá, ainda, com o objetivo de estimular a resolução de controvérsias por meio de mediação e arbitragem, publicar edital para credenciamento de mediadores e árbitros com comprovada experiência e notório saber na área de direito autoral, que poderão ser escolhidos pelas partes na forma prevista na Lei n. 9.307, de 1996.

§ 3.º É facultada a utilização de outros serviços de mediação e arbitragem além daqueles mencionados no *caput* e no § 2.º.

Seção IX
Da Comissão Permanente para o Aperfeiçoamento da Gestão Coletiva

Arts. 26 a 28. (*Revogados pelo Decreto n. 9.879, de 27-6-2019.*)

Seção X
Das sanções

Art. 29. O não cumprimento das normas previstas no Título VI da Lei n. 9.610, de 1998, sujeitará as associações e o Escritório Central às sanções previstas no § 2.º e no § 3.º do art. 98-A da referida Lei, sem prejuízo das sanções civis e penais cabíveis e da comunicação do fato ao Ministério Público.

•• *Vide* arts. 101 e s. da Lei n. 9.610, de 19-2-1998.

Art. 30. Para fins do disposto na Lei n. 9.610, de 1998, e neste Decreto, considera-se infração administrativa:

I – descumprir, no processo de eleição ou no mandato dos dirigentes das associações, o disposto no § 5.º e no § 6.º do art. 97 e no § 13 e no § 14 do art. 98 da Lei n. 9.610, de 1998;

II – exercer a atividade de cobrança em desacordo com o disposto na Seção II deste Capítulo;

III – tratar os associados de forma desigual ou discriminatória ou oferecer valores, proveitos ou vantagens de forma individualizada, não estendidos ao conjunto de titulares de mesma categoria;

IV – distribuir valores de forma arbitrária e sem correlação com o que é cobrado do usuário;

V – inserir dados, informações ou documentos que saiba, ou tenha razões para saber, serem falsos no cadastro centralizado a que se refere o art. 10;

VI – dificultar ou impedir o acesso contínuo, para fins de consulta, do Ministério da Cultura ou dos interessados às informações e aos documentos sobre autoria e titularidade das obras, das interpretações ou execuções e dos fonogramas, incluídas as participações individuais, observado o disposto no art. 10 ao art. 12;

VII – deixar de prestar contas dos valores devidos aos associados ou prestá-las de forma incompleta ou fraudulenta, ou não disponibilizar sistema atualizado de informação para acompanhamento pelos titulares dos valores arrecadados e distribuídos e dos créditos retidos;

VIII – reter, retardar ou distribuir indevidamente valores arrecadados ou não distribuir créditos retidos que não tenham sido identificados após o período de cinco anos;

IX – cobrar taxa de administração abusiva ou desproporcional ao custo efetivo das atividades relacionadas à cobrança e à distribuição de direitos autorais, consideradas as peculiaridades de cada tipo de usuário e os limites estabelecidos no § 4.º do art. 99 da Lei n. 9.610, de 1998, quando aplicáveis;

X – impedir, obstruir ou dificultar, de qualquer forma, a gestão individual de direitos autorais, observado o disposto no art. 13;

XI – utilizar recursos destinados a ações de natureza cultural ou social para outros fins, para ações que não beneficiem a coletividade dos associados ou em desconformidade com o estatuto da associação;

XII – impedir ou dificultar a transferência de informações necessárias ao processo de arrecadação e distribuição de direitos, no caso da perda da habilitação por parte de associação, nos termos do disposto no § 7.º do art. 99 da Lei n. 9.610, de 1998;

XIII – impedir ou dificultar que sindicato ou associação profissional fiscalize, por intermédio de auditor independente, as contas prestadas pela associação de gestão coletiva aos seus associados, nos termos do disposto no art. 100 da Lei n. 9.610, de 1998;

XIV – deixar de apresentar ou apresentar de forma incompleta ou fraudulenta os documentos e as informações previstos neste Decreto ou em suas normas complementares ao Ministério da Cultura ou aos seus associados e impedir ou dificultar o seu acesso;

XV – não dar acesso ou publicidade, conforme o caso, aos relatórios, às informações e aos documentos atualizados de que trata o art. 98-B da Lei n. 9.610, de 1998; e

XVI – firmar contratos, convênios ou acordos com cláusula de confidencialidade.

Parágrafo único. São responsáveis pela prática das infrações administrativas previstas neste artigo as associações de gestão coletiva e, no que couber, o Escritório Central.

Art. 31. Para fins do disposto na Lei n. 9.610, de 1998, e neste Decreto, considera-se infração administrativa relativa à atuação do Escritório Central:

I – descumprir o disposto:

a) no § 1.º do art. 99 da Lei n. 9.610, de 1998; e

b) no § 2.º do art. 19 e no parágrafo único do art. 21 deste Decreto;

II – não disponibilizar sistema de informação para comunicação periódica, pelo usuário, da totalidade das obras, das interpretações ou execuções e dos fonogramas utilizados;

III – deixar de prestar contas dos valores devidos às associações, ou prestá-las de forma incompleta ou fraudulenta, ou não disponibilizar às associações a relação e a procedência dos créditos retidos;

IV – reter, retardar ou distribuir indevidamente às associações valores arrecadados ou não distribuir créditos retidos que não tenham sido identificados após o período de cinco anos;

V – permitir ou tolerar o recebimento por fiscais de valores de usuários, ou recolher ou permitir o recolhimento de valores por outros meios que não o depósito bancário;

VI – deixar de inabilitar fiscal que tenha recebido valores de usuário, ou contratar ou permitir a atuação de fiscal que tenha sido inabilitado;

VII – interromper a continuidade da cobrança, ou impedir ou dificultar a transição entre associações, na hipótese de perda da habilitação pela associação;

VIII – deixar de apresentar ou apresentar de forma incompleta ou fraudulenta os documentos e as informações previstos neste Decreto ou em suas normas complementares ao Ministério da Cultura ou às associações que o integram, ou impedir ou dificultar o seu acesso, observado o disposto no § 1.º do art. 10 e no parágrafo único do art. 11;

IX – impedir ou dificultar o acesso dos usuários às informações referentes às utilizações por eles realizadas; e

X – impedir ou dificultar a admissão de associação de titulares de direitos autorais que tenha pertinência com sua área de atuação e esteja habilitada pelo Ministério da Cultura.

Art. 32. A prática de infração administrativa sujeitará as associações e o Escritório Central às seguintes penas:

I – advertência, para fins de atendimento às exigências do Ministério da Cultura no prazo máximo de cento e vinte dias; ou

II – anulação da habilitação para a atividade de cobrança.

§ 1.º Para a imposição e a gradação das sanções, serão observados:

I – a gravidade e a relevância da infração, considerados os motivos para a sua prática e as suas consequências para usuários ou titulares de direitos autorais;

II – a reincidência da infração;

III – os antecedentes e a boa-fé do infrator; e

IV – o descumprimento de condição imposta na decisão que houver concedido a habilitação provisória.

§ 2.º Considera-se reincidente o infrator que cometer nova infração administrativa depois que a decisão que o tenha condenado por qualquer infração administrativa nos cinco anos anteriores tiver transitado em julgado.

§ 3.º Considera-se infração grave a que implique desvio de finalidade ou inadimplemento de obrigações para os associados, como aquelas previstas nos incisos III, IV, V, VII, VIII, IX e XI do *caput* do art. 30 e nos incisos III, IV, V, VII e X do *caput* do art. 31.

§ 4.º A sanção de anulação da habilitação para a atividade de cobrança apenas poderá ser aplicada após a aplicação da pena de advertência e o não atendimento, no prazo a que se refere o inciso I do *caput*, das exigências estabelecidas pelo Ministério da Cultura.

§ 5.º A associação que não cumprir os requisitos mínimos de representatividade estabelecidos no art. 4.º poderá ter sua habilitação anulada, exceto enquanto não houver encerrado o prazo para o cumprimento do disposto no art. 5.º.

Art. 33. Para os efeitos da aplicação da multa prevista no *caput* do art. 109-A da Lei n. 9.610, de 1998, considera-se infração administrativa os seguintes atos praticados por usuários de direitos autorais:

I – deixar de entregar ou entregar de forma incompleta à entidade responsável pela cobrança dos direitos relativos à execução ou à exibição pública, imediatamente após o ato de comunicação ao público, relação completa das obras e dos fonogramas utilizados, ressalvado o disposto no inciso II e no § 1.º;

II – para as empresas cinematográficas e de radiodifusão, deixar de entregar ou entregar de forma incompleta à entidade responsável pela cobrança dos direitos relativos à execução ou à exibição pública, até o décimo dia útil de cada mês, relação completa das obras e dos fonogramas utilizados no mês anterior, ressalvado o disposto no § 1.º;

III – não disponibilizar ou disponibilizar de forma incompleta ao público, em sítio eletrônico de livre acesso ou, na inexistência deste, em local da comunicação ao público e em sua sede, a relação completa das obras e dos fonogramas utilizados, juntamente com os valores pagos, ressalvado o disposto no § 1.º; e

IV – prestar informações falsas à entidade responsável pela cobrança dos direitos relativos à execução ou à exibição pública ou disponibilizar informações falsas ao público sobre a utilização das obras e dos fonogramas e sobre os valores pagos.

§ 1.º A aplicação do disposto no inciso I ao inciso III do *caput* estará sujeita ao disposto no § 1.º e no § 3.º do art. 22, na forma estabelecida em ato do Ministro de Estado da Cultura.

§ 2.º O valor da multa ficará sujeito à atualização monetária desde a ciência pelo autuado da decisão que aplicou a penalidade até o seu efetivo pagamento, sem prejuízo da aplicação de juros de mora e dos demais encargos, conforme previsto em lei.

§ 3.º Para a aplicação da multa, respeitados os limites impostos no *caput* do art. 109-A da Lei n. 9.610, de 1998, serão observados:

I – a gravidade do fato, considerados o valor envolvido, o motivo da infração e a sua consequência;

II – os antecedentes e a boa-fé do infrator e se este é ou não reincidente;

III – a existência de dolo;

IV – o grau de acesso e controle pelo usuário das obras por ele utilizadas; e

V – a situação econômica do infrator.

§ 4.º A autoridade competente poderá isentar o usuário da aplicação a multa na hipótese de mero erro material que não cause prejuízo considerável a terceiros, observada a razoabilidade e a existência de reincidências.

§ 5.º Considera-se reincidente o usuário que cometer nova infração administrativa, depois que a decisão que o tenha condenado pela prática de qualquer infração administrativa nos dois anos anteriores transitar em julgado.

§ 6.º O valor da multa aplicada será recolhido ao Tesouro Nacional, na forma da legislação.

Capítulo III
DOS FONOGRAMAS

•• *Vide* arts. 53 e s. da Lei n. 9.610, de 19-2-1998.

Seção única
Dos sinais de identificação

Art. 34. Em cada exemplar do suporte material que contenha fonograma deverá constar, obrigatoriamente, os seguintes sinais de identificação:

I – na face do suporte material que permite a leitura ótica:

a) o número da matriz, em código de barras ou em código alfanumérico;

b) o nome da empresa responsável pelo processo industrial de reprodução, em código binário; e

c) o número de catálogo do produto, em código binário;

II – na face do suporte material que não permite a leitura ótica:

a) o nome, a marca registrada ou a logomarca do responsável pelo processo industrial de reprodução que a identifique;

b) o nome, a marca registrada, a logomarca, ou o número do Cadastro de Pessoas Físicas - CPF ou do Cadastro Nacional da Pessoa Jurídica - CNPJ do produtor;

c) o número de catálogo do produto; e

d) a identificação do lote e a quantidade de exemplares nele mandada reproduzir; e

III – na lombada, na capa ou no encarte de envoltório do suporte material, a identificação do lote e a quantidade nele mandada reproduzir.

§ 1.º A aposição das informações em qualquer parte da embalagem não dispensa sua aposição no suporte material propriamente dito.

§ 2.º O suporte material deverá conter o código digital *International Standard Recording Code*, no qual deverão ser identificados o fonograma e os seus autores, artistas intérpretes ou executantes, de forma permanente e individualizada, de acordo com as informações fornecidas pelo produtor.

§ 3.º A identificação do lote e a quantidade de exemplares nele mandada reproduzir, de que tratam a alínea *d* do inciso II e o inciso III, serão estampadas por meio de código alfanumérico, constante de duas letras que indiquem a ordem sequencial das tiragens, além de numeral que indique a quantidade de exemplares daquela tiragem.

§ 4.º O conjunto de duas letras que inicia o código alfanumérico será alterado a cada tiragem e seguirá a ordem alfabética, de forma que a primeira tiragem seja representada pelas letras AA, a segunda por AB, a terceira por AC, e assim sucessivamente.

Art. 35. Quando o fonograma for fixado em suporte distinto daquele previsto no art. 34, os sinais de identificação estabelecidos neste Decreto serão consignados na capa dos exemplares, nos encartes ou nos próprios suportes.

Art. 36. O responsável pelo processo industrial de reprodução deverá informar ao produtor a quantidade de exemplares efetivamente fabricados em cada tiragem e o responsável pelo processo industrial de reprodução e o produtor deverá manter os registros dessas informações em seus arquivos por um período mínimo de cinco anos, de maneira a viabilizar o controle do aproveitamento econômico da exploração pelo titular dos direitos autorais ou pela entidade representativa de classe.

Art. 37. O produtor deverá manter em seu arquivo registro de exemplares devolvidos por qualquer razão.

Art. 38. O autor e o artista intérprete ou executante terá acesso aos registros referidos no art. 36 e no art. 37, diretamente, ou por meio de sindicato ou de associação.

Art. 39. O produtor deverá comunicar ao autor, ao artista intérprete ou executante, e ao sindicato ou à associação a que se refere o art. 38, conforme estabelecido pelas partes interessadas, a destruição de exemplares, com a antecedência mínima de dez dias, possibilitado ao interessado enviar representante para presenciar o ato.

Art. 40. O disposto neste Decreto aplica-se aos fonogramas com ou sem imagens, assim entendidos aqueles que não se enquadrem na definição de obra audiovisual de que trata a Lei n. 9.610, de 1998.

Art. 41. As despesas necessárias para atender aos custos decorrentes da identificação, da numeração e da fiscalização previstas neste Decreto deverão ser objeto de instrumento particular a ser firmado entre as partes interessadas, sem ônus para o consumidor.

Capítulo IV
DISPOSIÇÕES FINAIS E TRANSITÓRIAS

Art. 42. O Ministério da Cultura editará as normas complementares necessárias à execução e ao cumprimento do disposto neste Decreto, especialmente quanto:

I – às ações de fiscalização; e

II – aos procedimentos e aos processos de:

a) habilitação, retificação e regularização do cadastro;

b) prestação de contas aos associados;

c) apuração e correção de irregularidades; e

d) aplicação de sanções.

Art. 43. Em observância ao disposto no art. 31 da Lei n. 12.527, de 18 de novembro de 2011, as informações pessoais repassadas ao Ministério da Cultura terão seu acesso restrito.

Art. 44. Ficam revogados:

I – o Decreto n. 4.533, de 19 de dezembro de 2002;

II – o Decreto n. 8.469, de 22 de junho de 2015;

III – o Decreto n. 9.081, de 21 de junho de 2017; e

IV – o Decreto n. 9.145, de 23 de agosto de 2017.

Art. 45. Este Decreto entra em vigor na data de sua publicação.

Brasília, 22 de novembro de 2018; 197.º da Independência e 130.º da República.

MICHEL TEMER

DECRETO N. 9.734, DE 20 DE MARÇO DE 2019 (*)

Promulga o texto da Convenção Relativa à Citação, Intimação e Notificação no Estran-

(*) Publicado no *Diário Oficial da União*, de 21-3-2019. Deixamos de publicar o Anexo a esta Convenção por não atender o propósito da obra.

geiro de Documentos Judiciais e Extrajudiciais em Matéria Civil e Comercial, firmado na Haia, em 15 de novembro de 1965.

O Presidente da República, no uso da atribuição que lhe confere o art. 84, *caput*, inciso IV, da Constituição, e

Considerando que a República Federativa do Brasil aderiu à Convenção Relativa à Citação, Intimação e Notificação no Estrangeiro de Documentos Judiciais e Extrajudiciais em Matéria Civil e Comercial, firmada na Haia, em 15 de novembro de 1965;

Considerando que o Congresso Nacional aprovou o texto da Convenção, por meio do Decreto Legislativo n. 153, de 19 de dezembro de 2016;

Considerando que o Governo brasileiro depositou, junto ao Ministério dos Negócios Estrangeiros dos Países Baixos, em 29 de novembro de 2018, o instrumento de adesão à Convenção, com reserva aos Artigo 8.º e Artigo 10, e que esta entrará em vigor para a República Federativa do Brasil, no plano jurídico externo, em 1.º de junho de 2019, nos termos de seu Artigo 28; e decreta:

Art. 1.º Fica promulgado o texto da Convenção Relativa à Citação, Intimação e Notificação no Estrangeiro de Documentos Judiciais e Extrajudiciais em Matéria Civil e Comercial, firmada na Haia, em 15 de novembro de 1965, com reserva aos Artigo 8.º e Artigo 10, anexo a este Decreto.

Parágrafo único. Em relação à reserva a que se refere o *caput*, a República Federativa do Brasil se opõe ao uso dos métodos de transmissão de documentos judiciais e extrajudiciais previstos nos Artigo 8.º e Artigo 10 da Convenção.

Art. 2.º Para fins do disposto no texto da Convenção Relativa à Citação, Intimação e Notificação no Estrangeiro de Documentos Judiciais e Extrajudiciais em Matéria Civil e Comercial, a República Federativa do Brasil apresenta declarações em relação aos Artigos 2.º, 5.º, 6.º e 7.º da Convenção.

§ 1.º Em relação ao Artigo 2.º da Convenção, fica designado o Ministério da Justiça e Segurança Pública como Autoridade Central.

§ 2.º Em relação ao Artigo 5.º, parágrafo 3.º, e ao Artigo 7.º, parágrafo 2.º, da Convenção, os documentos que serão objeto serão objeto de citação, intimação e notificação transmitidos à Autoridade Central deverão ser acompanhados de tradução para a língua portuguesa.

§ 3.º O disposto no § 2.º não se aplica ao modelo de formulário de solicitação anexo ao texto da Convenção, a que se refere o parágrafo 1.º do Artigo 7.º da Convenção.

§ 4.º Em relação ao Artigo 6.º da Convenção, quando a República Federativa do Brasil for o Estado requerido, o certificado expedido de acordo com o modelo anexo à Convenção será firmado pelo juiz competente ou pela Autoridade Central a que se refere o § 1.º, designada nos termos do disposto no Artigo 2.º da Convenção.

Art. 3.º São sujeitos à aprovação do Congresso Nacional atos que possam resultar em revisão do texto da Convenção e ajustes complementares que acarretem encargos ou compromissos gravosos ao patrimônio nacional, nos termos do inciso I do *caput* do art. 49 da Constituição.

Art. 4.º Este Decreto entra em vigor na data de sua publicação.

Brasília, 20 de março de 2019; 198.º da Independência e 131.º da República.

JAIR MESSIAS BOLSONARO

Ernesto Henrique Fraga Araújo

CONVENÇÃO RELATIVA À CITAÇÃO, INTIMAÇÃO E NOTIFICAÇÃO NO ESTRANGEIRO DE DOCUMENTOS JUDICIAIS E EXTRAJUDICIAIS EM MATÉRIA CIVIL E COMERCIAL

(Firmada em 15 de novembro de 1965)

(Em vigor desde 10 de fevereiro de 1969)

Os Estados Signatários da presente Convenção,

Desejosos de criar meios adequados para que os documentos judiciais e extrajudiciais que devam ser objetos de citação, intimação ou notificação no estrangeiro sejam levados ao conhecimento do destinatário em tempo hábil,

Desejosos de melhorar a organização do auxílio jurídico mútuo com a finalidade de simplificar e agilizar o procedimento,

Decidiram firmar Convenção nesse sentido e concordaram com as seguintes disposições:

ARTIGO 1.º

A presente Convenção aplicar-se-á, em matéria civil ou comercial, em todos os casos em que um documento judicial ou extrajudicial deva ser transmitido ao exterior para ser objeto de citação, intimação ou notificação.

Esta Convenção não se aplicará quando o endereço do destinatário da citação, intimação ou notificação for desconhecido.

Capítulo I
DOCUMENTOS JUDICIAIS

ARTIGO 2.º

Cada Estado Contratante designará uma Autoridade Central que assumirá o encargo de receber as solicitações de citação, intimação ou notificação provenientes de outros Estados Contratantes e proceder de acordo com o disposto nos artigos 3.º a 6.º.

Cada Estado organizará sua Autoridade Central nos termos de sua própria legislação.

ARTIGO 3.º

A autoridade ou agente judiciário competente, de acordo com a legislação do Estado de origem dos documentos, encaminhará à Autoridade Central do Estado requerido uma solicitação de acordo com o modelo anexo à presente Convenção, sem a necessidade de qualquer legalização dos documentos ou de outra formalidade equivalente.

O documento objeto da citação, intimação ou notificação, ou a sua cópia, deverá ser anexado à solicitação. A solicitação, assim como tal documento, deverá ser fornecida em duplicata.

ARTIGO 4.º

Se a Autoridade Central julgar que a solicitação não atende às disposições da presente Convenção, informará prontamente o requerente, expondo os motivos de sua objeção à solicitação.

ARTIGO 5.º

A Autoridade Central do Estado requerido procederá ou providenciará para que um órgão adequado proceda à citação, intimação ou notificação:

a) segundo a forma prescrita pela legislação do Estado requerido para citações, intimações ou notificações em procedimentos domésticos dirigidas a pessoas que se encontrem em seu território; ou

b) segundo a forma específica solicitada pelo requerente, a menos que tal forma seja incompatível com a lei do Estado requerido.

Salvo o caso previsto na alínea *b* deste artigo, o documento sempre poderá ser entregue ao destinatário que voluntariamente o aceitar.

Se o documento se destinar a citação, intimação ou notificação nos termos do disposto no primeiro parágrafo deste artigo, a Autoridade Central poderá exigir que o documento seja redigido ou traduzido no idioma oficial ou em um dos idiomas oficiais do Estado requerido.

A parte da solicitação, feita de acordo com o formulário anexo à presente Convenção, a qual contém um resumo do documento a ser objeto de citação, intimação ou intimação, deverá ser entregue ao destinatário, junto àquele documento.

ARTIGO 6.º

A Autoridade Central do Estado requerido ou qualquer autoridade por ela designada para este fim preencherá um certificado segundo o modelo anexo à presente Convenção.

O certificado deverá informar que a solicitação foi cumprida; consignará a forma, o lugar e a data do cumprimento, assim como a pessoa a quem o documento foi entregue. Se o documento não tiver sido entregue, o certificado indicará as razões que impediram o cumprimento.

Caso o certificado não tenha sido preenchido pela Autoridade Central ou por autoridade judicial, o requerente poderá solicitar que uma dessas autoridades assine adicionalmente o certificado. O certificado será remetido diretamente ao requerente.

ARTIGO 7.º

Os termos padrão contidos no modelo anexo à presente Convenção serão redigidos em francês ou em inglês, em todos os casos. Podem ser redigidos também no idioma oficial ou em um dos idiomas oficiais do Estado de origem dos documentos.

Os espaços em branco serão preenchidos no idioma do Estado requerido ou em francês ou em inglês.

ARTIGO 8.º

Cada Estado Contratante terá autonomia para mandar proceder no estrangeiro às citações, intimações ou notificações de documentos judiciais, diretamente por meio de seus representantes diplomáticos ou consulares, sem qualquer tipo de coação.

Cada Estado pode declarar opor-se a tais citações, intimações ou notificações de documentos judiciais em seu território, exceto se destinadas a cidadão do Estado de origem dos documentos.

ARTIGO 9.º

Cada Estado Contratante tem, ademais, autonomia para utilizar a via consular para transmitir documentos judiciais para citação, intimação ou notificação às autoridades de outro Estado Contratante designadas por este para tal fim.

Caso circunstâncias excepcionais o exigirem, cada Estado Contratante poderá utilizar a via diplomática para o mesmo fim.

ARTIGO 10

Se o Estado destinatário não se opuser, a presente Convenção não se interporá à:

a) autonomia de remeter documentos judiciais, por via postal, diretamente a pessoas que se encontrem no estrangeiro;

b) autonomia de os agentes do judiciário, autoridades ou outras pessoas competentes do Estado de origem promoverem as citações, intimações ou notificações de documentos judiciais diretamente por meio de agente do judiciário, autoridades ou outras pessoas competentes do Estado de destino; e

c) autonomia de qualquer pessoa interessada em um processo promover as citações, intimações ou notificações de documentos judiciais diretamente por meio de agentes do judiciário, autoridades ou outras pessoas competentes do Estado de destino.

ARTIGO 11

A presente Convenção não impedirá que dois ou mais Estados Contratantes acordem admitir, para fins de citação, intimação ou notificação de documentos judiciais, outras vias de transmissão além das previstas nos artigos precedentes e especialmente a comunicação direta entre suas respectivas autoridades.

ARTIGO 12

As citações, intimações ou notificações de documentos judiciais oriundas de um Estado Contratante não poderão dar origem a qualquer pagamento ou reembolso de taxas ou custas pelos serviços prestados pelo Estado requerido.

O requerente deverá pagar ou reembolsar as custas ocasionadas por:

a) intervenção de agente do judiciário ou de pessoa competente segundo a lei do Estado destinatário; e

b) uso de uma forma específica de citação, intimação ou notificação de documentos judiciais.

ARTIGO 13

Quando uma solicitação de citação, de intimação ou de notificação for feita em conformidade com as disposições da presente Convenção, o Estado requerido só poderá negar-se a cumpri-la se julgar que tal cumprimento violaria sua soberania ou sua segurança.

O cumprimento não poderá ser recusado por meio da alegação de que a legislação interna reivindica jurisdição exclusiva sobre a matéria objeto da solicitação ou que a legislação interna não permite a ação em que se baseia a solicitação.

Em caso de recusa, a Autoridade Central informará prontamente ao requerente e indicará as respectivas razões.

ARTIGO 14

As dificuldades que possam ocorrer com relação à transmissão de documentos judiciais destinados a citação, intimação ou notificação serão resolvidas pela via diplomática.

ARTIGO 15

Quando um mandado judicial de convocação ou um documento equivalente tenha tido que ser transmitido para o estrangeiro para citação, intimação ou notificação, de acordo com as disposições da presente Convenção, e o destinatário não tenha comparecido, uma decisão não será proferida enquanto não for determinado que:

a) o documento foi objeto de citação, intimação ou notificação segundo forma prevista pela legislação do Estado requerido para a citação, intimação ou notificação de documentos em procedimentos domésticos a pessoas que se encontrem em seu território; ou

b) o documento foi efetivamente entregue ao destinatário ou em sua residência segundo outra forma prevista pela presente Convenção, e que, em qualquer desses casos, quer a citação, intimação ou notificação, quer a entrega, tenha sido feita em tempo hábil para que o destinatário tenha podido se defender.

Cada Estado Contratante terá autonomia para declarar que o juiz, não obstante as disposições do parágrafo primeiro deste artigo, pode proferir decisão, mesmo que não tenha sido recebido qualquer certificado da citação, intimação ou notificação, ou da entrega, se todas as seguintes condições forem atendidas:

a) o documento tiver sido transmitido segundo uma das formas previstas pela presente Convenção;

b) tiver transcorrido, desde a data da remessa do documento, prazo não inferior a seis meses, considerado adequado pelo juiz da causa específica; e

c) nenhum certificado de qualquer natureza tiver sido recebido, não obstante tenham sido tomadas todas as providências plausíveis junto às autoridades competentes do Estado requerido.

O presente artigo não impede que, em caso de urgência, o juiz ordene quaisquer medidas provisórias ou de salvaguarda.

ARTIGO 16

Quando um mandado judicial de convocação ou documento equivalente tenha tido que ser transmitido para o estrangeiro para citação, intimação ou notificação, de acordo com as disposições da presente Convenção, e uma decisão tenha sido proferida contra um destinatário que não tenha comparecido, o juiz terá autoridade para desobrigar o destinatário dos efeitos da expiração do prazo para recurso da decisão, se as seguintes condições forem atendidas:

a) o destinatário, sem qualquer responsabilidade de sua parte, não tomou conhecimento em tempo hábil do documento para se defender e da decisão para recorrer; e

b) o destinatário apresentou defesa fundamentada concernente ao mérito do procedimento.

O pleito para o deferimento de tal desobrigação somente poderá ser formulado dentro de prazo razoável, a contar do momento em que o destinatário tomou conhecimento da decisão.

Cada Estado Contratante pode declarar que tal pleito não será atendido se for formulado após a expiração de um prazo que indicará em sua declaração, contanto que este prazo não seja inferior a um ano contado a partir da data da decisão.

O presente artigo não se aplicará às decisões relativas ao estado ou capacidade das pessoas.

Capítulo II
DOCUMENTOS EXTRAJUDICIAIS

ARTIGO 17

Os documentos extrajudiciais provenientes das autoridades e oficiais de justiça de um Estado Contratante podem ser transmitidos para citação, intimação ou notificação em um outro Estado Contratante, de acordo com as formas e nas condições previstas pela presente Convenção.

Capítulo III
DISPOSIÇÕES GERAIS

ARTIGO 18

Cada Estado Contratante pode designar, além da Autoridade Central, outras autoridades, devendo determinar o alcance da sua competência.

Entretanto, o requerente terá sempre o direito de dirigir uma solicitação diretamente à Autoridade Central.

Os Estados Federais terão autonomia para designar mais de uma Autoridade Central.

ARTIGO 19

Caso a legislação interna de um Estado Contratante permita outras formas de transmissão não previstas nos artigos precedentes para citação, intimação ou notificação, em seu território, dos documentos provenientes do estrangeiro, a presente Convenção não modificará tais disposições.

ARTIGO 20

A presente Convenção não impedirá que dois ou mais Estados Contratantes concordem em deixar de aplicar entre si:

a) o segundo parágrafo do artigo 3.º, no que diz respeito à exigência da transmissão dos documentos em duplicata;

b) o artigo 7.º e o terceiro parágrafo do artigo 5.º, no que diz respeito ao uso de idiomas;

c) o quarto parágrafo do artigo 5.º; e

d) o segundo parágrafo do artigo 12.

ARTIGO 21

Cada Estado Contratante notificará o Ministério dos Negócios Estrangeiros dos Países Baixos do seguinte, quer no momento do depósito de seu instrumento de ratificação ou adesão, quer posteriormente:

a) a designação de autoridades, nos termos dos artigos 2.º e 18;

b) a designação da autoridade competente para preencher o certificado previsto no artigo 6.º; e

c) a designação da autoridade competente para receber os documentos transmitidos pela via consular, nos termos do artigo 9.º.

Cada Estado Contratante notificará ao Ministério, da mesma forma, quando cabível:

a) sua oposição ao uso das formas de transmissão previstas nos artigos 8.º e 10;

b) declarações previstas no segundo parágrafo do artigo 15 e no terceiro parágrafo do artigo 16; e

c) todas as modificações das designações, oposições e declarações acima mencionadas.

ARTIGO 22

Nos casos em que Partes da presente Convenção também sejam partes de uma ou ambas das Convenções relativas ao Processo Civil, assinadas na Haia em 17 de julho de 1905 e em 10 de março de 1954, esta Convenção substituirá, nas relações entre estas Partes, os artigos 1.º a 7.º daquelas Convenções.

ARTIGO 23

A presente Convenção não prejudicará a aplicação do artigo 23 da Convenção Relativa ao Processo Civil, assinada na Haia em 17 de julho de 1905, nem do artigo 24 da Convenção Relativa ao Processo Civil, assinada na Haia em 1.º de março de 1954.

Esses artigos, entretanto, só serão aplicáveis se forem usadas formas de comunicação idênticas às previstas pelas referidas Convenções.

ARTIGO 24

Os acordos complementares entre as Partes das Convenções de 1905 e 1954 serão considerados igualmente aplicáveis à presente Convenção, a menos que as Partes tenham acordado diversamente.

ARTIGO 25

Sem prejuízo do previsto nos artigos 22 e 24, a presente Convenção não derrogará as Convenções das quais os Estados contratantes são ou venham a ser Partes e que contenham disposições sobre as matérias regidas pela presente Convenção.

ARTIGO 26

A presente Convenção ficará aberta à assinatura dos Estados representados na 10ª Sessão da Conferência da Haia de Direito Internacional Privado.

Será ratificada e os instrumentos de ratificação serão depositados no Ministério dos Negócios Estrangeiros dos Países Baixos.

ARTIGO 27

A presente Convenção entrará em vigor no sexagésimo dia após o depósito do terceiro instrumento de ratificação previsto no segundo parágrafo do artigo 26.

A Convenção entrará em vigor, para cada Estado Signatário que a tenha ratificado posteriormente, no sexagésimo dia após o depósito do respectivo instrumento de ratificação.

ARTIGO 28

Todo Estado não representado na 10ª Sessão da Conferência da Haia de Direito Internacional Privado poderá aderir à presente Convenção após sua entrada em vigor nos termos do primeiro parágrafo do artigo 27. O instrumento de adesão será depositado no Ministério dos Negócios Estrangeiros dos Países Baixos.

A Convenção entrará em vigor para tal Estado na ausência de qualquer objeção da parte de um Estado que tenha ratificado a Convenção antes de tal depósito, notificada ao Ministério dos Negócios Estrangeiros dos Países Baixos em um prazo de seis meses a contar da data em que dito Ministério o tiver notificado da referida adesão.

Na ausência de qualquer objeção nos termos do parágrafo precedente, a Convenção entrará em vigor para o Estado aderente no primeiro dia do mês seguinte ao decurso do último dos prazos mencionados no parágrafo anterior.

ARTIGO 29

Qualquer Estado, no momento da assinatura, da ratificação ou da adesão, poderá estender a aplicação da presente Convenção a todos os territórios pelos quais é responsável pelas relações internacionais, ou a um ou mais deles. Essa declaração terá efeito a partir da data da entrada em vigor da Convenção para o Estado em questão.

Em qualquer momento posterior, tais extensões serão notificadas ao Ministério dos Negócios Estrangeiros dos Países Baixos.

A Convenção entrará em vigor, para os territórios abrangidos por tal extensão, no sexagésimo dia após a notificação mencionada no parágrafo precedente.

ARTIGO 30

A presente Convenção ficará em vigor por cinco anos a contar da data de sua entrada em vigor nos termos do primeiro parágrafo do artigo 27, mesmo para os Estados que a tenham ratificado ou que a ela tenham aderido posteriormente.

Se não houver denúncia, a Convenção será renovada tacitamente a cada cinco anos.

Qualquer denúncia será notificada ao Ministério dos Negócios Estrangeiros dos Países Baixos pelo menos seis meses antes do final do período de cinco anos.

A denúncia poderá limitar-se a alguns dos territórios aos quais a Convenção se aplica.

A denúncia só produzirá efeitos relativamente ao Estado que a tiver notificado. A Convenção continuará em vigor para os outros Estados Contratantes.

ARTIGO 31

O Ministério dos Negócios Estrangeiros dos Países Baixos notificará os Estados abrangidos pelo artigo 26, assim como os Estados que tiverem aderido nos termos do artigo 28, do seguinte:

a) as assinaturas e ratificações previstas no artigo 26;

b) a data na qual a presente Convenção entrará em vigor, conforme o disposto no primeiro parágrafo do artigo 27;

c) as adesões previstas no artigo 28 e as datas a partir das quais produzirão seus efeitos;

d) as extensões previstas no artigo 29 e as datas a partir das quais produzirão seus efeitos;

e) as designações, oposições e declarações referidas no artigo 21; e

f) as denúncias previstas no terceiro parágrafo do artigo 30.

Em fé do que, os abaixo assinados, devidamente autorizados para tanto, firmaram a presente Convenção.

Concluída na Haia, em 15 de novembro de 1965, em inglês e francês, tendo os dois textos igual fé, em um único exemplar, que será depositado nos arquivos do Governo dos Países Baixos e do qual uma cópia certificada será remetida, por via diplomática, a cada um dos Estados representados na 10.ª Sessão da Conferência da Haia de Direito Internacional Privado.

Observação: Em 25 de outubro de 1980, a 14.ª Sessão adotou uma Recomendação sobre informações para acompanhar documentos judiciais e extrajudiciais que devam ser remetidos, citados, intimados ou notificados no estrangeiro, em matéria civil ou comercial. (*Actes et documents de la Quatorzième session* (1980), Tomo I, *Matières diverses*, p. I-67; idem, Tomo IV, *Entraide judiciaire*, p. 339; Manual Prático sobre o Funcionamento da Convenção da Haia de 15 de novembro de 1965 Relativa à Citação, Intimação e Notificação no Estrangeiro de Documentos Judiciais e Extrajudiciais em Matéria Civil e Comercial).

LEI COMPLEMENTAR N. 167, DE 24 DE ABRIL DE 2019 (*)

Dispõe sobre a Empresa Simples de Crédito (ESC) e altera a Lei n. 9.613, de 3 de março de 1998 (Lei de Lavagem de Dinheiro), a Lei n. 9.249, de 26 de dezembro de 1995, e a Lei Complementar n. 123, de 14 de dezembro de 2006 (Lei do Simples Nacional), para regulamentar a ESC e instituir o Inova Simples.

O Presidente da República

Faço saber que o Congresso Nacional decreta e eu sanciono a seguinte Lei Complementar:

Art. 1.º A Empresa Simples de Crédito (ESC), de âmbito municipal ou distrital, com atuação exclusivamente no Município de sua sede e em Municípios limítrofes, ou, quando for o caso, no Distrito Federal e em Municípios limítrofes, destina-se à realização de operações de empréstimo, de financiamento e de desconto de títulos de crédito, exclusivamente com recursos próprios, tendo como contrapartes microempreendedores individuais, microempresas e empresas de pequeno porte, nos termos da Lei Complementar n. 123, de 14 de dezembro de 2006 (Lei do Simples Nacional).

Art. 2.º A ESC deve adotar a forma de empresa individual de responsabilidade limitada (Eireli), empresário individual ou sociedade limitada constituída exclusivamente por pessoas naturais e terá por objeto social exclusivo as atividades enumeradas no art. 1.º desta Lei Complementar.

•• *Vide* art. 980-A do CC.

§ 1.º O nome empresarial de que trata o *caput* deste artigo conterá a expressão "Empresa Simples de Crédito", e não poderá constar dele, ou de qualquer texto de divulgação de suas atividades, a expressão "banco" ou outra expressão identificadora de instituição autorizada a funcionar pelo Banco Central do Brasil.

§ 2.º O capital inicial da ESC e os posteriores aumentos de capital deverão ser realizados integralmente em moeda corrente.

(*) Publicada no *Diário Oficial da União*, de 25-4-2019.

§ 3.º O valor total das operações de empréstimo, de financiamento e de desconto de títulos de crédito da ESC não poderá ser superior ao capital realizado.

§ 4.º A mesma pessoa natural não poderá participar de mais de uma ESC, ainda que localizadas em Municípios distintos ou sob a forma de filial.

Art. 3.º É vedada à ESC a realização de:

I – qualquer captação de recursos, em nome próprio ou de terceiros, sob pena de enquadramento no crime previsto no art. 16 da Lei n. 7.492, de 16 de junho de 1986 (Lei dos Crimes contra o Sistema Financeiro Nacional); e

• Citado artigo proíbe a operação de instituição financeira, sem autorização ou com autorização falsa, inclusive de distribuição de valores mobiliários ou câmbio.

II – operações de crédito, na qualidade de credora, com entidades integrantes da administração pública direta, indireta e fundacional de qualquer dos poderes da União, dos Estados, do Distrito Federal e dos Municípios.

Art. 4.º A receita bruta anual da ESC não poderá exceder o limite de receita bruta para Empresa de Pequeno Porte (EPP) definido na Lei Complementar n. 123, de 14 de dezembro de 2006 (Lei do Simples Nacional).

Parágrafo único. Considera-se receita bruta, para fins do disposto no *caput* deste artigo, a remuneração auferida pela ESC com a cobrança de juros, inclusive quando cobertos pela venda do valor do bem objeto de alienação fiduciária.

Art. 5.º Nas operações referidas no art. 1.º desta Lei Complementar, devem ser observadas as seguintes condições:

I – a remuneração da ESC somente pode ocorrer por meio de juros remuneratórios, vedada a cobrança de quaisquer outros encargos, mesmo sob a forma de tarifa;

II – a formalização do contrato deve ser realizada por meio de instrumento próprio, cuja cópia deverá ser entregue à contraparte da operação;

III – a movimentação dos recursos deve ser realizada exclusivamente mediante débito e crédito em contas de depósito de titularidade da ESC e da pessoa jurídica contraparte na operação.

§ 1.º A ESC poderá utilizar o instituto da alienação fiduciária em suas operações de empréstimo, de financiamento e de desconto de títulos de crédito.

§ 2.º A ESC deverá providenciar a anotação, em bancos de dados, de informações de adimplemento e de inadimplemento de seus clientes, na forma da legislação em vigor.

§ 3.º É condição de validade das operações de que trata o *caput* deste artigo o registro delas em entidade registradora autorizada pelo Banco Central do Brasil ou pela Comissão de Valores Mobiliários, nos termos do art. 28 da Lei n. 12.810, de 15 de maio de 2013.

• Dispõe citado artigo: "Art. 28. Compete ainda ao Banco Central do Brasil e à Comissão de Valores Mobiliários, no âmbito das respectivas competências: I – autorizar e supervisionar o exercício da atividade de registro de ativos financeiros e de valores mobiliários; e II – estabelecer as condições para o exercício da atividade prevista no inciso I. Parágrafo único. O registro de ativos financeiros e de valores mobiliários compreende a escrituração, o armazenamento e a publicidade de informações referentes a transações financeiras, ressalvados os sigilos legais".

§ 4.º Não se aplicam à ESC as limitações à cobrança de juros previstas no Decreto n. 22.626, de 7 de abril de 1933 (Lei da Usura), e no art. 591 da Lei n. 10.406, de 10 de janeiro de 2002 (Código Civil).

Art. 6.º É facultado ao Banco Central do Brasil, não constituindo violação ao dever de sigilo, o acesso às informações decorrentes do registro de que trata o § 3.º do art. 5.º desta Lei Complementar, para fins estatísticos e de controle macroprudencial do risco de crédito.

Art. 7.º As ESCs estão sujeitas aos regimes de recuperação judicial e extrajudicial e ao regime falimentar regulados pela Lei n. 11.101, de 9 de fevereiro de 2005 (Lei de Falências).

Art. 8.º A ESC deverá manter escrituração com observância das leis comerciais e fiscais e transmitir a Escrituração Contábil Digital (ECD) por meio do Sistema Público de Escrituração Digital (Sped).

Art. 9.º Constitui crime o descumprimento do disposto no art. 1.º, no § 3.º do art. 2.º, no art. 3.º e no *caput* do art. 5.º desta Lei Complementar.

Pena – reclusão, de 1 (um) a 4 (quatro) anos, e multa.

Art. 10. O Serviço Brasileiro de Apoio às Micro e Pequenas Empresas (Sebrae) poderá apoiar a constituição e o fortalecimento das ESCs.

....

Art. 13. A Lei Complementar n. 123, de 14 de dezembro de 2006 (Lei do Simples Nacional), passa a vigorar com as seguintes alterações:

•• Alterações já processadas no diploma modificado.

Art. 14. Esta Lei Complementar entra em vigor na data de sua publicação.

Brasília, 24 de abril de 2019; 198.º da Independência e 131.º da República.

JAIR MESSIAS BOLSONARO

Paulo Guedes

DECRETO N. 9.830, DE 10 DE JUNHO DE 2019 (*)

Regulamenta o disposto nos art. 20 ao art. 30 do Decreto-Lei n. 4.657, de 4 de setembro de 1942, que institui a Lei de Introdução às normas do Direito brasileiro.

O Presidente da República, no uso das atribuições que lhe confere o art. 84, *caput*, inciso IV e VI, alínea *a*, da Cons-

(*) Publicado no *Diário Oficial da União*, de 11-6-2019.

tituição, e tendo em vista o disposto nos art. 20 ao art. 30 do Decreto-Lei n. 4.657, de 4 de setembro de 1942, decreta:

Capítulo I
DISPOSIÇÕES PRELIMINARES

OBJETO

Art. 1.º Este Decreto regulamenta o disposto nos art. 20 ao art. 30 do Decreto-Lei n. 4.657, de 4 de setembro de 1942, que institui a Lei de Introdução às normas do Direito brasileiro.

Capítulo II
DA DECISÃO

•• *Vide* arts. 20, 21, 22, 23, 27 e 29 do Decreto-lei n. 4.657, de 4-9-1942.

MOTIVAÇÃO E DECISÃO

Art. 2.º A decisão será motivada com a contextualização dos fatos, quando cabível, e com a indicação dos fundamentos de mérito e jurídicos.

§ 1.º A motivação da decisão conterá os seus fundamentos e apresentará a congruência entre as normas e os fatos que a embasaram, de forma argumentativa.

§ 2.º A motivação indicará as normas, a interpretação jurídica, a jurisprudência ou a doutrina que a embasaram.

§ 3.º A motivação poderá ser constituída por declaração de concordância com o conteúdo de notas técnicas, pareceres, informações, decisões ou propostas que precederam a decisão.

MOTIVAÇÃO E DECISÃO BASEADAS EM VALORES JURÍDICOS ABSTRATOS

Art. 3.º A decisão que se basear exclusivamente em valores jurídicos abstratos observará o disposto no art. 2.º e as consequências práticas da decisão.

§ 1.º Para fins do disposto neste Decreto, consideram-se valores jurídicos abstratos aqueles previstos em normas jurídicas com alto grau de indeterminação e abstração.

§ 2.º Na indicação das consequências práticas da decisão, o decisor apresentará apenas aquelas consequências práticas que, no exercício diligente de sua atuação, consiga vislumbrar diante dos fatos e fundamentos de mérito e jurídicos.

§ 3.º A motivação demonstrará a necessidade e a adequação da medida imposta, inclusive consideradas as possíveis alternativas e observados os critérios de adequação, proporcionalidade e de razoabilidade.

MOTIVAÇÃO E DECISÃO NA INVALIDAÇÃO

Art. 4.º A decisão que decretar invalidação de atos, contratos, ajustes, processos ou normas administrativos observará o disposto no art. 2.º e indicará, de modo expresso, as suas consequências jurídicas e administrativas.

§ 1.º A consideração das consequências jurídicas e administrativas é limitada aos fatos e fundamentos de mérito e jurídicos que se espera do decisor no exercício diligente de sua atuação.

§ 2.º A motivação demonstrará a necessidade e a adequação da medida imposta, consideradas as possíveis alternativas e observados os critérios de proporcionalidade e de razoabilidade.

§ 3.º Quando cabível, a decisão a que se refere o *caput* indicará, na modulação de seus efeitos, as condições para que a regularização ocorra de forma proporcional e equânime e sem prejuízo aos interesses gerais.

§ 4.º Na declaração de invalidade de atos, contratos, ajustes, processos ou normas administrativos, o decisor poderá, consideradas as consequências jurídicas e administrativas da decisão para a administração pública e para o administrado:

I – restringir os efeitos da declaração; ou

II – decidir que sua eficácia se iniciará em momento posteriormente definido.

§ 5.º A modulação dos efeitos da decisão buscará a mitigação dos ônus ou das perdas dos administrados ou da administração pública que sejam anormais ou excessivos em função das peculiaridades do caso.

REVISÃO QUANTO À VALIDADE POR MUDANÇA DE ORIENTAÇÃO GERAL

Art. 5.º A decisão que determinar a revisão quanto à validade de atos, contratos, ajustes, processos ou normas administrativos cuja produção de efeitos esteja em curso ou que tenha sido concluída levará em consideração as orientações gerais da época.

§ 1.º É vedado declarar inválida situação plenamente constituída devido à mudança posterior de orientação geral.

§ 2.º O disposto no § 1.º não exclui a possibilidade de suspensão de efeitos futuros de relação em curso.

§ 3.º Para fins do disposto neste artigo, consideram-se orientações gerais as interpretações e as especificações contidas em atos públicos de caráter geral ou em jurisprudência judicial ou administrativa majoritária e as adotadas por prática administrativa reiterada e de amplo conhecimento público.

§ 4.º A decisão a que se refere o *caput* será motivada na forma do disposto nos art. 2.º, art. 3.º ou art. 4.º.

MOTIVAÇÃO E DECISÃO NA NOVA INTERPRETAÇÃO DE NORMA DE CONTEÚDO INDETERMINADO

Art. 6.º A decisão administrativa que estabelecer interpretação ou orientação nova sobre norma de conteúdo indeterminado e impuser novo dever ou novo condicionamento de direito, preverá regime de transição, quando indispensável para que o novo dever ou o novo condicionamento de direito seja cumprido de modo proporcional, equânime e eficiente e sem prejuízo aos interesses gerais.

§ 1.º A instituição do regime de transição será motivada na forma do disposto nos art. 2.º, art. 3.º ou art. 4.º.

§ 2.º A motivação considerará as condições e o tempo necessário para o cumprimento proporcional, equânime e eficiente do novo dever ou do novo condicionamento de direito e os eventuais prejuízos aos interesses gerais.

§ 3.º Considera-se nova interpretação ou nova orientação aquela que altera o entendimento anterior consolidado.

REGIME DE TRANSIÇÃO

Art. 7.º Quando cabível, o regime de transição preverá:

I – os órgãos e as entidades da administração pública e os terceiros destinatários;

II – as medidas administrativas a serem adotadas para adequação à interpretação ou à nova orientação sobre norma de conteúdo indeterminado; e

III – o prazo e o modo para que o novo dever ou novo condicionamento de direito seja cumprido.

INTERPRETAÇÃO DE NORMAS SOBRE GESTÃO PÚBLICA

Art. 8.º Na interpretação de normas sobre gestão pública, serão considerados os obstáculos, as dificuldades reais do agente público e as exigências das políticas públicas a seu cargo, sem prejuízo dos direitos dos administrados.

§ 1.º Na decisão sobre a regularidade de conduta ou a validade de atos, contratos, ajustes, processos ou normas administrativos, serão consideradas as circunstâncias práticas que impuseram, limitaram ou condicionaram a ação do agente público.

§ 2.º A decisão a que se refere o § 1.º observará o disposto nos art. 2.º, art. 3.º ou art. 4.º.

COMPENSAÇÃO

Art. 9.º A decisão do processo administrativo poderá impor diretamente à pessoa obrigada compensação por benefícios indevidos ou prejuízos anormais ou injustos resultantes do processo ou da conduta dos envolvidos, com a finalidade de evitar procedimentos contenciosos de ressarcimento de danos.

§ 1.º A decisão do processo administrativo é de competência da autoridade pública, que poderá exigir compensação por benefícios indevidamente fruídos pelo particular ou por prejuízos resultantes do processo ou da conduta do particular.

§ 2.º A compensação prevista no *caput* será motivada na forma do disposto nos art. 2.º, art. 3.º ou art. 4.º e será precedida de manifestação das partes obrigadas sobre seu cabimento, sua forma e, se for o caso, seu valor.

§ 3.º A compensação poderá ser efetivada por meio do compromisso com os interessados a que se refere o art. 10.

Capítulo III
DOS INSTRUMENTOS

COMPROMISSO

Art. 10. Na hipótese de a autoridade entender conveniente para eliminar irregularidade, incerteza jurídica ou situações contenciosas na aplicação do direito público, poderá celebrar compromisso com os interessados, observada a legislação aplicável e as seguintes condições:

I – após oitiva do órgão jurídico;

II – após realização de consulta pública, caso seja cabível; e

III – presença de razões de relevante interesse geral.

§ 1.º A decisão de celebrar o compromisso a que se refere o *caput* será motivada na forma do disposto no art. 2.º.

§ 2.º O compromisso:

I – buscará solução proporcional, equânime, eficiente e compatível com os interesses gerais;

II – não poderá conferir desoneração permanente de dever ou condicionamento de direito reconhecido por orientação geral; e

III – preverá:

a) as obrigações das partes;

b) o prazo e o modo para seu cumprimento;

c) a forma de fiscalização quanto a sua observância;

d) os fundamentos de fato e de direito;

e) a sua eficácia de título executivo extrajudicial; e

f) as sanções aplicáveis em caso de descumprimento.

§ 3.º O compromisso firmado somente produzirá efeitos a partir de sua publicação.

§ 4.º O processo que subsidiar a decisão de celebrar o compromisso será instruído com:

I – o parecer técnico conclusivo do órgão competente sobre a viabilidade técnica, operacional e, quando for o caso, sobre as obrigações orçamentário-financeiras a serem assumidas;

II – o parecer conclusivo do órgão jurídico sobre a viabilidade jurídica do compromisso, que conterá a análise da minuta proposta;

III – a minuta do compromisso, que conterá as alterações decorrentes das análises técnica e jurídica previstas nos incisos I e II; e

IV – a cópia de outros documentos que possam auxiliar na decisão de celebrar o compromisso.

§ 5.º Na hipótese de o compromisso depender de autorização do Advogado-Geral da União e de Ministro de Estado, nos termos do disposto no § 4.º do art. 1.º ou no art. 4.º-A da Lei n. 9.469, de 10 de julho de 1997, ou ser firmado pela Advocacia-Geral da União, o processo de que trata o § 3.º será acompanhado de manifestação de interesse da autoridade máxima do órgão ou da entidade da administração pública na celebração do compromisso.

§ 6.º Na hipótese de que trata o § 5.º, a decisão final quanto à celebração do compromisso será do Advogado-Geral da União, nos termos do disposto no parágrafo único do art. 4.º-A da Lei n. 9.469, de 1997.

TERMO DE AJUSTAMENTO DE GESTÃO

Art. 11. Poderá ser celebrado termo de ajustamento de gestão entre os agentes públicos e os órgãos de controle interno da administração pública com a finalidade de corrigir falhas apontadas em ações de controle, aprimorar procedimentos, assegurar a continuidade da execução do objeto, sempre que possível, e garantir o atendimento do interesse geral.

§ 1.º A decisão de celebrar o termo de ajustamento de gestão será motivada na forma do disposto no art. 2.º.

§ 2.º Não será celebrado termo de ajustamento de gestão na hipótese de ocorrência de dano ao erário praticado por agentes públicos que agirem com dolo ou erro grosseiro.

§ 3.º A assinatura de termo de ajustamento de gestão será comunicada ao órgão central do sistema de controle interno.

Capítulo IV
DA RESPONSABILIZAÇÃO DO AGENTE PÚBLICO

RESPONSABILIZAÇÃO NA HIPÓTESE DE DOLO OU ERRO GROSSEIRO

Art. 12. O agente público somente poderá ser responsabilizado por suas decisões ou opiniões técnicas se agir ou se omitir com dolo, direto ou eventual, ou cometer erro grosseiro, no desempenho de suas funções.

•• *Vide* art. 28 do Decreto-lei n. 4.657, de 4-9-1942.

§ 1.º Considera-se erro grosseiro aquele manifesto, evidente e inescusável praticado com culpa grave, caracterizado por ação ou omissão com elevado grau de negligência, imprudência ou imperícia.

§ 2.º Não será configurado dolo ou erro grosseiro do agente público se não restar comprovada, nos autos do processo de responsabilização, situação ou circunstância fática capaz de caracterizar o dolo ou o erro grosseiro.

§ 3.º O mero nexo de causalidade entre a conduta e o resultado danoso não implica responsabilização, exceto se comprovado o dolo ou o erro grosseiro do agente público.

§ 4.º A complexidade da matéria e das atribuições exercidas pelo agente público serão consideradas em eventual responsabilização do agente público.

§ 5.º O montante do dano ao erário, ainda que expressivo, não poderá, por si só, ser elemento para caracterizar o erro grosseiro ou o dolo.

§ 6.º A responsabilização pela opinião técnica não se estende de forma automática ao decisor que a adotou como fundamento de decidir e somente se configurará se estiverem presentes elementos suficientes para o decisor aferir o dolo ou o erro grosseiro da opinião técnica ou se houver conluio entre os agentes.

§ 7.º No exercício do poder hierárquico, só responderá por *culpa in vigilando* aquele cuja omissão caracterizar erro grosseiro ou dolo.

§ 8.º O disposto neste artigo não exime o agente público de atuar de forma diligente e eficiente no cumprimento dos seus deveres constitucionais e legais.

ANÁLISE DE REGULARIDADE DA DECISÃO

Art. 13. A análise da regularidade da decisão não poderá substituir a atribuição do agente público, dos órgãos ou das entidades da administração pública no exercício de suas atribuições e competências, inclusive quanto à definição de políticas públicas.

§ 1.º A atuação de órgãos de controle privilegiará ações de prevenção antes de processos sancionadores.

§ 2.º A eventual estimativa de prejuízo causado ao erário não poderá ser considerada isolada e exclusivamente como motivação para se concluir pela irregularidade de atos, contratos, ajustes, processos ou normas administrativos.

DIREITO DE REGRESSO, DEFESA JUDICIAL E EXTRAJUDICIAL

Art. 14. No âmbito do Poder Executivo federal, o direito de regresso previsto no § 6.º do art. 37 da Constituição somente será exercido na hipótese de o agente público ter agido com dolo ou erro grosseiro em suas decisões ou opiniões técnicas, nos termos do disposto no art. 28 do Decreto-Lei n. 4.657, de 1942, e com observância aos princípios constitucionais da proporcionalidade e da razoabilidade.

Art. 15. O agente público federal que tiver que se defender, judicial ou extrajudicialmente, por ato ou conduta praticada no exercício regular de suas atribuições institucionais, poderá solicitar à Advocacia-Geral da União que avalie a verossimilhança de suas alegações e a consequente possibilidade de realizar sua defesa, nos termos do disposto no art. 22 da Lei n. 9.028, de 12 de abril de 1995, e nas demais normas de regência.

DECISÃO QUE IMPUSER SANÇÃO AO AGENTE PÚBLICO

Art. 16. A decisão que impuser sanção ao agente público considerará:

I – a natureza e a gravidade da infração cometida;

II – os danos que dela provierem para a administração pública;

III – as circunstâncias agravantes ou atenuantes;

IV – os antecedentes do agente;

V – o nexo de causalidade; e

VI – a culpabilidade do agente.

§ 1.º A motivação da decisão a que se refere o *caput* observará o disposto neste Decreto.

§ 2.º As sanções aplicadas ao agente público serão levadas em conta na dosimetria das demais sanções da mesma natureza e relativas ao mesmo fato.

Art. 17. O disposto no art. 12 não afasta a possibilidade de aplicação de sanções previstas em normas disciplinares, inclusive nos casos de ação ou de omissão culposas de natureza leve.

Capítulo V
DA SEGURANÇA JURÍDICA NA APLICAÇÃO DAS NORMAS

CONSULTA PÚBLICA PARA EDIÇÃO DE ATOS NORMATIVOS

Art. 18. A edição de atos normativos por autoridade administrativa poderá ser precedida de consulta pública para manifestação de interessados, preferencialmente por meio eletrônico.

§ 1.º A decisão pela convocação de consulta pública será motivada na forma do disposto no art. 3.º.

§ 2.º A convocação de consulta pública conterá a minuta do ato normativo, disponibilizará a motivação do ato e fixará o prazo e as demais condições.

§ 3.º A autoridade decisora não será obrigada a comentar ou considerar individualmente as manifestações apresentadas e poderá agrupar manifestações por conexão e eliminar aquelas repetitivas ou de conteúdo não conexo ou irrelevante para a matéria em apreciação.

§ 4.º As propostas de consulta pública que envolverem atos normativos sujeitos a despacho presidencial serão formuladas nos termos do disposto no Decreto n. 9.191, de 1.º de novembro de 2017.

SEGURANÇA JURÍDICA NA APLICAÇÃO DAS NORMAS

Art. 19. As autoridades públicas atuarão com vistas a aumentar a segurança jurídica na aplicação das normas, inclusive por meio de normas complementares, orientações normativas, súmulas, enunciados e respostas a consultas.

Parágrafo único. Os instrumentos previstos no *caput* terão caráter vinculante em relação ao órgão ou à entidade da administração pública a que se destinarem, até ulterior revisão.

PARECER DO ADVOGADO-GERAL DA UNIÃO E DE CONSULTORIAS JURÍDICAS E SÚMULAS DA ADVOCACIA-GERAL DA UNIÃO

Art. 20. O parecer do Advogado-Geral da União de que tratam os art. 40 e art. 41 da Lei Complementar n. 73, 10 de fevereiro de 1993, aprovado pelo Presidente da República e publicado no Diário Oficial da União juntamente com o despacho presidencial, vincula os órgãos e as entidades da administração pública federal, que ficam obrigados a lhe dar fiel cumprimento.

§ 1.º O parecer do Advogado-Geral da União aprovado pelo Presidente da República, mas não publicado, obriga apenas as repartições interessadas, a partir do momento em que dele tenham ciência.

§ 2.º Os pareceres de que tratam o *caput* e o § 1.º têm prevalência sobre outros mecanismos de uniformização de entendimento.

Art. 21. Os pareceres das consultorias jurídicas e dos órgãos de assessoramento jurídico, de que trata o art. 42 da Lei Complementar n. 73, de 1993, aprovados pelo respectivo Ministro de Estado, vinculam o órgão e as respectivas entidades vinculadas.

ORIENTAÇÕES NORMATIVAS

Art. 22. A autoridade que representa órgão central de sistema poderá editar orientações normativas ou enunciados que vincularão os órgãos setoriais e seccionais.

§ 1.º As controvérsias jurídicas sobre a interpretação de norma, instrução ou orientação de órgão central de sistema poderão ser submetidas à Advocacia-Geral da União.

§ 2.º A submissão à Advocacia-Geral da União de que trata o § 1.º será instruída com a posição do órgão jurídico do órgão central de sistema, do órgão jurídico que divergiu e dos outros órgãos que se pronunciaram sobre o caso.

ENUNCIADOS

Art. 23. A autoridade máxima de órgão ou da entidade da administração pública poderá editar enunciados que vinculem o próprio órgão ou a entidade e os seus órgãos subordinados.

TRANSPARÊNCIA

Art. 24. Compete aos órgãos e às entidades da administração pública manter atualizados, em seus sítios eletrônicos, as normas complementares, as orientações normativas, as súmulas e os enunciados a que se referem os art. 19 ao art. 23.

VIGÊNCIA

Art. 25. Este Decreto entra em vigor na data de sua publicação.

Brasília, 10 de junho de 2019; 198.º da Independência e 131.º da República.

JAIR MESSIAS BOLSONARO

CIRCULAR N. 587, DE 10 DE JUNHO DE 2019 (*)

Dispõe sobre regras e critérios para a elaboração e a comercialização de planos de seguro do ramo Fiança Locatícia.

O Superintendente da Superintendência de Seguros Privados – SUSEP, no uso das atribuições que lhe confere o art. 36, alíneas *b* e *c*, do Decreto-Lei n. 73, de 21 de novembro de 1966 e considerando o que consta no Processo SUSEP n. 15414.619344/2018-30. resolve:

Art. 1.º Estabelecer regras e critérios para a elaboração e a comercialização de planos de seguro do ramo Fiança Locatícia.

(*) Publicada no *Diário Oficial da União*, de 11-6-2019.

•• Sobre locação de imóveis urbanos *vide* Lei n. 8.245, de 18-10-1991.

• *Vide* arts. 565 a 578 (locação) e 818 a 826 (fiança) do CC.

Art. 2.º O seguro fiança locatícia destina-se a garantir o pagamento de indenização, ao segurado, pelos prejuízos que venha a sofrer em decorrência do inadimplemento das obrigações contratuais do locatário previstas no contrato de locação do imóvel, de acordo com as coberturas contratadas e limites da apólice.

§ 1.º A cobertura de falta de pagamento de alugueis é a cobertura básica do plano de seguro fiança locatícia, sendo de contratação obrigatória.

§ 2.º O plano de seguro fiança locatícia poderá prever outras coberturas para garantir as demais obrigações do locatário previstas no contrato de locação, as quais serão de contratação facultativa, respeitado o disposto nos §§ 1.º e 2.º do art. 3.º, mediante pagamento de prêmio adicional.

Art. 3.º O seguro fiança locatícia é um contrato acessório ao contrato de locação.

§ 1.º O seguro fiança locatícia deve respeitar as cláusulas do contrato de locação e sua legislação específica, principalmente, no que diz respeito às obrigações do locatário que devem ser garantidas.

§ 2.º As obrigações do locatário serão garantidas através da contratação da cobertura básica, mencionada no §1.º do art. 2.º, em conjunto com as coberturas adicionais, mencionadas no §2.º do art. 2.º, necessárias para atendimento ao disposto no parágrafo anterior.

§ 3.º O atendimento ao disposto no § 1.º deste artigo é de responsabilidade da seguradora e do corretor de seguros, se houver.

Art. 4.º Para fins desta Circular, define-se como:

I – segurado: locador do imóvel, conforme definido no contrato de locação coberto pelo contrato de fiança locatícia;

II – garantido: locatário do imóvel, conforme definido no contrato de locação coberto pelo contrato de fiança locatícia;

III – expectativa de sinistro: período compreendido entre a 1.º (primeira) inadimplência do garantido e a caracterização de sinistro;

IV – sinistro: inadimplência das obrigações do garantido, cobertas pelo seguro, caracterizado nos termos desta circular.

Art. 5.º O seguro fiança locatícia aplica-se apenas a cobertura de riscos oriundos dos contratos de locação de imóveis em território brasileiro.

Art. 6.º O seguro fiança locatícia poderá ser contratado mediante apólice individual ou apólice coletiva.

Parágrafo único. Para fins dessa norma, quando se tratar de apólice coletiva, todos os dispositivos relacionados à apólice aplicam-se ao certificado individual.

Art. 7.º A seguradora e o corretor de seguros, se houver, devem ser definidos mediante acordo entre segurado e garantido.

Art. 8.º A apólice deverá conter em seu frontispício, além das informações mínimas exigidas por normativo específico, a identificação do garantido, o percentual e o valor da remuneração do estipulante, se houver.

Art. 9.º A seguradora e o corretor de seguros, se houver, deverão informar o percentual e o valor da comissão de corretagem aplicados à apólice, sempre que estes forem solicitados pelo garantido ou pelo segurado.

Art. 10. A seguradora deverá encaminhar cópia da apólice ao segurado e ao garantido, através dos meios legais permitidos.

Art. 11. É vedada a contratação de mais de um seguro fiança locatícia cobrindo o mesmo contrato de locação.

Art. 12. Da proposta e das Condições Gerais do plano de seguro fiança locatícia deverão constar, em destaque, as seguintes informações:

I – "O seguro fiança locatícia é destinado à garantia dos prejuízos sofridos pelo locador em função de inadimplência do locatário";

II – "O seguro fiança locatícia não isenta o locatário de nenhuma obrigação prevista no contrato de locação";

III – "O prêmio é a contrapartida paga à seguradora para que esta assuma os riscos de inadimplência do garantido, o qual não será retornado ao locatário ao final da vigência da apólice";

IV – "A falta de pagamento dos prêmios poderá acarretar o ajuste do prazo de vigência da apólice, a suspensão da cobertura ou até o cancelamento da apólice. O segurado visando manter a cobertura original da apólice poderá realizar o pagamento dos prêmios inadimplidos"; e

V – "O segurado ou o garantido poderão solicitar, a qualquer tempo, que a seguradora ou o corretor de seguros, se houver, informe o percentual e o valor da comissão de corretagem aplicada à apólice".

Art. 13. O prazo de vigência do contrato de seguro fiança locatícia é o mesmo do respectivo contrato de locação.

§ 1.º Na hipótese de prorrogação do contrato de locação por prazo indeterminado, ou por força de ato normativo, a cobertura do seguro somente persistirá mediante análise do risco e aceitação de nova proposta por parte da seguradora.

§ 2.º Caso a seguradora aceite a proposta mencionada no parágrafo anterior, a apólice será renovada pelo prazo estipulado entre segurado e garantido, com possibilidade de renovações posteriores, na forma da legislação vigente.

§ 3.º As renovações posteriores mencionadas no parágrafo anterior também dependerão de análise de risco e aceitação de nova proposta por parte da seguradora.

Art. 14. Se ocorrer o término antecipado do contrato de locação, a apólice será cancelada, a partir dessa data.

§ 1.º Exceto no caso de sinistro, o valor do prêmio pago proporcional ao prazo a decorrer deverá ser devolvido ao responsável pelo pagamento do prêmio.

§ 2.º Caso segurado e garantido tenham pago parcelas do prêmio, a devolução do prêmio deverá ocorrer de forma proporcional ao prêmio pago por cada uma das partes.

§ 3.º Tanto o segurado quanto o garantido poderão comunicar à seguradora o término antecipado do contrato de locação, desde que apresente documento comprobatório.

Art. 15. Os limites da apólice correspondem ao valor máximo de responsabilidade assumido pela seguradora, pela apólice (Limite Máximo de Garantia - LMG) e por cobertura contratada (Limite Máximo de Cobertura - LMI).

Parágrafo único. Os limites da apólice serão definidos mediante acordo entre segurado e garantido e em consonância com o contrato de locação.

Art. 16. O índice e a periodicidade de atualização de valores da apólice deverão ser os mesmos definidos no contrato de locação.

•• *Caput* com redação determinada pela Circular n. 594, de 26-11-2019, da SUSEP.

Parágrafo único. Os critérios de atualização de valores devem ser objetivamente fixados nas Condições Contratuais e justificados na Nota Técnica Atuarial.

•• Parágrafo único acrescentado pela Circular n. 594, de 26-11-2019, da SUSEP.

Art. 17. A seguradora deve deixar claro, nas Condições Contratuais, as regras e procedimentos a serem adotados no caso de alterações efetuadas no contrato de locação.

§ 1.º A apólice deverá acompanhar todas as alterações previamente estabelecidas no contrato de locação, devendo ser emitido o respectivo endosso.

§ 2.º A apólice poderá acompanhar as alterações posteriormente efetuadas no contrato de locação, desde que haja o aceite pela seguradora, devendo ser emitido o respectivo endosso.

§ 3.º Os critérios de recálculo do prêmio devem ser objetivamente fixados nas Condições Contratuais e justificados na Nota Técnica Atuarial.

Art. 18 A apólice somente poderá ser alterada com a concordância expressa do segurado e do garantido, ressalvadas as situações descritas no art. 16 e no §1.º do art. 17 desta Circular.

Art. 19. A forma de contratação do seguro fiança locatícia é primeiro risco absoluto.

Art. 20. O garantido é o responsável pelo pagamento do prêmio do seguro.

§ 1.º A seguradora deverá comunicar ao segurado a falta de pagamento de qualquer parcela do prêmio.

§ 2.º O segurado poderá efetuar o pagamento dos prêmios, na hipótese de inadimplência do garantido, para manter a cobertura do seguro.

§ 3.º A seguradora deve deixar claro, nas Condições Contratuais, os critérios e procedimentos a serem adotados pelo segurado para a manutenção da cobertura mencionada no parágrafo anterior.

Art. 21. Iniciada a expectativa de sinistro, a seguradora poderá prever o pagamento de adiantamentos ao segurado, correspondentes aos valores inadimplidos, até que o sinistro seja caracterizado.

§ 1.º A seguradora deverá definir claramente os critérios para concessão do adiantamento.

§ 2.º O segurado obriga-se a devolver à seguradora qualquer valor de adiantamento recebido indevidamente ou em excesso.

§ 3.º A concessão de adiantamentos não significa reconhecimento por parte da seguradora da existência de cobertura.

Art. 22. Para as hipóteses em que o garantido não efetue o pagamento do aluguel e/ou encargos legais no prazo fixado no contrato de locação, a seguradora não poderá estabelecer um prazo máximo para que o segurado promova a competente medida judicial.

Art. 23. O sinistro estará caracterizado:

I – pela decretação do despejo; ou

II – pelo abandono do imóvel; ou

III – pela entrega amigável das chaves.

§ 1.º Caracterizado o sinistro, considera-se como data do sinistro a data do início do período de expectativa de sinistro, a qual corresponde à primeira inadimplência do garantido.

§ 2.º A caracterização ou comunicação do sinistro ocorridas fora do prazo de vigência da apólice não são fatos que justifiquem a negativa do sinistro.

Art. 24. A indenização será calculada com base nos prejuízos verificados até a data:

I – determinada na sentença decretatória para a desocupação voluntária do imóvel, ou a data da desocupação voluntária do imóvel, se esta ocorrer primeiro, no caso de decretação do despejo;

II – em que o segurado foi imitido na posse do imóvel, no caso de abandono do imóvel;

III – do recibo de entrega das chaves, no caso de entrega amigável das mesmas.

Art. 25. Quando contratada cobertura para danos físicos ao imóvel e em caso de divergências sobre a avaliação dos danos ao imóvel, a seguradora deverá propor ao segurado, por meio de correspondência escrita ou outro meio legal permitido, no prazo máximo de 15 (quinze) dias, a contar da data da contestação por parte do interessado, a designação de um perito independente.

Parágrafo único. O perito independente será pago, em partes iguais, pelo segurado e pela seguradora.

Art. 26. Além das disposições desta Circular, os contratos, planos e demais operações de seguro fiança locatícia deverão observar a legislação e a regulamentação em vigor, quando não colidirem com a presente norma.

Art. 27. As sociedades seguradoras não poderão comercializar novos contratos de seguro fiança locatícia, em desacordo com as disposições desta Circular, após 270 (duzentos e setenta) dias, contados da data de sua publicação.

•• *Caput* com redação determinada pela Circular n. 594, de 26-11-2019, da SUSEP.

§ 1.º Os planos atualmente em comercialização deverão ser substituídos por novos planos, já adaptados a esta Circular, até a data prevista no *caput*, mediante a abertura de novo processo administrativo.

§ 2.º Após a data prevista no *caput*, todos os processos de seguro fiança locatícia com data de abertura anterior à data de publicação desta Circular serão automaticamente encerrados e arquivados.

§ 3.º A partir da publicação desta Circular, novos planos submetidos à análise já deverão estar adaptados às suas disposições.

Art. 28. Os contratos de seguro fiança locatícia em vigor que estejam em desacordo com as disposições desta Circular e que tenham seu término de vigência:

•• *Caput* com redação determinada pela Circular n. 594, de 26-11-2019, da SUSEP.

I – antes do prazo estabelecido no artigo anterior, poderão ser renovados uma única vez;

•• Inciso I acrescentado pela Circular n. 594, de 26-11-2019, da SUSEP.

II – após o prazo estabelecido no artigo anterior, poderão vigorar, apenas, até o término de sua vigência.

•• Inciso II acrescentado pela Circular n. 594, de 26-11-2019, da SUSEP.

Art. 29. Esta Circular entra em vigor na data de sua publicação, ficando revogada a Circular SUSEP n. 347/2007.

Solange Paiva Vieira

LEI N. 13.874, DE 20 DE SETEMBRO DE 2019 (*)

Institui a Declaração de Direitos de Liberdade Econômica; estabelece garantias de livre mercado; altera as Leis n. 10.406, de 10 de janeiro de 2002 (Código Civil), 6.404, de 15 de dezembro de 1976, 11.598, de 3 de dezembro de 2007, 12.682, de 9 de julho de 2012, 6.015, de 31 de dezembro de 1973, 10.522, de 19 de julho de 2002, 8.934, de 18 de novembro 1994, o Decreto-lei n. 9.760, de 5 de setembro de 1946 e a Consolidação das Leis do Trabalho, aprovada pelo Decreto-lei n. 5.452, de 1.º de maio de 1943; revoga a Lei Delegada n. 4, de 26 de setembro de 1962, a Lei n. 11.887, de 24 de dezembro de 2008, e dispositivos do Decreto-lei n. 73, de 21 de novembro de 1966; e dá outras providências.

O Presidente da República

Faço saber que o Congresso Nacional decreta e eu sanciono a seguinte Lei:

Capítulo I
DISPOSIÇÕES GERAIS

•• *Vide* art. 1.º, § 3.º, desta Lei.

Art. 1.º Fica instituída a Declaração de Direitos de Liberdade Econômica, que estabelece normas de proteção à livre-iniciativa e ao livre exercício de atividade econômica e disposições sobre a atuação do Estado como agente normativo e regulador, nos termos do inciso IV do *caput* do art. 1.º, do parágrafo único do art. 170 e do *caput* do art. 174 da Constituição Federal.

§ 1.º O disposto nesta Lei será observado na aplicação e na interpretação do direito civil, empresarial, econômico, urbanístico e do trabalho nas relações jurídicas que se encontrem no seu âmbito de aplicação e na ordenação pública, inclusive sobre exercício das profissões, comércio, juntas comerciais, registros públicos, trânsito, transporte e proteção ao meio ambiente.

§ 2.º Interpretam-se em favor da liberdade econômica, da boa-fé e do respeito aos contratos, aos investimentos e à propriedade todas as normas de ordenação pública sobre atividades econômicas privadas.

§ 3.º O disposto neste Capítulo e nos Capítulos II e III desta Lei não se aplica ao direito tributário e ao direito financeiro, ressalvado o disposto no inciso X do *caput* do art. 3.º desta Lei.

•• § 3.º com redação determinada pela Lei n. 14.195, de 26-8-2021.

§ 4.º O disposto nos arts. 1.º, 2.º, 3.º e 4.º desta Lei constitui norma geral de direito econômico, conforme o disposto no inciso I do *caput* e nos §§ 1.º, 2.º, 3.º e 4.º do art. 24 da Constituição Federal, e será observado para todos os atos públicos de liberação da atividade econômica executados pelos Estados, pelo Distrito Federal e pelos Municípios, nos termos do § 2.º deste artigo.

§ 5.º O disposto no inciso IX do *caput* do art. 3.º desta Lei não se aplica aos Estados, ao Distrito Federal e aos Municípios, exceto se:

I – o ato público de liberação da atividade econômica for derivado ou delegado por legislação ordinária federal; ou

II – o ente federativo ou o órgão responsável pelo ato decidir vincular-se ao disposto no inciso IX do *caput* do art. 3.º desta Lei por meio de instrumento válido e próprio.

§ 6.º Para fins do disposto nesta Lei, consideram-se atos públicos de liberação a licença, a autorização, a concessão, a inscrição, a permissão, o alvará, o cadastro, o credenciamento, o estudo, o plano, o registro e os demais atos exigidos, sob qualquer denominação, por órgão ou entidade da administração pública na aplicação de legislação, como condição para o exercício de atividade econômica, inclusive o início, a continuação e o fim para a instalação, a construção, a operação, a produção, o funcionamento, o uso, o exercício ou a realização, no âmbito público ou privado, de atividade, serviço, estabelecimento, profissão,

(*) Publicada no *Diário Oficial da União*, de 20-9-2019.

instalação, operação, produto, equipamento, veículo, edificação e outros.

Art. 2.º São princípios que norteiam o disposto nesta Lei:

I – a liberdade como uma garantia no exercício de atividades econômicas;

II – a boa-fé do particular perante o poder público;

III – a intervenção subsidiária e excepcional do Estado sobre o exercício de atividades econômicas; e

IV – o reconhecimento da vulnerabilidade do particular perante o Estado.

Parágrafo único. Regulamento disporá sobre os critérios de aferição para afastamento do inciso IV do *caput* deste artigo, limitados a questões de má-fé, hipersuficiência ou reincidência.

Capítulo II
DA DECLARAÇÃO DE DIREITOS DE LIBERDADE ECONÔMICA

•• *Vide* art. 1.º, § 3.º, desta Lei.

Art. 3.º São direitos de toda pessoa, natural ou jurídica, essenciais para o desenvolvimento e o crescimento econômicos do País, observado o disposto no parágrafo único do art. 170 da Constituição Federal:

I – desenvolver atividade econômica de baixo risco, para a qual se valha exclusivamente de propriedade privada própria ou de terceiros consensuais, sem a necessidade de quaisquer atos públicos de liberação da atividade econômica;

II – desenvolver atividade econômica em qualquer horário ou dia da semana, inclusive feriados, sem que para isso esteja sujeita a cobranças ou encargos adicionais, observadas:

a) as normas de proteção ao meio ambiente, incluídas as de repressão à poluição sonora e à perturbação do sossego público;

b) as restrições advindas de contrato, de regulamento condominial ou de outro negócio jurídico, bem como as decorrentes das normas de direito real, incluídas as de direito de vizinhança; e

c) a legislação trabalhista;

III – definir livremente, em mercados não regulados, o preço de produtos e de serviços como consequência de alterações da oferta e da demanda;

IV – receber tratamento isonômico de órgãos e de entidades da administração pública quanto ao exercício de atos de liberação da atividade econômica, hipótese em que o ato de liberação estará vinculado aos mesmos critérios de interpretação adotados em decisões administrativas análogas anteriores, observado o disposto em regulamento;

V – gozar de presunção de boa-fé nos atos praticados no exercício da atividade econômica, para os quais as dúvidas de interpretação do direito civil, empresarial, econômico e urbanístico serão resolvidas de forma a preservar a autonomia privada, exceto se houver expressa disposição legal em contrário;

VI – desenvolver, executar, operar ou comercializar novas modalidades de produtos e de serviços quando as normas infralegais se tornarem desatualizadas por força de desenvolvimento tecnológico consolidado internacionalmente, nos termos estabelecidos em regulamento, que disciplinará os requisitos para aferição da situação concreta, os procedimentos, o momento e as condições dos efeitos;

•• O Decreto n. 10.229, de 5-2-2020, regulamenta o direito de desenvolver, executar, operar ou comercializar produto ou serviço em desacordo com a norma técnica desatualizada, de que trata este inciso.

VII – (*vetado.*)

VIII – ter a garantia de que os negócios jurídicos empresariais paritários serão objeto de livre estipulação das partes pactuantes, de forma a aplicar todas as regras de direito empresarial apenas de maneira subsidiária ao avençado, exceto normas de ordem pública;

IX – ter a garantia de que, nas solicitações de atos públicos de liberação da atividade econômica que se sujeitam ao disposto nesta Lei, apresentados todos os elementos necessários à instrução do processo, o particular será cientificado expressa e imediatamente do prazo máximo estipulado para a análise de seu pedido e de que, transcorrido o prazo fixado, o silêncio da autoridade competente importará aprovação tácita para todos os efeitos, ressalvadas as hipóteses expressamente vedadas em lei;

•• *Vide* art. 1.º, § 5.º, desta Lei.

X – arquivar qualquer documento por meio de microfilme ou por meio digital, conforme técnica e requisitos estabelecidos em regulamento, hipótese em que se equiparará a documento físico para todos os efeitos legais e para a comprovação de qualquer ato de direito público;

•• *Vide* art. 1.º, § 3.º, desta Lei.

XI – não ser exigida medida ou prestação compensatória ou mitigatória abusiva, em sede de estudos de impacto ou outras liberações de atividade econômica no direito urbanístico, entendida como aquela que:

a) (*vetada.*)

b) requeira medida que já era planejada para execução antes da solicitação pelo particular, sem que a atividade econômica altere a demanda para execução da referida medida;

c) utilize-se do particular para realizar execuções que compensem impactos que existiriam independentemente do empreendimento ou da atividade econômica solicitada;

d) requeira a execução ou prestação de qualquer tipo para áreas ou situação além daquelas diretamente impactadas pela atividade econômica; ou

e) mostre-se sem razoabilidade ou desproporcional, inclusive utilizada como meio de coação ou intimidação; e

XII – não ser exigida pela administração pública direta ou indireta certidão sem previsão expressa em lei.

§ 1.º Para fins do disposto no inciso I do *caput* deste artigo:

I – ato do Poder Executivo federal disporá sobre a classificação de atividades de baixo risco a ser observada na ausência de legislação estadual, distrital ou municipal específica;

II – na hipótese de ausência de ato do Poder Executivo federal de que trata o inciso I deste parágrafo, será aplicada resolução do Comitê para Gestão da Rede Nacional para a Simplificação do Registro e da Legalização de Empresas e Negócios (CGSIM), independentemente da aderência do ente federativo à Rede Nacional para a Simplificação do Registro e da Legalização de Empresas e Negócios (Redesim); e

• A Lei n. 11.598, de 3-12-2007, estabelece diretrizes e procedimentos para a simplificação e integração do processo de registro e legalização de empresários e pessoas jurídicas e cria a Redesim – Rede Nacional para a Simplificação do Registro e da Legalização de Empresas e Negócios.

III – na hipótese de existência de legislação estadual, distrital ou municipal sobre a classificação de atividades de baixo risco, o ente federativo que editar ou tiver editado norma específica encaminhará notificação ao Ministério da Economia sobre a edição de sua norma.

§ 2.º A fiscalização do exercício do direito de que trata o inciso I do *caput* deste artigo será realizada posteriormente, de ofício ou como consequência de denúncia encaminhada à autoridade competente.

§ 3.º O disposto no inciso III do *caput* deste artigo não se aplica:

I – às situações em que o preço de produtos e de serviços seja utilizado com a finalidade de reduzir o valor do tributo, de postergar a sua arrecadação ou de remeter lucros em forma de custos ao exterior; e

II – à legislação de defesa da concorrência, aos direitos do consumidor e às demais disposições protegidas por lei federal.

§ 4.º (*Revogado pela Lei n. 14.011, de 10-6-2020.*)

§ 5.º O disposto no inciso VIII do *caput* deste artigo não se aplica à empresa pública e à sociedade de economia mista definidas nos arts. 3º e 4.º da Lei n. 13.303, de 30 de junho de 2016.

§ 6.º O disposto no inciso IX do *caput* deste artigo não se aplica quando:

I – versar sobre questões tributárias de qualquer espécie ou de concessão de registro de marcas;

II – a decisão importar em compromisso financeiro da administração pública; e

III – houver objeção expressa em tratado em vigor no País.

§ 7.º A aprovação tácita prevista no inciso IX do *caput* deste artigo não se aplica quando a titularidade da solicitação for de agente público ou de seu cônjuge, companheiro ou parente em linha reta ou colateral, por consanguinidade ou afinidade, até o 3.º (terceiro) grau, dirigida a autoridade administrativa ou política do próprio órgão ou entidade da administração pública em que desenvolva suas atividades funcionais.

§ 8.º O prazo a que se refere o inciso IX do *caput* deste artigo será definido pelo órgão ou pela entidade da administração pública solicitada, observados os princípios da impessoalidade e da eficiência e os limites máximos estabelecidos em regulamento.

§ 9.º (*vetado.*)

§ 10. O disposto no inciso XI do *caput* deste artigo não se aplica às situações de acordo resultantes de ilicitude.

§ 11. Para os fins do inciso XII do *caput* deste artigo, é ilegal delimitar prazo de validade de certidão emitida sobre fato imutável, inclusive sobre óbito.

Capítulo III
DAS GARANTIAS DE LIVRE-INICIATIVA

•• *Vide* art. 1.º, § 3.º, desta Lei.

Art. 4.º É dever da administração pública e das demais entidades que se vinculam a esta Lei, no exercício de regulamentação de norma pública pertencente à legislação sobre a qual esta Lei versa, exceto se em estrito cumprimento a previsão explícita em lei, evitar o abuso do poder regulatório de maneira a, indevidamente:

I – criar reserva de mercado ao favorecer, na regulação, grupo econômico, ou profissional, em prejuízo dos demais concorrentes;

II – redigir enunciados que impeçam a entrada de novos competidores nacionais ou estrangeiros no mercado;

III – exigir especificação técnica que não seja necessária para atingir o fim desejado;

IV – redigir enunciados que impeçam ou retardem a inovação e a adoção de novas tecnologias, processos ou modelos de negócios, ressalvadas as situações consideradas em regulamento como de alto risco;

V – aumentar os custos de transação sem demonstração de benefícios;

VI – criar demanda artificial ou compulsória de produto, serviço ou atividade profissional, inclusive de uso de cartórios, registros ou cadastros;

VII – introduzir limites à livre formação de sociedades empresariais ou de atividades econômicas;

VIII – restringir o uso e o exercício da publicidade e propaganda sobre um setor econômico, ressalvadas as hipóteses expressamente vedadas em lei federal; e

IX – exigir, sob o pretexto de inscrição tributária, requerimentos de outra natureza de maneira a mitigar os efeitos do inciso I do *caput* do art. 3.º desta Lei.

Art. 4.º-A. É dever da administração pública e das demais entidades que se sujeitam a esta Lei, na aplicação da ordenação pública sobre atividades econômicas privadas:

•• *Caput* acrescentado pela Lei n. 14.195, de 26-8-2021.

I – dispensar tratamento justo, previsível e isonômico entre os agentes econômicos;

•• Inciso I acrescentado pela Lei n. 14.195, de 26-8-2021.

II – proceder à lavratura de autos de infração ou aplicar sanções com base em termos subjetivos ou abstratos somente quando estes forem propriamente regulamentados por meio de critérios claros, objetivos e previsíveis; e

•• Inciso II acrescentado pela Lei n. 14.195, de 26-8-2021.

III – observar o critério de dupla visita para lavratura de autos de infração decorrentes do exercício de atividade considerada de baixo ou médio risco.

•• Inciso III acrescentado pela Lei n. 14.195, de 26-8-2021.

§ 1.º Os órgãos e as entidades competentes, na forma do inciso II do *caput* deste artigo, editarão atos normativos para definir a aplicação e a incidência de conceitos subjetivos ou abstratos por meio de critérios claros, objetivos e previsíveis, observado que:

•• § 1.º acrescentado pela Lei n. 14.195, de 26-8-2021.

I – nos casos de imprescindibilidade de juízo subjetivo para a aplicação da sanção, o ato normativo determinará o procedimento para sua aferição, de forma a garantir a maior previsibilidade e impessoalidade possível;

•• Inciso I acrescentado pela Lei n. 14.195, de 26-8-2021.

II – a competência da edição dos atos normativos infralegais equivalentes a que se refere este parágrafo poderá ser delegada pelo Poder competente conforme sua autonomia, bem como pelo órgão ou pela entidade responsável pela lavratura do auto de infração.

•• Inciso II acrescentado pela Lei n. 14.195, de 26-8-2021.

§ 2.º Para os fins administrativos, controladores e judiciais, consideram-se plenamente atendidos pela administração pública os requisitos previstos no inciso II do *caput* deste artigo, quando a advocacia pública, no âmbito da União, dos Estados, do Distrito Federal e dos Municípios, nos limites da respectiva competência, tiver previamente analisado o ato de que trata o § 1.º deste artigo.

•• § 2.º acrescentado pela Lei n. 14.195, de 26-8-2021.

§ 3.º Os órgãos e as entidades deverão editar os atos normativos previstos no § 1.º deste artigo no prazo de 4 (quatro) anos, podendo o Poder Executivo estabelecer prazo inferior em regulamento.

•• § 3.º acrescentado pela Lei n. 14.195, de 26-8-2021.

§ 4.º O disposto no inciso II do *caput* deste artigo aplica-se exclusivamente ao ato de lavratura decorrente de infrações referentes a matérias nas quais a atividade foi considerada de baixo ou médio risco, não se aplicando a órgãos e a entidades da administração pública que não a tenham assim classificado, de forma direta ou indireta, de acordo com os seguintes critérios:

•• § 4.º, *caput*, acrescentado pela Lei n. 14.195, de 26-8-2021.

I – direta, quando realizada pelo próprio órgão ou entidade da administração pública que procede à lavratura; e

•• Inciso I acrescentado pela Lei n. 14.195, de 26-8-2021.

II – indireta, quando o nível de risco aplicável decorre de norma hierarquicamente superior ou subsidiária, por força de lei, desde que a classificação refira-se explicitamente à matéria sobre a qual se procederá a lavratura.

•• Inciso II acrescentado pela Lei n. 14.195, de 26-8-2021.

Capítulo IV
DA ANÁLISE DE IMPACTO REGULATÓRIO

Art. 5.º As propostas de edição e de alteração de atos normativos de interesse geral de agentes econômicos ou de usuários dos serviços prestados, editadas por órgão ou entidade da administração pública federal, incluídas as autarquias e as fundações públicas, serão precedidas da realização de análise de impacto regulatório, que conterá informações e dados sobre os possíveis efeitos do ato normativo para verificar a razoabilidade do seu impacto econômico.

•• O Decreto n. 10.411, de 30-6-2020, regulamenta a análise de impacto regulatório de que trata este artigo.

Parágrafo único. Regulamento disporá sobre a data de início da exigência de que trata o *caput* deste artigo e sobre o conteúdo, a metodologia da análise de impacto regulatório, os quesitos mínimos a serem objeto de exame, as hipóteses em que será obrigatória sua realização e as hipóteses em que poderá ser dispensada.

Capítulo V
DAS ALTERAÇÕES LEGISLATIVAS E DISPOSIÇÕES FINAIS

Art. 6.º Fica extinto o Fundo Soberano do Brasil (FSB), fundo especial de natureza contábil e financeira, vinculado ao Ministério da Economia, criado pela Lei n. 11.887, de 24 de dezembro de 2008.

Art. 7.º A Lei n. 10.406, de 10 de janeiro de 2002 (Código Civil), passa a vigorar com as seguintes alterações:

•• Alterações já processadas no diploma modificado.

....

Art. 9.º O art. 4.º da Lei n. 11.598, de 3 de dezembro de 2007, passa a vigorar acrescido do seguinte § 5.º:

•• Alteração já processada no diploma modificado.

....

Art. 11. O Decreto-lei n. 9.760, de 5 de setembro de 1946, passa a vigorar com as seguintes alterações:

•• Alterações já processadas no diploma modificado.

Art. 12. O art. 1.º da Lei n. 6.015, de 31 de dezembro de 1973, passa a vigorar acrescido do seguinte § 3.º:

•• Alteração já processada no diploma modificado.

....

Art. 14. A Lei n. 8.934, de 18 de novembro de 1994, passa a vigorar com as seguintes alterações:

•• Alterações já processadas no diploma modificado.

....

Art. 16. O Sistema de Escrituração Digital das Obrigações Fiscais, Previdenciárias e Trabalhistas (eSocial) será substituído, em nível federal, por sistema simplificado de escrituração digital de obrigações previdenciárias, trabalhistas e fiscais.

Parágrafo único. Aplica-se o disposto no *caput* deste artigo às obrigações acessórias à versão digital gerenciadas pela Receita Federal do Brasil do Livro de Controle de Produção e Estoque da Secretaria Especial da Receita Federal do Brasil (Bloco K).

Art. 17. Ficam resguardados a vigência e a eficácia ou os efeitos dos atos declaratórios do Procurador-Geral da Fazenda Nacional, aprovados pelo Ministro de Estado respectivo e editados até a data de publicação desta Lei, nos termos do inciso II do *caput* do art. 19 da Lei n. 10.522, de 19 de julho de 2002.

Art. 18. A eficácia do disposto no inciso X do *caput* do art. 3.º desta Lei fica condicionada à regulamentação em ato do Poder Executivo federal, observado que:

I – para documentos particulares, qualquer meio de comprovação da autoria, integridade e, se necessário, confidencialidade de documentos em forma eletrônica é válido, desde que escolhido de comum acordo pelas partes ou aceito pela pessoa a quem for oposto o documento; e

II – independentemente de aceitação, o processo de digitalização que empregar o uso da certificação no padrão da Infraestrutura de Chaves Públicas Brasileira (ICP-Brasil) terá garantia de integralidade, autenticidade e confidencialidade para documentos públicos e privados.

Art. 19. Ficam revogados:

I – a Lei Delegada n. 4, de 26 de setembro de 1962;

II – os seguintes dispositivos do Decreto-lei n. 73, de 21 de novembro de 1966:

a) inciso III do *caput* do art. 5.º; e

b) inciso X do *caput* do art. 32;

III – a Lei n. 11.887, de 24 de dezembro de 2008;

IV – (*vetado*.)

V – os seguintes dispositivos da Consolidação das Leis do Trabalho, aprovada pelo Decreto-lei n. 5.452, de 1.º de maio de 1943:

a) art. 17;

b) art. 20;

c) art. 21;

d) art. 25;

e) art. 26;

f) art. 30;

g) art. 31;

h) art. 32;

i) art. 33;

j) art. 34;

k) inciso II do art. 40;

l) art. 53;

m) art. 54;

n) art. 56;

o) art. 141;

p) parágrafo único do art. 415;

q) art. 417;

r) art. 419;

s) art. 420;

t) art. 421;

u) art. 422; e

v) art. 633;

VI – os seguintes dispositivos da Lei n. 8.934, de 18 de novembro de 1994:

a) parágrafo único do art. 2.º;

b) inciso VIII do *caput* do art. 35;

c) art. 43; e

d) parágrafo único do art. 47;

Art. 20. Esta Lei entra em vigor:

I – (*vetado*.)

II – na data de sua publicação, para os demais artigos.

Brasília, 20 de setembro de 2019; 198.º da Independência e 131.º da República.

JAIR MESSIAS BOLSONARO

LEI N. 13.986, DE 7 DE ABRIL DE 2020 (*)

Institui o Fundo Garantidor Solidário (FGS); dispõe sobre o patrimônio rural em afetação, a Cédula Imobiliária Rural (CIR), a escrituração de títulos de crédito e a concessão de subvenção econômica para empresas cerealistas; altera as Leis n. 8.427, de 27 de maio de 1992, 8.929, de 22 de agosto de 1994, 11.076, de 30 de dezembro de 2004, 10.931, de 2 de agosto de 2004, 12.865, de 9 de outubro de 2013, 5.709, de 7 de outubro de 1971, 6.634, de 2 de maio de 1979, 6.015, de 31 de dezembro de 1973, 7.827, de 27 de setembro de 1989, 8.212, de 24 de julho de 1991, 10.169, de 29 de dezembro de 2000, 11.116, de 18 de maio de 2005, 12.810, de 15 de maio de 2013, 13.340, de 28 de setembro de 2016, 13.576, de 26 de dezembro de 2017, e o Decreto-Lei n. 167, de 14 de fevereiro de 1967; revoga dispositivos das Leis n. 4.728, de 14 de julho de 1965, e 13.476, de 28 de agosto de 2017, e dos Decretos-Leis n. 13, de 18 de julho de 1966; 14, de 29 de julho de 1966; e 73, de 21 de novembro de 1966; e dá outras providências.

O Presidente da República

Faço saber que o Congresso Nacional decreta e eu sanciono a seguinte Lei:

Capítulo I
DO FUNDO GARANTIDOR SOLIDÁRIO

Art. 1.º As operações de crédito realizadas por produtores rurais, incluídas as resultantes de consolidação de dívidas,

(*) Publicada no *Diário Oficial da União*, de 7-4-2020 – Edição extra.

poderão ser garantidas por Fundos Garantidores Solidários.

Parágrafo único. O disposto no *caput* deste artigo também se aplica ao financiamento para implantação e operação de infraestruturas de conectividade rural.

Art. 2.º Cada Fundo Garantidor Solidário (FGS) será composto de:

I – no mínimo 2 (dois) devedores;

II – o credor; e

III – o garantidor, se houver.

Parágrafo único. O Poder Executivo poderá limitar o número de devedores do FGS.

Art. 3.º Os participantes integralizarão os recursos do FGS, observados a seguinte estrutura de cotas e os seguintes percentuais mínimos, incidentes sobre os saldos devedores das operações financeiras garantidas pelo FGS:

I – cota primária, de responsabilidade dos devedores, correspondente a 4% (quatro por cento);

II – cota secundária, de responsabilidade do credor ou, na hipótese de consolidação, dos credores originais, correspondente a 4% (quatro por cento); e

III – cota terciária, de responsabilidade do garantidor, se houver, correspondente a 2% (dois por cento).

§ 1.º A cota terciária poderá ser integralizada por meio da redução do saldo devedor do credor garantido pelo FGS.

§ 2.º Na hipótese de consolidação de dívidas:

I – a instituição consolidadora poderá exigir a transferência das garantias oferecidas nas operações originais para a operação de consolidação; e

II – os percentuais de que trata o *caput* deste artigo incidirão sobre os valores que vierem a ser consolidados, considerando o crédito de cada um dos credores originais.

§ 3.º Os percentuais estabelecidos para composição do FGS poderão ser majorados, desde que se mantenha a proporção entre as cotas de mesma categoria de participantes, permitida a alteração da proporcionalidade entre as cotas primária, secundária e terciária, se houver.

§ 4.º Os recursos integralizados, enquanto não quitadas todas as operações garantidas pelo FGS, não responderão por outras dívidas ou obrigações, presentes ou futuras, contraídas pelos participantes, independentemente da natureza dessa dívida ou obrigação.

§ 5.º A garantia prestada pelo FGS, nos termos do art. 1.º desta Lei, ficará limitada aos recursos existentes nos respectivos fundos constituídos.

§ 6.º O FGS não pagará rendimentos aos seus cotistas, salvo na hipótese prevista no parágrafo único do art. 5.º desta Lei.

Art. 4.º O ressarcimento ao credor ou, na hipótese de consolidação, à instituição consolidadora, ocorrerá por meio da utilização dos recursos do FGS, após o vencimento e o não pagamento da parcela ou operação, observada a seguinte ordem:

I – cota primária;

II – cota secundária; e

III – cota terciária.

Art. 5.º O FGS será extinto após a quitação de todas as dívidas por ele garantidas ou o exaurimento de seus recursos.

Parágrafo único. Na hipótese de extinção do FGS pela quitação das dívidas, os recursos remanescentes, conforme disposto no art. 6.º desta Lei, serão devolvidos aos cotistas de modo a repor os valores inicialmente aportados, considerada a proporção da integralização efetuada por cada um deles, nesta ordem:

I – cota terciária;

II – cota secundária; e

III – cota primária.

Art. 6.º O Estatuto do Fundo disporá sobre a forma de constituição do FGS e sua administração, a remuneração do administrador, a utilização dos recursos e sua forma de atualização, a representação ativa e passiva do fundo, entre outras disposições necessárias ao seu funcionamento.

Capítulo II
DO PATRIMÔNIO RURAL EM AFETAÇÃO

Art. 7.º O proprietário de imóvel rural, pessoa natural ou jurídica, poderá submeter seu imóvel rural ou fração dele ao regime de afetação.

Parágrafo único. No regime de afetação de que trata o *caput* deste artigo, o terreno, as acessões e as benfeitorias nele fixadas, exceto as lavouras, os bens móveis e os semoventes, constituirão patrimônio rural em afetação, destinado a prestar garantias por meio da emissão de Cédula de Produto Rural (CPR), de que trata a Lei n. 8.929, de 22 de agosto de 1994, ou em operações financeiras contratadas pelo proprietário por meio de Cédula Imobiliária Rural (CIR).

Art. 8.º Fica vedada a constituição de patrimônio rural em afetação incidente sobre:

I – o imóvel já gravado por hipoteca, por alienação fiduciária de coisa imóvel ou por outro ônus real, ou, ainda, que tenha registrada ou averbada em sua matrícula qualquer uma das informações de que trata o art. 54 da Lei n. 13.097, de 19 de janeiro de 2015;

II – a pequena propriedade rural de que trata a alínea *a* do inciso II do *caput* do art. 4.º da Lei n. 8.629, de 25 de fevereiro de 1993;

III – a área de tamanho inferior ao módulo rural ou à fração mínima de parcelamento, o que for menor, nos termos do art. 8.º da Lei n. 5.868, de 12 de dezembro de 1972; ou

IV – o bem de família de que trata a Lei n. 10.406, de 10 de janeiro de 2002 (Código Civil), exceto na situação prevista no § 2.º do art. 4.º da Lei n. 8.009, de 29 de março de 1990.

Art. 9.º O patrimônio rural em afetação é constituído por solicitação do proprietário por meio de registro no cartório de registro de imóveis.

Art. 10. Os bens e os direitos integrantes do patrimônio rural em afetação não se comunicam com os demais bens, direitos e obrigações do patrimônio geral do proprietário ou de outros patrimônios rurais em afetação por ele constituídos, nas seguintes condições:

I – desde que vinculado o patrimônio rural em afetação a CIR ou a CPR;

II – na medida das garantias expressas na CIR ou na CPR a ele vinculadas.

§ 1.º Nenhuma garantia real, exceto por emissão de CIR ou de CPR, poderá ser constituída sobre o patrimônio rural em afetação.

§ 2.º O imóvel rural, enquanto estiver sujeito ao regime de afetação de que trata esta Lei, ainda que de modo parcial, não poderá ser objeto de compra e venda, doação, parcelamento ou qualquer outro ato translativo de propriedade por iniciativa do proprietário.

§ 3.º O patrimônio rural em afetação, ou parte dele, na medida da garantia vinculada a CIR ou a CPR:

I – não poderá ser utilizado para realizar ou garantir o cumprimento de qualquer outra obrigação assumida pelo proprietário estranha àquela a qual esteja vinculado; e

II – é impenhorável e não poderá ser objeto de constrição judicial.

§ 4.º O patrimônio rural em afetação ou a fração destes vinculados a CIR ou a CPR, incluídos o terreno, as acessões e as benfeitorias fixadas no terreno, exceto as lavouras, os bens móveis e os semoventes:

I – não são atingidos pelos efeitos da decretação de falência, insolvência civil ou recuperação judicial do proprietário de imóvel rural; e

II – não integram a massa concursal.

§ 5.º O disposto neste artigo não se aplica às obrigações trabalhistas, previdenciárias e fiscais do proprietário rural.

Art. 11. O oficial de registro de imóveis protocolará e autuará a solicitação de registro do patrimônio rural em afetação e os documentos a ela vinculados, na forma estabelecida nesta Lei.

Art. 12. A solicitação de que trata o art. 11 desta Lei será instruída com:

I – os documentos comprobatórios:

a) da inscrição do imóvel no Cadastro Nacional de Imóveis Rurais (CNIR), do domínio do requerente e da inexistência de ônus de qualquer espécie sobre o patrimônio do requerente e o imóvel rural;

b) da inscrição do imóvel no Cadastro Ambiental Rural (CAR), nos termos da Lei n. 12.651, de 25 de maio de 2012;

c) da regularidade fiscal, trabalhista e previdenciária do requerente; e

d) da certificação, perante o Sistema de Gestão Fundiária (Sigef) do Instituto Nacional de Colonização e Reforma Agrária (Incra), do georreferenciamento do imóvel do qual a totalidade ou a fração está sendo constituída como patrimônio rural em afetação;

II – a prova de atos que modifiquem ou limitem a propriedade do imóvel;

III – o memorial de que constem os nomes dos ocupantes e confrontantes com a indicação das respectivas residências;

IV – a planta do imóvel, obtida a partir de memorial descritivo assinado por profissional habilitado e com a Anotação de Responsabilidade Técnica, que deverá conter as coordenadas dos vértices definidores dos limites dos imóveis rurais, georreferenciadas ao Sistema Geodésico Brasileiro e com precisão posicional adotada pelo Incra para a certificação do imóvel perante o Sigef/Incra; e

V – as coordenadas dos vértices definidores dos limites do patrimônio afetado, georreferenciadas ao Sistema Geodésico Brasileiro e com precisão posicional adotada pelo Incra para certificação do imóvel perante o Sigef/Incra.

§ 1.º Os documentos de que tratam a alínea *c* do inciso I do *caput* deste artigo compreendem as certidões negativas de débitos fiscais perante as Fazendas Públicas, bem como de distribuição forense e de protestos do proprietário do imóvel, tanto no local de seu domicílio quanto no local do imóvel.

§ 2.º No caso de constituição de patrimônio rural em afetação sobre parte do imóvel rural, a fração não afetada deverá atender a todas as obrigações ambientais previstas em lei.

Art. 13. O oficial de registro de imóveis, caso considere a solicitação de constituição de patrimônio rural em afetação de imóvel rural ou a instrução de que trata o art. 12 em desacordo com o disposto nesta Lei, concederá o prazo de 30 (trinta) dias, contado da data da decisão, para que o interessado faça as correções necessárias, sob pena de indeferimento da solicitação.

Parágrafo único. O interessado poderá solicitar a reconsideração da decisão do oficial de registro de imóveis.

Art. 14. Incumbe ao proprietário que constituir o patrimônio rural em afetação:

I – promover os atos necessários à administração e à preservação do patrimônio rural em afetação, inclusive por meio da adoção de medidas judiciais; e

II – manter-se adimplente com as obrigações tributárias e os encargos fiscais, previdenciários e trabalhistas de sua responsabilidade, incluída a remuneração dos trabalhadores rurais.

Art. 15. O cancelamento da afetação do imóvel rural, ou de sua fração, concretiza-se mediante sua averbação no cartório de registro de imóveis.

§ 1.º O cancelamento será instruído com requerimento do proprietário, que deverá comprovar a não existência de CIR e de CPR sobre o patrimônio a ser desafetado.

§ 2.º A comprovação de que trata o § 1.º deste artigo será realizada por meio de certidão emitida por entidade mencionada no art. 19 desta Lei, no caso de CIR, ou por meio de certidão emitida pelo cartório de registro de imóveis competente, no caso de CPR.

§ 3.º Sobre o imóvel rural, ou sua fração, para o qual haja requerimento de cancelamento do patrimônio rural em afetação não poderá ser emitida CIR ou CPR até a conclusão do pedido.

Art. 16. A emissão da CPR que utilizar como garantia o patrimônio rural em afetação atenderá ao disposto na Lei n. 8.929, de 22 de agosto de 1994, e deverá cumprir as normas previstas no *caput* e no § 1.º do art. 19, no art. 21, nos incisos VIII e IX do *caput* e nos §§ 1.º e 2.º do art. 22 e nos arts. 24, 25 e 28 desta Lei.

Capítulo III
DA CÉDULA IMOBILIÁRIA RURAL

Art. 17. Fica instituída a CIR, título de crédito nominativo, transferível e de livre negociação, representativa de:

I – promessa de pagamento em dinheiro, decorrente de operação de crédito de qualquer modalidade; e

II – obrigação de entregar, em favor do credor, bem imóvel rural, ou fração deste, vinculado ao patrimônio rural em afetação, e que seja garantia da operação de que trata o inciso I do *caput* deste artigo, nas hipóteses em que não houver o pagamento da operação até a data do vencimento.

Art. 18. Fica legitimado para emitir a CIR o proprietário de imóvel rural, pessoa natural ou jurídica, que houver constituído patrimônio rural em afetação na forma prevista no Capítulo II desta Lei.

§ 1.º A CIR será garantida por parte ou por todo o patrimônio rural em afetação, observada a identificação prevista no inciso VIII do *caput* do art. 22 desta Lei.

§ 2.º A CIR poderá ser emitida sob a forma escritural, mediante lançamento em sistema de escrituração autorizado a funcionar pelo Banco Central do Brasil.

Art. 19. A CIR será levada a registro ou a depósito em entidade autorizada pelo Banco Central do Brasil a exercer a atividade de registro ou depósito centralizado de ativos financeiros e de valores mobiliários, nos termos da Lei n. 12.810, de 15 de maio de 2013, no prazo de 5 (cinco) dias úteis, contado da data de sua emissão.

§ 1.º O registro ou o depósito realizado no prazo estabelecido no *caput* deste artigo é condição necessária para que a CIR tenha eficácia executiva sobre o patrimônio rural em afetação a ela vinculado.

§ 2.º A CIR cartular será escritural enquanto permanecer depositada.

§ 3.º No período em que a CIR estiver depositada, o histórico dos negócios ocorridos:

I – não será transcrito no verso dos títulos; e

II – será anotado nos registros do sistema.

Art. 20. A CIR poderá ser garantida por terceiros, inclusive por instituição financeira ou por seguradora.

Art. 21. A CIR é título executivo extrajudicial e representa dívida em dinheiro, certa, líquida e exigível, correspondente ao valor nela indicado ou ao saldo devedor da operação de crédito que representa.

§ 1.º A CIR poderá receber aval, que constará do registro ou do depósito de que trata o *caput* do art. 19 ou da cártula.

§ 2.º Fica dispensado o protesto para assegurar o direito de regresso contra endossantes e avalistas.

Art. 22. A CIR conterá os seguintes requisitos lançados em seu contexto:

I – a denominação "Cédula Imobiliária Rural";

II – a assinatura do emitente;

III – o nome do credor, permitida a cláusula à ordem;

IV – a data e o local da emissão;

V – a promessa do emitente de pagar o valor da CIR em dinheiro, certo, líquido e exigível no seu vencimento;

VI – a data e o local do pagamento da dívida e, na hipótese de pagamento parcelado, as datas e os valores de cada prestação;

VII – a data de vencimento;

VIII – a identificação do patrimônio rural em afetação, ou de sua parte, correspondente à garantia oferecida na CIR; e

IX – a autorização irretratável para que o oficial de registro de imóveis processe, em favor do credor, o registro de transmissão da propriedade do imóvel rural, ou da fração, constituinte do patrimônio rural em afetação vinculado à CIR, de acordo com o disposto no art. 28 desta Lei.

§ 1.º A identificação de que trata o inciso VIII do *caput* deste artigo conterá os números de registro e de matrícula do imóvel no cartório de registro de imóveis competente e as coordenadas dos vértices definidores dos limites da área vinculada à CIR, georreferenciadas ao Sistema Geodésico Brasileiro, observadas as vedações de que trata o art. 8.º desta Lei e respeitadas as exigências estabelecidas pela legislação ambiental.

§ 2.º O patrimônio rural em afetação ou sua parte vinculada a cada CIR observará o disposto na legislação ambiental e no inciso III do *caput* do art. 8.º desta Lei.

§ 3.º A CIR, sem que configure requisito essencial, poderá conter outras cláusulas não financeiras lançadas em seu registro, depósito ou cártula, as quais poderão constar de documento à parte, com a assinatura do emitente, incluída a menção a essa circunstância no registro, no depósito ou na cártula.

Art. 23. A CIR poderá ser negociada somente nos mercados regulamentados de valores mobiliários quando registrada ou depositada em entidade autorizada pelo Banco Central do Brasil a exercer a atividade de registro ou depósito centralizado de ativos financeiros e de valores mobiliários.

Art. 24. O emitente usará, até a efetiva liquidação da obrigação garantida pela CIR, a suas expensas e risco, o imóvel rural objeto do patrimônio rural em afetação, conforme a sua destinação, e deverá empregar, na sua guarda, a diligência exigida por sua natureza.

Art. 25. Na hipótese de o bem constitutivo da garantia ser desapropriado ou danificado por fato imputável a terceiro, o credor será sub-rogado no direito à indenização devida pelo expropriante ou pelo terceiro causador do dano, até o montante necessário para liquidar ou amortizar a obrigação garantida.

Art. 26. O vencimento da CIR será antecipado, independentemente de aviso ou interpelação judicial ou extrajudicial, nas hipóteses de:

I – descumprimento das obrigações de que trata o inciso I do *caput* do art. 14 desta Lei;

II – insolvência civil, falência ou recuperação judicial do emitente; ou

III – existência de prática comprovada de desvio de bens e administração ruinosa do imóvel rural que constitui o patrimônio rural em afetação a ela vinculado.

Art. 27. O credor fica obrigado a informar à entidade autorizada no art. 19 desta Lei, sobre a liquidação da CIR no prazo máximo de 5 (cinco) dias úteis após sua efetivação.

Art. 28. Vencida a CIR e não liquidado o crédito por ela representado, o credor poderá exercer de imediato o direito à transferência, para sua titularidade, do registro da propriedade da área rural que constitui o patrimônio rural em afetação, ou de sua fração, vinculado à CIR no cartório de registro de imóveis correspondente.

§ 1.º Quando a área rural constitutiva do patrimônio rural em afetação vinculado à CIR estiver contida em imóvel rural de maior área, ou quando apenas parte do patrimônio rural em afetação estiver vinculada à CIR, o oficial de registro de imóveis, de ofício e à custa do beneficiário final, efetuará o desmembramento e estabelecerá a matrícula própria correspondente.

§ 2.º Na hipótese prevista no *caput* deste artigo, aplica-se, no que couber, o disposto nos arts. 26 e 27 da Lei n. 9.514, de 20 de novembro de 1997, respeitado o disposto no § 3.º deste artigo.

§ 3.º Se, no segundo leilão de que trata o art. 27 da Lei n. 9.514, de 20 de novembro de 1997, o maior lance oferecido não for igual ou superior ao valor da dívida, somado ao das despesas, dos prêmios de seguro e dos encargos legais, incluídos os tributos, o credor poderá cobrar do devedor, por via executiva, o valor remanescente de seu crédito, sem nenhum direito de retenção ou indenização sobre o imóvel alienado.

Art. 29. Aplicam-se à CIR, no que couber, as normas de direito cambial, com as seguintes modificações:

I – os endossos deverão ser completos; e

II – os endossantes responderão somente pela existência da obrigação.

Capítulo IV
DO CERTIFICADO DE DEPÓSITO BANCÁRIO

Art. 30. O Certificado de Depósito Bancário (CDB) é título de crédito nominativo, transferível e de livre negociação, representativo de promessa de pagamento, em data futura, do valor depositado junto ao emissor, acrescido da remuneração convencionada.

Art. 31. O CDB somente poderá ser emitido por instituições financeiras que captem recursos sob a modalidade de depósitos a prazo.

Art. 32. O CDB conterá os seguintes requisitos:

I – a denominação "Certificado de Depósito Bancário";

II – o nome da instituição financeira emissora;

III – o número de ordem, o local e a data de emissão;

IV – o valor nominal;

V – a data de vencimento;

VI – o nome do depositante;

VII – a taxa de juros, fixa ou flutuante, admitida a capitalização, ou outras formas de remuneração, inclusive baseadas em índices ou taxas de conhecimento público; e

VIII – a forma, a periodicidade e o local de pagamento.

Art. 33. O CDB poderá ser emitido sob forma escritural, por meio do lançamento em sistema eletrônico do emissor.

Art. 34. O CDB poderá ser transferido por meio de endosso.

§ 1.º Na hipótese de CDB emitido sob a forma escritural, o endosso de que trata o *caput* deste artigo ocorrerá exclusivamente por meio de anotação específica no sistema eletrônico da instituição emissora ou, quando tenha sido depositado em depositário central, por meio de anotação específica no sistema eletrônico correspondente.

§ 2.º O endossante do CDB responderá pela existência do crédito, mas não pelo seu pagamento.

Art. 35. A titularidade do CDB emitido sob forma escritural será atribuída exclusivamente por meio do lançamento no sistema eletrônico da instituição emissora ou, quando tenha sido depositado em depositário central, por meio de controle realizado no sistema eletrônico correspondente.

§ 1.º A instituição emissora e o depositário central emitirão, mediante solicitação, certidão de inteiro teor do título.

§ 2.º A certidão de que trata o § 1.º deste artigo poderá ser emitida na forma eletrônica, observados os requisitos de segurança que garantam a autenticidade e a integridade do documento.

Art. 36. O CDB é título executivo extrajudicial.

Parágrafo único. A execução do CDB poderá ser promovida com base na certidão de inteiro teor de que trata o § 1.º do art. 35 desta Lei.

Art. 37. O crédito contra a instituição emissora relativo ao CDB não poderá ser objeto de penhora, arresto, sequestro, busca ou apreensão ou outro embaraço que impeça o pagamento da importância depositada e de sua remuneração.

Parágrafo único. Observado o disposto no *caput* deste artigo, o CDB poderá ser penhorado por obrigação de seu titular.

Art. 38. Fica vedada a prorrogação do prazo de vencimento do CDB.

Parágrafo único. Será admitida a renovação do CDB com lastro na quantia depositada na data de seu vencimento e a sua remuneração, desde que haja nova contratação.

Art. 39. A legislação relativa a nota promissória aplica-se ao CDB, exceto naquilo em que contrariar o disposto nesta Lei.

Art. 40. Compete ao Conselho Monetário Nacional regulamentar o disposto neste Capítulo, inclusive quanto aos seguintes aspectos:

I – condições, limites e prazos para a emissão de CDB;

II – tipos de instituições autorizadas a emitir CDB e requisitos específicos para a sua emissão;

III – índices, taxas ou metodologias permitidas para a remuneração do CDB; e

IV – condições e prazos para resgate e vencimento do CDB.

Capítulo V
DA SUBVENÇÃO ECONÔMICA A PRODUTORES RURAIS E A COOPERATIVAS AGROPECUÁRIAS

....

Capítulo VI
DA CÉDULA DE PRODUTO RURAL

Art. 42. A Lei n. 8.929, de 22 de agosto de 1994, passa a vigorar com as seguintes alterações:

•• Alterações já processadas no diploma modificado.

Capítulo VII
DOS TÍTULOS DO AGRONEGÓCIO

....

Capítulo VIII
DA ESCRITURAÇÃO DE TÍTULOS DE CRÉDITO

Art. 44. A Lei n. 10.931, de 2 de agosto de 2004, passa a vigorar com as seguintes alterações:

•• Alterações já processadas no diploma modificado.

....

Capítulo IX
DA SUBVENÇÃO ECONÔMICA PARA EMPRESAS CEREALISTAS

Art. 47. Fica a União autorizada a conceder subvenção econômica em benefício das empresas cerealistas, sob a modalidade de equalização de taxas de juros, nas operações de financiamento a serem contratadas com o Banco Nacional de Desenvolvimento Econômico e Social (BNDES) até 30 de junho de 2021.

§ 1.º As operações de financiamento serão destinadas a investimentos em obras civis e na aquisição de máquinas e equipamentos necessários à construção de armazéns e à expansão da capacidade de armazenagem de grãos.

§ 2.º O valor total dos financiamentos a serem subvencionados pela União fica limitado ao montante de R$ 200.000.000,00 (duzentos milhões de reais).

§ 3.º A subvenção fica limitada a R$ 20.000.000,00 (vinte milhões de reais) por ano, respeitada a dotação orçamentária reservada para essa finalidade.

§ 4.º A equalização de juros corresponderá ao diferencial de taxas entre o custo da fonte dos recursos, acrescido da remuneração do BNDES, e o encargo cobrado do mutuário final.

§ 5.º O pagamento da subvenção econômica de que trata o *caput* deste artigo fica condicionado à apresentação, pelo BNDES, de declaração de responsabilidade pela exatidão das informações necessárias ao cálculo da subvenção e pela regularidade da aplicação dos recursos, para fins do disposto no inciso II do § 1.º do art. 63 da Lei n. 4.320, de 17 de março de 1964.

§ 6.º Na hipótese de os encargos cobrados do mutuário final do crédito excederem o custo de captação dos recursos, acrescido dos custos administrativos e tributários, o BNDES recolherá ao Tesouro Nacional o valor apurado, atualizado pelo índice que remunerar a captação dos recursos.

Art. 48. A aplicação irregular ou o desvio dos recursos provenientes das operações subvencionadas de que trata este Capítulo sujeitará o BNDES a devolver à União o valor da subvenção econômica, atualizado monetariamente pela taxa média referencial do Sistema Especial de Liquidação e de Custódia (Selic) ou por outro índice que venha a substituí-la.

§ 1.º Quando o BNDES der causa ou concorrer, ainda que culposamente, à aplicação irregular, ao desvio dos recursos ou, ainda, à irregularidade no cálculo da subvenção, o valor da subvenção econômica, atualizado monetariamente na forma prevista no *caput* deste artigo, será por ele devolvido em dobro, sem prejuízo das penalidades previstas na Lei n. 13.506, de 13 de novembro de 2017.

§ 2.º Quando o mutuário final do crédito der causa à aplicação irregular ou ao desvio dos recursos, o BNDES devolverá o valor da subvenção econômica, atualizado monetariamente na forma prevista no *caput* deste artigo, e o mutuário final do crédito ficará impedido de receber crédito subvencionado pelo prazo de 5 (cinco) anos, contado da data em que ocorrer a devolução do valor da subvenção econômica pelo BNDES.

Art. 49. O Conselho Monetário Nacional estabelecerá as condições necessárias à contratação dos financiamentos de que trata este Capítulo.

Art. 50. Ato do Ministro de Estado da Economia definirá a metodologia para o pagamento do valor a ser apurado em decorrência da equalização das taxas de juros e as demais condições para a concessão da subvenção econômica de que trata este Capítulo.

Capítulo X
DISPOSIÇÕES FINAIS

Art. 51. O § 2.º do art. 1.º da Lei n. 5.709, de 7 de outubro de 1971, passa a vigorar com a seguinte redação:

•• Alterações já processadas no diploma modificado.

Art. 52. O § 4.º do art. 2.º da Lei n. 6.634, de 2 de maio de 1979, passa a vigorar com a seguinte redação:

•• Alterações já processadas no diploma modificado.

Art. 53. O inciso II do *caput* do art. 178 da Lei n. 6.015, de 31 de dezembro de 1973, passa a vigorar com a seguinte redação:

•• Alterações já processadas no diploma modificado.

....

Art. 55. (*Vetado.*)

Art. 56. (*Vetado.*)

Art. 57. (*Vetado.*)

Art. 58. O parágrafo único do art. 28 da Lei n. 12.810, de 15 de maio de 2013, passa a vigorar com as seguintes alterações:

....

Art. 59. (*Vetado.*)

Art. 60. (*Vetado.*)

Art. 61. Ficam revogados:

I – o art. 30 da Lei n. 4.728, de 14 de julho de 1965;

II – o Decreto-Lei n. 13, de 18 de julho de 1966;

III – o Decreto-Lei n. 14, de 29 de julho de 1966;

IV – a alínea *d* do *caput* do art. 20 do Decreto-Lei n. 73, de 21 de novembro de 1966;

V – os seguintes dispositivos do Decreto-Lei n. 167, de 14 de fevereiro de 1967:

a) arts. 30 a 40; e

b) parágrafo único do art. 42;

VI – o item 13 do inciso I do *caput* do art. 167 da Lei n. 6.015, de 31 de dezembro de 1973;

VII – o art. 4.º-A da Lei n. 8.427, de 27 de maio de 1992;

VIII – o art. 19 da Lei n. 8.929, de 22 de agosto de 1994;

IX – os seguintes dispositivos da Lei n. 11.076, de 30 de dezembro de 2004:

a) art. 20;

b) §§ 2.º e 3.º do art. 24;

c) inciso III do § 4.º do art. 25;

d) parágrafo único do art. 27;

e) incisos I e II do *caput* e parágrafo único do art. 35; e

f) inciso III do § 3.º do art. 37; e

X – o art. 10 da Lei n. 13.476, de 28 de agosto de 2017.

Art. 62. Esta Lei entra em vigor na data de sua publicação.

Brasília, 7 de abril de 2020; 199.º da Independência e 132.º da República.

JAIR MESSIAS BOLSONARO

LEI N. 14.010, DE 10 DE JUNHO DE 2020 (*)

Dispõe sobre o Regime Jurídico Emergencial e Transitório das relações jurídicas de Direito Privado (RJET) no período da pandemia do coronavírus (Covid-19).

O Presidente da República

Faço saber que o Congresso Nacional decreta e eu sanciono a seguinte Lei:

Capítulo I
DISPOSIÇÕES GERAIS

Art. 1.º Esta Lei institui normas de caráter transitório e emergencial para a regulação de relações jurídicas de Direito Privado em virtude da pandemia do coronavírus (Covid-19).

Parágrafo único. Para os fins desta Lei, considera-se 20 de março de 2020, data da publicação do Decreto Legislativo n. 6, como termo inicial dos eventos derivados da pandemia do coronavírus (Covid-19).

Art. 2.º A suspensão da aplicação das normas referidas nesta Lei não implica sua revogação ou alteração.

Capítulo II
DA PRESCRIÇÃO E DECADÊNCIA

Art. 3.º Os prazos prescricionais consideram-se impedidos ou suspensos, conforme o caso, a partir da entrada em vigor desta Lei até 30 de outubro de 2020.

§ 1.º Este artigo não se aplica enquanto perdurarem as hipóteses específicas de impedimento, suspensão e interrupção dos prazos prescricionais previstas no ordenamento jurídico nacional.

§ 2.º Este artigo aplica-se à decadência, conforme ressalva prevista no art. 207 da Lei n. 10.406, de 10 de janeiro de 2002 (Código Civil).

Capítulo III
DAS PESSOAS JURÍDICAS DE DIREITO PRIVADO

Art. 4.º As pessoas jurídicas de direito privado referidas nos incisos I a III do art. 44 do Código Civil deverão observar as restrições à realização de reuniões e assembleias presenciais até 30 de outubro de 2020, durante a vigência desta Lei, observadas as determinações sanitárias das autoridades locais.

•• Artigo originalmente vetado, todavia promulgado em 8-9-2020.

Art. 5.º A assembleia geral, inclusive para os fins do art. 59 do Código Civil, até 30 de outubro de 2020, poderá ser realizada por meios eletrônicos, independentemente de previsão nos atos constitutivos da pessoa jurídica.

Parágrafo único. A manifestação dos participantes poderá ocorrer por qualquer meio eletrônico indicado pelo administrador, que assegure a identificação do participante e a segurança do voto, e produzirá todos os efeitos legais de uma assinatura presencial.

Capítulo IV
DA RESILIÇÃO, RESOLUÇÃO E REVISÃO DOS CONTRATOS

•• Capítulo IV originalmente vetado, todavia promulgado em 8-9-2020.

(*) Publicada no *Diário Oficial da União*, de 12-6-2020.

Art. 6.º As consequências decorrentes da pandemia do coronavírus (Covid-19) nas execuções dos contratos, incluídas as previstas no art. 393 do Código Civil, não terão efeitos jurídicos retroativos.

•• Artigo originalmente vetado, todavia promulgado em 8-9-2020.

Art. 7.º Não se consideram fatos imprevisíveis, para os fins exclusivos dos arts. 317, 478, 479 e 480 do Código Civil, o aumento da inflação, a variação cambial, a desvalorização ou a substituição do padrão monetário.

•• Artigo originalmente vetado, todavia promulgado em 8-9-2020.

§ 1.º As regras sobre revisão contratual previstas na Lei n. 8.078, de 11 de setembro de 1990 (Código de Defesa do Consumidor), e na Lei n. 8.245, de 18 de outubro de 1991, não se sujeitam ao disposto no *caput* deste artigo.

§ 2.º Para os fins desta Lei, as normas de proteção ao consumidor não se aplicam às relações contratuais subordinadas ao Código Civil, incluindo aquelas estabelecidas exclusivamente entre empresas ou empresários.

Capítulo V
DAS RELAÇÕES DE CONSUMO

Art. 8.º Até 30 de outubro de 2020, fica suspensa a aplicação do art. 49 do Código de Defesa do Consumidor na hipótese de entrega domiciliar (*delivery*) de produtos perecíveis ou de consumo imediato e de medicamentos.

Capítulo VI
DAS LOCAÇÕES DE IMÓVEIS URBANOS

Art. 9.º Não se concederá liminar para desocupação de imóvel urbano nas ações de despejo, a que se refere o art. 59, § 1.º, incisos I, II, V, VII, VIII e IX, da Lei n. 8.245, de 18 de outubro de 1991, até 30 de outubro de 2020.

•• Artigo originalmente vetado, todavia promulgado em 8-9-2020.

Capítulo VII
DA USUCAPIÃO

Art. 10. Suspendem-se os prazos de aquisição para a propriedade imobiliária ou mobiliária, nas diversas espécies de usucapião, a partir da entrada em vigor desta Lei até 30 de outubro de 2020.

Capítulo VIII
DOS CONDOMÍNIOS EDILÍCIOS

Art. 11. (*Vetado.*)

Art. 12. A assembleia condominial, inclusive para os fins dos arts. 1.349 e 1.350 do Código Civil, e a respectiva votação poderão ocorrer, em caráter emergencial, até 30 de outubro de 2020, por meios virtuais, caso em que a manifestação de vontade de cada condômino será equiparada, para todos os efeitos jurídicos, à sua assinatura presencial.

Parágrafo único. Não sendo possível a realização de assembleia condominial na forma prevista no *caput*, os mandatos de síndico vencidos a partir de 20 de março de 2020 ficam prorrogados até 30 de outubro de 2020.

Art. 13. É obrigatória, sob pena de destituição do síndico, a prestação de contas regular de seus atos de administração.

Capítulo IX
DO REGIME CONCORRENCIAL

Art. 14. Ficam sem eficácia os incisos XV e XVII do § 3.º do art. 36 e o inciso IV do art. 90 da Lei n. 12.529, de 30 de novembro de 2011, em relação a todos os atos praticados e com vigência de 20 de março de 2020 até 30 de outubro de 2020 ou enquanto durar o estado de calamidade pública reconhecido pelo Decreto Legislativo n. 6, de 20 de março de 2020.

§ 1.º Na apreciação, pelo órgão competente, das demais infrações previstas no art. 36 da Lei n. 12.529, de 30 de novembro de 2011, caso praticadas a partir de 20 de março de 2020, e enquanto durar o estado de calamidade pública reconhecido pelo Decreto Legislativo n. 6, de 20 de março de 2020, deverão ser consideradas as circunstâncias extraordinárias decorrentes da pandemia do coronavírus (Covid-19).

§ 2.º A suspensão da aplicação do inciso IV do art. 90 da Lei n. 12.529, de 30 de novembro de 2011, referida no *caput*, não afasta a possibilidade de análise posterior do ato de concentração ou de apuração de infração à ordem econômica, na forma do art. 36 da Lei n. 12.529, de 2011, dos acordos que não forem necessários ao combate ou à mitigação das consequências decorrentes da pandemia do coronavírus (Covid-19).

Capítulo X
DO DIREITO DE FAMÍLIA E SUCESSÕES

Art. 15. Até 30 de outubro de 2020, a prisão civil por dívida alimentícia, prevista no art. 528, § 3.º e seguintes da Lei n. 13.105, de 16 de março de 2015 (Código de Processo Civil), deverá ser cumprida exclusivamente sob a modalidade domiciliar, sem prejuízo da exigibilidade das respectivas obrigações.

Art. 16. O prazo do art. 611 do Código de Processo Civil para sucessões abertas a partir de 1.º de fevereiro de 2020 terá seu termo inicial dilatado para 30 de outubro de 2020.

Parágrafo único. O prazo de 12 (doze) meses do art. 611 do Código de Processo Civil, para que seja ultimado o processo de inventário e de partilha, caso iniciado antes de 1.º de fevereiro de 2020, ficará suspenso a partir da entrada em vigor desta Lei até 30 de outubro de 2020.

Capítulo XI
(VETADO)

Arts. 17 e 18. (*Vetados.*)

Capítulo XII
DISPOSIÇÕES FINAIS

Art. 19. (*Vetado.*)

Art. 20. O *caput* do art. 65 da Lei n. 13.709, de 14 de agosto de 2018, passa a vigorar acrescido do seguinte inciso I-A:

•• Alteração já processada no diploma modificado.

Art. 21. Esta Lei entra em vigor na data de sua publicação.

Brasília, 10 de junho de 2020; 199.º da Independência e 132.º da República.

Jair Messias Bolsonaro

LEI COMPLEMENTAR N. 182, DE 1.º DE JUNHO DE 2021 (*)

Institui o marco legal das startups *e do empreendedorismo inovador; e altera a Lei n. 6.404, de 15 de dezembro de 1976, e a Lei Complementar n. 123, de 14 de dezembro de 2006.*

O Presidente da República

Faço saber que o Congresso Nacional decreta e eu sanciono a seguinte Lei Complementar:

Capítulo I
DAS DEFINIÇÕES, DOS PRINCÍPIOS E DAS DIRETRIZES FUNDAMENTAIS

Art. 1.º Esta Lei Complementar institui o marco legal das *startups* e do empreendedorismo inovador.

Parágrafo único. Esta Lei Complementar:

I – estabelece os princípios e as diretrizes para a atuação da administração pública no âmbito da União, dos Estados, do Distrito Federal e dos Municípios;

II – apresenta medidas de fomento ao ambiente de negócios e ao aumento da oferta de capital para investimento em empreendedorismo inovador; e

III – disciplina a licitação e a contratação de soluções inovadoras pela administração pública.

Art. 2.º Para os efeitos desta Lei Complementar, considera-se:

I – investidor-anjo: investidor que não é considerado sócio nem tem qualquer direito a gerência ou a voto na administração da empresa, não responde por qualquer obrigação da empresa e é remunerado por seus aportes;

II – ambiente regulatório experimental (*sandbox* regulatório): conjunto de condições especiais simplificadas para que as pessoas jurídicas participantes possam receber autorização temporária dos órgãos ou das entidades com competência de regulamentação setorial para desenvolver modelos de negócios inovadores e testar técnicas e tecnologias experimentais, mediante o cumprimento de critérios e de limites previamente estabelecidos pelo órgão ou entidade reguladora e por meio de procedimento facilitado.

Art. 3.º Esta Lei Complementar é pautada pelos seguintes princípios e diretrizes:

I – reconhecimento do empreendedorismo inovador como vetor de desenvolvimento econômico, social e ambiental;

II – incentivo à constituição de ambientes favoráveis ao empreendedorismo inovador, com valorização da segurança jurídica e da liberdade contratual como premissas para a promoção do investimento e do aumento da oferta de capital direcionado a iniciativas inovadoras;

III – importância das empresas como agentes centrais do impulso inovador em contexto de livre mercado;

IV – modernização do ambiente de negócios brasileiro, à luz dos modelos de negócios emergentes;

V – fomento ao empreendedorismo inovador como meio de promoção da produtividade e da competitividade da economia brasileira e de geração de postos de trabalho qualificados;

VI – aperfeiçoamento das políticas públicas e dos instrumentos de fomento ao empreendedorismo inovador;

VII – promoção da cooperação e da interação entre os entes públicos, entre os setores público e privado e entre empresas, como relações fundamentais para a conformação de ecossistema de empreendedorismo inovador efetivo;

VIII – incentivo à contratação, pela administração pública, de soluções inovadoras elaboradas ou desenvolvidas por *startups*, reconhecidos o papel do Estado no fomento à inovação e as potenciais oportunidades de economicidade, de benefício e de solução de problemas públicos com soluções inovadoras; e

IX – promoção da competitividade das empresas brasileiras e da internacionalização e da atração de investimentos estrangeiros.

Capítulo II
DO ENQUADRAMENTO DE EMPRESAS *STARTUPS*

Art. 4.º São enquadradas como *startups* as organizações empresariais ou societárias, nascentes ou em operação recente, cuja atuação caracteriza-se pela inovação aplicada a modelo de negócios ou a produtos ou serviços ofertados.

§ 1.º Para fins de aplicação desta Lei Complementar, são elegíveis para o enquadramento na modalidade de tratamento especial destinada ao fomento de *startup* o empresário individual, a empresa individual de responsabilidade limitada, as sociedades empresárias, as sociedades cooperativas e as sociedades simples:

I – com receita bruta de até R$ 16.000.000,00 (dezesseis milhões de reais) no ano-calendário anterior ou de R$ 1.333.334,00 (um milhão, trezentos e trinta e três mil trezentos e trinta e quatro reais) multiplicado pelo núme-

(*) Publicada no *Diário Oficial da União*, de 2-6-2021. Retificada em 4-6-2021.

ro de meses de atividade no ano-calendário anterior, quando inferior a 12 (doze) meses, independentemente da forma societária adotada;

II – com até 10 (dez) anos de inscrição no Cadastro Nacional da Pessoa Jurídica (CNPJ) da Secretaria Especial da Receita Federal do Brasil do Ministério da Economia; e

III – que atendam a um dos seguintes requisitos, no mínimo:

a) declaração em seu ato constitutivo ou alterador e utilização de modelos de negócios inovadores para a geração de produtos ou serviços, nos termos do inciso IV do *caput* do art. 2.º da Lei n. 10.973, de 2 de dezembro de 2004; ou

•• A Lei n. 10.973, de 2-12-2004, dispõe sobre incentivos à inovação e à pesquisa científica e tecnológica no ambiente produtivo.

b) enquadramento no regime especial Inova Simples, nos termos do art. 65-A da Lei Complementar n. 123, de 14 de dezembro de 2006.

•• A Lei Complementar n. 123, de 14-12-2006, institui o Estatuto Nacional da Microempresa e da Empresa de Pequeno Porte.

§ 2.º Para fins de contagem do prazo estabelecido no inciso II do § 1.º deste artigo, deverá ser observado o seguinte:

I – para as empresas decorrentes de incorporação, será considerado o tempo de inscrição da empresa incorporadora;

II – para as empresas decorrentes de fusão, será considerado o maior tempo de inscrição entre as empresas fundidas; e

III – para as empresas decorrentes de cisão, será considerado o tempo de inscrição da empresa cindida, na hipótese de criação de nova sociedade, ou da empresa que a absorver, na hipótese de transferência de patrimônio para a empresa existente.

Capítulo III
DOS INSTRUMENTOS DE INVESTIMENTO EM INOVAÇÃO

Art. 5.º As *startups* poderão admitir aporte de capital por pessoa física ou jurídica, que poderá resultar ou não em participação no capital social da *startup*, a depender da modalidade de investimento escolhida pelas partes.

§ 1.º Não será considerado como integrante do capital social da empresa o aporte realizado na *startup* por meio dos seguintes instrumentos:

I – contrato de opção de subscrição de ações ou de quotas celebrado entre o investidor e a empresa;

II – contrato de opção de compra de ações ou de quotas celebrado entre o investidor e os acionistas ou sócios da empresa;

III – debênture conversível emitida pela empresa nos termos da Lei n. 6.404, de 15 de dezembro de 1976;

IV – contrato de mútuo conversível em participação societária celebrado entre o investidor e a empresa;

V – estruturação de sociedade em conta de participação celebrada entre o investidor e a empresa;

VI – contrato de investimento-anjo na forma da Lei Complementar n. 123, de 14 de dezembro 2006;

VII – outros instrumentos de aporte de capital em que o investidor, pessoa física ou jurídica, não integre formalmente o quadro de sócios da *startup* e/ou não tenha subscrito qualquer participação representativa do capital social da empresa.

§ 2.º Realizado o aporte por qualquer das formas previstas neste artigo, a pessoa física ou jurídica somente será considerada quotista, acionista ou sócia da *startup* após a conversão do instrumento do aporte em efetiva e formal participação societária.

§ 3.º Os valores recebidos por empresa e oriundos dos instrumentos jurídicos estabelecidos neste artigo serão registrados contabilmente, de acordo com a natureza contábil do instrumento.

Art. 6.º A Comissão de Valores Mobiliários (CVM) estabelecerá em regulamento as regras para aporte de capital na forma do art. 5.º desta Lei Complementar por parte de fundos de investimento.

Art. 7.º (*Vetado.*)

Art. 8.º O investidor que realizar o aporte de capital a que se refere o art. 5.º desta Lei Complementar:

I – não será considerado sócio ou acionista nem possuirá direito a gerência ou a voto na administração da empresa, conforme pactuação contratual;

II – não responderá por qualquer dívida da empresa, inclusive em recuperação judicial, e a ele não se estenderá o disposto no art. 50 da Lei n. 10.406, de 10 de janeiro de 2002 (Código Civil), no art. 855-A da Consolidação das Leis do Trabalho (CLT), aprovada pelo Decreto-lei n. 5.452, de 1.º de maio de 1943, nos arts. 124, 134 e 135 da Lei n. 5.172, de 25 de outubro de 1966 (Código Tributário Nacional), e em outras disposições atinentes à desconsideração da personalidade jurídica existentes na legislação vigente.

•• Os art. 50 do CC e 855-A da CLT dispõem sobre o instituto da desconsideração da personalidade jurídica.

•• Os artigos citados do CTN tratam de solidariedade e da responsabilização de terceiros nas obrigações tributárias.

Parágrafo único. As disposições do inciso II do *caput* deste artigo não se aplicam às hipóteses de dolo, de fraude ou de simulação com o envolvimento do investidor.

Capítulo IV
DO FOMENTO À PESQUISA, AO DESENVOLVIMENTO E À INOVAÇÃO

Art. 9.º As empresas que possuem obrigações de investimento em pesquisa, desenvolvimento e inovação, decorrentes de outorgas ou de delegações firmadas por meio de agências reguladoras, ficam autorizadas a cumprir seus compromissos com aporte de recursos em *startups* por meio de:

I – fundos patrimoniais de que trata a Lei n. 13.800, de 4 de janeiro de 2019, destinados à inovação, na forma do regulamento;

•• A Lei n. 13.800, de 4-1-2019, autoriza a administração pública a firmar instrumentos de parceria e termos de execução de programas, projetos e demais finalidades de interesse público com organizações gestoras de fundos patrimoniais.

II – Fundos de Investimento em Participações (FIP), autorizados pela CVM, nas categorias:

a) capital semente;

b) empresas emergentes; e

c) empresas com produção econômica intensiva em pesquisa, desenvolvimento e inovação; e

III – investimentos em programas, em editais ou em concursos destinados a financiamento, a aceleração e a escalabilidade de *startups*, gerenciados por instituições públicas, tais como empresas públicas direcionadas ao desenvolvimento de pesquisa, inovação e novas tecnologias, fundações universitárias, entidades paraestatais e bancos de fomento que tenham como finalidade o desenvolvimento de empresas de base tecnológica, de ecossistemas empreendedores e de estímulo à inovação.

§ 1.º O disposto no *caput* deste artigo não se aplica aos percentuais mínimos legais ou contratuais estabelecidos para serem aportados em fundos públicos.

§ 2.º O representante legal do FIP, do fundo patrimonial ou da instituição pública que receber recursos nos termos do *caput* deste artigo emitirá certificado comprobatório para fins de eficácia liberatória quanto às obrigações legais ou contratuais de investimento em pesquisa, desenvolvimento e inovação, na exata proporção do seu aporte, por ocasião:

I – da efetiva transferência do recurso ao fundo patrimonial, após a celebração de instrumento de transferência de recursos, no valor das despesas qualificadas para esse fim;

II – do efetivo comprometimento do recurso, após a assinatura do boletim de subscrição do FIP, nos termos do regulamento editado pela CVM; e

III – do efetivo recebimento do recurso pela instituição pública para efetivação de programas e de editais direcionados às atividades referidas no inciso III do *caput* do art. 9.º desta Lei Complementar.

§ 3.º Para que o fundo patrimonial ou o FIP capte recursos perante as empresas que possuem obrigações legais ou contratuais de investimento em pesquisa, desenvolvimento e inovação, e para que essa captação tenha eficácia liberatória quanto às obrigações, a sua destinação estará adstrita às diretivas indicadas pela entidade setorial responsável por fiscalizar tais obrigações.

Art. 10. Ato do Poder Executivo federal regulamentará a forma de prestação de contas do FIP, do fundo patrimonial ou da instituição pública que receber recursos nos termos do art. 9.º desta Lei Complementar e a fiscalização das obrigações legais ou contratuais de investimento em pesquisa, desenvolvimento e inovação.

Capítulo V
DOS PROGRAMAS DE AMBIENTE REGULATÓRIO EXPERIMENTAL (*SANDBOX* REGULATÓRIO)

Art. 11. Os órgãos e as entidades da administração pública com competência de regulamentação setorial poderão, individualmente ou em colaboração, no âmbito de programas de ambiente regulatório experimental (*sandbox* regulatório), afastar a incidência de normas sob sua competência em relação à entidade regulada ou aos grupos de entidades reguladas.

§ 1.º A colaboração a que se refere o *caput* deste artigo poderá ser firmada entre os órgãos e as entidades, observadas suas competências.

§ 2.º Entende-se por ambiente regulatório experimental (*sandbox* regulatório) o disposto no inciso II do *caput* do art. 2.º desta Lei Complementar.

§ 3.º O órgão ou a entidade a que se refere o *caput* deste artigo disporá sobre o funcionamento do programa de ambiente regulatório experimental e estabelecerá:

I – os critérios para seleção ou para qualificação do regulado;

II – a duração e o alcance da suspensão da incidência das normas; e

III – as normas abrangidas.

Capítulo VI
DA CONTRATAÇÃO DE SOLUÇÕES INOVADORAS PELO ESTADO

Seção I
Disposições Gerais

Art. 12. As licitações e os contratos a que se refere este Capítulo têm por finalidade:

I – resolver demandas públicas que exijam solução inovadora com emprego de tecnologia; e

II – promover a inovação no setor produtivo por meio do uso do poder de compra do Estado.

§ 1.º Os órgãos e as entidades da administração pública direta, autárquica e fundacional de quaisquer dos Poderes da União, dos Estados, do Distrito Federal e dos Municípios subordinam-se ao regime disposto neste Capítulo.

§ 2.º As empresas públicas, as sociedades de economia mista e suas subsidiárias poderão adotar, no que couber, as disposições deste Capítulo, nos termos do regulamento interno de licitações e contratações de que trata o art. 40 da Lei n. 13.303, de 30 de junho de 2016, e seus conselhos de administração poderão estabelecer valores diferenciados para os limites de que tratam o § 2.º do art. 14 e o § 3.º do art. 15 desta Lei Complementar.

§ 3.º Os valores estabelecidos neste Capítulo poderão ser anualmente atualizados pelo Poder Executivo federal, de acordo com o Índice Nacional de Preços ao Consumidor Amplo (IPCA) ou outro que venha a substituí-lo.

Seção II
Da Licitação

Art. 13. A administração pública poderá contratar pessoas físicas ou jurídicas, isoladamente ou em consórcio, para o teste de soluções inovadoras por elas desenvolvidas ou a ser desenvolvidas, com ou sem risco tecnológico, por meio de licitação na modalidade especial regida por esta Lei Complementar.

§ 1.º A delimitação do escopo da licitação poderá restringir-se à indicação do problema a ser resolvido e dos resultados esperados pela administração pública, incluídos os desafios tecnológicos a serem superados, dispensada a descrição de eventual solução técnica previamente mapeada e suas especificações técnicas, e caberá aos licitantes propor diferentes meios para a resolução do problema.

§ 2.º O edital da licitação será divulgado, com antecedência de, no mínimo, 30 (trinta) dias corridos até a data de recebimento das propostas:

I – em sítio eletrônico oficial centralizado de divulgação de licitações ou mantido pelo ente público licitante; e

II – no diário oficial do ente federativo.

§ 3.º As propostas serão avaliadas e julgadas por comissão especial integrada por, no mínimo, 3 (três) pessoas de reputação ilibada e reconhecido conhecimento no assunto, das quais:

I – 1 (uma) deverá ser servidor público integrante do órgão para o qual o serviço está sendo contratado; e

II – 1 (uma) deverá ser professor de instituição pública de educação superior na área relacionada ao tema da contratação.

§ 4.º Os critérios para julgamento das propostas deverão considerar, sem prejuízo de outros definidos no edital:

I – o potencial de resolução do problema pela solução proposta e, se for o caso, da provável economia para a administração pública;

II – o grau de desenvolvimento da solução proposta;

III – a viabilidade e a maturidade do modelo de negócio da solução;

IV – a viabilidade econômica da proposta, considerados os recursos financeiros disponíveis para a celebração dos contratos; e

V – a demonstração comparativa de custo e benefício da proposta em relação às opções funcionalmente equivalentes.

§ 5.º O preço indicado pelos proponentes para execução do objeto será critério de julgamento somente na forma disposta nos incisos IV e V do § 4.º deste artigo.

§ 6.º A licitação poderá selecionar mais de uma proposta para a celebração do contrato de que trata o art. 14 desta Lei Complementar, hipótese em que caberá ao edital limitar a quantidade de propostas selecionáveis.

§ 7.º A análise da documentação relativa aos requisitos de habilitação será posterior à fase de julgamento das propostas e contemplará somente os proponentes selecionados.

§ 8.º Ressalvado o disposto no § 3.º do art. 195 da Constituição Federal, a administração pública poderá, mediante justificativa expressa, dispensar, no todo ou em parte:

I – a documentação de habilitação de que tratam os incisos I, II e III, bem como a regularidade fiscal prevista no inciso IV do *caput* do art. 27 da Lei n. 8.666, de 21 de junho de 1993; e

•• A Lei n. 14.133, de 1.º-4-2021 (Nova Lei de Licitações), dispõe sobre essas exigências em seu art. 62.

II – a prestação de garantia para a contratação.

§ 9.º Após a fase de julgamento das propostas, a administração pública poderá negociar com os selecionados as condições econômicas mais vantajosas para a administração e os critérios de remuneração que serão adotados, observado o disposto no § 3.º do art. 14 desta Lei Complementar.

§ 10. Encerrada a fase de julgamento e de negociação de que trata o § 9.º deste artigo, na hipótese de o preço ser superior à estimativa, a administração pública poderá, mediante justificativa expressa, com base na demonstração comparativa entre o custo e o benefício da proposta, aceitar o preço ofertado, desde que seja superior em termos de inovações, de redução do prazo de execução ou de facilidade de manutenção ou operação, limitado ao valor máximo que se propõe a pagar.

Seção III
Do Contrato Público para Solução Inovadora

Art. 14. Após homologação do resultado da licitação, a administração pública celebrará Contrato Público para Solução Inovadora (CPSI) com as proponentes selecionadas, com vigência limitada a 12 (doze) meses, prorrogável por mais um período de até 12 (doze) meses.

§ 1.º O CPSI deverá conter, entre outras cláusulas:

I – as metas a serem atingidas para que seja possível a validação do êxito da solução inovadora e a metodologia para a sua aferição;

II – a forma e a periodicidade da entrega à administração pública de relatórios de andamento da execução contratual, que servirão de instrumento de monitoramento, e do relatório final a ser entregue pela contratada após a conclusão da última etapa ou meta do projeto;

III – a matriz de riscos entre as partes, incluídos os riscos referentes a caso fortuito, força maior, risco tecnológico, fato do príncipe e álea econômica extraordinária;

IV – a definição da titularidade dos direitos de propriedade intelectual das criações resultantes do CPSI; e

V – a participação nos resultados de sua exploração, assegurados às partes os direitos de exploração comercial, de licenciamento e de transferência da tecnologia de que são titulares.

§ 2.º O valor máximo a ser pago à contratada será de R$ 1.600.000,00 (um milhão e seiscentos mil reais) por CPSI, sem prejuízo da possibilidade de o edital de que trata o art. 13 desta Lei Complementar estabelecer limites inferiores.

•• *Vide* art. 12, § 2.º, desta Lei Complementar.

§ 3.º A remuneração da contratada deverá ser feita de acordo com um dos seguintes critérios:

I – preço fixo;

II – preço fixo mais remuneração variável de incentivo;

III – reembolso de custos sem remuneração adicional;

IV – reembolso de custos mais remuneração variável de incentivo; ou

V – reembolso de custos mais remuneração fixa de incentivo.

§ 4.º Nas hipóteses em que houver risco tecnológico, os pagamentos serão efetuados proporcionalmente aos trabalhos executados, de acordo com o cronograma físico-financeiro aprovado, observado o critério de remuneração previsto contratualmente.

§ 5.º Com exceção das remunerações variáveis de incentivo vinculadas ao cumprimento das metas contratuais, a administração pública deverá efetuar o pagamento conforme o critério adotado, ainda que os resultados almejados não sejam atingidos em decorrência do risco tecnológico, sem prejuízo da rescisão antecipada do contrato caso seja comprovada a inviabilidade técnica ou econômica da solução.

§ 6.º Na hipótese de a execução do objeto ser dividida em etapas, o pagamento relativo a cada etapa poderá adotar critérios distintos de remuneração.

§ 7.º Os pagamentos serão feitos após a execução dos trabalhos, e, a fim de garantir os meios financeiros para que a contratada implemente a etapa inicial do projeto, a administração pública deverá prever em edital o pagamento antecipado de uma parcela do preço anteriormente ao início da execução do objeto, mediante justificativa expressa.

§ 8.º Na hipótese prevista no § 7.º deste artigo, a administração pública certificar-se-á da execução da etapa inicial e, se houver inexecução injustificada, exigirá a devolução do valor antecipado ou efetuará as glosas necessárias nos pagamentos subsequentes, se houver.

Seção IV
Do Contrato de Fornecimento

Art. 15. Encerrado o contrato de que trata o art. 14 desta Lei Complementar, a administração pública poderá celebrar com a mesma contratada, sem nova licitação, contrato para o fornecimento do produto, do processo ou da solução resultante do CPSI ou, se for o caso, para integração da solução à infraestrutura tecnológica ou ao processo de trabalho da administração pública.

§ 1.º Na hipótese prevista no § 6.º do art. 13 desta Lei Complementar, quando mais de uma contratada cumprir satisfatoriamente as metas estabelecidas no CPSI, o contrato de fornecimento será firmado, mediante justificativa, com aquela cujo produto, processo ou solução atenda melhor às demandas públicas em termos de relação de custo e benefício com dimensões de qualidade e preço.

§ 2.º A vigência do contrato de fornecimento será limitada a 24 (vinte e quatro) meses, prorrogável por mais um período de até 24 (vinte e quatro) meses.

§ 3.º Os contratos de fornecimento serão limitados a 5 (cinco) vezes o valor máximo definido no § 2.º do art. 14 desta Lei Complementar para o CPSI, incluídas as eventuais prorrogações, hipótese em que o limite poderá ser ultrapassado nos casos de reajuste de preços e dos acréscimos de que trata o § 1.º do art. 65 da Lei n. 8.666, de 21 de junho de 1993.

•• *Vide* art. 12, § 2.º, desta Lei Complementar.

•• A Lei n. 14.133, de 1.º-4-2021 (Nova Lei de Licitações), dispõe sobre esse assunto em seu art. 125.

Capítulo VII
DISPOSIÇÕES FINAIS

....

Art. 17. A Lei Complementar n. 123, de 14 de dezembro de 2006, passa a vigorar com as seguintes alterações:

•• Alterações já processadas no diploma modificado.

Art. 18. Ficam revogados os seguintes dispositivos:

I – incisos I e II do *caput* do art. 294 da Lei n. 6.404, de 15 de dezembro de 1976; e

II – os §§ 1.º, 2.º e 9.º do art. 65-A da Lei Complementar n. 123, de 14 de dezembro de 2006.

Art. 19. Esta Lei Complementar entra em vigor após decorridos 90 (noventa) dias de sua publicação oficial.

Brasília, 1.º de junho de 2021; 200.º da Independência e 133.º da República.

JAIR MESSIAS BOLSONARO

LEI N. 14.195, DE 26 DE AGOSTO DE 2021 (*)

Dispõe sobre a facilitação para abertura de empresas, sobre a proteção de acionistas minoritários, sobre a facilitação do comércio exterior, sobre o Sistema Integrado de Recuperação de Ativos (Sira), sobre as cobranças realizadas pelos conselhos profissionais, sobre a profissão de tradutor e intérprete público, sobre a obtenção de eletricidade, sobre a desburocratização societária e de atos processuais e a prescrição intercorrente na Lei n. 10.406, de 10 de janeiro de 2002 (Código Civil); altera as Leis n. 11.598, de 3 de dezembro de 2007, 8.934, de 18 de novembro de 1994, 6.404,

(*) Publicada no *Diário Oficial da União*, de 27-8-2021.

de 15 de dezembro de 1976, 7.913, de 7 de dezembro de 1989, 12.546, de 14 de dezembro 2011, 9.430, de 27 de dezembro de 1996, 10.522, de 19 de julho de 2002, 12.514, de 28 de outubro de 2011, 6.015, de 31 de dezembro de 1973, 10.406, de 10 de janeiro de 2002 (Código Civil), 13.105, de 16 de março de 2015 (Código de Processo Civil), 4.886, de 9 de dezembro de 1965, 5.764, de 16 de dezembro de 1971, 6.385, de 7 de dezembro de 1976, e 13.874, de 20 de setembro de 2019, e o Decreto-Lei n. 341, de 17 de março de 1938; e revoga as Leis n. 2.145, de 29 de dezembro de 1953, 2.807, de 28 de junho de 1956, 2.815, de 6 de julho de 1956, 3.187, de 28 de junho de 1957, 3.227, de 27 de julho de 1957, 4.557, de 10 de dezembro de 1964, 7.409, de 25 de novembro de 1985, e 7.690, de 15 de dezembro de 1988, os Decretos n. 13.609, de 21 de outubro de 1943, 20.256, de 20 de dezembro de 1945, e 84.248, de 28 de novembro de 1979, e os Decretos-Lei n. 1.416, de 25 de agosto de 1975, e 1.427, de 2 de dezembro de 1975, e dispositivos das Leis ns. 2.410, de 29 de janeiro de 1955, 2.698, de 27 de dezembro de 1955, 3.053, de 22 de dezembro de 1956, 5.025, de 10 de junho de 1966, 6.137, de 7 de novembro de 1974, 8.387, de 30 de dezembro de 1991, 9.279, de 14 de maio de 1996, e 9.472, de 16 de julho de 1997, e dos Decretos-Lei n. 491, de 5 de março de 1969, 666, de 2 de julho de 1969, e 687, de 18 de julho de 1969; e dá outras providências.

O Presidente da República

Faço saber que o Congresso Nacional decreta e eu sanciono a seguinte Lei:

Capítulo I
DO OBJETO

Art. 1.º Esta Lei dispõe sobre a facilitação para abertura de empresas, sobre a proteção de acionistas minoritários, sobre a facilitação do comércio exterior, sobre o Sistema Integrado de Recuperação de Ativos (Sira), sobre as cobranças realizadas pelos conselhos profissionais, sobre a profissão de tradutor e intérprete público, sobre a obtenção de eletricidade, sobre a desburocratização societária e de atos processuais e a prescrição intercorrente na Lei n. 10.406, de 10 de janeiro de 2002 (Código Civil).

Capítulo II
DA FACILITAÇÃO PARA ABERTURA DE EMPRESAS

Art. 2.º A Lei n. 11.598, de 3 de dezembro de 2007, passa a vigorar com as seguintes alterações:

•• Alterações já processadas no diploma modificado.

Art. 3.º A Lei n. 8.934, de 18 de novembro de 1994, passa a vigorar com as seguintes alterações:

•• Alterações já processadas no diploma modificado.

Art. 4.º Os órgãos, as entidades e as autoridades competentes disporão do prazo de 60 (sessenta) dias, contado da data de publicação desta Lei, para se adequar às alterações promovidas na Lei n. 11.598, de 3 de dezembro de 2007, de que trata o art. 2.º desta Lei.

§ 1.º Compete ao Ministério da Economia notificar os órgãos, as entidades e as autoridades competentes quanto às alterações promovidas na Lei n. 11.598, de 3 de dezembro de 2007, no prazo de 5 (cinco) dias úteis, contado da data de publicação desta Lei.

§ 2.º Será assegurado aos Municípios o direito de denunciar, a qualquer tempo, a sua adesão à Rede Nacional para Simplificação do Registro e da Legalização de Empresas e Negócios (Redesim) por meio do consórcio de que trata o art. 2.º da Lei n. 11.598, de 3 de dezembro de 2007.

§ 3.º Será assegurado aos integradores estaduais o direito de solicitar a sua substituição por outro órgão ao Comitê para Gestão da Rede Nacional para Simplificação do Registro e da Legalização de Empresas e Negócios (CGSIM), no prazo de 30 (trinta) dias, contado da data de publicação desta Lei.

§ 4.º Na hipótese prevista no § 3.º deste artigo ou de descumprimento das normas da Redesim pelo integrador estadual, o CGSIM definirá o órgão que assumirá a função de integrador estadual.

Capítulo III
DA PROTEÇÃO DE ACIONISTAS MINORITÁRIOS

....

Art. 7.º A Comissão de Valores Mobiliários poderá estabelecer regras de transição para as obrigações decorrentes do disposto neste Capítulo.

Capítulo IV
DA FACILITAÇÃO DO COMÉRCIO EXTERIOR

Seção I
Das Licenças, das Autorizações ou das Exigências Administrativas para Importações ou para Exportações

Art. 8.º Será provida aos importadores, aos exportadores e aos demais intervenientes no comércio exterior solução de guichê único eletrônico por meio do qual possam encaminhar documentos, dados ou informações aos órgãos e às entidades da administração pública federal direta e indireta como condição para a importação ou a exportação de bens a ponto único acessível por meio da internet, bem como acesso às instituições autorizadas a operar no mercado de câmbio, exclusivamente para consulta a tais dados, informações e documentos, desde que autorizadas por seus clientes.

•• Vigência: *vide* art. 58, IV, desta Lei.

§ 1.º O órgão ou a entidade responsável pela exigência administrativa, após a análise dos documentos, dos dados ou das informações recebidos por meio da solução referida no *caput* deste artigo, notificará o demandante do resultado por meio do guichê único eletrônico, nos prazos previstos na legislação.

§ 2.º A solução de que trata o *caput* deste artigo deverá:

I – permitir aos importadores, aos exportadores e aos demais intervenientes no comércio exterior, inclusive as instituições autorizadas a operar no mercado de câmbio, conhecer as exigências administrativas impostas por órgãos e por entidades da administração pública federal direta e indireta para a concretização de operações de importação ou de exportação; e

II – atender ao disposto no art. 10, parágrafo 4, do Acordo sobre a Facilitação do Comércio anexo ao Protocolo de Emenda ao Acordo Constitutivo da Organização Mundial do Comércio, promulgado pelo Decreto n. 9.326, de 3 de abril de 2018.

§ 3.º O recolhimento das taxas impostas por órgãos e por entidades da administração pública federal direta e indireta, em razão do exercício do poder de polícia ou da prestação de serviço público, bem como qualquer outra receita federal relacionada a operações de comércio exterior, ocorrerá por meio de Documento de Arrecadação de Receitas Federais (Darf) em transação financeira eletrônica, preferencialmente em pagamento unificado por meio da solução de guichê único eletrônico a que se refere o *caput* deste artigo.

•• Vigência: *vide* art. 8.º, § 3.º, desta Lei.

§ 4.º Compete ao Ministério da Economia a gestão da solução de guichê único eletrônico a que se refere o *caput* deste artigo.

§ 5.º O acesso de usuários ao guichê único eletrônico a que se refere o *caput* deste artigo ocorrerá nos termos da Lei n. 14.063, de 23 de setembro de 2020.

§ 6.º É garantido o livre acesso do cidadão às informações públicas do guichê único eletrônico a que se refere o *caput* deste artigo, atendidos os requisitos de dado acessível ao público conforme definição constante do inciso V do *caput* do art. 4.º da Lei n. 14.129, de 29 de março de 2021.

Art. 9.º Fica vedado aos órgãos e às entidades da administração pública federal direta e indireta exigir o preenchimento de formulários em papel ou em formato eletrônico ou a apresentação de documentos, de dados ou de informações para a realização de importações ou de exportações por outros meios, distintos da solução de guichê único eletrônico a que se refere o art. 8.º desta Lei.

•• Vigência: *vide* art. 58, IV, desta Lei.

§ 1.º O disposto no *caput* deste artigo não se aplica:

I – quando, em razão de circunstâncias técnicas ou operacionais excepcionais relacionadas a determinada exportação ou importação, não for possível o uso da solução de guichê único eletrônico a que se refere o art. 8.º desta Lei; e

II – aos procedimentos de habilitação, de registro ou de certificação de estabelecimentos, de produtos ou de processos produtivos relacionados com o comércio doméstico ou de modo análogo a ele.

§ 2.º As exigências vigentes na data de publicação desta Lei serão revisadas na forma estabelecida em ato do Poder Executivo federal.

Art. 10. Somente será admitida a imposição de licenças ou de autorizações como requisito para importações ou para exportações em razão de características das mercadorias quando tais restrições estiverem previstas em lei ou em ato normativo editado por órgão ou por entidade competente da administração pública federal.

•• Vigência: *vide* art. 58, IV, desta Lei.

§ 1.º As propostas de edição ou de alteração dos atos normativos a que se refere o *caput* deste artigo serão objeto de consulta pública prévia e da análise de impacto regulatório de que trata a Lei n. 13.874, de 20 de setembro de 2019.

§ 2.º O guichê único eletrônico a que se refere o art. 8.º desta Lei deverá exibir em seu sítio eletrônico todas as licenças, autorizações ou exigências administrativas, como requisitos a importações ou a exportações, impostas por órgãos e por entidades da administração pública federal direta e indireta, bem como o ato normativo que lhes deu origem.

§ 3.º As exigências de que trata o *caput* deste artigo, vigentes na data de publicação desta Lei, serão revisadas na forma estabelecida em ato do Poder Executivo federal.

Seção II
Do Comércio Exterior de Serviços, de Intangíveis e de outras Operações que Produzam Variações no Patrimônio das Pessoas Físicas, das Pessoas Jurídicas ou dos Entes Despersonalizados

....

Seção III
Da Origem não Preferencial

....

Capítulo V
DO SISTEMA INTEGRADO DE RECUPERAÇÃO DE ATIVOS

Art. 13. Fica o Poder Executivo federal autorizado a instituir, sob a governança da Procuradoria-Geral da Fazenda Nacional, o Sistema Integrado de Recuperação de Ativos (Sira), constituído de um conjunto de instrumentos, mecanismos e iniciativas destinados a facilitar a identificação e a localização de bens e de devedores, bem como a constrição e a alienação de ativos.

Art. 14. São objetivos do Sira:

I – promover o desenvolvimento nacional e o bem-estar social por meio da redução dos custos de transação de concessão de créditos mediante aumento do índice de efetividade das ações que envolvam a recuperação de ativos;

II – conferir efetividade às decisões judiciais que visem à satisfação das obrigações de qualquer natureza, em âmbito nacional;

III – reunir dados cadastrais, relacionamentos e bases patrimoniais de pessoas físicas e jurídicas para subsidiar a tomada de decisão, no âmbito de processo judicial em que seja demandada a recuperação de créditos públicos ou privados;

IV – fornecer aos usuários, conforme os respectivos níveis de acesso, os dados cadastrais, os relacionamentos e as bases patrimoniais das pessoas requisitadas, de forma estruturada e organizada; e

V – garantir, com a quantidade, a qualidade e a tempestividade necessárias, os insumos de dados e informações relevantes para a recuperação de créditos públicos ou privados.

Parágrafo único. O Sira zelará pela liberdade de acesso, de uso e de gerenciamento dos dados pelo seu titular, na forma do art. 9.º da Lei n. 13.709, de 14 de agosto de 2018, e obedecerá ao regime geral de proteção de dados aplicável.

Art. 15. São princípios do Sira:

I – melhoria da efetividade e eficiência das ações de recuperação de ativos;

II – promoção da transformação digital e estímulo ao uso de soluções tecnológicas na recuperação de créditos públicos e privados;

III – racionalização e sustentabilidade econômico-financeira das soluções de tecnologia da informação e comunicação de dados, permitida a atribuição aos usuários, quando houver, dos custos de operacionalização do serviço, na forma prevista em regulamento;

IV – respeito à privacidade, à inviolabilidade da intimidade, da honra e da imagem das pessoas e às instituições, na forma prevista em lei; e

V – ampla interoperabilidade e integração com os demais sistemas semelhantes, em especial aqueles utilizados pelo Poder Judiciário, de forma a subsidiar a tomada de decisão, bem como de racionalizar e permitir o cumprimento eficaz de ordens judiciais relacionadas à recuperação de ativos.

Art. 16. Ato do Presidente da República disporá sobre:

I – as regras e as diretrizes para o compartilhamento de dados e informações, observado que, para usuários privados, apenas poderão ser fornecidos dados públicos não sujeitos a nenhuma restrição de acesso;

II – a relação nominal das bases mínimas que comporão o Sira;

III – a periodicidade com que a Procuradoria-Geral da Fazenda Nacional apresentará ao Ministério da Economia e ao Conselho Nacional de Justiça relatório sobre as bases geridas e integradas;

IV – o procedimento administrativo para o exercício, na forma prevista em lei, do poder de requisição das informações contidas em bancos de dados geridos por órgãos e por entidades públicos e privados e o prazo para o atendimento da requisição, sem prejuízo da celebração de acordos de cooperação, de convênios e de ajustes de qualquer natureza, quando necessário;

V – a forma de sustentação econômico-financeira do Sira; e

VI – as demais competências da Procuradoria-Geral da Fazenda Nacional e do órgão central de tecnologia da informação no âmbito do Sira.

Art. 17. Fica o Poder Executivo federal autorizado a instituir, sob governança da Procuradoria-Geral da Fazenda Nacional, o Cadastro Fiscal Positivo, com o objetivo de:

I – criar condições para construção permanente de um ambiente de confiança entre os contribuintes e a administração tributária federal;

II – garantir a previsibilidade das ações da Procuradoria-Geral da Fazenda Nacional em face dos contribuintes inscritos no referido cadastro;

III – criar condições para solução consensual dos conflitos tributários, com incentivo à redução da litigiosidade;

IV – reduzir os custos de conformidade em relação aos créditos inscritos em dívida ativa da União e à situação fiscal do contribuinte, a partir das informações constantes do Sira;

V – tornar mais eficientes a gestão de risco dos contribuintes inscritos no referido cadastro e a realização de negócios jurídicos processuais;

VI – melhorar a compreensão das atividades empresariais e dos gargalos fiscais.

Parágrafo único. A Procuradoria-Geral da Fazenda Nacional poderá estabelecer convênio com Estados, com Municípios e com o Distrito Federal para compartilhamento de informações que contribuam para a formação do Cadastro Fiscal Positivo.

Art. 18. Compete ao Procurador-Geral da Fazenda Nacional regulamentar o Cadastro Fiscal Positivo, o qual poderá dispor sobre atendimento, sobre concessões inerentes a garantias, sobre prazos para apreciação de requerimentos, sobre recursos e demais solicitações do contribuinte, sobre cumprimento de obrigações perante a Procuradoria-Geral da Fazendo Nacional e sobre atos de cobrança administrativa ou judicial, especialmente:

I – criação de canais de atendimento diferenciado, inclusive para recebimento de pedidos de transação no contencioso judicial ou na cobrança da dívida ativa da União, nos termos da Lei n. 13.988, ou para esclarecimento sobre esses pedidos;

II – flexibilização das regras para aceitação ou para substituição de garantias, inclusive sobre a possibilidade de substituição de depósito judicial por seguro-garantia ou por outras garantias baseadas na capacidade de geração de resultados dos contribuintes;

III – possibilidade de antecipar a oferta de garantias para regularização de débitos futuros;

IV – execução de garantias em execução fiscal somente após o trânsito em julgado da discussão judicial relativa ao título executado.

Parágrafo único. Será conferido, exclusivamente ao contribuinte, mediante solicitação, acesso aos dados próprios, relacionados ao seu enquadramento no Cadastro Fiscal Positivo.

....

Art. 20. A Lei n. 10.522, de 19 de julho de 2002, passa a vigorar com as seguintes alterações:

....

Capítulo VI
DAS COBRANÇAS REALIZADAS POR CONSELHOS PROFISSIONAIS

Art. 21. A Lei n. 12.514, de 28 de outubro de 2011, passa a vigorar com as seguintes alterações:

•• Alterações já processadas no diploma modificado.

Capítulo VII
DA PROFISSÃO DE TRADUTOR E INTÉRPRETE PÚBLICO

Art. 22. São requisitos para o exercício da profissão de tradutor e intérprete público:

I – ter capacidade civil;

II – ter formação em curso superior completo em qualquer área do conhecimento;

III – ser brasileiro ou estrangeiro residente no País;

IV – ser aprovado em concurso para aferição de aptidão;

V – não estar enquadrado nas hipóteses de inelegibilidade previstas na alínea e do inciso I do *caput* do art. 1.º da Lei Complementar n. 64, de 18 de maio de 1990; e

VI – ter registro na junta comercial do local de seu domicílio ou de atuação mais frequente.

Parágrafo único. A exigência do concurso previsto no inciso IV do *caput* deste artigo poderá ser dispensada àqueles que obtiverem grau de excelência em exames nacionais e internacionais de proficiência, nos termos do regulamento do Departamento Nacional de Registro Empresarial e Integração da Secretaria de Governo Digital da Secretaria Especial de Desburocratização, Gestão e Governo Digital do Ministério da Economia.

Art. 23. O tradutor e intérprete público poderá habilitar-se e registrar-se para um ou mais idiomas estrangeiros ou, ainda, em Língua Brasileira de Sinais (Libras).

Art. 24. O cumprimento do disposto no art. 22 desta Lei habilita o tradutor e intérprete público a atuar em qualquer Estado e no Distrito Federal e a manter inscrição apenas no local de seu domicílio ou de atuação mais frequente.

Art. 25. O concurso para aferição de aptidão de que trata o inciso IV do *caput* do art. 22 desta Lei:

I – será válido por prazo indefinido;

II – incluirá prova escrita e prova oral, com simulação de interpretação consecutiva, para avaliar a compreensão das sutilezas e das dificuldades de cada um dos idiomas;

III – será organizado nacionalmente pelo Departamento Nacional de Registro Empresarial e Integração da Secretaria de Governo Digital da Secretaria Especial de Desburocratização, Gestão e Governo Digital do Ministério da Economia, com apoio das juntas comerciais dos Estados e do Distrito Federal; e

IV – será regido pelas normas editadas pelo Diretor do Departamento Nacional de Registro Empresarial e Integração da Secretaria de Governo Digital da Secretaria Especial de Desburocratização, Gestão e Governo Digital do Ministério da Economia.

Art. 26. São atividades privativas do tradutor e intérprete público:

I – traduzir qualquer documento que tenha de ser apresentado em outro idioma perante pessoa jurídica de direito público interno ou perante serviços notariais e de registro de notas ou de títulos e documentos;

II – realizar traduções oficiais, quando exigido por lei;

III – interpretar e verter verbalmente perante ente público a manifestação de pessoa que não domine a língua portuguesa se não houver agente público apto a realizar a atividade ou se for exigido por lei específica;

IV – transcrever, traduzir ou verter mídia eletrônica de áudio ou vídeo, em outro idioma, certificada por ato notarial; e

V – realizar, quando solicitados pela autoridade competente, os exames necessários à verificação da exatidão de qualquer tradução que tenha sido arguida como incompleta, imprecisa, errada ou fraudulenta.

Parágrafo único. O disposto no *caput* deste artigo não impede:

I – a designação pela autoridade competente de tradutor e intérprete público *ad hoc* no caso de inexistência, de impedimento ou de indisponibilidade de tradutor e intérprete público habilitado para o idioma; e

II – a realização da atividade por agente público:

a) ocupante de cargo ou emprego com atribuições relacionadas com a atividade de tradutor ou intérprete; ou

b) com condições de realizar traduções e interpretações simples e correlatas com as atribuições de seu cargo ou emprego.

Art. 27. Presumem-se fiéis e exatas as traduções realizadas por tradutor e intérprete público.

§ 1.º Nenhuma tradução terá fé pública se não for realizada por tradutor e intérprete público, exceto as traduções:

I – feitas por corretores de navios, em sua área de atuação;

II – relativas aos manifestos e documentos que as embarcações estrangeiras tiverem de apresentar para despacho aduaneiro;

III – feitas por agente público com cargo ou emprego de tradutor ou intérprete ou que sejam inerentes às atividades do cargo ou emprego; e

IV – enquadradas nas hipóteses previstas em ato do Poder Executivo federal.

§ 2.º A presunção de que trata o *caput* deste artigo não afasta:

I – a obrigação de o documento na língua original acompanhar a sua respectiva tradução; e

II – a possibilidade de ente público ou qualquer interessado impugnar, nos termos estabelecidos nas normas de processo administrativo ou de processo judicial aplicáveis ao caso concreto, a fidedignidade ou a exatidão da tradução.

Art. 28. O tradutor e intérprete público que realizar tradução incompleta, imprecisa, errada ou fraudulenta estará sujeito, além de eventual responsabilização civil e criminal, às seguintes sanções:

I – advertência;

II – suspensão do registro por até 1 (um) ano; e

III – cassação do registro, vedada nova habilitação em prazo inferior a 15 (quinze) anos.

Parágrafo único. Para a dosimetria da pena, deverão ser consideradas:

I – as punições recebidas pelo tradutor e intérprete público nos últimos 10 (dez) anos;

II – a existência ou não de má-fé; e

III – a gravidade do erro ou a configuração de culpa grave.

Art. 29. O processo administrativo contra o tradutor e intérprete público seguirá o disposto na Lei n. 9.784, de 29 de janeiro de 1999.

Art. 30. O processo administrativo será processado e julgado pela junta comercial do Estado ou do Distrito Federal no qual o tradutor e intérprete público estiver inscrito.

Parágrafo único. Caberá recurso da decisão da junta comercial ao Diretor do Departamento Nacional de Registro Empresarial e Integração da Secretaria de Governo Digital da Secretaria Especial de Desburocratização, Gestão e Governo Digital do Ministério da Economia, que decidirá em última instância.

Art. 31. Os tradutores públicos e intérpretes comerciais que, na data de entrada em vigor desta Lei, já estavam habilitados na forma prevista no regulamento aprovado pelo Decreto n. 13.609, de 21 de outubro de 1943, poderão continuar a exercer as atividades no território nacional, nos termos deste Capítulo.

Art. 32. O tradutor e intérprete público poderá optar por organizar-se na forma de sociedade unipessoal.

Art. 33. O tradutor e intérprete público poderá realizar os seus atos em meio eletrônico, atendido o disposto na Lei n. 14.063, de 23 de setembro de 2020.

Art. 34. O Diretor do Departamento Nacional de Registro Empresarial e Integração da Secretaria de Governo Digital da Secretaria Especial de Desburocratização, Gestão e Governo Digital do Ministério da Economia poderá editar normas complementares para a execução do disposto neste Capítulo.

Capítulo VIII
DA OBTENÇÃO DE ELETRICIDADE

Art. 35. Na execução de obras de extensão de redes aéreas de distribuição de responsabilidade da concessionária ou permissionária de serviço público de distribuição de energia elétrica, a licença ou autorização para realização de obras em vias públicas, quando for exigida e não houver prazo estabelecido pelo poder público local, será emitida pelo órgão público competente no prazo de 5 (cinco) dias úteis, contado da data de apresentação do requerimento.

§ 1.º Na hipótese de não haver decisão do órgão competente após o encerramento do prazo estabelecido no *caput* deste artigo ou na legislação local, a concessionária ou permissionária de serviço público de distribuição de energia elétrica ficará autorizada a realizar a obra em conformidade com as condições estabelecidas no requerimento apresentado, observada a legislação aplicável.

§ 2.º Na hipótese de descumprimento das condições estabelecidas no requerimento ou na legislação aplicável, o órgão público poderá cassar, a qualquer tempo, a licença ou autorização a que se refere o § 1.º deste artigo, assegurado o direito à ampla defesa e ao contraditório à concessionária ou permissionária.

§ 3.º O disposto neste artigo aplica-se exclusivamente às solicitações de conexão, com potência contratada de até 140 kVA (cento e quarenta quilovolts-amperes), desde que não haja a necessidade de realização de obras de ampliação, de reforço ou de melhoria no sistema de distribuição de energia elétrica existente, e que:

I – em área urbana, a distância até a rede de distribuição mais próxima seja de, no máximo, 150 m (cento e cinquenta metros);

II – em área semiurbana e rural, a distância até a rede de distribuição mais próxima seja de, no máximo, 1.000 m (mil metros).

Art. 36. A obtenção da eletricidade deve ser solicitada à concessionária ou permissionária local que presta o serviço público de distribuição de energia elétrica no Município do solicitante e observará as seguintes condições:

I – os procedimentos necessários para a obtenção da eletricidade, desde a solicitação até o início do fornecimento, devem ser realizados em até 45 (quarenta e cinco) dias para as unidades consumidoras em área urbana, enquadradas no Grupo A e que respeitem as condições previstas no inciso I do § 3.º do art. 35 desta Lei; e

•• Vigência: *vide* art. 58, I, desta Lei.

II – os procedimentos necessários para a obtenção de eletricidade para os demais casos não previstos no inciso I deste *caput* devem atender aos prazos e condições regulamentados pela Agência Nacional de Energia Elétrica (Aneel).

Art. 37. Para a obtenção da eletricidade de que trata o inciso I do *caput* do art. 36 desta Lei, o projeto e a execução das instalações elétricas internas do imóvel deverão possuir responsável técnico, que responderá administrativa, civil e criminalmente em caso de danos e de acidentes decorrentes de eventuais erros de projeto ou de execução, dispensada a exigibilidade de:

I – (*Vetado*); e

II – aprovação prévia de projeto pela concessionária ou permissionária local.

Parágrafo único. O responsável técnico deverá fornecer, no pedido de obtenção de eletricidade, seu número de registro válido no conselho profissional competente.

Capítulo IX
DA DESBUROCRATIZAÇÃO EMPRESARIAL E DOS ATOS PROCESSUAIS E DA PRESCRIÇÃO INTERCORRENTE

Arts. 38 a 40. (*Vetados.*)

Art. 41. As empresas individuais de responsabilidade limitada existentes na data da entrada em vigor desta Lei serão transformadas em sociedades limitadas unipessoais independentemente de qualquer alteração em seu ato constitutivo.

Parágrafo único. Ato do Drei disciplinará a transformação referida neste artigo.

Art. 42. (*Vetado.*)

Art. 43. (*Revogado pela Medida Provisória n. 1.085, de 27-12-2021.*)

•• O texto revogado dizia: "Art. 43. (*Vetado.*)

•• Artigo parcialmente vetado, as alterações mantidas já foram processadas no diploma modificado".

Capítulo X
DA RACIONALIZAÇÃO PROCESSUAL

....

Capítulo XI
DA NOTA COMERCIAL

Art. 45. A nota comercial, valor mobiliário de que trata o inciso VI do *caput* do art. 2.º da Lei n. 6.385, de 7 de dezembro de 1976, é título de crédito não conversível em ações, de livre negociação, representativo de promessa de pagamento em dinheiro, emitido exclusivamente sob a forma escritural por meio de instituições autorizadas a prestar o serviço de escrituração pela Comissão de Valores Mobiliários.

Art. 46. Podem emitir a nota comercial as sociedades anônimas, as sociedades limitadas e as sociedades cooperativas.

Parágrafo único. A deliberação sobre emissão de nota comercial é de competência dos órgãos de administração, quando houver, ou do administrador do emissor, observado o que dispuser a respeito o respectivo ato constitutivo.

Art. 47. A nota comercial terá as seguintes características, que deverão constar de seu termo constitutivo:

I – a denominação "Nota Comercial";

II – o nome ou razão social do emitente;

III – o local e a data de emissão;

IV – o número da emissão e a divisão em séries, quando houver;

V – o valor nominal;

VI – o local de pagamento;

VII – a descrição da garantia real ou fidejussória, quando houver;

VIII – a data e as condições de vencimento;

IX – a taxa de juros, fixa ou flutuante, admitida a capitalização;

X – a cláusula de pagamento de amortização e de rendimentos, quando houver;

XI – a cláusula de correção por índice de preço, quando houver; e

XII – os aditamentos e as retificações, quando houver.

§ 1.º As notas comerciais de uma mesma série terão igual valor nominal e conferirão a seus titulares os mesmos direitos.

§ 2.º A alteração das características a que se refere o *caput* deste artigo dependerá de aprovação da maioria simples dos titulares de notas comerciais em circulação, presentes em assembleia, se maior quórum não for estabelecido no termo de emissão.

§ 3.º Aplica-se à convocação e ao funcionamento da assembleia prevista no § 2.º deste artigo, entre outros aspectos, o disposto na Lei n. 6.404, de 15 de dezembro de 1976, sobre assembleia geral de debenturistas.

Art. 48. A nota comercial é título executivo extrajudicial, que pode ser executado independentemente de protesto, com base em certidão emitida pelo escriturador ou pelo depositário central, quando esse título for objeto de depósito centralizado.

Parágrafo único. A nota comercial poderá ser considerada vencida na hipótese de inadimplemento de obrigação constante do respectivo termo de emissão.

Art. 49. A titularidade da nota comercial será atribuída exclusivamente por meio de controle realizado nos sistemas informatizados do escriturador ou no depositário central, quando esse título for objeto de depósito centralizado.

Art. 50. A Comissão de Valores Mobiliários poderá estabelecer requisitos adicionais aos previstos nesta Lei, inclusive a eventual necessidade de contratação de agente fiduciário, relativos à nota comercial que seja:

I – ofertada publicamente; ou

II – admitida à negociação em mercados regulamentados de valores mobiliários.

Art. 51. Nas distribuições privadas, o serviço de escrituração deverá ser efetuado em sistemas que atendam aos seguintes requisitos:

I – comprovação da observância de padrões técnicos adequados, em conformidade com os Princípios para Infraestruturas do Mercado Financeiro do Bank for International Settlements (BIS), inclusive no que diz respeito à segurança, à governança e à continuidade de negócios;

II – garantia de acesso integral às informações mantidas por si ou por terceiros por elas contratados para realizar atividades relacionadas com a escrituração;

III – garantia de acesso amplo a informações claras e objetivas aos participantes do mercado, sempre observadas as restrições legais de acesso a informações; e

IV – observância de requisitos e emprego de mecanismos que assegurem a interoperabilidade com os demais sistemas de escrituração autorizados pela Comissão de Valores Mobiliários.

§ 1.º As instituições autorizadas a prestar o serviço de escrituração não poderão escriturar títulos em que sejam participantes como credoras ou emissoras, direta ou indiretamente.

§ 2.º A oferta privada de nota comercial poderá conter cláusula de conversibilidade em participação societária, exceto em relação às sociedades anônimas.

Capítulo XII
DISPOSIÇÕES GERAIS

....

Art. 54. O parágrafo único do art. 22 da Lei n. 5.764, de 16 de dezembro de 1971, passa a vigorar com a seguinte redação:

•• Alteração já processada no diploma modificado.

Art. 55. O inciso III do *caput* do art. 15 da Lei n. 6.385, de 7 de dezembro de 1976, passa a vigorar com a seguinte redação:

•• Alteração já processada no diploma modificado.

Art. 56. A Lei n. 13.874, de 20 de setembro de 2019, passa a vigorar com as seguintes alterações:

•• Alterações já processadas no diploma modificado.

Capítulo XIII
DISPOSIÇÕES FINAIS

Art. 57. Ficam revogados:

I – o Decreto n. 13.609, de 21 de outubro de 1943;

II – o Decreto n. 20.256, de 20 de dezembro de 1945;

III – a Lei n. 2.145, de 29 de dezembro de 1953;

IV – o art. 1.º da Lei n. 2.410, de 29 de janeiro de 1955;

V – o art. 1.º da Lei n. 2.698, de 27 de dezembro de 1955;

VI – a Lei n. 2.807, de 28 de junho de 1956;

VII – a Lei n. 2.815, de 6 de julho de 1956;

VIII – o art. 1.º da Lei n. 3.053, de 22 de dezembro de 1956;

IX – a Lei n. 3.187, de 28 de junho de 1957;

X – a Lei n. 3.227, de 27 de julho de 1957;

XI – a Lei n. 4.557, de 10 de dezembro de 1964;

XII – os arts. 14 e 15 da Lei n. 5.025, de 10 de junho de 1966;

XIII – o art. 15 do Decreto-Lei n. 491, de 5 de março de 1969;

XIV – o art. 2.º do Decreto-Lei n. 666, de 2 de julho de 1969;

XV – a parte do art. 1.º do Decreto-Lei n. 687, de 18 de julho de 1969, que altera o art. 2.º do Decreto-Lei n. 666, de 2 de julho de 1969;

XVI – (*Vetado*);

XVII – o art. 2.º da Lei n. 6.137, de 7 de novembro de 1974;

XVIII – o Decreto-Lei n. 1.416, de 25 de agosto de 1975;

XIX – o Decreto-Lei n. 1.427, de 2 de dezembro de 1975;

XX – o § 2.º do art. 110 da Lei n. 6.404, de 15 de dezembro de 1976;

XXI – o Decreto n. 84.248, de 28 de novembro de 1979;

XXII – a Lei n. 7.409, de 25 de novembro de 1985;

XXIII – a Lei n. 7.690, de 15 de dezembro de 1988;

XXIV – o art. 5. da Lei n. 8.387, de 30 de dezembro de 1991;

XXV – os seguintes dispositivos da Lei n. 8.934, de 18 de novembro de 1994:

a) (*Vetado*);

b) inciso IV do *caput* do art. 35;

c) art. 58; e

d) art. 60;

XXVI – o parágrafo único do art. 40 e o art. 229-C da Lei n. 9.279, de 14 de maio de 1996;

XXVII – os seguintes dispositivos da Lei n. 9.430, de 27 de dezembro de 1996:

a) §§ 1.º, 2.º, 3.º e 4.º do art. 80;

b) arts. 80-A, 80-B e 80-C; e

c) §§ 1.º e 5.º do art. 81;

XXVIII – o parágrafo único do art. 18 da Lei n. 9.472, de 16 de julho de 1997;

XXIX – os seguintes dispositivos da Lei n. 10.406, de 10 de janeiro de 2002 (Código Civil):

a) (*Vetado*);

b) (*Vetado*);

c) parágrafo único do art. 1.015;

d) inciso IV do *caput* e o parágrafo único do art. 1.033; e

e) (*Vetado*);

XXX – os seguintes dispositivos da Lei n. 11.598, de 3 de dezembro de 2007:

a) §§ 1.º, 2.º, 3.º e 4.º do art. 4.º;

b) art. 6.º; e

c) inciso III do *caput* do art. 11;

XXXI – os seguintes dispositivos da Lei n. 12.546, de 14 de dezembro de 2011:

a) incisos II e III do § 1.º e §§ 2.º, 3.º, 4.º, 5.º e 6.º do art. 25;

b) §§ 1.º, 2.º, 3.º e 4.º do art. 26; e

c) art. 37;

XXXII – os incisos I, II, III, IV e V do *caput* do art. 246 da Lei n. 13.105, de 16 de março de 2015 (Código de Processo Civil).

Art. 58. Esta Lei entra em vigor na data de sua publicação e produzirá efeitos:

I – em 3 (três) anos, contados da data de sua publicação, quanto ao inciso I do *caput* do art. 36, podendo a Aneel determinar a antecipação da produção de efeitos em cada área de concessão ou permissão;

II – em 360 (trezentos e sessenta) dias, contados da data de sua publicação, quanto à parte do art. 5.º que altera o § 3.º do art. 138 da Lei n. 6.404, de 15 de dezembro de 1976;

III – em 180 (cento e oitenta) dias, contados da data de sua publicação, quanto ao § 3.º do art. 8.º;

IV – no primeiro dia útil do primeiro mês subsequente ao da data de sua publicação, quanto aos arts. 8.º, 9.º, 10, 11 e 12 e aos incisos III a XV, XVIII, XXIII e XXXI do *caput* do art. 57; e

V – na data de sua publicação, quanto aos demais dispositivos.

Brasília, 26 de agosto de 2021; 200.º da Independência e 133.º da República.

JAIR MESSIAS BOLSONARO

LEI N. 14.216, DE 7 DE OUTUBRO DE 2021 (*)

Estabelece medidas excepcionais em razão da Emergência em Saúde Pública de Importância Nacional (Espin) decorrente da infecção humana pelo coronavírus SARS-CoV-2, para suspender o cumprimento de medida judicial, extrajudicial ou administrativa que resulte em desocupação ou remoção forçada coletiva em imóvel privado ou público, exclusivamente urbano, e a concessão de liminar em ação de despejo de que trata a Lei n. 8.245, de 18 de outubro de 1991, e para estimular a celebração de acordos nas relações locatícias.

O Presidente da República

Faço saber que o Congresso Nacional decreta e eu promulgo, nos termos do parágrafo 5.º do art. 66 da Constituição Federal, a seguinte Lei:

Art. 1.º Esta Lei estabelece medidas excepcionais em razão da Emergência em Saúde Pública de Importância Nacional (Espin) decorrente da infecção humana pelo coronavírus SARS-CoV-2, para suspender até 31 de dezembro de 2021 o cumprimento de medida judicial, extrajudicial ou administrativa que resulte em desocupação ou remoção forçada coletiva em imóvel privado ou público, exclusivamente urbano, e a concessão de liminar em ação de despejo de que trata a Lei n. 8.245, de 18 de outubro de 1991, para dispensar o locatário do pagamento de multa em caso de denúncia de locação de imóvel e para autorizar a realização de aditivo em contrato de locação por meio de correspondências eletrônicas ou de aplicativos de mensagens.

Art. 2.º Ficam suspensos até 31 de dezembro de 2021 os efeitos de atos ou decisões judiciais, extrajudiciais ou administrativos, editados ou proferidos desde a vigência do estado de calamidade pública reconhecido pelo Decreto Legislativo n. 6, de 20 de março de 2020, até 1 (um) ano após o seu término, que imponham a desocupação ou a remoção forçada coletiva de imóvel privado ou público, exclusivamente urbano, que sirva de moradia ou que represente área produtiva pelo trabalho individual ou familiar.

§ 1.º Para fins do disposto neste artigo, aplica-se a suspensão nos seguintes casos, entre outros:

I – execução de decisão liminar e de sentença em ações de natureza possessória e petitória, inclusive mandado pendente de cumprimento;

II – despejo coletivo promovido pelo Poder Judiciário;

III – desocupação ou remoção promovida pelo poder público;

IV – medida extrajudicial;

V – despejo administrativo em locação e arrendamento em assentamentos;

VI – autotutela da posse.

§ 2.º As medidas decorrentes de atos ou decisões proferidos em data anterior à vigência do estado de calamidade pública reconhecido pelo Decreto Legislativo n. 6, de 20 de março de 2020, não serão efetivadas até 1 (um) ano após o seu término.

§ 3.º Durante o período mencionado no *caput* deste artigo, não serão adotadas medidas preparatórias ou negociações com o fim de efetivar eventual remoção, e a autoridade administrativa ou judicial deverá manter sobrestados os processos em curso.

§ 4.º Superado o prazo de suspensão a que se refere o *caput* deste artigo, o Poder Judiciário deverá realizar audiência de mediação entre as partes, com a participação do Ministério Público e da Defensoria Pública, nos processos de despejo, de remoção forçada e de reintegração de posse coletivos que estejam em tramitação e realizar inspeção judicial nas áreas em litígio.

Art. 3.º Considera-se desocupação ou remoção forçada coletiva a retirada definitiva ou temporária de indivíduos ou de famílias, promovida de forma coletiva e contra a sua vontade, de casas ou terras que ocupam, sem que estejam disponíveis ou acessíveis as formas adequadas de proteção de seus direitos, notadamente:

I – garantia de habitação, sem nova ameaça de remoção, viabilizando o cumprimento do isolamento social;

II – manutenção do acesso a serviços básicos de comunicação, de energia elétrica, de água potável, de saneamento e de coleta de lixo;

(*) Publicada no *Diário Oficial da União*, de 8-10-2021.

III – proteção contra intempéries climáticas ou contra outras ameaças à saúde e à vida;

IV – acesso aos meios habituais de subsistência, inclusive acesso a terra, a seus frutos, a infraestrutura, a fontes de renda e a trabalho;

V – privacidade, segurança e proteção contra a violência à pessoa e contra o dano ao seu patrimônio.

Art. 4.º Em virtude da Espin decorrente da infecção humana pelo coronavírus SARS-CoV-2, não se concederá liminar para desocupação de imóvel urbano nas ações de despejo a que se referem os incisos I, II, V, VII, VIII e IX do § 1.º do art. 59 da Lei n. 8.245, de 18 de outubro de 1991, até 31 de dezembro de 2021, desde que o locatário demonstre a ocorrência de alteração da situação econômico-financeira decorrente de medida de enfrentamento da pandemia que resulte em incapacidade de pagamento do aluguel e dos demais encargos sem prejuízo da subsistência familiar.

Parágrafo único. O disposto no *caput* deste artigo somente se aplica aos contratos cujo valor mensal do aluguel não seja superior a:

I – R$ 600,00 (seiscentos reais), em caso de locação de imóvel residencial;

II – R$ 1.200,00 (mil e duzentos reais), em caso de locação de imóvel não residencial.

Art. 5.º Frustrada tentativa de acordo entre locador e locatário para desconto, suspensão ou adiamento, total ou parcial, do pagamento de aluguel devido desde a vigência do estado de calamidade pública reconhecido pelo Decreto Legislativo n. 6, de 20 de março de 2020, até 1 (um) ano após o seu término, relativo a contrato findado em razão de alteração econômico-financeira decorrente de demissão, de redução de carga horária ou de diminuição de remuneração que resulte em incapacidade de pagamento do aluguel e dos demais encargos sem prejuízo da subsistência familiar, será admitida a denúncia da locação pelo locatário residencial até 31 de dezembro de 2021:

I – nos contratos por prazo determinado, independentemente do cumprimento da multa convencionada para o caso de denúncia antecipada do vínculo locatício;

II – nos contratos por prazo indeterminado, independentemente do cumprimento do aviso prévio de desocupação, dispensado o pagamento da multa indenizatória.

§ 1.º A denúncia da locação na forma prevista nos incisos I e II do *caput* deste artigo aplica-se à locação de imóvel não residencial urbano no qual se desenvolva atividade que tenha sofrido a interrupção contínua em razão da imposição de medidas de isolamento ou de quarentena, por prazo igual ou superior a 30 (trinta) dias, se frustrada tentativa de acordo entre locador e locatário para desconto, suspensão ou adiamento, total ou parcial, do pagamento de aluguel devido desde a vigência do estado de calamidade pública reconhecido pelo Decreto Legislativo n. 6, de 20 de março de 2020, até 1 (um) ano após o seu término.

§ 2.º Não se aplica o disposto no *caput* deste artigo quando o imóvel objeto da locação for o único de propriedade do locador, excluído o utilizado para sua residência, desde que os aluguéis consistam na totalidade de sua renda.

Art. 6.º As tentativas de acordo para desconto, suspensão ou adiamento de pagamento de aluguel, ou que estabeleçam condições para garantir o reequilíbrio contratual dos contratos de locação de imóveis durante a Espin decorrente da infecção humana pelo coronavírus SARS-CoV-2, poderão ser realizadas por meio de correspondências eletrônicas ou de aplicativos de mensagens, e o conteúdo deles extraído terá valor de aditivo contratual, com efeito de título executivo extrajudicial, bem como provará a não celebração do acordo para fins do disposto no art. 5.º desta Lei.

Art. 7.º As medidas de que tratam os arts. 2.º e 3.º desta Lei:

I – não se aplicam a ocupações ocorridas após 31 de março de 2021;

II – não alcançam as desocupações já perfectibilizadas na data da publicação desta Lei.

Art. 8.º Esta Lei entra em vigor na data de sua publicação.

Brasília, 7 de outubro de 2021; 200.º da Independência e 133.º da República.

JAIR MESSIAS BOLSONARO

MEDIDA PROVISÓRIA N. 1.085, DE 27 DE DEZEMBRO DE 2021 (*)

Dispõe sobre o Sistema Eletrônico dos Registros Públicos – SERP, de que trata o art. 37 da Lei n. 11.977, de 7 de julho de 2009, e altera a Lei n. 4.591, de 16 de dezembro de 1964, a Lei n. 6.015, de 31 de dezembro de 1973, a Lei n. 6.766, de 19 de dezembro de 1979, a Lei n. 8.935, de 18 de novembro de 1994, a Lei n. 10.406, de 10 de janeiro de 2002 – Código Civil, a Lei n. 11.977, de 2009, a Lei n. 13.097, de 19 de janeiro de 2015, e a Lei n. 13.465, de 11 de julho de 2017.

O Presidente da República, no uso da atribuição que lhe confere o art. 62, da Constituição, adota a seguinte Medida Provisória, com força de lei:

OBJETO

Art. 1.º Esta Medida Provisória dispõe sobre o Sistema Eletrônico dos Registros Públicos – SERP, de que trata o art. 37 da Lei n. 11.977, de 7 de julho de 2009, e moder-

(*) Publicada no *Diário Oficial da União*, de 28-12-2021.

niza e simplifica os procedimentos relativos aos registros públicos de atos e negócios jurídicos, de que trata a Lei n. 6.015, de 31 de dezembro de 1973, e de incorporações imobiliárias, de que trata a Lei n. 4.591, de 16 de dezembro de 1964.

ÂMBITO DE APLICAÇÃO

Art. 2.º Esta Medida Provisória aplica-se:

I – às relações jurídicas que envolvam oficiais dos registros públicos; e

II – aos usuários dos serviços de registros públicos.

OBJETIVOS DO SERP

Art. 3.º O SERP tem o objetivo de viabilizar:

I – o registro público eletrônico dos atos e negócios jurídicos;

II – a interconexão das serventias dos registros públicos;

III – a interoperabilidade das bases de dados entre as serventias dos registros públicos e entre as serventias dos registros públicos e o SERP;

IV – o atendimento remoto aos usuários de todas as serventias dos registros públicos, por meio da internet;

V – a recepção e o envio de documentos e títulos, a expedição de certidões e a prestação de informações, em formato eletrônico, inclusive de forma centralizada, para distribuição posterior às serventias dos registros públicos competentes;

VI – a visualização eletrônica dos atos transcritos, registrados ou averbados nas serventias dos registros públicos;

VII – o intercâmbio de documentos eletrônicos e de informações entre as serventias dos registros públicos e:

a) os entes públicos, inclusive por meio do Sistema Integrado de Recuperação de Ativos – Sira, de que trata o Capítulo V da Lei n. 14.195, de 26 de agosto de 2021; e

b) os usuários em geral, inclusive as instituições financeiras e as demais instituições autorizadas a funcionar pelo Banco Central do Brasil e os tabeliães;

VIII – o armazenamento de documentos eletrônicos para dar suporte aos atos registrais;

IX – a divulgação de índices e indicadores estatísticos apurados a partir de dados fornecidos pelos oficiais dos registros públicos, observado o disposto no inciso VII do *caput* do art. 7.º;

X – a consulta:

a) às indisponibilidades de bens decretadas pelo Poder Judiciário ou por entes públicos;

b) às restrições e gravames de origem legal, convencional ou processual incidentes sobre bens móveis e imóveis registrados ou averbados nos registros públicos; e

c) aos atos em que a pessoa pesquisada conste como:

1. devedora de título protestado e não pago;
2. garantidora real;
3. arrendatária mercantil financeiro;
4. cedente convencional de crédito; ou
5. titular de direito sobre bem objeto de constrição processual ou administrativa; e

XI – outros serviços, nos termos estabelecidos pela Corregedoria Nacional de Justiça do Conselho Nacional de Justiça.

§ 1.º Os oficiais dos registros públicos de que trata a Lei n. 6.015, de 1973, integram o SERP.

§ 2.º A consulta a que se refere o inciso X do *caput* será realizada com base em indicador pessoal ou, quando compreender bem especificamente identificável, mediante critérios relativos ao bem objeto de busca.

§ 3.º O SERP deverá:

I – observar os padrões e requisitos de documentos, de conexão e de funcionamento estabelecidos pela Corregedoria Nacional de Justiça do Conselho Nacional de Justiça; e

II – garantir a segurança da informação e a continuidade da prestação do serviço dos registros públicos.

§ 4.º O SERP terá operador nacional, sob a forma de pessoa jurídica de direito privado, na forma prevista nos incisos I ou III do *caput* do art. 44 da Lei n. 10.406, de 10 de janeiro de 2002 – Código Civil, na modalidade de entidade civil sem fins lucrativos, nos termos estabelecidos pela Corregedoria Nacional de Justiça do Conselho Nacional de Justiça.

RESPONSABILIDADE PELO SERP

Art. 4.º Compete aos oficiais dos registros públicos promover a implantação e o funcionamento adequado do SERP, com a disponibilização das informações necessárias, nos termos estabelecidos pela Corregedoria Nacional de Justiça do Conselho Nacional de Justiça, especialmente das informações relativas:

I – às garantias de origem legal, convencional ou processual, aos contratos de arrendamento mercantil financeiro e às cessões convencionais de crédito, constituídos no âmbito da sua competência; e

II – aos dados necessários à produção de índices e indicadores estatísticos.

§ 1.º É obrigatória a adesão ao SERP dos oficiais dos registros públicos de que trata a Lei n. 6.015, de 1973, ou dos responsáveis interinos pelo expediente.

§ 2.º O descumprimento do disposto neste artigo ensejará a aplicação das penas previstas no art. 32 da Lei n. 8.935, de 18 de novembro de 1994, nos termos estabelecidos pela Corregedoria Nacional de Justiça do Conselho Nacional de Justiça.

FUNDO PARA A IMPLEMENTAÇÃO E CUSTEIO DO SISTEMA ELETRÔNICO DOS REGISTROS PÚBLICOS

Art. 5.º Fica criado o Fundo para a Implementação e Custeio do Sistema Eletrônico dos Registros Públicos – FICS, subvencionado pelos oficiais dos registros públicos.

§ 1.º Caberá à Corregedoria Nacional de Justiça do Conselho Nacional de Justiça:

I – disciplinar a instituição da receita do FICS;

II – estabelecer as cotas de participação dos oficiais dos registros públicos;

III – fiscalizar o recolhimento das cotas de participação dos oficiais dos registros públicos; e

IV – supervisionar a aplicação dos recursos e as despesas incorridas.

§ 2.º Os oficiais dos registros públicos ficam dispensados de participar da subvenção do FICS na hipótese de desenvolverem e utilizarem sistemas e plataformas interoperáveis necessários para a integração plena dos serviços de suas delegações ao SERP, nos termos estabelecidos pela Corregedoria Nacional de Justiça do Conselho Nacional de Justiça.

EXTRATOS ELETRÔNICOS POR MEIO DO SERP

Art. 6.º Os oficiais dos registros públicos, quando cabível, receberão dos interessados, por meio do SERP, os extratos eletrônicos para registro ou averbação de fatos, atos e negócios jurídicos, nos termos do disposto no inciso VIII do *caput* do art. 7.º.

§ 1.º Na hipótese de que trata o *caput*:

I – o oficial:

a) qualificará o título pelos elementos, pelas cláusulas e pelas condições constantes do extrato eletrônico; e

b) disponibilizará ao requerente as informações relativas à certificação do registro em formato eletrônico; e

II – o requerente poderá, a seu critério, solicitar o arquivamento da íntegra do instrumento contratual que deu origem ao extrato eletrônico, por meio de documento eletrônico, nos termos do disposto no inciso VIII do *caput* do art. 3.º, acompanhado de declaração, assinada eletronicamente, de que corresponde ao original firmado pelas partes.

§ 2.º No caso de extratos eletrônicos para registro ou averbação de atos e negócios jurídicos relativos a bens imóveis, ficará dispensada a atualização prévia da matrícula quanto aos dados objetivos ou subjetivos previstos no art. 176 da Lei n. 6.015, de 1973, exceto dos dados imprescindíveis para comprovar a subsunção do objeto e das partes aos dados constantes do título apresentado, ressalvado o seguinte:

I – não poderá ser criada nova unidade imobiliária por fusão ou desmembramento sem observância da especialidade; e

II – a dispensa de atualização se subordina à correspondência dos dados descritivos do imóvel e dos titulares entre o título e a matrícula.

§ 3.º Será dispensada, no âmbito do registro de imóveis, a apresentação da escritura de pacto antenupcial, desde que os dados de seu registro e o regime de bens sejam indicados no extrato eletrônico de que trata o *caput*, com a informação sobre a existência ou não de cláusulas especiais.

NORMAS COMPLEMENTARES

Art. 7.º Caberá à Corregedoria Nacional de Justiça do Conselho Nacional de Justiça disciplinar os art. 37 a art. 41 e o art. 45 da Lei n. 11.977, de 2009, e o disposto nesta Medida Provisória, em especial os seguintes aspectos:

I – os sistemas eletrônicos integrados ao SERP, por tipo de registro público ou de serviço prestado;

II – o cronograma de implantação do SERP e do registro público eletrônico dos atos jurídicos em todo o País, que poderá considerar as diferenças regionais e as características de cada registro público;

III – os padrões tecnológicos de escrituração, indexação, publicidade, segurança, redundância e conservação de atos registrais, de recepção e comprovação da autoria e da integridade de documentos em formato eletrônico, a serem atendidos pelo SERP e pelas serventias dos registros públicos, observada a legislação;

IV – a forma de certificação eletrônica da data e da hora do protocolo dos títulos para assegurar a integridade da informação e a ordem de prioridade das garantias sobre bens móveis e imóveis constituídas nos registros públicos;

V – a forma de integração do Sistema de Registro Eletrônico de Imóveis - SREI, de que trata o art. 76 da Lei n. 13.465, de 11 de julho de 2017, ao SERP;

VI – a forma de integração da Central Nacional de Registro de Títulos e Documentos, prevista no § 2.º do art. 3.º da Lei n. 13.775, de 20 de dezembro de 2018, ao SERP;

VII – os índices e os indicadores estatísticos que serão produzidos por meio do SERP, nos termos do disposto no inciso II do *caput* do art. 4.º, a forma de sua divulgação e o cronograma de implantação da obrigatoriedade de fornecimento de dados ao SERP;

VIII – a definição do extrato eletrônico previsto no art. 6.º e os tipos de documentos que poderão ser recepcionados dessa forma;

IX – o formato eletrônico de que trata a alínea *b* do inciso I do § 1.º do art. 6.º; e

X – outros serviços a serem prestados por meio do SERP, nos termos do disposto no inciso XI do *caput* do art. 3.º.

Art. 8.º A Corregedoria Nacional de Justiça do Conselho Nacional de Justiça poderá definir, em relação aos atos e negócios jurídicos relativos a bens móveis, os tipos de documentos que serão, prioritariamente, recepcionados por extrato eletrônico.

ACESSO A BASES DE DADOS DE IDENTIFICAÇÃO

Art. 9.º Para verificação da identidade dos usuários dos registros públicos, as bases de dados de identificação civil, inclusive de identificação biométrica, dos institutos de identificação civil, das bases cadastrais da União, inclusive do Cadastro de Pessoas Físicas da Secretaria Especial da Receita Federal do Brasil do Ministério da Economia e da Justiça Eleitoral, poderão ser acessadas, a critério dos responsáveis pelas referidas bases de dados, desde que previamente pactuado, por tabeliães e oficiais dos registros públicos, observado disposto na Lei n. 13.709, de 14 de agosto de 2018, e na Lei n. 13.444, de 11 de maio de 2017.

ALTERAÇÃO DA LEI N. 4.591, DE 1964

Art. 10. A Lei n. 4.591, de 1964, passa a vigorar com as seguintes alterações:

•• Alterações já processadas no diploma modificado.

ALTERAÇÃO DA LEI N. 6.015, DE 1973

Art. 11. A Lei n. 6.015, de 1973, passa a vigorar com as seguintes alterações:

•• Alterações já processadas no diploma modificado.

ALTERAÇÃO DA LEI N. 6.766, DE 19 DE DEZEMBRO DE 1979

Art. 12. A Lei n. 6.766, de 1979, passa a vigorar com as seguintes alterações:

•• Alterações já processadas no diploma modificado.

ALTERAÇÃO DA LEI N. 8.935, DE 1994

Art. 13. A Lei n. 8.935, de 1994, passa a vigorar com as seguintes alterações:

•• Alterações já processadas no diploma modificado.

ALTERAÇÃO DO CÓDIGO CIVIL

Art. 14. A Lei n. 10.406, de 2002 - Código Civil passa a vigorar com as seguintes alterações:

•• Alterações já processadas no diploma modificado.

....

ALTERAÇÃO DA LEI N. 11.977, DE 2009

Art. 15. A Lei n. 11.977, de 2009, passa a vigorar com as seguintes alterações:

•• Alterações já processadas no diploma modificado.

ALTERAÇÃO DA LEI N. 13.097, DE 2015

Art. 16. A Lei n. 13.097, de 19 de janeiro de 2015, passa a vigorar com as seguintes alterações:

•• Alterações já processadas no diploma modificado.

ALTERAÇÃO DA LEI N. 13.465, DE 2017

Art. 17. A Lei n. 13.465, de 2017, passa a vigorar com as seguintes alterações:

•• Alterações já processadas no diploma modificado.

DISPOSIÇÕES TRANSITÓRIAS

Art. 18. A data final do cronograma previsto no inciso II do *caput* do art. 7.º não poderá ultrapassar 31 de janeiro de 2023.

Art. 19. O disposto no art. 206-A da Lei n. 6.015, de 1973, deverá ser implementado, em todo o território nacional, no prazo de cento e cinquenta dias, contado da data de entrada em vigor desta Medida Provisória.

REVOGAÇÕES

Art. 20. Ficam revogados:

I – os seguintes dispositivos do art. 32 da Lei n. 4.591, de 1964:

a) a alínea *o* do *caput*; e

b) o § 2.º;

II – o art. 12 da Lei n. 4.864, de 29 de novembro de 1965;

III – os seguintes dispositivos da Lei n. 6.015, de 1973:

a) o inciso IV do *caput* do art. 127;

b) o item 2.º do *caput* do art. 129;

c) o art. 141;

d) o art. 144;

e) o art. 145;

f) o art. 158;

g) os § 1.º e § 2.º do art. 161;

i) os incisos III e IV do *caput* do art. 198;

IV – o art. 42-A da Lei n. 8.935, de 1994;

V – a Lei n. 9.042, de 9 de maio de 1995;

VI – os seguintes dispositivos da Lei n. 10.406, de 2002 - Código Civil:

a) inciso VI do *caput* do art. 44;

b) o Título I-A do Livro II da Parte Especial; e

c) o art. 1.494;

VII – o art. 2.º da Lei n. 12.441, de 11 de julho de 2011, na parte em que altera os seguintes dispositivos da Lei n. 10.406, de 2002 - Código Civil:

a) o inciso VI do *caput* do art. 44; e

b) o Título I-A do Livro II da Parte Especial;

VIII – o art. 32 da Lei n. 12.810, de 2013;

IX – o parágrafo único do art. 54 da Lei n. 13.097, de 2015; e

X – o art. 43 da Lei n. 14.195, de 2021.

VIGÊNCIA

Art. 21. Esta Medida Provisória entra em vigor:

I – em 1.º de janeiro de 2024, quanto ao art. 11 na parte em que altera o art. 130 da Lei n. 6.015, de 1973; e

II – na data de sua publicação, quanto aos demais dispositivos.

Brasília, 27 de dezembro de 2021; 200.º da Independência e 133.º da República.

JAIR MESSIAS BOLSONARO

LEI N. 14.286, DE 29 DE DEZEMBRO DE 2021 (*)

Dispõe sobre o mercado de câmbio brasileiro, o capital brasileiro no exterior, o capital estrangeiro no País e a prestação de informações ao Banco Central do Brasil;

(*) Publicada no *Diário Oficial da União*, de 30-12-2021.

altera as Leis n. 4.131, de 3 de setembro de 1962, 4.728, de 14 de julho de 1965, 8.383, de 30 de dezembro de 1991, 10.192, de 14 de fevereiro de 2001, e 11.371, de 28 de novembro de 2006, e o Decreto n. 23.258, de 19 de outubro de 1933; e revoga as Leis n. 156, de 27 de novembro de 1947, 1.383, de 13 de junho de 1951, 1.807, de 7 de janeiro de 1953, 2.145, de 29 de dezembro de 1953, 2.698, de 27 de dezembro de 1955, 4.390, de 29 de agosto de 1964, 5.331, de 11 de outubro de 1967, 9.813, de 23 de agosto de 1999, e 13.017, de 21 de julho de 2014, os Decretos-leis n. 1.201, de 8 de abril de 1939, 9.025, de 27 de fevereiro de 1946, 9.602, de 16 de agosto de 1946, 9.863, de 13 de setembro de 1946, e 857, de 11 de setembro de 1969, a Medida Provisória n. 2.224, de 4 de setembro de 2001, e dispositivos das Leis n. 4.182, de 13 de novembro de 1920, 3.244, de 14 de agosto de 1957, 4.595, de 31 de dezembro de 1964, 5.409, de 9 de abril de 1968, 6.099, de 12 de setembro de 1974, 7.738, de 9 de março de 1989, 8.021, de 12 de abril de 1990, 8.880, de 27 de maio de 1994, 9.069, de 29 de junho de 1995, 9.529, de 10 de dezembro de 1997, 11.803, de 5 de novembro de 2008, 12.865, de 9 de outubro de 2013, 13.292, de 31 de maio de 2016, e 13.506, de 13 de novembro de 2017, e dos Decretos-leis n. 2.440, de 23 de julho de 1940, 1.060, de 21 de outubro de 1969, 1.986, de 28 de dezembro de 1982, e 2.285, de 23 de julho de 1986.

O Presidente da República

Faço saber que o Congresso Nacional decreta e eu sanciono a seguinte Lei:

CAPÍTULO I
DISPOSIÇÕES PRELIMINARES

Art. 1.º Esta Lei dispõe sobre o mercado de câmbio brasileiro, o capital brasileiro no exterior, o capital estrangeiro no País e a prestação de informações ao Banco Central do Brasil, para fins de compilação de estatísticas macroeconômicas oficiais.

Parágrafo único. Para fins do disposto nesta Lei, observado o regulamento a ser editado pelo Banco Central do Brasil, considera-se:

I – residente: a pessoa física ou jurídica residente, domiciliada ou com sede no Brasil;

II – não residente: a pessoa física ou jurídica residente, domiciliada ou com sede no exterior.

CAPÍTULO II
DO MERCADO DE CÂMBIO

Art. 2.º As operações no mercado de câmbio podem ser realizadas livremente, sem limitação de valor, observados a legislação, as diretrizes estabelecidas pelo Conselho Monetário Nacional e o regulamento a ser editado pelo Banco Central do Brasil.

Parágrafo único. A taxa de câmbio é livremente pactuada entre as instituições autorizadas a operar no mercado de câmbio e entre as referidas instituições e seus clientes.

Art. 3.º As operações no mercado de câmbio podem ser realizadas somente por meio de instituições autorizadas a operar nesse mercado pelo Banco Central do Brasil, na forma do regulamento a ser editado por essa autarquia.

Art. 4.º A instituição autorizada a operar no mercado de câmbio é responsável:

I – pela identificação e pela qualificação de seus clientes;

II – por assegurar o processamento lícito de operações no mercado de câmbio.

§ 1.º A instituição de que trata o *caput* deste artigo adotará medidas e controles destinados a prevenir a realização de operações no mercado de câmbio para a prática de atos ilícitos, incluídos a lavagem de dinheiro e o financiamento do terrorismo, nos termos da Lei n. 9.613, de 3 de março de 1998, observado o regulamento a ser editado pelo Banco Central do Brasil.

§ 2.º É de responsabilidade do cliente a classificação da finalidade da operação no mercado de câmbio, na forma prevista no regulamento a ser editado pelo Banco Central do Brasil.

§ 3.º As instituições autorizadas a operar no mercado de câmbio prestarão orientação e suporte técnico, inclusive por meio virtual, para os clientes que necessitarem de apoio para a correta classificação de finalidade da operação no mercado de câmbio, de que trata o § 2.º deste artigo.

Art. 5.º Compete ao Banco Central do Brasil:

I – regulamentar o mercado de câmbio e suas operações, incluídas as operações de *swaps*, e dispor sobre os tipos e as características de produtos, as formas, os limites, as taxas, os prazos e outras condições;

II – disciplinar a constituição, o funcionamento e a supervisão de instituições autorizadas a operar no mercado de câmbio, inclusive quando envolverem participação de não residente;

III – autorizar a constituição, o funcionamento, a transferência de controle, a fusão, a cisão e a incorporação de instituições autorizadas a operar no mercado de câmbio, inclusive quando envolverem participação de não residente;

IV – autorizar instituições em funcionamento a operar no mercado de câmbio, inclusive quando envolverem participação de não residente;

V – cancelar, de ofício ou a pedido, nos termos do regulamento a ser editado pelo Banco Central do Brasil, as autorizações de que tratam os incisos III e IV deste *caput*;

VI – autorizar, nos termos do regulamento a ser editado pelo Banco Central do Brasil, a posse e o exercício nos órgãos de administração ou nos órgãos previstos no estatuto ou no contrato social de instituições autorizadas a operar no mercado de câmbio;

VII – supervisionar as instituições autorizadas a operar no mercado de câmbio, para fins do disposto nesta Lei, e aplicar-lhes as sanções cabíveis de que trata o art. 20 desta Lei;

VIII – regulamentar as contas em reais de titularidade de não residentes, inclusive quanto aos requisitos e aos procedimentos para sua abertura e sua movimentação;

IX – regulamentar as contas em moeda estrangeira no País, inclusive quanto aos requisitos e aos procedimentos para sua abertura e sua movimentação;

X – manter as contas de depósito e de compensação, liquidação e custódia, em reais e em moeda estrangeira, de titularidade de organismos internacionais, observados os limites, os prazos, as formas e as condições estabelecidos no regulamento a ser editado pelo Banco Central do Brasil;

XI – manter as contas de depósito e de compensação, liquidação e custódia, em reais, de titularidade de bancos centrais estrangeiros ou de instituições domiciliadas ou com sede no exterior que prestem serviços de compensação, liquidação e custódia no mercado internacional, observados os limites, os prazos, as formas e as condições estabelecidos no regulamento a ser editado pelo Banco Central do Brasil.

§ 1.º No exercício das atividades de supervisão de que trata este artigo, o Banco Central do Brasil poderá exigir das instituições autorizadas a operar no mercado de câmbio a disponibilização de dados e informações e a exibição de documentos e livros de escrituração, mantidos em meio físico ou digital, inclusive para a avaliação de suas operações ativas e passivas e dos riscos assumidos, considerada a negativa de atendimento como embaraço à fiscalização, sujeita às sanções aplicáveis de que trata o art. 20 desta Lei.

§ 2.º Os ativos de organismos internacionais e de bancos centrais estrangeiros mantidos nas contas de que tratam os incisos X e XI do *caput* deste artigo são impenhoráveis e imunes à execução quando utilizados no desempenho de suas funções próprias e não poderão ser objeto de arresto, de sequestro, de busca e apreensão ou de outro ato de constrição judicial.

§ 3.º Aplica-se o disposto no art. 6.º da Lei n. 10.214, de 27 de março de 2001, aos ativos de instituições domiciliadas ou com sede no exterior que prestem serviços de compensação, liquidação e custódia no mercado internacional, mantidos nas contas de que trata o inciso XI do *caput* deste artigo.

§ 4.º As contas em reais de titularidade de não residentes de que trata o inciso VIII do *caput* deste artigo terão o mesmo tratamento das contas em reais de titularidade de residentes, excetuados os requisitos e os procedimentos que o Banco Central do Brasil vier a estabelecer, inclusive em relação a movimentações realizadas na forma prevista pelo art. 6.º desta Lei.

Art. 6.º Na forma do regulamento a ser editado pelo Banco Central do Brasil, os bancos autorizados a operar no mercado de câmbio poderão dar cumprimento a ordens de pagamento em reais recebidas do exterior ou enviadas para o exterior, por meio da utilização de contas em reais mantidas nos bancos, de titularidade de instituições domiciliadas ou com sede no exterior e que estejam sujeitas à regulação e à supervisão financeira em seu país de origem.

Parágrafo único. No âmbito das relações de correspondência bancária internacional em reais, os bancos de que trata o *caput* deste artigo devem obter informação sobre a instituição domiciliada ou com sede no exterior, para compreender plenamente a natureza de sua atividade, sua reputação e a qualidade da supervisão financeira a que está sujeita e avaliar seus controles internos em matéria de combate à lavagem de dinheiro e ao financiamento do terrorismo.

Art. 7.º O cancelamento ou a baixa na posição de câmbio referentes aos contratos de compra de moeda estrangeira que amparem adiantamentos em reais sujeitam o vendedor de moeda estrangeira ao recolhimento ao Banco Central do Brasil de encargo financeiro não superior a 100% (cem por cento) do valor do adiantamento.

§ 1.º A instituição autorizada a operar no mercado de câmbio compradora da moeda estrangeira é responsável pelo recolhimento ao Banco Central do Brasil do encargo financeiro de que trata o *caput* deste artigo.

§ 2.º O Conselho Monetário Nacional regulamentará o disposto neste artigo e disporá sobre a forma de cálculo do encargo financeiro de que trata o *caput* deste artigo e sobre as hipóteses em que seu recolhimento será dispensado, vedado o estabelecimento de tratamento diferenciado em razão da natureza do vendedor da moeda estrangeira ou do seu setor produtivo.

CAPÍTULO III
DO CAPITAL BRASILEIRO NO EXTERIOR E DO CAPITAL ESTRANGEIRO NO PAÍS

Art. 8.º Para fins do disposto nesta Lei, consideram-se:

I – capitais brasileiros no exterior: os valores, os bens, os direitos e os ativos de qualquer natureza detidos fora do território nacional por residentes;

II – capitais estrangeiros no País: os valores, os bens, os direitos e os ativos de qualquer natureza detidos no território nacional por não residentes.

Parágrafo único. Fica o Banco Central do Brasil autorizado a dispor sobre as hipóteses em que, considerada a natureza das operações:

I – capitais de residentes, mantidos no território nacional em favor de não residentes, serão equiparados a capitais brasileiros no exterior;

II – capitais de não residentes, mantidos no exterior em favor de residentes, serão equiparados a capitais estrangeiros no País.

Art. 9.º Ao capital estrangeiro no País será dispensado tratamento jurídico idêntico ao concedido ao capital nacional em igualdade de condições.

Art. 10. Compete ao Banco Central do Brasil:

I – regulamentar e monitorar os capitais brasileiros no exterior e os capitais estrangeiros no País quanto a seus fluxos e estoques;

II – estabelecer procedimentos para as remessas referentes ao capital estrangeiro no País, observadas a legislação, a fundamentação econômica das operações e as condições usualmente observadas nos mercados internacionais;

III – requisitar, a seu critério, informações sobre os capitais brasileiros no exterior e os capitais estrangeiros no País, observada a regulamentação a ser editada pelo Banco Central do Brasil, que poderá dispor, inclusive, sobre os responsáveis, as formas, os prazos e os critérios para a prestação de informações e as situações em que ela será dispensada.

Parágrafo único. As infrações à regulamentação de que trata o *caput* deste artigo sujeitam os responsáveis às penalidades aplicáveis pelo Banco Central do Brasil, na forma do parágrafo único do art. 20 desta Lei.

CAPÍTULO IV
DAS INFORMAÇÕES PARA A COMPILAÇÃO DE ESTATÍSTICAS MACROECONÔMICAS OFICIAIS PELO BANCO CENTRAL DO BRASIL

Art. 11. Fica o Banco Central do Brasil autorizado a requerer aos residentes as informações necessárias para a compilação das estatísticas macroeconômicas oficiais.

§ 1.º Sem prejuízo do atendimento às requisições de informações formuladas para fins de apuração de crimes e outras irregularidades pelas autoridades competentes, nos termos da legislação em vigor, o Banco Central do Brasil e seus agentes guardarão sigilo sobre as informações individuais obtidas na forma deste artigo, admitida a sua utilização exclusivamente para fins de compilação de estatísticas ou para os fins previstos no § 2.º deste artigo.

§ 2.º Informações individuais obtidas na forma deste artigo, tratadas de modo a não permitir, direta ou indiretamente, a identificação de seu titular, poderão ser disponibilizadas pelo Banco Central do Brasil para subsidiar estudos e pesquisas, mediante apresentação de requisição fundamentada e assinatura de termo de compromisso por parte do interessado.

§ 3.º O Banco Central do Brasil regulamentará o disposto neste artigo e poderá dispor sobre as condições, o detalhamento, a frequência e a periodicidade para a prestação de informações e sobre as condições para acesso a informações nos termos do § 2.º deste artigo.

§ 4.º A regulamentação de que trata o § 3.º deste artigo considerará o padrão estatístico adotado pelo Banco Central do Brasil, as melhores práticas internacionais em matéria de padrões estatísticos e a razoabilidade do custo de sua observância para as pessoas físicas e jurídicas obrigadas ao fornecimento de informações.

§ 5.º As infrações à regulamentação de que trata este artigo sujeitam os responsáveis às penalidades aplicáveis pelo Banco Central do Brasil, na forma do parágrafo único do art. 20 desta Lei.

CAPÍTULO V
DISPOSIÇÕES GERAIS

Art. 12. Fica autorizada a realização de compensação privada de créditos ou de valores entre residentes e não residentes, nas hipóteses previstas em regulamento do Banco Central do Brasil.

§ 1.º No regulamento de que trata o *caput* deste artigo, o Banco Central do Brasil poderá exigir que residentes prestem informações sobre a realização de compensação privada, observados os prazos, as formas e as demais condições nele previstas.

§ 2.º As infrações ao disposto neste artigo e no regulamento a ser editado pelo Banco Central do Brasil sujeitam os responsáveis às penalidades aplicáveis pelo Banco Central do Brasil, na forma do parágrafo único do art. 20 desta Lei.

Art. 13. A estipulação de pagamento em moeda estrangeira de obrigações exequíveis no território nacional é admitida nas seguintes situações:

I – nos contratos e nos títulos referentes ao comércio exterior de bens e serviços, ao seu financiamento e às suas garantias;

II – nas obrigações cujo credor ou devedor seja não residente, incluídas as decorrentes de operações de crédito ou de arrendamento mercantil, exceto nos contratos de locação de imóveis situados no território nacional;

III – nos contratos de arrendamento mercantil celebrados entre residentes, com base em captação de recursos provenientes do exterior;

IV – na cessão, na transferência, na delegação, na assunção ou na modificação das obrigações referidas nos incisos I, II e III do *caput* deste artigo, inclusive se as partes envolvidas forem residentes;

V – na compra e venda de moeda estrangeira;

VI – na exportação indireta de que trata a Lei n. 9.529, de 10 de dezembro de 1997;

VII – nos contratos celebrados por exportadores em que a contraparte seja concessionária, permissionária, autorizatária ou arrendatária nos setores de infraestrutura;

VIII – nas situações previstas na regulamentação editada pelo Conselho Monetário Nacional, quando a estipulação em moeda estrangeira puder mitigar o risco cambial ou ampliar a eficiência do negócio;

IX – em outras situações previstas na legislação.

Parágrafo único. A estipulação de pagamento em moeda estrangeira feita em desacordo com o disposto neste artigo é nula de pleno direito.

Art. 14. O ingresso no País e a saída do País de moeda nacional e estrangeira devem ser realizados exclusivamente por meio de instituição autorizada a operar no mercado de câmbio, à qual caberá a identificação do cliente e do destinatário ou do remetente.

§ 1.º O disposto no *caput* deste artigo não se aplica ao porte, em espécie, de valores:

I – até US$ 10.000,00 (dez mil dólares dos Estados Unidos da América) ou seu equivalente em outras moedas; e

II – cuja entrada no País ou saída do País seja comprovada na forma do regulamento de que trata o § 4.º deste artigo.

§ 2.º Observadas as diretrizes do Conselho Monetário Nacional, o Banco Central do Brasil regulamentará as disposições do *caput* deste artigo e poderá dispor sobre:

I – a forma, os limites e as condições de ingresso no País e saída do País de moeda nacional ou estrangeira;

II – os tipos de instituições autorizadas a operar no mercado de câmbio que não poderão efetuar o ingresso no País e a saída do País de moeda nacional ou estrangeira, considerados o porte, a natureza e o modelo de negócio das instituições.

§ 3.º O descumprimento do disposto neste artigo acarretará, após o devido processo legal, o perdimento do valor excedente aos limites referidos no § 1.º deste artigo em favor do Tesouro Nacional, além das sanções penais previstas na legislação específica.

§ 4.º Compete à Secretaria Especial da Receita Federal do Brasil do Ministério da Economia regulamentar o disposto no § 1.º deste artigo e aplicar a penalidade de perdimento de que trata o § 3.º deste artigo, na forma dos §§ 1.º, 2.º, 3.º, 4.º, 5.º e 6.º do art. 89 da Medida Provisória n. 2.158-35, de 24 de agosto de 2001, e de demais disposições constantes da legislação aplicável.

Art. 15. As instituições financeiras e as demais instituições autorizadas a funcionar pelo Banco Central do Brasil, observadas as atividades que lhes são permitidas pela legislação, poderão alocar, investir e destinar para operação de crédito e de financiamento, no País e no exterior, os recursos captados no País e no exterior, observados os requisitos regulatórios e prudenciais estabelecidos pelo Conselho Monetário Nacional e pelo Banco Central do Brasil.

Art. 16. O disposto na alínea *a* do art. 4.º da Lei n. 1.521, de 26 de dezembro de 1951, não se aplica às operações de câmbio efetuadas na forma desta Lei.

Art. 17. O Banco Central do Brasil poderá firmar convênios para compartilhamento de informações com órgãos e entidades da administração pública federal, consoante suas áreas de competência, observada a legislação sobre o sigilo bancário e sobre o sigilo fiscal.

Art. 18. Na regulamentação desta Lei, o Banco Central do Brasil:

I – poderá estabelecer exigências e procedimentos diferenciados, segundo critério de proporcionalidade, considerando aspectos como o valor, o risco e as demais características da operação no mercado de câmbio, do capital brasileiro no exterior ou do capital estrangeiro no País;

II – poderá, considerando a abrangência de atuação da instituição interessada em operar no mercado de câmbio, o volume, a natureza, a capacidade de inovação e os riscos de seu negócio:

a) estabelecer requerimentos diferenciados e proporcionais para a constituição e o funcionamento de instituições autorizadas a operar no mercado de câmbio;

b) dispensar a autorização para constituição e funcionamento das instituições de que trata a alínea *a* deste inciso.

Art. 19. O disposto nesta Lei não se aplica a operações de compra ou venda de moeda estrangeira em espécie, no valor de até US$ 500,00 (quinhentos dólares dos Estados Unidos da América) ou seu equivalente em outras moedas, realizadas no País, de forma eventual e não profissional, entre pessoas físicas.

CAPÍTULO VI
DISPOSIÇÕES FINAIS

Art. 20. Aplica-se o disposto no Capítulo II e no art. 36 da Lei n. 13.506, de 13 de novembro de 2017, às infrações a esta Lei e aos regulamentos a serem editados pelo Conselho Monetário Nacional e pelo Banco Central do Brasil.

Parágrafo único. Para fins do disposto no *caput* deste artigo, às infrações às normas legais e regulamentares de que tratam os arts. 10, 11 e 12 desta Lei não se aplicam os arts. 2.º, 3.º e 4.º e os incisos I, III, V e VI do *caput* do art. 5.º da Lei n. 13.506, de 13 de novembro de 2017.

....

Art. 27. A instituição autorizada a operar no mercado de câmbio não poderá exigir do cliente documentos, dados ou certidões que estiverem disponíveis em suas bases de dados ou em bases de dados públicas e privadas de acesso amplo.

Parágrafo único. Independentemente do disposto no *caput* deste artigo, é facultado ao cliente optar pela apresentação dos documentos, dados ou certidões de que trata o *caput* deste artigo.

Art. 28. Ficam revogados:

I – a Lei n. 156, de 27 de novembro de 1947;

II – a Lei n. 1.383, de 13 de junho de 1951;

III – a Lei n. 1.807, de 7 de janeiro de 1953;

IV – a Lei n. 2.145, de 29 de dezembro de 1953;

V – a Lei n. 2.698, de 27 de dezembro de 1955;

VI – a Lei n. 4.390, de 29 de agosto de 1964;

VII – a Lei n. 5.331, de 11 de outubro de 1967;

VIII – a Lei n. 9.813, de 23 de agosto de 1999;

IX – a Lei n. 13.017, de 21 de julho de 2014;

X – o Decreto-lei n. 1.201, de 8 de abril de 1939;

XI – o Decreto-lei n. 9.025, de 27 de fevereiro de 1946;

XII – o Decreto-lei n. 9.602, de 16 de agosto de 1946;

XIII – o Decreto-lei n. 9.863, de 13 de setembro de 1946;

XIV – o Decreto-lei n. 857, de 11 de setembro de 1969;

XV – a Medida Provisória n. 2.224, de 4 de setembro de 2001;

XVI – o art. 5.º da Lei n. 4.182, de 13 de novembro de 1920;

XVII – os arts. 48, 49, 50, 51, 52, 53, 54 e 55 da Lei n. 3.244, de 14 de agosto de 1957;

XVIII – os seguintes dispositivos da Lei n. 4.131, de 3 de setembro de 1962:

a) arts. 1.º, 2.º, 3.º, 4.º, 5.º, 6.º, 7.º e 8.º;

b) §§ 1.º, 2.º e 3.º do art. 9.º;

c) arts. 10 e 11;

d) art. 14;

e) arts. 20, 21, 22, 23, 24, 25, 26, 27, 28, 29 e 30;

f) arts. 34, 35, 36, 37, 38, 39, 40 e 41;

g) art. 46; e

h) arts. 50, 51, 52, 53, 54, 55, 56 e 57;

XIX – os seguintes dispositivos da Lei n. 4.595, de 31 de dezembro de 1964:

a) inciso XXXI do *caput* do art. 4.º; e

b) art. 57;

XX – os seguintes dispositivos da Lei n. 4.728, de 14 de julho de 1965:

a) inciso VI do *caput* do art. 2.º;

b) art. 9.º;

c) arts. 22, 23, 24 e 25; e

d) § 3.º do art. 31;

XXI – o art. 9.º da Lei n. 5.409, de 9 de abril de 1968;

XXII – os seguintes dispositivos da Lei n. 6.099, de 12 de setembro de 1974:

a) art. 16; e

b) art. 24;

XXIII – o art. 12 da Lei n. 7.738, de 9 de março de 1989;

XXIV – o art. 9.º da Lei n. 8.021, de 12 de abril de 1990;

XXV – o parágrafo único do art. 50 da Lei n. 8.383, de 30 de dezembro de 1991;

XXVI – o art. 6.º da Lei n. 8.880, de 27 de maio de 1994;

XXVII – os seguintes dispositivos da Lei n. 9.069, de 29 de junho de 1995:

a) art. 65; e

b) art. 72;

XXVIII – o art. 3.º da Lei n. 9.529, de 10 de dezembro de 1997;

XXIX – os seguintes dispositivos da Lei n. 11.371, de 28 de novembro de 2006:

a) §§ 1.º e 2.º do art. 1.º;

b) art. 2.º;

c) parágrafo único do art. 3.º;

d) art. 4.º;

e) o art. 5.º; e

f) o art. 7.º;

XXX – os seguintes dispositivos da Lei n. 11.803, de 5 de novembro de 2008:

a) arts. 7.º e 8.º; e

b) § 1.º do art. 10;

XXXI – o art. 25 da Lei n. 12.865, de 9 de outubro de 2013;

XXXII – o art. 5.º da Lei n. 13.292, de 31 de maio de 2016;

XXXIII – os seguintes dispositivos da Lei n. 13.506, de 13 de novembro de 2017:

a) art. 40;

b) arts. 42, 43, 44 e 45; e

c) arts. 59, 60, 61 e 62;

XXXIV – os arts. 1.º, 2.º e 4.º do Decreto n. 23.258, de 19 de outubro de 1933;

XXXV – o art. 3.º do Decreto-lei n. 2.440, de 23 de julho de 1940;

XXXVI – o art. 1.º do Decreto-lei n. 1.060, de 21 de outubro de 1969;

XXXVII – o inciso II do *caput* do art. 1.º do Decreto-lei n. 1.986, de 28 de dezembro de 1992;

XXXVIII – o inciso II do *caput* do art. 1.º do Decreto-lei n. 2.285, de 23 de julho de 1986.

Art. 29. Esta Lei entra em vigor após decorrido 1 (um) ano de sua publicação oficial.

Brasília, 29 de dezembro de 2021; 200.º da Independência e 133.º da República.

JAIR MESSIAS BOLSONARO

Súmulas do Supremo Tribunal Federal (*)

•• As Súmulas aqui constantes (até a de n. 619) foram promulgadas antes da CF de 1988, que mudou a competência do STF.

15. Dentro do prazo de validade do concurso, o candidato aprovado tem direito à nomeação, quando o cargo for preenchido sem observância da classificação.

16. Funcionário nomeado por concurso tem direito à posse.

18. Pela falta residual, não compreendida na absolvição pelo juízo criminal, é admissível a punição administrativa do servidor público.

23. Verificados os pressupostos legais para o licenciamento da obra, não o impede a declaração de utilidade pública para desapropriação do imóvel, mas o valor da obra não se incluirá na indenização, quando a desapropriação for efetivada.

•• *Vide* Decreto-lei n. 3.365, de 21-6-1941, arts. 7.º, 10, 15 e 26.

25. A nomeação a termo não impede a livre demissão, pelo Presidente da República, de ocupante de cargo dirigente de autarquia.

28. O estabelecimento bancário é responsável pelo pagamento de cheque falso, ressalvadas as hipóteses de culpa exclusiva ou concorrente do correntista.

35. Em caso de acidente do trabalho ou de transporte, a concubina tem direito de ser indenizada pela morte do amásio, se entre eles não havia impedimento para o matrimônio.

49. A cláusula de inalienabilidade inclui a incomunicabilidade dos bens.

•• *Vide* CC, art. 1.848.

71. Embora pago indevidamente, não cabe restituição de tributo indireto.

•• *Vide* Súmula 546.

105. Salvo se tiver havido premeditação, o suicídio do segurado no período contratual de carência não exime o segurador do pagamento do seguro.

•• *Vide* CC, arts. 797 e 798.

111. É legítima a incidência do Imposto de Transmissão *inter vivos* sobre a restituição, ao antigo proprietário, de imóvel que deixou de servir à finalidade da sua desapropriação.

112. O Imposto de Transmissão *causa mortis* é devido pela alíquota vigente ao tempo da abertura da sucessão.

120. Parede de tijolos de vidro translúcido pode ser levantada a menos de metro e meio do prédio vizinho, não importando servidão sobre ele.

•• *Vide* CC, arts. 1.301 e 1.302.

122. O enfiteuta pode purgar a mora enquanto não decretado o comisso por sentença.

149. É imprescritível a ação de investigação de paternidade, mas não o é a de petição de herança.

150. Prescreve a execução no mesmo prazo da prescrição da ação.

153. Simples protesto cambiário não interrompe a prescrição.

154. Simples vistoria não interrompe a prescrição.

158. Salvo estipulação contratual averbada no registro imobiliário, não responde o adquirente pelas benfeitorias do locatário.

•• *Vide* CC, arts. 578 e 1.219.

159. Cobrança excessiva, mas de boa-fé, não dá lugar às sanções do art. 1.531 do Código Civil.

•• A referência é feita a dispositivo do CC de 1916. *Vide* art. 940 do Código vigente.

161. Em contrato de transporte é inoperante a cláusula de não indenizar.

•• *Vide* CC, art. 734.

164. No processo de desapropriação, são devidos juros compensatórios desde a antecipada imissão de posse, ordenada pelo juiz, por motivo de urgência.

165. A venda realizada diretamente pelo mandante ao mandatário não é atingida pela nulidade do art. 1.133, II, do Código Civil.

•• A referência é feita a dispositivo do CC de 1916.

166. É inadmissível o arrependimento no compromisso de compra e venda sujeito ao regime do Decreto-lei n. 58, de 10 de dezembro de 1937.

(*) De acordo com o art. 8.º da Emenda Constitucional n. 45, de 8-12-2004 (Reforma do Judiciário), as atuais súmulas do Supremo Tribunal Federal somente produzirão efeito vinculante após sua confirmação por dois terços de seus integrantes e publicação na imprensa oficial.

•• O Decreto-lei n. 58, de 10-12-1937, dispõe sobre o loteamento e a venda de terrenos para pagamento em prestação.

•• *Vide* Lei n. 6.766, de 19-12-1979, que dispõe sobre o parcelamento do solo urbano.

167. Não se aplica o regime do Decreto-lei n. 58, de 10 de dezembro de 1937, ao compromisso de compra e venda não inscrito no registro imobiliário, salvo se o promitente vendedor se obrigou a efetuar o registro.

•• *Vide* notas à Súmula 166.

168. Para os efeitos do Decreto-lei n. 58, de 10 de dezembro de 1937, admite-se a inscrição imobiliária do compromisso de compra e venda no curso da ação.

•• *Vide* notas à Súmula 166.

169. Depende de sentença a aplicação da pena de comisso.

170. É resgatável a enfiteuse instituída anteriormente à vigência do Código Civil.

•• *Vide* CC, art. 2.038.

177. O cessionário do promitente comprador, nas mesmas condições deste, pode retomar o imóvel locado.

178. Não excederá de cinco anos a renovação judicial de contrato de locação, fundada no Decreto n. 24.150, de 20-4-1934.

•• O Decreto n. 24.150, de 20-4-1934, foi revogado pela Lei n. 8.245, de 18-10-1991 (Lei de Locações).

187. A responsabilidade contratual do transportador, pelo acidente com o passageiro, não é elidida por culpa de terceiro, contra o qual tem ação regressiva.

•• *Vide* CC, art. 735.

188. O segurador tem ação regressiva contra o causador do dano, pelo que efetivamente pagou, até ao limite previsto no contrato de seguro.

• *Vide* CC, arts. 349 e 350.

229. A indenização acidentária não exclui a do direito comum, em caso de dolo ou culpa grave do empregador.

237. O usucapião pode ser arguido em defesa.

249. É competente o Supremo Tribunal Federal para a ação rescisória quando, embora não tendo conhecido do recurso extraordinário, ou havendo negado provimento a agravo, tiver apreciado a questão federal controvertida.

252. Na ação rescisória, não estão impedidos juízes que participaram do julgamento rescindendo.

257. São cabíveis honorários de advogado na ação regressiva do segurador contra o causador do dano.

• *Vide* CC, arts. 349 e 350.

259. Para produzir efeito em juízo não é necessária a inscrição, no Registro Público, de documentos de procedência estrangeira, autenticados por via consular.

260. O exame de livros comerciais, em ação judicial, fica limitado às transações entre os litigantes.

263. O possuidor deve ser citado pessoalmente para a ação de usucapião.

•• *Vide* Súmula 391.

264. Verifica-se a prescrição intercorrente pela paralisação da ação rescisória por mais de 5 (cinco) anos.

265. Na apuração de haveres, não prevalece o balanço não aprovado pelo sócio falecido, excluído ou que se retirou.

328. É legítima a incidência do Imposto de Transmissão *inter vivos* sobre a doação de imóvel.

•• *Vide* Súmula 656.

329. O Imposto de Transmissão *inter vivos* não incide sobre a transferência de ações de sociedade imobiliária.

331. É legítima a incidência do Imposto de Transmissão *causa mortis*, no inventário por morte presumida.

335. É válida a cláusula de eleição do foro para os processos oriundos do contrato.

• *Vide* CC, art. 78.

340. Desde a vigência do Código Civil, os bens dominicais, como os demais bens públicos, não podem ser adquiridos por usucapião.

•• A referência é feita ao CC de 1916. *Vide* arts. 100, 101 e 102 do Código vigente e Decreto-lei n. 9.760, de 5-9-1946, art. 200.

341. É presumida a culpa do patrão ou comitente pelo ato culposo do empregado ou preposto.

• *Vide* CC, art. 933.

343. Não cabe ação rescisória por ofensa a literal disposição de Lei, quando da decisão rescindenda se tiver baseado em texto legal de interpretação controvertida nos tribunais.

346. A administração pública pode declarar a nulidade dos seus próprios atos.

363. A pessoa jurídica de direito privado pode ser demandada no domicílio da agência, ou estabelecimento, em que se praticou o ato.

• *Vide* CC, art. 75, § 1.º.

374. Na retomada para construção mais útil, não é necessário que a obra tenha sido ordenada pela autoridade pública.

377. No regime de separação legal de bens, comunicam-se os adquiridos na constância do casamento.

378. Na indenização por desapropriação incluem-se honorários do advogado do expropriado.

380. Comprovada a existência de sociedade de fato entre os concubinos, é cabível a sua dissolução judicial, com a partilha do patrimônio adquirido pelo esforço comum.

• *Vide* CC, arts. 1.725 e 1.727.

381. Não se homologa sentença de divórcio obtida por procuração, em país de que os cônjuges não eram nacionais.

•• *Vide* Súmula 420.

382. A vida em comum sob o mesmo teto, *more uxorio*, não é indispensável à caracterização do concubinato.

386. Pela execução de obra musical por artistas remunerados é devido direito autoral, não exigível, porém, quando a orquestra for de amadores.

390. A exibição judicial de livros comerciais pode ser requerida como medida preventiva.

391. O confinante certo deve ser citado pessoalmente para a ação de usucapião.

•• *Vide* Súmula 263.

409. Ao retomante, que tenha mais de um prédio alugado, cabe optar entre eles, salvo abuso de direito.

412. No compromisso de compra e venda com cláusula de arrependimento, a devolução do sinal, por quem o deu, ou a sua restituição em dobro, por quem o recebeu, exclui indenização maior, a título de perdas e danos, salvo os juros moratórios e os encargos do processo.

• *Vide* CC, arts. 402 e 420.

413. O compromisso de compra e venda de imóveis, ainda que não loteados, dá direito à execução compulsória, quando reunidos os requisitos legais.

• *Vide* CC, arts. 481 e 482.

414. Não se distingue a visão direta da oblíqua, na proibição de abrir janela, ou fazer terraço, eirado, ou varanda, a menos de metro e meio do prédio de outrem.

• *Vide* CC, arts. 1.301 e 1.302.

415. Servidão de trânsito não titulada, mas tornada permanente, sobretudo pela natureza das obras realizadas, considera-se aparente, conferindo direito à proteção possessória.

416. Pela demora no pagamento do preço da desapropriação não cabe indenização complementar além dos juros.

420. Não se homologa sentença proferida no estrangeiro, sem prova do trânsito em julgado.

•• *Vide* Súmula 381.

439. Estão sujeitos à fiscalização tributária ou previdenciária quaisquer livros comerciais, limitado o exame aos pontos objeto da investigação.

442. A inscrição do contrato de locação no Registro de Imóveis, para a validade da cláusula de vigência contra o adquirente do imóvel, ou perante terceiros, dispensa a transcrição no Registro de Títulos e Documentos.

•• *Vide* CC, art. 576.

443. A prescrição das prestações anteriores ao período previsto em lei não ocorre, quando não tiver sido negado, antes daquele prazo, o próprio direito reclamado, ou a situação jurídica de que ele resulta.

447. É válida a disposição testamentária em favor de filho adulterino do testador com sua concubina.

450. São devidos honorários de advogado sempre que vencedor o beneficiário de justiça gratuita.

•• *Vide* Lei n. 1.060, de 5-2-1950, art. 11.

464. No cálculo da indenização por acidente de trabalho, inclui-se, quando devido, o repouso semanal remunerado.

472. A condenação do autor em honorários de advogado, com fundamento no art. 64 do Código de Processo Civil, depende de reconvenção.

•• *Vide* CPC de 1973, art. 20.

475. A Lei n. 4.686, de 21 de junho de 1965, tem aplicação imediata aos processos em curso, inclusive em grau de recurso extraordinário.

•• A Lei n. 4.686, de 21-6-1965, acrescenta § 2.º ao art. 26 do Decreto-lei n. 3.365, de 21-6-1941 (desapropriação por utilidade pública).

476. Desapropriadas as ações de uma sociedade, o Poder desapropriante, imitido na posse, pode exercer, desde logo, todos os direitos inerentes aos respectivos títulos.

481. Se a locação compreende, além do imóvel, Fundo de Comércio, com instalações e pertences, como no caso de teatros, cinemas e hotéis, não se aplicam ao retomante as restrições do art. 8.º, e, parágrafo único, do Decreto n. 24.150, de 20 de abril de 1934.

•• O Decreto n. 24.150, de 20-4-1934, foi revogado pela atual Lei de Locações – Lei n. 8.245, de 18-10-1981.

482. O locatário, que não for sucessor ou cessionário do que o precedeu na locação, não pode somar os prazos concedidos a este, para pedir a renovação do contrato, nos termos do Decreto n. 24.150.

•• O Decreto n. 24.150, de 20-4-1934, foi revogado pela atual Lei de Locações – Lei n. 8.245, de 18-10-1981.

483. É dispensável a prova da necessidade, na retomada de prédio situado em localidade para onde o proprietário pretende transferir residência, salvo se mantiver, também, a anterior, quando dita prova será exigida.

486. Admite-se a retomada para sociedade da qual o locador, ou seu cônjuge, seja sócio, com participação predominante no capital social.

487. Será deferida a posse a quem, evidentemente, tiver o domínio, se com base neste for ela disputada.

•• *Vide* CC, art. 1.210, § 2.º.

489. A compra e venda de automóvel não prevalece contra terceiros, de boa-fé, se o contrato não foi transcrito no Registro de Títulos e Documentos.

490. A pensão correspondente à indenização oriunda de responsabilidade civil, deve ser calculada com base no salário mínimo vigente ao tempo da sentença e ajustar-se-á às variações ulteriores.

491. É indenizável o acidente que cause a morte de filho menor, ainda que não exerça trabalho remunerado.

492. A empresa locadora de veículos responde, civil e solidariamente com o locatário, pelos danos por este causados a terceiro, no uso do carro locado.

494. A ação para anular venda de ascendente a descendente, sem consentimento dos demais, prescreve em 20 (vinte) anos, contados da data do ato, revogada a Súmula 152.

•• *Vide* CC, arts. 205 e 496.

504. Compete à Justiça Federal, em ambas as instâncias, o processo e o julgamento das causas fundadas em contrato de seguro marítimo.

514. Admite-se ação rescisória contra sentença transitada em julgado, ainda que contra ela não se tenham esgotado todos os recursos.

538. A avaliação judicial para o efeito do cálculo das benfeitorias dedutíveis do imposto sobre lucro imobiliário independe do limite a que se refere a Lei n. 3.470, de 28 de novembro de 1958, art. 8.º, parágrafo único.

542. Não é inconstitucional a multa instituída pelo Estado-Membro, como sanção pelo retardamento do início ou da ultimação do inventário.

546. Cabe a restituição do tributo, pago indevidamente, quando reconhecido por decisão, que o contribuinte *de jure* não recuperou do contribuinte *de facto* o *quantum* respectivo.

• *Vide* CC, art. 876, e Súmula 71.

556. É competente a Justiça comum para julgar as causas em que é parte sociedade de economia mista.

557. É competente a Justiça Federal para julgar as causas em que são partes a COBAL e a CIBRAZEM.

•• COBAL – Companhia Brasileira de Alimentos.

•• CIBRAZEM – Companhia Brasileira de Armazenamento.

561. Em desapropriação, é devida a correção monetária até a data do efetivo pagamento da indenização, devendo proceder-se à atualização do cálculo, ainda que por mais de uma vez.

•• *Vide* Súmulas 345 e 475.

562. Na indenização de danos materiais decorrentes de ato ilícito cabe a atualização de seu valor, utilizando-se, para esse fim, dentre outros critérios, dos índices de correção monetária.

565. A multa fiscal moratória constitui pena administrativa, não se incluindo no crédito habilitado em falência.

•• O art. 83, VII, da Lei n. 11.101, de 9-2-2005 (Lei de Falências e Recuperação de Empresas), inclui as multas contratuais e as penas pecuniárias por infração das leis penais ou administrativas, inclusive as multas tributárias, na ordem de classificação dos créditos na falência.

583. Promitente comprador de imóvel residencial transcrito em nome de autarquia é contribuinte do Imposto Predial e Territorial Urbano.

590. Calcula-se o Imposto de Transmissão *causa mortis* sobre o saldo credor da promessa de compra e venda de imóvel, no momento da abertura da sucessão do promitente vendedor.

• *Vide* CC, arts. 1.784 e 1.788.

596. As disposições do Decreto n. 22.626/33 não se aplicam às taxas de juros e aos outros encargos cobrados nas operações realizadas por instituições públicas ou privadas, que integram o sistema financeiro nacional.

• *Vide* Súmula Vinculante 7.

• *Vide* art. 591 do CC.

• *Vide* Súmula 596 do STF.

• *Vide* Súmulas 102, 539 e 541 do STJ.

618. Na desapropriação, direta ou indireta, a taxa dos juros compensatórios é de 12% (doze por cento) ao ano.

•• *Vide* CC, art. 406.

(*)629. A impetração de mandado de segurança coletivo por entidade de classe em favor dos associados independe da autorização destes.

• *Vide* art. 5.º, XXI e LXX, *b*, da CF.

630. A entidade de classe tem legitimidade para o mandado de segurança ainda quando a pretensão veiculada interesse apenas a uma parte da respectiva categoria.

• *Vide* art. 5.º, LXX, da CF.

632. É constitucional lei que fixa o prazo de decadência para a impetração de mandado de segurança.

• *Vide* arts. 5.º, LXIX, da CF e 207 a 211 do CC.

638. A controvérsia sobre a incidência, ou não, de correção monetária em operações de crédito

---

(*) As Súmulas seguintes foram promulgadas após a Constituição Federal de 1988.

rural é de natureza infraconstitucional, não viabilizando recurso extraordinário.

- *Vide* Leis n. 9.138, de 29-11-1995, e 10.437, de 25-4-2002.

643. O Ministério Público tem legitimidade para promover ação civil pública cujo fundamento seja a ilegalidade de reajuste de mensalidades escolares.

- *Vide* art. 2.º, parágrafo único, da Lei n. 8.078, de 11-9-1990.

645. É competente o Município para fixar o horário de funcionamento de estabelecimento comercial.

646. Ofende o princípio da livre concorrência lei municipal que impede a instalação de estabelecimentos comerciais do mesmo ramo em determinada área.

- *Vide* art. 170, IV, V e parágrafo único, c/c art. 173, § 4.º, da CF.

648. A norma do § 3.º do art. 192 da Constituição, revogada pela EC 40/2003, que limitava a taxa de juros reais a 12% ao ano, tinha sua aplicabilidade condicionada à edição de lei complementar.

650. Os incisos I e XI do art. 20 da CF não alcançam terras de aldeamentos extintos, ainda que ocupadas por indígenas em passado remoto.

•• Súmula com redação retificada no *Diário da Justiça* de 29-10-2003.

652. Não contraria a Constituição o art. 15, § 1.º, do Decreto-lei n. 3.365/41 (Lei da Desapropriação por utilidade pública).

- *Vide* art. 5.º, XXIV, da CF.

654. A garantia da irretroatividade da lei, prevista no art. 5.º, XXXVI, da Constituição da República, não é invocável pela entidade estatal que a tenha editado.

656. É inconstitucional a lei que estabelece alíquotas progressivas para o imposto de transmissão *inter vivos* de bens imóveis – ITBI com base no valor venal do imóvel.

668. É inconstitucional a lei municipal que tenha estabelecido, antes da Emenda Constitucional 29/2000, alíquotas progressivas para o IPTU, salvo se destinada a assegurar o cumprimento da função social da propriedade urbana.

- *Vide* arts. 182, §§ 2.º e 4.º, da CF e 7.º da Lei n. 10.257, de 10-7-2001.

683. O limite de idade para a inscrição em concurso público só se legitima em face do art. 7.º, XXX, da Constituição, quando possa ser justificado pela natureza do cargo a ser preenchido.

- *Vide* art. 27 da Lei n. 10.741, de 1.º-10-2003.

684. É inconstitucional o veto não motivado à participação de candidato a concurso público.

- *Vide* arts. 7.º, XXX, da CF e 27 da Lei n. 10.741, de 1.º-10-2003.

686. Só por lei se pode sujeitar a exame psicotécnico a habilitação de candidato a cargo público.

- *Vide* arts. 7.º, XXX, da CF e 27 da Lei n. 10.741, de 1.º-10-2003.

692. Não se conhece de *habeas corpus* contra omissão de relator de extradição, se fundado em fato ou direito estrangeiro cuja prova não constava dos autos, nem foi ele provocado a respeito.

- *Vide* arts. 76 e s. da Lei n. 6.815, de 19-8-1980.

724. Ainda quando alugado a terceiros, permanece imune ao IPTU o imóvel pertencente a qualquer das entidades referidas pelo art. 150, VI, *c*, da Constituição, desde que o valor dos aluguéis seja aplicado nas atividades essenciais de tais entidades.

Súmulas Vinculantes (*)

1. Ofende a garantia constitucional do ato jurídico perfeito a decisão que, sem ponderar as circunstâncias do caso concreto, desconsidera a validez e a eficácia de acordo constante de termo de adesão instituído pela Lei Complementar n. 110/2001.(*)

• *Vide* art. 5.º, XXXVI, da CF.

2. É inconstitucional a lei ou ato normativo estadual ou distrital que disponha sobre sistemas de consórcios e sorteios, inclusive bingos e loterias.

• *Vide* art. 22, XX, da CF.

3. Nos processos perante o Tribunal de Contas da União asseguram-se o contraditório e a ampla defesa quando da decisão puder resultar anulação ou revogação de ato administrativo que beneficie o interessado, excetuada a apreciação da legalidade do ato de concessão inicial de aposentadoria, reforma e pensão.

• *Vide* arts. 5.º, LV, e 71, III, da CF.

4. Salvo nos casos previstos na Constituição, o salário mínimo não pode ser usado como indexador de base de cálculo de vantagem de servidor público ou de empregado, nem ser substituído por decisão judicial.

• *Vide* art. 7.º, IV, da CF.

5. A falta de defesa técnica por advogado no processo administrativo disciplinar não ofende a Constituição.

6. Não viola a Constituição o estabelecimento de remuneração inferior ao salário mínimo para as praças prestadoras de serviço militar inicial.

7. A norma do § 3.º do artigo 192 da Constituição, revogada pela Emenda Constitucional n. 40/2003, que limitava a taxa de juros reais a 12% ao ano, tinha sua aplicação condicionada à edição de lei complementar.

8. São inconstitucionais o parágrafo único do art. 5.º do Decreto-lei n. 1.569/1977 e os arts. 45 e 46 da Lei n. 8.212/1991, que tratam de prescrição e decadência de crédito tributário.

9. O disposto no art. 127 da Lei n. 7.210/1984 (Lei de Execução Penal) foi recebido pela ordem constitucional vigente, e não se lhe aplica o limite temporal previsto no *caput* do art. 58.

10. Viola a cláusula de reserva de plenário (CF, art. 97) a decisão de órgão fracionário de Tribunal que, embora não declare expressamente a inconstitucionalidade de lei ou ato normativo do poder público, afasta sua incidência, no todo ou em parte.

11. Só é lícito o uso de algemas em casos de resistência e de fundado receio de fuga ou de perigo à integridade física própria ou alheia, por parte do preso ou de terceiros, justificada a excepcionalidade por escrito, sob pena de responsabilidade disciplinar, civil e penal do agente ou da autoridade e de nulidade da prisão ou do ato processual a que se refere, sem prejuízo da responsabilidade civil do Estado.

• *Vide* arts. 1.º, III, 5.º, III, X e XLIX, da CF.

12. A cobrança de taxa de matrícula nas universidades públicas viola o disposto no art. 206, IV, da Constituição Federal.

13. A nomeação de cônjuge, companheiro ou parente em linha reta, colateral ou por afinidade, até o terceiro grau, inclusive, da autoridade nomeante ou de servidor da mesma pessoa jurídica investido em cargo de direção, chefia ou assessoramento, para o exercício de cargo em comissão ou de confiança ou, ainda, de função gratificada na administração pública direta e indireta em qualquer dos Poderes da União, dos Estados, do Distrito Federal e dos Municípios, compreendido o ajuste mediante designações recíprocas, viola a Constituição Federal.

• *Vide* art. 37, *caput*, da CF.

14. É direito do defensor, no interesse do representado, ter acesso amplo aos elementos de prova que, já documentados em procedimento investigatório realizado por órgão com competência de polícia judiciária, digam respeito ao exercício do direito de defesa.

• *Vide* art. 5.º, LXIII, da CF.

(*) As súmulas vinculantes estão previstas no art. 103-A da CF, acrescentado pela Emenda Constitucional n. 45, de 2004 (Reforma do Judiciário), e regulamentado pela Lei n. 11.417, de 19-12-2006.

15. O cálculo de gratificações e outras vantagens do servidor público não incide sobre o abono utilizado para se atingir o salário mínimo.

• *Vide* art. 7.º, IV, da CF.

16. Os arts. 7.º, IV, e 39, § 3.º (redação da EC n. 19/98), da Constituição, referem-se ao total da remuneração percebida pelo servidor público.

17. Durante o período previsto no § 1.º do art. 100 da Constituição, não incidem juros de mora sobre os precatórios que nele sejam pagos.

18. A dissolução da sociedade ou do vínculo conjugal, no curso do mandato, não afasta a inelegibilidade prevista no § 7.º do art. 14 da Constituição Federal.

19. A taxa cobrada exclusivamente em razão dos serviços públicos de coleta, remoção e tratamento ou destinação de lixo ou resíduos provenientes de imóveis, não viola o art. 145, II, da Constituição Federal.

20. A Gratificação de Desempenho de Atividade Técnico-Administrativa - GDATA, instituída pela Lei n. 10.404/2002, deve ser deferida aos inativos nos valores correspondentes a 37,5 (trinta e sete vírgula cinco) pontos no período de fevereiro a maio de 2002 e, nos termos do art. 5.º, parágrafo único, da Lei n. 10.404/2002, no período de junho de 2002 até a conclusão dos efeitos do último ciclo de avaliação a que se refere o art. 1.º da Medida Provisória n. 198/2004, a partir da qual passa a ser de 60 (sessenta) pontos.

21. É inconstitucional a exigência de depósito ou arrolamento prévios de dinheiro ou bens para admissibilidade de recurso administrativo.

• *Vide* art. 5.º, XXXIV, *a*, e LV, da CF.

22. A Justiça do Trabalho é competente para processar e julgar as ações de indenização por danos morais e patrimoniais decorrentes de acidente de trabalho propostas por empregado contra empregador, inclusive aquelas que ainda não possuíam sentença de mérito em primeiro grau quando da promulgação da Emenda Constitucional n. 45/04.

23. A Justiça do Trabalho é competente para processar e julgar ação possessória ajuizada em decorrência do exercício do direito de greve pelos trabalhadores da iniciativa privada.

24. Não se tipifica crime material contra a ordem tributária, previsto no art. 1.°, incisos I a IV, da Lei n. 8.137/90, antes do lançamento definitivo do tributo.

25. É ilícita a prisão civil de depositário infiel, qualquer que seja a modalidade do depósito.

•• *Vide* art. 5.º, LXVII e § 2.º, da CF.

26. Para efeito de progressão de regime no cumprimento de pena por crime hediondo, ou equiparado, o juízo da execução observará a inconstitucionalidade do art. 2.º da Lei n. 8.072, de 25 de julho de 1990, sem prejuízo de avaliar se o condenado preenche, ou não, os requisitos objetivos e subjetivos do benefício, podendo determinar, para tal fim, de modo fundamentado, a realização de exame criminológico.

27. Compete à Justiça estadual julgar causas entre consumidor e concessionária de serviço público de telefonia, quando a ANATEL não seja litisconsorte passiva necessária, assistente, nem opoente.

• *Vide* art. 109, I, da CF.

28. É inconstitucional a exigência de depósito prévio como requisito de admissibilidade de ação judicial na qual se pretenda discutir a exigibilidade de crédito tributário.

29. É constitucional a adoção, no cálculo do valor de taxa, de um ou mais elementos da base de cálculo própria de determinado imposto, desde que não haja integral identidade entre uma base e outra.

30. (*Até a data de fechamento desta edição o STF mantinha suspensa a publicação da Súmula Vinculante n. 30.*)

31. É inconstitucional a incidência do Imposto sobre Serviços de Qualquer Natureza - ISS sobre operações de locação de bens móveis.

32. O ICMS não incide sobre alienação de salvados de sinistro pelas seguradoras.

33. Aplicam-se ao servidor público, no que couber, as regras do regime geral da previdência social sobre aposentadoria especial de que trata o artigo 40, § 4.º, inciso III da Constituição Federal, até a edição de lei complementar específica.

34. A Gratificação de Desempenho de Atividade de Seguridade Social e do Trabalho - GDASST, instituída pela Lei n. 10.483/2002, deve ser estendida aos inativos no valor correspondente a 60 (sessenta) pontos, desde o advento da Medida Provisória n. 198/2004, convertida na Lei n. 10.971/2004, quando tais inativos façam jus à paridade constitucional (EC n. 20/1998, 41/2003 e 47/2005).

• *Vide* art. 40, § 8.º, da CF.

35. A homologação da transação penal prevista no art. 76 da Lei n. 9.099/1995 não faz coisa julgada material e, descumpridas suas cláusulas, retoma-se a situação anterior, possibilitando-se ao Ministério Público a continuidade da persecução penal mediante oferecimento de denúncia ou requisição de inquérito policial.

36. Compete à Justiça Federal comum processar e julgar civil denunciado pelos crimes de falsificação e de uso de documento falso quando se tratar de falsificação da Caderneta de Inscrição e Registro (CIR) ou de Carteira de Habilitação de Amador (CHA), ainda que expedidas pela Marinha do Brasil.

37. Não cabe ao Poder Judiciário, que não tem função legislativa, aumentar vencimentos de servidores públicos sob o fundamento de isonomia.

•• Dispõe a Súmula 339 do STF: "Não cabe ao Poder Judiciário, que não tem função legislativa, aumentar vencimentos de servidores públicos sob fundamento de isonomia".

38. É competente o Município para fixar o horário de funcionamento de estabelecimento comercial.

• *Vide* art. 30, I, da CF.

39. Compete privativamente à União legislar sobre vencimentos dos membros das polícias civil e militar e do corpo de bombeiros militar do Distrito Federal.

• *Vide* art. 21, XIV, da CF.

40. A contribuição confederativa de que trata o art. 8.º, IV, da Constituição Federal, só é exigível dos filiados ao sindicato respectivo.

41. O serviço de iluminação pública não pode ser remunerado mediante taxa.

• *Vide* art. 145, II, da CF.

42. É inconstitucional a vinculação do reajuste de vencimentos de servidores estaduais ou municipais a índices federais de correção monetária.

• *Vide* arts. 30, I, e 37, XIII, da CF.

43. É inconstitucional toda modalidade de provimento que propicie ao servidor investir-se, sem prévia aprovação em concurso público destinado ao seu provimento, em cargo que não integra a carreira na qual anteriormente investido.

• *Vide* art. 37, II, da CF.

44. Só por lei se pode sujeitar a exame psicotécnico a habilitação de candidato a cargo público.

• *Vide* arts. 5.º, II, e 37, I, da CF.

45. A competência constitucional do Tribunal do Júri prevalece sobre o foro por prerrogativa de função estabelecido exclusivamente pela constituição estadual.

• *Vide* arts. 5.º, XXXVIII, *d*, e 37, I, da CF.

46. A definição dos crimes de responsabilidade e o estabelecimento das respectivas normas de processo e julgamento são da competência legislativa privativa da União.

• *Vide* arts. 22, I, e 85, parágrafo único, da CF.

47. Os honorários advocatícios incluídos na condenação ou destacados do montante principal devido ao credor consubstanciam verba de natureza alimentar cuja satisfação ocorrerá com a expedição de precatório ou requisição de pequeno valor, observada ordem especial restrita aos créditos dessa natureza.

•• *Vide* art. 100, § 1.º, da CF.

48. Na entrada de mercadoria importada do exterior, é legítima a cobrança do ICMS por ocasião do desembaraço aduaneiro.

•• *Vide* art. 155, § 2.º, IX, *a*, da CF.

49. Ofende o princípio da livre concorrência lei municipal que impede a instalação de estabelecimentos comerciais do mesmo ramo em determinada área.

50. Norma legal que altera o prazo de recolhimento de obrigação tributária não se sujeita ao princípio da anterioridade.

51. O reajuste de 28,86%, concedido aos servidores militares pelas Leis n. 8.622/1993 e 8.627/1993, estende-se aos servidores civis do poder executivo, observadas as eventuais compensações decorrentes dos reajustes diferenciados concedidos pelos mesmos diplomas legais.

52. Ainda quando alugado a terceiros, permanece imune ao IPTU o imóvel pertencente a qualquer das entidades referidas pelo art. 150, VI, *c*, da Constituição Federal, desde que o valor dos aluguéis seja aplicado nas atividades para as quais tais entidades foram constituídas.

53. A competência da Justiça do Trabalho prevista no art. 114, VIII, da Constituição Federal alcança a execução de ofício das contribuições previdenciárias relativas ao objeto da condenação constante das sentenças que proferir e acordos por ela homologados.

54. A medida provisória não apreciada pelo Congresso Nacional podia, até a Emenda Constitucional n. 32/2001, ser reeditada dentro do seu prazo de eficácia de trinta dias, mantidos os efeitos de lei desde a primeira edição.

•• *Vide* art. 62 da CF.

55. O direito ao auxílio-alimentação não se estende aos servidores inativos.

• *Vide* art. 40, § 4.º, da CF.

56. A falta de estabelecimento penal adequado não autoriza a manutenção do condenado em regime prisional mais gravoso, devendo-se observar, nessa hipótese, os parâmetros fixados no RE 641.320/RS.

57. A imunidade tributária constante do art. 150, VI, *d*, da CF/88 aplica-se à importação e co-

Súmulas

ESPAÇO RESERVADO PARA USO DE GRAMPO

mercialização, no mercado interno, do livro eletrônico (*e-book*) e dos suportes exclusivamente utilizados para fixá-lo, como os leitores de livros eletrônicos (*e-readers*), ainda que possuam funcionalidades acessórias.

58. Inexiste direito a crédito presumido de IPI relativamente à entrada de insumos isentos, sujeitos à alíquota zero ou não tributáveis, o que não contraria o princípio da não cumulatividade.

Súmulas do Superior Tribunal de Justiça

1. O foro do domicílio ou da residência do alimentando é o competente para a ação de investigação de paternidade, quando cumulada com a de alimentos.

8. Aplica-se a correção monetária aos créditos habilitados em concordata preventiva, salvo durante o período compreendido entre as datas de vigência da Lei n. 7.274, de 10 de dezembro de 1984, e do Decreto-lei n. 2.283, de 27 de fevereiro de 1986.

•• *Vide* Lei n. 6.899, de 8-4-1981 (aplicação da correção monetária nos débitos oriundos de decisão judicial).

•• A Lei n. 11.101, de 9-2-2005, substitui a concordata pela recuperação judicial e extrajudicial do empresário e da sociedade empresária.

11. A presença da União ou de qualquer de seus entes, na ação de usucapião especial, não afasta a competência do foro da situação do imóvel.

•• *Vide* Lei n. 6.969, de 10-12-1981 (usucapião especial), art. 4.º, § 1.º.

12. Em desapropriação, são cumuláveis juros compensatórios e moratórios.

14. Arbitrados os honorários advocatícios em percentual sobre o valor da causa, a correção monetária incide a partir do respectivo ajuizamento.

26. O avalista do título de crédito vinculado a contrato de mútuo também responde pelas obrigações pactuadas, quando no contrato figurar como devedor solidário.

27. Pode a execução fundar-se em mais de um título extrajudicial relativos ao mesmo negócio.

28. O contrato de alienação fiduciária em garantia pode ter por objeto bem que já integrava o patrimônio do devedor.

• *Vide* CC, arts. 1.361 a 1.368.

31. A aquisição, pelo segurado, de mais de um imóvel financiado pelo Sistema Financeiro da Habitação, situados na mesma localidade, não exime a seguradora da obrigação de pagamento dos seguros.

36. A correção monetária integra o valor da restituição, em caso de adiantamento de câmbio, requerida em concordata ou falência.

37. São cumuláveis as indenizações por dano material e dano moral oriundos do mesmo fato.

• *Vide* CC, arts. 186 e 927.

39. Prescreve em vinte anos a ação para haver indenização, por responsabilidade civil, de sociedade de economia mista.

•• *Vide* CC, art. 205.

43. Incide correção monetária sobre dívida por ato ilícito a partir da data do efetivo prejuízo.

54. Os juros moratórios fluem a partir do evento danoso, em caso de responsabilidade extracontratual.

56. Na desapropriação para instituir servidão administrativa são devidos os juros compensatórios pela limitação de uso da propriedade.

60. É nula a obrigação cambial assumida por procurador do mutuário vinculado ao mutuante, no exclusivo interesse deste.

•• *Vide* CC, art. 122.

63. São devidos direitos autorais pela retransmissão radiofônica de músicas em estabelecimentos comerciais.

67. Na desapropriação, cabe a atualização monetária, ainda que por mais de uma vez, independente do decurso de prazo superior a 1 (um) ano entre o cálculo e o efetivo pagamento da indenização.

•• *Vide* Lei n. 6.899, de 8-4-1981.

70. Os juros moratórios, na desapropriação direta ou indireta, contam-se desde o trânsito em julgado da sentença.

72. A comprovação da mora é imprescindível à busca e apreensão do bem alienado fiduciariamente.

• *Vide* CC, arts. 1.361 a 1.368.

76. A falta de registro do compromisso de compra e venda de imóvel não dispensa a prévia interpelação para constituir em mora o devedor.

•• *Vide* CC, art. 1.417.

•• *Vide* Decreto-lei n. 58, de 10-12-1937, art. 22, e o Decreto-lei n. 745, de 7-8-1969, art. 1.º.

84. É admissível a oposição de Embargos de Terceiro fundados em alegação de posse advinda de compromisso de compra e venda de imóvel, ainda que desprovido de registro.

•• *Vide* CC, art. 1.417.

85. Nas relações jurídicas de trato sucessivo em que a Fazenda Pública figure como devedora, quando não tiver sido negado o próprio direito reclamado, a prescrição atinge apenas as prestações vencidas antes do quinquênio anterior à propositura da ação.

92. A terceiro de boa-fé não é oponível a alienação fiduciária não anotada no Certificado de Registro do veículo automotor.

• *Vide* CC, arts. 1.361 a 1.368.

101. A ação de indenização do segurado em grupo contra a seguradora prescreve em 1 (um) ano.

102. A incidência dos juros moratórios sobre os compensatórios, nas ações expropriatórias, não constitui anatocismo vedado em lei.

108. A aplicação de medidas socioeducativas ao adolescente, pela prática de ato infracional, é da competência exclusiva do juiz.

109. O reconhecimento do direito a indenização, por falta de mercadoria transportada via marítima, independe de vistoria.

113. Os juros compensatórios, na desapropriação direta, incidem a partir da imissão na posse, calculados sobre o valor da indenização, corrigido monetariamente.

114. Os juros compensatórios, na desapropriação indireta, incidem a partir da ocupação, calculados sobre o valor da indenização, corrigido monetariamente.

119. A ação de desapropriação indireta prescreve em 20 (vinte) anos.

120. O oficial de farmácia, inscrito no Conselho Regional de Farmácia, pode ser responsável técnico por drogaria.

130. A empresa responde, perante o cliente, pela reparação de dano ou furto de veículo ocorridos em seu estacionamento.

131. Nas ações de desapropriação incluem-se no cálculo da verba advocatícia as parcelas relativas aos juros compensatórios e moratórios, devidamente corrigidas.

132. A ausência de registro da transferência não implica a responsabilidade do antigo proprietário por dano resultante de acidente que envolva o veículo alienado.

134. Embora intimado da penhora em imóvel do casal, o cônjuge do executado pode opor embargos de terceiro para defesa de sua meação.

136. O pagamento de licença-prêmio não gozada por necessidade do serviço não está sujeito ao imposto de renda.

141. Os honorários de advogado em desapropriação direta são calculados sobre a diferença entre a indenização e a oferta, corrigidas monetariamente.

143. Prescreve em 5 (cinco) anos a ação de perdas e danos pelo uso de marca comercial.

144. Os créditos de natureza alimentícia gozam de preferência, desvinculados os precatórios da ordem cronológica dos créditos de natureza diversa.

145. No transporte desinteressado, de simples cortesia, o transportador só será civilmente responsável por danos causados ao transportado quando incorrer em dolo ou culpa grave.

148. Os débitos relativos a benefício previdenciário, vencidos e cobrados em juízo após a vigência da Lei n. 6.899/81, devem ser corrigidos monetariamente na forma prevista nesse diploma legal.

176. É nula a cláusula contratual que sujeita o devedor à taxa de juros divulgada pela ANBID/CETIP.

179. O estabelecimento de crédito que recebe dinheiro, em depósito judicial, responde pelo pagamento da correção monetária relativa aos valores recolhidos.

186. Nas indenizações por ato ilícito, os juros compostos somente são devidos por aquele que praticou o crime.

188. Os juros moratórios, na repetição do indébito tributário são devidos a partir do trânsito em julgado da sentença.

190. Na execução fiscal, processada perante a Justiça Estadual, cumpre à Fazenda Pública antecipar o numerário destinado ao custeio das despesas com o transporte dos oficiais de justiça.

193. O direito de uso de linha telefônica pode ser adquirido por usucapião.

194. Prescreve em 20 (vinte) anos a ação para obter, do construtor, indenização por defeitos da obra.

195. Em embargos de terceiro não se anula ato jurídico, por fraude contra credores.

197. O divórcio direto pode ser concedido sem que haja prévia partilha dos bens.

199. Na execução hipotecária de crédito vinculado ao Sistema Financeiro da Habitação, nos termos da Lei n. 5.741/71, a petição inicial deve ser instruída com, pelo menos, 2 (dois) avisos de cobrança.

201. Os honorários advocatícios não podem ser fixados em salários mínimos.

204. Os juros de mora nas ações relativas a benefícios previdenciários incidem a partir da citação válida.

205. A Lei n. 8.009, de 29 de março de 1990, aplica-se à penhora realizada antes de sua vigência.

214. O fiador na locação não responde por obrigações resultantes de aditamento ao qual não anuiu.

227. A pessoa jurídica pode sofrer dano moral.

228. É inadmissível o interdito proibitório para a proteção do direito autoral.

229. O pedido do pagamento de indenização à seguradora suspende o prazo de prescrição até que o segurado tenha ciência da decisão.

238. A avaliação da indenização devida ao proprietário do solo, em razão de alvará de pesquisa mineral, é processada no Juízo Estadual da situação do imóvel.

239. O direito à adjudicação compulsória não se condiciona ao registro do compromisso de compra e venda no cartório de imóveis.

• *Vide* CC, art. 1.418.

245. A notificação destinada a comprovar a mora nas dívidas garantidas por alienação fiduciária dispensa a indicação do valor do débito.

• *Vide* CC, arts. 1.361 a 1.368.

246. O valor do seguro obrigatório deve ser deduzido da indenização judicialmente fixada.

251. A meação só responde pelo ato ilícito quando o credor, na execução fiscal, provar que o enriquecimento dele resultante aproveitou ao casal.

257. A falta de pagamento do prêmio do seguro obrigatório de Danos Pessoais Causados por Veículos Automotores de Vias Terrestres (DPVAT) não é motivo para a recusa do pagamento da indenização.

260. A convenção de condomínio aprovada, ainda que sem registro, é eficaz para regular as relações entre os condôminos.

261. A cobrança de direitos autorais pela retransmissão radiofônica de músicas, em estabelecimentos hoteleiros, deve ser feita conforme a taxa média de utilização do equipamento, apurada em liquidação.

262. Incide o imposto de renda sobre o resultado das aplicações financeiras realizadas pelas cooperativas.

265. É necessária a oitiva do menor infrator antes de decretar-se a regressão da medida socioeducativa.

268. O fiador que não integrou a relação processual na ação de despejo não responde pela execução do julgado.

272. O trabalhador rural, na condição de segurado especial, sujeito à contribuição obrigatória sobre a produção rural comercializada, somente faz jus à aposentadoria por tempo de serviço, se recolher contribuições facultativas.

277. Julgada procedente a investigação de paternidade, os alimentos são devidos a partir da citação.

•• *Vide* Súmula 621 do STJ.

278. O termo inicial do prazo prescricional, na ação de indenização, é a data em que o segurado teve ciência inequívoca da incapacidade laboral.

283. As empresas administradoras de cartão de crédito são instituições financeiras e, por isso, os juros remuneratórios por elas cobrados não sofrem as limitações da Lei de Usura.

284. A purga da mora, nos contratos de alienação fiduciária, só é permitida quando já pagos pelo menos 40% (quarenta por cento) do valor financiado.

• *Vide* art. 3.º, § 1.º, do Decreto-lei n. 911, de 1.º-10-1969.

285. Nos contratos bancários posteriores ao Código de Defesa do Consumidor incide a multa moratória nele prevista.

• *Vide* art. 52, § 1.º, da Lei n. 8.078, de 11-9-1990.

286. A renegociação de contrato bancário ou a confissão da dívida não impede a possibilidade de discussão sobre eventuais ilegalidades dos contratos anteriores.

287. A Taxa Básica Financeira (TBF) não pode ser utilizada como indexador de correção monetária nos contratos bancários.

288. A Taxa de Juros de Longo Prazo (TJLP) pode ser utilizada como indexador de correção monetária nos contratos bancários.

297. O Código de Defesa do Consumidor é aplicável às instituições financeiras.

• *Vide* Súmula 638 do STJ.

298. O alongamento de dívida originada de crédito rural não constitui faculdade da instituição financeira, mas, direito do devedor nos termos da lei.

• *Vide* art. 5.º da Lei n. 9.138, de 29-11-1995.

301. Em ação investigatória, a recusa do suposto pai a submeter-se ao exame de DNA induz presunção *juris tantum* de paternidade.

• *Vide* art. 2.º-A, parágrafo único, da Lei n. 8.560, de 29-12-1992.

302. É abusiva a cláusula contratual de plano de saúde que limita no tempo a internação hospitalar do segurado.

• *Vide* art. 51, IV, da Lei n. 8.078, de 11-9-1990 (CDC).

304. É ilegal a decretação da prisão civil daquele que não assume expressamente o encargo de depositário judicial.

•• *Vide* art. 5.º, LXVII, da CF.

•• O Decreto n. 592, de 6-7-1992 (Pacto Internacional sobre Direitos Civis e Políticos), dispõe em seu art. 11 que "ninguém poderá ser preso apenas por não poder cumprir com uma obrigação contratual".

•• O Decreto n. 678, de 6-11-1992 (Pacto de São José da Costa Rica), dispõe em seu art. 7.º, item 7, que "ninguém deve ser detido por dívida, exceto no caso de inadimplemento de obrigação alimentar".

305. É descabida a prisão civil do depositário quando, decretada a falência da empresa, sobrevém a arrecadação do bem pelo síndico.

308. A hipoteca firmada entre a construtora e o agente financeiro, anterior ou posterior à celebração da promessa de compra e venda, não tem eficácia perante os adquirentes do imóvel.

309. O débito alimentar que autoriza a prisão civil do alimentante é o que compreende as três prestações anteriores ao ajuizamento da execução e as que se vencerem no curso do processo.

•• Súmula com redação determinada pela Segunda Seção, na sessão ordinária de 22-3-2006.

313. Em ação de indenização, procedente o pedido, é necessária a constituição de capital ou caução fidejussória para a garantia de pagamento de pensão, independentemente da situação financeira do demandado.

314. Em execução fiscal, não localizados bens penhoráveis, suspende-se o processo por um ano, findo o qual se inicia o prazo da prescrição quinquenal intercorrente.

319. O encargo de depositário de bens penhorados pode ser expressamente recusado.

322. Para a repetição de indébito, nos contratos de abertura de crédito em conta-corrente, não se exige a prova do erro.

• *Vide* art. 877 do CC.

323. A inscrição do nome do devedor pode ser mantida nos serviços de proteção ao crédito até o prazo máximo de cinco anos, independentemente da prescrição da execução.

• Redação determinada pela Segunda Seção, na sessão de 25-11-2009.

• *Vide* art. 43, § 1.º, da Lei n. 8.078, de 11-9-1990.

326. Na ação de indenização por dano moral, a condenação em montante inferior ao postulado na inicial não implica sucumbência recíproca.

327. Nas ações referentes ao Sistema Financeiro da Habitação, a Caixa Econômica Federal tem legitimidade como sucessora do Banco Nacional da Habitação.

328. Na execução contra instituição financeira, é penhorável o numerário disponível, excluídas as reservas bancárias mantidas no Banco Central.

329. O Ministério Público tem legitimidade para propor ação civil pública em defesa do patrimônio público.

332. A fiança prestada sem autorização de um dos cônjuges implica a ineficácia total da garantia.

335. Nos contratos de locação, é válida a cláusula de renúncia à indenização das benfeitorias e ao direito de retenção.

336. A mulher que renunciou aos alimentos na separação judicial tem direito à pensão previdenciária por morte do ex-marido, comprovada necessidade econômica superveniente.

338. A prescrição penal é aplicável nas medidas socioeducativas.

342. No procedimento para aplicação de medida socioeducativa, é nula a desistência de outras provas em face da confissão do adolescente.

354. A invasão do imóvel é causa de suspensão do processo expropriatório para fins de reforma agrária.

356. É legítima a cobrança da tarifa básica pelo uso dos serviços de telefonia fixa.

358. O cancelamento de pensão alimentícia de filho que atingiu a maioridade está sujeito à decisão judicial, mediante contraditório, ainda que nos próprios autos.

359. Cabe ao órgão mantenedor do Cadastro de Proteção ao Crédito a notificação do devedor antes de proceder à inscrição.

362. A correção monetária do valor da indenização do dano moral incide desde a data do arbitramento.

364. O conceito de impenhorabilidade de bem de família abrange também o imóvel pertencente a pessoas solteiras, separadas e viúvas.

367. A competência estabelecida pela EC n. 45/2004 não alcança os processos já sentenciados.

369. No contrato de arrendamento mercantil (*leasing*), ainda que haja cláusula resolutiva expressa, é necessária a notificação prévia do arrendatário para constituí-lo em mora.

370. Caracteriza dano moral a apresentação antecipada de cheque pré-datado.

371. Nos contratos de participação financeira para a aquisição de linha telefônica, o Valor Patrimonial da Ação (VPA) é apurado com base no balancete do mês da integralização.

379. Nos contratos bancários não regidos por legislação específica, os juros moratórios poderão ser convencionados até o limite de 1% ao mês.

380. A simples propositura da ação de revisão de contrato não inibe a caracterização da mora do autor.

381. Nos contratos bancários, é vedado ao julgador conhecer, de ofício, da abusividade das cláusulas.

382. A estipulação de juros remuneratórios superiores a 12% ao ano, por si só, não indica abusividade.

383. A competência para processar e julgar as ações conexas de interesse de menor é, em princípio, do foro do domicílio do detentor de sua guarda.

384. Cabe ação monitória para haver saldo remanescente oriundo de venda extrajudicial de bem alienado fiduciariamente em garantia.

385. Da anotação irregular em cadastro de proteção ao crédito, não cabe indenização por dano moral, quando preexistente legítima inscrição, ressalvado o direito ao cancelamento.

387. É lícita a cumulação das indenizações de dano estético e dano moral.

388. A simples devolução indevida de cheque caracteriza dano moral.

389. A comprovação do pagamento do "custo do serviço" referente ao fornecimento de certidão de assentamentos constantes dos livros da companhia é requisito de procedibilidade da ação de exibição de documentos ajuizada em face da sociedade anônima.

395. O ICMS incide sobre o valor da venda a prazo constante da nota fiscal.

397. O contribuinte do IPTU é notificado do lançamento pelo envio do carnê ao seu endereço.

402. O contrato de seguro por danos pessoais compreende os danos morais, salvo cláusula expressa de exclusão.

403. Independe de prova do prejuízo a indenização pela publicação não autorizada de imagem de pessoa com fins econômicos ou comerciais.

404. É dispensável o aviso de recebimento (AR) na carta de comunicação ao consumidor sobre a negativação de seu nome em bancos de dados e cadastros.

405. A ação de cobrança do seguro obrigatório (DPVAT) prescreve em três anos.

407. É legítima a cobrança da tarifa de água fixada de acordo com as categorias de usuários e as faixas de consumo.

408. (*Cancelada.*)

410. A prévia intimação pessoal do devedor constitui condição necessária para a cobrança de multa pelo descumprimento de obrigação de fazer ou não fazer.

412. A ação de repetição de indébito de tarifas de água e esgoto sujeita-se ao prazo prescricional estabelecido no Código Civil.

419. Descabe a prisão civil do depositário judicial infiel.

420. Incabível, em embargos de divergência, discutir o valor de indenização por danos morais.

422. O art. 6.º, *e*, da Lei n. 4.380/1964 não estabelece limitação aos juros remuneratórios nos contratos vinculados ao SFH.

426. Os juros de mora na indenização do seguro DPVAT fluem a partir da citação.

435. Presume-se dissolvida irregularmente a empresa que deixar de funcionar no seu domicílio fiscal, sem comunicação aos órgãos competentes, legitimando o redirecionamento da execução fiscal para o sócio-gerente.

449. A vaga de garagem que possui matrícula própria no registro de imóveis não constitui bem de família para efeito de penhora.

450. Nos contratos vinculados ao SFH, a atualização do saldo devedor antecede sua amortização pelo pagamento da prestação.

451. É legítima a penhora da sede do estabelecimento comercial.

454. Pactuada a correção monetária nos contratos do SFH pelo mesmo índice aplicável à caderneta de poupança, incide a taxa referencial (TR) a partir da vigência da Lei n. 8.177/1991.

464. A regra de imputação de pagamentos estabelecida no art. 354 do Código Civil não se aplica às hipóteses de compensação tributária.

465. Ressalvada a hipótese de efetivo agravamento do risco, a seguradora não se exime do dever de indenizar em razão da transferência do veículo sem a sua prévia comunicação.

473. O mutuário do SFH não pode ser compelido a contratar o seguro habitacional obrigatório com a instituição financeira mutuante ou com a seguradora por ela indicada.

474. A indenização do seguro DPVAT, em caso de invalidez parcial do beneficiário, será paga de forma proporcional ao grau da invalidez.

477. A decadência do art. 26 do CDC não é aplicável à prestação de contas para obter esclarecimentos sobre cobrança de taxas, tarifas e encargos bancários.

478. Na execução de crédito relativo a cotas condominiais, este tem preferência sobre o hipotecário.

479. As instituições financeiras respondem objetivamente pelos danos gerados por fortuito interno relativo a fraudes e delitos praticados por terceiros no âmbito de operações bancárias.

481. Faz jus ao benefício da justiça gratuita a pessoa jurídica com ou sem fins lucrativos que demonstrar sua impossibilidade de arcar com os encargos processuais.

485. A Lei de Arbitragem aplica-se aos contratos que contenham cláusula arbitral, ainda que celebrados antes da sua edição.

Súmulas

ESPAÇO RESERVADO PARA USO DE GRAMPO

486. É impenhorável o único imóvel residencial do devedor que esteja locado a terceiros, desde que a renda obtida com a locação seja revertida para a subsistência ou a moradia da sua família.

496. Os registros de propriedade particular de imóveis situados em terrenos de marinha não são oponíveis à União.

498. Não incide imposto de renda sobre a indenização por danos morais.

499. As empresas prestadoras de serviços estão sujeitas às contribuições ao SESC e SENAC, salvo se integradas noutro serviço social.

500. A configuração do crime do art. 244-B do ECA independe da prova da efetiva corrupção do menor, por se tratar de delito formal.

503. O prazo para ajuizamento de ação monitória em face do emitente de cheque sem força executiva é quinquenal, a contar do dia seguinte à data de emissão estampada na cártula.

504. O prazo para ajuizamento de ação monitória em face do emitente de nota promissória sem força executiva é quinquenal, a contar do dia seguinte ao vencimento do título.

523. A taxa de juros de mora incidente na repetição de indébito de tributos estaduais deve corresponder à utilizada para cobrança do tributo pago em atraso, sendo legítima a incidência da taxa Selic, em ambas as hipóteses, quando prevista na legislação local, vedada sua cumulação com quaisquer outros índices.

525. A Câmara de Vereadores não possui personalidade jurídica, apenas personalidade judiciária, somente podendo demandar em juízo para defender os seus direitos institucionais.

529. No seguro de responsabilidade civil facultativo, não cabe o ajuizamento de ação pelo terceiro prejudicado direta e exclusivamente em face da seguradora do apontado causador do dano.

•• *Vide* art. 787 do CC.

530. Nos contratos bancários, na impossibilidade de comprovar a taxa de juros efetivamente contratada – por ausência de pactuação ou pela falta de juntada do instrumento aos autos –, aplica-se a taxa média de mercado, divulgada pelo Bacen, praticada nas operações da mesma espécie, salvo se a taxa cobrada for mais vantajosa para o devedor.

•• *Vide* arts. 112, 122, 170, 406 e 591 do CC.

531. Em ação monitória fundada em cheque prescrito ajuizada contra o emitente, é dispensável a menção ao negócio jurídico subjacente à emissão da cártula.

532. Constitui prática comercial abusiva o envio de cartão de crédito sem prévia e expressa solicitação do consumidor, configurando-se ato ilícito indenizável e sujeito à aplicação de multa administrativa.

•• *Vide* art. 39, III, do CDC.

536. A suspensão condicional do processo e a transação penal não se aplicam na hipótese de delitos sujeitos ao rito da Lei Maria da Penha.

• *Vide* art. 89 da Lei n. 9.099, de 26-9-1995.

• *Vide* art. 41 da Lei n. 11.340, de 7-8-2006.

537. Em ação de reparação de danos, a seguradora denunciada, se aceitar a denunciação ou contestar o pedido do autor, pode ser condenada, direta e solidariamente junto com o segurado, ao pagamento da indenização devida à vítima, nos limites contratados na apólice.

538. As administradoras de consórcio têm liberdade para estabelecer a respectiva taxa de administração, ainda que fixada em percentual superior a dez por cento.

539. É permitida a capitalização de juros com periodicidade inferior à anual em contratos celebrados com instituições integrantes do Sistema Financeiro Nacional a partir de 31/3/2000 (MP n. 1.963-17/2000, reeditada como MP n. 2.170-36/2001), desde que expressamente pactuada.

• *Vide* Súmula 596 do STF.

• *Vide* Súmula 541 do STJ.

• *Vide* art. 4.º do Decreto n. 22.626, de 7-4-1933.

540. Na ação de cobrança do seguro DPVAT, constitui faculdade do autor escolher entre os foros do seu domicílio, do local do acidente ou ainda do domicílio do réu.

541. A previsão no contrato bancário de taxa de juros anual superior ao duodécuplo da mensal é suficiente para permitir a cobrança da taxa efetiva anual contratada.

• *Vide* art. 4.º do Decreto n. 22.626, de 7-4-1933.

• *Vide* art. 591 do CC.

• *Vide* Súmula 596 do STF.

• *Vide* Súmula 539 do STJ.

542. A ação penal relativa ao crime de lesão corporal resultante de violência doméstica contra a mulher é pública incondicionada.

• *Vide* Lei n. 11.340, de 7-8-2006.

543. Na hipótese de resolução de contrato de promessa de compra e venda de imóvel submetido ao Código de Defesa do Consumidor, deve ocorrer a imediata restituição das parcelas pagas pelo promitente comprador – integralmente, em caso de culpa exclusiva do promitente vendedor/construtor, ou parcialmente, caso tenha sido o comprador quem deu causa ao desfazimento.

- *Vide* art. 122 do CC.
- *Vide* art. 51, II e IV, do CDC.

544. É válida a utilização de tabela do Conselho Nacional de Seguros Privados para estabelecer a proporcionalidade da indenização do seguro DPVAT ao grau de invalidez também na hipótese de sinistro anterior a 16-12-2008, data da entrada em vigor da Medida Provisória n. 451/2008.

547. Nas ações em que se pleiteia o ressarcimento dos valores pagos a título de participação financeira do consumidor no custeio de construção de rede elétrica, o prazo prescricional é de vinte anos na vigência do Código Civil de 1916. Na vigência do Código Civil de 2002, o prazo é de cinco anos se houver previsão contratual de ressarcimento e de três anos na ausência de cláusula nesse sentido, observada a regra de transição disciplinada em seu art. 2.028.

- *Vide* arts. 206, § 3.º, IV, § 5.º, I, e 2.028 do CC.

548. Incumbe ao credor a exclusão do registro da dívida em nome do devedor no cadastro de inadimplentes no prazo de cinco dias úteis, a partir do integral e efetivo pagamento do débito.

- *Vide* art. 43, § 3.º, do CDC.

549. É válida a penhora de bem de família pertencente a fiador de contrato de locação.

- *Vide* art. 3.º, VII, da Lei n. 8.009, de 29-3-1990.

550. A utilização de escore de crédito, método estatístico de avaliação de risco que não constitui banco de dados, dispensa o consentimento do consumidor, que terá o direito de solicitar esclarecimentos sobre as informações pessoais valoradas e as fontes dos dados considerados no respectivo cálculo.

- *Vide* art. 5.º, IV, da Lei n. 12.414, de 9-6-2011.

563. O Código de Defesa do Consumidor é aplicável às entidades abertas de previdência complementar, não incidindo nos contratos previdenciários celebrados com entidades fechadas.

- *Vide* arts. 2.º e 3.º, § 2.º, do CDC.
- *Vide* Súmula 608 do STJ.

564. No caso de reintegração de posse em arrendamento mercantil financeiro, quando a soma da importância antecipada a título de valor residual garantido (VRG) com o valor da venda do bem ultrapassar o total do VRG previsto contratualmente, o arrendatário terá direito de receber a respectiva diferença, cabendo, porém, se estipulado no contrato, o prévio desconto de outras despesas ou encargos pactuados.

565. A pactuação das tarifas de abertura de crédito (TAC) e de emissão de carnê (TEC), ou outra denominação para o mesmo fato gerador, é válida apenas nos contratos bancários anteriores ao início da vigência da Resolução - CMN n. 3.518/2007, em 30-4-2008.

566. Nos contratos bancários posteriores ao início da vigência da Resolução - CMN n. 3.518/2007, em 30-4-2008, pode ser cobrada a tarifa de cadastro no início do relacionamento entre o consumidor e a instituição financeira.

572. O Banco do Brasil, na condição de gestor do Cadastro de Emitentes de Cheques sem Fundos (CCF), não tem a responsabilidade de notificar previamente o devedor acerca da sua inscrição no aludido cadastro, tampouco legitimidade passiva para as ações de reparação de danos fundadas na ausência de prévia comunicação.

- *Vide* art. 43 do CDC.

573. Nas ações de indenização decorrente de seguro DPVAT, a ciência inequívoca do caráter permanente da invalidez, para fins de contagem do prazo prescricional, depende de laudo médico, exceto nos casos de invalidez permanente notória ou naqueles em que o conhecimento anterior resulte comprovado na fase de instrução.

574. Para a configuração do delito de violação de direito autoral e a comprovação de sua materialidade, é suficiente a perícia realizada por amostragem do produto apreendido, nos aspectos externos do material, e é desnecessária a identificação dos titulares dos direitos autorais violados ou daqueles que os representem.

580. A correção monetária nas indenizações do seguro DPVAT por morte ou invalidez, prevista no § 7.º do art. 5.º da Lei n. 6.194/1974, redação dada pela Lei n. 11.482/2007, incide desde a data do evento danoso.

586. A exigência de acordo entre o credor e o devedor na escolha do agente fiduciário aplica-se, exclusivamente, aos contratos não vinculados ao Sistema Financeiro da Habitação - SFH.

594. O Ministério Público tem legitimidade ativa para ajuizar ação de alimentos em proveito de criança ou adolescente independentemente do exercício do poder familiar dos pais, ou do fato de o menor se encontrar nas situações de risco descritas no art. 98 do Estatuto da Criança e do Adolescente, ou de quaisquer outros questionamentos acerca da existência ou eficiência da Defensoria Pública na comarca.

•• *Vide* arts. 98 e 201, III, da Lei n. 8.069/90.

- *Vide* Lei n. 5.478, de 25-7-1958, que dispõe sobre ação de alimentos.

595. As instituições de ensino superior respondem objetivamente pelos danos suportados pelo aluno/consumidor pela realização de curso não reconhecido pelo Ministério da Educação, sobre o qual não lhe tenha sido dada prévia e adequada informação.

•• *Vide* arts. 186 e 927 do CC.

•• *Vide* arts. 6.º, III, 14, *caput* e § 1.º, 20, *caput* e § 2.º, e 37, *caput* e §§ 1.º e 3.º, do CDC.

596. A obrigação alimentar dos avós tem natureza complementar e subsidiária, somente se configurando no caso de impossibilidade total ou parcial de seu cumprimento pelos pais.

•• *Vide* arts. 1.696 e 1.698 do CC.

597. A cláusula contratual de plano de saúde que prevê carência para utilização dos serviços de assistência médica nas situações de emergência ou de urgência é considerada abusiva se ultrapassado o prazo máximo de 24 horas contado da data da contratação.

•• *Vide* art. 12, V, *c*, da Lei n. 9.656, de 3-6-1998.

600. Para a configuração da violência doméstica e familiar prevista no art. 5.º da Lei n. 11.340/2006 (Lei Maria da Penha) não se exige a coabitação entre autor e vítima.

•• *Vide* art. 7.º da Lei n. 11.340, de 7-8-2006.

602. O Código de Defesa do Consumidor é aplicável aos empreendimentos habitacionais promovidos pelas sociedades cooperativas.

608. Aplica-se o Código de Defesa do Consumidor aos contratos de plano de saúde, salvo os administrados por entidades de autogestão.

•• *Vide* arts. 1.º, § 2.º, 10, § 3.º, e 35-G da Lei n. 9.656, de 3-6-1998.

• *Vide* Súmula 563 do STJ.

610. O suicídio não é coberto nos dois primeiros anos de vigência do contrato de seguro de vida, ressalvado o direito do beneficiário à devolução do montante da reserva técnica formada.

•• *Vide* arts. 797, parágrafo único, e 798 do CC.

616. A indenização securitária é devida quando ausente a comunicação prévia do segurado acerca do atraso no pagamento do prêmio, por constituir requisito essencial para a suspensão ou resolução do contrato de seguro.

•• *Vide* art. 763 do CC.

618. A inversão do ônus da prova aplica-se às ações de degradação ambiental.

•• *Vide* art. 6º, VIII, do CDC.

• *Vide* Lei n. 6.938, de 31-8-1981.

619. A ocupação indevida de bem público configura mera detenção, de natureza precária, insuscetível de retenção ou indenização por acessões e benfeitorias.

•• *Vide* art. 191, parágrafo único, da CF.

•• *Vide* arts. 1.208 e 1.255, *caput*, do CC.

620. A embriaguez do segurado não exime a seguradora do pagamento da indenização prevista em contrato de seguro de vida.

•• *Vide* art. 768 do CC.

•• *Vide* art. 54, §§ 3.º e 4.º do CDC.

621. Os efeitos da sentença que reduz, majora ou exonera o alimentante do pagamento retroagem à data da citação, vedadas a compensação e a repetibilidade.

•• *Vide* art. 13, § 2.º, da Lei n. 5.478, de 25-7-1968.

•• *Vide* Súmula n. 277 do STJ.

623. As obrigações ambientais possuem natureza *propter rem*, sendo admissível cobrá-las do proprietário ou possuidor atual e/ou dos anteriores, à escolha do credor.

•• *Vide* arts. 23, VI e VII, 24, VI e VIII, 186, II, e 225, § 1.º, I, da CF.

•• *Vide* art. 14, § 1.º, da Lei n. 6.938, de 31-8-1981.

•• *Vide* art. 99 da Lei n. 8.171, de 17-1-1999.

•• *Vide* art. 2.º da Lei n. 9.985, de 18-7-2000.

•• *Vide* arts. 18 e 29 da Lei n. 12.651, de 25-5-2012.

629. Quanto ao dano ambiental, é admitida a condenação do réu à obrigação de fazer ou à de não fazer cumulada com a de indenizar.

•• *Vide* arts. 186, II, e 225, § 3.º, da CF.

•• *Vide* arts. 2.º, 4.º, e 14 da Lei n. 6.938, de 31-8-1981.

•• *Vide* art. 3.º da Lei n. 7.347, de 24-7-2018.

632. Nos contratos de seguro regidos pelo Código Civil, a correção monetária sobre a indenização securitária incide a partir da contratação até o efetivo pagamento.

•• *Vide* arts. 757 a 802 do CC.

637. O ente público detém legitimidade e interesse para intervir, incidentalmente, na ação possessória entre particulares, podendo deduzir qualquer matéria defensiva, inclusive, se for o caso, o domínio.

•• *Vide* art. 5.º, XXV, da CF.

•• *Vide* art. 1.210, § 2.º, do CC.

•• *Vide* art. 557 do CPC.

638. É abusiva a cláusula contratual que restringe a responsabilidade de instituição financeira pelos danos decorrentes de roubo, furto ou extravio de bem entregue em garantia no âmbito de contrato de penhor civil.

•• *Vide* art. 51, I, do CDC.

•• *Vide* Súmula 297 do STJ.

640. O benefício fiscal que trata do Regime Especial de Reintegração de Valores Tributários para as Empresas Exportadoras (REINTEGRA) alcança as operações de venda de mercadorias de origem nacional para a Zona Franca de Manaus, para consumo, industrialização ou reexportação para o estrangeiro.

641. A portaria de instauração do processo administrativo disciplinar prescinde da exposição detalhada dos fatos a serem apurados.

•• *Vide* arts. 151, I, e 161 da Lei n. 8.112, de 11-12-1990.

642. O direito à indenização por danos morais transmite-se com o falecimento do titular, possuindo os herdeiros da vítima legitimidade ativa para ajuizar ou prosseguir a ação indenizatória.

643. A execução da pena restritiva de direitos depende do trânsito em julgado da condenação.

•• *Vide* art. 669 do CPP.

•• *Vide* art. 147 da Lei n. 7.210, de 11-7-1984.

• *Vide* art. 5.º, LVII, da CF.

644. O núcleo de prática jurídica deve apresentar o instrumento de mandato quando constituído pelo réu hipossuficiente, salvo nas hipóteses em que é nomeado pelo juízo.

•• *Vide* art. 266 do CPP.

•• *Vide* art. 16 da Lei n. 1.060, de 5-2-1950.

647. São imprescritíveis as ações indenizatórias por danos morais e materiais decorrentes de atos de perseguição política com violação de direitos fundamentais ocorridos durante o regime militar.

•• *Vide* arts. 1.º, III, e 5.º, III, da CF.

•• *Vide* art. 8.º, § 3.º, do ADCT.

650. A autoridade administrativa não dispõe de discricionariedade para aplicar ao servidor pena diversa de demissão quando caraterizadas as hipóteses previstas no art. 132 da Lei n. 8.112/1990.

651. Compete à autoridade administrativa aplicar a servidor público a pena de demissão em razão da prática de improbidade administrativa, independentemente de prévia condenação, por autoridade judiciária, à perda da função pública.

•• *Vide* arts. 132, IV, 141, I, e 167 da Lei n. 8.112, de 11-12-1990.

•• *Vide* arts. 12, 14 e 15 da Lei n. 8.429, de 2-6-1992.

Índice Alfabético da Legislação

Complementar e das Súmulas

AFORAMENTO

AGÊNCIAS DE NOTÍCIAS

ALIENAÇÃO

ALIENAÇÃO FIDUCIÁRIA

ALIENAÇÃO PARENTAL

ALIMENTOS

ALUGUÉIS

ANO CIVIL

ARBITRAGEM

BENS DA UNIÃO

BENS IMÓVEIS

BENS PÚBLICOS

BIOSSEGURANÇA

BULLYING

CADASTRO DE EMITENTES DE CHEQUES SEM FUNDOS (CCF)

CONCURSO PÚBLICO

CONDOMÍNIO

CONSELHO FISCAL

CONSELHO NACIONAL DE COOPERATIVISMO

CONSELHO NACIONAL DE DESENVOLVIMENTO URBANO — CNDU

CONSÓRCIO

CONSUMIDOR

CONTRATO(S)

CONTRATOS BANCÁRIOS

ESTATUTO DA CRIANÇA E DO ADOLESCENTE

ESTATUTO DA JUVENTUDE

Índice Alfabético-Remissivo do Código Civil

Índice

REGISTRO DE IMÓVEIS